〔唐〕李延壽　撰

北史

中華書局

明根等頒賜金帛輿馬，每至褒美叡等，皆引丕參之，以示無私。又自以過失，懼人議己，小有疑忌，便見誅戮。迄后之崩，孝文不知所生。至如李訢、李惠之徒，猜嫌覆滅者十餘家，死者數百人，率多枉濫，天下寃之。

十四年，崩於太和殿，年四十九。其日有雄雉集于太華殿。帝酌飲不入口五日，毀慕過禮。謚曰文明太皇太后。葬于永固陵，日中而反，虞於鑒玄殿。詔曰：「尊旨從儉，不申罔極之痛，稱情允禮，仰損儉訓之德，進退思惟，倍用崩感。又山陵之節，亦有成命，內則方丈，外裁掩坎。脫於孝子之心有所不盡者，室中可二丈，墳不得過三十步。今以陵萬世所仰，復廣爲六十步。孤負遺旨，益以痛絕！其幽房大小，棺椁質約，不設明器，至於素帳縵茵瓷瓦之物，亦皆不置。此則遵先志，從册令。俱奉遺事，而有從有違，未達者或以致怪。梓宮之裏，玄堂之內，聖靈所憑，已一一奉遵，仰昭儉德，其餘外事，有所不從，以盡痛慕之情。其宣示遠近，著告羣司，上明儉誨之美，下彰違命之失。」及卒哭，孝文服衰，近臣從服，三司以下外臣衰服者，變服就練，七品以下，盡除即吉。設祔祭於太和殿，公卿以下始親公事。帝毀瘠，絕酒肉不御者三年。

初，帝孝於太后，乃於永固陵東北里餘營壽宮，遂有終焉瞻望之志。及遷洛陽，乃自表瀍西以爲山園之所，而方山虛宮號曰萬年堂云。

文成元皇后李氏，梁國蒙縣人，頓丘王峻之妹也。[一四]后之生也，有異於常，父方叔，恆言此女當大貴。及長，姿質美麗。太武南征，永昌王仁出壽春，軍至后宅，因得后。及仁鎮長安，遇事誅，后與其家人送平城宮。高祖登白樓望見，[一五]美之。乃下臺，后得幸於齋庫中，遂有娠。常太后後問后，知之，時守庫者亦私書於壁記之，別加驗問，皆符同。及生獻文，拜貴人。太安二年，太后令依故事。令后具條記在南兄弟，及引所結宗兄洪之，悉以付託。臨訣，每一稱兄弟，輒拊胸慟泣，遂薨。後謚曰元皇后，葬金陵，配饗太廟。

獻文思皇后李氏，中山安喜人，南郡王惠之女也。姿德婉淑。年十八，以選入東宮。獻文即位，爲夫人，生孝文帝。皇興三年，薨，葬金陵。承明元年，追崇號謚，配饗太廟。

孝文貞皇后林氏，平涼人也。父勝，位平涼太守。叔父金閭，起自閹官，獻文初，爲定州刺史，爲乙渾所誅，及勝兄弟皆死。勝無子，有二女入掖庭。后容色美麗，得幸於孝文，生皇子恂。以恂將爲儲貳，太和七年，后依舊制薨。帝仁恕不欲襲前事，而稟文明太后意，故不果行。謚曰貞皇后，葬金陵。及恂以罪賜死，有司奏追廢后爲庶人。

孝文廢皇后馮氏，太師熙之女也。太和十七年，孝文既終喪，太尉元丕等表以長秋未建，六宮無主，請正內位。孝文從之，立后爲皇后，恩遇甚厚。孝文後重引后姊昭儀至洛，稍有寵，后禮愛漸衰。昭儀自以年長，且前入宮掖，素見待念，輕后而不率妾禮。后雖性不妬忌，時有愧恨之色。昭儀規爲內主，譖構百端，尋廢后爲庶人。后貞謹有德操，遂爲練行尼，後終於瑤光佛寺。

孝文幽皇后亦馮熙女。母曰常氏，本賤微，得幸於熙，熙元妃公主薨後，遂主家事。生后與北平公夙。文明太皇太后欲家世貴寵，乃簡熙二女，俱入掖庭，時年十四。其一早卒。后有姿媚，偏見愛幸。未幾，疾病，太后乃遣還家爲尼，帝猶留念焉。歲餘而太后崩，帝服終，頗存訪之。又聞后素疹痊除，遣閹官雙三念璽書勞問，遂迎赴洛陽。及至，寵愛過本初，當夕，宮人稀復進見。拜爲左昭儀，後立爲皇后。

帝頻歲南征，后遂與中官高菩薩私亂。及帝在汝南不豫，后便公然醜恣，中常侍雙蒙等爲其心腹。是時彭城公主，宋王劉昶子婦也，年少嫠居。北平公馮夙，后之同母弟也，后求婚於孝文，孝文許之。公主志不願，后欲强之，婚有日矣。公主密與侍婢及僮從十餘人，

乘輕車，冒霖雨，赴懸瓠，奉謁孝文，自陳本意，因言后與菩薩亂狀。帝聞，因駭愕，未之信，而祕匿之。此後后漸憂懼，與母常氏求託女巫，禱厭孝文疾不起，一旦得如文明太后輔少主稱命者，賞報不貲。又取三牲，宮中祆祠，假言祈福，專爲左道。母常或自詣宮中，或遣侍婢與相報答。

帝至洛，執問菩薩、雙蒙等，具得情狀。帝以疾臥含溫室，夜引后，并列菩薩等於戶外。后臨入，令搜衣中，稍有寸刃便斬。后頓首泣謝，乃賜坐東楹，去御筵二丈餘。孝文令菩薩等陳狀，又讓后曰：「汝有妖術，可具言之。」后乞屏左右，有所密狀。孝文敕中常侍悉出，唯令長秋卿白整在側，取衞直刀拄之，后猶不言。孝文乃以綿堅塞整耳，自小語再三呼整，無所應，乃令后言。事隱，人莫知之。高祖乃喚彭城、北海二王令入坐，言：「昔是汝嫂，今便他人，但入勿避。」又曰：「此老嫗欲白刃插我肋上，可窮問本末，勿有所難。」又云：「馮家女不能復相廢逐，且使在宮中空坐，有心乃能自死，汝等勿謂吾猶有情也。」帝素至孝，猶以文明太后故，未行廢。二王出，乃賜后辭死訣，再拜稽首涕泣。及入宮後，帝命中官有問於后，后罵曰：「我天子婦，當面對，豈令汝傳也！」帝怒，敕后母常入，[一六]示與后狀，常撻之百餘乃止。

帝尋南伐，后留京師，雖以罪失寵，而夫人嬪妾奉之如法。唯令世宗在東宮，無朝謁之事。帝疾甚，謂彭城王勰曰：「後宮久乖陰德，自絕於天，吾死後可賜自盡別宮，葬以后禮，

庶掩馮門之大過。」帝崩，梓宮達魯陽，乃行遺詔。北海王詳奉宣遺旨，長秋卿白整等入授后藥。后走呼，不肯引決，曰：「官豈有此也！是此諸王輩殺我耳。」整等執持强之，乃含椒而盡。梓宮次洛南，咸陽王禧等知審死，相視曰：「若無遺詔，我兄弟亦當作計去之。豈可令失行婦人宰制天下，殺我輩也？」謚曰幽皇后，葬長陵塋內。

孝文文昭皇后高氏，司徒公肇之妹也。父颺，母蓋氏，凡四男三女，皆生於東裔。孝文初，乃舉室西歸。近龍城鎮，鎮表后德色婉豔。及至，文明太后親幸北部曹見后，奇之，入掖庭，時年十三。初，后幼曾夢在堂內立，而日光自窗中照之，灼灼而熱，后東西避之，光猶斜照不已。如是數夕，怪之，以白其父颺。颺以問遼東人閔宗。宗曰：「此奇徵也。昔有夢月入懷，猶生天子，況日照之徵！此女將被帝命，誕育人君之象也。」後生宣武及廣平王懷、長樂公主。〔一七〕馮昭儀寵盛，密有母養帝心。后自代如洛陽，暴薨於汲郡之共縣，或云昭儀所賊也。宣武之爲皇太子，三日一朝幽后，后拊念慈愛有加。孝文出征，宣武入朝，必久留后宮，親視櫛沐，母道隆備。

其後有司奏請加號，〔一八〕謚曰文昭貴人，孝文從之。宣武踐阼，追尊配饗。后先葬在長陵東南，陵制卑局，因就起山陵，號終寧陵，置邑戶五百家。明帝時，更上尊號太后，以同

漢、晉之典，正姑婦之禮，〔一九〕廟號如舊文昭。還靈櫬於長陵兆內西北六十步。初，開終寧陵數丈，於梓宮上獲大蛇，長丈餘，黑色，頭有王字，蟄而不動，靈櫬既還，還置蛇舊處。

宣武順皇后于氏，太尉烈弟勁之女也。宣武始親政事，烈時爲領軍，總心膂之任。以嬪御未備，因左右諷諭，〔二〇〕稱后有容德，帝乃迎入爲貴人。時年十四，甚見寵愛，立爲皇后。后靜默寬容，性不妬忌。生皇子昌，三歲夭沒。〔二一〕其後暴崩，宮禁事祕，莫能知悉，而世議歸咎于高夫人。葬永泰陵，謚曰順皇后。

宣武皇后高氏，文昭皇后兄偃之女也。〔二二〕宣武納爲貴嬪，生皇子，早夭，又生建德公主。後拜爲皇后，甚見禮重。性妬忌，宮人希得進御。及明帝卽位，上尊號曰皇太后。尋爲尼，居瑤光寺，非大節慶不入宮中。建德公主始五六歲，靈太后〔恒置左右，撫愛之。神龜元年，太后〕出覲母武邑君，〔二三〕時天文有變，靈太后欲以當禍，是夜暴崩，天下冤之。喪還瑤光佛寺，殯葬皆以尼禮。〔二四〕

初，孝文幽后之寵也，欲專其愛，後宮接御，多見阻遏。孝文時言于近臣，稱婦人妬防，雖王者亦不能免，況士庶乎。宣武高后悍忌，嬪御有至帝崩不蒙侍接者。由是在洛二十餘年，皇子全育者唯明帝而已。〔二五〕

宣武靈皇后胡氏，安定臨涇人，司徒國珍女也。母皇甫氏，產后之日，赤光四照。京兆山北縣有趙胡者，善於卜相，國珍問之，胡云：「賢女有大貴之表，方爲天地母，生天地主，勿過三人知也。」后姑爲尼，頗能講道。宣武初，入講禁中，積歲，諷左右稱后有姿行。帝聞之，乃召入掖庭，爲充華世婦。而椒庭之中，以國舊制，相與祈祝，皆願生諸王、公主，不願生太子。唯后每稱：「夫人等言，何緣畏一身之死而令皇家不育冢嫡也？」明帝在孕，同列猶以故事相恐，勸爲諸計。后固意確然，幽夜獨誓，但使所懷是男，次第當長子，子生，身死不辭。既誕明帝，進爲充華嬪。先是，宣武頻喪皇子，自以年長，深加愼護，爲擇乳保，皆取良家宜子者，養於別宮，皇后及充華皆莫得而撫視焉。

及明帝踐阼，尊后爲皇太妃，後尊爲皇太后。臨朝聽政，猶曰殿下，下令行事。後改令稱詔，〔二六〕羣臣上書曰陛下，自稱曰朕。太后以明帝沖幼，未堪親祭，欲傍周禮夫人與君交獻之義，代行祭禮。禮官博議以爲不可，而太后欲以幃幔自鄣，觀三公行事。重問侍中崔光，光便據漢和熹鄧后薦祭故事。太后大悅，遂攝行初祀。太后性聰悟，多才藝，姑既爲尼，幼相依託，略得佛經大義。親覽萬機，手筆斷決。幸西林園法流堂，命侍臣射，不能者罰之。

又自射針孔，中之，大悅，賜左右布帛有差。先是，太后敕造申訟車，時御焉。出自雲龍大司馬門，從宮西北，入自千秋門，以納冤訟。又親策孝、秀、州郡計吏於朝堂。太后與明帝幸華林園，宴羣臣于都亭曲水，令王公以下賦七言詩。太后詩曰：「化光造物含氣貞。」明帝詩曰：「恭己無爲賴慈英。」王公以下賜帛有差。太后父薨，百僚表請公除，太后不許。尋幸永寧寺，觀建刹於九級之基，僧尼士女赴者數萬人。及改葬文昭高后，太后不欲令明帝主事，乃自爲喪主。出至終寧陵，親奠遣事，還哭於太極殿，至於訖事，皆自主焉。後幸嵩高山，夫人、九嬪、公主以下從者數百人，升于頂中。廢諸淫祀，而胡天神不在其例。尋幸闕口溫水，登鷄頭山，自射象牙簪，一發中之，敕示文武。

時太后逼幸清河王懌，淫亂肆情，爲天下所惡。領軍元叉、長秋卿劉騰等奉明帝於顯陽殿，幽太后於北宮，於禁中殺懌。其後太后從子都統僧敬與備身左右張車渠等數十人謀殺叉，復奉太后臨朝。事不克，僧敬坐徙邊，車渠等死，胡氏多免黜。後明帝朝太后於西林園，宴文武侍臣，飲至日夕，叉乃起至太后前自陳，外云太后欲害己及騰。太后答云：「無此語。」遂至于極昏。太后乃起執明帝手下堂，言：「母子不聚久，今暮共一宿，諸大臣送我入。」太后與帝向東北小閤，左衞將軍奚康生謀殺叉不果。

自劉騰死，叉又寬怠，太后與明帝及高陽王雍爲計，解叉領軍。太后復臨朝，大赦改

中華書局

元。自是朝政疏緩，威恩不立，天下牧守，所在貪惏。鄭儼汙亂宮掖，勢傾海內，李神軌、徐紇並見親侍，一二年中，位總禁要。手握王爵，輕重在心，宣淫於朝，爲四方之所穢。文武解體，所在亂逆，土崩魚爛，由於此矣。僧敬又因聚集親族，遂涕泣諫曰：「陛下母儀海內，豈宜輕脫如此！」太后大怒，[二七]自是不召僧敬。

內爲朋黨，防蔽耳目，明帝所親幸者，太后多以事害焉。有蜜多道人，能胡語，帝置於左右。太后慮其傳致消息，三月三日，於城南大巷中殺之，方懸賞募賊。又於禁中殺領左右、鴻臚少卿谷會、紹達，並帝所親也。母子之間，嫌隙屢起。鄭儼慮禍，乃與太后計，因潘嬪生女，妄言皇子，便大赦，改年爲武泰元年，[二八]復陰行鴆毒。其年二月，明帝暴崩，乃奉潘嬪女，言太子卽位。經數日，見人心已安，始言潘嬪本實生女，今宜更擇嗣君，遂立臨洮王子釗爲主，年始二、三歲，天下愕然。

及尒朱榮稱兵度河，太后盡召明帝六宮，皆令入道，太后亦自落髮。榮遣騎拘送太后及幼主於河陰。太后對榮多所陳說，榮拂衣而起。太后及幼主並沈於河。太后妹馮翊君收瘞於雙靈寺。武帝時，始葬以后禮，而追加謚曰靈。

孝明皇后胡氏，靈太后從兄冀州刺史盛之女。靈太后欲榮重門族，故立爲皇后。明帝

頗有酒德，專嬖充華潘氏，后及嬪御並無過寵。太后爲帝選納，抑屈人流。時博陵崔孝芬、范陽盧道約、隴西李瓚等女，俱爲世婦。諸人訴訟，咸見忿責。武泰初，后既入道，遂居於瑤光寺。

孝武皇后高氏，齊神武長女也。帝見立，乃納爲后。及帝西幸關中，降爲彭城王韶妃。

文帝文皇后乙弗氏，河南洛陽人也。其先世爲吐谷渾渠帥，居青海，號青海王。涼州平，后之高祖莫瓌擁部落入附，拜定州刺史，封西平公。自莫瓌後，三世尙公主，女乃多爲王妃，甚見貴重。父瑗，儀同三司、兗州刺史。[二九]母淮陽長公主，孝文之第四女也。后美容儀，少言笑，年數歲，父母異之，指示諸親曰：「生女何妨也。若此者，實勝男。」年十六，文帝納爲妃。及帝卽位，以大統元年册爲皇后。后性好節儉，蔬食故衣，珠玉羅綺絕於服玩。又仁恕不爲嫉妬之心，帝益重之。生男女十二人，多早夭，唯太子及武都王戊存焉。

時新都關中，務欲東討，蠕蠕寇邊，未遑北伐，故帝結婚以撫之。於是更納悼后，命后遜居別宮，出家爲尼。悼后猶懷猜忌，復徙后居秦州，依子秦州刺史武都王。帝雖限大計，恩好不忘，後密令養髮，有追還之意。然事祕禁，外無知者。

六年春，蠕蠕舉國度河，前驅已過夏，頗有言虜爲悼后之故興此役。帝曰：「豈有百萬之衆爲一女子舉也？雖然，致此物論，朕亦何顏以見將帥邪！」乃遣中常侍曹寵賫手敕令后自盡。后奉敕，揮淚謂寵曰：「願至尊享千萬歲，天下康寧，死無恨也。」因命武都王前，與之決。遺語皇太子，辭皆悽愴，因慟哭久之。侍御咸垂涕失聲，莫能仰視。召僧設供，令侍婢數十人出家，手爲落髮。事畢，乃入室，引被自覆而崩，年三十一。鑿麥積崖爲龕而葬，神柩將入，有二叢雲先入龕中，頃之一滅一出，後號寂陵。及文帝山陵畢，手書云，萬歲後欲令后配饗。公卿乃議追謚曰文皇后，祔於太廟。廢帝時，合葬於永陵。

文帝悼皇后郁久閭氏，蠕蠕主阿那瓌之長女也。容貌端嚴，夙有成智。大統初，蠕蠕屢犯北邊，文帝乃與約，通好結婚，扶風王孚受使奉迎。蠕蠕俗以東爲貴，后之來，營幕戶席，一皆東向。車七百乘，馬萬疋，駝千頭。到黑鹽池，魏朝鹵簿文物始至。孚奏請正南面，后曰：「我未見魏主，故蠕蠕女也。[三〇]魏仗向南，我自東面。」孚無以辭。

四年正月，至京師，立爲皇后，時年十四。六年，后懷孕將產，居於瑤華殿，聞上有狗吠聲，心甚惡之。又見婦人盛飾來至后所，后謂左右：「此爲何人？」醫巫傍侍，悉無見者，時以爲文后之靈。產訖而崩，年十六，葬於少陵原。十七年，合葬永陵。當會橫橋北，后梓宮先

至鹿苑，帝輼輬後來，將就次所，軌折不進。[三一]

廢帝皇后宇文氏，周文帝女也。后初產之日，有雲氣滿室，芬氳久之。幼有風神，好陳列女圖，置之左右。周文曰：「每見此女，良慰人意。」廢帝之爲太子，納爲妃。及卽位，立爲皇后。志操明秀，帝深重之，專寵後宮，不置嬪御。帝既廢崩，后亦以忠於魏室罹禍。

恭帝皇后若干氏，司空長樂正公惠之女也。[三二]有容色，恭帝納之爲妃。及卽位，立爲皇后。後出家爲尼，在佛寺薨，竟無謚。

孝靜皇后高氏，齊神武之第二女也。天平四年，詔娉以爲皇后，神武前後固辭，帝不許。興和初，詔司徒孫騰、司空襄城王旭[三三]等奉詔致禮，以后駕迎於晉陽之丞相第。五月，立爲皇后，大赦。齊受禪，降爲中山王妃。後降于尙書左僕射楊遵彥。

校勘記

〔一〕後置女職以典內事　諸本脫「內事」二字，據魏書卷一三補后妃傳序補。

〔二〕其所娉蠕蠕女稱爲蠕蠕公主　諸本「蠕蠕」作「茹茹」，據本書卷一四本傳改。

〔三〕六尙二十二司至掌二十八人　按此段敍各司員數與總數不合，疑有訛誤。

〔四〕天泉池　魏書、御覽卷一三九六七六頁「泉」作「淵」，北史避唐諱改。

〔五〕中路失轄　諸本「轄」作「道」，魏書、御覽同上卷頁作「轄」。按轄是車鍵，用以束輪，「失轄」與下「輪正不傾」相應。今據改。

〔六〕后夜飮顯使醉　諸本脫「使」字，據魏書、御覽補。「顯使」謂劉顯之使，下文「故顯使不急追」，可證。

〔七〕封后母孟爲溧陽君　各本及魏書「溧」作「漂」，汲本及御覽、册府卷一四一一七一八頁作「溧」。按「漂陽」無此地名，今從汲本。

〔八〕皆正位配饗焉　諸本脫「位」字，據魏書、御覽補。

〔九〕明元以后禮納之　諸本脫「禮」字，據魏書、御覽補。

〔一〇〕諡曰密貴嬪　諸本脫「密」字，據魏書、御覽補。

〔一一〕及卽位尊爲皇太后　魏書、御覽作：「及卽位，尊爲保太后，後尊爲皇太后。」按本書卷二太武紀，始光二年尊保母竇氏爲保太后。延和元年，復尊爲皇太后。此當脫「尊爲保太后後」六字。

〔一二〕父朗秦雍二州刺史西城郡公　本書卷八〇馮熙傳作「遼西郡公」，御覽六七七頁作「西郡公」。按

墓誌集釋馮季華墓誌圖版八三言朗封西郡公。西郡，晉屬涼州，魏志不載。據御覽、墓誌，則「西城」、「遼西」皆當爲「西郡」之誤。

〔一三〕太后立文宣王廟於長安　錢氏考異云：「按外戚馮熙傳，馮朗追贈燕宣王，立廟長安。『文宣』當爲『燕宣』之譌。」按錢說是。墓誌集釋馮季華墓誌、馮令華墓誌圖版一二六、元誘妻馮氏墓誌圖版一三七、馮會葨墓誌圖版一七二都稱朗爲燕宣王，無作「文宣王」者。

〔一四〕頓丘王峻之妹也　諸本「頓」上有「母」字。錢氏考異云：「『母』字衍。」按御覽引後魏書無「母」字。魏書卷八三上李峻傳云：「元皇后兄也。」錢說是，今據刪。

〔一五〕高祖登白樓望見　魏書「高祖」作「高宗」。張森楷云：「當作『文成』。」按高祖乃孝文，高宗卽文成，此作「高祖」誤。且北史例稱諡號，張說是。但御覽、通志都作「高祖」，今不改。

〔一六〕帝怒敕后母常入　諸本「敕」訛作「刺」，魏書百衲本作「敕」是，今據改。

〔一七〕長樂公主　諸本「長樂」作「樂安」，魏書、御覽作「長樂」。按本書卷八〇高肇傳，言肇兄子猛，「尙長樂公主，卽世宗同母妹也」。又見高猛墓誌河南博物館藏。今據改。

〔一八〕其後有司奏請加號　魏書「加」下有「昭儀」二字，是。

〔一九〕明帝時更上尊號太后以同漢晉之典正姑婦之禮　按魏書載詔文云：「自終及始，太后當主，可上尊號太皇太后，以同漢、晉之典，正姑婦之禮。」「太后」指靈太后，文昭皇后於靈太后爲姑，故云上尊號爲太皇太后，正姑婦之禮。此「太后」上當脫「太皇」二字。

〔二〇〕以嬪御未備因左右諷諭　諸本脫「因」字，據魏書、御覽補。

〔二一〕生皇子昌三歲夭沒　諸本無「昌」字。李慈銘云：「按魏書作皇子昌，此脫『昌』字。」按御覽卷一四〇六八一頁亦有「昌」字，本書卷三魏宣武紀，正始元年正月「皇子昌生」，永平元年三月「皇子昌薨」，與魏書合。李說是，今據改。

〔二二〕文昭皇后兄偃之女也　各本「偃」作「優」，殿本從魏書改作「偃」。按御覽亦作「偃」。偃女爲后，又見本書卷八〇高肇傳。今從殿本。又諸本「兄」作「弟」。按墓誌集釋世宗后高英墓誌圖版二八云：「文昭皇太后之兄女也。」據高肇傳，偃爲肇次兄，肇又爲文昭皇后兄。此作「弟」誤，今據墓誌改。

〔二三〕建德公主始五六歲靈太后〔恒置左右撫愛之神龜元年太后〕出覲母武邑君　諸本無「靈太后」下十三字。李慈銘云：「靈太后下脫『恒置左右，撫愛之，神龜元年，太后』十三字，當據魏書增。此因兩『太后』相涉而誤脫耳。偃妻封武邑郡君，見魏書卷八三下外戚傳。『出覲』者，由瑤光寺出也，故下云『還寺』。」按御覽亦有此十三字。高英墓誌云后死於神龜元年九月，與魏書合。李說是，今據補。

〔二四〕殯葬皆以尼禮　諸本脫「葬」字，據魏書補。御覽作「葬殯」。

〔二五〕由是在洛二十餘年皇子全育者唯明帝而已　魏書、御覽「洛」下有「二世」二字。按「二世」指孝文、宣武。自太和十八年孝文遷洛，至延昌四年宣武死，共二十一年。此脫「二世」二字。

〔二六〕猶曰殿下下令行事後改令稱詔　「下令行事」四字，諸本無，魏書有，通志卷二〇作「下令施事」，御覽作「下令以行事」。按無此四字則「改令稱詔」無所承，今據魏書補。

〔二七〕太后大怒　諸本脫「太后」二字，據通志卷二〇補。魏書作「后」一字。

〔二八〕便大赦改年爲武泰元年　諸本無「改年」二字。魏書作「便大赦改年」，無「爲武泰元年」五字。按「改年」二字不可少。今據魏書補。

〔二九〕父瑗儀同三司兗州刺史　按本書卷二五乙瓌卽莫瓌傳，孫瑗「累遷西兗州刺史，天平元年，舉兵應樊子鵠，戰敗死」。據魏書卷十二孝靜紀天平元年及卷八〇樊子鵠傳，子鵠起兵時，官兗州刺史，則乙瑗當是西兗州。兗州治瑕丘，西兗州治定陶，二州相去不遠，故乙瑗得舉兵應樊子鵠。此當脫「西」字。

〔三〇〕我未見魏主故蠕蠕女也　諸本脫「未」字，據通志、御覽、通鑑卷一五八四八九三頁補。

〔三一〕軌折不進　宋本及通志、御覽「軌」作「軸」，疑是。

〔三二〕司空長樂正公惠之女也　張森楷云：「案周書卷一七若干惠傳，封長樂郡公，卒諡『武烈』，不云『正』，『正』字疑誤。」

中華書局

〔三三〕司空襄城王旭　諸本「旭」作「昶」，魏書、御覽作「旭」。按襄城王旭見魏書卷一九下城陽王長壽傳。旭爲司空，見本書卷五孝靜紀天平二年九月。作「昶」誤，今據改。

北史卷十四

列傳第二

后妃下

齊武明皇后婁氏，諱昭君，贈司徒內干之女也。少明悟，强族多娉之，並不肯行。及見神武城上執役，驚曰：「此眞吾夫也。」乃使婢通意，又數致私財，使以娉己，父母不得已而許焉。神武既有澄淸之志，傾産以結英豪，密謀祕策，后恒參預。及拜勃海王妃，閫闈之事悉決焉。

后高明嚴斷，雅遵儉約，往來外舍，侍從不過十人。性寬厚，不妬忌，神武姬侍咸加恩待。神武嘗將西討出師，后夜孿生一男一女，左右以危急，請追告神武。后弗聽，曰：「王出統大兵，何得以我故輕離軍幕？死生命也，來復何爲。」神武聞之，嗟嘆良久。沙苑敗後，侯景屢言請精騎二萬，必能取之。神武悅，以告于后。后曰：「若如其言，豈有還理？得獺失景，亦有何利。」乃止。神武逼於蠕蠕，欲娶其女而未決。后曰：「國家大計，願不疑也。」及蠕蠕公主至，〔一〕后避正室處之，神武愧而拜謝焉。曰：「彼將有覺，願絕勿顧。」慈愛諸子，不異己出，躬自紡績，人賜一袍一袴。手縫戎服，以帥左右。弟昭以功名自達，其餘親屬，未嘗爲請爵位，每言有材當用，義不以私亂公。

文襄嗣位，進爲太妃。文宣將受魏禪，后固執不許，帝所以中止。天保初，尊爲皇太后，宮曰宣訓。濟南卽位，尊爲太皇太后。尙書令楊愔等受遺詔輔政，疏忌諸王。太皇太后密與孝昭及諸大將定策誅之，下令廢立。孝昭卽位，復爲皇太后。孝昭崩，太后又下詔立武成帝。大寧二年春，太后寢疾，衣忽自舉，用巫媼言，改姓石氏。四月辛丑，崩於北宮，時年六十二。五月甲申，合葬義平陵。

太后凡孕六男二女，皆感夢。孕文襄則夢一斷龍；孕文宣則夢大龍，首尾屬天地，張口動目，勢狀驚人；孕孝昭則夢蠕龍於地；孕武成則夢龍浴於海；孕魏二后，並夢月入懷；孕襄城、博陵二王，夢鼠入衣下。后未崩，有童謠曰：「九龍母死不作孝。」及后崩，武成不改服，緋袍如故。未幾，登三臺，置酒作樂，宮女進白袍，帝怒，投諸臺下。和士開請止樂，帝大怒，撾之。帝於昆季，次實九，蓋其徵驗也。

蠕蠕公主者，蠕蠕主郁久閭阿那瓌女也。蠕蠕强盛，與西魏通和，欲連兵東伐。神武病之，令杜弼使蠕蠕，爲世子求婚。阿那瓌曰：「高王自娶則可。」神武猶豫，尉景與武明皇后及

文襄並勸請，乃從之。武定三年，使慕容儼往娉之，號曰蠕蠕公主。八月，神武迎於下館，阿那瓌使其弟禿突佳來送女，且報聘，仍戒曰：「待見外孫，然後返國。」公主性嚴毅，一生不肯華言。神武嘗有病，不得往公主所，禿突佳怨恚，神武自射堂輿疾就公主。其見將護如此。神武崩，文襄從蠕蠕國法，烝公主，產一女焉。

彭城太妃尒朱氏，榮之女，魏孝莊后也。神武納爲別室，敬重踰於婁妃，見必束帶，自稱下官。神武迎蠕蠕公主還，尒朱氏迎於木井北，與蠕蠕公主前後別行，不相見。公主引角弓仰射翔鵄，應弦而落；妃引長弓斜射飛烏，亦一發而中。神武喜曰：「我此二婦，並堪擊賊。」後爲尼，神武爲起佛寺。天保初，爲太妃。及文宣狂酒，將無禮於太妃，太妃不從，遂遇禍。

小尒朱者，兆之女也。初爲建明皇后。神武納之，生任城王。未幾，與趙郡公琛私通，徙於靈州。後適范陽盧景璋。

上黨太妃韓氏，軌之妹也。神武微時欲娉之，軌母不許。及神武貴，韓氏夫巳死，乃納之。

馮翊太妃鄭氏，名大車，嚴祖妹也。〔二〕初爲魏廣平王妃。遷鄴後，神武納之，寵冠後庭，生馮翊王潤。神武之征劉蠡升，文襄烝於大車。神武還，一婢告之，二婢爲證。神武杖文襄一百而幽之，武明后亦見隔絕。時彭城尒朱太妃有寵，生王子澂，神武將有廢立意。文襄求救於司馬子如。子如來朝，僞爲不知者，請武明后。神武告其故。子如曰：「消難亦姦子如妾，如此事，正可覆蓋。妃是王結髮婦，常以父母家財奉王，王在懷朔被杖，背無完皮，妃晝夜供給看瘡。後避葛賊，同走幷州。貧困，然馬屎，自作靴，恩義何可忘？夫婦相宜，女配至尊，男承大業，又婁領軍勳，何宜搖動？一女子如草芥，況婢言不必信。」神武因使子如鞫之。子如見文襄，尤之曰：「男兒何意畏威自誣？」因教二婢反辭，脅告者自縊，乃啓神武曰：「果虛言。」神武大悅，召后及文襄。武明后遙見神武，一步一叩頭，文襄且拜且進，父子夫妻相泣，乃如初。神武乃置酒曰：「全我父子者，司馬子如。」賜之黃金百三十斤，文襄贈良馬五十疋。

高陽太妃游氏，父京之，爲相州長史。神武剋鄴，欲納之，京之不許，遂牽曳取之。京之尋死。游氏於諸太妃中最有德訓，諸王、公主婚嫁，常令主之。

馮娘者，子昂妹也，初爲魏任城王妃，適尒朱世隆。神武納之，生浮陽公主。李娘者，延

寔從妹也，初爲魏城陽王妃。〔三〕又王娘生永安王浚，穆娘生平陽王淹。〔四〕並早卒，不爲太妃。

文襄敬皇后元氏，魏孝靜帝之姊也。孝武帝時，封馮翊公主，而歸於文襄。容德兼美，曲盡和敬。初生河間王孝琬，時文襄爲世子，三日而孝靜幸世子第，贈錦綵及布帛萬匹。世子辭，求通受諸貴禮遺，於是十屋皆滿。次生兩公主。

文宣受禪，尊爲文襄皇后，居靜德宮。及天保六年，文宣漸致昏狂，乃移居於高陽之宅而取其府庫，曰：「吾兄昔姦我婦，我今須報。」乃淫於后。其高氏女婦，無親疏皆使左右亂交之於前。以葛爲絙，令魏安德主騎上，使人推引之。又命胡人苦辱之。帝又自呈露，以示羣下。武平中，后崩，祔葬義平陵。

琅邪公主名玉儀，魏高陽王斌庶生妹也。初不見齒，爲孫騰妓，騰又放棄。文襄遇諸途，悅而納之，遂被殊寵，奏魏帝封焉。文襄謂崔季舒曰：「爾由來爲我求色，不如我自得一絕異者。崔暹必當造直諫，我亦有以待之。」及暹諮事，文襄不復假以顏色。居三日，暹懷刺，墜之於前。文襄問：「何用此爲？」暹悚然曰：「未得通公主。」文襄大悅，把暹臂入見焉。季舒語人曰：「崔暹常忿吾佞，在大將軍前，每言叔父合殺。及其自作體佞，乃體過於吾。」玉儀同產姊靜儀，先適黃門郎崔括，文襄亦幸之，皆封公主。括父子由是超授，賞賜甚厚焉。

文宣皇后李氏，諱祖娥，趙郡李希宗女也。容德甚美。初爲太原公夫人。及帝將建中宮，高隆之、高德正言漢婦人不可爲天下母，宜更擇美配。楊愔固請依漢、魏故事，不改元妃。而德正猶固請廢后而立段昭儀，欲以結勳貴之援。帝竟不從而立后焉。帝好捶撻嬪御，乃至有殺戮者，唯后獨蒙禮敬。天保十年，改爲可賀敦皇后。

孝昭即位，降居昭信宮，號昭信皇后。武成踐阼，逼后淫亂，云：「若不許我，當殺爾兒。」后懼，從之。後有娠，太原王紹德至閤，不得見，慍曰：「兒豈不知邪？姊姊腹大，故不見兒。」后聞之大慚，由是生女不舉。帝橫刀詬曰：「爾殺我女，我何不殺爾兒？」對后前築殺紹德。后大哭，帝愈怒，裸后亂撾撻之，號天不已。盛以絹囊，流血淋漉，投諸渠水，良久乃蘇，犢車載送妙勝尼寺。后性愛佛法，因此爲尼。齊亡，入關。隋時得還趙郡。

段昭儀，韶妹也。婚夕，韶妻元氏爲俗弄女壻法戲文宣，文宣銜之。後因發怒，謂韶曰：「我會殺爾婦！」元氏懼，匿婁太后家，終文宣世不敢出。昭儀才色兼美，禮遇殆同正嫡。後主時，改適錄尚書唐邕。

王嬪者，琅邪人也。嬪姊先適崔脩，文宣並幸之，數數降其夫家，超用脩爲尚書郎。

薛嬪者，本倡家女也。年十四五時，爲清河王岳所好。其父求內宮中，大被嬖寵。其姊

亦俱進御。文宣後知先與岳通，又爲其父乞司徒公，帝大怒，先鋸殺其姊。薛嬪當時有娠，過產亦從戮。

孝昭皇后元氏，開府元蠻女也。初爲常山王妃。天保末，賜姓步六孤。孝昭即位，立爲皇后。帝崩，從梓宮之鄴。始度汾橋，武成聞后有奇藥，追索之不得，使閹人就車頓辱。降居順成宮。武成既殺樂陵王，元被閟隔，不得與家相知。宮闈內忽有飛語，帝令檢推，得后父兄書信，元蠻由是坐免官。後以齊亡，入周氏宮中。隋文帝作相，放還山東。

武成皇后胡氏，安定胡延之女。其母范陽盧道約女，初懷孕，有胡僧詣門曰：「此宅瓠蘆中有月。」既而生后。天保初，選爲長廣王妃。產後主日，有鴞鳴於產帳上。武成崩，尊爲皇太后。陸媼及和士開密謀殺趙郡王叡，出婁定遠、高文遙爲刺史。和、陸諂事太后，無所不至。初，武成時，后與諸閹人褻狎。武成寵幸和士開，每與后握槊，因此與后姦通。自武成崩後，數出詣佛寺，又與沙門曇獻通。布金錢於獻席下，又挂寶裝胡牀於獻屋壁，武成平生之所御也。乃置百僧於內殿，託以聽講，日夜與曇獻寢處。以獻爲昭玄統。僧徒遙指太后以弄曇獻，乃至謂之爲太上者。帝聞太后不謹，而未之信。後朝太后，見二少尼，悅而召之，乃男子也。於是曇獻事亦發，皆伏法。并殺元山王三郡君，皆太后之所昵也。

帝自晉陽奉太后還鄴，至紫陌，卒遇大風。舍人魏僧伽明風角，奏言：「即時當有暴逆事。」帝詐云鄴中有急，彎弓纏弰，馳入南城，令鄧長顒幽太后北宮。仍有敕，內外諸親一不得與太后相見。久之，帝迎復太后。太后初聞使者至，大驚，慮有不測。每太后設食，帝亦不敢嘗。周使元偉來聘，作述行賦，敍鄭莊公剋段而遷姜氏。文雖不工，當時深以爲愧。齊亡，入周，恣行姦穢。開皇中殂。

弘德夫人李氏，趙郡李叔讓女也。初爲魏靜帝嬪，武成納焉。生南陽王仁盛，[五]爲太妃。姊爲南安王思好妃，[六]坐夫反，以燒死。太妃聞之，發狂而薨。

文宣王嬪及中人盧勸叉妹，武成並以爲嬪。武成崩後，胡后令二嬪自殺。二嬪悲哭，後主爲之惻愴，私遺衣物，令出外避焉。盧養淮南王，後爲太妃。

又有馬嬪，亦得幸，爲后所妬，自縊死。

彭樂、任祥並有女，因坐父兄事，皆入宮，爲文宣所幸。武成以彭爲夫人，養齊安王，任生丹楊王，並爲太妃。

後主皇后斛律氏，左丞相光之女也。初爲皇太子妃，後主受禪，立爲皇后。武平三年正

月，生女，帝欲悅光，詐稱生男，爲之大赦。光誅，后廢在別宮，後令爲尼。齊滅，嫁爲開府元仁妻。

後主皇后胡氏，隴東王長仁女也。胡太后失母儀之道，深以爲愧，欲求悅後主，故飾后於宮中，令帝見之。帝果悅，立爲弘德夫人，進左昭儀，大被寵愛。斛律后廢，陸媼欲以穆夫人代之，太后不許。祖孝徵請立胡昭儀，遂登爲皇后。陸媼既非勸立，又意在穆夫人，其後於太后前作色而言曰：「何物親姪女，作如此語言！」太后問有何言。曰：「不可道。」固問之，乃曰：「語大家云，太后行多非法，不可以訓。」太后大怒，喚后出，立剃其髮，送令還家。帝思之，每致詩以通意。後與斛律廢后俱召入內。數日而鄴不守，後亦改嫁云。

後主皇后穆氏，名邪利，本斛律后從婢也。母名輕霄，本穆子倫婢也，轉入侍中宋欽道家，姦私而生后，莫知氏族，或云后即欽道女子也。[七]小字黃花，後字舍利。欽道婦妬，輕霄面黥爲宋字。欽道伏誅，黃花因此入宮。有幸於後主，宮內稱爲「舍利大監」。女侍中陸太姬知其寵，養以爲女，薦爲弘德夫人。武平元年六月，生皇子恒。於時後主未有儲嗣，陸陰結待，以監撫之任不可無主，時皇后斛律氏，丞相光之女也，慮其懷恨，先令母養之，立爲皇

太子。陸以國姓之重，穆、陸相對，又奏賜姓穆氏。胡庶人之廢也，陸有助焉，故遂立爲皇后，大赦。初，有折衝將軍元正烈，於鄴城東水中得璽以獻，文曰「天王后璽」，蓋石氏所作。〔八〕詔書頒告，以爲穆后之瑞焉。

武成爲胡后造眞珠裙袴，所費不可稱計，被火燒。後主既立穆皇后，復爲營之。屬周武遭太后喪，詔侍中薛孤、康買等爲弔使，又遣商胡齎錦綵三萬疋與弔使同往，欲市眞珠，爲皇后造七寶車。周人不與交易，然而竟造焉。先是，童謠曰：「黃花勢欲落，清觴滿盃酌。」言黃花不久也。後主自立穆后以後，昏飲無度，故云「清觴滿杯酌」。陸息駱提婆，詔改姓爲穆；陸，太姬。皆以皇后故也。〔九〕后既以陸爲母，提婆爲家，更不採輕霄。輕霄後自瘵面，欲求見，爲太姬陸媼使禁掌之，竟不得見。

馮淑妃名小憐，大穆后從婢也。〔一〇〕穆后愛衰，以五月五日進之，號曰「續命」。慧黠能彈琵琶，工歌舞。後主惑之，坐則同席，出則並馬，願得生死一處。命淑妃處隆基堂，淑妃惡曹昭儀所常居也，悉令反換其地。

周師之取平陽，帝獵於三堆，晉州亟告急，帝將還，淑妃請更殺一圍，帝從其言。識者以爲後主名緯，殺圍言非吉徵。及帝至晉州，城已欲沒矣。作地道攻之，城陷十餘步，將士乘

勢欲入。帝敕且止，召淑妃共觀之。淑妃粧點，不獲時至。周人以木拒塞，城遂不下。舊俗相傳，晉州城西石上有聖人跡，淑妃欲往觀之。帝恐弩矢及橋，故抽攻城木造遠橋，監作舍人以不速成受罰。帝與淑妃度橋，橋壞，至夜乃還。稱妃有功勳，將立爲左皇后，卽令使馳取褘翟等皇后服御。仍與之並騎觀戰，東偏少却，淑妃怖曰：「軍敗矣！」帝遂以淑妃奔還。至洪洞戍，淑妃方以粉鏡自玩，後聲亂唱賊至，於是復走。內參自晉陽以皇后衣至，帝爲按轡，命淑妃著之，然後去。帝奔鄴，太后後至，帝不出迎；淑妃將至，鑿城北門出十里迎之。復以淑妃奔青州。後主至長安，請周武帝乞淑妃，帝曰：「朕視天下如脫屣，一老嫗豈與公惜也！」仍以賜之。

及帝遇害，以淑妃賜代王達，甚嬖之。淑妃彈琵琶，因絃斷，作詩曰：「雖蒙今日寵，猶憶昔時憐。欲知心斷絕，應看膠上弦。」〔一一〕達妃爲淑妃所譖，幾致於死。隋文帝將賜達妃兄李詢，令著布裙配舂。詢母逼令自殺。

後主以李祖欽女爲左昭儀，進爲左娥英。裴氏爲右娥英。娥英者，兼取舜妃娥皇、女英名，陽休之所制。

樂人曹僧奴進二女，大者忤旨，剝面皮；少者彈琵琶，爲昭儀。以僧奴爲日南王。僧奴死後，又貴其兄弟妙達等二人，同日皆爲郡王。爲昭儀別起隆基堂，極爲綺麗。陸媼誣以左道，遂殺之。

又有董昭儀、毛夫人、彭夫人、王夫人、小王夫人、二李夫人，皆嬖寵之。毛能彈箏，本和士開薦入。帝所幸彭夫人，亦音妓進，死於晉陽，造佛寺，與總持相埒。一李是隸戶女，以五弦進；一李卽孝貞之女也。小王生一男，諸閹人在傍，皆蒙賜給。毛兄思安，超登武衞。董父賢義，爲作軍主，由昭儀亦超登開府。〔一二〕自餘姻屬，多至大官。

周文皇后元氏，魏孝武之妹也。初封平原公主，適開府張歡。歡性貪殘，遇后無禮。帝殺歡，改封后爲馮翊公主，以配周文帝。生孝閔帝。魏大統十七年，薨。恭帝三年十二月，合葬成陵。孝閔踐阼，追尊爲王后。武成初，又追尊爲皇后。

文宣皇后叱奴氏，代人也。周文帝爲丞相，納爲姬，生武帝。天和二年六月，尊爲皇太后。〔一三〕建德三年三月，崩。五月，葬永固陵。

孝閔皇后元氏，名胡摩，魏文帝第五女也。初封晉安公主。帝之爲略陽公也，尚焉。及

踐阼，立爲王后。帝被廢，后出俗爲尼。建德初，武帝誅晉公護，上帝尊號，以后爲孝閔皇后，居崇義宮。隋革命，后出居里第。大業十二年，殂。

明敬皇后獨孤氏，太保、衞公信之長女也。帝之在藩，納爲夫人。二年正月，立爲王后。四月，崩，葬昭陵。武成初，追崇爲皇后。明帝崩，與后合葬焉。

武成皇后阿史那氏，突厥木杆可汗俟斤之女也。突厥滅蠕蠕後，盡有塞表之地，志陵中夏。周文方與齊人爭衡，結以爲援。俟斤初欲以女配帝，既而悔之。武帝卽位，前後累遣使焉。保定五年二月，詔陳公純、許公宇文貴、神武公竇毅、南安公楊荐等，〔一四〕備皇后文物及行殿，并六宮以下一百二十人，至俟斤牙所迎后。俟斤又許齊婚，將有異志，純等累請，不得反命。會雷風大起，飄壞其穹廬，俟斤大懼，以爲天譴，乃禮送后，純等奉之以歸。天和三年三月至，武帝接以親迎之禮。后有姿貌，善容止，帝深敬禮焉。宣帝卽位，尊后爲皇太后。大象元年二月，改爲天元皇太后。二年二月，又尊曰天元上皇太后。宣帝崩，靜帝尊爲太皇太后。〔一五〕隋開皇二年，殂，年三十二。隋文詔有司備禮，祔葬后於孝陵。

武皇后李氏，名娥姿，楚人也。于謹平江陵，后家被籍沒。至長安，周文以后賜武帝。後得親幸，生宣帝。宣政元年七月，尊爲帝太后。大象元年二月，改爲天元帝太后。七月，又尊爲天皇太后。二年二月，尊爲天元聖皇太后。宣帝崩，靜帝尊爲大帝太后。隋開皇元年三月，出俗爲尼，改名常悲。八年，殂，以尼禮葬于京城南。

宣皇后楊氏名麗華，隋文帝之長女也。帝在東宮，武帝爲帝納后爲皇太子妃。宣政元年閏六月，立爲皇后。帝後自稱天元皇帝，號后爲天元皇后。尋又立天皇后及左右皇后，與后爲四皇后。〔一六〕二年二月，詔取象四星，於是后及三皇后並加大焉。册授后爲天元大皇后，又立天中大皇后，與后爲五皇后焉。后性柔婉，不妬忌，四皇后及嬪御等咸愛而仰之。帝後昏暴滋甚，喜怒乖度。嘗譴后，欲加之罪，后進止詳閑，辭色不撓。帝大怒，遂賜后死，逼令自引決。后母獨孤氏聞之，詣閤陳謝，叩頭流血，然後得免。帝崩，靜帝尊后爲皇太后，居弘聖宮。

初，宣帝不豫，詔隋文帝入禁中侍疾。及大漸，劉昉、鄭譯等因矯詔以隋文帝受遺輔政。后初雖不預謀，然以嗣主幼沖，恐權在他族，不利於己，聞昉、譯已行此詔，心甚悅。後知隋文有異圖，意頗不平。及行禪代，憤惋愈甚。隋文內甚愧之。開皇初，封后爲樂平公

主。後又議奪其志，后誓不許，乃止。大業五年，從煬帝幸張掖，殂於河西。詔還京，所司備禮，祔葬后於定陵。

宣帝后朱氏，名滿月，吳人也。其家坐事，沒入東宮。宣帝之爲太子，后被選掌衣服，帝召幸之，遂生靜帝。大象元年四月，立爲天元帝后。七月，改爲天皇后。二年二月，又改爲天大皇后。后本非良家子，又年長於帝十餘歲，疏賤無寵。以靜帝故，特尊崇之，班亞楊皇后焉。宣帝崩，靜帝尊后爲帝太后。隋開皇元年二月，出俗爲尼，改名法淨。六年，殂，以尼禮葬于京城西。

宣帝后陳氏，名月儀，自云潁川人，大將軍山提之第八女也。大象元年六月，以選入宮，拜爲德妃。月餘日，立爲天左皇后。二年二月，改爲天左大皇后。三月，又詔以坤儀比德，〔一七〕土數惟五，四大皇后外，增置天中大皇后一人。於是以后爲天中大皇后。帝崩，后出俗爲尼，改名華光。后永徽初終。

父山提，本尒朱兆之隸。仕齊，位特進、開府、東兗州刺史、謝陽王。武帝平齊，拜大將軍，封浙陽公。大象元年，以后父超授上柱國，進鄅國公，除大宗伯。

宣帝皇后元氏，名樂尚，河南洛陽人，開府晟之第二女也。年十五，被選入宮，拜貴妃。大象元年七月，立爲天右皇后。二年二月，改爲天右大皇后。帝崩，后出家爲尼，改名華勝。初，后與陳皇后同時被選入宮，俱拜爲妃；及升后，又同日受册。帝寵遇二后，禮數均等，年齒復同，特相親愛。及爲尼後，李、朱及尉遲后並相繼殞歿，而二后貞觀中尚存。

后父晟，少以元氏宗室，拜開府。大象元年七月，以后父進位上柱國，〔一八〕封翼國公。

宣帝皇后尉遲氏名繁熾，蜀公迥之孫女也。有美色。初適杞公亮子西陽公溫，以宗婦例入朝，帝逼幸之。及亮謀逆，帝誅溫，追后入宮，拜長貴妃。大象二年三月，立爲天左大皇后。〔一九〕帝崩，后出俗爲尼，改名華道。隋開皇十五年，殂。

靜帝司馬皇后名令姬，柱國、滎陽公消難之女也。大象元年二月，宣帝傳位於帝，七月爲帝納后爲皇后。二年九月，隋文帝以后父奔陳，廢后爲庶人。後嫁爲隋司隸刺史李丹妻，〔二〇〕貞觀初猶存。

隋文獻皇后獨孤氏，諱伽羅，河南洛陽人，周大司馬、衞公信之女也。信見文帝有奇表，故以后妻焉，時年十四。帝與后相得，誓無異生之子。后姊爲周明帝后，長女爲周宣帝后，貴戚之盛，莫與爲比，而后每謙卑自守。及周宣帝崩，隋文居禁中，總百揆。后使李圓通謂文帝曰：「騎獸之勢，必不得下，勉之！」及帝受禪，立爲皇后。

突厥嘗與中國交市，有明珠一篋，價直八百萬，幽州總管陰壽白后市之。后曰：「當今戎狄屢寇，將士罷勞，未若以八百萬分賞有功者。」百僚聞而畢賀。文帝甚寵憚之。帝每臨朝，后輒與上方輦而進，至閤乃止。使宮官伺帝，政有所失，隨則匡諫，多所弘益。候帝退朝而同反宴寢，相顧欣然。后早失二親，常懷感慕，見公卿有父母者，每爲致禮焉。有司奏曰：「周禮，百官之妻，命於王后。憲章在昔，請依古制。」后曰：「以婦人與政，或從此漸，不可開其源也。」不許。后每謂諸公主曰：「周家公主類無婦德，失禮於舅姑，離薄人骨肉，此不順事，爾等當誡之。」后姑子都督崔長仁犯法當斬，〔二一〕文帝以后故免之。后曰：「國家之事，焉可顧私！」長仁竟坐死。異母弟陁以猫鬼巫蠱呪詛於后，坐當死。后三日不食，爲之請命曰：「陁若蠹政害民者，不敢言。今坐爲妾身，請其命。」陁於是減死一等。

后雅性儉約，帝常合止利藥，須胡粉一兩，宮內不用，求之竟不得。又欲賜柱國劉嵩妻

織成衣領，宮內亦無。上以后不好華麗，時齊七寶車及鏡臺絕巧麗，使毀車而以鏡臺賜后。后雅好讀書，識達今古，凡言事皆與上意合，宮中稱爲二聖。嘗夢周阿史那后，言受罪辛苦，求營功德。明日言之，上爲立寺追福焉。后兄女，夫死於幷州，后嫂以女有娠，請不赴葬。后曰：「婦人事夫，何容不往！其姑在，宜自諮之。」姑不許，女遂行。

后頗仁愛，每聞大理決囚，未嘗不流涕。然性尤妬忌，後宮莫敢進御。尉遲迥女孫有美色，先在宮中，帝於仁壽宮見而悅之，因得幸。后伺帝聽朝，陰殺之。上大怒，單騎從苑中出，不由徑路，入山谷間三十餘里。高熲、楊素等追及，扣馬諫。帝太息曰：「吾貴爲天子，不得自由！」高熲曰：「陛下豈以一婦人而輕天下？」帝意少解，駐馬良久，夜方還宮。后候上於閤內，及帝至，流涕拜謝。熲、素等和解之，上置酒極歡。后自此意頗折。

初，后以高熲是父之家客，甚見親禮。至是，聞熲謂己爲一婦人，因以銜恨。又以熲夫人死，其妾生男，益不善之，漸加譖毀。帝亦每事唯后言是用。后見諸王及朝士有妾孕者，必勸帝斥之。時皇太子多內寵，妃元氏暴薨，后意太子愛妾雲氏害之。由是諷帝，黜高熲，竟廢太子立晉王廣，皆后之謀也。

仁壽二年八月甲子，日暈四重。己巳，太白犯軒轅。其夜，后崩於永安宮，時年五十九，葬於太陵。其後宣華夫人陳氏、容華夫人蔡氏俱有寵，帝頗惑之，由是發疾。及危篤，謂侍者曰「使皇后在，吾不及此」云。

宣華夫人陳氏，陳宣帝女也。性聰慧，姿貌無雙。及陳滅，配掖庭，後選入宮爲嬪。時獨孤皇后性妬，後宮罕得進御，唯陳氏有寵。煬帝之在藩也，陰有奪宗之計，規爲內助，每致禮焉。進金蛇、金駝等物，以取媚於陳氏。皇太子廢立之際，頗有力焉。及文獻皇后崩，進位爲貴人，專房擅寵，主斷內事，六宮莫與爲比。及帝大漸，遺詔拜爲宣華夫人。

初，帝寢疾於仁壽宮，夫人與皇太子同侍疾。平旦更衣，爲太子所逼，夫人拒之得免。歸於上所，上怪其神色有異，問之，夫人泣以實對。帝恚曰：「畜生何堪付大事，獨孤誠誤我！」意謂獻皇后也。因呼兵部尚書柳述、黃門侍郎元巖曰：「呼我兒！」述等呼太子。帝曰：「勇也。」述、巖出閤爲敕書訖，示左僕射楊素。素以白太子，太子遣張衡入寢殿，〔三〕遂令夫人及後宮同侍疾者並就別室。俄聞上崩，而未發喪也。夫人與諸後宮相顧曰：「事變矣！」皆色動股慄。晡後，太子遣使者齎金合，帖紙於際，親署封字，以賜夫人。夫人見，惶懼，以爲鴆毒，不敢發。使者促之，乃發，見合中有同心結數枚。諸宮人相謂曰：「得免死矣！」陳氏恚而却坐，不肯致謝。諸宮人共逼之，乃拜使者。其夜，太子烝焉。

煬帝卽位，出居仙都宮。尋召入，歲餘而終，時年二十九。帝深悼之，爲製神傷賦。

容華夫人蔡氏，丹楊人也。陳滅，以選入宮，爲世婦。容儀婉嫕，帝甚悅之。以文獻后故，希得進幸。后崩後，漸見寵遇，拜爲貴人，參斷宮掖，亞於陳氏。帝寢疾，加號容華夫人。帝崩後，亦爲煬帝所烝。

煬帝愍皇后蕭氏，梁明帝巋之女也。江南風俗，二月生子者不舉。后以二月生，由是季父岌收養之。未幾，岌夫妻俱死，轉養舅張軻家。軻甚貧窶，后躬親勞苦。煬帝爲晉王，文帝爲選妃於梁，卜諸女皆不吉。巋乃迎后於舅氏，令使者占之，曰：「吉。」遂冊爲妃。

后性婉順，有智識，好學解屬文，頗知占候，文帝大善之。煬帝甚寵敬焉。及帝嗣位，立爲皇后。帝每游幸，未嘗不隨從。時后見帝失德，心知不可，不敢措言，因爲述志賦以自寄焉。其詞曰：

承積善之餘慶，備箕箒於皇庭。恐脩名之不立，將負累於先靈。廼夙夜而匪懈，實夤懼於玄冥。雖自强而不息，亮愚蒙之多滯。思竭節於天衢，才追心而弗逮。實庸薄之多幸，荷隆寵之嘉惠。賴天高而地厚，屬王道之升平。均二儀之覆載，與日月而齊明。廼春生而夏長，等品物而同榮。願立志於恭儉，私自兢於誡盈。孰有念於知足，苟無希於濫名。惟至德之弘深，情弗遷於聲色。感懷舊之餘恩，求故劍於宸極。叨不世之殊眄，謬非才而奉職。何寵祿之踰分，撫胸襟而未識。雖沐浴於恩光，內慚惶而累息。顧微躬之寡昧，思令淑之良難。實不遑於啓處，將有情而自安！〔三〕若臨深而履薄，心戰慄其如寒。

夫居高而必危，每處滿而防溢。知恣夸之非道，乃攝生於沖謐。嗟寵辱之易驚，尙無爲而抱一。履謙光而守志，且願安乎容膝。珠簾玉箔之奇，金屋瑤臺之美，雖時俗之崇麗，蓋哲人之所鄙。愧絺綌之不工，豈絲竹而喧耳。知道德之可尊，明善惡之由己。蕩囂煩之俗慮，乃伏膺於經史。綜箴誡以訓心，觀女圖而作軌。遵古賢之令範，冀福祿之能綏。時循躬而三省，覺今是而昨非。嗤黃、老之損思，信爲善之可歸。慕周姒之遺風，美虞妃之聖則。仰先哲之高才，慕至人之休德。質菲薄而難蹤，心恬愉而去惑。乃平生之耿介，實禮義之所遵。雖生知之不敏，庶積行以成仁。懼達人之蓋寡，謂何求而自陳。誠素志之難寫，同絕筆於獲麟。

及帝幸江都，臣下離貳，有宮人白后曰：「外聞人人欲反。」后曰：「任汝奏之。」宮人言於帝，帝大怒曰：「非汝宜言！」乃斬之。後宮人復白后曰：「宿衞者往往偶語謀反。」后曰：「天下事一朝至此，勢去已然，無可救也。何用言，徒令帝憂煩耳！」自是無復言者。

及宇文化及之亂，隨軍至聊城。化及敗，沒於竇建德。建德妻曹氏妬悍，煬帝妃嬪美人並使出家，并后置於武强縣。是時突厥處羅可汗方盛，其可賀敦卽隋義城公主也，遣使迎后。建德不敢留，遂攜其孫正道及諸女入於虜庭。大唐貞觀四年，破突厥，皆以禮致之，歸于京師，賜宅於興道里。二十一年，殂。詔以皇后禮於揚州合葬於煬帝陵，謚曰愍。

論曰：男女正位，人倫大綱。三代已還，逮於漢、晉，何嘗不敗於嬌詖而興於聖淑。至如后稷稟靈巨迹，神元生自天女，克昌來葉，異世同符。魏諸后婦人之識，無足論者。文明邪險，幸不墜國。靈后淫恣，卒亡天下。傾城之誡，其在茲乎。乙后迫於畏逼，有足傷矣。昔鉤弋年少子幼，漢武所以行權，魏世遂爲常制，子貴而其母必死。矯枉之義，不亦過乎！孝文終革其失，良有以也。

神武肇興齊業，武明追蹤周亂；溫公之敗邦家，馮妃比跡褒后。然則汙隆之義，蓋有係焉。其餘作孽爲眚，外平內蠹，鑒之近代，於齊爲甚。

周氏學自文皇，逮乎武帝，年踰二紀，世歷四君。〔一四〕業非草昧之辰，事殊權宜之日，乃棄同卽異，以夷亂華，汨婚姻之彝序，求豺狼之外利。既而報者倦矣，施者無厭，向之所謂

和親，未幾已成讎敵。奇正之道，有異於斯。于時武皇雖受制於人，未親庶政，而謀士韞奇，直臣鉗口，過矣哉！而歷觀前載，〔一五〕以外戚而居宰輔者多矣，而傾漢室者王族，喪周家者楊氏，何滅亡之禍，若合契焉。

隋文取鑒於已遠，大革前失，故母后之家不罹禍敗。獨孤權無呂、霍，獲全仁壽之前；蕭氏勢異梁、竇，不傾大業之後。至或不隕舊基，或更隆克構，豈非處之以道，其所致然乎？

校勘記

〔一〕及蠕蠕公主至　諸本作「茹茹」。錢氏考異云：「上文卽云神武逼于蠕蠕，欲娶其女，此後仍書蠕蠕公主，一卷之中，不相檢照。」按此北史改北齊書未盡，今改歸一致。

〔二〕鄭氏名大車嚴祖妹也　按本書卷三五鄭羲傳，大車是嚴祖女，此誤。

〔三〕李娘者延寔從妹也初爲魏城陽王妃　張森楷云：「按魏書卷一九下城陽王徽傳，徽後妻李氏，孝莊帝以其爲舅女，特親任徽，卽此李娘也。然延寔是莊帝舅，李娘是莊帝舅女，卽不得爲延寔從妹也。『妹』字疑誤。」

〔四〕穆娘生平陽王淹　諸本「平陽」倒作「陽平」，據本書卷五一齊宗室諸王上神武諸子傳乙。

〔五〕生南陽王仁盛　張森楷云：「案武成諸子傳本書卷五二，南陽王綽字仁通，疑『盛』字誤。」

〔六〕爲南安王思好妃　諸本無「好」字，通志卷二〇有。按南安王高思好，本書卷五一有傳，今據補。

〔七〕或云后卽欽道女子也　通志無「子」字，此衍文。

〔八〕文曰天王后璽蓋石氏所作　諸本「王」作「皇」，北齊書三朝本作「王」。按石虎自稱「大趙天王」，見魏書卷九五石勒傳。作「王」是，今據改。

〔九〕陸息駱提婆詔改姓爲穆陸太姬皆以皇后故也　按北齊書卷五〇補穆提婆傳，「是以提婆改姓穆氏，及穆后立，令萱號曰太姬」。此處「陸」下疑脫「號」字。

〔一〇〕大穆后從婢也　張森楷云：「齊無小穆后，何以得稱大？疑『大』是『本』之訛。」

〔一一〕欲知心斷絕應看膠上弦　宋本及通志「膠」作「膝」。按琵琶弦斷，落於膝上，疑「膝」是。膠只是續弦之物，作「膠上弦」，疑非。

〔一二〕董父賢義爲作軍主由昭儀亦超登開府　諸本「由」字作「田」，「儀」下空一格，宋本無空格。通志作「董父賢義由軍主超登開府」。按上列只有董昭儀，無田昭儀，「田」顯是「由」之訛。又空缺處不像有脫字。今從宋本，並從通志改「田」爲「由」。「作軍主」之「作」，或是衍文，或是管理作役之軍主。

〔一三〕天和二年六月尊爲皇太后　諸本「二」作「三」，通志作「二」。按本書卷一〇周武帝紀，事在天和二年，今據改。

〔一四〕南安公楊荐等　諸本「荐」訛作「符」，據周書卷九皇后傳改。楊荐傳見本書卷六九。

〔一五〕靜帝尊爲太皇太后　百衲、南、汲三本「太皇」二字缺，北、殿二本作「大帝」，周書皇后傳作「太皇」。張森楷云：「案靜帝紀本書卷一〇尊天元上皇太后爲太皇太后，聖皇太后爲大帝太后，則此作『大帝』非也。」按張說是，今從周書皇后傳。

〔一六〕與后爲四皇后　諸本「與」下脫「后」字，據周書、通志補。

〔一七〕三月又詔以坤儀比德　諸本「三」作「二」，周書作「三」。按上已見「二月」，又本書卷一〇周宣帝紀繫於大象二年三月，今據改。

〔一八〕大象元年七月以后父進位上柱國　按宣帝紀繫於八月，此作「七月」誤。

〔一九〕立爲天左大皇后　諸本「左」作「右」，周書作「左」。張森楷云：「按上文，元后已爲天右，此不當復爲右，作『左』是也。」按宣帝紀也作「左」，今據改。

〔二〇〕後嫁爲隋司隸刺史李丹妻　諸本「隸」作「州」，周書作「隸」。按隋無司州。司隸刺史，煬帝時置，見隋書卷二九地理志序及卷二八百官志。今據改。

〔二一〕后姑子都督崔長仁犯法當斬　按獨孤皇后母崔氏，見隋書卷七九獨孤羅傳，長仁當是后之舅子而非姑子。隋書卷三六后妃傳本作「后之中外兄弟」，北史誤改。

〔三二〕太子遣張衡入寢殿　諸本脫「殿」字，據隋書卷三六補。

〔三三〕將有情而自安　隋書「有」作「何」，是。

〔三四〕周氏麐自文皇逮乎武帝年踰二紀世歷四君　諸本「武帝」作「宣帝」。周書卷九史臣論作「自周氏受命，逮乎高祖」。按下文所指是周武帝卽高祖結婚突厥事。自宇文泰於永熙三年五三四年執政，至武帝卽位武成二年、五六〇年，共二十六年，故云：「年踰二紀，世歷四君。」作「宣帝」誤。今據周書改。

〔三五〕而歷觀前載　周書無「而」字，此衍文。

北史卷十五

列傳第三

魏諸宗室

上谷公紇羅，神元皇帝之曾孫也。初從道武皇帝自獨孤如賀蘭部，與弟建勸賀蘭訥推道武爲主。及道武卽帝位，以援立功，與建同日賜爵爲公。卒。子題，賜爵襄城公，後進爵爲王。擊慕容驎於義臺，中流矢薨。帝以太醫令陰光爲視療不盡術，伏法。子悉襲，降爵爲襄城公。〔一〕卒，贈襄城王。

神元後又有建德公嬰文、眞定侯陸，並仕太武，特獲封爵。

武陵侯因、長樂王壽樂，並章帝之後也。

因從道武平中原，以功封曲逆侯。太武時，改爵武陵。

壽樂位選部尚書、南安王，改封長樂王。文成卽位，壽樂有援立功，拜太宰、大都督中外諸軍、錄尚書事。矜功，與尚書令長孫渴侯爭權，並伏法。

望都公頽，昭帝之後也。隨道武平中原，賜爵望都侯。太武以頽美儀容，進止可觀，使迎左昭儀於蠕蠕，進爵爲公。卒。

曲陽侯素延、順陽公郁、宜都王目辰，並桓帝之後也。

素延以小統從道武征討諸部，初定幷州，爲刺史。道武之驚於栢肆也，幷州守將封竇眞爲逆，素延斬之。時道武意欲撫悅新附，悔參合之誅，而素延殺戮過多，坐免官。中山平，拜幽州刺史，豪奢放逸，左遷上谷太守。後賜爵曲陽侯。時道武留心黃、老，欲以純風化俗，雖乘輿服御，皆去雕飾。素延奢侈過度，帝深銜之，積其過，因徵，坐賜死。

郁少忠正亢直，文成時，位殿中尚書，賜爵順陽公。文成崩，乙渾專權，郁從順德門入，欲誅渾。渾窘怖，遂奉獻文臨朝。後復謀殺渾，爲渾所誅。獻文錄郁忠正，追贈順陽王，謚曰簡。

目辰，文成卽位，歷侍中、尚書左僕射，封南平公。乙渾謀亂，目辰、順陽公謀殺之。事發，目辰逃免。獻文傳位，有定策勳。孝文卽位，進爵宜都王，除雍州刺史，鎭長安。有罪，伏法，爵除。

六修，穆帝長子也。少兇悖。穆帝五年，遣六修與輔相衞雄、范班及姬澹等救劉琨，帝躬統大兵爲後繼。劉粲懼，突圍而走，殺傷甚衆。帝因大獵壽陽山，陳閱皮肉，山爲變赤。穆帝少子比延有寵，欲以爲後，六修出居新平城，而黜其母。六修有驊騮駿馬，日行五百里，穆帝欲取以給比延。後六修來朝，穆帝又命拜比延，六修不從。穆帝乃坐比延於己所乘步輦，使人導從出遊。六修望見，以爲穆帝，謁伏路左，及至，乃是比延，慚怒而去。穆帝怒，伐之，帝軍不利，六修殺比延。帝改服微行人間，有賤婦人識帝，遂暴崩。桓帝子普根先守于外，聞難來赴，滅之。

吉陽男比干、江夏公呂，並道武族弟也。

比干以司衞監討白澗丁零有功，賜爵吉陽男。後爲南道都將，戰沒。

呂以軍功封江夏公，位外都大官，大見尊重。卒，贈江夏王，陪葬金陵。

高涼王孤，平文皇帝之第四子也。多才藝，有志略。烈帝之前元年，國有內難，昭成如襄國。後烈帝臨崩，顧命迎立昭成。及崩，羣臣咸以新有大故，昭成來未可果，宜立長君。次弟屈剛猛多變，不如孤之寬和柔順。於是大人梁蓋等殺屈，共推孤。不肯，乃自詣鄴奉迎，請身留爲質，石季龍義而從之。昭成卽王位，乃分國半部以與之。薨。

子斤，失職懷怒，構寔君爲逆，死於長安。道武時，以孤勳高，追封高涼王，諡曰神武。

斤子眞樂，〔三〕頻有戰功，後襲祖封。明元初，改封平陽王。薨。

子禮，襲本爵高涼王。薨，諡懿王。

子那，襲爵，拜中都大官，驍猛善攻戰。正平初，坐事伏法。

獻文卽位，追那功，命子紇紹封。薨。

子大曹，性愿直。孝文時，諸王非道武子孫者，例降爵爲公。以大曹先世讓國功重，高祖眞樂勳著前朝，改封太原郡公。卒，無子，國除。

宣武又以大曹從兄子洪威紹。恭謙好學，爲潁川太守，有政績。孝靜初，在潁川聚衆應西魏，齊神武遣將討平之。

禮弟陵，太武賜爵襄邑男，進爵爲子。卒。

子瓌，位柔玄鎭司馬。

瓌子鷙，字孔雀，孝文末，以軍功賜爵晉陽男。武泰元年，尒朱榮至河陰，殺戮朝士，時鷙與榮共登高塚，俯而觀之。自此後，與榮合。永安初，封華山王。莊帝旣殺尒朱榮，從子兆爲亂。帝欲率諸軍親討，而鷙與兆陰通，乃勸帝曰：「黃河萬仞，寧可卒度？」帝遂自安。及兆入殿，鷙又約止衞兵。帝見逼，京邑破，皆由鷙之謀。孝靜初，入爲大司馬，加侍中。

鷙容貌魁壯，腰帶十圍，有武藝。木訥少言，性方厚，每息直省閣，雖暑月不解衣冠。曾於侍中高岳之席，咸陽王坦恃力使酒，衆皆下之。坦謂鷙曰：「孔雀老武官，何因得王？」鷙答曰：「斬反人元禧首，是以得之。」〔三〕衆皆失色，鷙怡然如故。興和三年，薨，贈假黃鉞、尚書令、司徒公。

子大器，襲爵。後與元瑾謀害齊文襄，見害。

孤孫度，道武初，賜爵松滋侯，位比部尚書。卒。

子乙斤，襲爵襄陽侯。獻文崇舊齒，拜外都大官，甚優重。卒。

子平，字楚國，襲世爵松滋侯，以軍功賜艾陵男。卒。

子萇，孝文時，襲爵松滋侯，例降侯，賜艾陵伯。萇性剛毅，雖有吉慶事，未嘗開口而笑。孝文遷都，萇以代尹留鎭，除懷朔鎭都大將。因別，賜萇酒，雖拜飲而顏色不泰。帝曰：「聞公一生不笑，今方隔山，當爲朕笑。」竟不能得。帝曰：「五行之氣，偏有所不入，六合之間，亦何事不有！」左右見者，無不扼腕大笑。

宣武時，爲北中郎將，帶河內太守。萇以河橋船絙路狹，不便行旅，又秋水汎漲，年常破壞，乃爲船路，遂廣募空車從京出者，〔四〕率令輸石一雙，累以爲岸。橋闊，來往便利。近橋諸郡，無復勞擾，公私賴之。歷位度支尚書、侍中、雍州刺史。卒，諡曰成。萇中年以後，官位微達，乃自尊倨，閨門無禮，昆季不穆，性又貪虐，論者鄙之。

萇子子華，字伏榮，襲爵。孝莊初，除齊州刺史。先是，州境數經反逆，邢杲之亂，人不自保，而子華撫集豪右，委之管籥，衆皆感悅，境內帖然。而性甚褊急，當其急也，口不擇言，手自捶擊。長史鄭子湛，子華親友也。見侮罵，遂卽去之。子華雖自悔厲，終不能改。在官不爲矯潔之行，凡有餽贈者，辭多受少，故人不厭其取。鞫獄訊囚，務加仁恕，齊人樹碑頌德。後除濟州刺史。尒朱兆之入洛也，齊州城人趙洛周逐刺史，丹楊王蕭贊表濟南太守房士達攝行州事。洛周子元顯先隨子華在濟州，邀路改表，請子華復爲齊州刺史。子華母房氏曾就親人飲食，夜還，大吐，人以爲中毒，母甚憂懼。子華遂掬吐盡噉之，其母乃安。尋以母憂還都。

孝靜初，除南兗州刺史。弟子思通使關西，朝廷使右衞將軍郭瓊收之。子思謂瓊僕曰：「速可見殺，何爲久執國士？」子華謂子思曰：「由汝粗疏，令我如此！」頭叩牀，涕泣不自勝。子思以手捋鬚，顧謂子華曰：「君惡體氣。」尋與子思俱賜死於門下外省。

子思字衆念，性剛暴，恒以忠烈自許。元天穆當朝權，以親從薦爲御史中尉。先是，兼尚書僕射元順奏，以尚書百揆之本，至於公事，不應爲送御史。至子思，奏曰：

案御史令文：「中尉督司百僚，書侍御史糾察禁內。」又云：「中尉出行，車輻前驅，除道一里，王公百辟避路。」時經四帝，前後中尉二十許人，奉以周旋，未曾暫廢，府寺臺省並從此令。唯肅宗之世爲臨洮舉哀，故兼尚書左僕射臣順不肯與名，又不送簿。故中尉臣酈道元舉而奏之，而順復啓云：「尚書百揆之本，令僕納言之貴，不宜下隸中尉，送名御史。」尋亦蒙敕，聽如其奏。從此迄今，使無準一。臣初上臺，具見其事，意欲申請決議，但以權兼斯，未宜便爾。〔五〕日復一日，遂歷炎涼。

去月朔旦，臺移尚書，索應朔名帳，而省稽留不送。尋復移催并主吏，〔六〕忽爲尚

書郎中裴獻伯後注云：「案舊事，御史中尉逢臺郎於複道，中尉下車執板，郎中車上舉手禮之。以此而言，明非敵體。」臣既見此，深爲怪愕，旅省二三，未解所以。正謂都省別被新式，改易高祖舊命，卽遣移問，事何所依。又獲尚書郎中王元旭報：〔七〕「出蔡氏漢官，似非穿鑿。」始知裴、王亦規壞典謨，兩人心欲自矯。

臣案漢書宣秉傳云，詔徵秉爲御史中丞，與司隸校尉、尚書令俱會殿廷，並專席而坐，京師號之爲三獨坐。又尋魏書崔琰傳、晉文陽〔八〕傅嘏傳，皆云既爲中丞，百僚震悚。以此而言，則中丞不揖省郎，蓋已久矣，憲臺不屬都坐，亦非今日。又尋職令云：「朝會失時，卽加彈糾。」則百官簿帳應送上臺，灼然明矣。又皇太子以下違犯憲制，皆得糾察，則令僕朝名宜付御史，又亦彰矣。不付名至，否臧何驗？臣順專執，未爲平通，先朝曲遂，豈是正法！謹案尚書郎中臣裴獻伯、王元旭等望班士流，早參淸宦，輕弄短札，斐然若斯，苟執異端，忽焉至此。此而不綱，將墜朝令。請以見事免獻伯等所居官，付法科處。尚書納言之本，令僕百揆之要，同彼浮虛，助兹乖失，宜明首從，節級其罪。

詔曰：「國異政，不可據之古事。付司檢高祖舊格，推處得失以聞。」尋從子思奏，仍爲元天穆所忿，遂停。元顥之敗，封安定縣子。孝靜時，位侍中而死。

萇弟珍，字金雀，〔九〕襲爵艾陵男。宣武時，曲事高肇，遂爲帝寵昵。彭城王勰之死，珍率壯士害之。後卒於尚書左僕射。

平弟長生，位游擊將軍，卒。孝莊時，以子天穆貴盛，贈司空。

天穆性和厚，美形貌，射有能名。六鎭之亂，尚書令李崇、廣陽王深北討，天穆以太尉使勞諸軍，〔一〇〕路出秀容，見尒朱榮，深相結託，約爲兄弟。未幾，改授別將，赴秀容，爲榮腹心，除并州刺史。及榮赴洛，天穆參其始謀。莊帝踐阼，除太尉，封上黨王，徵赴京師。後增封，通前三萬戶。尋監國史，錄尚書事，開府，世襲并州刺史。

初，杜洛周、鮮于修禮爲寇，瀛、冀諸州人多避亂南向。幽州前平北府主簿河間邢杲〔一一〕擁率部曲，屯據鄚城，以拒洛周、葛榮，垂將三載。及廣陽王深等敗後，杲南度，居青州北海界。靈太后詔流人所在皆置，命屬郡縣，選豪右爲守令以撫鎭之。時青州刺史元世儁表置新安郡，以杲爲太守，未報。會臺中休簡授郡縣，〔一二〕以杲從子子瑤資蔭居前，乃授河間太守。杲深恥恨，於是遂反。所在流人，先爲土人陵忽，聞杲起逆，率來從之，旬朔之間，衆踰十萬。先是，河南人常笑河北人好食榆葉，故齊人號之爲「舔榆賊」。杲東掠光州，盡海而還，又破都督李叔仁軍。詔天穆與齊神武討，大破之。杲乃請降，傳送京師斬之。

時元顥乘虛陷滎陽，天穆聞莊帝北巡，自畢公壘北度，會車駕於河內。尒朱榮以天時炎熱，欲還師，天穆苦執不可，榮乃從之。莊帝還宮，加太宰、羽葆鼓吹，增邑通前七萬戶。

天穆以疏屬，本無德望，憑藉尒朱，爵位隆極當時，熏灼朝野，王公已下每旦盈門，受納財貨，珍寶充積。而寬柔容物，不甚見忌於時。莊帝以其榮黨，外示優寵，詔天穆乘車馬出入大司馬門。天穆與榮相倚，榮常以兄禮事之。世隆等雖榮子姪，位遇已重，天穆曾言其失，榮卽加杖，其相親任如此。莊帝內畏惡之，與榮同時見殺。節閔初，贈丞相、柱國大將軍、雍州刺史、假黃鉞，諡曰武昭。

子儼襲，美才貌，位都官尚書。及齊受禪，聞敕召，假病，遂怖而卒。

西河公敦，平文帝之曾孫也。道武初，從征，名冠諸將。後從征中山，所向無前。明元時，拜中都大官。太武時，進爵西河公，寵遇彌篤。卒，子撥襲。

司徒石，平文帝之玄孫也。有膽略。從太武南討，至瓜步山。位尚書令、雍州刺史，歷北部侍郎、華州刺史。

武衛將軍謂，烈帝之第四子也。寬雅有將略，常從道武征討，有功，除武衞將軍。

子烏眞，膂力絕人，隨道武征伐，屢有戰功，官至鉅鹿太守。

子興都，聰敏剛毅。文成時，爲河間太守，賜爵樂城子。爲政嚴猛，百姓憚之。獻文初，以子丕貴重，進爵樂城侯。謝老歸家，帝益禮之，賜几杖服物，致膳於第。其妻婁氏，爲東陽王太妃。卒，追贈定州刺史、河間公，諡曰宣。

子提，襲父侯爵。

提弟丕，太武時從駕臨江，賜爵興平子。獻文即位，累遷侍中。丞相乙渾謀反，丕以奏聞，詔收渾誅之。遷尚書令，改封東陽公。

孝文時，封東陽王，拜侍中、司徒公。丕子超生，車駕親幸其第。以執心不二，詔賜丕入八議，傳示子孫，犯至百，聽責數恕之。[一三]放其同籍丁口雜使役調，永受復除。[一四]若有姦邪人方便讒毀者，即加斬戮。尋遷太尉、錄尚書事。

時淮南王佗、淮陽王尉元、河東王苟頹並以舊老見禮，每有大事，引入禁中，乘步挽，杖于朝，進退相隨。丕、佗、元三人皆容貌壯偉，腰帶十圍，大耳秀眉，鬚鬢斑白，百僚觀瞻，莫

不祗聳。唯苟頹小爲短劣，姿望亦不逮之。孝文、文明太后重年敬舊，存問周渥。丕聲氣高朗，博記國事，饗宴之際，恒居坐端，必抗音大言，敍列既往成敗，帝后敬納焉。

然諂事要人，驕侮輕賤，每見王叡、苻承祖，常傾身下之。時文明太后爲王叡造宅，故亦爲造甲第。第成，帝、后幸之，率百官文武饗宴焉。使尚書令王叡宣詔，賜丕金印一紐。太后親造勸戒歌辭以賜羣官，丕上疏贊謝。太后令曰：「臣哉隣哉！隣哉臣哉！君則亡逸於上，臣則履冰於下。若能如此，太平豈難致乎！」及丕妻段氏卒，諡曰恭妃，又特賜丕金券。後例降王爵，封平陽郡公。求致仕，詔不許。

及車駕南伐，丕與廣陵王羽留守京師，並加使持節。詔丕、羽曰：「留守非賢莫可。太尉年尊德重，位總阿衡。羽，朕之懿弟，溫柔明斷。故使二人留守京邑，授以二節，賞罰在手。其祗允成憲，以稱朕心。」丕對曰：「謹以死奉詔。」羽對曰：「太尉宜專節度，臣但可副貳而已。」帝曰：「老者之智，少者之決，汝何得辭也？」

及帝還代，丕請作歌，詔許之。歌訖，帝曰：「公傾朕還車，故親歌述志。今經構已有次第，故暫還舊京，願後時亦同茲適。」乃詔丕等以移都之事，使各陳志。燕州刺史穆羆進曰：「今四方未平，謂可不移。臣聞黃帝都涿鹿，古昔聖王不必悉居中原。」帝曰：「黃帝以天下未定，故居于涿鹿。既定，亦還于河南。」廣陵王羽曰：「臣思奉神規，光崇丕業，請決之卜筮。」帝曰：「昔軒轅請卜兆，龜焦，乃問天老，謂爲善，遂從其言，終致昌吉。然則至人之量未然，審於龜矣。」帝又詔羣臣曰：「昔平文皇帝棄背，昭成營居盛樂。道武神武應天，遷居平城。朕幸屬勝殘之運，故移宅中原。北人比及十年，使其徐移。朕自多積倉儲，不令窘乏。」前懷州刺史青龍、前秦州刺史呂受恩等仍守愚固，帝皆撫而答之，辭屈，退。

帝又將北巡，丕遷太傅、錄尚書事，頻表固讓，詔斷表啓，就家拜授。及車駕發代，丕留守，[一五]詔在代之事，一委太傅，賜上所乘車馬，往來府省。

丕雅愛本風，不達新式，至於變俗遷洛，改官制服，禁絕舊言，皆所不願。帝亦不逼之，但誘示大理，令其不生同異。至於衣冕已行，朱服列位，而丕猶常服，列在坐隅。晚乃稍加弁帶，而不能修飾容儀。帝以丕年衰體重，亦不强責。及罷降非道武子孫及異姓王者，雖駁於公爵，而利享封邑，亦不快。

帝南征，丕表乞少留，思更圖後舉。會司徒馮誕薨，詔六軍反旆，丕又以熙薨于代都，表求鑾駕親臨。詔曰：「今洛邑肇構，跂望成勞。開闢暨今，豈有以天子之重遠赴舅國之喪？朕縱欲爲孝，其如大孝何！縱欲爲義，其如大義何！天下至重，君臣道懸，豈宜苟相誘引，陷君不德。令僕已下，可付法官貶之。」又詔以丕爲都督、領幷州刺史。後詔以平陽畿甸，改封新興公。

初，李沖文德望所屬，既當時貴要，有杖情，遂與子超娶沖兄女，[一六]即伯尚妹也。丕前妻子隆，同產數人，皆與別居；後得宮人，所生同宅共產。父子情因此偏。

丕父子大意不樂還洛。帝之發平城，太子恂留於舊京。及將還洛，隆與穆泰等密謀留恂，因舉兵據陘北。[一七]丕時以老居幷州，雖不預始計，而隆、超咸以告丕。丕外慮不成，口乃致難，心頗然之。及帝幸平城，推穆泰等首謀，隆兄弟並是黨。丕亦隨駕至平城，每於測問，令丕坐觀。與元業等兄弟並以謀逆，有司奏處孥戮。詔以丕應連坐，但以先許不死之詔，躬非染逆之身，聽免死，仍爲太原百姓，其後妻二子聽隨。隆、超母弟及餘庶兄弟皆徙敦煌。丕時年垂八十，猶自平城力載隨駕至洛，留洛陽。帝每遣左右慰勉之，乃還晉陽。

孝文崩，丕自幷來赴，宣武引見之，以丕舊老，禮有加焉。尋敕留洛陽。後宴于華林都亭，特令二子扶侍坐起。丕仕歷六世，垂七十年，位極公輔，而還爲庶人，然猶心戀京邑，不能自絕人事。詔以丕爲三老。景明四年，薨，年八十二。詔贈左光祿大夫、冀州刺史，諡曰平。

長子隆，先以反誅。隆弟乙升、超，亦同誅。超弟儁、邕，並以軍功，儁封新安縣男，邕封涇縣男。

淮陵侯大頭,烈帝之曾孫也。善騎射,擢爲內三郎。文成初,封淮陵。性謹密,帝甚重之,位寧北將軍。卒,贈高平公,謚曰烈。

河間公齊,烈帝之玄孫也。少雄傑魁岸。太武征赫連昌,太武馬蹶,賊逼帝,齊以身蔽捍,決死力戰,賊乃退,帝得上馬。是日微齊,帝幾至危殆。帝以微服入其城,齊固諫不許,乃與數人從帝入。城內既覺,諸門悉閉,帝及齊等因入其宮中,得婦人裙,繫之槊上,帝乘而上,因此得拔,於齊有力焉。賜爵浮陽侯。從征和龍,以功拜尚書,進爵爲公。後與新興王俊討禿髮保周,坐事免官爵。

宋將裴方明陷仇池,太武復授齊前將軍,與建興公古弼討之,遂剋仇池,威振羌、氐。復賜爵河間公,與武都王楊保宗對鎮駱谷。時保宗弟文德說保宗閉險自固,[一八]有期矣,秦州主簿邊因知之,密告齊。齊晨詣保宗,[一九]呼曰:「古弼至,欲宣詔。」保宗出,齊叱左右扶保宗上馬,馳驛送臺。諸氐遂推文德爲主,求援於宋。宋遣將房亮之、苻昭、啖龍等率衆助文德。齊擊斬殺龍,禽亮之,氐遂平。以功拜內都大官。卒,謚敬王。

長子陵襲爵。陵性抗直,天安初,爲乙渾所害。

陵弟蘭,以忠謹見寵。孝文初,賜爵建陽子,卒於武川鎮將。

子志,字猛略,少清辯强幹,歷覽書傳,頗有文才。爲洛陽令,不避强禦,與御史中尉李彪爭路,俱入見,面陳得失。彪言:「御史中尉辟承華車蓋,[二〇]駐論道劍鼓,安有洛陽令與臣抗衡?」志言:「神鄉縣主。普天之下,誰不編戶?豈有俯同衆官,趨避中尉?」孝文曰:「洛陽,我之豐、沛,自應分路揚鑣。自今以後,可分路而行。」及出,與彪折尺量道,各取其半。帝謂邢巒曰:「此兒竟可,所謂王孫公子,不鏤自彫。」巒曰:「露竹霜條,故多勁節,非鸞則鳳,其在本枝也。」

員外郎馮俊,昭儀之弟,恃勢恣撾所部里正,志令主吏收繫,處刑除官。由此忤旨,左遷太尉主簿。俄爲從事中郎。車駕南征,帝微服覲戰所,有箭欲犯帝,志以身鄣之,帝便得免。矢中志目,因此一目喪明。以志行恒州事。

宣武時,除荆州刺史。還朝,御史中尉王顯奏志於在州日抑買良人爲婢,兼乘請供朝,會赦免。

明帝初,兼廷尉卿。後除揚州刺史,賜爵建忠伯。志在州,威名雖減李崇,亦爲荆楚所憚。尋爲雍州刺史。晚年耽好聲伎,在揚州日,侍側將百人,器服珍麗,冠於一時。及在雍州,逾尚華侈,聚斂無極,聲名遂損。

及莫折念生反,詔志爲西征都督討之。念生遣其弟天生屯隴口,[二一]與志相持,爲賊所乘,遂棄大衆奔還岐州。賊遂攻城,州刺史裴芬之疑城人與賊潛通,將盡出之,志不聽。城人果開門引賊,鏁志及芬之送念生,見害。節閔初,贈尚書僕射、太保。

扶風公處眞,烈帝之後也。少以壯烈聞,位殿中尚書,賜爵扶風公,委以大政,甚見尊禮。吐京胡曹僕渾等叛,招引朔方胡爲援,處眞與高涼王那等討滅之。性貪婪,在軍烈暴,坐事伏法。

文安公泥,魏之疏族也。性忠直,有智畫。道武厚遇之,賜爵文安公,拜安東將軍。卒。子屈襲爵。明元時,居門下,出納詔命。性明敏,善奏事,每合上旨。賜爵元城侯,加功勞將軍,與南平公長孫嵩、白馬侯崔宏[二二]等並決獄訟。明元東巡,命屈行右丞相,山陽侯奚斤行左丞相,命掌軍國,甚有聲譽。

後吐京胡與離石胡出以兵等叛,[二三]置立將校,外引赫連屈丐。屈督會稽公劉潔、[二四]永安侯魏勤捍之。勤沒於陣,潔墜馬,胡執送屈丐,唯屈衆猶存。明元以屈沒失二將,欲斬之。時并州刺史元六頭荒淫怠事,乃赦屈,令攝州事。屈嗜酒,頗廢政事。帝積其前後失,檻車徵還,斬於市。

子磨渾,少爲明元所知。元紹之逆也,明元潛隱於外,磨渾與叔孫俊詐云明元所在,[二五]紹使帳下二人隨磨渾往,規爲逆。磨渾既得出,便縛帳下,詣明元斬之。帝得磨渾,大喜,因爲羽翼。以勳,賜爵長沙公,拜尚書,出爲定州刺史。卒。

昭成皇帝九子:庶長曰寔君,次曰獻明帝,[二六]次曰秦王翰,次曰閼婆,次曰壽鳩,次曰紇根,次曰地干,次曰力眞,次曰窟咄。

寔君性愚,多不仁。昭成季年,苻堅遣其行唐公苻洛等來寇南境,昭成遣劉庫仁逆戰於石子嶺。昭成時不勝,[二七]不能親勒衆軍,乃率諸部避難陰山,度漠北。高車四面寇抄,復度漠南。苻洛軍退,乃還雲中。

初,昭成以弟孤讓國,乃以半部授孤。孤子斤失職懷怨,欲伺隙爲亂。獻明皇帝及秦明王翰皆先終，道武年甫五歲，慕容后子闕婆等雖長，而國統未定。斤因是說寔君曰：「帝將立慕容所生，欲先殺汝，是以頃來諸子戎服，夜以兵仗遶廬舍，伺便將發。」時苻洛等軍猶在君子津，夜常警備，諸皇子挾仗彷徨廬舍，寔君以斤言爲信，乃盡殺諸皇子，昭成亦暴崩。其夜，諸皇子婦及宮人奔告洛軍。堅將李柔、張蚝勒兵內逼，部衆離散。苻堅聞之，召燕鳳問其故，以狀對。堅曰：「天下之惡一也！」乃執寔君及斤，轘之長安。

寔君孫勿期，位定州刺史，賜爵林慮侯。卒。子六狀，眞定侯。

秦王翰，少有高氣。年十五，便請征伐，昭成壯之，使領騎二千。長統兵，號令嚴信，多有剋捷。建國十五年，卒。〔二八〕道武卽位，追贈秦王，謚曰明。

子儀，長七尺五寸，容貌甚偉，美鬚，有算略。少能舞劍，騎射絕人。道武幸賀蘭部，侍從出入。登國初，賜爵九原公。從破諸部，有謀戰功。及帝將圖慕容垂，遣儀觀釁。垂問儀道武不自來之意。儀曰：「先人以來，世據北土，子孫相承，不失其舊。乃祖受晉正朔，〔二九〕爵稱代王，東與燕世爲兄弟。儀之奉命，理謂非

失。」垂壯其對，因戲曰：「吾威加四海，卿主不自見吾，云何非失？」儀曰：「燕若不修文德，欲以兵威自强，此乃本朝將帥之事，非儀所知也。」及還，報曰：「垂死乃可圖，今則未可。」帝作色問之，儀曰：「垂年已暮，其子寶弱而無威，謀不能決。慕容德自負才氣，非弱主之臣，釁將內起，是可計之。」帝以爲然。後改封平原公。

道武征衞辰，儀出別道，獲衞辰尸，傳首行宮。帝大喜，徙封東平公。命督屯田於河北，自五原至棝陽塞外，分農稼，大得人心。慕容寶之寇五原，儀躡據朔方，要其還路。及幷州平，儀功多，遷尚書令。從圍中山。慕容德敗也，帝以普驎妻周氏賜儀，幷其僮僕財物。尋遷都督中外諸軍事、左丞相，進封衞王。中山平，復遣儀討鄴，平之。道武將還代都，置中山行臺，詔儀守尚書令以鎭之，遠近懷附。尋徵儀以丞相入輔。又從征高車，儀別從西北破其別部。又從討姚平有功，賜以絹布綿牛馬羊等。

儀膂力過人，弓力將十石，陳留公虔矟大稱異，時人云：「衞王弓，桓王矟。」太武之初育也，道武喜，夜召儀入，曰：「卿聞夜喚，乃不怪懼乎？」儀曰：「怪則有之，懼實無也。」帝告以太武生，賜儀御馬、御帶、縑錦等。

先是，上谷侯岌、張袞、代郡許謙等有名于時，初來入軍，聞儀待士，先就儀，儀並禮之，共談當世之務。謙等三人曰：「平原公有大才，不世之略，吾等宜附其尾。」道武以儀器

望，待之尤重，數幸其第，如家人禮。儀矜功恃寵，遂與宜都公穆崇伏甲謀亂。崇子遂留在伏士中，道武召之，將有所使。遂留聞召，恐發，踰牆告狀，帝祕而恕之。天賜六年，天文多變，占者云：「當有逆臣，伏尸流血。」帝惡之，頗殺公卿，欲以厭當天災。儀內不自安，單騎遁走。帝使人追執之，遂賜死，葬以百姓禮。儀十五子。

纂，五歲，道武命養於宮中，恩與諸皇子同。太武踐阼，除定州刺史，封中山公，進爵爲王，賜步挽几以優異之。纂好酒愛佞，政以賄成。太武殺其親變人。後悔過修謹，拜內大將軍。居官淸約簡愼，更稱廉平。纂於宗屬最長，宗室有事，咸就諮焉。薨，謚曰簡。

纂弟良，性忠篤。明元追錄儀功，封南陽王以紹儀後。

良弟幹，善弓馬，以騎從明元於白登之東北，有雙鴟飛鳴於上，帝命左右射之，莫能中。鴟遊飛稍高，幹以二箭下雙鴟。帝賜之御馬、弓矢、金帶一，以旌其能，軍中於是號幹爲射鴟都將。從太武南巡，進爵新蔡公。文成卽位，拜宰官尚書。〔三〇〕卒，謚曰昭。

子禎，膽氣過人。太武時，爲司衞監。從征蠕蠕，忽遇賊別部，多少不敵。禎乃就山解鞍放馬，以示有伏，賊果疑而避之。孝文初，賜爵沛郡公，後拜南豫州刺史。大胡山蠻時鈔掠，前後守牧多羈縻而已。禎乃召新蔡、襄城蠻首，使之觀射。先選左右能射者二十餘人，

禎自發數箭皆中，然後命左右以次而射。先出一囚犯死罪者，使參射限，命不中，禎卽責而斬之。蠻魁等伏伎畏威，相視股慄。又預敕左右取死囚十人，皆著蠻衣，云是鈔賊。禎乃臨坐，僞舉目瞻天，微有風動，禎謂蠻曰：「風氣少暴，似有鈔賊入境，不過十人，當在西南五十里許。」卽命騎追掩，果縛送十人。禎告諸蠻曰：「爾鄉里作賊如此，合死以不？」蠻等皆叩頭曰：「合萬死。」禎卽斬之。因慰喻遣還，自是境無暴掠。淮南人相率投附者三千餘家，置之城東汝水之側，名曰歸義坊。

初，豫州城豪胡丘生數與外交通，及禎爲刺史，丘生嘗有犯懷恨，圖爲不軌，詐以婚集城人，〔三一〕告云：「刺史欲遷城中大家，送之向代。」共謀翻城。城人石道起以事密告禎，速掩丘生，幷諸預謀者。禎曰：「吾不負人，人何以叛？但丘生誑誤。若卽收掩，衆必大懼，吾靜以待之，不久自當悔服。」語未訖而城中三百人自縛詣州門，陳丘生譎誑之罪。而丘生單騎逃走，禎恕而不問。後徵爲都牧尚書。卒，贈侍中、儀同三司，謚簡公。有八子。

第五子瑞。初，瑞母尹氏有娠致傷，後晝寢，夢一老翁具衣冠告之曰：「吾賜汝一子，汝勿憂也。」寤而私喜，又問筮者，筮者曰：「大吉。」未幾而生瑞。禎以爲協夢，故名瑞，字天賜。位太中大夫。卒，贈太常卿。

儀弟烈，剛武有智略。元紹之逆，百僚莫敢有聲，唯烈行出外，詐附紹，募執明元，紹信之，自延秋門出。遂迎立明元。以功進爵陰平王。薨，謚曰熹。子求襲。弟道子，位下大夫。道子子洛，位羽林幢將。洛子乞，中散大夫。乞子晏，孝靜初，累遷吏部尚書，平心不撓，時論稱之。出爲瀛州刺史，在任未幾，百姓欣賴。蔣天樂之逆，見引，詔錄送定州賜死。晏好集圖籍，家書多祕閣，諸有假借，咸不逆其意，亦以此見稱。

烈弟觚，勇烈有膽氣。少與兄儀從道武，侍衞左右。使於慕容垂，垂末年政在羣下，遂止觚以求賂，道武絕之。觚率左右馳還，爲垂子寶所執，垂待之更厚。因留心學業，誦讀經書數十萬言，垂國人咸稱重之。道武之討中山，慕容普驎遂害觚以固衆心，帝聞之哀慟。及平中山，發普驎塚，斬其尸，收議害觚者傳高霸、程同等，皆夷五族，以大刃剉殺之。乃葬觚，追謚秦愍王，封子夔爲豫章王以紹觚。

常山王遵，壽鳩之子也。少而壯勇，不拘小節。道武初，有佐命勳，賜爵略陽公。慕容寶之敗也，別率騎七百，邀其歸路，〔三二〕由是有參合之捷。及平中山，拜尚書左僕射，加侍中，鎭勃海之合口。〔三三〕及博陵、勃海羣盜起，遵討平之，遷州牧，封常山王。遵好酒色，天賜四年，坐醉亂，失禮於太原公主，賜死，葬以百姓禮。

子素，明元從母所生，特見親寵。太武初，復襲爵。休屠郁原等叛，素討之，斬渠率，徙千餘家於涿鹿之陽，立平原郡以處之。及平統萬，以素有威懷之略，拜假節、征西大將軍以鎭之。後拜內都大官。文成卽位，務崇寬政，罷諸雜調。有司奏國用不足，固請復之，唯素曰：「臣聞百姓不足，君孰與足？」帝善而從之。素，宗屬之懿，又年老，帝每引入，訪以政事，固辭疾歸第。雅性方正，居官五十載，終始若一，時論賢之。薨，謚曰康，陪葬金陵，配饗廟廷。

長子可悉陵，年十七，從太武獵，逐一猛獸，陵遂空手搏之以獻。帝曰：「汝才力絕人，當爲國立功立事，勿如此也！」卽拜內行阿干。又從平涼州，沮渠茂虔令一驍將與陵相擊，〔三四〕兩槊皆折，陵抽箭射之墜馬。陵恐其救至，未及拔劍，以刀子戾其頸，使身首異處。帝壯之，卽日拜都幢將，封暨陽子。卒于中軍都將。

弟陪斤襲爵，坐事國除。

陪斤子昭，小字阿倪，尚書張彝引兼殿中郎。孝文將爲齊郡王簡舉哀，〔三五〕而昭乃作宮懸。帝大怒，詔曰：「阿倪愚騃，誰引爲郎？」於是黜彝白衣守尚書，昭遂停廢。宣武時，昭從弟暉親寵用事，稍遷左丞。宣武崩，于忠執政，昭爲黃門郎，又曲事之。忠專權擅威，枉陷忠賢，多昭所指導也。靈太后臨朝，爲尚書、河南尹，聾而狠戾，理務峭急，所在患之。尋出爲雍州刺史，在州貪虐，大爲人害。後入爲尚書，諂事劉騰，進號征西將軍。卒，贈尚書左僕射。納貨元叉，所以贈禮優越。

子玄，字彥道，以節儉知名。孝莊時，爲洛陽令。及節閔卽位，玄上表乞葬莊帝，時議善之。後除尚書左丞。孝武帝卽位，以孫騰爲左僕射。騰卽齊神武心膂，仗入省，玄依法舉劾，當時咸爲玄懼。孝武重其强正，封臨淄縣子。及從入關，封陳郡王，位儀同三司，加開府。薨，謚曰平。

昭弟紹，字醜倫，少聰慧。遷尚書右丞。紹斷決不避强禦。宣武詔令檢趙修獄，以修佞幸，因此遂加杖罰，令其致死。帝責紹不重聞，紹曰：「修姦佞甚於董賢，臣若不因釁除之，恐陛下復被哀帝之名。」以其言正，遂不罪焉。及出，廣平王懷拜紹，賀曰：「阿翁乃皇家之正直，雖朱雲、汲黯何以仰過！」紹曰：「但恨戮之稍晚，以爲愧耳。」卒於涼州刺史。

陪斤弟忠，字仙德，以忠謹聞。孝文時，累遷右僕射，賜爵城陽公，加侍中、鎭西將軍，有翼贊之勤，百僚咸敬之。太和四年，病篤辭退，養疾於高柳，輿駕親送都門之外，羣僚侍

臣執別者莫不涕泣。及卒，皆悼惜之，謚曰宣，命有司爲立碑銘。

子盛，字始興，襲爵，位謁者僕射。卒。

子懋，字伯邕，襲爵，降爲侯。從駕入關，封北平王。薨，贈尚書左僕射，謚曰貞慧。

子陟，字景升，開府儀同三司。

弟順，〔三六〕字敬叔，從孝武入關，封濮陽王，位侍中。及武帝崩，祕未發喪，諸人多舉廣平王爲嗣。順於別室垂涕謂周文曰：「廣平雖親，年德並茂，不宜居大寶。」周文深然之，因宣國諱，上南陽王尊號。以順爲中尉，行雍州事，又加開府儀同三司、秦州刺史。順善射。初，孝武在洛，於華林園戲射，以銀酒卮容二升許，懸於百步外，命善射者十餘人共射，中者卽以賜之。順發矢卽中，帝大悅，并賞金帛。順仍於箭孔處鑄一銀童，足蹈金蓮，手持劖炙，遂勒背上，序其射工。

子偉，字子猷，有淸才。大統十六年，封南安郡王。及尉遲迥伐蜀，以偉爲司錄，書檄文言，皆偉所爲。六官建，拜師氏下大夫，改淮南縣公。周明帝初，拜師氏中大夫，受詔於麟趾殿刊正經籍。〔三七〕建德中，累遷小司寇，爲使主，報聘於齊。是秋，武帝親戎東討，偉遂爲齊所留。齊平，偉方見釋，加授上開府。後除襄州刺史，位大將軍。偉性溫柔，好虛靜，篤學愛文。初自鄴還，庾信贈其詩曰：「璨亡垂棘反，〔三八〕齊平寶鼎歸。」爲辭人所重如此。後

疾卒。

盛弟壽興，少聰慧好學。宣武初，爲徐州刺史，在官貪虐，失於人心。其從兄侍中暉深害其能，因譖之於帝，詔尚書崔亮馳驛檢覈。亮發日，受暉旨，遂鞭撻三寡婦，令其自誣，稱壽興壓己爲婢。壽興終恐不免，乃令其外弟中兵參軍薛修義將車十乘，運小麥，經其禁之旁。壽興因踰牆出，修義以大木函盛壽興，其上加麥，載之而出，遂至河東，匿修義家。逢赦乃出，見帝，自陳爲暉所譖，帝亦更無所責。

初，壽興爲中庶子時，王顯在東宮，賤，因公事，壽興杖之四十。及顯有寵，爲御史中尉，奏壽興在家每有怨言，誹謗朝廷，因帝極飲，無所覺悟，遂奏其事，命帝注可，直付壽興賜死。帝書半不成字，當時見者亦知非本心，但懼暉等威，不敢申拔。及行刑日，顯自往看之。壽興命筆自作墓誌銘曰：「洛陽男子，姓元名景，[三九]有道無時，其年不永。」餘文多不載。顧謂其子曰：「我棺中可著百張紙，筆兩枚，吾欲訟顯於地下。若高祖之靈有知，百日內必取顯。如遂無知，亦何足戀！」及宣武崩，顯尋被殺。壽興之死，時論亦以爲前任中尉彈高闕讒諷所致。靈太后臨朝，三公郎中崔鴻上疏理壽興，詔書追雪，贈豫州刺史，謚曰莊。子最，字幹，從孝武入關，封樂平王，位侍中，兼尚書左僕射，加特進。

壽興弟益生，少亡。

子毗，字休弼。武帝之在藩邸，少親之，及卽位，出必陪乘，入於臥內。及帝與齊神武有隙，時議者各有異同。或勸天子入夷，或言與齊神武決戰，或云奔梁。唯毗數人以關中帝王桑梓，慇懃叩頭請西入。策功論賞，毗與領軍斛斯椿等十三人爲首，封魏郡王。時王者邑止一千戶，唯毗邑一千五百。齊神武宣告關東云：「將天子西入，事起元毗，雖百赦不在原限。」薨，謚曰景。子綽。

忠弟德，封河間公，卒於鎮南將軍，贈曹州刺史。

德子悝，潁川太守，卒於光州刺史，謚曰恭。

子凝，字子仲。孝武初，授兗州刺史。于時城人王奉伯等相扇謀逆，棄城出走，懸門發，斷凝要而出。[四〇]詔齊州刺史尉景、本州刺史蔡儁各部在州士往討之，[四一]凝返復任。封濮陽縣伯。孝靜時，轉尚書令，攝選部。凝雖居重任，隨時而已。薨於瀛州刺史，贈司徒公，謚曰靖懿。

悝弟暉，字景襲。少沉敏，頗涉文史。宣武卽位，爲給事黃門侍郎。

初，孝文遷洛，舊貴皆難移，時欲和衆情，遂許冬則居南，夏便居北。宣武頗惑左右之言，外人遂有還北之問，至乃牓賣田宅，不安其居。暉乃請間言事，具奏所聞，曰：「先皇移都，以百姓戀土，故發冬夏二居之詔，權寧物意耳。乃是當時之言，實非先皇深意。[四二]且比來遷人，安居歲久，公私計立，無復還情。伏願陛下終高祖既定之業，勿信邪臣不然之說。」帝納之。

再遷侍中，領右衞將軍。雖無補益，深被親寵。凡在禁中要密之事，暉別奉旨，藏之於櫃，唯暉入乃開，其餘侍中、黃門莫有知者。侍中盧昶亦蒙恩眄，故時人號曰「餓彪將軍，飢鷹侍中」。遷吏部尚書。納貨用官，皆有定價，大郡二千匹，次郡一千匹，下郡五百匹，其餘官職各有差，天下號曰市曹。出爲冀州刺史。下州之日，連車載物，發信都至湯陰間，首尾相屬，道路不斷。其車少脂角，卽於道上所逢之牛，生截取角，以充其用。暉檢括丁戶，聽其歸首，出調絹五萬匹。然聚斂無極，百姓患之。

明帝初，徵拜尚書左僕射，詔攝吏部選事。後詔暉與任城王澄、京兆王愉、東平王匡共決門下大事。

暉又上書論政要：

其一曰：御史之職，務使得賢。必得其人，不拘階秩，久於其事，責其成功。

其二曰：安人寧邊，觀時而動。頃來邊將亡遠大之略，貪萬一之功，楚、梁之好未聞，而蠶婦之怨屢結，斯乃庸人所爲，銳於姦利之所致也。平吳之計，自有良圖，不在於一城一戍也。又河北數州，國之基本，飢荒多年，戶口流散，方今境上，兵復徵發，卽如此日，何易舉動？愚謂數年以來，唯宜靜邊，以息召役，安人勸農，惠此中夏。請嚴敕邊將，自今有成賊求內附者，不聽輒遣援接，皆須表聞。違者雖有功，請以違詔書論。

三曰：國之資儲，唯藉河北。飢饉積年，戶口逃散，生長姦詐，因生隱藏，出縮老小，妄注死失，收人租調，割入於己。人困於下，官損於上。自非更立權制，善加檢括，損耗之來，方在未已。請求其議，明宣條格。

帝納之。

暉雅好文學，招集儒士崔鴻等撰錄百家要事，以類相從，名爲科錄，凡二百七十卷，上起伏羲，迄於晉，凡十四代。暉疾篤，表上之。卒，賜東園祕器，贈使持節、都督中外諸軍事、司空公，謚曰文憲。將葬，給羽葆班劍鼓吹二十人，羽林百二十人。

子弼，字宗輔，性和厚，美容儀。以莊帝舅子壻，特封廣川縣子。天平初，累遷尚書令。弼妹爲孝武所納，[四三]以親情見委，禮遇特隆。歷中書監、錄尚書事，位特進、宗師。齊受禪，除左光祿大夫。天保三年，卒。十年，諸子與諸元同誅死。

弼弟子士將，有巧思。至齊武成時，位將作大匠。

德弟贊，頗有名譽，好陳軍國事宜。初置司州，以贊爲刺史，賜爵上谷侯。孝文戒贊化畿甸，可宜孝道，必令風教洽和，文禮大備。自今有不孝不悌者，比其門樹，以刻其柱。又詔曰：「司州刺史，官尊位重，職總京畿，選屬懿親，以允具瞻之望。但諸王年少，未閑政體，故以授贊，庶能助暉道化。今司州始立，郡縣初置，公卿已下皆有本屬，可人率子弟，用相展敬。」於是賜名曰「贊」。詔贊乘步挽入殿門，加太子少師，遷左僕射。孝文將謀遷洛，諸公多異同，唯贊贊成大策。帝每歲南伐，執手寄以後事。卒，贈衞將軍，僕射如故。後以留守贊輔之功，進封晉陽縣伯。

贊弟淑，字買仁。彎弓三百斤，善騎射。孝文時，爲河東太守。河東俗多商賈，罕事農桑，人至有年三十不識耒耜。淑下車勸課，躬往教示，二年間，家給人足，爲之謠曰：「泰州河東，杼柚代春。〔四四〕元公至止，田疇始理。」卒於平城鎮將，謚曰靜。有七子。

季海字元泉，兄弟中最有名譽，位洛州刺史。季海妻，司空李沖之女，莊帝從母也，賜爵唐郡君。〔四五〕政在尒朱，禍難方始，勸季海爲外官以避纖介。及孝莊之難，季海果以在藩得免。從孝武入關，封馮翊王，位中書令、雍州刺史，遷司空。病薨，謚曰穆。

子亨，字德良，一名孝才。遇周、齊分隔，時年數歲，與母李氏在洛陽。齊神武以亨父在關中，禁固之。其母遂稱凍餒，得就食湯陰，託大豪李長壽，〔四六〕攜亨及孤姪數人，得至長安。周文以功臣子，甚禮之。大統末，襲爵馮翊王，累遷勳州刺史，改封平涼王。周受禪，例降爲公。隋文帝受禪，自洛州刺史徵拜太常卿。尋出爲衞州刺史，在職八年，風化大洽。以老病乞骸骨，吏人詣闕上表請留，上嗟歎者久之。其年，亨以篤疾，重請還京，上令使者致醫藥，問動靜，相望於道。卒于家，謚曰宣。

陳留王虔，紇根之子也。登國初，賜爵陳留公。與衞王儀破黜弗部，從攻衞辰。慕容寶來寇，虔絕其左翼，寶敗。垂恚憤來桑乾，虔勇而輕敵，於陳戰沒。

虔姿貌魁傑，武力絕倫，每以矛細短，大作之，猶患其輕，復綴鈴於刃下。其弓力倍加常人。以其殊異，代京武庫常存而志之。虔常以矟刺人，遂貫而高舉。又嘗以一手頓矟於地，馳馬僞退，敵人爭取，引不能出。虔引弓射之，一箭殺二三人，搖矟之徒，亡魂而散，徐乃令人取矟而去。每從征討，及爲偏將，常先登陷陣，勇冠當時，敵無衆寡，莫敢抗其前者。

及薨，舉國悲歎，爲之流涕，道武追惜傷慟者數焉。追謚陳留桓王，配饗廟廷，封其子悅爲朱提王。

悅外和內狠。道武常以桓王死王事，特加親寵，爲左將軍，襲封，後爲宗師。悅恃寵驕矜，每謂所親王洛生之徒言曰：「一旦宮車晏駕，吾止避衞公。除此，誰在吾前！」衞王儀美髯，爲內外所重，悅故云。初，姚興之贖狄伯支，悅送之，路由雁門，悅因背誘姦豪，以取其意。後遇事譴逃亡，投雁門，規收豪傑，欲爲不軌，爲土人執送。帝恕而不罪。明元卽位，引悅入侍，仍懷姦計，說帝云：「京師雜人不可保信，宜誅其非類者。」又云：「雁門人多詐，幷可誅之。」欲以雪其私忿，帝不從。悅內自疑懼，懷刃入侍，謀爲大逆。叔孫俊疑之，竊視其懷有刃，執而賜死。

弟崇，太武詔令襲桓王爵。崇性沉厚。初，衞王死後，道武欲敦宗親之義，詔引諸王子弟入宴。常山王素等三十餘人咸謂與衞王相坐，疑懼，皆出逃遁，將奔蠕蠕，唯崇獨至。道武見之，甚悅，厚加禮賜，遂寵敬之，素等於是亦安。久之，拜幷州刺史，有政績。從征蠕蠕，別督諸軍出大澤，越涿耶山，威懾漠北。薨，謚曰景王。

子建襲，降爵爲公，位鎮北將軍、懷荒鎮大將。卒。建子琛，位恒、肆二州刺史。琛子翌，尚書左僕射。翌子暉。

暉字叔平，鬚眉如畫，進止可觀。好涉獵書記，少得美名於京下。周文禮之，命與諸子遊處，每同硯席，情契甚厚。再遷武伯下大夫。時突厥屢爲寇患，朝廷將結和親，令暉買錦綵十萬，使突厥。〔四七〕暉說以利害，可汗大悅，遣其名王隨獻方物。俄拜儀同三司。周武帝之娉突厥后，令暉致禮。授開府，轉司憲大夫。及平關東，使暉安集河北，封義寧子。隋文帝總百揆，加上開府，進爵爲公。開皇初，拜都官尚書，兼領太僕。奉詔決杜陽水灌三畤原，溉舄鹵之地數千頃，人賴其利。再遷兵部尚書，監漕渠之役。未幾，坐事免。頃之，拜魏州刺史，頗有惠政。後以疾去職，卒于京師。帝嗟悼久之，敕鴻臚監護喪事，謚曰元。子肅嗣，位光祿少卿。肅弟仁，器性明敏，位日南郡丞。

建弟嫡子祚，字龍壽。宣武校藝，每於歲暮，詔令教習講武。初，建以子罪失爵，祚欲求本封。有司奏聽祚襲公，其王爵不輕，共求更議，詔從之。卒於河州刺史。節閔時，贈侍中、尚書僕射。

虔兄顗，性嚴重少言，道武常敬之，雅有謀策。從平中山，以功賜爵蒲城侯，特見寵厚，給鼓吹羽儀，禮同岳牧。莅政以威信著稱，居官七年，乃以元易干代顗爲郡。時易干子萬言得寵於道武，易干恃其子，輕忽於顗，不告其狀，輕騎卒至，排顗墜牀，而據其坐。顗不知代己，謂以罪見捕，既而知之，恥其侮慢，謂易干曰：「我更滿被代，常也。汝無禮見辱，豈可容哉！」遂搏而殺之。以狀具聞，道武壯之。萬言累以訴請，乃詔顗輸贖。顗乃自請罪，道武赦之，復免其贖。病卒。

子崘，太武時襲父爵，以功除統萬鎮將。後從永昌王仁南征，別出汝陰。濟淮，宋將劉康祖屯於慰武亭以邀軍路，師人患之。崘曰：「今大風既勁，若令推草車，方軌並進，乘風縱煙火，以精兵自後乘之，破之必矣。」從之，斬康祖，傳首行宮。文成即位，除秦州刺史，進爵隴西公。卒，謚曰定公。子琛襲爵。

毗陵王順，地干之子也。性疏狠。登國初，賜爵南安公。及道武討中山，留順守京師。栢肆之敗，軍人有亡歸者，言大軍奔散，不知帝所在。順聞之，欲自立，納莫題諫，乃止。時賀力眷等聚衆作亂於陰館，順討之不剋，乃從留宮自白登南入繁畤故城，阻㶟水爲固，以寧人心。道武善之，進封爲王，位司隸校尉。

道武好黃、老，數召諸王及朝臣親爲說之，在坐莫不祗肅，唯順獨坐寐，不顧而唾。帝

怒廢之。以王薨於家。

遼西公意烈，力眞之子也。先沒於慕容垂。道武征中山，棄妻子迎於井陘。及平中原，有戰獲勳，賜爵遼西公，除廣平太守。時和跋爲鄴行臺，意烈性雄耿，自以帝屬，恥居跋下，遂陰結徒黨，將襲鄴。發覺，賜死。

子拔干，博知古今。父雖有罪，道武以拔干宗親，委之心腹。有計略，屢効忠勤。明元踐阼，除勃海太守，吏人樂之。賜爵武遂子，轉平原鎮將，得將士心。卒，謚曰靈公。

子受洛襲，進爵武邑公。卒。

子叱奴，武川鎮將。

叱奴子洪超，頗有學涉，大乘賊亂之後，詔洪超持節兼黃門侍郎，綏慰冀部。還，上言冀土寬廣，界去州六七百里，負海險遠，宜分置一州，鎮遏海曲，朝議從之，後遂立滄州。卒於北軍將、〔四八〕光祿大夫。

意烈弟勃，善射御，以勳賜爵彭城公。卒，謚曰闕。陪葬金陵。

長子粟襲。太武時，督諸軍屯漠南。蠕蠕表聞。粟亮直，善馭衆，撫恤將士，必與之同

勞逸。征和龍，以功進封爲王。薨，陪葬金陵。

粟弟渾，少善弓馬，太武嘉之。會有諸方使，命渾射獸三頭，發皆中，時舉坐咸以爲善。及爲宰官尚書，頗以驕縱爲失，坐事免，徙長社，爲人所害。

子庫汗，爲羽林中郎將。從北巡，有兔起乘輿前，命庫汗射之，應弦而斃。太武悅，賜一金兔，以旌其能。文成起景穆廟，賜爵陽豐侯。獻文即位，復造文成廟，拜殿中給事，進爵爲公。庫汗明於斷決，每奉使察行州鎮，折獄以情，所歷皆稱之。秦州父老詣闕乞庫汗爲刺史者，前後千餘人，朝廷許之，未及遣，遇病卒。子古辰襲。

窟咄，昭成崩後，苻洛以其年長，逼徙長安。苻堅禮之，教以書學。因亂，隨慕容永東遷，永以爲新興太守。劉顯之敗，遣弟亢埿等迎窟咄，遂逼南界，於是諸部騷動。道武左右于桓等謀應之，同謀人單烏干以告帝。帝慮駭人心，沉吟未發。後三日，桓以謀白其舅穆崇，又告之，帝乃誅桓等五人，餘莫題等七姓悉原不問。帝慮內難，乃北踰陰山，幸賀蘭部，遣安同及長孫漫徵兵於慕容垂。賀曼亡奔窟咄，〔四九〕安同間行，遂達中山。慕容垂遣子賀驎步騎六千以隨之。安同與垂使人蘭紇俱還，達牛川，窟咄兄子意烈捍之。安同乃隱藏於

商賈囊中，至暮，乃入空井得免，仍奔賀驎。軍既不至，而稍前逼賀染干。賀染干陰懷異端，〔五〇〕乃爲窟咄來侵北部。人皆驚駭，莫有固志，於是北部大人叔孫普洛節及諸烏丸亡奔衞辰。賀驎聞之，遽遣安同、朱譚等來。既知賀驎軍近，衆乃少定。道武自弩山幸牛川，窟咄進屯高柳。道武復使安同詣賀驎，因剋會期。安同還，帝踰參合，出代北，與賀驎會於高柳。窟咄窮迫，望旗奔走，遂爲衞辰殺之。帝悉收其衆，賀驎執帝別歸中山。〔五一〕

論曰：魏氏始自幽都，肇基帝業。上谷公等分枝若木，疏派天潢。或續預經綸，大開土宇，或迹同凶悖，自致殲夷，其禍福之來，唯人所召。至如神武之不事黃屋，高揖萬乘，義感隣國，祚隆帝統，太伯、延陵未足多也。高涼讓國之胤，子那猛壯之風，或大位未加，或功不贖罪，褒德圖勞，其義爲闕。松滋氣幹相承，聲迹俱顯。天穆得不以道，任過其量，持盈必悔，殺身爲幸。武衞父子兼將，丕略始見器重，終以姦棄，〔五二〕不足觀矣。河間、扶風，武烈宜著，宗子之可稱乎！衞王英風猛概，折衝見重，謀之不臧，卒以自喪。秦王體度恢偉，陳留膽氣絕倫，亡身强寇，志力不展，惜哉！常山勇冠戚屬，與魏升降，亦以優乎！陰平忠烈，潘陰器宇，〔五三〕縈寵兼萃，蓋有由焉。毗陵疏狠，遼西狷介，全身保位，固亦難矣。苻堅之轘寔

中華書局

君，衞辰之誅窟咄，逆子賊臣，蓋亦天下之惡一焉。

校勘記

〔一〕降爵爲襄城公　諸本「城」作「陽」，魏書卷一四補神元平文諸帝子孫傳及通志卷八四上後魏宗室傳作「城」。按悉襲爵是襄城王，卒贈亦是襄城王，其間降爵自應是襄城公。今據改。

〔二〕斤子眞樂　按本書卷一道武紀、魏書卷二太祖紀天興二年，本書卷一明元紀、魏書卷三太宗紀永興元年，「眞樂」並作「樂眞」。下文「高祖眞樂」，魏書卷一四也作「樂眞」。疑「樂眞」是。

〔三〕斬反人元禧首是以得之　諸本「禧」訛「憘」，據魏書、通志改。錢氏考異云：「按鷙封王在孝莊時，距咸陽王禧之誅已二十八九年矣。本傳及禧傳俱不載斬禧事，恐未可信。」

〔四〕遂廣募空車從京出者　各本脫「募」字，南本及魏書註「疑」字。今據册府卷六七八八一〇〇頁補。

〔五〕但以權兼斯未宜便爾　魏書、通志無「斯」字。按疑「斯」下脫「職」字。

〔六〕尋復移催并主吏　通志無「并」字，此疑衍。

〔七〕又獲尚書郎中王元旭報　諸本「郎中」倒作「中郎」，據魏書及下文「尙書郎中臣裴獻伯、王元旭」語乙。

〔八〕晉文陽　錢氏考異云：「按三國志崔琰、傳嘏二傳並不云爲御史中丞。『晉文陽』或疑晉陽秋之

譌。然嘏魏人，非晉人也。」按此有疑問，今不標。

〔九〕萇弟珍字金雀　諸本「雀」訛作「省」，據墓誌集釋元珍墓誌圖版四四改。珍族兄鷙字孔雀，可爲旁證。

〔一〇〕天穆以太尉使勞諸軍　魏書作「天穆奉使慰勞諸軍」。張森楷云：「天穆是時未嘗爲太尉，魏書是。」按墓誌集釋元天穆墓誌圖版四六言天穆曾爲太尉掾，疑此「太尉」下脫「掾」字。

〔一一〕幽州前平北府主簿河間邢杲　諸本「平北」誤倒，據本書卷三、魏書卷一〇孝莊紀永安元年六月條及通鑑卷一五二四七五〇頁改。「平北府」卽平北將軍府。

〔一二〕會臺申休簡授郡縣　南本及魏書「休」下註「疑」。通志「休」字作「汰」，「簡」下有「所」字。按文義不明，當有訛誤。

〔一三〕犯至百聽責數恕之　諸本「聽」下衍「斬戮」二字，文不可通，據魏書删。

〔一四〕永受復除　諸本「永」訛作「求」。按本書卷九二王叡傳云：「詔叡與東陽王丕同入八議，永受復除。」今據改。

〔一五〕及車駕發代丕留守　諸本脫「及車駕發代」五字，據魏書補。

〔一六〕初李沖文德望所屬旣當時貴要有杖情遂與子超娶沖兄女　北、殿二本無「文」字，宋本及魏書作「又」。按疑「文」是指文明太后，下有脫文。李沖爲文明太后所寵，見本書卷一〇〇敍傳。又李慈銘云：「『有』上當脫一『丕』字。」按疑「有」是「丕」之誤。

〔一七〕因舉兵據陘北　諸本「陘」訛作「涇」，據魏書改。陘北卽句注陘之北。

〔一八〕時保宗弟文德說保宗閉險自固　諸本「說」下脫「保宗」二字，據魏書及通志補。

〔一九〕齊晨詣保宗　諸本脫「齊」字，據魏書、通志補。

〔二〇〕御史中尉辟承華車蓋　各本無「車」字，南本從魏書補。按「承華」太子宮名，「車蓋」指儀仗。有「車」字是，今從南本。

〔二一〕念生遣其弟天生屯隴口　諸本「隴」作「龍」，通志作「隴」。按通鑑卷一五〇四六八三頁作「隴」。胡注云：「隴口，隴坻之口也。」今據改。

〔二二〕白馬侯崔宏　諸本「宏」作「密」，魏書作「玄伯」，通志作「宏」。按崔宏字玄伯，封白馬侯，見本書卷二一崔宏傳，今據改。

〔二三〕後吐京胡與離石胡出以兵等叛　按魏書卷二八劉潔傳，「出以兵」作「出以眷」。疑此作「兵」誤。

〔二四〕會稽公劉潔　諸本脫「公」字，據魏書及本書卷二五劉潔傳補。

〔二五〕磨渾與叔孫俊詐云明元所在　各本脫「俊」字，南本據魏書補，今從之。事見本書卷二〇叔孫建傳。

〔二六〕次曰獻明帝　諸本「獻明」作「明元」。錢氏考異云：「『明元』當作『獻明』。」按通志正作「獻明」。

拓拔寔追諡「獻明」，見本書卷一昭成紀建國三十四年。今據改。

〔二七〕昭成時不勝　魏書卷一五補昭成子孫傳及通志「勝」作「豫」。按本書卷一昭成紀，魏書卷一序紀都作「豫」。此作「勝」，疑誤。

〔二八〕建國十五年卒　魏書作「十年」。按本書卷一三昭成皇后慕容氏傳云：「生獻明帝及秦明王」。據魏書卷一昭成紀，建國七年，始娶慕容氏。若翰死於建國十年或十五年，則年齡不過數歲，安能有儀、烈、觚三子？又秦王觚是獻明皇后少子見本書卷一三，卽道武之少弟。道武生於建國三十四年七月見本書卷一，則觚之生必當更在其後。若翰已死於十九年前，則觚豈能是其子？此必有誤。

〔二九〕乃祖受晉正朔　「乃」疑是「及」之訛。

〔三〇〕拜宰官尙書　各本及魏書、通志「宰」作「都」，百衲本及宋本作「宰」。按「宰官尙書」又見下文遼西公意烈傳，各本及魏書無異文。疑是魏初官名，非後來尙書省之都官尙書。今從百衲本。

〔三一〕詐以婚集城人　諸本「集」訛作「進」，據册府卷八六〇八一二九頁改。

〔三二〕慕容寶之敗也別率騎七百邀其歸路　按魏書卷二太祖紀登國十年九月云：「略陽公元遵七萬騎，塞其中山之路。」此「百」字當爲「万」之訛。

〔三三〕鎭勃海之合口　諸本「鎭」作「領」。按魏書卷二太祖紀天興元年正月稱：「略陽公元遵鎭勃海之合口。」「領」字是「鎭」之訛，今據改。

〔三四〕沮渠茂虔令一驍將與陵相擊　錢氏考異云：「茂虔，紀傳皆作牧犍。」按「茂虔」、「牧犍」乃譯音之異，但自不統一。

〔三五〕孝文將爲齊郡王簡舉哀　諸本「簡」作「蘭」。按本書卷一九文成五王傳、卷三孝文紀太和二十三年正月條並作「簡」魏書卷二〇、卷七同。「蘭」乃「簡」之訛，今據改。

〔三六〕弟順　按「弟」上當脫「懋」字。周書卷三十八元偉傳云：曾祖忠，祖盛，父順。順爲盛之子，卽當爲懋之弟。此文則似爲陟之弟，誤。

〔三七〕受詔於麟趾殿刊正經籍　諸本「麟趾」作「騏驎」，周書卷三八元偉傳作「麟趾」。按本書卷九、周書卷一〇周明帝紀云：「及卽位，集公卿已下有文學者八十餘人，於麟趾殿刊校經史。」又見周書卷四二蕭撝傳。作「騏驎」誤，今據改。

〔三八〕梁亡垂棘反　「梁」，周書元偉傳及文苑英華卷二四七庾信贈司寇淮南公詩並作「虢」。按左傳僖公二年，晉以屈產之乘與垂棘之璧假道於虞以伐虢。虢亡，遂滅虞，二物復反。公羊、穀梁二傳亦載其事。作「梁」疑誤。

〔三九〕洛陽男子姓元名景　按魏書卷六六、本書卷四四崔亮傳見「徐州刺史元昞」，墓誌集釋元智墓誌圖版五一，智祖名「昺」，皆指此人。北史避唐諱，前改稱其字，此處又改爲「景」。

〔四〇〕懸門發斷疑要而出　錢氏考異云：「『要』下有闕文，當是腰帶之類。」

〔四一〕詔齊州刺史尉景本州刺史蔡儁各部在州士往討之　按魏書卷一一出帝紀太昌元年七月稱：「夏州徙民郭遷據有州兗州之訛反，刺史元嶷棄城走，詔行臺侯景率齊州刺史尉景、濟州刺史蔡儁等攻討之。」北齊書卷一九蔡儁傳亦言其時蔡儁官濟州刺史。此「本州」當作「濟州」。

〔四二〕實非先皇深意　諸本脫「實非」二字，據魏書卷一五補。

〔四三〕天平初累遷尙書令騎妹爲孝武所納　按天平是東魏靜帝年號，其時孝武已入關，疑「孝武」是「神武」之訛。

〔四四〕泰州河東杼柚代春　宋本、南本「泰」作「秦」。錢氏考異云：「按魏初置泰州於河東，故有泰州河東之謠。監本『泰』作『秦』，蓋據魏書地形志校改。然其時自有秦州，治天水，不應有兩秦州，當以『泰』爲正。」

〔四五〕賜爵唐郡君　按魏書地形志無「唐郡」，疑有訛脫。

〔四六〕得就食湯陰託大豪李長壽　隋書卷五四元亨傳「湯陰」作「滎陽」。按周書卷四三李延孫傳，其父長壽於孝武西遷後，曾任廣州刺史。廣州治魯陽，疑「滎陽」是「魯陽」之訛。湯陰在洛陽東北甚遠，非李長壽勢力所能及，疑誤。

〔四七〕令暉買錦綵十萬使突厥　隋書卷四六元暉傳「買」作「賫」。按「買」當是「賫」之訛，「賫」卽「齎」別體。

〔四八〕卒於北軍將　按當有訛脫。

〔四九〕遣安同及長孫漫斂兵於慕容垂賀曼亡奔窟咄　魏書卷十五「漫」作「賀」，無「曼」字。本書卷一道武紀登國元年，作「長孫賀」。按本名當作「賀曼」，單稱或作「賀」，或作「漫」，遂似兩人。

〔五〇〕軍既不至而稍前逼賀染干賀染干陰懷異端　魏書不重「賀染干」。按魏書卷二太祖紀云：「賀麟軍未至而寇已前逼，」此「而」下當脫「寇」字，指劉亢泥之軍。「賀染干」三字誤重出，受逼者是拓拔珪，非賀染干。

〔五一〕賀麟執帝別歸中山　魏書作「賀麟別帝，歸于中山」，通志作「賀麟還歸中山」。按北史文不可通，疑魏書是。

〔五二〕武衞父子兼將丕略始見器重終以姦棄　按此處文意不明，疑原文當作「武衞父子，兼有將略。丕始見器重，終以姦棄」。脫「有」字，「略丕」誤倒。

〔五三〕蒲陰器宇　按上文無人封蒲陰者，唯拓拔顗封蒲城侯，疑「陰」是「城」之誤。

北史卷十六

列傳第四

道武七王　明元六王　太武五王

道武皇帝十男：宣穆劉后生明元皇帝。賀夫人生清河王紹。大王夫人生陽平王熙。王夫人生河南王曜。河間王脩、長樂王處文二王母氏闕。段夫人生廣平王連、京兆王黎。皇子渾及聰母氏並闕，皆早薨，無傳。

清河王紹字受洛拔，天興六年封。性兇狠險悖，好劫剝行人，斫射犬豕，以爲戲樂。有孕婦，紹剖觀其胎。道武嘗怒之，倒懸井中，垂死乃出。明元常以義方責之，由此不協。而紹母賀夫人有譴，帝將殺之。會日暮，未決。賀氏密告急於紹，紹乃與帳下及宦者數人踰

宮犯禁。帝驚起，求弓刀不及，暴崩。明日，宮門至日中不開，紹稱詔召百僚於西宮端門前北面，紹從門扇間謂曰："我有父，亦有兄，公卿欲從誰也？"王公以下皆失色，莫有對者。良久，南平公長孫嵩曰："臣等不審登遐狀。"唯陰平公元烈哭泣而去。於是朝野兇兇，人懷異志。肥如侯賀護舉烽於安陽城北，故賀蘭部人皆往赴之，其餘舊部，亦率子弟，招集故人，往往相聚。紹聞人情不安，乃出布帛班賜王公以下。

先是，明元在外，聞變乃還，潛于山中，使人夜告北新侯安同，衆皆響應。衞士執送紹，於是賜紹母子死，誅帳下閹官、宮人爲內應者十數人。其先犯乘輿者，羣臣於城南都街生臠食之。紹時年十六。

紹母即獻明皇后妹也，美而豔。道武如賀蘭部，見而悅之，告獻明后請納焉。后曰："不可。此過美，不善，且已有夫。"帝密令人殺其夫而納之，生紹，終致大逆焉。

陽平王熙，天興六年封。聰達有雅操。明元練兵於東部，詔熙督十二軍校閱，甚得軍儀，賞賜隆厚。泰常六年，薨，帝哀慟不已。長子佗襲爵。

佗性忠厚，武藝無過者。後改封淮南王，鎭武牢，威名甚著。孝文時，位司徒，賜安車几杖，入朝不趨。太和十二年，薨。時孝文有事太廟，始薦，聞之，廢祭，輿駕親臨哀慟，禮賵有加，謚曰靖王。

世子吐万早卒。

子僖王顥襲祖爵，薨。

子世遵襲。孝明時，爲荆州刺史。在邊境，前代以來，互相抄掠，世遵到州，不聽侵擾。其弟均時在荆州，爲朝陽戍主。有南戍主妻，三月三日遊戲沔水側，均輒遣部曲掠取。世遵聞之，責均，遂移還本戍，巽人感荷。後頗行貨賄，散費邊儲，是以聲名有損。薨於定州刺史，謚曰康王。

吐万弟鍾葵，早卒。

長子法壽，累遷安州刺史。法壽先令所親，微服入境，觀察風俗，下車便大行賞罰，於是境內肅然。後於河陰遇害。

子慶智，性貪鄙。爲太尉主簿，事無大小，得物然後判，或十數錢，或二十錢，得便取之，府中號爲"十錢主簿"。

法壽弟法僧，位益州刺史，殺戮自任，威怒無恒。王、賈諸姓，州內人士，法僧皆召爲卒伍，無所假縱，於是合境皆反，招引外寇。後拜徐州刺史。法僧本附元叉，以驕恣，恐禍及

己，將謀爲逆。時領主書兼舍人張文伯奉使徐州，法僧謂曰："我欲與卿去危就安，能從我否？"文伯曰："安能棄孝義而從叛逆也！"法僧將殺之，文伯罵曰："僕寧死見文陵松柏，不能生作背國之虜！"法僧殺之。孝昌元年，法僧殺行臺高諒，反於彭城，自稱尊號，改元天啓。大軍致討，法僧奔梁，其武官三千餘人戍彭城者，法僧皆印額爲奴，逼將南度。梁武帝授法僧司空，封始安郡王，尋改封宋王，甚見優寵。又進位太尉，仍立爲魏主。不行，授開府儀同三司、郢州刺史，乃徵爲太尉。卒於梁，謚曰襄厲王。子景隆、景仲。〔一〕

景隆初封丹楊公，位廣州刺史，徙徐州，改封彭城王。丁父憂，襲封宋王，又爲廣州刺史。卒。

梁復以景仲爲廣州刺史，封枝江縣公。侯景作亂，遣誘召之，許奉爲主。景仲將應之，爲西江督護陳霸先所攻，乃縊而死。

河南王曜，天興六年封。五歲，嘗射雀於道武前，中之，帝驚歎焉。及長，武藝絕人，與陽平王熙等並督諸軍講武，衆咸服其勇。薨。

長子提襲。驍烈有父風，改封潁川王。迎昭儀于塞北，時年十六，有夙成之量，殊域敬

焉。後改封武昌，累遷統萬鎮都大將，甚見寵待。薨，謚曰成王。

長子平原襲爵。忠果有智略。爲齊州刺史，善於懷撫。孝文時，妖賊司馬小君自稱晉後，屯聚平陵，年號聖君。平原身自討擊，禽小君，送京師斬之。又有妖人劉舉，自稱天子，復討斬之。時歲頻不登，齊人飢饉，平原以私米三千餘斛爲粥，以全人命。北州戍卒一千餘人，還者皆給路糧，百姓咸稱詠之。遷征南大將軍、開府、雍州刺史，鎮長安。薨，謚曰簡王。

長子和，字善意，襲爵。初，和聘乙氏公主女爲妃，生子顯，薄之，以公主故，不得遣出。因忿，遂自落髮爲沙門。既不幸其母，乃捨顯，以爵讓其次弟鑒，鑒固辭。公主以其外孫不得襲爵，訴於孝文。孝文詔鑒終之後，令顯襲爵，鑒乃受之。

鑒字紹達，沉重少言，寬和好士。爲齊州刺史。時革變之始，鑒上書遵孝文之旨，採齊之舊風，軌制粲然，皆合規矩。孝文下詔褒美，班之天下，一如鑒所上。齊人愛詠，咸曰耳目更新。

孝文崩後，和罷沙門歸俗，棄其妻子，納一寡婦曹氏爲妻。曹氏年長，大和十五歲，攜男女五人，隨鑒至歷城，干亂政事。和與曹及五子七處受納，鑒皆順其意，言無不從。於是獄以賄成，取受狠籍，齊人苦之，鑒名大損。轉徐州刺史。屬徐、兗大水，人多飢餓，鑒表加

賑恤，人賴以濟。先是，京兆王愉爲徐州，王既年少，長史盧陽烏寬以馭下，郡縣多不奉法。鑒表梁郡太守程靈虯虐政殘人，盜寇並起。詔免靈虯，於是徐境肅然。薨，謚悼王。

和與鑒子伯崇競求承襲，詔聽和襲，位東郡太守。先是，郡人孫天恩家豪富，嘗與和爭地，遣奴客打和垂死。至此，和誣天恩與北賊來往，父子兄弟一時俱戮，資財田宅皆沒於官。天恩宗從欲詣闕訴寃，以和元叉之親，不敢告列。和語其郡人曰：「我覓一州，亦應可得。念此小人，痛入骨髓，故乞此郡，以報宿怨，此後更不求富貴。」識者曰：「王當沒於此矣。」薨，贈相州刺史。

河間王脩，天賜四年封。薨，無子，太武詔河南王曜子羯兒襲，改封略陽王。正平初，有罪賜死，爵除。

長樂王處文，天賜四年封。聰辯夙成。年十四，薨。明元悼傷之，自小斂至葬，常親臨哀慟。陪葬金陵。無子，爵除。

廣平王連，天賜四年封。薨，無子，太武以陽平王熙第二子渾爲南平王，以繼連後。

渾好弓馬，射鳥輒歷飛而中之，日射兔得五十頭。太武嘗命左右分射，勝者中的籌滿，詔渾解之，三發皆中。帝大悅，器其藝能，常引侍左右。累遷涼州鎮將、都督西戎諸軍事、領護西域校尉，恩著涼土。更滿還京，父老皆涕泣追送，如違所親。薨。

子飛襲。後賜名霄。身長九尺，腰帶十圍，容貌魁偉，雅有風則。貞白卓然，好直言正諫，朝臣憚之。孝文特垂欽重，除宗正卿。詔曰：「自今奏事，諸臣相稱，可云姓名；唯南平王一人，可直言其封。」還左光祿大夫。薨，賜東園第一祕器，孝文緦衰臨霄喪，宴不舉樂，謚曰安王。子纂襲。

京兆王黎，天賜四年封。薨。

子吐根襲，改封江陽王。薨，無子。

獻文以南平王霄第二子繼字世仁爲後，襲封江陽王。宣武時，爲青州刺史，爲家僮取

人女爲婦妾，又以良人爲婢，爲御史所彈，坐免官爵。及靈太后臨朝，繼子叉先納太后妹，復繼本封。後徙封京兆王，歷司徒，加侍中。繼，孝文時已歷內外顯任，靈太后臨朝，入居心膂，歷轉台司。頻表遜位，轉太保，侍中如故，加前後部鼓吹。詔以至節，禮有朝慶，繼位高年宿，可依齊郡王簡故事，朝訖引坐，免其拜伏。轉太傅，侍中如故。時叉執殺生之權，拜受之日，送者傾朝，有識者爲之致懼。又詔令乘步挽至殿廷，兩人扶侍，禮與丞相高陽王埒。後除使持節、侍中、太師、大將軍、錄尚書事、大都督、節度西道諸軍事。及出師，車駕臨餞，傾朝祖送。尋加太尉公。及班師，繼啓求還復封江陽，詔從之。

繼晚更貪惏，牧守令長新除赴官，無不受納貨賄，以相託付。妻子各別請屬，至乃郡縣微吏，亦不獲平心選舉。憑叉威勢，法官不敢糾擿，天下患之。叉黜，繼廢於家。

初，尒朱榮之爲直寢，數以名馬奉叉，叉接以恩意，榮甚德之。建義初，復以繼爲太師、司州牧。永安元年，薨，〔三〕贈假黃鉞、都督九州諸軍、錄尚書事、大丞相如故，謚曰武烈。

叉字伯儁，小字夜叉。靈太后臨朝，以叉妹夫，除通直郎。叉妻封新平君，後遷馮翊君，拜女侍中。叉女夭，靈太后詔贈鄉主。叉累加侍中、領軍將軍。既在門下，兼總禁兵，深爲靈太后所信委。

太傅、清河王懌以親賢輔政，每欲斥黜之。乂遂令通直郎宋維，告司染都尉韓文殊欲謀逆立懌，懌坐禁止。後窮案無實，懌雖得免，猶以兵衛守於宮西別館。久之，乂恐懌終爲己害，乃與侍中劉騰密謀，詐取主食中黃門胡度、胡定列，誣懌云：「貨度等金帛，令以毒藥置御食中以害帝。」騰以具奏。明帝信之，乃御顯陽殿。騰閉永巷門，靈太后不得出。懌入，遇乂於含章殿後，命宗士及直齋執懌衣袂，將入含章東省。騰稱詔集公卿議，以大逆論。咸畏乂，無敢異者。唯僕射游肇執意不同。乂、騰持公卿議入奏，夜中殺懌。

於是假爲靈太后辭遜詔，乂遂與太師、高陽王雍等輔政。常直禁中，明帝呼爲姨父。自後百僚重跡。後帝徙御徽音殿，乂亦入居殿右，曲盡佞媚，遂出入禁中，恒令勇士持刀劍以自先後。乂於千秋門外廠下施木闌檻，有時出入，止息其中，腹心防守，以備竊發。

初，乂之專政，矯情自飾，勞謙待士。得志之後，便自驕愎，耽酒好色，與奪任情。乃於禁中自作別庫掌握之，珍寶充牣其中。〔三〕乂嘗臥婦人於食輿，以帊覆之，輿入禁內，出亦如之，直衞雖知，莫敢言者。姑姊婦女，朋淫無別。政事怠墮，綱紀不舉，州鎮多非其人，於是天下遂亂矣。乂自知不法，恐被廢黜，乃陰遣從弟洪業〔四〕召武州人姬庫根等與之聚宴，遂爲誓盟，欲令爲亂，朝廷必以己爲大將軍往伐，因以共爲表裏，如此可得自立。根等然其言，乃厚遺根等，遣還州，與洪業買馬。

從劉騰死後，防衛微緩，乂頗亦自寬，時宿於外，每日出遊，留連他邑。靈太后微察知之。正光五年秋，靈太后對明帝謂羣臣，求出家於嵩山閑居寺，欲自下髮。帝與羣臣大懼，叩頭泣涕。遂與太后密謀圖之。乃對乂流涕，敘太后欲出家憂怖之心。乂乃勸帝從太后意。於是太后數御顯陽，二宮無復禁礙。乂舉其親元法僧爲徐州刺史，〔五〕法僧據州反叛。靈太后數以爲言，乂深愧悔。丞相、高陽王雍雖位重於乂，而甚畏憚。會太后與帝遊洛水，遂幸雍第，定圖乂之計。後雍從帝朝太后，乃進言乂父子權重。太后曰：「然。元郎若忠於朝廷，何故不去領軍，以餘官輔政？」乂聞之甚懼，免冠求解。乃以乂爲儀同三司、尚書令、侍中、領左右。

乂雖去兵權，然總任內外，不慮黜廢。又有閹人張景嵩、劉思逸、屯弘昶、伏景謀廢乂。嵩以帝嬪潘外憐有幸，說云，元乂欲害之。嬪泣訴於帝云：「乂非直欲殺妾，亦將害陛下。」帝信之。後乂出宿，遂解其侍中。旦欲入宮，門者不納。尋除名。

初，咸陽王禧以逆見誅，其子樹奔梁，梁封爲鄴王。〔六〕及法僧反叛後，樹遺公卿百僚書，暴乂過惡，言「乂本名夜叉，弟羅實名羅剎。夜叉、羅剎，此鬼食人，非遇黑風，事同飄墮。嗚呼魏境！離此二災。惡木盜泉，不息不飲，勝名梟稱，不入不爲，況昆季此名，表能噬物，日露久矣，始信斯言」。乂爲遠近所惡如此。

其後靈太后顧謂侍臣曰：「劉騰、元乂昔邀朕索鐵券，望得不死，朕賴不與。」中書舍人韓子熙對曰：〔七〕「臣聞殺活，豈計與否。陛下昔雖不與，何解今日不殺？」靈太后憮然。未幾，有人告乂及其弟爪謀反，先遣其從弟洪業率六鎮降戶反定州，乂令勾魯陽諸蠻侵擾伊闕，乂兄弟爲內應，起有日矣，得其手書。靈太后以妹婿故，未忍便決。羣臣固執不已，明帝又以爲言，太后乃從之，於是乂及弟爪並賜死於家。太后猶以妹故，復追贈尚書令、冀州刺史。

乂子舒，祕書郎。〔八〕乂死後，亡奔梁，官至征北大將軍、青冀二州刺史。

子善，亦名善住。少隨父至江南，性好學，通涉五經，尤明左氏傳。侯景之亂，善歸周，武帝甚禮之，以爲太子宮尹，賜爵江陽縣公，每執經以授太子。

隋開皇初，拜內史侍郎，凡有敷奏，詞氣抑揚，觀者屬目。陳使袁雅來聘，上令善就館受書。雅出門不拜，善論舊事有拜之儀，雅未能對，遂拜，成禮而去。後遷國子祭酒。上嘗親臨釋奠，令善講孝經，於是敷陳義理，兼之以諫，上大悅曰：「聞江陽之說，更起朕心。」賚絹一百匹，衣一襲。善之通博，在何妥之下，然以風流醞藉，俯仰可觀，音韻清朗，由是爲後進所歸。妥每懷不平，心欲屈善，因講春秋，初發題，諸儒畢集，善私謂妥曰：「名望已定，幸無相苦。」妥然之。及就講肆，妥遂引古今滯義以難善，多不能對，二人由是有隙。

善以高熲有宰相之具，嘗言於上曰：「楊素粗疏，蘇威怯懦，元冑、元旻，正似鴨耳。可以付社稷者，唯獨高熲。」上初然之。及熲得罪，上以善言爲熲游說，深責望之。善憂懼，先患消渴，於是病頓而卒。

乂弟羅，字仲綱。雖父兄貴盛，而虛己接物。累遷青州刺史。乂當朝專政，羅望傾四海，於時才名之士王元景、邢子才、李奬〔九〕等咸爲其賓客，從遊青土。罷州，入爲宗正卿。乂死後，羅通乂妻，時人穢之，或云其救命之計也。孝武時，位尚書令、開府儀同三司、梁州刺史。孝靜初，梁遣將圍逼，羅以州降，封南郡王。及侯景自立，以羅爲開府儀同三司、尚書令，改封江陽王。梁元帝滅景，周文帝求羅，遂得還。除開府儀同三司、侍中、少師，襲爵江陽王。舒子善住，在後從南入關，羅乃以爵還善住，改封羅爲固道郡公。

羅弟爽，字景哲。少而機警，位給事黃門侍郎、金紫光祿大夫。卒，諡曰懿。

爽弟蠻，仕齊，歷位兼度支尚書，行潁州事。坐不爲繼母服，爲左丞所彈。後除開府儀同三司。齊天保十年，大誅元氏。昭帝元后，蠻之女也，爲苦請，自市追免之，賜姓步六孤氏。〔一〇〕卒，贈司空。

䴕弟爪，字景邕，位給事中，與兄叉同時誅。

繼弟羅侯，遷洛之際，以墳陵在北，遂家於燕州之昌平郡。內豐資產，唯以意得爲適，不入京師，有賓客往來者，必厚相禮遺，豪據北方，甚有聲稱。以叉執權，尤不樂入仕，就拜昌平太守。

明元皇帝七男：杜密皇后生太武皇帝。大慕容夫人生樂平戾王丕。安定殤王彌闕母氏。慕容夫人生樂安宣王範。尹夫人生永昌莊王健。建寧王崇、新興王俊二王並闕母氏。

樂平王丕，少有才幹。泰常七年封，拜車騎大將軍。後督河西、高平諸軍討南秦王楊難當。軍至略陽，禁令齊肅，所過無私，百姓爭致牛酒。難當懼，還仇池。而諸將議曰：「若不誅豪帥，軍還之後，必聚而爲寇。」又以大衆遠出，不有所掠，則無以充軍實，賞將士。將從之。時中書侍郎高允參丕軍事，〔二〕諫曰：「今若誅之，是傷其向化之心，恐大軍一還，爲

亂必速。」丕以爲然，於是綏懷初附，秋毫無犯。

初，馮弘之奔高麗，太武詔遣送之，高麗不遣。太武怒，將討之，丕上疏以爲和龍新定，宜復之，使廣脩農殖，以饒軍實，然後進圖，可一舉而滅。帝納之，乃止。後坐劉潔事，以憂薨，事在潔傳，謚曰戾王。子拔襲爵。後坐事賜死，國除。

丕之薨及日者董道秀之死也，高允遂著筮論曰：「昔明元末，起白臺，其高二十餘丈。樂平王嘗夢登其上，四望無所見。王以問日者董道秀。筮之，曰：『大吉。』王默而有喜色。後事發，王遂憂死，而道秀棄市。道秀若推六爻以對王曰：『易稱亢龍有悔。窮高曰亢，高而無人，不爲善也。』夫如是，則上寧於王，下保於己，福祿方至，豈有禍哉？今舍於本而從其末，咎釁之至，不亦宜乎！」

安定王彌，泰常七年封。薨，謚曰殤王。無子，國除。

樂安王範，泰常七年封。雅性沉厚。太武以長安形勝之地，乃拜範爲衞大將軍、開府儀同三司、長安鎮都大將。範謙恭惠下，推心撫納，百姓稱之。時秦土新離寇賊，流亡者相繼，請崇易簡之禮，帝納之。於是遂寬徭，與人休息。後劉潔之謀，範聞而不告。事發，因疾暴薨。

長子良，太武未有子，嘗曰：「兄弟之子猶子。」親撫養之。長而壯勇多知，嘗參軍國大計。文成時，襲王，拜長安鎮都大將、雍州刺史，爲內都大官。薨，謚曰簡王。

永昌王健，泰常七年封。健姿貌魁壯，所在征戰，常有大功。才藝比陳留桓王而智略過之。從太武破赫連昌，遂西略至木根山。討和龍，健別攻拔建德。後平叛胡白龍餘黨于西河。〔三〕太武襲蠕蠕，越涿邪山，詔健殿後。矢不虛發，所中皆應弦而斃，威震漠北。尋從平涼州，健功居多。又討破禿髮保周，自殺，傳首京師。復降沮渠無諱。薨，〔三〕謚曰莊王。子仁襲。

仁亦驍勇有父風，太武奇之。後與濮陽王閭若文謀爲不軌，發覺，賜死，國除。

建寧王崇，泰常七年封。文成時，封崇子麗濟南王。後與京兆王杜元寶謀逆，父子並賜死。

新興王俊，泰常七年封。少善騎射，多藝。坐法，削爵爲公。俊好酒色，多越法度。又以母先遇罪死，而己被貶削，恒懷怨望，頗有悖心。後事發，賜死，國除。

太武皇帝十一男：賀皇后生景穆帝。越椒房生晉王伏羅。舒椒房生東平王翰。弗椒房生臨淮王譚。伏椒房生廣陽王建。閭左昭儀生吳王余。〔四〕其小兒、猫兒、眞、虎頭、〔五〕龍頭並闕母氏，皆早薨，無傳。

晉王伏羅，眞君三年封，加車騎大將軍。後督高平、涼州諸軍討吐谷渾慕利延。軍至樂都，謂諸將曰：「若從正道，恐軍聲先振，必當遠遁；潛軍出其非意，此鄧艾禽蜀之計也。」

諸將咸難之。伏羅曰：「夫將軍制勝，萬里擇利，專之可也。」遂間道行。至大母橋，慕利延衆驚，奔白蘭，慕利延兄子拾寅走河西，[一六]降其一萬餘落。[一七]八年，薨，無子，國除。

東平王翰，眞君三年封秦王，拜侍中、中軍大將軍，參典都曹事。忠貞雅正，百僚憚之。太傅高允以翰年少，作諸侯箴以遺之，翰覽之大悅。後鎭枹罕，羌戎敬服。改封東平王。太武崩，諸大臣等議欲立翰，而中常侍宗愛與翰不協，矯太后令立南安王余，遂殺翰。子道符襲爵，拜長安鎭都大將。皇興元年，謀反，司馬段太陽斬之，傳首京師。

臨淮王譚，眞君三年，封燕王，拜侍中，參都曹事。後改封臨淮王。薨，謚宣王。子提襲，爲梁州刺史，以貪縱削除，加罰，徙配北鎭。久之，提子員外郎穎免冠請解所居官，代父邊戍，孝文不許。後詔提從駕南伐，至洛陽，參定遷都之議。尋卒，以預參遷都功，追封長鄉縣侯。宣武時，贈雍州刺史，謚曰「懿」。

提子昌，字法顯。好文學。居父母喪，哀號孺慕，悲感行人。宣武時，復封臨淮王，未

拜而薨，贈齊州刺史，謚曰康王，追改封濟南王。子彧，字文若，紹封。

彧少有才學，當時甚美。侍中崔光見而謂人曰：「黑頭三公，當此人也。」少與從兄安豐王延明、中山王熙，並以宗室博古文學齊名，時人莫能定其優劣。尚書郎范陽盧道將謂吏部清河崔休曰：「三人才學雖並優美，然安豐少於造次，中山皂白太多，未若濟南風流寬雅。」時人爲之語曰：「三王楚琳琅，未若濟南備員方。」彧姿制閑裕，吐發流美。琅邪王誦，有名人也，見之未嘗不心醉忘疲。奏郊廟歌詞，時稱其美。除給事黃門侍郎。彧本名亮，字仕明，時侍中穆紹與彧同署，避紹父諱，啓求改名。詔曰：「仕明風神運吐，常自以比荀文若，可名彧，以取定體相倫之美。」彧求復本封，詔許復封臨淮，寄食相州魏郡。又長兼御史中尉。彧以爲倫敍得之，不謝。領軍于忠忿，言之朝廷曰：「臨淮雖復風流可觀，而無骨鯁之操，中尉之任，恐非所堪。」遂去威儀，單車而還，朝流爲之歎息。累遷侍中、衞將軍、左光祿大夫，兼尚書左僕射，攝選。

後以本官爲東道行臺。會尒朱榮入洛，殺害元氏，彧撫膺慟哭，遂奔梁。梁武遣其舍人陳建孫迎接，幷觀彧爲人。建孫稱彧風神閑儁。梁武亦先聞名，深相器待。見彧於樂遊園，因設宴樂，彧聞聲歔欷，涕淚交下，梁武爲之不樂。自前後奔叛，皆俟旨稱魏爲僞，唯彧表啓常云魏臨淮王。梁武體彧雅性，不以爲責。及知莊帝踐阼，彧以母老請還，辭旨懇切。梁武惜其人才，又難違其意，遣其僕射徐勉私勸彧留。彧曰：「死猶願北，況於生也？」梁武乃以禮遣。彧性至孝，自經違離，不進酒肉，憔悴容貌，見者傷之。歷位尚書令、大司馬，兼錄尚書。

莊帝追崇武宣王爲文穆皇帝，廟號肅祖，母李妃爲文穆皇后，將遷神主於太廟，以孝文爲伯考。彧表諫，以爲：「漢祖創業，香街有太上之廟，光武中興，南頓立春陵之寢。元帝之於光武，疏爲絕服，猶尚身奉子道，入繼大宗。高祖之於聖躬，親實猶子，陛下旣纂洪緒，豈宜加伯考之名？且漢宣之繼孝昭，斯乃上後叔祖，豈忘宗承考妣？蓋以大義斯奪。及金德將興，宣王受寄，景王意在毀冕，文王心規裂冠，雖祭則魏主，而權歸晉室。昆之與季，實傾曹氏。且子元宣王冢胤，文王成其大業，故晉武繼文祖宣，景王有伯考之稱。[一八]以今類古，恐或非儔。高祖德溢寰中，道超無外。肅祖雖勳格宇宙，猶曾奉贄稱臣。穆后稟德坤元，復將配享乾位。此乃君臣並筵，嫂叔同室，歷觀墳籍，未有其事。」

時莊帝意銳，朝臣無敢言者，唯彧與吏部尚書李神儁並有表聞。

詔報曰：「文穆皇帝勳格四表，道邁百王，是用考循舊範，恭上尊號。王表云漢太上於香街，南頓於春陵。漢高不因瓜瓞之緒，光武又無世及之德，皆身受符命，不由父祖，別廟

異寢，於理何差？文穆皇帝天眷人宅，曆數有歸。朕忝承下武，遂主神器。旣帝業有統，漢氏非倫。若以昔況今，不當移寢，則魏太祖、晉景帝雖王跡已顯，皆以人臣而終，豈得與餘帝別廟，有闕倫序？[一九]漢郡國立廟者，欲尊高祖之德，使饗遍天下，非關太廟神主，獨在外祠薦。漢宣之父，亦非勳德所出，雖不追尊，不亦可乎？伯考之名，自是尊卑之稱，何必準古而言非類也。復云君臣同列，嫂叔共室。當以文穆皇帝昔遂臣道，以此爲疑。禮『天子元子猶士』，禘祫豈不得同室乎？且晉文、景共爲一代，議者云世限七，主無定數。昭穆旣同，明有共室之理。禮旣有祔，嫂叔何嫌？禮，大祖、禰一廟，豈無婦舅共室也？若專以共室爲疑，容可更議遷毀。」

莊帝旣逼諸妹之請，此詞意黃門侍郎常景、中書侍郎邢子才所贊成也。

又追尊兄彭城王爲孝宣帝。彧又面諫曰：「陛下作而不法，後世何觀？歷尋書籍，未有其事。」帝不從。及神主入廟，復敕百官悉陪從，一依乘輿之式。彧上表以爲：「爰自中古，迄於下葉，崇尚君親，褒明功懿，乃有皇號，終無帝名。今若去帝，直留皇名，求之古義，少有依準。」又不納。

尒朱榮死，除彧司徒公。及尒朱兆率衆奄至，出東掖門，爲賊所獲。見兆，辭色不屈，爲羣胡所毆，薨。孝武帝末，贈大將軍、太師、太尉公、錄尚書事，謚曰文穆。

或美風韻，善進止，衣冠之下，雅有容則。博覽羣書，不爲章句，所制文藻，雖多亡失，猶有傳於世者。然居官不能清白，所進舉止於親婭，爲識者所譏。無子。

弟孝友，少有時譽，襲爵臨淮王，〔一〇〕累遷滄州刺史。爲政温和，好行小惠，不能清白，而無所侵犯，百姓亦以此便之。魏靜帝宴齊文襄於華林園，孝友因醉自譽，又云：「陛下許賜臣能。」帝笑曰：「朕恒聞王自道清。」文襄曰：「臨淮王雅旨舍罪。」於是君臣俱笑而不罪。孝友明於政理，嘗奏表曰：

令制百家爲黨族，二十家爲閭，五家爲比鄰。百家之內，有帥二十五，徵發皆免，苦樂不均。羊少狼多，復有蠶食。此之爲弊久矣。京邑諸坊，或七八百家，唯一里正、二史，庶事無闕，而況外州乎？請依舊置，三正之名不改，而百家爲族，四閭，〔一一〕閭二比，計族少十二丁，得十二匹貲絹。略計見管之戶，應二萬餘族，一歲出貲絹二十四萬匹。十五丁出一番兵，計得一萬六千兵。此富國安人之道也。

古諸侯娶九女，士有一妻二妾。晉令：諸王置妾八人，郡君、侯，妾六人。官品令：第一、第二品有四妾，第三、第四有三妾，第五、第六有二妾，第七、第八有一妾。所以陰教聿脩，繼嗣有廣。廣繼嗣，孝也。脩陰教，禮也。而聖朝忽棄此數，由來漸久，將

相多尚公主，王侯娶后族，故無妾媵，習以爲常。婦人多幸，生逢今世，舉朝略是無妾，天下殆皆一妻。設令人強志廣娶，則家道離索，身事迍邅，內外親知共相嗤怪。凡今之人，通無準節。父母嫁女，則教之以妬，姑姊逢迎，必相勸以忌。持制夫爲婦德，以能妬爲女工。自云受人欺，畏他笑我。王公猶自一心，以下何敢二意！夫妬忌之心生，則妻妾之禮廢，妻妾之禮廢，則姦淫之兆興，斯臣之所以毒恨者也。請以王、公、第一品娶八，通妻以備九女，稱事二品備七，三品、四品備五，五品、六品則一妻二妾。限以一周，悉令充數。若不充數，及待妾非禮，使妻妬加捶撻，免所居官。其妻無子而不娶妾，斯則自絕，無以血食祖父，請科不孝之罪，離遣其妻。

臣之赤心，義唯家國，欲使吉凶無不合禮，貴賤各有其宜，省人帥以出兵丁，立倉儲以豐穀食，設賞格以禽姦盜，行典令以示朝章。〔一二〕庶使足食足兵，人信之矣。又冒申妻妾之數，正欲使王侯將相，功臣子弟，苗胤滿朝，傳祚無窮，此臣之志也。

詔付有司，議奏不同。

孝友又言：「今人生爲皁隸，葬擬王侯，存沒異途，無復節制。崇壯丘隴，盛飾祭儀，隣里相榮，稱爲至孝。又夫婦之始，王化所先，共食合瓢，足以成禮。而今之富者彌奢，同牢之設，甚於祭槃。累魚成山，山有林木，林木之上，鸞鳳斯存。徒有煩勞，終成委棄，仰惟天意，其或不然。請自茲以後，若婚葬過禮者，以違旨論。官司不加糾劾，即與同罪。」

孝友在尹積年，以法自守，甚著聲稱。然性無骨鯁，善事權勢，爲正直者所譏。齊天保初，準例降爵，封臨淮縣公，拜光祿大夫。二年冬，被詔入晉陽宮，出與元暉業同被害。

昌弟孚，字秀和，少有令譽。侍中游肇、并州刺史高聰、司徒崔光等見孚，咸曰：「此子當準的人物，恨吾徒衰暮，不及見耳。」累遷兼尚書右丞。靈太后臨朝，宦者干政，孚乃總括古今名妃賢后，凡爲四卷，奏之。遷左丞。

蠕蠕主阿那瓌既得反國，其人大飢，相率入塞，阿那瓌上表請臺振給。詔孚爲北道行臺，詣彼振恤，孚陳便宜表曰：

皮服之人，未嘗粒食，宜從俗因利，拯其所無。昔漢建武中，單于款塞，時轉河東米糒二萬五千斛、牛羊三萬六千頭以給之。斯則前代和戎，撫新柔遠之長策也。乞以牸牛產羊，餬其口食。且畜牧繁息，是其所便，毛血之利，惠兼衣食。

又尚書奏云：如其仍住七州，隨寬置之。臣謂人情戀本，寧肯徙內？若依臣請，給振雜畜，愛本重鄉，必還舊土。如其不然，禁留益損。假令逼徙，事非久計。何者？人面獸心，去留難測。既易水草，痾恙將多，憂愁致困，死亡必甚。兼其餘類，尚在沙磧，

脫出狂勃，翻歸舊巢，必殘掠邑里，遺毒百姓。亂而方塞，未若杜其未萌。

又貿遷起於上古，交易行於中世。漢與胡通，亦立關市。今北人阻飢，命懸溝壑，公給之外，必求市易。彼若願求，宜見聽許。

又云：

營大者不計小名，圖遠者弗拘近利。雖戎狄衰盛，歷代不同，叛服之情，略可論討。周之北伐，僅獲中規；漢氏外攘，裁收下策。昔在代京，恒爲重備，將帥勞止，甲士疲力，計前世苦之，力未能致。今天祚大魏，亂亡在彼。朝廷垂天覆之恩，廓大造之德，鳩其散亡，禮送令反，宜因此時，善思遠策。

竊以理雖萬變，可以一觀，來事雖懸，易以往卜。昔漢宣之世，呼韓款塞，漢遣董忠、韓昌領邊郡士馬，送出朔方，因留衞助。又光武時，亦令中郎將段彬置安集掾史，隨單于所在，參察動靜。斯皆守吉之元龜，安邊之勝策。計今朝廷成功，不減曩時，蠕蠕國弊，亦同疇日。宜準昔成謀，略依舊事，借其所閑地，聽使田牧。粗置官屬，示相慰撫。嚴戒邊兵，以見保衞。馭以仁寬，縻以久策，使親不至矯詐，疏不容叛反。今北鎮諸將，舊常云一人代外邏，〔一三〕因令防察。所謂天子有道，守在四夷者也。

又云：

先人有奪人之心，待降如受強敵。武非專外，亦以防內。[二四]若從處分割配，諸州鎮遼遠，非轉輸可到，悔叛之情，變起難測。又居人畜業，布在原野，戎夷性貪，見則思盜，防彼肅此，少兵不堪，渾流之際，易相干犯。驅之還本，未必樂去，配州內徙，復不肯從。既其如此，爲費必大。

朝廷不許。

孚持白武幡勞阿那瓌於柔玄、懷荒二鎮間。阿那瓌衆號三十萬，陰有異意，遂拘留孚。載以輼車，日給酪一升、肉一段。每集其衆，坐孚東廂，稱爲行臺，甚加禮敬。阿那瓌遂南過，至舊京。後遣孚等還，因上表謝罪。有司以孚事下廷尉，丞高謙之云孚辱命，處流罪。

後拜冀州刺史。孚勸課農桑，境內稱慈父，隣州號曰神君。先是，州人張孟都、張洪建、馬潘、崔獨憐、張叔緒、崔醜、張天宜、崔思哲等八人，皆屯保林野，不臣王命，州郡號曰八王。孚至，皆請入城，願致死効力。後爲葛榮所陷，爲榮所執。兄祐爲防城都督，兄子禮爲錄事參軍。榮欲先害子禮，孚請先死以贖子禮，叩頭流血，榮乃捨之。又大集將士，議其死事。孚兄弟各誣己引過，爭相爲死。又孟都、潘紹等數百人皆叩頭就法，[二五]請活使君。榮曰："此魏之誠臣義士也。"凡同禁五百人，皆得免。榮平，還除冀州刺史。[二六]元顥入

洛，授孚東道行臺、彭城郡王。孚封顥逆書送朝廷，天子嘉之。顥平，[二七]封孚萬年鄉男。永安末，樂器殘缺，莊帝命孚監儀注。孚上表曰：

昔太和中，中書監高閭、太樂令公孫崇脩造金石，數十年間，乃奏成功。時大集儒生，考其得失。太常卿劉芳請別營造，久而方就。復召公卿量校合否，論者沸騰，莫有適從。登被旨敕，並見施用。往歲大軍入洛，戎馬交馳，所有樂器，亡失垂盡。臣至太樂署，問太樂令張乾龜等，云承前以來，置宮懸四箱，栒簴六架，東北架編黃鍾之磬十四。雖器名黃鍾，而聲實夷則，考之音制，不甚諧韻。姑洗懸於東北，太蔟編於西北，蕤賓列於西南，並皆器象差位，調律不和。又有儀鍾十四，虛懸架首，[二八]初不叩擊，今便删廢，以從正則。

臣今據周禮鳧氏脩廣之規，磬氏倨句之法，吹律求聲，叩鍾求音，損除繁雜，討論實錄。依十二月爲十二宮，各準辰次，當位懸設。月聲既備，隨用擊奏。則會還相爲宮之義，又得律呂相生之體。今量鍾磬之數，各以十二架爲定。

奏可。于時搢紳之士，咸往觀聽，靡不咨嗟歎服而反。太傅、錄尚書長孫承業妙解聲律，特復稱善。

復從孝武帝入關，除尚書左僕射、扶風郡王。尋監國史。歷位司空、兼尚書令、太保。

時蠕蠕主與孚相識，先請見孚，然後遣女。於是乃使孚行。蠕蠕君臣見孚，莫不懽悅，[二九]奉皇后來歸。

孚性機辯，好酒，貌短而禿。周文帝偏所眷顧，嘗於室內置酒十瓨，瓨餘一斛，上皆加帽，欲戲孚。孚適入室，見卽驚喜，曰："吾兄弟輩甚無禮，何爲竊入王家，匡坐相對？宜早還宅也。"因持酒歸。周文撫手大笑。後遇風患，手足不隨，口不能言，乃左手畫地作字，乞解所任。三奏不許。遷太傅。薨，帝親臨，百官赴弔。贈大司馬、錄尚書事，謚曰文簡。

子端嗣，位大行臺尚書、華州刺史。性疏佷，頗以基地驕物，時論鄙之。

廣陽王建，眞君三年封楚王，後改封廣陽。薨，謚曰簡王。

子石侯襲，薨，謚曰哀王。

子遺興襲，薨，謚曰定王。無子。

石侯弟嘉，少沉敏，喜慍不形於色，兼有武略。孝文初，拜徐州刺史，甚有威惠。後封廣陽王，以紹建後。孝文南伐，詔嘉斷均口。嘉違失指授，令賊得免。帝怒責之曰："叔祖定非世孫，何太不上類也！"及將大漸，遺詔以嘉爲尚書左僕射，與咸陽王禧等輔政。遷司州

牧。嘉表請於京四面築坊三百二十，各周一千二百步，乞發三正復丁，以充茲役。雖有暫勞，奸盜永止。詔從之。拜衞大將軍、尚書令，除儀同三司。

嘉好飲酒，或沉醉，在宣武前言笑自得，無所顧忌。帝尊年老，常優容之。與彭城、北海、高陽諸王，每入宴集，極歡彌夜，數加賞賜。帝亦時幸其第。性好儀飾，車服鮮華。既居儀同，又任端首，出入容衞，道路榮之。後遷司空，轉司徒。嘉好立功名，有益公私，多所敷奏，帝雅委付之。愛敬人物，後來才俊未爲時知者，侍坐之次，轉加談引，時人以此稱之。薨，遺命薄葬。宣武悼惜之，贈侍中、太保，謚曰懿烈。

嘉後妃宜都王穆壽孫女，司空從妹也。聰明婦人。及爲嘉妃，多所匡贊，光益家道。

子深，字智遠，[三〇]襲爵。孝明初，拜肆州刺史。預行恩信，胡人便之，劫盜止息。後爲恒州刺史，在州多所受納，政以賄成。私家有馬千匹者，必取百匹，以此爲恒。累遷殿中尚書，未拜。坐淫城陽王徽妃于氏，爲徽表訟。詔付丞相、高陽王雍等宗室議決其罪，以王還第。

及沃野鎮人破六韓拔陵反叛，臨淮王彧討之失利，詔深爲北道大都督，受尚書令李崇節度。時東道都督崔暹敗於白道，深等諸軍退還朔州。深上書曰：

邊豎構逆，以成紛梗，其所由來，非一朝也。昔皇始以移防爲重，盛簡親賢，擁麾作鎮，配以高門子弟，以死防遏。不但不廢仕宦，至乃偏得復除，當時人物，忻慕爲之。及太和在歷，僕射李沖當官任事，涼州土人，悉免厮役；豐沛舊門，仍防邊戍。自非得罪當世，莫肯與之爲伍。征鎮驅使爲虞候、白直，一生推遷，不過軍主。然其往世房分，留居京者，得上品通官；在鎮者，便爲淸途所隔。或投彼有北，以御魑魅，多復逃胡鄉。乃峻邊兵之格，鎮人浮遊在外，皆聽流兵捉之。於是少年不得從師，長者不得遊宦。獨爲匪人，言者流涕。

自定鼎伊洛，邊任益輕，唯底滯凡才，出爲鎮將。轉相模習，專事聚斂。或有諸方姦吏，犯罪配邊，爲之指蹤，過弄官府，政以賄立，莫能自改。咸言姦吏爲此，無不切齒增怒。及阿那瓌背恩，縱掠竊奔，命師追之，十五萬衆度沙漠，不日而還。邊人見此援師，便自意輕中國。尙書令臣崇時卽申聞，求改鎮爲州，將允其願，抑亦先覺，朝廷未許。而高闕戍主，率下失和，拔陵殺之爲逆命，攻城掠地，所見必誅。王師屢北，賊黨日盛。此段之舉，指望銷平。其崔暹隻輪不反，臣崇與臣，逡巡復路。今者相與，還次雲中。馬首是瞻，未便西邁。將士之情，莫不解體。今日所慮，非止西北，將恐諸鎮尋亦如此。天下之事何易可量！

時不納其策。東西部敕勒之叛，朝議更思深言，遣兼黃門侍郎酈道元爲大使，欲復鎮爲州，以順人望。會六鎮盡叛，不得施行。深後上言：「今六鎮俱叛，二部高車亦同惡黨，以疲兵討之，必不制敵。請簡選兵，或留守恒州要處，更爲後圖。」

及李崇徵還，深專總戎政。拔陵避蠕蠕，南移度河。先是，別將李叔仁以拔陵來逼，請求迎援，深赴之，前後降附二十萬人。深與行臺元纂表求恒州北別立郡縣，安置降戶，隨宜振賚，息其亂心。不從。詔遣黃門侍郎楊昱〔三一〕分散之於冀、定、瀛三州就食。深謂纂曰：「此輩復爲乞活矣。禍亂當由此作。」

既而鮮于脩禮叛於定州，杜洛周反於幽州，其餘降戶，猶在恒州，遂欲推深爲主。深乃上書乞還京師。〔三二〕令左衞將軍楊津代深爲都督，以深爲侍中、右衞將軍、定州刺史。時中山太守趙叔隆、別駕崔融討賊失利，臺使劉審考覈未訖，會賊逼中山，深乃令叔隆防境。審馳驛還京，云深擅相放縱。城陽王徽與深有隙，因此構之。乃徵深爲吏部尙書、兼中領軍。及深至都，明帝不欲使徽、深相憾，敕因宴會，令相和解。徽銜不已。

後河間王琛等爲鮮于脩禮所敗，乃除深儀同三司、大都督，章武王融爲左都督，裴衍爲右都督，並受深節度。徽因奏靈太后構深曰：「廣陽以愛子握兵在外，不可測也。」乃敕章武王等潛相防備。融遂以敕示深。深懼，事無大小，不敢自決。靈太后聞之，乃使問深意狀，

乃具言曰：

往者元叉執權，移天徙日，而徽託附，無翼而飛。今大明反政，任寄唯重，以徽褊心，銜臣次骨。臣以疏滯，遠離京輦，被其構阻，無所不爲。然臣昔不在其後，自此以來，翻成陵谷。徽遂一歲八遷，位居宰相；臣乃積年淹滯，有功不錄。

自徽執政以來，非但抑臣而已，北征之勳，皆被擁塞。將士告捷，終無片賞，雖爲表請，多不蒙遂。前留元標據乎盛樂，〔三三〕後被重圍，析骸易子，倒懸一隅，嬰城二載，賊散之後，依階乞官，徽乃盤退，不允所請。而徐州下邳戍主賈勳，法僧叛後，暫被圍逼，固守之勳，比之未重，乃立得州，〔三四〕卽授開國。天下之事，其流一也，功同賞異，不平謂何！又驃騎李崇北征之日，啓募八州之人，聽用關西之格。及臣在後，依此科賞。復言北道征者，不得同於關西。定襄陵廟之至重，平城守國之要鎮，若計此而論功，亦何負於秦楚？但以嫉臣之故，便欲望風排抑。

然其當途以來，何直退勳而已，但是隨臣征者，卽便爲所嫉。統軍袁叔和曾經省訴，徽初言有理，又聞北征隸臣爲統，應時變色。復令臣兄子仲顯異端訟臣，緝緝翩翩，謀相誹謗。言臣惡者，接以恩顏；稱臣善者，卽被嫌責。甄琛曾理臣屈，乃視之若仇讎；徐紇頗言臣短，卽待之如親戚。又驃騎長史祖瑩，昔在軍中，妄增首級，矯亂戎

行，蠹害軍府，獲罪有司，避命山澤，直以謗臣之故，徽乃還雪其罪。臣府司馬劉敬，比送降人，既到定州，翻然背叛，賊如決河，豈其能擁，且以臣府參僚，不免身首異處。徽既怒遷，捨其元惡，及胥徒。〔三五〕從臣行者，莫不悚懼。頃恒州之人，乞臣爲刺史，徽乃斐然言不可測。及降戶結謀，臣頻表啓，徽乃因執言此事。及向定州，遠彼姦惡，又復論臣將有異志。翻覆如此，欲相陷沒。致令國朝，遽賜遷代。賊起之由，誰使然也？

徽既優幸，任隆一世，慕勢之徒，於臣何有！是故餘人攝選，車馬塡門；及臣居邊，賓遊罕至。臣近比爲慮其爲梗，是以孜孜乞赴京闕。屬流人舉斧，元戎垂翅，復從後命，自安無所，僶俛先驅，不敢辭事。及臣出都，行塵未滅，已聞在後，復生異議。言臣將兒自隨，證爲可疑之兆。忽稱此以構亂。悠悠之人，復傳音響，言左軍臣融、右軍臣衍皆受密敕，伺察臣事。徽既用心如此，臣將何以自安？竊以天步未夷，國難猶梗，方伯之任，於斯爲急。徽昔臨藩，乃有人譽，及居端右，無聞焉爾。今求出之爲州，使得申其利用。徽若外從所長，臣無內慮之切。脫蒙。〔三六〕公私幸甚。

深以兵士頻經退散，人無鬬情，連營轉柵，日行十里。行達交津，隔水而陣。賊脩禮常與葛榮謀，後稍信朔州人毛普賢，榮常銜之。普賢昔爲深統軍，及在交津，深傳人諭之，普賢乃有降意。又使錄事參軍元晏說賊程殺鬼。果相猜貳。葛榮遂殺普賢、脩禮而自立。

榮以新得大衆，上下未安，遂北度瀛州，深便率衆北轉。榮東攻章武王融，融戰敗於白牛邏。〔三七〕深遂退走，趣定州。聞刺史楊津疑其有異志，乃止於州南佛寺。停二日夜，乃召都督毛謚等六七人，臂肩爲約，危難之際，期相拯恤。謚疑深意異，乃密告津，云深謀不軌。津遣謚討深，深走出，謚叫譟追躡。深與左右行至博陵郡界，逢賊遊騎，乃引詣葛榮。賊徒見深，頗有喜者，榮新自立，內惡之，乃害深。莊帝追復王爵，贈司徒公，謚曰忠武。

子湛，字士深，〔三八〕少有風尚。孝莊初，襲封。孝靜初，累遷冀州刺史。所在聚斂，風政不立。入爲侍中，後行司州牧。時齊神武作相，以湛頗有器望，啓超拜太尉公。薨，贈假黃鉞、大司馬、尚書令，謚曰文獻。初，湛名位漸重，留連聲色，始以婢紫光遺尚書郎中宋遊道，後乃私耽，出爲冀州，竊而攜去。遊道大致紛紜，乃云紫光湛父所寵，湛母遺己。將致公文，久乃停息。論者兩非之。

湛弟瑾，尚書祠部郎。後謀殺齊文襄，事泄，合門伏法。

湛子法輪，紫光所生也。齊王矜湛覆滅，乃啓原之，復其爵土。

南安王余，眞君三年，封吳王，後改封南安王。太武暴崩，中常侍宗愛矯皇太后令迎立

之，然後發喪。大赦，改年爲永平。余自以非次而立，厚遺羣下，取悅於衆。爲長夜之飲，聲樂不絕。旬月之間，帑藏空罄。尤好弋獵，出入無度。邊方告難，余不恤之，百姓憤惋，而余晏如也。宗愛權恣日甚，內外憚之。余疑愛變，謀奪其權，愛因余祭廟，夜殺余。文成葬以王禮，謚曰隱。

論曰：梟獍爲物，天實生之。觀夫元紹所懷，蓋亦特鍾沴氣。陽平以降，〔三九〕並多夭促，英才武略，未顯高年。靖、簡二王，爲時稱首。鑒既有聲，渾亦見器。霄、繼荷遇太和之日，名位豈妄及哉！叉階緣寵私，遂亂天下，殺身全祀，固爲幸焉。樂平、樂安俱以將領自効，竟以憂迫而逝，驗克終之爲鮮。莊王才力智謀，一時之傑，與夫建寧、新興，不同日也。太武之子，秦、晉才賢。而翰之遇酷，倚伏豈可量矣。臨淮之後，或爲盛德。廣陽之世，嘉實爲美。深之闕惡於元徽，〔四〇〕所謂盜憎之義。余之見殺，不其晚歟！

校勘記

〔一〕子景隆景仲　諸本無「景隆」二字。按梁書卷三九元法僧傳云：「二子，景隆、景仲。」此傳下文亦分敍景隆、景仲事跡，今據補。

〔二〕永安元年薨　諸本「元」作「二」。按墓誌集釋元繼墓誌圖版七六作「元年」，本書及魏書孝莊紀繫於永安元年十月。作「二」誤，今據改。

〔三〕珍寶充牣其中　諸本脫「珍」字，據御覽卷七〇四三一四二頁補。

〔四〕乃陰遣從弟洪業　諸本脫「從」字，據下文及通志卷八四上後魏宗室傳補。

〔五〕叉舉其親元法僧爲徐州刺史　諸本脫「叉」字，據魏書卷一六元叉傳及通志補。

〔六〕其子樹奔梁梁封爲鄴王　諸本脫「奔梁」二字，據通志補。魏書卷一六作「其子樹奔蕭衍，衍封爲鄴王」。

〔七〕中書舍人韓子熙對曰　諸本「熙」訛作「順」，據魏書卷一六改。韓子熙傳見本書卷四〇、魏書卷六〇。

〔八〕叉子舒秘書郎　魏書「舒」作「稚」。按墓誌集釋元叉墓誌圖版七八云：「息穎，字稚舒。」其人蓋以字行，北史避「稚」字，單稱「舒」。唐時「稚」與「治」同音，犯唐高宗李治諱，故北史避「稚」字。

〔九〕李奬　諸本「李」作「季」，魏書、通志作「李」。按魏末有兩李奬，一爲李思穆子，見本書卷一〇〇序傳。一爲李平子，見本書卷四三李平傳。傳云：「元叉擅朝，奬爲其親待。」爲元羅之賓客者，當即此人。別無「季奬」，今據改。

〔一〇〕賜姓步六孤氏　諸本無「六」字，北齊書卷四八元蠻傳有。按魏書卷一一三官氏志云：「步六孤氏後改爲陸氏。」今據補。

〔一一〕時中書侍郎高允參丕軍　諸本「允」訛作「元」，據魏書卷一七補樂平王丕傳及本書卷三一高允傳補。

〔一二〕後平叛胡白龍餘黨于西河　諸本「河」作「海」，魏書卷一七永昌王健傳作「河」。按事見本書卷二太武紀延和三年七月，及太延三年七月魏紀同，今據改。

〔一三〕復降沮渠無諱薨　諸本「諱」作「疾」，通志作「諱」。魏書「無疾」上有「無諱」二字。按永昌王健降下沮渠無諱，見本書卷二太武紀太平眞君元年。健爲拓拔燾弟，死於太平眞君二年，並非高年老死，不得云「無疾薨」，今據通志改。

〔一四〕閭左昭儀生吳王余　諸本「左」作「石」。按本書卷九八蠕蠕傳，言拓拔燾取蠕蠕主吳提妹爲左昭儀。本書卷一五元頹傳稱：「使迎左昭儀於蠕蠕。」蠕蠕姓郁久閭氏，後改爲閭氏。此「石」字乃「左」之訛，今據改。

〔一五〕彪頭　魏書卷一八補太武五王傳序作「虎頭」，此避唐諱改。本書卷二文成紀又改作「武頭」。

〔一六〕慕利延兄子拾寅走河西　諸本脫「兄」字，「河西」訛作「阿曲」。據本書卷九六吐谷渾傳補改。拾

寅乃慕利延兄樹洛干之子，見吐谷渾傳。

〔一七〕降其一萬餘落　諸本「落」上有「部」字，魏書卷一八無。按吐谷渾傳云：「慕利延從弟伏念、長史鵄鳩黎、部大崇娥等率衆一萬三千落歸降。」又見魏書卷四下世祖紀太平眞君五年。「部」字衍，今據刪。

〔一八〕故晉武繼文祖宣景王有伯考之稱　諸本「宣」上有「武」字，下無「景王」二字。張森楷云：「魏書卷一八作『繼文祖宣，景王有伯考之稱』，謂繼文帝，祖宣帝，以景帝爲伯也。」按張說是。通志亦無「武」字。「文」指司馬昭，「宣」指司馬懿，「景」指司馬師。見晉書本紀。此「武宣」或蒙上文元勰之謚號而誤。今據魏書刪補。

〔一九〕有闕倫序　諸本「倫」作「餘」，通志作「倫」。按通志是。謂若如元彧之說，則曹操、司馬師皆不當入太廟，便是「有闕倫序」。今從通志改。

〔二〇〕襲爵臨淮王　諸本「臨淮」作「淮陽」。洪頤煊諸史考異云：「『淮陽』當作『臨淮』，魏書本傳、北齊書卷二八元孝友傳俱作臨淮王。」按洪說是。下文卽有「臨淮王雅旨舍罪」語，可證。今據改。

〔二一〕而百家爲族四閭　諸本「族」作「於」。李慈銘云：「『於』疑當作『族』。」按李說是，上文明言「百家爲黨、族」。今據改。

〔二二〕省人帥以出兵丁立倉儲以豐穀食設賞格以禽姦盜行典令以示朝章　按此乃總結上文。但北史

旣刪去「豐穀食」、「禽姦盜」兩事，此處「立倉儲以豐穀食，設賞格以禽姦盜」二語便上無所承。

〔二三〕舊常云一人代外遷　按此語意義不明。疑當作「舊常一人，雲、代外遷」。「云」是「雲」之訛，又誤移於「常」下。

〔二四〕武非專外亦以防內　諸本「專」訛作「尋」，據魏書卷一八元孚傳及通志改。

〔二五〕又孟都潘紹等數百人皆叩頭就法　各本無「孟」字，南本及魏書有。通鑑卷一五一四七二一頁作「都督潘紹」。按本書卷四五潘永基傳云：「永基字紹業，爲長樂太守。時葛榮攻下信都，欲殺刺史元孚，永基請以身代孚死。」則「潘紹」卽潘紹業，雙名單稱。「孟都」卽張孟都。今從南本。

〔二六〕榮平還除冀州刺史　諸本「平」作「卒」，據魏書殿本改。「榮平」指葛榮被鎭壓之後。葛榮是被殺害，不能稱「卒」。

〔二七〕顥平　諸本「平」訛作「卒」，據魏書改。

〔二八〕又有儀鍾十四虡懸架首　諸本「虡」作「簴」，魏書作「虡」。按下云「初不叩擊」，卽虡懸之意，今據改。

〔二九〕蠕蠕君臣見孚莫不懽悅　諸本「懽」訛作「懼」，據通志改。

〔三〇〕子深字智遠　按深本名淵，見墓誌集釋元湛墓誌圖版九六，北史避唐諱改。

〔三一〕黃門侍郎楊昱　諸本「昱」作「闓」，通鑑卷一五〇四七〇五頁作「昱」。張森楷云：「當作『昱』，事見楊昱傳魏書卷五八。」今據改。

〔三二〕深乃上書乞還京師　諸本脫「乞」字，據魏書卷一八補。通志「乞」作「求」。

〔三三〕前留元標據乎盛樂　魏書「乎」作「于」。按疑並是「守」之訛。

〔三四〕乃立得州　諸本「立得」誤倒，據魏書乙。

〔三五〕捨其元惡及脅徒　魏書「及」上注「闕」。

〔三六〕脫蒙　魏書下注「闕」字，當有脫文。

〔三七〕融戰敗于白牛邏　諸本脫「融」字，「邏」字作「還」。通志有「融」字，「還」作「邏」。按魏書卷九肅宗紀孝昌二年九月：「葛榮敗都督廣陽王淵、章武王融於博野白牛邏，融沒於陣。」本書卷四孝明紀同。通志是，今據補。

〔三八〕子湛字士深　諸本「深」訛作「淵」，據元湛墓誌改。此後人回改致誤。

〔三九〕陽平以降　諸本「陽平」誤倒，據魏書卷一六史臣論乙。「陽平」指陽平王熙。

〔四〇〕深之闕惡於元徽　按疑是闕「見」字。

唐　李延壽　撰

北史

第三册

卷一七至卷二六（傳）

中華書局

北史卷十七

列傳第五

景穆十二王上

景穆皇帝十四男：恭皇后生文成皇帝。袁椒房生陽平幽王新成。尉椒房生京兆康王子推、濟陰王小新成。陽椒房生汝陰靈王天賜。樂良厲王萬壽、廣平殤王洛侯母並闕。孟椒房生任城康王雲。劉椒房生南安惠王楨、城陽康王長壽。慕容椒房生章武敬王太洛。尉椒房生樂陵康王胡兒。孟椒房生安定靖王休。趙王深早薨，無傳，母闕。魏舊太子後庭未有位號，文成卽位，景穆宮人有子者，並號爲椒房。

陽平王新成，太安三年封，後爲內都大官。薨，謚曰幽。

長子安壽襲爵，孝文後賜名頤。累遷懷朔鎭大將。都督三道諸軍事北討，詔徵赴京，勗以戰伐之事。對曰：「當仰杖廟算，使呼韓同渭橋之禮。」帝歎曰：「壯哉王言，朕所望也。」未發，遭母憂，詔遣侍臣以金革敦喩，既殯而發。與陸叡集三道諸將議軍途所詣。於是中道出黑山，東道趣士盧河，西道向侯延河。軍過大磧，大破蠕蠕。頤入朝，詔曰：「王之前言，果不虛也。」後除朔州刺史。及恒州刺史穆泰謀反，遣使推頤爲主，頤密以狀聞，泰等伏誅，帝甚嘉之。宣武景明元年，薨於青州刺史，[一]謚曰莊王。傳國至孫宗胤，明帝時，坐殺叔父賜死，爵除。

頤弟衍，字安樂，賜爵廣陵侯，位梁州刺史。表請假王，以崇威重。詔曰：「可謂無厭求也，所請不合。」轉徐州刺史。至州病重，帝敕徐成伯乘傳療疾。差，成伯還。帝曰：「卿定名醫。」賚絹三千疋。成伯辭，請受一千。帝曰：「詩云：『人之云亡，邦國殄瘁。』以是而言，豈惟三千疋乎？」其爲帝所重如此。後所生母雷氏卒，表請解州。詔曰：「先君餘尊之所厭，禮之明文。季末陵遲，斯典或廢。侯既親王之子，宜從餘尊之義，便可大功。」後卒於雍州刺史，謚曰康侯。衍性清愼，所在廉潔，又不營產業，歷牧四州，皆有稱績，亡日無斂屍具。

子暢，字叔暢，從孝武帝入關，拜鴻臚，封博陵王。大統三年東討，沒於陣。

子敏，嗜酒多費，家爲之貧。其婿柱國乙弗貴、大將軍大利稽祐家貲皆千萬，每營給之。敏隨卽散盡，而帝不之責。貴、祐後遂絕之。位儀同三司，改封南武縣公。

暢弟融，字叔融，貌甚短陋，驍武過人。莊帝謀殺尒朱榮，以融爲直閤將軍。及尒朱兆入洛，融逃人間。後從孝武入關，封魏興王，位侍郎、殿中尚書。

衍弟欽，字思若，位中書監、尚書右僕射、儀同三司。欽色尤黑，故時人號爲黑面僕射。欽淫從兄麗妻崔氏，爲御史中尉封回劾奏，遇赦免。尋除司州牧。欽少好學，早有令譽。時人語曰：「皇宗略略，壽安、思若。」及晚年貴重，不能有所匡益，論者輕之。欽曾託青州人高僧壽爲子求師，師至，未幾逃去。欽以讓僧壽。僧壽性滑稽，反謂欽曰：「凡人絕粒七日乃死，始經五朝，便爾逃遁，去食就信，實有所闕。」欽乃大慚，於是待客稍厚。後除司空公，封鉅平縣公。於河陰遇害，贈假黃鉞、太師、太尉公。

子子孝，字季業，早有令譽。年八歲，司徒崔光見而異之，曰：「後生領袖，必此人也。」孝武帝入關，不及從駕。後赴長安，封義陽王。子孝美容儀，善笑謔，好酒愛士，縉紳歸之，賓客常滿，終日無倦。性又寬慈，敦穆親族。乃置學館於私第，集羣從子弟，晝夜講讀。幷給衣食，與諸子同。後歷尚書令、柱國大將軍。子孝以國運漸移，深自貶晦，日夜縱酒。後例降爲公，復姓拓拔氏。未幾，卒，子賓襲。

京兆王子推，太安五年封，位侍中、征南大將軍、長安鎭大將。子推性沈雅，善於綏接，秦、雍之人服其威惠。入爲中都大官，察獄有稱。獻文將禪位於子推，以大臣固諫，乃傳孝文。孝文卽位，拜侍中、本將軍、開府儀同三司、青州刺史。未至，道薨。

子太興襲，拜長安鎭大將。以黷貨削除官爵。後除秘書監，還復前爵，改封西河。轉守衞尉卿。初，太興遇患，請諸沙門行道，所有資財，一時布施，乞求病愈，名曰散生齋。及齋後，僧皆四散，有一沙門方云乞齋餘食。太興戲之曰：「齋食旣盡，唯有酒肉。」沙門曰：「亦能食之。」因出酒一斗，羊脚一隻。食盡，猶言不飽。及辭出後，酒肉俱在。出門追之，無所見。太興遂佛前乞願：「向者之師，當非俗人。若此病得差，卽捨王爵入道。」未幾便愈，遂請爲沙門。表十餘上，乃見許。時孝文南討在軍，詔皇太子於四月八日爲之下髮，施帛二千疋。旣爲沙門，名僧懿，居嵩山。太和二十二年終。

子昂，字伯暉，襲，薨。

昂子悰，字魏慶，襲。孝靜時，累遷太尉、錄尚書事、司州牧、青州刺史。薨於州，贈假黃鉞、太傅、司徒公，諡曰文。悰寬和有度量，美容貌，風望儼然，得喪之間，不見於色。性清儉，不營產業，身死之日，家無餘財。

昂弟仲景，性嚴峭。孝莊時，兼御史中尉，京師肅然。每向臺，恒駕赤牛，時人號「赤牛中尉」。太昌初，爲河南尹，奉法無私。時吏部尚書樊子鵠部下縱橫，又爲盜竊。仲景密加收捕，悉獲之，咸卽行決。於是豪貴寒心。孝武帝將入關，授仲景中軍大都督，留京師。齊神武欲至洛陽，仲景遂棄妻子，追駕至長安，仍除尚書右僕射，封順陽王。

仲景旣失妻子，乃娶故尒朱天光妻也列氏。本倡女，有美色，仲景甚重之。經數年，前妻叔袁紇氏自洛陽間行至。也列遂徙居異宅。久之，有姦。事露，詔仲景殺之。仲景寵情愈至，謬殺一婢，蒙其屍而厚葬以代焉。列徙於密處，人莫知其詐。仲景三子濟、鍾、奉，叔袁紇氏生也，皆以宗室，早歷清官。仲景以列尚在，恐妻子漏之，乃謀殺袁紇。紇先覺，復欲陰害列。列謂從奴曰：「若袁紇殺我，必投我厠中；我告丞相，冀或不死。若不理首惡，猶埋我好地，爾爲我告之。」奴遂告周文帝。周文依奏，詔笞仲景一百，免右僕射，以王歸第。也列以自告而逐之。仲景猶私不已。又有告者，詔重笞一百，付宗正，官爵盡除。仲景仍通焉。後周文帝以其歷任有令名，且杖策追駕，乃奏復官爵。也列、袁紇於是同居。大統五年，除幽州刺史。仲景多內亂，後就州賜死。

仲景弟暹，字叔照。孝莊初，除南兗州刺史。在州猛暴，多所殺害。元顥入洛，暹據州不屈。莊帝還宮，封汝陽王，累遷秦州刺史。先秦州城人屢爲反覆，暹盡誅之，存者十一二。普泰元年，除涼州刺史，貪暴無極。欲規府人及商胡富人財物，詐一臺符，誑諸豪等，云欲加賞。〔二〕一時屠戮，所有資財生口，悉沒自入。孝靜時，位侍中、錄尚書事。薨，贈太師、錄尚書。子沖襲。無子，國絕。

太興弟遙，字太原，有器望。以左衞將軍從孝文南征，賜爵饒陽男。宣武初，遭所生母憂，表請解任。詔以餘尊所厭，不許。明帝初，累遷左光祿大夫，仍領護軍。

時冀州沙門法慶旣爲妖幻，遂說勃海人李歸伯。歸伯合家從之，招率鄉人，推法慶爲主。法慶以歸伯爲十住菩薩、平魔軍司、定漢王，自號大乘。殺一人者爲一住菩薩，殺十人者爲十住菩薩。又合狂藥，令人服之，父子兄弟不相知識，唯以殺害爲事。〔三〕刺史蕭寶夤遣兼長史崔伯驎討之，敗於煑棗城，伯驎戰沒。凶衆遂盛，所在屠滅寺舍，斬戮僧尼，焚燒經像，云：「新佛出世，除去衆魔。」詔以遙爲使持節、都督北征諸軍事，討破之。〔四〕禽法慶，幷其妻尼惠暉等，斬法慶，傳首京師，後禽歸伯，戮於都市。〔五〕

初，遙大功昆弟皆是景穆之孫，至明帝而本服絕，故除遙等屬籍。遙表曰：

竊聞聖人所以南面而聽天下，其不可得變革者，則親也尊也。四世而緦服窮，五世而袒免，六世而親屬竭矣。去玆以往，猶繫之以姓而弗別，綴之以食而弗殊。又律云議親者，非唯當世之屬親，歷謂先帝之五世。謹尋斯旨，將以廣帝宗，重盤石。先皇所以變玆事條，爲此別制者，太和之季，方有意於吳、蜀，經始之費，慮深在初，割減之起，暫出當時也。且臨淮王提分屬籍之始，高祖賜帛三千疋，所以重分離；樂良王長命亦賜縑二千疋，所以存慈眷。此皆先朝殷勤克念，不得已而然者也。

古人有言，「百足之蟲，至死不僵」者，以其輔己者衆。臣誠不欲妄親太階，苟求潤屋，但傷大宗一分，則天子屬籍不過十數人而已。在漢諸王之子，不限多少，皆列土而封，謂之曰侯，至于魏、晉，莫不廣胙河山，稱之曰公者，蓋惡其大宗之不固，骨肉之恩疏矣。

臣去皇上雖是五世之遠，於先帝便是天子之孫。高祖所以國秩祿賦，復給衣食，后族唯給其賦，不與衣食者，欲以別外內，限異同也。今諸廟之感，在心未忘，行道之悲，倏然已及。其諸封者，身亡之日，三年服終，然後改奪。今朝廷猶在遏密之中，便議此事，實用未安。

詔付尚書博議以聞。尚書令任城王澄、尚書左僕射元暉奏同遙表，靈太后不從。卒，謚曰

宣公。

遙弟恒，字景安，粗涉書史。恒以春秋之義，爲名不以山川，表求改名芝。[六]歷位太常卿、中書監、侍中。後於河陰遇害，贈太傅、司徒公，謚曰宣穆公。

濟陰王小新成，和平二年封，頗有武略。庫莫奚侵擾，詔新成討之。新成乃多爲毒酒，賊逼，便棄營而去。賊至，競飲，遂簡輕騎縱擊，俘馘甚多。後位外都大官。薨，贈大將軍，謚曰惠公。[七]

子鬱，字伏生，襲。位開府，爲徐州刺史。以黷貨賜死，國除。

長子弼，字邕明，剛正有文學，位中散大夫。以世嫡，應襲先爵。爲季父尚書僕射麗因于氏親寵，遂奪弼王爵，橫授同母兄子誕。於是弼絕棄人事，託疾還私第。宣武徵爲侍中，弼上表固讓。入嵩山，以穴爲室，布衣蔬食。卒。建義元年，子暉業訴復王爵。永安三年，追贈尚書令、司徒公，謚曰「文獻」。初，弼嘗夢人謂之曰：「君身不得傳世封，其紹先爵者，君長子紹遠也。」弼覺，即語暉業，終如其言。

暉業少險薄，多與寇盜交通。長乃變節，涉子史，亦頗屬文，而慷慨有志節。歷位司空、太尉，加特進，領中書監，錄尚書事。齊文襄嘗問之曰：「比何所披覽？」對曰：「數尋伊、霍之傳，不讀曹、馬之書。」暉業以時運漸謝，不復圖全，唯事飲噉，一日三羊，三日一犢。又嘗賦詩云：「昔居王道泰，濟濟富羣英。今逢世路阻，狐兔鬱縱橫。」齊初，降封美陽縣公，開府儀同三司、特進。

暉業之在晉陽也，無所交通，居常閑暇，乃撰魏藩王家世，號爲辨宗錄四十卷，行於世。位望隆重，又以性氣不倫，每被猜忌。

天保二年，從駕至晉陽，於宮門外罵元韶曰：「爾不及一老嫗，背負璽與人，何不打碎之！我出此言，知即死，然爾亦詎得幾時！」文宣聞而殺之，幷斬臨淮公孝友。孝友臨刑，驚惶失措，暉業神色自若。仍鑿冰沉其屍。

暉業弟昭業，頗有學尚，位諫議大夫。莊帝將幸洛南，昭業立於閶闔門外，叩馬諫，帝避之而過。後勞勉之。位給事黃門侍郎、衞將軍、右光祿大夫。卒，謚曰文侯。

鬱弟偃，位太中大夫。

子誕，字曇首。初，誕伯父鬱以貪汙賜死，爵除。詔以誕，偃正妃子，立爲嫡孫，特聽紹

封。累遷齊州刺史。在州貪暴，大爲人患。牛馬騾驢，無不逼奪，家之奴隸，悉迫取良人爲婦。有沙門爲誕採藥，還見誕，問外消息，對曰：「唯聞王貪，願王早代。」誕曰：「齊州七萬家，吾至來，一家未得三十錢，何得言貪？」後爲御史中尉元纂所糾，會赦免。薨，謚靜王。

子撫，字伯懿，襲。莊帝初，爲從兄暉業訴奪王爵。

偃弟麗，字寶掌，位兼宗正卿、右衞將軍。遷光祿勳，宗正、右衞如故。時秦州屠各王法智推州主簿呂苟兒爲主，號建明元年，置立百官，攻逼州郡。涇州人陳瞻亦聚衆自稱王，號聖明元年。以麗爲使持節、都督，與楊椿討之。苟兒率衆十餘萬，屯孤山，別據諸險，圍逼州城。麗出擊，大破之，便進軍水洛。賊徒逆戰，麗夜擊走之。行秦州事李韶破苟兒于孤山，乘勝追掩，獲其父母妻子。諸城之圍，亦悉奔散。苟兒率其王公三十餘人詣麗請罪。麗因平賊之勢，枉掠良善七百餘人。宣武嘉其功，詔有司不聽追檢。

拜雍州刺史，爲政嚴酷，吏人患之。其妻崔氏誕一男，麗遂出州獄囚，死及徒、流案未申臺者，一時放免。還冀州刺史，入爲尚書左僕射。帝問曰：「聞公在州殺戮無理，枉濫非一，又大殺道人。」對曰：「臣在冀州可殺道人二百許人，亦復何多？」帝曰：「一物不得其所，若納諸隍，況殺道人二百，而言不多！」麗脫冠謝，賜坐。卒，謚曰威。

子顥和，少有節操，歷司徒記室參軍。司徒崔光每見之，曰：「元參軍風流清秀，容止閑雅，乃宰相之器。」除徐州安東府長史。刺史元法僧叛，顥和與戰被禽。執手命與連坐。顥和曰：「顥和與阿翁同源別派，皆是盤石之宗，一朝以地外叛，若遇董狐，能無慚德？」遂不肯坐。法僧猶欲慰喻。顥和曰：「乃可死作惡鬼，不能生爲叛臣！」及將殺之，神色自若。建義初，贈秦州刺史。

汝陰王天賜，和平二年封，〔六〕後爲內都大官。孝文初，殿中尚書胡莫寒簡西部敕勒豪富兼丁者，爲殿中武士，而大納財貨。衆怒，殺莫寒及高平假鎮將奚陵。於是諸部敕勒悉叛。詔天賜與給事中羅雲討之。前鋒敕勒詐降，雲信之。副將元伏曰：「敕勒色動，恐有變，今不設備，將爲所圖。」雲不從。敕勒襲殺雲，天賜僅得自全。累遷懷朔鎮大將。坐貪殘，恕死，削除官爵。卒，孝文哭於思政觀，贈本爵，葬從王禮，謚曰靈王。

子逞，字萬安，卒於齊州刺史，謚曰威。

逞子慶和，東豫州刺史，爲梁將所攻，舉城降之。梁武以爲北道總督、魏王。至項城，朝廷出師討之，望風退走。梁武責之曰：「言同百舌，膽若鼷鼠。」遂徙合浦。

逞弟汎，字普安，自元士稍遷營州刺史。性貪殘，人不堪命，相率逐之，汎走平州。後除光祿大夫、宗正卿，封東燕縣男。於河陰遇害。

汎弟脩義，字壽安，頗有文才。自元士稍遷齊州刺史。脩義以齊州頻喪刺史，累表固辭，詔不許，聽隨便立解宇。脩義乃移東城。爲政寬和。遷秦州刺史。明帝初，表陳庶人禧、庶人愉等，請宥前愆，賜葬陵域。靈太后詔曰：「收葬之恩，事由上旨，藩岳何得越職干陳！」

在州多受納。累遷吏部尚書。及在銓衡，唯事貨賄，授官大小，皆有定價。時中散大夫高居者，有旨先敍。上黨郡缺，居遂求之。脩義私已許人，抑居不與。居大言不遜，脩義命左右牽曳之，居對大衆呼天唱賊。人問居曰：「白日公庭，安得有賊？」居指脩義曰：「此坐上者，違天子明詔，物多者得官，京師白劫，此非大賊乎？」脩義失色。居行罵而出，後欲邀車駕論脩義罪狀，左僕射蕭寶夤喻之乃止。

二秦反，假脩義兼尚書右僕射、西道行臺、行秦州事，爲諸軍節度。脩義性好酒，每飲連日，遂遇風病，神明昏喪，雖至長安，竟無部分之益。元志敗沒，賊東至黑水，更遣蕭寶夤討之，以脩義爲雍州刺史。卒於州，贈司空，謚曰文。

子均，位給事黃門侍郎。後入西魏，封安昌王，位開府儀同三司。薨，贈司空，謚曰平。子則，字孝規，襲爵，位義州刺史。仕周爲小冢宰、江陵總管。

子文都，性梗直，仕周爲右侍上士。隋開皇初，授內史舍人。煬帝即位，累遷御史大夫，坐事免。未幾，授太府卿，甚有當時譽。大業十二年，〔七〕帝幸江都宮，詔文都與段達、皇甫無逸、韋津等同爲東都留守。帝崩，文都與達、津等共推越王侗爲帝。侗署文都爲內史令、開府儀同三司、光祿大夫、左驍衞大將軍、攝右翊衞將軍、魯國公。

既而宇文化及立秦王浩爲帝，擁兵至彭城，所在響震。文都諷侗遣使通於李密。密乃請降，因授官爵，禮其使甚厚。王世充不悅，文都知之，陰有誅世充計。侗以文都領御史大夫，世充固執而止。盧楚說文都誅之，文都遂懷奏入殿。有人以告世充，世充馳還含嘉城。至夜難作，攻東太陽門而入，拜於紫微觀下，曰：「請斬文都，歸罪司寇。」侗見兵勢盛，遣其所署將軍黃桃樹執文都以出。文都顧謂侗曰：「臣今朝亡，陛下亦當夕及。」侗慟哭遣之，左右莫不憫默。出至興教門，世充令左右亂斬之，諸子並見害。

則弟矩，字孝矩，西魏時，襲祖爵始平縣公，拜南豐州刺史。時見元氏將危，陰謂昆季

曰：「宇文之心，路人所見。顛而不扶，焉用宗子？」爲兄則所遏，乃止。後周文爲兄子晉公護娶其妹爲妻，情好甚密。及護誅，坐徙蜀。後拜司憲大夫。隋文帝重其門地，娶其女爲房陵王妃。及爲丞相，拜少冢宰，位柱國，賜爵洵陽郡公。及房陵立爲皇太子，立其女爲皇太子妃，親禮彌厚，拜壽州總管。時陳將任蠻奴等屢寇江北，復以孝矩領行軍總管，屯兵江上。後以年老，上表乞骸骨。轉涇州刺史。卒官，謚曰簡。子無竭嗣。

矩次弟雅，字孝方，有文武幹用。開皇中，歷左領左右將軍、集沁二州刺史，封順陽郡公。

雅弟褒，字孝整，少有成人量。年十歲而孤，爲諸兄所愛養。善事諸兄。諸兄議欲別居，褒泣諫，不從。家素富，多金寶，褒一無所受，脫身而出。仕周，位開府、北平縣公、趙州刺史。從韋孝寬平尉遲迥，以功拜柱國，進封河間郡公。

隋開皇中，拜原州總管。有商人爲賊劫，其人疑同宿者而執之。褒察其色寃而辭正，遂捨之。商人詣闕訟褒受金縱賊。隋文帝遣窮之，使者簿責褒何故利金而捨盜。褒引咎無異辭。使者與褒俱詣京師，遂坐免官。其盜尋發他所。上謂曰：「何至自誣？」褒曰：「臣受委一州，不能息盜，臣罪一也；百姓爲人所謗，不付法司，懸即放免，臣罪二也；無顧形迹，

至令爲物所疑，〔一〇〕臣罪三也。臣有三罪，何所逃責！臣又不言受賂，使者復將有所窮究，然則縲紲橫及良善，重臣之罪，是以自誣。」上歎異之，稱爲長者。

煬帝卽位，拜齊郡太守。及遼東之役，郡官督事者前後相屬。有西曹掾當行，詐疾，褒杖之。掾大言曰：「我將詣行在所，欲有所告。」褒大怒，因杖百餘，數日死。坐免官，卒于家。

樂良王萬壽，和平二年封，〔一一〕拜征東大將軍，〔一二〕鎭和龍。性貪暴，徵還，道憂薨，諡曰厲王。

子康王樂平襲。薨。

子長命襲。坐殺人賜死，國除。

子忠，明帝時，復前爵，位太常少卿。孝武帝汎舟天泉池，命宗室諸王陪宴。忠愚而無智，性好衣服，遂著紅羅襦，繡作領，碧紬袴，錦爲緣。帝謂曰：「朝廷衣冠，應有常式，何爲著百戲衣？」忠曰：「臣少來所愛，情存綺羅，歌衣舞服，是臣所願。」帝曰：「人之無良，乃至此乎！」

廣平王洛侯，和平二年封。薨，諡曰殤。無子，後以陽平幽王第五子匡後之。

匡字建扶，性耿介，有氣節。孝文器之，謂曰：「叔父必能儀形社稷，匡輔朕躬，今可改名爲匡，以成克終之美。」宣武卽位，累遷給事黃門侍郎。茹皓始有寵，百僚微憚之。帝曾於山陵還，詔匡陪乘，又命皓登車。皓褰裳將上，匡諫，帝推之令下，皓恨匡失色。當時壯其忠謇。宣武親政，除肆州刺史。匡既忤皓，懼爲所害，廉慎自修，甚有聲績。遷恒州刺史。徵爲大宗正卿、河南邑中正。

匡奏親王及始蕃、二蕃王妻，悉有妃號；而三蕃以下，皆謂之妻。上不得同爲妃名，而下不及五品以上有命婦之號，竊以爲疑。詔曰：「夫貴於朝，妻榮於室，婦女無定，升從其夫。三蕃既啓王封，妃名亦宜同等。妻者齊也，理與己齊，可從妃例。」自是三蕃王妻，名號始定。後除度支尚書。匡表引樂陵、章武之例，求紹洛侯封。詔付尚書議。尚書奏聽襲封，以明興絕之義。

時宣武委政於高肇，宗室傾憚，唯匡與肇抗衡。先自造棺，置於聽事，意欲輿棺詣闕，論肇罪惡，自殺切諫。肇聞而惡之。後因與太常卿劉芳議爭權量，遂與肇聲色。御史中尉王顯奏匡曰：

自金行失御，羣僞競興，禮壞樂崩，彝倫攸斁。高祖孝文皇帝以睿聖統天，克復舊典。乃命故中書監高閭，廣旌儒林，推尋樂府，以黍裁寸，將均周、漢舊章。屬雲構中遷，尚未云就。高祖睿思玄深，參考經、記，以一黍之大，用成分體，準之爲尺，宣布施行。

暨正始中，故太樂令公孫崇輒自立意，以黍十二爲寸，別造尺度，定律刊鍾。皆向成訖，表求觀試。時敕太常卿臣芳，以崇造旣成，請集朝英，議其得否。芳疑崇尺度與先朝不同，察其作者，於經史復異，推造鮮據，非所宜行。時尚書令臣肇、清河王懌等，以崇造乖謬，與周禮不同，遂奏臣芳依周禮更造，成訖量校，從其善者。而芳以先朝尺度，事合古典，乃依前詔書，以黍刊寸，並呈朝廷，用裁金石。于時議者多云芳是。唯黃門侍郎臣孫惠蔚與崇扶同。二途參差，頻經考議。而尚書令臣肇以芳造。崇物故之後，而惠蔚亦造一尺，仍云扶。〔一三〕以比崇尺，自相乖背。量省二三，謂芳一尺爲得。〔一四〕而尚書臣匡表云，劉、孫二尺，長短相傾，稽考兩律，所容殊異，言取中黍，校彼二家，云並參差，折中無所，〔一五〕自立一途，請求議判。當時議者，或是於匡，兩途舛駁，未卽時定。肇又云：「權斛斗尺，班行已久，今者所論，豈踰先旨，宜仰依先朝故尺爲定。」

自爾以後，而匡與肇厲言都坐，聲色相加，高下失其常倫，噂競無復彝序。匡更表列，據己十是，云芳十非。又云：「肇前被敕旨，共芳營督，規立鍾石之名，希播制作之譽。乃憑樞衡之尊，藉舅氏之勢，與奪任心，臧否自己，阿黨劉芳，遏絕臣事。望勢雷同者，接以恩言；依經案古者，卽被怒責。雖未指鹿化馬，移天徙日，實使蘊藉之士，聳氣坐端；懷道之夫，結舌筵次。」又言：「芳昔與崇競，恒言自作，今共臣論，忽稱先朝。豈不前謂可行，輒欲自取；後知錯謬，便推先朝。殊非大臣之體，深失爲下之義。復考校勢臣之前，量度偏頗之手，臣必刖足內朝，抱璞人外。」囂言肆意，彰於朝野。

然匡職當出納，獻替所在，斗尺權度，正是所司。若己有所見，能練臧否，宜應首唱義端，早辨諸惑，何故默心隨從，不關一言，見芳成事，方出此語？計芳才學，與匡殊懸，所見淺深，不應相匹。今乃始發，恐此由心，借智於人，規成虛譽。況匡表云：「所據銅權，形如古誌，明是漢作，非莽別造。」及案權銘，「黃帝始祖，德布於虞，虞帝始祖，德布於新」。若莽佐漢時事，寧有銘僞新之號哉？又尋莽傳，云莽居攝，卽變漢制度。考校二證，非漢權明矣。復云「芳之所造，又短先朝之尺」。臣既比之，權然相合。〔一六〕更云「芳尺與千金堰不同」。臣復量比，因見其異，二三浮濫，難可據準。又云「共構虛端，妄爲疑似，託以先朝，云非己製」。臣案此欺詐，乃在於匡，不在於芳。何以言之？

芳先被敕，專造鍾律，管籥優劣，是其所裁，權斛尺度，本非其事。比前門下索芳尺度，而芳牒報云「依先朝所班新尺，復應下黍，更不增損，爲造鍾律，調正分寸而已」。檢匡造時，在牒後一歲，芳於爾日，匡未共爭，已有此牒，豈爲詐也？計崇造寸，積黍十一，羣情共知。而芳造寸，唯止十黍，亦俱見。〔一七〕先朝詔書，以黍成寸，首尾歷然，寧有輒欲自取之理？肇任居端右，百僚是望，言行動靜，必副具瞻。若恃權阿黨，詐託先詔，將指鹿化馬，徙日移天，卽是魏之趙高，何以宰物？肇若無此，匡旣誣毀宰相，訕謗時政，阻惑朝聽，不敬至甚。請以肇、匡並禁尚書，推窮其原，付廷尉定罪。」

詔曰可。有司奏匡誣肇，處匡死刑。宣武恕死，降爲光祿大夫。又兼宗正卿。出爲兗州刺史。匡臨發，帝引見於東堂，勞勉之。匡猶以尺度金石之事，國之大經，前雖爲南臺所彈，然猶許更議，若議之日，願聽臣暫赴。帝曰：「劉芳學高一時，深明典故。其所據者，與先朝尺乃寸過一黍，〔一八〕何得復云先朝之意也？兗州旣所執不經，後議之日，何待赴都也。」

明帝初，入爲御史中尉。匡嚴於彈糾，始奏于忠，次彈高聰等免官，靈太后並不許。違其糾惡之心，〔一九〕又慮匡辭解，欲奬安之，進號安南將軍，後加鎭東將軍。

匡屢請更權衡不已，於是詔曰：「謹權審度，自昔令典，定章革曆，往代良規。匡宗室賢亮，留心旣久，可令更集儒貴，以時驗決，必務權衡得衷，令寸籥不舛。」又詔曰：「故廣平殤王洛侯體自恭宗，茂年薨殞，國除祀廢，不祀忽諸。匡親同若子，私繼歲久，宜樹維城，永玆盤石，可特襲王爵，封東平郡王。」匡所制尺度訖，請集朝士議定是非，詔付門下、尚書、三府、九列議定以聞。太師、高陽王雍等議，以爲「晉中書監荀勗所造之尺，與高祖所定，毫釐略同。侍中崔光得古象尺，于時亦準議令施用。仰惟孝文皇帝德邁前王，叡明下燭，不刊之式，事難變改。臣等參論，請停匡議，永遵先皇之制。」詔從之。

匡每有奏請，尚書令、任城王澄時致執奪。匡剛隘，內遂不平。先所造棺，猶在僧寺，乃復修事，將與澄相攻。澄頗知之，後將赴省，與匡逢遇，騶卒相撾，朝野駭愕。澄因是奏匡罪狀三十餘條，廷尉處以死刑。詔付八議，特加原宥，削爵除官。三公郎中辛雄奏理之。後特除平州刺史，徙青州刺史。尋爲關右都督、兼尚書行臺。遇疾，還京。孝昌初，卒，謚曰文貞。後追復本爵，改封濟南王。

第四子獻襲，薨。子祖育襲。武定初，墜馬薨。子勸又襲。齊受禪，爵例降。

校勘記

〔一〕宣武景明元年薨於青州刺史　百衲、北、殿三本脫「元」字，南、汲二本作「六」，魏書卷一九上補殿本作「元」。按本書卷四宣武紀繫於景明元年十一月。魏書是，今從之。

〔二〕詎諸豪等云欲加賞　諸本「詎」訛作「誑」，據魏書改。

〔三〕唯以殺害爲事　魏書「事」下有「於是聚衆殺阜城令，破勃海郡，殺害吏人」十六字。御覽卷三二六一四九八頁引北史亦有。按魏書此卷本是以北史補，此十六字當是北史脫文。但不補可通，今仍之。

〔四〕詔以遙爲使持節都督北征諸軍事討破之　魏書於「諸軍事」下有「帥步騎十萬以討之。法慶相率攻遙，遙並擊破之。遙遣輔國將軍張蚪等率騎追掩」三十二字，御覽引北史唯無「率騎追掩」四字，餘同魏書。按此亦是北史脫文。

〔五〕斬法慶傳首京師後禽歸伯戮於都市　各本無「後禽歸伯」四字，文義不通，南本從魏書挖補。按御覽引北史亦有此四字。今從南本。

〔六〕表求改名芝　按魏書卷九肅宗紀孝昌二年六月、三年正月、卷一〇孝莊紀武泰元年四月、卷五八楊椿傳都見元恒芝，疑卽此人，此處疑脫「恒」字。

〔七〕謚曰惠公　張森楷云：「『公』當是『王』之誤。」

〔八〕和平二年封　諸本「二」作「三」。按本書卷二文成紀，天賜封汝陰王在和平二年七月魏紀同，今據改。

〔九〕大業十二年　諸本「二」作「三」。按本書卷一二煬帝紀，煬帝以元文都等五人爲東都留守在十二年七月隋書本紀同。作「三」誤，今據改。

〔一〇〕無顧形迹至令爲物所疑　諸本「令」訛「今」，據隋書卷五〇元孝矩傳、通志卷八四下後魏宗室傳改。

〔一一〕和平二年封　諸本「二」作「三」。按本書卷二文成紀，萬壽封樂良王在和平二年七月魏紀同，今據改。

〔一二〕拜征東大將軍　按魏書卷五高宗紀，和平二年七月作「征北大將軍」，同時受封的濟陰王小新成才是征東大將軍。此「東」字誤。

〔一三〕而尚書令臣肇以芳造崇物故之後而惠蔚亦造一尺仍云扶　按「芳造」下、「扶」下並有脫文。

〔一四〕謂芳一尺爲得　魏書卷一九元匡傳無「一尺」二字。按疑衍「一」字。

〔一五〕折中無所　諸本「折」訛作「抑」，據通志改。

〔一六〕臣既比之權然相合　按「權」疑是「榷」之訛。「榷」與「確」同音，故借作「確」。謂劉芳所造尺與孝文所定者，長短無異，故云「確然相合」。

〔一七〕而芳造寸唯止十黍亦俱見　魏書無「見」字。按疑是「亦」上脫「衆」字。「衆亦俱見」，與上文「羣情共知」對文。

〔一八〕與先朝尺乃寸過一黍 張森楷云：「此文不甚可解，疑有譌誤。」按此句承上文，似指劉芳之尺，但據下文「兗州旣所執不經」語，則明是指元匡所造之尺。據魏書卷一〇七律曆志云：「永平中，崇更造新尺，以一黍之長，累爲寸法。尋太常卿劉芳受詔修樂，以秬黍中者，一黍之廣，卽爲一分。而中尉元匡以一黍之廣，度黍二縫，以取一分。三家紛競，久不能決。（先是）太和十九年，高祖詔以一黍之廣，用成分體；九十黍之長，以定銅尺。有司奏從前詔，而芳尺同高祖所制，故遂典修金石。」黍之長與廣有區別。公孫崇以一黍之長爲一分，故一寸有十二黍之廣。劉芳與孝文並以一黍之廣爲一分，不至「與先朝尺（相比），乃寸過一黍。」元匡折中於公孫崇、劉芳兩家之間，「寸過一黍」，較爲近情。疑此「與」字上有脫文。

〔一九〕達其糾惡之心 魏書「達」上有「以」字，通志「達」上有「又重」二字。按疑脫「重」字。

北史卷十八

列傳第六

景穆十二王下

任城王雲，和平五年封。少聰慧，年五歲，景穆崩，號哭不絕聲。太武抱之泣曰：「汝何知而有成人意也！」獻文時，拜都督中外諸軍事、中都大官，聽訟，甚收時譽。

及獻文欲禪位於京兆王子推，王公卿士莫敢先言。雲進曰：「父子相傳久矣，皇魏未之有革。」太尉源賀又進以爲不可，願思任城之言。東陽公元丕等進曰：「皇太子雖聖德夙彰，然實沖幼。陛下欲隆獨善，其若宗廟何？」帝曰：「儲宮正統，羣公相之，有何不可？」於是傳位孝文。

後蠕蠕犯塞，雲爲中軍大都督，從獻文討之。過大磧，雲曰：「夷狄之馬初不見武頭楯，若令此楯在前，破之必矣。」帝從之，命敕勒首領，執手勞遣之。於是相率而歌，方駕而前，

大破之，獲其兇首。後仇池氐反，又命雲討平之。除開府、徐州刺史。雲以太妃蓋氏薨，表求解任，獻文不許，雲悲號動疾，乃許之。性善撫接，深得徐方之心，爲百姓所追戀，送遺錢貨，一無所受。

再遷冀州刺史，甚得下情，於是合州請戶輸絹五尺、粟五升，以報雲恩。孝文嘉之，詔宣告天下，使知勸勵。遷長安鎭都大將、雍州刺史。雲廉謹自修，留心庶獄，挫抑豪強，〔一〕劫盜止息，州人頌之者千餘人。太和五年，薨於州，遺令薄葬，勿受贈襚，諸子奉遵其旨。諡曰康，陪葬雲中之金陵。

長子澄，字道鏡，少好學，美鬚髮，善舉止，言辭清辯，響若縣鍾。康王薨，居喪以孝聞。襲封，加征北大將軍。以氐羌反叛，除征南大將軍、梁州刺史。文明太后引見誡厲之，顧謂中書令李沖曰：「此兒風神吐發，當爲宗室領袖，是行當不辱命，我不妄談也。」澄至州，誘導懷附，西南款順。加侍中，賜衣一襲，乘黃馬一匹，以旌其能。

轉開府、徐州刺史，甚著聲績。朝京師，引見於皇信堂。孝文詔澄曰：「昔鄭子產鑄刑書而晉叔向非之。此二人皆賢士，得失竟誰？」對曰：「鄭國寡弱，攝於強隣，人情去就，非刑莫制，故鑄刑書以示威。雖乖古式，合今權道。」帝方革變，深善其對，笑曰：「任城當欲爲魏子

產也。朕方創改朝制，當與任城共萬世之功。」後徵爲中書令，改授尚書令。齊庾蓽來朝，見澄音韻遒雅，風儀秀逸，謂主客郎張彝曰：「往魏任城以武著稱，今魏任城乃以文見美也。」

時詔延四廟之子，下逮玄孫之胄，申宗宴於皇信堂，不以爵秩爲列，悉序昭穆爲次，用家人之禮。帝曰：「行禮已畢，欲令宗室各言其志，可率賦詩。」特命澄爲七言連韻，與孝文往復賭賽，遂至極歡，際夜乃罷。

後帝外示南討，意在謀遷，齋於明堂左个。詔太常卿王諶，親令龜卜易筮南伐之事，其兆遇革。澄進曰：「易言革者更也，將欲革君臣之命，湯、武得之爲吉。陛下帝有天下，今日卜征，不得云革命，未可全爲吉也。」帝厲聲曰：「此象云大人武變，〔二〕何言不吉也！」車駕還宮，便召澄，未及升階，遙謂曰：「向者之革，今更欲論之。明堂之忿，懼衆人競言，沮我大計，故厲色怖文武耳。」乃獨謂澄曰：「國家興自北土，徙居平城，雖富有四海，文軌未一。此間用武之地，非可興文。崤函帝宅，河洛王里，因茲大舉，光宅中原，任城意以爲何如？」澄深贊成其事。帝曰：「任城便是我之子房。」加撫軍大將軍、太子少保，又兼尚書左僕射。及車駕幸洛陽，定遷都之策，詔澄馳驛向北，問彼百司，論擇可否。曰：「近論革，今眞所謂革也。」澄既至代都，衆聞遷詔，莫不驚駭。澄援引今古，徐以曉之，衆乃開伏。遂南馳還報，

會車駕於滑臺。帝大悅曰：「若非任城，朕事業不得就也。」從幸鄴宮。除吏部尚書。

及車駕自代北巡，留澄銓簡舊臣。初，魏自公侯以下，動有萬數，冗散無事。澄品爲三等，量其優劣，盡其能否之用，咸無怨者。駕還洛京，復兼右僕射。

帝至北芒，遂幸洪池，命澄侍升龍舟。帝曰：「朕昨夜夢一老公，拜立路左，云晉侍中嵇紹，故此奉迎，神爽卑懼，似有求焉。」澄曰：「陛下經殷墟而弔比干，至洛陽而遺嵇紹，當是希恩而感夢。」帝曰：「朕既有此夢，或如任城所言。」於是求其兆域，遣使弔祭焉。

齊明帝既廢弒自立，其雍州刺史曹武〔三〕請以襄陽內附，車駕將自赴之，引澄及咸陽王禧、彭城王勰、司徒馮誕、司空穆亮、鎭南李沖等議之。禧等或云宜行，或言宜止。帝曰：「衆人意見不等，宜有客主，共相起發。任城與鎭南爲應留之議，朕當爲宜行之論，諸公坐聽，長者從之。」於是帝往復數交，駕遂南征，不從澄及李沖等言。後從征至縣瓠，以疾篤還京。

車駕還洛，引見王公侍臣於清徽堂。帝曰：「此堂成來，未與王公行宴樂之禮。今與諸賢，欲無高而不升，無小而不入。」因之流化渠。帝曰：「此曲水者，取乾道曲成，萬物無滯。」次之洗煩池。帝曰：「此池亦有嘉魚。」澄曰：「所謂『魚在在藻，有頒其首』。」帝曰：「且取『王在靈沼，於牣魚躍』。」次之觀德殿。帝曰：「射以觀德，故遂命之。」次之凝閑堂。帝曰：「此堂取夫子閑居之義。不可縱奢以忘儉，自安以忘危，故此堂後作茅茨堂。」謂李沖曰：「此東曰步元廡，西曰遊凱廡。此坐雖無唐堯之君，卿等當無愧於元、凱。」沖對曰：「臣既遭唐堯之君，敢辭元、凱之譽？」帝曰：「光景垂落，朕同宗有載考之義，卿等將出，何得默爾德音。」卽命黃門侍郎崔光、郭祚、通直郎邢巒、崔休等賦詩言志。燭至，公卿辭退，李沖再拜上千萬歲壽。帝曰：「卿等以燭至致辭，復獻千萬壽，〔四〕朕報卿以南山之詩。」乃曰：「燭至辭退，庶姓之禮；在夜載考，宗族之義。卿等且還，朕與諸王宗室欲成此夜飲。」後坐公事免官。尋兼吏部尚書。

恒州刺史穆泰在州謀反，授澄節，銅武、竹使符，〔五〕御仗左右，仍行恒州事。行達鴈門，遣書侍御史李煥先赴。至卽禽泰，窮其黨與，罪人皆得。鉅鹿公陸叡、安樂侯元隆等百餘人並獄禁。具狀表聞。帝覽表，乃大悅曰：「我任城可謂社稷臣，正復皋陶斷獄，豈能過之？」顧咸陽王等曰：「汝等脫當其處，不能辦此也。」車駕尋幸平城，勞澄，引見逆徒，無一人稱枉。時人莫不歎之。帝謂左右曰：「必也無訟，今日見之。」以澄正尚書。

車駕南伐，留澄居守，復兼右僕射。澄表請以國秩一歲租帛助供軍資，詔受其半。帝復幸鄴。見公卿曰：〔六〕「朕昨入城，見車上婦人冠帽而著小襦襖者，尚書何爲不察？」澄曰：「著者猶少。」帝曰：「任城欲令全著乎？一言可以喪邦，其斯之謂。可命史官書之。」又曰：

「王者不降佐於蒼昊，拔才而用之。朕失於舉人，任一羣婦女輩，〔七〕當更銓簡耳。任城在省，爲舉天下綱維，爲當署事而已？」澄曰：「臣實署事而已。」帝曰：「如此，便一令史足矣，何待任城？」尋除尚書右僕射，〔八〕從駕南伐。孝文崩，受顧命。

宣武初，有降人嚴叔懋告尚書令王肅遣孔思達潛通齊國，爲叛逆。澄信之，乃表肅將叛，輒下禁止。咸陽、北海二王奏澄擅禁宰輔，免官還第。尋除開府、揚州刺史。下車封孫叔敖之墓，毀蔣子文之廟，上表請修復皇宗之學，開四門之教，詔從之。

先是，朝議有南伐之計，以蕭寶夤爲東揚州刺史，據東城；陳伯之爲江州刺史，戍陽石。以澄總督二鎭，授之節度。澄於是遣統軍傅豎眼、王神念等進次大峴、東關、九山、淮陵，皆分部諸將，倍道據之。澄總勒大衆，絡繹相接，所在克捷，詔書褒美。既而遇雨，淮水暴長，澄引歸壽春。還既狼狽，失兵四千餘人。澄頻表解州，帝不許。有司奏奪其開府，又降三階。

轉鎭北大將軍、定州刺史。初，百姓每有橫調，恒煩苦之。前後牧守未能蠲除，澄多所省減。又明黜陟賞罰之法，表減公園之地以給無業貧人，布絹不任衣者禁不聽造，百姓欣賴焉。母孟太妃薨，居喪過毀，當世稱之。服闋，除太子太保。

時高肇當朝，猜忌賢戚。澄爲肇間構，常恐不全，乃終日昏飲，以示荒敗。所作詭越，

時謂爲狂。宣武夜崩，時事倉卒，高肇擁兵於外，明帝沖幼，朝野不安。澄雖疏斥，而朝望所屬。領軍于忠、侍中崔光等奏澄爲尚書令，於是衆心欣服。尋遷司空，加侍中，俄詔領尚書令。

澄表上皇誥宗制并訓詁各一卷，欲太后覽之，思勸誡之益。又奏利國濟人所宜振舉者十條：一曰律度量衡，公私不同，所宜一之；二曰宜興學校，以明黜陟之法；三曰宜興滅繼絕，各舉所知；四曰五調之外，一不煩人，任人之力，不過三日；五曰臨人之官，皆須黜陟，以旌賞罰；六曰逃亡代輸，去來年久者，若非伎作，任聽卽住；七曰邊兵逃走，或實陷沒，皆須精檢，三長及近親，若實隱之，徵其代輸，不隱勿論；八曰工商世業之戶，復徵租調，無以堪濟，今請免之，使專其業；九曰三長禁姦，不得隔越相領，戶不滿者，隨近并合；十日羽林武賁，邊方有事，暫可赴戰，常戍宜遣番兵代之。靈太后下其奏，百僚議之，事有同否。

時四中郞將兵數寡弱，不足以襟帶京師。澄奏宜以東中帶榮陽郡，南中帶魯陽郡，西中帶恒農郡，北中帶河內郡，選二品、三品親賢兼稱者居之。省非急之作，配以强兵。如此則深根固本，强幹弱枝之義也。靈太后將從之，後議者不同，乃止。尋以疾患，表求解任，不許。

澄以北邊鎭將選舉彌輕，恐賊虜闚邊，山陵危迫，奏求重鎭將之選，修警備之嚴，詔不

從。後賊虜入寇，至於舊都，鎭將多非其人，所在叛亂，犯逼山陵，如澄所慮。

澄奏：「都城府寺猶未周悉，今軍旅初寧，無宜發衆，請取諸職人及司州郡縣犯十杖以上、百鞭以下收贖之物，絹一匹輸磚二百，以漸修造。」詔從之。太傅、清河王懌表駁其事，遂寢不行。

澄又奏：「司州牧、高陽王臣雍拷殺奉朝請韓元昭、前門下錄事姚敬賢，雖因公事，理實未盡。何者？若昭等狀彰，死罪以定，應刑於都市，與衆棄之；如其疑似不分，情理未究，不宜以三清九流之官，杖下便死，輕絕人命，傷理敗法。往年在州，於大市鞭殺五人，及檢贓狀，全無寸尺。今復酷害，一至於此。朝野云云，咸懷驚愕。若生殺在下，虐專於臣，人君之權，安所復用？請以見事付廷尉推究，驗其爲劫之狀，察其拷殺之理。」詔從之。澄當官無所回避。又奏墾田授受之制八條，甚有綱貫。西域嚈噠、波斯諸國，各因公使，並遺澄駿馬一匹。澄請付太僕，以充國閑。詔曰：「王廉貞之德，有過楚相，可敕付廐，以成君子大哉之美。」

御史中尉、東平王匡奏請取景明元年以來內外考簿、吏部除書、中兵勳案并諸殿最，欲以案校竊階盜官之人。靈太后許之。澄表以爲「御史之體，風聞是司。至於冒勳妄階，皆有處別。若一處有風謠，卽應攝其一簿，研檢虛實。若差殊不同，僞情自露，然後繩以典刑，人誰不服？豈有移一省之事，窮革世之尤，如此求過，誰堪其罪？斯實聖朝所宜重愼也。」靈太后納之，乃止。後遷司徒公，侍中、尚書令如故。

神龜元年，詔加女侍中貂蟬，同外侍中之飾。澄上表諫曰：「高祖、世宗皆有女侍中官，未見綴金蟬於象珥，極鼲貂於鬢髮。江南僞晉穆何后有女尚書而加貂璫，此乃衰亂之世，妖妄之服。且婦人而服男子之服，至陰而陽，故自穆、哀以降，國統二絕。因是劉裕所以篡逆。禮容舉措，風化之本，請依常儀，追還前詔。」帝從之。

時太后銳於興繕，在京師則起永寧、太上公等佛寺，工費不少，外州各造五級佛圖。又數爲一切齋會，施物動至萬計。百姓疲於土木之功，金銀之價爲之踊上。削奪百官祿力，費損庫藏。兼曲賚左右，日有數千。澄上表極言得失。雖卒不從，常優答禮之。政無大小，皆引參預。澄亦盡心匡輔，事有不便於人者，必於諫諍，殷勤不已，內外咸敬憚之。

二年，薨，贈假黃鉞、使持節、都督中外諸軍事、太傅、領太尉公，加以殊禮，備九錫，依晉大司馬齊王攸故事，諡曰文宣王。澄之葬也，凶飾甚盛，靈太后親送郊外，停輿悲哭，哀慟左右，百官會赴千餘人，莫不欷歔，當時以爲哀榮之極。第四子彝襲。

彝字子倫，繼室馮氏所生，頗有父風。拜通直散騎常侍。及元叉專權而彝耻於託附，故不得顯職。莊帝初，河陰遇害。贈儀同三司、青州刺史，諡曰文。

彝庶長兄順，字子和。年九歲，師事樂安陳豐，初書王羲之小學篇數千言，[九]晝夜誦之，旬有五日，一皆通徹。豐奇之，白澄曰：「豐十五從師，迄于白首，耳目所經，未見此比，江夏黃童不得無雙也。」澄笑曰：「藍田生玉，何容不爾。」十六通杜氏春秋，下帷讀書，篤志愛古。性謇愕，淡於榮利，好飲酒，解鼓琴。每長吟永歎，吒詠虛室。宣武時，上魏道頌，文多不載。

起家爲給事中。時高肇權重，天下人士望塵拜伏。順曾懷刺詣肇門，門者以其年少，答云：「在坐大有貴客。」不肯爲通。順叱之曰：「任城王兒可是賤也？」及見，直往登牀，捧手抗禮，王公先達莫不怪慴，而順辭吐傲然，若無所覩。肇謂衆賓曰：「此兒豪氣尚爾，況其父乎！」及去，肇加敬送之。澄聞之大怒，杖之數十。後拜太常少卿，以父憂去職，哭泣歐血，身自負土。時年二十五，便有白髮，免喪抽去，不復更生，世人以爲孝思所致。

尋除給事黃門侍郎。時領軍元叉威勢尤盛，凡有遷授，莫不造門謝謁。順拜表而已，曾不詣叉。叉謂順曰：「卿何得聊不見我？」順正色曰：「天子富於春秋，委政宗輔，叔父宜以至公爲心，舉士報國。如何賣恩，責人私謝，豈所望也！」至於朝論得失，順常鯁言正議，曾不阿旨。由此見憚，出除恒州刺史。順謂叉曰：「北鎭紛紜，方爲國梗，請假都督，爲國屏捍。」

乂心疑難，不欲授以兵官，謂順曰：「此朝廷之事，非我所裁。」順曰：「叔父既殺生由己，自言天曆應在我躬，何得復有朝廷？」乂彌忿憚之。轉齊州刺史。順自負有才，不得居內，每懷鬱怏，形於言色。遂縱酒自娛，不親政事。乂解領軍，徵爲給事黃門侍郎。親友郊迎，賀其得入。順曰：「不患不入，正恐入而復出耳。」俄兼殿中尚書，轉侍中。初，中山王熙起兵討元乂，不果而誅。及靈太后反政，方得改葬。順侍坐西遊園，因奏太后曰：「臣昨往看中山家葬，非唯宗親哀其冤酷，行路士庶見一家十喪，〔一〇〕皆爲青旐，莫不酸泣。」乂妻時在太后側，順指之曰：「陛下奈何以一妹之故，不伏元乂之罪，使天下懷冤？」太后默然不語。

就德興於營州反，使尚書盧同往討之，大敗而還。屬侍中穆紹與順侍坐，因論同之罪。同先有近宅借紹，紹頗欲爲言。順勃然曰：「盧同終將無罪！」太后曰：「何得如侍中之言？」順曰：「同有好宅與要勢侍中，豈慮罪也？」紹慚，不敢復言。

靈太后頗事妝飾，數出遊幸，順面諍之曰：「禮，婦人喪夫，自稱未亡人，首去珠珥，衣不被綵。陛下母臨天下，年垂不惑，過修容飾，何以示後世？」靈太后慚而還入，召順責之曰：「千里相徵，豈欲衆中見辱也！」順曰：「陛下盛服炫容，不畏天下所笑，何恥臣之一言乎！」

初，城陽王徽慕順才名，偏相賞納。而廣陽王深通徽妻于氏，大爲嫌隙。及深自定州被徵，入爲吏部尚書，兼中領軍，順爲詔書，辭頗優美。徽疑順爲深左右，由是與徐紇間順於

靈太后，出順爲護軍將軍、太常卿。順奉辭於西遊園，徽、紇侍側，順指謂靈太后曰：「此人魏之宰嚭，魏國不滅，終不死亡。」紇脅肩而出，順因抗聲叱之曰：「一介刀筆小人，正堪爲几案之吏，寧應忝茲執戟，虧我彝倫！」遂振衣而起。靈太后默而不言。時追論順父顧託之功，增任城王彝邑二千戶，又析彝邑五百以封順爲東阿縣公。順疾徽等間之，遂爲蒼蠅賦。屬疾在家，杜絕慶弔。

後除吏部尚書，兼右僕射，與城陽王徽同日拜職。舍人鄭儼於止車門外先謁徽，後拜順。順怒曰：「卿是佞人，當拜佞王。我是直人，不受曲拜。」儼深懷謝。順曰：「卿是高門子弟，而爲北宮幸臣，僕射李思沖〔一一〕尚與王洛誠同傳，以此度之，卿亦應繼其卷下。」見者爲之震動，而順安然自得。及上省，登階向榻，見榻甚故，問都令史徐仵起。仵起曰：「此榻曾經先王坐。」順即哽塞，涕泗交流，久而不能言，遂令換之。

時三公曹令史朱暉素事錄尚書、高陽王雍，雍欲以爲廷尉評，頻煩託順，順不爲用。雍遂下命用之，順投之於地。雍聞之，大怒，昧爽坐都廳，召尚書及丞郎畢集，欲待順至，於衆挫之。順日高方至。雍攘袂撫几而言曰：「身天子之子，天子之弟，天子之叔，天子之相，四海之內，親尊莫二，元順何人，以身成命投棄於地！」順鬚鬢俱張，仰面看屋，憤氣奔湧，長歔而不言。久之，搖一白羽扇，徐而謂雍曰：「高祖遷宅中土，創定九流，官方清濁，軌儀萬古。

而朱暉小人，身爲省吏，何合爲廷尉清官？殿下既先皇同氣，誠宜遵旨，自有恒規，而復踰之也？」雍曰：「身爲丞相、錄尚書，如何不得用一人爲官？」順曰：「庖人雖不理庖，尸祝不越樽俎而代之。未聞有別旨令殿下參選事。」順又厲聲曰：「殿下必如是，順當依事奏聞。」雍遂笑而言曰：「豈可以朱暉小人，便相忿恨。」遂起，呼順入室，與之極飲。順之亢毅不撓，皆此類也。後兼左僕射。

尒朱榮之奉莊帝，召百官悉至河陰，素聞順數諫諍，惜其亮直，謂朱瑞曰：「可語元僕射，但在省，不須來。」順不達其旨，聞害衣冠，遂便出走，爲陵戶鮮于康奴所害。家徒四壁，無物斂，止有書數千卷而已。門下通事令史王才達裂裳覆之。莊帝還宮，遣黃門侍郎山偉巡喻京邑。偉臨順喪，悲慟無已。既還，莊帝怪其聲散，偉以狀對。莊帝敕侍中元祉曰：「宗室喪亡非一，不可周贍。元僕射清苦之節，死乃益彰，特贈絹百匹，餘不得爲例。」贈尚書令、司徒公，謚曰文烈。

初，帝在藩，順夢一段黑雲從西北直來，觸東南上日月俱破，復翳諸星，天地盡闇。俄而雲消霧散，便有日出自西南隅，甚明淨，云長樂王日。尋見莊帝從閶闔門入，登太極殿，唱萬歲者三，百官咸加朝服謁帝，唯順集書省步廊西槐樹下，脫衣冠臥。既寤，告元暉業曰：「吾昨夜夢，於我殊自不佳。」說夢，因解之曰：「黑雲，氣之惡者，是北方之色，終當必有北

敵，以亂京師，害二宮，殘毀百僚。何者？日，君象也。月，后象也。衆星，百官象也。以此言之，京邑其當禍乎？昔劉曜破晉室以爲髑髏臺，前途之事，得無此乎？雖然，彭城王勰有文德於天下，今夢其兒爲天子，積德必報，此必然矣。但恨其得之不久。所以然者，出自西南，以時易年，不過三載。但恨我不見之。何者？我夢臥槐樹下，槐字木傍鬼，身與鬼幷，復解冠冕，此寧不死乎！然亡後乃得三公贈耳。」皆如其夢。順撰帝錄二十卷，詩賦表頌數十篇，並多亡失。

長子朗，時年十七，枕戈潛伏積年，乃手刃康奴，以首祭順墓，然後詣闕請罪。朝廷嘉而不問。朗位司徒屬。天平中，爲奴所害，贈尚書右僕射。

順弟紀，字子綱，隨孝武入關中，位尚書左僕射、華山郡王。

澄弟嵩，字道岳，孝文時，位步兵校尉。大司馬、安定王休薨，未及卒哭，嵩便遊田。帝聞而大怒，詔曰：「嵩，大司馬薨殂甫爾，便以鷹鶴自娛，有如父之痛，無猶子之情，捐心棄禮，何其太速！便可免官。」後兼武衞將軍。

孝文南伐，齊將陳顯達率衆拒戰，嵩身備三仗，免胄直前，勇冠三軍，將士從之，顯達奔潰。帝大悅曰：「任城康王大有福德，文武頓出其門。」以功賜爵高平縣侯。初，孝文之發

洛也，馮皇后以罪幽於宮內。既平顯達，回次穀唐原，帝疾甚，將賜后死，曰：「使人不易可得。」顧謂任城王澄曰：「任城必不負我，嵩亦當不負任城，可使嵩也。」於是引嵩入內，親詔遣之。宣武卽位，爲揚州刺史，威名大振。後并妻穆氏爲蒼頭李太伯等所害。謚曰剛侯。

第二子世儁，頗有幹用，而無行業。襲爵。孝莊時，遷吏部尚書。尒朱兆寇京師，詔世儁以本官爲都督，守河橋。及兆至河，世儁初無拒守意，便隔岸遙拜，遂將船五艘迎兆軍，兆因得入。京都破殘，皆世儁之罪，時論疾之。尤爲尒朱世隆所昵。孝武初，改封武陽縣子。世儁居選曹，不能厲心，多所受納，爲中尉彈糾，坐免官。孝靜時，位尚書令。世儁輕薄，好去就。興和中，薨。贈太尉，謚曰躁戾。

南安王楨，皇興二年封。孝文時，累遷長安鎭都大將、雍州刺史。楨性忠謹。其母疾篤，憂毀異常，遂有白雉遊其庭前。帝聞其致感，賜帛千匹以褒美之。徵赴講武，引見於皇信堂，戒之曰：「公孝行著於私庭，令問彰於邦國，既國之懿親，終無貧賤之慮。所宜愼者略有三事：一者恃親驕矜，違禮僭度；二者傲慢貪奢，不恤政事；三者飲酒遊逸，不擇交友。三者不去，患禍將生。」而楨不能遵奉，後乃聚斂肆情。孝文以楨孝養聞名內外，特加原恕，削

除封爵，以庶人歸第，禁錮終身。

以議定遷都，復封南安王，爲鎭北大將軍、相州刺史。帝餞楨於華林都亭，詔並賦詩，不能者，並可聽射，當使武士彎弓，文人下筆。帝送楨下階，流涕而別。太和二十年五月，至鄴。上日，暴雨大風，凍死者數十人。楨又以旱，祈雨于羣神。鄴城有石季龍廟，人奉祀之。楨告神像云：「三日不雨，當加鞭罰。」請雨不驗，遂鞭像一百。是月，疽發背薨，謚曰惠。及恒州刺史穆泰謀反，楨知而不告，雖薨，猶追奪爵封，國除。

子英，性識聰敏，善騎射，解音律，微曉醫術。孝文時，爲梁州刺史。帝南伐，爲漢中別道都將。後大駕臨鍾離，英以大駕親動，勢傾東南，漢中有可乘之會，表求追討，帝許之。以功遷安南大將軍，賜爵廣武伯。

宣武卽位，拜吏部尚書，以前後軍功，進爵常山侯。尋詔英率衆南討，大破梁曹景宗軍。梁司州刺史蔡道恭憂死，三關戍棄城而走。初，孝文平漢陽，英有戰功，許復其封。及爲陳顯達所敗，遂寢。是役也，宣武大悅，乃復之，改封中山王。

既而梁入寇肥梁，詔英率衆十萬討之，所在皆以便宜從事。英表陳事機，乃擊破陰陵，斬梁將二十五人，及虜首五千餘級。又頻破梁軍於梁城，斬其支將四十二人，殺獲及溺死者將五萬。梁中軍大將軍臨川王蕭宏、尚書左僕射柳惔等大將五人沿淮東走。凡收米四十萬石。英追奔至馬頭，梁馬頭戍主委城遁走，遂圍鍾離。詔以師行已久，命英爲振旅之意。英表：「期至二月將末，三月之初，理在必剋。但自此月一日已來，霖雨連并，可謂天違人願。然王者行師，舉動不易，不可以少致睽淹，便生異議。願聞朝廷，特開遠略，少復賜寬，假以日月，無使爲山之功，中途而廢。」及四月，水盛破橋，英及諸將狼狽奔退，士衆沒者十有五六。英至揚州，遣使送節及衣冠、貂蟬、章綬，詔以付典。有司奏英經算失圖，案劾處死。詔恕死爲百姓。

後京兆王愉反，復英王封，除使持節、假征東將軍、都督冀州諸軍事。英未發而冀州已平。

時郢州中從事督榮祖潛引梁軍，以義陽應之，三關之戍並據城降梁。郢州刺史婁悅嬰城自守。縣瓠人白早生等殺豫州刺史司馬悅，據城南叛。梁將齊苟兒率衆守縣瓠。悅子尚華陽公主，幷爲所劫。詔英使持節、都督南征諸軍事、假征南將軍，出自汝南。帝以邢巒頻破早生，詔英南赴義陽。英以衆少，累表請軍，帝不許。而英輒與邢巒分兵共攻縣瓠，剋之，乃引軍而南。既次義陽，將取三關。英策之曰：「三關相須如左右手，若剋一關，而二關不待攻而定。攻難不如易，東關易攻，宜須先取，卽黃石公所謂戰如風發，攻如河決也。」英

恐其并力於東，乃使長史李華率五統向西關，分其兵勢，身督諸軍向東關。果如英策。凡禽其大將六人、支將二十人、卒七千、米四十萬石，軍資稱是。還朝，除尚書僕射。薨，贈司徒公，謚獻武王。

英子熙，字眞興，好學俊爽，有文才，聲著於世。然輕躁浮動，英深慮非保家之主，常欲廢之，立第四子略。略固請乃止。累遷光祿勳。時領軍于忠執政，熙，忠之婿也，故歲中驟遷。

後授相州刺史，熙以七月上，其日大風寒雨，凍死者二十餘人，驢馬數十匹。熙聞其祖父前事，心惡之。又有蛆生其庭。初，熙兄弟並爲清河王懌所昵，及劉騰、元叉隔絕二宮，矯詔殺懌，熙乃起兵討之。熙起兵甫十日，爲其長史柳元章、別駕游荆、魏郡太守李孝怡執熙置之高樓，并其子弟。叉遣尚書左丞盧同斬之於鄴街，傳首京師。始熙妃于氏知熙必敗，不從其謀，自初哭泣不絕，至於熙死。

熙既藩王，加有文學，風氣甚高。始鎭鄴，知友才學之士袁翻、李琰之、李神儁、王誦兄弟、裴敬憲等咸餞於河梁，賦詩告別。及將死，復與知故書，恨志意不遂。時人矜之。

又熙於任城王澄薨前，夢有人告之曰：「任城當死，死後二百日外，君亦不免。若其不

信，試看任城家。」熙夢中顧瞻任城第舍，四面牆崩，無遺堵焉。熙惡之，覺而以告所親。及熙之死也，果如所夢。熙兄弟三人，每從英征伐，在軍貪暴，或因迎降逐北，至有斬殺無辜，多增首級，以爲功狀。又于忠誣郭祚、裴植也，忠意未決害之，由熙勸奬，遂至極法，世以爲寃。及熙之禍，識者以爲有報應焉。靈太后反政，贈太尉公，謚曰文莊王。

熙弟略，字儁興，位給事黄門侍郎。熙敗，略潛行，自託舊識河內司馬始賓。始賓便爲荻筏，夜與略俱渡盟津，詣上黨屯留縣栗法光家。法光素敦信義，忻而納之。略舊識刁雙，時爲西河太守，略復歸之。停止經年，雙乃令從子昌送略潛遁江左。梁武甚禮敬之，封中山王，宣城太守。俄而徐州刺史元法僧據城南叛，梁乃以略爲大都督，令詣彭城接誘初附。尋徵略與法僧同還。略雖在江南，自以家禍，晨夜哭泣，身若居喪。又惡法僧爲人，與法僧言，未嘗一笑。

梁復除略衡州刺史，未行。會其豫章王綜以城歸國，綜長史江革、司馬祖暅、將士五千人，悉見禽虜。明帝敕有司悉遣革等還南，因以徵略，梁乃備禮遣之。明帝詔光祿大夫刁雙境首勞問，除略侍中、義陽王。還達石人驛亭，詔宗室親黨、內外百官先相識者，迎之近郊。其司馬始賓除給事中，領直後，〔一三〕栗法光本縣令，刁昌東平太守，刁雙西兗州刺史。略

所經一食一宿處，無不霑賞。

尋改封東平王。後爲尚書令，靈太后甚寵任之，其見委信，殆與元徽相埒。於時天下多事，軍國萬端，略守常自保，無他裨益，唯具臣而已。尒朱榮，略之姑夫，略素所輕忽。略又黨於鄭儼、徐紇，榮兼銜之。榮入洛也，見害於河陰。加贈太保、司空公，謚曰文貞。

英弟怡，位鄯善鎮將。在鎮貪暴，爲有司所糾，逃免，卒。莊帝初，以尒朱榮婦兄，贈太尉、扶風王。

子肅，封魯郡王。

肅弟曄，字華興，小字盆子。性輕躁，有膂力。莊帝初，封長廣王。尒朱榮死，世隆等推曄爲主，年號建明。尋爲世隆廢。節閔立，封爲東海王。孝武初，被殺。

城陽王長壽，皇興二年封，位沃野鎮都大將，甚有威名。薨，謚康王。子鸞襲。

鸞字宣明，身長八尺，腰帶十圍。以武藝稱，頻爲北都大將。孝文初，除使持節、征南大將軍。與安南將軍盧陽烏、李佐攻赭陽不克，〔一四〕敗退，降爲定襄縣王。後以留守功，還復本封。宣武時，爲定州刺史。鸞愛樂佛道，繕起佛寺，勸率百姓，大爲土木之勞，公私費擾，頗爲人患。宣武聞之，詔奪祿一周。薨，謚懷王。

子徽，字顯順，粗涉文史，頗有吏才。宣武時，襲封，爲河內太守，在郡清整，有時譽。明帝時，爲幷州刺史。先是，州界夏霜，安業者少，徽輒開倉振之，文武咸共諫止。徽曰：「昔汲長孺郡守耳，尚輒開倉，救人災弊。況我皇家親近，受委大藩，豈可拘法而不救人困也？」先給後奏。明帝嘉之，加安北將軍。汾州山胡舊多劫掠，自徽爲郡，羣胡自相戒，勿得侵擾隣州。汾、肆之人多來詣徽投訴，願得口判。除秦州刺史，還都，吏人泣涕攀車，不能自已。徽車馬羸弊，皆京來舊物，見者莫不歎其清儉。

改授度支尚書，兼吏部尚書，尋爲正。徽以選舉法期在得人，限以停年，有乖舊體。但行之日久，難以頓革，以德同者盡年，勞等者進德，于時稱爲中平。除侍中，餘官如故。徽表乞守一官。天下士子莫不歎息，咸曰：「城陽離選，貧者復何所希！」怨嗟之聲，俄然上徹。還令兼吏部尚書。累遷尚書令。

時靈太后專制，朝綱頹褫，徽既居寵任，無所匡弼，與鄭儼之徒，更相阿黨。外似柔謹，內多猜忌，睚眦之忿，必思報復，識者疾之。又不能防閑其妻于氏，遂與廣陽王深姦通。及

深受任軍府，每有表啓，論徽罪過，雖涉誣毀，頗亦實焉。

莊帝踐阼，拜司州牧。尋除司徒，仍領牧。元顥之入洛，徽從莊帝北巡。及車駕還宮，以與謀之功，除侍中、大司馬、太尉公，加羽葆鼓吹，增邑通前二萬戶。徽表辭官封，前後屢上。徽爲莊帝親待，內懼尒朱榮等，故有此辭。莊帝識其意，聽其辭封，不許讓官。徽後妻，莊帝舅女。侍中李彧，帝之姊婿。徽性佞媚，善自取容，挾內外之意，宗室親寵，莫與比焉。遂與彧等勸帝圖榮。莊帝亦先有意。榮死，世隆等屯據不解。除徽太保，仍大司馬、宗師、錄尚書事，總統內外。徽本意謂榮死後枝葉散亡。及尒朱宗族聚結謀難，徽算略無出，憂怖而已。性多嫉妬，不欲人居其前，每入參謀議，獨與帝決。朝臣有上軍國籌策者，並勸帝不納。乃云：「小賊何慮不除？」又惜財用，於時有所賞錫，咸出薄少，或多而中減，與而復追。莊帝雅自約狹，尤亦徽所贊成。太府少卿李苗，徽司徒時司馬也，徽待之頗厚。苗每致忠言，徽多不採納。苗謂人曰：「城陽本自蜂目，而豺聲復將露也。」及尒朱兆之入，禁衞奔散，莊帝步出雲龍門，徽乘馬奔度，帝頻呼之，徽不顧而去。遂走山南，至故吏寇彌宅。彌外雖容納，內不自安，乃怖徽云：「官捕將至。」令其避他所，使人於路邀害，送屍於尒朱兆。孝武初，贈使持節、侍中、太師、錄尚書事、司州牧，謚曰文獻。

子延襲爵。齊受禪，例降。

章武王太洛，皇興二年薨，追贈征北大將軍、章武郡王，謚曰敬。無子。孝文初，以南安惠王第二子彬爲後。

彬字豹兒，勇健有將用。爲夏州刺史，以貪惏削封。後除汾州刺史。胡六百餘人保險謀反，彬請兵二萬，帝大怒曰：「必須大衆者，則先斬刺史，然後發兵！」彬奉詔大懼，身先將士，討胡平之。卒，贈散騎常侍。

子融，字永興，儀貌壯麗，性通率有豪氣。宣武初，復先爵，累遷河南尹。融性尤貪欲，恣情聚斂，爲中尉糾彈，削除官爵。汾、夏山胡叛逆，連結正平、平陽。詔復融前封，征東將軍、持節、都督以討之。融寡於經略，爲胡所敗。後賊帥鮮于脩禮寇暴瀛、定二州，長孫承業等討之失利。除融車騎將軍，爲前驅左軍都督，與廣陽王深等共討脩禮。師度交津，葛榮殺脩禮而自立，轉營至白牛邏，輕騎擊融，於陣見殺。贈司空公。尋以融死王事，進贈司徒公，加前後部鼓吹，謚莊武。

子景哲襲。景哲弟朗，卽廢帝也。

樂陵王胡兒，和平四年薨，追封樂陵王，謚曰康。無子。

獻文詔胡兒兄汝陰王天賜之第二子永全後之。襲封後，改名思譽。孝文時，爲鎮北大將軍。穆泰陰謀不軌，思譽知而不告，削封爲庶人。太和末，復王封。薨，謚密王。

子景略襲，位幽州刺史。[一四]薨，謚惠王。

安定王休，皇興二年封。少聰敏。爲外都大官，斷獄有稱。車駕南伐，領大司馬。孝文親行諸軍，遇休以三盜人徇六軍，將斬之，有詔赦之。休執曰：「不斬何以息盜？」詔曰：「王者之體，亦時有非常之澤，雖違軍法，可特原之。」休乃奉詔。帝謂司徒馮誕曰：「大司馬嚴而執法，諸軍不可不慎。」於是六軍肅然。定都洛邑，休從駕幸鄴，命休率從駕文武迎家于平城，帝親餞休於漳水之北。十八年，休寢疾，帝幸其第，流涕問疾，中使醫藥相望於路。及薨至殯，車駕三臨。帝至其門，改服錫衰，素弁加絰。皇太子百官皆從行弔禮。謚曰靖王。詔贈假黃鉞，加羽葆鼓吹，悉準三老尉元之儀。帝親送出郭，慟哭而返。諸王恩禮莫比。宣武世，配饗廟庭。

次子燮襲，拜太中大夫，除華州刺史。燮表曰：「謹惟州居李潤堡，雖是少梁舊地，晉芮錫壤，然胡夷內附，遂爲戎落。竊以馮翊古城，實惟西蕃奧府，面華、渭，包原澤，井淺地平，樵牧饒廣。採材華陰，陸運七十，伐木龍門，順流而下。陪削舊雉，功省力易。丁不十錢之費，人無八旬之勤。損輕益重，乞垂昭鑒。」遂詔曰：「一勞永逸，便可聽移。」薨於州，[一五]贈朔州刺史。

子超，字化生，襲。時以胡國珍封安定公，改封北平王，後復本封。尒朱榮入洛，避難見害。

超弟琰，字伏寶，大統中，封宋安王。薨，謚曰懿。子景山。

景山字寶岳，少有器局，幹略過人。周閔帝時，以軍功累遷開府儀同三司。從武帝平齊，以功拜大將軍、平原郡公、亳州總管。法令明肅，賊盜屏迹，部內大清。徵爲候正。宣帝嗣位，從上柱國韋孝寬經略淮南。鄖州總管宇文亮反，以輕兵襲孝寬。寬爲亮所薄，景山擊破之。以功拜亳州總管。

隋文帝爲丞相，尉遲迥作亂，滎州刺史宇文冑與迥通謀，陰以書諷景山。景山執使，封書詣相府，進位上大將軍。以軍功，遷安州總管，進柱國。隋文帝受禪，拜上柱國。明年，

大舉伐陳，以景山爲行軍元帥，出漢口。將濟江，會陳宣帝殂，有詔班師。景山大著威名，甚爲敵人所憚。後數載，坐事免。卒于家，贈梁州總管，謚曰襄。子成壽嗣。

成壽便弓馬，爲秦王庫直。大業中，爲西平郡通守。

燮弟願平，清狂無行。宣武初，爲給事中，悖惡日甚，殺人劫盜，公私咸患。帝以戚近，不忍致之法，免官，禁之別館。館名愁思堂，冀其克念。帝崩，乃得出。靈太后臨朝，以其不悛，還於別館，依前禁錮。久之，離禁還家，付宗師嚴加誨獎。後拜通直散騎常侍、前將軍。坐裸其妻王氏於其男女前，又強姦妻妹於妻母之側，御史中尉侯剛案以不道，處絞刑。會赦免，黜爲員外常侍。卒。

論曰：「陽平諸子，頤乃忠壯。[一六]京兆之胤，悰實有聲。匡之謇直，有足稱矣。當獻文將禪，可謂國之大節，康王毅然廷諍，[一七]德音孔昭，一言興邦，斯之謂歟！文宣貞固儁遠，鬱爲宗傑，身用累朝，寧濟夷險，社稷是任，其梁棟之望乎！順蹇諤儻，有汲黯之風，不用於時，橫招非命，惜矣！嵩有行陣之氣。儁乃裂冠之徒。南安原始要終，善不掩惡。英將

帥之用，著聲於時。熙、略兄弟，早播人譽，或才疏志大，或器狹任廣，咸不能就其功名，俱至非命，惜也！康王不永，鸞起家聲。徽飾智矯情，外諂內忌，永安之禍，誰任其責？宛其死也，固其宜哉！章武、樂陵，蓋不足數。靖王聽斷威重，見稱於太和，美矣！

校勘記

〔一〕挫抑豪强　諸本「抑」訛作「却」，據宋本及魏書卷一九中任城王雲傳、通志卷八四下後魏宗室傳改。

〔二〕大人武夔　魏書卷一九中元澄傳「武」作「虎」，北史避唐諱改。

〔三〕其雍州刺史曹武　魏書卷一九中元澄傳「武」作「虎」，北史避唐諱改。

〔四〕復獻千萬壽　諸本「千」字作「於」。魏書此句作「復獻千萬之壽」。按「於」乃「千」之訛。當是「千」訛爲「于」，又改作「於」。上文云「李沖再拜上千萬歲壽」，孝文此語卽指此而言。今據改。

〔五〕銅武竹使符　魏書、通志「武」作「虎」，北史避唐諱改。

〔六〕帝復幸鄴見公卿曰　按魏書「幸鄴」下有一段文字敍高車反抗事件，然後稱「高祖還洛，引見公卿」，則孝文所見婦人服飾，乃指洛陽。此事亦見魏書卷二一咸陽王禧傳。北史刪節後，便似指鄴城，誤。

〔七〕朕失於舉人任一羣婦女輩　按魏書作「朕失於舉人，任許一羣婦女輩奇事」，卽指洛陽婦女裝束。北史刪改，大失原意。

〔八〕尋除尙書右僕射　諸本「右」作「左」，魏書作「右」。按魏書卷七下高祖紀，太和二十三年三月，孝文遺詔稱元澄爲右僕射，廣陽王元嘉爲左僕射。這裏作「左」誤，今據改。

〔九〕初書王羲之小學篇數千言　張森楷云：「『王羲之』當作『王義』。」按隋書卷三二經籍志小學家有小學篇一卷，晉下邳內史王義撰。張說似是。

〔一〇〕見一家十喪　魏書「十」作「七」。按趙萬里墓誌集釋卷四元誘墓誌考釋，列舉七喪，則作「七」是。

〔一一〕僕射李思沖　按李沖原名思沖，見本書卷一〇〇序傳。

〔一二〕領直後　諸本「後」作「候」，魏書卷一九下南安王楨附元略傳作「後」。按「直候」無此官名，「直後」見隋書卷二七百官志中。今據改。

〔一三〕孝文初除使持節征南大將軍與安南將軍盧陽烏李佐攻赭陽不克　魏書卷一九下城陽王長壽附元鸞傳，此事在遷洛後。按本書卷三魏孝文紀、魏書卷七下高祖紀，此事在太和十九年五月，已是孝文末年。這裏「初」字疑誤。

〔一四〕子景略襲位豳州刺史　諸本「豳」作「幽」。按墓誌集釋元彥墓誌圖版一五六稱：「彥字景略，」「延昌之末，遷爲持節、督豳州諸軍事、冠軍將軍、豳州刺史。」又言「王剋莅西蕃，民欽教遵風，昔文王流化，未之殊也」。所謂「西蕃」，「文王流化」，皆指豳州。「幽」乃「豳」之訛。今據改。

〔一五〕薨於州　按魏書卷一九下安定王休附元燮傳云：「後除征虜將軍豳州刺史，延昌四年薨。」則是死於豳州。此承上文，則似死於華州，誤。

〔一六〕陽平諸子頤乃忠壯　諸本「陽平」倒作「平陽」，「頤」訛「熙」。按此指陽平王新成之子頤，見本書卷十七景穆十二王傳上。今據改。

〔一七〕康王毅然廷諍　按此指任城康王雲。下文「康王不永」指城陽康王長壽。魏書此二人分屬兩卷，故史臣論不覺混淆。北史合爲一段，便覺眉目不淸。

北史卷十九

列傳第七

文成五王　獻文六王　孝文六王

文成皇帝七男：孝元皇后生獻文皇帝。〔一〕李夫人生安樂厲王長樂。曹夫人生廣川莊王略。沮渠夫人生齊郡順王簡。乙夫人生河間孝王若。悅夫人生安豐匡王猛。玄夫人生韓哀王安平，早薨，無傳。

安樂王長樂，皇興四年，封建昌王，後改封安樂王。長樂性凝重，獻文器愛之。承明元年，拜太尉，出爲定州刺史。頓辱衣冠，多不奉法，百姓詣闕訟之，孝文罰杖三十。貪暴彌甚，以罪徵詣京師。後謀不軌，事發，賜死於家，葬以王禮，謚曰厲。

子詮，字搜賢，襲。宣武初，爲涼州刺史。在州貪穢，政以賄成。後除定州刺史。及京兆王愉之反，詐言國變，在北州鎭咸疑朝廷有釁，遣使覲詮動靜。詮具以狀告，州鎭帖然。愉奔信都，詮以李平、高殖等四面攻燒，〔二〕愉突門而出。尋除侍中，兼以首告之功，除尚書左僕射。薨，謚曰武康。

子鑒，字長文，襲。後除相州刺史、北討大都督，討葛榮。仍兼尚書左僕射、北道行臺尚書令，與都督裴衍共攻信都。鑒旣庸才，見天下多事，遂謀反，降附葛榮。都督源子邕與裴衍合圍鑒，斬首傳洛，詔改其元氏。〔三〕莊帝初，許復本族，又特復鑒王爵，贈司空。

鑒弟斌之，字子爽，性險無行。及與鑒反，敗，遂奔葛榮。榮滅，得還。孝武帝時，封潁川郡王，委以腹心之任。帝入關，斌之奔梁。大統二年，還長安，位尚書令。薨，贈太尉，謚武襄。

廣川王略，延興二年封，位中都大官。性明敏，鞫獄稱平。太和四年，薨。謚曰莊。

子諧，字仲和，襲。十九年，薨。詔曰：「古者大臣之喪，有三臨之禮，此蓋三公已上。自漢已降，多無此禮。庶仰遵古典，哀感從情。雖以尊降伏，私痛寧爽。欲令親王有期親者爲之三臨，大功親者爲之再臨，小功緦麻爲之一臨。廣川王於朕大功，必欲再臨者。欲於大斂日親臨盡哀，成服之後，緦衰而弔。旣殯之緦麻，理在無疑。大斂之臨，當否如何？爲須撫柩於始喪？爲應盡哀於闔柩？」黃門侍郎崔光、宋弁、通直常侍劉芳、典命下大夫李元凱、中書侍郎高聰等議曰：「三臨之事，乃自古禮。爰及漢、魏，行之者稀；陛下方遵前軌。臣等以爲若期親三臨，大功宜再。始喪之初，哀之至極，旣以情降，宜從始喪。大斂之臨，伏如聖旨。」詔曰：「魏、晉已來，親臨多闕，至於戚臣，必於東堂哭之。頃大司馬安定王薨，朕旣臨之後，受慰東堂。今日之事，應更哭不？」光等議曰：「東堂之哭，蓋以不臨之故。今陛下躬親撫視，羣臣從駕，臣等議，以爲不宜復哭。」詔曰：「若大司馬戚尊位重，必哭於東堂。而廣川旣是諸王之子，又年位尚幼，卿等議之，朕無異焉。」諧將大斂，帝素委貌深衣哭之，入室哀慟，撫尸而出。

有司奏：「廣川王妃薨於代京，未審以新尊從於卑舊，爲宜卑舊來就新尊？」詔曰：「遷洛之人，自茲厥後，悉可歸骸芒嶺，皆不得就塋恒、代。其有夫先葬北，婦今喪在南，婦人從夫，宜還代葬。若欲移父就母，亦得任之。其有妻墳於恒、代，夫死於洛，不得以尊就卑。欲移母就父，宜亦從之。若異葬，亦從之。若不在葬限，身在代喪，葬之彼此，皆得任之。其戶屬恒、燕，身官京洛，去留之宜，亦從所擇。其屬諸州者，各得任意。」詔贈諧武衞將軍，

謚曰剛。及葬，帝親臨送之。

子靈道襲。卒，謚悼王。

齊郡王簡字叔亮，太和五年封，位中都大官。簡母，沮渠牧犍女也，簡性貌特類外祖。後爲內都大官。孝文嘗與簡俱朝文明太后皇信堂，簡居帝之右，行家人禮。遷太保。孝文仁孝，以諸父零落，存者唯簡，每見，立以待之，俟坐，致敬問起居，停簡拜伏。簡性好酒，不能理公私之事。妻常氏，燕郡公喜女也，文明太后以賜簡。幹綜家事，頗節簡酒。乃至盜竊，求乞婢侍，卒不能禁。薨時，孝文不豫，詔曰：「叔父薨背，痛慕摧絕，不自勝任，但虛頓牀枕，未堪奉赴，當力疾發哀。」謚曰靈王。宣武時，改謚曰順。

子祐，字伯授。母常氏，孝文以納不以禮，不許其爲妃。宣武以母從子貴，詔特拜爲齊國太妃。祐位涇州刺史。薨，謚曰敬。

河間王若字叔儒，未封而薨，追封河間，謚曰孝。詔京兆康王子太安爲後。太安於若

爲從弟，非相後之義，廢之。以齊郡王子琛繼。

琛字曇寶，幼敏慧，孝文愛之。宣武時，拜定州刺史。琛妃，宣武舅女，高皇后妹。琛憑恃內外，在州貪惏。及還朝，靈太后詔曰：「琛在定州，唯不將中山宮來，自餘無所不致，何可敍用！」由是廢于家。琛以明帝始學，獻金字孝經。又無方自達，乃與劉騰爲養息，賂騰金寶巨萬計。騰爲言，乃得兼都官尚書。出爲秦州刺史，在州聚斂，百姓吁嗟。東益、南秦二州氐反，詔琛爲行臺，仍充都督，還攝州事。既總軍省，求欲無厭。進討氐、羌，大被摧破。內恃劉騰，無所畏憚。爲中尉彈糾，會赦，除名。尋復王爵。後討鮮于脩禮，敗，免官爵。後討汾晉胡、蜀，卒於軍，追復王爵。

安豐王猛字季烈，太和五年封，加侍中，出爲和龍鎮都大將、營州刺史。〔四〕猛寬仁雄毅，甚有威略，戎夷畏愛之。薨于州，贈太尉，諡曰匡。

子延明襲。宣武時，授太中大夫。延昌初，歲大飢，延明乃減家財以拯賓客數十人，并贍其家。至明帝初，爲豫州刺史，甚有政績。累遷給事黃門侍郎。延明既博極羣書，兼有文藻，鳩集圖籍萬有餘卷。性清儉，不營產業。與中山王熙及弟臨淮王彧等並以才學令

望，有名於世。〔五〕雖風流造次不及熙、彧，而稽古淳篤過之。遷侍中，詔與侍中崔光撰定服制。後兼尚書右僕射。以延明博識多聞，敕監金石事。

及元法僧反，詔爲東道行臺、徐州大都督，節度諸軍事，與都督臨淮王彧、尚書李憲等討法僧。梁遣其豫章王綜鎮徐州。延明先牧徐方，甚得人譽，招懷舊土，遠近歸之。綜既降，延明因以軍乘之，復東南之境，至宿、豫而還。遷都督、徐州刺史。頻經師旅，人物彫弊，延明招攜新故，人悉安業，百姓咸附。

莊帝時，兼大司馬。元顥入洛，延明受顥委寄。顥敗，奔梁，死於江南。莊帝末，喪還。孝武初，贈太保，王如故，諡曰文宣。

所著詩賦讚頌銘誄三百餘篇，又撰五經宗略、詩禮別義，注帝王世紀及列仙傳。又以河間人信都芳工算術，引之在館，共撰古今樂事、九章十二圖。〔六〕又集器準九篇，芳別爲之注，皆行於世矣。

孫長儒，孝靜時襲祖爵。

獻文皇帝七男：李思皇后生孝文皇帝。〔七〕封昭儀生咸陽王禧。韓貴人生趙郡靈王幹、高陽文穆王雍。孟椒房生廣陵慧王羽。潘貴人生彭城武宣王勰。高椒房生北海平王詳。〔八〕

咸陽王禧字思永，〔九〕太和九年封，加侍中、驃騎大將軍、中都大官。文明太后令皇子皇孫於靜所別置學，選忠信博聞之士爲之師傅，以匠成之。孝文以諸弟典三都職，謂禧曰：「弟等皆幼年任重，三都折獄，特宜用心。夫未能操刀而使割錦，非傷錦之尤，實授刀之責。」文明太后亦致誡勗。出爲使持節、開府、冀州刺史，孝文餞於南郊。又以濟陰王鬱枉法賜死之事遣告禧，〔一〇〕因以誡之。後禧朝京師，詔以廷尉卿李沖爲禧師。

時王國舍人應取八族及清脩之門，禧取任城王隸戶爲之，深爲帝責。帝以諸王婚多猥濫，於是爲禧娉故潁川太守隴西李輔女，河南王幹娉故中散代郡穆明樂女，廣陵王羽娉驃騎諮議參軍滎陽鄭平城女，潁川王雍娉故中書博士范陽盧神寶女，始平王勰娉廷尉卿隴西李沖女，北海王詳娉吏部郎中滎陽鄭懿女。

有司奏：「冀州人蘇僧瓘等三千人稱禧清明，有惠政，請世胙冀州。」詔曰：「畫野由君，理非下請。」入除司州牧。詔以禧元弟之重，食邑三千戶，自餘五王皆食邑二千。〔一一〕

孝文引見朝臣，詔斷北語，一從正音，禧贊成其事。於是詔：「年三十已上，習性已久，

容或不可卒革。三十已下，見在朝廷之人，語音不聽仍舊。若有故爲，當降爵黜官。若仍舊俗，恐數世之後，伊洛之下，復成被髮之人。朕嘗與李沖論此，沖言：『四方之語，竟知誰是，帝者言之，卽爲正矣，何必改舊從新。』沖之此言，應合死罪。」乃謂沖曰：「卿實負社稷。」沖免冠陳謝。又責留京之官曰：「昨望見婦女之服，仍爲夾領小袖，何爲而違前詔？」禧對曰：「陛下聖過堯、舜，光化中原。」舛違之罪，實合處刑。」孝文曰：「若朕言非，卿等當奮臂廷論，如何入則順旨，退有不從？昔舜語禹：『汝無面從，退有後言。』卿等之謂乎！」

尋以禧長兼太尉公。後帝幸禧第，謂司空穆亮、僕射李沖曰：「元弟禧戚連皇極，且長兼太尉，以和飪鼎，朕恒恐君有空授之名，臣貽彼己之刺。今幸其宅，徒屈二賓，良以爲愧。」帝篤於兄弟，以禧次長，禮遇優隆。然亦知其性貪，每加切誡，而終不改操。後加侍中，正太尉。

及帝崩，禧受遺輔政。雖爲宰輔之首，而潛受賄賂。姬妾數十，意尚未已，猶欲遠有簡娉，以恣其情。宣武頗惡之。景明二年春，召禧等入光極殿，詔曰：「恪比纏尪疾，實憑諸父。今便親攝百揆。且還府司，當別處分。」尋詔進位太保，領太尉。

帝既覽政，禧意不安，遂與其妃兄兼給事黃門侍郎李伯尙謀反。帝時幸小平，禧在城西小宅。初欲勒兵直入金墉，衆懷沮異，禧心因緩，自旦達晡，計不能決，遂約不洩而散。

直寢符承祖、薛魏孫與禧將害帝。〔一三〕是日，帝息於芒山，止浮圖陰下，少時睡臥，魏孫便欲赴廷。承祖私言於魏孫曰：「吾聞殺天子者身當癩。」魏孫且止。帝尋覺悟。俄有武興王楊集始出，便馳告。而禧意不疑，乃與臣妾向洪池別墅，遣其齋帥劉小苟奉啓，云檢行田牧。小苟至芒嶺，已逢軍人，怪小苟赤衣，將欲殺害。小苟言欲告反，乃緩之。

禧是夜宿於洪池，不知事露。其夜，將士所在追禧，禧自洪池東南走，左右從禧者唯兼防閤尹龍武。禧憂迫，謂曰：「試作一謎，當思解之，以釋毒悶。」龍武欻憶舊謎云：「眠則同眠，起則同起，貪如豺狼，贓不入己。」都不有心於規刺也。禧亦不以爲諷己，因解之曰：「此是眼也。」而龍武謂之是箸。渡洛水，至栢堆，顧謂龍武曰：「汝可勉心作與太尉公同死計。」龍武曰：「若與殿下同命，雖死猶生。」俄而禧被禽，送華林都亭，著千斤鎖格龍武，羽林掌衞之。時熱甚，禧渴悶垂死，敕斷水漿。侍中崔光令左右送酪漿升餘，禧一飲而盡。初，孝文觀台宿有逆謀氣，言於禧曰：「玄象變，汝終爲逆謀，會無所成，但受惡而已。」至此，果如言。

禧臨盡，畏迫喪志，乃與諸妹公主等訣，言及一二愛妾。公主哭且駡之，言：「坐多取此婢輩，貪逐財物，致今日之事，何復囑問此等！」禧愧而無言。遂賜死私第，絕其諸子屬籍。禧之諸女，微給資產、奴婢。自餘家財悉以賚高肇、趙脩二家，其餘賜內外百官，逮于流外，

多百匹，下至十匹，其積聚若此。其宮人爲之歌曰：「可憐咸陽王，奈何作事誤？金床玉几不能眠，夜蹋霜與露。洛水湛湛彌岸長，行人那得度！」其歌遂流至江表。北人之在南者，雖富貴，聞弦管奏之，莫不灑泣。

禧八子。長子通，字曇和，竊入河內太守陸琇家。初與通情，既聞禧敗，乃殺之。

通弟翼，字仲和，後會赦，詣闕上書，求葬父，不許，乃與二弟昌、曄奔梁。正光中，詔咸陽、京兆二王諸子並聽附屬籍。後復禧王爵，葬以王禮，詔曄弟坦襲。翼與昌，申屠氏出；曄，李妃所出也。翼容貌魁壯，風制可觀，梁武甚重之，封爲咸陽王。翼讓其嫡弟曄，梁武不許。後爲青、冀二州刺史，鎭郁州。翼謀舉州入國，爲梁武所殺。

翼弟樹，字秀和，一字君立，〔一三〕美姿貌，善吐納，兼有將略。位宗正卿。後亦奔梁。梁武尤器之，封爲魏郡王，後改封鄴王。數爲將領，窺覦邊服。尒朱榮之害百官也，樹時爲郢州刺史，請討榮。梁武資其士馬，侵擾境上。孝武初，御史中尉樊子鵠爲行臺，率徐州刺史杜德、舍人李昭等討之。樹城守不下，子鵠使金紫光祿大夫張安期說之。樹請委城還南，子鵠許之，殺白馬爲盟。樹恃誓，不爲戰備。與杜德別，還南，德不許，送洛陽，置在景明寺。〔一四〕樹年十五奔南，未及富貴。每見嵩山雲向南，未嘗不引領歔欷。初發梁，覩其愛姝玉兒，以金指環與別，樹常著之。寄以還梁，表必還之意。朝廷知之，俄而賜死。未幾，杜

德忽得狂病，云：「元樹打我不已。」至死，此驚不絕。舍人李昭尋奉使向秦州，至潼關驛，夜夢樹云：「我已訴天帝，待卿至隴，終不相放。」昭覺，惡之。及至隴口，爲賀拔岳所殺。子鵠尋爲達野拔所殺。

孝靜時，其子貞自建業求隨聘使崔長謙赴鄴葬樹，梁武許之。詔贈樹太師、司徒、尙書令。貞既葬，還江南，位太子舍人。及侯景南奔，梁武以貞爲咸陽王，送景，使爲魏主。未幾，景反。

曄字世茂，梁封爲桑乾王，卒於南。

坦一名穆，字延和。傲狠凶粗，因飲醉之際，於洛橋左右頓辱行人，爲道路所患。從叔安豐王延明每切責之曰：「汝兇悖性與身而長。昔宋有東海王禕，志性凡劣，時人號曰驢王。我熟觀汝所作，亦恐不免驢號。」當時聞者號爲「驢王」。禧誅後，坦兄翼、樹等五人相繼南奔，故坦得承襲。改封敷城王。永安初，復本封咸陽郡王。累遷侍中。莊帝從容謂曰：「王才非荀、蔡，中歲屢遷，當由少長朕家，故有超授。」初，禧死後，諸子貧乏，坦兄弟爲彭城王勰所收養，故有此言。

孝武初，其兄樹見禽。坦見樹既長且賢，慮其代己，密勸朝廷以法除之。樹知之，泣謂

坦曰：「我往因家難，不能死亡，寄食江湖，受其爵命。今者之來，非由義至，求活而已，豈望榮華？汝何肆其猜忌，忘在原之義！腰背雖偉，善無可稱。」坦作色而去。樹死，竟不臨哭。

後歷司徒、太尉、太傅，加侍中、太師、錄尙書事、宗師、司州牧。雖祿厚位尊，貪求滋甚，賣獄鬻官，不知紀極。爲御史劾奏，免官，以王歸第。尋起爲特進，出爲冀州刺史。專復聚斂，每百姓納賦，除常別先責絹五匹，然後爲受。性好畋漁，無日不出。秋冬獵雉兔，春夏捕魚蟹，鷹犬常數百頭。自言寧三日不食，不能一日不獵。入爲太傅。

齊天保初，準例降爵，封新豐縣公，除特進、開府儀同三司。坐子世寶與通直散騎侍郎彭貴平因酒醉誹謗，妄說圖讖，有司奏當死。詔並宥之。坦配北營州，死配所。

趙郡王幹字思直，太和九年，封河南王，位大將軍。〔一五〕孝文篤愛諸弟，以幹總戎別道，誡之曰：「司空穆亮年器可師，散騎常侍盧陽烏才堪詢訪，汝其師之。」遷洛，改封趙郡王。除都督、冀州刺史，帝親餞於郊，誡曰：「刑獄之理，先哲所難。然既有邦國，得不自勵也！」詔以李憑爲長史，唐茂爲司馬，盧尙之爲諮議參軍，以匡弼之。而憑等諫，幹殊不納。州表斬盜馬人，於律過重，而尙書以幹初臨，縱而不劾。詔曰：「尙書曲阿朕意，實傷皇度。」幹閭

於政理，律外重刑，並可推聞。」後轉特進、司州牧。車駕南討，詔幹都督中外諸軍事，給鼓吹一部，甲士三百人，出入殿門。

幹貪淫不遵政典，御史中尉李彪將糾劾之，會遇幹於尚書下舍，屏左右誡之，而幹悠然不以爲意。彪表彈之。詔幹與北海王詳俱隨太子詣行在所。及至，密使左右察其意色，無有憂悔，乃親數其過，杖之一百，免所居官，以王還第。薨，謚曰靈王。陪葬長陵。

子謐襲封。幹妃穆氏表謐及謐母趙等悖禮愆常。詔曰：「妾於女君，猶婦人事姑舅；妾子於君母，禮加如子之恭。何得黷我風猷，可付宗正依禮正罪。」謐在母喪，聽聲飲戲，爲御史中尉李平所彈。遇赦，復封。後爲岐州刺史。謐性暴虐，明帝初，臺使元延到其州界，以驛邏無兵，攝帥檢覈。隊主高保願列言：「所有之兵，王皆私役。」謐聞，大怒，鞭保願等五人各二百。數日間，謐召近州人夫，閉四門，內外嚴固，搜掩城人，楚掠備至。又無事而斬六人，合城兇懼。衆遂大呼，屯門。謐怖，登樓毀梯以自固。土人散走，〔一六〕城人分守四門。靈太后遣游擊將軍王竫馳驛喻之。城人既見竫至，開門謝罪。乃罷謐州，除大司農卿。遷幽州刺史。謐妃胡氏，靈太后從女也。未發，坐毆其妃，免官。後除都官尚書。車駕出拜圓丘，謐與妃乘赤馬犯鹵簿，爲御史所彈，靈太后特不問。薨，高陽王雍，幹之母弟，啓論謐，贈假侍中、司州牧，謚貞景。

謐兄諶，字興伯，性平和，位都官尚書。尒朱榮之入洛陽，啓莊帝欲遷都晉陽。帝以問諶，爭之以爲不可。榮怒曰：「何關君而固執也！且河陰之役，君應之。」〔一七〕諶曰：「天下事天下論之，何以河陰之酷而恐元諶！宗室戚屬，位居常伯，生既無益，死復何損！正使今日碎首流腸，亦無所懼。」榮大怒，欲罪諶。其從弟世隆固諫，乃止。見者莫不震悚，諶顏色自若。後數日，帝與榮見宮闕壯麗，列樹成行，乃歎曰：「臣一昨愚志，有遷京之意，今見皇居壯觀，亦何用去河洛而就晉陽。臣熟思元尚書言，深不可奪。」是以遷都議因罷。永安元年，拜尚書左僕射，封魏郡王。諶本年長，應襲王封，爲其父靈王愛其弟謐，以爲世子。莊帝詔復諶封趙郡王。歷位司空、太保、太尉、錄尚書事。孝靜初，拜大司馬。薨，謚孝懿。諶無他才識，歷位雖重，時人忽之。

謐弟譚，頗強立，少爲宗室推敬，卒於秦州刺史。

譚弟讞，貪暴無禮。位太中大夫，封平鄉男。河陰遇害。

廣陵王羽字叔翻，太和九年封，加侍中，爲外都大官。羽少聰慧，有斷獄之稱。後罷三都，以羽爲大理，典決京師獄訟。遷特進、尚書右僕射，又爲太子太保、錄尚書事。孝文將

南討，遣羽持節安撫六鎮，發其突騎，夷夏寧悅。還領廷尉卿。及車駕發，羽與太尉元丕留守。帝友愛諸弟，及將別，不忍早分，詔羽從至鴈門。及令羽歸，望其稱効，故賜如意以表心。

十八年，羽表辭廷尉，不許。羽奏：「外考令文，每歲終，州鎮列牧守績狀。及至再考，隨其品第，以彰黜陟。雖外有成令，而內令未班。內外考察，理應同等。臣輒推準外考，以定京官績行。」詔曰：「論考之事，理在不輕，問績之方，應關朕聽。輒爾輕發，殊爲躁也。今始維夏，且待至秋。」後孝文臨朝堂考羣臣，顧謂羽曰：「上下二等，可爲三品，中等但爲一品。所以然者，上下是黜陟之科，故旌絲髮之美，中等守本，事可大通。」

帝又謂羽曰：「汝功勤之績不聞於朝，阿黨之音頻干朕聽。今黜汝錄尚書、廷尉，但居特進、太保。」又謂尚書令陸叡曰：「叔翻在省之初，甚著善稱；自近以來，偏頗懈怠。豈不由卿等隨其邪僞之心？今奪卿尚書令祿一周。」謂左僕射元贊曰：「計叔翻之黜，卿應大辟。但以咎歸一人，不復相罪。今解卿少師之任，削祿一周。」詔吏部尚書澄曰：「觀叔父神志驕傲，可解少保。」又謂長兼尚書于果曰：「卿不能勤謹夙夜，數辭以疾。今解卿長兼，可光祿大夫、守尚書，削祿一周。」又謂守尚書尉羽曰：「卿恭勤。在集書，殊無憂存左史之事。〔一八〕今降爲長兼常侍，亦削祿一周。」又謂守尚書盧陽烏曰：「卿在集書，雖非高功，爲一省文學

之士，常不以左史在意。今降卿長兼王師，守常侍、尚書如故，奪常侍祿一周。」謂左丞公孫良、右丞乞伏義受曰：「卿等不能正心直言，罪應大辟。但以事鍾叔翻，故不能別致貶。二丞可以白衣守本官。冠服、祿恤盡皆削奪。若三年有成，還復本任；如其無成，則永歸南畝。」謂散騎常侍元景曰：「卿等自任集書，合省逋墮，致使王言遺滯，起居不修。今降爲中大夫、守常侍，奪祿一周。」又謂諫議大夫李彥：「卿實不稱職，可去諫議，退爲元士。」又謂中庶子游肇及中舍人李平：〔一九〕「識學可觀，可爲中第。」

初孝文引陸叡、元贊等前，曰：「朕爲天子，何假中原？欲令卿等子孫博見多知。若永居恒北，遇不好文主，卿等子弟不免面牆也。」陸叡對曰：「實如明詔。金氏若不入仕漢朝，七葉知名，亦不可得也。」帝大悅。

帝幸羽第，與諸弟言曰：「朕親受人訟，知廣陵之明了。」咸陽王禧曰：「臣年爲廣陵兄，明爲廣陵弟。」帝曰：「我爲汝兄，汝爲羽昆，汝復何恨！」車駕南伐，除開府、青州刺史。詔羽曰：「海服之寄，故唯宗良。唯酒唯田，可不誡歟！」

宣武卽位，遷司州牧。及帝覽政，引入內，面授司徒。請爲司空，乃許之。羽先淫員外郎馮俊興妻，夜私遊，爲俊興所擊，積日祕匿，薨於府。宣武親臨哀，贈司徒，謚曰慧。

子恭襲，是爲節閔帝。

恭兄欣，字慶樂，性粗率，好鷹犬。孝莊初，封沛郡王，後封淮陽王。孝武時，加太師、開府，復封廣陵王，太傅、司州牧，尋除大司馬。孝武入關中，欣投託人使達長安，爲太傅、錄尚書事。欣於中興宗室，禮遇最隆，自廣平諸王，悉居其下。又爲大宗師，進大冢宰、中軍大都督。大統中，爲柱國大將軍、太傅。文帝謂欣曰：「王三爲太傅，再爲太師，自古人臣，未聞此例。」欣遜謝而已。後拜司徒。恭帝初，遷大丞相。薨，謚曰容。欣好營產業，多所樹藝，京師名果皆出其園。所汲引及僚佐咸非長者，爲世所鄙。

高陽王雍字思穆，少俶儻不恒。孝文曰：「吾亦未能測此兒之深淺，然觀其任眞率素，或年器晚成。」太和九年，封潁川王。或說雍待士以營聲譽，雍曰：「吾天子之子，位爲諸王，用聲名何爲？」改封高陽。後爲相州刺史，帝誡曰：「爲牧之道，亦易亦難。其身正，不令而行，故便是易。其身不正，雖令不從，故曰是難。」

宣武初，遷冀州刺史。雍在二州，微有聲稱，入拜司州牧。帝時幸雍第，皆盡家人禮。遷司空，轉太尉，加侍中。尋除太保，領太尉、侍中如故。

明帝初，詔雍入居太極西栢堂，諮決大政，給親信二十人。又詔雍爲宗師，進太傅、侍

中，領太尉公，別敕將作營國子學寺，給雍居之。領軍于忠擅權專恣，僕射郭祚勸雍出之，忠矯詔殺祚及尚書裴植，廢雍以王歸第。朝有大事，使黃門就諮訪之。忠尋復矯詔將殺雍，以問侍中崔光，拒之乃止。未幾，靈太后臨朝，出忠爲冀州刺史。雍表暴忠罪，陳己不能匡正，請返私門。靈太后感忠保護之勳，不問其罪。除雍侍中、太師，領司州牧。

雍表請王公已下賤妾悉不聽用織成錦繡、金玉珠璣，違者以違旨論，奴婢悉不得衣綾錦纈，止於縵繒而已，奴則布服，並不得以金銀爲釵帶，犯者鞭一百。太后從之，而不能久也。詔雍乘步挽出入掖門，又以本官錄尚書事，朝晡侍講。

明帝覽政，詔雍乘車出入大司馬門，進位丞相。又詔依齊郡順王簡太和故事，朝訖引坐，特優拜伏之禮。總攝內外，與元叉同決庶政。歲祿粟至四萬石，伎侍盈房，榮貴之盛，昆弟莫及。

元妃盧氏薨後，更納博陵崔顯妹，欲以爲妃。宣武初以崔顯世號東崔，地寒望劣，難之，久乃聽許。延昌已後，疏棄崔氏，別房幽禁，僅給衣食而已。未幾，崔暴薨，多云雍毆殺也。靈太后許賜其女伎，未及送之。雍遣其閹豎丁鵝，自至宮內，料簡四人，冒以還第。太后責其專擅，追停之。

孝莊初，於河陰遇害。贈假黃鉞、相國，謚文穆。

雍識懷短淺，又無學業，雖位居朝首，不爲時情所推。自熙平以後，朝政褫落，及清河王懌之死，元叉專政，天下大責歸焉。

嫡子泰，字昌，頗有時譽，位太常卿，與雍同時遇害。贈太尉公、高陽王，謚曰文。子斌襲。

斌字善集，歷位侍中、尚書左僕射。斌美儀貌，性寬和，居官重慎，頗爲齊文襄愛賞。齊天保初，準例降爵爲高陽縣公，拜右光祿大夫。二年，從文宣討契丹，還至白狼河，以罪賜死。〔二〇〕

彭城王勰字彥和，少而岐嶷，姿性不羣。太和九年，封始平王，加侍中。勰生而母潘氏卒，其年獻文崩。及有所知，啓求追服，文明太后不許。乃毀容憔悴，心喪三年，不參吉慶。孝文大奇之。敏而耽學，雅好屬文。長直禁內，參決軍國大政，萬機之事無不預焉。及車駕南伐，領宗子軍，宿衞左右。轉中書令，侍中如故，改封彭城王。

帝升金墉城，顧見堂後桐竹，曰：「鳳皇非梧桐不栖，非竹實不食。今梧竹並茂，詎能降鳳乎？」勰曰：「鳳皇應德而來，豈桐竹能降？」帝笑曰：「朕亦未望降之。」後宴侍臣於清徽堂。

日晏，移於流化池芳林下。帝仰觀桐葉之茂，曰：「『其桐其椅，其實離離。愷悌君子，莫不令儀。』今林下諸賢，足敷歌詠。」遂令黃門侍郎崔光讀暮春羣臣應制詩。至勰詩，帝乃爲改一字，曰：「昔祁奚舉子，天下謂之至公。今見勰詩，始知中令之舉非私也。」勰曰：「臣露此拙，方見聖朝之私，賴蒙神筆賜刊，得有令譽。」帝曰：「雖琱琢一字，猶是玉之本體。」勰曰：「詩三百，一言可蔽。今陛下賜刊一字，足以價等連城。」勰表解侍中，詔曰：「蟬貂之美，待汝而光。人乏之秋，何容方退。」後從幸代都，次于上黨之銅鞮山，路傍有大松樹十數根。時帝進傘，遂行而賦詩，〔二一〕令示勰曰：「吾作詩雖不七步，亦不言遠。汝可作之，比至吾間，令就也。」時勰去帝十步，遂且行且作，未至帝所而就。詩曰：「問松林，松林經幾冬？山川何如昔？風雲與古同？」帝大笑曰：「汝此亦調責吾耳！」詔贈勰所生母潘氏爲彭城國太妃。又除中書監，侍中如故。

帝南討漢陽，假勰中軍大將軍，加鼓吹一部。勰以寵授頻煩，乃面陳曰：「臣聞兼親疏而兩，並異同而建。此既成文於昔，臣願誦之於後。陳思求而不允，愚臣不請而得。豈但今古云殊，遇否大異。」帝大笑，執勰手曰：「二曹才名相忌，吾與汝以道德相親，緣此而言，無慚前烈。」

帝親講喪服於清徽堂，從容謂羣臣曰：「彥和、季豫等年在沖蒙，早登縷紱，失過庭之

訓，並未習禮。每欲令我一解喪服。自審義解浮疏，抑而不許。頃因酒醉坐，脫爾言從，故屈朝彥，遂親傳說。」御史中尉李彪對曰：「自古及今，未有天子講禮。臣得親承音旨，千載一時。」

從征沔北，除使持節、都督南征諸軍事，正中軍大將軍、開府。勰於是親勒大衆。須臾有二大鳥從南來，一向行宮，一向幕府，各爲人所獲。勰言於帝曰：「始有一鳥，望旗顚仆，臣謂大吉。」帝戲之曰：「鳥之畏威，豈獨中軍之略也？吾亦分其一耳！此乃大善，兵法咸說。」至明，便大破崔慧景、蕭衍。其夜大雨。帝曰：「昔聞國軍獲勝，每逢雲雨。今破新野、南陽，及摧此賊，果降時潤，誠哉斯言。」勰對曰：「水德之應，遠稱天心。」帝令勰爲露布，辭曰：「臣聞露布者，布於四海，露之耳目。以臣小才，豈足大用。」帝曰：「汝亦爲才達，但可爲之。」及就，尤類帝文，有人見者，咸謂御筆。帝曰：「汝所爲者，人謂吾製。非兄則弟，誰能辨之？」勰對曰：「子夏被嗤於先聖，臣又荷責於來今。」及至豫州，帝爲家人書於勰曰：「每欲立一宗師，肅我元族。汝親則宸極，官乃中監，風標才器，實足軌範，宗制之重，捨汝誰寄？有不遵敎典，隨事以聞。」

帝不豫，勰內侍醫藥，外總軍國之務，遐邇肅然，人無異議。徐謇，當世上醫，先是，假歸洛陽，及召至，勰引之別所，泣涕執手，祈請懇至。左右見者莫不嗚咽。及引入，謇便欲

進藥。勰以帝神力虛弱，唯令以食味消息。勰乃密爲壇於汝水濱，依周公故事，告天地及獻文，爲帝請命，乞以身代。帝瘳損，自懸瓠幸鄴，勰常侍坐輿輦，晝夜不離其側，飲食必先嘗之而後手自進御。車駕還京，會百僚於宣極堂，行飲至策勳之禮，以勰功爲羣將之最。尋以勰爲司徒、太子太傅，侍中如故。

俄而齊將陳顯達內寇，帝復親討之，詔勰持節、都督中外諸軍事，總攝六師。時帝不豫，勰辭侍疾無暇，更請一王總當軍要。帝曰：「吾慮不濟，安六軍保社稷者，捨汝而誰？」帝至馬圈，疾甚，謂勰曰：「今吾當成不濟。霍子孟以異姓受付，況親賢，不可不勉也！」勰泣曰：「士於布衣，猶爲知己盡命，況臣託靈先皇，誠應竭股肱之力。但臣出入喉膂，每跨時要，此乃周旦遁逃，成王疑惑。臣非所以辭勤請逸，正欲仰成陛下日鏡之明，下令愚臣獲避退之福。」帝久之曰：「吾尋思汝言，理實難奪。」乃手詔宣武曰：「汝第六父勰，清規懋賞，與白雲俱潔，厭榮捨紱，以松竹爲心。吾少與綢繆，提攜道趣，每請解朝纓，〔三〕恬眞丘壑。吾以長兄之重，未忍離遠，何容仍屈素業，長嬰世網。吾百年之後，其聽勰辭蟬捨冕，遂其沖挹之性也。」

帝崩于行宮，遏祕喪事，獨與右僕射、任城王澄及左右數人爲計，奉還於安車中。勰等出入如平常，視疾進膳，可決外奏。累日，達宛城，乃夜進安車於郡廳事，得加斂櫬，還載

臥輿。六軍內外，莫有知者。遣中書舍人張儒奉詔徵宣武會駕。梓宮至魯陽，乃發喪行服。宣武卽位，勰跪授遺敕數紙。咸陽王禧疑勰爲變，停於魯陽郡外，久之乃入。謂勰曰：「汝非但辛勤，亦危險至極。」勰恨之，對曰：「兄識高年長，故知有夷險。彥和握蛇騎武，〔三〕不覺艱難。」禧曰：「汝恨吾後至耳。」自孝文不豫，勰常居中，親侍醫藥，夙夜不離左右，至於衣不解帶，亂首垢面。帝患久多忿，因之遷怒，勰每被誚詈，言至厲切，威責近侍，動將誅斬。勰承顏悉心，多所匡濟。及帝昇遐，齊將陳顯達奔遁始爾，慮凶問泄漏，致有逼迫，勰內雖悲慟，外示吉容，〔四〕出入俯仰，神貌無異。及至魯陽，東宮官屬多疑勰有異志，竊懷防懼，而勰推誠盡禮，卒無纖介之過。勰上諡議：「協時肇享曰孝，五宗安之曰孝，道德博聞曰文，經緯天地曰文，上尊號爲孝文皇帝，廟號高祖，陵曰長陵。」帝從之。

既葬，帝固以勰爲宰輔。勰頻口陳遺旨，請遂素懷。帝對勰悲慟，每不許之。頻表懇切，帝難違遺敕，遂其雅情。猶逼以外任，乃以勰爲都督、定州刺史。勰仍陳讓，帝不許，乃述職。帝與勰書，極家人敬，請勰入京。

景明初，齊豫州刺史裴叔業以壽春內屬，詔勰都督南征諸軍事，與尚書令王肅迎接壽春。復授司徒。又詔以本官領揚州刺史，進位大司馬，領司徒。齊將陳伯之屯於肥口，胡松又據梁城。勰部分將士，頻戰破之。淮南平，徵勰還朝。初，勰之定壽春，獲齊汝陰太守

王果、豫州中從事庾稷等數人，勰傾衿禮之，常參坐席。果承間求還江外，勰衿而許之。果又謝曰：「果等今還，仰負慈澤，請聽仁駕振旅，反跡江外。」至此乃還。其爲遠人所懷如此。

勰至京師，頻表辭大司馬、領司徒及所增邑，乞還中山，有詔不許。乃除錄尚書，侍中、司徒如故，固辭不免。時咸陽王禧以驕矜，頗有不法，北海王詳陰言於帝，又言勰大得人情，不宜久在宰輔，勸帝遵遺敕。禧等又出領軍于烈爲恒州，烈深以爲忿。烈子忠常在左右，密令忠言於帝，宜早自覽政。時將礿祭，王公並齋於廟東坊。帝遣于烈將壯士六十人召禧、勰、詳等引見。帝謂勰曰：「頃來南北務殷，不容仰遂沖操。恪是何人，而敢久違先敕？今遂叔父高蹈之意。」詔乃爲勰造宅，務從簡素，以遂其心。勰因是作蠅賦以喻懷。又以勰爲太師，勰遂固辭。詔侍中敦喻，帝又爲書於勰，祟家人之敬，勰不得已而應命。帝前後頻幸勰第。及京兆、廣平王暴虐不法，制宿衞隊主率羽林、武賁幽守諸王於其第，勰上表切諫，帝不納。

時議定律令，勰與高陽王雍、八坐、朝士有才學者，五日一集，參論軌制應否之宜，凡所裁決，時彥歸仰。又加侍中。勰敦尙文史，撰自古帝王賢達至於魏世子孫，族從爲三十卷，名曰要略。

性仁孝。言於朝廷，以其舅潘僧固爲長樂太守。京兆王愉構逆，僧固見逼。尙書令高

中華書局

肇性旣兇愎，又肇兄女入爲夫人，順皇后崩，帝欲以爲后，勰固執以爲不可。肇於是屢譖勰，因僧固之同愉逆，肇誣勰與愉通，南招蠻賊。勰國郎中令魏偃、前防閤高祖珍希肇提攜，構成其事。〔二五〕肇初令侍中元暉以奏，暉不從。又令左衞元珍言之。帝訪暉，明勰無此。帝更以問肇，肇以魏偃、祖珍爲證，乃信之。

永平元年九月，召勰及高陽王雍、廣陽王嘉、淸河王懌、廣平王懷及高肇等入。時勰妃方產，固辭不得已，意甚憂懼，與妃訣而登車。入東掖門，度一小橋，牛傷，人挽而入。宴於禁中，夜皆醉，各就別所消息。俄而元珍將武士賫毒酒至。勰曰：「一見至尊，死無恨也。」珍曰：「至尊何可復見！」武士以刀環築勰二下，勰大言稱寃。武士又以刀築勰，乃飮毒酒，武士就殺之。向晨，以褥裹屍，輿從屛門出，載屍歸第，云因飮而薨。勰妃李氏，司空沖之女也，號哭曰：「高肇枉理殺人，天道有靈，汝還當惡死。」及肇以罪見殺，還於此屋，論者知有報應焉。帝爲舉哀於東堂。勰旣有大功於國，無罪見害，行路士女皆流涕曰：「高肇小人，枉殺如此賢王！」在朝貴戚莫不喪氣。景明、報德寺僧鳴鐘欲飯，忽聞勰薨，二寺一千餘人皆嗟痛，爲之不食，但飲水而齋。追贈假黃鉞、使持節、都督中外諸軍事、司徒公、太師，給鑾輅九旒，武賁班劍百人，前後部羽葆鼓吹，轀輬車。有司奏太常卿劉芳議勰謚，保大定功曰武，善問周達曰宣，宜謚武宣王。詔可。及莊帝卽位，追號文穆皇帝，妃李氏爲文穆皇

后，還神主於太廟，稱肅祖。節閔帝時，去其神主。嫡子劭，字子訥，襲封。

劭善武藝，少有氣節。明帝初，梁將寇邊，劭表上粟九千斛、資絹六百匹、國吏二百人以充軍用。靈太后嘉其至意，不許。累遷青州刺史。孝昌末，靈太后失德，四方紛擾，劭遂有異志。爲安豐王延明所啓，徵入爲御史中尉。莊帝卽位，尊爲無上王。尋遇害河陰。追謚曰孝宣皇帝，妻李氏爲文恭皇后。

子韶，字世胄，好學，美容儀。初，尒朱榮將入洛，父劭恐，以韶寄所親滎陽太守鄭仲明。仲明尋爲城人所殺。韶因亂，與乳母相失，遂與仲明兄子僧副避難。路中爲賊逼，僧副恐不免，因令韶下馬。僧副謂客曰：「窮鳥投人，尙或矜愍，況諸王如何棄乎？」僧副舉刃逼之，客乃退。韶逢一老母姓程，哀之，隱於私家。居十餘日，莊帝訪而獲焉，襲封彭城王。齊神武後以孝武帝后配之，魏室奇寶多隨后入韶家。有二玉鉢相盛，轉而不可出。馬腦榼容三升，玉縫之。皆稱西域鬼作也。歷位太尉、侍中、錄尙書事、司州牧、特進、太傅。

齊天保元年，降爵爲縣公。韶性行溫裕，以高氏壻，頗膺時寵。能自謙退，臨人有惠政，好儒學，禮致才彥，愛林泉，修第宅華而不侈。文宣常剃韶鬢鬚，加以粉黛，衣婦人服以自隨。曰：「以彭城爲嬪御。」譏元氏微弱，比之婦女。

十年，太史奏云：「今年當除舊布新。」文宣謂韶曰：「漢光武何故中興？」韶曰：「爲誅諸劉不盡。」於是乃誅諸元以厭之。遂以五月誅元世哲、景式等二十五家，〔二六〕餘十九家並禁止之。韶幽於京畿地牢，絕食，啗衣袖而死。及七月，大誅元氏，自昭成已下並無遺焉。或父祖爲王，或身常貴顯，或兄弟强壯，皆斬東市。其嬰兒投於空中，承之以矟。前後死者凡七百二十一人，悉投屍漳水。剖魚者多得爪甲，都下爲之久不食魚。世哲從弟黃頭，使與諸囚自金鳳臺各乘紙鴟以飛，黃頭獨能至紫陌乃墜，仍付御史獄，畢義雲餓殺之。

北海王詳字季豫，美姿容，善舉止。太和九年封，加侍中。孝文自洛北巡，詳常與侍中彭城王勰並在輿輦，陪侍左右。至文成射銘所，帝停駕，詔諸弟及侍臣皆試射遠近。諸人皆去一二十步，唯詳箭及之。帝拊掌欣笑，遂詔勒銘，親自爲制。車駕南伐，詳行中領軍，留守。孝文臨崩，顧命詳爲司空輔政。

宣武覽政，爲中大將軍、錄尙書事。〔二七〕咸陽王禧之謀反，詳表求解任，帝不許。除太尉、領司徒、侍中，錄尙書事如故。詳之拜命，其夜暴風震電，拔其廷中桐，樹大十圍，倒立本處。初，宣武之覽政，詳聞彭城王勰有震主之慮，而欲奪其司徒，大懼物議，故爲大將軍，

至是乃居之。天威如此，識者知其不終。

旣以季父崇寵，位望兼極，貪冒無厭，公私營販。又於東掖門外規占第宅，至有喪柩在室，請延至葬而不見許，輿櫬巷次，行路哀嗟。詳母高太妃頗助威虐，怨響嗷然。妃宋王劉昶女，不見答禮。寵妾范氏，愛等伉儷。及死葬訖，猶毀隧視之。又烝於安定王燮妃高氏，卽茹皓妻姊。詳旣素附於皓，又緣淫好，往來綢密。詳雖貪侈，宣武禮敬尙隆。常別住華林園西隅，與都亭宮館相接。帝每潛幸其所，肆飮終日，與高太妃相見，呼爲阿母，伏而上酒，禮若家人。臨出，高每拜送，舉觴祝言：「願官家千萬年壽，歲一入妾母子舍也。」初，宣武之親政，詳與咸陽王禧、彭城王勰並被召入，共乘犢車，防衞嚴固。高時惶迫，以爲必死，亦乘車傍路哭送至金墉。及詳得免，高云：「自今以後，不願富貴。但令母子相保，共汝掃市作活也。」至此，貴寵崇盛，不復言有禍敗之理。

後爲高肇所譖，云詳與皓等謀逆。時詳在南第。帝召中尉崔亮入禁，糾詳貪淫，及茹皓、劉胄、常季賢、陳掃靜等專恣之狀。夜卽收禁南臺。又武賁百人，圍守詳第。夜中慮其驚懼奔越，遣左右郭翼開金墉門馳出喻之，示以中尉彈狀。詳母高見翼，頓首號泣，不能自勝。詳言：「審如中尉所糾，何憂也？人奉我珍異貨物，我實受之，果爲取受，吾何憂乎？」至明，皓等皆賜死。引高陽王雍等五王入議詳罪。單車防守還華林館。母妻相與哭，入所

居，小奴弱婢數人隨從。防援甚嚴。徙就太府寺，免爲庶人。別營坊館於洛陽縣東北隅，如法禁衞，限以終身，名曰思善堂，將徙詳居之。會其家奴陰結黨輩，欲劫出，密抄名字，潛託侍婢通於詳。詳始得執省，而門防主司遙見，突入，就詳手中攬得，呈奏。帝密令害之。詳自至太府，令其母妻還居南宅，五日一來。此夜，母妻不來，死於奴婢手中。詔喪還南宅，諸王皇宗，悉令奔赴。賵物一依廣陵故事。詳之初禁，乃以淫高事告母。母大怒，詈之曰：「汝自有妻妾侍婢，少盛如花，何共高麗婢姦，令致此罪！我得高麗婢，當噉其肉。」乃杖詳背及兩脚百餘下。自行杖，力疲，乃使奴代。高氏素嚴，詳每有微罪，常加責罰，以絮裹杖。至是，去絮，皆至創膿。又杖其妃劉數十，云：「新婦大家女，門戶匹敵，何所畏而不檢校夫壻！」劉笑而受罰，卒無所言。詳貪淫之失，雖聞遠近，而死之日，罪無定名，遠近歎怪之。永平元年十月，詔追復王爵，謚曰平王。子顥襲。

顥字子明，少慷慨，有壯氣。爲徐州刺史，尋爲御史彈劾，除名。後賊帥宿勤明達、[二八]叱干騏驎等寇亂豳、華等州，乃復顥王爵，兼左僕射、西道行臺以討明達。頻破賊，解豳、華之圍。後蕭寶夤等大敗於平涼，顥亦奔還京師。

武泰初，爲相州刺史，以禦葛榮。屬尒朱榮入洛，推莊帝，授顥太傅。顥以葛榮南侵，

尒朱縱害，遂盤桓顧望，圖自安之策。事不諧，遂與子冠受奔梁。梁武以爲魏主，假之兵將，令其北入。永安二年四月，於梁國城南登壇燔燎，年號孝基元年。莊帝詔濟陰王暉業於考城拒之，爲顥所禽。莊帝北幸，顥遂入洛，改稱建武元年。

顥以數千之衆，轉戰屢剋，據有都邑，號令自己。天下人情，想望風政。自謂天之所授，頗懷驕怠，宿昔賓客近習之徒，咸見寵待，干擾政事。又日夜縱酒，不恤軍國。所統南兵，陵竊市里，朝野失望。時又酷儉，公私不安。莊帝與尒朱榮還師討顥，顥自於河梁拒戰。冠受戰敗被禽。顥自轘轅出至臨潁，爲臨潁縣卒所斬。

初，顥入洛，其日暴風，欲入閶闔門，馬大驚不進，令人執轡乃入。有恒農楊曇華告人曰：「顥必無成，假服衮冕，不過六十日。」又諫議大夫元昭業曰：「昔更始自洛陽而西，初發，馬驚奔，觸北宮鐵柱，三馬皆死，而更始卒不成帝位。以古譬今，其兆一也。」至七月果敗。孝武初，贈太師、大司馬。

顥弟頊，莊帝初，封東海王，位中書監。及顥入洛，成敗未分，便以意氣自得，爲時人笑。顥敗，潛竄，爲人執送，斬於都市。孝武初，贈太尉。

孝文七男：林廢后生廢太子恂。文昭皇后生宣武皇帝、廣平武穆王懷。[二九]袁貴人生京兆王愉。羅夫人生清河文獻王懌、汝南文宣王悅。[三〇]鄭充華生皇子恌，未封，早夭。

廢太子庶人恂，字元道。生而母死，文明太后撫視之，常置左右。年四歲，太后親爲立名恂，字元道。於是大赦。太和十七年七月癸丑，立恂爲皇太子。及冠恂於廟，孝文臨光極東堂，引恂入見，誡以冠義曰：「字汝元道，所寄不輕，汝當尋名求義，以順吾旨。」二十年，改字宣道。遷洛，詔恂詣代都，其進止儀禮，[三一]帝皆爲定。及恂入辭，帝曰：「今汝不應向代。但太師薨於恒壤，朕既居皇極之重，不容輕赴舅氏之喪，欲使汝展哀舅氏，拜汝母墓，一寫爲子之情。山陵北海，[三二]汝至彼，太師事畢後日，宜一拜山陵。拜訖，汝族祖南安可一就問訊。在途當溫讀經籍，今日親見吾也。」[三三]後帝每歲征幸，恂常留守，主執廟祀。

恂不好書學，體貌肥大，深忌河、洛暑熱，意每追樂北方。中庶子高道悅數苦言致諫，恂甚銜之。孝文幸崧岳，恂留守金墉，謀欲召牧馬，輕騎奔代，手刃道悅於禁中。領軍元徽勒門防遏，[三四]夜得寧靜。帝聞之駭惋，外寢其事，仍至汴口而還。引恂數罪，與咸陽王禧等親杖恂，又令禧等更代百餘下，扶曳出外，不起者月餘。拘於城西別館。引見羣臣於清

徽堂，議廢之。司空、太子太傅穆亮，尙書僕射、少保李沖，並免冠稽首而謝。帝曰：「古人有言，大義滅親。此小兒今日不滅，乃是國家之大禍。脫待我無後，恐有永嘉之亂。」乃廢爲庶人，置之河陽，服食所供，粗免飢寒而已。

帝幸代，遂如長安，中尉李彪承閒密表，告恂復與左右謀逆。帝在長安，使中書侍郎邢巒與咸陽王禧奉詔賫椒酒詣河陽，賜恂死。時年十五餘。斂以粗棺常服，瘞於河陽城。二十二年冬，御史臺令史龍文觀坐法當死，告廷尉，稱恂前被攝左右之日，[三五]有手書自理，不知狀，而中尉李彪、侍御史賈尙寢不爲聞。賈坐繫廷尉。時彪免歸，帝在鄴，尙書表收彪赴洛，會赦，遂不窮其本末。賈尙出繫，暴病數日死。[三六]

初，帝將爲恂娶司徒馮誕長女，以女幼，待年長，先爲娉彭城劉長文、滎陽鄭懿女爲左右孺子。時恂年十三四，帝嘗謂郭祚、崔光、宋弁曰：「人生須自放，不可終朝讀書。我欲使恂旦出省經傳，食後還內，晡時復出，日夕而罷。卿等以爲何如？」光曰：「孔子稱血氣未定，戒之在色。太子尙以幼年涉學之日，不宜於正晝之時，捨書御內，又非所以安柔弱之體，固永年之命。」帝以光言爲然，乃不令恂晝入內。無子。

京兆王愉字宣德，太和二十一年封，拜都督、徐州刺史。以彭城王中軍府長史盧陽烏兼長史，〔三七〕州事巨細，委之陽烏。宣武初，爲護軍將軍。帝留愛諸弟，愉等常出入宮掖，晨昏寢處，若家人焉。

遷中書監。爲納順皇后妹爲妃，而不見禮答。愉在徐州納妾李氏，本姓楊，東郡人，夜聞其歌，悅之，遂被寵嬖。罷州還京，欲進貴之，託右中郎將趙郡李恃顯爲之養父，就之禮迎，產子寶月。順皇后召李入宮，毀擊之，强令爲尼於內，以子付妃養之。歲餘，后父于勁以后久無所誕，乃表勸廣嬪御。因令后歸李於愉，舊愛更甚。

愉好文章，頗著詩賦。時引才人宋世景、李神儁、祖瑩、邢晏、王遵業、張始均等，共申宴喜。招四方儒學賓客嚴懷眞等數十人，館而禮之。所得穀帛，率多散施。又崇信佛道，用度常至不接。與弟廣平王懷，頗相夸尚，競慕奢麗，貪縱不法。於是宣武攝愉禁中推案，〔三八〕杖愉五十，出爲冀州刺史。

始愉自以職求侍要，勢劣二弟，潛懷愧恨，頗見言色。又以幸妾屢被頓辱，內外離抑。及在州，謀逆。愉遂殺長史羊靈引及司馬李遵，稱得清河王密疏，云高肇謀爲殺害主上。遂爲壇於信都之南，柴燎告天，卽皇帝位。赦天下，號建平元年，立李氏爲皇后。宣武詔尚書李平討愉。愉出拒王師，頻敗，遂嬰城自守。愉知事窮，攜李及四子數十騎出門，諸軍追

之，見執以送。詔徵赴京師，申以家人之訓。愉每止宿亭傳，必攜李手，盡其私情。雖鎖縶之中，飲賞自若，略無愧懼之色。至野王，愉語人曰：「雖主上慈深，不忍殺我，吾亦何以面見至尊！」於是歔欷流涕，絕氣而死，年二十一。或云高肇令人殺之。斂以小棺，瘞。諸子至洛，皆赦之。後靈太后令愉之四子皆附屬籍，追封愉臨洮王。寶月乃改葬父母，追服三年。

清河王懌字宣仁。幼而敏慧，美姿貌，孝文愛之。彭城王勰甚器異之，並曰：「此兒風神外偉，黃中內潤，若天假之年，繼二南矣。」博涉經史，兼綜羣言，有文才，善談理，寬仁容裕，喜怒不形於色。太和二十一年封。〔三九〕

宣武初，拜侍中，轉尚書僕射。懌才長從政，明於斷決，剖判衆務，甚有聲名。司空高肇以帝舅寵任，既擅威權，謀去良宗，屢譖懌及愉等。愉不勝其忿怒，遂舉逆冀州。因愉之逆，又構殺勰。懌恐不免。肇又錄囚徒以立私惠。懌因侍宴，酒酣，乃謂肇曰：「天子兄弟，詎有幾人，而炎炎不息？昔王莽頭禿，亦藉渭陽之資，遂簒漢室。今君曲形見矣，恐復終成亂階。」又言於宣武曰：「臣聞唯器與名，不可以假人。是故季氏旅泰山，宣尼以爲深譏；仲叔軒懸，丘明以爲至誡。諒以天尊地卑，君臣道別，宜杜漸防萌，無相僭越。至於減膳錄囚，人君之事，今乃司徒行之，詎是人臣之義？且陛下修政教，解獄訟，則時雨可降，玉燭知和。何使明君失之於上，姦臣竊之於下？長亂之基，於此在矣。」宣武笑而不應。

孝明熙平初，遷太尉，侍中如故。詔懌裁門下之事，〔四〇〕又典經義注。時有沙門惠憐者，自云呪水飲人，能差諸病。病人就之者，日有千數。靈太后詔給衣食，事力優重，使於城西之南，治療百姓病。〔四一〕懌表諫曰：「臣聞律深惑衆之科，禮絕妖淫之禁，皆所以大明居正，防遏姦邪。昔在漢末，有張角者，亦以此術，熒惑當時。論其所行，與今不異。遂能誑誘生人，致黃巾之禍。天下塗炭數十年間，角之由也。昔新垣姦，不登於明堂；五利僥，終嬰於顯戮。〔此事可爲至鑒。」靈太后深納之。〕〔四二〕

靈太后以懌孝明懿叔，德先具瞻，委以朝政，事擬周、霍。懌竭力匡輔，以天下爲己任。領軍元叉，太后之妹夫也，恃寵驕盈。懌裁之以法，每抑黜之，爲叉所疾。叉黨人通直郎宋維等希叉旨，〔四三〕告懌謀反。禁懌門下，訊問左右及朝貴，貴人分明，得雪，乃釋焉。懌以忠而獲謗，乃鳩集昔忠烈之士，爲顯忠錄二十卷以見意焉。

正光元年七月，叉與劉騰逼孝明於顯陽殿，閉靈太后於後宮，囚懌於門下省。懌罪伏，遂害之，〔四四〕時年三十四。朝野貴賤，知與不知，含悲喪氣，驚振遠近。夷人在京及歸，聞懌之喪，爲之剺面者數百人。〔四五〕

廣平王懷。闕 自有魏諸王，召入華林別館，禁其出入。令四門博士董徵授以經傳。宣武崩，乃得歸。〔四六〕

汝南王悅，〔四七〕好讀佛經，覽書史，爲性不倫，俶儻難測。悅妃閭氏，卽東海公之女也，生一子，不見禮答。有崔延夏者，以左道與悅遊，合服仙藥松朮之屬，時輕與出採之，宿於城外小人之所。遂斷酒肉粟稻，唯食麥飯。又絕房中，而更好男色。輕忿妃妾，至加捶撻，同之婢使。悅之出也，妃住於別第，靈太后敕檢問之。引入，窮悅事故。妃病杖牀蓐，瘡尚未愈。太后因悅杖妃，乃下令禁斷。令諸親王及三蕃，其有正妃病患百日已上，皆遣奏聞。若有猶行捶撻，就削封位。

及清河王懌爲元叉所害，悅了無讎恨之意，乃以桑落酒候伺之，盡其私佞。叉大喜，以悅爲侍中、太尉。臨拜日，就懌子亶求懌服翫之物。不時稱旨，乃召亶杖之百下。亶居廬未葬，形氣羸弱，暴加威撻，殆至不濟。仍呼阿兒，親自循撫。

〔尋還太保。出爲徐州刺史。至州，〕[四八]悅乃爲大剉碓，置於州門，盜者便欲斬其手。時人懼其無常，能行異事，姦偷畏之而暫息。〔孝昌二年，復領太尉。〕[四九]

及尒朱榮舉兵向洛，悅遂奔梁。梁武厚相資待。莊帝崩，遂立爲魏主，號年更興。節閔初，遣兵送悅，置於境上，以覘侵逼。及齊神武既誅尒朱，以悅孝文子，宜承大業，乃令人示意。悅既至，清狂如故，動爲罪失，乃止。孝武初，除大司馬、開府。孝武以廣陵頗有德望，以悅屬尊地近，內懷畏忌，故前後害之。贈假黃鉞、太師、司州牧，大司馬、王如故。謚曰文宣。

子穎，與父俱奔梁，遂卒於江左。

皇子恌，年七歲，景明元年薨，就斂於華林東閒堂，葬于文昭皇后陵東。後以增廣文昭后墳塋，徙窆北崗。

論曰文成五王，安豐特標令望。延明學業該贍，加以雅談之美，及于永安，運迹寇戎，卒

致奔亡，亦其命也。

獻文諸子，俱漸太和之訓，而咸陽終於逆節，廣陵斃於桑中。人而無儀，各宜遄死。高陽器術缺然，終荷棟幹，至於橈敗，實尸其闕。[五〇]武宣孝以爲質，忠而樹行，及夫在安處危之操，送往事居之節，周旦匪他之旨，霍光異姓之誠，[五一]事實兼之。竟而功高震主，德隆動俗，閒言一入，卒不全生。嗚呼！周成、漢昭未易遇也。北海義昧鶺鴒，奢淫自喪，雖禍發青蠅，亦行貽伊戚。[五二]顥取若拾遺，亡不旋踵，豈守之無術，其天將覆之。

庶人險暴之性，自幼而長，終以廢黜，不得其終。斯乃朱、均之性，堯、舜不能訓也。京兆早有令問，晚致顚覆，習於所染，可不慎乎！清河器識才譽，以懿親作輔，時鍾屯詖，始遘牆茨之逼；運屬道消，晚扼兇權之手。悲哉！廣平早歲驕盈，汝南性致狂逸，揆其終始，俱不足論。而悅以天人所棄，卒嬰猜懼之毒，蓋地逼之尤也。

魏自西遷之後，權移周室。而周文天縱寬仁，性罕猜忌，元氏戚屬，並見保全，內外任使，布於列職。孝閔踐祚，無替前緒，明、武纘業，亦遵先志。雖天厭魏德，鼎命已遷，枝葉榮茂，足以愈於前代矣。

校勘記

〔一〕孝元皇后生獻文皇帝　按「孝」疑爲「李」之訛。本書卷一三文成元皇后李氏傳，后謚「元」，不謚「孝元」。魏書卷八三上李峻傳、卷八九李洪之傳都稱爲「元皇后」，不作「孝元皇后」。這裏疑當如明元六王傳之杜密皇后、獻文六王傳之李思皇后，作李元皇后。

〔二〕詮以李平高殖等四面攻燒　張森楷云：「高肇傳『殖』作『植』。」按高肇傳見本書卷八〇，傳言肇子植爲濟州刺史，率州軍討破元愉有功。又墓誌集釋有高植墓誌圖版二二七，植卽肇子。疑「殖」當作「植」。

〔三〕詔改其元氏　諸本「其」作「姓」。魏書卷二〇補元鑒傳作「其」。錢氏考異云：「按元爲國姓，鑒以謀反絕其屬籍，不當仍姓元氏。魏書云『改其元氏』，似爲得之。」按錢氏說是，今據改。

〔四〕出爲和龍鎭都大將營州刺史　諸本無「和龍」二字，魏書卷二〇安豐王猛傳有。按營州治和龍，見魏書卷一〇六地形志上。今據補。

〔五〕與中山王熙及弟臨淮王彧等並以才學令望有名於世　按本書卷十六元彧傳云：「少與從兄安豐王延明、中山王熙並以宗室博古文學齊名。」此「弟」上當有「從」字。

〔六〕又以河間人信都芳工算〔術引之在館共撰古今樂事九章十二〕圖　諸本脫括號內十五字，據魏書卷二〇元延明傳補。

〔七〕李思皇后生孝文皇帝　諸本脫「李」字，據魏書卷二一上獻文六王傳補。

〔八〕高椒房生北海平王詳　諸本無「平」字，魏書有。按諸王皆有謚號，不應詳獨無，今據補。

〔九〕咸陽王禧字思永　魏書卷二一上咸陽王禧傳作「字永壽」。按禧弟幹字思直，雍字思穆，此作「思永」，當是。但魏書廣陵王羽傳稱孝文謂羽曰：「朕初發洛陽，敎示永壽。」卽指元禧。或是其別字。

〔一〇〕又以濟陰王鬱枉法賜死之事遣告禧　諸本「陰」作「陽」，魏書作「陰」。按濟陰王鬱見本書卷一七濟陰王小新成傳。今據改。

〔一一〕自餘五王皆食邑二千　諸本「食邑」誤倒，據魏書乙。

〔一二〕直寢符承祖薛魏孫與禧將害帝　李慈銘云：「『與禧』下當有『通謀』等字。」

〔一三〕一字君立　諸本作「一家獨立」。御覽卷三七九一七五二頁引北史作「一字君立」。按梁書卷三九元樹傳作「字君立」。魏書本無此四字，北史據梁書增，故加「一」字。今據改。

〔一四〕樹恃誓不爲戰備與杜德別還南德不許送洛陽置在景明寺　李慈銘云：「按魏書，樹恃誓約，不爲戰備，杜德襲擊之，擒樹送京師。又樊子鵠傳魏書卷八〇云：子鵠許樹，共結盟約，及樹衆半出，子鵠中擊破之，擒樹。此處『不爲戰備』下當有脫文。『還南』上亦有脫。又『置在景明寺』，魏書作『禁於永寧佛寺』。」

〔一五〕位大將軍　魏書卷二一上趙郡王幹傳作「加衞大將軍」。疑此脫「衞」字。

〔一六〕土人散走　諸本「土」訛「士」，據魏書卷二一上、通志卷八四下改。「土人」指謐所召近州人夫，對「城人」而言。

〔一七〕且河陰之役君應之　通志「君應之」作「君忘之乎」。按此是尒朱榮恐嚇元謐語，疑當如通志。

〔一八〕卿恭勤在集書殊無憂存左史之事　李慈銘云：「魏書無『恭勤』二字，此當衍。」按孝文責其不憂職事，安得尙稱「恭勤」，李說是。

〔一九〕中舍人李平　諸本「中」下有「書」字，魏書無。按魏書卷六五李平傳，平於太和中官太子中舍人，未嘗爲中書舍人。「書」字衍，今據删。

〔二〇〕二年從文宣討契丹還至白狼河以罪賜死　按北齊書卷四文宣紀天保二年無「討契丹」事，天保四年九月「北討契丹」，「至白狼城」。疑此「二年」爲「四年」之誤。

〔二一〕遂行而賦詩　諸本「行」作「往」，魏書卷二一下彭城王勰傳作「行」。按下文孝文自言：「吾作詩雖不七步，亦不言遠。」卽用曹植步行賦詩故事。又元勰作詩亦是「且行且作」，知其兄弟以此相誇。作「行」是，今據改。

〔二二〕每請解韜纓　諸本無「解」字，魏書有。按：下云「恬眞丘壑」，卽退隱之意，「解」字不可少，今據補。

〔二三〕彥和握蛇騎武　魏書「武」作「虎」，北史避唐諱改。

〔二四〕勰內雖悲慟外示吉容　諸本「吉」訛作「舍」，據魏書、通志改。

〔二五〕構成其事　諸本脫「其」字，據魏書、通志補。

〔二六〕遂以五月誅元世哲景式等二十五家　諸本「式」作「武」。按北齊書卷四文宣紀天保十年五月稱「誅始平公元世、東平公元景式等二十五家。」元景式見魏書卷一九下元略傳。「武」乃「式」之訛，今據改。

〔二七〕爲中大將軍錄尙書事　魏書卷二一上北海王詳傳，「爲中」二字作「遷侍中」。按「中大將軍」無此官名。本書卷四魏宣武紀景明二年正月稱：「司空北海王詳爲大將軍、錄尙書事。」此「中」字如非衍文，則「爲」下當脫「侍」字。

〔二八〕宿勤明達　諸本「達」訛「遠」，據魏書卷二一上元顥傳改。宿勤明達見本書卷四八尒朱天光傳、卷四九賀拔岳等傳。

〔二九〕廣平武穆王懷　諸本「武」作「文」。按本書卷五魏孝武紀、魏書卷一一出帝紀都說孝武之父爲廣平武穆王懷。趙明誠金石錄卷二一後魏范陽王卽元懷子誨碑跋云：「據碑云懷謚武穆，而傳作文穆者，誤也。」趙說是。近出元懷、元悌、元誨墓誌都見墓誌集釋並作「武穆」。作「文」誤，今據改。

〔三〇〕汝南文宣王悅　諸本無「文宣」二字，宋本及魏書卷二二補、通志有。按諸王皆書謚，此脫文，今據補。

〔三一〕其進止儀禮　諸本「禮」訛作「體」，據魏書卷二二廢太子恂傳及通志改。

〔三二〕山陵北海　通志作「山陵在彼」。疑當作「山陵在北」。

〔三三〕今日親見吾也　通志「今」作「如」。按作「今」不可通，疑當作「如」。

〔三四〕領軍元徽勒門防遏　魏書「徽」作「儼」。按本書卷二三、魏書卷三一于烈傳記孝文語云：「元儼決斷威恩，深自不惡。」似卽指此事。疑作「儼」是。

〔三五〕稱恂前被攝左右之日　諸本「前」下衍「後」字，據魏書删。

〔三六〕暴病數日死　諸本「暴」訛「累」，據魏書改。

〔三七〕以彭城王中軍府長史盧陽烏兼長史　諸本「軍」作「宣」，魏書卷二二京兆王愉傳作「軍」。按元勰爲中軍大將軍，見本傳。又魏書卷四七盧淵卽陽烏傳云：「高祖南討，又兼彭城王中軍府長史。尋爲徐州京兆王愉兼長史。」作「宣」誤，今據改。

〔三八〕於是宣武攝愉禁中推案　諸本「宣武」訛「孝武」，魏書作「世宗」，通志作「宣武」。今據通志改。下同。

〔三九〕太和二十一年封　諸本缺「二十一」三字，據魏書卷二二清河王懌傳補。事見本書卷三魏孝文紀太和二十一年八月。

〔四〇〕詔懌裁門下之事　諸本「詔懌」誤倒，據魏書乙。

〔四一〕靈太后詔給衣食事力優重使於城西之南治療百姓病　諸本脫「優」字，據魏書補。「事力」是當時給予官吏的一種變相俸祿，「事力優重」猶言薪給豐厚。又通志無「之」字，此當是衍文。又北史例避「治」字，這裏當是後人回改。

〔四二〕〔此事可爲至鑒靈太后深納之〕　諸本脫括號內十二字，文意不完，據通志補。

〔四三〕叉黨人通直郎宋維等希叉旨　諸本及魏書「宋維等」作「宗準愛」，通志作「宋準等」。按本書卷一六、魏書卷一六元叉傳云：「叉遂令通直郎宋維告司染都尉韓文殊欲謀逆立懌。」宋維傳附見本書卷二六宋隱傳、魏書卷六三宋弁傳。今據改。

〔四四〕懌罪伏遂害之　李慈銘云：「魏書作『誣懌罪狀』，此脫『誣』字，又誤『狀』作『伏』。」

〔四五〕爲之𠢐面者數百人　諸本「𠢐」訛作「㔗」，據通志改。𠢐面是突厥喪俗，見本書卷九九突厥傳。李慈銘云：「懌此傳文亦不完。」按懌傳脫去後半。

〔四六〕宣武崩乃得歸　諸本「宣武」作「孝武」。按本書卷八一董徵傳云：「後宣武詔徵入琁華宮，令孫惠蔚問以六經，仍詔徵教授京兆、清河、廣平、汝南四王。」「孝武」乃「宣武」之訛，今據改。又按懷傳全闕，此上數十字，非專指元懷，疑是後人所補。

〔四七〕汝南王悅　按悅傳脫去前半，此四字後人所補。

〔四八〕〔尋遷太保出爲徐州刺史至州〕 諸本無括號內十二字，註「缺」，據通志補。本書卷四魏孝明紀、魏書卷九肅宗紀正光四年十二月，「以太尉汝南王悅爲太保、徐州刺史」，可證。

〔四九〕〔孝昌二年復領太尉〕 諸本無括號內八字，據通志補。事見本書卷四、魏書卷九孝昌二年正月。

〔五〇〕實尸其闕 按魏書卷二一上史臣論云：「孝昌之叛，蓋不足以責之。」闕文當是「責」字。

〔五一〕霍光異姓之誠 百衲、南、北、汲四本「誠」作「誠」。殿本及魏書作「誠」。按下云「事實兼之」，是說元勰兼有周公、霍光的忠誠，對霍光並無貶意，作「誠」是，今從殿本。

〔五二〕雖禍發青蠅亦行貽伊戚 南、北、汲、殿四本及魏書「行」作「自」，百衲本作「行」。張元濟云：「『自貽伊戚』雖屬成語，但此處對『禍』字言，『行』字較勝。」按上文見「奢淫自喪」，作「自」重複，作「行」是，今從百衲本。

北史卷二十

列傳第八

衞操 莫含 劉庫仁 弟子羅辰 羅辰玄孫仁之 尉古眞 從玄孫瑾

穆崇 奚斤 叔孫建 安同 庾業延 王建 羅結

樓伏連 曾孫寶 閭大肥 奚牧 和跋 莫題

賀狄干 李栗 奚眷

衞操字德元，代人也。少通俠，有才略。晉征北將軍衞瓘以操爲牙門將。當魏神元時，頗自結附。及神元崩後，與從子雄及其宗室鄉親姬澹等來歸，說桓、穆二帝招納晉人。桓帝以爲輔相，任以國事。及劉、石之亂，桓帝匡助晉氏。操稍遷至右將軍，封定襄侯。桓帝崩後，操立碑於大邗城南，以頌功德，云「魏，軒轅之苗裔」。言桓、穆二帝「統國御衆，威禁大行，國無姦盜，路有頌聲。威武所向，下無交兵。招喻六狄，咸來歸誠。奉承晉

皇，扞禦邊疆。王室多難，天網弛綱。豪心遠濟，靡離其殃。歲藹逆命，姦盜豺狼。永安元年，歲次甲子。姦黨猶逆，東西狠跱。敢逼天王，兵甲屢起。怙衆肆暴，虐用將士。鄴、洛構隙，棄親求疏。乃招異類，屠各、匈奴。交刃千里，長蛇塞塗。晉道應天，言展良謨。使持節、平北將軍、幷州刺史、護匈奴中郎將、東嬴公司馬騰，才神絕世，規略超遠。欲求外救，朝臣莫應。簡賢選士，命茲良使。遣參軍壺倫、牙門中行嘉、義陽亭侯衞謨、協義亭侯衞雚等，馳奉檄書，至晉陽城」。

又稱桓、穆二帝，「心存宸極。輔相二衞，對揚毗翼。操展文謀，雄奮武烈。承命會議，諮論奮發。翼衞內外，鎭靜四方。志在竭力，奉戴天王。忠恕用暉，外動亦攘。功濟方州，勳烈光延。升平之日，納貢充藩。馮瞻鑾蓋，步趾三川。有德無祿，大命不延。年三十九，以永興三年六月二十四日寢疾薨殂。背棄華殿，雲中名都。國失惠主，哀感欷歔。〔一〕悲痛煩寃，載號載呼。〔二〕遠近親軌，奔赴梓廬。仰訴造化，痛延悲夫！」時晉光熙元年也。皇興初，雍州別駕雁門段榮於大邗掘得此碑，文雖非麗，事宜載焉，故略附於傳。

操以穆帝三年卒。

始操所與宗室鄉親入國者，衞勲安樂亭侯，衞崇、衞清並都亭侯，衞沈、段繁並信義將

軍、都鄉侯，王發建武將軍、都亭侯，范班折衝將軍、廣武亭侯，賈慶建武將軍、上洛亭侯，賈循都亭侯，李壹關中侯，郭乳關內侯，皆爲桓帝所表授也。六脩之難，存者多隨劉琨任子遵南奔。

衞雄、姬澹、莫含等名皆見碑。雄字世遠，澹字世雅，並勇健多計，桓帝並以爲將，常隨征伐。雄稍遷至左將軍、雲中侯。澹亦以勇績著名，桓帝末，至信義將軍、樓煩侯。穆帝初，並見委任，衞操卒後，俱爲左右輔相。六脩之逆，國內大亂，雄、澹並爲羣情所附，乃與劉遵率烏丸、晉人數萬而叛。劉琨聞之，大悅，如平城撫納之，欲因以滅石勒。後爲勒將孔長所滅。

莫含，雁門繁時人也。劉琨爲幷州，辟含從事。含居近塞下，常交通國中。穆帝愛其才器。及爲代王，備置官屬，求含於琨，琨喻遣之。乃入參國官，常參軍國大謀。卒於左將軍、關中侯。其故宅在桑乾川南，世稱莫含壁，含音訛，或謂之莫回城云。

子顯，昭成世爲左常侍。

顯子題，道武初，爲大將，以功賜爵東宛侯。常與李栗侍宴，栗坐不敬獲罪，題亦被黜

爲濟陽太守。後道武欲廣宮室，規度平城四方數十里，將模鄴、洛、長安之制，運材數百萬根。以題機巧，徵令監之。召入，與論興造之制，題久侍頗怠，賜死。

題弟雲，好學善射。道武時，常典選曹，賜爵安德侯。遷執金吾，參軍國謀議。太武克赫連昌，詔雲與常山王素留鎮統萬，進爵安定公。雲撫慰新舊，皆得其所。卒，謚敬公。

劉庫仁字沒根，獨孤部人，劉武之宗也。少豪俠，有智略。母平文皇帝之女。昭成皇帝復以宗女妻之，爲南部大人。建國三十九年，昭成暴崩，道武未立，苻堅以庫仁爲陵江將軍、關內侯，令與衞辰分國衆統之。河西屬衞辰，河東屬庫仁。於是獻明皇后攜道武及衞、秦二王自賀蘭部來居焉。庫仁盡忠奉事，不以興廢易節。苻堅處衞辰在庫仁下，衞辰怒，叛，攻庫仁。庫仁伐衞辰，破之。苻堅賜庫仁妻公孫氏，厚其資送。

慕容垂圍苻丕於鄴，又遣將平規攻堅幽州刺史王永于薊。庫仁遣妻兄公孫希助永擊規，大破之。庫仁復將大舉以救丕，發雁門、上谷、代郡兵，次於繁時。先是，慕容文等當徙長安，遁依庫仁部，常思東歸。是役也，文等夜率三郡人，攻殺庫仁，乘其駿馬，奔慕容垂。公孫希聞亂走丁零。

庫仁弟眷，繼攝國事。眷第三子羅辰，機警有智謀，謂眷曰：「從兄顯，忍人也，願早圖之。」眷不以爲意。後庫仁子顯果殺眷而代立。

顯既殺眷，又謀逆。及道武即位，討顯于馬邑，追至彌澤，大破之。後奔慕容驎，驎徙之中山。〔三〕

羅辰即宣穆皇后兄也。顯既殺眷，羅辰遂奔道武。顯恃強，每謀逆，羅辰輒先聞奏。拜南部大人。從平中原，以功賜爵永安公。以軍功除征東將軍、定州刺史。卒，謚曰敬。

子殊暉襲爵，位幷州刺史，卒。

子求引，位武衞將軍。卒，謚曰貞。

子爾頭，位魏昌、癭陶二縣令，贈鉅鹿太守。

子仁之，字山靜，少有操尙，粗涉書史。歷位衞將軍、西兗州刺史，在州有當時之譽。武定二年卒，贈衞大將軍、吏部尚書、青州刺史，謚曰敬。

仁之外示長者，內多矯詐。其對賓客，破牀弊席，粗飯冷菜，衣服故惡，乃過逼下。善候當塗，能爲詭激。每於稠人廣衆中，或撾一姦吏，或縱一孤貧，大言自眩，淺識皆稱其美。公能之譽，動過其實。性又酷虐，在晉陽曾營城雉，仁之統監作役，以小稽緩，遂杖前殷州

刺史裴瑗、幷州刺史王綽。齊神武大加譴責。性好文字，吏書失體，便加鞭撻，言韻微訛，亦見捶楚，吏人以此苦之。而愛好文史，敬重人流。與齊帥馮元興交款，〔四〕元興死後積年，仁之營視其家，常出隆厚，時人以此尙之。

仁之伯乞歸，眞君中，除中散大夫。性寬和，與物無競，未嘗言人善惡。曾遇患晝寢，有奴偸竊，乞歸詐睡不見，亦不泄之。此奴走入蠕蠕，方笑言之，亦無嗔色。獻文末，除主客尙書。孝文初，位東雍州刺史，賜爵永安侯。卒。

子嵩，字阿龍，好周人之急。與王仲興自平城被追赴洛，家貧不能自達，〔五〕嵩事事資遺。宣武時，仲興寵幸，乃奏除給事。請疏黃河，以通船漕，授龍門都將。歷年功不就，坐流。元曄僭立，授大鴻臚卿。子桃湯，位終奉朝請。

尉古眞，代人也。道武之在賀蘭部，賀染干遣侯引乙突等將肆逆，古眞知之，密以馳告。染干疑古眞泄其謀，乃執拷之，以兩車軸押其頭，傷其一目。不服，乃免之。後從平中原，以功賜爵東州侯。明元初，爲鴻飛將軍，鎮大洛。卒於定州刺史。子億萬襲。

古眞弟諾，以忠謹著稱。從道武圍中山，先登，傷一目。道武歎曰：「諸兄弟並毀目以建

功效，誠可嘉也！」賜安樂子。從平姚平，還，拜國部大人。太武時，改邑遼西公。卒，第八子歡襲。

諸長子眷，忠謹有父風。明元時，執事左右，爲太官令。時侍臣受斤亡入蠕蠕，詔眷追之。遂至虜庭，禽之大檀前。由是以驍烈聞。太武即位，命眷與散騎侍郎劉庫仁等八人分典四部，綰奏機要，加陳兵將軍。文成時，拜侍中、太尉，封漁陽王，與太宰常英等錄尚書事。文成北巡狩，以寒雪方降，議還。眷曰：「今去都不遠而旋，虜必疑我有內難。方寒雪，宜更進前。」帝遂度漠而還。帝以眷元老，賜杖履上殿。薨，謚曰莊。子多侯襲爵。

多侯少有武幹。獻文時，假節、領護羌戎校尉、敦煌鎮將。至，求輕騎五千，西入于闐，兼平諸國，因敵取資，平定爲效。弗許。孝文初，又求北取伊吾，斷蠕蠕通西域路。帝善其計，以東作方興，難之。爲妻元所害。

多侯弟子慶賓，善騎射，有將略，稍遷太中大夫。明帝時，朝議送蠕蠕主阿那瓌還國，慶賓上表固爭，不從。後蠕蠕遂執行臺元孚。慶賓後拜肆州刺史。時尒朱榮兵威漸盛，曾經肆州，慶賓惡之，據城不納。榮襲之，拘還秀容，呼爲假父。後以母憂還都。〔六〕尋起爲光祿大夫、都督，鎮汝陰。還朝，卒，贈司空。子瑾。

瑾少而敏悟，好學慕善。以國姓門資，稍遷直後。司馬子如執政，瑾娶其甥皮氏爲妻，由此除中書舍人。後除吏部郎中。齊文襄崩，文宣命瑾在鄴北宮，共高德正典機密。天保中，累遷七兵尚書侍郎。孝昭輔政，除吏部尚書。武成踐祚，趙彥深本子如賓僚，元文遙、和士開並帝鄉故舊，共相薦達，任遇彌重。又吏部銓衡所歸，事多祕密，由是朝之機事，頗亦預聞。後爲尚書右僕射，卒。武成方在三臺饗宴，文遙奏聞，遂命撤樂罷飲。

瑾外雖通顯，內闕風訓，閨門穢雜，爲世所鄙。有女在室，忽從奔誘，瑾遂以適婦姪皮逸人。瑾又通寡嫂元氏。瑾嘗譏吏部郎中頓丘李構云：「郎不稽古。」構對令史云：「我實不稽古，未知通嫂得作稽古不？」瑾聞大慚。然亦能折節下士，意在引接名流，但不之別也。有賈彥始者，儀望雖是儒生，稱堪充聘陳使。司徒戶曹祖崇儒，文辯俱不足，言將爲當世莫及。好學吳人搖脣振足，爲人所哂。見人好笑，時論比之寒蟬。又少威儀，子德載，以蒲鞭責之，便自投井，瑾自臨井上，呼云：「兒出！」聞者皆笑。及位任重，便大躁急，省內郎中將論事者，逆即瞋罵。既居大選，彌自驕狠。皮子賤恃其親通，多所談薦，大有受納。瑾死後，其弟靜忿而發之。子賤坐決鞭二百，配北營州。

初，瑾爲聘梁使，梁人陳昭善相，謂瑾曰：「二十年後當爲宰相。」瑾出，私謂人曰：「此公宰相後，不過三年，當死。」昭後爲陳使主，兼散騎常侍，至齊。瑾時兼右僕射，鳴騶鐃吹。昭

復謂人曰：「二年當死。」果如言焉。德載位通直散騎侍郎。

眷弟地干，機悟有才藝，馳馬立射五的，時人莫能及。太武時，位庫部尚書，加散騎常侍，領侍輦郎。奉上忠謹，尤善嘲笑。太武見其效人舉措，忻悅不能自勝。甚見親愛，參軍國大謀。時征平原，試衝車以攻冢。〔七〕地干爲索所罥，折脅而卒。帝親往哭慟，贈中領軍、燕郡公，謚曰惠。

子長壽，位右曹殿中尚書，賜爵會稽公，卒於涇州刺史。

古眞族玄孫聿，字成興，性耿介。明帝時，爲武衞將軍。時領軍元叉執權，百僚莫不加敬，聿獨長揖不拜。尋出爲涼州刺史。涼州緋色，天下之最，叉送白綾二千匹令染，聿拒不受。叉諷御史劾之，驛徵至京。覆，無狀。還任，卒。

穆崇，代人也，其先代效節於神元、桓、穆之時。崇少以盜竊爲事。道武之居獨孤部，崇往來奉給，時人無及者。後劉顯之逆，平文皇帝外孫梁眷知之，密遣崇告道武。眷謂崇曰：

「顯若知之，雖刀劍刳割勿泄也。」因以寵妻及所乘良馬付崇曰：「事覺，吾當以此自明。」崇來告難，道武馳如賀蘭部。顯果疑眷泄，將囚之。崇乃唱言：「梁眷不顧恩義，將顯爲逆。今我掠得其妻、馬，足以雪忿。」顯聞信之。窟咄之難，崇外甥于植等與崇謀執道武以應之。崇夜告道武，道武誅植等，北踰陰山，復幸賀蘭部。

道武爲魏王，崇從平中原，位侍中、豫州刺史、太尉、宜都公。天賜三年，薨。先是，衞王儀謀逆，崇預焉。道武惜其功，祕之。及有司奏謚，帝親覽謚法，述義不克曰丁，曰：「此當矣。」乃謚丁公。

初，道武避窟咄難，遣崇還察人心。崇留馬與從者，微服入其營。會有火光，爲舂妾所識，賊皆驚起。崇求從者不得，因匿阬中，徐乃竊馬奔走。宿於大澤，有白狼向崇號，崇覺悟，馳隨狼奔，遂免難。道武異之，命崇立祀，子孫世奉焉。太和中，追錄功臣，以崇配饗。

崇長子遂留，以功賜爵零陵侯。後以罪廢。

子乙，以功賜爵富城公。卒於侍中，謚曰靜。

子眞，尚長城公主，拜駙馬都尉。後敕離婚，納文明太后姊。位南部尚書、侍中。卒，謚曰宣。孝文追思崇勳，令著作郎韓顯宗與眞撰定碑文，建於白登山。

眞子泰，本名石洛，孝文賜名焉。以功臣子孫，尚章武長公主，拜駙馬都尉，典羽獵四曹事。後爲尚書右僕射，出爲定州刺史。初，文明太后幽孝文於別室，〔八〕將謀黜廢，泰切諫乃止。孝文德之，故寵待隆至。自陳久病，乞爲恒州，許之。

泰不願遷都，潛圖叛，乃與定州刺史陸叡及安樂侯元隆等，謀推朔州刺史陽平王頤爲主。頤密表其事，帝乃遣任城王澄發并、肆兵討之。澄先遣書侍御史李煥單騎入代，出其不意，泰等驚駭，計無所出。煥曉喻逆徒，示以禍福，於是凶黨離心，莫爲之用。泰自度必敗，乃率麾下攻煥郭門，不克。走出，爲人禽送。孝文幸代，泰等伏誅。

子士儒，字叔賢，徙涼州。後得還，爲太尉參軍事。

子子容，少好學，無所不覽。求天下書，逢卽寫錄，所得萬餘卷。魏末，爲兼通直散騎常侍聘梁。齊受禪，卒於司農卿。

逐留弟觀，字闥拔，襲崇爵。少以文藝知名。明元中，位爲左衞將軍，〔九〕綰門下、中書，出納詔命，及訪舊事，未嘗有遺漏。尙宜陽公主，拜駙馬都尉，位太尉。

太武監國，觀爲右弼，出則統攝朝政，入則應對左右，事無巨細，皆關決焉。終日怡怡，無慍色，勞謙善誘，不以富貴驕人。泰常八年，暴疾薨，年三十五。明元親臨其喪，悲慟左

右，賜以通身隱起金飾棺，喪禮一依安城王叔孫俊故事，贈宜都王，謚曰文成。太武卽位，每與羣臣談宴，未嘗不歎息殷勤，以爲自道武以來，〔一〇〕佐命勳臣文武兼濟無及之者。

子壽襲爵，尙樂陵公主，拜駙馬都尉。明敏有父風。太武愛重之，擢爲下大夫。敷奏機辯，有聲內外。遷侍中、中書監，領南部尙書，進爵宜都王，加征東大將軍。壽辭曰：「臣祖崇，先皇之世，屢逢艱危。幸天贊梁眷，誠心先告，故得效功前朝，流福於後。昔陳平受賞，歸功無知。今眷元勳未錄，臣獨奕世受榮，豈惟仰愧古賢，抑亦有虧國典。」太武嘉之，乃求眷孫，賜爵郡公。

輿駕征涼州，命壽輔景穆，總錄機要，內外聽焉。次雲中，將濟河，帝別御靜室，召壽及司徒崔浩、尙書李順，謂壽曰：「蠕蠕吳提與牧犍連和，今聞朕征涼州，必來犯塞。若伏兵漠南，殄之爲易。牧田訖，〔一一〕可分伏要害，以待虜至，引使深入，然後擊之。若違朕指授，爲虜侵害，朕還斬卿。崔浩、李順爲證，非虛言也。」壽信卜筮言，謂賊不來，竟不設備。吳提果至，京邑大駭。壽不知所爲，欲築西郭門，請景穆避保南山，惠保太后不聽，乃止。遣司空長孫道生等擊之。太武還，以無大損傷，故不追咎。

景穆監國，壽與崔浩等輔政。人皆敬浩，壽獨陵之。又自恃位任，以人莫己及。謂其子師曰：「但令吾兒及我，亦足勝人，不須苦教之。」遇諸父兄弟有如僕隸，夫妻並坐共食，而令諸父餕餘。爲時人鄙笑。薨，贈太尉，謚曰文宣。

子平國襲爵，尙城陽長公主，拜駙馬都尉、侍中、中書監，爲太子四輔。卒。

子伏干襲，尙濟北公主，拜駙馬都尉。卒，謚曰康。無子。

伏干弟羆襲爵，尙新平長公主，拜駙馬都尉、武牢鎭將。頻以不法致罪，孝文以其勳德之舊，讓而赦之。轉吐京鎭將，深自克勵。後改吐京鎭爲汾州，仍以羆爲刺史。前吐京太守劉升，在郡甚有威惠，限滿還都，胡人八百餘人詣羆請之。前定陽令吳平仁亦有恩信，戶增數倍。羆以吏人懷之，並爲表請，孝文皆從焉。羆旣頻薦升等，所部守令，咸自砥礪，威化大行。州人李軌、郭及祖七百餘人詣闕稱羆恩德。孝文以羆政和人悅，增秩延限。

後徵爲光祿勳，隨例降王爲魏郡公。累遷侍中、中書監。穆泰之反，羆與潛通，赦後事發，削封爲編戶。卒于家。宣武時，追贈鎭北將軍、恒州刺史。

羆弟亮，字幼輔，早有風度。獻文時，起家侍御中散。尙中山長公主，拜駙馬都尉，封趙郡王。加侍中，徙封長樂王。

孝文時，除征南大將軍、領護西戎校尉、仇池鎭將。宕昌王梁彌機死，子彌博立，爲吐谷渾所逼，來奔仇池。亮以彌博兇悖，氐羌所棄，彌機兄子彌承，戎人歸樂，表請納之。孝文從焉。於是擊走吐谷渾，立彌承而還。氐豪楊卜自延興以來，從軍二十一戰，前來鎭將，抑而不聞。亮表卜爲廣業太守，豪右咸悅，境內大安。

徵爲侍中、尙書左僕射。于時復置司州，孝文曰：「司州始立，未有僚吏，須立中正，以定選舉。然中正之任，必須德望兼資。世祖時，崔浩爲冀州中正，長孫嵩爲司州中正，可謂得人。公卿等宜審推舉。」尙書陸叡舉亮爲司州大中正。後拜司空，參議律令。例降爵爲公。

時文明太后崩，已過期月，孝文毀瘠猶甚。亮表請上承金册遺訓，下稱億兆之心，時襲輕服，數御常膳，修崇郊祠，垂惠咸秩。詔曰：「苟孝悌之至，無所不通。今飄風亢旱，時雨不降，實由誠慕未濃，幽顯無感也。」尋領太子太傅。時將建太極殿，帝引見羣臣於太華殿，曰：「將營殿宇，今欲徙居永樂，以避囂埃。土木雖復無心，毀之能不悽愴！今故臨對卿等，與之取別。此殿乃高宗所制，爰歷顯祖，逮朕沖年，受位於此。但事來奪情，將有改制。仰惟疇昔，唯深悲感。」亮稽首請稽之卜筮。又以去歲役作，爲功甚多，太廟、明堂，一年便就。若仍歲頻興，恐人力彫弊。且材幹新伐，願待餘年。帝曰：「朕遠覽前王，無不興造。故有周創業，經建靈臺；洪漢受命，未央是作。草創之初，猶尙若此；況朕承累聖之運，屬太平之

基？欲及此時，以就大功。人生定分，修短命也，蓍蔡雖智，其如命何！當委之大分，〔一二〕豈假卜筮。」移御永樂宮。

後帝臨朝堂，謂亮曰：〔一三〕「三代之禮，日出視朝。自漢、魏以降，禮儀漸殺。晉令有朔望集公卿於朝堂而論政事，亦無天子親臨之文。今因卿等日中之集，中前，卿等自論政事；中後，與卿等共議可否。」遂命讀奏案，帝親決之。

及還都，加武衞大將軍，以本官董攝中軍事。帝南伐，以亮錄尚書事，留鎮洛陽。後帝自小平津汎舟幸石濟。亮諫曰：「漢帝欲乘舟渡渭，廣德將以首血汙車輪，帝乃感而就橋。渭之小水，猶尚若斯，況洪河有不測之慮。」帝曰：「司空言是也。」及羆預穆泰反事覺，亮上表自劾，帝優詔還令攝事。亮固請，久乃許之。後徙封頓丘郡公，以紹崇爵。

宣武即位，拜尚書令、司空公。薨，宣武親臨小斂，贈太尉，謚曰匡。

子紹，字永業，尚琅邪長公主，拜駙馬都尉。歷位祕書監、侍中、衞將軍、太常卿、中書令、七兵殿中二尚書。遭所生憂，免，居喪以孝聞。又歷衞大將軍、中書監、侍中，領本邑中正。

紹無他才能，而資性方重，罕接賓客，稀造人門。領軍元叉當權熏灼，曾往紹宅，紹迎

送下階而已。時人歎尚之。及靈太后欲黜叉，猶豫未決，紹讚成之。以功加特進、侍中。元順與紹同直，嘗因醉入寢所。紹擁被而起，正色讓順曰：「老身二十年侍中，與卿先君亟連職事，縱卿後進，何宜相排突也！」遂謝事還家，詔喻乃起。除侍中，託疾未起，故免河陰之害。

莊帝立，尒朱榮徵之。紹以爲必死，哭辭家廟。及見榮，捧手不拜。榮亦矯意禮之，顧謂人曰：「穆紹不虛作大家兒。」車駕入宮，尋授尚書令、司空，進爵爲王，給班劍四十人，仍加侍中。時河南尹李奬往詣紹。奬以紹郡人，謂必致敬。紹又恃封邑是奬國主，匡坐待之，不爲動膝。奬憚其位望，致拜而還。議者兩譏焉。未幾，降王，復本爵。普泰元年，除驃騎大將軍、開府、青州刺史，加都督。未行而薨，贈大將軍、尚書令、太保，謚曰文獻。

子長嵩，字子岳，襲爵，位光祿少卿。

平國弟正國，尚長樂公主，拜駙馬都尉。

正國子平城，早卒。孝文時，始平公主薨於宮，追贈平城駙馬都尉，與公主冥婚。

壽弟多侯，封長寧子，位司衞監。文成崩，乙渾專權，召司徒陸麗。麗時在溫湯療疾，多侯謂曰：「渾有無君心。大王，衆所望也，去必危。宜徐歸而圖之。」麗不從，遂爲渾害。多侯亦見殺。

觀弟翰，平原鎮將、西海王。薨。

子龍兒襲爵，降爲公。卒。

子琬，有風格，善自位置，涉獵經史，與長孫承業、陸希道等齊名。然而矜己陵物，頗以此損焉。孝文定氏族，欲以琬爲國子助教，琬辭以爲屈。帝曰：「朕欲敦勵胄子，屈卿先之。白玉投泥，豈能相汙！」琬曰：「既遇明時，恥沈泥滓。」會司州牧咸陽王禧入。帝曰：「朕與卿作州都，舉一主簿。」〔一四〕即命琬謁之。因爲帝所知。宣武初，爲廣平王懷國郎中令，數有匡諫之益。除中書舍人，卒於華州刺史，謚曰懿。

翰弟顗，有才力。以侍御郎從太武征赫連昌，勇冠一時，賜爵泥陽子，拜司衞監。從太武田崞山，有虎突出，顗搏而獲之。帝歎曰：「詩云『有力如虎』。顗乃過之！」後從征白龍，討蠕蠕，以功進爵建安公。後拜殿中尚書，出鎮涼州。還，加散騎常侍，領太倉尚書。文成時，爲征西大將軍，督諸軍西征吐谷渾。坐擊賊不進，免官爵，徙邊。文成以顗著勳前朝，徵爲內都大官。卒，贈征西大將軍、建安王，謚曰康。子寄生襲。

崇宗人醜善，道武初，率部歸附，與崇同心勠力，捍禦左右。拜天部大人，居東蕃。

子莫提，從平中原，位相州刺史、假陵陽侯。其子孫位亦通顯。

奚斤，代人也，世典馬牧。父箪，有寵於昭成皇帝。時國有良馬曰騧騮，一夜忽逸。後知南部大人劉庫仁所盜，養於窟室。箪聞而馳往取馬，庫仁以國甥恃寵，慚而逆擊箪，箪捽其髮落，傷其一乳。及苻堅使庫仁與衞辰分領國部，箪懼，遂奔衞辰。及道武滅衞辰，箪晚乃得歸，故名位後於舊臣。

斤機辯有識度。登國初，與長孫肥等俱統禁兵。後以爲侍郎，親近左右。從征慕容寶於參合。皇始初，拜越騎校尉，典宿衞禁旅。車駕還京師，博陵、勃海、章武諸郡羣盜並起，斤與略陽公元遵等討平之。從征，破高車諸部。又破庫狄、宥連部，徙其別部諸落於塞南。又進擊侯莫陳部，至大峨谷，置戍而還。遷都水使者，出爲晉兵將軍、幽州刺史，賜爵山陽侯。

明元即位，爲鄭兵將軍。詔以斤世忠孝，贈其父箪長寧子。明元幸雲中，斤留守京師。昌黎王慕容伯兒謀反，斤召入天安殿東廡下，誅之。詔與南平公長孫嵩等俱坐朝堂，錄決

囚徒。明元大閱于東郊，講武，以斤行左丞相，大蒐於石會山。車駕西巡，詔斤先驅，討越勒部於鹿那山，〔一五〕大破之。又詔斤與長孫嵩等八人坐止車門右，〔一六〕聽理萬機。拜天部大人，進爵爲公。命斤出入乘軺軒，備威儀導從。

太武之爲皇太子，臨朝聽政，以斤爲左輔。宋廢主義符立，其國內離阻。乃遣斤收河南地，假斤節，都督前鋒諸軍事、司空、晉兵大將軍、行揚州刺史，率吳兵將軍公孫表等南征。用表計攻滑臺，不拔，求濟師。帝怒其不先略地，切責之。乃親南巡，次中山。斤自滑臺趣洛陽，長驅至武牢，遂平兗、豫諸郡。還圍武牢。及武牢潰，斤置守宰以撫之。自魏初大將行兵，唯長孫嵩拒宋武，斤征河南，獨給漏刻及十二牙旗。

太武即位，進爵宜城王，仍爲司空。太武征赫連昌，遣斤率義兵將軍封禮等襲蒲坂。斤又西據長安，〔一七〕秦、雍氐羌皆來歸附。斤與赫連定相持，累戰破定。定聞昌敗，走上邽。斤追至雍，不及而還。詔斤班師，斤請因其危平之，乃進討安定。昌退保平涼，斤屯軍安定，以糧竭馬死，深壘自固。監軍侍御史安頡擊昌，禽之。昌衆復立昌弟定爲主，守平涼。斤恥以元帥而禽昌之功更不在己，乃舍輜重，追定於平涼。定衆將出，會一小將有罪，亡入賊，具告其實。定知斤軍無糧乏水，乃邀斤前後。斤衆大潰，斤及將娥清、劉拔爲定所禽。後太武剋平涼，斤等得歸。免爲宰人，使負酒食從駕還京師以辱之。尋拜安東將軍，降爵爲公。

太延初，爲衞尉，改爲恒農王。後爲萬騎大將軍。太武議伐涼州，斤等三十餘人議以爲不可，帝不從。涼州平，以戰功賜僮隸七十戶。又以斤元老，賜安車，平決獄訟，諮訪朝政。

斤聰辯强識，善於談論，遠說先朝故事，雖未皆是，時有所得，聽者歎美之。每議大政，多見從用，朝廷稱焉。眞君九年，薨，時年八十九，太武親臨哀慟，諡曰昭王。斤有數十婦，子男二十餘人。

長子他觀襲爵。太武曰：「斤西征之敗，國有常刑。以其佐命先朝，故復其爵秩，將收孟明之效。今斤終其天年，君臣之分全矣。」於是降他觀爵爲公。傳國至孫緒，無子，國除。太和中，孝文追錄先朝功臣，以斤配饗廟庭。宣武繼絕世，〔一八〕以緒弟子監紹其後。

叔孫建，代人也。父骨，爲昭成母王太后所養，與皇子同列。建少以智勇著稱。道武之幸賀蘭部，常從左右。登國初，爲外朝大人，與安同等十三人迭典庶事，參軍國之謀。隨秦王觚使慕容垂，歷六載乃還。累遷中領軍，賜爵安平公，出爲幷州刺史。後以公事免，守鄴城園。

明元即位，念前功，以爲正直將軍、相州刺史。饑胡劉武等聚黨叛，〔一九〕明元假建前號、安平公，督公孫表等以討武。斬首萬餘級，餘衆奔走，投沁水死，〔二〇〕水爲不流。

晉將劉裕伐姚泓，令其部將王仲德爲前鋒，將逼滑臺。兗州刺史尉建率所部棄城濟河。仲德遂入滑臺，乃宣言曰：「晉本意欲以布帛七萬匹假道於魏，不謂魏之守將便爾棄城。」明元聞之，詔建度河曜威，斬尉建，投其屍於河。呼仲德軍人與語，詰其侵境之狀。

尋還廣阿鎭將，威名甚著。久之，除使持節、都督前鋒諸軍事、楚兵將軍、徐州刺史。率衆自平原濟河，徇下靑、兗諸郡。遂東入靑州，圍宋刺史竺夔於東陽城。宋遣將檀道濟、王仲德救夔，建不克而還。以功賜爵壽光公。〔二一〕與汝陰公長孫道生濟河而南，仲德等自淸入濟，東走靑州。太武以建威名南震，爲宋所憚，除平原鎭大將，封丹楊王，加征南大將軍。

先是，簡幽、易以南戍兵集于河上，一道討洛陽，一道攻滑臺。宋將檀道濟、王仲德救滑臺，建與汝陰公道生拒擊之。建分軍挾戰，縱輕騎邀其前後，焚燒穀草以絕其糧道。道濟兵饑，叛者相繼。由是安頡等得拔滑臺。

建沈敏多智，東西征伐，常爲謀主，容貌淸整，號曰嚴明。〔二二〕又雅尙人倫，禮賢愛士，在平原十餘年，綏懷內外，甚得邊稱，魏初名將，鮮有及之。南方憚其威略，靑、兗輟不爲寇。

太延三年，薨，時年七十三，諡曰襄，賜葬金陵。

長子俊，字醜歸，少聰敏。年十五，內侍左右，性謹密，初無過行。以便弓馬，轉爲獵郎。道武崩，清河王紹閉宮門，明元在外。紹拘逼俊以爲己援。外雖從紹，內實忠款，仍與元磨渾等說紹歸明元。時明元左右唯車路頭、王洛兒等，及得俊等，大悅，以爲爪牙。及即位，稍遷衞將軍，賜爵安成公。及朱提王悅懷刃入禁，欲行大逆。俊覺悅舉動有異，乃於悅懷中得兩刃匕首，遂執悅殺之。明元以俊前後功重，軍國大計一以委之。羣官上事，先由俊銓校，然後奏聞。

性平正柔和，未嘗有喜怒色，忠篤愛厚，不諂上抑下，每奉詔宣外，必告示慇懃，是以上下嘉歎。泰常元年，卒，時年二十八。明元親臨哀慟，朝野無不追惜。贈司空、安成王，諡孝元，賜溫明祕器，載以轀輬車，衞士導從，陪葬金陵。子蒲襲爵。後有大功及寵幸貴臣薨，賵賻送終禮皆依俊故事，無得踰之者。

初，俊卒，明元命其妻桓氏曰：「夫生既共榮，沒宜同穴。能殉葬者，可任意。」桓氏乃縊，遂合葬焉。

俊既爲安城公，俊弟隣襲父爵，降爲丹楊公，位尙書令、涼州鎭大將。與鎭副將奚牧，並以貴戚子弟，競貪財貨，遂相糾，坐誅。

安同，遼東胡人也。其先祖曰世高，漢時以安息王侍子入洛。歷魏至晉，避亂遼東，遂家焉。父屈，仕慕容暐。暐爲苻堅所滅，屈友人公孫眷妹沒入苻氏宮，出賜劉庫仁爲妻，庫仁貴寵之。同隨眷商販，見道武有濟世才，遂留奉侍。性端嚴明惠，好長者之言。登國初，道武徵兵於慕容垂，同頻使稱旨。爲外朝大人，與和跋等出入禁中，迭典庶事。

從征姚平於柴壁，姚興悉衆救平，同進計曰：「汾東有蒙阬，東西三百餘里，徑路不通。姚興來，必從汾西，乘高臨下，直至柴壁，如此則寇內外勢接。宜截汾爲南北浮橋，乘西岸築圍。西圍既固，賊至無所施其智力矣。」從之。興果覘平屠滅而不能救。以謀功，賜爵北新侯。

明元即位，命同與南平公長孫嵩並理人訟。又詔同與肥如侯賀護持節循察并、定二州及諸山居雜胡、丁零。宣詔撫慰，問其疾苦，糾舉守宰不法，郡國肅然。同東出井陘，至鉅鹿，發衆欲修大嶺山，通天門關。又築城於宋子，以鎮靜郡縣。護嫉同得衆心，使人告同築城聚衆，欲圖大事。〔二三〕

太武監國，臨朝聽政，以同爲左輔。及即位，進爵高陽公，冀青二州刺史。同長子屈，明

元時，典太倉事，盜官粳米數石，欲以養親。同大怒，求戮屈，自劾不能訓子。帝嘉而恕之，遂詔長給米。同在官明察，長於校閱，家法修整，爲世所稱。及在冀州，年老，頗殖財貨，大興寺塔，爲百姓所苦。卒，贈高陽王，謚曰恭惠。

屈弟原，雅性矜嚴，沈勇多智略。明元時，爲獵郎，出監雲中軍事。時赫連屈丐犯河西，原以數十騎擊之，殺十餘人。帝以原輕敵，違節度，加罪。然知原驍勇，遂任以爲將，鎮雲中。蠕蠕犯塞，原輒破之，以功賜爵武原侯，加魯兵將軍。

太武即位，拜駕部尚書。車駕征蠕蠕大檀，分爲五道。〔二四〕遷尚書左僕射，進爵河間公。原在朝無所比周，然恃寵驕恣，多所排抑。爲子求襄城公盧魯元女，魯元不許。原告其罪狀，事相連逮，歷時不決。原懼不勝，遂謀逆，事泄，伏誅。原兄弟外節儉而內實積聚，及誅後，籍其財至數萬。

弟頡，辯慧多策略，最有父風。明元初，爲內侍長，令察舉百僚，糾剌姦慝，無所廻避。嘗告其父陰事，帝以爲忠，特親寵之。

宜城王奚斤自長安追赫連昌至安定，頡爲監軍侍御史。斤以馬多疫死，士衆乏粮，乃築

壘自固。遣太僕丘堆等督租於人間，爲昌所敗。昌遂驕矜，日來侵掠。頡曰：「等死，當戰死！寧可坐受囚乎？」斤猶以馬死爲辭。頡乃陰與尉眷等謀，選騎待焉。〔二五〕昌來攻壘，頡出應之，昌馬蹶而墜。頡禽昌送京師，賜爵西平公，代堆統攝諸軍。

赫連定將復入長安，詔頡鎮蒲坂以拒之。宋將到彥之寇河南以援定，列守南岸，至於衡關。〔二六〕太武西征定，以頡爲冠軍將軍，〔二七〕督諸軍擊彥之。遂濟河，攻洛陽，拔之。進攻武牢，武牢潰。又與琅邪王司馬楚之平滑臺，〔二八〕禽宋將朱脩之、李元德及東郡太守申謨。乃振旅還京師，進爵爲王。卒，謚曰襄。頡爲將善綏士衆，及卒，宋士卒降者無不歎惜。

庾業延，代人也，後賜名岳。其父及兄和辰世典畜牧，稍轉中部大人。昭成崩，苻氏內侮，事難之間，收斂畜產，富擬國君。劉顯謀逆，道武外幸，和辰奉獻明太后歸道武，又得其資用。以和辰爲內侍長。和辰分別公私舊畜，頗不會旨，道武由是恨之。岳獨恭慎修謹，善處危難之間，道武嘉之。與王建等俱爲外朝大人，參預軍國。從平中原，拜安遠將軍。

官軍之警於柏肆也，賀蘭部帥附力眷、紇突鄰部帥匿物尼、紇奚部帥叱奴根等聞之，反於陰館。南安公元順討之，不剋，詔岳。討破離石叛胡帥呼延鐵、西河叛胡帥張崇等。〔二九〕以

功賜爵西昌公，遷鄴行臺。岳爲將有謀略，士衆服其智勇，名冠諸將。及罷鄴行臺，以所統六郡置相州，即拜岳爲刺史。秉法平當，百姓稱之。鄴舊有園池，時果初熟，丞吏送之，岳不受，曰：「果未進御，吾何得先食！」其謹如此。遷司空。

岳兄子路，有罪，諸父兄弟悉誅，特赦岳父子。候官告岳衣服鮮麗，行止風采擬儀人君。遇道武不豫，多所猜忌，遂誅之。時人咸冤惜焉。

岳葬在代西善無界，後太武征赫連氏，經其墓宅，愴然改容，遂下詔爲立廟，令一川之人，四時致祭。求其子孫任爲帥者，得其子陵。從征有功，聽襲爵。

王建，廣甯人也。祖姑爲平文后，生昭成皇帝。伯祖豐，以帝舅貴重。豐子支，尚昭成女，甚見親待。建少尚公主。登國初，爲外朝大人，與和跋等十三人迭典庶事，參與計謀。道武遣使慕容垂，建辭色高亢，垂壯之。還爲左大夫。建兄廻，時爲大夫，諸子多不慎法，建具以狀聞，廻父子伏誅。其訐直如此。

從征伐諸國，破二十餘部。又從征衞辰，破之。爲中部大人。破慕容寶於參合，帝乘勝將席卷南夏，於是簡擇俘衆，有才能者留之，其餘欲悉給衣粮遺歸，令中州之人咸知恩

德。建以爲寶覆敗於此，國內空虛，獲而歸之，縱敵生患，不如殺之。帝曰：「若從建言，非伐罪弔人之義。」諸將咸以建言爲然，建又固執，乃阬之。帝既而悔焉。

幷州既平，車駕出井陘，次常山，諸郡皆降，唯中山、鄴、信都三城不下。乃遣衞王儀南攻鄴，建攻信都等城。建等攻城六十餘日，不能剋，士卒多傷。帝自中山幸信都，降之。車駕幸鉅鹿，破寶衆於栢肆塢，遂圍中山。寶棄城走和龍，城內無主，將夜入乘勝據守其門。建貪而無謀，意在虜獲，恐士卒肆掠，盜亂府庫，請俟天明，帝乃止。是夜，徒何人共立慕容普驎爲主，遂閉門固守。帝乃悉衆攻之，使人登巢車臨城，招其衆。皆曰：「但恐如參合之衆，故求全月日命耳。」帝聞之，顧視建而唾其面。

中山平，賜建爵濮陽公。遷太僕，徙眞定公，加散騎常侍、冀靑二州刺史。卒，陪葬金陵。

羅結，代人也。其先世領部落，爲魏附臣。劉顯之逆，結從道武幸賀蘭部。後賜爵屈蛇侯。太武初，累遷侍中、外都大官，總三十六曹事。年一百七歲，精爽不衰。太武以其忠慤，甚信待之，監典後宮，出入臥內，因除長秋卿。年一百一十，詔聽歸老。賜大甯東川爲私第

別業，幷爲築城，卽號曰羅侯城。朝廷每有大事，驛馬詢問焉。年一百二十，卒，諡曰貞。

子斤，從太武討赫連昌，力戰有功，歷位四部尙書。從平涼州，以功賜爵帶方公，除長安鎭都大將。會蠕蠕侵境，除柔玄鎭都大將。卒，諡曰靜，陪葬金陵。

子敢襲爵，位庫部尙書。卒，子伊利襲。

樓伏連，〔三〇〕代人也。代爲酋帥。伏連忠厚有器量，年十三，襲父位，領部落。道武初，從破賀蘭部，又平中山。及征姚平於柴壁，以功賜爵安邑侯。明元時，爲晉兵將軍、幷州刺史。太武卽位，封廣陵公，再遷光祿勳，進爵爲王。後鎭統萬。薨，諡恭王。

子眞襲，降爵爲公。

眞弟大拔，封鉅鹿子。

大拔孫寶，字道成，性淳樸，好讀書。明帝時，仕至朔州刺史。時邊事屢興，人多流散，及寶至，稍安集之，殘壞舊宅，皆命葺構，人歸繼路，歲考爲天下最。

後隨大都督源子邕討擊葛榮。王師敗績，寶囚於榮軍，變姓名，匿於戎伍，以免害。久之，賊中有朔州人識寶者，謂寶曰：「使君寧自苦至此？」遂將詣榮。笑曰：「樓公，吾方圖事，何相見之晚！」因顧謂人曰：「此公行善，天道報之，得免亂兵，卽其驗也。」寶遇逃者，密啓賊形勢，規爲內應。天子感其壯志，召寶第二子景賢，授員外散騎常侍郎。〔三一〕葛榮滅，寶始得還。

永安中，除假員外散騎常侍，使蠕蠕。先是，蠕蠕稱藩上表，後以中州不競，書爲敵國之儀。寶責之。蠕蠕主大驚，自知惡，謝曰：「此作書人誤。」遂更稱藩。

孝武帝立，敕寶與行臺長孫子彥鎭恒農。後從入關，封廣寧縣伯。大統元年，詔領著作郎，監修國史事，別封平城縣子。後授國子祭酒、侍中，進儀同三司，兼太子太傅，攝東宮詹事。寶爲人清簡少言，頗諳舊事，位歷師傅，守靖謙恭，以此爲人所敬。後行涇州事，卒於州。

閭大肥，蠕蠕人也。道武時歸魏，尙華陽公主，賜爵期思子。〔三二〕與弟並爲上賓，入八議。明元卽位，爲內都大官，進爵爲侯。宜城王奚斤之攻武牢，大肥與娥淸領十二軍出中道。太武初，復與奚斤出雲中白道討大檀，破之。後從討赫連昌，以功授滎陽公。公主薨，

復尙濩澤公主。太武將拜大肥爲王，遇疾卒。

奚牧，代人也。重厚有智謀，道武寵遇之，稱曰仲兄。初，劉顯害帝，梁眷知之，潛使牧與穆崇至七个山以告。帝錄先帝舊臣，又以牧告顯功，使敷奏政事，參與計謀。從征慕容寶，以功拜幷州刺史，賜爵任城公。州與姚興接界，興頗寇邊。牧乃與興書，稱頓首，均禮抗之，責興侵邊不直之意。興以與國和通，恨之，有言於道武，道武戮之。

和跋，代人也。世領部落，爲魏附臣。至跋，以才辯知名。道武擢爲外朝大人，參軍國大謀，雅有智算，賜爵日南公。從平中原，以功進爲尙書，鎭鄴。以破慕容德軍，改封定陵公。與常山王遵討賀蘭部別帥木易干，〔三三〕破之。出爲平原太守。

道武寵跋於諸將。〔三四〕羣臣皆敦尙恭儉，而跋好修虛譽，炫曜於時。性尤奢淫，帝戒之不革。後車駕北狩豺山，收跋，刑之路側。妻劉氏自殺以從。初將刑跋，道武命其諸弟毗等視訣。跋謂毗曰：「灅北地瘠，可居水南，就耕良田，廣爲產業，各相勸勵。」令之背己，曰：「汝

曹何忍視吾之死！」毗等解其微意，詐稱使者，奔長安。道武誅其家。後太武幸豺山校獵，忽暴霧四塞，怪問之。羣下僉言跋世居此，祠冢猶存，或者能致斯變。帝遣建興公古弼祭以三牲，霧卽除。後太武蒐狩之日，每先遣祭之。

莫題，代人也。多智，有才用。初爲幢將，領禁兵。道武之征慕容寶，寶夜犯營，軍人驚駭。遂有亡還京師者，言官軍敗於栢肆。京師不安，南安公元順因欲攝國事。題曰：「大事不可輕爾，不然，禍將及矣！」順乃止。後封高邑公。

初，窟咄寇南鄙，〔三五〕題時貳於帝，遺箭於窟咄，謂之曰：「三歲犢豈勝重載！」言窟咄長而帝少也。帝既銜之，後有告題居處倨傲，擬則人主。帝乃使人示之箭，告之曰：「三歲犢能勝重載不？」題奉詔，父子對泣。詰朝，乃刑之。

賀狄干，代人也。家本小族，世忠厚，爲將以平當稱。稍遷北部大人。登國初，與長孫嵩爲對。明於聽察，爲人愛敬。道武遣狄干致馬千匹，結婚於姚萇。會萇死，興立，因止狄

干而絕婚。興弟平寇平陽，道武討平之，禽其將狄伯支、唐小方等四十餘人。後興以駿馬千匹贖伯支，而遣狄干還，帝許之。

干在長安，因習讀書史，通論語、尚書諸經，舉止風流，有似儒者。初，帝普封功臣，狄干雖爲姚興所留，遙賜狄干爵襄武侯，加秦兵將軍。及狄干至，帝見其言語衣服類中國，以爲慕而習之，故忿焉，既而殺之。

李栗，雁門人也。昭成時，父祖入北。栗少辯捷，有才能兼將略。初隨道武幸賀蘭部，愛其藝能。時王業草創，爪牙心腹，多任親近，唯栗一介遠寄，兼非戚舊。數有戰功，拜左軍將軍。

栗性簡慢，矜寵，不率禮度。每在道武前舒放倨傲，不自祗肅，笑唾任情。道武卽其宿過誅之。於是威嚴始厲，制勒羣下盡卑謙之禮，自栗始也。

奚眷，代人也。少有將略。道武世，有戰功。明元時，爲武牢鎮將，爲寇所憚。太武時，

賜爵南陽公。及征蠕蠕，眷以都曹尚書督偏將出別道。詔會鹿渾海，眷與中山王辰等諸大將俱後期，斬于都南，爵除。

論曰：帝王之興，雖則天命，經綸所說，咸藉股肱。神元、桓、穆之際，〔三六〕王迹未顯，操、含託身馳驟之秋，自立功名之地，可謂志識之士矣。而劉庫仁兄弟忠以爲心，盛衰不二，純節所存，其意蓋遠，而並貽非命，惜乎！尉眞兄弟忠勇奮發，義以忘生。眷威略著時，增隆家業。穆崇夙奉龍顏，早著誠款，遂膺寵眷，位極台司。至乃身豫逆謀，卒蒙全護，從享于廟，抑亦尙功。世載公卿，弈弈靑紫，盛矣！奚斤世稱忠孝，征伐有剋。平涼之役，師殲身虜，雖敗軍之責已赦，封尸之效靡立，而恩禮隆渥，沒祀廟廷。叔孫建少展誠勤，終著庸伐，臨邊有術，威震夷楚。俊委節明元，義彰顚沛，窺朱提之變，有日磾之風，加以柔而能正，見美朝野。安同異類之人，智識入用，任等時俊，當有由哉！頡禽赫連昌，摧宋氏衆，遂爲名將，未易輕也。庾業延見紀危難之中，受事草創之際，智勇既申，功名尤舉，而不免傾覆，蓋亦其命。王建位遇既高，訐以求直，參合之役，不其罪歟！羅結枝附葉從，子孫榮祿。樓伏連、閭大肥並征伐著績，策名前代。奚牧、和跋、莫題、賀狄干、李栗、奚眷有忠勤征伐之

效，不能以功名自卑，俱至誅夷，亦各其命也。

校勘記

〔一〕哀感欷歔　諸本「欷歔」誤倒，不協韻，據魏書卷二三衞操傳乙。

〔二〕載號載呼　諸本作「載呼載號」不協韻，據魏書乙。

〔三〕後奔慕容驎驎徙之中山　魏書卷二三劉庫仁傳云：「衞辰與慕容垂通好，送馬三千匹於垂，垂遣慕容良迎之。顯擊敗良軍，掠馬而去。垂怒，遣子驎、兄子楷討之。顯奔馬邑西山，驎輕騎追之，遂奔慕容永於長子。部衆悉降於驎，驎徙之中山。」北史删節，全失本意。

〔四〕與齊帥馮元興交款　宋本及魏書卷八一補劉仁之傳、通志卷一四六劉庫仁傳，「齊帥」作「齊帥」，册府卷八〇三九五四六頁作「齊州」。按本書卷四六、魏書卷七九馮元興傳，不言其曾爲齊帥，而元興是東魏郡人，正屬齊州，疑作「齊州」是。

〔五〕家貧不能自達　通志「家貧」上有「仲興」二字，疑此脫。

〔六〕後以母憂還都　諸本脫「母」字，據魏書卷二六尉古眞傳補。

〔七〕時征平原試衝車以攻冢　魏書卷二六「平原」作「平涼」。按「征平涼」指進攻赫連昌。魏書卷四上世祖紀，始光四年正月，「赫連昌遣其弟平原公定率衆二萬向長安，帝聞之，乃遣就陰山伐

木，大造攻具。」尉地干試衝車致死，當在此時。但其時赫連昌尚據統萬，敗走平涼，還在其後。征平原不見於紀，當誤。

〔八〕文明太后幽孝文於別室　諸本脫「太」字，據魏書卷二七穆崇傳補。

〔九〕明元中位爲左衞將軍　魏書卷二七「中」作「卽」，疑是。

〔一〇〕以爲自道武以來　魏書卷二七「道武」作「泰常」。按泰常爲明元年號，疑此作「道武」誤。

〔一一〕牧田訖　魏書「牧」作「收」。按「收田」指收穫谷物。當時代都附近農業頗爲重要，魏書卷二太祖紀天興元年二月，詔「給內徙新民耕牛，計口受田」，可證。「牧」當是「收」之訛。

〔一二〕當委之大分　諸本脫「大」字，據魏書補。

〔一三〕後帝臨朝堂謂亮曰　諸本「堂」訛「嘗」，據魏書及下引晉令改。

〔一四〕朕與卿作州都舉一主簿　諸本「都」作「督」，魏書作「都」。按州都卽州中正。隋書卷二七百官志中，州的屬官有「州都」。齊制卽沿魏制。本書卷三六薛湖傳：「三召州都，再辟主簿。」魏書卷五六鄭道昭傳：「廣平王懷爲司州牧，以道昭與宗正卿元匡爲州都。」可証魏時州中正亦名州都。州都職在推荐人士，故孝文云云。作「督」誤，今據改。

〔一五〕討越勤部於鹿那山　按本書卷一明元紀、魏書卷三太宗紀永興五年四月及七月條，本書卷九八、魏書卷一〇三高車傳越勤倍泥條，「鹿那山」並作「跋那山」。又本書卷九八蠕蠕傳言蠕蠕縕紇提西遁，將歸衞辰，道武追之至跋那山。又言長孫肥破蠕蠕曷多汗於上郡跋那山。則跋那山卽在上郡，疑作「鹿」誤。但魏書卷二九奚斤傳亦作「鹿」，今不改。又「勤」，魏書太宗紀、本書高車傳作「勤」，本書明元紀、魏書高車傳作「勒」，未知孰是。

〔一六〕坐止車門右　諸本「右」作「左」，魏書卷二九奚斤傳作「右」。按本書卷二一崔宏傳、魏書卷二一崔玄伯傳、本書卷二二魏書卷二五長孫嵩傳並作「右」。作「左」誤，今據改。

〔一七〕又西據長安　諸本「安」作「城」，宋本及魏書、通志奚斤傳作「安」。按本書卷二太武紀、魏書卷四上世祖紀，始光三年十二月並作「西據長安」。作「城」誤，今據改。

〔一八〕宣武繼絕世　諸本脫「絕」字，據魏書補。

〔一九〕鐵胡劉武等聚黨叛　魏書卷二九叔孫建傳「武」作「虎」，北史避唐諱改。此非劉庫仁傳之劉武。

〔二〇〕投沁水死　諸本「沁」訛「沚」，據魏書改。

〔二一〕以功賜爵壽光公　魏書「公」作「侯」。按本書卷二太武紀，魏書卷四上世祖紀神䴥三年十一月稱：「封壽光侯叔孫建爲丹楊王。」作「侯」是。

〔二二〕容貌淸整號曰嚴明　魏書作「治軍淸整，號令嚴明」，北史避「治」字改寫，但失原意。

〔二三〕使人告同築城聚衆欲圖大事　魏書卷三〇安同傳「事」下有：「太宗以同擅徵發於外，檻車徵還，召羣官議其罪，皆曰：『同擅興事役，勞擾百姓，宜應窮治，以肅來犯。』太宗以同雖專命，而本在爲公，意無不善，釋之。」共五十六字。通志卷一六四有「上知其誣，不問」六字。按北史文意不完，「事」下必有脫文。

〔二四〕車駕征蠕蠕大檀分爲五道　按本書卷九八蠕蠕傳言太武始光二年，進攻蠕蠕，分爲五道，奚斤和安原出西道。此「五道」下當有脫文。

〔二五〕選騎待焉　諸本脫「待」字，據魏書卷三〇安頡傳補。

〔二六〕至於衡關　魏書安頡傳同。本書卷二一、魏書卷三五崔浩傳、魏書卷三七司馬楚之傳、通鑑卷一二一三八一九頁「衡」並作「潼」。按寰宇記卷二九華陰縣潼關條引三輔記：「潼關本名衝關，河水自龍門衝激至華山東，故以名之。」此「衡」當是「衝」之訛。

〔二七〕以頡爲冠軍將軍　諸本「冠」作「援」，魏書作「冠」。按本書卷二、魏書卷四上神䴥三年八月及通鑑卷一二一並作「冠」。作「援」誤，今據改。

〔二八〕又與琅邪王司馬楚之平滑臺　諸本脫「與」字，據魏書安頡傳補。

〔二九〕南安公元順討之不剋詔岳討破離石叛胡帥呼延鐵西河叛胡帥張崇等　魏書卷二八庾業延傳云：「南安公元順討之不剋，死者數千人。太祖聞之，詔岳率萬騎還討叱奴根等，殄之，百姓乃安。離石胡呼延鐵、西河胡張崇等不樂內徙，聚黨反叛，岳率騎三千討破之。」據魏書卷二太祖紀，庾岳平叱奴根事在皇始二年，鎭壓呼延鐵等事在天興元年。非一時之事。「詔岳」下當有脫文。

〔三〇〕樓伏連　諸本「樓」作「婁」，魏書卷三〇作「樓」。按元和姓纂輯本卷九作「賀連伏連」，又云：「孝文改爲樓氏。」據魏書卷一一三官氏志，賀樓氏改爲樓氏，匹婁氏改爲婁氏。兩姓不同。今從魏書作「樓」。

〔三一〕授員外散騎常侍郎　按無此官名。疑「常」或「郎」字衍。

〔三二〕賜爵期思子　諸本「期」訛「共」，據魏書卷三〇、通志卷一四六閭大肥傳改。期思見魏書地形志中潁州、南定州、揚州。

〔三三〕與常山王遵討賀蘭部別帥木易干　魏書卷二八和跋傳同。魏書卷二太祖紀天興四年十二月、本書卷九八、魏書卷一〇三高車傳「賀蘭」作「破多蘭」。魏書卷九五鐵弗劉虎傳作「破多羅」。按「破多羅」當卽「破多蘭」之異譯。據魏書官氏志，破多羅改爲潘氏，賀蘭改爲賀氏，兩部不同，疑此作「賀蘭」誤。

〔三四〕道武寵跋於諸將　魏書「於」上有「冠」字，通志卷一四六有「過」字。此疑脫。

〔三五〕初窟咄寇南鄙　諸本無「初」字，據魏書卷二八莫題傳補。此是追敍往事，無「初」字則易混。

〔三六〕神元桓穆之際　諸本無「神」字，魏書卷一一三史臣論作「始祖」。按始祖卽神元，今據補。

北史卷二十一

列傳第九

燕鳳　許謙　崔宏 子浩　張袞 弟恂　鄧彥海

燕鳳字子章，代人也。少好學，博綜經史，明習陰陽讖緯。昭成素聞其名，使以禮致之，鳳不應聘。及軍圍代，謂城人曰：「鳳不來者，將屠之。」代人懼，遂送鳳。昭成待以賓禮。後拜代王左長史，參決國事。又以經授獻明帝。

嘗使苻堅，堅問鳳曰：「代王何如人？」對曰：「寬和仁愛，經略高遠，一時雄主也。常有幷吞天下之志。」堅曰：「卿輩北人，無剛甲利兵，敵弱則進，敵强則退，安能幷兼邪？」鳳曰：「北人壯悍，上馬持三仗，驅馳若飛。主上雄儁，率服北土，控弦百萬，號令若一。軍無輜重樵爨之苦，輕行速捷，因敵取資。此南方所以疲弊，北方所以常勝也。」堅曰：「彼國人馬多少？」鳳曰：「控弦之士數十萬，見馬一百萬匹。」堅曰：「卿言人衆則可，說馬太多。」鳳曰：「雲

中川自東山至西河二百里，北山至南山百餘里，每歲孟秋，馬常大集，略爲滿川。以此推之，使人言猶未盡。」鳳還，堅厚加贈遺。

及昭成崩，道武將遷長安。鳳以道武幼弱，固請於苻堅曰：「代主初崩，臣子亡叛，遺孫沖幼，莫相輔立。其別部大人劉庫仁勇而有智，鐵弗衞辰狡猾多端，皆不可獨任。宜分部爲二，令各統之。〔一〕兩人素有深讎，其勢莫能先發，此禦邊之上策。待其孫長，乃存而立之，是陛下大惠於亡國也。」堅從之。鳳尋東還。

及道武即位，歷吏部郎、給事黃門侍郎、行臺尚書，甚見器重。明元世，與崔宏、封懿、梁越等入講經傳，出議朝政。太武初，以舊勳賜爵平舒侯。卒，子才襲。

許謙字元遜，代人也。少有文才，善天文圖讖學。建國時，將家歸附，昭成擢爲代王郎中令，兼掌文記。與燕鳳俱授獻明帝經。昭成崩後，謙徙長安。苻堅從弟行唐公洛鎭和龍，〔二〕請謙之鎭。未幾，以繼母老，辭歸。

登國初，遂歸道武，以爲右司馬，與張袞等參贊初基。慕容寶之來寇也，道武使謙告難於姚興。興遣將楊佛嵩來援。佛嵩稽緩，道武命謙爲書遺之，佛嵩乃倍道兼行。道武大悅，賜謙爵關內侯。寶敗，佛嵩乃還。及慕容垂死，謙上書勸進。幷州平，以謙爲陽曲護軍，賜爵平舒侯。卒，贈幽州刺史、高陽公，諡曰文。

子洛陽襲爵。明元追錄謙功，以洛陽爲雁門太守。洛陽家田三生嘉禾，皆異畝同穎。太武善之，進爵北地公。卒，諡曰恭。

崔宏字玄伯，清河東武城人，魏司空林之六世孫也。祖悅，仕石季龍，位司徒右長史。父潛，仕慕容暐，爲黃門侍郎。並以才學稱。

宏少有儁才，號曰冀州神童。苻融之牧冀州，虛心禮敬。拜陽平公侍郎、領冀州從事。出總庶事，入爲賓友，衆務修理，處斷無滯。苻堅聞之，徵爲太子舍人。辭以母疾，不就。左遷著作佐郎。太原郝軒名知人，稱宏有王佐之材，近代所未有也。堅亡，避難齊魯間，爲丁零翟釗及晉叛將張願所留。郝軒歎曰：「斯人也，遇斯時，不因扶搖之勢，而與鵪雀飛沈，豈不惜哉！」

仕慕容垂，爲吏部郎、尚書左丞、高陽內史，所歷著稱。立身雅正，雖在兵亂，猶厲志篤學，不以資產爲意，妻子不免飢寒。

道武征慕容寶，次常山。〔三〕棄郡走海濱。帝素聞其名，遣求，及至，以爲黃門侍郎，與張袞對總機要，草創制度。時晉使來聘，帝將報之，詔有司議國號。宏議曰：「三皇、五帝之立號也，或因所生之土，或以封國之名。故虞、夏、商、周始皆諸侯，及聖德旣隆，萬國宗戴，稱號隨本，不復更立。唯商人屢徙，改號曰殷。然猶兼行，不廢始基之號。故詩云『殷商之旅』，此其義也。國家雖統北方廣漠之土，逮于陛下，應運龍飛。雖曰舊邦，受命惟新。以是登國之初改代曰魏。慕容永亦奉進魏土。夫魏者大名，神州之上國，〔四〕斯乃革命之徵驗，利見之玄符也。臣愚以爲宜號爲魏。」道武從之，於是稱魏。

及帝幸鄴，歷問故事，宏應對若流，帝善之。還次恒嶺，帝親登山頂，撫慰新人，適遇宏扶老母登嶺，賜以牛米。因詔諸徙人不能自進者，給以車牛。

還吏部尚書。時命有司制官爵，撰朝儀，協音樂，定律令，申科禁，宏總而裁之，以爲永式。及置八部大夫，以擬八坐，〔五〕宏通署三十六曹，如令、僕統事。深被信任，勢傾朝廷。約儉自居，不營產業，家徒四壁，出無車乘，朝晡步上。母年七十，供養無重膳。帝聞，益重之，厚加饋賜。時人亦或譏其過約，而宏居之愈甚。常引問古今舊事，王者制度，宏陳古人制作之體，及往代廢興之由，甚合上意。未嘗謇諤忤旨，亦不諂諛苟容。及道武季年，大臣多犯威怒，宏獨無譴者，由於此也。

帝曾引宏講論漢書，至婁敬說漢祖，欲以魯元公主妻匈奴，善之，嗟嘆者良久。是以諸公主皆嫁于賓附之國，朝臣子弟、良族美彥不得尙焉。尙書職罷，賜宏爵白馬侯，加周兵將軍，與舊功臣庾岳、奚斤等同班，而信寵過之。

道武崩，明元未即位，清河王紹因人心不安，大出財帛，班賜朝士。宏獨不受紹財，長孫嵩以下咸愧焉。詔遣使者循行郡國，糾察守宰不如法者，令宏與宜都公穆觀等案之，帝稱其平當。又詔宏與長孫嵩等朝堂決刑獄。

明元以郡國豪右大人蠹害，〔六〕乃優詔徵之。人多戀本，而長吏逼遣之，於是輕薄少年，因相扇動，所在聚結。西河、建興盜賊並起，守宰討之不能禁。帝乃引宏及北新侯安同、壽光侯叔孫建、元城侯元屈等問焉。〔七〕宏欲大赦以紓之。屈曰：「不如先誅首惡，赦其黨類。」宏曰：「王者臨天下，以安人爲本，何顧小曲直也。夫赦雖非正道，而可以權行。若赦而不改，誅之不晚。」明元從之。

神瑞初，詔宏與南平公嵩等坐止車門右，聽理機事。幷州胡數萬南掠河內，遣將軍公孫表等討之，敗績。帝問計於羣臣。宏曰：「表等諸軍，不爲不足，但失於處分，故使小盜假息耳。胡衆雖多，而無猛健主將，所謂千奴共一膽也。宜得大將素爲胡所服信者，將數百騎，就攝表軍以討之，賊聞，必望風震怖。壽光侯建，前在幷州，諸將莫及。」帝從之，遂平胡寇。尋拜天部大人，進爵爲公。

泰常三年夏，宏病篤，帝遣侍中穆觀就受遺言，侍臣問疾，一夜數返。卒，追贈司空，謚文貞公，喪禮一依安城王叔孫俊故事，詔羣臣及附國渠帥皆會葬，自親王以外，盡命拜送。子浩襲。太和中，孝文追錄先朝功臣，以宏配饗廟廷。

浩字伯深，〔八〕少好學，博覽經史，玄象陰陽百家之言，無不該覽。研精義理，時人莫及。弱冠爲通直郎，稍遷著作郎。道武以其工書，〔九〕常置左右。道武季年，威嚴頗峻，宮省左右，多以微過得罪，莫不逃隱，避目下之變。〔一〇〕浩獨恭勤不怠，或終日不歸。帝知之，輒命賜以御粥。其砥直任時，不爲窮通改節若此。

明元初，拜博士祭酒，賜爵武城子。常授帝經書，每至郊祀，父子並乘軒軺，時人榮之。明元好陰陽術數，聞浩說易及洪範五行，善之。因命筮吉凶，參觀天文，考定疑惑。浩總覈天人之際，舉其綱紀。諸所處決，多有應驗。〔一一〕恒與軍國大謀，甚爲寵密。時有免在後宮，檢無從得入，帝令浩推之，浩以爲當有隣國貢嬪嬙者。明年，姚興果獻女。

神瑞二年，秋穀不登，太史令王亮、蘇坦因華陰公主等言：「讖書云：國家當都鄴，大樂五十年。」勸帝遷都於鄴，可救今年之飢。帝以問浩。浩曰：「非長久策也。東州之人，常謂國家居廣漠之地，人畜無算，號稱牛毛之衆。今留守舊都，分家南徙，恐不滿諸州之地。參居郡縣，處榛林之下，不便水土，疾疫死傷，情見事露，則百姓意阻。四方聞之，有輕侮之意，屈丐及蠕蠕必提挈而來。雲中、平城則有危殆之事，阻隔恒、代，千里之際，須欲救援，赴之甚難。如此，則聲實俱損矣。今居北方，假令山東有變，輕騎南出，燿威桑梓之中，誰知多少？百姓見之，望塵震伏。此是國家威制諸夏之長策也。至春草生，乳酪將出，兼有菜菓，足接來秋。若得中熟，事則濟矣。」帝深然之。復使中貴人問浩曰：「今既無以至來秋，或復不熟，將如之何？」浩曰：「可簡窮下之戶，諸州就穀。若秋無年，願更圖也。但不可遷都。」帝於是分人詣山東三州就食，出倉穀以稟之。來年遂大熟，賜浩妾各一人，〔一二〕及御衣綿絹等。

初，姚興死之前歲，太史奏熒惑在匏瓜星中，一夜忽然亡失，不知所在。或謂下入危亡之國，將爲童謠妖言，而後行其災禍。帝乃召諸碩儒，與史官求其所詣。浩對曰：「案春秋左氏傳說神降于莘，其至之日，各其物也。請以日辰推之。庚午之夕，辛未之朝，天有陰雲，熒惑之亡，當在此二日之內。庚與午，皆主於秦，辛爲西夷。今姚興據咸陽，是熒惑入秦矣。」諸人皆作色曰：「天上失星，人安能知其所詣，而妄說無徵之言！」浩笑而不應。後八十餘日，熒惑果出東井，留守盤旋。秦中大旱赤地，昆明池水竭，童謠訛言，國中喧擾。明年，姚興死，二子交兵，三年國滅。於是諸人乃服。

泰常元年，晉將劉裕伐姚泓，欲泝河西上，求假道。詔羣臣議之。外朝公卿咸曰：「函谷天險，裕何能西入？揚言伐姚，意或難測。宜先發軍斷河上流，勿令西過。」內朝咸同外計，帝將從之。浩曰：「此非上策也。司馬休之徒擾其荆州，劉裕切齒久矣。今興死子幼，乘其危亡而伐之，臣觀其意，必自入關。勁躁之人，不顧後患。今若塞其西路，裕必上岸北侵。如此則姚無事而我受敵矣。蠕蠕內寇，人食又乏，發軍赴南，則北寇進擊；若其救北，則南州復危。未若假之水道，縱裕西入，然後興兵塞其東歸之路。所謂卞莊刺彪，〔一三〕兩得之勢也。使裕勝也，必德我假道之惠；令姚氏勝也，亦不失救隣之名。縱裕得關中，懸遠難守。彼不能守，終爲我物。今不勞兵馬，坐觀成敗，鬬兩彪而收長久之利，上策也。夫爲國之計，擇利爲之，豈顧婚姻，酬一女子之惠也？假國家棄恒山以南，裕必不能發吳越之兵爭守河北也。」議者猶曰：「裕西入函谷，則進退路窮，腹背受敵；北上岸，則姚軍必不出關助我。揚聲西行，意在北進，其勢然也。」帝遂從羣議，遣長孫嵩拒之。戰於畔城，爲晉將朱超石所敗。帝恨不用浩言。

二年，晉齊郡太守王懿來降，陳計，稱劉裕在洛，勸以軍絕其後路，則裕軍不戰而可克。書奏，帝善之。會浩在前，進講書傳。帝問浩曰：「裕西伐已至潼關，卿觀事得濟否？」浩曰：

「姚興好養虛名而無實用，[一四]子泓又病，衆叛親離。乘其危亡，兵精將勇，克之必矣。」帝曰：「裕武能何如慕容垂？」浩曰：「垂承父祖之資，生便尊貴，同類歸之，若夜蛾之赴火，少加倚仗，便足立功。劉裕挺出寒微，不因一卒之用，奮臂大呼，而夷滅桓玄，北禽慕容超，南摧盧循。裕若平姚而篡其主，秦地戎夷混幷，裕亦不能守之。秦地亦終當爲國家所有。」帝曰：「裕已入關，不能進，不能退，我遣精騎南襲彭城、壽春，裕亦何能自立？」浩曰：「今西北二寇未殄，陛下不可親御六師。長孫嵩有經國之用，無進取之能，非劉裕敵也。臣謂待之不晚。」帝笑曰：「卿量之已審矣。」浩曰：「臣常私論近世人物，不敢不上聞。若王猛之經國，苻堅之管仲也。慕容恪之輔少主，慕容暐之霍光也。劉裕之平逆亂，司馬德宗之曹操也。」帝曰：「卿謂先帝如何？」浩曰：「太祖用漠北淳朴之人，南入漢地，變風易俗，化洽四海，自與羲、農、舜、禹齊烈，臣豈能仰名。」帝曰：「屈丐何如？」浩曰：「屈丐家國夷滅，一身孤寄，爲姚氏封植。不思樹黨强鄰，報復讎恥，乃結蠕蠕，背德於姚。撅豎小人，無大經略，正可殘暴，終爲人殘滅耳。」帝大悅，說至中夜。賜浩縹醪酒十斛，[一五]水精戎鹽一兩，曰：「朕味卿言，若此鹽酒，故與卿同其味也。」

三年，彗星出天津，入太微，經北斗，絡紫微，犯天棓，八十餘日，至天漢而滅。帝復召諸儒、術士問之，曰：「災咎將在何國？朕甚畏之。」浩曰：「災異由人而起，人無釁，妖不自

作。漢書載王莽篡位之前，彗星出入，正與今同。國家主尊臣卑，人無異望。是爲僭晉將滅，劉裕篡之之應也。」諸人莫能易浩言，帝深然之。五年，宋果代晉，南鎭上宋改元赦書。時帝幸東南舃鹵池，射鳥，聞之，驛馳召浩，告曰：「往年卿言彗星之占驗矣。朕今日始信天道。」

初，浩父疾篤，乃翦爪截髮，夜在庭中仰禱斗極，爲父請命，求以身代，叩頭流血，歲餘不息，家人罕有知者。及父終，居喪盡禮，時人稱之。襲爵白馬公。

自朝廷禮儀，優文策詔，軍國書記，盡關於浩。浩能爲雅說，[一六]不長屬文，而留心於制度科律及經術之言。作家祭法，次序五宗，蒸嘗之禮，豐儉之節，義理可觀。性不好莊老之書，每讀不過數十行，輒棄之，曰：「此矯誣之說，不近人情，必非老子所作。老聃習禮，仲尼所師，豈設敗法之言以亂先王之教。袁生所謂家人筐篋中物，不可揚於王庭。」

帝恒有微疾，而災異屢見，乃使中貴人密問浩曰：「今茲日蝕於胃、昴，盡光趙、代之分野。朕疾彌年，恐一旦奄忽，諸子並少，其爲我設圖後計。」浩曰：「陛下春秋富盛，聖業方融，德以除災，幸就平愈。昔宋景見災修德，熒惑退舍。願陛下遣諸憂慮，恬神保和，無以闇昧之說，致損聖思。必不得已，請陳瞽言。自聖化龍興，不崇儲貳，是以永興之始，社稷幾危。今宜早建東宮，選公卿忠賢陛下素所委仗者，使爲師傅，左右信臣簡在帝心者，以充

賓友，入總萬機，出統戎政，監國撫軍，六柄在手。若此，則陛下可以優游無爲，頤神養壽，此乃萬代之令典，塞禍之大備也。今長皇子燾，年漸一紀，[一七]明叡溫和，衆情所繫，時登儲副，則天下幸甚。立子以長，禮之大經，若須並大，成人而擇，倒錯天倫，則生履霜堅冰之禍。自古以來，載籍所記，興衰存亡，尠不由此。」

帝納之，於是使浩奉策告宗廟，令太武爲國副主，居正殿臨朝；司徒長孫嵩、山陽公奚斤、[一八]北新公安同爲左輔，坐東廂，西面；浩與太尉穆觀、散騎常侍丘堆爲右弼，坐西廂，東面；百僚總己以聽焉。明元居西宮，時隱而窺之，聽其決斷。大悅，謂左右侍臣曰：「長孫嵩宿德舊臣，歷事四世，功存社稷；奚斤辯捷智謀，名聞遐邇；安同曉解俗情，明於校練；穆觀達政事要，識吾旨趣；崔浩博聞强識，精於天人之會；丘堆雖無大用，然在公專謹。以六人輔吾子，足以經國。吾與汝曹遊行四境，伐叛柔服，可以得志於天下矣。」羣臣時奏事所疑，帝曰：「此非我所知，當決之於汝曹國主也。」

會聞宋武帝殂，帝欲取洛陽、武牢、滑臺。浩曰：「陛下不以劉裕歘起，納其使貢，裕亦敬事陛下。不幸今死，乘喪伐之，雖得之，不令。春秋晉士丐侵齊，聞齊侯卒，乃還。君子大其不伐喪，以爲恩足以感孝子，義足以動諸侯。今國家未能一舉而定江南，宜遣人弔祭，恤其凶災，布義風於天下，令德之事也。且裕新死，黨與未離，不如緩之，待其惡稔。如其

强臣爭權，變難必起，然後命將揚威，可不勞士卒而收淮北之地。」帝銳意南伐，詰浩曰：[一九]「劉裕因姚興死而滅其國，裕死，我伐之，何爲不可！」浩固執曰：「興死，二子交爭，裕乃伐之。」帝大怒，不從。

遂遣奚斤等南伐，議於監國之前曰：「先攻城，先略地？」斤請先攻城。浩曰：「南人長於固守，苻氏攻襄陽，經年不拔。今以大國之力，攻其小城，若不時剋，挫損軍勢，危道也。不如分軍略地，至淮爲限，列置守宰，收斂租穀。滑臺、武牢反在軍北，絕望南救，必沿河東走。若或不然，卽是囿中之物。」公孫表請先圖其城。斤等濟河，先攻滑臺，經時不拔，表請濟師。帝怒，乃親南巡，拜浩爲相州刺史，隨軍謀主。

及車駕還，浩從幸西河、太原，下臨河流，傍覽川城，慨然有感。遂與同僚論五等郡縣之是非，考秦皇、漢武之違失。時伏其言。

天師寇謙之每與浩言，聞其論古興亡之迹，常自夜達旦，竦意斂容，深美之，曰：「斯人言也惠，皆可底行，亦當今之皐陶也。但人貴遠賤近，不能深察之耳。」因謂浩曰：「吾當兼修儒教，輔助太平眞君，而學不稽古。爲吾撰列王者政典，幷論其大要。」浩乃著書二十餘篇，上推太初，下盡秦、漢變弊之迹，大旨先以復五等爲本。

太武卽位，[二〇]左右忌浩正直，共排毀之。帝雖知其能，不免羣議，故浩以公歸第。及有

疑議，召問焉。浩纖妍白晳如美婦人。性敏達，長於謀計，自比張良，謂己稽古過之。既歸第，因欲修服食養性術，而寇謙之有神中錄圖新經，浩因師事之。

始光中，進爵東郡公，拜太常卿。時議伐赫連昌，羣臣皆以爲難，唯浩曰：「往年以來，熒惑再守羽林，越鉤陳，〔二一〕其占秦亡。又今年五星並出東方，利以西伐。天應人和，時會並集，不可不進。」帝乃使奚斤等擊蒲坂，而親率輕騎掠其都城，大獲而還。後復討昌，次其城下，收衆僞退。昌鼓譟而前，舒陣爲兩翼。會有風雨從東南來，揚沙昏冥，宦者趙倪進曰：「今風雨從賊後來，我向彼背，天不助人。又將士飢渴，願陛下攝騎避之，更待後日。」浩叱之曰：「是何言歟！千里制勝，一日之中，豈得變易？賊前行不止，後已離絕，宜分軍隱山，掩擊不意。風道在人，豈有常也？」帝曰：「善。」分騎奮擊，昌軍大潰。

神䴥二年，議擊蠕蠕，朝臣內外盡不欲行，保太后亦固止帝，帝皆不聽。唯浩讚成之。尚書令劉潔、左僕射安原等乃使黃門侍郎仇齊推赫連昌太史張深、〔二二〕徐辯說帝曰：「今年己巳，三陰之歲，歲星襲月，太白在西方，不可舉兵。北伐必敗，雖克不利於上。」又羣臣共讚深等云：「深少時常諫苻堅不可南征，堅不從而敗。今天時人事都不和協，如何舉動？」帝意不快，乃召浩與深等辯之。

浩難深曰：「陽者德也，陰者刑也，故月蝕修刑。夫王者之用刑，大則陳之原野，小則肆之市朝。戰伐者，用刑之大者也。以此言之，三陰用兵，蓋得其類，修刑之義也。歲星襲月，年飢人流，應在他國，遠期十二年。太白行蒼龍宿，於天文爲東，不妨北伐。深等俗生志意淺近，牽於術數，不達大體，難與遠圖。臣觀天文，比年以來，月行掩昴，至今猶然。其占，『三年天子大破旄頭之國』。蠕蠕、高車，旄頭之衆也。夫聖明御時，能行非常之事。古人語曰：『非常之原，黎人懼焉；及其成功，天下晏然。』願陛下勿疑。」

深等慚曰：「蠕蠕荒外無用之物，得其地不可耕而食，得其人不可臣而使，輕疾無常，難得而制，有何汲汲而勞苦士馬？」

浩曰：「深言天時，是其所職，若論形勢，非彼所知。斯乃漢世舊說常談，施之於今，不合事宜。何以言之？夫蠕蠕者，舊是國家北邊叛隸，今誅其元惡，收其善人，令復舊位，〔二三〕非無用也。漠北高涼，不生蚊蚋，水草美善，夏則北遷，田牧其地，非不可耕而食也。蠕蠕子弟來降，貴者尚公主，賤者將軍、大夫，居列滿朝，又高車號爲名騎，非不可臣而畜也。夫以南人追之，則患其輕疾；於國兵則不然。何者？彼能遠走，我亦能遠逐，非難制也。往數入塞，國人震驚。今夏不乘虛掩進，破滅其國，至秋復來，不得安臥。自太宗之世，迄於今日，無歲不警，豈不汲汲乎哉？世人皆謂深、辯通解數術，明決成敗，臣請試之。問其西國未滅之前，有何亡徵？知而不言，是其不忠；若實不知，是其無術。」

時赫連昌在坐，深等自以無先言，慚不能對。帝大悅，謂公卿曰：「吾意決矣。亡國之臣不可與謀，信哉！」而保太后猶疑之。復令羣臣至保太后前評議，帝命浩善曉之令寤。

既罷朝，或有尤浩曰：「吳賊侵南，舍之北伐，師行千里，其誰不知？蠕蠕遠遁，前無所獲，後有南侵之患，此危道也。」浩曰：「今年不摧蠕蠕，則無以禦南賊。自國家并西國以來，南人恐懼，揚聲動衆，以衞淮北。彼北我南，彼征我息，〔二四〕其勢然矣。北破蠕蠕，〔二五〕往還之間，故不見其至也。何以言之？劉裕得關中，留其愛子，精兵數萬，良將勁卒，猶不能固守，舉軍盡沒，號哭之聲至今未已。如何正當國家休明之世，士馬强盛之時，而欲以駒犢齒虎口也？設國家與之河南，彼必不能守之。自量不能守，是以必不來。若或有衆，備邊之軍耳。夫見瓶水凍，知天下之寒；嘗肉一臠，識鑊中之味。物有其類，可推而得。且蠕蠕恃遠，謂國家力不能至，自寬來久。故夏則散衆放畜，秋肥乃聚，背寒向溫，南來寇抄。今掩其不備，大軍卒至，必驚駭，望塵奔走。牡馬護牧，牝馬戀駒，驅馳難制，不得水草，未過數日，朋聚而困弊，可一舉而滅。暫勞永逸，時不可失也。唯患上無此意，今聖慮已決，如何止之？」遂行。天師謂浩曰：「是行可果乎？」浩曰：「必克。但恐諸將瑣瑣，前後顧慮，不能乘勝深入，使不全舉耳。」

及軍到，入其境，蠕蠕先不設備，於是分軍搜討，東西五千里，南北三千里，所虜及獲畜產車廬數百萬。高車殺蠕蠕種類歸降者三十餘萬落。虜遂散亂。帝沿弱水，西至涿邪山，諸大將果慮深入有伏兵，勸帝止。天師以浩曩日言，固勸帝窮討，帝不聽。後有降人言：「蠕蠕大檀先被疾，不知所爲，乃焚穹廬，科車自載，將百人入山南走。人畜窘聚，方六十里，無人領統。相去百八十里，追軍不至，乃徐西遁，唯此得免。」聞涼州賈胡言：「若復前行二日，則盡滅之矣。」帝深恨之。

大軍既還，南軍竟不能動，如浩所料。

浩明識天文，好觀星變。常置金銀銅鋌於酢器中，令青，夜有所見，即以鋌畫紙作字，以記其異。太武每幸浩第，多問以異事。或倉卒不及束帶，奉進蔬食，不暇精美，帝爲舉匕箸，或立嘗而還。其見寵愛如此。於是引浩出入臥內。加侍中、特進、撫軍大將軍、左光祿大夫，以賞謀謨之功。帝從容謂浩曰：「卿才智深博，事朕祖考，忠著三世，朕故延卿自近。其思盡規諫，勿有隱懷。朕雖當時遷怒，若或不用，久可不深思卿言也？」因令歌工歷頌羣臣，事在長孫道生傳。又召新降高車渠帥數百人，賜酒食於前，指浩以示之曰：「汝曹視此人纖尫懦弱，手不能彎弓持矛，其胸中所懷，乃踰於甲兵。〔二六〕朕始時雖有征討之志，而慮不自決，前後尅捷，皆此人導吾令至此矣。」乃敕諸尚書曰：「凡軍國大計，卿等所不能決，皆先諮浩然後行。」

俄而南藩諸將表宋師欲犯河南，請兵三萬，先其未發逆擊之，因誅河北流人在界上者，絕其鄉導，足以挫其銳氣，使不敢深入。詔公卿議之，咸言宜許。浩曰：「此不可從也。往年國家大破蠕蠕，馬力有餘。南賊喪精，常恐輕兵奄至，故揚聲動衆，以備不虞，非敢先發。又南土下濕，夏月蒸暑，非行師之時。且彼先嚴有備，必堅城固守。屯軍攻之，則糧食不給；分兵肆討，則無以應敵。未見其利。就使能來，待其勞倦，秋涼馬肥，因敵取食，徐往擊之，萬全之計。在朝羣臣及西北守將，從陛下征討，西滅赫連，北破蠕蠕，多獲美女珍寶，馬畜成羣。南鎮諸將，聞而生羨，亦欲南抄，以取資財。是以妄張賊勢，披毛求瑕，冀得肆心。既不獲聽，故數稱賊動以恐朝廷。背公存私，爲國生事，非忠也。」帝從浩議。

南鎮諸將復表賊至，[二七]而自陳兵少，求簡幽州以南戍兵佐守，就漳水造船，嚴以爲備。公卿議者僉然，欲遣騎五千，幷假署司馬楚之、魯軌、韓延之等，令誘引邊人。浩曰：「非上策也。彼聞幽州已南，精兵悉發，大造舟船，輕騎在後，欲存立司馬，誅除宋族，必舉國駭擾，懼於滅亡，當悉發精銳，來備北境。後審知官軍有聲無實，恃其先聚，必喜而前行，徑來至河，肆其侵暴。則我守將，無以禦之。若彼有見機之人，善設權譎，乘間深入，虞我國虛，生變不難。非制敵之良計。今公卿欲以威力攘賊，乃所以招令速至也。夫張虛聲而召實害，此之謂矣。不可不思，後悔無及。我使在彼，期四月前還，可待使至，審而後發，猶未晚

也。楚之之徒，[二八]是彼所忌，將奪其國，彼安得端坐視之？故楚之往則彼來，楚之止則彼息，其勢然也。且楚之等瑣才，能招合輕薄無賴，而不能成就大功。爲國生事，使兵連禍結，必此之羣矣。臣嘗聞魯軌說姚興，求入荆州。至則散敗，乃不免蠻賊掠賣爲奴，使禍及姚泓，已然之效。」

浩又陳天時不利於彼，曰：「今兹害氣在揚州，不宜先舉兵，一也；午歲自刑，先發者傷，二也；日蝕滅光，晝昏星見，飛鳥墮落，宿當斗、牛，憂在危亡，三也；熒惑伏匿於翼、軫，戒亂及喪，四也；太白未出，進兵者敗，五也。夫興國之君，先修人事，次盡地利，後觀天時，故萬舉而萬全，國安而身盛。今宋新國，是人事未周也；災變屢見，是天時不協也；舟行水涸，是地利不盡也。三事無一成，自守猶或不安，何得先發而攻人哉？彼必聽我虛聲而嚴，我亦承彼嚴而動，兩推其咎，皆自以爲應敵。兵法當分災，迎受害氣，未可舉動也。」

帝不能違衆，乃從公卿議。浩復固爭，不從。遂遣陽平王杜超鎮鄴，琅邪王司馬楚之等屯潁川。於是寇來遂疾，到彥之自清水入河，泝流西行，分兵列守南岸，西至潼關。

帝聞赫連定與宋縣分河北，乃先討赫連。羣臣皆曰：「義隆軍猶在河中，舍之西行，前寇未可必剋，而義隆乘虛，則東州敗矣。」帝疑焉，問計於浩。浩曰：「義隆與赫連定同惡相連，招結馮跋，牽引蠕蠕，規肆逆心，虛相唱和。義隆望定進，定待義隆前，皆莫敢先入。以臣觀之，有似連雞，不得俱飛，無能爲害也。臣始謂義隆軍屯住河中，兩道北上，東道向冀州，西道衝鄴，如此則陛下當自致討，不得徐行。今則不然，東西列兵，徑二千里中，一處不過千，形分勢弱。以此觀之，儜兒情見，正望固河自守，免死爲幸，無北度意也。赫連定殘根易摧，擬之必仆。剋定之後，東出潼關，席卷而前，威震南極，江淮以北無立草矣。聖策獨發，非愚近所及，願陛下必行無疑。」

平涼既平，其日宴會，帝執浩手以示蒙遜使曰：「所云崔公，此是也。才略之美，當今無比。朕行止必問，成敗決焉，若合符契。」

後冠軍安頡軍還，獻南俘，因說南賊之言云：「宋敕其諸將，若北國兵動，先其未至，徑前入河。若其不動，住彭城勿進。」如浩所量。帝謂公卿曰：「卿輩前謂我用浩計爲謬，驚怖固諫。常勝之家，自謂踰人遠矣，至於歸終，乃不能及。」遷浩司徒。

時方士祁纖奏立四王，以日東西南北爲名，欲以致禎吉，除災異。詔浩與學士議之。浩曰：「先王建國，以作藩屏，不應假名，以爲其福。[二九]夫日月運轉，周歷四方，京師所居，在於其內。四王之稱，實奄邦畿，名之則逆，不可承用。」先是，纖奏改代爲萬年，浩曰：「昔太祖道武皇帝應期受命，開拓洪業，諸所制置，[三〇]無不循古。以始封代土，後稱爲魏，故代、魏兼用，猶彼殷、商。國家積德，著在圖史，當享萬億，不待假名以爲益也。纖之所聞，皆非正

義。」帝從之。

時河西王沮渠牧犍內有貳意，帝將討焉，先問於浩。浩對曰：「牧犍惡心已露，不可不誅。官軍往年北伐，雖不剋獲，實無所損。于時行者，內外軍馬三十萬匹，計在道死傷，不滿八千。歲常羸死，恒不減萬，乃不少於前。而遠方承虛，便謂大損，不能復振。今出其不圖，大軍卒至，必驚懼騷擾，不知所出，擒之必矣。牧犍劣弱，[三一]諸弟驕恣，爭權縱橫，人心離解。加以比年以來，天災地變，都在秦、涼，成滅之國也。」

帝命公卿議之，恒農王奚斤等三十餘人皆表曰：「牧犍西垂下國，雖心不爲純臣，然繼父修職貢，朝廷接以蕃禮。又王姬釐降，罪未甚彰，謂且羈縻而已。今士馬勞止，可宜小息。又其地鹵斥，略無水草，大軍既到，不得久停。彼聞軍來，必完聚城守，攻則難拔，野無所掠。」於是尚書古弼、李順之徒皆曰：「自溫圉河以西至於涼州，地純枯石，了無水草，不見流川。皆言姑臧城南天梯山上，冬有積雪深一丈，至春夏消液，下流成川，引以溉灌。彼聞軍至，決此渠口，水不通流，則致渴乏。去城百里之內，赤地無草，不任久停軍馬。斤等議是也。」帝乃命浩以其前言與斤共相難抑。諸人不復餘言，唯曰彼無水草。浩曰：「漢書地理志稱『涼州之畜，爲天下饒』，若無水草，何以畜牧？又漢人爲居，終不於無水草之地築城郭立郡縣也。又雪之消液，裁不斂塵，何得通渠引漕，溉灌數百萬頃乎？此言大誣誣於人矣。」

李順等復曰：「吾曹目見，何可共辯？」浩曰：「汝曹受人金錢，欲爲之辭，謂我目不見便可欺也！」帝隱聽，聞之乃出，親見斤等，辭旨嚴厲，形於神色。羣臣乃不敢復言。於是遂討涼州，平之，多饒水草，如浩所言。

乃詔浩總理史務，務從實錄。於是監祕書事，以中書侍郎高允、散騎侍郎張偉參著作，續成前紀。至於損益褒貶，折衷潤色，浩所總焉。浩有鑒識，以人倫爲己任。明元、太武之世，徵海內賢才，起自仄陋，及所得外國遠方名士，拔而用之，皆浩之由也。至於禮樂憲章，皆歸宗於浩。

及景穆始總百揆，浩復與宜都王穆壽輔政事。又將討蠕蠕，劉潔復致異議。帝愈欲討之，乃召問浩。浩對曰：「往擊蠕蠕，師不多日，潔等各欲迴還。後獲生口，[三二]云軍還之時，去賊三十里，是潔等之計過矣。夫北土多積雪，至冬時，常避寒南徙。若因其時，潛軍而出，必與之遇，既與之遇，則可禽獲。」帝以爲然，乃分軍四道，諸將俱會鹿渾海，期日有定，而潔恨計不用，沮誤諸將，無功而還。

帝西巡至東雍，親臨汾曲，觀叛賊薛永宗壘，進軍圍之。永宗出兵欲戰，帝問浩曰：「今日可擊否？」浩曰：「永宗未知陛下自來，人心安固。[三三]北風迅疾，宜急擊之，須臾必破。若待明日，恐見官軍盛大，必夜遁走。」帝從之，永宗潰滅。車駕濟河，前驅告賊在渭北。帝至洛

水橋，賊已夜遁。詔問浩曰：「蓋吳在長安北九十里，渭北地空，穀草不備，欲度渭南西行，何如？」浩曰：「蓋吳營去此六十里，賊魁所在。擊蛇之法，當先破頭，頭破則尾豈能動？宜乘勢先擊吳。今軍往，一日便到。吳平之後，迴向長安，亦一日而至。一日之乏，未便損傷。愚謂宜從北道。若從南道，則蓋吳徐入北山，卒未可平。」帝不從，乃度渭南。吳聞帝至，盡散入北山，果如浩言，軍無所剋，帝悔之。後以浩輔東宮之勤，賜繒絮布各千段。

帝蒐于河西，詔浩詣行在所議軍事。[三四]浩表曰：「昔漢武患匈奴强盛，故開涼州五郡，通西域，廣農積穀，爲滅賊之資，東西迭擊。故漢未疲而匈奴已弊，後遂入朝。昔平涼州，臣愚以爲北賊未平，征役不息，可不徙其人，案前世故事，計之長者。若徙其人，則土地空虛，雖有鎮戍，適可禦邊而已，至於大舉，軍資必乏。陛下以此事闊遠，竟不施用。如臣愚意，猶如前議，募徙豪强大家，充實涼土。[三五]軍舉之日，東西齊勢，此計之得者。」

浩又上五寅元曆。表曰：「太宗卽位元年，敕臣解急就章、孝經、論語、詩、尙書、春秋、禮記、周易，三年成訖。復詔臣學天文星曆、易式、九宮，無不盡看。三十九年，晝夜無廢。臣稟性弱劣，力不及健婦人，更無餘能，是以專心思書，忘寢與食，至乃夢共鬼爭義，遂得周公、孔子之要術。始知古人有虛有實，妄語者多，眞正者少。自秦始皇燒書之後，經典絕滅。漢高祖以來，世人妄造曆術者十餘家，皆不得天道之正。大誤四千，小誤甚多，不可言

盡。臣愍其如此。今遭陛下太平之世，除僞從眞，宜改誤曆，以從天道。是以臣前奏造曆，今始成訖，謹以奏呈。惟恩省察，以臣曆術，宣示中書博士，然後施用。非但時人，天地鬼神知臣得正，可以益國家萬世之名，過於三皇、五帝矣。」

浩又以晉書諸家並多誤，著晉後書，未就，傳世者五十餘卷。

初，道武詔祕書郎鄧彥海著國記十餘卷，編年次事，體例未成，逮于明元，廢不著述。神䴥二年，詔集諸文人摭錄國書。浩及弟覽、高讜、鄧穎、晁繼、范亨、黃輔等共參著作，敍成國書三十卷。著作令史太原閔堪、趙郡郄標素諂事浩，乃請立石，銘載國書，以彰直筆。并勒浩所注五經。浩贊成之，景穆善焉。遂營於天郊東三里，方百步，用功三百萬乃訖。浩書國事備而不典，而石銘顯在衢路，北人咸悉忿毒，相與構浩於帝。帝大怒，使有司案浩，取祕書郎及長歷生數百人意狀。浩服受賕。眞君十一年六月，誅浩。清河崔氏無遠近，及范陽盧氏、太原郭氏、河東柳氏，皆浩之姻親，盡夷其族。其祕書郎吏以下盡死。

浩始弱冠，太原郭逸以女妻之。浩晚成，不曜華采，故時人未知。逸妻王氏，宋鎮北將軍王仲德姊也，每奇浩才能，自以爲得壻。俄而女亡，王氏深以傷恨，復欲以少女繼昏。逸及親屬以爲不可，王氏固執與之。逸不能違，遂重結好。浩非毀佛法，而妻郭氏敬好釋典，時時讀誦。浩怒，取而焚之，捐灰廁中。及浩幽執，被置檻內，送於城南，使衞士數十人溲

其上，呼聲嗷嗷，聞于行路。自宰司之被戮辱，未有如浩者，世皆以爲報應之驗。

初，浩害李順，基萌已成，夜夢以火爇順寢室，火作而順死。浩與室家羣立觀之。俄而順弟息號哭而出，曰：「此輩吾賊也！」以戈擊之，悉投於河。寤而以告館客馮景仁。曰：「此眞不善也。夫以火爇人，暴之極也。且兆始惡者有終殃，積不善者無餘慶。厲階成矣，公其圖之。」浩曰：「吾方思之。」而不能悛，至是而族。

浩既工書，人多託寫急就章，從少至老，初不憚勞。所書蓋以百數，必稱「馮代强」，以示不敢犯國。其謹也如此。浩書體勢及其先人，而巧妙不如也。世寶其迹，多裁割綴連，以爲摹楷。

浩母，盧諶孫女也。浩著食經序曰：「余自少及長，耳目聞見，諸母諸姑所修婦功，無不蘊習酒食。朝夕養舅姑，四時供祭祀，雖有功力，不任僮使，常手自親焉。昔遭喪亂，饑饉仍臻，饘蔬餬口，不能具其物用，十餘年間，不復備設。先妣慮久廢忘，後生無所知見，而少不習書，乃占授爲九篇。文辭約舉，婉而成章，聰辯强記，皆此類也。親沒之後，遇國龍興之會，平暴除亂，拓定四方。余備位台鉉，與參大謀，賞獲豐厚，牛羊蓋澤，貲累巨萬，衣則重錦，食則粱肉。遠惟平生，思季路負米之時，不可復得。故序遺文，垂示來世。」

浩弟簡，字仲亮，一名覽。好學，少以善書知名。道武初，歷中書侍郎，[三六]爵五等侯，

參著作事。卒。

簡弟恬，字叔玄，小名白。位豫州刺史，爵武陽侯。坐浩伏誅。

宏祖悅，與范陽盧諶並以博藝齊名。諶法鍾繇，悅法衞瓘，而俱習索靖之草，皆盡其妙。諶傳子偃，偃傳子邈；悅傳子潛，潛傳子宏。世不替業，故魏初重崔、盧之書。宏自非朝廷文誥，四方書檄，初不妄染，故世無遺文。尤善草隸，爲世摹楷，行押特盡精巧，而不見遺迹。

始宏因苻氏亂，欲避地江南，爲張願所獲，本圖不遂。乃作詩以自傷，而不行於時，蓋懼罪也。浩誅，中書侍郎高允受敕收浩家書，始見此詩，允知其意。允孫綽錄於允集。

初，宏父潛爲兄渾等誄手筆本草，延昌初，著作佐郎王遵業買書於市，遇得之，年將二百，寶其書迹，深藏祕之。武定中，遵業子松年將以遺黃門郎崔季舒，人多摹搨之。左光祿大夫姚元標以工書知名於時，見潛書，以爲過於浩也。

宏弟徽，字玄猷，少有文才，與勃海高演俱知名。歷位祕書監，賜爵貝丘侯。樂安王範鎮長安，還舊德之士與範俱，以徽爲平西將軍副將，行樂安王傅，進爵濟南公。徽爲政務存大體，不親小事。性好人倫，引接賓客，或談及平生，或講論道義，誨誘後進，終日不止。以

疾，徵還京師，卒，謚曰元公，士類無不歎惜。

始清河崔寬祖彤，隨晉南陽王保避地隴右，遂仕西涼及沮渠氏。彤生剖，字伯宗，每慷慨有懷東土。常歎曰：「風雨如晦，雞鳴不已，吾所庶幾！」及太武西巡，剖乃總率同義，使子寬送款。太武嘉之，拜寬岐陽令，賜爵延水男。遣使與寬俱西，撫慰初附。徵剖詣京師，未至而卒。文成以剖誠著先朝，贈涼州刺史、武陵公，謚曰元。

寬字景仁，還京，封安國子，位弘農太守。初，寬通欵見浩，浩與相齒次，厚存接之。及浩誅，以遠來疏族，獨得不坐。遂家于武城，居司空林舊墟，以一子繼浩。與浩弟覽妻封氏相奉如親。

寬後襲爵武陵公，陝城鎮將。三崤地嶮，人多寇劫。而寬性滑稽，誘接豪右，宿盜魁帥，與相交結，傾衿待遇，不逆細微，莫不感其意氣。時官無祿力，唯取給於人，寬善撫納，招致禮遺，大有取受，而與之者無恨。又恒農出漆蠟竹木之饒，路與南通，貿易來往，家產豐富，而百姓樂之。諸鎮之中，號曰能政。及解鎮，人人追戀，詣闕上疏者三百餘人。卒，遺言薄葬，斂以時服。

長子衡，字伯玉，少以孝行著稱。學崔浩書，頗亦類焉。天安元年，擢爲內祕書中散。班下詔命及御所覽書，多其迹也。衡舉李沖、李元愷、程駿等，終爲名器。承明元年，遷內都坐令，善折獄，孝文嘉之。太和二年，襲爵武陵公。衡涉獵書史，頗爲文筆。蠕蠕時犯塞，衡上書陳備禦之方、便國利人之策凡五十餘條。除秦州刺史，徙爵齊郡公。先是，河東年饑，劫盜大起。衡至，修龔遂法，勸課農桑，周年間，寇盜止息。卒，贈冀州刺史，謚惠公。衡五子。

長子敞，字公世，襲爵，例降爲侯，爲平原相。敞性狷急，與刺史楊椿迭相表列，敞坐免官。宣武初，爲鉅鹿太守。弟朏之逆，敞爲黃木軍主韓文殊所藏。其家悉見籍沒，唯敞妻李氏以公主之甥，自隨奴婢田宅二百餘口得免。正光中，普釋禁錮，敞復爵郡侯，卒於趙郡太守。

敞弟鐘，字公祿，奉朝請。弟朏之逆，以出後被原。歷司徒右長史、金紫光祿大夫、冀州大中正。敞亡後，鐘貪其財，誣敞息子積等三人非兄胤，辭訴累歲，人士疾之。尒朱世隆爲尚書令，奏除其官，終身勿齒。

朏好學，有文才，爲京兆王愉錄事參軍，與愉同逆，伏法。

宏同郡董謐。謐父京，與同郡崔康時、廣陽霍原等，俱以碩學，播名遼海。謐好學，傳

父業。中山平，入朝，拜儀曹郎，撰朝覲、饗宴、郊廟、社稷之儀。

張袞字洪龍，上谷沮陽人也。祖翼，父卓，位並太守。

袞篤實好學，有文才。道武爲代王，選爲左長史。從追蠕蠕五六百里。諸部帥因袞言糧盡，不宜深入。帝問袞：「殺副馬足三日食乎？」皆言足。〔三七〕帝乃倍道追及於廣漠赤地南牀山下，大破之。既而帝問袞曰：「卿曹外人，知我前問三日糧意乎？蠕蠕奔走數日，畜產失飲，至水必留。計其道程，三日足及。輕騎卒至，出其不意，彼必驚散，其勢然矣。」部帥聞之，咸曰：「聖策，非所及也。」袞常參大謀，每告人曰：「主上天資傑邁，必能囊括六合。夫遭風雲之會，不建騰躍之功者，非人豪也。」遂策名委質，竭誠伏事。

時劉顯地廣兵强，跨有朔裔，會其兄弟乖離，共相疑阻。袞言於道武曰：「顯志大意高，今因其內釁，宜速乘之。」帝從之，遂破走顯。又從破賀訥。〔三八〕道武登勿居山遊宴，從官請聚石爲峯，以記功德，乃命袞爲文。

慕容寶之來寇也，袞言於道武曰：「寶乘滑臺功，因長子捷，傾財竭力，難與爭鋒，宜贏師以侈其心。」帝從之，果破之參合。遷給事黃門侍郎。道武南伐，次中山，袞遺寶書，喻以

成敗。寶見書，大懼，遂奔和龍。既剋中山，聽入八議，拜幽州刺史，賜爵臨渭侯，百姓安之。

天興初，徵還京師。後與崔逞答晉將郗恢書失旨，黜爲尚書令史。袞遇創業之初，始以才謀見任，率心奉上，不顧嫌疑。道武曾問南州人於袞，袞與盧溥州里，數稱薦之。又未嘗與崔逞相識，聞風稱美。及中山平，盧溥聚黨爲逆，崔逞答書不允，並乖本言，故忿之。袞年過七十，闔門守靜，手執經書，刊定乖失。愛好人物，善誘無倦，士類以此高之。永興二年，卒。太武後追錄舊勳，遣大鴻臚卽墓策贈太保，諡文康公。

子度，少有學尚，襲爵臨渭侯，卒於中都大官。

度子白澤，年十一，遭母憂，以孝聞。長而博學。文成初，除殿中曹給事中，甚見寵任。白澤本字鍾葵，獻文賜名白澤，納其女爲嬪。出行雍州刺史。清心少欲，人吏安之。獻文詔諸監臨官取所監羊一口、酒一斛者，罪至大辟；與者以從坐論。糾得尚書以下罪狀者，各隨所糾官輕重而授之。白澤上表，以爲此法若行之不已，恐姦人窺望，勞臣懈節，請依律令舊法。獻文納之。太和初，懷州人伊祁苟初三十餘人謀反，文明皇太后欲盡誅一城人。白澤諫，以爲周書父子兄弟罪不相及，不誣十室，而況一州。后從之，乃止。轉散騎常侍、殿中尚書。卒，贈相州刺史、廣平公，諡曰簡。

長子倫，字天念，大司農少卿、燕州大中正。熙平中，蠕蠕主醜奴遣使來朝，抗敵國之禮，不修臣敬，朝議將依漢答匈奴故事，遣使報之。倫表以爲：「虜雖慕德，亦來觀我。懼之以强，儻或歸附；示之以弱，窺覦或起。春秋所謂以我卜也。高祖、世宗知其若此，來旣莫逆，去又不追。必其委贄玉帛之辰，屈膝藩方之禮，則豐其勞賄，藉以珍物。至於王人遠役，銜命虜庭，優以匹敵之尊，加之想望之寵，恐徒生虜慢，無益聖朝。」不從。孝莊初，卒於大司農卿。

袞弟恂。恂字洪讓，隨兄袞歸北，參代王軍事。說道武宜收中土士庶之望，以建大業，帝深加器異。皇始初，拜中書侍郎，帷幄密謀，頗亦參預。賜爵平皐子，出爲廣平太守。恂招集離散，勸課農桑，流人歸者數千戶。遷常山太守。恂開建學校，優禮儒士，吏人歌詠之。時喪亂之後，罕能克厲者，唯恂當官清白，仁恕臨下，百姓親愛之，政爲當時第一。明元卽位，徵拜太中大夫。卒。恂性清儉，死日家無餘財。贈幷州刺史、平皐侯，諡曰宣。

子純，字道尚，襲爵。坐事除。

純弟代，字定燕，陳留、北平二郡太守。卒，贈營州刺史，諡惠侯。代所歷著稱，有父遺風。

代子萇年，爲汝南太守。郡人劉崇之兄弟分析，家貧，唯一牛，爭不能決，訟於郡庭。萇年悽而見之，謂曰：「汝曹當以一牛，故致此競；脫有二牛，必不爭。」乃以己牛一頭賜之。於是境中各相戒約，咸敦敬讓。卒于郡。

子琛，字寶貴，少有孝行，位至太子翊軍校尉。卒。

鄧彥海，[三九]安定人也。祖羌，苻堅車騎將軍。父翼，河間相。慕容垂之圍鄴，以爲冀州刺史，爵眞定侯。拒對使者曰：「先君忠于秦室，翼豈可先叛乎？忠臣不事二主，未敢聞命。」垂遣喻之曰：「吾與車騎結爲異姓兄弟，卿亦猶吾子弟，安得辭乎？」翼曰：「冀州宜任親賢，翼請他役効命。」垂乃用爲河間太守。後卒於趙郡內史。

彥海性貞素，言行可復，博覽經書，長於易筮。道武定中原，擢爲著作郎，再遷尚書吏部郎。彥海明解制度，多識故事，與尚書崔宏參定朝儀、律令、音樂，及軍國文記、詔策多是彥海所爲。賜爵下博子。道武詔彥海撰國記十餘卷，唯次年月，起居行事而已，未有體例。彥海謹於朝事，未嘗忤旨。其從父弟暉時爲尚書郎，兇俠好奇，與定陵侯和跋厚。跋有罪誅，其子弟奔長安。或告暉將送出之，由是道武疑知情，遂賜彥海死。旣而悔之。時人咸愍惜焉。

子潁襲爵，稍遷中書侍郎。太武詔太常卿崔浩集諸文學撰述國書，潁與浩弟覽等俱參著作事。太武幸漠南，高車莫弗庫若干率騎數萬餘，驅鹿百餘萬詣行在所。[四〇]詔潁爲文，銘於漠南，以記功德。兼散騎常侍，使宋。進爵爲侯。卒，諡曰文恭。

子怡襲爵，位荊州刺史，賜爵南陽公。卒。

子侍，孝文賜名述，位齊州刺史。初改置百官，始重公府元佐，以述爲太傅元丕長史。卒於司空長史。諡曰貞。

論曰：昭成、道武之時，雲雷方始，至於經邦緯俗，文武兼資。燕鳳博識多聞，首膺禮命；許謙才術俱美，驅馳艱虞。不然，何以成帝業也。崔宏家世儁偉，仍屬權輿，總機任重，守正成務，禮從淸廟，固其宜也。浩才藝通博，究覽天文，政事籌策，時莫之二，此其所以自比於子房焉。屬明元爲政之秋，太武經營之日，言聽計從，寧廓區夏，遇旣深矣，勳亦茂哉。謀雖蓋世，威未震主，末途邂逅，遂不自全。豈鳥盡弓藏，人惡其上，將器盈必概，陰害貽禍，何斯人而遭斯酷乎？至若張袞才策，不免其戾，彥海貞白，禍非其罪，亦足痛云。洪讓世著循吏，家風良可貴矣。

校勘記

〔一〕宜分部爲二令各統之　諸本「各」訛作「人」，據通志卷一四六燕鳳傳改。魏書卷二四燕鳳傳作「令此兩人統之」。

〔二〕苻堅從弟行唐公洛鎭和龍　諸本脫「從」字，據魏書卷二四、通志卷一四六許謙傳補。洛爲堅從弟，見晉書卷一一三苻堅載記。

〔三〕道武征慕容寶次常山　諸本「常」作「中」，魏書卷二四崔玄伯傳作「常」。按魏書卷二太祖紀皇始元年十一月：「帝至眞定，自常山以東守宰，或捐城奔竄，或稽顙軍門，唯中山、鄴、信都三城不下。」眞定卽常山郡治。作「常」是，今據改。

〔四〕神州之上國　諸本脫「神」字，據魏書及通志卷一四六崔宏傳補。

〔五〕及置八部大夫以擬八坐　諸本「夫」作「人」，魏書作「夫」。按魏書官氏志云：「天興元年十二月置八部大夫中略，於皇城四方四維，面置一人，以擬八座。」作「人」誤，今據改。

〔六〕明元以郡國豪右大人蠹害　張森楷云：「魏書作『大爲民蠹』是也，此不成語。」按「郡國豪右」指地方大族，故下云「優詔徵之」。北史避「民」字，改作「大人蠹害」，逵失原意。

〔七〕壽光侯叔孫建元城侯元屈等問焉　諸本「建」下有「武」字。按叔孫建傳見本書卷二〇，元屈封元城侯見本書卷一五文安公泥傳。其間不應有「武」字，今據魏書、通志刪。

〔八〕浩字伯深　魏書卷三五崔浩傳「深」作「淵」，北史避唐諱改。

〔九〕道武以其工書　諸本「工」訛「上」，據魏書、通志改。

〔一〇〕莫不逃隱避目下之變　諸本訛作「莫不逃避隱匿目下之變」，文不可通，據魏書、通志改。

〔一一〕諸所處決多有應驗　諸本「諸所處決」作「者數家」。文不可通，據魏書改。

〔一二〕賜浩妾各一人　李慈銘云：「魏書言浩與特進周澹同諫遷都，故賜浩、澹妾各一人。此不載周澹而存『各』字，非。」

〔一三〕所謂卞莊刺彪　魏書「彪」作「虎」，北史避唐諱改。

〔一四〕姚興好養虛名而無實用　魏書、通志「姚」上有「昔」字。按其時姚興已死，有「昔」字是。

〔一五〕帝大悅說至中夜賜浩縹醪酒十斛　李慈銘云：「當依魏書『說』作『語』，『斛』作『觚』。」

〔一六〕浩能爲雅說　李慈銘云：「『雅』當依魏書作『雜』。」

〔一七〕今長皇子燾年漸一紀　諸本「燾」作「諱」，據魏書殿本改。按魏書卷四上世祖紀，拓拔燾以天賜五年生，泰常七年爲監國，年已十四歲，此云「將一紀十二年」，魏書云「將一周」，疑並誤。

〔一八〕山陽公奚斤　諸本「山」訛作「高」，據魏書、通志改。奚斤封山陽公見本書卷二〇本傳。

〔一九〕詰浩曰　諸本「詰」訛作「語」，據魏書改。下文卽是詰責之語。

〔二〇〕太武卽位　諸本脫「卽位」二字，據魏書、通志補。

〔二一〕熒惑再守羽林越鉤陳　洪頤煊云：「魏書本傳作『再守羽林，皆成鉤己』。史記正義引天官占云：『熒惑環繞鉤曲，芒角動搖，乍前乍後，其殃逾甚。』『己』字形屈曲，『鉤己』卽『鉤曲』也。後人不知『鉤己』字義，妄改作『越鉤陳』，其誤甚矣。」按洪說是，隋書天文志中言熒惑運行有「環繞勾己」、「逆行成鉤己」等象。鉤陳不在黃道上，非熒惑運行所經。

〔二二〕張深　魏書「深」作「淵」，北史避唐諱改。

〔二三〕令復舊位　魏書、通志「位」作「役」。按上文說蠕蠕是「叛隸」，則作「役」是。

〔二四〕彼北我南彼征我息　魏書「征」作「勞」。

〔二五〕北破蠕蠕　李慈銘云：「『北』，魏書作『比』，是。」

〔二六〕乃踰於甲兵　諸本「甲兵」誤倒，據魏書乙。

〔二七〕南鎭諸將復表賊至　諸本無「復」字，據魏書、通志補。上文已言「南藩諸將表宋師欲犯河南」，故此云「復表」。

〔二八〕楚之之徒　諸本「徒」上「之」字訛作「人」，據魏書改。

〔二九〕不應假名以爲其福　諸本「名」訛作「召」，脫「以爲」二字，據魏書、通志改補。

〔三〇〕諸所制置　諸本「置」訛作「宜」，據魏書、通志改。

〔三一〕牧犍劣弱　諸本「劣」作「幼」，魏書作「劣」。張森楷云：「牧犍非幼主，當以『劣』爲是。」按「幼」乃「劣」之訛。「幼」俗體作「㓜」，與「劣」形似。今據改。

〔三二〕後獲生口　百衲本「生口」二字缺，南、北、汲、殿四本作「尙書」，宋本作「生口」。按魏書及通志作「其生口」三字。今從宋本。

〔三三〕人心安固　魏書「固」作「閑」，通志作「閒」。按「安閑」指無防備，不警惕；「安固」則意爲堅定，不動搖。此處應作「安閑」或「安閒」。

〔三四〕詔浩詣行在所議軍事　諸本脫「在」字，據魏書、通志補。

〔三五〕募徙豪強大家充實涼土　諸本「徙」訛「從」，據宋本及魏書、通志改。

〔三六〕道武初歷中書侍郎　按簡父宏在皇始中始歸魏，其時已是道武中年，不得崔簡仕魏反在其前。上文言簡卽覽曾預修國書，其事在太武時。疑「道武」是「太武」之誤。魏書作「太祖」，亦當是「世祖」之誤。

〔三七〕帝問衰殺副馬足三日食乎皆言足　魏書卷二四張衮傳云：「太祖令衮問諸部帥，若殺副馬，足三日食否，皆言足也。」此作問衮，「皆」字便無所指。

〔三八〕又從破賀訥　諸本「訥」作「納」，據魏書、通志及本書卷八〇訥本傳改。

〔三九〕鄧彥海　魏書卷二四作鄧淵，北史避唐諱改稱其字。

〔四〇〕驅鹿百餘萬詣行在所　諸本脫「在」字，據魏書卷二四鄧淵傳補。

北史卷二十二

列傳第十

長孫嵩 五世孫儉　儉子平　長孫道生 曾孫幼　幼孫兕　兕子熾　熾弟晟　幼子紹遠　紹遠子覽　長孫肥

長孫嵩，代人也。父仁，昭成時爲南部大人。嵩寬雅有器度，昭成賜名焉。年十四，代父統事。昭成末年，諸部乖亂，苻堅使劉庫仁攝國事，嵩與元他等率部衆歸之。劉顯之謀難也，嵩率舊人及庶師七百餘家叛顯走。〔一〕將至五原，時寔君之子渥亦聚衆自立，嵩欲歸之。見于烏渥，稱逆父之子，勸嵩歸道武。嵩未決，烏渥迴其牛首，嵩僶俛從之，見道武于三漢亭。道武以爲南部大人，累著軍功。後從征中山，除冀州刺史，賜爵鉅鹿公。歷侍中、司徒、相州刺史，封南平公。所在著稱。明元即位，與山陽侯奚斤、〔二〕北新侯安同、白馬侯崔宏等八人坐止車門右，聽理萬機，故世號八公。

晉將劉裕之伐姚泓，明元假嵩節，督山東諸軍事，傳詣平原，緣河北岸列軍，次於畔城。軍頗失利。詔假裕道。裕於舟中望嵩麾蓋，遺以酃酒及江南食物。嵩皆送京師。詔嵩厚答之。又敕簡精兵爲戰備，若裕西過者，便率精銳，南出彭、沛；如不時過，但引軍隨之。彼至崤、陝間，必與姚泓相持，一死一傷，衆力疲弊。比及秋月，徐乃乘之，則裕首可不戰而縣。於是叔孫建等。尋河趣洛，遂入關。〔三〕嵩與建等自城皐南濟，晉諸屯戍皆望塵奔潰。裕剋長安，嵩乃班師。

明元寢疾，問後事於嵩。嵩曰：「立長則順，以德則人服。今長皇子賢而世嫡，天所命也，請立。」乃定策，詔太武臨朝監國，嵩爲左輔。

太武即位，進爵北平王、司州中正。詔問公卿：「赫連、蠕蠕，征討何先？」嵩與平陽王長孫翰、司空奚斤等曰：「赫連土居，未能爲患。蠕蠕世爲邊害，宜先討大檀。及則收其畜產，足以富國；不及則校獵陰山，多殺禽獸，皮肉筋角以充軍實，亦愈於破一小國。」太常崔浩曰：「大檀遷徙鳥逝，疾追則不足經久，大衆則不能及之。赫連屈丐土宇不過千里，其刑政殘害，人神所棄，宜先討之。」尙書劉潔、武京侯安原〔四〕請先平馮跋。帝默然，遂西巡狩。後聞屈丐死，關中大亂，議欲征之。嵩等曰：「彼若城守，以逸待勞。大檀聞之，乘虛而寇，危道也。」帝乃問幽徵於天師寇謙之，勸行，杜超之贊成，〔五〕崔浩又言西伐利。嵩等固諫不可，帝大怒，責嵩在官貪汚，使武士頓辱。尋遷太尉，久之，加柱國大將軍。自是輿駕征伐，嵩以元老，多留鎭京師，坐朝堂平斷刑獄。薨，年八十，諡曰宣王。後孝文追錄先朝功臣，以嵩配饗廟庭。

子頽，善騎射，彎弓三百斤。襲爵，加侍中、征南大將軍。有罪黜爲戍兵。後復爵。薨，諡曰安王。

子敦，字孝友，位北鎭都將。坐黷貨，降爲公。文成時，自訟先世勳重，復其王爵。〔六〕薨，諡簡王。

子道，字念僧，襲爵。久之，隨例降爲公，位左衞將軍。卒，諡愼。

子悅，襲爵。建義初，復本王爵，尋降爲公，位光祿少卿。卒，贈司空。

嵩五世孫儉，仕周知名。

儉，本名慶明。曾祖地汾，安東將軍、臨川公。祖酌，恒州刺史。父椷，員外散騎侍郎，早卒。

儉方正有操行，神彩嚴肅，雖在私室，終日儼然。性不妄交，非其同志，雖貴遊造門，亦不與相見。太昌中，〔七〕邊方騷動，儉初假東夏州防城大都督，從尒朱天光破宿勤明達等，

以功賜爵索盧侯。周文臨夏州，以爲錄事參軍事，深敬器之。及賀拔岳被害，周文赴平涼，凡有經綸謀策，儉皆參預。從平侯莫陳悅，留儉爲秦州長史、防城大都督，委以後事，別封信都縣伯。渭州刺史可朱渾元奔東魏後，河渭間人情離阻，刺史李弼令儉權鎭渭州。儉將十餘騎冒難赴之，復隨機安撫，羌胡悅服。轉夏州刺史，甚得人和。時西夏州仍未內屬，而東魏遣許和爲刺史，儉以信義招之，和乃歸附。卽以儉爲西夏州刺史，總統三夏州諸軍事。

荆襄初附，周文表授儉都督三荆等十二州諸軍事、荆州刺史、東南道行臺僕射。所部鄭縣令泉璨爲百姓所訟，推按獲實。儉卽大集僚屬，遂於廳事前引己過，肉袒自罰，捨璨不問。於是屬城肅勵，莫敢犯法。魏文帝璽書勞之。周文又與儉書曰：「近聞公部內縣令有罪，遂自杖三十，用肅羣下，聞之嘉歎良久不可言。」儉清正率下，兼懷仁恕，有竊盜者，原情得實，誨而放之。荆蠻舊俗，少不敬長。儉殷勤勸導，風俗大革。務廣耕桑，兼習武事，故邊境無虞，人安其業。吏人表請爲儉構清德樓，樹碑刻頌，朝議許之。吏人又以儉秩滿，恐有代至，詣闕乞留儉，朝廷嘉而許之，在州遂歷七載。

徵授大行臺尙書，兼相府司馬。常與羣公侍坐，及退，周文謂左右曰：「此人閑雅，孤每與語，常肅然畏敬，恐有所失。」他日，周文謂儉曰：「名實須相稱，尙書志安貧素，可改名儉，以彰雅操。」遷尙書左僕射，加侍中。

後除東南道行臺僕射、大都督十五州諸軍事、荆州刺史。時梁岳陽王蕭詧內附，初遣使入朝。至荆州，儉於廳事列軍儀，具戎服，以賓主禮見使。容貌魁偉，音聲如鍾，大爲鮮卑語，遣人傳譯以答問。客惶恐不敢仰視。日晚，儉乃著裙襦紗帽，引客宴於別齋，因敍梁國喪亂，朝庭招攜之意，發言可觀。使人大悅，出曰：「吾所不能測也。」

魏廢帝二年，授東南道大都督、荆襄等三十三州鎭防諸軍事。及梁元帝嗣位於江陵，外敦鄰睦，內懷異計。儉密啓陳攻取之謀。於是徵儉入朝，問以經略。儉陳謀，周文深然之，乃命還州，密爲之備。尋令柱國于謹伐江陵，事平，以儉元謀，賞奴婢三百口，遂令儉鎭江陵，進爵昌寧郡公。後移鎭荆州，授總管荆襄等五十二州諸軍事、行荆州刺史。

及周閔帝初，趙貴等將圖晉公護，儉長子僧衍預其謀，坐死。護乃徵儉，拜小冢宰。保定四年，拜柱國。朝議以儉操行清白，勳績隆重，乃下詔褒美之，兼賜以雜綵粟麥，以彰其美。

天和初，轉陝州，總管七州諸軍事、陝州刺史。儉嘗詣闕奏事，時大雪，雪中待報，自旦達暮，竟無惰容。其謹慤若此。以疾還京，詔以儉舊居狹隘，賜甲第一區。

後薨於夏州總管。臨終遺令：斂以時服，素車載柩，不設儀仗，親友贈襚，一無所受。諸子並奉行之。又遺啓請葬周文帝陵側，幷以所賜宅還官，詔皆從之。贈本官，加涼瓜等

十州諸軍事、涼州刺史，追封鄶國公，諡曰文。荆州人儀同趙超等六百九十七人，詣闕請爲儉立廟樹碑，詔許之。

建德元年，詔曰：「故柱國、鄶國公儉，臨終審正，爰吐德音，以所居之宅本因上賜，制度宏麗，非諸子所居，請以還官，更遷他所。昔叔敖辭沃壤之地，蕭何就窮僻之鄉，以古方今，無慚曩哲。而有司未達大體，遽以其第外給。夫追善念功，先王令典，豈得遂其謙挹，致乖懲勸！今以本宅還其妻子，〔八〕俾清風遠播，無替聿修。」

次子隆，位司金中大夫。從長湖公元定伐陳，〔九〕沒江南，卒。隆弟平，最知名。

平字處均，美容儀，有器幹，頗覽書記，爲周衞王侍讀。時武帝逼於宇文護，與衞王謀誅之，王常使平通意於帝。護誅，拜開府儀同三司。宣帝置東京官屬，以平爲少司寇，與小宗伯趙芬分掌六府。〔一〇〕隋文龍潛時，與平情好款洽。及爲丞相，恩禮彌厚。時賀若弼鎭壽陽，帝恐其懷貳，遣平代之爲揚州總管，賜爵襄陽公。弼果不從，平麾壯士執弼，送京師。

隋開皇三年，徵拜度支尙書。〔一一〕平見天下州縣多罹水旱，百姓不給，奏令人間每秋家出粟麥一石以下，貧富爲差，儲之閭里，以備凶年，名曰義倉。帝深嘉納。自是州里豐衍。後轉工部尙書，名曰稱職。時有人告大都督邴紹非毁朝庭爲憒憒者，上怒，將斬之。平進

諫曰：「諺云：『不癡不聾，不作大家翁。』此言雖小，可以喻大。邴紹之言，不應聞奏。陛下又復誅之，恐百代之後，有虧聖德。」上於是赦紹。因敕羣臣，誹謗之罪，勿復以聞。

後突厥達頭可汗與都藍可汗相攻，各遣使請援。上遣平持節宣諭，令其和解。平至，陳利害，遂各解兵。可汗贈平馬二百疋。還，進所得馬，上盡以賜之。未幾，遇譴，以尚書檢校汴州事，尋除汴州刺史，後歷許、貝二州，俱有善政。

鄴都俗薄，前後刺史，多不稱職。朝庭以平爲相州刺史，甚有能名。在州數年，坐正月十五日百姓大戲，畫衣裳爲鍪甲之象，[一二]上怒免之。俄而上念平鎭淮南時事，進位大將軍，拜太常卿、吏部尚書。卒官，謚曰康。

子師孝，性輕狡好利，數犯法。上以其不克負荷，遣使吊平。以師孝爲勃海郡主簿。屬大業之季，恣行貪濁，一郡苦之。後爲王世充所害。

長孫道生，嵩從子也。忠厚廉謹，道武愛其愼重，使掌機密。與賀毗等四人，內侍左右，出入詔命。明元即位，除南統將軍、冀州刺史。後取人美女以獻，明元切責之，以舊臣不加罪黜。

太武即位，進爵汝陰公，遷廷尉卿。從征蠕蠕，與尉眷等率衆出白黑兩漠間，大捷而還。太武征赫連昌，道生與司徒長孫翰、宗正娥淸爲前驅，遂平其國。昌弟定走保平涼，宋遣將到彥之、王仲德寇河南以救定。詔道生與丹陽王太之[一三]屯河上以禦之。遂誘宋將檀道濟，邀其前後，追至歷城而還。除司空，加侍中，進封上黨王。薨，年八十二，贈太尉，謚曰靖。

道生廉約，身爲三司，而衣不華飾，食不兼味，一熊皮鄣泥，數十年不易，時人比之晏嬰。第宅卑陋，出鎭後，其子弟頗更修繕，起堂廡。道生還，歎曰：「昔霍去病以匈奴未滅，無用家爲。今强寇尚遊魂漠北，吾豈可安坐華美也！」乃切責子弟，令毁其宅。太武世，所在著績，每建大議，多合時機。爲將有權略，善待士衆。帝命歌工歷頌羣臣曰：「智如崔浩，廉如道生。」及年老，頗惑其妻孟氏，以此見譏。與從父嵩俱爲三公，當世以爲榮。

子旂，位少卿，早卒。

旂子觀，少以壯勇知名，後襲祖爵上黨王。時異姓諸王襲爵，多降爲公，帝以其祖道生佐命先朝，故特不降。以征西大將軍、假司空，督河西七鎭諸軍討吐谷渾。部帥拾寅遁藏，焚其所居城邑而還。孝文初，拜殿中尚書、侍中。吐谷渾又侵逼，復假觀司空討降之。後爲征南大將軍。薨，謚曰定。葬禮依其祖靖王故事，陪葬雲中金陵。

子冀歸，六歲襲爵，降爲公。孝文以其幼承家業，賜名幼，字承業。[一四]承業聰敏有才藝，虛心愛士，爲前將軍，從孝文南討。

宣武時，爲揚州刺史、假鎭南大將軍、都督淮南諸軍事。梁將裴邃、虞鴻襲據壽春，承業諸子驍果，邃頗難之，號曰「鐵小兒」。詔河間王琛總衆援之。琛欲決戰，承業以雨久，更須持重。琛弗從，遂戰，爲賊所乘，承業後殿。初，承業既總强兵，久不決戰，議者疑有異圖。朝庭重遣河間王琛及臨淮王彧、尚書李憲等三都督，外聲助承業，內實防之。

會鮮于脩禮反於中山，以承業爲大都督北討。尋以本使達鄴城，詔承業解行臺，罷大使，遣河間王琛爲大都督，酈道元爲行臺。承業遣子子裕奉表，稱與琛同在淮南，俱當國難，琛敗臣全，遂生私隙。且臨機奪帥，非策所長。書奏，不納。琛與承業前到呼沲，承業未欲戰，而琛不從。行達五鹿，爲脩禮邀擊，琛不赴之，賊總至，遂大敗。承業與琛並除名。尋而正平郡蜀反，復假承業鎭西將軍、討蜀都督。頻戰有功，除平東將軍，復本爵。後除尚書右僕射。

未幾，雍州刺史蕭寶夤據州反，復以承業爲行臺討之。承業時背疽未愈，靈太后勞之曰：「卿疹源如此，朕欲相停，更無可寄，如何？」承業答曰：「死而後已，敢不自力。」時子彥亦

患脚痺，扶杖入辭。尚書僕射元順顧相謂曰：「吾等備爲大臣，各居寵位，危難之日，病者先行，無乃不可乎！」莫有對者。

時薛鳳賢反於正平，薛脩義屯聚河東，分據鹽池，攻圍蒲坂，東西連結，以應寶夤。承業乃據河東。時有詔廢鹽池稅，承業上表曰：「鹽池天資賄貨，密邇京畿，唯須寶而護之，均贍以理。今四境多虞，府藏罄竭。然冀、定二州，且亡且亂，常調之絹，不復可收。仰惟府庫，有出無入，必須經綸，出入相補。略論鹽稅，一年之中，準絹而言，猶不應減三十萬疋也，便是移冀、定二州置於畿甸。今若廢之，事同再失。臣前仰違嚴旨，不先討關賊，徑解河東者，[一五]非是閑長安而急蒲坂。蒲坂一陷，沒失鹽池，三軍口命，濟贍理絕。天助大魏，兹計不爽。昔高祖昇平之年，無所乏少，猶創置鹽官而加典護。非爲物而競利，恐由利而亂俗也。況今王公素餐，百官尸祿，租徵六年之粟，調折來歲之資，此皆出人私財，奪人膂力，豈是願言，事不獲已。臣輒符司監將尉，還率所部，依常收稅，更聽後敕。」及雍州平，除雍州刺史。

孝莊初，封上黨王，尋改馮翊王，後降爲郡公。遷司徒公，加侍中、兼尚書令、大行臺，仍鎭長安。節閔立，遷太尉公、錄尚書事。及韓陵之敗，斛斯椿先據河橋，謀誅尒朱。使承業入洛，啓節閔誅世隆兄弟之意。孝武初，轉太傅，以定策功，更封開國子。承業表請迴授

其姨兄廷尉卿元洪超次子暉。初，承業生而母亡，爲洪超母所撫養，是以求讓。許之。

武帝入關，承業時鎭武牢，亦隨赴長安，位太師、錄尚書事，封上黨王。大統元年，薨，贈假黃鉞、大丞相、都督三十州諸軍事、雍州刺史，諡曰文宣。

承業少輕俠，鬭雞走馬，力爭殺人，因亡抵龍門將陳興德家。會赦，乃免。因以後妻羅前夫女呂氏妻興德兄興恩以報之。羅年大承業十餘歲，酷妬忌。承業雅相敬愛，無姬妾。童侍之中在承業左右嫌疑致死者，乃有數四。前妻張氏二子：子彥、子裕。羅生三子：紹遠、士亮、季亮。兄弟皆雄武。

子彥本名儁，有膂力，以累從父征討功，封槐里縣子。孝武帝與齊神武構隙，加子彥中軍大都督、行臺僕射，鎭恒農，以爲心膂。及從帝入關，封高平郡公，位儀同三司。以從征竇泰、戰沙苑功，加開府、侍中。及東復舊京，以子彥兼尚書令、行司州牧，留鎭洛陽。後以不利，班師。大統七年，拜太子太傅。

子彥少常墜馬折臂，肘上骨起寸餘。乃命開肉鋸骨，流血數升，言戲自若。時以爲踰於關羽。末年石發，舉體生瘡，雖親戚兄弟以爲惡疾。子彥曰：「惡疾如此，難以自明。世無良醫，吾其死矣！嘗聞惡疾蝮蛇螫之不痛，試爲求之，當令兄弟知我。」乃於南山得蛇，以

股觸之，痛楚號叫，俄而腫死。文帝聞之，慟哭曰：「失我良將！」贈雍州刺史。

子裕位衞尉少卿。啓捨汎階十七級，爲子義貞求官。除左將軍，加通直散騎常侍。又以父勳，封平原縣伯。

義貞弟兕，字若汗。性機辯，强記博聞，雅重賓游，尤善談論。從魏孝武西遷，別封鄭縣侯。周天和初，進驃騎大將軍、開府儀同三司。歷熊、絳二州刺史，並有能名。襲爵平原縣公。卒，子熾嗣。

熾字仲光，性敏慧，美姿容，頗涉羣書，兼長武藝。建德初，周武帝崇尚道法，求學兼經史者爲通道館學士，熾應其選。

隋文帝作相，自御正上士擢爲丞相府功曹參軍，加大都督，封陽平縣子，遷稍伯下大夫。以平王謙，拜儀同三司。及帝受禪，熾率官屬先入淸宮，卽授內史舍人、上儀同三司，攝東宮右庶子，出入兩宮，甚被委遇。累遷太常少卿，改封饒陽縣子，進位開府儀同三司，改授吏部侍郎。

大業中，歷位大理卿、戶部尚書。吐谷渾寇張掖，令熾擊之，追至青海，以功授銀青光祿大夫。六年，帝幸江都宮，留熾東都居守，攝左候衞將軍。卒官，諡曰靜。子安世，通事

謁者。熾弟晟。

晟字季晟，性通敏，略涉書記，善彈工射，趫捷過人。年十八，仕周爲司衞上士。初未知名，唯隋文帝一見深異焉，謂曰：「長孫武藝逸羣，又多奇略。後之名將，非此子邪？」

及突厥攝圖請婚，周以趙王招女妻之。周與攝圖各相誇競，妙選驍勇以充使者，因遣晟副汝南公宇文神慶送千金公主至其牙。前後使人數十輩，攝圖多不禮之；獨愛晟，每共游獵，留之竟歲。嘗有二鵰，飛而爭肉，因以箭兩隻與晟，請射取之。晟馳往，遇鵰相玃，遂一發雙貫焉。攝圖喜，命諸子弟貴人皆相親友，冀昵近之，以學彈射。其弟處羅侯號突利設，尤得衆心，爲攝圖所忌，密託心腹，陰與晟盟。晟與之游獵，因察山川形勢，部衆强弱，皆盡知之。還，拜奉車都尉。

開皇元年，攝圖曰：「我，周家親也。今隋公自立而不能制，何面目見可賀敦！」因與高寶寧攻陷臨渝鎭，約諸面部落，謀共南侵。文帝新立，由是大懼，修長城，發兵屯北境。命陰壽鎭幽州，虞慶則鎭幷州，屯兵爲之備。

晟先知攝圖、玷厥、阿波、突利等叔姪兄弟各統强兵，俱號可汗，分居四面，內懷猜忌，外示和同，難以力征，易可離間。因上書曰：「臣於周末，忝充外使，匈奴倚伏，實所具知。

玷厥之於攝圖，兵强而位下，外名相屬，內隙已彰，鼓動其情，必將自戰。又處羅侯者，攝圖之弟，姦多而勢弱，曲取衆心，國人愛之，因爲攝圖所忌。又阿波首鼠，介在其間，頗畏攝圖，受其牽率，唯强是與，未有定心。宜遠交而近攻，離强而合弱。通使玷厥，說合阿波，則攝圖迴兵，自防右地。又引處羅，遣連奚、霫，則攝圖分衆，還備左方。首尾猜嫌，腹心離阻，十數年後，承釁討之，必可一舉而空其國。」

上省表大悅，因召與語。晟口陳形勢，手畫山川，寫其虛實，皆如指掌。上深嗟異，皆納用焉。因遣太僕元暉出伊吾道，使詣玷厥，賜以狼頭纛，謬爲欽敬。玷厥使來，引居攝圖使上。反間旣行，果相猜貳。授晟車騎將軍，出黃龍道，齎幣賜奚、霫、契丹等，遣爲鄉導，得至處羅侯所，深布心腹，誘令內附。

二年，攝圖號四十萬騎，自蘭州入，至于周盤，破達奚長儒軍。更欲南入，玷厥不從，引兵而去。時晟又說染干詐告攝圖曰：「鐵勒等反，欲襲其牙。」攝圖乃懼，迴兵出塞。

後數年，突厥大入，〔一〇〕發八道元帥出拒之。阿波至涼州，與竇榮定戰，賊帥累北。時晟爲偏將，使謂之曰：「攝圖每來，戰皆大勝。阿波纔入，便卽致敗，此乃突厥之恥。且攝圖之與阿波，兵勢本敵，今攝圖日勝，爲衆所崇；阿波不利，爲國生辱。攝圖必當因此以罪歸於阿波，成其夙計，滅北牙矣。」阿波使至，晟又謂曰：「今達頭與隋連和，而攝圖不能制。可

汗何不依附天子，連結達頭，相合爲强？此萬全之計。豈若喪兵負罪，歸就攝圖，受其戮辱耶！」阿波納之，因留塞上。後使人隨晟入朝。時攝圖與衞王軍遇，戰於白道，敗走。至磧，聞阿波懷貳，乃掩北牙，盡獲其衆而殺其母。阿波還無所歸，西奔玷厥，乞師十餘萬，東擊攝圖，復得故地，收散卒，與攝圖相攻。阿波頻勝，其勢益强。攝圖又遣使朝貢，公主自請改姓，乞爲帝女，上許之。

四年，遣晟副虞慶則使于攝圖，賜公主姓爲楊氏，改封大義公主。攝圖奉詔，不肯起拜。晟進曰：「突厥與隋俱是大國天子，可汗不起，安敢違意。但可賀敦爲帝女，則可汗是大隋女壻，奈何不敬婦公？」攝圖笑謂其達官曰：「須拜婦公。」乃拜受詔。使還稱旨，授儀同三司、左勳衞車騎將軍。

七年，攝圖死，遣晟持節拜其弟處羅侯爲莫何可汗，以其子雍閭爲葉護可汗。〔一七〕處羅侯因晟奏曰：「阿波爲天所滅，與五六千騎在山谷間，當取之以獻。」時召文武議焉。樂安公元諧曰：「請就彼梟首，以懲其惡。」武陽公李充請生將入朝，顯戮而示百姓。上問晟，晟曰：「阿波之惡，非負國家。因其困窮，取而爲戮，恐非招遠之道。不如兩存之。」上曰：「善。」

八年，處羅侯死，遣晟往弔，仍齎陳國所獻寶器，以賜雍閭。

十三年，流人楊欽亡入突厥，詐言彭國公劉昶共宇文氏女謀欲反隋，〔一八〕遣其來密告公

主。雍閭信之，乃不修職貢。〔一九〕又遣晟出使，微觀察焉。公主見晟，言辭不遜，又遣所私胡人安遂迦共欽計議，扇惑雍閭。晟還，以狀奏。又遣晟往索欽，雍閭欲勿與，謬曰：「客內無此色人。」晟乃貨其達官，知欽所在，夜掩獲之，以示雍閭，因發公主私事。國人大恥。雍閭執遂迦等，並以付晟。使還，上大喜，加授開府，仍遣入蕃，涖殺大義公主。

雍閭又表請婚，僉議將許之。晟奏曰：「臣觀雍閭反覆無信，特共玷厥有隙，所以依倚國家。縱與爲婚，終當必叛。今若得尚公主，承藉威靈，玷厥、染干必又受其徵發。强而更反，後恐難圖。且染干者，處羅侯之子，素有誠款，于今兩世。臣前與相見，亦乞通婚，不如許之，招令南徙。兵少力弱，易可撫馴，使敵雍閭，以爲邊捍。」上曰：「善。」又遣慰喻染干，許尚公主。

十七年，染干遣使隨晟來逆女。以宗女封安義公主以妻之。晟說染干南徙，居度斤舊鎮。雍閭疾之，亟來抄略。染干伺知動靜，輒遣奏聞，是以賊來，每先有備。

十九年，染干因晟奏雍閭作攻具，欲打大同城。詔發六總管，並取漢王節度，分道出塞討之。雍閭懼，復共達頭同盟，合力掩襲染干，大戰于長城下。〔二〇〕染干敗績，其兄弟子姪盡見殺，而部落亡散。染干與晟獨以五騎逼夜南走，至旦，行百餘里，收得數百騎。乃相與謀曰：「今兵敗入朝，一降人耳，大隋天子豈禮我乎！玷厥雖來，本無冤隙，若往投之，必相存

濟。」晟知懷貳，乃密遣使者入伏遠鎮，令速舉烽。染干見四烽俱發，問晟：「城上烽然，何也？」晟紿之曰：「城高地迥，必遙見賊來。我國家法，若賊少，舉二烽；來多，舉三烽；大逼，舉四烽。使見賊多而又近耳。」染干大懼，謂其衆曰：「追兵已逼，且可投城。」既入鎮，晟留其達官執室以領其衆，自將染干馳驛入朝。帝大喜，進晟左勳衞驃騎將軍，持節護突厥。晟遣降虜覘候雍閭，知其牙內屢有災變，夜見赤虹，光照數百里，天狗霣，雨血三日，流星墜其營內，有聲如雷。每夜自驚，言隋師且至。並遣奏知。

尋以染干爲意彌豆啓人可汗。〔二一〕賜射於武安殿，選善射者十二人，分爲兩朋。啓人曰：「臣由長孫大使得見天子，今日賜射，願入其朋。」許之。給晟箭，〔二二〕六發皆入鹿，啓人之朋竟勝。時有鳶羣飛，上曰：「公善彈，爲我取之。」十發俱中，並應丸而落。是日，百官獲賚，晟獨居多。尋遣領五萬人，於朔州築大利城以處染干。安義公主死，持節送義城公主，復以妻之。晟又奏：「染干部落歸者既衆，雖在長城內，猶被雍閭抄略。往來辛苦，不得寧居。請徙五原，以河爲固。於夏、勝兩州間，東西至河，南北四百里，掘爲橫塹。令處其內，任情放牧，免於抄掠，人必自安。」上並從之。

二十年，都藍大亂，爲部下所殺。晟因奏曰：「賊內攜離，其主被殺。乘此招誘，必並來降。請遣染干部下，分頭招慰。」上許之，果盡來附。達頭恐怖，又大集兵。詔晟部領降人，

爲秦州行軍總管，取晉王廣節度，出討達頭。達頭與王相抗，晟進策曰：「突厥飲泉，易可行毒。」因取諸藥，毒水上流。達頭人畜飲之多死，大驚曰：「天雨惡水，其亡我乎！」因夜遁。晟追之，斬首千餘級，俘百餘口。王大喜，引晟入內，同宴極歡。有突厥達官來降，時亦預坐。說言突厥之內，大畏長孫總管，聞其弓聲謂爲霹靂，見其走馬稱爲閃電。王笑曰：「將軍震怒，威行域外，遂與雷霆爲比，一何壯哉！」師旋，授上開府儀同三司，復遣還大利城，安撫新附。

仁壽元年，晟表奏曰：「臣夜登城樓，望見磧北有赤氣，長百餘里，皆如雨足，下垂被地。謹驗兵書，此名灑血。其下之國，必且破亡。欲滅匈奴，宜在今日。」詔楊素爲行軍元帥，晟爲受降使者，送染干北伐。二年，軍次北河，逢賊帥思力俟斤等領兵拒戰，晟與大將軍梁默擊走之，賊衆多降。晟又敎染干分遣使者，往北方鐵勒等部，招攜取之。三年，有鐵勒思結、伏具、渾、斛薛、阿拔、僕骨等十餘部，〔二三〕盡背達頭來降附。達頭衆大潰，西奔吐谷渾。晟送染干，安置于磧口。事畢，入朝。

遇文帝崩，匿喪未發。煬帝引晟於大行前委以內衙宿衞，知門禁事，即日拜左領軍將軍。遇楊諒作逆，敕以本官爲相州刺史，發山東兵馬，與李雄等共經略之。晟辭以子行布在逆地。帝曰：「公終不以兒害義，其勿辭也。」於是馳遣赴相州。諒破，追還，轉武衞將軍。

大業三年，煬帝幸榆林，欲出塞外，陳兵耀武，經突厥中，指于涿郡。仍恐染干驚懼，先遣晟往喻旨，稱述帝意。染干聽之，因召所部諸國，奚、霫、室韋等種落數十，酋長咸萃。晟見牙中草穢，欲令染干親自除之，示諸部落，以明威重。乃指帳前草曰：「此根大香。」染干遽取嗅之，曰：「殊不香也。」曰：「國家法，天子行幸所在，諸侯並躬親洒掃，耘除御路，以表至敬之心。今牙中蕪穢，謂是留香草耳。」染干乃悟，曰：「奴罪過！奴之骨肉，皆天子賜也。得効筋力，豈敢有辭？特以邊人不知法耳。」遂拔所佩刀，親自芟草。其貴人及諸部落爭放効之。乃發榆林北境，至于其牙，又東達于薊，長三千里，廣百餘步，舉國就役而開御道。帝聞益喜焉。後除淮陽太守，未赴任，復爲右驍衞將軍。

五年，卒，年五十八，帝悼惜之。後突厥圍雁門，帝歎曰：「向使長孫晟在，不令匈奴至此！」

晟好奇計，務立功名。性至孝，居憂毀瘠，爲朝士所稱。大唐貞觀中，追贈司空、上柱國，謚曰獻。少子無忌嗣。

其長子行布，亦多謀略，有父風。起家漢王諒庫直。後遇諒并州起逆，率衆南拒官軍，留行布守城。遂與豆盧毓閉門拒諒，〔一四〕城陷，遇害。

次子恒安，以兄功授鷹揚郎將。

紹遠字師，少名仁。寬容有大度，雅好墳籍，聰慧過人。父承業作牧壽春，時紹遠年十三。承業管記有王碩者，文學士也，聞紹遠强記，遂白承業，求驗之。承業命試之。碩乃試以禮記月令。於是紹遠讀數紙，纔一徧，誦之若流。碩歎服之。起家司徒府參軍事。後以別將討平河東蜀薛，封東阿縣伯。

魏孝武西遷，紹遠隨承業奔赴，以功別封文安縣子。大統二年，除太常卿，遷中書令，仍襲父爵。後例降爲公，改馮翊郡。恭帝二年，累遷錄尚書事。周文每謂羣臣曰：「長孫公任使處，令人無反顧憂，漢之蕭、寇，何足多也。其容止堂堂，足爲當今模楷。」六官建，拜大司樂。周閔踐祚，復封上黨郡公。

初，紹遠爲太常，廣召工人，創造樂器，唯黃鍾不調，每恒恨之。嘗經韓使君佛寺，聞浮圖三層上鐸鳴，其音雅合宮調，因取而配奏，方始克諧。乃啓明帝曰：「魏氏來宅秦、雍，雖祖述樂章，然黃鍾爲君，天子之正位，往經創造，歷稔無成。方知水行將季，木運伊始，天命有歸，靈樂自降。此蓋乾坤祐助，宗廟致感，方當降物和神，祚隆萬世。」詔曰：「朕以菲薄，何德可以當之。此蓋天地祖宗之祐，亦由公達鑒所致也。」俄改授禮部中大夫。時猶因魏氏舊樂，未遑更造，但去小呂，加大呂而已。紹遠上疏陳雅樂，詔並行之。

紹遠所奏樂，以八爲數。故梁黃門侍郎裴正上書，以爲昔者大舜欲聞七始，下洎周武，爰制七音。持林鍾作黃鍾，以爲正調之首。詔與紹遠詳議。

正曰：「天子用八，非無典故，縣而不擊，未聞厥理。且黃鍾爲天，大呂爲地，太蔟爲人。今縣黃鍾而擊太蔟，便是虛天位專用人矣。」

紹遠曰：「夫天不言，四時行焉。地不言，萬物生焉。人感中和之氣，居變通之道。今縣黃鍾而擊太蔟，是天子端拱，羣司奉職。從此而議，何往不可？」

正曰：「案呂氏春秋曰：『楚之衰也，爲作巫音；齊之衰也，爲作大呂。』且大呂以下七鍾，皆是林鍾之調，何得稱爲十一月調？專用六月之均，便是欲迎仲冬，猶行季夏。以此而奏，深非至理。」

紹遠曰：「卿之所言，似欲求勝。若窮理盡性，自伐更深。何者？案周禮祀天樂云：『黃鍾爲宮，大呂爲角。』此則大呂之用，宛而成章。雖知引呂氏之小文，不覺失周公之大禮。且今縣大呂，則有黃鍾、林鍾，二均乃備。春夏則奏林鍾，秋冬則奏黃鍾，作黃鍾不擊大呂，作林鍾不擊黃鍾。此所謂左之右之，君子宜之，右之左之，君子有之。而卿不縣大呂，止有黃鍾一宮，便是季夏之時仍作仲冬之調。以此爲至理，無乃不可乎！然周禮又云：『乃奏黃鍾，歌大呂，以祀天神。』謂五帝及日月星辰也。王者各以夏之正月，祀感帝於南郊。又朝

日以春分，夕月以秋分，依如正禮，並用仲冬之調。又曰：『奏太蔟，歌應鍾，以祭地祇。』謂神州及社稷。以春秋二仲，依如正禮，唯奏孟春之宮。自外四望、山川、先妣、先祖，並各周宮，不依月變。略舉大綱，則三隅可反。然則還相爲宮，雖有其義，引禮取證，乃不月別變宮。且黃鍾爲君，則陽之正位，若隨時變易，是君無定體。而卿用林鍾，以爲正調，便是君臣易位，陰陽相反。正之名器，將何取焉？」

正曰：「今用林鍾爲黃鍾者，實得相生之義。既清且韻，妙合眞體。然八音平濁，何足可稱？」

紹遠曰：「天者陽位，故其音平而濁，濁則君聲。地者陰位，故其音急而清，清則臣調。然急清者於體易絕，平濁者在義可久。可久可大，王者之基。至於鄭、衞新聲，非不清韻，若欲施之聖世，吾所不取也。」於是遂定，以八爲數焉。

尋拜京兆尹，歷少保、小司空，出爲河州刺史。河右戎落，向化日近，同姓婚姻，因以成俗。紹遠導之以禮，大革弊風。政存簡恕，百姓悅服。入爲小宗伯。

武帝讀史書，見武王克殷而作七始，又欲廢八縣七，并除黃鍾之正宮，用林鍾爲調首。紹遠奏云：「天子縣八，百王共軌。下逮周武，甫修七始之音。詳諸經義，又無廢八之典。且黃鍾爲君，天子正位，今欲廢之，未見其可。臣案周禮奏黃鍾，歌大呂，此則先聖之弘範，

不易之明證。願勿輕變古典，趣改樂章。」帝默然久之，曰：「朕欲廢八縣七者，所望體本求直，豈苟易名。當更思其義。」後竟行七音。

屬紹遠遘疾，未獲面陳，慮有司遽捐樂器，乃與樂部齊樹書曰：「伏聞朝廷前議，而欲廢八縣七。然則天子縣八，有自來矣。古先聖王，殊塗一致，〔二五〕逮周武克殷，逆取順守，專用干戈，事乖揖讓。反求經義，是用七音，蓋非萬代不易之典。其縣八笥簴，不得毀之。宜待吾疾瘳，當別奏聞。」此後紹遠疾篤，乃命其子覽曰：「夫黃鍾者，天子之宮。大呂者，皇后之位。今廢黃鍾之位，是祿去王室。若用林鍾爲首，是政出私門。將恐八百之祚，不得同姬周之永也。吾既爲人臣，義無寢默，必與疾固爭闕庭。」

後疾甚，乃上遺表曰：「謹案春秋隱公傳云：『天子用八。』周禮云天子縣二八，倕氏之鍾十六，毋句氏之磬十六。漢成帝獲古磬十六，周禮圖縣十六。此數事者，照爛典章。揚搉而言，足爲龜鏡。伏惟陛下受圖蒼帝，接統玄精，秦、漢以還，獨爲稱首。至如周武，有事干戈，臣獨鄙之，而況陛下。以臣自揣餘息，匪夕伊朝。伏願珍御萬機，不勞改八從七。」帝省表涕零，重贈柱國大將軍，謚曰獻，號樂祖，配饗廟庭。子覽嗣。

覽字休因，性弘雅，有器度，喜慍不形於色。略涉書記，尤曉鍾律。周明帝時，爲大都

督。明帝以覽性質淳和，堪爲師表，使事魯公，甚見親善。及魯公即位，是爲武帝，超拜車騎大將軍。每公卿上奏，必令省讀。覽有口辯，聲氣雄壯，凡所宣傳，百僚屬目。帝每嘉嘆之。覽初名善，帝謂曰：「朕以萬機委卿先覽。」遂賜名焉。及誅宇文護，以功進封薛國公，累遷小司空。從平齊，進位柱國。〔二六〕武帝崩，受遺輔政。宣帝時，位上柱國、大司徒，歷同、涇二州刺史。

隋文帝爲丞相，轉宜州刺史。開皇二年，將有事於江南，徵爲東南道行軍元帥，統八總管出壽陽，水陸俱進。師臨江，陳人大駭。會陳宣帝殂，覽欲乘釁滅之，監軍高熲以禮不伐喪，乃還。文帝命覽與安德王楊雄、上柱國元諧、李充、左僕射高熲、右衞大將軍虞慶則、吳州總管賀若弼等同宴。上曰：「朕昔在周朝，備展誠節。但苦被猜忌，每致寒心。爲臣若此，竟何情賴！朕與公等，共享終吉，罪非謀逆，一無所問。朕亦知公至誠侍太子，〔二七〕宜數參見之。柱臣素望，實屬於公。宜識朕意。」其恩禮如此。又爲蜀王秀納覽女爲妃。後爲涇州刺史。卒官。

子洪嗣，位宋順臨三州刺史、司農少卿、北平太守。

澄字士亮，年十歲，司徒李琰之見而奇之，遂以女妻焉。十四從父承業征討，有智謀，勇冠諸將。以功封西華縣侯。及長，容貌魁岸，風儀溫雅。魏大統中，歷位豫、渭二州刺史。以軍功，別封永寧縣伯，尋進覆津縣侯。

魏文帝與周文及羣公宴，從容曰：「孝經一卷，人行之本，諸君宜各引孝經之要言。」澄應聲曰：「夙夜匪懈，以事一人。」座中有人次云：「匡救其惡。」既出西閤，周文深嘆澄之合機，而譴其次答者。

周孝閔帝踐阼，拜大將軍，進爵義門郡公。出爲玉壁總管，頗有威信。卒於鎮，贈柱國，謚曰簡。自喪初至及葬，明帝三臨之。典祀中大夫宇文容諫曰：「君臨臣喪，自有節制。今乘輿屢降，恐乖典禮。」帝不從。其爲上所追惜如此。子嶸嗣。

瓬弟禮，少以父任爲散騎侍郎，與襄城公盧魯元等內侍。恭敏有才志。太武寵信之，曰：「其父親近吾祖，子在我左右，不亦宜乎。」

長孫肥，代人也。昭成時，年十三，以選內侍。少有雅度，果毅少言。道武之在獨孤及賀蘭部，常侍從，禦侮左右。帝深信仗之。登國初，與莫題等俱爲大將，屢有軍功。後從平中山，以功賜爵琅邪公。遷衞尉卿，改爵盧鄉。

時中山太守仇儒不樂內徙，亡匿趙郡，推趙准爲主。〔二八〕妄造妖言云：「燕東傾，趙當續。欲知其名，淮水不足。」准喜而從之，自號鉅鹿公，儒爲長史。據關城，連引丁零，殺害長吏。肥討破准於九門，斬仇儒，禽准。詔以儒肉食准，傳送京師，轘之於市，夷其族。除肥兗州刺史。

姚平之寇平陽，道武徵肥與毗陵王順等爲前鋒。平退保柴壁，帝進攻屠之。遣肥還鎮兗州，撫慰河南，威信著於淮泗。善策謀，勇冠諸將，前後征討，未嘗失敗，故每有大難，令肥當之，南平中原，西摧羌寇，肥功居多，賞賜千計。後降爵藍田侯。卒，謚曰武，陪葬金陵。子翰襲爵。

翰少有父風。道武時，以善騎射，爲獵郎。明元之在外，翰與元磨渾等潛謀奉迎。明元即位，與磨渾等拾遺左右。以功累遷平南將軍。率衆鎮北境，威名甚著。太武即位，封平陽王。蠕蠕大檀之入寇雲中，〔二九〕太武親征之。遣翰與東平公娥清出長川討大檀。大檀北遁，追擊剋獲而還。遷司徒。從襲赫連昌，破之。翰清正嚴明，喜撫將士。薨，太武爲之流涕，親臨其喪。喪禮依安城王叔孫俊故事。謚曰威，陪葬金陵。

子成襲爵，降爲公，位南部尚書。卒，陪葬金陵。

翰弟陵，位駕部尚書。性寬厚，好學愛士。封吳郡公，贈吳郡王。謚恭，陪葬金陵。

論曰：昭成之末，衆叛親離。長孫嵩寬厚沈毅，任重王室，歷事累世，遂爲元老。生則宗臣，歿祀清廟，美矣！儉器識明允，智謀通贍，堂堂焉有公輔之望，謇謇焉有王臣之節。而處朝廷之日少，在方岳之日多，何哉？平識具該通，出內流譽，取諸開物成務，蓋亦有隋之榱桷也。道生恭愼廉約，兼著威名，見知明主，聲入歌奏。二公並列，暉炫朝野，門祉世祿，榮被後昆。雖漢世八王，無以方其茂績；張氏七葉，不能譬此重光。子彥勇烈絕倫，紹遠樂聲特妙，熾乃早稱英俊，覽乃獨擅雄辯。不然則何以並統師旅，俱司禮閣，鍾鼎不墜，且公且侯？晟體資英武，兼包奇略。因機制變，懷彼戎夷，傾巢盡落，屈膝稽顙。塞垣絕鳴鏑之旅，渭橋有單于之拜。惠流邊朔，功光王府，保茲世祿，不亦宜乎！肥結髮內侍，雄武自立，軍鋒所指，罔不棄散，闞、張萬人敵，未足多也。翰有父風，不殞先構，臨喪加禮，抑有由哉！

校勘記

〔一〕嵩率舊人及庶師七百餘家叛顯走　魏書卷二五補長孫嵩傳「庶師」作「鄉邑」。按「庶師」不可

解，疑有誤。

〔二〕與山陽侯奚斤　諸本脫「與」字，據魏書補。

〔三〕於是叔孫建等尋河趣洛遂入關　按尋河趣洛入關者，應是劉裕。「等」下當有脫文。

〔四〕武京侯安原　按本書卷二〇、魏書卷三〇原本傳作武原侯。武原縣西漢屬楚國，後漢、晉並屬徐州彭城國。魏志不載。「武京」不見於地志，疑誤。

〔五〕杜超之贊成　按杜超傳見本書卷八〇，本傳無「之」字，疑此是涉上文寇謙之而衍。

〔六〕文成時自訟先世勳重復其王爵　諸本「文成」作「孝文」。按本紀，長孫敦降爵在太武帝太平眞君九年十二月，復爵在文成帝興安二年十二月見本書卷二。作「孝文」誤，今據本紀改。下文其子道「隨例降爲公」，才是孝文時事。

〔七〕太昌中　周書卷二六長孫儉傳「太昌」作「孝昌」。按孝昌是孝明帝年號，下文言「邊方擾動」，當指破六韓拔陵等起義事。若太昌乃孝武帝年號，其時尒朱天光已死，宿勤明達早已失敗，長孫儉不得於此時方從天光去鎮壓宿勤明達。「太」字疑誤。

〔八〕今以本宅還其妻子　各本「今」作「令」，宋本及周書、通志卷一五七長孫儉傳作「今」，今從宋本。

〔九〕從長湖公元定伐陳　諸本「湖」作「潮」。張森楷云：「據元定傳本書卷五七、周書卷三四，封長湖郡公，此『潮』當作『湖』。」按通志長孫儉傳正作「湖」，今據改。

〔一〇〕與小宗伯趙芬分掌六府　諸本脫「小」字，「芬」訛作「芳」，據隋書卷四六長孫平傳補改。通志卷一六四也作「芬」。趙芬爲東京小宗伯，見本書卷七五、隋書卷四六本傳。

〔一一〕隋開皇三年徵拜度支尙書　按本書卷一一、隋書卷一，長孫平任度支尙書在隋文帝開皇二年五月，此作「三年」，誤。

〔一二〕畫衣裳爲鍪甲之象　諸本脫「爲」字、「之」字，據隋書長孫平傳補。

〔一三〕丹陽王太之　按魏書卷四上世祖紀神䴥三年六月「太之」作「太毗」。通鑑卷一二一三八一八頁作「大毗」。疑「之」是「疋」之訛，「毗」「疋」則是同音異譯。

〔一四〕賜名幼字承業　魏書卷二五長孫稚傳「幼」作「稚」，北史是避唐諱改。唐高宗名治，「治」「稚」同音，故北史避「稚」字。

〔一五〕臣前仰遵嚴旨不先討關賊徑解河東者　諸本「不」作「而」，魏書作「不」。按承業本受詔討蕭寶夤，寶夤在關中，而承業却出師河東，故下文云：「非是閑長安而急蒲坂河東郡治。」作「不」是，今據改。

〔一六〕後數年突厥大入　岑仲勉突厥集史云：「上文稱二年，下稱四年，勘之本紀及他傳，此是三年事。『後數年』者，『後數月』之訛。」按通鑑卷一七五五四六三頁繫此事於陳長城公至德元年，卽隋開皇

三年。岑說是。

〔一七〕拜其弟處羅侯爲莫何可汗以其子雍閭爲葉護可汗　按隋書卷八四突厥傳云：「處羅侯竟立，是爲葉護可汗，以雍虞閭爲葉護。」據突厥傳，葉護爲突厥官名，地位僅次於可汗。處羅侯未爲可汗前卽是葉護，旣立爲可汗，乃稱葉護可汗，此作「莫何」，當是各有省略。處羅侯旣稱葉護可汗，則雍虞閭不應同時並稱此號。疑此「葉護」下衍「可汗」二字。

〔一八〕詐言彭國公劉昶共宇文氏女謀欲反隋　諸本「國」字作「城」。按本書卷六五、周書卷一七劉亮傳，昶以亮功封彭國公。隋書卷二高祖紀開皇十七年、卷八〇劉昶女傳、卷八四突厥傳及本書卷九九突厥傳都作「彭國公」。且當時有彭城公虞慶則，慶則後改封魯國公，彭城公回授其第二子義年見本書卷七三虞慶則傳。不容同時有兩彭城公，作「城」誤，今據改。

〔一九〕乃不修職貢　諸本脫「職」字，據隋書卷五一長孫晟傳補。

〔二〇〕大戰于長城下　諸本「于」下衍「大」字，據隋書刪。

〔二一〕尋以染干爲意彌豆啓人可汗　隋書「意」下有「利」字。按本書卷一二、隋書卷三煬帝紀大業四年，本書卷九九、隋書卷八四突厥傳並作「意利珍豆啓人隋書作「民」可汗」，疑此脫「利」字，「彌」是「珍」卽「珍」之訛。「彌」簡寫作「弥」，與「珍」形似。

〔二二〕給晟節　諸本脫「晟」字，據隋書補。

〔二三〕有鐵勒思結伏具渾斛薛阿拔僕骨等十餘部　隋書「伏」下有「利」字。按此處部落名稱，不能完全確定，姑且以意標斷。

〔二四〕遂與豆盧毓閉門拒諒　諸本「拒」下衍「守」字，據隋書刪。豆盧毓閉城拒諒，見本書卷六八豆盧毓傳。

〔二五〕古先聖王殊塗一致　諸本脫「王」字，據通志卷一五七長孫紹遠傳補。

〔二六〕進位柱國　諸本「國」下衍「公」字，據隋書卷五一、通志卷一六〇長孫覽傳刪。

〔二七〕朕亦知公至誠侍太子　隋書「侍」作「特付」二字。疑此是訛脫。

〔二八〕推趙淮爲主　諸本「淮」作「準」。洪頤煊云：「魏書卷二六本傳作趙淮。妄造妖言云：『燕東傾，趙當續，欲知其名，淮水不足。』字當作『淮』。」按洪說是，通志亦作「淮」，今據改。

〔二九〕蠕蠕大檀之入寇雲中　各本「入」訛「人」，宋本及魏書、通志作「入」，今從宋本。

北史卷二十三

列傳第十一

于栗磾　孫勁　六世孫謹　謹子寔　寔子顗　仲文　寔弟翼　翼子璽

翼弟義　義子宣道　宣敏

于栗磾，代人也。少習武藝，材力過人，能左右馳射。登國中，拜冠軍將軍，假新安子。與寧朔將軍公孫蘭，潛自太原，從韓信故道，開井陘關路，襲慕容寶於中山。道武後至，見道路修理，大悅，卽賜其名馬。及趙魏平，帝置酒高會，謂栗磾曰：「卿，吾之黥、彭也。」進假新安公。道武田於白登山，見熊將數子，顧栗磾曰：「能搏之乎？」對曰：「若搏之不勝，豈不虛斃一壯士。自可驅致御前，坐而制之。」尋皆禽獲，帝顧而謝之。

後爲河內鎮將。劉裕之伐姚泓，栗磾慮北侵擾，築壘河上。裕憚之，遺栗磾書，假道西上。題書曰「黑矟公麾下」。栗磾以狀表聞，明元因之授栗磾黑矟將軍。栗磾好持黑矟，裕

望而異之，故有其號。遷豫州刺史，進爵新安侯。洛陽雖歷代所都，實爲邊界，栗磾勞來安集，甚得百姓心。明元南幸盟津，謂栗磾曰：「河可橋乎？」栗磾曰：「杜預造橋，遺事可想。」乃編大船，構橋於冶坂。〔一〕六軍既濟，帝深歎美之。

太武之征赫連昌，敕栗磾與宋兵將軍周幾襲陝城，長驅至三輔。進爵爲公。累遷外都大官，平刑折獄，甚有聲稱。卒，贈太尉。

栗磾自少總戎，迄於白首，臨事善斷，所向無前。加以謙虛下士，刑罰不濫，太武甚悼惜之。

長子洛拔，有姿容，善應對。拜侍御中散。太武甚加愛寵，因賜名焉。轉監御曹令。景穆在東宮，厚加禮遇。洛拔恒畏避屏退，不敢逆自結納。頃之，襲爵。後爲侍中、尚書令，百僚憚之。卒官。洛拔有六子。

長子烈，善射，少言，有不可犯之色。少拜羽林中郎，累遷侍中、殿中尚書。于時孝文幼沖，文明太后稱制，烈與元丕、陸叡、李沖等各賜金策，許以有罪不死。進爵洛陽侯，轉衞尉卿。

及還都洛陽，人情戀本，多有異議。帝以問烈。曰：「陛下聖略深遠，非愚管所測。若隱

心而言，樂遷之與戀舊，中半耳。」帝曰：「卿不唱異同，朕深感不言之益。」敕鎭代，留臺庶政，一相參委。車駕幸代，執烈手曰：「宗廟至重，翼衞不輕。卿當祗奉靈駕，時遷洛邑。」烈與高陽王雍奉神主於洛陽，遷光祿卿。

十九年，大選百僚，烈子登引例求進。烈表引己素無教訓，請乞黜落。帝曰：「此乃有識之言，不謂烈能辨此！」乃引見登，詔曰：「朕今創禮新邑，明揚天下，卿父乃行謙讓之表，而有直士之風，故進卿爲太子翊軍校尉。」又加烈散騎常侍，封聊城縣子。

及穆泰、陸叡謀反舊京，帝幸代，泰等伏法。賜烈及李沖璽書，述敍金策之意。時代鄉舊族，同惡者多，唯烈一宗，無所染豫。帝益器重之。歎曰：「元儼決斷威恩，深自不惡，然盡忠猛決，不如烈也。爾日烈在代都，必卽斬其五三元首。烈之節概，不謝金日磾。」詔除領軍將軍。以本官從征荆沔，加鼓吹一部。

二十三年，齊將陳顯達入寇馬圈，帝輿疾討之。執烈手，以京邑爲託。帝崩於行宮，彭城王勰祕諱而返，稱詔召宣武會駕魯陽。以烈留守之重，密報凶問。烈處分行留，神守無變。

宣武卽位，寵任如前。咸陽王禧爲宰輔，權重當時，曾遣家僮傳言於烈，求舊羽林武賁執仗出入。烈不許。禧遣謂烈曰：「我是天子兒，天子叔，元輔之命，與詔何異？」烈厲色答

曰：「向亦不道王非天子兒、叔。若是詔，應遣官人所由。若遣私奴索官家羽林，烈頭可得，羽林不可得也！」禧惡烈剛直，出之爲恒州刺史。烈不願藩授，謂彭城王勰曰：「殿下忘先帝南陽之詔乎？而逼老夫乃至於此！」遂以疾辭。

宣武以禧等專擅，潛謀廢之。景明二年正月，礿祭，三公致齋於廟。帝夜召烈子忠謂曰：「卿父明可早入。」及明，烈至。詔曰：「諸父慢怠，今欲使卿以兵召之，卿其行乎？」烈曰：「老臣歷奉累朝，頗以幹勇賜識。今日之事，所不敢辭。」乃將直閤以下六十餘人，宣旨召咸陽王禧、彭城王勰、北海王詳，衞送至帝前。諸公各稽首歸政。以烈爲領軍，進爵爲侯，自是長直禁中，機密大事皆所參焉。

咸陽王禧之謀反，宣武從禽於野，左右分散，倉卒之際，莫知其計。乃敕烈子忠馳覘虛實。烈時留守，已處分有備。因忠奏曰：「臣雖朽邁，心力猶可。禧等猖狂，不足爲慮。願緩蹕徐還，以安物望。」帝甚以爲慰。車駕還宮，禧已逃，詔烈追執之。

順后既立，以世父之重，彌見優禮。及卒，宣武舉哀於朝堂，給東園第一祕器，贈太尉，封鉅鹿郡公。子祚襲。

祚弟忠，字思賢，本字千年。弱冠，拜侍御中散。文明太后臨朝，刑政頗峻，侍臣左右，

多以微譴得罪。忠朴直少言，終無過誤。太和中，授武騎侍郎，因賜名登。累遷左中郎將，領直寢。

元禧之亂，車駕在外，變起倉卒。忠曰：「臣父爲領軍，計必無所慮。」帝遣忠馳觀之，烈嚴備，果如所量。忠還，宣武撫其背曰：「卿差强人意。先帝賜卿名登，誠爲美稱。朕嘉卿忠款，今改名忠，既表貞固之誠，亦以名實相副也。」以父憂去職。徙爲司空長史。

時太傅、錄尙書、北海王詳親尊權重，將作大匠王遇多隨詳所欲而給之。忠於詳前謂遇曰：「殿下國之周公，阿衡王室，何至阿諛附勢，損公惠私也？」遇既不寧，詳亦慚謝。以平元禧功，封魏郡公。及遷散騎常侍、兼武衞將軍，每以鯁氣正辭，爲北海所忿。面責忠曰：「我憂在前見爾死，不憂爾見我死時也。」忠曰：「人生自有定分，若應死王手，避亦不免；不爾，王不能殺。」詳因忠表讓之際，密勸帝以忠爲列卿，於是詔停其封，優進太府卿。

正始二年，詔忠以本官使持節、兼侍中，爲西道大使，刺史、鎭將贓罪顯暴者，以狀聞；守令以下，便行決斷。與尙書李崇分使二道。忠劾幷州刺史高聰贓罪二百餘條，論以大辟。除華州刺史。遭繼母憂，不行。服闋，再遷衞尉卿、河南邑中正。忠與吏部尙書元暉、度支尙書元匡、河南尹元萇等推定代方姓族。高肇忌其爲人，乃言於宣武，稱中山要鎭，作捍須才，乃出忠爲定州刺史。既而帝悔，復授衞尉卿、領左衞將軍、恒州大中正，密遣使詣

忠，慰勉之。

延昌初，除都官尙書，領左衞、中正如故。又加散騎常侍。嘗因侍宴，賜之劒杖，舉酒屬忠曰：「卿世執貞節，故恒以禁衞相委。昔以卿行忠，賜名曰忠。今以卿才堪禦侮，以所御劒杖相錫。循名取義，意在不輕，出入恒以自防也。」遷侍中、領軍將軍。忠辭無學識，宣武曰：「學識有文章者不少，但心直不如卿。欲使卿劬勞於下，我當無憂於上。」

及帝崩夜，忠與侍中崔光遣右衞將軍侯剛迎明帝於東宮而卽位。忠與門下議：以帝沖年，未親機政，太尉高陽王雍屬尊望重，宜入居西柏堂，省決庶政；任城王澄明德茂親，可爲尙書令，總攝百揆。奏中宮，請卽敕授。御史中尉王顯欲逞奸計，與中常侍、給事中孫蓮等厲色不聽，寢門下之奏。孫蓮等密欲矯太后令，以高肇錄尙書事，顯與高猛爲侍中。忠卽殿中收顯殺之。

忠既居門下，又總禁衞，遂執朝政，權傾一時。初，太和中，軍國多事，孝文以用不足，百官祿四分減一。忠既擅朝，欲以惠澤自固，乃悉復所減之祿，職人進位一級。舊制：百姓絹布一匹之外，各輸綿麻八兩。忠悉以與之。乃白高陽王雍，自云宣武本許優轉。雍憚忠威權，便順意加忠車騎大將軍。忠自謂新故之際，有安社稷功，諷百僚令加己賞。太尉雍、清河王懌、廣平王懷難違其意，封忠常山郡公。忠又難於獨受，乃諷朝廷，同在門下者加封

邑。尚書左僕射郭祚、尚書裴植以忠權勢日盛，勸雍出忠。忠聞之，逼有司誣奏其罪。祚有師傅舊恩，植擁地入國，忠並矯詔殺之。朝野憤怨，無不切齒，王公以下，畏之累跡。又欲殺高陽王雍，侍中崔光固執乃止，遂免雍太尉，以王還第。自此詔命生殺，皆出於忠。既尊靈太后爲皇太后，居崇訓宮，忠爲儀同三司、尚書令、崇訓衞尉，侍中、領軍如故。

靈太后臨朝，解忠侍中、領軍、崇訓衞尉，止爲儀同、尚書令、侍中。[三]忠爲令旬餘，靈太后引門下侍官，問忠在端右聲聽。咸曰不稱厥任，乃出爲冀州刺史。太傅清河王等奏：「忠擅殺樞納，輒廢宰輔，朝野駭心，遠近怪愕。功過相除，悉不合賞，請悉追奪。」靈太后從之。

熙平元年，御史中尉元匡奏：「忠以鴻勳盛德，受遇累朝，幸國大災，專擅朝命，無人臣之心。裴、郭受冤於既往，宰輔黜辱於明世。又自矯旨爲儀同三司、尚書令、領崇訓衞尉。原其此意，便欲無上自處。既事在恩後，宜加顯戮，請遣御史一人、令史二人，就州行決。」靈太后令，以忠事經肆眚，遂不追罪。又詔以忠歷任禁要，誠節皎然，賜爵靈壽縣公。初，宣武崩後，高太后將害靈太后。劉騰以告侯剛，剛以告忠。忠請計於崔光。光曰：「宜置胡嬪於別所，嚴兵守衞。」忠從之，具以此意啓靈太后，太后意乃安。故太后深德騰等四人，並有寵授。

忠以毀之者多，懼不免禍，願還京，欲自營救。靈太后不許。二年四月，除尚書右僕射，加侍中，將軍如故。神龜元年三月，復儀同三司。疾，未拜。見裴、郭爲祟，自知必死，先表養亡弟第二子司徒掾永超爲子，乞以爲嫡。靈太后許之。薨，贈司空。有司奏太常少卿元端議：「案謚法，剛强理直曰武，怙威肆行曰醜，宜謚武醜公。」太常卿元脩義議：「忠盡心奉上，翦除凶逆。依謚法，除僞寧眞曰武，夙夜恭事曰敬，宜謚武敬公。」二卿不同。靈太后令依正卿議。

忠性多阻忌，不交勝己，唯與直閤將軍章初瓌、千牛備身楊保元爲斷金之交。李世哲求寵於忠，私以金帛貨初瓌、保元，二人談之，遂被賞愛，引爲腹心。忠擅權昧進爲崇訓之由，皆世哲計也。

忠弟景，字百年。忠薨後，爲武衞將軍。謀廢元叉，叉黜爲懷荒鎮將。及蠕蠕主阿那瓌叛，鎮人請糧，景不給。鎮人遂執縛景及其妻，拘守別室，皆去其衣服，令景著皮裘，妻著故絳旗襖，毀辱如此。月餘，乃殺之。

烈弟果，嚴毅直亮，有父兄風。歷朔、華、幷、恒四州刺史，賜爵武城子。果弟勁。

勁字鍾葵，頗有武略，位沃野鎮將，賜爵富昌子。宣武納其女爲后，封勁太原郡公，妻劉氏爲章武郡君。後爲征北將軍、定州刺史。卒，贈司空，謚曰恭莊公。自栗磾至勁，累世貴盛，一皇后，四贈公，三領軍，二尚書令，三開國公。勁雖以后父，但以順后早崩，竟不居公輔。

子暉，字宣明，后母弟也。少有氣幹。襲爵，位汾州刺史。暉善事人，爲尒朱榮所親，以女妻其子長儒。歷侍中、河南尹。後兼尚書僕射、東南道行臺，與齊神武討平羊侃於兗州。元顥入洛，害之。

勁弟天恩，[三]位內行長、遼西太守。贈平東將軍、燕州刺史。

天恩子仁生，位太中大夫。

仁生子安定，平原郡太守、高平郡都將。[四]

安定子子提，隴西郡守、茂平縣伯。[五]周保定二年，以子謹著勳，追贈太保、建平郡公。

謹字思敬，小名巨引。[六]沈深有識量，略窺經史，尤好孫子兵書。屏居未有仕進志。或有勸之者，謹曰：「州郡之職，昔人所鄙，台鼎之位，須待時來。」太宰元天穆見之，歎曰：「王佐材也。」

及破六韓拔陵首亂北境，引蠕蠕爲援，大行臺元纂討之，夙聞謹名，辟爲鎧曹參軍事，

從軍北伐。蠕蠕逃出塞，纂令謹追之，前後十七戰，盡降其衆。後率輕騎出塞覘賊，屬鐵勒數千騎奄至，謹以衆寡不敵，乃散其騎，使匿叢薄間。又遣人升山指麾，若分部軍衆。賊望見，雖疑有伏，恃衆不以爲慮，乃進逼謹。謹以常乘駿馬一紫一騧，賊先所識，乃使二人各乘一馬，突陣而出。賊以爲謹，爭逐之。乃率餘軍擊其追騎。賊走，因得入塞。

正光四年，行臺、廣陽王元深北伐，[七]引謹爲長流參軍。特相禮接，使其世子佛陁拜焉。遂與廣陽破賊主斛律野穀祿等。謹請馳往喻之。謹兼解諸國語，乃單騎入賊，示以恩信，於是西部鐵勒酋長也列河等三萬餘戶並款附，相率南遷。廣陽與謹至折郭嶺迎接之。謹曰：「拔陵兵衆不少，聞也列河等款附，必來要擊。彼若先據險，則難與爭鋒。今以也列河等餌之，當競來抄掠，然後設伏而待，必指掌破之。」廣陽然其計。拔陵果來要擊，破也列河於嶺上，部衆皆沒。謹伏兵發，賊大敗，悉收也列河之衆。[八]

孝昌元年，又隨廣陽王征鮮于脩禮。軍次白牛邏，會章武王爲脩禮所害，[九]遂停軍中山。侍中元晏宣言於靈太后曰：「廣陽盤桓不進，坐圖非望。又有于謹者，智略過人，爲其謀主，恐非陛下純臣。」靈太后詔於尚書省門外立牓，募獲謹者，許以重賞。謹聞之，請詣闕披露腹心，廣陽許之。謹遂到牓下，曰：「吾知此人。」衆共詰之，謹曰：「我卽是也。」有司以聞。靈后見之，大怒。謹備述廣陽忠款，兼陳停軍之狀。靈后遂捨之。

後從尒朱天光與齊神武戰於韓陵山，天光敗，謹遂入關。

周文帝臨夏州，以謹爲防城大都督，兼夏州長史。及賀拔岳被害，周文赴平涼。謹言於周文曰：「關中秦漢舊都，古稱天府。今若據其要害，招集英雄，足觀時變。且天子在洛，逼迫羣兇。請都關右，然後挾天子而令諸侯，千載一時也。」周文大悅。會有敕追謹爲閤內大都督，〔一〇〕謹因進都關中策。

魏帝西遷，仍從周文征潼關，破回洛城，授北雍州刺史，進爵藍田縣公。大統三年，大軍東伐，爲前鋒，進拔弘農，禽東魏陝州刺史李徽伯。神武至沙苑，謹力戰，進爵常山郡公。又從戰河橋，拜大丞相府長史，兼大行臺尚書。再遷太子太保。芒山之戰，大軍不利，謹率麾下僞降，立於路左。神武乘勝逐北，不以爲虞。謹自後擊之，敵人大駭。獨孤信又收兵於後奮擊，神武軍亂，以此大軍得全。十二年，拜尚書左僕射，領司農卿。及侯景款附，請兵爲援，謹諫以爲景情難測，周文不聽。尋兼大行臺尚書、大丞相長史，率兵鎮潼關，加授華州刺史，賜秬鬯一卣，珪瓚副焉。俄拜司空。恭帝元年，除雍州刺史。

初，梁元帝於江陵嗣位，密與齊交通，將謀侵軼。其兄子岳陽王詧時爲雍州刺史，以梁元帝殺其兄譽，遂結隙，據襄陽來附。乃命謹出討。周文餞於青泥谷。長孫儉曰：「爲蕭繹計將如何？」謹曰：「曜兵漢沔，席卷度江，直據丹陽，是其上策；移郭內居人，退保子城，以待

援至，是其中策；若難於移動，據守羅郭，是其下策。」儉曰：「裁繹出何策？」謹曰：「必用下。」儉曰：「何也？」對曰：「蕭氏保據江南，緜歷數紀。屬中原有故，未遑外略。又以我有齊氏之患，必謂力不能分。且繹懦而無謀，多疑少斷。愚人難與慮始，皆戀邑居，既惡遷移，當保羅郭。所以用下策。」謹令中山公護及大將軍楊忠等先據江津，斷其走路。梁人豎木柵於外城，廣輪六十里。尋而謹至，悉衆圍之。旬有六日，外城遂陷，梁主退保子城。翌日，率其太子以下，面縛出降。尋殺之。虜其男女十餘萬人，收其府庫珍寶，得宋渾天儀、梁日晷、銅表、魏相風烏、銅蟠螭趺、大玉徑四尺圍七尺及諸輿輦法物以獻，軍無私焉。立蕭詧爲梁主，振旅而旋。周文親至其第，宴語極歡。賞謹奴婢一千口，及梁寶物，并金石絲竹樂一部，別封新野郡公。謹固辭，不許。又令司樂作常山公平梁歌十首，使工人歌之。

謹自以久當權重，功名既立，願保優閑，乃上先所乘駿馬及所著鎧甲等。周文識其意，曰：「今巨猾未平，公豈得便爾獨善？」遂不受。六官建，拜大司寇。

及周文崩，孝閔帝尚幼，中山公護雖受顧命而名位素下，羣公各圖執政。護深憂之，密訪於謹。謹曰：「夙蒙丞相殊眷，今日必以死爭之。若對衆定策，公必不得讓。」明日，羣公會議。謹曰：「昔帝室傾危，丞相志存匡救。今上天降禍，奄棄百僚。嗣子雖幼，而中山公親則猶子，兼受顧託，軍國大事，理須歸之。」辭色抗厲，衆皆悚動。護曰：「此是家事，護何

敢有辭！」謹既周文等夷，護每申禮敬。至是，謹乃起而言曰：「公若統理軍國，謹等便有所依。」遂再拜。羣公迫於謹，亦拜。衆議始定。

孝閔踐阼，進封燕國公，邑萬戶，遷太傅、太宗伯，與李弼、侯莫陳崇等參議朝政。及賀蘭祥討吐谷渾，明帝令謹遙統其軍，授以方略。

保定二年，謹以年老，乞骸骨，優詔不許。三年，以謹爲三老，固辭，又不許。賜延年杖。武帝幸太學以食之。三老入門，皇帝迎拜屏間，三老答拜。有司設三老席於中楹，南向。太師、晉公護升階，設席施几。三老升席，南面憑几而坐，師道自居。大司寇、楚國公寧升階，正舄。皇帝升，立於斧扆之前，西面。有司進饌，皇帝跪設醬豆，親自袒割。三老食訖，皇帝又親跪授爵以酳。有司撤訖。皇帝北面立訪道。三老乃起立於席。皇帝曰：「猥當天下重任，自惟不才，不知政術之要，公其誨之。」三老答曰：「木從繩則正，君從諫則聖。自古明王聖主，皆虛心納諫，以知得失，天下乃安。惟陛下念之。」又曰：「爲國之本，在乎忠信。古人去食去兵，信不可失。國家興廢，莫不由之，願陛下守而勿失。」又曰：「爲國之道，必須有法。法者，國之綱紀，不可不正。所正在於賞罰。若有功必賞，有罪必罰，則爲善者日益，爲惡者日止。若有功不賞，有罪不罰，則天下善惡不分，下人無所措其手足。」又曰：「言行者，立身之基，言出行隨，誠願陛下慎之。」三老言畢，皇帝再拜受之，三老答拜，禮成

而出。

及晉公護東伐，謹時有病，護以其宿將舊臣，猶請與同行，詢訪戎略。軍還，賜鍾磬一部。天和二年，又賜安車一乘。尋授雍州牧。三年，薨，年七十六。武帝親臨，詔譙王儉監護喪事，賜繒千段、粟麥千斛，贈本官，加使持節、太師、雍恒等二十州諸軍事、雍州刺史，謚曰文。及葬，王公以下，咸送郊外。配享於文帝廟庭。

謹有智謀，善於事上。名位雖重，愈存謙挹，每朝參往來，不過從兩三騎而已。朝廷凡有軍國之務，多與謹決。謹亦竭其智能，故功臣中特見委信，始終若一，人無間言。每誡諸子，務存靜退。加以年齒遐長，禮遇隆重，子孫繁衍，皆至顯達，當時莫比。子寔嗣。

寔字賓實，少和厚，以軍功封萬年縣子。大統十四年，累遷尚書。是歲，周文帝與魏太子西巡，寔時從行。周文刻石隴山上，錄功臣名位，以次鐫勒，預以寔爲開府儀同三司，至十五年方授之。尋除渭州刺史，特給鼓吹一部，進爵爲公。魏恭帝二年，羌東念姐率部落反，西連吐谷渾。大將軍豆盧寧討之，踰時不剋。又令寔往，遂破之。周文手書勞問，賜奴婢一百口，馬百匹。

孝閔帝踐阼，授戶部中大夫，進爵延壽郡公。天和二年，延州蒲川賊郝三郎反，攻丹

州。遣寔討平之，仍除延州刺史。五年，襲燕國公，進位柱國。以罪免。尋復本官，除涼州總管。大象二年，加上柱國，拜大左輔。隋開皇元年，薨，贈司空，謚曰安。子顗。

顗字元武，身長八尺，美鬚眉。周大冢宰宇文護見而器之，以女妻之。以父勳，賜爵新野郡公。歷左右宮伯、郢州刺史。大象中，以水軍總管從韋孝寬經略淮南。尉遲迥之反，時總管趙文表與顗素不協，〔二〕顗將圖之，因臥閤內，詐疾。文表獨至，顗殺之。因言文表與迥通謀，其麾下無敢動者。時隋文帝以迥未平，慮顗復生邊患，因宥免之，卽拜吳州總管。以頻敗陳師，賜綵數百段。及隋受禪，文表弟詣闕稱兄無罪。上令按其事，太傅竇熾等議顗當死。上以其門著勳績，特原之，貶爲開府。後襲爵燕國公。尋拜澤州刺史。免，卒于家。子世虔。顗弟仲文。

仲文字次武，少聰敏，髫齓就學，耽習不倦。父寔異之，曰：「此兒必興吾宗。」九歲，嘗於雲陽宮見周文帝。問曰：「聞兒好讀書，書有何事？」對曰：「資父事君，忠孝而已。」周文甚嗟歎之。後就博士李詳受周易、三禮，略通大義。及長，倜儻有大志，氣調英拔。起家爲趙王屬，安固太守。〔三〕有任、杜兩家各失牛，後得一牛，兩家俱認，州郡久不

決。益州長史韓伯儁曰：「于安固少年聰察，可令決之。」仲文曰：「此易解耳。」乃令二家各驅牛羣至，乃放所認者，牛遂向任氏羣中。又使人微傷其牛，任氏嗟惋，杜氏自若。仲文遂訶詰杜氏，服罪而去。始州刺史屈突尙，宇文護之黨也，先坐事下獄，無敢繩者。仲文至郡，窮之，遂竟其獄。蜀中語曰：「明斷無雙有于公，不避强禦有次武。」徵爲御正下大夫，封延壽郡公，以勳授儀同三司。

宣帝時，爲東郡太守。及尉遲迥作亂，使誘仲文，仲文拒之。迥遣儀同宇文威攻之，仲文迎擊，大破威，以功授開府。迥又遣其將宇文胄度石濟，宇文威、鄒紹自白馬，二道俱進，復攻仲文。郡人赫連僧伽、敬子哲率衆應迥。仲文自度不能支，棄妻子，潰圍而遁，達于京師。迥屠其三子一女。隋文帝引入臥內，爲之下泣，賜綵五百段，黃金二百兩。進位大將軍，領河南道行軍總管，給鼓吹。馳傳詣洛陽發兵，討迥將檀讓。

時韋孝寬拒迥於永橋，仲文詣之，有所計議。總管宇文忻頗有自疑心，因謂仲文曰：「尉遲迥誠不足平，正恐事寧後，更有藏弓之慮。」仲文懼忻生變，謂曰：「丞相寬仁大度，明識有餘，仲文在京三日，頻見三善，非常人也。」忻曰：「三善何如？」仲文曰：「有陳萬敵新從賊中來，丞相卽令其弟難敵召募鄉曲，從軍討賊。此大度一也。上士宋謙奉使勾檢，謙緣此別求他罪。丞相責之曰：『入網者自可推求，何須別訪，以虧大體。』此不求人私二也。言及仲文妻子，未嘗不潸泫。此有仁心三也。」忻自是遂安。

仲文軍至汴州東，頻破迥將。進攻梁郡，迥守將劉孝寬棄城走。初，仲文在蓼堤，諸將皆曰：「軍自遠來，疲弊不可決戰。」仲文令趣食列陳，旣而破賊。諸將問其故，笑曰：「吾所部將士皆山東人，果於速進，不宜持久。乘勢擊之，所以制勝。」諸將皆曰：「非所及也。」進擊曹州，獲迥所署刺史李仲康及上儀同房勁。檀讓以餘衆屯成武，謂仲文未能卒至，方椎牛饗士。仲文選騎襲之，遂拔成武。迥將席毗羅，衆十萬，屯沛縣，將攻徐州。其妻子在金鄉。仲文遣人詐作毗羅使，謂金鄉城主徐善淨曰：「檀讓明日午時到金鄉，將宣蜀公令，賞將士。」金鄉人謂爲信然，皆喜。仲文簡精兵，僞建迥旗幟。善淨以爲檀讓至，出城迎謁。仲文執之，遂取金鄉。諸將勸屠之，仲文曰：「當寬其妻子，其兵可自歸。如卽屠之，彼皆絕矣。」衆皆稱善。於是毗羅恃衆來薄官軍，仲文背城結陣，設伏，兵發，俱拽柴鼓譟。毗羅軍潰，皆投洙水死，水爲不流。獲檀讓，檻送京師，河南悉平。毗羅匿滎陽人家，執斬之，傳首闕下。勒石紀功，樹於泗上。入朝京師，文帝引入臥內，宴享極歡。賜雜綵千段，妓女十人，拜柱國。屬文帝受禪，不行。〔一三〕

未幾，其叔父太尉翼坐事下獄，仲文亦爲吏所簿，於獄中上書曰：

曩者尉迥逆亂，所在景從。臣任處關河，地居衝要，嘗膽枕戈，誓以必死。迥時購

臣，位大將軍，邑萬戶。臣不顧妻子，不愛身命，冒白刃，潰重圍，三男一女，相繼淪沒，披露肝膽，馳赴闕庭。蒙陛下授臣以高官，委臣以兵革。于時河南兇寇，狼顧鴟張。臣以羸兵八千，掃除氛祲。摧劉寬於梁郡，破檀讓於蓼堤，平曹州，復東郡，安成武，定永昌，解亳州圍，破徐州賊。席毗羅十萬之衆，一戰土崩。河南蟻聚之徒，應時戡定。

當羣兇問鼎之際，生靈乏主之辰，臣第二叔翼先在幽州，總馭燕、趙，南隣羣寇，北掃旄頭，內安外撫，得免罪戾。臣第五叔智建旗黑水，與王謙爲隣，式遏蠻陬，鎭綏蜀道。臣兄顗作牧淮南，坐制勍敵，乘機勦定，傳首京師。王謙竊據二州，叛換三蜀。臣第三叔義受脤廟庭，恭行天罰。自外父叔兄弟，皆當文武重寄。或銜命危難，或侍衞鉤陳，合門誠款，冀有可明。伏願垂泣辜之恩，降雲雨之施，則寒灰更然，枯骨還肉。

上覽表，并翼釋之。

明年，拜行軍元帥，統十二總管以擊胡。〔一四〕出服遠鎭，遇虜，破之。於是從金河出白道。遣總管辛明瑾、元滂、賀蘭志、呂楚、段諧等二萬人出盛樂道，趣那頡山。至護軍州北，〔一五〕與虜遇。可汗見仲文軍容整肅，不戰而退。仲文踰山追之。及還，上以尙書省文簿繁雜，吏多奸詐，令仲文勘錄省中事，所發擿甚多。上嘉其明斷，厚加勞賞。上每憂轉運不給，仲文請決渭水，開漕渠。上然之，使仲文總其事。及伐陳之役，拜行軍總管。高智慧等

作亂江南，仲文復以行軍總管討之。時三軍乏食，米粟踊貴，仲文私糶軍糧，坐除名。明年，復官爵，率兵屯馬邑以備胡。晉王廣以仲文有將領才，每常屬意，至是奏之，乃令督晉王軍府事。後突厥犯塞，晉王爲元帥，使仲文將前軍，大破賊而還。煬帝卽位，遷右翊衞大將軍，〔一六〕參掌文武選事。從帝討吐谷渾，進位光祿大夫，甚見親重。

遼東之役，仲文率軍指樂浪道。次烏骨城，仲文簡羸馬驢數千，置於軍後，旣而率衆東過。高麗出兵掩襲輜重，仲文回擊，大破之。至鴨綠水，高麗將乙支文德詐降，來入其營。仲文先奉密旨，若遇高元及文德者，必禽之。至是，文德來，仲文將執之。時尚書右丞劉士龍爲慰撫使，固止之。仲文遂捨文德。尋悔，遣人紿文德曰：「更有言議，可復來也。」文德不從，遂濟。仲文選騎度水追之，每戰破賊。文德遺仲文詩曰：「神策究天文，妙算窮地理。戰勝功旣高，知足願云止。」仲文答書諭之，文德燒柵而遁。時宇文述以糧盡欲還，仲文議以精銳追文德，可以有功。述固止之，仲文怒曰：「將軍杖十萬之衆，不能破小賊，何顏以見帝？且仲文此行也，固無功矣！」述因厲聲曰：「何以知無功？」仲文曰：「昔周亞夫之爲將也，見天子，軍容不變。此決在一人，所以功成名遂。今者人各其心，何以赴敵？」初，帝以仲文有計畫，令諸軍諮稟節度，故有此言。由是述等不得已而從之。遂行，東至薩水。宇文述

以兵餒退歸，師遂敗績。帝以屬吏，諸將皆委罪於仲文。帝大怒，釋諸將，獨繫仲文。仲文憂恚發病，困篤，方出之。卒於家，時年六十八。撰漢書刊繁三十卷、略覽三十卷。有子九人，欽明最知名。

寔弟翼，字文若，美風儀，有識度。年十一，尙文帝女平原公主，拜員外散騎常侍，封安平縣公。大統十六年，進爵郡公，加大都督，領文帝帳下左右，禁中宿衞。遷武衞將軍。謹平江陵，所賜得軍實，分給諸子，翼一無所取，唯簡賞口內名望子弟有士風者，別待遇之。文帝聞之，賜奴婢二百口，翼固辭不受。尋授車騎大將軍、開府儀同三司。六官建，除左宮伯。孝閔帝踐阼，出爲渭州刺史。翼兄寔先莅此州，頗有惠政。翼又推誠布信，事存寬簡，夷夏感悅，比之大小馮君焉。時吐谷渾入寇河右，涼、鄯、河三州咸被攻圍，使來告急。秦州都督遣翼赴援，不從，僚屬咸以爲言。翼曰：「攻取之術，非夷俗所長。此寇之來，不過鈔掠邊牧耳，安能頓兵城下，久事攻圍！掠而無獲，勢將自走。勞師以往，亦無所及。」翼揣之已了，幸勿復言。」數日，問至，果如翼所策。賀蘭祥討吐谷渾，翼率州兵，先鋒深入，以功增邑。尋徵拜右宮伯。

明帝雅愛文史，立麟趾學，在朝有藝業者，不限貴賤，皆聽預焉。乃至蕭撝、王褒等與卑鄙之徒同爲學士。翼言於帝曰：「撝，梁之宗子，褒，梁之公卿，今與趨走同儕，恐非尙賢貴爵之義。」帝納之，詔翼定其班次，於是有等差矣。

明帝崩，翼與晉公護同受遺詔，立武帝。保定元年，徙軍司馬。三年，改封常山郡公。天和初，遷司會中大夫。三年，皇后阿史那氏至自突厥，武帝行親迎之禮，命翼總司儀制。狄人雖蹲踞無節，然咸憚翼之禮法，莫敢違犯。遭父憂去職，居喪過禮，爲時輩所稱。尋有詔起令視事。武帝又以翼有人倫之鑒，皇太子及諸王等相傳以下，並委翼選置。其所擢用，皆民譽也，時論僉謂得人。遷大將軍，總中外宿衞兵事。

晉公護以帝委翼腹心，內懷猜忌，轉爲小司徒，加拜柱國。雖外示崇重，實疏斥之。及誅護，帝召翼，遣往河東取護子中山公訓，仍代鎭蒲州。翼曰：「冢宰無君陵上，自取誅夷。元惡旣除，餘孽宜殄。然皆陛下骨肉，猶謂疏不間親。陛下不使諸王，而使臣異姓，非直物有橫議，愚臣亦所未安。」帝然之，乃遣越王盛代翼。

先是，與齊、陳二境，各修邊防，雖通聘好，而每歲交兵。然一彼一此，不能有所克獲。武帝旣親萬機，將圖東討，詔邊城鎭並益儲峙，加戍卒。二國聞之，亦增修守禦。翼諫曰：「疆埸相侵，互有勝敗，徒損兵儲，非策之上者。不若解邊嚴，減兵防，繼好息人，敬待來者。彼必喜於通和，懈而無備，然後出其不意，一舉而山東可圖。」帝納之。

建德二年，出爲安州總管。時大旱，涓水絕流。舊俗每逢亢旱，禱白兆山祈雨。帝先禁羣祀，山廟已除。翼遣主簿祭之，卽日澍雨，歲遂有年。百姓感之，聚會歌舞頌之。

四年，武帝將東伐，朝臣未有知者，遣納言盧韞前後三乘驛詣翼問策。翼贊成之。及軍出，詔翼自宛、葉趣襄城，旬日下齊一十九城。所過秋毫無犯，所部都督輒入人村，卽斬以徇。由是百姓欣悅，赴者如歸。屬帝有疾，班師，翼亦旋鎭。

轉宜陽總管。以宜陽地非襟帶，請移鎭於陝。詔從之，仍除陝州刺史，總管如舊。其年，大軍復東討，翼自陝入，徑到洛陽。齊洛州刺史獨孤永業開門降，〔一七〕河南九州三十鎭，一時俱下。襄城人庶等喜復見翼，並壺漿道左。除河陽總管，仍徙豫州。陳將魯天念久圍光州，聞翼到汝南，望風退散。

大象初，徵拜大司徒。詔翼巡長城，立亭鄣。西自雁門，東至碣石，創新改舊，咸得其要害。仍除幽州總管。先是，突厥屢爲抄掠，居人失業。翼素有威武，兼明斥候，自是不敢犯塞，百姓安之。

及尉遲迥據相州舉兵，以書招翼。翼執其使，并書送之。時隋文帝執政，賜翼雜繒一千五百段，并珍寶服翫等。進位上柱國，封任國公，增邑通前五千戶，別食任城縣一千戶，收其租賦。翼又遣子讓通表勸進，并請入朝，許之。

隋開皇初,翼入朝,上降榻握手極歡。數日,拜太尉。或有告翼往在幽州,欲同尉遲迥。按驗,以無實見原。三年,薨於本位。加贈六州諸軍事、蒲州刺史,謚曰穆。翼性恭儉,與物無競,常以滿盈自戒,故能以功名終。子璽嗣。

璽字伯符,少有器幹。仕周,位職方中大夫,封黎陽縣公。宣帝嗣位,轉右勳曹中大夫。尋領右忠義。隋文帝受禪,加上大將軍,進爵郡公。歷汴、邵二州刺史,所歷並有恩惠。後檢校江陵總管,邵州人張願等數十人詣闕上表,請留璽。上嘉歎良久,令還邵州,父老相賀。尋歷洛、熊二州刺史,亦粗有惠政。以疾還京師,卒於家,謚曰靜。有子志本。

璽弟詮,位上儀同三司、吏部下大夫、常山公。

詮弟讓,儀同三司。

翼弟義。義字慈恭,少矜嚴,有操尚,篤志好學。大統末,以父功賜爵平昌縣伯。後改封廣都縣公。周閔帝踐阼,遷安武太守。專崇教化,不尙威刑。有郡人張善安、王叔兒爭財相訟,義曰:「太守德薄不勝所致。」於是以家財分與二人,喻而遣去。善安等各懷耻愧,移貫他州。於是風化大洽。進封建平郡公。明、武世,歷西兗、瓜、邵三州刺史。數從征伐,進位開府。

宣帝卽位,政刑日亂,義上疏諫帝。時鄭譯、劉昉以恩倖當權,謂義不利於己,先惡之於帝。帝覽表色動,謂侍臣曰:「于義謗訕朝廷也。」御正大夫顏之儀進曰:「古先哲王立謗訕之木,置敢諫之鼓,猶懼不聞過。于義之言,不可罪也。」帝乃解。

及王謙構逆,隋文帝謀將於高熲,熲言義可爲元帥。文帝將任之,劉昉曰:「梁睿任望素重,不可居義下。」乃以睿爲元帥,義爲行軍總管,將左軍,破謙將達奚惎於開遠。尋拜潼州總管,賜奴婢五百口,雜綵三千段,超拜上柱國。歲餘,以疾免歸,卒於京師。贈豫州刺史,謚曰剛。子宣道、宣敏,並知名。

宣道字元明,性謹密,不交非類。仕周,以父功,賜爵城安縣男,位小承御上士。隋文帝爲丞相,引爲外兵曹。及踐阼,遷內史舍人,進爵爲子。父憂,水漿不入口者累日。歲餘,起令視事。免喪,拜車騎將軍,兼右衞長史,舍人如故。後遷太子左衞副率,進位上儀同。卒。

子志寧,早知名。出繼叔父宣敏。

宣敏字仲達,少沈密,有才思。年十一,詣周趙王招,命之賦詩。宣敏爲詩,甚有幽貞之志。招大奇之,坐客莫不嗟賞。起家右侍上士,遷千牛備身。

隋文帝踐阼,拜奉車都尉,奉使撫慰巴、蜀。及還,上疏曰:

臣聞開磐石之宗,漢室於是惟永;建維城之固,周祚所以靈長。昔秦皇置牧守而罷諸侯,魏后昵諂邪而疏骨肉,遂使宗社移於他族,神器傳於異姓。此事之明,甚於觀火。然山川設險,非親勿居。且蜀土沃饒,人物殷阜,西通邛、僰,〔一八〕南屬荆、巫。周德之衰,茲土遂成戎首;炎政失御,此地便爲禍先。是以明者防於無形,安者制其未亂,方可慶隆萬世,年逾七百。

伏惟陛下日角龍顏,膺樂推之運;參天貳地,居揖讓之期。億兆宅心,百神受職。理須樹建藩屏,封植子孫,繼周、漢之宏圖,改秦、魏之覆軌。抑近習之權勢,崇公族之本枝。但三蜀、二齊,古稱天險,分王戚屬,今正其時。若使利建合宜,封樹得所,則巨猾息其非望,奸臣杜其邪謀。盛業洪基,同天地之長久;英聲茂實,齊日月之照臨。臣雖學謝多聞,然情深體國,輒申管見,戰灼惟深。

帝省表嘉之,謂高熲曰:「于氏世有人焉。」竟納其言,遣蜀王秀鎭於蜀。宣敏常以盛滿之誡,昔賢所重,每懷靜退,著述志賦以見志焉。未幾,卒官,年二十九。

義弟禮,上大將軍、〔一九〕趙州刺史、安平郡公。

禮弟智,初爲開府,以受宣帝密旨,告齊王憲反,遂封齊國公。尋拜柱國,位大司空。

智弟紹,上開府、綏州刺史、華陽郡公。

紹弟弼,上儀同、平恩縣公。

弼弟蘭,上儀同、襄陽縣開國公。

蘭弟曠,上儀同。贈恒州刺史。

論曰:魏氏平定中原,于栗磾有武功於三世,〔二〇〕兼以虛己下物,罰不濫加,斯亦諸將所稀矣。洛拔任參內外,以功名自終。烈氣概沈遠,受任艱危之際,有柱石之質,殆禦侮之臣乎!忠以梗朴見親,乘非其據,遂擅威權,生殺自己。苟非女主之世,何以全其門族?不至誅滅,抑其幸也。謹負佐時之略,逢興運之期,爲大厦之棟梁,擬巨川之舟檝。卒以耆年碩德,譽高望重,禮備上庠,功歌司樂。而常以滿盈爲誡,覆折是憂,不有君子,何以能國。翼旣功臣之子,地則姻親,荷累葉之恩,兼文武之寄,理同休戚,與存與亡。加以總戎馬之權,受扞城之託,智能足以衞難,勢力足以勤王。曾無釋位之心,但務隨時之義。弘名節以高貴,豈所望於斯人!仲文博涉書記,以英略自許,尉迥之亂,遂立功名。自茲厥後,屢當推

中華書局

轂。遼東之役，實喪師徒。斯乃大樹將顛，蓋非一繩之罪也。義運屬時來，宜其力用，崇基弗墜，析薪克荷，盛矣！

校勘記

〔一〕構橋於冶坂　諸本「冶」作「野」，魏書卷三一于栗磾傳作「冶」。按冶坂在孟津河北，見水經注卷五河水注，今據改。

〔二〕解忠侍中領軍崇訓衞尉止爲儀同尚書令侍中　按上文云「解侍中」，下文又云止爲侍中，前後牴牾，疑下「侍中」二字衍，或更有脫文。

〔三〕勁弟天恩　魏書于栗磾傳無天恩事迹。按北史以天恩爲于勁弟，則當爲孝文、宣武時人。其四世孫爲于謹，據謹傳，謹死於周武帝天和三年，年七十六，則當生於魏孝文帝太和十七年，與天恩幾乎同時，疑無是理。周書卷一五于謹傳不言其爲于栗磾子孫，北史當是據于氏家傳，疑非事實。

〔四〕平原郡太守高平郡都將　周書于謹傳「平原」作「平涼」，未知孰是。又周書無「都」字。按「郡將」不是正式官稱，「郡都將」無此官名，疑當作「高平鎭都將」，高平本是北魏重鎭。

〔五〕茂平縣伯　周書「茂」作「茌」，疑是。「茌平」見魏志齊州東平原郡及濟州平原郡。「茂平」不見地志。

〔六〕小名巨引　周書及通志卷一五六于謹傳「引」作「彌」，疑是。

〔七〕正光四年行臺廣陽王元深北伐　按本書卷四魏孝明紀、魏書卷九肅宗紀，元深與李崇等出師鎭壓破六韓拔陵起義軍，在正光五年五月，疑此作「四年」誤。

〔八〕悉收也列河之衆　諸本「收」上有「破」字。周書無「破」字，「收」下有「得」字。通志無「破」字，亦無「得」字。按上文言也列河是爲破六韓拔陵所「破」，此處「破」字衍，今據通志刪。

〔九〕孝昌元年又隨廣陽王征鮮于脩禮軍次白牛邏會章武王爲脩禮所害　諸本「白」下衍「斗」字，據周書刪。本書卷四孝明紀孝昌二年九月、卷一八章武王融傳、卷一六廣陽王深傳並作「白牛邏」。「斗」乃涉「牛」形似而衍。又孝明紀繫此事於孝昌二年，此作「元年」，疑誤。又章武王融死時，義軍領袖已是葛榮，此作脩禮，誤。

〔一〇〕會有敕追謹爲閤內大都督　諸本「閤」作「關」。按此時宇文泰正爲關西大都督，不容同時更有關內大都督。「關」乃「閤」之訛。閤內都督爲魏孝武帝所置，見魏書卷八〇斛斯椿傳。侯莫陳順、楊寬、竇熾、趙剛等人皆曾爲此職。閤內都督，職任禁衞，于謹時在關中，故「敕追」到洛陽赴任。若是任爲關內大都督，則于謹本在關中，何須「敕追」？今改「關」爲「閤」。參考周書卷一五校記第二八條。

〔一一〕時總管趙文表與顓素不協　按本書卷六九趙文表傳，文表時爲吳州總管，「時」下應有「吳州」二字。

〔一二〕起家爲趙王屬安固太守　隋書卷六〇于仲文傳「屬」下有「尋遷」二字，通志卷一六一于仲文傳有「累遷」二字。按無二字，則似仲文起家卽爲安固太守，非是。疑此脫。

〔一三〕拜柱國屬文帝受禪不行　隋書「柱國」下有「河南道大行臺」六字。按無此六字，則「不行」無所指。疑此脫。

〔一四〕拜行軍元帥統十二總管以擊胡　諸本「二」下有「州」字，隋書無。按行軍元帥所統當爲行軍總管，「州」字衍文，今據刪。

〔一五〕至護軍州北　隋書、通志「州」作「川」，疑是。

〔一六〕煬帝卽位遷右翊衞大將軍　諸本「右」作「左」，隋書作「右」。按本書卷一二隋煬帝紀，大業元年，以宇文述爲左衞大將軍，于仲文爲右衞大將軍。據隋書百官志，大業三年，左右衞改爲左右翊衞。此作「翊衞」，乃史官用後改官名。宇文述旣爲左，則于仲文當爲右，今據改。

〔一七〕獨孤永業開門降　諸本「永」訛「承」，據周書卷三〇、通志卷一五六于翼傳改。獨孤永業傳見本書卷五三。

〔一八〕西通邛僰　諸本「邛」訛「卬」，據隋書卷三九于義傳改。

〔一九〕義弟禮上大將軍　諸本脫「大」字，據周書卷一五于謹傳補。上大將軍，周建德四年始置，見本書卷一〇周武帝紀。當時無「上將軍」官名。

〔二〇〕魏氏平定中原于栗磾有武功於三世　諸本「原」下有「之後」二字。按魏書卷三一史臣論云：「魏定中原，于栗磾有武功於三世。」三世指道武、明元、太武，于栗磾歷仕三帝，並有戰功，故云。並非在此之後。「之後」二字衍文，今據刪。

北史卷二十四

列傳第十二

崔逞 子頤 曾孫彧 彧孫冏 逞玄孫休 五世孫㥄 六世孫贍 儦 逞兄遹

王憲 曾孫昕 晞 晧

封懿 族曾孫回 回子隆之 回弟子肅 回族弟述

崔逞字叔祖，清河東武城人，魏中尉琰之五世孫也。曾祖諒，晉中書令。祖遇，仕石氏，爲特進。父瑜，黃門郎。

逞少好學，有文才。仕慕容暐，補著作郎，撰燕記。遷黃門侍郎。暐滅，苻堅以爲齊郡太守。堅敗，仕晉，歷清河、平原二郡太守。爲翟遼所虜，以爲中書令。慕容垂滅翟釗，以爲秘書監。慕容寶東走和龍，爲留臺吏部尚書。

及慕容驎立，逞攜妻子歸魏。張袞先稱美之，由是道武禮遇甚厚。拜尚書，錄三十六曹，別給吏屬，居門下省。尋除御史中丞。

道武攻中山，未剋，六軍乏糧，問計於逞。逞曰：「飛鴞食葚而改音，詩稱其事，可取以助糧。」帝雖銜其侮慢，然兵既須食，乃聽人以葚當租。逞又言：「可使軍人及時自取，過時則落盡。」帝怒曰：「內賊未平，兵人安可解甲收葚乎！」以中山未拔，故不加罪。及姚興侵晉，襄陽戍將郗恢馳使乞師於常山王遵，書云「賢兄武步中原」，道武以爲悖君臣之體，敕逞與張袞爲遵書答使，亦貶其主號以報之。逞、袞爲書，乃云「貴主」。帝怒其失旨，黜袞，遂賜逞死。

後晉荊州刺史司馬休之等數十人爲桓玄所逐，皆將來奔。至陳留，聞逞被殺，分爲二輩，一奔長安，一奔廣固。帝聞深悔，自是士人有過，多見優容。

逞子瀫、諲、禕、嚴、頤。〔一〕初，逞之內徙，終慮不免，乃使其妻張氏與四子歸慕容德於廣固，獨與小子頤在代京。及逞死，亦以此爲譴。

頤字太沖，〔二〕散騎常侍，賜爵清河侯。太武聞宋以其兄諲爲冀州刺史，乃曰：「義隆用其兄，我豈無冀州地邪？」乃以頤爲冀州刺史。入爲大鴻臚，持節策拜楊難當爲南秦王。奉使數返，光揚朝命，太武善之。後與方士韋文秀詣王屋山造金丹，不就。眞君初，卒。

始崔浩與頤及滎陽太守模等，年皆相次。浩爲長，次模，次頤。三人別祖，而模、頤爲親。浩恃其家世魏、晉公卿，常侮模、頤。〔三〕浩不信佛道，模深所歸向，雖糞壤中，禮拜形像。浩大笑曰：「持此頭顱，不淨處跪是胡神也！」模嘗謂人曰：「桃簡可欺我，何容輕我周兒也！」浩小名桃簡，頤小名周兒。太武頗聞之，故浩誅時，二家獲免。

頤五子。少子叡以交通境外，伏誅。自逞之死，至叡之誅，三世，積五十餘年，在北一門盡矣。

彧字文若，頤兄禕之孫也。父勳之，字寧國，位大司馬、外兵郎，贈通直郎。彧與兄相如俱自宋入魏。相如以才學知名，早卒。

彧少逢隱沙門，教以素問、甲乙，遂善醫術。中山王英子略曾病，王顯等不能療。彧針之，抽針即愈。後位冀州別駕。性仁恕，見疹者，喜與療之。廣教門生，令多救療。其弟子清河趙約、勃海郝文法之徒，咸亦有名。

彧子景哲，豪率，亦以醫術知名。仕魏，太中大夫、司徒長史。

景哲子冏，字法峻，幼好學，汎覽經傳，多伎藝，尤工相術。仕魏爲司空參軍。齊天保初，爲尚藥典御。歷高陽太守、太子家令。武平中，爲散騎常侍、假儀同三司。從幸晉陽，嘗謂中書侍郎李德林曰：「比日看高相王以下文武官人相表，俱盡其事，口不忍言。唯弟一

人更應富貴，當在他國，不在本朝，吾不及見也。」其精如此。冏性廉謹，恭儉自修，所得俸秩，必分親故。終鴻臚卿。臨終，誡其二子曰：「夫恭儉福之輿，傲侈禍之機。乘福輿者浸以康休，蹈禍機者忽而傾覆，汝其誡歟！吾沒後，斂以時服，祭無牢餼，棺足周屍，瘞不泄露而已。」及卒，長子修遵父命。

景哲弟景鳳，字鸞叔，位尚藥典御。

休字惠盛。曾祖諲，仕宋位青、冀二州刺史。祖靈和，宋員外散騎侍郎。父宗伯，始還魏，追贈清河太守。

休少孤貧，矯然自立。舉秀才，入京師，與宋弁、邢巒雅相知友。尚書王嶷欽其人望，爲長子娉休姊，贍以財貨，由是少振。孝文納休妹爲嬪。頻遷兼給事黃門侍郎。休勤學，公事軍旅之隙，手不釋卷。禮遇亞于宋弁、郭祚。孝文南伐，以北海王詳爲尚書僕射，統留臺事，以休爲尚書左丞。詔以北海年少，百揆務殷，便以委休。轉長史，兼給事黃門侍郎，參定禮儀。帝嘗閱故府，得舊冠，題曰「南部尚書崔逞制」，顧謂休曰：「此卿家舊事也。」後從駕南行。及還，幸彭城，汎舟泗水，詔在侍筵，觀者榮之。

宣武初，休以祖父未葬，弟夤又亡，固求出爲勃海太守。性嚴明，雅長政體。下車先戮

豪猾數人，姦盜莫不禽翦。清身率下，部內安之。時大儒張吾貴名盛山東，弟子恒千餘人，所在多不見容。休招延禮接，使肄業而還，儒者稱爲口實。入爲吏部郎中，遷散騎常侍，權兼選任，多所拔擢。廣平王懷數引談宴。以與諸王交游，免官。後爲司徒右長史，公平清潔，甚得時譽。歷幽、青二州刺史，皆以清白稱，二州懷其德澤。入爲度支、七兵、殿中三尚書。休久在臺閣，明習典故，每朝廷疑議，咸取正焉。諸公咸謂崔尚書下意處不可異也。卒，贈尚書右僕射，謚曰文貞。

休少而謙退，事母孝謹。及爲尚書，子仲文娶丞相高陽王雍女，女適領軍元叉庶長子舒，挾恃二家，志氣微改，陵藉同列。尚書令李崇、左僕射蕭寶夤、右僕射元欽皆以此憚下之。始休母房氏欲以休女妻其外孫邢氏，休乃違母情，以妻叉子，議者非之。子㥄。

㥄字長儒，狀貌偉麗，善於容止。少知名。爲魏宣武挽郎。釋褐太學博士，累遷散騎侍郎。坐事免歸鄉里。冀部豪傑之起，爭召㥄兄弟，㥄中立無所就。高敖曹以三百騎劫取之，以爲師友。

齊神武至信都，以爲開府諮議參軍，歷給事黃門侍郎、衞將軍。神武入洛，議定廢立。太僕綦儁盛言節閔帝賢明，可主社稷。㥄作色而前曰：「若其賢明，自可待我高王。既爲逆

胡所立，何得猶作天子？若從儁言，王師何名義舉？」由是節閔及中興主皆廢。更立平陽王，是爲孝武。以建義功，封武城縣公。

㥄恃預義旗，頗自矜縱。尋以貪汙爲御史糾劾，逃還鄉里。時清河多盜，齊文襄以石愷爲太守，令得專殺。愷經㥄宅，謂少年曰：「諸郎輩莫作賊，太守打殺人！」㥄顧曰：「何不答府君：下官家作賊，止捉一天子牽臂下殿，捉一天子推上殿；不作偷驢摸犢賊。」及遇赦出，復爲黃門。

天平中，授徐州刺史，給廣宗部曲三百，清河部曲千。㥄性暴慢。寵妾馮氏，長且姣，家人號曰成母，朝士邢子才等多姦之。至是假其威勢，恣情取受，風政不立。

初，㥄爲常侍，求人修起居注，或曰：「魏收可。」㥄曰：「收輕薄徒耳。」更引祖鴻勳爲之。又欲陷收不孝之罪，乃以盧元明代收爲中書郎。由是收銜之。及收聘梁，過徐州，㥄備刺史鹵簿迎之，使人相聞收曰：「勿怪儀衞多，稽古力也。」收語蹇，急報曰：「崔徐州建義之勳，何稽古之有？」㥄自以門伐素高，特不平此言。收乘宿憾，故以此挫之。罷徐州，除祕書監，以母憂去官。服終，兼太常卿，轉七兵尚書、清河邑中正。

㥄有文學，偉風貌，寡言辭，端嶷如神，以簡貴自處。齊神武言：「崔㥄應作令僕，恨其精神太遒。」趙郡李渾將聘梁，名輩畢萃，詩酒正讙，㥄後到，一坐無復談話。鄭伯猷歎曰：

「身長八尺，面如刻畫，謦欬爲洪鍾響，胸中貯千卷書，使人那得不畏服！」

㥄以籍地自矜，常與蕭祇、明少遐等高宴終日，獨無言。少遐晚謂㥄曰：「驚風飄白日，忽然落西山。」㥄亦無言，直曰「爾」。每謂盧元明曰：「天下盛門唯我與爾，博崔、趙李何事者哉！」崔暹聞而銜之。神武葬後，㥄又竊言：「黃頷小兒堪當重任不？」暹外兄李慎以告暹。暹啓文襄，絕㥄朝謁。㥄要拜道左，文襄發怒曰：「黃頷兒何足拜也！」於是鎖㥄赴晉陽，訊之，不服。暹引邢子才爲證，子才執無此言。㥄在禁謂邢曰：「卿知我意屬太丘不？」邢出，告㥄子瞻曰：「尊公意，正應欲結姻陳元康。」瞻有新生女，乃許妻元康子。元康爲言於文襄曰：「崔㥄名望素重，不可以私語殺之。」文襄曰：「若免其性命，當徙之遐裔。」元康曰：「㥄若在邊，或將外叛。以英賢資寇敵，非所宜也。」文襄曰：「既有季珪之罪，還令輸作可乎？」元康曰：「元康常讀崔琰傳，追恨魏武不弘。㥄若在作所而殞，〔四〕後世豈道公不殺也？」文襄曰：「然則奈何？」元康曰：「㥄合死。朝野皆知。公誠能以寬濟猛，特輕其罰，則仁德彌著，天下歸心。」段孝先亦言㥄勳舊，乃捨之。㥄進謁奉謝，文襄猶怒曰：「我雖無堪，忝當大任，被卿以爲黃頷小兒。金石可銷，此言難滅！」

齊天保初，除侍中，監起居。以禪代之際，參掌儀禮，別封新豐縣男，回授第九弟子約。㥄一門婚嫁，皆衣冠美族，吉凶儀範，爲當時所稱。婁太后爲博陵王納㥄妹爲妃，敕其

使曰：「好作法用，勿使崔家笑人。」婚夕，文宣帝舉酒祝曰：「新婦宜男，孝順富貴。」㥄跪對：「孝順乃自臣門，富貴恩由陛下。」

五年，爲東兗州刺史，復攜馮氏之部。爲馮氏厭蠱，頗失精爽，尋遇偏風。馮氏受納狼籍，爲御史劾，與㥄俱召，詔付廷尉，諸囚多姦焉，獄中致競。尋別詔斬馮氏於都市，支解爲九段。㥄以疾卒獄中。

㥄歷覽羣書，兼有辭藻，自中興迄於孝武，詔誥表檄多㥄所爲。然性侈，耽財色，於諸弟不能盡雍穆之美，世論以此譏之。素與魏收不協，收後專典國史，㥄恐被惡言，乃悅之曰：「昔有班固，今則魏子。」收縮鼻笑之，憾不釋。㥄子瞻。

瞻字彥通。潔白，善容止，神彩嶷然，言不妄發，才學風流爲後來之秀。初，潁川荀濟自江南入洛，瞻學於濟，故得經史有師法。侍中李神儁雅有風譽，晚年無子，見瞻，歎謂邢卲曰：「昨見崔㥄兒，便爲後生第一。我遂無此物，見此使人傷懷！」

年十五，刺史高昂召署主簿，清河公高岳辟爲開府西閤祭酒。博陵崔暹爲中尉，啓除侍御史。以父與暹隙，俄而去官。神武召與北海王晞俱爲諸子賓友，仍爲相府中兵參軍，轉主簿。文襄崩，祕未發喪，文宣命瞻兼相府司馬，使鄴。

魏孝靜帝以人日登雲龍門。與其父㥄俱侍宴爲詩。詔問邢卲等曰：「今瞻此詩何如其父？」咸曰：「㥄博雅弘麗，瞻氣調清新，並詩人之冠冕。」宴罷，咸共嗟賞之，云：「今日之宴，併爲崔瞻父子。」楊愔欲引瞻爲中書侍郎，時盧思道直中書省，愔問其文藻優劣，思道曰：「崔瞻文詞之美，實有可稱，但舉世重其風流，所以才華見沒。」愔云：「此言有理。」其日奏用之。愔又曰：「昔裴瓚晉世爲中書郎，神情高邁，每於禁門出入，宿衞者皆肅然動容。崔生堂堂，亦當無愧裴子乎？」

皇建元年，除給事黃門侍郎。與趙郡李概爲莫逆之友。概將東還，瞻遺之書曰：「仗氣使酒，我之常弊，詆訶指切，在卿尤甚。足下告歸，吾於何聞過也？」瞻患氣，兼性遲重，雖居二省，竟不堪敷奏。

孝昭踐阼，皇太子就傅受業，除太子中庶子，徵赴晉陽。敕曰：「東宮弱年，未陶訓義。卿儀形風德，人之師表，故勞卿朝夕遊處，開發幼蒙。一物三善，皆以相寄。」瞻專在東宮，調護講讀及進退禮度，皆歸委焉。太子納妃斛律氏，敕瞻與鴻臚崔劼撰定婚禮儀注，主司以爲後式。時詔議三恪之禮，太子少傅魏收爲一議，朝士莫不雷同。瞻別立異議，收讀訖笑而不言。瞻正色曰：「聖上詔羣臣議國家大典，少傅名位不輕，瞻議若是，須贊其所長；若非，須詰其不允。何容讀國士議文，直此冷笑？」崔瞻居聖朝顯職，尚不免見疵，草萊諸生，

欲云何自進！」瞻容貌方嚴，詞旨雄辯，收慚遽，竟無一言。

大寧元年，除衞尉少卿。尋兼散騎常侍，聘陳使主。行過彭城，讀道旁碑文未畢而絕倒，從者遙見，以爲中惡。此碑乃瞻父徐州時所立，故哀感焉。瞻經熱病，面多瘢痕，然雍容可觀，辭韻溫雅，南人大相欽服。陳舍人劉師知見而心醉，乃言：「常侍，前朝通好之日何意不來？今日誰相對揚者！」其見重如此。還，襲爵武城公，再遷吏部郎中。因患耳，請急十餘日。舊式，百日不上，解官。吏部尚書尉瑾性褊急，以瞻舉措舒緩，曹務煩劇，附驛奏聞，因見代，遂免歸。天統末，加驃騎大將軍，就拜銀青光祿大夫。卒，贈大理卿、濟州刺史，謚曰文。

瞻性簡傲，以才地自矜，所與周旋，皆一時名望。在御史臺，恒宅中送食，備盡珍羞，別室獨飡，處之自若。有一河東人士姓裴，亦爲御史，伺瞻食，便往造焉。瞻不與交言，又不命匕筯。裴坐觀瞻食罷而退。明日，自攜匕筯，恣情飲噉。瞻謂曰：「我初不喚君食，亦不共君語，遂能不拘小節。昔劉毅在京口冒請鵝炙，豈亦異是？君定名士。」於是每與之同食。性方重，好讀書，酒後清言，聞者莫不傾耳。自天保以後，重吏事，謂容止醞籍者爲潦倒，而瞻終不改焉。常見選曹以劉逖爲縣令，謂之曰：「官長正應子琮輩，乃復屈名人！」馮子琮聞之大怒。及其用事，幾敗焉。有集二十卷。

㥄弟仲文，有文學。太和中，爲丞相掾。沙苑之敗，仲文持馬尾度河，波中乍沒乍出。神武望見，曰：「崔掾也。」〔五〕遽遣船赴接。及至，謂曰：「卿爲君爲親，不顧萬死，可謂家之孝子，國之忠臣也。」後文襄欲使行青州，聞其多醉，乃止。天保初，㥄爲侍中，仲文爲銀青光祿大夫，同日受拜，時云兩鳳連飛。嘗被敕召，宿酲未解，文宣怒，將罰之，試使爲觀射詩十韻，操筆立成，乃原之。拜散騎常侍、光祿大夫。卒。

子偃，太子洗馬、尚書郎。偃弟儦。

儦字岐叔。少與范陽盧思道、隴西辛德源同志友善。每以讀書爲務，負恃才地，大署其戶曰：「不讀五千卷書者，無得入此室。」初舉秀才，爲員外散騎侍郎。遷殿中侍御史，與熊安生、馬敬德等議五禮，兼修律令。尋兼散騎侍郎，使陳。還，待詔文林館。歷尚書郎。與頓丘李若俱見稱重，時人語曰：「京師灼灼，崔儦、李若。」若每謂其子曰：「盧思道、崔儦，杳然崖岸，吾所重也，汝其師之。」思道與儦嘗酒後相調，儦曰：「偃邈無聞。」思道譏儦云：「高會官薄。」齊亡，歸鄉。仕郡爲功曹，補主簿。

隋開皇四年，徵授給事郎，兼內史舍人。後兼通直散騎侍郎，聘陳。還，授員外散騎侍

郎。以聾，常得無事，一醉輒八日。越國公楊素時方貴幸，重儦門地，爲子玄縱娶其女爲妻，娉禮甚厚。親迎之始，公卿滿坐，素令騎迎之，儦弊衣冠騎驢而至。素推令上坐，儦禮甚倨，言又不遜，素忿然拂衣而起，竟罷坐。後數日，儦方來謝，素待之如初。詔授易州刺史，或言其未合，乃追停。儦語人曰：「易州刺史何必勝道義。」仁壽中，卒於京師。子世濟。

仲文弟叔仁，輕俠重衿期。仕魏爲潁州刺史。以貪汙，爲御史中丞高仲密劾，賜死於宅。臨刑，賦詩五絕，與諸弟訣別，不及其兄㥄，以其不甚營救也。

子彥武，有識用。隋開皇初，位魏州刺史。

叔仁弟叔義，魏孝莊時爲尚書庫部郎。初，叔義父休爲青州刺史，放盜魁，令出其黨，遂以爲門客。在洛陽，與兄叔仁鑄錢。事發，合家逃逸，叔義見執。時城陽王徽爲司州牧，臨淮王彧以非其身罪，驟爲致言。徽以求婚不得，遂停赦書而殺之。

叔義弟子侃，以寄名從軍竊級爲中書郎，爲尚書左丞和子岳彈糾，失官。性兼使氣。後自修改，閉門讀書，當時稱爲博洽。後兼通直散騎常侍，使梁，爲陽斐副。恥居斐下，自負才地，呼斐爲陽子，語輒折之。還，卒於路。子拯，位太子僕、武德郡守。

子侃弟子植，位冀州別駕。走馬從禽，髮挂木而死。子珪。

子植弟子聿，位東莞太守。

子聿弟子約。五歲喪父，不肯食肉。後喪母，居喪哀毀骨立。人云：「崔九作孝，風吹卽倒。」禫月，兄子度死，又百日不入房。長八尺餘，姿神儁異，潛觀梁使劉孝儀，賓從見者駭目。武定中，爲平原公開府祭酒。與兄子贍俱詣晉陽，寄居佛寺。贍長於子約二歲，每退朝久立，子約馮几對之，儀望俱華，儼然相映。諸沙門竊窺之，以爲二天人也。乾明中，爲考功郎。病且卒，謂贍曰：「自諸兄歿而門業頹替，居家大唯吾與爾。〔六〕命之修短，會何足悲。汝能免之，吾不餒矣。」

休弟寅，字敬禮，位太子舍人。卒，贈樂安太守。妻，樂安王長女晉寧公主也，貞烈有德行。

子懋，字長謙，幼聰敏。濟州刺史盧尚之欲以長女妻之，休子倰爲長謙求尚之次女，〔七〕曰：「家道多由婦人，欲令姊妹爲妯娌。」尚之感其義，於是同日成婚。休誡諸子曰：「汝等宜皆一體，勿作同堂意。若不用吾言，鬼神不享汝祭祀。」休亡，枕中有書，如平生所誡，諸子奉焉。長謙與休第二子仲文同年而月長，其家謂之大二、小二。長謙少與太原王延業俱爲著作佐郎，監典校書。後爲青州司馬，賊圍城二百日，長謙讀書不廢，凡手抄八千

餘紙，天文、律曆、醫方、卜相、風角、鳥言，靡不閑解。〔八〕晚頗以酒爲損。遷司徒諮議，修起居注，加金紫光祿大夫。後兼散騎常侍，使梁。將行，謂人曰：「我厄在吳國，忌在酉年，今恐不免。」及還，未入境，卒。年二十八。贈南青州刺史。

逞兄遹。遹字寧祖，亦有名於時。爲慕容垂尚書左丞、范陽昌黎二郡太守。

遹曾孫延壽，冀州主簿。輕財好施，甚收鄉曲譽。

延壽子隆宗，簡率友悌，居喪以孝聞。位蘭陵、燕二郡太守。仁信待物，檢慎至誠，故見重於時。卒，贈齊州刺史，諡曰孝。

子敬保，冀州儀同府從事中郎。卒，贈冀州刺史。

敬保子子恒，位魯郡太守，早卒。

子恒弟子安、子昇，武定中，連元瑾事伏法。

逞宗人模，字思範，琰兄霸之後也。父遵，慕容垂少府卿。模仕宋爲滎陽太守。神䴥中，平滑臺，歸降，後賜爵武城男。模長者篤厚，不營榮利，雖爲崔浩輕侮，而不爲浩屈。與崔頤相親，往來如一家。

始模在南，妻張氏有二子，仲智、季柔。模至京師，賜妻金氏，生子幼度。仲智等以父隔遠，乃聚貨規贖歸之。其母張曰：「汝父志懷無決，必不能來。」行人以賄至都，模果顧念幼度等，指謂行人曰：「何忍捨此輩，致爲刑辱。當爲爾取一人，使名位不滅我。」乃授以申謨，宋東郡太守也，神䴥中被執，賜妻，生子靈度。申謨聞此，乃棄妻子走還江外。靈度刑爲閹人。

初，眞君末，模兄協子邪利爲宋魯郡太守，以郡降。賜爵臨淄子，拜廣甯太守，卒。邪利二子，懷順、次恩，仍居宋青州。懷順以父入魏，故不仕。及魏克青州，懷順迎邪利喪還青州云。

王憲字顯則，北海劇人也。其先姓田，秦始皇滅齊，田氏稱王家子孫，因以爲氏。仍居海岱。祖猛，仕苻堅，位丞相。父休，河東太守。

憲幼孤，隨伯父永在鄴。苻丕稱尊號，復以永爲丞相。永爲慕容永所殺，憲匿於清河人家。皇始中，乃歸魏。道武見之，曰：「此王猛孫也。」厚禮待之，以爲本州中正，領選曹事，兼掌門下。太武卽位，遷廷尉卿。出爲上谷太守，賜爵高唐子。清身率下，風化大行。

尋拜外都大官，復移中都。歷任二曹，斷獄稱旨。進爵劇縣侯。出爲幷州刺史，又進北海公。境內淸肅。及還京師，以憲年老，特賜錦繡布帛，珍羞醴膳。天安初，卒，年八十九。諡曰康。子崇襲。

崇弟嶷，字道長。孝文初，爲南部尚書，在任十四年。時南州多事，訟者塡門。嶷性儒緩不斷，終日昏睡。李訢、鄧宗慶等，號爲明察，而二人終見誅戮。餘十數人或出或免，唯嶷卒得自保。時人語曰：「實癡實昏，終得保存。」後封華山公，入爲內都大官，卒。

子祖念襲爵。

祖念弟雲，字羅漢，頗有風尚，位南兗州刺史。坐受所部荆山戍主杜虔財，又取官絹，因染遂有割易，御史糾劾。會赦免。卒官，贈豫州刺史，諡文昭。長子昕。

昕字元景，少篤學，能誦書，日以中疊舉手極上爲率。與太原王延業俱詣魏安豐王延明，延明歎美之。太尉、汝南王悅辟爲騎兵參軍。舊事，王出則騎兵武服持刀陪從。昕恥之，未嘗肯依行列。悅好逸遊，或馳騁信宿，昕輒棄還。悅乃令騎馬在前，〔九〕手爲驅策。昕捨轡高拱，任馬所之。左右言其誕慢。悅曰：「府望唯在此賢，不可責也。」悅數散錢於地，令諸佐爭拾之，昕獨不拾。悅又散銀錢以目昕，乃取其一。悅與府僚飲酒，起自移床，

人爭進手，昕獨執板却立。悅作色曰：「我帝孫，帝子，帝弟，帝叔，今親起輿牀，卿何偃蹇？」對曰：「元景位望微劣，不足使殿下式瞻儀形，安敢以親王僚寀，從厮養之役。」悅謝焉。坐上皆引滿酣暢，昕先起，臥於閑室，頻召不至。悅乃自詣呼之，曰：「懷其才而忽府主，可謂仁乎？」昕曰：「商辛沈湎，其亡也忽諸。府主自忽傲，僚佐敢任其咎？」悅大笑而去。

後除著作佐郎。以兵亂漸起，將避地海隅。侍中李琰之、黃門侍郎王遵業惜其名士，不容外任，奏除尚書右外兵郎中。出爲光州長史，故免河陰之難。遷東萊太守。于時年凶，人多相食，昕勤恤人隱，多所全濟。昕少時與河間邢卲俱爲元羅賓友，及守東萊，卲舉室就之。郡人以卲是邢杲從弟，會兵將執之。昕以身蔽伏其上，呼曰：「欲執子才，當先執我。」卲乃免。

太昌初，還洛。吏部尚書李神儁奏言：「比因多故，常侍遂無員限。今以王元景等爲常侍，定限八員。」加金紫光祿大夫。武帝或時袒露，與近臣戲狎，每見昕，卽正冠而斂容焉。昕體素甚肥，遭喪後，遂終身羸瘠。楊愔重其德素，以爲人之師表。

元象元年，兼散騎常侍，聘梁，魏收爲副，並爲朝廷所重。使還，高隆之求貨不得，諷憲臺劾昕、收在江東大將商人市易，並坐禁止。齊文襄營救之。累遷祕書監。昕雅好清言，詞無淺俗。在東萊時，獲殺其同行侶者，詰之未服。昕謂曰：「彼物故不

歸，卿無恙而反，何以自明？」邢卲後見文襄，說此言以爲笑樂。昕聞之，詣卲曰：「卿不識造化。」還謂人曰：「子才應死，我罵之極深。」頃之，以被謗，左遷陽平太守。在郡有稱績。文襄謂人曰：「王元景殊獲我力，由吾數戲之，其在吏事，遂爲良二千石。」

齊文宣踐阼，拜七兵尚書。以參議禮，封宜君縣男。嘗有鮮卑聚語，崔昂戲問昕曰：「頗解此不？」昕曰：「樓羅，樓羅，實自難解。時唱染干，似道我輩。」

文宣以昕疏誕，非濟世才，罵曰：「好門戶，惡人身！」又有讒之者，云：「王元景每嗟水運不應遂絕。」帝愈怒，乃下詔曰：「元景本自庸才，素無勳行，早霑纓紱，遂履清途。發自畿邦，超居詹事。佩龍文之劍，仍啓帶礪之書。語其器分，何因到此？誠宜清心勵己，少酬萬一。尚書百揆之本，庶務攸歸。元景與奪任情，威福在己，能使直而爲枉，曲反成紘。害政損公，名義安在？僞賞賓郎之味，好詠輕薄之篇，自謂模擬傖楚，曲盡風制。推此爲長，餘何足取。此而不繩，後將焉肅？在身官爵，宜從削奪。」於是徙幽州爲百姓。昕任運窮通，不改其操。未幾，徵還，奉敕送蕭莊於梁爲主。除銀青光祿大夫，判祠部尚書。

帝怒臨漳令嵇曄及舍人李文師，以曄賜薛豐洛，文師賜崔士順爲奴。鄭子默私誘昕曰：「自古無朝士作奴。」昕曰：「箕子爲之奴，何言無也？」子默遂以昕言啓文宣，仍曰：「王元景比陛下於紂。」楊愔微爲解之。帝謂愔曰：「王元景是爾博士，爾語皆元景所教。」帝後與

朝臣酣飲，昕稱疾不至。帝遣騎執之，見其方搖膝吟詠，遂斬於御前，投屍漳水。天統末，追贈吏部尚書。有文集二十卷。

子顗嗣。卒於燕郡太守。

昕母清河崔氏，學識有風訓。生九子，皆風流醞籍，世號王氏九龍。昕弟暉、昭、晞、晧最知名。

暉字元旭，少與昕齊名，兼多術藝。卒於中書舍人，贈兗州刺史。

昭字仲亮，少好儒術，又頗以武藝自許。性敦篤，以友悌知名。卒於考功郎中。

晞字叔朗，小名沙彌。幼而孝謹，淹雅有器度。好學不倦。美容儀，有風則。魏末，隨母兄東適海隅，與邢子良遊處。子良愛其清悟，與其在洛兩兄書曰：「賢弟彌郎，意識深遠，曠達不羈。簡於造次，言必詣理。吟詠情性，麗絕當時。恐足下方難爲兄，不暇慮其不進也。」

魏永安初，第二兄暉聘梁，啓晞釋褐，除員外散騎侍郎，徵署廣平王開府功曹史。晞願養母，竟不受署。母終後，仍屬遷鄴，遨遊鞏、洛，悅其山水。與范陽盧元明、鉅鹿魏季景結侶同契，往天陵山，浩然有終焉之志。

及西魏將獨孤信入洛，署爲開府記室。晞稱先被犬傷，困篤，不赴。有故人疑其所傷非猘，書勸令赴。晞復書曰：「辱告存念，見令起疾。循復眷旨，似疑吾所傷未必是猘。吾豈願其必猘？但理契無疑耳。就足下疑之，亦有過說。足下既疑其非猘，亦可疑其是猘，其疑半矣。若疑其是猘而營護，雖非猘亦無損。疑其非猘而不療，儻是猘則難救。然則過療則致萬全，過不療或至於死。若王晞無可惜也，則不足取。既取之，便是可惜。奈何奪其萬全，任其或死！且將軍威德所被，飈飛霧襲，方掩八紘，豈在一介？若必從隗始，先須濟其生靈。足下何不從容爲將軍言也？」於是方得見寬。俄而信返，晞遂歸鄴。

齊神武訪朝廷子弟忠孝謹密者，令與諸子遊。晞與清河崔贍、頓丘李庶、范陽盧正通首應此選。文襄時爲大將軍，握晞等手曰：「我弟並向成長，志識未定，近善狎惡，不能不移。吾弟不負義方，卿祿位常亞吾弟；若苟使回邪，致相詿誤，罪及門族，非止一身。」晞隨神武到晉陽，補中外府功曹參軍，帶常山公演友。

齊天保初，行太原郡事。

及文宣昏逸，常山王數諫。帝疑王假辭於晞，欲加大辟。王私謂晞曰：「博士，明日當作一條事，爲欲相活，亦圖自全，宜深體勿怪。」乃於衆中杖晞二十。帝尋發怒，聞晞得杖，以故不殺，髡鞭鉗配甲坊。居三年，王又固諫爭，大被毆撻，閉口不食。太后極憂之。帝謂

左右曰：「儻小兒死，奈我老母何！」於是每問王疾，謂曰：「努力强食，當以王晞還汝。」乃釋晞令往。王抱晞曰：「吾氣息惙然，恐不復相見！」晞流涕曰：「天道神明，豈令殿下遂斃此舍。至尊親爲人兄，尊爲人主，安可與計？殿下不食，太后亦不食，殿下縱不自惜，不惜太后乎？」言未卒，王强坐而飯。晞由是得免徒，還爲王友。

王復錄尙書事。新除官者必詣王謝職，去必辭。晞言於王曰：「受爵天朝，拜恩私第，自古以爲干紀。朝廷文武，出入辭謝，宜一約絕。主上顒顒，賴殿下扶翼。」王深納焉。常從容謂晞曰：「主上起居不恒，卿耳目所具，吾豈可以前逢一怒，遂爾結舌。卿宜爲撰諫草，吾當伺便極諫。」晞遂條十餘事以呈，因切諫王曰：「今朝廷乃爾，欲學介子匹夫，輕一朝之命，狂藥令人不自覺，刀箭豈復識親疏？一旦禍出理外，將奈殿下家業何！奈皇太后何！乞且將順，日愼一日。」王歔欷不自勝，曰：「乃至是乎！」明日見晞，曰：「吾長夜九思，今便息意。」便命火對晞焚之。後王承間苦諫，遂致忤旨。帝使力士反接伏，白刃注頸，罵曰：「小子何知，欲以吏才非我！是誰敎汝？」王曰：「天下噤口，除臣誰敢有言？」帝催遣捶楚，亂杖數十。會醉臥得解。爾後褻黷之好，遍於宗戚，所往留連，俾晝作夜；唯常山邸多無適而去。

及帝崩，濟南嗣立。王謂晞曰：「一人垂拱，吾曹亦保優閑。」因言：「朝廷寬仁慈恕，眞

守文良主。」晞曰：「天保享祚，東宮委一胡人。今卒覽萬機，駕馭雄傑。如聖德幼沖，未堪多難，而使他姓出納詔命，必權有所歸。殿下雖欲守藩職，其可得也？假令得遂沖退，自審家祚得保靈長不？」王默然，思念久之，曰：「何以處我？」晞曰：「周公抱成王朝諸侯，攝政七年，然後復子明辟。幸有故事，惟殿下慮之。」王曰：「我安敢自擬周公？」晞曰：「殿下今日地望，欲避周公得邪？」王不答。帝臨發，敕王從駕，除晞幷州長史。

及王至鄴，誅楊、燕等。詔以王爲大丞相、都督中外諸軍事，督攝文武還幷州。及至，延晞謂曰：「不早用卿言，使羣小弄權，幾至傾覆。今君側雖獲暫淸，終當何以處我？」晞曰：「殿下將往時地位，猶可以名敎出處。今日事勢，遂關天時，非復人理所及。」有頃，奏趙郡王叡爲左長史，晞爲司馬。每夜載入，晝則不與語，以晞儒緩，恐不允武將之意。後進晞密室，曰：「比王侯諸貴每見煎迫，言我違天不祥，恐當或有變起，吾正欲以正法繩之。」晞曰：「朝廷比者疏遠親戚，寧思骨血之重。殿下倉卒所行，非復人臣之事。芒刺在背，交戟入頸，上下相疑，何由可久？且天道不恒，虧盈迭至，神機變化，肸蠁斯集。雖執謙挹，粃糠神器，便是違上玄之意，墜先人之基。」王曰：「卿何敢須發非所宜言！[一〇]須致卿於法。」晞曰：「竊謂天時人事，同無異揆，是以冒犯雷霆，不憚斧鉞。今日得披肝膽，抑亦神明攸贊。」王曰：「拯難匡時，方俟聖哲，吾何敢私議，幸勿多言。」尋有詔，以丞相任重，普進府僚一班，晞

以司馬領吏部郎中。丞相從事中郎陸杳將出使，臨別，握晞手曰：「相王功格區宇，天下樂推，歌謠滿道，物無異望。杳等伏隸，願披赤心。而忽奉外使，無由面盡短誠，寸心謹以仰白。」晞尋述杳言。王曰：「若內外咸有異望，趙彥深朝夕左右，何因都無所論？自以卿意試密與言之。」晞以事隙問彥深。曰：「我比亦驚此音謠，每欲陳聞，則口噤心戰。弟旣發論，吾亦欲昧死一披肝膽。」因亦同勸。是時諸王公將相日敦請，四方岳牧表陳符命。乾明元年八月，昭帝踐阼。九月，除晞散騎常侍，仍領兼吏部郎中。

後因奏事罷，帝從容曰：「比日何爲自同外客，略不可見？自今假非局司，但有所懷，隨宜作一牒，候少隙卽徑進也。」因敕尙書陽休之、鴻臚卿崔劼等三人，[一一]每日本職務罷，並入東廊。共舉錄歷代廢禮墜樂，職司廢置，朝饗異同，輿服增損，或道德高僞，久在沈淪，或巧言眩俗，妖邪害政，爰及田市舟車、徵稅通塞、婚葬儀軌、貴賤等衰，有不便於時而古今行用不已者，或自古利用而當今毀棄者，悉令詳思，以漸條奏。未待頓備，遇憶續聞。朝晡給典御食，畢景聽還。

時百官請建東宮，敕未許，[一二]每令晞就東堂監視太子冠服，導引趨拜。尋拜爲太子太傅。晞以局司奉璽授皇太子。太子釋奠，又兼中庶子。帝謂曰：「今旣當劇職，不得尋常舒慢也。」

帝將北征，敕問：「比何所聞？」晞曰：「道路傳言，車駕將行。」帝曰：「庫莫奚南侵，我未經親戎，因此聊欲習武。」晞曰：「鑾駕巡狩，爲復何爾？若輕有征戰，恐天下失望。」帝曰：「此懦夫常慮，吾自當臨時斟酌。」帝使齋帥裴澤、主書蔡暉伺察羣下，好相誣枉，朝士呼爲裴、蔡。時二人奏「車駕北征後，陽休之、王晞數與諸人遊宴，不以公事在懷。」帝杖休之、晞脛各四十。帝斬人於前，問晞曰：「此人合死不？」晞曰：「罪實合死，但恨其不得死地。臣聞刑人於市，與衆棄之，殿廷非殺戮之所。」帝改容曰：「自今當爲王公改之。」

帝欲以晞爲侍中，苦辭不受。或勸晞勿自疏，晞曰：「我少年以來，閱要人多矣。充詘少時，鮮不敗績。且性實疏緩，不堪時務。人主恩私，何由可保？萬一披猖，求退無地。[一三]非不愛作熱官，但思之爛熟耳。」百官嘗賜射，晞中的，當得絹，爲不書箭，有司不與。晞陶然曰：「我今段可謂武有餘文不足矣。」晞無子，帝將賜之妾，使小黃門就宅宣旨，皇后相聞晞妻。晞令妻答，妻終不言，晞以手撩胸而退。帝聞之笑。

孝昭崩，晞哀慕殆不自勝，因以羸敗。武成本忿其儒緩，由是彌嫌之，因奏事，大被訶叱，而雅步晏然。歷東徐州刺史、祕書監。武平初，遷大鴻臚，加儀同三司，監修起居注，待詔文林館。

性閑澹寡欲，雖王事鞅掌，而雅操不移。在幷州，雖戎馬塡閭，未嘗以世務爲累。良辰

美景，嘯詠遨遊，登臨山水，以談讌爲事，人士謂之「方外司馬」。詣晉祠，賦詩曰：「日落應歸去，魚鳥見留連。」忽有相王使召，晞不時至。明日，丞相西閤祭酒盧思道謂晞曰：「昨被召已朱顏，得無以魚鳥致怪？」晞緩笑曰：「昨晚陶然，頗以酒漿被責。卿輩亦是留連之一物，豈直在魚鳥而已？」

及晉陽陷敗，與同志避周兵東北走。山路險迥，懼有土賊，而晞溫酒服膏，曾不一廢。每不肯疾去，行侶尤之，晞曰：「莫尤我，我行事若不悔，久作三公矣。」

齊亡，周武帝以晞爲儀同大將軍、太子諫議大夫。[一四]隋開皇元年，卒於洛陽，年七十一。贈儀同三司、曹州刺史。

晧字季高，少立名行，爲士友所稱。遭母憂，居喪有至性。儒緩亦同諸兄。嘗從文宣北征，乘赤馬，旦蒙霜氣，遂不復識。自言失馬，虞候爲求覓不得。須臾日出，馬體霜盡，繫在幕前，方云：「我馬尚在。」爲司徒掾，在府聽午鼓，蹀躞待去。羣僚嘲之曰：「王七思歸何太疾？」季高曰：「大鵬始欲舉，燕雀何啾唧？」嘲者曰：「誰家屋當頭，鋪首浪遊逸。」於是喧笑，季高不復得言。大寧初，兼散騎常侍，聘陳使主。天統末，修國史。尋除通直散騎常侍。卒，贈郢州刺史。子伯，奉朝請，待詔文林館。

晧弟曄，字季炎，卒於滄州司馬。

封懿字處德，勃海蓨人也。曾祖釋，晉東夷校尉。父放，慕容暐吏部尚書。兄孚，慕容超太尉。

懿有才器，能屬文，與孚雖器行有長短，而名位略齊。仕慕容寶，位中書令、戶部尚書。寶敗，歸魏，除給事黃門侍郎、都坐大官，章安子。道武引見，問以慕容舊事，懿應對疏慢，廢黜還家。明元初，復徵拜都坐大官，進爵爲侯。卒官。懿撰燕書，頗行於世。

子玄之，坐與司馬國璠、溫楷等謀亂，伏誅。臨刑，明元謂曰：「終不令絕汝種也，將宥汝一子。」玄之以弟虔之子磨奴字君明早孤，乞全其命。乃殺玄之四子，赦磨奴，刑爲宦人。崔浩之誅也，太武謂磨奴曰：「汝本應全，所以致刑者，由浩也。」後爲中曹監，使張掖，賜爵富城子。卒於懷州刺史，贈勃海公，謚曰定。以族子叔念爲後。

回字叔念，孝文賜名焉，慕容暐太尉奕之後也。父鑒。初，磨奴既以回爲後，請於獻文，贈鑒寧遠將軍、滄水太守。

回襲磨奴爵富城子。宣武時，累遷安州刺史。山人愿朴，父子賓旅同寢一室。回下車，勸令別處，其俗遂改。明帝時，爲瀛州刺史。時大乘寇亂之後，加以水潦，表求振恤，免其兵調，州內賴之。歷度支、都官二尚書，冀州大中正。

滎陽鄭雲諂事長秋卿劉騰，貨紫纈四百匹，得爲安州刺史。除書旦出，晚往詣回，坐未定，問回：「安州興生，何事爲便？」回曰：「卿荷國寵靈，位至方伯，雖不能拔園葵，去織婦，宜思方略以濟百姓，如何見造問興生乎？封回不爲商賈，何以相示？」雲慚失色。

轉七兵尚書，領御史中尉，劾奏尚書右僕射元欽與從兄麗妻崔氏姦通，時人稱之。後爲殿中尚書、右光祿大夫。莊帝初，遇害河陰。贈司空公，謚曰孝宣。長子隆之。

隆之字祖裔，小名皮，寬和有度量。延昌中，道人法慶作亂冀州，自號大乘，衆五萬人。隆之以開府中兵參軍與大都督元遙討之，獲法慶，賜爵武城子。累遷河內太守。未到郡，屬尒朱兆入洛，莊帝幽崩，隆之以父遇害，常懷報雪，因持節東歸，圖爲義舉。遂與高乾等夜襲冀州，克之，乃推爲刺史。及齊神武自晉陽東出，隆之遣子子繪隨高乾奉迎於滏口。中興初，拜吏部尚書。韓陵之役，留隆之鎮鄴城。未幾，徵爲侍中，封安德郡公。于時朝議以尒朱榮宜配食明帝廟庭。隆之議曰：「榮爲人臣，親行殺逆，豈有害人之母而與子對

食之理？」以參議麟趾閣新制，又贈其妻祖氏范陽郡君。隆之表以先爵富城子及武城子轉授弟子孝琬等，朝廷嘉而從之。後爲斛斯椿等所構，逃歸鄉里，齊神武召赴晉陽。

魏孝靜立，除吏部尚書，尋加侍中。元象初，除冀州刺史，加開府，累遷尚書右僕射。及北豫州刺史高仲密將叛，陰招冀州豪望爲內應。詔隆之馳驛慰撫，遂得安靜。隆之首參神武經略，奇謀皆密以啓聞，手書削藁，罕知於外。卒於齊州刺史，贈司徒。神武以追榮未盡，復啓贈太保，謚宣懿。神武後至冀州北境，次交津，追憶隆之，顧冀州行事司馬子如，言其德美，爲之流涕。令以太牢就祭。

隆之歷事五帝，以謹素見知。凡四爲侍中，再爲吏部尚書，一爲僕射，四爲冀州刺史。每臨冀部，州中舊齒咸曰：「我封公復來。」其得物情如此。子子繪嗣。

子繪字仲藻，小名搔。性和理，有器局。釋褐祕書郎，累遷平陽太守，加散騎常侍。晉州北界霍山舊號千里徑者，山坂高峻，每大軍往來，士馬勞苦。子繪請於舊徑東谷別開一路。神武從之，仍令子繪修開，旬日而就。神武崩，祕未發喪，文襄以子繪爲勃海太守，執其手曰：「誠知未允勳臣官望，但須鎮撫。且衣錦晝遊，古人所貴，宜善加經略，不勞習常太守向州參也。」仍聽收集部曲一千人。大寧二年，爲都官尚書。[一五]高歸彥作逆，命子繪參贊軍事。賊平，敕子繪權行州事。徵拜儀同三司、尚書右僕射。卒，謚

曰簡。子寶蓋襲。

子繪弟子繡，位霍州刺史。陳將吳明徹侵淮南，子繡城陷，送揚州。齊亡後，逃歸。終於通州刺史。子繡外貌儒雅，而使氣難犯。兄女壻司空婁定遠爲瀛州刺史，子繡爲勃海太守。定遠過之，對妻及諸女譏集言戲，微有褻慢。子繡鳴鼓集衆將攻之，定遠免冠拜謝，久之乃釋。

隆之弟興之，字祖胄。經明行修，恬素清靜。位瀛冀二州刺史、平北府長史。所歷有當官譽。卒，以隆之佐命功，贈殿中尚書、雍州刺史，諡曰文。

子孝琬，字士蒨，七歲而孤，爲隆之鞠養，慈愛甚篤，隆之啓以父爵富城子授焉。位東宮洗馬。卒，贈太府少卿。孝琬性恬靜，頗好文詠。太子少師邢卲、七兵尚書王昕並先達高才，與孝琬年位懸隔，晚相逢遇，分好遂深。孝琬靈櫬言歸，二人送於郊外，悲哭悽慟，有感路人。

孝琬弟孝琰，字士光，少修飭，學尚有風儀。位祕書丞、散騎常侍，聘陳使主，在道遙授中書侍郎。還，坐受魏收屬，牒其門客從行事發，付南都獄，決鞭二百，除名。後除并省吏部郎中、南陽王友，赴晉陽典機密。

和士開母喪，託附者咸往奔哭。鄴中富商丁鄒、嚴興等並爲義孝，有一士人亦在哭限。孝琰入弔，出謂人曰：「嚴興之南，丁鄒之北，有一朝士，號叫甚哀。」聞者傳之。士開知而大怒。其後會黃門郎李懷奏南陽王綽驕恣，士開因譖之曰：「孝琰從綽出外，乘其副馬，捨離部伍，別行戲語。」時孝琰女爲范陽王妃，爲禮事，因假入辭，帝遂決馬鞭一百放出，又遣高阿那肱重決五十，幾死。還鄴，在集書省上下。自此沈廢。士開死後，爲通直散騎常侍。後與周和好，以爲聘周使副。

祖珽輔政，奏入文林館撰御覽。孝琰文筆不高，但以風流自立，善談戲，威儀閑雅，容止進退，人皆慕之。以祖珽好自矜大，佞之云：「是衣冠宰相，異於餘人。」近習聞之，大以爲恨。尋以本官兼尚書左丞。〔一六〕其所彈射，多承意旨。時有道人曇獻者，爲皇太后所幸，賞賜隆厚，車服過度。又乞爲沙門統，後主意不許，但太后欲之，遂得居任。然後主常憾焉。因僧尼他事，訴者辭引曇獻，上令有司推劾。孝琰案其受賄，致於極法，其家珍異悉以沒官。由是正授左丞，仍奏門下事。

性頗簡傲，不諧時俗，意遇漸高，彌自矜誕，舉動舒遲，無所降屈，識者鄙之。與崔季舒等以正諫同死。子君確、君靜二人徙北邊，少子君嚴、君贊下蠶室。南安敗，君確等二人皆坐死。

興之弟延之，字祖業，少明辯，有世用。封郯城子，〔一七〕位青州刺史，多所受納。後行晉州事。沙苑之敗，延之棄州北走，以隆之故，免其死。卒，贈尚書左僕射、司徒公，諡文恭。子纂嗣。

纂長子琳，字彥寶，位中書侍郎。與侍中、南平王馮誕等議定律令，有識者稱之。歷位太尉長史、司宗下大夫、南青夏二州刺史、〔一八〕光祿大夫。琳弟子肅。

肅字元邕，博涉經史。太傅崔光見而賞焉。位尚書左中兵郎中。性恭儉，不妄交游，唯與崔勵、〔一九〕勵從兄鴻尤相親善。所制文章多亡失，存者十餘卷。

懿從兄子愷，字思悌，奕之孫也。父勸，慕容垂侍中、太常卿。愷位給事黃門侍郎、散騎常侍。後入代都，名出懿子玄之右。俱坐司馬氏事死。愷妻，盧玄女也。〔二〇〕愷子伯達，棄母及妻李氏南奔河表，改婚房氏。獻文末，伯達子休傑內入。祖母盧猶存，垂百歲矣，而李已死。休傑位冀州咸陽王府諮議參軍。

回族叔軌，字廣度。好學，通覽經傳。與光祿大夫武邑孫惠蔚同志友善。惠蔚每推軌曰：「封生之於經義，吾所弗如者多矣。」頗自修潔，儀容甚偉。或曰：「學士不事修飾，此賢何獨如此？」軌聞，笑曰：「君子整其衣冠，尊其瞻視，何必蓬頭垢面而後爲賢。」言者慚退。

以兼員外散騎常侍銜命高麗。高麗王雲恃其偏遠，稱疾不親受詔。軌正色詰之，喻以大義，雲乃北面受旨。使還，轉考功郎中，除本郡中正。勃海太守崔休入爲吏部郎中，以己考事干軌。〔二一〕軌曰：「法者天下之事，不可以舊君故，虧之也。」休歎其守正。軌在臺中，稱爲儒雅。除國子博士，假通直散騎常侍，慰勞汾州山胡。

司空、清河王懌表修明堂、辟雍，詔百僚集議。軌議曰：

周官匠人職云：「夏后氏世室，殷人重屋，周人明堂，五室，九階，四戶，八窗。」鄭玄曰：「或舉宗廟，或舉王寢，或舉明堂，互文以見同制。」然則三代明堂，其制一也。案周與夏、殷，損益不同，至於明堂，因而弗革，明五室之義，得天數矣。是以鄭玄又曰：「五室者，象五行也。」然則九階者法九土，四戶者達四時，八窗者通八風，誠不易之大範，有國之恒式。若其上圓下方以則天地，通水環宮以節觀者，茅蓋白盛爲之質飾，赤綴白綴爲之戶牖，皆典籍所載，制度之明義也。

秦焚滅五典，非毀三代，變更先聖，不依舊憲。故呂氏月令見九室之義，大戴之禮著十二堂之文。漢承秦法，亦未能改，東西二京，俱爲九室。是以黃圖、白武通、蔡邕、應劭等咸稱九室以象九州，十二堂以象十二辰。夫室以祭天，堂以布政。依行而祭，故室不過五；依時布政，故堂不踰四。州之與辰，非所可法。九與十二，厥用安在？今聖朝欲尊道訓人，備禮化物，宜則五室，以爲永制。至如廟學之嫌，臺沼之雜，袁準之徒已論正矣。

後卒於廷尉少卿。贈濟州刺史。

初，軌深爲郭祚所知，祚常謂子景尚曰：「封軌、高綽二人，並幹國之才，必應遠至。吾平生不妄進舉，而每薦此二人，非直爲國進賢，亦爲汝等之津梁。」其見重如此。軌既以方直自業，高綽亦以風概立名。高肇拜司徒，綽送迎往來，軌竟不詣。綽顧不見軌，乃遽歸曰：「吾一生自謂無愆規矩，今日舉措不如封生遠矣。」軌以務德慎言，修身之本，姦回讒佞，世之巨害，乃爲務德、慎言、遠佞、防姦四戒。文多不載。

長子偉伯，字君良，博學有才思。弱冠，除太學博士。每朝廷大議，偉伯參焉。雅爲太保崔光、僕射游肇所知賞。太尉、清河王懌辟參軍事。懌親爲孝經解詁，命偉伯爲難例九條，皆發起隱漏。偉伯又討論禮、傳、詩、易疑事數十條，儒者咸稱之。時朝廷將經始明堂，廣集儒學，議其制度，九五之論，久而不定。偉伯乃搜檢經、緯，上明堂圖說六卷。又撰封氏本錄六卷。

正光末，尚書僕射蕭寶夤爲關西行臺，引爲行臺郎。及寶夤爲逆，偉伯與南平王冏〔三〕

潛結關中豪右韋子粲等，謀舉義兵。事發，見殺。永安中，贈瀛州刺史，聽一子出身，無子，轉授弟翼。翼弟述。

述字君義，有幹用。天平中，爲三公郎中。時增損舊事，爲麟趾新格，其名法科條皆述所刪定。齊受禪，累遷大理卿。河清三年，〔三〕敕與錄尚書趙彥深、僕射魏收、尚書陽休之、國子祭酒馬敬德等議定律令。歷位度支、五兵、殿中三尚書。

述久爲法官，明解律令，議斷平允，深爲時人所稱。而厚積財產，一無分饋，雖至親密友，貧病困篤，亦絕於拯濟。朝野物論甚鄙之。外貌方整，而不免請謁，回避進趣，頗致嗤駭。前妻河內司馬氏。一息爲娶隴西李士元女，大輸財聘。及將成禮，猶競懸違。述忽取所供養像，對士元打像爲誓。士元笑曰：「封公何處常得應急像，須誓便用？」一息娶范陽盧莊之女，述又經府訴云：「送騾乃嫌脚跛，〔四〕評田則云鹹薄，銅器又嫌古廢。」皆爲客嗇所及，每致紛紜。

子元儁，位太子舍人。

述弟詢，字景文，閱涉經史，以清素自持。位尚書左丞、濟南太守，歷官皆有幹局才具，臨郡甚著聲績。隋開皇中卒。

論曰：崔逞文學器識，當年之俊，忽微慮遠，俱以爲災。休立身有本，當官著稱。長儒才望之美，禍因驕物，雖有周公之才，猶且爲累，況未足論其高下，能無及乎？贍詞韻溫雅，風神秀發，固人望也。王憲名公之孫，老見優異。元景昆季履道，標映人倫，美哉！封回克光家世，隆之勤勞霸業，子繪實隆堂構，可謂載德者矣。君義聚斂嗇吝，無乃鄙哉！

校勘記

〔一〕逞子毅諲禕嚴頤　諸本無「諲」字。按魏書卷三二崔逞傳云：「逞七子，二子早亡，第三子義，義弟諲，諲弟禕，禕弟嚴，嚴弟頤。」通志卷一四六崔逞傳云：「逞子諲、毅、禕、嚴、頤。」「毅」「義」未知孰是。據下文「宋以其兄諲爲冀州刺史」，則頤兄固當有諲。此脫文，今從魏書補。

〔二〕頤字太沖　按崔頤，此及魏書卷三二本傳、魏書卷二四崔模傳、卷三五崔浩傳、本書卷九六及魏書卷一〇一氐傳並作「頤」。本書卷二太武紀及魏書卷四上世祖紀延和二年九月、本書卷三三及魏書卷五三李孝伯傳並作「賾」。據頤字太沖，「沖」「頤」義近，似作「頤」是。但墓誌集釋盧令媛墓誌圖版三七又作「賾」，今各仍其舊。

〔三〕常侮模頤　諸本無「頤」字，魏書卷三五崔浩傳有。按下文模語云：「桃簡可欺我，何容輕我周兒也。」周兒卽頤，此脫文，今據補。

〔四〕㥄若在作所而殞　諸本「作所」誤倒，據北齊書卷二三、通志卷一五三崔㥄傳乙。「作所」卽輸作之所。

〔五〕太和中爲丞相掾沙苑之敗仲文持馬尾度河波中乍沒乍出神武望見曰崔掾也　殿本從北齊書崔㥄傳改「太和」爲「興和」。按「太和」是魏孝文帝年號，顯誤。但沙苑之戰在天平四年，此後兩年方改元興和。若崔仲文於興和中始爲丞相掾，則高歡不得於天平四年便稱之爲「崔掾」。疑「太和」是「太昌」之誤，太昌爲孝武帝年號，其時高歡始爲大丞相，仲文初爲丞相掾，當在此時。下距沙苑之戰五年。

〔六〕居家大唯吾與爾　「大」下疑有脫文。

〔七〕子瞻字長謙幼聰敏濟州刺史盧尙之欲以長女妻之休子㥄爲長謙求尙之次女　張森楷云：「案尙之自欲以長女妻長謙，則不待求矣。玩下文『欲令姊妹爲妯娌』語，當是休以子㥄年長，爲求尙之長女，而爲長謙求尙之次女，于事情乃合。」按疑是「妻」下衍「之」字，「㥄」下脫「休」字。蓋尙之自欲以長女妻休子㥄，而休復爲長謙求尙之次女。

〔八〕靡不閑解　諸本「閑」訛作「開」，不可通，據通志卷一四六崔逞傳改。

〔九〕悅乃令騎馬在前　諸本「馬」作「兵」，北齊書卷三一補王昕傳作「馬」。按下文云：「手爲驅策，昕舍轡高拱，任馬所之。」作「馬」是，今據改。

〔一〇〕卿何敢須發非所宜言　北齊書卷三一王晞傳無「須」字。按疑是「頻」之訛。

〔一一〕因敕尙書陽休之鴻臚卿崔劼等三人　諸本「陽」訛「楊」，據北齊書王晞傳及本書卷四七陽休之傳改。又「敕」下當脫「與」字。

〔一二〕時百官請建東宮敕未許　按「許」下疑脫敍立太子事。否則下文拜晞爲太子太傅，晞以局司奉璽授皇太子等語都不可解。

〔一三〕求退無地　諸本「退」訛「追」，據北齊書及通志卷一五三王晞傳改。

〔一四〕太子諫議大夫　按本書卷一〇周武帝紀，建德三年五月置太子諫議。疑此「大夫」二字衍。

〔一五〕大寧二年爲都官尙書　諸本「二」作「三」，北齊書卷二一封隆之傳作「二」。按大寧二年四月卽改元河淸，無三年。今據改。

〔一六〕尋以本官兼尙書左丞　諸本「左」作「右」，北齊書封隆之傳作「左」。按下文云「由是正授左丞」，作「左」是，今據改。

〔一七〕封鄎城子　各本「鄎」作「琰」，宋本及通志卷一五三封隆之傳作「鄎」。北齊書作「郯」。魏書卷三二封懿傳作「剡」。按郯城見魏書地形志下荆州襄城郡；鄎城見地形志中東徐州鄎郡，未知

孰是。「剡」卽「鄎」，無「琰城」，今從宋本。

〔一八〕南青夏二州刺史　諸本「青夏」二字誤倒，據魏書封懿傳乙。地形志有南青州，無南夏州。

〔一九〕崔勵　諸本「勵」訛作「勱」，據魏書卷八五封肅傳及本書卷四四崔光傳改。

〔二〇〕愷妻盧玄女也　魏書卷三二「女」作「姊」。按封愷曾仕後燕，燕滅入魏，當在道武時。司馬璠被殺在明元泰常五年，愷坐其事死，也應在此年。盧玄在太武神𢿱四年才被徵仕魏（並見魏書本紀），年官都在封愷之後。愷妻當是玄姊，非玄女。

〔二一〕崔休入爲吏部郎中以己考事干軌　南、北、汲、殿四本及魏書卷三二「己」作「兄」。百衲本及通志卷一四六封懿傳作「己」。按崔休傳不言其有兄，疑作「己」是。今從百衲本。

〔二二〕南平王冏　各本「冏」作「囧」，宋本作「冏」，魏書及通志作「冏」。張森楷云：「按廣平王連傳（魏書卷一六）作『南平王仲冏』，蕭寶夤傳（魏書卷五九）同。此作『囧』誤。」按墓誌集釋元暐墓誌（圖版七四），暐字仲冏，爵南平王。「囧」卽「冏」之俗體，今改作「冏」。

〔二三〕河淸三年　諸本「河淸」誤倒，據北齊書卷四三封述傳乙。

〔二四〕送騍乃嫌脚跛　通志卷一五三封述傳「騍」作「騾」，北齊書作「驘」。按「驘」卽「騾」。「騍」音課，是牝馬，當是「騾」之訛。

北史卷二十五

列傳第十三

古弼　張黎　劉潔　丘堆　娥淸　伊馛　乙瓌　周幾
豆代田　車伊洛　王洛兒　車路頭　盧魯元　陳建
來大干　宿石　萬安國（稚根）　周觀　尉撥　陸眞
呂洛拔　薛彪子（子琡）　尉元　慕容白曜　和其奴
苟頹　宇文福

古弼，代人也。少忠謹，善騎射。初爲獵郎，門下奏事，以敏正稱。明元嘉其直而有用，〔一〕賜名曰筆。後改名弼，言其有輔佐才也。令典西部，與劉潔等分綰機要，敷奏百揆。太武卽位，以功拜立節將軍，賜爵靈壽侯。歷位侍中、吏部尙書，典南部奏事。後征馮

弘。弘將奔高麗，高麗救軍至，弘乃隨之，令婦人被甲居中，其精卒及高麗陳兵於外。弼部將高苟子擊賊軍，弼酒醉，拔刀止之，故弘得東奔。太武大怒，黜爲廣夏門卒。尋復爲侍中，與尙書李順使涼州。賜爵建興公，鎭長安，甚有威名。及議征涼州，弼與順咸言涼州乏水草，不宜行，帝不從。既剋姑臧，微嫌之，以其有將略，弗之責。

宋將裴方明剋仇池，立楊玄庶子保熾。於是假弼節，督隴右諸軍討仇池，平之。未幾，諸氐復推楊文德爲主，圍仇池。弼攻解其圍，文德走漢川。時東道將皮豹子聞仇池圍解，議欲還軍。弼使謂曰：「若其班師，寇衆復至，後舉爲難。不出秋冬，南寇必來，以逸待勞，百勝之策也。」豹子乃止。太武聞之曰：「弼言長策也。制有南秦，弼謀多矣。」

景穆總攝萬機，徵爲東宮四輔，與宜都王穆壽並參政事。遷尙書令。弼雖事務殷湊，而讀書不輟。端謹愼密，口不言禁中事。功名等於張黎，而廉不及也。

上谷人上書，言苑囿過度，人無田業，宜減太半，以賜貧者。弼入欲陳奏，遇帝與給事中劉樹棊，志不聽事。弼侍坐良久，不獲申聞。乃起，於帝前捽樹頭，掣下牀，以手搏其耳，以拳毆其背，曰：「朝廷不理，實爾之罪！」帝失容，放棊曰：「不聽奏事，過在朕。樹何罪？置之！」弼具狀以聞。帝奇弼公直，皆可其奏，以與百姓。弼曰：「爲臣逞志於君前者，非無罪也。」乃詣公車，免冠徒跣，自劾請罪。帝召之，謂曰：「卿其冠履。吾聞築社之役，蹇蹷而築

之，端冕而事之，神與之福。然則卿有何罪？自今以後，苟利社稷，益國便人者，雖復顛沛造次，卿則爲之，無所顧也。」

太武大閱，將校獵於河西，弼留守。詔以肥馬給騎人，弼命給弱者。太武大怒曰：「尖頭奴敢裁量朕也！朕還臺，先斬此奴！」弼頭尖，帝常名之曰「筆頭」，時人呼爲「筆公」。屬官懼誅。弼告之曰：「吾謂事君使田獵不適盤游，〔三〕其罪小也。不備不虞，使戎寇恣逸，其罪大也。今北狄孔熾，南虜未滅，狡焉之志，窺伺邊境，是吾憂也。故選肥馬備軍實，爲不虞之遠慮。苟使國家有利，吾寧避死乎？明主可以理干，此自吾罪。」帝聞而歎曰：「有臣如此，國之寶也。」賜衣一襲，馬二疋，鹿十頭。後車駕田於山北，獲麋鹿數千頭，詔尚書發車牛五十乘運之。帝尋謂從者曰：「筆公必不與我，汝輩不如馬運之速。」遂還。行百餘里而弼表至，曰：「今秋穀懸黃，麻菽布野，猪鹿竊食，鳥雁侵費，風波所耗，朝夕參倍。乞賜矜緩，使得收載。」帝謂左右曰：「筆公果如朕卜，可謂社稷之臣。」

初，楊難當之來也，詔弼悉送其子弟於京師。楊玄少子文德，以黃金三十斤賂弼。弼受金留文德，而遇之無禮，文德亡入宋。太武以其正直，有戰功，弗加罪責。太武崩，吳王立，以弼爲司徒。文成卽位，與張黎並坐議不合旨，俱免。有怨謗之言，其家人告巫蠱，俱伏法。時人冤之。

張黎，雁門平原人也。〔四〕善書計，道武知待之。明元器其忠亮，賜爵廣平公，管綜機要。太武以其功舊，任以輔弼，除大司農卿。軍國大議，黎常與焉。以征赫連定功，進號征北大將軍，與樂安王範、濟南公崔徽鎮長安。清約公平，甚著聲稱，代下之日，家無餘財。太武征涼州，蠕蠕吳提乘虛入寇，黎與司空長孫道生拒擊走之。景穆初總百揆，黎與崔浩等輔政，忠於奉上，非公事不言，詔賜浩、黎布帛各千疋，以褒舊勳。吳王余立，以黎爲太尉。後文成卽位，與古弼俱誅。

劉潔，長樂信都人也。昭成時，慕容氏獻女，潔祖父生爲公主家臣，乃隨入魏。賜以妻妾，生子提，位樂陵太守，封信都男。卒。

潔襲提爵。數從征討，進爵會稽公。後與永安侯魏勤及功勞將軍元屈等擊吐京叛胡，爲其所執，送赫連屈丐。潔聲氣不撓，呼其字而與之言，神色自若。屈丐壯而釋之。後得還國，典東部事。明元寢疾，太武監國，潔與古弼等選侍東宮，對綜機要。

太武卽位，奇其有柱石用，委以大任。及議軍國，朝臣咸推其能。遷尙書令，改爲鉅鹿公。車駕西伐，潔爲前鋒。沮渠牧犍弟董來距戰於城南，潔信卜者之言，以日辰不協，擊鼓却陣，故董來得入城。太武微嫌之。潔久在樞密，恃寵自專，帝心稍不平。

時議伐蠕蠕，潔言不如廣農積穀，以待其來，羣臣皆從其議。帝決行，乃從崔浩議。既出，與諸將期會鹿渾谷，而潔恨其計不用，欲沮諸將，乃矯詔更期，諸將不至。時虜衆大亂，景穆欲擊之，潔執不可。停鹿渾谷六日，諸將猶不集，賊已遠遁，追至石水，不及而還。師次漠中，〔五〕糧盡，士卒多死。潔陰使人驚軍，勸帝棄軍輕還，帝不從。潔以軍行無功，奏歸罪於崔浩。帝曰：「諸將後期，及賊不擊，罪在諸將，豈在於浩？」又潔矯詔事遂發，〔六〕輿駕至五原，收潔幽之。

太武之征也，潔私謂親人曰：「若軍出無功，車駕不返，卽吾當立樂平王。」潔又使右丞張嵩求圖讖，問：「劉氏應王，繼國家後，我審有名姓不？」嵩對曰：「有姓而無名。」窮驗款引，搜嵩家，果得讖書。潔與南康公狄鄰及嵩等皆夷三族，死者百餘人。潔既居勢要，內外憚之，側目而視。籍其家，財產鉅萬。太武追忿，言則切齒。

丘堆，代人也。美容儀。初以忠謹入侍。明元卽位，拾遺左右，稍遷散騎常侍。太武監國臨朝，堆與太尉穆觀等爲右弼。及卽位，賜爵臨淮公，位太僕。

與宗正娥清略地關右，而宜城王奚斤表留堆，合軍與赫連昌相拒。斤進擊赫連定，留堆守輜重。斤爲定禽，堆聞而棄甲走長安。帝大怒，遣西平公安頡斬堆。

娥清，代人也。少有將略，累著戰功，稍遷給事黃門侍郎。明元南巡，幸鄴，以清爲中領軍將軍，與宋兵將軍周幾等度河，略地至湖陸，以功賜爵須昌侯。與幾等遂鎮枋頭。太武初，乃還京師，進爲東平公。

後從平統萬，遂與奚斤討赫連昌，至安定。及昌弟定西走，斤追之。清欲尋水往，斤不從，遂與斤俱爲定禽。剋平涼，乃得還。後與古弼等東討馮弘，以不急戰，弘奔高麗，檻車徵，黜爲門卒而卒於家。

子延，賜爵南平公。

伊馛，代人也。少勇健，走及奔馬，善射，力曳牛却行。神䴥初，擢爲侍郎，轉三郎，賜爵汾陽子。太武將討涼州，議者咸以無水草諫，唯司徒崔浩勸行。羣臣出後，馛曰：「涼州若無水草，何得爲國？宜從浩言。」帝善之。及剋涼州，大會於姑臧，帝謂羣臣曰：「崔公智計有餘，吾亦不復奇之。正奇馛弓馬士，所見能與崔同耳。」顧謂浩曰：「馛智力如此，終至公相。」浩曰：「何必讀書，然後爲學。衞青、霍去病亦不讀書而致公輔。」帝欲以馛爲尚書，封郡公。馛以尚書務殷，公爵至重，辭之；中、祕二省，多諸文士，請參其次。帝賢之，遂拜祕書監，賜爵河南公。拜司空，清約自守，爲政舉大綱而已，不爲苛碎。

太安二年，〔六〕領太子太保。三年，與司徒陸麗等並平尚書事。薨。

子蘭襲爵，位庫部尚書。卒。

子盆生，驍勇有膽氣，累有戰功，遂爲名將。以勳賜爵平城子。爲西道都督，戰歿。贈雍州刺史。

乙瓌，代人也。其先世統部落。太武時，瓌父匹知遣瓌入貢，帝留之。瓌善騎射，手格猛獸。尚太武女上谷公主，除駙馬都尉，賜爵西平公。從駕南征，都督前鋒諸軍事，勇冠三

軍。後進爵爲王，又爲西道都將。薨，年二十九，贈太尉公，謚曰恭。子乾歸襲爵。

乾歸有氣幹，頗習書疏，尤好兵法。尚景穆女安樂公主，除駙馬都尉、侍中。獻文初，爲秦州刺史，有惠政。孝文卽位，爲中道都將。卒，謚曰康。

子海，字懷仁，位散騎侍郎。卒，謚曰孝。

海子瑗，字雅珍，尚孝文女淮陽公主，除駙馬都尉，累遷西兗州刺史。天平元年，舉兵應樊子鵠，戰敗死。

周幾，代人也。少以善射爲獵郎。明元卽位，爲左部尚書，〔七〕以軍功封交趾侯。太武以幾有智勇，遣鎭河南，威信著于外境。幾常嫌奚斤等綏撫關中失和，每至言論，形于聲色，斤等憚焉。進號宋兵將軍，率洛州刺史于栗磾以萬人襲陝城，卒于軍，軍人無不歎惜之。歸葬京師。謚曰桓。子步襲爵。

豆代田，代人也。明元時，以善騎射爲內細射。從攻武牢，詔代田登樓射賊，矢不虛發。以功遷內三郎。從討赫連昌，乘勝追賊，入其宮門。門閉，代田踰宮而出。太武壯之，拜勇武將軍。後從討平涼，破赫連定，得奚斤等，以定妻賜之。詔斤膝行授酒於代田。敕斤曰：「全爾身命者，代田功也。」以從討和龍戰功，封長廣公。卒於統萬鎭大將。贈長廣王，謚曰恭。子周求襲爵。

車伊洛，焉耆胡也。世爲東境部落帥，恒修職貢。延和中，授平西將軍，封前部王。伊洛規欲歸闕，爲沮渠無諱斷路，伊洛連戰破之。無諱卒，伊洛前後遣使招喻其子乾壽等，及其戶五百餘家，送之京師。又率部衆二千餘人伐高昌，討破焉耆東關七城。

正平二年，伊洛朝京師，拜都官尚書，將軍、王如故。卒，謚康王，葬禮依盧魯元故事。子歇襲爵。

王洛兒，京兆人也。明元在東宮，以善騎射給事帳下，謹愿未嘗有過。明元嘗獵于㶟南，冰陷沒馬。洛兒投水奉帝出，殆將凍死。帝解衣賜之，自是恩寵日隆。天賜末，帝避難

居外，洛兒晨夜侍衞，恭勤發於至誠。元紹之逆，帝左右唯洛兒與車路頭。晝居山嶺，夜還洛兒家。洛兒隣人李道潛相奉給，晨復還山。衆庶頗知，喜而相告。紹聞，收道斬之。洛兒猶冒難往返京都，通問於大臣，大臣遂出奉迎，百姓奔赴。明元還宮，社稷獲全，洛兒有功焉。

明元卽位，拜散騎常侍，賜爵新息公，加直意將軍，又追贈其父爲列侯，賜僮隸五十戶。卒，贈太尉、建平王。賜溫明祕器，載以輼輬車，使殿中衞士爲之導從，親臨哀慟者數四焉。〔八〕乃鴆其妻周氏，與合葬。子長城襲爵。

車路頭，代人也。少以忠厚選給東宮，爲帳下帥。天賜末，明元出於外，路頭隨侍竭力。及卽位，封宣城公、忠意將軍。帝性明察，羣臣多以職事遇譴，至有杖罰，故路頭優游不任事。性無害，每評獄處理，常獻寬恕之議，以此見重於朝，帝亦敬納之。卒，明元親臨哀慟，贈太保、宣城王，謚曰忠貞。喪禮一依安城王叔孫俊故事。陪葬金陵。子睿襲爵。

盧魯元，昌黎徒河人也。曾祖副鳩，仕慕容氏，爲尚書令、臨澤公。祖、父並至大官。

魯元寬和有雅度，明元時，選爲通直郎，以忠謹給侍東宮，太武親愛之。卽位，以爲中書侍郎，寵待彌渥。而魯元益加謹肅，帝愈親待之。內外大臣，莫不敬憚。性多容納，善與人交，好掩人過揚人美，由是公卿咸親附之。以工書有文才，累遷中書監，領祕書事。賜爵襄城公，贈其父爲信都侯。

從征赫連昌，太武親追擊，入其城門，魯元隨帝出入。是日微魯元，幾至危殆。後遷太保、錄尚書事。帝貴異之，臨幸其第，不出旬日。欲其居近，易往來，乃賜甲第於宮門南。衣食車馬皆乘輿之副。

眞君三年，駕幸陰山，魯元以疾不從。侍臣問疾，醫藥傳驛，相屬於路。及薨，帝甚悼惜之，還臨其喪，哭之哀慟。東西二宮，命太官日送奠，晨昏哭臨，訖則備奏鍾鼓伎樂。輿駕比葬三臨之。喪禮依安城王叔孫俊故事而賵送有加。贈襄城王，謚曰孝。葬於崞山，爲建碑闕。自魏興，貴臣恩寵，無與爲比。

子統襲爵，以父任，侍東宮。太武以元舅陽平王杜超女南安長公主所生妻之。車駕親自臨送，太官設供具，賞賚千計。文成卽位，典選部、主客二曹。卒，贈襄城王，謚曰景。無子。

弟彌娥襲。卒，贈襄城王，謚曰恭。

魯元少子內，給侍東宮。景穆深昵之，常與臥起，同衣食。父子有寵兩宮，勢傾天下。內性寬厚，有父風，而恭愼不及。正平初，宮臣伏誅。太武以魯元故，唯殺內而厚撫其兄弟。

陳建，代人也。以善騎射擢爲三郎，遷下大夫、內行長。太武討山胡白龍，輕之，單將騎數十，每自登山。白龍伏壯士，出不意，帝墜馬，幾至不測。建以身捍賊，奮擊，殺數人，被十餘瘡。帝壯之，賜別戶二十。文成初，出爲幽州刺史，假秦郡公。帝以建貪暴懦弱，遣使就州罰杖五十。

孝文初，徵爲尚書右僕射，加侍中，進爵趙郡公。建與晉陽侯元仙德、長樂王穆亮、平原王陸叡密表啓南伐，帝嘉之。還司徒，進爵魏郡王。帝與文明太后頻幸建第，賜建妻宴於後庭。薨，子念生襲。有罪，爵除。

來大干，代人也。父初眞，從道武避難叱候山，參創業功。官至後將軍、武原侯，與在八議。

大干驍果善騎射。永興初，襲爵，位中散。至於朝賀之日，大干常著御鎧，盤馬殿庭，朝臣莫不嗟歎。遷內三郎、幢將，典宿衞禁旅。大干用法嚴明，上下齊肅。嘗從明元校獵，見獸在高巖上，〔九〕持矟直前刺之，應手而死，帝嘉其勇壯。

太武踐阼，與襄城公盧魯元等七人俱爲常侍，常持仗侍衞，晝夜不離左右。累從征伐，以戰功賜爵廬陵公，鎭雲中，兼統白道軍事。太武以其壯勇，數有戰功，兼悉北境險要，詔使巡撫六鎭，以防寇虜。經略布置，甚得事宜。

後吐京胡反，以大干爲都將，討平之。在吐京卒。喪還，停於平城南。太武出游還，見而問之，左右以對，帝悼歎者良久。詔聽其喪入殯城內。贈司空，謚莊公。子丘頹襲爵，降爲晉興侯。

宿石，朔方人，赫連屈丐弟文陳之曾孫也。天興中，文陳父子歸魏，道武嘉之，以宗女妻焉，拜上將軍。祖若豆根，明元時賜姓宿氏，襲上將軍。父沓干，從太武征平涼有功，賜

爵漢安男。後從討蠕蠕，戰沒。

石年十三襲爵，擢爲中散，遷內行令。從於苑中游獵，石走馬引前，道峻馬倒，殞絕，久之乃蘇。由是御馬得制。文成嘉之，賜以綿帛、駿馬，改爵義陽子。又常從獵，文成親欲射猛獸。〔一〇〕石叩馬諫，引帝至高原上。後猛獸騰躍殺人。褒美其忠，許後有犯罪，宥而勿坐，賜駿馬一疋。尚上谷公主，拜駙馬都尉。位吏部尚書，進爵太山公，爲北征中道都大將。卒，追贈太原王，謚康，葬禮依盧魯元故事。太和初，子倪襲爵。

萬安國，代人也。世爲酋帥。父振，尚高陽長公主，拜駙馬都尉，位長安鎭將，爵馮翊公。

安國少明敏，以國甥復尚河南公主，拜駙馬都尉。獻文特親寵之，與同臥起。拜大司馬、大將軍，封安城王。安國先與神部長奚買奴不平，承明初，矯詔殺買奴於苑中。孝文聞之，大怒，遂賜死，年二十三。子翼襲王爵。

有稽根者，世爲紇奚部帥。皇始初，率部歸魏，尚昭成女。生子拔，位尚書令。拔尚華

陰公主，生子敬。元紹之逆也，主有功，超授敬大司馬，封長樂王。薨，子護襲，拜外都大官。根事迹遺落，故略附云。

周觀，代人也。驍勇有膂力。太武以軍功賜爵金城公，位高平鎮將。善撫士卒，號有威名。後拜內都大官，出爲秦州刺史。撫馭失和，部人薛永宗聚衆汾曲以叛。觀討永宗，爲流矢所中。太武幸蒲坂，觀聞帝至，驚怖而起，瘡重遂卒。帝怒，絕其爵云。

尉撥，代人也。父那，濮陽太守。

撥爲太學生，募從兗州刺史羅忸擊賊於陳、汝，有功，賜爵介休男。討和龍，擊吐谷渾，皆有軍功，進爵爲子。累遷杏城鎮將，大得人和。文成以撥清平有惠績，賜以衣服。獻文卽位，爲北征都將。復爲都將，南攻懸瓠。〔一〕進爵安城侯，位北豫州刺史。卒，謚敬侯。

陸眞，代人也。父洛侯，秦州刺史。

眞少善騎射。太武以眞膂力過人，拜內三郎。眞君中，從討蠕蠕，以功賜爵關內侯。後攻懸瓠，登樓臨射城中，弦不虛發。從太武至江，還攻盱眙，〔二〕眞功居多。文成卽位，進爵都昌侯，位選部尚書。後拜長安鎮將。時初置長蛇鎮，眞率衆築城未訖，而氐豪仇傉檀等反叛。眞擊平之，卒城長蛇而還。東平王道符反于長安，以眞爲長安鎮將，賜爵河南公。長安兵人素伏其威信，〔三〕及至，皆怗然安靜。在鎮數年，甚著威稱。卒，謚曰烈。

子延，字契胡提，頗有氣幹。襲爵河南公，例降，改封汝陽侯。位懷朔鎮大將、太僕卿。受使綏慰秀容，爲牧子所害。

呂洛拔，代人也。曾祖渴侯，昭成時率戶五千歸魏。父匹知，太武時爲西部長，封滎陽公。

洛拔以壯勇知名。文成末，爲平原鎮都將。隨尉元攻宋將張永，大敗之，賜爵成武侯。卒。

長子文祖，獻文以其勳臣子，補龍牧曹奏事中散。以牧產不滋，坐徙武川鎮。後文祖以舊語譯註皇誥，辭義通辯，爲外都曹奏事中散。後坐事伏法。

薛彪子，〔四〕代人也。祖達頭，自姚萇時率部落歸魏。道武賜爵聊城侯，待以上客禮，賜妻鄭氏。卒，贈冀州刺史，謚曰悼。父野賭，并、太二州刺史，封河東公，有聲稱。卒，謚曰簡。

彪子姿貌壯偉，明斷有父風。爲內行長，典奏諸曹事。當官正直，內外憚之。及文明太后臨朝，出爲枋頭鎮將。素剛簡，爲近臣所嫉，因小過，黜爲鎮門士。及獻文南巡，次山陽，彪子拜訴於路，復除枋頭鎮將。累遷開府、徐州刺史，在州甚多惠政，百姓便之。沛郡太守邵安、下邳太守張攀，咸以贓汙，彪子案之於法。安等遣子弟上書，誣彪子南通賊虜。孝文曰：「此妄矣。」推案果虛。卒，謚曰文。子琡。

琡字曇珍，形貌瓌偉。少以幹用爲典客令。每引見，儀望甚美。宣武謂曰：「卿風度峻整，姿貌秀異，後當升進，何以處官？」琡答曰：「宗廟之禮，不敢不敬；朝廷之事，不敢不忠。自此之外，非庸臣所及。」

正光中，行洛陽令，部內肅然。時以久旱，京師見囚悉召集於都亭，理問冤滯。洛陽獄唯有三人。孝明嘉之，賜縑百疋。琡本附元叉，叉廢，憂懼，由是政教廢弛，坐免官。李神軌有寵於靈太后，琡復事之。

累遷吏部郎中。先是，吏部尚書崔亮奏立停年格，不簡人才，專問勞舊。琡乃上書曰：「臣聞錦縠雖輕，不委之以學割；瑚璉任重，豈寄之以弱力。若使選曹唯取年勞，不簡賢否，使義均行雁，次若貫魚，勘簿呼名，一吏足矣。數人而用，何謂銓衡？今黎元之命繫於守長。若其得人，則蘇息有地；任非其器，爲患更深。請郡縣之職，吏部先盡擇才，并學通古今曉達政職者，以應其選。不拘入職遠近，年勳多少。其積勞之中，有才堪牧人者，自在先用之限。其餘不堪者，既壯藉其力，豈容老而棄之，將佐丞尉去人稍遠，小小當否，未爲多失，宜依次補敘，以酬其勞。」書奏，不報。後因引見，復陳之曰：「今四方初定，務在養人。臣請依漢氏更立四科，令三公宰貴各薦時賢，以補郡縣。明立條格，防其阿黨之端。庶令塗炭之餘，戴仰有地。」詔下公卿議之，事亦寢。

元天穆討邢杲，以琡爲行臺尚書。軍次東郡，時元顥已據酇城，邢杲又逼歷下，天穆議其所先。議者咸以杲盛，宜先經略。唯琡以杲爲聚衆無名，雖強猶賊；元顥皇室昵親，來稱義舉，自河陰之役，人情駭怨，今有際會，易生感動。待顥事決，然後迴師。天穆以羣情所顒，遂先討杲。杲降，軍還至定陶，天穆留琡行西兗州事。尋爲元顥所陷。顥執琡自隨。尒朱榮破顥，天穆謂琡曰：「不用君言，乃至於此。」

天平初，拜七兵尚書。齊神武引爲丞相府長史，軍國之事，多所關知。琡亦推誠盡節，屢進忠讜。神武大舉西伐，將度蒲津。琡諫曰：「西賊連年饑饉，故冒死來入陝州。但宜置兵諸道，勿與野戰。比及來年麥秋，人應餓死，寶炬、黑獺自然歸降。願無渡河。」侯景亦曰：「今舉兵極大，萬不一捷，卒難收斂。不如分爲二軍，相繼而進，前軍若勝，後軍合力；前軍若敗，後軍承之。」神武皆弗納，遂有沙苑之敗。

後范陽盧仲禮反，琡與諸軍討平之。轉殷州刺史。爲政嚴酷，吏人苦之。後歷位度支、殿中二尚書。天保元年，卒於兼尚書右僕射。臨終，勑其子斂以時服，踰月便葬，不聽干求贈官。自制喪車，不加彫飾，但用麻爲流蘇，繩網絡而已。〔一五〕明器等物，並不令置。

琡久在省闥，明閑簿領，當官剖斷，敏速如流。然天性險忌，情義不篤，外若方格，內實浮動。受納貨賄，曲理舞法，深文刻薄，多所傷害。人士畏惡之。魏東平王元匡妾張氏，淫逸放恣。琡初與姦通，後納以爲婦。惑其讒言，遂棄前妻于氏，不認其子允。家人內忿，競相告列，深爲世所譏鄙。贈開府儀同三司、尚書左僕射、青州刺史。謚曰威恭。子允嗣。

尉元字苟仁，代人也。世爲豪宗。父目斤，勇略聞於當時，位中山太守。元以善射稱，爲羽林中郎，以匪懈見知。稍遷駕部給事中，賜爵富城男。和平中，遷北部尚書，進爵太昌侯。

天安元年，薛安都以徐州內附，獻文以元爲持節、都督東道諸軍事，與城陽公孔伯恭赴之。宋兗州刺史畢衆敬遣東平太守申纂歸款，元並納之，遂長驅而進。宋遣將張永、沈攸之等屯于下磕。安都出城見元。元依朝旨，授其徐州刺史，遣中書侍郎高閭、李璨等與安都俱還入城。別令孔伯恭撫安內外，然後元入彭城。元以永仍據險要，乃命安都與璨等同守，身率精銳，揚兵於外，分擊呂梁，絕其糧運。永遂捐城夜遁。於是遣高閭與張讜對爲東徐州刺史，李璨與畢衆敬對爲東兗州刺史。拜元開府、都督、徐州刺史、淮陽公。

太和初，徵爲內都大官。既而出爲使持節、鎮西大將軍、開府、統萬鎮都將，甚得夷人之心。三年，進爵淮陽王，以舊老見禮，聽乘步挽，杖於朝。齊高帝既立，多遣間諜，扇動新人，不逞之徒，所在蜂起。以元威名夙振，使總率諸軍以討之。東南清晏，遠近帖然。入爲侍中、都曹尚書。遷尚書令，進位司徒。

十六年，例降庶姓王爵，〔一六〕封山陽郡公。其年，頻表以老乞身，詔許之。元詣闕謝老，引見於庭，命升殿勞宴，賜玄冠、素服。又詔曰：「前司徒山陽郡公尉元、前大鴻臚卿新泰伯游明根，並元亨利貞，明允誠素，位顯台宿，歸老私第。可謂知始知卒，希世之賢也。公以八十之年，宜處三老之重，卿以七十之齡，可充五更之選。」於是養三老、五更於明堂，國老、庶老於階下。孝文再拜三老，親袒割牲，執爵而饋，於五更行肅拜之禮，賜國老、庶老衣服有差。既而元言曰：「自天地分判，五行施則，人之所崇，莫重於孝順。然五孝六順，天下之所先，願陛下重之，以化四方。臣既年衰，不究遠趣，心耳所及，敢不盡誠。」帝曰：「孝順之道，天地之經。今承三老明言，銘之于懷。」明根言曰：「夫至孝通靈，至順感幽，故詩云：『孝悌之至，通於神明，光于四海。』〔一七〕如此則孝順之道，無所不格。願陛下念之，以濟黎庶。臣年志朽弊，識見昧然，在於愚慮，不敢不盡。」帝曰：「五更助三老以言至範，敷展德音。當克己復禮，以行來授。」禮畢，乃賜步挽一乘。詔曰：「夫尊老尚更，列聖同致，欽年敬德，綿哲齊軌。朕雖道謝玄風，識昧叡則，然仰稟先誨，企遵猷旨。故推老以德，立更以元，父焉斯彰，兄焉斯顯矣。前司徒公元、前鴻臚卿明根，並以沖德懸車，懿量歸老，故尊老以三，事更以五。雖老、更非官，耋耄罔祿，然況事既高，宜加殊養。三老可給上公祿，五更可食元卿俸。供食之味，亦同其例。」

十七年，元疾篤，帝親省疾。薨，謚景桓公，葬以殊禮，給羽葆鼓吹，假黃鉞，班劍四十

人。

子翊襲爵。遷洛，以山陽在畿內，改爲博陵郡公。卒於恒州刺史，謚曰順。

慕容白曜，慕容晃之玄孫也。父琚，歷官以廉清著稱，賜爵高都侯。終尚書左丞，謚曰簡。

白曜少爲中書吏，以敦直給事宮中。〔一八〕襲爵，稍遷北部尚書。文成崩，與乙渾共執朝政，遷尚書右僕射，進爵南鄉公。

宋徐州刺史薛安都、兗州刺史畢衆敬並以城內附，詔鎮南大將軍尉元、鎮東將軍孔伯恭赴之。而宋東平太守申纂屯無鹽，并州刺史房崇吉屯升城，〔一九〕遏絕王使。皇興初，加白曜使持節、都督諸軍事、〔二〇〕征南大將軍，進爵上黨公。屯碻磝，爲諸軍後繼。白曜攻纂於無鹽，拔其東郭。纂遁，遣兵追執之。迴攻升城。肥城戍主聞軍至，棄城遁走，獲粟三十萬石。又下襲破麋溝、垣苗二戍，得粟十餘萬斛。由是軍糧充足。先是，淮陽公皮豹子再征垣苗不剋，白曜一旬內頻拔四城，威震齊土。獻文下詔褒美之。升城不降，白曜縱兵陵城，殺數百人，崇吉夜遁。白曜撫其人，百姓懷之。獲崇吉母妻，待之以禮。宋遣將吳喜公欲

寇彭城，鎭南大將軍尉元請濟師，獻文詔白曜赴之。白曜到瑕丘，遇患，因停。會崇吉與從弟法壽盜宋盤陽城以贖母妻。白曜遣將軍長孫觀等率騎入自馬耳關赴之。觀至盤陽，諸縣悉降。白曜自瑕丘進攻歷城。二年，崔道固及兗州刺史梁鄒守將劉休賓並面縛而降。白曜皆釋之，送道固、休賓及其僚屬于京師。後乃徙二城人望於下館，朝廷置平齊郡懷寧、歸安二縣以居之。自餘悉爲奴婢，分賜百官。白曜雖在軍旅，而接待人物，寬和有禮。所獲崇吉母妻、申纂婦女，皆別營安置，不令士卒喧雜。及進克東陽，擒沈文秀。凡獲倉粟八十五萬斛。始末三年，築圍攻擊，雖士卒死傷，無多怨叛。三齊欣然，安堵樂業。剋城之日，以沈文秀抗倨不爲之拜，忿而撾撻，唯以此見譏。以功拜開府儀同三司、都督、青州刺史，進爵濟南王。

初，乙渾專權，白曜頗所挾附，後緣此追以爲責。四年，見誅，云謀反叛，時論冤之。

白曜少子眞安，年十一，聞父被執，將自殺。家人止之曰：「輕重未可知。」眞安曰：「王位高功重，若小罪，終不至此。我不忍見父之死。」遂自縊。太和中，著作佐郎成淹上表理白曜，孝文覽表嘉愍之。

白曜弟子契，輕薄無檢。太和初，以名家子擢爲中散，遷宰官中散。南安王楨有貪暴之響，遣中散閭文祖詣長安察之。文祖受楨金寶之賂，爲楨隱而不言。事發，太后引見羣

臣，謂曰：「前論貪淸，皆云剋修。文祖時亦在中，後竟犯法。以此言之，人心信不可知。」孝文曰：「卿等自審不勝貪心者，聽辭位歸第。」契進曰：「小人之心無定，而帝王之法有常。以無恒之心奉有常之法，非所剋堪。乞垂退免。」帝曰：「契若知心不可常，卽知貪之惡矣，何爲求退？」遷宰官令，賜爵定陶男。後卒於都督、朔州刺史，謚曰克。

初，慕容氏破後，種族仍繁。天賜末，頗忌而誅之。時有免者，不敢復姓，皆以輿爲氏。[二]延昌末，詔復舊姓。而其子女先入掖庭者，猶號慕容，特多於他族。

和其奴，代人也。少有操行，善射御。初爲三郎。文成初，封平昌公，累遷尙書左僕射。又與河東王閭毗、太宰常英等並平尙書事。在官愼法，不受私請。遷司空，加侍中。文成崩，乙渾與林金閭擅殺尙書楊保年等。時殿中尙書元郁率殿中宿衞士欲加兵於渾。渾懼，歸咎於金閭，執以付郁。時其奴以金閭罪惡未分，出之爲定州刺史。皇興元年，長安鎭將東平王道符反，詔其奴討之，未至而道符敗。軍還，薨，內外歎惜之。贈平昌王，謚曰宣。子受襲爵。

苟頹，代人也。本姓若干。父洛拔，內行長。

頹厚重寡言，少嚴毅淸直，武力過人。擢爲中散，小心謹敬。太武至江，賜爵建德男。累遷司衞監、洛州刺史。抑强扶弱，山蠻畏威，不敢爲寇。太和中，歷位侍中、都曹尙書，進爵河南公。

頹方正好直言，雖文明太后生殺不允，頹亦言至懇切。李惠、李訢之誅，頹並致諫。遷司空，進爵河東王。以舊老，聽乘步挽，杖於朝。大駕行幸三川，頹留守京師。沙門法秀謀反，頹率禁旅收掩畢獲，內外晏然。薨，謚僖王。

長子愷襲爵河東王，例降爲公。

宇文福，其先南單于之遠屬也。世爲擁部大人。祖活撥，仕慕容垂爲唐郡內史、遼東公。道武之平慕容氏，活撥入魏，爲第一客。

福少驍果，有膂力。太和中，累遷都牧給事。及遷洛，敕福檢牧馬所。福規石濟以西，河內以東，拒黃河南北千里爲牧地，今之馬場是也。及從代移雜畜牧於其所，[三]福善於將

養，並無損耗。孝文嘉之。尋補司衞監。後以勳封襄樂縣男，歷位太僕卿、都官尙書、營州大中正、瀛州刺史。性忠淸，在公嚴毅，以信御人，甚得聲譽。後除都督懷朔沃野武川三鎭諸軍事、懷朔鎭將。至鎭卒，謚曰貞惠。

子延，字慶壽，體貌魁岸，眉目疏朗。位員外散騎侍郎。以父老，詔聽隨侍在瀛州。屬大乘妖黨突入州城，延率奴客逆戰，身被重瘡。賊縱火燒齋閤，福時在內，延突火入，抱福出外，支體灼爛，鬚髮盡焦。於是勒衆與賊苦戰，賊乃散走，以此見稱。累遷直寢。與万俟醜奴戰，沒。

論曰：古弼謀軍經國，[三]有柱石之量；張黎誠謹廉方，以勳舊見重。並纖介之間，一朝隕覆。宥及十世，乃徒言耳。劉潔咎之徒也。丘堆敗以亡身。娥淸、伊䤈俱以材力見用，而䤈以謀猷取異，其殆優乎。乙瓌之驍猛，周幾之智勇，代田之騎射，其位遇豈徒然也。車伊洛宅心自遠，豈常戎乎。王洛兒、車路頭、盧魯元、陳建、來大干、宿石，或誠發于衷，竭節危難，或忠存衞主，義足感人，苟非志烈，亦何能若此。宜其生受恩遇，歿盡哀榮。至如安國，以至覆亡，害盈之義也。周觀、尉撥、陸眞、呂洛拔等，咸以勇毅自進，而觀竟致貶黜，異

夫數子者矣。薛彪子世載强正，曇珍克盛家聲，美矣乎！魏之諸將，罕方面之績，尉元以寬雅之風，膺將帥之任，威名遠被，位極公老，自致乞言之地，無乃近代之一人歟！白曜出專薄伐，席卷三齊，考績圖勞，固不細矣。而功名難處，追猜嬰戮。宥賢議勤，未聞於斯日也。和其奴之貞正，苟頹之剛直，宇文福之氣幹，咸亦有用之士乎！

校勘記

〔一〕明元嘉其直而有用　諸本「直」訛「眞」，據魏書卷二八、通志卷一四七古弼傳改。以筆譬其直，所以賜名「筆」。

〔二〕吾謂事君使田獵不適盤游　諸本「適」作「過」，魏書作「適」。按「不適盤遊」，意爲不能稱心遊樂。作「過」無義，今據改。

〔三〕鴈門平原人也　魏書卷二八張黎傳同。按「平原」當作「原平」。原平，前漢屬太原郡，後漢、晉、後魏屬鴈門郡，各見漢書、後漢書、晉書地理志及魏書卷一〇六地形志上肆州鴈門郡。地形志廣武縣條也誤倒作「平原」。

〔四〕師次漢中　諸本「漢」訛作「漠」，據魏書卷二八劉潔傳改。

〔五〕又潔矯詔事遂發　諸本脫「詔」字，據通志卷一四七劉潔傳補。按魏書作「浩又言潔矯詔，事遂

發」。疑此脫「浩」字、「言」字。

〔六〕太安二年　諸本「太」訛「大」，據魏書卷四四伊馛傳改。太安，拓拔濬即文成年號。

〔七〕明元卽位爲左部尚書　魏書卷三〇周幾傳「部」作「民」。北史避唐諱改。

〔八〕親臨哀慟者數四焉　諸本脫「數」字，據魏書卷三四、通志卷一四七王洛兒傳補。又魏書「親臨」上有「太宗」二字，通志有「帝」字。

〔九〕見獸在高巖上　魏書卷三〇、通志卷一四七來大干傳「獸」作「虎」。北史避唐諱改。

〔一〇〕文成親欲射猛獸　魏書卷三〇、通志卷一四七宿石傳「猛獸」作「虎」。北史避唐諱改。

〔一一〕復爲都將南攻懸瓠　諸本無「復爲都將」四字，魏書卷三〇尉撥傳有。按上文言撥「爲北征都將」，既是「南攻」，不當官名「北征」，知是因上下並有「都將」二字而誤脫。今據補。

〔一二〕還攻盱眙　諸本「攻」作「次」，魏書卷三〇陸眞傳作「攻」。按宋書卷七四臧質傳，元嘉二十八年正月，「燾自廣陵北返，便悉力攻盱眙」，則作「攻」是。若作「次」，與下文「眞功居多」不相應。今據魏書改。

〔一三〕長安兵人素伏其威信　諸本「安」下衍「平」字，據魏書刪。

〔一四〕薛彪子　魏書卷四四薛野賭傳「彪」字作「虎」，北齊書卷二六薛琡傳作「豹」。「彪」「豹」都是避唐諱改。

〔一五〕但用廡爲旒蘇縄網絡而已　諸本「網」訛作「綱」，據通志卷一五三、北齊書卷二六薛琡傳改。

〔一六〕十六年例降庶姓王爵　諸本脫「六」字，據魏書卷五〇、通志卷一四七尉元傳補。降庶姓王爵事見魏書卷七下高祖紀太和十六年。

〔一七〕故詩云孝悌之至通於神明光于四海　按此語出孝經感應章，不出于詩。

〔一八〕以敦直給事宮中　魏書卷五〇慕容白曜傳「宮中」作「東宮」。按所謂「給事東宮」，是指事景穆太子。北史作「給事宮中」與原意不符。

〔一九〕幷州刺史房崇吉屯升城　諸本「升」訛「斗」，據魏書卷五〇慕容白曜傳、卷四三房崇吉傳改。升城見魏書地形志中齊州太原郡太原縣。

〔二〇〕加白曜使持節都督諸軍事　諸本脫「都」字，據魏書補。

〔二一〕皆以輿爲氏　各本「輿」作「興」，殿本從魏書改作「輿」。按本書卷一道武紀有慕容文，通鑑卷一〇五三三三五頁作慕輿文。疑「慕容」卽「慕輿」，故慕容氏子孫改姓爲「輿」。今從殿本。

〔二二〕及從代移雜畜牧於其所　諸本「從」作「徙」，魏書卷四四宇文福傳作「從」。按此指從代北移雜畜於黃河两岸放牧。非徙於代。「徙」乃「從」之訛，今據改。

〔二三〕古弼謀軍經國　諸本「謀軍」倒作「軍謀」，魏書卷二八史臣論作「謀軍」，與「經國」相應。今據改。

北史卷二十六

列傳第十四

宋隱 從子愔 愔孫弁 弁孫欽道 弁族弟翻 翻弟子世良 世軌 翻弟世景
許彥 五世孫惇 刁雍 子遵 曾孫沖 柔
辛紹先 韋閬 孫子粲 杜銓

宋隱字處默，西河介休人也。曾祖奭，祖活，父恭，世仕慕容氏，位並通顯。慕容儁徙鄴，恭始家於廣平列人焉。

隱性至孝，專精好學。仕慕容垂，位本州別駕。道武平中山，拜隱尚書吏部郎，積遷行臺右丞，領選。以老病乞骸骨，不許。尋以母喪歸列人，既葬被徵，乃棄妻子匿於長樂，數年而卒。臨終，謂其子經曰：「汝等苟能入順父兄，出悌鄉黨，仕郡幸而至功曹史，以忠清奉

之，足矣。不勞遠詣臺閣，恐汝不能富貴，徒延門戶累耳。若忘吾言，是死若父也。使鬼有知，吾不歸食矣。」

隱弟宣，〔一〕字道茂，與范陽盧玄、勃海高允、博陵崔建、從子愔俱被徵，拜中書博士。後拜侍郎、行司隸校尉。〔二〕卒，諡曰簡侯。

宣子謨，字乾仁，襲爵，卒於遼西太守。子鸞襲爵，位東莞太守。

鸞弟瓊，字普賢，以孝稱。母曾病，季秋月思瓜。瓊夢想見之，求而遂獲，時人異之。卒於家。

愔歷中書博士、員外散騎常侍，使江南。爵列人子。〔三〕卒於廣平太守。長子顯襲爵。顯無子，養弟子弁爲後。

弁字義和。父叔珍，娶趙郡李敷妹，因敷事而死。弁至京師，見尚書李沖，因言論移日。沖異之，退曰：「此人一日千里，王佐才也。」顯卒，弁襲爵。弁與李彪州里，迭相祗好。彪爲祕書丞，請爲著作佐郎。遷尚書殿中郎中。孝文曾因朝會次，歷訪政道。弁年少官微，自下而對，聲姿清亮，進止可觀。帝稱善者久之。因是大被知遇，賜名爲弁，意取弁和獻玉，楚王不知寶之也。

遷中書侍郎，兼員外散騎常侍，使齊。齊司徒蕭子良、祕書丞王融等皆稱美之，以爲志氣謇諤不逮李彪，而體韻和雅，舉止閑邃過之。轉散騎侍郎。時散騎位在中書之右。孝文曾論江左事，問弁在南興亡之數。弁以爲蕭氏父子無大功於天下，既以逆取，不能順守，必不能貽厥孫謀，保有南海。若物憚其威，身免爲幸。後車駕南征，以弁爲司徒司馬，東道副將。軍人有盜馬靽者，斬而徇，於是三軍震懼，莫敢犯法。

黃門郎崔光薦弁自代，帝不許，亦賞光知人。未幾，以弁兼司徒左長史。時大選內外羣官，幷定四海士族，弁專參銓量之任，事多稱旨。然好言人之陰短。高門大族意所不便者，弁因毀之；至於舊族淪滯而人非可忌者，又申達之。弁又爲本州大中正，姓族多所降抑，頗爲時人所怨。遷散騎常侍，尋遷右衞將軍、領黃門。弁屢自陳讓，帝曰：「吾爲相知者，卿亦不可有辭。豈得專守一官，不助朕爲政！且常侍者，黃門之庶兄，領軍者，三衞之假攝，〔四〕不足空存推讓，以棄大委。」其被知遇如此。

孝文北都之選，李沖多所參預，頗抑宋氏。弁恨沖而與李彪交結，雅相知重。及彪之抗沖，沖謂彪曰：「爾如狗耳，爲人所嗾。」及沖劾彪，不至大罪，弁之力也。彪除名，弁大相嗟慨，密圖申復。

孝文在汝南不豫，大漸，旬餘日不見侍臣，左右唯彭城王勰等數人而已。小瘳，乃引見

門下及宗室長幼諸人。入者未能皆致悲泣，惟弁與司徒司馬張海歔欷流涕，由是益重之。車駕征馬圈，留弁以本官兼祠部尚書，攝七兵事。及行，執其手曰：「國之大事，在祀與戎，故令卿綰攝二曹。」弁頓首辭謝。

弁劬勞王事，恩遇亞於李沖。帝每稱弁可爲吏部尚書，及崩，遺詔以弁爲之。與咸陽王禧等六人輔政，而弁先卒。年三十八。贈瀛州刺史，諡曰貞順。

弁性好矜伐，自許膏腴。孝文以郭祚晉魏名門，從容謂弁曰：「卿固當推郭祚之門。」弁笑曰：「臣家未肯推祚。」帝曰：「卿自漢、魏以來，既無高官，又無儁秀，何得不推？」弁曰：「臣清素自立，要爾不推。」侍臣出後，帝謂彭城王勰曰：「弁人身自不惡，乃復欲以門戶自矜，殊爲可怪。」

長子維，字伯緒，襲父爵。爲給事中。坐諂事高肇，出爲益州龍驤府長史，辭疾不行。太尉、清河王懌輔政，以維名臣子，薦爲通直郎，辟其弟紀行參軍。靈太后臨政，委任元叉，侍寵憍盈，懌每以公理裁斷。叉甚忿恨，思害懌，遂與維作計，以富貴許之。維見叉寵勢日隆，乃告司染都尉韓文殊父子謀逆立懌。懌被錄禁中。文殊父子懼而逃遁。鞫無反狀，以文殊亡走，懸處大辟。置懌於宮西別館，禁兵守之。維應反坐，叉言於太后，欲開將來告者

之路，乃黜爲燕州昌平郡守，紀爲秦州大羌令。

維及紀頗涉經史，而浮薄無行。懌尊親懿望，朝野瞻屬，維受懌眷賞而無狀構間，天下士人莫不怪忿而賤薄之。及叉殺懌，專斷朝政，以維兄弟前者告懌，徵維爲散騎侍郎，紀爲太學博士、領侍御史。叉甚昵之。維超遷通直常侍，又除洛州刺史，紀超遷尚書郎。紀字仲烈。

初，弁謂族弟世景，言「維疏險而紀識慧不足，終必敗吾業」。世景以爲不爾。至是果然。聞者以爲知子莫若父。尚書令李崇、左僕射郭祚、右僕射游肇每云：「伯緒凶疏，終敗宋氏，幸得殺身耳。」論者以爲有徵。後除營州刺史。靈太后反政，以叉黨除名，遂還鄉里。尋追其前誣告清河王事，於鄴賜死。

子春卿早亡，弟紀以次子欽仁嗣。欽仁，武定末爲太尉祭酒。紀，明帝末爲北道行臺，卒晉陽。子欽道。

欽道仕齊，歷位中山太守。長於撫接，然好察細事。其州府佐吏使人間者，先酬錢然後敢食。臨莅處稱爲嚴整。尋徵爲黃門侍郎，又令在東宮教太子吏事。時鄭子默以文學見知，亦被親寵。欽道本文法吏，不甚諳識古今，凡有疑事，必詢子默。二人幸於兩宮，雖諸王貴臣莫敢不敬憚。欽道又遷祕書監，仍帶黃門侍郎。乾明初，遷侍中，與楊愔同誅。

贈吏部尚書、趙州刺史。

弁族弟穎，字文賢，位魏郡太守。納貨劉騰，騰言之，以爲涼州刺史。穎前妻劉氏亡後十五年，穎夢見之。拜曰：「新婦今被處分爲高崇妻，故來辭君。」泫然涕流。穎旦見崇，言之。崇後數日而卒。

穎族弟鴻貴，爲定州平北府參軍。〔五〕送戍兵於荆州，坐取兵絹四百匹，兵欲告之，乃斬兵十人。又疏凡不達律令，見律有梟首罪，〔六〕乃生斷兵手，以水澆之，然後斬決。尋坐伏法。時人哀兵之苦，笑鴻貴之愚。

弁族弟翻。翻字飛烏，少有操行，世人以剛斷許之。孝莊時，除司徒左長史、河南尹。初，翻爲河陰令，順陽公主家奴爲劫，攝而不送，翻將兵圍主宅，執主壻馮穆，步驅向縣。時正炎暑，立之日中，流汗霑地。縣舊有大枷，時人號曰彌尾青。及翻爲縣，主吏請焚之。翻曰：「置南牆下，以待豪右。」未幾，有內監楊小駒詣縣請事，辭色不遜，翻命取尾青以鎖之。小駒既免，入訴於宣武。宣武大怒，敕河南尹推之，翻具自陳狀。詔曰：「卿故違朝法，豈不欲作威以買名？」翻對曰：「造者非臣，買名者亦宜非臣。所以留者，非敢施於百姓，欲待凶暴之徒如駒者耳。」於是威振京師。

及爲洛陽，迄於河南尹，畏憚權勢，更相承接，故當世之名大致減損。卒官，贈侍中、衞將軍、相州刺史。孝武初，重贈驃騎大將軍、儀同三司、尚書左僕射、雍州刺史，謚曰貞烈。

翻弟鯱，字道和，敦篤有志行。卒於太中大夫。子世良。

世良字元友。年十五，便有膽氣。後隨伯父翻在南兗州，屢有戰功。行臺、臨淮王彧與語，奇之。魏朝以尒朱榮有不臣跡，帝將圖之，密令彧將兵赴洛。彧在梁郡，稱疾，假世良都督，令還南兗發兵以聽期。世良請簡見兵三千騎，五日必到洛陽，并陳三策，彧皆不能從。

尋爲殿中侍御史，詣河北括戶，大獲浮惰。還見汲郡城旁多骸骨，移書州郡，悉令收瘞。其夜甘雨滂沱。河內太守田怗贓貨百萬，世良檢按之，未竟，遇赦而還。孝莊勞之曰：「知卿所括得丁，倍於本帳。若官人皆如此用心，便是更出一天下也。」其後遷殿中。世良奏殿中主齊會之事，請改付餘曹。帝曰：「卿意不欲親庖廚邪？宜付右兵，以爲永式。」河州刺史梁景叡，枹罕羌首，恃遠不敬，「其賀正使人，頻年稱疾。秦州刺史侯莫陳悅受其贈遺，常爲送表。世良並奏科其罪。帝嘉之，謂長孫承業曰：〔七〕「宋郎中實有家風，甚可重也。」

後拜清河太守。世良才識閑明，尤善政術。在郡未幾，聲問甚高。陽平郡移掩劫盜三

十餘人，世良訊其情狀，唯送十二人，餘皆放之。陽平太守魏明朗大怒云：「輒放吾賊！」及推問，送者皆實，放者皆非。明朗大服。郡東南有曲堤，成公一姓阻而居之，羣盜多萃於此。人爲之語曰：「寧度東吳會稽，不歷成公曲堤。」世良施八條之制，盜奔他境。人又謠曰：「曲堤雖險賊何益，但有宋公自屏跡。」齊天保初，大赦，郡無一囚，率羣吏拜詔而已。獄內穭生，桃樹蓬蒿亦滿。每日牙門虛寂，無復訴訟者，謂之神門。其冬，醴泉出於界內。及代至，傾城祖道。有老人丁金剛者，泣而前謝曰：「老人年九十，記三十五政。府君非唯善政，清亦徹底。今失賢者，人何以濟？」莫不攀轅涕泣。

後卒於東郡太守，贈信州刺史。世良強學，好屬文，撰字略五篇、宋氏別錄十卷。子伯宗，位侍御史。性清退好學，多所撰述。至齊亡，不徙職，遂不入仕。隋大業初，卒於家。世良弟世軌。

世軌幼自修整，好法律。天保初，歷尚書三公、二千石、都官郎中，〔八〕兼并州長史。執獄寬平，多所全濟。爲都官郎中，有囚事枉，將送，垂致法，世軌遣騎追止之，切奏其狀，遂免。

稍遷廷尉少卿。洛州人聚結欲劫河橋，吏捕案之，連諸元徒黨千七百人。崔昂爲廷

尉，以爲反，數年不斷。及世軌爲少卿，判其事爲劫，唯殺魁首，餘從坐悉舍焉。大理正蘇珍之以平幹知名，寺中語曰：「決定嫌疑蘇珍之，視表見裏宋世軌。」時人以爲寺中二絕。南臺囚到廷尉，世軌多雪之，仍移攝御史，將問其濫狀。中尉畢義雲不送，移往復不止。世軌遂上書極言義雲酷擅。文宣引見二人，親敕世軌曰：「我知臺欺寺久，卿能執理抗衡，但守此心，勿慮不富貴。」敕義雲曰：「卿比所爲誠合死，以志在疾惡，故且一恕。」仍顧謂朝臣曰：「此二人並我骨鯁臣也。」及卒，廷尉、御史諸繫囚皆哭曰：「宋廷尉死，我等豈有生路！」贈光州刺史，謚曰平。無子，世良以第五子朝基嗣。

翻弟世景。世景少自修立，事親以孝聞。與弟道璵下帷讀誦，博覽羣言，尤精經義。族兄弁甚重之。舉秀才上第。再遷彭城王勰開府法曹行參軍。勰愛其才學，雅相器敬。孝文甚嘉異之。遷司徒法曹行參軍。世景明刑理，著律令，裁決疑獄，剖判如流。轉尚書祠部郎。彭城王勰每稱曰：「宋世景精微，尚書僕射才也。」臺中疑事，右僕射高肇常以委之。[九]世景既才長從政，加之夙勤不怠，兼領數曹，深著稱績。左僕射源懷引爲行臺郎。巡察州鎮，十有餘所，黜陟賞罰，莫不咸允。還七鎮，別置諸戍，明設亭候，以備不虞。懷大相委重，還，薦之宣武，以爲不減李沖。帝曰：「朕亦聞之。」

後爲伏波將軍，行滎陽太守。鄭氏豪橫，號爲難制。濟州刺史鄭尙弟遠慶，先爲苑陵令，多所受納，百姓患之。而世景下車，召而誡之。遠慶行意自若，世景繩之以法。遠慶懼，棄官亡走。於是屬縣畏威，莫不改肅。終日坐於廳事，未嘗寢息。人間之事，巨細必知，發姦擿伏，有若神明。嘗有一吏，休滿還郡，食人雞豚。又有一幹，受人一帽，又食二雞。世景叱而告之，吏、幹叩頭伏罪。於是上下震悚，莫敢犯禁。

坐弟道璵事除名。世景友于之性，過絕於人，及道璵死，哭之，酸感行路。歲餘，母喪，遂不勝哀而卒。世景曾撰晉書，竟未得就。

遺腹子季儒，位太學博士。曾至譙、宋間，爲文弔嵇康，甚有理致。後夜寢室壞，壓而殞，時人悼傷惜之。

道璵少而敏俊，自太學博士轉京兆王愉法曹行參軍。坐愉反得罪。作詩及挽歌詞寄之朋親，以見冤痛。道璵又曾贈著作郎張始均詩，其末章云：「子深懷璧憂，余有當門病。」道璵既不免難，始均亦遇世禍，時咸怪之。

道璵從孫孝王，學涉，亦好緝綴文藻。形貌短陋而好臧否人物，時論甚疾之。爲北平王文學。求入文林館不遂，因非毀朝士，撰朝士別錄二十卷。會周武滅齊，改爲關東風俗傳，更廣聞見，勒成三十卷以上之。言多妄謬，篇第冗雜，無著述體。周大象末，預尉迥事，

誅死。

許彥字道謨，高陽新城人也。祖茂，仕慕容氏高陽太守。彥少孤貧，好讀書，從沙門法叡受易。太武徵令卜筮，頻驗，遂在左右，參與謀議。彥質厚愼密，與人言，不及內事，帝以此益親待之。賜爵武昌公，拜相州刺史。在州受納，多違法度，詔書切讓之，然以彥腹心近臣，弗之罪也。卒，謚宣公。

子熙襲。熙卒，子安仁襲。安仁卒，子元康襲，降爵爲侯。

熙弟宗之，歷位殿中尙書、定州刺史，封潁川公。受敕討丁零，既平，宗之因循郡縣，求取不節。深澤人馬超毀謗宗之，宗之怒，毆殺超。超家人告狀，宗之上超謗訕朝政。文成聞之曰：「此必宗之懼罪誣超。」案驗果然，遂斬於都市。

元康弟護，州主簿。子恂，字伯禮，頗有業尙，閨門雍睦，三世同居，吏部尙書李神儁常稱其家風。位司徒諮議參軍，修起居注，拜太中大夫。卒，贈吏部尙書、冀州刺史。恂弟惇。

惇字季良。清識敏速，達於從政。位司徒主簿，以明斷見知，時人號爲「入鐵主簿」。稍遷陽平太守。時遷都於鄴，陽平爲畿郡，軍國責辦，賦斂無準；又勳貴屬請，朝夕徵求。惇並御之以道，咸以無怨，政爲天下第一。特加賞異，圖形於闕，詔頒天下。歷魏尹、齊梁二州刺史，政並有治聲。遷大司農。會王思政入據潁城，王師出討，惇常督漕，軍無乏絕。[一〇]引洧水灌城，惇之策也。遷殿中尙書。惇美鬚，下垂至帶，省中號「長鬣公」。齊文宣嘗因酒酣，提惇鬚稱美，[一一]以刀截之，唯留一握。惇懼，因不復敢長，人又號「齊鬚公」。歷御史中丞、膠州刺史、司農大理二卿。再爲度支尙書、太子少保、少師、光祿大夫、開府儀同三司、尙書右僕射、特進，賜爵萬年縣子，食下邳郡幹。[一二]惇年老，致仕於家。三年，卒。[一三]

惇少純直，晚更浮動。齊朝體式，本州大中正以京官爲之。乾明中，邢卲爲中書監，德望甚高。惇與卲競中正，遂憑附宋欽道，出卲爲刺史，朝議甚鄙薄之。雖久處朝行，歷官清顯，與邢卲、魏收、陽休之、崔劼、徐之才比肩同列，諸人或談說經史，或吟詠詩賦，更相嘲戲，欣笑滿堂，惇不好劇談，又無學術，或坐杜口，或隱几而睡，不爲勝流所重。

子文紀，武平末，度支郎中。

文紀弟文經，勤學方雅，身無擇行，口無戲言。武平末，殿中侍御史。隋開皇初，侍御

史、兼通直散騎常侍、聘陳使副、主爵侍郎。卒於相州長史。

惇兄遜，字仲讓，有幹局。乾明中，平原太守。卒，贈信州刺史。遜子文高，司徒掾。

刁雍字淑和，勃海饒安人也。曾祖協，從晉元帝度江，居京口，位尚書令。父暢，晉右衞將軍。初，晉相劉裕微時，負社錢三萬，〔一四〕違時不還，暢兄逵執而徵焉。及誅桓玄，以嫌，先誅刁氏。雍與暢故吏逐奔姚興，爲太子中庶子。

及姚泓滅，與司馬休之等歸魏，請於南境自効。明元假雍建威將軍。雍遂於河、濟間招集流散，傳檄邊境。雍弟彌，時亦率衆入京口，親共討裕。裕頻遣兵破之。明元南幸鄴，雍朝於行宮。明元問曰：「縛劉裕者，於卿親疏？」雍曰：「伯父。」帝笑曰：「劉裕父子當應憚卿。」於是假雍鎭東將軍、青州刺史、東光侯，使別立義軍。又詔雍令隨機立効。雍於是招集譙、梁、彭、沛人五千餘家，置二十七營，遷鎭濟陰。遷徐州刺史，賜爵東安伯。

後除薄骨律鎭將。雍以西土乏雨，表求鑿渠，漑公私田。又奉詔以高平、安定、統萬及薄骨律等四鎭，出車牛五千乘運屯穀五十萬斛付沃野，以供軍糧。道多深沙，車牛艱阻，求於牽屯山河水之次造船水運。又以所綰邊表，常懼不虞，造城儲穀，置兵備守。詔皆從

之。詔卽名此城爲刁公城，以旌功焉。皇興中，雍與隴西王源賀及中書監高允等並以耆年特見優禮，錫雍几杖，劍履上殿，月致珍羞焉。

雍性寬柔，好尙文典，手不釋書。明敏多智，凡所爲詩、賦、論、頌幷諸雜文百有餘篇。又汎施愛士，恬靜寡欲。篤信佛道，著敎誡二十餘篇以訓子孫。太和八年，卒，年九十五，謚曰簡。子遵。

遵字奉國，襲爵。遵少不拘小節，長更修改。太和中，例降爲侯。嘗經篤疾，幾死，見有神明救之，言福門子當享長年。後卒於洛州刺史，謚曰惠侯。

子楷，早卒。楷子沖。

沖字文朗。十三而孤，孝慕過人。其祖母司空高允女，聰明婦人也。哀其早孤，撫養尤篤。沖免喪後，便志學他方，高氏泣涕留之，沖終不止。雖家世貴達，及從師於外，自同諸生。于時學制，諸生悉日直監厨，沖雖有僕隸，不令代己，身自炊爨。每師受之際，發志精專，不捨晝夜，殆忘寒暑。學通諸經，偏修鄭說。陰陽、圖緯、算數、天文、風氣之書莫不關綜，當世服其精博。刺史郭祚聞其盛名，訪以疑義，沖應機解辯，無不祛其久惑。後太守范陽盧尙之、刺史河東裴桓並徵沖爲功曹主簿。〔一五〕非所好也，受署而已，不關事務，唯以講

學爲心。四方學徒就其受業者，歲有數百。

沖雖儒生，而執心壯烈，不畏强禦。延昌中，帝舅司徒高肇擅恣威權，沖乃抗表極言其事。辭旨懇直，文義忠憤，太傅、淸河王懌覽而歎息。

先是，沖曾祖雍作行孝論以誡子孫，稱古之葬者，衣之以薪，不封不樹。後世聖人，易之以棺椁。至秦以後，生則不能致養，死則厚葬過度。及於末世，至蘧蒢裹尸，倮而葬者。確而爲論，並非折衷。既知二者之失，豈宜同之？當令所存者，棺厚不過三寸，高不過三尺。弗用繒綵，斂以時服。轜車止用白布爲幔，不加畫飾，名爲淸素車。又去挽歌、方相幷明器雜物。及沖祖遵將卒，敕其子孫，令奉雍遺旨。河南尹丞張普惠謂爲太儉，貽書於沖叔整，議其進退。整令與通學議之。〔一六〕沖乃致書國學諸儒，以論其事，學官竟不能答。

神龜末，沖以嫡傳祖爵東安侯。〔一七〕京兆王繼爲司空也，並以高選頻辟記室參軍。明帝將親釋奠，於是國子助敎韓神固與諸儒詣國子祭酒崔光、吏部尙書甄琛，舉其才學，奏而徵焉。

及卒，國子博士高涼〔一八〕及范陽盧道侃、盧景裕等復上狀陳沖業行，議奏謚曰安憲先生，祭以太牢。子欽，字志儒，早亡。

楷弟整，字景智。少有大度，頗涉書史。太和十五年，爲奉朝請。孝文都洛，親自臨選，除司空法曹參軍。累遷黃門郎。普泰初，假征東大將軍、滄冀瀛三州刺史、大都督。尋加車騎將軍、右光祿大夫。遂逢本鄉賊亂，奉母客於齊州。旣而母卒。母卽高允之女。崔光、崔亮皆經允接待，是以涼燠之際，光等每致拜焉。天平四年，卒於鄴，贈司空公，謚曰文獻。整解音律，輕財好施，交結名勝，聲酒自娛。然貪而好色，爲議者所貶。子柔。

柔字子溫。少好學，留心儀禮，性强記，至於氏族內外，皆所諳悉。居母喪以孝聞。初爲魏宣武挽郎，解巾司空行參軍。齊天保初，累遷國子博士。中書令魏收撰魏史，啓柔等同其事。柔性專固，自是所聞，收常嫌憚。

又參議律令。時議者以爲五等爵邑承襲，無嫡子，立嫡孫；無嫡孫，立嫡子弟；無嫡子弟，立嫡孫弟。柔以爲無嫡孫，應立嫡曾孫，不應立嫡子弟。議曰：

案禮，立嫡以長，故謂長子爲嫡子。嫡子死，以嫡子之子爲嫡孫，死則曾、玄亦然。然則嫡子之名本爲傳重。故喪服曰：「庶子不爲長子三年，不繼祖與禰也。」禮：「公儀仲子之喪，檀弓曰：『何居？我未之前聞也。』〔一九〕『仲子舍其孫而立其子，何也』？子服伯子曰：『仲子亦猶行古之道也。昔者文王舍伯邑考而立武王發，微子舍其孫腯而立

其弟衍。』」鄭注曰：「伯子爲親者諱耳，〔二〇〕立子非也。文王之立武王，權也。微子嫡子死，立弟衍，殷禮也。」「子游問諸孔子，孔子曰：『不，立孫。』」注曰：「據周禮。」然則商以嫡子死，立嫡子之母弟；〔二一〕周以嫡子死，立嫡子之子爲嫡孫。故春秋公羊之義，嫡子有孫而死，質家親親先立弟，文家尊尊先立孫。喪服云：「爲父後者，爲出母無服。」小記云：「祖父卒而後爲祖母後者，三年。」爲出母無服者，喪者不祭故也。〔二二〕爲祖母三年者，大宗傳重故也。今議以嫡孫死而立嫡子母弟。嫡子母弟者，則爲父後矣。嫡子母弟本非承嫡，以無嫡，故得爲父後，則嫡孫之弟，理亦應得爲父後，則是父卒然後爲祖後者服斬。既得爲祖服斬，而不得爲傳重，未之聞也。若用商家親親之義，本不應嫡子死而立嫡孫。〔二三〕若從周家尊尊之文，豈宜舍其孫而立其弟？或文或質，愚用惑焉。

小記云：「嫡婦不爲舅後者，則姑爲之小功。」〔二四〕注云：「謂夫有廢疾、他故，若死無子，不受重者。小功，庶婦之服。凡父母於子，舅姑於婦，將不傳重於嫡，及將所傳重者非嫡，服之皆如衆子庶婦也。」言死無子者，謂絕世。無子，非謂無嫡子。如其有子，焉得云無後？〔二五〕夫雖廢疾無子，婦猶以嫡爲名。嫡名既在，而欲廢其子者如禮何？禮有損益，革代相沿。〔二六〕必謂宗嫡可得而變者，則爲後服斬亦宜有因而改。

七年，卒。柔在史館未久，勒成之際，志在偏黨。魏書中與其內外通親者，並虛美過

實，爲時論所譏。

整弟宣，字季達。以功封高城縣侯，歷位都官尚書、衛大將軍、滄州刺史。卒，贈太尉公，謚曰武。

刁氏世有榮貴，而門風不甚修潔，爲時所鄙。

雍族孫雙，字子山。高祖藪，晉齊郡太守。藪因晉亂，居青州之樂安。〔二七〕至雙始歸本鄉。

雙少好學，兼涉文史，雅爲中山王英所知賞。位西河太守。爲政清簡，吏人安悅。及中山王熙起兵誅元叉，事敗，熙弟略投命於雙。雙藏護周年。時購略甚切，略懼，求送出境。雙曰：「會有一死，所難遇耳。〔二八〕今遭知己，視死如歸，願不以爲慮。」略復苦求南轉，雙乃遣從子昌送達江左。靈太后反政，知略因雙獲濟，徵拜光祿大夫。時略姊饒安主，刁宣妻也，頻訴靈太后，乞徵略還。朝廷乃以徐州所獲俘江革、祖暅二人易之。以雙與略有舊，乃令至境迎接。

明帝末，除西兗州刺史。時賊盜蜂起，州人張桃弓等招聚亡命，公行劫掠。雙至境，先遣使諭桃弓，陳示禍福，桃弓卽隨使歸罪，雙捨而不問。後有盜發之處，令桃弓追捕，咸悉

禽獲，於是州境清肅。孝莊初，行濟州刺史，以功封曲城鄉男。孝武初，遷驍騎大將軍、左光祿大夫。〔二九〕興和三年，卒，贈車騎大將軍、儀同三司、齊州刺史，謚曰清穆。

辛紹先，隴西狄道人也。五世祖怡，晉幽州刺史。父深，〔三〇〕仕西涼爲驍騎將軍。及涼後主歆與沮渠蒙遜戰於蓼泉，軍敗，失馬，深以所乘授歆，而身死於難，以義烈見稱西土。

涼州平，紹先內徙，家於晉陽。明敏有識量，與廣平游明根、范陽盧度世、同郡李承等甚相友善。〔三一〕有至性，丁父憂，三年口不甘味，頭不櫛沐，髮遂落盡，故常著垂裙皁帽。自中書博士轉神部令。

皇興中，薛安都以彭城歸魏。時朝廷欲綏安初附，以紹先爲下邳太守。爲政不甚皦察，舉其大綱而已，唯敎人爲產禦賊之備。及宋將陳顯達、蕭道成、蕭順之來寇，道成謂順之曰：「辛紹先未易侵也，宜共愼之。」於是不歷郡境，徑屯呂梁。卒於郡，贈幷州刺史、晉陽侯，謚曰惠。

子鳳達，耽道樂古，有長者之名。卒於京兆王子推國常侍。

鳳達子祥，字萬福。舉司州秀才，再遷司空主簿。咸陽王禧妃，卽祥妻之妹也。及禧

構逆，親知多罹塵謗，祥獨蕭然不預。轉幷州平北府司馬。有白壁還兵藥道顯，被誣爲賊，官屬咸疑之。祥曰：「道顯面有悲色。察獄以色，其此之謂乎！」苦執申之。月餘，別獲眞賊。後除郢州龍驤府長史，帶義陽太守。白早生之反也，梁遣來援，因此緣淮鎭戍，相繼降沒。唯祥堅城固守。梁又遣將胡武城、陶平虜，於州南金山之上，連營侵逼。祥出其不意，襲之，賊大崩，禽平虜，斬武城，以送京師。州境獲全。論功方有賞授，而刺史婁悅恥勳出其下，間之執政，事竟不行。胡賊劉龍駒作逆華州，除祥安定王爕征虜府長史，仍爲別將，與討胡使薛和滅之。卒，贈南青州刺史。

祥弟少雍，字季和，少聰穎，有孝行，尤爲祖父紹先所愛。紹先性嗜羊肝，常呼少雍共食，及紹先卒，少雍終身不食肝。性仁厚，有禮義，門內之法，爲時所重。稍遷司空、高陽王雍田曹參軍。少雍清正，不憚强禦，積年久訟，造次決之。請託路絕，時稱賢明。正始中，詔百官各舉所知，高陽王雍及吏部郎中李憲俱以少雍爲舉首。卒於給事中。

少雍妻王氏，有德義。少雍與從子懷仁兄弟同居。〔三二〕懷仁等事之甚謹，閨門禮讓，人無間焉。士大夫以此稱美。

子元桓，〔三三〕武定中，儀同府司馬。

元桓弟士遜，太師開府功曹參軍。

鳳達弟穆，字叔宗，舉茂才，東雍州別駕。初隨父在下邳，與彭城陳敬文友善。敬文弟敬武，少爲沙門，從師遠學，經久不返。敬文病臨卒，以雜綾二十四託穆與敬武。穆久不得見，經二十年，始於洛陽見敬武，以物還之，封題如故。世稱廉信。歷東荆州司馬，轉長史，帶義陽太守，領戍。雅有恤人之志。再轉汝陽太守。遇水澇人饑，上表請輕租賦。帝從之，遂敕汝陽一郡，聽以小絹爲調。除平原相。徵爲征虜將軍、太中大夫，未發，卒於郡。贈後將軍、幽州刺史。

子子馥，字元穎，早有學行，累遷平原相。父子並爲此郡，吏人懷安之。元顥入洛，子馥不從。莊帝反政，封三門縣男。天平中，除太尉府司馬。白山連接三齊，瑕丘數州之界，多有賊盜。子馥受使檢覆，因辨山谷要害宜立鎮戍之所。又諸州豪右，在山鼓鑄，姦黨多依之，又得密造兵仗。上表請破罷諸冶。朝廷善而從之。後卒於清河太守。子馥以三傳經同說異，遂總爲一部，傳注並出，校比短長。會亡，未就。

韋閬字友觀，京兆杜陵人也。世爲三輔冠族。祖楷，晉長樂清河二郡太守。父逵，慕容垂大長秋卿。

閬少有器望，遇慕容氏政亂，避地薊城。太武初，徵拜咸陽太守，轉武都太守。卒郡。子範，試守華山郡，賜爵高平男。卒。

範子儁，字穎超，早有學。少孤，事祖母以孝聞。性溫和廉讓，爲州里所稱。太和中，襲爵。歷位都水使者。宣武崩，領軍于忠矯擅威刑，儁與左僕射郭祚昏嫁，故亦同時遇害。臨終，訴枉於尚書元欽，欽知而不敢申理。儁歎曰：「吾一生爲善，未蒙善報；常不爲惡，今爲惡終。悠悠蒼天，抱直無訴！」時人咸怨傷焉。熙平元年，追贈洛州刺史，諡曰貞。子子粲。

子粲字暉茂。齊王蕭寶夤爲雍州刺史，引爲府主簿，轉錄事參軍。及寶夤反，子粲與弟子爽執志不從，相率逃免。雍州平，賜爵長安子。普泰中，累遷中書侍郎。孝武帝入關，子粲歷行臺左丞、南汾州刺史。少弟道諧爲鎮城都督。元象中，齊神武命將出討，子粲及道諧俱被獲，送於晉陽。子粲累遷南兗州刺史。齊天保初，封西華縣男。後卒於豫州刺史，諡曰忠。

子粲兄弟十三人，並有孝行，居父喪，毀瘠過禮。既葬，廬於墓側，負土成墳。弟榮亮最知名。

榮亮字子昱。博學有文才，德行仁孝，爲時所重。歷諫議大夫、衞大將軍。卒，贈河州刺史。子綱，字世紀，有操行，才學見稱，領袖本州，調爲中正。開皇中，位趙州長史。有子文宗、文英，並知名。

閬從叔道福。父羆，爲苻堅丞相王猛所器重，以女妻焉。仕堅爲東海太守。堅滅，奔江左，仕宋爲秦州刺史。

道福有志略，仕宋位盱眙、南沛二郡太守，領鎮北府錄事參軍。與徐州刺史薛安都謀擁州內附，賜爵高密侯，因家彭城。卒，贈兗州刺史，諡曰簡。

子欣宗，以歸國勳，別賜爵杜縣侯。歷位太中大夫、行幽州事。卒，贈南兗州刺史，諡曰簡。[三四]

閬從子崇，字洪基。父肅，字道壽，隨劉義眞度江，位豫州刺史。崇年十歲，父卒，母鄭氏攜以入魏，因寓居河、洛。少爲舅兗州刺史鄭羲所器賞。位司徒從事中郎。孝文納其女爲充華嬪，除南穎川太守。不好發擿細事，恒云：「何用小察，以傷大道？」吏人感之，郡中大安。帝聞而嘉賞，賜帛二百匹。還洛，以崇爲司州中正。尋除咸陽王禧開府從事中郎，復爲河南邑中正。崇頻居衡品，以平直見稱。出爲鄉郡太守，更

滿應代，吏人詣闕乞留，復延三年。後卒。

子猷之，釋褐奉朝請，轉給事中、步兵校尉，稍遷前、後將軍，[三三]太中大夫，卒。猷之之弟休之，貞和自守，未嘗言行忤物。歷位給事中、河南邑中正、安西將軍、光祿大夫。卒。子道建、道儒。

閬族弟珍，字靈智，孝文賜名焉。父子尙，字文叔。位樂安王良安西府從事中郎。卒，贈雍州刺史。

珍少有志操，歷位尙書南部郎。孝文初，蠻首桓誕歸款，朝廷思安邊之略，以誕爲東荆州刺史，令珍爲使，與誕招慰蠻左。珍至桐栢山，窮淮源，宣揚恩澤，莫不懷附。淮源舊有祠堂，蠻俗恒用人祭之。珍乃曉告曰：「天地明靈，卽人之父母，豈有父母，甘子肉味？自今宜悉以酒脯代用。」羣蠻從約，自此而改。凡所招降七萬餘戶，置郡縣而還。以奉使稱旨，賜爵霸城子。

後以軍功，進爵爲侯。累遷顯武將軍、郢州刺史。所在有聲績，朝廷嘉之，遷龍驤將軍，賜驊騮二匹，帛五十匹，穀三百斛。珍乃召集州內孤貧者，謂曰：「天子謂我能撫綏卿等，故賜以穀帛，吾何敢獨當。」遂以所賜，悉分與之。

尋轉荊州刺史。與尚書盧陽烏征赭陽，爲齊將垣歷生、蔡道恭所敗，〔三六〕免歸鄉里。臨別，謂陽烏曰：「主上聖明，志吞吳會。用兵機要，在於上流。若有事荊楚，恐老夫復不得停耳。」後車駕征鄧沔，復起珍爲中軍大將軍、彭城王勰長史。鄧沔既平，試守魯陽郡。孝文復南伐，路經珍郡，加中壘將軍，正太守。珍從至清水，〔三七〕帝曰：「朕頃戎車再駕，卿恒翼務中軍。今日之舉，亦欲引卿同行，但三鴉嶮要，非卿無以守也。」因敕還。及孝文崩於行宮，祕匿而還，至珍郡，始發大諱。

還，除中散大夫，尋加鎮遠將軍、太尉諮議參軍。卒，贈本將軍、青州刺史，謚曰懿。

長子纘，字遵彥。年十三，補中書學生。聰敏明辯，爲博士李彪所稱。再遷侍御中散。孝文每與德學沙門談論往復，纘掌綴錄，無所遺漏，頗見知賞。累遷長兼尚書左丞。壽春內附，尚書令王肅出鎮揚州，請纘行，爲州長史。加平遠將軍，帶梁郡太守。肅薨，敕纘行州事。任城王澄代肅爲州，復啓纘爲長史。澄出征之後，梁將姜慶眞乘虛攻襲，遂據外郭。雖尋克復，纘坐免官。卒。

纘弟彧，字遵慶，亦有學識。解褐奉朝請，稍遷平遠將軍、東豫州刺史。綏懷蠻左，頗得其心。蠻酋田益宗子魯生、魯賢先叛父南入，數爲寇掠。自彧至州，魯生等咸牋啓修敬，不復爲害。彧以蠻俗不識禮儀，乃立太學，選諸郡生徒於州總教。又於城北置崇武館以習

武焉。州境清肅。罷還，遇大將軍、京兆王繼西征，請爲長史。尋以本官兼尚書，爲豳、夏行臺，以功封陰盤縣男。卒，贈撫軍將軍、雍州刺史，謚曰文。

子彪襲。孝莊末，爲藍田太守，因仕關西。

彪弟融，以軍功賜爵長安伯。稍遷大司馬開府司馬。融娶司農卿趙郡李瑾女，疑其妻與章武王景哲姦通，乃刺殺之。懼，亦自殺。

彧弟朏，〔三八〕字遵顯，少有志業。年十八，辟州主簿。時屬歲儉，朏以家粟造粥，以飼飢人，所活甚衆。解褐太學博士。稍遷右軍將軍，爲荊、郢和糴大使。南郢州刺史田夷啓稱朏父珍往任荊州，恩洽夷夏，乞朏充南道別將，領荊州驍勇，共爲腹背。詔從之。未幾，行南荊州事。還東徐州刺史。梁遣其郢州刺史田粗愭率衆來寇，朏於石羊岡破斬之，以功封杜縣子。卒於州，贈侍中、雍州刺史，〔三九〕謚曰宣。

長子鴻，字道衍，頗有幹用，累遷中書舍人。天平三年，坐漏泄，賜死於家。

杜銓字士衡，京兆人，晉征南將軍預五世孫也。祖胄，苻堅太尉長史。父嶷，慕容垂祕書監，仍僑居趙郡。

銓學涉，有長者風，與盧玄、高允等同被徵爲中書博士。初，密太后父豹喪在濮陽，太武欲令迎葬於鄴，謂司徒崔浩曰：「天下諸杜，何處望高？朕今方改葬外祖，意欲取杜中長老一人，以爲宗正，令營護凶事。」浩曰：「京兆爲美。中書博士杜銓，其家今在趙郡，是杜預後，於今爲諸杜最。」密召見，銓器貌瓌雅，太武感悅，謂浩曰：「此眞吾所欲也。」以爲宗正，令與杜超子道生送豹喪柩，致葬鄴南。銓遂與超如親。超謂銓曰：「既是宗近，何緣僑居趙郡？」乃延引同屬魏郡。再遷中書侍郎，賜爵新豐侯。卒，贈相州刺史、魏縣侯，謚曰宣。

子振，字季元。舉秀才，卒於中書博士。

振子遇，字慶期，位尚書起部郎。竊官材瓦起立私宅，清論鄙之。卒於河東太守，贈都官尚書、豫州刺史，謚曰惠。

銓族孫景，字宣明，學通經史。州府交辟，不就。

景子裕，字慶延，雖官非貴仕，而文學相傳。仕齊，位止樂陵令。齊亡，退居教授，終于家。

子正玄，字知禮，少傳家業，耽志經史。隋開皇十五年，舉秀才，試策高第。曹司以策過左僕射楊素，怒曰：「周孔更生，尚不得爲秀才，刺史何忽妄舉此人？可附下考。」乃以策

抵地，不視。時海內唯正玄一人應秀才，餘常貢者，隨例銓注訖，正玄獨不得進止。曹司以選期將盡，重以啓素。素志在試退正玄，乃手題使擬司馬相如上林賦、王褒聖主得賢臣頌、班固燕然山銘、張載劍閣銘、白鸚鵡賦，曰：「我不能爲君住宿，可至未時令就。」正玄及時並了。素讀數徧，大驚曰：「誠好秀才！」命曹司錄奏。屬吏部選期已過，注色令還。期年重集，素謂曹司曰：「秀才杜正玄至。」又試官人有奇器闕並立成，文不加點。素大嗟之，命吏部優敍。曹司以擬長寧王記室參軍。時素情背曹官，及見，曰：「小王不盡其才也。」晉王廣方鎮揚州，妙選府僚，乃以正玄爲晉王府參軍。後豫章王鎮揚州，又爲豫章王記室。卒。

正玄弟正藏，字爲善，亦好學，善屬文。開皇十六年，舉秀才。時蘇威監選，試擬賈誼過秦論及尚書湯誓、匠人箴、連理樹賦、几賦、弓銘，應時並就，又無點竄。時射策甲第者合奏，曹司難爲別奏，抑爲乙科。正藏訴屈，威怒，改爲丙第，授純州行參軍。還梁郡下邑縣正。大業中，與劉炫同以學業該通，應詔被舉。時正藏弟正儀貢充進士，正倫爲秀才，兄弟三人同時應命，當世嗟美之。著作郎王劭奏追修史，司隸大夫薛道衡奏擬從事，〔四〇〕並以見任且放還。九年，從駕征遼，爲夫餘道行軍長史。還至涿郡，卒。

正藏爲文迅速，有如宿構。嘗令數人並執紙筆，各題一文，正藏口授俱成，皆有文理。又爲文軌二十卷，論爲文體則，甚有條貫。後生寶而行之，多資以解褐，大行

於世，謂之杜家新書云。

論曰：宋隱操行貞白，遺略榮名，宣、愔並保退素，咸見徵辟，可謂德門者矣。義和以才度見知，迹參顧命，拔萃出類，當有以哉！無子之歎，豈徒羊舌！宗祀不亡，蓋其幸也。翻剛鯁自立，猛而斷務。世良昆季，雅有家風。道諶卜筮取達，季良累於學淺。刁雍才識恢遠，著聲立事，禮遇優隆，世有人爵，堂構之義也。辛、韋不殞門風。杜銓所在爲重。正玄難兄難弟，信爲美哉！

校勘記

〔一〕隱弟宣　按魏書卷三三宋隱傳，隱叔父洽，洽第四子宣。則宣是隱從弟。這裏疑脫「從」字。

〔二〕行司隸校尉　諸本「隸」作「徒」，魏書作「隸」。按司徒屬官無校尉。司隸校尉乃漢魏舊官名，北魏初期，可能沿用。本書卷三一、魏書卷四八高允傳，載允所撰徵士頌，也稱宋宣官爲行司隸校尉。今據改。

〔三〕愔歷中書博士員外散騎常侍使江南爵列人子　按上引高允徵士頌作「列人侯」。錢氏考異卷

列傳第十四　校勘記　九六三

北史卷二十六　九六四

三九云：「按魏書，隱第三子溫，世祖時徵拜中書博士，卒，追贈列人定侯。疑溫與愔本一人耳。」

〔四〕且常侍者黃門之庶兄領軍者三衞之假攝　殿本從魏書卷六三宋弁傳改「庶兄」爲「蠢冗」。按散騎常侍官階在黃門侍郎之上，但是所謂「諷議左右，從容獻納」的閒官，黃門侍郎在門下省，「掌獻納諫正及司進御之職」，却是機要位置，故以「庶兄」譬喻常侍。疑魏書誤。又魏書「三衞」作「二衞」。按「二衞」指左衞將軍、右衞將軍。領軍將軍與左右二衞，都掌宿衞，地位相當。「三衞」疑誤。

〔五〕爲定州平北府參軍　諸本「平北」誤倒，據魏書乙。

〔六〕又疏凡不達律令見律有梟首罪　諸本脫訛作「又疏凡不達見令律有梟首罪」，今據魏書改正。

〔七〕謂長孫承業曰　諸本「承」作「永」。按長孫稚字承業，見魏書卷二十五、本書卷二二。魏末別無「長孫永業」，此形似致訛，今改正。

〔八〕歷尚書三公二千石都官郎中　諸本「歷」下有「三」字。按隋書卷二七百官志中，尚書省有三公郎中、二千石郎中、都官郎中，都是職掌刑獄。宋世軌歷任此官，並非三爲尚書。此「三」字誤衍，今刪去。

〔九〕右僕射高肇常以委之　諸本「高肇」作「游肇」，魏書卷八八宋世景傳作「高肇」。按本書卷八〇高肇傳，肇爲右僕射在宣武時（魏書八三高肇傳作左僕射，誤），魏書卷三四、本書卷五五游肇傳，其爲右僕射是在明帝時。此下見「宣武」，又云世景「坐弟道璵事除名」，而道璵預元瑜事死，是在宣武時，知作「高肇」是。今據改。

〔一〇〕惇常督漕軍無乏絕　諸本脫「漕」字，據北齊書卷四三許惇傳補。

〔一一〕提淳鬢稱美　北齊書及通志「提」作「握」。張森楷疑「提」是「捉」之訛。

〔一二〕食下邳郡幹　諸本「食」下衍「邑」字，據北齊書刪。

〔一三〕三年卒　按上脫年號。張森楷據北齊書卷八後主紀武平三年八月有「以特進許季良爲左僕射」的記載，認爲當脫「武平」二字。

〔一四〕負社錢三萬　「三」，百衲本作「二」，南、北、汲、殿四本作「一」，魏書卷三八刁雍傳作「三」。按宋書卷一武帝紀作「三」。今從魏書改。

〔一五〕後太守范陽盧尚之刺史河東裴桓並徵沖爲功曹主簿　張森楷云：「『桓』當作『植』。」按魏書卷七一裴植傳，植曾爲瀛州刺史。上文云：「刺史郭祚聞其盛名，訪以疑義。」查魏書卷六四郭祚傳，祚也曾爲瀛州刺史，則此「刺史」，必是瀛州刺史。刁沖是渤海饒安人。據魏書地形志，渤海郡屬冀州，饒安縣屬滄州浮陽郡。但瀛州是太和十一年分定州之河間、高陽，冀州之章武、浮陽置。滄州又是熙平二年分瀛、冀二州置，治饒安城。又據魏書卷四七盧尚之傳，尚之曾爲章武內史

列傳第十四　校勘記　九六五

北史卷二十六　九六六

卲太守，可能饒安縣是先屬渤海，後改屬章武，又改屬浮陽，而先後隸于冀州、瀛州、滄州。所以盧尚之、裴植得以郡州長官資格辟刁沖爲僚屬。張氏說「桓」爲「植」之訛，當是。

〔一六〕貽書於沖叔整譏其進退整令與通學譏之　諸本脫「譏其進退整」五字，據魏書卷八四刁沖傳補。

〔一七〕神龜末沖以嫡傳祖爵東安侯　諸本「神龜」作「神䴥」，魏書無此三字。按「神䴥」是太武帝年號，沖不得於此時襲爵。據魏書卷三八刁雍傳，沖祖遵死於熙平元年。熙平後即爲神龜，則沖襲祖爵必是在神龜時，今據改。

〔一八〕國子博士高涼　張森楷云：「『涼』當作『諒』。」按高諒見魏書卷五七、本書卷三一高祐傳，明帝時曾官國子博士，時間相合，張說當是。

〔一九〕檀弓曰何居我未之前聞也　諸本脫「何居」二字，據北齊書卷四四刁柔傳及禮記檀弓補。

〔二〇〕伯子爲親者諱耳　諸本「伯」訛「仲」，據禮記檀弓鄭注原文改。「伯子」指子服伯子。

〔二一〕注曰據周禮然則商以嫡子死立嫡子之母弟　諸本脫「曰據周禮然則」六字，據北齊書補。

〔二二〕爲出母無服者喪者不祭故也　諸本脫「出」字，「服」下脫「者」字，據北齊書補。按禮記喪服小記原文云：「爲父後者，爲出母無服。無服也者，喪者不祭故也。」這裏刁柔引文有省略。

〔二三〕本不應嫡子死而立嫡孫　諸本「應」下衍「舍」字，「嫡子」下脫「死」字，據北齊書南監本及册府

卷五八三六九八七頁删補。

〔二四〕小記云嫡婦不爲舅後者則姑爲之小功　諸本脫「不」字，「舅」下衍「姑」字，「則」下衍「舅」字，據北齊書及禮記喪服小記補删。

〔二五〕如其有子焉得云無後　諸本脫「有」字，據北齊書及通志卷一五五刁柔傳補。

〔二六〕禮有損益革代相沿　諸本脫「禮」字，據北齊書補。

〔二七〕蓋因晉亂居青州之樂安　諸本「樂安」倒作「安樂」，魏書卷三八刁雙傳作「樂安」。按魏書卷一〇六地形志、晉書卷十五地理志，青州有樂安，無「安樂」，今據改。

〔二八〕會有一死所難遇耳　魏書作「人生會有一死，死所難遇耳」。疑此脫一「死」字。

〔二九〕遷驍騎大將軍左光祿大夫　魏書作「驃騎大將軍」。按魏書卷一一三官氏志，驍騎將軍在第四品，無加大之例，且與其加官左光祿大夫(在第二品)的品級不合。魏書作「驃騎」是。但魏書也衍「大」字。下文說「卒贈車騎大將軍、儀同三司」。贈官例高於實官，驃騎位在車騎之上，若生前已官驃騎大將軍，絕無死後方贈車騎大將軍之理。據周書卷二四盧辯傳，驃騎將軍例加左光祿大夫，車騎大將軍例加儀同三司。刁雙生前官驃騎將軍、左光祿大夫，死后贈車騎大將軍、儀同三司，於次序正合。盧辯傳所敍雖爲西魏、北周制度，實亦承襲北魏。此處「驍」爲「驃」之訛，「大」字誤衍。

〔三〇〕父深　魏書卷四五辛紹先傳「深」作「淵」，北史避唐諱改。

〔三一〕同郡李承等甚相友善　諸本「承」下衍「昭」字，「友」下無「善」字，據魏書删補。李承，李寶之子，見魏書卷三九李寶傳，本書卷一〇〇敍傳。李氏稱隴西狄道人，故與紹先爲同郡。

〔三二〕少雍與從子懷仁兄弟同居　諸本「子」作「弟」，魏書作「子」。按魏書明言懷仁爲少雍兄祥之子。今據改。

〔三三〕子元桓　魏書「桓」作「植」。張森楷云：「據魏收傳本書卷五六有辛元植，則作『植』是。」按本書卷五〇辛德源傳另見辛元植，官司空司馬，與魏收傳所見者官銜相同。疑此辛元桓是另一人。否則是北史重出。

〔三四〕謚曰簡　按其父謚簡，不應父子同謚，疑此三字衍。

〔三五〕稍遷前後將軍　魏書卷四五韋閬傳無「後」字。

〔三六〕爲齊將垣歷生蔡道恭所敗。　魏書「恭」作「貴」。按南齊書卷五七魏虜傳亦作「貴」，此作「恭」誤。

〔三七〕珍從至清水　魏書「清」作「濟」。按孝文此次南伐，是進攻南陽。由魯陽到南陽，途中無清水，亦無濟水。隋書地理志中，淯陽郡武川縣有淯水。魏書地形志荆州有北淯郡，錢大昕以爲是北淯之訛。疑此「清」亦是「淯」之誤。

〔三八〕或弟朏　諸本脫「或」字，據魏書補。

〔三九〕卒於州贈侍中雍州刺史　諸本脫「州贈」二字，據魏書補。

〔四〇〕司隸大夫薛道衡奏擬從事　各本「隸」作「穀」，宋本作「隸」。按本書卷三六薛道衡傳作司隸大夫。司隸大夫隋煬帝大業三年置，所屬有從事。見隋書卷二八百官志。今從宋本。

中華書局

二十四史

北史

唐 李延壽 撰

第四冊

卷二七至卷三五(傳)

中華書局

中華書局

北史卷二十七

列傳第十五

屈遵 張蒲 谷渾 曾孫楷 公孫表 張濟 李先 賈彝

竇瑾 李訢 韓延之 袁式 毛脩之 朱脩之 嚴稜 唐和

寇讚 孫儁 酈範 子道元 韓秀 堯暄 孫雄 柳崇

屈遵字子度，昌黎徒何人也。博學多才藝。慕容垂以爲博陸令。道武南伐，博陵太守申永南奔河外，高陽太守崔宏東走海濱。屬城長吏，率多逃竄，遵獨歸道武。道武素聞其名，拜中書令。中原既平，賜爵下蔡子。卒。

子須襲爵。除長樂太守，進爵信都侯。卒，贈昌黎公，諡曰恭。

須長子恒，字長生，沈粹有局量。歷位尚書右僕射，加侍中。以破平涼功，賜爵濟北公。

太武委以大政，車駕出征，常居中留鎮。與襄城公盧魯元俱賜甲第。眞君四年，墜馬卒。時帝幸陰山，景穆遣使乘傳奏狀。帝甚悼惜之，謂使人曰：「汝等殺朕良臣，何用乘馬？」遂令步歸。贈征西大將軍，諡曰成公。

子道賜襲爵。道賜善騎射，機辯有辭氣，太武甚器之。位尚書右僕射，加侍中。卒，諡曰哀公。

子拔襲爵。帝追思其父祖，年十四，以爲南部大人。時太武南伐，禽守將胡盛之以付拔，酒醉不覺，盛之逃。太武令斬之。將伏鑕，帝愴然曰：「若鬼有知，長生問其子孫，朕將何以應？」乃赦拔。後獻文以其功臣子，拜營州刺史。

張蒲字玄則，河內脩武人也。本名謨。父攀，仕慕容垂，位兵部尚書，以清方稱。蒲少有父風，仕慕容寶爲尚書左丞。道武定中山，寶官司敍用，多降品秩。帝既素聞蒲名，仍拜尚書左丞。明元即位，爲內都大官，賜爵泰昌子。參決庶獄，私謁不行。後改爲壽張子。太武即位，以蒲清貧，妻子衣食不給，乃以爲相州刺史。扶弱抑強，進善黜惡，風化大行。卒於官，吏人痛惜之。蒲在謀臣之列，屢出爲將，朝廷論之，常以爲稱首。贈平東將軍、廣平公，謚曰文恭。

子昭襲。以軍功進爵脩武侯，位幽州刺史，以善政見稱。

谷渾字元沖，昌黎人也。父袞，彎弓三百斤，勇冠一時。仕慕容垂，位廣武將軍。

渾少有父風，任俠好氣，晚乃折節受經業，〔二〕被服類儒者。道武時，以善隸書爲內侍左右。太武時，累遷侍中、儀曹尚書，賜爵濮陽公。渾正直有操行，性不苟合。然愛重舊故，不以富貴驕人。時人以此稱之。在官廉直，爲太武所器重，以渾子孫年十五以上，悉補中書學生。卒，謚曰文宣。

子闡，字崇基，襲爵。位外都大官。卒，謚曰簡公。

子洪，字元孫，位尚書，賜爵滎陽公。性貪奢，僕妾衣服錦綺。時獻文舅李峻等初至，官給衣服，洪輒截沒。爲有司所糾，幷窮其前後贓罪，伏法。

子潁，位太府少卿。卒，贈營州刺史，謚曰貞。

子士恢，字紹達，位鴻臚少卿，封元城縣侯。太后嬖幸鄭儼，懼紹達間構於帝，因言次，以紹達爲州。紹達耽寵，不願出。太后誣其罪，殺之。

渾曾孫楷。楷有幹局，稍遷奉車都尉。眇一目，性甚嚴忍，前後奉使皆以酷暴爲名，時人號曰「瞎武」。〔三〕累遷城門校尉，卒。

公孫表字玄元，燕郡廣陽人也。爲慕容沖尚書郎。慕容垂破長子，從入中山。慕容寶走，乃歸，爲博士。初，道武以慕容垂諸子分據勢要，權柄推移，遂至亡滅，表詣闕上韓非書二十卷，道武稱善。明元初，賜爵固安子。河西飢胡劉武反於上黨，〔三〕詔表討之。爲胡所敗，帝深銜之。

泰常七年，宋武帝殂。時議取河南侵地，以奚斤爲都督，以表爲吳兵將軍、廣州刺史。表既剋滑臺，遂圍武牢。車駕次汲郡。始昌子蘇坦、太史令王亮奏表置軍武牢東，不得形便之地，故令賊不時滅。明元雅好術數，又積前忿，及攻武牢，士卒多傷，乃使人夜就帳中縊殺之。以賊未退，祕而不宣。

初，表與勃海封愷友善，後爲子求愷從女，愷不許，表甚銜之。及封氏爲司馬國璠所逮，帝以舊族，欲原之，表證其罪，乃誅封氏。表外和內忌，時人以此薄之。表本與王亮同營署，及其出也，輕侮亮，故及於死。

第二子軌，字元慶。明元時，爲中書郎。出從征討，補諸軍司馬。太武平赫連昌，引諸將帥入其府藏，各令任意取金玉。諸將取之盈懷，軌獨不取。帝把手親探金賜之，謂曰：「卿臨財廉，朕所以增賜者，欲顯廉於衆人。」後兼大鴻臚，持節拜立氏楊玄爲南秦王。及境，玄不郊迎，軌數玄無蕃臣禮。玄懼，詣郊受命。使還稱旨，拜尚書，賜爵燕郡公，出爲武牢鎮將。初，太武將北征，發驢以運糧，使軌部詣雍州。〔四〕軌令驢主皆加絹一匹，乃與受之。百姓語曰：「驢無强弱，輔脊自壯。」〔五〕衆共嗤之。坐徵還。卒。

軌既死，帝謂崔浩曰：「吾過上黨，父老皆曰：公孫軌爲將，受貨縱賊，使至今餘姦不除，軌之罪也。其初來，單馬執鞭；及去，從車百兩。載物而南，丁零渠帥，乘山罵軌。軌怒，取罵軌者之母，以矛刺其陰而死之，曰：『何以生此逆子！』從下倒劈，分磔四支於山樹上。是忍行不忍之事。軌幸而早死，至今在者，吾必族誅之。」

軌終得娶封氏，生子叡，字叔文。位儀曹長，賜爵陽平公。時獻文於苑內立殿，敕中祕羣官制名。叡奏曰：「臣聞至尊至貴，莫崇於帝王；天人挹損，莫大於謙光。臣愚以爲宜曰崇光。」奏可。卒於南部尚書，謚曰宣。

叡妻，崔浩弟女也。生子良，字遵伯，聰明好學。爲尚書左丞，爲孝文所知遇。良弟衡，

字道津。良推爵讓之，仕至司直。良以別功，賜爵昌平子。子崇基襲。

軌弟質，字元直，有經義，爲中書學生，稍遷博士。太武征涼州，留宜都王穆壽輔景穆。時蠕蠕乘虛犯塞，京師震恐。壽雅信任質，爲謀主。質性好卜筮，卜筮者咸云必不來，故不設備。由質，幾敗國。後屢進讜言，超遷尚書。卒，贈廣陽侯，謚曰恭。

第二子邃，字文慶，位南部尚書，封襄平伯，出爲青州刺史。以邃在公遺迹可紀，下詔褒述。卒官。孝文在鄴宮，爲之舉哀。時百度唯新，青州佐吏疑爲邃服，詔曰：「專古也，理與今違；專今也，太乖曩義。當斟酌兩途，商量得失，人吏之情亦不可苟順也。主簿，近代相承服斬，過葬便除，可如故事。〔六〕自餘無服，大成寥落，可準諸境內之人，爲齊衰三月。」子同始襲爵，卒於給事中。

邃、叡爲從父兄弟。叡才器小優，又封氏之甥，〔七〕崔氏之壻；邃母雁門李氏，地望懸隔。鉅鹿太守祖季眞多識北方人物，每云：「士大夫當須好婚親。二公孫同堂兄弟耳，吉凶會集，便有士庶之異。」

張濟字士度，西河人也。父千秋，慕容永驍騎將軍。永滅，來奔。道武善之，拜建節將

中華書局

軍，賜爵成紀侯。

濟涉獵書傳，淸辯善儀容。道武愛之，與公孫表等俱爲行人，拜散騎侍郎，襲爵。

先是，晉雍州刺史楊佺期乞師於常山王遵以禦姚興。帝遣濟爲遵從事，卽報之。濟自襄陽還，帝問濟江南事。濟曰：「司馬昌明死，子德宗代立，君弱臣强，全無綱紀。佺期問臣：『魏初伐中山，幾十萬衆？』臣答：『四十餘萬。』佺期曰：『魏被甲戎馬，可有幾匹？』臣答：『中軍精騎十餘萬，外軍無數。』佺期曰：『以此討羌，豈不滅也！』又曰：『魏定中山，徙幾戶於北？』臣答：『七萬餘家。』佺期曰：『都何城？』臣答：『都平城。』佺期曰：『有此大衆，何用城爲！』又曰：『魏帝欲爲久都平城？將移也？』臣答：『非所知也。』佺期聞朝廷不都山東，貌有喜色，曰：『洛城救援，仰恃於魏，若獲保全，當必厚報。如爲羌所乘，寧使魏取。』」道武嘉其辭，厚賞其使，許救洛陽。後以累使稱旨，拜勝兵將軍。卒，子多羅襲爵，坐事除。

李先字容仁，〔八〕中山盧奴人。少好學，善占相術。慕容永迎爲謀主，勸永據長子城。仕永，位祕書監。永滅，徙中山。皇始初，先於井陘歸。道武問先曰：「卿何國人？祖父及身悉歷何官？」先曰：「臣本趙郡平棘人。大父重，晉平陽太守、大將軍右司馬。父懋，石季龍樂

安太守、左中郎將。臣，苻丕左主客郎，慕容永祕書監、高密侯。」車駕還代，以先爲尚書右中兵郎。再遷博士、定州大中正。帝問先：「何者最善，可以益人神智？」先曰：「唯有經書，三皇、五帝政化之典，可以補王者神智。」又問：「朕欲集天下書籍，如何？」對曰：「主之所好，集亦不難。」帝於是班制天下，經籍稍集。

道武討姚興於柴壁也，〔九〕問計於先。對曰：「兵以正合，戰以奇勝。聞姚興欲屯兵天渡，利其糧道。及其到前，遣奇兵先邀天渡，柴壁左右嚴設伏兵，備其表裏，興欲進不得，住又乏糧。夫高者爲敵所棲，深者爲敵所囚，兵法所忌，而興居之，可不戰而取。」帝從其計，興果敗歸。

明元卽位，問左右：「舊臣中誰爲先帝所親信？」新息公王洛兒曰：「有李先者，爲先帝所知。」俄而召先，讀韓子連珠論二十二篇，太公兵法十一事。詔有司曰：「先所知者，皆軍國大事，自今常宿於內。」賜先絹綵及御馬一匹，拜安東將軍、壽春侯，賜隸戶二十二。卒於內都大官，年九十五。詔賜金縷命服一襲，贈定州刺史、中山公，謚曰文懿。子國襲爵。

國子鳳，中書博士。

鳳子預，字元凱。太和初，歷祕書令、齊郡王友、征西大將軍長史，帶馮翊太守。府解，罷郡，遂居長安。羨古人飡玉法，乃採訪藍田，躬往攻掘，得若環璧雜器形者，大小百餘。頗有粗黑者，亦篋盛以還。至而觀之，皆光潤可玩。預乃椎七十枚爲屑食之，餘多惠人。後預及聞者更求玉於故處，皆無所見。馮翊公源懷弟得其玉，琢爲器佩，皆鮮明可寶。預服經年，云有效驗。而世事寢食，皆不禁節，又加好酒損志。及疾篤，謂妻子曰：「吾酒色不絕，自致於死，非藥過也。然吾尸體必當有異，勿速殯，令後人知飡服之妙。」時七月中旬，長安毒熱，預停屍四宿，而體色不變。其妻常氏，以玉珠二枚唅之，口閉，常謂曰：「君自云飡玉有神驗，何不受唅？」言訖，齒啓納珠。因噓其口，都無穢氣。舉斂於棺，堅直不傾委。死時有遺玉屑數升，囊盛納諸棺中。

先少子皎。天興中，密問先曰：「子孫永爲魏臣，將復事他姓邪？」先曰：「國家政化長遠，不可紀極。」皎爲寇謙之弟子，遂服氣絕粒數十年，隱於恒山。年九十餘，顏如少童。一旦，沐浴冠帶，家人異之，俄而坐卒。道士咸稱其得尸解仙道。

皎孫義徽。太和中，以儒學博通，有才華，補淸河王懌府記室。牋書表疏，文不加點，淸典贍速，當世稱之。又爲懌撰輿地圖及顯忠錄。性好老莊，甚嗤釋教。靈太后臨朝，屬有沙門惠憐以呪水飲人，云能愈疾，百姓奔湊，日以千數。義徽白懌，稱其妖妄。因令義徽草奏以諫，太后納其言。元叉惡懌，徙義徽都水使者。俄而懌被害，因棄官隱於大房山。

少子蘭，以純孝著聞，不受辟召。孝昌中，旌表門閭。

正光中，文宣王亶嗣位，思義徽雅正惇篤，薦其孫景儒，位至奉車都尉。自皇始至齊受禪，百五十歲。先之所言，有明徵焉。

景儒子昭徽，博涉稽古，脫略不羈，時人稱其爲播郎，因以字行於燕、趙焉。善談論，有宏辯，屬文任氣，不拘常則。志好隱逸，慕葛洪之爲人。尋師訪道，不遠千里。遇高尙則傾蓋如舊，見庸識雖王公蔑如。初爲道士，中年應詔舉，爲高唐尉。大業中，將妻子隱於嵩山，號黃冠子。有文集十卷，爲學者所稱。

賈彝字彥倫，本武威姑臧人也。六世祖敷，魏幽州刺史、廣川都亭侯，子孫因家焉。父爲苻堅鉅鹿太守，坐訕謗繫獄。彝年十歲，詣長安訟父獲申。遠近歎之，僉曰：「此子英英，賈誼之後，莫之與京。」

弱冠，爲慕容垂遼西王農記室參軍。道武先聞其名，常遣使者求彝於垂，垂彌增器敬。垂遣其太子寶來寇，大敗於參合，執彝及其從兄代郡太守潤等。道武卽位，拜尙書左丞，參預國政。天賜末，彝請詣溫湯療疾，〔一〇〕爲叛胡所掠，送於姚興。積數年遁歸，又爲赫連屈丏所執，拜祕書監，卒。太武平赫連昌，子秀迎其尸柩，葬於代南。

秀位中庶子，賜爵陽都男，本州大中正。獻文即位，進爵陽都子。〔二〕時丞相乙渾妻庶姓，而求公主之號，屢言於秀，秀默然。後因公事，就第見渾。渾夫妻同坐，厲色曰：「爾管攝職事，無所不從。我請公主，不應，何意？」秀慷慨大言對曰：「公主之稱，王姬之號，尊寵之極，非庶族所宜。秀寧就死於今朝，不取笑於後日。」渾左右莫不失色，爲之震懼，秀神色自若。渾夫妻默然含忿。他日，乃書太醫給事楊惠富臂，作「老奴官慳」字，令以示秀。渾每欲伺隙陷之。會渾伏誅，遂免難。

時秀與中書令勃海高允俱以儒舊重於時，皆選擬方岳，以詢訪被留，各聽長子出爲郡。秀固讓不受，許之。自始及終，歷奉五帝，雖不至大官，常當機要。廉清儉約，不營資產。年七十三，遇疾，詔給醫藥，賜几杖。時朝廷舉動及大事不決，每遣尚書、高平公李敷就第訪決。卒，贈冀州刺史、武邑公，諡曰簡。

子儁，字異隣。襲爵，位荊州刺史，依例降爵爲伯。先是，上洛置荊州，後改爲洛州，在重山，人不知學，儁表置學官。在州五載，清靖寡事，爲吏人所安。卒，贈兗州刺史。子叔休襲爵。

潤曾孫禎，字叔願，學涉經史，居喪以孝聞。太和中，以中書博士副中書侍郎高聰使江左。還，以母老患，輒在家定省，坐免官。後爲司徒諮議參軍、通直散騎常侍，加冠軍將軍。卒，贈齊州刺史。

禎兄子景儁，亦以學識知名，爲京兆王愉府外兵參軍。愉起逆於冀州，將授其官，不受，死之。贈河東太守，諡曰貞。

景儁弟景興，清峻鯁正，爲州主簿，遂栖遲不仕。後葛榮陷冀州，稱疾不拜。景興每捫膝而言曰：「吾不負汝。」以不拜榮也。

竇瑾字道瑜，頓丘衞國人，自云漢司空融之後也。高祖成，頓丘太守，因家焉。

瑾少以文學知名，自中書博士爲中書侍郎，賜爵繁陽子。參軍國謀，屢有功，進爵衞國侯，轉四部尚書。初定三秦，人猶去就，拜長安鎮將、毗陵公。在鎮八年，甚著威惠。徵爲殿中都官尚書。太武親待之，賞賜甚厚。從征蓋吳，吳平，留瑾鎮長安。還京復爲殿中、都官，典左右執法。太武歎曰：「國之良輔，毗陵公之謂矣。」出爲冀州刺史，清約沖素，著稱當時。還爲內都大官。

興光初，瑾女壻鬱林公司馬彌陀以選尚臨涇公主，瑾教彌陀辭。託有誹謗呪詛之言，與彌陀同誅，唯少子遵逃匿得免。

遵善楷篆，北京諸碑及臺殿樓觀宮門題署多遵書。位濮陽太守，多所受納。其子僧演姦通人婦，爲部人賈邈告，坐免。後以善書拜庫部令，卒官。

李訢字元盛，小名眞奴，范陽人也。曾祖產，產子績，二世知名於慕容氏。父崇，馮跋吏部尚書、石城太守。車駕至和龍，崇率十餘郡歸降，太武甚禮之，呼曰李公。爲北幽州刺史、固安侯。卒，諡曰襄侯。

訢母賤，爲諸兄所輕。崇曰：「此子之生，相者言貴，吾每觀，或未可知。」遂使入都爲中書學生。太武幸中書學，見而異之，指謂從者曰：「此小兒終效用於朕之子孫。」因識眄之。帝舅陽平王杜超有女，將許貴戚，帝曰：「李訢後必官達，益人門戶，可以妻之。」遂勸成婚。南人李哲常言訢必當貴達。杜超之死也，帝親哭三日。訢以超女壻，得在喪位出入，帝指謂左右曰：「觀此人舉動，豈不異於衆也？必爲朕家幹事臣。」訢聰敏機辯，强記明察。初，李靈爲文成博士，詔崔浩選中書學生器業優者爲助教。浩舉其弟子箱子與盧度世、李敷三人應之。

給事高讜子祐、尚書段霸兄姪等以爲浩阿黨其親戚，言於景穆。以浩爲不平，聞之於太武。太武意在訢，曰：「云何不取幽州刺史李崇老翁兒？」浩對曰：「前亦言訢合選，但以其先行在外，故不取之。」帝曰：「可待訢還，箱子等罷之。」遂除中書助教、博士，入授文成經。

文成即位，訢以舊恩親寵，遷儀曹尚書，領中祕書，賜爵扶風公。贈其母孫氏爲容城君。帝顧羣臣曰：「朕始學之歲，情未能專；既總萬機，溫習靡暇。是故儒道實有闕焉。豈惟予咎，抑亦師傅之不勤。所以爵賞仍隆，蓋不遺舊也。」訢免冠拜謝。出爲相州刺史。爲政清簡，百姓稱之。訢上疏求於州郡各立學官，使士望之流，衣冠之冑，就而受業。其經藝通明者，上王府。書奏，獻文從之。以訢政爲諸州之最，加賜衣服。

自是遂有驕矜自得之志，受納人財物，商胡珍寶。兵人告言。尚書李敷與訢少長相好，每左右之。或有勸以奏聞，敷不許。獻文聞訢罪狀，檻車徵訢，拷劾抵罪。敷兄弟將見疏斥，有司諷以中旨嫌敷兄弟之意，令訢告列敷等隱罪，可得自全。訢深所不欲，且弗之知也，乃謂其女壻裴攸曰：「吾與李敷，族世雖遠，情如一家。在事既有此勸，昨來引簪自刺，以帶自絞，而不能致絕。且亦不知其事。」攸曰：「何爲爲他死？敷兄弟事釁可知。有馮闡者，先爲敷殺，其家切恨之。但呼闡弟問之，足可知委。」訢從其言。又趙郡范檦具列敷兄弟事狀，有司以聞，敷坐得罪。詔列訢貪冒應死，以糾李敷兄弟，故免。百鞭髡刑，配爲厮役。

訢之廢也，平壽侯張讜見訢，與語，奇之，謂人曰：「此佳士也，終不久屈。」未幾而復爲太倉尚書，攝南部事。用范㯹陳策計，令千里之外，戶別轉運，詣倉輸之。使所在委滯，停延歲月。百姓競以貨賂，各求在前，於是遠近大爲困弊。道路羣議曰：「畜聚斂之人，未若盜臣。」訢弟左軍將軍璞謂訢曰：「范㯹善能降人以色，假人以辭，未聞德義之言，但有勢利之說。[一二]聽其言也甘，察其行也賊，所謂諂諛讒慝，貪冒姦佞。不早絕之，後悔無及。」訢不從，彌信之，腹心事皆以告㯹。訢既寵於獻文，參決軍國大議，兼典選舉，權傾內外，百僚莫不曲節以事之。㯹以無功起家拜盧奴令。

獻文崩，訢遷司空，進爵范陽公，出爲侍中、鎮南大將軍、開府儀同三司、徐州刺史。范㯹知文明太后之忿訢，又知內外疾之，太和元年，希旨告訢外叛。文明太后徵訢至京師，言其叛狀。訢曰：「無之。」引㯹證訢。訢言：「爾妄云知我，吾又何言！雖然，爾不顧余之厚德，而忍爲此，不仁甚矣。」㯹曰：「公德於㯹，何若李敷之德於公？公昔忍於敷，㯹今敢不忍公乎？」訢慨然曰：「吾不用璞言，自貽伊戚，萬悔於心，何嗟及矣！」遂見誅。

璞字季直，[一三]性惇厚，多識人物。賜爵宜陽侯，太常卿。

韓延之字顯宗，南陽堵陽人，魏司徒暨之後也。仕晉，位建威將軍、荊州從事，轉平西府錄事參軍。晉將劉裕伐司馬休之，未至江陵，密與延之書招之。延之報書，辭甚激厲，曰：「劉裕足下：海內之人，誰不見足下此心，而復欲欺誑國士！」其不屈如此。事見南史宋本紀。延之以裕父名翹，字顯宗，於是己字顯宗，名子爲翹，蓋示不臣劉氏也。後奔姚興。

泰常二年，與司馬文思等俱入魏。明元以延之爲武牢鎮將，賜爵魯陽侯。

初，延之曾來往柏谷塢，省魯宗之墓，有終焉之志。因謂子孫云：「河洛三代所都，朝廷必有居此者。我死，不勞向北代葬也，即可就此。」子從其言，遂葬宗之墓次。延之後五十餘年而孝文徙都，其孫數家即居於祖墓之北柏谷塢。

袁式字季祖，陳郡陽夏人，漢司徒滂之後。父深，[一四]晉侍中。式在南，歷武陵王遵諮議參軍。及劉裕執權，式歸姚興。及姚泓滅，歸魏，爲上客，賜爵陽夏子。與司徒崔浩一面，便盡國士之交。時朝儀典章悉出於浩，浩以式博於故事，每所草創，恒顧訪之。性長者，雖羈旅飄泊，而清貧守度，不失士節。時人甚敬重之，皆呼曰袁諮議。至延和二年，衞大將軍、樂安王範爲雍州刺史，詔式與中書侍郎高允俱爲從事中郎。

辭而獲免。式沈靖樂道，周覽書傳，至於詁訓倉、雅，偏所留懷。作字釋未就。以太安二年卒，贈豫州刺史，謚肅侯。

子濟襲父爵，位魏郡太守，政有清稱。加寧遠將軍。及宋王劉昶開府，召爲諮議參軍。

毛脩之字敬文，滎陽陽武人也。世仕晉。劉裕之平關中，留子義眞鎮長安，以脩之爲司馬。及義眞敗，脩之沒統萬。太武平赫連昌，獲之。使領吳兵，以功拜吳兵將軍。脩之能爲南人飲食，手自煎調，多所適意。太武親待之，累遷尚書，賜爵南郡公，常在太官主進御膳。

從討和龍，時諸軍攻城，行宮人少，宋故將朱脩之爲雲中鎮將，[一五]欲率吳兵爲逆，因入和龍，冀浮海南歸。以告脩之，不聽，乃止。是日無脩之，大變幾作。朱脩之遂奔馮弘。[一六]脩之又以軍功，遷特進、撫軍大將軍，位次崔浩下。

浩以其中國舊門，雖不博洽，猶涉獵書傳，與共論說之。次及陳壽三國志，云「有古良史風，其所著述，文義典正，班史以來無及壽者」。脩之曰：「昔在蜀中，聞長老言，壽曾爲諸

葛亮門下書佐，得撻百下，故其論武侯云：應變非其所長。」浩乃與論曰：「承祚之評亮，乃有故義過美之譽，非挾恨之言。夫亮之相備，英雄奮發之時，君臣相得，魚水爲喻。而不能與曹氏爭天下，委棄荊州，退入巴蜀，守窮崎嶇之地，僭號邊夷之間，此策之下者。可以趙佗爲偶，而以管、蕭之亞匹，不亦過乎！且亮既據蜀，弗量勢力，嚴威切法，控勒蜀人，欲以邊夷之衆，抗衡上國。出兵隴右，再攻祁山，[一七]一攻陳倉，疏遲失會，摧衄而反。後入秦川，更求野戰。魏人知其意，以不戰屈之。智窮勢盡，發病而死。由是言之，豈合古之善將，見可知難乎？」脩之謂浩言爲然。後卒於外都大官，謚恭公。

脩之在南有四子，唯子法仁入魏。文成初，爲金部尚書，襲爵，轉殿中尚書。法仁言聲壯大，至於軍旅田狩，唱呼處分，振於山谷。卒，贈征東大將軍、南郡王，謚曰威。

朱脩之者，仕宋爲司徒從事中郎。守滑臺，爲安頡所禽。太武善其固守，以宗室女妻之，以爲雲中鎮將。後奔馮弘。弘送之江南。

頡之剋滑，[一八]宋陳留太守嚴稜戍倉垣。及山陽公奚斤軍至潁川，稜率文武五百人詣斤降。明元嘉其誠款，賜爵郃陽侯，假荊州刺史。隨駕南討，還爲上客。及太武踐阼，以歸化之功，除中山太守，有清廉稱。卒於家。子幼玉襲。稜舊書有傳，今附之云。脩之在宋顯

達，事並具南史。

唐和字幼起，晉昌冥安人也。〔二九〕父繇，以涼土喪亂，推涼武昭王霸于河右。及涼亡，和與兄契攜其甥武昭王孫寶，避難伊吾。招集人衆二千餘家，臣於蠕蠕。蠕蠕以契爲伊吾王。經二十年，和與契遣使降魏，爲蠕蠕所逼，遂擁部至高昌。蠕蠕遣部帥阿若討和，至白力城。和先攻高寧。契與阿若戰沒，和收餘衆，奔前部國。時沮渠安周屯橫截城，和攻拔之，斬安周兄子樹，又尅高寧、白力二城。遣使表狀。太武嘉之，屢賜之璽書。後和與前部王車伊洛破安周。太武使成周公萬度歸討焉耆，〔三〇〕詔和與伊洛率所領赴度歸，喻下柳驢以東六城。因共擊波居羅城，拔之。後同征龜茲，度歸令和鎭焉耆。時柳驢戍主乙眞伽將叛，和徑入其城，禽斬乙眞伽。由是西域尅平，和有力焉。

正平元年，和詣闕。太武優寵之，待以爲上客。文成以和歸誠先朝，封酒泉公。太安中，爲濟州刺史，甚有稱績。徵爲內都大官。評決獄訟，不加捶楚，察疑獲實者甚多，世以是稱之。卒，贈征西大將軍、太常卿、酒泉王，謚曰宣。

子欽，字孟眞，位陝州刺史。降爵爲侯。卒，子景宣襲爵。卒於東郡太守。〔三一〕

契子玄達，性果毅，有父風。與叔父和歸闕，俱爲上客，封晉昌公。獻文時，位華州刺史。太和十六年，降爲侯。子崇，字繼祖，襲爵。

寇讚字奉國，上谷人也，因難徙馮翊萬年。父脩之，字延期，苻堅東萊太守。讚弟謙，有道術，太武敬重之，故追贈脩之安西將軍、秦州刺史、馮翊公。賜命服，謚曰哀公。詔秦、雍二州爲立碑墓。又贈脩之母爲馮翊夫人，及宗從追贈太守、縣令、侯、子、男者十六人，其臨職者七郡、五縣。

讚少以清潔知名。身長八尺，姿容嚴嶷，非禮不動。苻堅僕射韋華，州里高達，雖年時有異，恒以風味相待。華爲馮翊太守，召爲功曹。後除襄邑令。姚泓滅，秦、雍人千餘家推讚爲主，歸魏。拜河南郡太守。其後秦、雍人來奔河南、滎陽、河內者，戶至萬數，拜讚南雍州刺史、軹縣侯，於洛陽立雍州之郡縣以撫之。〔三二〕由是流人襁負，自遠而至，參倍於前。進讚爵河南公，加安南將軍，領南蠻校尉，仍刺史。分洛、豫二州之僑郡以益之。雖位高爵重，接待不倦。

初，讚之未貴，嘗從相者唐文相。文曰：「君額上黑子入幘，位當至方伯，封公。」及其貴

也，文以百姓禮拜謁曰：「明公憶疇昔言乎？」讚延文坐曰：〔三三〕「往時卿言杜瓊不得官長，人咸謂不然。及瓊爲盩厔令，卿猶言相中不見，而瓊果以暴疾，未拜而終。昔魏舒見主人兒死，自知己必至公。吾恒以卿言瓊之驗，亦復不息此望也。」乃賜文衣服良馬。

讚在州十七年，甚收公私之譽。年老，求致仕。卒，遺令薄葬，斂以時服。太武悼惜之，謚曰宣穆。子元寶襲爵。

元寶弟臻，字仙勝。年十二，遭父憂，居喪以孝稱。輕財好士。獻文末，爲中川太守。時馮熙爲洛州刺史，政號貪虐，仙勝微能附之，甚得其意。後爲弘農太守。坐受納，爲御史所彈，遂廢，卒於家。

子祖訓，順陽太守。祖訓弟祖禮。兄弟並孝友敦穆，白首同居。父母亡雖久，猶於平生所處堂宇，備設幃帳几杖，以時節開堂列拜，垂涕陳薦，若宗廟焉。吉凶之事，必先啓告，遠出行反亦如之。

祖禮，宣武末爲河州刺史。在任數年，遇郤鐵怱反，又爲城人詣都列其貪狀十六條。會赦免。久之，兼廷尉卿，又兼尚書。畏避勢家，承顏候色，不能有所執據。後蠻反於三鵶，爲都督追討，戰歿。贈衞大將軍、七兵尚書、雍州刺史、昌平男。祖禮弟儁。

儁字祖儁。性寬雅，幼有識量，好學強記。性又廉恕，不以財利爲心。家人曾賣物與人，而利得絹一匹。儁於後知之，乃曰：「得財失行，吾所不取。」訪主還之。以選爲孝文帝挽郎，除奉朝請。大乘賊起，燕、趙擾亂，儁參護軍事東討，以功授員外散騎侍郎。累遷司空府主簿。時靈太后臨朝，減食祿官十分之一，造永寧佛寺，令儁典之。資費巨萬，主吏不能欺隱。寺成，又極壯麗。靈太后嘉之，除左軍將軍。孝昌中，朝議以國用不足，乃置鹽池都將，秩比上郡。前後居職者多有侵隱，乃以儁爲之，仍主簿。

永安初，華州人史底與司徒楊椿訟田。長史以椿勢貴，皆言椿直，〔三四〕欲以田給椿。儁曰：「史底窮人，楊公橫奪其地，若欲損不足以給有餘，見使雷同，未敢聞命。」遂以地還史底。孝莊帝後知之，嘉儁守正不撓，拜司馬；其附椿者咸責焉。

二年，出爲梁州刺史。人俗荒獷，多爲盜賊。儁乃令郡縣爲立庠序，勸其耕桑，敦以禮讓。數年之中，風俗頓革。梁遣其將曹琰之鎭魏興，繼日板築。琰之屢擾疆埸，邊人患之。儁遣長史杜林道攻克其城，并禽琰之。琰之卽梁大將景宗之季弟也。於是梁人懼焉。屬魏室多故，州又僻遠，梁人知無外援，遂大兵頓魏興，志圖攻取。儁撫厲將士，人思效命。梁人知其得衆心也，弗之敢逼。儁在州清苦，不專產業，其子等並徒步而還，〔三五〕吏人送儁，留連於道，久之乃得出界。

大統三年，東魏授儁洛州刺史，儁因此乃謀歸闕。五年，將家及親屬四百口入關，拜祕書監。時軍國草創，墳典散逸，儁始選置令史，抄集經籍，四部羣書，稍得周備。加鎮東將軍，封西安縣男。〔二六〕十七年，加散騎常侍，遂稱篤疾，不復朝覲。恭帝三年，賜姓若口引氏。孝閔帝踐阼，進爵爲子。武成元年，進驃騎大將軍、開府儀同三司。

儁年齒雖高，而志識未衰，教授子孫，必先典禮。明帝尙儒重德，特欽賞之，數加恩賜，思與相見。儁不得已，乃入朝，帝與同席而坐，顧訪洛陽故事。儁身長八尺，鬚鬢皓然，容止端詳，音韻清朗。帝與之談論，不覺屢爲之前膝。及儁辭還，帝親執其手，曰：「公年德俱尊，朕所欽尙。乞言之事，所望於公。宜數相見，以慰虛想。」以御輿令於帝前乘出。顧謂左右曰：「如此事，唯積善者可以致之。何止見重於今，亦將傳之萬古。」時人咸以爲榮。卒年八十二。武帝歎惜之，贈本官，加冀定瀛三州諸軍事、冀州刺史，謚曰元。

儁篤於仁義，期功之中有孤幼者，衣食豐約，並與之同。少爲司徒崔光所知，光命其子勵與儁結友。儁每造光，常清談移日。小宗伯盧辯以儁業行俱崇，待以師友之禮，每有閑暇，輒詣儁讌語彌日。恒謂人曰：「不見西安君，煩憂不遣。」其爲通人所敬重如此。

子奉，位至儀同大將軍、順陽郡守、洵州刺史、昌國縣公。

奉弟顒，少好學，最知名。居喪哀毀。位儀同大將軍，掌朝、布憲、典祀下大夫，〔二七〕小納言，潕澤郡公。

酈範字世則，范陽涿鹿人也。祖紹，慕容寶濮陽太守，以郡迎降，道武授兗州監軍。父嵩，天水太守。

範，太武時，給事東宮。文成踐阼，〔二八〕追錄先朝舊勳，賜爵永寧男。以奉禮郎奉遷太武、景穆神主於太廟，進爵爲子。爲征南大將軍慕容白曜司馬。及定三齊，範多進策，白曜皆用其謀，遂表爲青州刺史。進爵爲侯，加冠軍將軍。還爲尙書右丞。

後除平東將軍、青州刺史，假范陽公。範前解州還京也，夜夢陰毛拂踝。他日說之。時齊人有占夢者史武進云：「公豪盛於齊下矣。使君臨撫東秦，道光海岱，必當重牧全齊，再祿營丘矣。」範笑答曰：「吾將爲卿必驗此夢。」果如言。時鎮將元伊利表範與外賊交通。孝文詔範曰：「鎮將伊利表卿造船市玉，與外賊交通，規陷卿罪，窺覦州任。有司推驗，虛實自顯，有罪者今伏其辜矣。卿其明爲算略，勿復懷疑。」還朝，卒京師。謚曰穆。子道元。

道元字善長。初襲爵永寧侯，例降爲伯。御史中尉李彪以道元執法清刻，自太傅掾引爲書侍御史。彪爲僕射李沖所奏，道元以屬官坐免。景明中，爲冀州鎮東府長史。刺史于勁，順皇后父也，西討關中，亦不至州，道元行事三年。爲政嚴酷，吏人畏之，姦盜逃于他境。後試守魯陽郡，道元表立黌序，崇勸學教。詔曰：「魯陽本以蠻人，不立大學。今可聽之，以成良守文翁之化。」道元在郡，山蠻伏其威名，不敢爲寇。延昌中，爲東荆州刺史，威猛爲政，如在冀州。蠻人詣闕訟其刻峻，請前刺史寇祖禮。及以遣戍兵七十人送道元還京，〔二九〕二人並坐免官。

後爲河南尹。明帝以沃野、懷朔、薄骨律、武川、撫冥、柔玄、懷荒、禦夷諸鎮並改爲州，其郡、縣、戍名，令準古城邑。詔道元持節兼黃門侍郎，馳驛與大都督李崇籌宜置立，裁減去留。會諸鎮叛，不果而還。

孝昌初，梁遣將攻揚州，刺史元法僧又於彭城反叛。〔三〇〕詔道元持節、兼侍中、攝行臺尙書，節度諸軍，依僕射李平故事。梁軍至渦陽，敗退。〔三一〕道元追討，多有斬獲。

後除御史中尉。道元素有嚴猛之稱，權豪始頗憚之。而不能有所糾正，聲望更損。司州牧、汝南王悅嬖近左右丘念，常與臥起。及選州官，多由於念。念常匿悅第，時還其家，道元密訪知，收念付獄。悅啓靈太后，請全念身，有敕赦之。道元遂盡其命，因以劾悅。

時雍州刺史蕭寶夤反狀稍露，侍中、城陽王徽素忌道元，因諷朝廷，遣爲關右大使。寶夤慮道元圖己，遣其行臺郎中郭子帙圍道元於陰盤驛亭。亭在岡上，常食岡下之井。既被圍，穿井十餘丈不得水。水盡力屈，賊遂踰牆而入。道元與其弟道闞二子俱被害。道元瞋目叱賊，厲聲而死。寶夤猶遣斂其父子，殯於長安城東。事平，喪還，贈吏部尙書、冀州刺史、安定縣男。

道元好學，歷覽奇書，撰注水經四十卷，本志十三篇。又爲七聘及諸文皆行於世。然兄弟不能篤睦，又多嫌忌，時論薄之。子孝友襲。

道元第四弟道愼，字善季，涉歷史傳，有幹局。位正平太守，有能名。遷長樂相。卒，贈平州刺史。

道愼弟道約，字善禮，樸質遲鈍，頗愛琴書。性多造請，好以榮利干謁，乞丐不已，多爲人所笑弄。坎壈於世，不免飢寒。晚歷東萊、魯陽二郡太守。爲政清靜，吏人安之。

範弟道峻子惲，字幼和。好學有文才，尤長吏幹。舉秀才，射策高第。歷位尙書外兵郎。行臺長孫承業引爲行臺郎。惲頗兼武用，恒以功名自許。每進計於承業，多見納用。以功賞魏昌縣子。惲在軍啓求減身官爵，爲父請贈，詔授征虜將軍、安州刺史。

惲後與唐州刺史崔元珍固守平陽，尒朱榮稱兵赴闕，惲與元珍不從，爲榮行臺郎中樊子鵠陷城，被害。所作文章，頗行於世。撰慕容氏書，不成。

子懷則，司空長流參軍。

韓秀字白武，〔三二〕昌黎人也。祖宰，慕容儁謁者僕射。父景，〔三三〕皇始初歸魏，拜宣威將軍、騎都尉。

秀歷位尚書郎，賜爵遂昌子。文成稱秀聰敏清辯，才任喉舌，遂命出納王言，幷掌機密。行幸遊獵，隨侍左右。獻文卽位，轉給事中，參征南慕容白曜軍事。

延興中，尚書奏以敦煌一鎮，介遠西北，寇賊路衝，慮或不固，欲移就涼州。羣臣會議，僉以爲然。秀獨曰：「此蹙國之事，非闢土之宜。愚謂敦煌之立，其來已久，雖隣强寇，而兵人素習，循常置戍，足以自全。若徙就姑臧，慮人懷異意，或貪留重遷，情不願徙，脫引寇內侵，深爲國患。且捨遠就近，遙防有闕。一旦廢罷，是啓戎心，則夷狄交構，互相來往。關右荒擾，烽警不息，邊役煩興，艱難方甚。」乃從秀議。後爲平東將軍、青州刺史。卒，子務襲爵。

務字道世，性端謹，有吏幹。爲定州平北長史，頗有受納，爲御史中尉李平所劾。付廷

尉，會赦免。後除龍驤將軍、郢州刺史。務獻七寶牀、象牙席。詔曰：「昔晉武帝焚雉頭裘，朕常嘉之。今務所獻，亦此之流也。奇麗之物，有乖風素，可付其家人。」後以詐表破賊，免官。久之，拜太中大夫，進號左將軍，卒。

堯暄字辟邪，上黨長子人也。本名鍾葵，後賜名暄。祖僧賴，道武平中山，與趙郡呂舍首來歸國。暄聰了，美容貌。爲千人軍將。太武以其恭謹，擢爲中散。後兼北部尚書。于時始立三長，〔三四〕暄爲東道十三州使，更比戶籍，賜獨車一乘，廐馬四匹。暄前後從征及出使檢案三十許度，皆有剋己奉公之稱。賞賜衣服、綵絹、奴婢等物，賜爵平陽伯。及改置百官，授太僕卿，轉大司農。卒於平城，孝文爲之舉哀，贈相州刺史。初，暄至徐州，見州城樓觀，嫌其華盛，乃令往往毁徹，由是，後更損落。及孝文幸彭城，聞之，曰：「暄猶可追斬。」

暄長子洪襲爵。洪子傑，字永壽。元象中，開府儀同三司、樂城縣公。

洪弟遵，位臨洮太守。卒，謚曰思。

遵弟榮，位員外散騎侍郎。

子雄，字休武，少驍果，輕財重氣。位燕州刺史、平城縣伯。隨尒朱兆與齊神武戰，敗於廣阿，率所部據定州歸神武。其從兄傑爲兆滄州刺史，亦遣使降。神武以其兄弟俱有誠款，使傑便爲行瀛州事。使雄代傑爲瀛州刺史，〔三五〕進爵爲公。時禁網疏闊，官司相與聚斂。唯雄義然後取，接下以恩，甚爲吏人所懷。

魏孝武帝入關，雄爲大都督，隨高昂破賀拔勝於穰城，仍除豫州刺史。元洪威據潁川叛，叛人趙繼宗殺潁川太守邵招，據樂口，北應洪威。雄討之，繼宗敗走。城內因雄之出，據州引西魏。雄復與行臺侯景討平之。

梁將李洪芝、王當伯襲破平鄉城，雄並禽之。又破梁司州刺史陳慶之，復圍南荆州。東救未至，雄陷其城。〔三六〕梁以元慶和爲魏王，侵擾南境，雄大破之於南頓。尋與行臺侯景破梁楚城。豫州人上書，更乞雄爲刺史，復行豫州事。

潁州長史賀若統執刺史田迅，據州降西魏。詔雄與廣州刺史趙育、揚州刺史是寶，隨行臺任祥攻之。西魏將怡鋒敗祥等，育、寶各還，據城降敵。雄收散卒，保大梁。周文帝遣其右丞韋孝寬等攻豫州，雄都督郭丞伯、程多寶降之。〔三七〕執刺史馮邕，幷雄家屬及部下妻子數千口，欲送長安。至樂口，雄外兵參軍王恒伽、都督赫連儁等從大梁邀之，斬多寶，收雄家口還大梁。雄別破樂口，禽丞伯，進討縣瓠。復以雄行豫州事。西魏以是寶爲揚州刺

史，據項城，義州刺史韓顯據南頓。雄一日拔其二城，禽顯及長史丘岳，〔三八〕寶遁走。加驃騎大將軍、儀同三司，仍隨侯景平魯陽，復除豫州刺史。

雄雖武將，性質寬厚，爲政舉其大綱而已。在邊十年，屢有功績。愛人物，多所施與，亦以此稱。興和四年，卒於鄴，贈司徒，謚曰武恭。子師嗣。

柳崇字僧生，河東解人也。七世祖軌，晉廷尉卿。崇方雅有器量，身長八尺，美鬚明目，兼有學行。舉秀才，射策高第。解褐太尉主簿，轉尚書右外兵郎中。于時河東、河北二郡爭境。其間有鹽池之饒，虞坂之便，守宰百姓皆恐外割，公私朋競，紛囂臺府。孝文乃遣崇檢斷，上下息訟。屬荆、郢新附，南寇窺擾，又詔崇持節與州郡經略，加慰喩。還，遷太子洗馬、本郡中正。

累遷河中太守。〔三九〕崇初届郡，郡人張明失馬，疑執十餘人。崇見之，不問賊事，人別借以溫顏，更問其親老存不，農業多少，而微察其辭色。卽獲眞賊呂穆等二人，餘皆放遣。郡中畏服，境內怗然。卒於官，贈岐州刺史，謚曰穆。崇所製文章，寇亂遺失。

長子慶和，性沉靜，不競於時。位給事中、本郡中正，卒。

慶和弟楷，字士則。身長八尺，善草書，頗涉文史。位撫軍司馬。

論曰：屈遵學藝知機。恒乃局量受委。張蒲、谷渾，文武爲用，人世仍顯，不亦善乎？公孫表初則一介見知，終以輕薄致戾。軌始受探金之賞，末陷財利之嫌，鮮克有終，固不虛也。張濟使於四方，有延譽之美。李先學術嘉謀，荷遇三世。賈彝早播時譽。秀則不畏强禦。竇瑾、李訢，時日良幹。瑾以片言疑似，訢以夙故猜嫌，而嬰合門之戮，良可悲也。韓延之忠於所事，有國士之烈。袁式取遇崔公，以博雅而重。脩之晚著誠款。唐和萬里慕義。寇讚誠信見嘉。酈範智器而達。道元遭命，有衝鬘之風。韓秀議邊，得馭遠之算。堯暄聰察致位，禮加存沒。柳崇素業有資，器行仍世。盛矣乎！

校勘記

〔一〕晚乃折節受經業　諸本「受」作「授」，據魏書卷三三谷渾傳改。

〔二〕時人號曰睹武　魏書卷八九補谷楷傳「武」作「虎」。北史避唐諱改。

〔三〕河西飢胡劉武反於上黨　魏書卷三三公孫表傳「武」作「虎」，北史避唐諱改。

〔四〕使軌部詣雍州　諸本「詣」訛「調」，據魏書改。

〔五〕輔脊自壯　御覽卷九〇一三九九七頁作「負絹自壯」。

〔六〕主簿近代相承服斬過葬便除可如故事　諸本「簿」下有「云」字，「便」下無「除」字，「故」下無「事」字。李慈銘云：「『云』字衍，當有『除』字、『事』字，俱當依魏書卷三三改正。」按李說是，今據刪補。

〔七〕又封氏之甥　諸本「甥」作「男」。李慈銘云：「『男』字，魏書作『生』，古『甥』字也。此作『甥』，遂誤爲『男』。」按李說是，通志卷一四七公孫表傳正作「甥」，今據改。

〔八〕李先字容仁　張森楷云：「魏書卷三三李先傳云『本字犯高祖廟諱』，則是字『宏仁』也。」按張說是，「容」「宏」形似致訛。

〔九〕道武討姚興於柴壁也　諸本「道武」作「太武」，魏書作「太祖」。按「太祖」指拓拔珪，珪圍姚平於柴壁，姚興來救，事見本書卷一道武紀。北史例稱珪爲「道武」，今據改。

〔一〇〕彝請詣溫湯療疾　各本「湯」訛「陽」，據宋本及魏書卷三三、通志卷一四七賈彝傳改。

〔一一〕獻文即位進爵陽都子　按魏書云：「高宗以秀東宮舊臣，進爵陽都子。」則此「獻文」當作「文成」。

〔一二〕但有勢利之說　諸本「勢」訛「世」，據魏書卷四六、通志卷一四七李訢傳改。

〔一三〕璞字季直　魏書「直」作「眞」，與「璞」字義相關聯，疑是。

〔一四〕父深　魏書卷三八袁式傳「深」作「淵」，北史避唐諱改。

〔一五〕宋故將朱脩之爲雲中鎮將　諸本「鎮將」作「將軍」，魏書卷四三、通志卷一三一毛脩之傳作「鎮將」。按下文附朱脩之事迹亦作「鎮將」，今據改。

〔一六〕朱脩之遂奔馮弘　諸本無「朱」字，與毛脩之混。據魏書補。

〔一七〕再攻祁山　諸本「祁」訛「岐」，據魏書、通志改。諸葛亮攻祁山，見三國志卷三五諸葛亮傳。

〔一八〕頡之剋滑　魏書卷四三嚴稜傳無。按安頡剋滑臺與奚斤下潁川，非同時事。北史誤。

〔一九〕唐和字幼起晉昌冥安人也　「幼」，魏書卷四三唐和傳作「稚」，北史避唐諱改。「晉昌」，諸本訛「晉西」，據魏書改。晉昌郡，晉惠帝元康五年分敦煌、酒泉置，所屬有冥安縣。見晉書卷一四地理志涼州。又「冥」各本及魏書並作「宜」。獨百衲本作「冥」。按冥安漢縣，兩漢志都屬敦煌郡。各本及魏書誤，今從百衲本。

〔二〇〕太武使成周公萬度歸討焉耆　諸本脫「成」字，據魏書及通志卷一四七唐和傳補。成周公萬度歸見本書卷九七鄯善、焉耆等傳。

〔二一〕卒於東郡太守　諸本「郡」訛作「都」，據魏書、通志改。北魏時無東都。東都亦不得有太守。

〔二二〕於洛陽立雍州之郡縣以撫之　諸本脫「州」字，據魏書卷四二寇讚傳補。

〔二三〕讚延文坐曰　諸本脫「讚」字，據通志補。

〔二四〕長史以椿勢貴皆言椿直　周書卷三七寇儁傳「長史」下有「以下」二字。按無此二字則「皆」字無所指，疑此脫。

〔二五〕其子等並徒步而還　周書及通志卷一五七寇儁傳，「其」上有「秩滿」二字，疑此脫。

〔二六〕封西安縣男　諸本「西安」作「安西」，周書、通志作「西安」。按墓誌集釋寇奉叔墓誌圖版三六二稱儁爲「西安元公」。又下文「不見西安君，煩憂不遣」。今據乙。

〔二七〕掌朝布憲典祀下大夫　諸本「憲」下衍「爲」字，據周書刪。掌朝、布憲、典祀並北周官名，見通典卷三九。

〔二八〕文成踐阼　諸本「文成」作「太武」，魏書卷四二酈範傳作「高宗」。按上云「太武時給事東宮」，東宮指景穆太子，即文成之父，故下云「追錄先朝舊勳」。作「太武」誤，今據魏書改作「文成」即高宗。

〔二九〕及以遣戍兵七十人送道元還京　按魏書卷四二寇讚傳，謂寇祖禮坐遣戍兵送道元，免官。則此「及」字當是「乃」字之訛。

〔三〇〕梁遣將攻揚州刺史元法僧又於彭城反叛　諸本脫「攻」字，據通志卷一七一酈道元傳補。又元法僧叛魏前是徐州刺史，此「刺史」上當脫「徐州」二字。

〔三一〕梁軍至渦陽敗退　諸本脫「梁」字，據通志補。

〔三二〕韓秀字白武　魏書卷四二韓秀傳「武」作「虎」，北史避唐諱改。

〔三三〕父景　魏書「景」作「昞」，北史避唐諱改。

〔三四〕太武以其恭謹擢爲中散後兼北部尚書于時始立三長　魏書卷四二堯暄傳「太武」作「高宗」，又云：「除太尉中給事，兼北部曹事，後轉南部。太和中遷南部尚書，于時始立三長。」按此「太武」當作「文成」（即高宗）。又「北部」下疑有脫文，否則似太武時卽已立三長，誤。

〔三五〕使傑便爲行瀛州事使雄代傑爲瀛州刺史　按北齊書卷二〇堯雄傳作：「便留傑行瀛州事。尋以爲車騎大將軍、瀛州刺史，以代傑。」此在「事」下「使」上當脫「尋」字。

〔三六〕又破梁司州刺史陳慶之復圍南荆州東救未至雄陷其城　按北齊書云：「梁司州刺史陳慶之復率衆逼州城（指豫州），雄出與戰，所向披靡，身被二創，壯氣益厲。慶之敗，棄輜重走。後慶之復圍南荆州。雄曰：『白苟堆，梁之北面重鎮，因其空虛，攻之必剋。彼若聞難，荆圍自解。此所謂機不可失也。』遂率衆攻之。慶之果棄荆州來，未至，雄陷其城。」則圍南荆州的是陳慶之，非堯雄。堯雄攻陷的是白苟堆，非南荆州。據魏書卷九八蕭衍傳稱：「天平三年五月，豫州刺史堯雄攻衍白苟堆，剋之。」則北齊書是。北史刪改失原意。

〔三七〕雄都督郭丞伯程多寶降之　諸本無「郭丞伯」，北齊書有。按無此三字則下文「禽丞伯」無所承，今據補。

〔三八〕禽顯及長史丘岳　諸本脫「丘」字，據北齊書補。丘岳見魏書卷一一孝靜紀元象元年二月。

〔三九〕果遷河中太守　魏書卷四五柳崇傳「中」作「北」。按時無「河中郡」，疑當從魏書作「河北」。

北史卷二十八

列傳第十六

陸俟　源賀 曾孫彪　玄孫師　師從叔雄　劉尼　薛提

陸俟，代人也。曾祖幹，祖引，世領部落。父突，道武初帥部人從征伐，數有戰功，位離石鎮將、上黨太守、關內侯。

俟少聰慧。明元踐祚，襲爵關內侯，位給事中，典選部、蘭臺事，當官無所撓。太武征赫連昌，詔俟督諸軍鎮以備蠕蠕。與西平公安頡攻剋武牢，賜爵建鄴公，拜冀州刺史。時考州郡，唯俟與河內太守丘陳爲天下第一。轉武牢鎮大將。平涼休屠金崖、羌狄子玉等叛，復轉爲安定鎮大將，追討崖等，皆獲之。

遷懷荒鎮大將。未期，諸高車莫弗訟俟嚴急，〔一〕請前鎮將郎孤。太武許之。徵俟，至京朝見，言不過周年，孤身必敗，高車必叛。帝疑不實，切責之，以公歸第。明年，諸莫弗

果殺孤以叛。帝聞之大驚，召俟問其故。俟曰：「夫高車之俗，上下無禮，無禮之人，難爲其上。臣莅以威嚴，節之憲網，欲漸加訓導，使知分限。而惡直醜正，實繁有徒，故訟臣無恩，稱孤之美。孤獲還鎮，欣其名譽，必加恩於百姓，譏臣爲失，專欲以寬惠臨之，仁恕待之。無禮之人，易生陵傲，不過期年，無復上下。既無上下，然後收之以威，則人懷怨懟。怨懟既多，敗亂彰矣。」帝歎曰：「卿身乃短，慮何長也！」卽日復除散騎常侍。

帝征蠕蠕，破涼州，常隨駕別督輜重。又與高涼王那復渡河南略地。仍遷長安鎮大將。與高涼王那擊蓋吳於杏城，獲吳二叔。諸將欲送京師，俟獨不許，曰：「若不斬吳，恐長安之變未已。一身藏竄，非其親信，誰能獲之？若停十萬衆追一人，非上策也。不如私許吳叔，免其妻子，使自追吳。」諸將咸曰：「今獲其二叔，唯吳一人，何所復至？」俟曰：「諸君不見毒蛇乎？不斷其頭，猶能爲害。況除腹心之疾，而曰必遺其類，可乎？」遂捨吳二叔，與之期。及期，吳叔不至，諸將皆咎俟。俟曰：「此未得其便耳，必不背也。」後數日，果斬吳以至，皆如其言。俟之明略獨決，皆此類也。遷內都大官。

安定盧水劉超等叛，太武以俟威恩被關中，詔以本官加都督秦、雍諸軍，鎮長安。帝曰：「超等恃險，不順王命，朕若以重兵與卿，則超等必合爲一；若以輕兵與卿，則不制矣。今使卿以方略定之。」於是俟單馬之鎮。既至，申揚威信，示以成敗，超猶無降意。俟乃率

其帳下見超。超使人逆曰：「三百人以外，當以弓馬相待；三百人以內，當以酒食相供。」乃將二百騎詣超。超備甚嚴，遂縱酒，盡醉而還。後僞獵，詣超。與士卒約曰：「今會發機，當以醉爲限。」俟乃詐醉，上馬大呼，斬超首。士卒應聲縱擊，遂平之。帝大悅，徵拜外都大官。文成踐祚，以子麗有定策勳，進爵東平王。薨，年六十七，謚成王。有子十二人。

長子馛，多智，有父風。文成見而悅之，謂朝臣曰：「吾常歎其父智過其軀，是復踰於父矣！」少爲內都下大夫。奉上接下，行止取與，每能逆曉人意。與其從事者無不愛之。興安初，賜爵聊城侯。出爲相州刺史，假長廣公。爲政清平，抑强扶弱。州中有德宿老名望素重者，以友禮待之，詢之政事，責以方略，如此者十人，號曰十善。又簡取諸縣强門百餘人以爲假子，誘接殷勤，賜以衣服，令各歸家爲耳目，於是發姦擿伏，事無不驗。百姓以爲神明，無敢劫盜者。在州七年，家至貧約。徵爲散騎常侍，百姓乞留馛者千餘人。獻文不許，謂羣臣曰：「馛之善政，雖古人何以加之。」賜絹五百匹，奴婢十口。馛之代還也，吏人大斂布帛以遺之，馛皆不受，人亦不取，於是以此物起佛寺焉，因名長廣公寺。後襲父爵，[三] 改封建安王。

時宋司州刺史常珍奇以懸瓠內附，新人猶懷去就。馛銜旨撫慰，諸有陷軍爲奴婢者，馛皆免之。百姓欣悅，人情乃定。車駕討蠕蠕，詔馛爲選部尚書，錄留臺事。

及獻文將禪位於京兆王子推，任城王雲、隴西王源賀並固諫。馛抗言曰：「皇太子聖德承基，四海瞻望，不可橫議，干國之紀。臣請刎頸殿庭，有死無貳。」久之，帝乃解。詔曰：「馛直臣也，其能保吾子乎？」遂以馛爲太保，與太尉源賀持節奉皇帝璽紱傳位于孝文。延興四年薨，贈以本官，謚曰貞王。馛有六子，琇、凱知名。

琇字伯琳，馛第五子也。母赫連氏身長七尺九寸，甚有婦德。馛有以爵傳琇之意。琇年九歲，馛謂之曰：「汝祖東平王有十二子，我爲嫡長，承襲家業。今已年老，屬汝幼沖，詎堪爲陸氏宗首乎？」琇對曰：「苟非闕力，何患童幼！」馛奇之，遂立琇爲世子。馛薨，襲爵。琇沈毅少言，雅好讀書。以功臣子孫，爲侍御長，累遷祠部尚書、司州大中正。會從兄叡事，免官。

景明初，試守河內郡。咸陽王禧謀反，令子曇和等先據河內。琇聞禧反，斬曇和首。[三] 時以琇不先送曇和，禧敗始斬，責其通情，徵詣廷尉。少卿崔振窮罪狀，案琇大逆。陸宗大小，咸見收捕。會將赦，先斃於獄。琇弟凱仍上書訴冤，宣武詔復琇爵，子景祚襲。

凱字智君，謹重好學。位太子庶子、給事黃門侍郎。凱在樞要十餘年，以忠厚見稱。後遇患，頻上書乞骸骨。除正平太守，在郡七年，號爲良吏。

初，孝文將議革變舊風，大臣並有難色；又每引劉芳、郭祚等，常與規謀，共論政事。而國戚謂遂疏己，怏怏有不平之色。帝乃令凱私喻之曰：「至尊但欲廣知前事，直當問其古式耳。終無寵彼而疏國戚舊人意。」乃稍解。及兄琇陷罪，凱亦被收，遇赦乃免。凱痛兄之死，哭無時節，目幾失明，訴冤不已。至正始初，宣武復琇官爵。凱大喜，置酒集諸親曰：「吾所以數年之中抱病忍死者，顧門計耳，今願已遂。」以其年卒，贈龍驤將軍、南青州刺史，謚曰惠。

長子暐，字道暉，與弟恭之並有時譽。洛陽令賈禎見其兄弟，歎曰：「僕以老年，更覩雙璧。」又嘗兄弟共候黃門郎孫惠蔚。謂諸賓曰：「不意二陸，復在坐隅。吾德謝張公，無以延譽。」暐位尚書右戶、三公郎，坐事免。後除伏波將軍。卒，贈冠軍、恒州刺史。暐擬急就篇爲悟蒙章，及七誘、十醉，章表數十篇。暐與恭之晚不和睦，爲時所鄙。子元規位尚書郎。元規子撥，陰陽律曆，多所通解，位并州長流參軍。

恭之字季順，有操尚，位東荆州刺史。贈吏部尚書，謚曰懿。恭之所著文章詩賦凡千餘篇。子彝，字仁崇，篤志文學，齊律序則仁崇之詞。位終通直散騎常侍。弟寬，字仁惠，太

子中舍人，待詔文林館。寬兄弟並有才品，議者稱爲三武。[四]

馛弟歸，位東宮舍人、駕部校尉。

子珍，夏州刺史，贈太僕卿，謚曰靜。

珍子旭，性雅澹，好易、緯候之學，撰五星要決及兩儀眞圖，頗得其指要。太和中，徵拜中書博士，稍遷散騎常侍。知天下將亂，遂隱於太行山，屢徵不起。卒後，贈并、汾、恒、肆四州刺史。子騰。

騰字顯聖，少慷慨有大節。從尒朱榮平葛榮，以功賜爵清河縣伯。稍遷通直散騎常侍。及孝武西遷，時使青州，遂留鄴，爲陽城郡守。大統九年，大軍東討陽城，被執。周文帝釋而與語，騰盛論東州人物，又敍述時事，辭理抑揚。周文嘆曰：「卿眞不背本也！」卽拜帳內大都督。未幾，除太子庶子，遷武衞將軍。騰既爲周文所知，思欲立功，不顧內職。及安康賊黃衆寶等作亂，攻圍東梁州。城中糧盡，詔騰率軍大破之。軍還，拜龍州刺史。使通江油路，[五] 直出南秦。周文謂曰：「此是卿取杜國之日。」卽解所服金帶賜之。州

人李廣嗣、李武等憑據巖險，歷政不能制。騰密令多造飛梯，夜襲破之，執廣嗣等於鼓下。其黨有任公忻，圍逼州城，請免廣嗣及武，即散兵請罪。騰謂將士曰：「吾不殺廣嗣等，可謂墮軍實而長寇讎。」即斬廣嗣及武，以首示之。於是出兵奮擊，盡獲之。進位驃騎大將軍、開府儀同三司，轉江州刺史，進爵上庸縣公。陵州木籠獠恃險，每行抄劫，詔騰討之。獠因山爲城，攻之未可拔。騰遂於城下多設聲樂及諸雜伎，示無戰心。諸賊果棄其兵仗，或攜妻子臨城觀樂。騰知其無備，遂縱兵討擊，盡殺破之。〔六〕周明帝初，陵、眉等八州夷夏並反，攻破郡縣，騰率兵討平之。及齊公憲作鎮於蜀，以騰爲隆州刺史，令憲入蜀兵馬鎮防，皆委騰統攝。趙公招代憲，復請留之。遷隆州總管，領刺史。

保定二年，資州槃石人反，〔七〕殺郡守，據險自守，州軍不能制。騰率軍討擊，盡破斬之。而蠻子反，所在蠭起，山路險阻，難得掩襲。遂量山川形勢，隨便開道。蠻獠畏威，承風請服。所開之路，多得古銘，並是諸葛亮、桓溫舊道。是年，鐵山獠抄斷內江路，使驛不通。騰乃進軍討之，一日下其三城，招納降附者三萬戶。

帝以騰母在齊，未令東討。適有其親屬自齊還朝者，晉公護奏令告騰云：「齊已誅公母兄。」蓋欲發其怒也。騰乃發哀泣血，志在復讎。四年，齊公憲與晉公護東征，請騰爲副。

趙公招時在蜀，復欲留之。晉公護與招書，於是令騰馳傳還朝，副憲東伐。

天和初，信州蠻、蜑據江硤反叛，連結二千餘里，又詔騰討之。騰沿江南而下，軍至湯口，分道奮擊，所向摧破。乃築京觀，以旌武功。涪陵郡守蘭休祖又阻兵爲亂，方二千餘里。復詔騰討之，巴蜀悉定，詔令樹碑紀功績焉。騰自在龍州至是，前後破平諸賊，凡賞得奴婢八百口，馬牛稱是。

四年，遷江陵總管。陳遣其將章昭達圍江陵，衞王直聞有陳寇，遣大將軍趙闇、李遷哲等率步騎赴之，並受騰節度。時遷哲等守外城，陳將程文季、雷道勤夜來掩襲，遷哲等驚亂，不能抗禦。騰夜遣開門奮擊，大破之。陳人奔潰，道勤中流矢而斃。陳人決龍川寧朔堤，引水灌江陵城。騰親率將士，戰於西堤，破之，陳人乃遁。加位柱國，進爵上庸郡公。建德二年，徵拜大司空，尋出爲涇州總管。宣政元年冬，薨於京師，贈太尉公，〔八〕謚曰定。

子玄嗣。

玄字士鑒，騰入關時，年七歲。〔九〕仕齊爲奉朝請、成平縣令。齊平，武帝見玄，特加勞勉，卽拜地官府都上士。大象末，爲隋文帝相府內兵參軍。

玄弟融，字士傾，最知名，少歷顯職。大象末，位至大將軍、定陵縣公。

歸弟麗，〔一〇〕少以忠謹，入侍左右，太武特親昵之。舉動審慎，初無愆失。賜爵章安子，稍遷南部尚書。

太武崩，南安王余立。既而爲中常侍宗愛等所殺，〔一一〕百僚憂惶，莫知所立。麗首建大議，與殿中尚書長孫渴侯、尚書源賀、羽林中郎劉尼奉迎文成於苑中而立之。社稷獲安，麗之謀也。由是受心膂之任，在朝者無出其右。興安初，封平原王，麗頻讓，不聽，乃啓以讓父。文成曰：「朕爲天下主，豈不能得二王封卿父子也？」以其父俟爲東平王。麗尋遷侍中、撫軍大將軍、司徒公，復其子孫，賜妻妃號。麗以優寵既頻，固辭不受，帝益重之。領太子太傅。麗好學愛士，常以講習爲業。甚孝，遭父憂，毀瘠過禮。

和平六年，文成崩。先是，麗療疾於代郡溫泉，聞凶欲赴。左右止之曰：「宮車晏駕，王德望素重，姦臣若疾人譽，慮有不測之禍。」麗曰：「安有聞君父之喪，方慮禍難！」便馳赴。初，乙弗渾悖傲，每爲不法，麗數諍之，由是見忌，害之。謚曰簡王，陪葬金陵。孝文追錄先朝功臣，以麗配饗廟庭。

麗二妻，長曰杜氏，次張氏。長子定國，杜氏所生，次叡，張氏所出。

定國在襁抱，文成幸其第，詔養宮內。至於游止，常與獻文同處。年六歲，爲中庶子。及獻文踐祚，拜散騎常侍，賜封東郡王。定國以承父爵，辭，不許。又以父爵讓弟叡，乃聽

之。俄遷侍中、儀曹尚書，轉殿中尚書。前後大駕征巡，擢爲行臺，錄都曹事，超遷司空。定國恃恩，不循法度，延興五年，坐事免官爵爲兵。太和初，復除侍中、鎮南將軍、秦益二州刺史，復王爵。八年，薨於州。贈以本官，謚曰莊王。

子昕之，字慶始，風望端雅。襲爵，例降爲公。尚獻文女常山公主，拜駙馬都尉，歷通直郎。景明中，以從叔琇罪，免官。尋以主壻，除通直散騎常侍。歷兗、青二州刺史，並有政績。轉安北將軍、相州刺史。卒，贈鎮東將軍、冀州刺史，謚曰惠。

初，定國娶河東柳氏，生子安保。後娶范陽盧度世女，生昕之。二室俱爲舊族，而嫡妾不分。定國亡後，兩子爭襲父爵。僕射李沖有寵於時，與度世子伯源婚親相好，沖遂左右助之，昕之由是承爵，尚主，職位赫弈。安保沈廢貧賤，不免飢寒。昕之容貌柔謹，孝文以其主壻，特垂昵眷。宣武時，年未四十，頻撫三藩，當世以此榮之。昕之卒後，母盧悼念，傷過而亡。公主奉姑有孝稱。神龜初，與穆氏琅邪長公主並爲女侍中。又性不妬忌，以昕之無子，爲納妾媵，而皆育女。公主有三女，無男，以昕之從兄希道第四子子彰爲後。

子彰字明遠，本名士沈。年十六出後，事公主盡禮。丞相、高陽王雍常言曰：「常山妹雖無男，以子彰爲兒，乃過自生矣。」正光中，襲爵東郡公，累遷給事黃門侍郎。子彰妻卽咸陽

王禧女。禧誅，養於彭城王第，莊帝親之，略同諸姊。建義初，尒朱榮欲循舊事，庶姓封王，由是封子彰濮陽郡王。尋而詔罷，仍復先爵。

天平中，拜衞將軍、潁州刺史，以母憂去職。元象中，以本將軍除齊州刺史，又加驃騎將軍，行懷州事，轉北豫州刺史，仍除徐州刺史，將軍並如故。一年歷三州，當世榮之。還朝，除衞大將軍、右光祿大夫，行瀛州事。尋拜侍中，復行滄州事。進號驃騎大將軍，行冀州事。除侍讀，兼七兵尚書，行青州事。子彰初爲州，以聚斂爲事，晚節修改，自行靑、冀、滄、瀛，甚有時譽。加以虛己納物，人士敬愛之。除中書監。卒，贈開府儀同三司，謚曰文宣。

子彰崇好道術，曾嬰重病，藥中須桑螵蛸，子彰不忍害物，遂不服焉，其仁如此。教訓六子，雅有法度。子卬。

卬字雲駒，少機悟，美風神。好學不倦，博覽羣書，五經多通大義。善屬文，甚爲河間邢卲所賞。卲又與子彰交游，嘗謂子彰曰：「吾以卿老蚌遂出明珠，意欲爲羣拜紀可乎？」由是名譽日高，雅爲搢紳所推許。起家員外散騎侍郎，歷文襄大將軍主簿、中書舍人、兼中書侍郎，以本職兼太子洗馬。自梁、魏通和，歲有交聘，卬每兼官讌接。在席賦詩，卬必先

成，雖未能盡工，以敏速見美。

除中書侍郎，修國史。以父憂去職。居喪盡禮，哀毀骨立，詔以本官起。文襄時鎭鄴，[一二]嘉其至行，親詣門以慰勉之。卬母，魏上庸公主，初封藍田，高明婦人也，甚有志操。卬昆季六人，並主所出，故邢卲常謂人云：「藍田生玉，固不虛矣。」主教訓諸子，皆以義方，雖創巨痛深，出於天性，然動依禮度，亦母氏之訓焉。卬兄弟相率廬於墓側，負土成墳。朝廷所嗟尙，發詔襃揚，改其所居里爲孝終里。服竟，當襲，不忍嗣侯。使迄未應受。[一三]

齊天保初，常山王薦卬器幹，文宣面授給事黃門侍郎。遷吏部郎中。上洛王思宗爲清都尹，辟爲邑中正，食貝丘縣幹。遭母喪，哀慕毀悴，殆不勝喪，遂至沈篤，頓伏牀枕，又成風疾。第五弟摶遇疾，臨終，謂其兄弟曰：「大兄尫病如此，性至慈愛，摶之死日，必不得使大兄知之，哭泣聲必不可聞徹，致有感動。」家人至於祖載，方始告之。卬聞而悲痛，一慟便絕。年四十八。

卬自在朝行，篤慎周密，不說人短，不伐己長，言論清遠，有人倫鑒裁，朝野甚悲惜之。贈衞將軍、青州刺史，謚曰文。所著文章十四卷，行於世。齊之郊廟諸歌，多卬所制。

子乂，字旦，襲爵始平侯。乂聰敏博學，有文才，年十九舉司州秀才。歷祕書郎、南陽王文學、通直散騎侍郎，待詔文林館。兼散騎侍郎，迎陳使。還，兼中書舍人，加通直散騎

常侍。乂於五經最精熟，館中謂之石經。人爲之語曰：「五經無對，有陸乂。」

卬第二弟騤，字雲驥。自中書舍人歷黃門侍郎、散騎常侍，卒於東廣州刺史。

騤弟杳字雲邁，亦歷中書舍人、黃門常侍，假儀同三司、秦州刺史。武平中，爲寇所圍，經百餘日，就加開府儀同三司。城中多疫癘，死者過半，人無異心。遇疾卒。及城陷，陳將吳明徹以杳有善政，吏人所懷，啓陳主，還其屍，家累貲物無所犯。贈開府儀同三司、尙書僕射。子玄卿，位尙書膳部郎。

杳弟騫，字雲儀，亦歷中書舍人、黃門常侍。武平末，吏部郎中。

騫弟摶，字雲征，好學有行檢，卒於著作佐郎。

摶弟彥師，字雲房，少以行檢稱。及長好學，解屬文。魏襄城王元旭引爲參軍事，以父艱去職。哀毀殆不勝喪，與兄卬廬於墓次，鄉人重之，皆就墓側存問，晦朔之際，車馬不絕。中書令河間邢卲表薦之。未報，彭城王浟爲司州牧，召補主簿。後歷中外府東閤祭酒。兄卬當襲父始平侯，以彥師昆弟中最幼，表讓封焉，彥師固辭而止。世稱友悌孝義，總萃一門。爲中書舍人、通直散騎侍郎。每陳使至，必高選主客，彥師所接對者，前後六輩。歷中書、黃門侍郎。後以不阿宦者，遇讒，出爲中山太守，有惠政。數年，徵爲吏部郎中、散

騎常侍，又拜銀青光祿大夫，假儀同三司，行鄭州刺史，尋除給事黃門侍郎。武平末，車駕如晉陽，北平王鎭鄴，委彥師留臺機密，[一四]以重愼見知。

周武帝平齊，授彥師載師下大夫，[一五]轉少納言，賜爵臨水縣男。及隋文爲丞相，彥師遇疾，請假還鄴。尉遲迥將爲亂，彥師知之，遂將妻子潛歸長安。文帝嘉之，授內史下大夫，拜上儀同。及帝受禪，拜尙書左丞，進爵爲子。彥師素多病，未幾，以務劇病動，乞解所職，有詔聽以本官就第。歲餘，轉吏部侍郎。隋承周制，官無淸濁，彥師在職，凡所任人，頗甄別於士庶，論者美之。後復以病出爲汾州刺史，卒官。

叡字思弼，年十餘，襲爵撫軍大將軍、平原王。沈雅好學，折節下士。年未二十，時人便以宰輔許之。娶東徐州刺史博陵崔鑒女，時孝文尙未改北人姓，鑒謂所親云：「平原王才度不惡，但恨其姓名殊爲重複。」叡婚，自東徐還經鄴，見李彪，甚敬悅之，仍與趣京，以爲館客。後爲北征都督，擊蠕蠕，大破之。遷侍中、都曹尙書。時蠕蠕又犯塞，詔叡討之，追至石磧，禽其帥赤阿突等數百人。還，加散騎常侍，遷尙書左僕射，領北部尙書。

十六年，降五等之爵，以麗勳著前朝，封叡鉅鹿郡公。尋爲使持節、鎭北大將軍、尙書令、衞將軍，討蠕蠕，大破之而還。以母憂解。孝文將有南伐之事，以本官起授征南將軍。

叡固辭，請終情禮，敕有司敦喻不許。復除使持節、都督恒州刺史，行尚書令。時車駕南征，上表諫，帝不從。〔一六〕叡又表請車駕還代，親臨太師馮熙葬，坐削奪都督三州諸軍事。尋進號征北大將軍。以有順遷之表，加邑四百戶。

時穆泰為定州刺史，以疾病，請恒州自効，乃以叡為定州刺史。未發，遂與泰等同謀構逆，賜死獄中。聽免孥戮，徙其妻子於遼西。

叡長子希道，字洪度。有風貌，美鬚髯，歷覽經史，頗有文致。初拜中散，遷通直郎。坐父事，徙於遼西。於後得還，從征自効，以軍功賜爵淮陽男，拜諫議大夫。累遷前將軍、郢州刺史。希道善於馭邊，甚有威略。轉平西將軍、涇州刺史，卒官，贈撫軍將軍、定州刺史。

希道有六子：士懋字元偉。天平中以其曾祖麗有翼戴之勳，詔特復鉅鹿郡公，令士懋襲。位營州刺史。士懋弟士宗，字仲彥，尚書左外兵郎中。士宗弟士述，字幼文，符璽郎中。建義初，並於河陰遇害。士述弟士沈，出繼從叔昕之。〔一七〕士沈弟士廉，字季脩，建州平北府長史。永安末，尒朱世隆攻陷州城，見害。士廉弟士佩，字季偉，武定中，安東將軍、司州從事。〔一八〕

希道弟希悅，尚書外兵郎中。

麗季弟騏驎，侍御中散，轉侍御史。太和初，新平太守。

子高貴，孝昌中，兗州鎮東府法曹參軍。

高貴子操，字仲志，高簡有風格，早以學業知名，雅好文。操仕魏，兼散騎常侍聘梁，使還，為廷尉卿。齊文襄為世子，甚好色，崔季舒為掌媒焉。薛氏寘書妻元氏有色，〔一九〕迎入欲通之。元氏正辭，且哭。世子使季舒送付廷尉罪之。操曰：「廷尉守天子法，須知罪狀。」世子怒，召操，命刀環築之，更令科罪。操終不撓，乃口責之。後徙御史中丞。天保中，卒於殿中尚書。子孔璋，武平中，卒於高陽太守。

高貴弟孟遠，位奉朝請。

孟遠子概之，位司農卿。

概之子爽，字開明。少聰敏，年九歲就學，日誦二千餘言。齊尚書僕射楊遵彥見而異之曰：「陸氏世有人焉。」仕齊，位中書侍郎。齊滅，周武帝聞其名，與陽休之、袁叔德等俱徵入關。諸人多將輜重，爽獨載數千卷書。至長安，授宣納上士。隋文帝受禪，頻遷太子洗馬，與左庶子宇文愷等撰東宮典記七十卷。朝廷以其博學有口辯，陳人至境，常令迎勞。卒官，贈上儀同、宣州刺史。

子法言，敏學有家風，釋褐承奉郎。初，爽之為洗馬，常奏文帝云：「皇太子諸子未有嘉名，請依春秋之義，更立名字。」上從之。及太子廢，上追怒爽曰：「我孫製名，寧不自解？陸爽乃爾多事！扇惑於勇，亦由此人。其身雖故，子孫並宜屏黜，終身不齒。」法言竟坐除名。

源賀，西平樂都人，私署河西王禿髮傉檀之子也。傉檀為乞伏熾盤所滅，賀自樂都奔魏。賀偉容貌，善風儀。太武素聞其名，及見，器其機辯，賜爵西平侯。謂曰：「卿與朕同源，因事分姓，今可為源氏。」從擊叛胡白龍，又討吐京胡，皆先登陷陣。以功進號平西將軍。

太武征涼州，以為鄉導，問攻戰之計。賀曰：「姑臧外有四部鮮卑，各為之援，然皆臣祖父舊人。臣願軍前宣國威信，必相率請降。外援既服，然後攻其孤城，拔之如反掌耳。」帝曰：「善。」乃遣賀招慰，下三萬餘落。及圍姑臧，由是無外慮，故得專力攻之。涼州平，以功進爵西平公。又從征蠕蠕，擊五城吐京胡，討蓋吳諸賊，皆有功，拜散騎常侍。從駕臨江，為前鋒大將，善撫士卒，加有料敵制勝之謀。賀為人雄果，每遇强寇，輒自奮擊，帝深誡之。賀本名破羌，是役也，帝謂曰：「人之立名，宜保其實，何可濫也？」賜名賀焉。拜殿中尚書。

南安王余為宗愛所殺，賀部勒禁兵，靜遏外內，與南部尚書陸麗決議定策，翼戴文成。令麗與劉尼馳詣苑中奉迎，賀營中為內應。〔二〇〕俄而麗抱文成，單騎而至。及即位，賀有力焉。以定策勳，進爵西平王。及班賜百僚，敕賀任意取之，辭以江南未賓，漠北不款，〔二一〕府庫不宜致匱。固使取之，唯取戎馬一疋。

時斷獄多濫，賀上書曰：「案律，謀反之家，其子孫雖養他族，追還就戮，所以絕罪人之類，彰大逆之辜。其為劫賊應誅者，兄弟子姪在遠道隔關津皆不坐。竊惟先朝制律之意，以不同謀，非絕類之罪，故特垂不死之詔。若年十三已下，家人首惡，計所不及。臣愚以為可原其命，沒入官。」帝納之。

出為冀州刺史，改封隴西王。既受除，上書曰：「臣聞人之所寶，莫寶於生命；德之厚者，莫厚於宥死。然犯死之罪，難以盡恕，權其輕重，有可矜恤。今勍寇游魂於北，狡賊負險於南，其在疆埸，猶須戍防。臣愚以為自非大逆、赤手殺人之罪，其坐贓及盜與過誤之愆應入死者，皆可原命，謫守邊境。是則已斷之體，更受生成之恩；徭役之家，漸蒙休息之惠。刑措之化，庶幾在茲。」帝嘉納之，已後入死者，皆恕死徙邊。久之，帝謂羣臣曰：「昔源賀勸朕，宥諸死刑，徙充北藩諸戍。自爾至今，一歲所活，殊為不少。濟命之理既多，邊戍之兵有益。苟人人如賀，朕臨天下，復何憂哉！」羣臣咸曰：「非忠臣不能進此計，非聖明不能納此言。」

賀之臨州，鞫獄以情，徭役簡省，清約寬裕，甚得人心。時武邑郡姦人石華告沙門道可與賀謀反，有司以聞。文成曰：「賀保無此。」乃精加訊檢，華果引誣。乃遣使慰勉之。帝顧左右曰：「賀忠誠，尙致誣謗，其不若是者，可無愼乎！」時考殿最，賀政爲上第，賜衣馬器物，班宣天下。

後徵拜太尉。蠕蠕寇邊，賀從駕討破之。及獻文將傳位于京兆王子推，時賀都督諸軍事屯漠南，乃馳傳徵賀。賀至，正色固執不可。卽詔持節奉皇帝璽綬以授孝文。是歲，河西敕勒叛，[二二]遣賀討之，多所降破。賀依古今兵法及先儒耆舊說，略採至要，爲十二陣圖，上之，獻文覽而嘉焉。

又都督三道諸軍屯漠南。時每歲秋冬，遣軍三道並出，以備北寇，至春中乃班師。[二三]賀以勞役京都，又非禦邊長計，乃上言，請募諸州鎭有武勇者三萬人，復其徭賦，厚加振恤，分爲三部。二鎭之間築城，城置萬人，給强弩十二牀，武衞三百乘。弩一牀給牛六頭，武衞一乘給牛二頭。多造馬槍及諸器械，使武略大將二人以鎭撫之。冬則講武，春則種植，並戍並耕，則兵未勞而有盈蓄矣。又於白道南三處立倉，運近州鎭租粟以充之。足食足兵，以備不虞，於事爲便。不可歲常擧衆。事寢不報。

上書稱病乞骸骨，至于再三，乃許之。朝有大議，皆就詢訪，又給衣藥珍羞。太和元年二月，療疾於溫湯。孝文、文明太后遣使屢問消息，太醫視疾。患篤，還于京師。乃遺令諸子曰：「吾頃以老患辭事，不悟天慈降恩，爵逮於汝。汝其毋傲吝，毋荒怠，毋奢越，毋嫉妬。疑思問，言思審，行思恭，服思度。遏惡揚善，親賢遠佞，目觀必眞，耳屬必正，忠勤以事君，清約以臨己。吾終之後，所葬，時服單櫝，足申孝心，芻靈明器，一無用也。」三年，薨，贈侍中、太尉、隴西王印綬，謚曰宣王。賜輼輬車及命服、溫明祕器，陪葬金陵。

長子延，性謹厚，少好學，位侍御中散，賜爵廣武子。卒，贈涼州刺史、廣武侯，謚曰簡。子鱗襲。

延弟思禮，後賜名懷，謙恭寬雅有大度。文成末，爲侍御中散。父賀辭老，詔受父爵。後持節督諸軍屯於漠南，[二四]蠕蠕甚憚之。還，除殿中尙書，出爲長安鎭將、雍州刺史。清儉有惠政，善撫恤，劫盜息止。復拜殿中尙書，加侍中，參都曹事。又督諸軍征蠕蠕，六道大將，咸受節度。遷尙書令，參議律令。後例降爲公。除司州刺史。又從駕南征，加衞大將軍，領中軍事。以母憂去職，賜帛三百匹，穀一千石。車駕幸代，詔使者弔慰。景明二年，除尙書左僕射，加位特進。時詔以姦吏犯罪，每多逃遁，肆眚乃出，並皆釋

然。自今犯罪，不問輕重，藏竄者，悉皆遠流。若永避不出，兄弟代徙。懷乃奏曰：「謹案條制，逃吏不在赦限。竊惟聖朝之恩，事異前宥，諸流徙在路，尙蒙旋返，況有未發，而仍遣邊戍？案守宰犯罪，逃走者衆，祿潤既優，尙有茲失，及蒙恩宥，卒然得還。今獨苦此等，恐非均一之法。」書奏，門下以成式既班，駁奏不許。懷重奏曰：「臣以爲法貴經通，政尙簡要，刑憲之設，所以網羅罪人，苟理之所備，不在繁典。伏尋條制，[二五]勳品以下，罪發逃亡，遇恩不宥。雖欲抑絕姦途，匪爲通式。謹按事條，侵官敗法，專據流外，豈九品已上，人皆貞白也？其諸州守宰，職任清流，至有貪濁，事發逃竄，而遇恩免罪；勳品已下，獨求斯例。如此，則寬縱上流，法切於下，育物有差，惠罰不等。又謀逆滔天，經恩尙免，吏犯微罪，獨不蒙赦，使大宥之經不通，開生之路致壅，進違古典，退乖今律。臣少踐天官，老荷樞要，每見訴訟，出入嗟苦，輒率愚見，以爲宜停。」書奏，宣武納之。

其年，除車騎大將軍、涼州大中正。懷又表曰：「昔世祖升遐，南安在位，出拜東廟，爲賊臣宗愛所賊。時高宗避難，龍潛苑中，宗愛異圖，神位未立。先臣賀與長孫渴侯、陸麗等奉迎高宗，纂徽寶命。麗以扶負聖躬，親所見識，蒙授撫軍、司徒公、平原王。興安二年，追論定策之勳，進先臣爵西平王。皇興季年，顯祖將傳大位於京兆王，先臣時都督諸將屯於武川，被徵詣京，特見顧問。先臣固執不可，顯祖久乃許之，遂命先臣持節授皇帝璽綬於高

祖。至太和十六年，麗息叡狀祕書，稱其亡父與先臣援立高宗，朝廷追錄，封叡鉅鹿郡開國公。臣時丁艱草土，不容及例。至二十年，除臣雍州刺史。臨發奉辭，面奏先帝，申先臣舊勳。時蒙敕旨，但赴所臨，尋當別判。至二十一年，車駕幸雍，臣復陳聞。時蒙敕旨，征還當授。自宮車晏駕，遂爾不申。竊惟先臣，遠則援立高宗，寶曆不墜；近則陳力顯祖，神器有歸。如斯之勳，超世之事也。麗以父功，而獲山河之賞；[二六]臣有家勳，不霑茅土之錫。得否相懸，請垂裁處。」詔曰：「宿老元臣，云如所訴，訪之史官，頗亦言此。可依比授馮翊郡開國公，[二七]食邑九百戶。」

又詔爲使持節，加侍中、行臺，巡行北邊六鎭，恒、燕、朔三州，賑給貧乏，兼採風謠，考論殿最，事之得失，先決後聞。自京師遷洛，邊朔遙遠，加以連年旱儉，百姓困弊。懷銜命撫導，存恤有方，便宜運轉，有無通濟。時后父于勁勢傾朝野，勁兄子祚與懷宿昔通婚，時爲沃野鎭將，頗有受納。懷將入鎭，[二八]祚郊迎道左，懷不與相聞，卽劾祚免官。懷朔鎭將元尼須與懷少舊，亦貪穢狼籍。置酒請懷，曰：「命之長短，由卿之口，豈可不相寬貸？」懷曰：「今日之集，乃是源懷與故人飲酒之坐，非鞫獄之所也。明日公庭，始爲使人檢鎭將罪狀之處。」尼須揮淚而已，無以對之。既而懷表劾尼須。其奉公不撓，皆此類也。時百姓爲豪强陵壓，積年枉滯，一朝見申者，日有百數。所上事宜，便於北邊者，凡三十餘條，皆見

嘉納。

正始元年九月，有告蠕蠕率十二萬騎，六道並進，欲直趣沃野、懷朔，南寇恒、代。詔懷以本官加使持節、侍中，出據北蕃，指授規略，隨須徵發，諸所處分，皆以便宜從事。又詔懷子直寢徽隨懷北行。[二九]詔賜馬一匹、細鎧一具、御矟一枚。懷拜受既訖，乃於其庭，跨鞍執矟，躍馬大呼。顧謂賓客曰："氣力雖衰，尚得如此。蠕蠕雖畏壯輕老，我亦未便可欺。今奉廟勝之規，總驍捍之衆，足以擒其酋帥，獻俘闕下耳。"時年六十一。懷至雲中，蠕蠕亡遁。旋至恒、代，乃案視諸鎮左右要害之地，可以築城置戍之處，皆量其高下，揣其厚薄，及儲糧積仗之宜，犬牙相救之勢，凡表五十八條，宣武並從之。卒，贈司徒公，謚曰惠。

懷性寬簡，不好煩碎。恒語人曰："爲政貴當舉綱，何必須太子細也！如爲屋，但外望高顯，楹棟平正，足矣。斧斤不平，非屋病也。"性不飲酒，而喜以飲人。好接賓客，雅善音律，雖在白首，至宴居之暇，常自操絲竹。

子子邕，字靈和。少好文雅，篤志於學，推誠待士，士多歸之。累遷夏州刺史。時沃野鎮人破六韓拔陵首爲反亂，統萬逆徒，寇害應接。子邕嬰城自守，城中糧盡，煑馬皮而食之。子邕善綏撫，無有離貳。以飢饉轉切，欲自出求糧，留子延伯據守。僚屬僉云，未若棄

城俱去，更展規略。子邕泣請於衆曰："吾世荷國恩，此是吾死地，更欲何求！"遂自率羸弱向東夏運糧。延伯與將士送出城，哭而拜辭，三軍莫不嗚咽。子邕爲朔方胡帥曹阿各拔所邀，力屈被執。乃密遣人齎書間行與城中云："大軍在近，汝其奉忠，勿移其操。"子邕雖被囚束，雅爲胡人所敬，常以百姓禮事之。子邕爲陳安危禍福之端，勸阿各拔令降。將從之，未果而死。拔弟桑生代總部衆，竟隨子邕降。時北海王顥爲大行臺，子邕具陳諸賊可滅狀。顥給子邕兵，令其先出。時東夏合境反叛，所在屯結，子邕轉戰而前，九旬之中，凡數十戰，乃平東夏。徵稅租粟，運糧統萬，於是二夏漸寧。

及蕭寶夤等爲賊所敗，關右騷擾，時子邕新平黑城，遂率士馬并夏州募義人，鼓行南出。賊帥康維摩守鋸谷，斷絕甎棠橋，子邕與戰，大破之，禽維摩。又攻破賊帥契官斤於楊氏堡。出自西夏，至於東夏，轉戰千里。至是，朝廷始得委問。除兼行臺尚書。復破賊帥紇單步胡提於曲沃，[三〇]明帝璽書勞勉之。子邕在白水郡破賊率宿勤明達子阿非軍，多所斬獲。除給事黃門侍郎，封樂平縣公。

以葛榮久逼信都，詔子邕爲北討都督。時相州刺史、安樂王鑒據鄴反，敕子邕與都督李神軌先討平之。改封陽平縣公。遂與裴衍發鄴，討葛榮。而信都城陷，除子邕冀州刺史，與裴衍俱進。子邕戰敗而歿，贈司空，謚曰莊穆。

子邕弟子恭，字靈順，聰敏好學。稍遷尚書北主客郎，攝南主客事。時梁亡人許周自云梁給事黃門侍郎，朝士咸共信待。子恭奏以爲眞僞難辨，請下徐、揚二州密訪。周果以罪歸闕，詐假職位，如子恭所疑。河州羌却鐵忽反，詔子恭爲行臺討之。子恭示以威恩，兩旬間悉降。朝廷嘉之。

正光元年，爲行臺左丞，巡北邊。轉爲起部郎中。明堂、辟雍並未建就，子恭上書，求加經綜，書奏，從之。稍遷豫州刺史。頻以軍功，加鎮南將軍，兼尚書行臺。元顥之入洛也，加子恭車騎將軍，子恭不敢拒之，而頻遣間使參莊帝動靜。未幾，顥敗，車駕還洛，錄前後征討功，封臨潁縣侯，侍中。尒朱榮之死也，世隆、度律斷據河橋，詔子恭爲都督以討之。尋而太府卿李苗夜燒河橋，世隆退走，以子恭兼尚書僕射，爲大行臺、大都督。節閔帝初，以預定策勳，封臨汝縣子。

永熙中，入爲吏部尚書。以子恭前在豫州戰功，追賞襄城縣男。又論子恭餘效，封新城縣子，子恭尋表請轉授第五子文盛，許之。天平初，除中書監。三年，拜魏尹，又爲齊神武王軍司。卒，贈司空公，謚曰文獻。子彪。

彪字文宗，學涉機警，少有名譽。魏永安中，以父功賜爵臨潁縣伯。[三一]天平四年，爲涼州大中正。及齊文襄攝選，沙汰臺郎，以文宗爲尚書祠部郎中。皇建二年，累遷涇州刺史。文宗以恩信待物，甚得邊境之和，爲隣人所欽服，前政被抄掠者，多被放遣。累遷秦州刺史，乘傳之府，特給後部鼓吹。時李孝貞聘陳，[三二]陳主云："齊朝還遣源涇州來在瓜步，眞可謂通和矣。"

武平三年，授祕書監。陳將吳明徹寇淮南，歷陽、瓜步相尋失守。趙彥深於起居省密訪文宗討捍之計。文宗曰："國家待遇淮南，失之同於蒿箭。以爲宜以淮南委之王琳。琳於曇頊，不肯北面事之明矣。"彥深曰："弟此良圖。但以口舌爭來十日，已是不見從。時事如此，安可盡言！"因相顧流涕。及齊平，與陽休之等十八人入京，授儀同大將軍、司成下大夫。隋開皇中，拜莒州刺史。遇病去官，卒。

文宗以貴族子弟升朝列，才識敏贍，以幹局見知。然好游貴要之門，時論以爲善附會。

子師，字踐言。少知名，明辯有識悟，尤以吏事自許。仕齊爲尚書左外兵郎中，又攝祠部。後屬孟夏，以龍見請雩。時高阿那肱爲錄尚書事，謂爲眞龍出見，大驚喜，問龍所在，云："作何顏色？"師整容云："此是龍星初見，依禮當雩祭郊壇，非謂眞龍別有所降。"阿那肱

忿然作色曰：「漢兒多事，强知星宿！」祭事不行。師出，竊歎曰：「國家大事，在祀與戎，禮既廢也，其能久乎？齊亡無日矣！」尋周武帝平齊，授司賦上士。

隋文帝受禪，累遷尚書左丞，以明幹著稱。時蜀王秀頗違法度，乃以師爲益州總管司馬。俄而秀被徵，秀恐京師有變，將謝病。師數勸之，不可違命。秀乃作色曰：「此我家事，何預卿也？」師垂涕苦諫，秀乃從徵。秀發後，州官屬多相連坐，[三三]師以此獲免。後加儀同三司。

煬帝卽位，拜大理少卿。帝在顯仁宮，勑宮外衞士，不得輒離所守。有一主帥，私令衞士出外，帝付大理。師據法奏徒。帝令斬之。師奏曰：「若陛下初便殺之，自可不關文墨，旣付有司，義歸恒典。脫宿衞近侍者更有此犯，將何以加之？」帝乃止。師居職强明，有口辯，而無廉平之稱。卒於刑部侍郎。

子恭弟纂，字靈秀，位太府少卿。遇害河陰，贈定州刺史。子雄。

雄字世略，少寬厚，美姿容。初仕魏，歷位祕書郎。在周以伐齊功，封朔方公，歷冀、平二州刺史，檢校徐州總管。及尉遲迥作亂，時雄家累在相州，迥潛以書誘之，雄卒不顧。隋文帝遺書慰勉之。迥遣其將畢義緒據蘭陵，席毗陷昌慮下邑，雄遣衆悉平之。陳人見中原

多故，遣其將陳紀、蕭摩訶、任蠻奴、周羅睺、樊毅等侵江北，自江陵，東距壽陽，人多應之，攻陷城鎭。雄與吳州總管于顗等擊走之，悉復故地。進位上大將軍，拜徐州總管，遷朔州總管。

平陳之役，從秦王俊出信州道。陳平，以功進位上柱國，賜子崇爵端氏縣伯，褒爲安化縣伯，復鎭朔方。[三四]後歲，上表乞骸骨，徵還京師，卒於家。

子崇嗣，[三五]大業中，爲尚書虞部郎，討北海賊，力戰死之，贈正議大夫。

劉尼，代人也。曾祖敦，有功於道武，爲方面大人。父婁，爲冠軍將軍。尼勇果善射，太武見而善之，拜羽林中郎，賜爵昌國子。宗愛旣殺南安王余於東廟，祕之，唯尼知狀。尼勸愛立文成。愛自以負罪於景穆，聞而驚曰：「君大癡人！皇孫若立，豈忘正平時事乎？」尼曰：「若爾，立誰？」愛曰：「待還宮，擢諸王子賢者而立之。」尼懼其有變，密以狀告殿中尚書源賀。時與尼俱典兵宿衞，仍共南部尚書陸麗謀，密奉皇孫。於是，賀與尚書長孫渴侯嚴兵守衞，尼與麗迎文成於苑中。麗抱文成於馬上，入於京城。尼馳還東廟，大呼曰：「宗愛殺南安王，大逆不道。皇孫已登大位。有詔，宿衞之士，皆可還宮。」衆咸唱萬歲。賀及渴侯登執宗愛、賈周等，勒兵而入，奉文成於宮門外，入登永安殿。以尼爲內行長，封東安公。

尋遷尚書右僕射，爲定州刺史。在州清愼，然率多酒醉。文成末，爲司徒。獻文卽位，以尼有大功於先朝，特加尊重，賜別戶四十。皇興四年，車駕北征，帝親誓衆，而尼昏醉，兵陳不整。帝以其功重，特恕之，免官而已。延興四年薨，子社生襲。

薛提，太原人，皇始中，補太學生，拜侍御史，累遷晉兵將軍、[三六]冀州刺史，封太原公。有政績，徵拜侍中，攝都曹事。太武崩，祕不發喪，尚書左僕射蘭延、侍中和疋等議，[三七]以皇孫幼沖，宜立長君，徵秦王翰置之祕室。提曰：「皇孫有世嫡之重，人望所係，春秋雖少，令問聞於天下。廢所宜立而更別求，必有不可。」延等未決，中常侍宗愛知其謀，矯皇后令，徵提等入，殺之。文成卽位，以提有謀立之誠，詔提弟浮子襲兄爵太原公，[三八]有司奏降爲侯。

論曰：陸俟以智識見稱，馛乃不替風範，雅杖名節，自立功名，其傳芳銘典，豈徒然也？

麗忠國奉主，鬱爲梁棟，資忠履義，赴難如歸，世載克昌，名不虛得。叡、琇以沈雅顯達，何末亦披猖？子彰令終之美，家聲孔振。卬及彥師俱以孝爲本，出處之譽，並可作範人倫。爽學業有聞，亦人譽也。源賀堂堂，非徒武節，觀其翼佐文成，廷抑禪讓，殆乎社稷之臣。懷幹略兼舉，出內馳譽，繼迹賢孝，不隳先業。[三九]子邕功立夏方，身亡冀野。彪著名齊朝。師、雄宦成隋代，美矣。劉尼忠國，豈徒驍猛之用？薛提正議忠謀，見害姦閹，痛乎！

校勘記

〔一〕諸高車莫弗訟俟嚴急　諸本「訟」訛作「訖」，下衍「懼」字，據魏書卷四〇、通志卷一四七陸俟傳改刪。莫弗，高車官號。

〔二〕後襲父爵　諸本脫「爵」字，據魏書補。

〔三〕琇聞禧反斬疉和首　魏書「反」作「敗」。按本書卷一九咸陽王禧傳，謂琇初與疉和通情，旣聞禧敗，乃殺之。若聞反卽殺，則罪名不立，作「敗」是。

〔四〕議者稱爲三武　通志「武」作「虎」。按北史避唐諱改。

〔五〕拜龍州刺史使通江油路　諸本「油」作「由」，册府卷七七八九一頁作「油」。按水經注卷三二涪水注有江油戍，隋書卷二九地理志上平武郡有江油縣。平武郡卽西魏之龍州。作「由」誤，今

據改。

〔六〕盡殺破之　周書卷二八、通志卷一五七陸騰傳無「殺」字。張森楷云：「『殺』或當在『破』下。」

〔七〕資州槃石人反　諸本「槃石」誤倒，據周書乙。槃石見隋書地理志上資陽郡。

〔八〕贈太尉公　按周書載騰贈官無「太尉公」而有「大後丞」。大後丞是周宣帝時依周禮所置。北周無太尉之官，此當是「大後丞」之訛。

〔九〕騰入關時年七歲　諸本脫「騰」字，據周書補。此言騰入關時，玄年七歲。其後仕齊爲奉朝請、成平縣令，至齊亡，玄始入關。無「騰」字則似玄入關時年僅七歲，與下文矛盾。

〔一〇〕歸弟麗　諸本無「歸」字，張森楷云：「魏書卷四〇『弟』上有『尼』字，北史不敍尼事，當云『歸弟麗』。」按張說是。無「歸」字則似麗爲融弟，今據張說補。

〔一一〕既而爲中常侍宗愛等所殺　諸本脫「中」字，據魏書補。宗愛宦者，官爲中常侍，見本書卷九八宗愛傳。

〔一二〕文襄時鎮鄴　按魏書言陸子彰死於武定八年三月，而高澄卽文襄則死於武定七年八月見本紀，疑有訛誤。

〔一三〕使迄未應受　北齊書卷三五陸卬傳無此五字。按文意不明，當有訛誤。

〔一四〕委彥師留臺機密　諸本脫「委」字，據通志卷一六二陸彥師傳補。

〔一五〕授彥師載師下大夫　諸本脫「載師」二字，據隋書卷七二陸彥師傳補。北周官無單稱「下大夫」者。

〔一六〕上表諫帝不從　魏書卷四〇作「從之」。按通鑑卷一四〇四三七九頁稱孝文攻鍾離久不克，「高閭、陸叡上表諫，帝納其言」。疑作「不從」誤。

〔一七〕士述弟士沈出繼從叔昕之　諸本脫「從」字，據魏書補。士沈卽子彰，希道爲昕之從兄見前，則昕之爲士沈從叔。

〔一八〕司州從事　魏書「從事」作「治中」。按北史諱「治」字，例改「治中」爲「中從事」。此「從事」上當脫「中」字。

〔一九〕薛氏實書妻元氏有色　通志卷一四七陸俟傳，「薛」下無「氏」字，「實」下無「書」字，疑是衍文。

〔二〇〕賀營中爲內應　魏書卷四一源賀傳「營」作「守禁」二字。按賀官殿中尙書，職掌宮殿禁衞，本卷劉尼傳也說賀「典兵宿衞」，則賀當是在禁中或宮中爲內應。「營」疑是「宮」之訛。

〔二一〕辭以江南未賓漠北不款　諸本「漠」訛作「漢」，據通志卷一四七源賀傳改。漠北指蠕蠕。

〔二二〕是歲河西敕勒叛　諸本「敕勒叛」脫誤作「叛敕」，據魏書補改。源賀擊敕勒見魏書卷七上高祖紀延興元年。

〔二三〕至春中乃班師　諸本「師」訛「歸」，據魏書改。

〔二四〕後持節督諸軍屯於漠南　諸本脫「軍」字，據魏書、通志補。

〔二五〕伏尋條制　諸本「條」下衍「例」字，據魏書刪。「條制」是當時成語，上文亦見「謹案條制」。

〔二六〕麗以父功而獲山河之賞　按上文言陸叡狀秘書，稱其父卽陸麗立高宗之勛，得封鉅鹿郡公。此「麗」當作「叡」。但魏書、通志都作「麗」，今不改。

〔二七〕可依比授馮翊郡開國公　諸本「比授」作「授北」，魏書作「比授」。按魏書地形志無「北馮翊郡」。此乃「比授」誤倒，又「比」訛作「北」。今據改。

〔二八〕懷將入鎮　諸本脫「懷」字，據魏書、通志補。

〔二九〕又詔懷子直寢徵隨懷北行　魏書「徵」作「徽」，下又言懷第三子名「徽」，疑此「徵」字訛。

〔三〇〕復破賊帥紇單步胡提於曲沃　魏書「沃」下有「堡」字。按上下文，此地當在今陝北，非在今山西之曲沃。疑此脫「堡」字。

〔三一〕魏永安中以父功賜爵臨潁縣伯　諸本脫「父」字，據北齊書卷四三源彪傳補。魏書源賀傳云：「子恭存日，轉授臨潁縣開國侯。」「侯」、「伯」不同，但可証當有「父」字。

〔三二〕時李孝貞聘陳　諸本無「孝」字，據北齊書補。李孝貞使陳見本書卷三三李順傳。

〔三三〕秀發後州官屬多相連坐　隋書卷六六源師傳「發」作「廢」，「州」上有「益」字，此當是訛脫。

〔三四〕復鎮朔方　隋書「朔方」作「朔州」。按隋書地理志：朔方郡，後魏置夏州；朔州，隋大業中改爲馬邑郡。二地不同。源雄先爲朔州總管，復鎮也當是朔州，疑此誤。

〔三五〕子崇嗣　諸本「崇」訛「嵩」，據隋書卷三九源雄傳及上文「賜子崇爵端氏縣伯」語改。

〔三六〕累遷晉兵將軍　諸本「晉」下有「王丕衞」三字，魏書卷三三薛提傳無。按太武弟丕封樂平王，不封晉王，子伏羅封晉王，不名「丕」。此三字衍文，今據魏書刪。

〔三七〕侍中和疋等議　諸本「疋」作「延」，魏書作「匹」。按本書卷九二、魏書卷九四宗愛傳，通鑑卷一二六三九七三頁作「疋」，卽「匹」字。今據改作「疋」。

〔三八〕詔提弟浮子襲兄爵太原公　諸本「兄」訛「先」，據魏書改。提封太原公，見前。

〔三九〕繼迹賢孝不墮先業　魏書卷四一史臣論「孝」作「考」。按「賢考」猶云「賢父」，指源賀，疑「孝」是「考」之訛。

北史卷二十九

列傳第十七

司馬休之　司馬楚之曾孫裔　司馬景之　司馬叔璠　司馬天助

劉昶　蕭寶夤兄子贊　蕭正表　蕭祗子放　蕭退　蕭泰

蕭撝　蕭圓肅　蕭大圜

司馬休之字季豫，河內溫人，晉宣帝季弟譙王進之後也。〔一〕晉度江之後，進子孫襲封譙王。至休之父恬，爲鎭北將軍、青兗二州刺史。天興五年，休之爲荆州刺史，被桓玄逼逐，遂奔慕容德。及玄誅，還建業，復爲荆州刺史。〔二〕

休之頗得江漢人心。其子文思繼其兄尙之爲譙王，謀圖劉裕。裕執送休之，令爲其所。休之表廢文思，幷與裕書陳謝。神瑞中，裕收休之子文寶、兄子文祖並殺之，乃討休

之。休之與魯宗之及宗之子軌起兵討裕，兵敗，遂與子文思及宗之奔姚興。裕滅姚泓，休之與文思及晉河間王子道賜等數百人皆將妻子降長孫嵩。卒，贈征西大將軍、右光祿大夫、始平公，謚曰聲。

文思與淮南公國璠、池陽子道賜不平，而僞親之。國璠性疏直，因醉欲外叛，文思告之，皆坐誅。以文思爲廷尉，賜爵鬱林公。文思善於其職，聽斷，百姓不得匿其情。進爵譙王，位懷荒鎭將，薨。

司馬楚之字德秀，晉宣弟太常馗之八世孫也。父榮期，晉益州刺史，爲其參軍楊承祖所殺。楚之時年十七，送父喪還丹楊。會劉裕誅夷司馬氏，叔父宣期、兄貞之並遇害。楚之乃逃，匿諸沙門中，濟江至汝、潁間。楚之少有英氣，能折節待士。及宋受禪，規欲報復，收衆據長社，歸之者常萬餘人。宋武深憚之，遣刺客沐謙圖害楚之。楚之待謙甚厚。謙夜詐疾，知楚之必來，欲因殺之。楚之聞謙病，果自齎湯藥往省之。謙感其意，出匕首於席下，以狀告，遂委身以事之。其推誠信物，得士心，皆此類也。

明元末，山陽公奚斤略地河南，楚之遣使請降，授荆州刺史。奚斤既平河南，以楚之所

率人戶，分置汝南、汝陽、南頓、新蔡四郡，以益豫州。

太武初，楚之遣妻子內居於鄴。尋徵入朝，授安南大將軍，封琅邪王，以拒宋師。賜前後部鼓吹。破宋將到彥之別軍於長社。又與冠軍安頡攻拔滑臺，禽宋將朱脩之、李元德及東郡太守申謨，俘萬餘人。上疏求更進討，太武以兵久勞，不從，以散騎常侍徵還。宋將裴方明、胡崇之寇仇池，楚之與淮南公皮豹子等督關中諸軍擊走方明，禽崇之，仇池平而還。

車駕征蠕蠕，楚之與濟陰公盧中山等督運以繼大軍。時鎭北將軍封沓亡入蠕蠕，說令擊楚之以絕糧運。蠕蠕乃遣覘楚之軍，截驢耳而去。有告失驢耳者，楚之曰：「必覘賊截之爲驗耳，賊將至矣。」乃伐柳爲城，灌水令凍，城立而賊至，不可攻逼，乃走散。太武聞而嘉之。尋拜假節、侍中、鎭西大將軍、開府儀同三司、雲中鎭大將、朔州刺史。在邊二十餘年，以清儉著聞。及薨，贈征南大將軍，領護西戎校尉、揚州刺史，謚貞王，陪葬金陵。長子寶胤，與楚之同入魏，拜中書博士、雁門太守，卒。

楚之後尙諸王女河內公主。生子金龍，字榮則，少有父風，後襲爵，拜侍中、鎭西大將軍、開府、雲中鎭大將、朔州刺史、吏部尙書。薨，贈司空公，謚康王。

金龍初納太尉、隴西王源賀女，生子延宗，次纂，次悅。後娶沮渠氏，生子徽亮，卽河西王沮渠牧犍女，太武妹武威公主所生也，有寵於文明太后，故以徽亮襲。例降爲公，坐連穆

泰罪，失爵，卒。

悅字慶宗，歷位豫州刺史。時有汝南上蔡董毛奴者，齎錢五千，死於道路。郡縣人疑張堤爲劫，又於堤家得錢五千，堤懼掠，自誣言殺。至州，悅觀色，疑其不實。引見毛奴兄靈之，謂曰：「殺人取錢，當時狼狽，應有所遺，得何物？」靈之曰：「唯得一刀鞘。」悅取視之，曰：「此非里巷所爲也。」乃召州內刀匠示之。有郭門前曰：「此刀鞘，門手所作，去歲賣與郭人董及祖。」悅收及祖詰之，及祖款引。靈之又於及祖身上得毛奴所衣皂襦，及祖伏法。悅察獄，多此類也。

俄與鎭南將軍元英攻克義陽，詔改梁司州爲郢州，以悅爲刺史。改爲豫州刺史，論前勳，封漁陽子。永平元年，城人白早生謀爲叛，遂斬悅首送梁。詔揚州移購悅首，贈青州刺史，謚曰莊子。子朏襲。

朏尙宣武妹華陽公主，拜駙馬都尉、員外散騎常侍。卒，贈滄州刺史。子鴻，字慶雲，性粗武。襲爵，位都水使者，坐通西魏，賜死。子孝政襲。齊受禪，例降。朏弟裔。

裔字遵胤，少孤，有志操。起家司徒府參軍事，後爲員外散騎常侍。大統三年，大軍復

弘農，乃於溫城送款歸西魏。六年，授北徐州刺史。八年，入朝。周文帝嘉之，特蒙賞勞。頊之，河內有四千餘家歸附，並裔之鄉舊，乃命領河內郡守，令安集流人。十五年，周文令山東立義諸將等能率衆入關者，並加重賞。裔領戶千室先至，周文欲以封裔。裔辭曰：「立義之士，遠歸皇化者，皆是其誠心內發，豈裔能率之乎？今以封裔，便是賣義士以求榮。」周文善而從之。授帥都督，拜其妻元爲襄城郡公主。

周孝閔帝踐祚，除巴州刺史，進使持節、驃騎大將軍、開府儀同三司，進爵琅邪縣伯。四年，爲御正中大夫，〔三〕進爵爲公。大軍東討，裔與少師楊摽守軹關，即授懷州刺史。天和初，隨上庸公陸騰討信州反蠻冉令賢等。裔自開州道入，先遣使宣示禍福，羣蠻率服。歷信、瀼二州刺史。六年，徵拜大將軍，除西寧州刺史，未及之部，〔四〕卒於京師。

裔性清約，不事生產，所得俸祿，並散之親戚，身死之日，家無餘財，宅宇卑陋，喪庭無所，詔爲起祠堂焉。贈本官，加四州刺史，〔五〕謚曰定。子侃嗣。

侃字道遷，少果勇，未弱冠，便從戎旅。位樂安郡守，以軍功，加驃騎大將軍、開府儀同三司。還兗州刺史，未之部，卒。贈本官，加豫州刺史，謚曰惠。子運嗣。

金龍弟躍，字寶龍，尚趙郡公主，拜駙馬都尉。代兄爲雲中鎮將，拜朔州刺史，假安北將軍、河內公。表求罷河西苑封，丐人墾殖。有司執奏，此苑麋鹿所聚，太官取給，若丐人，

懼有所闕。躍固請，孝文從之。還爲祠部尚書、大鴻臚卿、潁川王師，卒。

楚之父子相繼鎮雲中，朔土服其威德。

司馬氏桓玄、劉裕之際歸北者，又有司馬景之、叔璠、天助，位並崇顯。

景之字洪略，晉汝南王亮之後。明元時歸闕，賜爵蒼梧公，加征南大將軍。清直有節操。卒，贈汝南王。子師子襲爵。

景之兄準，字巨之，以泰常末歸魏，封新安公。除廣寧太守，改密陵侯。卒，子安國襲爵。

叔璠，晉安平獻王孚之後。父曇之，晉河間王。桓玄、劉裕之際，叔璠與兄國璠奔慕容超。後投姚泓。泓滅，奔屈丐。統萬平，兄弟俱入魏，〔六〕國璠賜爵淮南公，叔璠賜爵丹楊侯。

天助，自云晉驃騎將軍元顯之子。歸闕，封東海公，歷青、兗二州刺史。

劉昶字休道，宋文帝子也。在宋封義陽王，位徐州刺史。及廢主子業立，疑昶有異志。昶和平六年，遂委母妻，攜妾吳氏，間行降魏。朝廷嘉重之，尚武邑公主，拜侍中、征南將軍、駙馬都尉，封丹楊王。歲餘，主薨，更尚建興長公主。

皇興中，宋明帝使至，獻文詔昶與書，爲兄弟式。宋明帝不答，責昶，以母爲其國妾，宜如春秋荀罃對楚稱外臣之禮。尋敕昶更爲書。辭曰：「臣若改書，事爲二敬，猶修往文，彼所不納。請停今答。」朝廷從之。拜外都坐大官。公主復薨，更尚平陽長公主。

昶好犬馬，愛武事。入魏歷紀，猶布衣皂冠，同凶素之服。然呵罵僮僕，音雜夷夏。雖在公坐，諸王每侮弄之，或戾手齧臂，至於痛傷，笑呼之聲，聞于御聽。孝文每優假之，不以怪問。至於陳奏本國事故，語及征役，則斂容涕泗，悲動左右。而天性褊躁，喜怒不恒，每至威忿，楚扑特苦，引待南士，禮多不足。緣此，人懷畏避。

太和初，轉內都坐大官。及齊初，詔昶與諸將南伐，路經徐州，哭拜其母舊堂，哀感從者。乃徧循故居，處處隕涕，左右亦莫不酸鼻。及至軍所，將臨陣，四面拜諸將士，自陳家國滅亡，蒙朝廷慈覆，辭理切至，聲氣激揚，涕泗橫流，三軍咸爲感歎。後昶恐水雨方降，表請還師，從之。

又加儀同三司，領儀曹尚書。於時改革朝儀，詔昶與蔣少遊專主其事。昶條上舊式，略不遺忘。孝文臨宣文堂，引武興王楊集始入宴，詔昶曰：「集始，邊方之酋，不足以當諸侯

之禮。但王者不遺小國之臣，故勞公卿於此。」又爲中書監。開建五等，封昶齊郡公，加宋王之號。

十七年，孝文臨經武殿，大議南伐，語及劉、蕭篡奪之事，昶每悲泣不已。帝亦爲之流涕，禮之彌崇。十八年，除使持節、都督吳越楚彭城諸軍事、大將軍、開府，鎮徐州。昶頻表辭大將軍，詔不許。及發，帝親餞之，命百僚賦詩贈昶，又以其文集一部賜昶。帝因以所製文筆示之曰：「時契勝殘，事鍾文業，雖則不學，欲罷不能。脫思一見，故以相示，雖無足味，聊復爲一笑耳。」其重昶如是。自昶背彭城，至是久矣，昔齋宇山池，並尚存立，昶更修繕，還處其中。不能綏邊懷物，撫接義故，而閨門喧猥，內外奸雜，舊吏莫不慨歎。預營墓於彭城西南，與三公主同塋而異穴。發石累之，墳崩，壓殺十餘人。後復移改，公私費害。

十九年，昶朝京師。孝文臨光極堂大選，曰：「國家昔在恒代，隨時制宜，非通世之長法。或言，唯能是寄，不必拘門。朕以爲不然，何者？清濁同流，混齊一等，君子小人，名品無別，此殊爲不可。我今八族以上，士人品第有九；九品之外，小人之官，復有七等。若苟有其人，可起家爲三公。正恐賢才難得，不可止爲一人，混我典制。故令班鏡九流，使千載之後，我得髣像唐、虞，卿等依希元、凱。」及論大將軍，帝曰：「劉昶即其人也。」後給班劍二十人。薨於彭城，孝文爲之舉哀，給溫明祕器，贈假黃鉞、太傅，領揚州刺史，加以殊禮，備

九錫，給前後部羽葆鼓吹，依晉琅邪王伷故事，謚曰明。

昶嫡子承緒，主所生也。少而尪疾，尚孝文妹彭城長公主，爲駙馬都尉，先昶卒。

承緒子暉，字重昌，爲世子，襲封。尚宣武第二姊蘭陵長公主。主嚴妬，暉嘗私幸主侍婢，有身，主笞殺之，剖其孕子，節解，以草裝實婢腹，裸以示暉。暉遂忿憾，疏薄公主。公主姊因入聽講，言其故於靈太后。太后敕清河王懌窮其事。懌與高陽王雍、廣平王懷奏其不和狀，請離婚，削除封位，太后從之。公主在宮內周歲，雍等屢請聽復舊義。太后流涕送公主，誡令謹敕。正光初，暉又私淫張、陳二氏女。公主更不檢忌，主姑陳留公主共將扇獎，與暉復致忿諍。暉推主墜牀，手脚毆蹈，主遂傷胎。暉懼罪逃逸。靈太后召清河王懌決其事，二家女髡笞付宮，兄弟皆坐鞭刑，徙配敦煌爲兵。主因傷致薨，太后親臨慟哭，舉哀太極東堂。出葬城西，太后親送數里，盡哀而還。後執暉於河內溫縣，幽于司州，將加死刑，會赦，免。後復其官爵，還征虜將軍、中散大夫，卒，家遂衰頓。

蕭寶夤字智亮，齊明帝第六子，廢主寶卷之母弟也。在齊封建安王。及和帝立，改封鄱陽王。

梁武克建業，以兵守之，將加害焉。其家閹人顏文智與左右麻拱、黃神密計，穿牆夜出寶夤。具小船於江岸，脫本衣服，着烏布襦，腰繫千許錢，潛赴江畔，躡屩徒步，脚無全皮。防守者至明追之，寶夤假爲釣者，隨流上下十餘里，追者不疑。待散，乃度西岸。遂委命投華文榮。文榮與其從天龍、惠連等三人，棄家，將寶夤遁匿山澗，賃驢乘之，晝伏宵行。景明二年，至壽春東城戍。戍主杜元倫推檢，知實蕭氏子，以禮延待，馳告揚州刺史、任城王澄。澄以車馬侍衞迎之。時年十六，徒步憔悴，見者以爲掠賣生口也。澄待以客禮。乃請喪君斬衰之服，澄遣人曉示情禮，以喪兄之制，給其齊衰，寶夤從命。澄率官僚赴吊。寶夤居處有禮，不飮酒食肉，輟笑簡言，一同極哀之節。壽春多其故義，皆受慰唁。唯不見夏侯一族，以其同梁故也。改日造澄，澄深器重之。

及至京師，宣武禮之甚重。伏訴闕下，請兵南伐，雖遇暴風大雨，終不暫移。是年，梁江州刺史陳伯之與其長史褚胄等自壽春歸降，請軍立効。帝謂伯之所陳，時不可失，以寶夤懇誠，除使持節、都督、東揚州刺史、鎭東將軍、丹楊郡公、齊王，配兵一萬，令據東城，待秋冬大舉。寶夤明當拜命，其夜慟哭。至晨，備禮策授，賜車馬什物，事從豐厚，猶不及劉昶之優隆也。又任其募天下壯勇，得數千人，以文智等三人爲積弩將軍，文榮等三人爲强弩將軍，並爲軍主。寶夤雖少羈寓，而志性雅重，過期猶絕酒肉，慘悴形色，蔬食粗衣，未嘗嬉笑。及被命當南伐，貴要多相憑託，門庭賓客若市，而書記相尋，寶夤接對報復，不失其理。

正始元年，寶夤行達汝陰，東城已陷，遂停壽春之栖賢寺。逢梁將姜慶眞內侵，圍逼壽春，寶夤率衆力戰，破走之。寶夤勇冠諸軍，聞見者莫不壯之。還，改封梁郡公。及中山王英南伐，寶夤又表求征。與英頻破梁軍，乘勝攻鍾離。淮水汎溢，寶夤與英狼狽引退，士卒死沒者十四五。有司奏處以極法。詔恕死，免官削爵還第。

尋尚南陽長公主。公主有婦德，事寶夤盡雍和之禮，〔七〕雖好合而敬事不替。寶夤每入室，公主必立以待之，相遇如賓，自非太妃疾篤，未曾歸休。寶夤器性溫順，自處以禮，奉敬公主，內外諧穆。清河王懌親而重之。

永平四年，盧昶克梁朐山戍，以琅邪戍主傅文驥守之。梁師攻文驥，昶督衆軍救之。詔寶夤爲使持節、假安南將軍，別將長驅往赴，受昶節度。〔八〕寶夤受詔，泣涕橫流，哽咽良久。後昶軍敗，唯寶夤全師而還。

延昌初，除瀛州刺史，復其齊王，遷冀州刺史。及大乘賊起，寶夤遣軍討之，頻爲賊破。臺軍至，乃滅之。靈太后臨朝，還京師。

梁將康絢於浮山堰淮以灌揚、徐。除寶夤使持節、都督東討軍事、鎭東將軍以討之，復

封梁郡公。熙平初，梁堰既成，淮水將爲揚、徐之患，寶夤乃於堰上流更鑿新渠，水乃小滅。乃遣壯士千餘人夜度淮，燒其竹木營聚，破其三壘，火數日不滅。又分遣將破梁將垣孟孫、張僧副等於淮北。仍度淮南，焚梁徐州刺史張豹子等十一營。及還京師，爲殿中尚書。寶夤之在淮堰，梁武寓書招誘之。寶夤表送其書，陳其忿毒之意。志存雪復，屢請居邊。神龜中，爲都督、徐州刺史、車騎大將軍。乃起學館於清東，朔望引見士姓子弟，接以恩顏，與論經義。勤於聽理，吏人愛之。

正光二年，徵爲尚書左僕射。善於吏職，甚有聲名。四年，上表曰：

竊惟文武之名，在人之極地；德行之稱，爲生之最首。忠貞之美，立朝之譽；仁義之號，處身之端。自非職惟九官，任當四嶽，授曰爾諧，讓稱僉往，將何以克厭大名，允茲令問。自比以來，官罔高卑，人無貴賤，皆飾辭假說，用相褒舉。謂之考功，事同汎陟，紛紛漫漫，焉可勝言！

又在京之官，積年一考。〔九〕其中，或所事之主，遷移數四，或所奉之君，身亡廢絕。雖當時文簿，記其殿最，日久月遙，散落都盡。累年之後，方求追訪，無不苟相悅附，共爲脣齒，飾垢掩疵，妄加丹素，趣令得階而已，無所顧惜。賢達君子，未免斯患；

中庸已降，夫復何論！官以求成，身以請立，上下相蒙，莫斯爲甚。

又勸恤人隱，咸歸守令，厥任非輕，所責實重。然及其考課，悉以六載爲約，既而限滿代還，復經六年而敍。是則歲周十二，始得一階。於東西兩省，〔一〇〕文武閑職，公府散佐，無事冗官，或數旬方應一直，或朔望止於暫朝，及其考日，更得四年爲限。是則一紀之中，便登三級。彼以實勞劇任，而遷貴之路至難；此以散位虛名，而升陟之方甚易。何內外之相縣，令厚薄之若此！

孟子曰：「仁義忠信，天爵也；公卿大夫，人爵也。古之人，修其天爵而人爵從之。」故雖文質異時，汚隆殊世，莫不寶茲名器，不以假人。是以賞罰之科，恒自持也。乃至周之藹藹，五叔無官；漢之察察，館陶徒請。誠以賞罰一差，則無以懲勸；至公暫替，則覬覦相欺。故至愼至惜，殷勤若此。況乎親非肺腑，才乖秀逸，或充單介之使，始無汗馬之勞；或說興利之規，終縣十一之潤。皆虛張無功，妄指羸益，坐獲數階之官，籍成通顯之貴。於是巧詐萌生，僞辯鋒出，役萬慮以求榮，開百方而逐利。抑之則其流已往，引之則有何紀極！

夫琴瑟在於必和，更張求其適調。去者既不可追，來者猶或宜改。案周官：太宰之職，歲終，則令官府各正所司，受其會計，聽其致事而詔於王，〔一一〕三歲，則大計羣吏

之政而誅賞之。愚謂今可粗依其準。見居官者，每歲終，本曹皆明辨在官日月，具覈才行能否，審其實用，而注其上下，游辭宕說，一無取焉。列上尚書，覆其合否。如有紕繆，〔一二〕卽正而罰之，不得方復推詰委下，容其進退。既定其優劣，善惡交分，經奏之後，考功曹別書於黃紙、油帛。一通則本曹尚書與令僕印署，留於門下；一通則以侍中黃門印署，掌在尚書。嚴加緘密，不得開視。考績之日，然後對共裁量。其外內考格，裁非庸管，乞求博議，以爲畫一。若殊謀異策，事關廢興，遐邇所談，物無異議者，自可臨時斟酌，匪拘恒例。至如援流引比之訴，貪榮求級之請，如不限以關鍵，肆其傍通，則蔓草難除，涓流遂積，穢我彝章，撓茲大典，謂宜明加禁斷，以全至化。

詔付外博議，以爲永式。竟無所改。

時梁武弟子西豐侯正德來降，寶夤表曰：「正德既不親親，安能親人。脫包此凶醜，置之列位，百官是象，其何誅焉？臣釁結禍深，痛纏骨髓，日暮途遙，報復無日，豈區區於一豎哉！但才雖庸近，職居獻替，愚衷寸抱，敢不申陳。」正德既至京師，朝廷待之尤薄，歲餘，還叛。

初，秦州城人薛伯珍、劉慶、杜遷等反，執刺史李彥，推莫折大提爲首，自稱秦王。大提尋死，其第四子念生竊號天子，年曰天建。置官僚，以息阿胡爲太子，其兄阿倪爲西河王，

弟天生爲高陽王，伯珍爲東郡王，安保爲平陽王。天生率衆出隴東，遂寇雍州，屯於黑水。朝廷甚憂之，除寶夤開府、西道行臺，爲大都督，西征。明帝幸明堂以餞之。寶夤與大都督崔延伯擊天生大破之，追奔至小隴。進討高平賊帥万俟醜奴於安定，更有負捷。

時有天水人呂伯度兄弟始共念生同逆，後與兄衆保於顯親聚衆討念生，戰敗，奔於胡琛。琛以伯度爲大都督、秦王，資其士馬，還征秦州。大破念生將杜粲於成紀，又破其金城王莫折普賢於水洛城，遂至顯親。念生率衆身自拒戰，又大敗。伯度乃背胡琛，遣其兄子忻和率騎東引大軍。念生事迫，乃詐降於寶夤。朝廷嘉伯度立義之功，授涇州刺史、平秦郡公。而大都督元脩義、高聿停軍隴口，久不西進，念生復反，伯度爲醜奴所殺。故賊勢更甚，寶夤不能制。

孝昌二年，除寶夤侍中、驃騎大將軍、儀同三司、假大將軍、尚書令，給前後部鼓吹。寶夤初自黑水，終至平涼，與賊相對，年年攻擊，賊亦憚之。關中保全，寶夤之力。三年正月，除司空公。出師既久，兵將疲弊，是月大敗，還雍州。有司處寶夤死罪，詔恕爲編戶。四月，除征西將軍、雍州刺史、開府、西討大都督，自關以西，皆受節度。九月，念生爲其常山王杜粲所殺，合門皆盡。粲降寶夤。十月，除尚書令，復其舊封。

時山東、關西，寇賊充斥，王師屢北，人情沮喪。寶夤自以出師累年，糜費尤廣，一旦覆

敗，慮見猜責，內不自安。朝廷頗亦疑阻。及遣御史中尉酈道元爲關中大使，寶夤謂密欲取己，將有異圖，問河東柳楷。楷曰：「大王齊明帝子，天下所屬，今日之舉，實允人望。且謠言：『鸞生十子九子殂，一子不殂關中亂。』武王有亂臣十人，亂者理也，大王當理關中，何所疑慮？」道元行達陰盤驛，寶夤密遣其將郭子恢等攻殺之，而詐收道元尸，表言白賊所害。遂反，僭舉大號，大赦其部內，稱隆緒元年，立百官。詔尚書僕射、行臺長孫承業討之。時北地毛鴻賓與其兄遐糾率鄉義，〔一三〕將討寶夤。寶夤遣其將侯終德往攻遐。終德還圖寶夤，軍至白門，寶夤始覺。與終德戰，敗，攜公主及其少子與部下百餘騎從後門出，遂奔万俟醜奴。醜奴以寶夤爲太傅。

尒朱天光遣賀拔岳等破醜奴於安定，追禽醜奴及寶夤，並送京師。詔置閶闔門外都街中，京師士女聚觀，凡經三日。吏部尚書李神儁、黃門侍郎高道穆並與寶夤素舊，二人相與左右，言於莊帝，云其逆迹事在前朝，冀將救免。會應詔王道習時自外至，莊帝問道習在外所聞，道習曰：「唯聞陛下欲不殺蕭寶夤。人云李尚書、高黃門與寶夤周款，並居得言之地，必能全之。」道習因曰：「若謂寶夤逆在前朝，便將恕之；敗在長安，爲醜奴太傅，豈非陛下御曆之日？賊臣不翦，法欲安施？」帝然其言，乃於太僕駝牛署賜死。將刑，神儁攜酒就之敍故舊，因對之下泣。寶夤夷然自持，了不憂懼，唯稱推天委命，恨不終臣節。公主攜男女就

寶夤訣別，慟哭極哀，寶夤亦色貌不改。

寶夤三子皆公主所生，並凡劣。長子烈，復尙明帝妹建德公主，拜駙馬都尉，坐寶夤反，伏法。次子權與小子凱射戲，凱矢激，中之，死。凱妻，長孫承業女也，輕薄無禮，公主數加罪責。凱竊銜恨，妻復惑說之。天平中，凱遣奴害公主。乃轘凱於東市，妻梟首，家遂滅。寶夤兄子贊。

贊字德文，本名綜。初，梁武滅齊，齊廢主東昏侯寶卷宮人吳氏始孕，匿不言，及生贊，梁武以爲己子，封豫章王。及長，學涉有才思。其母告之以實，贊晝則談讌，夜則銜悲涕泣。有濟陰苗文寵、安定梁話，贊曲加禮接，割血自誓，布以心腹，寵、話感其情義，深相然諾。會元法僧以彭城叛入梁，梁武命贊都督江北諸軍事，鎭彭城。時明帝遣安豐王延明、臨淮王彧討之，贊與寵、話夜奔延明。

孝昌元年秋，屆于洛陽。陛見後，就館舉哀，追服三載。寶夤時在關西，遣使觀察，問其形貌，斂眉悲慼。朝廷賞賜豐渥，禮遇隆厚，授司空，封高平郡公、丹楊王。及寶夤反，贊恇怖，欲奔白鹿山，至河橋，爲北中所執。朝議明其不相干預，仍蒙慰免。[14]

建義初，轉司徒，遷太尉，尙帝姊壽陽長公主，拜駙馬都尉。出爲都督齊州刺史、驃騎

大將軍、開府儀同三司。寶夤見禽，贊拜表請寶夤命。

尒朱兆入洛，爲城人趙洛周所逐。公主被錄送京，尒朱世隆欲相陵逼，公主守操被害。贊既棄州，爲沙門，潛詣長白山，未幾，至陽平，病卒。贊機辯，文義頗有可觀，而輕薄俶儻，猶有父風。普泰初，迎其喪，以王禮與公主合葬嵩山。

元象初，吳人盜其喪還江東，梁武猶以爲子，祔葬蕭氏墓焉。贊，江南有子，在魏無後。

蕭正表字公儀，梁武帝弟臨川王宏之子也。在梁封山陰縣侯，[15]位北徐州刺史，鎭鍾離。正表長七尺九寸，雖質貌豐美，而性理短暗。

初，梁武未有子，以正表兄西豐侯正德爲子。及自有子，正德歸本，私懷忿憾，以正光三年，背梁奔魏。魏朝以其人才庸劣，不禮焉。尋逃歸梁，梁武不之罪，封爲臨賀王。

侯景將濟江，知正德有恨，密與交通，許推爲主，正德以船迎之。景度，攻揚州。正表聞正德爲侯景所推，盤桓不赴援。景尋以正表爲南兗州刺史，封南郡王。正表遂於歐陽立柵，斷梁援軍。南兗州刺史南康王蕭會理遣兵擊破之。正表走還鍾離，以武定七年，據州內屬，封蘭陵郡王。尋除侍中、太子太保、開府儀同三司。薨，贈司空公，謚曰昭烈。子

廣壽。

蕭祗字敬式，梁武帝弟南平王偉之子也。少聰敏，美容儀。在梁封定襄縣侯，位東揚州刺史。于時江左承平，政寬人慢，祗獨莅以嚴切，梁武悅之，遷北兗州刺史。

太清二年，侯景圍建業，祗聞臺城失守，遂來奔，[16]以武定七年至鄴。齊文襄令魏收、邢卲與相接對。歷位太子少傅，領平陽王師，封清河郡公。

齊天保初，授右光祿大夫，領國子祭酒。時梁元帝平侯景，復與齊通好，文宣欲放祗等還南。俄而西魏克江陵，遂留鄴。卒，贈中書監、車騎大將軍、揚州刺史。

子放，字希逸，隨祗至鄴。祗卒，放居喪以孝聞。所居廬室前，有二慈烏來集，各據一樹爲巢，自午以前，馴庭飲啄；午後更不下樹。每臨時舒翅悲鳴，全似哀泣。家人則之，[17]未嘗有闕。時以爲至孝之感。服闋，襲爵。武平中，待詔文林館。放性好文詠，頗善丹青，因此在宮中披覽書史及近世詩賦，監畫工作屏風等雜物。見知，遂被眷待。累遷太子中庶子、散騎常侍。

蕭退，梁武帝弟司空、鄱陽王恢之子也。退在梁封湘潭侯，位青州刺史。建業陷，與從兄祗俱入東魏。齊天保中，位金紫光祿大夫，卒。

子慨，深沈有體表，好學，善草隸書，南士中稱爲長者。歷著作佐郎，待詔文林館。卒於司徒從事中郎。

蕭泰字世怡，亦恢之子也。在梁封豐城侯，位譙州刺史。侯景襲而陷之，因被執，尋逃至江陵。梁元帝平侯景，以泰爲兼太常卿、桂陽內史。未至郡，屬于謹平江陵，遂隨兄脩佐郢州。及脩卒，即以泰爲刺史。湘州刺史王琳襲泰，泰以州輸琳。時陳武帝執政，徵爲侍中，不就。乃奔齊，爲永州刺史。

保定四年，大將軍權景宣略地河南，泰遂歸西魏。[18]以名犯周文帝諱，稱字焉。拜開府儀同三司，封義興郡公，授蔡州刺史。政存簡惠，深爲吏人所安。卒官，子寶嗣。

寶字季珍，美風儀，善談笑，未弱冠，名重一時。隋文帝輔政，引爲丞相府典籤。開皇中，至吏部侍郎。後坐太子勇事誅，時人寃之。

即武定七年。

〔一七〕家人則之　北齊書卷三三蕭放傳南、北、汲、殿四本「則」作「伺」，百衲本作「則」，與此同。張元濟疑爲「測」之訛。

〔一八〕保定四年大將軍權景宣略地河南泰遂歸西魏　按保定是周武帝年號，「西魏」當作「後周」。

〔一九〕累遷巴西梓潼二郡守　諸本「遷」下衍「東」字，據周書卷四二蕭撝傳删。

〔二〇〕淮海離亂志四卷　周書卷四二、通志卷八三蕭圓肅傳、隋書卷三三經籍志史部古史類並作「淮海亂離志」。

〔二一〕梁大寶元年封樂梁郡王　南史卷五四、通志卷八三梁簡文諸子傳「樂梁」作「樂良」。按地志不見樂梁郡。但周書卷四二蕭大圜傳及梁書卷四、南史卷八簡文帝紀大寶元年，並作「樂梁」，或當時曾有此郡。

〔二二〕然有東平爲善彌高前載　周書卷四二蕭大圜傳此下有「吾重之愛之，爾當效焉」九字，北史删去，語意不完。

〔二三〕安得而隱之〔如有不彰亦安得不隱〕　諸本無「如有不彰，亦安得不隱」九字，按無此九字與下文意不銜接，今據御覽卷二四八一一六九頁引北史補。周書、通志作「如有不彰，亦安得而不隱」。

北史卷三十

列傳第十八

盧玄 玄孫思道　昌衡　曾孫元明　玄孫潛　盧柔 子愷　盧觀 弟仲宣　叔彪　從叔文偉　盧同 子斐　兄子景裕　景裕弟辯　光　光子賁　光從弟勇　盧誕

盧玄字子眞，范陽涿人也。曾祖諶，晉司空劉琨從事中郎。祖偃、父邈，並仕慕容氏。偃爲營丘太守，邈爲范陽太守，皆以儒雅稱。

神䴥四年，太武辟召天下儒儁，以玄爲首。授中書博士，遷侍郎，本州大中正。使馮弘，稱臣請附。外兄司徒崔浩每與言輒歎曰：「對子眞，使我懷古之情更深。」浩大欲齊整人倫，分明姓族。玄曰：「創制立事，各有其時，樂爲此者，詎幾人也？宜三思。」浩當時雖無以

異之，竟於不納。浩敗，頗亦由此。

後賜爵固安子，散騎常侍，使宋。宋文帝與之言，嘉歎良久，曰：「中郎，卿曾祖也！」還，遇疾，歸鄉卒，贈平東將軍、幽州刺史、固安侯，謚曰宣。

子度世，字子遷。幼聰達，有計數。爲中書學生，應選東宮。弱冠，與從兄遐俱以學行爲時流所重。遐特爲崔浩所敬，位至尚書、光祿大夫、范陽子。

度世後以崔浩事，棄官逃於高陽鄭羆家，羆匿之。使者囚羆長子，將加捶楚。羆誡之曰：「君子殺身以成仁，汝雖死勿言。」子奉父命，遂被拷掠，乃至火爇其體，因以物故，卒無所言。度世後令弟娶羆妹，以報其恩。太武臨江，宋文使其殿上將軍黄延年至。〔一〕帝問曰：「盧度世坐與崔浩親通，逃命江表，應已至彼。」延年對曰：「都下無聞，當必不至。」帝詔東宮赦度世宗族逃亡籍沒者，度世乃出。拜中書侍郎，襲爵。

興安初，兼太常卿，立保太后父遼西獻王廟，進爵爲侯。後除散騎侍郎，使宋，應對宋侍中柳元景失衷。還，被禁劾，經年乃釋。除濟州刺史，州接邊境，將士數相侵掠，度世乃禁勒所統，還其俘虜，二境以寧。後坐事免。尋除青州刺史，未拜，卒，謚曰惠。四子，伯源、敏、昶、尚之。〔二〕

初，玄有五子，唯度世嫡，餘皆別生。崔浩之難，其庶兄弟恒欲害之，度世常深忿恨。及度世有子，每誡絕妾孽，以防後患。至伯源兄弟，婢妾生子，雖形貌相類，皆不舉接。爲識者所非。

伯源小名陽烏，性溫雅寡欲，有祖父風。敦尚學業，閨門和睦。襲侯爵，降爲伯。累加祕書監、本州大中正。時孝文帝將立馮后，先問伯源。請更簡卜。帝曰：「以先后之姪，朕意已定。」伯源曰：「雖奉敕如此，然臣心實有未盡。」及朝臣集議，執意如前。馮誕有盛寵，深以爲恨，伯源不以介懷。及孝文議伐齊，伯源表以爲萬乘親戎，轉運難繼。詔雖不從，而優答之。尋以齊武帝殂，停師。

時涇州羌叛，殘破城邑。伯源以步騎六千號三萬，徐行而進。未經三旬，賊衆逃散。降者數萬口，唯梟首惡，餘悉不問。詔兼侍中。初，伯源年十四，嘗詣長安。將還，餞送者五十餘人，別於渭北。有相者扶風人王遠曰：「諸君皆不如此盧郎，雖位不副實，然得聲名甚盛，望踰公輔。後二十餘年，當制命關右，願不相忘。」此行也，相者年過八十，詣軍門請見，言敍平生。未幾，守儀曹尚書。

及齊雍州刺史曹武請降，〔三〕乃以伯源爲使持節、安南將軍，督前鋒諸軍，徑赴樊、鄧。

辭以儒生不行軍事，帝不許。伯源曰：「臣恐曹武爲周魴耳。陛下宜審之。」武果僞降。伯源乃進攻赭陽，師敗，坐免官爵。尋遭母憂。服闋，兼太尉長史。

後爲徐州京兆王愉兼長史。愉時年少，事無巨細，多決於伯源。伯源以誠信御物，甚得東南人和。南徐州刺史沈陵密謀叛，伯源屢有表聞，朝廷不納，陵果逃叛。陵之餘黨，伯源皆撫而赦之，唯歸罪於陵，由是衆心乃安。

景明初，卒於祕書監，年四十八，贈幽州刺史，復本爵固安伯。謚曰懿。

初，諶父志，法鍾繇書，子孫傳業，累世有能名。至邈以上，兼善草跡。伯源習家法，代京宮殿，多其所題。白馬公崔宏亦善書，世傳衞瓘體。魏初工書者，崔、盧二門。伯源與李沖特相友善，沖重伯源門風，伯源私沖才官，故結爲婚姻，往來親密。至於伯源荷孝文意遇，頗亦由沖。伯源有八子。

長子道將，字祖業。應襲父爵而讓第八弟道舒，詔不許。道將引清河王國常侍韓子熙讓弟采魯陽男之例，詔乃許之。道將涉獵經史，風氣謇諤，頗有文才，爲一家後來之冠，諸父並敬憚之。彭城王勰、任城王澄皆虛衿相待。勰爲中軍大將軍，辟行參軍。累遷燕郡太守。道將下車表樂毅、霍原之墓，爲之立祠。優禮儒生，厲勸學業，敦課農桑，墾田歲倍。卒於司徒司馬，贈太常卿，謚曰獻。所爲文筆數十篇。

子懷祖，太學博士、員外散騎侍郎，卒。子莊，少有美名，位都水使者，卒官。

懷祖弟懷仁，字子友，涉學有辭。性恬靜，蕭然有閑雅致。歷太尉記室、弘農郡守，不之任，卜居陳留界。所著詩賦銘頌二萬餘言，撰中表實錄二十卷。懷仁有行檢，善與人交。與琅邪王衍、隴西李壽之情好相得。常語衍云：「昔太丘道廣，許劭知而不顧；嵇生峭立，鍾會遇而絕言。〔四〕吾處季、孟之間，去其太甚。」衍以爲然。

子彥卿，有學尚，仕隋位御史。撰後魏紀三十卷。貞觀中位石門令、東宮學士。

道將弟道亮，字仲業，隱居不仕。子思道。

思道字子行，聰爽俊辯，通侻不羈。年十六，中山劉松爲人作碑銘，以示思道，思道讀之，多所不解。乃感激讀書，師事河間邢子才。後復爲文示松，松不能甚解。乃喟然歎曰：「學之有益，豈徒然哉！」因就魏收借異書。數年間，才學兼著。然不持操行，好輕侮人物。齊天保中，魏史成，思道多所非毀，由是前後再被笞辱，因而落泊不調。

後左僕射楊遵彥薦之於朝，解褐司空行參軍、長兼員外散騎侍郎，直中書省。文宣帝崩，當朝文士各作挽歌十首，擇其善者而用之。魏收、陽休之、祖孝徵等不過得一二首，唯思道獨有八篇。故時人稱爲「八米盧郎」。後漏泄省中語，出爲丞相西閤祭酒。歷太子舍

人、司徒錄事參軍。每居官，多被譴辱。後以擅用庫錢，免歸家。嘗於薊北，悵然感慨，爲五言詩見意，世以爲工。後爲給事黃門侍郎，待詔文林館。

周武帝平齊，授儀同三司，追赴長安。與同輩陽休之等數人作聽蟬鳴篇。思道所爲，詞意清切，爲時人所重。新野庾信徧覽諸同作者，而深歎美之。未幾，母疾，還鄉。遇同郡祖英伯及從兄昌期等舉兵作亂，思道預焉。柱國宇文神舉討平之。思道罪當斬，已在死中。神舉素聞其名，引出，令作露布。援筆立成，文不加點。神舉嘉而宥之。後除掌教上士。

隋文帝爲丞相，還武陽太守。位下，不得志，爲孤鴻賦以寄其情。其序曰：

余志學之歲，自鄉里遊京師，便見識知音，歷受羣公之眷。年登弱冠，甫就朝列，談者過誤，遂竊虛名。通人楊令君、邢特進以下，皆分庭致敬，倒屣相接，翦拂吹噓，長其光價。而才本駑拙，性實疏嬾，勢利貨殖，淡然不營，雖籠絆朝市，且三十載，而獨往之心，未始去懷抱也。

攝生舛和，有少氣疾。分符坐嘯，作守東原。洪河之湄，沃野彌望，囂務既屛，魚鳥爲隣。有離羣之鴻，爲羅者所獲，野人馴養，貢之於余。置諸池庭，朝夕賞翫，既用銷憂，兼以輕疾。大易稱「鴻漸於陸」，羽儀盛也。揚子曰「鴻飛冥冥」，騫翥高也。淮

南子云「東歸碣石」，違溽暑也。平子賦「南翔衡陽」，避祁寒也。若其雅步清音，遠心高韻，鵷鸞已降，罕見其儔。而鍛翮牆陰，偶影獨立，唼喋粃稗，雞鶩爲伍，不亦傷乎。

余五十之年，忽焉已至，永言身事，慨然多緒，乃爲之賦，聊以自慰云。

開皇初，以母老，表請解職，優詔許之。思道侍才地，多所陵轢，由是官途淪滯。既而又著勞生論，指切當世。歲餘，奉詔郊勞陳使。頃之，遭母憂。未幾，起爲散騎侍郎，參內史侍郎事。于時，議置六卿，將除大理。思道上奏曰：「省有駕部，寺留太僕；省有刑部，寺除大理。斯則重畜產而賤刑名，誠爲不可。」又陳殿庭非杖罰之所，朝臣犯笞罪，請以贖論。上悉嘉納之。是歲，卒于京師。上甚惜之，遣使弔祭焉。集二十卷，行於世。子赤松，大業中，位河東縣長。

道亮弟道裕，字寧祖。少以學尙知名，風儀兼美。尙獻文女樂浪長公主，拜駙馬都尉。歷位中書侍郎、太子中庶子、幽州大中正，卒於涇州刺史，諡曰文。

道裕弟道虔，字慶祖。粗閑經史，兼通算術。尙孝文女濟南長公主，拜駙馬都尉。公主驕淫，聲穢遐邇，無疾暴薨，時云道虔所害。宣武祕其事，不苦窮之。後靈太后追主薨事，黜道虔，令終身不仕。道虔外生李彧，尙莊帝姊豐亭公主，因相藉託，永安中，除輔國

將軍、通直常侍。以議曆勳，賜爵臨淄伯。天平中，歷都官尙書、本州大中正，幽州刺史，加衞大將軍。卒官，贈尙書右僕射、司空公、瀛州刺史，諡曰文恭。

道虔好禮學，難齊尙書令王儉喪服集記七十餘條。爲尙書同僚於草屋下設雞黍之膳，談者以爲高。昧旦將上省，必見其弟然後去。奴在馬上彈琵琶，道虔聞之，杖奴一百。公主二子，昌寓、昌仁，昌寓不慧，昌仁早卒。道虔又娶司馬氏，有子昌裕。後司馬氏見出，更娉元氏，甚聰悟，常升高座講老子。道虔從弟元明隔紗帷以聽焉。元氏生二子，昌期、昌衡，昌衡最知名。

昌衡字子均，小字龍子。沈靖有才識，風神澹雅，容止可法。博涉經史，工草行書。從弟思道，小字釋奴，宗中稱英妙，昌衡與之俱被推重。故幽州語曰：「盧家千里，釋奴、龍子。」

仕魏，兼太尉外兵參軍。齊受禪，歷平恩令。右僕射祖孝徵薦爲尙書金部郎。孝徵每曰：「吾用盧子均爲尙書郎，自謂無愧幽明。」〔五〕始天保中，尙書王昕以雅談獲罪，諸弟尙守而不墜。自茲以後，此道浸微。昌衡與頓丘李若、彭城劉珉、河南陸彥師、隴西辛德源、王循〔六〕並爲後進風流之士。後兼散騎侍郎，迎勞周使。周武平齊，授司玉中士，與大宗伯斛

斯徵修禮令。

隋開皇初，拜尙書祠部侍郎。文帝嘗大集羣下，令自陳功，人皆競進，昌衡獨無所言。左僕射高熲目而異之。陳使賀徹、周濆相繼來聘，朝廷每令昌衡接對之。未幾，出爲徐州總管長史，甚有能名。吏部尙書蘇威考之曰：「德爲世表，行爲士則。」論之者以爲美談。常行至浚儀，所乘馬爲人牛所觸致死。牛主陳謝，求還價直。昌衡謂曰：「六畜相觸，自關常理，此豈人情也，君何謝焉？」拒而不受。性寬厚不校，皆此類也。轉壽州總管長史，宇文述甚敬之，委以州務。歲餘，遷金州刺史。

仁壽中，奉詔持節爲河南道巡省大使。及還，以奉使稱旨，授儀同三司，賜物二百段。昌衡自以年在縣車，上表乞骸骨，優詔不許。大業初，徵爲太子左庶子，行詣洛陽，道卒。子寶素、寶胤。

道虔弟道侃，字希祖，沈雅有學尙，位州主簿，卒。以弟道約子正達爲後。

道侃弟道和，字叔雍，兄弟之中，人望最下。位冀州中軍府中兵參軍，卒。子景猷，弘農太守。景猷子士彥，有風概，隋開皇中，爲蜀王秀屬。以秀所爲不軌，辭疾，終於家。

道和弟道約，字季恭，位司徒屬、幽州大中正。興和末，除衞大將軍、兗州刺史，在州頗

得人和。卒，贈儀同三司、幽州刺史。

子正通，少有令譽，位開府諮議，卒。妻謝氏，與正通弟正思淫亂，爲御史所劾，人士疾之。正思弟正山子公順，〔七〕早以文學見知，爲符璽郎，待詔文林館。正思兄弟以齊太后舅氏，武平中，並得優贈。

道約弟道舒，字幼安，襲父爵，位中書侍郎，卒。子熙裕襲。熙裕清虛守道，有古人風，爲親表所敬。

伯源弟敏，字仲通，小字洪崖，少有大量。孝文器之，納其女爲嬪。位儀曹郎，早卒，贈威遠將軍、范陽太守，諡曰靖。五子。

長義僖，字遠慶，早有學尙，識度沈雅。年九歲喪父，便有至性，少爲僕射李沖所歎美。起家祕書郎，累遷冠軍將軍、中散大夫，以母憂去職。幽州刺史王誦與之交款，每與故舊李神儁等書曰：「盧冠軍在此，時復惠存，輒遑數日，得以諮詢政道。」其見重若此。後拜征虜將軍、太中大夫，散秩多年，澹然自得。李神儁勸其干謁當途，義僖曰：「既學先王之道，貴行先王之志，何得苟求富貴也？」

孝昌中，除散騎常侍。時靈太后臨朝，黃門侍郎李神軌勢傾朝野，求結婚姻。義僖慮

其必敗，拒而不許。王誦謂義僖曰：「昔人不以一女易五男，卿易之也？」義僖曰：「所以不從，正爲此耳。從，恐禍大而連速。」誦乃握義僖手曰：「我聞有命，不敢以告人。」遂適他族。臨婚之夕，靈太后遣中常侍服景就家敕停，內外惶怖，義僖夷然自若。普泰中，除都官尚書、驃騎大將軍、左光祿大夫。

義僖寬和畏慎，不妄交款。性清儉，不營財利。少時，幽州頻遭水旱，先有數萬石穀貸人，義僖以年穀不熟，乃燔其契，州閭悅其恩德。雖居顯位，每至困乏，麥飯蔬食，怡然甘之。卒，贈大將軍、儀同三司、瀛州刺史，諡曰孝簡。

子遜之，清靖寡欲，位太尉記室參軍。義僖四弟，並遠不逮兄也。

敏弟昶，字叔達，小字師顏，學涉經史，早有時譽。太和中，兼員外散騎常侍，使於齊。孝文詔昶曰：「密邇江揚，不早當晚，會是朕物。卿等欲言便言，無相疑難。」又敕副使王清石曰：「卿莫以南人語致疑盧昶。〔八〕若彼先有知識，欲見但見，須論即論。昶正寬柔君子，無多文才，或主客命卿作詩，莫以昶不作，便罷也。凡使人以和爲貴，勿相矜夸，見於色貌。」及至彼，遇齊明立，孝文南討，昶兄伯源爲別道將。而齊明以朝廷加兵，遂酷遇之。昶等本非骨鯁，大怖，淚汗橫流。齊明以腐米臭魚莝豆供之。而謁者張思寧，辭氣謇愕，遂以

壯烈死於館中。昶還，孝文責之曰：「銜命之禮，有死無辱，雖流放海隅，猶宜抱節致殞。卿不能長纓羈首，已是可恨。乃俛眉飲啄，自同犬馬。有生必死，修短幾何？卿若殺身成名，貽之竹素，何如甘彼芻菽，以辱君父。縱不能遠慚蘇武，寧不近愧思寧！」遂見罷黜。

景明初，除中書侍郎，遷給事黃門侍郎、本州大中正、散騎常侍，兼尚書。時洛陽縣獲白鼠，昶奏，以爲案瑞典，外鎮刺史二千石令長不祗上命，刻暴，百姓怨嗟，則白鼠至。因陳時政，多所勸誡。詔書褒美其意。轉侍中，又兼吏部尚書，尋即正，仍侍中。昶守職而已，無所激揚，與侍中元暉等更相朋附，爲宣武所寵，時人鄙之。

出爲徐州刺史。〔九〕昶既儒生，本少將略，又羊祉子燮爲昶司馬，〔一〇〕專任戎事，掩昶耳目，將士怨之。朐山戍主傅文驥糧樵俱罄，以城降梁。昶見城降，先走退，諸軍相尋奔遁。遇大寒，軍人凍死及落手足者太半。自魏經略江右，唯中山王英敗於鍾離，昶於朐山失利，最爲甚焉。宣武遣黃門甄琛馳驛鎖昶，窮其敗狀，詔以免官論。自餘將統以下，悉聽依赦復任。未幾，拜太常卿，仍除雍州刺史，進號鎮西將軍，加散騎常侍。卒官，諡曰穆。

昶寬和矜恕，善於綏懷。其在徐州，戍兵有疾，親自檢恤，至番兵年滿不歸，容充後役，終昶一政，然後始還，人庶稱之。

子元聿，字仲訓，無他才能。尙孝文女義陽長公主，拜駙馬都尉。位太尉司馬、光祿大夫。卒，贈中書監。子士晟，儀同開府掾。

元聿第五弟元明，字幼章。涉歷羣書，兼有文義，風彩閑潤，進退可觀。永安初，長兼尙書令、臨淮王彧欽愛之。及彧開府，引爲兼屬，仍領部曲。孝武登阼，以郎任行禮，封城陽縣子，遷中書侍郎。永熙末，居洛東緱山，乃作幽居賦焉。於時，元明友人王由居潁川，忽夢由攜酒就之言別，賦詩爲贈。及明，憶其詩十字，云：「自茲一去後，市朝不復遊。」元明歎曰：「由性不狎俗，旅寄人間，乃有今夢，詩復如此，必有他故。」經三日，果聞由爲亂兵所害。尋其亡日，乃是發夢之夜。

天平中，兼吏部郎中，副李諧使梁，南人稱之。還，拜尙書右丞，〔一一〕轉散騎常侍，監起居。積年在史館，了不措意。又兼黃門郎、本州大中正。

元明善自標置，不妄交遊，飲酒賦詩，遇興忘返。性好玄理，作史子雜論數十篇，諸文別有集錄。少時，常從鄉還洛，途遇相州刺史、中山王熙。熙，博識之士，見而歎曰：「盧郎有如此風神，唯須誦離騷，飲美酒，自爲佳器。」遂留之數日，贈帛及馬而別。元明凡三娶，次妻鄭氏與元明兄子士啓淫汙，元明不能離絕。又好以世地自矜，時論以此貶之。

元明弟元緝，字幼緒，凶粗好酒，曾於婦氏飲宴，小有不平，手刃其客。位輔國將軍、司

徒司馬，贈驃騎大將軍、吏部尙書、幽州刺史，諡曰宣。

昶弟尙之，字季儒，小字羨夏。亦以儒素見重，位司徒左長史、前將軍、濟州刺史、光祿大夫。

長子文甫，字元祐，涉歷文史，有名譽於時。位司空行參軍。

文甫弟文翼，字仲祐，少甚輕躁，晚頗改節。以軍功賜爵范陽子，位太中大夫。

文翼弟文符，字叔偉，性通率，位通直散騎侍郎。子潛。

潛容貌瓌偉，善言談，少有成人志尙。累遷大將軍府中兵參軍，機事强濟，爲文襄所知，言其終可大用。王思政見獲於潁川，文襄重其才識。潛常從容白文襄：「思政不能死節，何足可重？」文襄謂左右曰：「我有盧潛，便是更得一王思政。」

天保中，除左戶郎中。坐譏議魏書，與王松年、李庶等俱被禁止。會清河王岳救江陵，特敕潛爲岳行臺郎。還，歷中書、黃門侍郎。爲奴誣告謀反，文宣明之，以奴付潛，潛不之責。黃門鄭子默奏潛從清河王岳南討，岳令潛說梁將侯瑱，大納瑱賂遺，還不奏聞。文宣杖潛一百，仍截其鬚，潛顏色不變。歷魏尹丞、司州別駕、江州刺史，所在有善政。

孝昭作相，以潛爲揚州道行臺左丞。先是，梁將王琳擁其主蕭莊歸壽陽，朝廷以琳爲揚州刺史，敕潛與琳爲南討經略。後除行臺尚書、儀同三司。王琳銳意圖南，潛以爲時事未可，由是與琳有隙，更相表列。武成追琳入鄴，除潛揚州刺史，領行臺尚書。潛在淮南十三年，大樹風績，爲陳人所憚。陳主與其邊將書云：「盧潛猶在，卿宜深備之。」文宣初平淮南，給復十年，年滿後，逮天統、武平中，徵稅頗雜。又高元海執政，斷漁獵，人家無以自資；諸商胡負官責息者，宦者陳德信縱其妄注淮南富家，令州縣徵責；又敕送突厥馬數千匹於揚州管內，令土豪貴買之，錢直始入，便出敕括江、淮間馬並送官廐。由是百姓騷擾，切齒嗟怨。潛隨事撫慰，兼行權略，故得寧靖。

武平三年，徵爲五兵尚書。揚州吏人以潛斷酒肉，篤信釋氏，大設僧會，以香花緣道流涕送之。潛歎曰：「正恐不久復來耳！」至鄴未幾，復爲揚州道行臺尚書。

四年，陳將吳明徹來寇，領軍封輔相赴援。陳兵及峴，輔相不從，潛固爭不得，憂憤發病，臥幕下，果敗。陳人遂圍壽陽，壅芍陂，以水灌之。詔王長春爲南討都督。長春軍次河南，多給兵士糧，便鳴角欲引，而賤糴其米；及頓兵，更貴糶其米。乃與皮景和擁衆十萬於淮北，不進。[一二]壽陽城中青黑龍升天，城尋陷。潛及行臺僕射王貴顯、特進巴陵王王琳、扶風王可朱渾孝裕、武衛將軍奚永樂、儀同索景和、仁州刺史酈伯偉、霍州刺史封子繡、秦州

刺史高子植、[一三]行臺左丞李騊駼等督將五十八，軍士一萬，皆沒焉。陳人殺王琳，餘皆囚於東冶。陳主欲知齊之虛實，乃出潛，曰：「囚本屬幽州，於河北最小，口有五十萬，落陳者，唯與酈伯偉二人耳。」

時李騊駼將逃歸，并要潛。潛曰：「我此頭面，何可誑人？吾少時，相者云：沒在吳越地。死生已定，弟其行也。」因寄書與弟士邃曰：「吾夢汝以某月某日得患，某月某日漸損。」皆如其言。既而歎曰：「壽陽陷，吾欲以頸血濺城而死，[一四]佛教不聽自殺，故在苒偷生，今可死矣！」於是閉氣而絕。其家購屍歸葬，贈開府儀同三司、尚書左僕射、兗州刺史。無子，以弟士邃子元孝嗣。

潛雅性貞固。祖珽常要潛陷仁州刺史劉逖，許以高位。潛曰：「如此事，吾不爲也。」行臺慕容恃德常所推重，有疾，謂其子曰：「盧尚書教我爲人，有如昆弟。我死，持上騂馬與之。」其子以他馬往。恃德柩出門自停，不可動，巫祝以爲恃德聲怒曰：「何不與盧尚書我所騎騂馬？」其子遽奉命，柩乃行。潛以馬價爲營福事。其爲時重如此。

士邃字子淹，少爲崔昂所知。昂云：「此昆季足爲後生之俊，但恨其俱不讀書耳。」位尚書左右丞、吏部郎中、中山太守帶定州長史。齊亡後，卒。

度世之爲濟州也，魏初平升城。無鹽房崇吉母傅，度世繼外祖母兄之子婦也，兗州刺史申纂妻賈氏，崇吉之姑女也，皆亡破，老病憔悴。而度世推計中表，致其供恤。每覲見傅氏，跪問起居，隨時奉送衣被食物；亦存賑賈氏，供其服膳。青州既陷，諸崔墜落，多所收贖。及伯源、昶等，並循父風。遠親疏屬，敍爲尊行長者，莫不畢拜致敬。閨門之禮，爲世所推。謙退簡約，不與世競。父母亡後，同居共財，自祖至孫，家內百口。在洛時，有飢年，無以自贍，然尊卑怡穆，豐儉同之。親從昆季，常旦省諸父，出坐別室，暮乃入內。朝府之外，不妄交遊。其相勗以禮，如此。又一門三主，當世以爲榮。伯源兄弟亡，及道將卒後，家風衰損。子孫多有非法，幃薄混穢，爲時所鄙。

度世從祖弟神寶，位中書博士。孝文爲弟高陽王雍納其女爲妃。

初，玄從祖兄溥，慕容寶之末，統攝鄉部屯海濱，殺其鄉姻諸祖十餘人，稱征北大將軍、幽州刺史，攻掠郡縣。天興中，討禽之。

溥玄孫洪，字曾孫，太和中，位中書博士，樂陵、陽平二郡太守，幽州中正。洪三子。長子崇，少立美名，有識者許之以遠大，卒於驃騎府法曹參軍。崇子柔。

柔字子剛。少孤，爲叔母所養，撫視甚於其子。柔盡心溫凊，亦同己親，親族歎重之。性聰敏好學，未冠解屬文，但口吃，不能持論。頗使酒誕節，爲世所譏。司徒、臨淮王彧見而器之，以女妻焉。

及魏孝武與齊神武有隙，詔賀拔勝出牧荊州，柔謂因此可著功績，遂從勝之荊州。以柔爲大行臺郎中，掌書記，軍之機務，柔多預之。及勝爲太保，以柔爲掾。孝武後召勝引兵赴洛，勝以問柔。柔曰：「高歡託晉陽之甲，意實難知。公宜席卷赴都，與決勝負，存沒以之，此忠之上策也。若北阻魯陽，南并舊楚，東連兗、豫，西接關中，帶甲十萬，觀釁而動，亦中策也。舉三荊之地，通款梁國，可以庇身，功名去矣，策之下者。」勝輕柔年少，笑而不應。及孝武西遷，東魏遣侯景襲穰。勝敗，遂南奔梁，柔亦從之。勝頻表梁武帝，求歸關中。梁武帝覽表，嘉其辭彩，既知柔所製，因遣舍人勞問，并遺縑錦。後與勝俱還，行至襄陽。齊神武懼勝西入，遣侯景以輕騎邀之。勝及柔懼，乃棄船山行，贏糧冒險，經數百里。時屬秋霖，徒侶凍餒者，太半至於死。

大統二年，至長安，封容城縣男。周文帝引爲行臺郎中，除從事中郎，與郎中蘇綽掌機密。時沙苑之役，大軍屢捷，汝、潁之間，多舉義來附，書翰往反，日百餘牒，柔隨機報答，皆

合事宜。進爵爲子。累遷中書侍郎，兼著作，撰起居注。後爲黄門侍郎。周文知其貧，解衣賜之。後遷中書監。

周孝閔帝踐阼，拜小內史大夫，進位開府儀同三司，卒於位。所作詩、頌、碑、銘、檄、表、啓行於世者數十篇。子愷嗣。

愷字長仁。性孝友，神情穎悟，涉獵經史，有當世幹能，頗解屬文。周齊王憲引爲記室。從憲伐齊，說齊栢社鎮下之。遷小吏部大夫。時染工王神歡者，以賂自進，冢宰宇文護擢爲計部下大夫。愷諫曰：「古者，登高能賦，可爲大夫。求賢審官，理須詳慎。今神歡出自染工，更無殊異，徒以家富自通，遂與搢紳並列。實恐鵜翼之刺，聞之外境。」護竟寢其事。轉內史下大夫。武帝在雲陽宮，敕諸屯簡老牛，欲以享士。愷諫曰：「昔田子方贖老馬，君子以爲美談。向奉明敕，欲以老牛享士，有虧仁政。」帝美其言而止。轉禮部大夫，爲聘陳使副。先是，行人多從其國禮，及愷爲使，一依本朝，陳人莫能屈。建德四年，李穆攻拔軹關、栢崖二鎮，命愷作露布。帝讀大悅曰：「盧愷文章大進，荀景蒨故是令君之子。」大象元年，拜東都吏部大夫。

隋開皇初，加上儀同三司，除尚書吏部侍郎。進爵爲侯，仍攝尚書左丞。每有敷奏，侃

然正色，雖逢喜怒，不改其常。加散騎常侍。八年，上親考百僚，以愷爲上，固讓不敢受。文帝曰：「當仁不讓，何愧之有？皆在朕心，無勞飾讓。」

歲餘，拜禮部尚書，攝吏部尚書事。會國子博士何妥與右僕射蘇威不平，奏威陰事，愷坐與相連。憲司奏愷曰：「房恭懿者，尉遲迥之黨，不當仕進，威、愷二人，〔一五〕曲相薦達，累轉海州刺史。吏部預選者甚多，愷不卽授官，皆注色而遣。威之從父弟徹、肅二人，並以鄉正徵詣吏部。徹文狀後至，而先任用。肅左足攣蹇，才用無算，愷以威故，授朝請郎。愷之朋黨，事甚明白。」上大怒曰：「愷敢將天官，以爲私惠！」愷免冠頓首曰：「皇太子將以通事舍人蘇夔爲舍人。夔，威之子，臣以夔未當遷，固啓而止。臣若與威有私，豈當如此？」上曰：「威子，朝廷共知，卿乃固執，以徼身幸；至所不知，便行朋附。姦臣之行也。」於是除名，卒於家。

自周氏以降，選無清濁。及愷攝吏部，與薛道衡、陸彥師等甄別士流，故涉黨錮之譖，遂及於此。

崇弟仲義，字小黑，知名於世，位員外散騎侍郎、幽州刺史。崇兄弟官雖不達，婚姻常與玄家齊等。

洪弟光宗，位尚書郎。光宗子觀。

觀字伯舉。少好學，有儁才，舉秀才，射策甲科。除太學博士、著作佐郎。與太常少卿李神儁、光祿大夫王誦等在尚書上省，撰定朝儀。遷尚書儀曹郎中。孝昌元年卒。

觀弟仲宣，小名金。才學優洽，乃踰於觀，但文體頗細。兄弟俱以文章顯，論者美之。仲宣弟位太尉屬。魏孝莊帝初，遇害河陰。及兄觀並無子，〔一六〕文集莫爲撰次，罕有存者。仲宣弟叔彪。〔一七〕

叔彪少機悟，豪率輕俠，好奇策，慕諸葛亮之爲人。爲賀拔勝荆州開府長史，勝不用其計，棄城奔梁。叔彪歸本縣，築室臨陂，優遊自適。齊文襄降辟書，辭疾不到。天保初，復徵，不得已，布裙露車至鄴。楊愔往候之，以爲司徒諮議，辭疾不受。孝昭卽位，召爲中庶子，問以世事。叔彪勸討關西，畫地陳兵勢，請立重鎮於平陽，與彼蒲州相對，深溝高壘，運糧實之。帝深納之。又願自居平陽，成此謀略。帝命元文遙與叔彪參謀，撰平西策一卷。未幾，帝崩，事寢。武成卽位，拜儀同三司，判都官尚書，出爲合州刺史，〔一八〕遷太子詹事。

叔彪在鄉時，有粟千石，每至春夏，鄉人無食者，令自載取；至秋，任還其價而不計。歲歲常得倍餘。既在朝通貴，自以年老，兒子又多，遂營一大屋，曰：「歌於斯，哭於斯。」魏收常來詣之，訪以洛京舊事，不待食而起，云：「難爲子費。」叔彪留之，良久食至，但有粟飡葵菜，木椀盛之，片脯而已。所將僕從，亦盡設食，一與此同。

齊滅，歸范陽。遭亂城陷，與族弟士邃皆以寒餒斃。周將宇文神舉以二人有名德，收而葬之。

洪從弟附伯，附伯弟侍伯，並有學識。附伯位滄州平東府長史，侍伯南岐州刺史。侍伯從弟文偉。

文偉字休族。父敞，位議郎，後以文偉勳，贈幽州刺史。文偉少孤，有志尚，頗涉經史。州辟主簿。年三十八，始舉秀才，除本州平北府長流參軍。說刺史裴儁案舊迹修督亢陂，溉田萬餘頃，人賴其利。儁修立之功，多以委之。文偉既善於營理，兼展私力，家素貧儉，因此致富。及北方將亂，文偉積稻穀於范陽城，時經荒儉，多所振贍，彌爲鄉里所歸。及韓樓據薊城，文偉率鄉閭守范陽。樓平，以功封大夏縣男，除范陽太守。莊帝崩，文偉與幽州刺史劉靈助同謀起義。靈助克瀛州，留文偉行州事，自率兵赴定

州，爲尒朱榮將侯深所敗。文偉走還本郡，仍與高乾兄弟相影響。屬神武至信都，文偉遣子懷道奉啓陳謝。中興初，除安州刺史，不之官，尋轉幽州刺史。安州刺史盧曹亦從靈助舉兵，[一九]靈助敗，因據幽州降尒朱兆，兆仍以爲刺史，據城不下，文偉不得入。後除青州刺史。

文偉輕財愛客，善於撫接，好爲小惠，是以所在頗得人情。經紀生資，常若不足，致財積聚，承候寵要，餉遺不絕。卒，贈司徒公、尚書右僕射，謚曰孝威。

子恭道，性溫良，頗有文學。位范陽郡太守，有德惠。先文偉卒。贈度支尚書，謚曰定。

子詢祖，襲祖爵大夏男。有術學，文辭華美，爲後生之俊。舉秀才，至鄴。趙郡李祖勳嘗宴諸文士，齊文宣使小黃門敕祖勳母曰：「蠕蠕既破，何無賀表？」使者待之。諸賓皆爲表，詢祖俄頃便成。其詞云：「昔十萬橫行，樊將軍請而受屈；五千深入，李都尉降而不歸。」時重其工。後朝廷大遷除，同日催拜。詢祖立於東止車門外，爲二十餘人作表，文不加點，辭理可觀。詢祖初襲爵，有宿德朝士謂曰：「大夏初成」，詢祖應聲曰：「且得燕雀相賀。」天保末，為築長城子使。自負其才，內懷鬱怏，遂毀容服如賤役者以見楊愔。愔曰：

「故舊皆有所縻，唯大夏未加處分。」詢祖厲聲曰：「是誰之咎？」既至役所，作築長城賦以寄其意。其略曰：「板則紫栢，杵則木瓜，何斯材而斯用也？草則離離靡靡，緣岡而殖。但使十步而有一芳，余亦何辭間於荆棘。」

邢卲常戲曰：「卿小年才學富盛，戴角者無上齒，恐卿不壽。」對曰：「詢祖初聞此言，實懷惕懼；見丈人蒼蒼在鬢，差以自安。」卲甚重其敏贍。既有口辯，好臧否人物。衆共嫉之，言其淫於從妹。宗人思道謂曰：「大夏何爲招四海議？」詢祖曰：「骨肉還相殘，何況執玉帛者萬國。」與思道俱爲北州人俊，魏收揚譽思道而以詢祖爲不及。詢祖謂人曰：「見未能高飛者，借其羽毛；知逸勢沖天者，翦其翅翮。」既諸謗毀日至，素論皆薄其爲人。長廣太守邢子廣曰：「詢祖有規檢禰衡，思道無冰稜文舉。」後頗折節。歷太子舍人、司徒記室，卒。有文集十卷，皆遺逸。

恭道弟懷道，性輕率好酒，頗有慕尚。既家預義舉，神武親待之。卒於烏蘇鎮城都督。

懷道弟宗道，性粗率，動作狂俠，位南營州刺史。嘗於晉陽置酒，賓遊滿座，中書舍人馬士達目其彈箜篌女妓，云手甚纖素，宗道卽以遺之。士達固辭，宗道便命其家人，將解其腕，士達不得已而受之。將赴營州，於督亢城坡，大集鄉人，殺牛聚會。有一舊門人，[二〇]醉言疏失，宗道令沈之於水。後坐酷濫除名。

玄族子輔，字顯光，本州別駕。子同。

同字叔倫，身長八尺，容貌魁偉，善於處世。太和中，起家北海王詳國常侍。熙平初，累遷尚書左丞。時相州刺史奚康生徵百姓歲調，皆長七八十尺，以邀憂公之譽，部內患之。同於歲祿，官給長絹。同乃舉案康生度外徵調。書奏，詔科康生罪，兼褒同在公之績。明帝世，朝政稍稀，人多竊冒軍功。同閱吏部勳書，因加檢覈，得竊階者三百餘人。乃表言：

竊見吏部勳簿，多皆改換，乃校中兵奏案，並復乖舛。愚謂罪雖恩免，猶須刊定。請遣一都令史，與令僕省事各一人，總集吏部、中兵二局勳簿，對句奏案。若名級相應者，卽於黃素楷書大字，具件階級數，令本曹尚書以朱印印之。明造兩通，一關吏部，一留兵局，與奏案對掌。進則防揩洗之僞，退則無改易之理。

從前以來，勳書上省，唯列姓名，[二一]不載本屬。致令竊濫之徒，輕爲苟且。今請征職白身，具列本州郡縣三長之所；其實官正職者，亦列官名曹別錄曆。皆仰本軍印記其上，然後印縫，各上所司。統將、都督，並皆印記，然後列上行臺。行臺關太尉。太尉檢練精實，乃始關刺。省重究括，然後奏申。奏出之日，黃素朱印，關付吏部。

頃來，非但偸階冒名，改換勳簿而已，或一階再取，或易名受級，凡如此者，其人不少。良由吏部無法，防塞失方。何者？吏部加階之後，簿不注記，緣此之故，易生僥倖。自今敍階之後，名簿具注，加補日月，尚書印記，然後付曹，郎中別作抄目，遷代相付。此制一行，差止姦罔。

詔從之。同又奏曰：

臣伏思黃素勳簿，政可粗止姦僞，然在軍虛詐，猶未可盡。請自今在軍閱簿之日，行臺、軍司、監軍、都督各明立文案，處處記之。斬首成一階以上，卽令給券。其券，一紙之上，當中大書，起行臺、統軍位號，勳人甲乙。斬三賊及被傷成階以上，亦具書於券，各盡一行，當行豎裂。其券，前後皆起年號日月，破某處陣，某官某勳，印記爲驗。一支付勳人，一支付行臺。[二二]記至京，卽送門下，別函守錄。

又自遷都以來，戎車屢捷，所以征勳轉多，敍不可盡者，良由歲久生姦，積年長僞，巧吏階緣，偸增遂甚。請自今爲始，諸有勳簿已經奏賞者，卽廣下遠近，云某處勳判，咸令知聞。立格酬敍，以三年爲斷。其職人及出身，限內悉令銓除；實官及外號，隨才加授。庶使酬勳速申，立效者勸，事不經久，僥倖易息。或遭窮難，州無中正者，不在此限。

又勳簿之法，征還之日，卽應申送。然頃來，行臺、督將至京始造，或一年二歲，方上勳書。姦僞之原，實自由此。於今以後，軍還之日，便通勳簿，不聽隔月。詔復依行。

元叉之廢靈太后也，相州刺史、中山王熙起兵於鄴。敗之。〔三三〕叉以同爲持節兼黃門侍郎慰勞使，乃就州刑熙。還，授正黃門。同善事在位，爲叉所親，戮熙之日，深窮黨與，以希叉旨，論者非之。同兄琇，少多大言，常云公侯可致。至此，始爲都水使者。同啓求回身二階以加琇。琇遂除安州刺史，論者稱之。

營州城人就德興謀反，除同度支尚書，持節使營州慰勞，聽以便宜從事。同乃遣賊家口三十人，并免家奴爲良，齎書喻之。德興乃降，安輯其人而還。德興復反，詔同爲幽州刺史，兼尚書行臺，慰勞之。同慮德興難信，勒衆而往，爲德興所擊，大敗而還。

靈太后反政，以同叉黨，除名。莊帝踐祚，詔復本秩，除都官尚書，復兼七兵。以前慰勞德興功，封章武縣伯，正除七兵。轉殿中。普泰初，除侍中，進號驃騎將軍、左光祿大夫。同時久病，牽強啓乞儀同。〔三四〕初同之爲黃門也，與節閔帝俱在門下，同異其爲人，素相款託。帝以恩舊，許之，除儀同三司。永熙初，薨，贈尚書右僕射。四子，長子斐嗣。

斐字子章，性殘忍，以強斷知名。齊文襄引爲大將軍府刑獄參軍，謂云：「狂簡，斐然成

章，非嘉名字也。」天保中，稍遷尚書左丞，別典京畿詔獄。酷濫非人情所爲，無問事之大小，拷掠過度，於大棒車輻下死者非一。或嚴冬至寒，置囚於冰雪之上；或盛夏酷熱，暴之日下。枉陷人致死者，前後百數人。伺察官人罪失，動卽奏聞。朝士見之，莫不重跡屏氣，皆目之爲校事。斐揚揚得志，言必自矜。後以謗史事，與李庶俱病鞭杖，死獄中。斐弟筠，青州中從事。

同兄靜，好學有風度，飲酒至數斗不亂。終於太常丞。大統初，贈太僕卿、平州刺史。靜子景裕。

景裕字仲孺，小字白頭。少敏，專經爲學。居拒馬河，將一老婢作食，妻子不自隨從。又避地大寧山，不營世事。居無二業，唯在注解。其叔父同職居顯要，而景裕止於園舍，情均郊野。謙恭守道，貞素自得，由是世號居士。

節閔初，除國子博士，參議正聲，甚見親遇，〔三五〕待以不臣之禮。永熙初，以例解。天平中，還鄉里。與邢子才、魏季景、魏收、邢昕等同徵赴鄴，景裕寓託僧寺，講聽不已。未幾，歸本郡。

河間邢摩納與景裕從兄仲禮據鄉作逆，逼其同反，以應西魏。齊神武命都督賀拔仁討平之。聞景裕經明行著，驛馬特徵。既而舍之，使教諸子，在館十日一歸家，隨以鼎食。景裕風儀言行，雅見嗟賞。

先是，景裕注周易、尚書、孝經、論語、禮記、老子，其毛詩、春秋左氏未訖。齊文襄入相，於第開講，招延時儁，令景裕解所注易。景裕理義精微，吐發閑雅。時有問難，或相詆訶，大聲厲色，言至不遜。而景裕神彩儼然，風誦如一，〔三六〕從容往復，無際可尋，由是士君子嗟美之。

初，元顥入洛，以爲中書郎。普泰中，復除國子博士。進退其間，未曾有得失之色。性清靜，淡於榮利，弊衣粗食，恬然自安，終日端嚴，如對賓客。

興和中，補齊王開府屬，卒於晉陽。神武悼惜之。

景裕雖不聚徒教授，所注易大行於世。又好釋氏，通其大義。天竺胡沙門道悕，每譯諸經論，輒託景裕爲之序。景裕之敗也，繫晉陽獄，至心誦經，枷鎖自脫。是時，又有人負罪當死，夢沙門教講經，覺時如所夢，謂誦千遍，臨刑刀折。主者以聞，赦之。此經遂行，號曰高王觀世音。景裕弟辯。

辯字景宣，少好學，博通經籍。正光初，舉秀才，爲太學博士。以大戴禮未有解詁，辯

乃注之。其兄景裕爲當時碩儒，謂辯曰：「昔侍中注小戴，今汝注大戴，庶纂前修矣。」

節閔帝立，除中書舍人。屬齊神武起兵信都，既破尒朱氏，遂鼓行指洛。節閔遣辯持節勞之於鄴。神武令辯見其所奉中興主，辯抗節不從。神武怒曰：「我舉大義，誅羣醜，車駕在此，誰遣爾來？」辯抗言酬答，守節不撓。神武異之，捨而不逼。

孝武卽位，以辯爲廣平王贊師。永熙二年，平等浮屠成，孝武會萬僧於寺。石佛低舉其頭，終日乃止。帝禮拜之。辯曰：「石立社移，自古有此，陛下何怪。」

及帝入關，事起倉卒，辯不及至家，單馬而從。或問辯曰：「得辭家不？」辯曰：「門外之道，以義斷恩，復何辭也。」孝武至長安，封范陽縣公。歷位給事黃門侍郎，領著作，加本州大中正。周文帝以辯有儒術，甚禮之，朝廷大議，常召顧問。遷太子少保，領國子祭酒。趙青雀之亂，魏太子出居渭北，辯時隨從，亦不告家人。其執志敢決，皆此類也。尋除太常卿、太子少傅，轉少師，魏太子及諸王等皆行束修之禮，受業於辯，進爵范陽郡公。

自孝武西遷，朝儀湮墜，于時朝廷憲章、乘輿法服、金石律呂、晷刻渾儀，皆令辯因時制宜。皆合軌度，多依古禮。性強記默識，能斷大事，凡所創制，處之不疑。加驃騎大將軍、開府儀同三司，累遷尚書令。及建六官，爲師氏中大夫。

明帝卽位，遷小宗伯，進位大將軍。帝嘗與諸公幸其第，儒者榮之。出爲宜州刺史，以

患不之部。卒，謚曰獻，配食文帝廟庭。子愼嗣，位復州刺史。愼弟詮，性趫捷，善騎射，位儀同三司。隋開皇初，以辯前代名德，追封沈國公。

初，周文欲行周官，命蘇綽專掌其事。未幾而綽卒，乃令辯成之。於是依周禮建六官，革漢、魏之法。以魏恭帝三年，始命行之。六卿之外，置太師、太傅、太保各一人，是曰三孤。[二七]時未建東宮，其太子官員，改創未畢。尋又改典命爲大司禮，置中大夫。自茲厥後，世有損益。武成元年，增御正四人，位上大夫。保定四年，改宗伯爲納言，禮部爲司宗，大司禮爲禮部，大司樂爲樂部。五年，左右武伯各置大夫一人。以建德元年，改置宿衛官員。二年，省六府諸司中大夫以下官，府置四司，以下大夫爲官之長，上士貳之。[二八]是歲，又增改東宮官員。三年，初置太子諫議大夫，[二九]員四人，文學十人；皇弟、皇子友，員各二人，學士六人。四年，又改置宿衛官員。其司武、司衛之類，皆後所增改。太子正宮尹之屬，亦後所創置。而典章散滅，弗可復知。宣帝嗣位，事不師古，官員班品，隨情變革。至如初置四輔官，及六府諸司復置中大夫，幷御正、內史增置上大夫等，則今載於外史。餘則朝出夕改，莫能詳錄。

于時，雖行周禮，內外衆職，又兼用秦、漢等官，今略舉其名號及命數，附之於左。其紀傳內更有餘官而於此不載者，亦史之闕文也。

柱國、大將軍，建德四年增置上柱國、上大將軍也：[三〇]正九命。

驃騎大將軍、開府儀同三司，建德四年改爲開府儀同大將軍，仍增上開府儀同大將軍；車騎大將軍、儀同三司，建德四年改爲儀同大將軍，仍增上儀同大將軍；雍州牧：九命。

驃騎將軍、右光祿大夫，[三一]車騎將軍、左光祿大夫，戶三萬以上州刺史：正八命。

征東、征南、征西、征北等將軍，右金紫光祿大夫；中軍、鎭軍、撫軍等將軍，左金紫光祿大夫；大都督；戶二萬以上州刺史；京兆尹：八命。

平東、平西、平南、平北等將軍，右銀青光祿大夫；前、右、左、後等將軍，左銀青光祿大夫；帥都督；柱國大將軍府長史、司馬、司錄；戶一萬以上州刺史：正七命。

冠軍將軍、太中大夫，輔國將軍、中散大夫，都督，戶五千以上州刺史，戶一萬五千以上郡守：七命。

鎭遠將軍、諫議大夫，建忠將軍、誠議大夫，別將，開府長史、司馬、司錄，戶不滿五千以下州刺史，戶一萬以上郡守：[三二]正六命。

中堅將軍、右中郞將；寧朔將軍、左中郞將；儀同府、正八命州長史，司馬，司錄；戶五千以上郡守；大呼藥：[三三]六命。

寧遠將軍、右員外常侍；揚烈將軍、左員外常侍；統軍；驃騎車騎將軍府、八命州長史，司馬，司錄；柱國大將軍府中郞、掾、屬；戶一千以上郡守；長安、萬年縣令：正五命。

伏波將軍、奉車都尉；輕車將軍、奉騎都尉；四征中鎭撫將軍府、正七命州長史，司馬，司錄；開府府中郞、掾、屬；戶不滿一千以下郡守；戶七千以上縣令；正八命州呼藥：五命。[三四]

宣威將軍、武賁給事；[三五]明威將軍、冗從給事；儀同府中郞、掾、屬；柱國大將軍府列曹參軍；四平前右左後將軍府、七命州長史，司馬，司錄；正八命州別駕；戶四千以上縣令；八命州呼藥：正四命。

襄威將軍、給事中；厲威將軍、奉朝請；軍主；開府列曹參軍；冠軍輔國將軍府、正六命州長史，司馬，司錄；正七命州別駕；正八命州中從事；七命郡丞；戶二千以上縣令；正七命州呼藥：四命。

威烈將軍、右員外侍郞；討寇將軍、左員外侍郞；幢主；儀同府、正八命州列曹參軍；柱國大將軍府參軍；鎭遠建忠中堅寧朔將軍府長史，司馬；正六命州別駕；正七命州中從事；正六命郡丞；戶五百以上縣令；七命州呼藥：正三命。

蕩寇將軍、武騎常侍，蕩難將軍、武騎侍郞，開府參軍，驃騎車騎將軍府、八命州列曹參軍，寧遠揚烈伏波輕車將軍府長史，正六命州中從事，六命郡丞，戶不滿五百以下縣令，

戍主，正六命州呼藥：三命。

殄寇將軍、强弩司馬，殄難將軍、積弩司馬，四征中鎭撫將軍府、正七命州列曹參軍，正五命郡丞：正二命。

掃寇將軍、武騎司馬，掃難將軍、武威司馬，四平前右左後將軍府、七命州列曹參軍，五命郡丞，戍副：二命。

曠野將軍、殿中司馬，橫野將軍、員外司馬，冠軍輔國將軍府、正六命州列曹參軍：正一命。

武威將軍、淮海都尉，武牙將軍、山林都尉，[三六]鎭遠建忠中堅寧朔寧遠揚烈伏波輕車將軍府列曹參軍：一命。

周制：封郡縣五等爵者，皆加開國；授柱國大將軍、開府、儀同者，並加使持節、大都督；其開府又加驃騎大將軍、侍中；其儀同又加車騎大將軍、散騎常侍；其授總管、刺史，則加使持節、諸軍事。以此爲常。大象元年，詔總管、刺史及行兵者，加持節，餘悉罷之。辯所制定之後，又有改革。今粗附之云。辯弟光。

光字景仁。性溫謹，博覽羣書，精於三禮，善陰陽，解鍾律，又好玄言。孝昌初，釋褐司

空府參軍事。及魏孝武西遷，光於山東立義，遙授晉州刺史。大統六年，攜家西入，除丞相府記室參軍，賜爵范陽縣伯。俄拜行臺郎中，專掌書記，改封安息縣伯。歷位京兆郡守、侍中、開府儀同三司、匠師中大夫，進爵燕郡公、廣州刺史，行陝州總管府長史，卒官。周武帝少嘗受業於光，故贈賻有加恒典，贈少傅，謚曰簡。

光性崇佛道，至誠信敬。常從周文狩於檀臺山，時獵圍既合，帝遙指山上謂羣公曰：「公等有所見不？」咸曰：「無所見。」光獨曰：「見一桑門。」帝曰：「是也。」卽解圍而還。令光於桑門立處造浮圖。掘基一丈，得瓦鉢錫杖各一，帝稱歎，因立寺焉。及爲京兆，而郡舍先是數有妖怪，前後郡將，無敢居者。光曰：「吉凶由人，妖不妄作。」遂入居之。未幾，光所乘馬忽升廳事，登牀，南首而立，食器無故自破。光並不以介懷，其精誠守正如此。注道德經章句行於世。子貢。

貢字子微。略涉書記，頗解鍾律。在周，襲爵燕郡公，歷位魯陽太守、太子少宮尹、儀同三司、司武上士。時隋文帝爲大司馬，貢知帝非常人，深自推結。宣帝嗣位，加開府。及文帝被顧託，羣情未一，引貢置左右。帝將之東第，百官皆不知所去，帝潛令貢部伍仗衞，因召公卿而謂曰：「欲富貴者當相隨來！」往往偶語，欲有去就。貢嚴兵而至，衆莫敢動。出

崇陽門至東宮，門者拒不內，貢諭之不去，瞋目叱之，門者遂却。既而帝得入，貢恒典宿衞，承間進說以應天順人之事，帝從之。及受禪，命貢淸宮，因典宿衞。貢乃奏改周旗幟，更爲嘉名，其靑龍、騶虞、朱雀、玄武、千秋、萬歲之旗，皆貢所創也。尋拜散騎常侍，兼太子左庶子、左領軍將軍。

及高熲、蘇威共掌朝政，貢甚不平。時柱國劉昉被疏忌，貢諷昉及上柱國元諧、李詢、華州刺史張賓等謀黜熲、威，五人相與輔政。又以晉王上之愛子，謀行廢立。復私謂皇太子曰：「貢將數謁殿下，恐爲上譴，願察區區之心。」謀泄，昉等委罪於賓、貢。公卿奏二人坐當死，帝以龍潛之舊，不忍加誅，並除名。賓未幾卒。

歲餘，貢復爵位，檢校太常卿。以古樂宮縣七八，損益不同，歷代通儒，議無定準，乃上表曰：「殷人以上，通用五音。周武克殷，得鶉火天駟之應，其音用七。漢興，加應鍾，故十六枚而在一簴。鄭玄注周禮，『二八十六爲簴』，此則七八之義，其來遠矣。然世有沿革，用捨不同。至周武帝復改縣七，以林鍾爲宮。夫樂者，政之本也，故移風易俗，莫善於樂，是以吳札觀而辯興亡。然則樂也者，所以動天地，感鬼神，情發於聲，安危斯應。周武以林鍾爲宮，蓋將亡之徵也。且林鍾之管，卽黃鍾下生之義。黃鍾，君也，而生於臣，明於皇朝九五之應。又陰者臣也，而居君位，更顯國家登極之祥。斯實冥數相符，非關人事。臣聞五帝不相沿樂，三王不相襲禮，此蓋隨時改制而不失雅正者也。」帝竟從之，改七縣八，黃鍾爲宮。詔貢與儀同楊慶和刊定周、齊音律。

未幾，歷郢、虢、懷三州刺史。在懷州決沁水東注，名曰利人渠，又派入溫縣，名曰溫潤渠，以溉舄鹹，人賴其利。後爲齊州刺史，糴官米而自糶，坐除名。

後從幸洛陽，帝從容謂曰：「我始爲大司馬，及總百揆，頻繁左右，與卿足爲恩舊。卿若無過，位與高熲齊。坐與凶人交構，由是廢黜。言念疇昔之恩，復處牧伯之位，何乃不思報效，以至於此！吾不忍殺卿，是屈法申私耳。」貢俯伏陳謝。詔復本官。後數日，對詔失旨，又自敍功績，有怨言。帝大怒，謂羣臣曰：「吾將與貢一州，觀此，不可復用。」

後皇太子爲其言曰：「此輩並有佐命功，雖性行輕險，誠不可棄。」帝曰：「我抑屈之，全其命也。微劉昉、鄭譯及貢、柳裘、皇甫績等，則我不至此。然此等皆反覆子也。當周宣帝時，以無賴得幸。及帝大漸，顏之儀等請以趙王輔政，[三七]此輩行詐，顧命於我。我將爲政，又欲亂之，故昉謀大逆於前，譯爲巫蠱於後。如貢之例，皆不滿志，任之則不遜，致之則怨，自難信也，非我棄之。衆人見此，或有竊議，謂我薄於功臣，斯不然矣。」蘇威進曰：「漢光武欲全功臣，皆以列侯奉朝請，至尊仁育，復用此道以安之。」上曰：「然。」遂廢，卒於家。

勇字季禮，景裕從弟也。父壁，魏下邳太守。勇初與景裕俱在學，其叔同曰：「白頭必以文通，季禮當以武達。興吾門者，二子也。」幽州反者僕骨邪以勇爲本郡范陽王，時年十八。後葛榮又以勇爲燕王。齊神武起兵，盧文偉召之，不應。

尒朱氏滅，乃赴晉陽。神武署丞相主簿。屬山西霜儉，運山東租輸，皆令實載，違者罪之，令勇典其事。鄉郡公主虛僦千餘車，勇劾之。公主訴於神武，而勇守法不虧。神武謂郭秀曰：「盧勇懍懍，有不可犯色，眞公直人也。[三八]方當委之大事，豈止納租而已。」

後行洛州事。元象初，官軍圍廣州，未拔，行臺侯景聞西魏救兵將至，集諸將議之。勇請進觀形勢，於是率百騎，各攏一馬，至大隗山，知西魏將李景和將至，勇乃多置旛旗於樹頭，分騎爲數十隊，鳴角直前，禽西魏儀同程華，斬儀同王征蠻而還。

再遷陽州刺史，鎭宜陽。[三九]叛人韓木蘭、陳忻等常爲邊患，勇大破之。啓求入朝，神武賜勇書曰：「吾委卿陽州，安枕高臥，無西南之慮矣。表啓宜停，當使漢兒之中，無在卿前者。」[四〇]卒，年三十二。勇有馬五百匹，私造甲仗，遺啓盡獻之。贈司空、冀州刺史，謚武貞。

誕本名恭祖。曾祖晏，博學，善隸書，有名於世，仕慕容氏，位給事黃門侍郎，營丘、成周二郡守。祖壽，太子洗馬，慕容氏滅，入魏爲魯郡守。

父叔仁，年十八，州辟主簿，舉秀才，除員外郎。以親老，乃辭歸就養。父母旣沒，哀毀六年，躬營墳壠，遂有終焉之志。景明中，被徵入洛，授武賁中郎將，非其好也。尋除鎭遠將軍、通直散騎常侍，並稱疾不朝。乃出爲幽州司馬，又辭歸鄉里。當時咸稱其高尙焉。

誕於度世爲族弟。幼而通亮，博學，有詞彩。郡辟功曹，州舉秀才，不行。起家侍御史，累遷輔國大將軍、太中大夫、幽州別駕、北豫州都督府長史。時刺史高仲密以州歸西魏，遣大將軍李遠率軍赴援，誕與文武二千餘人奉候大軍。以功授鎭東將軍、金紫光祿大夫，封固安縣伯。尋加散騎侍郎，拜給事黃門侍郎。

魏帝詔曰：「經師易求，人師難得。朕諸兒稍長，欲令卿爲師。」於是親幸晉王第，敕晉王以下皆拜之於帝前，因賜名曰誕。加征東將軍、散騎常侍。周文帝又以誕儒宗學府，爲當世所推，乃拜國子祭酒，進車騎大將軍、儀同三司。恭帝二年，除祕書監，後以疾卒。

論曰：盧玄緒業著聞，首應旌命，子孫繼迹，爲世盛門。其文武功烈殆無足紀，而見重

於時，聲高冠帶，蓋德業儒素有過人者。伯源兄弟亦有二方之風流，雅道家聲，諸子不逮。思道一代俊偉，而宦途寥落，雖曰窮通有命，〔四一〕抑亦不護細行之所致乎！潛及昌衡，雅素之紀，家風克嗣，堂構無虧。子剛使酒誕節，蓋亦明珠之纇。長仁諫說可重，一簣而傾，惜矣！伯舉、仲宣，文雅俱劭。叔彪志尙宏遠，任俠好謀。文偉望重地華，早有志尙，間關夷險之際，終遇英雄之主，雖禮秩未弘，亦爲佐命之一也。詢祖辭情艷發，早著聲名，負其才地，肆情矜矯，位遇未聞，弱年夭逝。若得終介眉壽，通塞未可量焉。叔偷質器洪厚，卷舒兼濟。子章殘忍爲志，咎之徒也。景裕兄弟，雅業可宗，雖擇木異邦，而立名俱劭。辯損益成務，其殆優乎。勇雖文武異趣，各其美也。賁一三其德，雖取悅於報己，而移之在我，亦安能其罵人。〔四二〕見遺末路，尙何足怪？誕不殞儒業，亦足稱云。

校勘記

〔一〕宋文使其殿上將軍黃延年至　魏書卷四七盧玄傳「上」作「中」。按宋書卷四〇百官志下有殿中將軍，無殿上將軍。但通志卷一四八盧元傳，此句文同魏書而字作「殿上」，今不改。

〔二〕四子伯源敏昶尙之　魏書「伯源」作「淵」。按本名淵，字伯源，北史避唐諱，改稱其字。

〔三〕及齊雍州刺史曹武請降　魏書「武」作「虎」，北史避唐諱改。

〔四〕嵇生峭立鍾會過而絕言　北齊書卷四二盧潛傳「過」作「過」。按晉書卷四九嵇康傳云：「潁川鍾會，貴公子也，精練有才辯，故往造焉，康不爲之禮。」「故往造焉」卽「過」之意。作「遇」誤。

〔五〕吾用盧子均爲尙書郞自謂無愧幽明　洪頤煊云：「隋書卷五七本傳作『自謂無愧幽州矣』，昌衡祖盧淵贈幽州刺史，父道虔天平中歷幽州刺史，猶言無愧於其祖、父。此改作『無愧幽明』，非是。」按盧、祖都是幽州大族，「無愧幽州」，卽無愧於鄉里之意，隋書是。

〔六〕王循　李慈銘云：「北齊書卷四二盧潛傳作太原王脩，此脫『太原』二字。『脩』『循』字古多混。」

〔七〕正思弟正山子公順　諸本「子」作「字」，北齊書卷四二盧潛傳作「子」，又云：正山官永昌太守。公順武平中官符璽郞，待詔文林館。父子分明。此作「字」是形訛，今據改。

〔八〕卿莫以南人語致疑盧昶　魏書卷四七盧昶傳作「卿莫以本是南人，言語致慮」，無「盧昶」二字。疑「盧」是「慮」之訛，因衍「昶」字。

〔九〕出爲徐州刺史　通志卷一四八盧昶傳此下有「經略淮南」四字。按魏書此下敍梁人殺朐山戍主降魏，魏遣盧昶率兵經略淮南，事甚詳悉。北史並刪去，而下文直敍昶之敗於朐山，使人不明原委，殊爲疏漏。

〔一〇〕又羊祉子燮爲昶司馬　諸本「祉」訛作「社」，據魏書、通志改。羊祉見本書卷三九。

〔一一〕還拜尙書右丞　諸本「右丞」下有「相」字，魏書、通志無。按當東魏天平時，高歡爲大丞相專

政，無右丞相。且盧元明亦不得居此高位，「相」字衍文，今據魏書刪。

〔一二〕乃與皮景和擁衆十萬於淮北不進　諸本「與皮」二字作「之虔」，通志卷一五四盧潛傳作「與皮」。按北齊書卷四一皮景和傳、卷三二王琳傳都說皮景和屯兵不進。通志是，今據改。

〔一三〕秦州刺史高子植　諸本「秦」作「泰」。按北齊書卷八後主紀武平四年五月，謂吳明徹破齊軍後，「遂陷秦、涇二州」。隋書卷三一地理志下江都郡六合縣註云：「舊曰尉氏，置秦郡，後齊置秦州。」又北齊書卷四三源彪傳言彪於後主天統年間爲秦州刺史，卽此秦州。作「泰」是形近致訛，今據改。

〔一四〕壽陽陷吾欲以頸血濺城而死　諸本脫「欲」字，據通志補。

〔一五〕威愷二人　各本「二」訛作「一」，據宋本及隋書卷五六、通志卷一六四盧愷傳改。

〔一六〕及兄觀並無子　諸本「及」訛「乃」，據通志卷一七六文苑盧觀傳改。

〔一七〕仲宣弟叔彪　魏書卷四七盧玄傳「彪」作「虔」，北齊書卷四二作「武」。按本名當作「虎」，「虔」是「虎」之訛，「彪」「武」都是避唐諱改。

〔一八〕出爲合州刺史　諸本「合」作「金」，北齊書卷四二盧叔武傳作「合」。按合州見魏書卷一〇六地形志中。隋書地理志下廬江郡註云：「梁置南豫州，又改爲合州。開皇初，改爲廬州。」此州在北齊境內。金州乃西魏改東梁州置，見隋書地理志上西城郡，不在齊境。作「金」誤，今據改。

〔一九〕安州刺史盧曹亦從靈助舉兵　諸本「曹」作「胄」，北齊書卷二二盧文偉傳作「曹」。按北齊書卷二一李元忠傳附李愍傳亦見「安州刺史盧曹」。本書卷三一高季式傳後附盧曹事迹云：「神武初起兵，范陽盧曹亦以勇力稱，爲尒朱氏守薊卽幽州治，神武厚禮召之，以昂相擬曰：『宜來，與從叔爲二曹』。」高昂字敖曹，故高歡云云。作「曹」是，今據改。

〔二〇〕有一舊門人　李慈銘云：「門人，北齊書作門生，是。」

〔二一〕唯列姓名　諸本「列」訛作「別」，據魏書卷七六盧同傳改。

〔二二〕一支付行臺　諸本脫「付」字，據魏書補。

〔二三〕相州刺史中山王熙起兵於鄴敗之　魏書「敗之」作「熙敗」，通志卷一四八盧同傳作「兵敗被執」。按本書卷十八、魏書卷十九下南安王楨傳，熙起兵甫十日，爲其長史柳元章等所執，元叉遣盧同斬之。此作「敗之」，文意不明，當有訛誤。

〔二四〕同時久病牽強啓乞儀同　魏書「牽強」作「強牽從務」四字，卽「力疾視事」之意，此疑脫「從務」二字。

〔二五〕甚見親遇　諸本「甚」訛「其」，據魏書卷八四盧景裕傳、通志卷一四八盧元傳改。

〔二六〕風誦如一　魏書、通志「誦」作「調」，疑是。

〔二七〕六卿之外置太師太傅太保各一人是曰三孤　按隋書卷二七百官志中敍後周官制云：「命尚書

令盧辯遠師周之建職，置三公、三孤，以爲論道之官。」又云：「三公九命，三孤八命。」通典卷三九後周官品，其正九命有太師、太傅、太保，正八命有少師、少傅、少保。又據尚書周官云：「立太師、太傅、太保，茲惟三公。」「少師、少傅、少保曰三孤，貳公弘化。」北周模仿周制，不得以太師、太傅、太保爲三孤。此「三孤」上必有脫文。

〔二八〕以下大夫爲官之長上士貳之　諸本無「上」字。按本書卷一〇、周書卷五武帝紀建德二年三月云：「以下大夫爲之官長，上士貳之。」今據補。

〔二九〕初置太子諫議大夫　本書卷一〇、周書卷五武帝紀，建德三年五月，記此事無「大夫」二字。按通典卷三十敍東宮官制云：「後周加置太子諫議，員四人。」則「大夫」二字衍文。

〔三〇〕建德四年增置上柱國上大將軍也　諸本脫「大」字，據本書卷一〇、周書卷五武帝紀建德四年十月條補。

〔三一〕驃騎將軍右光祿大夫　諸本「驃騎」下有「大」字。按上文已見驃騎大將軍，今據周書卷二四盧辯傳删。又通典以左光祿大夫配驃騎，右光祿大夫配車騎，下文各官也是先左後右與本書不同。周書、通志敍述次序，也是先左後右。

〔三二〕戶一萬以上郡守　周書、通志卷一五七盧辯傳「郡守」下有「大呼藥」三字。通典正六命無「大呼藥」。

〔三三〕戶五千以上郡守大呼藥　周書、通志「大」作「小」，通典正六命也作「大呼藥」。按北周官制，常大小並置，不應有大無小，疑當如周書、通志。

〔三四〕正八命州呼藥五命　諸本「五」訛「七」，據上下文及周書、通志、通典改。

〔三五〕武賁給事　通典、通志「武」作「虎」。按本當作「虎」，周書、北史避唐諱改。通典也當避諱，作「虎」當是後人回改。下文「武騎」「武威」「武牙」等名同此。

〔三六〕武威將軍淮海都尉武牙將軍山林都尉　通典作：「山林都尉，武威將軍；淮海都尉，武牙將軍。」與此不同。

〔三七〕顏之儀等請以趙王輔政　隋書卷三八盧賁傳，「趙」作「宗」。按本書卷三五、隋書卷三八鄭譯傳云：「時御正中大夫顏之儀與宦者謀引大將軍宇文仲輔政。」則非趙王招。疑當從隋書作「宗」。

〔三八〕眞公直人也　諸本脫「直」字，據北齊書卷二二盧文偉傳、通志卷一四八盧元傳補。

〔三九〕再遷陽州刺史鎭宜陽　諸本「陽州」作「揚州」。錢氏攷異卷三九云：「『揚州』當作『陽州』，下同。」按魏書卷一〇六地形志中：「陽州，治宜陽。」隋書卷三〇地理志中河南郡宜陽縣注云：「後魏置宜陽郡，東魏置陽州。」錢說是，今據改。

〔四〇〕當使漢兒之中無在卿前者　北齊書上有「卿之妻子，任在州住」八字。按當時漢族將領外任，

要留妻子在京爲質。高歡許盧勇妻子同住，是特別優待。北史删去，此意不明。

〔四一〕雖曰窮通有命　諸本脫「有命」二字，據隋書卷五七史臣論補。

〔四二〕貢二三其德雖取悅於報己而移之在我亦安能其罵人　按此語文意不明。隋書卷三八史臣論作：「斯固在人欲其悅己，在我欲其罵人，理自然也。」文意明白。這裏疑有訛誤。

北史卷三十一

列傳第十九

高允 從祖弟祐 祐曾孫德正 祐從子乾 昂 季式

高允字伯恭，勃海蓨人，漢太傅裒之後也。曾祖慶，慕容垂司空。祖父泰，吏部尚書。父韜，少以英朗知名，同郡封懿雅相推敬。亦仕慕容垂，爲太尉從事中郎。道武平中山，以爲丞相參軍，早卒。

允少孤夙成，有奇度，清河崔宏見而異之，歎曰：「高子黃中內潤，文明外照，必爲一代偉器，但吾恐不見耳。」年十餘歲，祖父泰喪，還本郡。允推財與二弟而爲沙門，名法淨，未久而罷。性好文學，擔笈負書，千里就業。博通經史、天文、術數，尤好春秋公羊。曾作塞上公詩，有混欣戚、遺得喪之致。

神䴥三年，太武舅陽平王杜超行征南大將軍，鎮鄴，以允爲從事中郎，年四十餘矣。超

以方春而諸州囚不決，表允與中郎呂熙等分詣諸州，共評獄事。熙等皆以貪穢得罪，唯允以清平獲賞。府解，還家教授，受業者千餘人。

四年，與盧玄等俱被徵，拜中書博士，遷侍郎。與太原張偉並以本官領衞大將軍樂安王範從事中郎。範，太武寵弟，西鎮長安，允甚有匡益，秦人稱之。尋被徵還。樂平王丕西討上邽，復以本官參丕軍事。以謀平涼州之勳，賜爵汶陽子。

後奉詔領著作郎，與司徒崔浩述成國記。時浩集諸術士，考校漢元以來，日月薄蝕，五星行度，并譏前史之失，別爲魏歷以示允。允曰：「善言遠者，必先驗於近。且漢元年冬十月，五星聚於東井，此乃歷術之淺事。[一]今譏漢史而不覺此謬，恐後之譏今，猶今之譏古。」浩曰：「所謬云何？」允曰：「案星傳，金、水二星，常附日而行，冬十月，日旦在尾、箕，[二]昏沒於申南，而東井方出於寅北，二星何因背日而行？是史官欲神其事，不復推之於理。」浩曰：「欲爲變者，何所不可？君獨不疑三星之聚，而怪二星之來。」允曰：「此不可以空言爭，宜更審之。」時坐者咸怪，唯東宮少傅游雅曰：「高君長於歷，當不虛言也。」後歲餘，浩謂允曰：「先所論者，本不經心，及更考究，果如君語。以前三月聚於東井，非十月也。」又謂雅曰：「高允之術，陽元之射也。」[三]衆乃歎服。允雖明於歷數，初不推步有所論說。惟游雅數以災異問允。允曰：「昔人有言，知之甚難，既知，復恐漏泄，不如不知也。天下妙理至多，何遽問此。」雅乃止。尋以本官爲秦王翰傅。後敕以經授景穆，甚見禮待。又詔允與侍郎公孫質、李靈、胡方回共定律令。

太武引允與論刑政，言甚稱旨。因問允「萬機何者爲先」。時多禁封良田，又京師遊食衆。允因曰：「臣少也賤，所知唯田，請言農事。古人云：方一里則爲田三頃七十畝，方百里則田三萬七千頃。若勸之，則畝益三斗；不勸，則畝損三斗。[四]方百里損益之率，爲粟二百二十二萬斛，況以天下之廣乎？若公私有儲，雖遇飢年，復何憂乎？」帝善之，遂除田禁，悉以授百姓。

初，崔浩薦冀、定、相、幽、并五州士數十人，各起家爲郡守。景穆謂浩曰：「先召之人，亦州郡選也，在職已久，勤勞未答。今可先補前召，外任郡縣；以新召者代爲郎吏。又守令宰人，宜使更事者。」浩固爭而遣之。允聞之，謂東宮博士管恬曰：「崔其不免乎！苟逞其非而校勝於上，何以能濟？」

遼東公翟黑子有寵於太武，奉使并州，受布千疋。事發，黑子問允：「主上問我，首乎？諱乎？」允曰：「公幃幄寵臣，答詔宜實。」中書侍郎崔鑒、[五]公孫質等咸言宜諱之。黑子以鑒等爲親己，怒而絕允，而不以實對，終獲罪戮。

時著作令史閔湛、郄標性巧佞，爲崔浩信待。見浩所注詩、書、論語及易，遂上疏言馬、

鄭、王、賈不如浩之精微，請收藏境內諸書，班浩所注。并求敕浩注禮、傳。浩亦表薦湛有著述才。湛等又勸浩刊所撰國史于石，以彰直筆。允聞之，謂著作郎宗欽曰：「閔湛所營分寸之間，恐爲崔門萬世之禍，吾徒無類矣。」未幾而難作。

初，浩之被收，允直中書省。景穆使召允，留宿宮內。翌日，命驂乘至宮門，謂曰：「入當見至尊，吾自導卿，脫至尊有問，但依吾說。」既入見，景穆言允小心慎密，且微賤，制由於浩，請赦之。帝召允謂曰：「國書皆浩作不？」允曰：「太祖記，前著作郎鄧彥海所撰；先帝記及今記，臣與浩同作，然而臣多於浩。」帝大怒曰：「此甚於浩，安有生路？」景穆曰：「天威嚴重，允迷亂失次耳。臣向問，皆云浩作。」帝問：「如東宮言不？」[六]允曰：「臣罪應滅族，不敢虛妄。殿下以臣侍講日久，哀臣乞命耳。實不問臣，不敢迷亂。」帝謂景穆曰：「直哉！此亦人情所難，而能臨死不移。且對君以實，貞臣也，寧失一有罪，宜宥之。」允竟得免。於是召浩前，使人詰，惶惑不能對。允事事申明，皆有條理。時帝怒甚，敕允爲詔，自浩以下，僮吏以上，一百二十八人皆夷五族。允持疑不爲，頻詔催切，允乞更一見，然後爲詔。詔引前，允曰：「浩之所坐，若更有餘釁，非臣敢知。直以犯觸，罪不至死。」帝怒，命介士執允。景穆拜請，帝曰：「無此人忿朕，當有數千口死矣！」浩竟族滅，餘皆身死。宗欽臨刑歎曰：「高允其殆聖乎！」

景穆後讓允，以不同己所導之言而令帝怒。允曰：「夫史籍，帝王之實錄，將來之炯誡，今之所以觀往，後之所以知今。是以言行舉動，莫不備載，故人君慎焉。然浩世受殊遇，榮曜當時，私欲沒其公廉，愛憎蔽其直理，此浩之責也。至於書朝廷起動之跡，言國家得失之事，此爲史之本體，未爲多違。然臣與浩實同其事，死生義無獨殊。誠荷殿下再造之慈，違心苟免，非臣之意。」景穆動容稱歎。允後與人言曰：「我不奉東宮導旨者，恐負翟黑子也。」

景穆季年，頗親近左右，營立田園，以收其利。允諫曰：「殿下，國之儲貳，四海屬心，言行舉動，萬方所則。而營立私田，畜養雞犬，乃至販酤市廛，與人爭利，議聲流布，不可追掩。夫天下者，殿下之天下，富有四海，何求而不獲？何欲而弗從？而與販夫販婦競此尺寸？願殿下少察過言，斥出佞邪，所在田園，分給貧下。如此，則休聲日至，謗議可除。」景穆不納。景穆之崩也，允久不進見，後見，升階歔欷，悲不能止。帝流淚，命允使出。左右莫知其故，相謂曰：「允無何悲泣，令至尊哀傷，何也？」帝聞之，召而謂曰：「汝不知高允悲乎？崔浩誅時，允亦應死。東宮苦請，是以得免。今無東宮，允見朕悲耳。」

先是，敕允集天文災異，使事類相從，約而可觀。允依洪範傳、天文志，撮其事要，略其文辭，凡爲八篇。帝覽而善之，曰：「高允之明災異，亦豈減崔浩乎？」

及文成卽位，允頗有謀焉，司徒陸麗等皆受重賞，允既不蒙褒異，又終身不言。其忠而

不伐，皆此類也。

給事中郭善明，性多機巧，欲逞其能，勸文成大起宮室。允諫曰：「臣聞太祖道武皇帝既定天下，始建都邑。其所營立，必因農隙。今建國已久，宮室已備，永安前殿，足以朝會萬國；西堂溫室，足以安御聖躬；紫樓臨望，可以周視遠近。若廣修壯麗爲異觀者，宜漸致之，不可倉卒。計斫材軍士及諸雜役須二萬，〔七〕丁夫充作，老小供餉，合四萬人，半年可訖。古人有言：『一夫不耕，或受其飢，一婦不織，或受其寒。』況數萬之衆，其所損費，亦已多矣！」帝納之。

允以文成纂承平之業，而風俗仍舊，婚娶喪葬，不依古式，乃諫曰：

前朝之世，屢發明詔，禁諸婚娶，不得作樂，及葬送之日，歌謠鼓舞，殺牲燒葬，一切禁絕。雖條旨久班，而不革變，將由居上者未能悛改，爲下者習以成俗，教化陵遲，一至於此。詩云：『爾之教矣，人胥效矣。』人君舉動，不可不慎。

禮云：嫁女之家，三日不息火；娶妻之家，三日不舉樂。今諸王納室，皆樂部給伎以爲嬉戲，而獨禁細人不得作樂，此一異也。

古之婚者，皆采德義之門，妙簡貞閑之女，先之以媒娉，繼之以禮物，集僚友以重其別，親御輪以崇其敬。今諸王十五便賜妻別居。然所配者，或長少差舛，或罪入掖庭，而以作合宗王，妃嬪藩懿，失禮之甚，無復此過。今皇子娶妻，多出宮掖，令天下小人，必依禮限，此二異也。

凡萬物之生，靡不有死，然葬者藏也，死者不可再見，故深藏之。昔堯葬穀林，農不易畝，舜葬蒼梧，市不改肆。秦始皇作爲地市，下錮三泉，死不旋踵，尸焚墓掘。由此推之，堯舜之儉，始皇之奢，是非可見。今國家營葬，費損巨億，一旦焚之，以爲灰燼。上爲之而不輟，而禁下人之必止，此三異也。

古者，祭必立尸，序其昭穆，使亡者有憑，致食饗之禮。今已葬之魂，人直求貌類者，事之如父母，宴好如夫妻，損敗風化，黷亂情禮，莫此之甚。上未禁之，下不改絕，此四異也。

夫大饗者，所以定禮儀，訓萬國，故聖王重之。至乃爵盈而不飲，肴乾而不食，樂非雅聲則不奏，物非正色則不列。今之大會，內外相混，酒醉喧嘵，罔有儀式，又俳優鄙褻，汙辱視聽。朝廷積習以爲美，而責風俗之清純，此五異也。

今陛下當百王之末，踵晉亂之弊，而不矯然釐改，以厲頹俗，臣恐天下蒼生，永不聞見禮教矣。

允如此非一，帝從容聽之。或有觸迕，帝所不忍聞者，命左右扶出。事有不便，允輒求見，

帝知允意，逆屏左右以待之。禮敬甚重，晨入暮出，或積日居中，朝臣莫知所論。或有上事陳得失者，帝省而謂羣臣曰：「君父一也，父有是非，子何爲不作書於人中諫之，使人知惡，而於家內隱處也？豈不以父親，恐惡彰於外也。今國家善惡，不能面陳，而上表顯諫，以此，豈不彰君之短，明己之美。至如高允者，眞忠臣矣。朕有是非，恒正言面論，至朕所不忍聞者，皆侃侃論說，無所避就。朕聞其過，而天下不知其諫，豈不忠乎。汝等在左右，不曾聞一正言，但伺朕喜以求官。汝等以弓刀侍朕，徒立勞耳，皆至公、王，此人執筆匡我，不過著作郎。汝等不亦愧乎！」於是拜允中書令，著作如故。司徒陸麗曰：「高允雖蒙寵待，而家貧布衣，妻子不立。」帝怒曰：「何不先言？今見朕用之，方言其貧！」是日，幸允第，唯草屋數間，布被縕袍，廚中鹽菜而已。帝歎息曰：「古人之清貧，豈有此乎！」卽賜帛五百疋，粟千斛，拜長子忱爲長樂太守。允頻表固讓，帝不許。

初與允同徵游雅等，多至通官，封侯，及允部下吏百數十人，亦至刺史、二千石；而允爲郎二十七年不徙官。時百官無祿，允恒使諸子樵採自給。初，尚書竇瑾坐事誅，瑾子遵亡在山澤，遵母焦沒入縣官。後焦以老得免，瑾之親故，莫有恤者。允愍焦年老，保護在家，積六年，遵始蒙赦。其篤行如此。

轉太常卿，本官如故。允上代都賦，因以規諷，亦二京之流也。時中書博士索敞與侍

郎傅默、梁祚論名字貴賤，著議紛紜。允遂著名字論以釋其惑，甚有典證。復以本官領祕書監，解太常卿，進爵梁城侯。

初，允與游雅及太原張偉同業相友。雅嘗論允曰：「夫喜怒者，有生所不能無也。而前史載卓公寬中，文饒洪量，褊心者或之弗信。〔八〕余與高子游處四十餘年，未見是非慍喜之色，不亦信哉。高子內文明而外柔弱，其言吶吶不能出口，余常呼爲『文子』。崔公謂余云：『高生豐才博學，一代佳士，所乏者矯矯風節耳。』余亦然之。司徒之譴，起於纖微，及於詔責，崔公聲嘶股戰，不能一言。宗欽以下，伏地流汗，都無人色。高子敷陳事理，申釋是非，辭義清辯，音韻高亮。明主爲之動容，聽者無不稱善。仁及僚友，保茲元吉，向之所謂矯矯者，更在斯乎！宗愛之任勢也，威振四海，嘗召百司於都坐，王公以下，望庭畢拜，高子獨升階長揖。由此觀之，汲長孺可臥見衞青，何抗禮之有！向之所謂風節者，得不謂此乎！知人故不易，人亦不易知。吾既失之於心內，崔亦漏之於形外。鍾期止聽於伯牙，夷吾見明於鮑叔，良有以也。」其爲人物所推如此。

文成重允，常不名之，恒呼爲「令公」。令公之號，播於四遠矣。

文成崩，獻文居諒闇，乙弗渾專擅朝命，謀危社稷。文明太后誅之，引允禁中，參決大政。又詔允曰：「朕稽之舊典，欲置學官於郡國。卿儒宗元老，宜與中祕二省，參議以聞。」

允表：「請制大郡立博士二人、助教四人、學生一百人，次郡立博士二人、助教二人、學生八十人，中郡立博士一人、助教二人、學生六十人，下郡立博士一人、助教一人、學生四十人。其博士取博關經典，履行忠清，堪爲人師者，年限四十以上。助教亦與博士同，年限三十以上。〔九〕若道業夙成，才任教授，不拘年齒。學生取郡中清望，人行修謹，堪循名教者，〔一〇〕先盡高門，次及中等。」帝從之，郡國立學，自此始也。

後允以老疾，頻上表乞骸骨，詔不許，於是乃著告老詩。又以昔歲同徵，零落將盡，感逝懷人，作徵士頌。蓋止於應命，其有命而不至，則闕焉。

其著頌者：中書侍郎、固安侯范陽盧玄子眞，郡功曹史博陵崔綽茂祖，河內太守、下樂侯廣寗燕崇玄略，上黨太守、高邑侯廣寗常陟公山，征南大將軍從事中郎勃海高毗子翼，征南大將軍從事中郎勃海李金道賜，河西太守、饒陽子博陵許堪祖根，中書郎、新豐侯京兆杜銓士衡，征西大將軍從事中郎京兆韋閬友規，京兆太守趙郡李詵令孫，太常博士、鉅鹿公趙郡李靈武符，〔一一〕中書郎中、卽丘子趙郡李遐仲熙，〔一二〕營州刺史、建安公太原張偉仲業，輔國大將軍從事中郎范陽祖邁，征東大將軍從事中郎范陽祖侃士倫，東郡太守、蒲陰子中山劉策，濮陽太守、眞定子常山許琛，行司隸校尉、中都侯西河宋宣道茂，中書郎燕郡劉遐彥鑒，中書郎、武恒子河間邢穎宗敬，〔一三〕滄水太守、浮陽侯勃海高濟叔仁，〔一四〕太平太守、原平

子雁門李熙士元，祕書監、梁郡公廣平游雅伯度，廷尉正、安平子博陵崔建興祖，廣平太守、列人侯西河宋愔，州主簿長樂潘符，郡功曹長樂杜熙，征東大將軍從事中郎中山張綱，中書郎上谷張誕叔術，祕書郎雁門王道雅，祕書郎雁門閔弼，衞大將軍從事中郎中山郞苗，大司馬從事中郎上谷侯辯，陳郡太守、高邑子趙郡呂季才，合三十四人。

其詞曰：

紫氣干天，羣雄亂夏，王襲徂征，戎車屢駕。掃盪遊氛，克剪妖霸，四海從風，八垠漸化。政敎無外，既寧且壹，偃武橐兵，唯文是恤。帝乃虛求，搜賢採逸，巖隱投竿，異人並出。

亹亹盧生，量遠思純，鑽道據德，遊藝依仁，旌弓既招，釋褐投巾，攝齎升堂，嘉謀日陳，自東徂南，躍馬馳輪，僭馮影附，劉以和親。茂祖煢單，夙離不造，克己勉躬，聿隆家道，敦心六經，遊思文藻，終辭寵命，以之自保。燕、常篤信，百行靡遺，仕不苟進，任理栖遲，居沖守約，好讓善推，思賢樂古，如渴如飢。子翼致遠，道賜悟深，相期以義，和若瑟琴，並參幕府，俱發德音，優遊卒歲，聊以寄心。祖根運會，克光厥猷，仰緣朝恩，俯因德友，功雖後建，爵寔先受，班同舊臣，位並羣后。士衡孤立，內省靡疚，言不崇華，交不遺舊，以產則貧，論道則富，所謂伊人，實邦之秀。卓矣友規，稟茲淑量，存彼

大方，擯此細讓，神與理冥，形隨流浪，雖屈王侯，莫廢其尙。趙實名區，世多奇士，山岳所鍾，挺生三李，矯矯清風，抑抑容止，初九而潛，望雲而起，詵尹西都，靈惟作傅，載訓皇宮，載理雲霧，熙雖中夭，迹階郎署，餘塵可挹，終亦顯著。仲業深長，雅性清到，憲章古式，綢繆典誥，時逢嶮巇，常一其操，納衆以仁，訓下以孝，化洽龍川，人歸其敎。邁則英賢，侃亦稱選，聞達邦家，名行素顯，志在兼濟，豈伊獨善，繩匠弗顧，功不獲展。劉、許履忠，竭力致躬，出則騁說，入獻其功，輶軒一舉，撓燕下崇，名彰魏世，享業亦隆。道茂夙成，弱冠播名，與朋以信，行物以誠，怡怡昆弟，穆穆家庭，發響九皐，翰飛紫冥，頻煩省闥，亦司于京，刑以之中，政以之平。猗歟彥鑒，思參文雅，率性任眞，器成非假，靡矜于高，莫恥于下，乃謝朱門，歸迹林野。宗敬延譽，號爲四儁，華藻雲飛，金聲夙振，中遇沈痾，賦詩以訊，忠顯于辭，理出于韻。高滄朗達，默識該通，領新悟異，發自心胸，質侔和璧，文照雕龍，燿姿天邑，衣錦舊邦。士元先覺，介焉不惑，振袂來庭，始賓王國，蹈方履正，好是繩墨，淑人君子，其儀不忒。孔稱游、夏，漢美卿、雲，越哉伯度，出類踰羣，司言祕閣，作牧河、汾，移風易俗，理亂解紛，融彼滯義，渙此潛文，儒道以析，九流以分。崔、宋二賢，誕性英偉，擢穎閭閻，聞名象魏，謇謇儀形，邈邈風氣，達而不矜，素而能貴。潘符樹尙，杜熙好和，清不潔流，渾不同波，絕希龍津，止分

常科，幽而逾顯，損而逾多。張綱柔謙，叔術正直，道雅洽聞，弼爲兼識，拔萃衡門，俱漸鴻翼，發憤忘飧，豈要斗食，率禮從仁，罔愆于式，失不繫心，得不形色。郎苗始舉，用均已試，智足周身，言足爲誌，性協於時，情斂於事，與今而同，與古而異。物以利移，人以酒昏，侯生潔己，唯義是敦，日縱醇醪，逾敬逾溫，其在私室，如涉公門。季才之性，柔而執競，屈彼南秦，申威致命，誘之以權，矯之以正，帝道用光，邊王內慶。[一五]

羣賢遺世，顯名有代。志竭其忠，才盡其概。體襲朱裳，腰紉雙佩，榮曜當時，風高千載，君臣相遇，理實難階。昔因朝命，與之克諧，披衿散想，解帶舒懷。此昕猶昨，存亡奄乖，靜言思之，衷心九摧。揮毫頌德，潛爾增哀。

皇興中，詔允兼太常至兗州祭孔子廟，謂允曰：「此簡德而行，勿有辭也。」後允從獻文北伐，大捷而還，至武川鎮，上北伐頌，帝覽而善之。帝時有不豫，以孝文沖幼，欲立京兆王子推，集諸大臣，以次召問。允進跪上前，涕泣曰：「臣不敢多言以勞神聽。願陛下上思宗廟託附之重，追念周公抱成王之事。」帝於是傳位於孝文，賜允帛百疋，以標忠亮。

又遷中書監，加散騎常侍。雖久典史事，然不能專勤屬述。時與校書郎劉模有所緝綴，大較依續崔浩故事，準春秋之體而時有刊正。自文成迄于獻文，軍國書檄，多允作也。末乃薦高閭以自代。以定議之勳，進爵咸陽公。

尋授懷州刺史。允秋月巡境，問人疾苦。至邵縣，見邵公廟廢毀不立，乃歎曰：「邵公之德，闕而不祀，爲善者何望！」乃表修葺之。允於時年將九十矣，勸人學業，風化頗行。然儒者優遊，不以斷決爲事。後正光中，中書舍人河內常景追思允，率郡中故老，爲允立祠於野王之南，樹碑紀德焉。

太和二年，又以老乞還鄉，章十餘上，卒不聽許，遂以疾告歸。其年，詔以安車徵允，敕州郡發遣。至都，復拜鎮軍大將軍，領中祕書事。固辭，不許。扶引就內，改定皇誥；又被敕，論集往世酒之敗德，以爲酒訓。孝文覽而悅之，常置左右。詔允乘車上殿，朝賀不拜。明年，詔允議定律令。雖年漸期頤，而志識無損，猶心存舊職，披考史書。又詔曰：「允年涉危境，而家貧養薄，可令樂部絲竹十人，五日一詣允，以娛其志。」特賜允蜀牛一頭、四望蜀車一乘、素几杖各一、蜀刀一口。又賜珍味，每春秋致之。尋詔朝晡給御膳，朔望致牛酒，衣服綿絹，每月送給。允皆分之親故。是時貴臣之門，並羅列顯官，而允子弟，皆無官爵，其廉退若此。遷尚書、散騎常侍。時延入，備几杖，詢以政事。

十年，加光祿大夫，金章紫綬，朝之大議，皆諮訪焉。其年四月，有事西郊，詔御馬車迎允就郊所板殿觀矚。馬忽驚奔，車覆，傷眉三處。孝文、文明太后遣醫藥護療，存問相望。司駕將處重坐，允啓陳無恙，乞免其罪。先是，命中黃門蘇興壽扶侍允，曾雪中遇犬驚倒，扶者大懼，允慰勉之，不令聞徹。興壽稱共允接事三年，不嘗見其忿色。恂恂善誘，誨人不倦，晝夜手常執書，吟詠尋覽。篤親念故，虛己存納，雖處貴重，志同貧素。性好音樂，每至伶人弦歌鼓舞，常擊節稱善。又雅信佛道，時設齋講，好生惡殺。

魏初法嚴，朝士多見杖罰。允歷事五帝，出入三省五十餘年，初無譴咎。始眞君中，以獄訟留滯，始令中書以經義斷諸疑事。允據律評刑，三十餘載，內外稱平。允以獄者人命所係，常歎曰：「皐陶至德也，其後英、蓼先亡；劉、項之際，英布黥而王。經世雖久，猶有刑之餘釁。況凡人能無咎乎？」性簡至，不妄交遊。獻文之平青、齊，徙其族望於代。時諸士人，流移遠至，率皆飢寒。徙人之中，多允姻媾，皆徒步造門，允散財竭產，以相贍振，慰問周至，無不感其仁厚。又隨其才能，表奏申用。時議者皆以新附致異，允謂取材任能，無宜抑屈。

先是，允被召在方山作頌，志氣猶不多損，談說舊事，了無所遺。十一年正月卒，年九十八。初，允每謂人曰：「吾在中書時有陰德，濟救人命，若陽報不差，吾壽應享百年矣。」先卒旬外，微有不適，猶不寢臥，呼醫請藥，出入行止，吟咏如常。孝文、文明太后聞而遣醫李脩往脈視之，告以無恙。脩入，密陳允榮衞有異，懼其不久。於是遣使備賜御膳珍羞，自酒米至于鹽醢，百有餘品，皆盡時味；及牀帳衣服，茵被几杖，羅列於庭。王官往還，慰問相

屬。允喜形於色，語人曰：「天恩以我篤老，大有所賚，得以贍客矣。」表謝而已，不有他慮。如是數日，夜中卒，家人莫覺。詔給絹一千疋、布二千疋、綿五百斤、錦五十疋、雜綵百疋、穀千斛，以周喪用。魏初以來，存亡蒙賚者莫及，朝廷榮之。將葬，贈侍中、司空公、冀州刺史，將軍、公如故。謚曰文，賜命服一襲。

允所製詩賦詠頌箴論表讚誄、左氏釋、公羊釋、毛詩拾遺、雜解、[一六]議何鄭膏肓事凡百餘篇，別有集，行於世。允尤明算法，爲算術三卷。

子忱，字士和，位長樂太守，[一七]爲政寬惠，百姓安之。後例降爵爲侯，卒，子貴賓襲。

忱弟懷，字士仁，恬淡退靜，位太尉、東陽王丕諮議參軍。子綽，字僧裕。少孤，恭敏自立。身長八尺，腰帶十圍。沈雅有度量，博涉經史。稍遷洛陽令，爲政强直，不避豪右，京邑憚之。延昌初，尚書右丞。後爲御史中尉元匡奏高聰及綽朋附高肇，詔並原罪。歷豫、并二州刺史，卒，謚文簡。

允弟推，字仲讓，早有名譽。太延中，以前後南使不稱，妙簡行人，游雅薦推應選。詔兼散騎常侍使宋，南人稱其才辯。卒於建業，贈臨邑子，謚曰恭。

推弟燮，字季和，亦有文才。太武每詔徵，辭疾不應，恒笑允屈折久官，[一八]栖泊京邑，常從容於家。州辟主簿，卒。孫市賓，永熙中，開府從事中郎。

始神麚中，允與從叔濟、族兄毗及同郡李金俱被徵。濟位滄水太守、浮陽子。卒，贈冀州刺史，謚曰宣。子矯襲。

矯弟遵，字世禮。賤出，其兄矯等常欺侮之，及父亡，不令在喪位。遵遂馳赴平城，歸允。允為作計，乃為遵父舉哀，以遵為喪主，京邑無不弔集，朝貴咸識之。徐歸奔赴。免喪後，為營宦路。遵感成益之恩，事允如諸父。涉歷文史，頗有筆札。隨都將長廣公侯窮奇等平定三齊。以功賜爵高昌男，補安定王相。撰太和、安昌二殿畫圖。後與中書令高閭增改律令，進中書侍郎。假中書令，詣長安，刊燕宣王廟碑，進爵安昌子。使濟、兗、徐三州，觀風理訟。進中都令。及新制衣冠，孝文恭薦宗廟，遵形貌莊潔，音氣雄暢，常兼太祝令，跪贊禮事，為俯仰之節，粗合儀矩，由是帝頗識待之。後與游明根、高閭、李沖等入議律令，親對御坐，時有陳奏。出為齊州刺史。建節歷本州，宗鄉改觀，而矯等彌妬毀之。

遵性不廉清。在中書時，每假歸山東，必借備騾馬，將從百餘，屯逼人家，不得絲縑滿意，則詬詈不去。旬月之間，縑布千數，郡邑苦之。既莅方岳，本意未弭，選召僚吏，多所取納。又其妻明氏，家在齊州，母弟舅甥，共相憑屬，爭取貨利。嚴暴，非理殺害甚多。貪酷之響，帝頗聞之。及車駕幸鄴，遵自州來朝。會有赦宥，遵臨還州，請辭。帝於行宮引見

誚讓之。遵自陳無負。帝厲聲曰：「若無遷都赦，必無高遵矣！又卿非唯貪惏，又虐於刑法」。謂：「何如濟陰王，猶不免於法，卿何人，而為此行！自今宜自謹約。」還州，仍不悛革。齊州人孟僧振至洛訟遵，詔廷尉少卿鄧述窮鞫，皆如所訴。先，沙門道登過遵。遵以道登荷眷於孝文，多奉以貨，深託仗之。道登屢因言次，申啓救遵，帝不省納，遂詔述賜遵死。時遵子元榮詣洛訟寃，猶恃道登，不時還赴。道登知事決，方乃遣之。遵恨其妻，不與訣，別處沐浴，引椒而死。

元榮學尚有文才，長於几案。位兼尚書右丞，為西道行臺，至高平鎮，遇城翻，被害。遵弟次文，雖無位宦，而貲產巨萬。遵每責其財，又結憾於遵，吉凶不相往反。時論責之。

毗字子翼，鄉邑稱為長者，位征南從事中郎。

初，允所引劉模者，長樂信都人，頗涉經籍。允撰修國記，選為校書郎，與其緝著。常令模帶持管籥，每日同入史閣，接膝對筵，屬述時事。允年已九十，手目稍衰，多遣模執筆而占授裁斷之，如此者五六歲。允所成篇卷，模預有功。

太和中，除南潁川太守。王肅之歸闕，路經縣瓠，羇旅窮悴，時人莫識。模獨經給所須，弔待以禮，肅深感其意。及肅臨豫州，模猶在郡，徵報復之，〔一九〕由是為新蔡太守。在二郡積十年，寬猛相濟，頗有聲稱。遷陳留太守。時年七十餘矣，而飾老隱年，昧禁自効。遂家於南潁川，不復歸其舊鄉矣。

祐字子集，允之從祖弟也。本名禧，以與咸陽王同名，孝文賜名焉。祖展，慕容寶黃門郎。道武平中山，徙京師。卒於三都大官。父讜，從太武滅赫連昌，以功賜爵南皮子。與崔浩共參著作，位中書侍郎、給事中、冀青二州中正。假散騎常侍、蓨縣侯，使高麗。卒，贈冀州刺史，假滄水公，謚曰康。祐兄祚襲爵，位東青州刺史。

祐博涉書史，好文字雜說，性通放，不拘小節。自中書學生再遷中書侍郎，賜爵建康子。文成末，兗州東郡吏獲一異獸，送之京師，時無識者，詔以問祐。祐曰：「此是三吳所出，厥名鯪鯉。餘域率無，今我獲之，吳、楚之地，其有歸國乎？」又有人於靈丘得玉印一以獻，詔以示祐。祐曰：「印上有籀書二字，文曰『宋壽』，壽者命也，我獲其命，亦是歸我之徵。」獻文初，宋義陽王昶來奔，薛安都等以五州降附，時謂祐言有驗。

孝文初，拜祕書令。後與丞李彪等奏曰：「尚書者，記言之體；春秋者，錄事之辭。尋覽

前志，斯皆言動之實錄也。〔二〇〕惟聖朝創制上古，開基長發，自始均以後，至於成帝，〔二一〕其間世數久遠，是以史弗能傳。臣等疏漏，忝當史職，披覽國記，竊有志焉。愚謂自王業始基，庶事草創，皇始以降，光宅中土。宜依遷、固大體，令事類相從，紀傳區別，表志殊貫，如此修綴，事可備書。著作郎已下，請取有才用者，參造國書。如得其人，三年有成矣。」帝從之。

孝文嘗問祐：「比水旱不調，何以止災而致豐稔？」祐曰：「堯湯之運，不能去陽九之會。陛下道同前聖，其如小旱何？但當旌賢佐政，則災消穰至矣。」又問止盜之方。祐曰：「苟訓之有方，寧不易息？當須宰守貞良，則盜賊止矣。」祐又上疏云：「今選舉不采職政之優劣，專簡年勞之多少，斯非盡才之謂。宜棄彼朽勞，唯才是舉。又勳舊之臣，年勤可錄而才非撫人者，則可加以爵賞，不宜委以方任。所謂王者可私人以財，不私人以官者也。」帝皆善之。加給事中、冀州大中正。時李彪專統著作，祐為令，時關豫而已。

出為西兗州刺史，假東光侯，鎮滑臺。祐以郡國雖有太學，縣黨宜有黌序，乃縣立講學，黨立教學，村立小學。又令一家之中，自立一碓，五家之外，共造一井，以給行客，不聽婦人寄舂取水。又設禁賊之方，令五五相保，若盜發，則連其坐。初似煩碎，後風化大行，寇盜止息。

轉宋王劉昶傳，以參定律令，賜帛粟馬等。昶以其舊宦年耆，雅相祇重。拜光祿大夫，傳如故。昶薨，徵爲宗正卿，而祐留連彭城，久不赴。僕射李沖奏祐無事稽命，處刑三歲，以贖論，免卿任。復爲光祿，卒。太常謚曰煬侯。詔曰：「不遵上命曰靈，可謚爲靈。」

子和璧，字僧壽，有學尚，位中書博士，早卒。

和璧子顥，字門賢，學涉有時譽。襲爵建康子，仕輔國將軍、朝散大夫，贈滄州刺史，謚曰惠。子德正襲。

德正幼而敏慧，有風神儀表。初爲齊文宣儀同開府參軍，尋知管記事，甚相親狎。累遷相府掾，神武委以腹心。徙給事黃門侍郎，方雅周慎，動見稱述。文襄嗣業，如晉陽，文宣在鄴居守，令德正參機密，彌見親重。文襄之崩，勳將等以纘戎事重，勸文宣早赴晉陽。文宣不決，夜中召楊愔、杜弼、崔季舒及德正等，策始定。以愔從，令德正居守。〔二〕以爲相府司馬，專知門下事。

德正與文宣舊昵愛，言無不盡。散騎常侍徐之才館客宋景業，先爲天文圖識學，又陳山提家客楊子術有所援引，並因德正勸文宣行禪代事。德正又固請。文宣恐懼不決。自請赴鄴與愔言，乃定。還，未至而文宣便發晉陽。至平城都，〔三〕召諸勳將入，告以禪讓事，

諸將莫敢答者。時杜弼爲長史，密啓文宣：恐關西因此自稱義兵，挾天子而東向，將何以待？之才云：今若先受魏禪，關西自應息心。縱欲屈强，止當逐我稱帝。弼無以答。文宣以衆意未協，又先得太后旨云：「汝父如龍，汝兄如猛獸，皆以帝王之重，不敢妄據，尚以人臣終。何欲行舜禹事？此正是高德正教汝。」又說者以爲昔周武王再駕盟津，然始革命。於是乃旋晉陽。

自是居常不悅。徐之才、宋景業等每言卜筮雜占陰陽緯候，必宜以五月應天命。德正亦敦勸不已，仍白文宣追魏收。收至，令撰禪讓詔册、九錫、建臺及勸進文表。至五月初，文宣發晉陽。德正又錄在鄴諸事條進於文宣。文宣令陳山提馳驛齎事條并密書與楊愔。山提以五月至鄴，〔四〕楊愔卽召太常卿邢卲、七兵尚書崔㥄、度支尚書陸操、太子詹事王昕、給事黃門侍郎陽休之、中書侍郎裴讓之等議撰儀注。六日，要魏太傅咸陽王坦、錄尚書事濟陰王暉業等總集，引入北宮，留于東齋，受禪後乃放還宅。文宣發至前亭，所乘馬忽倒，意甚惡之。至平城都，便不復肯進。德正與徐之才苦請曰：「山提先去，恐其漏泄，不果。」卽命司馬子如、杜弼馳驛續入，觀察物情。七日，子如等至鄴，衆人以事勢已決，無敢異言。九日，文宣至城南頓所。時旣未行詔敕，諸公文書唯云奉約束，德正及楊愔宣署而已。受禪日，堯難宗染赤雀以獻。帝尋知之，亦弗責也。是日，卽除德正爲侍中，又領宗正卿。尋遷吏部尚書，侍中如故，封藍田縣公。天保十年，遷尚書右僕射，〔五〕兼侍中，食勃海郡幹。德正與尚書令楊愔，綱紀朝政，多有弘益。

文宣末年，縱酒酣醉，德正屢進忠言，帝不悅。又謂左右云：「高德正恒以精神陵逼人。」德正甚憂懼，乃移疾，屛居佛寺，兼學坐禪，爲退身之計。帝謂楊愔曰：「我大憂高德正，其疾何似？」愔知帝內忌之，由是答云：「陛下若用作冀州刺史，病卽自差。」帝從之，德正見除書而起。帝大怒，謂曰：「聞爾病，我爲爾針！」親以刀子刺之，血流霑地。又使曳下，斬去其趾。劉桃枝捉刀不敢下，帝起臨陛，切責桃枝，桃枝乃斬足之三指。帝怒不解，禁德正於門下省。其夜，開城門，以氈輿送還家。旦日，德正妻出寶物滿四牀，欲以寄人。帝奄至其宅，見而怒曰：「我府藏猶無此物。」詰其所從得，皆諸元賂之也。遂曳出斬之，妻出拜謝，又斬之。并其子司徒東閤祭酒伯堅亦見害。

後文宣謂羣臣曰：「高德正常言，宜用漢除鮮卑，此卽合死。又教我誅諸元，我今殺之，爲諸元報讎也。」帝後悔，贈太保、冀州刺史，謚曰康。嫡孫王臣，襲爵藍田縣公，給事中、通直散騎侍郎。德正次子仲武，京畿司馬、平原郡守。

顥弟雅，字興賢，有風度，位定州撫軍府長史。天平中，追贈冀州刺史。子德範，早有

令問，位任城太守，卒。

雅弟諒，字脩賢，少好學，多識强記，居喪以孝聞。太和末，京兆王愉開府辟召，孝文妙簡僚佐，諒與隴西李仲尚、趙郡李鳳起等同時應選。正光中，加驍騎將軍，爲徐州行臺。至彭城，屬元法僧反，逼諒同之，不從見害。贈滄州刺史。又詔以諒臨危授命，復贈使持節、平北將軍、幽州刺史，優授一子出身，謚曰忠侯。

諒造親表譜錄四十餘卷，自五世以下，內外曲盡，覽者服其博記。

祐從父弟翼，字次同，豪俠有風神。孝昌末，葛榮作亂，朝廷以翼山東豪右，卽家拜勃海太守。翼率合境，徙居河、濟間，魏朝因置東冀州，以翼爲刺史，封樂城縣侯。俄除定州刺史，以賊亂不行。及尒朱兆弑莊帝，翼保境自守，卒。中興初，贈使持節、侍中、太保、錄尚書、六州諸軍事、冀州刺史，謚曰文宣。子乾。

乾字乾邕。性明悟俊偉，有智略，美音容，進止都雅。少時輕俠，長而修改，輕財重義，多所交結。起家拜員外散騎侍郎，稍遷員外散騎常侍。魏孝莊之居藩也，乾潛相託附。及尒朱榮入洛，乾東奔於翼。乾兄弟本有從横志，見榮殺害人士，謂天下遂亂，乃率河北流人

反於河、濟間,[二六]受葛榮官爵。莊帝遣右僕射元羅巡撫三齊,乾兄弟相率出降。朝廷以乾爲給事黃門侍郎,兼武衞將軍。尒朱榮以乾前罪,不應復居近要,莊帝聽乾解官歸鄉里。於是招納驍勇,以射獵自娛。

及榮死,乃馳赴洛陽。莊帝見之大喜,以乾兼侍中,加撫軍將軍、金紫光祿大夫,鎮河北。又以弟昂爲通直散騎常侍、平北將軍。令俱歸,招集鄉閭,爲表裏形援。帝親送於河橋上,舉酒指水曰:「卿兄弟冀部豪傑,能令士卒致死。京城儻有變,可爲朕河上一揚塵。」乾垂涕受詔,昂援劍起舞,誓以死繼之。

及尒朱氏旣弒害,遣其監軍孫白雞率百餘騎至冀州。託言括馬,其實欲因乾兄弟送馬收之。乾旣宿有報復之心,而白雞忽至,知欲見圖。將先發,以告前河內太守封隆之。隆之父先爲尒朱榮所殺,聞之喜曰:「國恥家怨,痛入骨髓,乘機而發,今正其時。謹聞命矣。」二月,乾與昂潛勒壯士,夜襲州城,執刺史元嶷,[二七]射白雞殺之。於葛榮殿爲莊帝舉哀,素服,乾升壇誓衆,詞氣激揚,涕泗交集,將士莫不感憤。欲奉次同爲主。[二八]次同曰:「和鄉里,我不及封皮。」乃推隆之爲大都督,行州事。隆之欲逃,昂勃然作色,拔刀將斫隆之,隆之懼,乃受命。北受幽州刺史劉靈助節度,俄而靈助被尒朱氏禽。

屬齊神武出山東,揚聲以討乾爲辭,衆情惶懼。乾謂之曰:「高晉州雄材蓋世,不居人

下。且尒朱弒主肆虐,正是英雄効節之時,今者之來,必有深計。勿憂,吾將諸君見之。」[二九]乃間行,與封隆之子子繪,俱迎於滏陽。因說神武曰:「尒朱氏酷逆,痛結人神,凡厥生靈,莫不思奮。明公威德素著,天下傾心,若兵以忠立,[三〇]則屈强之徒不足爲明公敵矣。鄙州雖小,戶口不減十萬,穀秸之稅,足濟軍資。願公熟詳其計。」神武大笑曰:「吾事諧矣!」遂與乾同帳而寢,呼乾爲叔父。乾旦日受命而去。

時神武雖內有遠圖,而外迹未見。尒朱羽生爲殷州刺史,神武密遣李元忠於封龍山舉兵逼其城,令乾率衆僞往救之。乾遂輕騎入見羽生,僞爲之計。羽生出勞軍,彭樂側從馬上禽斬之,遂平殷州。又共定策,推立中興主。拜侍中、司空公。是時,軍國草創,乾父喪,不得終制。及孝武立,天下初定,乾乃表請解職,行三年之禮。詔聽解侍中,司空如故,封長樂郡公。

乾雖求退,不謂便見從許,旣去內侍,朝政罕關,[三一]居常怏怏。孝武將貳於神武,欲乘此撫之,於華林園宴罷,獨留乾,謂曰:「司空弈世忠良,今日復建殊效。相與雖則君臣,實義同兄弟,宜共立盟約。」勤逼之。乾曰:「臣以身許國,何敢有二?」乾雖有此對,然非其本心,事出倉卒,又不謂孝武便有異志,遂不固辭,亦不啓神武。帝以乾爲誠己。

時禁園養部曲稍至千人,驟令元士弼、王思政詣賀拔岳計,又以岳兄勝爲荆州刺史。乾

謂所親曰:「難將作矣,禍必及吾。」乃密以啓神武。神武召乾問之,乾因勸神武受禪。神武以袖掩其口曰:「勿復言。今啓叔復爲侍中,門下之事,一以仰委。」及頻請而帝不答,乾懼變,啓神武,求爲徐州。乃以乾爲開府儀同三司、徐州刺史。將行,帝聞其與神武言,怒,使謂神武曰:「高乾與朕私盟,今復反覆。」神武聞其與帝盟,亦惡之,乃封其前後密啓以聞。帝對神武使詰乾。乾曰:「臣以身奉國,義盡忠貞。陛下旣有異圖,更言臣反覆。以匹夫加諸,尙或難免,況人主推惡,何以逃命?所謂欲加之罪,其無辭乎!功大身危,自昔然也。若死而有知,差無負莊帝。」詔遂賜死於門下省,年三十七。臨死時,武衞將軍元整監刑,謂曰:「頗有書及家人乎?」乾曰:「吾諸弟分張,各在異處,今日之事,想無全者。兒子旣小,未有所識,亦恐巢傾卵破,夫欲何言!」

後神武討斛斯椿等,謂高昂曰:「若早用司空策,豈有今日之舉?」天平初,贈太師、錄尙書事、冀州刺史,謚曰文昭。以長子繼叔襲祖次同樂城縣侯,令第二子呂兒襲乾爵。

乾弟愼,字仲密,頗涉文史,與兄弟志尙不同,偏爲父所愛。歷位滄州刺史、東南道行臺尙書、光州刺史,加驃騎大將軍、儀同三司。時天下初定,聽愼以本鄉部曲數千自隨。爲政嚴酷,又縱左右,吏人苦之。乾死,仲密棄州,將歸神武。武帝敕青州斷其歸路,愼間行

至晉陽。神武以爲大行臺左丞,轉尙書,當官無所迴避。累遷御史中尉,選用御史,多其親戚鄉閭,不稱朝望,文襄奏令改選焉。

愼前妻,吏部郎中崔暹妹,爲愼棄。暹時爲文襄委任,乃爲暹高嫁其妹,禮夕,親臨之。愼後妻趙郡李徽伯女也,豔且慧,兼善書記,工騎乘。愼之爲滄州,甚重沙門顯公,[三二]夜常語,久不寢。李氏患之,構之於愼,遂被拉殺。文襄聞其美,挑之,不從,衣盡破裂。李以告愼,愼由是積憾,且謂暹構己,遂罕所糾劾,多行縱捨。神武嫌責之,彌不自安。出爲北豫州刺史,遂據武牢降西魏。

愼先入關,周文率衆東出,敗於芒山,愼妻子盡見禽。神武以其家勳,啓愼一房配沒而已。仲密妻逆口行中,文襄盛服見之,乃從焉。西魏以愼爲侍中、司徒,遷太尉。愼弟昂。

昂字敖曹。其母張氏,始生一男二歲,令婢爲湯,將浴之。婢置而去,養猿繫解,以兒投鼎中,爛而死。張使積薪於村外,縛婢及猿焚殺之,揚其灰於漳水,然後哭之。

昂性似其母,幼時便有壯氣。及長,俶儻,膽力過人,龍犀豹頸,姿體雄異。其父爲求嚴師,令加捶撻。昂不遵師訓,專事馳騁,每言:「男兒當橫行天下,自取富貴,誰能端坐讀書,作老博士也?」其父曰:「此兒不滅吾族,當大吾門。」以其昂藏敖曹,故以名字之。

少與兄乾數爲劫掠，鄉閭畏之，無敢違忤。兄乾求博陵崔聖念女爲婚，崔氏不許。昂與兄往劫之，置女村外，謂兄曰：「何不行禮？」於是野合而歸。乾及昂等並劫掠，父次同常繫獄中，唯遇赦乃出。次同語人曰：「吾四子皆五眼，我死後豈有人與我一鍬土邪？」及次同死，昂大起冢。對之曰：「老公！子生平畏不得一鍬土，今被壓，竟知爲人不？」

昂以建義初，兄弟共舉兵，既而奉魏莊帝旨散衆。仍除通直散騎侍郎，封武城縣伯。與兄乾俱爲尒朱榮所黜，免歸鄉里。陰養壯士，又行抄掠。榮聞惡之，密令刺史元仲宗誘執昂，卽送晉陽。及入洛，將昂自隨，禁於駝牛署。既而榮死，莊帝卽引見勞勉之。時尒朱世隆還逼宮闕，帝親臨大夏門指麾處分。昂既免縲紲，被甲橫戈，與其從子長命，推鋒徑進，所向披靡。帝及觀者，莫不壯之。卽除直閤將軍，賜帛千疋。昂以寇難尙繁，乃請還本鄉招集部曲，仍除通直散騎常侍，加平北將軍。[三三]

及聞莊帝見害，京師不守，遂與父兄據信都起兵。尒朱世隆從叔殷州刺史羽生，率五千人掩至龍尾坂。昂將十餘騎，不擐甲而馳之。乾城守，縋下五百人追救，未及而昂已交兵，羽生敗走。昂馬矟絕世，左右無不一當百，時人比之項籍。神武至信都，開門奉迎。昂時在外略地，聞之，以乾爲婦人，遺以布裙。神武使世子澄以子孫禮見之，昂乃與俱來。後廢帝立，除冀州刺史以終其身。

仍爲大都督，率衆從神武破尒朱兆於廣阿。又討四胡於韓陵。昂自領鄉人部曲王桃湯、東方老等三千人，神武將割鮮卑兵千餘人共相參合。對曰：「敖曹所將部曲，練習已久，不煩更配。」神武從之。及戰，神武軍小却，兆等方乘之。昂與蔡儁以千騎自栗園出，橫擊，兆軍大敗。是日，微昂等，神武幾殆。

太昌初，始之冀州。尋加侍中、開府，進爵爲侯。及兄乾被殺，乃將十餘騎奔晉陽。神武向洛陽，令昂爲前驅。武帝入關中，昂率五百騎倍道兼行，至崤、陝，不及而還。尋行豫州刺史。天平初，除侍中、司空公。昂以兄乾薨此位，固辭不拜，轉司徒公。好著小帽，世因稱司徒帽。

神武以昂爲西南道大都督，徑趣商、洛。昂度河祭河伯曰：「河伯，水中之神；高敖曹，地上之虎。行經君所，故相決醉。」時山道峻阻，巴寇守險，昂轉鬭而進，莫有當鋒。遂克上洛，獲西魏洛州刺史泉企并將數十人。[三四]欲入藍田關。會竇泰失利，神武召昂。昂不忍棄衆，力戰全軍而還。時昂爲流矢所中，創甚，顧左右曰：「吾死無恨，恨不見季式作刺史耳。」神武聞之，馳驛啓季式爲濟州刺史。

昂還，復爲軍司、大都督，統七十六都督，與行臺侯景練兵於武牢。御史中尉劉貴時亦率衆在焉。昂與北豫州刺史鄭嚴祖握槊，貴召嚴祖，昂不時遣，枷其使。使者曰：「枷時易，

脫時難。」昂使以刀就枷刎之，曰：「何難之有？」貴不敢校。明日，貴與昂坐，外白河役夫多溺死。貴曰：「頭錢價漢，隨之死。」昂怒，拔刀斫貴。貴走出還營，昂便鳴鼓會兵攻之。侯景與冀州刺史万俟受洛解之乃止。時鮮卑共輕中華朝士，唯憚昂。神武每申令三軍，常爲鮮卑言，昂若在列時，則爲華言。昂嘗詣相府，欲直入，門者不聽，昂怒，引弓射之。神武知而不責。性好爲詩，言甚陋鄙，神武每容之。

元象元年，[三五]進封京兆郡公，與侯景等同攻獨孤信於金墉。與周文帝戰，敗於芒陰，死之。

是役也，昂使奴京兆候西軍。京兆於傳婢强取昂佩刀以行，昂執殺之。京兆曰：「三度救公大急，何忍以小事賜殺？」其夜，夢京兆以血塗己。寤而怒，使折其二脛。時劉桃棒在勃海，亦夢京兆言訴得理，將公付賊。桃棒知昂必死，遽奔焉。昂心輕敵，建旗蓋以陵陣，西人盡銳攻之，一軍皆沒。昂輕騎東走河陽城，太守高永洛先與昂隙，閉門不受。昂仰呼求繩，又不得，拔刀穿闔，未徹，而追兵至。伏於橋下。追者見其從奴持金帶，問昂所在，奴示之。昂奮頭曰：「來，與爾開國公。」追者斬之以去。先是，昂夢爲此奴所殺，以告盧武，將殺之，武諫乃止，果及難。時年四十八。[三六]桃棒會喪於路。神武聞之，如喪肝膽，杖永洛二百。西魏賞斬昂首者布絹萬段，歲歲稍與之，周亡猶未充。贈太師、大司馬、太尉公、錄

尙書事、冀州刺史，諡曰忠武。

西魏尋歸敖曹首，猶可識。先是，有鵲巢於庭中地上，家人怪之，及其首函至，置正當巢處。葬後，其妻張氏常見敖曹夜來旦去，有若生平。傍人莫見，唯犬隨而吠之，歲餘乃絕。其故吏東方老爲南兗州刺史，追慕其恩，爲立祠廟。靈像既成，頭上坼裂，改而更作，裂如初，見者咸稱神異。

子突騎嗣，早卒。文襄復親簡昂諸子，以第三子道豁嗣。皇建初，追封昂永昌王，以道豁襲。武平末，開府儀同三司。入周，爲儀同大將軍。隋開皇中，卒於黃州刺史。

昂弟季式，字子通，亦有膽氣。太昌初，累遷尙食典御，尋加驃騎大將軍。天平中，爲濟州刺史。季式兄弟貴盛，並有勳於時，自領部曲千餘人，馬八百疋，衣甲器仗皆備，故能追督境內賊盜，多致克捷。時濮陽人杜靈椿等，又陽平路叔文徒黨各爲亂，季式並討平之。有客嘗謂季式曰：「濮陽、陽平乃是畿內，何忽遣私軍遠戰？」季式曰：「我與國家同安危，豈有見賊不討之理？若以此獲罪，吾亦無恨。」

芒山之敗，所親部曲請季式奔梁。季式曰：「吾兄弟受國厚恩，與高王共定天下，一旦傾危而亡之，不義。」是役也，兄昂歿焉。興和中，行晉州事。解州，仍鎭永安。季式兄愼以

武牢叛，遣信報季式。季式奔告神武，神武待之如初。武定中，除侍中，尋加冀州大中正、都督。以前後功，加儀同三司。

天保初，封乘氏縣子。尋遷太常卿。仍爲都督，隨司徒潘樂征江、淮間。爲私使樂人於邊境交易，還京，坐被禁止。尋赦之。四年夏，發疽卒。贈侍中、開府儀同三司、冀州刺史，謚曰恭穆。

季式豪率好酒，又恃舉家勳功，不拘檢節。與光州刺史李元忠生平遊款，在濟州夜飲，憶元忠，開城門，令左右乘驛馬持一壺酒往光州勸之。朝廷知而容之。兄愼叛後，少時解職。黄門郎司馬消難，左僕射子如之子，又是神武壻，勢盛當時。因退食暇，尋季式，酣歌留宿。〔二七〕且日，重門並閉，消難固請去。季式曰：「君以地勢脅我邪？」消難拜謝請出，終不見許。酒至，不肯飲。季式索車輪括消難頸，又更索一車輪自括頸，引滿相勸。消難不得已，笑而從之。方俱脫車輪，更留一宿。及消難出，方具言之。文襄輔政，白魏帝，賜消難美酒數石，珍羞十轝，幷令朝士與季式親狎者，就季式宅宴集。其被優遇如此。

自昂起兵，爲羽翼者，有呼延族、劉貴珍、劉長秋、東方老、劉士榮、成五彪、韓願生、劉桃棒；隨其建義者，有李希光、劉叔宗、劉孟和等。名顯可知者，列之後云。

東方老，安德鬲人，與昂爲部曲。文宣受禪，封陽平縣伯，位南兗州刺史。後與蕭軌等度江，沒。

李希光，勃海蓨人，初隨高乾起兵，後位儀同三司、揚州刺史。文宣責陳武帝廢蕭明，命儀同蕭軌率希光、東方老、裴英起、王敬寶步騎數萬，以天保七年三月度江，襲克石頭城。五將名位相侔，英起以侍中爲軍司，蕭軌與希光並爲都督。軍中抗禮，動必乖張。頓軍丹楊城下，遇霖雨五十餘日，故致敗。將帥俱死，〔二八〕軍士得還者十二三。

劉叔宗名纂，樂陵平昌人，歸昂，位車騎將軍、左光祿大夫。

劉孟和名協，浮陽饒安人，聚衆附昂兄弟，位終大丞相司馬，坐事死。其餘並不知所終云。

神武初起兵，范陽盧曹亦以勇力稱，爲尒朱氏守，據薊。神武厚禮召之，以昂相擬，曰：「宜來，與從叔爲二曹。」曹愠曰：「將田舍兒比國士。」遂率其徒自薊入海島。得長人骨，以髑髏爲馬皂，脛長丈六尺，以爲二矟。送其一於神武，諸將莫能用，唯彭樂强舉之。未幾，曹遇疾，恫聲聞於外。巫言海神爲祟，遂卒。其徒五百人皆服斬衰，葬畢潛散。

曹身長九尺，鬚面甚雄，臂毛逆如猪鬣，力能拔樹。性弘毅方重，常從容雅服，北州敬仰之。嘗臥疾，猶申足以舉二人。蠕蠕寇范陽，曹登城射之，矢出三百步，投弓於外，羣虜莫能彎，乃去之。時有沙門曇讚，號爲神力，唯曹與之角焉。曇讚聞叫聲則勝。

論曰：高允蹈危禍之機，抗雷電之氣，處死夷然，忘身濟難，卒悟明主，保己全名。自非體隣知命，鑒昭窮達，亦何能若此。宜光寵四世，終享百齡。有魏以來，斯人而已。僧裕藝用有聞，聿修之義。世禮貪而無道，能無及乎？子集學業優通，〔三九〕知名前世，儒俊之風，門舊不殞。德正受終之際，契協亂臣，雖鍾淫虐，而名亦茂矣！乾邕兄弟，不階尺土之資，奮臂河朔，自致勤王之舉，神武因之，以成霸業。但以非潁川元從，異豐沛故人，腹心之寄，有所未允。露其啓疏，假手天誅，枉濫之極，莫或過此。昂之膽力，氣冠萬夫，韓陵之下，風飛電擊。然則齊氏元功，一門而已。其餘託而義唱，〔四〇〕亦足稱云。

校勘記

〔一〕此乃歷術之淺事 魏書卷四八高允傳無「事」字。按「歷術之淺，」猶言「歷術之疏失」。下文高允語，即駁其疏失。疑「事」字衍。

〔二〕冬十月日旦在尾箕 魏書無「旦」字。按「日在尾、箕」，是指日在黄道上處於尾、箕二宿之間，並非旦在尾、箕，昏則不是。「旦」字衍。

〔三〕高允之術陽元之射也 諸本「元」作「源」，魏書作「元」。按晉書卷四一魏舒傳：「舒字陽元，累遷後將軍鍾毓長史。毓每與參佐射，舒常爲畫籌而已。後遇朋人不足，以舒滿數。毓初不知其善射，舒容範閑雅，發無不中，舉座愕然，莫有敵者。毓歎而謝曰：『吾之不足以盡卿才，有如此射矣。』」崔浩以高允善曆而己不之知，故以陽元之射爲喻。今據改。

〔四〕若勸之則畝益三斗不勸則畝損三斗 諸本「斗」作「升」，御覽卷四五四二〇八七頁引後魏書作「斗」。按下云：「方百里，損益之率爲粟二百二十二萬斛。」百里三萬七千頃，以每畝損益共六斗計，則每頃六十斛，三萬七千頃正得二百二十二萬斛。作「升」則不符此數。御覽是，今據改。又魏書「勸」作「勤」。

〔五〕中書侍郎崔鑒 魏書「鑒」作「覽」。按崔覽崔浩之弟，曾官中書侍郎。其人仕宦在太武之世，見本書卷二一崔宏傳。崔鑒見魏書卷四九，其人延興孝文年號中曾使於齊州，其官中書侍郎，不得早在太武時。疑作「覽」是。

〔六〕帝問如東宮言不 諸本脫「言」字，據魏書補。

〔七〕計斫材軍士及諸雜役須二萬 魏書「軍士」作「運士」，此當是形似致訛。

〔八〕褊心者或之弗信　魏書同，通志卷一四八高允傳作「或弗之信」。疑當從通志。

〔九〕助教亦與博士同年限三十以上　諸本「三」作「四」，魏書作「三」。按若博士、助教年齡並限四十以上，則不必另書。作「三」是，今據改。

〔一〇〕堪循名教者　諸本「循」字訛作「束脩」二字，文義不通，據魏書删改。

〔一一〕趙郡李靈武符　魏書「武」作「虎」，北史避唐諱改。

〔一二〕中書郎中卽丘子趙郡李遐仲熙　按「中書郎中」無此官名。魏書卷三六李順傳附見李熙云：「熙字仲熙，神䴥中，與高允等俱被徵，拜中書博士，轉侍郎。」此處「郎」下「中」字當衍。「中書郎」卽「中書侍郎」。又「遐」疑當作「熙」，下頌文云：「熙雖中天，迹階郎署。」稱「熙」而不稱「遐」，可証。但下又有雁門李熙，同時同名。

〔一三〕中書郎武恒子河間邢穎宗敬　張森楷云：「地志無『武恒縣』，或『武垣』之誤也。」

〔一四〕勃海高濟叔仁　魏書「仁」作「民」，北史避唐諱改。

〔一五〕邊王內慶　魏書作「邊士納慶」。

〔一六〕毛詩拾遺雜解　魏書「雜解」上有「論」字。按「論雜解」疑卽「論語雜解」之省稱。此當脫「論」字。

〔一七〕位長樂太守　諸本「樂」作「安」。魏書作「樂」。按地志無「長安郡」，又上文云：「拜長子忱爲長

樂太守。」魏書是，今據改。

〔一八〕恒笑允屈折久宦　魏書、通志「宦」作「宦」。

〔一九〕徵報復之　諸本「徵」訛作「徵」，據魏書卷四八高允傳附劉模傳改。

〔二〇〕斯皆言動之實錄也　諸本「言動」訛作「司勳」，據魏書卷五七高祐傳改。上文言「記言」「錄事」二體，「言動之實錄」，卽指此二體而言。

〔二一〕自始均以後至於成帝　諸本「始均」作「始祖」，「成帝」作「文成」。魏書作「始均」、「成帝」。按本書及魏書卷一序紀，謂拓拔氏遠祖始均仕堯時，積六七十世至成皇帝，「不交南夏，是以載籍無聞」。若作「始祖」卽神元、「文成」，則魏書、北史所紀世次甚詳，與下文「世數久遠，史弗能傳」語不符。知魏書是，今據改。

〔二二〕以惛從令德正居守　北齊書卷三〇高德政傳，作「以楊愔居守」。按下文謂德正勸高洋受禪，「恐愔不決，自請赴鄴與愔言，乃定」。則是楊愔在鄴留守，德正從至晉陽。這裏「從令德正」四字疑衍。

〔二三〕至平城都　北齊書三朝本作「平都城」，他本同此。按通鑑卷一六三五〇四二頁作「平都城」。胡注云：「九域志：遼州遼山縣有平城鎭。宋白曰：遼州平城縣本漢涅縣地。晉置武鄉縣，此地屬焉。隋開皇十六年，於趙簡子所立平都故城立平城縣。」宋白說本之元和郡縣志。太平寰宇記卷四四遼州平城縣條略同。平城鎭及縣之得名由於「平都故城」。其地在開皇十六年立縣前，當仍名「平都」。北齊書卷十四高思好傳云「叱奴世安自晉陽送露布於平都」，卽指此地。則作「平都城」是。但北齊書及本書有關各傳多作「平城都」，今不改。

〔二四〕山提以五月至鄴　按上文已見「五月初」，此不應重出「五月」，下文有「六日」、「七日」、「九日」，則此「五月」乃「五日」之訛。但北齊書也作「五月」，今不改。

〔二五〕天保十年遷尚書右僕射　諸本「十」作「七」。張森楷云：「當作十。」按本書卷七、北齊書卷四文宣紀天保十年三月稱：「以侍中高德正爲尚書右僕射。」張說是，今據改。

〔二六〕乃率河北流人反於河濟間　諸本脫「反」字，據北齊書卷二一高乾傳補。

〔二七〕夜襲州城執刺史元嶷　北齊書「元嶷」作「元仲宗」。按本書下文高昂傳云：「密令刺史元仲宗誘執昂。」此刺史卽指冀州刺史，前後不一，遂若兩人。元嶷見本書卷十五常山王遵傳。但遵傳說他字子仲，可能是訛誤。

〔二八〕欲奉次同爲主　諸本「主」訛作「王」，據通志卷一五二高乾傳改。

〔二九〕吾將諸君見之　按「將」下當脫「爲」字。

〔三〇〕若兵以忠立　諸本「立」訛作「亡」，據宋本及通志改。

〔三一〕旣去內侍朝政罕關　諸本「罕」作「空」。張森楷云：「北齊書作『朝廷罕所關知』，此節其語，當是

『朝政罕關』，『空』字形近而譌。」按通志正作「罕」，今據改。

〔三二〕愼之爲滄州甚重沙門顯公　按下云顯公爲愼妻李氏所構，被殺。李氏爲愼後妻，必在崔氏被出之後。據本書卷三二崔暹傳云：「避地渤海，依高乾，以妹妻其弟愼。愼後爲滄、光二州，啓暹爲長史，委以職事。」則當愼爲滄州刺史時，與暹相處甚洽，豈得遽棄其妹？且愼爲滄州，在中興初見北齊書卷二一高愼傳，爲時甚早。此「滄州」當爲「兗州」之誤。據北齊書，愼於元象初出爲兗州刺史，後方入爲御史中尉。與崔暹受高澄重用之時間，正相符合。

〔三三〕加平北將軍　諸本「平北」倒作「北平」，據北齊書卷二一、通志卷一五二高昂傳乙。

〔三四〕獲西魏洛州刺史泉仚並將數十人　北齊書「將」下有「帥」字。

〔三五〕元象元年　諸本脫「元象」二字，據北齊書及通志補。

〔三六〕時年四十八　按昂兄乾死於永熙二年公元五三三年，時年三十七。昂弟季式死於天保四年公元五五三年，時年三十八俱見北齊書。若昂死於元象元年公元五三八年，年四十八，則大於其兄六歲，決無此理，大於其弟二十五歲，也嫌過多。疑「四十八」是「三十八」之訛。

〔三七〕尋季式酣歌留宿　張森楷云：「北齊書作『尋季式與之酣飲』，當是。此『歌』字誤。」

〔三八〕將帥俱死軍士得還者十二三　諸本「帥」作「卒」，北齊書作「帥」。按「卒」乃「率」之訛。「率」通「帥」。當時南征五將並沒，故云「俱死」。至於士卒，則傳文明言「還者十二三」，並非「俱死」。

今據改。

〔三九〕子集學業優通　諸本「通」訛「道」，據魏書卷五七史臣論改。

〔四〇〕其餘託而義唱　按「義唱」當作「唱義」。

北史卷三十二

列傳第二十

崔鑒 兄孫伯謙　崔辯 孫士謙　士謙子彭　士謙弟說　說子弘度

崔挺 子孝芬　孫宣猷　曾孫仲方　仲方從叔昂　挺從子季舒　挺族孫暹

崔鑒字神具，博陵安平人也。六世祖贊，魏尚書僕射。五世祖洪，晉吏部尚書。曾祖懿，字世茂，仕燕，位祕書監。祖遭，字景遇，位鉅鹿令。父綽，少孤，學行修明，有名於世。與范陽盧玄、勃海高允、趙郡李靈等俱被徵，尋以母老固辭。後爲郡功曹，卒。

鑒頗有文學，自中書博士轉侍郎，賜爵桐廬縣子。出爲東徐州刺史。鑒欲安新附，人有年老者，表求假以守令，詔從之。又於州內銅冶爲農具，兵人獲利。卒，贈青州刺史、安平侯，諡曰康。

子合，字貴和，少有時譽，襲爵桐廬子，位終常山太守。

合弟康，〔一〕少有志氣，陽平王頤之爲定州，〔二〕康爲衛軍府錄事，帶毋極令。時甄琛爲長史，曾因公事，言競之間，以拳擊琛墜牀。琛以本縣長，笑而不論。其豪率若此。彭城王勰征壽春，〔三〕康從行，招致壯俠，以爲部下。勰目之，謂左右曰：「吾當寄膽氣於此人。」累遷廣平內史，大納財貨，爲淸論所鄙。後爲燕州刺史，爲杜洛周攻圍，堅守歷年。朝廷遣都督元譚赴救，譚敗，康奔定州，坐免官。太昌中，除驃騎大將軍、儀同三司。頻以老病求解，永熙三年，去職。薨，贈尚書令、司徒公，諡曰靖穆。

長子忻，字伯悅，有世幹。以鄭儼之甥，累遷兼尚書左丞。莊帝初，遇害河陰。追贈殿中尚書、冀州刺史。

忻弟仲哲，早喪所生，爲祖母宋氏所養。六歲，宋亡，啼慕不止，見者悲之。性恢達，常以將略自許。以軍功賜爵安平縣男。及父康於燕被圍，泣訴朝廷，遂除別將，與都督元譚赴援，戰歿。

子長瑜，位至開府中兵參軍。

長瑜子子樞，學涉好文詞，强辯有才幹。仕齊，位考功郎中，參議五禮，待詔文林館。兼散騎常侍，聘周。使還，除通直散騎常侍，兼知度支。子樞明解世務，所居稱職。因度支有受納風聞，爲御史劾，遇赦免。仕周，位至上士。預尉遲迥事，被誅。

子樞次弟子端，亦有才幹，而文藝爲優。歷殿中侍御史，卒於通直散騎侍郎。

子端弟子博，武平末，爲河陽道行臺郎。隋開皇末，卒於泗州刺史。

子博弟子發，有文才，武平末，祕書郎，修起居注。仕隋爲秦王文學，卒於國子博士。

長瑜弟叔瓚，頗有學識，性好直言。其妻卽齊昭信皇后姊也，文宣擢爲魏尹丞。屬蝗蟲爲災，帝以問叔瓚。對曰：「案漢書五行志：『土功不時，蝗蟲作厲。』當今外築長城，內興三臺，故致此災。」帝大怒，令左右毆之，又擢其髮，以溷汁沃其頭，曳以出，由是廢頓久之。後卒於陽平太守，贈本州刺史。

仲哲弟叔彥，[四]位撫軍。

叔彥弟季通，位司農少卿。季通子德立，好學，愛屬文，預撰御覽，位濟州別駕。

季通弟季良，風望閑雅，位太學博士，以征討功，賜爵蒲陰縣子，累遷太尉長史。及康東還鄉，季良亦去職歸養。後位中軍將軍、光祿大夫，先康卒於家，贈尚書右僕射，謚曰簡。

康弟習，字貴禮，有世用，卒於河東太守，贈幷州刺史。

鑒兄欄，字洛祖，行博陵太守。欄子文業，中書郎、鉅鹿太守。文業子伯謙。

伯謙字士遜，貧居養母。齊神武召補相府兼功曹，稱之曰：「崔伯謙清直奉公，眞良佐也。」轉七兵、殿中、左戶三曹郎中。弟仲讓爲北豫州司馬，與高愼同叛。坐免官。後歷瀛州別駕、京畿司馬。文襄將之晉陽，勞之曰：「卿聘足瀛部，已著康歌。督府務總，[五]是用相授。」臨別，又馬上執手曰：「執子之手，與子偕老，卿宜深體此情。」族弟暹當時寵要，伯謙與之舊僚同門，非吉凶未嘗造請，以雅道自居。

天保初，除濟北太守，恩信大行，富者禁其奢侈，貧者勸課周給。縣公田多沃壤，伯謙咸易之以給人。又改鞭，用熟皮爲之，不忍見血，示恥而已。朝貴行過郡境，問人太守政何似？對曰：「府君恩化，古者所無。」誦人爲歌曰：「崔府君，能臨政。退田易鞭布威德，人無爭。」客曰：「既稱恩化，何因復威？」對曰：「長吏憚其威嚴，人庶蒙其恩惠，故兼言之。」以相府舊僚，例有加授，徵赴鄴。百姓號泣遮道，數日不得前。

以弟仲讓在關中，不復居內任，除南鉅鹿太守。下車導以禮讓，豪族皆改心整肅。事無巨細，必自親覽。在縣有貧弱未理者，皆曰「我自告白鬚公，不慮不決」。在郡七年，獄無停囚。每有大使巡察，恒處上第。徵拜銀青光祿大夫。

伯謙少時讀經、史，晚年好老、莊，容止儼然無愠色，親賓至，則置酒相娛，淸言不及俗事，士大夫以爲儀表。卒，贈南兗州刺史，謚曰懿。

伯謙弟仲讓，仕西魏，位至鴻臚少卿。

崔辯字神通，鑒之從祖弟也。祖琨，字景龍，行本郡太守。父經，贈兗州刺史。辯學涉經史，風儀整峻，獻文徵拜中書博士、武邑太守。政事之餘，專以勸學。卒，贈安南將軍、定州刺史，謚曰恭。

長子景儁，鯁正有高風，好古博涉，以經明行修，徵拜中書博士。歷侍御史、主文中散。孝文賜名爲逸。後爲員外散騎侍郎，與著作郎韓興宗參定朝儀。雅爲孝文所知重，遷國子博士。每有公事，逸常被詔獨進，博士特命自逸始。轉通直散騎常侍、廷尉少卿，卒。

子巨倫，字孝宗，幼孤。及長，歷涉經史，有文學武藝。叔楷爲殷州，巨倫仍爲長史、北道別將。在州陷賊，斂恤存亡，爲賊所義。葛榮聞其才名，欲用爲黃門郞，巨倫心惡之。至五月五日，會集官僚，令巨倫贈詩。巨倫乃曰：「五月五日時，天氣已大熱，狗便呀欲死，牛復喘吐舌。」以此自晦，獲免。結死士，夜中南走，逢賊，俱恐不濟。巨倫曰：「寧南死一寸，豈北生一尺！」[六]便欺賊曰：「吾受敕而行。」賊爇火觀敕，火未然。巨倫手刃賊十餘人，賊

乃四潰，得馬數匹。夜陰失道，唯看佛塔戶而行。到洛陽，持節別將北討。初，楷喪之始，巨倫收殯倉卒，事不周固；至是遂偸路改殯，幷竊家口以歸。尋授國子博士。

莊帝卽位，除東濮陽太守。時河北紛梗，人避賊，多入郡界，歲儉饑乏，巨倫傾資贍恤，務相全濟。時類高之。元顥入洛，據郡不從，莊帝還宮，封漁陽縣男。後除光祿大夫。卒，子子武襲。

初，巨倫有姊，明慧有才行，因患眇一目，內外親族，莫有求者。其家議欲下嫁之。巨倫姑，趙國李叔胤之妻，聞而悲感曰：「吾兄盛德，不幸早世，豈令此女，屈事卑族！」乃爲子翼納之。時人歎其義識。

逸弟模，字叔軌。身長八尺，圍亦如之。出後其叔，雅有志度。蕭寶夤討關、隴，引爲西征別將，屢有戰功，封槐里縣伯。後行岐州事，擊賊，歿於陣。永熙中，贈驃騎大將軍、儀同三司、都督、相州刺史。模弟楷。

楷字季則，爲廣平王懷文學。正始中，以王國官非其人，多被劾，唯楷與楊昱以數諫諍獲免。後爲太子中舍人、左中郎將。以黨附高肇，爲中尉所劾。事在高聰傳。楷性嚴烈，能摧挫豪强，時人語曰：「莫鷸郁賈反鵧孤楷反，付崔楷。」時冀、定數州頻遭水害，楷上疏導

之便宜，事遂施行。

孝昌初，置殷州，以楷爲刺史，加後將軍。楷將之州，人咸勸單身述職。楷曰：「單身赴任，朝廷謂吾有進退之計，將士又誰肯固志？」遂闔家赴州。賊勢已逼，或勸減小弱以避之，乃遣第四女、第三男夜出。既而曰：「一朝送免兒女，將謂吾心不固。」遂命追還。及賊來攻，楷率力拒抗，莫不爭奮，咸稱崔公尚不惜百口，吾等何愛一身？力竭城陷，楷執節不屈，賊遂害之。楷兄弟父子並死王事，朝野傷歎焉。贈侍中、鎮軍將軍、定州刺史。永熙中，又特贈驃騎大將軍、儀同三司、都督、冀州刺史。

長子士元，沈雅有學尚，州陷，戰沒，贈平州刺史。子育王，少以器幹稱，仕齊至起部郎。子文豹，字蔚，少有文才，本州大中正。士元弟士謙。

士謙，孝昌初解褐著作佐郎。後賀拔勝出鎮荆州，以士謙爲行臺左丞。孝武西遷，士謙勸勝倍道兼行，謁帝關右，勝不能用。州人鄧誕引侯景軍奄至，〔七〕勝與戰敗績，遂奔梁，士謙與俱行。及至梁，每乞師赴援。梁武雖不爲出軍，而嘉勝等志節，並許其還國。乃令士謙先，且通鄰好。周文素聞其名，甚禮之，賜爵千乘縣男。及勝至，拜太師長史，以功進爵爲子，拜尚書右丞。從周文解洛陽圍，經河橋戰，加定州大中正、瀛州刺史。又破柳仲禮

於隨郡，討李遷哲於魏興，並有功，進驃騎大將軍、開府儀同三司、直州刺史，賜姓宇文氏。恭帝初，轉利州刺史。士謙性明悟，深曉政術，吏人畏而愛之。

周保定二年，遷總管、安州刺史，加大將軍，進爵武康郡公。天和中，授江陵總管、荆州刺史。〔八〕州既統攝遐長，俗兼夷夏，又南接陳境，東隣齊寇。士謙外禦强敵，內撫軍人，風化大行，號稱良牧。每年考績，常爲天下之最，屢有詔褒美焉。士謙隨賀拔勝之在荆州也，雖被親遇，而名位未顯；及踐其位，朝野以爲榮。卒於州，闔境痛惜之，立祠堂，四時祭饗。子曠嗣。

士謙性至孝，與弟說特相友愛，雖復年位並高，資產皆無私焉。居家嚴肅，曠及說子弘度並奉其遺訓云。

曠少溫雅，大象末，位開府儀同大將軍、浙州刺史。〔九〕曠弟彭。

彭字子彭，少孤，事母以孝聞。性剛毅，有武略，工騎射，善周官、尚書，並略通大義。仕周，累遷門正上士。隋文帝爲相，周陳王純鎮齊州，帝恐其爲變，遣彭以兩騎徵純入朝。彭未至齊州三十里，因詐病止傳舍，遣人召純。純疑有變，多將從騎至彭所。彭請間，因顧騎士執而鎖之。乃大言曰：「陳王有罪，詔徵入朝，左右不得輒動。」左右愕然而去。至，拜

上儀同。

及踐祚，遷監門郎將，兼領右衞長史，賜爵安陽縣男。再遷驃騎將軍，恒典宿衞。性謹密，在省闥二十餘年，當上，在仗危坐終日，未嘗有墮容。上每謂曰：「卿當上日，我寢處自安。」又嘗曰：「卿弓馬固以絕人，頗知學不？」彭曰：「臣少愛周禮、尚書，休沐之暇，不敢廢也。」上曰：「試爲我言之。」彭因說君臣戒愼之義，上稱善。觀者以爲知言。後加上開府，遷備身將軍。

上嘗宴達頭可汗使者於武德殿，有鴿鳴於梁上。命彭射之，中，上大悅，賜錢一萬。及使者反，可汗復遣使請崔將軍一與相見。上曰：「此必善射聞於虜庭。」遂遣之。及至，可汗召善射者數十人，因擲肉於野，以集飛鳶，遣其善射者射之，多不中。彭連發數矢，皆應弦而落。突厥莫不歎服。仁壽末，進爵安陽縣公。

煬帝即位，遷左領軍大將軍。時漢王諒初平，令彭鎮遏山東，復領慈州事。卒，贈大將軍，謚曰肅。子寶德嗣。

士謙弟說。說本名士約。少有氣概，膂力過人，尤工騎射。賀拔勝牧荆州，〔一〇〕以爲假節、冠軍將軍、防城都督。又隨奔梁。復自梁歸西魏。授武衞將軍、都督，封安昌縣子。從

周文復弘農，戰沙苑，皆有功，進爵爲侯，除京兆郡守。累遷都官尚書、定州大中正，改封安固縣侯，〔一一〕賜姓宇文，并賜名說焉。進驃騎大將軍、開府儀同三司，加侍中，進爵萬年縣公。再遷總管、涼州刺史。說莅政强毅，百姓畏之。後除使持節，熊和中三州、〔一二〕崇德等十三防諸軍事，加授大將軍，改封安平縣公。建德四年，卒，贈鄜、延等五州刺史，〔一三〕謚曰壯。子弘度。

弘度字摩訶衍。膂力絕人，儀貌魁岸，鬚面甚偉，性嚴酷。年十七，周大冢宰宇文護引爲親信，累轉大都督。時護子中山公訓爲蒲州刺史，令弘度從焉。嘗與訓登樓，至上層，去地四五丈，俯臨之。訓曰：「可畏也！」弘度曰：「此何足畏？」欻擲下，至地無所損，訓大奇之。後以戰功授儀同。從平齊，進上開府、鄴縣公。尋從汝南公宇文神舉破盧昌期於范陽，鄖公韋孝寬經略淮南。〔一四〕以前後勳進位上大將軍。襲父爵安平縣公。

及尉遲迥反，弘度以行軍總管從韋孝寬討之，所當無不披靡。弘度妹先適迥子爲妻。及破鄴城，迥窘迫升樓，弘度直上龍尾追之。迥將射弘度，弘度脫兜鍪謂曰：「今日各圖國事，不得顧私。事既如此，早爲身計，何所待也？」迥擲弓於地，罵大丞相極口，自殺。弘度顧弟弘昪，使取迥頭。進位上柱國。時行軍總管例封國公，以弘度不時殺迥，縱致惡言，由

中華書局

是降爵一等爲武鄉郡公。

開皇初，以行軍總管拒突厥於原州。還，拜華州刺史。納妹爲秦孝王妃。尋遷襄州總管。弘度素貴，御下嚴急，所在令行禁止，盜賊屏跡。梁主蕭琮來朝被止，以弘度爲江陵總管，鎭荆州。陳人憚之，不敢窺境。以行軍總管從秦孝王平陳，賜物五千段。高智慧等作亂，復以行軍總管隸楊素。弘度與素品同，而年長於素，素每屈下之，一旦隸素，意甚不平。素亦優容之。及還，以行軍總管檢校原州事，以備胡。無虜而還。上甚禮之，復以其弟弘昇女爲河南王妃。仁壽中，檢校太府卿。

自以一門二妃，無所降下。每誡其僚吏曰：「人當誠恕，無得欺誑。」皆曰：「諾。」後嘗食鼈，侍者八九人，弘度問之曰：「鼈美乎？」人懼之，皆曰：「美。」弘度大罵曰：「傭奴！何敢誑我？汝初未食鼈，安知其美？」俱杖之八十。官屬百工見之，莫不汗流，無敢欺隱。時有屈突蓋爲武候車騎，亦嚴刻。長安爲之語曰：「寧飮三斗醋，不見崔弘度；寧灸三斗艾，不逢屈突蓋。」然弘度居家，子弟班白，動行捶楚，閨門整肅，爲當世所稱。

未幾秦王妃以罪誅，河南王妃復被廢，弘度憂恚，謝病於家。諸弟乃與之別居，彌不得志。煬帝卽位，河南王爲太子。帝將復立崔妃，遣中使就第宣旨。使者詣弘昇家，弘度不之知。使者反，帝曰：「弘度有何言？」使者曰：「弘度稱疾不起。」帝默然，其事竟寢。弘度憂

憤，未幾卒。

弘昇字上客，在周爲右侍上士。從平尉遲迥，以功拜上儀同。尋加上開府，封黃臺縣侯。隋文受禪，進爵爲公，授驃騎將軍。歷慈鄭二州刺史、襄州總管。以戚屬故，待遇隆重。及河南王妃罪廢，弘昇亦免官。煬帝卽位，歷冀州刺史、信都太守，位金紫光祿大夫，轉涿郡太守。遼東之役，檢校左武衞大將軍事，指平壤。與宇文述等同敗，奔還，發病卒。

崔挺字雙根，辯之從父弟也。父鬱，位濮陽太守。

挺幼孤，居喪盡禮，少敦學。五代同居，後頻年饑，家始分析。挺與弟振推讓田宅舊資，惟守墓田而已。家徒壁立，兄弟怡然，手不釋卷。鄉人有贍遺，挺辭而後受，仍亦散之。舉秀才，射策高第。拜中書博士，轉侍郎。以工書，受敕於長安書文明太后父燕宣王碑，賜爵秦昌子。〔一五〕轉登聞令，遷典屬國下大夫。以參議律令，賜帛、穀、馬、牛等。尙書李沖甚重之。孝文以挺女爲嬪。宋王劉昶南鎭彭城，詔挺爲長史，以疾辭免，乃以王肅爲長史，其被遇如此。

後拜昭武將軍、光州刺史，風化大行。及車駕幸兗州，召挺赴行在所，問以臨邊之略，因及文章。帝甚悅，謂曰：「別卿以來，倏焉二載。吾所綴文，以成一集，今當給卿副本。」顧謂侍臣曰：「擁旄者皆如此，何憂哉！」復還州。及散騎常侍張彝巡行風俗，謂曰：「彝受使巡方，採察謠訟，入境觀政，實愧淸使之名。」州舊掖城西北數里，有斧山，峯嶺高峻，北臨滄海，南望岱岳。挺於頂上欲營觀宇，故老曰：「此嶺上，秋夏之際，常有暴雨。相傳云是龍道，恐此觀不可久立。」挺曰：「人龍相去，何遠之有？虬龍倏忽，豈一路乎？」遂營之。數年間，果無風雨之異。挺旣代，卽爲風雨所毀，遂莫能立。衆以爲善化所感。時以犯罪配邊者多有逃越，遂立重制，一人犯罪逋亡，闔門充役。挺上書，以爲周書父子罪不相及，以一人犯罪，延及闔門，豈不哀哉！辭甚雅切，帝納之。

先是州內少鐵，器用皆求之他境，挺表復鐵官，公私有賴。孝文將辨天下氏族，仍亦訪定，乃遙授挺本州大中正。掖縣有人年踰九十，板輿造州。自稱少曾充使林邑，得一美玉，方尺四寸，甚有光采，藏之海島，垂六十歲，忻逢明政，今願奉之。挺曰：「吾雖德謝古人，未能以玉爲寶。」遣船隨取，光潤果然，迄不肯受，乃表送都。景明初，見代，老幼泣涕追隨，縑帛送贈，悉不納。

散騎常侍趙脩得幸宣武，挺雖同州壤，未嘗詣門。北海王詳爲司徒、錄尙書事，以挺爲司馬，固辭不免。世人皆歎其屈，而挺處之夷然。詳攝選，衆人競稱考第，以求遷敍，挺終

無言。詳曰：「崔光州考級並未加授，宜投一牒，當爲申請。蘧伯玉恥獨爲君子，亦何故默然？」挺曰：「階級是聖朝大例，考課亦國之恒典，至於自衒求進，竊以羞之。」詳大相稱歎。其爲司馬，詳未曾呼名，常稱州號，以示優禮。卒，贈輔國將軍、幽州刺史，諡曰景。光州故吏聞凶問，莫不悲感，共鑄八尺銅像，於城東廣固寺起八關齋，追奉冥福。

初，崔光貧賤，挺贍遺衣食，常親敬焉。又識邢巒、宋弁於童幼，世稱其知人。歷官三十餘年，家資不益，食不重味，室無綺羅，閨門之內，雍雍如也。欲諸子恭敬廉讓，因以孝爲字。及葬，親故多有贈賵，諸子推挺素志，一無所受。有子六人，長子孝芬。

孝芬字恭梓。早有才識，博學好文章。孝文召見，甚嗟賞之。李彪謂挺曰：「比見賢子謁帝，旨喻殊優，今當爲絕群耳。」〔一六〕挺曰：「卿自欲善處人父子之間，然斯言吾不敢聞也。」後襲父爵，累遷司空屬、定州大中正。長於剖判，甚有能名，府主任城王澄雅重之。澄奏地制八條，孝芬所參定也。遷廷尉少卿。

孝昌初，梁將裴邃等寇淮南，詔行臺酈道元、都督河間王琛討之，〔一七〕敕孝芬持節催令赴接，賊退而還。遷荆州刺史，兼尙書、南道行臺，領軍司，率諸將以援神儁，因代焉。〔一八〕孝芬遂從恒農道南入，敵便奔散，人還安堵。明帝嘉勞之。後以元叉之黨，與盧同、李奬等並

除名，徵還。又除孝芬爲廷尉。[一九]章武王融以贓貨被劾，孝芬案以重法。及融爲都督，北討鮮于脩禮，時孝芬弟孝演率宗從在博陵，爲賊攻陷，遇害。融密啓云孝演入賊爲逆，遂見收捕。全家投梁，遇赦乃還。

後梁將成景儁逼彭城，孝芬兼尚書右丞，爲徐州行臺。孝芬將發，入辭。靈太后謂曰：「卿女今事我兒，與卿是親。曾何相負，而內頭元叉車內，稱此嫗須了却！」孝芬曰：「臣蒙國厚恩，義無斯語；假有斯語，誰能得聞？若有此聞，卽此人於元叉親密，過臣遠矣。乞對之，足辨虛實。」太后乃有愧色。孝芬旣至，景儁等力屈退走。以孝芬兼尚書，爲徐、兗二州行臺。

建義初，太山太守羊侃據郡反，引南賊圍兗州行臺。[二〇]除孝芬散騎常侍、鎭東將軍、金紫光祿大夫，仍兼尚書、東道行臺，與大都督刁宣往救援。與行臺于暉時相接。[二一]至便圍之，侃突圍奔梁。永安中，授西兗州刺史，孝芬倦外役，固辭不行，仍爲太常卿。太昌初，兼殿中尚書，後加儀同三司，兼吏部尚書。

孝武帝入關，齊神武至洛，與尚書辛雄、劉廞等並被誅。沒其家口，天平中，乃免之。

孝芬博聞口辯，善談論，愛好後進，終日忻然。商榷古今，間以嘲謔，聽者忘疲。文筆數十篇。有子八人。

長子勉，字宣祖，頗涉史傳。普泰中，兼尚書右丞。勉善附會，世論以浮競譏之。爲尚書令尒朱世隆所親待，而尚書郎魏季景尤爲世隆所知，勉與季景內頗不睦。季景於世隆求右丞，奪勉所兼，世隆啓用季景，勉遂悵快自失。太昌初，除散騎常侍、征東將軍、金紫光祿大夫、定州大中正，敕左右廂出入。其家被收之際，逃免。後見齊神武，勞撫之。天平初，[二二]遣勉送勳貴妻子赴定州，因得還。屬母李氏喪亡，勉哀號過性，遇病卒。無子，弟宣度以子龍子爲後。勉弟猷。

猷字宣猷。少好學，風度閑雅。性鯁正，有軍國籌略。普泰初，累遷司徒從事中郎。旣遭家難，遂間行入關。及謁魏孝武，哀動左右。帝爲之改容，目送曰：「忠孝之道，萃此一門。」卽以本官奏門下事。

大統初，兼給事黃門郎、平原縣伯。二年，正黃門。行軍禽竇泰，復弘農，破沙苑，猷常以本官從軍典文翰。五年，除司徒左長史，加驃騎將軍。時太廟初成，四時祭祀猶設俳優角抵之戲；其郊廟祭官，多有假兼。猷上疏諫，書奏，並納焉。還京兆尹。時婚姻禮嫁聚會之辰，多舉音樂；又廛里富室，衣服奢淫，乃有織成文繡者。猷請禁斷，事並施行。與盧辯等創修六官。十二年，除浙州刺史。

十四年，侯景據河南歸款，遣行臺王思政赴之。周文與思政書曰：「崔宣猷智略明贍，有應變之才，若有所疑，宜與量其可不。」思政初頓兵襄城，後於潁川爲行臺，幷致書於猷。猷書曰：「襄城控帶京洛，實當今之要地，如有動靜，易相應接。潁川旣隣寇境，又無山川之固，賊若潛來，徑至城下。莫若頓兵襄城，爲行臺所；潁川置州，遣郭賢守。則表裏膠固，人心易安，縱有不虞，豈能爲患。」使人見周文，具以啓聞。周文令依猷策。思政重啓，求與朝廷立約，賊若水攻，乞一周爲斷；陸攻，請三歲爲期。限內有事，不煩赴援。過此以往，惟朝廷所裁。乃許之。及潁川沒，周文深追悔焉。以疾去職，屬大軍東征，周文賜以馬，隨軍與之籌略。十七年，進侍中、驃騎大將軍、開府儀同三司、本州大中正，賜姓宇文氏。

恭帝元年，周文欲開梁、漢舊路，乃命猷督儀同劉道通等五人開通車路，鑿山堙谷五百餘里，至于梁州。卽以猷爲都督、梁州刺史。及周文崩，始、利、沙、興等諸州阻兵爲逆，信、合、開、楚四州亦叛，唯梁州境內，人無二心。利州刺史崔士謙請援，猷遣兵六千赴之；信州糧盡，猷爲送米四千斛。於是二鎭獲全。猷第二女，帝養爲己女，封富平公主。

周明帝卽位，徵拜御正中大夫。時依周禮稱天王，又不建年號。猷以爲世有澆淳，故帝王因以沿革。今天子稱王，不足以威天下。請遵秦漢，稱皇帝，建年號。朝議從之。除司會中大夫，御正如故。明帝崩，遺詔立武帝。晉公護謂猷曰：「今奉遵遺旨，君以爲何

如？」對曰：「殷道尊尊，周道親親，今朝廷旣遵周禮，無容輒違此義。」雖不行，時稱其守正。

及陳將華皎來附，[二三]晉公護議欲南伐，公卿莫敢言。猷獨進曰：「前歲東征，死傷過半，比雖加撫循，而創痍未復。近者長星爲災，乃上玄所以垂鑒誡也，豈可窮兵極武，而重其譴負哉？」議不從。後水軍果敗，而裨將元定等遂沒江南。

建德六年，拜少司徒，加上開府儀同大將軍。隋文帝受禪，以猷前代舊齒，授大將軍，進爵汲郡公。開皇四年，卒，謚曰明。子仲方嗣。

仲方字不齊。少好讀書，有文武才略。年十五，周文帝見而異之，令與諸子同就學。隋文帝亦在其中，由是與帝少相款密。後以明經爲晉公宇文護參軍，轉記室，遷司玉大夫，[二四]與斛斯徵、柳敏等同修禮律。後以軍功授平東將軍、銀青光祿大夫，賜爵石城縣男。時武帝陰有滅齊志，仲方獻二十策，帝大奇之。復與少內史趙芬刪定格式。尋從帝攻下晉州，又令仲方說下翼城等四城，授儀同，進爵范陽縣侯。後以行軍長史從鄖國公王軌禽陳將吳明徹於呂梁，仲方策居多。

宣帝嗣位，爲少內史。會帝崩，隋文帝爲丞相，與仲方相見，握手極歡，仲方亦歸心焉。其夜上便宜十八事，帝並嘉納之。又勸帝應天受命，從之。及受禪，上召仲方與高熲議正

朔服色事。仲方曰：「晉爲金行，後魏爲水，周爲木，皇家以火承木德之統，又聖躬載誕之初，有赤光之瑞。車服旗牲，並宜用赤。」又勸上除六官，依漢魏之舊。並從之。進位上開府，授司農少卿，進爵固安縣公。〔三五〕令發丁三萬於朔方、靈武築長城，東至黃河，西拒綏州，南至勃出嶺，綿歷七百里。明年，復令仲方發丁十萬，於朔方已東，緣邊險要，築數十城，以遏胡寇。

丁父艱，去職。未期，起爲虢州刺史。上書論取陳之策曰：

臣謹案：晉太康元年，歲在庚子，晉武帝平吳。至今開皇六年，歲次丙午，合三百七載。春秋寶乾圖云：「王者三百年一蠲法。」今三百之期，可謂至矣。陳氏草竊，起於丙子，至今丙午，又子午爲衝，陰陽之忌。昔史趙有言曰：「陳，顓頊之族，爲水，故歲在鶉火以滅。」又云：「周武王克商，封胡公滿於陳。」至魯昭九年，陳災，裨竈曰：「歲五及鶉火而後陳亡，楚克之。」楚，祝融後也，爲火正，故復滅陳。陳承舜後，舜承顓頊。太歲左行，歲星右轉，鶉火之歲，陳族再亡，戊午之年，嬀虞運盡。語跡雖殊，考事無別。皇朝五運相承感火德，而國號爲隋，隋與楚同分，楚是火正。午爲鶉火，未爲鶉首，申爲實沈，酉爲大梁。既當周、秦、晉、趙之分，若當此分發兵，將得歲之助。以今量古，陳滅不疑。臣謂午、未、申、酉並其數極。蓋聞天時不如地利，地利不如人和。況主聖

臣良，兵强國富，陳既主昏於上，人讟於下，險無百二之固，衆非九國之師，獨此島夷，而稽天討！

伏度朝廷，自有宏謨，蒭蕘所見，冀申螢爝。今唯須武昌以下，蘄、和、滁、方、吳、海等州，〔三六〕更帖精兵，密營渡計；益、信、襄、荆、基、郢等州，速造舟楫，多張形勢，爲水戰之具。蜀、漢二江，是其上流，水路衝要，必爭之所。賊雖於流頭、荆門、延洲、公安、巴陵、隱磯、夏首、蘄口、〔三七〕盆城置船，然終聚漢口、峽口，以水戰大決。〔三八〕若賊必以上流有軍，令精兵赴援者，下流諸將，卽須擇便横度；如擁衆自衞，上江水軍，鼓行以前。雖恃九江五湖之險，非德無以爲固；徒有三吳百越之兵，無恩不能自立。

上覽，大悅。轉基州刺史，徵入朝。仲方因陳經略，上善之，賜以御袍袴幷羅雜綵五百段，進位開府。及大舉伐陳，以仲方爲行軍總管，與秦王會。及陳平，坐事免。未幾，復位。

後數載，授會州總管。時諸羌猶未賓附，詔仲方擊之，與賊三十餘戰，紫祖、四隣、望方、涉題、干碉、小鐵圍山、白男、弱水等緒都諸賊悉平。〔三九〕賜奴婢一百二十口、黃金三十斤。遷代州總管。後被徵入朝。

會文帝崩，漢王餘黨據呂州不下。煬帝遣周羅睺攻之，中流矢卒。及令仲方代總其衆，拔之，進位大將軍。歷戶部、禮部尚書，坐事免。尋爲國子祭酒，轉太常卿。朝廷以其

衰老，出拜上郡太守。以母憂去職，歲餘起爲信都太守。後乞骸骨，優詔許之，卒於家。子肅，位定陶令。宣猷弟宣度，位齊王開府司馬、恒農太守。宣度弟宣軌，頗有才學，位尚書考功郎中，與弟宣質、宣靜、宣略並早卒。

孝芬弟孝偉，趙郡太守。郡經葛榮離亂後，人皆賣鬻兒女，夏椹大熟，孝偉勸戶人多收之，郡內乃安。敎其人種殖，招撫遺散，先恩後威，一周之後，流戶大至。興立學校，親加勸厲，百姓賴之。卒郡，贈瀛州刺史，諡曰簡。朝議謂爲未申，復贈安北將軍、定州刺史。一子昂。

昂字懷遠，七歲而孤，事母以孝聞。伯父吏部尚書孝芬嘗謂親友曰：〔四〇〕「此兒終當遠至，是吾家千里駒也。」昂性端直，頗綜文詞。

天平二年，文襄引爲記室參軍，委以腹心之任；及輔國政，召爲開府長史，幷攝京畿長史事。時勳將親族賓客，多行不軌，孫騰、司馬子如之門尤劇。昂受文襄密旨，以法繩之，未幾間，內外齊肅。尋遷司徒右長史。時左府有陽平人吳賓爲妄認繼嗣事，披訴經久。長史王昕、郎中鄭憑、掾盧斐、屬王敬寶等窮其獄，始末積年，鞫掠不獲實。司徒婁昭付昂推

問，卽日詰根緒，獲其眞狀。昭歎曰：「左府都官數人，不如右府一長史。」昕、憑甚以爲愧。

武定中，文襄普令內外極言得失。昂上書曰：「屯田之設，其來尚矣。曹魏破蜀，業以興師；馬晉平吳，兵因取給。朝廷頃以懷、洛兩邑，隣接邊境，薄屯豐稔，糧儲已贍。準此而論，龜鏡非遠。其幽、安二州，控帶奚賊、蠕蠕；徐、揚、兗、豫，連接吳越强隣。實藉轉輸之資，常勞私糴之費。〔四一〕諸道別遣使營之，每考其勤惰，則人加勸勵，倉廩充實，供軍濟國，實謂在茲。其次，法獄之重，人命所懸。頃者官司糾察，多不審練，乃聞緣淺入深，未有雪大爲小，咸以畏避嫌疑，共相殘刻。至如錢絹粟麥，其狀難分，徑指爲贓，罪從此定。乞勒羣司，務存獲實。如此則有息將來，必無枉濫。」文襄納之。

後除尚書左丞，其年兼度支尚書。左丞之兼尚書，近代未有，朝野榮之。度支水漕陸運，昂設轉輸相入之差，付給新陳之法，有利於人，遂爲常式。右僕射崔暹奏請海沂煑鹽，有利軍國。文襄以問昂。昂曰：「亦既官煑，須斷人竈，官力雖多，不及人廣。請準關市，薄爲竈稅，私館官給，彼此有宜。」朝廷從之。

武定六年，甘露降宮闕，文武同賀。魏帝問右僕射崔暹、尚書楊愔、崔㥄、邢卲、散騎常侍魏收、御史中丞陸操、國子祭酒李渾曰：「可各言德績感致所由。」次至昂，昂曰：「吉凶兩門，不由符瑞，故桑雉之戒，實啓中興；小鳥孕大，未聞福感。所願陛下，雖休勿休，允答天

意。」帝爲歛容。後攝都官尚書，上勸田事七條。尋兼太府卿。

齊受禪，改散騎常侍，兼大司農卿。二寺所掌，世號繁劇，昂校理有術，下無姦僞。又奏上橫市妄費事三十四條。[三二]其年，與太子少師邢卲議定國初禮式，仍封華陽縣男。又詔删定律令，損益禮樂，令尚書右僕射薛琡等四十三人在領軍府議定。[三三]帝尋幸晉陽，將發，敕遞相遵率：「不者，命昂以聞。」昂部分科條，校正今古，手所增損，十有七八。

轉廷尉卿。昂號深文，世論不以平恕相許。又與尚書盧斐，別典京畿詔獄，並有殘刻之聲。至於推繩大事，理可明言是非，不至寃酷。有濮陽子沈子遐，齎侯景鐵劵，告徐州都督府長史畢義緒期舉兵應景；又衞尉卿杜弼門生郝子寬，告弼誹謗，幷與元子雄謀逆。帝盛怒，付昂窮鞫。昂皆執正雪免，告者引妄獲罪。天保三年，除度支尚書。時有餔藏小吏，因內臣投書告事，又別有飛書告事者，並付昂窮檢。昂言笑間，咸得情，告者辭窮，並引嫌狀。於是飛書遂絕。轉都官尚書，仍兼都官事，食濟北郡幹。[三四]

文宣幸東山，謂曰：「舊人多出爲州，當用卿爲令僕，勿望刺史。卿六十外，當與卿本州。中間，州不可得也。」後九卿以上陪集東宮，帝指昂及尉瑾、司馬子瑞謂皇太子曰：「此是國家名臣，汝宜記之。」未幾，復侍宴金鳳臺，歷數諸人，咸有罪負，至昂，曰：「崔昂直臣，魏收才士，婦兄妹夫，俱省罪過。」十年，除兼右僕射，數日，卽拜爲眞，未幾，還爲兼。楊愔少

時與昂不平，文宣崩後，遂免昂右僕射，除儀同三司、光祿勳。皇建元年，轉太常卿。河清元年，兼御史中丞，太常如故。

昂從甥李公統坐高歸彥事誅。依律，婦人年六十以上免配宮。時公統母年始五十餘而稱六十，公統舅宣寶求吏以免其姊。昂弗知，錄尚書、彭城王浟發其事，竟坐除名。三年，復爲五兵尚書，遷祠部。天統元年，卒，贈趙州刺史。

昂有風調才識，奮立堅正剛直之名。然好揣上情，感激時主，或陳便宜彈省，或列陰私罪失。深爲文宣所知賞，朝之大事，多以委之。情尚嚴猛，每行鞭撻，雖苦楚萬端，對之自若。前則崔暹、季舒爲之親援，後乃高德正是其中表，常有挾恃，意色矜高。以此不爲名流歸服。有五子。第三子液，字君洽，頗習文藻，有學涉，風儀器局爲時論所許。以奉朝請待詔文林館。隋開皇中，爲中書侍郎。

孝偉弟孝演，字則伯，出繼伯父。性通率，美鬚髯，姿貌魁傑，少無宦情，沈浮鄉里。位瀛州安西府外兵參軍，因罷歸。及鮮于脩禮起逆，遇害。無子，弟孝直以子士游爲後。

孝直字叔廣，[三五]身長八尺，眉目疏朗，早有志尚。稍遷直閤將軍、通直散騎常侍。尒朱兆入洛，孝直以天下未寧，去職歸鄉里。太昌中，除衞將軍、右光祿大夫，辭不赴。卒於

家，誡諸子曰：「吾才疏効薄，於國無功。若朝廷復加贈謚，宜循吾意，不得祗受。若致干求，則非吾意。」子士順，位太府卿。

孝直弟孝政，字季讓。十歲挺亡，號哭不絕，見者爲之悲慘。志尚貞立，博學經史，雅好辭賦。喪紀特所留情，衣服制度，手能執造。位太尉汝南王悅行參軍。

孝芬兄弟孝義慈厚，弟孝演、孝政先亡，孝芬等哭泣哀慟，絕肉蔬食，容貌毁瘠，見者傷之。孝偉等奉孝芬盡恭順之禮，坐食進退，孝芬不命則不敢也，鷄鳴而起，且溫顏色，一錢尺帛，不入私房，吉凶有須，聚對分給。諸婦亦相親愛，有無共之。始挺兄弟同居，孝芬叔振既亡後，孝芬等承奉叔母李氏，若事所生。旦夕溫凊，出入啓覲，家事巨細，一以諮決，每兄弟出行，有獲財物，尺寸以上，皆入李之庫，四時分賚，李氏自裁之，如此二十餘歲。撫從弟宣伯、子朗，如同氣焉。

挺弟振。振字延根。少有學行，居家孝，爲宗族所稱。爲祕書中散，在內謹敕，爲孝文所知。孝文南討，自高陽內史徵兼尚書左丞，留京。振既才幹被擢，當世以爲榮。還太子庶子。

景明初，除長兼廷尉少卿。振有公斷，以明察稱。河內太守陸琇與咸陽王禧同謀爲

逆，禧敗事發，振窮案之。時琇內外親黨及當朝貴要咸爲言之，振研覈切至，終無縱緩，遂斃之於獄。其奉法如此。除肆州刺史，在任有政績。卒於河東太守，贈南兗州刺史，謚曰定。

振歷官四十餘載，考課恒爲稱職，議者善之。子子朗，美容貌，涉獵經史，少溫厚，有風尚。位侍御史，加平東將軍，卒。

挺從父子瑜，字仲璉，少孤，有學業，位鴻臚少卿，封高邑男，贈瀛州刺史。子孟舒，字長才，襲父爵，位廣平太守，卒，贈殷州刺史、鎮東將軍，謚曰康。孟舒弟仲舒，位鄴縣令。仲舒弟季舒，最知名。

季舒字叔正。少孤，性明敏，涉獵經史，長於尺牘，有當世才具。年十七，爲州主簿。爲大將軍、趙郡公琛所器重，言之齊神武。神武親簡丞郎，補季舒大行臺都官郎中。文襄輔政，轉大將軍中兵參軍，甚見親寵。以魏帝左右，須置腹心，擢拜中書侍郎。文襄爲中書監，移門下機事，總歸中書。又季舒善音樂，故內伎亦回隸焉。內伎屬中書，自季舒始也。文襄每進書魏帝，有所諫請，或文詞繁雜，季舒輒修飾通之，得申勸戒而已。靜帝報答霸朝，恒與季舒論之，云崔中書是我妳母。轉給事黃門侍郎，領主衣都統。雖迹在魏

朝，而歸心霸府，密謀大計，皆得預聞。於是賓客輻湊，傾身接禮，甚得名譽，勢傾崔暹。暹嘗於朝堂屏人拜之曰：「暹若得僕射，皆叔父之恩。」其權重如此。

時勳貴多不法，文襄無所縱捨，外議以季舒及崔暹等所爲，甚被怨嫉。及文襄遇難，文宣將赴晉陽，黃門郎陽休之勸季舒從，曰：「一日不朝，其間容刀。」季舒性愛聲色，心在閑放，遂不請行，欲恣其行樂。司馬子如緣宿憾，及尚食典御陳山提等列其過狀。由是季舒及暹各鞭二百，徙北邊。

天保初，文宣知其無罪，追爲將作大匠。再遷侍中，俄兼尚書左僕射、儀同三司，大被恩遇。

乾明初，楊愔以文宣遺旨，停其僕射。遭母喪解任。起服，除光祿勳，兼中兵尚書。出爲齊州刺史。坐遣人度淮平市，亦有贓賄事，爲御史所劾，會赦不問。武成居藩，曾病，文宣令季舒療病，備盡心力。大寧初，追還，引入慰勉。累遷度支尚書、開府儀同三司。營昭陽殿，敕令監造，以判事式。爲胡長仁密言其短，出爲西兗州刺史。爲進典籤於吏部，被責免官。又以詣廣寧王宅，決鞾鞭數十。及武成崩，不得預於哭泣。久之，除膠州刺史，遷侍中、開府，食新安、河陰二郡幹。加左光祿大夫，待詔文林館，監撰御覽。加特進，監國史。季舒素好圖籍，暮年轉更精勤，兼推薦人士，獎勸文學，議譽翕然，遠近稱美。祖珽受

委，奏季舒總監內作。珽被出，韓長鸞以爲珽黨，亦欲出之。屬車駕將適晉陽，季舒與張雕議，以爲壽春被圍，大軍出拒，言使往還，〔三六〕須稟節度；兼道路小人，或相驚恐，云大駕向并州，畏避南寇，若不啓諫，必動人情。遂與從駕文官，連名進諫。時貴臣趙彥深、唐邕、段孝言等初亦同心，臨時疑貳，季舒與爭，未決。長鸞遂奏云：「漢兒文官，連名總署，聲云諫止向并州，其實未必不反，宜加誅戮。」帝卽召已署表官人集含章殿，以季舒、張雕、劉逖、封孝琰、裴澤、郭遵等爲首，並斬之殿庭。長鸞令棄其屍於漳水。自外同署，將加鞭撻，趙彥深執諫獲免。季舒等家屬男女徙北邊，〔三七〕妻女及子婦配奚官，小男下蠶室，沒入貲產。

季舒本好醫術，天保中於徙所無事，更銳意研精，遂爲名手，多所全濟。雖位望轉高，未曾懈怠，縱貧賤厮養，亦爲之療護。

庶子長君，尚書右外兵郎中。次鏡玄，著作佐郎。並流於長城。未幾，季舒等六人妻，以年老放出。後南安王思好更稱朝廷罪惡，以季舒等見害爲詞，悉召六人兄弟子姪隨軍趣晉陽。事敗，長君等並從戮。六人之妻，又追入官。

周武帝滅齊，詔斛律光與季舒等六人同被優贈，季舒贈開府儀同大將軍、定州刺史。

挺從祖弟敬邕，性長者，爲左中郎將，以軍功賜爵臨淄男，位營州刺史。庫莫奚國有馬

數百疋，因風入境，敬邕悉令送還，於是夷人感附。卒於太中大夫，贈濟州刺史，諡曰恭。

敬邕從弟接，字願賓。容貌魁偉，放邁自高，不拘檢。爲中書博士、樂陵內史。雅爲任城王澄所禮待，及澄爲本部，接了無人王敬，〔三八〕王忻然容下之。後爲樂陵太守，還鄉卒。

挺族子纂，字叔則。博學有文才，既不爲時知，乃著無談子論。尋爲廷尉正，每有大獄，多所據明，有當官之譽。時太原王靜自廷尉監遷少卿，纂恥居其下，乃與靜書，辭氣抑揚，無上下禮。入啓求解位。後爲洛陽令，卒，贈司徒左長史。

纂兄穆，字子和，雅有度量，州辟主簿，卒。穆子暹。

暹字季倫。少爲書生，避地勃海，依高乾，以妹妻其弟慎。慎後臨滄、光二州，啓暹爲長史，委以職事。趙郡公琛鎭定州，辟爲開府諮議，隨琛往晉陽。神武與語悅之，以兼丞相長史。神武舉兵將入洛，留暹佐琛，凡百後事，一以屬暹，握手殷勤，至于三四。琛後以罪被責，暹亦黜免。尉景爲并州，起暹爲別駕。

文襄代景，轉暹爲開府諮議，仍行別駕事。從文襄鎭撫鄴都，加散騎常侍，遷左丞、吏部郎，領定州大中正，主議麟趾格。暹親遇日隆，好薦人士，言邢卲宜親重。〔三九〕言論之際，卲遂毀暹。文襄不悅，謂暹曰：「卿說子才長，子才專言卿短，此癡人也。」暹曰：「子才言暹

短，暹說子才長，皆是實事，不爲癡也。」高慎之叛，僞與暹隙，〔四〇〕神武後知之，欲發其事而殺暹，文襄苦救得止。

遷御史中尉，選畢義雲、盧潛、宋欽道、李愔、崔瞻、杜蕤、嵇曄、酈伯偉、崔子武、李廣皆爲御史，世稱其知人。文襄欲假暹威勢，諸公在坐，令暹後通名，〔四一〕因待以殊禮。暹乃高視徐步，兩人擎裾而入，文襄分庭對揖。暹不讓席而坐，觴再行，便辭退。文襄曰：「下官薄有蔬食，公少留。」暹曰：「適受敕，在臺檢校。」遂不待食而去，文襄降送之。旬日後，文襄與諸公出之東山，遇暹在道，前驅爲赤棒所擊，文襄回馬避之。

暹前後表彈尚書令司馬子如，及尚書元羡、殷州刺史慕容獻，又彈太師司州牧咸陽王坦、〔四二〕并州刺史可朱渾道元、冀州刺史韓軌，罪〔狀極筆，並免官，其餘死黜者甚衆。神武書〕與鄴下諸貴，極言褒美，〔四三〕且誡厲之。先是僧尼猥濫，暹奏設科條篇，沙門法上爲昭玄都以檢約之。〔四四〕神武如鄴，群官迎於紫陌，神武握暹手勞之曰：「小兒任重才輕，非中尉何有今日？榮華富貴，直是中尉自取，高歡父子無以相報。」賜暹馬，使騎之以從，且行且語。暹下拜，馬驚走，神武親爲擁之而授轡。〔四五〕魏帝宴華林園，謂神武曰：「自頃所在百司，多有貪暴。朝廷中有用心公平，直言彈劾，不避親戚者，王可勸酒。」神武降階跪言：「唯御史中尉崔暹一人，謹奉明旨，敢以酒勸，并臣所射賜物千段，乞以回賜。」帝又褒美之。於是文襄亦

催暹酒，神武親爲之抃。文襄退，謂暹曰：「我尚畏羨，何況餘人！」神武將還晉陽，又以所乘馬加綵物賜暹。由是威名日盛，內外莫不畏服。

神武崩，未發喪，文襄以暹爲度支尚書，監國史，兼右僕射，委以心腹之寄，仍爲魏帝侍讀。暹憂國如家，以天下爲己任。文襄盛寵王昭儀，[四六]欲立爲正室，暹諫曰：「天命未改，魏室尚存，公主無罪，不容棄辱。」文襄意不悅，苦請乃從之。文襄車服過度，誅戮變常，言談進止，或有虧失，暹每厲色極言，文襄亦爲之止。臨淮王孝友被文襄狎愛，數歌舞戲謔於前，顧見暹，輒斂容而止。有獄囚數百，文襄盡欲誅之，每催文帳，暹故緩之，不以時進，文襄意釋，竟免。司州別駕司馬仲粲、中從事陸士佩並被文襄毆擊，付獄將餓殺，暹送食藥，爲致言而釋之。

自出身從官，常日晏乃歸。侵曉則與兄弟跪問母之起居，暮則嘗食視寢，然後至外齋，對親賓論事，或與沙門辯玄理，夜久乃還寢。一生不問家產，魏、梁通和，要貴皆遣人隨聘使交易，暹唯寄求佛經。梁武帝聞之，繕寫，以幡花寶蓋贊唄送至館焉。然好大言，調戲無節。嘗密令沙門明藏著佛性論而署己名，[四七]傳諸江表。子達拏，年十三，令儒者權會教其解周易兩字，乃集朝貴名流，命達拏高坐開講。同郡眭仲讓陽屈服之，[四八]暹用仲讓爲司徒中郎。鄴下爲之語曰：「講義兩行得中郎。」仲讓官至右丞。此皆暹之短也。

文宣初嗣霸業，司馬子如、韓軌等挾舊怨，言暹罪重。高隆之亦言宜寬政網，去糾察法官，黜崔暹，則得遠近人意，文宣從之。及踐阼，譖毁者猶不息，帝令都督陳山提、舍人獨孤永業搜暹家。甚貧匱，得神武、文襄與暹書千餘紙，多論軍國大事。帝嗟賞之。仍不免衆口，流暹於馬城，晝則負土供役，夜則置諸地牢。歲餘，奴告暹謀反，鎖赴晉陽，窮驗無實。先是，文襄疑文宣佯愚，慮其有後變，將陰圖之，以問暹。暹曰：「嘗與二郎俱在行位，試以手板拍其背而不瞋，乃將犀手板換暹竹者，自揩拭而翫視之，以是知其實癡。不足慮也。」帝既鎖暹，責其往昔打背。暹自陳所對文襄之言，明己功以贖死。帝悟曰：「我免禍，乃暹之力。」釋而勞之，使行太原郡事，遷太常卿。謂群臣曰：「崔暹清正，天下無雙，卿等不及也。」初，文襄欲以最小妹嫁與暹子達拏，會崩，遂寢。至是，讌於宣光殿，群臣多在焉，文宣謂暹曰：「賢子達拏甚有才學，亡兄長女樂安公主，魏帝外甥，勝朕諸妹，思成大兄宿志，故欲作婚姻。」乃以主降達拏。

暹尋遷中書監，兼幷省右僕射。是時法網已嚴，官司難於剖決，繫獄者千餘人。暹初上省，便大錄囚，旬月間，斷雪略盡。文襄時欲封暹，神武亦欲封之，暹並固辭。文宣數出游，多至暹宅，以暹女爲皇太子妃，李后不可，乃止。天保八年，遷尚書右僕射、儀同三司。時調絹以七丈爲匹，暹言之，乃依舊焉。帝謂左右曰：「崔暹諫我飲酒過多，然我飲酒何所廢？」常山王私謂暹曰：「至尊威嚴多醉，太后尚不能致言，吾兄弟杜口；僕射獨犯顏，內外深相感愧。」十年，卒，帝撫靈哭之，贈開府儀同三司、尚書左僕射、定州刺史，謚曰貞節。

達拏溫良廉謹，有識學。位儀同三司、司農卿，周御府大夫。大象中使鄴，屬尉遲迥起兵，以爲總管司馬，迴平，伏誅。初，文宣嘗問樂安公主：「達拏於汝何似？」答云：「甚相敬，唯阿家憎兒。」文宣令宮人召達拏母入而殺之，投漳水。齊滅，達拏殺主以復讎。

暹兄謀開。[四九]

纂從祖弟游，[五〇]字延叔，少有風概。爲東郡太守。[五一]郡有鹽戶，常供州郡爲兵，子孫見丁從役。矜其勞苦，乃爲表聞，請聽更代，郡內感之。太學舊在城內，游移置城南閑敞處，親自說經，當時學者莫不勸勉，號爲良守。正光中，除南秦州刺史。先是，州人楊松柏、洛德兄弟數爲反叛，游深加招慰，兄弟俱至。松柏既郡之豪帥，感恩奬喻，郡賊咸來歸款，且以過在前政，不復自疑，游乃因宴會，一時俱斬。於是外人以其不信，合境皆反。正光五年，秦州城人殺刺史李彥爲逆。數日後，游知必不安，謀欲出外，尋爲城人韓祖香等所攻。游事窘登樓，慷慨悲歎，乃推下小女而殺之，義不爲群小所辱，爲祖香等害。永安中，贈散騎常侍、鎮北將軍、定州刺史。子伏護。

論曰：崔鑒以文業應利用之秋，世家有業，餘慶不已，人位繼軌，亦爲盛哉！辯器業著聞，位不遠到；逸德優官薄，仍世恨之。模雄壯之烈，楷忠貞之操，殺身成義，臨難如歸，非大丈夫亦何能若此矣！士謙昆弟非唯武毅見重，忠公之稱，亦足嘉云。挺兄弟風操高亮，懷文抱質，歷事著聞，見重朝野，繼世承家，門族並著，市朝可變，人焉不絕。至若宣猷之立朝贊務，[五二]則嘉謀屢陳，出撫宣條，則威恩具舉；仲方之兼資文武，雅長謀算，伐陳之策，信爲深遠。弈世載德，夫豈徒然？昂智足立功，能足幹事，霸朝委遇，良有以焉。而謝彼仁心，安茲苛政，晚途遭躓，理其宜也。季舒蹈龍逢之節，季倫受分庭之遇，雖遭逢異日，得喪不同，考其遺迹，而榮名一也，蓋所謂彼有人焉。

校勘記

〔一〕合弟康　南、北、汲、殿四本及魏書卷四九崔鑒傳「康」作「秉」，百衲本及通志卷一四八崔鑒傳作「康」。按北史避李昞嫌名，人名作「秉」者，每改作「康」。例如：周書卷一八王思政傳，思政子名「秉」，北史卷六二王思政傳作「康」。魏書卷九九沮渠蒙遜傳，蒙遜子秉，北史卷三九薛安都傳作沮渠康。魏書卷六三王肅傳，肅弟秉，北史卷四二王肅傳也改作「康」。這裏「秉」是本名，但北史原文却是作「康」，本傳下文也都作「康」。故從百衲本。

〔二〕陽平王頤之爲定州　諸本「頤」作「順」，魏書作「顯」。按魏無「陽平王順」，也無「陽平王顯」。「順」、「顯」都是「頤」之訛。陽平王頤傳見本書卷十七、魏書卷十九上。本傳末言其曾官定州。但魏書卷六八甄琛傳云：「後爲本州陽平王頤衞軍府長史。」琛中山人，本州卽定州。又墓誌集釋元新成妃李氏墓誌圖版九八云：「使持節、衞大將軍、青定二州刺史、陽平惠王之母。」此陽平惠王卽頤。知頤曾爲定州刺史。今據改。

〔三〕彭城王勰征壽春　諸本「征」作「行」，魏書作「征」。按本書卷十九彭城王勰傳：「景明初，齊豫州刺史裴叔業以壽春內屬，詔勰都督南征諸軍事，與尙書令王肅迎接壽春。」又見魏書卷八世宗紀景明元年。作「征」是，今據改。

〔四〕仲哲弟叔彥　諸本脫「哲」字，據魏書、通志補。

〔五〕督府務總　北齊書卷四六崔伯謙傳「總」作「殷」，通志卷一七〇循吏傳作「繁」。按「總」疑是「繁」之訛。

〔六〕寧南死一寸豈北生一尺　諸本「生」訛作「死」，據魏書卷五六崔辯傳改。

〔七〕州人鄧誕引侯景軍奄至　諸本「鄧」作「劉」，周書卷三五崔謙傳作「鄧」。按本書卷四九、周書卷十四賀拔勝傳都作「鄧」。作「劉」是形訛，今據改。

〔八〕天和中授江陵總管荆州刺史　按周書云：「天和元年，授江陵總管。三年，遷荆州總管、荆淅等十四州南陽平陽等八防諸軍事、荆州刺史。」則士謙爲荆州刺史，是在其作荆州總管時。周之江陵總管在江陵，當時爲後梁國都。周之荆州在穰城南陽郡治，亦卽荆州總管所在。北史刪節，似士謙以江陵總管兼荆州刺史，誤。

〔九〕大象末位開府儀同大將軍淅州刺史　諸本「象」作「業」，「儀同」下有「三司」二字。按周武帝建德四年，改開府儀同三司爲開府儀同大將軍。至隋初已廢，大業末不得有此官。且隋煬帝改州爲郡，大業末亦不得有淅州刺史。「業」乃「象」之訛，「三司」衍文。今據周書崔謙傳改刪。

〔一〇〕賀拔勝牧荆州　諸本「牧」作「攻」，周書卷三五崔說傳作「出牧」二字。按賀拔勝作荆州刺史見本書卷四九賀拔勝傳。說兄士謙傳也說：「後賀拔勝出鎭荆州。」「攻」乃「牧」之訛，今據改。

〔一一〕改封安固縣侯　文苑英華卷九〇〇崔說神道碑作「安國」。按魏書卷一〇六地形志上定州博陵郡有安國縣。崔氏以博陵爲郡望，故以本郡一縣爲封號，疑作「安國」是。

〔一二〕熊和中三州　諸本「熊」作「能」，周書作「熊」。按隋書卷三〇地理志中河南郡宜陽縣下注云：「東魏置陽州，後周改曰熊州。」今據改。又諸本「中」作「忠」，錢氏考異卷三二云：「『忠』當作『中』，隋志卷三〇河南郡新安縣，後周置中州。」按崔說碑正作「中」，今據改。

〔一三〕贈鄜延等五州刺史　諸本「鄜」作「廓」，周書作「鄜」，崔說碑作「敷」。按隋書卷二九地理志上：上郡，「後魏置東秦州，後改爲北華州，西魏改爲敷州」。又周書卷二文帝紀，魏廢帝元年，改北華爲鄜州。是「敷」卽「鄜」。此州與延州相鄰。廓州見隋書同卷澆河郡，其地與延州相隔懸遠。作「鄜」是，今據改。

〔一四〕鄖公韋孝寬經略淮南　隋書卷七四崔弘度傳，「鄖」上有「從」字。

〔一五〕賜爵秦昌子　張森楷云：「魏書卷五七崔挺傳『秦』作『泰』，據周書卷三五崔猷傳作『泰』，疑『泰』是。」

〔一六〕今當爲絕群耳　張森楷云：「魏書作『今當爲群拜紀』。據下『卿自欲善處人父子之間』一語，則當以魏書爲是。」按爲群拜紀故事，見三國志卷二二陳群傳。張說是。

〔一七〕孝昌初梁將裴邃等寇淮南詔行臺酈道元都督河間王琛討之　諸本「琛」作「榮」，魏書卷五七崔孝芬傳作「琛」。按魏書卷九肅宗紀正光五年九月，「蕭衍遣將裴邃、虞鴻襲據壽春外城，刺史長孫稚擊走之。詔河間王琛總衆援之」。本紀作正光五年九月，是裴邃襲壽春之始，此傳作孝昌初，是元琛出兵之時。本書卷二七酈道元傳記其事也作孝昌初。作「榮」誤，今據改。

〔一八〕遷荆州刺史兼尙書南道行臺領軍司率諸將以援神儁因代焉　魏書無「遷」字，另有「荆州刺史李神儁爲蕭衍遣將攻圍，詔加孝芬通直散騎常侍，以將軍爲」二十八字，然后下接「荆州刺史」。按

「遷」當是涉上文「還」字形似而衍。此二十八字當是因前後並有「荆州刺史」而抄脫。因此文義不明，且不知神儁何姓。

〔一九〕又除孝芬爲廷尉　魏書作「又孝芬爲廷尉之日」。按魏書是。此乃追敍孝芬爲廷尉少卿之時，治章武王融贓罪，與融結恨，以說明元融報復原委。據魏書卷九肅宗紀，元融以貪汚削爵除名，事在正光四年二月。北史此傳於孝昌後書「又除孝芬爲廷尉」，案元融以重法，與紀不合。

〔二〇〕引南賊圍兗州行臺　魏書無「行臺」二字。按上文說孝芬爲徐兗二州行臺，「圍兗州行臺」，便當是孝芬被圍。下文又說命孝芬往救援，自相矛盾。此「行臺」二字衍文。

〔二一〕與行臺于暉時相接　諸本「暉」作「侃」，魏書作「暉」。按魏書卷一〇孝莊紀永安元年卽建義元年十月及十一月，並作「于暉」，于暉見魏書卷三一于栗磾傳。今據改。

〔二二〕天平初　魏書「初」作「末」。按上文云孝芬被誅，「沒其家口，天平中乃免之」。則作「末」是。

〔二三〕及陳將華皎來附　諸本「華」訛作「蔡」，據周書卷三五、通志卷一五七崔猷傳改。事見本書卷一〇周武帝紀天和二年閏六月。

〔二四〕遷司玉大夫　大德本、南本「玉」作「王」，百衲本據殿本修改作「正」。周書卷三五崔猷傳、隋書卷六〇、通志卷一六三崔仲方傳作「玉」。按通典卷三九後周官品正四命見司玉下大夫。「王」「正」都訛，今據改。

〔二五〕進爵固安縣公　隋書「固安」作「安固」。按崔說傳，說封安固縣侯。「安固」當爲「安國」之訛，見前校記。這裏的「固安」亦疑是「安國」的倒訛。

〔二六〕蘄和滁方吳海等州　諸本「滁」作「徐」，隋書卷六〇崔仲方傳作「滁」。按滁州見隋書卷三一地理志下江都郡清流縣注，其地鄰近長江。徐州在後方，非渡江之處。作「滁」是，今據改。

〔二七〕夏首蘄口　諸本脫「首蘄」二字，據隋書補。

〔二八〕以水戰大決　諸本「大」訛作「火」，據隋書、通志改。

〔二九〕弱水等赭都諸賊悉平　隋書「赭都諸賊」作「諸部」二字，張森楷云：「『赭都』二字無誼，疑卽『諸部』之誤。」

〔三〇〕伯父吏部尚書孝芬嘗謂親友曰　諸本「伯」訛「祖」，據北齊書卷三〇、通志卷一五三崔昂傳改。

〔三一〕常勞私糴之費　按「私」當是「和」之訛。隋書卷二四食貨志謂東魏遷鄴後，「常調之外，逐豐稔之處，折絹糴粟，以充國儲」。知當時有和糴。

〔三二〕又奏上橫市妄費事三十四條　北齊書作「三百一十四條」。

〔三三〕令尚書右僕射薛琡等四十三人在領軍府議定　按「令」下當脫「與」字。又諸本脫「薛」字，據北齊書補。又北齊書無「四十」二字。

〔三四〕轉都官尚書仍兼都官事食濟北郡幹　諸本「濟」下衍「州」字，據通志删。又張森楷云：「『都官尚

書卽治都官事，不得云『仍兼』，疑此文有脫誤。」按昂先爲度支尚書，疑是「仍兼度支事」之誤。

〔三五〕孝直字叔廣　魏書卷五七崔挺傳「廣」作「廉」。張森楷云：「疑廉是。」按廉、直協義，張說是。

〔三六〕言使往還　北齊書卷三九、通志卷一五三崔季舒傳「言」作「信」。

〔三七〕男女徙北邊　按下云「妻女及子婦配奚官」，則此「女」字當是「子」之訛。

〔三八〕接了無人王敬　張森楷云：「魏書卷五七崔挺傳作『接了無民敬』。此諱『民』爲『人』，又添一『王』字，句便費解。」

〔三九〕言邢卲宜親重　按北齊書卷三〇崔暹傳作：「言邢卲宜任府僚，兼任機密。世宗因以徵卲，甚見親重。」通志卷一五三崔暹傳作：「言邢卲宜任府僚，可以兼管機密文字。文襄因以召卲，甚見親重。」這裏「親重」上當有脫文。

〔四〇〕高愼之叛僞與暹隙　張森楷云：「愼實與暹有隙，非僞也。『僞』或當是『爲』字。」按高愼與暹有隙，事見卷三一愼本傳。張說當是。

〔四一〕令暹後通名　諸本「令」上有「朝」字，北齊書三朝本無「朝」字。按「朝」字無義，今據删。

〔四二〕又彈太師司州牧咸陽王坦　諸本「坦」訛「恒」，據北齊書改。元坦見本書卷十九咸陽王禧傳。

〔四三〕罪〔狀極筆並免官其餘死黜者甚衆神武書〕與鄴下諸貴極言褒美　諸本無「狀極筆，並免官，其餘死黜者甚衆，神武書」十六字。北齊書及通志有。北齊書「神武」作「高祖」。按無此十六字，文襄不通，今據補。

〔四四〕暹奏設科條篇沙門法上爲昭玄都以檢約之　按「篇」當作「薦」，從下讀。

〔四五〕神武親爲擁之而授轡　諸本「授」作「受」，據北齊書、通志改。

〔四六〕文襄盛寵王昭儀　按「王昭儀」當是玉儀之誤，見本書卷十四齊文襄敬皇后傳。高澄未曾爲帝，其妾不得有昭儀之號。

〔四七〕嘗密令沙門明藏著佛性論而署己名　諸本脫「性」字，據北齊書、通志補。

〔四八〕同郡眭仲讓陽屈服之　張森楷云：「北齊書作『趙郡眭仲讓』。據眭豫傳北齊書卷四五，仲讓是趙郡高邑人，非博陵人，不得與暹爲同郡。『同』字誤也。」

〔四九〕暹兄謀開　按「謀」當作「謀」，「開」下有脫文。隋書卷四二李德林傳、本書卷三〇李繪傳、卷四三李庶傳、册府卷六七四八〇五二頁並見崔謀。但北齊書卷二九李繪傳也誤作「崔謀」。新唐書卷七二宰相世系表以「謀開」連爲人名，實則「開」字以下當是敍謀之歷官，如開府參軍之類。新唐書表當卽據北史而作，故誤。

〔五〇〕纂從祖弟游　諸本無「纂」字，魏書卷五七有。按據魏書，游乃暹之再從叔而非從祖弟。北史「開」下「從」上脫去一段，遂似游爲暹之從弟。今據魏書補「纂」字。

〔五一〕爲東郡太守　魏書「東郡」作「河東」。按下言「郡有鹽戶」，則作河東是，東郡無鹽池。

〔五二〕至若宣猷之立朝贊務　諸本「立」下有「入」字，周書卷三五崔猷傳史臣論無。按「立」「入」二字，必有一衍，今從周書删。

北史卷三十三

列傳第二十一

李靈 曾孫元忠　渾　弟子璨　璨五世孫德饒　璨曾孫公緒　李順 玄孫元操

李孝伯 兄孫諡　諡子士謙　李裔 子子雄　李義深 弟幼廉

李靈字武符，〔一〕趙郡平棘人也。父勰，字小同，恬靜好學，有聲趙、魏間。道武平中原，聞其已亡，哀惜之，贈宣威將軍、蘭陵太守。

神䴥中，太武徵天下才儁，靈至，拜中書博士。再遷淮陽太守。以學優，選授文成皇帝經，加中散、內博士，賜爵高邑子。文成踐阼，卒於洛州刺史，贈定州刺史、鉅鹿公，謚曰簡。

子恢襲，以師傅子，拜長安鎮副將，進爵為侯，假鉅鹿公。後東平王道符謀反，遇害，贈定州刺史、鉅鹿公，謚曰貞。恢弟綜，事見於後。

恢長子悅祖，〔二〕襲爵高邑侯，例降為伯，卒。

悅祖子瑾，字伯瓊，襲，位大司農卿。瑾淳謹好學，老而不倦。卒，贈司空。

悅祖弟顯甫，豪俠知名，集諸李數千家於殷州西山，開李魚川方五六十里居之，顯甫為其宗主。以軍功賜爵平棘子，位河南太守，贈安州刺史，謚曰安。

子元忠，少厲志操，粗覽書史及陰陽術數，有巧思，居喪以孝聞。襲爵平棘子，魏清河王懌為營明堂大都督，引為主簿。遭母憂去任，歸李魚川。嘗亡二馬，既獲盜，卽以與之。在母喪，哭泣哀動旁人，而飲酒騎射不廢，曰：「禮豈為我？」初元忠以母多患，專心醫藥，遂善方技，性仁恕，無貴賤皆為救療。家素富，在鄉多有出貸求利，元忠焚契免責，鄉人甚敬之。

孝莊時，盜賊蠭起，清河有五百人西戍，還經南趙郡，以路梗，共投元忠，奉絹千餘匹。元忠唯受一匹，殺五牛以食之，遣奴為導，曰：「若逢賊，但道李元忠遣。」如言，賊皆舍避。及葛榮起，元忠率宗黨作壘以自保，坐於大檞樹下，前後斬違命者凡三百人。賊至，元忠輒卻之。葛榮曰：「我自中山至此，連為趙李所破，則何以能成大事？」乃悉衆攻圍，執元忠以隨軍。賊平，就拜南趙郡太守。好酒，無政績。

及莊帝幽崩，元忠棄官，潛圖義舉。會齊神武東出，元忠便乘露車載素箏濁酒以奉迎。神武聞其酒客，未卽見之。元忠下車獨坐，酌酒擘脯食之，謂門者曰：「本言公招延儁傑，今聞國士到門，不能吐哺輟洗，其人可知。還吾刺，勿復通也。」門者以告，神武遽見之。引入，觴再行，元忠車上取箏鼓之，長歌慷慨。歌闋，謂神武曰：「天下形勢可見，明公猶欲事尒朱乎？」神武曰：「富貴皆由他，安敢不盡節。」元忠曰：「非英雄也。高乾邕兄弟曾來未？」是時，高乾邕已見，神武因紿曰：「從叔輩粗，何肯來？」元忠曰：「雖粗，並解事。」神武曰：「趙郡醉！」使人扶出，元忠不肯起。孫騰進曰：「此君天遣來，不可違也。」神武乃復留與言，元忠慷慨流涕，神武亦悲不自勝。元忠進從橫之策，深見嘉納。又謂神武曰：「殷州小，無糧仗，不足以濟大事。冀州大藩，若向冀州，高乾邕兄弟必為明公主人。殷州便以賜委。冀、殷合，滄、瀛、幽、定自然弭從。唯劉誕黠胡，或當乖拒，然非明公之敵。」神武急握元忠手而謝焉。

時殷州刺史尒朱羽生阻兵據州，元忠聚衆與大軍禽斬之。神武卽令行殷州事。累遷太常卿、殷州大中正。後以從兄瑾年長，以中正讓之。

魏孝武帝納神武女為后，詔元忠致娉於晉陽。每宴席論舊事，元忠曰：「昔日建義，轟轟大樂，比來寂寥無人問，更欲覓建義處。」神武撫掌笑曰：「此人逼我起兵。」賜白馬一匹。元忠戲曰：「若不與侍中，當更覓建義處。」神武曰：「建義處不慮無，〔三〕止畏如此老翁不可

遇耳。」元忠曰：「止為此翁難遇，所以不去。」因捋神武鬚大笑。神武悉其雅意，深重之。後神武奉送皇后，仍田於晉澤，元忠馬倒，良久乃蘇。神武親自撫視，封晉陽縣伯。後為光州刺史，時州境災儉，人皆菜色，元忠表求賑貸，被報聽用萬石。元忠以為少，遂出十五萬石賑之。事訖，表陳，朝廷嘉而不責。徵拜侍中。

元忠雖處要任，初不以物務干懷，唯以聲酒自娛，大率常醉。家事大小，了不關心。園庭羅種果藥，親朋尋詣，必留連宴賞。每挾彈攜壺，遊遨里閈。每言寧無食，不可使我無酒，阮步兵吾師也，孔少府豈欺我哉。後自中書令復求為太常卿，以其有音樂而多美酒故。神武欲用為僕射，文襄言其放達常醉，不可委以臺閣。其子搔聞之，請節酒。元忠曰：「我言作僕射不勝飲酒樂；爾愛僕射時，宜勿飲酒。」

每言於執事，云年漸遲暮，乞在閑冗，以養餘年，乃除驃騎大將軍、儀同三司。曾貢文襄王蒲桃一盤，文襄報以百縑，其見賞重如此。孫騰、司馬子如嘗詣元忠，逢其方坐樹下，葛巾擁被，對壺獨酌。庭室蕪曠，使婢卷兩褥以質酒肉，呼妻出，衣不曳地。二公相視，歎息而去，大餉米絹，受而散之。俄復以本官領衞尉卿。卒，有米三石，酒數斛，書籍藥物，充滿篋架，未及賻至，金蟬質絹，乃得斂焉。贈司徒，謚曰敬惠。

初，元忠將仕，夢手執炬入其父墓，中夜驚起，甚惡之。且告其受業師，占云：「大吉，可

謂光照先人也。」竟如其占。

性甚工彈，彈桐葉常出一孔，擲棗栗而彈之，十中七八。嘗從文襄入謁魏帝，有梟鳴殿上，文襄命元忠彈之，問得幾丸而落，對曰：「一丸奉至尊威靈，一丸承大將軍意氣，兩丸足矣！」如其言而落之。子搔嗣。

搔字德沈，少聰敏，有才藝。嘗采諸聲，別造一器，號曰八絃，時人稱有思理。武定末，自丞相記室除河內太守。居數載，流人盡復。代至，將還都，父老號泣，追送二百餘里，生爲立碑。終於儀曹郎。

搔妹曰法行，幼好道，截指自誓不嫁，遂爲尼。所居去鄴三百里，往來恒步，在路或不得食，飲水而已。逢屠牽牛，脫衣求贖，泣而隨之。雉兔馴狎，入其山居房室。齊亡後，遭時大儉，施糜粥於路。異母弟宗侃與族人孝衡爭地相毀，尼曰：「我有地，二家欲得者，任來取之，何爲輕致忿訟？」宗侃等慚，遂讓爲閑田。

渾字季初，靈之曾孫也。祖綜，行河間郡，早卒。父遵，字良軌，有業尙，爲魏冀州征東府司馬。京兆王愉冀州起逆，遇害。贈幽州刺史，諡曰簡。

渾以父死王事，除給事中。後以四方多難，求爲青州征東司馬，與河間邢卲、北海王昕

俱奉老母攜妻子，同赴青、齊。未幾而尒朱榮入洛，衣冠殲盡，物論以爲知幾。時河北流移人聚青土，衆踰二十萬，共劫河間邢杲爲主，起自北海，襲東陽。青州刺史元世儁欲謀誅之，府人遂猜貳。渾乃與長史崔光韶具陳禍福，〔四〕由是歃血而盟，上下還睦。普泰中，崔社客反於海岱，攻圍青州，詔渾爲都官尙書、東北道行臺，赴援。社客諸城各自固保，渾以社客賊之根本，烏合易離，若銜枚夜襲，便可禽殄。如社客就禽，諸郡可傳檄而定。諸將尙遲疑，渾乃決行，果禽社客，斬首送洛陽，海隅清定。

天平初，丁母憂，行喪冢側，殆將滅性。武定初，兼散騎常侍、聘梁使主。梁武謂曰：「伯陽之後，久而彌盛，趙李人物，今實居多。」使還，爲東郡太守。以贓賄徵還。齊文襄王使武士提以入，置諸庭。渾抗言曰：「將軍今日猶自禮賢邪？」文襄笑而舍之。

齊天保初，除太子少保。時太常邢卲爲少師，吏部尙書楊愔爲少傅，論者榮之。以參禪代儀注，賜爵涇陽縣男。文宣以魏麟趾格未精，詔渾與邢卲、崔㥄、魏收、王昕、李伯倫等修撰。嘗謂魏收曰：「彫蟲小技，我不如卿；國典朝章，卿不如我。」

尋除海州刺史。後土人共圍州城，城中多石無井，常食海水，賊絕其路。城內先有一池，夏旱涸竭，渾齋戒朝服而祈焉，一朝天雨，泉流涌溢。賊以爲神，應時駭散。渾捕斬渠帥，傳首鄴都。渾妾郭，在州干政納貨，坐免，卒于鄴。

子湛，字處元，涉獵文史，有家風。兼通直散騎常侍、聘陳使副，襲爵涇陽男。渾與弟繪、緯俱爲聘梁使主，〔五〕湛又爲使副，是以趙郡人士，目爲四使之門。〔六〕

繪字敬文。六歲便求入學，家人以偶年俗忌，不許，遂竊其姊筆牘用之，未踰晦朔，遂通急就章，內外以爲非常兒。及長，儀貌端偉，神情朗儁。第五舅河間邢晏每與言，歎其高遠，曰：「若披煙霧，如對珠玉，宅相之寄，良在此甥。」後敕撰五禮，繪與太原王乂同掌軍禮。魏靜帝於顯陽殿講孝經、禮記，繪與從弟騫、〔七〕裴伯茂、魏收、盧元明等俱爲錄議，簡舉可觀。歷中書侍郎、丞相司馬。每霸朝文武總集，對揚王庭，常令繪先發言端，爲羣僚之首。音詞辯正，風儀都雅，聽者悚然，文襄益加敬異。又掌儀注。

武定初，兼散騎常侍，爲聘梁使主。梁武問高相今在何處？黑獺若爲形容？高相作何經略？繪敷對明辯，梁武稱佳。與梁人汎言氏族，袁狎曰：「未若我本出自黃帝，姓在十四之限。」繪曰：「兄所出雖遠，當共車千秋分一字耳！」一坐皆笑。前後行人皆通啓求市，繪獨守清尙，梁人重其廉潔。

使還，拜高陽內史。郡境舊有三猛獸，人常患之，繪欲修檻，遂因鬬俱死於郡西。咸以爲化感所致，皆勸申上。繪曰：「猛獸因鬬而斃，自是偶然，貪此爲功，人將窺我。」竟不聽。

高陽舊多陂淀，繪至後，淀水皆涸，乃置農正，專主勸課，墾田倍增，家給人足。瀛州三郡人俱詣州，請爲繪立碑于郡街。神武東巡郡國，在瀛州城西駐馬久立，使郎中陳元康喻慰之。

河間太守崔諶，恃其弟暹勢，從繪乞麋角鴿羽。繪答書曰：「鴿有六翮，飛則沖天；麋有四足，走便入海。下官膚體疏嬾，手足遲鈍，不能近追飛走，遠事佞人。」時文襄使暹還選司徒左長史，暹薦繪，既而不果，咸謂由此書。

及文襄嗣業，普代山東諸郡，其特降書徵者，唯繪與清河太守辛術二人而已。至，補大將軍從事中郎，遷司馬。文襄以前司徒侯景進賢冠賜繪曰：「卿但直心事孤，當用卿爲三公，莫學侯景叛也。」及文宣嗣事，仍爲丞相司馬。天保初，除司徒右長史。繪質性方重，未嘗趣事權門，以此久而沈屈。卒，贈南青州刺史，諡曰景。子君道，有父風。

繪弟緯，字乾經，少聰慧，有才學。與舅子河間邢昕少相倫輩，晚不逮之。位中散大夫。梁使至，侍中李神儁舉緯爲尙書南主客郎。〔八〕緯前後接對凡十八人，頗爲稱職。鄴下爲之語曰：「學則渾、繪、緯，口則繪、緯、渾。」齊文襄攝選，以緯爲司徒諮議參軍，謂曰：「自郎署至此，所謂不次，以卿人才，故有此舉耳。」梁謝藺來聘，緯勞之。〔九〕藺問安平諸崔，緯曰：「子玉以還，彫龍絕矣。」崔暹聞之怒，緯詣門謝之，暹上馬不顧。緯語人曰：「雖失要人意，聘梁使不得捨我。」武定五年，兼散騎常侍，使梁。緯常逸遊放達，自號「隱君」，蕭然有

絕塵之意。使還，除太子家令，卒。齊初，贈北徐州刺史，謚曰文。

璨字世顯，靈弟趙郡太守均之子也。身長八尺五寸，容貌魁偉，受學於梁祚，位中書郎，雅爲高允所知。天安初，宋徐州刺史薛安都舉彭城降，〔一〇〕詔鎮南大將軍博陵公尉元、鎮東將軍城陽公孔伯恭等迎之，獻文復以璨參二府軍事。安都率文武出迎，元不加禮接，安都還城，遂不降。宋將張永、沈攸之等先屯下礚，元令璨與中書郎高閭入彭城說安都，卽與俱載赴軍。元等入城，收管籥。其夜，永攻南門，不剋退還。璨勸元乘永，永失據，攻永米船，大破之，於是遂定淮北。加璨寧朔將軍，與張讜對爲兗州刺史，安帖初附。以參定徐州功，賜爵始豐侯，卒，謚曰懿。子元茂襲爵。

元茂以寬雅著稱，位司徒司馬、彭城鎮副將，人吏安之。卒，贈顯武將軍、徐州刺史，謚曰順。

子秀之，字鳳起，襲爵，位尙書都官郎。秀之弟子雲，字鳳昇；子雲弟子羽，字鳳降；子羽弟子岳，字鳳跱。秀之等並早孤，事母孝謹，兄弟容貌並魁偉，風度審正，而皆早卒。鳳昇子道宗，位直閤將軍。道宗弟德林，司徒中兵參軍。

元茂弟宣茂，太和初，拜中書博士，後兼定州大中正，受鄉人財貨，爲御史所劾，除名。

正始初，除太中大夫，遷光祿勳。與游肇往復，肇善之。〔一一〕卒於幽州刺史，遺令薄葬，贈齊州刺史，謚曰惠。

子籍之，字脩遠，性謹正，粗涉書史。位司徒諮議參軍、太中大夫。著忠誥一篇，文多不載。卒，贈定州刺史。

子徹，仕齊，位尙書左丞。

徹子純，隋開皇中爲介州長史。

純子德饒，字世文。少聰敏好學，有至性。弱冠仕隋爲校書郎，仍直內史省，參掌文翰。轉監察御史，糾正不避權貴。大業三年，遷司隸從事。每巡四方，理冤枉，褒孝悌。雖位秩未通，德行爲當時所重，凡與交結，皆海內髦彥。

性至孝，父母寢疾，輒終日不食，十旬不解衣。及丁憂，水漿不入口五日，哀慟，歐血數升。及送葬，會仲冬積雪，行四十餘里，單縗徒跣，號踊幾絕。會葬者千餘人，莫不爲之流涕。後甘露降於庭樹，有鳩巢其廬，納言楊達巡省河北，詣廬弔慰之，因改所居村名爲孝敬村，里爲和順里。

後爲金河縣長，未之官，屬羣盜蠭起，賊帥格謙、孫宣雅等十餘頭聚衆於勃海，有敕許

其歸首。謙等懼，不敢降，以德饒信行有聞，遣奏曰：「若德饒來者，卽相率歸首。」帝遣德饒往勃海慰諸賊。至冠氏，會他賊攻陷縣城，見害。

其弟德侶，性重然諾。大業末爲離石郡司法書佐，太守楊子崇特禮之。及義兵起，子崇遇害，棄尸城下。德侶赴哭盡哀，收瘞之。至介休，詣義師請葬子崇。見許，因贈子崇官，令德侶爲使者，往離石禮葬子崇。

徹弟公緒。公緒字穆叔，性聰敏，博通經傳。魏末爲冀州司馬，屬疾去官，絕迹贊皇山。齊天保初，以侍御史徵，不就。公緒沈冥樂道，又不閑時務，故誓心不仕。尤明天文，善圖緯之學，嘗謂子弟曰：「吾觀齊之分野，福德不多，國家祚終四七。」及齊亡歲，距天保之元二十八年矣。公緒雅好著書，撰典言十卷、禮質疑五卷、喪服章句一卷、古今略記二十卷、玄子五卷、趙記八卷、趙語十二卷，並行於世。公緒既善陰陽之術，有祕記，傳之子孫而不好焉，臨終取以投火。子少通，有學行。

公緒弟概，字季節，少好學。然性倨傲，每對諸兄弟，露髻披服，略無少長之禮。爲齊文襄大將軍府行參軍，進側集，題云「富春公主撰」。閑緩不任事，每被譏訶。除殿中侍御

史，修國史。後爲太子舍人，爲副使聘于江南。江南多以僧寺停客，出入常袒露。還，坐事解。後卒於并州功曹參軍。撰戰國春秋及音譜並行於世。

又自簡詩賦二十四首，謂之達生丈人集。其序曰：「達生丈人者，生於戰國之世，爵里姓名無聞焉爾，時人揆其行己，强爲之號。頗好屬文，成輒棄藁。常持論文云：古人有言，性情生於慾。又曰人之性靜，慾實汩之。然則性也者，所受於天，神識是也，故爲形骸之主；情也者所受於性，嗜慾是也，故爲形骸之役。由此言之，情性之辯，斷焉殊異。故其身泰，則均齊死生，塵垢名利，縱酒恣色，所以養情；否，則屏除愛著，擯落枝體，收視反聽，所以養識。是以遇榮樂而無染，遭厄窮而不悶，或出人間，或栖物表，逍遙寄託，莫知所終。」

李順字德正，鉅鹿公靈之從父弟也。父系，慕容垂散騎侍郎、東武城令。道武定中原，以爲平棘令。卒，贈趙郡太守、平棘男。

順博涉經史，有計策。神瑞中，拜中書博士，轉中書侍郎。從征蠕蠕，以籌略，賜爵平棘子。太武將討赫連昌，謂崔浩曰：「朕前北征，李順獻策數事，實合經略大謀。今欲使總前驅之事，何如？」浩曰：「順智足周務，實如聖旨。但臣與之婚姻，深知其行，然性果於去

就，不可專委。」帝乃止。初，浩弟娶順妹，〔二〕又以弟子娶順女，雖婚媾，而浩頗輕順，順又不伏，由是潛相猜忌，故浩毀之。至統萬，大破昌軍，順謀功居多。後征統萬，昌出逆戰，順破其左軍。及剋統萬，帝賜諸將珍寶雜物，順固辭，唯取書數千卷，帝善之。遷給事黃門侍郎。又從擊赫連定於平涼。三秦平，進爵為侯，遷四部尚書，甚見寵待。

沮渠蒙遜以河西內附，帝欲簡行人，崔浩曰：「宜令清德重臣，奉詔褒慰，尚書順卽其人也。」帝曰：「順納言大臣，不宜方為此使，若蒙遜身執玉帛而朝於朕，復何以加之？」浩曰：「邢貞使吳，亦魏之太常，苟事是宜，無嫌於重。」帝從之，以順為太常，策拜蒙遜為太傅、涼王。使還，拜使持節、都督四州諸軍事、長安鎭都大將、寧西將軍、開府，進爵高平公。未幾，徵為四部尚書，加散騎常侍。

延和初，使涼。蒙遜辭疾，箕坐隱几，無起動狀。順正色大言曰：「不謂此叟無禮，乃至於是！」握節而出。蒙遜使中兵校郎楊定歸追順曰：「太常云朝廷賜不拜之詔，〔三〕是以敢自安耳；若曰爾拜爾跽，而不承命，乃小臣之罪矣。」順曰：「齊桓公九合諸侯，一匡天下，周公賜胙，命曰伯舅無拜，而桓公降而拜受。今朝廷未有不拜之詔，而便偃蹇自取，此乃速禍之道。」蒙遜拜伏盡禮。

順還，帝問與蒙遜往復辭，及其政教得失。順曰：「蒙遜專威河右，三十許年，經涉艱

難，粗識機變，雖不能貽厥孫謀，猶足以終其一世。但前歲表許十月送曇無讖，及臣往迎，便乖本意，不臣不信，於是而甚。以臣觀之，不復周矣。」帝曰：「若如卿言，則效在無遠，襲世之後，早晚當滅。」對曰：「臣略見其子，並非才俊。如聞敦煌太守牧犍，器性粗立，若繼蒙遜，必此人也。然比之於父，僉云不逮，殆天所用資聖明也。」帝曰：「朕方事于東，未暇營西，如卿所言，三五年間，不足為晚。」及蒙遜死問至，太武謂順曰：「卿言蒙遜死，驗矣；又言牧犍立，何其妙哉！朕剋涼州，亦當不遠。」於是賜絹千匹、廐馬一乘，寵待彌厚，政無巨細，無所不參。崔浩惡之。

順凡使涼州十二回，太武稱其能。而蒙遜數與順游宴，頗有悖言，恐順泄之，以金寶納順懷中，故蒙遜罪釁得不聞。又西域沙門曇無讖有方術，在涼州，詔追之，順受蒙遜金，聽殺之。浩並知之，密言於帝。帝未之信。太延三年，順復使涼州，及還，帝問以將平河右計，順以人勞既久，不可頻動，帝從之。五年，議征涼州，順以涼州乏水草，不宜遠征。崔浩固以為宜征，帝從浩議。及至姑臧，甚豐水草，帝與景穆書，頗嫌順。後謂浩曰：「卿昔所言，今果驗矣。」克涼州後，聞受蒙遜金而聽其殺曇無讖，益嫌之。猶以寵舊，未加其罪，尚詔順差次羣臣，賜以爵位。順頗受納，品第不平。涼州人徐桀發其事，浩又毀之。帝大怒，刑順於城西。

順死後數年，其從父弟孝伯為太武知重，居中用事。及浩誅，帝怒甚，謂孝伯曰：「卿從兄往雖誤國，朕意亦未至此。由浩，遂殺卿從兄。」皇興初，順子敷等貴寵，獻文追贈順侍中、鎭西大將軍、太尉公、高平王，謚曰宣王。妻邢氏曰孝妃。順四子。

長子敷，字景文。眞君二年，選入中書教學，以忠謹給侍東宮，又為中散。與李訢、盧遐、度世等並以聰敏內參機密。敷性謙恭，加有文學，文成寵遇之。遷祕書下大夫，賜爵平棘子。後兼錄南部，遷散騎常侍、南部尚書、中書監，領內外祕書，襲爵高平公。朝政大議，事無不關。及宋徐州刺史薛安都、司州刺史常珍奇等以彭城、懸瓠降，于時朝議謂未必可信，敷乃固執必然。乃遣師接援，淮海寧輯。敷既見待二世，兄弟親戚在朝者十餘人。弟弈又有寵於文明太后。李訢列其隱罪二十餘條，獻文大怒，皇興四年，誅敷兄弟，削順位號為庶人。敷從弟顯德、妹夫廣平宋叔珍等皆坐關亂公私，同時伏法。敷兄弟敦崇孝義，家門有禮，至於居喪法度，吉凶書記，皆合典則，為北州所稱美。

敷弟式，字景則，學業知名。位西兗州刺史、濮陽侯。式自以家據權要，心慮危禍，常敕津吏，臺有使者，必先啓然後度之。既而使人卒至，始云南過，既濟，突入執式赴都，與兄俱死。

子憲，字仲軌，清粹善風儀，好學有器度。太和初，襲爵，又降為伯。拜祕書中散，雅為孝文知賞。後拜趙郡太守。趙脩與其州里，脩歸葬父母也，牧守以下畏之累跡，憲不為屈，時人高之。後以黨附高肇，為御史所劾。正光五年，行雍州刺史，尋除七兵尚書。孝昌中，除征東將軍、揚州刺史、淮南大都督。及梁平北大將軍元樹等來寇，憲力屈而降。因求還國。既至，敕付廷尉。憲女壻安樂王鑒據相州反，靈太后謂鑒心懷劫脅，遂詔賜憲死。永熙中，贈儀同三司、尚書令、定州刺史，謚曰文靖。

子希遠，字景沖，早卒。希遠子祖悛，襲祖爵。

希遠弟希宗，字景玄。性寬和，儀貌雅麗，有才學。位金紫光祿大夫。齊神武擢為中外府長史。文宣帝納其第二女為皇后。位上黨太守，卒。贈司空公、殷州刺史，謚曰文簡。

希宗長子祖昇，儀容瓌麗，垂手過膝，文學足以自通。位齊州刺史。淫於從兵妻，見殺。

祖昇弟祖勳，位給事黃門侍郎。齊文宣以其女為濟南王妃。除侍中，封丹楊郡王，尋改封公。濟南卽位，除趙州刺史。濟南廢，還除金紫光祿大夫。大寧中，昭信后有寵於武成，除齊州刺史。贓賄狼籍，坐免官。復起為光州刺史。祖勳性貪慢，兼其妻崔氏驕豪干政，時論鄙之。女侍中陸嫗母元氏，卽祖勳妻姨，為此附會，又除西兗州刺史、殿中尚書。

祖勳無才幹，自少及長，居官無可稱述。卒，贈尚書右僕射。武平中，將封后兄君璧等爲王，還復祖勳王爵。其弟祖欽封竟陵王，位光祿卿。

祖勳第三弟祖納，兄弟中最有識尙，以經史被知，卒於散騎常侍。

希宗弟希仁，字景山，有學識。卒於侍中、太子詹事。子公統仕齊，位員外郎。高歸彥之反，公統爲之謀主。歸彥敗，伏法。其母崔氏當沒官，其弟宣寶行賕，改籍注老。事發，武成帝棓殺之，肝腦塗地。

希仁弟騫，字希義，博涉經史，文藻富贍。位散騎常侍、殷州大中正、尙書左丞。以本官兼散騎常侍使梁。後坐事免，論者以爲非罪。騫嘗贈親友盧元明、魏收詩云：「監河愛升水，蘇子惜餘明，益州達友趣，廷尉辯交情。」蓋失職之志云。後除給事黃門侍郎，卒。其文筆別有集錄。齊受禪，贈儀同三司，謚曰文惠。

騫弟希禮，字景節，性敦厚，容止樞機，動遵禮度。起家著作佐郎，修起居注。歷位太常少卿，兼廷尉少卿，行魏尹事，豫州刺史。仍居議曹，與邢卲等議定禮律。卒於信州刺史。

子孝貞，字元操，好學善屬文。仕齊，釋褐司徒府參軍事。與弟孝基同見吏部郎中陸

昂。昂戲之曰：「弟名孝基，兄其替矣！」孝貞對曰：「札雖不肖，請附子臧。」〔一四〕昂握手曰：「士固不妄有名，吾賢必當遠至。」簡靜，不妄通接賓客。射策甲科，拜給事中。稍遷兼通直散騎常侍，副李翥使陳。

孝貞從姊則昭信皇后，從兄祖勳女爲廢帝濟南王妃，祖欽女一爲後主娥英，一爲琅邪王儼妃，祖勳叔騫女爲安德王延宗妃。諸房子女，多有才貌，又因昭信后，所以與帝室姻媾重疊。兄弟並以文學自達，恥爲外戚家。于時黃門侍郎高乾和親要用事，求婚於孝貞，孝貞拒之。由是有隙，陰譖之，出爲太尉府外兵參軍。後歷中書舍人。

武平中，出爲博陵太守，不得志。尋爲司州別駕。後復兼散騎常侍，聘周使副。還，除給事黃門侍郎，待詔文林館，假儀同三司。以美於詞令，敕與中書侍郎李若、李德林別掌宣傳詔敕。周武帝平齊，授儀同三司、小典祀下大夫。宣帝卽位，轉吏部下大夫。隋文帝爲丞相，孝貞從韋孝寬討尉遲迥，以功授上儀同三司。〔一五〕

開皇初，拜馮翊太守，爲犯廟諱，於是稱字元操。後數歲，遷蒙州刺史，吏人安之。自此不復留意文筆。人問其故，慨然嘆曰：「五十之年，倏焉已過，鬢垂素髮，筋力已衰，宦意文情，一時盡矣，悲夫！」然每暇日，輒引賓客，絃歌對酒，終日爲歡。後徵拜內史侍郎，與內史令李德林參典文翰。元操無幹劇之用，頗稱不理。上譴怒之，敕御史劾其事。由是出爲

金州刺史，卒官。所著文集三十卷行於世，子元玉。〔一六〕

元操弟孝基，亦有才學，風詞甚美。以衞尉丞待詔文林館，位儀曹郎中。孝基弟孝俊，太子洗馬。孝俊弟孝威，字季重，涉學有器幹，兄弟之中，最爲敦篤。位太尉外兵參軍，修起居注。仕隋，禮部侍郎、大理少卿。

式弟弈，字景世，美容貌，有才藝。位都官尙書、安平侯，與兄敷同死。太和初，文明太后追念弈兄弟，及誅李訢，存問憲等一二家，歲時賜以布帛。

弈弟冏，字道度，少爲中散，逃避得免。後歷位度支尙書。太和二十一年，孝文幸長安，冏以咸陽山河險固，秦、漢舊都，勸帝去洛陽都之。後孝文引見冏，笑謂曰：「昔婁敬一說，漢祖卽日西駕；尙書今以西京說朕，使朕不廢東轅。當是獻可理殊，所以今古相反耳。」冏曰：「昔漢祖起於布衣，欲藉險以自固，婁敬之言，符於本旨；今陛下德洽四海，事同隆周，是以愚臣獻說，不能上動。」帝大悅。冏性鯁烈，敢直言，常面折孝文，彈駁公卿，無所迴避，百僚皆憚之。孝文常加優禮，每車駕巡幸，恒兼尙書右僕射，雖才學不及諸兄，然公強當世，堪濟過之。卒。

子祐，字長禧，篤穆友于，見稱於世。歷位給事中，累遷博陵太守，所在亦以淸幹著。

順弟愭基，陳留太守，卒。子探幽，高平太守。探幽兄子洪纘，河間太守。

李孝伯，高平公順從父弟也。父曾，少以鄭氏禮、左氏春秋教授爲業。郡三辟功曹，並不就，曰：「功曹之職，雖曰鄉選高第，猶是郡吏耳，北面事人，亦何容易。」州辟主簿，到官月餘，乃歎曰：「梁叔敬云『州郡之職，徒勞人耳』。〔一七〕道之不行，身之憂也。」遂還家講授。道武時，爲趙郡太守，令行禁止。并州丁零數爲山東害，知曾能得百姓死力，憚不入境。賊於常山界得一死鹿，賊長謂趙郡地也，責之，還令送鹿故處。郡謠曰：「詐作趙郡鹿，猶勝常山粟。」其見憚如此。卒，贈荆州刺史、柏仁子，謚曰懿。

孝伯少傳父業，博綜羣言，美風儀，動有法度。從兄順言之太武，徵爲中散，謂順曰「眞卿家千里駒也」。〔一八〕遷祕書奏事中散，轉散騎侍郎、光祿大夫，賜爵魏昌子。委以軍國機密，〔一九〕甚見親寵，謀謨切祕，時人莫能知。遷北部尙書。以頻從征伐規略之功，進爵壽光侯。

眞君末，宋文帝聞車駕南伐，遣其弟太尉、江夏王義恭率衆赴彭城。太武至彭城，登亞父冢以望城內，遣送其俘蒯應至小市門，宣詔勞問。義恭等問應士馬數，曰：「中軍四十餘

萬。」宋徐州刺史武陵王駿遺人獻酒二器、甘蔗百挺，并請駱駝。

帝明旦復登亞父冢，遣孝伯至小市門，駿亦使其長史張暢對。孝伯曰：「主上有詔詔太尉、安北，可暫出門，欲與相見。今遣賜駱駝及貂裘雜物。」暢曰：「有詔之言，何得稱之於此？」孝伯曰：「卿家太尉、安北是人臣不？縱爲隣國之君，何爲不稱詔於隣國之臣？又何至杜門絕橋？」暢曰：「二王以魏帝營壘未立，此精甲十萬，恐輕相陵踐，故且閉城。待彼休息兵士，然後共修戰場，剋日交戲。」孝伯曰：「令行禁止，主將常事，何用廢橋杜門？復何以十萬誇大？我亦有良馬百萬，復可以此相矜。」既開門，暢屏人却仗，出受賜物。孝伯曰：「詔以貂裘賜太尉，駱駝騾馬賜安北。」義恭獻皮袴褶一具，駿奉酒二器、甘蔗百挺。帝又遣賜義恭、駿等氈各一領，鹽各九種，幷胡豉。孝伯曰：「有後詔：凡此諸鹽，各有所宜。白鹽食鹽，主上自所食；黑鹽療腹脹氣滿，末之六銖，以酒而服；胡鹽療目痛；戎鹽療諸瘡；赤鹽、駁鹽、臭鹽、馬齒鹽四種，並非食鹽。太尉、安北，何不遣人來至朕間，見朕小大，知朕老少，觀朕爲人？」暢曰：「魏帝爲人，久爲往來所具，故不復遣信。」義恭獻蠟燭十挺，駿獻錦一匹。

孝伯風容閑雅，應答如流，暢及左右甚相嗟歎。帝大喜，進爵宣城公。爲使持節、散騎常侍、秦州刺史，卒。贈征南大將軍、定州刺史，謚曰文昭公。

孝伯體度恢雅，明達政事，朝野貴賤，咸推重之。景穆曾啓太武，廣徵俊秀，帝曰：「朕有

一孝伯，足理天下，何用多爲？假復求訪，此人輩亦何可得？」其見貴如此。性方慎忠厚，每朝廷事有所不足，必手自書表，切言陳諫，或不從者，至於再三，削滅藁草，家人不見。公廷論議，常引綱紀。或有言事者，孝伯恣其所陳，假有是非，終不抑折；及見帝，言其所長，初不隱人姓名，以爲已善。故衣冠之士，服其雅正。自崔浩誅後，軍國謀謨，咸出孝伯。太武寵眷，有亞於浩，亦以宰輔遇之。獻替補闕，其迹不見，時人莫得而知。卒之日，遠近哀傷焉。孝伯美名，聞於遐邇，李彪使江南，齊武帝謂曰：「北有李孝伯，於卿遠近？」其爲遠人所知若此。

其妻崔賾女，高明婦人，生一子元顯。崔氏卒後納翟氏，不以爲妻，憎忌元顯。後遇劫，元顯見害，世云翟氏所爲也。元顯志氣甚高，爲時人所傷惜。翟氏二子，安人、安上，〔一〇〕並有風度。安人襲爵壽光侯，司徒司馬。無子，爵除。安上鉅鹿太守，亦早卒。安人弟豹子後追理先封，卒不得襲。

孝伯兄祥，字元善。學傳家業，鄉黨宗之。位中書博士。時尚書韓元興率衆出青州，以祥爲軍司。略地至陳、汝，淮北之人詣軍降者七千餘戶，遷之兗、豫之南，置淮陽郡以撫之。拜祥太守，流人歸者萬餘家，百姓安業。遷河間太守，有威恩之稱。徵拜中書侍郎，人有千餘上書，乞留數年，朝廷不許。卒官，追贈定州刺史、平棘子，謚曰憲。

子安世，幼聰悟。興安二年，文成帝引見侍郎、博士子，簡其秀儁，欲以爲中書學生。安世年十一，帝見其尚小，引問之。安世陳說父祖，甚有次第，即以爲生。帝每幸國學，恒獨被引問。詔曰：「汝但守此至大，不慮不富貴。」天安初，拜中散，以謹慎，帝親愛之。

累遷主客令。齊使劉纘朝貢，安世奉詔勞之。安世美容貌，善舉止，纘等自相謂曰：「不有君子，其能國乎！」纘等呼安世爲典客。安世曰：「何以亡秦之官，稱於上國？」纘曰：「世異之號，凡有幾也？」安世曰：「周謂掌客，秦改典客，漢名鴻臚，今曰主客。君等不欲影響文、武，而殷勤亡秦。」纘又指方山曰：「此山去燕然遠近？」安世曰：「亦石頭之與番禺耳。」

時每有江南使至，多出藏內珍物，令都下富室好容服者貨之，令使任情交易。使至金玉肆問價，纘曰：「北方金玉大賤，當是山川所出？」安世曰：「聖朝不貴金玉，所以同於瓦礫；又皇上德通神明，山不愛寶，故川無金，山無玉。」〔一一〕纘初將大市，得安世言，慚而罷。遷主客給事中。

時人困飢流散，豪右多有占奪，安世乃上疏陳均量之制，孝文深納之。後均田之制，起於此矣。

出爲相州刺史，假趙郡公。敦農桑，斷淫祀。西門豹、史起有功於人者，爲之修飾廟

堂。表薦廣平宋翻、陽平路恃慶，皆爲朝廷善士。初，廣平人李波宗族强盛，殘掠不已，前刺史薛道擳親往討之，大爲波敗，遂爲逋逃之藪，公私成患。百姓語曰：「李波小妹字雍容，褰裙逐馬如卷蓬。左射右射必疊雙，婦女尚如此，男子那可逢！」安世設方略，誘波及諸子姪三十餘人，斬于鄴市，州內肅然。病卒于家。

安世妻博陵崔氏，生一子瑒。崔氏以妬悍見出，又尚滄水公主，生二子，謐、郁。

瑒字琚羅，涉歷史傳，頗有文才，氣尚豪爽，公强當世。太師、高陽王雍表薦瑒爲友。時人多絕戶爲沙門，瑒上言：「三千之罪，莫大於不孝，不孝之大，無過於絕祀。安得輕縱背禮之情，而肆其向法之意；缺當世之禮，而求將來之益；棄堂堂之政，而從鬼教乎？」沙門都統僧暹等忿瑒鬼教之言，以瑒爲謗毀佛法，泣訴靈太后。責之，瑒自理曰：「鬼神之名皆是通靈達稱。佛非天非地，本出於人，名之爲鬼，愚謂非謗。」靈太后雖以瑒言爲允，然不免暹等意，猶罰瑒金一兩。

轉尚書郎，隨蕭寶夤西征，以瑒爲統軍。瑒德洽鄉閭，招募雄勇，其樂從者數百騎。瑒傾家賑恤，率之西討。寶夤見瑒至，拊其肩曰：「子遠來，吾事辦矣。」故其下每有戰功，軍中號曰李公騎。寶夤啓瑒爲左丞，仍爲別將，軍機戎政，皆與參決。寶夤又啓爲中書侍郎。

還朝，除岐州刺史，坐辭不赴任，免官。建義初，河陰遇害。初贈尙書右僕射、殷州刺史，後又贈散騎常侍、驃騎大將軍、儀同三司、冀州刺史。

瑒俶儻有大志，好飲酒，篤於親知。每謂弟郁曰：「士大夫學問，稽博古今而罷，何用專經爲老博士也？」與弟謐特相友愛。謐在鄉物故，瑒慟哭絕氣，久而方蘇，不食數日，期年形骸毀悴，人倫哀歎之。

謐字永和，少好學，周覽百氏。初師事小學博士孔璠，數年後，璠還就謐請業。同門生爲之語曰：「青成藍，藍謝青，師何常，在明經。」謐以公子徵拜著作佐郎，辭以授弟郁，詔許之。州再舉秀才，公府二辟，並不就。唯以琴書爲業，有絕世之心。覽考工記、大戴禮盛德篇，以明堂之制不同，遂著明堂制度論曰：

余謂論事辯物，當取正於經典之眞文，援證定疑，必有驗於周、孔之遺訓，然後可以稱準的矣。今禮文殘缺，聖言靡存，明堂之制，誰使正之？是以後人紛糾，競興異論，五九之說，各信其習，是非無準，得失相半，故歷代紛紜，靡所取正。乃使裴頠云：「今羣儒紛糾，互相掎摭，就令其象可得而圖，其所以居用之禮莫能通也，爲設虛器耳。況漢氏所作，四維之个，復不能令各處其辰。愚以爲尊祖配天，其義明著，廟宇之制，

理據未分，直可爲殿屋以崇嚴父之祀。其餘雜碎，一皆除之。」斯豈不以羣儒舛互，並乖其實，據義求衷，莫適可從哉？但恨典文殘滅，求之靡據而已矣，乃復遂去室牖諸制。施之於教，未知其所隆政，求之於情，未可喩其所以必須，惜哉言乎！仲尼有言曰：「賜也，爾愛其羊，我愛其禮。」余以爲隆政必須其禮，豈彼一羊哉？推此而論，則聖人之於禮，殷勤而重之，裴頠之於禮，任意而忽之，是則頠賢於仲尼矣！以斯觀之，裴氏子以不達失禮之旨也。

余竊不自量，頗有鄙意，據理尋義，以求其眞，貴合雅衷，不苟偏信。乃藉之以禮傳，考之以訓注，博採先賢之言，廣搜通儒之說，量其當否，參其同異，棄其所短，收其所長，推義察圖，以折厥衷，豈敢必善，聊亦合其言志矣。〔二二〕

凡論明堂之制者雖衆，然校其大略，則二途而已。言五室者，則據周禮考工之記以爲本，是康成之徒所執；言九室者則案大戴盛德之篇以爲源，是伯喈之倫所持。此二書雖非聖言，然是先賢之中博見洽通者也。但各記所聞，未能全正，可謂既盡美矣，未盡善也。而先儒不能考其當否，便各是所習，卒相非毀，豈達士之確論哉？小戴氏傳禮事四十九篇，號曰禮記，雖未能全當，然多得其衷，方之前賢，亦無愧矣。而月令、玉藻、明堂三篇，頗有明堂之義，余故採掇二家，參之月令。以爲明堂五室，古今通則。

其室居中者，謂之太室；〔二三〕太室之東者，謂之青陽；當太室之南者，謂之明堂；太室之西者，謂之總章；當太室之北者，謂之玄堂。四面之室，各有夾房，謂之左右个，三十六戶七十二牖矣。室个之形，今之殿前是其遺像耳。个者，卽寢之房也。但明堂與寢，施用既殊，故房个之名，亦隨事而遷耳。今粗書其像，以見鄙意，案圖察義，略可驗矣。故檢之五室，則義明於考工；校之戶牖，則數協於盛德；考之施用，則事著於月令；求之閏也，合周禮與玉藻。既同夏、殷，又符周、秦，雖乖衆儒，儻或在斯矣。

考工記曰：「周人明堂，度以九尺之筵，東西九筵，南北七筵，堂崇一筵。五室，凡室二筵。室中度以几，堂上度以筵。」余謂記得之於五室，而謬於堂之脩廣。何者？當以理推之，令愜古今之情也。夫明堂者，蓋所以告月朔，布時令，宗文王，祀五帝者也。然營構之範，自當因宜創制耳。故五室者，合於五帝各居一室之義。且四時之祀，皆據其方之正，又聽朔布令，咸得其月之辰，可謂施政及祀，二三俱允。〔二四〕求之古義，竊爲當矣。鄭康成漢末之通儒，後學所取正。釋五室之位，謂土居中，木火金水各居四維。然四維之室既乖其正，施令聽朔各失厥衷，左右之个棄而不顧；乃反文之以美說，飾之以巧辭，言水木用事交於東北，木火用事交於東南，火土用事交於西南，金水用事交於西北。既依五行，當從其方，〔二五〕用事之交，出何經典？可謂攻於異端，〔二六〕言非而

博，疑誤後學，非所望於先儒也。禮記玉藻曰：「天子聽朔於南門之外，閏月則闔門左扉，立於其中。」鄭玄注曰：「天子之廟及路寢皆如明堂制。明堂在國之陽，每月就其時之堂而聽朔焉。卒事反宿路寢，亦如之。閏月非常月，聽其朔於明堂門下，還處路寢門，終月也。」而考工記「周人明堂」，玄注曰：「或舉王寢，或舉明堂，互言之以明其制同也。」其同制之言，皆出鄭注，然則明堂與寢，不得異矣。而尙書顧命篇曰：「迎子釗南門之外，延入翼室。」此之翼室，卽路寢矣。其下曰：「大貝賁鼓在西房，垂之竹矢在東房。」此則路寢有左右房，見於經史者也。禮記喪服大記曰：「君夫人卒於路寢。小斂，婦人髽，帶麻於房中。」鄭玄注曰：「此蓋諸侯禮。帶麻於房中，則西房也。天子諸侯。」有左右房，見於注者也。〔二七〕論路寢則明其左右，言明堂則闕其左右个，同制之說還相矛楯，通儒之注，何其然乎？使九室之徒奮筆而爭鋒者，豈不由處室之不當哉？

記云：東西九筵，南北七筵。五室，凡室二筵。置五室於斯堂，雖使班、倕構思，王爾營度，則不能令三室不居其南北也。然則三室之間，便居六筵之地，而室壁之外，裁有四尺五寸之堂焉。豈有天子布政施令之所，宗祀文王以配上帝之堂，周公負扆以朝諸侯之處，而室戶之外，僅餘四尺而已哉？假在儉約，爲陋過矣。論其堂宇，則偏而非制，求之道理，則未愜人情，其不然一也。余恐爲鄭學者，苟求必勝，競生異端，以相訾

抑，云二筵者乃室之東西耳，南北則狹焉。余故備論之曰：若東西二筵，則室戶之外爲丈三尺五寸矣。南北戶外復如此，則三室之中南北裁各丈二耳。記云：「四旁兩夾窗。」若爲三尺之戶，二尺之窗，〔三八〕窗戶之間，裁盈一尺。繩樞甕牖之室，篳門圭窬之堂，尚不然矣。假令復欲小廣之，則四面之外，闊狹不齊，東西既深，南北更淺，屋宇之制，不爲通矣。驗之衆塗，略無算焉。且凡室二筵，丈八地耳，然則戶牖之間，不踰二尺也。禮記明堂：「天子負斧扆南向而立。」鄭玄注曰：「設斧於戶牖之間。」而鄭氏禮圖說扆制曰：「從廣八尺，畫斧文於其上，今之屏風也。」以八尺扆置二尺之間，此之叵通，不待智者，較然可見矣。且若二筵之室爲四尺之戶，則戶之兩頰裁各七尺耳，全以置之，猶自不容，矧復戶牖之間哉？其不然二也。又復以世代驗之，卽虞、夏尚朴，殷、周稍文，制造之差，每加崇飾。而夏后世室，堂脩二七，周人之制，反更促狹，豈是夏禹卑宮之意，周監郁郁之美哉？以斯察之，其不然三也。又云「堂崇一筵」，便基高九尺，而壁戶之外裁四尺五寸，於營制之法自不相稱，其不然四也。又云「室中度以几，堂上度以筵」，而復云「凡室二筵」，而不以几，還自相違，其不然五也。以此驗之，記者之謬，抑可見矣。

盛德篇云：明堂凡九室、三十六戶、七十二牖，上員下方，東西九仞，南北七筵，〔三九〕

堂高三尺也。余謂盛德篇得之於戶牖，失之於九室。何者？五室之制，傍有夾房，面各有戶，戶有兩牖，此乃因事立則，非拘異術，戶牖之數，固自然矣。九室者，論之五帝，事既不合，施之時令，又失其辰，左右之个，重置一隅，兩辰同處，參差出入，斯乃義無所據，未足稱也。且又堂之脩廣，裁六十三尺耳，假使四尺五寸爲外之基，其中五十四尺便是五室之地，計其一室之中，僅可一丈，置其戶牖，則於何容之哉？若必小而爲之，以容其數，則令帝王側身出入，斯爲怪矣！此匪直不合典制，抑亦可哂之甚也。余謂其九室之言，誠亦有由。然竊以爲戴氏聞三十六戶七十二牖，弗見其制，靡知所置，便謂一室有四戶之窗，計其戶牖之數，卽以爲九室耳，或未之思也。蔡伯喈，漢末之時學士，而見重於當時，卽識其脩廣之不當，而必未思其九室之爲謬。更脩而廣之，假其法象。可謂因僞飾辭，順非而澤，諒可歎矣。

余今省彼衆家，委心從善，庶探其衷，不爲苟異。但是古非今，俗間之常情；愛遠惡近，世中之恒事。而千載之下，獨論古制，驚俗之談，固延多誚。脫有深賞君子者，覽而揣之，儻或存焉。

謐不飲酒，好音律，愛樂山水，高尚之情，長而彌固，一遇其賞，悠爾忘歸，乃作神士賦。延昌四年卒，年三十二，遐邇悼惜之。其年，四門小學博士孔璠等學官四十五人上書曰：

竊見故處士趙郡李謐，十歲喪父，哀號罷隣人之相；幼事兄瑒，恭順盡友于之誠。十三通孝經、論語、毛詩、尚書，歷數之術，尤盡其長。州閭鄉黨，有神童之號。年十八，詣學受業。時博士卽孔璠也。覽始要終，論端究緒，授者無不欣其言矣。於是鳩集諸經，廣校同異，比三傳事例，名春秋叢林十有二卷。爲璠等判析隱伏，垂盈百條。滯無常滯，纖豪必舉；通不長通，有枉斯屈。不苟言以違經，弗飾辭而背理，辭氣磊落，觀者忘疲。每曰：「丈夫擁書萬卷，何假南面百城。」遂絕跡下帷，杜門却掃，棄產營書，手自刪削，卷無重複者四千有餘矣。猶括次專家，搜比黨議，隆冬達曙，盛暑通宵。雖仲舒不闚園，君伯之閉戶，高氏之遺漂，張生之忘食，方之斯人，未足爲喩。

謐嘗詣故太常卿劉芳，推問音義，語及中代興廢之由。芳乃歎曰：「君若遇高祖，侍中、太常非僕有也。」前河南尹、黃門侍郎甄琛，內贊近機，朝野傾目，于時親識有求官者，答云：「趙郡李謐，耽學守道，不悶于時，常欲致言，但未有次耳。諸君何爲輕自媒衒？」謂其子曰：「昔鄭玄、盧植不遠數千里詣扶風馬融，今汝明師甚邇，何不就業也？」又謂朝士曰：「甄琛行不愧時，但未薦李謐，以此負朝廷耳。」又結宇依巖，憑崖鑿室，方欲訓彼青衿，宣揚墳典，冀西河之教重興，北海之風不墜。而祐善空聞，暴疾而卒。邦國衎殄悴之哀，儒生結摧梁之慕，況璠等或服議下風，或親承音旨，師儒之義，

其可默乎？

事奏，詔曰：「謐屢辭徵辟，志守沖素，儒隱之操，深可嘉美。可遠傍惠、康，近準玄晏，謚曰貞靜處士，幷表其門閭，以旌高節。」於是表其門曰文德，里曰孝義云。

郁字永穆，好學沈靖，博通經史。爲廣平王懷友，深見禮遇。時學士徐遵明教授山東，生徒甚盛，懷徵遵明在館，令郁問其五經義例十餘條，遵明所答數條而已。稍遷國子博士。自國學之建，諸博士率不講說，其朝夕教授，唯郁而已。謙虛寬雅，甚有儒者之風。再遷通直散騎常侍。建義中，以兄瑒卒，遂撫育孤姪，歸於鄉里。永熙初，除散騎常侍、衞大將軍、左光祿大夫，兼都官尚書，尋領給事黃門侍郎。三年，於顯陽殿講禮記，詔郁執經。郁解說不窮，羣難鋒起，無廢談笑。孝武及諸王凡預聽者，莫不嗟善。尋病卒，贈散騎常侍、驃騎大將軍、尚書左僕射、儀同三司、都督、定州刺史。

謐子士謙，字子約，一名容郎，髫齔喪父，事母以孝聞。母嘗歐吐，疑中毒，因跪嘗之。伯父瑒深所嗟尙，每稱：「此兒吾家顏子也。」年十二，魏廣平王贊辟開府參軍事。後丁母憂，居喪骨立。有姊適宋氏，不勝哀而死。士謙服闋，捨宅爲伽藍。脫身而出，詣學請業，

研精不倦，遂博覽羣籍，善天文術數。齊吏部尚書辛術召署員外郎，趙郡王叡舉德行，皆稱疾不就。和士開亦重其名，將諷朝廷，擢爲國子祭酒，固辭得免。刺史高元海以禮再致之，稱爲菩薩。隋有天下，畢志不仕。自以少孤，未嘗飲酒食肉，口無殺害之言。親賓至，輒陳罇俎，對之危坐，終日不倦。

李氏宗黨豪盛，每春秋二社，必高會極宴，無不沈醉諠亂。嘗集士謙所，盛饌盈前，而先爲設黍。謂羣從曰：「孔子稱黍爲五穀之長，荀卿亦云食先黍稷，古人所尚，寧可違乎！」少長肅然，無敢弛惰，退而相謂曰：「既見君子，方覺吾徒之不德也。」士謙聞而自責曰：「何乃爲人疏，頓至於此！」

家富於財，躬處節儉，每以振施爲務。州里有喪事。不均，至相鬩訟。〔三〇〕士謙聞而出財補其少者，令與多者相埒。兄弟愧懼，更相推讓，卒爲善士。有牛犯其田者，士謙牽置涼處，飼之過於本主。望見盜刈禾黍者，默而避之。其家僮嘗執盜粟者，士謙慰喻之曰：「窮困所致，義無相責。」遽令放之。其奴嘗與鄉人董震因醉角力，震扼其喉，斃於手下。震懼請罪，士謙謂曰：「卿本無殺心，何爲相謝？然可速去，無爲吏拘。」性寬厚皆此類也。後出粟萬石以貸鄉人，屬年穀不登，債家無以償，皆來致謝。士謙曰：「吾家餘粟，本圖賑贍，豈求利哉！」於是悉召債家，爲設酒食，對之燔契，曰：「債了矣，幸勿爲念也。」各令罷去。明

年大熟，債家爭來償，士謙拒之，一無所受。他年饑，多有死者，士謙罄家資爲之糜粥，賴以全活者萬計；收埋骸骨，所見無遺；至春，又出田糧種子，分給貧乏。趙郡農人德之，撫其子孫曰：「此李參軍遺惠也。」仁心感物，羣犬生子，交共相乳。凶年散穀至萬餘石，合諸藥以救疾癘，如此積三十年。或謂士謙：「子多陰德。」士謙曰：「夫言陰德，其猶耳鳴，已獨知之，人無知者；今吾所作，吾子皆知，何陰德之有？」

士謙善談玄理，嘗有客在坐，〔三一〕不信佛家應報義。士謙喻之曰：「積善餘慶，積惡餘殃，豈非休咎邪？佛經云『轉輪五道，無復窮已』，此則賈誼所言『千變萬化，未始有極，忽然爲人』之謂也。佛道未來，而賢者已知其然矣。至若鮌爲黃熊，杜宇爲鶗鴂，褒君爲龍，牛哀爲猛獸，君子爲鵠，小人爲猨，彭生爲豕，如意爲犬，黃母爲黿，宣武爲鼈，鄧艾爲牛，徐伯爲魚，鈴下爲烏，書生爲蛇，羊祜前身李氏之子，此非佛家變受異形之謂邪？」客曰：「邢子才云『豈有松柏後身，化爲樗櫟』，僕以爲然。」士謙曰：「此不類之談也，變化皆由心作，木豈有心乎？」客又問三教優劣，士謙曰：「佛，日也；道，月也；儒，五星也。」客亦不能難而止。

士謙平生時時爲詠懷詩，輒毀其本，不示人。又嘗論刑罰，遺文不具。其略曰：「帝王制法，沿革不同，自可損益，無爲頓改。今之贓重者死，是酷而不懲也。語曰：『人不畏死，不可以死恐之。』愚謂此罪，宜從肉刑，刖其一趾，再犯者，斷其左腕。流刑刖去右手三指，

又犯者，下其腕。小盜宜黥，又犯，刖落其所用三指，又不悛，則下其腕。無不止也。無賴之人，竄之邊裔，職爲亂階，適所以召戎矣，非求安之道也。博弈淫遊，盜之萌也，禁而不止，黥之則可。」有識者頗以爲得政體。

隋開皇八年，終於家。趙州士女聞之，莫不流淚曰：「我曹不死而令李參軍死乎！」會葬者萬餘人。李景伯等以士謙道著丘園，條其行狀，詣尚書省請先生之謚，事寢不行，遂相與樹碑於墓。其妻范陽盧氏，亦有婦德。及夫終，所有賻贈，一無所受。謂州里父老曰：「參軍平生好施，今雖殞歿，安可奪其志哉！」乃散粟五百石以賑窮乏，免奴婢六十人。

案趙郡李氏，出自趙將武安君牧。當楚、漢之際，廣武君左車則其先也。左車十四世孫恢，字仲興，漢桓、靈間，高尚不仕，號有道大夫。恢生定，字文義，仕魏，位漁陽太守。有子四人，並仕晉。平字伯括，爲樂平太守；機字仲括，位國子博士；隱字叔括，保字季括，位並尚書郎。兄弟皆以儒素著名，時謂之四括。

機子楷，字雄方，位書侍御史，家于平棘南。有男子五人，輯、晃、茱、勁、叡。輯字護宗，晃字仲黃，茱字季黃，勁字少黃，叡字幼黃，並以友悌著美，爲當世所宗，時所謂四黃者也。輯位高密郡守，二子，慎、敦。晃位鎮南府長史，一子，羲。勁位書侍御史，四子，盛、

敏、隆、喜。叡位高平太守，二子，勗、充。其後，慎、敦居柏仁，子孫甚微。羲南徙故壘，世謂之南祖。勗兄弟居巷東，盛兄弟居巷西，世人指其所居，因以爲目，蓋自此也。羲字敬仲，位司空長史。生東宮舍人吉，字彥同。吉生尚書郎聰，字小時。聰生眞，字。羲深事列于後。〔三二〕勗字景賢，位頓丘太守。勗生趙郡太守頤，字彥祖。頤生𢡟、系、曾，各有令子，事並列于前。盛位中書郎。三子，纘、襲、闈。纘字緯業，位太尉祭酒。生四子，誕、休、重、苞。誕字紹元，假趙郡太守。生四子，建、追、礭、龜。龜字神龜，位州主簿。生二子，鳳林、秀林。

李裔字徽伯。〔三三〕父秀林，小名榼，性溫直。〔三四〕太和中，中書博士，爲頓丘相，豪右畏之。景明初，試守博陵郡，抑强扶弱，政以嚴威爲名。以母憂去職。後爲司徒司馬、定州大中正、太中大夫。卒，贈齊州刺史。

裔出後伯父鳳林。孝昌中爲定州鎮軍長史，帶博陵太守。于時逆賊杜洛周侵亂州界，裔潛引洛周，州遂陷沒。洛周特無綱紀，至于市令、驛帥咸以爲王，呼曰市王、驛王，乃封裔定州王。洛周尋爲葛榮所滅，裔仍事榮。尒朱榮禽葛榮，遂縶裔及高昂、薛脩義、李無爲等

於晉陽。從榮至洛，榮死乃免。天平初，以齊神武大丞相諮議參軍，參定策功，封固安縣伯，爲候衞大將軍、〔三五〕陜州刺史。及周文帝攻剋州城，見害。東魏贈尚書令、司徒、定州刺史。

子子旦襲。子旦弟子雄。〔三六〕

子雄少慷慨有大志，陜州破，因隨周軍入長安。家世並以學業自通，子雄獨習騎射。其兄子旦讓之曰：「棄文尚武，非士大夫素業。」子雄曰：「自古誠臣貴仕，文武不備而能濟功業者鮮矣。既文且武，兄何病焉。」子旦無以應。

仕周，累遷小賓部。後從達奚武與齊人戰於芒山，諸軍大破，子雄所領獨全。累遷涼州總管長史，從滕王逌破吐谷渾於青海，以功加上儀同。宣帝卽位，從行軍總管韋孝寬略定淮南，〔三七〕拜亳州刺史。隋文帝總百揆，徵爲司會中大夫，以淮南功，加位上開府。及受禪，拜鴻臚卿，進爵高都郡公。

及晉王廣出鎭幷州，以子雄爲河北行臺兵部尚書。上謂曰：「吾兒旣少，卿兼文武之才，今者推誠相委，吾無北顧憂矣。」子雄頓首流涕，誓以效命。子雄當官正直，侃然有不可犯色，王甚敬憚，吏人稱焉。歲餘，卒官。子公挺嗣。

裔從祖誂字令世，〔三八〕誕弟休之子也。休字紹則，散騎常侍。誂與族兄靈、族弟熙等俱被徵，事在高允徵士頌。誂位中書侍郎、京兆太守。

誂從祖弟善見，位趙郡太守。

善見子顯進，位州主簿、濮陽太守。

顯進子暵，字暉道，位相州中從事、步兵校尉，贈殷州刺史。

暵子普濟，學涉有名，性和韻，位濟北太守，時人語曰「入粗入細李普濟」。武定中，位北海太守。

暵弟育，字仲遠，位相州防城別將，以拒葛榮之勳，賜爵趙郡公。後除金紫光祿大夫，卒，贈都官尚書，謚曰貞。

子愔襲，與從父兄普濟並應秀才舉，時人謂其所居爲秀才村。愔位太子舍人。

愔族叔肅，字彥邕，位員外常侍。初諂附侍中元暉。後以左道事侍中穆紹。常裸身被髮，畫腹衘刀，於隱屛處爲紹求福。故紹愛之，薦爲黃門郎。性酒狂，從靈太后幸江陽王繼第，侍飮頗醉，言辭不遜，抗辱太傅、淸河王懌。爲有司彈劾，太后恕之。〔三九〕卒於夏州刺史。

肅從弟皦，字景林，有學識，位廷尉少卿，贈齊州刺史，謚曰宣。子愼，武定中，位東平太守。

皦從弟仲琁，〔四〇〕司徒左長史、恒農太守。先是宮、牛二姓阻險爲害，仲琁示以威惠，卽並歸伏。累遷左光祿大夫。天平初，遷都於鄴，以仲琁爲營構都將，〔四一〕進號衞大將軍。出爲兗州刺史，還除將作大匠，所歷並著聲績。卒，贈驃騎大將軍、儀同三司、青州刺史。子希良，侍御史。

煥字仲文，小字醜瓌，中書侍郎盛弟隆之後也。隆字太彝，位阜城令。隆生幕縣令謀。謀生始平太守景，名犯太祖元皇帝諱。〔四二〕景生東郡太守伯應。伯應生煥。

煥有幹用，與酈道元俱爲李彪所知。恒州刺史穆泰據代都謀反，煥以書侍御史與任城王澄推究之。煥先驅至州，宣旨曉喻，乃執泰等。景明初，齊豫州刺史裴叔業以壽春歸附，煥以司空從事中郎爲軍司馬，與楊大眼、奚康生等迎接，仍行揚州事，賜爵容城伯。及荆蠻擾動，敕煥兼通直散騎常侍慰勞之，降者萬餘家。除梁州刺史。時武興氐楊集起舉兵作逆，敕假煥平西將軍，督別將大破集起軍。又破秦州賊呂苟兒，及斬氐王楊定。還朝，遇患卒，贈幽州刺史，謚曰昭。

子密，字希邕，少有節操。母患積年，名醫療之不愈，乃精習經方，洞閑針藥，母疾得

除。由是以醫術知名。屬尒朱兆弒逆，與勃海高昂爲報復計。後從神武，封容城縣侯，位襄州刺史。

李義深，趙郡高邑人也。祖眞，字令才，位中書侍郎。父紹，字嗣宗，殷州別駕。

義深有當世才用，而心胸險峭，時人語曰：「劍戟森森李義深。」初以殷州別駕歸齊神武，再遷鴻臚少卿。見尒朱兆兵盛，叛歸之。兆平，神武恕其罪。還齊州刺史，好利，多所受納。轉行梁州刺史，爲陽夏太守段業告其在州聚斂，被禁止。卒於禁所。

子騊駼，有才辯，位兼通直散騎常侍，聘陳。陳人稱之。後爲壽陽道行臺左丞，與王琳同陷陳。周末逃歸。隋開皇中爲永安郡太守、絳州長史，卒。

子政藻，明敏有才幹。騊駼沒陳，政藻時爲開府行參軍，判集書省事，便謝病解職，居處若在喪禮，人士稱之。開皇中，歷尚書工部員外郎，卒於宜州長史。

騊駼弟文師，歷中書舍人，齊郡太守。

義深弟同軌，體貌魁岸，腰帶十圍，學綜諸經，兼該釋氏，又好醫術。年二十，舉秀才，再

遷著作郎，典儀注，修國史，遷國子博士。〔三三〕興和中，兼通直散騎常侍，使梁。梁武深耽釋學，遂集名僧於其愛敬、同泰二寺，講涅槃大品經，引同軌豫席，兼遣其朝士並共觀聽，〔三四〕同軌論難久之，道俗咸以爲善。

盧景裕卒，齊神武引同軌在館教諸公子，甚嘉禮之。每旦入授，日暮始歸，緇素請業者，同軌夜爲解說，四時恒爾，不以爲倦。卒，時人傷惜之，神武亦嗟悼之。贈瀛州刺史，謚曰康。

同軌弟幼舉，安德太守，以貪汚棄市。

幼舉弟之良，有幹用，位金部郎中。

之良弟幼廉，〔三五〕少寡欲，爲兒童時，初不從人家有所求請。嘗故以金寶授之，終不取，强付，輒擲之地。州牧以其蒙幼而廉，故以名焉。性聰敏，累遷齊文襄驃騎府長史。文襄薦爲濟州儀同府長史，又遷瀛州長史。齊神武行經冀部，總合河北六州文籍，商榷戶口增損，親自部分，多在馬上徵責文簿，指影取備，事非一緒。幼廉應機立成，恒先期會，爲諸州準的。神武深加慰勉，仍責諸人曰：「碎卿等諸人，作得李長史一脚指不！」是時諸人並謝罪，幼廉獨前拜恩，觀者咸歎美之。神武還并州，以告文襄，文襄喜，謂人曰：「吾足知

人矣！」〔三六〕

文襄嗣事，除霸府掾。時以并州王政所基，求好長史，舉者多不見納。後因大集，謂陳元康曰：「我教你好長史處，李幼廉即其人也。」遂命爲并州長史。常在文襄第內，與隴西辛術等六人，號爲館客。天保初，除太原郡太守。文宣嘗與語及楊愔，誤稱爲楊公，以應對失宜，除濟陰郡守。累遷太僕大司農二卿、趙州大中正、大理卿，所在稱職。

後主時，和士開權重，百僚盡傾，幼廉高揖而已，由是出爲南青州刺史。主簿徐乾富而暴橫，歷政不能禁。幼廉初至，因其有犯，收繫之。乾密通疏，奉黃金百挺，妓婢二十人，幼廉不受，遂殺之。罷還鄴。祖孝徵執政，求紫石英於幼廉，以其南青州所出。幼廉辭無好者，固請，乃與二兩。孝徵有不平之言，或以告幼廉。幼廉抗聲曰：「李幼廉結髮從宦，誓不曲意求人。天生德于予，孝徵其如予何？假欲挫頓，不過遣向并州耳。」時已授并省都官尚書，辭而未報，遂發敕遣之。齊末官至三品已上，悉加儀同，獨不霑此例，語人曰：「我不作儀同，更覺爲榮。」卒，贈吏部尚書。

義深族弟神威，幼有風裁，家業禮學，又善音樂，撰集樂書近百卷，卒於尚書左丞。

又有李蕤，字彥鴻，世居柏仁，弱冠以文章知名。〔三七〕仕齊，位東平太守。後待詔文林

館，除通直散騎常侍，聘于陳。〔三八〕晚節頗以貪酒爲累。貧無居宅，寄止佛寺中。嘗著巾帔，終日對酒，招致賓客，風調詳雅。

蕤從兄子朗，才辭蕤之亞，兼有吏能，位中書舍人。

論曰：古人云「燕、趙多奇士」，觀夫李靈兄弟，並有焉。靈則首應弓旌，道光師傅，順則器標棟幹，一時推重，孝伯風範鑒略，蓋亦過人。各能克廣門業，道風不殞，餘慶之美，豈非此之謂乎。至如元忠之倜儻從橫，功名自卒，季初之家風素業，昆季兼舉。有齊之日，雅道方振。憲之子弟，特盛衣纓，豈唯戚里是憑，固亦文雅所得。安世識具通雅，時幹之良。瑒以豪俊達，郁則儒博顯，謐之高逸，固可謂世有人焉。義深弟兄，人位兼美，子雄才官，不替門緒，茂矣。

校勘記

〔一〕李靈字武符　魏書卷四九李靈傳「武」作「虎」，北史避唐諱改。

〔二〕恢長子悅祖　諸本脫「恢」字，據魏書、通志卷一四八李靈傳補。

〔三〕建義處不慮無　諸本脫「處」字，據北齊書卷二二李元忠傳補。

〔四〕渾乃與長史崔光韶具陳禍福　諸本「史」作「吏」，通志卷一五三李渾傳作「史」。按光韶時爲青州長史，見魏書卷六六本傳。今據改。

〔五〕渾與弟繪緯俱爲聘梁使主　諸本脫「梁」字，據北齊書卷二九、通志李渾傳補。

〔六〕是以趙郡人士目爲四使之門　諸本脫「之門」二字，據北齊書、通志補。

〔七〕繪與從弟騫　諸本「騫」作「褰」，北齊書卷二九、通志卷一五三李繪傳作「騫」。按李騫見本卷李順傳。其人又見於北齊書文苑傳序，今據改。

〔八〕位中散大夫梁使至侍中李神儁舉緯爲尙書南主客郎　南、北、汲、殿四本「梁」上有「聘」字，百衲本無「聘」字。又「至」字諸本並作「主」。按魏書卷四九李靈傳附李系（卽李緯）傳云：「蕭衍遣使朝貢，侍中李神儁舉系爲尙書南主客郎。」北史例改「蕭衍」爲「梁」，「朝貢」爲「至」，知「主」是「至」之訛。南本以后各本以緯曾爲聘梁使主，遂妄加「聘」字。不知緯之聘梁在武定五年，非在此時。且當時聘梁使主例兼散騎常侍，未聞以中散大夫爲使主者。今據改作「至」。又諸本脫「爲」字，據通志及魏書補。

〔九〕梁謝蘭來聘緯勞之　諸本脫「緯」字，據通志卷一五三李緯傳補。

〔一〇〕天安初宋徐州刺史薛安都舉彭城降　諸本脫「天安」二字，「徐」下衍「二」字。「天安」二字據魏

書卷四九李靈傳補。「二」字據魏書及通志卷一四八李靈傳删。

〔一一〕遷光祿勳與游肇往復肇善之　魏書卷四九李靈傳「勳」字作「大夫」二字。又「與」上有「宣茂議明堂之制，以五室爲長」十二字，北史删去，則所謂「往復」者不知何所指。殊爲失當。

〔一二〕初浩弟娶順妹　諸本「妹」作「女」，魏書卷三六、通志卷一四八李順傳作「妹」。按下云「又以弟子娶順女」，則作「妹」是，今據改。

〔一三〕太常云朝廷賜不拜之詔　魏書「太常」下有「既雅恕衰疾傳」六字。按「太常」卽指李順，若果有此語，李順豈能反駁？「傳云」者，傳聞之言，魏書是，北史誤删。

〔一四〕札雖不肯請附子臧　諸本「札」作「禮」，通志卷一六三李孝貞傳作「僕」。按左傳襄公十四年記吳季札讓國事，略云：曹宣公之卒也，諸侯將立子臧，子臧去之。札雖不才，願附於子臧，以無失節。此乃「札」訛爲「礼」，又轉鈔作「禮」也，今據回改。通志是以意改，非。

〔一五〕以功授上儀同三司　隋書卷五七李孝貞傳同。通志無「三司」二字。按周武帝改儀同三司爲儀同大將軍，「上儀同」卽上儀同大將軍見周書卷六武帝紀建德四年十月。通志是。但隋書於周末所改官，多復其舊名，北史是沿襲隋書。

〔一六〕子元玉　隋書、通志作「允玉」。張森楷云：「孝貞字元操，似不得名子『元玉』，隋書是。」

〔一七〕梁叔敬云州郡之職徒勞人耳　諸本「叔敬」倒作「敬叔」，據魏書卷五三李孝伯傳乙。梁竦字叔

敬，見後漢書卷三四本傳。

〔一八〕謂順曰眞卿家千里駒也　諸本脫「順」字，據魏書卷五三、通志卷一四八李孝伯傳補。

〔一九〕委以軍國機密　諸本脫「委」字，據魏書、通志補。

〔二〇〕翟氏二子安人安上　魏書、通志「人」作「民」。北史避唐諱改。

〔二一〕山不愛寶故川無金山無玉　魏書卷五三、通志卷一四八李安世傳作「無川無金，無山無玉」，按上文劉纘言「北方金玉大賤，當是山川所出」，安世因是，誇耀其多，疑魏書、通志是。

〔二二〕聊亦合其言志矣　李慈銘云：「『合其言志』當作『各言其志』，魏書卷九〇亦誤。」按魏書此卷是後人以北史補，故同北史之誤。

〔二三〕其室居中者謂之太室　百衲本脫「室」字，各本從魏書卷九〇補李謐傳補作「廟」。册府卷五七二六八七五頁、通志卷一七八李謐傳作「室」。按下文卽作「太室」，今從册府、通志。

〔二四〕可謂施政及祀二三俱允　諸本作「可謂施政及俱二三但允」，文不可通，據通志改。册府卷五七二惟「祀」訛作「記」，餘同通志，可証。

〔二五〕旣依五行當從其方　諸本脫「方」字，據通志補。

〔二六〕可謂攻於異端　諸本「攻」作「工」，據魏書、册府改。「攻乎異端」，語見論語爲政。

〔二七〕鄭玄注曰此蓋諸侯禮帶麻於房中則西房也天子諸侯有左右房見於注者也　諸本「西房也」作「西南」，又無「有」字，文不可通。按禮記喪大記鄭玄注云：「此云小斂，蓋諸侯禮也。士之旣殯，諸侯之小斂，於死者俱三日也。婦人之髽，帶麻於房中，則西房也。天子諸侯有左右房。」此處李謐引鄭注有省略。疑北史原文當作：「鄭玄注曰：『此蓋諸侯禮，帶麻於房中，則西房也，天子諸侯有左右房。』此則路寢有左右房，見於注者也。」故下文云：「論路寢則明其左右，言明堂則闕其左右个，同制之說，還相矛盾。」但北史、魏書、通志並脫，唯册府同上卷，六八七六頁差可通讀，今姑從册府補改。「諸侯」下斷句，以示有脫文。

〔二八〕若爲三尺之戶二尺之窗　諸本「窗」上脫「之」字，據魏書、通志、册府補。

〔二九〕南北七筵　諸本「七」作「十」。魏書、通志、册府作「七」。按下文云：「堂之脩廣裁六十三尺耳。」九尺爲筵，七筵正得六十三尺。作「七」是，今據改。

〔三〇〕州里有喪事不均至相鬩訟　隋書卷七七李士謙傳，「喪事」下有「不辦者，士謙輒奔走赴之，隨乏供濟。有兄弟分財」十九字。北史有脫文。

〔三一〕嘗有客在坐　諸本脫「在」字，據隋書及通志卷一七八李士謙傳補。

〔三二〕聽生眞字義深事列于後　按下文李義深傳云：「祖眞，字令才，位中書郎。父紹，字嗣宗，殷州別駕。」此「字」下有脫文。

〔三三〕李裔字徽伯　諸本「字」下衍「伯」字，據魏書卷三六李順傳删。李徽伯見周書卷二、本書卷九周

文帝紀大統三年八月，及本書卷三一高愼傳。

〔三四〕性溫直　魏書「溫」作「彊」。按下云「豪右畏之」，作「彊直」是。

〔三五〕爲候衞大將軍　魏書卷三六無「候衞」二字，此疑是衍文。隋煬帝大業三年始改左右武衞爲左右候衞，在此以前似無候衞之名。

〔三六〕子旦弟子雄　按隋書卷四六作李雄，卷七〇楊玄感傳另見李子雄。本書卷七四則作李雄，二人易名。

〔三七〕從行軍總管韋孝寬略定淮南　諸本脫「從」字，據隋書卷四六、通志卷一六一李雄傳補。

〔三八〕裔從祖詵字令世　魏書卷三六李順傳「世」作「孫」。按本書卷三一高允徵士頌亦作「孫」。疑「孫」是。

〔三九〕太后怒之　魏書李順傳作：「靈太后怒之，出爲章武內史。」此作「怒」，誤。

〔四〇〕曒從弟仲琁　諸本「琁」作「旋」。李慈銘云：「魏書作『仲琁』。曲阜孔廟有魏興和三年十二月所立仲琁修孔子廟碑，云『君姓李字仲琁』，則當依魏書爲是。」按李說是，碑見金石萃編卷三一，今據改。

〔四一〕以仲琁爲營構都將　諸本無「都」字，魏書「都將」作「將作」。按碑作「都將」，今據補。

〔四二〕謀生始平太守景名犯太祖元皇帝諱　按唐之太祖元皇帝卽李昞，「景」是避唐諱改。

〔四三〕修國史遷國子博士　諸本脫「國史遷」三字，據魏書卷三六李順傳附同軌傳補。

〔四四〕兼遣其朝士並共觀聽　南、北、汲、殿四本「並」作「議」，百衲本作「義」，魏書作「並」。按作「議」、「義」皆不可通，今據魏書改。

〔四五〕之良弟幼廉　魏書李順傳、北齊書卷四三李稚廉傳「幼」作「稚」，北史避唐諱改。下文「蒙幼而廉」之幼，本亦作「稚」。

〔四六〕吾足知人矣　諸本「足」訛「是」，據北齊書及通志卷一五三李稚廉傳改。

〔四七〕弱冠以文章知名　諸本脫「名」字，據通志李稚廉傳附李翥傳補。

〔四八〕除通直散騎常侍聘于陳　諸本「陳」作「梁」。張森楷云：「北齊帝紀本書卷八齊後主紀天統四年『梁』作『陳』是。時梁已亡，後梁不與齊通。」按本卷李孝貞傳云：「兼通直散騎常侍，副李翥使陳。」張說是，今據改。

北史卷三十四

列傳第二十二

游雅 從祖弟明根　高閭　趙逸 兄子琰　胡叟　胡方回
張湛　段承根 宗欽　闞駰　劉延明　趙柔　索敞
宋繇 玄孫遊道　江式

游雅字伯度，小名黃頭，廣平任人也。太武時，與勃海高允等俱知名，徵拜中書博士。後使宋，授散騎侍郎，賜爵廣平子。稍遷太子少傅，領禁兵，進爵爲侯。受詔與中書侍郎胡方回等改定律制。出爲東雍州刺史，假梁郡公。在任廉白，甚有惠政。徵爲祕書監，委以國史之任，竟無所成。

雅性剛戇，好自矜誕，凌獵人物。高允重雅文學，而雅輕允才，允性柔寬，不以爲恨。

允將婚于邢氏，雅勸允娶其族，允不從。雅曰：「人貴河間邢，不勝廣平游，人自棄伯度，我自敬黃頭。」其貴己賤人，皆此類也。允著徵士頌，殊重雅。雅因議論長短，忿儒者陳奇，遂陷奇至族。議者深責之。卒，贈相州刺史，謚曰宣侯。

明根字志遠，雅從祖弟也。祖鱓，慕容熙樂浪太守。父幼，馮跋假廣平太守。明根幼年遭亂，爲櫟陽王氏奴。主使牧羊，明根以漿壺倩人書字路邊，書地學之。長安鎮將竇瑾見之，呼問，知其姓名，乃告游雅。雅使人贖之，教書。年十六，辭雅歸鄉里，於白渠坎爲窟，讀書積歲。雅稱薦之，太武擢爲中書學生。性寡欲，綜習經史。文成踐阼，爲都曹主書。帝以其敬慎，每嗟美之。假員外散騎常侍、安樂侯，使宋。宋孝武稱其長者，迎送禮加常使。獻文時，累遷東兗州刺史，封新泰侯，爲政清平。孝文時爲儀曹長，清約恭謹，號爲稱職。歷儀曹尚書，加散騎常侍。遷大鴻臚卿、河南王幹師，尚書如故，隨例降侯爲伯。又參定律令，屢進讜言。

明根以年踰七十，表求致仕，優詔許之。引入陳謝，悲不自勝，帝言別殷勤，仍爲流涕，賜青紗單衣、委貌冠、被褥、錦袍等物。其年，以司徒尉元爲三老，明根爲五更，行禮辟雍，賜步挽一乘，給上卿祿，供食之味，太官就第月送。以定律令，賜布帛等。歸本郡，又賜安車、兩馬、幄帳、被褥。車駕幸鄴，明根朝于行宮，優詔賜以穀帛，敕太官備送珍羞，爲造甲第。國有大事，恒璽書訪之。舊疾發動，手詔問疾，太醫送藥。卒於家，宣武弔祭贈賵甚厚，贈光祿大夫，金章紫綬，謚靖侯。

明根歷官內外五十餘年，處身以仁和，接物以禮讓，時論貴之。孝文初，明根與高閭以儒老學業，特被禮遇，公私出入，每相追隨，而閭以才筆，時侮明根。世號高、游焉。

子肇襲，字伯始，孝文賜名焉。博綜經史。孝文初，爲內祕書侍御中散，稍遷典命中大夫。車駕南伐，肇表諫，不納。尋遷太子中庶子。肇謙素敦重，文雅見任。以父老，求解官扶侍。孝文欲令祿養，出爲本州南安王楨鎮北府長史，帶魏郡太守。王薨，復爲高陽王雍鎮北府長史，太守如故。爲政清簡，加以匡贊，歷佐二王，甚有聲績。以父憂解任。復授黃門侍郎，兼侍中，爲畿內大使，黜陟善惡，賞罰分明。歷太府、廷尉卿，兼御史中尉，黃門如故。肇儒者，動存名教，直繩所舉，莫非傷風敗俗。持法仁平，斷獄務於矜恕。尚書令高肇，宣武之舅，百僚懾憚，以肇名與己同，欲令改易。肇以孝文所賜，執志不許，高肇甚銜之，宣武嘉其剛梗。

盧昶之在朐山也，肇諫曰：「朐山蕞爾，僻在海濱，於我非急，於賊爲利。如聞賊將屢以

宿豫求易朐山，持此無用之地，復彼舊有之疆，兵役時解，其利爲大。」帝將從之，尋而昶敗。遷侍中。梁軍主徐玄明斬其青、冀二州刺史張稷首，以郁州內附。朝議遣兵赴援，肇表以爲不宜勞師爭海島之地，帝不納。及大將軍高肇伐蜀，肇又陳願俟後圖，又不納。

明帝卽位，遷中書令、相州刺史，有惠政。再遷尚書右僕射。肇於吏事斷決不速，主者諮呈反覆，至於再三，必窮其理，然後下筆。雖寵勢干請，終無迴撓，方正之操，時人服之。及元叉廢靈太后，將害太傅、清河王懌，乃集公卿會議其事。於時，羣官莫不失色順旨，肇獨抗言，以爲不可，終不下署。卒，謚文貞公。

肇外寬柔，內剛直，耽好經傳，手不釋書。善周易、毛詩，尤精三禮。爲易集解，撰冠婚儀、白珪論，詩賦表啓凡七十五篇。謙廉不競，曾撰儒碁，以表其志。清貧寡欲，資仰俸祿而已。爲廷尉時，宣武嘗敕肇有所降恕，執而不從，曰：「陛下自能恕之，豈可令臣曲筆也。」其執意如此。及明帝初，近侍羣官預在奉迎者，自侍中崔光以下並加封，封肇文安縣侯。肇獨曰：「子襲父位，今古之常，因此獲封，何以自處？」固辭不應。論者高之。

子祥，字宗良，頗有才學。襲爵新泰伯，位國子博士，領尚書郎中。明帝以肇昔辭文安之封，復欲封祥，祥守其父志，卒不受。又追論肇前議清河，守正不屈，乃封祥高邑縣侯。卒，贈給事黃門侍郎、幽州刺史，謚曰文。

高閭字閻士，漁陽雍奴人也。五世祖原，晉安北將軍、上谷太守、關中侯，有碑在薊中。祖雅，少有令名，位州別駕。父洪，字季願，位陳留王從事中郎。閭貴，乃贈幽州刺史、固安貞子。

閭早孤，少好學，博綜經史，下筆成章。少爲車子，送租至平城，修刺詣崔浩。浩與語奇之，使爲謝中書監表。明日，浩歷租車過，駐馬呼閭，諸車子皆驚。閭本名驢，浩乃改爲閭，而字焉，由是知名。和平末，爲中書侍郎。文成崩，乙渾擅權，內外危懼，文明太后臨朝誅渾，引閭與中書令高允入禁中參決大政，賜爵安樂子。與鎮南大將軍尉元南赴徐州，以功進爵爲侯。獻文傳位，徙御崇光宮，〔二〕閭表上至德頌。高允以閭文章富逸，舉以自代，遂爲獻文所知，參論政事。

承明初，〔三〕爲中書令、給事中，委以機密。文明太后甚重閭，詔令書檄碑銘贊頌皆其文也。太和三年，出師討淮北，閭表諫，陳四疑，請時速返旆。文明太后曰：「六軍電發，有若摧朽，何慮四難也。」遷尚書、中書監。淮南王他奏求依舊斷祿，閭表以爲若不班祿，則貪者肆其姦情，清者不能自保，詔從閭議。

孝文又引見王公以下於皇信堂，令辯忠佞。閭曰：「佞者飾知以行事，忠者發心以附道，譬如玉石，皦然可知。」帝曰：「玉石同體而異名，忠佞異名而同理。求之於同，則得其所以異；尋之於異，則失其所以同。出處同異之間，交換忠佞之境，豈是皦然易明哉？或有託佞以成忠，或有假忠以飾佞，如楚之子棊，後事雖忠，初非佞也？」閭曰：「子棊諫楚，初雖隨述，終致忠言，此適欲幾諫，非爲佞也。子棊若不設初權，後忠無由得顯。」帝善閭對。

後上表曰：

臣聞爲國之道，其要有五：一曰文德，二曰武功，三曰法度，四曰防固，五曰刑賞。故遠人不服，則修文德以來之；荒狡放命，則播武功以威之；人未知戰，則制法度以齊之；暴敵輕侵，則設防固以禦之；臨事制勝，則明賞罰以勸之。用能闢國寧方，征伐四剋。北狄悍愚，同於禽獸，所長者野戰，所短者攻城，若以狄之所短，奪其所長，則雖衆不能成患，雖來不能內逼。又狄散居野澤，隨逐水草，戰則與室家並至，奔則與畜牧俱逃。是以古人伐北方，攘其侵掠而已。歷代爲邊患者，良以倏忽無常故也。六鎮勢分，倍衆不鬬，互相圍逼，難以制之。昔周命南仲，城彼朔方，趙靈、秦始，長城是築，漢之孝武，踵其前事。此四代之君，皆帝王之雄傑，所以同此役者，非智術之不長，兵衆之不足，乃防狄之要事，理宜然也。

中華書局

今故宜於六鎮之北築長城，以禦北虜，雖有暫勞之勤，乃有永逸之益。即於要害，往往開門，造小城於其側，因施却敵，多置弓弩。狄來，有城可守，有兵可捍。既不攻城，野掠無獲，草盡則走，終始必懲。又宜發近州武勇四萬人，及京師二萬人，合六萬人，爲武士，於苑內立征北大將軍府，選忠勇有志幹者以充其選。下置官屬，分爲三軍：二萬人專習弓射，二萬人專習刀楯，二萬人專習騎矟。修立戰場，十日一習。採諸葛亮八陣之法，爲平地禦敵之方，使其解兵革之宜，識旌旗之節。兵器精堅，必堪禦寇。使將有定兵，兵有常主，上下相信，晝夜如一。七月，發六郡兵萬人，各備戎作之具，敕臺北諸屯倉庫，隨近作米，[三]俱送北鎮。至八月，征北部率所領，[四]與六鎮之兵，直至磧南，揚威漠北。狄若來拒，與決戰，若其不來，然後散分其地，以築長城。計六鎮，東西不過千里，若一夫一月之功當三步之地，三百人三里，[五]三千人三十里，三萬人三百里，則千里之地，强弱相兼，計十萬人一月必就。軍糧一月，不足爲多，人懷永逸，勞而無怨。

計築長城，其利有五：罷遊防之苦，其利一也；北部放牧，無抄掠之患，其利二也；登城觀敵，以逸待勞，其利三也；省境防之虞，息無時之備，其利四也；歲常遊運，永得不匱，其利五也。

孝文詔曰：「比當與卿面論。」

又詔閭爲書問蠕蠕。時蠕蠕國有喪而書不敍凶事。帝曰：「卿職典文辭，不論彼之凶事，若知而不作，罪在灼然，若情思不至，應謝所任。」對曰：「昔蠕蠕主敦崇和親，其子屢犯邊境，如臣愚見，謂不宜弔。」帝曰：「敬其父則子悅，敬其君則臣悅，卿云不合弔慰，是何言歟？」閭遂免冠謝罪。帝曰：「蠕蠕使牟提，小心恭慎，同行疾其敦厚，恐其還北，必被謗誣。昔劉準使殷靈誕，每禁下人不爲非禮事，及還，果被譖愬，以致極刑。今書可明牟提忠於其國，使蠕蠕主知之。」

是年冬至，大饗羣官，孝文親舞於太后前，羣臣皆舞。帝乃長歌，仍率羣臣再拜上壽。閭進曰：「臣聞大夫行孝，行合一家；諸侯行孝，聲著一國；天子行孝，德被四海。今陛下敦行孝道，臣等不勝慶踊，謹上千萬歲壽。」帝大悅。又議政於皇信堂，閭曰：「伏思太皇太后十八條之令，及仰尋聖朝所行，事周於百揆，願終成其事。」帝曰：「刑法者，王道所用。何者爲法？何者爲刑？施行之日，何先何後？」對曰：「創制立會，[六]軌物齊衆，謂之法；犯違制約，致之於憲，謂之刑。然則法必先施，刑必後著。」帝曰：「論語稱：冉子退朝，孔子曰：『何晏也？』曰：『有政。』子曰：『其事也，如其有政，雖不吾以，吾其與聞之。』何者爲政？何者爲事？」對曰：「政者，上之所行；事者，下之所綜。」

後詔閭與太常採雅樂以營金石。又領廣陵王師，出除鎮南將軍、相州刺史。以參定律令之勤，賜布帛粟牛馬等。遷都洛陽，閭表諫，言遷有十損，必不獲已，請遷於鄴。帝頗嫌之。

雍州刺史曹武據襄陽請降，[七]車駕親幸懸瓠。閭表諫：洛陽草創，武既不遣質任，必非誠心，帝不納。武果虛詐，諸將皆無功而還。車駕還幸石濟，閭朝於行宮。帝謂曰：「朕往年之意，不欲決征。但兵士已集，恐爲幽王之失，不容中止，遂至淮南。而彼諸將並列州鎮，至無所獲，實由晚一月日故耳。」閭曰：「古攻戰法，倍則攻之，十則圍之，聖駕親征，誠應大捷，所以無大獲，良由兵少故也。今京邑甫爾，庶事造創，願陛下當從容伊、瀍，使德被四海。」帝曰：「願從容伊、瀍，實亦不少，但未獲耳。」閭曰：「司馬相如臨終，恨不封禪。今雖江介不賓，然中州地略以盡平，豈可聖明之辰，而闕盛禮？」帝曰：「荆揚未一，豈得如卿言也？」閭以江南非中國，且三代之境，亦不能遠。帝曰：「淮海惟揚州，荆及衡陽惟荆州，此非近中國乎？」

及車駕至鄴，孝文頻幸其州館，下詔褒揚之。閭每請本州以自效，詔曰：「閭以懸車之年，方求衣錦，知進忘退，有塵謙德，可降號平北將軍。朝之老成，宜遂情願，徙授幽州刺史，令存勸兼行，恩法並舉。」閭以諸州罷從事，依府置參軍，於政體不便，表宜復舊。帝不

悅。歲餘，表求致仕，優答不許。徵爲太常卿，頻表陳遜，不聽。又車駕南討漢陽，閭上表諫求迴師，帝不納。漢陽平，賜閭璽書，閭上表陳謝。

宣武踐阼，閭累表遜位，優詔授光祿大夫，金章紫綬，使吏部尚書邢巒就家拜授。及辭，引見東堂，賜以肴羞，訪之大政。以其先朝儒舊，告老求歸，帝爲之流涕。優詔賜安車、几杖、輿馬、繒綵、衣服、布帛，事從豐厚。百僚餞之，猶羣公之祖二疏也。閭進陟北芒，上望闕表以示戀慕之誠。卒于家，謚文貞。

閭好爲文章，集四十卷。其文亦高允之流，後稱二高，爲當時所服。閭强果敢直諫，其在私室，言裁聞耳；及於朝廷廣衆之中，則談論鋒起，人莫能敵。孝文以其文雅之美，每優禮之。然貪褊矜慢。初在中書，好詈辱諸博士。學生百餘人，有所干求者，無不受其賄。及老爲二州，乃更廉儉自謹，有良牧之譽。

子元昌襲爵，位遼西、博陵二郡太守。

閭弟悅，篤志好學，有美於閭，早卒。

趙逸字思羣，天水人也。父昌，石勒黃門郎。逸好學夙成，仕姚興，歷中書侍郎。後爲

赫連屈丐所虜，拜著作郎。太武平統萬，見逸所著，曰：「此豎無道，安得爲此言乎！作者誰也？速推之。」司徒崔浩進曰：「彼之謬述，亦子雲美新，固宜容之。」帝乃止。歷中書侍郎、赤城鎮將，頻表乞免，久乃見許。性好墳典，白首彌勤，年踰七十，手不釋卷，凡所著述，詩賦銘頌五十餘篇。

逸兄溫，字思恭，博學有高名，爲姚泓天水太守。劉裕滅泓，遂沒於氐。〔八〕氐王楊難當稱藩，太武以溫爲難當府司馬，卒于仇池令。

溫子琰，字叔起。初，苻氏亂，琰爲乳母攜奔壽春，年十四乃歸。孝心色養，飪熟之節，必親調之。皇興中，京師儉，婢簡粟糶之，琰遇見，切責，敕留輕粃。嘗送子應冀州娉室，從者於路遇得一羊，行三十里而琰知之，令送於本處。又過路旁，主人設羊羹，琰訪知盜殺，卒辭不食。遣人買耜刃，得剩六耜，卽命送還刃主。刃主高之，義而不受，琰命委之而去。

初爲兗州司馬，轉團城鎮副將。還京，爲淮南王他府長史。時禁制甚嚴，不聽越關葬於舊兆，琰積四十餘年不得葬二親。及蒸嘗拜獻，未曾不嬰慕卒事。每於時節，不受子孫慶賀。年餘耳順，而孝思彌篤，慨歲月推移，遷窆無冀，乃絕鹽粟，斷諸餚味，食麥而已。年八十卒。遷都洛陽，子應等乃還鄉葬焉。

應弟煦，字賓育，好音律，以善歌聞於世，位秦州刺史。

胡叟字倫許，安定臨涇人也，世爲西夏著姓。叟少聰慧，年十三，辯疑釋理，鮮有屈焉。學不師受，披讀羣籍，再閱於目，皆誦焉。好屬文，既善典雅之詞，又工鄙俗之句。以姚氏將衰，遂入長安觀風化。隱匿名行，懼人見知。時京兆韋祖思少閱典墳，多蔑時彥，待叟不足。叟拂衣而出，祖思固留之曰：「當與君論天人之際，何遽返乎？」叟曰：「論天人者其亡久矣，與君相知，何夸言若是。」遂歸主人，賦韋、杜二族，一宿而成。時年十八矣。其述前載，無違舊美；敍中世，有協時事；而末及鄙黷。人皆奇其才，畏其筆。

叟孤飄坎壈，未有仕路，遂入漢中。宋梁、秦二州刺史馮翊吉翰頗相禮接。授叟末佐，不稱其懷。未幾，翰遷益州，叟隨入蜀。時蜀沙門法成率僧數千人鑄丈六金像，宋文帝惡其聚衆，將加大辟。叟聞之，卽赴丹楊，啓申其美，遂免。復還蜀，法成遺其珍物，價直千餘匹，叟一無所受。

後入沮渠牧犍，牧犍遇之不重，叟乃爲詩，示所知廣平程伯達。其略曰：「羣犬吠新客，佞暗排疎賓，直途既已塞，曲路非所遵。望衞惋祝鮀，眄楚悼靈均。何用宣憂懷，託翰寄輔

仁。」伯達見詩，謂曰：「涼州雖地居戎域，然自張氏以來，號有華風。今則憲章無虧，何祝鮀之有？」叟曰：「貴主奉正朔而弗淳，慕仁義而未允。吾之擇木，夙在大魏，與子暫違，非久闊也。」歲餘，牧犍破降。

叟既先歸魏，朝廷以其識機，賜爵始復男。家於密雲，蓬室草筵，唯以酒自適。謂友人金城宗舒曰：「我此生活，似勝焦先，志意所栖，謝其高矣。」文成時，召叟及舒，並使作檄，檄宋、蠕蠕。舒文劣於叟。尋歸家，不事產業，〔九〕常苦飢貧，然不以爲恥。養子字螟蛉，以自給養，每至貴勝門，恒乘一牸牛，弊韋袴褶而已。作布囊，容三四斛，飲噉醉飽，盛餘肉餅以付螟蛉。見車馬榮華者，視之蔑如也。尚書李敷嘗遺以財，都無所取。初，叟一見高允曰：「吳、鄭之交，以紵縞爲美談，吾之於子，以弦韋爲幽贊，以此言之，彼可無愧也。」於允館見中書侍郎趙郡李璨，被服華靡，叟貧老衣褐，璨頗忽之。叟謂曰：「李子，今若相脫體上袴褶衣帽，君欲作何許也？」〔一〇〕譏其惟假盛服。璨惕然失色。

叟少孤，每言及父母，則淚下若孺子號。春秋當祭之前，則先求旨酒美膳，將其所知廣甯常順陽、馮翊田文宗、上谷侯法儁，提壺執俎，至郭外空靜處，設坐奠拜，盡孝思之敬。時敦煌氾潛家善釀酒，每節送一壺與叟。著作佐郎博陵許赤武、〔一一〕河東裴定宗等謂潛曰：「再三之惠，以爲過厚，子惠於叟，何其恒也？」潛曰：「我恒給祭者，以其恒於孝思也。」論者

以潛爲君子矣。順陽等數子，稟叟獎示，頗涉文流。

高閭曾造其家，遇叟短褐曳柴，從田歸舍，爲閭設濁酒蔬食，皆手自辦。然案其館宇卑陋，園疇褊局，而飯菜精潔，醯醬調美。見其二妾，並年衰跛眇，衣布穿弊。閭見其貧，以衣物直十餘匹贈之，亦無辭免。閭作宣命賦，叟爲之序。密雲左右皆祇仰其德，歲時奉以麻穀麥，叟隨分散之，家無餘財。卒，無子，無家人營主凶事，胡始昌迎殯之于家，葬於墓次。卽令弟繼之，襲其爵始復男、〔一二〕武威將軍。叟與始昌雖宗室，性氣殊詭，不相附，其存，往來乃簡；及亡，而收恤至厚。議者以爲非必敦哀疏宗，或緣求利品秩也。

胡方回，安定臨涇人也。父義周，姚泓黃門侍郎。方回仕赫連屈丐爲中書侍郎。涉獵史籍，辭彩可觀，爲屈丐統萬城銘、蛇祠碑諸文，頗行於世。太武破赫連昌，方回入魏，未爲時知。後爲北鎮司馬，爲鎮修表，有所稱薦，帝覽之嗟美，問知方回，召爲中書博士，賜爵臨涇子。遷侍郎，與太子少傅游雅等改定律制。司徒崔浩及當時朝賢，並愛重之。清貧守道，以壽終。

張湛字子然，一字仲玄，燉煌深泉人也。〔一三〕魏執金吾恭九葉孫，爲河西著姓。祖質，仕涼，位金城太守。父顯，有遠量，武昭王據有西夏，引爲功曹，甚器異之。嘗稱曰：「吾之臧子原也。」〔一四〕位酒泉太守。

湛弱冠知名涼土，好學能屬文，冲素有大志。仕沮渠蒙遜，位兵部尚書。涼州平，拜寧遠將軍，賜爵南浦男。司徒崔浩識而禮之。浩注易，敍曰：「燉煌張湛、金城宗欽、武威段承根三人皆儒者，並有儁才，見稱西州。每與余論易，余以左氏傳卦解之，遂相勸爲解注，故爲之解。」其見稱如此。湛至京師，家貧不立，操尚無虧。浩常給其衣食，薦爲中書侍郎，湛知浩必敗，固辭。每贈浩詩頌，多箴規之言。浩亦欽敬其志，每常報答，極推崇之美。浩誅，湛懼，悉燒之，閉門却掃，慶弔皆絕，以壽終。

兄銑，字懷義，閑粹有才幹，仕沮渠蒙遜，位建昌令。性至孝，母憂，哀毀過人，服制雖除，而蔬糲弗改。崔浩禮之與湛等。卒於征西參軍。

懷義孫通，字彥綽，博通經史，沈冥不預時事。頓丘李彪欽其學行，與之遊款。及彪用事，言於中書令李沖，沖召見，甚器重之。太和中，徵中書博士、中書侍郎，永平中，又徵汾州刺史，皆不赴，終於家。

通四子，徹、麟、儉、鳳，皆傳家業，知名於世。徹字方明，位侍中、衞尉卿，封西平縣公。麟字嘉應，位廣平太守。儉字元慎，位涼州刺史。鳳字子敢之襲，位太中大夫、樂陵郡守。鳳字孔鸞，位國子博士、散騎常侍，著五經異同評十卷，爲儒者所稱。

段承根，武威姑臧人，自云漢太尉熲九世孫也。父暉，字長祚，身八尺餘，師事歐陽湯，湯甚器愛之。有一童子與暉同志，後二年，童子辭歸，從暉請馬。暉戲作木馬與童子。甚悅，謝暉曰：「吾太山府君子，奉敕遊學，今將歸，損子厚贈，無以報德。子後至常伯封侯，非報也，且以爲好。」言終，乘馬騰虛而去。暉乃自知必將貴。仕乞伏熾盤爲輔國大將軍、涼州刺史、御史大夫、西海侯。熾盤子慕末襲位，政亂，暉父子奔吐谷渾。慕璝內附，〔一五〕暉與承根歸魏。太武至長安，人告暉欲南奔，云置金於馬韉中。帝密遣視之，果如告者言，斬之於市，暴尸數日。時有儒生京兆林白奴，欽暉德音，夜竊其尸，置之枯井。女爲燉煌張氏婦，聞之，乃向長安收葬。

承根好學機辯，有文思，而性行疏薄，有始無終。司徒崔浩見而奇之，與同郡陰仲達俱被浩引，以爲俱涼土文華，才堪注述，言之太武，並請爲著作郎，引與同事。世咸重承根文而薄其行。甚爲燉煌公李寶所敬待。浩誅，承根與宗欽等俱死。

宗欽字景若，金城人。少好學，有儒者風。仕沮渠蒙遜爲中書郎、世子洗馬，上東宮侍臣箴。太武平涼州，入魏，賜爵臥樹男，拜著作郎。與高允書，贈詩，允答書并詩，甚相褒美。在河西撰蒙遜記十卷，無足可稱。

闞駰字玄陰，燉煌人也。祖倞，父玖，並有名於西土，玖位會稽令。駰博通經傳，聰敏過人，三史羣言，經目則誦，時人謂之宿讀。注王朗易傳，撰十三州志。沮渠蒙遜甚重之，常侍左右，訪以政事損益，拜祕書、考課郎中，給文吏三十人，典校經籍，刊定諸子三千餘卷。牧犍待之彌重，拜大行臺，〔一六〕遷尚書。及姑臧平，樂平王丕鎮涼州，〔一七〕引爲從事中郎。王薨，遷京師。家甚貧，不免飢寒。性能多食，一飯至三升乃飽。卒，無後。

劉延明，〔一八〕燉煌人也。父寶，字子玉，以儒學稱。延明年十四，就博士郭瑀。瑀弟子

五百餘人，通經業者八十餘人。瑀有女始笄，妙選良偶，有心於延明。遂別設一席，謂弟子曰：「吾有一女，欲覓一快女婿，誰坐此席者，吾當婚焉。」延明遂奮衣坐，神志湛然曰：「延明其人也。」瑀遂以女妻之。延明後隱居酒泉，不應州郡命，弟子受業者五百餘人。

涼武昭王徵爲儒林祭酒、從事中郎。昭王好尚文典，書史穿落者，親自補葺。延明時侍側，請代其事。王曰：「躬自執者，欲人重此典籍。吾與卿相遇，何異孔明之會玄德。」遷撫夷護軍，雖有政務，手不釋卷。昭王曰：「卿注記篇籍，以燭繼晝，白日且然，夜可休息。」延明曰：「朝聞道，夕死可矣，不知老之將至，孔聖稱焉。延明何人斯，敢不如此。」延明以三史文繁，著略記百三十篇、八十四卷，燉煌實錄二十卷，方言三卷，靖恭堂銘一卷，注周易、韓子、人物志、黃石公三略行於世。

蒙遜平酒泉，拜祕書郎，專管注記。築陸沈觀於西苑，躬往禮焉，號玄處先生。學徒數百，月致羊酒。牧犍尊爲國師，親自致拜，命官屬以下，皆北面受業。時同郡索敞、陰興爲助教，並以文學見稱，每巾衣而入。

太武平涼州，士庶東遷，夙聞其名，拜樂平王從事中郎。太武詔諸年七十已上，聽留本鄉，一子扶養。延明時老矣，在姑臧歲餘，思鄉而返，至涼州西四百里韮谷窟，疾卒。

太和十四年，尚書李沖奏：延明河右碩儒，今子孫沈屈，未有祿潤，賢者子孫，宜蒙顯

異。於是除其一子爲郢州雲陽令。正光三年，太保崔光奏曰：「故樂平王從事中郎燉煌劉延明，著業涼城，遺文在茲。如或愆釁，當蒙數世之宥，況乃維祖逮孫，相去未遠，而令久淪皁隸，不獲收異，儒學之士，所爲竊歎。乞敕尚書，推檢所屬，甄免碎役，敦化厲俗，於是乎在。」詔曰：「太保啓陳，深合勸善，其孫等三家，特可聽免。」河西人以爲榮。

趙柔字元順，金城人也，少以德行才學，知名河右。沮渠牧犍時，爲金部郎。太武平涼州，內徙京師。歷著作郎、河內太守，甚著信惠。柔嘗在路，得人所遺金珠一貫，價直數百縑，柔呼主還之。後有人遺柔鏵數百枚者，柔與子善明鬻之市。有人從柔買，柔索絹二十疋。有商人知其賤，與柔三十匹，善明欲取之。柔曰：「與人交易，一言便定，豈可以利動心？」遂與之。搢紳之流，聞而敬服。隴西王源賀采佛經幽旨作祇洹精舍圖偈六卷，柔爲之注解，爲當時俊僧所欽味。又憑立銘讚，頗行於世。

子默，字沖明，武威太守。

索敞字巨振，燉煌人也。爲劉延明助教，專心經籍，盡能傳延明業。涼州平，入魏，以儒學爲中書博士。京師貴遊之子，皆敬憚威嚴，多所成益，前後顯達位至尚書、牧、守者數十人，皆受業於敞。敞以喪服散在衆篇，遂撰比爲喪服要記。出補扶風太守，在位清貧，卒官。時舊同學生等爲請謚，詔贈涼州刺史，謚曰獻。

初，敞之在涼州，與鄉人陰世隆，文才相友。世隆至京師，被罪，徙和龍，屆上谷，困不前達，土人徐能抑掠爲奴。敞因行至上谷，遇見世隆，對泣而別。敞爲訴理，得免。世隆子孟貴，性至孝，每向田芸耨，早朝拜父，來亦如之，鄉人欽焉。

宋繇字體業，燉煌人也，世仕張氏。父僚，張玄靚武興太守。繇生而僚爲張邕所誅。五歲喪母，事伯母張氏以孝聞。八歲而張氏卒，居喪過禮。喟然謂妹夫張彥曰：「門戶傾覆，負荷在繇，不銜膽自厲，何以繼承先業。」遂隨彥至酒泉，追師就學，閉室讀書，晝夜不倦，博通經史。呂光時，舉秀才，除郎中。後奔段業，爲中散騎常侍。[一九]以業無遠略，西奔涼武昭王。歷位通顯，家無餘財，雖兵革間，講誦不廢。每聞儒士在門，常倒屣出迎，引談經籍。尤明斷決，時事亦無滯也。

沮渠蒙遜平酒泉，於繇室得書數千卷、鹽米數十斛而已。蒙遜歎曰：「孤不喜克李氏，欣得宋繇耳。」拜尚書吏部郎中，委以銓衡。蒙遜將死，以子牧犍託之。牧犍以爲左丞，送其妹興平公主於京師。太武拜繇河西王右丞相，錫爵清水公。及平涼州，從牧犍至京師，卒，謚恭公。

長子巖襲爵，改爲西平侯。巖子蔭，中書議郎、樂安王範從事中郎，卒，贈咸陽太守。蔭子季預，性清嚴，居家如官，位勃海太守。子遊道。

遊道弱冠隨父在郡，父亡，吏人贈遺無所受，事母以孝聞。與叔父別居，叔父爲奴誣以構逆，遊道誘令返，雪而殺之。魏廣陽王深北伐，請爲鎧曹，及爲定州刺史，又以爲府佐。廣陽爲葛榮所殺，元徽誣其降賊，收錄妻子，遊道爲訴得釋，與廣陽子迎喪返葬。中尉酈善長嘉其氣節，引爲殿中侍御史。臺中語曰：「見惡能討，宋遊道。」

孝莊卽位，除左中兵郎中。[二〇]爲尚書令臨淮王彧譴責，遊道乃執版長揖曰：「下官謝王瞋，不謝王理。」卽日詣闕上書曰：「徐州刺史元孚頻有表，云僞梁廣發士卒，圖彭城，乞增羽林二千。以孚宗室重臣，告請應實，所以量奏給武官千人。孚今代下，以路阻自防，遂納在防羽林八百人，辭云疆境無事，乞將還家。臣忝局司，深知不可。尚書令臨淮王彧，卽孚之

兄子，遣省事謝遠，三日之中，八度逼迫，云宜依判許。臣不敢附下罔上，孤負聖明。但孚身在任，乞師相繼；及其代下，便請放還。進退爲身，無憂國之意。所請不合，其罪下科。彧乃召臣於尚書都堂云：『卿一小郎，憂國之心，豈厚於我？』醜罵溢口，不顧朝章。右僕射臣世隆、吏部郎中臣薛琡已下百餘人，並皆聞見。臣實獻直言云：『忠臣奉國，事在其心，亦復何簡貴賤？比自北海入洛，王不能致身死難，方清宮以迎篡賊；鄭先護立義廣州，王復建旗往討。趣惡如流，伐善何速？今得冠冕百僚，乃欲爲私害政！』爲臣此言，彧賜怒更甚。臣既不佞，干犯貴臣，乞解郎中。」帝召見遊道，嘉勞之。彧亦奏言：「臣忝冠百僚，遂使一郎攘袂高聲，肆言頓挫，乞解尚書令。」帝乃下敕，聽解臺郎。

後除司州中從事。時將還鄴，會霖雨，行旅擁於河橋。遊道於幕下朝夕宴歌。行者曰：「何時節作此聲也？固大癡！」遊道應曰：「何時節而不作此聲也？亦大癡！」後齊神武自太原來朝，見之曰：「此人是遊道邪？常聞其名，今日始識其面。」遷遊道別駕，後日，神武之司州，饗朝士，舉觴屬遊道曰：「飲高歡手中酒者大丈夫，卿之爲人，合飲此酒。」

及還晉陽，百官辭於紫陌，神武執遊道手曰：「甚知朝貴中有憎忌卿者。但用心，莫懷畏慮，當使卿位與之相似。」於是啓以遊道爲中尉。文襄執請，乃以吏部郎中崔暹爲御史中尉，以遊道爲尚書左丞。文襄謂暹、遊道曰：「卿一人處南臺，一人處北省，當使天下肅然。」

遊道入省，劾太師咸陽王坦、〔二二〕太保孫騰、司徒高隆之、司空侯景、錄尚書元弼、尚書令司馬子如官貸金銀，催徵酬價。雖非指事贓賄，終是不避權豪。又奏駁尚書違失數百條，省中豪吏王儒之徒，並鞭斥之，始依故事於尚書省立門名，以記出入早晚。令僕已下皆側目。

魏安平王坐事亡，章武二王及諸王妃、太妃是其近親者，皆被徵責。都官郎中畢義雲主其事，有奏而禁，有不奏輒禁者。遊道判下廷尉科罪。高隆之不同，於是反誣遊道厲色挫辱己，遂枉拷羣令史證成之。與左僕射襄城王旭、尚書鄭述祖等上言曰：

飾僞亂眞，國法所必去；附下罔上，王政所不容。謹案：尚書左丞宋遊道，名望本闕，功績何紀？屬永安之始，朝士亡散，乏人之際，叨竊臺郎。躁行諂言，肆其姦詐，罕識名義，〔二三〕不顧典文。人鄙其心，衆畏其口。出州入省，歷忝清資，而長惡不悛，曾無忌諱，毀譽由己，憎惡任情。比因安平王事，遂肆其褊心，因公報隙，與郎中畢義雲遞相糾舉。

又左外兵郎中魏叔道牒云：「局內降人左澤等爲京畿送省，令取保放出。」大將軍在省日，判聽。遊道發怒曰：「往日官府成何物官府？將此爲例！」又云：「乘前旨格，成何物旨格？」依事請問，遊道並皆承引。案律：「對捍詔使，無人臣之禮大不敬者死。」對

捍使者尚得死坐，況遊道吐不臣之言，犯慢上之罪？口稱夷、齊，心懷盜跖，欺公賣法，受納苞苴，產隨官厚，財與位積。雖贓污未露，而姦詐如是，舉此一隅，餘詐可驗。今依禮據律，處遊道死罪。

是時朝士皆分爲遊道不濟。〔二四〕而文襄聞其與隆之相抗之言，謂楊遵彥曰：「此眞是鯁直大剛惡人。」遵彥曰：「譬之畜狗，本取其吠，今以數吠殺之，恐將來無復吠狗。」詔付廷尉，遊道坐除名。

文襄使元景康謂曰：「卿早逐我向并州他經略，不忍殺卿。」〔二五〕遊道從至晉陽，以爲大行臺吏部，又以爲太原公開府諮議。及平陽公爲中尉，遊道以諮議領書侍御史。尋以本官兼司徒左長史。

及文襄疑黃門郎溫子昇知元瑾之謀，繫諸獄而餓之，食弊襦而死，棄屍路隅，遊道收而葬之。文襄謂曰：「吾近書與京師諸貴，論及朝士，云卿僻於朋黨，將爲一病。今卿眞是重舊節義人，此情不可奪。子昇吾本不殺之，卿葬之何所憚？天下人代卿怖者，是不知吾心也。」

尋除御史中尉。東萊王道習參御史選，限外投狀，道習與遊道有舊，使令史受之。文襄怒，收游道，辯而判之曰：〔二五〕「游道稟性獷悍，是非肆己，吹毛洗垢，創疵人物。往與郎中藺景雲忿競，列事十條，及加推窮，便是虛妄。方共道習，陵侮朝典。法官而犯，特是難原，宜付省科。」游道被禁，獄吏欲爲脫枷，游道不肯曰：「此令公命所著，不可輒脫。」文襄聞而免之。游道抗志不改。

天保元年，以游道兼太府卿，乃於少府覆檢主司盜截，得鉅萬計。姦吏反誣奏之，下獄。尋得出，不歸家，徑之府理事。卒，遺令薄葬，不立碑表，不求贈謚。贈瓜州刺史。武平中，以子士素久典機密，重贈儀同三司，謚曰貞惠。

游道剛直，疾惡如讎，見人犯罪，皆欲致之極法。彈糾見事，又好察陰私，問獄察情，捶撻嚴酷。兗州刺史李子貞在州貪暴，游道案之。文襄以子貞預建義勳，意將含忍。游道疑陳元康爲其內助，密啓云：「子貞、元康交游，恐其別有請屬。」文襄怒，於尚書都堂集百僚，撲殺子貞。又兗州人爲游道生立祠堂，像題曰「忠清君」。游道別劾吉寧等五人同死，有欣悅色。朝士甚鄙之。

然重交游，存然諾之分。歷官嚴整，而時大納賄，分及親故之艱匱者，其男女孤弱，爲嫁娶之，臨喪必哀，躬親營視。爲司州綱紀，與牧昌樂、西河二王乖忤，〔二六〕及二王薨，每事經恤之。與頓丘李奬，一面便定死交。奬曰：「我年位已高，會用弟爲佐史，令弟北面於我足矣。」游道曰：「不能。」既而奬爲河南尹，辟游道爲中正，使者相屬，以衣帢待之，握手歡

讌。元顥入洛，奬受其命，出使徐州，都督元孚與城人趙紹兵殺之。〔二七〕游道爲奬訟寃，得雪。又表爲請贈，回己考一泚階以益之。又與劉廞結交，託廞弟粹於徐州殺趙紹。後劉廞伏法於洛陽，粹以徐州叛，官軍討平之，梟粹首於鄴市。孫騰使客告市司，得五百匹後，聽收。游道時爲司州中從事，令家人作劉粹所親，於州陳訴，依律判許，而奏之。敕至，市司猶不許，游道杖市司，勒使速付。騰聞大怒，游道立理以抗之。既收粹尸，厚加贈遺。李奬二子構、訓居貧，游道後令其求三富人死事判免之，凡得錢百五十萬，盡以入構、訓。其使氣黨俠如此。時人語曰：「游道獼猴面，陸操科斗形，意識不關貌。」〔二八〕何謂醜者必無情。」

構嘗因游道會客，因戲之曰：「賢從在門外，大好人，宜自迎接。」爲通名，稱族弟游山。游道出見之，乃獼猴而衣帽也。將與構絕，構謝之，豁然如舊。游道死後，構爲定州長史，游道第三子士遜爲墨曹、博陵王管記，與典籤共誣奏構。構於禁所祭游道而訴焉。士遜晝臥如夢者，見游道怒己曰：「我與構恩義，汝豈不知？何共小人謀陷清直之士！」士遜驚跪曰：「不敢！不敢！」旬日而卒。

游道每戒其子士素、士約、士慎等曰：「吾執法太剛，數遭屯蹇，性自如此，子孫不足以師之。」諸子奉父言，柔和謙遜。士素沉密少言，有才識，稍遷中書舍人。趙彥深引入內省，參典機密。歷中書、黃門侍

郎，還儀同三司、散騎常侍，恒領黃門侍郎。自處機要，近二十年，周慎溫恭，甚爲彥深所重。初，祖珽知朝政，出彥深爲刺史。珽奏以士素爲東郡守，中書侍郎李德林白珽留之，由是還除黃門侍郎，共典機密。

士約亦重善士，官尚書左丞。

江式字法安，陳留濟陽人也。六世祖瓊，字孟琚，晉馮翊太守，善蟲篆詁訓。永嘉大亂，瓊棄官投張軌，子孫因居涼土，世傳家業。祖强，字文威，涼州平，內徙代京。上書三十餘法，各有體例，又獻經史諸子千餘卷，由是拜中書博士。卒，贈敦煌太守。父紹興，高允奏爲祕書郎，掌國史二十餘年，以謹厚稱。卒於趙郡太守。

式少專家學，數年中，常夢兩人時相教授，及寤，每有記識。初拜司徒長兼行參軍，〔二九〕檢校御史，尋除符節令。以書文昭太后尊號謚册，除奉朝請，仍符節令。篆體尤工，洛京宮殿諸門板題，皆式書也。延昌三年三月，式表曰：

臣聞伏犧氏作而八卦形其畫，軒轅氏興而靈龜彰其彩。古史倉頡覽二象之爻，觀鳥獸之迹，別創文字，以代結繩，用書契以維事。宣之王迹，則百工以敍；載之方册，則

萬品以明。迄於三代，厥體頗異，雖依類取制，未能殊倉氏矣。故周禮：八歲入小學，保氏教國子以六書：一曰指事，二曰象形，三曰形聲，四曰會意，五曰轉注，六曰假借。蓋是史頡之遺法。及宣王太史史籀著大篆十五篇，與古文或同或異，時人卽謂之籀書。孔子修六經，左丘明述春秋，皆以古文，厥意可得而言。

其後七國殊軌，文字乖別。暨秦兼天下，丞相李斯乃奏蠲罷不合秦文者。斯作倉頡篇，車府令趙高作爰歷篇，〔三〇〕太史令胡毋敬作博學篇，皆取史籀式，頗有省改，〔三一〕所謂小篆者也。於是秦燒經書，滌除舊典，官獄繁多，以趣約易，始用隸書，古文由此息矣。隸書者，始皇使下杜人程邈附於小篆所作也。世人以邈徒隸，卽謂之隸書。故秦有八體：一曰大篆，二曰小篆，三曰符書，四曰蟲書，五曰摹印，六曰署書，七曰殳書，八曰隸書。

漢興，有尉律學，復教以籀書，又習八體，試之課最，以爲尚書史。吏人上書，省字不正，輒舉劾焉。〔三二〕又有草書，莫知誰始，其書形雖無厥誼，〔三三〕亦是一時之變通也。孝宣時，召通倉頡讀者，獨張敞從受之。涼州刺史杜業、沛人爰禮講學，大夫秦近亦能言之。孝平時，徵禮等百餘人說文字於未央宮中，以禮爲小學元士。黃門侍郎揚雄採以作訓纂篇。及亡新居攝，自以應運制作，〔三四〕大司馬甄豐校文字之部，頗改定古文。

時有六書：一曰古文，孔子壁中書也；二曰奇字，卽古文而異者；三曰篆書，云小篆也；四曰佐書，秦隸書也；五曰繆篆，所以摹印也；六曰鳥蟲，所以幡信也。壁中書者，魯恭王壞孔子宅而得尚書、春秋、論語、孝經也。〔三五〕又北平侯張倉獻春秋左氏傳，書體與孔氏相類，卽前代之古文矣。

後漢郎中扶風曹喜號曰工篆，小異斯法，而甚精巧，自是後學，皆其法也。又詔侍中賈逵修理舊文，殊藝異術，王教一端，苟有可以加於國者，靡不悉集。逵卽汝南許慎古學之師也。後慎嗟時人之好奇，歎俗儒之穿鑿，故撰說文解字十五篇，首一終亥，各有部屬，可謂類聚羣分，雜而不越，文質彬彬，最可得而論也。左中郎將陳留蔡邕採李斯、曹喜之法，爲古今雜形，詔於太學立石碑，刊載五經，題書楷法，多是邕書也。後開鴻都，書畫奇能，莫不雲集。時諸方獻篆，無出邕者。

魏初，博士清河張揖著埤倉、廣雅、古今字詁。究諸埤、廣，綴拾遺漏，增長事類，抑亦於文爲益者。然其字詁，方之許篇，古今體用，或得或失。陳留邯鄲淳亦與揖同時，〔三六〕博開古藝，〔三七〕特善倉、雅，許氏字指、八體、六書，精究閑理，有名於揖。以書教諸皇子。又建三字石經於漢碑西，其文蔚煥，三體復宣。校之說文，篆、隸大同，而古字少異。又有京兆韋誕、河東衞覬二家，並號能篆。當時臺觀牓題，寶器之銘，悉是誕

書。咸傳之子孫，世稱其妙。

晉世義陽王典祠令任城呂忱表上字林六卷，尋其況趣，附託許慎說文，而按偶章句，隱別古籀奇惑之字，文得正隸，不差篆意也。忱弟靜別放故左校令李登聲類之法，作韻集五卷，使宮、商、角、徵、羽各爲一篇，而文字與兄便是魯、衞，音讀楚、夏，時有不同。

皇魏承百王之季，紹五運之緒。世易風移，文字改變，篆形謬錯，隸體失眞。俗學鄙習，復加虛造，巧談辯士，以意爲疑，炫惑於時，難以釐改。乃曰：追來爲歸，巧言爲辯，小兔爲䨲，神虫爲蠶。如斯甚衆，皆不合孔氏古書、史籀大篆、許氏說文、石經三字也。凡所關古，莫不惆悵焉。嗟夫！文字者六籍之宗，王教之始，前人所以垂今，今人所以識古。

臣六世祖瓊，家世陳留，往晉之初，與從父兄俱受學於衞覬，古篆之法，倉、雅、方言、說文之誼，當時並收善譽。而祖遇洛陽之亂，避地河西，數世傳習，斯業所以不墜也。世祖太延中，牧犍內附，臣亡祖文威杖策歸國，奉獻五世傳掌之書，古篆八體之法。時蒙褒錄，敍列於儒林，官班文省，家號世業。

暨臣闇短，識學庸薄，漸漬家風，有忝無顯。是藉六世之資，奉遵祖考之訓，竊慕

古人之軌，企蹤儒門之轍。求撰集古來文字，以許慎說文爲主，及孔氏尚書、五經音注、籀篇、爾雅、三倉、凡將、方言、通俗文、祖文宗、[三八]埤倉、廣雅、古今字詁、三字石經、字林、韻集、諸賦文字有六書之誼者，以類編聯，文無復重，統爲一部。其古籀、奇惑、俗隸諸體，咸使班於篆下，各有區別。詁訓假借之誼，僉隨文而解；音讀楚、夏之聲，並逐字而注。其所不知者，則闕如也。脫蒙遂許，冀省百氏之觀，而同文字之域。典書祕書所須之書，乞垂敕給；并學士五人嘗習文字者，助臣披覽；書生各五人，[三九]專令抄寫。侍中、黃門、國子祭酒一月一監，評議疑隱，[四〇]庶無紕繆。所撰名目，伏聽明旨。

詔曰：「可如所請，并就太常，冀兼教八書史也。其有所須，依請給之。名目待書成重聞。」式於是撰集字書，號曰古今文字，凡四十卷，大體依許氏說文爲本，上篆下隸。正光中，兼著作郎。卒官，贈巴州刺史。其書竟未能成。

式兄子征虜將軍順和，亦工篆書。

先是，太和中，兗州人沈法會能隸書。宣武之在東宮，敕法會侍書。後以隸迹見知於閭里者甚衆，未有如崔浩之妙。

論曰：游雅才業，亦高允之亞，至於陷族陳奇，斯所以絕世而莫祀。明根雅道儒風，終受非常之遇，以太和之盛，有乞言之重，抑乃曠世一時。肇既聿修，克隆堂構，正清梗概，[四一]顛沛不渝，辭爵主幼之年，抗節臣權之日，顧視羣公，其風固已遠矣。高閭發言有章句，下筆富文詞，故能受遇累朝，見重明主，挂冠謝事，禮備懸輿。美矣！趙逸文雅自業，琰加之孝義，可謂世有人焉。胡叟顯晦之間，優遊無悶，亦一代之異人歟！胡方回、張湛、段承根、闞駰、劉延明、趙柔、索敞皆通涉經史，才志不羣，價重西州，有聞東國，故流播之中，自拔泥滓。人之不可以無能，信也。宋繇處屈能申，終致顯達。遊道剛直自立，任使爲累。江式能世其業，亦足稱云。

校勘記

[一] 獻文傳位徙御崇光宮　諸本「傳」作「卽」，魏書卷五四高閭傳作「傳」。又各本無「御」字，宋本及魏書有。按本書卷二獻文紀，皇興五年八月，獻文傳位於其子孝文，「徙御崇光宮」。作「傳」，有「御」字，是。今據改補。

[二] 承明初　諸本「承」訛作「永」，據魏書百衲本改。魏無「永明」，承明乃孝文年號。

[三] 隨近作米　諸本「作米」訛作「往來」，據魏書改。

[四] 征北部率所領　各本「領」訛「鎭」，據宋本及魏書、通志卷一四八高閭傳改。

[五] 若一夫一月之功當三步之地三百人三里　各本「三步」作「二步」，宋本及魏書、通志作「三」。按正韻：「路程今以三百六十步爲里。」每人三步則百人三百步，與三百六十步之數較近。今從宋本。

[六] 創制立會　諸本「創」訛「刑」，「立」訛「之」。「創」據通志改，「立」據魏書及通志改。「創」亦作「剏」，「刑」乃「剏」之訛。

[七] 雍州刺史曹武據襄陽請降　魏書「雍」上有「蕭鸞」二字，此當有「齊」字。又「武」魏書作「虎」，北史避唐諱改。

[八] 遂沒於氐　諸本「沒」訛「歿」，據魏書卷五二趙逸傳改。

[九] 尋歸家不事產業　魏書作「舒尋歸家，叟不事產業。」則歸家者是宗舒，非叟。

[一〇] 李子今若相脫體上袴褶衣帽君欲作何許也　魏書「李」作「老」，「相」下有「許」字，「許」作「計」。疑北史訛脫。

[一一] 博陵許赤武　魏書卷五二胡叟傳「武」作「虎」，北史避唐諱改。

[一二] 襲其爵始復男　諸本「始復」誤倒，據魏書、通志及上文乙。

[一三] 燉煌深泉人也　按「深泉」本作「淵泉」，見漢書卷二八下地理志燉煌郡。北史避唐諱改。

[一四] 吾之臧子原也　張森楷云：「『原』當作『源』，謂臧洪也。見後漢書卷五八。」

[一五] 慕璝內附　諸本「慕」下衍「容」字，據魏書卷五二段承根傳及本書卷九六吐谷渾傳刪。

[一六] 拜大行臺　魏書卷五二闞駰傳無「臺」字。

[一七] 樂平王丕鎭涼州　諸本「平」訛作「安」，據魏書改。丕傳見本書卷一六。其鎭涼州事，見魏書卷四上世祖紀太延五年十月。

[一八] 劉延明　魏書卷五二劉昞傳云：「劉昞字延明。」北史避唐諱稱字。

[一九] 爲中散騎常侍　魏書卷五二宋繇傳無「騎」字。按「中散騎常侍」無此官名，疑有訛誤。

[二〇] 除左中兵郎中　諸本訛誤作「左兵中軍」，據北齊書卷四七補宋遊道傳改。「左中兵郎中」見隋書百官志中。

[二一] 効太師咸陽王坦　諸本「坦」訛「但」，據北齊書及通志卷一七一宋遊道傳改。元坦傳見本書卷一五。

[二二] 罕識名義　各本「罕」訛「空」。據宋本及北齊書、通志改。

[二三] 是時朝士皆分爲遊道不濟　諸本「分」作「忿」。北齊書作「分」。按「分爲」意卽「判斷」，作「忿」誤，今據改。

〔二四〕卿早逐我向并州他經略不忍殺卿　北齊書作「卿早逐我向并州，不爾，他經略殺卿」，疑是。

〔二五〕文襄怒收遊道辯而判之曰　北齊書「收」作「杖」，無「辯」字。按疑「辯」字衍。

〔二六〕爲司州綱紀與牧昌樂西河二王乖忤　諸本「昌樂」作「樂昌」。張森楷云：「當作昌樂。」按魏書卷二一上高陽王雍傳，雍子誕封昌樂王，孝靜初爲司州牧，天平三年死。其時宋遊道正官司州中從事，卽「司州綱紀」。張說是，今據乙。

〔二七〕都督元孚與城人趙紹兵殺之　通志「兵」作「共」，疑是。

〔二八〕意識不關貌　諸本「貌」作「見」，北齊書作「貌」。按「貌」本作「皃」，與「見」形似致訛，今據改。

〔二九〕初拜司徒長兼行參軍　諸本「長」下有「史」字，魏書卷九一江式傳無。按魏書卷一一三官氏志，公府長史班在第四品上，公府行參軍班在第六品上，長史爲公府首僚，決無下兼行參軍之理。「史」字衍文，今據魏書删。

〔三〇〕車府令趙高作爰歷篇　魏書「車」上有「中」字。按趙高官者，當有「中」字。史記卷六秦始皇本紀三十七年，見「中車府令趙高」。

〔三一〕皆取史籀式頗有省改　魏書作「皆取史籀大篆，或頗有省改」。「式」當是「或」之訛。

〔三二〕吏人上書省字不正輒舉劾焉　諸本脫「吏人上」三字，據魏書補。

〔三三〕其書形雖無厥誼　諸本「書形」倒作「形書」，據魏書乙。又魏書「其」上有「考」字。

〔三四〕自以應運制作　諸本「應運」誤倒，據魏書乙。

〔三五〕魯恭王壞孔子宅而得尙書春秋論語孝經也　魏書「尙書」上有「禮」字。北史脫。

〔三六〕陳留邯鄲淳亦與揖同時　諸本脫「時」字，據魏書補。

〔三七〕博開古藝　魏書作「博古開藝」。按册府卷六〇八七二九四頁作「博聞古藝」，疑是。

〔三八〕祖文宗　疑有訛誤。

〔三九〕書生各五人　魏書無「各」字，當是衍文。

〔四〇〕評議疑隱　諸本「評」訛作「誣」，據魏書改。

〔四一〕正清梗概　魏書「清」作「情」，是。

北史卷三十五

列傳第二十三

王慧龍 玄孫松年　五世孫劭　鄭羲 孫述祖　從曾孫道邕　道邕子譯

譯叔祖儼　儼從子偉

王慧龍，太原晉陽人，晉尙書僕射愉之孫，散騎侍郎緝之子也。〔一〕幼聰慧，愉以爲諸孫之龍，故名焉。初，宋武微時，愉不爲之禮，及得志，愉合家見誅。慧龍年十四，爲沙門僧彬所匿，因將過江。津人見其行意怱怱，疑爲王氏子孫。彬稱爲受業者，乃免。旣濟，遂西上江陵，依叔祖忱故吏荆州前中從事習辟彊。時刺史魏詠之卒，辟彊與江陵令羅脩、前別駕劉期公、土人王騰等謀舉兵，推慧龍爲盟主，剋日襲州城。而宋武聞詠之卒，亦懼江陵有變，遣其弟道規爲荆州，衆遂不果。羅脩等將慧龍又與僧彬北詣襄陽。晉雍州刺史魯宗之資給慧龍，送度江，遂奔姚興。自言也如此。

姚泓滅，慧龍歸魏。明元引見與言，慧龍請效力南討，言終，俯而流涕，天子爲之動容。謂曰：「朕方混一車書，席卷吳會，卿情計如此，豈不能相資以衆乎？」然亦未之用。後拜洛城鎭將，鎭金墉。會明元崩，太武初卽位，咸謂南人不宜委以師旅之任，遂停前授。

初，崔浩弟恬聞慧龍王氏子，以女妻之。浩旣婚姻，及見慧龍，曰：「信王家兒也。」王氏世齇鼻，江東謂之「齇王」。慧龍鼻漸大，浩曰：「眞貴種矣！」數向諸公稱其美。司徒長孫嵩聞之不悅，言於太武，以其嗟服南人則有訕鄙國化之意。太武怒，召浩責之。浩免冠陳謝得釋。慧龍由是不調。久之，除樂安王範傅，領并、荆、揚三州大中正。慧龍抗表，願得南垂自效，崔浩固言之，乃授南蠻校尉、安南大將軍左長史。

及宋荆州刺史謝晦起兵江陵，引慧龍爲援。慧龍督司馬靈壽等一萬人，拔其思陵戍，進圍項城。晦敗，乃班師。後宋將王玄謨寇滑臺，詔假慧龍楚兵將軍，與安頡等同討之。相持五十餘日，諸將以賊盛，莫敢先，慧龍設奇兵大破之。太武賜以劍馬錢帛，授龍驤將軍，賜爵長社侯，拜滎陽太守，仍領長史。在任十年，農戰並修，大著聲績，招攜邊遠，歸附者萬餘家，號爲善政。

其後宋將到彥之、檀道濟頻頓淮、潁，大相侵掠，慧龍力戰，屢摧其鋒。彥之與友人蕭斌書曰：「魯軌頑鈍，馬楚粗狂，亡人之中，唯王慧龍及韓延之可爲深憚。不意儒生懦夫，乃

中華書局

令老子訝之。」宋文縱反間，云慧龍自以功高而位不至，欲引寇入邊，因執安南大將軍司馬楚之以叛。太武聞曰：「此必不然，是齊人忌樂毅耳。」乃賜慧龍璽書曰：「義隆畏將軍如虎，欲相中害，朕自知之。風塵之言，想不足介意也。」宋文計既不行，復遣刺客呂玄伯購慧龍首二百戶男，絹一千匹。玄伯爲反間來，屛人有所論。慧龍疑之，使人探其懷有尺刀。玄伯叩頭請死。慧龍曰：「各爲其主也，吾不忍害此人。」左右皆言義隆賊心未已，不殺玄伯，無以創將來。慧龍曰：「死生有命，彼亦安能害我。且吾方以仁義爲干鹵，又何憂乎刺客。」遂捨之。時人服其寬恕。

慧龍自以遭難流離，常懷憂悴，乃作祭伍子胥文以寄意焉。生一男一女，遂絕房室，布衣蔬食，不參吉事，舉動必以禮。太子少傅游雅言於朝曰：「慧龍，古之遺孝也。」撰帝王制度十八篇，號曰國典。眞君元年，拜使持節、寧南將軍、武牢鎭都副將，未至鎭而卒。臨沒，謂功曹鄭曄曰：「吾羇旅南人，恩非舊結，蒙聖朝殊特之慈，得在疆場效命，誓願鞭屍吳市，戮墳江陰。不謂嬰此重疾，有心莫遂，非唯仰愧國靈，實亦俯慚后土。修短命也，夫復何言！身歿後，乞葬河內州縣之東鄉，依古墓而不墳，足藏髮齒而已。庶其魂而有知，猶希結草之報。」時制，南人入國者，皆葬桑乾。曄等申遺意，詔許之。贈安南將軍、荆州刺史，謚穆侯。吏人及將士共於墓所起佛寺，圖慧龍及僧彬像而讚之。呂玄伯感全宥之

恩，留守墓側，終身不去。子寶興襲爵。

寶興少孤，事母至孝。尙書盧遐妻，崔浩女也。初，寶興母及遐妻俱孕，浩謂曰：「汝等將來所生，皆我之自出，可指腹爲親。」及昏，浩爲撰儀，躬自監視，謂諸客曰：「此家禮事，宜盡其美。」及浩被誅，盧遐後妻寶興從母也，緣坐沒官。寶興亦逃避，未幾得出。盧遐妻時官賜度斤鎭高車滑骨，寶興盡賣貨產，自出塞贖之以歸。州辟中從事、別駕，舉秀才，皆不就。閉門不交人事。襲爵封長社侯、〔三〕龍驤將軍。卒，子瓊襲爵。

瓊字世珍，孝文賜名焉。太和九年，爲典寺令。十六年，降侯爲伯。帝納其長女爲嬪，拜前將軍、〔三〕并州大中正。正始中，爲光州刺史，有受納響，爲中尉王顯所劾，終得雪免。神龜中，除左將軍、兗州刺史。去州歸京，多年沈滯。所居在司空劉騰宅西，騰雖勢傾朝野，初不候之。騰既權重，吞并鄰宅，增廣舊居，唯瓊終不肯與，以此久見屈抑。

瓊女適范陽盧道亮，不聽歸其夫家。女卒，哀慟無已，瓊仍葬之別所，冢不即塞，常於壙內哭泣，久之乃掩，當時深怪之。加以聾疾，每見道俗，乞丐無已，造次見之，令人笑愕。道逢太保、廣平王懷，據鞍抗禮，自言馬瘦，懷即以誕馬并乘具與之。嘗詣尙書令李崇，騎馬至其黃閤，見崇子世哲，直問繼伯在否，崇趨出，瓊乃下。崇儉而好以紙帖衣領，瓊哂而掣

去之。崇小子靑肫嘗盛服。寵勢亦不足恨。〔四〕領軍元叉使奴遺瓊馬，瓊并留奴。王誦聞之笑曰：「東海之風，於茲墜矣。」

孝昌三年，除鎭東將軍、金紫光祿大夫、中書令。時瓊子遵業爲黃門郎，故有此授。卒，贈征北將軍、中書監、并州刺史。自慧龍入國，三世一身，至瓊始有四子。

長子遵業，風儀淸秀，涉歷經史。位著作佐郎，與司徒左長史崔鴻同撰起居注。遷右軍將軍，兼散騎常侍，慰勞蠕蠕。乃詣代京，采拾遺文，以補起居所闕。與崔光、安豐王延明等參定服章。及光爲孝明講孝經，遵業預講，延業錄義，並應詔作釋奠侍宴詩。時人語曰：「英英濟濟，王家兄弟。」轉司徒左長史、黃門郎，監典儀注。

遵業有譽當時，與中書令陳郡袁翻、尙書琅邪王誦並領黃門郎，號曰三哲。時政歸門下，世謂侍中、黃門爲小宰相，而遵業從容恬素，若處丘園。嘗著穿角履，好事者多毁新履以學之。以胡太后臨朝，天下方亂，謀避地，自求徐州。太后曰：「王誦罷幽州始作黃門，卿何乃欲徐州也？更待一二年，當有好處分。」遵業兄弟並交游時俊，乃爲當時所美。及尒朱榮入洛，兄弟在父喪中，以於莊帝有從姨兄弟之親，相率奉迎，俱見害河陰。議者惜其人才，而譏其躁競。贈并州刺史。著三晉記十卷。

子松年，少知名，齊文襄臨并州，辟爲主簿。累遷通直散騎常侍，副李緯使梁。使還，歷位尙書郎中。魏收撰魏書成，松年有謗言，文宣怒，禁止之，仍加杖罰。歲餘得免，除臨漳令。遷司馬、別駕、本州大中正。孝昭擢拜給事黃門侍郎。帝每賜坐，與論政事，甚善之。

孝昭崩，松年馳驛至鄴都宣遺詔，發言涕泗，迄於宣罷，容色無改，辭吐諧韻，宣訖號慟，自絕於地，百官莫不感慟。還晉陽，兼侍中，護梓宮還鄴。諸舊臣避形迹，無敢盡哀，唯松年哭必流涕，朝士咸恐。武成雖忿松年戀舊情切，亦雅重之。以本官加散騎常侍，食高邑縣幹。參定律令，前後大獄多委焉。兼御史中丞。發晉陽之鄴，在道遇疾卒。贈吏部尙書，并州刺史，謚曰平。第二子劭最知名。

劭字君懋，少沈默，好讀書。仕齊，累遷太子舍人，待詔文林館。時祖孝徵、魏收、陽休之等嘗論古事，有所遺忘，討閱不能得。問劭，劭具論所出，取書驗之，一無舛誤。自是大爲時人所許，稱其博物。後遷中書舍人。齊滅入周，不得調。隋文帝受禪，授著作佐郎，以母憂去職。在家著齊書，時制禁私撰史，爲內史侍郎李元操所奏。上怒，遣收其書，覽而悅

之，於是起爲員外散騎侍郎，修起居注。

劭以上古有鑽燧改火之義，近代廢絕，於是上表請變火曰：「臣謹案周官：『四時變火，以救時疾。』明火不數變，時疾必興。聖人作法，豈徒然也？在晉時，有人以洛陽火度江者，世世事之，相續不滅，火色變青。昔師曠食飯，云是勞薪所爨，晉平公使視之，果然車輞。今溫酒及炙肉，用石炭、木炭火、竹火、草火、麻荄火，氣味各不同。以此推之，新火舊火，理應有異。伏願遠遵先聖，於五時取五木以變火。用功甚少，救益方大。縱使百姓習久，未能頓同，尙食內廚及東宮諸王食廚，不可不依古法。」上從之。

劭又言上有龍顏戴干之表，指示羣臣。上大悅，賜物數百段，拜著作郎。上表言符命曰：

昔周保定二年，歲在壬午，五月五日，青州黃河變淸，十里鏡澈。齊氏以爲己瑞，改元，年曰河淸。是月，至尊以大興公始作隨州刺史。歷年二十，隋果大興。臣謹案易坤靈圖曰：「聖人受命，瑞必先見於河。」河者最濁，未能淸也。竊以靈貺休祥，理無虛發，河淸啓聖，實屬大隋。午爲鶉火，以明火德；仲夏火王，亦明火德。月五日五，合天地數，既得受命之辰，允當先見之兆。

開皇初，邵州人楊令悊近河得青石圖一、紫石圖一，皆隱起成文，有至尊名，下云

「八方天心」。永州又得石圖，剖爲兩段，有楊樹之形，黃根青葉。汝水得神龜，腹下有文曰「天卜楊興」。安邑掘地得古鐵板，文曰「皇始天年，賚楊鐵券，王興」。同州得石龜，文曰「天子延千年，大吉」。臣以前之三石，不異龍圖。何以用石？石體久固，義與上名符合。龜腹七字何以著龜？龜亦久固，兼是神靈之物。孔子歎河不出圖，洛不出書；今於大隋聖世，圖書屢出。

建德六年，亳州大周村有龍鬬，白者勝，黑者死。大象元年夏，滎陽汴水北有龍鬬。初見白氣屬天，自東方歷陽武而來，及至，白龍也，長十許丈。有黑龍乘雲而至，雲雨相薄，乍合乍離，自午至申，白龍昇天，黑龍墜地。謹案：龍，君象也。前鬬於亳州周村者，蓋象至尊以龍鬬之歲爲亳州總管，遂代周有天下。後鬬於滎陽者，滎字三火，明火德之盛也。白龍從東方來，歷陽武者，蓋象至尊將登帝位，從東第入自崇陽門也。西北昇天者，當乾位天門。

坤靈圖曰：「聖人殺龍，龍不可得而殺，皆感氣也。」又曰：「泰，姓商名宮，黃色，長八尺，六十世，河龍以正月辰見，白龍與五黑龍鬬，白龍陵，故泰人有命。」謹案此言，皆爲大隋而發也。「聖人殺龍」者，前後龍死是也。「姓商」者，皇家於五姓爲商也。「名宮」者，武元皇帝諱於五聲爲宮。「黃色」者，隋色尙黃。「長八尺」者，武元皇帝身長八

尺。「河龍以正月辰見」者，泰，正月卦，龍見之所於京師爲辰地。「白龍與黑龍鬬」者，亳州、滎陽龍鬬是也。勝龍所以白者，楊姓納音爲商，至尊又辛酉歲生，位皆在西方，西方白色也。死龍所以黑者，周色黑。所以稱五者，周閔、明、武、宣、靖凡五帝；趙、陳、代、越、滕五王一時伏法，亦當五數。「白龍陵」者，陵猶勝也。鄭玄說「陵」當爲「除」，凡鬬能去敵曰除。臣以「泰人有命」者，泰之爲言，通也，大也，明其人道通德大，有天命也。乾鑿度曰：「泰表戴干。」鄭玄注云：「表者，人形體之彰識也。干，盾也。泰人之表，戴干。」臣伏見至尊有戴干之表，益知泰人之表，不爽亳釐。坤靈圖所云，字字皆驗。緯書又稱漢四百年，終如其言，則知六十世亦必然矣。昔宗周卜世三十，今則倍之。

稽覽圖曰：「太平時，陰陽和合，風雨會同，海內不偏。地有阻險，故風有遲疾。雖太平之政猶有不能均，惟平均乃不鳴條，故欲風於亳。亳者陳留也。」謹案此言，蓋明至尊昔爲陳留公世子，亳州總管，遂受天命，海內均同，不偏不黨，以成太平之風化也。在大統十六年，武元皇帝改封陳留公。是時，齊國有祕記云「天王陳留入并州」，齊主高洋爲是誅陳留王彭樂。其後，武元皇帝果將兵入并州。周武帝時，望氣者云「亳州有天子氣」，於是殺亳州刺史紇豆陵恭。至尊代爲之。又陳留老子祠有枯栢，世傳云老

子將度世，云：「待枯栢生東南枝，廻指，當有聖人出，吾道復行。」至齊，枯栢從下生枝，東南上指，夜有三童子相與歌曰：「老子廟前古枯樹，東南枝如傘，聖主從此去。」及至尊牧亳州，親至祠樹之下，自是栢枝回抱，其枯枝漸指西北，道教果行。考校衆事，太平主出於亳州陳留之地，皆如所言。稽覽圖又云：「政道得，則陰物變爲陽物。」鄭玄注云：「葱變爲韭，亦是。」謹案自六年以來，遠近山石多變爲玉。石爲陰，玉爲陽。又左衞園中，葱皆變爲韭。

上覽之大悅，賜物五百段。未幾，劭復上書曰：

易乾鑿度曰：「隨，上六，拘係之，乃從維之，王用享于西山。隨者，二月卦。陽德施行，蕃決難解，萬物隨陽而出，故上六欲九五拘係之，維持之，明被陽化而欲陰隨從之也。」易稽覽圖：「坤，六月，有子女任政，一年傳爲復。五月，貧之從東北來立，大起土邑，西北地動星墜，陽衞。屯，十一月，神人從中山出，趙地動，北方三十日，千里馬數至。」謹案：凡此易緯所言，皆是大隋符命。隨者，二月之卦，明大隋以二月卽皇帝位也。「陽德施行」者，明楊氏之德教施行於天下也。「蕃決難解」者，明當時蕃鄣皆通決，[三]險難皆解散也。「萬物隨陽而出」者，明天地間萬物盡隨楊氏而出見也。「上六欲九五拘係之」者，五爲王，六爲宗廟，明宗廟神靈欲命登九五之位，帝王拘人以禮，係

人以義也。「拘人以禮，係人以義」，此二句，亦是乾鑿度之言。「維持之」者，明能以綱維持正天下也。「被陽化而欲陰隨從之」者，明諸陰類被服楊氏之風化，莫不隨從。陰，謂臣下也。「王用享于西山」者，蓋明至尊常以歲二月幸西山仁壽宮也。凡四稱「隨」，三稱「陽」，欲美隨楊，丁寧之至也。「坤六月」者，坤位在未，六月建未，言至尊以六月生也。「有子女任政」者，言樂平公主是皇帝子女，而爲周后，任理內政也。「一年傳爲復」者，復是坤之一世卦，陽氣初起，言周宣帝崩後一年，傳位與楊氏也。「五月，貧之從東北來立」，「貧之」當爲「眞人」，字之誤也。言周宣帝以五月崩，眞人革命，當在此時。至尊謙讓而逆天意，故踰年乃立。昔爲定州總管，在京師東北，本而言之，故曰「眞人從東北來立」。「大起土邑」者，大起，卽大興城邑也。「西北地動星墜」者，蓋天意去周授隨，故變動也。「陽衞」者，言楊氏得天衞助也。「屯，十一月，神人從中山出」者，此卦動而大亨作，故至尊以十一月被授亳州總管，將從中山而出也。「趙地動」者，中山爲趙地，以神人將去，故變動也。「北方三十日」者，蓋至尊從北方將往亳州之時，停留三十日也。「千里馬」者，蓋至尊舊所乘騧騮馬也。屯卦，震下坎上，震於馬爲作足，坎於馬爲美脊，是故騧馬脊有肉鞍，行則先作弄四足也。「數至」者，言歷數至也。

河圖帝通紀曰：「形瑞出，變矩衡，赤應隨，叶靈皇。」河圖皇參持曰：「皇辟出，承元

訖，道無爲，安率，被遂矩，戲作術，開皇色，握神日，投輔提，象不絕，立皇後，翼不格，道終始，德優劣，帝任政，河典出，叶輔嬉，爛可述。」謹案：凡此河圖所言，亦是大隋符命。「形瑞出，變矩衡」者，矩，法也；衡，北斗星名，所謂璿璣玉衡者也。大隋受命，形兆之瑞始出，天象則爲之變動。北斗主天之法度，故曰矩衡。易緯：「伏戲，矩衡神。」鄭玄注，以爲法玉衡之神。與此河圖矩衡義同。「赤應隨」者，言赤帝降精，感應而生隋也。故隋以火德爲赤帝天子。「叶靈皇」者，叶，合也，言大隋德合上靈天皇大帝也。又年號開皇，與靈寶經之開皇年相合，故曰叶靈皇。「皇辟出」者，皇，大也，辟，君也，大君出，蓋謂至尊受命出爲天子也。「承元訖」者，言承周天元終訖之運也。「道無爲，安率」者，「安」下脫一字，言大道無爲，安定，天下率從。「被遂矩，戲作術」者，矩，法也，昔遂皇握機矩，伏戲作八卦之術，言大隋被服彼二皇之法術也。「遂皇機矩」，語見易緯。「開皇色」者，言開皇年易服色也。「握神日」者，言握持羣神，明照如日也。又開皇以來日漸長，亦其義也。「投輔提」者，言投授政事於輔佐，使之提挈也。「象不絕」者，法象不廢絕也。「立皇後，翼不格」者，格，至也，言本立太子以爲皇家後嗣，而其輔翼之人不能至於善也。「道終始，德優劣」者，言前東宮道終而德劣，今皇太子道始而德優也。「帝任政，河典出」者，言皇帝親任政事，而邵州河濱得石圖也。「叶輔嬉，爛

可述」者，叶，合也，嬉，興也，言羣臣合心輔佐，以興政教，爛然可紀述也。所以於皇參持、帝通紀二篇，大陳符命者，明皇道帝德盡在於隋也。

上大悅，以劭至誠，寵錫日隆。

時有人於黃鳳泉浴，得二白石，頗有文理。遂附其文以爲字，復言有諸物象，而上奏曰：「其大玉有日月、星辰、八卦、五岳及二麟、雙鳳、青龍、朱雀、騶虞、玄武，各當其方位。又有五行、十日、十二辰之名，凡二十七字。又有『天門、地戶、人門、鬼門閉』九字。又有却非及二鳥。其鳥皆人面，則抱朴子所謂千秋萬歲者也。其小玉亦有五岳、却非、虬、犀之象。二玉俱有仙人玉女乘雲控鶴之象。別有異狀諸神，不可盡識，蓋是風伯、雨師、山精、海若之類。又有天皇大帝、皇帝及四帝坐，鉤陳、北斗、三公、天將軍、土司空、老人、天倉、南河、北河、五星、二十八宿凡四十五官。諸字本無行伍，皆往往偶對。於大玉則有皇帝姓名，〔六〕並臨南面，與日字正鼎足，復有老人星，蓋明南面象日，而長壽也。皇后二字在西，上有月形，蓋明象月也。於次玉，則皇帝名與九千字次比，兩楊字與萬年字次比，隋與吉字正並，蓋明長久吉慶也。」劭復迴互其字，作詩二百八十篇奏之。上以爲誠，賜帛千匹。

劭於是採人間歌謠，引圖書讖緯，依約符命，捃摭佛經，撰爲皇隋靈感誌合三十卷，奏之。上令宣示天下。劭集諸州朝集使，洗手焚香，閉目讀之，曲折其聲，有如歌詠，經涉旬

朔，徧而後罷。上益喜，賞賜優洽。

及文獻皇后崩，劭復上言：「佛經說人應生天上及上品上生無量壽國之時，天佛放大光明，以香花妓樂來迎之。如來以明星出時入涅盤。伏惟大行皇后，聖德仁慈，福善禎符，備諸祕記，皆云是妙善菩薩。臣謹案：八月二十二日，仁壽宮內再雨金銀之花；二十三日，大寶殿後，夜有神光；二十四日卯時，永安宮北，有自然種種音樂，震滿虛空。至五更中，奄然如寐，便卽升遐。與經文所說，事皆符驗。臣又以愚意思之，皇后遷化不在仁壽大興宮者，蓋避至尊常居正處也。在永安宮者，象京師永安門，平生所出入也。后升遐後二日，苑內夜有鍾聲二百餘處，此則生天之應，顯然也。」上覽之，且悲且喜。

時蜀王秀以罪廢，上謂劭曰：「嗟乎！吾有五子，三子不才。」劭進曰：「自古聖帝明王，皆不能移不肖之子。黃帝二十五子，同姓者二，餘各異德。堯十子，舜九子，皆不肖。夏有五觀，周有三監。」上然其言。後上夢欲上高山而不能得，崔彭捧脚，李盛扶肘，乃得上。因謂彭曰：「死生當與爾俱。」劭曰：「此夢大吉。上高山者，明高崇大安，永如山也。彭猶彭祖，李猶李老，二人扶侍，實爲長壽之徵。」上聞之，喜見容色。其年，上崩，未幾，崔彭亦卒。

煬帝嗣位，漢王諒作亂，帝不忍誅。劭上書曰：「臣聞黃帝滅炎，蓋云母弟；周公誅管，信亦天倫；叔向戮叔魚，仲尼謂之遺直；石碏殺石厚，〔七〕丘明以爲大義。此皆經籍明文，帝

王常法。今陛下置此逆賊，度越前聖。謹案：賊諒毒被生靈者也。古者同德則同姓，德不同則異姓，故黃帝有二十五子，其得姓者十有四人，唯青陽、夷鼓與黃帝同爲姬姓。諒既自絕，請改其氏。」劭以此求媚，帝依違不從。後遷祕書少監，卒於官。

劭在著作，將二十年，專典國史，撰隋書八十卷。多錄口敕。又採迂怪不經之語，及委巷之言，以類相從，爲其題目。詞義繁雜，無足稱者。遂使隋代文武名臣善惡之迹，堙滅無聞。初撰齊志爲編年體二十卷，復爲齊書，紀傳一百卷，及平賊記三卷，或文詞鄙野，或不軌不物，駭人視聽，大爲有識嗤鄙。然其指摘經史謬誤，爲讀書記三十卷，時人服其精博。爰自志學，暨于暮齒，篤好經史，遺略世事。用思既專，性頗恍忽，每至對食，閉目凝思，盤中之肉，輒爲僕從所噉。劭弗之覺，唯責肉少，數罰廚人。廚人以情白劭，劭依前閉目，伺而獲之。廚人方免笞辱。其專固如此。

遵業弟廣業，性沈雅，涉歷書傳，位太尉祭酒，遷屬。卒於太中大夫，贈徐州刺史。子乂，有儀望，以幹用見稱，卒於南鉅鹿太守。

廣業弟延業，博學多聞，頗有才藻，位中書郎。河陰之役，遂亡骸骨。又無子，〔八〕贈齊州刺史。

延業弟季和，位書侍御史、并州大中正，贈華州刺史。

鄭羲字幼麟，滎陽開封人，魏將作大匠渾之八世孫也。曾祖豁，慕容垂太常卿。父曄，不仕。娶長樂潘氏，生六子，粗有志氣，而羲第六，文學爲優。弱冠舉秀才，尚書李孝伯以女妻之。文成末，拜中書博士。

天安初，宋司州刺史常珍奇據汝南來降，獻文詔殿中尚書元石爲都將赴之，遣羲參石軍事。到上蔡，珍奇率文武三百人來迎。既相見，議欲頓軍汝北，未郎入城。羲謂石曰：「機事尚速，今珍奇雖來，意未可量。不如直入其城，奪其管籥，據有府庫。雖出珍奇非意，要以全制爲勝。」石從羲言，遂策馬徑入其城。城中尚有珍奇親兵數百人，在珍奇宅內。石既克城，意益憍怠，置酒嬉戲，無警防之虞。羲勸嚴兵設備，以待非常。其夜，珍奇果使人燒府，欲因救火作難，以石有備，乃止。明旦，羲齎白武幡安慰郭邑，衆心乃定。

明年，又引軍東討汝陰。宋汝陰太守張超城守不下，石攻之不克，議欲還軍長社，待秋擊之。羲曰：「今超驅市人，命不延月，宜安心守之。超食已盡，不降當走。而欲棄還長社，超必修城深塹，多積薪穀，將來恐難圖矣。」石不納，遂旋師長社。至冬，復往攻超，超果設備，無功而還。歷年，超死，楊文長代戍，食盡城潰，乃克之，竟如羲策。淮北平，遷中書侍郎。

延興初，陽武人田智度年十五，妖惑動衆，擾亂京索。以羲河南人望，爲州郡所信，遣乘傳慰喻。羲到，宣示禍福，衆皆散，智度尋見禽斬。以功賜爵泰昌男。

孝文初，兼員外散騎常侍、寧朔將軍、陽武子，使於宋。中山王叡寵幸當世，〔九〕並置王官，羲爲其傅。是後歷年不轉，資產亦乏，因請假歸，遂盤桓不返。及李沖貴寵，與羲昏姻，乃就家徵爲中書令。文明太后爲父燕宣王立廟於長安，初成，以羲兼太常卿，假滎陽侯，具官屬，詣長安拜廟，建碑於廟門。還，以使功，仍賜侯爵。

出爲西兗州刺史，假南陽公。羲多所受納，政以賄成。性又嗇吝，人有禮餉者，不與杯酒臠肉，而西門受羊酒，東門沽賣之。以李沖之親，法官不之糾也。酸棗令鄭伯孫、鄄城令董騰、別駕賈懷德、中從事申靈度並在任廉貞，勤恤百姓，羲皆申表稱薦，時論多之。文明太后爲孝文納其女爲嬪，徵爲祕書監。

太和十六年卒，尚書奏謚曰宣。詔曰：「蓋棺定謚，先典成式；激揚清濁，政道明範。羲雖宿有文業，而政闕廉清。尚書何乃情遺至公，愆違明典？依謚法，博聞多見曰文，不勤成名曰靈，可贈以本官，加謚文靈。」

長子懿，字景伯，涉歷經史。位太子中庶子，襲爵滎陽伯。懿閑雅有政事才，爲孝文所器遇，拜長兼給事黃門侍郎、司徒左長史。宣武初，以從弟思和同咸陽王禧逆，與弟通直常侍道昭俱坐總親出禁。拜太常少卿，出爲齊州刺史。懿好勸課，善斷決，雖不清潔，義然後取，百姓猶思之。卒，贈兗州刺史，謚曰穆。

子恭業襲爵，武定三年，坐與房子遠謀害齊神武，伏誅。

懿弟道昭，字僖伯，少好學，綜覽羣言。兼中書侍郎，從征沔北。孝文饗侍臣於縣瓠方丈竹堂，道昭與兄懿俱侍坐。樂作酒酣，孝文歌曰：「白日光天兮無不曜，江左一隅獨未照。」彭城王勰續曰：「願從聖明兮登衡、會，萬國馳誠混日外。」鄭懿歌曰：「雲雷大振兮天門闢，率土來賓一正歷。」邢巒歌曰：「舜舞干戚兮天下歸，文德遠被莫不思。」道昭歌曰：「皇風一鼓兮九地匝，戴日依天清六合。」孝文又歌曰：「遵彼汝墳兮昔化貞，未若今日道風明。」宋弁歌曰：「文王政教兮暉江沼，寧如大化光四表。」孝文謂道昭曰：「自比遷務雖猥，〔一〇〕與諸才儁不廢詠綴，未若今日。」遂命邢巒總集敍記。「當爾之年，卿頻丁艱私，每眷文席，常用慨然」。〔一一〕

尋正除中書郎，累遷國子祭酒。廣平王懷爲司州牧，以道昭與宗正卿元匡爲州都。〔一二〕

道昭上表曰：「臣聞唐、虞啓運，以文德爲本；殷、周創業，以道藝爲先。然則禮樂者，爲國之基，不可斯須廢也。伏惟大魏，定鼎伊、瀍，惟新寶歷。九服咸至德之和，四垠懷擊壤之慶。而蠢爾閩吳，阻化江湫，先帝爰震武怒，戎車不息。而停鑾駐蹕，留心典墳，命故御史中尉臣李彪，與吏部尚書任城王臣澄等，妙選英儒，以崇學校。澄等依旨，置四門博士四十人。其國子博士、太學博士及國子助教，宿已簡置。伏尋先旨，意在速就，但軍國多事，未遑營立。自爾迄今，垂將一紀，學官彫落，四術寢廢。遂使碩儒耆德，卷經而不談；俗學後生，遺本而逐末。進競之風，實由於此矣。伏惟陛下，欽明文思，玄鑒洞遠，垂心經素，優柔墳籍。屢發中旨，敦營學館，房宇既修，生徒未立。臣往年删定律令，謬預議筵。謹依準前修，尋訪舊事，參定學令，事訖封呈。請早敕施行，使選授有依，生徒可準。」詔褒美之，而尚未允遂。道昭又表曰：「臣自往年以來，頻請學令，並置生員，前後累上，未蒙一報。當以臣識淺濫官，無能有所感悟者也。館宇既修，生房粗構，博士見員，足可講習。雖新令未班，請依舊權置國子學生，漸開訓業，使播教有章，儒風不墜。至若孔廟既成，釋奠告始，揖讓之容，請俟令出。」不報。

遷祕書監，滎陽邑中正，出歷光、青二州刺史，復入爲祕書監。卒，謚曰文恭。道昭好爲詩賦，凡數十篇。其在二州，政務寬厚，不任威刑，爲吏人所愛。

子嚴祖，頗有風儀，粗觀文史，輕躁薄行，不修士業。孝武時，御史中尉綦儁劾嚴祖與宋氏從姊姦通，人士咸恥言之，而嚴祖聊無愧色。孝靜初，除驃騎將軍、左光祿大夫、鴻臚卿，出爲北豫州刺史，還除鴻臚卿。卒，贈司空公。

庶子仲禮，少輕險，有膂力。齊神武嬖寵其姊火車，以親戚被昵，擢爲帳內都督。掌神武弓矢，出入隨從。與任胄俱好酒，不憂公事，神武責之。胄懼，潛通西魏，爲人糾告，懼，遂謀逆。事發，火車欲乞哀，神武避不見。賴武明皇后及文襄爭爲言，故仲禮死而不及其家。

嚴祖更無子，弟敬祖以子紹元嗣。紹元小字安都，位太尉諮議、趙郡太守，卒。

子子翻，字靈雀。少有器識，學涉，好文章。齊武平末，位司徒記室參軍。尋遇齊亡，歷周、隋，遂不仕，隱居滎陽三窟山。傲誕不自羈束，或有所之造，乘驢衣鶴，破弊而往。遠近欽其高名，皆謂有異狀，觀者如堵。及見，形乃短陋，不副所聞。然風神俊發，無貴賤並敬服之。納言楊素聞其名，因使過滎陽，迎與相見，言談彌日，深加禮重。及歸，言之朝廷，累徵不至。終於家。

子翻二弟子騰、天壽，俱仕隋。子騰位蔣州司馬，天壽開府參軍，並以雅素稱。

嚴祖弟敬祖，起家著作郎。鄭儼之敗也，爲鄉人所害。

子元禮，字文規。少好學，愛文藻，有名望。齊文襄引爲館客，歷兼中書舍人、南主客郎中、太尉諮議參軍、長廣樂陵二郡守，待詔文林館，太子中舍人。崔昂後妻，元禮姊也，魏收又昂之妹夫。昂嘗持元禮數篇詩示盧思道，乃曰：「看元禮比來詩詠，亦甞不減魏收。」思道答云：「未覺元禮賢於魏收，且知妹夫疏於婦弟。」元禮，大象中卒於始州別駕。

敬祖弟述祖，字恭文。少聰敏，好屬文，有風檢，爲先達所稱譽。歷位司徒左長史、尚書、侍中、太常卿、丞相右長史。齊天保中，歷太子少保、左光祿大夫、儀同三司、兗州刺史。時穆子容爲巡省使，歎曰：「古人有言，聞伯夷之風，貪夫廉，懦夫有立志，今於鄭兗州見之矣。」

遷光州刺史。初，述祖父爲光州，於城南小山起齋亭，〔一三〕刻石爲記。述祖時年九歲。及爲刺史，往尋舊迹，得一破石，有銘云：「中岳先生鄭道昭之白雲堂。」述祖對之嗚咽，悲動羣僚。有人入市盜布，其父怒曰：「何負吾君？」執之以歸首。述祖特原之，自是境內無盜。百姓歌曰：「大鄭公，小鄭公，相去五十載，風教猶尚同。」

述祖能鼓琴，自造龍吟十弄，云嘗夢人彈琴，寤而寫得。當時以爲絕妙。所在好爲山池，松竹交植，盛餚饌以待賓客，將迎不倦。少時在鄉，單馬出行，忽有騎者數百，見述祖皆

下馬，曰「公在此」，行列而拜。述祖顧問從人，皆不見，心甚異之。未幾被徵，終歷顯位。及病篤，乃自言之。且曰：「吾老矣，一生富貴足矣，以清白之名遺子孫，死無所恨。」

前後行瀛、殷、冀、滄、趙、定六州事，正除懷、兗、光三州刺史，又重行殷、懷、趙三州刺史，所在皆有惠政。天統元年卒，年八十一，贈開府、中書監、北豫州刺史，謚曰平簡公。

述祖女爲趙郡王叡妃，述祖常坐受王拜，命坐，王乃坐。妃薨後，王更娶鄭道蔭女，王坐受道蔭拜，王命坐，乃敢坐。王謂道蔭曰：「鄭尚書風德如此，又貴重宿舊，君不得並之。」述祖子元德，多藝術，官琅邪太守。

述祖弟遵祖，祕書郎，贈光州刺史。

遵祖弟順祖，卒於太常丞。

自靈太后豫政，淫風稍行，及元叉擅權，公爲奸穢，自此素族名家，遂多亂雜。法官不加糾正，婚宦無貶，於時有識，咸以歎息矣。

羲長兄白驎，次小白，次洞林，次叔夜，次連山，並恃豪門，多行無禮，鄉黨之內，疾之若讎。

小白位中書博士。

子胤伯，有當世器幹，孝文納其女爲嬪，位東徐州刺史，卒於鴻臚少卿，謚曰簡。子希儁，未官而卒。子道育，武定中，開封太守。

希儁弟幼儒，好學修謹，丞相、高陽王雍以女妻之。位司州別駕，有當官稱。卒，贈散騎常侍、兗州刺史，謚曰肅。幼儒亡後，妻淫蕩兇悖，肆行無禮。幼儒時望甚優，其從兄伯猷每謂所親曰：「從弟人才，足爲令德，不幸得如此婦。今死復重死，可爲悲歎。」幼儒子敬道、敬德，俱仕西魏。敬道位巴、開、新三州刺史。敬道子正則仕周，復州刺史。

胤伯弟平城，廣陵王羽納其女爲妃，位東平原太守。性猜狂使酒，爲政貪殘。卒，贈南青州刺史。

長子伯猷，博學有文才，早知名。舉司州秀才，歷太學博士，領殿中御史。與當時名勝，咸申遊款。明帝釋奠，詔伯猷錄義。後爲尙書外兵郎中，典起居注，以軍功賜爵陽武子。節閔帝初，以舅氏超授征東將軍、金紫光祿大夫，領國子祭酒。轉護軍將軍，賜爵武城子。

元象初，以本官兼散騎常侍使梁。前後使人，梁武令其侯王於馬射之日宴對申禮；伯

猷之行，梁武令其領軍將軍臧盾與之接。議者以此貶之。使還，除南青州刺史。在官貪惏，妻安豐王元延明女，專爲聚斂，貨賄公行，潤及親戚。戶口逃散，邑落空虛。乃誣陷良善，云欲反叛，籍其資財，盡以入己，誅其丈夫，婦女配沒。百姓宽苦，聲聞四方。爲御史糾劾，死罪數十條，遇赦免，因以頓廢。齊文襄作相，每誡厲朝士，常以伯猷及崔叔仁爲喻。武定七年，除太常卿。卒，贈驃騎大將軍、中書監、兗州刺史。子蘊，太子舍人、陽夏太守。

伯猷弟仲衡，武定中，儀同開府中郎。

仲衡弟輯之，司徒諮議。齊大寧中，以軍功賜爵成皋男，〔一四〕位金紫光祿大夫，東濟北太守、肥城戍主。卒，贈度支尙書、北豫州刺史。

輯之弟懷孝，司徒諮議。齊大寧中，仁州刺史。

洞林子敬叔，滎陽邑中正、濮陽太守，坐貪穢除名。

子籍，字承宗，徐州平東府長史。

籍弟瓊，字祖珍，有强幹稱，位范陽太守，頗有聲，卒。孝昌中，弟儼寵要，重贈青州刺史。瓊兄弟雍睦，其諸娣姒亦咸相親愛，閨門之內，有無相通，爲時人所稱美。子道邕。

道邕字孝穆。幼謹厚，以清約自居，年未弱冠，涉歷經史。父叔四人並早歿，昆季之中，道邕居長，撫訓諸弟，有如同生，閨庭之中，怡怡如也。魏孝昌初，解褐太尉行參軍，累以戰功進至左光祿大夫、太師咸陽王長史。及孝武西遷，從入關，除司徒左長史，領臨洮王友，賜爵永寧縣侯。

大統中，行岐州刺史，在任未幾，有能名。王羆時爲雍州刺史，欽其善政，貽書盛相稱述。先是，所部百姓，久遭離亂，逃散殆盡。道邕下車之日，戶止三千，留情綏撫，遠近咸至，數年之內，有四萬家。歲考績爲天下最，周文帝賜書歎美之。徵拜京兆尹。及梁岳陽王蕭詧稱藩，乃假道邕散騎常侍，持節拜詧爲梁王。使還，稱旨，進儀同三司，加散騎常侍。

時周文東討，除大丞相府右長史，封金鄉縣男。軍次潼關，命道邕與左長史長孫儉、〔一五〕司馬楊寬、尙書蘇亮、諮議劉孟良等分掌衆務。仍令道邕引接關東歸附人士，并品藻才行而任用之，撫納銓敍，咸得其宜。後拜中書令，賜姓宇文氏，尋以疾免。周孝閔帝踐阼，加驃騎大將軍、開府儀同三司，進爵爲子。歷御伯中大夫、御正、宜華廣陝四州刺史。頻歷數州，皆有政績。入爲少司空，卒。贈本官，加鄭、梁、北豫三州刺史，謚曰貞。

子詡嗣，歷位納言，爲聘陳使。後至開府儀同大將軍、邵州刺史。詡弟譯於隋文帝有

翊贊功，開皇初，又追贈道邕大將軍、徐兗等六州刺史，改謚曰文。

譯字正義。幼聰敏，涉獵羣書，工騎射，尤善音樂，有名於世。譯從祖文寬，〔一六〕尙周文帝元后妹魏平陽公主，無子，周文命譯後之。由是譯少爲周文所親，恒令與諸子遊集。年十餘歲，嘗詣相府司錄李長宗，〔一七〕長宗於衆中戲之，譯斂容謂曰：「明公位望不輕，瞻仰斯屬，輒相褻狎，無乃喪德也。」長宗甚異之。文寬後誕二子，譯復歸本生。

周明帝時，詔令事輔城公，是爲武帝。及帝卽位，爲左侍上士，與儀同劉昉，恒侍帝側。譯時喪妻，帝令譯尙梁安固公主。及帝親總萬機，以爲御正下大夫，頗被顧遇。

東宮建，轉太子宮尹下大夫，特被太子親待。時太子多失德，內史中大夫烏丸軌每勸帝廢太子立秦王，由是太子恒不自安。建德二年，爲聘齊使副。後詔太子西征吐谷渾，太子陰謂譯曰：「秦王，上愛子也，烏丸軌，上信臣也，今吾此行，得無扶蘇之事乎？」譯曰：「願殿下勉著仁孝，無失子道而已。」太子然之。既破賊，譯以功最，賜爵開國子。後坐褻狎皇太子，烏丸軌、宇文孝伯等以聞。帝大怒，除譯名。宮臣親幸者咸被譴。太子復召譯，戲狎如初。因曰：「殿下何時可得據天下？」太子悅而益昵之。例復官，仍拜吏部下大夫。

及武帝崩，宣帝嗣位，超拜開府儀同大將軍、內史中大夫，封歸昌縣公。既以恩舊，任

遇甚重，委以朝政。遷内史上大夫，進封沛國公。上大夫之官，自譯始也。以其子善願爲歸昌公，元琮爲永安縣男。又監國史。譯頗專權，時帝幸東京，譯擅取官材，自營私第，坐除名。劉昉數言於帝，帝復召之，顧待如初，詔領内史事。

初，隋文帝與譯有同學之舊，譯又素知隋文相表有奇，傾心相結。至是，隋文爲宣帝所忌，情不自安，嘗在永巷，私於譯曰：「久願出藩，公所悉也，敢布心腹，少留意焉。」譯曰：「以公德望，天下歸心，欲求多福，豈敢忘也？謹卽言之。」時將遣譯南征。譯曰：「若定江東，自非懿戚重臣，無以鎮撫。可令隋公行，且爲壽陽總管，以督軍事。」帝從之，乃下詔，以隋文爲揚州總管，譯發兵俱會壽陽以伐陳。行有日矣，帝不悆，譯遂與御正下大夫劉昉謀，引隋文入受顧託。既而譯宣詔，文武百官，皆受隋文節度。時御正中大夫顏之儀與宦者謀，引大將軍宇文仲輔政。仲已至御坐，譯知之，遽率開府楊惠及劉昉、皇甫績、柳裘俱入。仲與之儀見譯等，愕然，逡巡欲出。隋文因執之。於是矯詔，復以譯爲内史上大夫。明日，隋文爲丞相，拜譯柱國、相府長史，〔一〇〕行内史上大夫事。

及隋文爲大冢宰，總百揆，以譯兼領天官都府司會，總六府事。出入臥內，言無不從，賞賜玉帛，不可勝計，每出入以甲士從。拜其子元璹爲儀同。時尉遲迥、王謙、司馬消難等作亂，隋文逾加親禮，進上柱國，恕以十死。

譯性輕險，不親職務，而贓貨狼籍。隋文陰疏之，然以其有定册功，不忍廢放，陰敕官屬不得白事於譯。譯猶坐廳事，無所關預，懼，頓首求解職。隋文寬喻之，接以恩禮。及帝受禪，譯以上柱國歸第。賞賜豐厚，進子元璹成臯郡公，元珣永安男，追贈其父及亡兄二人並爲刺史。

譯自以被疏，陰呼道士章醮，以祈福助。其婢奏譯厭蠱左道。帝謂譯曰：「我不負公，此何意也？」譯無以對。譯又與母別居，爲憲司所劾，由是除名。下詔云：「譯嘉謀良策，寂爾無聞，鬻獄賣官，沸騰盈耳。若留之於世，在人爲不道之臣，戮之於朝，入地爲不孝之鬼。有累幽顯，無以置之。宜賜以孝經，令其熟讀，仍遣與母共居。」

未幾，詔譯參撰律令。復授開府、隆州刺史。請還療疾，有詔徵之，見於醴泉宮，賜宴甚歡。因謂譯曰：「貶退已久，情相矜愍。」於是顧謂侍臣曰：「鄭譯與朕同生共死，間關危難，興言念此，何日忘之。」譯因奉觴上壽。帝令内史李德林立作詔書，復爵沛國公，位上柱國。高熲戲謂譯曰：「筆乾。」答曰：「出爲方岳，杖策言歸，不得一錢，何以潤筆！」上大笑。

未幾，詔譯參議樂事。譯以周代七聲廢缺，自大隋受命，禮樂宜新。更修七始之義，名曰樂府聲調，凡八篇，奏之。帝嘉美焉。俄拜岐州刺史。歲餘，復奉詔定樂於太常。帝勞譯曰：「律、令，則公定之；音樂，則公正之。禮、樂、律、令，公居其三，良足美也。」尋還岐州。

開皇十一年卒，年五十二，謚曰達。子元璹嗣。煬帝初立，五等悉除，以譯佐命元功，詔追改封譯莘公，以元璹襲。

元璹歷位右光祿大夫、右衞將軍。大業末，爲文城太守，以城歸國。

瓊弟儼。儼字季然，容貌壯麗。初爲司徒胡國珍行參軍，因爲靈太后所幸，時人未知之。後太后廢，蕭寶夤西征，以儼爲友。及太后反政，儼請使還朝，復見寵待。拜諫議大夫、中書舍人，領尚食典御，晝夜禁中，寵愛尤甚。儼每休沐，太后常遣閹童隨侍，儼見其妻，唯得言家事而已。

與徐紇俱爲舍人，儼以紇有智數，仗爲謀主；紇以儼寵幸既盛，傾身承接。共相表裏，勢傾內外。城陽王徽亦與之合，當時政令，歸於儼等。遷散騎常侍、車騎將軍，舍人、常侍如故。明帝崩，事出倉卒，天下咸言儼計。尒朱榮舉兵向洛陽，以儼、紇爲辭。榮逼京師，儼走歸鄉里。儼從兄仲明欲據郡起衆，尋爲其部下所殺，與仲明俱傳首洛陽。子文寬從武帝入關西。

敬叔弟子恭，燕郡太守。孝昌中，因儼勢，除衞尉少卿，遷衞將軍、左光祿大夫。卒後，贈尚書右僕射，謚曰貞。

叔夜子伯夏，位東萊太守。卒，贈青州刺史。伯夏弟謹，字仲恭，琅邪太守。

連山性嚴暴，撾撻僮僕，酷過人理。父子一時爲奴所害，斷首投馬槽下，乘馬北逃。其第二子思明，驍勇善騎射，被髮率村義馳追之。及河，奴乘馬投水。思明止將從，自射之，一發而中，落馬墮流，禽至家，臠殺之。

思明、弟思和，並以武力自效。思明位直閤將軍，坐弟思和同元禧逆，徙邊。會赦，免。卒後，贈濟州刺史。

子先護，少有武幹。莊帝居藩也，先護得自結託。及尒朱榮稱兵向洛，靈太后令先護與鄭季明等守河梁。先護聞莊帝卽位於河北，遂開門納榮。以功封平昌縣侯，廣州刺史。元顥入洛，莊帝北巡，先護據州起義兵，不受命。莊帝還京，進爵郡公。歷東雍、豫二州刺史，兼尚書右僕射。及尒朱榮死，徐州刺史尒朱仲遠擁兵向洛。詔先護與都督賀拔勝、行臺楊昱同討之。聞京師不守，先護部衆逃散，因奔梁。尋歸，爲仲遠所害。孝武初，贈使持節、都督、四州刺史。子偉。

偉字子直，少倜儻有大志，每以功名自許，善騎射，膽力過人。尒朱氏滅後，自梁歸魏。

北史卷三十六

列傳第二十四

薛辯 五世孫端 端子胄 端從子濬 辯孫湖 湖子聰 聰子孝通 孝通子道衡 聰弟子善 善弟愼 薛寘 薛憕

薛辯字允白，河東汾陰人也。曾祖興，晉尚書右僕射、冀州刺史、安邑公，謚曰莊。祖濤，襲爵，位梁州刺史，謚曰忠惠。京都傾覆，皆以義烈著聞。

父強，字威明，幼有大志，懷軍國籌略。與北海王猛，同志友善。及桓溫入關中，猛以巾褐謁之。溫曰：「江東無卿比也，秦國定多奇士，如生輩尚有幾人？吾欲與之俱南。」猛曰：「公求可與撥亂濟時者，友人薛威明其人也。」溫曰：「聞之久矣。」方致朝命。強聞之，自商山來謁，與猛皆署軍謀祭酒。強察溫有大志而無成功，乃勸猛止。俄而溫敗。及苻堅立，猛見委任。其平陽公融爲書，將以車馬聘強，猛以爲不可屈，乃止。及堅如河東伐張平，自與

數百騎馳至強壘下，求與相見。強使主簿責之，因慷慨宣言曰：「此城終無生降之臣，但有死節之將耳。」堅諸將請攻之，堅曰：「須吾平晉，自當面縛。捨之以勸事君者。」後堅伐晉，軍敗，強遂總宗室強兵，威振河輔，破慕容永於陳川。姚興聞而憚之，遣使重加禮命，徵拜右光祿大夫、七兵尚書，封馮翊郡公，轉左戶尚書。年九十八，卒。贈輔國大將軍、司徒公，謚曰宣。

辯幼而儁爽，倜儻多大略，由是豪傑多歸慕之。強卒，復襲統其營。仕姚興，歷太子中庶子、河北太守。辯知姚氏運衰，遂棄歸家保鄉邑。及晉將劉裕平姚泓，仍署相國掾。尋除平陽太守，委以北道鎭捍。及長安失守，辯遂歸魏。仍立功於河際，位平西將軍、東雍州刺史，賜爵汾陰侯。其年詣闕，明元深加器重，明年方得旋鎭。帝謂之曰：「朕委卿西蕃，志在關右，卿宜克終良算，與朕爲長安主人。」辯既還任，務農教戰，恒以數千之衆，摧抗赫連氏。帝甚褒獎之。又除并州刺史，徵授大羽眞。泰常七年，卒於官。帝以所圖未遂，深悼惜之。贈并、雍二州刺史。

子謹，字法順。容貌魁偉，高才博學。隨劉裕度江，位府記室參軍。〔一〕辯將歸魏，密報謹，謹遂亦來奔。授河東太守，後襲爵汾陰侯。始光三年，與宜都王奚斤共討赫連昌，禽其東平公乙兜，剋蒲坂。遂以新舊百姓并爲一郡，除平西將軍，復爲太守。神䴥三年，除使持節、秦州刺史。山胡白龍憑險作逆，太武詔南陽公奚眷與謹並爲都將，討平之，封涪陵郡公。太延初，征吐沒骨，平之。謹自郡遷州，威恩兼被，風化大行。時兵荒之後，儒雅道息，謹命立庠序，教以詩書，三農之暇，悉令受業，躬巡邑里，親加考試，河汾之地，儒道更興。眞君元年，徵授內都坐大官，輔政。深見賞重，每訪以政道，車駕臨幸者前後數四。後從駕北討，與中山王辰等後期，見殺。尋贈鎭西將軍、秦雍二州刺史，謚曰元公。

長子初古拔，一曰車轂拔，本名洪祚，太武賜名焉。沈毅有器識，弱冠，司徒崔浩見而奇之。眞君中，蓋吳擾動關右，薛永宗屯據河側，太武親討之。詔拔糺合宗鄉，壁於河際，斷二寇往來之路。事平，除中散，賜爵永康侯。太武南討，以拔爲都將，從駕臨江而還。又共陸眞討反氐仇傉檀、強免生，平之。

皇興三年，除散騎常侍，尚文成女西河長公主，拜駙馬都尉。其年，拔族叔徐州刺史安都據城歸順，敕拔詣彭城勞迎，除南豫州刺史。延興二年，除鎭西大將軍、開府儀同，進爵平陽公。三年，拔與南兗州刺史游明根、南平太守許含等，以善政徵詣京師。獻文親自勞勉，復令還州。太和六年，改爵河東公。卒，贈左光祿大夫，謚曰康。

長子胤，字寧宗。少有父風。弱冠，拜中散。襲爵鎭西大將軍、河東公，除懸瓠鎭將。尋授持節、義陽道都將。後除立忠將軍、河北太守。郡帶山河，俗多盜賊。有韓、馬兩姓各二千餘家，恃強憑險，最爲狡害，劫掠道路，侵暴鄉閭。胤至郡，卽收其姦魁二十餘人，一時戮之。於是羣盜懾氣，郡中清肅。卒於郡，謚曰敬。

子裔，字豫孫，襲爵。性豪爽，盛營園宅，賓客聲伎，以恣嬉游。卒於洛州刺史。子孝紳襲爵，位太中大夫。孝紳立行險薄，坐事爲河南尹元世儁所劾，死。後贈華州刺史。

拔弟洪隆，字菩提，位河東太守。

長子驎駒，好讀書，舉秀才，除中書博士。齊使至，詔驎駒兼主客郎以接之。卒，贈河東太守，謚曰宣。始拔尙西河主，有賜田在馮翊，驎駒徙居之，遂家於馮翊之夏陽。

長子慶之，字慶集。頗有學業，閑解几案，位廷尉丞。廷尉寺鄰北城，曾夏日寺傍得一狐，慶之與廷尉正博陵崔纂，或以城狐狡害，宜速殺之；或以長育之月，宜待秋分。二卿裴延儁、袁翻，互有同異。雖曰戲謔，詞義可觀，事傳於世。後兼左丞，爲并、肆行臺，賜爵龍丘子，行滄州刺史。爲葛榮攻圍，城陷，尋患，卒，贈華州刺史。

慶之弟英集，性通率。隨舅李崇在揚州，以軍功累至書侍御史、通直散騎常侍，卒。英

集子端。

端字仁直，本名沙陁。有志操，遭父憂，居喪合禮。與弟裕勵精篤學，不交人事。年十七，司空高乾邕辟爲參軍，賜爵汾陰男。〔二〕端以天下擾亂，遂棄官歸鄉里。

魏孝武西遷，周文令大都督薛崇禮據龍門，引端同行。崇禮尋失守，降東魏。東魏遣行臺薛脩義督乙干貴西度，據楊氏壁。端與宗親及家僮等先在壁中，〔三〕脩義乃令其兵逼端等東度。方欲濟河，會日暮，端密與宗室及家僮等叛之。脩義亦遣騎追，端且戰且馳，遂入石城柵，得免。柵中先有百家，端與幷力固守。貴等數來慰喻，知端無降意，遂拔還河東。東魏又遣其將賀蘭懿、南汾州刺史薛琰達守楊氏壁。端率其屬，幷招喻村人，多設奇兵以臨之。懿等疑有大軍，便東遁，赴船溺死者數千人。端收其器械，復還楊氏壁。周文遣南汾州刺史蘇景恕鎭之。降書勞問，徵端赴闕，以爲大丞相府戶曹參軍。

從禽竇泰，復弘農，戰沙苑，並有功，進爵爲伯。後改封文城縣伯，〔四〕累遷吏部郎中。端性强直，每有奏請，不避權貴。周文嘉之，故賜名端，欲令名質相副。自居選曹，先盡賢能，雖貴游子弟，才劣行薄者，未嘗升擢之。每啓周文云：「設官分職，本康時務，苟非其人，不如曠職。」周文深然之。大統十六年，大軍東討，〔五〕柱國李弼爲別道元帥，妙簡英僚，數

日不定。周文謂弼曰：「爲公思得一長史，無過薛端。」弼對曰：「眞才也。」乃遣之。轉尚書右丞，仍掌選事。

梁主蕭詧曾獻馬瑙鍾，周文帝執之顧丞郎曰：「能擲摴蒱頭得盧者，便與鍾。」已經數人不得。頃至端，乃執摴蒱頭而言曰：〔六〕「非爲此鍾可貴，但思露其誠耳。」便擲之，五子皆黑。文帝大悅，即以賜之。

魏帝廢，近臣有勸文帝踐極，文帝召端告之。端以爲三方未一，遽正名號，示天下以不廣。請待龕翦僭僞，然後俯順樂推。文帝撫端背曰：「成我者卿也。卿心旣與我同，身豈與我異。」遂脫所著冠帶袍袴並以賜之。進授吏部尙書，賜姓宇文氏。端久處選曹，雅有人倫之鑒，其所擢用，咸得其才。六官建，拜軍司馬，加侍中、驃騎大將軍、開府儀同三司，進爵爲侯。

周孝閔帝踐阼，再遷戶部中大夫，進爵爲公。晉公護將廢帝，召羣臣議之。端頗具同異，護不悅，出爲蔡州刺史。爲政寬惠，人吏愛之。轉基州刺史。基州地接梁、陳，事藉鎭撫，總管史寧遣司馬梁榮催令赴任。蔡州父老訴榮，請留端者千餘人。至基州未幾，卒。遺誡薄葬，府州贈遺，勿有所受。贈本官，加大將軍，進封文城郡公，謚曰質。子胄嗣。

胄字紹玄，少聰明，每覽異書，便曉其義。常歎訓注者不會聖人深旨，輒以意辯之，諸儒莫不稱善。性慷慨，志立功名。周明帝時，襲爵文城郡公。累遷上儀同，尋拜司金大夫，後加開府。

隋文帝受禪，三遷爲兗州刺史。到官，繫囚數百，胄剖斷旬日便了，囹圄空虛。有陳州人向道力僞作高平郡守，將之官。胄遇諸塗，察其有異，將留詰之。司馬王君馥固諫，乃聽詣郡。旣而悔之，即遣主簿追道力。有部人徐俱羅嘗任海陵郡守，先是已爲道力僞代之。比至秩滿，公私不悟。俱羅遂語君馥曰：「向道力經賜代爲郡，使君豈容疑之。」君馥以俱羅所陳，又固請胄。胄呵，君馥乃止。遂收之，道力懼而引僞。其發姦擿伏，皆此類也。時人謂爲神明。先是，兗州城東沂、泗二水合而南流，汎濫大澤中。胄遂積石堰之，決令西注，陂澤盡爲良田，又通轉運，利盡淮海，百姓賴之，號爲薛公豐兗渠。

胄以天下太平，遂遣博士登泰山觀古迹，撰封禪圖及儀上之。帝謙讓不許。轉郢州刺史，有惠政。徵拜衞尉卿，轉大理卿，持法寬平，名爲稱職。遷刑部尚書。時左僕射高熲稍被疏忌，及王世積誅，熲事與相連，上因此欲成熲罪。胄明雪之，正議其獄。由是忤旨，械繫之，久而得免。檢校相州事，甚有能名。

漢王諒作亂幷州，遣其將綦良東略地，攻逼慈州。刺史上官政請援於胄，胄畏諒兵鋒，

不敢拒。良又引兵攻胄，胄欲以計却之，遣親人魯世範說良曰：「天下事未可知。胄爲人臣，去就須得其所，何遽相攻也？」良乃釋去，進圍黎陽。及良爲史祥所攻，棄軍歸胄。朝廷以胄懷貳心，鎖詣大理。相州吏人素懷其恩，詣闕理胄者百餘人。胄竟坐除名，配防嶺南，道卒。子筠、獻知名。

端弟裕，字仁友。少以孝悌聞於州里。弱冠，丞相參軍事。時京兆韋敻志安放逸，不干世務。裕慕其恬靜，數載酒肴候之，談宴終日。敻遂以從孫女妻之。裕嘗謂親友曰：「大丈夫當聖明之運，而無灼然文武之用爲世所知，雖復栖遑，徒爲勞苦耳。至如韋居士，退不丘壑，進不市朝，怡然守道，榮辱弗及，何其樂也。」

裕曾宿宴于敻之廬，後庭有井，裕夜出戶，若有人欲牽其手，裕便却行，遂落井。同坐共出之，因勸裕酒曰：「向慮卿不測憂，幸得無他，宜盡此爵。」裕曰：「墜井蓋小小耳，方當逾於此也。」人問其故，裕曰：「近夢，恐有兩楹之憂。」尋卒，文章之士誄之者數人。周文傷惜之，追贈洛州刺史。

胄從祖弟濬，字道賾。父琰，周渭南太守。濬少孤，養母以孝聞。幼好學，有志行。周

天和中，襲爵虞城侯，位新豐令。隋開皇中，歷尚書虞部、考功侍郎。帝聞濬事母孝，以其母老，賜輿服几杖、四時珍味，當世榮之。後其母疾病，濬貌甚憂瘁，親故弗之識。暨丁母艱，詔鴻臚監護喪事，歸葬夏陽。時隆冬極寒，濬衰絰徒跣，冒犯霜雪，自京及鄉，五百餘里，足凍墮指，創血流離，朝野為之傷痛。州里賵助，一無所受。尋起令視事，上見其毀瘠過甚，為之改容，顧羣臣曰：「吾見薛濬哀毀，不覺悲感傷懷。」嗟異久之。

濬竟不勝喪，病且卒。其弟謨時為晉王府兵曹參軍事，在揚州。濬遺書於謨曰：

吾以不造，幼丁艱酷，窮游約處，屢絕簞瓢。晚生早孤，不聞詩禮。賴奉先人貽厥之訓，獲稟母氏聖善之規。負笈裹糧，不憚艱遠，從師就業，欲罷不能。砥行礪心，因而彌篤，服膺教義，爰至長成。自釋耒登朝，于茲二十三年矣。雖官非聞達，而祿喜逮親，庶保期頤，得終色養。何圖精誠無感，禍酷薦臻，兄弟俱被奪情，苦廬靡申哀訴，是用叩心泣血，實氣摧魂者也。既而創鉅釁深，不勝荼毒，啓手啓足，幸及全歸。使夫死而有知，得從先人於地下矣，豈非至願哉？但念爾伶俜孤宦，遠在邊服，顧此恨恨，如何可言！適已有書，冀得與汝面訣，忍死待汝，已歷一旬。汝既未來，便成今古，緬然永別，為恨何言！勉之哉！勉之哉！

書成而絕。有司以聞，文帝為之屑涕，降使齎冊書弔祭。濬性清儉，死日家無遺財。

濬初為兒時，與宗中兒戲澗濱，見一黃蛇，有角及足。召羣童共視，了無見者。以為不祥，歸大憂悴。母問之，以實對。時有胡僧詣宅乞食，母以告之。僧曰：「此兒之吉應。且此兒早有名位，然壽不過六七耳。」言終而出，忽然不見。後終於四十二，六七之言驗矣。

子乾福，武安郡司倉書佐。

洪隆弟湖，字破胡。少有節操，篤志於學，專精講習，不干時務，與物無競，好以德義服人。或有兄弟忿鬩，鄰里爭訟者，恐湖聞之，皆內自改悔。鄉閭化其風教，咸以敬讓為先。三召州都，再辟主簿，州將傾心致禮，並不獲已而應之。為本州中從事、別駕，除河東太守。兄弟並為本郡，當世榮之。復受詔為仇池都將。後罷郡，終於家。有八子，長子聰知名。

聰字延智。方正有理識，善自標致，不妄游處。雖在闇室，終日矜莊，見者莫不懍然加敬。博覽墳籍，精力過人，至於前言往行，多所究悉。詞辯占對，尤是所長。遭父憂，廬於墓側，哭泣之聲，酸感行路。友于篤睦，而家教甚嚴，諸弟雖昏宦，恒不免杖罰，對之肅如也。未弱冠，州辟主簿。

太和十五年，釋褐著作佐郎。于時，孝文留心氏族，正定官品，士大夫解巾，優者不過奉朝請，聰起家便佐著作，時論美之。後遷書侍御史，凡所彈劾，不避強禦，孝文或欲寬貸者，聰輒爭之。帝每云：「朕見薛聰，不能不憚，何況諸人也？」自是貴戚歛手。累遷直閣將軍，兼給事黃門侍郎、散騎常侍，直閣如故。

聰深為孝文所知，外以德器遇之，內以心膂為寄。親衞禁兵，委總管領，〔一〕故終太和之世，恒帶直閣將軍。羣臣罷朝之後，聰恒陪侍帷幄，言兼晝夜，時政得失，預以謀謨，動輒匡諫，事多聽允，而重厚沈密，外莫窺其際。帝欲進以名位，輒苦讓不受。帝亦雅相體悉，謂之曰：「卿天爵自高，固非人爵之所榮也。」又除羽林監。

帝曾與朝臣論海內姓地人物，戲謂聰曰：「世人謂卿諸薛是蜀人，定是蜀人不？」聰對曰：「臣遠祖廣德，世仕漢朝，時人呼為漢。臣九世祖永，隨劉備入蜀，時人呼為蜀。臣今事陛下，是虜非蜀也。」帝撫掌笑曰：「卿幸可自明非蜀，何乃遂復苦朕。」聰因投戟而出。帝曰：「薛監醉耳。」其見知如此。

二十三年，從駕南征，兼御史中尉。及宣武即位，除都督、齊州刺史，政存簡靜。卒於州，吏人追思，留其所坐榻以存遺愛。贈征虜將軍、華州刺史，謚曰簡懿侯。魏前二年，重贈車騎大將軍、儀同三司、延州刺史。子孝通最知名。

孝通字士達。博學有儁才，蕭寶夤征關中，引參驃騎大將軍府事，禮遇甚隆。及寶夤將有異志，孝通悟其萌，託以拜掃求歸，乃見許。同僚咸怪，止之，但笑而不答，遂還鄉里。寶夤後果逆命。

北海王元顥入洛，宗人薛永宗、脩義等又聚徒作亂，欲以應之。孝通與所親計曰：「北海乘虛遠入，吳兵不能久住，事必無成。今若與永宗等同舉，滅族道也。」乃率其近親，與河東太守元襲嬰城固守。及寶夤平定，元顥退走，預其事者咸罹禍，唯同孝通者皆免。事寧，入洛，除員外散騎侍郎。尒朱天光鎮關右，表為關西大行臺郎中，深見任遇。關中平定，預有其力，以功賜爵汾陰侯。

莊帝既幽崩，元曄地又疏遠，更議主社稷。孝通以廣陵王恭，高祖猶子，又在茂親，夙有令望。不言多載，理必陽瘖。奉以為主，天人允叶。世隆等並以為疑。孝通密贊天光察之。廣陵王曰：「天何言哉？」於是定冊，即節閔帝也。以首創大議，拜銀青光祿大夫、散騎常侍，兼中書舍人，封藍田縣子。孝通求以官贈亡兄景懋，又言已有侯爵，請轉授兄息子舒。節閔覽啓傷感，以侯爵既重，不容轉授，乃下詔褒美。特贈景懋撫軍、北雍州刺史。

孝通尋遷中書郎，深為節閔所知重。普泰二年正月乙酉，中書舍人元翽獻酒肴，帝因與元翌及孝通等宴，兼奏絃管，命翽吹笛，帝亦親以和之。因使元翌等嘲，以酒為韻。孝通曰：「既逢堯舜君，願上萬年壽。」帝曰：「平生好玄默，慚爲萬國首。」帝曰：「卿所謂壽，豈容徒然！」便命酌酒賜孝通，仍命更嘲，不得中絕。孝通卽豎忠爲韻。帝曰：「卿不忘忠臣之心。」翽曰：「聖主臨萬機，享世永無窮。」孝通曰：「豈唯被草木，方亦及昆蟲。」翌曰：「朝賢既濟濟，野苗又芃芃。」帝曰：「君臣體魚水，書軌一華戎。」孝通曰：「微臣信慶渥，何以答華嵩？」于時，孝通內典機密，外參朝政，軍國動靜，預以謀謨。加以汲引人物，知名之士，多見推薦。

外兄裴伯茂性豪俊，多所輕忽，唯欽賞孝通，每有著述，共參同異。孝通以裴宏放過甚，每謂之曰：「兄以阮籍、嵇康何如管仲、樂毅？」蓋自許經綸，抑裴傲也。裴笑而不答，宏放自若。

屬齊神武起兵河朔，攻陷相州刺史劉誕。尒朱天光自關中討之。孝通以關中險固，秦、漢舊都，須預謀鎮遏，以爲後計。縱河北失利，猶足據之。節閔深以爲然，問誰可任者。孝通與賀拔岳同事天光，又與周文帝有舊，二人並先在關右，因並推薦之。乃超授岳岐、華、秦、雍諸軍事，關西大行臺，雍州牧；周文帝爲左丞，孝通爲右丞。齎詔書馳驛入關授岳等，同鎮長安。岳深相器重，待以師友之禮。與周文帝結爲兄弟，情寄特隆。後天光敗於韓陵，節閔遂不得入關，爲齊神武幽廢。

孝武帝卽位後，神武方得志，徵賀拔岳爲冀州刺史。岳懼，欲單馬入朝。孝通乃謂岳曰：「高王以數千鮮卑破尒朱百萬之衆，其鋒誠亦難敵。然公兩兄太師、領軍，宿在其上。侯深、樊子鵠、賈智、〔八〕斛斯椿、大野胡也枤、〔九〕吒呂延慶〔一〇〕之徒，於尒朱之世，皆其夷等。韓陵之役，此輩前後降附，皆由事勢危逼，非其本心。在於高王，曹操之孔融，馬懿之葛誕。今或在京師，或據州鎮，除之又失人望，留之腹心之疾。雖令孫騰在闕下，婁昭處鈎陳，必不能如建安之時，明矣。以今觀之，隙難未已。吐萬仁雖復退逸，猶在并州，高王之計，先須平殄。今方綏撫羣雄，安置內外，何能去其巢穴，與公事關中地也？且六郡良家之子，三輔禮義之人，踰幽、并之驍騎，勝汝、潁之奇士，皆係仰於公，效其智力。據華山以爲城雉，因黃河而爲池塹，退守不失封泥，進兵同於建水。乃欲束手受制於人，不亦鄙乎？」言未卒，岳執孝通手曰：「君言是也。」乃遜辭爲啓，而不就徵。

太昌元年，孝通因使入朝，仍被留京師，重除中書侍郎。永熙三年三月，出爲常山太守，仍以經節閔任遇故也。及孝武西遷，或稱孝通與周文友密，及樹置賀拔岳鎮關中之計，遂見拘執，將赴晉陽。及引見，咸爲之憂。孝通神氣從容，辭理切正，齊神武更相欽歎，卽日原免。然猶致疑忌，不加位秩，但引爲坐客，時訪文典大事而已。齊神武讓劍履上殿表，猶使爲文。會與諸人同詣晉祠，皆屈膝盡禮，孝通獨捧手不拜，顧而言曰：「此乃諸侯之國，

去吾何遠，恭而非禮，將爲神笑。」拜者慚焉。

興和二年，卒於鄴。魏前二年，周文帝追軫舊好，奏贈車騎將軍、儀同三司、青州刺史。齊武平初，又贈鄭州刺史。〔一一〕文集八十卷，行於時。

子道衡，字玄卿。六歲而孤，專精好學。年十歲，講左傳，見子產相鄭之功，作國僑贊，頗有詞致，見者奇之。其後才名益著。齊司州牧、彭城王浟引爲兵曹從事。尚書左僕射楊愔見而嗟賞，授奉朝請。吏部尚書隴西辛術與語，歎曰：「鄭公業不亡矣！」河東裴讞目之曰：「鼎遷河朔，吾謂『關西孔子』，罕遇其人，今復遇薛君矣！」

武成卽位，兼散騎常侍，接對周、陳二使。武平初，詔與諸儒修定五禮，除尚書左外兵郎。陳使傅縡聘齊，以道衡兼主客郎接對之。縡贈詩五十韻，道衡和之，南北稱美。魏收曰：「傅縡所謂以蚓投魚耳。」待詔文林館，與范陽盧思道、安平李德林齊名友善。復以本官直中書省，尋拜中書侍郎，仍參太子侍讀。齊後主之世，漸見親用，與侍中斛律孝卿參預政事。道衡具陳備周之策，孝卿不能用。

及齊亡，周武帝引爲御史二命士。後歸鄉里，自州主簿入爲司祿上士。隋文作相，從元帥梁睿擊王謙，攝陵州刺史。大定中，授儀同，守邛州刺史。

文帝受禪，坐事除名。河間王弘北征突厥，召典軍書。還，除內史舍人。其年，兼散騎常侍，聘陳使主。道衡因奏曰：「陛下比隆三代，平一九州，豈容區區之陳，久在天網之外？臣今奉使，請責以稱蕃。」帝曰：「朕且含養，致之度外，勿以言辭相折。」江東雅好篇什，陳主尤愛彫蟲，道衡每有所作，南人無不吟誦焉。

及八年伐陳，拜淮南道行臺尚書吏部郎，兼掌文翰。王師臨江，高熲夜坐幕中，謂曰：「今段定克江東以不？君試言之。」道衡答曰：「凡論大事成敗，先須以至理斷之。禹貢所載九州，本是王者封域。郭璞有云：『江東偏王三百年，還與中國合。』今數將滿矣。以運數而言，其必剋一也。有德者昌，無德者亡，自古興滅，皆由此道。主上躬履恭儉，憂勞庶政；叔寶峻宇彫牆，酣酒荒色。其必剋二也。爲國之體，在於任寄。彼之公卿，備員而已。拔小人施文慶，委以政事，尚書令江總唯事詩酒，本非經略之才，蕭摩訶、任蠻奴是其大將，一夫之用耳。其必剋三也。我有道而大，彼無德而小。量其甲士，不過十萬，西自巫峽，東極滄海，分之則勢懸而力弱，聚之則守此而失彼。其必剋四也。席卷之勢，其在不疑。」熲忻然曰：「君言成敗，理甚分明。本以才學相期，不意籌略乃爾。」還除吏部侍郎。

後坐抽擢人物，有言其黨蘇威，任人有意故，除名，配防嶺表。晉王廣時在揚州，陰令人諷道衡，遣從揚州路，將奏留之。道衡不樂王府，用漢王諒之計，遂出江陵道而去。尋詔

徵還，直內史省。晉王由是銜之。然愛其才，猶頗見禮。

後數歲，授內史侍郎，加上儀同三司。道衡每搆文，必隱坐空齋，蹋壁而臥，聞戶外有人便怒，其沈思如此。帝每曰：「道衡作文書稱我意。」然誡之以迂誕。後帝謂楊素、牛弘曰：「道衡老矣，驅使勤勞，宜使朱門陳戟。」於是進上開府，賜物百段。道衡辭以無功。帝曰：「爾久勞階陛，國家大事，皆爾宣行，豈非爾功也？」

道衡久當樞要，才名益顯。太子、諸王爭與交好，高熲、楊素雅相推重，聲名籍甚，無競一時。仁壽中，楊素專掌朝政。道衡既與素善，上不欲道衡久知機密，因出檢校襄州總管。道衡一旦見出，不勝悲戀，言之哽咽。帝愴然改容曰：「爾光陰晚暮，侍奉誠勞，朕欲令爾將攝。今爾之去，朕如斷一臂。」於是賚物三百段，九環金帶并時服一襲，馬十匹，慰勉遣之。在任清簡，吏人懷其惠。

煬帝嗣位，轉潘州刺史。〔二〕歲餘，上表求致仕。帝謂內史侍郎虞世基曰：「道衡將至，當以祕書監待之。」道衡既至，上高祖文皇帝頌。帝覽之不悅，顧謂蘇威曰：「道衡致美先朝，此魚藻之義也。」於是拜司隸大夫，將置之罪。道衡不悟，司隸刺史房彥謙素與相善，知必及禍，勸之杜絕賓客，卑辭下氣，而道衡不能用。會議新令，久不能決，道衡謂朝士曰：「向使高熲不死，令當久行。」有人奏之。帝怒曰：「汝憶高熲乎？」付執法者推之。道衡自以非大

過，促憲司早解。奏日，冀帝赦之，敕家人具饌以備客來候者。及奏，帝令自盡。道衡殊不意，未能引訣。憲司重奏，縊而殺之。妻子徙且末。時年七十。天下冤之。有集七十卷，行於世。

有子五人，收最知名，出後族父孺。

孺清貞孤介，不交流俗。涉歷經史，有才思，雖不爲大文，所有詩詠，大致清遠。開皇中，爲侍御史、揚州總管司功參軍。每以方直自處，府僚多不便之。卒於襄城郡掾。所涖官皆有能名。道衡偏相友愛，收初生，卽與孺爲後。養於孺宅，至於成長，殆不識本生。太常丞胡仲操曾在朝堂就孺借刀子割爪甲。孺以仲操非雅士，竟不與之。其不肯妄交，清介獨行，皆此類也。

道衡兄溫，字尼卿。沈敏有器局，博覽墳典，尤善隸書。仕周爲上黃郡守。周平齊，徙燕郡太守，以簡惠稱。宣政元年，賜爵齊安縣子。卒於郡。子邁嗣。

邁字弘仁。性寡言，長於詞辯。開皇初，襲爵齊安子，改封鍾山。歷位太子舍人。大業中，爲刑部、選部二侍郎。

道衡從父弟道實，位禮部侍郎、離石郡太守，知名於世。

從子德音，有儁才，起家游騎尉。佐魏澹修魏史，史成，遷著作佐郎。及越王侗稱制東

都，王世充之僭號，軍書羽檄，皆出其手。世充平，以罪誅。其文筆多行於世。

聰弟和，南青州刺史。和子善。

善字仲良。少爲司空府參軍，再遷鹽池都將。孝武西遷，魏改河東爲秦州，以善爲別駕。善家素富，僮僕數百人。兄元信，仗氣豪侈，每食方丈，坐客恒滿，絃歌不絕；而善獨恭己率素，愛樂閑靜。

大統三年，齊神武敗於沙苑，留善族兄崇禮守河東。周文帝遣李弼圍之，崇禮固守不下。善密說崇禮，猶持疑不決。會善從弟馥妹夫高子信爲防城都督，守城南面，遣馥來詣善，云：「意欲應接西軍，但恐力所不制。」善卽令弟濟將門生數十人，與信、馥等斬關引弼軍入。時預謀者並賞五等爵。善以背逆歸順，臣子常情，豈容闔門大小俱叨封邑，遂與弟愼並固辭不受。周文嘉之，以善爲汾陰令。善幹用强明，一郡稱最。太守王羆美之，令善兼督六縣事。尋爲行臺郎中。

時欲廣置屯田以供軍費，乃除司農少卿，領同州夏陽縣二十屯監。又於夏陽諸山置鐵冶，復令善爲監，每月役八千人，營造軍器。善自督課，兼加慰撫，甲兵精利而皆忘其苦焉。遷大丞相府從事中郎。追論屯田功，賜爵龍門縣子。遷黃門侍郎，除河東郡守，進驃騎大

將軍、開府儀同三司，賜姓宇文氏。六官建，拜工部中大夫，進爵博平縣公。再遷戶部中大夫。

時晉公護執政，儀同齊軌語善云：「兵馬萬機，須歸天子，何因猶在權門？」善白之，護乃殺軌。以善忠於己，引爲中外府司馬，遷司會中大夫，副總六府事。加授京兆尹，仍行司會。出爲隆州刺史，兼益州總管府長史。徵拜武威少府。〔三〕卒，贈三州刺史。帝以善告齊軌事，諡曰繆公。

子裦嗣，官至高陽郡守。

善弟愼，字伯護。好學，能屬文，善草書。與同郡裴叔逸、裴諏之、柳虯、范陽盧柔、隴西李璨並友善。起家丞相府墨曹參軍。周文於行臺省置學，取丞郎及府佐德行明敏者充生。悉令旦理公務，晚就講習，先六經，後子史。又於諸生中簡德行淳懿者侍讀書。愼與李璨及隴西李伯良、辛韶、武功蘇衡、譙郡夏侯裕、安定梁曠、梁禮、河南長孫璋、河東裴舉、薛同、滎陽鄭朝等十二人，並應其選。又以愼爲學師，以知諸生課業。周文雅好談論，并簡名僧深識玄宗者一百人，於第內講說，又命愼等十二人兼學佛義，使內外俱通。由是四方競爲大乘學。在學數年，復以愼爲宜都公侍讀。累遷禮部郎中。六官建，拜膳部下大夫。愼

兄善又任工部，並居清顯，時人榮之。

周孝閔帝踐阼，除御正下大夫，封淮南縣子。歷師氏、御伯中大夫。保定初，出爲湖州刺史。界既雜蠻夷，恒以劫掠爲務。愼乃集諸豪帥，具宣朝旨，仍令首領每月一參，或須言事者，不限時節。愼每見，必殷勤勸誡，及賜酒食。一年之間，翕然從化。諸蠻乃相謂曰：「今日始知刺史眞人父母也。」莫不欣悅。自是襁負而至者千餘戶。蠻俗，婚娶之後，父母雖在，即與別居。愼謂守令曰：「牧守令長是化人者也，豈有其子娶妻，便與父母離析？非唯萌俗之失，亦是牧守之罪。」愼乃親自誘導，示以孝慈，并遣守令，各喻所部。有數戶蠻，別居數年，遂還侍養，及行得果膳，歸奉父母。愼以其從善之速，具以狀聞，有詔蠲其賦役。於是風化大行，有同華俗。尋爲蕃部中大夫。以疾去職，卒於家。有文集，頗爲世所傳。

薛寘，河東汾陰人也。祖遵顏，魏河東郡守、安邑侯。父乂，清河、廣平二郡守。

寘幼覽篇籍，好屬文，起家奉朝請。從魏孝武西遷，封郃陽縣子。廢帝元年，領著作佐郎，修國史。尋拜中書侍郎，修起居注。遷中書令。燕公于謹征江陵，以寘爲司錄，軍中謀略，寘並參之。江陵平，進爵爲伯。朝廷方改物創制，欲行周禮，乃令寘與小宗伯盧辯斟酌

古今，共詳定之。六官建，授內史下大夫。

周孝閔帝踐阼，進爵爲侯，轉御正中大夫。時前中書監盧柔，學業優深，文藻華贍，而寘與之方駕，故世號曰盧、薛焉。久之，進位驃騎大將軍、開府儀同三司，出爲淅州刺史。卒於位，吏人哀惜之。贈虞州刺史，謚曰理。

所著文筆二十餘卷，行於世。又撰西京記三卷，引據該洽，世稱其博聞焉。寘性至孝，雖年齒已衰，職務繁廣，至於溫凊之禮，朝夕無違。當時以此稱之。

子明嗣。大象末，儀同大將軍、清水郡守。

薛憕字景猷，河東汾陰人也。曾祖弘敞，逢赫連之亂，率宗人避地襄陽。

憕早喪父，家貧，躬耕以養祖母，有暇則覽文籍。疏宕不拘，時人未之奇也。江表取人，多以世族。憕世無貴仕，解褐不過侍郎。既羈旅，不被擢用。常歎曰：「豈能五十年戴幘，死一校尉，低頭傾首，俯仰而向人也！」常鬱鬱不得志，每在人間，輒陵架勝達，負才使氣，未嘗趨世祿之門。左中郎將京兆韋潛度謂曰：「君門地非下，身材不劣，何不斃裾數參吏部？」憕曰：「『世胄躡高位，英俊沈下僚』，古人以爲歎息，竊所未能也。」潛度告人曰：「此年少實慷慨，但不遭時耳。」

孝昌中，杖策還洛陽。先是憕從祖眞度與族祖安都擁徐、兗歸魏，其子懷儁見憕，甚相親善。屬尒朱榮廢立，憕遂還河東，止懷儁家。不交人物，終日讀書，手自抄略，將二百卷。唯郡守元襲時相要屈，與之抗禮。懷儁每謂曰：「汝還鄉里，不營產業，不肯取妻，豈復欲南乎？」憕亦不介意。普泰中，拜給事中，加伏波將軍。

及齊神武起兵，憕乃東游陳、梁間，謂族人孝通曰：「高歡阻兵陵上，喪亂方始。關中形勝之地，必有霸王據之。」乃與孝通俱游長安。侯莫陳悅聞之，召爲行臺郎，除鎮遠將軍、步兵校尉。及悅害賀拔岳，軍人咸相慶慰。憕獨謂軍司傅長高曰：〔一四〕「悅才略本寡，輒害良將，敗亡之事，其則不遠。吾屬今即爲人所虜，何慶之有乎？」長高以憕言爲然，並有憂色。尋而周文平悅，引憕爲記室參軍。武帝西遷，授征虜將軍、中散大夫，封夏陽縣男。文帝即位，拜中書侍郎，加安東將軍，進爵爲伯。

大統四年，宣光、清徽殿初成，憕爲之頌。文帝又造二欹器：一爲二仙人共持一鉢，同處一盤，鉢蓋有山，山有香氣，一仙人又持金缾以臨器上，傾水灌山，則出於缾而注乎器，〔一五〕煙氣通發山中，謂之仙人欹器；一爲二荷同處一盤，相去盈尺，中有蓮，下垂器上，以水注荷，則出於蓮而盈乎器，爲鳧雁蟾蜍以飾之，〔一六〕謂之水芝欹器。二盤各處一牀，鉢圓

而牀方，中有人，三才之象也。皆置清徽殿前。器形似觥而方，〔一七〕滿而平，溢則傾。憕各爲頌。

大統初，儀制多闕，周文令憕與盧辯、檀翥等參定之。以流離世故，不聽音樂，雖幽室獨處，常有戚容。後坐事死。

子舒嗣，官至禮部下大夫、儀同大將軍、聘陳使副。

論曰：薛辯有魏之初，功業早樹，門膺人爵，無替榮名。端以謙直見知。胄以公平自命。濬之孝悌，素緒之所得也。道衡雅道弈葉，世擅文宗，令望攸歸，豈徒然矣，而運逢季叔，卒蹈誅戮，痛乎！仲良任惟繁劇，弘益流譽，而陷齊諂讒，以要權寵，易名爲繆，斯豈虛哉！寘、憕並學稱該博，文擅彫龍，或揮翰鳳池，或著書麟閣，咸居祿位，各逞琳琅。擬彼徐、陳，慚後生之可畏；論其任遇，實當時之良選也。

校勘記

〔一〕位府記室參軍 魏書卷四二薛謹傳云：「劉裕擒泓，辟相府行參軍。隨裕渡江，尋轉記室參

軍。」這裏「府」上當脫「相」字，不然不知是何府。

〔二〕賜爵汾陰男　諸本「汾」作「平」，周書卷三五薛端傳作「汾」。按「汾陰」爲薛氏郡望，當時慣例，以本郡、本縣爲封號以籠絡各地大族。作「汾」是，今據改。

〔三〕端與宗親及家僮等先在壁中　諸本脫「端」字，據周書、通志卷一五七薛端傳補。

〔四〕後改封文城縣伯　諸本「文」作「交」，周書作「文」。按文城縣屬文城郡，後魏置，地鄰汾陰見隋書卷三〇地理志中。交城縣屬太原郡，隋開皇十六年置見同上。薛端不得於西魏時封交城伯。今據周書改。

〔五〕大軍東討　諸本「軍」上脫「大」字，據周書補。

〔六〕乃執㩗蒲頭而言曰　通志無「頭」字。按疑是涉上文而衍。上文「頭」字意爲「第一個」，這裏着「頭」字無義。

〔七〕委總管領　通志卷一四九薛聰傳「總」作「聰」，疑是。

〔八〕買智　諸本作「知」，據本書卷四九本傳改。

〔九〕大野胡也杖　按其時有大野拔，見魏書卷一二孝靜紀天平二年二月，及本書卷四九樊子鵠傳。疑「杖」是「拔」之訛。「胡也拔」是其本名，單作「拔」是省稱，或漢名。

〔一〇〕吒呂延慶　按本書卷四九作「叱列延慶」。

〔一一〕齊武平初又贈鄭州刺史　諸本「齊」下有「神武」二字，通志卷一四九薛孝通傳無。按高歡死於東魏武定中，張森楷因以爲「武平」是「武定」之誤。但高歡未曾稱帝，武定是魏孝靜帝年號，作「神武武定」也不對。武平是齊後主年號。其時孝通子道衡「漸見親用」，追贈其父，情事正符。今從通志刪「神武」二字。

〔一二〕煬帝嗣位轉潘州刺史　洪頤煊云：「房彥謙傳本書卷三九，煬帝嗣位，道衡轉牧番州。隋書地理志南海郡，仁壽元年置番州。」按岑仲勉隋書求是亦以爲「潘」當作「番」。

〔一三〕徵拜武威少府　周書卷三五薛善傳，「武威少府」作「少傅」二字。按周行六官，無少府官名。疑作「少傅」是。但「武威」二字不知從何衍出，疑尚有訛脫，今不改。

〔一四〕憕獨謂軍司傅長高曰　各本「軍司傅長高」五字作「所親」二字，與周書卷三八薛憕傳同，獨宋本作「司傅長高」四字，通志卷一五七作「軍司傅長高」五字。按下文云：「長高以憕言爲然。」則北史本有「軍司傅長高」五字，後「軍」字脫，大德本以下遂改從周書。今據宋本及通志補改。

〔一五〕傾水灌山則出於缾而注乎器　諸本脫「則出於缾」四字，據周書、通志補。

〔一六〕爲鳧雁蟾蜍以飾之　諸本脫「蜍」字，據周書、通志補。

〔一七〕器形似觥而方　諸本脫「器」字，據周書、通志補。

北史卷三十七

列傳第二十五

韓茂　皮豹子　封敕文　呂羅漢　孔伯恭　田益宗

孟表　奚康生　楊大眼　崔延伯　李叔仁

韓茂字元興，安定安武人也。父耆字黃耇，永興中，自赫連屈丏來降，位常山太守，假安武侯，仍居常山之九門。卒，贈涇州刺史，諡曰成。

茂年十七，膂力過人，尤善騎射。明元曾親征丁零翟猛，茂爲中軍執幢，時大風，諸軍旌旗皆偃仆，茂於馬上持幢，初不傾倒。帝異而問之，謂左右曰：「記之。」尋徵詣行在所，以爲武賁郎將。

後從太武討赫連昌，大破之，以功賜爵蒲陰子，遷侍輦郎。又從破統萬，平平涼，當茂所衝，莫不應弦而殪。拜內侍長，進爵九門侯。後從征蠕蠕，頻戰大捷。與樂平王丕等伐

和龍，茂爲前鋒都將，〔一〕戰功居多。遷司衞監，錄前後功，拜散騎常侍、殿中尚書，進爵安定公。從破薛永宗、蓋吳，轉都官尚書。從車駕南征，拜徐州刺史。還，拜侍中、尚書左僕射。

文成踐阼，拜尚書令，加侍中、征南大將軍。茂沈毅篤實，雖無文學，每議論合理，爲將善於撫衆，勇冠當世，爲朝廷所稱。太安二年，領太子少師。卒，贈涇州刺史、安定王，諡曰桓。

長子備，字延德，賜爵行唐侯，歷太子庶子、寧西將軍，典遊獵曹，加散騎常侍。襲爵安定公、征南大將軍。卒，贈雍州刺史，諡曰簡。

備弟均，字天德，少善射，有將略。初爲中散，賜爵范陽子，遷金部尚書，加散騎常侍。兄備卒，無子，均襲爵安定公、征南大將軍，歷定、青、冀三州刺史，甚有譽。

廣阿澤在定、冀、相三州界，土曠人稀，多有寇盜，乃置鎮以靜之。以均在冀州，劫盜止息，除大將軍、廣阿鎮大將，〔二〕加都督三州諸軍事。均淸身率下，禁斷奸邪，於是趙郡屠各、西山丁零聚黨山澤以劫害爲業者，均皆誘慰追捕，遠近震跼。先是，河外未賓，人多去就，故權立東青州，爲招懷之本。新附人咸受優復，然舊人奸逃者，多往投焉。均表陳非

便，朝議罷之。

後均所統，劫盜頗起，獻文詔書讓之。又以五州人戶殷多，編籍不實，詔均檢括，出十餘萬戶。復授定州刺史，百姓安之。卒，謚康公。

皮豹子，漁陽人也。少有武略。泰常中，爲中散。太武時，爲散騎常侍，賜爵新安侯，又拜選部尚書。後除開府儀同三司，進爵淮陽公，鎮長安，坐盜官財，徙於統萬。

眞君三年，宋將裴方明等侵南秦王楊難當，遂陷仇池。太武徵豹子，復其爵位，尋拜使持節、仇池鎮將，督關中諸軍與建興公古弼等分命諸將，十道並進。四年正月，豹子進擊樂鄉，大破之。宋使其秦州刺史胡崇之鎮仇池，至漢中，聞官軍已西，懼不敢進。豹子與司馬楚之至濁水，擊禽崇之，盡虜其衆。仇池平。

未幾，諸氐復推楊文德爲主以圍仇池，古弼討平之。時豹子次下辨，聞圍解，欲還。弼使謂豹子曰：「賊恥其負敗，必求報復，不如陳兵以待之。」豹子以爲然。尋除都督秦、雍、荆、梁、益五州諸軍事，進號征西大將軍、開府，仇池鎮將，持節、公如故。宋復遣楊文德、姜道盛寇濁水，別遣將青陽顯伯守斧山，以拒豹子。濁水城兵射殺道盛。豹子至斧山，斬顯

伯，悉俘其衆。初，南秦王楊難當歸命，詔送楊氏子弟詣京師，文德以行賂得留，出奔漢中。宋以文德爲武都王，守葭蘆城，招誘氐羌。於是武都陰平五部氐人叛應文德，詔豹子討之。文德阻兵固險，以拒豹子。文德將楊高來降，文德棄城南走，收其妻子僚屬及故武都王保宗妻公主送京師。宋白水太守郭啓玄率衆救文德，豹子大破之，啓玄、文德走還漢中。

興安二年，宋遣蕭道成等入漢中，別令楊文德、楊頭等率氐、羌圍武都。豹子分兵將救之，聞宋人增兵益將，表狀求助。詔高平鎮將苟莫干率突騎二千以赴之，道成等乃退。徵豹子爲尚書，出爲內都大官。宋遣其將殷孝祖修兩當城於淸東，以逼南境。天水公封敕文擊之，不剋。詔豹子與給事中周丘等助擊之。宋瑕丘鎮遣步卒五千助戍兩當，豹子大破之，追至城下，其免者千餘人而已。旣而班師。先是河西諸胡亡匿避命，豹子討之，不捷而還，又坐免官。尋以前後戰功復擢爲內都大官。卒，文成追惜之，贈淮陽王，謚曰襄。子道明襲。

道明第八弟歡喜，[三]文成以其名臣子，擢爲侍御中散，遷侍御長。孝文初，吐谷渾拾寅部落飢窘，侵掠澆河，詔假平西將軍、廣川公，與上黨王長孫觀討拾寅。又以其父豹子昔鎮仇池，有威信，拜使持節、侍中、都督秦雍荆梁益五州諸軍事、本將軍、開府、仇池鎮將，假

公如故。歡喜至，申布恩惠，夷人大悅，酋帥率戶歸附，置廣業、固道二郡以居之。徵爲南部尚書，賜爵南康侯。

太和元年，宋葭蘆戍主楊文度遣弟鼠據仇池，詔歡喜討鼠，鼠棄城南走。進次濁水，遂軍於覆津。文度將強大黑固守津道，歡喜部分將士，擊大黑走之。追奔，攻拔葭蘆城，斬文度，傳首京師。詔慰勉之。又詔於駱谷築城，歡喜表求待來年築城。詔責之曰：「若不時築，築而不成，成而不固，以軍法繩之。」南天水人柳旂據險不順，歡喜討滅之。後爲豫州刺史，詔讓其在州寬怠，以飲酒廢事，威不禁下，遣使就州，決以杖罰。卒，謚曰恭公。子承宗襲。

封敕文，代人也，本姓是賁。祖豆，位開府、冀青二州刺史、關內侯。父涅，侍御長，贈定州刺史、章武侯，謚曰隱。

敕文始光初爲中散，稍遷西部尚書，出爲使持節、開府、領護西夷校尉、秦益二州刺史，賜爵天水公，鎮上邽。詔敕文征吐谷渾慕利延兄子拾歸於枹罕，衆少不制，詔廣川公乙烏頭等二軍與敕文會隴右。軍次武始，拾歸夜遁，敕文引軍入枹罕，虜拾歸妻子及其人戶，分

徙千家於上邽，留烏頭守枹罕。

金城邊冏、天水梁會謀反，據上邽東城，攻逼西城。敕文先已設備，賊乃退。冏、會復攻城，氐、羌一萬屯南嶺，休官、屠各及雜戶二萬餘人屯北嶺，爲冏等形援。敕文設奇兵大破之，斬冏。衆復推梁會爲主。安豐公閭根率軍助敕文，敕文又表求助，未及報。梁會欲謀逃遁。先是敕文掘重塹於東城之外，斷賊走路。夜半，會乃飛梯騰塹而走。敕文先嚴兵於塹外，拒鬬，從夜至旦。敕文謀於衆曰：「困獸猶鬬，而況於人。」乃以白武幡宣告賊衆，若能歸降，原其生命，應時降者六百餘人。會知人心沮壞，於是分遁。敕文縱騎騰躡，死者太半。

略陽王元達因梁會之亂，聚黨攻城，招引休官、屠各之衆，推天水休官王官興爲秦地王。敕文與臨淮公莫眞討破之。

天安元年卒，長子萬護讓爵於弟翰。于時讓者唯萬護及元氏侯趙辟惡子元伯讓其弟次興，朝廷義而許之。

呂羅漢，本東平壽張人也，其先石勒時徙居幽州。

祖顯，字子明，少好學，性廉直，鄉人有忿爭者皆就質焉。慕容垂以爲河間太守。皇始初，以郡降，道武賜爵魏昌男。拜鉅鹿太守。清身奉公，妻子不免飢寒，百姓頌之曰：「時惟府君，克清克明，緝我荒土，人胥樂生，願壽無疆，以享長齡。」卒官。

父溫，字晞陽，善書，好施，有文武才略。位上黨太守，有能名。卒，贈豫州刺史、野王侯，謚曰敬。

羅漢仁厚篤愼，弱冠以武幹知名。父溫之爲秦州司馬，羅漢隨侍。隴右氐楊難當寇上邽，鎭將元意頭知羅漢善射，共登西城樓令射，難當隊將及兵二十三人應弦而殪。賊衆轉盛，羅漢曰：「今不出戰，示敵以弱。」意頭善之，卽簡千餘人，令羅漢出戰，衆皆披靡。難當大驚，會太武賜難當璽書，責其跋扈，難當還仇池。意頭具以狀聞，徵爲羽林郎。上邽休官呂豐、屠各王飛鹿等據險爲逆，詔羅漢討禽之。後從征懸瓠，以功遷羽林中郎、幢將，賜爵烏程子。及南安王余立，羅漢猶典宿衞，文成之立，羅漢有力焉。加龍驤將軍，仍幢將，進爵野王侯，拜司衞監。遷散騎常侍、殿中尚書，進爵山陽公。

後爲鎭西將軍、秦、益二州刺史。時仇池氐、羌反，逼駱谷，鎭將吳保元走登百頃，請援於羅漢。羅漢帥步騎隨長孫觀，掩擊氐、羌，大破之，賊衆退散。詔書慰勉之。涇州人張羌郎聚衆千人，州軍討之，不能制，羅漢擊禽之。仇池氐、羌叛逆，其賊帥蛩廉、苻忻等皆受宋

官爵鐵券。略陽公伏阿奴爲都將，與羅漢赴討，所在破之，禽廉、忻等。

秦、益阻遠，南連仇池，西接赤水，諸羌恃險，數爲叛逆，自羅漢莅州，撫以威惠，西戎懷德，土境怗然。孝文下詔褒美之。徵拜內都大官，聽察多得其情。卒官，謚莊公。

長子興祖襲爵山陽公，後例降爲侯。

孔伯恭，魏郡鄴人也。父昭，位侍中、幽州刺史、魯郡公。卒，謚曰康。

伯恭以父任拜給事中，後賜爵濟陽男，進城陽公。〔四〕獻文初，宋徐州刺史薛安都以彭城內附，宋遣將張永、沈攸之等擊安都。安都請援，獻文進伯恭號鎭東將軍，副尚書尉元救之。永與攸之棄船而走。伯恭以書喻下邳、宿豫城內。時攸之、吳喜公等率衆來援下邳，屯軍焦墟曲，去下邳五十餘里。伯恭密造火車攻其營，水陸俱進。攸之等既聞將戰，引軍退保樊階城。宋寧朔將軍陳顯達領衆溯清而上，以迎攸之，屯于睢、清合口。伯恭率衆度水，大破顯達。攸之聞顯達軍敗，順流退下，伯恭從清西與攸之合戰，大破之，吳喜公輕騎遁走。〔五〕乘勝追奔八十餘里，軍資器械虜獲萬計。進攻宿豫，宋戍將魯僧遵棄城夜遁。又遣將孔大恒等南討淮陽，宋太守崔武仲焚城南走，遂據淮陽。

皇興二年，以伯恭爲散騎常侍、彭城鎭將、都督徐南北兗州諸軍事，假東海公。卒，贈鎭東大將軍、東海王，謚曰桓。

伯恭弟伯遜，襲父爵魯郡公，位東萊鎭將、東徐州刺史。坐事免官，卒于家。

田益宗，光城蠻也。身長八尺，雄果有將略，貌狀舉止，有異常蠻。世爲四山蠻帥，受制於齊。太和十七年，遣使張超奉表歸魏。十九年，拜員外散騎常侍、都督、南司州刺史、光城縣伯，食蠻邑一千戶，所統守宰，任其銓置。後以益宗既度淮北，不可仍爲司州，乃於新蔡立東豫州，以益宗爲刺史。尋改封安昌縣伯。

景明初，梁師寇三關，益宗遣光城太守梅興之進至陰山關，〔六〕南據長風城，逆擊大破之。梁建寧太守黃天賜築城赤亭，〔七〕復遣其將黃公賞屯於漴城，與長風相持。益宗命安蠻太守梅景秀與興之掎角擊討，破之，獲其二城。上表陳攻取之術，宣武納之，遣鎭南將軍元英攻義陽。益宗遣其息魯生斷梁人糧運，破梁戍主趙文興，倉米運舟，焚燒蕩盡。時樂口已南，郢、豫二州諸縣皆沒於梁，唯有義陽而已。〔八〕梁招益宗以車騎大將軍、開府儀同三司、五千戶郡公，當時安危在益宗去就，而益宗守節不移，郢、豫克平，益宗力也。

益宗年稍衰老，聚斂無厭，兵人患其侵擾，諸子及孫，競規賄貨，部內苦之，咸言欲叛。宣武深亦慮焉，乃遣中書舍人劉桃符宣旨慰喻，庶以安之。桃符還，啓益宗侵掠之狀。詔之曰：「聞卿息魯生在淮南貪暴，橫殺梅伏生，爲爾不已，損卿誠效，可令魯生與使赴闕，當加任使。」魯生久未至。延昌中，詔以益宗爲使持節、鎭東將軍、濟州刺史，常侍如故。帝慮其不受代，遣後將軍李世哲與桃符率衆襲之，奄入廣陵。益宗子魯生、魯賢等奔於關南，招引梁兵，光城已南，皆爲梁所保。世哲擊破之，復置郡戍，以益宗還。授征南將軍、金紫光祿大夫，加散騎常侍，改封曲陽縣伯。

益宗生長邊地，不願內榮，雖位秩崇重，猶以爲恨，表陳桃符讒毀之狀。詔曰：「既經大宥，不容方更爲獄。」熙平初，益宗又表乞東豫，以招二子。靈太后令答不許。卒，贈征京大將軍、郢州刺史，謚曰莊。

少子纂襲，位中散大夫，卒，贈東豫州刺史。

益宗長子璲興，位弋陽、東汝南二郡太守。

孟表字武達，濟北蛇丘人也，自云本屬北地，號索里諸孟。青、徐內屬後，表因事南度，仕齊爲馬頭太守。

太和十八年，表據郡歸魏，除南兗州刺史，領馬頭太守，賜爵譙縣侯，鎮渦陽。後齊遣其豫州刺史裴叔業攻圍六十餘日，城中食盡，唯以朽革及草木皮葉爲糧。表撫循將士，戮力固守。會鎮南將軍王肅救之，叔業乃退。初，有一南人，自云姓邊字叔珍，攜妻息從壽春投表，未及送闕，會叔業圍城。表後察叔珍言色頗有異，卽推覈，乃是叔業姑兒，規爲內應，所攜妻子，並亦假妄，於北門外斬之，人情乃安。孝文嘉其誠，封汶陽縣伯，歷濟州刺史、散騎常侍、光祿大夫、齊州刺史。卒，贈兗州刺史，謚曰恭。

奚康生，河南陽翟人也。〔九〕本姓達奚，其先居代，世爲部落大人。祖眞，柔玄鎭將、內外三都大官，賜爵長進侯，卒，贈幽州刺史，謚曰簡。

康生少驍武，彎弓十石，矢異常箭，爲當時所服。太和初，蠕蠕頻寇，康生爲前驅軍主，壯氣有聞，由是爲宗子隊主。從駕征鍾離，駕旋濟淮，五將未度，齊將據渚斷津路。孝文募破中渚賊者，以爲直閤將軍。康生應募，縛筏積柴，因風放火，燒其船艦，依煙直過，飛刀亂

斫，投河溺死者甚衆。乃假康生直閤將軍。後以勳除太子三校、西臺直後。

吐京胡反，自號辛支王，康生爲軍主，從章武王彬討之。分爲五軍，四軍俱敗，康生軍獨全。率精騎一千追胡至車突谷，詐爲墜馬，胡皆謂死，爭欲取之。康生騰騎奮矛，殺傷數十人，射殺辛支。

齊置義陽，招誘邊人，康生復爲統軍，從王肅討之。齊將張伏護自昇城樓，言辭不遜。肅令康生射之，望樓射窗，扉開卽入，應箭而斃。彼人見箭，皆以爲狂弩。齊將裴叔業率衆圍渦陽，欲解義陽之急，詔遣高聰、元衍等援之，並敗退。帝乃遣康生馳往，一戰大破之。及壽春來降，遣康生領羽林千人，給龍廐馬兩匹，馳赴之。破走其將桓和、陳伯之。以功除征虜將軍，封安武縣男。

出爲南青州刺史。後梁郁州遣軍主徐濟寇邊，康生破禽之。時梁聞康生能引强弓，故特作大弓兩張，長八尺，把中圍尺有二寸，箭粗殆如今之長笛，送與康生。康生便集文武，用之平射，猶有餘力。觀者以爲絕倫。弓卽表送，置之武庫。後梁遣都督臨川王蕭宏勒甲十萬規寇徐州，詔授康生武衞將軍，一戰敗之。還京，召見宴會，賞帛千匹，賜驊騮御胡馬一匹。出爲華州刺史，頗有聲績。轉涇州刺史，以輒用官炭瓦，爲御史所劾，削除官爵。尋復之。梁直閤將軍徐玄明戍郁州，殺其刺史張稷，以城內附，詔康生迎接，賜細御銀纏槊一張，幷棗柰果。面敕曰：「果者果如朕心，棗者早遂朕意。」未發間，郁州刺史復叛。〔一〇〕及大舉征蜀，假康生安西將軍，邪趣綿竹。至隴右，宣武崩，班師。

後除相州刺史，在州，以天旱令人鞭石季龍畫像，復就西門豹祠祈雨，不獲，令吏取豹舌。未幾，二兒暴喪，身亦遇疾，巫以爲季龍、豹之祟。

徵拜光祿勳，領右衞將軍，與元叉同謀廢靈太后。遷河南尹，仍右衞、領左右。與子難娶左衞將軍侯剛女，卽元叉妹夫也。叉以其通姻，深相委託，三人多宿禁內，或迭出入。叉以康生子難爲千牛備身。

康生性粗武，言氣高下，叉稍憚之，見于顏色，康生亦微懼不安。正光二年三月，〔一一〕明帝朝靈太后于西林園，文武侍坐，酒酣迭舞。次至康生，乃爲力士舞，及於折旋，每顧視太后，舉手蹈足，嗔目頷首，爲殺縛之勢。太后解其意而不敢言。日暮，太后欲攜帝宿宣光殿。侯剛曰：「至尊已朝訖，嬪御在南，何勞留宿？」康生曰：「至尊陛下兒，隨陛下將東西，更復訪問誰！」羣臣莫敢應。靈太后自起援帝臂，下堂而去，康生大呼唱萬歲於後，近侍皆唱萬歲。明帝引前入閤，左右競相排，閤不得閉。康生奪其子難千牛刀，斫直後元思輔，乃得定。

明帝既上殿，康生時有酒勢，將出處分，遂爲叉所執，鎖於門下。至曉，叉不出，令侍

中、黃門、僕射、尚書等十餘人就康生所，訊其事，處康生斬刑，難處絞刑。叉與剛並在內矯詔決之，康生如奏，難恕死從流。難哭拜辭父，康生忻子免死，慷慨了不悲泣。語其子云：「我不反，死，汝何爲哭也？」有司驅逼，奔走赴市，時已昏闇，行刑人注刀數下，不死，於地刻截。咸言稟叉意旨，過至苦痛。嘗食典御奚混與康生同執刀入內，亦就市絞刑。

康生久爲將，及臨州，多所殺戮。而乃信向佛道，每捨居宅立寺塔，凡歷四州，皆有建置。死時年五十四。子難年十八，以侯剛壻，得停百日，竟徙安州。後尚書盧同爲行臺，叉令殺之。康生於南山立佛圖三層，先死，忽夢崩壞。沙門有爲解云：「檀越當不吉利，無人供養佛圖，故崩耳。」康生稱然，竟及於禍。

靈太后反政，贈都督冀瀛滄三州諸軍事、驃騎大將軍、司空、冀州刺史，謚曰武貞，又追封壽張縣侯。子剛襲。

楊大眼，武都氐難當之孫也。少驍捷，跳走如飛。然庶孼，不爲宗親顧待，不免飢寒。太和中，起家奉朝請。時將南伐，尚書李沖典選征官，大眼往求焉，沖弗許。大眼曰：「尚書不見知，聽下官出一技。」便出長繩三丈許，繫髻而走，繩直如矢，馬馳不及。見者無不驚

歎。沖因曰：「千載以來，未有逸材若此者也。」遂用爲軍主。大眼顧謂同僚曰：「吾之今日，所謂蛟龍得水之秋，自此一舉，不復與諸君齊列矣。」未幾，遷統軍，從車駕征宛、葉、穰、鄧、九江、鍾離之間，所經戰陣，莫不勇冠六軍。

宣武初，裴叔業以壽春內附，大眼與奚康生等率衆先入，以功封安成縣子。除直閤將軍，出爲東荆州刺史。時蠻酋樊秀安等反，詔大眼爲別將，隸都督李崇討平之，大眼功尤多。妻潘氏，善騎射，自詣軍省大眼，至攻戰遊獵之際，潘亦戎裝，齊鑣並驅。及至還營，同坐幕下，對諸僚佐，言笑自得。大眼時指謂諸人曰：「此潘將軍也。」

梁武遣其將張惠紹總率衆軍，竊據宿豫。又假大眼平東將軍爲別將，與都督邢巒討破之。遂與中山王英同圍鍾離。大眼軍城東，守淮橋東西道。屬水汎長，大眼所綰統軍劉神符、公孫祉兩軍夜中爭橋奔退，大眼不能禁，相尋而走。坐徙營州爲兵。

永平中，追其前勳，起爲試守中山內史。時高肇征蜀，宣武慮梁人侵軼，乃徵大眼爲太尉長史、持節、假平南將軍、東征別將，隸都督元遙，遏禦淮、肥。大眼至京師，時人思其雄勇，喜於更用，臺省門巷，觀者如市。後梁將康絢於浮山遏淮，規浸壽春。明帝加大眼光祿大夫，率諸軍鎮荆山，復其封邑。後與蕭寶夤俱征淮堰，不能克，遂於堰上流鑿渠決水而還。加平東將軍。

大眼撫循士卒，呼爲兒子，及見傷痍，爲之流泣。自爲將帥，恒身先兵士，當其鋒者，莫不摧拉。南賊所遣督將，皆懷畏懼。時傳言淮、泗、荆、沔之間童兒啼者，恐之云「楊大眼至」，無不即止。王肅弟康之初歸國也，〔一二〕謂大眼曰：「在南聞君之名，以爲眼如車輪。及見，乃不異於人。」大眼曰：「旗鼓相望，瞋眸奮發，足使君目不能視，何必大如車輪。」當世推其驍果，以爲關、張弗之過也。然征淮堰之役，喜怒無常，捶撻過度，軍士頗憾焉。識者以爲性移所致。

又爲荆州刺史，常縛藁爲人，衣以青布而射之。召諸蠻渠，指示之曰：「卿等若作賊，吾政如此相殺也。」又北清郡嘗有武害，〔一三〕大眼搏而獲之，斬其頭縣於穰市。自是荆蠻相謂曰：「楊公惡人，常作我蠻形以射之。又深山之武，尚所不免。」遂不敢復爲寇盜。在州二年，卒。

大眼雖不學，恒遣人讀書而坐聽之，悉皆記識。令作露布，皆口授之，而竟不多識字也。

有三子，長甑生，次領軍，次征南，皆潘氏所生，咸有父風。初，大眼徙營州，潘在洛陽，頗有失行。及爲中山，大眼側生女夫趙延寶告之於大眼，大眼怒，幽潘而殺之。後娶繼室元氏。大眼之死也，甑生等問印綬所在。時元始懷孕，自指其腹謂甑生等曰：「開國當我兒

襲之，汝等婢子，勿有所望。」甑生等深以爲恨。及大眼喪將還京，出於城東七里，營車而宿。夜二更，甑生等開大眼棺，延寶怪而問焉，征南射殺之。元怖，走入水，征南又彎弓將射之。甑生曰：「天下豈有害母之人。」乃止。遂取大眼屍，令人馬上抱之，左右扶挾以叛。荆人畏甑生等驍武，不敢苦追，遂奔梁。

崔延伯，博陵人也。祖壽，於彭城陷入江南。延伯少以武壯聞，仕齊爲緣淮遊軍，帶濠口戍主。太和中入魏。常爲統帥，膽氣絕人，兼有謀略，積勞稍進，除征虜將軍、荆州刺史，賜爵定陵男。荆州土險，蠻左爲寇，每有聚結，延伯輒自討之，莫不摧殄。由是穰土帖然，無敢爲患。永平中，轉幽州刺史。

梁遣左遊擊將軍趙祖悅率衆偷據硤石，詔延伯爲別將，與都督崔亮討之。亮令延伯守下蔡。延伯與別將伊瓮生挾淮爲營。延伯遂取車輪，去輞，削銳其輻，兩兩接對，揉竹爲絙，貫連相屬，並十餘道，橫水爲橋，兩頭施大鹿盧，出沒任情，不可燒斫，既斷祖悅走路，又令舟舸不通。由是梁軍不能赴救，祖悅合軍咸見俘虜。於軍拜征南將軍、〔一四〕光祿大夫。

延伯與楊大眼等至自淮陽，靈太后幸西林園引見，謂曰：「卿等志尚雄猛，皆國之名將。

比平硤石，公私慶快，此乃卿等之功也。但淮堰仍在，宜須預謀，故引卿等，親共量算，各出一圖，以爲後計。」大眼對曰：「臣輒謂水陸二道一時俱下，往無不剋。」延伯曰：「既對聖顏，答旨宜實。水南水北，各有溝瀆，陸地之計，如何可前。愚臣短見，願聖心思水兵之勤，若給復一年，專習水戰，脫有不虞，召便可用。」靈太后曰：「卿之所言，深是宜要，當敕如請。」二年，除幷州刺史，在州貪汙，聞於遠近。還爲金紫光祿大夫，出爲鎮南將軍，行岐州刺史，假征西將軍，賜驊騮馬一匹。

正光五年秋，以往在揚州，建淮橋之勳，封當利縣男，改封新豐子。時莫折念生兄天生下隴東寇，征西將軍元志爲天生所禽，賊衆甚盛，進屯黑水。詔延伯爲使持節、征西將軍、西道都督。行臺蕭寶夤與延伯結壘馬嵬，南北相去百餘步。延伯曰：「今當仰爲明公參賊勇怯。」延伯選精兵數千，下度黑水，列陣而進，以向賊營。寶夤率騎於水東尋原西北，以示後繼。於時賊衆大盛，水西一里，營營連接。延伯徑至賊壘，揚威脅之，徐而還退。賊以延伯衆少，開營競追，衆過十倍，臨水逼蹙。寶夤親觀之，懼有虧損。延伯不與其戰，身自殿後，抽衆東度，轉運如神，須臾濟盡，徐乃自度。賊徒奪氣，相率還營。寶夤大悅，謂官屬曰：〔一五〕「崔公，古之關、張也，今年何患不制賊。」延伯馳見寶夤曰：「此賊非老奴敵，公但坐看。」後日，延伯勒衆而出，寶夤爲後拒。天生悉衆來戰，延伯身先士卒，陷其前鋒，於是驍

銳競進，大破之，俘斬十餘萬，追奔及於小隴。秦賊勁强，諸將所憚，初議遣將，咸云非延伯無以定之，果能克敵。詔授左衞將軍，餘如故。

於時万俟醜奴、宿勤明達等寇掠涇州。先是盧祖遷、伊甕生數將，皆以元志前行之始，同時發雍，從六陌道將取高平。志敗，仍停涇部。延伯既破秦賊，乃與寶夤率衆會於安定，甲卒十二萬，鐵馬八千匹，軍威甚盛。時醜奴置營涇州西北七十里當原城，時或輕騎暫來挑戰，大兵未交，便示奔北。延伯矜功負勝，遂唱議先驅。伐木別造大排，內爲鎖柱，教習强兵，負而趨走，號爲排城，戰士在外，輜重居中，自涇州緣原北上。衆軍將出討賊，未戰之間，有賊數百騎詐持文書，云是降簿，乞緩師。寶夤、延伯謂其事實，逡巡未闘。俄而宿勤明達率衆自東北而至，乞降之賊從西競下，諸軍前後受敵。延伯上馬突陣，賊勢摧挫，便爾逐北，徑造其營。賊本輕騎，延伯軍兼步卒，兵力疲怠，賊乃乘間得入排城。延伯軍大敗，死傷者將有二萬。寶夤斂軍退保涇州。延伯修繕器械，購募驍勇，復從涇州西進，去賊彭阬谷柵七里結營。延伯恥前挫辱，不報寶夤，獨出襲賊，大破之，俄頃間平其數柵。賊皆逃迸，見兵人采掠，散亂不整，還來衝突，遂大奔敗。延伯中流矢，爲賊所害，士卒死者萬餘人。

延伯善將撫，能得衆心，與康生、大眼爲諸將之冠。延伯末路，功名尤重。時大寇未平

而延伯死，朝野歎懼焉。贈使持節、車騎大將軍、儀同三司、定州刺史，謚曰武烈。

李叔仁，隴西人也。驍健有武力，前後數從征討，以功賜爵獲城鄉男。梁豫州刺史王超宗內侵，叔仁時爲兼統軍，隸揚州刺史薛眞度。眞度遣叔仁討超宗，大破之。以功累遷洛州刺史，假撫軍將軍。後以軍功封陳郡公，又除光祿大夫、朔州刺史。齊州廣川人劉鈞執清河太守邵懷，〔一六〕聚衆反，自署大行臺。詔叔仁爲都督，討平之。除鎮西將軍、金紫光祿大夫，轉車騎大將軍、儀同三司。邢杲反於青州，〔一七〕叔仁爲大都督，出討於濰，〔一八〕失利而還。永安三年，坐事除名，尋復官爵。節閔帝初，加散騎常侍、開府。後除涼州刺史，遣使密通款於東魏，事覺見殺。叔仁所用之槊，長大異於常槊，時人壯之。

論曰：韓茂、皮豹子、封敕文、呂羅漢、孔伯恭之爲將也，皆以沈勇篤實，仁厚撫衆，功成事立，不徒然矣。與夫苟要一戰之利，僥倖暫勝之名，豈同年而語也。田益宗蠻夷荒帥，翻然効款，終於懷金曳紫，不其美歟。孟表之致名位，不徒然也。夫人主聞鞞鼓之響，則思將帥之臣，何則？夷難平暴，折衝禦侮，爲國之所繫也。奚康生等俱以熊武之姿，〔一九〕奮征伐之氣，亦一時之驍猛，壯士之功名乎。

校勘記

〔一〕與樂平王丕等伐和龍茂爲前鋒都將　魏書卷五一韓茂傳，「和龍」下有「徙其居民。從平涼州」八字。按北史刪節失當，混二事爲一。

〔二〕除大將軍廣阿鎮大將　「除」下「大」字魏書作「本」。按本將軍指征南大將軍，魏書上文言韓均爲定州刺史也是以本將軍兼。這裏「大」字當爲「本」之訛。

〔三〕道明第八弟歡喜　諸本「歡」作「懷」，魏書卷五一皮豹子傳無「懷」字。卷七高祖紀太和元年十二月作「皮懽喜」本書卷三孝文紀作皮喜。本書卷九六氐傳、吐谷渾傳、通鑑卷一三四四二〇一頁作「皮歡喜」。按其人本名「歡喜」，魏書避高歡諱，故單作「喜」。高祖紀作「懽喜」，當是後人所增。「懽」卽「歡」字，「懷」爲「懽」之訛。今據改作「歡」。

〔四〕進城陽公　諸本「城陽」作「彭城」，魏書卷五一孔伯恭傳作「城陽」。按魏書卷六顯祖紀天安元年九月，魏書卷五〇、本書卷二五尉元傳，並見「城陽公孔伯恭」。作「彭城」是涉下文而誤，今據改。

〔五〕大破之吳喜公輕騎遁走　魏書「破之」下作「斬其將姜產之、高遵世及丘幼弼、丘隆先、沈榮宗、陸道景等首。攸之、憘公等輕騎遁走」。攸之乃宋軍主將，北史刪節並「攸之」二字刪去，殊爲失當。

〔六〕益宗遣光城太守梅興之進至陰山關　各本「梅」作「楊」，宋本及魏書卷六一、通志卷一四九田益宗傳作「梅」。按梅爲蠻族著姓，今從宋本。

〔七〕梁建寧太守黃天賜築城赤亭　諸本「梁」上有「二十二年」四字，魏書無。按景明只四年，無二十二年。此緣魏書上文在「景明」前有「二十二年進號征虜將軍」語，本指太和二十二年，北史誤移四字於此，遂似景明有二十二年，且將同一戰役，分截爲二，非。今刪去四字。

〔八〕宣武納之遣鎮南將軍元英攻義陽至時樂口已南郢豫二州諸縣皆沒於梁唯有義陽而已　按魏書敍元英攻佔義陽之後，又敍白早生叛魏降梁事，然後云「時自樂口已南，郢、豫二州諸城皆沒於賊，唯有義陽而已」。據魏書卷八世宗紀，元英攻義陽在景明四年公元五〇三年，白早生叛魏在永平元年公元五〇八年，本非一事。北史刪節，誤合爲一。遂致上云「元英攻義陽」，下云「唯有義陽而已」，義陽究屬誰有，亦不明不白。此刪節之失。

〔九〕河南陽翟人也　魏書卷七三奚康生傳「陽翟」作「洛陽」。按魏書卷七下高祖紀，太和十九年六月，「詔遷洛之民，死葬河南，不得還北。於是代人南遷者，悉爲河南洛陽人」。奚康生本姓達

奚，其先居代，則亦屬代人南遷者，自當籍屬河南洛陽。周書卷二九達奚寔作河南洛陽人，可證。此作「陽翟」，當誤。

〔一〇〕郁州刺史復叛 魏書無「刺史」二字。張森楷云：「此誤衍文。」按「郁州」，魏書卷九八蕭衍傳作「郁洲」，宋書卷三六州郡志青州條作「鬱洲」，是地名而非州名。宋、齊、梁於此僑置青州，上文被殺之張稷，其官卽爲青、冀二州刺史見蕭衍傳。「郁州」既非州名，自不可能有「郁州刺史」。張說是。

〔一一〕正光二年三月 諸本「三」作「二」，魏書作「三」。按魏書卷九肅宗紀、本書卷四孝明紀，事在三月，今據改。

〔一二〕王肅弟康之初歸國也 魏書卷七三楊大眼傳「康」作「秉」，北史避唐諱改。參卷三二崔㥄傳校記。

〔一三〕又北淸郡嘗有武害 各本及魏書「武」作「虎」，百衲本作「武」。按此北史避唐諱改，今仍從百衲本。

〔一四〕於軍拜征南將軍 魏書卷七三、通志卷一四九崔延伯傳「征」作「平」。按下文「出爲鎭南將軍」。征南班在鎭南上，延伯不得反降一等。平南班在鎭南之下，延伯以平南升鎭南正合。魏書、通志是。

〔一五〕謂官屬曰 諸本「官」訛「宮」，據宋本及魏書、通志改。

〔一六〕齊州廣川人劉鈞執淸河太守邵懷 諸本脫「鈞」字。按事見魏書卷九肅宗紀孝昌三年三月，今據補。

〔一七〕邢杲反於青州 諸本「杲」訛「果」，據宋本及通志卷一四九李叔仁傳改。

〔一八〕出討於濰 諸本「濰」作「淮」。按青州不濱淮水。據魏書卷一〇孝莊紀永安元年十月條，云「李叔仁討邢杲於濰水，失利而還」。「淮」乃「濰」之訛，今據改。

〔一九〕奚康生等俱以熊武之姿 魏書卷七三史臣論「武」作「虎」，北史避唐諱改。

北史卷三十八

列傳第二十六

裴駿 孫敬憲 莊伯 從弟安祖 裴延儁 裴佗 子讓之 孫矩 皇甫和

裴果 裴寬 裴俠 子祥 肅 裴文舉 裴仁基

裴駿字神駒，小名皮，河東聞喜人也。父雙碩，位恒農太守、安邑子，贈東雍州刺史、聞喜侯。

駿幼而聰慧，親表稱爲神駒，因以爲字。弱冠，通涉經史，方檢有禮度，鄉里宗敬焉。蓋吳作亂於關中，汾陰人薛永宗聚衆應之，來襲聞喜，縣令憂惶，計無所出。駿在家聞之，便率厲鄉豪奔赴之。賊退，刺史以狀聞。會太武親討蓋吳，引見駿。駿陳叙事宜，帝大悅，謂崔浩曰：「裴駿有當世才，其忠義可嘉。」補中書博士。浩亦深器駿，目爲三河領袖。轉中書侍郎。宋使明僧暠來聘，以駿有才學，假給事中、散騎常侍，於境上勞接。卒，贈秦州刺史、

聞喜侯，謚曰康。

子脩，字元寄，清辯好學，歷位祕書中散、主客令。累遷中大夫，兼祠部曹事，職主禮樂，每有疑議，脩斟酌故實，咸有條貫。卒，謚曰恭伯，宣武時追贈東秦州刺史。脩早孤，居喪以孝聞。二弟三妹，並在幼弱，撫養訓誨，甚有義方。次弟務早喪，脩哀傷之，感於行路。愛育孤姪，同於己子，及將異居，奴婢田宅悉推與之，時人以此稱焉。

子詢，字敬叔，美儀貌，多藝能，音律博弈，咸所閑解。位平昌太守。時太原長公主寡居，與詢私姦，明帝仍詔詢尚焉。尋以主壻，特除散騎常侍。時本邑中正闕，司徒召詢爲之。詢族叔景，〔一〕自陳情願此官，詢遂讓焉。時論善之。尋監起居事，遷祕書監，出爲郢州刺史。詢以凡司戍主蠻酋田朴特，地居要險，衆踰數萬，足爲邊捍，遂表朴特爲西郢州刺史。朝議許之。梁將李國興寇邊，朴特與部曲爲表裏聲援，郢州獲全，朴特頗有力焉。徵爲七兵尚書。武泰中，以本官兼侍中爲關中大使，未及發，於河陰遇害。贈司空公，謚曰貞烈。無子。

脩弟宣，字叔令，通辯博物，早有聲譽。少孤，事母兄以孝友稱。司空李沖有人倫鑒，見而重之。孝文初，徵爲尚書主客郎，累遷太尉長史。宣上言：自遷都以來，凡戰陣之處及

軍罷兵還之道，所有骸骼無人覆藏者，請悉令州郡戍邏檢行埋掩；幷符出兵之鄉，其家有死於戎役者，皆使招魂復魄，祔祭先靈，復其年租調；身被傷痍者，免其兵役。朝廷從之。出爲益州刺史，宣至州綏撫，甚得戎羌之心。後晉壽更置益州，改宣所莅爲南秦州。

宣家世以儒學爲業，常慕廉退，每歎曰：「以賈誼之才，漢文之世，而不歷公卿，將非運也？」乃謂親賓曰：「吾本無當世之志，直隨牒至此，祿後養親，[二] 効不光國，可以言歸矣。」因奉表求解，宣武不許，乃作懷田賦以敍心焉。宣素明陰陽之書，自始患便剋亡日，果如其言。贈豫州刺史，謚曰定，尋改爲穆。子敬憲嗣。

敬憲字孝虞，少有志行，學博才淸，撫訓諸弟，專以讀誦爲業。澹於榮利，風氣俊遠。郡徵功曹不就，諸府辟命，先進其弟，世人歎美之。司州牧、高陽王雍舉秀才，射策高第，除太學博士。性和雅，未嘗失色於人，工隸草，解音律，五言之作，獨擅於時，名聲甚重，後進咸共宗慕之。中山王將之部，[三] 朝賢送於河梁，賦詩言別，皆以敬憲爲最。其文不能贍逸，而有淸麗之美。少有氣病，年三十三卒，人物甚悼之。

敬憲世有仁義於鄉里，孝昌中，蜀賊陳雙熾所過殘暴，至敬憲宅，輒相約束，不得焚燒，爲物所伏如此。永安三年，贈中書侍郎，[四] 謚曰文。

敬憲弟莊伯，字孝夏，亦有文才，器度閑雅，喜慍不形於色，博識多聞，善以約言辯物。司空、任城王澄辟爲行參軍，甚加知賞。年二十一，上神龜頌，時人異之。文筆與敬憲相亞。臨淮王彧北討，引爲記室參軍，委以章奏之事。及聞敬憲寢疾，求假不許，遂徑自還，亦矜而不問。扶侍兄病，晝夜不離於側，形容憔悴。因葬敬憲於鄉，遇病卒，年二十八。兄弟才學知名，同年俱喪，世共嗟惜之。永安三年，贈通直散騎侍郎，謚曰獻。兄弟並無子，所著詞藻，莫爲集錄。

莊伯弟獻伯，廷尉卿、濟州刺史，少以學尚風流，有名京洛。爲政嚴酷，不得吏人之和，但以淸白流譽。卒於殿中尙書。

駿從弟安祖，少聰慧，年八九歲，就師講詩，至鹿鳴篇，語諸兄云：「鹿得食相呼，而況人乎。」自此未曾獨食。弱冠，州辟主簿。人有兄弟爭財，詣州相訟，安祖召其兄弟，以禮義責讓之，此人兄弟，明日相率謝罪。州內欽服之。後有人勸其仕進，安祖曰：「高尙之事，非敢庶幾，但京師遼遠，實憚於棲屑耳。」於是閑居養志，不出城邑。會天熱，舍於樹下。有鷙鳥逐雉，雉急投之，遂觸樹而死。安祖愍之，乃取置陰地，徐徐護視，良久得蘇，喜而放之。後夜忽夢一丈夫，衣冠甚偉，著繡衣曲領，向安祖再拜。安祖怪問之，此人云：「感君前日見放，故來謝德。」聞者異焉。

後孝文幸長安，至河東，存訪故老，安祖朝於蒲坂。帝與語甚悅，仍拜安邑令，以老病固辭，詔給一時俸以供湯藥焉。年八十三，卒於家。

裴延儁字平子，河東聞喜人也，魏冀州刺史徽之八世孫也。曾祖奣，諮議參軍、幷州別駕。祖雙彪，河東太守，贈雍州刺史，謚曰順。父山松，州主簿，行平陽郡事，以平蜀賊丁虫功，贈東雍州刺史。

延儁少孤，事後母以孝聞，涉獵墳史，頗有才筆。舉秀才，射策高第，除著作佐郎，累遷太子洗馬，又領本邑中正。及太子恂廢，以宮官例免。宣武卽位，爲中書侍郎。時帝專心釋典，不事墳籍，延儁上疏致諫。後除司州別駕。及詔立明堂，羣官博議，延儁獨著一堂之論。太傅、淸河王懌時典衆議，讀而笑曰：「子故欲遠符僕射也。」

明帝時，累遷幽州刺史。范陽郡有舊督亢渠，徑五十里；漁陽、燕郡有故戾陵諸堨，廣袤三十里，皆廢毀多時，莫能修復。時水旱不調，延儁乃表求營造，遂躬自履行，相度形勢，

隨力分督，未幾而就，溉田百萬餘畝，爲利十倍，百姓賴之。又命主簿酈惲修起學校，禮教大行，人歌謠之。在州五年，考績爲天下最。拜太常卿，歷七兵殿中二尙書、散騎常侍、中書令、御史中尉，又以本官兼侍中、吏部尙書。延儁在臺閣，守職而已，不能有所裁斷直繩也。

莊帝初，於河陰遇害，贈儀同三司、都督、雍州刺史。子元直、敬猷，並有學尙，與父同時遇害。元直贈光州刺史。敬猷妻丞相、高陽王雍外孫，超贈尙書僕射。

延儁從叔夑醜、桃弓並見稱於鄉里。[五]

子夙，字買興，沈雅有器識，儀望甚偉，孝文見而異之。吏部尙書、任城王澄有知人鑒，每歎美夙，以遠大許之。位河北太守，以忠恕接下，百姓感而懷之。卒於郡。三子，範、昇之、鑒。

鑒字道徽，性强正，有學涉，卒於廷尉卿。鑒居官淸苦，時論稱之。贈東雍州刺史。子澤，頗有文學。齊孝昭初，爲齋帥，奏舍人。孝昭崩，魏收議爲恭烈皇帝，澤正色抗論曰：「魏收死後，亦不肯爲恭烈之謚，何容以擬大行。且比皇太后不豫，先帝殯寢失常，聖

躬貶損，今者易名，必須加孝。」遂改爲孝昭。因此忤旨，出爲廣州司馬。尋歷位中書侍郎，兼給事黃門侍郎，以漏泄免。後爲散騎侍郎，尋爲誹毁大臣趙彥深等，兼詠石榴詩，微以託意，有人以奏武成，武成決杖六十，髡頭除名。後主卽位，爲清河郡守。與祖珽有舊，珽奏除尙書左丞，又引爲兼黃門。執政疾其祖珽之黨，與崔季舒等同見誅。

澤本勁直，無所回避，及被出追還，折節和光，然好戲笑，無規檢，故頻敗。妻鉅鹿魏氏，恩好甚隆，不能暫相離，澤每從駕，其妻不宿。亦至性强立，時人以爲健婦夫半。

延儁從祖弟良，字元賓，稍遷尙書考功郎中。時汾州吐京胡薛羽等作逆，以良兼尙書左丞，爲西北道行臺。時有五城郡山胡馮宜都、賀悅回成等，以妖妄惑衆，假稱帝號，服素衣，持白傘白幡，率諸逆衆，於雲臺郊抗王師。良大破之。又山胡劉蠡升，自云聖術，胡人信之，咸相影附，旬日之間，逆徒還振。以良爲汾州刺史，加輔國將軍，行臺如故。良以城人飢窘，夜率衆奔西河。汾州之居西河，自良始也。

孝靜初，爲衞大將軍、太府卿，卒於官。贈吏部尙書，謚曰貞，又重贈侍中、尙書僕射。子叔祉，粗涉文學，居官甚著聲績，位終司空右長史。

良從父兄子慶孫，字紹遠，少孤，性倜儻，重然諾。正光末，汾州吐京羣胡薛悉公、馬牒騰並自立爲王，衆至數萬。詔慶孫爲募人別將，招率鄉豪以討之。慶孫每摧其鋒，進軍深入，至雲臺郊，大戰郊西，賊衆大潰。徵赴都，除直後。於是賊復鳩集，北連蠡升，南通絳蜀，兇徒轉盛。以慶孫爲別將，從軹關入討，深入二百餘里，至陽胡城。朝廷以此地被山帶河，衿要之所，明帝末，遂立邵郡，因以慶孫爲太守。慶孫務安緝之，咸來歸業。尒朱榮之死也，世隆擁衆北度，詔慶孫爲大都督，與行臺源子恭率衆追擊。慶孫與世隆密通，事洩，追還河內斬之。

慶孫任俠有氣，鄉曲壯士及好事者多相依附，撫養咸有恩紀。在郡日，逢歲飢凶，四方遊客恒有百餘，慶孫自以家粮贍之。性雖粗武，愛好文流，與諸才學之士咸相交結，輕財重義，坐客恒滿，是以爲時所稱。

延儁從祖弟仲規，少好經史，頗有志節。咸陽王禧爲司州牧，辟爲主簿，仍表行建興郡事。車駕自代還洛，次於郡境，仲規備供帳，朝於路側。詔仲規曰：「畿郡望重，卿何能自致此也？」仲規曰：「陛下棄彼玄壤，來宅紫縣，臣方躍馬吳、會，冀功銘帝籍，豈一郡而已。」孝文笑曰：「冀卿必副此言。」駕還，見咸陽王曰：「昨得汝主簿爲南道主人，六軍豐贍。元弟之寄，殊副所望。」除司徒主簿。

仲規父在鄉疾病，棄官奔赴，以違制免。久之，中山王英征義陽，引爲統軍，奏復本資。於陣戰沒。贈河東太守，謚曰貞。無子，弟叔義以第二子伯茂後之。

伯茂少有風望，學涉羣書，文藻富贍，釋褐奉朝請。大將軍、京兆王繼西討，引爲鎧曹參軍。南征絳蜀陳雙熾，〔六〕爲行臺長孫承業行臺郎中。承業還京師，留伯茂仍知行臺事。以平薛鳳賢等，賞平陽伯。再遷散騎常侍，典起居注。太昌初，爲中書侍郎。永熙中，孝武帝兄子廣平王贊盛選賓僚，以伯茂爲文學。後加中軍大將軍。

伯茂好飲酒，頗涉疏傲。久不徙官，曾爲豁情賦。天平初遷鄴，又爲遷都賦。二年，因內宴，伯茂侮慢殿中尙書、章武王景哲。景哲遂申啓，稱伯茂棄其本列，與監同行，以梨擊案，傍汙冠服，禁庭之內，令人挈衣。詔付所司，後竟無坐。

伯茂既出後其伯仲規，與兄景融別居，景融貧窘，伯茂了無賑恤，殆同行路，世以此貶薄之。卒，年三十九，知舊歎惜焉。

伯茂末年，劇飲不已，乃至傷性，多有愆失。未亡前數日，忽云吾得密信，將被收掩，乃與婦乘車西逃避。後因顧指壁中，言有官人追逐，其妻方知其病。卒後，殯於家園。友人

常景、李渾、王元景、盧元明、魏季景、李騫等十許人於墓傍置酒設祭，哀哭涕泣，一飲一酹，曰：「裴中書魂而有靈，知吾曹也。」乃各賦詩一篇。李騫以魏收亦與之友，寄以示收。收時在晉陽，乃同其作，論敍伯茂，其十字云：「臨風想玄度，對酒思公榮。」時人以伯茂性侮傲，謂收詩頗得事實。贈散騎常侍、衞將軍、度支尙書、雍州刺史，重贈吏部尙書，謚曰文。伯茂曾撰晉書，竟未能成。

無子，兄景融以第二子孝才繼。齊武平末，位中書舍人。

叔義亦有學行，累遷太山太守，爲政淸靜，吏人安之。遷司徒從事中郎。卒，贈東秦州刺史，謚曰宣。

子景融，字孔明，篤學好屬文。舉秀才，射策高第，除太學博士，稍遷諫議大夫，領著作。元象中，儀同高岳以爲錄事參軍。弟景龍、景顏被劾廷尉獄，景融入選，吏部擬郡，爲御史中尉崔暹所彈，云其貪榮昧進，遂坐免官。病卒。景融卑退廉謹，無競於時，雖才不稱學，而緝綴無倦，文詞汎濫，理會處寡。所作文章，別有集錄。

景顏頗有學尙，孝靜初，爲司空長史，在官貪穢，爲中尉崔暹所劾，遇病死獄中。

延儁族兄聿，字外興，以操尚貞立，被孝文所知。爲北中府長史。時帝以聿與中書侍郎崔亮清貧，欲以幹祿優之，乃以亮帶野王縣事，聿帶溫縣，時人榮之。卒於平秦郡太守，贈洛州刺史。子子袖入關西。

延儁族人瑗，字珍寶，太和中析屬河北郡。少孤貧，清苦自立。爲汝南王悅郎中令。孝靜初，卒於雍州刺史。

延儁從父兄宣明，位華州刺史，有惠政，謚曰簡。二子景鸞、景鴻，並有逸才，河東呼景鸞爲驥子，景鴻爲龍文。

景鸞位華州刺史。子文端，齊行臺郎。四子，顒、安志、弘、振。

景鴻，齊和夷郡守。子叔卿，博涉有孝行，時人號曰「裴曾子」。隋貝丘令。子神舉、神符，而神舉最知名。

裴佗字元化，河東聞喜人也。六世祖詵，仕晉位太常卿。因晉亂，避地涼州。苻堅平河西，東歸，因居解縣。世以文學顯，五舉秀才，再舉孝廉，時人美之。父景惠，州別駕。佗容貌魁偉，隤然有器望。舉秀才，以高第除中書博士。累遷趙郡太守，爲政有方，威惠甚著，狡吏姦人，莫不改貫，所得俸祿，分恤貧窮。轉前將軍、荊州刺史，郡人戀仰，傾境餞送。蠻酋田盤石、田敬宗等部落萬餘家，恃衆阻險，不賓王命，前後牧守，未能降款。佗至州，單使宣慰，示以禍福，敬宗聞風歸附，於是合境清晏，襁負至者千餘家。後加中軍將軍，以老乞還。卒，遺令不聽請贈，不受賵襚，諸子皆遵行之。

佗性剛直，不好與俗人交游，其投分者必當時名勝。清白任眞，不事家產，宅不過三十步，又無田園，暑不張蓋，寒不衣裘，其貞儉若此。子讓之。

讓之字士禮，年十六喪父，殆不勝哀。其母辛氏泣撫之曰：「棄我滅性，得爲孝子乎！」由是自勉。辛氏高明婦人，又閑禮度，夫喪，諸子多幼弱，廣延師友，或親自教授，內外親屬有吉凶禮制，多取則焉。

讓之少好學，有文情，清明俊辯，早得聲譽。魏天平中，舉秀才，對策高第。累遷屯田、主客郎中，省中語曰「能賦詩，裴讓之」。爲太原公開府記室。與楊愔友善，相遇則清談竟日。愔每云：「此人風流警拔，裴文季爲不亡矣。」梁使至，常令讓之攝主客郎。

第二弟諏之奔關右，兄弟五人皆拘繫。齊神武問云：「諏之何在？」答曰：「昔吳、蜀二國，諸葛兄弟各得盡心，況讓之老母在此，君臣分定，失忠與孝，愚夫不爲。伏願明公以誠信待物。若以不信處物，物亦安能自信？以此定霸，猶却行而求道耳。」神武善其言，兄弟俱釋。

歷文襄大將軍主簿，兼中書舍人。後兼散騎常侍聘梁。文襄嘗入朝，讓之導引，容儀醞籍，文襄目之曰：「士禮，佳舍人也。」遷長兼中書侍郎，領舍人。齊受禪，靜帝遜居別宮，與諸臣別，讓之流涕歔欷。以參掌儀注，封寧都縣男。帝欲以爲黃門侍郎，或言其體重不堪趨侍，乃除清河太守。至郡未幾，楊愔謂讓之諸弟曰：「我與賢兄交款，企聞善政，適有人從清河來，云姦吏斂迹，盜賊清靖。期月之期，翻更非速。」

清河有二豪吏田轉貴、孫舍興，久吏奸猾，多有侵削，因事遂脅人取財，計贓依律不至死，讓之以其亂法，殺之。時清河王岳爲司州牧，遣部從事案之。侍中高德政舊與讓之不協，密奏言：「當陛下受禪之時，讓之眷戀魏朝，嗚咽流涕，比爲內官，情非所願。」既而楊愔請救之，云罪不合死。文宣大怒，謂愔曰：「欲得與裴讓之同冢邪！」於是無敢言者，事奏，竟賜死於家。

讓之次弟諏之，字士正，少好儒學，釋褐太學博士。嘗從常景借書百卷，十許日便返。景疑其不能讀，每卷策問，應答無遺。景歎曰：「應奉五行俱下，禰衡一覽便記，今復見之於裴生矣。」楊愔闔門改葬，託諏之頓作十餘墓誌，文皆可觀。讓之、諏之及皇甫和、和弟亮，

並知名於洛下，時人語曰：「諏勝於讓，和不如亮。」司空高乾致書曰：「相屈爲戶曹參軍。」諏之復書不受署。沛王開大司馬府，辟爲記室。遷鄴後，諏之留在河南。西魏領軍獨孤信入據金墉，以諏之爲開府屬，號曰「洛陽遺彥」。信敗，諏之居南山，洛州刺史王元軌召爲中從事。西師忽至，尋退，遂隨西師入關。周文帝以爲大行臺倉曹郎中。卒，贈徐州刺史。

次讞之，字士平，七歲便勤學，早知名。累遷司徒主簿。楊愔每稱歎曰：「河東士族，京官不少，唯此家兄弟，全無鄉音。」讞之雖年少，不妄交游，唯與隴西辛術、趙郡李繪、頓丘李構、清河崔瞻爲忘年友。昭帝梓宮將還鄴，轉儀曹郎，尤悉歷代故事，儀注、喪禮皆能裁正。爲許昌太守，客旅過郡，皆出私財供給，人間無所預。代下日，爲吏人所懷。仕周，卒伊川太守。

次謀之，字士令，少有風格，邢卲每云「我裴四」。武成爲開府，辟爲參軍，掌書記。

次訥之，字士言，純謹有局量。弱冠爲平原公開府墨曹，掌書記，從至并州。其母在鄴，忽得心痛，訥之是日不勝思慕，心亦驚痛，乃請急而還。當時以爲孝感。文宣踐阼，幸晉陽，皇太子監國，留訥之與杜臺卿並爲齋帥，領東宮管記。轉太子舍人，奏中書舍人事。衞尉杜弼被其家客誣云「有怨言，誹訕時政」。并稱訥之與弼交好，亦知之。坐免官。卒，天統中追贈平州刺史。

長子曰樊，出後讓之。次子矩，最知名。

矩字弘大，襁褓而孤，及長，好學，頗愛文藻，有智數。世父讓之謂曰：「觀汝神識，足成才士，欲求宦達，當資幹世之務。」矩由是始留情世事。仕齊，爲高平王文學。齊亡，不得調。隋文帝爲定州總管，補記室，甚親敬之。以母憂去職。及帝作相，遣使馳召之，參相府記室事。受禪，遷給事郎，奏舍人事。伐陳之役，領元帥記室。既破丹陽，晉王廣令矩與高熲收陳圖籍。

明年，奉詔巡撫嶺南，未行而高智慧、汪文進等作亂，吳、越道閉。上難遣矩行，矩請速進，上許之。行至南康，得兵數千人。時俚帥王仲宣逼廣州，遣其部將周師舉圍東衡州，矩與大將軍鹿愿赴之。賊立九柵，屯大庾嶺、共爲聲援，矩進擊破之。賊懼，釋東衡州，據原長嶺，又擊敗之，遂斬師舉，進軍自南海援廣州，〔七〕仲宣懼而潰散。矩所綏集者二十餘州，又承制署渠帥爲刺史縣令。及還，上大悅，命升殿勞苦之，謂高熲、楊素曰：「韋洸將二萬兵，不能早度嶺，每患其兵少。裴矩以三千弊卒徑至南海，有臣若此，朕亦何憂。」以功拜開府，賜爵聞喜縣公，賚物二千段。除戶部侍郎，遷內史侍郎。

時突厥强盛，都藍可汗妻大義公主卽宇文氏女，由是數爲邊患。後因公主與從胡私通，

長孫晟先發其事，矩請出使說都藍，顯戮宇文。上從之，竟如其言。公主見殺後，都藍與突利可汗構難，屢犯亭鄣。詔太平公史萬歲爲行軍總管，出定襄道，以矩爲行軍長史，破達頭可汗於塞外。萬歲被誅，功竟不錄。上以啓人可汗初附，令矩撫慰之。還，爲尙書左丞。其年，文獻皇后崩，太常舊無儀注，矩與牛弘、李百藥等據齊禮參定。轉吏部侍郎，名爲稱職。煬帝卽位，營建東都，矩職修府省，九旬功就。

時西域諸蕃多至張掖與中國交市，帝令矩掌其事。矩知帝方勤遠略，諸胡至者，矩誘令言其國俗山川險易，撰西域圖記三卷，入朝奏之。其序曰：

臣聞禹定九州，導河不踰積石；秦兼六國，設防止於臨洮。故知西胡雜種，僻居遐裔，禮教之所不及，書典之所罕傳。自漢氏興基，開拓河右，始稱名號者有三十六國。〔八〕其後分立，乃五十五王。仍置校尉、都護，以存招撫。然叛服不恒，屢經征戰。後漢之世，頻廢此官，雖大宛以來，略知戶數，而諸國山川，未有名目。至如姓氏、風土、服章、物產，全無纂錄，世所弗聞。復以春秋遞謝，年代久遠，兼并誅討，互有興亡，或地是故邦，改從今號，或人非舊類，同襲昔名。兼復部人交錯，封疆移改，戎狄音殊，事難窮驗。于闐之北，葱嶺以東，考于前史，三十餘國。其後更相屠滅，僅有十存，自餘淪沒，掃地俱盡，空有丘墟，不可記識。

皇上應天育物，無隔華夷，率土黔黎，莫不慕化，風行所及，日入以來，職貢皆通，無遠不至。臣既因撫納，監知關市，尋討書籍，訪采胡人，或有所疑，卽詳衆口，依其本國服飾儀形，王及庶人各顯容止，卽丹青摸寫爲西域圖記，共成三卷，合四十五國。〔九〕仍別造地圖，窮其要害，從西頃以去，北海之南，縱橫所亙，將二萬里。諒由富商大賈，周游經涉，故諸國之事，罔不徧知。復有幽荒遠地，卒訪難曉，不可憑虛，是以致闕。而二漢相踵，西域爲傳，戶人數十，卽稱國王，徒有名號，有乖其實。今者所編，皆餘千戶，利盡西海，多產珍異。見山居之屬，非有國名及部落小者，多亦不載。

發自敦煌，至于西海，凡爲三道，各有襟帶。北道從伊吾經蒲類海、鐵勒部、突厥可汗庭，度北流河水、至拂菻國，達于西海。其中道從高昌、焉耆、龜茲、疏勒，度葱嶺，又經鏺汗、蘇勒沙那國、〔一〇〕康國、曹國、何國、大小安國、穆國，至波斯，達于西海。其南道從鄯善、于闐、朱俱波、喝盤陁，度葱嶺，又經護密、吐火羅、挹怛、〔一一〕忛延、漕國，至北婆羅門，達于西海。其三道諸國，亦各自有路，南北交通。其東女國、南婆羅門國等，〔一二〕並隨其所往，諸處得達。故知伊吾、高昌、鄯善並西域之門戶也，總湊敦煌，是其咽喉之地。

以國家威德，將士驍雄，汎濛汜而揚旌，越崑崙而躍馬，易如反掌，何往不至。但

突厥、吐谷渾分領羌胡之國，爲其擁遏，故朝貢不通。今並因商人，密送誠款，引領翹首，願爲臣妾。聖情含養，澤及普天，服而撫之，務在安輯。故皇華遣使，弗動兵車。諸蕃既從，突厥可滅。混一戎夏，其在茲乎。不有所記，無以表威化之遠也。

帝大悅，賜物五百段，每日引矩至御坐，親問西方之事。矩盛言胡中多諸寶物，吐谷渾易可并吞。帝由是甘心，將通西域，西夷經略，咸以委之。

後遷黃門侍郎，復令往張掖，引致西蕃，至者十餘國。大業三年，帝有事於恒嶽，〔一三〕咸來助祭。帝將巡河右，復令矩往敦煌，矩遣使說高昌王麴伯雅及伊吾吐屯設等，啗以厚利，導之使入朝。及帝西巡，次燕支山，高昌王、伊吾設等及西蕃胡二十七國謁於道左，皆令佩金玉，被錦罽，焚香奏樂，歌舞喧噪。復令張掖、武威士女盛飾縱觀，塡咽周亙數十里，以示中國之盛。帝見而大悅。竟破吐谷渾，拓地數千里，並遣兵戍之，每歲委輸巨億萬計。諸蕃懾懼，朝貢相續。帝謂矩有綏懷略，進位銀靑光祿大夫。

其年冬，帝至東都。矩以蠻夷朝貢者多，諷帝令都下大戲，徵四方奇伎異藝陳於端門街，衣錦綺、珥金翠者以十萬數。又勒百官及百姓士女列坐棚閣而縱觀焉，皆被服鮮麗，終月而罷。又令交市店肆皆設帷帳，盛酒食，遣掌蕃率蠻夷與人貿易，所至處悉令邀延就坐，醉飽而散。蠻夷嗟歎，謂中國爲神仙。帝稱矩至誠，謂宇文述、牛弘曰：「裴矩凡所陳奏，皆

朕之成算，朕未發，矩輒以聞。自非奉國，孰能若是。」

帝遣將軍薛世雄城伊吾，令矩共往經略。矩諷諭西域諸國曰：「天子爲蕃人交易懸遠，所以城耳。」咸以爲然，不復來競。及還，賜錢四十萬。矩又白狀，令反間射匱，潛攻處羅。後處羅爲射匱所迫，竟隨使者入朝。帝大悅，賜矩貂裘及西域珍器。

從帝巡塞北，幸啓人帳。時高麗遣使先通于突厥，啓人不敢隱，引之見帝。矩因奏曰：「高麗地本孤竹國，周代以之封箕子，漢世分爲三郡，晉氏亦統遼東。今乃不臣，列爲外域，故先帝欲征之久矣。但以楊諒不肖，師出無功。當陛下時，安得不事，使此冠帶之境仍爲蠻貊之鄉乎？今其使朝於突厥，親見啓人合國從化，必懼皇靈之遠暢，慮後服之先亡，脅令入朝，當可致也。」帝曰：「如何？」矩曰：「請面詔其使，放還本國，遣語其王，令速朝覲。不然者，當率突厥，即日誅之。」帝納焉。高元不用命，始建征遼之策。

王師臨遼，以本官領武賁郎將。明年，復從至遼東。兵部侍郎斛斯政亡入高麗，帝令矩兼掌兵事。以前後度遼功，進位右光祿大夫。

時皇綱不振，人皆變節，左翊衞大將軍宇文述、內史侍郎虞世基等用事，文武多以賄聞。唯矩守常，無贓穢之響，以是爲世所稱。後以楊玄感初平，帝令矩安集隴右，因之會寧，存問曷薩那部落，遣闕達度設寇吐谷渾，頻有虜獲，部落致富。還而奏狀，帝大賞之。後

從至懷遠鎭，詔護北蕃軍事。

矩以始畢可汗部衆漸盛，獻策分其勢，將以宗女嫁其弟叱吉設，拜爲南面可汗。叱吉不敢受，始畢聞而漸怨。矩又曰：「突厥本淳，易可離間，由其內多有羣胡，盡皆桀黠，教導之耳。臣聞史蜀胡悉尤多奸計，幸於始畢，請誘殺之。」帝曰：「善。」矩因遣人告胡悉曰：「天子大出珍物，今在馬邑，欲共蕃內多作交關，若前來者，即得好物。」胡悉信之，不告始畢，率其部落，盡驅六畜爭進，冀先互市。矩伏兵馬邑，誘而斬之。詔報始畢曰：「史蜀胡悉忽領部落，走來至此，云背可汗，請我容納。今已斬之，故令往報。」始畢亦知其狀，由是不朝。

十一年，帝北巡狩，始畢率騎數十萬圍帝於雁門，詔矩與虞世基宿朝堂以待顧問。及圍解，從至東都。屬射匱可汗遣其猶子率西蕃諸胡朝貢，詔矩宴接之。

尋從幸江都宮。時四方盜賊蜂起，郡縣上奏者不可勝計。矩言之，帝怒，遣矩詣京師接蕃客。以疾不行。及義兵入關，帝遣虞世基就宅問矩方略。矩曰：「太原有變，京畿不靜，遙爲處分，恐失事機，唯願鑾輿早還。」俄而驍衞大將軍屈突通敗問至，矩以聞，帝失色。矩素勤謹，未嘗忤物，又見天下方亂，恐爲身禍，其待遇人，多過其所望，故雖廝役，皆得其歡心。

時從駕驍果數有逃散，帝憂之，以問矩。矩曰：「今車駕留此，已經二年。驍果之徒，盡無家口，人無匹合，則不能久安。臣請聽兵士於此納室。」帝大喜曰：「公定多智，此奇計也。」因令矩檢校爲將士等娶妻。矩召江都境內寡婦及未嫁女皆集宮監，又召諸將帥及兵等恣其所取。因聽自首，先有奸通婦女及尼、女官等，並即配之。由是驍果等悅，咸相謂曰：「裴公之惠也。」

宇文化及反，矩晨起將朝，至坊門，遇逆黨數人，控矩馬詣孟景所。賊皆曰：「不關裴黃門。」既而化及從百餘騎至，矩迎拜，化及慰諭之，令矩參定儀注，推秦王子浩爲帝。以矩爲侍內，隨化及至河北。化及僭帝號，以矩爲尚書右僕射，加光祿大夫，封蔡國公，爲河北道宣撫大使。

及宇文氏敗，爲竇建德所獲，以矩隋代舊臣，遇之甚厚，復以爲吏部尚書，轉尚書右僕射。建德起自羣盜，未有節文，矩爲之制定朝儀，旬月之間，憲章頗擬於王者。建德大悅。

及建德敗時，矩與其將曹旦等於洺州留守。[一四]旦長史李公淹及大唐使人魏徵等說旦及齊善行，令矩歸順，旦等從之，乃令矩與徵、公淹領旦及八璽，舉山東之地歸降。授左庶子，轉詹事、戶部尚書，卒。

讓之第六弟謁之，字士敬，少有志節，好直言。文宣末年昏縱，朝臣罕有言者，謁之上

書正諫，言甚切直。文宣將殺之，白刃臨頸，謁之辭色不變。帝曰：「癡漢何敢如此！」楊愔曰：「望陛下放以取後世名。」帝投刀歎曰：「小子望我殺爾以取後世名，我終不成爾名。」[一五]遣人送出。齊亡，卒於壺關令。

皇甫和者，字長諧，安定朝那人。其先因官，寓居漢中。祖澄，南齊秦、梁二州刺史。父徽，字子玄，梁安定、略陽二郡守。魏正始二年，隨其妻父夏侯道遷入魏。[一六]道遷別上勳書，欲以徽爲元謀。徽曰：「創謀之始，本不關預，雖貪榮賞，內愧於心。」遂拒而不許。梁州刺史羊靈祐重其敦實，表爲征虜府司馬，卒。

和十一而孤，母夏侯氏才明有禮則，親授以經書。及長，深沈有雅量，尤明禮儀，宗親吉凶，多相諮訪。卒於濟陰太守。

子聿道，以幹局知名，位廣平令。隋大業初，比部郎。

和弟亮，字君翼，九歲喪父，哀毀有若成人。齊神武起義，爲大行臺郎中。亮率性任眞，不樂劇職，除司徒東閤祭酒，思還鄉里，啓乞梁州褒中，即本郡也。後降梁，以母兄在北，求還，梁武不奪也。至鄴，無復宦情，遂入白鹿山，恣泉石之賞，縱酒賦詩，超然自樂。復爲尚

書殿中郎，攝儀曹事。以參撰禪代儀注，封榆中男。亮疏慢自任，無幹務才，每有禮儀大事，常令餘司攝焉。

性質朴純厚，終無片言矯飾。屬有敕下司，各列勤惰。亮三日不上省，文宣親詰其故。亮曰：「一日雨，一日醉，一日病酒。」文宣以其恕實，優容之，杖脛三十而已。所居宅洿下，標牓賣之，將買者或問其故，亮每答云：「爲宅中水淹不洩，雨即流入牀下。」由此宅終不售。其淳實如此。

以兼散騎常侍，聘陳使主，以不稱免官。後除任城太守，病不之官，卒於鄴。贈驃騎大將軍、安州刺史。

裴果字戎昭，河東聞喜人也。祖思賢，魏青州刺史。父遵，齊州刺史。果少慷慨有志略。魏太昌中，爲陽平郡丞。周文帝曾使幷州，與果遇，果知非常人，密託附焉。永安末，盜賊蜂起，果從軍征討，乘黃驄馬，衣青袍，每先登陷陣，時人號爲「黃驄年少」。永熙中，授河北郡守。

及齊神武敗於沙苑，果乃率其宗黨歸闕。周文嘉之，賜田宅奴婢牛馬什物等。從戰河

橋，解玉壁圍，摧鋒奮擊，所向披靡。大統九年，又從戰芒山，於周文前挺身陷陣，禽東魏都督賀婁焉邏蘭，勇冠當時，衆人莫不歎服。以此周文愈親待之。補帳內都督，遷帥都督、平東將軍。後從開府楊忠平隨、安陸，以功加大都督，除正平郡守。正平，果本郡也，以威猛爲政，百姓畏之，盜賊亦爲之屏息。遷司農卿。又從大將軍尉遲迥伐蜀，果率所部爲前軍，開劍閣，破季慶堡，降楊乾運，皆有功。廢帝三年，授龍州刺史，封冠軍縣侯。俄而州人張遁、李拓驅率百姓，圍逼州城，時糧仗皆闕，兵士又寡，果設方略以拒之，賊便退走。於是出兵追擊，累戰破之，旬日之間，州境清晏。轉陵州刺史。

周孝閔帝踐阼，除隆州刺史，加持節、驃騎大將軍、開府儀同三司，進爵爲公。歷眉、復二州刺史。果性嚴猛能斷決，抑挫豪右，申理屈滯，歷牧數州，號爲稱職。卒於位。贈本官，加絳、晉、建州刺史，謚曰質。子孝仁嗣。

孝仁幼聰敏，涉獵經史，有譽於時。起家舍人上士，累遷長寧鎮將，扞禦齊人，甚有威邊之略。歷建、譙、亳三州刺史。

裴寬字長寬，河東聞喜人也。祖德歡，魏中書侍郎、河內郡守。父靜慮，銀青光祿大夫，

贈汾州刺史。

寬儀貌瓌偉，博涉羣書，弱冠爲州里所稱。親歿，撫諸弟以篤友聞，滎陽鄭孝穆嘗謂其從弟文直曰：「裴長寬兄弟，天倫篤睦，人之師表，吾愛之重之，汝可與之游處。」年十三，以選爲魏孝明帝挽郎，釋褐員外散騎侍郎。

及孝武西遷，寬謂其諸弟曰：「君臣逆順，大義昭然，今天子西幸，理無東面以虧臣節。」乃將家屬避難於大石嶺。獨孤信鎮洛陽，始出見焉。時汾州刺史韋子粲降於東魏，子粲兄弟在關中者咸已從坐。其季弟子爽先在洛，窘急乃投寬，寬開懷納之。遇有大赦，或傳子爽合免，因爾遂出，子爽卒以伏法。獨孤信知而責之，寬曰：「窮來見歸，義無執送，今日獲罪，是所甘心。」以經赦宥，遂得不坐。

大統五年，授都督、同軌防長史，加征虜將軍。十三年，從防主韋法保向潁川，解侯景圍。景密謀南叛，僞親狎於法保。寬謂法保曰：「侯景狡猾，必不肯入關，雖託款於公，恐未可信，若伏兵以斬之，亦一時之功也。如曰不然，便須深加嚴警，不得信其誑誘，自貽後悔。」法保納之，然不能圖景，但自固而已。

十四年，與東魏將彭樂、樂恂戰於新城，因傷被禽。至河陰，見齊文襄。寬舉止詳雅，善於占對，文襄甚賞異之，解鎖付館，厚加禮遇。寬乃裁所臥氈，夜縋而出，因得遁還，見於

周文帝。帝顧謂諸公曰：「被堅執銳，或有其人，疾風勁草，歲寒方驗。裴長寬爲高澄如此厚遇，乃能冒死歸我，雖古之竹帛所載，何以加之。」乃手書署寬名下，授持節、帥都督，封夏陽縣男，即除孔城城主。

十六年，遷河南郡守，仍鎮孔城。廢帝元年，進使持節、車騎大將軍、儀同三司、散騎常侍。周孝閔帝踐阼，進爵爲子。寬在孔城十三年，與齊洛州刺史獨孤永業相對。永業有計謀，多譎詐，或聲言春發，秋乃出兵，或掩蔽消息，倏忽而至，寬每揣知其情，出兵邀擊，無不剋之。

天和三年，除溫州刺史。初，陳氏與周通和，每修聘好，自華皎附後，乃圖寇掠，沔州既接敵境，於是以寬爲沔州刺史。陳將程靈洗攻之，力屈城陷。陳人乃執寬至揚州，尋被送嶺外，經數載，復還建鄴，遂卒於江左。子義宣後從御正杜杲使於陳，〔一七〕始得將寬柩還。隋開皇元年，文帝詔贈襄、郢二州刺史。

義宣，位司金二命士、合江令。

寬弟漢，字仲霄，操尚弘雅，聰敏好學，嘗見人作百字詩，一覽便誦。魏孝武初，解褐員外散騎侍郎。大統五年，除大丞相府士曹行參軍，轉墨曹。漢善尺牘，尤便簿領，理識明

贍，斷割如流，相府爲之語曰「日下粲爛有裴漢」。武成中，爲司車路下大夫，與工部郭彥、太府高賓等參議格令，每較量時事，必有條理。天和五年，加車騎大將軍、儀同三司。

漢少有宿疾，恒帶虛羸，劇職煩官，非其好也。時晉公護擅權，搢紳等多諂附之以圖仕進。漢直道自守，故八年不徙職。性不飲酒，而雅好賓游，每良辰美景，必招引時彥，宴賞留連，間以篇什，當時人物，以此重之。自寬沒後，遂斷絕游從，不聽琴瑟，歲時伏臘，哀慟而已。撫養兄弟子，情甚篤至。借人異書，必躬自錄本，至于疾疹彌年，亦未嘗釋卷。卒，贈晉州刺史。

子鏡人，[八]少聰敏，涉獵經史。爲大將軍、譚公會記室參軍，累遷春官府都上士。仕隋，位兵曹郎。

漢弟尼，字景尼，性弘雅，有器局，位御正下大夫。卒，贈隨州刺史。

子之隱，趙王招府記室參軍。

之隱弟師人，[九]好學有識度，見稱於時。起家秦王贇府記室參軍，仍兼侍讀。

寬族弟鴻，少恭謹，有幹略。歷官內外。周天和初，拜鄀州刺史，轉襄州總管府長史，賜爵高邑縣侯。從衞公直南征，軍敗遂沒，尋卒於陳。朝廷哀之，贈豐、資、遂三州刺史。

裴俠字嵩和，河東解人也。祖思齊，舉秀才，拜議郎。父欣，西河郡守，贈晉州刺史。俠年七歲，猶不能言，後於洛城見羣烏蔽天從西來，舉手指之而言，遂志識聰慧，有異常童。年十三，遭父憂，哀毀有若成人。將擇葬地而行，空中有人曰：「童子何悲，葬於桑東，封公侯。」俠懼，以告其母。母曰：「神也，吾聞鬼神福善，爾家未嘗有惡，當以吉祥告汝耳。」時俠宅側有大桑林，因葬焉。州辟主簿，舉秀才。

魏正光中，解巾奉朝請，稍遷義陽郡守。元顥入洛，俠執其使人，[一〇]焚其赦書。孝莊嘉之，授東郡太守，帶防城別將。及孝武與齊神武有隙，徵兵，俠率所部赴洛陽。武衞將軍王思政謂曰：「當今權臣擅命，王室日卑，若何？」俠曰：「宇文泰爲三軍所推，居百二之地，所謂己操戈矛，寧肯授人以柄，雖欲撫之，恐是『據於蒺蔾』也。」思政曰：「奈何？」俠曰：「圖歡有立至之憂，西巡有將來之慮。且至關右，日愼一日，徐思其宜耳。」思政然之，乃進俠於帝，授左中郎將。及帝西遷，俠將行而妻子猶在東郡。滎陽鄭偉謂俠曰：「天下方亂，未知烏之所集，何如東就妻子，徐擇木焉。」俠曰：「旣食人祿，寧以妻子易圖也？」遂從入關。賜爵清河縣伯，除丞相府士曹參軍。

大統三年，領鄉兵從戰沙苑，先鋒陷陣。俠本名協，至是周文帝嘉其勇決，乃曰：「仁者必勇。」因命名俠焉。以功進爵爲侯。王思政鎭玉壁，以俠爲長史。齊神武以書招思政，思政令俠草報書甚壯烈。周文善之曰：「雖魯仲連無以加也。」

除河北郡守，俠躬履儉素，愛人如子，所食唯菽麥鹽菜而已，吏人莫不懷之。此郡舊制，有漁獵夫三十人以供郡守，俠曰：「以口腹役人，吾所不爲也。」乃悉罷之。又有丁三十人，供郡守役，俠亦不以入私，並收庸爲市官馬。歲時旣積，馬遂成羣。去職之日，一無所取。人歌曰：「肥鮮不食，丁庸不取，裴公貞惠，爲世規矩。」俠嘗與諸牧守俱謁周文，周文命俠別立，謂諸牧守曰：「裴俠清愼奉公，爲天下之最。」令衆中有如俠者，可與之俱立。衆皆默然，無敢應者。周文乃厚賜俠，朝野服焉，號爲「獨立使君」。

又撰九世伯祖貞侯潛傳，述裴氏清公，欲使後生奉而行之，宗室中知名者，咸付一通。從弟伯鳳、世彥時並爲丞相府佐，笑曰：「人生仕進，須身名並裕，清苦若此，竟欲何爲？」俠曰：「夫清者莅職之本，儉者持身之基，況我大宗，世濟其美，故能存見稱於朝廷，沒流芳於典策。今吾幸以凡庸，濫蒙殊遇，固其窮困，非慕名也，志在自修，懼辱先也，翻被嗤笑，知復何言！」伯鳳等慚而退。

再遷郢州刺史，加儀同三司。梁竟陵守孫暠、鄖城守張建並以郡來附。俠見之，密謂

人曰：「暠目動言肆，輕於去就者也；建神情審定，當無異心。」乃馳啓其狀。周文曰：「裴俠有鑒，深得之矣。」遣大都督苻貴鎭竟陵，而鄖城竟不遣監統。及柳仲禮軍至，暠還以鄖叛，卒如俠言。尋轉大將軍、拓州刺史，徵拜雍州別駕。

周孝閔帝踐阼，除司邑下大夫，加驃騎大將軍、開府儀同三司，進爵爲公。遷戶部中大夫。時有姦吏主守倉儲，積年隱沒至千萬者，及俠在官，勵精發擿，數旬之內，姦盜略盡。轉工部中大夫。有大司空掌錢物典李貴乃於府中悲泣，或問其故，對曰：「所掌官物，多有費用，裴公清嚴有名，懼遭罪責，所以泣耳。」俠聞之，許其自首。貴自言隱費錢五百萬。

俠嘗遇疾沈頓，士友憂之，忽聞五鼓，便卽驚起，顧左右曰：「可向府耶。」所苦因此而瘳。晉公護聞之曰：「裴俠危篤若此而不廢憂公，因聞鼓聲，疾病遂愈，此豈非天祐其勤恪也？」又司空許國公宇文貴、小司空北海公申徽並來候俠疾，[一一]所居第屋，不免霜露，貴等還，言之於帝。帝矜其貧苦，乃爲起宅，并賜良田十頃，奴隸耕耒糧粟莫不備足。[一二]搢紳咸以爲榮。卒於位，贈太子少師、蒲州刺史，謚曰貞。河北郡前功曹張回及吏人等感俠遺愛，乃作頌紀其清德焉。

子祥，性忠謹，有理劇才。少爲城都令，清不及俠，斷決過之。後除長安令，爲權貴所憚。遷司倉下大夫。俠之終也，以毀卒。祥弟肅。

肅字神封，貞亮有才藝，少與安定梁毗同志友善。天和中，舉秀才。累遷御正下大夫，以行軍長史從韋孝寬征淮南。屬隋文帝爲丞相，肅聞而歎曰：「武帝以雄才定六合，墳土未乾而一朝遷革，豈天道歟！」文帝聞之，甚不悅，由是廢于家。開皇五年，授膳部侍郎。歷朔州總管長史、貝州長史，俱有能名。

仁壽中，肅見皇太子勇、蜀王秀、左僕射高熲俱廢黜，遣使上書，言：「高熲天挺良才，元勳佐命，願錄其大功，忘其小過。二庶人得罪已久，寧無革心，願各封小國，觀其所爲，若得遷善，漸更增益，如或不悛，貶削非晚。」書奏，上謂楊素曰：「肅憂我家事如此，亦至誠也。」於是徵肅入朝。皇太子聞之，謂左庶子張衡曰：「使勇自新，欲何爲也？」衡曰：「觀肅意欲令如吳太伯、漢東海王耳。」太子甚不悅。肅至京，見上於含章殿。上謂曰：「貴爲天子，富有四海，後宮寵幸，不過數人，自勇以下，並皆同母，非爲愛憎，輕事廢立。」因言勇不可復收之意。既已，罷遣之。未幾，上崩，煬帝嗣位，不得調者久之，肅亦杜門不出。

後執政者以嶺表遐遠，希旨授肅永平郡丞，甚得夷人心。歲餘卒，夷獠思之，爲立廟於鄞江之浦。有子尙賢。

裴文舉字道裕，河東聞喜人也。祖秀業，魏天水郡守，贈平州刺史。父邃，性方嚴，爲州里所推挹。大統三年，東魏來寇，邃乃糾合鄉人，分據險要以自固。及李弼略地東境，邃爲之鄉導，多所降下。周文帝嘉之，特賞衣物，封澄城縣子。卒於正平郡守，贈儀同三司、定州刺史。

文舉少忠謹，涉獵經史。大統十年，起家奉朝請。時周文帝諸子年幼，盛簡賓友，文舉以選與諸公子游，雅相欽敬，未嘗戲狎。遷著作郎、中外府參軍。恭帝二年，賜姓賀蘭氏。周孝閔帝踐阼，襲爵澄城縣子。

齊公憲初開幕府，以文舉爲司錄，及憲出鎭劍南，復以文舉爲總管府中郎。武成二年，就加使持節、車騎大將軍、儀同三司。蜀土沃饒，商販百倍，或有勸文舉以利者，文舉答之曰：「利之爲貴，莫若安身，身安則道隆，非貨之謂，是以不爲，非惡財也。」憲矜其貧窶，每欲賚給之，文舉恒自謙遜，辭多受少。

保定三年，遷絳州刺史。邃之任正平也，以廉約自守，每行春省俗，單車而已。及文舉臨州，一遵其法，百姓美而化之。總管韋孝寬特相欽重，每與談論，不覺膝前於席。天和初，進驃騎大將軍、開府儀同三司，尋爲孝寬柱國府司馬。六年，入爲司憲中大夫，進爵爲伯，轉軍司馬。

文舉少喪父，其兄又在山東，唯與弟璣幼相訓養，友愛甚篤。璣又早亡，文舉撫視遺孤，逾於己子，時人以此稱之。初，文舉叔父季和爲曲沃令，終於聞喜川，而叔母韋氏卒於正平縣，屬東西分隔，韋氏墳壠，遂在齊境。及文舉在本州，每加賞募。齊人感其孝義，潛相要結，以韋柩西歸，竟得合葬。六年，除南青州刺史。宣政元年，卒於位。

子胄嗣，位至大都督。子紳，安邑通守。有子知禮。

裴仁基字德本，河東人也。祖伯鳳，周汾州刺史。父定，上儀同。

仁基少驍武，便弓馬。平陳之役，以親衞從征，先登陷陣，拜儀同，賜物千段。以本官領漢王諒府親信。諒反，仁基苦諫見囚。諒敗，超拜護軍。後改授武賁郎將，從將軍李景討叛蠻向思多於黔安，以功進銀青光祿大夫。擊破吐谷渾，加授金紫光祿大夫。斬獲寇掠靺鞨，拜左光祿大夫。從征高麗，進位光祿大夫。

李密據洛口，帝令仁基爲河南道討捕大使，據武牢拒密。仁基見强寇在前，士卒勞弊，所得軍資，卽用分賞。監軍御史蕭懷靜止之，衆咸怒懷靜。懷靜又陰持仁基長短，欲有奏

劾。仁基懼，殺懷靜，以其衆歸密。密以爲河東郡公。其子行儼，驍勇善戰，密復以爲絳郡公，甚相委昵。

王世充以東都食盡，悉衆詣偃師，求決戰。密與諸將計。仁基曰：「世充盡銳而至，洛下必虛，可分兵守其要路，令不得東，簡精兵三萬，傍河西出，以逼東都。世充卻還，我且按甲；世充重出，我又逼之。如此，則我有餘力，彼勞奔命。兵法所謂彼出我歸，彼歸我出，數戰以疲之，多方以誤之者也。」密曰：「公知其一，不知其二。東都兵馬有三不可當，器械精一也，決計而來二也，食盡求鬭三也。我按兵蓄力以觀其弊，彼求鬭不得，欲走無路，不過十日，世充之首可懸於麾下。」單雄信等諸將輕世充，皆請戰。仁基苦爭不得。密難違諸將言，戰遂大敗。仁基爲世充所虜。

世充以仁基父子並驍勇，深禮之，以兄女妻行儼。及僭尊號，署仁基爲禮部尙書，行儼爲左輔大將軍。行儼每戰，所當皆披靡，號萬人敵。世充憚其威名，頗加猜防。仁基知之，甚不自安，遂與世充所署尙書左丞宇文儒童、尙食直長陳謙、祕書丞崔德本等謀，令陳謙於上食之際，持匕首劫世充，行儼以兵應之，事定，然後輔越王侗。事臨發，將軍張童兒告之，俱爲世充所殺。

論曰：裴駿雅業有資，器行仍世，所以布於列位，不替其美。延儁器能位望，有可稱乎。伯茂才名，亦時之良也。元化以文學傳業，而又脩史著美。〔二三〕讓之弟兄，修身厲行，觀夫出處之跡，良足稱乎。矩學涉經史，頗有幹局，至於恪勤匪懈，夙夜在公，求之古人，殆未之有。與聞政事，多歷歲年，雖處危亂之中，未虧廉謹之節。然與時消息，承望風旨，使高昌入朝，伊吾獻地，聚糧且末，師出玉門，關右騷然，頗亦矩之由矣。果及長寬，早知去就，而寬淪迹異域，蓋乃命乎。嵩和廉約居身，忠勤奉上，人懷其惠，吏畏其威，雖古之良吏，何以加此。肅歷官周、隋，志存鯁正，竟而忠誠慷慨，犯忤龍鱗，固知嫠婦憂宗周之亡，處女悲太子之少，非徒語也。文舉之在絳州，世載清德，辭多受少，有廉讓之風焉。仁基以武略見知，自升顯級，竟而蹈履非所，身名隳壞，時也。

校勘記

〔一〕詢族叔景　各本及魏書卷四五裴駿傳「景」作「昞」，百衲本及通志卷一四九裴駿傳作「景」。按「景」是北史避唐諱改，今從百衲本。

〔二〕祿後養親　諸本「後」作「厚」，魏書裴駿傳作「後」。按「祿後養親」，謂作官得祿時，父母已亡，

不及養親。「厚」乃音同致訛，今據改。

〔三〕中山王將之部　諸本脫「王」字，魏書注闕，通志卷一七六裴敬憲傳有「王」字。按中山王指元熙。魏書卷十九南安王楨傳云：「始熙之鎮鄴也，知友才學之士袁翻、李琰、李神儁、王誦兄弟、裴敬憲等咸餞於河梁，賦詩告別。」熙父英封中山王，熙襲其爵。通志是，今據補。

〔四〕永安三年贈中書侍郎　諸本「永安」作「永興」。按北魏有兩永興：一爲明元帝年號，裴敬憲不可能於此永興中獲得贈官；一爲孝武帝年號，太昌元年十二月改元永興。但不久就改爲永熙，無三年。下文說敬憲弟莊伯與其同年死，而在永安三年贈通直散騎侍郎，則敬憲必是同時獲得贈官。「永興」爲「永安」之誤，今據改。

〔五〕延儁從叔愛醜桃弓並見稱於鄉里　魏書卷六九裴延儁傳無「愛醜」二字，「並」字作「亦」。按若據魏書，則下云「子夙」，卽桃弓之子。北史並列兩人，則夙爲誰子不明。疑誤。

〔六〕南征絳蜀陳雙熾　通志卷一七六裴伯茂傳「南」字作「及」。按陳雙熾起義在河東。由洛陽出兵，當是北向，不當云「南征」。通志作「及」是。

〔七〕進軍自南海援廣州　諸本「援」作「拔」，隋書卷六七裴矩傳作「援」。按上云王仲宣逼廣州，則廣州是爲隋守。本書卷六四韋洸傳，言洸守廣州，並未失陷。作「援」是，今據改。

〔八〕始稱名號者有三十六國　諸本「三」作「四」，隋書作「三」。按漢書卷九六上西域傳序作「三十六國」。今據改。

〔九〕合四十五國　隋書作「四十四國」。按本書卷九七西域傳序，言裴矩引致西域，「其有君長者四十四國」。則隋書是。

〔一〇〕蘇勒沙那國　隋書「勒」作「對」，通志卷一六一裴矩傳作「勒」。按隋書卷八三、本書卷九七西域傳鏺汗國及米國都見「蘇對沙那」。通志卷一九六西域傳米國及撥汗國條同。疑作「對」是。

〔一一〕挹怛　諸本「怛」訛作「怚」，據隋書、通志改。挹怛卽嚈噠，見隋書卷八三及本書卷九七西域傳。

〔一二〕其東女國南婆羅門國等　諸本「女」作「安」，隋書作「女」。按女國與南婆羅門都不在三道上，故以「其東」區別之。大小安國已見前，此不應重出，今據隋書改。

〔一三〕大業三年帝有事於恒嶽　通志「三」作「二」。按本書卷十二、隋書卷三煬帝紀，大業四年八月，「親祠恒岳」，則事在四年。作「三」作「二」都誤。

〔一四〕矩與其將曹旦等於洺州留守　諸本「洺」作「洛」，隋書作「洺」。按竇建德都洺州，見舊唐書卷五四竇建德傳。作「洛」誤，今據改。

〔一五〕帝曰癡漢何敢如此楊愔曰望陛下放以取後世名帝投刀歎曰小子望我殺爾以取後世名我終不成爾名　通志卷一五四裴讓之傳作：「帝曰：『癡漢何敢爾？』楊愔曰：『此子望陛下殺之以取後

世名。』帝投刀曰：『小子望我殺爾以取名，我終不成爾名也。』」按通志文字略異，當是改寫。但「放」字疑當從通志作「殺」，方與上下文相應。

〔一六〕隨其妻父夏侯道遷入魏　按魏書卷七一江悅之傳附皇甫徽傳云：「徽妻卽道遷之兄女。」則道遷是徽之妻叔。

〔一七〕子義宣後從御正杜杲使於陳　諸本「杲」訛作「果」，據周書卷三四裴寬傳及卷三九杜杲傳改。

〔一八〕子鏡人　周書卷三四裴漢傳「人」作「民」，北史避唐諱改。

〔一九〕之隱弟師人　周書「人」作「民」，北史避唐諱改。

〔二〇〕俠執其使人　諸本「俠」訛作「使」，據周書卷三五、通志卷一五七裴俠傳改。

〔二一〕小司空北海公申徽並來候俠疾　諸本「徽」訛作「徵」，據周書、通志裴俠傳及周書卷三二申徽傳改。徽傳不言其封北海公，但元和姓纂輯本卷三申氏條稱：「裔孫徽，後周北海公。」知是此人。

〔二二〕奴隸耕耒糧粟莫不備足　周書「耒」作「牛」，此作「耒」，當是形訛。

〔二三〕元化以文學傳業而又脩史著美　按裴佗傳無一語及脩史事，其在魏書，本列良吏傳，「脩史」當是「循吏」卽良吏之訛。

北史卷三十九

列傳第二十七

薛安都　劉休賓　房法壽 曾孫豹　玄孫彥謙　族子景伯

畢衆敬 曾孫義雲　羊祉 子深　孫肅　弟子敦　烈

薛安都字休達，河東汾陰人也。父廣，晉上黨太守。安都少驍勇，善騎射，頗結輕俠，諸兄患之。安都乃求以一身分出，不取片資，兄許之，居於別廐。遠近交遊者爭有送遺，馬牛衣服什物充滿其庭。眞君五年，與東雍州刺史沮渠康謀逆，〔一〕事發奔宋。

在南以武力見敍，遇宋孝武起江州，遂以爲將。和平六年，宋湘東王殺其主子業而自立，是爲明帝。羣情不協，共立子業弟晉安王子勛。安都與沈文秀、崔道固、常珍奇等舉兵應之。宋明帝遣將張永討安都，安都遣使降魏，請兵救援，遣第四子道次爲質。獻文乃遣鎭東大將軍尉元等赴之，拜安都鎭南大將軍、徐州刺史，賜爵河東公。元等既入彭城，安都中

悔，謀圖元等。元知之，遂不果發。安都因重貨元等，委罪於女壻裴祖隆。元乃殺祖隆而隱安都謀。

皇興二年，與畢衆敬朝于京師，甚見禮重。子姪羣從並處上客，皆封侯，至於門生，無不收敍。又爲起第宅，館宇崇麗，資給甚厚。卒，贈假黃鉞、秦州刺史、河東王，諡曰康。

子道檦襲爵，位平州刺史，政有聲稱。歷相、秦二州刺史，卒。

道檦弟道異，亦以勳爲第一客。早卒，贈秦州刺史、安邑侯。

道異弟道次，既質京師，賜爵安邑侯，位秦州刺史，進河南公。

安都從祖弟眞度，初亦與安都南奔，及從安都來降，爲上客。太和初，賜爵河北侯，出爲平州刺史，假陽平公，後降爲伯。歷荆州、東荆州刺史。初遷洛後，眞度每獻計勸先取樊、鄧，後攻南陽，故大爲帝所賞，改封臨晉縣伯，轉豫州刺史。景明初，豫州大饑，眞度表輒日別出倉米五十斛爲粥，救其甚者。詔曰：「眞度所表，甚有憂濟百姓之意，宜在拯恤。」歷華、荆二州刺史，入爲大司農卿。正始初，除揚州刺史。還朝，除金紫光祿大夫，加散騎常侍，改封敷西。卒，贈左光祿大夫，諡曰莊。有子十二人，嫡子懷徹襲封。

初，眞度有女妓數十人，每集賓客，輒命之絲竹歌舞，不輟於前，盡聲色之適。庶長子

懷吉，居喪過周，以父妓十餘人并樂器獻之，宣武納焉。

懷吉好勇，有膂力，雖不善書學，亦解達時事，卒於汾州刺史。懷吉本不厲清節，及爲汾州，偏有聚納之響。自以支庶，餌誘勝己，共爲婚姻。多攜親戚，悉令同行，兼爲之彌縫，恣其取受。而將勞賓客，曲盡物情，送去迎來，不避寒熱。性少言，每有接對，但默然而返。既指授先期明人馬之數，左右密已記錄。俄而酒饌相尋，芻粟繼至，逮于將別，贈以錢縑，下及厮傭，咸過本望。

眞度諸子既多，其母非一，同產相朋，因有憎愛。興和中，遂致訴列，云以毒藥相害，顯在公府，發揚疵釁，時人恥焉。

劉休賓字處幹，本平原人也。祖昶，從慕容德度河，家于北海都昌縣。父奉伯，宋北海太守。

休賓少好學，有文才，仕宋爲兗州刺史。娶崔邪利女，生子文曄。崔氏先歸寧在魯郡，邪利之降，文曄母子與俱入魏。及慕容白曜軍至，休賓不降。白曜請崔氏與文曄至，以報休賓，又執休賓兄延和妻子巡視城下。休賓答白曜，許待歷城降，當卽歸順。密遣主簿尹文

達向歷城，觀魏軍形勢。文達詣白曜，詐祇候。白曜令文達往升城，見其妻子。文曄哭泣，以爪髮爲信。文達回，復經白曜，誓約而還，見休賓。休賓撫爪髮泣，復遣文達與白曜期。白曜喜，以酒灌地，啓告山河，誓不負休賓。文達還謂休賓，可早決計。休賓於是告兄子聞慰，聞慰固執不可，遂差本契。白曜尋遣著作佐郎許赤彪夜至梁鄒南門，〔二〕告城上人曰：「休賓遣文達頻造僕射許降，何得無信！」於是城內遂相維持，欲降不得。歷城降，休賓乃出請命。及立平齊郡，乃以梁鄒人爲懷寧縣，以休賓爲令。延興二年卒。

文曄有志尚，綜覽羣書，輕財重義。太和中，坐從兄聞慰南叛，被徙北邊，孝文特聽還代。帝曾幸方山，文曄大言求見，申父功厚賞屈。於是賜爵都昌子，深見待遇，拜協律中郎。卒於高陽太守，贈兗州刺史，諡曰貞。

休賓叔父旋之，其妻許氏生二子法鳳、法武，而旋之早卒。東陽平，許氏攜二子入魏，孤貧不自立，母子並出家爲尼僧。既而反俗，俱奔江南。法武後改名峻，字孝標，南史有傳。

房法壽，小名烏頭，清河東武城人也。曾祖諶，仕燕，位太尉掾，隨慕容氏遷于齊，子孫

因家之，遂為東清河繹幕人焉。

法壽幼孤，少好射獵，輕率勇果，結諸羣小為劫盜，宗族患之。弱冠，州迎主簿。後以母老，不復應州郡命，常盜殺猪羊以供母。招集壯士，恒有數百。仕宋為魏郡太守。法壽從祖弟崇吉，母妻為慕容白曜所獲，託法壽為計，法壽與崇吉歸款於白曜。詔以法壽為平遠將軍，與韓騏驎對為冀州刺史。

及歷城、梁鄒降，法壽、崇吉等與崔道固、劉休賓俱至京師，以法壽為上客，崇吉為次客，崔、劉為下客。法壽供給亞於薛安都等，以功賜爵壯武侯，給以田宅奴婢。性愛酒，好施，親舊賓客率同飢飽，坎壈常不豐足。畢衆敬等皆尚其通愛。卒，贈青州刺史，諡敬侯。

子伯祖襲，例降為伯，歷齊郡內史。伯祖闇弱，委事於功曹張僧皓，大有受納，伯祖衣食不充。後遷幽州輔國府長史，〔三〕免官，卒。

子翼，大城戍主，帶宋安太守，〔四〕襲爵壯武侯。

翼子豹，字仲幹。體貌魁岸，美音儀。年十七，州辟主簿。王思政入據潁川，慕容紹宗出討，豹為紹宗開府主簿兼行臺郎中。紹宗自云有水厄，遂於戰艦中浴，幷自投於水，冀以厭當之。豹白紹宗曰：「夫命也在天，豈人理所能延保。公若實有水厄，非禳辟所能却，若其

實無，何禳之有。今三軍之事，在於明公，唯應達命任理，以保元吉。方乃乘船入水，云以防災，豈如岸上指麾，以保萬全也。」紹宗笑曰：「不能免俗，為復爾耳。」未幾而紹宗遇溺，時論以為知微。

河清中，〔五〕除謁者僕射，拜西河太守。地接周境，俗雜稽胡，豹政貴清靜，甚著聲績。遷博陵太守，亦有能名。又遷樂陵太守，風教修理，稱為美政。郡瀕海，水味多鹹苦。豹命鑿一井，遂得甘泉，遐邇以為政化所致。豹罷歸後，井味復鹹。齊滅，遂還本鄉，丘園自養，頻被徵命，固辭以疾。每牧守初臨，必遣致禮，官佐邑宰皆投刺申敬。終於家，無子，以兄熊子彥詡嗣。

彥詡明辯有學識，位殿中侍御史，千乘、益都二縣令，有惠政。

熊字子威，性至孝，聰朗有節概。州辟主簿，行清河、廣川二郡事。七子。

長子彥詢最知名，以魏勳門嫡孫，賜爵永始縣子，特為叔豹所愛重。病卒，豹取急，親送柩還鄉，悲痛傷惜，以為喪當家之寶。初，彥詢少時為監館，嘗接陳使江總。及陳滅，總入關，見彥詢弟彥謙曰：「公是監館弟邪？」因慘然曰：「昔因將命，得申言款。」彥詢所贈總詩，今見載總集。

彥謙早孤，不識父，為母兄鞠養。長兄彥詢，雅有清鑒，以彥謙天性穎悟，每奇之，親教讀書。年七歲，誦數萬言，為宗黨所異。十五出後叔父子貞，事所繼有踰本生。子貞哀之，撫養甚厚。後丁繼母憂，勺飲不入口者五日。事伯父豹，〔六〕竭盡心力，每四時珍果，弗敢先嘗。遇期功之戚，必蔬食終禮，宗從取則焉。其後受學于博士尹琳，手不釋卷，遂通涉五經。解屬文，雅有詞辯，風概高人。

年十八，屬齊廣寧王孝珩為齊州刺史，辟為主簿。時禁網疏闊，州郡之職，尤多縱弛。及彥謙在職，清簡守法，州境肅然，莫不敬憚。及周師入鄴，齊主東奔，以彥謙為齊州中從事。彥謙痛本朝傾覆，將糾率忠義，潛謀匡輔，事不果而止。齊亡，歸于家。周武帝遣柱國辛遵為齊州刺史，為賊帥輔帶劍所執。彥謙以書諭之，帶劍慚懼，送遵還州，諸賊並各歸首。及隋文受禪之後，遂優游鄉曲，誓無仕心。開皇七年，刺史韋藝固薦之，不得已而應命。吏部尚書盧愷一見重之，擢授承奉郎，俄遷監察御史。後屬陳平，奉詔安撫泉、括等十州。以銜命稱旨，賜物百段、米百石、衣一襲、奴婢七口。

遷秦州總管錄事參軍。因朝集時，左僕射高熲定考課。彥謙謂熲曰：「書稱三載考績，黜陟幽明。唐、虞以降，代有其法，黜陟合理，褒貶無虧，便是進必得賢，退皆不肖。如或舛謬，法乃虛設。比見諸州考校，執見不同，進退多少，參差不類。況復愛憎肆意，致乖平坦。

清介孤直，未必高第；卑諂巧官，翻居上等。真偽混淆，是非瞀亂。宰貴既不精練，斟酌取捨，曾經驅使者，多以蒙識獲成；未歷臺省者，皆為不知被退。又四方懸遠，難可詳悉，唯準量人數，半破半成，徒計官員之少多，莫顧善惡之衆寡。欲求允當，其道無由。明公鑒達幽微，平心遇物，今所考校，必無阿枉，脫有前件數事，未審何以裁之？唯願遠布耳目，精加采訪，褒秋毫之善，貶纖介之惡，非直有光至道，亦足標奬賢能。」詞氣侃然，觀者屬目。熲為之動容，深見嗟賞。因歷問河西、隴右官人景行，彥謙對之如響。熲謂諸州總管、刺史曰：「與公言，不如獨共秦州考使語。」後數日，熲言於帝，帝弗能用。

以秩滿，遷長葛縣令，甚有惠化，百姓號為慈父。仁壽中，帝令持節使者巡行州縣，察長吏能不，以彥謙為天下第一，超授鄀州司馬。吏人號哭相謂曰：「房明府今去，吾屬何用生為！」其後百姓思之，立碑頌德。鄀州久無刺史，州務皆歸彥謙，名有異政。內史侍郎薛道衡，一代文宗，位望清顯，所與交結，皆海內名賢。重彥謙為人，深加友敬。及為襄州總管，辭翰往來，交錯道路。煬帝嗣位，道衡轉牧番州，路經彥謙所，留連數日，屑涕而別。

黃門侍郎張衡亦與彥謙相善。于時帝營東都，窮極侈麗，天下失望。又漢王構逆，罹罪者多。彥謙見衡當塗而不能匡救，書諭之曰：

竊聞賞者所以勸善，刑者所以懲惡。故疏賤之人，有善必賞；尊賢之戚，犯惡必刑。

未有罰則避親，賞則遺賤者也。今國家祇承靈命，作人父母，刑賞曲直，升聞於天，夤畏照臨，亦宜謹肅。故文王云：「我其夙夜畏天之威。」以此而論，雖州、國有殊，高下懸邈，憂人慎法，其理一也。

至如并州釁逆，須有甄明，若楊諒實以詔命不通，慮宗社危逼，徵兵聚衆，非爲干紀，則當原其本情，議其刑罰，上副聖主友于之意，下曉愚人疑惑之心。若審知外內無虞，嗣后纂統，而好亂樂禍，妄有覬覦，則管、蔡之誅，當在於諒。同惡相濟，無所逃罪，梟縣孥戮，國有常刑。遂使籍沒流移，恐爲寃濫。〔七〕恢恢天網，豈其然乎！罪疑從輕，斯義安在！昔叔向置鬻獄之死，晉國所嘉；釋之斷犯蹕之刑，漢文稱善。羊舌寧不愛弟，廷尉非苟違君，俱以執法無私，不容輕重。

且聖人大寶，是曰神器，苟非天命，不可妄得。故蚩尤、項籍之驍勇，伊尹、霍光之權勢，李老、孔丘之才智，呂望、孫武之兵術，吳、楚連盤石之據，產、祿承母弟之基，不應歷運之兆，終無帝主之位。況乎蕞爾一隅，蜂扇蟻聚，楊諒之愚鄙，羣小之凶慝，而欲憑陵畿甸，覬幸非望者哉。

開闢以降，書契云及，帝皇之跡，可得而詳。自非積德累仁，豐功厚利，孰能道洽幽顯，義感靈祇？是以古之哲王，昧旦丕顯，履冰在念，御朽兢懷。逮叔世驕荒，曾無

戒懼，肆於人上，騁嗜奔欲，不可具載，請略陳之。

曩者，齊、陳二國，並居大位，自謂與天地合德，日月齊明，罔念憂虞，不恤刑政。近臣懷寵，稱善而隱惡；史官曲筆，掩瑕而錄美。是以人庶呼嗟，終閉塞於視聽；公卿虛譽，日敷陳於左右。法網嚴密，刑辟日多，賦役煩興，老幼疲苦。昔鄭有子產，齊有晏嬰，楚有叔敖，晉有士會，凡此小國，尙足名臣，齊、陳之强，豈無良佐？但以執政壅蔽，懷私殉軀，忘國憂家，外同內忌。設有正直之士，才堪幹時，於己非宜，卽加擯棄；儻遇諂佞之輩，行多穢慝，於我有益，遽蒙薦舉。以此求賢，何從而至。夫賢材者，非尙膂力，豈繫文華，唯須正身負戴，確乎不動，譬棟之處屋，如骨之在身，所謂棟梁骨鯁之材也。齊、陳不任骨鯁，信近讒諛，天高聽卑，監其淫僻，故總收神器，歸我大隋。向使二國祇敬上玄，惠恤鰥寡，委任方直，斥遠浮華，卑菲爲心，惻隱是務，河朔强富，江湖險隔，各保其業，人不思亂，泰山之固，弗可動也。然而寢臥積薪，宴安鴆毒，遂使禾黍生廟，霧露沾衣，弔影撫心，何嗟及矣！故詩云：「殷之未喪師，克配上帝，宜鑒于殷，駿命不易。」萬機之事，何者不須熟慮哉。

伏惟皇帝望雲就日，仁孝夙彰，錫社分珪，大成規矩。及總統淮海，盛德日新，當璧之符，遐邇僉屬。纘曆甫爾，寬仁已布，率土蒼生，翹足而喜。并州之亂，變起倉卒，職由楊諒詭惑，詿誤吏人，非有構怨本朝，棄德從賊者也。而有司將帥，稱其願反，非止誣陷良善，亦恐大玷皇猷。

足下宿當重寄，早預心膂，粵自藩邸，柱石見知，方當書名竹帛，傳芳萬古，稷、契、伊、呂，彼獨何人。旣屬明時，須存謇諤，立當世之大誡，作將來之憲範，豈容曲順人主，以愛虧刑，又使脅從之徒，橫貽罪譴。忝蒙眷遇，輒寫微誠，野人愚瞽，不知忌諱。

衡得書，歎息而不敢奏聞。

彥謙知王綱不振，遂去官，隱居不仕，將結構蒙山之下，以求其志。會置司隸官，盛選天下知名之士。朝廷以彥謙公方宿著，時望所歸，徵授司隸刺史。彥謙亦慨然有澄清天下之志，凡所薦舉，皆人倫表式。其有彈射，當之者曾無怨言。司隸別駕劉炫陵上侮下，訐以爲直，刺史憚之，皆爲之拜。唯彥謙執志不撓，抗禮長揖。有識嘉之，炫亦不恨。大業九年，從駕度遼，監扶餘道軍事。其後隋政漸亂，莫不變節，彥謙直道守常，頗爲執政者所嫉，出爲涇陽令，終於官。

彥謙居家，每子姪定省，常爲講說督勉之，亹亹不倦。家有舊業，資產素殷，又前後居官所得俸祿，皆以周恤親友，家無餘財，車服器用，務存素儉。自少及長，一言一行，未嘗涉私，雖致屢空，怡然自得。嘗從容獨笑，顧謂其子玄齡曰：「人皆因祿富，我獨以官貧，所遺子

孫，在於清白耳。」所有文筆，恢廓閑雅，有古人之深致。又善草隸，人有得其尺牘者，皆寶翫之。太原王劭、北海高構、蓨縣李綱、中山郎茂、郎潁、河東柳彧、薛孺，皆一時知名雅澹之士，彥謙並與爲友。雖冠蓋成列，而門無雜賓。體資文雅，深達政務，有識者咸以遠大許之。

初，開皇中平陳之後，天下一統，論者咸云將致太平。彥謙私謂所親趙郡李少通曰：「主上性多忌剋，不納諫諍。太子卑弱，諸王擅威。在朝惟行苛酷之政，未弘遠大之體，天下雖安，方憂危亂。」少通初謂不然。及仁壽、大業之際，其言皆驗。貞觀初，以子玄齡著勳庸，贈徐州都督、臨淄縣公，謚曰定。

伯祖弟幼愍，安豐、新蔡二郡太守，坐事奪官。居家，忽閂門有客聲，出無所見，還至庭中，爲家羣犬所噬，卒。

景伯字良暉，法壽族子也。祖元慶，仕宋，歷七郡太守，後爲沈文秀青州建威府司馬。宋明帝之殺廢帝子業，子業弟子勛起兵。文秀後歸子勛，元慶不同，爲文秀所害。父愛親，獻文時，三齊平，隨例內徙，爲平齊人。以父非命，疏服終身。

景伯生於桑乾，少喪父，以孝聞。家貧，傭書自給，養母甚謹。尙書盧陽烏稱之於李沖，

沖時典選，拔爲奉朝請。累遷齊州輔國長史，會刺史亡，敕行州事。政存寬簡，百姓安之。後除清河太守。郡人劉簡武曾失禮於景伯，〔八〕聞其臨郡，闔家逃亡。景伯督切屬縣，追捕禽之，卽署其子爲西曹掾，令喻山賊。賊以景伯不念舊惡，一時俱下。論者稱之。舊制，守令六年爲限。限滿將代，郡人韓靈和等三百餘人表訴乞留，復加二載。後爲司空長史，以母疾去官。

景伯性復淳和，涉獵經史，諸弟宗之，如事嚴親。及弟亡，蔬食終喪，期不內御，憂毀之容，有如居重。其次弟景先亡，其幼弟景遠期年哭臨，亦不內寢。鄉里爲之語曰：「有義有禮，房家兄弟。」廷尉卿崔光韶好標牓人物，無所推尙，每云景伯有士大夫之行業。及母亡，景伯居喪，不食鹽菜，因此遂爲水病，積年不愈。卒於家，贈左將軍、齊州刺史。

景伯子文烈，位司徒左長史，與從父弟延祐並有名。〔九〕文烈性溫柔，未嘗嗔怒。爲吏部郎時，經霖雨絕糧，遣婢糴米，因爾逃竄，三四日方還。文烈徐謂曰：「舉家無食，汝何處來？」竟無捶撻。子山基，仕隋，歷戶部、考功侍郎，並著能名，見稱於時。

景先字光冑，幼孤貧，無資從師，其母自授毛詩、曲禮。年十二，請其母曰：「豈可使兄傭賃以供景先也？請自求衣，然後就學。」母哀其小，不許，苦請乃從之。遂得一羊裘，忻然自足。晝則樵蘇，夜誦經史，遂大通贍。

太和中，例得還鄉，解褐太學博士。時太常劉芳、侍中崔光當世儒宗，歎其精博，奏兼著作佐郎，修國史。侍中穆紹又啓景先撰宣武起居注。累遷步兵校尉，領尙書郎、齊州中正，所歷皆有當官稱。景先沈敏方正，事兄恭謹，出告反面，晨昏參省，側立移時，兄亦危坐，相敬如賓。兄曾寢疾，景先侍湯藥，衣冠不解，形容毀瘁，親友見者，莫不哀之。卒，特贈洛州刺史，謚曰文。

景先作五經疑問百餘篇，其語典該。符璽郎王神貴益之，名爲辯疑，〔一〇〕合成十卷，亦有可觀。節閔帝時，奏上之。帝親自執卷，與神貴往復，嘉其用心。

子延祐，武定末太子家令，後隸魏收修史。

景遠字叔遐。重然諾，好施與，頻歲凶儉，分贍宗親，又於通衢以飼餓者，存濟甚衆。平原劉郁行經齊、兗之境，忽遇劫賊，已殺十餘人。次至郁，呼曰：「與君鄉近，何忍見殺。」賊曰：「若言鄉里，親親是誰？」郁曰：「齊州主簿房陽是我姨兄。」陽是景遠小字。賊曰：「我食其粥得活，何得殺其親。」遂還衣物，蒙活者二十餘人。

景遠好史傳，不爲章句。天性小急，不類家風，然事二兄至謹，撫養兄孤，恩訓甚篤。益州刺史傅豎眼慕其名義，啓爲昭武府功曹參軍，以母老不應，豎眼頗恨之。卒于家。

子敬道，永熙中開府參軍。

畢衆敬，小名奈，東平須昌人也。少好弓馬射獵，交結輕果，常於疆境盜掠爲業。仕宋，位太山太守。湘東王彧殺其主子業而自立，是爲明帝，遣衆敬詣兗州募人。到彭城，刺史薛安都召與密謀，云：「晉安有上流之名，且孝武第三子，當共卿西從晉安。」衆敬從之。東平太守申纂據無鹽城，不與之同。及宋明平子勛，授纂兗州刺史。會有人發衆敬父墓，令其母骸首散落。衆敬發喪行服，疑纂所爲。弟衆愛，爲薛安都長史，亦遣人密至濟陰，掘纂父墓，以相報答。

及安都以城入魏，衆敬不同其謀。子元賓以母并百口悉在彭城，恐交致禍，日夜啼泣，遣請衆敬，衆敬猶未從之。衆敬先已遣表謝宋，宋明授衆敬兗州刺史，而以元賓有他罪，獨不捨之。衆敬拔刀破柱曰：「皓首之年，唯有此子，今不原貸，何用獨全！」及尉元至，乃以城降。元遣將入城，事定，衆敬悔恚，數日不食。皇興初，就拜散騎常侍、兗州刺史，賜爵東平公，與中書侍郎李璨對爲刺史。慕容白曜攻剋無鹽，獲申纂，無殺纂意，而城中火起，纂爲

所燒死。衆敬聞剋無鹽，懼不殺纂，乃與白曜書，幷表朝廷，云家酷由纂。聞纂死，乃悅。二年，與薛安都朝京師，賜甲第一區。後復爲兗州刺史，徵還京師。

衆敬善自奉養，食膳豐華，必致他方遠味。年已七十，髮鬢皓白，而氣力未衰，跨鞍馳騁，有若少壯。篤於姻類，深有國士之風。張讜之亡，躬往營視，有若至親。太和中，孝文賓禮舊老，衆敬與高允引至方山，雖文武奢儉，好尙不同，然亦與允甚相愛敬，接膝談款，有若平生。後以篤老，乞還桑梓，朝廷許之。衆敬臨還，獻眞珠璫四具、銀裝劍一口、刺彪矛一枚、〔一一〕仙人文綾一百疋。文明太后與帝引見於皇信堂，賜以酒饌車馬絹等，勞遣之。卒於兗州。

子元賓，少豪俠有武幹，涉獵書史。與父同建勳誠，至京師，俱爲上賓，〔一二〕賜爵須昌侯。後拜兗州刺史，假彭城公。父子相代爲本州，當世榮之。時衆敬以老還鄉，常呼元賓爲使君。每元賓聽政時，乘板輿出至元賓所，先遣左右敕不聽起，觀其斷決，忻忻然喜見顏色。衆敬善持家業，猶能督課田產，大致儲積。元賓爲政淸平，善撫人物，百姓愛樂之。以父憂解任，喪中，遙授長兼殿中尙書。卒，贈衞尉卿，謚曰平。

元賓入魏，初娶東平劉氏，有四子，祖朽、祖髦、祖歸、祖旋。賜妻元氏，生二子，祖榮、祖暉。祖朽最長，祖暉次祖髦。故事，前妻雖先有子，後賜之妻子皆承嫡。所以劉氏先亡，

吏部尚書、兗州刺史，謚曰貞。武定初，齊神武以敦及中山太守蘇淑在官奉法，清約自居，宜見追褒，乃上言請加旌錄。詔各賞帛一百匹，粟五百斛，下郡國，咸使聞知。

靈引弟瑩，字靈珍，兗州別駕從事。子烈。

烈字信卿，少通敏，頗自修立，有成人風。好讀書，能言名理，以玄學知名。魏孝昌末，烈從兄侃爲太山太守，據郡起兵外叛，烈潛知其謀，深懼家禍，與從兄廣平太守敦馳赴洛陽告難。朝廷將加厚賞，烈告人云：「譬如斬手全軀，所存者大故爾，豈有幸從兄之敗，以爲己利乎。」卒無所受。

天保中，累遷尚書祠部、左右戶郎中，在官咸爲稱職。除陽平太守，有能名。時頻有災蝗，犬牙不入陽平境，敕書褒美焉。遷光祿少卿、兗州大中正。武平初，除義州刺史，〔一三〕以老還鄉，卒于家。

烈家傳素業，閨門修飭，爲世所稱。一門女不再醮。魏太和中，於兗州造一尼寺，女寡居無子者，並出家爲尼，咸存戒行。烈天統中與尚書畢義雲爭兗州大中正。義雲盛稱門閥累世，本州刺史，卿世爲我家故吏。〔一四〕烈云：「自畢軌被誅以還，寂無人物。近日刺史，皆疆埸之上，彼此而得，何足爲言。豈若我之漢河南尹、晉朝太傅，名德學行，百世傳美。且男

清女貞，足以相冠，自外多可稱也。」蓋譏義雲之帷薄焉。

烈弟脩，有才幹，卒於尚書左丞。

子玄正。武平末，將作丞。隋開皇中，戶部侍郎。卒於隴西郡贊務。

論曰：薛安都一武夫耳，雖輕於去就，實啓東南。事窘圖變，而竟保寵祿，優矣。休賓窮而委質。孝標名重東南。法壽拓落不羈，克昌厥後。景伯兄弟儒素，良可稱乎。眾敬舉地納誠，榮曜朝國，人位並列，無乏於時。羊祉剛酷之風，得死爲幸。深以才幹從事，聲迹可稱。敦、烈持己所遵，殆時彥也。

校勘記

〔一〕眞君五年與東雍州刺史沮渠康謀逆　魏書卷四下世祖紀太平眞君五年七月條及魏書卷九九沮渠蒙遜傳作沮渠秉。這裏作「康」是北史避唐諱改。本書卷九三沮渠氏傳作「季義」，則是改稱其字。參卷三二崔鑒傳校記。

〔二〕白曜尋遣著作佐郎許赤彪夜至梁鄒南門　魏書卷四三劉休賓傳「彪」作「虎」。按許赤虎附見

魏書卷四六許彥傳。北史作「彪」是避唐諱改。但卷三四胡叟傳又改作「武」，自不統一。

〔三〕後遷幽州輔國府長史　諸本「遷」作「卒於」二字，魏書卷四三房法壽傳作「轉」，通志卷一四九房法壽傳作「遷」。按下文有「免官卒」，這裏作「卒於」重複，今據通志改。

〔四〕子翼大城戍主帶宋安太守　諸本「宋」作「宗」。按隋書卷六六房彥謙傳稱：「祖翼，宋安太守。」魏書卷一〇六地形志中光州有宋安郡，治大城。隋書是，今據改。

〔五〕河清中　諸本倒作「清河」。按「河清」齊武成帝年號，今乙正。

〔六〕事伯父豹　張森楷云：「『伯』當作『叔』。」按見上文。

〔七〕同惡相濟無所逃罪梟縣孥戮國有常刑遂使籍沒流移恐爲冤濫　隋書卷六六房彥謙傳「國有常刑」下有「其間有情非協同，力不自固，或被擁逼，淪陷凶威」數語。錢氏考異卷三九云：「蓋彥謙之意，以同惡者罪無可逃，被逼者自從輕典。所謂『籍沒流移，恐爲冤濫』，乃指『情非協同』者而言。北史刪此數言，失其旨矣。」

〔八〕郡人劉簡武曾失禮於景伯　魏書卷四三房法壽傳「武」作「虎」，北史避唐諱改。

〔九〕與從父弟延祐並有名　諸本「延」作「逸」。張森楷云：「『逸』當作『延』。房延祐見北齊書魏收傳卷三七、李鉉傳卷四四、蘇瓊傳卷四六等傳，未聞有『逸祐』其人，疑是形近而訛。」按本卷下文卽云景先子延祐，後隸魏收修史。「逸」爲「延」之訛無疑，今據改。

〔一〇〕符璽郎王神貴益之名爲辯疑　張森楷云：「魏書卷四三『益』作『答』，於義較晰。」按景先所作名「五經疑問」，王神貴答其疑問，故名「辯疑」，並非增益，作「答」是。

〔一一〕刺彪矛一枚　魏書卷六一畢眾敬傳「彪」作「虎」，北史避唐諱改。

〔一二〕俱爲上賓　魏書「賓」作「客」。按上客、次客、下客是當時專辭，見本卷房法壽傳及魏書卷四三、卷六一諸降將傳。北史改作「賓」，以爲泛稱，誤。

〔一三〕義遠弟義顯義攜　魏書「攜」作「僑」，疑是。

〔一四〕尋爲都督安樂王鑒軍司馬　魏書卷六一畢眾敬傳附聞慰傳無「馬」字。按「軍司」本卽「軍師」避司馬師諱改。這裏疑當作「軍司」。

〔一五〕纂舉室南奔　魏書卷六一畢眾敬傳附申纂傳「舉」作「宗」。按作「舉」，似在道武平中山之時，由申纂本人攜帶家口南奔。魏平中山在道武皇始二年公元三九七年，其取青、齊在獻文皇興元年公元四六七年，相去七十年。申纂絕不可能在魏初「舉室南奔」，到七十年後尚爲宋之兗州刺史。作「宗」是。

〔一六〕爲司空令　按司空屬官無令，疑有訛脫。

〔一七〕高肇執政祉復被起爲光祿大夫　魏書卷八九羊祉傳「執政」作「南征」。按高肇在景明初卽已當權執政，此於正始之後方用此語，於史事不合。疑當作「西征」，指延昌三年高肇伐蜀事見魏

書卷八世宗紀。下云「先驅趣涪」，可証。

〔一八〕按祉歷官累朝 魏書「官」作「宦」。張森楷云：「下云『當官允稱』，誼不得複施『官』字，疑作『宦』是。」

〔一九〕尙書李韶又述奏以府寺爲允 諸本「韶」作「詔」，魏書作「韶」。張森楷云：「據李寶傳魏書卷三九，寶孫韶，歷殿中、吏部尙書，適當其時。作『詔』誤也。」按張說是。李韶亦見本書卷一〇〇敍傳，今據改。

〔二〇〕深字文泉 魏書卷七七羊深傳「泉」作「淵」，北史避唐諱改。

〔二一〕正平薛鳳賢等作逆 各本「正」作「王」，大德本作「正」。張元濟云：「時薛鳳賢反於正平，見長孫道生傳本書卷二二，魏書卷二五。」按通志卷一四九羊深傳也作「正」。百衲本誤從各本改「正」爲「王」，今從大德本。

〔二二〕肇舉靈引爲儀長史 諸本「舉」作「與」，通志卷一四九羊深傳作「舉」。按高肇未嘗爲儀長史，作「與」誤，今據改。

〔二三〕武平初除義州刺史 諸本「武」作「天」。按「天平」乃東魏年號，顯誤。北齊書卷四三羊烈傳云：「武平初，除驃騎將軍、義州刺史。」今據改。

〔二四〕卿世爲我家故吏 諸本「吏」訛「史」，據北齊書改。

北史卷四十

列傳第二十八

韓麒麟 程駿 李彪 孫昶 高道悅 甄琛 高聰

韓麒麟，昌黎棘城人，自云漢大司馬增之後也。父瑚，秀容、平原二郡太守。

麒麟幼而好學，美姿容，善騎射。景穆監國，爲東曹主書。文成即位，賜爵漁陽男。父亡，在喪有禮。後參征南慕容白曜軍事。進攻升城，師人多傷，及城潰，白曜將坑之。麒麟諫曰：「今方圖進趣，宜示寬厚，勍敵在前，而便坑其衆，恐三齊未易圖也。」白曜從之，皆令復業，齊人大悅。後白曜表麒麟與房法壽對爲冀州刺史。白曜攻東陽，麒麟上義租六十萬斛，幷攻戰器械，於是軍須無乏。及白曜被誅，麒麟停滯多年。

孝文時，拜齊州刺史，假魏昌侯。在官寡於刑罰，從事劉普慶說麒麟曰：「明公仗節方夏，無所斬戮，何以示威？」麒麟曰：「人不犯法，何所戮乎？若必須斬斷以立威名，當以卿應

之。」普慶慚懼而退。麒麟以新附之人，未階臺宦，士人沈抑，乃表請守宰有闕，宜推用豪望，增置吏員，廣延賢哲，則華族蒙榮，良才獲敍，懷德安土，庶或在茲。朝議從之。

太和十一年，京都大饑，麒麟表陳時務曰：

古先哲王，經國立政，積儲九稔，謂之太平。故躬藉千畝，以率百姓。用能衣食滋茂，禮教興行。逮於中代，亦崇斯業，入粟者與斬敵同爵，力田者與孝悌均賞。實百王之常軌，爲政之所先。今京師人庶，不田者多，游食之口，三分居二。蓋一夫不耕，或受其饑，況於今者，動以萬計？故頃年山東遭水，而人有餒終，今秋京都遇旱，穀價踊貴，實由農人不勸，素無儲積故也。

伏惟陛下天縱欽明，道高三五，上垂覆載之澤，下有凍餒之人，皆由有司不爲其制，長吏不恤其本。自承平日久，豐穰積年，競相矜夸，浸成侈俗。故令耕者日少，田者日荒，穀帛罄於府庫，寶貨盈於市里，衣食匱於室，麗服溢於路，饑寒之本，實在於斯。愚謂凡珍玩之物，皆宜禁斷。吉凶之禮，備爲格式，令貴賤有別，人歸朴素。制天下男女，計口受田，宰司四時巡行，臺使歲一案檢，勤相勸課，嚴加賞罰。數年之中，必有盈贍，雖遇凶災，免於流亡矣。

往年校比戶貫，租賦輕少。臣所統齊州，租粟纔可給俸，略無入倉。雖於人爲利，

而不可長久。脫有戎役，或遭天災，恐供給之方，無所取濟。請減絹布，增益穀租，年豐多積，歲儉出振。所謂私人之穀，寄積於官，官有宿積，則人無荒年矣。

卒官，遺敕其子，殯以素棺，事從儉約。麒麟立性恭愼，恒置律令於坐傍。臨終之日，唯有俸絹數十疋，其淸貧如此。贈散騎常侍、燕郡公，謚曰康。

長子興宗，字茂先。好學有文才，位祕書中散。卒，贈漁陽太守。

子子熙，字元雍。少自修整，頗有學識，爲淸河王懌郎中令。初，子熙父以爵讓弟顯宗，不受，子熙成父素懷，卒亦不襲。及顯宗卒，子熙別蒙賜爵，乃以先爵讓弟仲穆。兄弟友愛如此。母亡，居喪有禮。子熙爲懌所眷遇，遂闕位，待其畢喪後，復引用。及元叉害懌，久不得葬。子熙爲之憂悴，屛居田野，每言王若不得復封，以禮還葬，誓以終身不仕。後靈太后反政，以叉爲尙書令，解其領軍。子熙與懌中大夫劉定興、學官令傅靈檦、賓客張子愼伏闕上書，理懌之寃，極言元叉、劉騰誣罔。書奏，靈太后義之，乃引子熙爲中書舍人。後遂剖騰棺，賜叉死。尋修國史。建義初，兼黃門，尋爲正。

子熙淸白自守，不交人事。又少孤，爲叔顯宗所撫養。及顯宗卒，顯宗子伯華又幼，子

熙愛友等於同生，長猶共居，車馬資財，隨其費用，未嘗見於言色。又上書求析階與伯華，於是除伯華東太原太守。及伯華在郡，爲刺史元弼所辱，子熙乃泣訴朝廷。明帝詔遣案檢，弼遂大見詰讓。

尒朱榮之禽葛榮，送至京師。莊帝欲面數之，子熙以爲榮旣元兇，自知必死，恐或不遜，無宜見之。尒朱榮聞而大怒，請罪子熙。莊帝恕而不責。及邢杲起逆，詔子熙慰勞，杲詐降，子熙信之。還至樂陵，杲復反。子熙還，坐付廷尉，論以大辟，恕死免官。孝武初，領著作，以奉冊勳，封歷城縣子。

天平初，爲侍讀，除國子祭酒。子熙儉素安貧，常好退靜。遷鄴之始，百司並給兵力，時以祭酒閑務，止給二人。或有令其陳請者，子熙曰：「朝廷自不與祭酒兵，何關韓子熙事。」論者高之。元象中，加衞大將軍。

先是子熙與弟娉王氏爲妻，姑之女也，生二子。子熙尙未婚，後遂與寡孀李氏姦合而生三子。王、李不穆，迭相告言，子熙因此慚恨，遂以發疾。卒，遺戒不求贈謚，其子不能遵奉，遂至干謁。武定初，贈驃騎大將軍、儀同三司、幽州刺史。

興宗弟顯宗，字茂親。剛直，能面折廷諍，亦有才學。沙門法撫，三齊稱其聰悟，嘗與顯宗校試，抄百餘人名，各讀一徧，隨卽覆呼，法撫猶有一二舛謬，顯宗了無誤錯。法撫歎曰：「貧道生平以來，唯服郎耳。」

太和初，舉秀才，對策甲科，除著作佐郎。後兼中書侍郎。旣定遷都，顯宗上書：

一曰：竊聞輿駕今夏若不巡三齊，當幸中山，竊以爲非計也。何者？當今徭役宜早息，洛京宜速成，省費則徭役可簡，幷功則洛京易就。願早還北京，以省諸州供帳之費，則南州免雜徭之煩，北都息分析之歎，洛京可以時就，遷者僉爾如歸。

二曰：自古聖帝必以儉約爲美，亂主必以奢侈貽患。仰惟先朝，皆卑宮室而致力於經略，故能基宇開廣，業祚隆泰。今洛陽基趾，魏明所營，取譏前代。伏惟陛下損之又損之。頃來北都富室，競以第宅相尙，今因遷徙，宜申禁約，令貴賤有檢，無得踰制。端廣衢路，通利溝洫，使寺署有別，士庶異居，永垂百世不刊之範。

三曰：竊聞輿駕還洛陽，輕將數千騎，臣甚爲陛下不取也。夫千金之子，猶坐不垂堂，況萬乘之尊，富有四海乎。淸道而行，尙恐銜橛之失，況履涉山河而不加三思哉。

四曰：竊惟陛下耳聽法音，目翫墳典，口對百辟，心慮萬機，晷昃而食，夜分而寢，加以孝思之至，與時而深，文章之業，日成篇卷。雖叡明所用，未足爲煩，然非所以嗇神養性，熙無疆之祚。莊周有言：「形有待而智無涯，以有待之形，役無涯之智，殆矣。」

此愚臣所不安也。

孝文頗納之。顯宗又上言：

前代取士，必先正名，故有賢良方正之稱。今州郡貢察，徒有秀、孝之名，而無秀、孝之實。而朝廷但檢其門望，不復彈坐。如此則可令別貢門望以敍士人，何假冒秀、孝之名也？夫門望者，是其父祖之遺烈，亦何益於皇家。益於時者，賢才而已。苟有其才，雖屠釣奴虜之賤，聖皇不恥以爲臣；苟非其才，雖三后之胤，自墜於阜隸矣。議者或云：今世等無奇才，不若取士於門。此亦失矣。豈可以世無周、邵，便廢宰相而不置哉。但當校其有寸長銖重者，卽先敍之，則賢才無遺矣。

又曰：夫帝皇所以居尊以御下者，威也；兆庶所以徙惡以從善者，法也。是以有國有家，必以刑法爲政，生人之命，於是而在。有罪必罰，罰必當辜，則雖以捶撻薄刑，而人莫敢犯。有制不行，人得僥倖，則雖參夷之誅，不足以肅。自太和以來，未多坐盜棄市，而遠近肅淸。由此言之，止姦在於防檢，不在嚴刑。今州郡牧守，邀當時之名，行一切之法；臺閣百官，亦咸以深酷爲無私，以仁恕爲容盜。迭相敦厲，遂成風俗。陛下居九重之內，視人如赤子；百司分萬務之要，遇下如仇讎。是則堯、舜止一人，而桀、紂以千百，和氣不至，蓋由於此。宜敕示百官，以惠元元之命。

又曰：昔周王爲犬戎所逐，東遷河洛，鎬京猶稱宗周，以存本也。光武雖曰中興，實自草創，西京尚置京尹，亦不廢舊。今陛下光隆先業，遷宅中土，稽古復禮，於斯爲盛。按春秋之義，有宗廟謂之都，無謂之邑，此不刊之典也。況北代，宗廟在焉，山陵託焉，王業所基，聖躬所載，其爲神鄉福地，實亦遠矣。今便同之郡國，臣竊不安。愚謂代京宜建畿置尹，一如故事。崇本重舊，以光萬葉。

又曰：伏見洛京之制，居人以官位相從，不依族類。然官位非常，有朝榮而夕悴，則衣冠淪於廝豎之邑，臧獲顯於膏腴之里，物之顚倒，或至於斯。古之聖王，必令四人異居者，欲其業定而志專。業定則不僞，志專則不淫，故耳目所習，不督而就，父兄之教，不肅而成。仰惟太祖道武皇帝，創基撥亂，日不暇給，然猶分別士庶，不令雜居，伎作屠沽，各有攸處。但不設科禁，買賣任情，販貴易賤，錯居渾雜。假令一處彈箏吹笛，緩舞長歌，一處嚴師苦訓，誦詩講禮，宣令童齔，任意所從，其走赴舞堂者萬數，往就學館者無一。此則伎作不可雜居，士人不宜異處之明驗也。故孔父云里仁之美，孟母弘三徙之訓，賢聖明誨，若此之重。今令伎作之家習士人風禮，則百年難成；令士人兒童效伎作容態，則一朝可得。以士人同處，〔一〕則禮教易興；伎作雜居，則風俗難改。朝廷每選舉人士，則校其一婚一官，以爲升降，何其密也。至於伎作官塗，得與膏粱華

望接閈連甍，何其略也。今稽古建極，光宅中區，凡所徙居，皆是公地，分別伎作，在於一言，有何爲疑，而虧盛美？

又曰：自南僞相承，竊有淮北，欲擅中華之稱，且以招誘邊人，故僑置中州郡縣。自皇風南被，仍而不改，凡有重名，其數甚衆，非所以疆域物土，必也正名之謂也。愚以爲可依地理舊名，一皆釐革，小者幷合，大者分置。及中州郡縣，昔以戶少幷省，今人口既多，亦可復舊。君人者，以天下爲家，不得有所私也。故倉庫儲貯，以俟水旱之災，供軍國之用，至於有功德者，然後加賜。爰及末代，乃寵之所隆，賜賚無限。自比以來，亦爲太過。在朝諸貴，受祿不輕，土木被綺羅，僕妾厭粱肉，而復厚賚屢加，動以千計。若分賜鰥寡，贍濟實多。如不悛革，豈「周急不繼富」之謂也？

又曰：諸宿衞內直者，宜令武官習弓矢，文官諷書傳。無令繕其蒱博之具，〔二〕以成褻狎之容，徒損朝儀，無益事實。如此之類，一宜禁止。

帝善之。

孝文曾謂顯宗及程靈虯曰：「著作之任，國書是司。卿等之文，朕自委悉，中省之品，卿等所聞。若欲取況古人，班、馬之徒，固自遼闊。若求之當世，文學之能，卿等應推崔孝伯。」又謂顯宗曰：「校卿才能，可居中第。」謂程靈虯曰：「卿與顯宗，復有差降，可居下上。」

顯宗曰：「臣才第短淺，比於崔光，實爲隆渥。然臣竊謂陛下貴古而賤今。昔揚雄著太玄經，當時不免覆甕之譚，二百年外，則越諸子。今臣所撰，雖未足光述帝載，然萬祀之後，仰觀祖宗巍巍之功，上覩陛下明明之德，亦何謝欽明於唐典，愼徽於虞書。」帝曰：「假使朕無愧於虞舜，卿復何如堯臣？」顯宗曰：「陛下齊蹤堯、舜，公卿寧非二八之儔。」帝曰：「卿爲著作，僅名奉職，未是良史也。」顯宗曰：「臣仰遭明時，直筆無懼，又不受金，安眠美食，此優於遷、固也。」帝哂之。後與員外郎崔逸等參定朝儀。

帝曾詔諸官曰：「近代已來，高卑出身，恒有常分。朕意所爲可，復以爲不可，宜校量之。」李沖曰：「未審上古已來，置官列位，爲欲爲膏粱兒地，爲欲益政贊時？」帝曰：「俱欲爲人。」沖曰：「若欲爲人，陛下今日何爲專崇門品，不有拔才之詔？」帝曰：「苟有殊人之技，不患不知。然君子之門，假使無當世之用者，要自德行純篤，朕是以用之。」沖曰：「傅巖、呂望，豈可以門見舉？」帝曰：「如此濟世者希，曠代有一兩耳。」沖謂諸卿士曰：「適欲請救諸賢。」祕書令李彪曰：「師旅寡少，未足爲援，意有所懷，敢不盡言於聖日。陛下若專以地望，不審魯之三卿，孰若四科？」帝曰：「猶如向解。」顯宗進曰：「陛下光宅洛邑，百禮惟新，國之興否，指此一選。且以國事論之，不審中祕監、令之子，必爲祕書郎，頃來爲監、令者，子皆可爲不？」帝曰：「卿何不論當世膏腴爲監、令者？」顯宗曰：「陛下以物不可類，不應以貴承

貴，以賤襲賤。」帝曰：「若有高明卓爾，才具儁出者，朕亦不拘此例。」後爲本州中正。

二十一年，車駕南征，以顯宗爲右軍府長史、統軍。次赭陽，齊戍主成公期遣其軍主胡松、高法援等幷引蠻賊，來擊軍營。顯宗拒戰，斬法援首。顯宗至新野，帝曰：「何不作露布也？」顯宗曰：「臣頃見鎭南將軍王肅獲賊二三，驢馬數匹，皆爲露布。臣在東觀，私每哂之。近雖仰憑威靈，得摧醜虜，兵寡力弱，禽斬不多。脫復高曳長縑，虛張功捷，尤而効之，其罪彌甚。所以斂毫卷帛，解上而已。」帝笑曰：「如卿此勳，誠合茅社，須赭陽平定，檢審相酬。」新野平，以顯宗爲鎭南廣陽王嘉諮議參軍。顯宗上表，頗自矜伐，訴前征勳。詔曰：「顯宗進退無檢，虧我清風，付尙書推列以聞。」兼尙書張彝奏免顯宗官。詔以白衣守諮議，展其後効。

顯宗既失意，遇信向洛，乃爲五言詩贈御史中尉李彪，以申憤結。二十三年卒。顯宗撰馮氏燕志、孝友傳各十卷。景明初，追赭陽勳，賜爵章武男。子伯華襲。

程駿字驎駒，本廣平曲安人也。六世祖良，晉都水使者，坐事流涼州。祖父肇，呂光人部尙書。〔三〕

駿少孤貧，居喪以孝稱。師事劉延明，性機敏好學，晝夜無倦。延明謂門人曰：「舉一隅而以三隅反者，此子亞之也。」駿白延明曰：「今名教之儒，咸謂老莊其言虛誕，不切實要，不可以經世。駿爲不然。〔四〕夫老子著抱一之言，莊生申性本之旨，若斯者，可謂至順矣。人若乖一，則煩僞生；爽性，則沖眞喪。」延明曰：「卿年尚幼，言若老成，美哉。」由是聲譽益播。沮渠牧犍擢爲東宮侍講。

太延五年，涼州平，遷于京師。爲司徒崔浩所知。文成踐阼，爲著作郎。皇興中，除高密太守。尚書李敷奏駿實史才，方申直筆，請留之。書奏，從之。獻文屢引駿與論易、老義，顧謂羣臣曰：「朕與此人言，意甚開暢。」問駿年，對曰：「六十一。」帝曰：「昔太公老而遭文王，卿今遇朕，豈非早也。」駿曰：「臣雖才謝呂望，陛下尊過西伯。覬天假餘年，竭六韜之效。」

延興末，高麗王璉求納女於掖庭，假駿散騎常侍，賜爵安豐男，持節如高麗迎女。駿至平壤城。或勸璉曰：「魏昔與燕婚，既而伐之，由行人具其夷嶮故也。今若送女，恐不異於馮氏。」璉遂謬言女喪。駿與璉往復經年，責璉以義方。璉不勝其忿，遂斷駿從者酒食，欲逼辱之，憚而不敢害。會獻文崩，乃還。拜祕書令。

初，遷神主于太廟，有司奏：舊事，廟中執事官例皆賜爵，今宜依舊。詔百僚評議，羣臣

咸以爲宜依舊事。駿獨以爲不可，表曰：「臣聞名器爲帝王所貴，山河爲區夏之重，是以漢祖有約，非功不侯。未見預事於宗廟，而獲賞於疆土。雖復帝王制作，弗相沿襲，然一時恩澤，豈足爲長世之軌乎。」書奏，從之。文明太后謂羣臣曰：「言事，固當正直而準古典；安可依附暫時舊事乎！」賜駿衣一襲，帛二百匹。又詔曰：「駿歷官清慎，言事每慨。門無挾貨之賓，室有懷道之士。可賜帛六百匹，旌其儉德。」駿悉散之親舊。

性介直，不競時榮。太和九年正月病篤，遺命曰：「吾存尚儉薄，豈可沒爲奢厚哉。昔王孫裸葬，有感而然；士安籧篨，頗亦矯厲。可斂以時服，明器從古。」初駿病甚，孝文、文明太后遣使者更問其疾，敕侍御師徐謇診視，賜以湯藥。臨終，詔以小子公稱爲中散，從子靈虬爲著作佐郎。及卒，孝文、文明太后傷惜之。賜東園祕器、朝服一稱、帛三百匹，贈兗州刺史、曲安侯，謚曰憲。所作文章，自有集錄。

李彪字道固，頓丘衞國人也，孝文賜名焉。家寒微，少孤貧，有大志，好學不倦。初受業於長樂監伯陽，伯陽稱美之。晚與漁陽高悅、北平陽尼等將隱名山，不果而罷。悅兄閭博學高才，家富典籍，彪遂於悅家手抄口誦，不暇寢食。既而還鄉里。平原王陸叡年將弱

冠，雅有志業。娶東徐州刺史博陵崔鑒女，路由冀、相，聞彪名而詣之，修師友之禮，稱之州郡，遂舉孝廉，至京師，館而受業焉。高閭稱之朝貴，李沖禮之甚厚，彪深宗附之。

孝文初，爲中書教學博士。後假散騎常侍、衞國子，使於齊。遷祕書丞，參著作事。〔五〕自成帝已來，至於太和，崔浩、高允著述國書，編年序錄爲春秋體，遺落時事。彪與祕書令高祐始奏從遷、固體，創爲紀、傳、表、志之目焉。

彪又表上封事七條，曰：

古先哲王之爲制也，自天子以至公卿，下及抱關擊柝，其宮室車服，各有差品，小不得僭大，賤不得踰貴。夫然，故上下序而人志定。今時浮華相競，情無常守，大爲消功之物，巨制費力之事，豈不謬哉。夫消功者，錦繡彫文是也；費力者，廣宅高宇，壯制麗飾是也。其妨男業害女工者，可勝言哉！漢文時，賈誼上疏，云今之王政可爲長太息者六，此卽是其一也。

夫上之所好，下必從之。故越王好勇而士多輕死，楚王好瘠而國有飢人。今二聖躬行儉素，詔令殷勤，而百姓之奢猶未革者，豈楚、越之人易變如彼，大魏之士難化如此？此蓋朝制不宜，人未見德，使之然耳。臣愚以爲第宅車服，自百官以下至於庶人，宜爲其等制。使貴不逼賤，卑不僭高，不可以稱其侈意，用違經典。

其二曰：

易稱「主器者莫若長子」，傳曰「太子奉冢嫡之粢盛」。然則祭無主則宗廟無所饗，冢嫡廢則神器無所傳。聖賢知其如此，故垂誥以爲長世之法。昔姬王得斯道也，故恢崇儒術以訓世嫡，世嫡於是乎習成懿德，用大協於黎蒸。是以世統黎元，載祀八百。逮嬴氏之君於秦也，弗以義方教厥冢子，冢子於是習成兇德，肆虐以臨黔首。是以饗年不永，二世而亡。亡之與興，道在於師傅。故禮云：「冢子生，因舉以禮，使士負之，有司齊肅端冕，見于南郊。」明冢嫡之重，見乎天也。「過闕則下，過廟則趨」，明孝敬之道也。然古之太子，自爲赤子而教固以行矣。此則遠世之鏡也。高宗文成皇帝慨少時師不勤教，嘗謂羣臣曰：「朕始學之日，年尚幼沖，情未能專。既臨萬機，不遑溫習。今而思之，豈非唯予之咎，〔六〕抑亦師傅之不勤。」尚書李訢免冠而謝。此則近日之可鑒也。

伏惟太皇太后翼贊高宗，訓成顯祖，使巍巍之功，邈乎前王。陛下幼蒙鞠誨，聖敬日躋，及儲宮誕育，復親撫誥，日省月課，實勞神慮。今誠宜準古立師傅，以詔導太子。詔導正則太子正，太子正則皇家慶，皇家慶則人事幸甚矣。

其三曰：

記云：國無三年之儲，謂國非其國。光武以一畝不實，罪及牧守。聖人之憂世重穀，殷勤如彼；明君之恤人勸農，相切若此。頃年山東饑，去歲京師儉，內外人庶，出入就豐，既廢營產，疲困乃加，又於國體，實有虛損。若先多積穀，安而給之，豈有驅督老弱，餬口千里之外。以今況古，誠可懼也。

臣以爲宜析州郡常調九分之二，京都度支歲用之餘，各立官司。年豐糴積於倉，時儉則加私之二，糶之於人。如此，人必事田以買官絹，又務貯財以取官粟。年登則常積，歲凶則直給。又別立農官，取州郡戶十分之一以爲屯人。相水陸之宜，料頃畝之數，以贓贖雜物餘財市牛科給，令其肆力。一夫之田，歲責六十斛，甄其正課幷征戍雜役。行此二事，數年之中，則穀積而人足，雖災不害。

臣又聞前代明王皆務懷遠人，禮賢引滯。故漢高過趙，求樂毅之胄；晉武廓定，旌吳、蜀之彥。臣謂宜於河表七州人中，擢其門才，引令赴闕，依中州官比，隨能序之。一可以廣聖朝均新舊之義，二可以懷江、漢歸有道之情。

其四曰：

漢制，舊斷獄報重盡季冬，至孝章時改盡十月，以育三微。後歲旱，論者以十月斷獄，〔七〕陰氣微，陽氣泄，以故致旱。事下公卿。尚書陳寵曰：「冬至陽氣始萌，故十一

月有射干芸荔之應，周以爲春。十二月陽氣上通，雉雊雞乳，殷以爲春。十三月陽氣已至，蟄蟲皆震，夏以爲春。三微成著，以通三統，三統之月斷獄流血，是不稽天意也。」章帝善其言，卒以十月斷。

今京都及四方斷獄報重，常竟季冬，不推三正以育三微。寬宥之情，每過於昔，遵之典憲，猶或闕然。今豈所謂助陽發生，垂奉微之仁也？誠宜遠稽周典，近採漢制，天下斷獄起自初秋，盡於孟冬。不於三統之春，行斬絞之刑。如此則道協幽顯，仁垂後昆矣。

其五曰：

古者大臣有坐不廉而廢者，不謂之不廉，乃曰簠簋不飾。此君之所以禮貴臣，不明言其過也。臣有大譴，則白冠氂纓盤水加劍，造室而請死，此臣之所以知罪而不敢逃刑也。聖朝賓遇大臣，禮崇古典，自太和以降，〔八〕有負罪當陷大辟者，多得歸第自盡。遣之日，深垂隱愍，言發悽淚，百官莫不見，四海莫不聞，誠足以感將死之心，慰戚屬之情。然恩發於衷，未著永制，此愚臣所以敢陳末見。

昔漢文時，人有告丞相勃謀反者，逮繫長安獄，頓辱之與卑隸同。賈誼乃上書，極陳君臣之義，不宜如是。夫貴臣者，天子爲其改容而體貌之，吏人爲其俯伏而敬貴之。其有罪過，廢之可也，賜之死可也；若束縛之，輸之司寇，搒笞之，小吏詈罵之，殆非所以令衆庶見也。及將刑也，臣則北面再拜，跪而自裁。天子曰：子大夫自有過耳，吾遇子有禮矣。上不使人抑而刑之也。孝文深納其言。是後大臣有罪，皆自殺不受刑。至孝武時，稍復下獄。良由孝文行之當時，不爲永制故耳。今天下有道，庶人不議之時，安可陳諐言於朝？且恐萬世之後，繼體之主有若漢武之事。焉得行恩當時，不著長世之制乎。

其六曰：

孝經稱父子之道天性，〔九〕蓋明一體而同氣，可共而不可離者也。及其有罪不相及者，乃君上之厚恩也。而無情之人，父兄繫獄，子弟無慘惕之容；子弟卽刑，父兄無愧恧之色。宴安榮位，游從自若，車馬仍華，衣冠猶飾。寧是同體共氣，分憂均戚之理也？臣愚以爲父兄有犯，宜令子弟素服肉袒，詣闕請罪；子弟有坐，宜令父兄露板引咎，乞解所司。若職任必要，不宜許者，慰勉留之。如此，足以敦厲凡薄，使人知有所恥矣。

其七曰：

禮云：臣有大喪，君三年不呼其門。此聖人緣情制禮，以終孝子之情也。周季陵

夷，喪禮稍亡，是以要絰卽戎，素冠作刺。逮乎虐秦，殆皆泯矣。漢初，軍旅屢興，未能遵古。至宣帝時，人當從軍屯者，遭大父母、父母死，未滿三月，皆弗徭役。其朝臣喪制，未有定聞。至後漢元初中，大臣有重憂，始得去官終服。暨魏武、孫、劉之世，日尋干戈，前世禮制，復廢不行。晉時鴻臚鄭默喪親，固請終服，武帝感其孝誠，遂著令以爲常。

聖魏之初，撥亂反正，未遑建終喪之制。今四方無虞，百姓安逸，誠是孝慈道洽，禮教興行之日也。然愚臣所懷，竊有未盡。伏見朝臣丁大憂者，假滿赴職，衣錦乘軒，從郊廟之祀；鳴玉垂緌，同節慶之醼。傷人子之道，虧天地之經。愚謂如有遭父母喪者，〔一〇〕皆得終服。若無其人有曠官者，則優旨慰喻，起令視事。但綜理所司，出納敷奏而已，國之吉慶，一令無預。其軍戎之警，墨縗從役，雖愆於禮，事所宜行也。

帝覽而善之，尋皆施行。

彪稍見禮遇。詔曰：「彪雖宿非清第，代闕華資，然識性嚴聰，學博墳籍，剛辯之才，頗堪時用。兼優吏職，載宣朝美，若不賞庸敍績，將何以勸獎勤能。特遷祕書令。」以參議律令之勤，賜帛五百匹、馬一匹、牛二頭。

其年，加員外散騎常侍，使於齊。齊遣其主客郎劉繪接對，幷設讌樂。彪辭樂。及坐，

彪曰：「向辭樂者，卿或未相體。我皇孝性自天，追慕罔極，故有今者喪除之議。去三月晦，朝臣始除縗裳，猶以素服從事。裴、謝在北，固應具此。今辭樂，想卿無怪。」繪答言：「請問魏朝喪禮竟何所依？」彪曰：「高宗三年，孝文踰月。今聖上追鞠育之深恩，感慈訓之厚德，報於殷、漢之間，可謂得禮之變。」繪復問：「若欲遵古，何不終三年？」彪曰：「萬機不可久曠，故割至慕，俯從羣議。服變不異三年，而限同一期，可謂失禮？」〔二〕繪言：「汰哉叔氏，專以禮許人。」彪曰：「聖朝自爲曠代之制，何關許人。」繪言：「百官總己聽於冢宰，萬機何慮於曠？」彪曰：「五帝之臣，臣不若君，故君親攬其事。三王君臣智等，故共理機務。主上親攬，蓋遠軌軒、唐。」

彪將還，齊主親謂彪曰：「卿前使還日，賦阮詩云：『但願長閑暇，後歲復來游。』果如今日。卿此還也，復有來理否？」彪答：「請重賦阮詩曰：『宴衍清都中，一去永矣哉。』」齊主悵然曰：「清都可爾，一去何事！觀卿此言，似成長闊。朕當以殊禮相送。」遂親至琅邪城，登山臨水，命羣臣賦詩以送別。其見重如此。彪前後六度銜命，南人奇其謇博。

後爲御史中尉，領著作郎。彪既爲孝文所寵，性又剛直，遂多劾糾，遠近畏之，豪右屏氣。帝常呼爲李生，從容謂羣臣曰：「吾之有李生，猶漢之有汲黯。」後除散騎常侍，領御史中尉，解著作事。帝宴羣臣於流化池，謂僕射李沖曰：「崔光之博，李彪之直，是我國得賢

之基。」

車駕南伐，彪兼度支尚書，與僕射李沖、任城王澄等參理留臺事。彪素性剛豪，與沖等意議乖異，遂形於聲色，殊無降下之心。沖積其前後罪過，乃於尚書省禁止彪，上表曰：「案臣彪昔於凡品，特以才拔，等望清華，司文東觀，綢繆恩眷，繩直憲臺，左加金璫，右珥蟬冕。東省。〔三〕宜感恩厲節，忠以報德。而竊名忝職，身爲違傲，矜勢高亢，公行僭逸。坐與禁省，冒取官材，輒駕乘黃，無所憚懾。肆志傲然，愚聾視聽。此而可忍，誰不可懷。臣今請以見事免彪所居職，付廷尉獄。」沖又表曰：

臣與彪相識以來，垂二十載，彪始南使之時，見其色厲辭辯，臣之愚識，謂是拔萃之一人。及彪官位升達，參與言宴，聞彪平章古今，商略人物，興言於侍筵之次，啓論於衆英之中，賞忠識正，發言懇惻，惟直是語，辭無隱避。臣雖下愚，輒亦欽其正直。及其始居司直，執志徑行，其所彈劾，應弦而倒。赫赫之威，振於下國，肅肅之稱，著自京師，天下改目，貪暴斂手。然時有私於臣云其威暴者，臣以直繩之官，人所忌疾，風謗之際，易生音謠，心不承信。

往年以河陽事，曾與彪在領軍府共太尉、司空及領軍諸卿等集閱廷尉所問囚徒。時有人訴枉者，二公及臣少欲聽採。語理未盡，彪便振怒，東坐攘袂揮赫，口稱賊奴，

吒吒左右，高聲大呼曰：「南臺中取我木手去，搭奴肋折！」雖有此言，終竟不取。卽言：「南臺所問，唯恐枉活，終無枉死。」時諸人以所枉至重，有首實者多，又心難彪，遂各默爾。因緣此事，臣遂心疑有濫。知其威虐。猶謂益多損少，故不以申徹，實失爲臣

知無不聞之義。

及去年大駕南行以來，彪兼尚書，日夕共事，始乃知其言與行舛，是己非人，專恣無忌，尊身忽物。臣與任城卑躬曲己，其所欲者無不屈從。依事求實，悉有成驗。如臣列得實，宜亟投彪於有北，以除姦矯之亂政。如臣列無證，宜放臣於四裔，以息青蠅之白黑。

帝在懸瓠，覽表歎愕曰：「何意留京如此也！」有司處彪大辟，帝恕之，除名而已。

彪尋歸本鄉。帝北幸鄴，彪野服稱草茅臣，拜迎鄴南。帝曰：「朕以卿爲已死。」彪對曰：「子在，回何敢死。」帝悅，因謂曰：「朕期卿每以貞松爲志，歲寒爲心，卿應報國，盡心爲用，近見彈文，殊乖所以。卿罹此譴，爲朕與卿？爲宰事？爲卿自取？」彪曰：「臣愆由己至，罪自身招，實非陛下橫與臣罪，又非宰事無辜濫臣。臣罪既如此，宜伏東皋之下，不應遠黷屬車之清塵。但伏承聖躬不豫，臣肝膽塗地，是以敢至，非謝罪而來。」帝曰：「朕欲用卿，憶李僕射不得。」帝尋納宋弁之言，將復採用。會留臺表至，言彪與御史賈尚往窮庶人恂事，

理有誣抑，奏請收彪。彪自言事枉，帝明彪無此，遣左右慰勉之，聽以牛車散載，送之洛陽。會赦得免。

宣武踐阼，彪自託於王肅，又與郭祚、崔光、劉芳、甄琛、邢巒等詩書往來，迭相稱重。因論求復舊職，修史官之事，肅等許爲左右。彪乃表曰：

惟我皇魏之奄有中華也，歲越百齡，年幾十紀，史官敍錄，未充其盛。加以東觀中圮，册勳有闕，美隨日落，善因月稀。故諺曰：「一日不書，百事荒蕪。」至于太和之十一年，先帝、先后召名儒博達之士，以充麟閣之選。于時忘臣衆短，采臣片志，令臣出納，授臣丞職，猥屬斯事，無所與讓。高祖時詔臣曰：「平爾雅志，正爾筆端，書而不法，後世何觀。」臣奉以周旋，不敢失墜。

伏惟孝文皇帝承天地之寶，崇祖宗之業，景功未就，奄焉崩殂，凡百黎萌，若無天地。賴遇陛下體明叡之真，應保合之量，恢大明以燭物，履靜恭以和邦，天清其氣，地樂其靜，可謂重明疊聖，元首康哉。記曰：「善迹者欲人繼其行，善歌者欲人繼其聲。」故傳曰：「文王基之，周公成之。」然先皇之茂勛聖達，今王之懿美洞鑒，準之前代，其德靡悔也。時哉時哉，可不光昭哉！合德二儀者，先皇之陶鈞也；齊明日月者，先皇之洞照也；慮周四時者，先皇之茂功也，合契鬼神者，先皇之玄燭也；遷都改邑者，先皇之達

也；變是協和者，先皇之鑒也；思同書軌者，先皇之遠也；守在四夷者，先皇之略也；海外有截者，先皇之威也；禮由岐陽者，先皇之義也；張樂岱郊者，先皇之仁也；鑾幸幽漠者，先皇之智也；燓伐南荆者，先皇之禮也；升中告成者，先皇之肅也；親虔宗社者，先皇之敬也；衮實無闕者，先皇之德也；開物成務者，先皇之貞也；觀乎人文者，先皇之蘊也；革弊創新者，先皇之志也；孝慈道洽者，先皇之衷也。先皇有大功二十，加以謙尊而光，爲而弗有者，可謂四三皇而六五帝矣。誠宜功書於竹素，聲播於金石。

臣竊謂史官之達者，大則與日月齊其明，小則與四時並其茂，故能聲流無窮，義昭來裔。是以金石可滅，而風流不泯者，其唯載籍乎。諺曰：「相門有相，將門有將。」斯不唯其性，蓋言習之所得也。竊謂天文之官，太史之職，如有其人，宜其世矣。是以談、遷世事而功立，彪、固世事而名成，此乃前鑒之軌轍，後鏡之蓍龜也。然前代史官之不終業者，皆陵遲之世，不能容善。是以平子去史而成賦，伯喈違閣而就志。近僭晉之世，有佐郎王隱，爲著作虞預所毀，亡官在家，晝則樵薪供爨，夜則觀文屬綴，集成晉書，存一代之事。司馬紹敕尚書唯給筆札而已。國之大籍，成於私家，末世之弊，乃至如此。此史官之不遇時也。

今大魏之史，職則身貴，祿則親榮，優哉游哉，式穀令爾休矣！〔一三〕而典謩弗恢

者，其有以也。而故著作漁陽傅毗、北平陽尼、河間邢產、廣平宋弁、昌黎韓顯宗並以文才見舉，注述是同，並登年不永，弗終茂績。前著作程靈虯同時應舉，共掌此務，今徙他職，官非所司。唯著作崔光一人，雖不移任，然侍官兩兼，故載述致闕。

臣聞載籍之興，由於大業，雅頌垂薦，起於德美。昔史談誡其子遷曰：「當世有美而不書，汝之罪也。」是以久而見美。孔明在蜀，不以史官留意，是以久而受譏。書稱「無曠庶官」，詩有「職思其憂」，臣雖今非所司，然昔忝斯任，故不以草茅自疏，敢言及於此。語曰：「患爲之者不必知，知之者不得爲。」臣誠不知，强欲爲之耳。竊尋先朝賜臣名彪者，遠則擬漢史之叔皮，近則準晉史之紹統，推名求義，欲罷不能。今求都下乞一靜處，綜理國籍，以終前志，官給事力，以充所須。雖不能光啓大錄，庶不爲飽食終日耳。近則期月可就，遠則三年有成，正本蘊之麟閣，副貳藏之名山。

時司空北海王詳、尚書令王肅許之。肅以其無祿，頗相賑餉。遂在祕書省，同王隱故事，白衣修史。

宣武親政，崔光表曰：「臣昔爲彪所致，與之同業積年，其志力貞强，考述無倦。頃來契闊，多所廢離，近蒙收起，還綜厥事。老而彌厲，史才日新。若克復舊職，專功不殆，必能昭明春秋，闡成皇籍。既先帝厚委，宿歷高班，纖負微愆，應從滌洗。愚謂宜申以常伯，正綰

著作。」宣武不許。詔彪兼通直散騎常侍、行汾州事，非彪好也，固請不行。卒於洛陽。

始彪爲中尉，號爲嚴酷，以姦款難得，乃爲木手擊其脅腋，氣絕而復屬者時有焉。又慰喻汾州叛胡，得其兇渠，皆鞭面殺之。及彪病，體上往往瘡潰，痛毒備極。贈汾州刺史，謚曰剛憲。彪在祕書歲餘，史業竟未及就，然區分書體，皆彪之功。述春秋三傳，合成十卷。其餘著詩頌賦誄章表別有集。

彪雖與宋弁結管、鮑交，弁爲大中正，與孝文私議，猶以寒地處之，殊不欲微相優假。彪亦知之，不以爲恨。弁卒，彪痛之無已，爲之哀誄，備盡辛酸。郭祚爲吏部，彪爲子志求官，祚仍以舊第處之。彪以位經常伯，又兼尚書，謂祚應以貴游拔之，深用忿怨，形於言色。時論以此非祚。祚每曰：「爾與義和至友，豈能饒爾而怨我乎。」任城王澄與彪先亦不穆，及爲雍州，彪詣澄，爲志求其府僚。澄釋然爲啓，得爲列曹行參軍，時稱澄之美。

志字鴻道。博學有才幹，年十餘，便能屬文。彪奇之，謂崔鴻曰：「子宜與鴻道爲二鴻於洛陽。」鴻遂與交款往來。

彪有女，幼而聰令，彪每奇之，教之書學，讀誦經傳。嘗竊謂所親曰：「此當興我家，卿曹容得其力。」彪亡後，宣武聞其名，召爲婕妤。在宮常教帝妹書，誦授經史。始彪奇志及婕妤，特加器愛，公私坐集，必自稱詠，由是爲孝文所貴。〔一四〕及彪亡後，婕妤果入掖廷，後宮

咸師宗之。宣武崩後，爲比丘尼，通習經義，法座講說，諸僧歎重之。

志歷官所在著績。桓叔興外叛，南荆荒毀，領軍元叉舉其才任撫導，擢爲南荆州刺史。建義初，叛入梁。

志弟游，有才行。隨兄志在南荆州，屬尒朱之亂，與志俱奔江左。子昶。

昶小名那。性峻急，不雜交游。幼年已解屬文，有聲洛下。時洛陽初置明堂，昶年十數歲，爲明堂賦，雖優洽未足，才制可觀。見者咸曰有家風也。初謁周文，周文深奇之，厚加資給，令入太學。周文每見學生，必問才行於昶。昶神情清悟，應對明辯，周文每稱歎之。綏德公陸通盛選僚寀，請以昶爲司馬，周文許之。昶雖年少，通特加接待，公私之事，咸取決焉。又兼二千石郎中，典儀注。累遷都官郎中、相州大中正。昶雖處郎官，周文恒欲以書記委之，於是以爲丞相府記室參軍、著作郎、修國史，轉大行臺郎中、中書侍郎，又轉黃門侍郎，封臨黃縣伯。嘗謂曰：「卿祖昔在中朝，爲御史中尉，卿操尙貞固，理應不墜家風。但孤以中尉彈劾之官，愛憎所在，故未卽授卿耳。然此職久曠，無以易卿。」乃奏昶爲御史中尉，賜姓宇文氏。

六官建，拜內史下大夫，進爵爲侯。明帝初，行御伯中大夫。武成元年，除中外府司

錄。保定初，進驃騎大將軍、開府儀同三司，轉御正中大夫。時以近侍清要，盛選國華，乃以昶及安昌公元則、中都公陸逞、臨淄公唐瑾等並爲納言。尋進爵爲公。五年，出爲昌州刺史，在州遇疾，求入朝，詔許之。未至京，卒，贈相、瀛二州刺史。

昶，周文世已當樞要，兵馬處分，專以委之，詔册文筆，皆昶所作也。及晉公護執政，委任如舊。昶常曰：「文章之事，不足流於後世，經邦致化，庶及古人。」故所作文筆，了無藁草，唯留心政事而已。又以父在江南，身寓關右，自少及終，不飲酒聽樂，時論以此稱焉。子丹嗣。

高道悅字文欣，遼東新昌人也。曾祖策，馮跋散騎常侍、新昌侯。祖育，馮弘建德令，太武東討，率部歸命，授建忠將軍、齊郡建德二郡太守，賜爵肥如子。父玄起，武邑太守，遂居勃海蓨縣。

道悅少爲中書學生、侍御主文中散。後爲諫議大夫，正色當官，不憚强禦。車駕南征，徵兵秦、雍，大期秋季閱集洛陽。道悅以使者書侍御史薛聰、侍御史主文中散元志〔一五〕等稽違期會，奏舉其罪。又奏兼左僕射、吏部尚書、任城王澄，位總朝右，任屬戎機，兵使會否，曾

不檢奏。尚書左丞公孫良職綰樞轄，蒙冒莫舉。請以見事免澄、良等所居官。時道悅兄觀爲外兵郎中，澄奏道悅有黨兄之負，孝文詔責。然以事經恩宥，遂寢而不論。詔曰：「道悅資性忠篤，稟操貞亮，居法樹平肅之規，處諫著必犯之節，王公憚其風鯁，朕實嘉其一至，謇諤之誠，何愧黯、鮑也。其以爲主爵下大夫，諫議如故。」

車駕幸鄴，又兼御史中尉，留守洛京。時宮闕初基，廟庫未構，車駕將水路幸鄴，已詔都水回營構之材，以造舟楫。道悅表諫，以爲闕居宇之功，作游嬉之用，損耗殊倍。又深薄之危，古今共慎。於是帝遂從陸路。轉道悅太子中庶子，正色立朝，儼然難犯，宮官上下，咸畏憚之。

太和二十年秋，車駕幸中岳，詔太子恂入居金墉。而恂潛謀還代，忿道悅前後規諫，遂於禁中殺之。帝甚加悲惜，贈散騎常侍、營州刺史，幷遣王人慰其妻子，又詔使者監護喪事。葬于舊塋，謚曰貞侯。宣武又追錄忠概，拜長子顯族給事中。

顯族亦以忠厚見稱，卒於右軍將軍。

顯族弟敬猷，有風度。蕭寶夤西征，引爲驃騎司馬。及寶夤謀逆，敬猷與行臺郎中封偉伯等潛圖義舉，謀洩見殺。贈滄州刺史，聽一子出身。

道悅長兄嵩，字崑崙，魏郡太守。

嵩弟雙，清河太守，坐黷貨，將刑於市，遇赦免。時北海王詳爲錄尚書事，雙多納金寶，除司空長史。後爲涼州刺史，專肆貪暴，以罪免。後貨高肇，復起爲幽州刺史。以貪穢被劾，罪未判，遇赦復任。未幾而卒。

雙弟觀，尚書左外兵郎中、城陽王鸞司馬，南征赭陽，先驅而歿，謚曰閔。

甄琛字思伯，中山毋極人，漢太保邯之後也。父凝，州主簿。

琛少敏悟，閨門之內，兄弟戲狎，不以禮法自居。學覽經史，稱有刀筆。而形貌短陋，尠風儀。舉秀才，入都積歲，頗以弈棊棄日，至乃通夜不止。手下倉頭，常令執燭，或時睡頓，大加其杖，如此非一。奴後不勝楚痛，乃曰：「郎君辭父母仕宦，若爲讀書執燭，不敢辭罪，乃以圍棊，日夜不息，豈是向京之意？而賜加杖罰，不亦非理！」琛悵然慚感，遂從許赤彪假書研習，聞見日優。太和初，拜中書博士，遷諫議大夫，時有所陳，亦爲孝文知賞。

宣武踐阼，以琛爲中散大夫，兼御史中尉。琛表曰：

月令稱山林藪澤，有能取蔬食禽獸者，皆野虞教導之，其迭相侵奪者，罪之無赦。此明導人而弗禁，通有無以相濟也。周禮雖有川澤之禁，正所以防其殘盡，必令取之

有時。斯所謂鄣護在公，更所以爲人守之耳。今者天爲黔首生鹽，國爲黔首鄣護。假獲其利，猶是富專口斷，不及四體也。且天下夫婦，歲貢粟帛，四海之有，備奉一人，軍國之資，取給百姓，天子亦何患乎貧，而苟禁一池？臣每觀上古愛人之迹，時讀中葉驟稅之書，未嘗不歎彼遠大，惜此近狹。今僞弊相承，仍崇關廛之稅；大魏宏博，唯受穀帛之輸。是使遠方聞者，莫不歌德。語稱出內之吝，有司之福；施惠之難，人君之禍。夫以府藏之物，猶以不施而爲災，況府外之利，而可吝之於黔首？願弛鹽禁，使沛然遠及。依周禮置川衡之法，使之監導而已。

詔付八坐議可否以聞。彭城王勰、兼尚書邢巒等奏：

琛之所列，但恐坐談則理高，行之則事闕，是用遲回，未謂爲可。竊惟大道既往，恩惠生焉，下奉上施，卑高理睦。恒恐財不賙國，澤不厚人，故多方以達其情，立法以行其志。至乃取貨山澤，輕在人之貢；立稅關市，裨十一之儲。收此與彼，非利己也；回彼就此，非爲身也。所謂集天地之產，惠天地之人，藉造物之富，賑造物之貧。禁此泉池，不專太官之御；斂此匹帛，豈爲後宮之資。既潤不在己，彼我理一，積而散之，將焉所吝。然自行以來，典司多怠，出入之間，事不如法。此乃用之者無方，非興之者有謬。至使朝廷識者，聽營其間。今而罷之，懼失前旨。宜依前式。

詔曰：「司鹽之稅，乃自古通典，然興制利人，亦世或不同。甄琛之表，實所謂助政毗俗者也。可從其前計，尙書嚴爲禁豪强之制也。」

詔琛參八坐議事，尋正中尉。還侍中，領中尉。琛俛眉畏避，不能繩糾貴游，凡所劾者，率多下吏。於時趙脩寵貴，琛傾身事之。琛父凝爲中散大夫，弟僧林爲本州別駕，皆託脩申達。至脩姦詐事露，明當收考，今日乃舉其罪。及監決脩鞭，猶相隱惻，然告人曰：「趙脩小人，背如土牛，殊耐鞭杖。」有識以此非之。脩死之明日，琛與黃門郎李憑以朋黨被召詣尙書。兼尙書元英、邢巒窮其阿附之狀。琛曾拜官，諸賓悉集，巒乃晚至。琛謂巒：「何處放蛆來，今晚始顧？」雖以言戲，巒變色銜忿。及此，大相推窮。司徒、錄尙書事、北海王詳等奏曰：

謹案侍中、領御史中尉甄琛，身居直法，糾擿是司。風邪響黷，猶宜劾糾，況趙脩侵公害私，朝野切齒？而琛嘗不陳奏，方更往來，中外影響，致其談譽。令布衣之父，超登正四之官；七品之弟，越陟三階之祿。虧先皇之選典，塵聖明之官人。又與黃門郎李憑，相爲表裏。憑兄叨封，知而不言。及脩釁彰，方加彈奏。生則附其形勢，死則就地排之。竊天之功，以爲己力，仰欺朝廷，俯罔百司，其爲鄙詐，於茲甚矣。謹依律科從，[一六]請以職除。其父中散，實爲叨越，雖皇族帝孫，未有此例，既得不以倫，請下

收奪。李憑朋附趙脩，是親是仗，緇點皇風，塵鄙正化，此而不糾，將何以肅整阿諛，獎厲忠概？請免所居官以肅風軌。

奏可。琛遂免歸本郡。左右相連死黜者二十餘人。

始琛以父母老，常求解官扶侍，故孝文授以本州長史。及貴達，不復請歸，至是乃還。供養數年，遭母憂。母鉅鹿曹氏，有孝性，夫氏去家，路踰百里，每得魚肉菜果珍美口實者，必令僮僕走奉其母，乃後食焉。琛母服未闋，復喪父。琛於塋兆內手種松柏，隆冬負掘水土，鄉老哀之，咸助加力。十餘年中，墳成木茂。與弟僧林誓以同居沒齒，專事產業，躬親農圃，時以鷹犬馳逐自娛。朝廷有大事，猶上表陳情。

久之，復除散騎常侍，領給事黃門侍郎、定州大中正，大見親寵，委以門下庶事，出參尙書，入廁帷幄。孝文時，琛兼主客郎，迎送齊使彭城劉纘。琛欽其器貌，常歎詠之。纘子晰爲朐山戍主。[一七]晰死，家屬入洛，有女年未二十，琛乃納晰女爲妻。婚日，詔給廚費。琛所好悅，宣武時調戲之。

遷河南尹，黃門、中正如故。琛表曰：

國家居代，患多盜竊。世祖太武皇帝親自發憤，廣置主司，里宰皆以下代令長及五等散男有經略者乃得爲之。又多置吏士，爲其羽翼。崇而重之，始得禁止。今遷都已來，天下轉廣，四遠赴會，事過代都。寇盜公行，劫害不絕。此由諸坊混雜，釐比不精，主司闇弱，不堪檢察故也。今擇尹既非南金，里尉鉛刀而割，欲望清肅都邑，不可得也。里正乃流外四品，職輕任碎，多是下才，人懷苟且，不能督察，故使盜得容姦，百賦失理。邊外小縣，所領不過百戶，而令長皆以將軍居之。京邑諸坊，大者或千戶、五百戶，其中皆王公卿尹，貴勢姻戚，豪猾僕隸，蔭養姦徒，高門邃宇，不可干問。比之邊縣，難易不同。今難彼易此，實爲未愜。

王者立法，隨時從宜，先朝立品，不必卽定，施而觀之，不便則改。今閑官靜任，猶聽長兼，況煩劇要務，不得簡能下領。請取武官中八品將軍以下幹用貞濟者，以本官俸恤領里尉之任，各食其祿。高者領六部尉，中者領經途尉，下者領里正。不爾，請少高里尉之品，選下品中應遷者，進而爲之，則督責有所，輦轂可清。

詔曰：「里正可進至勳品，經途從九品，六部尉正九品，諸職中簡取，何必須武人也。」琛又奏以羽林爲游軍，於諸坊巷司察盜賊。於是京邑清靜，後皆踵焉。

轉太子少保，黃門如故。及高肇死，琛以黨不宜復參朝政，出爲營州刺史，遷涼州刺史。猶以高氏之昵，不欲處之於內。久之，爲吏部尙書。未幾，除定州刺史。固辭曰：「陛下在東宮，崔光爲少傅，臣爲少保，今光爲車騎大將軍、儀同三司、開國公。故僕射游肇時

爲侍中，與臣官階相似，肇在省爲僕射，死贈車騎將軍、儀同三司、冀州刺史。臣今適爲征北將軍、定州刺史。生師保不如死游肇。」詔書慰遣之。琛既至鄉，衣錦晝游，大爲稱滿，政體嚴細，甚無聲譽。

崔光辭司徒之授也，琛與光書，外相抑揚，內實附會。光亦揣其意，復書以悅之。徵爲車騎將軍、特進，又拜侍中。以其衰老，詔賜御府杖，朝直杖以出入。卒，詔給東園祕器，贈司徒公、尙書左僕射，加後部鼓吹。

太常議謚文穆。吏部郎袁翻奏曰：

案禮，謚者行之迹也，號者功之表也，車服者位之章也。是以大行受大名，細行受細名。行生於己，名生於人。故闔棺然後定謚，皆累其生時美惡，所以爲將來勸戒，身雖死，使名常存也。凡薨亡者，屬所卽言大鴻臚，移本郡大中正，條其行迹功過，承中正移，言公府，下太常部博士評議，爲謚列上。謚不應法者，博士坐如選舉不以實論。若行狀失實，中正坐如博士。自古帝王，莫不殷勤重慎，以爲褒貶之實也。

今之行狀，皆出自其家，任其臣子自言君父之行，無復是非之事。臣子之欲光揚君父，但苦迹之不高，行之不美，是以極辭肆意，無復限量。觀其狀也，則周、孔聯鑣，伊、顏接衽；論其謚也，雖窮文盡武，無或加焉。然今之博士與古不同，唯知依其行狀，

又先問其家人之意，臣子所求，便爲議上。都不復斟酌與奪，商量是非。致號謚之加，與汎階莫異，專以極美爲稱，無復貶降之名。禮官之失，一至於此。案甄司徒行狀，至德與聖人齊蹤，鴻名共大賢比跡，文穆之謚，何足加焉。但比來贈謚，於例普重，如甄之流，無不複謚。〔一八〕謂宜依謚法，慈惠愛人曰孝，宜謚曰孝穆公。

自今以後，明勒太常、司徒，有行狀如此，言辭流宕，無復節限者，悉請裁量，不聽爲受。仍踵前來之失者，皆付法司科罪。

詔從之。琛祖載，明帝親送，降車就輿，弔服哭之，遣舍人慰其諸子。自孝文、宣武，咸相知待。琛性輕簡，好嘲謔，故少風望。然明解有幹具，在官清白。明帝以師傅之義而加禮焉。所著文章，鄙碎無大體，時有理詣。磔四聲、姓族廢興、會通緇素三論及家誨二十篇，篤學文一卷，頗行於世。

琛長子侃，字道正，位祕書郎。性險薄，多與盜劫交通。隨琛在京，以酒色夜宿洛水亭舍，毆擊主人，爲司州所劾，淹在州獄。琛大以慚慨。廣平王懷爲牧，與琛先不協，欲具案窮推。琛託左右以聞，宣武敕懷寬放。懷固執之，久乃特旨出侃。自此沈廢，卒家。

侃弟楷，字德方，粗有文學，頗更吏事。琛啓除祕書郎。宣武崩，未葬，楷與河南尹丞張普惠等飲戲，免官。後稍遷尙書儀曹郎，有當官之稱。明帝末，丁憂在鄉，定州刺史廣陽

王深召楷兼長史，委以州任。尋屬鮮于脩禮、毛普賢等率北鎭流人反於州西北之左人城，屠村掠野，引向州城。州城內先有燕、恒、雲三州避難戶，脩禮等聲云，欲將此輩共爲舉動。楷見人情不安，慮有變起，乃走收三州人中粗暴者殺之，以威外賊。及刺史元固、〔一九〕大都督揚津等至，楷乃還家。後脩禮等忿楷屠害北人，遂掘其父墓，載棺巡城，示相報復。孝莊時，徵爲中書侍郎。後齊文襄取爲儀同府諮議參軍。卒，贈驃騎將軍、祕書監、滄州刺史。

琛從父弟密，字叔雍，淸謹少嗜慾，頗涉書史。疾世俗貪競，乾沒榮寵，曾爲風賦以見意。後參中山王英軍事。英鍾離敗退，鄉人蘇良沒於賊中，密盡私財以贖之。良歸，傾資報密。密一皆不受，曰：「濟君之日，本不求貨，豈相贖之意。」及葛榮侵擾河北，詔密爲相州行臺，援守鄴城。莊帝以密全鄴勳，賞安市縣子。孝靜初，爲衞尉卿，在官有平直之譽。〔二〇〕出爲北徐州刺史，卒官，贈驃騎將軍、儀同三司、瀛州刺史，謚曰靖。

琛同郡張纂，字伯業。祖珍，字文表，慕容寶度支尙書。道武平中山，入魏，卒於涼州刺史，謚曰穆。纂頗涉經史，雅有氣尙，交結勝流。爲樂陵太守，在郡多所受納。聞御史至，棄郡逃走，於是除名，乃卒。天平初，贈定州刺史。

纂叔臧，字崇仁，有器業，不應州郡之命。

子宣軌，少孤，事母以孝聞。累遷相州撫軍府司馬。宣軌性通率，輕財好施。屬葛榮圍城，與刺史李神有固守効，以功賜爵中山公。後坐事死鄴。

纂從弟元賓，位奉朝請。及外生高昂貴達，啓贈瀛州刺史。

高聰字僧智，本勃海人也。曾祖軌，隨慕容德徙靑州，因居北海之劇縣。父法昂，少隨其舅宋車騎將軍王玄謨征伐，以功至員外郎，早卒。

聰生而喪母，祖母王撫育之。大軍攻剋東陽，聰徙平城，與蔣少游爲雲中兵戶，窘困無所不爲。族祖允視之若孫，大加賙給。聰涉獵經史，頗有文才。允嘉之，數稱其美，言之朝廷，由是與少游同拜中書博士。轉侍郎，爲高陽王雍傅，〔二一〕稍爲孝文知賞。

太和十七年，兼員外散騎常侍，使於齊。後兼太子左率。聰微習弓馬，乃以將略自許。孝文銳意南討，專訪王肅以軍事。聰託肅，願以偏裨自効。肅言之於帝，故假聰輔國將軍，受肅節度，同援渦陽。聰躁怯少威重，及與賊交，望風退敗。孝文恕死，徙平州。行屆瀛州，刺史王質獲白兔，將獻，託聰爲表。帝見表，顧王肅曰：「在下那得有此才，令朕不知。」肅曰：「比高聰北徙，或其所製。」帝悟曰：「必應然也。」

宣武初，聰復竊還京師，說高肇廢六輔。宣武親政，除給事黃門侍郎，後加散騎常侍。及幸鄴還，於河內懷界，帝射矢一里五十餘步。侍中高顯等奏，盛事奇迹必宜表述，請勒銘射宮，永彰聖藝。遂刊銘射所，聰爲之詞。趙脩嬖幸，聰深朋附。及詔追贈脩父，聰爲碑文，出入同載，觀視碑石。聰每見脩，迎送盡禮。聰又爲脩作表，陳當時便宜，教其自安之術，由是迭相親狎。脩死，甄琛、李憑皆被黜落，聰深用危慮，而先以疏宗之情，曲事高肇，竟獲自免，肇之力也。脩之任勢，聰傾身事之，及死，言必毀惡。茹皓之寵，聰又媚附，每相招命，稱皓才識非脩之儔。乃因皓啓請田宅，皆被遂許。及皓見罪戮，聰以爲死之晚也。其薄於情義皆如此。

侍中高顯爲護軍，聰代兼其任。顯與兄肇疑聰間構而求之。聰居兼十餘旬，出入機要，言卽眞，無遠慮，藉貴因權，耽於聲色，賄納之音，聞於遐邇。中尉崔亮知肇微恨，遂面陳聰罪，出爲幷州刺史。聰善於去就，知肇嫌之，側身承奉，肇遂待之如舊。聰在幷州數歲，多不率法，又與太原太守王椿有隙，再爲大使御史舉奏。肇每以宗私相援，事得寢緩。宣武末，拜散騎常侍、平北將軍。

明帝踐阼，以其素附高肇，出爲幽州刺史。尋以高肇之黨，與王世義、高綽、李憲、崔楷、蘭氛之爲中尉元匡所彈，靈太后並特原之。聰遂廢于家，斷絕人事，唯修營園果，世稱

高聰粲，以爲珍異。又唯以聲色自娛。後拜光祿大夫，卒。靈太后聞其亡，嗟惋良久。贈青州刺史，謚曰獻。

聰有妓十餘人，有子無子皆注籍爲妾，以悅其情。及病，欲不適他人，並令燒指吞炭，出家爲尼。聰所作文筆二十卷。

長子雲，字彥鴻，位輔國將軍、中散大夫。河陰遇害，贈兗州刺史。

論曰：韓麒麟由才器識用，遂見紀於齊土。〔二二〕顯宗以文學自立，而時務屢陳，至於實錄之功，未之聞也。子熙清尚自守，榮過其器。程駿才業見知，蓋當時之長策。〔二三〕李彪生自微族，見擢明世，輶軒驟指，聲駭江南，執筆立言，遂爲良史。逮於直繩在手，厲氣明目，持堅無術，末路蹉跎。行百里者半於九十，彪之謂也。高道悅謇直之風，見憚於世，醜正貽禍，有可悲乎！甄琛以學尚刀筆，早樹聲名，受遇三朝，終至崇重；高聰才尚見知，名位顯著。而異軌同奔，咸經於危覆之轍，惜乎！

校勘記

〔一〕以士人同處　魏書卷六〇韓顯宗傳「以」上有「是」字，不宜省。

〔二〕無令繕其蒲博之具　魏書作「而今給其蒲博之具」。疑「無令繕」是「而今給」之訛。

〔三〕呂光人部尚書　魏書卷六〇程駿傳「人」作「民」。北史避唐諱改。

〔四〕駿爲不然　魏書「爲」上有「意以」二字。不當刪。

〔五〕遷秘書丞參著作事　諸本「參」作「奏」，魏書卷六二、通志卷一四九李彪傳作「參」。按「奏」乃形似致訛，今據改。

〔六〕豈非唯予之咎　南本此句有馮夢禎校語云：「魏書云：『豈唯予咎，』此增二字，文遂不通。」按魏書卷四六、本書卷二七李訢傳亦作「豈惟予咎」。「非」字衍文。

〔七〕論者以十月斷獄　諸本「以」下有「不」字，魏書李彪傳無。按漢書卷七六陳寵傳，當時長水校尉賈宗等反對的是十月斷獄。「不」字衍，今據刪。

〔八〕自太和以降　諸本脫「以」字，據魏書、通志補。

〔九〕孝經稱父子之道天性　魏書此句下有「書云：孝乎，唯孝友于兄弟。二經之旨」十四字。按下文皆父子兄弟並言，故引書經，兼及兄弟。北史刪去，非。

〔一〇〕愚謂如有遭父母喪者　魏書「父母」上有「大父母」。按上文云：「遭大父母、父母死，未滿三月，皆弗徭役。」這裏當脫「大父母」三字。

〔一一〕可謂失禮　魏書、通志作「可謂亡禮之禮」。按李彪是說孝文知道變通，雖與禮制不合，但不違背禮的精神，故云：「亡禮之禮。」魏書是。

〔一二〕左加金璫右珥蟬冕東省　各本脫「左」字，南本空一格，據魏書補。又魏書「東省」上註「闕」。按文理不可通，當有脫文。

〔一三〕式穀令爾休矣　魏書無「令」字，疑是涉「尒」字形似而衍。

〔一四〕由是爲孝文所貴　魏書「貴」作「責」，疑是。

〔一五〕侍御史主文中散元志　魏書卷六二高道悅傳無「史」字。按上文見「侍御主文中散」。魏書卷一一三官氏志太和前令第六品有「侍御中散」。「侍御主文中散」是一官，「史」字疑是涉上文「書侍御史」而衍。

〔一六〕請依律科從　魏書卷六八甄琛傳「從」作「徒」。按「徒」是徒刑，疑「從」是「徒」之訛。

〔一七〕纘子晰爲朐山戍主　諸本「晰」作「昕」。張森楷云：「魏書『昕』作『晰』，與盧昶魏書卷四七劉芳傳魏書卷五〇合，是也。」按魏書卷八世宗紀永平四年四月及卷九八蕭衍傳並作「晰」。張說是，今據改。

〔一八〕無不複謚　諸本「複」作「復」，據魏書甄琛傳改。複謚，指二字謚。

〔一九〕及刺史元固　大德本作「元固」，百衲本據諸本及魏書甄琛傳殿本修作「冏」。按通志卷一四九甄琛傳，魏書卷四六、本書卷四一楊津傳都作「固」。墓誌集釋有元固墓誌圖版一二〇。誌稱固曾官定州刺史，孝昌三年九月卒。趙萬里考釋，以爲卽此人。今從大德本。

〔二〇〕孝靜初爲衛尉卿在官有平直之譽　魏書「衛」作「廷」。按廷尉爲執法之官，故云「有平直之譽」。魏書是。

〔二一〕爲高陽王雍傳　魏書卷六八高聰傳「傳」作「友」。按魏書卷一一三官氏志太和前令無王傅，諸王師在從三品上，通典卷二一云東晉「王國有傅」，注云：「傅卽師也，避景帝司馬師諱，故曰傅。」後魏既復名王師，當無王傅。且其位高，高聰初仕，疑不得爲王師或王傅。「王友」在第五品下，疑是。

〔二二〕遂見紀於齊土　諸本「土」作「士」，魏書卷六〇史臣論百衲本作「土」。按韓麒麟從慕容白曜平三齊，後又爲齊州刺史。作「土」是，今據改。

〔二三〕程駿才業見知蓋當時之長策　魏書卷六〇史臣論作「程駿才業未多，見知於世者，蓋當時之長策乎」。北史刪去數字，意思相反。「當時之長策」指北魏進用涼州人士的政策，言其雖才業不多，由於當時政策，故被錄用而見知於世。用疑辭，明是推測。北史改作肯定語，亦非。

北史卷四十一

列傳第二十九

楊播 子侃　播弟椿　椿子昱　椿弟津　津子遁　逸　謐　謐弟愔　燕子獻　鄭頤

楊敷 子素　孫玄感　素弟約　約從叔异　敷叔父寬　寬子文思　紀

楊播字延慶，弘農華陰人也。高祖結，仕慕容氏，位中山相。曾祖珍，道武時歸國，位上谷太守。祖眞，河內、淸河二郡太守。父懿，延興末爲廣平太守，有稱績。孝文南巡，吏人頌之，徵爲選部給事中，有公平譽。除安南將軍、洛州刺史，未之任，卒，贈本官，加弘農公，諡曰簡。

播本字元休，孝文賜改焉。母王氏，文明太后之外姑。播少修飭，奉養盡禮。擢爲中散，累遷衞尉少卿。與陽平王頤等出漠北擊蠕蠕，大致克獲。還武衞將軍，復征蠕蠕，至居然山而還。

及車駕南討，假前將軍，從至鍾離。師廻，詔播爲圓陣禦之。相拒再宿，軍人食盡，賊圍更急。播乃領精騎三百，歷其船大呼曰："我今欲度，能戰者出。"遂擁而濟，賊莫敢動。賜爵華陰子。後從駕討破崔慧景、蕭衍於鄧城，進號平東將軍。時車駕耀威沔水，[一]上巳設宴，帝與中軍彭城王勰賭射，左衞元遙在勰朋內，而播居帝曹。遙射侯正中，籌限已滿。帝曰："左衞籌足，右衞不得不解。"對曰："仰恃聖恩，庶幾必爭"，於是箭正中。帝笑曰："雖養由之妙，何復過是。"遂舉卮以賜播曰："古人酒以養病，朕今賞卿之能，可謂古今殊也。"除太府卿，進爵爲伯。

後爲華州刺史。至州，借人田，[二]爲御史王基所劾，除官爵，卒于家。子侃等停柩不葬，披訴積年。至熙平中，乃贈鎭西將軍、雍州刺史，并復其爵，諡曰壯。

侃字士業，頗愛琴書，尤好計畫。時播一門，貴滿朝廷，子姪早通，而侃獨不交遊，公卿罕有識者。親朋勸其出仕，侃曰："苟有良田，何憂晚歲，但恨無才具耳。"年三十一，襲爵華陰伯。

揚州刺史長孫承業請爲錄事參軍。梁豫州刺史裴邃規相掩襲，密購壽春人李瓜花、袁建等令爲內應。邃已纂勒兵士，慮壽春疑覺，遂謬移云："魏始於馬頭置戍，如聞復欲修白捺舊城。若爾，便稍相侵逼。此亦須營歐陽，設交境之備。今板卒已集，唯聽信還。"佐僚咸欲以實答之，云無修白捺意。而侃曰："白捺小城，本非形勝，邃集兵遣移，虛構是言，得無有別圖也？"承業乃云："錄事可造移報。"移曰："彼之纂兵，想別有意，何爲妄構白捺？他人有心，予忖度之，勿謂秦無人也。"邃得移，謂已覺，便散兵。瓜花等以期契不會，便相告發，伏辜者十數家。邃後竟襲壽春，入羅城而退，遂列營於黎漿、梁城，日夕鈔掠。承業乃奏侃爲統軍。

後雍州刺史蕭寶夤據州反，承業討之，除侃爲承業行臺左丞。軍次恒農，侃白承業曰："今賊守潼關，全據形勝。須北取蒲坂，飛棹西岸，置兵死地，人有鬬心，華州之圍，可不戰而解，潼關之賊，必望風潰散。諸處既平，長安自克。愚計可錄，請爲明公前驅。"承業從之，令其子子彥等領騎與侃於恒農北度，[三]便據石錐壁。乃班告曰："今且停軍於此，以待步卒，兼觀人情向背。若送降名者，各自還村，候臺軍舉三烽火，各亦應之，以明降款。其無應烽，即是不降之村，理須殄戮。"人遂傳相告報。實未降者，亦詐舉烽，一宿之間，火光遍數百里內。圍城之寇，不測所以，各自散歸。長安平，侃頗有力焉。

建義初，除岐州刺史。屬元顥內逼，詔行北中郎將。孝莊徙河北，執侃手曰："朕停卿蕃寄，移任此者，正爲今日。但卿尊卑百口，若隨朕行，所累處大。卿可還洛，寄之後圖。"侃

曰："寧可以臣微族，頓廢君臣之義。"固求陪從。除度支尚書，兼給事黃門侍郎，敷西縣公。及車駕南還，顥令梁將陳慶之守北中城，自據南岸。有夏州義士爲顥守河中渚，乃密信通款，求破橋立効。尒朱榮赴之。及橋破，應接不果，皆爲顥屠。榮將爲還計，欲更圖後舉。侃曰："若今卽還，人情失望，未若召發人材，[四]唯多縛筏，間以舟檝，沿河廣布，令數百里中，皆爲度勢，顥知防何處？一旦得度，必立大功。"榮大笑從之。於是尒朱兆等於馬渚諸楊南度，[五]顥便南走。車駕入都，侃解尚書，正黃門。以濟河功，進爵濟北郡公，復除其長子師仲爲祕書郎。

時所用錢，人多私鑄，稍就薄小，乃至風飄水浮，米斗幾直一千。侃奏聽人與官並鑄五銖，使人樂爲，而俗弊得改。莊帝從之。後除侍中，加衞將軍、右光祿大夫。

莊帝將圖尒朱榮，侃與內弟李晞、城陽王徽、侍中李彧等咸預其謀。尒朱兆入洛，侃時休沐，遂竄歸華陰。普泰初，天光在關西，遣侃子婦父韋義遠招慰之，立盟許恕其罪。侃從兄昱恐爲家禍，令侃出應，假其食言，不過一人身沒，冀全百口。侃赴之，爲天光所害。太昌初，贈車騎將軍、儀同三司、幽州刺史。子純陁襲。

播弟椿。椿字延壽，本字仲考，孝文賜改焉。性寬謹，爲內給事，與兄播並侍禁闈。後

爲中部法曹，折訟公正，〔六〕孝文嘉之。及文明太后崩，孝文五日不食。椿諫曰：「聖人之禮，毀不滅性，縱陛下欲自賢於萬代，其若宗廟何！」帝感其言，乃一進粥。轉授宮輿曹少卿，加給事中，出爲豫州刺史，再遷梁州刺史。

初，武興王楊集始降於齊，自漢中而北，規復舊土。椿貽書集始，開以利害。集始執書對使者曰：「楊使君此書，除我心腹疾。」遂來降。尋以母老解還。後兼太僕卿。

秦州羌呂苟兒、涇州屠各陳瞻等反，詔椿爲別將，隸安西將軍元麗討之。賊守峽自固。或謀伏兵斷其出入，待糧盡攻之；或云斬山木，縱火焚之。椿曰：「並非計也。賊深竄，正避死耳。今宜勒三軍勿更侵掠，賊必謂見險不前，心輕我軍，然後掩其不備，可一舉而平。」乃緩師。賊果出掠，仍以軍中驢馬餌之，銜枚夜襲，斬瞻傳首。入正太僕卿。

初，獻文世有蠕蠕萬餘戶降附，居於高平、薄骨律二鎮。太和末叛走，唯有一千餘家。太中大夫王通、高平鎮將郎育等求徙置淮北，防其後叛。詔椿徙焉。椿上書，以爲裔不謀夏，夷不亂華，是以先朝居之荒服之間，正欲悅近來遠。今新附者衆，若舊者見徙，新者必不安。愚謂不可。時八坐不從，遂於濟州緣河居之。及冀州元愉之難，果悉浮河赴賊，所在鈔掠，如椿所策。

後除朔州刺史，在州爲廷尉奏椿前爲太僕卿，招引百姓，盜種牧田三百四十頃，依律處

刑五歲。尚書邢巒據正始別格，奏罪應除名，注籍盜門，同籍合門不仕。宣武以新律既班，不宜雜用舊制，詔依斷，以贖論。〔七〕

後除定州刺史。自道武平中山，多置軍府，以相威攝。凡有八軍，軍各配兵五千，食祿主帥軍各四十六人。自中原稍定，八軍之兵漸割南戍，一軍兵纔千餘，然主帥如故，費祿不少。椿表罷四軍，減其主帥百八十四人。椿在州，因修黑山道餘功，伐木私造佛寺，役兵，爲御史所劾，除名。

後累遷爲雍州刺史，進號車騎大將軍、儀同三司。尋以本官加侍中，兼尚書右僕射，爲行臺，節度關西諸將。遇暴疾，頻啓乞解，詔許之，以蕭寶夤代爲刺史、行臺。椿還鄉里，遇子昱將還京師，使陳寶夤賞罰云爲，不依常憲，恐有異心。昱還，面啓明帝及靈太后，並不納。及寶夤邀害御史中尉酈道元，猶上表自理，稱爲椿父子所謗。

建義元年，爲司徒。永安初，進位太保，加侍中，給後部鼓吹。元顥入洛，椿子昱爲顥禽，又椿弟順、順子仲宣、兄子侃、〔八〕弟子遁並從駕河內，爲顥嫌疑。以椿家世顯重，恐失人望，未及加罪。時人助其憂，或勸椿攜家避禍。椿曰：「吾內外百口，何處逃竄？正當坐任運耳。」

莊帝還宮，椿上書頻請歸老，詔聽服侍中服，賜朝服一襲、八尺牀帳、几、杖，不朝，乘安車，駕駟馬，給扶，傳詔二人，仰所在郡縣四時以禮存問安否。椿奉辭於華林園，帝下御座，執手流淚曰：「公先帝舊臣，實爲元老。但高尚其志，決意不留，既難相違，深用悽切。」椿亦歔欷，欲拜，帝親執不聽。賜以絹布，給羽林衞送。羣公百僚餞於城西張方橋，行路觀者莫不稱歎。椿臨行，誡子孫曰：

我家入魏之始，卽爲上客。自爾至今，二千石方伯不絕，祿恤甚多。於親姻知故吉凶之際，必厚加贈襚，來往賓僚，必以酒肉飲食，故六姻朋友無憾焉。國家初，丈夫好服綵色。吾雖不記上谷翁時事，然記清河翁時服飾。恒見翁著布衣韋帶，常自約敕諸父曰：「汝等後世若富貴於今日者，慎勿積金一斤、綵帛百匹已上，用爲富也。」不聽興生求利，又不聽與勢家作婚姻。至吾兄弟，不能遵奉。今汝等服乘漸華好，吾是以知恭儉之德，漸不如上也。〔九〕又吾兄弟，若在家，必同盤而食；若有近行，不至，必待其還。亦有過中不食，忍飢相待。吾兄弟八人，今存者有三，是故不忍別食也。又願畢吾兄弟，不異居異財。汝等眼見，非爲虛假。如聞汝等兄弟，時有別齋獨食者。此又不如吾等一世也。吾今日不爲貧賤，然居住舍宅，不作壯麗華飾者，正慮汝等後世不賢，不能保守之，將爲勢家所奪。

北都時，朝法嚴急。太和初，吾兄弟三人並居內職，兄在高祖左右，吾與津在文明

太后左右。于時口敕，責諸內官，十日仰密得一事，不列便大嗔嫌。諸人多有依敕密列者，亦有太后、高祖中間傳言構間者。吾兄弟自相誡曰：「今忝二聖近臣，居母子間難，宜深慎之。又列人事，亦何容易，縱被嗔責，勿輕言。」十餘年中，不嘗言一人罪過。時大被嫌責，答曰：「臣等非不聞人語，正恐不審，仰誤聖聽，以是不敢言。」於後終以不言。蒙責及二聖間言語，終不敢輒爾傳通。〔一〇〕太和二十一年，吾從濟州來朝，在清徽堂豫宴。高祖謂諸貴曰：「北京之日，太后嚴明，吾每得杖。左右因此有是非言。和朕母子者，唯楊播兄弟。」遂舉爵賜兄及我酒。汝等脫若萬一蒙明主知遇，宜深慎言語，不可輕論人惡也。

吾自惟文武才藝、門望姻援不勝他人，一旦位登侍中、尚書，四歷九卿，十爲刺史，光祿大夫、儀同、開府、司徒、太保，津今復爲司空者，正由忠謹慎口，不嘗論人之過，無貴無賤，待之以禮，以是故至此耳。聞汝等學時俗人，乃有坐待客者，有驅馳勢門者，有輕論人惡者，及見貴勝則敬重之，見貧賤則慢易之，此人行之大失，立身之大病也。汝家仕皇魏以來，高祖以下乃有七郡太守、三十二州刺史，內外顯職，時流少比。汝等若能存禮節，不爲奢淫驕慢，假不勝人，足免尤誚，足成名家。吾今年始七十五，自惟氣力，尚堪朝覲天子，所以孜孜求退者，正欲使汝等知天下滿足之義，爲一門法耳，非

是苟求千載之名。汝等能記吾言，吾百年後終無恨矣。

椿還華陰，踰年，爲尒朱天光所害。時人莫不怨痛之。太昌初，贈太師、丞相、都督、冀州刺史。子昱。

昱字元略，〔二〕起家廣平王懷左常侍。懷好武事，數遊獵，昱每規諫。正始中，以京兆、廣平二王國臣多縱恣，詔御史中尉崔亮窮案之，伏法都市者三十餘人，不死者悉除名，唯昱與博陵崔楷以忠諫免。後除太學博士、員外散騎侍郎。

初，尚書令王肅除揚州刺史，出頓洛陽東亭。酣後，廣陽王嘉、北海王詳等與播論議競理，播不爲屈。北海王顧昱曰：「尊伯性剛不伏理，大不如尊使君也。」昱對曰：「昱父道隆則從其隆，道洿則從其洿，伯父剛則不吐，柔亦不茹。」一坐歎其能言。肅曰：「非此郎，何得申二父之美。」

延昌三年，以本官帶詹事丞。時明帝在懷抱中，至於出入，左右、乳母而已，不令宮僚聞知。昱諫曰：「陛下不以臣等凡淺，備位宮臣，太子動止，宜令翼從。自比以來，輕爾出入，進無二傅導引之美，退闕羣僚陪侍之式。非所謂示人軌儀，著君臣之義。陛下若召太子，必降手敕，令臣下咸知，爲後世法。」於是詔自今若非手敕，勿令兒輒出，宮臣在直者，從

至萬歲門。轉太尉掾，兼中書舍人。

靈太后嘗謂昱曰：「親姻在外，不稱人心，卿有所聞，慎勿諱隱。」昱奏揚州刺史李崇五車載貨，恒州刺史楊鈞造銀食器十具，並餉領軍元叉。靈太后召叉夫妻，泣而責之。叉深恨昱。昱第六叔舒妻，武昌王和之妹，和卽叉之從祖父。舒早喪，有一男六女，及終喪，元氏請別居。昱父椿泣謂曰：「我弟不幸早終，今男未婚，女未嫁，何便求別居？」不聽。遂懷憾。神龜二年，瀛州人劉宣明謀反，事覺逃竄。叉使和及元氏誣告昱藏宣明，云昱父椿、叔津並送甲仗三百具，謀圖不逞。叉又構成其事。乃遣夜圍昱宅收之，並無所獲。太后問狀，昱具對元氏構釁之端，言至哀切。太后乃解昱縛，和及元氏並處死刑。而叉相左右，和直免官，元氏卒亦不坐。及叉之廢太后也，乃出昱爲濟陰內史。中山王熙起兵於鄴，叉遣黃門盧同詣鄴刑熙，并窮黨與。同希叉旨，就郡鎖昱赴鄴，囚訊百日乃還任。

孝昌初，除中書侍郎，還給事黃門侍郎。後賊圍豳州，詔昱兼侍中，持節催西北道大都督、北海王顥，仍隨軍監察。豳州圍解。雍州蜀賊張映龍、姜神達知州內虛，謀欲攻掩。刺史元脩義懼而請援，一日一夜，書移九通。都督李叔仁遲疑不赴。昱曰：「若長安不守，大軍自然瓦散，此軍雖往，有何益也。」遂與叔仁等俱進，於陣斬神達，諸賊逃散。詔以昱受旨催督，而顥軍稽緩，遂免昱官。尋除涇州刺史。未幾，昱父椿爲雍州，徵昱除吏部郎中。及

蕭寶夤等敗於關中，以昱兼七兵尚書、持節、假撫軍、都督，防守雍州。昱遇賊失利而返。後除鎮東將軍、假車騎將軍、東南道都督，又加散騎常侍。於後太山守羊侃據郡南叛，侃兄深時爲徐州行臺，府州咸欲禁深。昱曰：「昔叔向不以鮒也見廢，奈何以侃罪深，宜聽朝旨。」不許羣議。

還朝未幾，元顥侵逼大梁，除昱南道大都督，鎮滎陽。顥禽濟陰王暉業，乘虛徑進，城陷。昱與弟息五人在門樓上，顥至，執昱下，責曰：「卿今死甘心不？」答曰：「分不望生，向所以不下樓，正慮亂兵耳。但恨八十老父無人供養，乞小弟一命，便是死不朽也。」顥將陳慶之、胡光等伏顥帳前曰：「陛下度江三千里，無遺鏃費。昨日殺傷五百餘人，求乞楊昱以快意。」顥曰：「我在江東聞梁主言，初下都，袁昂爲吳郡不降，稱其忠節。奈何殺昱？」於是斬昱下統帥三十七人，皆令蜀兵刳腹取心食之。

孝莊還，復前官。尒朱榮之死，昱爲東道行臺拒尒朱仲遠。會尒朱兆入洛，昱還京師。後歸鄉里，亦爲天光所害。太昌初，贈司空公、定州刺史。

子孝邕，員外郎，奔免，匿蠻中，潛結渠率，謀報尒朱氏。微服入洛，爲尒朱世隆所殺。

椿弟穎，字惠哲，本州別駕。

穎弟順，字延和，寬裕謹厚。豫立莊帝功，封三門縣伯，位冀州刺史。罷州還，遇害。太昌初，贈太尉公、錄尚書事、相州刺史。

子辯，字僧達，位東雍州刺史。

辯弟仲宣，有風度才學。位正平太守，爵恒農伯，在郡有能名。還京，兄弟與父同遇害。太昌初，辯贈儀同三司、恒州刺史，仲宣贈尚書右僕射、青州刺史。

仲宣子玄就，幼而儁拔。收捕時，年九歲，牽挽兵人曰：「欲害諸尊，乞先就死。」兵以刀斫斷其臂，猶請死不止，遂先殺之。永熙初，贈汝陰太守。

順弟津。津字羅漢，本字延祚，孝文賜改焉。〔三〕少端謹，以器度見稱。年十一，除侍御中散。時孝文幼沖，文明太后臨朝，津曾入侍左右，忽欬逆失聲，遂吐血數升，藏之衣袖。太后聞聲，閱而不見，問其故，具以實言，遂以敬慎見知。賜縑百匹，遷符璽郎中。津以身在禁密，不外交遊，至宗族姻表罕相參候。司徒馮誕與津少結交友，而津見其貴寵，每恒退避，及相招命，多辭疾不往。誕以爲恨，而津逾遠焉。人或謂之曰：「司徒，君之少舊，何自外也？」津曰：「爲勢家所厚，復何容易！但全吾今日，亦足矣。」轉振威將軍，領監曹奏事令。孝文南征，以津爲都督、征南府長史。後還長水校尉，仍直閤。

景明中，宣武遊於北芒，津時陪從。太尉、咸陽王禧謀反，帝馳入華林。時直閤中有同禧謀，皆在從限。及禧平，帝顧謂朝臣曰：「直閤半爲逆黨，非至忠者安能不豫此謀。」因拜津左中郎將，[一三]遷驍騎將軍，仍直閤。

出除岐州刺史，津巨細躬親，孜孜不倦。有武功人齎絹三匹，去城十里，爲賊所劫。時有使者馳驛而至，被劫人因以告之。使者到州，以狀白津。津乃下敎，云有人著某色衣，乘某色馬，在城東十里被殺，不知姓名。若有家人，可速收視。有一老母行哭而出，云是己子。於是遣騎追收，幷絹俱獲。自是闔境畏服。至於守令僚佐有濁貨者，未曾公言其罪，常以私書切責之。於是官屬感厲，莫有犯法者。以母憂去職。

延昌末，起爲華州刺史，與兄播前後牧本州，當世榮之。先是，受調絹度尺特長，在事因緣，共相進退，百姓苦之。津乃令依公尺度其輸物，尤好者賜以杯酒而出；其所輸少劣者，爲受之，但無酒以示其恥。於是競相勸厲，官調更勝。

孝昌中，北鎭擾亂，侵逼舊京，乃加津安北將軍，北道大都督，尋轉左衞，加撫軍將軍。津始受命，出據靈丘，而賊帥鮮于脩禮起於博陵，定州危急，遂回師南赴。始至城下，營壘未立，而州軍新敗。津以賊旣乘勝，士衆勞疲，柵壘未安，不可擬敵，欲移軍入城，更圖後舉。刺史元固稱賊旣逼城，不可示弱，乃閉門不內。津揮刃欲斬門者，軍乃得入。賊果夜

至，見柵空而去。其後，賊攻州城東面，已入羅城。刺史閉小城東門，城中騷擾。津開門出戰，賊退，人心少安。

尋除定州刺史，又兼吏部尚書、北道行臺。初，津兄椿得罪此州，由鉅鹿人趙略投書所致。及津至，略舉家逃走。津乃下敎慰喩，令其還業。於是闔州愧服，遠近稱之。時賊帥鮮于脩禮、杜洛周殘掠州境，孤城獨立，在兩寇之間。津修理戰具，更營雉堞。又於城中去城十步，掘地至泉，廣作地道，潛兵涌出，置爐鑄鐵，持以灌賊。賊遂相告曰：「不畏利槊堅城，唯畏楊公鐵星。」津與賊帥元洪業等書喩之，幷授鐵券，許之爵位，令圖賊帥毛普賢。洪業等感寤，復書云欲殺普賢，又云：「賊欲圍城，正爲取北人，城中所有北人，必須盡殺。」津以城內北人，雖是惡黨，然掌握中物，未忍便殺，但收內子城，防禁而已。將吏無不感其仁恕。朝廷初送鐵券二十枚，委津分給，津隨賊中首領，間行送之，脩禮、普賢頗亦由此而死。

旣而杜洛周圍州城，津盡力捍守。詔加衞將軍，將士有功者任津科賞，兵人給復八年。葛榮以司徒說津，津大怒，斬其使以絕之。自受攻圍，經歷三稔，朝廷不能拯赴。乃遣長子遁突圍出，詣蠕蠕主阿那瓌，令其討賊。遁日夜泣訴，阿那瓌遣其從祖吐豆發率精騎南出。前鋒已達廣昌，賊防塞隘口，蠕蠕遂還。津長史李裔引賊入，津苦戰不敵，遂見拘執。洛周脫津衣服，置地牢下數日，將烹之。諸賊還相諫止，遂得免害。津曾與裔相見，對諸賊帥

以大義責之，辭淚俱發，裔大慚。典守者以告洛周，弗之責。及葛榮併洛周，復爲榮所拘。榮破，始得還洛。

永安二年，兼吏部尚書。元顥內逼，莊帝將親出討，以津爲中軍大都督，兼領軍將軍。未行，顥入。及顥敗，津乃入宿殿中，掃灑宮掖，遣第二子逸封閉府庫，各令防守。及帝入也，津迎於北芒，流涕謝罪。帝深嘉慰之。尋以津爲司空，加侍中。尒朱榮死，使津以本官爲兼尚書令、北道大行臺、都督、幷州刺史，委以討胡經略。津馳至鄴，將從滏口而入。遇尒朱兆等已克洛，相州刺史李神等議欲與津擧城通款，津不從。以子逸旣爲光州刺史，兄子昱時爲東道行臺，鳩率部曲，在於梁、沛，津規欲東轉，更爲方略。乃率輕騎望於濟州度河。而尒朱仲遠已陷東郡，所圖不果，遂還京師。普泰元年，亦遇害於洛。太昌初，贈大將軍、太傅、都督、雍州刺史，謚曰孝穆。將葬本鄉，詔大鴻臚持節監護喪事。長子遁。

遁字山才。其家貴顯，諸子弱冠，咸縻王爵；而遁性靜退，年近三十，方爲鎭西府主簿。累遷尚書左丞、金紫光祿大夫，亦被害於洛。太昌初，贈車騎大將軍、儀同三司、幽州刺史，謚曰恭定。

遁弟逸，字遵道，有當世才。起家員外散騎侍郎，以功賜爵華陰男。建義初，莊帝猶在

河陽，逸獨往謁，帝特除給事黃門侍郎，領中書舍人。及朝士濫禍，帝益憂怖，詔逸晝夜陪侍，常寢御牀前。帝曾夜中謂逸曰：「昨來擧目唯見異人，賴卿差以自慰。」再遷南秦州刺史，加散騎常侍，時年二十九，時方伯之少，未有先之者。仍以路阻不行，改光州刺史。

時災儉連歲，逸欲以倉粟振給，而所司懼罪不敢。逸曰：「國以人爲本，人以食爲命，假令以此獲戾，吾所甘心。」遂出粟，然後申表。右僕射元羅以下，謂公儲難闕，並執不許；尚書令、臨淮王彧以爲宜貸二萬；詔聽貸五萬。[一四]逸旣出粟之後，其老小殘疾不能自存活者，又於州門造粥飼之，將死而得濟者以萬數。帝聞而善之。逸爲政愛人，尤憎豪猾，廣設耳目，善惡畢聞。其兵出使下邑，皆自持糧，人或爲設食者，雖在闇室，終不敢進，咸言楊使君有千里眼，那可欺之。在州政績尤美。

及其家禍，尒朱仲遠遣使於州害之。吏人如喪親戚，城邑村落營齋供，一月之中，所在不絕。太昌初，贈都督、豫郢二州刺史，謚曰貞。

逸弟謐，字遵和，歷員外散騎常侍，以功賜爵恒農伯，鎭軍將軍、金紫光祿大夫、衞將軍。在晉陽，爲尒朱兆所害。太昌初，贈驃騎將軍、兗州刺史。

謐弟愔，事列于後。

津弟暐，字延季，弘厚，頗有文學。位武衞將軍，加散騎常侍、安南將軍。莊帝初，遇害

河陰，贈儀同三司、雍州刺史。

播家世純厚，並敦義讓，昆季相事，有如父子。播性剛毅，椿、津恭謙，兄弟旦則聚於廳堂，終日相對，未曾入內。有一美味，不集不食。廳堂間，往往幃幔隔障，爲寢息之所，時就休偃，還共談笑。椿年老，曾他處醉歸，津扶侍還室，仍假寢閤前，承候安否。椿、津年過六十，並登台鼎，而津常旦暮參問，子姪羅列階下，椿不命坐，津不敢坐。椿每近出，或日斜不至，津不先飯；椿還，然後共食。食則津親授匙箸，味皆先嘗，椿命食，然後食。津爲司空，於時府主皆自引僚佐，人有就津求官者，津曰：「此事須家兄裁之，何爲見問。」初，津爲肆州，椿在京宅，每有四時嘉味，輒因使次附之，若或未寄，不先入口。椿每得所寄，輒對之下泣。兄弟並皆有孫，唯椿有曾孫，年十五六矣，椿常欲爲之早娶，望見玄孫。自昱已下，率多學尚，時人莫不欽焉。一家之內，男女百口，緦服同爨，庭無間言。魏世以來，唯有盧陽烏兄弟及播昆季，當世莫逮焉。

尒朱世隆等將害椿家，誣其爲逆，奏請收之。節閔不許，世隆復苦執，不得已，乃下詔。世隆遂遣步騎夜圍其宅，天光亦同日收椿於華陰，東西兩處，無少長皆遇禍，籍沒其家。節閔惋悵久之。

愔字遵彥，小名秦王。兒童時，口若不能言，而風度深敏，出入門閭，未嘗戲弄。六歲學史書，十一受詩、易，好左氏春秋。幼喪母，曾詣舅源子恭，子恭與之飲，問讀何書。曰：「誦詩。」子恭曰：「誦至渭陽未邪？」愔便號泣感噎。子恭亦對之歔欷，遂爲之罷酒。子恭後謂津曰：「常謂秦王不甚察慧，從今已後，更欲刮目視之。」

愔一門四世同居，家甚隆盛，昆季就學者三十餘人。學庭前有柰樹，實落地，羣兒咸爭之，愔頹然獨坐。其季父暐適入學館，見之，大用嗟異。顧謂賓客曰：「此兒恬裕，有我家風。」宅內有茂竹，遂爲愔於林邊別葺一室，命獨處其中，常銅盤具盛饌以飯之。因以督厲諸子曰：「汝輩但如遵彥謹慎，自得竹林別室、銅盤重肉之食。」愔從父兄黃門侍郎昱特相器重，曾謂人曰：「此兒駒齒未落，已是我家龍文，更十歲後，當求之千里外。」昱嘗與十餘人賦詩，愔一覽便誦，無所遺失。及長，能清言，美音制，風神俊悟，容止可觀，人士見之，莫不敬異，有識者多以遠大許之。

正光中，隨父之并州，性既恬默，又好山水，遂入晉陽西縣甕山讀書。孝昌初，津爲定州刺史，愔亦隨父之職。以軍功除羽林監，賜爵魏昌男，不拜。及中山爲杜洛周陷，全家被囚縶。未幾，洛周滅，又沒葛榮。榮欲以女妻之，又逼以僞職，愔乃託疾，密含牛血數合，於衆中吐之，仍陽瘖不語。榮以爲信然，乃止。

永安初，還洛，拜通直散騎侍郎，年十八。元顥入洛時，愔從父兄侃爲北中郎將，鎮河梁。愔適至侃處，便屬乘輿失守，夜至河，侃雖奉迎車駕北度，而潛南奔，愔固諫止之，遂相與扈從達建州。除通直散騎常侍。愔以世故未夷，志在潛退，乃謝病，與友人中直侍郎河間邢卲隱於嵩山。[一五]

及莊帝誅尒朱榮，其從兄侃參讚帷幄，朝廷以其父津爲并州刺史、北道大行臺，愔隨之任。有邯鄲人楊寬者，求義從出藩，愔請津納之。俄而孝莊幽崩，愔時適欲還都，行達邯鄲，過楊寬家，爲寬所執。至相州，見刺史劉誕，以愔名家盛德，甚相哀念，付長史慕容白澤禁止焉。遣隊主羣榮貴防禁送都，至安陽亭，愔謂榮貴曰：「僕百世忠臣，輸誠魏室，家亡國破，一至於此。雖曰囚虜，復何面目見君父之讎！得自縊於一繩，傳首而去，君之惠也。」榮貴深相矜感，遂與俱逃。愔乃投高昂兄弟。

既潛竄累載，屬齊神武至信都，遂投刺轅門，便蒙引見，贊揚興運，陳訴家禍，言辭哀壯，涕泗橫集。神武爲之改容，卽署行臺郎中。南攻鄴，歷楊寬村，寬於馬前叩頭請罪。愔謂曰：「人不識恩義，蓋亦常理。我不恨卿，無假驚怖。」時鄴未下，神武命愔作祭天文，燎畢而城陷。由是轉大行臺右丞。于時霸圖草創，軍國務廣，文檄敎令皆自愔及崔㥄出。

遭罹家難，常以喪禮自居，所食唯鹽米而已，哀毀骨立。神武愍之，常相開慰。及韓陵之戰，愔每陣先登。朋僚咸共怪歎曰：「楊氏儒生，今遂爲武士，仁者必勇，定非虛論。」頃之，表請解職還葬，一門之內，贈太師、太傅、丞相、大將軍者二人，太尉、錄尚書及尚書令者三人，僕射、尚書者五人，刺史、太守者二十餘人，追榮之盛，古今未之有也。及喪柩進發，吉凶儀衞亘二十餘里，會葬者將萬人。是日，隆冬盛寒，風雪嚴厚，愔跣步號哭，見者無不哀之。尋徵赴晉陽，仍居本職。

愔從兄幼卿爲岐州刺史，[一六]以直言忤旨見誅。愔聞之悲懼，因哀感發疾，後取急就鴈門溫湯療疾。郭秀素害其能，[一七]因致書恐之曰，高王欲送卿於帝所，仍勸其逃亡。愔遂棄衣冠於水濱，若自沈者。[一八]變易名姓，自稱劉士安，入嵩山，與沙門曇謨徵等屏居削跡。又潛之光州，因東入田橫島，以講誦爲業，海隅之士謂之劉先生。太守王元景陰佑之。

神武知愔存，遣愔從兄寶猗賫書慰喻，仍遣光州刺史奚思業令搜訪，以禮發遣。神武見之悅，除太原公開府司馬，轉長史，復授大行臺右丞，封華陰縣侯，遷給事黃門侍郎，妻以庶女。又兼散騎常侍，爲聘梁使主。至碻磝，州內有愔家舊佛寺。入精廬禮拜，[一九]見太傅容像，悲感慟哭，嘔血數升，遂發病不成行，輿疾還鄴。久之，以本官兼尚書吏部郎中。武定末，以望實之美，超拜吏部尚書，加侍中、衞將軍，侍學典選如故。

天保初，以本官領太子少傅，別封陽夏縣男。又詔監太史，遷尙書右僕射。尙太原長公主，卽魏孝靜后也。會有雉集其舍，又拜開府儀同三司、尙書左僕射，〔三〇〕改封華山郡公。九年，徙尙書令，又拜特進、驃騎大將軍。十年，封開封王。文宣之崩，百僚莫有下淚，愔悲不自勝。

濟南嗣業，任遇益隆，朝章國命，一人而已。推誠體道，時無異議。乾明元年二月，爲孝昭帝所誅，時年五十。天統末，追贈司空公。

愔貴公子，早著聲譽，風表鑒裁，爲朝野所稱。家門遇禍，唯有二弟一妹及兄孫女數人，撫養孤幼，慈旨溫顏，咸出仁厚。重分義，輕貨財，前後賜與，多散之親族。羣從弟姪十數人，並待而舉火。頻遭迍厄，冒履艱危，一飡之惠，酬答必重；性命之讎，捨而不問。

典選二十餘年，獎擢人倫，以爲己任。然取士多以言貌，時致謗言，以爲愔之用人，似貧士市瓜，取其大者。愔聞，不以爲意。其聰記强識，半面不忘，每有所召，或單稱姓，或單稱名，無有誤者。後有選人魯漫漢，自言猥賤，獨不見識。愔曰：「卿前在元子思坊騎禿尾草驢，經見我不下，〔三一〕以方麴鄣面，我何不識卿？」漫漢驚服。又調之曰：「名以定體，漫漢果自不虛。」又令吏唱人名，誤以盧士深爲士琛。士深自言，〔三二〕愔曰：「盧郎潤朗，所以比玉。」

自尙公主後，衣紫羅袍、金鏤大帶，遇李庶，頗以爲恥，謂曰：「我此衣服，都是內裁，既見子將，不能無愧。」

及居端揆，經綜機衡，千端萬緒，神無滯用。自天保五年已後，一人喪德，維持匡救，實有賴焉。每天子臨軒，公卿拜授，施號發令，宣揚詔冊，愔辭氣溫辯，神儀秀發，百僚觀聽，莫不悚動。自居大位，門絕私交。輕貨財，重仁義，前後賞賜，積累巨萬，散之九族，架篋之中，唯有書數千卷。太保、平原王隆之與愔隣宅，愔嘗見其門外有富胡數人，〔三三〕謂左右曰：「我門前幸無此物。」性周密畏愼，恒若不足，每聞後命，愀然變色。

文宣大漸，以常山、長廣二王位地親逼，深以後事爲念。愔與尙書左僕射平秦王歸彥、侍中燕子獻、黃門侍郎鄭子默受遺詔輔政，並以二王威望先重，咸有猜忌之心。初在晉陽，以大行在殯，天子諒闇，議令常山王在東館，欲奏之事皆先諮決，二旬而止。仍欲以常山王隨梓宮之鄴，留長廣鎭晉陽。執政復生疑貳，兩王又俱從至于鄴。子獻立計，欲處太皇太后於北宮，政歸皇太后。又自天保八年已來，爵賞多濫，至是，愔先自表解其開封王，諸叨竊榮恩者皆從黜免。由是嬖寵失職之徒盡歸心二叔。高歸彥初雖同德，後尋反動，以疏忌之跡，盡告兩王。可朱渾天和又每云：「若不誅二王，少主無自安之理。」宋欽道面奏帝，稱二叔威權既重，宜速去之。帝不許曰：「可與令公共詳其事。」愔等議出二王爲刺史，以帝仁

慈，恐不可所奏，乃通啓皇太后，具述安危。有宮人李昌儀者，北豫州刺史高仲密之妻，〔三四〕坐仲密事入宮。太后與昌儀宗情，甚相昵愛。太后以啓示之，昌儀密白太皇太后。愔等又議不可令二王俱出，乃奏以長廣王爲大司馬、幷州刺史，常山王爲太師、錄尙書事。

及二王拜職，於尙書省大會百僚，愔等並將同赴。子默止之云：「事不可量，不可輕脫。」愔云：「吾等至誠體國，豈有常山拜職，有不赴之理？何爲忽有此慮？」長廣旦伏家僮數十人於錄尙書後室，仍與席上勳貴數人相知，幷與諸勳胄約，行酒至愔等，我各勸雙盃，彼必致辭，我一曰「捉酒」，二曰「捉酒」，三曰「何不捉」，爾輩卽捉。及宴如之。愔大言曰：「諸王反逆，欲殺忠良邪！尊天子，削諸侯，赤心奉國，未應及此。」常山王欲緩之，長廣王曰：「不可。」於是愔及天和、欽道皆被拳杖亂毆擊，頭面血流，各十人持之。使薛孤延、康買執子默於尙藥局。子默曰：「不用智者言，以至於此，豈非命也！」

二叔率高歸彥、賀拔仁、斛律金擁愔等唐突入雲龍門。見都督叱利騷，招之不進，使騎殺之。開府成休寧拒門，歸彥喩之，乃得入。送愔等於御前。長廣王及歸彥在朱華門外。太皇太后臨昭陽殿，太后及帝側立。常山王以磚叩頭，進而言曰：「臣與陛下骨肉相連。楊遵彥等欲擅朝權，威福自己，自王公以還，皆重足屛氣，共相脣齒，以成亂階。若不早圖，必爲宗社之害。臣與湛等爲國事重，賀拔仁、斛律金等惜獻皇帝業，共執遵彥等，領入宮，未敢刑戮。專輒之失，罪合萬死。」

帝時默然，領軍劉桃枝之徒陛衞，叩刀仰視，帝不睨之。太皇太后令却仗不肯，又厲聲曰：「奴輩卽今頭落！」乃却。因問楊郎何在，賀拔仁曰：「一目已出。」太皇太后愴然曰：「楊郎何所能，留使不好邪？」乃讓帝曰：「此等懷逆，欲殺我二兒，次及我耳。何縱之？」帝猶不能言。太皇太后怒且悲，王公皆泣。太皇太后曰：「豈可使我母子受漢老嫗斟酌。」太后拜謝。常山王叩頭不止。太皇太后謂帝：「何不安慰爾叔？」帝乃曰：「天子亦不敢與叔惜，豈敢惜此漢輩！但願乞兒性命，兒自下殿去，此等任叔父處分。」遂皆斬之。長廣王以子默昔讒己，作詔書，故先拔其舌，截其手。

太皇太后臨愔喪，哭曰：「楊郎忠而獲罪。」以御金爲之一眼，親內之，曰：「以表我意。」常山王亦悔殺之。

先是童謠曰：「白羊頭毣禿，羖攊頭生角。」又曰：「羊羊喫野草，不喫野草遠我道，不遠打爾腦。」又曰：「阿麼姑，禍也；道人姑夫，死也。」羊爲愔也，「角」文爲用刀，「道人」謂廢帝小名，太原公主嘗作尼，故曰「阿麼姑」，愔、子獻、天和皆尙帝姑，故曰「道人姑夫」云。

於是乃以天子之命，下詔罪之，罪止一身，家口不問。尋復簿錄五家，王晞固諫，乃各沒一房，孩幼盡死，兄弟皆除名。

然，莫不畏附。唯兵部尙書柳述，以帝壻之重，數於上前面折素；大理卿梁毗，抗表言素作威作福。上漸疎忌之，後因出敕曰：「僕射，國之宰輔，不可躬親細務，但三五日一度向省評論大事。」外示優崇，實奪之權，終仁壽之末，不復通判省事。上賜王公已下射，素箭爲第一，上手以外國所獻金精盤價直巨萬以賜之。四年，從幸仁壽宮，宴賜重疊。

及上不豫，素與兵部尙書柳述、黃門侍郎元巖等入侍疾。時皇太子入居大寶殿，慮上有不諱，須豫防擬，乃手自爲書，封出問素。素條錄事狀，以報太子。宮人潛送於上，上覽而大恚。所寵陳貴人又言太子無禮。上遂發怒，欲召庶人勇。太子謀之素，素矯詔追東宮兵士帖上臺宿衞，門禁出入，並取宇文述、郭衍節度。又令張衡侍疾。上以此日崩，由是頗有異論。

會漢王諒反，遣茹茹天保往東蒲州，〔三八〕燒斷河橋，又遣王聃子幷力拒守。素將輕騎五千襲之，潛於渭口宵濟，比明擊之，天保敗，聃子懼，以城降。有詔徵還。初素將行，計日破賊，皆如所量。帝於是以素爲幷州道行軍總管、河北道安撫大使，討諒。時晉、絳、呂三州並爲諒城守，素各以二千人縻之而去。諒遣趙子開擁衆十餘萬，築絕徑路，屯據高壁，布陣五十里。素令諸將以兵臨之，自以奇兵深入霍山，緣崖谷而進，直指其營，一戰破之。諒所署介州刺史梁脩羅屯介休，聞素至，懼，棄城而走。進至淸源，去幷州三十里，諒率其將王

世宗、趙子開、蕭摩訶等來拒戰，又擊破之，禽蕭摩訶。諒退保幷州，〔三九〕素進兵圍之，諒窮而降，餘黨悉平。帝遣素弟脩武公約賚手詔勞素，素上表陳謝。其月，還京師。從駕幸洛陽，以素領營東京大監。以平諒功，拜其子萬石、仁行、姪玄挺皆儀同三司，賚物五萬段、羅綺千匹、諒之妓妾二十人。

大業元年，遷尙書令，賜東京甲第一區、物二千段，尋拜太子太師，〔四〇〕餘官如故。前後賞錫不可勝計。明年，拜司徒，改封楚公，眞食二千五百戶。其年病薨，謚曰景武，贈光祿大夫、太尉公、弘農河東絳郡臨汾文城河內汲郡長平上黨西河十郡太守，給轀輬車、班劍三十人、前後部羽葆鼓吹、粟麥五千石、物五千段，鴻臚監護喪事。帝又下詔立碑，以彰盛美。素嘗以五言詩七百字贈番州刺史薛道衡，詞氣穎拔，風韻秀上，爲一時盛作。未幾而卒。道衡歎曰：「人之將死，其言也善，若是乎！」集十卷。

素雖有建立策及平楊諒功，然特爲帝猜忌，外示殊禮，內情甚薄。太史言楚分野有大喪，因改封素於楚。〔四一〕寢疾之日，帝每令名醫診候，賜以上藥，然密問醫人，恒恐不死。素又自知名位已極，不肯服藥，亦不將愼。每語弟約曰：「我豈須更活邪？」

素貪財貨，營求產業，東西京居宅侈麗，朝毀夕復，營繕無已，爰及諸方都會之處，邸店水磑田宅以千百數。時議以此鄙之。子玄感。

玄感少時晚成，人多謂之癡，唯素每謂所親曰：「此兒不癡也。」及長，美鬚髯，儀貌雄偉，好讀書，便騎射。弱冠，以父軍功位柱國，與其父俱爲第二品，朝會則齊列。後文帝命玄感降一等，玄感拜謝曰：「不意陛下寵臣之甚，許以公庭獲展私敬。」初拜郢州刺史，到官潛布耳目，察長吏能不，纖介必知，吏人敬服，皆稱其能。後轉宋州刺史，父憂去職。歲餘，拜鴻臚卿，襲爵楚公，遷禮部尙書。性雖驕倨，而愛重文學，四海知名之士多趨其門。

後見朝綱漸紊，帝又猜忌日甚，內不自安，遂與諸弟潛謀廢帝立秦王浩。及從征吐谷渾，還至達斗拔谷，〔四二〕時從官狼狽，玄感欲襲擊行宮。其叔愼曰：「士心尙一，國未有釁，不可圖也。」玄感乃止。時帝好征伐，玄感欲立威名，陰求將領，以告兵部尙書段文振。振以白帝，帝嘉之，謂羣臣曰：「將門有將，故不虛也。」於是賚物千段，禮遇益隆，頗預朝政。

帝征遼東，令玄感於黎陽督運，遂與武賁郎將王仲伯、汲郡贊治趙懷義等謀，不時進發。帝遣使者逼促，玄感揚言曰：「水路多盜，不可前後而發。」其弟武賁郎將玄縱、鷹揚郎將萬石並從幸遼東，玄感潛遣人召之。時來護兒以舟師自東萊，將入海趣平壤城，軍未發。玄感無以動衆，乃遣家奴僞爲使，從東方來，謬稱護兒失期而反。玄感遂入黎陽縣，閉城大募男夫，〔四三〕於是取飄布爲牟甲，署置官屬皆準開皇之舊。移書傍郡以討護爲名，令發兵會

於倉所。以東光縣尉元務本爲黎州刺史，趙懷義爲衞州刺史，河內郡主簿唐禕爲懷州刺史，有衆且一萬，將襲洛陽。唐禕至河內，馳往東都告之。越王侗、戶部尙書樊子蓋等勒兵備禦。脩武縣人相率守臨淸關，玄感不得濟，遂於汲郡南度河。從亂如市，數日，屯兵上春門，衆至十餘萬。子蓋令河南贊務裴弘策拒之，弘策戰敗，父老競致牛酒。

玄感屯兵尙書省，每有誓衆曰：〔四四〕「我身爲上柱國，家累巨萬金，至富貴，無所求也。今者不顧破家滅族者，爲天下解倒懸之急，救黎元之命耳。」衆皆悅，詣轅門請自効者日數千。及與樊子蓋書曰：

夫建忠立義，事有多途，見機而作，蓋非一揆。昔伊尹放太甲於桐宮，霍光廢劉賀於昌邑，此並公度內，不能一二披陳。高祖文皇帝誕膺天命，造茲區宇，在琁璣以齊七政，握金鏡以馭六龍，無爲而至化流，垂拱而天下乂。今上纂承寶曆，宜固洪基，乃自絕于天，殄人敗德。頻年肆眚，盜賊於是滋多；所在脩營，人力爲之凋盡。荒淫酒色，子女必被其侵；耽玩鷹犬，禽獸皆離其毒。朋黨相扇，貨賄公行，納邪佞之言，杜正直之口。加以轉輸不息，徭役無期，士卒塡溝壑，骸骨蔽原野，黃河之北則千里無烟，江、淮之間則鞠爲茂草。〔四五〕

玄感世荷國恩，位居上將。先公奉遺詔曰：「好子孫爲我輔弼之，惡子孫爲我屏黜

之。」所以上稟先旨，下順人心，廢此淫昏，更立明哲。今四海同心，九有咸應，士卒用命，如赴私讎，人庶相趨，義形公道。天意人事，較然可知。公獨守孤城，勢何支久？願以黔黎在念，社稷爲心，勿拘小禮，自貽伊戚。誰謂國家，一旦至此！執筆潸然，言無所具。

遂進逼東都城。

刑部尚書衞玄率衆自關中來援東都，以步騎二萬度瀍、澗挑戰。玄感僞北，玄逐之，伏兵發，前軍盡沒。後數日，玄復與玄感戰。兵始合，玄感詐令人大呼曰：「官軍已得玄感矣。」玄軍稍怠，玄感與數千騎乘之，大潰，擁八千人而去。玄感驍勇多力，每戰，親運長矛，身先士卒，喑嗚叱咤，所當莫不震懾，論者方之項羽。又善撫馭，士樂致死。由是戰無不捷。玄軍日蹙，糧又盡，乃悉衆決戰，陣於北邙，一日間戰十餘合。玄感弟玄挺中流矢而斃，玄感稍却。樊子蓋復遣兵攻尚書省，又殺數百人。

帝遣武賁郎將陳稜攻元務本於黎陽，武衞將軍屈突通屯河陽，左翊衞大將軍宇文述發兵繼進，右驍衞大將軍來護兒復來赴援。玄感與前戶部尚書李子雄計曰：〔四六〕「屈突通曉兵事，若度河則勝負難決，不如分兵拒之。通不能濟，〔四七〕則樊、衞失援。」玄感然之，將拒通。子蓋知其謀，數擊其營，玄感不果進。通遂濟河，軍於破陵。玄感爲兩軍，西拒衞玄，東拒

屈突通。子蓋復出兵大戰，玄感軍頻北。復與子雄計，子雄勸之直入關中，開永豐倉振貧乏，三輔可指麾而定。據有府庫，東面而爭天下，此亦霸王之業。

會華陰諸楊請爲鄉導，玄感遂釋洛陽，西圖關中。宣言已破東都，取關西。宇文述等諸軍躡之。至弘農宮，父老遮說玄感曰：「宮城空虛，又多積粟，攻之易下。進可絕敵人之食，退可割宜陽之地。」玄感以爲然，留攻三日，城不下，追兵遂至。玄感西至閿鄉，上槃豆，布陣亘五十里，與官軍且戰且行，一日三敗。復陣於董杜原，諸軍大敗之。玄感獨與十餘騎竄林木間，將奔上洛。追騎至，玄感叱之，皆懼而返走。至葭蘆戍，窘迫，獨與弟積善步行，謂積善曰：「事敗矣，我不能受人戮辱，汝可殺我。」積善殺之，因自刺不死，爲追兵所執，與玄感首俱送行在所，磔其屍於東都市，三日，復臠而焚之。餘黨悉平。

其弟玄獎爲義陽太守，將歸玄感，爲郡丞周旋玉所殺。玄縱弟萬石，自帝所逃歸，至高陽，止傳舍，監事許華與郡兵執之，斬於涿郡。萬石弟仁行，官至朝議大夫，〔四八〕斬於長安。並具梟磔。公卿請改玄感姓爲梟氏，詔可之。

玄感之亂，有趙元淑者預謀，誅。又有劉元進，亦舉兵應之。

元淑，博陵人。父世模，初從高寶寧，〔四九〕後以衆歸周，授上開府，寓居京兆之雲陽。隋文帝踐阼，恒典宿衞。後從晉王伐陳，力戰而死。朝廷以其身死王事，以元淑襲父本官，賜物三千段。

元淑性疏誕，不事產業，家徒壁立。後授驃騎將軍，將之官，無以自給。時長安富人宗連家累千金，仕周爲三原令，有季女，慧而有色。連每求賢夫，聞元淑，請與相見。連有風儀，美談笑，元淑亦慕之。及至其家，服玩居處，擬於將相，酒酣，奏女樂，元淑所未見也。及出，連又致殷勤。元淑再三來，宴樂更侈於前。因問所須，盡買與之，元淑致謝，連復拜求以女妻之。元淑感而納焉，遂爲富人。

從楊素平楊諒，以功進位柱國，歷德州刺史、潁川太守，並有威惠。入爲司農卿。玄感有異志，遂與結交。遼東之役，領將軍、典宿衞，加光祿大夫，封葛國公。明年，帝復征高麗，以元淑鎭臨渝。及玄感作亂，其弟玄縱自駕所逃歸，路經臨渝。元淑出其小妻魏氏見玄縱，對宴極歡，因與通謀，幷受玄縱賂遺。及玄感敗，人有告其事者，帝以屬吏，元淑及魏氏俱斬於涿郡，籍沒其家。

元進，餘杭人。少好任俠，爲州里所宗，兩手各長尺餘，臂垂過膝。屬遼東之役，百姓騷動，元進自以相表非常，遂聚亡命。會玄感起於黎陽，元進應之。旬月，衆至數萬，將度江

而玄感敗。吳郡朱燮、晉陵管崇亦舉兵，有衆七萬，共迎元進，奉以爲主，據吳郡，稱爲天子，以燮、崇俱爲僕射，署百官。帝令將軍吐萬緒、光祿大夫魚俱羅討焉。爲緒所敗，朱燮戰死。俄而緒、俱羅並得罪。江都郡丞王世充發兵擊之。有大流星墜於江都，未及地而南逝，磨拂竹木皆有聲，至吳郡而落于地。元進惡之，令掘地入二丈，得一石，徑丈餘。數日，失石所在。世充度江，元進遣兵人各持茅，因風縱火。世充大懼，將棄營。遇反風火轉，元進衆懼燒而退，世充大破之。元進及崇俱爲世充所殺。世充坑其衆於黃亭澗，死者三萬人。

其後董道沖、沈法興、李子通等並乘此而起。

素母弟約。〔五〇〕約字惠伯。童兒時嘗登樹，墜地爲查傷，由是竟爲宦者。性如沈靜，內多譎詐，好學强記。素友愛之，凡有所爲，先籌於約而行。在周末，以素軍功賜爵安成縣公，拜上儀同三司。文帝受禪，歷位長秋卿、鄖州刺史、〔五一〕宗正、大理二少卿。

時皇太子無寵，晉王廣規奪宗，以素幸於上而雅信約，乃用張衡計，遣宇文述大以金寶賂約，因通王意，說之曰：「夫守正履道，固人臣之常致；反經合義，亦達者之令圖。自古賢人君子，莫不與時消息，以避禍患。公兄弟功名蓋世，用事有年，朝臣爲足下家所屈辱者，可勝數哉？又儲宮以所欲不行，每切齒於執政。公雖自結於人主，而欲危公者亦多矣。主上

一旦棄羣臣，公亦何以取庇？今皇太子失愛於皇后，主上素有廢黜之心，此公所知也。今若請立晉王，在賢兄之口耳。誠能因此時建大功，王必鏤銘於骨髓，〔三二〕斯則去累卵之危，成太山之安也。」約然之，以白素。素本凶險，聞之大喜，乃撫掌曰：「吾智慧殊不及此，賴汝起余。」約知其計行，復謂素曰：「今皇后之言，上無不用，宜因機會，早自結託，則匪惟長保榮祿，傳祚子孫。又晉王傾身禮士，聲名日盛，躬履節儉，有主上之風，以約料之，必能安天下。兄若遲疑，一旦有變，令太子用事，恐禍至無日。」素遂行其策，太子果廢。

及晉王入東宮，引約為左庶子，封脩武公，進位大將軍。及帝崩，遣約入京，易留守者，縊殺庶人勇，然後陳兵發凶問。煬帝聞之曰：「令兄之弟，果堪大任。」卽位數日，拜內史令。約有學術，兼達時務，帝甚任之。後加右光祿大夫。

及帝在東都，令約詣京師享廟，行至華陰，見其先墓，遂枉道拜哭，為憲司所劾，坐免官。尋拜淅陽太守。其兄子玄感時為禮部尚書，與約恩義甚篤，既愴分離，形於顏色。帝謂曰：「公比憂瘁，得非為叔也？」玄感再拜流涕曰：「誠如聖旨。」帝亦思約廢立功，由是徵入朝。未幾卒，以素子玄挺後之。

穆字紹叔，暄弟也。仕魏，華州別駕。孝武末，弟寬請以澄城縣伯讓穆，詔許之。終于

幷州刺史，贈開府儀同三司、華州刺史。

穆弟儉，字景則，偉容儀，有才行。位北雍州刺史，政尚寬惠，夷夏安之。後從破齊神武於沙苑，封夏陽縣侯，位開府儀同三司、華州刺史。卒，謚靜。

子昇，字文殊，美風儀，有器局，髫亂就學，日誦千言，見者奇之。九歲丁父憂，哀毀過禮，殆將滅性。及免喪之後，絕慶弔，閉戶讀書，數年之間，博涉書記。周閔帝時，為寧都郡太守，甚有能名，賜爵樂昌縣子，後數以軍功進爵為侯。隋文帝作相，行濟州事，及踐阼，拜宗正少卿，加上開府。蜀王秀之鎮益州也，朝廷盛選綱紀，以昇方直，拜益州總管長史，尋遷西南道行臺兵部尚書。後歷宗正卿、刑部尚書，出為吳州總管，甚有能名。時晉王廣鎮揚州，詔令昇每歲一與王相見，評論得失，規諫疑闕。卒於官。子虔遜。

寬字蒙仁，儉弟也。少有大志，每與諸兒童遊處，必擇高大之物坐之，見者咸異焉。及長，頗解屬文，尤尚武藝。弱冠，除奉朝請。父鈞出鎮恒州，請隨從展効，乃授高闕戍主。既而蠕蠕亂，其主阿那瓌奔魏，魏帝詔鈞衞送，寬亦從行。時北邊賊起，攻圍鎮城。鈞卒，城人等推寬守禦。尋而城陷，寬乃北走蠕蠕，後討六鎮賊破，寬始得還朝。

廣陽王深與寬素相昵，深犯法得罪，寬被逮捕，孝莊時為侍中，與寬有舊，藏之於宅，遇

赦得免。除宗正丞。北海王顥少相器重，時為大行臺北征葛榮，欲啓寬為左丞。寬辭以孝莊厚恩未報，義不見利而動。顥未之許，顥妹壻李神軌謂顥曰：「匹夫猶不可奪志，況義士乎。」乃止。

孝莊踐阼，累遷洛陽令，以都督從太宰、上黨王元天穆討平邢杲。師未還，屬元顥入洛，莊帝出居河內，天穆懼，集諸將謀之。寬勸天穆徑取成皐，會兵伊、洛。天穆然之，乃趣成皐，令寬與尒朱兆為後拒。尋以衆議不同，乃回赴石濟。寬夜行失道，遂後期，諸將咸言寬少與北海周旋，今不來矣。天穆答曰：「楊寬非輕去就者也，吾當為諸君明之。」言訖，候騎白寬至。天穆撫髀而笑曰：「吾固知其必來。」遽出帳迎，握其手曰：「是所望也。」與天穆俱謁孝莊於太行。仍為都督，從平河內，進圍北中。時梁陳慶之為顥勒兵守北門，天穆駐馬圍外，遣寬至城下說慶之，不答，久之乃曰：「賢兄撫軍在，頗欲相見不？」寬答：「僕兄既力屈凶威，迹淪逆黨，人臣之理，何煩相見。」天穆聞之，自此彌敬。

孝莊反正，除太府卿、華州大中正，封澄城縣伯。尒朱榮被誅，其從弟世隆等出據河橋，〔三三〕還逼京師，進寬使持節、大都督，隨機捍禦。世隆謂寬曰：「豈忘太宰相知之深也？」寬答曰：「太宰見愛以禮，人臣之交耳，今日之事，事君之節。」及尒朱兆陷洛陽，囚執孝莊帝，寬遂洛不可，遂自成皐奔梁。至建鄴，聞莊帝弒崩，寬發喪盡禮，梁武義之。尋而禮送還。

孝武初，除給事黃門侍郎。孝武與齊神武有隙，遂召募驍勇，廣增宿衞，以寬為閤內大都督，專總禁旅。從孝武入關，兼吏部尚書，錄從駕勳，進爵華山郡公。大統初，遷太子太傅。五年，除驃騎大將軍、開府儀同三司、都督、東雍州刺史，卽本州也。廢帝初，為尚書左僕射、將作大監，坐事免。周明帝初，拜大將軍，從賀蘭祥討吐谷渾，破之，別封宜陽縣公。除小冢宰，轉御正中大夫。武成二年，詔寬與麟趾殿學士參定經籍。

寬性通敏有器幹，頻牧數州，號稱清簡，歷居臺閣，有當官之譽。然與柳慶不協，案成其罪，〔三四〕時論頗以此譏之。保定元年，除總管梁興等十九州諸軍事、梁州刺史，薨於州，贈華、陝、虞、上、潞五州刺史，謚曰元。子文思。〔三五〕

文思字溫才。〔三六〕在周，年十一，拜車騎大將軍、儀同三司、散騎常侍。尋以父功，封新豐縣子。天和初，行武都太守。十姓獠反，文思討平之。復行冀州事。党項羌叛，文思又討平之。進擊資中、武康、隆山等生獠及東山獠，並破之。從陳王攻齊河陰城，又從武帝攻拔晉州，授上儀同三司，改封承寧縣公。壽陽劉叔仁作亂，從清河公宇文神舉討之，〔三七〕戰於塼井，在陣禽叔仁。又別從王誼破賊於鯉魚柵。後累以軍功遷果毅左旅下大夫。

隋文帝為丞相，從韋孝寬拒尉遲迥於武陟，與行軍總管宇文述擊走其將李儁，遂解懷

州圍。破尉遲惇，平鄴城，皆有功。進授上大將軍，改封洛川縣公，尋拜隆州刺史。開皇元年，進爵正平郡公。後爲魏州刺史，甚有惠政，及去職，吏人思之，爲立碑頌德。轉冀州刺史。

煬帝嗣位，徵爲戶部尚書，轉納言，改授右光祿大夫。從幸江都宮，以足疾，不堪趨奏，復授戶部尚書，位右光祿大夫。卒官，謚曰定。初文思當襲父爵，自以非嫡，遂讓弟紀，當世多之。

紀字溫範，少剛正，有器局。在周，襲爵華山郡公。累遷安州總管長史，將兵迎陳降將王瑗於齊安，與陳將周法尚遇，擊走之，以功進開府。入爲虞部下大夫。文帝爲丞相，改封汾陰縣公。從梁睿討王謙，以功進授上大將軍。歷資州刺史、宗正少卿，坐事除名。後尋復其爵位，拜熊州刺史，改封上明郡公。除宗正卿，兼給事黃門侍郎，判禮部尚書事。遷荊州總管。卒，謚曰恭。

論曰：楊播兄弟俱以忠毅謙謹，荷內外之任，公卿牧守，榮赫累朝，所謂門生故吏遍於天下。而言色恂恂，出於誠至，恭德慎行，爲世師範，漢之陳紀，門法所不過焉。後魏以來，

一門而已。諸子秀立，青紫盈庭，積善之慶，葢有憑也。及逆胡擅朝，淫刑肆毒，以斯族而遇斯禍，何報施之反哉。

愔雅道風流，早同標致，公望人物所推。夫處亂虐之世，當機衡之重，朝有善政，是也。及寄天下之命，託六尺之孤，旬朔未幾，身亡君辱。進不能迭往事居，覬幾衞主；退不能保身全名，辭寵招福。朝廷之釁，既已仗義斷恩；猜忌之塗，無容推心受亂。是知變通之術，非所長也。

處道少而輕俠，俶儻不羈，兼文武之資，包英奇之略，志懷遠大，以功名自許。屬隋文帝將清六合，委以腹心之寄。掃妖氛於牛斗，江海恬波；摧驍猛於龍庭，匈奴遠遁。若其夷凶靜亂，功臣莫居其右；覽其奇策高文，足爲一時之傑。然以智詐自立，不由仁義之道，阿諛時主，高下其心。營構離宮，陷君於奢侈；謀廢冢嫡，致國於傾危。終使宗廟丘墟，市朝霜露，究其禍敗之源，實乃素之由也。

玄感宰相之子，荷恩二世，君之失德，當竭腹心。未議致身，先圖問鼎，假稱伊、霍之事，將肆莽、卓之心，人神同疾，敗不旋踵。昆弟就菹醢之誅，先人受焚如之酷，不亦甚乎。

約外示溫柔，內懷狡算，爲蛇畫足，終傾國本，俾無遺育，不亦宜哉。寬閑闢夷險，竟以功名自卒。文思能以爵讓，其殆仁乎。

校勘記

〔一〕時車駕耀威沔水 諸本「沔」上有「城」字，魏書卷五八楊播傳無。按魏書卷七下高祖紀太和二十二年三月記此事，但云：「觀兵襄沔，耀武而還」，不言在此築城。且當時魏軍攻沔北樊城不下，遂卽退兵，也無在沔北築城的可能。「城」字衍文，今據删。

〔二〕至州借人田 魏書「人」作「民」，北史避唐諱改。

〔三〕令其子子彥等領騎與侃於恒農北度 諸本「彥」訛「產」，據魏書卷五八楊侃傳及通鑑卷一五二四七三四頁、本書卷二二長孫承業傳改。

〔四〕未若召發人材 魏書「人」作「民」。按「民材」指民間材木，北史避唐諱改，易滋誤會。

〔五〕於是尒朱兆等於馬渚諸楊南度 按本書卷四八尒朱榮傳云：「屬馬渚諸楊云有小船數艘，求爲鄉導。榮乃令都督尒朱兆等率精騎夜濟。」周書卷三四楊㯹傳，言元顥入洛，孝莊帝「詔㯹率其宗人收船馬渚」。楊㯹族人居於馬渚，故稱馬渚諸楊。這裏「於」字疑是「與」之訛。

〔六〕後爲中部法曹折訟公正 魏書卷五八楊椿傳無「法」字。按「中部法曹」或「中部曹」都不見於魏書官氏志。其時有外都、內都、中都大官，號爲三都，主折獄。見本書卷十九咸陽王禧、趙郡王幹、廣陵王羽等傳。疑「部」是「都」之誤，「中都法曹」或「中都曹」，當是中都大官屬僚。

〔七〕詔依斷以贖論 魏書作「詔依寺斷，聽以贖論」。按寺指廷尉寺。「寺」「聽」二字不宜省。

〔八〕兄子侃 諸本「侃」作「保」，魏書、通志卷一五〇上楊椿傳作「侃」。按事見上文侃本傳。「保」字訛，今據改。

〔九〕吾是以知恭儉之德漸不如上也 魏書「上」下有「世」字，此不宜省。

〔一〇〕於後終以不言蒙賁及二聖間言語終不敢輒爾傳通 南、北、汲、殿四本及魏書「賁」字作「賞」，百衲本作「賁」。張元濟云：「按『賁』疑『責』之訛，『蒙責及二聖間言語』自爲句。若作『賞』及『賞』字截句，則下『及二聖間』云云，不可解。」按通志卷一五〇上楊椿傳正作「責」。張說是，今據改。

〔一一〕昱字元略 魏書卷五八楊昱傳「略」作「㬅」。按「昱」「㬅」文義相應，疑作「㬅」是。

〔一二〕津字羅漢本字延祚孝文賜改焉 張森楷云：「按津兄播字延慶，椿字延壽，皆孝文賜改，不應津本字延祚而反改字羅漢。疑本字羅漢，孝文改爲延祚，方合。然魏書亦如是，則其誤久矣。」

〔一三〕因拜津左中郎將 諸本「左」下衍「右」字，據魏書卷五八楊津傳删。

〔一四〕詔聽貸五萬 南、北、汲、殿四本及魏書「五」作「二」，百衲本作「五」。按通志卷一五〇上楊津傳也作「五」。上云「尚書令、臨淮王彧以爲宜貸二萬」，若莊帝同意元彧意見，則止云「詔聽之」卽可，無須重複數字。正因最後決定數字不同，所以明白標出。作「五」是，今從百衲本。

〔一五〕與友人中直侍郎河間邢卲隱於嵩山　按本書卷四三邢卲傳「中直」作「中書」，此疑誤。

〔一六〕悟從兄幼卿爲岐州刺史　通志卷一五三楊愔傳「幼」作「穉」。按魏書卷五八楊播傳，播弟順有子名穉卿，自即此人。北史避唐諱，改「穉」爲「幼」。

〔一七〕郭秀素害其能　諸本「秀」作「季」，北齊書卷三四補、通志卷一五三楊愔傳作「秀」。按事見本書卷九二郭秀傳，今據改。

〔一八〕若自沈者　諸本「自」作「見」，北齊書及通志作「自」。按「見沈」是爲人所沈，與上文「棄衣冠」意思不合。「見」是形似致訛，今據改。

〔一九〕入精廬禮拜　諸本脫「入」字，據北齊書、通志補。

〔二〇〕又拜開府儀同三司尚書左僕射　諸本「左」作「右」。按上文已云遷右僕射，不當復遷右。北齊書卷四、本書卷六齊文宣紀，天保八年四月，並載「以尚書右僕射楊愔爲左僕射」，可証這裏作「右」誤，今據改。

〔二一〕卿前在元子思坊騎禿尾草驢經見我不下　通志無「經」字，册府卷七九九九四九一頁「經」下有「過」字。按可能北史原文有「過」字，今本北史及北齊書並脫，通志以其不順，並删「經」字。

〔二二〕誤以盧士深爲士琛士深自言　諸本「深」「琛」二字互易，據北齊書、通志改。盧士深附見魏書卷三五盧玄傳。下文楊愔云：「盧郎潤朗，所以比玉」，正是爲其錯誤辯解。可証「士深」乃是

本名。

〔二三〕悟嘗見其門外有富胡數人　諸本無「悟」字，北齊書有。按若無「悟」字，則似高隆之見悟門外有富胡，於文意不符。今據補。

〔二四〕有宮人李昌儀者北豫州刺史高仲密之妻　各本「李」作「季」，殿本據北齊書改作「李」。按高仲密後妻，趙郡李徽伯女，見本書卷三一高慎傳。殿本改是，今從之。

〔二五〕將涉千里殺騏驥而策蹇驢　諸本「驥」作「驎」，北齊書作「驥」。張元濟云：「騏驎誤，騏驥千里馬。」按張說是。今據改。

〔二六〕廣漢下洛人　按魏書地形志無此郡縣。晉書卷一四地理志幽州廣寧郡有下洛縣，兩漢地志並作下落，屬上谷郡。廣寧，兩漢爲縣，亦屬上谷，晉時爲郡，即自上谷分置，故下洛改屬之。通志卷二二氏族略燕氏條云：「望出上谷、范陽。」則此「廣漢」當是「廣寧」之訛。至於益州之廣漢，並無下洛縣。且地屬南朝，燕子獻當非此郡人。

〔二七〕追封臨貞縣伯　諸本「追」作「進」，周書卷二二楊寬傳作「追」。按此是死後所封，當作「追」，今據改。

〔二八〕素又言曰　隋書卷四八楊素傳「又」作「大」，是。

〔二九〕改封成安縣公　按下文「成安」作「安成」。

〔三〇〕尋從韋孝寬徇淮南　諸本「淮」作「譙」，隋書楊素傳作「淮」。按本書卷六四韋孝寬傳作「淮」，今據改。

〔三一〕江浙賊高智慧自號東揚州刺史　按隋書「江浙」作「浙江」。隋書卷二高祖紀開皇十年十一月作「會稽人高智慧」。會稽郡即在浙江今錢塘江之南，疑此作「江浙」是誤倒。

〔三二〕素擊走之　諸本脫「之」字，據隋書、通志卷一六〇楊素傳補。

〔三三〕於是賜錢百萬綿絹三千段　隋書百衲本「綿」作「錦」，從上讀。按綿不可以段計，疑是「錦」之訛。

〔三四〕與鹿角爲方陣　隋書「與」作「輿」。作「與」疑誤。

〔三五〕素曰此乃自固之道　隋書此下有「非取勝之方也」，不當删。

〔三六〕素奮擊大破之　諸本脫「之」字，據隋書、通志補。

〔三七〕至如吉凶不由於此　諸本脫「此」字，據隋書補。

〔三八〕遣茹茹天保往東蒲州　隋書「往東」作「來據」。按地志無「東蒲州」，「東」字疑是「來」之誤。

〔三九〕諒退保并州　諸本脫「諒」字，據隋書、通志補。

〔四〇〕尋拜太子太師　諸本無「太子」二字，隋書有。按本書卷十二、隋書卷三煬帝紀大業元年七月稱：「以尚書令楊素爲太子太師。」此誤脫，今據補。

〔四一〕太史言楚分野有大喪因改封素於楚　李慈銘云：「隋書作『隋分野』。下云『楚與隋同分，欲以

此厭當之』，情事甚顯。此省數語，改『隋』爲『楚』，便失事實。」

〔四二〕還至達斗拔谷　諸本「斗」作「升」，隋書卷七十、通志卷一六〇楊玄感傳作「斗」。按本書卷十二、隋書卷三煬帝紀，大業五年六月作「大斗拔谷」。通鑑卷一八一五六四六頁胡注云：「新唐志：涼州西二百里有大斗軍，本赤水守捉，開元十六年爲軍，因大斗拔谷爲名。」「升」乃「斗」之訛，今據改。

〔四三〕閉城大募男夫　隋書「募」作「索」，疑是。

〔四四〕每有誓衆曰　隋書無「有」字，疑此衍。

〔四五〕江淮之間則鞠爲茂草　諸本「江淮」誤倒，據隋書、通志乙。

〔四六〕玄感與前戶部尚書李子雄計曰　按此李子雄，隋書卷七〇附楊玄感傳後。本書卷七四改作李雄，自有專傳。而隋書卷四六之李雄，本書卷三三改作李子雄附其父李裔傳後。這裏沿隋書原文作「李子雄」，與本書卷三三之李子雄自相混淆。

〔四七〕通不能濟　諸本脫「通」字，據隋書、通志補。

〔四八〕萬石弟仁行官至朝議大夫　隋書「朝議」作「朝請」。按隋書卷二八百官志，隋初文散官有朝議大夫。大業三年改革官制，省朝議大夫，新置散官有朝請大夫，班正五品。仁行被殺在大業九年，則其時已無朝議大夫，隋書是。

〔四九〕初從高寶寧　諸本脫「寧」字，據隋書、通志補。

〔五〇〕素母弟約　隋書卷四八楊約傳云：「素異母弟也。」此疑脫「異」字。

〔五一〕鄜州刺史　隋書「鄜」作「邵」。按「鄜州」卽「敷州」。楊約父名「敷」，當時避諱甚謹，疑不得爲此州刺史。後周置邵州，大業初州廢見隋書卷三〇地理志絳郡垣縣註。楊約當是作邵州刺史。

〔五二〕王必鏤銘於骨髓　諸本及隋書「鏤」作「鎮」，馮夢禎云：「『鎮』字恐譌，疑當作『鏤』。」按通志卷一六〇正作「鏤」。「鎮銘」不可通，今從通志改。

〔五三〕其從弟世隆等出據河橋　諸本「隆」作「澄」，周書作「隆」。按事見本書卷四八尒朱世隆傳，今據改。

〔五四〕然與柳慶不協案成其罪　諸本「慶」作「機」，周書作「慶」。按本書卷六四、周書卷二二柳慶傳云：「又與楊寬有隙。及寬參知政事，遂見疏忌。」又言楊寬囚慶故吏，求慶罪失。周書作「慶」是。柳機爲慶子，出仕較晚，與寬不相及。今據周書改。

〔五五〕子文思　諸本「思」作「恩」，隋書卷四八楊素傳作「文思」。按本卷上文楊素傳云：「從父文思、弟紀及族父异，並尙書列卿。」又寬祖名「恩」，不得名其子曰「文恩」。此形似致訛，今據改。

〔五六〕文思字溫才　百衲本、南本、北本「才」作「仁」，隋書作「才」。殿本攷證云：「上文文思父寬字蒙仁，當以『才』爲是。今從隋書。」

壽陽劉叔仁作亂從清河公宇文神舉討之　按周書卷四〇宇文神舉傳云，「幷州平，卽授幷州刺史」，「所部東壽陽縣土人相聚爲盜」，「神舉以州兵討平之」。隋書卷三〇地理志中太原郡壽陽縣下註云：「開皇十年改州南受陽縣爲文水，分州東故壽陽置壽陽。」錢氏考異卷三一云：「隋志之故壽陽，蓋卽此傳宇文神舉傳之東壽陽。」據此，則周時之壽陽卽受陽，同時另有東壽陽，卽後來隋時之壽陽。這裏「壽陽」上應有「東」字。

北史卷四十二

列傳第三十

王肅　孫遡　劉芳　芳從子懋　常爽　孫景

王肅字恭懿，琅邪臨沂人也。父奐，齊雍州刺史，南史有傳。肅少聰辯，涉獵經史，頗有大志。仕齊，位祕書丞。父奐及兄弟並爲齊武帝所殺。太和十七年，肅自建鄴來奔。孝文時幸鄴，聞其至，虛衿待之，引見問故。肅辭義敏切，辯而有禮，帝甚哀惻之。遂語及爲國之道，肅所陳說，深會旨，帝促席移景，不覺坐之疲也。肅因言蕭氏危亡之兆，可以乘機，帝於是圖南之規轉銳。器重禮遇，日有加焉，親貴舊臣莫之間也，或屏左右，談說至夜分不罷。肅亦盡忠輸誠，無所隱避，自謂君臣之際，猶孔明之遇玄德也。尋除輔國、大將軍長史，〔一〕賜爵開陽伯。肅固辭伯爵，許之。

詔肅討齊義陽，聽招募壯勇以爲爪牙，其募士有功，賞加等；其從肅行者，六品已下聽

先擬用，以後聞；若投化人，聽五品已下先卽優授。肅至義陽，頻破賊軍，除持節、都督、豫州刺史、揚州大中正。肅善撫接，甚有聲稱。尋徵入朝，帝手詔曰：「不見君子，中心如醉，一日三歲，我勞如何。飾館華林，拂席相待，卿欲以何日發汝墳也？」又詔曰：「肅丁荼琥世，志等伍胥，窮踰再期，蔬縕不改。有司依禮喩之，爲裁練禫之制。」

二十年七月，帝以久旱不雨輟膳，百僚詣闕。帝在崇虛樓，遣舍人問肅。對曰：「伏承陛下輟膳，已經三旦，羣臣不敢自寧。臣聞堯水湯旱，自然之數，須聖人以濟世，不由聖以致災，是以國儲九年，以禦九年之變。昨四郊之外已蒙滂澍，唯京城之內微爲少澤。蒸庶未闕一飡，陛下輟膳三日，臣庶惶惶，無復情地。」帝遣答曰：「雖不食數朝，猶自無感，朕誠心未至之所致也。朕志確然，死而後已。」是夜，澍雨大降。

以破齊將裴叔業功，進號鎭南將軍，加都督四州諸軍事，封汝陽縣子。肅頻表固讓，不許，詔加鼓吹一部。

初，齊之收肅父奐也，奐司馬黃瑤起攻奐殺之。二十二年平漢陽，瑤起爲輔國將軍，特詔以付肅，〔二〕使紓泄哀情。

孝文崩，遺詔以肅爲尙書令，與咸陽王禧等同爲宰輔，徵會駕魯陽。肅至，遂與禧參同謀謨。自魯陽至京洛，行途喪紀，委肅參量，憂勤經綜，有過舊戚。禧兄弟並敬昵之，上下

稱爲和輯。唯任城王澄以其起自羇遠，一旦在己之上，每謂人曰：「朝廷以王肅加我上，尙可；從叔廣陽，宗室尊宿，歷任內外，云何一朝令肅居其右也？」〔三〕肅聞，恒降避之。尋爲澄所奏劾，稱肅謀叛，事尋申釋。詔肅尙陳留長公主，本劉昶子婦彭城公主也，賜錢二十萬、帛三千疋。

肅奏：「考以顯能，陟由績著，升明退闇，於是乎在。自百僚曠察，四稔于茲，請依舊例，考檢能否。」從之。

裴叔業以壽春內附，拜肅使持節、都督江西諸軍事，與彭城王勰率步騎十萬以赴之。齊豫州刺史蕭懿屯小峴，交州刺史李叔獻屯合肥，將圖壽春。肅進師討擊，大破之，禽叔獻，走蕭懿。還京師，宣武臨東堂，引見勞之，進位開府儀同三司，封昌國縣侯。尋爲散騎常侍、都督淮南諸軍事、揚州刺史。肅頻在邊，悉心撫接，遠近歸懷，附者若市，咸得其心。清身好施，簡絕聲色，終始廉約，家無餘財。然性微輕恌，頗以功名自許，護疵稱伐，少所推下，孝文每以此爲言。

景明二年，薨於壽春，年三十八。宣武爲擧哀，給東園祕器、朝服一襲、錢三十萬、帛一千疋、布五百疋、蠟三百斤，幷問其卜遷遠近，專遣侍御史一人監護喪事。又詔曰：「杜預之歿，窆於首陽，司空李沖，覆舟是託，顧瞻斯所，亦二代之九原也。故揚州刺史肅，忠義結於二世，英惠符於李、杜。平生本意，願終京陵，既有宿心，宜遂先志。其令葬於沖、預兩墳之間，使之神游相得也。」贈侍中、司空公。有司奏以肅貞心大度，宜謚匡公，詔謚宣簡。明帝初，詔爲肅建碑銘。

自晉氏喪亂，禮樂崩亡，孝文雖釐革制度，變更風俗，其閒朴略，未能淳也。肅明練舊事，虛心受委，朝儀國典，咸自肅出。子紹襲。

紹字三歸，位中書侍郎。卒，贈徐州刺史。子遷襲，齊受禪，爵隨例降。

紹弟理，孝靜初得還朝，位著作佐郎。紹，肅前妻謝生也。肅臨薨，謝始攜女及紹至壽春。宣武納其女爲夫人，明帝又納紹女爲嬪。

肅弟康，〔四〕字文政，涉獵書史，微有兄風。宣武初，攜兄子誦、翊、衍等入魏，拜中書侍郎。卒幽州刺史，贈征虜將軍、徐州刺史。

誦字國章，肅長兄融之子。學涉有文才，神氣淸儁，風流甚美。歷位散騎常侍、光祿大夫、右將軍、幽州刺史、長兼祕書監、給事黃門侍郎。明帝崩，靈太后之立幼主也，於時大赦。誦宣讀詔書，言制抑揚，風神竦秀，百僚傾屬，莫不歎美。孝莊初，於河陰遇害，贈尙書左僕射、司空公，謚曰文宣。

子孝康，尙書郎中。

孝康弟僧康，〔五〕性淸雅，頗有文才，齊文襄王中外府祭酒。

誦弟衍，字文舒，名行器藝亞於誦。位光祿大夫、廷尉卿、揚州刺史、大中正、〔六〕度支七兵二尙書、太常卿。出爲散騎常侍、西兗州刺史，爲尒朱仲遠所禽，以其名望，不害，令騎牛從軍，久乃見釋還洛。孝靜初，位侍中。卒，敕給東園祕器，贈尙書令、司徒公，謚曰文獻。衍篤於交舊，有故人竺龢，於西兗州爲仲遠所害，其妻子飢寒，衍置於家，累年贍恤，世人稱其敦厚。

翊字士游，肅次兄琛子也。〔七〕風神秀立，好學有文才，位中書侍郎。頗銳於榮利，結婚於元叉。爲濟州刺史，淸靜有政績。入爲散騎常侍、金紫光祿大夫，領國子祭酒。卒，贈司空公、徐州刺史。

子深，〔八〕武定中，儀同、開府記室參軍。

劉芳字伯支，彭城叢亭里人，漢楚元王交之後也。六世祖訥，晉司隸校尉。祖該，宋青、徐二州刺史。父邕，宋兗州長史。

芳出後宋東平太守遜之。邕同劉義宣之事，身死彭城，芳隨伯母房逃竄青州，會赦免。舅元慶，爲宋青州刺史沈文秀建威府司馬，爲文秀所殺。芳母子入梁鄒城。慕容白曜南討青、齊，梁鄒降，芳北徙爲平齊人，時年十六。

南部尙書李敷妻，司徒崔浩之弟女；芳祖母，浩之姑也。芳至京師，詣敷門，崔恥芳流播，拒不見之。芳雖處窮窘之中，而業尙貞固。聰敏過人，篤志墳典，晝則傭書以自資給，夜則誦經不寢，至有易衣併日之弊，而澹然自守，不急急於榮利，不戚戚於貧賤，乃著窮通論以自慰。常爲諸僧傭寫經論，筆迹稱善，卷直一縑，歲中能入百餘疋，如此數年，賴以頗振。由是與德學大僧多有還往。

時有南方沙門慧度以事被責，未幾暴亡，芳因緣聞知，文明太后召入禁中，鞭之一百。時中官李豐主其始末，知芳篤學有志行，言之於太后，微愧於心。會齊使劉纘至，芳之始族兄也，擢芳兼主客郎，與纘相接。拜中書博士。後與崔光、宋弁、邢產等俱爲中書侍郎。俄而詔芳與產入授皇太子經，遷太子庶子，兼員外散騎常侍。從駕洛陽，自在路及旋京師，恒侍坐講讀。芳才思深敏，特精經義，博聞強記，兼覽蒼雅，尤長音訓，辯析無疑。於是禮遇日隆，賞賚豐渥。俄兼通直常侍，從駕南巡，撰述行事，尋而除正。

王肅之來奔也，孝文雅相器重，朝野屬目。芳未及相見。嘗宴羣臣於華林，肅語次云：「古者唯婦人有笄，男子則無笄。」芳曰：「推經禮正文，古者男子婦人俱有笄。」肅曰：「喪服稱男子免而婦人髽，男子冠而婦人笄，如此則男子不應有笄。」芳曰：「此專謂凶事也。禮，初遭喪，男子免，時則婦人髽；男子冠，時則婦人笄。言俱時變，男子婦人免髽、冠笄之不同也。又冠尊，故奪其笄，且互言也。非謂男子無笄。又禮內則稱：『子事父母，鷄初鳴，櫛纚笄總。』以茲而言，男子有笄明矣。」高祖稱善者久之。肅亦以芳言爲然，曰：「此非劉石經也？」昔漢世造三字石經於太學，〔九〕學者文字不正，多往質焉。芳音義明辯，疑者皆往詢訪，故時人號爲劉石經。酒闌，芳與肅俱出。肅執芳手曰：「吾少來留意三禮，在南諸儒，亟共討論，皆謂此義，如吾向言。今聞往釋，頓祛平生之惑。」芳理義精贍，類皆如是。

孝文遷洛，路由朝歌，見殷比干墓，愴然悼懷，爲文以弔之。芳爲注解，表上之。詔曰：「覽卿注，殊爲富博。但文非屈、宋，理慚張、賈。既有雅致，便可付之集書。」詔以芳經學精洽，超遷國子祭酒。以母憂去官。

帝征宛、鄧，起爲輔國將軍、太尉長史，從太尉、咸陽王禧攻南陽。齊將裴叔業入寇徐州，疆埸之人，頗懷去就。帝憂之，以芳爲散騎常侍、國子祭酒、徐州大中正，行徐州事。後兼侍中，從征馬圈。孝文崩於行宮，及宣武即位，芳手加衰冕。孝文襲斂，暨乎啓祖、山陵、練祭，始末喪事，皆芳撰定。咸陽王禧等奉申遺旨，令芳入授宣武經。及南徐州刺史沈陵外叛，〔一〇〕徐州大水，遣芳撫慰振恤之。

尋正侍中，祭酒、中正並如故。芳表曰：

夫爲國家者罔不崇儒尊道，學校爲先。唐虞以往，典籍無據，隆周以降，任居武門。〔一一〕蔡氏勸學篇云：「周之師氏居武門左。」今之祭酒則周師氏。洛陽記：「國子學官與天子宮對。〔一二〕太學在開陽門外。」案學記云：「古之王者，建國親人，教學爲先。」鄭氏注：「內則設師保以教，使國子學焉；外則有太學庠序之官。」由斯而言，國學在內，太學在外，明矣。臣謂今既徙縣嵩瀍，皇居伊洛，宮闕府寺，僉復故址，至於國學，豈宜舛錯？校量舊事，應在宮門之左。至如太學，基所見存，仍舊營構。

又去太和二十年，〔一三〕發敕立四門博士，於四門置學。臣案：自周已上，學唯以二，或尚東，或尚西，或貴在國，或貴在郊。爰暨周室，學蓋有六：師氏居內，太學在國，四小在郊。禮記云：「周人養庶老於虞庠，虞庠在國之四郊。」禮又云：「天子設四學，當入學而太子齒。」注云：「四學，周四郊之虞庠也。」大戴保傅篇云：「帝入東學，尚親而貴仁；帝入南學，尚齒而貴信；帝入西學，尚賢而貴德；帝入北學，尚貴而尊爵；帝入太學，承師而問道。」周之五學，於此彌彰。案鄭注學記，周則六學，所以然者，注云：「內則設師保以教，使國子學焉；外則有太學庠序之官。」此其證也。漢、魏已降，無復四郊。謹尋先旨，宜在四門。案王肅注云：「天子四郊有學，去都五十里。」考之鄭氏，不云遠近。

今太學故坊，基址寬曠。四郊別置，相去遼闊，檢督難周。計太學坊并作四門，猶爲太曠，以臣愚量，同處無嫌。且今時制置，多循中代，未審四學應從古不？求集儒禮官議其定所。〔一四〕

從之。遷中書令，祭酒如故。

出除青州刺史，爲政儒緩，不能禁止姦盜；然廉清寡欲，無撓公私。還朝，議定律令，芳斟酌古今，爲大議之主，其中損益，多芳意也。宣武以朝儀多闕，其一切諸議悉委芳修正，於是朝廷吉凶大事，皆就諮訪焉。

轉太常卿。芳以所置五郊及日月之位，去城里數於禮有違；又靈星、周公之祀，不應隸太常。乃上疏曰：

臣聞國之大事，莫先郊祀，郊祀之本，實在審位。臣學謝全經，業乖通古，豈可輕薦瞽言，妄陳管說。竊見所置壇祠，遠近之宜，考之典制，或未允衷，既曰職司，請陳膚淺。

孟春令云：「其數八。」又云：「迎春於東郊。」盧植云：「東郊，八里郊也。」賈逵云：「東郊，木帝太昊，八里。」許慎云：「東郊，八里郊也。」鄭玄孟春令注云：「王居明堂。禮曰：『王出十五里迎歲。』蓋殷禮也。周禮，近郊五十里。」鄭玄別注云：「東郊去都城八

里。」高誘云：「迎春氣於東方，八里郊也。」王肅云：「東郊八里，因木數也。」此皆同謂春郊八里之明據也。孟夏令云：「其數七。」又云：「迎夏於南郊。」盧植云：「南郊，七里郊也。」賈逵云：「南郊，火帝，七里。」〔一五〕許慎云：「南郊，七里郊也。」鄭玄云：「南郊去都城七里。」高誘云：「南郊，七里之郊也。」王肅云：「南郊七里，因火數也。」此又南郊七里之審據也。中央令云：「其數五。」盧植云：「中郊，五里之郊也。」賈逵云：「中兆黃帝之位，并南郊之季，故云兆五帝於四郊也。」鄭玄云：「中郊，西南未地，去都城五里。」此又中郊五里之審據也。孟秋令云：「其數九。」又云：「以迎秋於西郊。」盧植云：「西郊，九里郊。」賈逵云：「西郊，金帝少昊，九里。」許慎云：「西郊，九里郊也。」鄭玄云：「西郊去都城九里。」高誘云：「西郊，九里之郊也。」王肅云：「西郊九里，因金數也。」此又西郊九里之審據也。孟冬令云：「其數六。」又云：「迎冬於北郊。」盧植云：「北郊，六里郊也。」賈逵云：「北郊，水帝顓頊，六里。」許慎云：「北郊，六里郊也。」鄭玄云：「北郊去都城六里。」高誘云：「北郊，六里之郊也。」王肅云：「北郊六里，因水數也。」此又北郊六里之審據也。宋氏含文嘉注云：「周禮，王畿內千里，二十分其一，以爲近郊。近郊五十里，倍之爲遠郊。迎王氣蓋於近郊。漢不設王畿，則以其方數爲郊處，故東郊八里，南郊七里，西郊九里，北郊六里，中郊在西南未地五里。」祭祀志云：「建武二年正月，初制郊兆

於雒陽城南七里，依採元始中故事，北郊在雒陽城北四里。」此又漢世南、北郊之明據也。今地祇準此。至如三十里郊，進乖鄭玄所引殷、周二代之據，退違漢、魏所行故事。凡邑外曰郊。今計四郊各以郭門爲限，里數依上。

禮，朝拜日月皆於東西門外。今日月之位，去城東西，路各三十，竊又未審。禮又云：「祭日於壇，祭月於坎。」今計造如上。禮儀志云：「立高禖祠于城南。」不云里數，故今仍舊。

靈星本非禮事，兆自漢初，專爲祈田，恒隸郡縣。郊祀志云：「高祖五年，制詔御史，其令天下立靈星祠，牲用太牢，縣邑令、長侍祠。」晉祠令云：「郡、縣、國祠社稷、先農，縣又祠靈星。」此靈星在天下諸縣之明據也。周公廟所以別在洛陽者，蓋緣姬旦創成洛邑，故傳世洛陽，崇祠不絕，以彰厥庸。夷、齊廟者，亦世爲洛陽界內神祠。今並移太常，恐乖其本。天下此類甚衆，皆當部郡縣修理，公私施之禱請。竊惟太常所司，郊廟神祇自有常限，無宜臨時斟酌以意，若遂爾妄營，則不免淫祀。二祠在太常，在洛陽，於國一也，然貴在審本。

臣以庸蔽，謬忝今職，考括墳籍，博采羣議，既無異端，謂粗可依據。今玄冬務隙，野罄人閑，遷易郊壇，二三爲便。

詔曰：「所上乃有明據，但先朝置立已久，且可從舊。」

先是，孝文於代都詔中書監高閭、太常少卿陸琇并公孫崇等十餘人修理金石及八音之器。後崇爲太樂令，乃上請尚書僕射高肇，更共營理。宣武詔芳共主之。芳表以禮樂事大，不容輒決，自非博延公卿，廣集儒彥，討論得失，研窮是非，無以垂之萬葉，爲不朽之式。被報聽許，數旬之間，頻煩三議。于時朝士頗以崇專綜既久，不應乖謬，各默然無發論者。芳乃探引經誥，搜括舊文，共相難質，皆有明據，以爲盈縮有差，不合典式。崇雖示相酬答，而不會問意，卒無以自通。尚書依事述奏，仍詔委芳別更考制。於是學者彌歸宗焉。

芳以社稷無樹，又上疏曰：

依合朔儀注：日有變，以朱絲爲繩，以繞係社樹三匝。而今無樹。又周禮大司徒職云：「設其社稷之壝而樹之田主，各以其社之所宜木。」鄭玄注云：「所宜木，謂若松柏栗也。」此其一證也。又小司徒封人職云：「掌設王之社壝，爲畿封而樹之。」鄭玄注云：「不言稷者，王主於社。稷，社之細也。」此其二證也。又論語曰：「哀公問社於宰我，宰我對曰：『夏后氏以松，殷人以栢，周人以栗。』」是乃土地之所宜也。此其三證也。又白武通：〔一六〕「社、稷所以有樹何也？尊而識之也，使人望見卽敬之，又所以表功也。」案此正解所以有樹之義，了不論有之與無也。此其四證也。此云「社、稷所以有樹何」，然

則稷亦有樹明矣。又五經通義云：「天子太社、王社，諸侯國社、侯社，制度奈何？曰，社皆有垣無屋，樹其中以木。有木者，土主生萬物，萬物莫善於木，故樹木也。」此其五證也。此最其丁寧備解有樹之意也。又五經要義云：「社必樹之以木。周禮司徒職曰：班社而樹之，各以土地所生。尚書逸篇曰：太社惟松，東社惟栢，南社惟梓，西社惟栗，北社惟槐。」此其六證也。此又太社及四方皆有樹別之明據也。又見諸家禮圖，社稷圖皆畫爲樹，唯誡社、誡稷無樹。此其七證也。

雖辯有樹之據，猶未正所植之木。案論語稱「夏后氏以松，殷人以栢，周人以栗」，便是世代不同。而尚書逸篇則云「太社惟松」，如此，便以一代之中而立社各異也。〔一七〕愚以爲宜植以松。何以言之？逸書云「太社惟松」，今者植松，不慮失禮。惟稷無成證。稷乃社之細，蓋亦不離松也。

宣武從之。

芳沈雅方正，概尚甚高，經傳多通，孝文尤器敬之，動相顧訪。太子恂之在東宮，孝文欲爲納芳女，芳辭以年貌非宜，帝歎其謙慎。帝更敕芳舉其宗女，芳乃稱其族子長文之女，孝文乃爲恂娉之，與鄭懿女對爲左右孺子焉。崔光於芳有中表之敬，每事詢仰。芳撰鄭玄所注周官儀禮音、干寶所注周官音、王肅

所注尚書音、何休所注公羊音、范甯所注穀梁音、韋昭所注國語音、范曄後漢書音各一卷，辯類三卷，徐州人地錄二十卷，急就篇續注音義證三卷，毛詩箋音義證十卷，禮記義證十卷，周官儀禮義證各五卷。崔光表求以中書監讓芳，宣武不許。卒，贈鎮東將軍、徐州刺史，謚文貞侯。

長子懌，字祖欣，雅有父風，頗好文翰。歷徐州別駕、兗州左軍府長史、司空諮議參軍，屢爲行臺出使，所歷皆有當官之稱。轉通直散騎常侍、徐州大中正，行郢州事，尋遷安南將軍、大司農卿。卒，贈徐州刺史，謚曰簡。

無子，弟廞以第三子瓌爲後。

廞字景興，好學强立。善事當世，高肇之盛及淸河王懌爲宰輔，廞皆與其子姪交游；靈太后臨朝，又與太后兄子往還相好。太后令廞以詩賦授弟元吉。稍遷光祿大夫。孝武帝初，除散騎常侍，遷驃騎大將軍、國子祭酒。孝武於顯陽殿講孝經，廞爲執經，雖酬答論難未能精盡，而風采音制，足有可觀。尋兼都官尚書，又兼殿中尚書。及孝武入關，齊神武至洛，責廞誅之。

子隲，字子昇，少有風氣，頗涉文史。位徐州開府從事中郎。父廞之死，隲率勒鄉部赴兗州，與刺史樊子鵠抗禦王師，每戰，流涕突陣。城陷，禽送晉陽，齊神武矜而赦之。文襄

爲儀同開府，以𪨗爲屬，本州大中正，轉中書舍人。時與梁和通，𪨗前後受敕對其使一十六人。爲司徒左長史，卒，贈南青州刺史。

廞弟緘，位金紫光祿大夫。緘子逖。

逖字子長，少聰敏，好弋獵騎射，以行樂爲事，愛交游，善戲謔。齊文襄以爲永安公浚開府行參軍。逖遠離家鄉，倦於羈旅，發憤自勵，專精讀書。晉陽都會之所，霸朝人士攸集，咸務於宴集。逖在游宴之中，卷不離手，遇有文籍所未見者，則終日諷誦，或通夜不歸。其好學如此。亦留心文藻，頗工詩詠。

齊天保初，行定陶縣令，坐奸事免，十餘年不得調。其姊爲任氏婦，沒入宮，敕以賜魏收，收所提攜，後爲開府參軍。及文宣崩，文士並作挽歌，楊遵彥擇之，員外郎盧思道用八首，逖用二首，餘人多者不過三四。中書郎李愔戲逖曰：「盧八問訊劉二。」逖銜之。乾明元年，兼員外散騎常侍，使送梁主蕭莊。〔一八〕還，兼三公郎中。

武成時，和士開寵要，逖附之。正授中書侍郎，入典機密。時李愔獻賦，言天保中被譏。逖摘其文，奏曰：「誹謗先朝，大不敬。」武成怒，大加鞭朴。逖喜復前憾，曰：「高搥兩下，執鞭一百，何如呼劉二時。」尋兼散騎常侍，聘陳使主。逖欲獨擅文藻，不願與文士同

行。時黃門侍郎王松年妹夫盧士游，性沈密，逖求以爲副。又逖姊魏家者，收時已放出，逖因次欲嫁之士游，不許。逖恐事露，亦不逼焉。還給事黃門侍郎，修國史。加散騎常侍，除假儀同三司，聘周使副。二國始通，禮儀未定，逖與周朝議論往復，斟酌古今，事多合禮，兼文辭可觀，甚得名譽。使還，拜儀同三司。

及武成崩，和士開欲改元，議者各異。逖請爲「武平」，私謂士開曰：「武平反爲明輔，逖作此以爲公。」士開悅而從之。時士開爲衆口所排，婁定遠同輔政，逖遂回附之，使得西貨，悉以餉定遠。定遠外任，逖不自安，又陰結斛律明月、胡長仁以自固。士開知之，未甚信，忽於明月門巷逢之，彌以爲實。初，逖名宦未達時，欲事祖珽。珽未原，謂人曰：「我言彭城楚子，應有氣俠，唯將崔季舒詩示人，殊乖氣望。」逖乃爲弟娶珽女，遂成密好。珽之將訴趙彥深、和士開也，先與逖謀，逖乃告二人，故二人得爲之計。珽被黜，令弟出其妻。及是，逖解士開所嫌。〔一九〕尋出爲仁州刺史。〔二〇〕珽乃要行臺尚書盧潛陷逖，許潛重還。潛曰：「如此事，吾不爲也。」更戒逖而護之。

後被徵還，待詔文林館，重除散騎常侍，奏門下事。未幾與崔季舒等同戮，時年四十九。所制文筆三十卷。

子逸人，〔二一〕開府行參軍。仕隋，終於洛陽令。

芳從子懋。懋字仲華，祖泰之，父承伯，仕宋並有名位。懋聰敏好學，博綜經史，善草隸書，識奇字。宣武初入朝，位尚書外兵郎中。芳甚重之，凡所撰朝廷軌儀，皆與參量。尚書博議，懋與殿中郎袁翻常爲議主。達於從政，臺中疑事，咸所訪決。尚書李平與結莫逆交。遷步兵校尉，領郎中，兼東宮中舍人。轉員外常侍、鎮遠將軍，領考功郎中，立考課之科，明黜陟之法，甚有條貫。

孝明初，〔二二〕大軍攻硤石，懋爲李平行臺郎中，城拔，懋頗有功。太傅、清河王懌愛其風雅，常目而送之曰：「劉生堂堂，搢紳領袖，若天假之年，必爲魏朝宰輔。」詔懋與諸才學之士撰成儀令。懌爲宰相積年，禮懋尤重，令諸子師之。遷太尉司馬。熙平二年冬，暴病卒。家甚清貧，亡之日，徒四壁而已。太傅懌及當時才儁莫不痛惜之。贈持節、前將軍、南秦州刺史，〔二三〕謚曰宣簡。

懋詩誄賦頌及文筆見稱於時，又撰諸器物造作之始十五卷，名曰物祖。

常爽字仕明，河內溫人，魏太常卿林六世孫也。祖珍，苻堅南安太守，因世亂，遂居涼

州。父坦，乞伏世鎮遠將軍、大夏鎮將、顯美侯。

爽少而聰敏，嚴正有志概，雖家人僮隸未嘗見其寬誕之容。篤志好學，博聞强識，明習緯候、五經、百家，多所研綜。州郡禮命，皆不就。太武西征涼土，〔二四〕爽與兄士國歸款軍門。太武嘉之，賜士國爵五品，顯美男；爽爲六品，拜宣威將軍。

是時，戎車屢駕，征伐爲事，貴游子弟未遑學術。爽置館溫水之右，教授門徒七百餘人，京師學業，翕然復興。爽立訓甚有勸罰之科，弟子事之，若嚴君焉。尚書左僕射元贊、平原太守司馬眞安、著作郎程靈虯皆是爽教所就。崔浩、高允並稱爽之嚴教，獎勵有方。允曰：「文翁柔勝，先生剛克，立教雖殊，成人一也。」其爲通識歎服如此。

因教授之暇，述六經略注，以廣制作，甚有條貫。其序曰：

傳稱立天之道，曰陰與陽；立地之道，曰柔與剛；立人之道，曰仁與義。然則仁義者，人之性也；經典者，身之文也。皆以陶鑄神情，啓悟耳目，未有不由學而能成其器，不由習而能利其業。是故季路勇士也，服道以成忠烈之概；甯越庸夫也，講藝以全高尚之節。蓋所由者習也，所因者本也，本立而道生，身文而德備焉。

昔者先王之訓天下也，莫不導以詩、書，教以禮、樂，移其風俗，和其人民。故恭儉莊敬而不煩者，教深於禮也；廣博易良而不奢者，教深於樂也；溫柔敦厚而不愚者，教

深於詩也；疏通知遠而不誣者，教深於書也；潔靜精微而不賊者，教深於易也；屬辭比事而不亂者，教深於春秋也。夫樂以和神，詩以正言，禮以明體，書以廣聽，春秋以斷事。五者，蓋五常之道，相須而備。易爲之源，故曰易不可見，則乾坤其幾乎息矣。由是言之，六經者，先王之遺烈，聖人之盛事也，安可不游心寓目習性文身哉。

頃因暇日，屬意藝林，略撰所聞，討論其本，名曰六經略注，以訓門徒焉。其略注行於世。

爽不事王侯，獨守閑靜，講肄經典二十餘年，時號爲「儒林先生」。年六十三，卒於家。

子文通，歷官至鎮西司馬、南天水太守、西翼校尉。文通子景。

景字永昌，少聰敏，初讀論語、毛詩，一受便覽。及長，有才思，雅好文章。廷尉公孫良舉爲律博士，[二五]孝文親得其名，既而用之爲門下錄事。正始初，招尚書、門下於金墉中書外省考論律令，敕景參議。宣武季舅護軍將軍高顯卒，其兄右僕射肇託景及尚書邢巒、并州刺史高聰、通直郎徐紇各作碑銘，並以呈御。帝悉付侍中崔光簡之，光奏景名位乃處諸人之下，文出諸人之上，遂以景文刊石。

肇尚平陽公主，未幾主薨，肇欲使公主家令居廬制服，已付學官議正施行。尚書又以

訪景，景以婦人無專國之理，家令不得有純臣之義，乃執議曰：

喪紀之本，實稱物以立情；輕重所因，亦緣情以制禮。雖理關盛衰，事經今古，而制作之本，降殺之宜，其實一焉。是故臣之爲君，所以資敬而崇重；爲君母妻，所以從服而制義。然而諸侯大夫之爲君者，謂其有地土、有吏屬，無服文者，言其非世爵也。今王姬降適，雖加爵命，事非君邑，理異列土。何者？諸王開國，備立臣吏，生有趨奉之勤，死盡致喪之禮。而公主家令，唯有一人，其丞已下，命之屬官，既無接事之儀，實闕爲臣之體。原夫公主之貴，所以立家令者，蓋以主之內事，脫須關外，理無自達，必也因人。然則家令唯通內外之職及典主家之事耳，無關君臣之理，名義之分也。由是推之，家令不得爲純臣，公主不可爲正君，明矣。

且女人之爲君，男子之爲臣，古禮所不載，先朝所未議。而四門博士裴道廣、孫榮乂等以公主爲之君，以家令爲之臣，制服以斬，乖繆彌甚。又張虛景、吾難羈等不推君臣之分，不尋致服之情，猶同其議，準母制齊，求之名實，理未爲允。竊謂公主之爵，既非食采之君；家令之官，又無純臣之式。若附如母，則情義罔施；若準小君，則從服無據。案如經禮，[二六]事無成文，即之愚見，謂不應服。

朝廷從之。

景淹滯門下積歲，不至顯官，以蜀司馬相如、王褒、嚴君平、揚子雲等四賢，皆有高才而無重位，乃託意以讚之。景在樞密十有餘年，爲侍中崔光、盧昶、游肇、元暉尤所知賞。累遷積射將軍、給事中。延昌初，東宮建，兼太子屯騎校尉，錄事皆如故。受敕撰門下詔書凡四十卷。尚書元萇出爲安西將軍、雍州刺史，請景爲司馬。以景階次不及，除錄事參軍、襄威將軍，帶長安令，甚有惠政，人吏稱之。

先是，太常劉芳與景等撰朝令，未及班行。別典儀注，多所草創，未成。芳卒，景纂成其事。及宣武崩，召景赴京，還修儀注。拜謁者僕射，加寧遠將軍，又以本官兼中書舍人。後授步兵校尉，仍舍人。又敕撰太和之後朝儀已施行者，凡五十餘卷。時靈太后詔依漢世陰、鄧二后故事，親奉廟祀，與帝交獻。景乃據正以定儀注，朝廷是之。

正光初，除龍驤將軍、中散大夫，舍人如故。時明帝行講學之禮於國子寺，司徒崔光執經，敕景與董紹、張徹、馮元興、王延業、鄭伯猷等俱爲錄義。事畢，又行釋奠之禮，並詔百官作釋奠詩，以景作爲美。

是年九月，蠕蠕主阿那瓌歸闕，朝廷疑其位次。高陽王雍訪景。曰：「昔咸寧中，南單于來朝，晉世處之王公、特進之下。今日爲班，宜在蕃王、儀同三司之間。」雍從之。朝廷典章，疑而不決，則時訪景而行。

初，平齊之後，光祿大夫高聰徙於北京，中書監高允爲之聘妻，給其資宅。聰後爲允立碑，每云「吾以此文報德足矣」。豫州刺史常綽以未盡其美。景尙允才器，先爲遺德頌，司徒崔光聞而觀之，尋味良久，乃云：「高光祿平日每矜其文，自許報允之德，今見常生此頌，高氏不得獨擅其美也。」侍中崔光、安豐王延明受詔議定服章，敕景參修其事。尋進號冠軍將軍。

阿那瓌之還國也，境上遷延，仍陳窘乏。遣尚書左丞元孚奉詔振恤，阿那瓌執孚過柔玄，奔于漠北。遣尚書令李崇、御史中尉兼右僕射元纂追討不及。乃令景出塞，經瓫山，臨瀚海，宣敕勒衆而返。景經涉山水，悵然懷古，乃擬劉琨扶風歌十二首。進號征虜將軍。

孝昌初，給事黃門侍郎，尋除左將軍、太府少卿，仍舍人。固辭少卿不拜，改授散騎常侍，將軍如故。徐州刺史元法僧叛入梁，梁武遣其豫章王蕭綜入據彭城。時安豐王延明爲大都督、大行臺，率臨淮王彧等衆軍討之。既而蕭綜降附，徐州清復，遣景兼尚書，持節馳與行臺都督觀機部分。景經洛汭，乃作銘焉。是時尚書令蕭寶夤、都督崔延伯、都督北海王顥、都督車騎將軍元恒芝等並各出討，詔景詣軍宣旨勞問。還，以本將軍授徐州刺史。[二七]

杜洛周反於燕州，仍以景兼尚書爲行臺，與幽州都督、平北將軍元譚以禦之。景表求勒幽州諸縣悉入古城，山路有通賊之處，權發兵夫，隨宜置戍，以爲防遏。又以頃來差兵，

不盡強壯，今之三長，皆是豪門多丁爲之，今求權發爲兵。明帝皆從之。進號平北將軍。別敕譚西至軍都關，北從盧龍塞，據此二險，以杜賊出入之路。又詔景山中險路之處，悉令捍塞。景遣府錄事參軍裴智成發范陽三長之兵以守白㶊，都督元譚據居庸下口。俄而安州石離、冗城、斛鹽三戍兵反，結洛周，有衆二萬餘落，自松岍赴賊。譚勒別將崔仲哲等截軍都關以待之。仲哲戰沒，洛周又自外應之，腹背受敵，譚遂大敗，諸軍夜散。詔以景所部別將李琚爲都督，代譚征下口，降景爲後將軍，解州任。仍詔景爲幽、安、玄、□四州行臺。[二八]

賊既南出，鈔略薊城，景命統軍梁仲禮率兵士邀擊，破之，獲賊將禦夷鎮軍主孫念恒。都督李琚爲賊所攻薊城之北，軍敗而死。景率屬城人禦之，[二九]賊不敢逼。洛周還據上谷。授景平北將軍、光祿大夫，行臺如故。洛周遣其都督王曹紇眞、馬叱斤等率衆薊南，以掠人穀，乃遇連雨，賊衆疲勞。景與都督于榮、刺史王延年置兵栗園，[三〇]邀其走路，大敗之，斬曹紇眞。洛周率衆南趨范陽，景與延年及榮破之，又遣別將重破之於州西彪眼泉，[三一]禽斬之及溺死者甚衆。

後洛周南圍范陽，城人翻降，執刺史延年及景，送於洛周。尋爲葛榮所吞，景又入榮。榮破，景得還朝。

永安初，詔復本官，兼黃門侍郎，又攝著作，固辭不就。二年，除中軍將軍，正黃門。先是參議正光壬子曆，至是賜爵高陽子。元顥內逼，莊帝北巡，景與侍中、大司馬、安豐王延明在禁中召諸親賓，乃安慰京師。顥入洛，景仍居本位。[三二]莊帝還宮，解黃門。普泰初，除車騎將軍、右光祿大夫、祕書監。以預詔命之勤，封濮陽縣子，後以例追。永熙二年，監議事。[三三]

景自少及老，恒居事任，清儉自守，不營產業，至於衣食，取濟而已。耽好經史，愛翫文詞，若遇新異之書，殷勤求訪，或復質買，不問價之貴賤，必以得爲期。友人刁整每謂曰：「卿清德自居，不事家業，雖儉約可尚，將何以自濟也？吾恐摯太常方餒於栢谷耳。」遂與衞將軍羊深矜其所乏，乃率刁雙、司馬彥邕、李諧、畢祖彥、畢義顯等各出錢千文而爲買馬焉。天平初遷鄴，是時詔下三日，戶四十萬狼狽就道，收百官馬，尚書丞、郎已下非陪從者，盡乘驢。齊神武以景清貧，特給車牛四乘，妻孥方得達鄴。後除儀同三司，仍本將軍。武定六年，以老疾去官，詔特給右光祿事力終其身。八年薨。

景善與人交，終始若一，其游處者皆服其深遠之度，未曾見其矜吝之心。好飲酒，澹於榮利，自得懷抱，不事權門。性和厚恭慎。每讀書見韋弦之事，深薄之危，乃圖古昔可以鑒戒，指事爲象，讚而述之曰：

周雅云：「謂天蓋高，不敢不跼，謂地蓋厚，不敢不蹐。」有朝隱大夫鑒戒斯文，乃惕焉而懼曰：夫道喪則性傾，利重則身輕。是故乘和體遜，式銘方冊；防微慎獨，載象丹青。信哉辭人之賦，文晦而理明。仰瞻高天，聽卑視諦；俯測厚地，岳峻川渟。誰其戴之，不私不畏。誰其踐之，不陷不墜。故善惡是徵，物罔同異。論亢匪久，人咸敬忌。嗟乎！唯地厚矣，尚亦兢兢。浩浩名位，孰識其親。搏之弗得，聆之無聞。故有戒於顯而急于微。好爵是冒，聲奢是甚。身陷於祿利，言溺於是非。或求欲而未厭，或知足而不辭。是故位高而勢逾迫，正立而邪逾欺。安有位極而危不萃，邪榮而正不彫。固機發而故悔多於地厚，禍甚於天高。夫悔未結，誰肯曲躬。夫禍未加，誰肯累足。固機發而後思圖，車覆而後改躅。改之無及，故狡兔失穴，思之在後，故逆鱗易觸。

君子則不然，體舒則懷卷，視溺則思濟。原夫人𨶹之度，邈於無階之天，勢位之危，深於不測之地。餌厚而躬不競，爵降而心不係。守善於已成，懼愆於未敗。雖盈而戒沖，通而慮滯。以知命爲遐齡，以樂天爲大惠。以戢智而從時，以懷愚而游世。曲躬焉，累足焉，苟行之晝已決矣，猶夜則思其計；誦之口亦明矣，故心必賞其契。故能不同不誘，而弭謗於羣小；無毀無譽，而貽信於上帝。託身與金石俱固，立名與天壤相弊。囂競無侵，優游獨逝。夫如是，綺閣金門，可安其宅；錦衣玉食，可頤其形。柳

下三黜，不愠其色；子文三陟，不憘其情。

而惑者見居高可以持勢，欲乘高以據榮。見直道可以修己，欲專道以邀聲。夫去聲然後聲可立，豈矜道之所宣。慮危然後安可固，豈假道之所全。是以君子鑒恃道不可以流聲，故去聲而懷道。鑒專道不可以守勢，故去勢以崇道。何者？履道雖高，不得無亢；求聲雖道，不得無悔。然則聲奢繁則實儉彫，功業進則身迹退。如此則精靈遂越，驕侈自親。情與道絕，事與勢隣。方欲役思以持勢，乘勢以求津。故利慾誘其性，禍難嬰其身。利慾交則幽顯以之變，禍難搆則智術無所陳。若然者，雖縻爵帝扃，[三四]焉得而寧之？雖結珮皇庭，焉得而榮之？故身道未究，而崇邪之徑已形。成功未立，而修正之術已生。福祿交蹇於人事，屯難頓萃於時情。忠介剖心於白日，耿節沉骨於幽靈。因斯愚智之所機，倚伏之所係，全亡之所依，其在遜順而已哉。嗚呼鑒之！嗚呼鑒之！

景所著述數百篇見行於世。删正晉司空張華博物志及撰儒林、列女傳各數十篇云。

長子昶，少學識，有文才，早卒。

昶弟彪之，永安中，司空行參軍。

論曰：古人云：才未半古，功已過之。王肅流寓之士，見知一面，榮任赫然，寄同舊列，雖器業自致，抑亦逢時之所致焉。劉芳矯然特立，沈深好古，博通洽識，爲世儒宗。懋才流識學，見重於世，不虛然也。常爽以儒素著稱，景以文義見宗，美乎。

校勘記

〔一〕尋除輔國大將軍長史　魏書卷六三王肅傳「輔國」下有「將軍」二字。按「輔國將軍」是王肅所得軍號，「大將軍長史」是肅所任官職。北史省「將軍」二字，易滋誤會。

〔二〕二十二年平漢陽瑤起爲輔國將軍特詔以付肅　按魏書王肅傳載孝文與肅詔云：「比獲蕭鸞輔國將軍黃瑤起，乃知是卿怨也，尋當相付。」則瑤起乃齊之輔國將軍。此當云：「時瑤起爲齊輔國將軍，被獲，特詔以付肅。」北史刪改，頗嫌含混。

〔三〕朝廷以王肅加我上尚可從叔廣陽宗室尊宿歷任內外云何一朝令肅居其右也　諸本及魏書「陽」作「陵」。按當時宗室中廣陵王爲元羽，依世系乃元澄從子，非從叔。據本書卷三孝文紀，太和二十三年孝文遺詔，以王肅爲尚書令，廣陽王嘉爲左僕射，與右僕射任城王澄等六人同輔政。嘉爲太武孫，澄爲太武曾孫，嘉正是澄之從叔。又尚書令位在左、右僕射之上，故元澄云

云。「陵」乃「陽」之訛，今據改。

〔四〕肅弟康　魏書「康」作「秉」，北史避唐諱改。

〔五〕孝康弟僑康　百衲本「僑」下「康」字空缺，北、汲、殿三本作「賦」，南本無，魏書及通志卷一五〇王肅傳作「康」。按兄弟連名，作「康」是，今從魏書、通志。

〔六〕揚州刺史大中正　魏書無「刺史」二字。按刺史無兼本州中正之例。且下云「出爲散騎常侍、西兗州刺史」，則在此以前都在朝內。中正可以中央官兼，故衍得爲揚州大中正。此「刺史」二字衍文。

〔七〕肅次兄琛子也　諸本「琛」作「深」，魏書作「琛」。按南史卷二三、南齊書卷四九王奐傳，並言奐次子名「琛」，今據改。

〔八〕子深　魏書「深」作「淵」，北史避唐諱改。

〔九〕昔漢世造三字石經於太學　按漢時所造爲一字石經。三字石經乃曹魏時所造，見本書卷三四江式傳。此「漢」字疑誤。

〔一〇〕及南徐州刺史沈陵外叛　諸本「陵」作「淩」，魏書卷五五、通志卷一五〇上劉芳傳作「陵」。按魏書卷八世宗紀太和二十三年八月作「陵」，今據改。

〔一一〕任居武門　魏書、通志「武」作「虎」，北史避唐諱改。下文「師氏居武門左」，同。

〔一二〕國子學官與天子宮對　魏書殿本、通志「官」作「宮」。按「學宮」指校舍，疑當作「宮」。

〔一三〕又去太和二十年　諸本「去」作「云」，通志作「去」。按册府卷六〇三七二三九頁也作「去」，今據改。又諸本「去」下衍「太初」二字，據魏書、通志刪。

〔一四〕求集儒禮官議其定所　魏書「儒」上有「名」字，疑北史脫。

〔一五〕賈逵云南郊火帝七里　魏書「火帝」下有「炎帝」二字。按上文「木帝太昊」，下云「中兆黃帝」、「金帝少昊」、「水帝顓頊」，則此處應有「炎帝」二字。這是取五帝名以配五行，不應刪。

〔一六〕又白武通　魏書、通志「武」作「虎」，北史避唐諱改。

〔一七〕而尚書逸篇則云太社惟松如此便以一代之中而立社各異也　魏書「太社惟松」下有「東社惟栢，南社惟梓，西社惟栗，北社惟槐」四句，又「立」字作「五」。北史刪改後，文意不明。

〔一八〕使送梁主蕭莊　諸本「送」作「宋」，北齊書卷四五劉逖傳作「於」，通志卷一七六劉逖傳作「送」。按「宋」乃「送」之音訛，今從通志改。但齊送蕭莊爲梁主，事在天保九年，見本書卷七、北齊書卷四文宣紀。乾明元年送蕭莊事，本紀不載。北齊書卷三二王琳傳云：「孝昭帝遣琳出合肥，鳩集義故，更圖進攻。」或卽是乾明元年送莊之事。

〔一九〕及是逖解士開所嫌　通志「解」上有「始」字，似逖前以陰結斛律明月、胡長仁，爲士開所嫌，至是以逖泄祖珽密謀，其恨始解者。但據本書卷四七祖珽傳，珽欲訴趙彥深、和士開，爲劉逖所

泄，其事在高湛武成帝時。而此言劉逖陰結斛律明月，其事在高緯後主武平初。何得結怨在後而解怨在前？此「解」字誤。疑當作「爲」字。「至是」者，卽指士開逢逖於明月巷中時。此上一段，乃是追敍。通志之「始」字，蓋以意增補，似是而非。

〔二〇〕尋出爲仁州刺史　按北齊書卷四五劉逖傳云：「世祖卽武成崩，出爲江州刺史。祖珽執政，徙爲仁州刺史。」蓋逖先爲和士開所出，後又爲祖珽所徙，並非一出卽爲仁州。且不言祖珽執政事，則下文珽要行臺盧潛陷逖事亦覺突然。疑此「出」下有脫文。

〔二一〕子逸人　北齊書卷四五「人」作「民」，北史避唐諱改。

〔二二〕孝明初　諸本「孝明」作「孝昭」。錢氏攷異卷三九云：「『孝昭』當作『孝明』。」按魏書卷五五劉芳附劉懋傳作「肅宗」。通志卷一五〇上劉芳傳作「孝明」。錢說是，今據改。

〔二三〕南秦州刺史　諸本「秦」作「泰」，魏書及通志作「秦」。張森楷云：「地形志有南秦無『南泰』，『泰』乃『秦』之訛。」按張說是，今據改。

〔二四〕太武西征涼土　諸本「太武」作「武成」。錢氏攷異云：「『武成』當作『太武』。」按魏書卷八四常爽傳作「世祖」，通志卷一五〇上常爽傳作「太武」。錢說是，今據改。

〔二五〕廷尉公孫良舉爲律博士　諸本「律」上有「協」字，魏書卷八二常景傳無。按魏書卷一一三官氏志太和前令有律博士、協律中郎、協律郎，無協律博士。隋書卷二七百官志中，大理寺屬官有

律博士。大理卽廷尉，故爲公孫良所舉。「協」字衍，今據刪。

〔二六〕案如經禮　魏書「經禮」作「禮經」，疑是。

〔二七〕以本將軍授徐州刺史　諸本脫「授」字，據魏書補。

〔二八〕仍詔景爲幽安玄□四州行臺　諸本不空格。錢氏考異卷三九云：「幽、安、玄止三州，而云四州，疑有脫誤。」按魏書空一格，所脫疑是燕州。今從魏書。

〔二九〕景率屬城人禦之　諸本脫「景」字，據通志卷一五〇上常景傳補。

〔三〇〕景與都督于榮刺史王延年置兵栗園　諸本「于」作「干」，汲本及魏書作「于」。按通志、通鑑卷一五一四七一四頁並作「于」，今從之。又諸本「栗園」作「粟國」，魏書常景傳及卷九肅宗紀孝昌二年七月作「栗園」。按通鑑卷一五一四七一四頁作「栗園」。胡註云：「栗園當在范陽固安縣分。固安之栗，天下稱之。」今從通鑑改。

〔三一〕彪眼泉　魏書卷八二「彪」作「虎」。按虎眼泉見水經注卷十一易水注，又見卷十四濕餘水注。北史避唐諱改。

〔三二〕潁入洛景仍居本位　諸本「仍」訛「乃」，據魏書、通志改。

〔三三〕永熙二年監議事　按「議」下疑有脫字。

〔三四〕雖靡爵帝扃　諸本「扃」訛「局」，據魏書改。

北史卷四十三

列傳第三十一

郭祚　張彝 孫晏之　曾孫乾威　邢巒 弟子昕　族弟臧　卲

李崇 從弟平　平子獎　諧

郭祚字季祐，太原晉陽人，魏車騎將軍淮弟亮之後也。祖逸，本州別駕，前後以二女妻司徒崔浩，一女妻浩弟上黨太守恬。太武時，浩親寵用事，拜逸徐州刺史，假楡次侯，贈光祿大夫。父洪之，坐浩事誅。祚亡竄得免。少孤貧，姿貌不偉，鄉人莫之識。有女巫相祚後當富貴。祚涉歷經史，習崔浩之書，尺牘文章見稱於世。弱冠爲州主簿，刺史孫小委之書記。又太原太守王希彥，逸妻之姪也，共相賙恤，乃振。

孝文初，舉秀才，對策上第，拜中書博士。轉中書侍郎，遷尙書左丞，長兼給事黃門侍郎。祚清勤在公，夙夜匪懈，帝甚賞之。從南征，及還，正黃門。車駕幸長安，行經渭橋，過

郭淮廟，問祚曰：「是卿祖宗所承邪？」祚曰：「是臣七世伯祖。」帝曰：「先賢後哲，頓在一門。」祚對曰：「昔臣先人以通儒英博，唯事魏文。微臣虛薄，遭奉聖明，自惟幸甚。」因敕以太牢祭淮廟，令祚自撰祭文。以贊遷洛之規，賜爵東光子。孝文曾幸華林園，因觀故景陽山。祚曰：「山以仁靜，水以智流，願陛下修之。」帝曰：「魏明以奢失於前，朕何爲襲之於後？」祚曰：「高山仰止。」帝曰：「得非景行之謂？」遷散騎常侍，仍領黃門。

是時孝文銳意典禮，兼銓鏡九流，又遷都草創，征討不息，內外規略，號爲多事。祚與黃門宋弁參謀帷幄，隨其才用，各有委寄。祚承稟注疏，特成勤劇。嘗以立馮昭儀，百官夕飲清徽後園，孝文舉觴賜祚及崔光曰：「郭祚憂勤庶事，獨不欺我。崔光溫良博物，朝之儒秀。不勸此兩人，當勸誰也！」其見知若此。初，孝文以李彪爲散騎常侍，祚因入見，帝謂祚曰：「朕昨誤授一人官。」祚對曰：「豈容聖詔一行，而有差異！」帝沈吟曰：「此自應有讓，因讓，朕欲別授一官。」須臾，彪有啓云：「伯石辭卿，子產所惡，臣欲之已久，不敢辭讓。」帝歎謂祚曰：「卿之忠諫，李彪正辭，使朕遲回，不能復決。」遂不換李彪官也。

乘輿南討，祚以兼侍中從，拜尙書，進爵爲伯。孝文崩，咸陽王禧等奏祚兼吏部尙書。尋除長兼吏部尙書、幷州大中正。宣武詔以姦吏逃刑，縣配遠戍，若永避不出，兄弟代之。祚奏曰：「若以姦吏逃竄，徙其兄弟，罪人妻子，復應徙之，此則一人之罪，禍傾二室。愚謂

罪人既逃，止徙妻子，走者之身，縣名永配，於眚不免，姦途自塞。」詔從之。尋正吏部。祚持身潔清，重惜官位，至於銓授，假令得人，必徘徊久之，然後下筆，下筆卽云：「此人便以貴矣。」由是事頗稽滯，當時每招怨讟。然所拔用者，皆量才稱職，時又以此歸之。

出爲使持節、鎭北將軍、瀛州刺史。及太極殿成，祚朝於京師，轉鎭東將軍、青州刺史。祚逢歲不稔，闔境饑弊，矜傷愛下，多所振恤，雖斷決淹留，號爲煩緩，然士女懷其德澤。入爲侍中、金紫光祿大夫、并州大中正。

還尚書右僕射。時議定新令，詔祚與侍中、黃門參議刊正。故事，令、僕、中丞騶唱而入宮門，至於馬道。及祚爲僕射，以爲非盡敬之宜，言於帝，納之。下詔御在太極，騶唱至止車門；御在朝堂，至司馬門。騶唱不入宮，自此始也。詔祚本官領太子少師。祚曾從幸東宮，明帝幼弱，祚持一黃瓜出奉之。時應詔左右趙桃弓與御史中尉王顯迭相脣齒，深爲帝所信，祚私事之，時人謗祚者，號爲桃弓僕射、黃瓜少師。

祚奏曰：「謹案前後考格，雖班天下，如臣愚短，猶有未悟。今須定職人遷轉由狀，超越階級者卽須量折。景明初考格，五年者得一階半。正始中，故尚書、中山王英奏考格，被旨：『但可正滿三周爲限，不得計殘年之勤。』又去年中，以前二制不同，奏請裁決。旨云：『黜

陟之體，自依舊來恒斷。』今未審舊來之旨，爲從景明之斷？爲從正始爲限？景明考法，東西省文武閑官悉爲三等，考同任事。而前尚書盧昶奏，上等之人三年轉半階。今之考格，復分爲九等，前後不同，參差無準。」詔曰：「考在上中者，得汎以前，有六年以上遷一階，三年以上遷半階，殘年悉除。考在上下者，得汎以前，六年以上遷半階，不滿者除。其得汎以後，考在上下者，三年遷一階。散官從盧昶所奏。」

祚又奏言：「考察令：公清獨著、德績超倫而無負殿者爲上上，一殿爲上中，二殿爲上下，累計八殿，品降至九。未審今諸曹府寺，凡考，在事公清，然才非獨著，績行稱務，而德非超倫；幹能粗可，而守平堪任；或人用小劣，處官濟事幷全無負殿之徒：爲依何第？景明三年以來，至今十有一載，準限而判，三應升退。今旣通考，未審爲十年之中，通其殿最，積以爲第？隨前後年斷，各自除其善惡而爲升降？且負注之章，數成殿爲差，此條以寡愆爲最，多戾爲殿。未審取何行是寡愆？何坐爲多戾？結累品次，復有幾等？諸文案失衷應杖十者爲一負，罪依律次，過隨負記。十年之中，三經肆眚，赦前之罪，不問輕重，皆蒙宥免。或爲御史所彈，案驗未周，遇赦復任者，未審記殿得除以不？」詔曰：「獨著、超倫及才備、寡咎，皆謂文武兼上上之極言耳。自此以降，猶有八等，隨才爲次，令文已具。其積負累殿及守平得濟，皆含在其中，何容別疑也？所云通考者，據總多年之言。至於黜陟之體，自依舊來年斷，何足復請。其罰贖已決之殿，固非免限。遇赦免罪，準其殿者除之。」〔一〕

尋加散騎常侍。時詔營明堂、國學，祚奏曰：「今雲羅西舉，開納岷、蜀；戎旗東指，鎭靖淮、荊；漢、沔之間，復須防捍。徵兵發衆，所在殷廣。邊郊多壘，烽驛未息，不可於師旅之際，興板築之功。且獻歲云曁，東作將始。臣愚量謂宜待豐靖之年，因子來之力，可不時而就。」從之。

宣武末年，每引祚入東宮，密受賞賚，多至百餘萬，雜以錦繡。又特賜以劍杖，恩寵甚深。遷左僕射。先是，梁將康絢遏淮，將灌揚、徐。祚表曰：「蕭衍狂狡，擅斷川瀆，役苦人勞，危亡已兆。宜敕揚州選一猛將，遣當州之兵，令赴浮山，表裏夾攻。」〔二〕朝議從之。除使持節、散騎常侍、都督、雍州刺史、征西將軍。

太和以前，朝法尤峻，貴臣蹉跌，便致誅夷。李沖之用事也，欽祚識幹，薦爲左丞，又兼黃門，意便滿足。每以孤門，往經崔氏之禍，常慮危亡，苦自陳挹，辭色懇然，發於誠至。沖謂之曰：「人生有運，非可避也。但當明白當官，何所顧畏。」自是積十數年，〔三〕位秩隆重，而進趣之心，更復不息。又以東宮師傅之資，列辭尚書，志在封侯之賞，儀同之位。尚書令、任城王澄爲之奏聞。及爲征西、雍州，雖喜外撫，尚以府號不優，心望加大。執政者頗怪之。

於時領軍于忠恃寵驕恣，崔光之徒，曲躬承接。祚心惡之，乃遣子太尉從事中郎景尚

說高陽王雍，令出忠爲州。忠聞而大怒，矯詔殺祚。祚達於政事，凡所經履，咸爲稱職，每有斷決，多爲故事，名器旣重，時望亦深，一朝非罪見害，遠近莫不惋惜。靈太后臨朝，遣使弔慰，追復伯爵。正光中，贈使持節、車騎將軍、儀同三司、雍州刺史，謚文貞公。初，孝文之置中正，從容謂祚曰：「并州中正，卿家故應推王瓊也。」祚退謂僚友曰：「瓊眞僞今自未辨，我家何爲減之？然主上直信李沖吹噓之說耳。」祚死後三歲而于忠死，見祚爲祟。

祚子景尚，字思和，涉歷書傳，曉星歷占候，言事頗驗。初爲彭城王中軍府參軍，遷員外郎、司徒主簿、太尉從事中郎。公强當世，善事權寵，世號曰郭尖。位中書侍郎，未拜而卒。

景尚弟慶禮，位通直郎。

慶禮子元貞，武定末，定州驃騎府長史。

張彝字慶賓，清河東武城人也。曾祖幸，慕容超東牟太守，歸魏，賜爵平陸侯，位青州刺史。祖準之襲，又爲東青州刺史。父靈眞，早卒。

彝性公强有風氣，歷覽經史，襲祖侯爵。與盧陽烏、李安人等結爲親友，〔四〕往來朝會，

常相追隨。陽烏爲主客令，安人與彝並散令。彝少而豪放，出入殿庭，步眄高上，無所顧忌。文明太后雅尙恭謹，因會次見其如此，遂召集百僚督責之，令其修悔，而猶無悛改。善於督察，每有所巡檢，彝常充其選，清慎嚴猛，所至人皆畏伏，儔類亦以此高之。遷主客令，例降侯爲伯，轉太中大夫，仍行主客曹事，尋爲黃門。後從駕南征，母憂解任。彝居喪過禮，送葬自平城達家，千里步從，不乘車馬，顏貌瘦瘠，當世稱之。孝文幸冀州，遣使弔慰，詔以驍騎將軍起之，還復本位。以參定遷都之勳，進爵爲侯。轉太常少卿，遷散騎常侍，兼侍中，持節巡察陝東河南十二州，甚有聲稱。使還，以從征之勳，遷尙書。坐舉元昭爲兼郎中，黜爲守尙書。

宣武初，除正尙書，兼侍中，尋正侍中。宣武親政，罷六輔。彝與兼尙書邢巒聞處分非常，懼，出京奔走，爲御史中尉甄琛所彈，云「非武非兕，〔五〕率彼曠野」。詔書切責之。尋除安西將軍、秦州刺史。彝務尙典式，考訪故事，及臨隴右，彌加討習，於是出入直衞，方伯羽儀，赫然可觀。羌、夏畏伏，憚其威整，一方肅靜，號爲良牧。其年冬，太極初就，彝與郭祚等俱以勤舊被徵。及還州，進號撫軍將軍。彝表解州任，詔不許。

彝敦政隴右，多所制立，宣布新風，革其舊俗，人庶愛仰之。爲國造佛寺，名曰興皇，諸有罪咎者，隨其輕重，謫爲土木之功，無復鞭杖之罰。時陳留公主寡居，彝意願尙主，主亦

許之。僕射高肇亦望尙主，主意不可。肇怒，譖彝擅立刑法，勞役百姓。詔遣直後萬貳興馳驛檢察。貳興，肇所親愛，必欲致彝深罪。彝清身奉法，求其愆過，遂無所得。見代還洛，猶停廢數年。

因得偏風，手脚不便，然志性不移，善自將攝，稍能朝拜。久之，除光祿大夫，加金章紫綬。彝愛好知己，輕忽下流，非其意者，視之蔑爾。雖疹疾家庭，而志氣彌高。上歷帝圖五卷，起元庖犧，終於晉末，凡十六代，一百二十八帝，歷三千二百七十年，雜事五百八十九。宣武善之。

明帝初，侍中崔光表：「彝及李韶，朝列之中，唯此二人，出身官次，本在臣右，器能幹世，又並爲多。而近來參差，便成替後。計其階途，雖應遷陟，然恐班秩，猶未賜等。昔衞之公叔，引下同舉；晉之士丐，推長伯游。古人所高，當時見許。敢緣斯義，乞降臣位一階，授彼汎級。」詔加征西將軍、冀州大中正。

雖年向六十，加之風疹，而自强人事，孜孜無怠。公私法集，衣冠從事，延請道俗，修營齋講。好善欽賢，愛奬人物，南北新舊，莫不多之。大起第宅，微號華侈。頗侮其疏宗舊戚，不甚存紀，時有怨憾焉。榮宦之間，未能止足，屢表在秦州豫有開援漢中之勳，希加賞報，積年不已，朝廷患之。

第二子仲瑀上封事，求銓別選格，排抑武人，不使預在清品。由是衆口喧喧，謗讟盈路，立榜大巷，克期會集，屠害其家。彝殊無畏避之意，父子安然。神龜二年二月，羽林武賁將幾千人，相率至尙書省詬罵，求其長子尙書郎始均不獲，以瓦石擊打公門。上下懾懼，莫敢討抑。遂持火虜掠道中薪蒿，以杖石爲兵器，直造其第，曳彝堂下，捶撻極意，唱呼焚其屋宇。始均、仲瑀當時踰北垣而走。始均回救其父，拜伏羣小，以請父命。羽林等就加毆擊，生投之於烟火中，及得尸骸，不復可識，唯以髻中小釵爲驗。仲瑀走免。彝僅有餘命，沙門寺與其比隣，輿致於寺。遠近聞見，莫不惋駭。乃卒。官爲收掩羽林凶强者八人斬之。不能窮誅羣豎，卽爲大赦，以安衆心。有識者知國紀之將墜矣。

喪還所焚宅，與始均東西分斂於小屋。仲瑀遂以創重，避居滎陽，至五月得漸瘳，始奔父喪，詔賜以布帛。靈太后以其累朝大臣，特垂矜惻，數月猶追言泣下，謂諸侍臣曰：「吾爲張彝飲食不御，乃至首髮微有虧落。」悲痛之若此。

初，彝曾祖幸所招引河東人爲州，裁千餘家。後相依合，旋罷入冀州，積三十年，析別有數萬戶。故孝文比校天下人戶，最爲大州。彝爲黃門，每侍坐，以爲言。孝文謂之曰：「終當以卿爲刺史，酬先世誠效。」彝追孝文往旨，累乞本州，朝議未許。彝亡後，靈太后云：「彝屢乞冀州，吾欲用之，有人違我此意。若從其請，或不至是，悔之無及。」乃贈使持節、衞將

軍、冀州刺史，謚文侯。

始均字子衡，端潔好學，才幹有美於父。改陳壽魏書爲編年之體，〔六〕廣益異聞爲三十卷。又著冠帶錄及諸詩賦數十篇，並亡失。初，大乘賊起於冀、瀛之間，遣都督元遙討平之，多所殺戮，積尸數萬。始均以郎中爲行臺，忿軍士以首級爲功，令檢集人首數千，一時焚爇，至於灰燼，用息僥倖，見者莫不傷心。及始均之死也，始末在煙炭之間，有焦爛之痛，論者或亦推咎焉。贈樂陵太守，謚曰孝。

子暠之，襲祖爵。武定中，開府主簿，齊受禪，爵例降。暠之弟晏之。

晏之字熙德，幼孤，有至性，爲母鄭氏敎誨，動依禮典。從尒朱榮平元顥，賜爵武城子。累遷尙書二千石郎中。高岳征潁川，復以爲都督中兵參軍，兼記室。晏之文士，兼有武幹，每與岳帷帳之謀，又嘗以短兵接刃，親獲首級，深爲岳所嗟賞。齊天保初，文宣爲高陽王納晏之女爲妃，令赴晉陽成禮。晏之後園陪讌，坐客皆賦詩。晏之詩云：「天下有道，主明臣直，雖休勿休，永貽世則。」文宣笑曰：「得卿箴諷，深以慰懷。」後行北徐州事，尋卽眞，爲吏人所愛。御史崔子武督察州郡，至北徐，無所案劾，唯得百姓所制清德頌數篇，乃歎曰：「本求罪狀，遂聞頌聲。」還兗州刺史，未拜，卒。贈齊州刺史、太常卿。子乾威。〔七〕

乾威字元敬，性聰敏，涉獵羣書，其世父暠之謂人曰：「吾家千里駒也。」仕齊，位太常丞，仕周爲宣納中士。隋開皇中，累遷晉王屬。王甚美其才，與河內張衡俱見禮重，晉邸稱爲二張焉。及王爲太子，遷員外散騎侍郎、太子內舍人。煬帝即位，授內史舍人、儀同三司，又以藩邸之舊，加開府。尋拜謁者大夫，從幸江都，以本官攝江都贊務，稱爲幹理。乾威嘗在塗，見一遺囊，恐其主求失，因令左右負之而行。後數日，物主來認，悉以付之。淮南太守楊綝嘗與十餘人同來謁見，帝問乾威曰：「其首立者爲誰？」乾威下殿就視而答曰：「淮南太守楊綝。」帝謂乾威曰：「卿爲謁者大夫，而乃不識參見人，何也？」乾威對曰：「臣非不識楊綝，但慮不審，所以不敢輕對。石建數馬足，蓋慎之至。」其廉慎皆此類也。帝甚嘉之。于時帝數巡幸，百姓疲弊，乾威因上封事以諫，帝不悅，自此見疏。未幾卒官。有子爽，仕至蘭陵令。

乾威弟乾雄，亦有才器。秦孝王俊爲秦州總管，選爲法曹參軍。王嘗親案囚徒，乾雄誤不持狀，口對百餘人，皆盡事情，同輩莫不歎服。後歷壽春、陽城二縣令，俱有政績。

邢巒字洪賓，河間鄚人，魏太常貞之後也。族五世祖嘏，石勒頻徵不至。嘏無子，巒高祖蓋自旁宗入後。蓋孫穎，字宗敬，以才學知名。太武時，與范陽盧玄等同徵。後拜中書侍郎，假通直常侍、平城子使宋。〔八〕還，以病歸鄉。久之，帝曰：「往憶邢穎長者，有學義，宜侍講東宮，今安在？」司徒崔浩曰：「穎臥病在家。」帝遣太醫馳驛就療。卒，贈定州刺史，謚曰康。子脩年，即巒父也，位州主簿。

巒少好學，負帙尋師，守貧厲節，遂博覽書傳，有文才幹略。美鬚髯，姿貌甚偉。累遷兼員外散騎常侍，使齊。還，再遷中書侍郎，甚見顧遇，常參坐席。〔九〕孝文因行藥至司空府南，見巒宅，謂巒曰：「朝行藥至此，見卿宅乃住。東望德館，情有依然。」巒對曰：「陛下移構中京，方建無窮之業。臣意在與魏升降，寧容不務永年之宅。」帝謂司空穆亮、僕射李沖曰：「巒之此言，其意不小。」有司奏策秀、孝，詔曰：「秀、孝殊問，經、權異策，邢巒才清，可令策秀。」

後兼黃門郎，從征漢北。巒在新野，後至。帝曰：「伯玉天迷其心，鬼惑其慮，守危邦，固逆主。至此以來，雖未禽滅，城隍已崩，想在不遠。所以緩攻者，正待中書爲露布耳。」尋除正黃門，兼御史中尉、瀛州大中正，遷散騎常侍，兼尚書。

宣武時，巒奏曰：「先皇深觀古今，去諸奢侈，服御尚質，不貴彫鏤，所珍在素，不務奇綵，至乃以紙絹爲帳扆，銅鐵爲轡勒，訓朝廷以節儉，示百姓以憂矜。逮景明之初，承升平之業，四疆清晏，遠近來同。於是蕃貢繼路，商估交入，諸所獻貿，倍多於常。雖加以節約，猶歲損萬計，珍貨常有餘，國用恒不足。若不裁其分限，便恐無以支歲。自今非爲要須者，請皆不受。」帝從之。尋正尚書。

梁、秦二州行事夏侯道遷以漢中內附，〔一〇〕詔加巒使持節、都督征梁漢諸軍事，進退徵攝，得以便宜從事。巒至漢中，遣兵討之，賊皆款附，乘勝追奔至關城之下。詔拜巒使持節、梁秦二州刺史。於是開地定境，東西七百，南北千里，獲郡十四，二部護軍及諸縣戍，遂逼涪城。

巒表曰：「揚州、成都，相去萬里，陸途既絕，唯資水路。水軍西上，非周年不達。外無軍援，一可圖也。益州頃經劉季連反叛，鄧元起攻圍，倉庫空竭，無復固守之意，二可圖也。蕭深藻是裙屐少年，〔一一〕未洽政務，今之所任，並非宿將重名，皆是左右少年而已，三可圖也。蜀之所恃，惟阻劍閣。今既克南安，已奪其險，據彼界內，三分已一。從南安向涪，方軌任意，前軍累破，後衆喪魂，四可圖也。深藻是蕭衍兄子，骨肉至親，若其逃亡，當無死理。脫軍走涪城，深藻何肯城中坐而受困？〔一二〕五可圖也。臣聞乘機而動，武之善經，未有捨干戚而康時，不征伐而統一。臣以不才，屬當戎寄，上憑國威，頻有薄捷，瞻望涪、益，旦夕

可屠，正以兵少糧匱，未宜前出。今若不取，後圖便難。輒率愚管，必將殄克。如其無功，分受憲坐。若朝廷未欲經略，臣便爲無事，乞歸侍養，微展烏鳥。」

巒又表曰：「昔鄧艾、鍾會率十八萬衆，傾中國資給，裁得平蜀。所以然者，鬬實力也。況臣才絕古人，何宜請二萬之衆而希平蜀？所以敢者，正以據得要險，士庶慕義，此往則易，彼來則難，任力而行，理有可克。今王足前進，已逼涪城。脫得涪城，則益州便是成禽之物。臣誠知征戎危事，未易可爲，自軍度劍閣以來，鬢髮中白。所以勉強者，既到此地而自退不守，恐孤先皇之恩遇，負陛下之爵祿。是以孜孜，頻有陳請。」宣武不從。又王足於涪城輒還，遂不定蜀。

巒既克巴西，遣軍主李仲遷守之。仲遷得梁將張法養女，有美色，甚惑之，散費兵儲，專心酒色，公事諮承，無能見者。巒忿之切齒。仲遷懼，謀叛，城人斬其首以降梁將譙希遠，巴西遂沒。武興氐楊集起等反，巒遣統軍傅豎眼討平之。巒之初至漢中，從容風雅，接豪右以禮，撫衆庶以惠。歲餘之後，頗因其去就，誅滅百姓，籍爲奴婢者二百餘口，兼商販聚斂，清論鄙之。徵授度支尚書。

時梁人侵軼徐、兗，朝廷乃以巒爲使持節、都督東討諸軍事、安東將軍，尚書如故。宣武勞遺巒於東堂曰：「知將軍旋京未久，膝下難違，然東南之寄，非將軍莫可。自古忠臣亦非

無孝也。」巒曰：「願陛下勿以東南爲慮。」帝曰：「漢祖有云：『金吾擊郾，吾無憂矣。』今將軍董戎，朕何慮哉！」巒至，乃分遣將帥致討，兗州悉平，進圍宿豫，平之。帝賜巒璽書慰勉之。

及梁城賊走，中山王英乘勝攻鍾離，又詔巒率衆會之。〔一三〕巒以爲鍾離天險，朝貴所具，若有內應，則所不知，如其無也，必無克狀。且俗語云「耕則問田奴，絹則問織婢」，臣既謂難，何容強遣。巒既累表求還，帝許之。英果敗退，時人伏其識略。

初，侍中盧昶與巒不平，昶與元暉俱爲宣武所寵，御史中尉崔亮，昶之黨也，昶、暉令亮糾巒，事成，許言於宣武，以亮爲侍中。亮奏巒在漢中掠良人爲婢。〔一四〕巒懼，乃以漢中所得巴西太守龐景仁〔一五〕女化生等二十餘口與暉。化生等數人，奇色也。暉大悅，乃背昶爲巒言，云巒新有大功，已經赦宥，不宜方爲此獄。帝納之。高肇以巒有克敵效而爲昶等所排，助巒申釋，故得不坐。

豫州城人白早生殺刺史司馬悅，以城南入梁，遣其將齊苟仁率衆入據縣瓠。詔巒持節率羽林精騎討之。封平舒縣伯，賞宿豫之功也。宣武臨東堂勞遣巒曰：「早生走也？守也？何時平？」巒曰：「今王師若臨，士人必翻然歸順，〔一六〕圍之窮城，奔走路絕，不度此年，必傳首京師。願陛下不足爲慮。」帝笑曰：「卿言何其壯哉！知卿親老，頻勞於外，然忠孝不俱，不得辭也。」於是巒率騎八百，倍道兼行，五日次於鮑口，擊賊大將胡孝智，乘勝至縣瓠，因即

度汝。既而大兵繼至，遂長圍圍之。詔巒使持節、假鎮南將軍，都督南討諸軍事。中山王英南討三關，亦次縣瓠，以後軍未至，前寇稍多，憚不敢進，乃與巒分兵，將掎角攻之。梁將齊苟仁等二十一人開門出降，即斬早生等同惡數十人，豫州平。巒振旅還京師，宣武臨東堂勞之。巒曰：「此陛下聖略威靈，英等將士之力，臣何功之有？」帝笑曰：「卿匪直一月三捷，所足稱奇，乃存士伯，讓功而弗處。」

巒自宿豫大捷及平縣瓠，志行修正，不復以財賄爲懷，戎資軍實，絲毫無犯。遷殿中尚書，加撫軍將軍，卒於官。巒才兼文武，朝野瞻望，上下悼惜之。贈車騎大將軍、瀛州刺史。初，帝欲贈冀州，黃門甄琛以巒前曾劾己，乃云：「瀛州巒之本郡，人情所欲。」乃從之。及琛爲詔，乃云優贈車騎將軍、瀛州刺史，議者笑琛淺薄。謚曰文定。子遜。

遜字子言，貌雖陋短，頗有風氣。襲爵後，遷國子博士、本州中正。因謁靈太后，自陳功名之子，久抱沈屈。「臣父屢爲大將，而臣身無軍功階級。臣父唯爲忠臣，不爲慈父」。靈太后慨然，以遜爲長兼吏部郎中。後位大司農卿，與少卿元慶哲至相糾訟。遜銳於財利，議者鄙之。卒，贈光祿勳、幽州刺史。

子祖徵，開府祭酒。父喪未終，謀反，伏法。

祖徵弟祖劾，貌寢，有風尚。仕齊，卒於尚書郎。

祖劾弟祖俊，開府行參軍。開皇中，位尚書都官郎中。

巒弟偉，尚書郎中。偉子昕。

昕字子明，幼孤，見愛於祖母李氏。好學，早有才情，解褐盪寇將軍，累遷太尉記室參軍。吏部尚書李神儁奏昕修起居注。太昌初，除中書侍郎，加平東將軍、光祿大夫。時言冒竊官級，爲中尉所劾，免官，乃爲述躬賦。未幾，受詔與秘書監常景典儀注事。武帝行釋奠禮，昕與校書郎裴伯茂等俱爲錄義。永熙末，昕入爲侍讀，與溫子昇、魏收參掌文詔。遷鄴，乃歸河間。

天平初，與侍中從叔子才、魏季景、魏收同徵赴都，尋還鄉里，既而復徵。時梁使兼散騎常侍劉孝儀等來聘，詔昕兼正員郎，迎於境上。司徒孫騰引爲中郎，尋除通直常侍，加中軍將軍。既有才藻，兼長几案。自孝昌之後，天下多務，世人競以吏工取達，文學大衰。司州中從事宋游道以公斷見知，時與昕嘲謔，昕謂之曰：「世事同知文學外。」游道有慚色。興和中，以本官副李象使於梁。昕好忤物，人謂之牛。是行也，談者謂之牛象鬭於江南。齊文襄王攝選，擬昕爲司徒右長史，未奏，遇疾卒，士友悲之。贈車騎將軍、都官尚書、冀州刺史，謚曰文。所著文章自有集錄。

偉弟晏，字幼平，美風儀，博涉經史，善談釋老，雅好文詠。位滄州刺史，爲政清靜，吏人安之。卒，贈尚書左僕射、瀛州刺史，謚曰文貞。晏篤於義讓，初爲南兗州，例得一子解褐，乃啓其孤弟子子慎爲朝請。子慎年甫十二，而其子已弱冠矣。後爲滄州，復啓孤兄子昕爲府主簿，而其子並未從官，世人以此多之。

子亢，字子高，頗有文學。位兼通直散騎常侍，使於梁，時年二十八。後爲中外府屬，坐事死於晉陽。

巒叔祖祐，字宗祐，少有學尚，知名於時。假員外散騎常侍，使於宋。以將命之勤，除建威將軍、平原太守，賜爵城平男。政清刑肅，百姓安之。卒于官。

子產，字神寶，好學善屬文，少時作孤蓬賦，爲時所稱。舉秀才，除著作佐郎。假常侍、鄚縣子，使於齊。產仍世將命，時人美之。歷中書侍郎、太子中庶子，卒，朝廷嗟惜焉。贈平州刺史、樂城子，謚曰定

祐從子虬，字神彪，〔一七〕著作郎敏之子也。少爲三禮鄭氏學，明經有文思。舉秀才上第，爲中書議郎　尚書殿中郎。孝文因公事與語，問朝觀宴饗禮，虬以經對，大合上旨。帝

崩，尚書令王肅多用新儀，糾往往折以五經正禮。爲尚書左丞，多所糾正，臺閣肅然。時雁門人有害母者，八坐奏轘之而豬其室，宥其二子。糾駁奏云：「君親無將，將而必誅。謀逆者戮及期親，害親者令不及子，〔一八〕既逆甚梟鏡，禽獸之不若，而使禋祀不絕，遺育承傳，非所以勸忠孝之道，存三綱之義。若聖教含容，不加孥戮，使父子罪不相及，惡止於其身者，則宜投之四裔，敕所在不聽配匹。盤庚言無令易種新邑，漢法五月食梟羹，皆欲絕其類也。」奏入，宣武從之。

後爲光祿少卿，母在鄉遇患，請假歸。遇秋水暴長，河梁破絕，糾得一小船而度，船漏滿不沒，時人異之。母喪，哀毀過禮，爲時所稱。卒，贈幽州刺史，謚曰威。糾善與人交，清河崔亮、頓丘李平並與親善。所作碑頌雜筆三十餘篇。長子臧。

臧字子良，幼孤，早立操尚，博學有藻思。年二十一，神龜中舉秀才，考上第，爲太學博士。正光中，議立明堂，臧爲裴頠一室之議，事雖不行，當時稱其理博。出爲本州中從事，雅爲鄉情所附。永安初，徵爲金部郎中，以疾不赴。轉除東牟太守，時天下多事，在職少能廉白，臧獨清慎奉法，吏人愛之。隴西李延寔，莊帝之舅，以太傅出除青州，啓臧爲屬。領樂安內史，有惠政。後除濮陽太守，尋加安東將軍。

臧和雅信厚，有長者之風，爲時人所愛敬。爲特進甄琛行狀，世稱其工。與裴敬憲、盧觀兄弟並結友，曾共讀回文集，臧獨先通之。撰古來文章并敍作者氏族，號曰文譜，未就，病卒，時賢悼惜之。其文筆凡百餘篇。贈鎮北將軍、定州刺史，謚曰文。子恕，涉學有識悟。齊武平末，尚書屯田郎。隋開皇中，尚書侍郎。卒於沂州長史。

臧弟劭，字子才，小字吉，少時有避，遂不行名。年五歲，魏吏部郎清河崔亮見而奇之曰：「此子後當大成，位望通顯。」十歲便能屬文，雅有才思，聰明強記，日誦萬餘言。族兄巒有人倫鑒，謂子弟曰：「宗室中有此兒，非常人也。」少在洛陽，會天下無事，與時名勝，專以山水游宴爲娛，不暇勤業。嘗霖雨，乃讀漢書，五日略能徧之。後因飲謔倦，方廣尋經史，五行俱下，一覽便無所遺。文章典麗，既贍且速。年未二十，名動衣冠。嘗與右北平陽固、河東裴伯茂、從兄罘、河南陸道暉等至北海王昕舍宿飲，相與賦詩，凡數十首，皆在主人奴處。且日奴行，諸人求詩不得，劭皆爲誦之。諸人有不認詩者，奴還得本，不誤一字。諸人方之王粲。吏部尚書隴西李神儁大相欽重，引爲忘年之交。

釋巾爲魏宣武挽郎，除奉朝請，遷著作佐郎，深爲領軍元叉所禮。叉新除尚書令，〔一九〕神儁與陳郡袁翻在席，叉令劭作謝表，須臾便就，以示諸賓。神儁曰：「邢劭此表，足使袁公變色。」孝昌初，與黃門侍郎李琰之對典朝儀。

自孝明之後，文雅大盛，劭彫蟲之美，獨步當時，每一文初出，京師爲之紙貴，讀誦俄徧遠近。于時袁翻與范陽祖瑩位望通顯，文筆之美，見稱先達，以劭藻思華贍，深共嫉之。每洛中貴人拜職，多憑劭爲謝章表。〔二〇〕嘗有一貴勝初授官，大事賓食，翻與劭俱在坐，翻意主人託其爲讓表。遂命劭作之，翻甚不悅。每告人云：「邢家小兒常客作章表，自買黃紙，寫而送之。」劭恐爲翻所害，乃辭以疾。屬尚書令元羅出鎮青州，啓爲府司馬，遂在青土，終日酣賞，盡山泉之致。

永安初，累遷中書侍郎，所作詔文體宏麗。及尒朱榮入洛，〔二一〕京師擾亂，劭與弘農楊愔避地嵩高山。普泰中，兼給事黃門侍郎，尋爲散騎常侍。太昌初，敕令恒直內省，給御史，〔二二〕令覆案尚書門下事，凡除大官，先問其可不，然後施行。除衞將軍、國子祭酒。以親老還鄉，詔所在特給兵力五人，并令歲一入朝，以備顧問。丁母憂，哀毀過禮。後楊愔與魏收及劭請置學，（奏曰：〔二三〕

二黌兩學，盛自虞、殷。所以宗配上帝，以著莫大之嚴；宣布下土，〔二四〕以彰則天之軌。養黃髮以詢哲言，育青衿而敷典教。用能享國長久，風徽萬祀者也。爰暨亡秦，改革其道，阬儒滅學，以蔽黔黎。故九服分崩，祚終二代。炎漢勃興，更修儒術。故西京有六學之義，東都有三本之盛。逮

自魏、晉，撥亂相因，兵革之中，學校不絕。仰惟高祖孝文皇帝，稟聖自天，道鏡今古，列教序於鄉黨，敦詩書於郡國。但經始事殷，戎軒屢駕，未遑多就，弓劍弗追。世宗統曆，聿遵先緒，永平之中，大興板築。續以水旱，戎馬生郊，雖逮爲山，還停一簣。而明堂禮樂之本，乃鬱荊棘之林；膠序德義之基，空盈牧豎之跡。城隍嚴固之重，闕甎石之工；墉構顯望之要，少樓榭之飾。加以風雨稍侵，漸致虧墜，非所謂追隆堂構，儀刑萬國者也。伏聞朝議以高祖大造區夏，道侔姬文，擬祀明堂，式配上帝。今若基宇不修，仍同丘畎，卽使高皇神享，闕於國陽，宗事之典，有聲無實。此臣子所以匪寧，億兆所以佇望也。

臣又聞官方授能，所以任事，旣任事矣，酬之以祿。如此則上無曠官之譏，下絕尸素之謗。今國子雖有學官之名，而無教授之實，何異兔絲燕麥，南箕北斗哉。

昔劉向有言，王者宜興辟雍、陳禮樂以風天下。夫禮樂所以養人，刑法所以殺人。而有司勤，請定刑法，至於禮樂，則曰未敢。是敢於殺人，不敢於養人也。臣以爲當今四海淸平，九服寧晏，經國要重，理應先營，脫復稽延，則劉向之言徵矣。但事不兩興，須有進退，以臣愚量，宜罷尚方彫靡之作，頗省永寧土木之功，并減瑤光材瓦之力，兼分石窟鐫琢之勞，及諸事役非世急者，三時農隙，修此數條。〔二五〕使辟雍之禮，蔚爾而復興；諷誦之音，煥然而更作。美榭高墉，嚴壯於外；槐宮棘寺，顯麗於中。更明古今，重遵鄉飲，敦進郡學，精課經業。如此則元、凱可得之於上序，游、

夏可致之於下國，豈不休歟。

靈太后令曰：「配饗大禮，爲國之本，比以戎馬在郊，未遑修緝，今四表晏寧，當敕有司，別議經始。」累遷尚書令，加侍中。）

于時與梁和，妙簡聘使，邵與魏收及從子子明被徵入朝。當時文人，皆邵之下，但以不持威儀，名高難副，朝廷不令出境。南人曾問賓司：「邢子才故應是北間第一才士，何爲不作聘使？」答云：「子才文辭實無所愧，但官位已高，恐非復行限。」南人曰：「鄭伯猷，護軍猶得將命，國子祭酒何爲不可？」邵既不行，復請還故郡。

文襄在京輔政，〔二六〕徵之，在第爲賓客。除給事黃門侍郎，與溫子昇對爲侍讀。文襄富於春秋，〔二七〕初總朝政，崔暹每勸禮接名賢，詢訪得失，以邵宿有名望，故請徵焉。文襄甚親重之，多別引見。邵舊鄙崔暹無學術，言論之際，遂云暹無所知解。文襄還以邵言告暹，并道「此漢不可親近」。暹頗銜之。邵奏魏帝，發敕用妻兄李伯倫爲司徒祭酒。詔書已出，暹卽啓文襄，執其專擅，伯倫官事便寢。邵由是被疎。

其後除驃騎、西兗州刺史。在州有善政，桴鼓不鳴，吏人姦伏，守令長短，無不知之。定陶縣去州五十里，縣令妻日暮取人斗酒束脯，邵逼夜攝令，未明而去，責其取受，舉州不識其所以。在任都不營生產，唯南兗糴粟，就濟陽食之。〔二八〕邵繕修觀宇，頗爲壯麗，皆爲之名

題，有清風觀、明月樓，而不擾公私，唯使兵力。吏民爲立生祠，并勒碑頌德。及代，吏人父老及媼嫗皆遠相攀追，號泣不絕。至都，除中書令。

舊格制：生兩男者，賞羊五口，不然則絹十匹。僕射崔暹奏絕之。邵云：「此格不宜輒斷。句踐以區區之越，賞法：生三男者給乳母。況以天下之大而絕此條！舜藏金於山，不以爲乏，今藏之於民，復何所損。」又準舊皆訊囚取占，然後送付廷尉。邵以爲不可，乃立議曰：「設官分職，各有司存，丞相不問鬭人，虞官弓招不進。豈使尸祝兼刀匕之役，家長侵鷄犬之功。」詔並從之。

自除太常卿兼中書監，攝國子祭酒。〔二九〕是時朝臣多守一職，帶領二官甚少；邵頓居三職，並是文學之首，當世榮之。幸晉陽，〔三〇〕路中頻有甘露之瑞，朝臣皆作甘露頌，尚書符令邵爲之序。及文宣崩，凶禮多見訊訪，敕撰哀策。後授特進，卒。

邵率情簡素，內行修謹，兄弟親姻之間，稱爲雍睦。博覽墳籍，無不通曉。晚年尤以五經章句爲意，窮其指要。吉凶禮儀，公私諮稟，質疑去惑，爲世指南。每公卿會議，事關典故，邵援筆立成，證引該洽。帝命朝章，取定俄頃，詞致宏遠，獨步當時。與濟陰溫子昇爲文士之冠，世論謂之溫、邢。鉅鹿魏收雖天才艷發，而年事在二人之後，故子昇死後，方稱邢、魏焉。

雖望實兼重，不以才位傲物，脫略簡易，不修威儀，車服器用，充事而已。有齋不居，坐臥恒在一小屋，果餌之屬，或置之梁上，賓至，下而共噉。天姿質素，特安異同，士無賢愚，皆能傾接，對客或解衣覓虱，且與劇談。有書甚多，而不甚讎校。見人校書，笑曰：「何愚之甚！天下書至死讀不可徧，焉能始復校此。日思誤書，〔三一〕更是一適。」妻弟李季節，才學之士，謂子才曰：「世間人多不聰明，思誤書何由能得？」子才曰：「若思不能得，便不勞讀書。」與婦甚疎，未嘗內宿。自云嘗晝入內閤，爲狗所吠，言畢便撫掌大笑。性好談賞，又不能閑獨，公事歸休，恒須賓客自伴。

事寡嫂甚謹，養孤子恕慈愛特深。在兗州，有都信云恕疾，便憂之廢寢食，顏色貶損。及卒，人士爲之傷心，〔三二〕痛悼雖甚，竟不再哭，賓客弔慰，抆淚而已。其高情達識，開遣滯累，東門吳以還，所未有也。有集三十卷，見行於世。

邵世息大寶，有文情。孽子大德、大道，略不識字焉。

李崇字繼長，小名繼伯，頓丘人也。文成元皇后第二兄誕之子。年十四，召拜主文中散，襲爵陳留公，鎮西大將軍。孝文初，爲荆州刺史，〔三三〕鎮上洛，敕發秦、陝二州兵送崇至

理。崇辭曰：「邊人失和，本怨刺史，奉詔代之，但須一宣詔旨而已。不勞發兵自防，使人懷懼。」孝文從之。乃輕將數十騎馳到上洛，宣詔綏慰，人卽帖然。邊戍掠得齊人者，悉令還之。南人感德，仍送荆州口二百許人。兩境交和，無復烽燧之警。在州四年，甚有稱績。召還京師，賞賜隆厚。

除兗州刺史。兗土舊多劫盜，崇乃村置一樓，樓懸一鼓，盜發之處，雙槌亂擊，四面諸村，聞鼓皆守要路。俄頃之間，聲布百里，其中險要，悉有伏人，盜竊始發，便爾禽送。諸州置樓懸鼓，自崇始也。後例降爲侯，改授安東將軍。車駕南征，詔崇副驃騎大將軍、咸陽王禧都督左翼諸軍事。徐州降人郭陸聚黨作逆，人多應之。崇遣高平卜冀州詐稱犯罪，逃亡歸陸，陸納之，以爲謀主。數月，冀州斬陸送之，賊徒潰散。入爲河南尹。

後車駕南討漢陽，崇行梁州刺史。氐楊靈珍遣弟婆羅與子雙領步騎萬餘，襲破武興，與齊相結。詔崇爲使持節、都督隴右諸軍事，率衆討之。崇槎山分進，出其不意，表裏以襲，羣氐皆棄靈珍散歸，靈珍衆減太半。崇進據赤土。靈珍又遣從弟建率五千人屯龍門，躬率精勇一萬據鷲硤。龍門之北數十里中，伐樹塞路。鷲硤之口，積大木，聚礌石，臨崖下之，以拒官軍。崇乃命統軍慕容拒率衆五千，從他路夜襲龍門，破之。崇自攻靈珍，靈珍連戰敗走，俘其妻子。崇多設疑兵，襲克武興。齊梁州刺史陰廣宗遣參軍鄭猷、王思考率衆援

靈珍。崇大破之，幷斬婆羅首，殺千餘人，俘獲猷等。靈珍走奔漢中。孝文在南陽，覽表大悅曰：「使朕無西顧之憂者，李崇功也。」拜梁州刺史，手詔曰：「便可善思經略，去其可除，安其可育，公私所患，悉令芟夷。」及靈珍偸據白水，崇擊破之，靈珍遠遁。

宣武初，徵爲右衞將軍，兼七兵尚書，轉左衞將軍、相州大中正。魯陽蠻柳北喜、魯北燕等聚衆反叛，諸蠻悉應之，圍逼湖陽。〔三四〕游擊將軍李暉光鎭北城，盡力捍禦。賊勢甚盛，詔以崇爲使持節、都督征蠻諸軍事以討之。蠻衆數萬，屯據形要，以拒官軍。崇累戰破之，斬北燕等，徙萬餘戶於幽、幷諸州。宣武追賞平氐之功，封魏昌縣伯。

東荆州蠻樊安聚衆於龍山，僭稱大號。梁武遣兵應之。諸將擊不利，乃以崇爲鎭南將軍、都督征蠻諸軍事，率步騎討之。崇分遣諸將，攻擊賊壘，連戰克捷，生禽樊安，進討西荆，諸蠻悉降。尋兼侍中、東道大使，黜陟能否，著賞罰之稱。出除散騎常侍、征南將軍、揚州刺史。詔曰：「應敵制變，算非一塗，救左擊右，疾雷均勢。今朐山蟻寇，久結未殄，賊衎狡詐，或生詭劫，宜遣銳兵，備其不意。崇可都督淮南諸軍事，坐敦威重，遙運聲算。」

延昌初，加侍中、車騎將軍、都督江西諸軍事。先是壽春縣人苟泰有子三歲，遇賊亡失，數年不知所在，後見在同縣趙奉伯家。泰以狀告，各言己子，並有鄰證，郡縣不能斷。崇令二父與兒各在別處，禁經數旬，然後告之曰：「君兒遇患，向已暴死，可出奔哀也。」苟泰聞

卽號咷，悲不自勝；奉伯咨嗟而已，殊無痛意。崇察知之，乃以兒還泰，詰奉伯詐狀。奉伯款引，云先亡一子，故妄認之。

又定州流人解慶賓兄弟，坐事俱徙揚州。弟思安背役亡歸。慶賓懼後役追責，規絕名貫，乃認城外死尸，詐稱其弟爲人所殺，迎歸殯葬。頗類思安，見者莫辨。又有女巫陽氏自云見鬼，說思安被害之苦，飢渴之意。慶賓又誣疑同軍兵蘇顯甫、李蓋等所殺，經州訟之。二人不勝楚毒，各自款引。獄將決竟，崇疑而停之。密遣二人非州內所識者，僞從外來，詣慶賓告曰：「僕住在北州，比有一人見過寄宿。夜中共語，疑其有異，便卽詰問，乃云是流兵背役，姓解字思安。時欲送官，苦見求及，稱：『有兄慶賓，今住揚州相國城內，嫂姓徐。君脫矜愍，爲往告報，見申委曲，家兄聞此，必重相報。今但見質，若往不獲，送官何晚？』是故相造，指申此意。君欲見雇幾何？當放賢弟。若其不信，可見隨看之。」慶賓悵然失色，求其少停。此人具以報崇，攝慶賓問之，伏引。更問蓋等，乃云自誣。數日之間，思安亦爲人縛送。崇召女巫視之，鞭笞一百。崇斷獄精審，皆此類也。

時有泉水湧於八公山頂，壽春城中有魚數從地湧出，野鴨羣飛入城，與鵲爭巢。五月，大霖雨十有三日，大水入城，屋宇皆沒。崇與兵泊於城上，水增未已，乘船附於女牆，城不沒者二版而已。州府勸崇棄州保北山。崇曰：「吾受國重恩，忝守藩岳，淮南萬里，繫于吾身，一旦動脚，百姓瓦解，揚州之地，恐非國物。昔王尊慷慨，義感黃河，吾豈愛一軀，取愧千載。但憐茲士庶，無辜同死，可桴筏隨高，人規自脫。吾必守死此城。」時州人裴絢等受梁假豫州刺史，因乘大水，謀欲爲亂，崇皆擊滅之。又以洪水爲災，請罪解任。詔曰：「夏雨汎濫，斯非人力，何得以此辭解。今水涸路通，公私復業，便可繕甲積糧，修復城雉，勞恤士庶，務盡綏懷之略也。」崇又表解州，不聽。是時，非崇則淮南不守矣。

崇沈深有將略，寬厚善御衆。在州凡十年，常養壯士數千人，寇賊侵邊，所向摧破，號曰「臥彪」，〔三五〕賊甚憚之。梁武惡其久在淮南，屢設反間，無所不至。宣武雅相委重，梁無以措謀，乃授崇車騎大將軍、開府儀同三司、萬戶郡公，諸子皆爲縣侯，欲以構崇。崇表言其狀。宣武屢賜璽書慰勉之，賞賜珍異，歲至五三，親待無與爲比。梁武每歎息，服宣武之能任崇也。

孝明踐阼，褒賜衣馬。及梁遣其游擊將軍趙祖悅襲據西硤石，更築外城，逼徙緣淮之人於城內。又遣二將昌義之、王神念率水軍泝淮而上，規取壽春，田道龍寇邊城，路長平寇五門，胡興茂寇開、霍。揚州諸戍，皆被寇逼。崇分遣諸將，與之相持，密裝船艦二百餘艘，教之水戰，以待臺軍。梁霍州司馬田休等寇建安，崇遣統軍李神擊走之。又命邊城戍主邵申賢要其走路，破之於濡水，俘斬三千餘人。靈太后璽書勞勉。許昌縣令兼紆麻戍主陳平

王南引梁軍，以戍歸之。崇自秋請援，表至十餘，詔遣鎭南將軍崔亮救硤石，鎭東將軍蕭寶夤於梁堰上流決淮東注。朝廷以諸將不相赴，乃以尚書李平兼右僕射持節節度之。崇遣李神乘鬬艦百餘艘，沿淮與李平、崔亮合攻硤石。李神水軍剋其東北外城。祖悅力屈，乃降。朝廷嘉之，進號驃騎將軍、儀同三司，刺史、都督如故。

梁淮堰未破，水勢日增。崇乃於硤石戍間編舟爲橋；北更立船樓十，各高三丈；十步置一籬，至兩岸，蕃版裝戺，〔三六〕四箱解合，賊至舉用，不戰解下。又於樓船之北，連覆大船，東西竟水，防賊火栰。又於八公山之東南，更起一城，以備大水，州人號曰魏昌城。崇累表解州，前後十餘上，孝明乃以元志代之。尋除中書監、驃騎大將軍，儀同如故。〔三七〕出爲使持節、侍中、都督四州諸軍事、定州刺史。徵拜尚書左僕射，還尚書令，加侍中。

崇在官和厚，明於決斷，然性好財賄，販肆聚斂。孝明、靈太后嘗幸左藏，王公嬪主從者百餘人，皆令任力負布絹，卽以賜之。多者過二百匹，少者百餘。唯長樂公兩手持絹二十匹而出，〔三八〕示不異衆而已，世稱其廉儉。崇與章武王融以所負多，顚仆於地，崇乃傷腰，融至損脚。時人爲之語曰：「陳留、章武，傷腰折股，貪人敗類，穢我明主。」

蠕蠕主阿那瓌犯塞，詔崇以本官都督北討諸軍事以討之。崇辭於顯陽殿，戎服武飾，志氣奮揚，時年六十九，幹力如少。孝明目而壯之，朝臣莫不稱善。遂出塞三千餘里，不及

賊而還。崇請改六鎮爲州，兵編戶，太后不許。

後北鎮人破落汗拔陵反，所在響應。征北將軍、臨淮王彧大敗於五原，安北將軍李叔仁尋敗於白道，賊衆日甚。詔引丞相、令、僕、尚書、侍中、黃門於顯陽殿，曰：「賊勢侵淫，寇連恒、朔，金陵在彼，夙夜憂惶。諸人宜陳良策。」吏部尚書元脩義以爲須得重貴，鎮壓恒、朔，總彼師旅，備衞金湯。詔曰：「去歲阿那瓌叛逆，遣李崇北征，崇遂長驅塞北，返斾檢關，此一時之盛。朕以李崇國戚望重，器識英斷，意欲還遣崇行，總督三軍，揚旌恒、朔，諸人謂可爾不？」僕射蕭寶夤等曰：「陛下此遣，實合羣望。」於是詔崇以本官加使持節、開府、北討大都督，撫軍將軍崔暹、鎮軍將軍廣陽王深皆受崇節度。又詔崇子光祿大夫神軌假平北將軍，隨崇北討。崇至五原，崔暹大敗于白道之北，賊遂幷力攻崇。崇與廣陽王深力戰，累破賊衆。相持至冬，乃引還平城。深表崇長史祖瑩詐增功級，盜沒軍資。崇坐免官爵，徵還，以後事付深。

後徐州刺史元法僧以彭城南叛，時除安樂王鑒爲徐州刺史以討之，爲法僧所敗，單馬奔歸。乃詔復崇官爵，爲徐州大都督、節度諸軍事。會崇疾篤，乃以衞將軍、安豐王延明代之。改除開府、相州刺史，侍中、將軍、儀同並如故。

孝昌元年，薨於位，贈侍中、驃騎大將軍、司徒公、雍州刺史，謚曰武康，後重贈太尉公，

餘如故。

長子世哲，性輕率，供奉豪侈。少經征伐，頗有將用，爲三關別將，討羣蠻大破之。還，拜鴻臚少卿。性傾巧，善事人，亦以貨賂自達。高肇、劉騰之處勢也，皆與親善，故世號爲李錐。爲相州刺史，斥逐百姓，遷徙佛寺，逼買其地，部內患之。崇北征之後，徵兼太常卿。御史高道穆毁發其宅，表其罪過。後除涇州刺史，賜爵衞國子。卒，贈吏部尚書、冀州刺史。

世哲弟神軌，小名青肫，受父爵陳留侯。累出征伐，頗有將領之氣。孝昌中，靈太后淫縱，分遣腹心嫗姬出外，陰求悅人。神軌爲使者所薦，寵遇勢傾朝野，時云見幸帷幄，與鄭儼爲雙。頻遷征東將軍、武衞將軍、給事黃門侍郎，常領中書舍人。時相州刺史、安樂王鑒據州反，詔神軌與都督源子邕等討平之。後於河陰遇害。建義初，贈侍中、司空公、相州刺史，謚曰烈。

崇從弟平。平字雲定，[三九]少有大度，及長，涉獵羣書，好禮、易，頗有文才。太和初，拜通直散騎侍郎，孝文禮之甚重。頻經大憂，居喪以孝稱。後以例降，襲爵彭城公。累遷太子庶子。平請自効一郡，帝曰：「卿復欲以吏事自試也？」拜長樂太守，政務清靜，吏人懷之。徵行河南尹，豪右權戚憚之。宣武即位，除黃門郎，遷司徒左長史，行尹如故。尋正尹，長史如故。

車駕將幸鄴，[四〇]平上表諫，以爲：「嵩都創構，洛邑俶營，雖年跨十稔，根基未就。代人至洛，始欲向盡，資產罄於遷移，牛畜斃於輦運，陵太行之險，越長津之難，辛勤備經，劣達京闕，富者猶損太半，貧者可以意知。兼歷歲從戎，不遑啓處。自景明以來，差得休息，事農者未積一年之儲，築室者裁有數間之屋，莫不肆力伊、瀍，人急其務。實宜安靜新人，勸其稼穡，令國有九載之糧，家有水旱之備。若乘之以羈紲，則所廢多矣。」不從。

詔以本官行相州事。帝至鄴，親幸平第，見其諸子。尋正刺史。平勸課農桑，修飾太學，簡試通儒以充博士，選五郡聰敏者以教之。圖孔子及七十二弟子於講堂，親爲立贊。前來臺使，頗好侵漁。平乃畫「履武尾，[四一]踐薄冰」於客館，注頌其下，以示誡焉。徵拜度支尚書，領御史中尉。

冀州刺史、京兆王愉反於信都，以平爲持節、都督北討諸軍事、行冀州以討之。宣武臨式乾殿勞遣平，因曰：「何圖今日，言及斯事！」歔欷流涕。平對曰：「愉天迷其心，構此梟悖。陛下不以臣不武，委以總督之任。如其稽顙軍門，則送之大理；若不悛待戮，則鳴鼓釁鉦，非陛下之事。」平進次經縣，諸軍大集。夜有蠻兵數千斫平前壘，矢及平帳，平堅臥不動，俄

而乃定。遂至冀州城南十六里，大破逆衆，逐北至城門，遂圍城。愉與百餘騎突門走，平遣統軍叔孫頭追之，去信都八十里，禽愉。冀州平，以本官領相州大中正。

平先爲尚書令高肇、侍御史王顯所恨，後顯代平爲中尉，平加散騎常侍。顯劾平在冀州隱截官口，肇又扶成其狀，奏除平名。延昌初，詔復官爵，除定、冀二州刺史。[四二]前來良賤之訟，多有積年不決，平奏不問眞僞，一以景明年前爲限，於是諍訟止息。武川鎮人飢，鎮將任款請貸未許，擅開倉振恤，有司繩以費散之條，免其官爵。平奏款意在濟人，心無不善，帝原之。遷中書令，尚書如故。

孝明初，轉吏部尚書。平高明强濟，所在有聲，但以性急爲累。尚書令、任城王澄奏理平定冀之勳，靈太后乃封武邑郡公，賜縑二千五百匹。

先是，梁遣其將趙祖悅逼壽春，鎮南崔亮攻之，未剋，又與李崇乖貳。詔平以本官使持節、鎮軍大將軍，兼尚書右僕射爲行臺，節度諸軍，東西州將，一以稟之，如有乖異，以軍法從事。詔平長子奬以通直郎從。於是率步騎二千赴壽春，嚴勒崇、亮，令水陸兼備，剋期齊舉。崇、亮憚之，無敢乖互。頻日交戰，破賊軍。安南將軍崔延伯立橋於下蔡，以拒賊之援，賊將王神念、昌義之等不得進救。祖悅守死窮城，平乃部分攻之，斬祖悅，送首於洛。以功還尚書右僕射，加散騎常侍。平還京師，靈太后見於宣光殿，賜以金裝刀仗一口。

時南徐州表云：梁堰淮水，日爲患。詔公卿議之。平以爲不假兵力，終自毀壞。及淮堰破，太后大悅，引羣臣入宴，敕平前，孝明手賜縑布百段。卒，遺令薄葬。詔給東園秘器、朝服一具、衣一襲、帛七百匹。靈太后爲舉哀於東堂。贈侍中、驃騎大將軍、儀同三司、冀州刺史，謚文烈公。平自在度支，至於端副，夙夜在公，孜孜匪懈，凡處機密十有餘年，有獻替之稱。所制文筆別有集錄。長子獎襲。

獎字遵穆，容貌魁偉，有當世才度。位中書侍郎、吏部郎中。以本官兼尚書，出爲相州刺史。初，元叉擅朝，獎爲其親待，頻居顯職。靈太后反政，削除官爵。孝莊初，爲散騎常侍、河南尹。獎前後所歷，皆以明濟著稱。元顥入洛，顥以獎兼尚書右僕射，慰勞徐州。羽林及城人不承顥旨，害獎，傳首洛陽。孝武帝初，獎故吏宋游道上書理獎，詔贈冀州刺史。

子構襲。構字祖基，少以方正見稱，襲爵武邑郡公。齊天保初，降爵爲縣侯，位終太府卿，贈吏部尚書。構早有名譽，歷官清顯，常以雅道自居，甚爲名流所重。

子丕，有父風，位尚書祠部郎中。

丕弟克，通直散騎常侍。

獎弟諧。諧字虔和，幼有風采。趙郡李搔嘗過元叉門下，見之，歸謂其父元忠曰：「領軍

門下見一神人。」元忠曰：「必李諧也。」問之果然。襲父先爵彭城侯。文辯爲時所稱，歷位中書侍郎。

天平末，魏欲與梁和好，朝議將以崔㥄爲使主。㥄曰：「文采與識，㥄不推李諧；口頰顧顧，諧乃大勝。」於是以諧兼常侍、盧元明兼吏部郎、李業興兼通直常侍聘焉。梁武使朱异覘客，异言諧、元明之美。諧等見，及出，梁武目送之，謂左右曰：「朕今日遇勍敵，卿輩常言北間都無人物，此等何處來？」謂异曰：「過卿所談。」是時鄴下言風流者，以諧及隴西李神儁、范陽盧元明、北海王元景、弘農楊遵彥、清河崔瞻爲首。初通梁國，妙簡行人，神儁位已高，故諧等五人繼踵，而遵彥遇疾道還，竟不行。既南北通好，務以俊乂相矜，銜命接客，必盡一時之選，無才地者不得與焉。梁使每入，鄴下爲之傾動，貴勝子弟盛飾聚觀，禮贈優渥，館門成市。宴日，齊文襄使左右覘之，賓司一言制勝，文襄爲之拊掌。魏使至梁，亦如梁使至魏，梁武親與談說，甚相愛重。諧使還後遷秘書監，卒於大司農。

諧爲人短小，六指，因癭而舉頤，因跛而緩步，因謇而徐言，人言李諧善用三短。文集十餘卷。

諧長子岳，字祖仁，官中散大夫。性純至，居期慘，未曾聽婢過前，追思二親，言則流涕。

岳弟庶，方雅好學，甚有家風。歷位尚書郎、司徒掾，以清辯知名。常攝賓司，接對梁客，梁客徐陵深歎美焉。庶生而天閹，崔諶調之曰：「敎弟種鬚，以錐徧刺作孔，插以馬尾。」庶曰：「先以此方回施貴族，藝眉有効，然後樹鬚。」世傳諶門有惡疾，以呼沱爲墓田，故庶言及之。邢子才在傍大笑。除臨漳令。

魏書之出，庶與盧斐、王松年等訟其不平。魏收書王慧龍自云太原人，又書王瓊不善事；以盧同附盧玄傳；李平爲陳留人，云其家貧賤。故斐等讙訟，語楊愔云：魏收合誅。愔黨助魏，故遂白齊文宣，庶等並髡頭鞭杖二百，庶死於臨漳獄中。庶兄岳痛之，終身不歷臨漳縣門。

庶妻，元羅女也，庶亡後，岳使妻伴之寢宿。積五年，元氏更適趙起。嘗夢庶謂己曰：「我薄福，託劉氏爲女，明旦當出，彼家甚貧，恐不能見養。夫妻舊恩，故來相見告，君宜乞取我。劉家在七帝坊十字街南，東入窮巷是也。」元氏不應，庶曰：「君似懼趙公意，我自說之。」於是起亦夢焉。起寤問妻，言之符合。遂持錢帛躬往求劉氏，如所夢得之，養女長而嫁焉。

庶弟蔚，少清秀，有襟期倫理，涉觀史傳，兼屬文詞。昆季並尚風流，長裾廣袖，從容甚

美，然頗涉疏放。唯蔚能自持公幹理，甚有時譽。坐兄庶事徙平州。後還，位尚書左中兵郎中，仍聘陳使副。江南以其父曾經將命，甚重焉。還，坐將人度江私市，除名。後卒於秘書丞，士友悼惜之。

蔚弟若，聰敏，頗傳家業，風采詞令，有聲鄴下。坐兄庶事徙臨海。乾明初，追還，後兼散騎常侍，大被親狎，加儀同三司。若性滑稽，善諷誦，數奉旨詠詩，幷使說外間世事可笑樂者。凡所話談，每多會旨。嘗在省中，趨而前却，對答學奏事之象，和士開聞而奏之。帝每狎弄之。武成以斛律金舊老，每朝，賜羊車上殿。金曾使人奉啓，若爲舍人，誤奏云在闕下，詔命出羊車。若重思，知金不至，竊言：「羊車、鹿車何所迎？」帝聞，亦笑而不責。又帝於後園講武，令若爲吳將，皇后皆出，引若當前，觀其進止俯仰。事罷，遣使謝之，厚加賞賜。韓長鸞等忌惡之，密構其短，坐免官。未幾，詔復本官。隋開皇中，卒於秦王府諮議。

諧弟邕，字脩穆，幼而儁爽，有逸才。位高陽王雍友。凡所交游，皆倍年儁秀。卒，贈洛州刺史，謚曰文。

論曰：郭祚才幹敏實，有世務之長，孝文經綸之始，獨在勤勞之地，居官任事，可稱述

焉。張彝風力謇謇，有王臣之氣，銜命擁旄，風聲克舉。俱魏氏器能之臣乎。遭隨有命，二子俱逢世亂，悲哉！晏之、乾威，可謂亡焉不絕。邢巒以文武才策，當軍國之任，內參機揆，外寄折衝，其緯世之器歟。子才少有盛名，鼓動京洛，文宗學府，獨秀當年，舉必任眞，情無飾智，疏通簡易，罕見其人，足爲一代之模楷也。及明崔㥄之謗言，執侯景之姦使，昔人稱孟軻爲勇，於文簡公見之。[四三]唯嘗短崔暹，頗爲累德。阮籍未嘗品藻人物，斯亦良有以焉。李崇風質英重，毅然秀立，任當將相，望高朝野。平以高明幹略，効智於時，出入當官，功名剋著，贊務之材也。諧風流文辯，蓋人望乎。

校勘記

〔一〕遇赦免罪準其殿者除之　魏書卷六四郭祚傳作「遇赦免罪，惟記其殿，除之」。按魏書文意是說遇赦已免罪，但考成還記殿的，除其記殿。北史文意不明，疑誤。

〔二〕宜敕揚州選一猛將遣當州之兵令赴浮山表裏夾攻　按魏書此前有「宜命一重將，率統軍三十人，領羽林一萬五千人，並科京東七州，虎旅九萬，長驅電邁，遄令撲討」等語。北史刪去，使「表裏夾攻」之語無着落。且郭祚原奏，重點在前，今刪重留輕，甚爲失當。

〔三〕自是積十數年　魏書作「積二十餘年」。按郭祚以左丞兼黃門從孝文南征，當在太和十九年，

至明帝卽位，共二十一年。魏書是。

〔四〕與盧陽烏李安人等結爲親友　魏書卷六四張彝傳作盧淵、李安民，北史避唐諱改。

〔五〕非武非兕　魏書「武」作「虎」，北史避唐諱改。

〔六〕改陳壽魏書爲編年之體　魏書作「魏志」，是。

〔七〕子乾威　隋書卷六六本傳作「虔威」。

〔八〕假通直常侍平城子使宋　諸本「假」作「改」，魏書卷六五、通志卷一五〇上邢巒傳作「假」。按當時出使南朝者，例假或兼通直散騎常侍或侍郎。「改」字是形似致訛，今據改。又「平城」疑當作「城平」。下文邢祐「賜爵城平男」，「城平」卽「成平」，屬瀛州章武郡見魏書地形志上。邢氏瀛州人，當是以此爲封號。

〔九〕常參坐席　諸本「常」作「嘗」，魏書、通志作「常」。按魏書卷五十六鄭道昭傳稱孝文謂道昭曰：「自比還務雖猥，與諸才儁不廢詠綴，遂命邢巒總集敍記。」可見邢巒經常參預孝文坐席。且「嘗」字與上下文都不聊接，今據改。

〔一〇〕梁秦二州行事夏侯道遷以漢中內附　魏書「梁」上有「蕭衍」二字。按夏侯道遷本是梁將，這裏應重「梁」字。

〔一一〕蕭深藻是裙屐少年　魏書「深」作「淵」，北史避唐諱改。

〔一二〕脫軍走涪城深藻何肯城中坐而受困　魏書「走」作「克」。按深藻時在成都，涪城是成都外圍重鎮，克涪城則進圍成都，故料深藻必走。若作「走涪城」，則成都尚有涪城可恃，深藻何必遽走？魏書作「克」是。

〔一三〕又詔巒率衆會之　諸本無「之」字，魏書有。通志作「討」。今從魏書補。

〔一四〕亮奏巒在漢中掠良人爲婢　魏書「婢」上有「奴」字，疑北史脫。

〔一五〕龐景仁　魏書「仁」作「民」，北史避唐諱改。

〔一六〕士人必翻然歸順　魏書「人」作「民」，泛指百姓，北史避唐諱改作「士人」，與當時專以指士族之「士人」相混。

〔一七〕祐從子蚪字神彪　魏書「彪」作「虎」，北史避唐諱改。

〔一八〕害親者令不及子　魏書「令」作「今」，疑是。

〔一九〕又新除尚書令　諸本「除」下衍「遷」字，據册府卷八三九九九六一頁、通志卷一五五邢卲傳刪。

〔二〇〕多憑卲爲謝章表　北齊書卷三六邢卲傳無「章」字，當是衍文。

〔二一〕及尒朱榮入洛　諸本「榮」作「兆」，册府卷九四九一一一七〇頁作「榮」。按下文言「卲與弘農楊愔避地嵩高山」。據本書卷四一楊愔傳，愔與邢卲隱於嵩山，在莊帝誅尒朱榮前，而尒朱兆入洛是在尒朱榮死後，則此作「兆」誤。又據本書卷四八尒朱榮傳，言莊帝謀殺尒朱榮前，「榮乃暫

來向京」，「京師人懷恐懼，中書侍郎邢子才之徒，已避之東出」。知作「榮」是，今據册府改。

〔二二〕敕令恒直內省給御史　李慈銘云：「『御史』當作『御食』。」按北齊書南北二本及通志邢卲傳作「御食」。疑李說是。

〔二三〕後楊愔與魏收及卲請置學奏曰　諸本「收」字作「元叉」二字，北齊書作「收」。錢氏考異卷三九云：「按史敍此事於太昌之後太昌，孝武年號，元叉死已久矣。北齊書以爲魏收者爲近之。然考之魏書卷六六李崇傳，此奏實出於崇，與楊愔、邢卲、魏收諸人初不相涉。其文云：『伏聞朝議，以高祖大造區夏，道侔姬文，擬祀明堂，式配上帝。』蓋孝明熙平二年，太師、高陽王雍等議以高祖配明堂，故有此奏。其時靈太后臨朝攝政，元叉亦用事，故有靈太后之令也。竊意自『請置學』至『累遷尚書令加侍中』凡六百六十七字皆李崇傳文，錯入此篇耳。」按錢說是。楊愔與魏收、邢卲請置學事，並不見於有關諸人傳，紀亦不載，有無未可必。今姑從北齊書改「元叉」爲「收」，又用圓括號刪「奏曰二黌兩學」以下六百六十五字。

〔二四〕宣布下土　諸本「下土」訛作「十二」，據魏書卷六六李崇傳、北齊書卷三六補邢卲傳改。

〔二五〕修此數條　諸本「此」訛「比」，據魏書李崇傳、北齊書邢卲傳改。

〔二六〕文襄在京輔政　諸本「文襄」作「武帝」，通志作「文宣」。錢氏考異云：「『武帝』當作『文襄』。」按錢說是，高澄在鄴「輔政」，見本書卷六文襄紀。今據改。

〔二七〕文襄富於春秋　諸本「文襄」作「宣武」，錢氏考異云：「『宣武』亦『文襄』之譌。」按下文言崔暹薦邢卲事，見本書卷三二崔暹傳。暹傳正作「文襄」，今據改。下文三處同改。

〔二八〕唯南兗羅粟就濟陽食之　按魏書地形志中西兗州無濟陽，有濟陰郡。所屬定陶城，卽西兗州治所。「濟陽」當爲「濟陰」之訛。

〔二九〕自除太常卿兼中書監攝國子祭酒　按上文不言卲於何時除太常卿。據北齊書卷四五樊遜傳，遜於天保七年受詔校書，請以太常卿邢子才家藏書參校。則卲爲太常卿，當在天保年間。北史文字兀突，疑此上有脫文。北齊書「自除」作「累遷」，通志「自」作「後」，疑是各以意改，未必原文如此。

〔三〇〕幸晉陽　北齊書上有「世宗」二字，通志有「文宣」二字。按藝文類聚卷九八有北齊邢子才應詔甘露詩、甘露頌，內容都是歌頌皇帝之語。高澄世宗未曾爲帝，疑通志作「文宣」是。

〔三一〕日思誤書　北齊書作「且誤書思之」，通志作「且思誤書」。按「日」當是「且」之訛。

〔三二〕及卒人士爲之傷心　此承上文，似是邢恕卒。但本卷邢臧傳，言恕仕隋，卒於沂州長史，則卲不得見其死。據本書卷九〇馬嗣明傳，言卲子大寶，少年早喪，則死者當是大寶，非邢恕。「及卒」上有脫文。

〔三三〕孝文初爲荆州刺史　按魏書卷六六李崇傳云：「高祖初，爲大使，巡察冀州。尋以本官行梁州

刺史。時巴氐擾動，詔崇以本將軍爲荆州刺史。」下文又云：「尋勒邊戍，掠得蕭賾人者，悉令還之。」蕭賾齊武帝卽位在太和六年，時孝文在位已十二年，則此作「孝文初」，非是。此乃北史删節致誤。

〔三四〕圍逼湖陽　通典卷一八七板楯蠻傳「湖」作「潁」，魏書卷一〇一蠻傳「湖陽」作「潁川」。

〔三五〕號曰臥彪　魏書李崇傳「彪」作「虎」，北史避唐諱改。

〔三六〕蕃版裝庀　南、北、汲、殿四本及魏書「庀」作「治」。百衲本作「它」。張元濟云：「『它』疑『庀』之訛。」按張說是。北史例避「治」字，故改「治」爲「庀」。「庀」音庇治也，刻誤作「它」，南本以下遂改從魏書。今從張說，改「它」爲「庀」。

〔三七〕尋除中書監驃騎大將軍儀同如故　魏書「尋除」下有「都督冀定瀛三州諸軍事、驃騎大將軍、冀州刺史，儀同如故，不行」。然後載崇請立明堂表，再接「除中書監、驃騎大將軍，儀同如故」。按北史通行本崇表已羼入邢卲傳見上文，此處當經後人修補，故不復見痕迹。且下文「遷尚書令加侍中」顯與上文所删最后八字相重複，今不補。

〔三八〕唯長樂公兩手持絹二十匹而出　魏書李崇傳不載此事。魏書卷十三宣武靈皇后傳，「長樂公」作「長樂公主」。通志卷一五〇上李崇傳亦有「主」字。按洛陽伽藍記卷四開善寺條記此事云：「侍中崔光止取兩匹。太后問曰：『侍中何少？』對曰：『臣有兩手，唯堪兩匹。』」所記與此不同。崔光並不封長樂公，且不應不舉姓名。疑北史本是作「長樂公主」。長樂公主，宣武之妹，見本書卷八〇高肇傳。

〔三九〕平字雲定　魏書卷六五、通志卷一五〇上李平傳「雲」作「曇」。疑作「曇」是。

〔四〇〕車駕將幸鄴　諸本「駕」訛作「騎」，據魏書、通志改。

〔四一〕履武尾　魏書、通志「武」作「虎」，北史避唐諱改。

〔四二〕除定冀二州刺史　魏書作「除其定冀之勳」。按魏書意爲削除其平定冀州之勳。觀下文「尚書令、任城王澄奏理平定冀之勳」，卽知魏書是。且除刺史，不得同時爲兩州。北史誤。

〔四三〕及明崔㥄之謗言執侯景之姦使昔人稱孟軻爲勇於文甯公見之　按邢卲傳本文無一語及此二事，亦不言其謚文簡。據本書卷二四崔㥄傳，謂崔暹告高澄，言㥄譏高澄爲黃頷小兒，引卲爲證，卲執無此言。又通鑑卷一六〇四九四八頁梁太清元年正月，稱侯景「遣軍士二百人載仗入西兗州，欲襲取之。邢子才覺之，掩捕盡獲之，因散檄東方諸州，各爲之備，由是景不能取」。通鑑所本，或是三國典略。但北史原文亦當敍及此事，否則此論便是無的放矢。考邢卲傳敍卲歷官事跡，頗多漏略。如卲於天保初曾官太子少師，修麟趾格，見於本書卷三三李渾傳。修麟趾格又見於洛陽伽藍記卷三。又曾官殿中尚書，見本書卷八一李鉉傳。疑傳本北史之邢卲傳，亦非原貌。如以李崇表羼入卲傳，以高澄爲「武帝」、「宣武」，以子大寶之死爲姪恕之死等，李延壽

不應荒謬至此。必是此傳原文已佚，傳本乃後人補掇，故多脫誤。

北史卷四十四

列傳第三十二

崔光 子勖 弟子鴻 崔亮 從弟光韶 叔祖道固

崔光，清河人，本名孝伯，字長仁，孝文賜名焉。祖曠，從慕容德南度河，居青州之時水。慕容氏滅，仕宋爲樂陵太守。於河南立冀州，置郡縣，即爲東清河鄃人。縣分易，更爲南平原貝丘人也。〔一〕父靈延，宋長廣太守，與宋冀州刺史崔道固共拒魏軍。慕容白曜之平三齊，光年十七，隨父徙代。家貧好學，晝耕夜誦，傭書以養父母。

太和六年，拜中書博士、著作郎，與祕書丞李彪參撰國書，再遷給事黃門侍郎。甚爲孝文所知待，常曰：「孝伯才浩浩如黃河東注，固今日之文宗也。」以參贊遷都謀，賜爵朝陽子。拜散騎常侍，著作如故，兼太子少傅。又以本官兼侍中、使持節爲陝西大使，巡方省察。所經述敍古事，因賦詩三十八篇。還，仍兼侍中。以謀謨之功，進爵爲伯。光少有大度，喜怒

不見於色，有毀惡之者，必善言以報，雖見誣謗，終不自申曲直。皇興初，有同郡二人並被掠爲奴婢，後詣光求哀，光乃以二口贖免。孝文聞而嘉之。雖處機近，未曾留心文案，唯從容論議，參贊大政而已。孝文每對羣臣曰：「以崔光之高才大量，若無意外咎譴，二十年後當作司空。」其見重如是。

宣武即位，正除侍中。初，光與李彪共撰國書，太和之末，彪解著作，專以史事任光。彪尋以罪廢。宣武居諒闇，彪上表求成魏書，詔許之，彪遂以白衣於祕書省著述。光雖領史官，以彪意在專功，表解侍中、著作以讓彪。宣武不許。遷太常卿，領齊州大中正。

正始元年夏，有典事史元顯獻四足四翼雞，詔散騎侍郎趙邕以問光。光表曰：

臣謹案漢書五行志宣帝黃龍元年，未央殿路軨中雌雞化爲雄，毛變而不鳴不將無距。元帝初元中，丞相府史家雌雞伏子，漸化爲雄，冠距鳴將。永光中，有獻雄雞生角。劉向以爲雞者小畜，主司時起居，小臣執事爲政之象也，言小臣將乘君之威，以害政事，猶石顯也。竟寧元年，石顯伏辜，此其效也。靈帝光和元年，南宮寺雌雞欲化爲雄，一身皆似雄，但頭冠尚未變，〔二〕詔以問議郎蔡邕。邕對曰：「貌之不恭，則有雞禍。臣竊推之，頭爲元首，人君之象也。今雞一身已變，未至於頭，而上知之，是將有其事而不遂成之象也。若政無所改，頭冠或成，爲患滋大。」是後張角作亂，稱黃巾賊，遂破壞四方，疲於賦役，人多叛者。上不改政，遂至天下大亂。今之雞狀不同，其應頗相類矣。向、邕並博達之士，考物驗事，信而有證，誠可畏也。臣以邕言推之，翅足衆多，亦羣下相扇助之象。雛而未大，脚羽差小，亦其勢尙微，易制御也。

臣聞災異之見，皆所以示吉凶。明君覩之而懼，乃能招福；闇主視之彌慢，所用致禍。詩、書、春秋、秦、漢之事多矣，此皆陛下所覩者。今或有自賤而貴，關預政事，殆亦前代君房之匹。比者南境死亡千計，白骨橫野，存有酷恨之痛，殁爲怨傷之魂。義陽屯師，盛夏未反；荆蠻狡猾，征人淹次。東州轉輸，多往無還，百姓困窮，絞縊以殞。北方霜降，蠶婦輟事。羣生憔悴，莫甚於今。此亦賈誼哭歎，谷永切諫之時。司寇行戮，君爲之不舉，陛下爲人父母，所宜矜恤。國重戎戰，用兵猶火，內外怨弊，易以亂離。陛下縱欲忽天下，豈不仰念太祖取之艱難，先帝經營劬勞也？誠願陛下留聰明之鑒，警天地之意，禮處左右，節其貴越。往者鄧通、董賢之盛，愛之正所以害之。又躬饗如罕，宴宗或闕，時應親享郊廟，延敬諸父。檢訪四方，務加休息，爰發慈旨，撫振貧瘼。簡費山池，減撤聲飲，晝存政道，夜以安身。博采芻蕘，進賢黜佞，則兆庶幸甚，妖弭慶進，禎祥集矣。

帝覽之大悅。後數日而茹皓等並以罪失伏法，於是禮光逾重。

二年八月，光表曰：「去二十八日，有物出于太極之西序，敕以示臣。臣案其形，即莊子所謂『蒸成菌』者也。又云『朝菌不終晦朔』。雍門周所稱『磨蕭斧而伐朝菌』，指言蒸氣鬱長，非有根種，柔脆之質，彫殞速易，不延旬月，無擬蕭斧。又多生墟落穢濕之地，罕起殿堂高華之所。今極宇崇麗，壇築工密，糞朽弗加，沾濡不及，而兹菌欻構，厥狀扶疏，誠足異也。夫野木生朝，野鳥入廟，古人以爲敗亡之象。然懼災修德，咸致休慶，所謂家利而怪先，國興而妖豫。是故桑穀拱庭，太戊以昌；雊雉集鼎，武丁用熙。自比鵶鵲巢于廟殿，梟鵩鳴於宮寢，菌生賓階軒坐之正，準諸往記，信可爲誡。且東南未靜，兵革不息，郊甸之內，大旱跨時，人勞物悴，莫此之甚。承天子育者所宜矜恤。伏願陛下追殷二宗感變之意，側躬聳誠，惟新聖道，節夜飲之忻，強朝御之膳，養方富之年，保金玉之性，則魏祚可以永隆，皇壽等於山岳。」

四年，除中書舍人。〔三〕永平元年秋，將誅元愉妾李氏，羣官無敢言者。敕光爲詔，光逡巡不作，奏曰：「伏聞當刑元愉妾李，加之屠割。妖惑扇亂，誠合此罪。但外人竊云，李今懷妊，例待分產。且臣尋諸舊典，兼推近事，戮至刳胎，謂之虐刑，桀、紂之主，乃行斯事。君舉必書，義無隱諱，酷而乖法，何以示後？陛下春秋已長，未有儲體，皇子褓襁，至有夭失。臣之愚識，知無不言，乞停李獄，以俟育孕。」帝納之。

延昌元年，遷中書監，侍中如故。二年，宣武幸東宮，召光與黃門甄琛、廣陽王深等並賜坐，詔光曰：「卿是朕西臺大臣，當令爲太子師傅。」光起拜固辭，詔不許。卽令明帝出焉，從者十餘人，敕以光爲傅之意，令明帝拜光。光又拜辭，不當受太子拜，復不蒙許。明帝遂南面再拜。詹事王顯啓請從太子拜，於是宮臣畢拜。光北面立，不敢答拜，唯西面拜謝而出。於是賜光繡綵一百匹，琛、深各有差。尋授太子少傅，遷右光祿大夫，侍中、監如故。

四年正月，宣武夜崩，光與侍中、領軍將軍于忠迎明帝於東宮，安撫內外，光有力焉。帝崩後二日，廣平王懷扶疾入臨，以母弟之親，徑至太極西廡，哀慟禁內，呼侍中、黃門、領軍、二衞，云身欲上殿哭大行，又須入見主上。諸人皆愕然相視，無敢抗對者。光獨攘衰振杖，引漢光武初崩，太尉趙憙橫劍當階，推下親王故事，辭色甚厲。聞者莫不稱善，壯光理義有據。懷聲淚俱止，云：「侍中以古事裁我，我不敢不服。」於是遂還，頻遣左右致謝。

初，永平四年，以黃門郎孫惠蔚代光領著作。惠蔚首尾五歲，無所厝懷。至是，尚書令、任城王澄表光宜還史任，於是詔光還領著作。遷特進，以奉迎明帝功，封博平縣公，領國子祭酒，詔乘步挽於雲龍門出入。尋遷車騎大將軍、儀同三司。靈太后臨朝後，光累表遜位。于忠擅權，光依附之，及忠稍被疏黜，光幷送章綬冠服茅土，表至十餘上，靈太后優答不許。有司奏追于忠及光封邑。熙平元年二月，太師、高陽王雍等奏舉光授明帝經。初，光有德

於靈太后，四月，更封光平恩縣侯，以朝陽伯轉授第二子勗。其月，敕賜羊車一乘。

時靈太后臨朝，每於後園親執弓矢，光乃表上中古婦人文章，因以致諫。是秋，靈太后頻幸王公第宅，光表諫曰：「禮記云：諸侯非問疾弔喪，入諸臣之家，謂之君臣爲謔。不言王后夫人，明無適臣家之義。夫人父母在，有時歸寧；親沒，使卿大夫聘。春秋紀陳、宋、齊之女並爲周王后，無適本國之事。是制深於士大夫。許嫁唁兄，又義不得，衞女思歸，以禮自抑，載馳、竹竿所爲作也。漢上官皇后將廢昌邑，霍光外祖也，親爲宰輔，后猶御武帳以接羣臣，示男女之別，國之大節。伯姬待姆，安就炎燎；樊姜俟命，〔四〕忍赴洪流。傳皆綴集，以垂來訓。昨軒駕頻出，幸馮翊君、任城王第。雖漸中秋，餘熱尚蒸，衡蓋往還，聖躬煩倦。左右僕侍，衆過千百，扶衞跋涉，袍鉀在身。昔人稱陛下甚樂，臣等至苦，或其事也。但帝族方衍，勳貴增遷，祗請遂多，將成彝式。陛下遵酌前王，貽厥後矩，天下爲公，億兆己任。專薦郊廟，止決大政，輔神養和，簡息游幸，則率土屬賴，含生仰悅矣。」

神龜元年，光表曰：「尋石經之作，起自炎劉，昔來雖屢經戎亂，猶未大崩侵。如聞往者刺史臨州，多構圖寺，官私顯隱，漸加剝撤，由是經石彌減，文字增缺。今求遣國子博士一人堪任幹事者，專主周視，驅禁田牧，制其踐穢，料閱碑牒所失次第，量厥補綴。」詔曰：「此乃學者之根原，不朽之永格，便可一依公表。」光乃令國子博士李郁與助教韓神固、劉燮等

勘校石經，其殘缺，計料石功，幷字多少，欲補修之。後靈太后廢，遂寢。

二年八月，靈太后幸永寧寺，躬登九層佛圖。光表諫曰：「伏見親昇上級，佇蹕表剎之下，祗心圖構，誠爲福善，聖躬玉趾，非所踐陟。臣庶恇惶，竊謂未可。」九月，靈太后幸嵩山佛寺，光上表諫，不從。

正光元年冬，賜光几杖衣服。二年春，明帝親釋奠國學，光執經南面，百僚陪列。司徒、京兆王繼頻上表以位讓光，四月，以光爲司徒，侍中、國子祭酒、領著作如故。光表固辭，歷年終不肯受。

八月，獲禿鶖鳥於宮內，詔以示光。光表曰：「此卽詩所謂『有鶖在梁』，解云『禿鶖也』。貪惡之鳥，野澤所育，不應入於殿廷。昔魏氏黃初中，有鵜鶘集于靈芝池，文帝下詔，以曹恭公遠君子，近小人，博求賢俊，太尉華歆由此遜位而讓管寧者也。臣聞野物入舍，古人以爲不善。是以張猗惡鵂，賈誼忌鵩。鵜鶘暫集而去，前王猶爲至誡，況今親入宮禁，爲人所獲，方被畜養，晏然不以爲懼。準諸往義，信有殊矣。饕餮之禽，必資魚肉，菽麥稻粱，時或飡啄，一食之費，容過斤鎰。今春夏陽旱，穀糴稍貴，窮窘之家，時有菜色。陛下爲人父母，撫之如傷，豈可棄人養鳥，留意於醜形惡聲哉！衞侯好鶴，曹伯愛雁，身死國滅，可爲寒心。願遠師殷宗，近法魏祖，修德進賢，消災集慶，放無用之物，委之川澤，取樂琴書，頤

養神性。」明帝覽表大悅，卽棄之池澤。

冬，詔光與安豐王延明議定服章。三年六月，詔光乘步挽至東西上閤。九月，進位太保，光又固辭。光年耆多務，病疾稍增，而自强不已，常在著作，疾篤不歸。四年十月，帝親臨光疾，詔斷賓客，中使相望，爲止聲樂，罷諸游眺，拜長子勵爲齊州刺史。十一月，疾甚，敕子姪等曰：「吾荷先帝厚恩，位至於此，史功不成，歿有遺恨。汝等速可送我還宅。」氣力雖微，神明不亂，至第而薨，年七十三。明帝聞而悲泣，中使相尋，詔給東園溫明祕器、朝服一具、衣一襲、錢六十萬、布一千匹、蠟四百斤，大鴻臚監護喪事。車駕親臨，撫屍慟哭，御輦還宮，流涕於路，爲減常膳，言則追傷，每至光坐講讀之處，未嘗不改容悽悼。贈太傅，領尚書令、驃騎大將軍、開府、冀州刺史，侍中如故。又敕加後部鼓吹、班劍，依太保廣陽王故事，謚文宣。明帝祖喪建春門外，望轜哀慟，儒者榮之。

初，光太和中依宮商角徵羽本音而爲五韻詩，以贈李彪，彪爲十二次詩以報光，光又爲百三郡國詩以答之，國別爲卷，爲百三卷焉。

光寬和慈善，不忤於物，進退沈浮，自得而已。常慕胡廣、黃瓊爲人，故爲氣概者所不重。始領軍于忠，以光舊德，事之；〔五〕元叉於光亦深宗敬。及郭祚、裴植見殺，清河王懌遇禍，光隨時俛仰，竟不匡救，於是天下譏之。自從貴達，罕所申薦，曾啓其女壻彭城劉敬徽，

云敬徽爲荆州五隴戍主，女隨夫行，常慮寇抄，南北分張，乞爲徐州長兼別駕，暫集京師。明帝許之。時人比之張禹。光初爲黃門則讓宋弁，爲中書監讓汝南王悅，爲太常讓劉芳，爲少傅讓元暉、穆紹、甄琛，爲國子祭酒讓清河王懌、任城王澄，爲車騎、儀同讓江陽王繼，又讓靈太后父胡國珍，皆顧望時情，議者以爲矯飾。

崇信佛法，禮拜讀誦，老而逾甚。終日怡怡，未曾恚忿。曾於門下省晝坐讀經，有鴿飛集膝前，遂入於懷，緣臂上肩，久之乃去。道俗讚詠詩頌者數十人。每爲沙門、朝貴請講維摩、十地經，聽者常數百人。即爲二經義疏三十餘卷，識者知其疏略。凡所爲詩賦銘贊誄頌表啓數百篇，五十餘卷，別有集。

光子勵，字彥德，器學才德，最有父風。舉秀才，中軍彭城王參軍、祕書郎中，以父光爲著作，固辭不拜。後除中書侍郎。領軍將軍元叉爲明堂大將，以勵爲長史。與從兄鴻俱有名於世。父光疾甚，拜征虜將軍、齊州刺史。侍父疾，衣不解帶，及薨，孝明每加存慰。光葬本鄉，詔遣主書張文伯宣弔。孝昌元年，除太尉長史，襲父爵。建義初，遇害河陰。贈侍中、衞將軍、青州刺史。勵弟劼。

劼字彥玄，少清虛寡欲，好學有家風。魏末，累遷中書侍郎。興和三年，兼通直散騎常侍，使于梁。天保初，以議禪代，除給事黃門侍郎，加國子祭酒，直內省，典機密。清儉勤慎，甚爲齊文宣所知。拜南青州刺史，有政績。入爲祕書監、齊州大中正，還幷省度支尚書，俄授京省。尋轉五兵尚書，監國史。臺閣之中，見稱簡正。武成之將禪後主，先以問劼，劼諫以爲不可，由是忤意，出爲南兗州刺史。代還，重爲度支尚書、儀同三司，食文登縣幹。尋除中書令，加開府，待詔文林館，監修撰新書。卒，贈齊州刺史、尚書左僕射，謚文貞。

初，和士開擅朝，曲求物譽，諸公因此頗爲子弟干祿。世門之胄，多處京官，而劼二子拱、撝並爲外任。弟廓之從容謂劼曰：「拱幸得不凡，何不在省府中清華之所，而並出外藩？」劼曰：「立身來，恥以言自達。今若進兒，與身何異！」卒無所求。聞者莫不歎服。劼常恨魏收書，欲更作編年紀，而才思竟不能就。

光弟敬友，本州從事。〔六〕頗有受納，御史案之，乃與守者俱逃。後除梁郡太守，會遭所生憂，不拜。敬友精心佛道，晝夜誦經，免喪之後，遂菜食終身。恭寬接下，修身厲節。自景明已降，頻歲不登，飢寒請丐者，皆取足而去。又置逆旅於肅然山南大路之北，設食以供行者。卒于家。子鴻。〔七〕

鴻字彥鸞，少好讀書，博綜經史，稍遷尚書都兵郎中。詔太師、彭城王勰以下公卿朝士儒學才明者三十人，議定律令於尚書上省，鴻與光俱在其中，時論榮之。後爲三公郎中，加員外散騎常侍。

延昌二年，將大考百僚，鴻以考令於體例不通，乃建議曰：「竊惟昔者爲官求才，使人以器，黜陟幽明，揚清激濁。故績效能官，才必稱位者，朝昇夕進，豈拘一階半級者哉。二漢以降，太和以前，苟必官須此人，人稱此職，或超騰昇陟，數歲而至公卿，或長兼、試守稱允當遷進者，披卷則人人而是，舉目則朝貴皆然。故能時收多士之譽，國號豐賢之美。竊見景明以來考格，三年成一考，一考轉一階。貴賤內外，萬有餘人，自非犯罪，不問賢愚，莫不上中，才與不肖，比肩同轉。雖有善政如黃、龔，儒學如王、鄭，才史如班、馬，文章如張、蔡，得一分一寸，必爲常流所攀，選曹亦抑爲一概，不曾甄別。琴瑟不調，改而更張，雖明旨已行，猶宜消息。」宣武不從。〔八〕

三年，鴻以父憂解任，甘露降其廬前樹。十一月，宣武以本官徵鴻。四年，復有甘露降其京兆宅之庭樹。後遷中散大夫、高陽王友，仍領郎中。正光元年，加前將軍，修孝文、宣武起居注。

光撰魏史，徒有卷目，初未考正，闕略尤多，每云：「此史會非我世所成，但須記錄時事，以待後人。」臨薨，言鴻於孝明。五年，詔鴻以本官修緝國史。孝昌初，拜給事黃門侍郎，尋加散騎常侍、齊州大中正。鴻在史甫爾，未有所就。尋卒，贈鎭東將軍、度支尚書、青州刺史。

鴻弱冠便有著述志。見晉、魏前史，皆成一家，無所措意。以劉元海、石勒、慕容儁、苻健、慕容垂、姚萇、慕容德、赫連屈孑、張軌、李雄、呂光、乞伏國仁、禿髮烏孤、李暠、沮渠蒙遜、馮跋等並因世故，跨僭一方，各有國書，未有統一，鴻乃撰爲十六國春秋，勒成百卷，因其舊記，時有增損褒貶焉。鴻二世仕江左，故不錄僭晉、劉、蕭之書，又恐識者責之，未敢出行於外。宣武聞其撰錄，遣散騎常侍趙邕詔鴻曰：「聞卿撰定諸史，甚有條貫，便可隨成者送至，朕當於機事之暇覽之。」鴻以其書有與國初相涉，言多失體，且既訖，不奏聞。〔九〕鴻後典起居，乃妄載其表曰：

臣聞帝王之興也，雖誕應圖籙，然必有驅除，蓋所以翦彼厭政，成此樂推。故戰國紛紜，年過十紀，而漢祖夷殄羣豪，開四百之業。歷文、景之懷柔蠻夏，世宗之奮揚威武，始得涼、朔同文，牂、越一軌。於是談、遷感漢德之盛，痛諸史放絕，乃鈐括舊書，著成太史，所謂緝茲人事，光彼天時之義也。

昔晉惠不競，華戎亂起，三帝受制於姦臣，二皇晏駕於非所，五都蕭條，鞠爲煨燼。趙、燕既爲長蛇，遼海緬成殊域，中原無主，八十餘年。遺晉僻遠，勢略孤微，人殘兵革，靡所歸控。皇魏龍潛幽、代，內修德政，外抗諸僞，并、冀之人，懷寶之士，繦負而至者日月相尋。太祖道武皇帝以神武之姿，接金行之運，應天順人，龍飛受命。太宗必世重光，業隆玄默。世祖雄才叡略，闡曜威靈，農戰兼修，掃清氛穢。歲垂四紀，而寰宇一同，百姓始得陶然蘇息，欣於堯、舜之代。

自晉永寧以後，雖所在稱兵，競自尊樹，而能建邦命氏，成爲戰國者，十有六家。善惡興滅之形，用兵乖會之道，亦足以垂之將來，昭明勸戒。但諸史殘缺，體例全虧，編錄紛謬，繁略失所，宜審正同異，定爲一書。誠知敏謝允南，才非承祚，然國志、史考之美，竊亦輒所庶幾。始自景明之初，搜集諸國舊史，屬遷京甫爾，率多分散，求諸公私，驅馳數歲。又臣家貧祿微，唯任孤力，至於書寫所資，每不周接。暨正始元年，寫乃向備。謹於吏案之暇，草構此書，區分時事，各繫本錄。稽以長歷，考諸舊志，刪正差謬，定爲實錄。商較大略，著春秋百篇。至三年之末，草成九十五卷。唯常璩所撰李雄父子據蜀時書，尋訪不獲，所以未及繕成。〔一〇〕輟筆私求，七載于今。此書本江南撰錄，恐中國所無，非臣私力所能終得。其起兵僭號，事之始末，乃亦頗有，但不得此書，懼簡

略不成。久思陳奏，乞敕緣邊求採，但愚賤無因，不敢輕輒。散騎常侍、太常少卿、荊州大中正趙邕忽宣明旨，敕臣送呈，不悟九皐微志，乃得上聞。奉敕欣惶，慶懼兼至。今謹以所訖者附臣邕呈奏。

臣又別作序例一卷、年志一卷，〔一一〕仰表皇朝統括大義，俯明愚臣著錄微體。徒竊慕古人立言美意，文致疏鄙，無一可觀，簡御之日，伏深慚悸。

鴻意如此。自正光以前，不敢顯行其書。自後以其伯光貴重當朝，知時人未能發明其事，乃頗傳讀。然鴻經綜既廣，多有違謬。至道武天興二年，姚興改號鴻始，而鴻以爲改在元年；明元永興二年，慕容超禽於廣固，鴻又以爲在元年；太常二年，姚泓敗於長安，而鴻亦以爲滅在元年。如此之失，多不考正。

子子元，祕書郎。後永安中，乃奏其父書，稱：「臣亡考散騎常侍、黃門侍郎、前將軍、齊州大中正鴻，正始之末，任屬記言，撰緝餘暇，迺刊著趙、燕、秦、夏、西涼、乞伏、西蜀等遺載，爲之贊序，褒貶評論。先朝之日，草構悉了，唯有李雄蜀書，搜索未獲，闕茲一國，遲留未成。去正光三年，購訪始得，討論適訖，而先臣棄世。凡十六國，名爲春秋，一百二卷，近代之事，最爲備悉。未曾奏上，弗敢宣流。今繕寫一本，敢以仰呈，乞藏祕閣，以廣異家。」子元後謀反，事發逃竄，會赦免，尋爲其叔鶡所殺。

光從祖弟長文，字景翰，少亦徙於代都，聰敏有學識。永安中，累遷平州刺史，以老還家，專讀佛經，不關世事。卒，贈齊州刺史，諡曰貞。

子懋，字德林，徐州征東府長史。

長文從弟庠，字文序，有幹用。爲東郡太守，元顥寇逼郡界，庠拒不從命，棄郡走還鄉里。孝莊還宮，賜爵平原伯，拜潁川太守，頗有政績。永熙初，除東徐州刺史。二年，爲城人王早、蘭寶等所害。後贈驃騎將軍、吏部尚書、齊州刺史。子罕襲爵，齊受禪，例降。

光族弟榮先，字隆祖，涉歷經史，州辟主簿。子鏗，有文才，位中散大夫。鏗弟覬，羽林監。

崔亮字敬儒，清河東武城人，魏中尉琰之後也。高祖瓊，爲慕容垂車騎屬。曾祖輯，南徙青州，因仕宋爲太山太守。祖脩之，清河太守。父元孫，尚書郎。青州刺史沈文秀之叛，宋明帝使元孫討之，爲文秀所害。

亮母房攜亮依其叔祖冀州刺史道固於歷城，及慕容白曜平三齊，內徙桑乾，爲平齊人。

時年十歲，常依季父幼孫。居貧，傭書自業。

時隴西李沖當朝任事，亮族兄光往依之，謂亮曰：「安能久事筆硯而不往託李氏也？彼家饒書，因可得學。」亮曰：「弟妹飢寒，豈容獨飽？自可觀書於市，安能看人眉睫乎！」光言之於沖，沖召亮與語，因謂曰：「比見卿先人相命論，使人胸中無復怵迫之念。今遂亡本，卿能記之不？」亮卽爲誦之，涕淚交零，聲韻不異。沖甚奇之，迎爲館客。沖謂其兄子彥曰：「大崔生寬和篤雅，汝宜友之；小崔生峭整淸徹，汝宜敬之。二人終將大至。」沖薦之爲中書博士，轉議郎，尋遷尚書二千石。

孝文在洛，欲創革舊制，選置百官，謂羣臣曰：「與朕舉一吏部郎，必使才望兼允者，給卿三日假。」又一日，孝文曰：「朕已得之，不煩卿輩也。」驛徵亮兼吏部郎。俄爲太子中舍人，遷中書侍郎，兼尚書左丞。亮雖歷顯任，其妻不免親事舂簸，孝文聞之，嘉其清貧，詔帶野王令。

宣武親政，〔一二〕遷給事黃門侍郎，仍兼吏部郎，領青州大中正。亮自參選事，垂將十年，廉慎明決，爲尚書郭祚所委，每云：「非崔郎中選事不辦。」尋除散騎常侍，仍爲黃門。遷度支尚書，領御史中尉。自遷都之後，經略四方，又營洛邑，費用甚廣，亮在度支，別立條格，歲省億計。又議修汴、蔡二渠以通邊運，公私賴焉。

侍中、廣平王懷以母弟之親，左右不遵憲法，敕亮推究。宣武禁懷不通賓客者久之。後因宴集，懷恃親使忿，欲陵突亮。亮乃正色責之，卽起於宣武前脫冠請罪，遂拜辭欲出。宣武曰：「廣平粗疏，向來又醉，卿之所悉，何乃如此也！」遂詔亮復坐，令懷謝焉。亮外雖方正，內亦承候時情。宣傳左右郭神安頗被宣武識遇，以弟託亮，亮引為御史。及神安敗後，因集禁中，宣武令兼侍中盧昶宣旨責亮曰：「在法官，何故受左右囑請！」亮拜謝而已，無以上對。轉都官尚書，又轉七兵，領廷尉卿，加散騎常侍。徐州刺史元昞撫御失和，〔一三〕詔亮馳驛安撫。亮至，劾昞處以大辟，勞賚綏慰，百姓帖然。

除安西將軍、雍州刺史。城北渭水淺不通船，行人艱阻。亮謂僚佐曰：「昔杜預乃造河梁，況此有異長河，且魏、晉之日，亦自有橋。吾今決欲營之。」咸曰：「水淺，不可為浮橋；汎長無恒，又不可施柱。恐難成立。」亮曰：「昔秦居咸陽，橫橋度渭，以像閣道，此卽以柱為橋。今唯慮長柱不可得耳。」會天大雨，山水暴至，浮出長木數百根，籍此為用，橋遂成立。百姓利之，至今猶名崔公橋。亮性公清，敏于斷決，所在並號稱職，三輔服其德政。宣武嘉之，詔賜衣馬被褥。後納其女為九嬪，徵為太常卿，攝吏部事。

孝明初，出為定州刺史。梁左游擊將軍趙祖悅率眾據硤石，詔亮假鎮南將軍，齊王蕭寶夤鎮東將軍，章武王融安南將軍，並使持節，督諸軍以討之。靈太后勞遣亮等，賜戎服雜

物。亮至硤石，祖悅出城逆戰，大破之。祖悅復於城外置二柵，欲拒軍，亮焚擊破之。亮與李崇為水陸之期，日日進攻，而崇不至。及李平至，崇乃進軍，共平硤石。

靈太后賜亮璽書曰：「硤石既平，大勢全舉，淮堰孤危，自將奔遁。若仍敢游魂，此當易以立計。禽翦蟻徒，應在旦夕。將軍推轂所憑，親對其事，處分經略，宜共協齊，必令得掃盪之理，盡彼遺燼也。隨便守禦，及分度掠截，扼其咽喉，防塞走路，期之全獲，無令漏逸。若畏威降首者，自加蠲宥，以仁為本，任之雅算。」以功進號鎮北將軍。

李平部分諸軍，將水陸兼進，以討堰賊。亮違平節度，以疾請還，隨表而發。平表亮輒還京，失乘勝之機，闕水陸之會，今處亮死，上議。靈太后令曰：「亮去留自擅，違我經略，雖有小捷，豈免大咎。但吾攝御萬機，庶茲惡殺，可特聽以功補過。」及平至，亮與爭功於禁中，形於聲色。

尋除殿中尚書，遷吏部尚書。時羽林新害張彝之後，靈太后令武官得依資入選。官員既少，應選者多，前尚書李韶循常擢人，百姓大為怨。亮乃奏為格制，不問士之賢愚，專以停解日月為斷，雖復官須此人，停日後者終於不得；庸才下品，年月久者灼然先用。沈滯者皆稱其能。亮外甥司空諮議劉景安書規亮曰：「殷、周以鄉塾貢士，兩漢由州郡薦才，魏、晉因循，又置中正。諦觀在昔，莫不審舉，雖未盡美，足應十收六七。而朝廷貢才，止求其文，

不取其理。察孝廉唯論章句，不及治道；立中正不考人才行業，空辨氏姓高下。至於取士之途不溥，沙汰之理未精。而舅屬當銓衡，宜須改張易調。如何反為停年格以限之，天下士子誰復修厲名行哉？」亮答書曰：

汝所言乃有深致。吾乘時徼幸，得為吏部尚書。當其壯也，尚不如人，況今朽老，而居帝難之任。常思同升舉直，以報明主之恩；盡忠竭力，不為貽厥之累。昨為此格，有由而然。今已為汝所怪，千載之後，誰知我哉！可靜念吾言，當為汝論之。

吾兼正六為吏部郎，三為尚書，銓衡所宜，頗知之矣。但古今不同，時宜須異。何者？昔有中正品其才第，上之尚書，尚書據狀，量人授職，此乃與天下羣賢共爵人也。吾謂當爾之時，無遺才、無濫舉矣，而汝猶云十收六七。況今日之選，專歸尚書，以一人之鑒，照察天下，劉毅所云一吏部、兩郎中而欲究鏡人物，何異以管窺天而求其博哉！今勳人甚多，又羽林入選，武夫崛起，不解書計，唯可彍弩前驅，指蹤捕嗌而已。忽令垂組乘軒，求其烹鮮之效，未曾操刀，而使專割。又武人至多，官員至少，不可周溥。設令十人共一官，猶無官可授，況一人望一官，何由可不怨哉？吾近面執，不宜使武人入選，請賜其爵，厚其祿。既不見從，是以權立此格，限以停年耳。

昔子產鑄刑書以救敝，叔向譏之以正法，何異汝以古禮難權宜哉？仲尼云：「德我

者春秋，罪我者亦春秋。」吾之此指，其由是也。但令當來君子，知吾意焉。

後甄琛、元脩義、城陽王徽相繼為吏部尚書，利其便己，踵而行之。自是賢愚同貫，涇、渭無別。魏之失才，從亮始也。

歷侍中、太常卿、左光祿大夫、尚書右僕射。時劉騰擅權，亮託妻劉氏，傾身事之，故頻年之中，名位隆赫。有識者譏之。轉尚書僕射，加散騎常侍。疽發於背，明帝遣舍人問疾，亮上表乞解僕射，詔不許。尋卒，詔給東園祕器，贈車騎大將軍、儀同三司，謚曰貞烈。

亮在雍州，讀杜預傳，見其為八磨，嘉其有濟時用，遂教人為碾。及為僕射，奏於張方橋東堰穀水，造磑磨數十區，其利十倍，國用便之。亮有三子，士安、士和、士泰，並強幹，善於當世。

士安歷尚書比部郎，卒於諫議大夫，贈左將軍、光州刺史。無子，弟士和以子乾亨繼。乾亨，武定中，尚書都兵郎中。

士和初為司空主簿。蕭寶夤之在關中，高選僚佐，以為都督府長史。時莫折念生遣使詐降，寶夤表士和兼度支尚書為隴右行臺，令入秦撫慰，為念生所害。

士泰歷給事中、司空從事中郎、諫議大夫、司空司馬。明帝末，荊蠻侵斥，以士泰為龍驤將軍、征蠻別將。事平，以功賜爵五等男。建義初，遇害於河陰，贈都督、青州刺史，謚曰

文肅。子肇師襲爵。

肇師少時疏放，長遂變節，更成謹厚。涉獵經史，頗有文思。天平初，以通直散騎侍郎爲慰勞青州使，至齊州界，爲土賊崔迦葉等拘，欲逼與同事，肇師執志不動，喻以禍福，賊遂捨之。仍巡慰青部而還。肇師以從弟乾亨同居，事伯母甚謹。齊文襄嘗言肇師合誅，左右問其故，曰：「崔鴻十六國春秋述諸僭僞而不及江東。」左右曰：「肇師與鴻別族。」乃止。天保初，以參定禪代禮儀，〔一四〕封襄城縣男，仍兼中書侍郎，卒。始鄴下有薛生者，能相人，言趙彥深當大貴。〔一五〕肇師因問己，答曰：「公門望雖高，爵位不及趙。」終如其言。

亮弟敬默，奉朝請，卒於征虜長史，贈南陽太守。子思韶，從亮征硤石，以軍功賜爵武城子，爲冀州別駕。

敬默弟敬遠，以其賤出，殊不經紀，論者譏焉。

光韶，亮從父弟也。父幼孫，太原太守。光韶事親以孝聞。〔一六〕初除奉朝請，光韶與弟光伯孿生，操業相侔，特相友愛，遂經吏部尚書李沖，讓官於光伯，辭色懇至。沖爲奏聞，孝文嘉而許之。太和二十年，以光韶爲司空行參軍，復請讓從叔和，曰：「臣誠微賤，未登讓品，屬逢皇朝，恥無讓德。」和亦謙退，辭而不當。孝文善之，遂以和爲廣陵王國常侍。

尋敕光韶兼祕書郎，〔一七〕掌校華林御書。累遷青州中從事。後爲司空騎兵參軍，又兼司徒戶曹。出爲濟州輔國府司馬，刺史高植甚知之，政事多委訪焉。還青州平東府長史。府解，敕知州事。光韶清直明斷，吏人畏愛之。入爲司空從事中郎，以母老解官歸養，賦詩展意，朝士屬和者數十人。久之，徵爲司徒諮議，固辭不拜。光韶性嚴，聲韻抗烈，與人平談，常若震厲。至於兄弟議論，外聞謂爲忿怒，然孔懷雍睦，人少逮之。

孝莊初，河間邢杲率河北流人十餘萬衆攻逼州郡，刺史元儁憂不自安，州人乞光韶爲長史以鎮之。時陽平路回寓居齊土，與杲潛相影響，引賊入郭，光韶臨機處分，在難確然。賊退之後，刺史表光韶忠毅，朝廷嘉之，發使慰勞。尋爲東道軍司。及元顥入洛，自河以南，莫不風靡。刺史廣陵王欣集文武以議所從，在坐之人，莫不失色。光韶獨抗言曰：「元顥受制梁國，稱兵本朝，亂臣賊子，曠代少疇。何但大王家事，所宜切齒。等荷朝眷，未敢仰從。」長史崔景茂、前瀛州刺史張烈、前郢州刺史房叔祖、徵士張僧皓咸云：「軍司議是。」欣乃斬顥使。

尋徵輔國將軍，再遷廷尉卿。祕書監祖瑩以贓罪被劾，光韶必欲致之重法，太尉城陽王徽、尚書令臨淮王彧、吏部尚書李神儁、侍中李彧並勢望當時，皆爲瑩求寬。光韶正色曰：「朝賢執事，於舜之功，未聞其一，如何反爲罪人言乎。」其執意不回如此。永安擾亂，遂還鄉里。

光韶博學强辯，尤好理論，至於人倫名敎，得失之間，榷而論之，不以一毫假物。家足於財，而性儉吝，衣馬敝瘦，食味粗薄。始光韶在都，同里人王蔓於夜遇盜，害其二子。孝莊詔黃門高道穆，令加檢捕，一坊之內，家別搜索。至光韶宅，綾絹錢布，匱篋充積。議者譏其矯嗇。其家資產，皆光伯所營。光伯亡，悉焚其契。河間邢子才曾貸錢數萬，後送還之。光韶曰：「此亡弟相貸，僕不知也。」竟不納。

刺史元弼前妻，是光韶之繼室兄女。弼貪惏不法，光韶以親情亟相非責，弼銜之。時耿翔反於州界，弼誣光韶子通與賊連結，囚其合家，考掠非理。而光韶與之辨爭，詞色不屈。會樊子鵠爲東道大使，知其見枉，理出之。時人勸令詣樊陳謝，光韶曰：「羊舌大夫已有成事，何勞往也。」子鵠亦歎尚之。後刺史侯深代下，疑懼，謀爲不軌，夜劫光韶，以兵脅之，責以謀略。光韶曰：「凡起兵須有名義，使君今日舉動，直是作賊耳，知復何計！」深雖恨之，敬而不敢害。尋除征東將軍、金紫光祿大夫，不起。

光韶以世道屯邅，朝廷屢變，閉門却掃，吉凶斷絕。誡子孫曰：「吾自謂立身無慚古烈，但以祿命有限，無容希世取進。在官以來，不冒一級，官雖不達，經爲九卿。且吾平生素業，足以遺汝，官閥亦何足言也。吾既運薄，便經三娶，而汝之兄弟各不同生。合葬非古，

吾百年之後，不須合也。然贈諡之及，出自君恩，豈容子孫自求之也？勿須求贈。若違吾志，如有神靈，不享汝祀。吾兄弟自幼及老，衣服飲食未嘗一片不同，至於兒女官婚，榮利之事，未嘗不先以推弟。弟頃橫禍，權作松櫬，亦可爲吾作松棺，使吾見之。」卒，年七十一。孝靜初，侍中賈思同申啓，稱述光韶，詔贈散騎常侍、驃騎將軍、青州刺史。

光韶弟光伯。爲青州別駕，後以族弟休臨州，申牒求解。尚書奏：「案禮：始封之君，不臣諸父、昆弟；封君之子，臣昆弟，不臣諸父；封君之孫，得盡臣。計始封之君，即是世繼之祖，尚不得臣，況今刺史既非世繼，而得行臣吏之節，執笏稱名者乎？檢光伯請解，率禮不愆，謂宜許遂。」靈太后令從之。尋除北海太守，有司以其更滿，依例奏代。明帝詔曰：「光伯自蒞海沂，清風遠著，兼其兄光韶復能辭榮侍養，兄弟忠孝，宜有甄錄，可更申三年，以廣風化。」後歷太傅諮議參軍。

節閔帝時，崔祖螭、張僧皓起逆，攻東陽，旬日間，衆十餘萬。刺史、東萊王貴平欲令光伯出城慰勞。兄光韶爭之曰：「以下官觀之，非可慰喻止也。」貴平逼之，不得已，光伯遂出城。未及曉喻，爲飛矢所中，卒，贈青州刺史。

子滔，武定末殷州別駕。

脩之弟道固。道固字季堅，其母卑賤，嫡母兄攸之、目連等輕侮之。父輯謂攸之曰：「此兒姿識，或能興人門戶，汝等何以輕之？」攸之等遇之彌薄。輯乃資給道固，令其南仕。時宋孝武爲徐、兗二州刺史，以道固爲從事。道固美形貌，善舉止，習武事，孝武嘉之。會青州刺史新除，過彭城，孝武謂曰：「崔道固人身如此，豈可爲寒士？而世人以其偏庶侮之，可爲歎息。」刺史至州，辟爲主簿。後爲宋諸王參軍，被遣青州募人，長史以下並詣道固。道固諸兄等逼其所生自致酒炙於客前。道固驚起接取，謂客曰：「家無人力，老親自執劬勞。」諸客皆知其兄所作，咸拜其母。母謂道固曰：「我賤，不足以報貴賓，汝宜答拜。」諸客皆歎美道固母子，賤其諸兄。

後爲冀州刺史，鎮歷城。宋明帝立，徐州刺史薛安都與道固等立廢帝子業弟子勛，敗乃歸魏。獻文帝以爲南冀州刺史、清河公。宋明帝遣說道固，以爲徐州刺史，復歸宋。皇興初，獻文詔征南大將軍慕容白曜討道固，道固面縛請罪。白曜送赴都，詔恕其死。乃徙齊土望共道固守城者數百家於桑乾，〔一八〕立平齊郡於平城西北北新城，以道固爲太守，賜爵臨淄子。尋徙居京城西南二百餘里舊陰館之西。〔一九〕延興中卒，子景徽襲爵。

初，道固之在客邸，與薛安都、畢衆敬隣館，時以公集相見。本既同由武達，頗結僚舊。

時安都志已衰朽，於道固疏略，而衆敬每盡殷勤。道固謂劉休賓、房法壽曰：「古人云『非我族類，其心必異』，安都視人，殊自蕭索，畢固依依也。」

景徽字文叡，卒於平州刺史，謚曰定。子休纂襲爵。

道固兄目連子僧祐、僧深。僧深坐兄僧祐與沙門法秀謀反，〔二〇〕徙薄骨律鎮。後位南青州刺史。元妻房氏生子伯驎、伯驥。後薄房氏，納平原杜氏，與俱徙。生四子，伯鳳、祖龍、祖螭、祖虬。僧深得還之後，絕房氏，遂與杜氏及四子寓青州。伯驎、伯驥與母房居冀州，雖往來父間，而心存母氏，孝慈之道，頓阻一門。僧深卒，伯驎奔赴，不敢入家，寄哭寺門。祖龍剛躁，與兄伯驎訟嫡庶，並以刀劍自衞，苦怨讎焉。祖螭小字社客，普泰初反，佘朱仲遠討斬之。祖虬，少好學，不馳競。

僧深從弟和，位平昌太守。家巨富而性吝，埋錢數百斛，其母李春思堇，惜錢不買。子軌，字啓則，盜錢百萬，背和亡走。後至儀同、開府鎧曹參軍，坐貪僞，賜死晉陽。〔二一〕

論曰：崔光風素虛遠，學業深長，孝文歸其才博，許其大至，明主固知臣也。歷事三朝，師訓少主，不出宮省，坐致台傅，斯亦近世之所希有。但顧懷大雅，託迹中庸，其於容身之

譏，斯乃胡廣所不免也。鴻博綜古今，立言爲事，亦才志之士乎。崔亮既明達從事，動有名迹，於斷年之選，失之逾遠，救弊未聞，終爲國蠹，無苟而已，其若是乎。光韶居雅仗正，有國士之風矣。

校勘記

〔一〕崔光清河人至於河南立冀州置郡縣卽爲東清河鄃人縣分易更爲南平原貝丘人也　按魏書卷六七崔光傳，言光爲「東清河鄃人」，無「更爲南平原貝丘人」等語。此乃北史據北齊書卷四二崔劼傳所增。蓋李延壽以劼爲光子，籍貫應同，故移於其父傳首，其實錯誤。崔氏本居河北冀州之清河郡。後隨慕容德南渡，居於青州。劉宋滅南燕後，於靑州僑置冀州，並置郡縣，故河南遂有清河、平原等郡見宋書州郡志。北魏獻文皇興中取青、齊，改此冀州爲齊州，並於清河、平原等郡名上各加「東」字，以區別於河北原有之清河、平原見魏書地形志中。魏書崔光傳據北魏皇興後郡縣書之，故稱「東清河鄃人」。至北齊天保七年，併東清河、平原、廣川三郡爲東平原郡見隋書地理志中齊郡長山、淄川二縣，及太平寰宇記卷一九淄州、長山二條，原屬東清河之鄃縣，此時當併入貝丘縣而隸於東平原此及北齊書之「南平原」，當爲「東平原」之誤。北齊書崔劼傳據天保七年後郡縣言之，故云：「更爲南東平原貝丘人也。」北史移此語於崔光傳首，則是以北齊郡縣加於北魏時人，其

誤顯然。又北齊書「河南」上有「宋氏」二字，疑此脫。「縣分易」上亦應有「郡」字。

〔二〕但頭冠尚未變　諸本「尚」作「上」，據魏書崔光傳及漢書卷二七五行志改。

〔三〕除中書舍人　魏書作「中書令」。按光時官位已高，不得降爲第六品之中書舍人，魏書是。

〔四〕樊姜侯命　各本「侯」作「侯」，南本作「候」，魏書及通志卷一五〇崔光傳作「侯」。按「侯」「候」並「侯」之訛，今從魏書、通志改。

〔五〕始領軍于忠以光舊德事之　魏書「舊德」下有「甚信重焉，每事籌決。光亦傾身」十二字。北史刪去，頗失原意。

〔六〕本州從事　魏書卷六七「從事」作「治中」。按北史避唐諱，例改「治中」爲「中從事」，疑此脫「中」字。

〔七〕子鴻　諸本「子」上有「弟」字。張森楷云：「魏書作『子鴻』，謂敬友子也。下鴻傳云：『三年，鴻以父憂解任。』據魏書，敬友以延昌三年卒，與鴻傳合。知無『弟』字是。」按張說是，今據魏書刪。

〔八〕宣武不從　諸本「宣武」作「武帝」，魏書作「世宗」，通志卷一五〇下崔光傳作「宣武帝」。按下文郎見「宣武」，今改正。

〔九〕且既訖不奏聞　魏書作「且既未訖，迄不奏聞」。此當脫「未」、「迄」二字。

〔一〇〕所以未及繕成　諸本「繕」作「善」，據魏書改。

〔一一〕年志一卷　魏書「志」作「表」，疑是。

〔一二〕宣武親政　諸本「宣武」作「孝明」，魏書卷六六崔亮傳作「世宗」。按北史例稱元恪世宗爲「宣武」。下文「廣平王懷以母弟之親」，懷爲元恪弟，知作「孝明」誤。今據改，下文六處同改。

〔一三〕徐州刺史元昞撫御失和　錢氏考異卷三九云：「北史避唐諱，改『昞』爲『景』，此『昞』字亦後人輒改。」按此元昞卽卷十五常山王遵傳之元壽興。彼處改稱其字，又改名爲「景」，可証北史此處之「昞」，非李延壽原文。錢說是。

〔一四〕以參定禪代禮儀　諸本「禪」訛作「渾」，據北齊書卷二三崔㥄傳、通志卷一五四崔肇師傳改。

〔一五〕言趙彥深當大貴　諸本「深」作「琛」，通志作「深」。按本書卷五五趙隱傳，隱字彥深，北齊書卷三八同。今據改。

〔一六〕光韶事親以孝聞　諸本「聞」作「悌」，魏書卷六六、通志卷一五〇下崔光韶傳作「聞」。按「悌」指兄弟友愛，「事親以悌」不可通。今據改。

〔一七〕尋敕光韶兼秘書郎　諸本脫「兼」字，據魏書補。

〔一八〕乃徙齊土望共道固守城者數百家於桑乾　魏書卷二四崔玄伯傳附崔道固傳，「土」作「士」。

〔一九〕尋徙居京城西南二百餘里舊陰館之西　諸本「陰」作「除」，魏書卷二四作「陰」。按水經注卷

一三漯水注：「漯水逕陰館縣故城西中略。魏皇興三年齊平，徙其民於縣，立平齊郡。」今據改。

〔二〇〕道固兄目連子僧祐僧深僧深坐兄僧祐與沙門法秀謀反　諸本不疊「僧深」二字，據通志卷一五〇下崔亮傳附崔道固傳補。又魏書卷二四「深」作「淵」，北史避唐諱改。

〔二一〕坐貪僞賜死晉陽　魏書卷二四「僞」作「汚」，疑是。

唐　李延壽撰

北史

第六册

卷四五至卷五四（傳）

中華書局

中華書局

北史卷四十五

列傳第三十三

裴叔業　夏侯道遷　李元護　席法友　王世弼
江悅之　淳于誕　沈文秀　張讜　李苗　劉藻
傅永　傅竪眼　張烈　李叔彪　路恃慶
房亮　曹世表　潘永基　朱元旭

裴叔業，河東聞喜人，魏冀州刺史徽之後也。五世祖苞，晉秦州刺史。祖邕，自河東居于襄陽。父順宗，兄叔寶，仕宋、齊，並有名位。

叔業少有氣幹，頗以將略自許。宋元徽末，歷官爲羽林監、齊高帝驃騎行參軍。齊受命，累遷爲寧蠻長史、廣平太守。叔業早與齊明帝共事，明帝輔政，以爲心腹，使領軍奄襲

諸蕃鎮，盡心用命。及卽位，以爲給事黃門侍郎，封武昌縣伯。

孝文南次鍾離，齊拜叔業爲徐州刺史，〔一〕以水軍入淮。帝令郎中裴聿往與之語，叔業盛飾左右服翫以夸之。聿曰："伯父儀服誠爲美麗，但恨不晝游耳。"

齊帝崩，廢帝卽位，誅大臣，都下屢有變發。叔業登壽春城，北望肥水，謂部下曰："卿等欲富貴乎，我言富貴亦可辦耳。"未幾，見徙南兗州刺史。會陳顯達圍建鄴，叔業遣司馬李元護應之，及顯達敗而還。叔業慮內難未已，不願爲南兗州。齊廢主嬖臣茹法珍、王咺之等疑其有異，去來者並云叔業北入。叔業兄子植、颺、瑜、粲等棄母奔壽陽。法珍等以其既在疆埸，且欲羈縻之，白齊主，遣中書舍人裴穆慰誘之，許不須回換。叔業雖得停，而憂懼不已。時梁武帝爲雍州刺史，叔業遣親人馬文範以自安之計訪之梁武帝曰："雍州若能堅據襄陽，輒當勠力自保。若不爾，回面向北，不失河南公。"梁武報曰："唯應送家還都以安慰之，自然無患。若意外相逼，當勒馬二萬，直出橫江，以斷其後，則天下事一舉可定。若欲北向，彼必遣人相代，以河北一地相處，河南公寧復可得？如此則南歸望絕矣。"叔業沉疑未決，遣信詣豫州刺史薛眞度，訪入北之宜。眞度答書，盛陳朝廷風化，叔業乃遣子芬之及兄女夫韋伯昕奉表內附。

景明元年正月，宣武詔授叔業使持節、散騎常侍、都督、豫州刺史、征南將軍，封蘭陵郡公，又賜叔業璽書，遣彭城王勰、尚書令王肅赴接。軍未度淮，叔業病卒，李元護、席法友等推叔業兄子植監州事。詔贈叔業驃騎大將軍、開府儀同三司，謚忠武公，給東園溫明祕器。

子蒨之，字文德，仕齊，隨郡王左常侍，先卒。

子譚紹封。譚粗險好殺，所乘牛馬爲小驚逸，手自殺之。然孝事諸叔，盡於子道，國祿歲入，每以分贍，世以此稱之。位輔國將軍、中散大夫。卒，贈南豫州刺史，謚曰敬。

子測，字伯源，襲。歷通直散騎侍郎，天平中，走於關中。

蒨之弟芬之，字文馥，長者好施，篤愛諸弟。仕齊，位羽林監。入魏，以父勳封上蔡伯。爲東秦州刺史，在州有清靜稱。後徙封山在縣。遷岐州刺史，爲隴賊所圍，城陷，賊以送上邽，爲莫折念生所害，贈青州刺史。

芬之弟藹之，字幼重，性輕率。好琴書，其內弟柳諧善鼓琴，藹之師而微不及也。位汝陽太守。

叔業長兄子彥先，少有志尚。叔業以壽春入魏，彥先封雍丘縣子，位勃海相。卒，謚曰惠恭。

彥先子約，字元儉，性頗剛鯁，後襲爵。冀州大乘賊起，敕爲別將，行勃海郡事，城陷見害。

長子英起，武定末，洛州刺史。英起弟威起，卒於齊王府中兵參軍，贈鴻臚少卿。

彥先弟絢，揚州中從事。時揚州霖雨，水入城，刺史李崇居城上，繫船憑焉。絢率城南人數千家汎舟南走高原，謂崇還北，遂與別駕鄭祖起等送子十四人於梁。崇勒水軍討之，衆潰見獲，投水而死。

植字文遠，叔業兄叔寶子也。少而好學，覽綜經史，尤長釋典，善談理義。隨叔業在壽春。叔業卒，席法友、柳玄達等共舉植監州。祕叔業喪問，教命處分，皆出於植。於是開門納魏軍。詔以植爲兗州刺史、崇義縣侯，入爲大鴻臚卿。後以長子昕南叛，有司處之大辟，詔特恕其罪，以表勳誠。尋除授揚州大中正，出爲瀛州刺史，再遷度支尚書，加金紫光祿大夫。

植性非柱石，所爲無恒。兗州之還也，表請解官，隱於嵩山，宣武不許，深以爲怪。然公私集論，自言人門不後王肅，怪朝廷處之不高。及爲尚書，志意頗滿，欲以政事爲己任，謂人曰："非我須尚書，尚書亦須我。"辭氣激揚，見於言色。及入參議論，時對衆官，面有譏毀。又表毀征南將軍田益宗，言華夷異類，不應在百世衣冠之上。率多侵侮，皆此類也。侍中于忠、黃門元昭覽之切齒，寢而不奏。韋伯昕告植欲謀廢黜。尚書又奏羊祉告植姑子

皇甫仲達，云受植旨，〔二〕遂詐稱被詔，率合部曲，欲圖領軍于忠。時忠專權，既構成其禍，又矯詔殺之，朝野稱寃。臨終，神志自若，遺令子弟，命盡之後，剪落鬚髮，被以法服，以沙門禮葬于嵩高之陰。

初，植與僕射郭祚、都水使者韋儁等同時見害，後祚、儁事雪加贈，而植追復封爵而已。植故吏勃海刁沖上疏訟之，於是贈尚書僕射、揚州刺史，乃改葬。

植母，夏侯道遷姊也。性甚剛峻，於諸子皆如嚴君。長成後，非衣帢不見，小有罪過，必束帶伏門，經五三日乃引見之，督以嚴訓。唯少子衍得以常服見之，旦夕溫凊。植在瀛州也，其母年踰七十，以身爲婢，自施三寶，布衣麻菲，手執箕帚於沙門寺掃洒。植弟瑜、粲、衍並亦奴僕之服，泣涕而從，有感道俗。諸子各以布帛數百贖免其母，於是出家爲比丘，入嵩高積歲，乃還家。植既長嫡，母又年老，其在州數歲，以妻子自隨。雖自州送祿奉母及贍諸弟，而各別資財，同居異爨，一門數竈，蓋亦染江南之俗也。論者譏焉。

植弟颺，壯果有謀略。在齊，以軍功位驍騎將軍。入魏，爲南司州刺史，封義陽縣伯，〔三〕詔命未至，爲賊所殺，進爵爲侯。宣武以颺勳効未立而卒，其子炯不得襲封。明帝初，炯行貨於執事，乃封城平縣伯。

炯字休光，小字黃頭，頗有文學，善事權門。領軍元叉納其金帛，除鎮遠將軍、散騎常

侍、揚州大中正，進爵爲侯，改封高城。尋兼尚書右丞，出爲東郡太守，爲城人所害。贈散騎常侍、青州刺史，謚曰簡。

颺弟瑜，字文琬，封下密縣子，試守滎陽郡，坐虐暴殺人免官。後徙封灌津子，卒於勃海太守，贈豫州刺史，謚曰定。

瑜弟粲，字文亮，封舒縣子。沉重善風儀，頗以驕豪爲失。歷正平、恒農二郡太守。高陽王雍曾以事屬粲，粲不從，雍甚爲恨。後因九日馬射，敕畿內太守皆赴京師，雍時爲州牧，粲修謁，雍含怒待之。粲神情閑邁，舉止抑揚，雍目而不覺解顏。及坐定，謂粲曰：「可更爲一行。」粲便下席爲行，從容而出。坐事免。後宣武聞粲善自標置，欲觀其風度，令傳詔就家急召之，須臾間，使者相屬，合家恇懼，不測所以，粲更恬然，神色不變。帝歎異之。時僕射高肇以外戚之貴，勢傾一時，朝士見者，咸望塵拜謁，粲候肇，唯長揖而已。及還，家人尤責之，粲曰：「何可自同凡俗也。」又曾詣清河王懌，下車始進，便屬暴雨，粲容步舒雅，不以霑濡改節。懌乃令人持蓋覆之，歎謂左右曰：「何代無奇人！」性好釋學，親昇講座，雖持義未精，而風韻可重。但不涉經史，終爲知音所輕。

後爲揚州大中正、中書令。明帝釋奠，以爲侍講，轉金紫光祿大夫。元顥入洛，以粲爲

西兗州刺史，尋爲濮陽太守崔巨倫所逐，棄州入嵩高山。節閔帝初，復爲中書令。後正月晦，帝出臨洛濱，粲起御前再拜上壽酒。帝曰：「昔北海入朝，暫竊神器，爾日卿戒之以酒，今欲我飲，何異於往情？」粲曰：「北海志在沈湎，故諫其所失，陛下齊聖溫克，臣敢獻微誠。」帝曰：「甚愧來譽。」仍爲命酌。

孝武初，出爲驃騎大將軍、膠州刺史。屬時亢旱，士人勸令禱於海神。粲憚違衆人，乃爲祈請，直據胡床，舉盃曰：「僕白君。」左右云：「前後例皆拜謁。」粲曰：「五岳視三公，四瀆視諸侯，安有方伯致禮海神。」卒不肯拜。時青州叛賊耿翔寇亂三齊，粲唯高譚虛論，不事防禦之術。翔乘其無備，掩襲州城，左右白言賊至，粲云：「豈有此理！」左右又言「已入州門」。粲乃徐云：「耿王可引上廳事，自餘部衆，且付城人。」不達時變如此。尋爲翔害，送首於梁。

子含，字文若，員外散騎侍郎。

粲弟衍，字文舒，學識優於諸兄，才亦過之。事親以孝聞，兼有將略。仕齊，位陰平太守。歸魏，授通直郎，衍堅辭朝命，上表請隱嵩高，詔從之。宣武末，稍以出山，干祿執事。從歷建興、河內二郡太守。歷二郡，廉貞寡欲，善撫百姓，人吏追思之。孝昌初，梁將曹敬宗寇荊州。詔衍爲別將，與恒農太守王羆救荊州。衍大破之，荊州圍解。除北道都督，鎮

鄴西之武城，封安陽縣子。時相州刺史安樂王鑒潛圖叛逆。衍覺其有異，密表陳之。尋而鑒所部別將嵇宗馳驛告變，乃詔衍與都督源子邕、李神軌等討鑒，平之。除相州刺史、北道大都督，進封臨汝縣公。詔衍與子邕北討葛榮，軍敗見害。贈車騎大將軍、司空、相州刺史。子嵩襲。

叔業之歸魏，又有尹挺、柳玄達、韋伯昕、皇甫光、梁祐、崔高容、閻慶胤、柳僧習並預其功。

尹挺，天水冀人，仕齊，位陳郡太守。與叔業參謀歸誠，歷南司州刺史。

柳玄達，河東解人，頗涉經史，仕齊，諸王參軍。與叔業姻婭周旋，叔業獻款，玄達贊成其計。入魏，除司徒諮議參軍，封南頓縣子。卒，改封夏陽縣，子縡襲。縡弟遠，字季雲，性粗放無拘檢，時人或謂之柳顚。好彈琴耽酒，時有文詠。孝武初，除儀同、開府參軍事。放情琴酒之間，每出行返，家人或問消息，答云「無所聞，縱聞亦不解」。後客遊卒。

玄達弟玄瑜，位陰平太守，卒。子諧，頗有文學，善鼓琴，以新聲手勢，京師士子翕然從學。除著作佐郎，於河陰遇害。

韋伯昕，京兆杜陵人，學尚有壯氣。自以才智優於裴植，常輕之，植嫉之如讎。卽彥先

之妹夫也。叔業以其有大志，故遣送子芬之爲質。〔四〕入魏，封零陵縣男，歷南陽太守，坐事免。後拜員外散騎常侍，加中壘將軍。告裴植謀爲廢黜，植坐死。後百餘日，伯昕亦病卒。臨亡，見植爲祟，口云：「裴尚書死，不獨見由，何以見怒？」

皇甫光，安定人，美鬚髯，善言笑。入魏，卒於勃海太守。兄椿齡，從薛安都於彭城內附，〔五〕除岐州刺史。椿齡子璋，鄉郡相。璋弟瑒，位吏部郎。性貪婪，多所受納，鬻賣吏官，皆有定價。後以丞相、高陽王雍之壻，爲豫州刺史。爲政殘暴，百姓患之。卒於安南將軍、光祿大夫，贈尚書左僕射。子長卿，太尉司馬。

梁祐，北地人，叔業從姑子也。好學，便弓馬，隨叔業征伐，身被五十餘創。景明初，賜爵山桑子。出爲北地太守，清身率下，甚有聲稱。歷太中大夫。從容風雅，好爲談詠，常與朝廷名賢，泛舟洛水，以詩酒自娛。遷光祿大夫，端然養志，不歷權門，卒於京兆內史。

崔高容，清河人，博學善文辭，美風彩。景明初，位散騎侍郎，出爲揚州開府掾，帶陳留太守，卒官。

閻慶胤，天水人，博識洽聞，善於談論，聽其言說，不覺忘疲。卒於敷城太守。

柳僧習見其子虯傳。

夏侯道遷，譙國人也。少有志操。年十七，父母爲結婚韋氏，道遷云：「欲懷四方之志，不願取婦。」家人咸謂戲言，及婚，求覓不知所在，訪問，乃云逃入益州。

後隨裴叔業於壽春，爲南譙太守。二家雖爲姻好，親情不協，遂單騎歸魏。拜驍騎將軍，隨王肅至壽春。肅薨，道遷棄戍南叛。

會梁以莊丘黑爲征虜將軍、梁秦二州刺史，鎮南鄭。黑請道遷爲長史，帶漢中郡。會黑死，而道遷陰圖歸順。先是，仇池鎮將楊靈珍反叛南奔，〔六〕梁以靈珍爲征虜將軍，假武都王，〔七〕助戍漢中。道遷乃擊靈珍，斬其父子，送首於京師。江悅之等推道遷爲梁、秦二州刺史。道遷遣表歸闕，詔璽書慰勉，授持節、散騎常侍、平南將軍、豫州刺史，封豐縣侯，遣尚書邢巒指授節度。道遷表受平南、常侍，而辭豫州、豐縣侯，引裴叔業公爵爲例。宣武不許。

道遷自南鄭來朝京師，引見於太極東堂，免冠徒跣謝曰：「比在壽春，遭韋纘之酷，申控無所，致此猖狂。是段之來，〔八〕希酬昔遇。」宣武曰：「卿建爲山之功，一簣之玷，何足謝也。」道遷以賞報爲微，逡巡不拜，尋改封濮陽縣侯。歲餘，頻表解州，宣武許之。除南兗州大中正，不拜。

道遷雖學不深洽，而歷覽書史，閑習尺牘。好言宴，務口實，京師珍羞，罔不畢有。於京城西水次市地，大起園池，殖列蔬果，延致秀彥，時往遊適。妓妾十餘，常自娛樂，國秩歲入三千餘匹，專供酒饌，不營家產。每誦孔融語曰：「坐上客恒滿，罇中酒不空，餘非吾事也。」識者多之。

歷華、瀛二州刺史，爲政清嚴，善禁盜賊。卒，贈雍州刺史，謚明侯。初，道遷以拔漢中歸誠本由王穎興之計，求分邑戶五百封之，宣武不許。靈太后臨朝，道遷重求分封，太后大奇之，議欲更以三百戶封穎興，會卒，遂寢。道遷不聘正室，唯有庶子數人。〔九〕

長子夬，字元廷，歷鎮遠將軍、南兗州大中正。夬性好酒，居喪不戚，醇醪肥鮮，不離於口，沽買飲噉，多所費用，父時田園，貨賣略盡，人間債猶數千餘匹。穀食至常不足，弟妹不免飢寒。

初，道遷知夬好酒，不欲傳授國封。夬未亡前，忽夢見征虜將軍房世寶至其家廳事，與其父坐，屏人密言。夬心驚懼，謂人曰：「世寶至，官少間必擊我也。」〔一〇〕尋有人至，云「官呼郎」，隨召即去，遣左右杖之二百，不勝楚痛，大叫。良久乃悟，流汗徹於寢具。至明，前京城太守趙卓詣之，〔一一〕見其衣濕，謂夬曰：「卿昨夜當大飲，溺衣如此。」夬乃具陳所夢。先是旬餘，祕書監鄭道昭暴病卒，夬聞，謂卓曰：「人生何常，唯當縱飲。」於是昏酣遂甚。夢後，

二日不能言，針之乃得語，而猶虛劣，俄而心悶而死。洗浴者視其尸體，大有杖處，青赤隱起，二百下許。贈鉅鹿太守。

初，夬與南人辛諶、庾遵、〔一二〕江文遙等終日遊聚。酣飲之際，恒相謂曰：「人生局促，何殊朝露，坐上相看，先後間耳。脫有先亡者，於良辰美景，靈前飲宴，儻或有知，庶共歆饗。」及夬亡後，三月上巳，諸人相率至夬靈前，仍共酌飲。時日晚天陰，室中微闇，咸見夬在坐，衣服形容，不異平昔，時執盃酒，似若獻酬，但無語耳。夬家客雍僧明心有畏恐，披簾欲出，便即僵仆，狀若被毆。夬從兄欣宗云：「今是節日，諸人憶弟疇昔之言，故來共飲。僧明何罪，而被嗔責？」僧明便悟。而欣宗鬼語如夬平生，幷怒家人，皆得其罪，又發陰私竊盜，咸有次緒。

夬妻，裴植之女也，與道遷諸妾不睦，訟鬩徹于公庭。子籍，年十餘歲，襲祖封已數年，而夬弟昚等言其眇目癎疾，不任承繼，自以與夬同庶，己應紹襲。尚書奏籍承封。

道遷兄子奐，〔一三〕位咸陽太守。

道遷之謀，又襄陽羅道珍、北海王安世、潁川辛諶、漢中姜永等皆參其勳末。道珍爲齊州東平原相，有能名。安世，苻堅丞相王猛玄孫也。歷涉書傳，位北華州刺史。諶，魏衞尉

辛毗後也。有文學,位濮陽、上黨二郡太守。永善彈琴,有文學,位漢中太守。永弟漾,亦善士,性至孝。

時潁川庾道者,亦與道遷俱入國,雖不參勳謀,亦爲奇士。歷覽史傳,善草隸書,輕財重義。仕梁,右中郎將。及至洛陽,環堵弊廬,多與儁秀交舊,積二十餘歲,殊無宦情。後爲饒安縣令,罷,卒。

李元護,遼東襄平人,晉司徒胤之八世孫也。胤子順、璠及孫沉、志皆有名宦。沉孫根,仕慕容寶爲中書監。根子後智等隨慕容德南渡河,居青州。數世無名,三齊豪門多輕之。

元護以魏平齊後隨父懷慶南奔。身長八尺,美鬚髯,少有武力。仕齊,位馬頭太守,雖以將用自達,然亦頗覽文史,習於簡牘。後爲裴叔業司馬,帶汝陰太守。叔業歸順,元護贊同其謀。叔業疾病,元護督率上下以俟援軍。壽春剋定,元護頗有力焉。

景明初,以元護爲齊州刺史、廣饒縣伯。尋以州人柳世明圖爲不軌,〔一四〕元護誅戮所加,徵爲濫酷。州內飢儉,表請振貸,蠲其賦役。但多有部曲,時爲侵擾,城邑苦之,故不得

爲良刺史也。三年卒。病前月餘,京師無故傳其凶問,又城外送客亭柱有人書曰「李齊州死」,綱佐餞別者見而拭之,後復如此。元護妾伎十餘,聲色自縱,情慾既甚,支骨稍消,鬢長二尺,一時落盡。贈青州刺史。元護爲齊州,經拜舊墓,巡省故宅,饗賜村老,莫不欣暢。及將亡,謂左右曰:「吾嘗以方伯簪伍至青州,士女屬目。若喪過東陽,不可不好設儀衞,哭泣盡哀,令觀者改容也。」家人遵其誡。

子會襲,正始中降爵爲子。會頑騃好酒,其妻南陽太守清河房伯玉女也,甚有姿色,會不答之。房乃通其弟機,因會醉,殺之。子景宣襲。機與房遂如夫婦,積十餘年,房氏色衰,乃更婚娶。

元護弟靜,性貪忍,兄亡未斂,便剝妓服玩及餘物。歷齊郡內史。

席法友,安定人也,祖、父南奔。法友仕齊,以膂力自効,任安豐新蔡二郡太守、建安戍主。後與裴叔業同謀歸魏,拜豫州刺史、苞信縣伯。叔業卒後,法友與裴植追成業志,淮南剋定,法友有力焉。歷華、幷二州刺史。後爲別將出淮南,欲解朐山之圍。法友始渡淮而朐山敗沒,遂停十年。恬靜自安,不競世利。宣武末,除濟州刺史,廉和著稱。又徙封乘氏。

後卒於光祿大夫,贈秦州刺史,謚襄侯。

子景通襲,善事元叉,兼賂叉父繼。繼爲司空,〔一五〕引景通爲掾。卒,贈衞尉少卿。子鄖襲,走關西。

王世弼,京兆霸城人也。姚泓之滅,其祖、父南遷。世弼身長七尺八寸,魁岸有壯氣,善草隸書,好愛墳典。仕齊爲軍主,助戍壽春,遂與裴叔業同謀歸誠。除南徐州刺史,封慎縣伯。後除東秦州刺史,政任於刑,爲人所怨,有受納之響,爲御史中尉李平所彈,會赦免。後爲河北太守,有清稱。再遷中山內史,加平北將軍。直閤元羅,領軍元叉弟也,曾過中山,謂曰:「二州刺史,翻復爲郡,當恨恨耳。」世弼曰:「儀同之號,起自鄧騭,平北爲郡,始在下官。」卒,贈豫州刺史,謚曰康。

長子會,汝陽太守。

次子由,字茂道,好學有文才,尤善草隸書,性方厚,有名士風,又工摹書,爲時人所服。位東萊太守,罷郡寓居潁川。天平初,元洪威構逆,大軍攻討,爲亂兵所害。名流悼惜之。

江悅之字彥和,濟陽考城人也。七世祖統,晉散騎常侍,避劉、石之亂,南渡。祖興之,父範之,並爲宋武所誅。

悅之少孤,仕宋,歷諸王參軍。好兵書,有將略,善待士,有部曲數百人。仕齊,爲後軍將軍,部曲稱衆,千有餘人。梁初,以討滅劉季連功,進號冠軍將軍。武興氐攻破白馬,進圖南鄭,悅之大破氐衆,還復白馬。梁、秦二州刺史莊丘黑死,夏侯道遷與悅之及龐樹,軍主李忻榮、張元亮、士孫天與等謀以梁州內附。梁華陽太守尹天寶率衆向州城,遂圍南鄭。悅之晝夜督戰,會武興軍至,天寶敗。道遷克全勳款,悅之實有力焉。〔一六〕與道遷俱至洛陽。尋卒,贈梁州刺史,追封安平縣子,謚曰莊。悅之二子,文遙、文遠。

文遙少有大度,輕財好士,士多歸之。道遷之圖楊靈珍,文遙奮劍請行,遂手斬靈珍。襲父封,拜咸陽太守。勤於禮接,終日坐廳事,至者見之,假以恩顏,屏人密問,於是人所疾苦,大盜姓名,奸猾吏長,無不知悉。郡中震肅,奸劫息止,政爲雍州諸郡之最。後爲安州刺史,善於綏納,甚得物情。時杜洛周、葛榮等相繼叛逆,幽、燕已南悉沒,唯文遙介在羣賊之外,孤城獨守,鳩集荒餘,且耕且戰,百姓皆樂爲用。卒官,長史許思祖等以文遙有遺愛,復推其子果行州事,既攝州事,乃遣使奉表。莊帝嘉之,除果通直散騎侍郎,行安州事。既

而賊勢轉盛，救援不接，果乃攜諸弟幷率城人東奔高麗。天平中，詔高麗送果等。元象中，乃得還朝。

文遠善騎射，勇於攻戰，以軍功位中散大夫、龍驤將軍。

淳于誕字靈遠，其先太山博人也，後世居蜀漢，或家安固之桓陵縣。[一七]父興宗，齊南安太守。

誕年十二，隨父向揚州。父於路爲羣盜所害，誕雖幼而哀感奮發，傾資結客，旬朔之內，遂得復讎。州里之間，無不稱嘆。

景明中，自漢中歸魏。[一八]陳伐蜀計，宣武嘉納之。延昌末，王旅大舉，除驃騎將軍、都督、別部司馬，領鄉導統軍。誕不願先受榮爵，乃固讓實官，止參戎號。及奉辭之日，詔若剋成都，即以益州許之。師次晉壽，蜀人大震。屬宣武晏駕，不果而還。後以客例，起家羽林監。

正光中，秦、隴反叛，詔誕爲西南道軍司馬，[一九]與行臺魏子建共參經略。時梁益州刺史蕭深猷[二〇]遣將樊文熾蕭世澄等率衆數萬圍小劍戍。子建遣誕勒兵馳赴，大敗之，禽世

澄等十一人，文熾先走獲免。孝昌初，子建以誕行華陽郡，帶白馬戍。後卒於東梁州刺史，贈益州刺史，謚曰莊。

沈文秀字仲遠，吳興武康人也。伯父慶之，[二一]南史有傳。

文秀仕宋，位青州刺史。和平六年，宋明帝殺其主子業，文秀與諸州推立子業弟子勛。子勛敗，皇興初，文秀與崔道固俱以州降魏。宋遣其弟文景來諭之，[二二]文秀復歸宋，爲刺史如故。後慕容白曜長驅至東陽，文秀始欲降，以軍人虜掠，遂有悔心，乃嬰城固守。白曜既下歷城，乃幷力攻討，自夏至春始剋。文秀取所持節，衣冠儼然，坐於齋內。亂兵入曰：「文秀何在！」文秀厲聲曰：「身是！」執而裸送于白曜。左右令拜，文秀曰：「各二國大臣，無相拜禮。」白曜忿之，因至撾撻。後還其衣，爲之設饌，與長史房天樂、司馬沈嵩等鎖送京師，面縛數罪，宥死，待爲下客，給以粗衣蔬食。

獻文重其節義，稍亦嘉禮之，拜外都下大夫。太和三年，遷外都大官。孝文嘉其忠於其國，賜絹綵二百匹。後爲南征都將，臨發，賜以戎服。除懷州刺史，假吳郡公。守清貧而政寬，不能禁止盜賊。大興水田，於公私頗有利益。卒官。

子保沖，後爲徐州冠軍長史，坐據連口退敗，[二三]有司處之死刑。孝文詔：「保沖，文秀之子，可特原命，配洛陽作部終身。」宣武時，卒於下邳太守。

房天樂者，清河人，滑稽多智。文秀板爲長史，督齊郡，州府事一以委之。卒于京師。弟子嘉慶，漁陽太守。

張讜字處言，清河東武城人也。六世祖弘，晉長秋卿。父華，慕容超左僕射。

讜仕宋，位東徐州刺史。及平徐、兗，讜乃歸順於尉元，亦表授東徐州刺史。遣中書侍郎高閭與讜對爲刺史。後至京師，禮遇亞於薛、畢，賜爵平陸侯。讜性開通，篤於接恤，靑、齊之士，雖疏族末姻，咸相敬視。李敷、李訢等寵要勢家，亦推懷陳款，無所顧避。畢衆敬等皆敬重之，高允之徒亦相器待。卒，贈靑州刺史，謚康侯。

子敬伯，求致父喪出葬冀州清河舊墓，久不被許，停柩在家積五六年。第四子敬叔，先在徐州，初聞父喪，不欲奔赴，而規南叛，爲徐州所勸送。至乃自理，後得襲父爵。敬伯自以隨父歸國功，賜爵昌安侯，出爲樂陵太守。敬叔，武邑太守。父喪得葬舊墓，還屬清河。

初，讜兄弟十人，兄忠，字處順，在南爲合鄉令。歸降，賜爵新昌侯。卒於新興太守，贈

冀州刺史。

讜妻皇甫氏被掠，賜中官爲婢，皇甫遂詐癡，不能梳沐。後讜爲宋冀州長史，因貨千餘匹，購求皇甫。文成怪其納財之多，引見之，時皇甫年垂六十矣。文成曰：「南人奇好，能重室家之義。此老母復何所任，乃能如此致費也。」皇甫氏歸，讜令諸妾境上奉迎。數年卒。後十年而讜入魏。

讜兄子安世，正始中，自梁漢同夏侯道遷歸款，爲客積年，出爲東河間太守。卒。

李苗字子宣，梓潼涪人也。父膺，梁太僕卿。苗出後叔父畎。畎爲梁州刺史，[二四]大著威名。王足之伐蜀，梁武命畎拒足於涪，許其益州。及足退，梁武遂改授。畎怒，將有異圖，[二五]事發被害。

苗年十五，有報雪志。延昌中歸魏，仍陳圖蜀計。大將軍高肇西伐，[二六]詔假苗龍驤將軍鄉導。次晉壽，宣武晏駕，班師。後以客例，除員外散騎侍郎。苗有文武才幹，以大功不就，家恥未雪，常懷慷慨，乃上書陳平定江南之計，其文理甚切於時。明帝幼沖，無遠略之意，竟不能納。

正光末，三秦反叛，〔二七〕侵及三輔。時承平既久，人不習戰。苗以隴兵强悍，且羣聚無資，乃上書以爲：「食少兵精，利於速戰，糧多卒衆，事宜持久。今隴賊猖狂，非有素蓄，雖據兩城，本無德義，其勢在於疾攻，日有降納，遲則人情離阻，坐受崩潰。夫飆至風起，逆者求萬一之功，高壁深壘，王師有全制之策。今且宜勒大將，深溝高壘，堅守勿戰。別命偏師，精卒數千出麥積崖以襲其後，則汧、岐之下，羣妖自散。」於是詔苗爲統軍，與別將淳于誕出梁、益，隸行臺魏子建。子建以苗爲郎中，仍領統軍，深見知待。

孝昌中，兼尚書左丞，爲西北道行臺，與大都督宗正珍孫討汾、絳蜀賊平之。及殺尒朱榮，榮從弟世隆擁部曲還逼都邑。〔二八〕孝莊幸大夏門，集羣臣博議，百僚計無所出。苗獨奮衣起曰：「今朝廷有不測之危，正是忠臣烈士效節之時，請以一旅之衆，爲陛下徑斷河梁。」莊帝壯而許焉。苗乃募人於馬渚上流，以師夜下，〔二九〕去橋數里，放火燒舡，俄然橋絕，賊沒水死者甚衆。官軍不至，賊乃涉水與苗死鬭，衆寡不敵，苗浮河而沒。帝聞，哀傷久之。贈都督、梁州刺史、車騎大將軍、儀同三司、河陽縣侯，謚忠烈。

苗少有節操，志尙功名，每讀蜀書，見魏延請出長安，諸葛不許，歎息謂亮無奇計。及覽周瑜傳，未曾不噓唏絕倒。太保城陽王徽、司徒臨淮王彧並重之。二王頗或不穆，苗每諫責。徽寵勢隆極，猜忌彌甚，苗謂人曰：「城陽蜂目，豺聲今轉彰矣。」解鼓琴，善屬文詠，

工尺牘之敏，當世罕及。〔三〇〕死之日，朝野悲壯之。及帝幽崩，世隆入洛，主者追苗贈封，以白世隆。世隆曰：「吾爾時羣議，更一二日便欲大縱兵士，燒燔都邑，任其採掠。賴苗，京師獲全。天下之善一也，不宜追之。」子曇襲爵。

劉藻字彥先，廣平易陽人也。六世祖遐，從晉元帝南渡。父宗之，宋廬江太守。

藻涉獵羣籍，美談笑，善與人交，飲酒至一石不亂。太安中，與姊夫李嶷俱來歸魏，賜爵易陽子。擢拜南部主書，號爲稱職。

時北地諸羌，恃險作亂，前後宰守不能制。朝廷患之，以藻爲北地太守。藻推誠布信，諸羌咸來歸款，朝廷嘉之。雍州人王叔保等三百人表乞藻爲騂奴戍主，詔曰：「選曹已用人，藻有惠政，自宜他敍。」在任八年，遷雍城鎮將。太和中改鎮爲岐州，〔三一〕以藻爲岐州刺史。轉秦州刺史。秦人恃險，率多粗暴，或拒課輸，或害吏長，自前守宰，皆遙領，不入郡縣。藻開示恩信，誅戮豪橫，羌、氐憚之，守宰於是始得居其舊所。遇車駕南伐，以藻爲東道都督。秦人紛擾，詔藻還州，人情乃定。仍與安南元英征漢中，破賊軍，長驅至南鄭，垂平梁州，奉詔還軍，乃不果克。

後車駕南伐，以藻爲征虜將軍，督統軍高聰等四軍爲東道別將。辭於洛水之南，孝文曰：「與卿石頭相見。」藻對曰：「臣雖才非古人，庶亦不留賊虜而遺陛下。〔三二〕輒當釃曲阿之酒以待百官。」帝大笑曰：「今未至曲阿，且以河東數石賜卿。」後與高聰等戰敗，俱徙平州。景明初，宣武追錄舊功，拜藻爲太尉司馬。卒。

子紹珍，無他才用，善附會，好飲酒。結託劉騰，啓爲其國郎中令，襲子爵。永安中，歷河北、黎陽二郡太守，所在無政績。天平中，坐子洪業入於關中，率衆侵擾，伏法。

傅永字脩期，清河人也。幼隨叔父洪仲與張幸自青州入魏，尋復南奔。有氣幹，拳勇過人，能手執鞍橋，倒立馳騁。年二十餘，有友人與之書而不能答，請洪仲，洪仲深讓之而不爲報。永乃發憤讀書，涉獵經史，兼有才幹。爲崔道固城局參軍，與道固俱降，入爲平齊百姓。父母並老，飢寒十數年，賴其强於人事，戮力傭丐，得以存立。晚爲奉禮郎，詣長安拜文明太后父燕宣王廟，賜爵貝丘男，除中書博士。

王肅之爲豫州，又以永爲王肅平南長史。咸陽王禧慮肅難信，言於孝文。曰：「已選傅脩期爲其長史，〔三三〕雖威儀不足，而文武有餘矣。」肅以永宿士，禮之甚厚；永亦以肅爲帝眷

遇，盡心事之。情義至穆。

齊將魯康祖、趙公政侵豫州之太倉口，肅令永擊之。永量吳、楚兵好以斫營爲事，又賊若夜來，必於渡淮之所以火記其淺處。永既設伏，仍密令人以瓠盛火，渡南岸，當深處置之，敎云：「若有火起，即亦燃之。」其夜，康祖、公政等果親率領來斫營。東西二伏夾擊之，康祖等奔趣淮水。火既競起，不能記其本濟，遂望永所置火爭渡。水深溺死，斬首者數千級，生禽公政。康祖人馬墜淮，曉而獲其尸，斬首并公政送京師。

時裴叔業率王茂先、李定等東侵楚王戍，肅復令永將伏兵擊其後軍破之，獲叔業傘扇鼓幕甲仗萬餘。兩月之中，遂獻再捷。帝嘉之，遣謁者就豫州策拜永安遠將軍、鎮南府長史，汝南太守，貝丘縣男。帝每歎曰：「上馬能擊賊，下馬作露布，唯傅脩期耳。」

裴叔業又圍渦陽，時帝在豫州，遣永爲統軍，與高聰、劉藻、成道益、任莫問等救之。永曰：「深溝固壘，然後圖之。」聰等不從，一戰而敗。聰等棄甲奔懸瓠，永獨收散卒徐還，賊追至，又設伏擊之，挫其銳。藻徙邊，永免官爵而已。不經旬，詔永爲汝陰鎮將，帶汝陰太守。

景明初，裴叔業將以壽春歸魏，密通於永。及將迎納，詔永爲統軍，與楊大眼、奚康生等諸軍俱入壽春。同日而永在後，故康生、大眼二人並賞列土，永唯清河男。

齊將陳伯之逼壽春，沿淮爲寇。時司徒彭城王勰、廣陵侯元衍同鎭壽春，以九江初附，

中華書局

人情未洽，兼臺援不至，深以爲憂。詔遣永爲統軍，領汝陰三千人先援之。永至，勰令永引軍入城。永曰：「若如教旨，便共殿下同被圍守，豈是救援之意？」遂孤軍城外，與勰幷勢以擊伯之，頻有剋捷。

中山王英之征義陽，永爲寧朔將軍、統軍，當長圍遏其南門。齊將馬仙琕連營稍進，規解城圍。永乃分兵付長史賈思祖，令守營壘，自將馬步千人，南逆仙琕。賊俯射永，洞其左股，永出箭復入，遂大破之，仙琕燒營卷甲而遁。英曰：「公傷矣！且還營。」永曰：「昔漢祖捫足，不欲人知。下官雖微，國家一帥，[三四]奈何使虜有傷將之名！」遂與諸軍追之，極夜而返。時年七十餘矣，三軍莫不壯之。

義陽既平，英使司馬陸希道爲露布，意謂不可，令永改之。永亦不增文采，直與之改，陳列軍儀，處置形要，而英深賞之。還京，除太中大夫。

後除恒農太守，非心所樂。時英東征鐘離，表請永，求以爲將，朝廷不聽。永每言曰：「馬援、充國，竟何人哉？吾獨白首見拘此郡！」然於御人非其所長，故在任無多聲稱。後爲南兗州刺史。年踰八十，猶能馳射，盤馬奮矟，常諱言老，每自稱六十九。還京，拜光祿大夫。卒，贈齊州刺史。

永嘗登北芒，於平坦處奮矛躍馬，盤旋瞻望，有終焉之志。遠慕杜預，近好李沖、王肅，

欲葬附墓，遂買左右地數頃，遺勑子叔偉：「此吾之永宅也。」永妻賈氏留本鄉，永至代都，娶妾馮氏，生叔偉及數女。賈後歸平城，無男，唯一女。馮恃子，事賈無禮，叔偉亦奉賈不順，賈常忿之。馮先永卒，叔偉稱父命欲葬北芒，賈疑叔偉將以馮合葬，遂求歸葬永於所封貝丘縣。事經司徒，司徒胡國珍感其所慕，許叔偉葬焉。賈乃邀訴靈太后，太后從賈意，乃葬於東清河。又永昔營宅兆，葬父母於舊鄉，賈於此强徙之，與永同處，永宗親不能抑。葬已數十年矣，棺爲桑棗根所遶束，去地尺餘，甚爲周固，以斧斫，出之於坎，時人咸怪。

叔偉膂力過人，彎弓三百斤，左右馳射，能立馬上與人角騁，見者以爲得永武而不得永文。

傅豎眼，本清河人也。七世祖佃。佃子遘，石季龍太常。

祖父融，南徙度河，家于磐陽，爲鄉閭所重。性豪俠，有三子，靈慶、靈根、靈越，並有才力。融以自負，謂足爲一時之雄。嘗謂人曰：「吾昨夜夢：有一駿馬，無堪乘者，人曰『何由得人乘』，有一人曰『唯傅靈慶堪乘此馬』；又有弓一張，亦無人堪引，人曰『唯有傅靈根可彎此弓』；又有數紙文書，人皆讀不能解，人曰『唯有傅靈越能解此文』。」融謂其三子文武才幹足以駕馭當世，[三五]常從容謂鄉人曰：「汝聞之不？鬲虫之子有三靈，此圖讖文也。」好事者然之，故豪勇士多相歸附。

宋將蕭斌、王玄謨寇碻磝，[三六]時融始死，玄謨强引靈慶爲軍主。將攻城，攻車爲城內所燒，靈慶懼軍法，詐云傷重，令左右輿還營，遂與壯士數十騎遁還。斌、玄謨命追之。左右諫曰：「靈慶兄弟並有雄才，兼其部曲多是壯勇，如彭超、尸生之徒，皆一當數十人，援不虛發，不可逼也。」玄謨乃止。靈慶至家，遂與二弟匿山澤間。時靈慶從叔乾愛爲斌法曹參軍，斌遣乾愛誘呼之，以腰刀爲信，密令壯健者隨之。而乾愛不知斌之欲圖靈慶。既至，斌所遣壯士執靈慶殺之。靈慶將死，與母崔氏訣，言：「法曹殺人，不可忘也。」

靈根、靈越奔河北。靈越至京師，因說齊人慕化，青州可平。文成大悅，拜靈越青州刺史、貝丘子，鎮羊蘭城，靈根爲臨齊副將，鎮明潛壘。靈越北入之後，母崔氏遇赦免。宋恐靈越在邊擾三齊，乃以靈越叔父琰爲冀州中從事，乾愛爲樂陵太守。樂陵與羊蘭隔河相對，命琰遣其門生與靈越婢詐爲夫婦投化以招之。靈越與母分離思積，遂與靈根南走。靈越與羊蘭奮兵相擊，乾愛出遣舡迎之，[三七]得免。靈根差期，不得俱渡，臨齊人知，剉斬殺之。乾愛出郡迎靈越，問靈根愆期狀，靈越殊不應答。乾愛不以爲惡，勑左右出匣中烏皮袴褶，令靈越代所常服。靈越言「不須」。乾愛云：「汝可着體上衣服見垣公也？」時垣護之爲

刺史。靈越奮聲言：「垣公！垣公！着此當見南方國主，豈垣公也！」竟不肯着。及至丹楊，宋孝武見而禮之，拜兗州司馬，而乾愛亦遷青、冀司馬，帶魏郡。後二人俱還建鄴。靈越意恒欲爲兄復讎，而乾愛初不疑防，知乾愛嗜鷄肉葵菜食，乃爲作之，下以毒藥，乾愛飯還而卒。

後數年，靈越爲太原太守，戍升城。[三八]後舉兵同孝武子子勛，子勛以靈越爲前軍將軍。子勛敗，靈越軍衆散亡，爲明帝將王廣之軍人所擒，厲聲曰：「我傅靈越也，汝得賊何不卽殺！」廣之生送詣宋輔國司馬劉劻，劻躬自慰勞。靈越曰：「人生歸於死，實無面求活。」劻壯其意，送詣建康。宋明帝欲加原宥，靈越辭對如一，乃殺之。

豎眼卽靈越子也，沉毅壯烈，少有父風。入魏，鎮南王肅見而異之，且奇其父節，傾身禮敬，表爲參軍。以軍功累遷益州刺史。高肇伐蜀，假豎眼征虜將軍、持節，領步兵三萬，先討巴北，[三九]所至剋捷。豎眼性既清素，不營產業，衣食之外，俸祿粟帛皆以饗賜夷首，振恤士卒。撫蜀人以恩信爲本，保境安人，不以小利侵竊。有掠蜀人入境者，皆移送還本。檢勒部下，守宰肅然。遠近雜夷相率款謁，仰其德化，思爲魏人矣。宣武甚嘉之。

明帝初，屢請解州，乃以元法僧代之，益州人追隨戀泣者數百里。梁將趙祖悅逼壽春，鎮南將軍崔亮討之，以豎眼爲持節、鎮南軍司。

法僧既至，大失人和。梁遣其衡州刺史張齊因人心怨入寇，進圍州城。朝廷以西南爲憂，乃驛徵竪眼於淮南，以爲益州刺史。尋加散騎常侍、西征都督，率步騎三千以討齊。給銅印千餘，須有假職者，聽六品已下板之。竪眼既出梁州，梁軍所在拒塞，竪眼三日中轉戰二百餘里，甲不去身，[四〇]頻致九捷。蜀人聞竪眼復爲刺史，人人喜悦，迎於路者日有百數。竪眼至州，白水已東，人皆寧業。張齊仍阻白水屯，寇葭萌，竪眼分遣諸將水陸討之，大破其軍。齊被重創，奔而退，小劍大劍賊亦捐城西走，益州平。靈太后璽書慰勞，賜驊騮馬一匹，寶劍一口。

後轉岐州刺史，仍轉梁州刺史。梁州人既得竪眼爲牧，人咸自賀。而竪眼至州遇患，不堪綜理，其子敬紹險暴不仁，聚貨耽色，甚爲人害，遠近怨望。尋假鎮南將軍，都督梁、西益、巴三州諸軍事。梁遣其北梁州長史錫休儒等十軍率衆三萬人寇直城，竪眼遣敬紹總衆赴擊，大破之。敬紹頗覽書傳，微有膽力，而奢淫倜儻，輕爲殘害，又見天下多事，陰懷異圖，欲杜絶四方，擅據南鄭。令其妾兄唐崐崘扇攪於外，聚衆圍城，敬紹謀爲内應。賊圍既合，事泄，在城兵執敬紹，白竪眼而殺之。竪眼恚，發疾卒。永安中，贈吏部尚書、齊州刺史，[四一]孝武帝初，贈司空公、相州刺史。

長子敬和，次敬仲，並好酒薄行，傾側勢家。敬和，孝莊時以其父有遺惠於益州，復爲

益州刺史。至州，聚斂無已，好酒嗜色，遠近失望。仍爲梁將樊文熾攻圍，城降，送於江南。後以齊神武威德日廣，令敬和還北，以申和通之意。除北徐州刺史，復以耽酒爲土賊掩襲，棄城走。遂廢棄，卒於家。

張烈字徽之，清河東武城人也，孝文帝賜名曰烈，仍以本名爲字焉。高祖悕，爲慕容儁尚書右僕射。曾祖恂，散騎常侍，隨慕容德南度，因居齊郡之臨淄縣。

烈少孤貧，涉獵經史，有氣概，時青州有崔徽伯、房徽叔，與烈並有令譽，時人號「三徽」。孝文時，入官代都，歷侍御、主文中散，遷洛。爲太子步兵校尉。齊將陳顯達謀將入寇，時順陽太守王青石，世官江南，荆州刺史、廣陽王嘉慮其有異，[四二]表請代之。詔侍臣各舉所知，互有申薦者。帝曰：「太子步兵張烈，每論軍國事，時有會人意處，朕欲用之如何？」彭城王勰稱讚之，遂除順陽太守。烈到郡二日，便爲齊將崔慧景攻，圍之七十餘日，烈撫厲將士，甚得軍人之和。會車駕南討，慧景遁走。帝親勞之曰：「卿果能不負所寄。」烈謝曰：「不遇鑾輿親駕，臣不免困於犬羊。自是陛下不負臣，非臣能不負陛下。」帝善其對。

宣武卽位，追錄先勳，封清河縣子。尋以母老歸養，積十餘年。頻遇凶儉，烈爲粥以食飢人，蒙濟者甚衆，鄉黨以此稱之。

明帝卽位，爲司空長史。先是元叉父江陽王繼曾爲青州刺史，及叉當權，烈託故義之懷，遂相諂附。歷給事黄門侍郎、光祿大夫。靈太后反政，以叉黨出爲青州刺史。時議者以烈家産畜殖，家僮甚多，慮其有異，恐不宜出爲本州，改瀛州刺史。爲政清靜，吏人安之。後因辭老還鄉，兄弟同居怡然，爲親類所慕。卒於家。

烈先爲家誡千餘言，并自敍志行及所歷之官。臨終，勅子姪不聽求贈，但勒家誡立碣而已。其子質奉行焉。

質博學有才藝，位諫議大夫。

烈弟僧皓，字山容，歷涉羣書，工於談説，有名於當世。以諫議大夫、國子博士、散騎侍郎徵，並不起，世號徵君焉。好營産業，孜孜不已，藏鏹巨萬，他資稱是。兄弟自供儉約，車馬瘦弊，身服布裳，而婢妾紈綺。僧皓尤好蒲弈，戲不擇人，是以獲譏於世。節閔帝時，崔祖螭舉兵攻東陽城，僧皓與同事，事敗，死於獄中。

李叔彪，[四三]勃海蓨人也。從祖金，神䴥中，與高允俱徵，位征南從事中郎。

叔彪好學博聞，有識度，爲鄉閭所稱。太和中，拜中書博士，與清河崔亮、河間邢巒並相親友。[四四]三遷國子博士、本國中正，攝樂陵中正。性清直，甚有公平之稱。歷中書侍郎。太尉、高陽王雍以其器操重之。尋除假節，行華州事，爲吏人所稱。卒，贈南青州刺史，謚曰穆。

叔彪子逑，字道興，有學識，州舉秀才，拜太常博士。使詣長安册祭燕宣王廟。還，除儀曹郎，賜爵蓨縣男。稍遷興平太守，卒。

子象，字孟則，清簡有風概，博涉羣書，初襲爵，稍遷中書侍郎、光祿大夫，兼散騎常侍，使梁。卒，贈驃騎大將軍、儀同三司，冀州刺史。象從容風素，有名於時，喪妻無子，終竟不娶，論者非之。

路恃慶字伯瑞，陽平清泉人也。[四五]祖綽，陽平太守。

恃慶有幹用，與廣平宋翻俱知名，爲鄉閭所稱。太和中，除奉朝請，恃慶以從兄文舉有才望，因推讓之，孝文遂並拜焉。累遷定州河間王琛長史。[四六]琛貪暴肆意，恃慶每進苦言。

卒，贈左將軍、安州刺史，謚曰襄。子祖璧，給事中。

侍慶弟仲信、思令，並有令名宦位。

房亮字景高，清河人也。父法延，譙郡太守。

亮好學有節操，太和中，舉秀才，爲奉朝請。後兼員外常侍，使高麗。高麗王託疾不拜，以亮辱命，坐白衣守郎中。歷濟北、平原二郡太守，以清嚴稱。後爲東荆州刺史，亮留心撫納，夷夏安之。時邊州刺史例得一子出身，亮不言其子而啓弟子起爲奉朝請，議者稱之。卒於光祿大夫，贈撫軍將軍、齊州刺史。

弟詮、悅等，並歷位清顯。

曹世表字景昇，[四七]魏大司馬休九世孫也。祖讜，父慶，並有學問。

世表性雅正，工尺牘，涉獵羣書。爲司徒記室，與武威賈思伯、范陽盧同、隴西辛雄並相友善。侍中崔光，鄉里貴達，每稱美之。延昌中，除清河太守，臨官省約，百姓安之。孝

昌中，爲尚書左丞，出行東豫州刺史，[四八]還東南道行臺。卒，贈齊州刺史。

潘永基字紹業，長樂廣宗人也。父靈乾，中書侍郎。

永基性通率，輕財好施。爲長樂太守。時葛榮攻信都，永基與刺史元孚同心防捍。力窮城陷，榮欲害孚，永基請以身代孚死。永安二年，除潁川太守，遷東徐州刺史。永熙中，爲車騎將軍、左光祿大夫，尋加衞大將軍。復除東徐州刺史，前後在州，爲吏人所愛。卒，贈尚書右僕射、司徒公、冀州刺史。

子子義、子智。子義學涉有父風，仕隋至尚書右丞。

朱元旭字君昇，本樂陵人也。頗涉子史，開解几案。稍遷尚書度支郎中。神龜末，以郎選不精，大加沙汰，元旭與隴西辛雄、范陽祖瑩、太山羊深、西平源子恭並以才用見留。[四九]尋兼尚書右丞，仍郎中、本州中正。時關西都督蕭寶夤啓云所統十萬，食唯一月。明帝大怒，詔問所由，錄、令已下皆推罪元旭。入見御坐前，屈指校計，寶夤兵糧乃踰一年，事乃得釋。後遷衞將軍、左光祿大夫。天平中，復拜尚書左丞。既無風操，俛仰隨俗，性多機數，自容而已。於時朝廷分汲郡河內二界挾河之地立義州，置關西歸款戶，[五〇]除元旭義州刺史，卒官。

論曰：壽春形勝，南鄭要險，乃建鄴之肩髀，成都之喉嗌。裴叔業、夏侯道遷體運知機，翻然鵲起，舉地而來，功誠兩茂，其以大啓茅賦，兼列旄旟，固其宜矣。植不恒其德，器小志大，斯所以顛覆也。衍才行將略，不遂其終，惜哉！李、席、王、江雖復因人成事，亦爲果決之士。淳于誕好立功名，有志竟不遂也。文秀不回，有死節之氣，非直身蒙嘉禮，遂乃子免刑戮，在我欲其罵人，忠義可不勉也？張讜觀機委質，篤恤流離，亦仁智矣。李苗以文武幹局，沉毅過人，臨難慨然，奮斯大節，蹈忠履義，沒而後已，仁必有勇，其斯人之謂乎！劉藻、傅永，豎眼文武器幹，知名於時。豎眼加以撫邊導俗，風化尤美，方之二子，固已優乎，抑又魏世良牧。張烈早有氣尚，名輩見知，趣捨沉浮，俱至顯達，雅道正路，其殆病諸。李、路器尚所及，俱可觀者。象風彩詞涉，亦當年之俊乂。房亮、曹世表、潘永基、朱元旭拔萃從官，咸享名器，各有由也。

校勘記

〔一〕齊拜叔業爲徐州刺史　諸本脫「齊」字，魏書卷七一裴叔業傳有「鸞」指齊明帝字，通志卷一五〇下裴叔業傳有「齊」字。今從通志補。

〔二〕云受植旨　諸本「植」下有「子」字，魏書卷七一裴植傳無。按魏書下文載尚書奏議云：「皆言仲達爲植所使。」「子」字衍，今據刪。

〔三〕封義陽縣伯　南、北、汲、殿四本及魏書「義陽」作「義安」，百衲本及通志作「義陽」。按魏書地形志中，南司州、南朔州並有義陽郡義陽縣，西楚州汝陽郡亦有義陽縣。「義安縣」不見地形志。今從百衲本。

〔四〕故遣送子芬之爲質　諸本脫「送」字，據魏書裴叔業傳補。本卷裴叔業傳云：「叔業乃遣子芬之及兄女夫韋伯昕奉表內附。」可証。

〔五〕從薛安都於彭城內附　諸本無「從」字，通志有。按魏書卷七一裴叔業傳附皇甫光傳云：「兄椿齡，薛安都婿也。隨安都於彭城內附。」今從通志補。

〔六〕仇池鎮將楊靈珍反叛南奔　諸本「楊」訛作「陽」，據魏書卷七一、通志卷一五〇下夏侯道遷傳改。楊靈珍見本書卷九六氐傳。

〔七〕梁以靈珍爲征虜將軍假武都王　按南齊書卷五九氐傳，靈珍入南，是在南齊時。此官亦是南齊所授，非授于梁。

〔八〕是段之來　諸本「段」訛作「改」，據魏書改。

〔九〕唯有庶子數人　諸本脫「庶」字，據魏書、通志補。

〔一〇〕世寶至官少間必擊我也　諸本「至」作「爲」，魏書、通志作「至」。按作「爲」不可通，今從魏書、通志改。

〔一一〕前京城太守趙卓詣之　魏書、通志「京」作「涼」。按地形志無京城郡，司州東郡有涼城縣，但不見涼城郡。

〔一二〕庾遵　魏書作「庾道」。按下文見「潁川庾道」，魏書作「導」。疑「遵」、「道」都是「導」之訛，今不改。

〔一三〕道遷兄子奐　諸本「奐」作「抱夬」，魏書、通志作「奐」。按道遷長子名「夬」，不應兄子又名「抱夬」，張森楷以爲「抱夬」是刻誤分爲二字，是。今據改。

〔一四〕尋以州人柳世明圖爲不軌　諸本「柳」作「聊」，殿本從魏書卷七一李元護傳改作「柳」。按魏書卷八世宗紀，景明元年九月稱：「齊州民柳世明聚衆反。」作「柳」是，今從殿本。

〔一五〕兼賂叉父繼繼爲司空　諸本不重「繼」字，據魏書卷七一、通志卷一五〇下席法友傳補。

〔一六〕悅之實有力焉　諸本「實」作「天寶」二字，魏書卷七一、通志卷一五〇下江悅之傳作「實」。按尹天寶是攻圍道遷、悅之的梁將，作「天寶」不通，今據改。

〔一七〕或家安固之桓陵縣　諸本及魏書卷七一淳于誕傳「固」作「國」。按魏書地形志無「安國郡」。宋書卷三八州郡志四益州有安固郡桓陵縣。注云：「張氏於涼州立。晉哀帝時，民流入蜀，僑立此郡。本屬南秦，文帝元嘉十六年度益州。」南齊書卷十五州郡志下，益州亦有安固郡桓陵縣。淳于誕世居蜀漢，其爲益州之安固桓陵人無疑。「國」乃形似致訛，今據改。

〔一八〕自漢中歸魏　諸本「漢」下脫「中」字，據魏書卷七一、通志卷一五〇下淳于誕傳補。

〔一九〕詔誕爲西南道軍司馬　魏書無「馬」字。「馬」字疑衍。

〔二〇〕蕭深猷　魏書「深」作「淵」，北史避唐諱改。

〔二一〕伯父慶之　諸本無「伯」字，魏書卷六一沈文秀傳有。張森楷云：「據宋書卷八八，文秀是慶之弟劭之子。」按張說是，今據補。

〔二二〕宋遣其弟文景來論之　魏書、宋書「景」並作「炳」，北史避唐諱改。

〔二三〕坐據漣口退敗　魏書「據」作「援」，「漣」作「漣」。按「據」當是「援」之訛。

〔二四〕苗出後叔父昳昳爲梁州刺史　魏書卷七一李苗傳「昳」作「略」。按魏書卷八世宗紀正始二年五月作「畋」，卷六五邢巒傳作「昳」，未知孰是。又魏書李苗傳作「略爲蕭衍寧州刺史」。張森楷云：「北史例改『蕭衍』爲『梁』，此『梁』下當有『寧』字。」

〔二五〕昳怒將有異圖　諸本誤疊「昳」字，據魏書李苗傳刪。

〔二六〕大將軍高肇西伐　諸本脫「大」字，據魏書補。肇爲大將軍征蜀，見本書卷八〇本傳。

〔二七〕三秦反叛　魏書「三」作「二」。按「二秦」指秦州及南秦州，「三」字疑誤。

〔二八〕及殺尒朱榮榮從弟世隆擁部曲還逼都邑　諸本不疊「榮」字，據魏書卷七一、通志卷一五〇下李苗傳補。

〔二九〕以師夜下　魏書「師」上有「舟」字，不當省。

〔三〇〕善屬文詠工尺牘之敏當世罕及　張森楷云：「魏書作『好文詠，尺牘之敏，當世罕及』。此改作『善屬文』，亦通。但『詠工』二字無所施，疑誤衍文。」按「工」字衍，「詠」從上讀。

〔三一〕遷雍城鎭將太和中改鎭爲岐州　諸本及魏書卷七〇劉藻傳「雍」作「離」。錢氏考異卷三九云：「『離』當作『雍』，字相涉而譌。」按魏書地形志下岐州注云：「太和十一年置，治雍城鎭。」錢說是，今據改。

〔三二〕庶亦不留賊虜而遺陛下　諸本脫「遺」字，據魏書卷七〇、通志卷一五〇下劉藻傳補。

〔三三〕言於孝文曰已選傳脩期爲其長史　魏書卷七〇傅永傳「孝文」作「高祖」，並重文。按此亦當重「孝文」二字，否則易致誤會。

〔三四〕下官雖微國家一帥　諸本脫「微」字，據魏書卷七〇、通志卷一五〇下傅永傳補。

〔三五〕融謂其三子文武才幹足以駕馭當世　諸本無「足」字，魏書卷七〇傅豎眼傳作「堪」，通志卷一五〇下傅豎眼傳作「足」。按文義應脫一字，今從通志補。

〔三六〕宋將蕭斌王玄謨寇碻磝　諸本「碻磝」誤倒，據魏書卷七〇傅豎眼傳乙。碻磝見魏書地形志中濟州。

〔三七〕乾愛出遣舡迎之　魏書卷七〇傅豎眼傳無「出」字。按「出」、「遣」二字，文義重複，疑「出」字衍。

〔三八〕靈越爲太原太守戍升城　諸本脫「戍」字，據魏書補。

〔三九〕先討巴北　魏書「巴北」作「北巴」。按隋書地理志上巴西郡注云：「梁置南梁、北巴州。」又閬內縣注云：「梁置北巴郡。後魏平蜀，置盤龍郡。」此「巴北」當是「北巴」州或郡誤倒。

〔四〇〕甲不去身　各本「去」作「出」，殿本據魏書改「去」，是，今從之。

〔四一〕贈吏部尚書齊州刺史　諸本「書」下衍「左」字，據魏書刪。

〔四二〕荆州刺史廣陽王嘉慮其有異　諸本「嘉」作「禧」。錢氏考異卷三九云：「『禧』當作『嘉』。」按魏書卷七六張烈傳作「嘉」，今據改。

〔四三〕李叔彪　魏書卷七二作「李叔虎」。北史避唐諱改。

〔四四〕太和中拜中書博士與清河崔亮河間邢巒並相親友　魏書卷七二李叔虎傳「亮」作「光」。按本書卷四四崔光傳，光於太和六年任中書博士，崔亮年位較晚。疑當作光。

〔四五〕陽平清泉人也　魏書卷七二路恃慶傳「泉」作「淵」。按清淵見魏書地形志上司州陽平郡。北史避唐諱改。

〔四六〕累遷定州河間王琛長史　諸本「琛」訛作「深」，據魏書卷七二改。河間王琛傳見本書卷十九。

〔四七〕曹世表字景昇　魏書卷七二曹世表傳「昇」下有「東魏郡魏人也」。按魏書地形志中，齊州有東魏郡東魏縣，魏書「郡」下脫「東」字。北史亦當有此七字。否則下文「侍中崔光，鄉里貴達」語便不知所謂。崔光東清河人，亦屬齊州，故傳文云云。且前後各傳皆書籍貫，不應此傳獨省。

〔四八〕出行東豫州刺史　按魏書卷七二曹世表傳言世表行豫州刺史。時梁將湛僧珍陷東豫州，州民劉獲、鄭辯反於州界，爲之內應。所謂「州民」「州界」都是指豫州，則世表是爲豫州刺史，而非東豫州。此「東」字衍文。

〔四九〕西平源子恭並以才用見留　諸本「源子」作「淳于」，魏書卷七二朱元旭傳作「源子」。按源子恭，源賀之子，禿髮利鹿孤之後。利鹿孤會都西平，故子孫稱西平人。「淳于」乃形似致訛，今據改。

〔五〇〕於時朝廷分汲郡河內二界挾河之地立義州　諸本「挾河」訛作「扶風」。按扶風與汲郡、河內遠不相及，今據魏書朱元旭傳改。義州見魏書地形志中。

北史卷四十六

列傳第三十四

孫紹　張普惠　成淹　范紹　劉桃符　鹿悆

張燿　劉道斌　董紹　馮元興

孫紹字世慶，昌黎人也。少好學，通涉經史。初爲校書郎，稍遷給事中，後爲門下錄事，好言得失，與常景共修律令。延昌中，紹表曰：

臣聞建國有計，雖危必安，施化能和，雖寡必盛；政乖人理，雖合必離，作用失機，雖成必敗。此乃古今同然，百王之定法也。今二虩京門，了無嚴防，南北二中，復闕固守。長安、鄴城，股肱之寄，穰城、上黨，腹背所憑。四軍、五校之軌，領、護分事之式，徵兵儲粟之要，舟車水陸之資，山河要害之權，緩急去來之用，持平赴救之方，節用應時之法，特宜修置，以固堂堂之基。持盈之體，何得而忽？

且法開清濁，而清濁不平，申滯理望，而卑寒亦免，士庶同悲，兵徒懷怨。中正賣望於下里，主案舞筆於上臺，眞僞混淆，知而不糾，得者不欣，失者倍怨。使門齊身等而涇、渭奄殊，類應同役而苦樂縣異。士人居職，不以爲榮，兵士役苦，心不忘亂。故有競棄本生，飄藏他土，或詭名託養，散沒人間，或亡命山藪，漁獵爲命，或投杖强豪，寄命衣食。又應遷之戶，逐樂諸州，應留之徒，避寒歸暖。職人子弟，隨榮浮游，南北東西，卜居莫定。關禁不修，任意取適，如此之徒，不可勝數。爪牙不復爲用，百工爭棄其業。混一之計，事實闕如；考課之方，責辦無日。流浪之徒，決須精校。今强敵窺時，邊黎伺隙，內人不平，〔二〕久戍懷怨。戰國之勢，竊謂危矣。必造禍源者，北邊鎮戍之人也。

若夫一統之年，持平用之者，大道之計也；亂離之期，縱橫作之者，行權之勢也。故道不可久，須文質以換情；權不可恒，隨汚隆以牧物。文質應世，道形自安；汚隆獲衷，權勢亦濟。然則王者計法之趣，化物之規，圓方務得其境，人物不失其地。

又先帝時，律、令並議，律尋施行，令獨不出，十餘年矣。臣以令之爲體，卽帝王之身，分處百揆之儀，安置九服之節，乃是有爲之樞機，世法之大本也。然修令之人，亦皆博古，依古撰置，大體可觀，比之前令，精粗有在。但主議之家，大用古制。若令依古，高祖之法，復須升降，誰敢措意有是非哉？以是爭故，久廢不理。然律、令相須，不可偏用，今律班令止，於事甚滯。若令不班，是無典法，臣下執事，何依而行？臣等修律，非無勤止，署下之日，臣乃無名，是謂農夫盡力，他食其秋，功名之所，實懷於悒。正光初，兼中書侍郎。紹性抗直，每上封事，常至懇切，不憚犯忤。但天性疏脫，言乍高下，時人輕之，不見採覽。紹兄世元善彈箏，早卒，紹後聞箏聲，便涕泗嗚咽，捨之而去。後爲太府少卿，會因朝見，靈太后謂曰：「卿年稍老矣。」紹曰：「臣年雖老，臣卿乃少。」太后笑之。遷右將軍、太中大夫。

紹曾與百僚赴朝，東掖未開，守門候旦。紹於衆中引吏部郎中辛雄於衆外，竊謂曰：「此中諸人，尋當死盡，唯吾與卿，猶享富貴。」未幾，有河陰之難。紹善推祿命，事驗甚多，知者異之。

永安中，拜太府卿，以前參議正光壬子曆，賜爵新昌子。後卒於右光祿大夫，贈尚書左僕射，謚曰宣。子伯元襲爵。

張普惠字洪賑，常山九門人也。身長八尺，容貌魁偉，精於三禮，兼善春秋、百家之說。

太和十九年，爲主書，帶制局監，頗爲孝文所知。轉尚書都令史。任城王澄重其學業，爲其聲價。澄爲雍州刺史，啓普惠爲府錄事參軍，尋行馮翊郡事。

澄功衰在身，欲七月七日集文武北園馬射。普惠奏記於澄曰：

竊聞三殺九親，別疏昵之敍；五服六術，等衰麻之心。皆因事飾情，不易之道者也。然則莫大之痛，深於終身之外；書策之哀，除於喪紀之內。外者不可無節，故斷之以三年；內者不可遂除，故敦之以日月。況禮，大練之日，鼓素琴，蓋推以卽吉也；小功以上，非虞祔練除不沐浴，此拘之以制也。曾子問曰：「相識有喪服，可以與於祭乎？」孔子曰：「緦不祭，又何助於人。」祭既不與，疑無宴食之道。又曰：「廢喪服，可以與於饋奠之事乎？」子曰：「脫衰與奠，非禮也。」注云：「謂其忘哀疾。」愚謂除喪之始，不與饋奠，小功之內，其可觀射乎？雜記云：「大功以下，既葬適人，人食之。其黨也食之，非其黨不食。」食猶擇人，於馬射爲或非宜。伏見明敎，立射會之限，將以二七令辰，集城中文武肆武藝於北園，行揖讓於中否。時非大閱之秋，景涉妨農之節，國家縞禫甫除，殿下功衰仍襲，釋而爲樂，以訓百姓，便是易先王之典敎，忘哀戚之情，恐非所以昭令德、示子孫者也。案射儀，射者以禮樂爲本，忘而從事，不可謂禮；鐘鼓弗設，不可謂樂。捨此二事，何用射爲！

又七日之戲，令制無之，班勞所施，慮違事體，府庫空虛，宜待新調。乞至九月，備飾盡行，然後奏貍首之章，宣矍相之命，聲軒縣，建雲鉦，神人忻暢於斯時也。

澄意納其言，託辭自罷，乃答曰：「今雖非公制，而此州承前已有斯式。且纂文習武，人之常藝，豈可於常藝之間，要須令制乎？禮，兄弟內除，明哀已殺，小功，客至主不絕樂，聽樂則可，觀武豈傷？直自事緣須罷，先以令停，方獲此請，深具來意。」

澄轉揚州，啓普惠以羽林監領鎭南大將軍開府主簿。普惠既爲澄知，歷佐二藩，甚有聲譽。還朝，仍羽林監。

澄遭太妃憂，臣僚爲立碑頌，題碑欲云「康王元妃之碑」。澄訪於普惠，普惠答曰：「謹尋朝典，但有王妃，而無元字。魯夫人孟子稱元妃者，欲下與繼室聲子相對。今烈懿太妃作配先王，更無聲子、仲子之嫌，竊謂不假元字以別名位。且以氏配姓，愚以爲在生之稱，故春秋『夫人姜氏至自齊』，既葬，以謚配姓，故經書『葬我小君文姜』，又曰『來歸夫人成風之襚』，皆以謚配姓。古者婦人從夫謚，今烈懿太妃德冠一世，故特蒙褒錫，乃萬代之高事，豈容於定名之重，而不稱『烈懿』乎。」澄從之。

後爲步兵校尉，以本官領河南尹丞。宣武崩，坐與甄楷等飲酒游從，免官。故事，免官者，三載之後，降一階而敍，若才優擢授，不拘此限。熙平中，吏部尚書李韶奏普惠有文學，

依才優之例，敕除寧遠將軍、司空倉曹參軍。朝議以不降階爲榮。時任城王澄爲司空，表議書記多出普惠。

廣陵王恭、北海王顥疑爲所生祖母服期與三年，詔羣僚會議。普惠議曰：

謹案：二王祖母皆受命先朝，爲二國太妃，可謂受命於天子，爲始封之母矣。喪服「慈母如母」，在三年章，傳曰：「貴父命也。」鄭注云：「大夫之妾子，父在爲母大功，則士之妾子爲母期。父卒，則皆得伸。」此大夫命其妾子，以爲母所慈，猶曰貴父命，爲之三年；況天子命其子爲列國王，命其所生母爲國太妃，反自同公子爲母練冠之與大功乎。傳曰：「始封之君，不臣諸父昆弟。」則當服其親服。若魯、衞列國，相爲服期，判無疑矣。何以明之？喪服：「君爲姑姊妹女子子嫁於國君者。」傳曰：「何以大功？尊同也。尊同，則得服其親服。諸侯之子稱公子，公子不得禰先君。」然則兄弟一體，位列諸侯，自以尊同，得相爲服，不可還準公子，遠厭天王。故降有四品，君、大夫以尊降，公子、大夫之子以厭降，名例不同，何可亂也。禮，大夫之妾子，以父命慈己，申其三年。太妃既受命先帝，光昭一國，二王胙土茅社，顯錫大邦，舍尊同之高據，附不禰之公子，雖許、蔡失位，亦不是過。服問曰：「有從輕而重，公子之妻，爲其皇姑。」公子雖厭，妻尚獲申，況廣陵、北海，論封君則封君之子，[三]語妃則命妃之孫，承妃纂重，遠別先皇，更以

先后之正統，厭其所生之祖嫡，方之皇姑，不以遙乎？今既許其申服，而復限之以期，比之慈母，不亦爽歟？經曰「爲君之祖父母、父母、妻、長子」，傳曰：「何以期？父母長子君服斬。妻則小君。父卒，然後爲祖後者，服斬。」今祖乃獻文皇帝，諸侯不得祖之。母爲太妃，蓋二王三年之證。議者近背正經，以附非類，差之毫毛，所失或遠。且天子尊則配天，莫非臣妾，何爲命之爲國母，而不聽子服其親乎？記曰：「從服者，所從亡則已。」又曰：「不爲君母之黨服，則爲其母之黨服。」今所從既亡，不以親服服其所生，則屬從之服，於何所施？若以諸王入爲公卿，便同大夫者，則當今之議皆不須以國爲言也。今之諸王，自同列國，雖不之國，別置臣僚，玉食一方，[三]得不以諸侯言之？敢據周禮，輒同三年。

當時議者，亦有同異。國子博士李郁於議罷之後，書難普惠，普惠據禮還答，鄭重三反，郁議遂屈。

轉諫議大夫，澄謂普惠曰：「不喜君得諫議，唯喜諫議得君。」

時靈太后父司徒胡國珍薨，贈相國、太上秦公。普惠以前世后父無太上之號，詣闕上疏，陳其不可，左右畏懼，莫敢爲通。會聞胡家穿壙下墳有盤石。乃密表曰：「竊見故侍中、司徒胡公，懷道含靈，實誕聖后，近樞克惟允之寄，居槐體論道之明。故以功餘九錫，褒假鸞

纛，深聖上之加隆，極慈后之至愛，憲章天下，不亦可乎！而太上之號，竊謂未衷。何者？禮記曰：『天無二日，土無二王，嘗禘郊社，尊無二上。』竊謂高祖受禪於獻文皇帝，故仰尊爲太上皇，此因上上而生名也。皇太后稱令以繫敕下，蓋取三從之道，遠同文母，列於十亂，則司徒爲太上，恐乖繫敕之意。易曰：『困於上者，必反於下。』比剋吉定兆，而以淺改卜，羣心悲惋，亦或天地神靈所以垂至戒，啓聖情。伏願停司徒逼同之號，從卑下不踰之稱，則天下幸甚。」

太后覽表，親至國珍宅，召集五品已上博議其事。任城王澄、太傅清河王懌、侍中崔光、御史中尉元匡、尙書崔亮並同有難，普惠並以理正之，無所屈。廷尉少卿袁翻曰：「周官：上公九命，上大夫四命，命數雖殊，同名爲上，何必上者皆是極尊。」普惠厲聲呵翻曰：「禮有下卿、上士，何止大夫與公。但今所行，以太加上，二名雙舉，不得非極。雕虫小藝，微或相許，至於此處，豈卿所及！」翻甚有慚色，默不復言。議者咸以太后當朝，志相黨順，遂奏曰：「張普惠辭雖不屈，然非臣等所同。渙汗已流，請依前詔。」太后復遣元叉、賈璨宣令謂普惠曰：「朕之所行，孝子之志；卿之所陳，忠臣之道。羣公已有成議，卿不得苦奪朕懷。後有所見，勿得難言。」

初，普惠被召，傳詔馳驛騶馬來，甚迅速，佇立催去。普惠諸子憂怖涕泗。普惠謂曰：

「我當休明之朝，掌諫議之任，若不言所難言，諫所難諫，便是唯唯，曠官尸祿。人生有死，死得其所，夫復何恨。然朝廷有道，汝輩勿憂。」及議罷，旨勞還宅，親故賀其幸甚。

時中山杜弼遺書普惠曰：「明侯深儒碩學，身負大才，執此公方，來居諫職，謇謇如也，諤諤如也。一昨承在胡司徒第，當庭面諍，雖問難鋒至，而應對響出。宋城之帶始縈，魯門之柝裁警，終使羣后逡巡，庶僚拱默，雖不見用於一時，固已傳美於百代。聞風快然，敬裁此白。」普惠美其此書，每爲口實。

普惠以天下人調，幅度長廣，尙書計奏，復徵綿麻，恐人不堪命。上疏曰：「伏聞尙書奏復綿麻之調，遵先皇之軌。夙宵惟度，欣戰交集。仰惟高祖廢大斗，去長尺，改重秤，所以愛萬姓，從薄賦。知軍國須綿麻之用，故云幅度之間，億兆應有綿麻之利，故絹上稅綿八兩，布上稅麻十五斤。萬姓得廢大斗，去長尺，改重秤，荷輕賦之饒，不適於綿麻而已。故歌舞以供其賦，奔走以役其勤。夫信行於上，則億兆樂輸於下。自茲已降，漸漸長闊，百姓嗟怨，聞於朝野。伏惟皇太后未臨朝之前，陛下居諒闇之日，宰輔不尋其本，知天下之怨綿麻，不察其幅廣、度長、秤重、斗大，革其所弊，存其可存，而特放綿麻之調，以悅天下之心。此謂悅之不以道，愚臣所以未悅者也。」[四]

普惠又表乞朝直之日，時聽奉見。自此之後，月一陛見。又以孝明不親視朝，過崇佛

法，郊廟之事，多委有司，上疏曰：「伏惟陛下重暉纂統，欽明文思，天地屬心，百神佇望。伏願躬致郊廟之虔，親紆朔望之澤，釋奠成均，竭心千畝，明發不寐，潔誠禋禖，孝弟可以通神明，德教可以光四海。然後精進三寶，信心如來。道由化深，故諸漏可盡；法隨禮積，故彼岸可登。量撤僧寺不急之華，還復百官久折之秩。[五]已興之構，務從簡成；將來之造，權令停息。但仍舊貫，亦何必改作。庶節用愛人，法俗俱賴。」尋別敕付外，議釋奠之禮。

時史官剋日蝕，豫敕罷朝。普惠以逆廢非禮，上疏陳之。又表論時政得失：一曰審法度，平斗尺，租調務輕，賦役務省。二曰聽輿言，察怨訟，先皇舊事有不便於政者，請悉追改。三曰進忠謇，退不肖，任賢勿貳，去邪勿疑。四曰興滅國，繼絕世，勳親之胤，所宜收敘。

書奏，孝明、靈太后引普惠於宣光殿，隨事難詰。延對移時，太后曰：「小小細務，一一翻動，更成煩擾。」普惠曰：「聖上之養庶物，若慈母之養赤子，今赤子幾臨危壑，將赴水火，以煩勞而不救，豈赤子所望於慈母！」太后曰：「天下蒼生，寧有如此苦事？」普惠曰：「天下之親懿，莫重於太師彭城王，然遂不免枉死。微細之苦，何可得無？」太后曰：「彭城之苦，吾已封其三子，何足復言。」普惠曰：「聖后封彭城之三子，天下莫不忻至德，知慈母之在上。臣所以重陳者，凡如此枉，乞垂聖察。」太后曰：「卿云興滅繼絕，意復誰是？」普惠曰：「昔淮南

逆終，漢文封其四子，蓋骨肉之不可棄，親親故也。竊見咸陽、京兆，乃皇子皇孫，一德之虧，自貽悔戾，沈淪幽壤，緬焉弗收，豈是興滅繼絕之意？」[六] 太后曰：「卿言有理，當命公卿博議。」

及任城王澄薨，普惠荷其恩待，朔望奔赴，至於禫除，雖寒暑風雨，無不必至。初，澄嘉賞普惠，臨薨啓爲尙書右丞。靈太后既深悼澄，覽啓從之。詔行之後，尙書諸郎以普惠地寒，不應便居管轄，相與爲約，並欲不放上省，紛紜多日乃息。

正光二年，詔遣楊鈞送蠕蠕主阿那瓌還國。普惠謂遣之將貽後患，上疏極言其不可，表奏不從。魏子建爲益州刺史，有贓罪，普惠被使驗之，事遂得釋，故子建父子甚德之。時梁西豐侯正德詐稱降款，朝廷頗事當迎。普惠請付揚州，移還蕭氏，不從。俄而正德果逃還。後除光祿大夫，右丞如故。

先是仇池武興郡氐數反，西垂郡戍，租運久絕，詔普惠以本官爲持節、西道行臺，給秦、岐、涇、華、雍、豳、東秦七州兵武三萬人，任其召發，送南秦、東益二州兵租，分付諸戍。其所部將統，聽於關西牧守之中隨機召遣。軍資板印之屬，悉以自隨。事訖還朝，賜絹布一百段。時詔訪冤屈，普惠上疏，多所陳論。

出除東豫州刺史。淮南九戍十三郡，猶因梁前弊，別郡異縣之人錯雜居止。普惠乃依次括比，省減郡縣，上表陳狀，詔許之。宰守因此，綰攝有方，奸盜不起，人以爲便。

普惠不營財業，好有進舉，敦於故舊。冀州人侯堅固少時與其游學，早終，其子長瑜，普惠每於四時請祿，無不減贍，給其衣食。及爲豫州，啓長瑜解褐，攜其合門拯給之。在州卒，謚曰宣恭。

成淹字季文，上谷居庸人也。好文學，有氣尙。仕宋爲員外郎，領軍主，援東陽、歷城。皇興中，降慕容白曜，赴闕，授兼著作佐郎。時獻文於仲冬月欲巡漠北，朝臣以寒甚固諫，並不納。淹上接輿釋游論，帝覽之，詔尙書李訢曰：「卿諸人不如成淹論，通釋人意。」乃敕停行。

太和中，文明太后崩，齊遣其散騎常侍裴昭明、散騎侍郎謝竣等來弔，欲以朝服行事。主客不許，昭明等執志不移。孝文敕尙書李沖選一學識者更與論執。沖奏遣淹。昭明言：「不聽朝服行禮，義出何典？」淹言：「玄冠不弔，童孺共聞。昔季孫將行，請遭喪之禮，千載之下，猶共稱之。卿方謂義出何典，何其異哉！」昭明言：「齊高帝崩，魏遣李彪通弔，初不素服，齊朝亦不爲疑。」淹言：「彪通弔之日，朝命以弔服自隨。彼不遵高宗追遠之慕，乃踰月

即吉。齊之君臣，皆已鳴玉盈庭，彪行人，何容獨以衰服閒衣冠之中？我皇處諒闇以來，百官聽於冢宰，卿豈得以此方彼也？」昭明乃搖膝而言曰：「三皇不同禮，亦安知得失所歸。」淹言：「若如來談，卿以虞舜、高宗爲非也？」昭明相顧笑曰：「非孝者，宣尼有成責，行人亦弗致言。使人唯齎袴褶，不可以弔，幸借衣帢，以申國命。今爲魏朝所逼，還南日，必得罪本朝。」淹言：「彼有君子也，卿將命折中，[七] 還南日，應有高賞。若無君子也，但令有光國之譽，雖非理得罪，亦復何嫌。南史、董狐，自當直筆。」既而敕送衣帢給昭明等，明旦引入，皆令文武盡哀。後正佐郎。

其後齊遣其散騎常侍庾蓽、散騎侍郎何憲、主書邢宗慶等來聘，孝文敕淹接於外館。宗慶語淹言：「南北連和既久，而比棄信絕好，爲利而動，豈是大國善隣之義？」淹言：「夫爲王者不拘小節，豈得眷眷守尾生之信！且齊先主歷事宋朝，當應便爾欺奪？」宗慶、庾蓽及從者皆相顧失色。何憲知淹昔從南入，以手掩目曰：「卿何不作于禁而作魯肅。」[八] 淹言：「我捨逆効順，欲追蹤陳、韓，何于禁之有！」憲亦不對。

王肅之至，鑾輿行幸，肅多扈從，敕淹將引，若有古跡，皆使知之。行到朝歌，肅問：「此是何城？」淹言：「紂都朝歌城。」肅言：「故應有殷之頑人。」淹言：「昔武王滅紂，悉居河洛，中因劉、石亂華，仍隨司馬東度。」肅知淹寓青州，乃笑謂曰：「青州何必無其餘種。」淹以肅本

隸徐州，「若言青州，本非其地，徐州間今日重來，非所知也。」肅遂伏馬上掩口笑，顧謂侍御史張思寧曰：「向聊因戲言，遂致辭溺。」思寧馳馬以聞，孝文大悅，謂彭城王勰曰：「淹此段足爲制勝。」輿駕至洛，肅因侍宴，帝戲肅曰：「近者行次朝歌，聞成淹共卿殊有往復，卿試重敍之。」肅言：「臣於朝歌失言，一之已甚，豈宜再說。」遂大笑。肅又言淹才詞，宜應敍進。帝言：「若因此進淹，恐辱卿轉甚。」肅言：「臣屈己達人，正可顯臣之美。」帝曰：「卿爲人所屈，欲求屈己之名，復於卿大優。」肅言：「淹既蒙進，臣得屈己申人，此所謂陛下惠而不費。」遂酣笑而止。賜淹龍廐上馬一疋，幷鞍勒宛具，朝服一襲。轉謁者僕射。

時遷都，帝以淹家貧，敕給事力，送至洛陽，使與家累相隨。及車駕濟淮，敕徵淹，淹於路左請見，曰：「敵不可小，願聖明保萬全之策。伏聞發洛已來，諸有諫者，解官奪職，恐非聖明納下之義。」帝優而容之。帝幸徐州，敕淹與閭龍駒專主舟楫，將泛泗入河，泝流還洛。軍次碻磝，淹以黃河浚急，慮有傾危，乃上疏陳諫。帝敕淹曰：「朕以恒、代無運漕之路，故京邑人貧。今移都伊、洛，欲通運四方。黃河急浚，人皆難涉，我因此行乘流，所以開百姓之心。知卿誠至而不得相納。」賜驊騮馬一疋，衣冠一襲。除羽林監、主客令。

于時宮殿初構，運材日有萬計，伊、洛流澌，苦於厲涉。淹遂啓求敕都水造浮航。帝賞納之，意欲榮淹於衆，朔旦受朝，百官在位，乃賜帛百疋，知左右二都水事。景明三年，出除

平陽太守。還朝，病卒，贈光州刺史，謚曰定。

子霄，字景鸞，好爲文詠，坦率多鄙俗，與河東姜質等朋游相好，詩賦間起，知音之士所共嗤笑。卒於書侍御史。

范紹字始孫，燉煌龍勒人也。少聰敏，年十二，父命就學，師事崔光。以父憂廢業，母又誡之曰：「汝父卒日，令汝遠就崔生，希有成立。今已過期，宜遵成命。」紹還赴學。太和初，充太學生，轉算生，頗涉經史。孝文選爲門下通事令史，遷錄事，掌奏文案。帝善之，又爲侍中李沖、黃門崔光所知。帝嘗謂近臣曰：「崔光從容，范紹之力。」

後朝廷有南討計，發河北數州田兵，通緣淮戍兵合五萬餘人，廣開屯田，八座奏紹爲西道六州營田大使，加步兵校尉。紹勤於勸課，頻歲大獲。又詔與都督、中山王英論攻鐘離，紹覩其城隍，恐不可陷，勸令班師，英不從。紹還，具以狀奏聞，俄而英敗。後歷位幷州刺史、太常卿。莊帝初，遇害河陰。

劉桃符，中山盧奴人也。生不識父，九歲喪母。性恭謹，好學。舉孝廉，射策甲科。歷碎職，累遷中書舍人，以勤明見知。久不遷職，宣武謂曰：「揚子雲爲黃門，頓歷三世。卿居此任始十年，不足辭也。」

東豫州刺史田益宗居邊貪穢，宣武頻詔桃符慰喩之。桃符還，具稱益宗老耄，而諸子非理處物。宣武後欲代之，恐其背叛，拜桃符東豫州刺史，與後將軍李世哲領衆襲益宗。語在益宗傳。桃符善恤蠻左，爲人吏所懷。久之，徵還。病卒，贈洛州刺史。

鹿悆字永吉，濟陰乘氏人也。祖壽興，沮渠氏庫部郎。父生，再爲濟南太守，有政績。獻文嘉其能，特徵赴季秋馬射，賜以驄馬，加以青服，彰其廉潔。時三齊始附，人懷苟且，蒲博終朝，頗廢農業。生立制斷之，聞者嗟善。後卒於淮陽太守，追贈兗州刺史。

悆好兵書、陰陽、釋氏之學，彭城王勰召爲館客。嘗詣徐州，馬疲，附船而至大梁。夜睡，從者上岸，竊禾四束飼馬。船行數里，悆覺，即停船至取禾處，以縑三丈置禾束下而反。

初爲眞定公元子直國中尉，恒勸以忠廉之節。嘗賦五言詩曰：「嶧山萬丈樹，雕鏤作琵琶，由此材高遠，絃響藹中華。」又曰：「援琴起何調？幽蘭與白雪，絲管韻未成，莫使絃響絕！」子直少有令問，悆欲其善終，故以諷焉。後隨子直鎭梁州，州有兵粮和糴，和糴者靡不潤屋，悆獨不取。子直强之，終不從。

孝莊爲御史中尉，悆兼殿中侍御史，監臨淮王彧軍。時梁遣其豫章王綜據徐州，綜密信通彧，云欲歸款。衆議謂不然，悆遂請行，曰：「綜若誠心，與之盟約；如其詐也，豈惜一人命乎！」時徐州始陷，邊方騷擾，綜部將成景儁、胡龍牙並總强兵，內外嚴固。悆遂單馬間出，徑趣彭城。未至之間，爲綜軍主程兵潤所止，問其來狀。悆曰：「我爲臨淮王所使。」兵潤遣人白龍牙等。綜既有誠心，聞悆被執，語景儁等曰：「我每疑元略規欲叛城，將驗虛實，且遣左右爲元略使，入魏軍中喚彼一人，其使果至。可令人詐作略身，在一深室，託爲患狀，呼使戶外，令人傳語。」時略始被梁武追還。綜又遣腹心人梁話迎悆，密語意狀，令善酬答。引悆詣龍牙所。龍牙語悆曰：「元中山甚欲相見，故令喚卿。」又曰：「安豐、臨淮，將少弱卒，規復此城，容可得乎？」悆曰：「彭城，魏之東鄙，勢在必爭，可否在天，非人所測。」龍牙曰：「當如卿言。」復詣景儁住所，停悆外門，久而未入。時夜已久，有綜軍主姜桃來與悆言，謂曰：「元法僧魏之微子，拔城歸梁，梁主待物有道。」乃上指曰：「今歲星在斗，吳之分野，君何不歸梁國？」悆答曰：「法僧，莒僕之流，而梁納之，無乃有愧於季孫也！今月建鶉首，斗牛

受破，歲星木也，逆而剋之，吳國敗喪不久。且衣錦夜游，有識不許。」言未盡，乃引入見景儁。景儁良久謂曰：「卿不爲刺客也？」答曰：「今者爲使，欲反命本朝，相刺之事，更卜後圖。」爲設食，悆强飲多食，向敵數人，微自夸矜。諸人相謂曰：「壯哉！」乃引向元略所，一人引入戶，指牀令坐。一人別在室中出，謂悆曰：「中山王有教：『我昔有以向南，且遣相喚，欲問卿事。[九]晚來患動，不獲相見。』」悆遂辭而退。須臾天曉，綜軍主范勗、景儁司馬楊瞟等競問北朝士馬多少，悆陳士馬之盛。尋而與梁話盟契訖。未旬，綜降。詔封悆定陶縣子，除員外散騎常侍。

永安中，爲右將軍、給事黃門侍郎，進爵爲侯。雖任居通顯，志在謙退，迎送親賓，加於疇昔。而自無屋宅，常假賃居止，布衣糲食，寒暑不變。孝莊嘉其清潔，時復賜以錢帛。

及東徐城人呂文欣殺刺史元大賓，南引梁人，詔悆以使持節、散騎常侍、安東將軍爲六州大使，與行臺樊子鵠討破之。悆又購斬文欣。還，拜金紫光祿大夫，兼尚書右僕射、東南道三徐行臺。與都督賀拔勝等拒尒朱仲遠，軍敗還京。

天平中，除梁州刺史。時滎陽人鄭榮業反，圍州城，城降，榮業送悆於關西。

張燿字景世，〔一〇〕自云南陽西鄂人也。仕魏，累遷步兵校尉。永寧寺塔大興，經營務廣。靈太后曾幸作所，凡有顧問，燿敷陳指畫，無所遺闕，太后善之。後爲別將，以軍功封長平男。歷岐、東荆州刺史。

天平初，遷鄴草創，右僕射高隆之、吏部尚書元世儁奏曰：「南京宮殿毁撤送都，連筏竟河，首尾大至，自非賢明一人，專委受納，則恐材木耗損，有闕經構。〔一一〕燿清直素著，有稱一時，臣等輒舉爲大將。」詔從之。燿勤於其事，尋轉營構左都將。興和初，加衞大將軍。宮殿成，除東徐州刺史。卒於州，贈司空公，謚曰懿。

劉道斌，武邑灌津人也。有器幹，腰帶十圍，鬚髯甚美。初拜校書郎，轉主書，頗爲孝文所知。從征南陽，還，加積射將軍、給事中。帝謂黄門郎邢巒曰：「道斌是行，便異儕流矣。」宣武卽位，遷謁者僕射。後歷恒農太守、岐州刺史，所在有清貞稱。卒於州，謚曰康。道斌在恒農，修立學館，建孔子廟堂，圖畫形像。去郡後，故吏追思之，復立道斌形於孔像之西而拜謁焉。

董紹字興遠，新蔡鮦陽人也。少好學，頗有文義。起家四門博士，累遷兼中書舍人，爲宣武所賞。豫州城人白早生以城南叛，詔紹慰勞，爲賊鎖禁送江東。梁領軍呂僧珍暫與紹言，便相器重。梁武聞之，使勞紹云：「忠臣孝子不可無之，今當聽卿還國。」紹曰：「老母在洛，無復方寸，既奉恩貸，實若更生。」乃引見之，謂曰：「戰爭多年，人物塗炭，是以不恥先言，欲與魏朝通好，卿宜備申此意。若欲通好，今以宿豫還彼，彼當以漢中見歸。」及紹還，雖陳說和計，朝廷不許。

後除洛州刺史。紹好行小惠，頗得人情。蕭寶夤反於長安，紹上書求擊之，云：「臣當出瞎巴三千，生噉蜀子。」孝明謂黄門徐紇曰：「此巴眞瞎也？」紇答：「此紹之壯辭，云巴人勁勇，見敵無所畏，非實瞎也。」帝大笑，敕紹速行。以拒寶夤功，賞新蔡縣男。天光敗，賀拔岳復請紹爲其開府諮議參軍。岳後攜紹於高平牧馬，紹悲而賦詩曰：「走馬山之阿，馬渴飲黄河。寧謂胡關下，復聞楚客歌！」岳死，周文帝亦重之。

及孝武西遷，除御史中丞，非其好也，鬱鬱不得志，或行戲街衢，或與少年游聚，不自拘持，頗類失性。孝武崩，周文與百官推奉文帝，上表勸進，令呂思禮、薛憕作表，前後再奏，帝尚執謙沖不許。周文曰：「爲文能動至尊，唯董公耳。」乃命紹爲第三表，操筆便成。表奏，周文曰：「開進人意，不當如此也？」及登阼，方任用之，而紹議論朝廷，賜死。孫嗣。

馮元興字子盛，東魏郡肥鄉人也。少有操尚。舉秀才，中尉王顯召爲檢校御史，遷殿中御史。司徒、江陽王繼召爲記室參軍，遂爲元叉所知。叉執朝政，引爲尚書殿中郎，領中書舍人，仍御史，預聞時事，卑身克己，人無恨焉。家素貧約，食客恒數十人，同其飢飽，時人歎尚之。太保崔光臨薨，薦元興爲侍讀，尚書賈思伯爲侍講，授孝明杜氏春秋，元興常爲擿句，儒者榮之。叉旣賜死，元興亦被廢。乃爲浮萍詩以自喻曰：「有草生碧池，無根水上蕩，脆弱惡風波，危微苦驚浪。」普泰初，爲光祿大夫，領中書舍人。太昌初，卒於家，贈齊州刺史。元興世寒，因元叉之勢，託其交道，相用爲州主簿，〔一二〕論者以爲非倫。

時有齊郡曹昂，〔一三〕有學識，舉秀才，永安中，除太學博士，兼尚書郎。常徒步上省，以示清貧，忽遇盜，大失綾縑，時人鄙其矯詐。

論曰：孫紹關左之士，又能指論時務。張普惠明達典故，强直從官，侃然不撓，其有王臣之風矣。成淹、范紹、劉桃符、鹿悆、張燿、劉道斌、董紹、馮元興等身遭際會，俱得效其所能，苟曰非才，亦何能致於此也。

校勘記

〔一〕內人不平　魏書卷七八孫紹傳「人」作「民」，北史避唐諱改。內民，指代京畿內之拓拔部民。

〔二〕論封君則封君之子　魏書卷七八張普惠傳無上「君」字。按此與下句「語妃則命妃之孫」相對，疑「君」字衍。

〔三〕玉食一方　諸本「玉」訛「王」，據魏書及通志卷一五一張普惠傳改。

〔四〕此謂悅之不以道愚臣所以未悅者也　按魏書此疏下文尚有大段文字，論不改長尺、重秤、大斗而欲恢復綿麻之調之非。張普惠此疏主要是反對恢復綿麻之調，北史只錄前半，尚未轉入本題，删節殊爲不當。

〔五〕還復百官久折之秩　諸本「官」訛作「宮」，據魏書改。

〔六〕豈是興滅繼絕之意　諸本「豈」下衍「不」字，與上文文意不符，今據魏書删。

〔七〕卿將命折中　諸本脫「命」字，據魏書卷七九成淹傳補。

〔八〕卿何不作于禁而作魯肅　諸本「魯」作「王」。魏書作「魯」。按庾蓽、何憲等使魏在太和十六年，王肅降魏在太和十七年，何憲豈能預知其降而爲此語？若指曹魏時之王肅，則事迹不類。三國時于禁爲魏將，降於關羽，羽敗入吳，後仍歸魏。魯肅北人，而仕於吳。故何憲以此二人爲喻。作「王肅」當是涉下文而誤。今從魏書改。

〔九〕欲問卿事　魏書卷九七鹿悆傳、通鑑卷一五〇四七〇二頁作「欲聞鄉事」。按「鄉事」指北魏事，元略北魏宗室，故云。「卿」當是「鄉」之訛。

〔一〇〕張燿字景世　魏書卷七九本傳「燿」作「熠」。

〔一一〕有闕經構　諸本「闕」訛「關」，據魏書及通志卷一五一張燿傳改。

〔一二〕元興世寒因元叉之勢託其交道相用爲州主簿　按上文不言馮元興曾爲州主簿，且元興結託元叉之時，已官殿中御史、司徒記室參軍，不會再爲州主簿。疑是託元叉用其子爲州主簿，「元興」上當有脫文。

〔一三〕時有齊郡曹昂　諸本「齊」作「濟」，魏書卷七九、通志卷一五一馮元興傳作「齊」。按魏書地形志無「濟郡」，青州有齊郡，今據改。

北史卷四十七

列傳第三十五

袁翻 弟躍　躍子聿脩　陽尼 從孫固　固子休之　固從兄藻　藻子斐　固從弟元景　賈思伯　祖瑩 子珽

袁翻字景翔，陳郡項人也。父宣，爲宋青州刺史沈文秀府主簿，隨文秀入魏。而大將軍劉昶言是其外祖淑近親，令與其府諮議參軍袁濟爲宗。宣時孤寒，甚相依附。及翻兄弟官顯，與濟子洸、演遂各陵競，洸等乃經公府，以相排斥。

翻少入東觀，爲徐紇所薦，李彪引兼著作佐郎，參史事。後拜尚書殿中郎。正始初，詔尚書門下於金墉中書外省考論律令，翻與門下錄事常景、孫紹、廷尉監張彪、〔一〕律博士侯堅固、書侍御史高綽、前將軍邢苗、奉車都尉程靈虯、羽林監王元龜、尚書郎祖瑩、宋世景、員外郎李琰之、太樂令公孫崇等並在議限。又詔太師彭城王勰、司州牧高陽王雍、中書監

京兆王愉、青州刺史劉芳、左衞將軍元麗、兼將作大匠李韶、國子祭酒鄭道昭、廷尉少卿王顯等入豫其事。後除豫州中正。

是時，修明堂辟雍，翻議曰：

謹按明堂之義，今古諸儒論之備矣。蓋唐、虞以上，事難該悉，夏、殷以降，校可知之。按周官考工所記，皆記其時事，具論夏、殷名制，豈其紕繆？是知明堂五室，三代同焉，配帝像行，義則明矣。及淮南、呂氏與月令同文，雖布政班時，有堂个之別，然推其體，則無九室之證。

既而正義殘隱，妄說斐然。明堂九室，著自戴禮，探緒求源，罔知所出，而漢氏因之，自欲爲一代之法。故鄭玄云：「周人明堂五室，是帝一室也，合於五行之數。周禮依數，以爲之室。」本制著存，是周五室也。於今不同，是漢異周也。漢爲九室，略可知矣。〔二〕但就其此制，猶有懵焉。何者？張衡東京賦云：「乃營三宮，布教班常，複廟重屋，八達九房。」此乃明堂之文也。而薛綜注云：「房，室也。謂堂後有九室。」堂後有九室之制，非巨異乎。裴頠又云：「漢氏作四維之个，不能令各據其辰，就使其像可圖，莫能通其居用之禮，此爲設虛器也。」甚知漢世徒欲削滅周典，捐棄舊章，改物創制，故不復拘於載籍。且鄭玄之詁訓三禮及釋五經異義，並盡思窮神，不墜周公之舊法也。〔三〕

伯喈損益漢制，章句繁雜，既違古背新，又不能易玄之妙矣。魏、晉書紀，亦有明堂祀五帝之文，而不記其經始之制，又無坦然可準。觀夫今之基趾，猶或髣髴，高卑廣狹，頗與戴禮不同，何得以意抑心，便謂九室可明？且三雍異所，復乖盧、蔡之義，進退無據，何用經通？晉朝亦以鑽鑿難明，故有一屋之論，並非經典正義，皆以意妄作，茲爲不典。學家常談，不足以範時軌世。

皇代既乘乾統曆，得一御宸，自宜稽古則天，憲章文、武，追蹤周、孔，述而不作。豈容虛追子氏放篇之浮說，徒損經紀雅誥之遺訓，而欲以支離橫義，指畫妄圖，儀刑宇宙而貽來葉者也？

又北京制置，未皆允帖，〔四〕繕修草創，以意良多。事移化變，〔五〕存者無幾，理苟宜革，何必仍舊。且遷都之始，日不遑給，先朝規度，每事循古，是以數年之中，悛換非一，良以永法爲難，數改爲易。何爲宮室府庫多因故迹，而明堂辟雍獨遵此制？建立之辰，復未可知矣。既猥班訪逮，輒輕率瞽言，明堂五室，請同周制，郊建三雍，求依故所，庶有會經誥，無失典刑。

後議選邊戍事，翻議曰：

臣聞兩漢警於西北，魏、晉備在東南。是以鎮邊守塞，必寄威重；伐叛柔服，實賴

溫良。故田叔、魏尙，聲高於沙漠；當陽、鉅平，績流於江、漢。紀籍用爲美談，今古以爲盛德。自皇上以叡明纂御，風淸化遠，威厲秋霜，惠霑春露，故能使淮海輸誠，華陽卽序，連城革面，比屋歸仁。縣車劍閣，豈伊曩載；鼓譟金陵，復在茲日。然荊、揚之牧，宜盡一時才望；梁、郢之君，尤須當今秀異。

自比緣邊州郡，官至便登，疆場統戍，階當卽用。或逢穢德凡人，或遇貪家惡子，不識字人溫恤之方，唯知重役殘忍之法。廣開戍邏，多置帥領，或用其左右姻親，或受人貨財請屬，皆無防寇禦賊之心，唯有通商聚斂之意。其勇力之兵，驅令抄掠，若遇强敵，卽爲奴虜；如有執獲，奪爲己富。其羸弱老小之輩，微解金鐵之工，少閑草木之作，無不搜營窮壘，苦役百端。自餘或伐木高山，或芸草平陸，販貿往還，相望道路。此等祿既不多，資亦有限，皆收其實絹，給其虛粟，窮其力，薄其衣，用其工，節其食，綿冬歷夏，加之疾苦，死於溝瀆者常十七八焉。是以吳、楚間伺，審此虛實，皆云糧匱兵疲，易可乘擾，故驅率犬羊，屢犯疆場。頻年已來，甲冑生蟣，十萬在郊，千金日費，爲弊之深，一至於此！皆由邊任不得其人，故延若斯之患。賈生所以痛哭，良有以也。

夫潔其流者淸其源，理其末者正其本，既失之在始，庸可止乎。愚謂自今已後，荊、揚、徐、豫、梁、益諸蕃及所統郡縣府佐統軍至于戍主，皆令朝臣王公已下各舉所

知，必選其才，不拘階級。若能篤御有方，淸高獨著，威足臨戎，信能懷遠，撫循將士，得其忻心，不營私潤，專修公利者，則就加爵賞，使久於其任，以時褒賚，厲其忠款。所舉之人，亦垂優異，獎其得士，嘉其誠節。若不能一心奉公，才非捍禦，貪惏日富，經略無聞，人不見德，兵厭其勞者，卽加顯戮，用章其罪。所舉之人，隨事免降，責其謬薦，罰其僞薄。如此則舉人不得挾其私，受任不得孤其舉。善惡既審，沮勸亦明。庶邊患永消，譏議攸息矣。

遭母憂去職。熙平初，除廷尉少卿，頗有不平之論，爲靈太后所責。出爲平陽太守，〔六〕甚不自得，遂作思歸賦。

神龜末，遷涼州刺史。時蠕蠕主阿那瓌、後主婆羅門並以國亂來降，朝廷問安置之計。翻表曰：

今蠕蠕內爲高車所討滅，外憑大國之威靈，兩主投身，一期而至，百姓歸誠，萬里相屬。然夷不亂華，前鑒無遠，覆車在於劉、石，毀轍固不可尋。今蠕蠕雖主奔於上，人散於下，而餘黨實繁，部落猶衆，高車亦未能一時幷兼，盡令率附。又高車士馬雖衆，主甚愚弱，上不制下，下不奉上，唯以掠盜爲資，陵奪爲業。而河西捍禦强敵，唯涼州、敦煌而已。涼州土廣人稀，糧仗素闕，敦煌、酒泉，空虛尤甚。若蠕蠕無復豎立，令

高車獨擅北垂，則西顧之憂，匪旦伊夕。

愚謂蠕蠕二主，並宜存之，居阿那瓌於東偏，處婆羅門於西裔，分其降人，各有攸屬。那瓌住所，非所經見，其中事勢，不可輒陳。婆羅門請修西海故城以安處之。西海郡本屬涼州，今在酒泉，直抵張掖西北千二百里，〔七〕去高車所住金山一千餘里。正是北虜往來之衝要，漢家行軍之舊道，土地沃衍，大宜耕殖。非但今處婆羅門，於事爲便，卽可永爲重戍，鎭防西北。雖外爲署蠕蠕之聲，內實防高車之策。一二年後，足食足兵，斯固安邊保塞之長計也。若婆羅門能自克厲，使餘燼歸心，收離聚散，復興其國者，乃漸令北轉，徙度流沙，卽是我之外藩，高車之勍敵，西北之虞，可無過慮。如其奸回反覆，孤恩背德者，此不過爲逋逃之寇，於我何損？今不早圖，戎心一啓，脫先據西河，〔八〕奪我險要，則酒泉、張掖，自然孤危，長河已西，終非國有。不圖厥始，而求憂其終，〔九〕噬臍之恨，悔將何及。

愚見如允，乞遣大使往涼州敦煌及於西海，躬行山谷要害之所，親閱亭障遠近之宜，商量士馬，校練糧仗，部分見定，處置得所。入春，西海之間，卽令播種，至秋收一年之食，使不復勞轉輸之功也。且西徼北垂，卽是大磧，〔一〇〕野獸所聚，千百爲羣，正是蠕蠕射獵之處。殖田以自供，籍獸以自給，彼此相資，足以自固。今之豫度，似如小

損，歲終大計，其利實多。高車豺狼之心，何可專信？假令稱臣致款，正可外加優納，而復內備彌深，所謂先人有奪人之心者也。

時朝議是之。還，拜吏部郎中。遷齊州刺史，無多政績。

孝昌中，除安南將軍、中書令，領給事黃門侍郎，與徐紇俱在門下，並掌文翰。翻既才學名重，又善附會，亦爲靈太后所信待。是時蠻賊充斥，六軍將親討之，翻乃上表諫止。後蕭寶夤大敗於關西，翻上表，請爲西軍死亡將士舉哀，存而還者，幷加賑賚。後拜度支尙書，尋轉都官。翻上表，願以安南、尙書換一金紫。時天下多事，翻雖外請閑秩，而內有求進之心，識者怪之。於是加撫軍將軍。明帝、靈太后曾燕華林園，舉觴謂羣臣曰：「袁尙書朕之杜預，欲以此杯敬屬元凱，今爲盡之。」侍坐者莫不羨仰。

翻名位俱重，當時賢達咸推與之。然獨善其身，無所獎拔，排抑後進，論者鄙之。建義初，遇害河陰。所著文筆百餘篇，行於世。贈使持節、侍中、車騎將軍、儀同三司、青州刺史。嫡子寶首，武定中，司徒記室參軍事。翻弟躍。

躍字景騰，博學儁才，性不矯俗，篤於交友。翻每謂人曰：「躍可謂我家千里駒也。」歷位尙書都兵郎中，加員外散騎常侍。將立明堂，躍乃上議，當時稱其博洽。蠕蠕主阿那瓌亡破來奔，朝廷矜之，送復其國。既而每使朝貢，辭旨頗不盡禮。躍爲朝臣書與瓌，陳以禍福，言辭甚美。後遷車騎將軍太傅清河王懌文學，雅爲懌所愛賞。懌之文表，多出於躍。卒，贈冠軍將軍、吏部郎中。所制文集行於世。無子，兄翻以子聿脩繼。

聿脩字叔德。七歲遭喪，居處禮若成人。九歲，州辟主簿。性深沈，有鑒識，清靖寡欲，與物無競。姨丈人尙書崔休深所知賞。年十八，領本州中正，兼尙書度支郎中。齊天保初，除太子庶子，以本官行博陵太守，大有聲績，遠近稱之。累遷司徒左長史，領兼御史中丞。司徒錄事參軍盧思道私貸庫錢三十萬，娉太原王乂女爲妻，而王氏以先納陸孔文禮娉爲定。聿脩爲首僚，又國之司憲，知而不劾，免中丞。尋遷祕書監。

天統中，詔與趙郡王叡等議定五禮。〔一一〕出爲信州刺史，卽其本鄉也，時久無例，莫不榮之。爲政清靖，不言而化，自長史以下，爰逮鰥寡孤幼，皆得其歡心。武平初，御史普出，過諸州悉有舉劾，唯不到信州。及還都，人庶道俗追列滿道，或將酒脯，涕泣留連，競欲遠送。時既盛暑，恐其勞敝，往往爲之駐馬，隨舉一酌，示領其意，辭謝令去。還後，州人鄭播宗等七百餘人請爲立碑，斂縑布數百匹，託中書侍郎李德林爲文，以記功德。敕許之。

尋除都官尙書。〔一二〕聿脩少年平和溫潤，素流之中，最爲規檢，以名家子歷任清華，時望

多相器待，許其風鑒。在郎署之日，時趙彥深爲水部郎中，同在一院，因成交友。彥深後重被沙汰停私，〔一三〕門生藜藿，聿脩猶以故情，音問來往。彥深任用，銘戢甚深，雖人才無愧，蓋亦由彥深接引。爲吏部尙書以後，自以物望得之。

初，馮子琮以僕射攝選，婚姻相尋，聿脩常非笑之，語人云：「馮公營婚，日不暇給。」及自居選曹，亦不能免，時論以爲地勢然也。素品孤官，頗有怨讟。然在官廉謹，當時少匹。魏、齊世，臺郎多不免交通餉饋。初，聿脩爲尙書郎十年，未曾受升酒之遺。〔一四〕尙書邢卲與聿脩舊款，每省中語戲，常呼聿脩爲清郎。大寧初，聿脩以太常少卿出使巡省，仍令考校官人得失。經兗州，時邢卲爲刺史，別後，送白紬爲信。聿脩不受，與邢卲書云：「今日傾過，有異常行，瓜田李下，古人所愼，願得此心，不貽厚責。」卲亦欣然領解，報書云：「老夫忽忽，意不及此，敬承來旨，吾無間然。弟昔爲清郎，今日復作清卿矣。」及在吏部，屬政衰道喪，若違忤要勢，禍不旋踵，雖以清白自守，猶不免請謁之累。

入周，位儀同大將軍、吏部下大夫、東京司宗中大夫。隋開皇初，加上儀同，還東京都官尙書。東京廢，入朝，除都官尙書。二年，出爲熊州刺史，卒。子知禮，大業初卒於太子內舍人。

躍弟颺，卒於豫州冠軍府司馬。颺弟昇，位正員郎。颺死後，昇通其妻，翻恚，爲之發

病，昇終不止，時人鄙穢之。亦於河陰見害。贈左將軍、齊州刺史。

陽尼字景文，北平無終人也。累世仕於慕容氏。尼少好學，博通羣籍，與上谷侯天護、頓丘李彪同志齊名。幽州刺史胡泥表薦之，徵拜祕書著作郎。及改中書學爲國子，時中書監高閭、侍中李沖等以尼碩學，舉爲國子祭酒。後兼幽州中正。孝文臨軒，令諸州中正各舉所知，尼與齊州大中正房千秋各舉其子。帝曰：「昔有一祁，名垂往史；今有二奚，當聞來牒。」

出爲幽州平北府長史，帶漁陽太守，未拜，坐爲中正時受鄉人貨免官。每自傷曰：「吾昔未仕，不曾羨人，今日失官，與本何異？然非吾宿志，命也如何！」既而還家。有書數千卷。所造字釋數十篇，未就而卒。其從孫太學博士承慶撰爲字統二十卷，行於世。承慶從弟固。

固字敬安，性俶儻，不拘小節，少任俠，好劍客，弗事生產。年二十六，始折節好學，博覽篇籍，有文才。太和中，從大將軍、宋王劉昶征義陽，板府法曹行參軍。昶性嚴暴，三軍戰

傈，無敢言者。固啓諫，并面陳事宜。袒大怒，欲斬之，使監當攻道。固在軍勇決，意志閑雅，了無懼色，袒甚奇之。軍還，言之孝文。年三十餘，始辟大將軍府參軍事，累遷書侍御史，多所劾奏。

宣武廣訪得失，固上讜言表曰：「當今之務，宜早正東儲，立師傅以保護，立官司以防衞，以係蒼生之心。攬權衡，親宗室，强幹弱枝，以立萬世之計。舉賢良，黜不肖，使野無遺才，朝無素飡。孜孜萬機，躬勤庶政，使人無謗讟之響。省徭役，薄賦斂，修學官，遵舊章，貴農桑，賤工賈，絶談虛窮微之論，簡桑門無用之費，以救飢寒之苦。然後備器械，修甲兵，習水戰，滅吳會，撰封禪之禮，襲軒、唐之軌，豈不茂哉！」

初，帝委任羣下，不甚親覽，好桑門之法，尚書令高肇以外戚權寵，專決朝事；又咸陽王禧等並有釁，故宗室大臣相見疏薄，而王畿人庶勞弊益甚。固乃作南北二都賦，稱恒代田漁聲樂侈靡之事，節以中京禮儀之式，因以諷諫。

宣武末，中尉王顯起宅既成，集僚屬饗宴。酒酣，問固曰：「此宅何如？」固曰：「晏嬰湫隘，流稱于今，豐屋生災，著於周易。此蓋同傳舍耳，唯有德能卒，願公勉之。」顯默然。他日又謂固曰：「吾作太府卿，府庫充實，卿以爲何如？」固對曰：「公收百官之祿四分之一，州郡贓贖悉入京藏，以此充府，未足爲多。且有聚斂之臣，寧有盜臣，豈不戒歟！」顯大不悅，

以此銜固，又有人間固於顯，因奏固剩請米麥，免固官。

遂闔門自守，著演賾賦以明幽微通塞之事。又作刺讒疾嬖幸詩二首曰：

巧佞巧佞，讒言興兮。營營習習，似青蠅兮。以白爲黑，在汝口兮。汝非蝮蠆，毒何厚兮？巧巧佞佞，一何工矣。司閒司忿，言必從矣。朋黨噂喈，自相同矣。浸潤之譖，傾人墉矣。成人之美，君子貴焉。攻人之惡，君子恥焉。汝何人斯，譖毀日繁？予實無罪，何騁汝言？番番緝緝，讒言側入，君子好讒，如或弗及。天疾讒說，汝其至矣，無妄之禍，行將及矣。泛泛遊凫，弗制弗拘，行藏之徒，或智或愚。維余小子，未明茲理，毀與行俱，言與釁起。我其懲矣，我其悔矣，豈求人兮，忠恕在己。

彼諂諛兮，人之蠹兮，刺促昔粟，罔顧恥辱，以求媚兮。邪干側入，如恐弗及，以自容兮。志行褊小，好習不道。朝挾其車，夕承其輿，或騎或徒，載奔載趨。或言或笑，曲事親要，正路不由，邪徑是蹈。不識大猷，不知話言，其朋其黨，其徒實繁。有詭其行，有佞其音，籧篨戚施，邪媚是欽，既讒且妬，以逞其心。是信是任，敗其以多，不始不慎，末如之何。習習宰嚭，營營無極，梁丘寡智，王鮒淺識，伊戾、息夫，異世同力，江充、趙高，甘言似直，豎刁、上官，擅生羽翼，乃如之人，僭爽其德，豈徒喪邦，又亦覆國。嗟爾中下，其親其昵，不謂其非，不覺其失，好之有年，寵之有日，我思古人，心焉苦

疾。〔一五〕凡百君子，宜其慎矣，覆車其鑒，近可信矣。言既備矣，事既至矣，反是不思，維塵及矣。

明帝即位，除尚書考功郎中，奏諸秀孝考中第者聽敍，自固始。大軍征硤石，敕爲僕射李平行臺七兵郎。平奇固勇敢，軍中大事，悉與謀之。又命固節度水軍。固設奇計，先期乘賊，獲其外城。後太傅、清河王懌舉固，除步兵校尉，領汝南王悅郎中令。時悅年少，行多不法，固上疏諫悅，悅甚敬憚之。懌大悅，以爲舉得其人。除洛陽令，在縣甚有威風。丁母憂，號慕毀疾，杖而能起，練禫之後，酒肉不進。時固年踰五十，而喪過於哀，鄉黨親族咸歎服焉。

清河王懌領太尉，辟固從事中郎，屬懌被害，不奏。懌之遇害，元乂執政，朝野震悚，懌諸子及門生僚吏，莫不慮禍，隱避不出。固以嘗被辟命，遂獨詣喪所，盡哀慟哭，良久乃還。僕射游肇聞而歎曰：「雖欒布、王脩，何以尚也？君子哉若人！」

及汝南王悅爲太尉，選舉多非其人，又輕肆撾撻。固以前爲元卿，雖離國，猶上疏切諫，事在悅傳。後悅辟固爲從事中郎，不就。京兆王繼爲司徒，高選官僚，辟固從事中郎。府解，除前軍將軍，又典科揚州勳賞。初，硤石之役，固有先登之功，而朝賞未及，至是，與尚書令李崇訟勳，更相表。崇雖貴盛，固據理不撓，談者稱焉。卒，贈輔國將軍、太常少卿，

謚曰文。

固剛直雅正，不畏强禦，居官清潔，家無餘財，終沒之日，室徒四壁，無以供喪，親故爲其棺斂。初，固著終制一篇，務從儉約。臨終，又敕諸子一遵先制。五子，長子休之。

休之字子烈，儁爽有風概，好學，愛文藻，時人爲之語曰：「能賦能詩陽休之。」初爲州主簿。孝昌中，杜洛周陷薊城，休之與宗室南奔章武，轉至青州。葛榮寇亂，河北流人，多湊青州。休之知將有變，請其族叔伯彥等潛歸京師避之。多不能從，休之垂涕別去。俄而邢杲作亂，〔一六〕伯彥等咸爲土人所殺，諸陽死者數十人，唯休之兄弟免。

莊帝立，累遷太尉記室參軍。李神儁監起居注，啓休之與河東裴伯茂、范陽盧元明、〔一七〕河間邢子明〔一八〕俱入撰次。普泰中，爲太保長孫承業府屬。尋敕與魏收、李同軌等修國史。後行臺賀拔勝經略樊沔，請爲南道軍司。俄而魏武帝入關，〔一九〕勝令休之奉表詣長安參謁。時齊神武亦啓除休之太常少卿。尋屬勝南奔，仍隨勝至江南。休之聞神武推奉靜帝，乃白勝啓梁武求還，文襄以爲大行臺郎中。

神武幸汾陽之天池，池邊得一石，上有隱起字，文曰「六王三川」，問休之曰：「此文字何義？」對曰：「『六』者，大王字。河、洛、伊爲三川，大王若受天命，終應統有關右。」神武曰：

「世人常道我欲反，今若聞此，更致紛紜，愼莫妄言也。」元象初，錄荆州軍功，封新泰縣伯。

武定二年，除中書侍郎。先是中書專主綸言，魏宣武已來，事移門下，至是發詔依舊，任遇甚顯。時魏收爲散騎常侍，領兼侍郎，與休之參掌詔命，世論以爲中興。有人士戲嘲休之云：「有觸藩之羝羊，乘連錢之驄馬，從晉陽而向鄴，懷屬書而盈把。」左丞盧斐以其文書請謁，啓神武禁止，會赦不問。歷尙食典御、太子中庶子、給事黃門侍郎、中軍將軍、幽州大中正。

兼侍中，持節奉璽書詣幷州，敦喩文宣爲相國、齊王。時將受魏禪，發晉陽至平陽郡，〔三〇〕爲人心未一，且還幷州，恐漏泄，仍斷行人。休之性疏放，使還，遂說其事，鄴中悉知。後高德正以聞，文宣忿之而未發。齊受禪，除散騎常侍，監修起居注。頃之，坐詔書脫誤，左遷驍騎將軍，積其前事也。文宣郊天，百僚咸從，休之衣兩襠甲，手持白棓。時魏收爲中書令，嘲之曰：「義眞服未？」休之曰：「我昔爲常伯，首戴蟬冕；今處驍游，身被衫甲。允文允武，何必減卿。」談笑晏然，議者服其夷曠。以禪讓之際，參定禮儀，別封始平縣男。

後除中山太守。先是韋道建、宋欽道代爲定州長史帶中山太守，並立制，監臨之官出行，不得過百姓飲食。有者，卽數錢酬之。休之常以爲非，及至郡，復相因循。或問其故，休之曰：「吾昔非之者，爲其失仁義；今日行之者，自欲避嫌疑。豈是夙心，直是處世難耳。」

在郡三年，再致甘露之瑞。

文宣崩，徵休之至晉陽，經紀喪禮，與魏收俱至。尙書令楊遵彥與休之等款狎，相遇中書省，言及喪事，收掩淚失聲，休之嚬眉而已。他日遵彥謂曰：「昨聞諱，魏少傅悲不自勝，卿何容都不流涕？」休之曰：「天保之世，魏侯時遇甚深，鄙夫以衆人見待，佞哀詐泣，實非本懷。」

皇建初，兼度支尙書。昭帝留心政道，訪以政術，休之答以明賞罰，愼官方，禁淫侈，恤人患，爲政敎之先。帝深納之。大寧中，歷都官、七兵、祠部三尙書。河淸三年，出爲西兗州刺史。天統初，徵爲光祿卿，監國史。尋除吏部尙書。休之多識故事，諳悉氏族，凡所選用，莫不才地俱允。前國子助敎熊安生，當時碩儒，因喪解職，久而不見調，休之引爲國子博士，儒者以此歸之。簡率不樂煩職，典選稍久，非其所好，每謂人曰：「此官實自淸華，但煩劇，妨吾賞適，眞是樊籠矣。」武成崩後，頻乞就閑。武平初，除中書監、尙書右僕射。〔三一〕三年，加位特進，與朝士撰聖壽堂御覽。六年，正除尙書右僕射，〔三二〕領中書監。

休之早得才名，爲人物所傾服，外如疏放，內實謹厚。少年頗以峻急爲累，晚節以通美見稱。重衿期，好游賞。太常卿盧元明，人地華重，罕所交接，非一時名士，不得與之游，休之始爲行臺郎，便坦然投分，文酒會同，相得甚款，鄉曲人士莫不企羨焉。太子中庶子平原明少遐，風流名士也，梁亡奔鄴，昔因通聘，與休之同游。及少遐卒，其妻窮敝，休之經紀振恤，恩分甚厚。尙書僕射崔暹爲文襄所親任，勢傾朝列，休之未嘗請謁。暹子達拏幼而聰敏，年十餘，已作五言詩。時梁國通和，聘使在館，暹持達拏數首詩示諸朝士有才學者，又欲示梁客。餘人畏暹，皆隨宜應對，休之獨正言：「郞子聰明，方成偉器。但小兒文藻，恐未可以示遠人。」其方直如此。元景每云：「當今直諫，陽子烈其有焉。」

晚節，說祖珽撰御覽，書成加特進，令其子辟彊預修御覽書。及珽黜，便布言於朝廷，云先有隙。及鄧長顒、顏之推奏立文林館，之推本意不欲令耆舊貴人居之，便相附會，與少年朝請、參軍之徒，同入待詔。時論貶焉。魏收監史之日，立神武本紀，取平四胡之歲爲齊元。收在齊州，恐史官改奪其志，上表論之。及收還朝，敕集朝賢議其事，休之立議從天保爲限斷。魏收存日，猶兩議未決，收死，便諷動內外，發詔從其議。後領中書監，謂人云：「我已三爲中書監，用此何爲。」隆化還鄴，擧朝多有遷授，封休之燕郡王，乃謂所親曰：「我非奴，何忽此授？」凡此諸事，爲識者所譏。

好學不倦，博綜經史，文章雖不華靡，亦爲典正。魏收在日，深爲收所輕，魏殂後，以先達見推。位望雖高，虛懷接物，爲搢紳所愛重。

周武帝平齊，與吏部尙書袁聿脩、衞尉卿李祖欽、度支尙書元脩伯、大理卿司馬幼之、

司農卿崔達拏、祕書監源文宗、〔三三〕散騎常侍兼中書侍郎李若、散騎常侍兼給事黃門侍郎李孝貞、給事黃門侍郎盧思道、給事黃門侍郎顏之推、通直散騎常侍兼中書侍郎李德林、通直散騎常侍兼中書舍人陸乂、中書侍郎薛道衡、中書舍人元行恭、辛德源、王劭、陸開明十八人同徵，令隨駕後赴長安。尋除開府儀同，依例封臨澤縣男。歷納言中大夫、太子少保，進位上開府，除和州刺史。隋開皇二年罷任，終於洛陽。所著文集四十卷，又撰幽州人物志，並行於世。

初，休之在洛，將仕，夜夢見黃河北驛道上行，從東向西。道南有一冢，極高大。休之步登冢頭，見一銅柱，趺爲蓮花形。休之從西北登一柱礎上，以手捉一柱，柱遂右轉。休之呪曰「柱轉三匝，吾至三公」，柱遂三匝而止。休之尋寤，意如在鄴城東南者，其夢竟驗云。

子辟彊，字君大，性疏脫，又無藝，〔三四〕休之亦引入文林館，爲時人所嗤鄙。武平末，爲尙書水部郎中。

休之弟綝之，天平中入關。

次俊之，位兼通直常侍，聘陳副，尙書郎。當文襄時，多作六言歌辭，淫蕩而拙，世俗流傳，名爲陽五伴侶，寫而賣之，在市不絕。俊之嘗過市，取而改之，言其字誤。賣書者曰：「陽五，古之賢人，作此伴侶，君何所知，輕敢議論！」俊之大喜。後待詔文林館，自言：「有文

集十卷，家兄亦不知吾是才士也。」

固從兄藻。藻字景德，少孤，有雅志，涉獵經史。位中書博士，詔兼禮官，拜燕宣王廟於長安，還，賜爵魏昌男。累遷瀛州安東府長史，以年老歸家，爲賊杜洛周所囚，發病卒。永熙中，贈幽州刺史。子斐。

斐字叔鸞，魏孝莊時，於西兗州督護流人有功，賜爵方城伯。歷廣平王開府中郎，修起居注。除起部郎中，兼通直散騎常侍，聘梁。梁尚書羊侃，魏之叛人也，與斐舊故，欲召斐至宅，三致書，斐不答。梁人曰：「羊來已久，經貴朝遷革，李、盧亦詣宅相見，卿何致難？」斐曰：「柳下惠則可，吾不可。」梁武帝又親謂斐曰：「侃極願相見，今二國和好，安得復論彼此。」斐終辭焉。還，除廷尉少卿。石濟河溢，〔三五〕橋壞，斐移津於白馬，中河起石潭，兩岸造關城，累年乃就。東郡太守陸士佩以黎陽關河形勝，欲因山壑以爲公家苑囿。斐書答以國步始康，人勞未息，誠宜輕傜薄賦，勤恤人隱，不從。天保中，除都水使者。詔斐監築長城。累遷殿中尚書，以本官監瀛州事，拜儀同三司。卒，贈中書監、北豫州刺史，諡曰簡。

子師孝，中書舍人。

固從弟昭。昭字元景，學涉史傳，尤閑案牘。爲齊文襄府墨曹參軍，甚見親委，與陳元康、崔暹等參謀機密。及崔㥄爲崔暹所告，元景劾成其獄，賴邢子才證白以免，時以元景爲告而順旨。初，文襄擇日將受魏禪，令元景等定儀注，草詔册幷授官，未畢而文襄殂，罷府。天保初，除給事黃門侍郎。後以風氣彌留，不堪近侍，出除青州高陽內史，卒於郡。文集十卷。

子靜立，性淳孝，操履清方，美詞令，善尺牘。仕齊，位三公郎中。隋開皇初，州主簿。

賈思伯字仕休，齊郡益都人也，其先自武威徙焉。世父元壽，中書侍郎，有學行，見稱於時。

思伯自奉朝請累遷中書侍郎，頗爲孝文所知。任城王澄之圍鍾離也，以思伯持節爲其軍司。及澄失利，思伯爲後殿。澄以其儒者，謂之必死。及至，大喜曰：「仁者必有勇，常謂虛談，今於軍司見之矣。」思伯託以失道，不伐其功，時論稱其長者。

累遷南青州刺史。初，思伯與弟思同師事北海陰鳳，業竟，無資酬之，鳳遂質其衣物。時人爲之語曰：「陰生讀書不免癡，不識雙鳳脫人衣。」及思伯之部，送縑百匹遺鳳，因具車馬迎之，鳳慚不往。時人稱歎焉。明帝時，拜涼州刺史，〔三六〕思伯以邊遠不願，辭以男女未婚，靈太后不許，因舍人徐紇言乞得停。後除廷尉卿，自以儒素爲業，不好法律，希言事。俄轉衞尉卿。

時議建明堂，多有同異。思伯上議曰：

案周禮，夏后氏世室，殷重屋，周明堂，皆五室。鄭注云：「此三者或舉宗廟，或舉王寢，或舉明堂，互言之以明其制同也。」若然，則夏、殷之世已有明堂矣。唐、虞以前，其事未聞。

戴德禮記云：「明堂凡九室十二堂。」蔡邕云：「明堂者，天子太廟，饗功、養老、教學、選士皆於其中，九室十二堂。」案戴德撰記，世所不行，且九室十二堂，其於規制，恐難得厥衷。周禮：營國，左祖右社，明堂在國之陽。則非天子太廟明矣。然則禮記月令四堂及太室皆謂之廟者，當以天子暫配享五帝故耳。又王制云：「周人養國老於東膠。」鄭注云：「東膠卽辟雍，在王宮之東。」又詩大雅云：「邕邕在宮，肅肅在廟。」鄭注云：「宮謂辟雍宮也，所以助王，養老則尙和，助祭則尙敬。」又不在明堂之驗矣。案孟子云齊宣王謂孟子曰：「吾欲毀明堂。」若明堂是廟，則不應有毀之問。且蔡邕論明堂之制云：「堂方百四十尺，象坤之策；屋圓徑二百一十六尺，象乾之策；方六丈，徑九丈，

象陰陽九六之數；九室以象九州；屋高八十一尺，象黃鍾九九之數；二十八柱以象宿；外廣二十四丈以象氣。」案此皆以天地陰陽氣數爲法，而室獨象九州，何也？若立五室以象五行，豈不快也？如此，蔡邕之論，非爲通典，九室之言，或未可從。

竊尋考工記雖是補闕之書，相承已久，諸儒注述，無言非者，方之後作，不亦優乎？其孝經援神契、五經要義、舊禮圖皆作五室。若徐、劉之論，謂同考工者多矣。朝廷若獨絕今古，自爲一代制作者，則所願也。若猶祖述舊章，規摹前事，不應捨殷、周成法，襲近代妄作。且損益之極，極於三王，後來疑議，難可準信。鄭玄云：「周人明堂五室，是帝各有一室也，合於五行之數，周禮依數以爲之室。施行于今，雖有不同，時說然矣。」尋鄭此論，非爲無當。案月令亦無九室之文，原其制置，不乖五室。其青陽右个卽明堂左个，明堂右个卽總章左个，總章右个卽玄堂左个，玄堂右个卽青陽左个。如此，則室猶是五，而布政十二。五室之理，謂爲可按。其方圓高廣自依時量。戴氏九室之言，蔡子廟學之議，子幹靈臺之說，裴逸一屋之論，及諸家紛紜，並無取焉。

學者善其議。

後爲都官尚書。時崔光疾甚，表薦思伯侍講，中書舍人馮元興爲侍讀，思伯遂入授明帝杜氏春秋。思伯少雖明經，從官廢業，至是更延儒生，夜講晝授。性謙和，傾身禮士，雖

在街途，停車下馬，接誘恂恂，曾無倦色。客有謂曰：「公今貴重，寧能不驕？」思伯曰：「衰至便驕，何常之有。」當世以爲雅言。思伯與元興同事，大相友昵，元興時爲元叉所寵，論者譏其趣勢云。卒，贈青州刺史，又贈尚書左僕射，諡曰文貞。

子彥始，武定中，淮陽太守。

思伯弟思同，字仕明，少勵志行，雅好經史，與兄思伯，年少時俱爲鄉里所重。累遷襄州刺史，雖無明察之譽，百姓安之。元顥之亂，思同與廣州刺史鄭先護並不降。〔二七〕莊帝還宮，封營陵縣男。後與國子祭酒韓子熙並爲侍講，授靜帝杜氏春秋。加散騎常侍，兼七兵尚書，尋拜侍中。卒，贈尚書右僕射、司徒公，諡曰文獻。

初，思同爲青州別駕，清河崔光韶先爲中從事，自恃資地，恥居其下，聞思同還鄉，遂便去職，州里人物爲思同恨之。及光韶亡，遺誡子姪不聽求贈。思同遂表訟光韶操業，特蒙贈諡，論者歎尚焉。

思同之侍講也，國子博士遼西衞冀隆精服氏學，上書難杜氏春秋六十三事，思同復駁冀隆乖錯者一十餘條，互相是非，積成十卷。詔下國學，集諸儒考之，事未竟而思同卒。後魏郡姚文安、樂陵秦道靜復述思同意。冀隆亦尋物故，浮陽劉休和又持冀隆說。竟未能

裁正。

祖瑩字元珍，范陽遒人也。曾祖敏，仕慕容垂爲平原太守。道武定中山，賜爵安固子，拜尚書左丞。卒，贈幷州刺史。祖嶷，字元達，以從征平原功進爵爲侯，位馮翊太守，贈幽州刺史。父季眞，多識前言往行，位中書侍郎、鉅鹿太守。

瑩年八歲能誦詩書，十二爲中書學生，耽書，父母恐其成疾，禁之不能止。常密於灰中藏火，驅逐僮僕，父母寢睡之後，燃火讀書，以衣被蔽塞窗戶，恐漏光明，爲家人所覺。由是聲譽甚盛，內外親屬呼爲聖小兒。尤好屬文，中書監高允每歎曰：「此子才器，非諸生所及，終當遠至。」時中書博士張天龍講尚書，選爲都講。生徒悉集，瑩夜讀勞倦，不覺天曉，催講既切，遂誤持同房生趙郡李孝怡曲禮卷上座。博士嚴毅，不敢復還，乃置禮於前，誦尚書三篇，不遺一字。孝文聞之，召入，令誦五經章句幷陳大義。帝戲盧昶曰：「昔流共工於幽州北裔之地，那得忽有此子？」昶對曰：「當是才爲世生。」

以才名拜太學博士。徵署司徒彭城王勰法曹行參軍。帝顧謂勰曰：「蕭賾以王元長爲子良法曹，今爲汝用祖瑩，豈非倫匹也？」敕令掌勰書記。瑩與陳郡袁翻齊名秀出，時人爲

之語曰：「京師楚楚袁與祖，洛中翩翩祖與袁。」再遷尚書三公郎中。尚書令王肅曾於省中詠悲平城詩云：「悲平城，驅馬入雲中，陰山常晦雪，荒松無罷風。」彭城王勰甚嗟其美，欲使肅更詠，乃失語云：「公可更爲誦悲彭城詩。」肅因戲勰云：「何意呼悲平城爲悲彭城也？」勰有慚色。瑩在座，即云：「悲彭城，王公自未見。」肅云：「可爲誦之。」瑩應聲云：「悲彭城，楚歌四面起，屍積石梁亭，血流睢水裏。」肅甚嗟賞之。勰亦大悅，退謂瑩曰：「卿定是神口，今日若不得卿，幾爲吳子所屈。」

爲冀州鎮東府長史，以貨賄事發，除名。後侍中崔光舉爲國子博士，仍領尚書左戶郎。李崇爲都督北討，引瑩爲長史，坐截沒軍資除名。未幾，爲散騎侍郎。孝昌中，於廣平王第掘得古玉印，敕召瑩與黃門侍郎李琰之辨之。瑩云：「此是于闐國王晉太康中所獻。」乃以墨塗字觀之，果如瑩言，時人稱爲博物。累遷國子祭酒，領給事黃門侍郎、幽州大中正，監起居事，又監議事。

元顥入洛，以瑩爲殿中尚書。莊帝還宮，坐爲顥作詔罪狀尒朱榮，免官。後除祕書監，中正如故。以參議律歷，賜爵容城縣子。坐事繫於廷尉。會尒朱兆入，焚燒樂署，鐘石管弦略無存者，敕瑩與錄尚書事長孫承業、侍中元孚典造金石雅樂，三載乃就。遷車騎大將軍。及孝武登阼，瑩以太常行禮，封文安縣子。天平初，將遷鄴，齊神武因召瑩議之，以功進爵爲伯。卒，贈尚書左僕射、司徒公。

瑩以文學見重，常語人云：「文章須自出機杼，成一家風骨，何能共人同生活也。」蓋譏世人好竊他文以爲已用。而瑩之筆札亦無乏天才，但不能均調，玉石兼有，其製裁之體減於袁、常焉。性爽俠，有節氣，士有窮尼，以命歸之，必見存拯，時亦以此多之。其文集行於世。子珽襲。

珽字孝徵，神情機警，詞藻遒逸，少馳令譽，爲當世所推。起家祕書郎，對策高第，爲尚書儀曹郎中，典儀注。嘗爲冀州刺史万俟受洛製清德頌，其文典麗，由是齊神武聞之。時文宣爲幷州刺史，署珽開府倉曹參軍。神武口授珽三十六事，出而疏之，一無遺失，大爲僚類所賞。時神武送魏蘭陵公主出塞嫁蠕蠕，魏收賦出塞及公主遠嫁詩二首，珽皆和之，大爲時人傳詠。

珽性疏率，不能廉愼守道。倉曹雖云州局，及受山東課輸，〔二八〕由此大有受納，豐於財產。又自解彈琵琶，能爲新曲，招城市年少，歌舞爲娛，游集諸倡家，與陳元康、穆子容、任胄、元士亮等爲聲色之游。諸人嘗就珽宿，出山東大文綾幷連珠孔雀羅等百餘匹，令諸嫗擲樗蒱賭之，以爲戲樂。參軍元景獻，故尚書令元世儁子也，其妻司馬慶雲女，是魏孝靜帝

姑博陵長公主所生。〔三九〕珽忽迎景獻妻赴席，與諸人遞寢，亦以貨物所致。其豪縱淫逸如此。常云：「丈夫一生不負身。」

已文宣罷州，珽例應隨府，規爲倉局之間，致請於陳元康。元康爲白，由是還任倉曹。珽又委體附參軍事攝典籤陸子先，爲畫計，請糧之際，令子先宣敎出倉粟十車。爲僚官捉送。神武親問之，珽自言不署，歸罪子先，神武信而釋之。珽出而言曰：「此丞相天緣明鑒，然實孝徵所爲。」

性不羈，放縱。曾至膠州刺史司馬世雲家飲酒，遂藏銅疊二面，廚人請搜諸客，果於珽懷中得之。見者以爲深恥。所乘老馬，常稱騮駒，又與寡婦王氏姦通。每人前相聞往復，裴讓之與珽早狎，於衆中嘲珽曰：「卿那得如此詭異，老馬年十歲，猶號騮駒，姦耳順，尚稱娘子。」于時諠然傳之。後爲神武中外府功曹，神武宴僚屬，於坐失金叵羅，竇泰令飲酒者皆脫帽，於珽髻上得之，神武不能罪也。後爲祕書丞，領舍人，事文襄。州客至，請賣華林遍略，〔四〇〕文襄多集書人，一日一夜寫畢，退其本曰：「不須也。」珽以遍略數帙質錢樗蒱，文襄杖之四十。

又與令史李雙、倉督成祖等作晉州啓，請粟三千石，代功曹參軍趙彥深宣神武敎，給城局參軍。事過典籤高景略，景略疑其不實，密以問彥深。彥深答都無此事，遂被推檢，珽即

引伏。神武大怒，決鞭二百，配甲坊，加鉗剡，〔四一〕其穀倍徵。未及科，會并州定國寺成，神武謂陳元康、溫子昇曰：「昔作芒山寺碑文，時稱妙絕，今定國寺碑當使誰作詞也？」元康因薦珽才學并解鮮卑語，乃給筆札，就禁所具草，二日內成，其文甚麗。神武以其工而且速，特恕不問，然猶免官，散參相府。

文襄嗣事，以爲功曹參軍。及文襄遇害，元康被傷創重，倩珽作書，屬家累事，并云「祖喜邊有少許物，宜早索取。」珽乃不通此書，喚祖喜私問，得金二十五挺，唯與祖喜二挺，餘盡自入，又盜元康家書數千卷。祖喜懷恨，遂告元康二弟叔諶、季璩等。叔諶以語楊愔，愔嚬眉答曰：「恐不益亡者。」因此得停。

文宣作相，珽擬補令史十餘人，皆有受納，而諮取教判，并盜官遍略一部。時又除珽祕書丞，兼中書舍人。還鄴後，其事皆發。文宣付從事中郎王士闓推檢，并書與平陽公淹，令錄珽付禁，勿令越逸。淹遣田曹參軍孫子寬往喚。珽受命，便爾私逃。黃門郎高德正副留臺事，謀云：「珽自知有犯，驚竄是常。但宜一命向祕書，稱奉并州約束，須五經三部，仰丞親檢校催遣。如此，則珽意安，夜當還宅，然後掩取。」珽果如德正圖，遂還宅，薄晚就家掩之，縛珽送廷尉。據犯枉法處絞刑，文宣以珽伏事先世，諷所司，命特寬其罰，遂奏免死除名。天保元年，復被召從駕，依除免例，參於晉陽。

珽天性聰明，事無難學，凡諸伎藝，莫不措懷。文章之外，又善音律，解四夷語及陰陽占候，醫藥之術，尤是所長。帝雖嫌其數犯刑憲，而愛其才伎，令直中書省，掌詔誥。珽通密狀，列中書侍郎陸元規，敕令裴英推問，元規以應對忤旨，被配甲坊。除珽尙藥丞，尋遷典御。〔四二〕又奏造胡桃油，復爲割藏免官。文宣每見之，常呼爲賊。文宣崩，普選勞舊，除爲章武太守。會楊愔等誅，不之官。授著作郎。數上密啓，爲孝昭所忿，敕中書、門下二省斷珽奏事。〔四三〕

珽善爲胡桃油以塗畫，爲進之長廣王，因言「殿下有非常骨法，孝徵夢殿下乘龍上天」。王謂曰：「若然，當使兄大富貴。」及卽位，是爲武成皇帝，擢拜中書侍郎。帝於後園使珽彈琵琶，和士開胡舞，各賞物百段。士開忌之，出爲安德太守，轉齊郡太守。以母老乞還侍養，詔許之。會南使入聘，爲申勞使。尋爲太常少卿、散騎常侍、假儀同三司，掌詔誥。

初，珽於乾明、皇建之時，知武成陰有大志，遂深自結納，曲相祗奉。武成於天保頻被責，心常銜之。珽至是希旨，上書請追尊太祖獻武皇帝爲神武，高祖文宣皇帝改爲威宗景烈皇帝，以悅武成。武成從之。

時皇后愛少子東平王儼，願以爲嗣，武成以後主體正居長，難於移易。珽私於士開曰：「君之寵幸，振古無二。宮車一日晚駕，欲何以克終？」士開因求策焉。珽曰：「宜說主上云：

襄、宣、昭帝子俱不得立，今宜命皇太子早踐大位，以定君臣。若事成，中宮少主皆德君，此萬全計也。君且微說，令主上粗解，珽當自外表論之。」士開許諾。因有慧星出，太史奏云除舊布新之徵，珽於是上書，言：「陛下雖爲天子，未是極貴。案春秋元命苞云：『乙酉之歲，除舊革政。』今年太歲乙酉，宜傳位東宮，令君臣之分早定，且以上應天道。」并上魏獻文禪子故事。帝從之。由是拜祕書監，加儀同三司，大被親寵。

旣見重二宮，遂志於宰相。先與黃門侍郎劉逖友善，乃疏侍中尙書令趙彥深、侍中左僕射元文遙、侍中和士開罪狀，令逖奏之。逖懼，不敢通，其事頗泄。彥深等先詣帝自陳。帝大怒，執珽詰曰：「何故毀我士開？」珽因厲聲曰：「臣由士開得進，本無心毀之。陛下今旣問臣，臣不敢不以實對。士開、文遙、彥深等專弄威權，控制朝廷，與吏部尙書尉瑾內外交通，共爲表裏，賣官鬻獄，政以賄成，天下歌謠，若爲有識所知，安可聞於四裔？陛下不以爲意，臣恐大齊之業隳矣！」帝曰：「爾乃誹謗我。」珽曰：「不敢誹謗，陛下取人女。」帝曰：「我以其儉餓，故收養之。」珽曰：「何不開倉振給，乃買取將入後宮乎？」帝益怒，以刀鐶築口，鞭杖亂下，將撲殺之。大呼曰：「不殺臣，陛下得名；殺臣，臣得名。若欲得名，莫殺臣，爲陛下合金丹。」遂少獲寬放。珽又曰：「陛下有一范增不能用，知如何！」帝又怒曰：「爾自作范增，以我爲項羽邪！」珽曰：「項羽人身亦何由可及，但天命不至耳。項羽布衣，率烏合衆，五年

而成霸王業。陛下藉父兄資，財得至此，臣以謂項羽未易可輕。〔三四〕臣何止方於范增？縱擬張良亦不能及。張良身傅太子，猶因四皓，方定漢嗣。臣位非輔弼，疏外之人，竭力盡忠，勸陛下禪位，使陛下尊爲太上，子居宸扆，於己及子，俱保休祚。蕞爾張良，何足可數！」帝愈怒，令以土塞其口，珽且吐且言，無所屈撓。乃鞭二百，配甲坊。尋徙於光州。刺史李祖勳遇之甚厚，別駕張奉禮希大臣意，上言珽雖爲流囚，常與刺史對坐。敕報曰：「牢掌。」奉禮曰：「牢者，地牢也。」乃爲深阬，置諸內，苦加防禁，桎梏不離其身，家人親戚不得臨視，夜中以蕪菁子燭熏眼，因此失明。

武成崩，後主憶之，就除海州刺史。是時陸令萱外干朝政，其子穆提婆愛幸，珽乃遺陸媼弟悉達書曰：「趙彥深心腹陰沈，欲行伊、霍事，儀同姊弟豈得平安！何不早用智士邪？」和士開亦以珽能決大事，欲以爲謀主，故棄除舊怨，虛心待之。與陸媼言於帝曰：「襄、宣、昭三帝，其子皆不得立，令至尊獨在帝位者，實由祖孝徵。又有大功，宜重報之。孝徵心行雖薄，奇略出人，緩急眞可馮仗。且其雙盲，必無反意。請喚取，問其謀計。」帝從之。入爲銀青光祿大夫、祕書監，加開府儀同三司。

和士開死後，仍說陸媼出彥深，以珽爲侍中。在晉陽通密啓，請誅琅邪王。其計既行，漸被任遇。又太后之被幽也，〔三五〕珽欲以陸媼爲太后，撰魏帝皇太后故事，爲太姬言之。〔三六〕

謂人曰：「太姬雖云婦人，實是雄傑，女媧已來無有也。」太姬亦稱珽爲「國師」、「國寶」。由是拜尚書左僕射，監國史，加特進，入文林館，總監撰書。封燕郡公，食太原郡幹，給兵七十人。所住宅在義井坊，旁拓鄰居，大事修築，陸媼自往案行，勢傾朝野。

斛律光甚惡之，遙見竊罵云：「多事乞索小人，欲作何計數！」嘗謂諸將云：「邊境消息，處分兵馬，趙令恒與吾等參論之。盲人掌機密來，全不共我輩語，止恐誤他國家事。」又珽頗聞其言，因其女皇后無寵，以謠言聞上，曰「百升飛上天，明月照長安」。令其妻兄鄭道蓋奏之。帝問珽，珽證實。又說謠云：「高山崩，槲樹舉，盲老公背上下大斧，多事老母不得語。」珽并云「盲老公是臣」，自云與國同憂戚，勸上行，語「其多事老母，〔三七〕似道女侍中陸氏」。帝以問韓長鸞、穆提婆，并令高元海、段士良密議之，衆人未從。因光府參軍封士讓啓告光反，遂滅其族。

珽又附陸媼，求爲領軍，後主許之。詔須覆述，取侍中斛律孝卿署名。孝卿密告高元海，元海語侯呂芬、穆提婆云：「孝徵漢兒，兩眼又不見物，豈合作領軍也？」明旦面奏，具陳珽不合之狀，并書珽與廣寧王孝珩交結，無大臣體。珽亦求面見，帝令引入。珽自分疏，并云：「與元海素嫌，必是元海譖臣。」帝弱顏，不能諱，曰：「然。」珽列元海共司農卿尹子華、太府少卿李叔元、平準令張叔略等結朋樹黨。遂除子華仁州刺史，叔元襄城郡守，叔略南營

州錄事參軍，陸媼又唱和之，復除元海鄭州刺史。

珽自是專主機衡，總知騎兵、外兵事。內外親戚，皆得顯位。後主亦令中要數人扶侍出入，著紗帽直至永巷，出萬春門向聖壽堂，每同御榻，論決政事，委任之重，羣臣莫比。自和士開執事以來，政體隳壞，珽推崇高望，官人稱職，內外稱美。復欲增損政務，沙汰人物。始奏罷京畿府併於領軍，事連百姓，皆歸郡縣；宿衞都督等號位從舊官名，文武服章並依故事。又欲黜諸閹豎及羣小輩，推誠延士，爲致安之方。

陸媼、穆提婆議頗同異。珽乃諷御史中丞麗伯律，〔三八〕令劾主書王子沖納賂，知其事連提婆，欲使贓罪相及，望因此坐，并及陸媼。猶恐後主溺於近習，欲因后黨爲援，請以皇后兄胡君瑜爲侍中、中領軍，又徵君瑜兄梁州刺史君璧，欲以爲御史中丞。陸媼聞而懷怒，百方排毀，卽出君瑜爲金紫光祿大夫，解中領軍，君璧還鎭梁州。皇后之廢，頗亦由此。王子沖釋而不問。珽日以益疏，又諸宦者更共譖毀之，無所不至。後主問諸太姬，憫默不對，三問，乃下牀拜曰：「老婢合死，本見和士開道孝徵多才博學，言爲善人，故舉之。此來看之，極是罪過，人實難容，老婢合死。」後主令韓鳳檢案，得其詐出敕受賜十餘事，以前與其重誓不殺，遂解珽侍中、僕射，出爲北徐州刺史。珽求見分疏，韓長鸞積嫌於珽，遣人推出栢閤。珽固求面見，坐不肯行。長鸞乃令軍士牽曳而出，立珽於朝堂，大加誚責。上道後，復令追

還，解其開府儀同、郡公，直爲刺史。

至州，會有陳寇，百姓多反，珽不閉城門，守陴者皆令下城靜坐，街巷禁斷人行，雞犬不聽鳴吠。賊無所聞見，莫測所以，或疑人走城空，不設警備。至夜，珽忽令大叫，鼓譟聒天，賊衆大驚，登時走散。後復結陳向城，珽乘馬自出，令錄事參軍王君植率兵馬，仍親臨戰。賊先聞其盲，謂爲不能拒抗，忽見親在戎行，彎弧縱鏑，相與驚怪，畏之而罷。時提婆憾之不已，欲令城陷沒賊，雖知危急，不遣救援。珽且守且戰十餘日，賊竟奔走，城卒保全。卒於州。

子君信，涉獵書史，多諳雜藝。位兼通直散騎常侍，聘陳使副，中書郎。珽出，亦見廢免。

君信弟君彥，容貌短小，言辭澀訥，少有才學。隋大業中，位至東平郡書佐。郡陷翟讓，因爲李密所得。密甚禮之，署爲記室，軍書羽檄，皆成其手。及密敗，爲王世充所殺。

珽弟孝隱，亦有文學，早知名。詞章雖不逮兄，機警有口辯，兼解音律。魏末爲兼散騎常侍，迎梁使。時徐君房、庾信來聘，名譽甚高，魏朝聞而重之，接對者多取一時之秀，盧元景之徒，並降階攝職，更遞司賓。孝隱少處其中，物議稱美。

孝隱從父弟茂，頗有辭情，然好酒性率，不爲時所重。大寧中，以經學爲本鄉所薦，除

給事，以疾辭，仍不復仕。斑受任寄，故令呼茂，茂不獲已，暫來就之。斑欲爲奏官，茂乃逃去。

斑族弟崇儒，涉學有辭，〔二九〕少以幹局知名。武平末，位司州別駕、通直常侍。入周，爲容昌郡太守。隋開皇初，終宕州長史。

論曰：袁翻弟兄，可爲一時才秀；聿脩行業，亦乃不殞家風。景文學義見稱，敬安正情自立，休之加以藻思，可謂載德者焉。思伯經明行修，乃惟門素。祖瑩幹能藝用，實曰時良；孝徵儁才雖多，適足敗國。叔鸞器懷清峻，元景才幹知名，並匡佐齊初，一時推重，美矣哉。

校勘記

〔一〕廷尉監張彪　魏書卷六九袁翻傳「彪」作「虎」，北史避唐諱改。

〔二〕故鄭玄云周人明堂五室是帝一室也合於五行之數周禮依數以爲之室本制著存是周五室也於今不同是漢異周也漢爲九室略可知矣　李慈銘云：「魏書『以爲之室』下有『德行於今，雖有不

同，時說昞然，本制著存，而言無明文，欲復何責』，以下方接『本制著存』云云。自『周人明堂』至『欲復何責』，蓋是鄭君駁五經異義之文。『德行』當作『施行』，魏書卷七二及北史本卷賈思伯傳可證。其下句『本制著存』以下，乃是翻申釋鄭義。北史刪去數語，便不可解。」

〔三〕並盡思窮神不墜周公之舊法也　按魏書「神」下有「故得之遠矣。覽其明堂圖義，皆有悟人意，察察著明，確乎難奪，諒足以扶幽闡微」三十一字，然後接「不墜周公之舊法也」。則袁翻所云「不墜周公之舊法」，乃指明堂圖義而言。北史刪節失原意。

〔四〕又北京制置未皆允帖　諸本「未」訛「求」，據魏書改。

〔五〕事移化變　魏書「化」作「禮」。按「化」疑是「礼」之訛。

〔六〕出爲平陽太守　諸本「平陽」倒作「陽平」，魏書作「平陽」。按魏書載翻思歸賦有「北眺羊腸屈詰，南望龍門嵯峨」。據水經注汾水注：「汾水出汾陽縣北山中略，山有羊腸坂，在晉陽西北。」羊腸坂在晉陽西北，卽在平陽今臨汾之北。又龍門山在平陽西南。陽平卽今山東舘陶縣，附近無羊腸、龍門。知是誤倒，今據乙。

〔七〕西海郡本屬涼州今在酒泉直抵張掖西北千二百里　魏書百衲本「抵」作「北」，「直北」從上讀。按西海郡在居延澤見晉書卷十四地理志涼州，其地正居酒泉之北。魏書作「北」是。作「抵」則似在張掖、酒泉之間，與地理形勢不符。但魏書殿本亦作「抵」，當是後人據北史妄改。

〔八〕脫先據西河　魏書「河」作「海」。按「西海」指西海郡，疑作「河」誤。

〔九〕不圖厥始而求憂其終　魏書無「求」字。按此衍文。

〔一〇〕且西徼北垂卽是大磧　魏書「徼」作「海」。按此專指西海郡。北史改作「徼」，泛指西部邊界，誤。

〔一一〕詔與趙郡王叡等議定五禮　諸本「五」作「三」，北齊書卷四二、通志卷一五五袁聿脩傳作「五」。按北齊書卷十三趙郡王琛附子叡傳，稱其於天統中「監議五禮」。五禮指吉、凶、賓、軍、嘉。作「五」是，今據改。

〔一二〕尋除都官尙書　北齊書此下有「仍領本州中正，轉兼吏部尙書、儀同三司，尙書尋卽眞」等語。通志亦有「儀同三司」四字。按下文云：「爲吏部尙書以後，自以物望得之。」若此處不敍其官吏部尙書事，則下文語爲無根。疑此處有脫文。

〔一三〕彥深後重被沙汰停私　北齊書無「重」字。按本書卷五五趙隱傳云：「超拜水部郎。及文襄爲尙書令攝令選，隱卽彥深以地寒，被出爲滄州別駕。」並無重被沙汰事。「重」字當是衍文。

〔一四〕未曾受升酒之遺　通志「升」作「斗」。錢氏考異卷三一以爲當作「斗」。

〔一五〕我思古人心焉苦疾　魏書卷七二陽固傳「苦」作「若」。疑作「若」是。

〔一六〕俄而邢杲作亂　諸本「邢杲」上有「葛榮」二字。北齊書卷四二陽休之傳無。按葛榮義軍未曾

到青州，此涉上文而衍，今據刪。

〔一七〕范陽盧元伯　北齊書「伯」作「明」。按盧元明附見本書卷三〇、魏書卷四七盧玄傳。本傳不言其預撰起居注，但其時別無盧元伯，疑作「明」是。

〔一八〕河間邢子明　諸本「明」作「才」，北齊書作「明」。按本書卷四三、魏書卷八五邢昕卽子明傳云：「吏部尙書李神儁奏昕修起居注。」本書卷四三邢卲卽子才傳並無與李神儁同修起居注事。作「才」誤，今據改。

〔一九〕俄而魏武帝入關　李慈銘云：「『魏武』當作『孝武』。」

〔二〇〕發晉陽至平陽郡　按由晉陽赴鄴，不會經過平陽。「平陽郡」當是「平城都」之訛。事見本書卷三一高德正傳。但「平城都」又當作「平都城」。參見高德正傳校記。

〔二一〕武平初除中書監尙書右僕射　北齊書作：「武平元年，除中書監。尋以本官兼尙書右僕射。」按下云「正除尙書右僕射」，則此處應有「兼」字。北史刪節，並「兼」字刪去，非。

〔二二〕六年正除尙書右僕射　諸本「右」作「左」，北齊書作「右」。按本書卷八齊後主紀武平六年四月稱：「以中書監陽休之爲尙書右僕射。」作「右」是，今據改。

〔二三〕秘書監源文宗　諸本脫「文」字，據北齊書補。源文宗卽源彪，見本書卷二八源賀傳。北齊書卷四三自有傳。

〔二四〕又無藝　北齊書作「無文藝」。疑「又無」是「無文」之倒誤。

〔二五〕石濟河溢　諸本「濟」作「齊」。北齊書卷四二陽斐傳作「濟」。按水經注卷五河水注：「河水又逕東燕縣故城北，河水於是有棘津之名，亦謂之石濟津。」戴校本注云：「今考，卽胙城縣東北石濟津。」下文云：「斐移津於白馬。」白馬津在石濟之東，亦見水經注河水注。作「齊」誤，今據改。

〔二六〕明帝時拜涼州刺史　諸本「明」作「昭」，魏書卷七二賈思伯傳作「肅宗」。按肅宗謚「孝明」，「昭」乃「明」之訛，今據改。

〔二七〕思同與廣州刺史鄭先護並不降　諸本「先」作「光」，魏書百衲本作「先」。按本書卷三五、魏書卷五六鄭羲傳附見先護，並言其拒元顥。作「先」是，今據改。

〔二八〕倉曹雖云州局及受山東課輸　北齊書卷三九祖珽傳百衲本「及」作「乃」。按「乃」與「雖云」相呼應，作「乃」是。但通志卷一五四祖珽傳亦作「及」，今不改。

〔二九〕是魏孝靜帝姑博陵長公主所生　諸本「姑」訛「故」，據北齊書、通志改。

〔三〇〕後爲祕書丞領舍人事文襄州客至請賣華林遍略　按疑衍「文」字，「事」屬上讀，「襄」屬下讀。據隋書卷三四經籍志雜家類，華林遍略，梁綏安令徐僧權等撰。當時東魏當無此書，故襄州商客販之。襄州見魏書地形志下、及隋書地理志中潁川郡葉縣注。其地在今河南西南部，當時與梁接境，故得商販往來。此「文」字當是涉下文而衍。

〔三一〕配甲坊加鉗剠　北齊書南、殿二本及通志「剠」作「錮」，其百衲本無此字。按作「剠」費解，疑是「刓」之誤。「刓」卽「髡」字。

〔三二〕尋遷典御　諸本「遷」作「選」，北齊書、通志作「遷」。按隋書卷二七百官志中，門下省尚藥局有「典御及丞各二人，總知御藥事。」祖珽是由丞升爲典御，作「遷」是，今據改。

〔三三〕敕中書門下二省斷珽奏事　諸本「二」訛作「三」，據北齊書、通志改。

〔三四〕臣以謂項羽未易可輕　汲本「謂」作「爲」，當是。

〔三五〕又太后之被幽也　諸本「太后」上有「靈」字，北齊書無。按靈太后乃北魏宣武帝后，北齊武成帝胡后齊亡後死，無謚。當是原作「胡太后」，後人誤改。今從北齊書刪。

〔三六〕撰魏帝皇太后故事爲太姬言之　通鑑卷一七一五三〇一頁作「爲令萱言魏保太后故事」。按北魏太武帝、文成帝並以乳母爲保太后，陸媼正合保太后之例。疑「皇」當作「保」。

〔三七〕勸上行語其多事老母　李慈銘云：「『語其』當是『其語』誤倒。」按李說是。

〔三八〕珽乃諷御史中丞麗伯律　張森楷云：「案是時有酈伯偉，見崔暹北史卷三二、盧玄傳北史卷三〇。疑『麗伯律』是『酈伯偉』之誤。」按酈伯偉是酈範之孫，見魏書卷四二酈範傳，又見本書卷三〇盧潛傳、卷八一劉晝傳。張說疑是。

〔三九〕涉學有辭　北齊書「辭」下有「藻」字，通志有「章」字。疑北史脫一字。

北史卷四十八

列傳第三十六

尒朱榮 子文暢　文略　從子兆　從弟彥伯　彥伯子敞　彥伯弟仲遠　世隆　榮從父弟度律　榮從祖兄子天光

尒朱榮字天寶，北秀容人也。世爲部落酋帥，其先居尒朱川，因爲氏焉。

高祖羽健，魏登國初爲領人酋長，〔一〕率契胡武士從平晉陽，定中山，拜散騎常侍。以居秀容川，詔割方三百里封之，長爲世業。道武初，以南秀容川原沃衍，欲令居之。羽健曰：「家世奉國，給侍左右，北秀容既在剗內，差近京師，豈以沃堉，更遷遠地？」帝許之。所居處曾有狗舐地，因而穿之得甘泉，因名狗舐泉。

曾祖鬱德，祖代勤，繼爲酋長。代勤，太武敬哀皇后舅也。既以外親，兼數征伐有功，給復百年，除立義將軍。曾圍山而獵，部人射虎，誤中其髀，代勤仍令拔箭，竟不推問，曰：

「此既過誤，何忍加罪。」部內咸感其意。位肆州刺史，封梁郡公，以老致仕，歲賜帛百疋以爲常。卒，謚曰莊。孝莊初，追贈太師、司徒公、錄尚書事。

父新興，太和中繼爲酋長。曾行馬羣，見一白蛇，頭有兩角，呪之，求畜牧蕃息。自是牛羊駝馬，日覺滋盛，色別爲羣，谷量之。朝廷每有征討，輒獻私馬，兼備資糧，助裨軍用。孝文嘉之。及遷洛，特聽冬朝京師，夏歸部落。每入朝，諸公王朝貴，競以珍翫遺之，新興亦報以名馬。位散騎常侍、平北將軍、秀容第一領人酋長。新興每春秋二時，恒與妻子閱畜牧於川澤，射獵自娛。明帝時，以年老，啓求傳爵於榮。卒，謚曰簡。孝莊初，贈太師、相國、西河郡王。

榮潔白美容貌，幼而神機明決。及長，好射獵，每設圍誓衆，便爲軍陣之法，號令嚴肅，衆莫敢犯。秀容界有池三所，在高山上，清深不測，相傳曰祁連池，魏言天池也。父新興曾與榮游池上，忽聞簫鼓音，謂榮曰：「古老相傳，聞此聲，皆至公輔。吾年老暮，當爲汝耳。」榮襲爵，後除直寢、游擊將軍。

正光中，四方兵起，遂散畜牧，招合義勇。以討賊功，進封博陵郡公，其梁郡前爵聽賜第二子。時榮率衆至肆州，刺史尉慶賓閉城不納。榮怒，攻拔之，乃署其從叔羽生爲刺史，執慶賓還秀容。自是兵威漸盛，朝廷亦不能罪責。及葛榮吞杜洛周，榮恐其南逼鄴城，表求東援相州，帝不許。榮以山東賊盛，慮其西逸，乃遣兵固守滏口以防之。於是北捍馬邑，東塞井陘。

尋屬明帝崩，事出倉卒，榮乃與元天穆等密議，入匡朝廷。抗表云：「今海內草草，異口一言，皆云大行皇帝鴆毒致禍，舉潘嬪之女以誑百姓，奉未言之兒而臨四海。求以徐紇、鄭儼之徒，付之司敗。更召宗親，推其明德。」於是將赴京師。靈太后甚懼，詔以李神軌爲大都督，將於太行杜防。榮抗表之始，遣從子天光、親信奚毅及倉頭王相入洛，與從弟世隆密議廢立。天光乃見莊帝，具論榮心，帝許之。天光等還北，榮發晉陽，猶疑所立，乃以銅鑄孝文及咸陽王禧等五王子孫像，〔二〕成者當奉爲主。唯莊帝獨就。師次河內，重遣王相密迎莊帝與帝兄彭城王劭、弟始平王子正。〔三〕武泰元年四月，莊帝自高渚度，至榮軍，將士咸稱萬歲。

及莊帝即位，詔以榮爲使持節、都督中外諸軍事、大將軍、開府、尙書令、領軍將軍、領左右、太原王。及度河，太后乃下髮入道，內外百官皆向河橋迎駕。

榮惑武衛將軍費穆之言，謂天下乘機可取。乃譎朝士共爲盟誓，將向河陰西北三里，至南北長堤，悉命下馬西度，即遣胡騎四面圍之。妄言丞相高陽王欲反，殺百官王公卿士二千餘人，皆斂手就戮。又命二三十人拔刀走行宮，莊帝及彭城王、霸城王俱出帳。〔四〕榮

先遣并州人郭羅察共西部高車叱列殺鬼在帝左右，相與爲應。及見事起，假言防衞，抱帝入帳，餘人即害彭城、霸城二王。乃令四五十人遷帝於河橋，沈靈太后及少主於河。時又有朝士百餘人後至，仍於堤東被圍。遂臨以白刃，唱云能爲禪文者出，當原其命。時有隴西李神儁、頓丘李諧、太原溫子昇並當世辭人，皆在圍中，恥是從命，俯伏不應。有御史趙元則者，恐不免死，出作禪文。榮令人誡軍士，言元氏旣滅，尒朱氏興，其衆咸稱萬歲。榮遂鑄金爲己像，數四不成。時榮所信幽州人劉靈助善卜占，言今時人事未可。榮乃曰：「若我作不吉，當迎天穆立之。」靈助曰：「天穆亦不吉，唯長樂王有王兆耳。」榮亦精神恍惚，不自支持，遂便愧悔，至四更中，乃迎莊帝，望馬首叩頭請死。其士馬三千餘騎，旣濫殺朝士，乃不敢入京，即欲向北爲移都之計。持疑經日，始奉駕向洛陽宮。及上北芒，視城闕，復懷畏懼，不肯更前。武衞將軍汎禮苦執不聽。復前入城，不朝戍，北來之人，〔五〕皆乘馬入殿。諸貴死散，無復次序，莊帝左右，唯有故舊數人。榮猶執移都之議，上亦無以拒焉。又在明光殿重謝河橋之事，誓言無復二心。莊帝自起止之，因復爲榮誓，言無疑心。榮喜，因求酒一遍。及醉熟，帝欲誅之，左右苦諫乃止。即以牀轝向中常侍省。榮夜半方寤，遂達旦不眠，自此不復禁中宿矣。

榮女先爲明帝嬪，欲上立爲后，帝疑未決。給事黃門侍郎祖瑩曰：「昔文公在秦，懷嬴入侍。事有反經合義，陛下獨何疑焉？」上遂從之，榮意甚悅。

于時人間猶或云榮欲遷都晉陽，或云欲肆兵大掠，迭相驚恐，人情駭震。京邑士子，十不一存，率皆逃竄，無敢出者，直衞空虛，官守廢曠。榮聞之，上書謝愆。無上王請追尊帝號；諸王、刺史，乞贈三司；其位班三品，請贈令僕；五品之官，各贈方伯；六品已下及白身，贈以鎭郡。諸死者無後，聽繼，即授封爵。均其高下，節級別科，使恩洽存亡，有慰生死。詔如所表。又啓帝，遣使巡城勞問，於是人情遂安，朝士逃亡者，亦稍來歸闕。榮又奏請番直，朔望之日，引見三公、令、僕、尙書、九卿及司州牧、河南尹、洛陽河陰執事之官，參論國政，以爲常式。

五月，榮還晉陽，乃令元天穆向京，爲侍中、太尉公、錄尙書事、京畿大都督，兼領軍將軍，封上黨王。樹置腹心在列職，舉止所爲，皆由其意。七月，詔加榮柱國大將軍。

時葛榮向京師，衆號百萬，相州刺史李神儁閉門自守。〔六〕榮率精騎七千，馬皆有副，倍道兼行，東出滏口。而與葛榮衆寡非敵。葛榮聞之，喜見於色，乃令其衆辦長繩，至便縛取。自鄴以北，列陣數十里，箕張而進。榮潛軍山谷爲奇兵，分督將已上三人爲一處，處有數百騎，令所在揚塵鼓譟，使賊不測多少。又以人馬逼戰，刀不如棒，密勒軍士，馬上各齎袖棒一枚，至戰時，慮廢騰逐，不聽斬級，使以棒棒之而已。乃分命壯勇，所當衝突，號令嚴

明，將士同奮。榮身自陷陣，出於賊後，表裏合擊，大破之。於陣禽葛榮，餘衆悉降。榮恐其疑懼，乃普令各從所樂，親屬相隨，任所居止。於是羣情喜悅，登即四散，數十萬衆，一朝散盡。待出百里之外，乃始分道押領，隨便安置，咸得其宜。獲其渠帥，量才授用，〔七〕新附者咸安。時人服其處分機速。乃檻車送葛榮赴闕。詔加榮大丞相、都督河北畿外諸軍事。

初，榮將討葛榮，軍次襄垣，遂大獵，有雙兔起於馬前，榮彎弓誓之曰：「中則禽葛榮，不中則否。」旣而並應弦而殪，三軍咸悅。及後，命立碑於其所，號雙兔碑。又將戰夜，夢一人從葛榮索千牛刀，葛榮初不肯與，此人自稱己是道武皇帝，葛榮乃奉刀，此人手持授榮。寤而喜，自知必勝。

又詔以冀州之長樂、相州之南趙、定州之博陵、滄州之浮陽、平州之遼西、燕州之上谷、幽州之漁陽七郡，各萬戶，通前滿十萬，爲太原國邑。又加位太師。

建義初，北海王元顥南奔梁，梁立爲魏主，資以兵將。時邢杲以三齊應顥。朝廷以顥孤弱，永安二年春，詔元天穆先平齊地，然後征顥。顥乘虛徑進，滎陽、武牢並不守，車駕出居河北。榮聞之，馳傳朝行宮於上黨之長子，輿駕於是南趣。榮爲前驅，旬日之間，兵馬大集。天穆克平邢杲，亦度河以會。車駕幸河內。榮與顥相持於河上，無船不得即度。議欲還北，更圖後舉，黃門郎楊侃、高道穆等並固執以爲不可。屬馬渚諸楊云有小船數艘，求爲

鄉導。榮乃令都督尒朱兆等率精騎夜濟。顥奔，車駕度河，入居華林園。詔加榮天柱大將軍，增封通前二十萬戶，加前後部羽葆鼓吹。

榮尋還晉陽，遙制朝廷，親戚腹心，皆補要職，百僚朝廷動靜，莫不以申。至於除授，皆須榮許，然後得用。莊帝雖受制權臣，而勤政事，朝夕省納，孜孜不已。數自理冤獄，親覽辭訟。又選司多濫，與吏部尚書李神儁議正綱紀，而榮乃大相嫌責。曾關補定州曲陽縣令，神儁以階縣不奏，別更擬人。榮大怒，卽遣其所補者往奪其任。榮使入京，雖復微蔑，朝貴見之，莫不傾靡。及至闕下，未得通奏，恃榮威勢，至乃忿怒。神儁遂上表遜位。榮欲用世隆攝選，上亦不違。榮曾啓北人爲河內諸州，〔八〕欲爲掎角勢，上不卽從。天穆入見論事，上猶未許。天穆曰：「天柱既有大功，爲國宰相，若請普代天下官屬，恐陛下亦不得違。如何啓數人爲州，便停不用？」帝正色曰：「天柱若不爲人臣，朕亦須代；如其猶存臣節，無代天下百官理。」榮聞，大怒曰：「天子由誰得立？今乃不用我語！」皇后復嫌內妃嬪，甚有妬恨之事。帝遣世隆語以大理，后曰：「天子由我家置立，今便如此。我父本日卽自作，今亦復決？」世隆曰：「兄止自不爲，若本自作，臣今亦得封王。」帝既外迫强臣，內逼皇后，恒怏怏不以萬乘爲貴。

先是，葛榮枝黨韓婁仍據幽、平二州，榮遣都督侯深討斬之。時万俟醜奴、蕭寶夤擁衆

豳、涇，榮遣其從子天光爲雍州刺史，令率都督賀拔岳、侯莫陳悅等入關討之。天光至雍州，以衆少未進，榮大怒，遣其騎兵參軍劉貴馳驛詣軍，加天光杖罰。天光等大懼，乃進討，連破之，禽醜奴、寶夤，並檻車送闕。天光又禽王慶雲、万俟道樂，關中悉平。於是天下大難便盡。莊帝恒不慮外寇，唯恐榮爲逆，常時諸方未定，欲使與之相持，及告捷之日，乃不甚喜，謂尚書令、臨淮王彧曰：「卽今天下便是無賊？」臨淮見帝色不悅，曰：「臣恐賊平以後，方勞聖慮。」帝畏餘人怪，還以他語解之，曰：「其實撫寧荒餘，彌成不易。」

榮好射獵，不捨寒暑，法禁嚴重，若一鹿出，乃有數人殞命。曾有一人，見猛獸便走，謂曰：「欲求活邪！」遂卽斬之。自此獵如登戰場。曾見一猛獸在窮谷中，乃令餘人重衣空手搏之，不令復損，於是數人被殺，遂禽得之。持此爲樂焉。列圍而進，雖阻險不得迴避，其下甚苦之。

太宰、元天穆從容言榮勳業，宜調政養人。榮便攘肘謂天穆曰：「太后女主，不能自正，推奉天子者，此是人臣常節。葛榮之徒，本是奴才，乘時作亂，譬如奴走，禽獲便休。頃來受國大寵，未能混一海內，何宜今日便言勳也？如聞朝士猶自寬縱，今秋欲共兄戒勒士馬，校獵嵩原，令貪汙朝貴，入圍搏虎。仍出魯陽，歷三荆，悉擁生蠻，北塡六鎮。迴軍之際，因平汾胡。明年簡練精騎，分出江、淮，蕭衍若降，乞萬戶侯；如其不降，徑度數千騎，便往縛取。待六合寧一，八表無塵，然後共兄奉天子巡四方，觀風俗，布政敎，如此乃可稱勳耳。今若止獵，兵士懈怠，安可復用也？」

及見四方無事，乃遣人奏曰：「參軍許周勸臣取九錫，臣惡其此言，已發遣令去。」榮時望得殊禮，故以意諷朝廷。帝實不欲與之，因稱其忠。榮見帝年長明悟，爲衆所歸，欲移自近，皆使由己。每因醉云，入將天子，拜謁金陵後，還復恒朔。而侍中朱元龍輒從尚書索太和中遷京故事，於是復有移都消息。

榮乃暫來向京，言看皇后娩難。帝懲河陰之事，終恐難保，乃與城陽王徽、侍中楊侃、李彧、尚書右僕射元羅謀，皆勸帝刺殺之。唯膠東侯李侃晞、濟陰王暉業言榮若來，必有備，恐不可圖。又欲殺其黨與，發兵拒之。帝疑未定，而京師人懷憂懼，中書侍郎邢子才之徒，已避之東出。榮乃遍與朝士書，相任留。中書舍人溫子昇以書呈帝，帝恒望其不來，及見書，以榮必來，色甚不悅。武衛將軍奚毅，建義初往來通命，帝每期之甚重，然以爲榮通親，不敢與之言情。毅曰：「若必有變，臣寧死陛下難，不能事契胡。」帝曰：「朕保天柱無異心，亦不忘卿忠款。」

三年八月，榮將四五千騎，發幷州向京。時人皆言其反，復道天子必應圖之。九月初，榮至京。有人告云，帝欲圖之。榮卽具奏。帝曰：「外人亦言王欲害我，豈可信之？」於是榮

不自疑，每入謁帝，從人不過數十，皆不持兵仗。帝欲止，城陽王曰：「縱不反，亦何可耐？況何可保耶？」又北人語訛，語「尒朱」爲「人主」。上又聞其在北言，我姓人主。先是，長星出中台，掃大角。恒州人高榮祖頗明天文，榮問之曰：「是何祥也？」答曰：「除舊布新象也。昔長星掃大角，秦以之亡。」榮聞之悅。又榮下行臺郎中李顯和曾曰：「天柱至，那無九錫，安須王自索也？亦是天子不見機！」都督郭羅察曰：「今年眞可作禪文，何但九錫。」參軍褚光曰：「人言幷州城上有紫氣，何慮天柱不應。」榮下人皆陵侮帝左右，無所忌憚，其事皆上聞。奚毅又見，求聞。〔九〕帝卽下明光殿與語。帝又疑其爲榮，不告以情。及知毅赤誠，乃召城陽王徽及楊侃、李彧，告以毅語。

榮小女嫁與帝兄子陳留王，小字伽邪，榮嘗指之曰：「我終當得此女婿力。」徽又云：「榮慮陛下終爲此患，脫有東宮，必貪立孩幼。若皇后不生太子，則立陳留以安天下。」并言榮指陳留語狀。帝既有圖榮意，夜夢手持一刀自害，落十指節，都不覺痛。惡之，以告城陽王徽及楊侃。徽解夢曰：「蝮蛇螫手，壯士解腕。割指節與解腕何異？去患乃是吉祥。」聞者皆言善。

九月十五日，天穆到京，駕迎之。榮與天穆並從入西林園讌射。榮乃奏曰：「近來侍官皆不習武，陛下宜將五百騎出獵，因省辭訟。」先是奚毅言榮因獵挾天子移都，至是，其言

相符。

至十八日，召中書舍人溫子昇告以殺榮狀，幷問以殺董卓事。子昇具通本，上曰：「王允若卽赦涼州人，必不應至此。」良久，語子昇曰：「朕之情理，卿所具知，死猶須爲，況必不死！寧與高貴鄉公同日死，不與常道鄉公同日生。」上謂殺榮、天穆，卽赦其黨，便應不動。應詔王道習曰：「尒朱世隆、司馬子如、朱元龍比來偏被委付，具知天下虛實，謂不宜留。」城陽王及楊侃曰：「若世隆不全，仲遠、天光豈有來理？」帝亦謂然，無復殺意。城陽曰：「榮數征伐，腰間有刀，或能狠戾傷人。臨事，願陛下出。」乃伏侃等十餘人於明光殿東。其日，榮與天穆並入，坐食未訖，起出。侃等從東階上殿，見榮、天穆出至中庭，事不果。

十九日是帝忌日，二十日榮忌日，二十一日，暫入，卽向陳留王家，飲酒極醉。遂言病動，頻日不入。上謀頗泄，世隆等以告榮。榮輕帝，不謂能反。預帝謀者皆懼。

二十五日，旦，榮、天穆同入，其日大欲革易。上在明光殿東序中西面坐，榮與天穆並御牀西北小牀上南坐，城陽入，始一拜，榮見光祿卿魯安等持刀從東戶入，卽馳向御坐，帝拔千牛刀手斬之，時年三十八。得其手板上有數牒啓，皆左右去留人名，非其腹心，悉在出限。帝曰：「豎子！若過今日，便不可制。」時又天穆與榮子菩提亦就戮，於是內外喜叫，聲滿京城。旣而大赦。

榮雖威名大振，而舉止輕脫，正以馳射爲伎藝，每入朝見，更無所爲，唯戲上下馬。於西林園宴射，恒請皇后出觀，幷召王公妃主，共在一堂。每見天子射中，輒自起舞叫，將相卿士，悉皆盤旋，乃至妃主婦人，亦不免隨之舉袂。及酒酣耳熱，必自匡坐唱虜歌，爲樹梨普梨之曲。見臨淮王彧從容閑雅，愛尚風素，固令爲敕勒舞。〔一〇〕日暮罷歸，便與左右連手踏地，唱迴波樂而出。性甚嚴暴，慍喜無恒，弓箭刀槊，不離於手，每有嗔嫌，卽行忍害，左右恒有死憂。曾欲出獵，有人訴之，披陳不已，發怒，卽射殺之。曾見沙彌重騎一馬，榮卽令相觸，力窮不復能動，遂使傍人以頭相擊，死而後已。

節閔帝初，世隆等得志，乃詔贈假黃鉞、相國、錄尚書、都督中外諸軍事、晉王，加九錫，給九旒鑾輅，武賁班劍三百人，轀輬車，準晉太宰、安平獻王故事，謚曰武。又詔百官議榮配饗，司直劉季明曰：「晉王若配永安，則不能終臣節。以此論之，無所配。」〔一一〕世隆作色曰：「卿合死？」季明曰：「下官預在議限，據理而言，不合上心，誅翦唯命。」衆爲之危，季明自若。世隆意不已，乃配享孝文廟庭。

菩提位太常卿、開府儀同三司、侍中、特進。死時年十四。節閔帝初，加贈司徒，謚曰惠。

菩提弟叉羅，武衞將軍、梁郡王。尋卒，贈司空公。

叉羅弟文殊，封平昌郡王，孝靜初，轉襲榮爵太原王。薨於晉陽，時年九歲。

文殊弟文暢，初封昌樂郡公。以榮破葛賊之勳，進爵爲王。其姊魏孝莊皇后，及韓陵之敗，齊神武納之，待其家甚厚。文暢由是拜開府儀同三司、肆州刺史。家富於財，招致賓客，窮極豪侈。與丞相司馬任胄、主簿李世林、都督鄭仲禮、房子遠等相狎，外示杯酒交，而潛謀害齊神武。自魏氏舊俗，以正月十五日夜爲打簇戲，能中者卽時賞帛。胄令仲禮藏刀於袴中，因神武臨觀，謀竊發，事捷，共奉文暢。爲任氏家客薛季孝所告。以姊寵，止坐文暢一房。文暢死時年十八。

弟文略，以兄叉羅卒無後，襲叉羅爵梁郡王。文暢事當從坐，靜帝使人往晉陽，欲拉殺之。神武特加寬貸，奏免之。文略聰明儁爽，多所通習。齊文襄嘗令章永興馬上彈琵琶，奏十餘曲，試使文略寫之，遂得八。文襄戲之曰：「聰明人多不老壽，梁郡其愼之！」文略對曰：「命之修短，皆在明公。」文襄愴然曰：「此不足慮。」

初，神武遺令恕文略十死，恃此益橫，多所陵忽。齊天保末，嘗邀平秦、武興、汝南諸王至宅，供設奢麗，各有贈賄。諸王共假聚寶物以要之，文略弊衣而往，從奴五十人，皆駿馬侯服。其豪縱不遜如此。平秦王有七百里馬，文略敵以好婢，賭取之。明日，平秦王使人

致請，文略殺馬及婢，以二銀器盛婢頭馬肉而遺之。平秦王訴之於文宣，繫於京畿獄。文略彈琵琶，吹橫笛，謠詠倦極，便臥唱挽歌。居數月，奪防者弓矢以射人，曰：「不然，天子不憶我。」有司奏，遂伏法。

文略嘗大遺魏收金，請爲父作佳傳，收論榮比韋、彭、伊、霍，蓋由是也。

兆字萬仁，〔一二〕榮從子也。少善騎射，趫捷過人，數從榮游獵，至窮巖絕澗，人所不能升降者，兆必先之。手格猛獸，無所疑避。榮以此特加賞愛，任爲爪牙。榮曾送臺使，見二鹿，授兆二箭，令取供今食，遂構火以待之。俄而兆獲其一，榮欲誇使人，責兆不盡取，杖之五十。榮之入洛，兆兼前鋒都督。孝莊卽位，封潁川郡公。後從上黨王天穆平邢杲。又與賀拔勝擊斬元顥子冠受，禽之，〔一三〕進破安豐王延明，顥乃退走。莊帝還宮，論功除車騎大將軍、儀同三司、汾州刺史。

尒朱榮死，兆自汾州據晉陽。元曄立，授兆大將軍，進爵爲王。兆與世隆等定謀，攻洛。兆遂輕兵倍道，掩襲京邑。先是河邊人夢神謂己曰：「尒朱家欲度河，用爾作灅波津令，爲之縮水脈。」月餘，夢者死。及兆至，有行人自言知水淺處，以草往往表插而導焉，忽失其所在。兆遂策馬涉度。是日暴風鼓怒，黃塵張天，騎叩宮門，宿衞乃覺。彎弓欲射，袍

撥弦，矢不得發，一時散走。莊帝步出雲龍門外，爲兆騎所縶，〔一四〕幽於永寧佛寺。兆撲殺皇子，汙辱妃嬪，縱兵虜掠。停洛旬餘，先令衞送莊帝於晉陽，兆後於河梁監閱財貨。

初，兆將入洛，遣使招齊神武，欲與同舉。神武時爲晉州刺史，謂長史孫騰曰：「臣而伐君，其逆已甚。我今不往，恐彼致恨，卿可往申吾意，但云山蜀未平，不可委去。」騰乃詣兆，具申意。兆不悅曰：「還白高兄弟，有吉夢，今行必克。吾比夢吾亡父登一高堆，堆傍地悉耕熟，唯有馬蘭草株，往往猶在，吾父顧我，令下拔之，吾手所至，無不盡出。以此而言，往必有利。」騰還，具報之。神武曰：「兆等猖狂，舉兵犯順，吾勢不可反事尒朱也。今天子列兵河上，兆進不能度，必退還。吾乘山東下，出其不意，此徒可一舉而禽。」俄而兆克京師，孝莊幽縶，都督尉景從兆南行，以書報神武。神武大驚，召騰，令馳驛詣兆，示以謁賀，密覘天子所在，當於路邀迎，唱大義於天下。騰遇帝於中路，神武時率騎東轉，聞帝已度，於是西還。仍與兆書，具陳禍福，不宜害天子，受惡名於海內。兆怒不納，而帝遂遇弒。

初，榮既死，莊帝詔河西人紇豆陵步蕃等，令襲秀容。兆入洛後，步蕃兵勢甚盛，南逼晉陽。兆所以不暇留洛，迴師禦之。頻爲步蕃所敗，於是部勒士馬，謀出山東，令人頻徵神武。神武晉州僚屬，並勸不行。神武揣其勢迫，必無他慮，決策赴之。兆乃分三州六鎮之人，令神武統領。神武既分兵別營，乃引兵南出，避步蕃之銳。步蕃至樂平郡，神武與兆還

討，破斬之。

及節閔帝立，授兆使持節、侍中、都督中外諸軍事、柱國大將軍，兼錄尚書事、大行臺。又以兆爲天柱大將軍，兆以是榮所終之官，固辭不拜。尋加都督十州諸軍事，世襲并州刺史。

神武之克殷州也，兆與仲遠、度律約拒之。仲遠、度律次陽平，兆屯廣阿，衆號十萬。神武廣縱反間，於是兩不相信，各致猜疑。仲遠等頻使斛斯椿賀拔勝往喻之，兆輕騎三百，來就仲遠，同坐幕下。兆性粗獷，意色不平，手舞馬鞭，長嘯凝望，深疑仲遠等有變，遂趨出馳還。仲遠遣椿、勝等追而曉譬，兆遂拘縛將還，經日放遣。仲遠等於是奔退。神武乃進擊，兆軍大敗。

兆與仲遠、度律遂相疑阻，久而不和。世隆請節閔納兆女爲皇后，兆乃大喜。世隆謀抗神武，乃降辭厚禮，喻兆赴洛。兆與天光、度律更自信約，然後大會韓陵山。戰敗，復奔晉陽。其年秋，神武自鄴進討之，兆遂大掠并州，走於秀容。神武又追擊，度赤洪嶺，破之。兆竄於窮山，殺所乘馬，自縊於樹。神武收葬之。

兆勇於戰鬭，而無將領之能。榮雖奇其膽決，然每云：「兆不過將三千騎，多則亂矣。」兆弟智彪，〔一五〕節閔帝封爲安定王，與兆俱走，神武禽之，後死於晉陽。

彥伯，榮從弟也。祖侯眞，文成時并安二州刺史、〔一六〕始昌侯。父買珍，宣武時武衞將軍、華州刺史。

彥伯性和厚，永安中，爲榮府長史。節閔帝潛默於龍花佛寺，彥伯敦喻往來，尤有勤款。帝既立，尒朱兆以己不豫謀，大爲忿恚，將攻世隆。詔令華山王鷙慰兆，兆猶不釋。世隆復令彥伯自往喻之，兆乃止。及還，帝讌彥伯於顯陽殿。時侍中源子恭、黃門郎竇瑗並侍坐，彥伯曰：「源侍中比爲都督，與臣相持於河內。當爾之時，旗鼓相望，眇如天隔，寧期同事陛下，爲今日之忻也？」子恭曰：「蒯通有言，犬吠非其主。他日之事永安，猶今日之事陛下耳。」帝曰：「源侍中可謂有射鉤之心也。」遂令二人極醉而罷。

後封博陵郡王，位司徒公。于時炎旱，有勸彥伯解司徒者，乃上表遜位，詔許之。俄除儀同三司、侍中，餘如故。彥伯於兄弟之中，差無過患。

天光等敗於韓陵，彥伯欲領兵屯河橋，世隆不從。及張勸等掩襲世隆，〔一七〕彥伯時在禁直。長孫承業等啓陳神武義功既振，將除尒朱。節閔令舍人郭崇報彥伯知，彥伯狼狽出走，爲人所執。尋與世隆同斬於閶闔門外，縣首於斛斯椿門樹，傳於神武。先是洛中謠曰：「三月末，四月初，揚灰簸土覓眞珠。」又曰：「頭去項，脚根齊，驅上樹，不須梯。」至是並驗。

子敞。

敞字乾羅。彥伯之誅，敞小，隨母養於宮中。年十二，敞自竇走至大街，見童兒羣戲，敞解所著綺羅金翠服，易衣而遁。追騎至，不識敞，便執綺衣兒。比究問知非，會日已暮，由是免。遂入一村，見長孫氏媼，踞胡牀坐，敞再拜求哀，長孫氏愍之，藏於複壁之中。購之愈急，追且至，長孫氏資而遣之。遂詐爲道士，變姓名，隱嵩高山。略涉經史，數年間，人頗異之。嘗獨坐巖石下，泫然歎曰：「吾豈終此乎！伍子胥獨何人也？」乃奔長安。

周文帝見而禮之，拜行臺郎中、靈壽縣伯。保定中，遷開府儀同三司，進爵爲公。後爲膠州刺史，迎長孫氏至其第，置于家，厚資給之。隋文帝受禪，改封邊城郡公。黔安蠻叛，命敞討平之。師旋，拜金州總管，政號嚴明，吏人懼之。後以年老乞骸骨，賜二馬輅車歸河內，卒于家。子最嗣。

仲遠，彥伯弟也。明帝末年，尒朱榮兵威稍盛，諸有啓謁，率多見從。而仲遠摹寫榮書，又刻榮印，與尚書令史，通爲奸詐。造榮啓表，請人爲官，大得財貨，以資酒色。落魄無行業。

及孝莊卽位，封清河公、徐州刺史，兼尚書左僕射、三徐大行臺，尋進督三徐諸軍事。仲遠上言：「竊見比來行臺采募者，皆得權立中正，在軍定第，斟酌授官。今求兼置，權濟軍要。若立第亦爽，關京之日，任有司裁奪。」詔從之。於是隨情補授，肆意聚斂。

尒朱榮死，仲遠勒其部衆，來向京師。節閔立，進爵彭城王，加大將軍，又兼尚書令，鎮大梁。仲遠遣使請準朝式，在軍鳴騶。節閔帝覽啓，笑而許之。其肆情如此。復進督東道諸軍事、本將軍、兗州刺史，餘如故。仲遠天性貪暴，心如峻壑，大宗富族，誣之以反，沒其家口，簿籍財物，皆以入己。丈夫死者，投之河流，如此者不可勝數。諸將婦有美色者，莫不被其淫亂。自滎陽以東，輸稅悉入其軍，不送京師。時天光控關右，仲遠在大梁，兆據并州，世隆居京邑，各自專恣，權强莫比。所在並以貪虐爲事，於是四方解體。又加太宰，解大行臺。仲遠專恣尤劇，方之彥伯、世隆，最爲無禮。東南牧守，下至人俗，比之豺狼，特爲患苦。

後移屯東郡，率衆與度律等拒齊神武。尒朱兆領騎數千自晉陽來會。軍次陽平，神武縱以間說，仲遠等迭相猜貳，狼狽遁走。中興二年，復與天光等於韓陵戰敗，南走，尋乃奔梁，死於江南。

世隆字榮宗，仲遠弟也。明帝末，兼直閣，加前將軍。尒朱榮表請入朝，靈太后惡之，令世隆詣晉陽慰喻榮。榮因欲留之，世隆曰：「朝廷疑兄，故令世隆來。今遂住，便有內備，非計之善。」榮乃遣入。榮舉兵南出，世隆遂走，會榮於上黨。建義初，除給事黃門侍郎。莊帝之立，世隆預其謀，封樂平郡公。元顥逼大梁，詔爲前將軍、都督，〔一八〕鎮武牢。顥既克滎陽，世隆懼而遁還，莊帝倉卒北巡。及車駕還宮，除尚書左僕射，攝選。

莊帝之將圖尒朱榮，每屏人言。世隆懼變，乃爲匿名書，自牓其門曰：「天子與侍中楊侃、黃門高道穆等爲計，欲殺天柱。」還復自以此書與榮妻北鄉郡公主，幷以呈榮，勸其不入。榮毀書唾地曰：「世隆無膽，誰敢生心！」世隆又勸其速發。榮曰：「何怱怱？」皆不見從。榮死，世隆奉榮妻，燒西陽門夜走。北次河橋，殺武衞將軍奚毅。率衆還戰大夏門外。及李苗燒絕河梁，世隆乃北遁。攻建州克之，盡殺人以肆其忿。〔一九〕至長子，與度律等共推長廣王曄爲主。曄小名盆子，聞者皆以爲事類赤眉。曄以世隆爲尚書令，封樂平郡王，加太傅，行司州牧，會兆於河陽。兆既平京邑，讓世隆曰：「叔父在朝多時，耳目應廣，如何令天柱受禍？」案劍瞋目，詞色甚厲。世隆遜辭拜謝，然後得已，而深恨之。

時仲遠亦自滑臺入京。世隆與兄弟密謀，慮元曄母干豫朝政，伺其母衞氏出行，遣數十騎如劫賊，於京巷殺之。公私驚愕，莫識所由。尋縣牓，以千萬錢募賊，百姓知之，莫不喪氣。尋又以曄疏遠，欲推立節閔帝。而度律意在南陽王，乃曰：「廣陵不言，何以主天下？」後知能語，遂行廢立。

初，世隆之爲僕射，尚書文簿，在家省閱。性聰解，又畏榮，深自剋勉，留心几案，傍接賓客，遂有解了之名。榮死之後，無所顧憚，及爲令，常使尚書郎宋游道、邢昕在其宅聽事，東西別座，受納訴訟，稱命施行。既總朝政，生殺自由，公行淫泆，信任羣小，隨情與奪。又兄弟羣從，各擁强兵，割剝四海，極其貪虐。姦諂蛆酷，〔二〇〕多見信用；溫良名士，罕豫腹心。於是天下之人，莫不厭毒。世隆尋讓太傅。節閔特置儀同三師之官，位次上公之下，以世隆爲之。贈其父買珍相國、錄尚書事、大司馬。

及齊神武起義兵，仲遠、度律等愚戇恃强，不以爲慮，而世隆獨深憂恐。及天光等敗於韓陵，世隆請赦天下，節閔不許。斛斯椿既據河橋，盡殺世隆黨附，令行臺長孫承業詣闕奏狀，掩執世隆及兄彥伯，俱斬之。

初，世隆曾與吏部尚書元世儁握槊，忽聞局上詨然有聲，一局子盡倒立，世隆甚惡之。又曾晝寢，其妻奚氏忽見一人持世隆首去，奚氏驚，就視，而世隆寢如故。既覺，謂妻曰：「向夢人斷我頭持去，意殊不適。」又此年正月晦日，令、僕並不上省，西門不開。忽有河內太守田帖家奴，告省門亭長云：「今且爲令王借車牛一乘，終日於洛濱游觀。至晚，王還省，

將車出東掖門，始覺車上無褥，請爲記識。」亭長以令僕不上，西門不開，無跡入者。此奴固陳不已，公文列訴。尚書都令史謝遠疑，謂妄有假借，白世隆，付曹推驗。時都官郎中穆子容究之。奴言：初來時，至司空府西，欲向省。令王嫌遲，遣催車。車入，到省西門，王嫌牛小，繫於闕下槐樹，〔二一〕更將一青牛駕車。令王著白紗、高頂帽，短小黑色，儐從皆裙襦袴褶，握板，不似常時服章。遂遣一吏將奴送入省中廳事東閤內，東廂第一屋中。其屋先常閉，奴云：入此屋中有板牀，牀上無席，大有塵土，兼有甕米。奴拂牀坐，兼畫地戲，甕中米亦握看之。子容與謝遠看之，閉極久，全無開跡。及入，狀皆符同。具以此對世隆。世隆悵然，意以爲惡，未幾見誅。

世隆弟世承，莊帝時位侍中，領御史中尉。人才猥劣，備員而已。及元顥內逼，世承守轘轅，爲顥所禽，顥讓而臠之。莊帝還宮，贈司徒。

世承弟弼，字輔伯，節閔帝時，封河間郡公。尋爲青州刺史。韓陵之敗，欲奔梁，數日，與左右割臂爲約。弼帳下都督馮紹隆爲弼信待，乃說弼曰：「今方同契闊，宜當心瀝血，示衆以信。」弼從之，大集部下，弼乃踞胡床，令紹隆持刀披心。紹隆因推刃殺之，傳首京師。

度律，榮從父弟也，鄙朴少言。莊帝初，封樂鄉縣伯。榮死，與世隆赴晉陽。元曄之

立，以度律爲太尉公、四面大都督，封常山王。與尒朱兆入洛。兆還晉陽，〔二二〕留度律鎭京師。節閔帝時，爲使持節、侍中、大將軍、太尉公，兼尚書令、東北道行臺，與仲遠出拒義旗。齊神武間之，與尒朱兆遂相疑貳，自敗而還。

度律雖在軍戎，聚斂無厭，所經爲百姓患毒。其母山氏聞度律敗，遂恚憤發病。及至，母責之曰：「汝荷國恩，無狀而反，我何忍見他屠戮汝也！」言終而卒，時人怪異之。後韓陵之敗，斛斯椿先據河橋，遂西走灅波津，爲人執送。椿囚之，送齊神武，斬之都市。

天光，榮從祖兄子也。少勇決，榮特親愛之，常預軍戎謀。孝昌末，榮據并、肆，仍以天光爲都將，總統肆州兵馬。明帝崩，榮向京師，委以後事。建義初，爲肆州刺史，封長安縣公。榮將討葛榮，留天光在州，鎭其根本。謂曰：「我身不得至處，非汝無以稱我心。」永安中，與元天穆東破邢杲。元顥入洛，天光與天穆會榮於河內。榮發後，并、肆不安，詔天光兼尚書僕射，爲并、肆等九州行臺，仍行并州事。天光至并州，部分約勤，所在寧輯。顥破，還京師，改封廣宗郡公。

初，高平鎭城人赫連恩等爲逆，〔二三〕共推敕勒酋長胡琛爲主，〔二四〕號高平王，遙臣沃野鎭賊帥破六韓拔陵。〔二五〕琛入據高平城，遣其大將万俟醜奴來寇涇州。琛後與莫折念生交

通，侮侵拔陵。遣使人費律如至高平，誘斬琛。爲醜奴所并，與蕭寶夤相拒於安定。寶夤敗還。建義元年夏，醜奴擊寶夤於靈州，禽之，遂僭大號。時獲西北貢師子，因稱神獸元年，置百官。

朝廷憂之，乃除天光使持節、都督、雍州刺史，率大都督武衞將軍賀拔岳、大都督侯莫陳悅等討醜奴。天光初行，唯有軍士千人。時東雍赤水蜀賊斷路，天光入關擊破之，簡取壯健。至雍，又稅人馬，合得萬疋。以軍人寡少，停留未進。榮遣責之，杖天光百下，榮復遣軍士二千人赴天光。天光令賀拔岳率千騎先驅，至岐州，禽其行臺尉遲菩薩。醜奴棄岐州走還安定。天光發雍至岐，與岳合勢，破醜奴，獲蕭寶夤。於是涇、豳、二夏，北至靈州，及賊黨結聚之類，並降。唯賊行臺万俟道洛不下，率衆西依牽屯山，據險自守。

榮責天光不獲道洛，復遣使杖之百，詔削爵爲侯。天光與岳、悅等復向牽屯討之，道洛戰敗，投略陽賊帥王慶雲。慶雲以道洛驍果絕倫，得之甚喜，便謂大事可圖，乃自稱皇帝，以道洛爲大將軍。天光乃入隴，至慶雲所居水洛城，〔二六〕破其東城。賊遂併趣西城，城中無水，衆聚熱渴。有人走降，言慶雲、道洛欲突出。天光恐失賊帥，乃遣謂慶雲，可以早降，若未決，當聽諸人今夜共議。又謂曰：「相知須水，今爲小退。」賊衆安悅，無復走心。天光密使軍人多作木槍，各長七尺，至昏，布立人馬，爲防衞之勢，又伏人槍中。其夜，慶雲、道洛果突出，至槍，馬各傷倒。伏兵便起，同時禽獲。賊窮，乞降而已。天光、岳、悅等議悉阬之，死者萬七千人，分其家口。於是三秦、河、渭、瓜、涼、鄯善咸來款順。詔復天光前官爵。

岳聞榮死，還涇州以待，天光亦下隴，與岳圖入洛之策。既而莊帝進天光爵爲廣宗王，元曄又以爲隴西王。及聞尒朱兆已入京，天光乃輕騎向都，見世隆等，尋便還雍。世隆等議廢元曄，更舉親賢，遣告天光。天光與定策，立節閔帝。又加開府儀同三司、尚書令、關西大行臺。天光北出夏州，遣將討宿勤明達，禽之送洛。時費也頭帥紇豆陵伊利、万俟受洛干等據有河西，未有所附。天光以齊神武起兵信都，內懷憂恐，不暇他事伊利等，但微遣備之而已。又除大司馬。

時神武軍既振，尒朱兆、仲遠等並經敗退。世隆累使徵天光，天光不從。後令斛斯椿苦要天光云：「非王無以能定，豈可坐看宗家之滅？」天光不得已，東下，與仲遠等敗於韓陵。斛斯椿等先還，於河橋拒之，天光不得度，西北走，被執，與度律並送於神武。神武送於洛，斬於都市。

尒朱專恣，分裂天下，各據一方，賞罰自出，而天光有定關西之功，差不酷暴，比之兆與仲遠，爲不同矣。

論曰：魏自宣武之後，政道頹虧。及明皇幼沖，女主南面，始則于忠專恣，繼以元叉權重，居官者肆其聚斂，乘勢者極其陵暴，於是四海囂然，已有羣飛之漸。逮於靈后反政，宣淫於朝，傾覆之徵，於此至矣。

尒朱榮緣將帥之列，藉部衆之威，屬天下暴虐，人神怨憤，遂有匡頹拯弊之志，援主逐惡之功。及夫禽葛榮，誅元顥，戮邢杲，揃韓婁，醜奴、寶夤，咸梟馬市，然則榮之功烈，亦已茂矣。而始則希覬非望，睥睨宸極，終乃靈后、少帝，沈流不反，河陰之下，衣冠塗地，其所以得罪人神者焉。至於末跡凶忍，地逼亦已除矣。〔二七〕而朝無謀難之宰，國乏折衝之將，遂使餘孽相糾，還成嚴敵。隆實指蹤，兆爲戎首，山河失險，莊帝幽崩。宗屬分方，作威跋扈，廢帝立主，迴天倒日，揃剝黎獻，割裂神州，刑賞任心，征伐自己。天下之命，縣於數胡，喪亂弘多，遂至於此。豈非天將去之，始以共定，終於惡稔，以至殄滅。抑亦魏紓其難，齊以驅除矣。

校勘記

〔一〕魏登國初爲領人酋長　魏書卷七四尒朱榮傳「人」作「民」，北史避唐諱改。

〔二〕乃以銅鑄孝文及咸陽王禧等五王子孫像　魏書卷七四尒朱榮傳「五」作「六」。按孝文兄弟七人，應作「六」。

〔三〕弟始平王子正　通志卷一五一尒朱榮傳、通鑑卷一五二四七四一頁作「霸城公子正」。按魏書卷二一彭城王勰傳，言子正於肅宗初封霸城縣公，莊帝卽位，封始平王。又魏書卷十莊帝紀武泰元年四月稱：「戊戌，南濟河，以兄彭城王劭爲無上王，弟霸城公子正爲始平王。」此在卽位之前，則當作「霸城公」。通志、通鑑是。

〔四〕莊帝及彭城王霸城王俱出帳　通志「霸城王」作「霸城公」。通鑑四七四三頁作「帝與無上王劭、始平王子正俱出帳外」。按此在莊帝卽位之後，則作「無上王」「始平王」是。北史上文旣已稱子正爲「始平王」，此復改稱「霸城王」，更誤。北史敍河陰事與魏書不同，當是別本他書，故前後不相照應。

〔五〕復前入城不朝戍北來之人　張森楷云：「『不朝戍』不可解，疑有譌誤。」按通志「戍」作「其」，從下讀，但字形相去甚遠，今不改。

〔六〕相州刺史李神儁閉門自守　魏書「儁」作「軌」。按魏書卷三九李神儁傳云：「肅宗末，除鎭軍將軍，行相州事。於時葛榮南逼，神儁憂懼，乃故墜馬傷脚，仍停汲郡，有詔追還。莊帝纂統，以神儁外戚之望，拜散騎常侍，殿中尙書。」則神儁未嘗到任，莊帝時乃在朝中。魏書卷六六李

崇傳，言其子神軌於河陰被害，則此時已死，相州刺史必非李神軌。考魏書卷七〇李神傳，言其於孝昌中行相州事，「建義初，除衞將軍。時葛榮充斥，民多逃散，先是州將元鑒反叛引賊，後都督源子邕、裴衍戰敗被害，朝野憂惶，人不自保。而神志氣自若，撫勞兵民，小大用命。旣而葛榮盡銳攻之，久不能剋。會尒朱榮擒葛榮於鄴西，事平，除車騎將軍」。又魏書卷二一上北海王顥傳，言顥於武泰初授相州刺史，行至汲郡，「以葛榮南侵，尒朱縱害，遂盤桓顧望」，以其舅范遵行相州事，代前刺史李神。相州行臺甄密「恐遵爲變，遂相率廢遵，還推李神攝理州事」。據此，則守城抗拒葛榮義軍的相州刺史，乃是李神。北史作李神儁，魏書作李神軌，都誤。當是後人以李神名較不顯，妄增「儁」字、「軌」字。

〔七〕獲其渠帥量才授用　魏書「獲」作「擢」，疑「獲」是「擢」之訛。

〔八〕榮會啓北人爲河內諸州　魏書、通志、通鑑卷一五四四七七七頁「內」作「南」。按當時榮據幷州，欲巾張其勢力於黃河以南，故下云「欲爲掎角勢」。疑北史作「河內」誤。

〔九〕奚毅又見求間　通鑑卷一五四四七八一頁作「奚毅又見帝，求間」。按「求間」卽「請間」，「聞」當是「間」之訛。

〔一〇〕固令爲敕勒舞　諸本「勒」訛作「勤」，據通志改。

〔一一〕又詔百官議榮配饗司直劉季明曰晉王若配永安則不能終臣節以此論之無所配　錢氏考異卷

三九云：「此述季明語，當有脫文。通鑑卷一五五，四八〇〇頁載其議云：『若配世宗，於時無功；若配孝明，親害其母；若配莊帝，爲臣不終。』語意完善。永安，孝莊年號也。孝莊之諡，定於孝武。當世隆議配享之日，不當卽稱『莊帝』，北史作『永安』爲得之。」按通鑑乃本之洛陽伽藍記卷二。北史別有所本，但意思不全，疑是删節之失。

〔一二〕兆字萬仁　按本書卷三六薛孝通傳云：「吐萬仁猶在幷州。」「吐萬仁」卽指尒朱兆。周書卷一文帝紀又作「吐萬兒」，梁書卷三二陳慶之傳又作「吐沒兒」。皆當時譯音之異。此作「萬仁」，當是省稱，亦卽其漢字。

〔一三〕又與賀拔勝斬元顥子冠受禽之　魏書卷七五尒朱兆傳云：「榮遣兆與賀拔勝等，自馬渚西夜渡數百騎，擊顥子冠受，擒之。」按魏書卷二一上北海王顥傳亦云。「冠受戰敗被擒」。此「斬」字衍文。

〔一四〕爲兆騎所縶　諸本「縶」訛「繫」，據魏書及通志卷一五一尒朱兆傳改。

〔一五〕兆弟智彪　魏書「彪」作「虎」，北史避唐諱改。

〔一六〕祖侯眞文成時幷安二州刺史　按魏書卷七五尒朱彥伯傳「文成」作「高祖」，則此當作「孝文」。

〔一七〕及張勸等掩襲世隆　張森楷云：「『勸』當作『歡』，卽張忻也。魏收避諱而改。」按本書卷四九斛斯椿傳、卷六齊神武紀並見張歡襲尒朱世隆事。張歡卽張瓊之子，本書卷五三張瓊傳作

「欣」，北齊書卷二〇張瓊傳作「忻」，魏書卷七五尒朱彥伯傳作「勸」，都是避高歡之諱而改。這裏是沿魏書舊文未改。

〔一八〕詔爲前將軍都督　魏書卷七五尒朱世隆傳無「將」字。按魏書言世隆先已爲車騎將軍。據魏書卷一一三官氏志太和後令，車騎將軍在第二品，前將軍在第三品。尒朱氏權勢正盛，豈有降黜軍號之理？「將」字衍。

〔一九〕盡殺人以肆其忿　魏書「人」上有「城」字，是。

〔二〇〕姦謟蛆酷　通志卷一五一尒朱世隆傳「蛆」作「讒」。按「蛆」字當誤。

〔二一〕繫於闕下槐樹　諸本「闕」作「關」，魏書、通志作「闕」。按「闕」指門闕，今據改。

〔二二〕兆還晉陽　諸本「還」訛「遷」，據魏書卷七五、通志卷一五一尒朱度律傳改。

〔二三〕初高平鎭城人赫貴連恩等爲逆　通志卷一五一尒朱天光傳、通鑑卷一五〇四六七七頁無「貴」字。按「赫連」複姓，此疑衍「貴」字，或「連貴」誤倒爲「貴連」。

〔二四〕共推敕勒酋長胡琛爲主　諸本「勒」訛作「勤」，據通志、通鑑改。

〔二五〕遙臣沃野鎭賊帥破六韓怭奝　「怭奝」，張森楷云：「此卽拔陵也，不知何以駁異。」按通鑑卷一五〇作「拔陵」。「怭」疑是「恢」之訛，「恢」音「販」，與「拔」音相近，「奝」與「陵」同韻。北史天光傳溢出魏書材料較多，當是他書異譯，北史因襲不改，故有歧異。

〔三六〕至慶雲所居水洛城　諸本及魏書「水」作「永」。通鑑卷一五四四七七五頁作「水」。胡注云：「水經注卷一七渭水注：『水洛水導源隴山，西逕水洛亭西，南注略陽川。』九域志：『水洛城在德順軍西南一百里。』范仲淹曰：『朝那之西，秦亭之東，有水洛城。』」按此城以水洛水爲名，自當作「水洛」，今據通鑑改。

〔三七〕至於末跡凶忍地逼亦已除矣　魏書卷七四尒朱榮傳史臣論作：「至於末迹見猜，地逼貽斃。」按北史文意不貫，疑有脫文。

北史卷四十九

列傳第三十七

朱瑞　叱列延慶　斛斯椿子徵　孫政　賈顯度弟智
樊子鵠　侯深　賀拔允弟勝　勝弟岳　侯莫陳悅
念賢　梁覽　雷紹　毛遐弟鴻賓　乙弗朗

朱瑞字元龍，代郡桑乾人也。祖就，沛縣令。父惠，行太原太守。瑞貴達，並贈刺史。瑞長厚質直，敬愛人士，尒朱榮引爲大行臺郎中，甚見親任。以爲黃門侍郎，仍中書舍人。榮恐朝廷事意有所不知，故居之門下，爲腹心之寄。封陽邑縣公。及元顥內逼，從車駕於河陽，除侍中、兼吏部尚書，改封北海郡公。莊帝還洛，改封樂陵郡公，仍侍中。瑞雖爲尒朱榮所委，而善處朝廷間。帝亦賞遇之，嘗謂侍臣曰：「爲人臣，當須忠實，至如朱元龍

者，朕待之亦不異餘人。」

瑞以青州樂陵有朱氏，意欲歸之，故求爲青州中正。又以滄州樂陵亦有朱氏，而心好河北，遂乞三從內並屬滄州樂陵郡。詔許之，仍轉滄州大中正。

尒朱榮死，瑞與世隆俱北走，以莊帝待之素厚，且見世隆等並無雄才，終當敗喪，於路乃還，帝大悅。時尒朱天光擁衆關右，帝招納之，乃以瑞兼尚書左僕射，爲西道大行臺，以慰勞焉。旣達長安，會尒朱兆入洛，復還京師。都督斛斯椿先與瑞有隙，數譖之於世隆，世隆遂誅之。太昌初，贈開府儀同三司、青州刺史，謚曰恭穆。

叱列延慶，代西部人也，世爲酋帥。延慶娶尒朱世隆姊，故被尒朱榮親遇。普泰初，世隆得志，特見委重，兼尚書左僕射、山東行臺、北海郡公。時幽州刺史劉靈助以莊帝幽崩，遂舉兵唱義，世隆白節閔帝，以延慶與大都督侯深於定州討之。深以靈助善占，百姓信惑，未易可圖，欲還師入據關拒險，以待其變。延慶以靈助庸人，彼皆恃其妖術，坐看符厭，寧肯勠力致死，宜詭言西歸，可襲而禽。深從之，乃出頓城西，聲云將還，詰朝造靈助壘，遂破禽之。

及韓陵戰敗，延慶與尒朱仲遠走度石濟。仲遠南竄，延慶北降齊神武，仍從并州。後赴洛，孝武帝以爲中軍大都督。孝武之西，齊神武誅之。

斛斯椿字法壽，廣牧富昌人也。其先世爲莫弗大人。父足，一名敦，明帝時爲左牧令。時河西賊起，牧人不安，椿乃將家投尒朱榮。征伐有功，稍遷中散大夫，署外兵事。椿性佞巧，甚得榮心，軍之密謀，頗亦關預。莊帝初，改封陽曲縣公，除榮大將軍府司馬。後爲東徐州刺史。

及榮死，椿甚憂懼，時梁以汝南王悅爲魏主，資其士馬，次於境上，椿遂棄州歸悅。悅授尚書左僕射、司空公，封靈丘郡公，又爲大行臺前驅都督。會尒朱兆入洛，悅知不逮，南旋，椿復背悅歸兆。

以參立節閔謀，拜侍中、驃騎大將軍、儀同三司，封城陽郡公。尋加開府。時椿父足先在秀容，忽有傳其死問，椿請減己階以贈之。尋知其父猶存，詔復官，仍除其父爲車騎將軍、揚州刺史。

椿以尒朱兆擅權，懼禍，乃與賀拔勝俱說世隆以正道。世隆不悅，欲害椿，賴尒朱天光

救，得免。及世隆、度律與兆自相疑，椿與賀拔勝和之，兆執椿、勝還營。椿又陳以正理，兆謝而遣之。椿謂勝曰：「天下皆怨毒尒朱，吾等附之，亡無日矣，不如圖之。」勝曰：「天光與兆，各據一方，今俱禽爲難。」椿曰：「易致耳。」乃說世隆追天光等赴洛，討齊神武。及韓陵之敗，椿謂都督賈顯智等曰：「若不先執尒朱，我等死無類矣。」遂與顯智等夜於桑下盟約，倍道兼行。椿入北中城，收尒朱部曲，盡殺之。令弟元壽與張歡、長孫承業、顯智等襲世隆、彥伯兄弟，並斬於閶闔門外。椿入洛，縣世隆兄弟首於其門樹。椿父出見，謂曰：「汝與尒朱約爲兄弟，今何忍縣其頭於家門？寧不愧負天地！」椿乃傳世隆等首，并囚度律、天光送於齊神武。

及神武入洛，椿謂賀拔勝曰：「今天下事在吾與君，若不先制人，將爲人所制。高歡初至，圖之不難。」勝曰：「彼有心於人，害之不祥。比數夜與歡同宿，具序往昔之懷，兼荷兄恩意甚多，何苦憚之！」椿乃止。孝武帝立，拜椿侍中、儀同開府、城陽郡公。父足亦加開府，子悅太中大夫，同日受拜，當時榮之。

椿自以數反，意常不安，遂密勸孝武帝置閤內都督部曲，又增武直人數，自直閤已下，員別數百，〔二〕皆選天下輕剽以充之。又說帝數出游幸，號令部曲，別爲行陣，椿自約勒指麾其間。從此以後，軍謀朝政，一決於椿。又勸帝徵兵，詭稱南討，將以伐齊神武。帝從之，以椿爲前驅大都督。椿因奏請率精騎二千，夜度河掩其勞弊。帝始然之，黃門侍郎楊寬說帝曰：「高歡以臣伐君，何所不至？今假兵於人，恐生他變。今度河萬一有功，是滅一高歡復生一高歡矣。」帝遂敕椿停行。椿歎曰：「頃熒惑入南斗，今上信左右間搆，不用吾計，豈天道乎！」

帝勒兵河橋，命椿自洛而東，至武牢。帝以賈顯智背叛，東師失律，將幸關中，乃遣使命椿，因從入關。拜尚書令，侍中如故，封常山郡公。歷位司徒、太保，仍尚書令。時寇難未息，內外戒嚴，唯椿得列威儀，鳴騶清路。遷太傅，薨，年四十三。帝親臨弔，百僚赴哭。詔賜東園祕器，遣尚書、梁郡王景路監護喪事。贈大將軍、錄尚書、三十州諸軍事、侍中、恒州刺史、常山郡王，謚曰文宣，祭以太牢。又詔改大將軍，贈大司馬，給轀輬車。及葬，車駕臨於渭陽，止紼慟哭。

帝嘗給椿店數區，耕牛三十頭，椿以國難未平，不可與百姓爭利，辭店受牛，日烹一頭，以饗軍士。及死，家無餘資。

有四子，悅、恢、徵、演。演爲齊神武所殺，三子入關。

徵字士亮，博涉羣書，尤精三禮，兼解音律。有至性，居父喪，朝夕共一溢米。少以父

勳賜爵城陽郡公。大統末，起家通直散騎常侍，稍遷兼太常少卿。

自魏孝武還西，雅樂廢缺，徵博采遺逸，稽諸典故，創新改舊，方始備焉。又樂有錞于者，近代絕此器，或有自蜀得之，皆莫之識。徵見之曰：「此錞于也。」衆弗信之，徵遂依干寶周禮注，以芒筒捋之，其聲極清，衆乃歎服。徵仍取以合樂焉。

六官建，拜司樂下大夫，遷司樂中大夫，進位驃騎大將軍、開府儀同三司，轉內史下大夫。天和三年，周武帝以徵經有師法，詔令授皇諸子。宣帝時爲魯公，與諸皇子等咸服青衿，行束脩之禮，受業於徵。仍並呼徵爲夫子，儒者榮之。六年，除司宗中大夫，行內史，仍攝樂部。進封岐國公，尋轉小宗伯。除太子太傅，仍小宗伯。

宣帝嗣位，遷上大將軍、大宗伯。時武帝初崩，梓宮在殯，帝意欲速葬，令朝臣議之。徵與內史宇文孝伯等固請依禮七月，帝竟不許。

帝之爲太子也，宮尹鄭譯坐不能以正道調護，被譴除名。而帝雅親愛譯，至是，拜譯內史中大夫，甚委任之。譯乃獻新樂，十二月各一笙，每笙用十六管。帝令與徵議之。徵駁而奏之曰：「禮云，十二律轉相生，聲五具在十六焉，六律十二管，還相爲宮。然詳一笙十六管，總一百九十二管，既無相生之理，又無還宮之義。臣恐鄭聲亂樂，未合於古。夫音樂之起，本於人心，天之應人，有如影響。爲善者，天報之以福；爲惡者，天譴之以殃。故舜彈五

絃之琴，歌南風之詩，而天下化。紂爲朝歌、北里之音，而社稷滅。是知樂也者，和情性，移風俗，動天地，感鬼神，禍福所基，盛衰攸繫，安可不愼哉！案譯之所爲，不師古始。若以月奏一笙，則鍾鼓諸色，各須一十有二。雅樂之備，已充廟廷，今若益之，於何陳列？方須更闢堦墀，增修廊宇，非急之務，寧可勞人？如謂笙管之外，不須加造，則樂之損益，豈繫於笙？進退無據，竊謂不可。」帝頗納之，且令停譯所獻。

及武帝山陵回，帝欲作樂，復令議其可不。徵曰：「孝經云：『聞樂不樂。』聞尚不樂，其況作乎！」鄭譯曰：「旣云聞樂，明卽非無，止可不樂，何容不奏。」帝遂依譯議，譯因此銜之。

帝後肆行非度，昏虐日甚，徵以荷武帝重恩，嘗備位師傅，乃上疏極諫，指陳帝失，不納。譯因譖之，遂下徵於獄。徵懼不免，獄卒張元平哀之，乃以佩刀穿牆，送之出。元平被捶拷百數，而無所言。徵旣出，匿於人家，後遇赦得免，然猶坐除名。

隋文帝踐極，例復官爵，除太子太傅，仍詔徵修撰樂書。開皇四年薨，年五十六。初，隋文帝爲大司馬，有外姻喪，徵就第弔之，久而不出，徵怒，遂弗之待，比出候，徵已去矣。隋文帝以此常恨之。至是，詔所司謚之曰闇。子該嗣。徵所撰樂典十卷。

兄恢，散騎常侍，新蔡郡公。子政嗣。

政明悟有器幹，隋開皇中，以軍功授儀同，甚爲楊素所禮。大業中，位尚書兵曹郎，漸見委遇。玄感兄弟，俱與之交。遼東之役，兵部尚書段文振卒，侍郎明雅復以罪廢，帝彌屬意於政。尋遷兵部侍郎，稱爲幹理。玄感之反，政與通謀，及玄縱等亡歸，亦政之計。及帝窮玄縱黨與，政亡奔高麗。明年，帝復東征，高麗請和，遂送政。鎖至京師以告廟，左翊衞大將軍宇文述請變常法行刑，帝許之。以出金光門，縛之於柱，公卿百僚，並親擊射，臠其肉，多有噉者，然後烹焚，揚其骨灰。

椿弟元壽，性剛毅諒直，武力過人，彎弓兩石，左右馳射。歷位吏部尚書，封桑乾縣伯。孝武踐阼，進爵爲公，除豫州刺史。及車駕西巡，爲部下所殺。贈司空公，謚曰景莊。

賈顯度，中山無極人也。父道監，沃野鎭長史。

顯度形貌偉壯，有志氣。初爲別將，防守薄骨律鎭。正光末，北鎭擾亂，顯度乃率鎭人浮河而下，達秀容，爲尒朱榮所留。隨榮破葛榮，封石艾縣公，累遷南兗州刺史。尒朱榮之死，顯度奔梁。普泰初，還朝。後隨尒朱度律等敗於韓陵，與斛斯椿及弟智等先據河橋，誅尒朱氏。

孝武帝初，除尚書左僕射，尋加驃騎大將軍、開府儀同三司、定州大中正。永熙三年，爲雍州刺史、西道大行臺。親故祖餞於張方橋，顯度執酒曰：「顯智性輕躁，好去就，覆敗吾家，其此人也！」武帝入關後，顯智果同於齊神武。孝武帝怒，乃賜顯度死。

智字顯智，少有膽決，以軍功累遷金紫光祿大夫，封義陽縣伯。及尒朱仲遠爲徐州刺史，智隸仲遠赴彭城。尒朱榮死，仲遠擧兵向洛，智不從之，莊帝聞而善之。普泰初，還洛。仲遠忿其乖背，議欲殺之。智兄顯度先爲世隆所厚，世隆爲解喩得全。後進爵爲公。隨度律等敗於韓陵。智與顯度、斛斯椿謀誅尒朱氏，顯度據守北中城，令智等入京，禽世隆兄弟。

孝武帝初，除開府儀同三司、滄州刺史。在州貪縱，甚爲人害。孝武徵還京師，加侍中，除濟州刺史，率衆達東郡，仍停不進。於長壽津爲相州刺史竇泰所破。天平初，赴晉陽。智去就多端，後坐事死。

樊子鵠，代郡平城人也。其先荊州蠻酋，徙代。父興，平城鎭長史、歸義侯。普泰中，

子鵠貴，乃贈荊州刺史。

子鵠逢北鎭擾亂，南至幷州，尒朱榮引爲都督府倉曹參軍。使詣京師，靈太后問榮兵勢，子鵠應對稱旨。太后嘉之，除直齋，封南和縣子，令還赴榮。建義初，拜晉州刺史，封永安縣伯。永安二年，以招納叛蜀，進封中都縣公。又兼尚書行臺，政有威信。尋徵授都官尚書、西荊州大中正。後兼右僕射，爲行臺。進封南陽郡公，〔三〕尚書如故，假驃騎將軍，率所部爲都督。時尒朱榮在晉陽，京師之事，子鵠頗預委寄，故在臺閣，征官不解。後出爲殷州刺史。屬歲旱儉，子鵠恐人流亡，乃勸有粟家分濟貧者，幷遣人牛易力，多種二麥，州內以此獲安。

尒朱榮死，世隆等遣書招子鵠，子鵠不從。以母在晉陽，啓求移鎭河南。莊帝嘉之，除都督、豫州刺史。行達汲郡，聞尒朱兆入洛，乃度河見仲遠。仲遠遣鎭汲郡。兆徵子鵠赴洛，旣見，責以乖異之意，奪其部衆，將還晉陽。元曄以爲侍中、御史中尉、中軍大都督。

太昌初，兼尚書左僕射、東南道大行臺，總大都督杜德等追討尒朱仲遠，仲遠奔梁，收其兵馬。時梁遣元樹入寇，陷據譙城，詔子鵠與德討之。樹大敗，奔入城門，遂圍之。樹請歸南，以地還魏，許之。及樹衆半出，子鵠擊破之，禽樹及梁譙州刺史朱文開。班師，還吏部尚書，轉尚書右僕射。尋加驃騎大將軍、開府，典選。

後除兗州刺史。子鵠先遣腹心，緣歷人間，採察得失。及至境，太山太守彭穆參候失儀，子鵠責讓穆，幷數其罪狀，穆皆引伏，於是州內震悚。

及孝武帝入關，子鵠據城爲應，南青州刺史大野拔率衆就子鵠。天平初，齊神武遣儀同三司婁昭等討之。城久不拔，昭以水灌城。而大野拔因與相見，令左右斬子鵠以降。

侯深，[三]神武尖山人也。機警有膽略。孝明末年，六鎮飢亂，深隨杜洛周南寇。後與妻兄念賢，背洛周歸尒朱榮。路中遇寇，身披苫褐。榮賜其衣帽，厚待之，以爲中軍副都督。莊帝卽位，封厭次縣子。從榮討葛榮於滏口，戰功尤多。除燕州刺史。

時葛榮別帥韓樓、郝長等屯據薊城，榮令深討樓，配衆甚少。或以爲言，榮曰：「深臨機設變，是其所長，若總大衆，未必能用。」止給騎七百。深遂廣張軍聲，率數百騎深入樓境。去薊百餘里，遇賊帥陳周馬步萬餘，大破之，虜其卒五千餘人。尋還其馬仗，縱令入城。左右諫，深曰：「我兵少，不可力戰，事須爲計以離隙之。」深度其已至，遂率騎夜進，昧旦叩其城門。韓樓果疑降卒爲內應，遂遁走，追禽之。以功賜爵爲侯，尋爲平州刺史，仍鎮范陽。

及尒朱榮死，太守盧文偉誘深出獵，閉門拒之。深率部曲，屯於郡南，爲榮舉哀，勒兵

南向。莊帝使東萊王貴平爲大使，慰勞燕、薊。乃詐降，貴平信之，遂執貴平自隨。進至中山，行臺僕射魏蘭根邀擊之，爲深所敗。元曄立，授深儀同三司、定州刺史、左軍大都督、漁陽郡公。節閔帝立，仍加開府。後隨尒朱兆拒齊神武於廣阿，兆敗走。深後從神武破尒朱氏於韓陵。

永熙初，除齊州刺史。孝武帝末，深與兗州刺史樊子鵠、青州刺史東萊王貴平使信往來，以相連結。又遣使通誠於神武。及孝武入關，復懷顧望。汝陽王暹既除齊州刺史，深不時迎納。城人劉桃符等潛引暹入，據西城。深爭門不克，率騎出奔，妻兒部曲，爲暹所虜。

行達廣里，會承制以深行青州事，齊神武又遣深書曰：「卿勿以部曲輕少，難於東邁，齊人澆薄，齊州人尙能迎汝陽王，青州人豈不能開門待卿也？」深乃復還，暹始歸其部曲。而貴平自以斛斯椿黨，亦不受代。深襲高陽郡克之，置部曲家累於城中，親率輕騎，夜趣青州，城人執貴平出降。深自惟反覆，慮不獲安，遂斬貴平，傳首于鄴，明不同於斛斯椿。

及子鵠平，詔以封延之爲青州刺史。深旣不獲州任，情又恐懼，行達廣川，[四]遂劫光州庫軍反。[五]遣騎詣平原，執前膠州刺史賈璐，夜襲青州南郭，劫前廷尉卿崔光韶以惑人情，攻掠郡縣。其部下督帥叛拒之，遂奔梁。達南青州境，爲賣漿者斬之，傳首于鄴，家口配沒。

賀拔允字可泥，神武尖山人也。其先與魏氏同出陰山。有如回者，魏初爲大莫弗。祖尒頭，驍勇絕倫，以良家鎮武川，因家焉。獻文時，以功賜爵龍城縣男，爲本鎮軍主。

父度拔，性果毅，襲爵，亦爲本鎮軍主。正光末，沃野人破六韓拔陵反，懷朔鎮將楊鈞聞度拔名，召補統軍，配以一旅。其賊僞署王衞可瓌徒黨尤盛，旣攻沒武川，又陷懷朔，度拔父子並爲賊所虜。度拔乃與周德皇帝合謀，率州里豪傑輿珍、念賢、乙弗庫根、尉遲檀等，[六]招義勇，襲殺可瓌。朝廷嘉之，未及封賞，度拔與鐵勒戰沒。孝昌中，追贈度拔肆州刺史。

允便弓馬，頗有膽略。初度拔之死，允兄弟俱奔恒州刺史廣陽王深。深敗，歸尒朱榮。允父子兄弟並以武藝稱，榮素聞其名，待之甚厚。建義初，封壽陽縣侯。永安中，進爵爲公。魏長廣王立，除開府儀同三司，封燕郡公，[七]兼侍中，使蠕蠕。還至晉陽，屬齊神武將出山東，允素知神武非常人，早自結託，神武以其北土之望，尤親禮之，遂與允出信都，參定大策。中興初，轉司徒，領尙書令。神武入洛，進爵爲王，轉太尉，加侍中。

魏孝武旣忌神武，以允弟岳據關中，有重兵，深相委託，潛使來往，當時咸慮允爲變。及岳死，孝武又委岳兄勝心腹之寄。神武重舊，尤全護之。天平元年，因與神武獵，或告允引弓擬神武，乃置於樓上餓殺之，年四十八。神武親臨哭之，贈太保。

允三子，世文、世樂、難陁。興和末，齊神武並召與諸子同學。武定中，敕居定州，賜田宅。允弟勝。

勝字破胡，少有志操，善左右馳射，北邊莫不推其膽略。衞可瓌之圍懷朔，勝時亦爲軍主，從父度拔鎮守。旣被圍經年而外援不至，勝乃慷慨白鎮將楊鈞，請告急於大軍。鈞許之，乃募勇敢少年，得十餘騎，夜潰圍出。賊追及之，勝曰：「我賀拔破胡也。」賊不敢逼。至朔州，白臨淮王彧以懷朔被圍之急。彧以勝辭義懇至，許以出師，還令報命。乃復攻圍而入，賊追之，射殺數人。至城下，大呼曰：「賀拔破胡與官軍至矣！」城中納之。鈞復遣勝出覘武川。武川已陷，勝乃馳還報懷朔。懷朔亦潰，勝父子遂爲賊所虜。

尋而襲殺可瓌，衆令勝馳告朔州，未反而度拔已卒。刺史費穆奇勝才略，厚禮留之，委以兵事。時廣陽王深在五原，爲破六韓賊所圍，召勝爲軍主。以功拜統軍。又隸僕射元纂鎮恒州。時有鮮于阿胡擁朔州流人南下爲寇，[八]恒州城人應之，勝與兄允弟岳相失，勝南

投肆州，允、岳投尒朱榮。榮與肆州刺史尉慶賓構隙，引岳攻肆州陷。榮得勝，大悅曰：「吾得卿兄弟，天下不足定。」勝兄弟三人，遂委質事榮。

時杜洛周據幽、定，葛榮據冀、瀛。榮謂勝曰：「井陘險要，我之東門，欲屈君鎮之，如何？」勝曰：「是所願也。」榮乃表勝鎮井陘，以所乘大馬并銀鞍遺之。及榮入洛，以預定策立孝莊帝功，封易陽縣伯。從元天穆北征葛榮，〔九〕大破之。時杜洛周餘燼韓樓在薊城結聚，以勝為大都督，鎮中山。樓讋勝威名，竟不敢南寇。元顥入洛陽，榮徵勝，使與尒朱兆自硤石度，大破顥軍，禽其子冠受，遂前驅入洛。進爵真定縣公。

及榮死，勝與田怡〔一〇〕等奔赴榮第，時宮殿之門未加嚴防，怡等議卽攻門。勝止之曰：「天子既行大事，必當更有奇謀，吾衆旅不多，何輕爾！」怡乃止。及世隆夜走，勝隨至河橋，勝以為臣無讎君之義，遂勒所部還都。莊帝大悅。仲遠逼東郡，詔以本官假驃騎大將軍、東征都督，率騎一千，會鄭先護討之。為先護所疑，置之營外，人馬未得休息，俄而仲遠兵至，與戰不利，降之。復與尒朱氏同謀立節閔帝，以功拜右衞將軍。

及尒朱氏將討齊神武，勝時從尒朱度律。度律與兆不平，勝以臨敵構隙，取敗之道，乃與斛斯椿詣兆營和之，反為兆所執。度律大懼，引軍還。兆將斬勝，數之曰：「爾殺可瓌，罪一也。天柱薨後，不與世隆等俱來而東征仲遠，罪二也。我欲殺爾久矣。」勝曰：「可瓌作

逆，勝父子誅之，其功不小，反以為罪。天柱被戮，以君誅臣，勝寧負王，不負朝廷。今日之事，生死在王。但去賊密邇，內搆嫌隙，自古迄今，未有不破亡者。勝不憚死，恐王失策。」兆乃捨之。勝既免，行百餘里，方追及度律。齊神武既克相州，兵威漸盛，於是兆及天光、仲遠、度律等衆十餘萬陣於韓陵。兆率鐵騎陷陣，出齊神武後，將乘其背而擊之。度律惡兆之驍悍，懼其陵己，勒兵不進。勝以其攜貳，遂以麾下降齊神武。度律軍以此先退，〔一一〕遂大敗。

太昌初，以勝為領軍將軍，尋除侍中。孝武帝將圖齊神武，以勝弟岳擁衆關西，欲廣其勢援，乃拜都督、荊州刺史、驃騎大將軍、開府儀同三司、南道大行臺、尚書左僕射。勝多所克捷，沔北盪為丘墟。梁武帝敕其子雍州刺史續曰：「賀拔勝北間驍將，爾宜慎之，勿與爭鋒。」續遂城守不敢出。尋進位尚書令，進爵琅邪郡公。

及齊神武與孝武帝有隙，詔勝引兵赴洛，至廣州，猶豫未進，而帝已入關。勝還軍南陽，遣右丞陽休之奉表入關，〔一二〕又令府長史元穎行州事，勝自率所部，將西赴關中。進至淅陽，詔授勝太保、錄尚書事。聞齊神武已平潼關，禽毛鴻賓，勝乃還荊州。州人鄧誕執元穎，引齊師。時齊神武已遣行臺侯景、大都督高敖曹赴之，勝敗，中流矢，奔梁。

在南三年，梁武帝遇之甚厚。勝乞師北討齊神武，既不果，乃求還。梁武帝許之，親餞於南苑。勝自是之後，每執弓矢，見鳥獸南向者，皆不射之，以申懷德之意。既至長安，詣闕謝罪。魏帝握勝手，歔欷久之，曰：「初平西徙，永嘉南度，漢、晉皆爾，事乃關天，非公之咎也。」乃授太師。

從周文帝禽竇泰於小關，攻弘農，下河北，禽郡守孫晏，摧破東魏軍於沙苑，追奔至河上。仍與李弼別攻河東，略定汾、絳。河橋之役，勝大破東魏軍，周文令勝收其降卒而還。及齊神武率衆攻玉壁，勝以前軍大都督從周文。見齊神武旗鼓，識之，〔一三〕乃募敢勇三千人配勝以犯其軍。勝適與神武遇，連叱而字之曰：「賀六渾，賀拔破胡必殺汝也！」時勝持矟追神武數里，刃垂及之，神武汗流，氣殆盡。會勝馬為流矢所中，死，比副騎至，神武已逸去。勝歎曰：「今日之事，吾不執弓矢者天也！」

是歲，勝諸子在東者，皆為神武所害。勝憤恨，因動氣疾，大統十年，薨于位。臨終，手書與周文曰：「勝萬里杖策，歸身闕庭，冀望與公掃除逋寇。不幸殞斃，微志不申。若死而有知，猶望魂飛賊庭，以報恩遇耳。」周文覽書，流涕久之。

勝長於喪亂之中，尤工武藝，走馬射飛鳥，十中其五六。周文每云：「諸將對敵，神色皆動，唯賀拔公臨陣如平常，真大勇也。」自居重任，始愛墳籍，乃招引文儒，討論義理。性又通率，重義輕財，身死之日，唯有隨身兵仗及書千卷而已。

初，勝至關中，自以年位素重，見周文不拜。尋而自悔，周文亦有望焉。後從宴昆明池，時有雙鳧游池上，周文授弓矢於勝曰：「不見公射久矣，請以為歡。」勝射之，一發俱中，因拜曰：「使勝得奉神武，以討不庭，皆如此也。」周文悅，因是恩禮日重，勝亦盡誠推奉焉。贈太宰、錄尚書事，謚曰貞獻。明帝二年，以勝配饗文帝廟庭。

無子，以弟岳子仲華嗣。位開府儀同三司，襲爵琅邪公。大象末，位江陵總管。勝弟岳。

岳字阿斗泥，少有大志，愛施好士。初為太學生，及長，能左右馳射，驍果絕人。不讀兵書，而暗與之合，識者咸異之。與父兄赴援懷朔，賊王衞可瓌在城西三百餘步，岳乘城射之，箭中瓌臂，賊大駭。後廣陽王深以為帳內軍主，與兄勝俱鎮恒州。州陷，投尒朱榮，榮以為都督。每帳下與計事，多與榮意合。榮與元天穆謀入匡朝廷，問計於岳。岳曰：「夫非常之事，必俟非常之人，將軍士馬精強，位望隆重，若首舉義旗，伐叛匡救，何往不克！何向不摧！古人云：『朝謀不及夕，言發不俟駕。』此之謂矣。」榮與天穆相顧良久，曰：「卿此言真丈夫之論也。」

未幾，孝明帝暴崩，榮疑有故，乃舉兵赴洛。配岳甲卒二千，為先驅。至河陰，榮既殺

朝士，因欲稱帝，疑未能決。岳乃從容致諫，榮尋亦自悟，乃尊立孝莊。以定策功，賜爵樊城鄉男。從榮破葛榮，平元顥，累遷左光祿大夫、武衞將軍。

時万俟醜奴僭稱大號，關中騷動，榮將遣岳討之。私謂其兄勝曰：「醜奴足爲勍敵，若岳往無功，罪責立至；假令克定，恐讒愬生焉。」乃請尒朱氏一人爲元帥，岳副貳之。榮大悅，乃以天光爲使持節、大都督、雍州刺史，以岳爲左廂大都督，又以征西將軍侯莫陳悅爲右廂大都督，並爲天光之副，以討之。時赤水蜀賊兵斷路，天光衆不滿二千，及軍次潼關，天光有難色。岳乃進破之於渭北，軍容大振。

時醜奴自圍岐州，遣其大行臺尉遲菩薩、僕射万俟行醜同向武功，南度渭水，攻圍趨柵。天光遣岳率千騎赴援。菩薩攻柵已克，率步騎二萬至渭北。岳以輕騎數十，與菩薩隔水交言。岳稱揚國威，菩薩乃自驕，令省事傳語。省事恃水，應答不遜，岳怒，舉弓射之，應弦而倒。時已逼暮，於是各還。岳於渭南傍水，分精兵數十爲一處，隨地形勢置之。明日，將百餘騎，隔水與賊相見，且並東行。岳漸前進，先所置騎，隨岳而集，騎既漸增，賊不復測其多少。行二十許里，至水淺可濟處，岳便馳馬東出，似欲奔遁。賊謂岳走，乃棄步兵，南度渭水，輕騎追岳。岳東行十餘里，依橫岡設伏兵以待之，身先士卒，急擊之，賊便退走。岳號令所部，賊下馬者皆不聽殺，賊顧見之，便悉投馬。俄虜三千人，馬亦無遺，遂禽菩薩。

仍度渭北，降步卒萬餘。

醜奴尋棄岐州，北走安定。天光方自雍至，與岳合勢。宣言今氣候已熱，非征討之時，待至秋涼，更圖進取。醜奴聞之，遂以爲實，分遣諸軍散營農於岐州北百里細川。〔一四〕使太尉侯伏侯元進據險立柵。岳知其勢分，密與天光嚴備。昧旦，攻圍元進柵，拔之，卽禽元進，自餘諸柵悉降。又輕騎追醜奴，及之於平涼之長坑，一戰禽之。高平城中又執蕭寶夤以歸。

賊行臺万俟道洛退保牽屯，岳攻之。道洛敗入隴，投略陽賊帥王慶雲。以道洛驍果絕倫，得之甚喜，以爲將。天光又與岳度隴，至慶雲所居水洛城。〔一五〕慶雲、道洛頻出城拒戰，並禽之，餘衆皆悉坑之。三秦、河、渭、瓜、涼、鄯州咸來歸款。賊帥夏州人宿勤明達降復叛，岳又討禽之。天光雖爲元帥，而岳功効居多，進封樊城縣伯。尋詔岳都督、涇州刺史，進爵爲公。

天光入洛，使岳行雍州事。普泰初，除都督、岐州刺史，進清水郡公，尋加侍中，給後部鼓吹。進位開府儀同三司，兼尚書左僕射、隴右行臺，仍停高平。後以隴中猶有土人不順，岳助侯莫陳悅，所在討平之。二年，加都督、雍州刺史。天光將拒齊神武，遣問計於岳。岳曰：「莫若且鎮關中，以固根本。」天光不從，後果敗。岳率軍下隴赴雍，禽天光弟顯壽以應

齊神武。

及孝武卽位，加關中大行臺。永熙二年，孝武密令岳圖齊神武，遂刺心血，持以寄岳。岳懼，乃自詣北境，安置邊防，率衆趣平涼西界，布營數十里，託以牧馬於原州，爲自安之計。先是，費也頭万俟受洛干、鐵勒斛律沙門、解拔彌俄突、〔一六〕紇豆陵伊利等擁衆自守，至是皆款附。秦、南秦、河、渭四州刺史又會平涼，受岳節度。唯靈州刺史曹泥不應召，通使於齊神武。神武乃遣左丞翟嵩使至關中，間岳及侯莫陳悅。三年，岳召悅會於高平，將討曹泥，令悅前驅。而悅受神武指，密圖岳。岳弗之知而先又輕悅，悅乃誘岳入營，共論兵事。悅詐云腹痛，起而徐行，令其婿元洪景斬岳於幕中。朝野莫不痛惜之。贈侍中、太傅、錄尚書事、都督關中二十州諸軍事、大將軍、雍州刺史，謚曰武壯。翟嵩復命于神武，神武下牀嗚其頰曰：「除吾病者卿也，何日忘之！」後岳部下收岳尸，葬於雍州北石安原，葬以王禮。

子緯嗣，拜開府儀同三司。周保定中，錄岳舊德，進爵霍國公，尚周文帝女。

侯莫陳悅，代人也。父婆羅門爲駝牛都尉，故悅長於河西。好田獵，便騎射，會牧子作

亂，遂歸尒朱榮。榮引爲府長流參軍。莊帝初，除金紫光祿大夫，封栢人縣侯。

尒朱天光之討關西，榮以悅爲天光右廂大都督。西伐克獲，皆與天光、賀拔岳略同。除鄯州刺史。尒朱榮死後，亦隨天光下隴。元曄立，進爵爲公，改封白水郡公。普泰中，除秦州刺史。天光之東出，將抗齊神武，悅與岳下隴以應神武。至雍州，會尒朱覆敗。永熙初，加開府儀同三司、都督隴右諸軍事，仍兼秦州刺史。

三年，岳召悅共討曹泥，悅誘岳斬之。岳左右奔散，悅遣人安慰，衆皆畏服。悅心猶豫，不卽撫納，乃還入隴，止水洛城。岳所部聚於平涼，規還圖悅。周文帝時爲夏州刺史，衆遣奉迎。周文至，遂總岳部衆幷家口入高平城，以自安固。乃勒衆入隴征悅。悅聞之，棄城南據山水之險。悅先召南秦州刺史李景和。其夜，景和遣人詣周文，密許翻降。至暮，景和乃勒其所部，使上驢駝，云：「儀同有敎，欲還秦州。」復給帳下云：「儀同欲還秦州，汝等何不裝辦？」衆謂言實，以次相驚，皆散趣秦州。景和先馳至城，據門以慰輯之。悅部衆離散，猜畏傍人，不聽左右近己。與其二弟幷兒及謀殺岳者八九人，棄軍迸走，數日之中，盤回往來，不知所趣。左右勸向靈州，而悅不決。言下隴後恐爲人見，乃放馬山中，令從者悉步，自乘一騾，欲往靈州。中路追騎將及，縊死野中。弟息部下，悉見禽殺。唯先謀殺岳者悅中兵參軍豆盧光，走至靈州，後奔晉陽。

悅自殺岳後，精神恍惚，不復如常。恒言：「我睡卽夢岳語我『兄欲何處去』？隨逐我不相置。」因此彌不自安，而致敗滅。

念賢字蓋盧，金城枹罕人也。父求就，以大家子戍武川鎭，仍家焉。

賢美容質，頗涉經史。爲兒童時，在學中讀書，有善相者過學，諸生競詣之。賢獨不往，笑謂諸生曰：「男兒死生富貴皆在天也，何遽相乎！」少遭父憂，居喪有孝稱。後以破衞可瓌功，除別將，又以軍功封屯留縣伯。從尒朱榮入洛，兼尙書右僕射、東道行臺，進爵平恩縣公。永熙中，孝武以賢爲中軍北向大都督，[一七]進爵安定郡公，加侍中、開府儀同三司。大統初，拜太尉，爲秦州刺史，加太傅，給後部鼓吹。三年，轉太師、都督、河州刺史、大將軍。久之還朝，兼錄尙書事。後與廣陵王欣、扶風王孚[一八]等同爲正直侍中。時行殿初成，未有題目，帝詔近侍各名之，對者非一，莫允帝心。賢乃爲「圓極」，帝笑曰：「正與朕意同。」卽名之。河橋之役，賢不力戰，乃先還，自是名頗減。五年，除都督、秦州刺史，薨於州。諡曰昭定。

賢於諸公，皆爲父黨，自周文以下，咸拜敬之。

子華，性和厚，有長者風。官至開府儀同三司、合州刺史。

梁覽字景叡，金城人也。其先出自安定，避難走西羌，世爲部落酋帥。曾祖穆，以枹罕城歸吐谷渾，後又歸魏，封臨洮公。祖顥，爲尙書，封南安公。父釗，河華二州刺史，封新陽縣伯。

覽家世豪富，貲累千金。孝昌初，秦州莫折念生、胡琛等反，散財招募，有三千人，鎭河州。從大軍平賊，歷涼、河二州刺史，封安德縣侯。覽旣爲本州刺史，盛修甲仗，人馬精銳。吐谷渾憚不敢出，皆曰：「梁公在，未可行也。」永安中，詔大鴻臚琅邪王皓就策授世爲河州刺史。永熙中，改封郡公。大統二年，加太尉。其年，覽從弟仚定反，欲圖覽，覽與數戰未能平，王師至，始破之。四年，遷太傅。

及河橋之役，王師敗，時病留長安，趙青雀反北城，覽爲之謀主。事平，乃見殺。子鸖雀，位儀同三司、大都督，後坐事免，死。

雷紹字道宗，武川鎭人也。九歲而孤。有膂力，善騎射。年十八，給事鎭府。嘗使洛陽，見京都禮義之美，還謂同僚曰：「徒知邊備尙武，以圖富貴，不謂文學，身之寶也。生世不學，其猶穴處，何所見焉？」遂逃歸，辭母求師，經年，通孝經、論語。嘗讀書，至人行莫大於孝，乃投卷嘆曰：「吾離違侍養，非人子之道。」卽還鄉里，躬耕奉養。遭母憂，哀毁骨立，由是知名。鎭將召補鎭佐。

後隨賀拔岳征討，爲岳長史。岳有大事，常訪而後行。及齊神武起兵，岳恥居其下。紹乃勸岳迎孝武西都長安，以順討逆。岳曰：「吾本意也。」後岳信諸將言，欲保關中，坐觀成敗，紹知計不用，請爲邊州，建功効。岳曰：「君有毗佐之力，當總大州。」遂以紹爲京兆太守。清平理物，甚得人和。

在郡踰年，岳被害。初，紹見岳數與侯莫陳悅宴語，嘗謂岳曰：「公其愼之！」岳不從，果及於難。紹乃棄郡，馳赴岳軍，與寇洛等迎周文帝。悅平，以功授大都督、涼州刺史。紹請留所領兵以助東討，請單騎赴州。刺史李叔仁擁州逆命，紹遂歸。永熙三年，以紹爲渭州刺史，進爵昌國伯。初紹爲岳長史，周文爲岳左丞，及居相，常以恩舊接之。卒於州。

紹性好施，祿賜皆分贍親故，及死日，無以送終。兼敬信佛道，遺敕其子曰：「吾本鄉葬法，必殺大馬，於亡者無益，汝宜斷之，斂以時服，事從約儉。」還葬長安，天子素服臨弔，贈太尉，賜東園祕器。子渙。

毛遐字鴻遠，北地三原人也。世爲酋帥。曾祖天愛，太武時，至定州刺史、始昌子。傳至遐，四世不絕。

正光中，蕭寶夤爲大都督，討關中諸賊，咸陽太守韋邃時爲都督，以遐爲都督府長史。寶夤敗還長安，三輔騷擾。遐因辭邃還北地，與弟鴻賓聚鄉曲豪傑，遂東西略地，氐、羌多赴之，共推鴻賓爲盟主。旣而賊帥宿勤買奴自號京兆王於北地，遐詐降之，而與鴻賓攻其壁。賊自相斫射，縱兵追擊，七柵皆平。

後寶夤構逆謀，遐知之，乃寄書與鴻賓，索馬迎接，復於馬祗柵建旗鼓以拒寶夤，攻其將盧祖遷禽之。寶夤以是日拜南郊，竊號，禮未畢而告敗，寶夤懼，口乾色變，不遑部伍，人皆亂還。詔授遐南豳州刺史，[一九]進爵爲伯。遐又攻破其將侯終德。寶夤知內外勢異，輕將十數騎走巴中。冬，万俟醜奴陷秦州，詔以遐兼尙書，二州行臺。孝武帝入關，敕周文帝置二尙書，分掌機事，遐與周惠達始爲之。稍遷驃騎大將軍、儀同三司，卒。

遐少任俠，有智謀。世爲豪右，貲產巨億，士流貧乏之者，多被賑贍。故中書郎檀翥、尙書郎公孫範等，常依託之。至於自供衣食，粗弊而已。死之日，鄉黨赴葬，咸共痛惜。

鴻賓大鼻眼，多鬢鬚，黑而且肥，狀貌頗異，氐、羌見者皆畏之。加膂略騎射，俶儻不拘小節。昆季之中，尤輕財好施。遐雖云早立，而名出其下。及賊起，鄉里推爲盟主，常與遐一守一戰。後拜岐州刺史、散騎常侍、開國縣侯。遐笑謂鴻賓曰：「擊賊之功，吾不居汝後，至於受賞，汝在吾前，當以德濟物，不及汝故。」明帝以鴻賓兄弟所定處多，乃改北地郡爲北雍州，鴻賓爲刺史。詔曰：「此以晝錦榮卿也。」改三原縣爲建中郡，以旌其兄弟。〔二〇〕

後尒朱天光自關中還洛，夷夏心所忌者，皆將自隨。鴻賓亦領鄉中壯武二千人以從。洛中素聞其名，衣冠貧冗者，競與之交。尋拜西兗州刺史。羇寓倦游之輩，四座常滿，鴻賓資給衣食，與己悉同，私物不足，頗有公費。轉南青州刺史。未幾，徵還，爲有司所糾，鴻賓遂逃匿人間。月餘，特詔原之。

及孝武帝與齊神武有隙，令鴻賓鎮潼關，爲西道之寄。車駕西幸，漿糗乏絕，侍官三二日間，唯飲澗水，鴻賓奉獻酒食，迎於稠桑，文武從者，始解飢渴。武帝把其手曰：「寒松勁草，所望於卿也。事平之日，寧忘主人。」仍留守潼關。後神武來寇，見禽至幷州，憂恚卒。

鴻賓弟鴻顯，位散騎常侍，封縣侯。遐乳母所產也，一字七寶。遐養之爲弟，因姓毛

氏。勁悍多力，後隨諸兄戰鬬，多先鋒陷陣。大統四年，爲廣州刺史，與駱超鎮東陽，陷東魏。〔二一〕卒。子野叉。

乙弗朗字通照，其先東部人也。世爲部落大人，與魏徙代，後因家上樂焉。朗少有俠氣，在鄉里以善騎射稱。孝莊末，北邊擾亂，避地居幷、肆間。〔二二〕尒朱榮見而重之，甚相接待，以功封滻勺子。後隸賀拔岳，從尒朱天光西討，爲岳左廂都督。孝武帝之禦齊神武，授朗閤內大都督。及帝西入，詔朗爲軍司，先驅靖路。至長安，封長安縣公。卒於岐州刺史。

初，朗患積冷，周文賜三石東生散，令朗法服之，使人問疾，朝夕相繼，見重如此。臨終惟云「恨不見河、洛清平，重反京縣」，以此爲恨，三舉手搥牀，而便氣盡。贈太尉。子鳳，位宮伯、開府儀同三司。與周閔帝謀宇文護，見殺。

論曰：朱瑞以向義受戮，延慶以違順遇禍，各其命焉。斛斯椿屢踐危機，終獲貞吉，豈人謀之所致也？徵洽聞强記，以夔、襄任己，終使咸、英不墜，韶、濩惟新。加以盡心所事，無忘直道，抗辭正色，顚沛不渝，蓋有周之忠烈乎。賈顯智、樊子鵠、侯深等並驅馳風塵之際，但自陷夷戮，觀其遺跡，雖獲罪於霸政，求之有魏，得失未可知也。

賀拔允昆季以勇略之資，當馳競之日，並邀時投隙，展効立功。始則委質尒朱，中乃結款高氏，太昌之後，卽帝圖高，察其所由，固非守節之士。及勝垂翅江左，憂魏室之危亡，奮翼關西，感梁朝之顧遇，有長者之風矣。終能保榮持寵，良有以焉。岳以二千羸兵，抗三秦勍敵，奮其智勇，克翦凶渠，雜種畏威，遐方慕義，斯亦一時之盛矣。卒以勳高速禍，無備嬰戮，惜哉！昔陳涉首事不終，有漢因而創業；賀拔功成夙殞，周文籍以開基。不有所廢，君何以興？信乎其然矣。

侯莫陳悅肆行殘慝，死不旋踵，觀其亡滅，蓋自取之。念賢有始有卒，取敬羣公。梁覽終以取禍，鮮克之義。雷紹馳騖雲雷之秋，毛遐兄弟致力經綸之日，乙弗朗展轉擾攘之中，卒獲歸順，美矣！

校勘記

〔一〕又增武直人數自直閣已下員別數百　諸本「自」作「百」，魏書卷八〇斛斯椿傳作「自」。按「武

直」卽指直閣、直齋、直寢等宿衞人員。「武直人數百」與「直閣已下員別數百」重複。「百」字誤，今據魏書改。

〔二〕進封南陽郡公　諸本「南」作「西」，魏書卷八〇樊子鵠傳作「南」。按南陽爲樊氏郡望元和姓纂輯本卷四，樊氏郡望，首舉南陽湖陽縣，故以封樊子鵠。「西」字誤，今據改。

〔三〕侯深　魏書卷八〇作「侯淵」，北史避唐諱改。

〔四〕行達廣川　諸本「川」作「州」，魏書作「川」。通志卷一五一侯深傳作「固」。按魏之廣州治魯陽，距青州、光州甚遠。據魏書地形志中，青州齊郡有廣川縣，齊州有廣川郡。侯深周旋於青、齊、光三州之間，則當以廣川爲是。今據魏書改。廣固卽益都，亦屬青州。字形相去甚遠，疑非。

〔五〕遂劫光州庫軍反　宋本、大德本及通志「軍」作「車」，百衲本據南、北、汲、殿四本修作「軍」，魏書作「兵」。按「庫兵」指庫中武器。但光州之武器庫何以在廣川？作「車」作「軍」並費解，疑有誤。

〔六〕率州里豪傑輿珍念賢乙弗庫根尉遲檀等　諸本脫「輿」字，據周書卷十四賀拔勝傳補。又周書「檀」上有「眞」字，這裏當是省稱。

〔七〕封燕郡公　諸本「公」作「王」，北齊書卷一九賀拔允傳作「公」。按下文云「進爵爲王」，又魏書

卷一一出帝紀太昌元年八月稱：「燕郡開國公賀拔允進爵爲王」，則此時當是公。今據改。

〔八〕時有鮮于阿胡擁朔州流人南下爲寇　諸本「阿」作「河」，周書卷十四賀拔勝傳作「阿」。按魏書卷九肅宗紀孝昌二年四月稱「朔州城人鮮于阿胡、厙狄豐樂據城反」。「河」乃「阿」之訛，今據改。

〔九〕從元天穆北征葛榮　諸本「從」訛作「後」，據周書改。

〔一〇〕田怡　張森楷云：「魏書卷八〇『怡』作『怗』，通鑑卷一五四、四七八四頁同。本書卷二六宋世良傳之田怗，尒朱世隆傳之田帖，並卽此人。以字形相近而誤，但未知其孰是。」

〔一一〕度律軍以此先退　諸本「先」訛作「兎」，據周書改。度律先退事見本書卷六齊神武紀。

〔一二〕遣右丞陽休之奉表入關　諸本「陽」作「楊」，通志卷一五六賀拔勝傳作「陽」。按事見本書卷四七、北齊書卷四二陽休之傳，今據改。

〔一三〕及齊神武率衆攻玉壁勝以前軍大都督從周文見齊神武旗鼓識之　周書作「及齊神武悉衆攻玉壁，勝以前軍大都督從太祖追之於汾北。又從戰邙山，時太祖見齊神武旗鼓，識之」。按攻玉壁與戰邙山是兩次戰役。這裏「周文」下當脫「追之於汾北。又從戰邙山，時周文」等字。遂使兩次戰役混淆，且文理不順。又「齊神武」諸本脫作「齊武」，據周書、通志補「神」字。

〔一四〕分遣諸軍散營農於岐州北百里細川　諸本「細」作「細」，周書卷十四賀拔岳傳作「細」，魏書卷

七五尒朱天光傳作「涇」。按周書卷一五寇洛傳、通鑑卷一五四四七七三頁作「細」。太平寰宇記卷三二涇州靈臺縣下有蒲川水，引水經注云：「蒲水出南山蒲谷，東北合細川水。」今本水經注缺涇水，卽此。其水入涇，作涇川亦不誤。但「綱」必是「細」之訛，今據周書改。

〔一五〕至慶雲所居水洛城　諸本「水」訛「永」，今改正。參見卷四八尒朱天光傳校記。

〔一六〕解拔彌俄突　參見卷六齊神武紀校記。

〔一七〕孝武以賢爲中軍北向大都督　周書卷一四念賢傳「向」作「面」。按當時屢見「四面大都督」、「西面大都督」，疑作「面」是。

〔一八〕扶風王孚　諸本「孚」作「季」。張森楷云：「『季』當作『孚』。時有扶風王孚，無名『季』者。」按張說是。孚見本書卷一六臨淮王譚傳。「季」乃「孚」之訛，今據改。

〔一九〕授遐南豳州刺史　諸本「豳」作「幽」。錢氏考異卷三九云：「『幽』當作『豳』。」按魏書卷五九蕭寶夤傳，言寶夤於孝昌三年四月曾授雍、岐、涇、南豳四州諸軍事。隋書地理志上北地郡注云：「後魏置豳州。」又於新平縣下注云：「舊曰白土，西魏置豳州。」楊守敬隋書地理志考証卷一引太平寰宇記、魏書楊椿傳、蕭寶夤傳，以爲白土之豳州，卽南豳州，不始置於西魏。毛遐所授之州，卽此地。錢說是，今據改。

〔二〇〕改三原縣爲建中郡以旌其兄弟　隋書地理志上京兆郡三原縣下云：「後周置建忠郡。」按隋書作「後周」誤。但既是以旌表毛遐兄弟立名，則字當作「忠」。

〔二一〕爲廣州刺史與駱超鎭東陽陷東魏　按北齊書卷二二盧文偉傳附盧勇傳，有元象元年廣州守將駱超以城降東魏事。據魏書地形志中，廣州治魯陽，則此「東陽」當是「魯陽」之訛。

〔二二〕孝莊末北邊擾亂避地居幷肆間　按「孝莊」當爲「孝明」之誤。

北史卷五十

列傳第三十八

辛雄 族祖琛 琛子術 術族子德源　楊機　高道穆 兄謙之　綦儁

山偉　宇文忠之　費穆　孟威

辛雄字世賓，隴西狄道人也。父暢，汝南、鄉郡二郡太守。雄有孝性，居父憂，殆不可識。清河王懌爲司空，辟爲左曹。懌遷司徒，仍授左曹。雄用心平直，加以閑明政事，經其斷割，莫不悅服。懌每謂人曰：「必也無訟，辛雄有焉。」歷尚書駕部、三公郎。會沙汰郎官，唯雄與羊深等八人見留，餘悉罷遣。

先是，御史中丞、東平王匡復欲輿棺諫諍，尚書令、任城王澄劾匡大不敬，詔恕死。雄奏理匡曰：「竊惟白衣元匡，歷奉三朝，每蒙寵遇，謇諤之性，簡自帝心。故高祖錫之以匡名，陛下任之以彈糾。當高肇之時，匡造棺致諫，主聖臣直，卒以無咎。假欲重造，先帝已容之

於前，陛下亦宜寬之於後。」未幾，匡除平州刺史。右僕射元欽稱雄之美，左僕射蕭寶夤曰：「吾聞游僕射云：『得如雄者四五人共省事，足矣。』今日之賞，何其晚哉！」

初，廷尉少卿袁翻以犯罪之人，經恩競訴，枉直難明。遂奏曾染風聞者，不問曲直，推爲獄成，悉不斷理。詔門下、尚書、廷尉議之。雄議曰：「春秋之義，不幸而失，寧僭不濫。僭則失罪人，濫乃害善人。今議者不忍罪姦吏，使出入縱情，令君子小人，薰蕕不別，豈所謂賞善罰惡，愍懃隱恤者也？古人唯患察獄之不精，未聞知寃而不理。」詔從雄議。自後每有疑議，雄與公卿駁難，事多見從。於是公能之名甚盛。

又爲祿養論，稱仲尼陳五孝，自天子至於庶人，無致仕之文。禮記：八十，一子不從政；九十，家不從政。鄭玄注云：「復除之。」然則止復庶人，非公卿士大夫之謂。以爲宜聽祿養，不約其年。書奏，孝明納之。後除司空長史。時諸公皆慕其名，欲屈爲佐，莫能得也。

時諸方賊盛，而南寇侵境，山蠻作逆，孝明欲親討，以荊州爲先。詔雄爲行臺左丞，與臨淮王彧，東趣葉城，別將裴衍，西通鵶路。衍稽留未進，彧師已次汝濱，逢北溝求救，〔一〕彧以處分道別，不欲應之。雄曰：「王執麾閫外，唯利是從，見可而進，何必守道？」彧恐後有得失之責，要雄符下。雄以車駕將親伐，蠻夷必懷震動，乘彼離心，無往不破，遂符彧軍，令速赴擊。賊聞，果自走散。

在軍上疏曰：「凡人所以臨堅陳而忘身，觸白刃而不憚者，一則求榮名，二則貪重賞，三則畏刑罰，四則避禍難。非此數事，雖聖王不能勸其臣，慈父不能厲其子。明主深知其情，故賞必行，罰必信，使親疏貴賤，勇怯賢愚，聞鍾鼓之聲，見旍旗之列，莫不奮激，競赴敵場。豈厭久生而樂早死也？利害縣於前，欲罷不能耳。自秦、隴逆節，將歷數年，蠻左亂常，稍已多載。凡在戎役，數十萬人，三方之師，敗多勝少，跡其所由，不明賞罰故也。陛下欲天下之早平，愍征夫之勤悴，乃降明詔，賞不移時。然兵將之勳，歷稔不決，亡軍之卒，晏然在家，致令節士無所勸慕，庸人無所畏懾。進而擊賊，死交而賞賒，退而逃散，身全而無罪，此其所以望敵奔沮，不肯進力者矣。若重發明詔，更量賞罰，則軍威必張，賊難可弭。臣聞必不得已，去食就信，以此推之，信不可斯須廢也。賞罰，陛下之所易，尚不能全而行之；攻敵，士之所難，欲其必死，寧可得也？」後爲吏部郎中。

及尒朱榮入洛，河陰之難，人情未安，雄潛竄不出。孝莊欲以雄爲尚書，門下奏曰：「辛雄不出，存亡未知。」孝莊曰：「寧失亡而用之，可失存而不用也？」遂除度支尚書。

後以本官兼侍中、關西慰勞大使。將發，請事五條，一言逋懸租調，宜悉不徵；二言簡罷非時徭役，以紓人命；三言課調之際，使豐儉有殊，令州郡量檢，不得均一；四言兵起歷年，死亡者衆，或父或子，辛酸未歇，見存者老，請假板職，悅生者之意，慰死者之魂；五言喪

亂既久，禮儀罕習，如有閨門和穆，孝悌卓然者，宜旌其門閭。莊帝從之，因詔人年七十者授縣，八十授郡，九十加四品將軍，百歲從三品將軍。

永熙二年，兼吏部尚書。時近習專恣，雄懼其譏慝，不能守正，論者頗譏之。孝武南狩，雄兼左僕射，留守京師。永熙末，兼侍中。帝入關右，齊神武至洛，於永寧寺大集朝士，責雄及尚書崔孝芬、劉廞、楊機等曰：「爲臣奉主，匡危救亂。若處不諫諍，出不陪隨，緩則耽寵，急便竄避，臣節安在？」乃誅之。

二子，士璨、士貞，逃入關中。

雄從父兄纂，字伯將，學涉文史，溫良雅正。初爲兗州安東府主簿，與祕書丞同郡李伯尚有舊。伯尚與咸陽王禧同逆，逃竄投纂，事覺，坐免官。後爲太尉騎兵參軍，每爲府主清河王懌所賞。至定考，懌曰：「辛騎兵有學有才，宜爲上第。」

及梁將曹義宗攻新野，詔纂爲荊州軍司。纂善撫將士，人多用命，賊甚憚之。會孝明崩諱至，咸以對敵，欲祕凶問。纂曰：「安危在人，豈關是也？」遂發喪號哭，三軍縞素，還入州城，申以盟約。尋爲義宗所圍，相率固守。孝莊即位，除兼尚書，仍行臺。後大都督費穆擊義宗禽之，入城，因舉酒屬纂曰：「微辛行臺之在斯，吾亦無由建此功也。」

永安二年，元顥乘勝至城下，爲顥禽。〔二〕及孝莊還宮，纂謝不守之罪。帝曰：「於時朕亦北巡，東軍不守，豈卿之過。」轉滎陽太守。百姓姜洛生、康乞得者，舊是前太守鄭仲明左右，豪猾偷竊，境內患之。纂伺捕禽獲，梟於郡市，百姓欣然。纂僑屬洛陽，太昌中，乃爲河南邑中正。

永熙三年，除河內太守。齊神武赴洛，兵集城下，纂出城謁，神武慰勉之。因命前侍中司馬子如曰：「吾行途疲弊，宜代吾執河內手也。」尋爲兼尚書、南道行臺、西荊州刺史。時蠻酋樊大能應西魏，纂攻之不剋而敗，爲西魏將獨孤信所害。贈司徒公。

雄族祖琛。琛字僧貴。祖敬宗，父樹寶，並代郡太守。琛少孤，曾過友人，見其父母無恙，垂涕久之。釋褐奉朝請、滎陽郡丞。太守元麗性頗使酒，琛每諫之。麗後醉，輒令閉閤，曰：「勿使丞入也。」孝文南征，麗從輿駕，詔琛曰：「委卿郡事，如太守也。」

景明中，爲揚州征南府長史。刺史李崇，多事產業，琛每諫折，崇不從，遂相糾舉，詔並不問。後加龍驤將軍、南梁太守。崇因置酒謂琛曰：「長史後必爲刺史，但不知得上佐何如人耳。」琛對曰：「若萬一叨忝，得一方正長史，朝夕聞過，是所願也。」崇有慚色。卒於官。

琛寬雅有度量，涉獵經史，喜慍不形於色。當官奉法，所在有稱。長子悠，字元壽，早有器業，爲侍御史，監揚州軍。賊平，錄勳書，時李崇猶爲刺史，欲寄人名，悠不許。崇曰：「我昔逢其父，今復逢其子。」早卒。

悠弟俊，字叔義，有文才。魏子建爲山南行臺，以爲郎中。有軍國機斷。還京，於滎陽爲人所劫害。贈東秦州刺史。俊弟術。

術字懷哲，少明敏，有識度，解褐司空胄曹參軍。與僕射高隆之共典營構鄴都宮室，術有思理，百工剋濟。再遷尚書右丞，出爲清河太守，政有能名。追授并州長史，遭父憂去職。清河父老數百人，詣闕上書，請立碑頌德。齊文襄嗣事，與尚書左丞宋游道、中書侍郎李繪等並追詣晉陽，俱爲上客。累遷散騎常侍。

武定六年，侯景叛，〔三〕除東南道行臺尚書，封江夏縣男。與高岳等破侯景，禽蕭明，還東徐州刺史，爲淮南經略使。齊天保元年，侯景徵江西租稅，術率諸軍度淮斷之，燒其稻數百萬石。還鎮下邳，人隨術北度淮者三千餘家。東徐州刺史郭志殺郡守，文宣聞之，敕術：自今所統十餘州地，諸有犯法者，刺史先啟聽報；以下先斷，後表聞。齊代行臺兼總人事，自術始也。安州刺史、臨清太守、盱眙〔四〕蘄城二鎮將犯法，術皆案奏殺之。睢州刺史及所

部郡守，俱犯大辟，朝廷以其奴婢百口及貲財盡賜術。三辭不見許，術乃送詣所司，不復以聞。邢卲聞之，遺術書曰：「昔鍾離意云：孔子忍渴於盜泉，便以珠璣委地。足下今能如此，可謂異代一時。」

及王僧辯破侯景，術招攜安撫，城鎮相繼款附，前後二十餘州。於是移鎮廣陵，獲傳國璽送鄴，文宣以璽告於太廟。此璽即秦所制，方四寸，上紐交盤龍，其文曰：「受命于天，既壽永昌。」二漢相傳，又歷魏、晉，晉懷帝敗，沒於劉聰；聰敗，沒於石氏；石氏敗，晉穆帝永和中，濮陽太守戴僧施得之，遣督護何融送于建業；歷宋、齊、梁，梁敗，侯景得之；景敗，侍中趙思賢以璽投景南兗州刺史郭元建，送于術，故術以進焉。

尋徵爲殿中尚書，領太常卿。仍與朝賢，議定律令。遷吏部尚書，食南兗州梁郡幹。遷鄴以後，大選之職，知名者數四，互有得失，未能盡美。文襄少年高朗，所弊也疏；袁叔德沈密謹厚，所傷者細；楊愔風流辯給，取士失於浮華；唯術性尚貞明，取士以才以器，循名責實，新舊參舉，管庫必擢，門閥不遺。考之前後銓衡，在術最爲折衷，甚爲當時所稱舉。天保末，文宣嘗令術選百員官，參選者二三千人，術題目士子，人無謗讟，其所旌擢，後亦皆致通顯。

術清儉寡嗜欲，勤於所職，未嘗暫懈，臨軍以威嚴，牧人有惠政。少愛文史，晚更勤學，

雖在戎旅，手不釋卷。及定淮南，凡諸貲物，一毫無犯。唯大收典籍，多是宋、齊、梁時佳本，鳩集萬餘卷，并顧、陸之徒名畫，二王已下法書，數亦不少，俱不上王府，唯入私門。及還朝，頗以饟遺貴要，物議以此少之。十年卒，年六十。皇建二年，贈開府儀同三司、中書監、青州刺史。

子閣卿，尚書郎。

閣卿弟衡卿，有識學，開府參軍事。隋大業初，卒於太常丞。

術族子德源。德源字孝基，祖穆，魏平原太守。父子馥，尚書左丞。德源沈靜好學，十四解屬文，及長，博覽書記。美儀容，中書侍郎裴讓之特相愛好，兼有龍陽之重。齊尚書僕射楊遵彥、殿中尚書辛術皆一時名士，並虛襟禮敬，同舉薦之。後爲兼員外散騎侍郎，聘梁使副。德源本貧素，因使，薄有資裝，遂餉執事，爲父求贈，時論鄙之。中書侍郎劉逖上表薦德源：弱齡好古，晚節逾厲，枕藉六經，漁獵百氏。文章綺豔，體調清華。恭慎表於閨門，謙撝著於朋執。實後進之辭人，當今之雅器。由是除員外散騎侍郎。後兼通直散騎常侍，聘陳。及還，待詔文林館，位中書舍人。

齊滅，仕周爲宣納上士。因取急詣相州，會尉遲迥起逆，以爲中郎，德源辭不獲免，遂

亡去。隋受禪，不得調者久之。隱林慮山，鬱鬱不得志，著幽居賦以自寄。素與武陽太守盧思道友善，時相往來。魏州刺史崔彥武奏德源潛爲交結，恐有姦計，由是諷令從軍討南寧。及還，祕書監牛弘以德源才學顯著，奏與著作郎王劭同修國史。德源每於務隙撰集，注春秋三傳三十卷，注揚子法言二十三卷。蜀王秀奏以爲掾，轉諮議參軍，卒官。有集二十卷，又撰政訓、內訓各二十卷。有子素臣。

德源從祖兄元楨，齊天保中，司空司馬。學涉，有名聞於世。

德源族叔珍之，少有氣俠，歷位北海太守，後行平州事，卒於州。贈驃騎大將軍、洛州刺史，謚曰恭。

子瑴，武定末，開府鎧曹參軍。

楊機字顯略，天水冀人也。祖伏恩，徙居洛陽，因家焉。

機少有志節，爲士流所稱。河南尹李平、元暉，並召署功曹。暉尤委以郡事。或謂暉曰：「弗躬弗親，庶人弗信，何得委事於機，高臥而已。」暉曰：「吾聞君子勞於求士，逸於任賢，吾既委得其才，何爲不可？」由是聲名更著。時皇子國官多非其人，詔選清直之士，機見

舉爲京兆王愉國中尉，愉甚敬憚之。後爲洛陽令，京輦伏其威風。訴訟者一經其前，後皆識其名姓，并記其事理。歷司州別駕、清河內史、河北太守，並有能名。永熙中，除度支尚書。

機方直之心，久而彌厲，奉公正己，爲時所稱。家貧無馬，多乘小犢車，時論許其清白。與辛雄等並爲齊神武所誅。

高恭之字道穆，自云遼東人也。祖潛，獻文初，賜爵陽關男。詔以沮渠牧犍女賜潛爲妻，封武威公主，拜駙馬都尉。

父崇，字積善，少聰敏，以端謹稱。家資富厚，而崇志尚儉素。初，崇舅氏坐事誅，公主痛本生絕胤，遂以崇繼牧犍後，改姓沮渠。景明中，啓復本姓，襲爵，除洛陽令。爲政清斷，吏人畏其威風，發擿不避强禦，縣內肅然。卒，贈滄州刺史，謚曰成。

道穆以字行於世，學涉經史，所交皆名流儁士。幼孤，事兄如父。每謂人曰：「人生厲心立行，貴於見知，當使夕脫羊裘，朝佩珠玉。若時不我知，便須退迹江海，自求其志。」御史中尉元匡高選御史，道穆奏記求用於匡，匡遂引爲御史。

其所糾擿，不避權豪。正光中，出使相州。前刺史李世哲，卽尚書令崇之子，多有非法，逼買人宅，廣興屋宇，皆置鴟尾，又於馬埒堠上爲木人執節。道穆繩糾，悉毀去之，并表發其贓貨。尒朱榮討蠕蠕，道穆監其軍事，榮甚憚之。蕭寶夤西征，以爲行臺郎中，委以軍機之事。

後屬兄謙之被害，情不自安，遂託身於孝莊。孝莊時爲侍中，深相保護。及卽位，賜爵龍城侯，除太尉長史，領中書舍人。及元顥逼武牢，或勸帝赴關西者，帝以問道穆，道穆言關中殘荒，請車駕北度，循河東下，帝然之。其夜到河內郡北，帝命道穆燭下作詔書，布告遠近，於是四方知乘輿所在。尋除給事黃門侍郎、安喜縣公。於時尒朱榮欲迴師待秋，道穆謂榮曰：「大王擁百萬之衆，輔天子而令諸侯，此桓、文之舉也。今若還師，令顥重完守具，可謂養虺成蛇，悔無及矣。」榮深然之。及孝莊反政，因宴次謂尒朱榮曰：「前若不用高黃門計，社稷不安，可爲朕勸其酒，令醉。」榮因陳其作監軍時，臨事能決，〔五〕實可任用，尋除御史中尉，仍兼黃門。

道穆外執直繩，內參機密，凡是益國利人之事，必以奏聞。諫爭盡言，無所顧憚。選用御史，皆當世名輩，李希宗、李繪、陽休之、陽斐、封君義、邢子明、蘇淑、宋世良等三十人。

於時用錢稍薄，道穆表曰：「百姓之業，錢貨爲本，救弊改鑄，王政所先。自頃以來，私

鑄薄濫，官司糾繩，挂網非一。在市銅價，八十一文得銅一斤，私鑄薄錢，斤餘二百。既示之以深利，又隨之以重刑，得罪者雖多，姦鑄者彌衆。今錢徒有五銖之文，而無二銖之實，薄甚榆莢，上貫便破，置之水上，殆欲不沈。因循有漸，科防不切，朝廷失之，彼復何罪。昔漢文帝以五分錢小，改鑄四銖。至武帝復改三銖爲半兩。此皆以大易小，以重代輕也。論今據古，宜改鑄大錢，文載年號，以記其始。則一斤所成，止七十六文。銅價至賤，五十有餘，其中人功、食料、錫炭、鉛砂，〔六〕縱復私營，不能自潤。直置無利，自應息心，況復嚴刑廣設也？以臣測之，必當錢貨永通，公私獲允。」後遂用楊侃計，鑄永安五銖錢。

僕射尒朱世隆當朝權盛，因內見，衣冠失儀，道穆便卽彈糾。帝姊壽陽公主行犯清路，執赤棒卒呵之不止，道穆令卒棒破其車。公主深恨，泣以訴帝。帝曰：「高中尉清直人，彼所行者公事，豈可私恨責之也？」道穆後見帝，帝曰：「一日家姊行路相犯，深以爲愧。」道穆免冠謝，帝曰：「朕以愧卿，卿反謝朕！」尋敕監儀注。又詔：「祕書圖籍及典書緗素，多致零落，可令道穆總集帳目，并牒儒學之士，編比次第。」

道穆又上疏曰：「高祖太和之初，置廷尉司直，論刑辟是非，雖事非古始，交濟時要。竊見御史出使，悉受風聞，雖時獲罪人，亦不無枉濫。何者？得堯之罰，不能不怨，守令爲政，容有愛憎，姦猾之徒，恒思報惡，多有妄造無名，共相誣謗。御史一經檢究，恥於不成，杖木

之下，以虛爲實。無罪不能自雪者，豈可勝道哉！臣雖愚短，守不假器，繡衣所指，冀以清肅。若仍更踵前失，或傷善人，則尸祿之責，無所逃罪。如臣鄙見，請依太和故事，還置司直十人，名隸廷尉，秩以五品，〔七〕選歷官有稱，心平性正者爲之。御史若出糾劾，卽移廷尉，令知人數。廷尉遣司直與御史俱發，所到州郡，分居別館。御史檢了，移付司直。司直覆問事訖，與御史俱還。中尉彈聞，廷尉科案，一如舊式。庶使獄成罪定，無復稽寬，爲惡取敗，不得稱枉。若御史、司直糾劾失實，悉依所斷獄罪之。聽以所檢，迭相糾發。如二使阿曲，有不盡理，聽罪家詣門下通訴，別加案檢。如此則肺石之傍，怨訟可息，藂棘之下，受罪呑聲者矣。」詔從之，復置司直。

及尒朱榮死，帝召道穆，付赦書，令宣於外。謂曰：「今當得精選御史矣。」先是榮等常欲以其親黨爲御史，故有此詔。及尒朱世隆等戰於大夏門北，道穆受詔督戰。又贊成太府卿李苗斷橋之計，世隆等於是北遁。加衞將軍、大都督，兼尚書右僕射、南道大行臺。時雖外託征蠻，而帝恐北軍不利，欲爲南巡之計。未發，會尒朱兆入洛，道穆慮禍，託病去官。世隆以其忠於前朝，遂害之。太昌中，贈車騎大將軍、儀同三司、雍州刺史。

子士鏡襲爵，爲北豫州刺史。道穆兄謙之。

謙之字道讓，少事後母以孝聞。專意經史，天文、算歷、圖緯之書，多所該涉。好文章，留心老、易。襲父爵。

孝昌中，行河陰令。先是有人囊盛瓦礫，指作錢物，詐市人馬，因而逃去。詔令追捕，必得以聞。謙之乃僞枷一囚，立於馬市，宣言是前詐市馬賊，今欲刑之。密遣腹心，察市中私議者。有二人相見忻然曰：「無復憂矣！」執送案問，悉獲其黨。幷出前後盜處，失物之家，各得其本物，具以狀告。尋正河陰令。在縣二年，損益政體，多爲故事。時道穆爲御史，亦有能名，世美其父子兄弟並著當官之稱。

舊制，二縣令得面陳得失，時佞幸之輩，惡其有所發聞，遂共奏罷。謙之乃上疏曰：「臣以無庸，謬宰神邑，實思奉法不撓，稱是官方。酬朝廷無貲之恩，盡人臣守器之節。但豪家支屬，戚里親媾，縲紲所及，舉目多是。皆有盜憎之色，咸起惡上之心。縣令輕弱，何能克濟？先帝昔發明詔，得使面陳所懷。臣亡父先臣崇之爲洛陽令，常得入奏是非，所以朝貴歛手，無敢干政。近年已來，此制遂寢，致使神宰威輕，下情不達。今二聖遠遵堯、舜，憲章高祖，愚臣亦望策其駑蹇，少立功名。乞行新典，〔八〕更明往制，庶姦豪知禁，頗自屛心。」詔付外量聞。

謙之又上疏，以爲「自正光以來，邊城屢擾，命將出師，相繼於路。但諸將帥，或非其才，多遣親者，妄稱入募，唯遣奴客充數而已。對寇臨敵，略不彎弓。則是王爵虛加，征夫多闕，賊虜何可殄除？忠貞何以勸誡也？且近習侍臣，戚屬朝士，請託官曹，擅作威福。如有清貞奉法不爲回者，咸共譖毀，橫受罪罰。在朝顧望，誰肯申聞？蔽上擁下，虧風損政，使讒諂甘心，忠讜息義。且頻年以來，多有徵發，人不堪命，動致流離，苟保妻子，競逃王役，不復顧其桑井，憚此刑書。正由還有必困之理，歸無自安之路。若聽歸其本業，徭役微甄，則還者必衆，墾田增闢，數年之後，大獲課入。今不務以理還之，但欲嚴符切勒，恐數年之後，走者更多。故有國有家者，不患人不我歸，唯患政之不立；不恃敵不我攻，唯恃吾不可侮。此乃千載共遵，百王一致。伏願少垂覽察」。靈太后得其疏，以責左右近侍，諸寵要者由是疾之。乃啓太后，云謙之有學藝，除爲國子博士。

謙之與袁翻、常景、酈道元、溫子昇之徒，咸申款舊。好施贍恤，言諾無虧。居家僮隸，對其兒不撻其父母，生三子便免其一世。無髡黥奴婢，常稱：「俱稟人體，如何殘害？」謙之以父舅氏沮渠蒙遜曾據涼土，國書漏闕，乃修涼書十卷，行於世。涼國盛事佛道，爲論貶之，稱佛是九流之一家。當世名流，競以佛理來難，謙之還以佛義對之，竟不能屈。以時所行曆多未盡善，乃更改元修撰，〔九〕爲一家之法。雖未行於世，識者歎其多能。

時朝議鑄錢，以謙之爲鑄錢都將長史，乃上表求鑄三銖錢曰：

蓋錢貨之立，本以通有無，便交易，故錢之輕重，世代不同。太公爲周置九府圜法。至景王時，更鑄大錢。秦兼海內，錢重半兩。漢興，以秦錢重，改鑄楡莢錢。至文帝五年，復爲四銖。孝武時悉復銷壞，更鑄三銖。至元狩中，變爲五銖。又造赤仄之錢，以一當五。王莽攝政，錢有六等：大錢重十二銖，次九銖，次七銖，次五銖，次三銖，次一銖。魏文帝罷五銖錢，至明帝復立。孫權江左鑄大錢，一當五百。權赤烏年，復鑄大錢，一當千。輕重大小，莫不隨時而變。

竊以食貨之要，八政爲首，聚財之貴，詒訓典文。是以昔之帝王，乘天地之饒，御海內之富，莫不腐紅粟於太倉，藏朽貫於泉府，儲畜既盈，人無困弊，可以寧謐四海，如身使臂者矣。昔漢之孝武，地廣財饒，外事四戎，遂虛國用。於是草茅之臣，出財助國，興利之計，納稅廟堂，市列榷酒之官，邑有告緡之令，鹽鐵既興，錢幣屢改，少府遂豐，上林饒積。外闢百蠻，內不增賦者，皆計利之由也。

今羣妖未息，四郊多壘，徵稅既煩，千金日費，倉儲漸耗，財用將竭，誠楊氏獻稅之秋，桑兒言利之日。夫以西京之盛，錢猶屢改，並行大小，子母相權；況今寇難未除，州郡淪敗，人物彫零，軍國用少，別鑄小錢，可以富益，何損於政，何妨於人也？且政興不以錢大，政衰不以錢小，唯貴公私得所，政化無虧，既行之於古，亦宜效之於今矣。昔禹遭大水，以歷山之金鑄錢，救人之困。湯遭大旱，以莊山之金鑄錢，贖人之賣子者。今百姓窮悴，甚於曩日，欽明之主，豈得垂拱而觀之哉？臣今此鑄，以濟交乏，五銖之錢，任使並用，行之無損，國得其益。

詔將從之，事未就，會卒。

初，謙之弟道穆，正光中爲御史，糾相州刺史李世哲事，大相挫辱，其家恒以爲憾。至是世哲弟神軌爲靈太后深所寵任，會謙之家僮訴良，神軌左右之，入諷尚書，判禁謙之於廷尉。時將赦，神軌乃啓靈太后，發詔於獄賜死。朝士莫不哀之。所著文章百餘篇，別有集錄。永安中，贈營州刺史，謚曰康。又除一子出身，以明寃屈。

謙之弟謹之，字道脩。父崇既還本姓，以謹之繼沮渠氏。

綦儁字欄顯，河南洛陽人也。其先居代。儁孝莊時仕，累遷爲滄州刺史，甚爲吏人畏悅。尋除太僕卿。及尒朱世隆等誅，齊神武召文武百司，下及士庶，議所立，莫有應者。儁避席曰：「廣陵王雖爲尒朱扶戴，當今之聖主也。」神武將從之，時黃門崔㥄議不同，高乾、魏蘭根等固執㥄言，遂立孝武帝。及帝入關，神武深思儁言，常以爲恨。

尋除御史中尉，於路與僕射賈顯度相逢，顯度恃勳貴，排儁騶列倒，儁忿見於色，自入奏之。尋加散騎常侍、驃騎大將軍、左光祿大夫、儀同三司。儁佞巧，能候當塗，斛斯椿、賀拔勝皆與友善。性多詐，賀拔勝出鎮荆州，過儁別，因辭儁母，儁故見敗氈弊被，勝更遺之錢物。後兼吏部尚書，復爲滄州刺史。徵還，兼中尉，章武縣伯。尋除殷州刺史，薨於州。贈司空公，謚曰文貞。

子洪寔字巨正，位尚書左右郎、魏郡邑中正。嗜酒好色，無行檢，卒官。

山偉字仲才，河南洛陽人也。其先居代。祖强，美容貌，身長八尺五寸，工騎射，彎弓五石，爲奏事中散。從獻文獵方山，有兩狐起於御前，詔强射之，百步內，二狐俱獲。位內行長。父幼之，〔一○〕位金明太守。

偉涉獵文史，孝明初，元匡爲御史中尉，以偉兼侍御史。入臺五日，便遇正會，偉司神武門，其妻從叔爲羽林隊主，挹直長於殿門，偉卽劾奏。匡善之，俄然奏正，帖國子助教，遷員外郎、廷尉評。

時天下無事，進仕路難，代遷之人，多不霑預。及六鎮、隴西二方起逆，領軍元叉欲用代來寒人爲傳詔，以慰悅之。而牧守子孫投狀求者百餘人，叉因奏立勳附隊，令各依資出身，自是北人，悉被收敘。偉遂奏記，贊叉德美。叉素不識偉，訪侍中安豐王延明、黃門郎元順，順等因是稱薦之。叉令僕射元欽引偉兼尚書二千石郎，後正名士郎，修起居注。僕射元順領選，表薦爲諫議大夫。

尒朱榮之害朝士，偉時守直，故免禍。及孝莊入宮，仍除偉給事黃門侍郎。先是偉與儀曹郎袁昇、屯田郎李延考、外兵郎李奐、三公郎王延業方駕而行，偉少居後，路逢一尼，望之歎曰：「此輩緣業，同日而死。」謂偉曰：「君方近天子，當作好官。」而昇等四人皆於河陰遇害，果如其言。

俄領著作郎，節閔帝立，除祕書監，仍著作。初，尒朱兆入洛，官守奔散，國史典書高法顯密埋史書，故不遺落。偉自以爲功，訴求爵賞。偉挾附世隆，遂封東阿縣伯，而法顯止獲男爵。偉尋進侍中，孝靜初，除衞大將軍，中書令，監起居。後以本官復領著作，卒官。贈驃騎大將軍、開府儀同三司、都督、幽州刺史，謚曰文貞公。

國史自鄧彥海、崔深、〔一一〕崔浩、高允、李彪、崔光以還，諸人相繼撰錄。綦儁及偉等諂說上黨王天穆及尒朱世隆，以爲國書正應代人修緝，不宜委之餘人，是以儁、偉等更主大籍。〔一二〕守舊而已，初無述著，故自崔鴻死後，迄終偉身，二十許載，時事蕩然，萬不記一。後

人執筆，無所憑據，史之遺闕，偉之由也。

外示沈厚，內實矯競。與綦儁少甚相得，晚以名位之間，遂若水火。與宇文忠之之徒代人爲黨，時賢畏惡之。而愛尚文史，老而彌篤。偉弟少亡，偉撫寡訓孤，同居二十餘載，恩義甚篤。不營產業，身亡之後，賣宅營葬，妻子不免飄泊，士友歎愍之。長子昂襲爵。

宇文忠之，河南洛陽人也。其先南單于之遠屬，世據東部，後居代都。父侃，卒於書侍御史。

忠之涉獵文史，頗有筆札，釋褐太學博士。天平初，除中書侍郎。裴伯茂與之同省，常侮忽之，以忠之色黑，呼爲「黑宇」。後敕修國史。元象初，兼通直散騎常侍，副鄭伯猷，使梁。武定初，爲尚書右丞，仍修史。未幾，以事除名。

忠之好榮利，自爲中書郎六七年矣，遇尚書省選右丞，預選者皆射策，忠之試焉。既獲丞職，大爲忻滿，志氣囂然，有驕物之色。識者笑之。既失官爵，怏怏發疾，卒。子君山。

費穆字朗興，代人也。祖于，位商賈二曹令、懷州刺史，賜爵松陽男。父萬，襲爵，位梁州鎮將，〔一三〕贈冀州刺史。

穆性剛烈，有壯氣，頗涉文史，好尚功名。宣武初，襲爵，稍遷涇州平西府長史。時刺史皇甫集，靈太后之元舅，恃外戚之親，多爲非法。穆正色匡諫，集亦憚之。

後蠕蠕主婆羅門自涼州歸降，其部衆因飢侵掠邊邑，詔穆銜旨宣慰，莫不款附。明年復叛，入寇涼州。除穆兼尚書右丞、西北道行臺，仍爲別將，往討之。穆至涼州，蠕蠕遁走。穆謂其所部曰：「夷狄獸心，見敵便走，若不令其破膽，終恐疲於奔命。」乃簡練精騎，伏於山谷，使羸步之衆爲外營，以誘之。賊騎覘見，俄而競至，伏兵奔擊，大破之。

及六鎮反叛，穆爲別將，隸都督李崇北伐。都督崔暹失利，崇將議班師，以朔州是白道之衝，賊之咽喉，若不全，則并、肆危，選將鎮捍，僉議舉穆。崇乃請穆爲朔州刺史。尋改雲州刺史。穆招離聚散，頗得人心，北境州鎮皆沒，唯穆獨存。久之，援軍不至，穆乃棄城南走，投尒朱榮於秀容。既而詣闕請罪，詔原之。孝昌中，以都督討平二絳反蜀，拜散騎常侍。後妖賊李洪於陽城起逆，連結蠻左，詔穆兼武衞將軍擊破之。

及尒朱榮向洛，靈太后徵穆，令屯小平。榮推奉孝莊，穆遂先降。榮素知穆，見之甚悅。穆潛說榮曰：「公士馬不出萬人，長驅向洛，前無横陳者，政以推奉主上，順人心故。今

以京師之衆，百官之盛，一知公之虛實，必有輕侮之心。若不大行誅罰，更樹親黨，公還北之日，恐不得度太行而內難作矣。」〔一四〕榮心然之，於是有河陰之事。天下聞之，莫不切齒。榮入洛，穆爲吏部尚書、魯縣侯，進封趙平郡公。爲侍中、前鋒大都督，與大將軍元天穆討平邢杲。

時元顥入京師，穆與天穆既平齊地，將擊顥。穆圍武牢，將拔，屬天穆北度，既無後繼，穆遂降顥。顥以河陰酷濫，事起於穆，引入詰讓，殺之。孝莊還宮，贈侍中、司徒公，謚曰武宜。

孟威字能重，河南洛陽人也。頗有氣尙，尤知北土風俗。歷東宮齋帥、羽林監。後以明解北人語，敕在著作，以備推訪。累遷沃野鎮將。前後頻使遠藩，粗能稱旨。普泰中，除大鴻臚卿，卒。贈司空公。子恂嗣。

論曰辛雄吏能歷職，琛以公方行己，懷哲體有清監，德源雅業無虧，並素門之所得也。楊機清斷在公。道穆兄弟有政事之用。綦儁遭逢受職。山偉位行頗爽。忠之雖文史足用，而雅道蔑聞。費穆出身効力，功名著矣，末路一言，禍延簪帶，其死也宜哉！孟威以方言陳力，其勤亦可稱矣。

校勘記

〔一〕逢北溝求救　通志卷一五一辛雄傳「溝」作「渣」。按魏書卷九肅宗紀孝昌元年十二月載孝明親征詔云：「北淯懸危，南陽告急。」所指卽辛雄與元彧所參加的此次戰役。「北溝」、「北渣」疑並是「北淯」之訛。魏書地形志下荆州有北淯郡，錢氏考異卷三〇考証言當爲「北淯」。其他在今河南南陽之北，正在本傳裴衍進軍的鵶路上。

〔二〕永安二年元顥乘勝至城下爲顥擒　按此城承上文似指荆州的治所穰城。但元顥入洛，不由荆州。魏書卷七七辛纂傳，上文有「尋除平東將軍、中郎將」等語，然後云：「永安二年，元顥乘勝卒至城下，尒朱世隆狼狽退還，城內空虛，遂爲顥擒。」下文又有「還鎮虎牢」語。據本書卷四八尒朱世隆傳：「元顥逼大梁，詔爲前將軍、都督，鎮虎牢。顥既克滎陽，世隆懼而宵遁。」則此城乃指虎牢城。虎牢是北魏東中郎將的治所。辛纂乃是還東中郎將後，在虎牢爲元顥所擒。魏書「中郎將」上脫「東」字。北史則在「永安」前當脫「尋除平東將軍、東中郎將」等語。

〔三〕武定六年侯景叛　按魏書卷一二、本書卷五東魏孝靜紀、本書卷六齊文襄紀，侯景叛東魏在武定五年正月，此作「六」年，誤。

〔四〕盱眙　諸本作「盱台」，據北齊書卷三八補辛術傳改。魏書地形志中淮州、隋書地理志下江都郡並作「盱眙」。

〔五〕榮因陳其作監軍時臨事能決　諸本「榮因」作「因榮」，通志卷一五一高恭傳作「榮因」。按魏書卷七七高崇附子恭之傳云：「榮對曰：臣本北征蠕蠕，高黃門與臣作監軍，臨事能決，實可任用。」則是尒朱榮因莊帝命之勸酒而陳說舊事，並非高恭之因尒朱榮以陳述功績。通志是，今據乙。

〔六〕錫炭鉛砂　諸本「鉛」作「松」，魏書作「鈆」，通志作「鉛」。按「鈆」卽「鉛」，爲鑄錢原料。作「松」誤，今據改。

〔七〕名隸廷尉秩以五品　諸本脫「秩」字，據魏書補。大理司直班在從五品，見隋書百官志中。

〔八〕乞行新典　魏書高崇附子謙之傳作「乞新舊典」。按高謙之是請恢復舊制，魏書是。

〔九〕乃更改元修撰　諸本「修」下衍「者」字，據魏書刪。

〔一〇〕父幼之　魏書卷八一山偉傳「幼」作「稚」，北史避唐諱改。

〔一一〕崔深　魏書「深」作「琛」。按本書卷二一、魏書卷三五崔浩傳，本書卷四〇、魏書卷六二李彪傳，

本書卷五七魏收傳，所稱預修「國史」者，並無「崔深」或「崔琛」，疑並訛誤。

〔一二〕是以僞偉等更主大籍　諸本「僞」誤作「纂」，據魏書改。

〔一三〕位梁州鎭將　魏書卷四四費于傳「州」作「國」。按魏書地形志中南兗州梁郡註云：「漢高帝爲梁國，後改，治梁國城。」梁國鎭將當卽鎭梁國城。他處亦作「梁城鎭將」。疑作「州」誤。

〔一四〕恐不得度太行而內難作矣　諸本「作」訛作「行」，據魏書費于傳改。

北史卷五十一

列傳第三十九

齊宗室諸王上

趙郡王琛 子叡　清河王岳 子勱　廣平公盛　陽州公永樂

襄樂王顯國　上洛王思宗 子元海　弟思好

平秦王歸彥 兄子普　長樂太守靈山　神武諸子

趙郡王琛字元寶，齊神武皇帝之弟也。少便弓馬，有志氣。封南趙郡公，累遷定州刺史、六州大都督，甚有聲譽。及斛斯椿等釁結，神武帥師入洛陽，以晉陽根本，召琛留總相府政事。天平中，除御史中尉，正色糾彈，無所回避，遠近肅然。尋亂神武後庭，因杖而斃，時年二十三。贈太尉、尚書令，謚曰貞。天統三年，〔一〕又贈假黃鉞、左丞相、太師、錄尚書事，進爵爲王。配享神武廟廷。子叡嗣。

叡小名須拔，幼孤，聰慧夙成，特爲神武所愛，養於宮中，令游娘母之，恩異諸子。魏興和中，襲爵南趙郡公。年至四歲，未嘗識母。其母魏華陽公主也，〔二〕其從母姊鄭氏戲謂曰：「汝是我姨兒，何倒親游氏？」叡因訪問，遂失精神。神武疑其感疾，叡曰：「兒無患苦，但聞有所生，欲得暫見。」神武驚，命元夫人至，就宮見之，叡前跪拜，因抱頸大哭。神武甚悲傷，謂平秦王曰：「此兒至孝，吾子無及者。」遂爲休務一日。叡讀孝經，至「資於事父」，輒流涕歔欷。十歲喪母，神武親送至領軍府，爲發哀，舉聲殞絕，三日水漿不入口。神武與武明太后殷勤敦譬，方漸順旨。居喪長齋，骨立，杖而後起。神武令常山王與同臥起，日夜喻之。幷敕左右，不許進水，雖絕清漱，午輒不肯食，由是神武食必呼與同案。神武崩，哭泣嘔血。及壯，將婚，貌有戚容。文襄謂曰：「我爲爾娶鄭述祖女，何嫌而不樂？」對曰：「自痛孤遺，方從婚冠，彌用感切。」言未卒，嗚咽不自勝，文襄爲之憫然。勵之勤學，常夜久方罷。

文宣受禪，進爵爲王。叡身長七尺，容儀甚偉，閑習吏事，有知人之鑒。天保二年，出爲定州刺史、六州大都督，時年十七，稱爲良牧。六年，詔叡領兵監築長城，于時六月，叡途中屛蓋扇，親與軍人同勞苦。定州先常藏冰，長史宋欽道以叡冒熱，遣倍道送冰，正遇炎盛，咸謂一時之要。叡對之歎曰：「三軍皆飲溫水，吾何義獨進寒冰！」遂至銷液，竟不一嘗，兵人咸悅。先是役罷，任其自歸，丁壯先返，羸弱多致僵殞。叡於是親帥營伍，强弱相持，賴全者十三四焉。

八年，除都督、北朔州刺史。叡撫慰新遷，量置烽戍，備有條法，大爲兵人所安。無水處禱而掘井，泉源湧出，至今號曰趙郡王泉。九年，濟南以太子監國，因立大都督府，與尚書省分理衆事，仍開府置佐史。文宣特崇其選，除叡侍中，攝大都督府長史。叡後因侍宴，帝從容謂常山王演等曰：「由來亦有如此長史不？」

皇建初，兼幷州事。孝昭帝臨崩，預受顧託，奉迎武成於鄴，拜尚書令。天統中，追贈父琛假黃鉞，母元氏贈趙郡王妃，謚曰貞昭，華陽長公主如故。有司備禮儀，就墓拜授。時隆冬盛寒，叡跣步號哭，面皆破裂，嘔血數升。及還，不堪參謝。帝親就第看問，拜司空、攝錄尚書事。

河清三年，周師及突厥至幷州，武成戎服，將以宮人避之，叡叩馬諫，乃止。帝親御戎，六軍進止，並令取叡節度，而使段孝先總焉。帝與宮人被緋甲，登故北城以望，軍營甚整。突厥咎周人曰：「爾言齊亂，故來伐之；今齊人眼中亦有鐵，何可當邪！」乃還，至陘嶺，凍滑，乃鋪氊以度。胡馬寒瘦，膝已下皆無毛，比至長城，死且盡，乃截矟杖之以歸。是役也，段孝先持重，不與賊戰，自晉陽失道，爲虜所屠，無遺類焉。斛律光自三堆還，帝以遭大寇，抱

其頭哭。任城王湝進曰：「何至此！」乃止。光面折孝先於帝前曰：「段婆善爲送女客。」於是以叡爲能，加尚書令，封宣城郡公，拜太尉，監五禮。〔三〕晚節頗以酒色爲和士開所構。叡久典朝政，譽望日隆，漸被疏忌，乃撰古忠臣義士，號曰要言，以致其意。

武成崩，葬後數日，叡與馮翊王潤、安德王延宗及元文遙奏後主云：「和士開不宜仍居內。」幷入奏太后，因出士開爲兗州刺史。太后欲留過百日，叡正色不許。太后令酌酒賜叡，叡正色曰：「今論國家大事，非爲卮酒。」言訖便出。其夜，叡方寢，見一人長可丈五尺，臂丈餘，當門向牀，以臂壓叡，良久遂失。甚惡之，起坐歎曰：「大丈夫運命一朝至此！」旦欲入朝，妻子咸諫止之。叡曰：「社稷事重，吾當以死効之，吾寧死事先皇，不忍見朝廷顚沛。」至殿門，又有人曰：「願勿入。」叡曰：「吾上不負天，死亦無恨。」入見太后，太后復以爲言，叡執之彌固。出至永巷，被執送華林園，〔四〕於雀離佛院令劉桃枝拉殺之，〔五〕時年三十六。大霧三日，朝野冤惜之。其年，詔聽以王禮葬，竟無贈謚。

子整信嗣，好學有行檢，位儀同三司，後終於長安。

清河王岳字洪略，神武從父弟也。父翻，字飛雀，以器度知名，卒於侍御中散。元象中，贈假黃鉞、大將軍、太傅、太尉、錄尚書事，謚孝宣公。

岳幼孤貧，人未之知，長而敦直，姿貌嶷然，深沉有器量。初居洛邑，神武每使入洛，必止岳舍。岳母山氏嘗夜起，見神武室中無火而有光，移於別室，如前所見。怪之，詣卜者筮，遇乾之大有。占者曰：「吉，易稱『飛龍在天，大人造也』，貴不可言。」山氏歸報神武。神武後起兵於信都，山氏謂岳曰：「赤光之瑞，今當驗矣，汝可從之。」岳遂往信都，神武見之大悅。

及戰於韓陵，神武將中軍，高昂將左軍，岳將右軍。中軍敗，岳舉麾大呼，橫衝賊陣，神武因大破賊。以功除衞將軍、左光祿大夫，封清河郡公。母山氏封郡君，授女侍中，入侍皇后。天平二年，除侍中、六州軍事都督，尋加開府。岳辟引時賢，以爲僚屬，論者美之。尋授使持節、六州大都督、冀州大中正。俄拜京畿大都督，其六州事悉隸京畿。時神武統務晉陽，岳與侍中孫騰等京師輔政。岳性至孝，母疾，衣不解帶。及遭喪去職，哀毀骨立，神武憂之，每日遣人勞勉。尋起復本位，歷冀晉二州刺史、西南道大都督，有綏邊之稱。

及神武崩，侯景叛，梁武乘間遣其貞陽侯明於寒山擁泗水灌彭城，與景爲犄角聲援。岳總諸軍南討，與行臺慕容紹宗擊破明，禽之。景仍於渦陽與左衞將軍劉豐等相持，岳又破之。以功除太尉。又統慕容紹宗、劉豐等攻王思政於長社，岳引洧水灌城。紹宗、劉豐

爲思政所獲，西魏出兵援思政，岳內外防禦，城不沒者三板。會文襄親臨，數日剋城，獲思政等。以功別封眞定縣男。文襄以爲己功，故賞典不弘。

文襄崩，文宣出撫晉陽，令岳以本官兼尚書左僕射，留鎭鄴。天保初，進封清河郡王。五年，加太保，尋爲西南道大行臺，統司徒潘相樂等救江陵。師次義陽，西魏克荊州。因略地，克郢州，獲梁郢州刺史陸法和，送鄴。詔岳旋師。

岳自討寒山、長社及出隨、陸，並有功，威名彌重。性華侈，尤悅酒色，歌姬舞女，陳鼎擊鍾，諸王皆莫及。初，高歸彥少孤，神武令岳撫養。輕其年幼，情禮甚薄，歸彥內銜之。及歸彥爲領軍，岳謂其德己，更倚仗之。歸彥密構其短，奏岳造城南大宅，僭擬爲永巷，但無闕耳。帝後夜行，見壯麗，意不平。仍屬帝召鄴下婦人薛氏入宮，而岳先嘗迎之至宅，由其姊也。帝縣薛氏姊而鋸殺之，讓岳，以爲姦人女。岳曰：「臣本欲取之，嫌其輕薄，非姦也。」帝益怒，使高歸彥就宅賜以鴆。岳曰：「臣無罪。」彥曰：「飲之！」飲而薨。朝野惜之，時年三十四。〔六〕詔大鴻臚護喪事，贈太宰、太傅、假黃鉞、給轀輬車，謚曰昭武。敕以城南宅爲莊嚴寺。

初，岳與神武經綸天下，家有私兵戎器，儲甲千餘領。文襄末，岳表求納之，文襄推心相任，不許。文宣時，亦頻請納，又不許。將薨，遺表謝恩，幷請上甲。葬畢，方許納焉。皇

建中，配享文襄廟庭。後歸彥反，武成知其前譖，以歸彥良賤百口贈岳家。贈岳太師、太保，餘如故。子勱。

勱字敬德，幼聰敏，美風儀，以仁孝聞。七歲襲爵清河王，十四爲青州刺史，歷祠部尚書、開府儀同三司，改封安樂侯。[七]性剛直，有才幹，斛律光雅敬之，每征伐則引爲副。遷侍中、尚書右僕射。

及後主爲周師所敗，勱奉太后歸鄴。時宦官放縱，儀同苟子溢尤幸，勱將斬以徇，太后救之，乃得釋。劉文殊竊謂勱曰：「子溢之徒，言成禍福，何得如此！」勱攘袂曰：「今西軍日侵，朝貴多叛，正由此輩弄權。若今日殺之，明日就誅，無恨。」文殊甚愧之。勱勸後主，五品已上家累，悉置三臺上，[八]脅之曰：「若戰不捷，則燒之。此輩必死戰，乃可捷也。」後主不從，遂棄鄴東遷。勱恒後殿，爲周軍所得。武帝與語，大悅，因問齊亡所由，勱發言流涕，悲不自勝，帝爲改容。授開府儀同三司。

隋文帝爲丞相，謂曰：「齊亡由任邪佞，公父子忠良，聞於隣境，宜善自愛。」勱拜謝曰：「勱，亡齊末屬，不能扶危定傾，既蒙獲宥，已多優幸，況濫叨名級，致速官謗。」帝甚器之。再遷楚州刺史。城北有伍子胥廟，其俗敬鬼，祈者必以牛酒，至破產業。勱歎曰：「子胥賢

者，豈宜損百姓乎！」告諭所部，自是遂止，百姓賴之。

開皇七年，轉光州刺史。上表曰：「陳氏數年已來，荒悖滋甚，天厭亂德，妖實人興。或空裏時有大聲，或行路共傳鬼怪，或刳人肝以祠天狗，或自捨身以厭妖訛。人神怨憤，怪異荐發。臣以庸才，猥蒙朝寄，頻歷蕃守，與其隣接，密邇仇讎，知其動靜。天討有罪，此即其時。若戎車雷動，戈船電邁，臣雖駑怯，請効鷹犬。」幷上平陳五策，帝嘉之，答以優詔。及大舉伐陳，以勱爲行軍總管，從宜陽公王世積下陳江州，以功拜上開府，賜物三千段。

時隴右諸羌，數爲寇亂，朝廷以勱有威名，拜洮州刺史。下車大崇威惠，人夷悅附，豪猾屏迹，路不拾遺，以善政稱。後吐谷渾來寇，勱時遇疾，不能拒戰，賊遂大掠而去。憲司奏勱亡戶口，坐免，卒于家。大唐襃顯前代名臣，追贈都督四州諸軍事、定州刺史。

子士廉最知名。

廣平公盛，神武從叔祖也。[九]寬厚有長者風。神武起兵於信都，盛來赴，以爲中軍大都督，封廣平郡公。歷位司徒、太尉。天平三年，薨於位，贈假黃鉞、太尉、太師、錄尚書事。無子，以兄子子瑗嗣。天保初，改封平昌王，卒於魏尹。

陽州公永樂，[一〇]神武從祖兄子也。太昌初，封陽州縣伯，進爵爲公，累遷北豫州刺史。河橋之戰，司徒高昂失利奔退，永樂守河陽南城，[一一]昂走趣城南，西軍追者將至，永樂不開門，昂遂爲西軍所禽。神武大怒，杖之二百。

後罷豫州，家產不立。神武問其故，對曰：「裴監爲長史，辛公正爲別駕，受王委寄，斗酒隻雞不敢入。」神武乃以永樂爲濟州，仍以監、公正爲長史、別駕。謂永樂曰：「爾勿大貪，小小義取莫復畏。」永樂至州，監、公正諫不見聽，以狀啓神武。神武封啓以示永樂，然後知二人清直，並擢用之。永樂卒於州，贈太師、太尉、錄尚書事，謚曰武昭。

無子，從兄思宗以第二子孝緒爲後，襲爵。天保初，改封脩城郡王。

永樂弟長弼，小名阿伽。性粗武，出入城市，好毆擊行路，時人皆呼爲阿伽郎君。以宗室封廣武王。時有天恩道人，至凶暴，橫行閭肆，後入長弼黨，專以鬬爲事。文宣並收掩付獄，天恩等十餘人皆棄市，長弼鞭一百。尋爲南營州刺史，在州無故自驚走，叛亡入突厥，竟不知死所。

襄樂王顯國，神武從祖弟也。無才伎，直以宗室謹厚，天保元年，封襄樂郡王。位右衞將軍，卒。

上洛王思宗，神武從子也。性寬和，頗有武幹。天保初，封上洛郡王，歷位司空、太傅，薨於官。

子元海，累遷散騎常侍，願處山林，修行釋典，文宣許之。乃入林慮山，經二年，絕棄人事。志不能固，自啓求歸。徵復本任，便縱酒肆情，廣納姬侍。又除領軍將軍。器小志大，頗以智謀自許。

皇建末，孝昭幸晉陽，武成居守，元海以散騎常侍留典機密。初，孝昭之誅楊愔等，謂武成云，事成，以汝爲皇太弟。及踐位，乃使武成在鄴主兵，立子百年爲皇太子，武成甚不平。

先是，恒留濟南於鄴，除領軍厙狄伏連爲幽州刺史，以斛律豐樂爲領軍，以分武成之

權。武成留伏連而不聽豐樂視事。乃與河南王孝瑜僞獵，〔一三〕謀於野，暗乃歸。先是童謠云：「中興寺內白鳧翁，四方側聽聲雍雍，道人聞之夜打鐘。」時丞相府在北城中，卽舊中興寺也；鳧翁謂雄鷄，蓋指武成小字步落稽也；道人，濟南王小名也；打鐘，言將被擊也。旣而太史奏言，北城有天子氣，昭帝以爲濟南應之，乃使平秦王歸彥之鄴，迎濟南赴幷州。武成先告元海，幷問自安之計。元海曰：「皇太后萬福，至尊孝性非常，殿下不須別慮。」武成曰：「此豈我推誠之意邪？」元海乞還省一夜思之。武成卽留元海後堂，元海達旦不眠，唯遶床徐步。夜漏未盡，武成遽出曰：「神算如何？」答云：「夜中得三策，恐不堪用耳。」因說梁孝王懼誅入關事，請乘數騎入晉陽，先見太后求哀，後見主上，請去兵權，以死爲限，求不干朝政，必保太山之安，此上策也。若不然，當具表云威權大盛，恐取謗衆口，請青、齊二州刺史，沉靖自居，必不招物議，此中策也。更問下策，曰：「發言卽恐族誅。」因逼之，答曰：「濟南世嫡，主上假太后令而奪之，今集文武，示以此敕，執豐樂，斬歸彥，尊濟南，號令天下，以順討逆，此萬世一時也。」武成大悅，狐疑，竟未能用。乃使鄭道謙卜之，皆曰：「不利舉事，靜則吉。」又召曹魏祖問之國事，對曰：「當有大凶。」又時有林慮令姓潘，〔一三〕知占候，密謂武成曰：「宮車當晏駕，殿下爲天下主。」武成拘之於內以候之。又令巫覡卜之，多云不須舉兵，自有大慶。武成乃奉詔，令數百騎送濟南於晉陽。

及孝昭崩，武成卽位，除元海侍中、開府儀同三司、太子詹事。河清二年，元海爲和士開譖，被馬鞭六十，責云：「爾在鄴城說我以弟反兄，幾許不義！以鄴城兵馬抗幷州，幾許無智！不義無智，若爲可使？」出爲兗州刺史。

元海後妻，陸太姬甥也，故尋被追任使。武平中，與祖珽共執朝政。元海多以太姬密語告珽，珽求領軍，元海不可，珽乃以其所告報太姬。姬怒，出元海爲鄭州刺史。鄴城將敗，徵爲尙書令。周建德七年，於鄴城謀逆，伏誅。

元海好亂樂禍，然詐仁慈，不飮酒噉肉。文宣天保末年，敬信內法，乃至宗廟不血食，皆元海所爲。及爲右僕射，又說後主禁屠宰，斷酤酒。然本心非靖，故終致覆敗。

思宗弟思好，本浩氏子也，思宗養以爲弟，遇之甚薄。少以騎射事文襄。及文宣受命，爲左衞大將軍。本名思孝，天保五年討蠕蠕，文宣悅其驍勇，謂曰：「爾擊賊如鶻入鵶羣，宜思好事。」故改名焉。累遷尙書令、朔州道行臺、朔州刺史、開府、南安王。甚得邊朔人心。

後主時，斫骨光弁〔一四〕奉使至州，思好迎之甚謹，光弁倨傲，思好因心銜恨。武平五年，遂舉兵反，與幷州諸貴書曰：「主上少長深宮，未辨人之情僞，昵近凶狡，疏遠忠良。遂使刀鋸刑餘，貴溢軒階，商胡醜類，擅權帷幄。剝削生靈，劫掠朝市，闇於聽受，專行忍害。幽母深宮，無復人子之禮；二弟殘戮，頓絕孔懷之義。仍縱子立奪馬於東門，光弁擎鷹於西市。駿龍得儀同之號，逍遙受郡君之名。犬馬班位，榮冠軒冕，人不堪役，思長亂階。趙郡王叡，實曰宗英，社稷惟寄；左丞相斛律明月，世爲元輔，威著隣國：並非有辜，奄見誅殄。孤旣忝預皇枝，實蒙殊奬，今便擁率義兵，指除君側之害，幸悉此懷，無致疑惑。」行臺郎王行思之辭也。

思好至陽曲，自號大丞相，置百官，以行臺左丞王尙之爲長史。武衞趙海在晉陽掌兵，時倉卒，不暇奏，矯詔發兵拒之。軍士皆曰：「南安王來，我輩唯須唱萬歲奉迎耳。」帝聞變，使唐邕、莫多婁敬顯、劉桃枝、中領軍厙狄士文馳之晉陽，帝勒兵續進。思好軍敗，與行思投水而死。其麾下二千人，桃枝圍之，且殺且招，終不降，以至於盡。

時帝在道，叱奴世安自晉陽送露布，於城平都遇斛斯孝卿，〔一五〕孝卿誘使食，因馳詣行宮，叫已了。帝大歡，左右呼萬歲。良久，世安乃以狀自陳。帝曰：「告爾何物事？〔一六〕乃得坐食！」於是賞孝卿而免世安罪。暴思好屍七日，然後屠剝焚之，烹尙之於鄴市，令內參射其妃於宮內，仍火焚殺之。

思好反前五旬，有人告其謀反。韓長鸞女適思好子，故奏言有人誣告諸貴，事相擾動，不殺無以息後，乃斬之。思好旣誅，死者弟伏闕下訴求贈兄，長鸞不爲通也。

平秦王歸彥字仁英，神武族弟也。父徽，魏末坐事當徙涼州。行至河、渭間，遇賊，以軍功得免流。因於河州積年，以解胡言爲西域大使，得胡師子，以功行河州事，〔一七〕遂死焉。徽於神武，舊恩甚篤。及神武平京洛，迎徽喪，與穆同營葬。〔一八〕贈司徒，謚曰文宣。

初，徽嘗過長安市，與婦人王氏私通而生歸彥，至是年已九歲，神武追見之，撫對悲喜。稍遷徐州刺史。歸彥少質朴，後更改節，放縱，好聲色，朝夕酣歌。妻魏上黨王元天穆女也，貌不美而甚嬌妬，數忿爭，密啓文宣求離，事寢不報。天保元年，封平秦王，嫡妃康及所生母王氏，並爲太妃。〔一九〕善事二母，以孝聞。徽爲兼侍郎，稍被親寵。以討侯景功，別封長樂郡公，除領軍大將軍。領軍加大，自歸彥始也。文宣誅高德正，金寶財貨，悉以賜之。乾明初，拜司徒，仍總知禁衞。

濟南自晉陽之鄴，楊愔宣敕，留從駕兵五千於西中，陰備非常。至鄴數日，歸彥乃知之，由是陰怨楊、燕等。楊、燕等欲去二王，問計於歸彥。歸彥詐喜，請共元海量之。元海亦口許心違，馳告長廣。長廣於是誅楊、燕等。孝昭將入雲龍門，都督成休寧列仗拒而不內，歸彥諭之，然後得入。進向栢閣、永巷亦如之。孝昭踐阼，以此彌見優重，每入，常在平原王段韶上。以爲司空，兼尚書令。齊制，宮內唯天子紗帽，臣下皆戎帽，特賜歸彥紗帽以寵之。孝昭崩，歸彥從晉陽迎武成於鄴。及武成卽位，進位太傅，領司徒，常聽將私部曲三人，帶刀入仗。從武成還都，諸貴戚等競要之。其所往處，一坐盡傾。

歸彥旣地居將相，志氣盈滿，發言陵侮，傍若無人。議者以威權震主，必爲禍亂；上亦尋其前翻覆之迹，漸忌之。高元海、畢義雲、高乾和等咸數言其短，上幸歸彥家，召魏收對御作詔草，〔二〇〕欲加右丞相。收曰：「至尊以右丞相登帝位，今爲歸彥威名太盛，故出之，豈可復加此號？」乃拜太宰、冀州刺史。卽乾和繕寫。晝日，仍敕門司不聽輒內。時歸彥在家縱酒，經宿不知，至明欲參，至門知之，大驚而退。及通名謝，敕令早發，別賜錢帛、鼓吹、醫藥，事事周備。又敕武職督將，悉送至淸陽宮。拜而退，莫敢共語。唯與趙郡王叡久語，時無聞者。

至州不自安，謀逆，欲待受調訖，班賜軍士。望車駕如晉陽，乘虛入鄴。爲其郎中令呂思禮所告，詔平原王段韶襲之。歸彥舊於南境置私驛，聞軍將逼，報之，便嬰城拒守。先是冀州長史宇文仲鸞、司馬李祖挹、別駕陳季璩、中從事房子弼、長樂郡守尉普興等疑歸彥有異，使連名密啓，〔二一〕歸彥追而獲之，遂收禁仲鸞等五人。仍並不從，皆殺之。軍已逼城，歸彥登城大叫云：「孝昭皇帝初崩，六軍百萬衆，悉由臣手，投身向鄴迎陛下，當時不反，今日

豈有異心？正恨高元海、畢義雲、高乾和誑惑聖上，疾忌忠良。但爲殺此三人，卽臨城自刎。」

其後城破，單騎北走。至交津，見獲，鎖送鄴。帝令趙郡王叡私問其故，歸彥曰：「使黃頷少兒牽挽我，何可不反？」曰：「誰邪？」歸彥曰：「元海、乾和，豈是朝廷老宿？如趙家老公時，又詎懷怨？」於是帝又使讓焉，對曰：「高元海受畢義雲宅，用作本州刺史，給後部鼓吹；臣爲蕃王、太宰，仍不得鼓吹。正殺元海、義雲而已。」上令都督劉桃枝牽入，歸彥猶作前語，望活。帝命議其罪，皆云不可赦。乃載以露車，銜枚面縛，劉桃枝臨之以刃，擊鼓隨之，幷子孫十五人，皆棄市。贈仁州刺史。

魏時山崩，得石角二，藏在武庫。文宣入庫，賜從臣兵器，特以二石角與歸彥，謂曰：「爾事常山不得反，事長廣得反，反時，將此角嚇漢。」歸彥額骨三道，着幘不安，文宣見之怒，使以馬鞭擊其額，血被面曰：「爾反時，當以此骨嚇漢。」其言反，竟驗云。

武興王普字德廣，歸彥兄歸義之子也。性寬和，有度量。九歲與歸彥自河州俱入洛，〔二二〕神武使與諸子同游處。天保初，封武興郡王。武平二年，累遷司空。六年，爲豫州道行臺尚書令。後主奔鄴，就加太宰。周師逼，乃降。卒於長安，贈上開府、豫州刺史。

長樂太守靈山，字景嵩，神武族弟也。從神武起兵信都，終長樂太守，贈大將軍、司空，謚曰文宣。子懿，卒於武平鎮將。無子，文宣以靈山從父兄齊州刺史建國子伏護爲靈山後。

伏護字臣援，粗有刀筆。天統初，累遷黃門侍郎。伏護歷事數朝，恒參機要，而性嗜酒，每多醉失。末路逾劇，乃至連日不食，專事酣酒，神識恍惚，遂以卒。贈兗州刺史。建國侯。孫乂襲。〔二三〕

乂少謹，武平末，給事黃門侍郎。隋開皇中爲太府少卿，坐事死。

神武皇帝十五男：武明婁皇后生文襄皇帝、文宣皇帝、孝昭皇帝、襄城景王淯、〔二四〕武成皇帝、博陵文簡王濟。王氏生永安簡平王浚。穆氏生平陽靖翼王淹。大尒朱氏生彭城景思王浟、華山王凝。韓氏生上黨剛肅王渙。小尒朱氏生任城王湝。游氏生高陽康穆王湜。鄭氏生馮翊王潤。馬氏生漢陽敬懷王洽。

永安簡平王浚字定樂，神武第三子也。初神武納浚母，當月而有孕，及產浚，疑非己類，不甚愛之。而浚早慧，後更被寵。年八歲，謂博士盧景裕曰：〔二五〕「祭神如神在，爲有神邪？無神邪？」對曰：「有。」浚曰：「有神，當云祭神神在，何煩如字？」景裕不能答。及長，嬉戲不節，曾以屬請受納，大見杖罰，拘禁府獄，旣而見原。後稍折節，頗以讀書爲務。元象中，封永安郡公。豪爽有氣力，善騎射，爲文襄所愛。文宣性雌懦，每參文襄，有時涕出。浚恒責帝左右：「何因不爲二兄拭鼻？」由是見銜。累遷中書監、兼侍中。出爲靑州刺史，雖頗好畋獵，聰明矜恕，上下畏悅之。天保初，進爵爲王。〔二六〕

文宣末年多酒，浚謂親近曰：「二兄舊來，不甚了了，自登阼已後，識解頓進。今因酒敗德，朝臣無敢諫者，大敵未滅，吾甚以爲憂。欲乘驛至鄴面諫，不知用吾不？」人有知，密以白帝，又見銜。八年，來朝，從幸東山。帝裸裎爲樂，雜以婦女，又作狐掉尾戲。浚進言，此非人主所宜，帝甚不悅。浚又於屏處召楊遵彥，譏其不諫。帝時不欲大臣與諸王交通，遵彥懼，以奏帝。大怒曰：「小人由來難忍！」遂罷酒還宮。浚尋還州，又上書切諫。詔令徵浚，浚懼禍，謝疾不朝。上怒，馳驛收浚，老幼泣送者數千人。至，盛以鐵籠，與上黨王渙俱置北城地牢下，飲食溲穢，共在一所。

明年，帝親將左右，臨穴歌謳，令浚等和之。浚等惶怖且悲，不覺聲戰。帝爲愴然，因泣，將赦之。長廣王湛先與浚不睦，進曰：「猛獸安可出穴？」帝默然。浚等聞之，呼長廣王小字曰：「步落稽，皇天見汝！」左右聞者，莫不悲傷。浚與渙皆有雄略，爲諸王所傾服，帝恐爲害，乃自刺渙，又使壯士劉桃枝就籠亂刺。槊每下，浚、渙輒以手拉折之，號哭呼天，於是薪火亂投籠，燒殺之，塡以石土。後出，皮髮皆盡，屍色如炭，天下爲之痛心。

後帝以其妃陸氏配儀同劉郁捷，舊帝蒼頭也，以軍功見寵，時令郁捷害浚，故以配焉。後數日，帝以陸氏先無寵於浚，敕與離絕。乾明元年，贈太尉。無子，詔以彭城王浟第二子準字茂則嗣。

平陽靖翼王淹字子邃，神武第四子也。元象中，封平陽郡公，累遷尚書左僕射。天保初，進爵爲王，歷位尚書令、[三七]開府儀同三司、司空、太尉。皇建初，爲太傅，與彭城、河間王並給仗身羽林百人。大寧元年，遷太宰。性沉謹，以寬厚稱。河清三年，薨於晉陽。或云以酖終。還葬鄴，贈假黃鉞、太宰、錄尚書事。子德素嗣。

彭城景思王浟字子深，神武第五子也。元象二年，拜通直散騎常侍，封長樂郡公。博

士韓毅教浟書，見浟筆迹未工，戲浟曰：「五郎書畫如此，忽爲常侍開國，今日後，宜更用心！」浟正色答曰：「昔甘羅爲秦相，未聞能書。凡人唯論才具何如，豈必勤勤筆迹。博士當今能者，何爲不作三公？」時年蓋八歲矣，毅甚慚。

武定六年，出爲滄州刺史。爲政嚴察，部內肅然。守令參佐，下及胥吏，行游往來，皆自齎糧食。浟纖介知人間事，有濕沃縣主簿張達，[三八]嘗詣州，夜投人舍食雞羹，浟察知之。守令畢集，浟對衆曰：「食雞羹何不還他價直也？」達卽伏罪，合境號爲神明。又有一人從幽州來，驢馱鹿脯，至滄州界，脚痛行遲，偶會一人爲伴，遂盜驢及脯去。明旦告州，浟乃令左右及府僚吏分市鹿脯，不限其價。其主見脯識之，推獲盜者。轉都督、定州刺史。時有人被盜黑牛，背上有白毛。長史韋道建謂中從事魏道勝曰：「使君在滄州日，擒姦如神。若捉得此賊，定神矣。」浟乃詐爲上符，市牛皮，倍酬價直。使牛主認之，因獲其盜。建等歎服。又有老母姓王，孤獨，種菜三畝，數被偸。浟乃令人密往書菜葉爲字，明日，市中看菜葉有字，獲賊。爾後境內無盜，政化爲當時第一。

天保初，封彭城王。四年，徵爲侍中，人吏送別悲號。有老公數百人，相率具饌白浟曰：「自殿下至來五載，人不識吏，吏不欺人。百姓有識已來，始逢今化。殿下唯飮此鄉水，未食百姓食，聊獻疏薄。」浟重其意，爲食一口。七年，轉司州牧，選從事皆取文才士明剖斷者，當時稱爲美選。州舊案五百餘，浟未期悉斷盡。別駕羊脩等恐犯權戚，乃詣閤諮陳。浟使告曰：「吾直道而行，何憚權戚？卿等當成人之美，反以權戚爲言！」脩等慚悚而退。後加特進，兼司空、太尉，州牧如故。太妃薨，解任。尋詔復本官。俄拜司空，兼尚書令。濟南嗣位，除開府儀同三司、尚書令，領大宗正卿。皇建初，拜大司馬，兼尚書令，轉太保。武成入承大業，遷太師、錄尚書。

浟明練世務，果於斷決，事無大小，咸悉以情。趙郡李公統預高歸彥之逆，其母崔氏，卽御史中丞崔昂從父姊，兼右僕射魏收之內妹也。依令：年出六十，例免入官。崔增年陳訴，所司以昂、收故，崔遂獲免。浟摘發其事，昂等以罪除名。自後車駕巡幸，浟常留鄴。河清三年三月，羣盜白子禮等數十人，謀劫浟爲主。詐稱使者，徑向浟第，至內室，稱敕呼浟，牽上馬，臨以白刃，欲引向南殿。浟大呼不從，遂遇害，時年三十二。朝野痛惜焉。初浟未被劫前，其妃鄭氏夢人斬浟頭持去，惡之。數日而浟見殺。贈假黃鉞、太師、太尉、錄尚書事，給轀輬車。

子寶德嗣。位開府，兼尚書左僕射。

上黨剛肅王渙字敬壽，神武第七子也。天姿雄傑，俶儻不羣，雖在童幼，恒以將略自

許。神武壯而愛之，曰：「此兒似我。」及長，力能扛鼎，材武絕倫。每謂左右曰：「人不可無學，但要不爲博士耳。」故讀書頗知梗概，而不甚耽習。

元象中，封平原郡公。文襄之遇賊，渙年尚幼，在西學，聞宮中讙，驚曰：「大兄必遭難矣！」彎弓而出。武定末，除冀州刺史，在州有美政。天保初，封上黨王，歷中書令、尚書左僕射。與常山王演等築伐惡諸城。遂聚鄴下輕薄，陵犯郡縣，爲法司所糾。文宣戮其左右數人，渙亦被譴。六年，率衆送梁王蕭明還江南，仍破東關，斬梁特進裴之橫等，威名甚盛。八年，錄尚書事。初，術士言亡高者黑衣，由是自神武後每出行不欲見桑門，爲黑衣故也。是時文宣幸晉陽，以所忌問左右曰：「何物最黑？」對曰：「莫過漆。」帝以渙第七，爲當之，乃使庫眞都督破六韓伯昇之鄴徵渙。渙至紫陌橋，殺伯昇以逃，憑河而度，土人執以送帝。鐵籠盛之，與永安王浚同置地牢下。歲餘，與浚同見殺，時年二十六。

以其妃李氏配馮文洛，是帝家舊奴，積勞位至刺史。帝令文洛等殺渙，故以其妻妻焉。至乾明元年，收二王餘骨葬之，贈司空，諡曰剛肅。有勑李氏還第，而文洛尚以故意，修飾詣李。李盛列左右，引文洛立於階下，數之曰：「遭難流離，以至大辱，志操寡薄，不能自盡。幸蒙恩詔，得反藩闈。汝是誰家執奴？猶欲見侮！」於是杖之一百，流血灑地。

渙無嫡子，庶長子寶嚴，以河清二年襲爵。位終金紫光祿大夫、開府儀同三司。

襄城景王淯，神武第八子也。容貌甚美，弱年有器望。元象中，封章武郡公。天保初，封襄城郡王。二年春，薨。齊氏諸王選國臣府佐，多取富商羣小，鷹犬少年。唯襄城、廣寧、蘭陵王等，頗引文藝清識之士，當時以此稱之。乾明元年二月，贈假黃鉞、太師、太尉、錄尚書事。無子，詔以常山王演第二子亮嗣。

亮字彥道，性恭孝，美風儀，好文學。爲徐州刺史，坐奪商人財物，免官。後主敗，奔鄴，亮從焉。遷兼太尉、太傅。周師入鄴，亮於啓夏門拒守，諸軍皆不戰而敗，周軍於諸城門皆入，亮軍方退走。亮入太廟行馬內，慟哭拜辭，然後爲周軍所執。入關，依例授儀同，分配遠邊，卒於龍州。

任城王湝，神武第十子也。少明慧，天保初封。自孝昭、武成時，車駕還鄴，嘗令湝鎮晉陽，總幷省事。歷司徒、太尉、幷省錄尚書。天統三年，拜太保，幷州刺史，別封正平郡公。

時有婦人臨汾水浣衣，有乘馬人換其新靴馳而去者，婦人持故靴詣州言之。湝召居城諸嫗，以靴示之，紿曰：「有乘馬人於路被賊劫害，遺此靴，焉得無親屬乎？」一嫗撫膺哭曰：

「兒昨着此靴向妻家。」如其語，捕獲之，時稱明察。

武平初，遷太師、司州牧。出爲冀州刺史，加太宰，遷右丞相、都督、青州刺史。湝頻牧大蕃，雖不潔己，然寬恕，爲吏人所懷。五年，青州人崔蔚波等夜襲州城。湝部分倉卒之際，咸得齊整，擊賊大破之。拜左丞相，轉瀛州刺史。

及後主奔鄴，加湝大丞相。及安德王稱尊號於晉陽，使劉子昂修啓於湝：「至尊出奔，宗廟既重，羣公勸迫，權主號令。事寧終歸叔父。」湝曰：「我人臣，何容受此啓。」執子昂送鄴。帝至濟州，禪位於湝，竟不達。

湝與廣寧王孝珩於冀州召募，得四萬餘人，拒周軍。周齊王憲來伐，先遣送書，幷赦詔，湝並沉諸井。戰敗，湝、孝珩俱被禽。憲曰：「任城王，何苦至此！」湝曰：「下官神武帝子，兄弟十五人，幸而獨存。逢宗社顚覆，今日得死，無愧墳陵。」憲壯之，歸其妻子。將至鄴城，湝馬上大哭，自投于地，流血滿面。至長安，尋與後主同死。

妃盧氏，賜斛斯徵。盧蓬首垢面，長齋不言笑，徵放之，乃爲尼。隋開皇三年，表請文帝，葬湝及五子於長安北原。

高陽康穆王湜，神武第十一子也。天保元年封。十年，稍遷尚書令。以滑稽便辟，有

寵於文宣，在左右行杖，以撻諸王，太后深銜之。其妃父護軍長史張晏之，嘗要道拜湜，湜不禮焉。帝問其故，對曰：「無官職漢，何須禮！」帝於是擢拜晏之爲徐州刺史。文宣崩，湜兼司徒，導引梓宮。吹笛云：「至尊頗知臣不？」又擊胡鼓爲樂。太后杖湜百餘，未幾薨。太后哭之哀，曰：「我恐其不成就，與杖，何期帶創死也！」乾明初，贈假黃鉞、太師、司徒、錄尚書事。子士義襲爵。

博陵文簡王濟，神武第十二子也。天保元年封。濟嘗從文宣巡幸，在路忽憶太后，遂逃歸。帝怒，臨以白刃，因此驚悦。歷位太尉。河清初，出爲定州刺史。天統五年，在州語人云：「計次第，亦應到我。」後主聞之，陰使人殺之。贈假黃鉞、太尉、錄尚書事。子智襲爵。

華山王凝，神武第十三子也。天保元年，封新平郡王。九年，改封安定。十年，封華山。[二九]歷位中書令、齊州刺史，就加太傅。薨於州，贈左丞相、太師、錄尚書。凝諸王中最爲孱弱，妃王氏，太子洗馬王洽女也，與蒼頭姦，凝知而不能限禁。後事發，王氏賜死，詔杖凝一百，其愚如此。

馮翊王潤字子澤，神武第十四子也。幼時，神武稱曰：「此吾家千里駒也。」天保初封，歷位東北道行臺右僕射、都督、定州刺史。潤美姿儀，年十四五，母鄭妃與之同寢，有穢雜之聲。

及長，廉愼方雅，習於吏職。至於摘發隱僞，姦吏無所匿其情。開府王回洛，與六州大都督獨孤枝侵竊官田，受納賄賂，潤按舉其事。二人表言：王出送臺使，登魏孝文舊壇，[三〇]南望歎息，不測其意。武成使元文遙就州宣敕曰：「馮翊王少小謹愼，在州不爲非法，朕信之熟矣。登高遠望，人之常情，鼠輩欲輕相間構，曲生眉目。」於是回洛決鞭二百，獨孤枝決杖一百。

尋爲尚書令，領太子少師，歷司徒、太尉、大司馬、司州牧、太保、河南道行臺、錄尚書，別封文成郡公，太師、太宰，復爲定州刺史。薨，贈假黃鉞、左丞相。子茂德嗣。

漢陽敬懷王洽字敬延，神武第十五子也。天保元年封，五年薨，年十三。乾明元年，贈太保、司空。無子，以任城王第二子建德爲後。

論曰：趙郡王以跗蕚之親，當顧命之重，安夫一德，固此貞心，踐畏途而不疑，履危機而莫懼，以斯忠義，取斃凶慝。豈道光四海，不遇周成之明；將朝去三仁，終見殷墟之禍。不然，則邦國殄瘁，何若斯之速歟？清河屬經綸之期，青雲自致，出將入相，翊成鴻業。雖漢朝劉賈，魏室曹洪，俱未足諭其風烈，適足以彰文宣之失德焉。〔三〕思好屬昏亂之機，歸彥因猜嫌之釁，咫尺鄴都，以速其禍，智小謀大，理則宜然。神武諸王，多有聲譽。永安以諫爭遇禍，固齊室之比干。彭城涖人布政，乃與循良比迹，求之近古，未爲易遇。上黨申威淮海，受辱牢穽，以英俠之氣，迫悲歌之思，欲食藜藿之羹，處茅茨之下，其可得乎！馮翊廉愼閑明，妄被譏慝，以武成陰忌之朝，而見免夫角弓之刺，已爲幸矣。

校勘記

〔一〕天統三年　諸本「統」作「平」，北齊書卷一三趙郡王琛傳作「統」，按琛追贈配享事見本書卷八齊後主紀天統三年十二月，又見下文其子叡傳，今據改。

〔二〕其母魏華陽公主也　諸本「陽」作「山」。按下文作「陽」。趙明誠金石錄卷二二北齊華陽公主碑跋言公主卽高叡之母。作「陽」是。今據北齊書卷一三及通志卷八五高叡傳改。

〔三〕監五禮　北齊書「監」下有「議」字，是。

〔四〕被執送華林園　諸本脫「執」字，據北齊書、通志補。

〔五〕於雀離佛院令劉桃枝拉殺之　諸本「雀」訛作「崔」，據北齊書改。雀離佛圖見本書卷九七西域傳乾陁國。當時鄴都蓋仿其形制建塔，故有雀離佛院。

〔六〕時年三十四　北齊書卷一三清河王岳傳作「四十四」。張森楷云：「案岳從高歡起兵在魏永安末年，距齊天保六年凡二十六年，若岳卒年三十四，則起兵時只八歲，無是理也。北史蓋誤。」按高歡起兵實在普泰元年六月，張說誤提前一年，但結論不錯，當從北齊書作「四十四」。

〔七〕改封安樂侯　錢氏考異卷四〇云：「按齊書卷一三高勱傳：『以清河地在畿內，改封樂安王。』此云『安樂侯』者誤。」按通志卷八五及隋書卷五五高勱傳並作「樂安王」。但册府卷二七一三三一六頁作「安樂王」。作「侯」必誤，「樂安」、「安樂」未知孰是，今不改。

〔八〕五品已上家累悉置三臺上　諸本「已上」作「已下」，北齊書、隋書作「已上」。按北齊書上文云：「今所翻叛，多是貴人，至於卒伍，猶未離貳。」作「已上」是，若五品以下，則人數甚多，安能悉置三臺上。今據改。

〔九〕廣平公盛神武從叔祖也　按魏書卷三二高湖傳，盛父各拔與高歡祖謐爲兄弟，則盛乃歡從叔。高歡世系可疑。魏書、北齊書之不同，或卽史臣編造失檢所致。

〔一〇〕陽州公永樂　按本書卷七齊文宣紀天保元年見楊州縣開國公高孝緒，卽永樂嗣子。册府卷四五〇五三四〇頁亦作「楊州」。唯册府卷二八四三三四八頁作「陽周」。陽周縣見魏書地形志下豳州趙興郡。「陽州」、「楊州」皆當是「陽周」之訛。

〔一一〕永樂守河陽南城　諸本「河」訛作「洛」，據北齊書卷一四補陽州公永樂傳改。本書卷三一高昂傳及通鑑卷一五八四八九五頁並作「河陽南城」。此役洛陽爲西魏將獨孤信所據，高永樂不得在洛陽。

〔一二〕乃與河南王孝瑜僞獵　諸本「南」誤作「陽」，據通志卷八五高元海傳及本書卷五二孝瑜本傳改。

〔一三〕又時有林慮令姓潘　諸本「潘」訛作「藩」，據北齊書卷一四高元海傳改。通鑑卷一六八五二一六頁作「林慮令潘子密」。

〔一四〕斫骨光弁　錢氏考異云：「廣韻入聲十八藥漢複姓有斫胥氏。何氏姓苑云：『今平陽人。』此作『骨』，字相似而譌也。恩倖傳本書卷九二作『斫胥光弁』，『斫』又『斫』之譌，卽一人。」

〔一五〕於城平都遇斛斯孝卿　北齊書卷一四高思好傳無「城」字。按「城平都」當作「平都城」，參卷三一高德政傳校記。又本書卷五三、北齊書卷二〇斛律光舉傳，光舉子名孝卿，於後主時典機密。「斛斯」當是「斛律」之訛。

〔一六〕告爾何物事　北齊書「告爾」作「告示」，通志卷八五高思好傳作「爾告」。疑通志是。

〔一七〕以功行河州事　諸本「州」作「東」，通志卷八五高歸彥傳作「州」。按魏書卷三二高湖傳附見高徽。言其出使還，至河州，遇莫折念生起義，河州刺史元祚以憂死，因被推行河州事，後爲梁景進所殺。此事亦見魏書卷九肅宗紀孝昌元年十月。作「州」是，今據通志改。

〔一八〕迎徽喪與穆同營葬　通志「與穆同營葬」作「爲之營葬」。按上文不見穆事迹，疑有脫誤。

〔一九〕嫡妃康及所生母王氏並爲太妃　張森楷云：「上『妃』當作『母』，若如此文，則似歸彥妃矣。」

〔二〇〕上幸歸彥家召魏收對御作詔草　通鑑卷一六八五二一九頁云：「帝亦尋其反覆之迹，伺歸彥還家，召魏收於帝前作詔草。」按欲出歸彥，安得至其家作詔？下文云：「仍敕門司，不聽輒納，時歸彥在家縱酒，經宿不知，至明欲參，至門知之。」足証作詔必不在歸彥家。此「歸彥」下當脫「還」字。

〔二一〕使連名密啓　通志「使」作「亦」。按疑是「便」之訛。

〔二二〕九歲與歸彥自河州俱入洛　諸本脫「與」字，據通志補。

〔二三〕建國侯孫乂襲　墓誌集釋補遺高虬墓誌圖版六〇三稱「虬字龍叉」，趙萬里以爲龍叉卽此傳之乂。又以爲「侯」當作「從」。按伏護本生父名建國，不當贈爵建國侯，趙說疑是。

〔二四〕襄城景王淯　諸本「淯」作「清」。按北齊書卷一〇高祖十一王傳，本書卷七、北齊書卷四文宣紀天保元年及二年，册府卷二七七三二七五頁並作「淯」。「清」乃「淯」之訛，今據改。

〔二五〕謂博士盧景裕曰　諸本脫「景」字，據下文及北齊書、通志卷八五神武諸子傳補。

〔二六〕天保初進爵爲王　諸本「天保」作「保定」。按「保定」乃周武帝年號，誤。高浚封永安王見本書卷七、北齊書卷四文宣紀天保元年。今據改。

〔二七〕歷位尚書令　諸本脫「令」字，據北齊書、通志補。高渙遷尚書令見本書卷七文宣紀天保元年七月。

〔二八〕有濕沃縣主簿張達　諸本「濕」訛「隰」，據北齊書改。濕沃見魏書地形志上滄州樂陵郡及漢書地理志千乘郡。

〔二九〕十年封華山　諸本「十」下有「五」字。按天保只十年，「五」字衍文，今刪去。

〔三〇〕登魏孝文舊壇　北齊書無「孝」字。按魏孝文帝不聞曾在中山即定州治築壇。史記魏世家言魏文侯使樂羊伐中山，疑中山之魏文舊壇，是因魏文侯得名，與魏孝文無涉。

〔三一〕俱未足論其風烈適足以彰文宣之失德焉　北齊書卷一三史臣論作「俱未足論其高下。天保不辰，易生悔吝，固不可掩其風烈，適足以彰顯祖之失德云」。疑此在「論」字下脫「其高下，天保不辰，易生悔吝，固不可掩」十五字。否則「適足以彰文宣之失德」無所承。

北史卷五十二

列傳第四十

齊宗室諸王下

文襄諸子　文宣諸子　孝昭諸子　武成諸子　後主諸子

文襄六男：文敬元皇后生河間王孝琬。宋氏生河南王孝瑜。王氏生廣寧王孝珩。蘭陵王長恭不得母氏姓。陳氏生安德王延宗。燕氏生漁陽王紹信。

河南康獻王孝瑜，字正德，文襄長子也。初封河南郡公，齊受禪，進爵爲王。歷位中書令、司州牧。初，孝瑜養於神武宮中，與武成同年相愛。將誅楊愔等，孝瑜預其謀。及武成即位，禮遇特隆。帝在晉陽手敕之曰：「吾飲汾清二盃，勸汝於鄴酌兩盃。」其親愛如此。孝瑜容貌魁偉，精彩雄毅，謙慎寬厚，兼愛文學，讀書敏速，十行俱下，覆棊不失一道。

初，文襄於鄴東起山池游觀，時俗眩之，孝瑜遂於第作水堂龍舟，植幡矟於舟上，數集諸弟，宴射爲樂。武成幸其第，見而悅之，故盛興後園之翫。於是貴賤慕斅，處處營造。武成嘗使和士開與胡后對坐握槊，孝瑜諫曰：「皇后天下之母，不可與臣下接手。」帝深納之。後又言趙郡王父死非命，不可而親。由是叡及士開皆側目。士開密告其奢僭；叡又言山東唯聞河南王，不聞有陛下。帝由是忌之。尒朱御女名摩女，本事太后，孝瑜先與之通，後因太子婚夜，孝瑜竊與之言。武成大怒，頓飲其酒三十七盃。體至肥大，腰帶十圍，使婁子彥載以出，酖之於車。至西華門，煩熱躁悶，投水而絕。贈太尉、錄尚書事。子弘節嗣。

孝瑜母，魏吏部尚書宋弁孫也。本魏潁川王斌之妃，爲文襄所納，生孝瑜。孝瑜還第，爲太妃。孝瑜妃盧正山女，武成胡后之內姊也。孝瑜薨後，宋太妃爲盧妃所譖訴，武成殺之。

廣寧王孝珩，文襄第二子也。歷位司州牧、尚書令、司空、司徒、錄尚書、大將軍、大司馬。孝珩愛賞人物，學涉經史，好綴文，有技藝。嘗於廳事壁自畫一蒼鷹，見者皆以爲眞。又作朝士圖，亦當時之妙絕。

後主自晉州敗，奔鄴，詔王公議於含光殿。孝珩以大敵既深，事藉機變，宜使任城王領幽州道兵入土門，揚聲趣幷州；獨孤永業領洛州道兵趣潼關，揚聲取長安；臣請領京畿兵出滏口，鼓行逆戰。敵聞南北有兵，自然潰散。又請出宮人寶物賞將士，帝不能用。

承光即位，以孝珩爲太宰，與呼延族、莫多婁敬顯、尉相願同謀，期正月五日，孝珩於千秋門斬高阿那肱；相願在內，以禁兵應之；族與敬顯自游豫園勒兵出。既而阿那肱從別宅取便路入宮，事不果。乃求出拒西軍，謂阿那肱、韓長鸞、陳德信等云：「朝廷不賜遣擊賊，豈不畏孝珩反邪？破宇文邕遂至長安，反時何與國家事？以今日之急，猶作如此猜！」高、韓恐其變，出孝珩爲滄州刺史。

至州，以五千人會任城王於信都，共爲匡復計。周齊王憲來伐，兵弱不能敵。怒曰：「由高阿那肱小人，吾道窮矣！」齊叛臣乞扶令和以矟刺孝珩墜馬，奴白澤以身扞之，孝珩猶傷數處，遂見虜。

齊王憲問孝珩齊亡所由，孝珩自陳國難，辭淚俱下，俯仰有節。憲爲之改容，親爲洗瘡傳藥，禮遇甚厚。孝珩獨歎曰：「李穆叔言齊氏二十八年，今果然矣！自神武皇帝以外，吾諸父兄弟無一人得至四十者，命也。嗣君無獨見之明，宰相非柱石之寄，恨不得握兵符，受廟算，展我心力耳。」至長安，依例受開府、縣侯。

後周武帝在雲陽宴齊君臣，自彈胡琵琶，命孝珩吹笛。辭曰：「亡國之音，不足聽也。」固命之，舉笛裁至口，淚下嗚咽，武帝乃止。其年十月疾甚，啓歸葬山東，從之。尋卒，還葬鄴。

河間王孝琬，文襄第三子也。天保元年封。天統中，累遷尚書令。初，突厥與周師入太原，武成將避之而東，孝琬叩馬諫，請委趙郡王部分之，必整齊，帝從其言。孝琬免冑將出，帝使追還之。周軍退，拜幷州刺史。

孝琬以文襄世嫡，驕矜自負。河南王之死，諸王在宮內，莫敢舉聲，唯孝琬大哭而出。又怨執政，爲草人而射之。和士開與祖珽譖之云：「草人擬聖躬也。又前突厥至州，孝琬脫兜鍪抵地云：『豈是老嫗，須着此！』此言屬大家也。」初魏世謠言：「河南種穀河北生，白楊樹頭金雞鳴。」珽以說曰：「河南河北，河間也，金雞鳴，孝琬將建金雞而大赦。」帝頗惑之。

時孝琬得佛牙，置於第內，夜有神光。昭玄都法順請以奏，〔二〕不從。帝聞，使搜之，得填庫矟幡數百。帝聞，以爲反狀。訊其諸姬，有陳氏者，無寵，誣對曰：「孝琬畫作陛下形哭之。」然實是文襄像，孝琬時時對之泣。帝怒，使武衞赫連輔玄倒鞭撾之。孝琬呼阿叔。帝怒曰：「誰是爾叔？敢喚我作叔！」孝琬曰：「神武皇帝嫡孫，文襄皇帝嫡子，魏孝靜皇帝外甥，何爲不得喚作叔也？」帝愈怒，折其兩脛而死。瘞諸西山，帝崩後乃改葬。

子正禮嗣。幼聰穎，能誦左氏春秋。齊亡，遷綿州卒。

蘭陵武王長恭，一名孝瓘，文襄第四子也。累遷幷州刺史。突厥入晉陽，長恭盡力擊之。芒山之敗，〔三〕長恭爲中軍，率五百騎再入周軍，遂至金墉之下，被圍甚急。城上人弗識，長恭免冑示之面，乃下弩手救之，於是大捷。武士共歌謠之，爲蘭陵王入陣曲是也。歷司州牧、青瀛二州，頗受財貨。後爲太尉。與段韶討柏谷，又攻定陽。韶病，長恭總其衆。前後以戰功，別封鉅鹿、長樂、樂平、高陽等郡公。

芒山之捷，後主謂長恭曰：「入陣太深，失利悔無所及。」對曰：「家事親切，不覺遂然。」帝嫌其稱家事，遂忌之。及在定陽，其屬尉相願謂曰：「王既受朝寄，何得如此貪殘？」長恭未答。相願曰：「豈不由芒山大捷，恐以威武見忌，欲自穢乎？」長恭曰：「然。」相願曰：「朝廷若忌王，於此犯便當行罰，求福反以速禍。」長恭泣下，前膝請以安身之術。相願曰：「王前既有勳，今復告捷，威聲大重，宜屬疾在家，勿預時事。」長恭然其言，未能退。及江淮寇擾，恐復爲將，歎曰：「我去年面腫，今何不發？」自是有疾不療。武平四年五月，帝使徐之範飲以毒藥。長恭謂妃鄭氏曰：「我忠以事上，何辜於天而遭鴆也？」妃曰：「何不求見天顏？」長

恭曰：「天顏何由可見！」遂飲藥而薨。贈太尉。

長恭貌柔心壯，音容兼美。爲將，躬勤細事，每得甘美，雖一瓜數果必與將士共之。初在瀛州，行參軍陽士深表列其贓，免官。及討定陽，士深在軍，恐禍及。長恭聞之曰：「吾本無此意。」乃求小失，杖深二十，以安之。嘗入朝而出，僕從盡散，唯有一人，長恭獨還，無所譴罰。武成賞其功，命賈護爲買妾二十人，唯受其一。有千金責券，臨死悉燔之。

安德王延宗，文襄第五子也。母陳氏，廣陽王妓也。延宗幼爲文宣所養，年十二，猶騎置腹上，令溺己臍中。抱之曰：「可憐，止有此一箇。」問欲作何王，對曰：「欲作衝天王。」文宣問楊愔，愔曰：「天下無此郡名，願使安於德。」於是封安德焉。爲定州刺史，於樓上大便，使人在下，張口承之；以蒸猪糝和人糞以飼左右，有難色者鞭之。孝昭帝聞之，使趙道德就州杖之一百。道德以延宗受杖不謹，又加三十。又以囚試刀，驗其利鈍。驕縱多不法。武成使撻之，殺其昵近九人，從是深自改悔。

蘭陵王芒山凱捷，自陳兵勢，諸兄弟咸壯之。延宗獨曰：「四兄非大丈夫，何不乘勝徑入？使延宗當此勢，關西豈得復存！」及蘭陵死，妃鄭氏以頸珠施佛，廣寧王使贖之，延宗手書以諫，而淚滿紙。河間死，延宗哭之，淚赤。又爲草人以像武成，鞭而訊之曰：「何故殺我

兒」奴告之，武成覆臥延宗於地，馬鞭撾之二百，幾死。後歷司徒、太尉。

及平陽之役，後主自禦之，命延宗率右軍，先戰城下，禽周開府宗挺。及大戰，延宗以麾下再入，周軍莫不披靡。諸軍敗，延宗獨全軍。後主將奔晉陽，延宗言：「大家但在營莫動，以兵馬付臣，臣能破之。」帝不納。及至幷州，又聞周軍已入鼠谷，乃以延宗爲相國、幷州刺史，總山西兵事。謂曰：「幷州阿兄取，兒今去也。」延宗曰：「陛下爲社稷莫動，臣爲陛下出死力戰。」駱提婆曰：「至尊計已成，王不得輒沮。」后主竟奔鄴。

在幷將帥咸請曰：〔三〕「王若不作天子，諸人實不能與王出死力。」延宗不得已，卽皇帝位。下詔曰：「武平孱弱，政由宦豎，釁結蕭牆，盜起疆埸。斬關夜遁，莫知所之，則我高祖之業，將墜於地。王公卿士，猥見推逼，今便祗承寶位，可大赦天下。」改武平七年爲德昌元年，以晉昌王唐邕爲宰輔，齊昌王莫多婁敬顯、沭陽王和阿于子、〔四〕右衞大將軍段暢、武衞將軍相里僧伽、開府韓骨胡、侯莫陳洛州爲爪牙。衆聞之，不召而至者前後相屬。延宗容貌充壯，坐則仰，偃則伏，人皆笑之，及是，赫然奮發，氣力絕異，馳騁行陣，勁捷若飛。傾府藏及後宮美女以賜將士，籍沒內參千餘家。後主謂近臣曰：「我寧使周得幷州，不欲安德得之！」左右曰：「理然。」延宗見士卒，皆親執手陳辭，自稱名，流涕嗚噎。衆皆爭爲死，童兒女子亦乘屋攘袂，投甎石以禦周軍。

特進、開府那盧安生守太谷，以萬兵叛。周軍圍晉陽，望之如黑雲四合。延宗命莫多婁敬顯、韓骨胡拒城南，和阿于子、段暢拒城東，延宗親當周齊王於城北。奮大矟往來督戰，所向無前。尚書令史沮山亦肥大多力，捉長刀步從，殺傷甚多。武衞蘭芙蓉、綦連延長皆死於陣。和阿于子、段暢以千騎投周軍，周軍攻東門，際昏遂入。進兵焚佛寺門屋，飛焰照天地。延宗與敬顯自門入，夾擊之，周軍大亂，爭門相填，齊人從後斫刺，〔五〕死者二千餘人。周武帝左右略盡，自拔無路，承御上士張壽輒牽馬頭，賀拔佛恩以鞭拂其後，以崎嶇僅得出，齊人奮擊，幾中焉。城東阨曲，佛恩及降者皮子信爲之導，僅免。時四更也。延宗謂周武帝崩於亂兵，使於積屍中求長鬣者，不得。

時齊人旣勝，入坊飲酒，盡醉臥，延宗不復能整。周武帝出城，飢甚，欲爲遁逸計。齊王憲及柱國王誼諫，以爲去必不免。延宗叛將段暢亦盛言城內空虛，周武帝乃駐馬，鳴角收兵，俄頃復振。詰旦，還攻東門，克之。又入南門。延宗戰，力屈，走至城北，於人家見禽。周武帝自投下馬，執其手。延宗辭曰：「死人手何敢迫至尊！」帝曰：「兩國天子，有何怨惡，直爲百姓來耳！勿怖，終不相害。」使復衣帽，禮之。

先是，高都郡有山焉，絕壁臨水，忽有墨書云：「齊亡延宗。」洗視逾明。帝使人就寫，使者改亡爲上。至是應焉。延宗敗前，在鄴廳事「見兩日相連置。」〔六〕以十二月十三日晡時受敕守幷州，明日建尊號，不間日而被圍，經宿至食時而敗。年號德昌，好事者言其得二日云。

旣而周武帝問取鄴計，辭曰：「亡國大夫不可以圖存，此非臣所及。」强問之，乃曰：「若任城王援鄴，臣不能知，若今主自守，陛下兵不血刃。」

及至長安，周武與齊君臣飲酒，令後主起舞，延宗悲不自持。屢欲仰藥自裁，傅婢苦執諫而止。未幾，周武誣後主及延宗等，云遙應穆提婆反，使並賜死。皆自陳無之，延宗攘袂，泣而不言。以椒塞口而死。明年，李妃收殯之。

後主之傳位於太子也，孫正言竊謂人曰：「我昔武定中爲廣州士曹，聞襄城人曹普演有言，高王諸兒，阿保當爲天子，至高德之承之，當滅。阿保謂天保，德之謂德昌也，承之謂後主年號承光，其言竟信云。」〔七〕

漁陽王紹信，文襄第六子也。歷特進、開府、中領軍、護軍、青州刺史。行過漁陽，與大富人鍾長命同牀坐，太守鄭道蓋來謁，長命欲起，紹信不聽，曰：「此何物小人，主人公爲起！」乃與長命結爲義兄弟，妃與長命妻爲姊妹，責其闔家長幼皆有贈賄，鍾氏因此遂貧。齊滅，死於長安。

文宣五男：李后生廢帝及太原王紹德，馮世婦生范陽王紹義，裴嬪生西河王紹仁，顏嬪生隴西王紹廉。

太原王紹德，文宣第二子也。天保末，爲開府儀同三司。武成因怒李后，罵紹德曰：「爾父打我時，竟不來救。」以刀環築殺之，親以土埋之游豫園。

武平元年，詔以范陽王子辯才爲後，襲太原王。

范陽王紹義，文宣第三子也。初封廣陽，徙封范陽。歷位侍中、清都尹。好與羣小同飲，擅致內參打殺博士任方榮。武成嘗杖之二百，送付昭信后，后又杖一百。

及後主奔鄴，以紹義爲尚書令、定州刺史。周武帝克幷州，以封輔相爲北朔州總管。此地齊之重鎭，諸勇士多聚焉。前長史趙穆、司馬王當萬等謀執輔相，迎任城王於瀛州。事不果，迎紹義。紹義至馬邑。輔相及其屬韓阿各奴等數十人，皆齊叛臣，自肆州以北城戍二百八十餘，盡從輔相，及紹義至，皆反焉。紹義與靈州刺史袁洪猛引兵南出，欲取幷州。至新興而肆州已爲周守，前隊二儀同，以所部降周。周兵擊顯州，執刺史陸瓊，又攻陷諸城。紹義還保北朔。周將宇文神舉軍逼馬邑，紹義遣杜明達拒之，兵大敗。紹義曰：「有死而已，不能降人。」遂奔突厥。衆三千家，令之曰：「欲還者任意。」於是哭拜別者太半。

突厥他鉢可汗謂文宣爲英雄天子，以紹義重踝似之，甚見愛重。凡齊人在北者，悉隸紹義。高寶寧在營州，表上尊號，紹義遂卽皇帝位，稱武平元年，〔八〕以趙穆爲天水王。他鉢聞寶寧得平州，亦招諸部，各舉兵南向，云共立范陽王作齊帝，爲其報讎。周武帝大集兵於雲陽，將親北伐，遇疾暴崩。紹義聞之，以爲天贊已。盧昌期據范陽，亦表迎紹義。俄而周將宇文神舉攻滅昌期。其日，紹義適至幽州，聞周總管出兵于外，欲乘虛取薊城。列天子旌旗，登燕昭王冢，乘高望遠，部分兵衆。神舉遣大將軍宇文恩將四千人馳救幽州，半爲齊軍所殺。

紹義聞范陽城陷，素服舉哀，回軍入突厥。周人購之於他鉢，又使賀若誼往說之。他鉢猶不忍，遂僞與紹義獵於南境，使誼執之，流于蜀。紹義妃，勃海封孝琬女，自突厥逃歸。紹義在蜀，遺妃書云：「夷狄無信，送吾於此。」竟死蜀中。

西河王紹仁，文宣第四子也。天保末，爲開府儀同三司。尋薨。

隴西王紹廉，文宣第五子也。初封長樂，後改焉。性粗暴，嘗拔刀逐紹義，紹義走入廐，閉門拒之。紹義初爲清都尹，未及理事，紹廉先往，喚囚悉出，率意決遣之。能飲酒，一

舉數升，終以此薨。

孝昭七男：元皇后生樂陵王百年。桑氏生襄城王亮，出後襄城景王。諸姬生汝南王彥理、始平王彥德、城陽王彥基、定陽王彥康、汝陽王彥忠。

樂陵王百年，孝昭第二子也。〔九〕孝昭初卽位，在晉陽，羣臣請建中宮及太子，帝謙未許。都下百僚又請，乃稱太后令，立爲皇太子。帝臨崩，遺詔傳位於武成，幷有手書。其末曰：「百年無罪，汝可以樂處置之，勿學前人。」大寧中，封樂陵王。

河清三年五月，白虹圍日再重，又横貫而不達。赤星見，帝以盆水承星影而蓋之，一夜盆自破。欲以百年厭之。會博陵人賈德胄教百年書，百年嘗作數敕字，德胄封以奏。帝又發怒，使召百年。百年被召，自知不免，割帶玦，留與妃斛律氏。見帝於玄都苑涼風堂，使百年書敕字，驗與德胄所奏相似。遣左右亂捶擊之，又令人曳百年遶堂且走且打，所過處，血皆偏地。氣息將盡，曰：「乞命，願與阿叔作奴。」遂斬之，棄諸池，池水盡赤，於後園親看埋之。

妃把玦哀號，不肯食，月餘亦死。玦猶在手，拳不可開，時年十四，其父光自擘之，乃開。

後主時，改九院爲二十七院，掘得小屍，緋袍金帶，一髻一解，一足有靴。諸內參竊言，百年太子也。或以爲太原王紹德。

詔以襄城王子白澤襲爵樂陵王。齊亡入關，徙蜀死。

汝南王彥理，武平初封王，位開府、清都尹。齊亡入關，隨例授儀同大將軍、封縣子。女入太子宮，故得不死。隋開皇初，卒於幷州刺史。

始平王彥德、城陽王彥基、定陽王彥康、汝陽王彥忠〔一〇〕與汝南王同受封，並加儀同三司，後事闕。

武成十三男：胡皇后生後主及琅邪王儼。李夫人生南陽王綽。後宮生齊安王廓、北平王貞、高平王仁英、淮南王仁光、西河王仁機、樂平王仁邕、潁川王仁儉、安樂王仁雅、丹楊王仁直、東海王仁謙。

南陽王綽字仁通，武成長子也。以五月五日辰時生，至午時，後主乃生，武成以綽母李夫人非正嫡，故貶爲第二。初名融，字君明，出後漢陽王。河清三年，改封南陽，別爲漢陽置後。

綽始十餘歲，留守晉陽。愛波斯狗，尉破胡諫之，欻然斫殺數狗，狼藉在地，破胡驚走，不敢復言。後爲司徒、冀州刺史。好裸人，畫爲獸狀，縱犬噬而食之。左轉定州，汲井水爲後池，在樓上彈人。好微行，游獵無度，恣情强暴，云學文宣伯爲人。有婦人抱兒在路，走避入草，綽奪其兒飼波斯狗。婦人號哭，綽怒，又縱狗使食，狗不食，塗以兒血，乃食焉。

後主聞之，詔鎖綽赴行在所。至而宥之，問在州何者最樂。對曰：「多取蠍，將狙混看，極樂。」〔一一〕後主卽夜索蠍一斗，比曉，得二三升，置諸浴斛，使人裸臥浴斛中，號叫宛轉。帝與綽臨觀，喜噱不已。謂綽曰：「如此樂事，何不早馳驛奏聞？」綽由是大爲後主寵，拜大將軍，朝夕同戲。

韓長鸞聞之，〔一二〕除齊州刺史。將發，長鸞令綽親信誣告其反，奏云：「此犯國法，不可赦。」後主不忍顯戮，使寵胡何猥薩後園與綽相撲，搤殺之。瘞於興聖佛寺，經四百餘日乃大斂，顏色毛髮皆如生。俗云五月五日生者，腦不壞。

綽兄弟皆呼父爲兄兄，嫡母爲家家，乳母爲姊姊，婦爲妹妹。〔一三〕

齊亡，妃鄭氏爲周武帝所幸，請葬綽，敕所司葬於永平陵北。

琅邪王儼字仁威，武成第三子也。初封東平王，拜開府、侍中、中書監、京畿大都督、領軍大將軍，領御史中丞，遷大司徒、〔一四〕尚書令、大將軍、錄尚書事、大司馬。

魏氏舊制，中丞出，千步清道，與皇太子分路行，王公皆遙住車，去牛頓軛於地，以待中丞過。其或遲違，則赤棒棒之。自都鄴後，此儀浸絕。武成欲雄寵儼，乃使一依舊制。儼初從北宮出，將上中丞，凡京畿步騎，領軍之官屬，中丞之威儀，司徒之鹵簿，莫不畢備。帝與胡后在華林園東門外，張幕隔青紗步障觀之。遣中貴驟馬趣仗，不得入，自言奉敕，赤棒應聲碎其鞍，馬驚人墜。帝大笑，以爲善。更敕令駐車，傳語良久，觀者傾京邑。

儼恒在宮中，坐含章殿以視事，諸父皆拜焉。帝幸幷州，儼恒居守，每送駕，或至晉陽乃還。王師羅嘗從駕，後至，武成欲罪之。辭曰：「臣與第三子別，留連不覺晚。」武成憶儼，爲之下泣，舍師羅不問。儼器服翫飾皆與後主同，所須悉官給。於南宮嘗見新冰綠李，還，怒曰：「尊兄已有，我何意無？」從是，後主先得新奇，屬官及工匠必獲罪。太上、胡后猶以爲不足。儼嘗患喉，使醫下針，張目不瞬。又言於帝曰：「阿兄懦，何能率左右！」帝每稱曰：「此黠兒也，當有所成。」以後主爲劣，有廢立之意。武成崩，改封琅邪。

儼以和士開、駱提婆等奢恣，盛修第宅，意甚不平。嘗謂曰：「君等所營宅，早晚當就，何太遲也？」二人相謂曰：「琅邪王眼光奕奕，數步射人，向者暫對，不覺汗出。天子門奏事，尚不然。」由是忌之。

武平二年，出儼居北宮，五日一朝，不復得無時見太后。四月，詔除太保，餘官悉解，猶帶中丞，督京畿。〔一五〕以北城有武庫，欲移儼於外，然後奪其兵權。書侍御史王子宜與儼左右開府高舍洛、中常侍劉辟强說儼曰：「殿下被疏，正由士開間構，何可出北宮，入百姓叢中也？」儼謂侍中馮子琮曰：「士開罪重，兒欲殺之。」子琮心欲廢帝而立儼，因贊成其事。儼乃令子宜表彈士開罪，請付禁推。子琮雜以他文書奏之，後主不審省而可之。儼誑領軍厙狄伏連曰：「奉敕，令領軍收士開。」伏連以諮子琮，且請覆奏。子琮曰：「琅邪王受敕，何須重奏。」伏連信之，伏五十人於神獸門外，〔一六〕詰旦，執士開送御史。儼使馮永洛就臺斬之。

儼徒本意，唯殺士開。及是，因逼儼曰：「事既然，不可中止。」儼遂率京畿軍士三千餘人，屯千秋門外。帝使劉桃枝將禁兵八十人召儼。桃枝遙拜，儼命反縛，將斬之，禁兵散走。帝又使馮子琮召儼。儼辭曰：「士開昔來實合萬死，謀廢至尊，剃家家頭使作阿尼，故擁兵馬欲坐着孫鳳珍宅上。臣爲是，矯詔誅之。尊兄若欲殺臣，不敢逃罪；若放臣，願遣姊姊來迎臣，臣卽入見。」姊姊卽陸令萱也，儼欲誘出殺之。令萱執刀帝後，聞之戰慄。又使

韓長鸞召儼。儼將入，劉辟强牽衣諫曰：「若不斬提婆母子，殿下無由得入。」廣寧、安德二王適從西來，欲助成其事，曰：「何不入？」辟强曰：「人少。」安德王顧衆而言曰：「孝昭殺楊遵彥，止八十人，今乃數千，何言人少？」

後主泣啓太后曰：「有緣，更見家家；無緣，永別。」乃急召斛律光，儼亦召之。光聞殺士開，撫掌大笑曰：「龍子作事，固自不似凡人。」入見後主於永巷。帝率宿衞者步騎四百，授甲將出。光曰：「小兒輩弄兵，與交手卽亂。鄙諺云：『奴見大家心死』，至尊宜自至千秋門，琅邪必不敢動。」皮景和亦以爲然，後主從之。光步道，使人走出曰：「大家來。」儼徒駭散。帝駐馬橋上，遙呼之，儼猶立不進。光就謂曰：「天子弟殺一漢，何苦？」執其手，强引以前。請帝曰：「琅邪王年少，腸肥腦滿，輕爲舉措，長大自不復然，願寬其罪。」帝拔儼帶刀環，亂築辮頭，良久乃釋之。收伏連及高舍洛、王子宜、劉辟强、都督翟顯貴於後園，帝親射之而後斬，皆支解，暴之都街下。文武職吏，盡欲殺之。光以皆勳貴子弟，恐人心不安，趙彥深亦云「春秋責帥」，於是罪之各有差。

儼之未獲罪也，鄴北城有白馬佛塔，是石季龍爲澄公所作。儼將修之，巫曰：「若動此浮圖，北城失主。」不從，破至第二級，得白蛇，長數丈，回旋失之，數旬而敗。

自是，太后處儼於宮內，食必自嘗之。陸令萱說帝曰：「人稱琅邪王聰明雄勇，當今無

敵，觀其相表，〔一七〕殆非人臣。自專殺以來，常懷恐懼，宜早爲計。」何洪珍與和士開素善，亦請殺之。未決，以食轝密迎祖珽問之。珽稱周公殺管叔，季友酖慶父，帝納其言。以儼之晉陽，使右衞大將軍趙元侃誘執儼。元侃曰：「臣昔事先帝日，見先帝愛王，今寧就死，不能行。」帝出元侃爲豫州刺史。九月下旬，帝啓太后曰：「明旦欲與仁威出獵，須早出早還。」〔一八〕是夜四更，帝召儼，儼疑之，陸令萱曰：「兄兄喚，兒何不去？」儼出至永巷，劉桃枝反接其手。儼呼曰：「乞見家家、尊兄！」桃枝以袖塞其口，反袍蒙頭負出，至大明宮，鼻血滿面，立殺之，時年十四。不脫靴，裹以席，埋於室內。帝使啓太后，臨哭十餘聲，便擁入殿。明年三月，葬於鄴西，贈諡曰楚恭哀帝，〔一九〕以慰太后。

有遺腹四男，生數月皆幽死。以平陽王淹孫世俊嗣。儼妃李祖欽女也，進爲楚帝后，居宣則宮，齊亡乃嫁焉。

齊安王廓字仁弘，武成第四子也。性長者，無過行，位特進、開府儀同三司、定州刺史。

北平王貞字仁堅，武成第五子也。沈審寬恕，帝常曰：「此兒得我鳳毛。」位司州牧、京畿大都督、兼尚書令、錄尚書事。帝行幸，總留臺事。積年，後主以貞長大，漸忌之。阿那肱

承旨，令馮士幹劾，繫貞於獄，奪其留後權。

高平王仁英，武成第六子也。舉止軒昂，精神無檢格。位定州刺史。

淮南王仁光，武成第七子也。性躁又暴，位清都尹。次西河王仁機，生而無骨，不自支持。次樂平王仁邕，次潁川王仁儉，次安樂王仁雅，從小有瘖疾。次丹楊王仁直，次東海王仁謙，皆養於北宮。

琅邪王死後，諸王守禁彌切。武平末年，仁邕已下，始得出外，供給儉薄，取充而已。尋後主窮蹙，以廓爲光州，貞爲青州，仁英爲冀州，仁儉爲膠州，仁直爲濟州刺史。自廓已下，多與後主死於長安。仁英以清狂，仁雅以瘖疾，獲免，俱徙蜀。隋開皇中，追仁英，詔與蕭琮、陳叔寶修其本宗祭祀。未幾而卒。

後主五男：穆皇后生幼主。諸姬生東平王恪，次善德，次買德，次質錢。胡太后以恪嗣琅邪王，尋夭折。

齊滅，周武帝以任城已下大小三十王歸長安，皆有封爵。其後不從戮者，散配西土，皆死邊。

論曰：文襄諸子，咸有風骨。雖文雅之道，有謝間、平，然武藝英姿，多堪禦侮。縱咸陽賜劍，殲覆有徵，若使蘭陵獲全，未可量也。而終見誅翦，以至土崩，可爲太息者矣。安德以時艱主暗，晦迹韜光，及平陽之陣，奮其忠勇，蓋以臨難見危，義深家國。德昌大舉，事迫羣情，理至淪亡，無所歸命。廣寧請出後宮，竟不獲遂，非孝珩辭致有謝李同，自是後主心識去平原已遠。存亡事異，安可同年而說。武成殘忍姦穢，事極人倫，太原跡異猜嫌，情非釁逆，禍起昭信，遂及淫刑。嗟乎！欲求長世，未之有也。以孝昭德音，庶可慶流後嗣，百年之酷，蓋濟南之濫觴，其云「莫效前人」之言，可爲傷歎。各愛其子，豈其然乎？琅邪雖無師傅之資，而早聞氣尚，士開淫亂，多歷歲年，一朝勦絶，慶集朝野，以之受斃，深可痛焉。然專戮之釁，未之或免。贈帝謚恭，矯枉過直，觀過知仁，不亦異於是乎？

校勘記

〔一〕夜有神光昭玄都法順請以奏　諸本「昭」作「照」。按北齊管理佛教機關名昭玄寺，置大統一人，稱「昭玄統」，又名「昭玄都」。本書卷三二崔暹傳、北齊書卷二四杜弼傳，並見此名。「昭」，北朝人常寫作「照」，屢見碑誌，今改「照」作「昭」。

〔二〕芒山之敗　通志卷八五文襄諸子傳「敗」作「役」，册府卷二一八二六一六頁作「戰」。按河清三年芒山之戰，齊軍得勝，見北齊書卷一六段韶傳、卷一七斛律光傳。本傳下文亦言「大捷」。「敗」字必誤。

〔三〕在并將帥咸請曰　諸本「帥」作「卒」，北齊書卷一一文襄六王傳作「率」，通鑑卷一七二五三六二頁作「帥」。按「率」即「帥」，「卒」乃「率」之訛，今從通鑑改。

〔四〕沭陽王和阿于子　諸本「沭」訛「沐」，據通志及通鑑同上卷頁改。沭陽見隋書地理志下東海郡。

〔五〕齊人從後斫刺　諸本脫「從」字，據北齊書、通志補。

〔六〕延宗敗前在鄴廳事見兩日相連置　諸本脫「見兩日相連置」六字，據北齊書補。下文「好事者言其得二日」亦指此。北齊書高延宗傳本是用北史補，北史原文當有此六字。

〔七〕後主之傳位於太子也至其言竟信云　按此段文字又見於卷八九綦母懷文傳，前後複出。

〔八〕稱武平元年　錢氏考異云：「『元年』當作『九年』。蓋後主以武平八年失國，紹義逃奔突厥，至次年，因高寶寧上表勸進，乃稱帝，仍用武平之號，不自改元也。通鑑卷一七三書此事於前一年，乃云『改元武平』，殊失其實。然因此知北宋本已誤『九』爲『元』，而溫公亦未能校正也。」按錢

說是。但北齊書、通志及册府卷二八九三四〇五頁並作「元年」，今不改。

〔九〕樂陵王百年孝昭第二子也　張森楷云：「百年不聞有兄而云第二子，殊不可解。且襄城景王淯傳云『以孝昭第二子亮嗣』。據序，亮在百年之次。亮第二，則百年益不得爲第二。此『第二』疑當爲『嫡長』之誤。」按下文南陽王綽傳云：「武成以綽母李夫人非正嫡，故貶爲第二」，高亮之爲第二，當是同一原因。本傳就實際言，故云百年第二。

〔一〇〕汝陽王彥忠　諸本「陽」訛作「南」，據北齊書卷一二孝昭六王傳及本卷孝昭六王序改。

〔一一〕多取蠍將狙混看極樂　諸本「狙」作「蛆」，通鑑卷一七一五三三七頁作「多聚蠍於器，置狙其中，觀之極樂」。按狙即猴，與人類似，故下文後主改用人，以發洩其封建統治者的暴虐狂。今據通鑑改。

〔一二〕韓長鸞間之　諸本「間」訛「聞」，據北齊書卷一二武成十二王傳改。

〔一三〕綽兄弟皆呼父爲兄兄嫡母爲家家乳母爲姊姊婦爲妹妹　按此數語與前後文不連屬，疑是琅邪王儼傳文，誤移於此。「綽」亦當是「儼」之訛。又儼傳云：「兄兄喚，兒何不去？」「兄兄」指後主，即儼之兄，與此云「呼父爲兄兄」不同。

〔一四〕遷大司徒　按北齊司徒不加大，「大」字衍文。

〔一五〕猶帶中丞督京畿　諸本「督」訛作「且」，據北齊書改。下文言儼以京畿兵反，可知其仍爲京畿大

都督。

〔一六〕伏五十人於神獸門外　「神獸門」卽「神虎門」，北史避唐諱改。本書卷九二和士開傳又作「神武門」。

〔一七〕觀其相表　諸本「相」訛「根」。據北齊書、通志改。

〔一八〕須早出早還　諸本脫「早出」二字，據北齊書、通志補。下文言後主四更召儼，卽僞欲早出。

〔一九〕明年三月葬於鄴西贈諡曰楚恭哀帝　按本書卷八齊後主紀武平三年正月「追贈故琅邪王儼爲楚帝」。此「三」字當是「正」之訛。

北史卷五十三

列傳第四十一

万俟普 子洛　可朱渾元　劉豐　破六韓常　金祚　劉貴

蔡儁　韓賢　尉長命　王懷　任祥 子冑　莫多婁貸文

子敬顯　厙狄廻洛　厙狄盛　張保洛　賀拔仁　麴珍　段琛

尉摽　摽子相貴　康德　韓建業　封輔相　范舍樂　牒舍樂　侯莫陳相

薛孤延　斛律羌舉 子孝卿　張瓊　宋顯　王則　慕容紹宗

叱列平　步大汗薩　薛脩義　慕容儼 厙狄伏連　潘樂

彭樂　暴顯　皮景和　綦連猛　元景安　獨孤永業

鮮于世榮　傅伏 高寶寧

万俟普字普撥，太平人，其先匈奴之別也。少雄果，有武力。正光中，破六韓拔陵構逆，逼授太尉。後歸魏，累遷第二鎭人酋長。〔一〕孝武帝初，封清水郡公。隨入關，拜司空。神武平夏州，普自覆䩉城率部歸齊神武。神武躬自迎接，封河西郡公，位太尉，薨。贈太師、大司馬、錄尙書事。子洛。

洛字受洛干，隨孝武入關，除尙書左僕射。天平中，隨父東歸，封建昌郡公，再遷領軍將軍。初，神武以其父普尊老，特崇禮之，嘗親扶上馬。洛免冠稽首，願出萬死力以報深恩。及河陰之戰，諸軍北度橋，洛以一軍不動，謂西人曰：「万俟受洛干在此，能來可來也！」西人畏而去之。神武名其所營地爲廻洛城。〔二〕洛慷慨有氣節，勇鋭冠世。卒，贈太師、大司馬、太尉、錄尙書，諡曰武。

可朱渾元字道元，自云遼東人也。曾祖護野肱，爲懷朔鎭將，遂家焉。元寬仁有武略，少與神武相知。尒朱榮以爲別將，隸尒朱天光。平万俟醜奴等，以功封東縣伯。孝武帝立，累遷渭州刺史。

元既早爲神武知遇，兼其母兄在東，恒表疏與神武往來。周文帝有疑心。元乃率所部三千戶，發渭州，西北度烏蘭津，歷河、源二州境，乃得東出。〔三〕靈州刺史曹泥待元甚厚。泥女婿劉豐生與元深相結，遂資遣元。元從靈州東北入雲州界。周文每遣兵邀元，元戰必摧之。神武聞其來，遣平陽太守高崇持金環一枚賜元，幷運資糧候接。元至，引見執手。後拜幷州刺史，以貪汚被劾，特見原。〔四〕累以軍功拜司空。

天保初，封扶風郡王，位太傅、太師。薨，贈假黃鉞、太宰、太師、錄尚書。元用兵務持重，未嘗敗。皇建初，配享文襄廟庭。子長舉襲。

道元弟天元，亦有將略，便弓馬，封昌陽縣伯。天保初，位殿中、七兵二尚書。卒，贈都督、滄州刺史，謚曰恭武。

天元弟天和，以道元勳重，尚東平長公主，賜爵宜安鄉男。文宣受禪，加駙馬都尉，位開府儀同三司，封成皋郡公。濟南卽位，加特進，改封博陵郡公。與楊愔同被殺，追贈司空。

劉豐字豐生，普樂人也。有雄姿壯氣，果毅絕人。破六韓拔陵之亂，以守城功，除普樂太守，山鹿縣公，靈州鎮城大都督。賀拔岳與靈州刺史曹泥不睦，豐助泥守。岳將自討泥，爲侯莫陳悅所殺。周文帝遣行臺趙善、大都督万俟受洛干復來攻圍，引河灌之，泥與豐堅守不下。

豐乃東奔神武，神武以豐爲南汾州刺史。河陰之役，豐功居先，神武執其手嗟賞之。及王思政據長社，豐與高岳等攻之。先是訛言大魚道上行，百姓苦之。豐建水攻策，遏洧水灌城，水長，魚鱉皆游焉。城將陷，豐與行臺慕容紹宗見〔北有白氣，同入船。〕〔五〕忽有暴風從東北來，正晝昏暗，飛沙走礫，船纜忽絕，漂至城下。豐拍浮向土山，爲浪激，不時至。西人鉤之，並爲敵所害。豐壯勇善戰，死日，朝野駭惋。贈大司馬、司徒公、尚書令，謚武忠。子曄嗣。

第三子龍，有巧思，位亦通顯。隋開皇中，歷將作大匠，卒於領軍大將軍。

八子俱非嫡妻所生，〔六〕每一子所生喪，諸子皆爲制服三年。武平中，曄所生喪，〔七〕諸弟並請解官，朝廷義而不許。

破六韓常，單于之裔也。〔八〕初呼廚貌入朝漢，〔九〕爲魏武所留，遣其叔父右賢王去卑監本國戶。魏氏方興，率部南轉，去卑遣弟右谷蠡王潘六奚率軍北禦。軍敗，奚及五子俱沒于魏，其子孫遂以潘六奚爲氏。後人訛誤，以爲破六韓。世領部落。父孔雀，少驍勇，背其宗人拔陵，率部降尒朱榮。詔封永安縣侯，第一領人酋長。

常，孔雀少子，沈敏有膽略，善騎射。尒朱榮死，常歸河西。天平中，與冀州刺史万俟受洛干等東歸，神武上爲武衞將軍。齊受禪，封廣川縣公，拜太子太保。卒於滄州刺史。贈尚書令、司徒公、太傅、第一領人酋長、假王，謚曰忠武。

金祚字神敬，安定人也。性驍雄，尚氣俠。魏末，以軍功至太中大夫，隨元天穆討平邢杲，歷涇、岐二州刺史。後大行臺賀拔岳表授東雍州刺史，令討仇池氐楊紹先於百頃。未還，岳爲侯莫陳悅所殺。祚克仇池還，莫知所歸。俄而神武遣行臺侯景慰諭，祚遂解甲而還，封安定縣公。

後隨魏孝武西入，周文帝以祚爲兗州刺史。歷太僕、衞尉二卿。尋除東北道大都督、晉州刺史，入據東雍州。神武遣尉景攻降之。芒山之戰，以大都督從破西軍，除華州刺史。文宣受禪，加開府儀同三司，別封臨濟縣子。卒，贈司空公。

劉貴，秀容陽曲人也。剛格有氣斷。歷尒朱榮府騎兵參軍。榮性猛急，貴尤嚴峻，任使多愜榮心。普泰初，行汾州事，棄戍歸齊神武。累遷御史中尉、肆州大中正，加開府、西道行臺僕射。

貴所歷莫不肆其威酷，非理殺害，視下如草芥。性峭直，攻訐無所回避。雖非佐命元功，然與神武布衣舊，特見親重。卒，贈太保、太尉公、錄尚書事，謚忠武。齊受禪，詔祭告其墓。皇建中，配享神武廟庭。

次子洪徽嗣樂縣男。〔一〇〕卒，贈都督、燕州刺史。

蔡儁，廣寧石門人也。父普，北方擾亂，走奔五原，守戰有功，拜寧朔將軍。卒，贈燕州刺史。

儁豪爽有膽略，齊神武微時，深相親附。儁初爲杜洛周所虜。時神武亦在洛周軍中，神武謀誅洛周，儁預其計。事泄奔葛榮。仍背榮歸尒朱榮。從入洛。及從破葛榮，平元顒，封烏洛縣男。隨神武舉義，及平鄴，破韓陵，並有戰功，進爵爲侯。出爲濟州刺史。[一]爲政嚴暴，又多受納。然亦明解，有部分，吏人畏服之。性好賓客，頗稱施惠。天平中，卒於揚州刺史，贈尚書令、司空公，謚曰威武。齊受禪，詔祭告其墓。皇建初，配享神武廟庭。

韓賢字普賢，廣寧石門人也。壯健有武用。初隨葛榮作逆。榮破後，尒朱榮擢充左右。榮死，尒朱度律以賢爲帳內都督，封汾陽縣伯。後爲廣州刺史。及齊神武起義，度律以賢素爲神武所知，恐有變，遣使徵之。不願去，乃密遣羣蠻多舉烽，若有寇至。使者遂爲啓，得停。賢仍潛使人通誠於神武。後拜建州刺史。

天平初，爲洛州刺史。州人韓木蘭等起兵，賢破之。親自案檢收甲仗，有一賊窘迫藏屍間，見將至，忽起斫賢，斷其脛而卒。始漢明帝時，西域以白馬負佛經送洛，因立白馬寺。其經函傳於此寺，形制厚朴，世以古物，歷代寶之。賢知，故斫破之，未幾而死。論者謂因此致禍。贈尚書令、司空公。子裔嗣。

尉長命，太安狄那人也。父顯，魏代郡太守。

長命性和厚，有器識。參預齊神武起兵，破尒朱氏於韓陵，拜安南將軍。樊子鵠據兗州反，除東南道大都督，與諸軍討平之。徙幽州刺史，督安、平二州。雖多聚斂，然以恩撫人，少得安集。卒，贈司空，謚曰武壯。

子興，字敬興。[二]便弓馬，有武藝，位冠軍將軍。

王懷字懷周，不知何許人也。少好弓馬，頗有氣尙。隨齊神武於冀州起兵，討破尒朱兆於廣阿，又從破四胡於韓陵，以功封盧鄉縣侯。天平中，爲都督、廣州刺史。後從神武襲克西夏州。還，爲大都督，鎭下館。除車騎大將軍、儀同三司。卒，贈司徒公、尙書僕射。

懷以武藝勳誠，爲神武所知。志力未申，論者惜其不遂。皇建初，配饗神武廟庭。

任祥字延敬，廣寧人也。少和厚，有器度。初從葛榮，榮署爲王。榮敗，擁所部先降，拜廣寧太守，賜爵西河縣公。隨神武起兵，封魏郡公。後兼尙書左僕射，進位開府儀同三司。祥位望旣重，能以寬和接物，人士稱之。及斛斯椿釁發，祥棄官北走，歸神武。天平初，拜侍中，遷徐州刺史。在州大有受納，然政不殘，不爲人所疾苦。潁州長史賀若徽執刺史田迅，[三]據城降西魏，祥戰失利，還北。[四]與行臺侯景、司徒高昂共攻拔潁川。元象元年，卒於鄴。贈太尉公、錄尙書事。

子冑，性輕俠，頗敏慧，少在神武左右。天平中，擢爲東郡太守。家本豐財，又多聚斂，動極豪華，賓客往來，將迎至厚。興和末，神武攻玉壁還，留淸河公岳爲行臺，鎭守晉州，以冑隸之。冑飲酒游縱，不勤防守，神武責之。懼，遂潛遣使送款於周。爲人所糾，推勘未得實，神武特免之。冑內不自安，乃與儀同尒朱文暢、參軍房子遠、鄭仲禮等陰圖弒逆，伏誅。

莫多婁貸文，太安狄那人也。驍果有膽氣。從神武起兵，破尒朱兆於廣阿，封石城縣子。從破四胡於韓陵，進爵爲侯。從平尒朱兆於赤谼嶺，兆自縊，貸文獲其屍。天平中，進爵爲公，晉州刺史。

元象初，除車騎大將軍、儀同三司、南道大都督，與行臺侯景攻獨孤信於金墉城。周文

帝出函谷，景與高昂議待其至，貸文請率所部擊其前鋒，景等固不許。貸文性勇而專，不受命，以輕騎一千，軍前斥堠，死於周軍。贈尙書左僕射、司徒公。

子敬顯嗣，强直勤幹，少以武力見知。恒從斛律光征討，數有戰功。光每令敬顯前驅置營，中夜巡察，或達旦不眠，臨敵置陣，亦命部分將士，深見重。位至開府儀同三司。武平七年，從後主平陽敗歸，在幷州與唐邕等推立安德王稱尊號。安德敗，武將皆投周軍，唯敬顯走還鄴，授司徒。周武帝平鄴，執之，斬於閶闔門外，責其不留晉陽也。

厙狄迴洛，代人也。少有武力，儀貌魁偉。初事尒朱榮。榮死，隸尒朱兆。神武舉兵於信都，迴洛擁衆來歸。從破四胡於韓陵，以軍功封順陽縣子，累遷夏州刺史。昭帝卽位，封順陽郡王。大寧初，爲朔州刺史，轉太子太師。卒，贈太尉、定州刺史。

厙狄盛字安盛，懷朔人也。性和柔，少有武用。初爲神武親信都督，從征伐，累遷幽州刺史，封長廣縣公。齊受禪，改封華陽縣公，後拜特進。卒，贈太尉公。

張保洛，自云本出南陽西鄂。家世好賓客，尚氣俠，頗爲北土所知。保洛少便弓馬。初從葛榮。榮敗，仍爲尒朱榮統軍。後隸齊神武。神武起兵，保洛爲帳內。從破尒朱兆於廣阿及韓陵戰。元象初，爲西夏州刺史，以前後功，封安武縣伯。又從戰芒山，進爵爲侯。文襄嗣事，歷梁州刺史，進爵爲公。齊受禪，加開府，仍爲刺史。聚斂，爲百姓所患。濟南初，兼侍中，尋出爲滄州刺史，封敷城郡王。以聚斂免官，奪王爵。卒，贈前官，追復本封。

從神武出山東，又有賀拔仁、𪏆珍、段琛、尉摽、子相貴、康德、[一五]韓建業、封輔相、范舍樂、牒舍樂，並以軍功至大官，史失其事。

仁字天惠，善無人。[一六]以帳內都督從神武破尒朱氏於韓陵，力戰有功。天保初，封安定郡王，歷數州刺史、太保、太師、右丞相、錄尚書事。武平元年薨，贈假黃鉞、相國、太尉、錄尚書、十二州諸軍事、朔州刺史，諡曰武。

珍字舍洛，西平酒泉人。壯勇善騎射，[一七]以帳內從神武。天統中，封安康郡王。武平初，爲豫州道行臺尚書令、豫州刺史。卒，贈太尉。

琛字懷寶，代人。少有武用，從起兵。天保中，開府儀同三司、兗州刺史。

摽，代人。大寧初，位司徒，封海昌王。卒，子相貴嗣。

相貴，武平末，開府儀同三司、晉州道行臺尚書僕射、晉州刺史。及行臺左丞侯子欽等密啓周武帝請師，求爲內應。周武自率衆至城下。子欽等夜開城門，引軍入，鎖相貴送長安，卒。

弟相願，强幹有膽略。武平末，開府儀同三司、領軍大將軍。自平陽至幷州及到鄴，每立計將殺高阿那肱，廢後主立廣寧王，事竟不果。及廣寧被出，相願拔佩刀斫柱而歎曰：「大事去矣，知復何言！」

德，代人。歷數州刺史、幷省尚書左僕射、開府儀同三司，封新蔡王。

建業、輔相俱不知所從來。建業位領軍大將軍、幷州刺史。以輔相爲朔州總管。[一八]

范舍樂，代人。有武藝，筋力絕人。位東雍州刺史、開府儀同三司，封平舒侯。

牒舍樂，武威人。開府儀同三司、營州刺史，封漢中郡公，戰歿關中。[一九]

侯莫陳相，代人也。祖社伏頹，魏第一領人酋長。父斛古提，朔州刺史，白水公。

相七歲喪父，號慕過人。及長，性雄傑。後從神武起兵，破四胡於韓陵，力戰有功，封陽平縣伯，後改封白水郡公。天保初，累遷司空公，進爵白水王。又遷大將軍，拜太尉公，兼瀛州刺史，歷太保、朔州刺史，又授太傅，別封義寧郡公。薨於州，贈假黃鉞、右丞相、太宰、太尉、都督、朔州刺史。

次子晉貴，嚴重有文武幹略，襲爵白水王，武衞將軍、開府儀同三司、梁州刺史。歸周，授上大將軍，封信安縣公。子仲宣，太常丞。子弘穎、弘信，雍州司士參軍。子行方、行儉、行恭。

薛孤延，代人也。少驍果，從神武起兵，以功累加儀同三司。從西征，至蒲津。及竇泰失利，神武班師，延後殿，且戰且行，一日斫折十五刀。神武嘗閱馬於北牧，道逢暴雨，大雷震地，火燒浮圖，神武令延視之。延案矟直前，大呼繞浮圖走，火遂滅。延還，鬚及馬鬃尾皆焦。神武歎其勇決，曰：「延乃能與霹靂鬬！」後封平秦公，與諸將討潁川，延專監造土山，以酒醉，爲敵所襲據。潁川平，諸將還京師，讌華林園，文襄啓魏帝，坐延階下以辱之。齊受禪，別賜爵都昌縣公。

延性好酒，率多昏醉。以善戰，每大軍征討，常爲前鋒。位太子太保、太傅。

斛律羌舉，太安人也。世爲部落酋長。羌舉少驍果，從尒朱兆。兆破，乃歸誠神武。神武以其忠於所事，亦加嗟賞。天平中，除大都督。

後從神武戰於沙苑，時議進趣計，羌舉曰：「黑獺若欲固守，無糧援可恃。今揣其情，欲一死決，有同猘犬，或能噬人。且渭曲土濘，無所用力。若不與戰，徑趣咸陽，咸陽空虛，可不戰而剋。拔其根本，則黑獺之首，可懸軍門。」神武欲縱火焚之，侯景曰：「當禽以示百姓，燒殺誰復信之？」諸將議既有異同，遂戰於渭曲，大軍敗績。

後封密縣侯，爲東夏州刺史。有疫疾，刺胸，竹筩吮之，垂愈，因怒，創裂而卒。贈儀同三司。子孝卿嗣。

孝卿少聰敏，機悟有風檢。武平末，位侍中、開府儀同三司，封義寧王，知內省事，典外兵、騎兵機密。時政由羣竪，自趙彥深死後，朝貴典機密者，唯孝卿一人差居雅道，不至貪穢。後主至齊州，以孝卿爲尚書令，又以中書侍郎薛道衡爲侍中，封北海王。二人勸後主作承光詔，禪位任城王。令孝卿齎詔策及傳國璽往瀛州，孝卿便詣鄴。仍從周武帝入關，授儀同大將軍、宣納上士。〔二〇〕隋開皇中，位太府卿、戶部尚書。

張瓊字連德，代人也。少壯健，有武用。初隨葛榮爲亂。榮敗，尒朱榮以爲都督。後歷位濟州刺史。及尒朱氏敗，歸神武，拜滄州刺史，加驃騎大將軍、開府儀同三司。天平中，神武襲克夏州，以瓊爲慰勞大使，留鎮之。尋爲周文帝所陷，卒。贈司徒、都督、恒州刺史。

瓊子欣，尙魏平陽公主，〔二一〕除駙馬都尉、驃騎大將軍、開府儀同三司、建州刺史，南鄭伯。瓊常憂其太盛，每謂親識曰：「凡人官爵，莫若處中。欣位秩太高，深爲憂慮。」而欣豪險，遂與公主情好不篤，尋爲孝武所害。時人稱瓊先見。

宋顯字仲華，敦煌効穀人也。性果毅，有幹用。初事尒朱榮，稍遷爲記室參軍。榮死，世隆等以爲晉州刺史。後歸神武爲行臺左丞，拜西兗州刺史。在州多所受納，然勇決有氣幹，檢御左右，咸得其心力。及河陰之戰，深入，沒于行陣。贈司徒公。

王則字元軌，自云太原人也。少驍果，有武藝。初隨叔父魏廣平內史老生征討，每有戰功。老生爲朝廷所知，則頗有力。初以軍功賜白水子。元顥入洛，則與老生俱降顥。顥疑老生，遂殺之。則奔廣州刺史鄭先護，與同拒顥。顥敗，爲東徐州防城都督。尒朱榮之死也，東徐州刺史斛斯椿是其枝黨，內懷憂懼。時梁立魏汝南王悅爲魏主，資其士馬，送之境上，椿遂降悅。則與蘭陵太守李義擊其偏師，破之。魏因以則行北徐州事，隸尒朱仲遠。仲遠敗，乃歸神武。

天平初，頻以軍功，都督、荊州刺史。則有威武，邊人畏伏之。渭曲之役，則爲西師圍逼，棄城奔梁。梁尋放還，神武恕而不責。元象初，洛州刺史。以前後勳，封太原縣伯。則性貪，在州不法，舊京諸像，毀以鑄錢，于時號河陽錢，皆出其家。以武用，除徐州刺史，取受狠籍。令送晉陽，文襄恕其罪。卒，贈司空，謚烈懿。

則弟敬寶，位東廣州刺史，與蕭軌攻建業，不剋，死焉。

慕容紹宗字紹宗，晃第四子太原王恪之後也。曾祖騰，歸魏，遂居代。祖郁，岐州刺史。父遠，恒州刺史。

紹宗容貌恢毅，少言，深沉有膽略。尒朱榮卽其從舅子也。榮入洛，私告曰：「洛中人士繁盛，驕侈成俗，不除翦，恐難制。吾欲因百官出迎，悉誅之，若何？」對曰：「太后淫虐，天下共棄。公既執忠義，忽欲殲夷多士，實謂非策。」不從。後以軍功封索盧侯，遷尒朱兆長史。及兆敗，紹宗於烏突城見神武，〔二二〕遂攜尒朱榮妻子幷兆餘衆自歸神武。神武仍加恩禮，所有官爵並如故，軍謀兵略，時參預焉。

及還鄴，令紹宗與高隆之共知府庫、圖籍諸事。累遷青州刺史。時丞相記室孫搴屬紹宗，以其兄爲州主簿，紹宗不用。搴譖之神武曰：「紹宗嘗登廣固城長歎，謂所親云：大丈夫有復先業理不？」由是徵還。元象初，以軍功進爵爲公，累遷御史中尉。屬梁人劉烏黑入寇徐方，授徐州刺史，執烏黑殺之。還，除尙書左僕射。〔二三〕

侯景反，命紹宗爲東南道行臺，加開府，改封燕郡公，又與大都督高岳禽梁貞陽侯蕭明於寒山。廻軍討侯景於渦陽。時景軍甚盛，初聞韓軌往討之，曰：「噉猪腸小兒。」聞高岳往，曰：「此兵精人凡爾。」諸將被輕。及聞紹宗至，扣鞍曰：「誰教鮮卑小兒解遣紹宗來？若然，高王未死邪？」及與景戰，諸將頻敗，無肯先者。紹宗麾兵徑進，諸將從之，因大捷。

西魏遣王思政據潁川。又以紹宗爲南道行臺，與太尉高岳、儀同劉豐圍擊之，堰洧水灌城。時紹宗數有凶夢，每惡之，私謂左右曰：「吾自數年已還，恒有蒜髮，昨來忽盡。蒜者算也，其算盡乎！」未幾，與劉豐臨堰，見北有塵氣，乃入艦同坐。暴風從東北來，纜斷飄艦，徑向敵城。紹宗自度不免，遂投水卒。三軍將士，莫不悲惋，朝廷嗟傷焉。贈太尉，謚曰景惠。

長子士肅，以謀反伏法。朝廷以紹宗功，罪止士肅身。皇建初，配享文襄廟庭。士肅弟三藏。

三藏幼聰敏，多武略，頗有父風。武平初，襲爵燕郡公。以軍功，歷位武衞大將軍。周師入鄴，齊後主東遁，委三藏留守鄴宮。齊王公已下皆降，三藏猶拒戰。及齊平，武帝引見，恩禮甚厚，授儀同大將軍。

隋開皇元年，授吳州刺史。九年，副襄陽公韋洸討平嶺南。至廣州，洸中流矢卒，詔三藏檢校廣州道行軍事。以功授大將軍。後遷廓州刺史，人歌頌之，文帝數有勞問。又畜產繁滋，獲醍醐奉獻，賚物百段。十三年，州界連雲山響，稱萬歲者三，詔頒郡國，仍遣使醮山所。其日景雲浮於上，雉兎馴壇側。使還以聞，上大悅，改封河內縣男。歷疊州總管、和州刺史、淮南郡太守，所在有惠政。改授金紫光祿大夫。大業七年卒。

叱列平字殺鬼，代郡西部人，世爲酋帥。平有容貌，美鬚髯，善射馭。襲第一領人酋長、臨江伯。魏末，以軍功至武衞將軍。隨尒朱榮破葛榮，平元顥，封瓔陶縣伯。榮死，尒朱氏陵僭，平懼禍，後歸神武。從破四胡於韓陵。以軍功，天保初累遷兗州刺史，開府儀同三司。卒，贈都督、瀛州刺史，謚曰莊惠。子孝沖嗣。

孝沖弟長叉，武平末，侍中、開府儀同三司，封新寧王。隋開皇中，位上柱國，卒於涇州刺史。長叉無他才技，在官以清幹稱。

步大汗薩，代郡西部人。祖榮，代郡太守。父居，龍驤將軍、領人別將。薩初從尒朱榮入洛。及平葛榮，累功爲都督。榮死，又從兆入洛。及韓陵之敗，以所部降神武。稍遷車騎大將軍，封行唐縣公，晉州刺史。齊受禪，改封義陽郡公。

薛脩義字公讓，河東汾陰人也。曾祖紹，魏七兵尚書。祖壽仁，秦州刺史、汾陰公。父寶集，定陽太守。

脩義少而姦俠，輕財重氣。魏正光末，天下兵起，特詔募能得三千人者，用爲別將，脩義得七千餘人，假安北將軍、西道別將。以軍功，拜龍門鎮將。

後宗人鳳賢等作亂，圍鎮城，脩義以天下紛擾，遂爲逆，自號黃鉞大將軍。詔都督宗正珍孫討之，軍未至，脩義慚悔，遣表乞一大將招慰，乃降。鳳賢等猶據險不降，脩義與書，降之。乃授鳳賢龍驤將軍，陽夏子，改封汾陰縣侯。〔二四〕尒朱榮以脩義反覆，錄送晉陽，與高昂等並見拘防。榮赴洛，並以自隨，置於駝牛署。

榮死，魏孝莊以脩義爲弘農、河北、河東、正平四郡大都督。時神武爲晉州刺史，見之，相待甚厚。及韓陵之捷，以脩義行并州事。孝武帝入關，神武以脩義爲關右行臺，自龍門濟河，招下西魏北華州刺史薛崇禮。

初，神武欲大城晉，中外府司馬房毓曰：「若使賊到此處，雖城何益？」乃止。及沙苑之敗，徙秦、南汾、東雍三州人於并州，又欲棄晉，以遣家屬向英雄城。脩義諫曰：「若晉州敗，定州亦不可保。」神武怒曰：「爾輩皆負我，前不聽我城并州城，〔二五〕使我無所趣。」脩義曰：「若失守，則請誅。」斛律金曰：「還仰漢小兒守，收家口爲質，勿與兵馬。」神武從之，以脩義行晉州事。及西魏儀同長孫子彥圍逼城下，脩義開門伏甲待之，子彥不測虛實，於是遁去。神武嘉之，就拜晉州刺史。

後除齊州刺史，以贓貨除名。追其守晉州功，復其官爵。俄以軍功，進正平郡公，加開府。天保中，卒於太子太保，贈司空。子文殊嗣。

脩義從弟嘉族，性亦豪爽。從神武平四胡於韓陵。歷華、陽二州刺史，卒官。子震，字文雄，位廉州刺史，〔二六〕亦著軍功。又歷南汾、譙二州刺史。

慕容儼字恃德，清都人，廆之後也。容貌出羣，衣冠甚偉，不好讀書，頗學兵法。尒朱氏敗，歸神武。以勳，累遷五城太守。見東雍州刺史潘相樂，長揖而已。丞尉已下，數覊其罪，乃謂儼曰：「府君，少爲羣下屈節。」儼攘袂曰：「吾狀貌如此，行望人拜，豈可拜人！」神武聞二人在邊不和，〔二七〕徵相樂還朝，以儼代爲刺史。遷東荆州刺史，行次長社，忽爲其部下人所執，將投山賊張儉，爲守人王崇祖私放，獲免。神武仍授以軍司，共擊平儉，始得達州。沙苑之敗，時諸州多翻陷，唯儼獲全。

天保初，以軍功，除開府儀同三司。六年，梁司徒陸法和、儀同宋莅等以郢州城內附。

時清河王岳帥師江上，議以城在江外，求忠勇過人者守之，衆推儼，遂遣鎮郢城。始入而梁大都督侯瑱、任約率水陸軍奄至城下，於上流鸚鵡洲造荻蔟，竟數里，以塞船路。衆懼，儼悅以安之。城中先有神祠一所，俗號城隍神，儼於是順士卒心祈請，須臾，衝風驚波，漂斷荻蔟。約復以鐵鎖連緝，防禦彌切。儼還共祈請，風浪夜驚，蔟復斷絕。如此再三，城人大喜，以爲神助。儼出城奮擊，大破之。瑱、約又并力圍城。唯煑槐楮葉并紵根、水萍、葛、艾等及靴、皮帶、筋角等食之。人死，即火別分食，唯留骸骨。儼猶信賞必罰，分甘同苦。自正月至六月，人無異志。後蕭方智立，請和。文宣以城在江表，有詔還之。及至，望帝悲不自勝。帝親執其手，捋儼鬚，脫帽看髮，歎息久之。曰：「自古忠烈，豈過此也！」除趙州刺史。

天統四年，別封寄氏縣公，并賜金銀酒鍾各一枚、胡馬一疋。五年，進爵爲義安王。武平元年，爲光州刺史。儼少從征討，經略雖非所長，而有將帥之節。所歷諸州，雖不能清白守道，亦不貪殘害物。卒，贈司徒。

子子會，位郢州刺史。周武帝平鄴，使其子送敕喻之，子會枷其子，付獄。尋赦書至，云行臺武王已降，子會乃與僚屬北面慟哭，然後奉命。

尒朱氏將帥歸神武者，又有代人厙狄伏連，字仲山，本名伏憐，訛音連。〔二八〕事尒朱榮至直閤將軍。後從神武，賜爵蛇丘男。天保初，儀同三司，尋加開府。性質朴，勤公事，直衞宮闕，曉夕不離帝所，頗以此見知。然鄙吝愚狠。爲鄭州刺史，好聚斂。又嚴酷，居室患蠅，杖門者曰：「何故聽入！」其妻病，以百錢買藥，每自恨之。不識士流，開府參軍，多是衣冠士族，皆加捶撻，逼遣築牆。武平中，封宜都郡王，除領軍大將軍。尋與琅邪王儼殺和士開，伏誅，被支解。

伏連家口百餘，盛夏，人料倉米二升，不給鹽菜，常有饑色。冬至日，親表稱賀，其妻爲設豆餅。問豆餅得處，云於馬豆中分減。伏連大怒，典馬、掌食人並加杖罰。積年賜物，藏在別庫，遣一婢專掌管籥。每入庫檢閱，必語妻子，此官物，不得輒用。至死時，唯着敝褌；而積絹至二萬疋，簿錄並歸天府。

潘樂字相貴，廣寧石門人也。本廣宗大族，魏世分鎭北邊，因家焉。父永，有技藝，襲爵廣宗男。

樂初生，有一雀止其母左肩，占者咸言富貴之徵，因名相貴，後始爲字。及長，寬厚有

膽略。初歸葛榮，榮授京兆王，時年十九。榮敗，隨尒朱榮。爲別將討元顥，以功封敷城縣男。

齊神武出牧晉州，引樂爲鎭城都將。後從破尒朱兆於廣阿，進爵廣宗縣伯。累以軍功，拜東雍州刺史。神武嘗議欲廢州，樂以東雍地帶山河，境連胡、蜀，形勝之會，不可棄也，遂如故。後從破周師於河陰，議欲追之，令追者在西，不願者東，唯樂與劉豐居西。神武善之，以衆之不同而止。改封金門郡公。

文宣嗣事，鎭河陽，破西將楊檦等。時帝以懷州刺史平鑒等所築城深入敵境，欲棄之。樂以軹關要害，必須防固，乃更修理，增置兵將而還。還鎭河陽，拜司空。齊受禪，樂進璽綬，進封河東郡王，遷司徒。

周文東至崤、陝，遣其行臺侯莫陳崇自齊子嶺趣軹關，〔二九〕儀同楊檦從鼓鍾道出建州，陷孤公戍。詔樂總大衆禦之。樂晝夜兼行，至長子，遣儀同韓永興從建州西趣崇，崇遂遁。

又爲南道大都督討侯景。樂發石鼈，南度百餘里，至梁涇州。涇州舊在石梁，侯景改爲淮州。樂獲其地，仍立涇州。又克安州之地。除瀛州刺史，仍略淮、漢。天保六年，薨於懸瓠。贈假黃鉞、太師、大司馬、尚書令。

子子晃嗣。諸將子弟，率多驕縱，子晃沈密謹慤，以清靖自居。尚公主，拜駙馬都尉。武平末，爲幽州道行臺右僕射、幽州刺史。周師將入鄴，子晃率突騎數萬赴援，至博陵，知鄴城不守，詣冀州降周齊王軍。授上開府。隋大業初卒。

彭樂字興，安定人也。驍勇善騎射。初隨杜洛周賊，知其不立，降尒朱榮。從破葛榮於滏口。又爲都督，從神武與行臺僕射于暉討破羊侃于瑕丘。後叛投逆賊韓樓，封北平王。及尒朱榮遣大都督侯深擊樓，樂又叛樓降深。神武出山東，樂又隨從。韓陵之役，樂先登陷陣，賊衆大崩，封樂城縣公。後以軍功，進爵汨陽郡公，除肆州刺史。

天平四年，從神武西討，與周文相拒。神武欲緩持之，樂氣奮請決戰，曰：「我衆賊少，百人取一，差不可失也。」神武從之。樂因醉入深，被刺腸出，內之不盡，截去復戰，身被數創，軍勢遂挫，不利而還。神武每追論以戒之。

高仲密之叛也，周文援之，神武迎擊於芒山。候騎言賊去洛州四十里，蓐食乾飯，神武曰：「自應渴死，何待我殺！」乃勒陣以待之。西軍至皆喉燥。樂以數千精騎爲右甄，衝西軍北垂，所向奔退，遂馳入周文營。人告樂叛，神武曰：「樂棄韓樓事尒朱榮，背尒朱歸我，又叛入西。事成敗豈在一樂？但念小人反覆爾。」俄而西北塵起，樂使告捷，虜西魏臨洮王

東、蜀郡王榮宗、江夏王昇、鉅鹿王闡、譙郡王亮、詹事趙善，督將僚佐四十八人，皆係頸反接手，臨以刃，歷兩陣而唱名焉。諸將乘勝，斬首三萬餘。

西軍退，神武使樂追之。周文大窘而走，曰：「癡男子！今日無我，明日豈有汝邪？何不急還前營收金寶？」樂從其言，獲周文金帶一束以歸。言周文漏刃破膽矣。神武詰之，樂以周文言對。且曰：「不爲此語放之。」神武雖喜其勝，且怒，令伏諸地，親稱其頭，連頓之，并數沙苑之失，舉刀將下者三，噤齘良久，乃止。更請五千騎取周文。神武曰：「爾何放而復言捉邪？」取絹三千疋壓樂，因賜之。

累遷司徒。天保初，封陳留王，遷太尉。二年，謀反，爲前行襄州事劉章等告，伏誅。

暴顯字思祖，魏郡斥丘人也。祖喟，仕魏，爲朔州刺史，因家焉。父誕，恒州刺史、樂安公。

顯幼時，見一沙門指之曰：「此郎子好相表，大必爲良將，貴極人臣。」語終失之。顯善騎射，曾從魏孝莊獵，一日中，手獲禽獸七十三。後從齊神武起義信都，累遷北徐州刺史，封屯留公。天保中，以贓貨解州，〔三〇〕大理禁止。處判未訖，爲合肥被圍，遣顯與步大汗薩

等攻梁北徐州，禽其刺史王强。天統中，累遷，位特進，封定陽王，卒。

皮景和，琅邪下邳人也。父慶賓，魏淮南王開府中兵參軍。正光中，因使遇亂，遂家廣寧之石門縣。

景和少通敏，善騎射。初以親信事神武。後征步落稽，疑賊有伏，〔三一〕令景和將五六騎深入一谷。遇賊百餘人，便戰，景和射數十人，莫不應弦而倒。神武嘗令景和射一野豕，一箭獲之，深見賞異。除庫直正都督。

天保初，授通州刺史，封永寧縣子。景和趫捷，有武用，從襲庫莫奚，度黃龍，征契丹，定稽胡，討蠕蠕，每有戰功。累遷殿中尚書、侍中。景和於武職中兼長吏事，又性識平均，故頻有美授。周通好後，冠蓋往來，常令景和對接。每與同射，百發百中，甚見推重。

武平中，詔獄多令中黃門等監之，恒令景和案覆，據理執正，由是過無枉濫。後除特進，封廣漢郡公，遷領軍將軍。琅邪王之殺和士開，兵指西闕，內外莫知所爲。景和請後主出千秋門，自號令。事平，除尚書右僕射。〔三二〕

陳將吳明徹寇淮南，令景和拒之。除領軍大將軍，封文城郡王。又有陽平人鄭子

饒，〔三三〕詐依佛道設齋會，用米麪不多，供贍甚廣，密從地藏，漸出餅飯。愚人以爲神力，見信於魏、衞之間。將爲逆亂，謀泄。乃潛度河聚衆，自號長樂王，已破乘氏縣。景和遣騎擊破之，禽子饒，送鄴烹之。及吳明徹圍壽陽，敕景和與賀拔伏恩救之。是時，拒明徹者多傾覆，唯景和全軍而還。除尚書令。

武平六年，卒。贈太尉、錄尚書。

長子信，機悟有風神。位開府儀同三司、武衞將軍，於勳貴子弟中，稱其識鑒。降周軍，授上開府、軍正中大夫。隋開皇中，卒於洮州刺史。

少子宿達，開皇中，通事舍人。母憂起復，將赴京，辭靈，慟哭而絕，久而獲蘇，不能下食，三日而死。

綦連猛字武兒，〔三四〕代人也。其先姬姓，六國末，避亂出塞，保祈連山，因以山爲姓。北人語訛，故曰綦連。父元成，燕郡太守。

猛少有志氣，便弓馬。初爲尒朱榮親信。榮被害，從尒朱兆入洛。猛父母兄弟皆在山東，尒朱京纏欲投神武，召之與俱。舉稍謂曰：「不從我者死！」乃從之。去城五十餘里，猛以素蒙兆恩，卽背京纏復歸兆。兆敗，猛與斛律羌舉、乞伏貴和逃亡。及見獲，各杖一百。以猛配尉景，貴和配婁昭。羌舉以故酋長子，故無所配。既而三人並爲神武親信。後都督尒朱文暢將爲逆，猛曰：「昔事其父兄，寧今日受死，不忍告而殺之。」神武聞之曰：「事人當如此。」舍其罪而益親之。

以軍功，封廣興縣侯。梁使來聘，云求角武藝。文襄遣猛就館接之，雙帶兩鞬，左右馳射。梭挽强弓，梁人引弓兩張，皆三石，猛遂併取四張，疊挽之，過度。梁人嗟服。天保初，除東秦州刺史。河清三年，加開府。突厥侵逼晉陽，〔三五〕敕猛覘賊。中一騎將超出來鬪，猛卽斬之。

天統五年，除并省尚書令、領軍大將軍，封山陽王。猛自和士開死後，漸預朝政，疑議與奪，咸亦咨稟。趙彥深以猛武將之中，頗疾姦佞，言議時有可采，故引知機事。祖珽奏言猛與彥深前推琅邪王，事有意故。於是出猛爲定州刺史，彥深爲西兗州刺史，卽日首途。先是，謠曰：「七月刈禾太早，九月噉餻未好，本欲尋山射虎，激箭旁中趙老。」至是，其言乃驗。猛行至牛蘭，有人告和士開被害時，猛亦知情，遂被追還，削王爵，以開府赴州。在任寬惠清愼，吏人稱之。淮陰王阿那肱與猛有舊，每欲擕引之，韓長鸞等沮難，復授膠州刺史。後除大將軍。齊亡入周，卒。

初，猛與尉興慶、謝猥餒並善射小心，給事神武左右。神武使相者視之，曰：「猛大貴，尉、謝無官。」及芒山之役，興慶救神武之窘，爲軍所殺。神武嘆曰：「富貴定在天也！」猛竟如相者言，卒以榮寵自畢。

興慶事見齊本紀。〔三六〕興慶每入陣，常自署名於背，神武使求其尸，祭之。於死處立浮圖，世謂高王浮圖云。於是超贈儀同、涇州刺史，謚曰閔壯。

元景安，河南洛陽人，魏昭成皇帝之五世孫也。高祖虔，陳留王。景安沈敏有幹局，少工騎射，善於事人。父永啓迴代郡公授之。隨魏孝武帝西入關。天平末，周、齊交戰，〔三七〕景安臨陣東歸。芒山之戰，以功賜爵西華縣男，代郡公如故。景安妙閑馳騁，有容則，每梁使至，恒與斛律光、皮景和等對客騎射，見者稱善。天保初，別封興勢伯，帶定襄縣令，賜姓高氏，累遷兼七兵尚書。

時初築長城，鎮戍未立，詔景安與諸將緣塞以備守。督領既多，且所部軍人，富於財物，遂賄貨公行。文宣聞之，遣使推檢，唯景安纖毫無犯。帝深嘉歎，乃以所斂贓絹五百匹賜之，以彰清節。〔三八〕孝昭嘗與功臣西園宴射，侯去堂一百三十步，中的者賜以良馬及金玉

錦綵。有一人射中獸頭，去鼻寸餘，唯景安最後，有矢未發。帝令景安解之，景安引滿，正中獸鼻。帝嗟異稱善，特賞馬二匹，玉帛雜物，又加常等。

天統四年，除豫州刺史，加開府儀同三司。武平三年，授行臺尚書令，刺史如故，封歷陽郡王。景安久在邊州，人物安之。又管內蠻多華少，景安被以恩威，咸得寧輯。武平末，徵拜領軍大將軍。入周，以大將軍、義寧郡公討稽胡，戰沒。

初，永兄祚襲爵陳留王，祚卒，子景皓嗣。天保時誅諸元親近者，如景安之徒疏宗，〔三九〕議請姓高氏。景皓云：「豈得棄本宗，逐他姓？〔四〇〕大丈夫寧可玉碎，不能瓦全。」景安以白文宣，乃收景皓誅之，家屬徙彭城。由是景安獨賜姓高氏，自外聽從本姓。

永弟种子豫，字景豫，美容儀，有器幹。景安告景皓慢言，引豫，云相應和。豫占云：「爾時以衣袖掩景皓口，云：『莫妄言。』」問景皓，與豫同，獲免。卒於東徐州刺史。

獨孤永業字世基。本姓劉，中山人也，母改適獨孤氏，永業幼隨母，為獨孤家養，遂從其姓。天保初，除中書舍人。永業解書計，善歌舞，甚為文宣所知。後為洛州刺史、河陽行臺左丞，甚有威信。遷行臺尚書。永業久在河陽，善於招撫，周

人憚之。性鯁直，不交權勢。斛律光求二婢弗得，毀之於朝廷。河清末，徵為太僕卿，以乞伏貴和代之，於是西境蹙弱，河洛人情騷動。武平三年，遣永業取斛律豐洛，因以為北道行臺僕射、幽州刺史。河洛人庶多思永業，又除河陽道行臺、洛州刺史。

周武帝親攻金墉，永業出兵禦之，問是何達官，作何行動。周人曰：「至尊自來，主人何不出看客？」永業曰：「客行忽忽，故不出看。」乃通夜辦馬槽二千，周人聞之，以為大軍至，乃去。進位開府，臨川王。有甲士三萬，聞晉州敗，請出兵北討，奏寢不報，永業慨憤。又聞并州亦陷，乃遣子須達告降於周。授上柱國、應公。宣政末，為襄州總管。大象二年，為行軍總管崔彥睦所殺。

鮮于世榮，漁陽人也。父寶業，懷朔鎮將。武平初，贈儀同三司、祠部尚書。

世榮少沈敏，有器幹。興和二年，為神武親信都督，稍遷平西將軍，賜爵石門縣子。天統二年，累加開府儀同三司，除鄭州刺史。武平中，以領軍從平高思好，封義陽郡王，領軍大將軍、太子太傅。及周武帝入代，〔四一〕送馬腦酒鍾與之，得便撞破。周兵入鄴，諸將皆降，世榮在三臺之前，獨鳴鼓不輟。及被執不屈，乃見殺。

世榮雖武人無文藝，以朝危政亂，每常竊歎。見徵稅無厭，賞賜過度，發言歎息焉。

子貞，武平末，假儀同三司。

傅伏，太安人也。少從戎，以戰功，稍至開府、永橋領人大都督。周武帝前攻河陰，伏自永橋夜入中潬城。南城陷，被圍二旬不下。救兵至，周師還。

後除東雍州刺史。周剋晉州，執行臺尉相貴。招伏，伏不從。周剋并州，遣韋孝寬以伏子世寬來招伏，授上大將軍、武鄉郡公，即給告身，以金馬腦二酒鍾為信。伏不受曰：「事君，有死無二。此兒為臣不能竭忠，為子不能盡孝，人所讎疾，願即斬之，以號令天下。」周武自鄴還至晉州，遣高阿那肱等臨汾召伏。伏聞後主已被獲，仰天大哭，率眾入城，於廳事前，北面哭良久，然後降。周武見曰：「何不早降？」伏流涕曰：「臣三世衣食齊家，被任如此，革命不能自死，羞見天地。」周武親執手曰：「為臣當若此。朕平齊，唯見公一人。」乃自食一羊肋，以骨賜伏，曰：「骨親肉疏，所以相付。」遂引與同食。令於侍伯色宿衛，授上儀同，敕之曰：「若即與公高官，恐歸投者心動。勿慮不富貴。」又問：「前救河陰得何官？」曰：「蒙一轉，授特進、永昌郡公。」周武謂後主曰：「朕前三年，決意取河陰，正為傅伏不可動。公當時

賞授，何其薄也？」賜伏金酒巵。後以為岷州刺史，尋卒。

齊軍晉州敗後，兵將罕有全節者。〔四二〕其殺身成仁者，有儀同叱干苟生。〔四三〕鎮南兗州。周武破鄴，赦書至，苟生自縊死。

又有開府、中侍中、宦者田敬宣，本字鵬，蠻人也。年十四五，便好讀書。既為閹寺，伺隙便周章詢請。每至文林館，氣喘汗流，問書之外，不暇他語。及視古人節義事，未嘗不感激沈吟。顏之推重其勤學，甚加開獎。後遂通顯。後主之奔青州，遣其西出參伺動靜，為周軍所獲。問齊主何在，紿云已去。毆捶服之，每折一肢，辭色愈厲，竟斷四體而卒。

又有雷顯和，晉州敗後，為建州道行臺左僕射。周武帝使其子招焉，顯和禁其子而不受。聞鄴城敗，乃降。

後主失并州，使開府紇奚永安告急於突厥他鉢略可汗。及聞齊滅，他鉢處永安於吐谷渾使下。永安抗言曰：「本國既敗，永安豈惜賤命？欲閉氣自絕，恐天下不知大齊有死節臣。唯乞一刀，以顯示遠近。」他鉢嘉之，贈馬七十疋，歸之。

又有代人高寶寧，武平末，為營州刺史，鎮黃龍。夷夏重其威信。周武帝平齊，遣信招慰，不受敕書。范陽王紹義在突厥中，寶寧上表勸進。范陽王署寶寧為丞相。及盧昌期據

中華書局

范陽起兵，竇寧引紹義集夷夏兵數萬救之。至潞河，知周將宇文神舉屠范陽，還據黃龍。

論曰：尒朱殘逆，遠効誠款，知神武陵逼，隨帝西遷，去就之途，未爲失節。〔四四〕道元感母兄之戀，苟知遇之恩，思親懷舊，固其宜矣。生不屈西朝，〔四五〕歸誠河朔，保年之於門，義異策名。〔四六〕並乘幾獨運，異夫盜寶竊邑者也。神武招攜，理殊納叛，諸將擇木，情非背恩。故能各立功名，終極榮寵。神敬力屈東雍，未虧臣節，〔四七〕其被恩化，蓋亦明主之仁焉。劉貴、蔡儁有先見之明，匡贊霸業，配饗清廟，豈徒然也。

韓賢、尉長命、王懷、任祥、莫多婁貸文、厙狄迴洛、厙狄盛、張保洛、侯莫陳相、薛孤延、斛律羌舉、張瓊、宋顯、王則等，並運屬時來，或因羇旅，馮附末光，申其志力，化爲王侯，固爲宜矣。孝卿功臣之胤，自致公卿，立履之地，亦足稱也。

慕容紹宗兵機武略，在世見重，昔事尒朱，固執忠義，不用范增之言，〔四八〕終見烏江之禍。侯景狠戾，固非後主之臣，神武遺言，實表知人之鑒。寒山、渦水，往若摧枯。算盡數奇，逢斯禍酷，悲夫！三藏連屬危亡，〔四九〕貞概自處，可謂不隕門節矣。

吒列平、步大汗薩、薛脩義、慕容儼、潘樂、彭樂、暴顯、皮景和、綦連猛、元景安等，策名

戎幕，備開夷險，位高任重，咸遂本誠。永業、世榮之徒，國危方見忠節。不然，則丹青簡册，安所貴乎。

校勘記

〔一〕累遷第二鎭人酋長　北齊書卷二七補万俟普傳「鎭」作「領」。按隋書百官志中敍魏齊官制有領人酋長、不領人酋長、領人庶長、不領人庶長等。作「領」是。

〔二〕神武名其所營地爲廻洛城　諸本脫「城」字，據北齊書補。

〔三〕發渭州西北度烏蘭津歷河源二州境乃得東出　按魏無「源州」，疑「源」爲「涼」之訛。

〔四〕以貪汚被劾特見原　諸本脫「被」字，據通志卷一五二可朱渾元傳補。

〔五〕豐與行臺慕容紹宗見〔北有白氣同入船〕　諸本脫「北有白氣，同入船」七字，據北齊書卷二七劉豐傳補。

〔六〕八子俱非嫡妻所生　按疑「八」上脫「豐」字。

〔七〕武平中暐所生喪　通志卷一五二劉豐傳「暐」作「曄」。按上文不見暐名，若非有脫文，卽是「曄」之誤。

〔八〕破六韓常單于之裔也　錢氏考異卷四〇云：「按齊書卷二七，常字保年，附化人。延壽削而不書，則總論中『保年之於門右，義異策名』二句，殊無謂矣。」按錢說是。又北齊書「單于」上有「匈奴」二字，亦不應删。

〔九〕初呼廚貌入朝漢　錢氏攷異云：「『貌』當作『泉』，『泉』譌爲『皃』，後人又妄加豸旁。」按呼廚泉歸漢，見後漢書卷八九南匈奴傳。錢說是。

〔一〇〕次子洪徽嗣樂縣男　北齊書卷十九劉貴傳無「樂縣男」三字，通志卷一五二劉貴傳作「樂安縣男」。按北齊書言貴封敷城縣公，不云封「樂縣男」。此云「嗣樂縣男」，當是別封。但地志無「樂縣」，疑通志作「樂安」是。

〔一一〕出爲濟州刺史　諸本「濟」作「齊」，北齊書卷十九蔡儁傳作「濟」。按本書卷六齊神武紀天平元年見「濟州刺史蔡儁」。魏書卷十一孝武紀太昌元年七月，言儁爲濟州刺史，與齊州刺史尉景共同鎭壓鄴還。永熙二年六月，又見「濟州刺史大都督蔡儁」。作「濟」是，今據改。

〔一二〕子興字敬興　北齊書卷十九尉長命傳「敬興」作「興敬」。錢氏攷異以爲「興敬」卽附見本卷綦連猛傳之「尉興慶」。作「敬」是北齊史臣避北齊廟諱改高歡五世祖名慶。這裏作「敬興」，是轉寫倒誤。按錢說是。金石錄卷二二北齊大安樂寺碑跋言碑文載長命子名興敬，與北齊書合。

〔一三〕潁州長史賀若徽執刺史田迅　諸本「州」作「川」。張森楷云：「『川』乃『州』之誤。州有長史，潁川是郡，不得有長史也。」按張說是，本書卷六〇宇文貴傳、卷二〇堯雄傳正作「州」。今據

改。

〔一四〕祥戰失利還北　北齊書卷一九任延敬傳「還北」作「收還北豫」。按這裏疑脫「豫」字。北豫州治虎牢，與潁川甚近，所以下文說他與侯景、高昂「共攻拔潁川」。

〔一五〕康德　北齊書卷十九張保洛傳作「王康德」。張森楷云：「據周書卷一二齊王憲傳有新蔡王王康德，則有『王』字是也，此誤脫文。」按本書卷八齊後主紀武平七年十二月亦見「王康德」。但本傳下文單稱「德」。卷五八周宗室諸王傳稱「新蔡王康德」。

〔一六〕仁字天惠善無人　諸本「善無」倒作「無善」，據通志卷一五二張保洛傳乙。善無郡見魏書地形志上恒州。

〔一七〕壯勇善騎射　諸本脫「善」字，據北齊書、通志補。

〔一八〕建業輔相俱不知所從來建業位領軍大將軍幷州刺史以輔相爲朔州總管　李慈銘云：「按建業、輔相俱由齊降周。建業之爲領軍大將軍、幷州刺史者，齊官也。輔相之爲朔州總管者，周官也。北齊書言建業授上柱國，封郇國公，隋開皇中卒，輔相授上柱國，封郡公，周武平幷州，卽以爲朔州總管。所敍建業、輔相兩人之官，皆入周所授。此傳當有脫文。」按李說是，「幷州刺史」下當脫建業、輔相降周授官經過。

〔一九〕戰歿關中　按北齊書卷二〇慕容儼傳附牒舍樂事迹云：「天保初，封漢中郡公。後因戰，沒於

關中。」北齊自沙苑之戰後，從未入關作戰。天保距沙苑之戰天平四年已十餘年，不得有戰死於關中的事。「歿」當是「沒」之訛，卽爲周軍所俘虜之意。

〔二〇〕授儀同大將軍宣納上士　北齊書卷二〇斛律羌舉傳「宣納」作「納言」。按此官不見於通典卷三九後周官品。唯通典卷二一侍中條，稱周武帝保定四年改御伯爲納言，御伯下大夫爲納言下大夫。這是侍中和黃門侍郎的改名。通典後周官品有「御伯上士」，按例也當改名爲「納言上士」。這裏「宣納」當作「納言」。

〔二一〕瓊子欣尙魏平陽公主　北齊書卷二〇張瓊傳「欣」作「忻」。錢氏考異云：「按后妃傳本書卷十四，魏孝武帝妹平原公主適開府張歡，歡遇之無禮。帝殺歡，改封爲馮翊公主以配周文帝。卽此公主也。齊史避諱，改『歡』爲『欣』。」按錢說是。魏書卷七五尒朱彥伯、尒朱世隆傳又改作「勸」，都是避高歡諱。參見卷四八尒朱彥伯傳校記。

〔二二〕紹宗於烏突城見神武　李慈銘云：「北齊書：『紹宗行到烏突城，見高祖追至。』云云，此處『見神武』下，亦當有『追至』二字。」

〔二三〕還除尙書左僕射　北齊書卷二〇慕容紹宗傳無此語。按下文云：「侯景反，命紹宗爲東南道行臺。」似紹宗還朝除左僕射在前，侯景之反在後。但北齊書卷二四陳元康傳言侯景叛時，「紹宗在遠，世宗欲召之，恐其驚叛」。則紹宗尙在徐州未還。考魏書卷十二孝靜紀武定五年正月

侯景叛，五月「以徐州刺史慕容紹宗爲尙書左僕射」，十月「以尙書左僕射慕容紹宗爲東南道行臺」。與陳元康傳相合。這裏敍述失次。

〔二四〕乃授鳳賢龍驤將軍陽夏子改封汾陰縣侯　北齊書卷二〇薛循義傳「陽夏」作「夏陽」，又云：「封循義汾陰縣侯。」按魏書地形志下華州華山郡有夏陽縣。卽本書卷三六薛辯傳及周書卷三五薛端傳所說的「馮翊之夏陽」，爲薛氏族居的地方。按當時慣例，地方豪强的封邑，多在本地。疑作「夏陽」是。「陽夏」見於地形志中梁州、合州、霍州，與薛氏無關，疑誤。又據北齊書，「汾陰侯」是薛循義卽脩義的封爵。這裏「封」下當脫「脩義」二字。

〔二五〕前不聽我城并州城　按上文「神武欲大城晉」，及「又欲棄晉」兩「晉」字下，通志卷一五二薛脩義傳都有「州」字。以上文「若晉州敗，定州亦不可保」及下文「以脩義行晉州事」証之，通志是。并州卽晉陽，自尒朱榮以後，爲高歡根本重鎭，城池堅固，高歡豈有輕易放棄之理？當時所欲築城和準備放棄的，應是晉州，卽平陽城。這裏「并州」疑是「晉州」之誤。

〔二六〕位廉州刺史　北齊書「廉」作「廣」。按隋書地理志中趙郡槀城縣下注云：「開皇十年置廉州。」則魏、齊之際尙未有廉州。廣州治魯陽，見魏書地形志中。「廉」疑是「廣」之訛。

〔二七〕神武聞二人在邊不和　諸本「二」作「三」，通志卷一五二慕容儼傳作「二」。按上下文都只涉及儼與相樂兩人，別無第三者，今從通志改。

〔二八〕本名伏憐訛音連　諸本「訛」作「語」，據通志卷一五二慕容儼附厙狄伏連傳改。

〔二九〕遣其行臺侯莫陳崇自齊子嶺趣軹關　諸本脫「自」字，據北齊書卷十五、通志卷一五二潘樂傳補。

〔三〇〕累遷北徐州刺史封屯留公天保中以贓貨解州　按北齊書卷四一暴顯傳，顯任北徐州刺史後，又歷廣州、潁州、鄭州等刺史，到天保三年，以贓貨解鄭州。北史删節，似所解爲徐州。誤。

〔三一〕初以親信事神武後征步落稽疑賊有伏　北齊書卷四一皮景和傳作：「初以親信事高祖，後補親信都督。武定二年，征步落稽，世宗疑賊有伏。」則「疑賊有伏」者，非高歡，乃高澄。疑北史誤。

〔三二〕事平除尙書右僕射　張森楷云：「北齊書下有『趙州刺史』四字，據本紀無景和爲僕射文。蓋以僕射爲州，如後世使相，非眞授也。此删去之，便似眞爲僕射者然。」按所除疑是「行臺尙書右僕射」，故本紀不書。北齊書下文更有「尋遷河南行臺尙書右僕射、洛州刺史」語，則此當是河北行臺，故兼趙州刺史。

〔三三〕又有陽平人鄭子饒　諸本「陽平」倒作「平陽」，北齊書作「陽平」。按魏書地形志，平陽屬晉州，在今山西臨汾。陽平屬司州，在今山東莘縣。下文言「見信於魏、衞之間」，又曾破乘氏縣今山東菏澤，則作「陽平」是。且皮景和出拒陳師，順道鎭壓，必不得繞至平陽。今據乙。

〔三四〕綦連猛字武兒　通志卷一五二綦連猛傳「武」作「虎」。按北齊書卷四一綦連猛傳亦作「武」，當是避唐諱改。

〔三五〕河清三年加開府突厥侵逼晉陽　北齊書卷四一綦連猛傳「三」作「二」。按本書卷八齊武成紀，突厥圍晉陽在河清二年底至三年初。猛加開府在前，則當作「二年」。

〔三六〕興慶事見齊本紀　按尉興慶卽尉長命子興敬，見本卷尉長命傳校記。

〔三七〕天平末周齊交戰　北齊書卷四一元景安傳「周齊交戰」作「大軍西討」。按天平乃東魏靜帝年號。其時只有東西魏，並無周、齊。北史誤改。北史誤分爲兩人。

〔三八〕乃以所歛贓絹五百匹賜之以彰清節　諸本脫「之」字，據北齊書卷四一、通志卷一五二元景安傳補。

〔三九〕如景安之徒疏宗　諸本「徒」訛「徙」，據北齊書、通志改。

〔四〇〕豈得棄本宗逐他姓　諸本「逐」訛作「遂」，據北齊書、通志改。

〔四一〕及周武帝入代　按周師滅齊，未嘗至代今山西大同，「代」字疑誤。

〔四二〕兵將罕有全節者　諸本「者」訛作「有」，據北齊書卷四一傅伏傳改。

〔四三〕有儀同叱干苟生　諸本「干」訛作「于」，據北齊書卷四一、通志卷一五二傅伏傳改。參卷一道武紀校記。

〔四四〕尒朱殘逆遠効誠款知神武陵逼隨帝西遷去就之途未爲失節　按此是論万俟普父子。不具姓名，莫知所指，疑上有脫文。又傳文簡略，全未反映論中所舉事實，亦刪節之失。

〔四五〕生不屈西朝　按此論劉豐。豐字豐生，疑上脫「豐」字。

〔四六〕保年之於開義異策名　按此論破六韓常。常字保年，本傳刪去，遂使人莫解。「開」，錢氏考異作「關右」，未知所據何本。常曾仕西魏，作「關右」疑是。

〔四七〕神敬力屈東雍未虧臣節　諸本「雍」作「維」。按金祚本傳云：「入據東雍州，神武遣尉景攻降之。」北齊書卷二七可朱渾元傳云：「討西魏儀同金祚、皇甫智達於東雍，擒之。」「維」乃「雍」之訛，今據改。

〔四八〕不用范增之言　諸本「增」作「曾」，據北齊書卷二〇史臣論改。

〔四九〕三藏連屬危亡　按「連」當爲「運」之訛。

北史卷五十四

列傳第四十二

孫騰　高隆之　司馬子如 子消難　裴藻　兄子膺之　竇泰　尉景

婁昭 兄子叡　厙狄干 孫士文　韓軌　段榮 子韶　孝言

斛律金 子光　羨

孫騰字龍雀，咸陽石安人也。祖通，仕沮渠氏，爲中書舍人。沮渠氏滅，因徙居北邊。及騰貴，魏朝贈司徒。父機，贈太尉。

騰少質直，明解吏事。魏正光中，北方擾，歸尒朱榮。尋爲齊神武都督長史。神武爲晉州，又引爲長史，封石安縣伯。及起兵於信都，常以誠款預謀策。累遷郡公，〔一〕入爲侍中，尋兼尚書左僕射。時魏京兆王愉女平原公主寡，騰願尚之，而公主欲侍中封隆之。騰

妬隆之，遂相間構。神武啓免騰官，俄而復之。與斛斯椿同掌機密，見忌慮禍，奔晉陽。神武入討椿，留騰行并州事。入爲尚書左僕射，內外之事，騰咸知之。兼司空，除侍中，兼尚書令。

時西魏攻南兗州，詔騰率諸將討之。騰性怯無威略，失利而還。又除司徒，餘官如故。初北境亂，騰亡一女，及貴，推訪不得，疑其爲人婢。及爲司徒，奴婢訴良者皆免之，願免千人，冀得其女。神武知之大怒，解司徒。尋爲尚書左僕射、太保，仍侍中，遷太傅。

初，博陵崔孝芬取貧家子賈氏爲養女。孝芬死，其妻元更適鄭伯猷，攜賈於鄭氏。賈有色，騰納之爲妾。其妻袁死，騰以賈有子，正以爲妻，詔封丹楊郡君。復請以袁氏爵回授其女。其違禮肆情，多此類也。

騰早依神武，神武深信待之，置於魏朝，寄以心腹。遂志氣驕盈，與奪自己。納賄不知紀極，官贈非財不行，餚藏銀器，盜爲家物，親狎小人，專爲聚斂。與高岳、高隆之、司馬子如，號四貴，非法專恣，騰爲甚焉。神武、文襄，屢加誚讓，終不悛改，朝野深非笑之。武定六年薨，贈太師、開府、錄尚書事，謚曰文。天保初，以騰佐命，詔祭告其墓。皇建中，配饗神武廟庭。

子鳳珍嗣，性庸暗，卒於儀同三司。

高隆之字延興，洛陽人也。爲閹人徐成養子。少時，以賃升爲事。或曰，父幹爲姑壻高氏所養，因從其姓。隆之後有參定功，神武命爲弟，仍云勃海蓨人。幹贈司徒公。

隆之身長八尺，美鬚髯，深沉有志氣。初，行臺于暉引爲郎中，與神武深相結託。後從起兵於山東，累遷并州刺史，入爲尚書右僕射。時初給人田，權貴皆占良美，貧弱咸受墝薄，隆之啓神武，更均平之。又領營構大將，以十萬夫徹洛陽宮殿，運於鄴，構營之制，皆委隆之。增築南城，周二十五里。以漳水近帝城，起長堤以防汎溢；又鑿渠引漳水，周流城郭，造水碾磑。並有利於時。

魏自孝昌之後，天下多難，刺史、太守皆爲當部都督，雖無兵事，皆立佐僚，所在頗爲煩擾。隆之請非實在邊要，見有兵馬者，〔二〕悉斷之。又朝貴多假常侍以取貂蟬之飾，隆之自表解侍中，幷陳諸假侍中服者，請亦罷之，詔皆如表。自軍國多事，冒名竊官者，不可勝數，隆之奏請檢括，旬日獲五萬餘人。而羣小諠囂，隆之懼而止。詔監起居事，進位司徒。

武定中，除尚書令，遷太保。文襄作宰，風俗肅清，隆之時有受納，文襄於尚書省大加責讓。齊受禪，進爵爲王。尋以本官錄尚書事，領大宗正卿，監國史。隆之性好小巧，至於

公家羽儀，百戲服制，時有改易，不循典故，時論非之。於射堋上立三人像，〔三〕爲壯勇之勢。文宣嘗至東山，因射，謂隆之曰：「堋上可作猛獸，以存古義，何爲終日射人？」隆之無以對。

先是，文襄委任崔暹、崔季舒等。及文襄崩，隆之啓文宣，並欲害之，不見許。文宣以隆之舊齒，委以政事。隆之子淫於楊遵彥前妻，帝妹也，故遵彥譏毀日至。崔季舒等仍以前隙，譖云：「隆之每見訴訟者，輒加哀矜之意，以示非己能裁。」文宣以其受任既久，知有冤狀，便宜申滌，何過要名，〔四〕非大臣義。天保五年，禁止尚書省。隆之嘗與元昶宴，〔五〕語昶曰：「與王交遊，當死生不相背。」人有密言之者。又帝未登庸日，隆之意常侮帝，帝將受禪，大臣咸言未可，隆之又在其中，帝深銜之。因此大怒，罵曰：「徐家老公。」令壯士築百餘拳，放出。渴，將飲水，人止之，隆之曰：「今日何在！」遂飲之。因從駕，死於路中。贈太尉、太保、陽夏王，竟不得謚。

隆之雖不學涉，而欽尚文雅，搢紳名流，必存禮接。寡姊爲尼，事之如母。訓督諸子，必先文義。世以此稱之。

文宣末年，多猜害，追忿隆之，執其子司徒中兵慧登等二十人於前。慧登言乞命，帝曰：「不得已。」以鞭扣鞍，一時頭絕，並投之漳水。發隆之冢，出屍，其貌不敗，斬骸骨焚之，棄於漳流。天下冤之。隆之嗣遂絕。乾明中，詔其兄子子遠爲隆之後，襲爵陽夏王，還其財產。

隆之見信神武，性陰毒，儀同三司崔孝芬以結婚姻不果；太僕卿任集同知營構，〔六〕頗相乖異，瀛州刺史元晏請託不遂。並構成其罪，誅害之。終至家門殄滅，論者謂有報應焉。

司馬子如字遵業，自云河內溫人也，徙居雲中，因家焉。子如初爲懷朔鎮省事，與齊神武相結託，分義甚深。孝昌中，北州淪陷，子如南奔肆州，爲尒朱榮所禮，封平遙子，稍遷大行臺郎。榮死，隨榮妻子與尒朱世隆等走出京城。節閔帝立，以前後功，進爵陽平郡公。神武入洛，以爲大行臺尚書，朝夕左右，參知軍國。天平初，除尚書左僕射、開府，與高岳、孫騰、高隆之等共知朝政，甚見信重。神武鎮晉陽，子如時往謁見。及還，神武、武明后俱有齎遺，率以爲常。

子如性既豪爽，兼恃恩舊，簿領之務，與奪任情，公然受納。興和中，以北道行臺巡檢諸州守令已下，〔七〕至定州，斬深澤令，至冀州，斬東光令，皆稽留時刻，致之極刑。進退少不合旨者，便令武士頓曳，白刃臨頸。士庶惶懼，不知所爲。轉尚書令。

及文襄輔政，以賄爲御史中尉崔暹劾，在獄一宿而髮皆白。辭曰：「司馬子如本從夏州

策一杖投相王，王給露車一乘，犇牸牛犢。犢在道死，唯犇角存。此外，皆人上取得。」神武書敕文襄曰：「馬令是吾故舊，汝宜寬之。」文襄駐馬行街，以出子如，脫其鎖。子如懼曰：「非作事邪？」於是，除削官爵。神武後見之，哀其顦悴，以膝承其首，親爲擇蝨，賜酒百瓶，羊五百口，粳米五百石。子如曰：「無事尚被囚幾死，若受此，豈有生路邪？」未幾，起行冀州事，能自改厲，甚有聲譽。詔復官爵，別封野王縣男。齊受禪，以翼贊功，別封須昌縣公。尋除司空。

子如性滑稽，不事檢裁，言戲穢褻，識者非之。而事姊有禮，撫諸兄子慈篤，當時名士，並加欽愛，復以此稱之。然素無鯁正，不能以平道處物。文襄時，中尉崔暹、黃門郎崔季舒俱被任用。文襄崩，暹等赴晉陽，子如以糺劾之釁，乃啓文宣，言其罪，勸帝誅之。後子如以馬度關，爲有司所奏。文宣讓之曰：「崔暹、季舒事朕先世，有何大罪，卿令我殺之！」因此免官。久之，猶以先帝之舊，拜太尉。尋以疾薨，贈太師、太尉，謚曰文明。長子消難嗣。

消難字道融。幼聰慧，微涉經史，有風神，好自矯飾，以求名譽。子如既當朝貴盛，消難亦愛賓客，邢子才、王元景、魏收、陸卬、崔瞻等皆遊其門。稍遷光祿卿，出爲北豫州刺史。

文宣末年，昏虐滋甚，消難常有自全之謀，曲意撫納，頗爲百姓所附。不能廉潔，爲御史所劾。又尙公主，而情好不睦，公主愬之。屬文宣在幷州，驛召上黨王渙，〔八〕渙懼害，斬使者東奔，鄴中大擾，後竟獲於濟州。渙之初走，朝士疑赴成皋，云：「若與司馬北豫連謀，必爲國患。」此言達於文宣，頗見疑。消難懼，密令所親人河東裴藻間行入關，請降。

入周，封滎陽郡公，累遷大司寇。從武帝東伐，還除梁州總管。大象初，遷大後丞，女爲靜帝后。尋出爲郧州總管。及隋文帝輔政，消難乃與蜀公尉遲迥合勢舉兵，使其子永質於陳，以求援。隋文帝命襄州總管王誼討之，消難奔陳。位司空，隨郡公。

初，隋武元帝之迎消難，結爲兄弟，情好甚篤，隋文每以叔禮事之。及平陳，消難至，特免死配爲樂戶，二旬而免。猶以舊恩，特被引見。尋卒於家。其妻高，齊神武女也，在鄴極加禮敬，入關便相棄薄。及赴郧州，留妻及三子在京，妻言於文帝曰：「滎陽公攜寵自隨，必不顧妻子，願防慮之。」及消難入陳，高母子因此獲免。子譚，卽高氏所生，以消難勳，拜儀同大將軍，坐消難除名。

裴藻字文芳。少機辯，有不羈之志，爲子如太傅主簿。消難鎭北豫，又以爲中兵參軍。入周，封聞喜縣男，除晉州刺史。

子如兄纂。纂長子世雲，輕險無行。累遷潁州刺史，肆行姦穢，將見推，懼，遂從侯景。文襄猶以子如恩舊，免其諸弟死罪，徙北邊。世雲以侯景敗於渦陽，復有異志，爲景所殺。世雲弟膺之。

膺之字仲慶。美鬚髯，有風貌，好學，厚自封植，神氣甚高。歷中書、黃門侍郎。天平中，叔父子如執鈞當軸。膺之旣宰相猶子，兼自有名望，所與遊集，盡一時名流。與邢子才、王元景等〔九〕並爲莫逆之交。及兄世雲陷於逆亂，期親皆應誅。膺之及諸弟並有人才，爲朝廷所惜，文襄特減死徙近鎭。文宣嗣業，得還。齊受禪，子如別封須昌縣公，迴授膺之。子如撫愛甚慈，膺之昆季，事之如父。

性方古，不會俗舊。與楊愔同爲黃門郎，至愔爲尙書令，抗禮如初。愔嘗有從姊慘，尙書卿尹皆跪弔，膺之執手而出。曾路逢愔，威儀道引，乃於樹下側避之。愔於車望見，令呼謂曰：「兄何意避弟？」膺之曰：「我自避赤棒，本不避卿。」愔甚重之，然以其疏簡傲物，竟天保間，淪滯不齒。乾明中，除衞尉少卿，遷國子祭酒。河清末，拜金紫光祿大夫。患泄痢，積年不起。武平中，就家拜儀同三司。班台之貴，近世專以賞勳勤，膺之雖爲猥雜，名器猶重。〔一〇〕初，司徒趙彥深起自孤微，爲子如管記，膺之甚相忽略，不爲之禮。及彥深爲宰相，朝士輻湊，膺之自念，故被延請，永不至門，每與相見，捧袂而已。太常卿段孝言，左丞相孝先之弟也，位望甚隆，嘗詣其弟幼之，舉座傾敬。膺之時牽疾，在外齋馮几而坐，不爲動容。直言：「我患痢久，太常不得致怪。」黃門郎陸杳，貴遊後進，膺之嘗與棊。杳忽後至，寒溫而已，棊遂輟。園宅閑素，門無雜客，性不飲酒，而不愛重賓遊。病久，不復堪讀書，或以奕棊永日。名士有素懷者，時相尋候，無雜言，唯論經史。好讀太玄經，又注揚雄蜀都賦。每云：「我欲與揚子雲周旋。」患痢十七年，竟不愈。齊亡歲，以痢疾終。〔一一〕

膺之弟子瑞，爲御史中丞，正色舉察，爲朝廷所許。以疾去職，就拜祠部尙書。卒，贈儀同三司、瀛州刺史，謚曰文節。子瑞妻，陸令萱妹。及令萱得寵於後主，重贈子瑞開府儀同三司、中書監、溫縣伯。諸子亦並居顯職：同遊，給事黃門侍郎；同回，太常少卿；同憲，通直常侍。同遊終爲佳吏，隋開皇中，爲尙書戶部侍郎，卒於遂州刺史。

子瑞弟幼之，淸貞有行。武平末，爲大理卿。開皇中，卒於眉州刺史。

竇泰字世寧，太安捍殊人也。本出淸河觀津冑。祖羅，魏統萬鎭將，因居北邊。父樂，

魏末破六韓拔陵爲亂，與鎭將楊鈞固守，遇害。泰貴，追贈司徒。

初，泰母夢風雷暴起，若有雨狀，出庭觀之，見電光奪目，駛雨霑灑，寤而驚汗，遂有娠。期而不產，大懼。有巫曰：「度河湔裙，產子必易。」便向水所，忽見一人曰：「當生貴子，可徙而南。」泰母從之，俄而生泰。及長，善騎射，有勇略。泰父兄戰歿於鎭，泰身負骸骨歸尒朱榮。以從討邢杲功，賜爵廣阿子。神武之爲晉州，請泰爲鎭城都督，參謀軍事。累遷侍中、京畿大都督，尋領御史中尉。泰以勳戚居臺，雖無多糾舉，而百僚畏懼。

天平三年，神武西討，令泰自潼關入。四年，泰至小關，爲周文帝所襲，衆盡沒，泰自殺。初，泰將發鄴，鄴有惠化尼，謠云：「竇行臺，去不迴。」未行之前夜，三更，忽有朱衣冠幘數千人入臺，云收竇中尉。宿直兵吏皆驚。其人入數屋，俄頃而去。旦視關鍵不異，方知非人，皆知其必敗。贈大司馬、太尉、錄尙書事，謚曰武貞。

泰妻，武明婁后妹也。泰雖以親見待，而功名自建。齊受禪，祭告其墓。皇建初，配享神武廟庭。

子孝敬嗣，位儀同三司。

尉景字士眞，善無人也。秦、漢置尉㑥官，其先有居此職者，因以氏焉。景性溫厚，頗有俠氣。魏孝昌中，北鎮反，景與神武入杜洛周中，仍共歸尒朱榮。以軍功，封博野縣伯。後從神武起兵信都。韓陵之戰，唯景所統失利。神武入洛，留景鎮鄴。尋進封爲公。景妻常山君，神武之姊也。以勳戚，每有軍事，與厙狄干常被委重。而不能忘懷財利，神武每嫌責之。轉冀州刺史，又大納賄，發夫獵，死者三百人。厙狄干與景在神武坐，請作御史中尉。神武曰：「何意下求卑官？」干曰：「欲捉尉景。」神武大笑，令優者石董桶戲之。董桶剝景衣曰：「公剝百姓，董桶何爲不剝公？」神武誡景曰：「可以無貪也。」景曰：「與爾計生活孰多，我止人上取，爾割天子調。」神武笑不答。

改封長樂郡公，歷位太保、太傅。坐匿亡人，見禁止。使崔暹謂文襄曰：「語阿惠，兒富貴，欲殺我邪？」神武聞之泣，詣闕曰：「臣非尉景無以至今日。」三請，帝乃許之。於是黜爲驃騎大將軍、開府儀同三司。神武造景，景恚，臥不動，叫曰：「殺我時趣邪？」常山君謂神武曰：「老人去死近，何忍煎迫至此！」又曰：「我爲爾汲水，胝生。」因出其掌。神武撫景，爲之屈膝。先是，景有果下馬，文襄求之，景不與，曰：「土相扶爲牆，人相扶爲王；一馬亦不得畜而索也？」神武對景及常山君責文襄而杖之。常山君泣救之，景曰：「小兒慣去，放使作心腹，何須乾啼濕哭，不聽打邪！」

尋授青州刺史，操行頗改，百姓安之。徵授大司馬，遇疾，薨於州。贈太師、尚書令。齊受禪，以景元勳，詔祭告其墓。皇建初，配享神武廟庭，追封長樂王。

子粲，少歷顯職，性粗武。天保初，封厙狄干等爲王，粲以父不預王爵，大恚恨，十餘日閉門不朝。帝怪，遣使就宅問之。隔門謂使人曰：「天子不封粲父作王，粲不如死。」使云：「須開門受敕。」粲遂彎弓隔門射。使者以狀聞之，文宣使段韶諭旨。粲見韶，唯撫膺大哭，不答一言。文宣親詣其宅慰之，方復朝請。尋追封景長樂王，粲襲爵。位司徒、太傅，薨。

子世辯嗣。周師將入鄴，令世辯率千餘騎覘候。出滏口，登高阜西望，遙見羣烏飛起，〔三〕謂是西軍旗幟，卽馳還，比至紫陌橋，不敢顧。隋開皇中，卒於淅州刺史。

婁昭字菩薩，代郡平城人也，武明皇后之母弟也。祖父提，雄傑有識度，家僮千數，牛馬以谷量。性好周給，士多歸附之。魏太武時，以功封眞定侯。父內干，有武力，未仕而卒。昭貴，魏朝贈司徒。齊受禪，追封太原王。

昭方雅正直，有大度深謀，腰帶八尺，弓馬冠時。神武少親重之，昭亦早識人雄，曲盡禮敬。數隨神武獵，每致請，不宜乘危歷險。神武將出信都，昭贊成大策，卽以爲中軍大都督。從破尒朱兆於廣阿，封安喜縣伯，改濟北公，又徙濮陽郡公，授領軍將軍。魏孝武將貳於神武，昭以疾辭還晉陽。後從神武入洛。

兗州刺史樊子鵠反，以昭爲東道大都督討之。子鵠旣死，諸將勸昭盡捕誅其黨，昭曰：「此州無狀，橫被殘賊，其賊是怨，其人何罪？」遂皆捨焉。後轉大司馬，仍領軍。遷司徒，出爲定州刺史。昭好酒，晚得偏風，雖愈，猶不能處劇務。在州，事委僚屬，昭舉其大綱而已。薨於州，贈假黃鉞、太師、太尉，謚曰武。齊受禪，詔祭告其墓，封太原王。皇建初，配享神武廟庭。

長子仲達嗣，改封濮陽王。

次子定遠，少歷顯職。外戚中，偏爲武成愛狎，別封臨淮郡王。武成大漸，與趙郡王等同受顧命，位司空。趙郡王之奏黜和士開，定遠與其謀。遂納士開賄賂，成趙郡之禍，其貪鄙如此。尋除瀛州刺史。初，定遠弟季略，穆提婆求其伎妾，定遠不許。因高思好作亂，提婆令臨淮國郎中令告定遠陰與思好通。〔三〕後主令開府段暢率三千騎掩之；令侍御史趙秀通至州，以贓貨事劾定遠。定遠疑有變，遂縊而死。

昭兄子叡。叡字佛仁。父拔，魏南部尚書。叡幼孤，被叔父昭所養。爲神武帳內都

督，封掖縣子。累遷光州刺史，在任貪縱，深爲文襄所責。後改封九門縣公。齊受禪，除領軍將軍，別封安定侯。叡無他器幹，以外戚貴幸，縱情財色。爲瀛州刺史，聚斂無厭。皇建初，封東安王。大寧元年，進位司空。平高歸彥於冀州，還拜司徒。河清三年，濫殺人，爲尚書左丞宋仲羨彈奏，經赦乃免。尋爲太尉，以軍功進大司馬。武成至河陽，仍遣總偏師赴縣瓠。叡在豫境，留停百餘日，專行非法。詔免官，以王還第。尋除太尉，薨，贈大司馬。

子子彥嗣，〔四〕位開府儀同三司。

厙狄干，善無人也。曾祖越豆眷，魏道武時，以功割善無之西臘汙山地方百里以處之。後率部落北遷，因家朔方。

干鯁直少言，有武藝。魏正光初，除掃逆黨，授將軍，宿衞於內。以家在寒鄉，不宜毒暑，冬得入京師，夏歸鄉里。孝昌元年，北邊擾亂，奔雲中，爲刺史費穆送于尒朱榮。以軍主隨榮入洛。後從神武起兵，破四胡於韓陵，封廣平縣公。尋進郡公。河陰之役，諸將大捷，唯干兵退。神武以其舊功，竟不責黜。尋轉太保、太傅。干上道不過家，見侯景，不遑食，及高仲密以武牢叛，神武討之，以干爲大都督，前驅。

景使騎追饋之。時周文自將兵至洛陽，軍容甚盛。諸將未欲南度，干決計濟河，神武大兵繼至，遂大破之。還為定州刺史，不閑吏事，事多煩擾，然清約自居，不為吏人所患。遷太師。天保初，以干元勳佐命，封章武郡王，[一五]轉太宰。

干尚神武妹樂陵長公主，以親地見待。自預勳王，常總大衆，威望之重，為諸將所伏，而最為嚴猛。曾詣京師，魏譙王元孝友於公門言戲過常，[一六]無能面折者，干正色責之，孝友大慚，時人稱善。薨，贈假黃鉞、太宰，給轀輬車，謚曰景烈。

干不知書，署名為干字，逆上畫之，時人謂之穿錐。又有武將王周者，署名先為吉，而後成其外。二人至孫，始並知書。干，皇建初配享神武廟庭。子伏敬，位儀同三司。卒，子士文嗣。

士文性孤直，雖鄰里至親，莫與通狎。在齊，襲封章武郡王，位領軍將軍。周武帝平齊，山東衣冠多來迎，唯士文閉門自守。帝奇之，授開府儀同三司、隨州刺史。隋文受禪，加上開府，封湖陂縣子，尋拜貝州刺史。性清苦，不受公料，家無餘財。其子嘗噉官廚餅，士文枷之於獄累日，杖之二百，步送還京。僮隸無敢出門。所買鹽菜，必於外境。凡有出入，皆封署其門，親故絕迹，慶弔不通。法令嚴肅，吏人股戰，道不拾遺。有細

過，必深文陷害。嘗入朝，遇上賜公卿入左藏，任取多少。人皆極重，士文獨口銜絹一匹，兩手各持一匹。上問其故，士文曰：「臣口手俱足，餘無所須。」上異之，別賞遺之。

士文至州，發擿姦詒，長吏尺布斗粟之贓，無所寬貸，得千人，奏之，悉配防嶺南。親戚相送，哭聲遍於州境。至嶺南遇瘴厲，死者十八九。於是父母妻子，唯哭士文。士文聞之，令人捕搦，捶楚盈前而哭者彌甚。司馬京兆韋焜、清河令河東趙達，二人並苛刻，唯長史有惠政。時人語曰：「刺史羅殺政，司馬蝮蛇瞋，長史含笑判，清河生喫人。」上聞，歎曰：「士文暴過猛獸！」[一七]竟坐免。未幾，為雍州長史。謂人曰：「我向法深，不能窺候貴要，無乃必死此官！」及下車，執法嚴正，不避貴戚，賓客莫敢至門，人多怨望。

士文從妹為齊氏嬪，有色，齊滅後，賜薛公長孫覽。覽妻鄭氏妬，譖之文獻后，令覽離絕。士文恥之，不與相見。後應州刺史唐君明居母憂，娉以為妻。由是君明、士文並為御史劾。士文性剛，在獄數日，憤恚而死。家無餘財，有三子，朝夕不繼，親賓無贍之者。

韓軌字伯年，太安狄那人也。少有志操，深沈，喜怒不形於色。神武鎮晉州，引為鎮城都督。及起兵於信都，軌贊成大策。從破尒朱兆於廣阿，又從韓陵陣，封平昌縣侯。仍督中軍，從破尒朱兆於赤谼嶺。再遷秦州刺史，甚得邊和。神武巡秦州，欲以軌還，仍賜城人戶別絹布兩疋，州人田昭等七千戶皆辭不受，唯乞留軌。神武嘉歎，乃留焉。頻以軍功，進封安德郡公，還瀛州刺史。在州聚斂，為御史糾劾，削除官爵。未幾，復其安德郡公。歷位中書令、司徒。齊受禪，封安德郡王。

軌妹為神武所納，生上黨王渙，復以勳庸，歷登台鉉，常以謙恭自處，不以富貴驕人。後拜大司馬，從文宣征蠕蠕，在軍暴疾，薨。贈假黃鉞、太宰、太師，謚曰肅武。皇建初，配享文襄廟庭。

子晉明嗣。天統中，改封東萊王。晉明有俠氣，諸勳貴子孫中，最留心學問。好酒誕縱，招引賓客，一席之費，動至萬錢，猶恨儉率。朝廷欲處之貴要地，必以疾辭，告人云：「廢人飲美酒，對名勝。安能作刀筆吏，披反故紙乎？」武平末，除尚書左僕射，百餘日，便謝病解官。

段榮字子茂，姑臧武威人也。祖信，仕沮渠氏。後入魏，以豪族徙北邊，仍家於五原郡。父連，安北府司馬。

榮少好歷術，專意星象。正光中，謂人曰：「吾今觀玄象，察人事，不及十年，當有亂矣。亂起此地，天下因此橫流，無可避也。」未幾如言。榮初之杜洛周，因奔尒朱榮。及神武起兵，榮贊成之。神武南討鄴，留榮鎮信都，仍授定州刺史。時攻鄴未克，榮轉輸無闕。神武入洛，論功封姑臧縣侯，轉授瀛州刺史。榮妻，武明皇后長姊也，榮恐神武招私親之議，固推諸將，竟不之州。尋歷相、濟、秦三州，所在百姓愛之。神武將圖關右，榮稱未可。及渭曲敗，神武曰：「不用段榮言，以至於此。」尋除山東大行臺，領本州流人大都督，[一八]甚得物情。卒，贈太尉，謚曰昭景。皇建初，配享神武廟庭。二年，重贈大司馬、尚書令、武威王。長子韶嗣。

韶字孝先，少工騎射，有將領才略。以武明皇后甥，神武益器愛之，常置左右，以為心腹，領親信都督。

神武拒尒朱兆於廣阿，憚兆兵衆。韶曰：「所謂衆者，得衆人之死，所謂強者，得天下之心。尒朱裂冠毀冕，拔本塞原，芒山之會，搢紳何罪，殺主立君，不脫旬朔。天下從亂，十室而九。王躬昭德義，誅君側之惡，何往而不克哉！」神武曰：「吾雖以順討逆，恐無天命。」韶曰：「聞小能敵大，小道大淫，皇天無親，唯德是輔。今尒朱外賊天下，內失善人，智者不為

謀，勇者不爲鬬。不肖失職，賢者取之，復何疑也！」遂與挑戰，敗之。頻以軍功，封下洛縣男，後迴賜父爵姑臧縣侯。芒山之役，爲賀拔勝所窘，〔一九〕韶從傍馳馬反射，斃其馬，追騎不敢進，遂免。賜鞍馬并金，〔二〇〕進爵爲公。

及征玉壁，攻城未下，神武不豫，謂大司馬斛律金、司徒韓軌、左衞將軍劉豐等曰：「吾每謂孝先論兵，殊有英略，若比來用其謀，可無今日之勞矣。吾患危篤，欲委孝先以鄴下事，若何？」金等咸曰：「知臣莫若君，實無出孝先者。」仍令韶從文宣鎮鄴，召文襄赴軍顧命。文襄以孝先爲託，令軍旅大事，並與籌之。及神武崩，侯景反，文襄還鄴，留韶守晉陽，委以軍事。加驃騎大將軍、開府儀同三司。文宣受禪，除尚書右僕射，遷冀州刺史。

天保四年，梁將東方白額潛至宿豫，詔韶討之。既至，會梁將嚴超達等軍逼涇州，陳霸先將攻廣陵，尹令思謀襲盱眙，三軍咸懼。韶謂諸將曰：「自梁氏喪亂，國無定主，人懷去就。霸先外託同德，內有離心，吾揣之熟矣。」乃留儀同三司敬顯儁等圍宿豫，自倍道赴涇州。塗出盱眙，令思不虞大軍卒至，望旗而奔。進破超達軍。迴赴廣陵，霸先遁走。旋師宿豫，遣辯士喻白額，白額開門請盟。盟訖，度白額終不爲用，斬之，并其諸弟，並傳首京師。封平原郡王，歷司空、司徒、大將軍、尚書令、太子太師。以繼母憂，去職。尋起爲大司馬，仍爲尚書令，遷錄尚書事、并州刺史。後與東安王婁叡平高歸彥，遷太傅，仍涖并州。爲

政不存小察，甚得人和。周文遣將率羌夷與突厥合衆逼晉陽，武成自鄴倍道赴之。時大雪，諸將或欲逆之，韶曰：「不如陣以待之，彼勞我逸，破之必矣。」遂大破之。進位太師。

周冢宰宇文護母閻氏，先配中山宮，護聞尚存，乃因邊境移書，請還其母，并通鄰好。韶以爲護外託爲相，其實王也。爲母請和，不通一介之使，據移送書，恐示以弱。〔二一〕且外許之，待通和往復，放之未晚。不聽，遂遣使以禮將送。護得母，仍遣將尉遲迥等襲洛陽。詔蘭陵王長恭、大將軍斛律光擊之。軍次芒山下，逗留未進。武成召韶，欲赴洛陽圍，但以突厥爲慮。韶曰：「北虜侵邊，事等疥癬；西羌闚逼，是膏肓之病。」帝仍令韶督精騎一千發晉陽，五日便濟河。遇周軍於大和谷，與諸將陣以待之，韶爲左軍，蘭陵王爲中軍，斛律光爲右軍。上山逆戰，〔二二〕韶且却引，待其力弊，下馬擊之，周人大潰。洛城圍亦即奔遁。除太宰，封靈武縣公。天統三年，除左丞相。四年，別封永昌郡公，食滄州幹。

武平二年，出晉州道，到定隴，築威敵、平寇二城而還。二月，周師來寇，遣韶與右丞相斛律光、太尉蘭陵王長恭往。行達西境。有栢谷城者，敵之絕險，諸將莫肯攻圍。韶曰：「汾北河東，勢爲國家之有，若不去栢谷，事同痼疾。計彼會兵在南道，今斷其要路，救不能來，城勢雖高，其中甚狹，火弩射之，一旦可盡。」遂攻之，城潰。仍城華谷，置戍而還。封廣平郡公。是月，周又遣將攻邊，斛律光先率軍禦之，韶亦請行。五月，到服秦城。西人於姚襄城南更起城鎮，韶抽壯士從北襲之，使人潛度河告姚襄城中，內外相應，進戰大破之。諸將咸欲攻其新城，韶曰：「此城一面阻河，三面地險，不可攻。不如更作一城，壅其要道。破服秦，併力圖之。」從之。六月，徙圍定陽。七月，屠其外城。時韶病在軍中，謂蘭陵王曰：「此城三面重澗，並無走路，唯慮東面一處耳。賊若突圍，必從此出。」長恭乃設伏，其夜，果如策，伏兵擊之，大潰。韶竟以病薨。賜溫明祕器、輼輬車。軍校之士，陣送至平恩墓所，發卒起冢。贈假黃鉞、相國、太尉、錄尚書事，諡忠武。

韶出總軍旅，入參幃幄，功既居高，重以婚媾之故，望傾朝野。而長於計略，善於御衆，得將士之心。又雅性溫慎，有宰相之風。教訓子弟，閨門雍肅，事後母以孝聞。齊代勳貴家，罕有及者。然僻於好色，雖居要重，微服間行。魏黃門郎元瑀妻皇甫氏，緣瑀謀逆，沒官。韶美之，上啓固請，文襄賜之。別宅處之，禮同正嫡。尤嗇於財，親戚故舊，略無施與。其子深尚公主，并省丞郎在家佐事十餘日，事畢辭還，人唯賜一盃酒。

元妃所生三子懿、深、亮，皆宦達。

懿字德猷，尚潁川長公主，拜駙馬都尉，襲封平原王。位行臺右僕射，兼殿中尚書，卒。

子寶鼎，尚中山長公主。隋開皇中，開府儀同三司。大業初，卒於饒州刺史。

深字德深，美容貌，寬謹有父風。天保中，受父封姑臧縣公，尚東安公主，位侍中。韶病篤，詔封深濟北王，以慰其意。入周，拜大將軍、郡公，坐事死。

亮字德堪。隋大業初，位汴州刺史。卒於汝南郡守。

韶弟孝言，少警發，有風儀。齊受禪，其兄韶以別封霸城縣侯授之。歷中書黃門侍郎，典機密。又歷祕書監、度支尚書、清都尹。孝言本以勳戚致位通顯，驕奢無憚。曾夜過其客宋孝王家，呼坊人防援，不時赴，遂拷殺之。又與諸淫婦密遊，其夫覺，又拷掠而殯。時苑內須果木，課人間及僧寺備輸，孝言悉分向其私宅種植。又殿內及園中須石，差車從漳河運載，復分車迴取。事發，出爲海州刺史。累遷吏部尚書。祖珽執政，將廢趙彥深，引孝言爲助，加侍中。孝言待物不平，抽擢非賄則舊。有將作丞崔成於衆中抗言：「尚書，天下尚書，豈獨段家尚書也！」孝言無辭以對，唯厲色遣下。尋除中書監，加特進。又託韓長鸞共構祖珽之短。及珽出後，孝言除尚書右僕射，仍掌選。恣情用捨，請謁大行。敕浚京城北隍，孝言監作。儀同三司崔士順、將作大匠元士將、太府少卿酈孝裕、尚書左戶郎中薛叔昭、司州中從事崔龍子、清都尹丞李道隆、鄴縣令尉長卿、臨漳令崔象、成安令高子徹等，並在孝言部下典作。日別置酒高會，諸人膝

行跪伏，稱觴上壽，或自陳屈滯，更請轉官。孝言意色揚揚，以爲己任，皆隨事報答，許有加授。富商大賈，多被銓擢，所進用人士，咸是險縱之流。尋遷左僕射，特進、侍中如故。孝言富貴豪侈，尤好女色。後取妻定遠妾董氏，大耽愛之。爲此內外不和，更相糾列。又於晉陽監作，坐事除名，徙光州。隆化主敗後，有敕追還。

孝言雖黷貨無厭，恣情酒色，然舉止風流，招致名士，美景良辰，未嘗虛棄，賦詩奏伎，以盡歡洽。雖草萊之士，粗關文藝，多引入賓館，與同興賞。其貧躓者，亦時乞遺。時論復以此多之。齊亡入周，位上開府。

斛律金字阿六敦，朔州敕勒部人也。高祖倍侯利，魏道武時內附，位大羽眞，賜爵孟都公。祖幡地斤，殿中尙書。父那瓌，光祿大夫，贈司空。

金性敦直，善騎射，行兵用匈奴法，望塵知馬步多少，嗅地知軍度遠近。初爲軍主，與懷朔鎭將楊鈞送蠕蠕主阿那瓌。瓌見金獵射，歎其工。及破六韓拔陵構逆，金擁衆屬焉，署金爲王。金度陵終敗，乃統所部叛陵，詣雲州。魏除爲第二領人酋長，秋朝京師，春還部落，號曰雁臣。仍稍引南出黃瓜堆，爲杜洛周所破。與兄平二人脫身歸尒朱榮，爲別將。孝

莊立，賜爵阜城男，位金紫光祿大夫。神武密懷匡復，〔二三〕金贊成大謀。太昌初，爲汾州刺史，進爵爲侯。從神武破紇豆陵於河西。

沙苑之役，神武以地阸少却，軍爲西師所乘，遂亂。張華原以簿帳歷營點兵，莫有應者。神武將集兵更戰，〔二四〕金曰：「衆散將離，其勢不可復用，宜急向河東。」神武據鞍未動，金以鞭拂馬，神武乃還。於是大崩，喪甲士八萬。侯景斂。〔二五〕西魏力人持大棒守河橋，衣甲厚，射之不入，賀拔仁候其轉面，射，一發斃之。是役也，無金先請還，幾至危矣。及高仲密西叛，周文攻洛陽，從神武破之。還，除大司馬，改封石城郡公。

金性質直，不識文字。本名敦，苦其難署，改名爲金，從其便易，猶以爲難。司馬子如敎爲金字，作屋況之，其字乃就。神武重其古質，每誡文襄曰：「爾所使多漢，有讒此人者，勿信之。」

及文襄嗣事，爲肆州刺史。文宣受禪，封咸陽郡王。天保三年，就除太師。四年，解州，以太師還晉陽。車駕幸其第，六宮及諸王盡從，置酒極夜方罷。帝欣甚，詔金第二子豐樂爲武衞大將軍，賜帛五千匹。謂曰：「公元勳佐命，父子忠誠，朕當結以婚姻，永爲藩衞。」仍詔金孫武都尙義寧公主。成禮之日，帝從皇太后幸金宅，皇后、太子、諸王皆從。其見待如此。後蠕蠕爲突厥破散，慮其犯塞，詔金屯兵白道以備之。多所俘獲，幷表陳虜可取狀。

文宣乃與金共討之。進位右丞相，食齊州幹。遷左丞相。帝晚年敗德，嘗持矟走馬以擬金胸者三，金立不動，於是賜物千段。

孝昭踐阼，納其孫女爲皇太子妃。詔金朝見，聽乘步挽車至階。武成卽位，禮遇彌重，又納其孫女爲太子妃。金嘗遣人獻食，中書舍人李若誤奏，云金自來。武成出昭陽殿，敕侍中高文遙將羊車引之。若知事誤，更不敢出映廊下。文遙還覆奏，帝罵若云：「空頭漢，合殺！」亦不加罪。

金長子光，大將軍；次子羨及孫武都，並開府儀同三司，出鎭方岳；其餘子孫，皆封侯貴達。一門一皇后，二太子妃，三公主，尊寵，當時莫比。金嘗謂光曰：「我雖不讀書，聞古來外戚梁冀等，無不傾滅。女若有寵，諸貴人妬，女若無寵，天子嫌之。我家直以立勳抱忠致富貴，豈藉女也？」辭不獲免，常以爲憂。天統三年薨，年八十，贈假黃鉞、相國、太尉公，贈錢百萬。諡曰武。子光嗣。

光字明月，馬面彪身，神爽雄傑，少言笑，工騎射。初爲侯景部下，彭樂謂高敖曹曰：「斛律家小兒，不可三度將行，後奪人名。」以庫直事文襄。從出野，見雁雙飛來，文襄使光馳射之，以二矢俱落焉。後從金西征，周文帝長史莫孝暉在行間，〔二六〕光年十七，馳馬射中之，因

禽於陣。神武卽擢授都督，封永樂子。又嘗從文襄於洹橋校獵，雲表見一大鳥，射之正中其頸，形如車輪，旋轉而下，乃鵰也。丞相屬邢子高歎曰：「此射鵰手也。」當時號落鵰都督。

齊受禪，別封西安縣子。皇建元年，進爵鉅鹿郡公。時樂陵王百年爲皇太子，求妃。孝昭以光世載醇謹，納其長女爲太子妃。歷位太子太保、尙書令、司空、司徒。

河清三年，周大司馬尉遲迥、齊公憲、庸公王雄等衆十萬攻洛陽。光率騎五萬馳往，戰於芒山，迥等大敗。光親射雄殺之，迥、憲僅而獲免。仍築京觀。武成幸洛陽策勳，遷太尉。

初，文宣時，周人常懼齊兵之西度，恒以冬月，守河椎冰。及帝卽位，朝政漸紊，齊人椎冰，懼周兵之逼。光憂曰：「國家常有吞關、隴之志，今日至此，而唯翫聲色！」先是，武成納光第二女爲太子妃，天統元年，拜皇后，光轉大將軍。三年六月，父喪去官。其月，詔起光及弟羨，並復位。秋，除太保，襲爵咸陽王，遷太傅。

十二月，周軍圍洛陽，壅絕糧道。武平元年正月，詔光率步騎三萬禦之，鋒刃纔交，周將宇文桀衆大潰，直到宜陽。軍還，擊周齊王憲等衆大潰。詔加右丞相、幷州刺史。其年冬，光又率步騎五萬於玉壁築華谷、龍門二城，與憲相持，憲不敢動。二年，率衆築平隴等鎭戍十三所。周柱國枹罕公普屯威、柱國韋孝寬等來逼平隴，光與戰於汾水，大破之。周

遣其柱國紇干廣略圍宜陽，光率步騎五萬赴之，戰於城下，取周建安等四戍，捕千餘人而還。

軍未至鄴，敕令便放兵散。光以功勳者未得慰勞，若散，恩澤不施。乃密表，請使宣旨，軍仍且進。朝廷發使遲留，軍還將至紫陌，光駐營待使。帝聞光軍營已逼，心甚惡之，急令舍人追光入見，然後宣勞散兵。拜左丞相，別封清河郡公。

光嘗在朝堂，垂簾而坐，祖珽不知，乘馬過其前。光怒，謂人曰：「此人乃敢爾！」後珽在內省，言聲高慢，光過聞之，又怒。珽知光忿，賂其從奴擡頭。曰：「自公用事，相王每夜抱膝歎曰：『盲人用權，國必破矣！』」珽省事褚士達夢人倚戶授其詩曰：「九升八合粟，角斗定非眞，堰却津中水，將留何處人。」以告珽。珽占之曰：「角斗，斛字；津却水，何留人，合成律字；非眞者，解斛律於我不實。」士達又言所夢狀，乃其父形也。珽由是懼。又穆提婆求娶光庶女，不許。帝賜提婆晉陽之田，光言於朝曰：「此田，神武以來，常種禾飼馬，以擬寇難。今賜，無乃闕軍務也？」帝又以鄴清風園賜提婆租賃之。於是官無菜，賒買於人，負錢三百萬，其人訴焉。光曰：「此菜園賜提婆，是一家足；若不賜提婆，便百官足。」由是祖、穆積怨。

周將韋孝寬懼光，乃作謠言，令間諜漏之於鄴曰：「百升飛上天，[二七]明月照長安。」又曰：「高山不推自崩，槲樹不扶自豎。」珽續之曰：[二八]「盲老公背上下大斧，饒舌老母不得

語。」令小兒歌之於路。提婆聞，以告其母。令萱以饒舌爲斥己，盲老公謂祖珽也，遂協謀，以謠言啓帝曰：「斛律累世大將，明月聲震關西，豐樂威行突厥，女爲皇后，男尚公主，謠言甚可畏。」帝以問韓長鸞。鸞以爲不可，事寢。光又嘗謂人曰：「今軍人皆無褌袴；後宮內參，一賜數萬匹，府藏稍空，此是何理？」受賜者聞之，皆曰：「天子自賜我，關相王何事？」珽又通啓求見，帝使以庫車載入，珽因請間，唯何洪珍在側，帝曰：「前得公啓，卽欲施行，長鸞以爲無此理，未可。」珽未對。洪珍進曰：「若本無意，則可，既有此意，不決行，萬一事泄，如何！」帝然洪珍言，而猶預未決。珽令武都妾兄顏玄，告光謀爲不軌，又令曹魏祖奏，言上將星盛，不誅，恐有災禍。先是天狗西流，占曰秦地。案秦卽咸陽也。自太廟及光宅，並見血。先是三日，鼠常晝見光寢室，常投食與之，一朝三鼠俱死。又牀下有二物如黑猪，從地出走，其穴膩滑。大蛇屢見。屋脊有聲，如彈丸落。又大門橫木自焚。擣衣石自移。

既而丞相府佐封士讓密啓云：「光前西討還，敕令便放兵散，光令軍逼帝京，將爲不軌，不果而止。家藏弩甲，奴僮千數，每使豐樂、武都處，陰謀往來。若不早圖，恐事不可測。」帝謂何洪珍曰：「人心亦大聖，我前疑其欲反，果然。」帝性怯，恐卽有變，令洪珍馳召祖珽告之。又恐追光不從命，珽因請賜其一駿馬，令明日乘至東山遊觀，須其來謝，因執之。帝如其言。光將上馬，頭眩。及至，引入涼風堂，劉桃枝自後撲之，不倒。光曰：「桃枝常作如此事，我不負國家。」桃枝與力士三人，以弓絃罥其頸，遂拉殺之，年五十八。血流於地，剗之迹終不滅。於是下詔稱其反，族滅之。

使二千石郎邢祖信掌簿籍其家。珽於都省問所得物，祖信曰：「得弓十五張，宴射箭一百，具刀七口，賜矟二張。」珽又厲聲曰：「更得何物？」曰：「得棗子枝二十束，擬奴僕與人鬬者，不問曲直，卽以杖之一百。」珽大慚，乃下聲曰：「朝廷已加重刑，郎中何可分雪？」及出，人尤其抗直。祖信慨然曰：「好宰相尙死，我何惜餘生！」祖信少年時，父遜爲李庶所卿，因詣庶，謂庶曰：「暫來見卿，還辭卿去。」庶父諧杖庶而謝焉。

光居家嚴肅，見子弟若君臣。雖極貴盛，性節儉，簡聲色，不營財利，杜絕饋餉。門無賓客，罕與朝士交言，不肯預政事。每會議，常獨後言，言輒合理。將有表疏，令人執筆，口占之，務從省實。行兵用匈奴卜法，吉凶無不中。軍營未定，終不入幕，或竟日不坐。身不脫介冑，常爲士卒先。有罪者，唯大杖撾背，未嘗妄殺。衆皆爭爲之死。宜陽之役，謂周人曰：「歸我七年人，不然取爾十倍。」周人卽歸之。在西境築定誇諸城，[二九]馬上以鞭指畫，所取地皆如其言，拓地五百里而未嘗伐功。板築之役，鞭撻人士，頗稱其嚴。自結髮從戎，未嘗失律，深爲隣敵懾憚。罪既不彰，一旦屠滅，朝野惜之。周武帝聞光死，赦其境內。後入鄴，追贈上柱國、崇國公。指詔書曰：「此人若在，朕豈得至鄴？」

長子武都，位特進、開府儀同三司、梁兗二州刺史，所在唯事聚斂。光死，遣使於州斬之。

小子鍾，年甫數歲，獲免。周朝襲封崇國公。隋開皇中，卒於車騎將軍。

羨字豐樂，少機警，善騎射。河清三年，爲都督、幽州刺史。其年，突厥十餘萬寇州境，羨總諸將禦之，突厥望見軍容齊整，遂不敢戰，遣使求款附。天統元年五月，突厥可汗遣使請朝貢，自是歲時不絕，羨有力焉。詔加行臺僕射。羨以虜屢犯邊塞，自庫推戍東拒於海，[三〇]二千餘里，其間凡有險要，或斬山築城，斷谷起障，幷置立戍邏五十餘所。又導高梁水，北合易京，東會於潞，因以灌田，公私獲利。在州養馬二千匹，部曲三千，以備邊，突厥謂之南面可汗。四年，遷行臺尙書令，[三一]別封高城縣侯。

羨歷事數帝，以謹直稱，雖極榮寵，不自矜尙。以合門貴盛，深以爲憂。武平元年，乃上書推讓，乞解所職，詔不許。其年秋，進爵荆山郡王。羨慮禍，使人騎快騾迎至鄴，[三二]無日不得音問。後二日鄴使不至，家人乞養憂之。又夢著枷鎖，勸豐樂速奔突厥，羨不從。占其夢曰：「枷者加官，鎖者鎖吉利。」[三三]及光誅，敕中領軍賀拔伏恩等十餘人馳驛捕之，遣領軍大將軍鮮于桃枝、洛州行臺僕射獨孤永業便發定州騎卒續進。伏恩等既至，門者白羨

曰：「使人衷甲馬汗，宜閉城門。」羨曰：「敕使豈可疑拒！」出迎之，遂見執，死於長史廳事。謂其妻曰：「啓太后，臣兄弟死自當知。」臨刑歎曰：「富貴如此，女爲皇后，公主滿家，常使三百兵，何得不敗？」并害五子，年十五已下者宥之。羨未誅前，忽令其在州諸子五六人，鎖頸乘驢出城，合家泣送之至閤，日晚而歸。吏人莫不驚異。行燕郡守馬嗣明，道術之士也，爲羨所欽，竊問之，答云：「須有禳厭。」數日而有此變。

羨及光並工騎射。少時獵，父金命子孫會射而觀之，泣曰：「明月、豐樂用弓不及我，諸孫又不及明月、豐樂，世衰矣。」每日令出田，還即効所獲。光獲少，必麗龜達腋；羨獲雖多，非要害之所。光恒蒙賞，羨或被捶。人問其故，云：「明月必背上著箭，豐樂隨處即下手，數雖多，去兄遠矣。」聞者服其言。

金兄平，少便弓馬。神武起，以都督從。皇建初，封定陽郡公。後爲青州刺史。卒，贈太尉。

論曰：齊神武以晉陽戎馬之地，霸圖攸屬，練兵訓旅，遙制朝權，鄴都機務，情寄深遠。昔蕭何

孫騰、高隆之、司馬子如等俱不能清貞守道，以康亂爲懷，而厚歛貨財，塡彼溪壑。昔蕭何之鎭關中，荀彧之居許下，不亦異於是乎！賴文襄入輔，責以驕縱，厚遇崔暹，奮其霜簡，不然則君子屬厭，豈易間焉。子如徒以少相親重，情深昵狎，義非草昧，恩結寵私，勳德莫聞，坐致台輔。消難去齊歸周，義非殉國，向背不已，晚又奔陳，一之謂甚，胡可而再。膺之風素可重，幼之清簡自立，有足稱者。

竇泰、尉景、婁昭、厙狄干、韓軌等，並以外戚近親，屬雲雷之舉，位非寵進，功籍勢成，附翼攀鱗，鬱爲佐命之首。定遠以常人之才，而因趙郡忠正，將以志除朝蠹，謀逐佞臣，而信納姦凶，反受其亂。遂使庸豎肆毒，賢戚見誅，敗政害時，莫大於此。鄙語曰「利以昏智」，況定遠非智者乎。

段榮以姻戚之重，遇時來之會，功伐之地，亦足稱焉。韶光輔七君，克隆門業，每出當閫外，或任處留臺。以猜忌之朝，終其眉壽；屬亭候多警，爲有齊上將。豈其然乎！當以志謝矜功，名不渝實，不以威權御物，不以智數要時，欲求覆餗，其可得也。

斛律金以神武撥亂之始，翼成王業，忠款之至，成此大功，故能終享遐年，位高百辟。禮云「率性之謂道」，此其効歟！視其盈滿之戒，動之微也，纔及後嗣，遂至誅夷。旣處威權之重，蓋符道家所忌。光以上將之子，有沈毅姿，戰將兵權，〔一二〕暗同韜略，臨敵制勝，變化無方。自關、河分

隔，年將四紀，以高氏霸王之期，屬宇文草創之日，出軍薄伐，屢挫兵威。而大寧已還，東鄰浸弱，關西前收巴蜀，又殄江陵，叶建瓴而用武，成幷吞之壯志。光每臨戎誓衆，式遏邊鄙，戰則前無完陣，攻則罕有全城，齊氏必致拘原之師，秦人無復啓關之策。而世亂讒勝，詐以震主之威；主暗時艱，自毀藩籬之固。昔李牧之爲趙將也，北翦胡寇，西却秦軍，郭開譖之，牧死趙滅。其議誅光者，豈秦之反間歟？何同術而同亡也！內令諸將解體，外爲强鄰滅讎。嗚呼！後之君子，可爲深戒者歟！

校勘記

〔一〕累遷郡公　按「累遷」通常指官職，不指封爵，「遷」下當有脫文。北齊書卷一八孫騰傳云：「及平鄴，授相州刺史，改封咸陽郡公。」

〔二〕隆之請非實在邊要見有兵馬者　諸本脫「在」、「有」二字，據北齊書補。通志卷一五三孫騰傳亦有「在」字。「有」字作「掌」。

〔三〕於射堋上立三人像　諸本「堋」下有「土」字。李慈銘云：「『土』字衍，北齊書卷一八無。」按通志卷一五三高隆之傳亦無「土」字，此涉「上」字形似而衍，今删去。

〔四〕何過要名　北齊書卷一八高隆之傳作「何得委過要名」。疑此脫「得委」二字。

〔五〕隆之會與元昶宴　通鑑卷一六五五一一六頁「昶」作「旭」。按元昶見魏書卷二一咸陽王禧傳，早已死於天平二年五三五年，下距隆之死時天保五年，五五四已十九年。元旭見魏書卷一九城陽王長壽傳，死於天保五年八月乙亥，與高隆之死日八月己卯相差只四天均見北齊書卷四文宣紀，可見二人是連坐同死。疑通鑑是。

〔六〕太僕卿任集同知營構　北齊書、通志及通鑑卷一五七四八六八頁「僕」作「府」。按太僕掌車輦、馬牛、畜產，與營構無關；太府掌金帛、府庫，營造器物均見隋書百官志中。疑作「太府」是。又諸本「知」訛作「加」，據北齊書、通志改。

〔七〕以北道行臺巡檢諸州守令已下　北齊書卷一八、通志卷一五三司馬子如傳「已下」下有「委其黜陟」四字，此疑脫。

〔八〕驛召上黨王渙　諸本「渙」作「煥」，據周書卷二一司馬消難傳改。高歡諸子，名皆從水，見卷五一神武諸子傳。

〔九〕與邢子才王元景等　諸本脫「元」字，據北齊書、通志司馬子如傳補。王元景即王昕，見本書卷二四。

〔一〇〕班台之貴近世專以賞勳勤膺之雖爲猥雜名器猶重　按「膺之」二字疑衍，「重」下亦當有脫文。

〔一一〕齊亡歲以痢疾終　諸本脫「齊」字，據北齊書及御覽卷七四三三三九九頁引北史補。

〔一二〕遙見羣烏飛起　諸本「烏」作「鳥」，御覽卷九二〇四〇八一頁、通鑑卷一七三五三六九頁作「烏」。胡注云：「西軍旗幟皆黑，齊人時恇懼，望見烏飛，以爲周師已至。」按北周服色尙烏，見周書卷三閔帝紀。胡注是，今據改。

〔一三〕提婆令臨淮國郎中令告定遠陰與思好通　諸本「令告定」三字訛脫作「金造」二字，據北齊書卷十五、通志卷一五二婁昭傳改補。

〔一四〕子子彥嗣　諸本「彥」作「產」。按八瓊室金石補正卷二一司徒公婁叡華嚴經碑跋引安陽金石志，稱碑側題名有王世子子彥，第二子仲彥。又本書卷五二北齊宗室河南王孝瑜傳見婁子彥。「產」乃「彥」之訛，今據改。

〔一五〕天保初以干元勳佐命封章武郡王　諸本「保」作「平」。按干封章武郡王，見本書卷七齊文宣紀天保元年六月。作「天平」誤，今從北齊書卷十五厙狄干傳改。

〔一六〕魏譙王元孝友於公門言戲過常　張森楷云：「按孝友始爲臨淮王，齊世爲臨淮公，未嘗改封譙，『譙』疑誤。」按元孝友傳見本書卷十六臨淮王譚傳，「譙」疑是「淮」之訛，又脫「臨」字。

〔一七〕士文暴過猛獸　百衲本、南本「猛」作「獨」，北、汲、殿三本作「毒」。隋書卷七四、通志卷一七一厙狄士文傳作「猛」。按「獨」乃「猛」之訛，今據改。「猛獸」卽「猛虎」，隋書、北史避唐諱，故作「猛獸」。

〔一八〕領本州流人大都督　通志卷一五二段榮傳「人」作「民」。北齊書卷一六段榮傳無「本州流人」四字。按北齊書卷一八孫騰傳「尋加六州流民大都督、北道大行臺」。本書卷五一馮翊王潤傳見「六州大都督獨孤枝」，趙郡王琛傳琛及其子叡並曾爲「定州刺史、六州大都督」。此「本州」當爲「六州」之訛。北齊書省「六州流民」四字，非。參周一良：領民酋長與六州大都督。見魏晉南北朝史論集。

〔一九〕芒山之役爲賀拔勝所窘　按北齊書卷一六段韶傳云：「從高祖禦周文於邙山，高祖身在行間，爲西魏將賀拔勝所識，率銳來逼。」是受窘者乃高歡。此事亦見卷六齊神武紀、卷四九賀拔勝傳。這裏「爲」上當脫「神武」二字。

〔二〇〕賜鞍馬幷金　諸本「鞍」下有「下」字，北齊書無「鞍下」二字，通志卷一五二段榮傳無「下」字。按「下」字衍文，今據刪。

〔二一〕據移送書恐示以弱　北齊書、通志並作「仍據移書，卽送其母，恐示之弱」。按這裏「書」疑是「毋」字之誤，或是「書送」二字誤倒。

〔二二〕上山逆戰　北齊書、通志此上有「周軍仍以步人在前」八字。按此不當刪，疑是脫文。

〔二三〕神武密懷匡復　北齊書卷十七、通志卷一五二斛律金傳「神武」上有「及尒朱兆等逆亂」七字。按文義不當刪，疑是脫文。

〔二四〕神武將集兵更戰　諸本「更」訛作「便」，據通志改。

〔二五〕侯景斂　按語意未完，當有脫文。

〔二六〕周文帝長史莫孝暉在行間　北齊書三朝本「孝」作「者」。按册府卷三九五四六八七頁作「莫暉者」，乃是「莫者暉」之誤倒。「莫者」複姓，見元和姓纂輯本卷十、廣韻卷五及通志卷二九氏族略代北複姓。本書卷九三西秦乞伏氏傳見莫者胡。此「孝」字當是「者」之訛。

〔二七〕百升飛上天　諸本「升」作「斗」，北齊書、通志及本書卷四七祖珽傳作「升」。按百升爲一斛，暗寓「斛」字，今據改。

〔二八〕珽續之曰　諸本「續」訛作「讀」，據北齊書、通志改。

〔二九〕在西境築定誇諸城　「誇」字疑誤。

〔三〇〕自庫推戍東拒於海　北齊書、通志「推」作「堆」。疑「推」誤。

〔三一〕還行臺尙書令　諸本「還」訛作「遣」，據北齊書、通志改。

〔三二〕使人騎快騾迎至鄴　通志「迎」作「遞」，疑是。

〔三三〕鎖者鎖鎖吉利　「鎖鎖」當是誤叠。

〔三四〕戰將兵權　北齊書卷一七史臣論「將」作「術」。疑是。

唐 李延壽 撰

北史

第七册

卷五五至卷六五（傳）

中華書局

北史卷五十五

列傳第四十三

孫搴　陳元康　杜弼 子臺卿　房謨 子恭懿　張纂

張亮 趙起 徐遠　張曜　王峻　王紘　敬顯儁

平鑒　唐邕　白建　元文遙　趙彥深

赫連子悅　馮子琮 子慈明　郎基 子茂

孫搴字彥舉，樂安人。世寒賤，少勵志勤學。自檢校御史再遷國子助教。太保崔光引修國史。歷行臺郎。後預崔祖螭反，逃於王元景家，遇赦乃出。孫騰以宗情，薦之齊神武，未被知也。

會神武西征，登風陵，〔一〕命中外府司馬李義深、相府城局李士略共作檄文，皆辭，請以

搴代。神武乃引搴入帳，自爲吹火，催促之。搴神色安然，援筆立就，其文甚美。神武大悅，卽署相府主簿，專典文筆。又能通鮮卑語，兼宣傳號令，當煩劇之任，大見賞重。賜妻韋氏，旣士人子女，又兼色貌，時人榮之。

文襄初欲之鄴總知朝政，神武以其年少，未許。搴爲致言，乃果行。恃此，自乞特進，文襄但加散騎常侍。時大括人爲軍士，逃隱者，身及主人、三長、守、令罪以大辟，沒其家。於是所獲甚衆，搴之計也。

搴學淺行薄，邢卲嘗謂曰：「須更讀書。」搴曰：「我精騎三千，足敵君羸卒數萬。」搴少時與溫子昇齊名，嘗謂子昇：「卿文何如我？」子昇謙曰：「不如卿。」搴要其爲誓。子昇笑曰：「但知劣於卿便是，何勞旦旦？」搴悵然曰：「卿不爲誓，事可知矣！」搴常服棘刺丸，李諧調之曰：「卿應自足，何假外求？」坐者皆笑。

司馬子如與高季式召搴飲酒，醉甚而卒。神武親臨之曰：「折我右臂。」贈吏部尙書、靑州刺史。

陳元康字長猷，廣宗人也。父終德，魏濟陰內史，元康貴，贈度支尚書，謚曰貞。

爲嗤笑。及周武平齊，歸鄉里。以禮記、春秋講授子弟。隋開皇初，被徵入朝。臺卿採月令，觸類廣之，爲書名玉燭寶典十二卷，至是奏之，賜帛二百疋。患耳，不堪吏職，請修國史，拜著作郎。後致仕，終於家。有集十五卷，撰齊記二十卷，並行於世。無子。

房謨字敬放，河南洛陽人也。其先代人，本姓屋引氏。少淳厚，雖無造次能，而沈深內敏。正光末，歷位昌平、代郡太守，所在著廉惠。及六鎮亂，謨率郡人入九峰山，結壘拒守。時外無救援，乃率所部奔中山。遇鮮于脩禮之亂，朝廷以謨得北邊人情，以爲假燕州事。北轉至幽州南，爲脩禮所執，仍陷葛榮。榮敗，尒朱榮啓授行冀州事。尋除太寧太守。榮死，其黨徵兵，謨不應，前後斬其三使。遣弟毓詣闕，孝莊以毓爲都督，毓弟欽爲行臺，並持節詣謨，同爲經略。

及京都淪覆，爲賊黨建州刺史是蘭安定執繫州獄。蜀人聞謨被囚，並叛。安定於是給謨弱馬，令軍前慰勞。諸賊見謨，莫不遙拜。謨先所乘馬，安定別給將士，戰敗，蜀人得之，謂謨遇害，莫不悲泣。善養其馬，不聽乘騎，兒童婦女，競投草粟，皆言此房公馬也。其結愛人心如此。尒朱世隆聞而嘉之，捨其罪，以爲東北道行臺。及尒朱氏敗，濟州刺史侯景

以謨先款附，推謨降首。謨以受眷尒朱，不宜先爲反覆，不從其計。

神武入洛，再遷潁川太守。魏孝武帝入關，神武以謨忠貞，遣其弟毓爲大使，持節勞問。時軍國未寧，徵發煩速，至有數使同徵一物，公私勞擾。謨請事遣一使，下自催勸，朝廷從之。徵爲丞相右長史，以清直甚被賞遇。謨悉心盡力，知無不爲。前後賜其奴婢，率多免放，神武後賜其生口，多黥面爲房字而付之。神武討關右，以謨兼大行臺左丞，長史如故，總知府省務。天平三年，行定州事。請在左右，拾遺補闕，固不肯行，神武責而罷之。

未幾，出爲兗州刺史。謨選用廉清，廣布恩信，僚屬守令，有犯必知，雖號細密，百姓安之。轉徐州刺史。始謨在兗州，彭城慕其政化，及爲刺史，合境欣悅。謨爲政如在瑕丘。先是，當州兵皆僚佐驅使，飢寒死病，動至千數。謨至，皆加檢勒，不令煩擾，以休假番代洗沐，督察主司，親自檢視。又使傭賃，令作衣服，終歲還家，無不溫飽，全濟甚多。時梁、魏和好，使人入其界者，咸稱歎之。神武與諸州刺史書，敍謨及廣平太守羊敦、廣宗太守竇瑗、平原太守許季良等清能，以爲勸勵。謨曾啓神武，以天下未寧，宜降婚勳將，收將士心，深見納。魏朝以河南數州，鄉俗絹濫，退絹一疋，徵錢三百，人庶苦之。謨乃表請錢絹兩受，任人所樂，朝廷從之。徵拜侍中，監國史。謨無他材學，每求退身，不許。尋兼吏部尚書，加衞大將軍。以子子遠罪，解官。久之，詔復本將軍，起爲大丞相左長史。

後除晉州刺史，加驃騎大將軍，又攝南汾州事。先時境接西魏，士人多受其官，爲之防守。至是，酋長、鎮將及都督、守、令前後降附者三百餘人，謨撫接殷勤，人樂爲用。爰及深險胡夷，咸來歸服。謨常以已祿物，充其饗賚，文襄嘉之，聽用公物。西魏懼，乃增置城戍。慕義者，自相糾合，擊破之。自是龍門已北，西魏戍皆平。文襄特賜粟千石，絹二百疋，班示天下。卒於州，州府相帥贈物及車牛，妻子遵其遺志，拒而不納。謨寡嗜慾，貞白自守，然內營家產，足爲富贍，不假官俸，是以世稱清白。贈司空，謚曰文惠。

謨與子結婚盧氏，謨卒後，盧氏將改適他姓。有平陽廉景孫者，少厲志節，以明經舉郡孝廉，爲謨所重，至是訟之，臺府不爲理。乃持繩詣神廟前北面大呼曰：「房謨清吏，忠事高祖，及其死也，妻子見陵。神而有知，當助申之。今引決，訴於地下。」便以繩自經於樹。衞士見之，救解送所司。朝廷哀其至誠，命女歸房族。

謨前妻子子遠險薄，謨甚嫌之，不以爲子例。時以謨爲後妻盧氏所譖，神武亦以責謨。謨陳其惡。神武弗信，自收恤之，令與諸子同學，久乃令還。後與任冑等謀殺神武，事發，神武歎曰：「知子莫若父，信哉！」因上言房謨、鄭述祖、李道璠三家，理宜從法，竊以謨立身清白，履行忠謹；鄭仲禮嚴祖庶兒，晚始收拾；李世林生自外養，屬絕本宗。三人特乞罪止一房，魏帝許焉。及謨卒，子廣嗣。廣弟恭懿。

恭懿字慎言，沈深有局量，達於從政。仕齊，歷平恩令、濟陰太守，〔一〕並有能名。齊亡，不得調。後預尉遲迥亂，廢于家。隋開皇初，吏部尚書蘇威舉爲新豐令，政爲三輔最。上聞而嘉之，賜物四百段。以所得賜，分給窮乏。未幾，復賜米三百石，又振貧人。上聞止之。時雍州諸縣令，每朔朝謁，上必呼恭懿至榻前，訪以化下之術。威又薦之，歷澤、德二州司馬。盧愷復奏其政美，上甚異之，復賜以帛。諸州朝集，稱爲勸勵之首，以爲「上天宗廟之所祐助，豈朕寡薄能致？朕卽拜爲刺史，卿等宜師之」。乃下詔褒美，因授海州刺史。未幾，國子博士何妥奏恭懿尉遲迥之黨，威、愷曲相舉薦。上大怒，恭懿竟放嶺南。未幾徵還，至洪州卒。論者寃之。

張纂字徽纂，代郡平城人也。初事尒朱榮，又爲尒朱兆長史，使於神武，遂被顧識。及相州城拔，參丞相軍事，封武安縣伯。累遷神武行臺右丞。從征玉壁，大軍將還山東，至晉州忽遇寒雨，士卒饑凍有死者。州以邊禁，不聽入城。時纂爲別使，遇見，輒令開門內之，分寄人家，給其火食，多所全濟。神武聞而善之。

纂性便僻，事神武二十餘歲，通傳教令，甚見親賞。文宣時，卒於護軍將軍。

張亮字伯德，西河隰城人也。初事尒朱兆，兆奔秀容，左右皆密通誠款，唯亮獨無啓疏。及兆敗，竄於窮山，令亮及倉頭陳山提斬己首以降，皆不忍。兆乃自縊於樹，亮因伏屍哭。神武嘉歎之，授丞相府參軍，漸見親待，委以書記之任。天平中，爲文襄行臺郎中，典七兵事。雖爲臺郎，常在神武左右。遷右丞。

高仲密之叛，與大司馬斛律金守河陽。周文帝於上流放火船，欲燒河橋。亮乃備小艇百餘，皆載長鎖，鎖頭施釘，火船將至，卽馳小船，以釘釘之，引鎖向岸，火船不得及橋。橋全，亮之計也。後自太中大夫拜幽州刺史。薛琡嘗夢亮於山上挂絲，以告亮，且占之曰：「山上絲，幽字也，君其爲幽州乎。」數月而驗。累遷尚書右僕射、西南道行臺。

亮性質直，勤力强濟，深爲神武、文襄信委。然少風格，好財利，久在左右，不能廉潔。及歷數州，咸有黷貨之號。天保初，別封安定縣男，位中領軍。卒，贈司空。

時霸府又有趙起、徐遠者，並見任委。

起廣平人，性沈謹。神武頻以爲相府騎兵二局，典兵馬十餘載。至文宣卽位，累遷大鴻臚卿。雖歷九卿、侍中，常以本官監兵馬，出內居腹心寄，與二張相亞。武平中，卒於師，贈都督、滄州刺史。

遠廣寧人，爲丞相騎兵參軍事，深爲神武所知。累遷東楚州刺史，政有恩惠。郭邑大火，城人亡產業，遠躬自赴救，對之流涕，仍爲經營，皆得安立。卒於衞尉卿。起、遠前書並有傳，更無異迹，今附此云。

張曜字靈光，上谷昌平人也。少貞謹，韓軌爲御史劾，州府僚佐及軌左右以贓挂網者百餘人，唯曜以清白免。天保初，賜爵都鄉男，累遷尚書右丞。文宣嘗近出，令曜居守。帝夜還，曜不時開門，勒兵嚴備。帝駐蹕門外久之，催迫甚急。曜以夜深，須火至面識，門乃可開。於是獨出見帝。帝笑曰：「卿欲效郅君章也？」乃使曜前開門，然後入。嗟賞之，賜以錦綵。大寧初，遷秘書監。

曜歷事累世，奉職恪勤，咸見親待，未嘗有過。每得祿賜，輒散之宗族。性節儉率素，車服飲食，取給而已。好讀春秋，月一遍，時人比之賈梁道。〔一二〕趙彥深嘗謂之曰：「君研尋左氏，豈求杜、服謬邪？」曜曰：「何爲其然乎？左氏之書，備敍言事，惡者可以自戒，善者可以庶幾。故勵己溫尋，非欲詆訶古人得失也。」

天統元年，奏事，暴疾，仆於御前。武成下坐臨視，呼不應。帝泣曰：「失我良臣也。」旬日卒，贈尚書右僕射，謚曰貞簡。

王峻字巒嵩，靈丘人也。明悟有幹略。歷事神武、文襄，爲相府佐，賜爵北平男，除營州刺史。營州地接邊賊，數爲人患。峻至州，遠設斥候，廣置疑兵，賊不敢發，合境獲安。先是，刺史陸士茂詐殺室韋八百餘人，因此朝貢遂絕。至是，峻要其行路，大破之。虜其酋帥，厚加恩禮，放遣之。室韋遂獻誠款，朝貢不絕，峻有力焉。蠕蠕主菴羅辰東徙，峻設伏大破之，於此遁走。歷位尚書。

河清中，位南道行臺，坐違格私度禁物，并盜截軍糧，有司定處斬刑，家口配沒。詔決鞭一百，除名配甲坊，蠲其家口。武平初，卒於侍中，贈司空。

王紘字師羅，太安狄那人也。父基，頗讀書，有智略。初從葛榮，與周文帝相知。及周文據關中，神武遣基與長史侯景同往焉。周文留基不遣，後乃逃歸。歷南益、北豫二州刺史，所歷皆好聚斂，然性和直，吏人不甚怨苦。後爲奴所害，贈吏部尚書。

紘善騎射，愛文學，性敏捷。年十三，見揚州刺史太原郭元貞，撫其背曰：「讀何書？」曰：「誦孝經。」曰：「孝經云何？」曰：「在上不驕，爲下不亂。」元貞曰：「吾豈驕乎？」紘曰：「君子防未萌，亦願留意。」元貞稱善。十五，隨父在北豫州，行臺侯景與人論掩衣法爲當左右。尚書敬顯儁曰：「孔子云：『微管仲吾其被髮左衽。』以此言之，右衽應是。」紘進曰：「國家龍飛朔野，雄步中原，五帝異儀，三王殊制，掩衣左右，何足是非？」景奇其早慧，賜以名馬。興和中，文襄召爲庫直、奉朝請。文襄遇禍，紘冒刃捍禦。以忠節，進爵平春縣男。

頗爲文宣所知，爲領左右都督。帝嘗與左右飲酒，〔一三〕曰：「快哉大樂！」紘曰：「亦有大苦。」帝曰：「何苦？」紘曰：「長夜荒飲，不悟國破，是謂大苦。」帝默然。後責紘曰：「爾與紇奚舍樂同事我兄，舍樂死，爾何不死？」紘曰：「君亡臣死，自是常節，但賊豎力薄，故臣不死。」〔一四〕帝使燕子獻反縛之，長廣王捉頭，帝手刃將下。紘呼曰：「楊遵彥、崔季舒逃難，位至僕射、尚書，冒危效命之士，翻見屠戮。曠古未有此事。」帝投刃於地曰：「王師羅不得殺。」遂舍之。

後拜驃騎大將軍。武平初，加開府儀同三司。上言突厥與周男女來往，必相影響，南北寇邊，宜爲之備。五年，陳人寇淮南，[一五]封輔相議討之。紘曰：「若復出頓江、淮，恐北狄西寇，乘弊而來。莫若薄賦省徭，息人養士，使朝廷協睦，遐邇歸心，征之以仁義，鼓之以道德，天下皆當肅清，豈直江南僞陳而已。」高阿那肱謂衆曰：「從王武衞者南席。」衆皆同焉。尋兼侍中，聘周。使還卽正。未幾卒。

紘好著述，作鑒誡二十四篇。

敬顯儁字孝英，平陽太平人也。[一六]少英俠，從神武信都義舉，歷位度支尚書。神武攻鄴，顯儁督造土山，以功封永安縣侯。出內多歷顯官，所在著名。河淸中，卒於兗州刺史。子長瑜，武成時爲廣陵太守，多所受納，刺史陸駿將表劾之。以貨事和士開，以書屛風詐爲長瑜獻，武成大悅，駿表尋至，遂不問焉。遷合州刺史，陷於陳，卒。子德亮，齊亡後，負屍歸。

德亮，隋開皇中，卒於尚書郎。

平鑒字明達，燕郡薊人也。祖延，魏安平太守。父勝，安州刺史。

鑒少聰敏，受學於徐遵明，受詩、禮於弘農楊文懿，通大義，不爲章句。雅有豪俠氣。孝昌末，見天下將亂，乃之洛陽，與慕容儼以客騎馬爲業，兼習弓矢。鑒性巧，夜則胡畫，以供衣食。俄奔尒朱榮，榮大奇之。以軍功，累遷襄州刺史。神武起兵信都，鑒棄州自歸，卽授本官。

文襄輔政，封西平縣伯，遷懷州刺史。鑒奏請於州西故軹關道築城，以防西軍，從之。尋西魏將楊㯳來攻。[一七]時新築之城，糧仗未集。素乏水，南門內有大井，隨汲卽竭。鑒具衣冠，俯井而祝，至旦而井泉湧溢，有異於常，合城取足，揚示敵人。將士旣覩非常，勇氣自立。楊㯳敗，以功進開府儀同三司。累遷揚州刺史。其妻生男，鑒因喜酣醉，擅免境內囚，誤免關中細作二人。醒而知之，上表自劾。文宣特原其罪，賜犢百頭、羊二百口、酒百石，令作樂。

河淸二年，重拜懷州刺史。時和士開使求鑒愛妾阿劉，卽送之。仍謂人曰：「老公失阿劉，與死何異？要自爲身計，不得不然。」後卒於都官尚書，贈司空，謚曰文。

子子敬嗣，輕險無賴，姦穢所至，禽獸不若。隋開皇中，爲晉州行參軍，爲幷州總管秦王所殺。

唐邕字道和，太原晉陽人也。其先自晉昌徙焉。父靈芝，魏壽陽令，邕貴，贈司空公。

邕少明敏，有材幹。初直神武外兵曹，以幹濟見知，擢爲文襄大將軍督護。文襄崩，事出倉卒，文宣部分將校，鎭壓四方，夜中召邕支配，造次便了。帝甚重之。天保初，稍遷給事中，兼中書舍人，封廣漢鄉男。及從征奚虜，黃門侍郎袁猛舊典騎兵事，至是爲割配遲留，鞭杖一百，仍令邕監騎兵事，以猛賜邕。文宣頻年出塞，邕必陪從，專掌兵機，承受敏速。自軍吏已上勞效由緖，無不諳練，占對如響。或御前簡閱，邕多不執文簿，唱官名未嘗謬誤。七年，於羊汾堤講武，令邕總爲諸軍節度。事畢，仍監宴射之禮。親執其手，引至太后前，坐於丞相斛律金上。啓太后云：「邕一人當千。」仍別賜錢綵。邕非唯强濟明辯，亦善揣上意，是以委任彌重。帝嘗白太后云：「邕手作文書，口且處分，耳又聽受，實是異人。」一日中六度賜物。又嘗解所服靑鼠皮裘賜邕云：「朕意在與卿共弊。」除兼給事黃門、中書舍人。文宣嘗登幷州童子佛寺望幷州城，曰：「此何等城？」或曰：「金城湯池，天府之國。」帝云：「我謂唐邕是金城，此非也。」後謂邕云：「高德正妄說卿短，而薦主書郭敬，朕已殺之。

卿劬勞旣久，欲除卿作州，頻敕楊遵彥求堪代卿者，如卿實不可得，所以遂停。」文宣或切責侍臣云：「觀卿等，不中與唐邕作奴！」其愛遇如此。

孝昭作相，署相府司馬。皇建元年，除給事黃門侍郞。大寧元年，除大司農卿。河淸元年，突厥入寇，遣邕驛赴晉陽，纂集兵馬。在路聞虜將逼，邕斟酌事宜，改敕，更促期會，由此兵士限前畢集。後拜侍中、幷州大中正、護軍將軍。從武成幸晉陽，帝至武軍驛，因醉責虞候都督范洪，將殺之。邕諫，以爲若非酒行戮，族誅人無所怨；假實有大罪，因酒殺人，恐招橫議。洪因得免死。邕又以軍人敎習田獵，依令十一月，月別三圍，以爲疲弊，請每月兩圍。又奏河陽、晉州，與周連境，請於河陽、懷州、永橋、義寧、烏籍各徙六州軍人幷家，立軍府安置，以備機急之用。帝並從之。未幾，出爲趙州刺史，侍中、護軍、大中正悉如故。謂曰：「朝臣未有帶侍中、護軍、中正臨州者，以卿舊勳，故有此舉。放卿百餘日休息，至秋間，當卽召。」邕政頗嚴酷，然抑挫豪强，公事甚理。尋除中書監，仍侍中，遷尚書右僕射。

武平初，坐斷事阿曲，爲御史所劾，除名。久之，以舊恩，復除將軍、開府，累遷尚書令，封晉昌王。高思好構逆，令邕赴晉陽監勒諸軍。事平，錄尚書事。屬周師攻洛陽，右丞相高阿那肱赴援，邕配割不甚從允，那肱譖之，由是被疏。七年，車駕將幸晉陽，敕斛律孝卿總騎兵，事多自決。邕恃舊，一旦爲孝卿所輕，鬱怏形於辭色。帝從平陽敗後，狼狽歸鄴，邕懼那肱譖愬，恨孝卿輕己，遂留晉陽，與莫多婁敬顯等樹安德王為帝。尋降周，邕依例授上開府儀同大將軍。再遷戶部，轉少司馬，封安福郡公，遷鳳州刺史。隋開皇初，卒。

邕性識明敏，在齊一代，典執兵機。是以九州軍士，四方勇募，强弱多少，番代往還，器械精粗，糧儲虛實，精心勤事，莫不諳知。自大寧以來，奢侈糜費，比及武平之末，府藏漸虛，邕支度取捨，大有裨益。然既被任遇，意氣漸高，其未經府寺陳訴起覽辭牒，〔一八〕條數甚多，俱為憲臺及左丞彈劾，並御注放免。司空從事中郎封長業、太尉記室參軍平濤並為徵官錢違限，邕各杖背三十。齊時宰相，未有撾撻朝士，至是，大駭物望。

三子：長子君明，開府儀同三司，開皇初，卒於應州刺史。次子君徹，中書舍人，隋戎、順二州刺史，大業中，卒於武賁郎將。少子君德，以邕降周，伏法。

齊朝因神武作相，丞相府外兵、騎兵曹，分掌兵馬。及受禪，諸司咸歸尚書，唯此二曹不廢，令唐邕、白建主之，謂之外兵省、騎兵省。後邕、建位望轉隆，各置省主，令中書舍人分判二省事，故世稱唐、白云。

白建字彥舉，太原陽邑人。初入大丞相府任騎兵曹，典文帳，明解書計，為同局所推。

天保末，兼中書舍人。孝昭輔政，除大丞相騎兵參軍。河清二年，除員外散騎常侍，仍舍人。三年，突厥入境，代、忻二牧，悉是細馬，合數萬疋，在五臺山北柘谷中避賊。賊退，敕建送馬定州，付人養飼。建以馬瘦，違敕以便宜從事。戎馬無損，建有力焉。武平末，歷位尚書、特進、侍中、中書令，封高昌郡公。父長命，贈開府儀同三司、都官尚書。

建雖無他才伎，勤於在公，以溫柔自處。與唐邕俱以典執兵馬，致位卿相。諸子幼弱，俱為州郡主簿；男女婚嫁，皆得勝流。卒，贈司空。

元文遙字德遠，河南洛陽人也。魏昭成皇帝六世孫也。五世祖常山王遵。〔一九〕父晞，有孝行，父卒，廬於墓側而終。文遙貴，贈特進、開府儀同三司、中書監，謚曰孝。

文遙敏慧夙成，濟陰王暉業每云：「此子王佐才也。」暉業常大會賓客，時有人將何遜集初入洛，諸賢皆贊賞之。河間邢卲試命文遙誦之，〔二〇〕幾遍可得。文遙一覽便誦，時年始十餘歲。濟陰王曰：「我家千里駒，今定如何？」邢云：「此殆古來未有。」起家員外散騎侍郎。遭父喪，服闋，除太尉東閤祭酒。以天下方亂，遂解官侍養，隱於林慮山。

武定中，文襄徵為大將軍府功曹。齊受禪，於登壇所授中書舍人，宣傳文武號令。楊遵彥每云：「堪解穰侯印者，必在斯人。」後忽中旨幽執，竟不知所由。如此積年。文宣後自幸禁獄，執手愧謝，親解所著金帶及御服賜之，卽日起為尚書祠部郎中。孝昭攝政，除大丞相府功曹，〔二一〕參典機密。及踐祚，除中書侍郎，封永樂縣伯，參軍國大事。及帝大漸，與平秦王歸彥、趙郡王叡等同受顧託，迎立武成。武成卽位，任遇轉隆，歷給事黃門侍郎、散騎常侍、侍中、中書監。天統二年，詔特賜姓高氏，籍屬宗正，子弟依例，歲時入廟朝祀。再遷尚書左僕射，進封寧都郡公，仍侍中。

文遙歷事三主，〔二二〕明達世務，每臨軒大集，多令宣敕，號令文武，聲韻高朗，發吐無滯。然探測上旨，時有委巷之言，故不為知音所重。齊因魏，宰縣多用厮濫，至於士流，恥居百里。文遙以縣令為宇人之切，遂請革選。於是密令搜揚貴游子弟，發敕用之。猶恐其披訴，總召集神武門，令趙郡王叡宣旨唱名，厚加慰喻。士人為縣，自此始也。旣與趙彥深、和士開同被任遇，雖不如彥深清貞守道，又不為士開貪淫亂政，在於季孟之閒。〔二三〕然性和厚，與物無競，故時論不在彥深之下。初，文遙自洛還鄴，唯有地十餘頃，家貧，所資衣食。魏之將季，宗姓被侮，有人冒相侵奪，文遙卽以與之。及貴，此人尙在，乃將家逃竄。文遙大驚，追加慰撫，還以與之，彼人愧而不受。彼此俱讓，遂為閑田。

至後主嗣位，趙郡王叡、婁定遠等謀出和士開，文遙亦參其議。叡見殺，文遙由是出為

西兗州刺史。詣士開別，士開曰：「處得言地，使元家兒作令僕，深負朝廷。」旣言而悔，仍執手慰勉之。猶慮文遙自疑，用其子行恭為尚書郎，以慰其心。士開死，自東徐州刺史徵入朝，竟不用，卒。

行恭美姿貌，有父風，兼俊才。位中書舍人，待詔文林館。齊亡，與陽休之等十八人同入關，〔二四〕稍遷司勳下大夫。隋開皇中，位尚書郎，坐事徙瓜州而卒。行恭少頗驕恣，文遙令與范陽盧思道交游。文遙嘗謂思道云：「小兒比日微有所知，是大弟之力。然白擲劇飮，甚得師風。」思道答云：「六郎辭情俊邁，自是克荷堂構。而白擲劇飮，亦天性所得。」

行恭弟行如，亦聰慧早成。武平末，著作佐郎。

趙隱字彥深，自云南陽宛人，漢太傅喜之後。高祖父難為齊州清河太守，有惠政，遂家焉。清河後改為平原，故為平原人也。隱避齊廟諱，改以字行。父奉伯，仕魏，位中書舍人，行洛陽縣令。彥深貴，贈司空。

彥深幼孤貧，事母甚孝。年十歲，曾候司徒崔光。光謂賓客曰：「古人觀眸子以知人，此人當必遠至。」性聰敏，善書計，安閑樂道，不雜交游，為雅論所歸服。昧爽，輒自掃門外，

不使人見，率以爲常。

初爲尚書令司馬子如賤客，供寫書。子如善其無誤，欲將入觀省舍。隱靴無氈，衣帽穿弊，子如給之。用爲書令史，月餘，補正令史。神武在晉陽，索二史，子如舉彥深。後拜子如開府參軍，超拜水部郎。及文襄爲尚書令攝選，〔三五〕沙汰諸曹郎，隱以地寒，被出爲滄州別駕，辭不行。子如言於神武，徵補大丞相功曹參軍，專掌機密。文翰多出其手，稱爲敏給。神武曾與對坐，遣造軍令，以手捫其額曰：「若天假卿年，必大有所至。」每謂司徒孫騰曰：「彥深小心恭慎，曠古絕倫。」

及神武崩，秘喪事，文襄慮河南有變，仍自巡撫，乃委彥深後事，轉大行臺都官郎中。臨發，握手泣曰：「以母弟相託，幸得此心。」既而內外寧靜，彥深之力。及還發喪，深加褒美，乃披郡縣簿爲選，封安國縣伯。從征潁川，時引水灌城，城雉將沒，西魏將王思政猶欲死戰。文襄令彥深單身入城告喻，即日降之，便手牽思政出城。文襄大悅。先是文襄謂彥深曰：「吾昨夜夢獵，遇一羣豕，吾射，盡獲之。獨一大豕不可得，卿言當爲吾取，須臾獲豕而進。」至是，文襄笑曰：「夢驗矣。」即解思政佩刀與彥深曰：「使卿常獲此利。」

文宣嗣位，仍典機密，進爵爲侯。天保初，累遷秘書監。以爲忠謹，每郊廟，必令兼太

僕，執御陪乘。轉大司農。帝或巡幸，即輔贊太子知後事。出爲東南道行臺尚書、〔三六〕徐州刺史。爲政尚恩信，爲吏人所懷。多所降下，所營軍處，士庶追思，號趙行臺頓。文宣璽書勞勉，徵爲侍中，仍掌機密。

河清元年，進爵安樂公。累遷尚書左僕射、齊州大中正，監國史，遷尚書令，位特進，封宜陽王。武平二年，拜司空。爲祖珽所間，出爲西兗州刺史。四年，徵爲司空，轉司徒。丁母憂，尋起爲本官。七年六月，暴疾薨，時年七十。

彥深歷事累朝，常參機近，溫柔謹慎，喜怒不形於色。自皇建以還，禮遇稍重，每有引見，或升御榻，常呼官號而不名也。凡諸選舉，先令銓定，提獎人物，皆行業爲先，輕薄之徒，弗之齒也。孝昭既執朝權，羣臣密多勸進，彥深獨不致言。孝昭嘗謂王晞云：「若言衆心皆謂天下有歸，何不見彥深有語？」晞以告，彥深不獲已，陳請。其爲時重如此。常遜言恭己，未嘗以驕矜待物，所以或出或處，去而復還。

母傅氏，雅有操識。彥深三歲，傅便孀居，家人欲以改適，自誓以死。彥深五歲，傅謂之曰：「家貧兒小，何以能濟？」彥深泣而言曰：「若天哀矜，兒大當仰報。」傅感其意，對之流涕。及彥深拜太常卿，還，不脫朝服，先入見母，跪陳幼小孤露，蒙訓得至於此。母子相泣久之，然後改服。後爲宜陽國太妃。

彥深有七子，仲將知名。沈斂有父風，溫良恭儉，雖妻子亦未嘗怠慢，終日儼然。學涉

羣書，善草隸，雖與弟書，書字楷正。云：「草不可不解，若施之於人，即似相輕易；若當家卑幼，又恐其疑所在宜爾。是以必須隸筆。」彥深乞轉萬年縣子授之，位給事黃門侍郎、散騎常侍。隋開皇中，位吏部郎，終於安州刺史。

齊朝宰相，善始令終唯彥深一人。然諷朝廷以子叔堅爲中書侍郎，頗招物議。時馮子琮子慈明、祖珽子君信並相繼居中書，故時語云：「馮、祖及趙，穢我鳳池。」然叔堅身才最劣。

赫連子悅字士欣，僭夏赫連勃勃之後也。神武起兵時，爲濟州別駕，勸刺史侯景赴神武。後除林慮太守。文襄往晉陽，由郡境，問所不便。悅云：「臨水、武安，去郡遙遠，山嶺重疊。若東屬魏郡，則地平路近。」文襄笑曰：「卿徒知便人，不覺損幹。」悅答曰：「所言者人所疾苦，不敢以私潤負公心。」文襄善之，乃敕依事施行。自是人屬近便，行路稱之。

天保中，爲揚州刺史。〔三七〕先是城門早閉晚開，廢於農作。子悅到，乃命以時開閉，人吏便之。累遷鄭州刺史，政爲天下之最。入爲都官尚書。鄭州人馬子韶、崔孝政等八百餘人，請立碑頌德，有詔許焉。加位開府，歷行北豫州事，兼吏部尚書。子悅在官，唯以清勤

自守，既無學術，又闕風儀，人倫清鑒，去之彌遠，一旦居銓衡之首，大招物議。由是除太常卿，兼侍中，聘周使主，卒。

子仲章，中書舍人。

馮子琮字子琮，長樂信都人，北燕主馮弘之後也。祖闢興，相州刺史。父靈紹，尚書郎、太中大夫。子琮貴，贈開府儀同三司。

子琮性識聰敏，爲外祖滎陽鄭伯猷所異。初襲爵滎陽縣子。齊天保初，改爲長安縣男。皇建初，爲尚書駕部郎中，攝庫部。孝昭曾閱簿領，試令口陳。子琮闇對無有遺失。時梁丞相王琳歸國，孝昭詔子琮觀其形勢。琳即與赴鄴，甚見嘉賞。子琮妻，胡皇后妹也，〔三八〕故詔與胡長粲輔導太子。後轉太子中庶子。

天統元年，武成禪位後主，謂子琮曰：「少君左右，宜得正人，以卿心存正直，今以後事相委。」再遷散騎常侍，奏門下事。尋兼幷省祠部尚書。後與胡長粲有隙，武成深誡之曰：「脣亡齒寒，勿復如此。」武成在晉陽，既居舊殿，少帝未有別所，詔子琮監造大明宮。成，帝怪其不宏麗，子琮曰：「至尊幼承大業，欲令敦儉，以示萬邦。兼此北連天闕，不宜崇峻。」帝

中華書局

稱善。又詔子琮監議五禮，與趙郡王叡分爭異同，略無降下，大爲識者所鄙。

及武成崩，和士開秘喪三日。子琮問其故。士開引神武、文襄初崩，並秘不舉喪，至尊年少，恐王公貳，欲追集，然後與詳議。時趙郡王叡先預帷幄之謀，子琮素知士開忌叡及領軍婁定遠，恐其矯遺詔出叡外任，奪定遠禁衞權，因答云：「大行，神武之子，今上又是先皇傳位，羣臣富貴，皆至尊父子之恩，但令一無改易，必無異望。世異事殊，不得與霸朝相比。且公不出宮門，已經數日，升遐之事，行路皆傳，久而不舉，恐有他變。」

及發喪，元文遙以子琮太后妹夫，恐其獎成太后干政，說趙王叡及和士開出之。拜鄭州刺史。既非後主本意，賞賜甚厚。仍轉滄州別駕，封寧都縣伯。[二九]太后爲齊安王納子琮長女爲妃，子琮因請假赴鄴，遂授侍中、轉吏部尚書。其妻放縱，請謁公行，賄貨填積。守宰除授，先定錢帛，然後奏聞。其所通致，事無不允。子琮亦不禁制。又廣拓傍隣，增修宅宇，以夜繼晝，未曾休息。斛律光將兵度玉壁，至龍門。周有移書，別須籌議。詔子琮乘傳赴軍，與周將韋孝寬面相要結。龍門等五城，因此內附。後主以爲子琮之功，封昌黎郡公。遷尚書右僕射，仍攝選，侍中如故。

和士開居要日久，子琮舊所附託，中雖阻異，其後還相彌縫。士開弟士休與盧氏成婚，子琮檢校趨走，與士開府僚不異。時內外除授，多由士開奏擬，子琮既恃內戚，兼帶選曹，

自擅權寵，頗生間隙。時陸媼勢震天下，太后與之結爲姊妹，而和士開於太后有醜聲。子琮欲陰殺陸媼及士開，因廢帝而立琅邪王儼。以謀告儼，儼許之，乃矯詔殺士開。及儼見執，言子琮教己。太后怒，又使執子琮，遣右衞大將軍侯呂芬就內省以弓弦絞殺之。使內參以庫車載尸歸其家。諸子方握槊，開庫車來，以爲賜物，大喜，開視乃哭。

子琮微有識鑒，頗慕存公。及位望轉隆，宿心頓改，擢引非類，公爲深交，縱其子弟，不依倫次。[三〇]又專營婚媾，歷選上門，例以官爵許之，旬月便驗。頓丘李克、范陽盧思道、隴西李胤伯、李子希、滎陽鄭庭堅並其女婿，皆至超遷。其矯縱如此。祖珽先與子琮有隙，於後具奏此事，諸子並坐此除名。太后以爲言，又被擢用。子琮有五子，慈明最知名。

慈明字無佚，在齊爲中書舍人。隋開皇中，兼內史舍人。大業中，位尚書兵部郎，加朝請大夫。十三年，攝江都郡丞事。

李密之逼東都，詔慈明追兵擊密，爲密黨崔樞所執。密延與坐，論以舉兵之意。慈明曰：「慈明直道事人，有死而已，不義之言，非所敢對。」密厚禮之，冀其從己。慈明潛使奉表江都，及致書東都留守，論賊形勢。密知，又義而釋之。出至營門，爲賊帥翟讓所瞋責。慈明勃然曰：「天子使我來，正欲除爾輩，不圖爲賊黨所獲，我豈從汝求活邪？須殺但殺，何須

罵詈！」讓益怒，亂刀斬之。梁郡通守楊汪上狀，煬帝歎惜之，贈銀青光祿大夫，拜其二子怦、惇俱爲尚書承務郎。王世充推越王侗爲主，重贈柱國、戶部尚書、昌黎郡公，[三一]諡曰壯武。

長子忱，先在東都。王世充破李密，忱亦在軍中，遂遣奴負父屍柩詣東都，身不自送。未幾，又盛華燭納室，時論醜之。

郎基字世業，中山新市人也。祖智，魏魯郡太守，贈兗州刺史。父道恩，開府、陽平郡守。

基身長八尺，美鬚髯，汎涉墳籍，尤長吏事。齊天保四年，除海西鎮將。遇東方白額稱亂淮南，州郡皆從逆。梁將吳明徹攻圍海西，基固守，乃至削木爲箭，剪紙爲羽。圍解還朝，僕射楊愔迎勞之曰：「卿本文吏，遂有武略，削木剪紙，皆無故事，班、墨之思，何以相過。」御史中丞畢義雲引爲侍御史。趙州刺史尉粲，文宣外弟；揚州刺史郭元貞，楊愔妹夫：基不憚權威，並劾其贓罪。

皇建初，除鄭州長史，帶潁川郡守。西界與周接境，因侯景背叛，其東西分隔，[三二]士人

仍緣姻舊，私相貿易。而禁格嚴重，犯者非一。基初莅職，披檢格條，多是權時，不爲久長。州郡因循，失於請讞，致密網久施，得罪者衆。[三三]遂條件申臺省，仍以情量事科處，自非極刑，一皆決放。積年留滯，案狀膠加，數日之中，剖判咸盡。尋而臺省報下，並允基所陳。條綱既疏，獄訟清靜。基性清慎，無所營求，嘗語人云：「任官之所，木枕亦不須作，況重於此乎？」唯頗令人寫書。潘子義曾遺之書云：「在官寫書，亦是風流罪過。」基答云：「觀過知仁，斯亦可矣。」卒於官，贈驃騎大將軍、和州刺史，諡曰惠。柩將還，遠近赴送，莫不攀轅悲哭，哀不自勝。

初，基任瀛州騎兵時，陳元康爲司馬，畢義雲爲屬，與基並有聲譽，爲刺史元嶷所目：「三賢俱有當世才，後來皆當遠至。唯郎騎兵任眞過甚，恐不足自達。」陳、畢後並貴顯，而基位止郡守。子茂。

茂字慰之，少敏慧，七歲誦騷、雅，日千餘言。十五，師事國子博士河間權會，受詩、易、三禮及玄象刑名之學。又就國子助教長樂張奉禮受三傳羣言，至忘寢食。家人恐成病，常節其燭。及長，以博學稱，歷位保城令，有能名。周平齊，上柱國王誼薦之，授陳州戶曹。屬隋文帝爲亳州總管，命掌書記。

周武帝爲象經，隋文從容謂茂曰：「人主之所爲也，感天地，動鬼神，而象經多亂法，何以致人。」茂竊歎曰：「此言豈常人所及！」陰自結納。隋文亦親禮之。後還家，爲州主簿。

尋除衞國令，時有繫囚二百，茂親自究審，數日釋免者百餘人。歷年辭訟，不詣州省。魏州刺史元暉謂曰：「長史言衞國人不敢申訴者，畏明府耳。」茂曰：「人猶水也，法令爲隄防，隄防不固，必致奔突，苟無決溢，使君何患哉！」暉無以應。有部人張元預與從父弟思蘭不睦，丞尉請加嚴法。茂曰：「元預兄弟，本相憎嫉，又坐得罪，彌益其忿，非化人之意也。」乃遣縣中耆舊，更往敦諭，道路不絕。元預等各生感悔，詣縣頓首請罪。茂曉之以義，遂相親睦，稱爲友悌。

開皇中，累遷戶部侍郎。時尚書右僕射蘇威立條章，每歲責人間五品不遜。或答者乃云：「管內無五品家。」不相應領，類多如此。又爲餘糧簿，擬有無相贍。茂以爲繁紆不急，皆奏罷之。又奏身死王事者，子不退田；品官左貶不減地。〔三四〕皆發於茂。茂性明敏，剖決無滯，當時以吏幹見稱。

煬帝即位，爲尚書左丞，參掌選事。茂尤工政理，爲世所稱。時工部尚書宇文愷、右翊衞大將軍于仲文競河東銀窟，茂奏劾：「愷位望已隆，祿賜優厚，拔葵去織，寂爾無聞，求利

下交，曾無愧色；仲文大將，宿衞近臣，趨侍階庭，朝夕聞道，虞、芮之風，抑而不慕，分銖之利，知而必爭。何以貽範庶僚，示人軌物？」愷與仲文，竟坐得罪。茂與崔祖濬撰州郡圖經一百卷奏之，賜帛百段。

時帝每巡幸，王綱已紊，茂既先朝舊臣，明習世事，然無謇諤之節，見帝忌刻，不敢措言，唯竊歎而已。以年老乞骸骨，不許。會帝征遼，以茂爲晉陽宮留守。其年，常山贊務王文同與茂有隙，〔三五〕奏茂附下罔上。詔納言蘇威、御史大夫裴蘊雜推之。茂素與二人不平，因深文其罪，及弟司隸別駕楚之，皆除名徙且末郡。茂怡然任命，不以爲憂，在途作登隴賦以自慰。後附表自陳，帝頗悟。十年，追還京兆，歲餘卒。子知年。

論曰：孫搴入幕未久，〔三六〕倉卒致斃，神武以情寄之重，義切折肱，若不愛惜才子，何以成夫王業。元康以知能才幹，委質霸朝，綢繆帷幄，任寄爲重，及難無苟免，忘生殉義，可謂得其地焉。杜弼識學甄明，發言讜正，禪代之際，先起異圖，王怒未終，卒蒙顯戮，直言多矣，能無及於此乎？房謨忠勤之操，始終若一。恭懿循良之風，可謂世有人矣。張纂、張亮、張曜、王峻、王紘等並事霸朝，申其力用，皆有齊之良臣也。伯德之慟哭伏屍，靈光之拒

關駐驛，有古人之風焉。顯儁明達，文武驅馳，盡其知力，不遑寧處。可謂德以稱位，能以稱官。

道和爰從霸府，以終末路，四十餘載，典綜兵機，識用閑明，甚爲朝臣所服。及于後主奔遁，莫知所之，首贊延宗，以從權變。既而晉陽傾覆，運極途窮，還鄴則義隔德昌，死事則情乖舊主，雖復全生握節，豈比背叛之流歟？

夫縣宰之寄，綿歷古今，親人任功，莫尚於此。漢氏官人，尚書郎出宰百里；晉朝設法，不宰縣不得爲郎。皆所以貴方城之職，重臨人之要。後魏令長，多選舊令史爲之，故縉紳之流，耻居其位。爰逮有齊，此途未改。寧都公革斯流弊，弘之在人，固爲美矣。

司徒器度沈遠，有宰臣之量，始從文吏，終致台輔，出內有常，夷險若一。而世人諭之胡廣，譏其不能廷爭。然古稱「見幾而作」，又曰「相時而動」，若時有開悟，或可希舜一功，而終遇姦回，便恐舟壑俱運，斯蓋趙公之志也。

子悅牧宰流譽，子琮簿領見知，及居藻鏡，俱稱尸祿。馮溺於賄貨，於斯爲甚。慈明赴蹈之義，蓋有銜鬚之節。郎基政績有聞，蔚之克荷堂構，美矣乎！

校勘記

〔一〕會神武西征登風陵　諸本「風」作「鳳」，北齊書卷二四孫搴傳作「風」。按風陵見水經注卷四河水注及太平寰宇記卷四六蒲州。高歡進攻西魏自蒲津渡河，故登風陵。今據改。

〔二〕子婦范陽盧道虔女也　諸本「虔」作「虞」，北齊書卷二四陳元康傳三朝本及册府卷九四三一一〇九頁作「處」，通志卷一五四陳元康傳作「虔」。按盧道虔見本書卷三〇盧玄傳，死後贈「尚書右僕射」，與北齊書稱之爲「魏尚書僕射」相符。魏時別無官尚書僕射之盧道虞或盧道處，「虞」、「處」皆「虔」之訛。今據通志改。

〔三〕神武會諸將議進取策　北齊書「取」作「退」。按下文言高歡不從陳元康之計而退，則所議是進退之宜，非只議進取。作「退」是。

〔四〕兪發衆軍決既至而克之　通志「決」作「往」。按疑是「決」下有脫文。

〔五〕同郡甄琛爲定州刺史　北齊書卷二四杜弼傳「刺史」作「長史」。按魏書卷六八甄琛傳，琛在孝文時曾爲定州長史，孝明時曾爲定州刺史。據北齊書，弼死於天保十年，年六十九，上推至其年十三時，當爲宣武景明四年。其時琛已非長史，尚未爲刺史。但據琛傳，琛其時正自侍中貶歸本郡，或曾臨時兼定州長史。下文云「州牧任城王澄聞而召問」，則刺史方是元澄，琛必不得同時爲刺史。北史疑誤。

中華書局

〔六〕經中佛性法性爲一爲異　諸本脫「爲一」二字，據北齊書補。

〔七〕說者妄皆言法性寬佛性狹如何　北齊書無「妄」字，通志卷一五四杜弼傳「妄皆」作「皆妄」。按魏帝此問，無以說者爲妄之意。「妄」字當是衍文。又諸本「狹」作「愜」，北齊書作「狹」，通志作「陿」。按「陿」卽「狹」字，「愜」乃「陿」之訛。今從北齊書改作「狹」。下文同改。

〔八〕詔曰既言成寬成狹何得非狹非寬弼曰若定是寬則不能爲狹若定是狹亦不能爲寬以非寬非狹所成雖異能成恒一　北齊書作「詔問曰：既言成寬成狹，何得非寬非狹？若定是狹，亦不能成寬。對曰：以非寬狹，故能成寬狹。寬狹所成雖異，能成恒一」。按疑各有所略。而北史不如齊書明白。這裏「以非寬非狹」下疑脫「故能成寬狹」五字。

〔九〕既如所論　按北齊書作「就如所論」，是退一步言之，疑作「就」是。或「既」是「卽」之訛。

〔一〇〕子𧑅及遠徙臨海鎭　北齊書無「及」字而有「第四子光」四字。疑此「及」下脫「第四子光」四字。

〔一一〕仕齊歷平恩令濟陰太守　諸本脫「歷」字，據隋書卷七八、通志卷一七〇房恭懿傳補。

〔一二〕時人比之賈梁道　張森楷云：「按治春秋者是賈景伯之賈逵，非賈梁道之賈逵，原文已誤。」

〔一三〕帝嘗與左右飮酒　諸本脫「帝」字，據北齊書卷二五王紘傳補。

〔一四〕但賊竪力薄故臣不死　諸本「竪」作「堅」，北齊書云：「但賊竪力薄斫輕，故臣不死。」按「堅」顯爲「竪」之訛，今據改。

〔一五〕五年陳人寇淮南　按本書卷八齊後主紀記此事於武平四年，陳書卷五宣帝紀在太建五年卽齊武平四年，這裏作「五年」誤。

〔一六〕平陽太平人也　諸本「平陽」誤倒，據北齊書卷二六敬顯儁傳及金石萃編卷三〇敬史君卽顯儁碑乙。

〔一七〕尋西魏將楊𢷬來攻　諸本「西」作「而」，北齊書卷二六平鑒傳作「而西」二字，通志卷一五四平鑒傳作「西」。按「而」乃「西」之訛，今從通志改。

〔一八〕其未經府寺陳訴起覽辭牒　北齊書卷四〇唐邕傳「起」作「越」。按「起覽」無義，「越覽」卽未經陳訴，超越府寺而收攬辭牒之意。「覽」與「攬」通。「起」疑是「越」之訛。

〔一九〕魏昭成皇帝六世孫也五世祖常山王遵　張森楷云：「按魏書卷一五昭成子孫傳，言遵是昭成子壽鳩之子，則是昭成孫也，遵既爲五世祖，豈得爲昭成六世孫？『六』當爲『七』之誤。」

〔二〇〕河間邢卲試命文遙誦之　諸本「河」上有「召」字，通志卷一五四元文遙傳有「王召」二字，北齊書卷三八補元文遙傳無「召」字。按上言元暉業大會賓客，邢卲卽賓客之一，何須另召？「召」字衍文，今據刪。

〔二一〕除大丞相府功曹　諸本無「除」字，北齊書有，通志作「遷」。按無「除」或「遷」字，文義不明，今從北齊書補。

〔二二〕文遙歷事三主　諸本「主」訛作「王」，據北齊書、通志改。

〔二三〕在於季孟之間　諸本脫「在」字，據北齊書、通志補。

〔二四〕齊亡與陽休之等十八人同入關　諸本脫「與」字，據通志補。又諸本「關」字作「閼」，北齊書南、殿二本作「關」，通志亦作「關」。按「閼」乃「關」之訛，今據改。

〔二五〕及文襄爲尙書令攝選　諸本「攝」下有「令」字。按本書卷六齊文襄紀，高澄以天平元年爲尙書令，元象元年攝吏部尙書。所謂「攝吏部尙書」，卽是「攝選」。此當時專用語，如本卷馮子琮傳，言子琮「以尙書右僕射攝選」。「攝」下「令」字衍文，今刪。

〔二六〕出爲東南道行臺尙書　諸本脫「出」字，據北齊書卷三八補趙彥深傳補。

〔二七〕天保中爲揚州刺史　按墓誌集釋赫連子悅墓誌圖版三四四言子悅曾爲陽州刺史，而無爲揚州的記載。疑此「揚」爲「陽」之訛。陽州見魏書地形志中，卽宜陽。地接西魏，故城門早閉晚開。

〔二八〕子琮妻胡皇后妹也　諸本「妹」作「姊」，北齊書卷四〇補馮子琮傳作「妹」。按下文云：「子琮太后妹夫」，則作「妹」是，今據改。

〔二九〕仍轉滄州別駕封寧都縣伯　張森楷云：「別駕是刺史屬，滄州非大州，子琮豈宜得此劣轉？疑文有誤。」按張說是。當是衍「駕」字，「別」字從下讀。

〔三〇〕縱其子弟不依倫次　北齊書、通志卷一五四馮子琮傳「不」上有「官位」二字。疑此脫。

〔三一〕昌黎郡公　諸本脫「昌」字，據隋書卷七一馮慈明傳補。馮氏本出昌黎，故以爲封號。

〔三二〕因侯景背叛其東西分隔　按「其」下當有脫字。

〔三三〕致密網久施得罪者衆　諸本「施」作「放」，文義不洽，據通志卷一七〇郎基傳改。

〔三四〕品官左貶不減地　隋書卷六六郎茂傳「左貶」作「年老」，通志卷一六二郎茂傳作「左貶」。按隋書卷二四食貨志，謂楊堅卽位後頒新令，「自諸王已下至于都督，皆給永業田各有差，多者至一百頃，少者至四十畝」。多少的差別，自然是依據官品的高低。但官位有升遷貶降，大約郎茂建議只按升級的加，不按降級的減，所以「品官左貶不減地」。既爲永業，年老不需退田，不存在「減地」問題，疑作「年老」非。

〔三五〕其年常山贊務王文同與茂有隙　諸本脫「年」字，據隋書補。又隋書、通志「常山」作「恒山」。按隋書地理志中恒山郡眞定縣注云：「舊置常山郡，開皇中郡廢，十六年分置常山縣，大業初置恒山郡，省常山入焉。」則當煬帝時，常山郡縣皆無，作「恒山」是。又「贊務」，隋書作「贊治」，北史避唐諱改。

〔三六〕孫謇入幕未久　諸本「謇」訛作「騫」，據北齊書卷二四史臣論及謇本傳改。

北史卷五十六

列傳第四十四

魏收　魏長賢　魏季景 子澹　魏蘭根 族子愷

魏收字伯起，小字佛助，鉅鹿下曲陽人也。自序：漢初魏無知封高良侯，子均。均子恢。恢子彥。彥子歆，字子胡，幼孤，有志操，博洽經史，位終本郡太守。〔一〕子悅，字處德，〔二〕性沉厚，有度量，宣城公趙國李孝伯見而重之，以女妻焉。位濟陰太守，以善政稱。

悅子子建，字敬忠，釋褐奉朝請，累遷太尉從事中郎。初，宣武時平氐，遂於武興立鎮，尋改爲東益州。其後鎮將刺史，乖失人和，羣氐作梗，遂爲邊患。乃除子建東益州刺史。子建布以恩信，遠近清靜。正光五年，南北二秦城人莫折念生、韓祖香、張長命相繼搆逆。僉以州城之人，莫不勁勇，同類悉反，宜先收其器械。子建以爲城人數當行陣，盡皆驍果，安之足以爲用，急之腹背爲憂。乃悉召居城老壯，曉示之，并上言諸城人本非罪坐而來者，

悉求聽免。明帝優詔從之。子建漸分其父兄子弟，外居郡戍，內外相顧，終獲保全。及秦賊乘勝，屯營黑水，子建乃潛使掩襲，前後斬獲甚衆，威名赫然。先反者，及此悉降。乃間使上聞，帝甚嘉之，詔子建兼尚書爲行臺，刺史如故。於是威振蜀土。其梁、巴、二益、兩秦之事，皆所節度。

梁州刺史傅豎眼子敬仲心以爲愧，〔三〕在洛大行貨賄，以圖行臺。先是子建亦屢求歸京師，至此，乃遣刺史唐永代焉。〔四〕豎眼因爲行臺。子建將還，羣氐慕戀，相率斷道。主簿楊僧覆先行曉喻，諸氐忿曰：「我留刺史，爾送出也？」斫之數創，幾死。子建徐加慰譬，旬月方得前行。吏人贈遺，一無所受。而東益氐、蜀尋反，攻逼唐永，永棄城而走，乃喪一藩矣。初永之走，子建客有沙門曇璨及鉅鹿人耿顯皆沒落氐手，及知子建之客，垂泣追衣物還之，送出白馬。遺愛所被如此。

初，子建爲前軍將軍，十年不徙，在洛閑暇，與吏部尚書李韶、韶從弟延寔頗爲弈棊，時人謂爲耽好。子建每曰：「棊於廉勇之際，得之深矣。且吾未爲時用，博弈可也。」及一臨邊事，凡經五年，未曾對局。

還洛後，累遷衞尉卿。初，元顥內逼，莊帝北幸，子建謂所親盧義僖曰：「北海自絕社稷，稱藩蕭衍，吾老矣，豈能爲陪臣！」遂攜家口居洛南。顥平乃歸。先苦風痺，及此遂甚。

以卿任有務，屢上書乞身，特除右光祿大夫。邢杲之平，太傅李延寔子侍中彧爲大使，撫慰東土。時外戚貴盛，送客塡門，子建亦往候別。延寔曰：「小兒今行，何以相勗？」子建曰：「益以盈滿爲誡。」延寔悵然久之。及莊帝殺尒朱榮，遇禍於河陰者，其家率相弔賀。太尉李虔第二子仁曜，子建之女壻，往亦見害。子建謂姨弟盧道虔曰：「朝廷誅翦權强，兇徒尚梗，未聞有奇謀異略，恐不可濟。此乃李門禍始，弔賀無乃怱怱！」及永安之後，李氏宗族流離，或遇誅夷，如其所慮。後歷左光祿大夫，加散騎常侍、驃騎大將軍。

子建自出爲藩牧，董司山南，居脂膏之中，遇天下多事，正身潔己，不以財利經懷。及歸京師，家人衣食，常不周贍，清素之迹，著於終始。性存重愼，不雜交游，唯與尚書盧義僖、姨弟涇州刺史盧道裕雅相親昵。及疾篤，顧敕二子曰：「死生大分，含氣所同。世有厚葬，吾平生不取；遽篨裸身，又非吾意。氣絕之後，斂以時服。吾平生契闊，前後三娶，合葬之事，抑又非古。且汝二母，先在舊塋，墳地久固，已有定別。唯汝次母墓在外耳，可遷入兆域，依班而定行於吾墓之後，如此足矣，不須祔合。當順吾心，勿令吾有遺恨。」永熙二年春，卒于洛陽孝義里舍，時年六十。又贈儀同三司、〔五〕定州刺史，謚曰文靜。

二子，收、祚。

收少機警，不持細行。年十五，頗已屬文。及隨父赴邊，好習騎射，欲以武藝自達。滎陽鄭伯調之曰：「魏郎弄戟多少？」收慚，遂折節讀書。夏月，坐板牀，隨樹陰諷誦。積年，牀板爲之銳減，而精力不輟。以文華顯。

初除太學博士。及尒朱榮於河陰濫害朝士，收亦在圍中，以日晏獲免。吏部尚書李神儁重收才學，奏授司徒記室參軍。永安三年，除北主客郎中。節閔帝立，妙簡近侍，詔試收爲封禪書。收下筆便就，不立藁草，文將千言，所改無幾。時黃門郎賈思同侍立，深奇之，白帝曰：「雖七步之才，無以過此。」遷散騎侍郎，尋敕典起居注，并修國史，俄兼中書侍郎，時年二十六。

孝武初，又詔收攝本職，文誥填積，事咸稱旨。黃門郎崔㥄從齊神武入朝，熏灼於世，收初不詣門。㥄爲帝登阼赦云：「朕託體孝文。」收嗤其率直。正員郎李愼以告之，㥄深忿忌。時節閔帝殂，令收爲詔。㥄乃宣言：收普泰世出入幃幄，一日造詔，優爲詞旨，然則義旗之士，盡爲逆人。又收父老，合解官歸侍。南臺將加彈劾，賴尚書辛雄爲言於中尉綦儁，乃解。收有賤生弟仲同，先未齒錄，因此怖懼，上籍，遣還鄉扶侍。孝武嘗大發士卒，狩於嵩少之南，旬有六日。時寒，朝野嗟怨。帝與從官及諸妃主，〔六〕奇伎異飾，多非禮度。收欲言則懼，欲默不能已，乃上南狩賦以諷焉，年二十七。雖富言淫麗，而終歸雅正。帝手詔

報焉，甚見褒美。鄭伯謂曰：「卿不遇老夫，猶應逐兎。」

初，神武固讓天柱大將軍，〔七〕魏帝敕收爲詔，令遂所請。欲加相國，問收相國品秩，收以實對，帝遂止。收既未測主、相之意，以前事不安，求解，詔許焉。久之，除帝兄子廣平王贊開府從事中郎，收不敢辭，乃爲庭竹賦以致己意。尋兼中書舍人。與濟陰溫子昇、河間邢子才齊譽，世號三才。時孝武內有間隙，收遂以疾固辭而免。其舅崔孝芬怪而問之，收曰：「懼有晉陽之甲。」尋而神武南上，〔八〕帝西入關。

收兼通直散騎常侍，副王昕聘梁。〔九〕昕風流文辯，收辭藻富逸，梁主及其羣臣咸加敬異。先是，南北初和，李諧、盧元明首通使命，二人才器，並爲鄰國所重。至此，梁主稱曰：「盧、李命世，王、魏中興，未知後來，復何如耳。」收在館，遂買吳婢入館，其部下有買婢者，收亦喚取，遍行奸穢。梁朝館司，皆爲之獲罪。人稱其才，而鄙其行。在途作聘游賦，辭甚美盛。使還，尚書右僕射高隆之求南貨於昕、收，不能如志，遂諷御史中尉高仲密禁止昕、收於其臺，久之得釋。

及孫搴死，司馬子如薦收，召赴晉陽，以爲中外府主簿。以受旨乖忤，頻被嫌責，加以箠楚，久不得志。會司馬子如奉使霸朝，收假其餘光。子如因宴戲言於神武曰：「魏收，天子中書郎，一國大才，願大王借與顏色。」由此轉府屬，然未甚優禮。

收從叔季景有文學，〔一〇〕歷官著名，並在收前，然收常所欺忽。季景、收初赴并，頓丘李庶者，故大司農諧之子也，以華辯見稱，曾謂收曰：「霸朝便有二魏。」收率爾曰：「以從叔見比，便是邪輸之比卿。」邪輸者，故尚書令陳留公繼伯之子，愚癡有名，好自入市肆，高價買物，商賈共所嗤翫。收忽以季景方之，不遜例多如此。

收本以文才，必望穎脫見知，位既不遂，求修國史。崔暹爲言於文襄曰：「國史事重，公家父子霸王功業，皆須具載，非收不可。」文襄乃啓收兼散騎常侍，修國史。武定二年，除正常侍，領兼中書侍郎，仍修國史。

魏帝宴百僚，問何故名「人日」，皆莫能知。收對曰：「晉議郎董勛答問禮俗云：正月一日爲雞，二日爲狗，三日爲豬，四日爲羊，五日爲牛，六日爲馬，七日爲人。」時邢卲亦在側，甚恧焉。自魏、梁和好，書下紙每云：「想彼境內寧靜，此率土安和。」梁後使其書乃去「彼」字，自稱猶著「此」，欲示無外之意。收定報書云：「想境內清晏，今萬國安和。」梁人復書，依以爲體。

後神武入朝，靜帝授相國，固讓，令收爲啓。啓成呈上，文襄時侍側，神武指收曰：「此人當復爲崔光。」四年，神武於西門豹祠宴集，謂司馬子如曰：「魏收爲史官，書吾善惡，聞北伐時諸貴常餉史官飲食，司馬僕射頗曾餉不？」因共大笑。仍謂收曰：「卿勿見元康等在吾目下趨走，謂吾以爲勤勞。我後世身名在卿手，勿謂我不知。」尋加兼著作郎。

收昔在京洛，輕薄尤甚，人號云「魏收驚蛺蝶」。文襄曾游東山，令給事黃門侍郎顥等宴。〔一一〕文襄曰：「魏收恃才無宜適，須出其短。」往復數番，收忽大唱曰：「楊遵彥理屈，已倒。」愔從容曰：「我綽有餘暇，山立不動。若遇當塗，恐翩翩遂逝。」當塗者魏，翩翩者蝶也。文襄先知之，大笑稱善。文襄又曰：「向語猶微，宜更指斥。」愔應聲曰：「魏收在并作一篇詩，對衆讀訖，云：『打從叔季景出六百斗番，〔一二〕亦不辨此。』遠近所知，非敢妄說。」文襄喜曰：「我亦先聞。」衆人皆笑。收雖自申雪，不復抗拒，終身病之。

侯景叛入梁，寇南境。文襄時在晉陽，令收爲檄五十餘紙，不日而就。又檄梁朝，令送侯景，初夜執筆，三更便了，文過七紙。文襄善之。魏帝曾季秋大射，普令賦詩，收詩末云：「尺書徵建鄴，折簡召長安。」文襄壯之，顧謂人曰：「在朝今有魏收，便是國之光采。雅俗文墨，通達縱橫。我亦使子才、子昇，時有所作，至於詞氣，並不及之。吾或意有所懷，忘而不語，語而不盡，意有未及，收呈草，皆以周悉。此亦難有。」又敕兼主客郎，接梁使謝珽、徐陵。侯景既陷梁，梁鄱陽王範時爲合州刺史，文襄敕收以書喻之。範得書，仍率部伍西上，州刺史崔聖念入據其城。文襄謂收曰：「今定一州，卿有其力，猶恨『尺書徵建鄴』未效耳。」文襄崩，文宣如晉陽，令與黃門郎崔季舒、高德正、吏部郎中尉瑾於北第參掌機密。轉

祕書監，兼著作郎，又除定州大中正。時齊將受禪，楊愔奏收置之別館，令撰禪代詔册諸文，遣徐之才守門，不聽出。

天保元年，除中書令，仍兼著作郎，封富平縣子。〔一三〕二年，詔撰魏史。四年，除魏尹，故優以祿力，專在史閣，不知郡事。初，帝令羣臣各言志，收曰：「臣願得直筆東觀，早出魏書。」故帝使收專其任。又詔平原王高隆之總監之，署名而已。帝敕收曰：「好直筆，我終不作魏太武，誅史官。」

始，魏初鄧彥海撰代記十餘卷，其後崔浩典史，游雅、高允、〔一四〕程駿、李彪、崔光、李琰之郎知世修其業。〔一五〕浩爲編年體，彪始分作紀、表、志、傳，書猶未出。宣武時，命邢巒追撰孝文起居注，書至太和十四年。又命崔鴻、王遵業補續焉，下訖孝明，事甚委悉。濟陰王暉業撰辨宗室錄三十卷。收於是與通直常侍房延祐、司空司馬辛元植、國子博士刁柔、裴昂之、尚書郎高孝幹博總斟酌，以成魏書。〔一六〕辨定名稱，隨條甄舉。又搜採亡遺，綴續後事，備一代史籍，表而上聞之。勒成一代大典：凡十二紀，〔一七〕九十二列傳，合一百一十卷。五年三月，奏上之。秋，除梁州刺史。收以志未成，奏請終業，許之。十一月復奏十志：天象四卷，地形三卷，律曆二卷，禮樂四卷，食貨一卷，刑罰一卷，靈徵二卷，官氏二卷，釋老一卷，凡二十卷。續於紀傳，合一百三十卷。分爲十二袠，其史三十五例，二十五序，九十四

論，前後二表一啓，皆獨出於收。

收所引史官，恐其陵逼，唯取學流先相依附者。其房延祐、辛元植、眭仲讓雖夙涉朝位，並非史才；刁柔、裴昂之以儒業見知，全不堪編緝；高孝幹以左道求進。修史諸人，宗祖姻戚，多被書錄，飾以美言。收頗急，不甚能平，夙有怨者，多沒其善。每言：「何物小子，敢共魏收作色！舉之則使上天，按之當使入地。」初，收在神武時爲太常少卿，修國史，得陽休之助。因謝休之曰：「無以謝德，當爲卿作佳傳。」休之父固，魏世爲北平太守，以貪虐爲中尉李平所彈獲罪，載在魏起居注。收書云：「固爲北平，甚有惠政，坐公事免官。」又云：「李平深相敬重。」尒朱榮於魏爲賊，收以高氏出自尒朱，且納榮子金，故減其惡而增其善，論云：「若修德義之風，則韋、彭、伊、霍，夫何足數。」〔一八〕

時論既言收著史不平，文宣詔收於尚書省與諸家子孫共加論討。前後投訴，百有餘人，云遺其家世職位；或云其家不見記錄；或云妄有非毀。收皆隨狀答之。范陽盧斐父同附出族祖玄傳下；頓丘李庶家傳，稱其本是梁國蒙人。〔一九〕斐、庶譏議，云史書不直。收性急，不勝其憤，啓誣其欲加屠害。帝大怒，親自詰責。斐曰：「臣父仕魏，位至儀同，功業顯著，名聞天下，與收無親，遂不立傳。博陵崔綽，位至本郡功曹，更無事迹，是收外親，乃爲傳首。」收曰：「綽雖無位，道義可嘉，所以合傳。」帝曰：「卿何由知其好人？」收曰：「高允曾爲綽

讚，稱有道德。」帝曰：「司空才士，爲人作讚，正應稱揚。亦如卿爲人作文章，道其好者，豈能皆實？」收無以對，戰慄而已。但帝先重收才，不欲加罪。時太原王松年亦謗史，及斐、庶並獲罪，各被鞭配甲坊，或因以致死。盧思道亦抵罪。然猶以羣口沸騰，敕魏史且勿施行，令羣官博議。聽有家事者入署，不實者陳牒。於是衆口諠然，號爲「穢史」，投牒者相次，收無以抗之。時左僕射楊愔、右僕射高德正二人勢傾朝野，與收皆親。收遂爲其家並作傳，二人不欲言史不實，抑塞訴辭，終文宣世，更不重論。

又尚書陸操嘗謂愔曰：「魏收魏書可謂博物宏才，有大功於魏室。」愔嘗謂收曰：「此謂不刊之書，傳之萬古。但恨論及諸家枝葉親姻，過爲繁碎，與舊史體例不同耳。」收曰：「往因中原喪亂，人士譜牒遺逸略盡，是以具書其枝派。望公觀過知仁，以免尤責。」

八年夏，除太子少傅，監國史。復參修律令。三臺成，文宣曰：「臺成，須有賦。」愔先以告收，收上皇居新殿臺賦，其文甚壯麗。時所作者自邢卲已下，咸不逮焉。收上賦前數日，乃告邢卲，卲後告人曰：「收甚惡人，不早言之。」帝曾游東山，敕收作詔，宣揚威德，譬喻關西。俄頃而訖，辭理宏壯，帝對百僚大嗟賞之。仍兼太子詹事。收娶其舅女，崔昂之妹，〔二〇〕產一女，無子。魏太常劉芳孫女、中書郎崔肇師女，夫家坐事，帝並賜收爲妻。時人比之賈充置左右夫人。然無子。後病甚，恐身後嫡媵不平，乃放二姬。及疾瘳追憶，作懷離賦以

申意。

文宣每以酣宴之次，云太子性懦，宗社事重，終當傳位常山。收謂楊愔曰：「古人云：太子國之根本，不可動搖。至尊三爵後，每言傳位常山，令臣下疑貳。若實，便須決行；〔二一〕若戲此言，〔二二〕魏收既忝師傅，正當守之以死，但恐國家不安。」愔以收言奏帝，自此便止。帝數宴喜，收每預侍從。皇太子之納鄭良娣也，有司備設牢饌。帝既酣飲，起而自毀覆之，仍詔收曰：「知我意不？」收曰：「臣愚謂良娣既東宮之妾，理不須牢，仰惟聖懷，緣此毀去。」帝大笑，握收手曰：「卿知我意。」安德王延宗納趙郡李祖收女爲妃，〔二三〕後帝幸李宅宴，而妃母宋氏薦二石榴於帝前。問諸人莫知其意，帝投之。收曰：「石榴房中多子，王新婚，妃母欲子孫衆多。」帝大喜，詔收：「卿還將來。」仍賜收美錦二疋。

十年，除儀同三司。帝在宴席，口敕以爲中書監，命中書郎李愔於樹下造詔。愔以收一代盛才，難於率爾，久而未訖。比成，帝已醉醒，遂不重言，愔仍不奏，事竟寢。及帝崩於晉陽，驛召收及中山太守陽休之參議吉凶之禮，并掌詔誥。仍除侍中，還太常卿，文宣謚及廟號、陵名，皆收議也。

及孝昭居中宰事，命收禁中爲諸詔文，積日不出。轉中書監。皇建元年，除兼侍中、右光祿大夫，仍儀同，監史。收先副王昕使梁，不相協睦，時昕弟晞親密，而孝昭別令休之兼

中書，在晉陽典詔誥，收留在鄴，蓋晞所爲。收大不平，謂太子舍人盧詢祖曰：「若使卿作文誥，我亦不言。」又除祖珽爲著作郎，欲以代收。司空主簿李翥，文詞士也，聞而告人曰：「詔誥悉歸陽子烈，著作復遣祖孝徵，文史頓失，恐魏公發背。」於時詔議二王三恪，收執王肅、杜預義，以元、司馬氏爲二王，通曹備三恪。詔諸禮學之官皆執鄭玄五代之議。〔二四〕孝昭后姓元，議恪不欲廣及，故議從收。又除兼太子少傅，解侍中。

帝以魏史未行，詔收更加研審，收奉詔，頗有改正。及詔行魏史，收以爲直置祕閣，外人無由得見，於是命送一本付并省，一本付鄴下，任人寫之。

太寧元年，加開府。河清二年，兼右僕射。時武成酣飲終日，朝事專委侍中高元海，凡庸不堪大任。以收才名振俗，都官尚書畢義雲長於斷割，乃虛心倚仗。收畏避，不能匡救，爲議者所譏。帝於華林別起玄洲苑，備山水臺觀之麗，詔於閣上畫收，其見重如此。

始收比溫子昇、邢卲稍爲後進，卲既被疏出，子昇以罪死，收遂大被任用，獨步一時。議論更相訾毀，各有朋黨。收每議陋邢文。卲又云：「江南任昉，文體本疏，魏收非直模擬，亦大偷竊。」收聞乃曰：「伊常於沈約集中作賊，何意道我偷任。」任、沈俱有重名，邢、魏各有所好。武平中，黃門郎顏之推以二公意問僕射祖珽。珽答曰：「見邢、魏之臧不，即是任、沈之優劣。」收以溫子昇全不作賦，邢雖有一兩首，又非所長，常云：「會須能作賦，始成大才

士。唯以章表碑志自許，此外更同兒戲。」〔二五〕自武定二年以後，國家大事詔命，軍國文詞，皆收所作。每有警急，受詔立成。或時中使催促，收筆下有同宿構，敏速之工，邢、溫所不逮也。其參議典禮，與邢相埒。

既而趙郡公增年獲免，〔二六〕收知而過之，事發除名。其年，又以託附陳使封孝琰，牒令其門客與行，遇崐崙舶至，得奇貨：猓然褥表、美玉盈尺等數十件。罪當流，以贖論。三年，起除清都尹。〔二七〕尋遣黃門郎元文遙敕收曰：「卿舊人，事我家最久，前者之罪，情在可恕。比令卿為尹，非謂美授，但初起卿，斟酌如此。朕豈可用卿之才而忘卿身？待至十月，當還卿開府。」天統元年，除左光祿大夫。二年，行齊州刺史，尋為真。

收以子姪年少，申以戒厲，著枕中篇。其詞曰：

吾曾覽管子之書，其言曰：「任之重者莫如身，途之畏者莫如口，期之遠者莫如年。以重任行畏途至遠期，惟君子為能及矣。」追而味之，喟然長息。

若夫岳立而重，有潛戴而不傾；山藏稱固，亦趨負而不停；呂梁獨浚，能行歌而匪惕；焦原作險，或躋踵而不驚。〔二八〕九陔方集，故眇然而迅舉；五紀當定，想窅乎而上征。苟任重也有度，則任之而愈固。乘危也有術，蓋乘之而靡恤。彼期遠而能通，果應之而可必。豈神理之獨爾，亦人事其如一。

嗚呼！處天壤之間，勞死生之地，攻之以嗜欲，牽之以名利，粱肉不期而共臻，珠玉無足而俱致，於是乎驕奢仍作，危亡旋至。然則上智大賢，惟幾惟哲，或出或處，不常其時。〔二九〕其舒也濟世成務，其卷也聲銷迹滅。玉帛子女，椒蘭律呂，諂諛無所先；稱肉度骨，膏脣挑舌，怨惡莫之前。〔三〇〕勳名共山河同久，志業與金石比堅。斯蓋厚棟不橈，游刃砉然。逮於厥德不常，喪其金璞，馳騖人世，鼓動流俗，挾湯日而謂寒，包溪壑而未足。源不清而流濁，表不端而影曲。嗟乎！膠漆詎堅，寒暑甚促，反利而成害，化榮而就辱，欣戚更來，得喪仍續。至有身禦魑魅，魂沉狴獄。詎非足力不強，迷在當局！孰可謂車戒前傾，人師先覺？

聞諸君子，雅道之士，游遨經術，厭飫文史。筆有奇鋒，談有勝理。孝悌之至，神明通矣。審蹈而行，量路而止。自我及物，先人後己。情無繫於榮悴，心靡滯於慍喜。不養望於丘壑，不待價於城市。言行相顧，慎終猶始。有一於斯，鬱為羽儀。恪居展事，知無不為，或左或右，則髦士攸宜，無悔無吝，故高而不危。異乎勇進忘退，苟得患失；射千金之產，徼萬鍾之秩；投烈風之門，趣炎火之室。載蹶而墜其貽宴，或蹲乃喪其貞吉。可不畏歟！可不戒歟！

門有倚禍，事不可不密；牆有伏寇，言不可而失。宜諦其言，宜端其行。言之不善，行之不正，鬼執強梁，人囚徑挺，幽奪其魄，明夭其命。不服非法，不行非道。公鼎為己信，私玉非身寶。過涅為紺，踰藍作青，持繩視直，置水觀平。時然後取，未若無欲；知止知足，庶免於辱。是以為必察其幾，舉必慎於微。知幾慮微，斯亡則稀；既察且慎，福祿攸歸。昔蘧瑗識四十九非，顏子鄰幾三月不違。跬步無已，至於千里；覆簣而進，及於萬仞。故云行遠自邇，登高自卑，〔三一〕可大可久，與世推移。

月滿如規，從夜則虧；槿榮于枝，望暮而萎。夫奚益而不損？孰有損而不害？益不欲多，利不欲大。唯居德者畏其甚，體真者懼其大。道尊則羣謗集，任重而衆怨會。其達也則尼父栖遑，其忠也而周公狼狽。無曰人之我狹，在我不可而覆；無曰人之我厚，在我不可而咎。如山之大，無不有也；如谷之虛，無不受也。能剛能柔，重可負也；能信能順，險可走也；能智能愚，期可久也。

周廟之人，三緘其口，漏巵在前，欹器留後，俾諸來裔，傳之坐右。

其後羣臣多言魏史不實，武成復敕更審。收又迴換，遂為盧同立傳，崔綽反更附出。楊愔家傳本云「有魏以來，一門而已」，至是改此八字。〔三二〕又先云「弘農華陰人」，乃改「自云弘農」以配王慧龍「自云太原人」，此其失也。尋除開府、中書監。

武成崩，未發喪，在內諸公以後主即位有年，疑於赦令。諸公引收訪焉。收固執宜有

恩澤，乃從之。掌詔誥，除尚書右僕射，總議監五禮事，位特進。收奏請趙彥深、和士開、徐之才共監，先以告士開，士開驚，辭以不學。收曰：「天下事皆由王，〔三三〕五禮非王不決。」士開謝而許之。多引文士令執筆，儒者馬敬德、熊安生、權會實主之。

武平三年薨，贈司空、尚書左僕射，謚文貞。有集七十卷。

收碩學大才，然性褊，不能達命體道。見當塗貴游，每以言色相悅。然提獎後輩，以名行為先，浮華輕險之徒，雖有才能，弗重也。初，河間邢子才、子明及季景與收，並以文章顯，世稱大邢小魏，言尤俊也。收少子才十歲，子才每曰：「佛助，僚人之偉。」後收稍與子才爭名，文宣貶子才曰：「爾才不及魏收。」收益得志，自序云：「先稱溫、邢，後曰邢、魏。」然收內陋邢，心不許也。收既輕疾，好聲樂，善胡舞。文宣末，數於東山與諸優為獼猴與狗鬭，帝寵狎之。收外兄博陵崔巖嘗以雙聲嘲收曰：「遇魏收衰日愚魏。」魏答曰：「顏巖腥瘦，是誰所生，羊頤狗頰，頭團鼻平，飯房笭籠，著孔嘲玎。」〔三四〕其辯捷不拘若是。既緣史筆，多憾於人，齊亡之歲，收冢被發，棄其骨于外。

先養弟子仁表為嗣，位至尚書膳部郎中。隋開皇中，卒於溫縣令。

子建族子愔，字仲讓。容貌魁偉，性通率。永安末，除安東將軍、光祿大夫。尒朱仲遠

鎭東郡，以事捕惇，遇出外，執惇兄子胤而去。惇聞哭曰：「若害胤寧無吾也。」乃見仲遠，叩頭曰：「家事在惇，胤何知也？乞以身罪。」仲遠義而捨之。天平中，拜衞將軍，右光祿大夫，卒。

惇叔偃，字盤蚪。有當世幹用，位驍騎將軍。性浮動，晚乃曲附高肇。彭城王勰之死也，偃構成其事，爲時所患。

子質，字懷素。幼有立志，年十四，啓母求就徐遵明受業，母以其年幼不許。質遂密將一奴，遠赴徐學，留書一紙，置所臥牀。內外見之，相視悲歎。五六年中，便通諸經大義。自學言歸，生徒輻湊，皆同衣食，情若兄弟。後避葛榮難，客居趙國飛龍山，爲亂賊所害。士友傷惜之。興和二年，侍中李神儁、〔三五〕祕書監常景等三十二人申辭於尙書，爲請贈謚。事下太常，博士考行，謚曰貞烈先生。

魏長賢，收之族叔也。祖釗，本名顯義，字弘理，魏世祖賜名，〔三六〕仍命以顯義爲字。雅性俊辯，博涉羣書，有當世才，兼資文武，知名梁、楚、淮、泗之間。世祖南伐，聞而召之，既至，與語大悅。謂釗曰：「今我此行，是卿建功之日，勉之，勿憂不富貴也。」授內都直，侍左

右。師次淮南，諸城未有下者。釗乃進曰：「陛下百萬之軍，風行電掃，攻城略地，所向無前，雖有智者，莫能爲計。然而師次淮南，已經累日，義陽諸城，猶敢拒守，此非不懼亡滅，自謂必可保全也。但陛下卒徒果銳，殺掠尙多，人皆畏威，未甚懷惠，恐一旦降下，妻子不全，所以遲疑，未肯先發。臣請間入城內，見其豪右，宣達聖心，示以誠信，必當大小相率，面縛請罪。陛下拔其英楚，因而任之，此外諸城，可不勞兵而自定。」世祖大喜曰：「所以召卿，本爲是耳。卿今所言，副吾所望。」釗遂夜入城中，示以危亡之期，開以生全之路，城中大小欣悅，明旦開門出降。自此而南，望塵款附。世祖謂釗曰：「卿之一言，踰於十萬之師。揚我信義，播于四表，實卿一人之力。」卽授義陽太守、陵江將軍。又令釗與諸將，統兵討襲，所當無不摧破，軍中服其勇敢。世祖益喜，謂羣臣曰：「中國士人，吾拔擢咸盡，文武膽略，未有若釗儔。」加授建忠將軍，追贈其父處順州刺史。時經略江左，方大用之，遇風疾發動，頻降醫藥，竟不痊復。卒時年六十四。

父彥，字惠卿，博學善屬文。趙郡王幹辟開府參軍，廣陵王羽辟記室，並不行。陳留公李崇甚重之，引爲鎭西參軍事。崇討叛氐楊靈珍，〔三七〕叛蠻魯北燕，又請爲記室參軍。中山王英討淮南，又請爲記室參軍。軍還，求爲著作郎，思樹不朽之業。以晉書作者多家，體制繁雜，欲正其紕繆，删其遊辭，勒成一家之典。俄而彭城王聞李崇稱之，復請爲掾，兼知主

客郎中，書遂不成。王遇害，退歸田里。清河王復引爲諮議。王勢高名重，深爲權倖所疾，恐罹其禍，固辭以疾。〔三八〕肅宗初，拜驃騎長史，尋轉光州刺史。年六十八，卒。

兄伯胤之歸也，〔三九〕留長賢與弟德振，使宦學於洛中。孝靜北遷，亦徙居鄴。博涉經史，詞藻淸華，舉秀才，除汝南王悅參軍事。〔四〇〕入齊，平陽王淹辟爲法曹參軍，轉著作佐郎。更撰晉書，欲還成先志。

河淸中，上書譏刺時政，大忤權幸，爲上黨屯留令。親故以長賢不相時而動，或爲書以相規責。長賢復書曰：

日者惠書，義高旨遠。誨僕以自求諸己，思不出位，國之大事，君與執政所圖。又謂僕祿不足以代耕，位不登於執戟，干非其議，自貽悔咎。勤勤懇懇，誠見故人之心。靜言再思，無忘寤寐。

僕雖固陋，亦嘗奉敎於君子矣。以爲士之立身，其路不一。故有負鼎俎以趨世，隱漁釣以待時，操築傅巖之下，取履圯橋之上者矣。或有釋賃車以匡霸業，委挽輅以定王基，由斬袪以見禮，因射鉤而受相者矣。或有三黜不移，屈身以直道；九死不悔，甘心於苦節者矣。皆奮於泥滓，自致青雲。雖事有萬殊，而理終一致，榷其大要，歸乎忠孝而已矣。

夫孝則竭力所生，忠則致身所事，未有孝而遺其親，忠而後其君者也。僕自射策金馬，記言麟閣，寒暑迭運，五稔于茲。不能勒成一家，潤色鴻業，善述人事，功旣闕如，顯親揚名，邈焉無冀。每一念之，曷云其已。自頃王室板蕩，彝倫攸斁，大臣持祿而莫諫，小臣畏罪而不言，虛痛朝危，空哀主辱。匪躬之故，徒聞其語；有犯無隱，未見其人。此梅福所以獻書，朱雲所以請劍者也。抑又聞之，嫠不恤緯而憂宗周之亡，女不懷歸而悲太子之少，況僕之先人，世傳儒業，訓僕以爲子之道，厲僕以事君之節？今僕之委質，有年世矣，安可自同於匹庶，取笑於兒女子哉！是以腸一夕而九回，心終朝而百慮，懼當年之不立，耻沒世而無聞，慷慨懷古，自強不息，庶幾伯夷之風，以立懦夫之志。吾子又謂僕干進務入，不畏友朋；居下訕上，欲益反損。僕誠不敏，以貽吾子之羞，默默苟容，又非平生之意。故願得鋤彼草茅，逐茲鳥雀，去一惡，樹一善，不違先旨，以沒九泉。求仁得仁，其誰敢怨？

但言與不言在我，用與不用在時。若國道方屯，時不我與，以忠獲罪，以信見疑，貝錦成章，青蠅變色，良田敗於邪徑，黃金鑠於衆口，窮達運也，其如命何！吾子忠告之言，敢不敬承嘉惠。然則僕之所懷，未可一二爲俗人道也。投筆而已，夫復何言！

是出也，人皆爲之怏怏，而長賢處之怡然，不屑懷抱，識者以此多焉。

武平中，辭疾去職，終於齊代，不復出仕。周武平齊，搜揚才俊，辟書屢降，固以疾辭。卒年七十四。貞觀中，贈定州刺史。子徵。

魏季景，收族叔也。父鸞字雙和，爲魏文賜名。有器幹，體貌魁偉，以有容儀，爲奉車都尉。曾升輅車，觸毀金翼，斂容請罪。帝笑曰：「卿體貌過人，素不便習，何足懼也？」車駕南征漢陽，除鸞統軍。帝歷幸其營，嘆賞之。及在馬圈不豫，敕兼武衞將軍，領宿衞左右。景明中，六輔之廢，鸞頗預其事。後除光州刺史，更滿還朝，卒。謚曰夷。

季景少孤，〔四一〕清苦自立，博學有文才，弱冠有名京師。時邢子明稱有才學，殆與子才相侔，季景與收相亞，洛中號兩邢二魏。莊帝時，爲中書侍郎。普泰中，爲尚書右丞。季景善附會，宰要當朝，必先事其左右。尒朱世隆特賞愛之。於時才名甚盛，頗過其實。太昌中，位給事黃門侍郎，甚見信待，除定州大中正。孝武帝釋奠，季景與溫子昇、李業興、竇瑗等俱爲摘句。天平初，因還都，遂居栢人西山。內懷憂悔，乃爲擇居賦。元象初，兼給事黃門侍郎，後兼散騎常侍，使梁。還，歷大司農卿、魏郡尹。卒，家無餘財，遺命薄葬，贈散騎常侍、衞尉卿。所著文筆二百餘篇。子澹知名。

澹字彥深。年十五而孤，專精好學，高才善屬文。仕齊，殿中侍御史，預修五禮，及撰御覽。除殿中郎、中書舍人，與李德林修國史。入周爲納言中士。隋初，爲行臺禮部侍郎，尋爲聘陳使主。還，除太子舍人。廢太子勇深禮之，令注庾信集，撰笑苑，世稱博物。遷著作郎，仍爲太子學士。

帝以魏收所撰後魏書褒貶失實，平繪爲中興書事不倫序，詔澹別成魏史。澹自道武下及恭帝，爲十二紀，七十八列傳。別爲史論及例，各一卷，合九十二卷。義例與魏收多所不同。

其一曰：「臣聞天子者繼天立稱，終始絕名。故穀梁傳：『太上不名。』曲禮：『天子不言出，諸侯不生名。』諸侯尚不生名，況天子乎？若爲太子，必須書名。良由子者對父生稱，父前子名，禮之意也。至如馬遷，周之太子，並皆言名，漢之儲兩，俱沒其諱，以尊漢卑周，臣子之意也。竊謂雖立此理，恐非其義。何者？春秋、禮記，太子必書名，天王不言出，此仲尼之褒貶，皇王之稱謂，非當時與異代，遂爲優劣也。班固、范曄、陳壽、王隱、沈約參差不同，尊卑失序。至於魏收諱儲君之名，書天子之字，過又甚焉。今所撰，諱皇帝名，書太子字，欲尊君卑臣，依春秋之義。」

二曰：「魏氏平文以前，部落之君長耳。太祖遠追二十八帝，並極崇高，違堯舜憲章，越周公典禮。但道武出自結繩，未師典誥，當須南董直筆，裁而正之；反更飾非，豈是觀過？但力微天女所誕，靈異絕世，尊爲始祖，得禮之宜。平文、昭成，雄據塞表，英風漸盛，圖南之業，基自此始。長孫斤之亂也，兵交御坐，太子授命，昭成獲免。道武此時，后緍方娠，宗廟復存，社稷有主，大功大孝，實在獻明。此之三世，稱謚可也；自茲以外，未之敢聞。」

其三曰：「幽王死於驪山，厲王出奔於彘，未嘗隱諱，直筆書之，欲以勸善懲惡，詒誡將來。而太武、獻文，並遭非命，前史立紀，不異天年，言論之間，頗露首尾。殺主害君，莫知姓名，逆臣賊子，何所懼哉？今分明直書，不敢回避。」

四曰：「自晉德不競，宇宙分崩，或帝或王，各自署置。其生略如敵國，書死便同庶人。凡處華夏之地者，皆書曰卒，同之吳、楚。」〔四二〕

澹又以爲「司馬遷創立紀傳已來，述者非一，人無善惡，皆爲立論。計在身行迹，具在正書，事既無奇，不足懲勸，再述乍同銘頌，重敍唯覺繁文。案丘明亞聖之才，發揚聖旨，言『君子曰』者，無非甚泰；其間尋常，直言而已。今所撰史，竊有慕焉，可爲勸戒者，論其得失；其無損益者，所不論也」。〔四三〕上覽而善之。未幾而卒。有集三十卷。子罕言。

澹弟彥玄，位洧州司馬。子滿行。

魏蘭根字蘭根，收族叔也。父伯成，中山太守。

蘭根身長八尺，儀貌奇偉，博學高才，機警有識悟。起家北海王國侍郎。母憂，居喪有孝稱。將葬，常山郡境先有董卓祠，祠有栢樹，蘭根以卓凶逆，不應遺祠至今，乃啓刺史，請伐爲椁。左右人言有靈，蘭根了無疑懼。父喪，廬於墓側，負土成墳，憂毀殆於滅性。

正光末，尚書令李崇爲大都督，討蠕蠕，以蘭根爲長史。因說崇曰：「緣邊諸鎮，控攝長遠，昔時初置，地廣人稀，或徵發中原强宗子弟，或國之肺腑寄以爪牙。中年以來，有司乖實，號曰府戶，役同厮養，官婚班齒，致失清流。而本宗舊類，各各榮顯，顧瞻彼此，理當憤怨。宜改鎮立州，分置郡縣。凡是府戶，悉免爲平人，入仕次第，一準其舊。此計若行，國家庶無北顧之慮。」崇以奏聞，事寢不報。

孝昌初，爲岐州刺史，從行臺蕭寶夤討破宛川。俘其人爲奴婢，以美女十人賞蘭根。蘭根辭曰：「此縣介於强虜，故成背叛。今當恤其飢寒，奈何並充僕隸？」於是盡以歸其父兄。部內麥多五穗。隣州田鼠爲災，犬牙不入岐境。及蕭寶夤敗於涇州，岐州人囚蘭根降賊。寶夤兵威復振，城人復斬賊刺史侯莫陳仲和，推蘭根復任。朝廷以蘭根得西土人心，加都督涇、岐、東秦、南岐四州諸軍事，兼四州行臺尚書。

孝昌末，河北流人南度，以蘭根兼尚書，使齊、濟、二兗四州安撫，并置郡縣。蘭根甥邢杲反於靑、光間，復詔蘭根慰勞。杲不下，仍隨元天穆討之。還，拜中書令。

莊帝之將誅尒朱榮，蘭根泄之於兄子周達，周達告尒朱世隆。及榮死，蘭根憂，不知所出。時應詔王道習見信於莊帝，蘭根乃託附之，求出立功。乃兼尚書右僕射、河北行臺，於定州率募鄉曲，〔四四〕欲防井陘。爲榮將侯深所敗，走依勃海高乾。屬乾兄弟義舉，因在其中。〔四五〕神武以宿望深禮之。中興初，爲尚書右僕射。

神武將入洛陽，時廢立未決，令蘭根察節閔帝。帝神采高明，蘭根恐於後難測，遂與高乾兄弟及黃門侍郎崔㥄同請。神武不得已，遂立武帝。太昌初，加侍中、開府儀同三司、鉅鹿縣侯，啓授兄子周達。蘭根旣預勳業，位居端副，始敍復岐州勳，封永興侯。高乾之死，蘭根懼，以病免。天平初，言病篤，以開府儀同歸本鄉，門施行馬。武定三年，薨。〔四六〕贈司徒公，諡曰文宣。長子相如襲爵。

相如性亢直，有文藻，與族兄愷齊名，雅爲當時所貴。早卒。孝昭時，佐命功臣配饗，不及蘭根，次子敬仲表訴，竟不允。敬仲以才器稱，卒於章武太守。子鼐，字孝衡。幼孤，學涉有時譽，居喪以孝聞。隋饒州司倉參軍事。子景義、景禮並有才行，鄉人呼爲雙鳳，早卒。敬仲弟少政，位至洛州刺史。子孝該、孝幾。

愷自散騎常侍遷靑州長史，固辭。文宣大怒曰：「何物漢子，與官不就！」時帝已失德，朝廷爲之懼，愷容色坦然。帝曰：「死與長史，任卿所擇。」答曰：「能殺臣者陛下，不受長史者愚臣。」帝謂楊愔曰：「何慮無人，苦用此漢！放還，永不須收。」由是積年沈廢。後遇愔於路，微自陳。愔云：「咸由中旨。」愷應聲曰：「雖復零雨自天，終待雲興四岳，公豈得言不知？」楊愔欣然曰：「此言極爲簡要。」數日，除霍州刺史，在職有政理。後卒於膠州刺史。

論曰：伯起少頗疏放，不拘行檢，及折節讀書，鬱爲偉器。學博今古，才極從橫，體物之旨，尤爲富贍，足以入相如之室，游尼父之門。勒成魏籍，追蹤班、馬，婉而有則，繁而不蕪，持論序言，鉤深致遠。但意存實錄，好抵陰私，至於親故之家，一無所說，不平之議，見於斯矣。王松年、李庶等並論正家門，未爲謗議，遂憑附時宰，鼓動淫刑，庶因鞭撻而終，此公之失德。

長賢思樹風聲，抗言昏俗，有朱子游之風。季景父子，雅業相傳，抑弓冶之義。蘭根道冠時英，功參霸業，亦一代之偉人也。

校勘記

〔一〕位終本郡太守　魏書卷一〇四補自序作「成帝世，位終鉅鹿太守，仍家焉」。則魏氏之爲鉅鹿人，始於魏歆之爲鉅鹿太守。此作「位終本郡太守」，則似本爲鉅鹿人，疑誤。

〔二〕子悅字處德　錢氏考異卷四〇云：「按魏悅與李孝伯同時，孝伯以女妻之，蓋在太武之世。自漢初至後魏太武時，計六百餘年，而無知至魏悅僅傳六世，此理之所必無也。魏收自序今已不傳，後人又取此篇補之。要之，必有脫文矣。」按元和姓纂輯本卷八，魏歆漢成帝時人。歆八代孫植，晉御史中丞。植孫攀，攀玄孫子建。則自歆至子建共十四代。又魏書卷九二魏溥妻房氏傳云：「溥子緝，事在序傳。緝子悅，爲濟陰太守。」則魏書自序本有魏緝事迹，今本不載，顯是脫缺。今本魏書「子悅」上有「歆」字，乃後人妄加。北齊書卷三七補魏收傳稱收「曾祖緝，祖韶，父子建」，則又誤「悅」作「韶」。參北齊書卷三七校勘記。

〔三〕梁州刺史傳豎眼子敬仲心以爲愧　諸本「敬仲」訛作「故中」，據通志卷一五〇魏子建傳改。魏書自序作「敬和」。按傳豎眼二子，長敬和，次敬仲。「中」顯是「仲」之訛，故從通志。

〔四〕乃遣刺史唐永代焉　按「刺史」上脫州名。據本書卷六七唐永傳，永於正光中曾爲南豳州刺史，則永當是自南豳遷東益以代子建。疑此脫「南豳州」三字。

〔五〕時年六十又贈儀同三司　魏書「又」作「三」。按不見初贈，何來又贈？疑當從魏書。

〔六〕帝與從官及諸妃主　諸本「主」訛作「王」，據魏書、北齊書卷三七、通志卷一五五魏收傳改。又魏書作：「帝與從官皆胡服而騎，宮人及諸妃主雜其間。」疑北史有脫文。

〔七〕初神武固讓天柱大將軍　諸本無「初」字，魏書、北齊書、通志有。按魏書卷一一出帝紀，高歡讓天柱大將軍，在永熙元年五月，孝武獵嵩山，在二年十二月。高歡事在前而敍在後，顯是追述，當有「初」字，今據補。

〔八〕尋而神武南上　按自晉陽向洛，當云「南下」。疑「上」字誤。

〔九〕收兼通直散騎常侍副王昕聘梁　通志「收」上有「天平初，與邢卲等同召赴鄴，詔」十二字。按魏收與邢卲於天平初被召入朝，事見本書卷四二邢昕傳、邢卲傳。據魏書卷一二孝靜紀，王昕等使梁在興和元年，距孝武入關已六年。上文言收已辭中書舍人，中間未言其復職轉官與否，逕卽敍其使梁，甚爲突兀，疑是中間有脫文。此十二字卽脫文之一部分。

〔一〇〕收從叔季景有文學　諸本無「從」字，北齊書有。按下文卽作「從叔」，此脫文，今據補。

〔一一〕令給事黃門侍郎顥等宴　按「顥」上無姓，當有脫誤。

〔一二〕打從叔季景出六百斗番　南、北、汲、殿四本及北齊書「斗番」作「斛米」。百衲本及通志作「斗番」。按俱不可解，疑有訛誤。

〔一三〕仍兼著作郎封富平縣子　諸本脫「封」字，據魏書、北齊書、通志補。

〔一四〕游雅高允　諸本脫「雅高」二字，據魏書補。二人參預修史，事見本書卷三一高允傳，魏書卷五四游雅傳。

〔一五〕李琰之郎知世修其業　魏書無「郎知」二字。北齊書三朝本作「徒知」，殿本作「徒」一字。按「郎知」似是人名，而不見史籍，疑是衍文。

〔一六〕博總斟酌以成魏書　南、北、汲、殿四本「博」作「專」，百衲本作「傳」。按册府卷五五六六六七八頁作「博」。「博總」卽「博綜」，諸本並誤，今從册府改。

〔一七〕凡十二紀　諸本「二」作「一」。按今本魏書共十二紀，其中孝靜紀雖是後人所補，但魏收原書必有此紀。作「十一」誤，今從魏書、北齊書改。

〔一八〕則韋彭伊霍夫何足數　諸本「韋」作「韓」。錢氏考異云：「魏書卷七四介朱榮論本作彭、韋，謂大彭、豕韋也。此作韓、彭，亦後人妄改。」按錢說是。北齊書三朝本正作「韋彭」，今據改。

〔一九〕頓丘李庶家傳稱其本是梁國蒙人　諸本「蒙」作「家」。李慈銘云：「『家人』當作『蒙人』。李庶爲魏文成元皇后兄嶷之曾孫。魏書元皇后傳云：『梁國蒙縣人。』又外戚李峻傳亦同，峻卽嶷之兄也。」按李說是。李庶欲附頓丘郡望，故以魏書爲不直。今據改。

〔二〇〕收娶其舅女崔昂之妹　諸本脫「昂」字，據北齊書補。魏收爲崔昂妹夫，見北齊書卷三〇崔

昂傳。

〔二一〕令臣下疑貳若實便須決行　諸本誤叠「疑貳」二字，據北齊書删。

〔二二〕若戲此言　北齊書殿本作「此言若戲」，三朝本及册府卷七一五八五〇三頁作「此言非戲」。按於文作「此言非戲」較長。但通志也作「若戲此言」，疑是「戲」下脫「爲」字。

〔二三〕安德王延宗納趙郡李祖收女爲妃　墓誌集釋李憲墓誌圖版二九三末，稱憲長子希遠妻廣平宋氏。希遠子祖牧。趙萬里考釋以爲本傳之祖收卽祖牧之譌，當是。

〔二四〕詔諸禮學之官皆執鄭玄五代之議　按疑「詔」字衍。

〔二五〕唯以章表碑志自許此外更同兒戲　按此語，與上文「會須能作賦，始成大才士」之意不符。御覽卷五八七二六四五頁引三國典略作：「唯以章表自許，此同兒戲。」似是。

〔二六〕旣而趙郡公增年獲免　張森楷云：「據崔昂本書卷三二及彭城王浟傳本書卷五一，當是趙郡李公統母崔氏增年獲免。此誤脫文。」按張說是。

〔二七〕三年起除淸都尹　諸本「都」訛「郡」，據北齊書、通志改。淸都尹見隋書百官志中，及本書卷五二齊宗室諸王下文宣諸子傳。

〔二八〕焦原作險或躋踵而不驚　諸本「躋」作「劑」，北齊書三朝本作「躋」。按尸子云：「莒國有名焦原者，長五十步，臨百仞之溪，莒國莫敢近也。有以勇見莒子者，獨却行齊踵焉。」「齊」與「躋」通。禮記樂記：「地氣上齊。」鄭注云：「齊讀爲躋，躋升也。」則字當作「躋」，今據改。

〔二九〕不常其時　按「時」與上文「哲」，下文「滅」不同韻，北齊書「時」作「節」。

〔三〇〕稱肉度骨膏脣挑舌怨惡莫之前　諸本脫「脣」字，「之前」作「不」字，語不可通。今據北齊書補改。

〔三一〕故云行遠自邇登高自卑　諸本脫「自邇登高」四字，據北齊書及册府卷八一七九七二〇頁補。

〔三二〕楊愔家傳本云有魏以來一門而已至是改此八字　諸本「改」作「加」。册府卷五六二六七五〇頁作「改」。按北史卷四一卷末論楊播等人，全襲魏書史臣論，獨多「有魏以來，一門而已」八字。蓋魏收原論，本有此語，後來删去。李延壽以爲不當删，故重復增入。册府作「改」是，今從之。

〔三三〕天下事皆由王　諸本脫「王」字，據北齊書補。

〔三四〕著孔嘲玎　錢氏考異云：「『孔』與『著』非雙聲，當是『札』之譌。或云：『著』當作『看』。」

〔三五〕侍中李神儁　諸本脫「神」字，據通志補。李神儁於東魏孝靜帝時曾官侍中，見本書卷一〇〇序傳。

〔三六〕魏世祖賜名　通志卷一五〇下魏釗傳，「世祖」作「孝文」，下同。按北史例稱謚號，此稱廟號，與慣例不合。且「世祖」謚「太武」，「高祖」方謚「孝文」。據下文言世祖召魏釗從軍南伐，說下

義陽今河南信陽附近。考魏時親自率軍南伐者惟太武、孝文二帝。太武於太平眞君十一年四路進攻劉宋，直到瓜步，但未聞進攻義陽見魏書卷四下世祖紀。孝文於太和十八年十二月南伐，一路由劉昶率領進攻義陽見魏書卷七下高祖紀。到二十二年，又遣王肅進攻義陽見魏書卷六三王肅傳。則魏釗之游說義陽，當在孝文時。又下文言其子彥爲趙郡王幹孝文弟辟開府參軍，則魏釗亦不得早在太武之世，疑通志是。魏書無魏釗傳，北史當是據魏徵家傳補。語涉誇誕，不可盡信。

〔三七〕崇討叛氐楊靈珍　諸本「楊」作「陽」，通志卷一五〇魏釗傳作「楊」。按楊靈珍見本書卷四三李崇傳及卷九六氐傳，今據改。

〔三八〕恐罹其禍固辭以疾　通志上有「彥」字。

〔三九〕兄伯胤之歸也　按此上當有脫文。

〔四〇〕除汝南王悅參軍事　張森楷云：「悅死於永熙末，不及見孝靜之立。此敍於遷鄴後，疑有譌誤。」

〔四一〕季景少孤　諸本「季景」上有「子」字。按上文已見「父黨」，則此不應有「子」字，今從通志卷一五〇下魏季景傳删。

〔四二〕其生略如敵國書死便同庶人凡處華夏之地者皆書曰卒同之吳楚　隋書卷五八魏澹傳作：「當其生日，聘使往來，略如敵國；及其終也，書之曰死，便同庶人。存沒頓殊，能無懷愧？今所撰

史，諸國凡在華夏之地者皆書曰卒，同之吳、楚。」按北史删節後，文意不明。「今所撰史」四字，尤不應删。「其生路如敵國，書死便同庶人」，是魏澹譏前史之失。「凡處華夏之地，皆書曰卒」，是魏澹仿春秋書吳楚之君曰卒所定的體例。無此四字，便混淆不清。

〔四三〕其無損益者所不論也　諸本脫「損」字，據隋書補。

〔四四〕於定州率募鄉曲　諸本脫「於」字，據通志卷一五五魏蘭根傳補。

〔四五〕因在其中　諸本「因」訛作「固」，據北齊書卷二三魏蘭根傳改。

〔四六〕武定三年薨　北齊書作「天平二年」。按金石錄卷二一魏蘭根碑跋稱：「碑云：『死於天平二年。』」北齊書是。

北史卷五十七

列傳第四十五

周宗室

邵惠公顥 子什肥　導　護　叱羅協　馮遷　杞簡公連　莒莊公洛生　虞國公仲　廣川公測 弟深　深子孝伯　東平公神舉 弟慶

邵惠公顥，周文帝之長兄也。德皇帝娶樂浪王氏，是爲德皇后。生顥，性至孝，居德皇后喪，哀毁過禮。德皇帝與衞可瓌戰，墜馬，顥與數騎奔救，乃免。顥遂戰歿。保定初，追贈大冢宰，封邵國公，謚曰惠。三子，什肥、導、護。

什肥事母以孝聞。文帝入關，不能離母，遂留晉陽。文帝定秦、隴，什肥爲齊神武所害。保定初，追贈大將軍、小冢宰，襲爵邵國公，謚曰景。子胄嗣。

胄少孤，頗有幹略。景公之見害，以年幼下蠶室。保定初，詔以晉公護子會紹景公封。

天和中，與齊通好，胄歸，襲爵邵國公。及隋文帝輔政，胄爲滎州刺史，舉兵應尉遲迥，爲清河公楊素所殺。國除。

會字乾仁，胄至自齊，改封譚國公。後與護同誅。建德三年，追復封爵。

章武公導字菩薩，〔一〕少雄豪。初與諸父在葛榮中，榮敗，遷晉陽。與文帝隨賀拔岳入關，常從征伐。文帝討侯莫陳悅，導追斬之牽屯山，以功封饒陽縣伯。及魏文帝東征，留導爲華州刺史。既而趙青雀、于伏德、慕容思慶等作亂，導禽伏德，斬思慶，屯渭橋會文帝軍。及事平，進爵章武郡公，加侍中。及高仲密以北豫州降，文帝東征，復以導爲大都督，行華州刺史，甚得守扞之方。及大軍不利，東魏追至稠桑，知關中有備，乃退。侯景來附，詔徵隴右大都督獨孤信東下，令導代信爲秦州刺史、大都督、十五州諸軍事。及齊氏稱帝，文帝討之，魏文帝遣齊王廓鎮隴右，徵導拜大將軍、大都督、二十三州諸軍事，屯咸陽。大軍還，乃旋舊鎮。

導性寬明，善撫御，文帝每出征，導恒居守，深爲吏人所附，朝廷重之。薨於上邽，魏帝遣侍中、漁陽王綱監護喪事，贈尚書令，謚曰孝。朝議以導撫和西戎，威恩顯著，欲令世鎮隴右，以彰厥德。乃葬上邽城西無疆原，華戎會葬者萬餘人，奠祭於路，悲號振野，皆曰「我君捨我乎」。大小相與負土成墳，高五十餘尺，周回八十餘步。爲官司所止，然後泣辭而去。天和五年，重贈太師、柱國、豳國公。〔二〕

導五子，廣、亮、翼、椿、衆。亮、椿出後於杞。

廣字乾歸，少方嚴，好文學。武成初，位大將軍、梁州總管，進封蔡國公，累遷秦州刺史、總管十三州諸軍事。性明察，善撫綏，人庶畏悅之。時晉公護諸子及廣弟杞公亮等侈靡踰制，廣獨率禮，又折節待士，朝野稱焉。曾侍於武帝所，食瓜美，持以奉進，帝悅之。廣以晉公護擅權，勸令挹損，護不能納。後除陝州總管，以病免。及孝公追封豳國公，詔廣襲爵。初，廣母李氏以廣患，憂而成疾，〔三〕遂歿。廣居喪加篤，乃以毀薨。世稱母爲廣病，廣爲母死，慈孝之道，極於一門。武帝素服親臨。其故吏儀同李充信等上表褒述，申其宿志，庶存儉約。詔曰：「昔河間才藻，追敍於中尉；東海謙約，見稱於身後。可斟酌前典，率由舊章，使易簀之言，得申遺志，黜殯之請，無虧令終。」於是贈本官，加太保、隴右十四州諸軍事、秦州刺史，諡曰文。葬於隴右，所司一遵儉約之典。子洽嗣，隋文輔政，被害，國除。

翼字乾宜，封西陽郡公，早薨，諡曰昭。無子，以杞公亮子溫嗣，後坐亮反誅，國除。衆字乾道，少不慧，封天水郡公，爲隋文所誅。

護字薩保，幼方正有志度，特爲德皇帝所愛。文帝之入關，以年小不從。普泰初，始自晉陽至平涼，時年十七。文帝諸子並幼，遂委以家務，內外無不嚴肅。文帝歎之，以爲類己。及臨夏州，留護事賀拔岳。岳被害，文帝至平涼，以護爲都督，從破侯莫陳悅。後以迎魏帝功，封水池縣伯。從文帝禽竇泰，復弘農，破沙苑，戰河橋，並有功。芒山之役，爲敵人所圍，賴都督侯伏侯龍恩救，乃免。〔四〕坐免官，尋復本位。大統十三年，進封中山公。十五年，遷大將軍。與于謹征江陵，進兵徑至江陵城下，以待大軍至，圍而剋之。師還，護又討平襄陽蠻帥向天保等萬餘落。初行六官，拜小司空。〔五〕

文帝西巡，至牽屯山遇疾，召護至涇州，見文帝。帝曰：「吾形容若此，必不濟。諸子幼，天下事以屬汝。」護涕泣奉命。行至雲陽，文帝崩，護祕之，至長安乃發喪。時嗣子冲幼，彊寇在近，人情不安。護綱紀內外，撫循文武，衆心乃定。先是，文帝常云「我得胡力」，當時莫曉其指，時人以「護」字當之。尋拜柱國。文帝山陵畢，護以天命有歸，遣諷魏帝以禪代事。孝閔踐阼，拜大司馬，封晉國公，邑萬戶。趙貴、獨孤信等將謀襲護，護因貴入朝，執之，黨與皆伏誅。拜大冢宰。

時司會李植、軍司馬孫恒等密要宮伯乙弗鳳、張光洛、賀拔提、元進等爲腹心，說帝，言護不守臣節，宜圖之。帝然之，數將武士於後園，爲執縛勢。護微知之，出植爲梁州，恒爲潼州，〔六〕欲遏其謀。後帝思植等，每欲召之。護諫曰：「天下至親，不過兄弟。若兄弟自搆嫌隙，他人何易可親？但恐除臣後，姦回得逞其欲，非唯不利陛下，亦危社稷。」因泣涕，久之乃止。帝猶猜，鳳等益懼，密謀滋甚，遂克日將誅護。光洛告護，護乃召柱國賀蘭祥、小司馬尉遲綱等以鳳謀告之。祥並勸廢帝。時綱總領禁兵，護乃遣綱入宮，召鳳等議事，以次執送護第。因罷散宿衞兵，遣祥逼帝，幽於舊邸。

於是召公卿畢集護第。護曰：「先王勤勞王業三十餘年，寇賊未平，奄棄萬國。寡人地則猶子，親受顧命，以略陽公既居正嫡，與公等立而奉之，革魏興周，爲四海主。自卽位已來，荒淫無度，昵近羣小，疏忌骨肉，大臣重將，咸欲誅夷。若此謀遂行，社稷必致傾覆。寡人若死，將何面目以見先王？今日寧負略陽公，豈可負社稷！寧都公年德兼茂，仁孝聖慈，今欲廢昏立明，公等以爲何如？」羣公咸曰：「此公之家事，敢不唯命是聽！」於是斬鳳等於門外，幷誅植、恒。尋弒帝，迎明帝於岐州而立之。

二年，拜太師，賜路車冕服，封子至爲崇業郡公。初改雍州刺史爲牧，以護爲之，幷賜金石之樂。

武成元年，護上表歸政，帝許之，軍國大事尙委於護。帝性聰睿，有識量，護深憚之。有李安者，本以鼎俎得寵於護，擢爲膳部下大夫。至是，護令安因進食加毒，〔七〕帝遂崩。護

立武帝，百官總己以聽護。

自文帝爲丞相，立左右十二軍，總屬相府。文帝崩後，皆受護處分，凡所徵發，非護書不行。護第屯兵禁衞，盛於宮闕。事無巨細，皆先斷後聞。保定元年，以護爲都督中外諸軍事，令五府總於天官。或有希護旨者，云周公德重，魯立文王之廟，以護功比周公，宜用此禮。於是詔於同州晉國第立德皇帝別廟，使護祭焉。三年，詔自今詔誥及百司文書並不得稱公名，以彰殊禮。護抗表固讓。初，文帝創業，卽與突厥和親，謀爲掎角，共圖高氏。是年，乃遣柱國楊忠與突厥東伐，破齊長城，至幷州而還，期後年更舉，南北相應。齊主大懼。先是，護母閻與皇第四姑及諸戚屬並沒齊，皆被幽縶。護居宰相後，每遣間使尋求，莫知音息。至是，並許還朝，且請和好。四年，皇姑先至。齊主以護權重，乃留其母，以爲後圖。仍令人爲閻作書與護曰：

吾念十九入汝家，今以八十矣。凡生汝輩三男二女，今日目下，不覩一人，興言及此，悲纏肌骨。賴皇齊恩恤，差安衰暮。又得與汝楊氏姑及汝叔母紇干、汝嫂劉及汝新婦等同居，頗以自適。但爲微有耳疾，大語方聞，行動飲食，幸無多損。

汝與吾別之時，年尙幼小，以前家事，或不委曲。昔在武川鎭，生汝兄弟，大者屬鼠，第二屬兎，汝身屬蛇。鮮于脩禮起日，吾合家大小先在博陵郡住，相將欲向左人

城。至唐河北，被定州官軍打敗。汝祖及第二叔時俱戰亡。叔母賀拔及兒元寶、汝叔母紇干及兒菩提并吾與汝六人，同被禽捉入定州城。〔八〕未幾間，〔九〕將吾及汝送與元寶掌，賀拔、紇干各別分散。寶掌軍營在唐城內，經停三日。寶掌所掠得男夫女婦可六七千人，悉送向京。吾時與汝同被送限。至定州城南，夜宿同鄉人姬庫根家。蠕蠕奴望見鮮于脩禮營火，語吾云：「我今走向本軍。」既至營，遂告吾輩在此。明旦日出，汝叔將兵邀截，吾及汝等還得向營。汝時年十二，共吾並乘馬隨軍，可不記此事由緣也？後吾共汝在壽陽住。〔一〇〕時元寶、菩提及汝姑兒賀蘭盛洛，并汝身四人同學。博士姓成，為人嚴惡，汝等四人謀欲加害。吾共汝叔母聞知，各捉其兒打之。唯盛洛無母，獨不被打。後佘朱天柱亡歲，賀拔阿斗泥在關西，遣人迎家累。汝叔亦遣奴來富迎汝及盛洛等。汝時着緋綾袍、銀裝帶，盛洛着紫織成纈通身袍，黃綾裏，〔一一〕並乘騾同去。盛洛小於汝，三人並喚吾作阿摩敦。如此之事，當分明記之。今又寄汝小時所着錦袍表一領，至宜檢看，知吾含悲抱戚，多歷年祀。

禽獸草木，母子相依，吾有何罪，與汝分隔，今復何福，還望見汝。世間所有，求皆可得，母子異國，何處可求！假汝貴極公王，富過山海；有一老母，八十之年，飄然千里，死亡旦夕，不得一朝暫見，不得一日同處，寒不得汝衣，饑不得汝食，汝雖窮榮極

盛，光耀世間，汝何用為？於吾何益？吾今日之前，汝既不得申其供養，事往何論。今日以後，吾之殘命，唯繫於汝。戴天履地，中有鬼神，勿云冥昧，而可欺負。

楊氏姑今雖炎暑，猶能先發。關、河阻遠，隔絕多年，書依常體，慮汝致惑，是以每存款質，兼亦載吾姓名，當識此理，勿以為怪。

護性至孝，得書悲不自勝，左右莫能仰視。報書云：

區宇分崩，遭遇災禍，違離膝下，三十五年。受形稟氣，皆知母子，誰知薩保，如此不孝！宿殃積戾，唯應賜鍾，豈悟網羅，上嬰慈母。但立身立行，不負一物，明神有識，宜先哀憐。而子為公侯，母為俘隸，熱不見母熱，寒不見母寒，衣不知有無，食不知饑飽，泯如天地之外，無由暫聞。晝夜悲號，繼之以血，分懷冤酷，終此一生，死若有知，冀奉見於泉下耳。不謂齊朝解網，惠以德音，摩敦、四姑，並許哀放。初聞此旨，魂爽飛越，號天叩地，不能自勝。四姑卽蒙禮送，平安入境，以今月十八日於河東拜見。遙奉顏色，崩慟肝腸。但離絕多年，存亡阻隔，相見之始，口未忍言。唯敍齊朝寬弘，每存大德，云與摩敦雖處宮禁，常蒙優禮，今者來鄴，恩遇彌隆。重降矜哀，聽許摩敦垂敕，曲盡悲酷，備述家事。伏讀未周，五情屠割。書中所道，無一事敢忘。摩敦年尊，又加憂苦，常謂寢食貶損，或多遺漏。伏奉論述，次第分明。一則以悲，一則以喜。當鄉里

破敗之日，薩保年以十餘歲，〔一二〕隣曲舊事，猶自記憶；況家門禍難，親戚流離？奉辭時節，先後慈訓，刻肌刻骨，常纏心府。

天長喪亂，四海橫流，太祖乘時，齊朝撫運，兩河三輔，各遇神機。源其事迹，非相負背。太祖升遐，未定天保，〔一三〕薩保屬當猶子之長，親受顧命。雖身居重任，職當憂責，至於歲時稱慶，子孫在庭，顧視悲摧，心情斷絕，胡顏履戴，負愧神明。齊朝霈然之恩，既已霑洽，愛敬之至，施及傍人。草木有心，禽魚感澤，況在人倫，而不銘戴？有國有家，信義為本，伏度來期，已應有日。一得奉見慈顏，永畢生願。生死肉骨，豈過今恩，負山戴岳，未足勝荷。二國分隔，理無書信，主上以彼朝不絕母子之恩，亦賜許奉答。不期今日，得通家問，伏紙嗚咽，言不宣心。蒙寄薩保別時所留錦袍表，年歲雖久，宛然猶識，抱此悲泣，至于拜見，事歸忍死，知復何心！

齊朝不卽發遣，更令重與護書，要護重報。護復書，往返至於再三，而母竟不至。朝議以其失信，令有司移齊，移未送而母至。舉朝慶悅，大赦天下。護與母暌隔多年，一朝聚集，凡所資奉，窮極華盛。每四時伏臘，武帝率諸親戚，行家人禮，稱觴上壽，榮貴之極，振古未聞。

是年，突厥復率衆赴期。〔一四〕護以齊氏初送國親，未欲卽行，復慮失信蕃夷，不得已，遂請東征。九月，詔徵二十四軍及左右廂散隸、秦隴巴蜀兵、諸蕃國衆二十萬人。十月，帝於

廟庭授護斧鉞。出軍至潼關，乃遣柱國尉遲迥為前鋒，大將軍權景宣率山南兵出豫州，少師楊摽出軹關。護連營漸進，屯軍弘農。迥圍洛陽，柱國齊王憲、鄭公達奚武等營芒山。護性無戎略，此行又非本心，故師出雖久，無所克獲。以無功，與諸將稽首請罪，帝弗之責。天和二年，護母薨，尋詔起令視事。五年，詔賜護軒懸之樂，六佾之舞。

護性甚寬和，然暗於大體。自恃建立功，久當權軸，所任皆非其人。兼諸子貪殘，僚屬縱溢，莫不蠹政害人。帝以其暴慢，密與衞王直圖之。七年三月十八日，護自同州還，帝御文安殿見護訖，引入含仁殿，朝皇太后。先是，帝於禁中見護，常行家人禮。護謁太后，太后必賜之坐，帝每立侍。至是，護將入，帝謂曰：「太后春秋既尊，頗好酒，諸親朝謁，或廢引進。喜怒有時乖爽。比諫，未蒙垂納。兄今願更啓請。」因出懷中酒誥授護曰：「以此諫太后。」護入，如帝所誡，讀示太后。未訖，帝以玉珽自後擊之，踣地，又令宦者何泉以御刀斫之。泉懼，斫不能傷。時衞王直先匿於戶內，乃出斬之。

初，帝欲圖護，王軌、宇文神舉、宇文孝伯頗預其謀。是日，軌等並在外，更無知者。殺護訖，乃召宮伯長孫覽等，卽令收護子柱國譚國公會、大將軍莒國公至、崇業公靜、正平公乾嘉及乾基、乾光、乾蔚、乾祖、乾威等，并柱國侯伏侯龍恩、龍恩弟大將軍萬壽、大將軍劉勇、中外府司錄尹公正、袁傑、膳部下大夫李安等，於殿中殺之。齊王憲曰：「安出自皁隸，

所典庖厨而已，未足加戮。」帝曰：「汝不知耳，世宗之崩，安所為也。」十九日，乃詔暴護等罪，大赦，改天和七年為建德元年。護世子訓為蒲州刺史，其夜遣柱國越公盛乘傳鎮蒲州，徵訓赴京師，至同州賜死。護長史叱羅協、司錄馮遷及所親任者皆除名。護子昌城公深使突厥，〔一五〕遣開府宇文德齎璽書就殺之。三年，詔復護及諸子先封，謚護曰蕩，並改葬之。

叱羅協，代郡人，本名與武帝諱同，後改焉。少寒微，嘗為州小吏，以恭謹見知。竇泰為御史中尉，以協為書侍御史。泰向潼關，協為監軍。泰死，協見獲。文帝授大丞相東閤祭酒，累遷相府屬、從事中郎。協歷事二京，詳練故事，又深自剋勵，文帝頗委任之。然猶以家屬在東，疑其戀本。及河橋戰敗，協隨軍還。文帝知協不貳，封冠軍縣男，進爵為侯。後為大將軍尉遲迥長史，率兵伐蜀，行潼州事。魏恭帝三年，文帝徵協入朝，論蜀中事，乃賜姓宇文氏。

晉公護既殺孫恒、李植等，欲委腹心於司會柳慶、司憲令狐整等，二人並辭，俱薦協。護遂徵協入朝，引與同宿，深寄託之。協誓以軀命自效，護大悅，以為得協之晚。稍遷護府長史，進爵為公，常在護側。明帝知其材識庸淺，每按抑之，數謂曰：「汝何知也！」猶以護所親任，每含容之。及明帝崩，便授協司會中大夫、中外府長史。協形貌瘦小，舉措褊急，既以

得志，每自矜高；及其所言，多乖事衷，當時莫不笑之。護以其忠己，每提奬之。協既受護重委，冀得婚連帝室，乃求復舊姓叱羅氏，許之。又進位柱國。護以協年老，許其致仕，而協貪榮，未肯告退。及護誅，除名。建德三年，以協宿齒，授儀同三司、賜爵南陽郡公。卒，子金剛嗣。

馮遷字羽化，弘農人。少修謹，有幹能，為護府司錄。性質直，小心畏慎，兼明練時事，善於斷決，每校閱文簿，孜孜不倦，以此甚為護委任。後授陝州刺史。遷本寒微，不為時輩所重。一旦刺舉本州，唯以謙恭接待鄉邑，人無怨者。復入為司錄，累遷小司空。自天和後，以年老，委任稍衰。及護誅，猶除名。卒於家。子恕，位儀同三司。

杞簡公連，幼而謹厚，臨敵果毅。隨德皇帝遇定州軍於唐河，俱戰歿。保定初，追贈太傅、柱國大將軍、大司徒，封杞國公，謚曰簡。子元寶，為齊神武所害。保定初，追贈大將軍、小司徒，襲封杞國公，謚曰烈，以章武公導子亮嗣。

亮字乾德，位梁州總管。及豳國公廣薨，以亮為秦州總管，廣所部悉以配焉。在州甚

無政績。尋進柱國，從東伐，進上柱國。仍從平鄴，遷大司徒。大象初，以行軍總管與元帥鄖國公韋孝寬等伐陳。〔一六〕還至豫州，密謀襲孝寬營，將反逆，孝寬追斬之。子胲明〔一七〕坐亮誅，詔以亮弟椿為烈公後。

椿字乾壽，位上柱國、大司徒。大定中，為隋文帝所害，并其五子。

莒莊公洛生，少任俠，好施愛士，北州賢俊皆與之游，而才能多出其下。及葛榮破鮮于脩禮，〔一八〕以洛生為漁陽王，仍領德皇帝餘衆，時人皆呼為洛生王。洛生善撫將士，是以克獲常冠諸軍。尒朱榮定山東，時洛生在虜中，榮雅聞其名，心憚焉。尋為榮所害。保定初，追贈大將軍，〔一九〕封莒國公，謚曰莊。

子菩提，為齊神武所害。〔二〇〕保定初，追贈大將軍、小宗伯，襲爵，謚曰穆，以晉公護子至嗣。

至字乾附，後坐父護誅，詔以衞王直子賓為穆公後。賓字乾瑞，尋坐直誅，而齊王憲子廣都郡公貢襲。貢字乾貞，宣帝初，被誅，國除。

虞國公仲，德皇帝從父兄也。卒于代。保定初，追贈太傅、柱國大將軍、大司徒，封虞國公。子興嗣。

興生，屬兵亂，與仲相失，年幼莫知其戚屬遠近，與文帝兄弟，初不相識。沙苑之敗，預在行間，被虜，隨例散配諸軍。興性弘厚，有志度，雖流離世故，而風範可觀。保定二年，詔訪仲子孫，興始附屬籍。武帝以興帝戚近屬，尊禮之甚厚。位開府儀同三司、宗師，襲爵虞國公。薨，武帝親臨慟焉。詔大司空、申國公李穆監護喪事，贈柱國大將軍，謚曰靖。子洛嗣，位儀同三司。隋初為介國公，為隋室賓云。

廣川公測字澄鏡，文帝之族子也。高祖中山、曾祖豆頹、祖騏驎、父永，仕魏位並顯達。測性沈密，少篤學，仕魏，位司徒右長史，尚宣武女陽平公主，拜駙馬都尉。及孝武疑齊神武，詔測詣文帝，密為之備。還，封廣川縣伯。尋從孝武西遷，進爵為公。文帝為丞相，以測為右長史，委以軍國，又令測詳定宗室昭穆遠近，附於屬籍。

歷位侍中、開府儀同三司，行汾州事。政在簡惠，頗得人和。地接東魏，數相抄竊，或

有獲其爲寇者，多縛送之。測皆命解縛，置之賓館，然後引與相見，如客禮焉。仍宴設，放還其國，衞送出境。自是東魏人大慚，乃不爲寇，兩界遂通慶弔，時論方之羊叔子。或有告測懷貳，文帝怒曰：「測爲我安邊，何爲間骨肉！」乃命斬之。仍許測便宜從事。轉行綏州事。每歲河冰合後，突厥卽來寇掠。先是，常預遣居人入城堡以避之。測至，皆令安堵。乃於要路數百處並多積柴，仍遠斥候，知其動靜。是年十二月，突厥從連谷入寇，去界數十里，測命積柴處一時縱火。突厥謂大軍至，懼而遁走，委棄雜畜輜重不可勝數。自是不敢復至。測因請置戍兵以備之。後卒於太子少保，文帝親臨慟焉，仍令水池公監護喪事，謚曰靖。

測性仁恕，好施與。在洛陽之日，曾被竊盜，所失物卽其妻陽平公主之衣服也。州縣禽盜，并物俱獲。測恐此盜坐之以死，不認焉，遂遇赦免。盜既感恩，請爲測左右。及測從孝武西遷，事極狼狽，盜人亦從測入關，並無異志。子該嗣，位徐州刺史。〔一一〕測弟深。

深字奴干，性鯁正，有器局。年數歲，便累石爲營，折草作旌旗，布置行伍，皆有軍陣之勢。父永遇見之，喜曰：「汝自然知此，後必爲名將。」孝武西遷，事起倉卒，人多逃散。深時爲子都督，領宿衞兵，撫循所部，並得入關。以功賜爵長樂縣伯。大統中，累轉尚書直事

郎中。

及齊神武屯蒲坂，分遣其將竇泰趨潼關，高敖曹圍洛州。周文帝將襲泰，諸將咸難之。帝隱其事，陽若未有謀，獨問策於深。深曰：「竇氏，高歡驍將，歡每仗之禦侮。今大軍就蒲坂，則歡拒守，竇必援之，內外受敵，取敗道也。不如選輕銳潛出小關，竇性躁急，必來決戰，高歡持重，未卽救之，則竇可禽也。虜竇，歡勢自沮，迴師禦之，可以制勝。」文帝喜曰：「是吾心也。」軍遂行，果獲泰，齊神武亦退。深又說文帝進取弘農，復剋之。文帝大悅，謂深曰：「君卽吾家陳平也。」

是冬，齊神武又率大衆至沙苑，諸將皆懼，惟深獨賀。文帝問其故，對曰：「歡撫河北，甚得衆心，雖乏智謀，人皆用命，以此自守，未易可圖。今懸師度河，非衆所欲，唯歡恥失竇氏，愎諫而來，所謂忿兵，一戰可禽也。不賀何爲。」文帝然之。尋大破齊軍，果如所策。

俄進爵爲侯。六官建，拜小吏部下大夫，遷中大夫。武成元年，遷豳州刺史，改封安化縣公。保定初，除京兆尹，入爲司會中大夫。

深少喪父，事兄甚謹。性多奇譎，好讀兵書，既居近侍，每進籌策。及在選曹，頗有時譽。性仁愛，從弟神舉、神慶幼孤，深撫訓之，義均同氣，世亦以此稱焉。卒於位，謚曰成康。子孝伯。

孝伯字胡王，其生與武帝同日，文帝甚愛之，養於第內。及長，又與武帝同學。武成元年，拜宗師上士，時年十六。性沈正謇諤，好直言。

武帝卽位，欲引置左右。時政在冢臣，〔一二〕不得專制，乃託言少與同業受經，思相啓發。由是護弗之猜，得入爲右侍上士，恒侍讀。及遭父憂，詔令服中襲爵。武帝嘗謂曰：「公於我，猶漢高與盧綰也。」賜以十三環金帶。自是恒侍左右，出入臥內，朝務皆得預焉。孝伯亦竭心盡力，無所回避。至於時政得失，外間細事，皆以奏聞。帝信委之，當時莫比。及將誅晉公護，密與衞王直圖之，惟孝伯及王軌、宇文神舉等頗得參預。護誅，授開府儀同三司，歷司會中大夫、左宮正。〔一三〕

皇太子既無令德，孝伯言於帝曰：「皇太子德聲未聞，請妙選正人爲其師友，調護聖質，不然，悔無所及。」帝斂容曰：「卿世載鯁正，竭誠所事，觀卿此言，有家風矣。」孝伯拜謝曰：「非言之難，受之難也，深願陛下思之。」帝曰：「正人豈復過君？」於是以尉遲運爲右宮正，孝伯仍爲左宮正、宗師中大夫。累遷右宮伯。嘗因侍坐，帝問：「我兒比進不？」答曰：「皇太子比懼天威，更無罪失。」及王軌因內宴捋帝鬚，言太子之不善。帝罷酒，責孝伯曰：「公常謂我云太子無過，今軌有此言，公爲誑矣。」孝伯拜曰：「臣聞父子之際，人所難言，臣知陛下不

能割情忍愛，遂爾結舌。」帝知其意，默然久之，乃曰：「朕已委公，公其勉之。」

及大軍東討，拜內史下大夫，令掌留臺事。軍還，帝曰：「居守之重，無忝戰功。」於是加授大將軍，進爵廣陵郡公，并賜金帛女妓等。復爲宗師。每車駕巡幸，常令居守。〔一四〕後帝北討，至雲陽宮寢疾，驛召孝伯赴行在所，〔一五〕執其手曰：「吾自量必無濟理，以後事付君。」是夜，授司衞上大夫，總宿衞兵馬，令馳驛入京鎭守。

宣帝卽位，授小冢宰。帝忌齊王憲，意欲除之，謂孝伯曰：「公能圖之，當以其官位相授。」孝伯叩頭曰：「齊王戚近功高，棟梁所寄。臣若順旨，則臣爲不忠，陛下爲不孝之子也。」〔一六〕帝因疏之，乃與于智、鄭譯等圖其事。令智告憲謀逆，遣孝伯召入，誅之。

帝之西征也，在軍有過行，鄭譯時亦預焉。軍還，孝伯及王軌盡以白武帝。武帝怒，撻帝數十，乃除譯名。至是，帝追憾被杖，乃問譯：「我脚上杖痕誰所爲也？」譯曰：「事由宇文孝伯及王軌。」譯又說軌捋帝鬚事，帝乃誅軌。尉遲運懼，私謂孝伯曰：「吾徒必不免禍，奈何？」孝伯曰：「今堂上有老母，地下有武帝，爲臣爲子，知欲何之！且委質事人，本徇名義，諫而不入，將焉逃死？足下若爲身計，宜且遠之。」於是各行其志。運尋出爲秦州總管。帝荒淫日甚，誅戮無度。孝伯頻諫不從，由是益疏。後稽胡反，令孝伯爲行軍總管，從越王盛討平之。及軍還，帝將殺之，乃託以齊王事誚之曰：「公知齊王謀反，何以不言？」對曰：「臣

知齊王忠於社稷，爲羣小媒蘖，加之以罪。臣以言必不用，所以不言。且先帝屬微臣輔陛下，今諫而不從，實負顧託。以此爲罪，是所甘心。」帝慚，俛首不語。令賜死于家，時年三十六。

及隋文帝踐極，以孝伯、王軌忠而獲罪，並令收葬，復其官爵。嘗謂高熲曰：「宇文孝伯實有周良臣，若此人在朝，我輩無措手處。」子歆嗣。

東平公神舉，文帝之族子也。高祖普陵，曾祖求男，仕魏位並顯達。祖金殿，魏兗州刺史、安喜縣侯。

父顯和，少而襲爵，性矜嚴，頗涉經史，膂力絕人，彎弓數百斤，能左右馳射。孝武之在蕃，顯和早蒙眷遇。時屬多難，嘗問計於顯和。顯和具陳宜杜門晦迹，相時而動，帝深納焉。及卽位，拜閤內都督，封城陽縣公，以恩舊遇之甚厚。顯和所居隘陋，乃撤殿省賜爲寢室，其見重如此。

及齊神武專政，帝每不自安，問顯和曰：「天下洶洶，將如之何？」對曰：「莫若擇善而從。」因誦詩云：「彼美人兮，西方之人兮。」帝曰：「是吾心也。」遂定入關策。以其母老，令預

爲計。對曰：「今日之事，忠孝不並。[二七]然臣不密則失身，安敢預爲私計。」帝愴然改容曰：「卿，我之王陵也。」遷朱衣直閤、閤內大都督，改封長廣縣公。從孝武入關。至溱水，周文帝素聞其善射而未之見，俄而水傍有一小鳥，顯和射中之。文帝笑曰：「我知卿工矣。」進位車騎大將軍、儀同三司、散騎常侍。卒。建德三年，追贈驃騎大將軍、開府儀同三司。

神舉早孤，有夙成之量。及長，神情倜儻，志略英贍，眉目疏朗，儀貌魁梧。明帝初，起家中侍上士。帝留意翰林，而神舉雅好篇什，每游幸，神舉恒從。襲爵長廣縣公。天和元年，累遷右宮伯中大夫，進爵清河郡公。建德三年，自京兆尹出爲熊州刺史，齊人憚其威名。及帝東伐，從平并州，卽授刺史。州既齊氏別都，多有姦猾，神舉示以威恩，遠近悅服。改封武德郡公，進柱國大將軍，又改封東平郡公。宣政元年，轉司武上大夫。及幽州人盧昌期等據范陽反，詔神舉討禽之。時齊黃門侍郎盧思道亦在反中，賊平，將解衣伏法，神舉乃釋而禮之，卽令草露布。屬稽胡反，寇西河，神舉與越王盛討之。時突厥赴救，神舉以奇兵擊之，突厥敗走，稽胡款服。卽授并州總管。

神舉見待於武帝，處心腹之任，王軌、宇文孝伯等屢言皇太子之短，神舉亦頗預焉。及宣帝卽位，荒淫無度，神舉懼及禍，懷不自安。初定范陽之後，威聲甚振，帝亦忌其名望，兼以宿憾，遂使人齎酖酒賜之，薨於馬邑，時年四十八。

神舉美風儀，善辭令，博涉經史，性愛篇章，尤工騎射。臨戎對寇，勇而有謀，莅職當官，每著聲績。兼好施愛士，以雄豪自居，故得任兼文武，聲彰外內。百僚無不仰其風則，先輩舊齒至于今稱之。

子同嗣，位至儀同大將軍。神舉弟慶。

慶字神慶，沈深有器局，少以聰敏見知。初受業東觀，頗涉經史。既而謂人曰：「書足記姓名而已，安能久事筆硯爲腐儒業乎？」時文州賊亂，慶應募從征，以功授都督。衞王直鎭山南，引爲左右。慶善射，有膽氣，好格猛獸，直甚壯之。稍遷車騎大將軍、儀同三司。及誅宇文護，慶有謀焉。進授驃騎大將軍，加開府。從武帝攻河陰，先登攀堞，與賊短兵接，中石乃墜，絕而後蘇。帝勞之曰：「卿勇可以賈人也。」復從武帝拔晉州，齊兵大至，慶與齊王憲輕騎覘之，卒與賊〔相遇，爲賊所〕窘。[二八]憲挺身而遁。慶退據汾橋，衆賊爭進，慶射之，所中人馬必倒，賊乃稍却。及拔高壁，剋并州，下信都，禽高湝，功並居最。進位大將軍，封汝南郡公。尋以行軍總管擊延安反胡，平之。歷延、寧二州總管。

隋文帝爲丞相，以行軍總管征江表，次白帝，以勞進上大將軍。帝與慶有舊，甚見親待，令督丞相軍事，委以心腹。尋加柱國。開皇初，拜左武衞將軍，進上柱國。數年，除涼

州總管。歲餘徵還，不任以職。

初，文帝龍潛時，嘗與慶言，謂曰：「天元實無積德，其相貌壽亦不長，加以法令繁苛，耽恣聲色，以吾觀之，殆將不久。又諸侯微弱，各令就國，曾無深根固本之計，羽翮既翦，何能及遠？尉遲迥貴戚，早著聲望，國家有釁，必爲亂階。然智量庸淺，子弟輕佻，貪而少惠，終致亡滅。司馬消難反覆之虜，亦非池內之物，變在俄頃。但輕薄無謀，未能爲害，不過自竄江南耳。庸蜀險隘，易生艱阻，王謙愚蠢，素無籌略，但恐爲人所誤，不足爲虞。」未幾，上言皆驗。及此，慶恐上遺忘，不復收用，欲見舊蒙恩顧，具錄前言，爲表奏之。上省表大悅，下詔曰：「朕言之驗，自是偶然，公乃不忘，彌表誠節。深感至意，嘉尚無已。」自是上每加優禮。卒於家。

子靜亂，[二九]尙隋文女廣平公主，位儀同、安德縣公、熊州刺史。先慶卒。

靜亂子協，位右翊衞將軍。宇文化及之亂，遇害。

協弟晶，字婆羅門，大業中養于宮內，後爲千牛左右。煬帝甚親昵之，每有游宴，必侍從。至於出入臥內，伺察六宮，往來不限門禁。時人號爲宇文三郎。與宮人淫亂，至於妃嬪公主亦有醜聲。蕭后言於帝，晶聞，懼不敢見。協因奏晶壯，不可久在宮掖。帝不之罪，召入，待之如初。化及殺逆際，爲亂兵所害。

論曰：自古受命之君及守文之主，非獨異姓之輔，亦有骨肉之助焉。其茂親則有魯衞、梁楚，其疏屬則有凡蔣、荆燕，咸能飛聲騰實，不滅於百代之後。至若豳孝公之勳烈，加之以善政，蔡文公之純孝，飾之以儉約，峨峨焉足以轥轢於前載矣。〔三〇〕有周受命之始，宇文護實預艱難。及文后崩殂，諸子冲幼，羣公懷等夷之志，〔三一〕天下有去就之心，卒能變魏爲周，捍危獲乂者，護之力也。向使加之以禮讓，經之以忠貞，〔三二〕桐宮有悔過之期，未央終天年之數，則前史所載，焉足道哉。然護寡於學術，昵近羣小，威福在己，征伐自出，有人臣無君之心，爲人主不堪之事，終於妻子爲戮，身首横分，蓋其宜也。當隋氏之起，假天威而服海內，冑以葭莩之親，據一州而協義舉，可謂忠而能勇。功業不遂，悲夫！亮實庸才，圖非常於巨逆，古人稱不度德、不量力者，其斯之謂歟。宇文測兄弟驅馳於經綸之日，孝伯、神舉盡言於父子之間，觀其智勇忠概，並可追蹤於古人矣。

校勘記

〔一〕章武公導字菩薩　諸本「章」作「常」，「常武公」三字在上文「追復封爵」下。按地志無「常武

郡」，「常」乃「章」之訛。章武公是宇文導封爵，非宇文會原爵。今改正。

〔二〕重贈太師柱國豳國公　諸本脫「豳國」二字，據周書卷一〇宇文導傳補。

〔三〕初廣母李氏以廣患憂而成疾　諸本「以」下無「廣」字，周書卷一〇宇文廣傳有。按下文云：「母爲廣病。」有「廣」字是，今據補。

〔四〕賴都督侯伏侯龍恩救乃免　諸本無下「侯」字，周書卷一一晉蕩公護傳有。按下文亦作「侯伏侯龍恩」。今據補。

〔五〕初行六官拜小司空　諸本無「小」字，周書及通志卷八五宇文護傳有。按周制，司空分大小，不單稱司空。據周書卷二文帝紀，初建六官時，侯莫陳崇爲大司空，則宇文護當是小司空。今據補「小」字。

〔六〕恒爲潼州　諸本「潼」作「同」，周書作「潼」。按本書卷九、周書卷三孝閔帝紀並作「潼」。潼州見隋書地理志上金山郡註。同州是北周重鎮，孫恒被出，不得居此。今據改。

〔七〕護令安因進食加毒　諸本「安」下衍「自」字，據周書删。

〔八〕同被禽捉入定州城　諸本脫「州」字，據周書補。

〔九〕未幾間　諸本「間」訛作「聞」。據周書改。

〔一〇〕後吾共汝在壽陽住　諸本「住」訛作「任」，據周書改。

〔一一〕盛洛着紫織成纈通身袍黃綾裏　諸本脫「袍」字，據周書補。

〔一二〕當鄉里破敗之日薩保年以十餘歲　諸本「破」訛「被」，又脫「餘」字，據周書改補。護母書言當鮮于脩禮敗時，護年十二。可證當有「餘」字。

〔一三〕太祖升遐未定天保　諸本無「天保」二字，周書有。按「未定天保」，猶言「天命未定」。今從周書補。

〔一四〕突厥復率衆赴期　諸本「期」作「朝」。周書、通志作「期」。按下文言「復虞失信蕃夷」，則是先有期約。「朝」乃「期」之訛，今據改。

〔一五〕護子昌城公深使突厥　諸本「深」作「澡」，周書作「深」。按本書卷一〇、周書卷五武帝紀建德元年二月并作「深」，今據改。

〔一六〕以行軍總管與元帥鄖國公韋孝寬等伐陳　諸本「鄖」作「鄭」，周書卷一〇宇文亮傳作「鄖」。按韋孝寬封鄖國公，見本書卷六四本傳。今據改。

〔一七〕子胲明　諸本無「子」字，周書作「子明」，通志卷八五作「子胲明」。張森楷謂「胲」字無誼，當誤。按「胲」與「子」音形相去甚遠，不可能由「子」訛爲「胲」。今從通志補「子」字。

〔一八〕及葛榮破鮮于脩禮　通志卷八五莒莊公洛生傳「破」作「殺」。按鮮于脩禮爲叛徒元洪業所殺，見魏書卷九肅宗紀孝昌二年八月及魏書卷五八楊津傳。這裏作「破」作「殺」都不確。

〔一九〕保定初追贈大將軍　周書卷一〇莒莊公洛生傳「大將軍」上有「柱國」二字。按周書同卷言洛生兄顥、連並於保定初贈柱國大將軍，則洛生贈官亦當相同。此脫「柱國」二字。

〔二〇〕子菩提爲齊神武所害　諸本「提」作「薩」，周書作「提」。按菩提見前宇文護母與護書。又宇文導字菩薩，從兄弟不當同字。作「薩」誤，今據改。

〔二一〕位徐州刺史　諸本「徐」作「除」。按地志無「除州」，「除」乃「徐」之訛。今據通志卷八五廣川公測傳改。

〔二二〕時政在冢臣　諸本「冢」作「家」，周書卷四〇宇文孝伯傳作「冢」。按「冢臣」指宇文護，時爲大冢宰執政。作「家」誤，今據改。

〔二三〕左宮正　諸本「宮」訛作「官」。據周書、通志及本傳下文改正。

〔二四〕每車駕巡幸常令居守　諸本「常」下有「執其手」三字，周書無。按此涉下文「執其手曰」而誤衍。今據删。

〔二五〕驛召孝伯赴行在所　諸本脫「在」字，據周書、通志補。

〔二六〕則臣爲不忠陛下爲不孝之子也　諸本「陛下」下無「爲」字。通志有。按周書此句作「則臣爲不忠之臣，陛下爲不孝之子也」。「爲」字不可少，今據通志補。

〔二七〕今日之事忠孝不並　諸本脫「日」字，據周書卷四〇、通志卷八五宇文神慶傳補。

〔二八〕慶與齊王憲輕騎覘之卒與賊〔相遇爲賊所〕窘　諸本脫「之」字，據通志卷八五宇文神舉附弟神慶傳補。又脫「相遇爲賊所」五字，據隋書卷五〇宇文神慶傳補。

〔二九〕子靜亂　隋書「亂」作「禮」。張森楷謂「禮」是。按當由「禮」之簡體「礼」，與「亂」之簡體「乱」形似而訛，張說疑是。

〔三〇〕峨峨焉足以轥轢於前載矣　諸本無「轢」字，周書卷十史臣論有。按「轥轢」同「轔轢」，踐越之意，今據補。

〔三一〕羣公懷等夷之志　諸本「志」訛作「士」，據周書卷十一史臣論改。

〔三二〕經之以忠貞　周書「經」作「繼」。疑此訛。

北史卷五十八

列傳第四十六

周室諸王

文帝十王　孝閔帝一王　明帝二王　武帝六王　宣帝二王

周文帝十三子：姚夫人生明帝。後宮生宋獻公震。文元皇后生孝閔皇帝。文宣叱奴皇后生武帝、衞剌王直。達步干妃生齊煬王憲。〔一〕王姬生趙僭王招。後宮生譙孝王儉、陳惑王純、越野王盛、代奰王達、冀康公通、滕聞王逌。

宋獻公震，字彌俄突，幼而敏達。大統十六年，封武邑公，尙魏文帝女。其年薨。保定元年，追贈大司馬，封宋國公。無子，以明帝第三子實嗣。建德三年，進爵爲王。大象中，爲大前疑，尋爲隋文帝害，國除。

衞剌王直，字豆羅突。魏恭帝三年，封秦郡公。武成初，進封衞國公，歷雍州牧、大司空、襄州總管。直，武帝母弟也，性浮詭。以晉公護執政，遂貳於帝而暱護。及南討軍敗，慍於免黜，又請帝除護。帝宿有誅護意，遂與直謀之。及護誅，帝以齊王憲爲大冢宰。直既乖本望，又請爲大司馬，欲擅威權。帝知其意，謂曰：「汝兄弟長幼有序，何反居下列也？」以爲大司徒。建德三年，進爵爲王。

初，帝以直第爲東宮，更使直自擇所居。直歷觀府署，無稱意者，至廢陟屺佛寺，遂欲居之。齊王憲謂曰：「弟兒女成長，此寺褊小，詎是所宜？」直曰：「一身尙不自容，何論兒女！」憲怪而疑之。直嘗從帝校獵而亂行，帝怒，對衆撻之。自是，憤怨滋甚。及帝幸雲陽宮，直在京師反，攻肅章門，司武尉遲運閉門，不得入，退走。追至荊州獲之，免爲庶人，囚諸宮中。尋有異志，及其子十人並誅之，國除。

齊煬王憲，字毗賀突。性通敏，有度量。初封涪城縣公。少與武帝俱受詩傳，咸綜機要，得其指歸。文帝嘗賜諸子良馬，唯其所擇。憲獨取駁者。帝問之，對曰：「此馬色類既殊，或多駿逸。若從軍征伐，牧圉易分。」帝喜曰：「此兒智識不凡，當成重器。」後從上隴，經官馬牧，文帝每見駁馬，輒曰「此我兒馬也」，命取以賜之。魏恭帝元年，進封安城郡公。明帝即位，授大將軍。

武成初，除益州總管，進封齊國公。初，平蜀之後，文帝以其形勝之地，不欲使宿將居之。諸子中欲有推擇，偏問武帝以下，誰欲此行，並未及對，而憲先請。文帝曰：「刺史當撫衆臨人，非爾所及。以年授者，當歸爾兄。」憲曰：「才用殊不關大小，試而無效，甘受面欺。」文帝以憲年尚幼，未之遣。明帝追遵先旨，故有此授。憲時年十六，善於撫綏，留心政術，辭訟輻湊，聽受不疲。蜀人悅之，共立碑頌德。

保定中，徵拜雍州牧。及晉公護東伐，以尉遲迥爲前鋒，圍洛陽。齊兵數萬，奄出軍後，諸軍恇駭，並各退散。唯憲與王雄、達奚武拒之，而雄爲齊人所敗，〔二〕三軍震懼。憲親自督勵，衆心乃安。時晉公護執政，雅相親委，賞罰之際，皆得預焉。天和三年，以憲爲大司馬，行小冢宰，雍州牧如故。四年，齊將獨孤永業來寇，詔憲與柱國李穆出宜陽，築崇德等五城，絕其糧道。齊將斛律明月築壘洛南。五年，憲涉洛邀之，明月遁走。是歲，明月又於汾北築城，西至龍門。晉公護問計於憲，憲曰：「兄宜暫出同州爲威容，憲請以精兵居前，隨機攻取。」六年，憲率衆出自龍門，齊將新蔡王康德潛軍宵遁。〔三〕憲乃度河，攻其伏龍等

四城，二日盡拔。又攻張壁，克之。斛律明月時在華谷，〔四〕弗能救，乃北攻姚襄城陷之。汾州又見圍日久，憲遣柱國宇文盛運粟饋之。〔五〕憲自入兩乳谷，襲克齊伯杜城。〔六〕使柱國譚公會築石殿城以爲汾州之援。齊平原王段孝先、蘭陵王高長恭引兵大至，大將軍韓歡爲齊人所乘，遂退。憲身自督戰，齊衆稍却。會日暮，乃各收軍。

及晉公護誅，武帝召憲入，免冠拜謝。帝謂曰：「汝親則同氣，休戚共之，事不相涉，何煩致謝？」乃詔憲往護第，收兵符及諸簿籍等。尋以憲爲大冢宰。時帝既誅宰臣，親覽朝政，方欲齊之以刑，爰及親親，亦爲刻薄。憲既爲護所任，自天和後，威勢漸隆。護欲有所陳，多令憲奏。其間或有可不，憲慮主相嫌隙，每曲而暢之。帝亦悉其此心，故得無患。然猶以威名過重，終不能平，雖遷授冢宰，實奪其權也。開府裴文舉，憲之侍讀，帝嘗御內殿引見，謂曰：「昔魏末不綱，太祖匡輔元氏；有周受命，晉公復執威權。積習生常，便謂法應須爾。豈有三十歲天子可爲人所制乎？且近代以來，又有一弊，暫經隸屬，便即禮若君臣，此乃亂時權宜，非經國之術。爾雖陪侍齊公，不得即同臣主。且太祖十兒，寧可悉爲天子？卿宜規以正道，無令兄弟自致嫌疑。」文舉再拜而出，歸以白憲。憲指心撫几曰：「吾心公寧不悉？但當盡忠竭節耳，知復何言！」

建德三年，進爵爲王。憲友劉休徵獻王箴一首，憲美之。休徵後又以箴上之，帝方翦削諸弟，甚悅其文。憲嘗以兵書繁廣，自刊爲要略五篇，至是表陳之。帝覽而稱善。

其秋，帝於雲陽寢疾，衞王直於京師舉兵。帝召憲謂曰：「汝爲前軍，吾亦續發。」直尋敗走。帝至京師，憲與趙王招俱入拜謝。帝曰：「管、蔡爲戮，周公作輔，人心不同，有如其面。但愧兄弟親尋干戈，於我爲不能耳。」〔七〕初，直內忌憲，憲隱而容之，且以帝母弟，每加友敬。晉公護之誅也，直固請及憲。帝曰：「齊公心迹，吾自悉之，不得更有所疑。」及文宣皇后崩，直又密啓憲飲酒食肉與平昔不異。帝曰：「吾與齊王異生，俱非正嫡，特爲吾意，今祖括是同。汝當愧之，何論得失。汝親太后之子，但須自勗。」直乃止。

四年，帝將東討，獨與內史王誼謀之，餘人莫知。後以諸弟才略，無出憲右，遂告之。憲即贊成其事。及大軍將出，憲表上金寶等一十六件以助軍資。詔不納，以憲表示公卿曰：「人臣當如此，朕貴其心耳，寧資此物。」乃詔憲爲前軍，趣黎陽。帝親圍河陰，未剋。憲攻拔武濟，進圍洛口，拔其東西二城。以帝疾班師。是歲，初置上柱國官，以憲爲之。

五年，大舉東討，憲復爲前鋒，守雀鼠谷。帝親圍晉州，憲進克洪洞、永安二城，更圖進取。齊主聞晉州見圍，自來援之。時陳王純頓千里徑，大將軍永昌公椿屯雞棲原，大將軍宇文盛守汾水關，並受憲節度。憲密謂椿曰：「兵者詭道，汝今爲營，不須張幕，可伐柏爲菴，示有處所。令兵去之後，賊猶致疑。」時齊主分軍萬人向千里徑，又令其衆出汾水關，自

率大兵與椿對。宇文盛馳告急，憲自救之，齊人遽退。盛與柱國侯莫陳芮逐之，多有斬獲。俄而椿告齊衆稍逼，憲又救之。會椿被敕追還，〔八〕率兵夜反。齊人果謂柏菴爲帳幕，不疑軍退，翌日始悟。時帝已去晉州，留憲後拒。憲阻水爲陣。齊領軍段暢至橋。憲隔水問暢姓名，暢曰：「領軍段暢也，公復爲誰？」憲曰：「我虞候大都督耳。」暢曰：「觀公言語，不是凡人，何用隱名位。」憲乃曰：「我齊王也。」偏指陳王純已下，並以告之。暢鞭馬去，憲即命旋軍。齊人遽追之，戈甲甚銳。憲與開府宇文忻爲殿拒之，斬其驍將賀蘭豹子、山褥瓌等，齊衆乃退。

帝又命憲援晉州。齊主攻圍晉州，帝次于高顯，憲率所部先向晉州。明日，諸軍總集，稍逼城下。齊人大陣於營南，帝召憲馳往觀之。憲反命曰：「請破之而後食。」帝悅。既而諸軍俱進，應時大潰，齊主遁走。齊人復據高壁及洛女，帝命憲攻洛女，破之。齊主已走鄴，留其安德王延宗據幷州。帝進圍其城，憲攻其西面，剋之。延宗遁走，追而獲之。以功進封第二子安城公質爲河間王，拜第三子賓爲大將軍。仍詔憲趣鄴，進剋鄴城。

憲善兵謀，長於撫御，摧鋒陷陣，爲士卒先。齊人聞風，憚其勇略。齊任城王湝、廣寧王孝珩等守信都，復詔憲討之。仍令齊主手書招湝，湝不納。憲軍過趙州，湝令間諜二人覘，候騎執以白憲。憲乃集齊舊將，偏將示之曰：「吾所爭者大，不在汝等。」即放還，令充

使，乃與潜書。憲至信都，潜陣於城南，憲登張耳冢望之。〔九〕俄而潜所署領軍尉相願僞出略陣，遂降，潜殺其妻子。明日擒潜及孝珩等。

先是稽胡劉沒鐸自稱皇帝，又詔憲督趙王招等平之。

憲自以威名日重，潛思屏退。及帝欲親征北蕃，乃辭以疾。尋而帝崩，宣帝嗣位，以憲屬尊望重，深忌之。時尚未葬，諸王在內居服。司衞長孫覽總兵輔政，恐諸王有異志，奏令開府于智察其動靜。及山陵還，帝又命智就宅候憲，因是告憲有謀。帝遣小冢宰宇文孝伯謂憲曰："今欲以叔爲太師，九叔爲太傅，十一叔爲太保，何如？"憲辭以才輕。孝伯返命，復來曰："詔王晚共諸王俱入。"既至殿門，憲獨被引進。帝先伏壯士於別室，至即執之。憲辭色不撓，固自陳說。帝使于智對憲。憲目光如炬，與智相質。或曰："以王今日事勢，何用多言！"憲曰："我位重屬尊，一旦至此，死生有命，寧復圖存？但老母在堂，恐留慈恨耳。"因擲笏於地，乃縊之。時年三十五。〔一〇〕帝以于智爲柱國，封齊國公。又殺上大將軍安邑公王興、上開府獨孤熊、開府豆盧紹等，皆以昵於憲也。帝既誅憲，無以爲辭，故託興等與憲結謀，遂加戮焉。時人知其寃酷，咸云伴憲死也。

憲所生達步干氏，蠕蠕人也。建德三年，上冊爲齊國太妃。憲有至性，事母以孝聞。太妃舊患，屢經發動，憲衣不解帶，扶持左右。憲或東西從役，每心驚，母必有疾，乃馳使參

問，果如所慮。六子，貴、質、賓、貢、乾禧、乾洽。

貴字乾福，少聰敏，尤便騎射。始讀孝經，便謂人曰："讀此一經，足爲立身之本。"十歲，封安定郡公。文帝始封此郡，未嘗假人，至是封焉。年十一，從憲獵於鹽州，一圍中，手射野馬及鹿一十有五。建德二年，拜齊國世子。後出爲豳州刺史。貴雖出自深宮，而留心庶政。性聰敏，過目輒記，嘗道逢二人，謂其左右曰："此人是縣黨，何因輒行？"左右不識，貴便說其姓名，莫不嗟伏。白獸烽經爲商人所燒，烽帥受貨，不言其罪。他日，此帥隨例來參，貴乃問云："商人燒烽，何因私放？"烽帥愕然，遂即首伏。其明察如此。卒時年十七，武帝甚痛惜之。

質字乾祐，以憲勳封河間郡王。賓字乾禮，中壩公。貢出後莒莊公。乾禧，安城公。乾洽，龍涸公。並與憲俱被誅。

趙僭王招，字豆盧突。幼聰穎，博涉群書，好屬文，學庾信體，詞多輕艷。魏恭帝三年，封正平郡公。武成初，進封趙國公。歷益州總管、大司空、大司馬，進爵爲王，除雍州牧。建德五年，從東伐，以功進位上柱國。又與齊王憲討平稽胡，斬賊帥劉沒鐸。宣政中，拜太師。大象元年，詔以洺州襄國郡邑萬戶爲趙王國，招出就國。二年，宣帝不豫，徵招及陳、越、代、滕五王赴闕。比招等至而帝已崩。隋文帝輔政，加招等殊禮，入朝不趨，劍履上殿。

隋文帝將遷周鼎，招密欲圖之，以匡社稷。乃要隋文帝至第，飲於寢室。招子員、貫及妃弟魯封、所親人史冑，皆先在左右，佩刀而立。又藏兵刃於帷席間，後院亦伏壯士。隋文帝從者多在閤外，惟楊弘、元冑、冑弟威及陶徹坐戶側。招屢以佩刀割瓜啖隋文，隋文未之疑。元冑覺變，扣刀而入。招乃以大觴親飲冑酒，〔一一〕又命冑向厨取漿。冑不爲之動。滕王逌後至，隋文降階迎，冑因得耳語曰："公宜速出。"隋文共逌等就坐，須臾辭出。後事覺，陷以謀反，其年秋，誅招及其子德廣公員、永康王貫、越公乾銑、弟乾鏗等，〔一二〕國除。

招所著文集十卷。

譙孝王儉，字侯幼突。武成初，封譙國公。建德三年，進爲王。從平鄴，拜大冢宰。薨，子乾惲嗣，爲隋文帝所害，國除。

陳惑王純，字堙智突。武成初，封陳國公。保定中，使突厥迎皇后，歷秦、陝二州總管。建德三年，進爵爲王。從平齊，進位上柱國。歷幷州總管、雍州牧、太傅。大象元年，詔以濟南郡邑萬戶爲陳國，純出就國。二年，朝京師，幷其子爲隋文帝所害，國除。

越野王盛，字立久突。武成初，封越國公。建德三年，進爵爲王。從平齊，進位上柱國。歷相州總管、大冢宰。大象元年，遷大前疑、太保。其年，詔以豐州武當、安昌二郡邑萬戶爲越國，盛出就國。二年，朝京師，幷其子爲隋文帝所害，國除。

代㝤王達，字度斤突。性果決，善騎射。武成初，封代國公。建德初，進位柱國。出爲荆州刺史，有政績，武帝手敕褒美之。所管禮州刺史蔡澤黷貨被訟。達以其勳庸，不可加戮，若曲法貸之，又非奉上之體，乃令所司精加案劾，密表奏之。事竟得釋，終亦不言。其處事周愼如此。雅好節儉，食無兼膳，侍姬不過數四，皆衣綈衣。又未嘗營產，國無儲積。左右嘗以爲言。達曰："君子憂道不憂貧，何煩於此。"三年，進爲王。從平齊。齊淑妃馮氏尤爲齊後主所幸，見獲，帝以達不邇聲色，特以馮氏賜之。宣帝即位，進上柱國。大象元年，拜大右弼。其年，詔以潞州上黨郡邑萬戶爲代國，達出就國。二年，朝京師，及其子爲隋文帝所害，國除。

冀康公通，字屈率突。武成初，封冀國公。薨，子絢嗣。建德三年，進爲王。大定中，

亦爲隋文帝所害，國除。

滕聞王逌，字爾固突。少好經史，解屬文。武成初，封滕國公。建德三年，進爵爲王。宣政元年，進位上柱國。大象元年，詔以荆州新野郡邑萬戶爲滕國，逌出就國。二年，朝京師，爲隋文帝所害，并其子，國除。

逌所著文章頗行於世。

孝閔帝一男：陸夫人生紀厲王康，字乾安。保定初，封紀國公。建德三年，進爵爲王，出爲利州總管。康驕侈無度，遂有異謀，司錄裴融諫，康殺之。五年，詔賜康死。子湜嗣，大定中，爲隋文帝所害，國除。

明帝三男：徐妃生畢剌王賢。後宮生酆王貞、宋王實。實出後宋獻公震。

畢剌王賢，字乾陽。保定四年，封畢公。建德三年，進爵爲王。歷荆州總管、大司空。

大象初，進上柱國、雍州牧、太師。明年，宣帝崩。賢性强濟，有威略，慮隋文帝傾覆宗祏。言泄，幷其子被害，國除。

酆王貞，字乾雅。初封酆國公，建德三年，進爵爲王。大象初，爲大冢宰。大定中，幷其子爲隋文帝所害，國除。

武帝七男：李皇后生宣帝、漢王贊。庫汗姬生秦王贄、曹王允。馮姬生道王充。薛世婦生蔡王兌。鄭姬生荆王元。

漢王贊，字乾依。初封漢國公，建德三年，進爵爲王。大象末，隋文帝輔政，欲順物情，乃進贊位上柱國，拜右大丞相。外示尊崇，實無所綜理。轉太師。尋及秦王贄、曹王允、道王充、蔡王兌、荆王元並爲隋文帝所害，國除。

宣帝三子：朱皇后生靜皇帝。王姬生萊王衎。〔一三〕皇甫姬生郢王術。衎及術並大象二年封，並爲隋文帝所害，國除。

論曰：昔賢之議者，咸以周建五等，歷載八百；秦立郡縣，二世而亡。雖得失之迹可尋，是非之理互起，而因循莫變，復古未聞。良由著論者溺於貴遠，司契者難於易業，詳求適變之道，並未窮於至當也。嘗試論之。

夫皇王迭興，爲國之道匪一；聖賢間出，立德之指殊塗。斯豈故爲相反哉，亦云爲政而已矣。何則？五等之制，行於商、周之前；郡縣之設，始於秦、漢之後。論時則澆淳理隔，易地則用捨或殊。譬猶干戚日用，〔一四〕難以成垓下之業；稷嗣所述，不可施成周之朝。是知因時制宜者，爲政之上務也；觀人立教者，經國之長策也。且夫裂封疆，建侯伯，擇賢能，署牧守，循名雖曰異軫，責實抑亦同歸。盛則與之共安，衰則與之共患。共安繫乎善惡，非禮義無以敦風；共患寄以存亡，非甲兵不能靖亂。是以齊、晉帥禮，鼎業傾而復振；溫、陶釋位，王綱弛而更張。然則周之列國，非一姓也，晉之群臣，非一族也，豈齊、晉忠於列國，溫、陶賢於群臣哉。蓋位重者易以立功，權輕者難以盡節故也。由斯言之，建侯置守，乃古今之異術；兵權爵位，蓋安危之所階乎。

周文之初定關右，日不暇給，旣以人臣禮終，未遑蕃屛之事。晉蕩輔政，爰樹其黨，宗室

長幼，並握兵權，雖海內謝隆平之風，而國家有盤石之固矣。武皇克翦芒刺，思弘政術，懲專朝之爲患，忘維城之遠圖，外崇寵任，內結猜阻。自是配天之基，潛有朽壤之墟矣。宣皇嗣位，凶暴是崇，芟刈先其本枝，削黜徧於公族。以齊王之奇姿傑出，足可牢籠於前載。處周公之地，居上將之重，智勇冠俗，攻戰如神，敵國繫以存亡，鼎命由其輕重。屬道消之日，挾震主之威，斯人而嬰斯戮，君子是以知國祚之不永也。其餘雖地惟叔父，親則同生，假文能輔主，武能威敵，莫不謝卿士於當年，從侯服於下國，號爲千乘，位侔疋夫。是以權臣乘其機，謀士因其隙，遷龜鼎速於俯拾，殲王侯烈於燎原，悠悠邃古，〔一五〕未聞茲酷。豈非摧枯振朽，易爲力乎。

向使宣皇擇姬、劉之制，覽聖哲之術，分命賢戚，布於內外，料其輕重，間以親疏，首尾相持，遠近爲用，使其位足以扶危，其權不能爲亂，事業旣定，僥倖自息，雖使臥赤子，朝委裘，社稷固以久安，億兆可以無患矣。何后族之地而能窺其神器哉。

昔張耳、陳餘，賓客厮役，所居皆取卿相，而齊王之文武僚吏，其後亦多台牧，異代相符，可謂賢矣哉。

校勘記

〔一〕逵步干妃生齊煬王憲　諸本無「干」字，周書卷十三文閔明武宣諸子傳有。按逵步干氏，姓纂及廣韻作逵步氏，省「干」字。但本卷下文亦云「憲所生逵步干氏」，一卷之中，自應統一，今據補。

〔二〕而雄爲齊人所敗　周書卷十二齊煬王憲傳「敗」作「斃」。按本書卷六〇王雄傳，雄爲斛律光射死。疑「敗」是與「斃」音近而訛。

〔三〕齊將新蔡王康德潛軍宵遁　周書疊「王」字。參見卷五三張保洛傳校記。

〔四〕斛律明月時在華谷　諸本「華谷」作「華容」。錢氏考異卷四〇云：「『華容』當作『華谷』。斛律光傳本書卷五四，武平元年冬，率步騎五萬於玉壁築華谷、龍門二城。」按錢說是，周書正作「華谷」，今據改。

〔五〕憲遣柱國宇文盛運粟饋之　諸本「遣」訛「追」，據周書及通志卷八五後周宗室傳改。

〔六〕憲自入兩乳谷襲克齊伯杜城　周書「伯杜」作「柏社」，疑是。

〔七〕但愧兄弟親尋干戈於我爲不能耳　張森楷云：「周書『能』作『足』，於誼較長。」按親尋干戈，已是事實，何謂「不能」？「能」字當誤。

〔八〕會椿被敕追還　諸本無「椿」字。周書及通志卷八五後周宗室傳並有「椿」字。按上文言憲令椿伐栢爲菴，下文言齊人疑栢菴爲帳幕，知被敕追還的是椿軍。若無「椿」字，便似憲被追還，

誤。今據補。

〔九〕憲登張耳冢望之　諸本脫「憲」字，據周書、通志補。

〔一〇〕時年三十五　諸本作「時年四十」，周書、通志皆作「三十五」。按憲爲武帝之弟，卷一〇周武帝紀言武帝死時年三十六，憲與武帝同死於宣政元年六月，不得年四十。又上文言憲於武成初除益州總管時年十六。自武成元年至宣政元年，共十九年，則憲死時當爲三十五歲。今據改。

〔一一〕招乃以大觴親飲胄酒　諸本脫「招」字，據周書卷十三文閔明武宣諸子傳、通志卷八五後周宗室傳補。

〔一二〕其年秋誅招及其子德廣公員永康王貫越公乾銑弟乾鏗等　諸本「秋」作「伏」，周書作「秋」。按本書卷一〇周靜帝紀，趙王招被殺在大象二年秋七月。這裏作「伏」是形似致訛，今據改。又周書「永康王」作「永康公」。按其兄弟爵皆是公，「王」字當誤。又周書「越公乾銑」作「越攜公乾銑」。冊府卷二六五三一四三頁載趙王招子云：「乾封甌越公」，脫「銑」字。按「越攜」「甌越」都非郡縣名，無作爲邑號的可能。單作「越公」，則與其叔越王盛同封號，亦無是理。張森楷疑「越攜」是「越嶲」之訛，北史脫「嶲」字，疑是。

〔一三〕王姬生萊王衎　諸本「衎」作「衍」。按靜帝初名「衍」，其弟不當同名。今據周書卷八靜帝紀改。詳見本書卷十周靜帝紀校記。

〔一四〕譬猶干戚日用　諸本「干」訛「工」，今從周書卷十三史臣論改。

〔一五〕悠悠邃古　諸本「邃」訛作「遂」，據周書史臣論改。

北史卷五十九

列傳第四十七

寇洛　趙貴 從祖兄善　李賢 子詢　崇　孫敏　弟遠　穆　穆子渾

梁禦 子睿

寇洛，上谷昌平人也。累世爲將吏。父延壽，魏和平中，以良家子鎭武川，因家焉。

洛性明辯，不拘小節。賀拔岳西征，洛與岳鄉里，乃募從入關。以功封安鄉縣子。及岳爲大行臺，以洛爲右都督。侯莫陳悅既害岳，欲並其衆。時初喪元帥，洛於諸將中最爲舊齒，素爲衆信，乃收集將士，志在復讎。既至原州，衆推洛爲盟主，統岳之衆，至平涼。周文帝至，以洛爲右都督。從討侯莫陳悅，平之。拜涇州刺史。大統初，詔加開府，進爵京兆郡公，封洛母宋爲襄城郡君。四年，鎭東雍州。五年，卒於鎭，贈太尉、尚書令，謚曰武。子和嗣。明帝二年，錄舊勳，以洛配享文帝廟庭，賜和姓若口引氏，[一]改封松陽郡公。

趙貴字元寶，天水南安人也。祖仁，以良家子鎭武川，因家焉。

貴少有節概，尒朱榮以爲別將，從討元顥有功，賜爵燕樂縣子。從賀拔岳平關中，累遷大都督。岳爲侯莫陳悅所害，將吏奔敗，[二]莫有守者。貴謂其黨曰：「吾聞仁義豈有常哉，行之則爲君子，違之則爲小人。朱伯厚、王脩感意氣微恩，[三]尙能蹈履名節，況吾等荷賀拔公國士之遇，寧可自同衆人乎？」因涕泣歔欷，從之者五十人。乃詣悅詐降，悅信之。因請收葬岳，言辭慷慨，悅壯而許之。貴乃收岳屍還營，與寇洛等奔平涼，共圖拒悅。貴乃首議迎周文帝。周文至，以貴爲大都督，領府司馬。悅平，行秦州事。

後以預立魏文帝勳，進爵爲公。梁仚定稱亂河右，以貴爲隴西行臺討破之。從復弘農，戰沙苑，[四]進爵中山郡公。河橋之戰，貴與怡峯爲左軍，戰不利，先還。及高仲密以北豫州降，周文迎之，與東魏人戰於芒山。貴爲左軍，失律，坐免官。尋復官爵。後拜柱國大將軍，賜姓乙弗氏。六官建，爲太保、大宗伯，改封南陽郡公。周孝閔帝踐阼，遷大冢宰，進封楚國公，邑萬戶。

初，貴與獨孤信等皆與文帝等夷。及晉公護攝政，貴自以元勳，每懷怏怏，與信謀殺護，爲開府宇文盛告，被誅。

善字僧慶，貴之從祖兄也。少好學，美容儀，沉毅有遠量。尒朱天光討邢杲、万俟醜奴，以爲長史。普泰初，爲大行臺尙書，封山北縣伯。天光拒齊神武於韓陵，敗，見殺。善請收葬其屍，齊神武義而許之。賀拔岳總關中，迎善，復以爲長史。岳爲侯莫陳悅所殺，善共諸將翊戴周文帝。魏孝武西遷，改封襄城縣伯。歷位尙書左右僕射，進爵爲公。善性溫恭，有器局，雖位居端右，而愈自謙退。其職務克舉，則曰某官之力；有罪責，則曰善之咎也。時人稱其有公輔量。

大統九年，從戰芒山，屬大軍不利，善爲敵所獲，卒於東魏。建德初，周、齊通好，齊人乃歸其柩。其子詢，表請贈謚。詔贈大將軍、大都督、四州諸軍事、岐州刺史，謚曰敬。

李賢字賢和，自云隴西成紀人，漢騎都尉陵之後也。陵沒匈奴，子孫因居北狄。後隨魏南遷，復歸汧、隴。曾祖富，魏太武時以子都督討兩山屠各，歿於陣，贈寧西將軍、隴西郡守。大統末，以賢兄弟著勳，追贈司空公。[五]

賢幼有志節，不妄舉動。嘗出遊，逢一老人，鬢眉皓白，謂曰：「我年八十，觀士多矣，未有如卿。卿必爲台牧，努力勉之。」九歲，從師受業，略觀大指而已。或譏其不精，答曰：「賢豈能領徒授業？至如忠孝之道，實銘於心。」問者慚服。十四遭父憂，撫訓諸弟，友愛甚篤。

魏永安中，万俟醜奴據岐、涇等州反，孝莊遣尒朱天光擊破之。天光令都督長孫邪利行原州事，[六]以賢爲主簿。累遷高平令。賀拔岳爲侯莫陳悅所害，周文帝西征，賢與其弟遠、穆等密應侯莫陳崇。以功授都督，仍守原州。及大軍至秦州，悅棄城走。周文命兄子導追之，以賢爲先鋒，至牽屯山及之。以功授假節、撫軍將軍、大都督。

魏孝武西遷，周文令賢率騎迎衞，封上邽縣公。俄授左大都督，還鎭原州。大統二年，州人豆盧狼害都督大野樹兒等，據州城反。賢率敢死士一戰敗之，狼斬關遁走，賢追斬之。八年，授原州刺史。周文之奉魏太子西巡，至原州，遂幸賢第，讓齒而坐，行鄉飲酒禮。後帝復至原州，令賢乘路車，備儀服，以諸侯會遇禮相見。然後幸賢第，歡宴終日，凡是親族，頒賜有差。恭帝元年，進爵西河郡公。後以弟子植被誅，賢坐除名。保定二年，詔復賢官爵，仍授瓜州刺史。

武帝及齊王憲之在襁褓，不利居宮中，周文令於賢家處之，六載乃還宮。因賜賢妻吳姓宇文氏，養爲姪女，賜與甚厚。及武帝西巡原州，幸賢第，詔曰：「朕昔沖幼，爰寓此州。使持節、驃騎大將軍、開府儀同三司、大都督、瓜州諸軍事、瓜州刺史賢，斯土良家，勳德兼著，受委居朕，輔導積年。念其規弼，功勞甚茂。今巡撫居此，不殊代邑，舉目依然，益增舊想。賢雖無屬籍，朕處之若親，[七]凡厥昆季，乃至子姪等，可並預宴賜。」於是令中侍上士尉遲愷往瓜州，降璽書勞賢。賜衣一襲及被褥，幷御所服十三環金帶一腰、中廄馬一疋、金裝鞍勒、雜綵五百段、銀錢一萬。賜賢弟申國公穆亦如之。子姪男女中外諸孫三十四人各賜衣一襲。拜賢甥厙狄樂爲儀同。賢門生昔經侍奉者，二人授大都督，四人授帥都督，六人別將。奴已免賤者五人，授軍主；未免賤者十二人，酬替放之。

四年，王師東討，西道空虛，慮羌、渾侵擾，乃授賢河州總管。河州舊非總管，至是創置。賢乃大營屯田，以省運漕，多設斥候，以備寇戎，於是羌、渾斂迹。五年，宕昌寇邊，乃於洮州置總管府以鎮遏之。遂廢河州總管，改授賢洮州總管。屬羌寇侵擾，賢頻破之，虜遂震懾，不敢犯塞。俄廢洮州總管，還於河州置總管府，復以賢爲之。

武帝思賢舊恩，徵拜大將軍。於京師薨，帝親臨，哀動左右。贈使持節、柱國大將軍、大都督、十州諸軍事、原州刺史，諡曰桓。子端嗣。

端位開府儀同三司，從平齊，戰沒，贈上大將軍，追封襄陽公，諡曰果。

端弟吉，儀同三司。

吉弟孝軌，開府儀同大將軍、升遷縣伯，後封奇章公。孝軌弟詢。

詢字孝詢，深沉有大略，頗涉書記。仕周，累遷司衛上士。武帝幸雲陽宮，委以留府事。衞王直作亂，焚肅章門，詢於內益火，故賊不得入。武帝善之。累遷英果中大夫，屢以軍功，加位大將軍，賜爵平高郡公。隋文帝爲丞相，尉遲迥作亂，遣韋孝寬擊之，以詢爲元帥長史，委以心膂。軍至永橋，諸將不一。詢密啓請重臣監護。文帝令高熲監軍。與熲同心，唯詢而已。及迥平，進位上柱國，改封隴西郡公。

開皇初，歷位隰州總管，以疾徵還京師。卒，帝悼惜者久之，諡曰襄。子元方嗣。

詢弟崇，字永隆，英果有籌算，膽力過人。周元年，以父賢勳，封迴樂縣侯。時年尚小，拜爵日，親族相賀，崇獨泣下。賢問之，對曰：「無勳於國，幼少封侯，當報主恩，不得終於孝養，是以悲耳。」賢由此大奇之。起家州主簿，非其好也，辭不就職，求爲將兵都督。隨宇文護伐齊，以功最，授儀同三司。歷位少侍伯大夫、少承御大夫，攝太子宮正。周武平齊，引參謀議，以勳加授開府，封襄陽縣公，尋改封廣宗縣公。

隋文帝爲丞相，加授上開府儀同大將軍、懷州刺史，進爵郡公。尉遲迥反，遣使招之。崇初欲相應，後知叔父穆以幷州附文帝，慨然太息曰：「合家富貴數十人，遇國有難，竟不能扶傾繼絕，何面目處天地間乎！」韋孝寬亦疑之，與俱臥起。其兄詢時爲元帥長史，每諷諭之。崇由是亦歸心焉。及迥平，授徐州總管，進位上柱國。

開皇三年，除幽州總管。突厥犯塞，崇輒破之。奚、霫、契丹等讋其威略，爭來內附。後突厥大爲侵掠，崇率步騎三千拒之。轉戰十餘日，師人多死，遂保于沙城。突厥圍之，死亡略盡。突厥欲降之，[八]謂曰：「降者封爲特勤。」[九]崇知不免，令其士卒曰：「吾喪師徒，罪當萬死，今効命以謝國家。看吾死，且可降賊，方便散走。還見至尊，道此意也。」乃挺刃突賊，復殺二人，沒於陣。贈六州諸軍事、豫州刺史，諡曰壯。子敏嗣。

敏字樹生，文帝以其父死王事，養於宮中。及長，襲爵廣宗公，起家左千牛。美姿容，善騎射，工歌舞弦管。開皇初，周宣帝后樂平公主有女娥英，妙擇婚對，敕貴公子弟集弘聖宮者，日以百數。公主選取敏，禮儀如尚帝女。後將侍宴，公主謂敏曰：「我以天下與至尊，唯一女夫，當爲汝求柱國。若授餘官，愼無謝。」及進見上，上親御琵琶，遣敏歌舞，大悅，謂公主曰：「敏何官？」對曰：「一白丁耳。」謂敏曰：「今授儀同。」敏不答。上曰：「不滿爾意耶？今授開府。」又不謝。上曰：「公主有大功於我，我何得向其女婿惜官，今授卿柱國。」敏乃拜

而蹈舞。遂於坐發詔授柱國，以本官宿衞。

後避煬帝諱，改封經城縣公。歷豳、金、華、岐數州刺史，多不莅職，常留京師。往來宮內，侍從遊宴，賞賜超於功臣。大業初，轉衞尉卿。樂平公主將薨，遺言於煬帝曰：「妾唯一女，不自憂死，深憐之。湯沐乞迴與敏。」帝從之，竟食五千戶。攝屯衞將軍。楊玄感反後，城闕大興，敏之策也。轉將作監。從征高麗，領新城道軍，加光祿大夫。十年，帝復征遼東，遣敏黎陽督運。

時或言敏一名洪兒，帝疑「洪」字當讖，嘗面告之，冀其引決。敏由是大懼，數與金才、善衡等屏人私語。宇文述知而奏之，竟與渾同誅。其妻宇文氏尋亦賜鴆而終。

賢弟遠。遠字萬歲，幼有器局，嘗與羣兒爲戰鬭戲，指麾便有軍陣之法。郡守見而異之，召使更戲。羣兒散走，遠持杖叱之，復爲向陣，意氣雄壯，殆甚於前。郡守曰：「此小兒必爲將帥，非常人也。」

及長，涉獵書傳。魏正光末，天下鼎沸，敕勒賊胡琮侵逼原州。[一〇]遠昆季率勵鄉人，欲圖拒守，而衆情頗有異同。遠乃按劍喻以節義，因曰：「有異議者，請斬之。」[一一]衆懼，乃聽命，相與盟歃，深壁自守。無援，城陷，其徒多被害，唯遠兄弟並爲人所匿，得免。遠乃使賢

晦迹和光，潛身間行，入朝求援。〔一二〕魏朝嘉之，授武騎常侍，俄轉別將。及尒朱天光西伐，配遠精兵爲鄉導。天光欽遠才望，除爲長城郡守。後以應侯莫陳崇功，遷高平郡守。周文見而悅之，令居麾下。

及魏孝武西遷，封安定縣伯。魏文帝嗣位之始，思享遐年，以遠字可嘉，令扶帝升殿。進爵爲公，仍領左右。從征竇泰，復弘農，並有殊勳。授都督、原州刺史。周文謂遠曰：「孤有卿，若身之有臂，本州之榮，乃私事爾。」遂令遠兄賢代行州事。沙苑之役，遠功居最，進爵陽平郡公。尋除大丞相府司馬，參軍國機務。時河東初復，人情未安。周文以河東爲國之要領，乃授河東郡守。〔一三〕遠敦獎風俗，勸課農桑，肅遏姦非，兼修守禦之備。曾未期月，百姓懷之。周文降書勞問。徵爲侍中，遷太子少師。

東魏北豫州刺史高仲密請舉州來附，周文以仲密所據遼遠，難爲應接。諸將皆憚此行。遠曰：「北豫遠在賊境，高歡又屯兵河陽，常理而論，實難救援。但不入獸穴，不得獸子，〔一四〕若以奇兵出其不意，事或可濟。脫有利鈍，故是兵家之常。如其顧望不行，便無克定之日。」周文喜曰：「李萬歲所言，差强人意。」乃授行臺尚書，前驅東出。周文率大軍繼進。遠乃潛師而往，拔仲密以歸。仍從周文戰於芒山，時大軍不利，遠獨整所部爲殿。

尋授都督義州弘農等二十一郡諸軍事。〔一五〕遠善撫馭，有幹略，戰守之備，無不精銳。每

厚撫境外之人，使爲間諜，敵中動靜，必先知之。至有事泄被誅，亦不以爲悔。嘗獵於莎栅，見石於叢薄中，以爲伏兎，射之，鏃入寸餘，視之乃石。周文聞而異之，賜書曰：「昔李將軍親有此事，公今復爾，可謂世載其德矣。」東魏將段孝先趣宜陽，以送糧爲名，實有窺窬之意。遠密知其計，遣兵襲破之。孝先遁走。周文賜所乘馬及金帶牀帳衣被等，并綵二千匹，拜大將軍。頃之，除尚書左僕射，固辭。周文不許，遠不得已，方拜職。周文又以第十一子代王達令遠子之，其見親待如此。

時周文嫡嗣未建，明帝居長，已有成德；孝閔處嫡，年尚幼沖。乃謂羣公曰：「孤欲立子以嫡，恐大司馬有疑。」大司馬卽獨孤信，明帝敬后父也。衆未有答。遠曰：「立子以嫡不以長，略陽公爲嗣，公何疑焉？若以信爲嫌，請卽斬信。」便起拔劍。周文亦起曰：「何事至此！」信又自陳說，遠乃止。於是羣公並從遠議。遠出外，拜謝信曰：「臨大事不得不爾。」信亦謝遠曰：「今日賴公決此大議。」六官建，授小司寇。周孝閔帝踐祚，進位柱國大將軍，復鎭弘農。

遠子植，文帝時已爲相府司錄，參掌朝政。及晉公護執權，密欲誅護，頗泄，護乃出植爲梁州刺史。尋而廢帝，召遠及植還朝。遠恐有變，沉吟良久，乃曰：「大丈夫寧爲忠鬼，安能作叛臣乎！」遂就徵，至京師。護以遠功名素重，猶欲全宥之，謂曰：「公兒遂有異謀，可早

爲之所。」乃以植付遠。遠素愛植，植又有口辯，云初無此謀。遠信之，詰朝將植謁護。護謂植已死，乃曰：「陽平公何意自來？」左右云：「植亦在門外。」護大怒曰：「陽平公不信我矣！」召入，命遠同坐，令帝與植相質於遠前。植辭窮，謂帝曰：「本爲此謀，欲安社稷，利至尊耳。今日至此，何事云云。」遠聞之，自投於牀，曰：「若爾，誠合萬死。」於是護乃害植，并逼遠自殺。

建德元年，晉公護誅，贈本官，加太保，謚曰忠。隋開皇初，追贈上柱國，改謚曰懷。植及諸弟並加贈謚。

植弟基，字仲和，幼有聲譽，美容儀，善談論，涉獵羣書，尤工騎射。周文令尚義歸公主。以父勳，封建安縣公。累遷大都督，進爵清河郡公。及魏廢帝卽位之後，猜隙彌深。時周文諸子年皆幼沖，章武公導、中山公護復東西作鎭，唯託意諸壻，以爲心膂。基與義城公李暉、常山公于翼等俱爲武衞將軍，分掌禁旅。魏帝深憚之，故密謀遂泄。魏恭帝卽位，進爵敦煌郡公，尋進位驃騎大將軍、開府儀同三司，拜陽平國世子。六官建，授御正中大夫。

周孝閔帝踐阼，出爲浙州刺史。〔一六〕尋爲兄植，合坐死。以主壻，〔一七〕又爲季父穆所請，得免。武成二年，除江州刺史。既被譴謫，常憂憤不得志。保定元年，卒於位。穆尤所鍾

愛，每哭輒悲慟，謂所親曰：「好兒捨我去，門戶豈是欲興！」宣政元年，追贈使持節、上開府儀同大將軍、曹徐譙三州刺史、敦煌郡公，謚曰孝。子威嗣。

威字安人，〔一八〕又改襲遠爵陽平郡公，加上開府。大象末，進至柱國，封公。〔一九〕

賢弟穆。穆字顯慶，少明敏有度量。文帝入關，便給事左右，深被親遇。穆亦小心謹肅，未嘗懈怠。及侯莫陳悅害賀拔岳，周文自夏州赴難，而悅黨史歸據原州，猶爲悅守。周文令侯莫陳崇襲之，穆時先在城中，與兄賢、遠應崇，遂禽歸。以功授都督。從迎魏孝武，封永平縣子。又領鄉兵。禽竇泰，復弘農，並有戰功。沙苑之捷，穆言：「歡今日已喪膽矣，請速逐之，則歡可禽也。」周文不聽。論前後功，進爵爲公。

芒山之戰，〔二〇〕周文馬中流矢，驚逸墜地。敵人追及，左右皆散。穆下馬，以策擊周文背，因大罵曰：「籠東軍士，爾曹主何在？爾獨住此！」敵人見其輕侮，不疑是貴人，遂捨而過。穆以馬授周文，遂俱逸。是日微穆，周文已不濟矣。既而與穆相對而泣，自是恩盼更隆。顧左右曰：「成我事者，其此人乎！」擢授武衞將軍、儀同三司，進封安武郡公。前後賞賜，不可勝計。周文歎其忠節，曰：「人所貴唯命，穆遂輕命濟孤，爵位玉帛，未足爲報。」乃特賜鐵券，恕以十死。進驃騎大將軍、開府儀同三司、侍中。初，芒山之敗，穆授周文驄馬，

中華書局

後中厩有此色者，悉以賜之。又賜穆嗣子惇安樂郡公，姊一人爲郡君，自餘姊妹並爲縣君，兄弟子姪及緦麻已上親幷舅氏皆霑厚賜。其褒崇如此。

從解玉壁圍，拜安定國中尉。從于謹平江陵，以功別封一子長城縣侯。尋進位大將軍，賜姓拓拔氏。又擊曲沔蠻破之。〔三一〕俄除原州刺史，拜世子惇爲儀同三司，以賢子爲平高郡守，遠子爲平高縣令，並加鼓吹。穆自以叔姪一家三人皆牧宰鄉里，恩遇過隆，固辭不拜。周文不許。後入爲雍州刺史，兼小冢宰。周孝閔帝踐祚，又封一子爲升遷縣伯。穆請迴授賢子孝軌，許之。

及兄子植謀害宇文護被誅，穆亦坐除名。先是穆知植非保家主，每勸遠除之，遠不能用。及遠臨刑，泣謂穆曰：「顯慶，吾不用汝言以至此，將奈何！」穆以此獲免，及其子弟亦免官。時植弟基當從坐戮，穆求以子惇、怡等代死，辭理酸切，聞者莫不動容。護矜之，遂特免基死。

明帝卽位，拜驃騎大將軍、開府儀同三司、大都督，復爵安武郡公，拜直州刺史。武成中，子弟免官爵者悉復之。累遷大司空。天和二年，進封申國公，舊爵迴授一子。建德元年，遷太保，尋出爲原州總管。四年，武帝東征，令穆別攻軹關及河北諸縣，並破之。後以帝疾班師，棄而不守。六年，進位上柱國，除幷州總管。時東夏初平，人情尙擾，穆靖以鎭

守，百姓懷之。大象元年，加邑至九千戶，遷大左輔，總管如舊。二年，詔加太傅，仍總管。

及隋文作相，尉遲迥舉兵，遣使招穆，穆鎖其使，上其書。穆子士榮以穆所居天下精兵處，陰勸穆應之。穆弗聽，曰：「周德旣衰，愚智共悉，天時若此，豈能違天？」乃遣使謁隋文帝，幷上十三環金帶，蓋天子服也，以微申其意。時迥子誼爲朔州刺史，亦執送京師。迥令其署行臺韓長業攻陷潞州，執刺史趙威，署城人郭子勝爲刺史。穆遣兵討獲子勝。文帝嘉之，以穆勞同破鄴城第一勳，加三轉，聽分授其二子榮、才及賢子孝軌。榮及才並儀同大將軍，孝軌進開府儀同大將軍，又別封子雄爲密國公。〔三二〕穆又密表勸進。文帝旣受禪，詔曰：「公旣舊德，且又父黨，敬惠來旨，便以今月十三日恭膺天命。」俄而穆來朝，文帝降座禮之。拜太師，贊拜不名，眞食成安縣三千戶。穆子孫雖在襁褓，悉拜儀同，其一門執象笏者百餘人，貴盛當時無比。穆上表乞骸骨，詔曰：「公年旣耆舊，筋力難煩，今勒所司　敬蠲朝集。如有大事，須共謀謨，別遣侍臣，就第詢訪。」

時太史奏當有移都事，帝以初受命，甚難之。穆乃上表極言宜移都之便。帝素嫌臺城制度迮小，又宮內多鬼妖。蘇威嘗勸遷，上不納，遇太史奏狀，意乃惑之。至是省穆表，帝曰：「天道聰明，已有徵應，太師人望，復抗此請，則可矣。」遂從之。

歲餘，下詔：「穆自今已後，雖有愆罪，但非謀逆，縱有百死，終不推問。」開皇六年薨，時

年七十七，遺令以不得陪駕岱宗爲恨。詔遣黃門侍郎監護喪事，贈十州諸軍事、冀州刺史，謚曰明。賜以石椁、前後部羽葆鼓吹、輼輬車，百僚送之郭外。詔太常卿牛弘齎哀册文，祭以太牢。

長子惇字士獻。周文帝令功臣長子並與略陽公遊處，〔三三〕惇於輩流中特被引接，每有遐方服翫珍奇，無不班賜。封安樂郡公，位驃騎大將軍、開府儀同三司、鳳州刺史。先穆卒。子筠，襲祖爵。

惇弟怡，位儀同三司，贈渭州刺史。

怡弟雅，少有識量。仕周，以軍功封西安縣男，位荆州總管。開皇初，進爵爲公。

雅弟恒，位鹽州刺史，封曲陽侯。

恒弟榮，位合州刺史，長城縣公。

榮弟直，位車騎將軍、歸政縣侯。

直弟雄，位柱國、驃騎將軍、密國公。

雄弟渾，仁壽初，忿筠慳嗇，〔三四〕遣兄子善衡賊之。求盜不得，文帝大怒，盡追其親族。初，筠與從父弟瞿曇有隙，渾遂證瞿曇殺之，而善衡獲免。筠死，帝議立嗣。邳公蘇威奏筠不軌，請絕其封。帝不許，乃以渾嗣。

渾字金才，姿貌瓌偉，美鬚髯。起家左侍上士。尉遲迥反於鄴，時穆在幷州，隋文帝甚慮迥，遣渾乘驛詣穆。穆遽令渾入京奉熨斗曰：「願執柄以慰天下也。」文帝大悅。又遣渾詣韋孝寬所而述穆意。會鄴平，以功授上儀同三司，封安武郡公。〔三五〕開皇中，晉王廣出藩，渾以驃騎將軍領親信，從往揚州。

及筠死，渾規欲紹之，謂妻兄太子左衞率宇文述曰：「若得襲封，當以國賦之半，每歲相奉。」述因入白皇太子，奏文帝，竟詔渾襲申公以奉穆嗣。大業六年，追改穆封爲郕公，渾仍襲焉。累加光祿大夫，遷右驍騎衞大將軍。渾旣紹父業，日增豪侈。二歲後不以奉物分述。述大恚，因醉謂其友人于象賢曰：「我竟爲金才所賣，死且不忘。」渾聞之，由是結隙。

及帝討遼東，有方士安伽陁謂帝曰：「李氏應爲天子，宜盡誅天下李姓。」述知之，因構渾於帝曰：「臣與金才夙親，聞其數與李敏、善衡等日夜屏語，或終夕不寢。渾大臣也，家世隆盛，身捉禁兵，不宜然。」帝曰：「卿可覓其事。」述乃遣武賁郎將裴仁基表告渾反，卽日遣述掩其家。遣左丞元文都、御史大夫裴蘊雜推之，數日，不得反狀。

帝更遣述推。述入獄中召出敏妻宇文氏，謂曰：「夫人，帝甥也，何患無賢夫？李敏、金才名當妖讖，夫人當自求全。」因教言金才嘗告敏云：「汝應圖籙，當爲天子。今主上好兵，

勞擾百姓，此亦天亡隋時也。若復度遼，吾與汝必爲大將軍，〔二六〕每軍二萬餘兵，固以五萬人矣。又發諸房子姪內外親婭並募從征，吾家子弟決爲主帥，分領兵馬，散在諸軍。吾與汝前發，襲取御營，子弟響赴，一日之間，天下定矣。」洮口自傳授，令敏妻寫表，封云「上密」。洮持入奏云：「已得金才反狀，幷有敏妻密表。」帝覽之，泣曰：「吾宗社幾傾，賴親家公而獲全耳。」於是誅渾、敏等，自餘無少長皆從嶺表。

梁禦字善通，其先安定人也。後因官北邊，遂家於武川，改姓紇豆陵氏。高祖俟力提，從魏太武征討，位揚武將軍、定陽侯。

禦少好學，進趣詳雅，及長，更好弓馬。尒朱天光西討，知禦有志略，引爲左右。共平關、隴，除益州刺史，第一領人酋長，封白水縣侯。從賀拔岳鎭長安。及岳被害，禦與諸將同謀翊戴周文帝。周文既平秦、隴，欲引兵東下。雍州刺史賈顯持兩端，〔二七〕通使於齊神武。周文知其意，以禦爲大都督、雍州刺史，領前軍先行。及與顯相見，因說顯，顯即出迎周文，禦遂入鎭雍州。大統元年，進爵信都縣公，授尙書右僕射。從周文復弘農，破沙苑，加侍中、開府儀同三司，進爵廣平郡公。出爲東雍州刺史，爲政舉大綱而已，人庶稱之。薨於州，臨終唯以國步未康爲恨，言不及家。贈太尉、尙書令、雍州刺史，謚曰武昭。子睿。

睿字恃德，少沉敏有行檢。周文帝時，以功臣子養宮中，復命與諸子遊處。七歲，襲爵廣平郡公。累加儀同三司、本州大中正、開府，改封五龍郡公，渭州刺史。周閔帝受禪，徵爲御伯。出爲中州刺史，鎭新安以備齊。齊人來寇，睿輒挫之。帝甚嘉歎，拜大將軍。以禦佐命功，進爵蔣國公。入爲司會。後從齊王憲拒齊將斛律明月於洛陽，每戰有功，遷小冢宰。歷敷州刺史、涼、安二州總管，俱有惠政，進位柱國。

隋文帝總百揆，代王謙爲益州總管。行至漢川西，謙反，攻始州，睿不得進。文帝命睿爲行軍元帥，率行軍總管于義、〔二八〕張威、達奚長儒、梁昇、石孝義步騎二十萬討之。謙遣開府李三王守通谷，睿使張威擊破之。進至龍門，謙將趙儼、秦會擁衆十萬，據險爲營，周亘三十里。睿令將士銜枚，出自間道，四面奮擊，力戰破之，遂鼓行而進。謙將敬豪守劍閣，梁巖拒平林，並懼而來降。謙又命高阿那瓌、達奚惎等以盛兵攻利州。聞睿將至，惎分兵據開遠。睿遣上開府拓拔宗趣劍閣，〔二九〕大將軍宇文敻指巴西，大將軍趙達水軍入嘉陵。遣張威、王倫、賀若震、于義、韓相貴、阿那惠等分道攻惎，自午及申，破之。惎奔歸于謙。睿逼成都，謙令達奚惎、乙弗虔守城，親帥精兵五萬，背城結陣。睿擊敗之。謙將入城，惎、虔以城降。謙將麾下三十騎遁走，新都令王寶執之，睿斬謙于市，劍南悉平。進位上柱國，總管如故，賜物五千段、奴婢一千口、金二千兩、銀三千兩，邑千戶。

睿時威振西州，夷獠歸附，唯南寧首帥爨震恃遠不賓。睿上疏曰：「南寧州，漢牂柯之地。近代已來，分置興古、雲南、建寧、朱提四郡，戶口殷衆，金寶富饒，二河有駿馬明珠，益、寧出鹽井犀角。晉泰始七年以益州曠遠，分置寧州。至僞梁，南寧州刺史徐文盛被湘東徵赴荊州。屬東夏尚阻，未遑遠略，土人爨瓚遂竊據一方。國家遙授刺史，其子震相承至今。而震臣禮多虧，貢賦不入。如聞彼人苦其苛政，思被皇風，幸因平蜀士衆，不煩重興師旅，押獠既訖，即請略定南寧。」〔三〇〕文帝深納之，然以天下初定，恐人心不安，故未之許。後竟遣史萬歲討平之，並因睿之策也。

睿威惠兼著，人夷悅服，聲望逾重，文帝陰憚之。薛道衡從軍在蜀，說睿勸進，文帝大悅。及受禪，顧待彌隆。睿復上平陳策，帝善之，下詔曰：「昔公孫、隗囂，漢之賊也，光武與其通和，稱爲皇帝。尉佗之於高祖，初猶不臣。孫皓之答晉文，書尚云『白』。或尋款服，或即滅亡。王者體大，義存遵養，雖陳國來朝，未盡蕃節，如公大略，誠須責罪，尚欲且緩其誅，宜如此意。淮海未滅，必興師旅，若命水襲，終當相屈，〔三一〕以身許國，無足致辭也。」睿乃止。睿時見突厥方強，恐爲邊患，復陳鎭守之策十餘事。帝嘉歎久之，答以厚意。

睿時自以周代舊臣，久居重鎭，內不自安，屢請入朝，於是徵還京師。及引見，上爲之興，命睿升殿，握手極歡。睿退謂所親曰：「功遂身退，今其時也。」遂謝病，闔門自守，不交當時。帝賜以板輿，每有朝覲，必令三衞輿上殿。睿初平王謙之始，自以威名太盛，恐爲時所忌，遂大受金賄以自穢。由是勳簿多不以實，詣朝堂稱屈者，前後百數人。上令有司案驗其事，主者多獲罪。睿懼，上表陳謝，請歸大理。上慰喻遣之。十五年，從至洛陽而卒，謚曰襄。

子洋嗣，歷位嵩徐二州刺史、武賁郎將。大業六年，詔追改睿封爲戴公，命以洋襲焉。

論曰：賀拔岳變起倉卒，侯莫陳悅意在兼幷，于時人有離心，士無固志。寇洛撫循散亂，抗禦仇讎，全師而還，敵人絕覬覦之望；度德而處，霸王建匡合之謀。趙貴居二鬬之險，周室定二分之功。〔三二〕彼此一時，其功固不細也。

李賢和兄弟屬亂離之際，居戎馬之間，志略從橫，忠勇奮發，頻摧勍敵，屢涉艱危。及逢時遇主，策名委質，荷生成之恩，蒙國士之遇，俱縻好爵，各著勳庸。遂得任兼文武，聲彰出內，位高望重，光國榮家，跗萼連暉，椒聊繁衍，〔三三〕冠冕之盛，當時莫與比焉。自周迄隋，鬱爲西京盛族，雖金、張在漢，不之尚也。然而周文始崩，嗣君冲幼，內則功臣放命，外則强寇臨邊，晉公以猶子之親，膺負圖之託，遂能撫寧家國，開翦異端，革魏興周，遠安邇悅，功勤已著，過惡未彰。李植受遇先朝，宿參機務，慮威權之去己，懼將來之不容，生此厲階，成茲貝錦，乃以小謀大，由疏間親。主無昭帝之明，臣有上官之訴，嫌隙旣兆，釁故因之，啓冢宰無君之心，成閔帝廢弑之禍，植之由也。李遠闕義方之訓，又無先見之明，以至誅夷，非爲不幸。

梁禦豫奉興王，參謀締構，驅馳畢力，夷險備嘗，雖遠志未申，亦云遇其時矣。穆及梁睿皆周室功臣，隋文王業初基，俱受腹心之寄，故穆首登師傅，睿終膺殊寵，覩其見機而動，抑亦人之先覺。然方魏朝之貞烈，有愧王淩；比晉室之忠臣，終慚徐廣。穆之子孫，特爲隆盛，朱輪華轂，凡數十人，見忌當時，禍難遄及，得之非道，可不戒歟。

校勘記

〔一〕賜和姓若口引氏　諸本無「口」字，周書卷一五寇洛傳有。按魏書卷一一三官氏志云：「若口引氏後改爲寇氏。」本書卷二七寇讚傳，讚曾孫儁亦賜姓若口引氏。此脫「口」字，今據補。

〔二〕將吏奔敗　周書卷一六、通志卷一五六趙貴傳「敗」作「散」。作「敗」當是形訛。

〔三〕朱伯厚王脩感意氣微恩　周書「王脩」作「王叔治」。按三國志卷一一王脩傳，脩字叔治。北史避唐諱，改稱其名。

〔四〕從復弘農戰沙苑　諸本無「戰」字，周書、通志有。按沙苑不曾爲東魏所得，不可稱「復」，此脫「戰」字，今據補。

〔五〕大統末以賢兄弟著勳追贈司空公　按此承上文，似贈司空者是賢曾祖富。但周書卷二五李賢傳此上有「祖斌襲，領父兵，鎭於高平，因家焉。父文保早卒」十八字。隋書卷三七李穆傳亦敍其祖斌、父文保事。則贈司空者是其父文保。宋本每行十八字，此當是抄脫一行。

〔六〕孝莊遣尒朱天光擊破之天光令都督長孫邪利行原州事　諸本兩「光」字上並脫「天」字，據周書及通志卷一五六李賢傳補。

〔七〕朕處之若親　百衲本「親」上有墨丁，南、北、汲、殿四本有「至」字。按周書、通志並無「至」字，通志此傳全據北史，則所見本亦當無「至」字。當是大德本誤衍墨丁，南本以意補，北、汲、殿本承之。今從通志。

〔八〕突厥欲降之　諸本無「欲」字，通志卷一六〇李崇傳有。隋書卷三七李崇傳作「意欲」二字。今從通志補。

〔九〕降者封爲特勤　諸本「勤」訛作「勒」，據隋書改。參本書卷九九突厥傳校記。

〔一〇〕敕勒賊胡琮侵逼原州　張森楷云：「『琮』當作『琛』。」按魏書卷九肅宗紀正光五年，及本書卷四八尒朱天光傳，並作胡琛。「琮」當是「琛」之訛。但諸本及周書卷二五、通志卷一五六李遠傳都作「琮」，今不改。

〔一一〕有異議者請斬之　諸本「異」下有「同遠」二字。周書卷二五李遠傳無。張森楷云：「『同』字不當有。」按此乃涉上文「同遠」二字而衍，今據周書刪。

〔一二〕遠乃使賢晦迹和光潛身間行入朝求援　按周書言遠自欲間行入朝，而使賢留高平，伺機內應。此文則似遠留而賢行，與事實不符。疑「潛身」上脫「自」字。

〔一三〕周文以河東爲國之要領乃授河東郡守　諸本「領乃」倒作「乃領」。張森楷云：「周書作『國之要鎭』，此似改作『國之要領』，傳刻誤倒，遂不可通。」按通志卷一五六正作「河東爲國之要領」，今據乙。

〔一四〕但不入獸穴不得獸子　通志「獸」作「虎」。按此乃北史避唐諱。

〔一五〕尋授都督義州弘農等二十一郡諸軍事　周書「郡」作「防」。按西魏、北周邊境鎭戍稱「防」，疑作「防」是。錢氏考異卷三二引隋書地理志中弘農郡盧氏縣條，以爲「義州」當作「義川」。楊守敬隋書地理志考証卷三引太平寰宇記卷六號州盧氏縣條言西魏大統中於盧氏縣立東義州，認

爲隋志脫「義州」二字。則此作「義州」不誤。旣爲州，則下更不得言「郡」。

〔一六〕出爲淅州刺史　諸本「淅」作「浙」，周書作「海」，通志作「淅」。按周無「海州」、「浙州」。隋書地理志中淅陽郡條云：「西魏置淅州。」周書卷三〇李穆傳亦言基時任淅州刺史，今據改。

〔一七〕以主壻　諸本「主」訛作「王」，據通志改。

〔一八〕威字安人　周書「人」作「民」，北史避唐諱改。

〔一九〕大象末進至柱國封公　周書作「大象末，位至柱國」。按隋書卷三七李穆附子渾傳云：「從父兄威，開皇初以平蠻功官至上柱國、黎國公。」這裏當云：「大象末，位至柱國。開皇初，進上柱國，封黎國公。」

〔二〇〕芒山之戰　周書卷三〇李穆傳「芒山」作「河橋」。按河橋之戰，指西魏大統四年援獨孤信於洛陽之役；芒山之戰指大統九年迎高仲密之役。此乃大統四年事，當作「河橋之戰。」

〔二一〕又擊曲沔蠻破之　通志同。按「曲沔」疑當作「沔曲」。

〔二二〕又別封子雄爲密國公　諸本「密」作「容」，周書作「密」。按下文云：「直弟雄位柱國、驃騎將軍、密國公」，隋書、通志並同。作「容」誤，今據改。

〔二三〕周文帝令功臣長子並與略陽公遊處　諸本脫「公」字，據周書、通志補。宇文覺初封略陽公，見本書卷九周孝閔帝紀。

〔二四〕仁壽初忩筠慳嗇　諸本「忩」作「忽」，在「筠」字下。張森楷謂「忩」當作「忽」，在「筠」字上。按隋書李穆傳敍筠事云：「仁壽初，叔父渾忩其吝嗇，陰遣兄子善衡賊殺之。」張說是，今據改乙。

〔二五〕封安武郡公　諸本作「武安」，隋書、通志並作「安武」。按李穆曾封安武郡公，渾當是承襲父爵，作「安武」是，今據乙。

〔二六〕吾與汝必爲大將軍　隋書無「軍」字。按隋書卷八禮儀志三、通鑑卷一八一五六六〇頁言隋煬帝攻高麗，分二十四軍，每軍大將、亞將各一人。這裏「軍」字當是衍文。

〔二七〕雍州刺史賈顯持兩端　張森楷云：「『顯』下當有『度』字，魏書卷八〇賈顯度傳可証。」按張說是，顯度有弟名顯智，省作「賈顯」，易生混淆。

〔二八〕率行軍總管于義　諸本脫「行」字，據隋書、通志補。

〔二九〕睿遣上開府拓拔宗趣劍閣　諸本「拓」作「託」，據隋書、通志改。

〔三〇〕幸因平蜀士衆不煩重興師旅押獠旣訖卽請略定南寧　諸本脫「旅」字，據隋書、通志補。又「押」訛「狎」，據隋書改。「押獠」亦作「壓獠」，卽鎭壓獠族的反抗。見本書卷九五獠傳。

〔三一〕若命水襲終當相屈　各本及隋書「水」並作「永」，獨百衲本作「水」。按梁睿當時鎭蜀，居陳上游，此言以水軍襲陳，則將用睿也。今從百衲本。

〔三二〕趙貴居二闕之險周室定二分之功　按周書卷十六史臣論云：「趙貴志懷忠義，首倡大謀，爰啓

聖明，克服讎恥，關中全百二之險，周室定三分之業。」文意明白。這裏語意不明，疑有脫訛。

〔三三〕椒聊繁衍　諸本「椒聊」作「聊椒」，周書卷二五史臣論作「椒聊」。按詩唐風：「椒聊之實，蕃衍盈升。」此誤倒，今據乙。

北史卷六十

列傳第四十八

李弼 曾孫密　宇文貴 子忻　愷　侯莫陳崇 子穎　崇兄順

王雄 子謙

李弼字景和，隴西成紀人。六世祖振，慕容垂黃門郎。父永，魏太中大夫，贈涼州刺史。

弼少有大志，膂力過人。屬魏亂，謂所親曰：「大丈夫生世，會須履鋒刃，平寇難，以取功名，安能碌碌依階以求仕。」初爲別將，從尒朱天光西討，破赤水蜀，以功封石門縣伯。又與賀拔岳討万俟醜奴、万俟道洛、王慶雲，皆破之。賊咸畏之曰：「莫當李將軍前也。」

及天光赴洛，弼隸侯莫陳悅，征討屢有剋捷。及悅害賀拔岳，周文帝自平涼討悅。弼諫悅，令解兵謝之。悅惶惑，計無所出。弼知悅必敗。周文帝至，悅乃棄秦州南出，據險以

自固。是日，弼密通於周文，許背悅。至夜，弼乃勒所部，云悅欲向秦州，命皆裝束。弼妻，悅之姨也，時爲悅所親委，衆咸信之，人皆散走。弼慰輯之，遂擁以歸周文。悅由此敗。周文謂曰：「公與吾同心，天下不足平也。」

大統初，進位驃騎大將軍、開府儀同三司。從平竇泰，斬獲居多。周文以所乘騅馬及泰所著牟甲賜弼。又從平弘農。與齊神武戰於沙苑，弼〔率軍居右，而左〕軍爲敵所乘。〔一〕弼將其麾下九十騎橫截之，賊分爲二，因大破之。以功進爵趙郡公。四年，從周文東討洛陽，弼爲前驅。東魏將莫多婁貸文率衆至穀城，弼倍道而前，遣軍士鼓譟，〔二〕曳柴揚塵。貸文以爲大軍至，遂走。弼追斬貸文，傳首大軍。翌日，又從周文與齊神武戰河橋，身被七創，遂爲所獲，陽隕絕於地，睨其傍有馬，因躍上得免。歷位司空、太保、柱國大將軍。廢帝元年，賜姓徒何氏。六官建，拜太傅、大司徒。及晉公護執政，朝之大事，皆與于謹及弼等參議。周孝閔帝踐阼，除太師，進封趙國公，邑萬戶，前後賞賜鉅萬。

弼每征討，朝受命，夕便引路，略不問私事，亦未嘗宿於家。秉性沈雅，有深識，故能以功名終。薨於位，明帝卽日舉哀，〔三〕比葬，三臨其喪。發卒穿冢，給大路、龍旂，陳軍至墓。謚曰武。尋追封魏國公，配食文帝廟庭。

子曜居長，以次子暉尙文帝女義安長公主，故遂以爲嗣。

暉初賜爵義城郡公，嘗臥疾期年，文帝憂之，賜錢一千萬，供其藥石之費。魏恭帝二年，加驃騎大將軍、開府儀同三司。出爲岐州刺史。從文帝西巡，率公卿子弟別爲一軍。後襲趙國公，改襲魏國公。天和六年，進位柱國。建德元年，出爲梁州總管。時渠、蓬二州生獠積年侵暴，至州綏撫，並來歸附。璽書勞之。

暉弟衍，字拔豆，少專武藝，慨慷有志略。仕周，爲義州刺史，封眞鄉公。王謙作亂，以行軍總管從梁睿擊平之，進上大將軍。隋開皇元年，以行軍總管討平叛蠻，進位柱國。後拜安州總管，以疾還京，卒。子仲威嗣。

衍弟綸，最知名，有文武才用。以功臣子少居顯職，位至司會中大夫、開府儀同三司，封河陽郡公。爲聘齊使主，卒。

子長雅嗣，尙隋文帝女襄國公主，位內史侍郎、河州刺史、檢校秦州總管。

綸弟晏，開府儀同三司、趙郡公，從平齊，歿并州。子憬，以晏死王事，卽襲其官爵。

曜既不得嗣，朝廷以弼功重，封曜邢國公，位開府。

子寬，幹略過人，自周及隋，數經將領，位柱國、蒲山郡公，號爲名將。

弼弟檦，字雲傑，長不盈五尺，性果決，有膽氣。魏永安元年，以兼別將從尒朱榮破元

顥。榮誅，隨尒朱兆入洛。及魏孝武西遷，檦從都督元斌之與齊神武戰，敗，遂與斌之奔梁。後得逃歸，進封晉陽縣子。尋爲周文帝帳內都督，從復弘農，破沙苑。檦時跨馬運矛，衝堅陷陣，隱身鞍甲之中。敵人見之，皆曰「避此小兒」。[四]不知檦之形貌，正自如此。周文初亦聞檦驍悍，未見其能，至是方嗟歎之。謂曰：「但問膽決如何，何必要須八尺之軀也。」以功進爵爲公。武成初，從豆盧寧征稽胡，進爵汝南郡公。出爲總管延綏丹三州諸軍事、延州刺史，卒官。

無子，以弼子椿嗣，位開府儀同大將軍、右宮伯，改封河東郡公。

密字法主，蒲山公寬之子也。才兼文武，志氣雄遠，少襲爵蒲山公。養客禮賢，無所愛吝。與楊玄感爲刎頸交。後更折節耽學，尤好兵書，誦皆在口。師事國子助教包愷，受史記、漢書。愷門徒皆出其下。大業初，授親衞大都督，以疾歸。

及玄感有逆謀，召密，令與弟玄挺赴黎陽，以爲謀主。密進三計曰：「今天子遠在遼外，公長驅入薊，直扼其喉，前有高麗，退無歸路，不戰而禽，此計上也。又關中四塞，衞文昇不足爲意，今率衆務早入西，萬全之勢，此計中也。若隨近先向東都，以引歲月，此計之下也。」玄感曰：「公下計乃上策矣。今百官家口並在東都，若不取之，安能動物？且經城不

拔，何以示威？」密計不行。玄感既至東都，自謂功在朝夕。及獲韋福嗣，既非同謀，設籌皆持兩端。[五]玄感後使作檄文，固辭不肯。密揣知其情，請斬之。玄感不從。密退謂所親曰：「楚公好反而不欲勝，吾屬今爲虜矣。」後玄感將西入，福嗣竟亡歸東都。時李雄勸玄感速稱尊號，玄感以問密，密以爲不可。玄感笑而止。及宇文述、來護等軍且至，玄感謂密計將安出。密曰：「元弘嗣統强兵於隴右，今可揚言其反，遣使迎公，因此入關，可得給衆。」玄感遂用密謀號令。西至陝縣，圍弘農不拔，西至閿鄉，追兵至，玄感敗。

密間行入關，與玄感從叔詢相隨，匿馮翊詢妻家。尋爲隣人告，被捕，與其黨俱送帝所。在途，與其衆謀逃。其徒多金，密令出示使者曰：「吾等死日，此金留付公，幸用相瘞，其餘卽皆報德。」使者利金，遂相許。及出關，密每夜宴飮。行次邯鄲，夜宿村中，密等七人皆穿牆而遁。與王仲伯亡抵平原賊帥郝孝德，孝德不甚禮之。備遭饑饉，削樹皮而食之。仲伯潛歸天水。密詣淮陽，舍於村中，變姓名稱劉智遠，聚徒教授。經數月，鬱鬱不得志，爲五言詩，詩成，泣下數行。時人有怪之，以告太守趙他，下縣捕之。密亡抵其妹夫雍丘令丘君明。君明從子懷義後告之，密得遁去，君明竟坐死。

密投東郡賊帥翟讓，乃因王伯當以策干讓。遣說諸小賊，所至輒降，讓始敬焉，召與計事。密以兵衆無糧，勸讓直趣滎陽，休兵館穀，然後爭利。讓從之，乃掠下滎陽。太守郇王

慶及通守張須陁以兵討讓。讓數爲須陁敗，將遠避之。密勸讓列陣以待，密以奇兵掩擊，大破之，斬須陁於陣。讓於是令密建牙，別統所部。復說讓以廓清天下爲事，令掩據興洛倉，發粟以振窮乏。於是與讓以義寧元年春出陽城，北踰方山，自羅口襲興洛倉，破之，開倉振百姓。越王侗遣武賁郎將劉長恭討密。〔密一戰破之，長恭僅以身免。讓於是推密爲主。〕[六]密城洛口周回四十里以居之。讓上密號爲魏公，設壇場卽位，稱元年。以房彥藻爲左長史，邴元眞爲右長史，楊德方爲左司馬，鄭德韜爲右司馬。拜讓爲司徒，封東郡公。長白山賊孟讓掠東都，燒豐都市而歸。[七]密攻下鞏縣，獲縣長柴孝和，拜爲護軍。武賁郎將裴仁基以武牢歸密，密因遣仁基與孟讓襲破回洛倉，據之。俄而德韜、德方俱死，復以鄭頲爲左司馬，鄭虔象爲右司馬。

柴孝和說密，令裴仁基守回洛，翟讓據洛口，身率精銳，西襲長安，不然他人我先。密曰：「此誠上策，然我之所部並山東人，既見未下洛陽，恐不肯西入。」孝和請間行觀隙，[八]乃與數十騎至陝縣，賊歸之者萬餘人。密時兵鋒甚銳，每入苑與官軍連戰。會密爲流矢所中，臥於營內，東都出兵擊之，密衆大潰，棄回洛倉歸洛口。孝和之衆聞密敗，各分散而去，孝和輕騎歸密。煬帝遣王世充率江淮勁卒五萬討密，密敗之。孝和溺洛水死，密甚傷之。

世充營於洛西，與密相拒百餘日。武陽郡丞元寶藏、黎陽賊帥李文相、洹水賊帥張昇、

清河賊帥趙君德、平原賊帥郝孝德並歸密，共襲破黎陽倉，據之。周法明舉江、黃之地以附密。齊郡賊帥徐圓朗、任城大俠徐師仁、淮陽太守趙他等前後款附以千百數。

翟讓所部王儒信勸讓爲太宰，總衆務以奪密權。〔九〕兄寬復謂讓曰：「天子止可自作，安得與人？汝若不作，我當爲之。」密聞，惡之。會讓拒世充，軍退數百步，密與單雄信等赴之，世充敗走。讓欲乘勝破其營，會日暮，固止之。明日，讓與數百人至密所，欲爲宴樂。密引讓入坐，令讓射。引滿將發，密遣壯士蔡建自後斬之。遂殺其兄寬及儒信等，從者亦有死焉。讓部將徐世勣爲亂兵所斫，中重創，密止之，僅得免。雄信等皆叩頭求哀，密並釋而慰之。於是詣讓營，遣王伯當、邴元眞、單雄信等告以殺讓意，令世勣、雄信、伯當分統其衆。

世充夜襲倉城，密拒破之，斬武賁郎將費青奴。世充復營洛北，於洛水構浮橋，悉衆擊密。密拒之，不利而退。世充因薄其城下，密擊之，大潰，爭橋，橋陷，溺水者數萬人。武賁郎將楊威、王辯、霍世舉、劉長恭、梁德重、〔一〇〕董智通等皆沒于陣。世充僅而獲免，不敢還東都，遂走河陽。其夜大雪，餘衆死亡殆盡。密乃修金墉故城居之，衆三十餘萬，攻上春門。留守韋津出戰，被執。其黨勸密卽尊號，密不許。及義師圍東都，〔一一〕密出軍爭之，交綏而退。

俄而宇文化及弒逆，自江都北指黎陽，密拒之。會越王侗稱尊號，遣使授密太尉、尙書令、東南道大行臺、行軍元帥、魏國公，令先平化及，然後入朝輔政。化及至黎陽，徐世勣守倉城不下。密共化及隔水語，密數之曰：「卿本匈奴皁隸破野頭耳，父與兄弟皆受隋恩，豈容躬行殺虐？今若速來歸義，尙可全後嗣。」化及默然，俯仰良久，乃瞋目大言曰：「共你論相殺事，何須作書傳雅語！」密謂從者曰：「化及庸懦如此，忽欲圖帝王，吾當折杖驅之。」知其糧且盡，因僞與之和。化及大喜，恣其兵食，冀密饋之。會密下有人獲罪，亡投之，具言密情。化及大怒，又食盡，迺與密戰于童山下。自辰達酉，密中流矢，頓於汲縣。化及掠汲郡，北趣魏縣，以輜重留於東郡，遣其刑部尙書王軌守之。軌以郡降，密以軌爲滑州總管。

密引兵而西，遣記室參軍李儉朝于東都，執弒帝人于弘達以獻越王侗。侗以儉爲司農少卿，使召密入朝。密至溫縣，聞世充已殺元文都、盧楚等，乃歸金墉城。世充既擅權，乃厚賜將士。時密兵少衣，世充乏食，乃請交易。邴元眞等各求私利，遽勸密，密許焉。初東都絕糧，人歸密者日有數百，至此得食，降人益少。密悔而止。密雖據倉，無府庫，兵數戰不賞，又厚撫初附兵，於是衆心漸怨。時邴元眞守洛口倉，性貪鄙。宇文溫每謂密曰：「不殺元眞，公難未已。」密不答。而元眞知之，謀叛。楊慶聞而告密，密因疑焉。

會世充悉衆來戰，密留王伯當守金墉，自就偃師，北阻芒山以待之。世充令數百騎度御河，密遣裴行儼等逆之。會日暮，行儼、孫長樂、程齩金等驍將十數人皆重創，密甚惡之。世充夜濳濟，詰朝而陣，密方覺之。狼狽出戰，敗績，馳向洛口。世充夜圍偃師，守將鄭頲爲其部下翻城而降世充。密將入洛口倉城，元眞已遣人引世充。密陰知之，不發其事，欲待世充兵半度洛水，然後擊之。密候騎不時覺，比將出戰，世充軍悉已濟。密引騎而遁，元眞以城降世充。

密衆漸離，將如黎陽。人或曰：「殺翟讓之際，徐世勣幾死，其心安可保。」密乃止。時王伯當棄金墉城，保河陽，密自武牢濟，歸之。謂曰：「久苦諸君，我今日自刎以謝衆。」衆皆泣，莫能仰視。密復曰：「諸君幸不相棄，當共歸關中。密身雖愧無功，諸君必保富貴。」其府掾柳爕曰：「明公與長安宗族，有疇昔之遇，雖不陪起義，然阻東都，斷隋歸路，使唐國不戰而得京師，此公之功也。」衆咸曰：「然。」密遂歸朝，封邢國公，拜光祿卿。尋奉使出關安撫，至熊州而逃叛，見殺。

宇文貴字永貴，其先昌黎大棘人也，徙居夏州。父莫豆干，保定中，以貴勳追贈柱國大將軍、少傅、夏州刺史、安平郡公。貴母初孕貴，夢老人抱一子授之曰：「賜爾是子，俾壽且

貴。」及生，形類所夢，故以永貴字之。

貴少從師受學，嘗輟書歎曰：「男兒當提劍汗馬以取公侯，何能爲博士也！」魏正光末，破六韓拔陵圍夏州，刺史源子邕嬰城固守，以貴爲統軍。後從尒朱榮禽葛榮於滏口，加別將。又從元天穆平邢杲，轉都督。元顥入洛，貴率鄉兵從尒朱榮有功，封革融縣侯。除郢州刺史，入爲武衞將軍、閤內大都督。〔一二〕從魏孝武西遷，進爵化政郡公。貴善騎射，有將帥才。周文帝又以宗室，甚親委之。

大統初，與獨孤信入洛陽。東魏潁州長史賀若統據潁川來降，東魏遣將堯雄、趙育、是云寶率衆二萬攻潁川。貴自洛陽率步騎二千救之，軍次陽翟。雄等去潁川四十里，東魏行臺任祥又率衆四萬，將與雄合。諸將咸以彼衆我寡，不可爭鋒。貴曰：「若賀若一陷，吾輩坐此何爲？」遂入潁川。雄等稍進，貴率千人背城爲陣，與雄合戰。貴馬中流矢，乃短兵步鬬，雄大敗輕走，趙育於是降。任祥聞雄敗，遂不敢進。貴乘勝逼祥，敗之。是云寶亦降。師還。魏文帝在天游園，以金巵置侯上，令公卿射中者卽賜之。貴一發而中。帝笑曰：「由基之妙，正當爾耳。」進侍中、驃騎大將軍、開府儀同三司。十六年，遷中外府左長史，進位大將軍。

宕昌王梁彌定爲宗人獠甘所逐，來奔。又有羌酋傍乞鐵怱，因梁屳定反後，據有渠株

川，擁隸數千家，與渭州人鄭五醜同反。周文令貴與豆盧寧、史寧討之，貴等禽斬鐵忽及五醜，史寧又別擊獠甘破之。〔一三〕乃納彌定，并於渠株川置岷州。朝廷重功，遂於栗坂立碑，以紀其績。

廢帝三年，詔貴代尉遲迥鎮蜀。時隆州人開府李光易反於鹽亭，攻圍隆州；而隆州人李拓亦聚衆反，開府張道應之。〔一四〕貴乃命開府叱奴興救隆州，〔一五〕又令開府成亞擊拓及道降之，並送京師。除益州刺史，就拜小司徒。〔一六〕先是蜀人多劫盜，貴乃召任俠傑健者署爲游軍二十四部，令其督捕，由是頗息。

周孝閔帝踐阼，進位柱國，拜御正中大夫。武成初，與賀蘭祥討吐谷渾。軍還，進封許國公，邑萬戶，舊爵回封一子。遷大司空，行小冢宰，歷大司徒，遷太保。貴好音樂，耽奕棊，留連不倦。然好施愛士，時人頗以此稱之。保定末，使突厥，迎皇后。天和二年，還至張掖，薨。贈太傅，謚曰穆。

子善嗣。善弘厚有武藝。大象末位上柱國，封許國公。隋文帝受禪，遇之甚厚，拜其子穎上儀同。及善弟忻誅，〔一七〕並廢于家。善未幾卒。穎，大業中，位司農少卿，後沒李密。善弟忻。

忻字仲樂，幼而敏慧，爲童兒時，與羣輩戲，輒爲部伍，進止行列，無不用命者。年十二，能左右馳射，驍捷若飛。恒謂所親曰：「自古名將，唯以韓、白、衞、霍爲美談，吾察其行事，未足多尙，使與僕並時，不令豎子獨擅高名。」

年十八，從周齊王憲討突厥，以功拜儀同三司，賜爵興固縣公。韋孝寬以忻驍勇，請與鎮玉壁，以戰功加開府，進爵化政郡公。從武帝攻拔晉州。齊後主親總兵，六軍憚之，欲旋。忻諫曰：「以陛下之聖武，乘敵人之荒縱，何往而不剋？若齊人更得令主，君臣協力，未易平也。」帝從之，乃戰，遂大剋。及帝攻陷并州，先勝後敗。帝爲賊所窘，挺身而遁。諸將多勸帝還，忻勃然曰：「破城士卒輕敵，微有不利，何足爲懷？今破竹形已成，奈何棄之而去！」帝納其言，明日復戰，拔晉陽。齊平，進位大將軍。尋與烏丸軌破陳將吳明徹於呂梁，進位柱國，除豫州總管。

隋文帝龍潛時，與忻情好甚協，及爲丞相，恩顧彌隆。尉遲迥作亂，以忻爲行軍總管，隨韋孝寬擊之。時兵屯河陽，帝令高熲馳驛監軍，與熲密謀進取者，唯忻而已。迥遣子惇盛兵武陟，忻擊走之。進臨相州，迥遣精甲三千伏野馬岡，忻以五百騎襲之，斬獲略盡。進至草橋，迥又拒守，忻以奇兵破之，直趣鄴下。迥背城結陣，大戰，官軍不利。時鄴城士庶觀戰者數萬人，忻謂左右曰：「事急矣，吾當以權道破之。」於是射觀者走之，轉相騰籍，聲如

雷霆。忻乃傳呼曰：「賊敗矣！」衆復振，齊力急擊之，迥軍大敗。及平鄴，以功遷上柱國。文帝謂曰：「尉遲迥傾山東之衆，連百萬之師，公舉無遺算，策無全陣，〔一八〕誠天下英傑也。」進封英國公。

自是每參帷幄，出入臥內，禪代之際，忻有力焉。後拜右領軍大將軍，〔一九〕寵顧彌重。忻解兵法，馭戎齊整，當時六軍有一善事，雖非忻建，在下輒相謂曰：「此必英公法也。」其見推服如此。後改封杞國公。

上嘗欲令忻擊突厥，高熲曰：「忻有異志，不可委以大兵。」乃止。忻既佐命功臣，頻經將領，甚有威名，上由是微忌之，以譴去官。與梁士彥昵狎，數相往來。士彥時亦怨望，陰圖不軌。忻謂士彥曰：「帝王豈有常乎？相扶卽是。公於蒲州起事，我必從征，兩陣相當，然後連結，天下可圖也。」謀泄伏誅，家口籍沒。忻弟愷。

愷字安樂，在周以功臣子，年三歲賜爵雙泉伯，七歲進封安平公。愷少有器局，諸兄並以弓馬自達，愷獨好學。博覽書記，解文，多伎藝，爲名公子。

累遷御正中大夫、儀同三司。隋文帝爲丞相，加上開府，匠師中大夫。〔二〇〕及踐阼，誅宇文氏，愷亦將見殺，以與周本別，又兄忻有功，故見赦。後拜營宗廟副監、太子左庶子。廟

成，別封甑山縣公。及遷都，上以愷有巧思，詔領營新都副監。高熲雖總大綱，凡所規畫，皆出於愷。及決渭水達河以通運漕，詔愷總督其事。後拜萊州刺史，甚有能名。坐兄忻誅，除名於家，久不得調。

會朝廷以魯班故道，久絕不行，令愷修之。既而上建仁壽宮，右僕射楊素言愷有巧思，於是檢校將作大匠。歲餘，拜仁壽宮監，授儀同三司，尋爲將作少監。文獻皇后崩，愷與楊素營山陵。上善之，復爵安平郡公。煬帝卽位，遷都洛陽，以愷爲營東都副監，尋遷將作大匠。愷揣帝心在宏侈，於是東都制度，窮極壯麗。帝大悅，進位開府，拜工部尙書。及長城之役，詔愷規度之。時帝北巡，欲誇戎狄，令愷爲大帳，其下坐數千人。帝大悅，賜物千段。又造觀風行殿，上容衞者數百人，離合爲之，下施輪軸，推移倏忽，有若神功。戎狄見之，莫不驚駭。帝彌悅，前後賞賜不可勝紀。

是時將復古制明堂，議者皆不能決。愷博考羣籍，爲明堂圖樣奏之。又以「張衡渾象用三分爲一度，裴秀輿地以一寸爲千里，臣之此圖以一分爲一尺，推而演之」。又引于時議者，或以綺井爲重屋，或以圓楣爲隆棟，將爲臆說，事不經見。今錄其疑難，爲之通釋，皆出證據，以相發明。爲議曰：

臣愷謹按淮南子曰：「昔者神農之御天下也，甘雨以時，五穀蓄植，春生夏長，秋收

冬藏，月省時考，終歲獻貢，以時嘗穀，祀于明堂。明堂之制，有蓋而無四方，風雨不能襲，燥濕不能傷，遷延而入之。」臣愷以爲上古朴略，創立典刑。尚書帝命驗曰：「帝者承天，立五府以尊天重象，赤曰文祖，黃曰神斗，白曰顯紀，黑曰玄矩，蒼曰靈府。」注云：「唐虞之天府，夏之世室，殷之重屋，周之明堂，皆同矣。」尸子曰：「有虞氏曰總章。」周官考工記曰：「夏后氏世室，堂脩二七，博四脩一。」注云：「脩，南北之深也。夏度以步，合堂脩十四步，其博益以四分脩之一，則堂博十七步半也。」臣愷案：三王之世，夏最爲古，從質尚文，理應漸就寬大，何因夏室乃大殷堂？相形爲論，理恐不爾。記云：「堂脩二七，博四脩一。」〔二一〕若夏度以步，則應脩七步。注云：「今堂脩十四步。」乃是增益記文。殷、周二堂，獨無加字，便是義類例不同。山東禮本輒加二七之字，何得殷無加尋之文，周闕增筵之義？研窮其趣，或是不然。讎校古書，並無「二」字。此乃桑間俗儒，信情加減。黃圖議云：「夏后氏益其堂之大百四十四尺，周人明堂以爲兩杼間。」馬宮之言，止論堂之一面。據此爲準，則三代堂基並方，得爲上圓之制。諸書所說，並爲下方，鄭注周官，獨爲此義，非直與古違異，亦乃乖背禮文。尋文求理，深恐未愜。

尸子曰：「殷人陽館。」考工記曰：「殷人重屋，堂脩七尋，堂崇三尺，四阿重屋。」注云：「其脩七尋，五丈六尺。放夏周，則其博九尋，〔二二〕七丈二尺。」又曰：「周人明堂，度

九尺之筵，東西九筵，南北七筵，堂崇一筵，五室，凡室二筵。」禮記明堂位曰：「天子之廟，複廟重檐」。鄭注云：「複廟，重屋也。」注玉藻云：「天子廟及路寢，皆如明堂制。」禮圖云：「於內室之上，起通天之觀，觀八十一尺，得宮之數，其聲濁，君之象也。」大戴禮曰：「明堂者，古有之。凡九室，室有四戶八牖，以茅蓋，上圓下方。外水曰璧雍。赤綴戶，白綴牖。堂高三尺，東西九仞，南北七筵。其宮方三百步。」「凡人疾、六畜疫、五穀災，生於天道不順。天道不順，生於明堂不飾。故有天災則飾明堂。」周書曰：「明堂方百一十二尺，高四尺，階博六尺三寸，室居內，方百尺，室內方六十尺，高八尺，博四尺。」〔二三〕作洛曰：「明堂、太廟、路寢咸有四阿，重亢重廊。」孔氏注云：「重亢累棟，重廊累屋。」

禮圖曰：「秦明堂，九室十二階，各有所居。」呂氏春秋曰：「有十二堂。」與月令同。並不論尺丈。臣愷案：十二階雖不與禮合，一月一階，非無理思。

黃圖曰：「堂方百四十四尺，坤之策也，方象地；屋圓，楣徑二百一十六尺，乾之策也，圓象天。室九宮，法九州；太室方六丈，法陰之變數；十二堂，法十二月；三十六戶，法極陰之變數；七十二牖，法五行所得日數；八達象八風，法八卦；通天臺徑九尺，法乾以九覆六；高八十一尺，法黃鍾九九之數；二十八柱，象二十八宿；堂高三尺，土階三

等，法三統；堂四向五色，法四時五行；殿門去殿七十二步，法五行所行。門堂長四丈，取太室三之二。垣高無蔽目之照，牖六尺，其外倍之。殿垣方，在水內，法地陰也；水四周於外，象四海，圓法陽也；水闊二十四丈，應二十四氣；水內徑三丈，應覲禮經。」武帝元封二年，立明堂汶上，無室，其外略依此制。泰山通義今亡，不可得而辨也。

元始四年八月，起明堂、璧雍長安城南門，制度如儀。一殿，垣四面，門八觀，水外周堤，壤高。四方和會，築作三旬。〔二四〕五年正月六日辛未，始郊太祖高皇帝以配天。二十二日丁亥，宗祀孝文皇帝於明堂以配上帝。及先賢百辟卿士有益者，於是秩而祭之。親扶三老五更，袒而割牲，跪而進之。因班時令，宣恩澤。諸侯宗室、四夷君長、匈奴西國侍子，悉奉貢助祭。

禮圖曰：「建武三十年作明堂，堂上圓下方。圓法天，方法地。十二堂法日辰，九室法九州，八窗象八風，八九七十二，法一時之王。室有二戶，二九十八戶，法土王十八日。內堂正壇高三尺，土階三等。」胡伯始注漢官云：「古清廟蓋以茅，今蓋以瓦，瓦下藉茅，以存古制。」東京賦曰：「乃營三宮，布政頒常。複廟重屋，八達九房。造舟清池，惟水泱泱。」薛綜注云：「複重廟覆，謂屋平覆重棟也。」〔二五〕續漢書祭祀志曰：「明帝永平二年，祀五帝於明堂。五帝坐各處其方，黃帝在未，皆如南郊之位。光武位在青帝之

南，少退，西面，各一犢，〔二六〕奏樂如南郊。」臣愷案詩云：「我將，祀文王於明堂也。我將我享，維羊維牛。」據此，則備大牢之祭。今云一犢，恐與古殊。自晉以前，未有鴟尾，其門牆璧水，一依本圖。

晉起居注裴頠議曰：「尊祖配天，其義明著，廟宇之制，理據未分。直可爲一殿以崇嚴祀，其餘雜碎，一皆除之。」臣愷案：「天垂象，聖人則之。」辟雍之星，既有圖狀，晉室方構，不合天文。既闕重樓，又無璧水，空堂乖五室之義，直殿違九階之文。非古欺天，一何過甚！

後魏於北臺城南，造圓牆，在璧水外，〔二七〕門在水內迴立，不與牆相連。其堂上九室，三三相重，不依古制。室間通巷，違舛處多。其室皆用墼累，極成褊陋。後魏樂志曰：「孝昌二年立明堂，議者或言九室，或言五室，詔斷從五室。後元叉執政，復改爲九室。遭亂不成。」〔二八〕

宋起居注曰：「孝武大明五年立明堂，其牆宇規範，擬則太廟，唯十二間，以應期數。依漢汶上圖儀，設五帝位，太祖文皇帝對饗。鼎俎簠簋，一依廟禮。」

梁武即位之後，移宋時太極殿以爲明堂，無室，十二間。禮疑議云：「祭用純，漆俎瓦樽，文於郊，質於廟，止一獻，用清酒。」平陳之後，臣得目觀，遂量步數，記其尺丈。

猶見焚燒殘柱，毁破之餘，入地一丈，儼然如舊。柱下以樟木爲跗，長丈餘，闊四尺許，兩兩相並，凡安數重。宮城處所，乃在郭內。雖湫隘卑陋，未合規摹，但祖宗之靈，得崇嚴祀。

周齊二代，闕而不修，大饗之典，於焉靡託。

自古明堂圖唯有二本。一是宗周，劉熙、阮諶、劉昌宗等作，三圖略同。一是後漢建武三十年作，禮圖有本，不詳撰人。臣遠尋經傳，傍求子史，研究衆說，總撰今圖。其様以木爲之，下爲方堂，堂有五室，上爲圓觀，觀有四門。」

帝可其奏。會遼東之役，事不果行。以度遼之功，進位金紫光祿大夫。其年卒官，帝甚惜之，謚曰康。撰東都圖記二十卷、明堂圖議二卷、釋疑一卷，見行於世。

長子儒童，游騎尉。少子溫，起部承務郎。

侯莫陳崇字尙樂，代武川人也。其先魏之別部，居庫斛眞水。祖元，以良家子鎭武川，因家焉。〔二九〕父興，殿中將軍、羽林監，後以崇著勳，追贈柱國、太保、清河郡公。

崇少驍勇，善馳射，謹慤少言。年十五，隨賀拔岳與尒朱榮征葛榮。後從岳入關，破赤水蜀。又從岳力戰，破万俟醜奴。崇與輕騎逐北，至涇州長坑及之。賊未成列，崇單騎入賊中，於馬上生禽醜奴，遂大破之。封臨涇縣侯。

及岳爲侯莫陳悅所害，崇與諸將同謀迎周文帝。文帝至軍，原州刺史史歸猶爲悅守。周文遣崇襲歸，直到城下，卽據城門。時李遠兄弟在城內，先知崇來，中外鼓譟，伏兵悉起，遂禽歸斬之。以崇行原州事，仍從平悅，別封廣武縣伯。累遷儀同三司，改封彭城郡公。從禽竇泰，復弘農，破沙苑，戰河橋，又別討平稽胡，累戰皆有功，進位柱國大將軍。六官建，拜大司空。周孝閔踐阼，進封梁國公，加太保。歷大宗伯、大司徒。

保定三年，從武帝幸原州。時帝夜還京師，竊怪其故。崇謂所親人常昇曰：「吾比日聞卜筮者言，〔三〇〕晉公今年不利，車駕今忽夜還，不過是晉公死耳。」於是皆傳之。或有發其事者，帝集諸公卿於大德殿責崇，崇惶懼謝罪。其夜，護遣使將兵就崇宅，逼令自殺。葬禮如常儀，謚曰躁。護誅，改謚曰莊閔。

子芮嗣，位柱國。從武帝東伐，率衆守太行道。幷州平，授上柱國。仍從平鄴，拜大司馬。隋大業初，〔三一〕以譴，詔流配嶺南。芮弟穎。

穎字遵道，少有器量，風神警發，爲時輩所推。魏大統末，以父軍功，賜爵廣平侯，累遷開府儀同三司。周武帝時，從滕王逌擊龍泉、文城叛胡。穎與柱國豆盧勣分路而進，穎懸軍五百餘里，破其三栅。先是稽胡叛亂，輒略邊人爲奴婢。至是，詔胡有厭匿良人者誅，籍沒其妻子。有人言爲胡村所隱匿者，勣將誅之。穎曰：「將在外，君命有所不行。諸胡固非悉反，但相迫脅爲亂。今慰撫，自可不戰而定；如卽誅之，轉相驚恐，爲難不細。未若召其渠帥，以隱匿者付之，令自歸首，則羣胡可安。」勣從之，諸胡爭降附，北土以安。還司武，加振威中大夫。

隋文帝受禪，加上開府，進爵昇平郡公。平陳之役，以行軍總管從秦王俊出魯山道，與行軍總管段文振度江，安集歸附。再遷瀛州刺史，甚有惠政。後坐與秦王俊交通，免官。百姓送者莫不流涕，因相與立碑，頌穎清德。後拜邢州刺史。仁壽中，吏部尙書牛弘持節巡撫山東，以穎爲第一，上優詔褒揚。時朝廷以嶺南刺史縣令多貪鄙，蠻夷怨叛，妙簡清吏。於是徵穎入朝。上與言及平生，以爲歡笑，卽日進位大將軍，拜桂州總管、十七州諸軍事。及至官，大崇恩信，人夷悅服。

煬帝卽位，穎兄梁國公芮坐事徙邊，朝廷恐穎不自安，徵還京師。後拜恒山太守。其年，嶺南、閩越多不附，帝以穎前在桂州有惠政，爲南方所信伏，拜南海太守。卒官，謚曰定。子虔會最知名。

崇兄順，少豪俠有志度。初事尒朱榮爲統軍。普泰元年，封木縣子。〔三二〕後從魏孝武入關。順與周文帝同里閈，素相友善，且崇先在關中，周文見之甚歡，進爵彭城郡公。及梁企定圍逼河州，以順爲大都督，與趙貴討破之，卽行河州事。

大統四年，魏文帝東討，順與太尉王盟、僕射周惠達等留鎭長安。時趙靑雀反，盟及惠達奉魏太子出次渭北。順於渭橋與賊戰，頻破之。魏文帝還，執順手曰：「渭橋之戰，卿有殊力。」便解所服金鏤玉梁帶賜之。南岐州氐苻安壽。遂率部落一千家款附。〔三三〕時順弟崇又封彭城郡公，遂改封順河間郡公。六年，加驃騎大將軍、開府儀同三司，行西夏州事，改封平原郡公。周孝閔帝踐阼，拜少師，進位柱國。其年薨。

崇弟瓊，歷位荆州總管、上柱國，封脩武郡公。

瓊弟凱，以軍功賜爵下蔡縣男。崇以平原州功，賜爵靈武縣侯，詔聽轉授凱。孝閔踐阼，進位開府儀同三司，進爵爲公。天和中，爲司會中大夫。建德二年，爲聘齊使主。

王雄字雄胡布頭，太原人也。父崘，以雄著勳，追贈柱國大將軍、少傅、安康郡公。雄儀貌魁梧，少有謀略。魏末，從賀拔岳入關，除金紫光祿大夫。孝武西遷，封臨貞縣伯。大統中，進爵武威郡公，累遷大將軍，行同州事。恭帝元年，賜姓可頻氏。周孝閔帝踐阼，授少傅，進位柱國大將軍。武成初，進封庸國公，邑萬戶。出爲涇州總管。保定四年，從晉公護東征，至芒山，與齊將斛律明月戰。退走，[三四]左右皆散，矢又盡，唯餘一奴一矢在焉。雄案矟不及明月者丈餘，曰：「惜爾，不得殺，但生將爾見天子。」明月反射雄中額，抱馬走至營，薨。贈使持節、太保、同華等二十州諸軍事、同州刺史，謚曰忠。子謙。

謙字勑萬，性恭謹，無他才能，以父功封安樂縣伯。保定二年，父雄封庸國公，以武威郡公回封謙，安樂伯回封第三弟震。雄死，朝議以謙父殞行陣，特加殊寵，授柱國大將軍，襲爵庸國公。建德五年，武帝東征，謙力戰，進位上柱國。

六年，授益州總管、十八州諸軍事。及宣帝崩，隋文帝輔政，以梁睿爲益州總管。時謙使司錄賀若昂奉表詣闕。昂還，具陳京師事。謙以父子受國恩，將圖匡復，遂舉兵，署置官司。總管長史乙弗虔、益州刺史達奚惎勸謙憑險觀變。隆州刺史高阿那肱爲謙畫三策曰：

「公親率精銳，直指散關，蜀人知公有勤王之節，必當各思効命，此上策也；出兵梁、漢，以顧望天下，此中策也；坐守劒南，發兵自衞，此下策也。」謙參用其中下之策。

梁睿未至大劒，謙先遣兵鎭始州。隋文帝卽以睿爲行軍元帥，便發利、鳳、文、秦、成諸州兵討之。謙所署柱國達奚惎、高阿那肱、大將軍乙弗虔、楊安、任峨、侯翕、景孱等衆號十萬，盡銳攻利州，總管、楚國公豆盧勣拒戰將四旬。惎等諸軍聞睿將至，衆遂潰。謙所署大將軍苻子英攻巴州，又爲刺史呂珍所破。睿乘其弊，縱兵深入。惎、虔密遣使詣睿，請爲內應以贖罪。謙不知惎、虔之反己也，並令守成都。謙先無籌略，且所任用多非其才，及聞睿兵奄至，惶懼計無所出，乃自率衆逆戰，又以惎、虔之子爲左右軍。行數十里，左右軍皆叛，謙奔新都，縣令王寶執而斬之，傳首京師。惎、虔以成都降。隋文帝以惎、虔首謀，令殺之於蜀市。餘衆並散。阿那肱尋亦被誅。

論曰：李弼懷佐時之略，逢興運之期，締構艱難，綢繆顧遇，方面宣其庸績，帷幄盡其謀猷，非唯攀附成名，抑亦材謀自取。密遭風雲之會，奮其鱗翼，思封函谷，將割鴻溝，期月之間，衆數十萬，威行萬里，聲動四方。雖事屈興王，運乖天眷，而雄名克振，何其壯歟！然志

性輕狡，終致顚覆，固其宜也。宇文貴負將帥之材，蘊剛銳之氣，遭逢喪亂，險阻備嘗，自致高位，亦云美矣。忻武藝之風，名高一代。及晚節遇禍，雖鳥盡弓藏，然亦器盈斯概，夷戮非爲不幸。愷學藝兼該，思理通贍，規矩之妙，參蹤班、爾，當時制度，咸取則焉。其起仁壽宮，營建洛邑，要求時幸，窮侈極麗，使文皇失德，煬帝亡身，危亂之原，抑亦由此。至於考覽書傳，定明堂圖，雖意過其通，有足觀者。侯莫陳崇以勇悍之氣，逢戰爭之秋，輕騎啓高平之扉，疋馬得長坑之俊。[三五]以宏材遠略，附鳳攀龍，茂績元勳，位居上衮，而識慚明哲，遂以凶終，惜哉！王雄身參佐命，謙寵列山河，及投袂勤王，志匡社稷，雖忠君之効未宣，與夫懷祿圖存者異也。

初，魏孝莊帝以尒朱榮有翊戴之功，拜榮柱國大將軍，位在丞相上。榮敗後，此官遂廢。大統三年，魏文帝復以周文帝建中興之業，始命爲之。其後功參佐命，望實俱重者亦居此職。自大統十六年已前，任者凡有八人。周文帝位總百揆，[三六]都督中外軍事。魏廣陵王欣，元氏懿戚，從容禁闈而已。此外六人，各督二大將軍，分掌禁旅，當爪牙禦侮之寄。當時榮盛，莫與爲比。故今之稱門閥者，咸推八柱國家。今并十二大將軍錄之於左。

使持節、太尉、柱國大將軍、大都督、尙書左僕射、隴右行臺、少師、隴西郡開國公李

虎。[三七]

使持節、太傅、柱國大將軍、大宗師、大司徒、廣陵王元欣。

使持節、柱國大將軍、大都督、大宗伯、趙郡開國公李弼。[三八]

使持節、柱國大將軍、大都督、大司馬、河內郡開國公獨孤信。

使持節、柱國大將軍、大都督、大司寇、南陽郡開國公趙貴。

使持節、柱國大將軍、大都督、大司空、常山郡開國公于謹。

使持節、柱國大將軍、大都督、少傅、彭城郡開國公侯莫陳崇。

與周文帝爲八柱國。

使持節、大將軍、大都督、少保、廣平王元贊。

使持節、大將軍、大都督、淮安王元育。

使持節、大將軍、大都督、齊王元廓。

使持節、大將軍、大都督、平原郡開國公侯莫陳順。

使持節、大將軍、大都督、七州諸軍事、秦州刺史、章武郡開國公宇文導。[三九]

使持節、大將軍、大都督、雍州諸軍事、雍州刺史、高陽郡開國公達奚武。

使持節、大將軍、大都督、陽平郡開國公李遠。

中華書局

使持節、大將軍、大都督、范陽郡開國公豆盧寧。
使持節、大將軍、大都督、化政郡開國公宇文貴。
使持節、大將軍、大都督、荆州諸軍事、荆州刺史、博陵郡開國公賀蘭祥。
使持節、大將軍、大都督、陳留郡開國公楊忠。
使持節、大將軍、大都督、岐州諸軍事、岐州刺史、武威郡開國公王雄。

是爲十二大將軍。每大將軍督二開府，凡爲二十四員，分團統領，是二十四軍。每一團，儀同二人。自相督率，不編戶貫。都十二大將軍。十五日上，則門欄陛戟，警晝巡夜；十五日下，則教旗習戰。無他賦役。每兵唯辦弓刀一具，月簡閱之。甲槊戈弩，並資官給。

自大統十六年以前，十二大將軍外，念賢及王思政亦拜大將軍。然賢作牧隴右，思政出鎮河南，並不在領兵之限。此後功臣位至柱國及大將軍者衆矣，不限此秩，〔四〇〕無所統御。六柱國、十二大將軍之後，有以位次嗣掌其事者，而德望素在諸公之下，並不得預於此例。

校勘記

〔一〕弼〔率軍居右而左〕軍爲敵所乘　諸本脫「率軍居右而左」六字，據周書卷一五、通志卷一五六李弼傳補。沙苑之戰，「李弼爲右拒，趙貴爲左拒，齊軍總萃於左軍。」見周書卷二文帝紀大統三年。

〔二〕弼倍道而前遣軍士鼓譟　諸本「遣」訛作「進」，據周書李弼傳改。

〔三〕明帝卽日舉哀　諸本脫「日」字，據周書、通志補。

〔四〕皆曰避此小兒　諸本脫「曰」字，據周書、通志補。

〔五〕及獲韋福嗣既非同謀設籌皆持兩端　隋書卷七〇李密傳「福嗣」下有「又委以腹心，是以軍旅之事，不專歸密。福嗣」十七字。疑北史是因上下兩「福嗣」而誤脫。

〔六〕越王侗遣武賁郎將劉長恭討密〔密一戰破之長恭僅以身免讓於是推密爲主〕　諸本無「密一戰破之，長恭僅以身免。讓於是推密爲主」十八字。隋書及舊唐書卷五三李密傳並有。按此乃涉上下兩「密」字而誤脫一行。無此十八字，文意不貫，今據補。

〔七〕長白山賊孟讓掠東都燒豐都市而歸　諸本「東都」作「東郡」。本書卷一二隋煬帝紀大業十三年四月條作「東都」。按隋書百官志中：「東都東市曰豐都。」作「郡」誤，今據改。

〔八〕孝和請間行觀隙　諸本「間行」倒作「行間」，據隋書卷七〇、通志卷一六四李密傳乙。

〔九〕翟讓所部王儒信勸讓爲太宰總衆務以奪密權　按隋書及舊唐書卷五三李密傳「太宰」作「大冢宰」，北史當脫「冢」字。

〔一〇〕梁德重　舊唐書李密傳無「重」字。按本書卷一二隋恭帝紀義寧二年正月亦作「梁德」。「重」疑是涉下文「董」字形似而衍。

〔一一〕及義師圍東都　諸本「義師」作「義士」，通志作「唐師」，隋書作「義師」。按此指義寧二年李建成、李世民「徇地東都」事。作「士」誤，今據改。

〔一二〕入爲武衞將軍閤內大都督　諸本「閤」作「關」。張森楷云：「『關』疑當作『閤』，閤內大都督是宿衞官，見竇熾傳本書卷六一。關內則方面矣，非也。」按張說是，今據改。參考周書卷一五于謹傳校記。

〔一三〕周文令貴與豆盧寧史寧討之貴等禽斬鐵怱及五醜史寧又別擊獠甘破之　諸本脫上「史寧」及下「史」字，據周書卷一九宇文貴傳補。史寧別擊獠甘，見本書卷六一史寧傳。

〔一四〕時隆州人開府李光易反於鹽亭攻圍隆州而隆州人李拓亦聚衆反開府張道應之　按本書卷三八裴果傳云：「廢帝三年，授龍州刺史，封冠軍縣侯。俄而州人張道周書卷三六裴果傳作「通」、李拓驅率百姓，圍逼州城。」則張道、李拓是龍州人。此作「隆州」，當是涉上文「隆州」而訛。不然，宇文貴何必分兵兩路，一救隆州，一擊張道、李拓？龍州見隋書地理志上平武郡。隆州見同卷巴西郡。

〔一五〕貴乃命開府叱奴興救隆州　諸本「興救」作「與牧」，周書作「興救」，通志卷一五六宇文貴傳、册府卷四二三五〇三五頁作「興攻」。按「開府叱奴興」又見本書卷六二尉遲迥傳，作「與」顯誤。李光易圍隆州，叱奴興自是去救援，作「牧」作「攻」，都是形訛。今據周書改。

〔一六〕除益州刺史就拜小司徒　諸本「就」上有「未」字，周書無。按下文言貴在蜀督捕「劫盜」，則不得言「未就」。今據周書刪。

〔一七〕及善弟忻誅　諸本「忻」作「愷」，隋書卷四〇宇文忻附兄善傳作「忻」。按下文，被殺者是忻非愷，今據改。

〔一八〕公舉無遺算策無全陣　隋書、通志作「舉無遺策，戰無全陣」。此疑誤。

〔一九〕後拜右領軍大將軍　諸本「右」作「左」，隋書、通志卷一六一宇文忻傳作「右」。按本書卷一一隋文帝紀開皇五年三月，記以高熲爲左領軍大將軍，宇文忻爲右領軍大將軍。作「右」是，今據改。

〔二〇〕加上開府匠師中大夫　諸本「匠師」作「近師」，通志卷一六一宇文愷傳作「進師」，隋書卷六八宇文愷傳無此兩字。按通典卷三九後周官品，中大夫無「近師」、「進師」，而有「匠師」。「近」乃「匠」之訛，「進」又「近」之譌。今據改。隋書單作「中大夫」，顯脫兩字。

〔二一〕記云堂脩二七博四脩一　隋書無「二」字。按今本周禮考工記作「堂脩二七，廣四脩一」。這裏

「廣」作「博」，是宇文愷避煬帝名改。但本傳下文云「若夏度以步，則應脩七步。注云：『今堂脩十四步。』乃是增益記文」，又云「山東禮本輒加二七之字」，「讎校古書，並無『二』字，此乃桑間俗儒，信情加減」。則宇文愷認爲考工記原文無「二」字。北史誤衍。

〔二二〕放夏周則其博九尋　諸本「夏周」倒作「周夏」，據隋書、通志及周禮考工記鄭注乙。

〔二三〕高八尺博四尺　隋書上有「戶」字，此當是脫文。

〔二四〕水外周堤壤高四方和會築作三旬　隋書「方」作「尺」。按作「尺」，則「和會」語意不完。疑作「方」是，「高」下有脫文。

〔二五〕薛綜注云複重廟覆謂屋平覆重棟也　李慈銘云：「『薛綜注作『複廟，重覆也。重屋，重棟也』。此文錯訛不可解。」

〔二六〕光武位在青帝之南少退西面各一犢　諸本「面」作「南」，隋書、通志作「面」。按續漢志卷八祭祀志作「面」，今據改。

〔二七〕後魏於北臺城南造圓牆在璧水外　李慈銘云：「『造』下當有脫文。」按魏書卷七下高祖紀太和十年九月，「詔起明堂辟雍」。此明堂當在平城，即所謂「北臺」。疑此脫「明堂」等字。

〔二八〕後魏樂志曰孝昌二年立明堂至後元叉執政復改爲九室遭亂不成　按魏書卷一〇八之二禮志二云：「初，世宗永平、延昌中，欲建明堂，而議者或云五室，或云九室，頻屬年饑，遂寢。至是熙平

二年，復議之，詔從五室。及元叉執政，遂改營九室，值世亂不成。」這裏「樂志」當爲「禮志」之誤，「孝昌」當爲「延昌」之誤。元叉死於孝昌元年，安得至二年後尙執政？顯誤。

〔二九〕以良家子鎭武川因家焉　諸本「武川」下衍「代」字，據周書卷一六、通志卷一五六侯莫陳崇傳刪。

〔三〇〕吾比日聞卜筮者言　諸本脫「言」字，據周書、通志補。

〔三一〕隋大業初　諸本「隋」下有「文」字。按「大業」，煬帝年號，「文」字衍，今刪。

〔三二〕封木縣子　南本及通志卷一五六侯莫陳順傳「木」作「本」，周書卷一九侯莫陳順傳「木」下有「門」字。按本縣指武川，疑是。

〔三三〕南岐州氐苻安壽遂率部落一千家款附　諸本「氐」下有「羌」字，周書、通志無。按事見本書卷九六氐傳。苻乃氐族大姓，「羌」字衍，今刪。又周書於「苻安壽」下敍其反抗西魏及順領軍鎭壓，然後乃敍安壽「歸附」。這裏「壽」下應有脫文。

〔三四〕與齊將斛律明月戰退走　按周書卷一九王雄傳云：「與齊將斛律明月接戰，雄馳馬衝之，殺三人，明月退走。」這裏「退走」上當有「明月」二字，或更有脫文。

〔三五〕疋馬得長坑之俊　諸本「疋」作「迮」，周書卷一六史臣論作「疋」。按「迮」義爲「迫蹙」，於文義不洽。崇本傳言其單騎入陣擒万俟醜奴，作「疋」是。今據改。

〔三六〕周文帝位總百揆　諸本脫「文」字，據通志卷一五六補。

〔三七〕隴西郡開國公李虎　諸本「虎」作「諱」，是避唐諱。今從通志改作「虎」。

〔三八〕使持節柱國大將軍大都督大宗伯趙郡開國公李弼　周書、通志「使持節」下有「太保」二字。按周書卷一五李弼傳，弼於大統十四年遷太保。這裏是敍大統十六年以前官位，當有「太保」二字。

〔三九〕章武郡開國公宇文導　諸本「導」訛作「遵」，據周書及本書卷五七宇文導本傳改。

〔四〇〕不限此秩　周書作「咸是散秩」。按下文言「無所統御」，則作「咸是散秩」是。

北史卷六十一

列傳第四十九

王盟 子勱 從孫誼　獨孤信 子羅　竇熾 兄子榮定 毅　賀蘭祥

叱列伏龜　閻慶 子毗　史寧 子雄 祥　權景宣

王盟字仵，明德皇后之兄也，其先樂浪人。六世祖波，前燕太宰。祖珍，魏黃門侍郎，贈幷州刺史、樂浪公。父羆，伏波將軍，以良家子鎮武川，因家焉。

魏正光中，破六韓拔陵攻陷諸鎮，盟亦爲其所擁。拔陵平後，流寓中山，復以積射將軍從蕭寶夤西征。寶夤僭逆，盟遂逃匿人間。及尒朱天光入關，盟從之。隨賀拔岳禽万俟醜奴，平秦隴，常先登力戰。及周文帝平侯莫陳悅，除盟原州刺史。孝武至長安，封魏昌縣公。大統三年，徵拜司空，轉司徒。迎魏文帝悼后於蠕蠕，〔一〕加侍中，遷太尉。魏文帝東征，以留後大都督行雍州事，節度關中諸軍。趙青雀之亂，盟與開府李虎輔太子出頓渭

北。〔二〕事平，進長樂郡公，賜姓拓王氏。〔三〕遷太保。九年，進位太傅，加開府儀同三司。

盟姿度弘雅，仁而汎愛。雖居師傅，禮冠羣后，而謙恭自處，未嘗以勢位驕人。魏文帝甚尊重之，及疾，數幸其第，親問所欲。十一年，薨，贈本官，謚曰孝定。

子勱，〔四〕字醜興，性忠果有材幹。年十七，從周文帝入關。及平秦隴，定關中，周文嘗謂曰：「爲將坐見成敗者上也，被堅執銳者次也。」勱曰：「意欲兼被之。」〔五〕周文大笑。尋拜散騎常侍，賜爵梁甫縣公。大統初，爲千牛備身直長，領左右，出入卧內，小心謹厚。魏文帝常曰：「王勱可謂不二心臣也。」沙苑之役，勱以都督領禁兵，居左翼，當其前者死傷甚衆。勱亦被傷重，遂卒於行間。周文深悼焉。贈使持節、太尉、尚書令、十州諸軍事、雍州刺史，追封咸陽郡公，謚曰忠武。

子弼襲爵，尚魏安樂公主，位大都督、通直散騎常侍。

勱弟懋，字小興。盟之西征也，以懋尚幼，留在山東。永安中，始入關，與盟相見，遂從征伐。大統初，賜爵安平縣子。後進爵爲公，累遷右衞將軍。于時疆場交兵，未申喪紀，服齊斬者並墨縗從事。及盟薨，懋上表辭位，乞終喪制，魏文帝不許。累遷開府儀同三司、侍中、左衞將軍、領軍將軍。懋溫和，小心敬愼，宿衞宮禁十有餘年，勤恪當官，未嘗有過。廢帝二年，除南岐州刺史，賜爵安寧郡公。後拜小司寇，卒於官。

子悅嗣，位大將軍、同州刺史，改封濟南郡公。

盟兄子顯，幼而敏悟，沉靜少言。初爲周文帳內都督，累遷驃騎大將軍、開府儀同三司、光祿卿、鳳州刺史。賜爵洛邑縣公，進位大將軍，卒。子誼。

誼字宜君，少有大志，便弓馬，博覽羣言。周閔帝時，爲左中侍上士。時大冢宰宇文護執政，帝拱默無所關預。有朝士於帝側微不恭，誼勃然而進，將擊之，其人惶懼請罪，乃止。自是朝臣無敢不肅。遷御正大夫。丁父艱，〔六〕毀瘁過禮，廬於墓側，負土成墳。

武帝卽位，累遷內史大夫，封揚國公。從帝伐齊，至幷州。帝既入城，反爲齊人所敗，左右多死，誼率麾下驍雄赴之。齊平，自相州刺史徵爲大內史。汾州稽胡亂，誼擊之。帝弟越王盛、譙王儉雖爲總管，並受誼節度。賊平，封一子開國公。帝臨崩，謂皇太子曰：「王誼社稷臣，宜處以機密，不須遠任。」皇太子卽位，是爲宣帝，憚誼剛正，出爲襄州總管。

及隋文帝爲丞相，鄖州總管司馬消難舉兵反，帝以誼爲行軍元帥討之，未至而消難奔陳。于時北至商、洛，南拒江、淮，東西二千餘里，巴蠻多叛，共推渠帥蘭洛州爲主。洛州自號河南王以附消難，北連尉遲迥。誼分兵討之，旬月皆平。帝遣使勞問，冠蓋不絕，以第五女妻其子奉孝。尋拜大司徒。誼自以與帝有舊，亦歸心焉。及隋受禪，顧遇彌厚，帝親

幸其第，與之極歡。

太常卿蘇威議，以爲戶口滋多，人田不贍，欲減功臣之地以給人。誼奏曰：「百官者，歷世勳賢，方蒙爵土，一旦削之，未見其可。」帝以爲然，竟寢威議。帝將幸岐州，誼諫曰：「陛下初臨萬國，人情未洽，何用此行。」上戲之曰：「吾昔與公位望齊等，一朝屈節爲臣，或當耻愧，是行也，振揚威武，欲以服公心耳。」誼笑而退。尋奉使突厥。帝嘉其稱旨，進郢國公。

未幾，其子奉孝卒。踰年，誼上表言公主少，請除服。御史大夫楊素劾誼曰：「臣聞喪服有五，親疏異節；喪制有四，降殺殊文。王者之所常行，故曰不易之道也。而儀同王奉孝既尚蘭陵公主，以去年五月身喪，始經一周，而誼便請除釋。竊以雖曰王姬，終成下嫁之禮；公則主之，猶在移天之義。況復三年之喪，自上達下，及期釋服，在禮未詳。然夫婦之則，人倫攸始，喪紀之制，人道至大，苟不重之，取笑君子。故鑽燧改火，責以居喪之速；朝祥暮歌，譏以忘哀之早。然誼雖不自強，爵位已重，欲爲無禮，其可得乎？乃薄俗傷教，爲父則不慈；輕禮易喪，致婦於無義。若縱而不正，恐傷風俗。」有詔不問。然恩禮稍薄，誼頗怨望。

或告誼謀反，帝令案其事。主者奏誼有不遜之言，實無反狀。帝賜酒而釋之。時上柱國元諧亦頗失意，誼數與往來，言論醜惡。胡僧告之。公卿奏誼大逆不道，罪當死。帝見

誼，愴然曰：「朕與公舊同學，甚相憐愍，將奈國法何。」於是詔曰：「誼有周之世，早預人倫，朕共遊庠序，遂相親好。然性懷險薄，巫覡盈門，鬼言怪語，稱神道聖。朕受命之初，深存戒約，口云改悔，心實不悛。乃說四天王神道，誼應受命，書有誼讖，天有誼星，桃、鹿二川，岐州之下，歲在辰巳，興帝王之業。密令卜問，伺殿省之災。又說其身是明王聖主。信用左道，所在詿誤。自言相表，當王不疑。此而赦之，將或爲亂。禁暴除惡，宜伏國刑。」帝復令大理正趙綽謂誼曰：「時命如此，將若之何！」乃賜死於家，時年四十六。

獨孤信，雲中人也，本名如願。魏初有四十六部，〔七〕其先伏留屯者爲部落大人，與魏俱起。祖俟尼，和平中，以良家子自雲中鎮武川，因家焉。父庫者，爲領人酋長，少雄豪有節義，北州咸敬服之。

信美容儀，善騎射。正光末，與賀拔度等同斬衛可瓌，由是知名。後爲葛榮所獲。信既少年，自修飾服章，軍中號爲獨孤郎。及尒朱氏破葛榮，以信爲別將。從征韓婁，信匹馬挑戰，禽賊漁陽王袁肆周。〔八〕後以破元顥黨，賜爵受德縣侯，遷武衛將軍。賀拔勝出鎮荆州，乃表信爲大都督。及勝弟岳爲侯莫陳悅所害，勝乃令信入關，撫岳餘衆。屬周文帝已

統岳兵，與信鄉里，少相友善，相見甚歡，因令信入洛請事。至雍州，大使元毗又遣信還荆州。尋徵入朝，魏孝武雅相委任。

及孝武西遷，事起倉卒，信單騎及之於瀍澗。孝武嘆曰：「武衛遂能辭父母，捐妻子從我，世亂識忠良，豈虛言哉！」進爵浮陽郡公。時荆州雖陷東魏，人心猶戀本朝，乃以信爲衛大將軍、都督三荆州諸軍事，兼尚書右僕射、東南道行臺、大都督、荆州刺史，以招懷之。既至，東魏刺史辛纂出戰，信縱兵擊纂，大敗之。都督楊忠等前驅斬纂，於是三荆遂定。

東魏又遣其將高敖曹、侯景等奄至。信以衆寡不敵，遂率麾下奔梁。居三載，梁武帝方許信還北。信父母既在山東，梁武帝問信所往，答以事君無二。梁武義之，禮送甚厚。

大統三年至長安，以虧損國威，上書謝罪。魏文帝付尚書議之。七兵尚書、陳郡王玄等議，以爲既經恩降，請赦罪復職。詔轉驃騎大將軍，加侍中、開府。尋拜領軍將軍。仍從復弘農，破沙苑，改封河內郡公。俘虜中有信親屬，始得父凶問，乃發喪行服。尋起爲大都督，與馮翊王元季海入洛陽，潁、豫、襄、廣、陳留之地並款附。四年，東魏將侯景等圍洛陽，信據金墉城，隨方拒守旬有餘日。及周文帝至瀍東，景等退走。信與李遠爲右軍，戰不利，東魏遂有洛陽。六年，侯景寇荆州，周文令信與李弼出武關，景退。即以信爲大使，慰撫三荆。

尋除隴右十一州大都督、秦州刺史。先是守宰闇弱，政令乖方，人有冤訟，歷年不能斷決。及信在州，事無擁滯。示以禮教，勸以耕桑，數年之中，公私富實，流人願附者數萬家。周文以其信著遐邇，故賜名爲信。七年，岷州刺史赤水蕃王梁仚定舉兵反，詔信討之。仚定尋爲其部下所殺，而仚定子弟仍收其餘衆。信乃勒兵向萬年，頓三交谷口。賊併力拒守。信因詭道趣稠松嶺。賊不虞信兵之至，望風奔潰。乘勝逐北，徑至城下，賊並出降。加授太子太保。

芒山之戰，大軍不利。信與于謹帥散卒自後擊之，齊神武追騎驚擾，諸軍因此得全。及涼州刺史宇文仲和據州不受代，周文令信率開府怡峯討之。仲和嬰城固守，信夜令諸將以衝梯攻其東北，信親率壯士襲其西南，達明克之。〔九〕禽仲和，虜其六千戶送于長安。拜大司馬。十三年，大軍南討。時以蠕蠕爲寇，令信移鎮河陽。十四年，進位柱國大將軍，錄前後功，增封，〔一〇〕聽回授諸子。於是第二子善，封魏寧縣公；第三子穆，必要縣侯；第四子藏，義寧縣侯，邑各一千戶。第五子順，武成縣侯；第六子陁，建忠縣伯，邑各五百戶。信在隴右歲久，啓求還朝，周文不許。或有自東魏來者，又告其母凶問，信發喪行服。信陳哀苦，請終禮制，又不許。於是追贈信父庫者司空公，追封信母費連氏常山郡君。十六年，遷尚書令。六官建，拜大司馬。

周孝閔帝踐阼，遷大宗伯，〔一一〕進封衛國公，邑萬戶。趙貴誅後，信以同謀坐免。居無幾，晉公護又欲殺之，以其名望素重，不欲顯其罪過，逼令自盡於家，時年五十五。

信美風度，雅有奇謀大略。周文初啓霸業，唯有關中之地，以隴右形勝，故委信鎮之。既爲百姓所懷，聲震鄰國。東魏將侯景之南奔梁也，魏收爲檄梁文，矯稱信據隴右，不從宇文氏，乃云「無關西之憂」，欲以委梁人也。〔一二〕又信在秦州，嘗因獵日暮，馳馬入城，其帽微側，詰旦而吏人有戴帽者，咸慕信而側帽焉。其爲鄰境及士庶所重如此。

子羅，先在東魏，乃以次子善爲嗣。及齊平，羅至而善卒，又以羅主嗣。〔一三〕信長女周明敬后，第四女元貞后，第七女隋文獻后。周、隋及皇家三代皆爲外戚，自古以來，未之有也。隋文帝踐極，乃下詔褒贈信太師、上柱國、十州諸軍事、冀州刺史，封趙國公，邑一萬戶，諡曰景；追贈信父庫者使持節、太尉、上柱國、六州諸軍事、定州刺史，封趙國公，邑一萬戶，諡曰恭；信母費連氏贈太尉趙恭公夫人。

羅字羅仁。父信隨魏孝武入關中，羅遂爲高氏所囚。及信爲宇文護誅，羅始見釋。寓居中山，孤貧無以自給。齊將獨孤永業以宗族故，哀之，爲買田宅，遺以資畜。

初，信入關後，復娶二妻。郭氏生子六人，善、穆、藏、順、陁、整；崔氏生隋獻皇后。及

齊亡，隋文帝爲定州總管，獻皇后遣人求羅，得之。相見悲不自勝，侍御者皆泣。於是厚遺車馬財物。未幾，周武帝以羅功臣子，久淪異域，徵拜楚安郡太守。以疾去官，歸京師。諸弟見羅少長貧賤，每輕侮，不以兄禮事之。然性長者，亦不與諸弟校競長短。后由是重之。

文帝爲丞相，拜羅儀同，常置左右。既受禪，詔追贈羅父。其諸弟以羅母沒齊，先無夫人號，不當承襲。上以問后，后曰：「羅誠嫡長，不可誣也。」於是襲爵趙國公。以其弟善爲河內郡公，穆爲金泉縣公，藏爲武平縣公，陁爲武喜縣公，整爲千牛備身。擢拜羅爲左領左右將軍，〔一四〕遷左衞將軍，前後賞賜不可勝計。出爲涼州總管，進位上柱國，徵拜左武衞大將軍。煬帝嗣位，改封蜀國公。未幾卒官，謚曰恭。

子纂嗣，位河陽郡尉。

纂弟武都，大業末，亦爲河陽郡尉。

庶長子開遠。宇文化及之弑逆也，裴虔通率賊入成象殿，〔一五〕宿衞兵士皆從逆。開遠時爲千牛，與獨孤盛力戰閤下，爲賊所執，賊義而捨之。

善字伏陁，幼聰慧，善騎射，以父勳，封魏寧縣公。〔一六〕魏廢帝元年，又以父勳，授驃騎大將軍、開府儀同三司，加侍中，進爵長城郡公。周孝閔帝踐阼，除河州刺史。以父負釁，久

廢於家。保定三年，乃授龍州刺史。天和六年，襲爵河內郡公。從帝東討，以功授上開府。尋除兗州刺史，政在簡惠，百姓安之。卒於州，贈使持節、柱國、五州諸軍事、定州刺史。

子覽嗣，位右候衞大將軍。大業末卒。

陁字黎邪。仕周，胥附上士。坐父徙蜀十餘年，宇文護誅，始歸長安。隋文帝受禪，拜上開府、領左右將軍，〔一七〕累轉延州刺史。

陁性好左道，其外祖母高氏先事猫鬼，已殺其舅郭沙羅，因轉入其家。上微聞而不信。會獻皇后及楊素妻鄭氏俱有疾，召醫視之，皆曰：「此猫鬼疾。」上以陁，后之異母弟，陁妻，楊素之異母妹，由是意陁所爲。陰令其兄左監門郎將穆以情喻之，上又避左右諷陁，陁言無有。上不說，左轉遷州刺史。出怨言，上令左僕射高熲、納言蘇威、大理正皇甫孝緒、大理丞楊遠等雜案之。陁婢徐阿尼言：本從陁母家來，常事猫鬼，每以子日夜祀之。言子者鼠也。其猫鬼每殺人者，所死家財物潛移於畜猫鬼家。陁嘗從家中索酒，其妻曰：「無錢可酤。」陁因謂阿尼曰：「可令猫鬼向越公家，使我足錢。」阿尼便呪之，居數日，猫鬼向素家。後上初從并州還，陁於園中謂阿尼曰：「可令猫鬼向皇后所，使多賜吾物。」阿尼復呪之，遂入宮中。楊遠乃於門下外省遣阿尼呼猫鬼，阿尼於是夜中置香粥一盆，以匙扣而呼曰：「猫女

可來，無住宮中。」久之，阿尼色正青，若被牽拽者，云猫鬼已至。上以其事下公卿。奇章公牛弘曰：「妖由人興，殺其人，可以絕矣。」上令犢車載陁夫妻，將賜死於其家。陁弟司勳侍中整詣闕求哀，於是免陁死，除名，以其妻楊氏爲尼。先是有人訟其母爲人猫鬼所殺者，上以爲妖妄，怒而遣之。及此，詔誅被訟行猫鬼家。陁未幾而卒。

煬帝即位，追念舅氏，聽以禮葬。乃下詔贈正議大夫。帝意猶不已，復贈銀青光祿大夫。二子，延福、延壽。

陁弟整，位幽州刺史。大業初，贈金紫光祿大夫、平鄉侯。

竇熾字光成，扶風平陵人，後漢大鴻臚章之後也。章子統，靈帝時爲雁門太守，避竇武之難，亡奔匈奴，遂爲部落大人。後魏南徙，子孫因家代，賜姓紇豆陵氏。累世仕魏，皆至大官。父略，平遠將軍，以熾著勳，贈少保、柱國大將軍、建昌公。

熾性嚴明，有謀略，美鬚髯，身長八尺二寸。少從范陽祁忻受毛詩、左氏春秋，〔一八〕略通大義。善騎射，膂力過人。魏正光末，北鎮擾亂，乃隨略避地定州，投葛榮。〔一九〕榮欲官略，略不受。榮疑其有異志，遂留略於冀州，將熾及熾兄善隨軍。及尒朱榮破葛榮，熾乃將家

隨榮於并州。時葛榮別帥韓婁等據薊城不下，以熾爲都督，從驃騎將軍侯深討之。熾手斬婁，以功拜揚烈將軍。

魏孝武即位，蠕蠕等諸蕃並遣使朝貢，帝臨軒宴之。有鴟飛鳴於殿前，帝素知熾善射，因欲矜示遠人，乃給熾御箭兩隻，命射之，鴟乃應弦而落，諸蕃人咸歎異焉。帝大悅。尋隨東南道行臺樊子鵠追尒朱仲遠，仲遠奔梁。〔二〇〕時梁主又遣元樹入寇，據譙城。子鵠令熾擊破之，封行唐縣子，尋進爵上洛縣伯。時帝與齊神武構隙，以熾有威重，堪處爪牙任，拜閤內大都督，遷朱衣直閤，遂從帝西遷。仍與其兄善至城下，與武衞將軍高金龍戰於千秋門，敗之。因入宮城，取御馬四十匹并鞍勒，進之行所。帝大悅，賜熾及善駿馬各二匹，駑馬十匹。

大統元年，別封眞定縣公。從周文帝禽竇泰，復弘農，破沙苑，皆有功。河橋之戰，諸將退走，熾時獨從兩騎，爲敵人追至芒山。熾乃下馬，背山抗之。俄而敵衆漸多，矢下如雨，熾騎士所執弓，並爲敵人所射破。熾乃總收其箭以射之，所中人馬，應弦而倒。敵乃相謂曰：「得此三人，未足爲功。」乃稍引退。熾因其怠，遂突圍得出。又從太保李弼討白額稽胡，破之。

高仲密以北豫州來赴，熾從周文援之。至洛陽，會東魏人據芒山爲陣，周文命留輜重

於瀘曲，率輕騎奮擊，中軍與右軍大破之，悉虜其步卒。熾獨追至石濟而還。大統十三年，進使持節、驃騎大將軍、開府儀同三司，加侍中。出爲涇州刺史，莅職數年，政號清靜。改封安武縣公。

魏廢帝元年，除原州刺史。熾抑挫豪右，申理幽滯，在州十載，甚有政績。州城北有泉水，熾屢經游踐，嘗與僚吏宴於泉側，因酌水自飲，曰：「吾在此州，唯當飲水而已。」及去職後，人吏咸其遺惠，每至此泉者，莫不懷之。恭帝元年，進爵廣武郡公。屬蠕蠕寇廣武，熾與柱國趙貴分路討之。蠕蠕引退，熾度河至魏伏川追及，大破之。武成二年，拜柱國大將軍。周明帝以熾前朝舊臣，勳望兼重，欲獨爲造第。熾辭以天下未平，干戈未偃，不宜輒發徒役，周明不許。尋而帝崩，事方得寢。

保定元年，進封鄧國公，邑一萬戶，別食資陽縣一千戶，收其租賦。天和五年，自大宗伯爲宜州刺史。先是周文田於渭北，令熾與晉公護分射走兔，熾一日獲十七頭，護十一頭。護耻不及，因以爲嫌。至是，熾又以周武年長，有勸護歸政之議，護惡之，故左遷焉。及護誅，徵拜太傅。

熾既朝之元老，名望素隆，至於軍國大謀，常與參議。嘗有疾，周武帝幸其第問之，因賜金石之樂。〔三〕其見禮如此。帝於大德殿將謀伐齊，熾年已衰老，乃扼腕曰：「臣雖朽邁，

請執干櫓，首啓戎行。得一覩誅翦鯨鯢，廓清寰宇，省方觀俗，登岳告成，然後歸魂泉壤，無復餘恨。」帝壯其志節，遂以熾第二子武當公恭爲左二軍總管。齊平之後，帝乃召熾歷觀相州宮殿。熾拜賀曰：「陛下眞不負先帝矣。」帝大悅，進位上柱國。

宣政元年，兼雍州牧。及周宣營建東京，以熾爲京洛營作大監，宮苑制度，皆取決焉。大象初，改食樂陵縣，邑戶如舊。隋文帝入輔政，停洛陽宮作，熾請入朝。屬尉遲迥舉兵，熾乃移入金墉，與洛州刺史、平涼公元亨同心固守，仍權行洛陽鎮事。相州平，熾方入朝。屬文帝初爲相國，百僚皆勸進，自以累世受恩，遂不肯署牋，時人皆高其節。及帝踐極，拜太傅，加殊禮，贊拜不名。開皇四年八月薨，時年七十八。贈八州諸軍事、冀州刺史，謚曰恭。

熾事親孝，奉諸兄以悌順聞。及其望位隆重，而子孫皆處列位，遂爲當時盛族。子茂嗣。茂有弟十三人，恭、威最知名。

恭位至大將軍。從周武平齊，封贊國公，除西兗州總管，以罪賜死。

熾兄善，以中軍大都督、南城公從魏孝武西遷，仕至太僕、衞尉卿、汾北華瀛三州刺史、驃騎大將軍、開府儀同三司、永富縣公，謚曰忠。子榮定嗣。

榮定沉深有器局，容貌魁偉，美鬚髯，便弓馬。初爲魏文帝千牛備身，周文帝見而奇之，授平東將軍，賜爵宜君縣子。後從周文與齊人戰於北芒，周師不利，榮定與汝南公宇文神慶帥精騎擊却齊師。以功拜上儀同。〔三〕尋復以軍功進位開府。襲爵永富縣公，除忠州刺史。從平齊，加上開府，拜前將軍、佽飛中大夫。

其妻，則隋文帝長姊安成長公主也，文帝少與之情契甚厚。榮定亦知帝有人君之表，尤相推結。及帝作相，領左右宮伯，使鎮守天臺，總統露門內兩廂仗衞，常宿禁中。遇尉遲迥初平，朝廷頗以山東爲意，拜榮定爲洛州總管以鎮之。前後賜縑四千匹、西涼女樂一部。及受禪，來朝，賜馬三百匹、部曲八十戶遣之。坐事除名。公主曰：「天子姊乃作田舍兒妻，」上不得已，尋拜右武候大將軍。上數幸其第，恩錫甚厚，每令尚食局日供羊一口，珍味稱是。以佐命功，拜上柱國。

歷位寧州刺史、右武候大將軍、秦州總管，賜吳樂一部。突厥沙鉢略寇邊，爲行軍元帥，率總管出涼州。〔三〕與虜戰於高越原，兩軍相持，地無水，士卒渴甚，至刺馬血而飲，死者十二三。榮定仰天太息，俄而澍雨，軍復振。於是進擊，數挫其鋒，突厥憚之，請盟而去。賜縑萬匹，進爵安豐郡公，復封子憲爲安康郡公，賜縑五千匹。歲餘，拜右武衞大將軍。帝欲以爲三公，榮定上書固辭，陳畏懼之道，帝乃止。前後賞賜不可勝計。及卒，帝爲之廢

朝，令左衞大將軍元旻監護喪事，賻絹三千匹。上謂侍臣曰：「吾每欲致榮定於三事，其人固讓不可。今欲賜之，重違其志。」於是贈冀州刺史、陳國公，謚曰懿。子抗嗣。

抗美容儀，性通率，長於巧思。父卒後，恩遇彌厚，所賜錢帛金寶亦以鉅萬。位定州刺史，檢校幽州總管。煬帝即位，漢王諒反，以爲抗與通謀，由是除名，以其弟慶襲封陳公。

慶亦有姿容，性和厚，頗工草隸。初封永富郡公，位河東太守、衞尉卿。大業末，爲南郡太守，爲盜賊所害。

慶弟璡，亦工草隸，頗解鍾律。歷位潁川、南郡、扶風太守。

熾兄子毅。毅字天武。父岳早卒，及毅著勳，追贈大將軍、冀州刺史。毅深沉有器度，事親以孝聞。魏孝武初，起家員外散騎侍郎。時齊神武擅朝，毅慨然有徇主之志。從孝武西遷，封奉高縣子。從禽竇泰，復弘農，戰沙苑，皆有功，進爵安武縣公。恭帝元年，進授驃騎大將軍、開府儀同三司、大都督，改封永安縣公。出爲幽州刺史。周孝閔帝踐阼，進爵神武郡公。保定三年，拜大將軍。

時與齊人爭衡，戎車歲動，並交結突厥以爲外援。突厥已許納女於周，齊人亦甘言重幣，遣使求婚，狄人便欲有悔。朝廷乃令楊荐等累使結之，往返十餘，方復前好。至是雖期

往逆，猶懼改圖。以毅地兼勳戚，素以威重，乃令爲使。及毅至，齊使亦在焉，突厥君臣，猶有貳志。毅抗言正色，以大義責之，累旬乃定，卒以皇后歸。朝議嘉之，別封成都縣公，進位柱國。歷同州刺史、蒲金二州總管，加上柱國，入爲大司馬。隋開皇初，拜定州總管。累居藩鎮，咸得人和。二年，薨於州，贈襄、郢等六州刺史，諡曰肅。

毅性溫和，每以謹慎自守，又尙周文帝第五女襄陽公主，特爲朝廷所委信，雖任兼出內，未嘗有矜惰之容，時人以此稱焉。子賢嗣。

賢字託賢，志業通敏，少知名。宣政元年，授使持節、儀同大將軍。開皇中，襲爵神武公，除遷州刺史。

毅第二女卽大唐太穆皇后。武德元年，詔贈毅司空、使持節、總管荊郢等十州諸軍事、荊州刺史、杞國公。又追贈賢子紹宣秦州刺史，并襲賢爵。紹宣無子，仍以紹宣兄子德藏嗣。

賀蘭祥字盛樂，其先與魏俱起，有乞伏者，爲賀蘭莫何弗，因以爲氏。後有以良家子鎭武川者，遂家焉。父初眞，少知名，爲鄉閭所重，尙文帝姊建安長公主。保定二年，追贈太

傅、柱國、常山郡公。

祥年十一而孤，居喪合禮。長於舅氏，特爲周文帝所愛，雖在戎旅，常博延儒生，敎以書傳。周文初入關，祥與晉公護俱在晉陽，後乃遣使迎致之。解褐奉朝請。少有膽氣，志在立功。尋擢補都督，恒居帳下。從平侯莫陳悅，又迎魏孝武，以前後功封撫夷縣伯。仍從擊潼關，獲東魏將薛長儒，[二四]又攻回洛拔之。還拜左右直長，進爵爲公。

大統九年，從周文與東魏戰於芒山，進位驃騎大將軍、開府儀同三司，加侍中。十四年，除都督、荊州刺史，進爵博陵郡公。先是祥嘗行荊州事，雖未期月，頗有惠政，至是重往，百姓安之。由是漢南流人襁負至者，日有千數，遠近蠻夷莫不款附。祥隨機撫納，咸得其歡心。時盛夏亢陽，祥親巡境內，觀政得失，見有發掘古冢，暴露骸骨，乃謂守令曰：「此豈仁者爲政邪！」命所在收葬之。卽日澍雨，是歲大有年。境內多古墓，其俗好行發掘，至是遂息。祥雖周文密親，性甚清素。州境南接襄陽，西通岷蜀，物產所出，多諸珍異。旣與梁通好，行李往來，公私贈遺，一無所受。梁雍州刺史、岳陽王蕭詧欽其風素，乃以竹屛風、絺綌之屬及經史贈之。祥難違其意，取而付諸所司。周文後聞之，並以賜祥。十六年，拜大將軍。周文以涇、渭溉灌之處，渠堰廢毀，乃令祥修造富平堰，開渠引水，東注於洛。功用旣畢，人獲其利。魏廢帝二年，行華州事，後改華州爲同州，仍以祥爲刺史。尋拜尙書左僕射。六官建，授小司馬。

周孝閔帝踐阼，進位柱國、大司馬。時晉公護執政，祥與護中表，少相親愛，軍國之事，護皆與祥參謀。及誅趙貴，廢閔帝，祥有力焉。

武成初，吐谷渾侵掠州郡，[二五]詔祥與宇文貴總兵討之。祥乃遣其軍司檄吐谷渾，與渾廣定王、鍾留王等戰，破之，因拔其洮陽、洪和二城，以其地爲洮州。撫安西土，振旅而還。進封涼國公。薨，贈太師、同岐等十三州諸軍事、同州刺史，諡曰景。

有七子，敬、讓、璨、師、寬知名。

敬少歷顯職，封化隆縣侯，後襲爵涼國公。位柱國、華州刺史。

讓，大將軍、鄭州刺史、河東郡公。

璨，開府儀同三司、宣陽郡公。建德五年，從於幷州戰歿，贈上儀同大將軍，追封淸都公。

師，尙明帝女，位上儀同大將軍、幽州刺史、博陵郡公。

寬，開府儀同大將軍、武始公。入隋，歷汴、鄭二州刺史，並著政績。

祥弟隆，大將軍、襄樂縣公。隋文帝與祥有舊，開皇初，追贈上柱國。

叱列伏龜字摩頭陁，代郡西部人也。其先爲部落大人，魏初入附，遂世爲第一領人酋長，至龜五世。

龜容貌瓌偉，腰帶十圍，進止詳雅，兼有武藝。嗣父業復爲領人酋長。魏孝昌三年，以別將從長孫承業西征，累遷金紫光祿大夫。從還洛，授都督，遂爲齊神武所寵任，加授大都督。沙苑之敗，隨例來降。周文帝以其豪門，解縛禮之，仍以邵惠公女妻之。大統四年，封長樂縣公。自此常從征討，亟有戰功。歷侍中、驃騎大將軍、開府儀同三司、恒州刺史。卒，子椿嗣。

椿字千年。明帝時，位驃騎大將軍、開府儀同三司，改封永世縣公。天和初，除左宮伯，進位大將軍。

閻慶字仁度，河陰人也。曾祖善，仕魏歷龍驤將軍、雲州鎭將，因家雲州之盛樂郡。祖提，持節、車騎大將軍、敦煌鎭都大將。父進，有謀略，勇冠當時。正光中，拜龍驤將軍。屬衞可瓌作亂，攻圍盛樂，進率衆拒守，以功拜盛樂郡守。

慶幼聰敏，重然諾，風儀端肅，望之儼然。隨父固守盛樂，頗有力焉，拜別將。後以軍功拜步兵校尉、中堅將軍。既而齊神武舉兵入洛，魏孝武西遷，慶謂所親曰：「高歡將有篡逆之謀，豈可苟安目前，受其控制也？」遂以大統三年自宜陽歸闕。稍遷後將軍，封安次縣子，以功進爵爲伯。慶善於綏撫，士卒未休，未嘗先舍，故能盡其死力，屢獲勳勞。累遷散騎常侍、驃騎大將軍、開府儀同三司、雲州大中正，加侍中，賜姓大野氏。周孝閔帝踐阼，出爲河州刺史，進爵石保縣公。州居河外，地接戎夷，慶留心撫納，頗稱簡惠。就拜大將軍，進爵太安郡公。入爲小司空，歷雲、寧二州刺史。慶性寬和，不苛察，百姓悅之。天和六年，進位柱國。[二六]

晉公護母，慶之姑也。護雖擅朝，而慶未嘗阿附。及護誅，武帝以此重之。詔慶第十二子毗尚帝女清都公主。[二七]慶雖位望隆重，婚連帝室，常以謙慎自守，時以此稱之。建德二年，抗表致事，優詔許焉。慶既衰老，恒嬰沉痼。宣帝以其先朝耆舊，特異恒倫，乃詔靜帝至第問疾。賜布千段，醫藥所須，令有司供給。大象二年，拜上柱國。

隋文帝踐極，又令皇太子就第問疾，仍供醫藥之費。開皇二年薨，年七十七。贈司空、七州諸軍事、荆州刺史，謚曰成。長子常，先慶卒。次子毗嗣。

毗，七歲襲爵石保縣公。及長，儀貌矜嚴，頗好經史，受漢書於蕭該，略通大旨。能篆書，草隸尤善，[二八]爲當時之妙。周武帝見而悅之，命尚清都公主。宣帝卽位，拜儀同三司。隋文帝受禪，以技藝侍東宮。數以琱麗之物取悅於皇太子，由是甚見親待，每稱之於上。尋拜車騎，宿衞東宮。上嘗遣高熲大閱於龍臺澤，諸軍部伍多不齊整，唯毗一軍，法制肅然。熲言之於上，特蒙賜帛。俄兼太子宗衞率長史，尋加上儀同。太子服翫之物多毗所爲。及太子廢，毗坐杖一百，與妻子俱配爲官奴婢。二歲放免。

煬帝嗣位，盛修軍器，[二九]以毗性巧，諫習舊事，詔典其職。尋授朝請郎。毗立議，輦輅車輿，多所增損。擢拜起部郎。

帝嘗大備法駕，嫌屬車太多，顧謂毗曰：「開皇之日，屬車十二乘，於事亦得。今八十一乘，以牛駕車，不足以益文物，朕欲減之，從何爲可？」毗曰：「臣初定數，共宇文愷參詳故實，據漢胡伯始、蔡邕等議，屬車八十一乘。此起於秦，遂爲後式。故張衡賦云『屬車九九』是也。次及法駕，三分減一，爲三十六乘，此漢制也。又據宋孝建時，有司奏議，晉遷江左，唯設五乘，尚書令建平王宏曰：[三〇]『八十一乘，義兼六國，[三一]三十六乘，無所準憑，江左五乘，儉不中禮。但帝王文物旂旒之數，爰及冕玉，皆用十二，今宜準此，設十二乘。』開皇平陳，因以爲法。今憲章往古，大駕依秦，法駕依漢，小駕依宋，以爲差等。」帝曰：「何用秦法！大駕宜三十六，法駕宜十二，小駕除之。」毗研精故事，皆此類也。

長城之役，毗總其事。及帝有事恒岳，詔毗營立壇場。尋轉殿內丞，從幸張掖郡。高昌王朝于行所，詔毗持節迎勞，遂將護入東都。尋以母憂去職，未期，起令視事。將興遼東之役，自洛口開渠達涿郡以通漕，毗督其役。明年，兼領右翊衞長史，營建臨朔宮。及征遼東，以本官領武賁郎將，典宿衞。時軍圍遼東城，帝令毗詣城下宣諭，賊弓弩亂發，流矢中所乘馬，毗顏色不變，辭氣抑揚，卒事而去。遷殿內少監，又領將作少監。後復從帝征遼東。會楊玄感作逆，帝班師，從至高陽郡，卒。帝甚悼惜之，贈殿內監。

史寧字永和，建康表氏人也。[三二]曾祖豫，仕沮渠氏爲臨松令。魏平涼州，祖灌隨例遷於撫寧鎮，因家焉。父遵，初爲征虜府鎧曹參軍。杜洛周構逆，六鎮自相屠陷，遵遂率鄉里奔恒州。其後恒州爲賊所敗，遵後歸洛陽，拜樓煩郡守。及寧著勳，贈散騎常侍、征西大將軍、涼州刺史，謚曰貞。

寧少以軍功，累加持節、征東將軍、金紫光祿大夫。賀拔勝爲荆州刺史，寧以本官爲勝軍司，隨勝之部。[三三]會荆蠻騷動，三鵶路絕。寧先驅平之，因撫慰蠻左，翕然降附。尋除南

郢州刺史。及勝爲大行臺，表寧爲大都督。攻梁下溠戍破之，封武平縣伯。又攻拔梁齊興鎮等九城。未及論功，屬孝武西遷，東魏遣侯景寇荆州，寧隨勝奔梁。梁武帝引寧至香蹬前，謂之曰：「覲卿風表，終是富貴，我當使卿衣錦還鄉。」寧答曰：「臣世荷魏恩，位爲列將，天長喪亂，本朝傾覆，不能北面事逆賊，幸得息肩有道。儻如明詔，欣幸實多。」因涕泣橫流，梁武爲之動容。在梁二年，勝乃與寧密圖歸計。寧曰：「朱异既爲梁主所信任，請往見之。」勝然其言。寧乃見异，申以投分之言，微託思歸之意，辭氣雅至。异亦嗟挹，爲奏梁主，果許勝等歸。

大統二年，自梁歸，進爵爲侯。久之，還車騎將軍，行涇州事。時賊帥莫折後熾寇掠居人，寧率州兵與行原州事李賢討破之。轉東義州刺史。東魏亦以胡梨苟爲東義州刺史。寧僅得入州，梨苟亦至，寧逆擊破之，斬其洛安郡守馮善道。州既隣接疆埸，百姓流移，寧留心撫慰，咸來復業。轉涼州刺史。寧未至而前刺史宇文仲和據州作亂，詔獨孤信與寧討之。寧先至涼州，爲陳禍福，城中吏人皆相率降附。仲和仍據城不下，尋亦剋之。後遷驃騎大將軍、開府儀同三司，加侍中，進爵爲公。

十六年，宕昌叛羌獠甘作亂，逐其王彌定而自立，并連結傍乞鐵怱及鄭五醜等。[三四]詔寧率軍與宇文貴、豆盧寧等討之。寧別擊獠甘，而山路險阻，纔通單騎，獠甘已分其黨立柵

守險。寧進兵攻之，遂破其栅。獠甘將百騎走投生羌鞏廉玉。彌定遂得復位。寧以未獲獠甘，遂進軍大破之，生獲獠甘，徇而斬之。幷執鞏廉玉送闕。所得軍實，悉分賞將士，寧無私焉。師還，召寧率所部鎭河陽。

寧先在涼州，戎夷服其威惠，遷鎭之後，邊人並思慕之。魏廢帝元年，復除涼甘瓜三州諸軍事、〔三五〕涼州刺史。初蠕蠕與魏和親，後更離叛。尋爲突厥所破，殺其主阿那瓌。部落逃逸者，仍奉瓌之子孫，抄掠河右。寧率兵邀擊，獲瓌子孫二人，幷其種落酋長。自是每戰破之，前後降數萬人。〔三六〕進爵安政郡公。二年，吐谷渾通使於齊，寧擊獲之，就拜大將軍。寧後遣使詣周文帝請事，周文卽以所服冠履衣被及弓箭甲等賜寧，謂其使人曰：「爲我謝涼州，孤解衣以衣公，推心以委公，善始令終，無損功名也。」

時突厥木汗可汗假道涼州，將襲吐谷渾，周文令寧率騎隨之。軍至番禾，吐谷渾已覺，奔於南山。木汗將分兵追之，令俱會於青海。寧謂木汗曰：「樹敦、賀眞二城是吐谷渾巢穴，今若拔其本根，餘種自然離散，此上策也。」木汗從之，卽分爲兩軍，木汗從北道向賀眞，寧趣樹敦。渾娑周王率衆逆戰，寧擊斬之。踰山履險，遂至樹敦。樹敦是渾之舊都，多諸珍藏。而渾主先已奔賀眞，留其征南王及數千人固守。寧進兵攻之，僞退，渾人果開門逐之，因回兵奮擊，門未及闔，寧兵遂得入。生獲其征南王，俘虜男女財寶盡歸諸突厥。渾賀

羅拔王依險爲栅，欲塞寧路，寧攻破之。木汗亦破賀眞，虜渾主妻子，大獲珍物。寧還軍於青海，與木汗會。木汗握寧手，歎其勇決，幷遺所乘良馬，令寧於帳前乘之，木汗親自步送。突厥以寧所圖必破，皆畏憚之，咸曰：「此中國神智人也。」及將班師，木汗又遺寧奴婢一百口、馬五百匹、羊一萬口。寧乃還州。〔三七〕尋被徵入朝。屬周文帝崩，寧悲慟不已，乃請赴陵所盡哀，幷告行師剋捷。

周孝閔帝踐阼，拜小司徒，出爲荊州刺史、荊襄淅郢等五十二州及江陵鎭防諸軍事。寧有謀畫，識兵權，臨敵指撝，皆如其策，甚得當時之譽。及在荊州，頗自奢縱，貪濁不修法度。嘗出，有人訴州佐屈法，寧還付被訟者治之。自是有事者不敢復言，聲名大損於西州。保定三年，卒於州，謚曰烈。子雄嗣。

雄字世武。少勇敢，膂力過人，便弓馬，有算略。年十四，從寧於牽屯山奉迎周文帝。仍從校獵，弓無虛發，周文歎異之。尋尚周文女永富公主。除使持節、驃騎大將軍、開府儀同三司，累遷駕部中大夫、司馭中大夫。從柱國、枹罕公辛威鎭金城，遂卒於軍，時年二十四。雄弟祥。

祥字世休，少有文武才幹。仕周，太子車右中士，襲爵武遂縣公。隋文帝踐阼，拜儀同，領交州事，進爵陽城郡公。在州頗有惠政。轉驃騎將軍。伐陳之役，從宜陽公王世積出九江道，破陳師，進拔江州。文帝大悅，下詔慰勉之。進位上開府。尋拜蘄州刺史，遷蘄州總管，徵拜左領軍將軍。復以行軍總管從晉王廣破突厥於靈武。遷右衞將軍。仁壽中，率兵屯弘化以備胡。煬帝時在東宮，遺祥書，論舊行兵時事，申以恩旨。祥爲書陳謝。太子甚親遇之。

及卽帝位，漢王諒作亂，遣其將綦母良自滏口徇黎陽，塞白馬津，余公理自太行下河內。帝以祥爲行軍總管，軍於河陰，久不得濟。祥謂軍吏曰：「余公理輕而無謀，又新得志，謂其衆可恃，恃衆必驕。且河北人先不習兵，所謂擁市人而戰，不足圖也。」乃令軍中修攻具。公理使諜知之，果屯兵於河陽內城以備。祥於是艤船南岸，公理聚甲當之。祥乃簡精銳，於下流潛度。公理拒之，未成列，祥縱擊大破之。東趣黎陽，討綦良。綦良棄軍走，其衆大潰。進位上大將軍，賜縑綵七千段、女妓十人、良馬二十疋。轉太僕卿。帝嘗賜祥詩曰：「伯厚朝寄重，夏侯親遇深，貴耳唯聞古，賤目詎知今？早擒勁草質，久有背淮心，掃逆黎山外，振旅河之陰。功已書王府，留情太僕箴。」祥上表辭謝。帝手詔曰：「昔歲勞公，問罪河朔。賊爾日塞兩關之路，據倉阻河，公竭誠奮勇，一舉而剋。故聊示所懷，亦何謝也。」

尋遷鴻臚卿，從征吐谷渾。祥出玉門道，擊虜破之。進位右光祿大夫，拜右驍衞大將

軍。及征遼東，出蹋頓道，不利，由是除名。俄拜燕郡太守，被賊高開道所圍，城陷，開道甚禮之。會開道與羅藝通和，送祥於涿郡，卒於塗。子義隆，永年令。

祥弟雲，字世高，亦以父勳賜爵武平縣公。歷位司織下大夫、〔三八〕儀同大將軍、萊州刺史。

雲弟威，字世儀，亦以父勳賜爵武當縣公。

權景宣字暉遠，天水顯親人也。父曇騰，魏隴西郡守，贈秦州刺史。景宣少聰悟，有氣俠，宗黨皆歎異之。年十七，魏行臺蕭寶夤見而奇之，表爲輕車將軍。及寶夤敗，景宣歸鄉里。周文帝平隴右，擢爲行臺郎中。孝武西遷，授鎭遠將軍、步兵校尉，加平西將軍、秦州大中正。大統初，轉祠部郎中。景宣曉兵權，有智略。從周文拔弘農，破沙苑，皆先登陷陣。轉外兵郎中。從開府于謹援洛陽，景宣督課糧儲，軍以周濟。

時初復洛陽，將修繕宮室，景宣率徒三千，先出採運。會東魏兵至，司州牧元季海等以衆少拔還，屬城悉叛，道路擁塞。景宣將二十騎且戰且走，從騎略盡。景宣輕馬突圍，手斬數級，馳而獲免，因投人家自匿。景宣以久藏非計，乃僞作周文書，招募得五百餘人，保據

宣陽，聲言大軍續至。東魏將段琛等率衆至九曲，憚景宣不敢進。景宣恐琛審其虛實，乃將腹心自隨，詐云迎軍，因得西遁。〔三九〕與儀同李延孫相會，攻拔孔城。洛陽以南，尋亦來附。周文卽留景宣守張白塢，節度東南義軍。東魏將王元軌入洛，景宣與延孫等擊走之，以功授大行臺左丞。進屯宜陽，攻襄城，拔之，獲郡守王洪顯。周文嘉之，徵入朝。錄前後功，封顯親縣男，除南陽郡守。郡隣敵境，舊制發人守防三十五處，多廢農桑，而姦宄猶作。景宣至，並除之，唯修起城樓，多備器械，寇盜歛迹，人得肆業焉。百姓稱之，立碑頌德。周文特賞粟帛，以旌其能。遷廣州刺史。

侯景舉河南來附，景宣從僕射王思政經略應接。旣而侯景南叛，恐東魏復有其地，以景宣爲大都督、豫州刺史，鎮樂口。東魏亦遣張伯德爲刺史。伯德令其將劉貴平率其戍卒及山蠻，屢來攻逼。景宣兵不滿千人，隨機奮擊，貴平乃退走。進授使持節、車騎大將軍、儀同三司。潁川陷後，周文以樂口等諸城道路阻絕，悉令拔還。襄州刺史杞秀以狼狽獲罪。景宣號令嚴明，戎旅整肅，所部全濟，獨被優賞。仍留鎮荊州，委以鵶南之事。

初，梁岳陽王蕭詧將以襄陽歸朝，仍勒兵攻梁元帝於江陵。詧叛將杜岸乘虛襲之。景宣乃率騎三千助詧。詧因是乃送其妻王氏及子寮入質。〔四〇〕景宣又與開府楊忠取梁將柳仲禮，拔安陸、隨郡。久之，隨州城人吳士英殺刺史黃道玉，〔四一〕因聚爲寇。景宣以英小賊，可

以計取之，若聲其罪，恐同惡者衆。迺與英書，僞稱道玉凶暴，歸功英等。英等果信之，遂相率而至。景宣執而戮之，獲其黨與。進攻應城，拔之，獲夏侯珍洽。於是應禮安隨並平。朝議以景宣威行南服，迺授幷安肆郢新應六州諸軍事、幷州刺史。尋進驃騎大將軍、開府儀同三司，加侍中，兼督江、北司二州諸軍事，進爵爲伯。唐州蠻田魯嘉自號豫州伯，引致齊兵，〔四二〕大爲人害。景宣又破之，獲魯嘉，以其地爲郡。轉安州刺史。梁定州刺史李洪遠初款後叛，景宣惡其懷貳，密襲破之，虜其家口及部衆。洪遠脫身走免。自是酋帥懾服，無敢叛者。

燕公于謹征江陵，景宣別破梁司空陸法和司馬羊亮於溳水。又遣別帥攻拔魯山。多造舟艦，益張旗幟，臨江欲度，以懼梁人。梁將王琳在湘州，景宣遺書喻以禍福，琳遂遣長史席壑因景宣請舉州款附。周孝閔帝踐阼，徵爲司憲中大夫。尋除基郡硤平四州五防諸軍事、江陵防主，加大將軍。

保定四年，晉公護東討，景宣別略河南。齊豫州刺史王士良、永州刺史蕭世怡並以城降。景宣以開府謝徹守永州，開府郭彥守豫州，以士良、世怡及降卒一千人歸諸京師。尋而洛陽不守，乃棄二州，拔其將士而還。至昌州而羅陽蠻反，景宣回軍破之。還次霸上，晉公護親迎勞之。

天和初，授荊州刺史，總管十七州諸軍事，進爵千金郡公。陳湘州刺史華皎舉州款附，表請援兵。敕景宣統水軍與皎俱下。景宣到夏口，陳人已至。而景宣以任遇隆重，遂驕傲縱恣，多自矜伐，兼納賄貨，指麾節度，朝出夕改。將士憤怒，莫肯用命。及水軍始交，一時奔北，戰艦器仗，略無孑遺。時衞公直總督諸軍，以景宣負敗，欲繩以軍法。朝廷不忍加罪，遣使就軍赦之。尋遇疾卒。贈河、渭、鄯三州刺史，諡曰恭。

子如璋嗣，位至開府、膠州刺史。

如璋弟仕玠，儀同大將軍、廣川縣侯。

論曰：王盟始以親黨升朝，終而才能進達，勤宣運始，位列周行，實參迹於功臣，蓋弗由於恩澤。誼文武奇才，以剛正見忌，有隋受命，鬱爲名臣，末路披猖，信有終之克鮮。獨孤信威申南服，化洽西州，信著遐方，光昭隣國，雖不免其身，慶延于後，三代外戚，何其盛歟。竇熾儀表魁梧，器識雄遠，入參朝政，則嘉謀屢陳，出總藩條，則惠政斯洽。毅忠肅奉上，溫恭接下，茂實彰於本朝，義聲播於殊俗。並以國華人望，論道當官，榮映一時，慶流來葉。及熾遲疑勸進，有送故之心，雖王公恨恨，何以加此。榮定以功懋賞，以勞定國，保其祿位，

貽厥子孫，盛矣。賀蘭祥、叱列伏龜、閻慶等雖階緣戚屬，各以功名自終，而毗制造之功，亦足傳於後葉。史寧、權景宣並以將帥之才，受內外之寵，總戎薄伐，著剋敵之功，布政莅人，垂稱職之譽，若此者，豈非有國之良翰歟。然而史在末年，貨財虧其雅志，權亦晚節矜驕，喪其威聲，惜矣。楊諒干紀，祥獨剋之，効亦足稱云爾。

校勘記

〔一〕迎魏文帝悼后於蠕蠕　諸本脫「魏」字，與周文帝混，據周書卷二〇王盟傳補。

〔二〕盟與開府李虎輔太子出頓渭北　北史原文避唐諱，「虎」作「諱」。據通志卷一五六王盟傳改。

〔三〕賜姓拓王氏　諸本「王」作「拔」，周書三朝本、通志作「王」。按元和姓纂輯本卷一九拓王氏條，言王羆賜姓拓王氏。此王羆卽盟之父。作「拔」乃後人誤改，今改正。

〔四〕子勱　周書「勱」作「勵」。

〔五〕意欲兼被之　通志「被」作「備」，周書無此字。按疑當從通志。

〔六〕丁父艱　諸本脫「丁」字，據隋書卷四〇、通志卷一六四王誼傳補。

〔七〕魏初有四十六部　周書卷一六獨孤信傳「四」作「三」。按魏書卷一序紀、周書卷二文帝紀並言魏初「統國三十六」，疑此誤。

〔八〕禽賊漁陽王袁肆周　諸本「袁肆」作「表賜」，周書及通志卷一五六獨孤信傳作「袁肆」。按姓氏無「表」姓，通志所據是北史，可証北史原文亦當作「袁肆」，今據改。

〔九〕達明克之　通志「達」作「遲」，周書作「值」。按通鑑卷一五九四九三七頁亦作「遲」。作「達」當是形訛。但册府卷三六九四三八四頁亦作「達」，今不改。

〔一〇〕錄前後功增封　諸本「增」訛作「贈」，據周書、通志改。

〔一一〕遷大宗伯　周書「遷」下有「太保」二字。按信遷太保、大宗伯見周書卷三孝閔帝紀。

〔一二〕欲以委梁人也　周書「委」作「威」，通志作「委」。按魏收詭稱獨孤信反對宇文氏，東魏無西顧之憂，可以悉力拒梁，作「威」是。「委」當是音近致訛。

〔一三〕及齊平羅至而善卒又以羅主嗣　周書無「而」字。按下文獨孤羅傳，言楊堅於齊亡後遣人求羅得之，及稱帝後，以羅「襲爵趙國公，以其弟善爲河內郡公」。則善不死於羅至之歲，又非善卒始以羅主嗣。

〔一四〕擢拜羅爲左領左右將軍　諸本「領」下無「左右」二字，隋書卷七九外戚傳有。按隋書百官志下，隋有左右領左右府。此脫「左右」二字，今據補。

〔一五〕裴虔通率賊入成象殿　諸本「成」作「城」，隋書作「成」。按本書卷十二隋煬帝紀作「成」，今據改。

〔一六〕以父勳封魏寧縣公　諸本「父」下衍「封」字，據周書獨孤信傳及通志卷一六五獨孤羅傳删。

〔一七〕拜上開府領左右將軍　隋書「領」上有「右」字是。領左右府分左右，見隋書百官志下。

〔一八〕少從范陽祁忻受毛詩左氏春秋　諸本「祁」訛作「祈」，據周書卷三〇、通志卷一五六竇熾傳改。

〔一九〕投葛榮　周書、通志作「沒於葛榮」。按下文言略不受榮官，則非主動投誠，作「沒於」是。

〔二〇〕尋隨東南道行臺樊子鵠追尒朱仲遠仲遠奔梁　諸本脫「仲遠」二字，據周書及本書卷四八尒朱仲遠傳補。

〔二一〕因賜金石之樂　周書、通志「樂」作「藥」。按上言熾嘗有疾，則作「藥」是。

〔二二〕後從周文與齊人戰於北芒周師不利榮定與汝南公宇文神慶帥精騎擊却齊師以功拜上儀同　按隋書卷三九竇榮定傳，「周文」作「太祖」，疑當作「高祖」，此當作「周武」。宇文泰與東魏戰於芒山，時在西魏大統九年，周、齊都未改號，不得稱「周師」「齊師」。竇榮定、宇文神慶年輩甚晚，不得與於此役。上儀同之官始置於周建德四年，不可能以周建德四年以後之官號，賞西魏大統九年之戰功。考周武帝於建德四年八月伐齊，攻河陰，九月班師，十月創置上儀同等官號。河陰卽在芒山之北，竇榮定當是於此役得功受賞。

〔二三〕率總管出涼州　隋書「總管」上有「九」字。

〔二四〕獲東魏將薛長儒　周書卷二〇賀蘭祥傳「儒」作「孺」。按當作「瑜」。魏書卷四二薛辯傳見薛長瑜，云：「長瑜，天平中爲征東將軍、洛州刺史，擊賊潼關，沒於陣。」自卽此人。「儒」乃音近致訛。參見周書卷一校記。

〔二五〕武成初吐谷渾侵掠州郡　通志卷一五六賀蘭祥傳同。南、北、汲、殿四本「掠」作「涼」。周書作「涼」又無「郡」字。按本書卷九六吐谷渾傳云：「武成初夸呂復寇涼州」，「賀蘭祥、宇文貴率兵討之。」則周書是。但作「侵掠州郡」亦通，今不改。

〔二六〕天和六年進位柱國　諸本「六」作「五」，周書卷二〇閻慶傳作「六」。按周書卷五武帝紀，閻慶爲柱國在天和六年四月，今據改。

〔二七〕詔慶第十二子毗尙帝女清都公主　按下文云「次子毗嗣」，則「十」字當是衍文。但周書及通志卷一五六閻慶傳並有「十」字，今不改。

〔二八〕能篆書草隸尤善　隋書卷六八、通志卷一六三閻毗傳作「能篆書，工草隸，尤善畫」。按閻毗以善畫知名，此當脫「工」字、「畫」字。

〔二九〕盛修軍器　通志「軍」作「車」，隋書作「軍」。按下文所議都是輦輅制度，無一語及於軍器。隋書禮儀志五云：「大業元年更製車輿」，「詔尙書令楚國公楊素中略、朝請郎閻毗等詳議奏決，於是審擇前朝故事，定其取捨。」本傳下文言毗「練習舊事」，卽是說毗熟習先朝輿服制度。作「車」爲是。

〔三〇〕尙書令建平王宏曰　諸本脫「令」字，據隋書、通志補。建平王宏官尙書令，見宋書卷七二本傳。

〔三一〕八十一乘義兼六國　隋書、通志「六」作「九」。按「九國」見賈誼過秦論。「義兼九國」，是湊合九九八十一之數。作「六」無義。

〔三二〕建康表氏人也　諸本「表」作「袁」。錢氏攷異卷三二云：「『袁氏』當是『表氏』之譌。」按錢說是。表氏兩漢、魏、晉屬酒泉郡。前涼張駿置建康郡，表氏改屬之參考洪亮吉十六國疆域志卷七、卷一〇。通志卷一五六史寧傳正作「表」，今據改。

〔三三〕隨勝之部　諸本脫「之」字，據周書卷二八、通志卷一五六史寧傳補。

〔三四〕並進結傍乞鐵忽及鄭五醜等　諸本「忽」作「怱」，周書百衲本、通志作「忽」。按傍乞鐵忽見本書卷六〇宇文貴傳，周書卷四九宕昌羌傳，今據改。

〔三五〕復除涼甘瓜三州諸軍事　諸本「涼」訛「梁」，據周書、通志及下文「涼州刺史」改。

〔三六〕前後降數萬人　諸本脫「降」字，周書有「獲」字，通志作「降」。按通志文同北史，今據通志補。

〔三七〕寧乃還州　諸本「乃」訛作「及」，據周書、通志改。

〔三八〕歷位司織下大夫　諸本「織」作「職」，周書卷二八史寧傳作「織」。按通典卷三九後周官品有「司織下大夫」，無「司職」，今據改。

〔三九〕因得西遁　諸本「遁」訛作「道」，據周書卷二八、通志卷一五六權景宣傳改。

〔四〇〕詧因是乃送其妻王氏及子寮入質　諸本脫「詧」字，據周書補。

〔四一〕隨州城人吳士英殺刺史黃道玉　諸本「玉」訛作「王」，通志作「生」，周書作「玉」。今據周書改。

〔四二〕引致齊兵　諸本「致」作「至」，據周書、通志改。

北史卷六十二

列傳第五十

王羆 孫長述　王思政　尉遲迥 弟綱　綱子運　王軌 樂運

王羆字熊羆，京兆霸城人，漢河南尹遵之後，世為州郡著姓。羆質直木強，處物平當，州閭敬憚之。魏太和中，除殿中將軍，稍遷雍州別駕，清廉疾惡，勵精公事。刺史崔亮有知人之鑒，見羆雅相欽挹。亮後轉定州，啓羆為長史。執政者恐羆不稱，不許。及梁人寇硤石，亮為都督南討，復啓羆為長史，帶銳軍。朝廷以亮頻舉羆，故當可用。及剋硤石，羆功居多。先是南岐、東益氐羌反叛，乃拜羆冠軍將軍，鎮梁州，討平諸賊。還，授西河內史，辭不拜。時人謂曰：「西河大邦，奉祿優厚，何為致辭？」羆曰：「京洛材木，盡出西河，朝貴營第宅者，皆有求假。如其私辦，則力所不堪，若科發人間，又違犯憲法。以此致辭耳。」

後以軍功封定陽子，除荊州刺史。梁復遣曹義宗圍荊州，堰水灌城，不沒者數版。時

既內外多虞，未遑救援，乃遺羆鐵券，云城全當授本州刺史。城中糧盡，羆乃煮粥與將士均分食之。〔一〕每出戰，常不擐甲胄，大呼告天曰：「荊州城，孝文皇帝所置。天若不祐國家，使箭中王羆額；不爾，王羆須破賊。」屢經戰陣，亦不被傷。彌歷三年，義宗方退。進封霸城縣公。元顥入洛，以羆為左軍大都督。顥敗，莊帝以羆受顥官，故不得本州，更除岐州刺史。

時南秦數叛，以羆行南秦州事。羆至州，召其魁帥為腹心，擊捕反者略盡。乃謂魁帥等曰：「汝黨皆死盡，何用活為！」乃以次斬之。自是南秦無復反者。又詔羆行秦州事。尋遷涇州刺史。未及之部，屬周文帝徵兵為勤王之舉，羆請前驅効命，遂為大都督，鎮華州。

孝武西遷，進車騎大將軍、儀同三司，別封萬年縣伯，乃除華州刺史。齊神武率軍進潼關，〔二〕人懷危懼，羆勸勵將士，衆心乃安。神武退，拜驃騎大將軍，加侍中、開府。嘗修州城未畢，梯在城外。神武遣韓軌、司馬子如從河東宵濟襲羆，羆不覺。比曉，軌衆已乘梯入城。羆尚臥未起，聞閤外洶洶有聲，便袒身露髻徒跣，持一白棒，大呼而出，謂曰：「老羆當道臥，貉子那得過！」敵見，驚退。逐至東門，左右稍集，合戰破之。軌遂投城遁走。文帝聞而壯之。時關中大饑，徵稅人間穀食，以供軍費。或隱匿者，令遞相告，多被勞捶，以是人有逃散。唯羆信著於人，莫有隱者，得粟不少諸州，而無怨讟。沙苑之役，神武士馬甚盛。文帝以華州衝要，遣使勞羆，令加守備。及神武至城下，謂羆曰：「何不早降？」羆乃大呼曰：

「此城是王羆家，〔三〕死生在此，欲死者來！」神武不敢攻。

後移鎮河東，以前後功進爵扶風郡公。河橋之戰，王師不利，趙青雀據長安城，所在莫有固志。羆乃大開州門，召城中戰士謂曰：「如聞天子敗績，不知吉凶，諸人相驚，咸有異望。王羆受委於此，以死報恩。諸人若有異圖，可來見殺。必恐城陷沒者，亦任出城。如有忠誠，能與王羆同心，可共固守。」軍人見其誠信，皆無異心。

及軍還，徵拜雍州刺史。時蠕蠕度河南寇，候騎已至豳州。朝廷慮其深入，乃徵發士馬，屯守京城，塹諸街巷，以備侵軼。右僕射周惠達召羆議之。羆不應命，臥而不起，謂其使曰：「若蠕蠕至渭北者，王羆率鄉里自破之，不煩國家兵。何爲天子城中，遂作如此驚動！由周家小兒恇怯致此。」羆輕侮權貴，守正不回，皆此類也。未幾，還鎮河東。

羆性儉率，不事邊幅。嘗有臺使至，羆爲設食，使乃裂去薄餅緣。羆曰：「耕種收獲，其功已深，舂爨造成，用力不少，爾之選擇，當是未饑。」命左右撤去之。使者愕然大慚。又客與羆食瓜，客削瓜皮，侵肉稍厚，羆意嫌之。及瓜皮落地，乃引手就地取而食之。客甚愧色。性又嚴急，嘗有吏挾私陳事者，羆不暇命捶扑，乃手自取鞾履，持以擊之。每至享會，自秤量酒肉，分給將士。時人尚其均平，嗤其鄙碎。羆舉動率情，不爲巧詐，凡所經處，雖無當時功迹，咸去乃見思。卒于官，贈太尉、都督、相冀等十州刺史，謚曰忠。

羆安於貧素，不營生業，後雖貴顯，鄉里舊宅，不改衡門，身死之日，家甚貧罄，當時伏其清潔。

子慶遠，弱冠以功臣子拜直閤將軍，先羆卒。孫述。

述字長述。少孤，爲祖羆所養。聰敏有識度。年八歲，周文帝見而奇之曰：「王公有此孫，足爲不朽。」解褐員外散騎侍郎，封長安縣伯。羆薨，居喪過禮，有詔褒之。免喪，襲封扶風郡公。除中書舍人，修起居注，改封龍門郡公。周受禪，拜賓部下大夫。累遷廣州刺史，甚有威惠。朝議嘉之，就拜大將軍。後歷襄、仁二州總管，並有能名。隋文帝爲丞相，授信州總管，位上大將軍。〔四〕王謙作亂，遣使致書於長述。長述執其使，上書，又陳取謙策。上大悅，前後賜金五百兩。授行軍總管，討謙。以功進位柱國。開皇初，獻平陳計，修營戰艦，爲上流之師。上善其能，頻加賞勞。後數歲，以行軍總管擊南寧，未至而卒。上甚傷惜之。贈上柱國、冀州刺史，謚曰莊。

子謨嗣。謨弟軌，大業末郡守。〔五〕少子文楷，起部郎。

王思政，太原祁人，漢司徒允之後也。自魏太尉淩誅後，冠冕遂絕。父祐，州主簿。

思政容貌魁梧，有籌策，解褐員外散騎侍郎。屬万俟醜奴、宿勤明達等擾亂關右，〔六〕北海王顥討之，聞思政壯健，啓與隨軍，所有謀議，並與參詳。時孝武在藩，素聞其名，乃引爲賓客，遇之甚厚。及登大位，委以心膂。預定策功，封祁縣侯，爲武衛將軍。俄而齊神武潛有異圖，帝以思政可任大事，拜使持節、中軍大將軍、大都督，總宿衛兵。思政乃言於帝曰：「洛陽四面受敵，非用武之地。關中有崤函之固，且士馬精彊。宇文夏州糾合同盟，願立功効，若聞車駕西幸，必當奔走奉迎。藉天府之資，因已成之業，一二年修復舊京，何慮不克。」帝深然之。及神武兵至河北，帝乃西遷。進爵太原郡公，拜光祿卿、并州刺史，加散騎常侍、大都督。

大統之後，思政雖被任委，自以非相府之舊，每不自安。周文帝嘗在同州，與羣公宴集，出錦罽及雜綾絹數千段，令諸將摴蒱取之。物盡，周文又解所服金帶，令諸人遍擲，曰：「先得盧者即與之。」羣公擲將遍，莫有得者。次至思政，乃斂容跪而誓曰：「王思政羈旅歸朝，蒙宰相國士之遇，方願盡心効命，上報知己。若此誠有實，令宰相賜知者，願擲即爲盧；若內懷不盡，神靈亦當明之，使不作也，便當殺身以謝所奉。」辭氣慷慨，一座盡驚。即拔所佩刀，橫於膝上，攬摴蒱，拊髀擲之。比周文止之，已擲爲盧矣。徐乃拜而受帶。自此朝寄

更深。

及河橋之戰，思政下馬，用長矟左右橫擊，一擊踣數人。時陷陣既深，從者死盡，思政被重創悶絕。會日暮，敵亦收軍。思政久經軍旅，每戰唯著破衣弊甲，敵人疑非將帥，故得免。有帳下督雷五安於戰處哭求思政，會已蘇，遂相得。乃割衣裹創，扶思政上馬，夜久方得還軍。仍鎮弘農，除侍中、東道行臺。思政以玉壁地險要，請築城。即自營度，移鎮之。遷汾晉并三州諸軍事、并州刺史、行臺如故，仍鎮玉壁。八年，東魏復來寇，卒不能克。以全城功，授驃騎大將軍，開府儀同三司。

高仲密以北豫州來附，周文親接援之，乃驛召思政，將鎮成皋。未至而班師，復命思政鎮弘農。思政入弘農，令開城門，解衣而臥，慰勉將士，示不足畏。數日後，東魏將劉豐生率數千騎至城下，憚之，不敢進，乃引軍還。於是修城郭，起樓櫓，營田農，積芻秣，凡可以守禦者皆具焉。弘農之有備，自思政始也。

十二年，加特進，兼尚書左僕射、行臺、都督、荊州刺史。境內卑濕，城塹多壞。思政乃命都督藺小歡督工匠繕修之。掘得黃金三十斤，夜中密送。至旦，思政召佐史，以金示之曰：「人臣不宜有私。」悉封金送上。周文嘉之，賜錢二十萬。思政之去玉壁也，周文命舉代人，思政乃進所部都督韋孝寬。其後東魏來寇，孝寬卒能全城，時論稱其知人。

十三年，侯景叛東魏，請援乞師。當時未卽應接。思政以爲若不因機進取，後悔無及，卽率荆州步騎萬餘，從魯關向陽翟。周文聞思政已發，乃遣太尉李弼赴潁川。東魏將高岳等聞大兵至，收軍而遁。思政入守潁川。景引兵向豫州，外稱略地，乃密遣送款於梁。先是，周文遣帥都督賀蘭願德助景扞禦，景既有異圖，因厚撫願德等，冀爲己用。思政知景詭詐，乃密追願德。思政分布諸軍，據景七州十二鎮。周文乃以所授景使持節、太傅、大將軍，兼尚書令、河南大行臺、河南諸軍事，回授思政，思政並讓不受。頻使敦喻，唯受河南諸軍事。

十四年，拜大將軍。九月，東魏太尉高岳、行臺慕容紹宗、儀同劉豐生等率步騎十萬來攻潁川，殺傷甚衆。岳又築土山以臨城中，[七]飛梯火車，盡攻擊之法。思政亦作火穳，因迅風便投之土山。又射以火箭，燒其攻具。仍募勇士，縋而出戰，據其兩土山，置樓堞以助防守。齊文襄更益兵，堰洧水以灌城。時雖有怪獸，每衝壞其堰。然城被灌已久，多亦崩頹。岳悉衆苦攻。思政身當矢石，與士卒同勞苦。岳乃更修堰，作鐵龍雜獸，用厭水神。堰成，水大至。城中泉涌溢，懸釜而炊，糧力俱竭。慕容紹宗、劉豐生及其將慕容永珍意以爲閑，共乘樓船以望城內，令善射人俯射城中。俄而大風暴起，船乃飄至城下。城上人以長鈎牽船，弓弩亂發。紹宗窮急，透水而死。豐生浮向土山，復中矢而斃。禽永珍，幷獲船

中器械。思政謂永珍曰：「僕之破亡，在於晷漏。誠知殺卿無益，然人臣之節，守之以死。」乃流涕斬之。幷收紹宗等尸，以禮埋瘞。

岳既失紹宗等，志氣沮喪，不敢逼城。齊文襄聞之，乃率步騎十萬來攻。思政知不濟，率左右據土山，因仰天大哭，左右皆號慟。思政西向再拜，便欲自刎。先是，文襄告城中人曰：「有能生致王大將軍者，封侯重賞。若大將軍身有損傷，親近左右皆從大戮。」都督駱訓固止之，不得引決。齊文襄遣其通直散騎常侍趙彥深，就土山遺以白羽扇而說之，牽手以下。引見文襄，辭氣慷慨，涕淚交流，無撓屈之容。文襄以其忠於所事，起而禮之，接遇甚厚。其督將分禁諸州地牢，數年盡死。

思政初入潁川，士卒八千人。被圍既久，城中無鹽，腫死者十六七，及城陷之日，存者纔三千人。雖外無救援，遂無叛者。思政常以勤王爲務，不營貲產。嘗被賜園地，思政出征後，家人種桑果雜樹。及還，見而怒曰：「匈奴未滅，去病辭家，況大賊未平，欲事產業，豈所謂憂公忘私邪！」命左右拔而棄之。故身陷之後，家無蓄積。及齊文宣受東魏禪，以思政爲都官尚書、儀同三司。卒，贈以本官，加兗州刺史。

初，思政在荆州，自武關以南延袤一千五百里，置三十餘城，並當衝要之地。凡所舉薦，咸得其才。

子康，[八]沈毅有度量，後爲周文親信。思政陷後，詔以因水城陷，非戰之罪，增邑三千五百戶，以康襲爵太原公，除驃騎大將軍、侍中、開府儀同三司。康弟揆，先封中都縣侯，增邑通前一千五百戶，進爵爲公。揆弟邘，封西安縣侯。邘弟恭，忠誠縣伯。恭弟幼，顯親縣伯。康姊封齊郡君。康兄元遜亦陷於潁川，封其子景晉陽縣侯。康抗表固讓，不許。十六年，王師東討，加康使持節、大都督，以思政所部兵皆配之。魏廢帝二年，隨尉遲迥征蜀，鎮天水郡。尋賜姓拓王氏。爲鄘州刺史。武成末，除匠師中大夫，轉載師。保定二年，歷安、襄二州總管，位柱國。入隋，終於汴州刺史。

尉遲迥字薄居羅，代人也。其先，魏之別種，[九]號尉遲部，因而氏焉。父俟兜，性弘裕有鑒識，尚周文帝姊昌樂大長公主，生迥及綱。迥年七歲，綱年六歲，俟兜病且卒，呼二子，撫其首曰：「汝等並有貴相，但恨吾不見耳，各勉之。」武成初，追贈柱國大將軍、太傅、長樂郡公，謚曰定。

迥少聰敏，美容儀。及長，有大志，好施愛士。尚魏文帝女金明公主，拜駙馬都尉，封西都侯。大統十一年，拜侍中、驃騎大將軍、開府儀同三司，進爵魏安郡公。十五年，遷尚

書左僕射，兼領軍將軍。迥通敏有幹能，雖任兼文武，頗允時望，周文以此深委仗焉。十六年，拜大將軍。

侯景之渡江也，梁元帝時鎮江陵，請修隣好。其弟武陵王紀在蜀稱帝，率衆東下，將攻之。梁元帝大懼，移書請救。周文曰：「蜀可圖矣！取蜀制梁，在茲一舉。」乃與羣公會議，諸將多有異同。唯迥以爲紀既盡銳東下，蜀必空虛，王師臨之，必有征無戰。周文以爲然，謂曰：「伐蜀之事，一以委汝。」於是令迥督開府元珍、乙弗亞、侯呂陵始、叱奴興、綦連雄、宇文昇等六軍甲士取晉壽，開平林舊道。迥前軍臨劍閣，紀安州刺史樂廣以州先降。紀梁州刺史楊乾運時鎮潼水，[一〇]先已遣使詣闕，密送誠款，然恐其下不從，猶據潼水別營拒守。[一一]迥遣元珍、侯呂陵始等襲之，乾運還保潼川。珍等遂圍之，乾運降。迥至潼川，[一二]大饗將士，度涪江，至青溪，登南原，勒兵講武，修繕約束，閱器械，自開府以下賞金帛各有差。時夏中連雨，山路險峻，將士疲病者十二三，迥親自勞問，加以湯藥，引之而西。紀益州刺史蕭撝嬰城自守，進軍圍之。初，紀至巴郡，遣前南梁州刺史史欣景、幽州刺史趙拔扈等爲撝外援。迥分遣元珍、乙弗亞等擊破之。拔扈等遁走，欣景遂降。撝被圍五旬，頻戰爲迥所破。遣使乞降，許之。撝乃與紀子宜都王圓肅率其文武詣軍門請見，迥以禮接之。其吏人等各令復業，唯收僮隸及儲積以賞將士。號令嚴肅，軍無私焉。詔以迥爲大都督、

益潼等十二州諸軍事、益州刺史。三年，加督六州，通前十八州諸軍事。以平蜀功，封一子安固郡公。自劍閣以南得承制封拜及黜陟。迥乃明賞罰，布恩威，綏輯新邦，經略未附，人夷懷而歸之。

性至孝，色養不怠，身雖在外，所得四時甘脆，必先薦奉，然後敢嘗。大長公主年高多病，迥往在京師，每退朝參候起居，憂悴形於容色。大長公主每爲之和顏進食，以寧迥心。周文知其至性，徵迥入朝，以慰其母意。遣大鴻臚郊勞，仍賜迥袞冕之服。蜀人思之，爲立碑頌德。六官初建，拜小宗伯。

周孝閔帝踐阼，進位柱國大將軍，以迥有平蜀功，同霍去病冠軍之義，改封寧蜀公。遷大司馬。[一三]尋以本官鎮隴右。武成元年，進封蜀國公，邑萬戶，除秦州總管、秦渭等十四州諸軍事、隴右大都督。保定二年，拜大司馬。及晉公護東伐，迥帥師攻洛陽。齊王憲等軍於芒山，齊衆度河，諸軍驚散。迥率麾下反行却敵，於是諸將遂得全師而還。遷太保、太傅。建德初，拜太師，尋加上柱國。

宣帝即位，以迥爲大右弼，[一四]轉大前疑，出爲相州總管。宣帝崩，隋文帝輔政，以迥位望宿重，懼爲異圖，乃令迥子魏安郡公惇齎詔書以會葬徵迥。尋以鄖國公韋孝寬代迥爲總管。迥以隋文帝當權，將圖篡奪，遂謀舉兵，留惇而不受代。隋文帝又令候正破六韓裒詣

迥喻旨，密與總管府長史晉昶等書，令爲之備。迥聞之，殺昶，集文武士庶等登城北樓而令之。於是衆咸從命，莫不感激。乃自稱大總管，承制署官司。于時趙王招已入朝，留少子在國，迥又奉以號令。迥弟子大將軍、成平郡公勤時爲青州總管，初得迥書表送之，尋亦從迥。迥所管相、衛、黎、毛、洺、貝、趙、冀、瀛、滄，勤所統青、齊、膠、光、莒諸州皆從之，衆數十萬。滎州刺史邵國公宇文胄、申州刺史李惠、東楚州刺史費也利進國、[一五]東潼州刺史曹孝達各據州以應迥。徐州總管司錄席毗與前東平郡守畢義緒據兗州及徐州之蘭陵郡，亦以應迥。永橋鎮將紇豆陵惠以城降迥。迥又北結高寶寧以通突厥；南連陳人，許割江淮之地。

隋文帝於是徵兵討迥，即以韋孝寬爲元帥，陰羅雲監諸軍，郕國公梁士彥、樂安公元諧、化政公宇文忻、濮陽公宇文述、武鄉公崔弘度、清河公楊素、隴西公李詢、延壽公于仲文等皆爲行軍總管。迥遣所署大將軍石遜攻建州，刺史宇文弁以州降遜。迥又遣西道行臺韓長業攻陷潞州，執刺史趙威，署城人郭子勝爲刺史。上儀同赫連士猷攻晉州，即據小鄉城。紇豆陵惠襲陷定州之鉅鹿郡，遂圍恒州。上大將軍宇文威攻汴州，上開府莒州刺史烏丸尼、開府尉遲儁率膠、光、青、齊、莒、兗之衆圍沂州。大將軍檀讓攻陷曹、亳二州，屯兵梁郡。大將軍、東南道行臺席毗衆號八萬，軍於藩城，攻陷昌慮、下邑、豐縣。李惠自申州攻

永州，焚之而還。宇文胄軍於洛口。開府梁子康攻懷州。

魏安公惇率衆十萬人入武德，軍於沁東。孝寬等諸軍隔水，相持不進。隋文帝又遣高熲馳驛督戰。惇布兵二十餘里，麾軍小却，欲待孝寬軍半度而擊之。孝寬因其却，乃鳴鼓齊進，惇遂大敗。孝寬乘勝進至鄴，迥與其子惇、祐等又悉其卒十三萬，陣於城南。迥別統萬人，皆綠巾錦襖，號曰黃龍兵。勤率衆五萬自青州赴迥，以三千騎先到。迥舊集軍旅，[一六]雖老，猶被甲臨陣。其麾下兵皆關中人，爲之力戰。孝寬等軍失利而却。鄴中士女觀者如堵。高熲與李詢乃整陣先犯觀者，因其擾而乘之。迥衆大敗，遂入鄴城。迥走保北城，孝寬縱兵圍之。李詢、賀婁子幹以其屬先登。迥上樓，射殺數人，乃自殺。勤、惇、祐等東走青州，未至，開府郭衍追及之，並爲衍所獲。隋文帝以勤初有誠款，特釋之。李惠先是自縛歸罪，隋文帝復其官爵。

迥末年衰耄，惑於後妻王氏，而諸子多不睦。及起兵，以開府、小御正崔達拏爲長史，自餘委任，亦多用齊人。達拏文士，無籌略，舉措多失綱紀，不能匡救。迥自起兵至于敗，凡經六十八日焉。

子寬，大將軍、長樂郡公，先迥卒。寬兄誼，開府、資中郡公。寬弟順，以迥平蜀功，授開府、安固郡公。後以女爲宣帝皇后，拜上柱國，封胙國公。順弟惇，軍正下大夫、魏安郡

公。惇弟祐，西都郡公。皆被誅，而誼等諸子以年幼，並獲全。

武德中，迥從孫庫部員外郎耆福上表請改葬。朝議以迥忠於周室，有詔許焉，仍贈絹百匹。迥弟綱。

綱字婆羅，少孤，與兄迥依託舅氏。周文帝西討關隴，迥、綱與母昌樂大長公主留于晉陽。後方入關。從周文征伐，常陪侍帷幄，出入臥內。以軍功封廣宗縣伯。綱驍果有膂力，善騎射，周文甚寵之，委以心膂。河橋之戰，周文馬中流矢，因而驚奔。綱與李穆等左右力戰，衆皆披靡，文帝方得乘馬。大統十四年，進爵平昌郡公。廢帝二年，拜大將軍，兼領軍。及魏帝有異謀，言頗漏泄。周文以綱職典禁旅，使密爲之備。俄而廢帝立齊王，仍以綱爲中領軍，總宿衞事。

綱兄迥伐蜀，從周文送之於城西，見一走兎，周文命綱射之。誓曰：「若獲此兎，必當破蜀。」俄而綱獲兎而返。周文喜曰：「事平，當賞汝佳口。」及克蜀，賜綱侍婢二人。又嘗從周文北狩雲陽，見五鹿俱走，綱獲其三。每從遊宴，周文以珍異之物令諸功臣射而取之，綱所獲輒多。

周孝閔帝踐阼，綱以親戚掌禁兵，除小司馬。又與晉公護廢帝。明帝即位，進位柱國

大將軍。武成元年，進封吳國公，邑萬戶，除涇州總管。歷位少傅、大司空、陝州總管。晉公護東討，乃配綱甲士，留鎮京師。大軍還，綱復歸。〔一七〕天和二年，以綱政績可紀，賜帛及錢穀等，增邑，以褒賞之。陳公純等以皇后阿史那氏自突厥將入塞，詔徵綱與大將軍王傑率衆迎衞於境首。三年，追論河橋功，封一子縣公。四年，薨于京師。贈太保，謚曰武。

第二子安以嫡嗣。大象末，位柱國。入隋，歷鴻臚卿、左衞大將軍。安兄運。

運少强濟，志在立功。魏大統十六年，以父勳封安喜縣侯。周明帝立，以預定策勳，進爵周城縣公。歷位隴州刺史，再遷左武伯中大夫，尋加軍司馬。運既職兼文武，甚見委任。進爵廣業郡公，轉右司衞。時宣帝在東宮，親狎諂佞，數有罪失。武帝於朝臣內選忠諒鯁正者以匡弼之，於是以運爲右宮正。

建德三年，帝幸雲陽宮，又令運以本官兼司武，與長孫覽輔皇太子居守。俄而衞刺王直作亂，率其黨襲肅章門。覽懼，走行在所。運時偶在門中，直兵奄至，不暇命左右，乃手自闔門。直黨與運爭門，斫傷運指，僅而得閉。直既不得入，乃縱火。運恐火盡，直黨得進，乃取宮中材木及牀等以益火，更以膏油灌之，火轉熾。久之，直不得進，乃退。運率留守兵因其退以擊之，直大敗而走。是夜微運，宮中已不守矣。武帝嘉之，授大將軍，賜以直

田宅、妓樂、金帛、車馬、什物等不可勝數。

四年，出爲同州刺史，同州、蒲津、潼關等六防諸軍事。帝將伐齊，召運參議，東夏底定，頗有力焉。五年，拜柱國，進爵盧國公。轉司武上大夫，總宿衞軍事。帝崩於雲陽宮，祕未發喪，運總侍衞兵還京師。

宣帝卽位，授上柱國。運之爲宮正也，數進諫於帝。帝不納，反疏忌之。時運又與王軌、宇文孝伯等皆爲武帝親待。軌屢言帝失於武帝，帝謂運預其事，〔一八〕愈更銜之。及軌被誅，運懼及於禍，尋而得出爲秦州總管。至州，猶懼不免，遂以憂薨於州。贈大後丞、七州諸軍事、秦州刺史，謚曰忠。〔一九〕子靖嗣。

運弟勤，大象末，青州總管，起兵應伯迥。

勤弟敬，尙明帝女河南公主，位儀同三司。

王軌，太原祁人也，小名沙門。漢司徒允之後，世爲州郡冠族。累葉仕魏，賜姓烏丸氏。父光，少雄武，有將帥才略。頻有戰功，周文帝遇之甚厚。位至驃騎大將軍、開府儀同三司、平原縣公。

軌性質直，起家事輔城公。及武帝卽位，累遷內史下大夫，遂處腹心之任。帝將誅晉公護，軌贊成其謀。建德初，轉內史中大夫，〔二〇〕加授開府儀同三司，又拜上開府儀同大將軍，封上黃縣公，軍國之政，皆參預焉。從平幷、鄴，以功進位上大將軍，進爵郯國公。

及陳將吳明徹入寇呂梁，徐州總管梁士彥頻與戰不利，乃退保州城。明徹遂堰清水以灌之，列船艦於城下，以圖攻取。詔以軌爲行軍總管，率諸軍赴救。軌潛於清水入淮口，多豎大木，以鐵鎖貫車輪，橫截水流，以斷其船路，方欲密決其堰以斃之。明徹知之，乃破堰遽退，冀乘決水以得入淮。比至清口，川流已闊，水勢亦衰，船並礙於車輪，不復得過。軌因率兵圍而蹙之。唯有騎將蕭摩訶以二十騎先走，得免。〔二一〕明徹及將士三萬餘人幷器械輜重並就俘獲。陳之銳卒，於是殲焉。進位柱國，仍拜徐州總管。軌性嚴重，善謀略，兼有呂梁之捷，威振敵境。陳人甚憚之。

宣帝之征吐谷渾也，武帝令軌與宇文孝伯並從，軍中進趣，皆委軌等，宣帝仰成而已。時宮尹鄭譯、王端並得幸於宣帝。宣帝軍中頗有失德，譯等皆預焉。軍還，軌等言之於武帝。武帝大怒，乃撻宣帝，除譯等名，仍加捶楚。宣帝因此大銜之。軌又嘗與小內史賀若弼言及此事，且言皇太子必不克負荷。弼深以爲然，勸軌陳之。軌後因侍坐，乃白武帝言：「皇太子多涼德，恐不了陛下家事。愚臣暗短，不足以論是非。陛下恒以賀若弼有文武奇

才，識度宏遠，而弼比再對臣，深以此事爲慮。」武帝召弼問之。弼曰：「皇太子養德春宮，未聞有過。未審陛下何從得聞此言？」既退，軌誚弼曰：「平生言論，無所不道，今者乃爾翻覆！」弼曰：「此公之過也。皇太子國之儲副，豈易爲言，事有差跌，便至滅門之禍。本謂公密陳臧否，何得遂至昌言？」軌默然久之，乃曰：「吾專心國家，遂不存私計。向者對衆，良實非宜。」其後軌因內宴上壽，又捋武帝鬚曰：「可愛好老公，但恨後嗣弱耳！」武帝深以爲然。但漢王次長，又不才，此外諸子並幼，故不能用其說。

及宣帝卽位，追鄭譯等復爲近侍。軌自知必及於禍，謂所親曰：「吾昔在先朝，實申社稷至計。今日之事，斷可知矣。此州控帶淮南，隣接强寇，欲爲身計，易同反掌。但忠義之節，不可虧違。況荷先帝厚恩，每思以死自効，豈以獲罪於嗣主，便欲背德於先帝？止可於此待死，義不爲他計。冀千載之後，知吾此心。」

大象元年，帝使內史杜虔信就徐州殺軌。御正中大夫顏之儀切諫，帝不納，遂誅之。軌立朝忠恕，兼有大功，忽以無罪被戮，天下知與不知皆傷惜。

時京兆郡丞樂運亦以直言數諫於帝。

樂運字承業，南陽淯陽人，〔二二〕晉尙書令廣之八世孫。祖文素，齊南郡守。父均，梁義

陽郡守。

運少好學，涉獵經史。年十五而江陵滅，隨例遷長安。其親屬等多被籍沒，運積年爲人傭保，皆贖免之。事母及寡嫂甚謹，由是以孝聞。梁故都官郎琅邪王澄美之，次其行事爲孝義傳。性方直，未嘗求媚於人。臨淄公唐瑾薦之，自柱國府記室爲露門學士。前後犯顏屢諫武帝，多被納用。建德二年，除萬年縣丞。抑挫豪右，號稱强直。武帝嘉之，特許通籍，事有不便於時者，令巨細奏聞。

武帝嘗幸同州，〔二三〕召運赴行在所。既至，謂曰：「卿言太子如何人？」運曰：「中人也。」時齊王憲以下並在帝側，帝顧謂憲等曰：「百官佞我，皆云太子聰明睿智，唯運云中人，方驗運之忠直耳。」於是因問運中人之狀。運對曰：「班固以齊桓公爲中人，管仲相之則霸，豎貂輔之則亂。可與爲善，亦可與爲惡也。」帝曰：「我知之矣。」遂妙選宮官以匡弼之。乃超拜運京兆郡丞。太子聞之，意甚不悅。

及武帝崩，宣帝嗣位，葬訖，詔天下公除，帝及六宮，便議卽吉。運上疏曰：「三年之喪，自天子達於庶人。先王制禮，安可誣之。禮，天子七月而葬，以候天下畢至。今葬期既促，事訖便除，文軌之內，奔赴未盡，隣境遠聞，使猶未至。若以喪服受弔，不可既吉更凶；如以玄冠對使，未知此出何禮。進退無據，愚臣竊所未安。」書奏，帝不納。

自是德政不修，數行赦宥。運又上疏曰：「臣謹按周官曰：『國君之過市，刑人赦。』此謂市者交利之所，君子無故不遊觀焉，則施惠以悅之也。〔二四〕尚書曰：『眚災肆赦。』此謂過誤爲害，罪雖大，當緩赦之。〔二五〕謹尋經典，未有罪無輕重，溥天大赦之文。故管仲曰：『有赦者，奔馬之委轡；不赦者，痤疽之礪石。』又曰：『惠者，人之仇讎；法者，人之父母。』吳漢遺言，猶云：『唯願無赦。』王符著論，亦云：『赦者非明世之所宜有。』大尊豈可數施非常之惠，以肆姦宄之惡乎。」帝亦不納，而昏暴滋甚。

運乃輿櫬詣朝堂，陳帝八失：

一曰：內史御正，職在弼諧，皆須參議，共理天下。大尊比來小大之事，多獨斷之。堯、舜至聖，尚資輔弼，況大尊未爲聖主，而可專恣己心？凡諸刑罰爵賞，爰及軍國大事，請參諸宰輔，與衆共之。

二曰：內作色荒，古人重誡。大尊初臨四海，德惠未洽，先搜天下美女，用實後宮，又詔儀同以上女，不許輒嫁。貴賤同怨，聲溢朝野。請姬媵非幸御者，放還本族。欲嫁之女，勿更禁之。

三曰：天子未明求衣，日旰忘食，猶恐萬機不理，天下擁滯。大尊比來一入後宮，數日不出。所須聞奏，多附內豎。傳言失實，是非可懼。事由宦者，亡國之徵。請準

高祖，居外聽政。

四曰：變故易常，乃爲政之大忌；淫刑酷罰，非致安之弘規。若罰無定刑，則天下皆懼；政無常法，則人無適從。豈有削嚴刑之詔未及半祀，便卽遣改，〔二六〕更嚴前制？政令不定，乃至於此！今宿衞之官，有一夜不直者，罪至削除；因而逃亡者，遂便籍沒。此則大逆之罪，與杖十同科。雖爲法愈嚴，恐人情愈散。一人心散，尚或不可止，〔二七〕若天下皆散，將如之何？請遵輕典，並依大律，則億兆之人，手足有所措矣。

五曰：高祖斲雕爲朴，本欲傳之萬世。大尊朝夕趨庭，親承聖旨。豈有崩未踰年，而遽窮奢麗，〔二八〕成父之志，義豈然乎？請興造之制，務從卑儉，雕文刻鏤，一切勿營。

六曰：都下之人，徭賦稍重。必是軍國之要，不敢憚勞。豈容朝夕徵求，唯供魚龍爛漫；士庶從役，祇爲俳優角抵？紛紛不已，財力俱竭，業業相顧，無復聊生。凡無益之事，請並停罷。

七曰：近見有詔，上書字誤者卽科其罪。假有忠讜之人，欲陳時事，尺有所短，文字非工，不密失身，義無假手，脫有舛謬，便迫嚴科。嬰徑尺之鱗，其事非易；下不諱之詔，猶懼未來。更加刑戮，能無鉗口？大尊縱不能採誹謗之言，無宜杜獻替之路。請停此詔，則天下幸甚。

八曰：昔桑穀生朝，殷王因之獲福；今玄象垂戒，此亦興周之祥。大尊雖減膳撤縣，未盡銷譴之理。誠願諮諏善道，修布德政，解兆庶之慍，引萬方之罪。則天變可除，鼎業方固。大尊若不革茲八事，臣見周廟不血食矣。

帝大怒，將戮之。內史元巖諫，因而獲免。翌日，帝頗感悟，召運謂之曰：「朕昨夜思卿所奏，實是忠臣。先皇聖明，卿數有規諫；朕既昏暗，卿復能如此！」乃賜御食以賞之。朝之公卿，初見帝甚怒，莫不爲運寒心。後見獲賞，又皆相賀，以爲幸免獸口。〔二九〕

內史鄭譯常以私事請託，運不之許，因此銜之。及隋文帝爲丞相，譯爲長史，遂左遷運爲廣州滍陽令。開皇五年，轉毛州高唐令。頻歷二縣，並有聲績。運常願處一諫官，從容諷議，而性訐直，爲人所排抵，遂不被任用。乃發憤錄夏、殷以來諫爭事，集而部之，凡六百三十九條，合四十一卷，名曰諫苑。奏上之。隋文帝覽而嘉焉。

論曰：王羆剛峭有餘，弘雅未之聞也。情安儉率，志在公平。既而奮節危城，抗辭勍敵，梁人爲之退舍，高氏不敢加兵。以此見稱，信非虛矣。至述不隕門風，亦足稱也。王思政驅馳有事之秋，慷慨功名之際。及乎策名霸府，作鎭潁川，設縈帶之險，修守禦

之術，以一城之衆，抗傾國之師，率疲駘之兵，當勁勇之卒，〔三〇〕猶能亟摧大敵，屢建奇功。忠節冠於本朝，義聲動於隣聽。運窮事蹙，城陷身囚，壯志高風，亦足奮於百世矣。尉遲迥地則舅甥，職惟台衮，沐恩累葉，荷眷一時，居形勝之地，受藩維之託，顛而不扶，憂責斯在。及主威云謝，鼎業將遷，九服移心，三靈改卜，遂能志存赴蹈，投袂稱兵。忠君之勤未宣，違天之禍便及。校其心，翟義、葛誕之儔歟。綱、運積宣王室，勤勞出內。觀其自致榮寵，豈唯恩澤而已乎。

夫士之成名，其途不一，蓋有不待爵祿而貴，不因學藝而重者何？亦云忠孝而已。若乃竭力以奉其親者，人子之行也；致身以事其君者，人臣之節也。斯固彌綸三極，囊括百代。當宣帝之在東朝，凶德方兆，王軌志惟無諱，極議於骨肉之間，竟遇淫刑，以至夷滅。若斯人者，人或以爲其不忠，則天下莫之信也。觀樂運之所以行己之節，其有古之遺直之風乎。

校勘記

〔一〕羆乃煮粥與將士均分食之　諸本「分」訛作「令」，據周書卷一八、通志卷一五六王羆傳改。

〔二〕齊神武率軍進潼關　諸本脫「進」字，據通志補。事見本書卷六齊神武紀。

〔三〕此城是王羆家　周書、通志、通鑑卷一五七四八八四頁「家」並作「冢」。「家」當是「冢」之訛。

〔四〕授信州總管位上大將軍　諸本脫「大」字，據周書王羆傳、隋書卷五四王長述傳補。周無上將軍官名。周武帝建德四年十月置上柱國、上大將軍官，見周書卷六。

〔五〕大業末郡守　隋書「郡守」作「東郡通守」。

〔六〕屬万俟醜奴宿勤明達等擾亂關右　諸本「達」訛作「遠」，據周書卷十八、通志卷一五六王思政傳改。宿勤明達見本書卷四八尒朱天光傳、卷四九賀拔岳傳。

〔七〕岳又築土山以臨城中　諸本誤疊「城」字，據周書、通志刪。

〔八〕子康　周書「康」作「秉」。按周書卷五武帝紀天和六年六月，以「太原公王柬爲柱國」，本書卷一〇周武帝紀「柬」作「秉」。周書卷六武帝紀建德四年正月又云，以「太原公王康爲襄州總管」。當時只有王思政封太原公而由其子襲爵，知「王柬」、「王康」、「王秉」都是此人。唐人諱「秉」與李昞之名同音，行文中常改爲「執」，作人名則多改爲「康」。如崔秉改崔康，沮渠秉改沮渠康，王肅弟秉亦改作康參本書卷三二崔鑒傳校記。此是依字形相近改字的特例。

〔九〕其先魏之別種　諸本脫「種」字，據周書卷二一、通志卷一五六尉遲迥傳補。

〔一〇〕紀梁州刺史楊乾運時鎮潼水　周書、通志「水」作「州」。按楊乾運守潼州，見周書卷四四楊乾運傳、卷四二蕭撝傳。此「水」字當是涉下文「潼水」而誤。

〔一一〕猶據潼水別營拒守　諸本「營」訛「管」，據通志改。

〔一二〕乾運還保潼川珍等遂圍之乾運降迥至潼川　兩「潼川」通志都作「潼州」，周書無「乾運還保潼川」語，亦作「迥至潼州」。按乾運當是從潼水別營退至州城，作「州」是。

〔一三〕改封寧蜀公遷大司馬　張森楷：「此遷不見於周書，又不見於帝紀，下文復有『拜大司馬』，疑此『馬』字誤。」

〔一四〕以迥爲大右弼　諸本「弼」作「軍」，通志作「弼」。按本書卷一〇周宣帝紀大象元正月，稱以「蜀公尉遲迥爲大右弼」。「大右軍」無此官名，今據改。

〔一五〕東楚州刺史費也利進國　周書無「國」字，通志「也」下有「頭」字。按「費也頭」又作「破也頭」，疑此「費也」下脫「頭」字。

〔一六〕迥舊集軍旅　周書、通志「集」作「習」。

〔一七〕大軍還綱復歸　周書卷二〇尉遲綱傳「歸」下有「鎮」字。

〔一八〕帝謂運預其事　諸本脫「運」字，據周書卷四〇、通志卷一五六尉遲運傳補。

〔一九〕謚曰忠　周書「忠」作「中」。

〔二〇〕轉內史中大夫　諸本無「中」字，周書卷四〇、通志卷一五六王軌傳有。按通典卷三九後周官品，內史有中大夫及下大夫。軌自下大夫升轉，當爲中大夫。今據補。

〔二一〕唯有騎將蕭摩訶以二十騎先走得免　周書「二十」作「二千」，通志作「一十」。按陳書卷三一蕭摩訶傳，言摩訶有鐵騎數千，「周軍長圍既合，摩訶選精騎八十，率先衝突，自後衆騎繼焉，比旦達淮南」。蓋當時步軍及水軍盡被俘獲，惟騎兵得免。周書作「二千」是。

〔二二〕南陽清陽人　諸本「淯」作「清」，周書卷四〇、通志卷一五六樂運傳作「淯」。錢氏考異卷四〇云：「按魏、隋二志，南陽無清陽縣，『清』當作『淯』。」按晉書卷四三樂廣傳亦云：「南陽淯陽人也。」作「清」誤，今據改。

〔二三〕武帝嘗幸同州　諸本「嘗」作「常」，據周書改。

〔二四〕君子無故不遊觀焉則施惠以悅之也　周書「焉」下有「若遊觀」三字，疑此脫。

〔二五〕此謂過誤爲害罪雖大當緩赦之　諸本「謂」訛作「爲」，據周書、通志改。

〔二六〕豈有削嚴刑之詔未及半祀便即遣改　周書、通志「遣」作「追」，「遣」疑是「追」之形訛。

〔二七〕一人心散尙或不可止　周書無「不」字，通志有。按「不」字於文義不洽，疑衍。

〔二八〕豈有崩未踰年而遽窮奢麗　諸本「遽」作「處」，周書作「遽」，通志作「處躬奢麗」。按「處」乃「遽」之訛。今從周書改。

〔二九〕以爲幸免獸口　周書、通志「獸」作「虎」。按唐人諱「虎」，周書亦當是後人回改。

〔三〇〕率疲駘之兵當勁勇之卒　諸本「當」訛「常」，據周書卷一八史臣論改。

北史卷六十三

列傳第五十一

周惠達　馮景　蘇綽 子威　從兄亮

周惠達字懷文，章武文安人也。父信，歷樂鄉、平舒、成平三縣令，皆以廉能稱。惠達幼有節操，好讀書，美容貌。魏齊王蕭寶夤爲瀛州刺史，召惠達及河間馮景同在閤下，甚禮之。及寶夤還朝，惠達隨入洛陽。寶夤西征，惠達復隨入關。寶夤除雍州刺史，令惠達使洛陽。未還，而寶夤謀反聞於京師。有司以惠達是其行人，將執之。惠達乃私馳還。至潼關，遇大使楊侃。侃謂曰：「何爲故入獸口？」[一]惠達曰：「蕭王必爲左右所誤，今往，庶其改圖。」及至，寶夤反形已露，不可彌縫。遂用惠達爲光祿勳、中書舍人。寶夤既敗，唯惠達等數人從之。寶夤語惠達曰：「人生富貴，左右咸言盡節，及遭厄難，乃知歲寒也。」

賀拔岳爲關中大行臺，惠達爲岳府屬。岳爲侯莫陳悅所害，惠達遁入漢陽之麥積崖。悅平，歸於周文帝。文帝復以爲府司馬，便委任焉。周文帝爲大將軍、大行臺，以惠達爲行臺尚書、大將軍府司馬，封文安縣子。周文出鎮華州，留惠達知後事。

時既承喪亂，庶事多闕。惠達營造戎仗，儲積倉糧，簡閱士馬，以濟軍國之務，甚爲朝廷所稱。後拜中書令，進爵爲公。大統四年，兼尚書右僕射。其年，周文與魏文帝東討，令惠達輔魏太子居守，總留臺事。及芒山失律，人情駭動。趙青雀據長安子城反，惠達奉太子出渭橋北以禦之。軍還，青雀等誅。拜吏部尚書。久之，復爲右僕射。

自關右草創，禮樂缺然。惠達與禮官損益舊章，是以儀軌稍備。魏文帝因朝奏樂，顧謂惠達曰：「此卿功也。」惠達雖居顯職，性謙退，善下人，盡心勤公，愛拔良士，以此皆敬而附之。薨，子題嗣。隋開皇初，以惠達著績前代，追封蕭國公。

馮景字長明，河間武垣人也。父傑，爲伏與令。

景少與周惠達友，俱以客從蕭寶夤。寶夤後爲尚書右僕射，引景領尚書都令史。正光中，寶夤爲關西大行臺，景又爲行臺都令史。及寶夤敗還長安，或議歸罪闕下，或言留州立功。景曰：「擁兵不還，此罪將大。」寶夤不從，遂反。及寶夤平，景方得還洛。朝廷聞景有諫言，故不罪之。

後事賀拔岳爲行臺郎。岳使景詣齊神武，察其行事。神武聞岳使至，甚有喜色，問曰：「賀拔公詎憶吾邪？」即與景歃血，託岳爲兄弟。景還，以狀報岳。岳曰：「此姦有餘，而實不足。自古王臣無私盟者也，吾料之熟矣。」岳北合費也頭，東引紇豆陵伊利，西總侯莫陳悅、河州刺史梁景叡及酋渠爲盟誓，共會平涼，移軍東下。懼有專任之嫌，使景啓孝武帝。帝甚悅。又爲岳大都督府從事中郎。

後侯莫陳悅平，周文使景於京師告捷。帝有西遷意，因問關中事勢。景勸帝西遷。後以迎孝武功，封高陽縣伯，除散騎常侍、行臺尚書。大統初，詔行涇州事，卒於官。

蘇綽字令綽，武功人，魏侍中則之九世孫也。累世二千石。父協，武功郡守。

綽少好學，博覽羣書，尤善算術。從兄讓爲汾州刺史，周帝餞于都門外。[二]臨別，謂曰：「卿家子弟之中，誰可任用者？」讓因薦綽。周文乃召爲行臺郎中。在官歲餘，未見知。然諸曹疑事，皆詢於綽而後定。所行公文，綽又爲之條式。臺中咸稱其能。周文與僕射周

惠達論事，惠達不能對，請出外議之。乃召綽，告以其事，綽即爲量定。惠達入呈，周文稱善，謂曰：「誰與卿爲此議者？」惠達以綽對，因稱其有王佐才。周文曰：「吾亦聞之久矣。」尋除著作佐郎。

屬周文與公卿往昆明池觀漁，行至城西漢故倉地，[三]顧問左右，莫有知者。或曰：「蘇綽博物多通，請問之。」周文乃召綽問，具以狀對。周文大悅，因問天地造化之始，歷代興亡之迹。綽既有口辯，應對如流。周文益嘉之，乃與綽並馬徐行至池，竟不設網罟而還。遂留綽至夜，問以政道，臥而聽之。綽於是指陳帝王之道，兼述申、韓之要。周文乃起，整衣危坐，不覺膝之前席。語遂達曙不厭。詰朝，謂周惠達曰：「蘇綽眞奇士，吾方任之以政。」即拜大行臺左丞，參典機密。自是寵遇日隆。綽始制文案程式，朱出墨入，及計帳、戶籍之法。

大統三年，齊神武三道入寇，諸將咸欲分兵禦之，獨綽意與周文同。遂併力拒竇泰，擒之於潼關。封美陽縣伯。十一年，授大行臺度支尚書，[四]領著作，兼司農卿。

周文方欲革易時政，務弘强國富人之道，故綽得盡其智能，贊成其事。減官員，置二長，幷置屯田以資軍國。又爲六條詔書，奏施行之。其一，先修心，曰：

凡今之方伯守令，皆受命天朝，出臨下國，論其尊貴，並古之諸侯也。是以前代帝王，每稱共理天下者唯良宰守耳。明知百僚卿尹雖各有所司，然其理人之本，莫若守宰之最重也。凡理人之體，當先理己心，心者一身之主，百行之本。心不清靜，則思慮妄生。思慮妄生，則見理不明。見理不明，則是非謬亂。是非既亂，則一身不能自理，安能理人也？是以理人之要，在於清心而已。夫所謂清心者，非不貪貨財之謂，乃欲使心氣清和，志意端靜。心和志靜，則邪僻之慮無因而作。邪僻不作，則凡所思念無不皆得至公之理。率至公之理以臨其人，則彼下人孰不從化？是以稱理人之本，先在理心。

其次又在理身。凡人君之身者，乃百姓之表，一國之的也。表不正，不可求直影；的不明，不可責射中。今君身不能自理，而望理百姓，是猶曲表而求直影也；君行不能自修，而欲百姓修行者，是猶無的而責射中也。故爲人君者，必心如清水，形如白玉，躬行仁義，躬行孝悌，躬行忠信，躬行禮讓，躬行廉平，躬行儉約，然後繼之以無倦，加之以明察。行此八者以訓其人。是以其人畏而愛之，則而象之，不待家教日見而自興行矣。

其二，敦教化，曰：

天地之性，唯人爲貴。明其有中和之心，仁恕之行，異於木石，不同禽獸，故貴之耳。然性無常守，隨化而遷。化於敦朴者則質直，化於澆僞者則浮薄。浮薄者則衰弊之風，質直者則淳和之俗。〔五〕衰弊則禍亂交興，淳和則天下自治。自古安危興亡，無不皆由所化也。

然世道彫喪，已數百年。大亂滋甚，且二十載。人不見德，唯兵革是聞；上無教化，唯刑罰是用。而中興始爾，大難未弭，加之以師旅，因之以饑饉，凡百草創，率多權宜。致使禮讓弗興，風俗未反。比年稍登稔，徭賦差輕，衣食不切，則教化可修矣。凡諸牧守令長，各宜洗心革意，上承朝旨，下宣教化矣。

夫化者，貴能扇之以淳風，〔六〕浸之以太和，被之以道德，示之以朴素。使百姓亹亹，日遷於善，邪僞之心，嗜慾之性，潛以消化，而不知其所以然，此之謂化也。然後教之以孝悌，使人慈愛；教之以仁順，使人和睦；教之以禮義，使人敬讓。慈愛則不遺其親，和睦則無怨於人，敬讓則不競於物。三者既備，則王道成矣。此之謂教也。先王之所以移風易俗，還淳反素，垂拱而臨天下以至於太平者，莫不由此。此之謂要道也。

其三，盡地利，曰：

人生天地之間，衣食爲命。食不足則飢，衣不足則寒。飢寒切體，而欲使人興行

禮讓者，此猶逆坂走丸，勢不可得也。是以古之聖王知其若此，〔七〕先足其衣食，然後教化隨之。夫衣食所以足者，由於地利盡。地利所以盡者，由於勸課有方。主此教者，在乎牧守令長而已。人者冥也，〔八〕智不自周，必待勸教然後得盡其力。諸州郡縣，每至歲首，必戒敕部人，無問少長，但能操持農器者，皆令就田，墾發以時，勿失其所。及布種既訖，嘉苗須理，麥秋在野，蠶停於室，若此之時，皆宜少長悉力，男女併功，若揚湯救火，寇盜之將至，然後可使農夫不失其業，蠶婦得就其功。若游手怠惰，早歸晚出，好逸惡勞，不勤事業者，則正長牒名郡縣，守令隨事加罰，罪一勸百。此則明宰之教也。

夫百畝之田，必春耕之，夏種之，秋收之，然後冬食之。此三時者，農之要月也。若失其一時，則穀不可得而食。故先王之戒曰：「一夫不耕，天下必有受其飢者；一婦不織，天下必有受其寒者。」若此三時，不務省事，而令人廢農者，是則絕人之命，驅以就死然。單劣之戶，及無牛之家，勸令有無相通，使得兼濟。三農之隙，及陰雨之暇，又當教人種桑植果，藝其蔬菜，修其園圃，畜育雞豚，以備生生之資，以供養老之具。

夫爲政不欲過碎，碎則人煩；勸課亦不容太簡，簡則人怠。善爲政者，必消息時宜而適煩簡之中。故詩曰：「不剛不柔，布政優優，百祿是求。」〔九〕如不能爾，則必陷於刑

辟矣。

其四，擢賢良，曰：

天生蒸黎，不能自化，故必立君以理之。人君不能獨理，故必置臣以佐之。上自帝王，下及列國，置臣得賢則安，失賢則亂，此乃自然之理，百王不能易也。

今刺史縣令，〔一〇〕悉有僚吏，皆佐助之人也。刺史府官則命於天朝，其州吏以下，並牧守自置。自昔以來，州郡大夫，〔一一〕但取門資，多不擇賢良；末曹小吏，唯試刀筆，並不問志行。夫門資者，乃先世之爵祿，無妨子孫之愚瞽；刀筆者，乃身外之末材，不廢性行之澆僞。若門資之中而得賢良，是則策騏驥而取千里也；若門資之中而得愚瞽，是則土牛木馬，形似而用非，不可以涉道也。若刀筆之中而得志行，是則金相玉質，內外俱美，實爲人寶也；若刀筆之中而得澆僞，是則飾畫朽木，悅目一時，不可以充榱椽之用也。今之選舉者，當不限資蔭，唯在得人。苟得其人，自可起厮養而爲卿相，則伊尹、傅說是也，而況州郡之職乎？苟非其人，則丹朱、商均雖帝王之胤，不能守百里之封，而況於公卿之冑乎？由此而言，官人之道可見矣。

凡所求材藝者，爲其可以理人。若有材藝而以正直爲本者，必以材而爲理也；若有材藝而以姦僞爲本者，將因其官而亂也，何致化之可得乎？是故將求材藝，必先擇

志行，善者則舉之，其志行不善則去之。

而今擇人者，多云邦國無賢，莫知所舉。此乃未之思也，非適理之論。所以然者，古人有言：明主聿興，不降佐於昊天；大人基命，不擢才於后土。常引一世之人，理一世之務。故殷、周不待稷、契之臣，魏、晉無假蕭、曹之佐。仲尼曰：「十室之邑，必有忠信如丘者焉。」豈有萬家之都，而云無士？但求之不勤，擇之不審，或授之不得其所，任之不盡其材，故云無耳。古人云：「千人之秀曰英，萬人之英曰儁。」今之智效一官，行聞一邦者，豈非近英儁之士也？但能勤而審之，去虛取實，各得州郡之最而用之，則人無多少，皆足化矣。孰云無賢！

夫良玉未剖，與瓦石相類；名驥未馳，與駑馬相雜。及其剖而瑩之，馳而試之，玉石駑驥，然後始分。彼賢士之未用也，混於凡品，竟何以異。要任之以事業，責之以成務，方與彼庸流較然不同。昔呂望之屠釣，百里奚之飯牛，甯生之扣角，管夷吾之三敗，當此之時，悠悠之徒，豈謂其賢？及升王朝，登霸國，積數十年，功成事立，始識其奇士也。於是後世稱之，不容於口。彼瓌瑋之材，不世之傑，尚不能以未遇之時，自異於凡品，況降此者哉！若必待太公而後用，是千載無太公；必待夷吾而後任，是百世無夷吾。所以然者，士必從微而至著，功必積小以至大，豈有未任而已成，不用而先達

也？若識此理，則賢可求，士可擇。得賢而任之，得士而使之，則天下之理，何向而不可成也？

然善官人者，必先省其官。官省，則善人易充。善人易充，則事無不理。官煩，則必雜不善之人。雜不善之人，則政必有得失。故語曰：「官省則事省，事省則人清；官煩則事煩，事煩則人濁。」清濁之由，在於官之煩省。案今吏員，其數不少。昔人殷事廣，尚能克濟，況今戶口減耗？依員而置，猶以爲少。如聞在下州郡，尚有兼假，擾亂細人，甚爲無理。諸如此輩，悉宜罷黜，無得習常。

非直州郡之官，宜須善人，爰至黨族閭里正長之職，皆當審擇，各得一鄉之選，以相監統。夫正長者，理人之基。基不傾者上必安。

凡求賢之路，自非一途。然所以得之審者，必由任而試之，考而察之。起於居家，至於鄉黨，訪其所以，觀其所由，則人道明矣，賢與不肖別矣。率此以求，則庶無愆悔矣。

其五，恤獄訟，曰：

人受陰陽之氣以生，有情有性。性則爲善，情則爲惡。善惡既分，賞罰隨焉。賞罰得中，則惡止而善勸；〔一二〕賞罰不中，則人無所措手足，則怨叛之心生。是以先王重之，特加戒慎者，欲使察獄之官，精心悉意，推究根源。先之以五聽，參之以證驗，妙覩情狀，窮鑒隱伏，使姦無所容，罪人必得。然後隨事加刑，輕重皆當，舍過矜愚，得情勿喜。又能消息情理，斟酌禮律，無不曲盡人心，而遠明大教，使獲罪者如歸。此則善之上者也。然宰守非一，不可人人皆有通識，推理求情，時或難盡。唯當率至公之心，去阿枉之志，務求曲直，念盡平當。聽察之理，必窮所見，然後拷訊以法，不苛不暴，有疑則從輕，未審不妄罰，隨事斷理，獄無停滯。此亦其次。若乃不仁恕而肆其殘暴，同人木石，專用捶楚。巧詐者，雖事彰而獲免；辭弱者，乃無罪而被罰。有如此者，斯則下矣，非共理所寄。今之宰守，當勤於中科，而慕其上善。如在下條，則刑所不赦。

又當深思遠大，念存德教。先王之制曰：與殺無辜，寧赦有罪；與其害善，寧其利淫。明必不得中，寧濫捨有罪，不謬害善人也。今之從政者則不然，深文巧劾，寧致善人於法，不免有罪於刑。所以然者，非皆好殺人也，但云爲吏寧酷，可免後患。此則情存自便，不念至公，奉法如此，皆姦人也。夫人者，天地之貴物，一死不可復生。然楚毒之下，以痛自誣，不被申理，遂陷刑戮者，將恐往往而有。是以自古已來，設五聽三宥之法，著明慎庶獄之典，此皆愛人甚也。凡伐木殺草，田獵不順，尚違時令而虧帝道；況刑罰不中，濫害善人，寧不傷天心，犯和氣！和氣損而欲陰陽調適，四時順序，萬

物阜安，蒼生悅樂者，不可得也。故語曰，一夫吁嗟，王道爲之傾覆，正謂此也。凡百宰守，可無慎乎！

若深姦巨猾，傷化敗俗，悖亂人倫，不忠不孝，故爲背道，殺一利百，以清王化，重刑可也。識此二途，則刑政盡矣。

其六，均賦役，曰：

聖人之大寶曰位。何以守位，曰仁。何以聚人，曰財。明先王必以財聚人，以仁守位。國而無財，位不可守。是故三五以來，皆有征稅之法。雖輕重不同，而濟用一也。今寇逆未平，軍國費廣，雖未遑減省，以恤人瘼，然宜令平均，使下無怨。平均者，不舍豪強而徵貧弱，不縱姦巧而困愚拙，此之謂均也。故聖人曰：「蓋均無貧。」

然財貨之生，其功不易。〔一三〕紡紝織績，起於有漸，非旬日之間，所可造次。必須勸課，使預營理。絹鄉先事織紝，麻土早修紡績。先時而備，至時而輸，故王賦獲供，下人無困。如其不預勸戒，臨時迫切，復恐稽緩，以爲己過，捶扑交至，取辦目前。富商大賈，緣茲射利，有者從之貴買，無者與之舉息。輸稅之人，於是弊矣。

租稅之時，雖有大式，至於斟酌貧富，差次先後，皆事起於正長，而繫之於守令。若斟酌得所，則政和而人悅；若檢理無方，則吏姦而人怨。又差發徭役，多不存意，致

令貧弱者或重徭而遠戍，富强者或輕使而近防。守令用懷如此，不存恤人之心，皆王政之罪人也。

周文甚重之，常置諸坐右。又令百司習誦之，其牧守令長非通六條及計帳者，不得居官。

自有晉之季，文章競爲浮華，遂以成俗。周文欲革其弊，因魏帝祭廟，羣臣畢至，乃命綽爲大誥，奏行之。其詞曰：

惟中興十有一年仲夏，庶邦百辟，咸會於王庭。柱國泰洎羣公列將罔不來朝。時迺大稽百憲，敷于庶邦，用綏我王度。皇帝若曰：「昔堯命羲和，允釐百工。舜命九官，庶績咸熙。武丁命說，克號高宗。時惟休哉，〔一四〕朕其欽若。格爾有位，胥暨我太祖之庭，朕將丕命女以厥官。」

六月丁巳，皇帝朝格於太廟，凡厥具僚，罔不在位。

皇帝若曰：「咨我元輔、羣公、列將、百辟、卿士、庶尹、御事，朕惟夤敷祖宗之靈命，稽于先王之典訓，以大誥于爾在位。〔一五〕昔我太祖神皇，肇膺明命，以創我皇基。烈祖、景宗，廓開四表，底定武功。暨乎文祖，誕敷文德。龔惟武考，不霣其舊。〔一六〕自時厥後，陵夷之弊，用興大難于彼東土，則我黎庶，咸墜塗炭。惟台一人，纘戎下武，夙夜祗畏，若涉大川，罔識攸濟。是用稽於帝典，揆於王度，拯我人瘼。惟彼哲王，示我通訓，

曰天生黎蒸，罔克自乂，上帝降鑒叡聖，植元后以乂之。時惟元后弗克獨乂，博求明德，命百辟羣吏以佐之。肆天之命辟，辟之命官，惟以恤人，弗惟逸豫。辟惟元首，庶黎惟趾，股肱惟弼。上下一體，各勤攸司，茲用克臻於皇極。故其彝訓曰：〔一七〕『后克艱厥后，臣克艱厥臣，政乃乂。』今台一人，膺天之嘏，既陟元后。股肱百辟，乂服我國家之命，罔不咸守厥職。嗟！后弗艱厥后，臣弗艱厥臣，政於何弗斁？〔一八〕嗚呼艱哉！凡爾在位，其敬聽命。」

皇帝若曰：「柱國，惟四海之不造，載繇二紀。天未絕我太祖、烈祖之命，〔一九〕用錫我以元輔。國家將墜，公惟棟梁。皇之弗極，公惟作相。百揆愆度，公惟大錄。公其允文允武，克明克乂，迪七德，敷九功，龕暴除亂，下綏我蒼生，傍施於九正，若伊之在商，周之有呂，說之相丁，用保我無疆之祚。」

皇帝若曰：「羣公、太宰、太尉、司徒、司空。惟公作朕鼎足，以弼乎朕躬。宰惟天官，克諧六職。尉惟司武，武在止戈。徒惟司衆，敬敷五敎。空惟司土，利用厚生。惟時三事，若三階之在天；惟茲四輔，若四時之成歲。天工人其代諸。」

皇帝若曰：「列將，汝惟鷹揚，作朕爪牙。寇賊姦宄，蠻夷猾夏，汝徂征。綏之以惠，董之以威，刑期無刑，萬邦咸寧。俾八表之內，莫違朕命，時汝功。」

皇帝若曰：「庶邦列辟，汝惟守土，作人父母。人惟不勝其飢，故先王重農；不勝其寒，故先王貴女工。人之不率於孝慈，則骨肉之恩薄；弗惇於禮讓，則爭奪之萌生。惟茲六物，實爲敎本。嗚呼！爲上在寬，寬則人怠，齊之以禮，不剛不柔，稽極於道。」

皇帝若曰：「卿士、庶尹、凡百御事，王省惟歲，卿士惟月，庶尹惟日，御事惟時。歲月日時，罔易其度，百憲咸貞，庶績其凝。嗚呼！惟若王官，陶均萬國，若天之有斗，斟元氣，酌陰陽，弗失其和，蒼生永賴；悖其序，萬物以傷。時惟艱哉！」

皇帝若曰：「惟天地之道，一陰一陽；禮俗之變，一文一質。爰自三五，以迄于茲，匪惟相革，惟其救弊；匪惟相襲，惟其可久。惟我有魏，承乎周之末流，接秦、漢遺弊，襲魏、晉之華誕，五代澆風，因而未革，將以穆俗興化，庸可暨乎！嗟我公輔、庶僚、列辟，朕惟否德，其一朕心力，〔二〇〕祗慎厥艱，克遵前王之丕顯休烈，弗敢怠荒。咨爾在位，亦協于朕心，惇德允元，惟厥艱是務。克捐厥華，卽厥實，背厥僞，崇厥誠。勿愆勿忘，一乎三代之彝典，歸於道德仁義，用保我祖宗之丕命。荷天之休，克綏我萬方，永康我黎庶。戒之哉，朕言不再。」

柱國泰洎庶僚百辟拜手稽首曰：「『亶聰明，作元后，元后作人父母』。惟三五之王，率繇此道，用臻於刑措。自時厥後，歷千載未聞。惟帝念功，將反叔世，逖致於雍熙，

庸錫降丕命于我羣臣。博哉王言，非言之難，行之實難。臣聞『靡不有初，鮮克有終』。商書曰『終始惟一，德迺日新』。惟帝敬厥始，慎厥終，以躋日新之德，則我羣臣，敢不夙夜對揚休哉！惟茲大誼，未光於四表，以邁種德，俾九域幽遐，咸昭奉元后之明訓，率遷於道，永膺無疆之休。」

帝曰：「欽哉。」

自是之後，文筆皆依此體。

綽性儉素，不事產業，家無餘財。以海內未平，常以天下爲己任。博求賢俊，共弘政道，凡所薦達，皆至大官。周文亦推心委任，而無間言焉。或出游，常預署空紙以授綽，若須有處分，則隨事施行。及還，啓知而已。綽常謂爲國之道，當愛人如慈父，訓人如嚴師。每與公卿議論，自晝達夜，事無巨細，若指諸掌。〔二一〕積思勞倦，遂成氣疾。十二年，卒于位，時年四十九。

周文痛惜之，哀動左右。及將葬，乃謂公卿等曰：「蘇尚書平生謙退，敦尚儉約。吾欲全其素志，便恐悠悠之徒，有所未達；如其厚加贈謚，又乖宿昔相知之道。進退惟谷，孤有疑焉。」尚書令史麻瑤越次而進曰：「昔晏子，齊之賢大夫，一狐裘三十年。及其死也，遣車一乘。齊侯不奪其志。綽既操履清白，謙挹自居，愚謂宜從儉約，以彰其美。」周文稱善，因

蔫瑤於朝廷。及綽歸葬武功，唯載以布車一乘。周文與羣公，皆步送出同州郭外。周文親於車後酹酒而言曰：「尚書平生爲事，妻子兄弟不知者，吾皆知之。惟爾知吾心，吾知爾意。方欲共定天下，不幸遂捨吾去，奈何！」因舉聲慟哭，不覺巵墜於手。至葬日，又遣使祭以太牢，周文自爲其文。

綽又著佛性論、七經論，並行於世。周明帝二年，以綽配享文帝廟廷。子威嗣。

威字無畏。少有至性，五歲喪父，哀毀有若成人。周文帝時，襲爵美陽縣公，仕郡功曹。大冢宰宇文護見而禮之，以其女新興公主妻焉。威見護專權，恐禍及己，逃入山。爲叔父所逼，卒不獲免。然每居山寺，以諷讀爲娛。未幾，授持節、車騎大將軍、儀同三司，改封懷道縣公。武帝親總萬機，拜稍伯下大夫。前後所授，並辭疾不拜。

有從父妹適河南元世雄。世雄先與突厥有隙，突厥入朝，請世雄及其妻子，將甘心焉。周遂遣之。威以夷人昧利，遂標賣田宅，罄資產贖世雄。論者義之。宣帝嗣位，就拜開府。隋文帝爲丞相，高熲屢言其賢，亦素重其名，[二三]召入臥內，與語大悅。居月餘，威聞禪代之議，遁歸田里。高熲請追之。帝曰：「此不欲預吾事，且置之。」及受禪，徵拜太子少保，追贈其父邳國公，以威襲焉。俄兼納言，威上表陳讓，優詔不許。

帝嘗與文獻皇后對觴，召威及高熲、楊素、廣平王雄四人，謂曰：「太史言朕祚運盡於三年，朕憂懣，故舉此酒耳。今欲營南山險處，與公等固之，以觀時變，將如何？」威進曰：「周文修德，旋地動之災，宋景一言，退法星三舍。願陛下恢崇德度，享天之休。若棄德恃險，同舟之人，誰非敵國！縱南山之岨，安足固哉？」帝善其言，屬之以酒。

初，威父綽在魏，以國用不足，爲征稅法，頗稱爲重。既而嘆曰：「所爲者正如張弓，非平世法也。後之君子，誰能弛乎？」威聞其言，每以爲己任。至是，奏減賦役，務從輕典，帝悉從之。漸見親重，與高熲參掌朝政。威見宮中以銀爲幔鉤，因盛陳節儉之美，諭帝。帝爲改容，雕飾舊物，悉命除毀。帝嘗怒一人，將殺之。威入閤進諫，不納。帝怒甚，將自出斬之。威當前不去，帝避之而出。威又遮止帝，帝拂衣入。良久，乃召威謝曰：「公能若是，吾無憂矣。」於是賜馬二匹、錢十餘萬。歲餘，尋復兼大理卿、京兆尹、御史大夫，本官悉如故。持書侍御史梁毗劾威兼領五職，[二四]安繁戀劇，無舉賢自代心。帝曰：「蘇威朝夕孜孜，志存遠大，舉賢有闕，何遽迫之。」顧謂威曰：「用之則行，捨之則藏，唯我與爾有是夫！」因謂朝臣曰：「蘇威不遇我，無以措其言，我不得蘇威，何以行其道？楊素才辯無雙，至若斟酌古今，助我宣化，非威匹也。蘇威若逢亂世，南山四皓，豈易屈哉！」其見重如此。

未幾，拜刑部尚書，解少保，御史大夫官。後京兆尹廢，檢校雍州別駕。時高熲與威同心，協贊政刑，大小無不籌之，故革運數年，天下稱平。俄轉戶部尚書，納言如故。屬山東諸州人饑，帝令威振恤之。還吏部尚書，兼領國子祭酒。隋承戰爭之後，憲章踳駁。帝令朝臣釐改舊法，爲一代通典，律令格式多威所定。世以爲能。九年，拜尚書右僕射。其年，以母憂去職，柴毀骨立。敕勉諭殷勤，未幾，起令視事。固辭，優詔不許。明年，帝幸幷州，命與高熲同總留事。俄追詣行在所，使決人訟。

尋令持節巡撫江南，得以便宜從事。過會稽，踰五嶺而還。[二五]江表自晉已來，刑法疏緩，代族貴賤，不相陵越。平陳之後，牧人者盡改變之，無長幼悉使誦五教。威加以煩鄙之辭，百姓嗟怨。使還，奏言江表依內州責戶籍。上以江表初平，召戶部尚書張嬰，責以政急。時江南州縣又訛言欲徙之入關，遠近驚駭。饒州吳世華起兵爲亂，生臠縣令，啗其肉。於是舊陳率土皆反，執長吏，抽其腸而殺之，曰：「更使儂誦五教邪！」尋詔內史令楊素討平之。時突厥都藍可汗屢爲患，復令威至可汗所。[二六]

威子夔以公子盛名，引致賓客，四海士大夫多歸之。時議樂，夔與國子博士何妥各有所持。於是夔、妥各爲一議，使百僚署其所同。朝廷多附威，同夔者十八九。妥恚曰：「吾席間函丈四十餘年，反爲昨暮兒之所屈也！」遂奏威與禮部尚書盧愷、吏部侍郎薛道衡、尚書右丞王弘、考功侍郎李同和等爲朋黨，省中呼王弘爲世子，李同和爲叔，言二人如威子

弟。復言威以曲道任其從父弟徹、肅等罔冒爲官。又國子學請黎陽人王孝逸爲書學博士，威屬盧愷，以爲其府參軍。上令蜀王秀、上柱國虞慶則等雜按之，事皆驗。帝以宋書謝晦傳中朋黨事令威讀之。威懼，免冠頓首。帝曰：「謝已晚矣！」於是免威官爵，以開府就第。知名之士，坐威得罪者百餘人。未幾，帝曰：「蘇威德行者，但爲人誤耳。」命之通籍。

歲餘，復爵邳公，拜納言。從祠太山，坐不敬免。俄而復位。帝謂羣臣曰：「世人言蘇威詐清，家累金玉，此妄言也。然其性狠戾，不切世要，求名太甚，從己則悅，違之必怒，此其大病耳。」仁壽初，復拜尚書右僕射。帝幸仁壽宮，以威總留事。及帝還，御史奏威職事多不理。帝怒，詰責威。威謝，帝亦止。

煬帝嗣位，上將大起長城之役，威諫止之。高熲、賀若弼之誅也，威坐相連免官。歲餘，拜魯郡太守，修羽儀。[二七]召拜太常卿。從征吐谷渾，進拜右光祿大夫。歲餘，復爲納言，與左翊衞大將軍宇文述、黃門侍郎裴矩、御史大夫裴蘊、內史侍郎虞世基參掌朝政，時人稱爲五貴。及征遼東，以本官領右武衞大將軍，進位光祿大夫，賜爵房陵侯，尋進封房公。以年老乞骸骨，不許。復以本官參掌選事。明年，從征遼東，領右禦衞大將軍。

楊玄感之反，帝引威於帳中，懼見於色，謂曰：「此小兒聰明，得不爲患邪？」威曰：「粗疏非聰明者，[二八]必無慮，但恐浸成亂階耳。」威見勞役不已，百姓思亂，以此微欲諷帝。帝覺

不悟。

從還，至涿郡，詔威安撫關中，以其孫尚輦直長儇副。威子鴻臚少卿夔先爲關中簡黜大使。一家三人，俱使關右，三輔榮之。歲餘，帝手詔曰：「玉以潔潤，丹紫莫能渝其質；松表歲寒，霜雪莫能凋其采。可謂溫仁勁直，性之然乎。房公威，先后舊臣，朝之宿齒，棟梁社稷，弼諧朕躬，守文奉法，卑身率禮。昔漢之三傑，輔惠帝者蕭何；周之十亂，佐成王者邵奭。國之寶器，其在得賢。參爕台階，具瞻斯允。雖事藉論道，終期獻替，銓衡時務，朝寄爲重。可開府儀同三司，餘並如故。」威當時尊重，朝臣莫與爲比。

後從幸雁門。帝爲突厥所圍，朝廷危懼。帝欲輕騎潰圍而出。威諫曰：「城守則我有餘力，輕騎則彼之所長。陛下萬乘主，何宜輕脫！」帝乃止。突厥俄亦解圍去。車駕次太原，威以盜賊不止，勸帝還京師，深根固本，爲社稷計。帝初從之，竟用宇文述等議，遂往東都。天下大亂，威知帝不可匡正，甚患之。屬帝問盜賊事。宇文述曰：「盜賊信少，不足爲虞。」威不能詭對，以身隱殿柱。帝呼問之。威曰：「臣非職司，不知多少，但患其漸近。」帝曰：「何謂也？」威曰：「他日賊據長白山，今者近在滎陽、汜水。」帝不悅而罷。屬五月五日，百僚上饋，多以珍玩，威獻尚書一部，微以諷帝。帝彌不平。後復問伐遼東事，威對願赦羣盜，遣討高麗，帝益怒。御史大夫裴蘊希旨，令御史張行本，奏威昔在高陽典選，濫授人官，

怯畏突厥，請還京師。帝令案其事，乃下詔曰：「威立性朋黨，好異端，懷挾詭道，徼幸名利，詆訶律令，謗訕臺省。昔歲薄伐，奉述先志，凡預切問，各盡胸臆，而威不以開懷，遂無對命。啓沃之道，其若是乎！」於是除名。後月餘，人有奏威與突厥陰圖不軌。大理簿責威。威自陳精誠不能上感，瑕釁屢彰，罪當萬死。帝憫而釋之。其年，從幸江都宮。帝將復用威，裴蘊、虞世基奏言昏耄羸疾，帝乃止。

宇文化及弑逆，以威爲光祿大夫、開府儀同三司。化及敗，歸於李密。密敗，歸東都，越王侗以爲上柱國、邳公。王世充僭號，〔二八〕署太師。威自以隋室舊臣，遭逢喪亂，所經之處，皆與時消息，以求容免。

及太宗平世充，坐於東都閶闔門內，威請謁見，稱老病不能拜起。上遣人數之曰：「公隋朝宰輔，政亂不能匡救，遂令品物塗炭，君弑國亡。見李密、世充皆拜伏舞蹈。今既老病，無勞相見。」尋入長安，至朝堂請見，高祖又不許。終於家，時年八十二。

威行己清儉，以廉慎見稱。然每至公議，惡人異己，雖或小事，必固爭之。時人以爲無大臣之體。所修格令章程，並行於當世，頗傷煩碎，論者以爲非簡久之法。及大業末年，尤多征役，至於論功行賞，威每承望風旨，輒寢其事。時羣盜蜂起，郡縣有奏聞者，又訶詰使人，令減賊數，故出師攻討，多不剋捷。由是遂致敗亂，爲物議所譏。子夔。

夔字伯尼。聰敏有口辯，然性輕險無行。八歲誦詩，兼解騎射。年十三，從父至尚書省，與安德王雄射，賭得駿馬而歸。十四詣學，與諸儒議論，詞致可觀。見者皆稱善。及長，博覽羣言，尤以鍾律自命。初名晳，字知人，父威由是改之，頗爲有識所哂。起家太子通事舍人。楊素見而奇之，每戲威曰：「楊素無兒，蘇夔無父。」後與鄭譯、何妥議樂，得罪，議寢不行。著樂志十五篇以見其志。數載，遷太子舍人，以罪免居數年。仁壽三年，詔天下舉達禮樂源者。晉王昭時爲雍州牧，舉夔。與諸州所舉五十餘人謁見。帝望夔，謂侍臣曰：「唯此一人，稱吾所舉。」於是拜晉王友。

煬帝嗣位，歷太子洗馬、司朝謁者。以父免職，夔亦去官。後歷尚書職方郎、燕王司馬。遼東之役，以功拜朝散大夫。時帝方勤遠略，蠻夷來朝。帝謂宇文述、虞世基曰：「四夷率服，觀禮華夏，鴻臚之職，須歸令望。寧有多才藝，美容儀，可接賓客者爲之乎？」咸以夔對。即日拜鴻臚少卿。其年，高昌王麴伯雅來朝，朝廷妻以公主。夔有雅望，令主婚。

其後延安、弘化等數郡盜賊屯結，〔二九〕詔夔巡關中。及突厥圍雁門，夔於鎮城東南爲弩樓、車箱、獸圈，一夕而就。帝見善之。以功進位通議大夫。坐父事，除名。後會丁母憂，不勝哀，卒，時年四十九。

綽弟椿，字令欽。性廉慎，沈勇有決斷。魏正光中，關右賊亂，椿應募討之，授盪寇將軍。以功累遷中散大夫，賜爵美陽子。大統初，拜鎮東將軍、金紫光祿大夫，賜姓賀蘭氏。後除帥都督，行弘農郡事。椿當官强濟，特爲周文帝所知。

十四年，置當州鄉師，〔三〇〕自非鄉望允當衆心者不得預焉。乃令驛追椿，領鄉兵。其年，破槃頭氏有功，除散騎常侍，加大都督。十六年，征隨郡。軍還，除武功郡守。既爲本邑，以清儉自居，小大之政，必盡忠恕。進爵爲侯，位驃騎大將軍、開府儀同三司、大都督。卒。子植嗣。

亮字景順，綽從兄也。祖稚，字天祐，〔三一〕位中書侍郎、玉門郡守。父祐，泰山郡守。

亮少通敏，博學好屬文，善章奏，與弟湛等皆著名西土，一家舉二秀才。亮初舉秀才，至洛陽，過河內常景。景深器之，而謂人曰：「秦中才學可以抗山東者，〔三二〕將此人乎！」魏齊王蕭寶夤引爲參軍。寶夤還大將軍，仍爲之掾。寶夤雅相知重，凡有文檄謀議，皆以委之。尋行武功郡事，甚著聲績。寶夤作亂，以亮爲黃門侍郎。亮善處人間，與物無忤。及寶夤敗，從之者多遇禍，唯亮獲全。及長孫承業、尒朱天光等西討，並以亮爲郎中，專典文翰。

賀拔岳爲關西行臺，引亮爲左丞，典機密。

魏孝武西遷，遷吏部郎中。大統二年，拜給事黄門侍郎，領中書舍人。魏文帝子宜都王式爲秦州刺史，〔三三〕以亮爲司馬。帝謂亮曰：「黄門侍郎豈可爲秦州司馬？直以朕愛子出藩，故以心腹相委，勿以爲恨。」臨辭，賜以御馬。八年，封臨涇縣子，除中書監，領著作，修國史。亮有機辯，善談笑。周文帝甚重之，有所籌議，率多會旨。記人之善，忘人之過，薦達後進，常如弗及，故當世敬慕。歷秘書監、大行臺尚書，出爲岐州刺史。朝廷以其作牧本州，特給路車、鼓吹，先還其宅，幷給騎士三千，列羽儀，游鄉黨，經過故人，歡飲旬日，然後入州。世以爲榮。十七年，徵拜侍中，〔三四〕卒於位。贈本官。

亮少與從弟綽俱知名，然綽文章稍不逮亮，〔三五〕至於經畫進趣，亮又減之。故世稱二蘇焉。亮自大統以來，無歲不轉官，一年或至三遷。僉曰才至，不怪其速也。所著文筆數十篇，頗行於世。子師嗣，以亮名重於時，起家黄門侍郎。

亮弟湛，字景儁。少有志行，與亮俱著名西土。年二十餘，舉秀才，除奉朝請，領侍御史，加員外散騎侍郎。蕭寶夤西討，以湛爲行臺郎中，深見委任。及寶夤將謀叛逆，湛時臥疾於家。寶夤乃令湛從母弟天水姜儉謂湛曰：「吾不能坐受死亡，今便爲身計，不復作魏臣

也。與卿死生榮辱，方當共之，故以相報。」湛聞之，舉聲大哭。儉遽止之曰：「何得便爾？」湛曰：「闔門百口，卽時屠滅，云何不哭！」哭數十聲，徐謂儉曰：「爲我白齊王，王本以窮而歸人，賴朝廷假王羽翼，遂得榮寵至此。既屬國步多虞，不能竭誠報德，豈可乘人間隙，便有問鼎之心乎！今魏德雖衰，天命未改，王之恩義，未洽於人，破亡之期，必不旋踵。蘇湛終不能以積世忠貞之基，一旦爲王族滅也。」寶夤復令儉謂湛曰：「此是救命之計，不得不爾。」湛復曰：「凡舉大事，當得天下奇士。今但共長安博徒小兒輩爲此計，豈有辦哉？湛不忍見荆棘生王戶庭也。願賜骸骨還舊里，庶歸全地下，無愧先人。」寶夤素重之，知必不爲己用，遂聽還武功。寶夤後果敗。

孝莊帝卽位，徵拜尚書郎。帝嘗謂之曰：「聞卿答蕭寶夤，甚有美辭，可爲我說之。」湛頓首謝曰：「臣自惟言辭不如伍被遠矣，然始終不易，竊謂過之。但臣與寶夤周旋契闊，言得盡心，而不能令其守節，此臣之罪也。」孝莊大悅，加散騎侍郎。尋遷中書。〔三六〕孝武初，以疾還鄉里，終於家。贈散騎常侍、鎭西將軍、雍州刺史。

湛弟讓，字景恕。幼聰敏，好學，頗有人倫鑒。初爲本州主簿，稍遷別駕、武都郡守、鎭遠將軍、金紫光祿大夫。及周文帝爲丞相，引爲府屬，甚見親待。出爲衞將軍、南汾州刺史，有善政。尋卒官。贈車騎大將軍、儀同三司、涇州刺史。

論曰：周惠達見禮寶夤，遂契闊於戎寇，不以夷險易志，斯固篤終之士也。周文提劍而起，百度草創，施約法之制於競逐之辰，修太平之禮於鼎峙之日，終能斲雕爲朴，變奢從儉，風化既被，而下肅上尊，疆埸屢動，而內安外附，斯蓋蘇綽之力也。邳公周道云季，方事幽貞，隋室龍興，首應旌命。綢繆任遇，窮極寵榮，久處機衡，多所損益，罄竭心力，知無不爲。然志尚清儉，體非弘廣，好同惡異，有乖直道，不存易簡，未爲通德。歷事二帝，三十餘年，雖廢黜當時，終稱遺老。君邪而不能正言，國亡而情均衆庶，予違汝弼，徒聞其語，疾風勁草，未見其人。禮命闕於興王，抑亦此之由也。夔志識沈敏，方雅可稱，若天假之年，足以不虧堂構矣。

校勘記

〔一〕何爲故入獸口　通志卷一五七周惠達傳「獸」作「虎」，北史避唐諱。

〔二〕周帝餞于都門外　周書卷二三蘇綽傳「周帝」作「太祖」，卽周文帝。疑此脫「文」字。

〔三〕行至城西漢故倉地　通鑑卷一五七四八六五頁作「倉池」。胡注引水經注云：「泬水枝渠至章門

西，飛渠引水入城，東爲倉池。池在未央宮西。」胡注又云：「蘇綽傳亦云：『行至長安城西漢故倉池。』」則司馬光與胡三省所見周書和北史「地」作「池」。

〔四〕十一年授大行臺度支尚書　周書蘇綽傳無「一」字。

〔五〕質直者則淳和之俗　諸本「淳」訛作「敦」，據周書、通志卷一五七蘇綽傳及下文「淳和則天下自治」語改。

〔六〕下宜敎化矣夫化者貴能扇之以淳風　諸本脫「矣夫化」三字，據周書補。

〔七〕是以古之聖王知其若此　諸本「王」作「主」，周書、通志作「王」。按蘇綽此文前後皆稱先王，作「王」是，今據改。

〔八〕人者冥也　周書「人」作「民」。按北史避唐太宗名，改「民」作「人」。但失去「民」「冥」諧音之意。

〔九〕布政優優百祿是求　通志「求」作「遒」。按詩商頌長發本作「遒」。蘇綽不一定引原文，如「布政」之「布」，今本詩經作「敷」。通志作「遒」，當是據詩經回改。

〔一〇〕今刺史縣令　周書「縣」作「守」。按「守」指「太守」。刺史、太守、令是州郡縣三級長官，作「守」是。

〔一一〕州郡大夫　周書「夫」作「吏」。按州郡大吏指州郡僚佐，當時都由刺史、郡守各自在本地大族

中辟舉。作「大夫」疑誤。

〔一二〕賞罰得中則惡止而善勸　諸本「惡」字作「怨」，周書作「惡」。按上文明云「善惡既分，賞罰隨焉」，作「惡」是。作「怨」是涉下文「怨叛之心生」而訛，今據改。

〔一三〕然財貨之生其功不易　諸本「功」作「均」，周書作「功」。按下文「紡紝織績起於有漸，非旬日之間所可造次」，卽是說明「其功不易」。作「均」是涉上文而誤，今據改。

〔一四〕時惟休哉　諸本脫「惟」字，據周書補。

〔一五〕以大誥于爾在位　諸本「于」作「乎」，周書作「于」，按通志作「於」，可知本是「于」字，今據改。

〔一六〕襲惟武考不實其舊　諸本「襲」訛作「襲」，據周書、通志改。又諸本「武考」作「孝武」，周書作「武考」。按孝武爲高歡所迫，西奔長安，不得言「不實其舊」。「武考」指宣武，西魏文帝是宣武弟京兆王愉之子，卽帝位算是繼承宣武，故稱「武考」。此乃「武考」誤倒，後人因改爲「孝武」。今據周書改正。

〔一七〕故其彝訓曰　諸本「故」下有「皇」字，無義，據周書刪。

〔一八〕政於何弗斁　諸本「斁」作「繹」。按「斁」義爲敗壞，「繹」義爲抽繹，作「繹」不洽。今據周書改。

〔一九〕天未絕我太祖烈祖之命　諸本無「天未絕」三字。文義不通，今據周書補。

〔二〇〕其一朕心力　周書無「朕」字，當是衍文。

〔二一〕事無巨細若指諸掌　諸本「若」訛作「皆」，據周書、通志改。

〔二二〕亦素重其名　隋書卷四一蘇威傳「亦」上有「高祖」二字，此當有「帝」字。

〔二三〕持書侍御史梁毗劾威兼領五職　隋書「持」作「治」，北史避唐高宗名改。

〔二四〕尋令持節巡撫江南得以便宜從事過會稽踰五嶺而還　隋書敍此事於何妥劾威，威罷官，再起爲納言，從祠太山之后。此移置於前，承上文，則當在開皇十年。據本書卷十一隋文帝紀，蘇威被劾罷官在十二年，復起爲納言在十四年，從祠太山在十五年正月，巡撫江南在十五年七月，與隋書蘇威傳合。蓋北史據他書增入江南人民反抗隋朝統治事件，認爲與蘇威巡撫江南有關。而吳世華等起義，確在平陳後一年，卽開皇十年。故移置威出使事於前，却不知其與本紀所記相矛盾。通鑑卷一七七五五二九頁開皇十年十一月，敍江南人民起義原因，亦有蘇威作五教，使民誦之等語，但十年及十五年都不敍蘇威出使江南事。大約是因有矛盾而故意迴避。

〔二五〕時突厥都藍可汗屢爲患復令威至可汗所　按隋書此下有「與結和親，可汗卽遣使獻方物。以勤勞，進位大將軍」。北史敍事不完，疑有脫文。又隋書敍此事緊接蘇威出使江南之後，卽在開皇十五年以後，據本書卷九九突厥傳，蘇威出使突厥在十七年。通鑑卷一七八五五五八頁亦置於十七年。此置於何妥劾威之前，則當在十二年前，疑誤。又蘇威出使是到突利可汗處，卽后來之啓民可汗。「威至」下當有「突利」二字。

〔二六〕歲餘拜魯郡太守修羽儀　按「修」當爲「列」之訛。下文蘇亮傳，「幷給騎士三千，列羽儀，游鄉黨」，卽特許排列儀仗，以爲榮耀之意。

〔二七〕威曰粗疏非聰明者　隋書卷四一、通志卷一六〇蘇威傳「曰」下有「夫識是非，審成敗者，乃所謂聰明。玄威」十五字，此當有脫文。

〔二八〕王世充僭號　諸本脫「號」字，據隋書、通志補。

〔二九〕其後延安弘化等數郡盜賊屯結　諸本「延安」作「延和」，隋書卷四一蘇夔傳作「延安」。按隋書地理志上，有延安郡，與弘化爲鄰郡，關中並無延和郡。今據改。

〔三〇〕十四年置當州鄉師　周書卷二三蘇椿傳殿本作「當州鄉帥」，其百衲本及通志卷一五七蘇椿傳作「黨州鄉師」。張元濟云：「鄉師見周禮地官。」按鄉帥指領鄉兵的帥都督。周書卷三九韋瑱傳，「以望族領鄉兵，加帥都督」。卷三二柳敏傳，「加帥都督，領本鄉兵」。卷三七郭彥傳，「大統十二年，初選當州首望統領鄉兵，除帥都督」。都可證。蘇椿也是被選領鄉兵，則作「當州鄉帥」是。

〔三一〕祖稚字天祐　周書卷三八蘇亮傳作「祖權」，無「字天祐」三字。魏書卷四五蘇湛傳作「父擁，字天祐」。按蘇湛卽亮弟，而一以爲祖，一以爲父，其名又作「稚」作「權」作「擁」不同。張森楷據

北史避唐諱不用「稚」字，以爲「稚」當是「權」之訛。按下文「長孫承業」，周書本作「長孫稚」，北史也是因避諱改，此只隔數行，不應不避，作「稚」必誤。作「權」、作「擁」，未知孰是。又張森楷據下文有「父祐」，子不得以父字爲名，斷此「字天祐」三字是衍文。按北史此三字本之魏書。魏收爲北齊人，記關中人物世系，可能不甚確切，故以祖爲父，而「父祐」誤作「字天祐」。北史既從周書分爲祖父兩代，又從魏書增「字天祐」三字，遂致抵牾。

〔三二〕秦中才學可以抗山東者　諸本脫「者」字，據周書補。

〔三三〕魏文帝子宜都王式爲秦州刺史　按本書卷一三文帝文皇后乙弗氏傳見秦州刺史武都王戊，疑此有訛誤。

〔三四〕十七年徵拜侍中　諸本無「七」字，周書有。張森楷云：「據周書上文有十四年，則作十七年是也。」按張說是，今據補。

〔三五〕然綽文章稍不逮亮　諸本脫「文章」二字，據周書補。

〔三六〕尋遷中書　魏書卷四五、周書卷三八蘇湛傳「中書」下有「侍郎」二字，疑北史脫。

北史卷六十四

列傳第五十二

韋孝寬 兄敻 敻子世康 **韋瑱** 子師 **柳虯** 弟檜 慶 慶子機 機子述 機弟弘 旦 肅 機從子謇之

韋叔裕字孝寬，京兆杜陵人也，少以字行。世爲三輔著姓。祖直善，魏馮翊、扶風二郡守。父旭，武威郡守。建義初，爲大行臺右丞，加輔國將軍、雍州大中正。永安二年，拜右將軍、南豳州刺史。[一]時氐賊數爲抄竊，旭隨機招撫，並卽歸附。尋卒官，贈司空、冀州刺史，諡曰文惠。

孝寬沈敏和正，涉獵經史。弱冠，屬蕭寶夤作亂關右，乃詣闕，請爲軍前驅。朝廷嘉之，卽拜統軍。隨馮翊公長孫承業西征，每戰有功。拜國子博士，行華山郡事。屬侍中楊侃爲大都督，出鎭潼關，引孝寬爲司馬。侃奇其才，以女妻之。永安中，授宣威將軍、給事中，

尋賜爵山北縣男。普泰中，以都督從荆州刺史源子恭鎭穰城，以功除淅陽郡守。時獨孤信爲新野郡守，同隸荆州，與孝寬情好款密，政術俱美，荆部吏人號爲連壁。

孝武初，以都督鎭城。周文帝自原州赴雍州，命孝寬隨軍。[二]及剋潼關，卽授弘農郡守。從擒竇泰，兼左丞，節度宜陽兵馬事。仍與獨孤信入洛，爲陽城郡守。[三]復與宇文貴、怡峯應接潁川義徒，破東魏將任祥、堯雄於潁川。孝寬又進平樂口，下豫州，獲刺史馮邕。又從戰於河橋。時大軍不利，邊境騷然，乃令孝寬以本將軍行宜陽郡事。尋遷南兗州刺史。是歲，東魏將段琛、堯傑復據宜陽，遣其陽州刺史牛道恒扇誘邊人。[四]孝寬深患之，乃遣諜人訪獲道恒手迹，令善學書者僞作道恒與孝寬書，論歸款意，又爲落燼燒迹，若火下書者，還令諜人遂於琛營。琛得書，果疑道恒，其所欲經略，皆不見用。孝寬知其離阻，因出奇兵掩襲，禽道恒及琛等，崤澠遂清。

大統五年，進爵爲侯。八年，轉晉州刺史，尋移鎭玉壁，兼攝南汾州事。先是，山胡負險，屢爲劫盜，孝寬示以威信，州境肅然。進授大都督。

十二年，齊神武傾山東之衆，志圖西入，以玉壁衝要，先命攻之。連營數十里，至於城下。乃於城南起土山，欲乘之以入。當其山處，城上先有兩高樓。孝寬更縛木接之，令極高峻，多積戰具以禦之。齊神武使謂城中曰：「縱爾縛樓至天，我會穿城取爾。」遂於城南鑿地道，又於城北起土山，攻具，晝夜不息。[五]孝寬復掘長塹，要其地道，仍簡戰士屯塹。城外每穿至塹，戰士卽擒殺之。又於塹外積柴貯火，敵人有在地道內者，便下柴火，以皮排吹之。火氣一衝，咸卽灼爛。城外又造攻車，車之所及，莫不摧毁，雖有排楯，莫之能抗。孝寬乃縫布爲縵，隨其所向則張設之。布懸於空中，其車竟不能壞。城外又縛松於竿，[六]灌油加火，規以燒布，幷欲焚樓。孝寬復長作鐵鉤，利其鋒刃，火竿一來，以鉤遙割之，松麻俱落。外又於城四面穿地，作二十一道，分爲四路，於其中各施梁柱。作訖，以油灌柱，放火燒之，柱折，城並崩壞。孝寬又隨崩處，豎木柵以扞之，敵不得入。城外盡其攻擊之術，孝寬咸拒破之。

神武無如之何，乃遣倉曹參軍祖孝徵謂曰：「未聞救兵，何不降也？」孝寬報云：「我城池嚴固，兵食有餘，攻者自勞，守者常逸，豈有旬朔之間，已須救援？適憂爾衆有不反之危。孝寬關西男子，必不爲降將軍也。」俄而孝徵復謂城中人曰：「韋城主受彼榮祿，或復可爾，自外軍士，何事相隨入湯火中邪？」乃射募格於城中云：「能斬城主降者，拜太尉，封開國郡公，邑萬戶，賞帛萬匹。」孝寬手題書背，反射城外，云：「若有斬高歡者，一依此賞。」孝寬弟子遷，先在山東，又鎖至城下，臨以白刃云：「若不早降，便行大戮。」[七]孝寬慷慨激揚，略無顧意。士卒莫不感勵，人有死難之心。神武苦戰六旬，傷及病死者十四五，智力俱困，因而發

疾。其夜遁去。後因此忿恚，遂殂。魏文帝嘉孝寬功，令殿中尚書長孫紹遠、左丞王悅至玉壁勞問，授驃騎大將軍、開府儀同三司，進爵建忠郡公。

廢帝二年，爲雍州刺史。先是，路側一里置一土堠，經雨頹毁，每須修之。自孝寬臨州，乃勒部內，[八]當堠處植槐樹代之。旣免修復，行旅又得庇蔭。周文後見，怪問知之，曰：「豈得一州獨爾，當令天下同之。」於是令諸州夾道一里種一樹，十里種三樹，百里種五樹焉。

恭帝元年，以大將軍與燕公于謹伐江陵，平之，以功封穰縣公。還，拜尚書右僕射，賜姓宇文氏。三年，周文北巡，命孝寬還鎭玉壁。周孝閔帝踐祚，拜小司徒。明帝初，參麟趾殿學士，考校圖籍。

保定初，以孝寬立勳玉壁，置勳州，仍授勳州刺史。齊人遣使至玉壁，求通互市。晉公護以其相持日久，絕無使命，一日忽來求交易，疑別有故。又以皇姑、皇世母先沒在彼，因其請和之際，或可致之。遂令司門下大夫尹公正至玉壁，共孝寬詳議。孝寬乃於郊盛設供帳，令公正接對使人，兼論皇家親屬在東之意。使者辭色甚悅。時又有汾州胡抄得關東人，孝寬復放東還，並致書一牘，具陳朝廷欲敦隣好。遂以禮送皇姑及護母等。

孝寬善於撫御，能得人心，所遣間諜入齊者，皆爲盡力。亦有齊人得孝寬金貨，遙通書

疏。故齊動靜，朝廷皆先知。時有主帥許盆，孝寬度以心膂，令守一城。盆乃以城東入。孝寬怒，遣諜取之，俄而斬首而還。其能致物情如此。

汾州之北，離石以南，悉是生胡，抄掠居人，阻斷河路。孝寬深患之。而地入於齊，無方誅剪。欲當其要處，置一大城。乃於河西徵役徒十萬，甲士百人，遣開府姚岳監築之。岳色懼，以兵少為難。孝寬曰：「計成此城，十日即畢。既去晉州四百餘里，一日創手，二日僞境始知，設令晉州徵兵，二日方集，謀議之間，自稽三日，計其軍行，二日不到。我之城隍，足得辦矣。」乃令築之。齊人果至南首，疑有大軍，乃停留不進。其夜，又令汾水以南，傍介山、稷山諸村，所在縱火。齊人謂是軍營，遂收兵自固。版築克就，卒如其言。

四年，進位柱國。時晉公護將東討，孝寬遣長史辛道憲啓陳不可，護不納。既而大軍果不利。後孔城遂陷，宜陽被圍。孝寬乃謂其將帥曰：「宜陽一城之地，未能損益。然兩國爭之，勞師數載。彼多君子，寧乏謀猷？若棄崤東，來圖汾北，我之疆界，必見侵擾。今宜於華谷及長秋速築城，以杜賊志。脫其先我，圖之實難。」於是畫地形，具陳其狀。晉公護令長史叱羅協謂使人曰：「韋公子孫雖多，數不滿百。汾北築城，遣誰固守？」事遂不行。

天和五年，進爵鄖國公，增邑通前一萬戶。是歲，齊人果解宜陽之圍，經略汾北，遂築城守之。其丞相斛律明月至汾東，請與孝寬相見。明月云：「宜陽小城，久勞戰爭。今既入

彼，欲於汾北取償，幸勿怪也。」孝寬答曰：「宜陽彼之要衝，汾北我之所棄。我棄彼圖，取償安在？且君輔翼幼主，位重望隆，理宜調陰陽，撫百姓，焉用極武窮兵，構怨連禍！且滄、瀛大水，千里無煙，復欲使汾、晉之間，橫尸暴骨，苟貪尋常之地，塗炭疲弊之人，竊為君不取。」

孝寬參軍曲嚴頗知卜筮，謂孝寬曰：「來年東朝必大相殺戮。」孝寬因令嚴作謠歌曰：「百升飛上天，明月照長安。」百升，斛也。又言：「高山不摧自崩，槲樹不扶自豎。」令諜人多齎此文，遺之於鄴。祖孝徵既聞，更潤色之，明月竟以此誅。

建德之後，武帝志在平齊。孝寬乃上疏陳三策。

其第一策曰：「臣在邊積年，頗見間隙，不因際會，難以成功。是以往歲出軍，〔九〕徒有勞費，功績不立，由失機會。何者？長淮之南，舊為沃土，陳氏以破亡餘燼，猶能一舉平之。齊人歷年赴救，喪敗而反。內離外叛，計盡力窮。傳不云乎：『讎有釁焉，不可失也。』今大軍若出軹關，方軌而進，兼與陳氏共為掎角；并令廣州義旅出自三鵶，又募山南驍銳，沿河而下；復遣北山稽胡絕其并、晉之路。凡此諸軍，仍令各募關、河之外勁勇之士，厚其爵賞，使為前驅。岳動川移，雷駭電激，百道俱進，並趨虜庭。必當望旗奔潰，所向摧殄。一戎大定，實在此機。」

其第二策曰：「若國家更為後圖，未即大舉，宜與陳人分其兵勢。三鵶以北，萬春以南，廣事屯田，預為貯積。募其驍悍，立為部伍。彼既東南有敵，戎馬相持，我出奇兵，破其疆埸。彼若興師赴援，我則堅壁清野，待其去遠，還復出師。常以邊外之軍，引其腹心之衆。我無宿舂之費，彼有奔命之勞。一二年中，必自離叛。且齊氏昏暴，政出多門，鬻獄賣官，唯利是視，荒淫酒色，忌害忠良。闔境熬然，不勝其弊。以此而觀，覆亡可待。然後乘間電掃，事等摧枯。」

其第三策曰：「竊以大周土宇，跨據關、河，蓄席卷之威，持建瓴之勢。太祖受天明命，興物更新，是以二紀之中，大功克舉。南清江、漢，西龕巴、蜀，塞表無虞，河右底定。唯彼趙、魏，獨為榛梗者，正以有事三方，未遑東略。遂使漳、滏游魂，更存餘晷。昔勾踐亡吳，尚期十載；武王取亂，猶煩再舉。今若更存遵養，且復相時，臣謂宜還崇鄰好，申其盟約，安人和衆，通商惠工，蓄銳養威，觀釁而動。斯則長策遠馭，坐自兼并也。」

書奏，武帝遣小司寇淮南公元偉、開府伊婁謙等重幣聘齊。〔一〇〕爾後遂大舉，再駕而定山東。卒如孝寬之策。

孝寬每以年迫懸車，屢請致仕。帝以海內未平，優詔弗許。至是，復稱疾乞骸骨。帝曰：「往已面申本懷，何煩重請也。」

五年，帝東伐，過幸玉壁。觀禦敵之所，深歎美之，移時乃去。孝寬自以習練齊人虛實，請為先驅。帝以玉壁要衝，非孝寬無以鎮之，乃不許。及趙王招率兵出稽胡，與大軍掎角，乃敕孝寬為行軍總管，圍守華谷以應接之。孝寬剋其四城。武帝平晉州，復令孝寬還舊鎮。及帝凱旋，復幸玉壁。從容謂孝寬曰：「世稱老人多智，善為軍謀。然朕唯共少年一舉平賊，公以為如何？」孝寬對曰：「臣今衰耄，唯有誠心而已。然昔在少壯，亦曾輸力先朝，以定關右。」帝大笑曰：「實如公言。」乃詔孝寬隨駕還京。拜大司空，出為延州總管，進位上柱國。

大象元年，除徐、兗等十一州十五鎮諸軍事、徐州總管。又為行軍元帥，徇地淮南。乃分遣杞公宇文亮攻黃城，鄖公梁士彥攻廣陵，孝寬率衆攻壽陽，並拔之。初，孝寬到淮南，所在皆密送誠款。然彼五門，尤為險要，陳人若開塘放水，即津濟路絕。孝寬遽令分兵據守之。陳刺史吳文立果遣決堰，已無及。於是陳人退走，江北悉平。

軍還，至豫州，宇文亮舉兵反，以數百騎襲孝寬營。〔一一〕時亮國官茹寬密白其狀，孝寬有備，亮不得入，遁走，孝寬追獲之。詔以平淮南之功，別封一子滑國公。

及宣帝崩，隋文帝輔政，時尉遲迥先為相州總管，詔孝寬代之。又以小司徒叱列長叉為相州刺史，〔一二〕先令赴鄴。孝寬續進，至朝歌，迴遣其大都督賀蘭貴齎書候孝寬。孝寬留

貴與語以察之，疑其有變，遂稱疾徐行。又使人至相州求醫藥，密以伺之。既到湯陰，逢長叉奔還。孝寬兄子魏郡守藝又棄郡南走。孝寬審知其狀，乃馳還。所經橋道，皆令毀撤，驛馬悉擁以自隨。又勒驛將曰：「蜀公將至，可多備餚酒及芻粟以待之。」迥果遣儀同梁子康將數百騎追孝寬，驛司供設豐厚，所經之處，皆輒停留，由是不及。

時或勸孝寬，以爲洛京虛弱，素無守備，河陽鎮防，悉是關東鮮卑，迥若先往據之，則爲禍不小。乃入保河陽。河陽城內，舊有鮮卑八百人，家並在鄴，見孝寬輕來，謀欲應迥。孝寬知之，遂密造東京官司，詐稱遣行，分人詣洛受賜。既至洛陽，並留不遣。因此離解，其謀不成。

六月，詔發關中兵，以孝寬爲元帥東伐。七月，軍次河陽。迥所署儀同薛公禮等圍逼懷州，孝寬遣兵擊破之。進次懷縣永橋城之東南，其城既在要衝，雉堞牢固，迥已遣兵據之。諸將士以此城當路，請先攻取。孝寬曰：「城小而固，若攻而不拔，損我兵威。今破其大軍，此亦何能爲也。」於是引軍次于武陟，大破迥子惇，惇輕騎奔鄴。軍次於鄴西門豹祠之南，迥自出戰，又破之。迥窮迫自殺。兵士在小城中者，盡坑之於游豫園。諸有未服，皆隨機討之。關東悉平。

十月，凱還京師。十一月，薨，時年七十二。贈太傅、十二州諸軍事、雍州牧，謚曰襄。

孝寬在邊多載，屢抗强敵。所有經略，布置之初，人莫之解；見其成事，方乃驚服。雖在軍中，篤意文史，政事之餘，每自披閱。末年患眼，猶令學士讀而聽之。又早喪父母，事兄嫂甚謹，所得俸祿，不入私房。親族有孤遺者，必加振贍。朝野以此稱焉。長子諶，年十歲，魏文帝欲以女妻之。孝寬辭以兄子世康年長。[一三]帝嘉之，遂以妻世康。

孝寬有六子，總、壽、霽、津知名。

總字善會，聰敏好學。位驃騎大將軍、開府儀同三司、納言、京兆尹。武帝嘗戲總曰：[一四]「卿師尹帝鄉，故當不以富貴威福鄉里邪？」總乃正色對曰：「陛下擢臣非分，竊謂已鑒愚誠。今奉嚴旨，便似未照丹赤。豈可久忝此職，用疑聖慮。請解印綬，以避賢能。」帝大笑曰：「前言戲之耳。」五年，從武帝東征。總每率麾下，先驅陷敵，遂於并州戰歿，時年二十九。贈上大將軍，追封河南郡公，謚曰貞。六年，重贈柱國、五州刺史。

子國成嗣，後襲孝寬爵鄖國公。隋文帝追錄孝寬舊勳，開皇初，詔國成食封三千戶，收其租賦。

壽字世齡，以貴公子早有令譽。位京兆尹。武帝親征齊，委以後事。以父軍功，賜爵永安縣侯。隋文帝爲丞相，以其父平尉遲迥，拜壽儀同三司，進封滑國公。文帝受禪，歷位恒、毛二州刺史，[一五]頗有能名。以疾徵還，卒于家。謚曰定。仁壽中，文帝爲晉王昭納其女爲妃。[一六]其子保巒嗣。

壽弟霽，位太常少卿、安邑縣伯。

霽弟津，位內史侍郎、戶部侍郎、判尚書事。

孝寬兄敻。敻字敬遠，志尚夷簡，澹於榮利。弱冠，被召拜雍州中從事，非其好也，遂謝疾去。前後十見徵辟，皆不應命。屬周文帝經綸王業，側席求賢，聞敻養高不仕，虛心敬悅，遣使辟之，備加禮命。雖情諭甚至，而竟不能屈。彌以重之，亦弗之奪也。所居之宅，枕帶林泉。敻對翫琴書，蕭然自逸，時人號爲居士焉。至有慕其閑素者，或載酒從之，敻亦爲之盡歡，接對忘倦。

明帝即位，禮敬愈厚。乃爲詩以貽之曰：「六爻貞遁世，三辰光少微。潁陽讓逾遠，滄州去不歸。香動秋蘭佩，風飄蓮葉衣。坐石窺仙洞，乘槎下釣磯。嶺松千仞直，巖泉百丈飛。聊登平樂觀，遙望首陽薇。詎能同四隱，來參余萬機？」敻答帝詩，願時朝謁。帝大悅，敕有司日給河東酒一斗，[一七]號之曰逍遙公。

時晉公護執政，廣營第宅。嘗召敻至宅，訪以政事。敻仰視其堂，徐而嘆曰：「酣酒嗜音，峻宇雕牆，有一於此，未或弗亡。」護不悅。有識者以爲知言。

陳遣其尚書周弘正來聘，素聞敻名，請與相見。朝廷許之。弘正乃造敻，談謔盡日，恨相遇之晚。後請敻至賓館，敻不時赴。弘正乃贈詩曰：「德星猶未動，真車詎肯來？」其爲當時所欽挹如此。

武帝嘗與敻夜宴，大賜之縑帛，令侍臣數人負以送出。敻唯取一匹，示承恩旨而已，帝以此益重之。孝寬爲延州總管，敻至州，與孝寬相見。將還，孝寬以所乘馬及轡勒與敻。敻以其華飾，心弗欲之。笑謂孝寬曰：「昔人不棄遺簪墜屨者，惡與之同出，不與同歸。吾之操行，雖不逮前烈，然捨舊錄新，亦非吾志也。」於是乃乘舊馬以歸。

武帝又以佛、道、儒三教不同，詔敻辨其優劣。敻以三教雖殊，同歸於善，其迹似有深淺，其致理如無等級。乃著三教序奏之。帝覽而稱善。時宣帝在東宮，亦遺敻書，并令以帝所乘馬迎之，問以立身之道。敻對曰：「傳不云乎，儉爲德之恭，侈爲惡之大。欲不可縱，志不可滿。並聖人之訓也，願殿下察之。」

敻子瓘，行隨州刺史，因疾物故。孝寬子總復於并州戰歿。一日之中，凶問俱至。家人相對悲慟，而敻神色自若，謂之曰：「死生命也，去來常事，亦何足悲！」援琴撫之如舊。敻又雅好名義，虛襟善誘，雖耕夫牧豎，有一介可稱者，皆接引之。特與族人處玄及安定梁曠爲放逸之友。少愛文史，留情著述，手自抄錄數十萬言。晚年虛靜，唯以體道會真爲務，舊所制述，咸削其藁，故文筆多並不存。

建德中，復以年老，預戒其子等曰：「昔士安以籧篨束體，王孫以布囊繞尸，二賢高達，非庸才能繼。吾死之日，可斂舊衣，勿更新造。使棺足周尸，牛車載柩，墳高四尺，壙深一丈。其餘煩雜，悉無用也。朝晡奠食，於事彌煩，吾不能頓絕汝輩之情，可朔望一奠而已。仍薦蔬素，勿設牲牢。親友欲以物弔祭者，並不得爲受。吾常恐臨終恍惚，故以此言預戒汝輩。瞑目之日，勿違吾志也。」宣政元年二月，卒於家，時年七十七。武帝遣使弔祭，賻賵有加。其喪制葬禮，諸子等並遵其遺戒。子世康。

世康幼而沈敏，有器度。年十歲，州辟主簿。在魏，弱冠爲直寢，封漢安縣公，尚周文帝女襄樂公主，[二八]授儀同三司。仕周，歷位典祠下大夫，沔、硤二州刺史。從武帝平齊，授司州總管長史。時東夏初定，百姓未安，世康綏撫之，士庶胥悅。入爲戶部中大夫，進位上開府，轉司會中大夫。尉遲迥之亂，隋文帝謂世康曰：「汾、絳舊是周、齊分界，因此亂階，恐生搖動，今以委公。」因授絳州刺史。以雅望鎮之，闔境清肅。

世康性恬素好古，不以得喪干懷。在州有止足之志，與子弟書曰：「吾生因緒餘，夙霑纓弁，驅馳不已，四紀於茲，亟登衮命，頻莅方岳。志除三惑，心慎四知，以不貪而爲寶，處

脂膏而莫潤。如斯之事，頗爲時悉。今耄雖未及，壯年已謝。霜早梧楸，風先蒲柳。眼闇更劇，不見細書，足疾彌增，非可趨走。祿豈須多，防滿則退，年不待暮，有疾便辭。況孃春秋已高，溫凊宜奉，晨昏有闕，罪在我躬。今世穆、世文，並從武役，吾與世沖，復嬰遠任，陟岵瞻望，此情彌切。桓山之悲，倍深常戀。意欲上聞，乞遵禮教，未訪汝等，故遣此及。興言遠慕，感咽難勝。」諸弟報以事恐難遂，乃止。

在任有惠政，奏課連最，擢爲禮部尚書。世康寡嗜慾，不慕勢貴，未嘗以位望矜物。聞人之善，若己有之，亦不顯人過咎，以求名譽。進爵上庸郡公。轉吏部尚書，選用平允，請託不行。以母憂去職，固辭，乞終私制。[二九]上不許。開皇七年，將事江南，議重方鎮，拜襄州刺史。坐事免。未幾授安州總管，遷信州總管。十三年，復拜吏部尚書。前後十餘年間，多所進拔，朝廷稱爲廉平。

嘗因休暇，謂子弟曰：「吾聞功遂身退，古人常道。今年將耳順，志在懸車，汝輩以爲云何？」子福嗣答曰：「大人澡身浴德，名立官成。盈滿之戒，先哲所重，欲追蹤二疏，伏奉尊命。」後因侍宴，世康再拜陳讓，願乞骸骨。上曰：「冀與公共理天下，今之所請，深乖本望。縱筋力衰謝，猶屈公臥臨一隅。」於是出拜荊州總管。時天下唯置荊、并、揚、益四大總管，并、揚、益三州並親王臨統，唯荊州委於世康，時論以此爲美。世康爲政簡靜，百姓愛悅。

卒於州。上聞而痛惜，[三〇]贈大將軍，謚曰文。

世康性孝友，初以諸弟位並隆貴，獨季弟世約官塗不達，共推父時田宅盡以與之。世多其義。

長子福子，位司隸別駕。

次子福嗣，位內史舍人。後以罪黜。楊玄感之亂，從衛玄戰，敗於城北，爲玄感所獲。令爲文檄，詞甚不遜。尋背玄感還東都，帝銜之，車裂於高陽。

少子福獎，通事舍人。在東都，與玄感戰沒。

世康兄洸，[三一]字世穆。性剛毅，有器幹，少便弓馬。仕周，釋褐直寢上士。數從征伐，累遷開府，賜爵衛國縣公。隋文帝爲丞相，從季父孝寬擊尉遲迥於相州，以功拜柱國，進襄陽郡公。時突厥寇邊，皇太子屯咸陽，令洸統兵出原州道。與虜相遇，擊破之。拜江陵總管，俄拜安州總管。伐陳之役，爲行軍總管。及陳平，拜江州總管。略定九江，遂進圖嶺南。上與書慰勉之。洸至廣州，嶺表皆降之。上聞而大悅，許以便宜從事。洸所綏集二十四州，拜廣州總管。歲餘，番禺夷王仲宣反，以兵圍洸，洸拒之，中流矢卒。贈上柱國，賜綿絹萬段，謚曰敬。

子協，字欽仁。好學有雅量，位秘書郎。其父在廣州有功，上命協齎詔書勞問，未至而父卒。上以其父死王事，拜協柱國，歷定、息、秦三州刺史，有能名。卒官。

洸弟瓘，字世恭。御正下大夫，儀同三司，行隨州刺史。

瓘弟藝，字世文。周武帝時，以軍功位上儀同，賜爵脩武縣侯，授左旅下大夫，出爲魏郡太守。及隋文帝爲丞相，尉遲迥陰圖不軌，朝廷遣藝季父孝寬馳往代迥。孝寬將至鄴，詐病止傳舍，從迥求藥，以密觀變。藝因投孝寬，卽從孝寬擊迥。以功進位上大將軍，改封武威縣公，以脩武縣侯別封一子。文帝受禪，進封魏興郡公，拜齊州刺史。爲政通簡，士庶懷惠。遷營州總管。藝容貌瓌偉，每夷狄參謁，必整儀衛，盛服以見之，獨坐滿一榻。蕃人畏懼，莫敢仰視。而大修產業，與北夷貿易，家貲鉅萬。頗爲清論所譏。卒官。謚曰懷。

藝弟沖，字世沖。以名家子，在周釋褐衛公府禮曹參軍。從大將軍元定度江伐陳，爲陳人所虜。周武帝以幣贖還之。帝復令沖以馬千匹使陳，贖開府賀拔華等五十人及元定之柩而還。沖有辭辯，奉使稱旨。累遷小御伯下大夫，加上儀同，拜汾州刺史。

隋文帝踐阼，徵兼散騎常侍，進位開府，賜爵安固縣侯。歲餘，發南汾州胡千餘人北築

長城，在塗皆亡。上呼沖問計，沖曰：「皆由牧宰不稱所致，請以理綏靜，可不勞兵而定。」上因命沖綏懷叛者，月餘，並赴長城。上降書勞勉之。尋拜石州刺史，甚得諸胡歡心。以母憂去職。俄起爲南寧州總管，持節撫慰，復遣柱國王長述以兵繼進。沖既至南寧，渠帥首領皆詣府參謁。上大悅，下詔褒揚之。其兄子伯仁隨沖在府，掠人之妻，士卒縱暴，邊人失望。上聞之，大怒，令蜀王秀按其事。益州長史元巖性方正，按沖無所寬貸。竟坐免官。其弟太子洗馬世約譖巖於皇太子。上謂太子曰：「古人云：『酤酒酸而不售者，爲噬犬耳。』今何用世約乎！」世約遂除名。

後令沖檢校括州事。時東陽賊帥陶子定、吳州賊帥羅慧方並聚衆爲亂，沖率兵破之。改封義豐縣侯，檢校泉州事，遷營州總管。沖容貌都雅，寬厚得衆心，撫靺鞨、契丹，皆能致其死力。奚、霫畏懼，朝貢相續。高麗嘗入寇，沖擊走之。及文帝爲豫章王暕納沖女爲妃，徵拜戶部尚書。卒官。少子挺知名。

韋瑱字世珍，京兆杜陵人也。世爲三輔著姓。曾祖惠度，姚泓尚書郎。隨劉義眞過江，仕宋爲順陽太守、行南雍州事。後於襄陽歸魏，拜中書侍郎，贈洛州刺史。祖千雄，略

陽郡守。父英，代郡守，贈兗州刺史。

瑱幼聰敏，有夙成之量。起家太尉府法曹參軍，累遷諫議大夫。周文帝爲丞相，封長安縣男。轉行臺左丞，遷南郢州刺史，復令爲行臺左丞。瑱明察有幹局，再居左轄，時論榮之。從復弘農，戰沙苑，加衞大將軍、左光祿大夫。從戰河橋，進爵爲子。大統八年，齊神武侵汾、絳，瑱從周文禦之。軍還，以本官鎭蒲津關，帶中潬城主。歷鴻臚卿。以望族兼領鄉兵，加帥都督，進散騎常侍。

魏恭帝二年，賜姓宇文氏。〔三二〕三年，除瓜州刺史。州通西域，蕃夷往來，前後刺史多受賂遺，胡寇犯邊，又莫能禦。瑱雅性清儉，兼有武略，蕃夷贈遺，一無所受。胡人畏威，不敢爲寇。公私安靜，夷夏懷之。周孝閔帝踐祚，進爵平齊縣伯。秩滿還京，吏人戀慕，老幼追送，留連十數日方得出境。明帝嘉之，授侍中、驃騎大將軍、開府儀同三司。卒，贈岐、宜二州刺史，謚曰惠。又追封爲公，詔其子峻襲。

峻位至車騎大將軍、儀同三司。峻子德政，隋大業中給事郎。峻弟師。

師字公穎。少沈謹，有至性。初就學，始讀孝經，捨書而歎曰：「名教之極，其在茲乎！」少丁父母憂，居喪盡禮，州里稱其有孝行。及長，略涉經史，尤工騎射。周大冢宰宇文護引

爲中外府記室，轉賓曹參軍。師雅知諸蕃風俗及山川險易，其有夷狄朝貢，師必接對，論其國俗，如視諸掌。夷人驚服，無敢隱情。齊王憲爲雍州牧，引爲主簿，本官如故。及武帝親總萬機，轉少府大夫。及齊平，詔師安撫山東。徙爲賓部大夫。隋文帝受禪，拜吏部侍郎，賜爵井陘侯。遷河北道行臺兵部尚書。奉詔爲山東、河南十八州安撫大使。奏事稱旨，兼領晉王廣司馬。

其族人世康爲吏部尚書，與師素懷勝負。于時廣爲雍州牧，盛存望第，以司空楊雄、尚書左僕射高熲並爲州都，引師爲主簿，〔三三〕而世康弟世約爲法曹從事。世康恚恨不能食，又恥世約在師之下，召世約數之曰：「汝何故爲從事！」遂杖之。

後從上幸醴泉宮，上召師與左僕射高熲、上柱國韓擒等於臥內賜宴，令各敍舊事，以爲笑樂。平陳之役，以本官領元帥掾。陳國府藏，悉委於師，秋毫無犯，稱爲清白。後上爲長寧王儼納其女爲妃。除汴州刺史，甚有政名。卒官，謚曰定。

師宗人暮，仕周，位內史大夫。隋文帝初，以定策功，累遷上柱國，封普安郡公。開皇初，卒於蒲州刺史。

柳虯字仲盤，河東解人也。五世祖恭，仕後趙爲河東郡守。後以秦、趙喪亂，率人南徙，居汝、潁間，遂仕江表。祖緝，宋司州別駕、宋安郡守。〔三四〕父僧習，善隸書，敏於當世。與豫州刺史裴叔業據州歸魏，歷北地潁川二郡守、揚州大中正。

虯年十三，便專精好學。時貴游子弟就學者，並車服華盛，唯虯不事容飾。徧受五經，略通大義，兼涉子史，雅好屬文。孝昌中，揚州刺史李憲舉虯秀才，兗州刺史馮儁引虯爲府主簿。既而樊子鵠爲吏部尚書，其兄義爲揚州刺史，乃以虯爲揚州中從事，加鎭遠將軍。非其好也，並棄官還洛陽。屬天下喪亂，乃退耕於陽城，有終焉之志。

大統三年，馮翊王元季海、領軍獨孤信鎭洛陽。于時舊京荒廢，人物罕存，唯有虯在陽城，裴諏在潁川。信等乃俱徵之，以虯爲行臺郎中，諏爲北府屬，並掌文翰。時人爲之語曰：「北府裴諏，南府柳虯。」〔三五〕時軍旅務殷，虯勵精從事，或通夜不寢。季海常云：「柳郎中判事，我不復重看。」四年入朝，周文帝欲官之，虯辭母老，乞侍醫藥。周文許焉。又爲獨孤信開府從事中郎。信出鎭隴右，因爲秦州刺史，以虯爲二府司馬。雖處元僚，不綜府事，唯在信左右談論而已。因使見周文，被留爲丞相府記室。追論歸朝功，封美陽縣男。

虯以史官密書善惡，未足懲勸，乃上疏曰：「古者人君立史官，非但記事而已，蓋所爲鑒誡也。動則左史書之，言則右史書之，彰善癉惡，以樹風聲。故南史抗節，表崔杼之罪；董狐

書法，明趙盾之愆。是知執筆於朝，其來久矣。〔二六〕而漢、魏已還，密爲記注，徒聞後世，無益當時。非所謂將順其美，匡救其惡者。且著述之人，密書縱能直筆，人莫知之。何止物生橫議，亦自異端互起。故班固致受金之名，陳壽有求米之論。著漢、魏者非一氏，造晉史者至數家。後代紛紜，莫知準的。伏惟陛下則天稽古，勞心庶政，開誹謗之路，納忠讜之言。諸史官記事者，請皆當朝顯言其狀，然後付之史閣。庶令是非明著，得失無隱，使聞善者日修，有過者知懼。」事遂施行。

十四年，除祕書丞，領著作。舊丞不參史事，自虯爲丞，始令監掌焉。遷中書侍郎，修起居注，仍領丞事。時人論文體者，有今古之異。虯又以爲時有古今，非文有古今，乃爲文質論。文多不載。廢帝初，遷祕書監，加車騎大將軍、儀同三司。

虯脫略人間，不事小節，弊衣疏食，未嘗改操。人或譏之。虯曰：「衣不過適體，食不過充飢，孜孜營求，徒勞思慮耳。」恭帝元年冬卒，時年五十四。贈兗州刺史，謚曰孝。有文章數十篇，行於世。子鴻漸嗣。虯弟檜。

檜字季華。性剛簡，任氣少文，善騎射，果於斷決。年十八，起家奉朝請。居父喪，毀瘠骨立。服闋，除陽城郡丞、防城都督。大統四年，從周文戰於河橋，先登有功。授都督，

鎮鄀州。八年，拜湟河郡守，〔二七〕仍典軍事。尋加平東將軍、太中大夫。吐谷渾入寇郡境，時檜兵少，人懷憂懼，檜撫而勉之，衆心乃安。因率數十人先擊之，渾人潰亂，餘衆乘之，遂大敗而走。以功封萬年縣子。時吐谷渾强盛，數侵疆埸，自檜鎮鄀州，屢戰必破之。數年之後，不敢爲寇。十四年，遷河州別駕，轉帥都督。俄拜使持節、撫軍將軍、大都督。居三載，徵還京師。

時檜兄虯爲祕書丞，弟慶爲尚書左丞。檜嘗謂兄弟曰：「兄則職典簡牘，褒貶人倫；弟則管轄羣司，股肱朝廷。可謂榮寵矣。然而四方未靜，車書不一，檜唯當蒙矢石，履危難，以報國恩耳。」頃之，周文謂檜曰：「卿昔在鄀州，忠勇顯著。今西境肅清，無勞經略。九曲，國之東鄙，當勞君守之。」遂令檜鎮九曲。

尋從大將軍王雄討上津、魏興，平之，即除魏興、華陽二郡守。〔二八〕安康人黃衆寶謀反，連結黨與，將圍州城，乃相謂曰：「常聞柳府君勇悍有餘，不可當。今既在外，方爲吾徒腹心之疾也，不如先擊之。」遂圍檜郡。郡城卑下，士衆寡弱，又無守禦之備。連戰積十餘日，士卒僅有存者。於是力屈城陷，身被十餘創，遂爲賊所獲。既而衆寶等進圍東梁州，乃縛檜置城下，欲令誘城中。檜乃大呼曰：「羣賊烏合，糧食已罄，行即退散，各宜勉之！」衆寶大怒，乃臨檜以兵曰：「速更汝辭！不爾便就戮矣。」檜守節不變，遂害之，棄屍水中。城中人

皆爲之流涕。衆寶解圍之後，檜兄子止戈方收檜屍還長安。贈東梁州刺史。子斌嗣。

斌字伯達。年十七，齊公憲召爲記室。早卒。

斌弟雄亮，字信誠。父檜在華陽見害，雄亮時年十四，哀毀過禮，陰有復讎之志。武帝時，衆寶率其部歸長安，帝待之甚厚。雄亮手斬衆寶於城中，請罪闕下。帝特原之。後累遷內史中大夫，賜爵汝陽縣子。隋文帝受禪，拜尚書考功侍郎，遷給事黃門侍郎。尚書省凡所奏事，多所駁正，深爲公卿所憚。俄以本官檢校太子左庶子，進爵爲伯。秦王俊鎮隴右，出爲秦州總管府司馬，領山南道行臺左丞。卒。子贇嗣。

檜弟鷟，好學善屬文，卒於魏臨淮王記室參軍事。

子帶韋，字孝孫。深沈有度量，少好學，身長八尺三寸，美風儀，善占對。周文辟爲參軍事。侯景作亂江南，周文令帶韋使江、郢二州，與梁邵陵、南平二王通好。行至安州，遇段寶等反，帶韋乃矯爲周文書以安之，並即降附。及見邵陵，具申周文意。邵陵遣使隨帶韋報命。以奉使稱旨，授輔國將軍、中散大夫。

後達奚武經略漢川，以帶韋爲行臺左丞，從軍南討。時梁宜豐侯蕭脩守南鄭，武攻之未拔，乃令帶韋入城，說脩降之。廢帝元年，出爲解縣令。加授驃騎將軍、左光祿大夫。轉

汾陰令。發摘姦伏，百姓畏而懷之。周武成元年，授武藏下大夫。天和二年，封康城縣男。累遷兵部中大夫。雖頻改職，仍領武藏。五年，轉武藏中大夫。俄遷驃騎大將軍、開府儀同三司。凡居劇職十有餘年，處斷無滯，官曹清肅。

時譙王儉爲益州總管，漢王贊爲益州刺史。武帝以帶韋爲益州總管府長史，領益州別駕，輔弼二王，總知軍事。及大軍東討，徵爲前軍總管齊王憲府長史。齊平，以功授上開府儀同大將軍，進爵爲公。陳王純鎮并州，以帶韋爲并州司會、并州總管府長史。卒官，謚曰愷。

子祚嗣。少有名譽，位宣納上士。入隋，位司勳侍郎。

鷟弟慶。慶字更興。幼聰敏有器量，博涉羣書，不爲章句，好飲酒，閑於占對。年十三，因暴書，父僧習試令慶於雜賦集中取賦一篇千餘言，誦之。慶立讀三徧，便誦之無所漏。時僧習爲潁川郡守，地接都畿，人多豪右。將選鄉官，皆依貴勢，競來請託。選用既定，僧習謂諸子曰：「權貴請託，吾並不用。其使欲還，皆須有答。汝等各以意爲吾作書。」慶乃具書草。僧習讀，歎曰：「此兒有意氣，丈夫理當如是。」即依慶所草以報。起家奉朝請。

慶出後第四叔，及遭父憂，議者不許爲服重。慶泣曰：「禮緣人情，若於出後之家，更有

苴斬之服，可奪此以從彼。〔二九〕今四叔薨背已久，情事不追。豈容奪禮，乖違天性！」時論不能抑，遂以苦塊終喪。既葬，乃與諸兄負土成墳。

孝武將西遷，慶以散騎侍郎馳傳入關。慶至高平，見周文，共論時事。周文卽請奉迎輿駕，仍令慶先還復命。時賀拔勝在荆州，帝屏左右謂慶曰：「朕欲往荆州，何如？」慶曰：「關中金城千里，天下之强國也。荆州地無要害，寧足以固鴻基？」帝納之。及帝西遷，慶以母老不從。獨孤信之鎭洛陽，乃得入關。除相府東閤祭酒。

大統十年，除尙書都兵郎中，幷領記室。時北雍州獻白鹿，羣臣欲賀。尙書蘇綽謂慶曰：「近代已來，文章華靡，逮于江左，彌復輕薄。洛陽後進，祖述未已。相公柄人軌物，君職典文房，宜製此表，以革前弊。」慶操筆立成，辭兼文質。綽讀而笑曰：「枳橘猶自可移，況才子也！」

尋以本官領雍州別駕。廣陵王欣，魏之懿親。其甥孟氏，屢爲兇横。或有告其盜牛。慶捕得實，趣令就禁。孟氏殊無懼容，乃謂慶曰：「若加以桎梏，後獨何以脫之？」欣亦遣使辨其無罪。孟氏由此益驕。慶乃大集僚吏，盛言孟氏倚權侵虐之狀。言畢，令笞殺之。此後貴戚斂手。

有賈人持金二十斤詣京師，寄人居止。每欲出行，常自執管鑰。無何，緘閉不異而並

失之。謂主人所竊。郡縣訊問，主人自誣服。慶疑之，乃召問賈人曰：「卿鑰恒置何處？」對曰：「恒自帶之。」慶曰：「頗與人同宿乎？」曰：「無。」「與同飮乎？」曰：「日者曾與一沙門再度酣宴，醉而晝寢。」慶曰：「沙門乃眞盜耳。」卽遣捕沙門，乃懷金逃匿。後捕得，盡獲所失金。十二年，改三十六曹爲十二部，以慶爲計部郎中，別駕如故。

又有胡家被劫，郡縣按察，莫知賊所，鄰近被囚者甚多。慶以賊是烏合，可以詐求之。乃作匿名書，多牓官門曰：「我等共劫胡家，徒侶混雜，終恐泄露。今欲首伏，懼不免誅。若聽先首免罪，便欲來告。」慶乃復施免罪之牒。居二日，廣陵王欣家奴面縛自告牒下，因此盡獲黨與。慶之守正明察，皆此類也。每歎曰：「昔于公斷獄無私，闢高門以待封。儻斯言有驗，吾其庶幾乎。」封清河縣男，除尙書左丞，攝計部。

周文嘗怒安定國臣王茂，將殺之，而非其罪。朝臣咸知，而莫敢諫。慶乃進爭之。周文逾怒曰：「卿若明其無罪，亦須坐之。」乃執慶于前。慶辭氣不撓，抗聲曰：「竊聞君有不達者爲不明，臣有不爭者爲不忠。慶謹竭愚誠，實不敢愛死，但懼公爲不明之君耳。」周文乃悟而赦茂，已不及矣。周文默然。明日，謂慶曰：「吾不用卿言，遂令王茂冤死。可賜茂家錢帛，以旌吾過。」尋進爵爲子。慶威儀端肅，樞機明辯。周文每發號令，常使慶宣之。天性抗直，無所回避。周文亦以此深委仗焉。恭帝初，進位驃騎大將軍、開府儀同三司、尙書右

僕射，轉左僕射，領著作。六官建，拜司會中大夫。

周孝閔帝踐祚，賜姓宇文氏，進爵平齊縣公。晉公護初執政，欲引爲腹心。慶辭之，頗忤旨。又與楊寬有隙，及寬參知政事，慶遂見疏忌，出爲萬州刺史。明帝尋悟，留爲雍州別駕，領京兆尹。武成二年，除宜州刺史。慶自爲郞，迄爲司會，府庫倉儲，並其職也。及在宜州，寬爲小冢宰，乃囚慶故吏，求其罪失。案驗積六十餘日，吏或有死於獄者，終無所言，唯得乘錦數匹。時人服其廉愼。又入爲司會。

先是，慶兄檜爲魏興郡守，爲賊黄衆寶所害。檜子三人皆幼弱，慶撫養甚篤。後衆寶歸朝，朝廷待以優禮。居數年，檜次子雄亮白日手刃衆寶於長安城中。晉公護聞而大怒，執慶諸子姪皆囚之，讓慶擅殺人。對曰：「慶聞父母之讎不同天，昆弟之讎不同國。明公以孝臨天下，何乃責於此乎？」護逾怒，慶辭色無屈，竟以俱免。卒。贈鄜、綏、丹三州刺史，謚曰景。子機嗣。

機字匡時。偉容儀，有器局，頗涉經史。年十九，周武帝時爲魯公，引爲記室。及帝嗣位，累遷太子宮尹，封平齊縣公。宣帝時，爲御正上大夫。機見帝失德，屢諫不聽，恐禍及己，託於鄭譯，求出，拜華州刺史。及隋文帝作相，徵還京師。時周代舊臣皆勸禪讓，機獨

義形於色，無所陳請。俄拜衞州刺史。及踐祚，進爵建安郡公，徵爲納言。機性寬簡，有雅望，當近侍，無所損益。〔三〇〕又好飮酒，不親細務。數年，出爲華州刺史，奉詔每月朝見。尋轉冀州刺史。後徵入朝，以其子述尙蘭陵公主，禮遇益隆。

初，機在周，與族人文城公昂俱歷顯要，及此，昂、機並爲外職。楊素時爲納言，方用事，因上賜宴，素戲曰：「二柳俱摧，孤楊獨聳。」坐者歡笑，機竟無言。未幾還州。前後作守，〔三一〕俱稱寬惠。後以徵還，卒于家。贈大將軍、青州刺史，謚曰簡。子述嗣。

述字業隆。性明敏，有幹略，頗涉文藝。以父蔭爲太子親衞。後以尙主故，拜開府儀同三司、內史侍郎。上於諸壻中特見寵遇。歲餘，判兵部尙書事。父艱去職。未幾，起攝給事黄門侍郎事，襲爵建安郡公。

仁壽中，判吏部尙書事。述雖職務修理，爲當時所稱，然不達大體，暴於馭下，又怙寵驕豪，無所降屈。楊素時方貴重，朝臣莫不讋憚，述每陵侮之，數於上前面折素短。判事有不合，素意或令述改，輒謂將命者曰：「語僕射，道尙書不肯。」素由是銜之。俄而楊素被疏忌，不知省事。述任寄逾重，拜兵部尙書，參掌機密。述自以無功可紀，過叨匪服，抗表陳讓。上許之，命攝兵部尙書。

上於仁壽宮寢疾，述與楊素、黃門侍郎元巖等侍疾宮中。時皇太子無禮於陳貴人，上知之，大怒，令述召房陵王。述與元巖出外作敕書。楊素見之，與皇太子謀，矯詔執述、巖屬吏。及煬帝嗣位，述坐除名。公主請與同徙，帝不聽。述在龍川數年，復徙寧越，〔三二〕遇瘴癘死。

機弟弘，字匡道。少聰穎，工草隸，博涉羣書，辭采雅贍。與弘農楊素爲莫逆交。解巾中外府記室。建德初，除內史上士。歷小宮尹、御正上士。陳遣王偃人來聘，〔三三〕武帝令弘勞之。偃人謂弘曰：「來日至藍田，正逢滋水暴長，所齎國信，溺而從流。今所進，假之從吏。」弘曰：「昔淳于之獻空籠，前史稱以爲美。足下假物而進，詎是陳君命乎？」偃人慚不能對。武帝聞而嘉之，盡以偃人所進物賜弘，仍令報聘。占對敏捷，見稱於時。

後卒於御正下大夫。贈晉州刺史。楊素誄之曰：「山陽王弼，風流長逝；潁川荀粲，零落無時。修竹夾池，永絕梁園之賦；長楊映沼，無復洛川之文。」其爲士友所痛惜如此。有文集行於世。

弘弟旦，字匡德。工騎射，頗涉書籍。仕周，位兵部下大夫。以行軍長史從梁睿討王謙，以功授儀同三司。開皇元年，加開府，封新城縣男，授掌設驃騎。歷羅、淅、魯三州刺史，並有能名。大業初，拜龍川太守。郡人居山洞，好相攻擊。旦爲開設學校，大變其風。帝聞，下詔褒美之。徵爲太常少卿，攝判黃門侍郎事。卒。

子燮，官至河內郡掾。

旦弟肅，字匡仁。少聰敏，閑於占對。仕周，位宣納上士。隋文帝作相，引爲賓曹參軍。開皇初，授太子洗馬。陳使謝泉來聘，以才學見稱，詔肅宴接，時論稱其華辯。歷太子內舍人，遷太子僕。太子廢，坐除名。

大業中，帝與段達語及庶人罪惡。達云：「柳肅在宮，大見疏斥。」帝問其故。答曰：「學士劉臻嘗進章仇太翼宮中，爲巫蠱事。肅知而諫曰：『殿下位當儲貳，戒在不孝，無患見疑。劉臻書生，鼓搖脣舌，適足以相詿誤。願勿納之。』庶人不懌，他日，謂臻曰：『汝何漏泄，使柳肅知之，令面折我！』自是後，言皆不用。」帝曰：「肅橫除名。」乃召守禮部侍郎。坐事免。後守工部侍郎，大見親任，每幸遼東，常委於涿郡留守。卒官。

機從子謇之，字公正。父蔡年，周順州刺史。謇之身長七尺五寸，儀容甚偉，風神爽亮，進止可觀。爲童兒時，周齊王憲遇之於塗，異而與語，大奇之，因奏爲國子生。以明經擢第，拜宮師中士，〔三四〕轉守廟下士。武帝有事太廟，謇之讀祝文，音韻清雅，觀者屬目。帝善之，擢爲宣納上士。開皇初，拜通事舍人，尋遷內史舍人。歷兵部、司勳二曹侍郎。朝廷以謇之雅望，善談謔，又飲酒至一石不亂，由是，每梁陳使至，〔三五〕輒令接對。遷光祿少卿。出入十餘年，每參掌敷奏。

會吐谷渾來降，朝廷以宗女光化公主妻之，以謇之兼散騎常侍，送公主於西域。及突厥啓人可汗求和親，復令謇之送義成公主於突厥。前後使二國，得贈馬二千餘匹，〔三六〕雜物稱是，皆散之宗族，家無餘財。出爲肅、息二州刺史，俱有惠政。煬帝踐祚，復拜光祿。大業初，啓人可汗自以內附，遂畜牧於定襄、馬邑間。帝使謇之諭令出塞。還，拜黃門侍郎。

時元德太子初薨，朝野注望，以齊王當立。帝方重王府之選，拜爲齊王長史。帝法服臨軒，命齊王立於西朝堂，遣吏部尚書牛弘、內史令楊約、左衞大將軍宇文述等從殿廷引謇之詣齊王所，西面立。弘宣敕謂齊王曰：「我出蕃之初，時年十二。先帝立我於西朝堂，乃令高熲、虞慶則、元旻等從內送王子相於我。誡我曰：『以汝未更世事，令子相作輔於汝，事無大小，皆可委之。無得昵近小人，疏遠子相。若從我言者，有益於社稷，成立汝名行；如

不用此言，唯國及身，敗無日矣。』吾受敕，奉以周旋，不敢失墜。微子相之力，吾幾無今日矣。若與謇之從事，一如子相也。」又敕謇之曰：「今以卿作輔於齊，副朕所望。若齊王德業修備，富貴自當鍾卿一門。若有不善，罪亦相及。」時齊王擅寵，喬令則之徒，深見昵狎，謇之知其非，不能匡正。及王得罪，謇之竟坐除名。

及帝幸遼東，召檢校燕郡事。帝班師至燕郡，坐供頓不給，配戍嶺南，卒於洭口。子威明。

論曰：高氏籍四胡之勢，跨有山東，周文承二將之餘，創基關右，似商、周之不敵，若漢、楚之爭雄。又連宮渡之兵，未定鴻溝之約。雖弘農、沙苑，齊卒先奔；而河橋、北芒，周師橈敗。於是競圖進取，各務兵戈，齊謂兼幷有餘，周則自守不足。韋孝寬奇材異度，緯武經文，居要害之地，受干城之託。東人恃其衆，悉力來攻，將欲釃酒未央，飲馬淸渭。孝寬西憑茲雉堞，抗彼仇讎，事甚析骸，勢危負戶，終能奮其智勇，應變無方，城守六旬，竟摧大敵。齊人既焚營宵遁，高氏遂憤恚而殂。雖即墨破燕，晉陽存趙，何以能尙？若使平陽不守，鄴城無衆人之師；玉壁啓關，函谷失封泥之固。斯豈一城之得喪，實亦二國之興亡

者歟。

韋夐隱不負人，貞不絕俗，怡神墳籍，養素丘園，哀樂無以動其心，名利不足干其慮，確乎不拔，實近代之高人也。明帝比諸園、綺，豈徒然哉！世康風神雅量，一代稱偉，簪纓人物，見重京華。瓌素望高風，亦云美矣。

柳虯兄弟，雅道是基，並能譽重搢紳，豈虛至也。慶束帶立朝，匪躬是蹈，莅官從政，清白著美。至於畏避權寵，違忤宰臣，雖取詘於一時，實獲申於千載矣。機立身行己，本以寬雅流譽，至於登朝正色，可謂不違直道。雖陵谷遷貿，終以雅正自居，古所謂以道事人，斯之謂矣。述雖幹略見稱，終乃敗於驕寵，〔三七〕惜矣。

校勘記

〔一〕拜右將軍南豳州刺史　諸本「豳」作「幽」。錢氏考異卷四〇云：「『幽』當作『豳』，魏時無南幽州也。」按南豳州見魏書卷五八楊椿傳、卷五九蕭寶夤傳。楊守敬隋書地理志考証卷一有考。今據改正。

〔二〕孝武初以都督鎮城周文帝自原州赴雍州命孝寬隨軍　通志卷一五七韋孝寬傳「城」作「彭城」。按孝寬隨宇文泰自原州赴雍州，則其所鎮之城應在原州附近，必非彭城。據隋書地理志上北

地郡彭原縣注：「舊曰彭陽。」此地在原州之東，相去不遠。疑通志「彭」下脫「陽」字。北史則「鎮」下脫「彭陽」二字。

〔三〕仍與獨孤信入洛爲陽城郡守　諸本「洛」下無「爲」字，通志有。周書卷三一補韋孝寬傳此句作「仍與獨孤信入洛陽城守」。按陽城郡見隋書地理志中河南郡陽城縣注。其地在洛陽之南，與潁川隣近。下文云：「後與宇文貴、怡峯應接潁川義徒。」當卽自陽城赴援。通志有「爲」字是，今據補。

〔四〕遣其陽州刺史牛道恒扇誘邊人　諸本「陽」作「揚」。錢氏考異云：「東魏置陽州於宜陽，此『揚』字當作『陽』。」按通鑑卷一五八四九〇一頁正作「陽」，今據改。

〔五〕又於城北起土山攻具晝夜不息　通典卷一六一兵因機設權條，「攻具」二字作「且作且攻」。疑北史原文當如通典。

〔六〕城外又縛松於竿　通鑑卷一五九四九四二頁、通典卷一六一，「松」下有「麻」字。按下文云「松麻俱落」，此脫「麻」字。

〔七〕臨以白刃云若不早降便行大戮　諸本脫「云」字，「若」下衍「有」字，據周書、通志補刪。

〔八〕乃勒部內　諸本「乃」訛作「仍」，據周書、通志改。

〔九〕是以往歲出軍　諸本「軍」訛作「車」，據周書、通志改。

〔一〇〕武帝遣小司寇淮南公元偉開府伊婁謙等重幣聘齊　諸本「偉」作「衛」。張森楷云：「『衛』當作『偉』。」按本書卷一五常山王遵附元偉傳，偉封淮南縣公，建德二年官小司寇，四年使於齊。隋書卷五四伊婁謙傳作拓拔偉，亦卽元偉。張說是，今據改。

〔一一〕宇文亮舉兵反立以數百騎襲孝寬營　諸本「反立」作「文立」，周書殿本作「反潛」。按吳文立乃陳將，時已退走，何得於周軍還至豫州時，進襲孝寬營？據本書卷五七宇文亮傳，襲孝寬營者乃宇文亮。此「文」字乃「反」之訛，「立」從下讀，今據改。

〔一二〕又以小司徒叱列長叉爲相州刺史　諸本「叉」作「文」。按叱列長叉乃叱列平之子，見本書卷五三。周書宋本卷八靜帝紀大象二年也作「長叉」。墓誌集釋馮忱妻叱李綱子墓誌圖版五二一云：「祖長叉。」「叱李」卽「叱列」的異譯，知作「叉」是。今據改。

〔一三〕孝寬辭以兄子世康年長　諸本無「孝」字，周書、通志有。按前後都作「孝寬」，不應此獨省文，今據補。

〔一四〕武帝嘗戲總曰　諸本無「武」字，通志卷一五七韋孝寬傳有。按若無「武」字，承上文似是魏文帝。據下文總於建德五年戰死，時年二九，上朔至魏文帝最後一年大統十七年，總只兩歲，則非魏文帝可知。今從通志補。

〔一五〕歷位恒毛二州刺史　諸本「毛」作「尾」。錢氏考異云：「『尾』當作『毛』。隋置毛州於館陶縣見隋

書地理志中武陽郡館陶縣注。」按通志及隋書卷四七韋壽傳正作「毛」，今據改。

〔一六〕仁壽中文帝爲晉王昭納其女爲妃　諸本「昭」作「廣」。張森楷云：「隋書『廣』作『昭』，案帝紀，廣于開皇二十年爲皇太子。仁壽元年封河南王昭爲晉王，此事在仁壽中，則晉王是昭非廣也。」按張說是。本書卷七一元德太子昭傳云：「乃娶滑國公京兆韋壽女爲妃。」今據改。

〔一七〕敕有司日給河東酒一斗　諸本「斗」訛「升」，據周書卷三一、通志卷一五七韋夐傳改。

〔一八〕尙周文帝女襄樂公主　按本卷韋孝寬傳云，魏文帝欲以女妻其子諶，孝寬辭以兄子世康年長，遂改妻世康。「周」「魏」二字，前後必有一誤。

〔一九〕以母憂去職固辭乞終私制　隋書卷四七韋世康傳「去職」下有「未期，起令視事」六字。按若無此六字則「固辭」無義，疑是誤脫。

〔二〇〕上聞而痛惜　諸本脫「上」字，據隋書、通志補。

〔二一〕世康兄洸　隋書「兄」作「弟」，此疑誤。

〔二二〕魏恭帝二年賜姓宇文氏　諸本「二」作「三」，周書卷三九韋瑱傳作「二」。按下卽見「三年」，不應重出，今據改。

〔二三〕以司空楊雄尙書左僕射高熲並爲州都引師爲主簿　諸本「都」下有「督」字。錢氏考異云：「『州都』下疑衍『督』字。魏、晉以後，諸州皆置大中正以甄別流品。隋時避諱，改爲州都而去中正

之名。後人校書，不達州都爲何語，妄加督字。韋氏，京兆望門，師又爲州主簿，而世約位在師下，故世康以州都不平爲恨。此何與都督事乎？」按錢說是。通典卷三二載此事，正作「州都」，今據删。但州都之號，晉及北魏已有，非始於隋，見晉書卷四五劉毅傳，魏書卷二〇穆崇傳、卷五六鄭道昭傳。大約至隋時方定爲正式名稱，而廢中正之名。

〔二四〕祖緝宋司州別駕宋安郡守　諸本無「司」字，周書卷二二柳慶傳「司」作「同」。按宋無同州。宋書卷三六州郡志司州義陽太守環水長條，言宋明帝時曾分義陽立宋安郡。則「同州」顯是「司州」之訛。柳緝是以司州別駕帶宋安郡守，今據補「司」字。

〔二五〕以虯爲行臺郎中諏爲北府屬並掌文翰時人爲之語曰北府裴諏南府柳虯　周書卷三八柳虯傳「北府屬」作「都督府屬」，「南府」作「南省」。按「府」指都督府，「省」指行臺省。當時並無「北府」、「南府」之官，南北乃指行臺省與都督府相對位置而言。周書是。

〔二六〕是知執筆於朝其來久矣　周書「執」作「直」。按上引南史、董狐，都是直筆之例。「執」當是「直」之訛。

〔二七〕鎮鄀州八年拜湟河郡守　按魏書地形志、隋書地理志均不見「湟河郡」。隋書地理志上西平郡即鄯州化隆縣下註云：「西魏置澆河郡。」疑「湟河」當作「澆河」。

〔二八〕卽除魏興華陽二郡守　諸本脫「守」字，據周書卷四六柳檜傳補。通志卷一六六柳檜傳作「太

守」二字。

〔二九〕可奪此以從彼　諸本「此以」倒作「以此」，周書卷二二柳慶傳無「此」字，通志卷一五七柳慶傳作「此以」。按通志文本北史，今據乙。

〔三〇〕當近侍無所損益　隋書卷四七柳機傳「當」上有「然」字，此不當省。

〔三一〕前後作守　隋書「守」作「牧」，按「牧」指刺史，「守」指郡守。上文敍其歷任刺史，則作「牧」是。

〔三二〕述在龍川數年復徙寧越　諸本「川」作「州」，隋書卷四七、通志卷一六二柳述傳作「川」。按隋書上文言述徙龍川郡，其地與寧越郡並在嶺南見隋書地理志下，故述復徙寧越。隋之龍州卽平武郡見地理志上，其地在今四川江油縣，非述流徙之所。「州」乃「川」之訛，今據改。

〔三三〕陳遣王偃人來聘　周書卷二二柳慶附子弘傳「人」作「民」，北史避唐諱改。

〔三四〕拜宮師中士　隋書卷四七柳機附從子謇之傳「宮」作「宗」。按通典卷三九後周官品正三命見「小宗師上士」，無「宮師」官名。此「宮」字當爲「宗」之訛。

〔三五〕由是每梁陳使至　諸本無「梁」字，隋書、通志卷一六二柳機附謇之傳有。按梁指後梁，此乃脫文，今據補。

〔三六〕得贈馬二千餘匹　隋書無「二」字，通志作「二十餘匹」。按「二千」數字太大，疑通志是。

〔三七〕述雖幹略見稱終乃敗於驕寵　諸本無「述」字。按隋書卷四七史臣論云：「述恃寵驕人，終致傾敗。」此指柳述。北史誤脫「述」字，今據補。

北史卷六十五

列傳第五十三

達奚武　若干惠　怡峯　劉亮　王德　赫連達
韓果　蔡祐　常善　辛威　厙狄昌　梁椿
梁臺　田弘　子仁恭　孫德懋

達奚武字成興，代人也。祖眷，父長，並爲鎭將。

武少倜儻好馳射，賀拔岳征關右，引爲別將。及岳爲侯莫陳悅所害，武與趙貴收屍歸平涼，同翊戴周文帝。從平悅，封須昌縣伯。

大統初，自大丞相府中兵參軍出爲東秦州刺史。齊神武與竇泰、高敖曹三道來侵，周文欲并兵擊泰，諸將多異議，唯武及蘇綽與周文意同，遂禽之。周文進圖弘農，遣武從兩騎

覘候。武與其候騎遇，卽交戰，斬六級，獲三人而反。齊神武趣沙苑，周文復遣武覘之。武從三騎，皆衣敵人衣，至暮，下馬潛聽其軍號，歷營若警夜者，有不如法者，往往撻之。具知敵情以告，周文遂從破之。進爵高陽郡公。

四年，周文援洛陽，武爲前鋒，與李弼破莫多婁貸文。又進至河橋，力戰，斬其司徒高敖曹。再遷雍州刺史。復從戰芒山，時大軍不利，齊神武乘勝進軍至陝。武禦之，乃退。十七年，詔武經略漢川。〔一〕梁梁州刺史宜豐侯蕭脩固守南鄭。武圍之，脩請服。會梁武陵王遣其將楊乾運等救脩，脩更不下。武擊走乾運，脩乃降。自劒門以北悉平。明年，振旅還京師。朝議欲以武爲柱國，武曰：「我作柱國，不應在元子孝前。」固辭。以大將軍出鎭玉壁。

周孝閔帝踐祚，授柱國、大司寇。齊北豫州刺史司馬消難舉州來附，〔二〕詔武與楊忠迎消難以歸。武成初，轉大宗伯，進封鄭國公。齊將斛律敦侵汾、絳，〔三〕武禦之，敦退。武築栢壁城，留開府權嚴、薛羽生守之。保定三年，遷太保。其年，大軍東伐，隨公楊忠引突厥自北道，武以三萬騎自東道期會晉陽。〔四〕武至平陽，後期不進，而忠已還，武尚未知。齊將斛律明月遺武書曰：「鴻鶴已翔於寥廓，羅者猶視於沮澤也。」武覽書，乃班師。出爲同州刺史。明年，從晉公護東伐。時尉遲迥圍洛陽，爲敵所敗。武與齊王憲於芒山禦之。至夜，

收軍。憲欲待明更戰。武曰：「洛陽軍散，人情駭動，不因夜速還，明日欲歸不得。」憲從之，遂全軍而返。天和三年，轉太傅。

武微時，奢侈好華飾。及居重位，不持威儀，行常單馬，左右從一兩人而已，門外不施戟，恒晝掩一扉。或謂曰：「公位冠羣后，何輕率若是？」武曰：「吾昔在布衣，豈望富貴！今日富貴，不可頓忘疇昔。且天下未平，國恩未報，安可過事威容乎？」言者慚而退。武之在同州，時旱，武帝敕武祀華岳。岳廟舊在山下，常所祈禱。武謂僚屬曰：「吾備位三公，不能變理陰陽，不可同於衆人，在常祀所，必須登峯展誠，尋其聖奧。」岳旣高峻，人迹罕通。武年逾六十，唯將數人攀藤而上，於是稽首祈請。晚不得還，卽於岳上藉草而宿。夢一白衣來執武手曰：「快辛苦。」甚相嘉尚。武遂驚覺，益用祇肅。至旦，雲霧四起，俄而澍雨，遠近霑洽。武帝聞之，璽書勞武，賜綵百匹。

武性貪吝，其爲大司寇也，在庫有萬釘金帶，當時寶之，武因入庫，乃取以歸。主者白晉公護，護以武勳重，不彰其過，因而賜之。時論深鄙焉。薨，贈太傅、十五州諸軍事、同州刺史，謚曰桓。子震嗣。

震字猛略。少驍勇，走及奔馬。周文嘗於渭北校獵，時有兔過周文前，震與諸將競射

之，馬倒而墜。震足不傾躓，因步走射之，一發中兔。顧馬纔起，遂回身騰上。周文喜曰：「非此父不生此子。」乃賜震雜綵一百段。後封魏昌縣公。明帝初，拜司右中大夫，加驃騎大將軍、開府儀同三司。武成初，進爵廣平郡公，除華州刺史。震雖出自膏腴，少習武藝，然頗有政術。天和六年，拜柱國。〔五〕

建德初，襲爵鄭國公。從平鄴，賜妾二人、女樂一部，拜大宗伯。震父嘗爲此職，時論榮之。宣政中，出爲原州總管。隋開皇初，薨於家。

震弟惎，大象末，爲益州刺史，與王謙據蜀起兵，被誅。

若干惠字惠保，代武川人也。其先與魏俱起，以國爲姓。父樹利周，從魏廣陽王深征葛榮，戰沒，贈冀州刺史。

惠以別將從賀拔岳，以功封北平縣男。及岳爲侯莫陳悅所害，惠與寇洛、趙貴等同謀翊戴周文。仍從平悅，拜直閤將軍。從禽竇泰，復弘農，破沙苑，惠每先登陷陣。加侍中、開府儀同三司、封長樂郡公。大統四年，從魏文帝東巡洛陽，與齊神武戰於河橋，力戰破之。七年，遷領軍。

及高仲密舉北豫州來附，周文迎之。軍至洛陽，齊神武屯於芒山。惠爲右軍，與中軍大破之。齊神武兵乃萃左軍，軍將趙貴等戰不利。會日暮，齊神武進兵攻惠，惠擊之，皆披靡。〔六〕至夜中，神武騎復來追惠。惠徐下馬，顧命厨人營食。食訖，謂左右曰：「長安死，此中死，異乎？」乃建旗鳴角，收軍而還。神武追騎憚惠，疑有伏兵，不敢逼。至弘農，見周文，陳賊形勢，恨其垂成之功，虧於一簣，歔欷不自勝。周文壯之，遷司空。惠性剛質，有勇力，容貌魁岸。善於撫御，將士莫不懷恩。及侯景內附，朝議欲收輯河南，令惠以本官鎮魯陽。遇病，薨於軍。

惠於諸將年最少。早喪父，事母以孝聞。周文嘗造射堂新成，與諸將宴射。惠竊歎曰：「親老矣，何時辦此！」周文聞之，卽日徙堂於惠宅。其見重如此。及薨，爲流涕久之。惠喪至，又臨撫焉。加贈秦州刺史，謚曰武烈。子鳳嗣。

鳳字達摩，有識度。襲父爵長樂郡公，尙周文女。位開府儀同三司、大馭中大夫。後錄惠佐命功，封鳳徐國公，拜柱國。

怡峯字景阜，遼西人也。本姓默台，因避難改焉。高祖寬，燕遼西郡守，魏道武時歸

朝，拜羽眞，賜爵長蛇公。曾祖文，冀州刺史。

峯少以驍勇聞。從賀拔岳討万俟醜奴，賜爵蒲陰縣男。岳被害，峯與趙貴等同謀翊戴周文，進爵爲伯。及齊神武與孝武帝構隙，文帝令峯與都督趙貴赴洛陽。至潼關，屬孝武西遷，峯卽從周文帝拔迴洛，復潼關。後以討曹泥功，進爵華陽縣公。又從破竇泰於小關。復弘農，破沙苑，進爵樂陵郡公。仍與元季海、獨孤信復洛陽。東魏行臺任祥率步騎萬餘攻潁川，峯復以輕騎五百邀擊，大破之。自是威名轉盛。加授開府儀同三司。

及周文與東魏戰河橋，時峯爲左軍，不利，〔七〕與李遠先還，周文遂班師。詔原其罪。拜夏州刺史。大統十五年，東魏圍潁川，峯與趙貴赴援。至南陽，病卒。峯沈毅有膽略，得士卒心，當時號驍將。周文嗟悼者久之。贈華州刺史，謚曰襄威。

子昂嗣。位開府儀同三司。朝廷追錄峯功，封昂閿郡公。〔八〕

昂弟光，少以峯勳，賜爵安平縣侯，加開府儀同三司。

光弟椿，少知名，位吏部下大夫、儀同三司。

劉亮，中山人也，本名道德。父特眞，位領人酋長。魏大統中，以亮著勳，追贈恒州刺

史。

亮少倜儻，有從橫計略，姿貌魁傑，見者憚之。以都督從賀拔岳西征，以功封廣興縣子。侯莫陳悅害岳，亮與諸將謀迎周文。及平悅後，悅黨豳州刺史孫定兒仍據州不下，衆至數萬。周文令亮襲之。定兒以義兵猶遠，未爲之備。亮乃輕將二十騎，先竪一纛於近城高嶺，卽馳入城中。定兒方置酒高會，卒見亮至，衆皆駭愕。亮乃麾兵斬定兒，懸首州門，號令賊黨。仍遙指城外纛，命二騎曰：「出追大軍。」賊黨恟懼，一時降服。

及周文置十二軍，簡諸將領之，亮領一軍。每征討，常與怡峯俱爲騎將。以復潼關功，封饒陽縣伯。尋加侍中。從禽竇泰，復弘農，戰沙苑，並力戰有功。遷開府儀同三司、大都督，進爵長廣公。以母憂去職，居喪毀瘠。周文嗟其至性，每憂惜之。起復本官。

亮以勇敢見知，爲當時名將，兼屢陳謀策，多合機宜。周文謂曰：「卿文武兼資，卽孤之孔明也。」乃賜名亮，幷賜姓侯莫陳氏。出爲東雍州刺史，爲政清靜，百姓安之。卒於州。喪還京，周文親臨之，泣而謂人曰：「股肱喪矣，腹心何寄！」令鴻臚卿監護喪事，追贈太尉，謚曰襄。後配饗周文廟廷。子昶嗣。

昶尙周文女西河長公主，大象中，位柱國、秦靈二州總管，以亮功封彭國公。隋開皇中，坐事死。

昶弟靜，天水郡守。靜弟恭，開府儀同三司、饒陽縣伯。恭弟幹，上儀同三司、褒中侯。

王德字天恩，代武川人也。少善騎射，雖不經師訓，以孝悌稱。初從尒朱榮討元顥，賜爵同官縣子。又從賀拔岳討平万俟醜奴，別封深澤縣男。及侯莫陳悅害岳，德與寇洛等議，翊戴周文，於是除平涼郡守。德雖不知書，至於斷決處分，良吏無以過。〔九〕涇州所部五郡，德常爲最。

及孝武西遷，進封下博縣伯，行東雍州事。在州未幾，百姓懷之。賜姓烏丸氏。大統元年，進爵爲公，加車騎大將軍、儀同三司、〔一〇〕北雍州刺史。後常從周文征伐，累有戰功，加開府、侍中，〔一一〕進爵河間郡公。先是河、渭間種羌屢叛，以德有威名，拜河州刺史。羣羌率服。後卒於涇州刺史，謚曰獻。德性厚重廉愼，言行無擇。母幾年百歲，後德終。

子慶嗣，小名公奴。性謹厚，位開府儀同三司。初德喪父，貧無以葬，乃賣公奴幷一女以營葬事。因遭兵亂，不復相知。及德在平涼，始得之，遂名曰慶。

赫連達字朔周，盛樂人，勃勃之後也。曾祖庫多汗，因避難改姓杜氏。

達性剛鯁有膽力。少從賀拔岳征討有功，賜爵長廣鄉男。及岳爲侯莫陳悅所害，趙貴建議迎周文，達贊成其議，請輕騎告周文，仍迎之。諸將或欲南追賀拔勝，或云東告朝廷。達又曰：「此皆遠水不救近火，何足道哉！」謀遂定，令達馳往。周文見達慟哭，遂以數百騎南赴平涼，令達率騎據彈箏峽。時百姓惶懼奔散者，軍爭欲掠之。達止之，乃撫以恩信，人皆悅附。周文聞而嘉之。加平東將軍。周文謂諸將曰：「當清水公遇禍之日，君等性命懸於賊手。杜朔周冒萬死之難，遠來見及，遂得同雪讎恥。勞而不酬，何以勸善？」乃賜馬二百疋。

孝武入關，褒敍勳義，以達首迎元帥，匡復秦、隴，進爵魏昌縣伯。從儀同李虎破曹泥。[三]後復弘農，戰沙苑，皆有功。詔復姓赫連。以達勳望兼隆，乃除雲州刺史，進爵爲公。從大將軍達奚武攻漢中。梁宜豐侯蕭脩拒守積時，後乃送款。開府賀蘭願德等以其食盡，欲急攻取之。達曰：「不戰而獲城，策之上也。無容利其子女，貪其財帛，仁者不爲。如其困獸猶鬭，則成敗未可知。」武遂受脩降。師還，遷驃騎大將軍、開府儀同三司，加侍中，進爵藍田縣公。

保定初，爲大將軍、夏州總管。達雖非文吏，然性質直，遵奉法度，輕於鞭撻，而重慎死

罪。性又廉儉。邊境胡人或饋達羊，達欲招異類，報以繒帛。主司請用官物。達曰：「羊入我廚，物出官庫，是欺上也。」命取私帛與之。識者嘉其仁恕。尋進爵樂川郡公，位柱國。薨。

子遷嗣。位大將軍、蒲州刺史。

韓果字阿六拔，代武川人也。少驍雄，善騎射。賀拔岳西征，引爲帳內，擊万俟醜奴。後從周文討平侯莫陳悅。大統初，累進爵爲石城公。果性强記，兼有權略，善伺敵虛實，揣知情狀。有潛匿溪谷欲爲間偵者，果登高望之，所疑處，往必有獲。周文由是以果爲虞候都督。每從征行，常領候騎，晝夜巡察，略不眠寢。

從平竇泰於潼關，周文因其規畫，軍以勝返，賞眞珠金帶一條。又從復弘農，破沙苑，戰河橋，並有功。歷朔、安二州刺史。從戰芒山，軍還，除河東郡守。又從大將軍破稽胡於北山。[三]胡地險阻，人迹罕至，果進兵窮討，散其種落。稽胡憚果勁勇趫捷，號爲著翅人。周文聞之，笑曰：「著翅之名，寧減飛將。」累遷開府儀同三司、進爵襃中郡公。保定三年，拜少師，進位柱國。天和初，授華州刺史。爲政寬簡，吏人稱之。薨。

子明嗣。爲黎州刺史，與尉遲迥同謀反，被誅。

蔡祐字承先，其先陳留圉人也。曾祖紹爲夏州鎭將，徙居高平，因家焉。父襲，名著西州。魏正光中，万俟醜奴亂關中，襲乃背賊歸洛陽。拜齊安郡守。及孝武西遷，始拔難西歸。賜爵平舒縣伯，除岐、雍二州刺史。

祐性聰敏，有行檢。襲之背賊東歸，祐年十四，事母以孝聞。及長，有膂力。周文在原州，召爲帳下親信。及遷夏州，以祐爲都督。侯莫陳悅害賀拔岳，諸將迎周文，周文將赴之。夏州首望彌姐元進等陰有異計。周文微知之，召元進等入計事，既而目祐。祐卽出外，衣甲持刀直入，叱元進而斬之，幷其黨伏誅。一坐皆戰慄。於是與諸將盟，同心誅悅。周文以此重之，謂祐曰：「吾今以爾爲子，爾其父事我。」後迎孝武於潼關，以前後功封萇鄉縣伯。後從禽竇泰，復弘農，戰沙苑，皆有功。授平東將軍、太中大夫。

又從戰河橋，祐下馬步鬭，左右勸乘馬以備急卒。祐怒之曰：「丞相養我如子，今日豈以性命爲念？」遂率左右十餘人，齊聲大呼，殺傷甚多。敵以其無繼，圍之十餘重。祐乃彎弓持滿，四面拒之。東魏人乃募厚甲長刀者，直進取祐。去祐可三十步，左右勸射之。祐

曰：「吾曹性命，在此一矢耳，豈虛發哉！」敵人可十步，祐乃射之，中其面，應弦而倒，便以矟刺殺之。敵乃稍却。祐乃徐引退。是戰也，西軍不利，周文已還。祐至弘農，夜與周文會。周文字之曰：「承先，爾來吾無憂矣！」周文驚，不得寢，枕祐股上乃安。以功進爵爲公，授京兆郡守。

高仲密舉北豫來附，周文率軍援之，與齊神武遇於芒山。祐時著明光鐵鎧，所向無敵。齊人咸曰：「此是鐵猛獸也。」皆避之。歷靑、原二州刺史，尋除大都督。遭父憂，請終喪紀，弗許。累遷開府儀同三司，加侍中，賜姓大利稽氏，進爵懷寧郡公。六官建，授兵部中大夫。周文不豫，祐與晉公護、賀蘭祥等侍疾。及周文崩，祐悲慕不已，遂得氣疾。

周孝閔帝踐祚，拜少保。祐與尉遲綱俱掌禁兵。時帝信任司會李植等，謀害晉公護。祐每泣諫，帝不聽。尋而帝廢。明帝之爲公子也，與祐特相友昵，及卽位，禮遇彌隆。加拜小司馬。[四]御膳每有異味，輒以賜祐，羣臣朝宴，每被別留，或至昏夜，列炬鳴笳，送祐還宅。祐以過蒙殊遇，常辭疾避之。至於婚姻，尤不願結於權要。尋以本官權鎭原州。頃之，授宜州刺史。未之部，卒於原州。

祐少與鄉人李穆布衣齊名，常相謂曰：「大丈夫當建立功名，以取富貴，安能久處貧賤。」言訖，各大笑。後皆如言。及從征伐，爲士卒先。軍還，諸將爭功，祐終無所競。周文

二十四史

北史

唐 李延壽 撰

第八册

卷六六至卷七九(傳)

中華書局

中華書局

北史卷六十六

列傳第五十四

王傑 王勇 宇文虯 耿豪 高琳 李和 子徹 伊婁穆
達奚寔 劉雄 侯植 李延孫 韋祐 陳欣 魏玄
泉仚 李遷哲 楊乾運 扶猛 陽雄 席固 任果

王傑，金城直城人也，本名文達。父巢，魏榆中鎮將。

傑少有壯志，每以功名自許。從孝武西遷，賜爵都昌縣子。周文奇其才，嘗謂諸將曰：「王文達萬人敵也，但恐勇決太過耳。」從復潼關，破沙苑，爭河橋，戰芒山，皆以勇敢聞。親待日隆，於是賜姓宇文氏，進爵爲公。累遷侍中、驃騎大將軍、開府儀同三司。

恭帝元年，從于謹圍江陵。時栅內有人，善用長矟，將士登者，多爲所斃。謹令傑射

之，應弦而倒。登者乃得入，遂拔之。謹曰：「濟我大事者在公此箭也。」周孝閔帝踐祚，進爵張掖郡公，爲河州刺史。朝廷以傑勳望俱重，故授以本州。後與隨公楊忠自漢北伐齊。〔一〕又從齊公憲東禦齊將斛律明月。進位柱國。建德初，除涇州總管，頗爲百姓所慕。宣帝卽位，拜上柱國。薨。贈七州諸軍事、河州刺史，追封鄠國公，謚曰威。

子孝遷，位開府儀同大將軍。

王勇，代武川人也，本名胡仁。少雄健，有膽決。數從侯莫陳悅、賀拔岳征討，功居多，拜別將。周文爲丞相，封包信縣子。從禽竇泰，復弘農，戰沙苑，氣蓋衆軍，所當必破。周文歎其勇敢，賞賜特隆，進爵爲公。大軍不利，〔二〕唯胡仁及王文達、耿令貴三人力戰，皆有殊功。軍還，拜上州刺史，以雍州、岐州、北雍州擬授胡仁等。然州頗有優劣，文令探籌取之。〔三〕胡仁遂得雍州，文達得岐州，令貴得北雍州。仍賜胡仁名勇，令貴名豪，文達名傑，以彰其功。進侍中、驃騎大將軍、開府儀同三司。

恭帝元年，從柱國趙貴征蠕蠕，破之，進爵新陽郡公，賜姓庫汗氏。又論討蠕蠕功，別封永固縣伯。時有別封者，例聽迴授次子，勇獨請封兄子興，時人義之。尋進位大將軍。

勇性雄猛，爲當時驍將。矜功伐善，好論人之惡，時論亦以此鄙之。柱國侯莫陳崇勳高望重，與諸將同謁晉公護，鬪勇數論人短，乃於衆中折辱之。勇慚恚，因疽發背卒。

子昌嗣。官至大將軍。

宇文虯字樂仁，代武川人也。驍悍有膽略。少從征討，累有戰功，封南安侯。孝武西遷，以獨孤信爲行臺，信引虯爲帳內都督。隨信奔梁。大統三年歸闕，進爵爲公。禽竇泰、復弘農，及沙苑、河橋之戰，皆有功。又從獨孤信討梁仚定，破之。累遷南秦州刺史、驃騎大將軍、開府儀同三司。虯每經行陣，必身先士卒，故上下同心，戰無不剋。後除金州刺史、大將軍。卒。

耿豪，鉅鹿人也，本名令貴。其先家於武川。豪少粗獷，有武藝，好以氣陵人。賀拔岳西征，引爲帳內。岳被害，歸周文，以武勇見知。豪亦自謂所事得主。從討侯莫陳悅及迎孝武，錄前後功，封平原子。沙苑之戰，豪殺傷甚多，血染甲裳盡赤。周文歎曰：「令貴武

猛，所向無前，觀其甲裳，足以爲驗，不須更論級數也。」進爵爲公。從周文戰芒山，豪謂所部曰：「大丈夫除賊，須右手拔刀，左手把矟，直斫直刺，慎莫畏死。」遂大呼獨入，敵人鋒刃亂下，當時咸謂豪歿。俄然奮刀而還。戰數合，當豪前者死傷相繼。又謂左右曰：「吾豈樂殺人，但壯士除賊，不得不爾。若不能殺賊，又不爲人所傷，何異逐坐人也！」周文嘉之。拜北雍州刺史，賜姓和稽氏。進位侍中、驃騎大將軍、開府儀同三司。

豪性凶悍，言多不遜，周文惜其驍勇，每優容之。豪亦自謂意氣冠羣，終無所屈。李穆、蔡祐初與豪同時開府，後並居豪之右。豪不能平，謂周文曰：「人間物議，謂豪勝李穆、蔡祐。」周文曰：「何以言之？」豪曰：「人言李穆、蔡祐是丞相髆髀，耿豪、王勇，丞相咽項，以在上，故爲勝也。」豪之粗猛皆此類。卒，周文痛惜之。

子雄嗣。位至大將軍。

高琳字季珉，其先高麗人也。仕於燕，又歸魏，賜姓羽眞氏。琳母嘗祓禊泗濱，遇見一石，光彩朗潤，遂持以歸。是夜，夢人衣冠有若仙者，謂曰：「夫人向所將來石，是浮磬之精。若能寶持，必生令子。」母驚寤，舉身流汗。俄而有娠，及生，因名琳，字季珉。從孝武西遷，封鉅野縣子。河橋之役，琳勇冠諸軍。周文謂曰：「公即我之韓、白也。」復從戰芒山，除正平郡守。齊將東方老來寇，琳擊之。老中數創乃退，謂其左右曰：「吾經陣多矣，未見如此健兒。」後除鄜州刺史，加驃騎大將軍、開府儀同三司、侍中。

周孝閔帝踐祚，進爵犍爲郡公。武成二年，討平文州氐。師還，帝宴羣公卿士，仍賦詩言志。琳詩末章云：「寄言竇車騎，爲謝霍將軍。何以報天子？沙漠靜妖氛。」帝大悅曰：「獯、獫陸梁，未時款塞，卿言有驗，國之福也。」天和三年，爲江陵副總管。時陳將吳明徹來寇，總管田弘與梁主蕭巋出保紀南城，唯琳與梁僕射王操固守江陵三城以抗之。晝夜拒戰，凡經十旬，明徹退走。巋表言其狀，帝乃優詔追琳入朝，親加勞問。六年，進位柱國。薨。贈本官，加五州諸軍事、冀州刺史，謚曰襄。

子儒襲爵。位儀同大將軍。

李和本名慶和，朔方巖綠人也。父僧養，以累世雄豪，爲夏州酋。

和少敢勇有識度，狀貌魁偉，爲州里所推。賀拔岳作鎮關中，引爲帳內都督。後從周文，累遷侍中、驃騎大將軍、開府儀同三司、夏州刺史，賜姓宇文氏。周文嘗謂諸將曰：「宇文

慶和累經任委，每稱吾意。」又賜名意焉。改封永豐縣公。保定二年，除司憲中大夫。尋改封德廣郡公，出爲洛州刺史。和前在夏州，頗留遺惠，及有此授，商、洛父老莫不想望德音。和至州，以仁恕訓物，獄訟爲之簡靜。進柱國大將軍。

隋開皇元年，遷上柱國。和立身剛簡，老而逾勵，諸子趨事，若奉嚴君。以意是周文帝賜名，帝朝已革，〔四〕慶和則父之所命，義不可違。至是，遂以和爲名。二年，薨。贈本官，加司徒公，謚曰肅。子徹嗣。

徹字廣達。性剛毅，有器幹。周武帝時，從皇太子西征吐谷渾，以功賜爵周昌縣男。從武帝平齊，錄前後功，再進爵。遷左武衞將軍。及隋晉王廣鎭并州，妙選府官，詔徹總晉王府軍事，進爵齊安郡公。時蜀王秀亦鎭益州，上謂侍臣曰：「安得文同王子相，武如李廣達者乎！」其見重如此。明年，突厥沙鉢略可汗犯塞，上令衞王爽爲元帥擊之，以徹爲長史。遇虜於白道，行軍總管李充請襲之。諸將多以爲疑，唯徹獎成其事，請同行，遂掩擊大破之。沙鉢略棄所服金甲而遁。以功加上大將軍。沙鉢略因此稱藩。改封安道郡公。尋徙封城陽郡公。其後突厥犯塞，徹復領行軍總管破之。及左僕射高熲得罪，以徹素與熲善，被疏忌。

仲遵一名恭。少謹實，涉獵經史。年十三爲郡主簿，十四爲縣令。及長，有武藝。高敖曹攻洛州，與企力戰拒守。矢盡，以棒杖扞之，爲流矢中目，不堪復戰。及城陷，士卒歎曰：「若二郎不傷，豈至於此！」企之東也，仲遵以被傷不行。後與元禮斬宑，以功封豐陽縣伯，東豫州刺史。及元禮戰沒，復以仲遵爲洛州刺史，頗得譽。

大統十三年，行荆州刺史事。梁司州刺史柳仲禮每爲邊寇，周文令仲遵率鄉兵，從開府楊忠討之。梁隨郡守桓和拒守不降。忠謂諸將曰：「先取仲禮，則桓和不攻而自服也。」仲遵對曰：「若棄和深入，仲禮未卽就禽，則首尾受敵，此危道也。」忠從之。仲遵以計由己出，乃先登城，遂禽和。從擊仲禮，又獲之。進驃騎大將軍、開府儀同三司、本州大中正，復行荆州刺史、十三州諸軍事。尋遭母憂，請終喪制，不許。大將軍王雄南征上津、魏興，仲遵從雄討平之。遂於上津置南洛州，以仲遵爲刺史。仲遵留情撫接，百姓安之。

初，蠻帥杜青和自稱巴州刺史，以州入附，朝廷因其所據而授之，仍隸東梁州都督。青和以仲遵善於撫御，請隸仲遵。朝議以山川非便，弗之許也。青和遂結安康酋帥黃衆寶等，舉兵共圍東梁州。復遣王雄討平之，改巴州爲洵州，隸於仲遵。先是東梁州刺史劉孟良在職貪婪，人多背叛。仲遵以廉簡處之，羣蠻帥服。

仲遵雖出自巴夷，而有方雅之操，歷官之處，皆以清白見稱。朝廷又以其父臨危抗節，乃令襲爵上洛郡公，舊封聽廻授一子。尋出爲都督、金州刺史。卒官。贈大將軍、三州刺史，謚曰莊。

子暅嗣。位至開府儀同大將軍。

李遷哲字孝彥，安康人也。世爲山南豪族，仕於江左。父元直，仕梁，歷東梁、衡二州刺史、散騎常侍、沌陽侯。

遷哲少修立，有識度，慷慨善謀畫。起家文德主帥。[一四]其父爲衡州，留遷哲本鄉，監統部曲事。時年二十，撫馭羣下，甚得其情。後襲爵沌陽侯，位都督、東梁州刺史。侯景簒逆，遷哲外禦邊寇，自守而已。

大統十七年，周文遣達奚武、王雄等略地山南，遷哲軍敗，遂降於武。然猶意氣自若。武乃執送京師。周文責以不早歸國。答曰：「不能死節，實以此愧耳。」周文深嘉之，封沌陽縣伯。

恭帝初，直州人樂熾、洋州人黃國等連結爲亂。[一五]周文以遷哲信著山南，乃令與開府

賀若敦同經略。熾等尋並平蕩，仍與敦南出徇地。遷哲先至巴州，入其封郭。梁巴州刺史牟安人開門請降。[一六]安人子宗徹等猶據巴城不下，遷哲攻剋之。軍次鹿城，城主遣使請降。遷哲謂其衆曰：「納降如受敵，吾觀其使，瞻視猶高，得無詐也？」遂不許之。梁人果於道左設伏以邀遷哲，遷哲進擊破之，遂居其城。自此巴、濮之人，降款相繼。軍還，周文賜以所服紫袍玉帶及所乘馬，加授侍中、驃騎大將軍、開府儀同三司，除直州刺史，卽本州也。仍給軍儀鼓節，令與田弘同討信州。

時信州爲蠻酋向五子王等所圍，弘遣遷哲赴援。比至，信州已陷。五子王等聞遷哲至，狼狽遁走。遷哲入據白帝，賀若敦等復至，遂共追五子王等，破之。及田弘旋軍，周文令遷哲留鎭白帝。信州先無倉儲，軍糧匱乏。遷哲乃收葛根造粉，兼米以給之，遷哲亦自取供食。時有異膳，卽分賜兵士。有疾患者，又親加醫藥。以此軍中感之，人思効命。黔陽蠻田烏度、田烏唐[一七]等每抄掠江中，爲百姓患。遷哲隨機出討，殺獲甚多。由是諸蠻畏威，各送糧餼。又遣子弟入質者千有餘家，遷哲乃於白帝城外築城以處之。幷置四鎭，以靜峽路。自此寇抄頗息，軍糧贍給焉。周明帝初，授都督、信州刺史。二年，進爵西城縣公。

武成元年，朝于京師。明帝甚禮之，賜甲第及莊田等。天和三年，進位大將軍。詔遷

哲率金、上等諸州兵鎭襄陽。五年，陳將章昭達攻逼江陵，梁明帝告急於襄州，衞公直令遷哲往救焉。遷哲率其所部守江陵外城，自率騎出南門，又令步兵自北門出，兩軍首尾邀之，陳人多投水死。是夜，陳人又竊於城西堞以梯登城，登者已百數人。遷哲又率驍勇扞之，陳人復潰。俄而大風暴起，遷哲乘闇出兵擊其營，陳人大亂，殺傷甚衆。江陵總管陸騰復破之於西隄，陳人乃遁。建德二年，進爵安康郡公。三年，卒於襄州。贈金州總管，謚曰壯武。

遷哲累葉雄豪，爲鄉里所服。性復華侈，能厚自奉養。妾媵至有百數，男女六十九人。緣漢千餘里間，第宅相次，姬媵之有子者，分處其中，各有僮僕侍婢閽人守護。遷哲每鳴笳導從，往來其間，縱酒歡醼，盡生平之樂。子孫參見，或忘其年名者，披簿以審之。

長子敬仁，先遷哲卒。第六子敬猷嗣，還統父兵，位儀同大將軍。

遷哲弟顯，位上儀同大將軍。

楊乾運字玄邈，儻城興勢人也。少雄武，爲鄉閭信服。爲安康郡守。陷梁，仕歷潼、南梁二州刺史。及武陵王蕭紀稱尊號，以乾運威服巴、渝，乃拜梁州刺史，鎭潼州，封萬春縣

公。時紀與其兄湘東王繹爭帝。乾運兄子略勸乾運歸附，乾運然之。會周文令乾運孫法洛至，略卽夜送之。乾運送欵，周文密賜乾運鐵券，授開府儀同三司、侍中、梁州刺史、安康郡公。及尉遲迥征蜀，遂降迥。迥因此進軍成都，數旬剋之。及至京師，禮遇隆渥。尋卒於長安。贈尙書右僕射。子端嗣。

略亦以歸附功，位至開府儀同三司、大將軍，〔一八〕封上庸縣伯。

乾運女壻樂廣，安州刺史，封安康縣公。

扶猛字宗略，上甲黃土人也。其種落號白獸蠻。猛仕梁，位南洛、北司二州刺史，封宕渠縣男。魏廢帝元年，以衆降。周文厚加撫納，復爵宕渠縣男，割二郡爲羅州，以猛爲刺史。令從開府賀若敦南討信州。敦令猛直道白帝，所由之路，人迹不通。猛乃梯山捫葛，備歷艱阻，遂入白帝城。撫慰人夷，莫不悅附。以功進開府儀同三司。俄而信州蠻反，猛復從賀若敦平之，進爵臨江縣公。後從田弘破漢南諸蠻，進位大將軍。卒。

陽雄字元略，上洛邑陽人也。累葉豪族。父猛，從孝武西遷，以功封郚陽伯，位征東將軍、揚州刺史。

雄起家奉朝請，以軍功封安平縣侯。得子孫相襲拜邑陽郡守。〔一九〕累遷平州刺史，進爵玉城縣公，加開府儀同三司、驃騎大將軍。歷京兆尹、戶部中大夫，〔二〇〕進位大將軍，轉中外府長史，遷江陵總管，改封魯陽縣公。卒於鎭。追封郡公，謚曰懷。雄善附會，能自謀身，故任兼出內，保全爵祿。子長寬嗣。

席固字子堅，其先安定人也。高祖衡，因姚氏之亂，寓居襄陽，仕晉，爲建威將軍，遂爲襄陽著姓。

固少有遠志。梁大同中，爲齊興郡守。久居郡職，士多附之，遂有親兵千餘人。梁元帝時，遷興州刺史，軍人慕從者至五千餘人。固欲自據一州，以觀時變。大統中，以地歸魏。時周文方南取江陵，西定蜀、漢，聞固至，甚禮遇之。就拜使持節、驃騎大將軍、開府儀同三司、大都督、侍中、豐州刺史，封新豐縣公。後轉湖州刺史，啓求入觀。及至，進爵靜安郡公。尋拜昌歸憲三州諸軍事、昌州刺史。固居家孝友，莅官頗有聲績。卒於州。贈大將軍、五州刺史，謚曰肅，敕襄州賜其墓田。子雅嗣。

雅字彥文。性方正，少以孝聞。位大將軍。

雅弟英，上開府儀同大將軍。

任果字靜鸞，南安人也。本方隅豪族。父褒，仕梁，爲沙州刺史、新巴縣公。果性勇決，志在立功。魏廢帝元年，率所部來附。周文嘉其遠至，待以優禮。果因面陳取蜀策，深被納之。乃授沙州刺史、南安縣公。從尉遲迥伐蜀。尋進授驃騎大將軍、開府儀同三司。及成都平，除始州刺史。周文以其方隅首領，早立忠節，進爵樂安郡公，〔二一〕賜以鐵劵，聽相傳襲，并賜路車駟馬及儀衞等以光寵之。尋爲刺客所害。

論曰：王傑、王勇、宇文虯、耿豪、高琳、李和、伊婁穆、侯植等咸以果毅之姿，効節擾攘之際，各能屠堅覆銳，自致其功，高爵厚位，固其宜也。仲尼稱無求備於一人，信矣。夫文士懷溫恭之操，其弊也懦弱；武夫稟剛烈之資，其弊也敢悍。故有使酒不遜之禍，拔劍爭功

之尤，大則莫全其生，小則僅而獲免。耿豪、王勇不其然乎！

李延孫、韋祐、陳欣、魏玄等以勇略之姿，受扞城之委。灌瓜贈藥，雖有愧於昔賢；禦侮折衝，足方駕於前烈。用能觀兵伊、洛，保據崤、函，齊人阻西路之謀，周朝緩東頁之慮，〔二二〕皆其力也。

泉仚長自山谷，素無月旦之譽，而臨難慷慨，無失人臣之節，豈非蹈仁義之徒歟！元禮、仲遵，聿遵其志，卒成功業，庶乎克負荷矣。

李遷哲、楊乾運、席固之徒，屬方隅擾攘，咸知委質，遂享爵位，以保終始。觀遷哲之對周文，有尙義之氣。乾運受任武陵，乖事人之道。若乃校其優劣，固不可同年而語。陽雄任兼文武，聲著土內，〔二三〕抑亦志能之士也。

舊史有代人宇文盛，字保興，以武毅顯，盛弟丘，字胡奴，盛子述，位柱國，並有傳。然事無足可紀。盛見子述傳首，丘略之云。

校勘記

〔一〕後與隨公楊忠自漢北伐齊　諸本「漢」作「漢」。按王傑隸楊忠進攻北齊，事見周書卷一九楊忠傳。當時是取道武川，與突厥會師入幷州，與漢北無關。「漢」乃「漢」之訛，今據改。

〔二〕大軍不利　錢氏考異卷四〇云：「『大軍』上脫『芒山之戰』四字。」按周書卷二九、通志卷一五八王勇傳，此上有「邙山之戰，勇率敢死之士三百人，大呼直進，出入衝擊，殺傷甚多，敵人無敢當者。是役也」三十四字。這裏必有脫文。

〔三〕文令探籌取之　通志無「文」字，周書作「又」。疑「文」是「又」之訛，或「文」上脫「周」字。

〔四〕帝朝已革　周書卷二九李和傳作「市朝已革」。按「帝」當是「市」之訛。

〔五〕若伊尹阿衡於殷　「若」，周書卷二九、通志卷一五八伊婁穆傳都作「昔」，疑「若」是「昔」之訛。

〔六〕卒於刺史　按周書卷二九達奚寔傳云：「出爲文州刺史，卒於官。」此當脫「文州」二字。

〔七〕後拜中大夫　周書卷二九劉雄傳作「中散大夫」。按當時無單稱中大夫之官，疑此脫「散」字。

〔八〕賜姓侯伏侯氏　諸本「伏」下脫「侯」字，據周書卷二九侯植傳補。

〔九〕侵掠關南　北、殿二本及周書卷四三、通志卷一五八李延孫傳「關」作「闕」。按本卷韋祐傳、魏玄傳並見「闕南」，周書韋祐、魏玄傳也都作「闕」。魏書卷四四費穆傳，言李洪於陽城起兵反魏，穆往鎮壓，「破於闕口之南」。據魏書地形志中，洛州陽城郡有陽城闕，則所謂「闕南」，當卽指陽城闕之南。疑周書是。

〔一〇〕後爲廣州刺史　諸本「廣」作「黃」，周書、通志作「廣」。按西魏無「黃州」，廣州見魏書地形志中，州治魯陽，卽在陽城闕之南。下文言延孫亦官廣州刺史，蓋父子並以當地土豪，先後繼任。「黃」

乃「廣」之訛，今據改。

〔一一〕配兵數百以援延孫　諸本「援」訛作「授」，據周書卷四三韋祐傳改。

〔一二〕泉仚字思道　周書卷四四「仚」作「企」，未知孰是。本書統一作「仚」。

〔一三〕其弟猛略與拒陽人杜窋等謀翻洛州以應東魏　諸本「拒」作「順」，周書三朝本作「拒」。按魏書地形志下，順陽郡順陽縣屬荆州，上洛縣、拒陽縣並屬洛州上洛郡。本傳說杜窋與上洛人泉岳等「謀翻洛州」。又說泉、杜二姓是上洛豪族，則窋當是拒陽人。若作「順陽」，則是荆州屬縣，安能「謀翻洛州」？今據周書改。

〔一四〕起家文德主帥　諸本「帥」訛作「師」，據周書卷四四李遷哲傳改。文德主帥又見周書卷四七姚僧垣傳、梁書卷三二陳慶之傳。

〔一五〕洋州人黃國等連結爲亂　周書「人」下有「田越金州人」五字，此當是誤脫。但通鑑卷一六五一二三頁及通志卷一五八李遷哲傳亦無此五字，今不補。

〔一六〕梁巴州刺史牟安人開門請降　周書「人」作「民」，北史避唐諱改。

〔一七〕田烏唐　周書作「田都唐」。按周書卷四九蠻傳亦作「田都唐」，本書卷九五蠻傳省作「田唐」。疑作「田唐」是，「烏」是涉「田烏度」之「烏」而誤。

〔一八〕位至開府儀同三司大將軍　周書卷四四楊乾運傳附見兄子略，云：「建德末，位至開府儀同大將軍。」按周武帝建德四年改開府儀同三司爲開府儀同大將軍見周書卷六武帝紀，則建德末無開府儀同三司。此「三司」二字衍文。

〔一九〕以軍功封安平縣侯得子孫相襲拜邑陽郡守　周書卷四四陽雄傳作「世襲邑陽郡守」。按封爵世襲乃慣例，何必特書？蓋陽雄是地方豪族，故得世襲郡守，猶如泉仚之世襲本縣令。這是當時對朝廷控制不到的地方勢力的羈縻辦法，故書之。北史誤，今於「侯」字下斷句。

〔二〇〕歷京兆尹戶部中大夫　諸本脫「尹」字，據周書補。

〔二一〕進爵樂安郡公　周書卷四四任果傳「樂安」作「安樂」。按隋書地理志上普安郡注云：「梁置南梁州，後改爲安州。西魏改爲始州。」普安縣下注云：「舊曰南安，西魏改曰普安，置普安郡。」任果先爲南安縣公，卽其本縣。又爲始州刺史，卽其本州。此「樂安」疑是「普安」之訛。任果當是由南安縣公進爲普安郡公，仍是本郡。周書作「安樂」，更誤。

〔二二〕齊人阻西路之謀周朝綏東貢之慮　周書卷四三史臣論「路」作「略」，「貢」作「顧」。疑是。

〔二三〕聲著土內　按陽雄本傳云：「故任兼出內，保全爵祿。」此「土內」當爲「出內」之訛。周書卷四四史臣論作「聲著中外」。「出內」卽「中外」之意。本書卷六一竇毅傳亦有「任兼出內」語，可証。

中華書局

北史卷六十七

列傳第五十五

崔彥穆　楊纂　段永　令狐整子熙　唐永子瑾

柳敏子昂　王士良

崔彥穆字彥穆，清河東武城人，魏司空安陽侯林之九世孫也。曾祖顗，後魏平東府諮議參軍。祖蔚，遭從兄司徒浩之難，南奔江左。仕宋，爲給事黃門侍郎、汝南義陽二郡守。延興初，復歸於魏，拜潁川郡守，因家焉。後終於郢州刺史。父幼，〔一〕位終永昌郡守。隋開皇初，以獻皇后外曾祖，追贈上開府儀同三司、新州刺史。

彥穆幼明悟，神彩卓然。魏吏部尚書隴西李神儁，有知人之鑒，見而歎曰：「王佐才也。」永安末，除司徒府參軍事，再遷大司馬從事中郎。孝武西遷，彥穆時不得從。大統三年，乃與兄彥珍於成皋舉義，因攻拔滎陽，禽東魏郡守蘇淑。仍與鄉郡王元洪威攻潁川，斬

其刺史李景遺。〔二〕卽拜滎陽郡守，尋賜爵千乘縣侯。十四年，授散騎常侍、司農卿。時軍國草創，衆務殷繁，周文乃引彥穆入幕府，兼掌文翰。及于謹伐江陵，彥穆以本官從平之。

周明帝初，進驃騎大將軍、開府儀同三司。俄拜安州刺史，總管十二州諸軍事。入爲御正大夫。陳氏請敦隣好，詔彥穆使焉。彥穆風韻閑曠，器度方雅，善玄言，解談謔，甚爲江表所稱。轉戶部中大夫，進爵爲公。天和三年，聘齊還，除金州刺史，總管七州諸軍事，進位大將軍。尋徵拜小司徒。

及宣帝崩，隋文帝輔政，三方起兵，以彥穆爲行軍總管，與襄州總管王誼討司馬消難。軍次荆州，總管獨孤永業有異志，遂收而戮之。及事平，隋文帝徵王誼入朝，卽以彥穆爲襄州刺史，總管六州諸軍事，加授上大將軍，進爵東郡公。頃之，永業家自理得雪，彥穆坐除名。尋復官爵。開皇元年卒。子君綽嗣。

君綽性夷簡，博覽經史，有父風。大象末，丞相府賓曹參軍。

君綽弟君肅，解巾道王侍讀，大象末，潁川郡守。

楊纂，廣寧人也。父安仁，魏朔州鎭將。纂少慷慨有志略，勇力兼人。年二十，從齊神武起兵於信都，以軍功，稍遷武州刺史。〔三〕自以賞薄，志懷怨憤，每歎曰：「大丈夫富貴何必故鄉！若以妻子經懷，豈不沮人雄志！」大統初，乃間行入關。周文執纂手曰：「人所貴者忠義也，所懼者危亡也，其能不憚危亡，蹈茲忠義者，今方見之於卿耳。」卽授征南將軍、大都督，封永興縣侯。

從周文解洛陽圍，經河橋、芒山之戰，纂每先登，軍中咸推其敢勇。累遷驃騎大將軍、開府儀同三司，加侍中，進爵爲公，賜姓莫胡盧氏。俄授岐州刺史。周孝閔帝踐阼，進爵宋熙郡公。保定元年，位大將軍，改封隴東郡公，除隴州刺史。從隋公楊忠東伐，至幷州而還。天和六年，進授柱國大將軍，轉華州刺史。

纂性質樸，又不識文字，前後莅職，但推誠信而已。吏人以其忠恕，頗亦懷之。尋卒於州。

子睿，位至上柱國、漁陽郡公。

段永字永賓，其先遼西石城人，晉幽州刺史疋磾之後也。曾祖愢，仕魏黃龍鎭將，因徙高陸之河陽焉。〔四〕

永幼有志操，閭里稱之。魏正光末，北鎭擾亂，遂擕老幼，避地中山。後赴洛陽，拜平東將軍，封沃陽縣伯。青州人崔社客舉兵反，永討平之。進爵爲侯，除左光祿大夫。

時有賊魁元伯生，西自崤、潼，東至鞏、洛，屠陷城壁，所在爲患。孝武遣京畿大都督疋婁昭討之，昭請以五千人行。永進曰：「此賊旣無城柵，唯以寇抄爲資，取之在速，不在衆也。若星馳電發，出其不虞，精騎五百足矣。」帝然其計，於是命永代昭，以五百騎倍道兼進，遂破平之。

及帝西遷，永時不及從。大統初，乃結宗人，潛謀歸款。密與都督趙業等襲斬西中郎將慕容顯和，傳首京師。以功別封昌平縣子，徐州刺史。〔五〕從禽竇泰，復弘農，破沙苑，並有戰功，進爵爲公。河橋之役，永力戰先登，授南汾州刺史。累遷驃騎大將軍、開府儀同三司，賜姓爾綿氏。廢帝元年，授恒州刺史。于時朝貴多其部人，謁永之日，冠蓋盈路，當時榮之。周孝閔帝踐阼，進爵廣城郡公。歷文、瓜二州刺史，戶部中大夫。保定四年，拜大將軍。永歷任內外，所在頗有聲稱，輕財好士，朝野以此重焉。

天和四年，授小司寇。尋爲右二軍總管，率兵北道講武。遇疾，卒於賀葛城。喪還，武帝親臨，贈使持節、柱國大將軍、同華等五州刺史，謚曰基。

子岌嗣。位至儀同三司、兵部下大夫。

令狐整字延保，敦煌人也，本名延。世爲西土冠冕。曾祖嗣，祖紹安，官至郡守，咸爲良二千石。父虯，早以名德著聞，仕歷瓜州司馬、敦煌郡守、郢州刺史，封長城縣子。魏大統末，卒於家。周文帝傷悼之，遣使者監護喪事，又敕鄉人爲營墳壟。贈龍驤將軍、瓜州刺史。

整幼聰敏，沈深有識量，學藝騎射，並爲河右所推。刺史魏東陽王元榮辟整爲主簿，加盪寇將軍。整進趨詳雅，對揚辯暢，謁見之際，州府傾目。榮器整德望，嘗謂僚屬曰：「令狐延保，西州令望，方成重器，豈州郡之職所可縶維？但一日千里，必基武步，寡人當委以庶務，畫諾而已。」

頃之，孝武西遷，河右擾亂。榮仗整防扞，州境獲寧。及鄧彥竊據瓜州，拒不受代，整與開府張穆等密應使者申徽，執彥送京師。周文嘉其忠節，表爲都督。尋而城人張保又殺刺史成慶，與涼州刺史宇文仲和構逆，規據河西。晉昌人呂興等復害郡守郭肆，以郡應保。初，保等將圖爲亂，慮整守義不從，既殺成慶，因欲及整。然人之望，復恐其下叛之，遂不敢害。雖外加禮敬，內甚忌整。整亦僞若親附，而密欲圖之。陰令所親說保曰「君與仲和結

爲脣齒，今東軍漸逼涼州，彼勢孤危，恐不能敵。若或摧衂，則禍及此土。宜分遣銳師，星言救援。二州合勢，則東軍可圖。然後保境息人，計之上者。」保然之，而未知所任。整又令說保曰：「歷觀成敗，在於任使，所擇不善，旋致傾危。令狐延保兼資文武，才堪統御，若使爲將，蔑不濟矣。」保納其計，且以整父兄等並在城中，弗之疑也，遂令整行。整至玉門郡，〔六〕召集豪傑，說保罪逆，馳還襲之。先定晉昌，斬呂興，進軍擊保。州人素服整威名，並棄保來附。保遂奔吐谷渾。

衆議推整爲刺史。整曰：「本以張保肆逆，殺害無辜，闔州之人，俱陷不義。今者同心，務在除凶，若共相推薦，〔七〕復恐效尤致禍。」於是乃推波斯使主張道義行州事。具以狀聞。詔以申徽爲刺史。徵整赴闕，授壽昌郡守，封襄武縣男。周文謂整曰：「卿早建殊勳，今官位未足酬賞，方當與卿共平天下，同取富貴。」遂立爲瓜州義首。

整以國難未寧，常願舉宗效力，遂率鄉親二千餘人入朝，隨軍征討。整善於撫馭，躬同豐約，是以士衆並忘羈旅，盡其力用。周文嘗從容謂整曰：「卿遠祖〔立忠而去，卿今〕立忠而來，〔八〕可謂積善餘慶，世濟其美者也。」整遠祖漢建威將軍邁，不爲王莽屈，其子稱避地河右，故周文稱之云。累遷驃騎大將軍、開府儀同三司，加侍中。周文又謂整曰：「卿勳同婁、項，義等骨肉，立身敦雅，可以範人。」遂賜姓宇文氏，並賜名整焉。宗人二百餘戶，並列

屬籍。

周孝閔帝踐阼，拜司憲中大夫，處法平允，爲當時所稱。進爵彭城縣公。〔九〕初，梁興州刺史席固以州來附，周文以固爲豐州刺史。固莅職既久，猶習梁法，凡所施爲，多虧政典。朝議密欲代之，而難其選。令整權鎮豐州，委以代固之略。整廣布威恩，傾身撫接，數月之間，化洽州府。於是除整豐州刺史，以固爲湖州。豐州舊不居民中，賦役參集，勞逸不均。整請移居武當，詔可其奏。獎勵撫導，遷者如歸，旬月之間，城府周備。固之遷也，其部曲多願留爲整左右，整諭以朝制，弗之許焉，莫不流涕而去。及整秩滿代至，人吏戀之，老幼送整，遠近畢集，數日停留，方得出界。其得人心如此。

拜御正中大夫，出爲中華郡守，轉同州司會，遷始州刺史。整雅識情僞，尤明政術，恭謹廉慎，常懼盈滿，故歷居內外，所在見稱。進位大將軍。晉公護之初執政也，欲委整以腹心。整辭不敢當，頗忤其意，護以此疏之。及護誅，附會者咸伏法，而整獨保全。時人稱其先覺。卒。贈本官，加四州諸軍事、鄜州刺史，謚曰襄。子熙嗣。

熙字長熙。性嚴重，有雅量，雖在私室，終日儼然。不妄通賓客，凡所交結，必一時名士。博覽羣書，尤明三禮，善騎射，頗知音律。起家以通經爲吏部上士，轉夏官府都上士，

俱有能名。以母憂去職，殆不勝喪。其父戒之曰：「大孝在於安親，義不絕嗣。吾今見存，汝又隻立，何得過爾毀頓，貽吾憂也？」熙自是稍加饘粥。服闋，除少駕部。復丁父憂，非杖不起。人有聞其哭聲，莫不爲之下泣。河陰之役，詔令墨衰從事，授職方下大夫，襲彭城縣公。及武帝平齊，以留守功，進位儀同。歷司勳、吏部二曹中大夫，甚有當時譽。隋文帝受禪之際，熙以本官行納言事。尋除司徒左長史，加上儀同，進爵河南郡公。時吐谷渾寇邊，以行軍長史從元帥元諧討之，以功進上開府。

後拜滄州刺史，在職數年，風教大洽，稱爲良二千石。開皇四年，上幸洛陽。熙來朝，吏人恐其還，悲泣於道。及還，百姓出境迎謁，歡叫盈路。在州獲白烏、白麞、嘉麥，甘露降於庭前柳樹。八年，徙爲河北道行臺度支尚書。吏人追思，相與立碑頌德。及行臺廢，累遷鴻臚卿。後以本官兼吏部尚書，往判五曹尚書事，號爲明幹。上甚任之。及上祠太山，還次汴州，惡其殷盛，多有姦俠，以熙爲汴州刺史。下車，禁游食，抑工商，人有向衢開門者杜之，船客停於郭外，星居者勒爲聚落，僑人逐令歸本，其有滯獄，並決遣之，令行禁止。上聞而嘉之，顧侍臣曰：「鄴都，天下難臨處，敕相州刺史豆盧通，令習熙法。」其年來朝，考績爲天下之最。賜帛三百疋，頒告天下。

以嶺南夷數起亂，徵拜桂州總管、十七州諸軍事，許以便宜從事，刺史已下官，得承制補授，給帳內五百人。賜帛五百疋，[一〇]發傳送其家累，改封武康郡公。熙至部，大弘恩信。其溪洞渠帥更相謂曰：「前總管皆以兵威相脅，今者乃以手教相諭，我輩其可違乎！」於是相率歸附。先是州縣生梗，長吏多不得之官，寄政於總管府。熙悉遣之，為建城邑，開設學校，人夷感化焉。

時有甯猛力者，與陳後主同日生，自言貌有貴相，在陳世已據南海。平陳後，文帝因而撫之，即拜安州刺史。然驕倨恃險，未常參謁。熙手書諭之，申以交友之分。其母有疾，熙復遺以藥。猛力感之，詣府請謁，不敢為非。熙以州縣多有同名，於是奏改安州為欽州，黃州為峯州，利州為智州，德州為驩州，東寧州為融州。上皆從之。在職數年，上表以年老疾患，請解所任。優詔不許，賜以醫藥。

熙奉詔令交州渠帥李佛子入朝，佛子欲為亂，請至仲冬上道。熙意在羈縻，遂從之。有人詣闕，訟熙受佛子賂而捨之。上聞。佛子反問至，[一一]上大怒，以為信然，遣使鎖熙詣闕。熙性素剛，鬱鬱不得志，行至永州，憂憤病卒。上怒不解，沒其家財。及行軍總管劉方禽佛子送京師，言熙實無贓。上悟，乃召其四子聽仕。少子德棻最知名。

整弟休，幼聰敏，有文武材用。與整同起兵逐張保，授帥都督。後為中外府樂曹參軍。時諸功臣多為本州刺史。晉公護謂整曰：「以公勳望，應得本州，但朝廷藉公委任，無容遠出。然公一門之內，須有衣錦之榮。」乃以休為敦煌郡守。在郡十餘年，甚有政績。卒於合州刺史。

唐永，北海平壽人也。本居晉昌之憒安縣，晉亂，徙於丹楊。[一二]祖揣，始還魏，官至北海太守，因家焉。父倫，青州刺史。

永身長八尺，少耿介，有將帥才，讀班超傳，慨然有萬里之志。正光中，為北地太守，當郡別將。俄而賊將宿勤明達、車金雀等寇郡境，永擊破之，境內稍安。永善馭下，士人競為之用。臨陣常著帛裙襦，[一三]把角如意以指麾處分，辭色自若。在北地四年，與賊數十戰，未常敗北。時人語曰：「莫陸梁，恐爾逢唐將。」永所營處，至今猶稱唐公壘也。行臺蕭寶夤表永為南豳州刺史，[一四]夷人送故者，莫不垂淚，當路遮留，隨數日，始得出境。

大統元年，拜東雍州刺史，尋加衞將軍，封平壽伯。卒，贈司空公。永性清廉，家無蓄積，妻子不免飢寒，世以此稱之。

子陵，少習武藝，頗閑吏職，位大都督、應州刺史、車騎大將軍、儀同三司。

陵子悟，美風儀，博涉經史，文詠可觀。周大象中，頗被宣帝任遇，位至內史下大夫、漢陽公。隋文帝得政，廢於家而卒。陵弟瑾。

瑾字附璘。性溫恭，有器量，博涉經史，雅好屬文。身長八尺二寸，容貌甚偉。年十七，周文聞其名，乃貽永書曰：「聞公有二子，曰陵、曰瑾，陵從橫多武略，瑾雍容富文雅，可並遣入朝，孤欲委以文武之任。」因召拜尚書員外郎、相府記室參軍事。軍書羽檄，瑾多掌之。從破沙苑，戰河橋，並有功，封姑臧縣子。累遷尚書右丞、吏部郎中。于時魏室播遷，庶務草創，朝章國典，瑾並參之。遷戶部尚書，進位驃騎大將軍、開府儀同三司，賜姓宇文氏。

時燕公于謹，勳高望重，朝野所屬。白周文，言瑾學行兼修，願與之同姓，結為兄弟，庶子孫承其餘論，有益義方。周文歎異者久之，更賜瑾姓万紐于氏。謹乃深相結納，敦長幼之序，瑾亦庭羅子孫，行弟姪之敬。其為朝望所宗如此。進爵臨淄縣伯。轉吏部尚書，銓綜衡流，雅有人倫之鑒。以父憂去職，尋起令視事。時六尚書皆一時之秀，周文自謂得人，號為六俊，然瑾尤見器重。

于謹南伐江陵，以瑾為元帥府長史，軍中謀略，多出瑾焉。江陵既平，衣冠仕伍，並沒

為僕隸。瑾察其才行有片善者，輒議免之，賴瑾獲濟者甚衆。時論多焉。及軍還，諸將多因虜掠，大獲財物。瑾一無所取，唯得書兩車，載之以歸。或白周文曰：「唐瑾大有輜重，悉是梁朝珍玩。」周文初不信之，然欲明其虛實，密遣使檢閱之，唯見墳籍而已。乃歎曰：「孤知此人來二十許年，明其不以利干義。向若不令檢視，恐常人有投杼之疑。孤所以益明之耳。凡受人委任當如此也。」論平江陵功，進爵為公。

六官建，授禮部中大夫。出為蔡州刺史，歷拓州、硤州，所在皆有德化，人吏稱之。轉荊州總管府長史。入為吏部中大夫，歷御正、納言、內史中大夫。曾未十旬，遂遷四職，搢紳咸以為榮。久之，除司宗中大夫，兼內史。尋卒于位。贈小宗伯，謚曰方。

瑾性方重，有風格，退朝休假，恒著衣冠以對妻子，遇迅雷風烈，雖閑夜晏寢，必起，冠帶端笏危坐。又好施與，家無餘財，所得祿賜，常散之宗族。其尤貧乏者，又割膏腴田宅以振之。所留遺子孫者，並墝埆之地。朝野以此稱之。撰新儀十篇，所著賦、頌、碑、誄二十餘萬言。孫大智嗣。

瑾次子令則，性好篇章，兼解音律，文多輕艷，為時人所傳。天和初，以齊馭下大夫使於陳。大象中，官至樂部下大夫。仕隋，位太子左庶子。皇太子勇廢，被誅。

柳敏字白澤，河東解縣人，晉太常純之七世孫也。父懿，魏車騎大將軍、儀同三司、汾州刺史。

敏九歲而孤，事母以孝聞。性好學，涉獵經史，陰陽卜筮之術，靡不習焉。年未弱冠，起家員外散騎侍郎。累遷河東郡丞。朝議以敏之本邑，故有此授。敏雖統御鄉里，而處物平允，甚得時譽。及周文克復河東，見而器異之，乃謂之曰：「今日不喜得河東，喜得卿也。」即拜丞相府參軍事。

俄轉戶曹參軍，兼記室。每有四方賓客，恒令接之，爰及吉凶禮儀，亦令監綜。又與蘇綽等修撰新制，為朝廷政典。遷禮部郎中，封武城縣子，加帥都督，領本鄉兵。俄進大都督。遭母憂，居喪，旬日之間，鬢髮半白。尋起為吏部郎中，毀瘠過禮，杖而後起。周文見而歎異之，特加廩賜。及尉遲迥伐蜀，以敏為行軍司馬，軍中籌略，並以委之。益州平，進驃騎大將軍、開府儀同三司，加侍中，遷尚書，賜姓宇文氏。六官建，拜禮部中大夫。周孝閔帝踐阼，進爵為公。又除河東郡守，尋復徵拜禮部。出為郢州刺史，甚得物情。及將還朝，夷夏士人，感其惠政，並齎酒餚及物產候之於路。敏乃從他道而還。復拜禮部，後改禮部為司宗，仍以敏為之。

敏操履方正，性又恭勤，每日將朝，必夙興待旦。又久處臺閣，明練故事，近儀或乖先典者，皆案據舊章，刊正取中。遷小宗伯，監修國史。轉小司馬，又監修律令。進位大將軍，出為鄜州刺史，以疾不之部。武帝平齊，進爵武德郡公。敏自建德以後，寢疾積年，武帝及宣帝並親幸其第問疾焉。開皇元年，進位上大將軍、太子太保。其年卒。贈五州諸軍事、晉州刺史。臨終戒其子等，喪事所須，務從簡約。其子等並涕泣奉行。少子昂。

昂字千里。幼聰穎有器識，幹局過人。周武帝時，為內史中大夫、開府儀同三司，賜爵文城郡公，當途用事，百僚皆出其下。昂竭誠獻替，知無不為，謙虛自處，未嘗驕物，時論以此重之。武帝崩，受遺輔政，稍被宣帝疏，然不離本職。隋文帝為丞相，深自結納。文帝以為大宗伯。拜日，遂得偏風，不能視事。文帝受禪，疾愈，加上開府，拜潞州刺史。昂見天下無事，上表請勸學行禮。上覽而善之，優詔答昂，自是天下州縣皆置博士習禮焉。昂在州，甚有惠政，卒官。

子調，歷秘書郎、侍御史。左僕射楊素嘗於朝堂見調，因獨言曰：「柳條通體弱，獨搖不須風。」調斂版正色曰：「調信無取，公不當以為侍御；信有可取，不應發此言。公當具瞻之地，樞機何可輕發！」素甚奇之。煬帝嗣位，累遷尚書左司郎中。時王綱不振，朝士多贓貨，

唯調清素守常，為時所美，然幹用非其所長。

王士良字君明，其先太原晉陽人也。後因晉亂，避地涼州。魏太武平沮渠氏，曾祖景仁歸魏，為敦煌鎮將。祖公禮，平城鎮司馬，因家於代。父延，蘭陵郡守。

士良少修謹，不妄交游。孝莊末，尒朱仲遠啓為府參軍事。歷大行臺郎中、諫議大夫，封石門縣男。後與紇豆陵步藩交戰，軍敗，為藩所禽，遂居河右。偽行臺紇豆陵伊利欽其才，擢授右丞，妻以孫女。士良既為姻好，便得盡言，遂曉以禍福，伊利等即歸附。朝廷嘉之。太昌初，進爵晉陽縣子，尋進爵琅邪縣侯，授太中大夫、右將軍。出為殷州車騎府司馬。

東魏徙鄴之後，置京畿府，專典兵馬。時齊文襄為大都督，以士良為司馬，領外兵參軍。尋遷長史，加安西將軍，徙封符壘縣侯。武定初，除行臺右中兵郎中，又轉大將軍府屬、從事中郎，仍攝外兵事。王思政鎮潁川，齊文襄率衆攻之，授士良大行臺左丞，加鎮西將軍，進爵為公，令輔其弟演於并州居守。

齊文宣即位，入為給事黃門侍郎，領中書舍人，仍總知并州兵馬事，加征西將軍，別封

新豐縣子。俄除驃騎將軍、尚書吏部郎中。文宣自晉陽赴鄴宮，復以士良為尚書左丞，統留後事。仍遷御史中丞，轉七兵尚書。未幾，入為侍中，轉殿中尚書。頃之，復為侍中、吏部尚書。士良少孤，事繼母梁氏以孝聞。及卒，居喪合禮。文宣尋起令視事，士良屢表陳誠，再三不許，方應命。文宣見其毀瘠，乃許之。因此臥疾歷年，文宣每自臨視。疾愈，除滄州刺史。乾明初，徵還鄴，授儀同三司。孝昭即位，遣三道使搜揚人物。士良與尚書令趙郡王高叡、太常卿崔昂分行郡國，但有一介之善者，無不以聞。齊武成初，除太子少傅、少師，復除侍中，轉太常卿，尋加開府儀同三司。出為豫州道行臺、豫州刺史。

保定四年，晉公護東伐，權景宣以山南兵圍豫州，士良舉城降。授大將軍、小司徒，賜爵廣昌郡公。尋除荊州總管，行荊州刺史。復入為小司徒。俄除鄜州刺史，轉荊州刺史。〔一五〕士良去鄉既久，忽臨本州，〔一六〕耆老故人，猶有存者，遠近咸以為榮。加授上大將軍，以老病乞骸骨，優詔許之。開皇元年卒，時年八十二。

子德衡，大象末，儀同大將軍。

論曰：昔陽貨外叛，庶其竊邑，而春秋譏之，韓信背項，陳平歸漢，而史遷美之。蓋以運

屬既安，君道已著，則徇利忘德者罪也；時逢擾攘，臣禮未備，則轉禍爲福者可也。崔彥穆、楊纂、段永等昔在山東，沈淪下位，並以羈旅之士，邅回於燕雀之伍，終佩龜組，可謂見機者乎。令狐整幹用確然，雅望重於河右，處州里則勳著方隅，升朝廷則績宣出內，而畏避權寵，克保終吉，不然何以自致顯名而取高位也。熙歷職流譽，風政克舉，雖古之循吏，亦何以加茲，而毫釐爲爽，丘山成過，唯命也夫！唐永良能之名，所在著美，清白之譽，顯於累職，所謂幹能之士也。瑾、敏並挺杞梓之林，蘊瑚璉之器，博覽載籍，多識舊章，固乃國之名臣，時之領袖，周無君子，斯焉取斯。王士良之仕于齊，職居卿牧，而失忠與義，臨難苟免，其背叛之徒歟！

校勘記

〔一〕父幼　周書卷三六崔彥穆傳「幼」作「稚」，北史避唐諱改。

〔二〕仍與鄭郡王元洪威攻潁川斬其刺史李景遺　諸本「洪」作「法」，「遺」作「道」。張森楷云：「周書『法』作『洪』，是。『道』當作『遺』。北齊書卷二二李元忠傳附有李景遺事，可證。」按北齊書稱李景遺爲前潁川太守元洪威所殺，元洪威附見本書卷一五高涼王孤傳。張說是，今據改。

〔三〕以軍功稍還武州刺史　諸本脫「以」字，據周書卷三六、通志卷一五八楊纂傳補。

〔四〕因徙高陸之河陽焉　諸本「徙」作「從」，周書卷三六段永傳作「徙」，通志卷一五八段永傳作「家」。按「從」乃「徙」之訛，今據周書改。

〔五〕徐州刺史　周書上有「除北」二字。按北徐州又見本書卷二九、周書卷三六司馬裔傳。疑此脫「除北」兩字。

〔六〕遂令整行整至玉門郡　諸本脫「行整」二字，不可通，據周書卷三六、通志卷一五八令狐整傳補。

〔七〕若共相推薦　諸本「共」作「其」，通志作「共」，周書作「其自」二字。按殿本考證云：「其，一本作共。」今據改。

〔八〕卿遠祖〔立忠而去卿今〕立忠而來　諸本無「立忠而去卿今」六字，周書有。按下文謂整遠祖邁不從王莽，其子稱避地河右，所以叫「立忠而去」；令狐整率鄉親歸西魏，所以叫「立忠而來」。今據補。

〔九〕進爵彭城縣公　周書「彭城」作「彭陽」。按下文令狐熙傳云「襲彭城縣公」，隋書卷五六令狐熙傳也作「彭陽」。本書卷一〇〇序傳末亦見彭陽公令狐德棻。則其祖孫三代封邑都應是彭陽而非彭城。彭陽見隋書地理志上北地郡彭原縣注。

〔一〇〕賜帛五百疋　諸本脫「賜」字，據隋書令狐熙傳補。

〔一一〕上聞佛子反問至　隋書「聞」下有「而疑之旣而」五字，疑此脫。

〔一二〕本居晉昌之憤安縣晉亂徙於丹楊　按本書卷二七唐和傳云：「晉昌冥安人也。」冥安，西漢及東漢並屬燉煌郡見漢書地理志下及後漢書郡國志五。晉惠帝元康五年分燉煌、酒泉置晉昌郡，冥安改屬之。見晉書地理志上。晉書「冥」作「宜」，當是字訛。疑唐永爲唐和族人，「憤安」當作「冥安」。丹楊當是前涼所置，非江南之丹楊。

〔一三〕臨陣常著帛裙襦　諸本「裙」作「展」，通志卷一五八唐永傳作「裙」。按「展」乃「裠」之「訛」，「裠」卽「裙」之俗體，今據改。

〔一四〕行臺蕭寶夤表永爲南豳州刺史　諸本「豳」作「幽」。張森楷云：「當作『豳』。」按隋書地理志上北地郡新平縣注云：「西魏於此置豳州。」楊守敬隋書地理志考証引太平寰宇記証明此卽南豳州。張說是，今據改。參卷六四韋孝寬傳校記。

〔一五〕轉荊州刺史　周書卷三六王士良傳「荊」作「金」。按通志卷一五八王士良傳文同北史而字作「金」，疑北史本亦作「金」。

〔一六〕士良去鄉旣久忽臨本州　周書此上有「建德六年，授幷州刺史」九字。按傳言「其先太原晉陽人」，則幷州是其本州。又言曾在北齊佐高演於幷州居守，故云：「去鄉旣久，忽臨本州。」北史刪九字，便似荊州或金州爲其本州，誤。

旻、冑等免官，拜孝諧爲上大將軍。

韓雄字木蘭，河南東垣人也。祖景，孝文時爲赭陽郡守。

雄少敢勇，膂力絕人，工騎射，有將率材略。及孝武西遷，雄便慷慨有立功之志。大統初，遂與其屬六十餘人於洛西舉兵，數日間，衆至千人，與河南行臺楊琚共爲掎角。每抄掠東魏，所向剋獲。東魏洛州刺史韓賢以狀聞，鄴乃遣其軍司慕容紹宗與賢合勢討雄。戰數十合，雄衆略盡，兄及妻子皆爲賢所獲，將以爲戮。乃遣人告雄曰：「若雄至，皆免之。」[九]雄乃詣賢軍，卽隨賢還洛。潛引賢黨，謀欲襲之。事洩，遁免。雄乃招集義衆，從獨孤信入洛陽。謁周文於弘農，封武陽縣侯，遣還鄉里，更圖進取。芒山之役，周文命雄邀齊神武於隘道。神武怒，命三軍并力取雄，雄突圍得免。除東徐州刺史。東魏雍州刺史郭叔略接境，[一〇]頗爲邊患。雄密圖之，輕將十騎，夜入其境，伏於道側，遣都督韓仕於略城服東魏人衣服，詐若自河陽叛投關西者。略出馳之。雄自後射之，再發咸中，遂斬略首。除河南尹，進爵爲公。尋進驃騎大將軍、開府儀同三司、侍中、河南邑中正。周孝閔帝踐祚，進爵新義郡公，賜姓宇文氏。明帝二年，除都督、中州刺史。

雄久在邊，具知敵人虛實，每率衆深入，不避艱難。前後經四十五戰，雖時有勝負，而雄志氣益壯，東魏深憚之。卒于鎭。贈大將軍、五州諸軍事，諡曰威。子擒嗣。

擒字子通，少慷慨，以膽略稱。容貌魁岸，有雄傑之表。性又好書，經史百家皆略知大旨。周文見而異之，令與諸子游集。以軍功稍遷儀同三司，襲爵新義郡公。武帝伐齊，擒說下獨孤永業於金墉城。及平范陽，加上儀同、永州刺史。隋文帝作相，遷和州刺史。陳將甄慶、任蠻奴、蕭摩訶等共爲聲援，頻寇江北，前後入界。擒屢挫其鋒，陳人奪氣。

開皇初，文帝潛有吞江南志，拜擒廬州總管，委以平陳之任，甚爲敵人所憚。及大舉伐陳，以擒爲先鋒。擒領五百人宵濟，襲採石，守者皆醉，遂取之。進攻姑熟，半日而拔。次於新林。江南父老素聞其威信，來謁軍門，晝夜不絕。其將樊巡、魯世眞、田瑞等相繼降。晉王遣行軍總管杜彥與擒合軍。陳叔寶遣領軍蔡徵守朱雀航，聞擒將至，衆懼而潰。任蠻奴爲賀若弼所敗，棄軍降擒。擒以精騎直入朱雀門。陳人欲戰，蠻奴撝之曰：「老夫尚降，諸君何事！」衆皆散走。遂平金陵，執陳主叔寶。時賀若弼亦有功，乃下詔晉王曰：「此二公者，朕本委之，悉如朕意。以名臣之功，成太平之業，天下盛事，何用過此！」又下優詔於擒、弼曰：「中國威於萬里，宣朝化於一隅，使東南之人俱出湯火，數百年賊旬日廓清，專是公之功也。高名塞於宇宙，盛業光於天壤。逖聽前古，罕聞其匹。班師凱入，誠知非遠，相思之甚，寸陰若歲。」

及至京，弼與擒爭功於上前，弼曰：「臣在蔣山死戰，破其銳卒，擒其驍將，震揚威武，遂平陳國。擒略不交陣，豈臣之比！」擒曰：「本奉明旨，令臣與弼同取僞都。弼乃敢先期，逢賊遂戰，致將士傷死甚多。臣以輕騎五百，兵不血刃，直取金陵，降任蠻奴，執陳叔寶，據其府庫，傾其巢穴。弼至夕方扣北掖門，臣啓關而納之。斯乃救罪不暇，安得與臣爲比！」上曰：「二將俱合上勳。」於是進位上柱國，賜物八千段。有司劾擒縱士卒淫汙陳宮，坐此不得國公及眞食邑。

大軍之始出也，上敕有司曰：「亡國物，我一不以入府，可於苑內築五埰，當悉賜文武百官大射以取之。」及是，上御玄堂，大陳陳之奴婢貨賄，會王公文武官七品已上，武職領兵都督已上，及諸考使以射之。

先是，江東謠曰：「黃斑青驄馬，發自壽陽涘，來時冬氣末，去日春風始。」皆不知所謂。擒本名擒武，[一一]平陳之際，又乘青驄馬，往返時節與歌相應，至是方悟。後突厥來朝，上謂曰：「汝聞江南有陳國天子乎？」對曰：「聞之。」上命左右引突厥詣擒前，曰：「此是執得陳國天子者。」擒厲然顧之，突厥惶恐不敢仰視。其威容如此。別封壽光縣公，眞食千戶。以行

軍總管屯金城，禦備胡寇，卽拜涼州總管。

俄徵還京，恩禮殊厚。無何，其鄰母見擒門下儀衞甚盛，有同王者，母異而問之。其中人曰：「我來迎王。」忽不見。又有人疾篤，忽驚走至擒家曰：「我欲謁王。」左右問何王，曰：「閻羅王。」擒子弟欲撻之，擒止之曰：「生爲上柱國，死作閻羅王，亦足矣。」因寢疾卒。子世諤嗣。

世諤倜儻驍捷，有父風。楊玄感亂，引爲將，每戰先登。玄感敗，爲吏所拘。時帝在高陽，送詣行在所。世諤日令守者市酒肴以酣暢，揚言曰：「吾死在朝夕，不醉何爲！」漸以酒進守者，守者狎之，遂飲令醉，因得逃奔山賊，不知所終。

擒母弟僧壽，字玄慶，亦以勇烈知名。周武帝時，爲侍伯中旅下大夫。隋文帝得政，從韋孝寬平尉遲迥，以功授大將軍，封昌樂縣公。開皇初，拜安州刺史。時擒爲廬州總管，朝廷不欲其兄弟同在淮南，轉熊、蔚二州刺史，進爵廣陵郡公。尋以行軍總管擊破突厥於雞頭山。後坐事免。數歲，復拜蔚州刺史。突厥甚憚之。後檢校靈州總管事。從楊素破突厥，進位上柱國，改封江都郡公。

煬帝卽位，封新蔡郡公，自是不復任用。大業五年，從幸太原。時有京兆人達奚通妾

王氏，能清歌，朝臣多相命觀之，僧壽亦預焉。坐除名。尋命復位，卒於京師。子孝基。

僧壽弟洪，字叔明，少驍勇，善騎射，膂力過人。仕周，以軍功拜大都督。隋文帝爲丞相，從韋孝寬破尉遲迥，加上開府，封甘棠縣侯。及帝受禪，進爵爲公。開皇九年，平陳之役，授行軍總管。及陳平，晉王廣大獵於蔣山，有猛獸在圍中，衆皆懼，洪馳馬射之，應弦而倒。陳氏諸將列觀，皆歎伏焉。王大喜，賜縑百匹。尋以功加柱國，拜蔣州刺史，轉廉州。

時突厥屢爲邊患，朝廷以洪驍勇，令檢校朔州總管事。尋拜代州總管。仁壽元年，突厥達頭可汗犯塞，洪率蔚州刺史劉隆、大將軍李藥王拒之。遇虜於恒安，衆寡不敵，洪四面搏戰，身被重創，將士沮氣。虜悉衆圍之，矢下如雨。洪僞與虜和，圍少懈。洪率所領潰圍而出，死者太半，殺虜亦倍。洪及藥王除名，隆竟坐死。煬帝北巡，至恒安，見白骨被野，以問侍臣，曰：「往者韓洪與虜戰處也。」帝憫然傷之，收葬骸骨，命五郡沙門爲設齋供，拜洪隴西太守。

未幾，朱崖人王萬昌作亂，詔洪平之。以功加金紫光祿大夫，領郡如故。俄而萬昌弟仲通復叛，又詔洪平之。還師未幾，旋遇疾卒。

賀若敦，河南洛陽人也。其先居漠北，世爲部落大人。曾祖貸，魏獻文時入國，爲都官尚書，封安富縣公。祖伏連，仕魏，位雲州刺史。

父統，勇健不好文學，以祖蔭爲祕書郎。永安初，從太宰元天穆討邢杲，以功封當亭子。齊神武初起，以統爲潁州長史。〔三〕執刺史田迅，以州降，拜兗州刺史，賜爵當亭縣公。歷位北雍、恒二州刺史。卒，贈司空公，謚曰哀。

敦少有氣幹。統之將執田迅也，慮事不果，又以累弱既多，難以自拔，沈吟者久之。敦年十七，進策贊成其謀。統流涕從之，遂定謀歸西。時羣盜蜂起，大龜山賊張世顯潛來襲統，敦挺身赴戰，手斬七八人，賊乃走。統大悅，謂左右僚屬曰：「我少從軍旅，戰陣非一，如此兒年時膽略，未見其人。非唯成我門戶，亦當爲國名將。」

明年，從河內公獨孤信於洛陽被圍，敦彎三石弓，箭不虛發。信乃言於周文，引至麾下，授都督，封安陵縣伯。嘗從校獵甘泉宮，時圍人不齊，獸多越逸。周文大怒，人皆股戰。圍內唯有一鹿，俄亦突圍而走。敦躍馬馳之，鹿上東山。敦棄馬步逐，至山半，便乃掣之而下。周文大悅，諸將因得免責。累遷太子庶子。廢帝二年，拜右衞將軍。俄加驃騎大將軍、開府儀同三司，進爵廣鄉縣公。

時岷蜀初開，人情尚梗。巴西人譙淹據南梁州，與梁西江州刺史王開業共爲表裏，扇動羣蠻。周文令敦討平之，進爵武都郡公，拜典祀中大夫。尋爲金州都督。蠻帥向白彪、向五子王等聚衆爲寇，圍逼信州。詔敦與開府田弘赴救，未至而城已陷。乃進軍追討，遂平信州。是歲，荆州蠻帥文子榮自號仁州刺史，復令敦與開府潘招討禽子榮，〔三〕幷虜其衆。

武成元年，入爲軍司馬。陳將侯瑱、侯安都等圍逼湘州，遏絕糧援，乃令敦度江赴救。敦連戰破瑱，乘勝遂次湘州。俄而秋水汎溢，江路遂斷。糧援既絕，恐瑱等知其糧少，乃於營內多爲土聚，〔四〕覆之以米，召側近村人，陽有所訪問，隨卽遣之。瑱等聞之，良以爲實。敦又增修營壘，造廬舍，示以持久。〔五〕湘、羅之間遂廢農業。瑱等無如之何。初，土人亟乘輕船，載米粟及籠鷄鴨以餉瑱軍，敦患之。乃僞爲土人，裝船伏甲士於中。瑱軍人望見，謂餉船之至，逆來爭取，敦甲士遂禽之。又敦軍數有叛人乘馬投瑱，瑱輒納之。敦又別取一馬，牽以趣船，令船中逆以鞭鞭之。如是者再三，馬便畏船不上。後伏兵於江岸，使人乘畏船馬以招瑱軍，詐云投附。瑱便遣兵迎接，競來牽馬。馬既畏船不上，伏兵發，盡殺之。此後實有饋餉及亡奔瑱者，猶謂敦之詐，並不敢受。相持歲餘，瑱等不能制，求借船送敦度江。敦慮其或詐，〔六〕謂曰：「舍我百里，當爲汝去。」瑱等遂留船，於是將兵去津路百里。敦

覘之非詐，勒衆而還。在軍病死者十五六。晉公護以敦失地無功，除其名。

保定五年，累遷中州刺史，鎮函谷。敦恃功負氣，顧其流輩皆爲大將軍，敦獨未得，兼以湘州之役，全軍而反，翻被除名，每出怨言。晉公護怒，徵還，逼令自殺。臨刑，呼子弼謂曰：「吾必欲平江南，然心不果，汝當成吾志。吾以舌死，汝不可不思。」因引錐刺弼舌出血，誡以愼口。建德初，追贈大將軍，謚曰烈。

弼字輔伯。少有大志，驍勇便弓馬，解屬文，博涉書記，有重名。周齊王憲聞而敬之，引爲記室。封當亭縣公，遷小內史。與韋孝寬伐陳，攻拔數十城，弼計居多。拜壽州刺史，改封襄邑縣公。隋文帝爲丞相，尉遲迥作亂，帝恐弼爲變，遣長孫平馳驛代之。

及帝受禪，陰有平江南志，訪可任者。高熲薦弼有文武才幹，於是拜吳州總管，委以平陳事，弼忻然以爲己任。與壽州總管源雄並爲重鎭。弼遺雄詩曰：「交河驃騎幕，合浦伏波營，勿使騏驎上，無我二人名。」獻取陳十策，上稱善，賜以寶刀。

開皇九年，大舉伐陳，以弼爲行軍總管。將度江，酹酒呪曰：「弼親承廟略，遠振國威，若使福善禍淫，大軍利涉；如事有乖違，得葬江魚腹中，死且不恨。」先是，弼請緣江防人每交代際，必集歷陽。於是大列旗幟，營幕被野，陳人以爲大兵至，悉發國中士馬。既知防人

交代，其衆復散。後以爲常，不復設備。及此，弼以大軍濟江，陳人弗覺。襲陳南徐州，拔之，執其刺史黃恪。軍令嚴肅，秋毫不犯，有軍士於人間酤酒者，弼立斬之。進屯蔣山之白土岡，陳將魯廣達、周智安、任蠻奴、田瑞、〔一七〕孔範、蕭摩訶等以勁兵拒戰。田瑞先犯，擊走之。魯廣達等相繼遞進，弼軍屢却。弼揣知其驕，士卒且惰，於是督厲將士，殊死戰，遂大破之。麾下士開府員明禽摩訶至，弼命左右牽斬之。摩訶顏色自若，弼釋而禮之。從北掖門入。時韓禽已執陳叔寶。弼至，呼叔寶視之。叔寶惶懼流汗，股慄再拜。弼謂曰：「小國之君當大國卿，拜，禮也。入朝不失作歸命侯，無勞恐懼。」

既而弼恚恨不獲叔寶，於是與禽相詢，挺刃而出。令蔡徵爲叔寶作降牋，命乘騾車歸己，事不果。上聞弼有功，大悅，下詔褒揚之。晉王以弼先期決戰，違軍命，於是以弼屬吏。上驛召之，及見，迎勞曰：「剋定三吳，公之功也。」命登御坐，賜物八千段，加位上柱國，進爵宋國公，眞食襄邑三千戶，加寶劍、寶帶、金甕、金盤各一，幷雉尾扇、曲蓋，雜綵二千段，女樂二部，又賜陳叔寶妹爲妾。拜右領軍大將軍。

平陳後六年，弼撰其畫策上之，謂爲御授平陳七策。上弗省，曰：「公欲發揚我名，我不求名，公宜自載家傳。」七策：「其一，請廣陵頓兵一萬，番代往來。陳人初見設備，後以爲常，及大兵南伐，不復疑也。其二，使兵緣江時獵，人馬喧噪。及兵臨江，陳人以爲獵也。其

三，以老馬多買陳船而匿之，買弊船五六十艘於瀆內。陳人覘以爲內國無船。其四，積葦荻於揚子津，其高蔽艦。及大兵將度，乃卒通瀆於江。其五，塗戰船以黃，與枯荻同色，故陳人不預覺之。其六，先取京口倉儲，速據白土岡，置兵死地，故一戰而剋。其七，臣奉敕，兵以義舉。及平京口，俘五千餘人，便悉給糧勞遣，付其敕書，命別道宣喻。是以大兵度江，莫不草偃，十七日之間，南至林邑，東至滄海，西至象林，皆悉平定。」

轉右武候大將軍。弼時貴盛，位望隆重，其兄隆爲武都郡公，弟東萬榮郡公，並刺史、列將。弼家珍翫不可勝計，婢妾曳綺羅者數百，時人榮之。

弼自謂功名出朝臣之右，每以宰相自許。既而楊素爲右僕射，弼仍爲將軍，甚不平，形於言色，由是免官，弼怨望愈甚。後數載，下弼獄，上謂曰：「我以高熲、楊素爲宰相，汝每昌言此二人唯堪噉飯耳，是何意也？」弼曰：「熲，臣之故人，素，臣之舅子，臣並知其爲人，誠有此語。」公卿奏弼怨望，罪當死。上曰：「臣下守法不移，公可自求活理。」弼曰：「臣恃至尊威靈，將八千兵度江，卽禽陳叔寶，竊以此望活。」上曰：「此已格外酬賞，何用追論！」弼曰：「平陳之日，諸公議不許臣行。推心爲國，已蒙格外重賞，今還格外望活。」既而上低徊者數日，惜其功，特令除名。歲餘，復其爵位。上亦忌之，不復任使，然每宴賜，遇之甚厚。

十九年，上幸仁壽宮，讌王公，詔弼爲五言詩，詞意憤怨，帝覽而容之。明年春，弼又有

罪，在禁所，詠詩自若。上數之曰：「人有性善行惡者，公之爲惡，乃與行俱。有三太猛：嫉妬心太猛，自是非人心太猛，無上心太猛。昔在周朝，已教他兒子反，此心終不能改邪？」他日，上謂侍臣曰：「初欲平陳時，弼謂高熲曰：『陳叔寶可平。不作高鳥盡，良弓藏邪？』熲云：『必不然。』平陳後，便索內史，又索僕射。我語熲曰：『功臣正宜授勳官，不可豫朝政。』弼後語熲：『皇太子於己，出口入耳，無所不盡。公終久何必不得弼力，何脉脉邪！』意圖鎭廣陵，又求荆州總管，並是作亂處，意終不改也。」

後突厥入朝，上賜之射，突厥一發中的。上曰：「非弼無能當此。」乃命弼。弼再拜呪曰：「臣若赤誠奉國，當一發破的；如不然，發不中也。」弼射一發而中。上大悅，顧謂突厥曰：「此人天賜我也！」

煬帝之在東宮，嘗謂曰：「楊素、韓禽、史萬歲三人，俱良將也，優劣如何？」弼曰：「楊素是猛將，非謀將；韓禽是鬬將，非領將；史萬歲是騎將，非大將。」太子曰：「然則大將誰也？」弼拜曰：「唯殿下所擇。」弼意自許爲大將。及煬帝嗣位，尤被疏忌。大業三年，從駕北巡至楡林。時爲大帳，下可坐數千人，召突厥啓人可汗饗之。弼以爲太侈，與高熲、宇文㢸等私議得失，爲人所告，竟坐誅，時年六十四。妻子爲官奴婢，羣從徙邊。

子懷亮，慷慨有父風。以柱國世子，拜儀同三司。坐弼爲奴，俄亦誅死。

敦弟誼。誼性剛果，有幹略。周文據關中，引之左右，累遷儀同三司、略陽公府長史。周閔帝受禪，封霸城縣子，加開府，歷原、信二州總管。及兄敦以讒毀伏誅，坐免官。從武帝平齊，拜洛州刺史，進封建威縣侯。開皇中，位左武候將軍、海陵郡公。後以突厥爲邊患，誼素有威名，拜靈州刺史，進位柱國。誼時年老，猶能重鎧上馬，甚爲北夷所憚。數載，上表乞骸骨，卒於家。子舉襲爵。

論曰：周文帝屬禍亂之辰，以征伐而定海內，大則連兵百萬，繫之以存亡，小則轉戰邊亭，不閱於旬月。是以兵無少長，士無賢愚，莫不投筆要功，橫戈請奮。豆盧寧、楊紹、王雅、韓雄等，或攀翼雲漢，底績屯夷，雖運移年代，而名成終始，美矣哉！豆盧勣譽宣分竹，虢節見臨危，可謂載德象賢也。觀德王位登台衮，慶流後嗣，保茲寵祿，實仁厚之所致乎！王世積儁才雖多，適足爲害者矣。賀若敦志略慷慨，深入敵境，勍寇絕其糧道，江淮阻其歸塗。〔一八〕臨危而策出無方，事迫而雄心彌厲，故能利涉死地，全師以反。而茂勳莫紀，嚴刑已及，天下是以知宇文護之不能終其位也。

自南北分隔，將三百年。隋文爰應千齡，將一函夏。賀若弼慷慨，申必取之長策，韓擒奮發，賈餘勇以爭先。隋氏自此一戎，威加四海。稽諸天道，或時有廢興；考之人謀，實二臣之力。其俶儻英略，賀弼居多，武毅威雄，韓擒稱重。方於晉之王、杜，勳庸綽有餘地。然賀弼功成名立，矜伐不已，竟顚殞於非命，亦不密以失身。若念父臨終之言，必不及於斯禍。韓擒累葉將家，威聲動俗，敵國既破，名遂身全，幸也。廣陵、甘棠，咸有武藝，驍雄膽略，並爲當時所推，赳赳干城，難兄難弟矣。

校勘記

〔一〕高祖勝以燕皇始初歸魏　按皇始是魏道武帝年號，「燕」字疑衍，或「燕」下更有脫文。今從「燕」下斷句。

〔二〕涪陵郡公　諸本脫「陵」字，據周書卷一九豆盧寧傳、文苑英華卷九一九慕容寧碑補。

〔三〕以破万俟醜奴功賜爵靈壽縣男　百衲本「奴」下空一格，南、北、汲、殿四本作「以」字。按作「以」與上「以」字重複。周書及通志卷一五九豆盧寧傳無此字。今從之改正。

〔四〕羌帥傍乞鐵忽及鄭五醜等反叛　諸本「忽」作「公」，周書作「忽」，通志作「怱」。按傍乞鐵忽見周書卷三二趙剛傳、卷四九羌傳、本書卷六宇文貴傳。「公」是「忩」之訛，「忽」是「怱」之訛，「忩」乃「怱」之俗體。今據通志改。參卷六一史寧傳校記。

〔五〕祖興魏新平郡守父國中散大夫　文館詞林卷四五二薛道衡後周大將軍楊紹碑銘作「祖國，鎭西將軍。父定，新興太守」。與此不同。碑是隋初其子楊雄所立，疑此傳誤。

〔六〕賜姓叱呂引氏　隋書卷四三觀德王雄傳同。周書卷二九楊紹傳作「叱利氏」。按魏書官氏志有叱呂氏，當卽叱呂引省一字。又有叱利氏。二姓不同，未知孰是。

〔七〕進爵邘國公　百衲本、北本、殿本「邘」作「邗」。按下文百衲本又作「邘」，今從南、汲二本，統一作「邘」。參本書卷一〇周靜帝紀校記。

〔八〕起爲司隸大夫　諸本「大夫」作「校尉」，隋書作「大夫」。按隋無司隸校尉。隋煬帝大業三年定令，置司隸臺，有大夫一人，刺史十四人。下文云：「司隸刺史劉休文奏之。」可證緃官當爲司隸大夫。作「校尉」乃後人誤改。今從隋書改正。

〔九〕乃遣人告雄曰若雄至皆免之　諸本脫「曰若雄至」四字，文不可通，據周書卷四三韓雄傳補。

〔一〇〕除東徐州刺史東魏雍州刺史郭叔略接境　周書「雍」上有「東」字。按東魏境內無雍州，有東雍州，領邵郡、高涼、正平三郡見魏書地形志上。西魏境內有北徐州，見周書卷三六鄭偉、段永、司馬裔等傳。據楊守敬隋書地理志考証卷五河內郡條，以爲卽在河內郡境。河內與邵郡相鄰，則北徐與東雍接境。此「雍州」上當有「東」字，「東徐」疑當作「北徐」。

〔一一〕擒本名擒武　隋書卷五二韓擒傳「武」作「豹」。按本作「虎」，隋書、北史避唐諱改。

〔一二〕以統爲潁州長史　諸本「州」訛作「川」，據周書卷二八賀若敦傳改。

〔一三〕復令敦與開府潘招討擒子桀　諸本「潘招」作「段韶」，周書殿本作「潘招」。按「潘招又見周書卷四四陽雄傳、卷四九蠻傳。本書卷九五蠻傳作「潘和」，「和」也是「招」之訛。今據周書改。

〔一四〕乃於營內多爲土聚　諸本「土聚」誤倒，據周書及通志卷一五九賀若敦傳乙。

〔一五〕示以持久　諸本「示」訛作「亦」，據周書、通志改。

〔一六〕敦慮其或詐　諸本「或詐」誤倒，據周書乙。

〔一七〕田瑞　隋書卷五二、通志卷一六〇賀若弼傳，「瑞」下有樊毅。此誤脫。

〔一八〕江淮阻其歸塗　周書卷二八史臣論「江淮」作「長江」，是。賀若敦被圍於湘州，其歸周不需渡淮水。

北史卷六十九

列傳第五十七

申徽　陸通弟逞　厙狄峙　楊荐　王慶　趙剛子仲卿
趙昶　王悅　趙文表　元定　楊摽

申徽字世儀，魏郡人也。六世祖鐘，爲後趙司徒。冉閔末，中原喪亂，鐘子邃避地江左。曾祖爽，仕宋位雍州刺史。〔一〕祖隆道，宋北兗州刺史。父明仁，郡功曹，早卒。

徽少與母居，盡力孝養。及長，好經史。性審愼，不妄交游。遭母憂，喪畢，乃歸於魏。元顥入洛，以元邃爲東徐州刺史，邃引徽爲主簿。顥敗，邃被檻車送洛陽，故吏賓客並委去，唯徽送之。及邃得免，〔二〕乃廣集賓友，歎徽有古人風。尋除太尉府行參軍。

孝武初，徽以洛陽兵難未已，遂間行入關見周文。周文與語，奇之，薦之於賀拔岳，岳亦雅相敬待，引爲賓客。周文臨夏州，以徽爲記室參軍兼府主簿。周文察徽沉密有度量，

每事信委之，乃爲大行臺郎中。時軍國草創，幕府務殷，四方書檄皆徽之辭也。以迎孝武功，封博平縣子、本州大中正。大統初，進爵爲侯。四年，拜中書舍人，修起居注。河橋之役，大軍不利，近侍之官分散者衆，徽獨不離左右，魏帝稱歎之。十年，遷給事黃門侍郎。

先是，東陽王元榮爲瓜州刺史，其女壻劉彥隨焉。〔三〕及榮死，瓜州首望表榮子康爲刺史，彥遂殺康而取其位。屬四方多難，朝廷不遑問罪，因授彥刺史。頻徵不奉詔，又南通吐谷渾，將圖叛逆。周文難於動衆，欲以權略致之，乃以徽爲河西大使，密令圖彥。徽輕以五十騎行，既至，止於賓館。彥見徽單使，不以爲疑。徽乃遣一人微勸彥歸朝，以揣其意，彥不從。徽又使贊成其住計，彥便從之，遂來至館。徽先與瓜州豪右密謀執彥，遂叱而縛之。彥辭無罪，徽數之曰：「君無尺寸之功，濫居方岳之重，恃遠背誕，不恭貢職，戮辱使人，輕忽詔命。計君之咎，實不容誅。但受詔之日，本令相送歸闕，所恨不得卽申明罰，以謝邊遠耳。」於是宣詔慰勞吏人及彥所部，復云大軍續至，城內無敢動者。使還，遷都官尙書。

十二年，瓜州刺史成慶爲城人張保所殺，都督令狐延等起義逐保，啓請刺史。以徽信洽西土，拜假節、瓜州刺史。徽在州五稔，儉約率下，邊人樂而安之。十六年，徵兼尙書右僕射，加侍中、驃騎大將軍、開府儀同三司。廢帝二年，進爵爲公，正右僕射，賜姓宇文氏。

徽性勤至，凡所居官，案牘無大小皆親自省覽，以是事無稽滯，吏不得爲姦。後雖歷公

卿，此志不懈。出爲襄州刺史。時南方初附，舊俗官人皆通餉遺。徽性廉愼，乃畫楊震像於寢室以自戒。及代還，人吏送者數十里不絕。徽自以無德於人，慨然懷愧，因賦詩，題於清水亭。長幼聞之，皆競來就讀，遞相謂曰：「此是申使君手迹。」並寫誦之。

明帝以御正任總絲綸，更崇其秩爲上大夫，員四人，號大御正，又以徽爲之。歷小司空、少保，出爲荊州刺史。入爲小司徒、小宗伯。天和六年，上疏乞骸骨，詔許之。薨，贈泗州刺史，〔四〕謚曰章。

子康嗣。位瀘州刺史、司織下大夫、上開府。

康弟敦，汝南郡守。敦弟靜，齊郡守。靜弟處，上開府、同昌縣侯。卒。

陸通字仲明，吳郡人也。曾祖載，從宋武帝平關中，軍還，留載隨其子義眞鎭長安，遂沒赫連氏。魏太武平赫連氏，載仕魏，位中山郡守。

父政，性至孝。其母吳人，好食魚。北土魚少，政求之常苦難。後宅側忽有泉出，而有魚，遂得以供膳。時人以爲孝感所致，因謂其泉爲孝魚泉。從尒朱天光討伐。及天光敗，歸周文。周文爲行臺，以政爲行臺左丞、原州長史，賜爵中都縣伯。大統中，卒。

通少敦敏好學，有志節。幼從政在河西，遂逢寇難，與政相失。通乃自拔東歸，從尒朱榮。榮死，又從尒朱兆。及尒朱氏滅，乃入關。周文時在夏州，引爲帳內督。頃之，賀拔岳爲侯莫陳悅所害。時有傳岳軍府已亡散者，周文憂之，通以爲不然。居數日，問至，果如所策。自是愈見親禮，遂晝夜陪侍，家人罕見其面。通雖處機密，愈自恭謹，周文以此重之。後以迎孝武功，封都昌縣伯。

大統元年，進爵爲侯。從禽竇泰，復弘農。沙苑之役，力戰有功。又從解洛陽圍。軍還，屬趙青雀反於長安，周文將討之，以人馬疲弊，不可速行，又謂青雀等一時陸梁，不足爲慮，乃云：「我到長安，但輕騎臨之，必當面縛。」通進曰：「青雀等既以大軍不利，謂朝廷傾危，同惡相求，遂成反亂。然其逆謀久定，必無遷善之心。且其詐言大軍敗績，東寇將至，若以輕騎往，百姓謂爲信然，更沮兆庶之望。大兵雖疲弊，精銳猶多，以明公之威，率思歸之衆，以順討逆，何慮不平？」周文深納之，因從平青雀。錄前後功，進爵爲公，徐州刺史。以寇難未平，留不之部。與于謹討劉平伏，加大都督。從周文援玉壁，進儀同三司。

九年，高仲密以地來附，通從若干惠戰於芒山。衆軍皆退，唯惠與通率所部力戰。至夜中乃陰引還，敵亦不敢逼。進授驃騎大將軍、開府儀同三司、太僕卿，賜姓步六孤氏，〔五〕進爵綏德郡公。周孝閔踐阼，拜小司空。保定五年，累遷大司寇。

通性柔謹，雖久處列位，常清愼自守。所得祿賜，盡與親故共之，家無餘財。常曰：「凡人患貧而不貴，不患貴而貧也。」〔六〕建德元年，轉大司馬。其年薨。通弟遲。

遲字季明，初名彥，字世雄。魏文帝常從容謂之曰：「爾既溫裕，何因乃字世雄？且爲世之雄，非所宜也。於爾兄弟又復不類。」遂改焉。遲少謹密，早有名譽。兄通先以軍功別受茅土，乃讓父爵中都縣伯令遲襲之。起家羽林監、周文內親信。時輩皆以驍勇自達，唯遲獨兼文雅，周文由此加禮遇焉。大統十四年，參大丞相府軍事，尋兼記室。保定初，累遷吏部中大夫，歷蕃部、御伯中大夫，進驃騎大將軍、開府儀同三司，徙授司宗中大夫，轉軍司馬。遲幹識詳明，歷任三府，所在著績。朝廷嘉之，進爵爲公。

天和三年，齊遣侍中斛斯文略、中書侍郎劉逖來聘。初修隣好，盛選行人，詔遲爲使主，尹公正爲副以報之。遲美容止，善辭令，斂而有禮，齊人稱焉。還屆近畿，詔令路車儀服郊迎而入，時人榮之。四年，除京兆尹。郡界有豕生數子，經旬而死。其家又有豭，遂乳養之，諸豚賴之以活，時論以遲仁政所致。俄遷司會中大夫，出爲河州刺史。晉公護雅重其才，表爲中外府司馬，頗委任之。尋復爲司會，兼納言，遷小司馬。及護誅，坐免官。

頃之，起爲納言。又以疾不堪劇任，乃除宜州刺史。〔七〕故事，刺史奉辭，例備鹵簿，遲以時屬農要，奏請停之。武帝深嘉焉，詔遂其所請，以彰雅操。遲在州有惠政，吏人稱之。東宮初建，授太子太保。卒，贈大將軍。子操嗣。

厙狄峙，其先遼東人，本姓段，匹磾之後也，因避難改焉。後徙居代，世爲豪右。祖凌，武威郡守。父貞，上洛郡守。

峙少以弘厚知名，善騎射，有謀略。仕魏，位高陽郡守，政存仁恕，百姓頗悅之。孝武西遷，峙乃棄官從入關。大統元年，拜中書舍人，參掌機密，以恭謹見稱。遷黃門侍郎。

時與東魏爭衡，蠕蠕乘虛，屢爲邊患，朝議欲結和親，乃使峙往。峙狀貌魁梧，善於辭令，蠕蠕主雅信重之，自是不復爲寇。周文謂峙曰：「昔魏絳和戎，見稱前史。以君方之，彼有愧色。」封高邑縣公。累遷驃騎大將軍、開府儀同三司，〔八〕拜侍中。蠕蠕滅後，突厥强盛，雖與周通好，而外連齊氏。周文又令峙銜命喻之。突厥感悟，卽執齊使歸諸京師。進爵安豐郡公，歷小司空、小司寇。

明帝初，爲益州刺史、都督三十一州諸軍事。峙性寬和，尚清靖，爲夷獠所安。後爲宜州刺史。入爲少師。以年老，乞骸骨，詔許之。卒，謚曰定。

子嶷嗣，少知名，位開府儀同三司、職方中大夫、蔡州刺史。卒官。

嶷弟徵，從平齊，以功拜儀同大將軍，賜爵樂陵縣公。

徵弟徽，亦以軍功至儀同大將軍、保城縣男。

徽弟歎，性弘厚，有局度，以齊右下大夫從武帝東伐，入并州。軍敗，侍臣殲焉。及帝之出，唯歎侍從。以功授上儀同大將軍，遷開府，歷右宮伯，賜爵樂城縣侯。仕隋，位至戶部尚書。

楊荐字承略，秦郡寧夷人也。父竇，昌平郡守。

荐幼孤，早有名譽，性廉謹，喜怒不形於色。魏永安中，隨尒朱天光入關討羣賊，封高邑縣男。周文臨夏州，補帳內都督。及平侯莫陳悅，使荐入洛請事，孝武授周文關西大行臺，仍除荐直閤將軍。時馮翊長公主嫠居，孝武意欲歸諸周文，乃令武衞元毗喻旨。荐歸白周文，又遣荐入洛陽請之，孝武卽許焉。孝武欲向關中，荐贊成其計。孝武曰：「卿歸語行臺迎我。」周文又遣荐與長史宇文測出關候接。孝武至長安，進爵清水縣子。

大統元年，蠕蠕請和親，周文遣荐與楊寬使，幷結婚而還。進爵爲侯。又使荐納幣於

蠕蠕。魏文帝郁久閭后崩，周文遣僕射趙善使蠕蠕，更請婚。善至夏州，聞蠕蠕貳於東魏，欲執使者。善懼，乃還。周文乃使荐往，賜黃金十斤，雜綵三百匹。荐至蠕蠕，責其背惠食言，幷論結婚之意。蠕蠕感悟，乃遣使隨荐報命焉。

及侯景來附，周文令荐助鎭遏。荐知景翻覆，遂求還，具陳事實，周文乃遣使密追助景之兵。尋而景叛。

十六年，大軍東討，周文恐蠕蠕乘虛寇掠，乃遣荐往，更論和好，以安慰之。進使持節、驃騎大將軍、開府儀同三司，加侍中。

周孝閔帝踐阼，除御伯大夫，進爵姚谷縣公，仍使突厥結婚。突厥可汗弟地頭可汗阿史那厙頭居東面，與齊通和，說其兄欲背先約。計謀已定，將以荐等送齊。荐知其意，乃正色責之，辭氣慷慨，涕泗橫流。可汗慘然良久曰：「幸無所疑，當共平東賊，然後發遣我女。」乃令荐先報命，仍請東討。以奉使稱旨，遷大將軍。保定四年，又納幣於突厥。還，行小司馬，又行大司徒。從陳公純等逆女於突厥，進爵南安郡公。天和三年，遷總管梁州刺史。後以疾卒。

王慶字興慶，太原祁人也。父因，魏靈州刺史、懷德縣公。

慶少開悟，有才略。初從周文征伐，復弘農，破沙苑，並有戰功，每獲殊賞。大統十年，授殿中將軍。周孝閔帝踐祚，晉公護引爲典籤。慶樞機明辯，漸見親待，授大都督。武成元年，以前後功，賜爵始安縣男。二年，行小賓部。保定二年，使吐谷渾，與其分疆，仍論和好之事。渾主悅服，遣所親隨慶貢獻。

初，突厥與周和親，許納女爲后。而齊人知之，懼成合從之勢，亦遣使求婚，財饋甚厚。突厥貪其重賂，便許之。朝議以魏氏昔與蠕蠕結婚，遂爲齊人離貳，今者復恐改變，欲遣使結之。遂授慶左武伯，副楊荐爲使。是歲，遂興入幷之役。慶乃引突厥騎，與隋公楊忠至太原而還。及齊人許送皇姑及世母，朝廷遂與通和。突厥聞之，復致疑阻，於是又遣慶往諭之。可汗感悅，結好如初。五年，復與宇文貴使突厥逆女。自此，以慶信著北蕃，頻歲出使。後更至突厥，屬其可汗暴殂，突厥謂慶曰：「前後使來，逢我國喪者，皆剺面表哀。況今二國和親，豈得不行此事！」慶抗辭不從。突厥見其守正，卒不敢逼，武帝聞而嘉之。錄慶前後使功，遷開府儀同三司、兵部中大夫，進爵爲公。歷丹、中二州刺史，爲政嚴肅，吏不敢犯。

大象元年，授小司徒，加上大將軍、總管汾石二州五鎮諸軍事、汾州刺史。又除延州總

管，進位柱國。開皇元年，進爵平昌郡公。卒于鎮，贈上柱國，謚曰莊。子淹嗣。

趙剛字僧慶，河南洛陽人也。祖寧，魏高平太守。父和，永平中，〔九〕陵江將軍。南討度淮，聞父喪，輒還。所司將致之於法，和曰：「罔極之恩，終天莫報。若許安厝，禮畢而即罪戮，死且無恨。」言訖號慟，悲感傍人。主司以聞，遂宥之。喪畢，除寧遠將軍。大統初，追贈膠州刺史。

剛少機辯，有幹能。起家奉朝請，累遷金紫光祿大夫，領司徒府從事中郎，加閤內都督。及孝武與齊神武構隙，剛密奉旨，召東荊州刺史馮景昭。未及發，而神武已逼洛陽，孝武西遷。景昭集府僚文武，議其去就，司馬馮道和請據州待北方處分。剛抽刀投地曰：「公若爲忠臣，可斬道和。如欲從賊，可見殺！」景昭感悟，遂率衆赴關右。屬侯景逼穰城，東荊州人楊𢿱等起兵應景，以其衆邀景昭於路。景昭戰敗，剛遂沒於蠻。後自贖免，乃見東魏東荊州刺史李魔憐，勸令歸關西。魔憐納之，使剛至幷州，密觀事勢。神武引剛內宴，因令剛齎書申勑荊州。剛還報魔憐，仍說魔憐斬楊𢿱等，以州歸西，魔憐乃使剛入朝。大統初，剛於灞上見周文，具陳關東情實。周文嘉之，封陽邑縣子。論復東荊州功，進爵臨汝縣伯。

初，賀拔勝、獨孤信以孝武西遷之後，並流寓江左。至是，剛言於魏文帝，請追而復之。乃以剛爲兼給事黃門侍郎，使梁魏興，齎移書與其梁州刺史杜懷寶等。即與剛盟歃，受移送建康，仍遣人隨剛報命。是年，又詔剛使三荊，聽在所便宜從事。使還，稱旨，進爵武成縣侯，除大丞相府帳內都督。復使魏興，重申前命。尋而梁人禮送賀拔勝、獨孤信等。

頃之，御史中尉董紹進策，請圖梁漢，以紹爲行臺、梁州刺史。剛以爲不可，而朝議已決，遂出軍。紹竟無功還，免爲庶人。除剛潁川郡守。〔一〇〕高仲密以北豫州來附，兼大行臺左丞，持節赴潁川節度義軍。師還，剛別破侯景前驅於南陸，復獲其郡守二人。時有流言，傳剛東叛，神武因設反間，聲遺迎接。剛乃率騎襲其丁塢，拔之。周文知剛無貳，乃加賚焉。除營州刺史，進爵爲公。

渭州人鄭五醜構逆，與叛羌傍乞鐵忽相應，〔一一〕令剛往鎮之。將發，魏文帝引見內寢，舉觴屬剛曰：「昔侯景在東，爲卿所困。黠羌小醜，豈足勞卿謀慮也？」時五醜已剋定夷鎮，所在立栅。剛至，並攻破之，散其黨與。五醜於是西奔鐵忽，剛又進破鐵忽僞廣寧郡。屬宇文貴等西討，詔以剛行渭州事，資給糧餼。加驃騎大將軍、開府儀同三司，入爲光祿卿。六官建，拜膳部中大夫。

周孝閔帝踐祚，進爵浮陽郡公，出爲利州總管。沙州氐恃險逆命，剛再討復之。方州

生獠，自此始從賦役。剛以信州濱江負阻，乃表請討之。詔剛率利、沙等十四州兵往經略焉。仍加授渠州刺史。剛初至，渠帥憚其軍威，相次降款。剛師出踰年，士卒疲弊，尋復亡叛，後遂以無功而還。又與所部儀同尹才失和，被徵赴闕，遇疾，卒於路。贈中、淅、涿三州刺史，〔一二〕謚曰成。子元卿，弟仲卿。

仲卿性粗暴，有膂力。周齊王憲甚禮之。以軍功位上儀同，爲畿伯中大夫。後以平王謙功，進位大將軍，封長垣縣公。隋文帝受禪，進河北郡公，尋拜石州刺史。法令嚴猛，纖介之失無所寬捨，鞭笞輒至二百。吏人戰慄，無敢違犯，盜賊屏息，皆稱其能。遷朔州總管。時塞北盛興屯田，仲卿總統之。微有不理者，仲卿輒召主掌撻其胸背，或解衣倒曳於荊棘中，時人謂之於菟。〔一三〕事多克濟，由是收穫歲廣，邊戍無餽運之憂。

會突厥啓人可汗求婚，上許之。仲卿因是間其骨肉，遂相攻擊。十七年，啓人窘迫，與隋使長孫晟投通漢鎮。〔一四〕仲卿率騎千餘援之，達頭不敢逼。潛遣人誘致啓人所部，至者二萬餘家。其年，從高熲指白道以擊達頭，仲卿爲前鋒。至族蠡山，與虜遇，交戰七日，大破之。追奔至乞伏泊，復破之。〔一五〕突厥悉衆而至，仲卿爲方陣，四面拒戰，經五日。會高熲大兵至，合擊之，虜乃敗走。追度白道，踰秦山七百餘里。時突厥降者萬餘家，上令仲卿處之

恒安。以功進上柱國。朝廷慮達頭掩襲啓人，令仲卿屯兵二萬以備之，代州總管韓洪、永康公李藥王、蔚州刺史劉隆等將步騎一萬鎮恒安，達頭來寇，韓洪軍大敗。仲卿自樂寧鎮邀擊，斬千餘級。

明年，督役築金河、定襄二城以居啓人。時有上表言仲卿酷暴，上命御史王偉按之，並實。惜其功，不罪，因勞之曰：「知公清正，爲下所惡。」賜物五百段。仲卿益恣，由是免官。仁壽初，檢校司農卿。蜀王秀之得罪，奉詔往益州按之。秀賓客經過處，仲卿必深文致法，州縣長吏坐者太半。上以爲能，賞奴婢五十口、黃金二百兩、米粟五千石、奇寶雜物稱是。煬帝嗣位，判兵部、工部二尚書事。卒官。諡曰肅。子世弘嗣。

趙昶字長舒，天水南安人也。曾祖襄，仕魏，至中山郡守，因家於代焉。昶少聰敏，有志節。弱冠，以材力聞。魏北中郎將高千鎮陝，以昶爲長史、中軍都督。周文平弘農，擢爲相府典籤。

大統九年，大軍失律於芒山，清水氐酋李鼠仁自軍逃還，憑險作亂。周文將討之，先求可使者，遂令昶使焉。見鼠仁，喻以禍福。羣凶或從或不，從其命者，復將加刃於昶。而昶

神色自若，志氣彌厲。鼠仁感悟，遂相率降。氐梁道顯叛，攻南由，周文復遣昶慰喻之，道顯等皆卽款附。東秦州刺史魏光因徙其豪帥三十餘人幷部落於華州，周文卽以昶爲都督領之。先是，汾州胡叛，再遣昶慰勞之，皆知其虛實。及大軍往討，昶爲先驅，遂破之。以功封章武縣伯。

十五年，拜安夷郡守，帶長蛇鎮將。氐俗荒獷，昶威懷以禮，莫不悅服。期歲之後，樂從軍者千餘人。加授帥都督。時屬軍機，科發切急，氐情難之，復相率謀叛。昶又潛遣誘說，離間其情。因其攜貳，遂輕往臨之。羣氐不知所爲，咸來見昶，乃收其首逆者二十餘人斬之，餘衆遂定。朝廷嘉之，除大都督，行南秦州事。時氐帥蓋闍等反，昶復討禽之。又與史寧破宕昌羌、獠二十餘萬。拜武州刺史。恭帝初，加驃騎大將軍、開府儀同三司。潭水羌叛，殺武陵、潭水二郡守。昶率儀同駱天人等討平之。

周明帝初，鳳州人仇周貢、魏興等反，自號周公，破廣化郡，攻沒諸縣，分兵西入，圍廣業、脩城二郡。廣業郡守薛爽、脩城郡守杜杲等請昶爲援。〔一六〕遣使報杲，爲周貢黨樊伏興等所獲。興等知昶將至，解脩城圍，據泥功嶺，設六伏以待昶。昶至，遂遇其伏，合戰破之。廣業之圍亦解，昶追之至泥陽川而還。興州人段吒及氐酋姜多復反，〔一七〕攻沒郡縣，昶討斬之。

昶自以被拔擢居將帥之任，傾心下士，虜獲氐、羌，撫而使之，皆爲昶盡力。周文常曰：「不煩國家士馬而能威服氐、羌者，趙昶有之矣。」至是，明帝錄前後功，進爵長道郡公，賜姓宇文氏，賞勞甚厚。二年，徵拜賓部中大夫，行吏部。尋以疾卒。

王悅字衆喜，京兆藍田人也。少有氣幹，爲州里所稱。周文初定關隴，悅率募鄉里從軍，屢有戰功。

大統元年，除相府刑獄參軍，封藍田縣伯。四年，東魏將侯景攻圍洛陽，周文赴援，悅又率鄉里千餘人從軍至洛陽。將戰之夕，悅罄其行資，市牛饗戰士。悅所部盡力，〔一八〕斬獲居多。還大行臺右丞，轉左丞。久居管轄，頗獲時譽。

十三年，侯景據河南來附，〔一九〕仍請兵爲援，周文先遣韋法保、賀蘭願德等帥衆助之。悅言於周文曰：「侯景之於高歡，始則篤鄉黨之情，末乃定君臣之契，位居上將，職重台司，論其分義，有同魚水。今歡始死，景便離貳，豈不知君臣之道有違，忠義之禮不足？蓋其圖既大，不卹小嫌。然尚能背德於高氏，豈肯盡節於朝廷！今若益之以勢，援之以兵，非唯侯景不爲池中之物，亦恐朝廷貽笑將來也。」周文納之，乃遣追法保等，而景尋叛。後拜京兆郡

守、散騎常侍，還大行臺尚書。

從達奚武征梁漢。軍出，武令悅說其城主楊賢，〔二〇〕悅乃貽之書，賢於是遂降。悅又白武云：「白馬衝要，是必爭之地。今城守寡弱，易可圖也。若蜀兵更至，攻之實難。」武然之，卽令悅率輕騎徑趣白馬。悅示其禍福，梁將深悟，〔二一〕遂以城降。時梁武陵王蕭紀果遣其將任珍奇，欲先據白馬。行次關城，聞其已降，乃還。及梁州平，周文卽以悅行刺史事。招攜初附，人吏安之。

廢帝二年，徵還本任。屬改行臺爲中外府，尚書員廢，悅以儀同領兵還鄉里。悅旣久居顯職，及此之還，私懷怏怏，猶陵駕鄉里，失於宗黨之情。其長子康恃悅舊望，遂自驕縱。所部軍人將有婚禮，康乃非理陵辱。軍人訴之，悅及康並坐除名，仍配遠防。及于謹伐江陵，令悅從軍展効。江陵平，因留鎮之。

周孝閔帝踐祚，依例復官，授郢州刺史。尋拜使持節、驃騎大將軍、開府儀同三司、大都督、司水中大夫，進爵藍田縣侯。俄還司憲中大夫，賜姓宇文氏，又進爵河北縣公。性儉約，不營生業，雖出內榮顯，家徒四壁而已，明帝手敕勞勉之。保定元年，卒於位。

子康嗣，官至司邑下大夫。

趙文表，其先天水西人也，後徙居南鄭。累世爲二千石。父珏，性方嚴，有度量。位御伯中大夫，封昌國縣伯。贈廣、絳二州刺史，謚曰貞。

文表少而修謹，志存忠節。起家爲周文親信，累遷左金紫光祿大夫。保定五年，授畿伯下大夫，遷許國公宇文貴府長史。尋拜車騎大將軍、儀同三司。仍從貴使突厥迎皇后，進止儀注，皆令文表典之。文表斟酌而行，皆合禮度。及皇后將入境，突厥託以馬瘦徐行，文表慮其爲變，遂說突厥使羅莫緣曰：「后自發彼蕃，已淹時序，途經沙漠，人馬疲勞。且東寇每伺間隙，吐谷渾亦能爲變，今君以可汗愛女，結姻上國，曾無防慮，豈人臣之體乎？」莫緣然之，遂倍道兼行，數日至甘州。以迎后功，別封伯陽縣伯。

天和三年，除梁州總管府長史。所管地名恒稜者，方數百里，並夷、獠所居，恃其險固，常懷不軌，文表率衆討平之。遷蓬州刺史。政尚仁恕，夷、獠懷之。加驃騎大將軍、開府儀同三司。又加大將軍，進爵爲公。

大象中，拜吳州總管。時開府于顗爲吳州刺史。〔二二〕及隋文帝執政，尉遲迥等舉兵，遠近騷然，人懷異望。顗自以族大，〔二三〕且爲國家肺腑，懼文表負己，謀欲先之，乃稱疾不出。文表往問之，顗遂手刃文表，因令其吏人告云：「文表謀反。」仍馳啓其狀。帝以諸方未定，

恐顗爲變，遂授顗吳州總管以安之。後知文表無異志，雖不罪顗，而聽其子仁海襲爵。

元定字願安，河南洛陽人也。祖比，魏婁州刺史。〔二四〕父道龍，鉅鹿郡守。

定惇厚少言，內沈審而外剛毅。從周文討侯莫陳悅，以功拜步兵校尉。孝武西遷，封高邑縣男。定有勇略，累從征伐，每戰必陷陣，然未嘗自言其功。周文深重之，諸將亦稱其長者。累加驃騎大將軍、開府儀同三司，進爵爲公。廢帝二年，以宗室進封建城郡王。三年，行周禮，〔二五〕爵隨例降，改封長湖郡公。

周明帝初，拜岷州刺史。威恩兼濟，甚得羌豪之情，先時生羌據險不賓者，至是，並出山谷，〔二六〕從征賦焉。及定代還，羌豪等咸戀慕之。保定中，授左宮伯中大夫。久之，轉左武伯中大夫，進位大將軍。

天和二年，陳湘州刺史華皎舉州歸梁，梁主欲因其隙更圖攻取，乃遣使請兵，詔定從衞公直率衆赴之。梁人與華皎皆爲水軍，定爲陸軍，直總督之。俱至夏口，而陳郢州堅守不下，直令定圍之。陳遣其將淳于量、徐度、吳明徹等水陸來拒，皎爲陳人所敗，直得脫身歸梁。定既孤軍縣隔，進退無路，陳人乘勝，水陸逼之。定乃率所部，斫竹開路，且戰且行，〔二七〕欲趣湘州，而湘州已陷。徐度等知定窮迫，遣使僞與定通和，重爲盟誓，許放還國。定疑其詭詐，欲力戰死之。而定長史長孫隆及諸將等多勸定和，定乃許之。於是與度等刑牲歃血，解仗就船。爲度所執，所部衆軍亦被囚虜，送詣丹陽。居數月，憂憤發病卒。子樂嗣。

楊檦字顯進，正平高涼人也。祖貴、父猛，並爲縣令。

檦少豪俠，有志氣。魏孝昌中，尒朱榮殺害朝士，大司馬、城陽王元徽逃難投檦，檦藏而免之。孝莊帝立，徽乃出，復爲司馬。〔二八〕由是檦以義烈聞，擢拜伏波將軍、給事中。元顥入洛，孝莊北度太行。及尒朱榮奉帝南討，至馬渚，檦乃具船以濟王師。顥平，封肥如縣伯，加鎮遠將軍、步兵校尉、行濟北郡事。進都督、平東將軍、太中大夫。

從孝武入關，進爵爲侯，加撫軍將軍、銀青光祿大夫。時東魏遷鄴，周文欲知其所爲，乃遣檦間行詣鄴以觀察之。使還稱旨，授通直散騎常侍、車騎將軍。稽胡恃險不賓，屢行鈔竊，以檦兼黃門侍郎，往慰撫之。檦頗有權略，能得邊情，誘化酋渠，多來款附，乃有隨檦入朝者。

時弘農爲東魏守，檦從周文攻拔之。然自河以北，猶附東魏。檦父猛先爲邵郡白水

令，檦與其豪右相知，請微行詣邵郡，舉兵以應朝廷。周文許之，檦遂行。與土豪王覆憐等陰謀舉事，密相應會，內外俱發，遂拔邵郡，禽郡守程保及縣令四人，〔二九〕並斬之。衆議推檦行郡事，檦以因覆憐成事，遂表覆憐爲邵郡守。以功授大行臺左丞，仍率義徒更爲經略。於是遣諜人誘說東魏城堡，旬月之間，正平、河北、南汾、二絳、建州、太寧等諸城，並有請爲內應者，大軍因攻而拔之。以檦行正平郡事，左丞如故。齊神武敗於沙苑，其將韓軌、潘樂、可朱渾元等爲殿，檦分兵要截，殺傷甚衆。東雍州刺史司馬恭懼檦威聲，棄城遁走。檦遂移據東雍州。

周文以檦有謀略，堪委邊任，乃表行建州事。時建州遠在敵境，然檦威恩夙著，所經之處，多贏糧附之。比至建州，衆已一萬。東魏州刺史車折于洛出兵逆戰，〔三〇〕檦擊敗之。又破其行臺斛律俱於州西，大獲甲仗及軍資，以給義士。由是威名大振。東魏遣太保尉景攻陷正平，復遣行臺薛脩義與斛律俱相會，於是敵衆漸盛。檦以孤軍無援，且腹背受敵，謀欲拔還。復恐義徒背叛，遂僞爲周文書，遣人若從外送來者，云已遣軍四道赴援。因令人漏泄，使所在知之。又分土人義首，〔三一〕令各領所部四出鈔掠，擬供軍費。檦分遣訖，遂於夜中拔還邵郡。朝廷嘉其權以全軍，即授建州刺史。

時東魏以正平爲東雍州，遣薛榮祖鎮之。乃先遣奇兵，急攻汾橋。榮祖果盡出城中戰

士，於汾橋拒守。其夜，摽從他道濟，遂襲剋之。進驃騎將軍。邵郡人以郡東叛，郡守郭武安脫身走免，摽又率兵攻而復之。轉正平郡守。又擊破東魏南絳郡，虜其郡守屈僧珍。錄前後功，封郃陽縣伯。

芒山之戰，摽攻拔栢谷塢，因卽鎭之。及大軍不利，摽亦拔還。而東魏將侯景率騎追摽，摽與儀同韋法保同心抗禦，且戰且前，景乃引退。周文嘉之，復授建州刺史，鎭車箱。摽久從軍役，未及葬父。至是，表請遷葬。〔三〕詔贈其父車騎大將軍、儀同三司、晉州刺史，贈其母夏陽縣君，並給儀衞，州里榮之。

及齊神武圍玉壁，別令侯景趣齊子嶺。摽恐入寇邵郡，率騎禦之。景遠聞摽至，斫木斷路者六十餘里，猶驚而不安，遂退還河陽，其見憚如此。十二年，進授大都督，加晉、建二州諸軍事。又攻破蓼塢，獲東魏將李顯，進儀同三司。尋加開府，復鎭邵郡。十六年，大軍東討，授大行臺尙書，率義衆先驅敵境，攻其四戍，拔之。時以齊軍不出，乃追摽還。改封華陽縣侯。又於邵郡置邵州，以摽爲刺史，率所部兵鎭之。

保定四年，遷少師。其年，大軍圍洛陽，詔摽出軹關。〔三〕然摽自鎭東境二十餘年，數與齊人戰，每常克獲，以此遂有輕敵之心。時洛陽未下，而摽深入敵境，又不設備。齊人奄至，大破摽軍。摽以衆敗，遂降於齊。摽之立勳也，有慷慨壯烈之志，及軍敗，遂就虜以求

苟免，時論以此鄙之。朝廷猶錄其功，不以爲罪，令其子襲爵。

論曰：申徽局量深沉，文之以經史，陸通鑒悟明敏，飾之以溫恭，並夙奉龍顏，早蒙任遇，効宣提戟，功預披荆，義結周旋，恩生契闊。遂得入居端揆，出撫列藩。雖以識用成名，抑亦情兼惟舊。陸逞於戎旅之際，以文雅見知，出境播延譽之能，莅官著從政之美，歷居顯要，豈徒然哉！厙狄峙建和戎之功，楊荐成入關之策，趙剛之克剪凶狡，趙昶之懷服氐、羌，王悅之料侯景，文表之譎突厥，或明稱先覺，或識表見機，觀其立功立事，皆一時志力之士也。元定敗亡，同黃權之無路；楊摽攻勝，亦兵破而身囚。〔四〕功名寥落，良可嗟矣！易曰：「師出以律，否臧凶。」傳曰：「不備不虞，不可以師。」其摽之謂也！

校勘記

〔一〕仕宋位雍州刺史　諸本「雍」作「雄」，周書卷三二、通志卷一五九申徽傳作「雍」。按宋書州郡志無「雄州」，雍州僑置於襄陽。「雄」乃「雍」之訛，今據改。

〔二〕及遷得免　諸本「免」作「逸」，周書作「免」。按下云「乃廣集賓友」，知是免罪而非逃逸。此形似致訛，今據改。

〔三〕其女婿劉彥隨焉　本書卷六七令狐整傳作「鄧彥」。

〔四〕贈泗州刺史　周書同，通志「泗」作「四」。按申徽當死於天和六年，或其後不久，其時周無泗州。周改東楚州爲泗州在大象二年。見楊守敬隋書地理志攷証卷七下邳郡條。疑當從通志作「四」。

〔五〕賜姓部六孤氏　周書卷三二、通志卷一五九陸通傳，「部」作「步」。步六孤氏見魏書官氏志。

〔六〕不患貴而貧也　諸本「貧」上衍「不」字，據周書卷三二陸通傳刪。

〔七〕又以疾不堪劇任乃除宜州刺史　諸本「乃」訛作「及」，據周書卷三二陸逞傳改。

〔八〕累遷驃騎大將軍開府儀同三司　諸本無「大」字，通志卷一五九厙狄峙傳有。張森楷云：「『驃』下當有『大』字。驃騎大將軍乃加開府。」按張說是，見周書卷二四盧辯傳。今據補。

〔九〕永平中　諸本「永」作「太」，通志卷一五九趙剛傳作「永」。按北魏年號無「太平」，「永平」乃宣武年號，時間正合，今據通志改。

〔一〇〕除剛潁川郡守　諸本「川」訛作「州」，據周書卷三三、通志卷一五九趙剛傳改。

〔一一〕與叛羌傍乞鐵忽相應　諸本「忽」訛作「怱」，據通志改。參卷六八豆盧寧傳校記。

〔一二〕贈中浙涿三州刺史　按「涿」是郡名不是州名，且不在周境，疑有誤。

〔一三〕時人謂之於菟　隋書卷七四趙仲卿傳「於菟」作「猛獸」。按「於菟」、「猛獸」都是指「虎」。隋書、北史避唐諱改。

〔一四〕十七年啓人窘迫與隋使長孫晟投通漢鎭　按本書卷九九、隋書卷八四突厥傳，突利可汗卽啓人可汗與長孫晟投隋，事在十九年，在高熲、趙仲卿等出師之後。此敍在前，並作十七年，疑誤。本書卷二二長孫晟傳也作十九年。又長孫晟傳「通漢鎭」作「伏遠鎭」。

〔一五〕追奔至乞伏泊復啓人　隋書卷七四「啓人」作「破之」，通志卷一七一趙仲卿傳作「啓民」。按據上條，啓人投隋在趙仲卿等出師之後。作「復啓人」不符事實。「啓人」當是「破之」之訛。

〔一六〕脩城郡守杜杲等請昶爲援　諸本「杲」作「果」，周書卷三三、通志卷一五九趙昶傳作「杲」。按事見周書卷三九杜杲傳，今據改。

〔一七〕興州人段吒及氐酋姜多復反　各本「姜」作「羌」，殿本及周書作「姜」。按周書卷四九、本書卷九六氐傳作「姜」。今從殿本。

〔一八〕悅所部盡力　周書卷三三王悅傳「悅」上有「及戰」二字，不當省。

〔一九〕十三年侯景據河南來附　諸本脫「十」字，據周書補。侯景降西魏見周書卷二文帝紀大統十三年。

〔二〇〕軍出武令悅說其城主楊賢　按周書卷一九達奚武傳云：「梁將楊賢以武興降。」這裏「軍出」下疑脫「武興」二字。

〔二一〕梁將深悟　周書作「其將梁深」。

〔二二〕時開府于顗爲吳州刺史　諸本「于顗」作「毛顗」，周書卷三三趙文表傳作「于顗」。按事見本書卷二三于顗傳，今據改。

〔二三〕顗自以族大　諸本「族」訛作「秩」，據周書改。

〔二四〕祖比魏婺州刺史　周書卷三四元定傳「比」作「比頽」，「婺」作「務」。按魏無「務州」或「婺州」，疑誤。

〔二五〕廢帝二年以宗室進封建城郡王三年行周禮　按據周書卷二文帝紀下，行周禮在西魏恭帝三年。這裏「三」上疑脫「恭帝」二字，或「廢帝」是「恭帝」之誤。

〔二六〕至是並出山谷　諸本脫「是」字，據周書卷三四、通志卷一五九元定傳補。

〔二七〕且戰且行　諸本脫「且行」二字，周書作「且行且戰」，通志作「且戰且行」，通鑑卷一七〇五二七〇頁作「且戰且引」。按通志本據北史，今從通志補。

〔二八〕徽乃出復爲司馬　周書卷三四楊摽傳「司馬」作「司州牧」。按魏書卷一九下元徽傳，徽曾於孝莊初，拜司州牧。疑周書是。

〔二九〕遂拔邵郡禽郡守程保及縣令四人　諸本「拔」下脫「邵」字，「禽」下脫「郡」字，據周書補。

〔三〇〕東魏州刺史車折于洛出兵逆戰　張森楷云：「周書無『州』字，是。」

〔三一〕又分土人義酋　周書「酋」作「首」，疑「酋」是「首」之訛。但通志卷一五九楊摽傳也作「酋」，今不改。

〔三二〕表請還葬　周書「還」作「還」。按上言「未及葬」，則不得言「還」，當是「還」之訛。

〔三三〕詔摽出軹關　諸本「關」訛作「闕」，據周書、通志改。楊摽出軹關，見周書卷五武帝紀保定四年十二月。

〔三四〕楊摽攻勝亦兵破而身囚　按周書卷三四史臣論云：「楊摽屢有奇功，狃於數勝，輕敵無備，兵破身囚。」疑「攻勝」是「數勝」之訛。

北史卷七十

列傳第五十八

韓褒　趙肅子軌　張軌　李彥　郭彥　梁昕　皇甫璠子誕

辛慶之族子昂　王子直　杜杲　呂思禮　徐招　檀翥

孟信　宗懔　劉璠子祥　兄子行本　柳遐子莊

韓褒字弘業，潁川潁陽人也。祖瓌，魏平涼郡守、安定郡公。父演，恒州刺史。

褒少有志尚，好學而不守章句。其師怪問之，對曰：「文字之間，常奉訓誘，至於商較異同，請從所好。」師因此奇之。及長，涉獵經史，深沈有遠略。屬魏室喪亂，避地夏州。時周文帝爲刺史，素聞其名，待以客禮。及賀拔岳爲侯莫陳悅所害，諸將遣使迎周文。周文問以去留之計，褒曰：「此天授也，何可疑乎！」周文納焉。及爲丞相，引爲錄事參軍，賜姓侯呂

陵氏。大統初，還行臺左丞，賜爵三水縣伯、丞相府從事中郎，出鎮淅、酈。居二年，徵拜丞相府司馬，進爵爲侯。

出爲北雍州刺史。州帶北山，多有盜賊。褒密訪之，並豪右所爲也，而陽不之知，厚加禮遇，謂曰：「刺史起自書生，安知督盜？所賴卿等共分其憂耳。」乃悉召傑黠少年素爲鄉里患者，置爲主帥，分其地界，有盜發而不獲者，以故縱論。於是諸被署者莫不惶懼，皆首伏曰：「前盜發者，並某等爲之。」所有徒侶，皆列其姓名，或亡命隱匿者，亦悉言其所在。褒乃取盜名簿藏之，因大牓州門曰：「自知行盜者，可急來首，卽除其罪。盡今月不首者，顯戮其身，籍沒妻子，以賞前首者。」旬日之間，諸盜咸悉首盡。褒取名簿勘之，一無差異，並原其罪，許以自新。由是羣盜屏息。入爲給事黃門侍郎，遷侍中。

除都督、西涼州刺史。羌胡之俗，輕貧弱，尙豪富。豪富之家，侵漁百姓，同於僕隸。故貧者日削，豪者益富。褒乃悉募貧人，以充兵士，優復其家，蠲免傜賦。又調富人財物以振給之。每西域商貨至，又先盡貧者市之。於是貧富漸均，戶口殷實。廢帝元年，爲會州刺史。後以驃騎大將軍、開府儀同三司，進爵爲公。

累遷汾州刺史。先是，齊寇數入，人廢耕桑，前後刺史，莫能防扞。褒至，適會寇來，乃不下屬縣。人既不備，以故多被抄掠。齊人喜於不覺，以爲州先未集兵，今還必不能追躡，

由是益僻，不爲營壘。褒已先勒精銳，伏北山中，分據險阻，邀其歸路。乘其衆怠，縱伏擊之，盡獲其衆。故事，獲生口者，並送京師，褒因是奏曰：「所獲賊衆，不足爲多，俘而辱之，但益其忿耳。請一切放還，以德報怨。」有詔許焉。自此抄兵頗息。遷河州總管，仍轉鳳州刺史。尋以年老請致事，詔許之。天和五年，拜少保。

褒歷事三帝，以忠厚見知。武帝深相敬重，常以師道處之，每入朝見，必有詔令坐，然始論政事。卒，贈涇、岐、燕三州刺史，謚曰貞。

子繼伯嗣。仕隋，位終衛尉少卿。

趙肅字慶雍，河南洛陽人也。世仕河西。及沮渠氏滅，曾祖武始歸於魏，賜爵金城侯。祖興，中書博士。父申侯，舉秀才，爲後軍府主簿。

肅早有操行，知名於時。孝昌中，起家殿中侍御史，累遷左將軍、太中大夫。東魏天平初，除新安郡守，秩滿還洛陽。大統三年，獨孤信東討，肅率宗人爲鄉導。授司州別駕，監督糧儲，軍用不匱。周文帝聞之，謂人曰：「趙肅可謂洛陽主人也。」九年，行華山郡事。十三年，除廷尉少卿。〔一〕明年元日，當行朝禮，非有封爵者不得預焉。肅時未有茅土，

左僕射長孫儉啓周文請之。周文乃召肅謂曰：「歲初行禮，豈得使卿不預！然何爲不早言也？」於是令肅自選封名。肅曰：「河清乃太平之應，竊所願也。」於是封清河縣子。十六年，除廷尉卿，加征東將軍。肅久在理官，執心平允，凡所處斷，咸得其情。廉慎自居，不營產業，時人以此稱之。十七年，進位車騎大將軍、儀同三司、散騎常侍，賜姓乙弗氏。

先是，周文命肅撰法律，肅積思累年，遂感心疾。去職，卒於家。子軌。

軌少好學，有行檢。周蔡王引爲記室，以清苦聞。隋文帝受禪，爲齊州別駕，有能名。其東鄰有桑，葚落其家，軌遣人悉拾還其主，戒其諸子曰：「吾非以此求名，意者非機杼物，不願侵人。汝等宜以爲戒。」在州考績連最。持節使者郃陽公梁子恭上狀，文帝賜以米帛甚優，令入朝。父老將送者，各揮涕曰：「別駕在官，水火不與百姓交，是以不敢以盃酒相送。公清如水，請酌一盃水奉餞。」軌受飲之。至京，詔與牛弘撰定律令格式。

時衞王爽爲原州總管，召爲司馬。在道夜行，其左右馬逸入田中，暴人禾。軌駐馬待明，訪知禾主，酬直而去。原州人吏聞之，莫不改操。後檢校硤州刺史，甚有恩惠。轉壽州總管長史。芍陂舊有五門堰，蕪穢不通。軌勸課吏人，更開三十六門，灌田五千餘頃，人賴其利。秩滿歸，卒于家。子弘安、弘智，並知名。

張軌字元軌，濟北臨邑人也。父崇，高平令。軌少好學，志識開朗。初在洛陽，家貧，與樂安孫樹仁爲莫逆之友，每易衣而出，以此見稱。軌常謂所親曰：「秦、雍之間，必有王者。」介朱氏敗後，遂杖策入關。賀拔岳以軌爲記室參軍，典機密。尋轉倉曹。時穀糴踊貴，或有請貸官倉者。軌曰：「以私害公，非吾宿志。濟人之難，詎得相違？」乃賣所服衣物，糴粟以振其乏。

及岳被害，周文帝以軌爲都督，從征侯莫陳悅。悅平，使於洛陽，見領軍斛斯椿。椿曰：「高歡逆謀，已傳行路，人情西望，以日爲年。未知宇文何如賀拔也？」軌曰：「宇文公文足經國，武足定亂，至於高識遠度，非愚管所測。」椿曰：「誠如卿言，眞可恃也。」周文爲行臺，授軌郎中。孝武西遷，除中書舍人，封壽張縣子，兼著作佐郎，修起居注。遷給事黃門侍郎，兼吏部郎中。出爲河北郡守。在郡三年，聲績甚著，臨人政術，有循吏之美。大統間言宰人者，多推尚之。入爲丞相府從事中郎，行武功郡事。章武公導出鎭秦州，以軌爲長史。廢帝元年，進車騎大將軍、儀同三司、散騎常侍。二年，賜姓宇文氏，行南秦州事。恭帝二年，徵拜度支尚書，復除隴右府長史。卒於位，謚曰質。

軌性清素，臨終之日，家無餘財，唯有書數百卷。

子肅，周明帝初爲宣納上士，轉中外府記室參軍、中山公訓侍讀。早有才名，性頗輕猾，時人比之魏諷。卒以罪考竟終。

李彥字彥士，梁郡下邑人也。祖光之，魏淮南郡守。父靜，南青州刺史。

彥少有節操，好學慕古。孝昌中，解褐奉朝請。孝武入關，兼著作佐郎，修起居注。大統初，除通直散騎侍郎，累遷左戶郎中。十二年，省三十六曹爲十二部，改授戶部郎中，封平陽縣子。廢帝初，拜尚書右丞，轉左丞。

彥在尚書十有五載，屬軍國草創，庶務殷繁，留心省閣，未嘗懈怠。斷決如流，略無疑滯。臺閣莫不歎其公勤，服其明察。遷給事黃門侍郎，仍左丞。賜姓宇文氏。出爲鄜州刺史。彥以東夏未平，固辭州任，詔許之。拜兵部尚書，加驃騎大將軍、開府儀同三司，仍兼著作。六官建，改授軍司馬，進爵爲伯。

彥性謙恭，有禮節，雖居顯要，於親黨之閒恂恂如也。輕財重義，好施愛士，時論以此稱之。然素多疾，而勤於莅職，雖沈頓枕席，猶理務不輟，遂至於卒。謚曰敬。

彥臨終遺誡其子等曰：「昔人以窾木爲櫝，葛虆爲緘，下不亂泉，上不泄臭，實吾平生之志也。但事既矯枉，恐爲世士所譏。今可斂以時服，葬於磽确之地，勿用明器，芻塗及儀衞等。爾其念哉。」朝廷嘉焉，不奪其志。

子昇明嗣。少歷顯職。大象末，太府中大夫、儀同大將軍。仕隋，終於齊州刺史。

子仁政，長安縣長。義軍至，以罪誅。

郭彥，太原陽曲人也。其先從宦關右，遂居馮翊。父胤，靈武令。

彥少知名，周文帝臨雍州，辟爲西曹書佐。累遷虞部郎中。大統十二年，初選當州首望，統領鄉兵，除帥都督。以居郎官著稱，封龍門縣子，進大都督。恭帝元年，除兵部尚書，仍以本兵從柱國于謹南伐江陵。進驃騎大將軍、開府儀同三司，進爵爲伯。六官建，拜戶部中大夫。

周孝閔帝踐祚，出爲澧州刺史。蠻左生梗，不營農業。彥勸以耕稼，人皆務本，亡命之徒，咸從賦役。先是，以澧州糧儲乏少，每令荊州遞送。自彥莅職，倉庾充實，無復轉輸之勞。齊南安城主馮顯密遣使歸降，其衆未之知也。柱國宇文貴令彥率兵應接。時齊人先

令顯率所部送糧南下，彥懼其衆不從命，乃於路邀之，顯因得自拔。其衆果拒戰，彥縱兵奮擊，並虜獲之。以南安無備，即引軍掩襲，遂有其城。晉公護嘉之，進爵懷德縣公。入爲工部中大夫。

保定四年，晉公護東討，彥從尉遲迥攻洛陽，迥復令彥與權景宣出汝南。及軍次豫州，使彥鎮之。天和中，爲隴右總管府長史。[二]卒於官。贈小司空、宜鄜丹三州刺史。

梁昕字元明，安定烏氏人也。世爲關中著姓。其先因官，徙居京兆之盩厔。祖重耳，漳縣令。父勸儒，中散大夫，贈涇州刺史。

昕少溫恭，見稱州里。從尒朱天光征討，拜右將軍、太中大夫。周文帝迎魏孝武，軍次雍州，昕以三輔望族上謁。周文見昕容貌瓌偉，深賞異之，即授右府長流參軍。累遷丞相府主簿。大統十二年，除河南郡守，遷東荊州刺史。昕撫以仁惠，蠻夷悅之。封安定縣子。周孝閔帝踐祚，進位驃騎大將軍、開府儀同三司。明帝初，進爵胡城縣伯。天和初，拜工部中大夫，出爲陝州總管府長史。

昕性溫裕，有幹能，歷官內外，咸著聲稱。尋卒官。贈大將軍，謚曰貞。

昕弟榮，位計部下大夫、開府儀同三司、朝那縣伯。贈涇、寧、豳三州刺史，謚曰靜。

子巚，仕隋，爲給事郎。貞觀中，終於鄜州刺史。

皇甫璠字景璵，安定三水人也。世爲西州著姓，後徙居京兆。父和，本州中從事。大統末，追贈散騎常侍、儀同三司、涇州刺史。

璠少忠謹，有幹略。永安中，辟州都督。周文帝爲牧，補主簿，以勤事被知。大統四年，引爲丞相府行參軍。周孝閔帝踐祚，爲守廟下大夫、長樂縣子。保定中，爲鴻州刺史，入爲小納言。累遷蕃部中大夫，進驃騎大將軍、開府儀同三司。

璠性平和，小心奉法，安貞守志，恒以清白自處，當時稱爲善人。建德三年，爲隨州刺史，政存簡惠，百姓安之。卒官，贈交、渭二州刺史，謚曰恭。

子誼，少知名。大象中，位吏部下大夫。誼弟誕。

誕字玄慮，少剛毅，有器局。開皇中，累遷治書侍御史，朝臣無不肅憚焉。後爲尚書左丞。時漢王諒爲并州總管，朝廷盛選僚佐，拜誕并州總管司馬，總府政事，一以諮之。諒甚

敬焉。及煬帝即位，諒用諮議王頍謀，發兵作亂。誕數諫止，諒不納。誕因流涕，以死固請。諒怒囚之。及楊素將至，諒屯清源以拒之。[三]諒主簿豆盧毓出誕於獄，協謀閉城拒諒。諒襲擊破之，[四]並抗節遇害。帝以誕亡身殉國，嘉悼者久之。詔贈柱國，封弘義公，謚曰明。

子無逸嗣。尋爲淯陽太守，甚有聲稱。大業初，令行，舊爵例除。[五]以無逸誠義之後，賜爵平輿侯。入爲刑部侍郎，守右武衞將軍。

初，漢王諒之反，州縣莫不響應。有嵐州司馬陶世模，繁畤令敬釗，並抗節不從。

世模，京兆人。性明敏，有器幹。仁壽初，爲嵐州司馬。諒反，刺史喬鍾葵將赴之，世模以義拒之。臨之以兵，辭氣不撓，鍾葵義而釋之。軍吏請斬之，於是被囚。及諒平，拜開府，授大興令。

釗字積善，河東蒲坂人。父元約，周布憲中大夫。釗，仁壽中爲繁畤令，甚有能名。漢王諒反，師陷其城，賊帥墨弼執送僞將喬鍾葵，署爲代州總管司馬。釗正色拒之，誓之以死。會鍾葵敗，釗遂免。卒於朝邑令。

辛慶之字餘慶，隴西狄道人也。世爲隴右著姓。父顯宗，馮翊郡守，贈雍州刺史。

慶之少以文學徵詣洛陽，對策第一，除祕書郎。屬尒朱氏作亂，魏孝莊帝令司空楊津爲北道行臺，節度山東諸軍以討之。津啓慶之爲行臺左丞，與參謀議。至鄴，聞孝莊帝崩，遂出兗、冀間，謀結義徒，以赴國難。尋而節閔帝立，乃還洛陽。及賀拔岳爲行臺，復啓慶之爲行臺吏部郎。大統初，從周文帝東討，爲行臺左丞。六年，行河東郡事。九年，入爲丞相府右長史，兼給事黃門侍郎，除度支尚書，復行河東郡事。遷南荆州刺史，加儀同三司。慶之位遇雖隆，而率性儉素，車馬衣服亦不尙華侈。志量淹和，有儒者風度，特爲當時所重。又以其經明行修，令與盧誕等教授諸王。廢帝二年，拜祕書監。卒官。子加陵，主寢上士。慶之族子昂。

昂字進君。數歲便有成人志行。有善相人者，謂其父仲略曰：「公家雖世載冠冕，然名德富貴，莫有及此兒者。」仲略亦重昂志氣，深以爲然。年十八，侯景辟爲行臺郎中。景後來附，昂遂入朝，除丞相府行參軍。後追論歸朝勳，封襄城縣男。

及尉遲迥伐蜀，昂占募從軍。蜀平，迥表昂爲龍州長史，領龍安郡事。州帶山谷，舊俗

生梗。昂威惠洽著，吏人畏而愛之。成都一方之會，風俗舛雜，迥以昂達於從政，復表昂行成都令。昂到縣，便與諸生祭文翁學堂，因共歡宴，謂諸生曰：「子孝臣忠，師嚴友信，立身之要，如斯而已。若不事斯語，何以成名？各宜自勉，克成令譽。」昂言切理至，諸生等並深感悟，歸而告其父老曰：「辛君教誡如此，不可違之。」於是井邑肅然，咸從其化。遷梓潼郡守。六官建，入爲司隸上士，襲爵繁昌縣公。

保定二年，爲小吏部。時益州殷阜，軍國所資，經塗艱險，每苦劫盜。詔昂使於益、梁，軍人之務皆委決焉。昂撫導荒梗，頗得寧靜。天和初，陸騰討信州蠻，詔昂便於通、渠等州運糧饋之。時臨、信、楚、合等諸州人庶多從逆，昂諭以禍福，赴者如歸。乃令老弱負糧，壯夫拒戰，莫有怨者。使還，屬巴州萬榮郡人反叛，圍郡城，昂於是遂募通、開二州，得三千人，倍道兼行，出其不意。又令其衆皆作中國歌，直趣賊壘。謂有大軍赴救，望風瓦解。朝廷嘉其權以濟事，詔梁州總管、杞國公亮即於軍中賞昂奴婢二十口，繒綵四百疋。又以昂威信布於宕渠，遂表爲渠州刺史。轉通州。推誠布信，甚得夷獠歡心。秩滿還京，首領皆隨昂詣闕朝覲。以昂化洽夷落，進位驃騎大將軍、開府儀同三司。

時晉公護執政，昂稍被護親待，武帝頗銜之。及誅護，加之捶楚，因此遂卒。

昂族人仲景，好學，有雅量。其高祖欽，後趙吏部尚書、雍州刺史，子孫因家焉。父歡，魏隴州刺史、朱陽公。仲景年十八，舉文學，對策高第。拜司空府主簿。建德中，位內史下大夫、開府儀同三司。卒于家。子衡。

王子直字孝正，京兆杜陵人也。世爲郡右族。父琳，州主簿、東雍州長史。

子直性節儉，有幹能。魏正光中，州辟主簿，起家奉朝請。永安初，拜鴻臚少卿。孝武西遷，封山北縣男。大統初，漢熾屠各阻兵於南山，與隴東屠各共爲脣齒。周文帝令子直率涇州步騎五千討破之。賜書勞問，除尙書左外兵郎中，兼中書舍人。從解洛陽圍，經河橋戰。兼尙書左丞，出爲秦州總管府司馬。時涼州刺史宇文仲和據州逆命，子直從隴右大都督獨孤信討平之。復入爲大行臺郎中，兼丞相府記室，除太子中庶子，領齊王友。尋行馮翊郡事。廢帝元年，拜使持節、大都督，行瓜州事。務以德政化人，西土悅附。恭帝初，徵拜黃門侍郎。卒官。

子宣禮，柱國府參軍。

杜杲字子暉，京兆杜陵人也。祖建，魏輔國將軍，贈豫州刺史。父皎，儀同三司、武都郡守。

杲學涉經史，有當世幹略。其族父瓚，清貞有識鑒，深器重之，常曰：「吾家千里駒也。」瓚時仕魏，爲黃門侍郎，兼度支尚書、衞大將軍、西道大行臺，尙孝武妹新豐公主，因薦之朝廷。永熙三年，起家奉朝請。周明帝初，爲脩城郡守。屬鳳州人仇周貢等構亂，攻逼脩城，杲信洽於人，郡內遂無叛者。尋率郡兵與開府趙昶合勢，並破平之。入爲司會上士。

初，陳文帝弟安成王頊爲質於梁，及江陵平，頊隨例遷長安。陳人請之，周文帝許而未遣。至是，帝欲歸之，命杲使焉。陳文帝大悅，即遣使報聘，幷賂黔中數州地，仍請畫野分疆，永敦隣好。以杲奉使稱旨，進授都督，行小御伯，更往分界。陳於是歸魯山郡。帝乃拜頊柱國大將軍，詔杲送之還國。陳文帝謂杲曰：「家弟今蒙禮遣，實是周朝之惠。然不還魯山，亦恐未能及此。」杲答曰：「安成之在關中，乃咸陽一布衣耳。然是陳之介弟，其價豈止一城？本朝親睦九族，恕己及物，上遵太祖遺旨，下思繼好之義，所以發德音者，蓋爲此也。若知止侔魯山，固當不貪一鎭。況魯山梁之舊地，梁即本朝蕃臣，若以始末言之，魯山自合歸國。云以尋常之士，易己骨肉之親，使臣猶謂不可，何以聞諸朝廷！」陳文帝慚恧久之，乃曰：「前言戲之耳。」自是接遇有加常禮。及還，引升殿，親降御座，執手以別。朝廷嘉之，授

大都督、小載師下大夫，行小納言，復聘於陳。

及華皎來附，詔令衞公直、都督元定等援之。定等並沒。自是連兵不息，東南搔動。武帝授杲御正中大夫，使陳，論保境息人之意。陳宣帝遣其黃門侍郎徐陵謂杲曰：「兩國通好，彼朝受我叛人，何也？」杲曰：「陳主昔在本朝，非慕義而至，主上授以柱國，位極人臣，子女玉帛，備禮將送，今主社稷，孰謂非恩？郝烈之徒，邊人狂狡，曾未報德，而先納之。今受華氏，正是相報。過自彼始，豈在本朝！」陵曰：「彼納華皎，志圖吞噬。此受郝烈，容之而已。且華皎方州列將，竊邑叛亡。郝烈一百許戶，脫身逃竄。大小有異，豈得同年而語乎？」杲曰：「大小雖殊，受降一也。若論先後，本朝無失。」陵曰：「周朝送主上還國，既以爲恩，衞公共元定度江，孰云非怨？計恩與怨，亦足相埒。」杲曰：「元定等軍敗身囚，其怨已滅。陳主負扆馮玉，其恩猶在。且怨由彼國，恩起本朝，以怨酬恩，未之聞也。」陵笑而不答。杲因陳和通之便，陵具以聞。陳宣許之，遂遣使來聘。

建德初，授司城中大夫，仍使於陳。宣帝謂杲曰：「長湖公軍人等雖築館處之，然恐不能無北風之戀。王褒、庾信之徒既羇旅關中，亦當有南枝之思耳。」杲揣陳宣意欲以元定軍將士易王褒等，乃答之曰：「長湖總戎失律，臨難苟免，既不死節，安用此爲！且猶牛之一毛，何能損益。本朝之議，初未及此。」陳宣帝乃止。及杲還，至石頭，又遣謂之曰：「若欲合

從，共圖齊氏，能以樊、鄧見與，方可表信。」杲答曰：「合從圖齊，豈唯弊邑之利？必須城鎭，宜待得之於齊。先索漢南，使臣不敢聞命。」還，除司倉中大夫，又使於陳。杲有辭辯，閑於占對，前後將命，陳人不能屈，陳宣帝甚敬異之。時元定已卒，乃禮送開府賀拔華及定棺柩，杲受之以歸。除河東郡守，遷溫州刺史，賜爵義興縣伯。大象元年，徵拜御正中大夫，復使陳。二年，除申州刺史，加開府儀同大將軍，進爵爲侯。除同州刺史。

隋開皇元年，以杲爲同州總管，〔六〕進爵爲公。俄遷工部尚書。二年，除西南道行臺兵部尚書。尋以疾卒。

子運，大象末，宣納上士。

杲兄長暉，位儀同三司。

呂思禮，東平壽張人也。性溫潤，不雜交遊。年十四，受學於徐遵明，長於論難，諸生爲之語曰：「講書論易鋒難敵。」十九，舉秀才，對策高第，除相州功曹參軍。葛榮圍鄴，思禮有守禦勳，賜爵平陸縣伯，除欒城令。

普泰中，僕射司馬子如薦爲尚書二千石郎中。尋以地寒被出，兼國子博士。乃求爲關西大行臺郎中，與姚幼瑜、茹文就俱入關。爲行臺賀拔岳所重，專掌機密，甚得時譽。岳爲侯莫陳悅所害，趙貴等議遣赫連達迎周文帝，思禮預其謀。及周文爲關西大都督，以思禮爲府長史，尋除行臺右丞。以迎魏孝武功，封汶陽縣子，加冠軍將軍，拜黃門侍郎。魏文帝即位，〔七〕領著作郎，除安東將軍、都官尚書，兼七兵、殿中二曹事。從禽竇泰，進爵爲侯。大統四年，以謗訕朝政賜死。

思禮好學有才，雖務兼軍國，而手不釋卷。晝理政事，夜即讀書，令蒼頭執燭，燭燼夜有數升。沙苑之捷，命爲露布，食頃便成，周文歎其工而且速。所爲碑誄表頌，並傳於世。七年，追贈車騎將軍、定州刺史。

子亶嗣。大象中，位至駕部下大夫。

時有博陵崔騰，早有名譽，歷職清顯，爲丞相府長史，亦以投書謗議賜死。

徐招字思賢，高平金鄉人也。〔八〕世爲著姓。招少好法律及朝廷舊事，發言措筆，常欲辯析秋毫。初入洛陽，雖未登仕，已爲時知，朝廷疑事多預議焉。延昌中，從征浮山堰有

功，賜爵高廣男。及廣陽王深北討鮮于脩禮，啓爲員外散騎侍郎、深府長流參軍。招陳策請離間之，葛榮竟殺脩理，自爲魁帥。以功進爵爲侯。永安初，射策甲科，除員外散騎常侍，領尚書儀曹郎中。招少習吏事，未能精究朝儀，常恨才達，恐名迹不立。久之，方轉二千石郎中。

尒朱榮死，尒朱世隆屯兵河橋，莊帝以招爲行臺左丞，自武牢北度，引馬場、河內之衆以抗世隆。後尒朱兆得招，鎖送洛陽，仲遠數招罪，將斬之。招曰「不虧君命，得死爲幸。」仲遠重之，曰：「凡人受命，理各爲主。今若爲戮，何以勸人臣？」乃釋之，用爲行臺右丞。及仲遠南奔，招獨還洛。

永熙末，從孝武入關中，拜給事黃門侍郎，兼尚書右丞。時朝廷播遷，典章遺闕，至於臺省法式，皆招所記，論者多焉。大統三年，拜驃騎將軍、侍中。時文帝舅子王起化犯罪死，有詔追贈，招執奏正之。後卒於度支尚書。子山雲嗣。

檀翥字鳳翔，高平金鄉人也。六世祖毓，晉步兵校尉。父江，始還北，仕至太常少卿，贈兗州刺史。

翥十歲喪父，還京師宅，與營人雜居。雖幼孤寒，不與隣人來往。好讀書，解屬文，能鼓琴，早爲琅邪王誦所知。年十九，以名家子爲魏明帝挽郎。後客遊三輔。時毛遐爲行臺，鎮北雍，〔九〕表翥爲行臺郎中。莊帝既誅尒朱榮，遐使翥詣京師，因除著作佐郎，郎中如故。

後孝武帝西幸，除兼中書舍人，修國史。大統初，又兼著作佐郎。以守關迎駕勳，封高唐子。〔一〇〕後坐談論輕躁，爲黃門侍郎徐招所糾，死於廷尉獄。

孟信字脩仁，廣川索盧人也。家世貧寒，頗傳學業。信常曰：「窮則變，變則通。吾家世傳儒學，而未有通官，當由儒非世務也。」遂感激，棄書從軍。永熙末，〔一一〕除奉朝請。

從孝武帝入關，封東州子，〔一二〕趙平太守。政尚寬和，權豪無犯。山中老人曾以㹠酒餽之，信和顏接引，慇懃勞問。乃自出酒，以鐵鐺溫之，素木盤盛蕪菁葅，唯此而已。又以一鐺借老人，但執一盃，各自斟酌，申酬酢之意。謂老人曰：「吾至郡來，無人以一物見遺，今卿獨有此餉。且食菜已久，欲爲卿受一㹠髆耳。酒既自有，不能相費。」老人大悅，再拜，擘㹠進之。酒盡方別。

及去官，居貧無食。唯有一老牛，其兄子賣之，擬供薪米。券契已訖，市法應知牛主住在所。信適從外來，見買牛人，方知其賣也。因告之曰：「此牛先來有病，小用便發，君不須也。」杖其兄子二十。買牛人嗟異良久，呼信曰：「孟公，但見與牛，未必須其力也。」苦請不得，乃罷。買牛者，周文帝帳下人，周文深歎異焉。

未幾，舉爲太子少師，後遷太子太傅，儒者榮之。特加車騎大將軍、儀同三司、散騎常侍。辭老請退，周文不奪其志，賜車馬、几杖、衣服、牀帳。卒於家。贈冀州刺史，謚曰戴。子儒。

宗懍字元懍，南陽涅陽人也。八世祖承，永嘉亂，討陳敏有功，封柴桑縣侯，除宜都郡守。卒官。子孫因居江陵。父高之，梁山陰令。

懍少聰敏，好讀書，晝夜不倦，語輒引古事，鄉里呼爲「小兒學士」。梁大同六年，舉秀才。〔一三〕以不及二宮元會，例不對策。及梁元帝鎮荆州，謂長史劉之遴曰：「貴鄉多士，爲舉一有意少年。」之遴以懍應命，卽日引見，令兼記室。嘗夕被召宿省，使製龍川廟碑，一夜便就。詰朝呈上，梁元帝歎美之。後歷臨汝、建城、廣晉三縣令。遭母憂去職，哭輒歐血，兩旬之內，絕而復蘇者三。每旦有羣烏數千集于廬舍，候哭而來，哭止而去，時論以爲孝感所致。

梁元帝卽位，擢爲尚書侍郎，封信安縣侯，累遷吏部尚書。懍父高之先爲南臺書侍御史，犯憲。懍願父釋罪，當終身菜食。高之理雪，故懍菜食，鄉里稱之。在元帝府，府中多言其矯。至是，大進魚肉，國子祭酒沛國劉瑴譏之曰：「本知卿不忠，猶謂卿孝。今日便是忠孝並無。」懍不能對。懍博學有才藻，口未嘗譽人，朋友以此少之。

初，侯景平後，梁元帝議還建鄴，唯懍勸都渚宮，以鄉在荆州故也。及江陵平，與王褒等入關。周文帝以懍名重南土，甚禮之。周孝閔帝踐祚，拜車騎大將軍、儀同三司。明帝卽位，又與王褒等在麟趾刊定羣書，數蒙宴賜。保定中，卒。有集二十卷行於世。

劉璠字寶義，沛人也。六世祖敏，以永嘉亂，徙居廣陵。父臧，性方正，篤志好學，居家以孝聞。仕梁，爲著作郎。

璠九歲而孤，居喪合禮。少好讀書，兼善文筆。十七，爲上黃侯蕭曄所器重。范陽張綰，梁之外戚，才高口辯，見推於世。以曄懿貴，亦假借之。璠年少未仕，而負才使氣，不爲之屈。綰嘗於新渝侯宅，因酒後詬京兆杜杲曰：〔一四〕「寒士不遜。」璠厲色曰：「此坐誰非寒士？」璠本意在綰，而曄以爲屬己，辭色不平。璠曰：「何王之門不可曳長裾也！」遂拂衣而去。曄謝之，乃止。後隨曄在淮南，璠母在建康遘疾，璠弗之知。嘗忽一日舉身楚痛，尋而家信至，云其母病。璠卽號泣戒道，絕而又蘇。當身痛之辰，卽母死之日。居喪毀瘠，遂感風氣，服闋後一年，猶杖而後起。及曄終於毗陵，故吏多分散，璠獨奉曄喪還都，墳成乃退。梁簡文時在東宮，〔一五〕遇曄素重，諸不送者多被劾責，唯璠獨被優賞。解褐王國常侍，非其好也。〔一六〕

璠少慷慨，好功名，志欲立事邊城，不樂隨牒平進。會宜豐侯蕭脩出爲北徐州刺史，卽請爲其輕車府主簿，兼記室參軍。脩爲梁州，又板爲中記室，補華陽太守。屬侯景度江，梁室大亂，脩以璠有才略，甚親委之。時寇難繁興，未有所定，璠乃喟然賦詩以見志。其末章曰：「隨會平王室，夷吾匡霸功。虛薄無時用，徒然慕昔風。」脩開府，置佐史，以璠爲諮議參軍，仍領記室。梁元帝承制，授樹功將軍、鎮西府諮議參軍，賜書曰：「鄧禹文學，尚或執戈；葛洪書生，且云破賊。前修無遠，屬望良深。」元帝尋以脩紹鄱陽之封，且爲雍州刺史，復以璠爲脩平北府司馬。

及武陵王紀稱制於蜀，以璠爲中書侍郎。遣召璠，使者八反，乃至蜀。又以爲黃門侍郎，令長史劉孝勝深布心腹，使工畫陳平度河歸漢圖以遺之。璠苦求還，中記室韋登私曰：「殿下忍而蓄憾，足下不留，將致大禍。脫使盜遮於葭萌，則卿殆矣。孰若共構大廈，使身名俱美哉！」璠正色曰：「卿欲緩頰於我邪？我與府侯分義已定，豈以寵辱夷險易其心乎！丈夫立志，當死生以之耳。殿下方布大義於天下，終不逞志於一人。」紀知不爲己用，乃厚贈而遣之。臨別，紀又解其佩刀贈璠曰：「想見物思人。」璠曰：「敢不奉揚威靈，剋翦姦宄。」紀於是遣使拜脩爲益州刺史，封隨郡王，以璠爲府長史，加蜀郡太守。

還至白馬西，屬達奚武軍已至南鄭，璠不得入城，遂降武。周文帝素聞其名，先戒武曰：「勿使劉璠死。」故武先令璠赴闕。周文見之如舊，謂僕射申徽曰：「劉璠佳士，古人何以過之！」徽曰：「晉人滅吳，利在二陸。明公今平梁漢，得劉璠也。」時南鄭尚拒守，達奚武請屠之，周文將許焉，唯令全脩一家而已。〔一七〕璠乃請之於朝，周文怒而不許也。璠泣而固請，移時不退。柳仲禮侍側，曰：「此烈士也。」〔一八〕

周文既納蕭脩降，又許其反國。脩至長安累月，未之遣也。璠因侍宴，周文曰：「我於古誰比？」曰：「常以公命世英主，湯、武莫逮。今日所見，曾是齊桓、晉文之不若。」周文曰：「我不得比湯、武，望與伊、周爲匹，何桓、文之不若乎？」對曰：「齊桓存三亡國，晉文不失信於伐原。」語未終，周文撫掌曰：「我解爾意，欲激我耳。」卽命遣脩。脩請與璠俱還，周文不

許。以璠爲中外府記室，遷黃門侍郎、儀同三司。嘗臥疾居家，對雪興感，乃作雪賦以遂志焉。初，蕭脩在漢中與蕭紀牋，及答西魏書、移襄陽文，皆璠辭也。

周明帝初，授內史中大夫，掌綸誥。尋封平陽縣子。在職清白簡亮，不合於時，左遷同和郡守。璠善於撫御，莅職未期，生羌降附者五百餘家。前後郡守多經營以致貲產，唯璠秋毫無所取。妻子並隨羌俗，食麥衣皮，始終不改。洮陽、洪和二郡羌常越境詣璠訟理。蔡公廣時鎮隴右，嘉其善政。及遷鎮陝州，欲啓璠自隨，羌人樂從者七百人，聞者莫不歎異。陳公純作鎮隴右，引爲總管府司錄，甚禮敬之。卒於官。著梁典三十卷，有集二十卷，行於世。子祥。

祥字休徵。幼聰慧，賓客見者皆號神童。事嫡母以至孝聞。其伯父黃門郎璆，有名江左，在嶺南，聞而奇之，乃令名祥字休徵。後以字行於世。十歲能屬文，十二通五經。仕梁，爲宜豐侯記室參軍。江陵平，隨例入關中。齊公憲召爲記室，府中書記皆令掌之。封漢安縣子。憲進爵爲王，以休徵爲王友。俄除內史上士。武帝東征，休徵陪侍帷幄，平齊露布卽休徵文也。累遷車騎大將軍、儀同大將軍。歷長安、萬年二縣令，頗獲時譽。卒於官。

初，璠所撰梁典始就，未及刊定而卒，臨終謂休徵曰：「能成我志，其在此書乎！」休徵修

定繕寫，勒成一家，行於世。

行本，璠兄子也。父瓌，仕梁，歷職清顯。行本起家梁武陵王國常侍。遇蕭脩以梁州北附，遂與叔父璠歸周，寓居新豐。每以諷讀爲事，精力忘疲，雖衣食乏絕，晏如也。性剛烈，有不可奪之志。周大冢宰宇文護引爲中外府記室。武帝親總萬機，轉御正中士，兼領起居注。

累遷掌朝下大夫。周代故事，天子臨軒，掌朝典筆硯，持至御坐，則承御大夫取進之。及行本爲掌朝，將進筆於帝，承御復欲取之。行本抗聲曰：「筆不可得。」帝驚視問之，行本曰：「臣聞設官分職，各有司存。臣既不得佩承御刀，承御亦焉得取臣筆。」帝曰：「然。」因令二司各行所職。

及宣帝嗣位，多失德，行本切諫忤旨，出爲河內太守。及尉遲迥作亂，攻懷州，行本率吏人拒之，拜儀同，賜爵文安縣子。

隋文帝踐祚，拜諫議大夫，檢校中書侍郎。上嘗怒一郎，於殿前笞之。行本進曰：「此人素清，其過又小。」上不顧。行本正當上前曰：「陛下不以臣不肖，令臣在左右。臣言若是，陛下安得不聽？臣言若非，當致之於理，安得輕臣而不顧？臣所言非私！」因置笏於地

而退，上斂容謝之，遂原所笞者。

時天下大同，四夷內附，行本以党項羌密邇封域，最爲後服，上表劾其使者曰：「臣聞南蠻遵校尉之統，西域仰都護之威。比見西羌，鼠竊狗盜，不父不子，無君無臣，異類殊方，於斯爲下。不悟羈縻之惠，詎知含養之恩，狠戾爲心，獨乖正朔。使人近至，請付推科。」上奇其志。雍州別駕元肇言於上曰：「有一州吏，受人餽錢二百文，律令杖一百。然臣下車之始，與其爲約。此吏故違，請加徒一年。」行本駁之曰：「律令之行，蓋發明詔。今肇乃敢重其教命，輕忽憲章，虧法取威，非人臣之禮。」上嘉之，賜絹百匹。

拜太子左庶子，領書侍御史如故。皇太子虛襟敬憚。時唐令則爲左庶子，〔一九〕太子昵狎之，每令以弦歌敎內人。行本責之曰：「庶子當匡太子以正道，何嬖昵房帷之間哉！」令則甚慚而不能改。時沛國劉臻、平原明克讓、河南陸爽等並以文學爲太子所親。行本怒其不能調護，每謂三人曰：「卿等正解讀書耳。」時左衞率長史夏侯福爲太子所昵，嘗於閤內與太子戲。福大笑，聲聞於外。行本時在閤下聞之，待其出，數之曰：「汝何小人，〔二〇〕敢爲褻慢！」因付執法者推之。太子爲請，乃釋之。太子嘗得良馬，令福乘而觀之。太子甚悅，因欲令行本復乘。行本正色曰：「至尊置臣於庶子位，欲輔導殿下以正道，非爲殿下作弄臣。」太子慚而止。

復以本官領大興令，權貴憚其方正，無敢至其門者。由是請託路絕，吏人懷之。未幾，卒于官，上甚傷惜之。及太子廢，上曰：「嗟乎！若使劉行本在，勇當不及此乎！」行本無子。

柳遐字子昇，河東解人，宋太尉元景從孫也。祖叔珍，義陽內史，事見南史。父季遠，梁宜都太守。

遐幼而爽邁，神彩嶷然，髫歲便有成人之量。篤好文學，動合規矩。其世父慶遠特器異之，謂曰：「吾昔逮事伯父太尉公，嘗謂吾云：『我昨夢汝登一樓，甚峻麗，吾以坐席與汝。汝後名宦必達，恨吾不及見耳。』吾向聊復晝寢，又夢將昔時坐席還以賜汝，汝之官位當復及吾。特宜勉勵，以應嘉祥也。」梁西昌侯藻鎮雍州，〔二〕遐時年十二，以百姓禮修謁，風儀端肅，進止詳雅。藻羨之，試遣左右踐遐衣裾，欲觀其舉措。遐徐步稍前，曾不顧盼。仕梁稍遷尚書功論郎。陳郡謝舉時為僕射，引遐與語，甚嘉之，顧謂人曰：「江漢英靈見於此矣。」

岳陽王蕭詧於襄陽承制，授遐吏部郎，賜爵聞喜公。尋進位持節、侍中、驃騎大將軍、開府儀同三司。及詧踐帝位於江陵，以襄陽來歸，辭詧曰：「陛下中興鼎業，龍飛舊楚。臣昔因幸會，早奉名節，理當以身許國，期之始終。自晉氏南遷，臣宗族蓋寡，從祖太尉、世父儀

同，從父司空，並以位望隆重，遂家于金陵，唯留先臣獨守墳栢，嘗誡臣等，使不違此志。今襄陽既入北朝，臣若陪隨鑾蹕，進則無益塵露，退則有虧先旨。」詧重違其志，遂許之。因留鄉里，以經籍自娛。

周文帝、明帝頻徵，固辭以疾。及詧殂，遐舉哀，行舊臣之服。保定中，又徵之，遐始入朝，授驃騎大將軍、開府儀同三司、霍州刺史。遐導人務先以德，再三不用命者，乃微加貶異，示恥而已。其下感而化之，不復為過，咸曰：「我君仁惠如此，其可欺乎！」卒，贈金、安二州刺史。

遐有至行。初為州主簿，其父卒於揚州，遐自襄陽奔赴，六日而至，哀感行路，毀悴不可識。後奉喪西歸，中流風起，舟中人相顧失色。遐抱棺號慟，愬天求哀，俄頃風止浪息。其母嘗乳間發疽，醫云：「此疾無可救理，唯得人吮膿，或望微止其痛。」遐應聲即吮，旬日遂瘳。咸以為孝感所致。性又溫裕，略無喜慍之容。弘獎名教，未嘗論人之短。尤尚施與，家無餘財。臨終遺誡薄葬，其子等並奉行之。有十子，靖、莊最知名。

靖字思休，少方雅，博覽墳籍。仕梁，正員郎。隨遐入周，授大都督，歷河南、德廣二郡守。所居皆有政術，吏人畏而愛之。然性愛閑素，其於名利澹如也。及秩滿還鄉，便有終

焉之志。隋文帝踐極，特詔徵之，以疾固辭。優游不仕，閉門自守，所對唯琴書而已。足不歷園庭，殆將十載。子弟奉之若嚴君焉。其有過者，靖必下帷自責，於是長幼相率拜謝於庭，靖然後見之，勗以禮法。鄉里亦慕而化之，或有不善者，皆曰：「唯恐柳德廣知也。」時論方之王烈。前後總管到官，皆親至靖家問疾，遂以為故事。秦王俊臨州，賚以几杖，幷致衣物。靖唯受几杖，餘並固辭。其為當時所重如此。開皇中，壽終。

莊字思敬，少有器量，博覽墳籍，兼善辭令。濟陽蔡大寶有重名於江左，時為岳陽王蕭詧諮議，見莊，歎曰：「襄陽水鏡，復在於茲！」大寶遂以其女妻之。俄而詧辟為參軍。及詧稱帝，累遷鴻臚卿。

及隋文帝輔政，蕭巋令莊奉書入關。時三方構難，文帝懼巋有異志，及莊還，謂曰：「孤昔以開府從役江陵，深蒙梁主殊眷。今主幼時艱，猥蒙顧託。梁主奕業重光，委誠朝廷，而今已後，方見松筠之節。君還申孤此意於梁主也。」遂執莊手而別。時梁之將帥咸請與尉遲迥連衡，進可盡節於周氏，退可席卷山南，唯巋疑不可。會莊至自長安，申文帝結託之意，遂言於巋曰：「今尉遲迥雖曰舊將，昏耄已甚。消難、王謙常人之下者，非有匡合之才。況山東、庸蜀從化日近，周室之恩未洽於朝廷。臣料之，迥等終當覆滅，隨公必移周國，〔三〕

未若保境息人，以觀其變。」巋深以為然。未幾，消難奔陳，迥及謙相次就戮。巋謂莊曰：「近若從眾言，社稷已不守矣。」

文帝踐祚，莊又入朝，帝深慰勉之。及為晉王廣納妃于梁，莊因是往來四五反，前後賜物數千段。梁國廢，授開府儀同三司，除給事黃門侍郎。

莊明習舊章，雅達政事，凡所駮正，帝莫不稱善。蘇威為納言，重莊器識，常奏帝云：「江南人有學業者，多不習世務；習世務者，又無學業。能兼之者，不過柳莊。」高熲亦與莊甚厚。

莊與陳茂同官，不能降意。茂見上及朝臣多屬意於莊，心每不平。帝與茂有舊，譖愬頗行。尚書省嘗奏犯罪人，依法合流，而上處以大辟。莊據法執之，帝不從，由是忤旨。俄屬尚藥進丸藥不稱旨，茂因奏莊不親監，帝怒。十一年，徐璒等反於江南，詔莊以行軍總管長史隨軍討之。璒平，即授饒州刺史，甚有能名。卒於官。

論曰：韓褒奉事三帝，以忠厚知名。趙肅平允當官，張軌循良播美，李彥譽流省閣，郭彥信著蠻貊，歷官出納，〔三〕並當時之選也。梁昕、皇甫璠、辛慶之、王子直、杜杲之徒，並關

右之舊族。或紆組登朝，獲當官之譽，或張旃出境，有事對之才，旣茂國猷，克隆家業，美矣！魏文帝云：「文人不護細行。」其呂思禮之謂乎！徐招、檀翥、孟信各以才學自業，又加之以淸介，並志能之士也。宗懍才辭幹局，見重梁元，逮乎播越秦中，不預政事，豈亡國俘虜不與圖存者乎？梁氏據有江東五十餘載，挾策紀事，蓋亦多人。劉璠學思通博，有著述之譽，雖傳疑傳信，頗有詳略，而屬辭比事，爲一家之言。柳遐立身之道，進退有節，觀其眷戀墳隴，其孝可移於朝廷；盡禮舊主，其忠可事於新君。夫能推此類以求賢，則知人幾於易矣。莊亮直之風，不殞門表，忠而獲謗，蓋亦自古有之。

校勘記

〔一〕十三年除廷尉少卿　諸本無「少」字，周書卷三七、通志卷一五九趙肅傳有。按下文「十六年，除廷尉卿」，卽自少卿升任。今據補。

〔二〕爲隴右總管府長史　諸本「隴右」下衍「府」字，據周書卷三七郭彥傳删。

〔三〕諒屯淸源以拒之　諸本「源」訛作「涼」，據隋書卷七一皇甫誕傳改。隋書地理志中太原郡晉陽縣注云：「開皇十六年，又置淸源縣，大業初省。」

〔四〕諒襲擊破之　諸本脫「諒」字，據隋書及通志卷一六一皇甫誕傳補。

〔五〕大業初令行舊爵例除　隋書無「初」字，是。「大業令」指煬帝大業三年改定之官品令。見隋書百官志下。

〔六〕除同州刺史隋開皇元年以杲爲同州總管　周書百衲本卷三九杜杲傳「刺史」作「司會」，「總管」作「總監」。按周有同州司會，見卷三六令狐整傳。隋有同州總監，見隋書百官志下。蓋隋改同州司會爲總監，杜杲仍任原職。此「刺史」及「總管」疑是後人妄改。參周書卷三九杜杲傳校記。

〔七〕魏文帝卽位　諸本脫「魏」字，與上文「周文帝」混，今從周書卷三八、通志卷一五九呂思禮傳補。

〔八〕高平金鄉人也　諸本無「金」字，通志卷一五九徐招傳有。按魏書地形志中兗州高平郡有金鄉縣。今據補。

〔九〕時毛遐爲行臺鎭北雍　諸本「雍」作「維」，周書卷三八李昶附檀翥傳作「雍」。按本書卷四九毛鴻賓傳云：「明帝以鴻賓卽遐弟兄弟所定處多，乃改北地郡爲北雍州，鴻賓爲刺史。」又見隋書地理志上京兆郡華原縣條。作「維」誤，今據改。

〔一〇〕封高唐子　諸本「唐」作「堂」，周書作「唐」。按魏書地形志無高堂縣。高唐見地形志中齊州東平原郡。今據改。

〔一一〕永熙末　諸本「熙」作「業」，通志卷一五九孟信傳作「熙」。按北魏年號無「永業」，「永熙」乃孝武年號，今據改。

〔一二〕封東州子　張森楷云：「『東』疑當作『束』。」按東州見魏書地形志上瀛州章武郡。「東州」，無此縣名。

〔一三〕梁大同六年擧秀才　周書卷四二宗懍傳「大同」作「普通」。按周書言懍「保定中卒，年六十四」，若死在五年五六五，逆推六四歲，當生於南齊永元三年五〇一，則至普通六年五二五，懍年二十五歲，尙可謂之少年；若至大同六年五三九，懍已三十九歲，不可謂之少年。疑北史誤。

〔一四〕因酒後詬京兆杜杲曰　周書卷四二劉璠傳「杲」作「騫」。錢氏攷異卷四〇云：「杜杲祖父世仕魏朝，杲又未嘗流寓江左，何緣在梁新渝侯宅乎？周書作杜騫，當從之。」

〔一五〕梁簡文時在東宮　諸本脫「在」字，據周書卷四二、通志卷一五九劉璠傳補。

〔一六〕非其好也　諸本脫「其」字，據周書、通志補。

〔一七〕唯令全脩一家而已　周書「脩」作「璠」。按劉璠已降，故令全其家，疑作「璠」是。

〔一八〕此烈士也　周書、通志此下有「太祖通志作文帝曰：『事人當如此。』遂許之，城竟獲全，璠之力也」十九字。這裏敍事未完，疑有脫文。

〔一九〕時唐令則爲左庶子　隋書卷六二、通志卷一六三劉行本傳「爲」上有「亦」字。按隋書百官志

下，太子門下坊置左庶子二人，典書坊置右庶子二人。蓋劉行本與唐令則並爲左庶子，有「亦」字是。

〔二〇〕汝何小人　隋書、通志「何」下有「物」字。按「何物」是當時人習慣用語參本書卷三四宋遊道傳。疑此脫文。

〔二一〕梁西昌侯藻鎭雍州　周書卷四二柳霞傳作「深藻」。按本名「淵藻」，周書避唐諱，改「淵」爲「深」。北史省「淵」字。

〔二二〕隋公必移周國　「移」，諸本訛作「私」，據周書卷六六、通志卷一六三柳莊傳改。

〔二三〕歷官出納　周書百衲本卷三七史臣論作「歷官出內」。按「出內」意同「中外」，作「出納」誤。

北史卷七十一

列傳第五十九

隋宗室諸王

蔡景王整　滕穆王瓚　道宣王嵩　衞昭王爽　河間王弘

義城公處綱　離石太守子崇　文帝四王　煬帝三子

蔡景王整，隋文帝之次弟也。文帝四弟，唯整及滕穆王瓚與帝同生，次道宣王嵩，次衞昭王爽並異母。

整，周明帝時以武元軍功，賜爵陳留郡公，位開府、車騎大將軍。從武帝平齊，力戰而死。文帝初居武元之憂，率諸弟負土爲墳，人植一栢，四根鬱茂，西北一根整栽者獨黃。後因大風雨，幷根失之，果終不吉。文帝作相，贈柱國、大司徒、八州刺史。及受禪，追封謚焉。

子智積襲。又封其弟智明爲高陽郡公，智才開封縣公。尋拜智積開府儀同三司，授同州刺史，儀衞資送甚盛。

整娶同郡尉遲綱女，生智積。開皇中，有司奏智積將葬尉太妃，帝曰：「昔幾殺我。我有同生二弟，並倚婦家勢，常憎疾我。我向之笑云：『爾旣嗔我，不可與爾角嗔。』並云：『阿兄止倚頭額。』時有醫師邊隱逐勢，言我後百日當病癩。二弟私喜，以告父母。父母泣謂我曰：『爾二弟大劇，不能愛兄。』我因言：『一日有天下，當改其姓。夫不愛其親而愛他人者，謂之悖德，當改之爲悖。』父母許我此言。父母亡後，二弟及婦又譖我，言於晉公。〔一〕于時每還，欲入門，常不喜，如見獄門。託以患氣，常鎖閤靜坐，唯食至時暫開閤。每飛言入耳，竊云：『復未邪？』當時實不可耐，羨人無兄弟。世間貧家兄弟多相愛，由相假藉；達官兄弟多相憎，爭名利故也。」

智積在同州，未嘗嬉戲游獵，聽政之暇，端坐讀書，門無私謁。有侍讀公孫尚義，山東儒士，府佐楊君英、蕭德言，並有文學，時延於坐。所設唯餅果，酒纔三酌。家有女妓，唯年節嘉慶奏於太妃前。始，文帝龍潛時，與景王不睦，太妃尉氏又與獨孤皇后不相諧，以是智積常懷危懼，每自貶損。帝亦以是哀憐之。人或勸智積爲產業，智積曰：「昔平原露朽財帛，苦其多也。吾幸無可露，何更營乎！」有五男，止敎讀論語、孝經而已，亦不令交通賓客。

或問其故，智積曰：「恐兒子有才能以致禍也。」開皇二十年，徵還京，無他職任，闔門自守，非朝覲不出。煬帝卽位，滕王綸、衞王集並以譖構得罪，高陽公智明亦以交通奪爵，智積愈懼。大業三年，授弘農太守，委政僚佐，清靜自居。

及楊玄感作逆，自東都引軍而西，智積謂官屬曰：「玄感欲西圖關中，若成其計，則根本固矣。當以計縻之，使不得進。不出一旬，自可禽耳。」及玄感軍至城下，智積登陴詈辱之，玄感怒甚，留攻之。城門爲賊所燒，智積乃更益火，賊不得入。數日，宇文述等軍至，合擊破之。尋拜宗正卿。

十二年，從駕江都，寢疾。帝時疏薄骨肉，智積每不自安，及遇患，不呼醫。臨終，謂所親曰：「吾今日始知得保首領沒於地矣！」時人哀之。有子道玄。

滕穆王瓚字恒生，一名慧。仕周，以武元軍功，封竟陵郡公，尙周武帝妹順陽公主。保定四年，累遷納言。瓚貴公子，又尙公主，美姿容，好書愛士，甚有當時譽，時人號曰楊三郎。武帝甚親愛之。平齊之役，諸王咸從，留瓚居守，謂曰：「六府事殷，一以相付，朕無西顧之憂矣。」宣帝卽位，遷吏部中大夫，加上儀同。

宣帝崩，文帝入禁中，將總朝政，令廢太子勇召之。瓚素與帝不協，不從，曰：「作隋國公恐不能保，何乃更爲族滅事邪！」文帝作相，拜大宗伯，典修禮律，進位上柱國、邵國公。瓚見帝執政，恐爲家禍，陰有圖帝計，帝每優容之。及受禪，立爲滕王，拜雍州牧。帝數與同坐，呼爲阿三。後坐事去牧，以王就第。

瓚妃宇文氏，素與獨孤皇后不平，至是鬱鬱不得志，陰有呪詛。帝命瓚出之，瓚不忍離絕，固請。帝不得已，從之，宇文氏竟除屬籍。由是恩禮更薄。開皇十一年，從幸栗園，坐樹下，方飲酒，鼻忽流血，暴薨，時年四十四。人皆以爲遇鴆。子綸嗣。

綸字斌籀，性弘厚，美姿容，頗知鍾律。文帝受禪，封邵國公。明年，拜邵州刺史。晉王廣納妃於梁，詔綸致禮，甚爲梁人所敬。

綸以穆王故，當文帝世，每不自安。煬帝卽位，尤被猜忌。綸憂懼，呼術者王琛問之。〔二〕琛答曰：「王相祿不凡。滕卽騰也，此字足爲善應。」有沙門惠恩、崛多等，頗解占候，綸每與交通，嘗令此三人爲厭勝法。有人告綸怨望呪詛，帝令黃門侍郎王弘窮驗之。弘希旨奏綸厭蠱惡逆，坐當死。帝令公卿議之，司徒楊素等曰：「綸懷惡之由，積自家世。惟皇運之始，四海同心，在於孔懷，彌須協力。其先乃離阻大謀，棄同卽異。父悖於前，子逆於後，爲惡有將，其罪莫大。請依前科。」帝以皇族不忍，除名徙邊郡。大業七年，帝征遼東，綸欲上表，請從軍自効，爲郡司所遏。未幾，徙珠崖。及天下大亂，爲賊林仕弘逼，攜妻子竄儋耳。後歸國，封懷化縣公。尋病卒。

綸弟坦，字文籀，初封竟陵郡公，坐綸徙長沙。坦弟猛，字武籀，徙衡山。猛弟溫，字明籀，初徙零陵。溫好學，解屬文，既而作零陵賦以自寄，其詞哀思。帝見而怒之，轉徙南海。溫弟詵，字弘籀，前亦徙零陵。帝以其修謹，襲封滕王，以奉穆王嗣。大業末，於江都爲宇文化及所害。

道宣王嵩，在周以武元軍功，賜爵興城公。早卒。文帝受禪，追封謚焉，以滕穆王瓚子靜襲。卒，謚曰悼。無子，以蔡王智積子世澄襲。

衞昭王爽字師仁，小字明達。在周以武元軍功，於襁褓中封同安郡公。六歲而武元崩，爲獻皇后所養，由是寵愛特異諸弟。年十七，爲內史上大夫。[三] 文帝執政，授蒲州刺史、柱國。及受禪，立爲衞王，所生李氏爲太妃。爽位雍州牧、右領軍大將軍，權領并州總管，上柱國、涼州總管。[四] 爽美風儀，有器局，政甚有聲。大軍北伐，河間王弘、豆盧勣、竇榮定、高熲、虞慶則等分道而進，以爽爲元帥，俱受爽節度。親率李充等四將出朔州，遇沙鉢略可汗於白道，接戰，大破之，沙鉢略中重瘡而遁。帝大悅，賜爽眞食梁安縣千戶。六年，復爲元帥，步騎十五萬出合川，突厥遁逃。徵爲納言。帝甚重之。

未幾，爽疾，帝使薛榮宗視之，云衆鬼爲厲。爽令左右驅逐之。居數日，有鬼物來擊榮宗，走下階而斃。其夜爽薨，年二十五。贈太尉、冀州刺史。子集嗣。

集字文會，初封遂安王，尋襲封衞王。煬帝時，諸侯王恩禮漸薄，猜防日甚，集憂懼，乃呼術者俞普明章醮以祈福助。有人告集呪詛，憲司希旨，鍛成其獄，奏集惡逆，坐當死。詔下其議，楊素等曰：「集密懷左道，厭蠱君親，是君父之罪人，非臣子之所赦，請論如律。」時滕王綸坐與相連，帝不忍加誅，除名遠徙邊郡。天下亂，不知所終。

河間王弘字辟惡，文帝從祖弟也。祖愛敬，早卒。父元孫，少孤，隨母郭氏養於舅族。及武元帝與周文建義關中，元孫時在鄴，懼爲齊人所誅，因假外家姓爲郭氏。元孫死，齊爲周滅，弘始入關。與文帝相得，帝哀之，爲買田宅。

弘性明悟，有文武幹略。數從征伐，累遷開府儀同三司。文帝爲丞相，常置左右，委以心腹。帝詣周趙王宅，將及於難，弘時立於戶外，以衞文帝。尋加上開府，賜爵永康縣公。及受禪，拜大將軍，進爵郡公。尋贈其父柱國、尚書令、河間郡公。其年，立弘爲河間王，拜右衞大將軍。尋進柱國，以行軍元帥出靈州道征突厥，大破之。拜寧州總管，進上柱國。政尚清靜，甚有恩惠。遷蒲州刺史，得以便宜從事。時河東多盜賊，弘奏爲盜者百餘人，投之邊裔，州境恬然，號爲良吏。每晉王廣入朝，弘輒領揚州總管，及王歸藩，弘復還蒲州。在州十餘年，風教大洽。煬帝嗣位，拜太子太保。歲餘，薨。大業六年，追封郇王。子慶嗣。

慶傾曲善候時變。帝猜忌骨肉，滕王綸等皆被廢放，唯慶獲全。累遷滎陽太守，頗有政績。

及李密據洛口倉，滎陽諸縣多應密。慶勒兵拒守。歲餘，城中糧盡，兵勢日蹙。密遺

慶書曰：「王之先世，家住山東，本姓郭氏，乃非楊族。婁敬之於漢高，殊非血胤；呂布之於董卓，良異天親。芝焚蕙歎，事不同此。江都荒湎，流宕忘歸，骨肉崩離，人神怨憤。舉烽火於驪山，諸侯莫至；浮膠船於漢水，還日未期。王獨守孤城，援絕千里，糧餼支計，僅有月餘，弊卒之多，纔盈數百。有何恃賴，欲相抗拒？求枯魚於市肆，卽事非虛；因歸雁以運糧，竟知何日！止恐禍生匕首，釁發蕭牆，空以七尺之軀，懸賞千金之購，可爲酸鼻者也。幸能三思，自求多福。」于時江都敗問亦至，慶得書，遂降于密，改姓爲郭氏。密破，歸東都，又爲楊氏，越王侗不之責也。及侗稱制，拜宗正卿。

世充既僭僞號，降爵爲郇國公，復爲郭氏。[五] 世充以兄女妻之，署滎州刺史。及世充將敗，慶欲將妻同歸長安，其妻曰：「國家以妾奉箕帚於公者，欲以申厚意，結公心耳。今父叔窮迫，家國阽危，而不顧婚姻，孤負付屬，爲全身之計，非妾所能責公也。妾若至長安，公家一婢耳，何用妾爲！願送還東都，君之惠也。」慶不許，其妻遂沐浴靚莊，仰藥而死。慶遂歸國，爲宜州刺史、郇國公，復姓楊氏。其嫡母元太妃，年老，兩目喪明，世充斬之。

義城公處綱，文帝族父也。生長北邊，少習騎射。在周，以軍功拜上儀同。文帝受禪，

贈其父鍾葵柱國、尙書令、義城縣公，以處綱襲焉。果遷右領軍將軍。綱雖無才藝，而性質直，在官强濟，亦爲當時所稱。拜蒲州刺史，吏人悅之。卒於秦州總管，謚曰恭。

弟處樂，官至洛州刺史。漢王諒反，朝廷以爲二心，廢錮不齒。

離石太守子崇，武元帝族弟也。父盆生，贈荆州刺史。子崇少好學，涉獵書記，有風儀，愛賢好士。開皇初，拜儀同，以車騎將軍恒典宿衞。後爲司門侍郎。煬帝嗣位，累遷候衞將軍，坐事免。未幾，復檢校將軍事。從帝幸汾陽宮，子崇知突厥必爲寇，屢請早還京師，不納。尋有鴈門之圍。及賊退，帝怒之曰：「子崇怯懦，妄有陳請，驚動我衆心，不可居爪牙寄。」出爲離石郡太守，有能名。自是突厥屢寇邊塞，胡賊劉六兒復擁衆劫掠郡境，子崇表請兵鎭遏。帝復大怒，令子崇行長城。子崇行百餘里，四面路絕，不得進而歸。

歲餘，朔方梁師都、馬邑劉武周等各作亂，郡中諸胡復反。子崇患之，言欲朝集，遂與心腹數百人自孟門關將還京師。遇道路隔絕，退歸離石。左右聞太原兵起，不復入城，各叛去。子崇悉收叛者父兄斬之。後數日，義兵至，城中應之。城陷，爲讎家所殺。

文帝五男，皆文獻皇后所生。長曰房陵王勇，次煬帝，次秦孝王俊，次庶人秀，次庶人諒。

房陵王勇，小名睍地伐。周世以武元軍功，封博平縣侯。及文帝輔政，立爲世子，拜大將軍、左司衞，封長寧郡公。出爲洛州總管、東京少冢宰，總統舊齊之地。後徵還京師，進上柱國、大司馬，領內史御正，諸禁衞皆屬焉。文帝受禪，立爲皇太子，軍國政事及尙書奏死罪已下，皆令勇參決。〔六〕

帝以山東人多流冗，遣使案檢，又欲徙人北實邊塞。勇上書諫，以爲「戀土懷舊，人之本情，波迸流離，蓋不獲已。有齊之末，主闇時昏，周平東夏，繼以威虐，人不堪命，致有逃亡，非厭家鄉，願爲羈旅。若假以數歲，沐浴皇風，逃竄之徒，自然歸本。雖北夷犯邊，令所在嚴固，何待遷配，以致勞擾」？上覽而嘉之。時晉王廣亦表言不可，帝遂止。是後時政不便，多所損益，帝每納之。

帝常從容謂羣臣曰：「前世皇王，溺於嬖幸，廢立之所由生。朕傍無姬侍，五子同母，可謂眞兄弟也。豈若前代，多諸內寵，孽子忿爭，爲亡國之道邪！」

勇頗好學，解屬詞賦，性寬仁和厚，率意任情，無矯飾之行。引明克讓、姚察、陸開明等爲之賓友。〔七〕勇嘗文飾蜀鎧，帝見而不悅，恐致奢侈之漸，因誡之曰：「我歷觀前代帝王，未有奢華而能長久者。汝當儲后，若不上稱帝心，下合人意，何以承宗廟之重，居兆人之上？吾昔衣服，各留一物，時復看以自警戒。又擬分賜汝兄弟。恐汝以今日皇太子之心，忘昔時之事，故令高熲賜汝我舊所帶刀子一枚，幷葅醬一合，汝昔作上士時所常食如此。若存憶前事，應知我心。」

後經冬至，百官朝勇，勇張樂受賀。帝知之，問朝臣：「近聞至節，內外百官相率朝東宮，是何禮也？」太常少卿辛亶對曰：「於東宮是賀，不得言朝。」帝曰：「改節稱賀，正可三數十人，逐情各去。何因有司徵召，一朝普集，太子法服設樂以待之？東宮如此，殊乖禮制。」乃下詔曰：「皇太子雖居上嗣，義兼臣子，而諸方岳牧正冬朝賀，任土作貢，別上東宮。事非典則，宜悉停斷。」

自此恩寵始衰，漸生疑阻。時帝令選强宗入上臺宿衞，〔八〕高熲奏：「若盡取强者，恐東宮宿衞太劣。」帝作色曰：「我有時行動，宿衞須得雄毅。太子毓德東宮，左右何須强武？如我商量，〔九〕恒於交番之日，分向東宮上下，團伍不別，豈非好事邪？我熟見前代，公不須仍踵舊風！」蓋疑熲男尙勇女，形於此言，以防之。

勇多內寵，昭訓雲氏嬖幸，禮匹於嫡。而妃元氏無寵，嘗遇心疾，二日而薨。獻皇后意有他故，甚責望勇。又自妃薨，雲昭訓專擅內政，后彌不平，頗求勇罪過。晉王廣知之，彌自矯飾，姬妾恒備員數，唯與蕭妃居處。皇后由是薄勇，愈稱晉王德行。後晉王來朝，車馬侍從，皆爲儉素，接朝臣，禮極卑屈，聲名籍甚，冠於諸王。臨還揚州，入內辭皇后，因哽咽流涕，伏不能興。皇后泫然泣下，相對歔欷。王曰：「臣性識愚下，常守平生昆弟之意，不知何罪，失愛東宮，恒蓄盛怒，欲加屠陷。每恐讒譖出於杼軸，〔一〇〕鴆毒遇於盃杓。」皇后忿然曰：「睍地伐漸不可耐，我爲伊索得元家女，望隆基業，竟不聞作夫妻，專寵阿雲，有如許豚犬。前新婦本無病痛，忽爾暴亡，遣人投藥，致此夭逝。事已如此，我亦不窮。何因復於汝處發如此意？我在尙爾，我死後當魚肉汝乎？每思東宮竟無正嫡，至尊千秋萬歲後，遣汝等兄弟向阿雲兒前再拜問訊，此是幾許大苦痛邪！」晉王又拜，嗚咽不能止，皇后亦悲不自勝。

此別之後，知皇后意移，始構奪宗之計。因引張衡定策，遣褒公宇文述深交楊約，令喩旨於越公素，具言皇后此語。素瞿然曰：「但不知皇后如何？但如所言，吾又何爲者！」後數日，素入侍宴，微稱晉王孝悌恭儉有禮，用此揣皇后意。后泣曰：「公言是也。我兒大孝順，每聞至尊及我遣內使到，必迎於境首。又其新婦亦大可憐，我使婢去，常與同寢共食。豈如睍地伐共阿雲相對而坐，終日酣宴，昵近小人，疑阻骨肉！我所以益憐阿㥄者，嘗恐暗地殺之。」素既知意，盛言太子不才。皇后遂遺素金，始有廢立之意。

勇頗知其謀，憂懼，計無所出。聞新豐人王輔賢能占候，召而問之。輔賢曰：「白虹貫東宮門，太白襲月，皇太子廢退象也。」以銅鐵五兵造諸厭勝。又於後園內作庶人村，屋宇卑陋，太子時於中寢息，布衣草褥，冀以當之。帝知其不安，在仁壽宮，使楊素觀勇。素至東宮，偃息未入，勇束帶待之，故亦不進以怒勇，勇銜之，形於言色。素還，言勇怨望，恐有他變。帝甚疑之。皇后又遣人伺覘東宮，纖介事皆聞奏，因加媒孽，構成其罪。帝惑之，遂疏忌勇。迺於玄武門達至德門量置人候，以伺動靜，皆隨事奏聞。又東宮宿衛人，〔一一〕侍官已上，名籍悉令屬諸衞府，有健兒者咸屏去之。

晉王又令段達私貨東宮幸臣姬威，令取太子消息，密告楊素。於是內外諠謗，過失日聞。段達脅姬威曰：「東宮罪過，主上皆已知之。已奉密詔，定當廢立。君能告之，則大富貴。」威遂許諾。

開皇二十年，〔一二〕車駕至自仁壽宮，御大興殿，〔一三〕謂侍臣曰：「我新還京師，應開懷歡樂，不知何意，翻悒然愁苦。」吏部尚書牛弘對曰：「由臣等不稱職，故至尊憂勞。」帝既數聞讒譖，疑朝臣具委，故有斯問，冀聞太子之愆。弘既此對，大乖本指。帝因作色謂東宮官屬

曰：「仁壽宮去此不遠，令我每還京師，嚴備如入敵國。我爲患利，不脫衣臥。夜欲得近廁，故在後房。恐有驚急，還就前殿。豈非爾輩欲壞我家國邪！」乃執唐令則等數人，付所司訊鞫。令楊素陳東宮事狀，以告近臣。素顯言之曰：「奉敕向京，令皇太子檢校劉居士餘黨。太子忿然作色，肉戰淚下，云：『居士黨已盡，遣我何處窮討？爾作右僕射，受委自求，何關我事！』又云：『昔大事不遂，我先被誅。〔一四〕今作天子，竟乃令我不如弟，一事已上，不得自由。』因長歎回視云：『我大覺身妨！』又云：『諸王皆得奴，獨不與我！』乃向西北奮頭，喃喃細語。」帝曰：「此兒不堪承嗣久矣。皇后恒勸我廢，我以布素時生，復長子，望其漸改，隱忍至今。勇昔從南兗州來，語衞王曰：『阿孃不與我一好婦女，亦是可恨。』因指皇后侍兒曰：『皆我物。』此言幾許異事！其婦初亡，卽以斗帳安餘老嫗。新婦初亡，我深疑使馬嗣明藥殺。我曾責之，便懟曰：『會當殺元孝矩。』此欲害我而遷怒耳。初，長寧誕育，朕與皇后共抱養之，自懷彼此，連遣來索。且雲定興女，在外私合而生，想此由來，何必是其體胤？昔晉太子取屠家女，其兒卽好屠割。今儻非類，便亂宗祏。又劉金驎，佞人也，呼定興作家翁。定興愚人，受其此語。我前解金驎者，爲其此事。勇昔在宮，引曹妙達共定興女同宴，妙達在外云：『我今得勸妃酒。』直以其諸子偏庶，畏人不服，故逆縱之，欲收天下望耳。我雖德慚堯舜，終不以萬姓付不肖子。我恒畏其加害，如防大敵，今欲廢之，以安天下。」

左衛大將軍元旻諫曰：「廢立大事，天子無貳言，詔旨若行，後悔無及。讒言罔極，惟陛下察之。」旻辭直爭强，〔一五〕聲色俱厲，帝不答。

時姬威又表告太子非法，帝使威盡言。威對曰：「皇太子由來共臣語，唯意在驕奢，欲得樊川以至散關，總規爲苑。兼云：『昔漢武將起上林苑，東方朔諫，賜朔黃金百斤，幾許可笑！我實無金輒賜此等。若有諫者，正當斬之，不過殺百許人，自然永息。』前蘇孝慈解左衞率，皇太子奮髯揚肘曰：『大丈夫當有一日，終不忘之，決當快意。』又宮內所須，尚書多執法不與，便怒曰：『僕射已下五人，會展三人脚，便使知慢我之禍。』又於苑內築一小城，春夏秋冬作役不輟，營起亭殿，朝造夕改。每云：『至尊嗔我多側庶，高緯、陳叔寶豈是孽子乎？』嘗令師姥卜吉凶，語臣曰：『至尊忌在十八年，此期促矣。』」帝泫然曰：「誰非父母生，乃至於此！我有舊使婦女，令看東宮，奏云：『勿令廣平王至皇太子處。東宮憎婦，亦廣平王教之。』元贊亦知其陰惡，勸我於左藏東加置兩隊。初平陳後，宮人好者悉配春坊，如聞不知厭足，於外更有求訪。朕近覽齊書，見高歡縱其兒子，不勝忿憤，安可効尤！」於是勇及諸子皆被禁錮，部分收其黨與。楊素舞文鍛鍊，以成其獄。勇由是遂敗。

居數日，有司承素意，奏「元旻身備宿衞，常曲事於勇，情有附託。在仁壽宮，裴弘將勇書於朝堂與旻，題封云，勿令人見」。帝曰：「朕在仁壽宮，有纖小事，東宮必知，疾於驛馬，怪

之甚久，豈非此徒邪？」遣武士執旻及弘付法。

先是，勇嘗於仁壽宮參起居還，塗中見一枯槐樹，根幹蟠錯，大且五六圍，顧左右曰：「此堪作何器用？」或對曰：「古槐尤堪取火。」于時衞士皆佩火燧，勇因令匠者造數千枚，欲以分賜左右。至是，獲於庫。又藥藏局貯艾數斛，亦搜得之。大將爲怪，以問姬威。威曰：「太子此意別有所在。比令長寧王已下，詣仁壽宮還，每常急行，一宿便至。恒飼馬千匹，云徑往捉城門，自然餓死。」素以威言詰勇，勇不服曰：「竊聞公家馬數萬匹，勇忝備位太子，有馬千匹，乃是反乎？」素又發泄東宮服玩似加琱飾者，悉陳於庭，以示文帝羣官，爲太子罪。帝曰：「前簿王世積，得婦女領巾，狀似稍幡，當時徧示百官，欲以爲戒。今我兒乃自爲之。領巾爲稍幡，此是服妖。」使將諸物示勇以詰之。皇后又責之罪。帝使使問勇，勇不服。

太史令袁充進曰：「臣觀天文，皇太子當廢。」上曰：「玄象久見矣。」羣臣無敢言者。於是使人召勇。勇見使者，驚曰：「得無殺我邪？」帝戎服陳兵，御武德殿，集百官立於東面，諸親立於西面，引勇及諸子列於殿庭。命薛道衡宣詔廢勇及其男女爲王、公主者並爲庶人。命道衡謂勇曰：「爾之罪惡，人神所棄，欲求不廢，其可得邪！」勇再拜曰：「臣合尸之都市，爲將來鑒誡。幸蒙哀憐，得全性命。」言畢，泣下流襟，既而舞蹈而去。左右莫不憫默。

又下詔：「左衛大將軍元旻，任掌禁兵，委以心膂，乃包藏姦伏，離間君親，崇長厲階，最爲魁首。太子左庶子唐令則，策名儲貳，位長宮僚，諂曲取容，音技自進，躬執樂器，親教內人，贊成驕侈，導引非法。太子家令鄒文騰，專行左道，偏被親昵，占問國家，希覬災禍。左衛率司馬夏侯福，內事諂諛，外作威勢，陵侮上下，褻濁宮闈。典膳監元淹，謬陳愛憎，開示怨隙，進引妖巫，營事厭禱。前吏部侍郎蕭子寶，往居省閣，舊非宮臣，進畫姦謀，要射榮利。前主璽下士何竦，假託玄象，妄說妖怪，志圖禍亂，心在速發，兼諸奇服，皆竦規模，增長驕奢，糜費百姓。此之七人，爲害斯甚，並處斬刑，妻妾子孫皆沒官。車騎將軍閻毗、東郡公崔君綽、游騎尉沈福寶、瀛州人章仇太翼等四人，所爲之事，並是悖逆，論其狀迹，罪合極刑。但未能盡戮，並特免死，各決杖一百，身及妻子資財田宅悉沒官。副將作大匠高龍叉，預追番丁，輒配東宮使役，營造亭舍，進入春坊；率更令晉文建、通直散騎侍郎判司農少卿事元衡，料度之外，私自出給，虛破丁功，擅割園地。並處自盡。」於是集羣官于廣陽門外，宣詔以戮之。乃移勇於內史省，給五品料食。立晉王廣爲皇太子，仍以勇付之，復囚於東宮。賜楊素物三千段，元胄、楊約並千段，楊難敵五百段，皆鞫勇之功賞也。

時文林郎楊孝政上書諫，言：「皇太子爲小人所誤，不宜廢黜。」帝怒，撻其胸。尋而貝州長史裴肅表稱「庶人罪黜已久，當克己自新，請封一小國」。帝知勇黜不允天下情，乃徵肅入朝，具陳廢立意。

時勇自以廢非其罪，頻請見上，面申冤屈。皇太子遏不得聞。勇於是升樹叫，聞於帝，冀得引見。楊素因奏言：「勇情志昏亂，又癲鬼所著，不可復收。」帝以爲然，卒不得見。

帝遇疾於仁壽宮，皇太子入侍醫，姦亂事聞於帝。帝抵牀曰：「枉廢我兒！」遣追勇。未及發使而崩，祕不發喪。遽收柳述、元巖，繫大理獄，僞敕賜庶人死。追封房陵王，不爲立嗣。

勇有十男：雲昭訓生長寧王儼、平原王裕、安城王筠。高良娣生安平王嶷、襄城王恪。王良媛生高陽王該、建安王韶。成姬生潁川王煚。後宮生孝實、孝範。

初，儼誕，帝聞之曰：「此乃皇太孫，何乃生不得地！」雲定興奏曰：「天生龍種，所以因雲而出。」時人以爲敏對。六歲，封長寧郡王。勇敗，亦坐廢。上表求宿衞，辭情哀切，帝覽之惻然。楊素進曰：「伏願聖心同於螫手，不宜留意。」煬帝踐祚，儼常從行，遇鴆卒。諸弟分徙嶺外，皆敕殺之。

秦王俊字阿祇。開皇元年，立爲秦王。二年，拜上柱國、河南道行臺尚書令、洛州刺史，時年十二。加右武衛大將軍，〔二六〕領關東兵。三年，遷秦州總管，隴右諸州盡隸焉。俊仁恕慈愛，崇敬佛道，請爲沙門，不許。六年，遷山南道行臺尚書令。伐陳之役，爲山南道行軍元帥，督三十總管，水陸十餘萬，屯漢口，爲上流節度。尋授揚州總管、四十四州諸軍事，鎮廣陵。轉幷州總管、二十四州諸軍事。

初，頗有令問，文帝聞而大悅。後漸奢侈，違犯制度，出錢求息。帝遣按其事，與相連坐者百餘人。於是盛修宮室，〔二七〕窮極侈麗。俊有巧思，每親運斤斧，工巧之器，飾以珠玉。爲妃作七寶冪䍦，重不可戴，以馬負之而行。徵役無已。置渾天儀、測景表。又爲水殿，香塗粉壁，玉砌金堦，梁柱楣棟之間，周以明鏡，間以寶珠，極瑩飾之美。每與賓客伎女絃歌於上。

俊頗好內，妃崔氏性妬，甚不平之，遂於瓜中進毒。俊由是遇疾，徵還京師。以俊奢縱，免官，以王就第。左武衛將軍劉昇諫曰：「秦王非有他過，但費官物、營廨舍而已。臣謂可容。」帝曰：「法不可違。」昇固諫，帝忿然作色，昇乃止。楊素復進諫，以秦王過不應至此。帝曰：「我是五兒之父，非兆人之父。若如公意，何不別制天子兒律！以周公爲人，尚誅管、蔡。我誠不及周公遠矣，安能虧法乎！」卒不許。

俊疾篤，含銀，銀色變，以爲遇蠱。未能起，遣使奉表陳謝。帝責以失德。大都督皇甫統上表請復王官，不許。歲餘，以疾篤，復拜上柱國。二十年六月，薨於秦邸。帝哭之數聲而已，曰：「晉王前送一鹿，我令作脯，擬賜秦王。今亡，可置靈坐之前。心已許之，不可虧信。」帝及后往視，見大蜘蛛、大蛷螋從枕頭出，求之不見。窮之，知妃所爲也。俊所爲侈麗物悉命焚之。敕送終之具，務從儉約，以爲後世法。王府僚佐請立碑，帝曰：「欲求名，一卷史書足矣，何用碑爲！若子孫不能保家，徒與人作鎮石耳。」

妃崔氏以毒王故，下詔廢絕，賜死於其家。子浩，崔氏所生也。以其母譴死，遂不得立。於是以秦國官爲喪主。俊長女永豐公主，年十三，遭父憂，哀慕盡禮，免喪，遂絕酒肉。每忌日，輒流涕不食。有開府王延者，性忠厚，領俊親信兵十餘年，俊甚禮之。及俊疾，延恒在閤下，衣不解帶。俊薨，勺飲不入口者數日，羸頓骨立。帝聞憫之，賜以御藥，授驃騎將軍，典宿衞。俊葬日，延號慟而絕。帝嗟異之，令通事舍人弔祭，詔葬延於俊墓側。

煬帝即位，立浩爲秦王，以奉孝王嗣。封浩弟湛濟北侯。後以浩爲河陽都尉。楊玄感作逆之際，左翊衛大將軍宇文述勒兵討之。至河陽，修啓於浩，浩詣述營，共相往復。有司劾浩以諸侯交通內臣，竟坐廢免。宇文化及弒逆，立浩爲帝。化及敗於黎陽，北走魏縣，自僭爲帝，因而害之。

湛驍果有膽烈。大業初，爲滎陽太守，坐浩免，亦爲化及所害。

庶人秀，開皇元年，立爲越王。未幾，徙封於蜀，拜柱國、益州總管、二十四州諸軍事。二年，進上柱國、西南道行臺尚書令，本官如故。歲餘而罷。十二年，入爲內史令、右領軍大將軍。尋出鎭於蜀。

秀有膽氣，容貌瓌偉，美鬚髯，多武藝，甚爲朝臣所憚。帝每謂文獻皇后曰：「秀必以惡終。我在當無慮，至兄弟必反。」兵部侍郎元衡使於蜀，秀深結於衡，以左右爲請。衡既還京師，請益左右，帝不許。大將軍劉噲之討西爨，帝令上開府楊武通將兵繼進。秀使嬖人萬知先爲武通行軍司馬，〔一八〕帝以秀任非其人，譴責之。因謂羣臣曰：「壞我法者，必在子孫。譬如猛獸，物不能害，反爲毛間蟲所損食耳。」於是遂分秀所統。

秀漸奢侈，違犯制度，車馬被服擬於天子。及太子勇廢，秀甚不平。皇太子恐秀終爲後變，陰令楊素求其罪狀而譖之。仁壽二年，徵還京師，見不與語。明日，使使切讓之。皇太子及諸王流涕庭謝，帝曰：「頃者俊糜費財物，我以父道訓之。今秀蠹害生靈，當以君道繩之。」乃下以法。〔一九〕開府慶整諫曰：「庶人勇既廢，秦王已薨，陛下兒子無多，何至如是！蜀王性甚耿介，今被責，恐不自全。」帝大怒，欲斷其舌。因謂羣臣曰：「當斬秀於市以謝百姓。」乃令楊素、蘇威、牛弘、柳述、趙綽推之。太子陰作偶人，書帝及漢王姓字，縛手釘心，令人埋之華山下，令楊素發之。又作檄文曰「逆臣賊子，專弄威柄，陛下唯守虛器，一無所

知」，陳甲兵之盛，云「指期問罪」，置秀集中，因以聞奏。帝曰：「天下寧有是邪！」乃廢爲庶人，幽之內侍省，不得與妻子相見，令給獠婢二人驅使之。與連坐百餘人。

秀既幽逼，憤懣不知所爲，乃上表陳己愆，請與其愛子爪子相見，幷請賜一穴，令骸骨有所。帝乃下詔數其罪曰：「汝地居臣子，情兼家國，庸蜀險要，委以鎭之。汝乃干紀亂常，懷惡樂禍，睥睨二宮，佇望災釁，容納不逞，結構異端。我有不和，汝便覘候，望我不起，便有異心。皇太子，汝兄也，次當建立，汝假託妖言，乃云不終其位。妄稱鬼怪，又道不得入宮，自言骨相非人臣，德業堪承重器。妄道淸城出聖，欲己當之，詐稱益州龍見，託言吉兆。重述木易之姓，更修成都之宮，妄說禾乃之名，以當八千之運。橫生京師妖異，以證父兄之災；妄造蜀地徵祥，以符己身之籙。汝豈不欲得國家惡也？天下亂也？輒造白玉之珽，又爲白羽之箭，文物服飾，豈似有君？鳩集左道，符書厭鎭。漢王於汝，親則弟也，乃畫其形像，題其姓名，縛手釘心，枷鎖杻械。仍云請西岳華山慈父聖母神兵九億萬騎，收楊諒魂神，閉在華山下，勿令散蕩。我之於汝，親則父也，復云請西岳華山慈父聖母，賜爲開化楊堅夫妻，回心歡喜。又畫我形像，縛手撮頭，仍云請西岳神兵收楊堅魂神。如此形狀，我今不知楊諒、楊堅是汝何親也！包藏兇慝，圖謀不軌，逆臣之迹也。希父之災，以爲身幸，賊子之心也。懷非分之望，肆毒心於兄，悖惡之行也。嫉妬於弟，無惡不爲，無孔懷之情也。

違犯制度，壞亂之極也。多殺不辜，豺狼之暴也。剝削人庶，酷虐之甚也。唯求財貨，市井之業也。專事妖邪，頑嚚之性也。弗克負荷，不材之器也。凡此十者，滅天理，逆人倫，汝皆爲之，不祥之甚也。欲免患禍，長守富貴，其可得乎！」

後聽與其子同處。煬帝卽位，禁錮如初。宇文化及之弒逆也，欲立秀爲帝，羣議不許。於是害之，幷其諸子。

庶人諒，字德章，一名傑，小字益錢。開皇元年，立爲漢王。十二年，爲雍州牧，加上柱國、右衞大將軍，轉左衞大將軍。十七年，出爲幷州總管，帝幸溫湯而送之。自山以東，至于滄海，南拒黃河，五十二州盡隸焉。特許以便宜，不拘律令。十八年，起遼東之役，以諒爲行軍元帥。至遼水，師遇疾疫，不利而還。十九年，突厥犯塞，以諒爲行軍元帥，竟不臨戎。文帝甚寵愛之。

諒自以居天下精兵處，以太子讒廢，居常怏怏，陰有異圖。遂諷帝云：「突厥方强，太原卽爲重鎭，宜修武備。」帝從之。於是大發工役，繕修器械，貯納於幷州。招集亡命，左右私人，殆將數萬。王頍者，梁將王僧辯之子，少倜儻，有奇略，爲諒諮議參軍。蕭摩訶者，陳氏舊將。二人俱不得志，每鬱鬱思亂，並爲諒親善。

及蜀王以罪廢，諒愈不自安。會文帝崩，使車騎屈突通徵之，不赴，遂發兵反。總管司馬皇甫誕諫，諒怒，收繫之。王頍說諒曰：「王所部將吏家屬盡在關西，若用此等，卽宜長驅深入，直據京都，所謂疾雷不及掩耳。若但欲割據舊齊之地，宜任東人。」諒不能專之，乃兼用二策，唱言：「楊素反，將誅之。」

總管府兵曹河東裴文安說諒曰：「井陘以西，是王掌握內，山東士馬，亦爲我有，宜悉發之。分遣羸兵，屯守要路，仍令隨方略地；率其精銳，直入蒲津。文安請爲前鋒，王以大軍繼後，風行電擊，頓於霸上，咸陽以東可指麾而定。京師震擾，兵不暇集，上下相疑，羣情離駭，我卽陳兵號令，誰敢不從！旬日之間，事可定矣。」諒大悅。於是遣所署大將軍余公理將兵出太谷，以趣河陽。大將軍綦良出滏口，以趣黎陽。大將軍劉建出井陘，〔二〇〕以略燕、趙。柱國喬鍾馗出雁門。署文安爲柱國，紇單貴、王聃、大將軍茹茹天保、侯莫陳惠直指京師。〔二一〕未至蒲津百餘里，諒忽改圖，令紇單貴斷河橋，守蒲州，而召文安。文安至曰：「兵機詭速，本欲出其不意。王既不行，文安又返，使彼計成，大事去矣。」諒不對。於是從亂者十九州，乃以王聃爲蒲州刺史，裴文安爲晉州，薛粹爲絳州，梁菩薩爲潞州，韋道正爲韓州，張伯英爲澤州。遣僞署大將軍常倫進兵絳州，遇晉州司法仲孝俊之子，謂曰：「吾曉天文遁甲，今年起兵，得晉地者王。」孝俊聞之曰：「皇太子常爲晉王，故曰晉地，非謂反徒也。」時潞

州有官羊生羔，二首相背，以爲諒之咎徵。

煬帝遣楊素率騎五千，襲王聃、紇單貴於蒲州，破之，於是率步騎四萬趣太原。諒使趙子開守高壁，楊素擊走之。諒大懼，拒素於蒿澤。屬天大雨，諒欲旋師，王頍諫曰：「楊素懸軍，士馬疲弊，王以銳卒親戎擊之，其勢必舉。今見敵而還，示人以怯，阻戰士之心，益西軍之氣，願必勿還。」諒不從，退守清源。〔三〕素進擊之，諒與官兵大戰，死者萬八千人。諒退保幷州，楊素進擊之，諒乃降。百僚奏諒罪當死，帝曰：「朕終鮮兄弟，情不忍言，欲屈法恕諒一死。」於是除名，絕其屬籍，竟以幽死。

先是，幷州謠言：「一張紙，兩張紙，客量小兒作天子。」時僞署官告身皆一紙，別授則二紙。諒聞謠喜曰：「我幼字阿客，『量』與『諒』同音，吾於皇家最小。」以爲應之。子顥，因而禁錮。宇文化及弒逆之際，遇害。

煬帝三男：蕭皇后生元德太子昭、齊王暕。蕭嬪生趙王杲。

元德太子昭，煬帝長子也。初，文帝以開皇三年四月庚午，夢神自天而降，云是天神將

生降。寤，召納言蘇威以告之。及聞蕭妃在幷州有娠，迎置大興宮之客省。明年正月戊辰而生昭，養於宮中，號大曹主。三歲時，於玄武門弄石師子，文帝與文獻皇后至其所。文帝適患腰痛，舉手凴后，昭因避去，如此者再三。文帝歎曰：「天生長者，誰復教乎！」由是大奇之。文帝嘗謂曰：「當爲爾娶婦。」應聲而泣。文帝問其故，對曰：「漢王未婚時，恒在至尊所，一朝娶婦，便則出外。懼將違離，是以啼耳。」上嘆其有至性，特鍾愛焉。

年十二，立爲河南王。仁壽初，徙爲晉王。拜內史令，兼左衞大將軍，轉雍州牧。煬帝卽位，便幸洛陽宮，昭留守京師。及大業元年，帝遣使者立爲皇太子。

昭有武力，能引強。性謙沖，言色恂恂，未嘗忿怒。其有深可嫌責者，但云「大不是」。所膳不許多品，帷席極於儉素。臣吏有老父母，必親問其安否，歲時皆有惠賜。其仁愛如此。明年，朝於洛陽，後數月，將還京師，願得少留，帝不許。拜請無數，體素肥，因致勞疾。帝令巫者視之，云房陵王爲祟。未幾而薨，時年二十三。先是，太史奏言楚分有喪，於是改封越公楊素於楚。及昭薨日，而素亦薨，蓋隋、楚同分也。詔內史侍郎虞世基爲哀冊文，帝深追悼之。

昭妃慈州刺史博陵崔弘昇女。後秦王妃以蠱毒獲譴，昭奏曰：「惡逆者，乃新婦之姑，請離之。」乃娶滑國公京兆韋壽女爲妃。昭有子三人：韋妃生恭皇帝，大劉良娣生燕王倓，小劉良娣生越王侗。

倓字仁安，敏慧美姿容，煬帝於諸孫中特所鍾愛，常置左右。性好讀書，尤重儒素，造次所及，有若成人。良娣早終，每忌日未嘗不流涕嗚咽，帝由是益奇之。宇文化及弒逆之際，倓覺變，欲入奏，恐露其事，因與梁公蕭鉅、千牛宇文皛等穿芳林門側水竇入。至玄武門，詭奏曰：「臣卒中惡，命懸俄頃，請得面辭，死無所恨。」〔三〕冀見帝，爲司宮者所遏，竟不得聞。俄而難作，遇害，時年十六。

越王侗字仁謹，美姿容，性寬厚。大業三年，立爲越王。帝每巡幸，侗常留守東都。楊玄感反，與戶部尚書樊子蓋拒之。事平，朝於高陽，拜高陽太守。俄以本官留守東都。十三年，帝幸江都，復令侗與金紫光祿大夫段達、太府卿元文都、攝戶部尚書韋津、右武衞將軍皇甫無逸等總留臺事。

宇文化及之弒逆，文都等議尊立侗，大赦，改元曰皇泰。謚帝曰明，廟號世祖，追尊元德太子爲孝成皇帝，廟號世宗，尊其母劉良娣爲皇太后。以段達爲納言、右翊衞大將軍、攝禮部尚書，王世充爲納言、左翊衞大將軍、攝吏部尚書，元文都爲內史令、左驍衞大將軍，盧楚亦內史令，皇甫無逸爲兵部尚書、右武衞大將軍，郭文懿爲內史侍郎，趙長文爲黃門侍

郎，委以機務，爲金書鐵劵，藏之宮掖。于時洛陽稱段達等爲「七貴」。

未幾，宇文化及以秦王浩爲天子，來次彭城，所經城邑，多從逆黨。侗懼，遣使者蓋琮、馬公政招懷李密。密遂請降，侗大忻悅，禮其使甚厚。卽拜密爲太尉、尚書令、魏國公，令拒化及。仍下書曰：

我大隋之有天下，於茲三十八載。高祖文皇帝聖略神功，載造區夏。世祖明皇帝則天法地，混一華戎。東暨蟠木，西通細柳，前踰丹徼，後越幽都，日月之所臨，風雨之所至，圓首方足，稟氣食毛，莫不盡入提封，皆爲臣妾。加以寶貺畢集，靈瑞咸臻，作樂制禮，移風易俗。智周寰海，萬物咸受其賜；道濟天下，百姓用而不知。世祖往因歷試，統臨南服，自居皇極，順茲望幸。所以往歲省方，展禮肆覲，停鑾駐蹕，按駕清道，八屯如昔，七萃不移。豈意釁起非常，逮於軒陛，災生不意，延及冕旒。奉諱之日，五情崩殞，攀號荼毒，不能自勝。

且聞之自古，代有屯剝，賊臣逆子，何世無之。至如宇文化及，世傳庸品。其父述，往屬時來，早沾厚遇，賜以昏媾，置之公輔。位尊九命，祿重萬鍾，禮極人臣，榮冠世表，徒承海岳之恩，未有涓塵之答。化及以此下材，夙蒙顧眄，出入外內，奉望階墀。昔陪藩國，統領衞兵，及從升皇祚，陪列九卿。但本性兇狠，恣其貪穢，或交結惡黨，或

僥掠商貨，事重刑籙，狀盈獄簡。在上不遺簪履，恩加草芥，應至死辜，每蒙恕免。三經除解，尋復本職；再徙邊裔，仍即追還。生成之恩，昊天罔極；獎擢之義，人事罕聞。化及梟獍爲心，禽獸不若，縱毒興禍，傾覆行宮。諸王兄弟，一時殘酷，痛暴行路，世不忍言。有窮之在夏時，犬戎之於周世，釁辱之極，亦未是過。朕所以刻骨崩心，飲膽嘗血，瞻天視地，無處自容。

今王公卿士，庶尹百辟，咸以大寶鴻名，不可顛墜，元兇巨猾，須早夷殄，翼戴朕躬，嗣守寶位。顧惟寡薄，志不逮此。今者出黼扆而仗旄鉞，釋衰麻而擐甲冑，銜寃誓衆，忍淚臨兵，指日遄征，以平大盜。且化及僞立秦王之子，幽遏比於拘囚；其身自稱霸相，專擅擬於九五。履踐禁御，據有宮闈，昂首揚眉，初無慚色。衣冠朝望，外懼兇威，志士誠臣，內懷憤怨。以我義師，順彼天道，梟夷醜族，匪夕伊朝。

太尉、尚書令魏公，丹誠內發，宏略外舉，率勤王之師，討違天之逆。果毅爭先，熊羆競進，金鼓振讋，若火焚毛，鋒刃從橫，如湯沃雪。魏公志存匡濟，投袂前驅，朕親御六軍，星言繼軌。以此衆戰，以斯順舉，擘山可以動，射石可以入。況賊擁此人徒，皆有離德，京都侍衞，西憶鄉家，江左淳人，南思邦邑。比來表書駱驛，人信相尋。若王師一臨，舊章暫覩，自應解甲倒戈，冰銷葉散。且聞化及自恣，天奪其心，殺戮不辜，

挫辱人士，莫不道路以目，號天踴地。朕今復讎雪恥，梟轘者一人，拯溺救焚，所哀者士庶。唯望天鑒孔殷，祐我宗社，億兆感義，俱會朕心。梟戮元兇，策勳飲至，四海交泰，稱朕意焉。兵術軍機，並受魏公節度。

密見使者，大悅，北面拜伏，臣禮甚恭，遂東拒化及。

七貴頗不協。未幾，元文都、盧楚、郭文懿、趙長文等爲世充所殺，皇甫無逸遁歸京師。世充詣侗所陳謝，辭情哀苦。侗以爲至誠，命之上殿，被髮爲盟，誓無貳志。自是侗無所關預。

及世充破李密，衆望益歸之，遂自爲鄭王，總百揆，加九錫，備法物，侗不能禁。段達、雲定興等十人入見侗曰：「天命不常，鄭王功德甚盛，願陛下遵唐、虞之迹。」侗怒曰：「天下者，高祖之天下，東都者，世祖之東都。若隋德未衰，此言不可而發。必天命有改，亦何論於禪讓！公等或先朝舊臣，或勤王立節，忽有斯言，朕亦何望！」神色凜然，侍衞者莫不流汗。既而退朝，對良娣而泣。世充更使謂曰：「今海內未定，須得長君，待四方乂安，復子明辟。必若前盟，義不違負。」侗不得已，遜位於世充，遂被幽於含涼殿。世充僭僞號，封潞國公。

有宇文儒童、裴仁基等謀誅世充，復尊立侗。事泄，並見害。世充兄世惲因勸世充害侗，[二四]世充遣其姪行本齎鴆詣侗曰：「願皇帝飲此酒。」侗知不免，請與母相見，不許。遂布席焚香禮佛，呪曰：「從今以去，願不生帝王尊貴家。」及仰藥，不能時絕，更以帛縊之。世充僞謚曰恭皇帝。

齊王暕字世胐，小字阿孩。美容儀，疏眉目，少爲文帝所愛。開皇中，立爲豫章王。及長，頗涉經史，尤工騎射。初爲內史令。仁壽中，拜揚州總管、江淮以南諸軍事。煬帝即位，進封齊王。大業二年，帝初入東都，盛陳鹵簿，暕爲軍導。轉豫州牧。俄而元德太子薨，[二五]朝野注望，咸以暕當嗣。帝又敕吏部尚書牛弘妙選官屬，公卿由是多進子弟。明年，轉雍州牧，尋徙河南尹、開府儀同三司。元德太子左右二萬餘人悉隸於暕，寵遇益隆。自樂平公主及諸戚屬競來致禮，百官稱謁，填咽道路。

暕頗驕恣，昵近小人，所行多不法。遣喬令則、劉虔安、裴該、皇甫諶、厙狄仲錡、陳智偉等采求聲色狗馬。令則等因此放縱，訪人家有女者，輒矯暕命呼之，載入暕宅，因緣藏匿，恣行淫穢而後遣之。仲錡、智偉二人詣隴西，撾炙諸胡，責其名馬，得數匹以進於暕。暕令還主，仲錡等詐言王賜，將歸家，暕不之知也。又樂平公主嘗奏帝，云柳氏女美者，帝未有所答。久之，主復以柳氏進暕，暕納之。後帝問主柳氏女所在，主曰：「在齊王所。」帝

不悅。暕於東都營第，大門無故崩，廳事栿中折，識者以爲不祥。

後從帝幸榆林，暕督後軍，步騎五萬，恒與帝相去數十里而舍。會帝於汾陽宮大獵，詔暕以千騎入圍。暕大獲麋鹿以獻，而帝未有得也，怒從官，皆言爲暕左右所遏，獸不得前。帝於是怒，求暕罪失。時制縣令無故不得出境，有伊闕令皇甫詡幸於暕，違禁將之汾陽宮；又京兆人達奚通有妾王氏善歌，貴游宴聚，多或要致，於是展轉亦入王家。御史韋德裕希旨劾暕。帝令甲士千餘，大索暕第，因窮其事。

暕妃韋氏，戶部尚書沖之女也，早卒。暕遂與妃姊元氏婦通，生一女。外人皆不得知，陰引喬令則於第內酣宴，令則稱慶，脫暕帽以爲歡。召相工徧視後庭，相工指妃姊曰：「此產子者當爲皇后，貴不可言。」時國無儲副，暕自謂次當得立。又以元德太子有三子，內常不安，陰挾左道，爲厭勝事。至是，皆發。帝大怒，斬令則等數人，妃姊賜死，暕府僚皆斥之邊遠。時趙王杲猶在孩孺，帝謂侍臣曰：「朕唯有暕一子，不然者，當肆諸市朝，以明國憲也。」

暕自是恩寵日衰，雖爲京尹，不復關預時政。帝恒令武賁郎將一人監其府事，暕有微失，輒奏之。帝亦慮暕生變，所給左右，皆以老弱備員而已。暕每懷危懼，心不自安。又帝在江都宮元會，暕具法服將朝，無故有血從裳中而下；又坐齋中，見羣鼠數十，至前而死，視

皆無頭。暕甚惡之。俄而化及作亂，兵將犯蹕，帝聞之，顧蕭后曰：「得非阿孩也？」其見疏忌如此。化及復令人捕暕，時尚臥未起，賊進，暕驚曰：「是何人？」莫有報者。暕猶謂帝令捕之，曰：「詔使且緩，兒不負國家！」賊曳至街，斬之，及其二子亦遇害。暕竟不知殺者爲誰。時年三十四。

有遺腹子愍，〔一六〕與蕭后同入突厥，處羅可汗號爲隋王。中國人沒入北蕃者，悉配之以爲部落，以定襄城處之。及突厥滅，乃獲之。貞觀中，位至尚衣奉御。永徽初，卒。

趙王杲小字季子。年七歲，以大業九年封趙王。尋授光祿大夫，歷河南尹，行江都太守。杲聰令，美容儀，帝有所製詞賦，杲多能誦之。性至孝，嘗見帝風動，不進膳，杲亦終日不食。又蕭后嘗灸，杲先請試炷，后不許之。杲泣請曰：「后所服藥，皆蒙嘗之。今灸，願聽嘗炷。」悲咽不已。后爲停灸，由是尤鍾愛。後遇化及反，杲在帝側，號慟不已。裴虔通使斬之帝前而血濺御服。時年十二。

論曰：周建懿親，漢開盤石，內以敦睦九族，外以輯寧億兆，深根固本，崇獎王室，安則

有以同其樂，衰則有以恤其危，所由來久矣。自魏、晉已下，多失厥中，不遵王度，各徇所私。抑之則勢齊於匹夫，抗之則權侔於萬乘，矯枉過正，非一時也。得失詳於前史，不復究而論焉。隋文昆弟之恩，素非篤睦，閨房之隙，又不相容。至於二世承基，茲弊愈甚。是以滕穆暴薨，人皆竊議，蔡王將沒，自以爲幸。唯衞王養於獻后，故任遇特隆，而諸子遷流莫知死所，悲夫！其錫以茅土，稱爲盤石，行無甲兵之衞，居與皁吏爲伍。外內無虞，顚危不暇，時逢多難，將何望哉！河間屬乃葭莩，地非寵逼，故高位厚秩，與時終始。楊慶二三其德，志在苟生，變本宗如反掌，棄慈母若遺迹，及身而絕，固宜然矣。

文帝五子，莫有終其天年。房陵資於骨肉之親，篤於君臣之義，經綸締構，契闊夷險，撫軍監國，凡二十年。雖三善未稱，而視膳無闕。恩寵既變，讒言間之，顧復之慈，頓隔於人理，父子之道，遂滅於天性。隋室將亡之効，衆庶皆知之矣。愼子曰：「一兔走街，百人逐之；積兔於市，過者不顧。」豈其無欲哉？分定故也。房陵分定久矣，而帝一朝易之，開逆亂之源，長覬覦之望。又維城肇建，崇其威重，恃寵而驕，厚自封植，進之既踰制，退之不以道，俊以憂卒，實此之由。俄屬天步方艱，讒人已勝，尺布斗粟，莫肯相容。秀窺岷、蜀之阻，諒起晉陽之甲，成茲亂常之釁，蓋亦有以動之也。棠棣之詩徒賦，有庳之封無期，或幽囚於囹圄，或顚殞於鴆毒。本根既絕，枝葉畢翦，十有餘年，宗社淪陷。自古廢嫡立庶，覆族傾宗者多矣，考其亂亡之禍，未若有隋之酷。詩云：「殷鑒不遠，在夏后之世。」後之有國有家者，可不深戒哉！

元德謹重，有君人之量，降年不永，哀哉！齊王敏慧可稱，志不及遠，頗懷驕僭，故帝疏而忌之，內無父子之親，貌展君臣之敬。身非積善，國有餘殃，至令趙及燕、越，皆不得死，悲夫！

校勘記

〔一〕二弟及婦又讒我言於晉公　通志卷八五隋宗室傳無「言」字，疑是衍文。

〔二〕呼術者王琛問之　諸本「琛」作「姿」，隋書卷四四滕穆王瓚附子綸傳作「琛」。張森楷云：「隋書經籍志數術、方伎二家皆多有王琛書，則作『姿』誤也。」按張說是，此形近致訛，今據改。

〔三〕年十七爲內史上大夫　隋書卷四四衞昭王爽傳，「上大夫」作「上士」。按通典卷三九後周官品，上大夫正六命，上士正三命，周秩以命多爲貴。楊爽初仕，不得便授高官，當以隋書作「上士」爲是。

〔四〕權領并州總管上柱國涼州總管　隋書「上柱國」上有「歲餘進」三字。按無此三字，則似上柱國也是權領，非。疑是脫文。

〔五〕復爲郭氏　諸本「復」訛作「後」，據隋書、通志改。

〔六〕軍國政事及尚書奏死罪已下皆令勇參決　諸本脫「奏」字，據隋書卷四五房陵王勇傳補。

〔七〕陸開明等爲之賓友　諸本「明」作「時」，隋書作「明」。通志卷八五隋宗室傳「陸開明」作「陸爽」。按陸爽字開明，曾官太子洗馬，見隋書卷五八本傳。「明」是，今據改。

〔八〕時帝令選强宗入上臺宿衞　隋書「强宗」作「宗衞侍官」，通志作「東宮强武」。按隋制，太子有宗衞府，掌東宮宿衞。楊堅選宗衞侍官入上臺宿衞，目的在於削弱東宮武力。故高熲云：「若盡取强者，恐東宮宿衞太劣。」北史作「强宗」，則似以大族强宗爲宿衞，與東宮無關，誤。

〔九〕如我商量　諸本「如」訛作「始」，據隋書改。

〔一〇〕每恐讒譖出於杼軸　洪頤煊云：「隋書本傳作『讒譖生於投杼』。淺人見與下句『盃杓』對，改作杼軸，非是。」按曾母投杼故事見史記甘茂傳，洪說是。

〔一一〕又東宮宿衞人　諸本「宿」訛作「宮」，據隋書改。

〔一二〕開皇二十年　隋書、通志「年」下並有「九月壬子」四字。此不當删，疑是誤脫。

〔一三〕御大興殿　隋書、通志上有「翌日」二字。

〔一四〕昔大事不遂我先被誅　隋書「昔」作「若」。按「昔」當是「若」之訛。

〔一五〕昃辭直爭强　諸本「爭」訛作「事」，據隋書、通志改。

〔一六〕加右武衞大將軍　諸本無「武」字，隋書卷四五秦孝王俊傳有。按隋書卷一高祖紀上，開皇二年

二月稱以「秦王俊爲右武衛大將軍」。今據補。

〔一七〕與相連坐者百餘人於是盛修宮室　隋書「於是」上有「俊猶不悛」四字。按此不當删，疑是誤脫。

〔一八〕秀使嬖人萬知先爲武通行軍司馬　隋書卷四五庶人秀傳「知先」作「智光」，通志卷八五隋宗室傳作「知光」。疑「先」是「光」之訛。

〔一九〕乃下以法　通志作「乃下執法」，隋書作「於是付執法官」，疑北史原文當如通志。

〔二〇〕大將軍鄧建出井陘　隋書卷四五庶人諒傳「鄧」作「劉」。

〔二一〕署文安爲柱國紇單貴王聃大將軍茹茹天保侯莫陳惠直指京師　諸本誤疊「大」字，據隋書卷四五庶人諒傳、通志卷八五隋宗室傳删。又通志「紇」上有「與」字。按通鑑卷一八〇五六〇八頁作「署文安爲柱國，與柱國紇單貴、王聃等直指京師」。疑此脫「與柱國」三字。

〔二二〕退守清源　諸本「源」作「原」，通鑑一八〇五六二三頁作「源」。胡注云：「開皇十六年，分晉陽置清源縣。」又引宋白曰：「此縣自漢至晉，皆爲榆次縣地。隋置清源縣，因縣西清源水得名。」按胡注所據，見隋書地理志中太原郡晉陽縣。今據改。

〔二三〕死無所恨　諸本倒作「死所無恨」，據隋書卷五九燕王倓傳、通志卷八五隋宗室傳乙。

〔二四〕世充兄世惲因勸世充害侗　諸本「惲」作「渾」，隋書卷五九越王侗傳作「惲」。按本書卷七九王世充傳亦作「惲」，今據改。

〔二五〕俄而元德太子薨　諸本脫「俄」字，據隋書卷五九齊王暕傳、通志卷八五隋宗室傳補。

〔二六〕有遺腹子愍　隋書「愍」作「政道」。

北史卷七十二

列傳第六十

高熲　牛弘　李德林

高熲字昭玄，一名敏，自言勃海蓨人也。其先因官北邊，沒於遼左。曾祖暠，以太和中自遼東歸魏，官至衞尉卿。祖孝安，位兗州刺史。

父賓，仕東魏，位諫議大夫。大統六年，避讒棄官奔西魏，獨孤信引賓爲僚佐，賜姓獨孤氏。及信誅，妻子徙蜀。隋文獻皇后以賓父之故吏，每往來其家。賓敏於從政，果敢斷決。賜爵武陽縣伯，〔一〕歷位齊公憲府長史、驃騎大將軍、開府儀同三司、襄州總管府司錄，卒於州。及熲貴，開皇中，贈禮部尙書、武陽公，諡曰簡。

熲少明敏，有器局，略涉文史，尤善詞令。初，孩孺時，家有柳樹，高百許尺，亭亭如蓋。里中父老曰：「此家當出貴人。」年十七，周齊王憲引爲記室。襲爵武陽縣伯，再遷內史下大

夫。以平齊功，拜開府。

隋文帝得政，素知熲强明，又習兵事，多計略，意欲引之入府。遣邗公楊惠諭意，熲承旨忻然，曰：「願受驅馳。縱公事不成，亦不辭滅族。」於是爲府司錄。時長史鄭譯、司馬劉昉並以奢縱被疏，帝彌屬意於熲，委以心膂。尉遲迥起兵也，帝令韋孝寬伐之，軍至河陽，莫敢先進。帝以諸將不一，令崔仲方監之，仲方辭以父在山東。時熲見劉昉、鄭譯等並無去意，遂自請行，深合上旨。受命便發，遣人辭母云，忠孝不可兩兼，歔欷就路。至軍，爲橋於沁水，賊於上流縱火栰，熲預爲土狗以禦之。〔二〕既度，焚橋而戰，大破之。軍還，侍宴於臥內，帝撤御帷以賜之。進位柱國，改封義寧縣公，遷丞相府司馬，任寄益隆。

及帝受禪，拜尙書左僕射，納言，進封勃海郡公。朝臣莫與爲比，帝每呼爲獨孤而不名也。熲佯避權勢，上表遜位，讓於蘇威。帝欲成其美，聽解僕射。數日，帝曰：「蘇威高蹈前朝，熲能舉善。吾聞進賢受上賞，寧可令去官！」於是令熲復位。俄拜左衞大將軍，本官如故。突厥屢爲邊患，詔熲鎭遏緣邊。及還，賜馬百疋，牛羊千計。〔三〕領新都大監，制度多出於熲。熲每坐朝堂北槐樹下以聽事，其樹不依行列，有司將伐之。帝特命勿去，以示後人。其見重如此。又拜左領軍大將軍，餘官如故。母憂去職，二旬，起令視事。熲流涕辭讓，不許。

開皇二年，長孫覽、元景山等伐陳，令熲節度諸軍。會陳宣帝殂，熲以禮不伐喪，奏請班師。蕭巖之叛，詔熲綏集江漢，甚得人和。帝嘗問熲以取陳之策，熲曰：「江北地寒，田收差晚，江南土熱，水田早熟。量彼收穫之際，微徵士馬，聲言掩襲。賊必屯兵禦守，足得廢其農時。彼既聚兵，我更解甲，再三若此，賊以爲常。後更集兵，彼必不信，猶豫之頃，我乃濟師，登陸而戰，兵氣益倍。又江南土薄，舍多竹茅，所有儲積，皆非地窖。密遣行人，因風縱火，待彼修立，而更燒之。不出數年，自可財力俱盡。」帝用其策，由是陳人益弊。

九年，晉王廣大舉伐陳，以熲爲元帥長史，三軍皆取斷於熲。及陳平，晉王欲納陳主寵姬張麗華。熲曰：「武王滅殷，戮妲己。今平陳國，不宜取麗華。」乃命斬之，王甚不悅。及軍還，以功加上柱國，進爵齊國公，賜物九千段，定食千乘縣千五百戶。帝勞之曰：「公伐陳後，人云公反，朕已斬之。君臣道合，非青蠅所間也。」熲又遜位，優詔不許。

是後右衞將軍龐晃及將軍盧賁等，前後短熲於帝。帝怒，皆被疏黜。因謂熲曰：「獨孤公猶鏡也，每被磨瑩，皎然益明。」未幾，尚書都事姜曄、楚州行參軍李君才並奏稱水旱不調，罪由高熲，請廢黜之。二人俱得罪而去，親禮逾密。帝幸并州，留熲居守。及還，賜縑五千疋，行宮一所爲莊舍。其夫人賀拔氏寢疾，中使顧問不絕。帝親幸其第，賜錢百萬，絹萬疋，復賜以千里馬。嘗從容命熲與賀若弼言及平陳事，熲曰：「賀若弼先獻十策，後於蔣山苦戰破賊。臣文吏耳，焉敢與猛將論功！」帝大笑，時論嘉其有讓。尋以其子表仁尚太子勇女，前後賞賜，不可勝計。

時熒惑入太微，犯左執法。術者劉暉私於熲曰：「天文不利宰相，可修德以禳之。」熲不自安，以暉言奏之。上厚加賞慰。突厥犯塞，以熲爲元帥擊破之。又出白道，進圖入磧，遣使請兵，近臣言熲欲反，帝未有所答，熲亦破賊而還。

時太子勇失愛，帝潛有廢立志，謂熲曰：「晉王妃有神告之，言王必有天下。」熲跪曰：「長幼有序，不可廢。」遂止。獨孤皇后知熲不可奪，陰欲去之。初，熲夫人卒，后言於帝曰：「高僕射老矣，而喪夫人，陛下何以不爲之娶？」帝以后言告熲，熲流涕謝曰：「臣今已老，退朝唯齋居讀佛經而已。雖陛下垂哀之深，至於納室，非臣所願。」帝乃止。至是，熲愛妾產男，帝聞極歡，后甚不悅，曰：「陛下當復信熲邪？始陛下欲爲熲娶，熲心存愛妾，面欺陛下，今其詐已見。」帝由是疏熲。

會議伐遼東，熲固諫不可。帝不從，以熲爲元帥長史，從漢王征遼東，遇霖潦疾疫，不利而還。后言於帝曰：「熲初不欲行，陛下强之，妾固知其無功矣。」又帝以漢王年少，專委軍於熲。熲以任寄隆重，每懷至公，無自疑意。諒所言多不用，因甚銜之。及還，諒泣言於后曰：「兒幸免熲殺。」帝聞，彌不平。俄而上柱國王積以罪誅，當推覈之際，乃有禁中事，

云於熲處得之。帝欲成熲罪，聞此大驚。時上柱國賀若弼、吳州總管宇文弼、刑部尚書薛胄、戶部尚書斛律孝卿、兵部尚書柳述等明熲無罪，帝愈怒，皆以之屬吏。自是朝臣莫敢言。熲竟坐免，以公就第。

未幾，帝幸秦王俊第，召熲侍宴。熲歔欷悲不自勝，獨孤皇后亦對之泣，左右皆流涕。帝謂曰：「朕不負公，公自負朕也。」因謂侍臣曰：「我於高熲勝兒子，雖或不見，常似目前。自其解落，瞑然忘之，如本無高熲。不可以身要君，自云第一也。」頃之，熲國令上熲陰事，稱：「其子表仁謂熲曰：『昔司馬仲達初託疾不朝，遂有天下。公今遇此，安知非福？』」於是帝大怒，囚熲於內史省而鞫之。憲司復奏熲他事，云：「沙門眞覺嘗謂熲曰：『明年國有大喪。』尼令暉復云：『十七、八年，皇帝有大厄。十九年不可過。』」帝聞益怒，顧謂羣臣曰：「帝王豈可力求。孔丘以大聖之才，作法垂於後代，寧不欲大位邪？天命不可耳。熲與子言，自比晉帝，此何心乎？」有司請斬之，帝曰：「去年殺虞慶則，今茲斬王積，如更誅熲，天下謂我何！」於是除熲名。

初，熲爲僕射，其母誡之曰：「汝富貴已極，但有斫頭耳，爾其愼之！」熲由是常恐禍變。及此，熲歡然無恨色，以爲得免禍。

煬帝即位，拜太常卿。時有詔收周、齊故樂人及天下散樂。熲奏：「此樂久廢。今若徵

之，恐無識之徒棄本逐末，遞相教習。」帝不悅。帝時侈靡，聲色滋甚，又起長城之役。熲甚病之，謂太常丞李懿曰：「周天元以好樂而亡，殷監不遠，安可復爾！」時帝遇啓人可汗恩禮過厚，熲謂太府卿何稠曰：「此虜頗知中國虛實、山川險易，恐爲後患。」復謂觀王雄曰：「近來朝廷殊無綱紀。」有人奏之，帝以爲訕謗朝政，誅之，諸子徙邊。

熲有文武大略，明達政務。及蒙任寄之後，竭誠盡節，進引貞良，以天下爲己任。蘇威、楊素、賀若弼、韓擒等皆熲所薦，各盡其用，爲一代名臣。自餘立功立事者，不可勝數。當朝執政將二十年，朝野推服，物無異議，時致昇平，熲之力也。論者以爲眞宰相。及誅，天下無不傷惜，至今稱冤不已。所有奇策良謀及損益時政，熲皆削稿，代無知者。

子盛道，位莒州刺史，徙柳城卒。道弟弘德，封應國公，晉王記室；次弟表仁，勃海郡公。徙蜀郡。

牛弘字里仁，安定鶉觚人也。其先嘗避難，改姓遼氏。祖熾，本郡中正。父元，〔四〕魏侍中、工部尚書、臨涇公，復姓牛氏。

弘在襁褓，有相者見之，謂其父曰：「此兒當貴，善愛養之。」及長，鬚貌甚偉，性寬裕，好

學博聞。仕周，歷位中外府記室、內史上士、納言上士，專掌文翰，修起居注。後襲封臨涇公，轉內史下大夫、儀同三司。

開皇初，授散騎常侍、祕書監。弘以典籍遺逸，上表請開獻書之路，曰：

昔周德既衰，舊經紊棄。孔子以大聖之才，開素王之業，憲章祖述，制禮刊詩，正五始而修春秋，闡十翼而弘易道。及秦皇馭宇，吞滅諸侯，先王墳籍，掃地皆盡。此則書之一厄也。漢興，建藏書之策，置校書之官。至孝成之代，遣謁者陳農求遺書於天下，詔劉向父子讎校篇籍。漢之典文，於斯爲盛。及王莽之末，並從焚燼。此則書之二厄也。光武嗣興，尤重經誥，未及下車，先求文雅。至肅宗親臨講肆，和帝數幸書林，其蘭臺、石室、鴻都、東觀，祕牒塡委，更倍於前。及孝獻移都，吏人擾亂，圖書縑帛，皆取爲帷囊。所收而西，裁七十餘乘，屬西京大亂，一時燔蕩。此則書之三厄也。魏文代漢，更集經典，皆藏在祕書，內外三閣，遣祕書郞鄭默刪定舊文，論者美其朱紫有別。晉氏承之，文籍尤廣。晉祕書監荀勗定魏內經，更著新簿。[五] 屬劉、石馮陵，從而失墜。此則書之四厄也。永嘉之後，寇竊競興，其建國立家，雖傳名號，憲章禮樂，寂滅無聞。劉裕平姚，收其圖籍，五經子史，纔四千卷，皆赤軸青紙，文字古拙，並歸江左。宋祕書丞王儉依劉氏七略，撰爲七志。梁人阮孝緖亦爲七錄。總其書數，三萬餘

卷。及侯景度江，破滅梁室，祕省經籍，雖從兵火，其文德殿內書史，宛然猶存。蕭繹據有江陵，遣將破平侯景，收文德之書及公私典籍重本七萬餘卷，悉送荊州。及周師入郢，繹悉焚之於外城，所收十纔一二。此則書之五厄也。後魏爰自幽方，遷宅伊洛，日不暇給，經籍闕如。周氏創基關右，戎車未息。保定之始，書止八千，後加收集，方盈萬卷。高氏據有山東，初亦採訪，驗其本目，殘闕猶多。及東夏初平，獲其經史，四部重雜，三萬餘卷。所益舊書，五千而已。今御出單本，合一萬五千餘卷，部帙之間，仍有殘缺。比梁之舊目，止有其半。至於陰陽河洛之篇，醫方圖譜之說，彌復爲少。

臣以經書自仲尼迄今，數遭五厄，興集之期，屬膺聖代。今祕藏見書，亦足披覽，但一時載籍，須令大備。不可王府所無，私家乃有。若猥發明詔，兼開購賞，則異典必致，觀閣斯積。

上納之，於是下詔，獻書一卷，賚縑一疋。一二年間，篇籍稍備。進爵奇章公。

三年，拜禮部尙書，奉敕修撰五禮，勒成百卷，行於當代。弘請依古制，修立明堂，上議曰：

竊謂明堂者，所以通神靈，感天地，出敎化，崇有德。黃帝曰合宮，堯曰五府，舜曰總章，布政興敎，由來尙矣。周官考工記曰：「夏后氏代室，[六] 堂脩二七，廣四脩一。」[七] 鄭玄注云：「脩十四步，其廣益以四分脩之一，則廣十七步半也。」「殷人重屋，堂脩七尋，四阿重屋。」鄭云：「其脩七尋，廣九尋也。」「周人明堂，度九尺之筵，南北七筵。五室，凡室二筵。」[八] 鄭玄云：「此三者，或舉宗廟，或舉王寢，或舉明堂，互言之明其制同也。」[九] 馬融、王肅、干寶所注，與鄭亦異，今不具出。漢司徒馬宮議云：「夏后氏代室，室顯於堂，故命以室。殷人重屋，屋顯於堂，故命以屋。周人明堂，堂大於夏室，故命以堂。夏后氏益其堂之廣百四十四尺，周人明堂，以爲兩序間大夏后氏七十二尺。」若據鄭玄之說，則夏室大於周堂，如依馬宮之言，則周堂大於夏室。後王轉文，周大爲是。但宮之所言，未詳其義。此皆去聖久遠，禮文殘缺，先儒解說，家異人殊。鄭注玉藻亦云：「宗廟路寢，與明堂同制。」王制曰：「寢不踰廟。」明大小是同。今依鄭注，每室及堂，止有一丈八尺，四壁之外，四尺有餘。若以宗廟論之，祫享之日，周人旅酬六尸，幷后稷爲七，先公昭穆二尸，先王昭穆二尸，合十一尸，三十六主，及君北面行事於二丈之堂，愚不及此。若以正寢論之，便須朝宴。據燕禮：「諸侯宴則賓及卿大夫脫屨升坐。」是知天子宴，則三公九卿並升堂。燕義又云：「席小卿次上卿。」言皆侍席。止於二筵之間，豈得行禮？若以明堂論之，總享之時，五帝各於其室。設青帝之位，須

於木室內少北西面。[一〇] 太昊從食，坐於其西，近南北面。祖宗配享者，又於青帝南，稍退西面。丈八之室，神位有三，加以簠簋豆籩，牛羊之俎，四海九州美物咸設，復須席上升歌，出樽反坫，揖讓升降，亦以隘矣。據茲而說，近是不然。

案劉向別錄及馬宮、蔡邕等所見，當時有古文明堂禮、王居明堂禮、明堂圖、明堂大圖、明堂陰陽、太山通義、魏文侯孝經傳等，並說古明堂事。其書皆亡，莫得而正。今明堂月令者，鄭玄云是呂不韋著，春秋十二紀之首章，禮家鈔合爲記。蔡邕、王肅云周公作，周書有月令第五十三，卽此也。各有證明，文多不載。束晳以爲夏時書。劉瓛云：「不韋鳩集儒者，尋于聖王月令之事而記之。不韋安能獨爲此記？」今案不得全稱周書，亦不可卽爲秦典，其內雜有虞、夏、殷之法，皆聖王仁恕之政也。蔡邕具爲章句，又論之曰：「明堂所以宗祀其祖，以配上帝也。[一一] 夏后氏曰代室，殷人曰重屋，周人曰明堂。東曰青陽，南曰明堂，西曰總章，北曰玄堂，內曰太室。[一二] 聖人南面而聽，嚮明而治，人君之位莫不正焉。故雖有五名，而主以明堂也。制度之數，各有所依。方一百四十四尺，坤之策也，屋圓楣徑二百一十六尺，乾之策也。太廟明堂方六丈，通天屋徑九丈，陰陽九六之變，且圓蓋方覆，九六之道也。[一三] 八闥以象卦，九室以象州，十二宮應日辰。三十六戶，七十二牖，以四戶八牖乘九宮之數也。[一四] 戶皆外設而不閉，

示天下以不藏也。通天屋高八十一尺，黃鍾九九之實也。二十八柱布四方，四方七宿之象也。堂高三尺，以應三統，四向五色，各象其行。水闊二十四丈，象二十四氣，於外，以象四海。〔一五〕王者之大禮也。」觀其模範天地，則象陰陽，必據古文，義不虛出。今若直取考工，不參月令，青陽總章之號不得而稱，九月享帝之禮不得而用。漢代二京所建，與此說悉同。

建安之後，海內大亂，魏氏三方未平，無聞興造。晉則侍中裴頠議「直為一殿，以崇嚴父之祀，其餘雜碎，一皆除之」。宋、齊已還，咸率茲禮，前王盛事，於是不行。後魏代都所造，出自李沖，三三相重，合為九屋。〔一六〕簷不覆基，房間通街，穿鑿處多，迄無可取。及遷洛陽，更加營構，五九紛競，遂至不成。宗祀之事，於焉靡託。

今皇猷遐闡，化覃海外，方建大禮，垂之無窮。弘等不以庸虛，謬當議限。今檢明堂必須五室者何？尚書帝命驗曰：「帝者承天立五府，赤曰文祖，黃曰神斗，〔一七〕白曰顯紀，黑曰玄矩，蒼曰靈府。」鄭玄注曰：「五府與周明堂同矣。」且三代相沿，多有損益，至於五室，確然不變。夫室以祭天，天實有五，若立九室，四無所用。布政視朔，自依其辰。鄭司農云「十二月分在青陽等左右之位」，不云居室。鄭玄亦云「每月於其時之堂而聽政焉」。禮圖畫个，皆在堂偏，是以須為五室。明堂必須上圓下方者何？孝經援

神契曰：「明堂者，上圓下方，八窗四達，布政之宮。」禮記盛德篇曰：「明堂四戶八牖，上圓下方。」是以須為圓方。明堂必須重屋者何？案考工記，夏言「九階，四旁兩夾窗，門堂三之二，室三之一」。殷、周不言者，明一同夏制。殷言「四阿重屋」，周承其後不言屋，制亦盡同可知也。其「殷人重屋」之下，本無五室之文。鄭注云：「五室者，亦據夏以知之。」明周不云重屋，因殷則有，灼然可見。禮記明堂位曰：「太廟，天子明堂。」言魯為周公之故，得用天子禮樂，魯之太廟，與周之明堂同。又曰：「複廟重簷，刮楹達嚮，天子之廟飾。」鄭注：「複廟，重屋也。」據廟既重屋，明堂亦不疑矣。春秋文公十三年，「太室屋壞」，五行志曰：「前堂曰太廟，中央曰太室，屋其上重者也。」服虔亦云：「太室，太廟之上屋也。」周書作洛篇曰：「乃立太廟宗宮路寢明堂，咸有四阿反坫，重亢重廊。」孔晁注云：「重亢，累棟；重廊，累屋也。」依黃圖所載，漢之宗廟皆為重屋。此去古猶近，遺法尚存，是以須為重屋。明堂必須為辟雍者何？禮記盛德篇云：「明堂者，明諸侯尊卑也。外水曰辟雍。」明堂陰陽錄曰：「明堂之制，周圜行水，左旋以象天，內有太室，以象紫宮。」此則明堂有水之明文也。然馬宮、王肅以為明堂、辟雍、太學同處，蔡邕、盧植亦以為明堂、靈臺、辟雍、太學同實異名。〔一八〕邕云：「明堂者，取其宗祀之清貌，則謂之清廟，取其正室，則曰太室，取其堂，則曰明堂，取其四門之學，則曰太學，取其周水

圓如璧，則曰辟雍。其實一也。」其言別者，五經通義曰：「靈臺以望氣，明堂以布政，辟雍以養老教學。」三者不同。袁準、鄭玄亦以為別。歷代所疑，豈能輒定？今據郊祀志云：「欲為明堂，未曉其制。濟南人公玉帶上黃帝時明堂圖，一殿無壁，蓋之以茅，水圜宮垣，天子從之。」以此而言，其來則久。漢中元二年，起明堂、辟雍、靈臺於洛陽，並別處。然明堂亦有璧水，李尤明堂銘曰「流水洋洋」是也。以此須有辟雍。

今造明堂，須以禮經為本。形制依於周法，度數取於月令，遺闕之處，參以餘書，庶使該詳沿革之理。其五室九階，上圓下方，四阿重屋，四旁兩門，依考工記、孝經說。堂方一百四十四尺，屋圓楣徑二百一十六尺，太室方六丈，通天屋徑九丈，八闥二十八柱，堂高三尺，四向五色，依周書月令論。殿垣方在內，水周如外，〔一九〕水內徑三百步，依太山、盛德記、觀禮經。〔二〇〕仰觀俯察，皆有則象，足以盡誠上帝，祗配祖宗，弘風布教，作範於後矣。

上以時事草創，未遑制作，竟寢不行。

六年，除太常卿。九年，詔定雅樂，又作樂府歌詞，撰定圓丘五帝凱樂，并議樂事。弘上議云：

謹案禮，五聲六律，十二管還相為宮。周禮奏黃鍾，歌大呂，奏太蔟，歌應鍾，皆旋

相為宮之義。蔡邕明堂月令章句曰：「孟春月則太蔟為宮，姑洗為商，蕤賓為角，南呂為徵，應鍾為羽，大呂為變宮，夷則為變徵。他月放此。」故先王之作律呂也，所以辨天地四方陰陽之聲。揚子雲曰：「聲生於律，律生於辰。」故律呂配五行，通八風，歷十二辰，行十二月，循環轉運，義無停止。譬如立春木王火相，立夏火王土相，季夏餘分，土王金相，立秋金王水相，立冬水王木相。遞相為宮者，謂當其王月，名之為宮。今若十一月不以黃鍾為宮，十三月不以太蔟為宮，〔二一〕便是春木不王，夏土不相。豈不陰陽失度，天地不通哉？劉歆鍾律書云：「春宮秋律，百卉必彫；秋宮春律，萬物必榮；夏宮冬律，雨雹必降；冬宮夏律，雷必發聲。」以斯而論，誠為不易。且律十二，今直為黃鍾一均，唯用七律，以外五律竟復何施？恐失聖人制作本意。故須依禮作還相為宮之法。

上曰：「不須作旋相為宮，且作黃鍾一均也。」弘又論六十律不可行：

謹案續漢書律曆志：「元帝遣韋玄成問京房於樂府。房對：『受學故小黃令焦延壽。六十律相生之法：以上生下，皆三生二；以下生上，皆三生四。陽下生陰，陰上生陽，終於中呂，十二律畢矣。中呂上生執始，執始下生去滅，上下相生，終於南事，六十律畢矣。十二律之變至於六十，猶八卦之變至於六十四也。冬至之聲，以黃鍾為宮，太蔟為商，姑洗為角，林鍾為徵，南呂為羽，應鍾為變宮，蕤賓為變徵。此聲氣之元，五

音之正也。故各統一日。其餘以次運行，當日者各自爲宮，〔二二〕而商徵以類從焉。』房又曰：『竹聲不可以度調，故作準以定數。準之狀如瑟，長一丈而十三弦，隱間九尺，以應黃鍾之律九寸。中央一絃，下畫分寸，以爲六十律清濁之節。』執始之類，皆房自造。房云受法於焦延壽，未知延壽所承也。至元和元年，待詔候鍾律殷彤上言：〔二三〕『官無曉六十律以準調音者。〔二四〕故待詔嚴嵩，〔二五〕具以準法教其子宣，願召宣補學官，主調樂器。』太史丞弘試宣十二律，其二中，其四不中，其六不知何律，宣遂罷。自此律家莫能爲準施絃。熹平六年，〔二六〕東觀召典律者太子舍人張光問準意。光等不知，歸閱舊藏，乃得其器，形制如房書，猶不能定其絃緩急，故史官能辯清濁者遂絕。其可以相傳者，唯大榷常數及候氣而已。」據此而論，房法漢世已不能行。沈約宋志曰：「詳案古典及今音家，六十律無施於樂。」禮云「十二管還相爲宮」，不言六十。封禪書云：「大帝使素女鼓五十絃瑟而悲，破爲二十五絃。」假令六十律爲樂得成，亦所不用，取大樂必易，大禮必簡之意也。

又議曰：

案周官云：「大司樂掌成均之法。」鄭衆注云：「均，調也。樂師主調其音。」三禮義宗稱「周官奏黃鍾者，用黃鍾爲調，歌大呂者，用大呂爲調。奏者謂堂下四縣，歌者謂

堂上所歌。但以一祭之間，皆用二調」。是知據宮稱調，其義一也。明六律六呂迭相爲宮，各自爲調。今見行之樂，用黃鍾之宮，乃以林鍾爲調，與古典有違。案晉內書監荀勗〔二七〕依典記，以五聲十二律還相爲宮之法，制十二笛。黃鍾之笛，正聲應黃鍾，下徵應林鍾，以姑洗爲清角。大呂之笛，正聲應大呂，下徵應夷則。以外諸均，例皆如是。然今所用林鍾，是勗下徵之調。不取其正，先用其下，於理未通，故須改之。上甚善其議，詔弘與姚察、許善心、何妥、虞世基等正定新樂。是後議置明堂，詔弘條上故事，議其得失。上甚敬重之。

時楊素恃才矜貴，賤侮朝臣，唯見弘未嘗不改容自肅。素將擊突厥，詣太常與弘言別。弘送素至中門而止，素謂曰：「大將出征，故來敘別，何相送之近也？」弘遂揖而退。素笑曰：「奇章公可謂其智可及，其愚不可及也。」亦不以屑懷。尋授大將軍，拜吏部尚書。

時帝又令弘與楊素、蘇威、薛道衡、許善心、虞世基、崔子發等并召諸儒，論新禮降殺輕重。弘所立議，衆咸推服之。及獻皇后崩，王公已下不能定其儀注。楊素謂弘曰：「公舊學，時賢所仰。今日之事，決在於公。」弘了不辭讓，斯須之間，儀注悉備，皆有故實。素歎曰：「衣冠禮樂盡在此矣，非吾所及也！」弘以三年之喪，祥禫具有降殺，期服十一月而練者，無所象法，以聞於帝。帝下詔除期練之禮，自弘始也。

弘在吏部，先德行後文才，務在審慎。雖致緩滯，所有進用，並多稱職。吏部侍郎高孝基，鑒賞機晤，清慎絕倫，然爽俊有餘，迹似輕薄，時宰多以此疑之。唯弘深識其眞，推心任委。隋之選舉，於斯爲最，時論服弘識度之遠。

煬帝之在東宮，數有詩書遺弘，弘亦有答。及嗣位，嘗賜弘詩曰：「晉家山吏部，魏代盧尚書，莫言先哲異，奇才並佐余。學行敦時俗，道素乃沖虛，納言雲閣上，禮儀皇運初。彝倫欣有敘，垂拱事端居。」其同被賜詩者，至於文詞贊揚，無如弘美。大業二年，進位上大將軍。三年，改右光祿大夫。從拜恒岳，壇墠珪幣牲牢，並弘所定。還下太行山，煬帝嘗召弘入內帳，對皇后賜以同席飲食。其親重如此。弘謂其子曰：「吾受非常之遇，荷恩深重。汝等子孫，宜以誠敬自立，以答恩遇之隆。」六年，從幸江都，卒。帝傷惜之，賵贈甚厚。歸葬安定，贈開府儀同三司、光祿大夫、文安侯，諡曰憲。

弘榮寵當世，而車服卑儉，事上盡禮，待下以仁，訥於言而敏於行。上嘗令宣敕，弘至階下，不能言，退還拜謝，云並忘之。上曰：「傳語小辯，故非宰臣任也。」愈稱其質直。大業之代，委遇彌隆。性寬厚，篤志於學，雖職務繁雜，書不釋手。隋室舊臣，始終信任，悔吝不及，唯弘一人而已。弟弼，好酒而酗，嘗醉射殺弘駕車牛。〔二八〕弘還宅，其妻迎謂曰：「叔射殺牛。」弘聞，無所怪問，直答曰：「作脯。」坐定，其妻又曰：「叔忽射殺牛，大是異事。」弘曰：「已

知。」顏色自若，讀書不輟。其寬和如此。有文集十二卷行於世。

長子方大，亦有學業，位內史舍人。

次子方裕，凶險無仁心，在江都與裴虔通等謀殺逆，事見司馬德戡傳。〔二九〕

李德林字公輔，博陵安平人。祖壽，魏湖州戶曹從事。父敬族，歷太學博士、鎮遠將軍。魏靜帝時，命當世通人正定文籍，以爲內校書，別在直閣省。

德林幼聰敏，年數歲，誦左思蜀都賦，十餘日便度。高隆之見而歎異之，徧告朝士云：「若假其年，必爲天下偉器。」鄴京人士多就宅觀之，月餘車馬不絕。年十五，誦五經及古今文集，日數千言。俄而該博墳典，陰陽緯候無不通涉。善屬文，詞覈而理暢。魏收嘗對高隆之謂其父曰：「賢子文筆，終當繼溫子昇。」隆之大笑曰：「魏常侍殊已嫉賢，何不近比老彭，乃遠求溫子！」

年十六，遭父艱，自駕靈輿，反葬故里。時嚴寒，單縗跣足，州里人物由是敬慕之。居貧轗軻，母氏多疾，方留心典籍，無復宦情。其後母病稍愈，逼令仕進。齊任城王湝爲定州刺史，重其才，召入州館，朝夕同游，殆均師友。

後舉秀才，尙書令楊遵彥考爲上第，授殿中將軍。及長廣王作相，引爲丞相府行參軍。未幾，王卽帝位，累遷中書舍人，加通直散騎侍郎，別典機密。尋丁母艱，以至孝聞，朝廷嘉之。裁百日，奪情起復，固辭不起。魏收與陽休之論齊書起元事，百司會議。收與德林致書往復，詞多不載。後除中書侍郎，仍詔修國史。時齊帝留情文雅，召入文林館，與黃門侍郎顏之推同判文林館事。累遷儀同三司。

周武帝平齊，遣使就宅宣旨云：「平齊之利，唯在於爾，宜入相見。」仍令從駕至長安，授內史上士，詔誥格式及用山東人物，一以委之。周武謂羣臣曰：「我常日唯聞李德林與齊朝作書檄，我正謂其是天上人。豈言今日得其驅使，復爲我作文書，極爲大異。」神武公紇豆陵毅答曰：「臣聞明主聖王，得騏驎鳳皇爲瑞，是聖德所感，非力能致之。瑞物雖來，不堪使用。如李德林來受驅策，亦是陛下聖德感致，有大才用，勝於騏驎鳳皇遠矣。」帝大笑曰：「誠如公言。」宣政末，授御正下大夫。後賜爵成安縣男。

宣帝大漸，隋文帝初受顧命，令邗國公楊惠謂德林曰：「朝廷賜令總文武事，今欲與公共成，必不得辭。」德林答曰：「願以死奉公。」隋文大悅，卽召與語。劉昉、鄭譯初矯詔召隋文受命輔少主，總知內外兵馬事。譯欲授隋文冢宰，譯自攝大司馬，昉爲小冢宰。德林私啓：「宜作大丞相，假黃鉞，都督內外諸軍事。」遂以譯爲相府長史，昉爲相府司馬，二人由是

不平。以德林爲相府屬，加儀同大將軍。

未幾而三方構亂，指授兵略，皆與之參詳。軍書羽檄，朝夕頓至，一日之中，動逾百數。或機速競發，口授數人，文意百端，不加治點。鄖公韋孝寬爲東道元帥，師次永橋，沁水長，孝寬師未得度。長史李詢密啓：「諸大將受尉遲迥饟金。」隋文得啓，以爲憂，議欲代之。德林曰：「臨敵代將，自古所難，樂毅所以辭燕，馬服以之敗趙也。公但以一腹心，明於智略，素爲諸將所信伏者，速至軍所，觀其情僞。縱有異意，必不敢動。」隋文曰：「公不發此言，幾敗大事！」卽令高熲馳驛往軍所，爲諸將節度，竟成大功。凡厥謀謨，皆此類也。

進授丞相府從事內郎。禪代之際，其相國總百揆、九錫殊禮詔策牋表璽書，皆德林之辭也。隋文登祚之日，授內史令。初，將受禪，虞慶則等勸隋文盡滅宇文氏，德林固爭以爲不可。隋文怒，由是品位不加，唯依班例，授上儀同，進爵爲子。

開皇元年，勑令與太尉于翼、高熲等同修律令。訖，奏聞，別賜駿馬及九環金帶。五年，敕令撰錄作相時文翰，勒成五卷，謂之霸朝雜集。隋文省讀訖，明旦謂德林曰：「自古帝王之興，必有異人輔佐。我昨讀霸朝集，方知感應之理。昨宵恨夜長，不得早見公面。」於是追贈其父定州刺史、安平縣公，謚曰孝。隋文後幸鄴，〔二〇〕德林以疾不從。敕書追之，後御筆注云：「伐陳事意，宜自隨也。」時高熲入京，上語熲曰：「德林若患未堪行，宜自至宅，取

其方略。」帝以之付晉王廣。〔二一〕

初，大象末，〔二二〕文帝以逆人王謙宅賜之，尋又改賜崔謙，帝令德林自選一好宅并莊店作替。德林乃奏取逆人高阿那肱衞國縣市店八十區爲替。九年，車駕幸晉陽，店人表訴，稱地是平人物，高氏强奪，於內造舍。上責德林。德林請勘逆人文簿及本換宅之意，〔二三〕上不聽，悉追店給所住者。由是嫌之。初，德林稱其父爲太尉諮議，以取贈官，李元操等陰奏之曰：「德林父終於校書，妄稱諮議。」上甚銜之。至是，復庭議忤意，〔二四〕因數之曰：「公爲內史，典朕機密，比不預計議者，以公不弘耳。朕方以孝理天下，故立五教以弘之。公言孝由天性，何須設教。然則孔子不當說孝經也？又罔冒取店，妄加父官，朕實忿之而未能發。今當以一州相遣耳。」因出爲湖州刺史。在州逢旱，〔二五〕課人掘井溉田，爲考司所貶。歲餘，卒官，時年六十一。贈大將軍、廉州刺史，謚曰文。將葬，敕令羽林百人，并鼓吹一部，以給喪事，祭以太牢。

德林美容儀，善談吐，器量沈深，時人未能測。齊任城王湝、趙彥深、魏收、陸卬大相欽重。德林少孤，未有字，魏收謂之曰：「識度天才，必至公輔，吾輒以此字卿。」從宦已後，卽典機密，性愼密，嘗言古人不言溫樹，何足稱也。少以才學見知，及位望稍高，頗傷自任，爭競之徒，更相譖毁。所以運屬興王，〔二六〕功參佐命，十餘年間竟不徙級。所撰文集，勒成八

十卷，遭亂亡失，見五十卷行於代。

子百藥，〔二七〕博涉多才，詞藻清贍。大業末，位建安郡丞。〔二八〕

校勘記

〔一〕賜爵武陽縣伯　諸本「武陽」作「陽武」，周書卷三七裴文舉附高賓傳作「武陽」。按下云開皇中贈武陽公，又其子熲襲爵武陽縣伯。作「武陽」是，今據乙。

〔二〕熲預爲土狗以禦之　隋書卷四一高熲傳「土」作「木」。

〔三〕賜馬百疋牛羊千計　諸本「羊」訛作「馬」，據隋書及通志卷一六〇高熲傳改。

〔四〕改姓遼氏至父元　隋書卷四九牛弘傳「遼」作「尞」，「元」作「允」。按周書卷三七裴文舉傳附見尞允，卽弘父。疑北史誤。

〔五〕晉秘書監荀勗定魏內經更著新簿　錢氏考異卷四〇云：「勗著中經簿，此稱『內經』，避隋諱也。」

〔六〕夏后氏代室　隋書卷四九、通志卷一六〇牛弘傳「代」作「世」。按周禮考工記原文作「世」。北史似是避唐諱改。但別處又多不避，當是改之未盡。

〔七〕堂脩二七廣四脩一　諸本「二七」作「七尋」，隋書及考工記並作「二七」。按下引鄭注云：「脩十

四步。」知北史本作「二七」。「七尋」乃涉下文「殷人重屋，堂脩七尋」而誤，今據改。

〔八〕周人明堂度九尺之筵南北七筵五室凡室二筵　諸本「度」作「廣」，隋書作「度」。按考工記原文云：「周人明堂，度九尺之筵，東西九筵，南北七筵，堂崇一筵。五室，凡室二筵。」牛弘引文節略，但舉南北，不言東西。北史又訛「度」爲「廣」，遂似九尺爲東西之寬，誤。今據改。

〔九〕互言之明其制同也　諸本脫「言」字，據隋書、通志及考工記補。

〔一〇〕設青帝之位須於木室內少北西面　諸本無「木」字，隋書作「太」字，册府卷五八四六九九二頁作「木」字。按太平御覽卷五三三二四二一頁引三禮圖云：「明堂者布政之宮，周制五室：東爲木室，南爲火室，西爲金室，北爲水室，土室在中。」青帝爲東方之帝，故設位於木室。隋書作「太室」誤，北史脫「木」字，今據册府補。

〔一一〕明堂所以宗祀其祖以配上帝也　諸本脫「祖」字，據隋書及續漢志八祭祀志注引蔡邕明堂論補。

〔一二〕內曰太室　明堂論「內」作「中」，牛弘避隋諱改。

〔一三〕太廟明堂方六丈通天屋徑九丈陰陽九六之變且圓蓋方覆九六之道也　李慈銘云：「蔡邕明堂論作『方三十六丈』。近人元和蔡雲曰：『三十六丈，太廣；六丈，太狹。』未知孰是。『方覆』本作『方載』，亦作『方戴』，此與隋書同誤。」

〔一四〕以四戶八牖乘九宮之數也　明堂論「宮」作「室」。

〔一五〕水闊二十四丈象二十四氣於外以象四海　李慈銘云：「明堂月令論本作：『外廣二十四丈，象二十四氣。水周於外，以象四海。』此文有奪誤。『水』當是『外』之誤。『廣』作『闊』者，避煬帝名。『於外』上奪『水周』二字。」按續漢志祭祀志注引明堂論作：「外廣二十四丈，應一歲二十四氣。四周以水，象四海。」與李氏所引不同。但北史當有訛誤。

〔一六〕三三相重合爲九屋　隋書「屋」作「室」，疑是。

〔一七〕黃曰神斗　諸本「斗」作「升」。錢氏考異云：「『升』當作『斗』。」按本書卷六〇宇文愷傳及太平御覽卷五三三引帝命驗並作「斗」。御覽有注云：「斗，主也。」錢說是，今據改。

〔一八〕蔡邕盧植亦以爲明堂靈臺辟雍太學同實異名　諸本脫「以」字，據隋書補。

〔一九〕殿垣方在內水周如外　隋書同。通志「如」作「於」。按本書宇文愷傳云：「殿垣方，在水內，法地陰也。水四周於外，象四海，法陽也。」則作「於」是。

〔二〇〕依太山盛德記觀禮經　按「太山」下疑脫「通義」二字。盛德記指大戴禮盛德篇，觀禮經指儀禮覲禮篇。

〔二一〕若十一月不以黃鍾爲宮十三月不以太簇爲宮　北、汲、殿三本及隋書、通志「三」作「二」，百衲本作「三」。按十二律次序，黃鍾之下爲大呂，再次爲太簇。十一月以黃鍾爲宮，則十二月當以大呂爲宮，次年一月卽第十三月才是以太簇爲宮，上引蔡邕明堂月令章句「孟春月則太簇爲宮」，可證。本書卷四〇李彪傳，後漢書卷五六陳寵傳云：「十三月陽氣已至，蟄蟲皆震，夏以爲春。」是十三月卽夏曆正月。各本及隋書、通志作「十二月」誤，今從百衲本。

〔二二〕當日者各自爲宮　諸本及隋書「當」作「宮」。李慈銘云：「『宮日』不可解，續漢志作『當日』。此與隋書同誤。」按京房語見後漢書律曆志卽續漢志。及宋書卷一一律志。李說是，今據改。

〔二三〕至元和元年待詔候鍾律殷肜上言　諸本「年」上無「元」字，「候」字作「侯」，「鍾」下無「律」字。李慈銘云：「此與隋書脫誤同，當據續漢志改正。『候鍾律』者謂待詔之候鍾律者也。」按李說是。宋書律志亦同續漢志。今據改補。

〔二四〕官無曉六十律以準調音者　諸本「準」上有「太」字。李慈銘云：「『太』字衍。」按隋書、續漢志及宋書律志並無「太」字，今據删。

〔二五〕故待詔嚴嵩　續漢志作「嚴崇」。隋書、宋書同此。

〔二六〕熹平六年　諸本「熹」作「嘉」，無「六」字。李慈銘云：「東漢無『嘉平』之號，當作『熹平』。『熹平』，靈帝年號也。此與隋書同誤。又『年』上脫『六』字。」按續漢志及宋書律志並作「熹平六年」，今據改補。

〔二七〕晉內書監荀勗　錢氏考異云：「荀勗本中書監，此避諱改。」

〔二八〕誓醉射殺弘駕車牛　諸本「誓」作「常」，據隋書改。

〔二九〕事見司馬德戡傳　按實在宇文化及傳。

〔三〇〕隋文後幸鄴　隋書卷四二、通志卷一六〇李德林傳「鄴」作「同州」。按本書卷十一隋文帝紀及隋書高祖紀，並無「幸鄴」的記載。「行幸同州」見開皇七年十月。疑「同州」訛作「司州」，後人因改爲「鄴」。下文云：「伐陳事意，宜自隨也。」可見是在八年出師攻陳之前，時間正合。

〔三一〕帝以之付晉王廣　諸本「廣」作「諱」，據隋書、通志改。

〔三二〕初大象末　諸本無「初」字，隋書、通志並有。按此乃追敍往事，當有「初」字，今據補。

〔三三〕德林請勘逆人文簿及本換宅之意　諸本脫「德林」二字，文義不明，據隋書、通志補。

〔三四〕至是復庭議忤意　按隋書於「初德林稱其父爲太尉諮議」前，敍德林議廢五百家鄉正時，觸文帝之怒，故此處有此語。北史删去上文，而保留此語，遂不知所指。

〔三五〕因出爲湖州刺史在州逢旱　隋書「在州」上有「轉懷州刺史」五字。北史删節失當。

〔三六〕所以運屬興王　諸本脫「所」字，據隋書補。

〔三七〕子百藥　諸本「百」作「伯」，據隋書改。

〔三八〕本卷缺論。

北史卷七十三

列傳第六十一

梁士彥　元諧　虞慶則　元冑　達奚長儒　賀婁子幹 兄詮

史萬歲　劉方 馮昱　王撝　楊武通　陳永貴　房兆　杜彥　周搖

獨孤楷 弟盛　乞伏慧　張威　和洪　陰壽 子世師　骨儀　楊義臣

梁士彥字相如，安定烏氏人也。少任俠，好讀兵書，頗涉經史。周武帝將平東夏，聞其勇決，自扶風郡守除爲九曲鎮將，進位上開府，封建威縣公，齊人甚憚之。

後以熊州刺史從武帝拔晉州，進位大將軍，除晉州刺史。及帝還後，齊後主親攻圍之，樓堞皆盡，短兵相接。士彥慷慨自若，謂將士曰：「死在今日，吾爲爾先！」於是勇烈齊奮，呼聲動地，無不一當百。齊師少却，乃令妻妾及軍人子女，晝夜修城，三日而就。武帝六軍亦

至，齊師圍解。士彥見帝，持帝鬚泣，帝亦爲之流涕。時帝欲班師，士彥叩馬諫。帝從之，執其手曰：「朕有晉州，爲平齊之基，宜善守之。」及齊平，封郕國公，位上柱國，〔一〕雍州主簿。宣帝卽位，除徐州總管。與烏丸軌禽陳將吳明徹、裴忌於呂梁，略定淮南地。

隋文帝作相，轉亳州總管。尉遲迥反，爲行軍總管，及韋孝寬擊之，〔二〕令家僮梁默等爲前鋒，士彥繼之，所當皆破。及迥平，除相州刺史。深見忌，徵還京師。閑居無事，恃功懷怨，與宇文忻、劉昉等謀反。將率僮僕候上享廟之際以發機。復欲於蒲州起事，略取河北，捉黎陽關，塞河陽路，劫調布爲牟甲，募盜賊爲戰士。其甥裴通知而奏之。帝未發其事，授晉州刺史，欲觀其志。士彥欣然謂昉等曰：「天也！」又請儀同薛摩兒爲長史，帝從之。後與公卿朝謁，帝令執士彥、忻、昉等於行間，詰之狀，猶不伏，捕薛摩兒至對之。摩兒具論始末云：「第二子剛垂泣苦諫，第三子叔諧曰：『作猛獸須成斑。』」士彥失色，顧曰：「汝殺我！」於是伏誅，時年七十二。有子五人。

操字孟德，位上開府、義鄉縣公，早卒。

剛字永固，位大將軍、通政縣公、涇州刺史。以諫父獲免，徙瓜州。叔諧坐士彥誅。

梁默者，士彥之蒼頭也，驍武絕人。士彥每從征伐，常與默陷陣。仕周，位開府。開皇末，以行軍總管從楊素征突厥，進位大將軍。又從平楊諒，授柱國。大業五年，從煬帝征吐谷渾，力戰死之。贈光祿大夫。

元諧，河南洛陽人也。家世貴盛。諧性豪俠，有氣調。少與隋文帝同受業於國子，甚相友愛。後以軍功，累遷大將軍。及帝爲相，引致左右。諧謂帝曰：「公無黨，譬如水間一堵牆，大危矣。公其勉之！」及帝受禪，顧諧笑曰：「水間牆竟何如也？」進位上大將軍，封樂安郡公。奉詔參修律令。

時吐谷渾將定城王鍾利房率騎度河，〔三〕連結党項。諧率兵出鄯州，〔四〕趣青海，邀其歸路。相遇於豐利山，諧擊走之，又破其太子可博汗。其名王十七人、公侯十三人，各率其所部來降。詔授上柱國，別封一子縣公。諧拜寧州刺史，頗有威惠。然性剛愎，好排詆，不能取媚於左右。嘗言於上曰：「臣一心事主，不曲取人意。」上曰：「宜終此言。」後以公事免。

時上柱國王誼有功於國，與諧俱無位任，每相往來。胡僧告諧、誼謀反，帝按其事，無狀，慰諭釋之。未幾，誼誅，諧漸被疏忌。然以龍潛之舊，每預朝請，恩禮無虧。及平陳，百僚大宴，諧進曰：「陛下威德遠被，臣前請突厥可汗爲候正，陳叔寶爲令史，今可用臣言。」帝曰：「朕平陳國，本以除逆，非欲誇誕。公之所奏，殊非朕心。突厥不知山川，何能警候？叔

寶昏醉，寧堪驅使？」諧默然而退。

後數歲，有人告諧與從父弟上開府滂、臨澤侯田鸞、上儀同祁緒等謀反。帝令按其事。有司奏：「諧謀令祁緒勒党項兵，卽斷巴蜀。時廣平王雄、左僕射高熲二人用事，諧欲譖去之，云：『左執法星動已四年矣，狀一奏，高熲必死。』又言：『太白犯月，光芒相照，主殺大臣，雄必當之。』諧與滂嘗同謁帝，私謂滂曰：『我是主人，殿上者賊也。』因令滂望氣，滂曰：『彼雲似蹲狗走鹿，不如我輩有福德雲。』」帝大怒，諧、滂、鸞、緒並伏誅，籍沒其家。

虞慶則，京兆櫟陽人也，本姓魚。其先仕赫連氏，遂家靈武，世爲北邊豪傑。父祥，周靈武太守。

慶則幼雄毅，性倜儻，身長八尺，有膽智，善鮮卑語，身被重鎧，帶兩鞬，左右馳射，本州豪俠皆敬憚之。初以射獵爲事，中更折節讀書，常慕傅介子、班仲升之爲人。仕周，爲中外府外兵參軍事，襲爵沁源縣公。越王盛討平稽胡，將班師，內史下大夫高熲與盛謀，須文武幹略者鎮遏之，表請慶則，於是拜石州總管。甚有威惠，稽胡慕義歸者八千餘戶。

開皇元年，歷位內史監、吏部尚書、京兆尹，封彭城郡公，營新都總監。二年，突厥入

寇，慶則爲元帥討之。部分失所，士卒多寒凍，墮指者千餘人。偏將達奚長儒率騎兵二千人別道邀賊，爲虜所圍，慶則按營不救。由是長儒孤軍獨戰，死者十八九。上弗之責也。尋遷尚書右僕射。

後突厥主攝圖將內附，請一重臣充使，詔慶則往。攝圖恃强，慶則責以往事，攝圖不服。其介長孫晟又說諭之，攝圖及弟葉護皆拜受詔，因稱臣朝貢，請永爲藩附。初，慶則出使，帝敕曰：「我欲存立突厥，彼送公馬，但取五三疋。」攝圖見慶則，贈馬千疋，又以女妻之。帝以慶則功高，皆無所問。授上柱國，封魯國公，食任城縣千戶，以彭城公迴授第二子義。

平陳後，帝幸晉王第，置酒會羣臣。高熲等奉觴上壽。帝曰：「高熲平江南，虞慶則平突厥，可謂茂功矣。」楊素曰：「皆由至尊威德所被。」慶則曰：「楊素前出兵武牢、硤石，若非至尊威德，亦無剋理。」遂互相長短。御史欲彈之，帝曰：「今日計功爲樂，並不須劾。」帝觀羣臣宴射，慶則進曰：「臣蒙賚酒，令盡樂，御史在側，恐醉被彈。」帝賜御史酒，遣之出。慶則奉觴上壽，極歡。帝謂諸公曰：「飲此酒，願我與公等子孫常如今日，世守富貴。」九年，轉爲右衞大將軍，尋改爲右武候大將軍。

十七年，嶺南人李世賢據州反，議欲討之。諸將二三請行，皆不許。帝顧謂慶則曰：「位居宰相，爵爲上公，國家有賊，遂無行意，何也？」慶則拜謝恐懼，帝乃遣焉。爲桂州道行

軍總管，以婦弟趙什柱爲隨府長史。什柱與慶則愛妾通，恐事彰，乃宣言：「慶則不欲此行。」帝聞之。先是，朝臣出征，帝皆宴別，禮賜遣之。慶則南討辭帝，帝色不悅，慶則由是怏怏不得志。暨平世賢還，歸桂鎮，〔四〕觀眺山川形勢，曰：「此誠險固，加以足糧。若守得其人，攻不可拔。」遂使什柱馳詣京奏事，觀帝顏色。什柱至京，因告慶則謀反。帝按驗之，於是伏誅。拜什柱爲大將軍。

慶則子孝仁，幼豪俠任氣，拜儀同，領晉王親信。坐父事除名。煬帝嗣位，以藩邸之舊，授候衞長史，兼領金谷監，監禁苑。有巧思，頗稱旨。大業九年，伐遼，還都水丞，充使監運，頗有功。然性奢華，以駱駝負函盛水養魚而自給。後或告其爲不軌，遂見誅。

元胄，河南洛陽人，魏昭成帝之六代孫也。祖順，魏濮陽王。父雄，武陵王。

胄少英果，多武藝，美鬚眉，有不可犯之色。周齊王憲見而壯之，引致左右，數從征伐。官至大將軍。隋文帝初被召入，將受顧託，先呼胄，次命陶澄，並委以腹心，恒宿臥內。及爲丞相，每典軍在禁中，又引弟威俱入侍衞。

周趙王招謀害帝，帝不之知，乃將酒肴詣其宅。趙王引帝入寢室，左右不得從，唯楊弘與胄兄弟坐於戶側。趙王令其二子進瓜，因將刺帝。及酒酣，趙王欲生變，以佩刀子刺瓜，連啗帝，將爲不利。胄進曰：「相府有事，不可久留。」趙王呵之曰：「我與丞相言，汝何爲者！」叱之使却。胄瞋目憤氣，扣刀入衞。趙王問其姓名，胄以實對。趙王曰：「汝非昔事齊王者乎？誠壯士也！」因賜之酒，曰：「吾豈有不善之意邪？卿何猜警如是！」趙王僞吐，將入後閤，胄恐其爲變，扶令上座，如此者再三。趙王稱喉乾，命胄就厨取飲，胄不動。會滕王逌後至，帝降階迎之，胄耳語勸帝速去。帝猶不悟，曰：「彼無兵馬，復何能爲？」胄曰：「兵馬悉他家物，一先下手，大事便去。胄不辭死，死何益邪？」復入坐。胄聞屋後有被甲聲，遽請曰：「相府事殷，公何得如此？」因扶帝下牀，趣而去。趙王將追帝，胄以身蔽戶，王不得出。帝及門，胄自後而至。趙王恨不時發，彈指出血。及誅趙王，賞賜不可勝計。

帝受禪，封武陵郡公，拜左衞將軍。尋遷右衞大將軍。帝從容曰：「保護朕躬，成此基業，元胄功也。」歷豫、亳、淅三州刺史。時突厥屢爲邊患，朝廷以胄素有威名，拜靈州總管，北夷甚憚焉。徵爲右衞大將軍，親顧益隆。嘗正月十五日，帝與近臣登高，時胄下直，馳詔召之。及見，謂曰：「公與外人登高，未若就朕也。」賜宴極歡。晉王廣每致禮焉。房陵王之廢也，胄預其謀。帝正窮東宮事，左衞大將軍元旻苦諫，楊素乃譖之。帝大怒，執旻於仗。胄時當下直，不去，因奏曰：「臣向不下直者，爲防元旻耳。」復以此言激怒帝，帝遂誅旻。

蜀王秀之得罪，胄坐與交通，除名。煬帝卽位，不得調。時慈州刺史上官政坐事徙嶺南，將軍丘和亦以罪廢。胄與和有舊，因數從之遊，酒酣，謂和曰：「上官政誠壯士也，今徙嶺表，得無大事乎？」因自拊腹曰：「若是公者，不徒然矣！」和明日奏之，胄竟坐死。於是徵政爲驍騎將軍，拜和代州刺史。

達奚長儒字富仁，代人也。祖俟，魏定州刺史。父慶，驃騎大將軍、儀同三司。

長儒少懷節操，膽烈過人。十五，襲爵樂安公。爲周文帝引爲親信，以質直恭朴，授子都督。數有戰功。天和中，除渭南郡守，位驃騎大將軍、開府儀同三司。從武帝平齊，遷上開府，進爵成安郡公，別封一子縣公。宣政元年，除左將軍勇猛中大夫。

後與烏丸軌圍陳將吳明徹於吕梁，陳援軍至，軌令長儒拒之。長儒取車輪數百，繫以大石，沈之淸水，連轂相次以待之。船艦礙輪不得進，長儒縱奇兵大破之，獲吳明徹，以功進位大將軍。尋授行軍總管，北巡沙塞，卒與虜遇，大破之。

文帝作相，王謙舉兵於蜀，沙氐楊永安扇動利、興、武、文、沙、龍等六州以應謙，詔長儒擊破之。謙二子自京師逃歸其父，長儒並捕斬之。文帝受禪，進位上大將軍，封蘄郡公。

開皇二年，突厥沙鉢略可汗并弟葉護及潘那可汗寇掠而南，〔六〕詔以長儒爲行軍總管擊之。遇於周槃，衆寡不敵，軍中大懼，長儒慷慨，神色愈烈。爲虜所衝突，散而復聚，且戰且行，轉鬬三日，五兵咸盡，士卒以拳毆之，手皆骨見，殺傷萬計，虜氣稍奪，於是解去。長儒身被五瘡，通中者二，其戰士死者十八九。突厥本欲大掠秦、隴，既逢長儒，兵皆力戰，虜意大沮，明日，於戰處焚屍慟哭而去。文帝下詔褒美，授上柱國，餘勳迴授一子。其戰亡將士，皆贈官三轉，子孫襲之。

歷寧、鄜二州刺史，母憂去職。長儒性至孝，水漿不入口五日，毀悴過禮，殆將滅性，天子嘉歎。起爲夏州總管，匈奴憚之，不敢窺塞。以病免。又除襄州總管，轉蘭州。文帝遣涼州總管獨孤羅、原州總管元褒、靈州總管賀若誼等發卒備胡，皆受長儒節度。長儒率衆出祁連山北，西至蒲類海，無虜而還。轉荊州總管，帝謂曰：「江陵國之南門，今以委卿，朕無慮也。」卒官。謚曰威。

子昺，大業中，位太僕少卿。

賀婁子幹字萬壽，本代人也。隨魏氏南遷，世居關右。祖道成，魏侍中、太子太傅。父

景賢，右衛大將軍。

子幹少以驍武知名。仕周，累遷少司水，以勤勞封思安縣子。大象中，除秦州刺史，進爵爲伯。及尉遲迥爲亂，子幹從韋孝寬討之。遇賊圍懷州，子幹與宇文述等擊破之。文帝大悅，手書慰勉。其後每戰先登。及破鄴城，與崔弘度逐迥至樓上。進位上開府，封武川縣公，以思安縣伯別封子皎。〔七〕

開皇元年，進爵鉅鹿郡公。其年，吐谷渾寇涼州，子幹以行軍總管從上柱國元諧擊之，功最，優詔褒美，卽令子幹鎮涼州。其年，突厥寇蘭州，子幹拒之，至可洛峐山，與賊相遇。賊衆甚盛，子幹阻川爲營，賊軍不得水數日，人馬甚弊，縱擊，大破之。於是册授上大將軍，徵授營新都副監，尋拜工部尚書。其年，突厥復犯塞，以行軍總管從竇榮定擊之。子幹別路破賊，文帝嘉之，遣優詔勞勉之。子幹請入朝，詔令馳驛奉見。吐谷渾復寇邊，命子幹討之。入掠其國，二旬而還。

文帝以隴西頻被寇掠，甚患之。又彼俗不設村塢，敕子幹勒人爲堡，營田積穀，以備不虞。子幹上書曰：「比見屯田之所，獲少費多。但隴右之人，以畜牧爲事，若更屯聚，彌不獲安。但使鎮戍連接，烽候相望，人雖散居，必無所慮。」帝從之。

帝以子幹習邊事，授榆關總管，還雲州刺史，甚爲虜所憚。後數年，突厥雍虞閭遣使請降，并獻羊馬。詔以子幹爲行軍總管，出西北道應接之。還，拜雲州總管，以突厥所獻馬百疋、羊千口以賜之，乃下書曰：「自公守北門，風塵不警。突厥所獻，還以賜公。」母憂去職。朝廷以榆關重鎮，尋起視事。卒官。文帝傷惜久之。贈懷、魏等四州刺史，謚曰懷。子善柱嗣。

子幹兄詮，亦有才器。位銀青光祿大夫、鄭純深等三州刺史、北地太守、東安郡公。

史萬歲，京兆杜陵人也。父靜，周滄州刺史。

萬歲少英武，善騎射，驍健若飛。好讀兵書，兼精占候。年十五，逢周、齊戰於芒山，萬歲從父在軍，旗鼓正相望，萬歲令左右趣裝急去。俄而周兵大敗，其父由是奇之。及平齊之役，其父戰沒，萬歲以忠臣子，拜開府儀同三司，襲爵太平縣公。

尉遲迥之亂，萬歲從梁士彥擊之。軍次馮翊，見羣雁飛來，萬歲謂士彥請射行中第三者。射之，應弦而落，三軍莫不悅服。及與迥軍遇，每戰先登。鄴城之陣，官軍稍却，萬歲乃馳馬奮擊，殺數十人，衆亦齊力，官軍復振。迥平，以功拜上大將軍。

開皇初，大將軍尒朱勣以謀反伏誅，萬歲頗關涉，坐除名，配敦煌爲戍卒。其戍主甚驍

武，每單騎深入突厥中，輒大剋獲，突厥莫敢當。其人深自矜負，數罵辱萬歲。萬歲患之，自言亦有武用。戍主試令騎射，笑曰：「小人定可。」萬歲因請弓馬，復掠突厥中，大得六畜而歸。戍主始善之，每與同行，輒入突厥數百里，名讋北夷。竇榮定之擊突厥，萬歲詣轅門請自效。榮定素聞其名，見而大悅。因遣人謂突厥，當各遣一壯士決勝負。突厥許諾，因遣一騎挑戰。榮定遣萬歲出應之，萬歲馳斬其首而還。突厥大驚，遂引軍去。由是拜上儀同，領車騎將軍。平陳之役，以功加上開府。

及高智慧等作亂江南，以行軍總管從楊素擊之。萬歲自東陽別道而進，踰嶺越海，攻陷溪洞不可勝數。前後七百餘戰，轉鬬千里，寂無聲問者十旬，遠近皆以萬歲爲沒。萬歲乃置書竹筒中，浮之水。汲者得之，以言於素。大悅，上其事。文帝歎嗟。還，拜左領軍將軍。

先是，南寧夷爨翫降，拜昆州刺史，既而復叛。遂以萬歲爲行軍總管擊之。入蜻蛉川，經弄凍，次小勃弄、大勃弄，至于南中。賊前後屯據要害，萬歲皆擊破之。行數百里，見諸葛亮紀功碑，銘其背曰：「萬歲後，勝我者過此。」萬歲令左右倒其碑而進。度西二河，〔八〕入渠濫川，行千餘里，破其三十餘部。諸夷大懼，遣使請降，獻明珠徑寸。於是勒石頌美隋德。萬歲請將爨翫入朝，詔許之。爨翫陰有二心，不欲詣闕，因賂萬歲金寶，萬歲乃捨翫而還。

蜀王在益州，知其受賂，遣使將索之。萬歲聞而悉以所得金寶沈之於江，索無所獲。以功進柱國。晉王廣甚欽敬之，待以交友之禮。上知爲晉王所善，令萬歲督晉王府軍事。

明年，爨翫復反。蜀王秀奏萬歲受賂縱賊，致生邊患。上令窮之，事皆驗，罪當死。上數之，萬歲曰：「臣留翫者，恐其州有變，留以鎮撫。臣還至瀘水，詔書方到，由是不將入朝，實不受賂。」上以萬歲心有欺隱，大怒，顧有司曰：「將斬之。」萬歲懼而服罪，頓首請命。左僕射高熲、左衞大將軍元旻等進曰：「史萬歲雄略過人，每行兵用師之處，未嘗不身先士卒，雖古名將未能過也。」上意稍解，於是除名。歲餘，復官爵。尋拜河州刺史，復領行軍總管以備胡。

開皇末，突厥達頭可汗犯塞，上令晉王及楊素出靈武道，漢王諒與萬歲出馬邑道。萬歲率柱國張定和、大將軍李藥王、楊義臣等出塞，至大斤山，遇虜。達頭遣使問曰：「隋將爲誰？」候騎曰：「史萬歲也。」突厥復曰：「得非敦煌戍卒乎？」候騎曰：「是也。」達頭聞而引去。萬歲馳追百餘里乃及，擊大破之，逐北入磧數百里，虜遁逃而還。楊素害其功，譖萬歲云：「突厥本降，初不爲寇。」遂寢其功。萬歲數抗表陳狀，上未之悟。會上從仁壽宮初還京師，廢皇太子，窮東宮黨與。上問萬歲所在，萬歲實在朝堂，楊素見上方怒，因曰：「萬歲謁東宮矣。」以激怒上。上謂信然，令召萬歲。時所將士卒在朝堂稱冤者數百人，萬歲謂曰：「吾今

日爲汝極言於上。」及見上，言將士有功，爲朝廷所抑，詞氣憤厲，忤上。上大怒，命左右𢷬殺之。既而追悔不及，因下詔罪狀之。萬歲死之日，天下士庶聞者，識與不識，無不冤惜。

萬歲爲將，不修營伍，令士卒各隨所安，無警夜之備，虜亦不敢犯。臨陣對敵，應變無方，號爲良將。子懷義嗣。

劉方，京兆長安人也。性剛決，有膽氣。仕周，承御上士，以戰功拜上儀同。隋文帝爲丞相，方從韋孝寬破尉遲迥於相州，以功加開府，賜爵河陰縣侯。文帝受禪，進爵爲公。開皇三年，從衞王爽破突厥於白道，進位大將軍。後歷甘、瓜二州刺史。

仁壽中，交州俚人李佛子作亂，據越王故城。左僕射楊素言方有將帥略，於是詔方爲交州道行軍總管，統二十七營而進。法令嚴肅，然仁而愛士。長史、度支侍郎敬德亮從軍至尹州，疾甚，不能進，留之州館。分別之際，方哀其危篤，流涕嗚咽，感動行路。論者多之，稱爲良將。至都隆嶺，遇賊，方遣營主宋纂、何貴、嚴願等破之。進兵臨佛子，先令人諭以禍福，佛子乃降，送於京師。其有桀黠恐爲亂者，皆斬之。

尋授驩州道行軍總管，以尚書右丞李綱爲司馬，經略林邑。方遣欽州刺史甯長眞、驩州刺史李暈、上開府秦雄以步騎出越常，方親率大將軍張瑟、司馬李綱舟師趣北境。〔九〕大業元年正月，軍至海口。林邑王梵志遣兵守險，方擊走之。師次闍梨江，賊據南岸立柵，方盛陳旗幟，擊金鼓，賊懼而潰。既度江，行三十里，賊乘巨象，四面而至。方以弩射象，象中瘡，却蹂其陣，賊奔柵，因攻破之。於是濟區粟，進至大緣江，所擊皆破。經馬援銅柱，南行八日，至其國都。林邑王梵志棄城奔海，獲其廟主金人，汙其宮室，刻石紀功而還。士卒脚腫死者十四五。方在道遇患卒，帝甚傷惜之，下詔褒美，贈上柱國、盧國公。子通仁嗣。

開皇中，有馮昱、王㩻、楊武通、陳永貴、房兆，俱爲邊將，名顯當時。

昱、㩻並不知何許人。昱多權略，有武藝。文帝初爲丞相，以行軍總管與王誼、李威等討平叛蠻，拜柱國。開皇初，又以行軍總管屯乙弗泊備胡，每戰常大剋捷。㩻驍勇善射，每以行軍總管屯兵江北以禦陳，爲陳人所憚。伐陳之役，及高智慧反，攻討皆有殊績。位柱國、白水郡公。

武通，弘農華陰人，性果烈，善馳射。數以行軍總管討西南夷，以功封白水郡公，拜左武衞將軍。時党項羌屢爲邊患，朝廷以其有威名，使鎮邊，歷岷、蘭二州總管。復與周法尚討嘉州叛獠，法尚軍初不利，武通爲賊斷歸路。於是束馬懸車，出賊不意，頻戰破之。賊知

其孤軍無援，傾部落而至。武通轉鬭數百里，爲賊所拒，四面路絕。武通輕騎挑戰，墜馬，爲賊所執，殺而噉之。

永貴，隴右胡人，本姓白，以勇烈，爲文帝所親愛。數以行軍總管領邊，〔一〇〕每戰必單騎陷陣。位柱國、蘭利二州總管，封北陳郡公。

兆，代人，本姓屋引氏，剛毅有武略。頻爲行軍總管攻胡，以功位至柱國、徐州總管。並史失其事。

杜彥，雲中人也。父遷，葛榮之亂，徙家于豳。

彥性勇決，善騎射。仕周，以軍功累遷隴州刺史，賜爵永安縣伯。隋文帝爲丞相，從韋孝寬擊尉遲迥，以功進位上開府，改封襄武縣侯，拜魏郡太守。開皇初，授丹州刺史，進爵爲公。徵爲左武衞將軍。平陳之役，以行軍總管與韓擒相繼而進。及陳平，賜物五千段，粟六千石，進位柱國，賜子寶安爵昌陽縣公。高智慧等之作亂，復以行軍總管從楊素討平之，斬其渠帥。賊李陁擁衆據彭山，彥襲擊破之，斬陁，傳其首。又擊徐州、宜封二洞，悉平。賜奴婢百餘口。拜洪州總管，有能名。

及雲州總管賀婁子幹卒，上悼惜者久之，因謂侍臣曰：「榆林國之重鎮，安得子幹之輩乎？」後數日，上曰：「莫過杜彥。」於是徵拜雲州總管。北夷畏憚，胡馬不敢至塞。後朝廷追錄前功，賜子寶虔爵承縣公。十八年，遼東之役，以行軍總管從漢王至營州。上以彥曉習軍旅，令總統五十營事。及還，拜朔州總管。突厥寇雲州，上令楊素擊走之，猶恐爲邊患，復拜彥雲州總管。以疾徵還，卒。

子寶虔，大業末，至文城郡丞。

周搖字世安，河南洛陽人也。其先與魏同源，初姓普乃，及居洛陽，改爲周氏。曾祖拔拔，祖右六肱，俱爲北平王。父恕延，歷行臺僕射、南荆州總管。

搖少剛毅，有武藝，性謹厚，動遵法度。仕魏，位開府儀同三司。周閔帝受禪，賜姓車非氏，封金水郡公。歷鳳、楚二州刺史，吏人安之。從平齊，以戰功超授柱國，進封夔國公。未幾，拜晉州總管。時隋文帝爲定州總管，文獻皇后自京師赴州，路經搖所，主禮甚薄。既而白后曰：「公廨甚富於財，限法不敢輒費。又王臣無得効私。」其質直如此。帝以其奉法，每嘉之。及爲丞相，徙封濟北郡公，拜豫州總管。帝受禪，復姓周氏。

開皇初，突厥寇邊，燕、薊多被其患，前總管李崇爲虜所殺，上思所以鎮之，曰：「無以加周搖。」拜爲幽州總管、六州五十鎮諸軍事。搖修障塞，謹斥候，邊人安之。徙壽、襄二州總管，俱有能名，進上柱國。以老乞骸骨，上勞之曰：「公歷仕三代，保茲遐壽，良足善也。」賜坐褥。歸第，終於家，謚曰恭。

獨孤楷字脩則，不知何許人也，本姓李氏。父屯，從齊神武帝與周師戰于沙苑，齊師敗績，因爲柱國獨孤信所禽，配爲士伍，給使信家，漸得親近，因賜姓獨孤氏。

楷少謹厚，便弄馬槊，爲宇文護執刀。數從征伐，賜爵廣阿縣公，拜右侍下大夫。從韋孝寬平淮南，以功賜子景雲爵西河縣公。隋文帝爲丞相，進開府，領親信兵。及受禪，拜右監門將軍，進封汝陽郡公。

仁壽初，出爲原州總管。時蜀王秀鎮益州，上徵之，猶豫未發。朝廷恐秀生變，拜楷益州總管，馳傳代之。秀果有異志，楷諷諭久之，乃就路。楷察秀有悔色，因勒兵爲備。秀至興樂，去益州四十餘里，將反襲楷，密使覘之，知不可犯而止。楷在益州，甚有惠政，蜀中父老于今稱之。

煬帝即位，轉并州總管。遇疾喪明，上表乞骸骨。帝曰：「公先朝舊臣，卧以鎮之，無勞躬親簿領也。」以其長子淩雲監省郡事。其見重如此。轉長平太守。卒，謚曰恭。子淩雲、平雲、彥雲，皆知名。

楷弟盛，性剛烈，有膽略。以藩邸之舊，累遷右屯衞將軍。宇文化及之亂，裴虔通引兵至成象殿，宿衞者皆釋仗走。盛謂虔通曰：「何物兵？形勢太異！」虔通曰：「事已然，不預將軍事。」盛罵曰：「老賊，何物語！」不及被甲，與左右十餘人逆拒之，爲亂兵所殺。越王侗稱制，贈光祿大夫、紀國公，謚曰武節。

乞伏慧字令和，馬邑鮮卑人也。祖周，魏銀青光祿大夫；父纂，金紫光祿大夫。並爲第一領人酋長。

慧少慷慨，有大節，便弓馬，好鷹犬。齊文襄時，爲行臺左丞，累遷太僕卿，自永寧縣公封宜人郡王。〔一〕其兄貴和，又以軍功爲王。一門二王，稱爲貴顯。周武平齊，授使持節、開府儀同大將軍，拜佽飛右旅下大夫，轉熊渠中大夫。從韋孝寬擊尉遲惇於武陟，以功授大

將軍。及破尉遲迥，進位柱國，賜爵西河郡公。請以官爵讓兄，朝廷不許，論者義之。

隋文帝受禪，拜曹州刺史。曹土舊俗，人多姦隱，戶口簿帳，恒不以實。慧下車按察，得戶數萬。遷涼州總管。先是，突厥屢爲寇抄，慧嚴警烽燧，遠爲斥候，虜竟不入境。後爲荆州總管，又領潭桂二州總管、三十一州諸軍事。其俗輕剽，慧躬行朴素以矯之，風化大洽。曾見人以籞捕魚者，出絹買而放之，其仁心如此。百姓美之，號其處曰西河公籞。

煬帝即位，爲天水太守。大業五年，征吐谷渾，郡濱西境，人苦勞役，又遇帝西巡，〔二〕坐御道不整，獻食疏薄，帝大怒，命左右斬之。見其無髮，乃釋之。除名，卒于家。

張威，不知何許人也。父琛，魏弘農太守。

威少倜儻，有大志，善騎射，膂力過人。仕周，以軍功位柱國、京兆尹，封長壽縣公。王謙作亂，隋文帝以威爲行軍總管，從梁睿擊之。軍次通谷，謙守將李三王拒守。睿以威爲先鋒。〔三〕三王閉壘不戰，威令人激怒之，三王果出陣。威令壯士奮擊，三王軍潰。大兵繼進至開遠，謙將趙儼衆十萬，連營三十里。威鑿山通道，攻其背，儼敗走，追至成都。及謙平，進位上柱國、瀘州總管。

隋文帝受禪，拜幽、洛二州總管，改封晉熙郡公。尋拜河北道行臺僕射，後督晉王軍府事。遷青州總管。在青州頗事產業，遣家奴於人間糴蘆菔根，其奴緣此侵擾百姓。上深加譴責，坐廢於家。後從上祠太山，至洛陽，上責讓之，因問威所執笏安在。威頓首曰：「臣負罪，無顏復執，謹藏於家。」上曰：「可持來。」威明日奉笏以見，上曰：「公雖不遵法度，功効實多，今還公笏。」於是復拜洛州刺史。後改封皖城郡公，轉相州刺史。卒。

子植，大業中，位至武賁郎將。

和洪，汝南人也。勇烈過人。仕周，以軍功位車騎大將軍、儀同三司。時龍州蠻任公忻、李國立等聚衆爲亂，刺史獨孤善不能禦。朝議以洪有武略，代善爲刺史。月餘，斬公忻、國立等，皆平之。後從武帝平齊，位上儀同，賜爵北平侯，拜左勳曹下大夫。柱國王軌之禽吳明徹也，洪有功焉，加位開府，遷折衝中大夫。

尉遲迥作亂，洪以行軍總管從韋孝寬擊之，以功封廣武郡公。時東夏初平，物情尚梗，隋文帝以洪有威名，令領冀州事，甚得人和。後拜泗州刺史。屬突厥寇邊，詔洪爲北道行軍總管，擊走之，追虜至磧而還。後遷徐州總管。卒。

陰壽字羅雲，武威人也。父嵩，周夏州刺史。

壽少果烈，有武幹，性謹厚。從周武帝平齊，位開府。隋文帝爲丞相，引爲掾。尉遲迥亂，文帝以韋孝寬爲元帥擊之，命壽監軍。時孝寬有疾，不能親總戎事，每臥帳中，遣婦人傳教命，三軍綱紀，皆取決於壽。以功進位上柱國。尋拜幽州總管，封趙郡公。

先是，齊之疏屬高寶寧，周武帝拜爲營州刺史，性桀黠，得華夷心。及文帝爲丞相，遂連契丹、靺鞨舉兵反。帝以中原多故，未遑進討，諭之不下。開皇初，又引突厥攻圍北平。至是，令壽討之。寶寧棄城奔于磧北，黃龍諸縣悉平。壽班師，留開府成道昂鎭之。壽患寶寧攻道昂，乃重購獲之，北邊遂安。卒官，贈司空。

子世師，少有節概，性忠厚，多武藝。以功臣子拜儀同。煬帝嗣位，拜張掖太守，深爲戎狄所憚。後拜樓煩太守，遷左翊衞將軍，與代王留守京師。及義軍至，世師自以世荷隋恩，遂拒守不下。及城平，與京兆郡丞骨儀等見誅。

骨儀，天竺胡人。性剛鯁，有不可奪之志。開皇初，爲御史，處法平當，不爲勢利所迴。煬帝嗣位，遷尚書左司郎。于時朝政漸亂，貨賄公行，凡當樞要之職，無問貴賤，並家累金寶。天下士大夫莫不變節，而儀勵志守常，介然獨立。帝嘉其清苦，拜京兆郡丞，公方彌著。時刑部尚書衞玄兼領京兆內史，〔一四〕頗行詭道，輒爲儀所執正。玄雖不便之，不能傷。及義兵至，玄恐禍及，辭老病。儀與世師同心協契，父子並誅，其後絕。世師有子弘智等，各以年幼獲全。

楊義臣，代人也，本姓尉遲氏。父崇，仕周，爲儀同大將軍，以兵鎭恒山。時隋文帝爲定州總管，崇知帝相貌非常，每自結納，帝甚親待之。及爲丞相，尉遲迥亂，崇以宗族故，自囚，遣使請罪。帝下書慰諭之，卽令馳驛入朝，恒置左右。開皇初，封秦興公。歲餘，從行軍總管達奚長儒擊突厥於周槃，力戰而死。贈大將軍、豫州刺史，以義臣襲崇官爵。

時義臣尚幼，養於宮中，未弱冠，奉詔宿衞如千牛者數年，賞賜甚厚。上嘗言及恩舊，顧義臣嗟歎久之，因下詔賜義臣姓楊氏，編之屬籍，爲皇從孫。未幾，拜陝州刺史。義臣性謹厚，能騎射，有將領才。後突厥達頭可汗犯塞，以行軍總管出白道，大破之。明年，突厥

又寇邊，義臣擊之，追至大斤山，與虜遇。時太平公史萬歲亦至，與義臣合擊大破之。萬歲爲楊素所陷，義臣功竟不錄。

煬帝嗣位，漢王諒反。時代州總管李景被諒將喬鍾葵所圍，義臣時爲朔州總管，奉詔救之。鍾葵見義臣兵少，悉衆拒之。時鍾葵亞將王拔驍勇，善用矟，射者不能中，每以數騎陷陣。義臣患之，募能當拔者。有車騎將軍楊思恩請當之。義臣見思恩氣貌雄勇，顧之曰：「壯士也！」賜以巵酒。思恩望見拔立於陣後，投觴於地，策馬赴之。再往不剋，所從騎士退，思恩爲拔所殺。拔遂乘之，義臣軍北者十餘里。於是購得思恩屍，義臣哭之甚慟，三軍莫不下泣，所從騎士皆腰斬。義臣自以兵少，悉取軍中牛驢，得數千頭，復令數百人，人持一鼓，潛驅之磵谷間，出其不意。義臣晡後復與鍾葵戰，兵初合，命驅牛驢者疾進。一時鳴鼓，埃塵張天，鍾葵軍不知所以，以爲伏兵發，因大潰，縱擊破之。以功進位上大將軍。累遷太僕卿。

從征吐谷渾，令義臣屯琵琶峽，連營八十里，南接元壽，北連段文振，合圍吐谷渾主於覆袁川。復從征遼東，以軍將指肅愼道。至鴨綠水，與乙支文德戰，每爲先鋒，一日七捷。後與諸軍俱敗，竟坐免。俄而復位。明年，以爲軍副，與大將軍宇文述趣平壤。至鴨綠水，會楊玄感作亂班師，檢校趙郡太守。妖賊向海公作亂，寇扶風、安定間，〔一五〕義臣奉詔擊平

之。尋從帝復征遼東，進位左光祿大夫。

時勃海高士達、清河張金稱並相聚為盜，攻陷郡縣。帝遣將軍段達討之，不能剋，詔義臣率遼東還兵擊之，〔一六〕大破士達，斬金稱。又收降賊，入豆子䴚，討賊格謙，禽之，以狀聞奏。帝惡其威名，遽追入朝，賊由是復盛。義臣以功進位光祿大夫，尋拜禮部尚書。卒于官。

論曰：昔韓信愆垓下之期，則項王不滅，英布無淮南之舉，則漢道未隆。以二子之勳庸，咸憤怨而菹戮，況乃無古人之殊績，而懷悖逆之心者乎！梁士彥遭雲雷之會，以勇略成名，遂貪天之功以為己力。報者倦矣，施者未厭，將生厲階，求逞其欲。及茲顛墜，自取之也。元諧、虞慶則、元胄，或契闊艱危，或綢繆恩舊，將安將樂，漸見遺忘，內懷快快，矜伐不已。雖時主之刻薄，亦言語以速禍乎！然隋文佐命元功，鮮有終其天命，配享清廟，寂爾無聞。斯蓋草創帝圖，事出權道，本異同心，故久而逾薄。其牽牛蹊田，雖則有罪，奪之非道，能無怨乎？皆深文巧詆，致之刑辟，帝沈猜之心，固已甚矣。求其餘慶，不亦難哉！

長儒以步卒二千，抗十萬之衆，師殲矢盡，勇氣彌厲，壯矣哉！子幹西涉青海，北臨玄塞，胡夷懾憚，亦有可稱。萬歲實懷智勇，善撫士卒，人皆樂死，師不疲勞。北却匈奴，南平

夷獠，兵鋒所指，威讋絕域。論功仗氣，犯忤貴臣，偏聽生奸，死非其罪，人皆痛惜，有李廣之風焉。劉方號令無私，臨軍嚴肅，克翦林邑，遂清南海，徼外百蠻，無思不服。杜彥東夏南服，屢有戰功，作鎮朔垂，胡塵不起。周搖以質直見知。獨孤楷以恤人流譽。盛蹈履之地，可以追蹤古人。〔一七〕乞伏慧能以國讓，亦云美矣。而慧以供帳不厚，至於放黜，君方逞欲，罰亦深哉！陰世師遭天所廢，舍命無改，〔一八〕雖異先覺，頗同後凋。義臣時屬擾攘，功成三捷，而以功見忌，得沒亦為幸也。

校勘記

〔一〕及齊平封郕國公位上柱國　按周書卷八靜帝紀，梁士彥進上柱國在大象二年十二月，卽破尉遲迥之後。此在齊亡之後，破迥之前，疑當是進柱國。

〔二〕為行軍總管及韋孝寬擊之　隋書卷四〇、通志卷一六一梁士彥傳「及」作「從」，是。

〔三〕時吐谷渾將定城王鍾利旁率騎度河　隋書卷四〇元諧傳「旁」作「房」。按本書卷九六、隋書卷八三吐谷渾傳亦作「房」。

〔四〕諧率兵出鄯州　諸本脫「諧」字，據隋書補。

〔五〕歸桂鎮　隋書卷四〇虞慶則傳作「至潭州臨桂鎮」。通志卷一六一虞慶則傳作「還臨桂鎮」。通鑑卷一七八五五五九頁作「至潭州臨桂嶺」。疑此脫「臨」字。

〔六〕及藩那可汗寇掠而南　諸本「而南」作「西南」。按突厥在隋之北，不得云「寇掠西南」。隋書卷五三達奚長儒傳「西」作「而」，是，今據改。

〔七〕以思安縣伯別封子皎　諸本「思」作「忠」。隋書卷五三賀婁子幹傳作「思」。按上文言子幹封思安縣子，進爵為伯。「忠」字訛，今據改。

〔八〕度西二河　通志卷一六一史萬歲傳作「西弭河」，通鑑卷一七八五五五一頁作「西洱河」。胡注引蘇軾曰：「南詔有西洱河，河形如月抱珥，故名之為西洱河。」這裏作「西二」，當是音近致訛。

〔九〕方親帥大將軍張孫司馬李綱舟師趣北境　隋書卷五三、通志卷一六一劉方傳及通鑑卷一八〇五六一六頁「北境」作「比景」。通鑑胡注云：「比景，漢縣，屬日南郡。隋置比景郡見隋書地理志下。」「北境」疑為「比景」之訛。

〔一〇〕斂以行軍總管領邊　隋書卷五三劉方傳附陳永貴，「領」作「鎮」，是。

〔一一〕自永寧縣公封宜人郡王　隋書卷五五乞伏慧傳「人」作「民」。北史避唐諱改。

〔一二〕又過帝西巡　諸本脫「西」字，據隋書卷五五、通志卷一六一乞伏慧傳補。事見本書卷十二隋煬帝紀大業五年。

〔一三〕睿以威為先鋒　諸本脫「威」字，據隋書卷五五、通志卷一六一張威傳補。

〔一四〕時刑部尚書衞玄兼領京兆內史　諸本「內史」上有「拜」字，隋書卷三九陰壽附骨儀傳無。按隋煬帝改官名，京兆、河南置內史見隋書百官志下。又隋書卷六三衞玄傳，玄於隋末為京兆內史。「拜」字衍文，今據刪。

〔一五〕妖賊向海公作亂寇扶風安定間　按本書卷十二隋煬帝紀、隋書卷四煬帝紀下，大業九年十二月，作「扶風人向海明」，通鑑卷一八二五六八七頁也作向海明。疑「公」字訛。但隋書卷六三、通志卷一六一楊義臣傳亦作「公」，今不改。

〔一六〕詔義臣率遼東還兵擊之　諸本脫「之」字，據隋書、通志楊義臣傳補。

〔一七〕盛蹈履之地可以追蹤古人　諸本「盛」作「威」。按張威本傳行事與此評語不類。獨孤盛死於江都之變，按封建道德標準，認為值得讚揚，故有此評。此乃形似致訛，今改正。

〔一八〕陰世師遭天所廢舍命無改　諸本「世師」作「壽」。隋書卷三九史臣論作「世師」。按此指世師守長安拒李淵事，與陰壽無關，今據改。

北史卷七十四

列傳第六十二

劉昉　柳裘　皇甫績　郭衍　張衡　楊汪　裴藴
袁充　李雄

劉昉，博陵望都人也。父孟良，仕魏，位大司農卿。從武帝入關，爲梁州刺史。昉輕狡，有姦數。周武帝時，以功臣子入侍皇太子。及宣帝嗣位，以技佞見狎，出入宮掖，寵冠一時。位小御正，與御正中大夫顏之儀並見親信。及帝不悆，召昉及之儀俱入臥內，屬以後事。帝失瘖不復能言。昉見靜帝幼沖，又素奇隋文帝。時文帝以后父故，有重名於天下，昉遂與鄭譯謀，引帝輔政。帝固讓，不敢當，昉曰：「公若爲，當速爲之。如不爲，昉自爲也。」帝乃從之。及帝爲丞相，以昉爲司馬。時宣帝弟漢王贊居禁中，每與帝同帳而坐。昉飾美妓進贊，贊甚悅之。昉因說贊曰：「大王，先帝之弟，時望所歸。孺子幼沖，豈堪

大事！今先帝初崩，羣情尙擾，王且歸第。待事寧後，入爲天子，此萬全計也。」贊時年未弱冠，性識庸下，以爲信然，遂從之。文帝以昉有定策功，拜上大將軍，封黃國公，與沛國公鄭譯皆爲心膂。前後賞賜鉅萬，出入以甲士自衞，朝野傾矚，稱爲黃、沛。時人語曰：「劉昉牽前，鄭譯推後。」

昉自恃功，有驕色。然性粗疏，溺於財利，富商大賈朝夕盈門。于時尉遲迥起兵，帝令韋孝寬討之。至武陟，諸將不一。帝欲遣昉、譯一人往監軍，因謂之曰：「須得心膂以統大軍，公兩人誰行？」昉辭未嘗爲將，譯以母老爲請，帝不懌。而高熲請行，遂遣之。由是恩禮漸薄。又王謙、司馬消難相繼反，文帝憂之，忘寢與食。昉逸遊縱酒，不以職司爲意，相府事多所遺落。帝深銜之，以高熲代爲司馬。是後益見疏忌。及受禪，進柱國，改封舒國公，閑居無事，不復任使。昉自以佐命元功，中被疏遠，甚不自安。後遇京師飢，上命禁酒。昉使妾賃屋，當壚酤酒。治書侍御史梁毗劾奏之，有詔不問。昉鬱鬱不得志。

時上柱國梁士彥、宇文忻俱失職怨望，時昉並與之交，數相往來。士彥妻有美色，昉與私通，士彥不之知也，情好彌協，遂相與謀反，許推士彥爲帝。後事泄，帝窮問之。昉自知不免，默無所對。詔誅之曰：

上柱國郕國公梁士彥、杞國公宇文忻、柱國舒國公劉昉等，朕受命之初，並展勤

力，酬勳報効，榮高祿重。朝夕宴言，備知朕意。但心如溪壑，志等豺狼，不荷朝恩，忽謀逆亂。

士彥稱有相者，云其應籙，年過六十，必據九五。初平尉遲迥，暫臨相州，已有反心，彰於道路。朕卽遣人代之，不聲其罪。入京之後，逆意轉深。忻、昉之徒，言相扶助。士彥許率僮僕，剋期不遠，欲於蒲州起事。卽斷河橋，捉黎陽之關，塞河陽之路。自謂一朝奮發，無人當者。其第二子剛，每常苦諫，第三子叔諧，固深勸奬。朕既聞知，猶恐枉濫，及授晉部之任，〔一〕欲驗蒲州之情。士彥得以欣然，云是天贊。

忻往定鄴城，自矜不已，位極人臣，猶恨賞薄。朕深念其功，不計無禮，任以武候，授以領軍，寄之爪牙，委之心腹。忻密爲異計，樹黨宮闈，多奏交友，入參宿衞。朕推心待物，言必依許。爲而弗止，心跡漸彰，仍解禁兵，令其改悔。而志規不逞，愈結於懷，乃與士彥情意偏厚，俱營賊逆，逢則交謀。委士彥河東，自許關右，蒲津事建，卽望從征討，兩軍結東西之旅，一舉合連橫之勢，然後北破晉陽，還圖宗社。

昉入佐相府，便爲非法，三度事發，二度其婦自論。常云姓是「卯金刀」，名是「一万日」，劉氏應王，爲萬日天子。朕訓之導之，望其修改。口請自新，志存如舊，亦與士彥情好深重，逆節姦心，盡探肝膈。嘗共士彥論太白所犯，問東井之間，思秦地之亂，

訪軒轅之裏，願宮掖之災。唯待蒲坂事興，欲在關內應接。殘賊之策，千端萬緒。

惟忻及昉，名位並高，寧肯北面曲躬，臣於士彥？乃是各懷不遜，圖成亂階，一得擾攘之基，方逞吞并之事。士彥、忻、昉身爲謀首，叔諧贊成父意，議實難容，並已處盡。士彥、忻、昉兄弟叔姪，特恕其命。

臨刑，至朝堂，宇文忻見高熲，向之叩頭求哀。昉勃然謂忻曰：「事形如此，何叩頭之有！」於是伏誅，籍沒其家。後數日，帝素服臨射殿，盡取三家資物置於前，命百僚射取之，以爲鑒戒云。

柳裘字茂和，河東解人，南齊司空世隆之曾孫也。祖惔，梁尙書左僕射。父明，太子舍人、義興太守。

裘少聰慧，弱冠有令名。在梁，歷位尙書郎、駙馬都尉。梁元帝爲魏軍所逼，遣裘請和於魏。俄而江陵平，遂入關中。周明、武間，自麟趾學士累遷太子侍讀，封昌樂縣侯。宣帝卽位，進爵爲公，轉御飾大夫。及帝不悆，留侍禁中，與劉昉、韋謩、皇甫績同謀引隋文帝，曰：「時不可失，今事已然，宜早定大計。天與不取，反受其殃。」帝從之。進上開府、內史大夫，委以機密。

及尉遲迥作亂，天下騷動，并州總管李穆頗懷猶豫，帝令裘往喻之。裘見穆盛陳利害，穆遂歸心。以奉使功，賜綵三百匹，金九環帶一腰。時司馬消難奔陳，帝卽令裘隨便安集淮南，賜馬及雜物。開皇元年，進位大將軍，拜許州刺史。在官清簡，人懷之。轉曹州刺史。後帝思裘定策功，欲加榮秩，將徵之，顧朝臣曰：「曹州刺史何當入朝？」或曰：「卽今冬也。」乃止。裘尋卒，帝傷惜者久之，謚曰安。子惠童嗣。

皇甫績字功明，安定朝那人也。祖穆，魏隴東太守。父道，周湖州刺史、雍州都督。

績三歲而孤，爲外祖韋孝寬所鞠養。孝寬以諸子墮業，督以嚴訓，愍績孤幼，特捨之。績歎曰：「我無庭訓，養於外氏，不能剋躬勵己，何以成立！」深自感激，命左右自杖三十。孝寬聞而對之流涕。於是專精好學，略涉經史。周武帝爲魯公時，引爲侍讀。

建德初，轉宮尹中士。武帝嘗避暑雲陽宮，時宣帝爲太子監國。衞剌王作亂，城門已閉，百僚多有遁者。績聞難赴之，於玄武門遇皇太子，下樓執績手，悲喜交集。帝聞而善之，遷小宮尹。宣政初，錄前後功，封義陽縣男，累轉御正下士。〔二〕宣帝崩，隋文帝總己，績有力焉。加上開府，轉內史中大夫，進封郡公。拜大將軍。

開皇元年，出爲豫州刺史。尋拜都官尚書。轉晉州刺史。將之官，稽首言陳有三可

滅。帝問其狀，績曰：「大吞小，一也。以有道伐無道，二也。納叛臣蕭巖，於我有詞，三也。陛下若命鷹揚之將，臣請預戎行。」上嘉勞而遣之。陳平，拜蘇州刺史。

高智慧作亂江南，州人顧子元等發兵應之，因以攻績，相持八旬。子元素感績恩，於冬至日遣使奉牛酒。績遺之書。子元得書，於城下頓首陳謝。楊素援兵至，合擊破之。拜信州總管。俄以病乞骸骨，詔徵還京師，賜以御藥，中使相望，顧問不絕。卒於家，謚曰安。

子偲嗣。大業中，位尚書主爵郎。

郭衍字彥文，自云太原介休人也。父崇，以舍人從魏孝武帝入關，位侍中。

衍少驍武，善騎射。建德中，以軍功累遷儀同大將軍。又從周武帝平并州，以功加開府，封武強縣公，賜姓叱羅氏。宣政元年，爲右中軍熊渠中大夫。尉遲迥之亂，從韋孝寬討之，以功授上柱國，封武山郡公。密勸隋文帝殺周室諸王，早行禪代，由是大被親昵。

開皇元年，衍復舊姓爲郭氏。突厥犯塞，以衍爲行軍總管，領兵屯平涼。數歲，虜不入境。徵爲開漕渠大監。部率水工，鑿渠引渭水，經大興城北，東至潼關，漕運四百餘里，關中賴之，名曰富人渠。〔三〕五年，授瀛州刺史，遇秋霖大水，其屬縣多致漂沒，人皆上高樹，依大冢。衍親備船栰，并齎糧食拯救之，民多獲濟。衍先開倉賑恤，後始聞奏。上大善之，還

授朔州總管。所部有恒安鎭，北接蕃境，常勞轉運。衍乃選沃饒地，置屯田，歲贏粟萬餘石，人免轉輸之勞。又築桑乾鎭，皆稱旨。十年，從晉王廣出鎭揚州。遇江表構逆，命衍爲總管，先屯京口。於貴洲南與賊戰，敗之。仍討東陽、永嘉、宣城、黟、歙諸洞，〔四〕盡平之。授蔣州刺史。

衍臨下甚倨，事上甚卑。晉王愛昵之，宴賜隆厚。遷洪州總管。王有奪宗之謀，託衍心腹，遣宇文述以情告之。衍大喜曰：「若所謀事果，自可爲皇太子。如其不諧，亦須據淮海，復梁、陳之舊。副君酒客，其如我何！」王因召衍，陰共計議。又恐人疑無故來往，託以妻患癭，王妃蕭氏有術能療之。以狀奏帝，聽共妻向江都，往來無度。衍又詐稱廣州俚反，王乃奏衍行兵討之。由是大修甲仗，陰養士卒。及王入爲太子，徵授左監門率，轉左宗衞率。文帝於仁壽宮將大漸，太子與楊素矯詔令衍、宇文述領東宮兵，帖上臺宿衞，門禁並由之。及上崩，漢王起逆，而京師空虛，使衍馳還，總兵居守。

大業元年，拜左武衞大將軍。帝幸江都，令統左軍，改授光祿大夫。又從征吐谷渾，出金山道，納降二萬餘戶。衍能揣上意，阿諛順旨，帝每謂人曰：「唯郭衍心與朕同。」又嘗勸帝取樂，五日一視事，無得効高祖空自劬勞。帝從之，益稱其孝順。初，新令行，衍封爵從例除。六年，以恩舊封眞定侯。從往江都，卒。贈左衞大將軍，謚曰襄。

長子臻，武牙郎將。次子嗣本，孝昌令。

張衡字建平，河內人也。祖嶷，魏河陽太守。父允，周萬州刺史。

衡幼懷志尚，有骨梗風。十五，詣太學受業，研精覃思，爲同輩所推。周武帝居太后憂，與左右出獵，衡露髻輿櫬，扣馬切諫。帝嘉焉，賜衣一襲，馬一匹，擢拜漢王侍讀。衡又就沈重受三禮，略究大旨。累遷掌朝大夫。

隋文帝受禪，拜司門侍郎。及晉王廣爲河北行臺，衡歷刑部、度支二曹郎。行臺廢，拜并州總管掾。王轉牧揚州，衡復爲掾。王甚親任之，衡亦竭慮盡誠。奪宗之計，多衡所建。遷揚州總管司馬。熙州李英林反，署置百官，以衡爲行軍總管討平之，拜開府。及王爲皇太子，拜衡右庶子。

煬帝嗣位，除給事黃門侍郎、銀青光祿大夫。遷御史大夫，甚見親重。大業三年，帝幸榆林郡，還至太原，謂衡曰：「朕欲過公宅，可爲朕作主人也。」衡馳至河內，與宗族具牛酒。帝上太行，開直道九十里，以抵其宅。帝悅其山泉，留宴三日，因謂衡曰：「往從先皇拜太山之始，塗經洛陽，瞻望於此，深恨不得相過，不謂今日得諧宿願。」衡俯伏辭謝，奉觴上壽。帝益歡，賜其宅傍田三十頃、良馬一匹、金帶、縑綵六百段、衣一襲、御食器一具。衡固讓，

帝曰：「天子所至稱幸者，蓋爲此也，不足爲辭。」衡復獻食於帝，帝令頒賜公卿，下至衞士，無不霑給。

衡以藩邸之舊，恩寵莫與爲比，頗自驕貴。明年，帝幸汾陽宮。時帝欲大汾陽宮，令衡與紀弘整具圖奏之。衡承間進諫，以比年勞役，百姓疲敝爲請。帝意甚不平。後嘗目衡謂侍臣曰：「張衡自謂由其計畫，令我有天下。」時齊王暕失愛於上，帝密令人求其罪。有人譖暕違制，將伊闕令皇甫詡從之汾陽宮。又錄前幸涿郡及祠恒岳時，父老謁見者，衣冠不整。帝譴衡以憲司皆不能舉正，出爲榆林太守。

明年，帝復幸汾陽宮，衡督役築樓煩城，因而謁帝。帝惡衡不損瘦，以爲不念咎，因謂曰：「公甚肥澤，宜且還郡。」衡復之榆林。俄而敕衡督役江都宮。有人詣衡訟宮監者，衡不爲理，還以訟書付監，其人大爲監所困。禮部尚書楊玄感使至江都，其人詣玄感稱寃。玄感固以衡爲不可。及與相見，未有所言，又先謂玄感曰：「薛道衡眞爲枉死。」玄感具上其事。江都郡丞王世充又奏衡頻減頓具。帝怒，鎖衡詣江都市，將斬之。旣而除名，放還田里。帝每令親人覘衡所爲。

八年，帝自遼東還都，妾言衡怨望，[五]謗訕朝政，帝賜死于家。臨死，大言曰：「我爲人作何物事，而望久活！」監刑者塞耳，促令殺之。武德初，[六]以爲死非其罪，贈大將軍、南陽郡公，謚曰忠。子希玄。

楊汪字元度，本弘農華陰人也。曾祖順，居河東。父琛，儀同三司。及汪貴，追贈平鄉縣公。

汪少凶疏，與人羣鬭，拳所毆擊，無不顚踣。長更折節勤學，專精左氏傳，通三禮。解褐周冀王侍讀，王甚重之，每曰：「楊侍讀德業優深，孤之穆生也。」後問禮於沈重，受漢書於劉臻，二人曰：「吾弗如也。」由是知名。累遷夏官府都上士。

隋文帝居相，引知兵事，遷掌朝下大夫。及受禪，賜爵平鄉縣伯，歷秦州總管府長史。每聽政暇，必延生徒講授，時人稱之。入爲尚書兵部侍郎。數年，帝謂諫議大夫王達曰：「卿爲我覓一好左丞。」達遂私於汪曰：「我當薦君爲左丞，若事果，當以良田相報也。」汪以達言奏之，達竟獲罪，卒拜汪尚書左丞。汪明習法令，果於剖斷，當時號爲稱職。未幾，坐事免。後拜洛州長史，轉荊州長史。

煬帝卽位，追爲尚書左丞，尋守大理卿。視事二日，帝將親省囚徒。時繫囚二百餘人，汪通宵究審，詰朝而奏，曲盡事情，一無遺誤，帝甚嘉之。歲餘，拜國子祭酒。帝令百僚就學，與汪講論。天下通儒碩學多萃焉，論難鋒起，皆不能屈。帝令御史書其問答奏之，省而

大悅，賜良馬一匹。後加銀青光祿大夫。

及楊玄感反，河南贊務裴弘策出師禦之，戰不利，奔還，遇汪而屏人交語。旣而留守樊子蓋斬弘策，以狀奏汪，帝疑之，出爲梁郡通守。後煬帝崩，王世充推越王侗爲主，徵拜吏部尚書，頗見親委。及世充僭號，汪復用事。世充平，遂以凶黨伏誅。

裴蘊，河東聞喜人也。祖之平，父忌，並南史有傳。忌在陳，與吳明徹同見俘于周，周賜爵江夏公，在隋十餘年而卒。

蘊明辯有吏幹，仕陳，歷直閤將軍、興寧令。以父在北，陰奉表於隋文帝，請爲內應。及陳平，上悉閱江南衣冠之士，次至蘊，以夙有向化心，超授儀同。僕射高熲不悟上旨，諫曰：「蘊無功於國，寵踰倫輩，臣未見其可。」又加上儀同，熲復諫。上曰：「可加開府。」熲乃不敢復言。卽日拜開府儀同三司，禮賜優洽。歷洋、直、棣三州刺史，俱有能名。

大業初，考績連最。煬帝聞其善政，徵爲太常少卿。初，文帝不好聲技，遣牛弘定樂，非正聲清商及九部四舞之色，皆罷遣從百姓。至是，蘊揣知帝意，奏括天下周、齊、梁、陳樂家子弟，皆爲樂戶。其六品已下，至于凡庶，有善音樂及倡優百戲者，皆直太常。是後異技淫聲咸萃樂府，皆置博士，遞相教傳，增益樂人至三萬餘。帝大悅，遷戶部侍郎。

時猶承文帝和平後，禁網疏闊，戶口多漏。或年及成丁，猶詐爲小，未至於老，已免租賦。蘊歷爲刺史，素知其情，因是條奏，皆令貌閱。若一人不實，則官司解職，鄉正、里長皆遠流配。又許民相告，若糾得一丁者，令被糾之家代輸賦役。是歲大業五年也。諸郡計帳，進丁二十四萬三千，新附口六十四萬一千五百。帝臨朝覽狀，謂百官曰：「前代無好人，致此罔冒。今進民口皆從實者，[七]全由裴蘊一人用心。古語云，得賢而理，驗之信矣。」由是漸見親委，拜京兆贊務，發擿纖毫，吏民懾憚。

未幾，擢授御史大夫，與裴矩、虞世基參掌機密。蘊善候伺人主微意，若欲罪者，則曲法順情，鍛成其罪，所欲宥者，則附從輕典，因而釋之。是後大小之獄皆以付蘊，憲部、大理莫敢與奪，必稟承進止，然後決斷。蘊亦機辯，所論法理，言若懸河，或重或輕，皆由其口，剖析明敏，時人不能致詰。

楊玄感之反也，帝遣蘊推其黨與，謂蘊曰：「玄感一呼，從者十萬。益知天下人不欲多，多卽相聚爲盜耳。不盡加誅，則後無以勸。」蘊由是乃峻法理之，所戮者數萬人，皆籍沒其家。帝大稱善，賜奴婢十五口。

司隸大夫薛道衡以忤意獲譴，蘊知帝惡之，乃奏曰：「道衡負才恃舊，有無君之心。見詔書每下，便腹非私議，推惡於國，妄造禍端。論其罪名，似如隱昧，源其情意，深爲悖逆。」

帝曰：「然。我少時與此人相隨行役，輕我童稚，共高熲、賀若弼等外擅威權。自知罪當誣罔，及我即位，懷不自安，賴天下無事，未得反耳。公論其逆，妙體本心。」於是誅道衡。

又帝問蘇威以討遼之策，威不願帝復行，且欲令帝知天下多賊，乃詭答：「今者之役，不願發兵，但詔赦羣盜，自可得數十萬。遣關內奴賊及山東歷山飛、張金稱等頭別爲一軍，出遼西道；諸河南賊王薄、孟讓等十餘頭，並給舟楫，浮滄海道。必喜於免罪，競務立功，一歲之間，可滅高麗矣。」帝不懌曰：「我去尚猶未克，鼠竊安能濟乎！」威出後，蘊奏曰：「此大不遜，天下何處有許多賊？」帝悟曰：「老革多姦，將賊脅我。欲搭其口，但隱忍之，誠極難耐。」蘊知上意，遣張行本奏威罪惡，帝付蘊推鞫之，乃處其死。帝曰：「未忍便殺。」遂父子及孫三世並除名。

蘊又欲重己權勢，令虞世基奏罷司隸刺史以下官屬，增置御史百餘人。於是引致姦黠，共爲朋黨，郡縣有不附者，陰中之。于時軍國多務，凡是興師動衆，京都留守，及與諸蕃互市，皆令御史監之。賓客附隸，遍於郡國，侵擾百姓，帝弗之知也。以度遼之役，進位銀青光祿大夫。

及司馬德戡將爲亂也，江陽長張惠紹夜馳告之。蘊共惠紹謀，欲矯詔發郭下兵民，盡取榮公護兒節度，收在外逆黨宇文化及等，仍發羽林殿脚，遣范富婁等入自西苑，取梁公蕭鉅及燕王處分，扣門援帝。謀議已定，遣報虞世基。世基疑反者不實，抑其計。須臾，難作。蘊歎曰：「謀及播郎，竟誤人事！」遂見害。子愔，爲尚輦直長，亦同日死。

袁充字德符，本陳郡陽夏人也。其後寓居丹陽。祖昂，父君正，俱爲梁侍中。

充少警悟，年十餘歲，其父黨至門，時冬初，充尚衣葛衫。客戲充曰：「袁郎子，絺兮綌兮，淒其以風。」充應聲答曰：「唯絺與綌，服之無斁。」以是大見嗟賞。仕陳，年十七，爲祕書郎。歷太子舍人、晉安王文學、吏部侍郎、散騎常侍。

及陳滅歸國，歷蒙、鄜二州司馬。充性好道術，頗解占候，由是領太史令。時上將廢皇太子，正窮東宮官屬，充見上雅信符應，因希旨進曰：「比觀玄象，皇太子當廢。」上然之。

充復表奏隋興以後，日景漸長，曰：「開皇元年，冬至日影一丈二尺七寸二分，自爾漸短。至十七年，冬至影一丈二尺六寸三分。四年冬至，在洛陽測影，一丈二尺八寸八分。二年，夏至影一尺四寸八分，自爾漸短。至十六年，夏至影一尺四寸五分。周官以土圭之法正日影，日至之影尺有五寸。鄭玄云：『冬至之影一丈三尺。』今十六年夏至之影，短於舊影五分，十七年冬至之影，短於舊影三寸七分。〔八〕日去極近，則影短而日長；去極遠，則影長而日短。行內道，則去極近；外道，則去極遠。堯典曰：『日短星昴，以正仲冬。』據昂星昏中，則知堯時仲冬，日在須女十度。以曆數推之，開皇已來冬至，日在斗十一度，與唐堯之代，去極並近。謹案春秋元命包云：『日月出內道，琁璣得常，天帝崇靈，聖王相功。』京房別對曰：『太平日行上道，升平行次道，霸世行下道。』伏惟大隋啓運，上感乾元，影短日長，振古未之有也。」上大悅，告天下。將作役功，因加程課，丁匠苦之。

仁壽初，充言上本命與陰陽律呂合者六十餘條而奏之，因上表曰：「皇帝載誕之初，非止神光瑞氣，嘉祥應感。至於本命行年，生月生日，並與天地日月、陰陽律呂，運轉相符，表裏合會。此誕聖之異，寶曆之元。今與物更新，改年仁壽，歲月日子，還共誕聖之時並同，明合天地之心，得仁壽之理。故知洪基長算，永永無窮。」上大悅，賞賜優崇，儕輩莫之比。

仁壽四年甲子歲，煬帝初即位，充及太史丞高智寶奏言：「去歲冬至，日景逾長。今歲皇帝即位，與堯受命年合。昔唐堯受命四十九年，到上元第一紀甲子，天正十一月庚戌冬至；陛下即位，其年即當上元第一紀甲子，天正十一月庚戌冬至，正與唐堯同。自放勳以來，凡經八上元，其間綿代，未有仁壽甲子之合。謹案：第一紀甲子，太一在一宮，天目居武德，陰陽歷數，並得符同唐堯。唐堯丙辰生，丙子年受命，止合三五。未若己丑甲子，支干並當六合。允一元三統之期，合五紀九章之會，共帝堯同其數，與皇唐比其蹤。信所謂皇哉唐哉，唐哉皇哉者矣。」仍諷齊王暕率百官拜表奉賀。

後熒惑守太微者數旬，時繕修宮室，征役繁重，充乃上表稱「陛下修德，熒惑退舍」。百僚畢賀。帝大喜，前後賞賜將萬計。時軍國多務，充候帝意欲有所爲，便奏稱天文見象，須有改作，以是取媚於上。大業六年，遷內史舍人。從征遼東，拜朝請大夫、祕書少監。

後天下大亂，帝初罹鴈門之厄，又盜賊益起，心不自安。充復託天文，上表陳嘉瑞以媚上曰：

伏惟陛下握錄圖而馭黔首，提萬善而化八紘，以百姓爲心，匪一人受慶，先天罔違所欲，後天必奉其時。是以初膺寶曆，正當上元之紀；乾之初九，又與本命符會。斯則聖人冥契，故能動合天經。謹案去年已來，玄象星瑞，毫氂無爽。謹錄尤異，上天降祥、破突厥等狀七事。

其一，去八月二十八日夜，大流星如斗，出王良北，正落突厥營，聲如崩牆。其二，八月二十九日夜，復有大流星如斗，出羽林，向北流，正當北方。依占，頻二夜流星墜賊所，賊必敗散。其三，九月四日夜，頻有兩星大如斗，出北斗魁，向東北流。依占，北斗主殺伐，賊必破敗。其四，歲星主福德，頻行京都二處分野。依占，國家之福。其五，去七月內，熒惑守羽林，九月七日已退舍。依占，不出三日，賊必敗散。其六，去年十一月二十日夜，有流星赤如火，從東北向西南，落賊帥盧明月營，破其橦車。其七，十二月十五日夜，通漢鎮北有赤氣亙北方，突厥將亡之應也。依勘城錄，河南、洛陽並當甲子，與乾元初九爻及上元甲子符合。此是福地，永無所慮。旋觀往政，側聞前古，彼則異時間出，今則一朝總萃。豈非天贊有道，助殲兇孽？方淸九夷於東濊，沈五狄於北溟，告成岱岳，無爲汾水。書奏，帝大悅，超拜祕書令。親待逾昵，每欲征討，充皆預知之，乃假託星象，奬成帝意，在位者皆切患之。宇文化及弒逆之際，并誅充。

李雄，〔九〕勃海蓨人也。父棠，名列誠義傳。〔一〇〕

雄少慷慨，有壯志。弱冠，從周武帝平齊，以功授帥都督。隋文帝作相，從韋孝寬破尉遲迥，拜上開府，賜爵建昌縣公。伐陳之役，以功進位大將軍，歷郴江二州刺史，〔一一〕並有能名。後坐事免。

漢王諒之反，煬帝將發幽州兵討之。時竇抗爲幽州總管，帝恐其貳，問可任者於楊素。素遂進雄，授上大將軍，拜廉州刺史。馳至幽州，止傳舍，召募得千餘人。抗恃素貴，不時相見。雄遣人諭之，後二日，抗從鐵騎二千來詣雄所。雄伏甲禽抗，悉發幽州兵步騎三萬，自井陘討諒。遷幽州總管。尋徵拜戶部尚書。

雄明辯有器幹，帝甚任之。新羅嘗遣使朝貢，雄至朝堂與語，因問其冠制所由。其使者曰：「古弁遺象，安有大國君子不識？」雄因曰：「中國無禮，求諸四夷。」使者曰：「自至已來，此言外未見無禮。」憲司以雄失辭，奏劾其事，竟坐免。俄而復職。從幸江都，帝以仗衞不整，顧雄部伍之。雄立指麾，六軍肅然。帝大悅曰：「公眞武侯才也。」尋轉右候衞大將軍。〔一二〕復坐事除名。

遼東之役，帝令從軍自効，因從來護兒自東萊將指滄海。會楊玄感反於黎陽，帝疑之，詔鎖雄送行在所。雄殺使亡歸玄感，玄感每與計焉。及玄感敗，伏誅，籍沒其家。

論曰：隋文肇基王業，劉昉實啓其謀，于時當軸執鈞，物無異論。不能忘身急病，以義斷恩，方乃慮難求全，偸安懷祿。其在周也，靡忠貞之節；其奉隋也，愧竭命之誠。非義掩其前功，蓄怨興其後釁，而望不陷刑辟，保貴全生，難矣。柳裘、皇甫績，因人成事，好亂樂禍，大運光啓，並參樞要。〔一三〕斯固在人欲其悅己，在我欲其罵人，理自然也。晏嬰有言曰：「一心可以事百君，百心不可以事一君。」於昉等見之矣。

郭衍，文皇締構之始，當爪牙之寄；煬帝經綸之際，參心膂之謀。而如脂如韋，以水濟水，君所謂可，亦曰可焉，君所謂不，亦曰不焉，功雖居多，名不見重。然則立身行道，可不愼歟！語曰：「無爲權首，將受其咎。」又曰：「無始禍，無兆亂。」夫忠爲令德，施非其人尙或不可，況託足邪徑，又不得其人者歟！張衡奪宗之計，實兆其謀，夫動不以順，能無及於此也？楊汪以學業自許，其終不令，惜乎！裴蘊素懷姦險，巧於附會，作威作福，唯利是視，滅亡之禍，其可免乎！袁充少在江東，初以警悟見許，委質隋氏，更以玄象自矜，要求時幸，干進附入，變動星占，謬增晷景，厚誣天道，亂常侮衆。刑茲勿捨，其在斯乎！李雄斯言爲玷，取譏夷翟，以亂從亂，何救誅夷。

校勘記

〔一〕及授晉部之任　隋書卷三八劉昉傳「及」作「乃」，是。

〔二〕累轉御正下士　隋書卷三八皇甫績傳「下士」作「下大夫」。按上文言績建德初已爲中士，又遷小宮尹，不應累轉反爲下士。又下文言楊堅執政後，績卽轉內史中大夫，也不應是由下士越數級超升。隋書作「御正下大夫」，是。

〔三〕名曰富人渠　隋書卷六一、通志卷一六二郭衍傳「人」作「民」。北史避唐諱改。

〔四〕仍討東陽永嘉宣城黟歙諸洞　諸本「黟」作「黝」，據隋書卷六一、通志卷一六二郭衍傳改。黟縣見隋書地理志下新安郡。

〔五〕妄言衡怨望　隋書卷五六張衡傳「妄」字作「衡妾」二字。

〔六〕武德初　隋書作「義寧初」。按義寧，隋恭帝年號，此時追贈衡官，較合情理。疑隋書是。

〔七〕今進民口皆從實者　隋書卷六七裴蘊傳「民」下有「戶」字，通志卷一六二裴蘊傳「民」字作「戶」。按北史例避「民」字，疑原文當如通志。此及上文「又許民相告」，下文「吏民慴憚」，當並是後人所改。

〔八〕短於舊影三寸七分　諸本無「舊影」二字，隋書卷六九、通志卷一六二袁充傳有。按舊影指鄭玄所云「冬至之影一丈三尺」，上文言十七年冬至影長一丈二尺六寸三分，故言「短於舊影三寸七分」。今據補。

〔九〕李雄　隋書卷七〇作「李子雄」，附楊玄感傳後。

〔一〇〕父棠名列誠義傳　按李棠見本書卷八五節義傳，此作「誠義傳」，誤。

〔一一〕歷郴江二州刺史　諸本「郴」作「柳」，隋書卷七〇李子雄傳作「郴」。按隋無「柳州」。郴州見隋書地理志下桂陽郡，乃平陳後所置，今據改。

〔一二〕公眞武侯才也尋轉右候衞大將軍　隋書「侯」作「候」，「候衞」作「武候」。按此言雄之才可以作武候大將軍，故卽授此官。北史改作「武侯」及「候衞」，誤。

〔一三〕大運光啓並參樞要　隋書卷三八史臣論作「莫參樞要」。按柳裘、皇甫績自楊堅稱帝後卽調外任，不得云「並參樞要」。又下文「斯固在人欲其悅己，在我欲其罵人」，亦是指楊堅謀奪帝位時與劉昉柳裘等相勾結，卽位後卽以爲不可靠而疏遠之，與「並參樞要」意相矛盾。隋書作「莫」是。

北史卷七十五

列傳第六十三

趙煚　趙芬　王韶　元巖　宇文弢　伊婁謙
李圓通 陳茂　郭榮　龐晃　李安　楊尙希　張煚
蘇孝慈　元壽

趙煚字通賢，天水西人也。祖超宗，魏河東太守。父仲懿，尙書左丞。煚少孤，養母至孝。年十四，有人盜伐其父墓中樹者，煚對之號慟，因執送官。見魏右僕射周惠達，長揖不拜，自述孤苦，涕淚交集，惠達爲之隕涕歎息者久之。及長，沈深有器局，略涉書記。周文帝引爲相府參軍事。從破洛陽。及班師，煚請留撫納亡叛，從之。煚於是帥所領與齊人前後五戰，斬獲甚衆，以功封平定縣男。累轉中書侍郎。

周閔帝受禪，遷硤州刺史。〔一〕蠻酋向天王以兵攻信陵、秭歸，煚襲擊破之，二郡獲全。時周人於江南岸置安蜀城以禦陳，屬霖雨數旬，城頹者百餘步。蠻酋鄭南鄉叛，引陳將吳明徹欲掩安蜀。議者皆勸煚益修守禦，煚不從，乃遣使說誘江外生蠻向武陽，令乘虛掩襲南鄉所居，獲其父母妻子。南鄉聞之，其黨各散，陳兵亦遁。明年，吳明徹屢爲寇患，煚與前後十六戰，每挫其鋒。以功授開府儀同三司，再遷戶部中大夫。

周武帝欲收齊河南地，煚諫曰：「河南洛陽，四面受敵，縱得不可以守。請從河北直指太原，傾其巢穴，可一舉以定。」帝不納，師竟無功。尋從上柱國于翼自三鵶道伐陳，剋十九城而還。以讒毀，功不見錄。累遷御正上大夫。

煚與宗伯斛斯徵素不協，徵後出爲齊州刺史，坐事下獄，自知罪重，遂踰獄走。帝大怒，購之甚急。煚密奏曰：「徵自以罪重，懼死遁逃，若不北走匈奴，則南奔吳越。徵雖愚陋，久歷清顯，奔彼敵國，無益聖朝。今炎旱爲災，可因茲大赦。」帝從之。徵賴而免，煚卒不言。

隋文帝爲丞相，加上開府，再遷大宗伯。及踐阼，煚授璽紱。進位大將軍，賜爵金城郡公，拜相州刺史。朝廷以煚習故事，徵拜尙書右僕射。未幾，以忤旨出爲陝州刺史，轉冀州刺史，甚有威惠。煚嘗有疾，百姓奔馳，爭爲祈禱，其得人情如此。冀州市多姦詐，㬂爲銅斗鐵尺，置於肆，百姓便之。帝聞而嘉焉，頒之天下，以爲常法。嘗有人盜㬂田中蒿，爲吏所執。㬂曰：「此乃刺史不能宣風化，彼何罪也？」慰諭遣之，令人載蒿一車賜盜者，盜愧過於重刑。帝幸洛陽，㬂來朝，帝勞之。卒于官。

子義臣嗣，位至太子洗馬。後同楊諒反，誅。

趙芬字士茂，天水西人也。父諒，周秦州刺史。

芬少有辯智，頗涉經史。周文引爲相府鎧曹參軍，歷記室，累遷開府儀同三司。性强濟，所居之職，皆有聲績。周武帝親總萬機，拜內史下大夫，轉小御正。明習故事，每朝廷有所疑議，衆不能決者，芬輒爲評斷，莫不稱善。後爲司會。及申國公李穆討齊，引爲行軍長史，封淮安縣男。再遷東京小宗伯，鎭洛陽。

隋文帝爲丞相，尉遲迥與司馬消難陰謀往來，芬察知之，密白帝。由是深見親委，遷東京左僕射，進爵郡公。開皇初，罷東京官，拜尚書右僕射，與郢公王誼修律令。俄兼內史令，甚見信任。未幾，以老病出爲蒲州刺史，加金紫光祿大夫，仍領關東運漕，賜錢百萬、粟五千石而遣之。後數年，上表乞骸骨，徵還京師。賜以三驥軺車，几杖被褥，歸于家。皇太

子又致巾帔。後數年，卒，帝遣使致祭，鴻臚監護喪事。

子元恪嗣，位揚州總管司馬，左遷候衞長史。

少子元楷，與元恪皆明幹世事。元楷，大業中爲歷陽郡丞，與廬江郡丞徐仲宗俱竭百姓之產，以貢於帝。仲宗遷南郡丞，元楷超拜江都丞，兼領江都宮監。

王韶字子相，自云太原晉陽人也，世居京兆。祖諧，原州刺史。父諒，早卒。

韶幼而方雅，頗好奇節，有識者異之。在周，累以軍功，官至車騎大將軍、儀同三司。復轉軍正。周武帝既拔晉州，意欲旋師，韶諫曰：「取亂侮亡，正在今日。方欲釋之而去，臣愚深所未解。」帝大悅。及齊平，進位開府，封晉陽縣公，賜口馬雜畜萬計。遷內史中大夫。宣帝卽位，拜豐州刺史，改封昌樂縣公。

隋文帝受禪，進爵項城郡公，轉靈州刺史，加位大將軍。晉王廣之鎭幷州，除行臺右僕射，賜綵五百匹。韶性剛直，王甚憚之，每事諮詢，不敢違法度。韶嘗奉使檢行長城，後王穿池，起三山，韶既還，自鎖而諫，王謝而罷之。帝聞而嘉歎，賜金百兩，幷後宮四人。平陳之役，以本官爲元帥府司馬。及剋金陵，韶卽鎭焉。晉王廣班師，留韶於石頭防遏，委以後

事。歲餘，徵還。帝謂公卿曰：「晉王以幼出藩，遂能剋平吳、越，王子相之力也。」於是進位柱國，賜奴婢三百口，錦絹五千段。及上幸幷州，以其稱職，特加勞勉。後上謂曰：「自朕至此，公鬢鬢漸白，無乃憂勞所致？柱石之望，唯在於公，努力勉之！」韶辭謝，上勞而遣之。秦王俊爲幷州總管，仍爲長史。歲餘，馳驛入京，勞弊而卒。帝甚傷惜之，謂秦王使者曰：「語爾王，我前令子相緩來，如何乃遣馳驛？殺我子相，豈不由汝！」言甚悽愴。使有司爲立宅，曰：「往者何用宅爲？但以表我深心耳！」又曰：「子相受我委寄，十有餘年，終始不易。寵章未極，舍我而死乎！」發言流涕。因命取子相封事數十紙，傳示羣臣曰：「其直言匡正，裨益甚多，吾每披尋，未嘗釋手。」煬帝卽位，追贈司徒、尚書令、靈豳等十州刺史、魏公。

子士隆嗣。

士隆略知書計，尤便弓馬，慷慨有父風。大業世，頗見親重，位備身將軍，改封耿國公。越王侗稱帝，士隆率數千兵自江淮而至。會王世充僭號，甚禮重之，署尚書右僕射。憂憤，疽發背卒。

元巖字君山，河南洛陽人也。父禎，魏敷州刺史。

巖好讀書，不守章句，剛鯁有器局，以名節自許，少與勃海高熲、太原王韶同志友善。仕周，爲武賁給事。大冢宰宇文護見而器之，以爲中外記室。累遷內史中大夫，封昌國縣伯。

周宣帝嗣位，爲政昏暴，京兆郡丞樂運與櫬詣朝堂，陳帝八失，言甚切至。帝大怒，將戮之，朝臣莫有救者。巖謂人曰：「臧洪同日，尚可俱死，其況比干乎？若樂運不免，吾將與之俱斃。」詣閤請見，言於帝曰：「樂運知書奏必死，所以不顧身命者，欲取後世名。陛下若殺之，乃成其名，落其術內。不如勞而遣之，以廣聖度。」運因獲免。後帝將誅烏丸軌，巖不肯署詔。御正顏之儀切諫不入，巖進繼之，脫巾頓顙，三拜三進。帝曰：「汝欲黨烏丸軌耶？」巖曰：「臣非黨軌，正恐濫誅，失天下望。」帝怒，使閹豎搏其面，遂廢于家。

隋文帝爲丞相，加開府、戶部中大夫。及受禪，拜兵部尚書，進爵平昌郡公。巖性嚴重，明達世務，每有奏議，侃然正色，廷爭面折，無所迴避，上及公卿皆敬憚之。

時帝懲周代諸侯微弱，以致滅亡，由是分王諸子，權侔王室，以爲盤石之固。遣晉王廣鎭幷州，蜀王秀鎭益州。二王年並幼，選貞良有重望者爲之僚佐。〔二〕時巖與王韶俱以骨鯁知名，物議稱二人才具侔於高熲，由是拜巖爲益州總管長史，韶爲河北道行臺右僕射，〔三〕帝謂曰：「公宰相大器，今屈輔我兒，亦如曹參相齊之意。」及巖到官，法令明肅，吏人稱焉。蜀王好奢，嘗欲取獠口爲閹人，又欲生剖死囚，取膽爲藥。巖皆不奉敎，排閤切諫，王輒謝

而止。憚巖爲人，每循法度。蜀中獄訟，巖所裁斷，莫不悅服。有得罪者，謂曰：「平昌公與罪，吾何怨焉。」上甚嘉之，賞賜優洽。卒于官，上悼惜久之。益州父老莫不隕涕，于今思之。

巖卒後，蜀王爲非法，造渾天儀，又共妃出獵，以彈彈人，多捕山獠充宦者，僚佐無能諫止。及秀得罪，上曰：「元巖若在，吾兒豈有是乎！」

子弘嗣。歷給事郎、司朝謁者、北平通守。

宇文弼字公輔，河南洛陽人也，其先與周同出。祖直力勤，魏鉅鹿太守。父珍，周宕州刺史。

弼慷慨有大節，博學多通。仕周，嘗奉使鄧至國及黑水、龍涸諸羌，前後降附三十餘部。及還，奉詔修定五禮，書成奏之，賜田二頃、[四]粟百石。累遷小吏部，擢八人爲縣令，皆有異績，世以爲知人。轉內史都上士。

武帝將謀出兵河陽以伐齊，弼進策曰：「齊氏建國，于今累世，雖曰無道，尚有其人。今若用兵，須擇其地。河陽要衝，精兵所聚，盡力攻圍，恐難得志。彼汾之曲，戍小山平，攻之

易拔，用武之地也。」帝不納，師竟無功。建德五年，大舉伐齊，卒用弼策。於是募三輔豪俠少年數百人爲別隊，從帝攻拔晉州，身被三瘡，苦戰不息，帝奇而壯之。因從平齊，以功拜上儀同，封武威縣公。

宣帝嗣位，爲守廟大夫。時突厥寇甘州，帝令侯莫陳昶擊之。弼爲監軍，謂昶曰：[五]「宜選精騎，直趣祁連之西。賊若收軍，必自蓼泉之北，此地險隘，兼下濕，度其人馬，三日方度。彼勞我逸，破之必矣。若邀此路，眞上策也。」昶不能用，西取合黎，大軍行遲，虜已出塞。

其年，弼又從梁士彥攻拔壽陽，改封安樂縣公，除滄州刺史，轉南司州刺史。司馬消難之奔陳，弼追之不及。遇陳將樊毅，戰於漳口，自旦及午，三戰三捷。除黃州刺史，轉南定州刺史。

開皇初，以前功封平昌縣公，入爲尚書右丞。時西羌內附，詔弼持節安集，置鹽澤、蒲昌二郡而還。遷左丞，當官正色，爲百僚所憚。三年，突厥寇甘州，以行軍司馬從元帥竇榮定擊破之。還除太僕少卿，轉吏部侍郎。平陳之役，楊素出信州道，令弼持節爲諸軍節度，仍領行軍總管。劉仁恩之破陳將呂仲肅也，弼有謀焉。加開府，擢拜刑部尚書，領太子虞候率。上嘗親臨釋奠，弼與博士論議，詞致清遠。上大悅，謂羣臣曰：「朕今覩周公之制禮，見宣尼之論孝，實慰朕心。」

時朝廷以晉陽爲重鎮，幷州總管必屬親王，其長史、司馬亦一時高選。前長史王韶卒，以弼有文武幹用，出爲幷州長史。十八年，遼東之役，授元帥漢王府司馬，仍領行軍總管。軍還，歷朔、代、吳三州總管，皆有能名。

煬帝卽位，拜刑部尚書，仍持節巡省河北。還除泉州刺史。復徵拜刑部尚書，轉禮部尚書。

弼既以才能著稱，歷職顯要，聲望甚重，物議多見推許。帝頗忌之。時帝漸好聲色，尤勤遠略，弼謂高熲曰：「昔周天元好聲色亡國，以今方之，不亦甚乎！」又言「長城之役，幸非急務」。有人奏之，坐誅，天下寃之。所著辭賦二十餘萬言，爲尚書、孝經注行於世。有子儉、瑗。

伊婁謙字彥恭，本鮮卑人也。其先世爲酋長，隨魏南遷。祖信，中部太守。父靈，相、隆二州刺史。

謙性忠直，善辭令。仕周，累遷宣納上士、使持節、驃騎大將軍。武帝將伐齊，召入內

殿，問以兵事。對曰：「僞齊僭擅，跋扈不恭，沈溺倡優，耽昏麴糵。其折衝之將斛律明月已斃讒人之口，上下離心。若命六師齊進，臣之願也。」帝大笑，因使謙與小司寇拓跋偉聘齊觀釁。帝尋發兵。齊主知之，令其僕射陽休之責謙曰：「貴朝盛夏徵兵，馬首何向？」答曰：「僕拭玉之始，未聞興師。設復西增白帝之城，東益巴丘之戍，豈足怪哉！」謙參軍高遵以情輸齊，遂留謙不遣。帝既克幷州，召謙勞之。乃執遵付謙，任令報復。謙頓首請赦之。帝曰：「卿可聚衆唾面，令知愧也。」謙跪曰：「遵罪又非唾面之責。」帝善其言而止。謙竟待遵如初。

尋賜爵濟陽縣伯，累遷前驅中大夫。大象中，進爵爲侯，位開府。隋文帝作相，授亳州總管，俄徵還京。恥與逆人王謙同名，因爾稱字。文帝受禪，以彥恭爲左武候將軍，俄拜大將軍，進爵爲公。後出爲澤州刺史，清約自處，甚得人和。以疾去職，吏人攀戀，行數百里不絕。卒于家。子傑嗣。

李圓通，京兆涇陽人也。少孤賤，給使隋文帝家。及帝爲隋公，擢授參軍事。初，帝少時，每宴客，恒令圓通監厨。圓通性嚴整，左右婢僕，咸所敬憚。唯世子乳母恃寵輕之，賓

客未供，每有干請。圓通不許，或輒持去。圓通大怒，叱厨人撾之數十，叫聲徹於閤內，僚吏左右，代其失色。賓去後，帝知之，召圓通命坐賜食，從此獨善之，以爲堪當大任。帝作相，賜爵懷昌男。授帥都督，進爵新安子，委以心膂。圓通多力勁捷，長於武用。周氏諸王素憚帝，伺便圖爲不利，賴圓通保護，獲免者數矣。帝深感之，由是參預政事，授相國外兵曹，仍領左親信。尋授上儀同。帝受禪，拜內史侍郎，領左衞長史，進爵爲伯。歷左右庶子、給事黃門侍郎、尚書左丞，攝刑部尚書，深被任信。伐陳之役，以行軍總管從楊素出信州道，以功進位大將軍，改封萬安縣公，揚州總管長史。[六]秦孝王仁柔自喜，少斷決，府中事多決於圓通。入爲司農卿，還刑部尚書，後復爲并州長史。孝王以奢得罪，圓通亦坐免。尋檢校刑部尚書事。仁壽中，以勳舊進爵郡公。

煬帝嗣位，拜兵部尚書。帝幸揚州，以圓通留守京師。判宇文述田還百姓，述訴其受賂。帝怒，坐是免官。圓通憂懼發病，卒。贈柱國，封爵悉如故。

子孝常，大業末，爲華陰令。武德初，以應義旗功，封義安王。

又有陳茂者，河東猗氏人。家世寒微，質直恭謹，爲州里所稱。文帝爲隋國公，引爲僚佐，待遇與圓通等。每令典家事，常稱旨。後從帝與齊師戰於晉州，賊甚盛，帝將挑戰，茂

固止不得，因捉馬鞚。帝怒，拔刀斫其額，流血被面，詞氣不撓。帝感而謝之，厚加禮敬。帝爲丞相，委以心膂。及受禪，拜給事黃門侍郎，封魏城縣男，每典機密。轉益州總管司馬，遷太府卿，進爵爲伯。卒官。子政嗣。

政字弘道，倜儻有文武大略，善鐘律，便弓馬。少養宮中，年十七，爲太子千牛備身。京都大俠劉居士重政才氣，數從之遊。圓通子孝常與政相善，並與居士交結。及居士伏誅，政及孝常從坐，上以功臣子，捷之二百而赦之。由是不得調。煬帝時，歷位協律郎、通事謁者、兵曹承務郎。帝以其才，甚重之。宇文化及之亂，以爲太常卿。後歸大唐，爲梁州總管，遇賊見殺。

郭榮字長榮，自云太原人也。父徽，仕魏，爲同州司馬。時武元皇帝爲刺史，由是與隋文帝有舊。徽後位洵州刺史、安城縣公。及帝受禪，拜太僕卿，卒官。

榮容貌魁岸，外疎內密，與交者多愛之。周大冢宰宇文護引爲親信。護察榮謹愿，擢爲中外府水曹參軍。齊寇屢侵，護令榮於汾州觀城勢。時汾州與姚襄鎮相去懸遠，榮以二城孤迴，勢不相救，請於州鎮間更築城以相控攝，護從之。俄而齊將段孝先攻陷姚襄、汾州

二城，唯榮所立者獨能自守。護作浮橋出兵，孝先於上流縱大筏擊浮橋，護令榮督便水者引取其筏。以功授大都督。護又以稽胡數爲寇亂，使綏集之。榮於上郡、延安築周昌、弘信、廣安、招遠、咸寧等五城以遏其要路，稽胡由是不能爲寇。周武親總萬機，拜宣納中士。後從平齊，以功封平陽縣男，遷司水大夫。

榮少與隋文帝親狎，帝嘗與夜坐月下，謂榮曰：「吾仰觀玄象，俯察人事，周歷已盡，我其代之。」榮深自結納。未幾，周宣崩，文帝總百揆，召榮，撫其背笑曰：「吾言驗未？」即拜相府樂曹參軍。俄以本官復領藩部大夫。文帝受禪，引爲內史舍人，以龍潛之舊，進爵蒲城郡公，位上儀同。累遷通州刺史。仁壽初，西南夷獠多叛，詔榮領八州諸軍事、行軍總管討平之。

煬帝即位，入爲武候驃騎大將軍，[七]以嚴正聞。後黔安首領田羅駒阻清江作亂，夷陵諸郡人夷多應者，詔榮擊平之。遷左候衞將軍。從帝西征吐谷渾，拜銀青光祿大夫。遼東之役，以功進左光祿大夫。明年，帝復事遼東，榮以爲中國疲弊，萬乘不宜屢動，乃言於帝，請止行。帝不納。復從軍攻遼東城，榮親蒙矢石，晝夜不釋甲冑。帝知之大悅，每勞勉之。帝後以榮年老，欲出爲郡。榮陳請不願。帝哀之，拜右候衞大將軍。後數日，帝謂百僚曰：「誠心純至如郭榮者，固無比矣。」楊玄感之亂，帝令馳守太原。明年，從帝至柳城，卒於懷遠鎮。帝爲廢朝，贈兵部尚書，謚曰恭。子福善。

龐晃字元顯，榆林人也。父虯，周驃騎大將軍。

晃少以良家子召補州都督。周文帝署大都督，領親信兵，常置左右。晃因徙居關中。後遷驃騎將軍，襲爵比陽侯。衞王直出鎮襄州，晃以本官從。尋與長湖公元定擊江南，孤軍深入，沒於陳。數年，衞王直遣晃弟車騎將軍元儁賷絹八百匹贖焉，乃得歸。拜上儀同，復事衞王。

時隋文帝出爲隨州刺史，路經襄陽，衞王令晃詣文帝。晃知帝非常人，深自結納。及帝去官歸京師，晃迎見於襄邑。帝甚歡，與晃同飯，晃因曰：「公相貌非常，名在圖籙，九五之日，幸願不忘。」帝笑曰：「何妄言也！」頃之，有一雄雉鳴於庭，帝令晃射之，曰：「中則有賞。然富貴之日，持以爲驗。」文帝受禪，與晃言及之，晃再拜曰：「陛下君臨宇內，猶憶曩時之言。」上笑曰：「公此言何得忘也！」尋加上開府，拜右衞將軍，進爵爲公。河間王弘之擊突厥。[八]

晃性剛悍。時廣平王雄當途用事，勢傾朝廷，晃每陵侮之。嘗於軍中臥，見雄不起，雄

甚銜之。復與高熲有隙。二人屢譖晃，由是宿衞十餘年，官不得進。出爲懷州刺史，遷原州總管。卒於官。帝爲廢朝，謚曰敬。

子長壽，頗知名，位驃騎將軍。

李安字玄德，隴西狄道人也。父蔚，仕周，爲相燕恒三州刺史、襄武縣公。安美姿容，善騎射。天和中，襲爵襄武公，授儀同、小司右上士。隋文帝作相，引之左右，遷職方中大夫。復拜安弟哲爲儀同。安叔父梁州刺史璋時在京師，與周趙王謀害帝，誘哲爲內應。哲謂安曰：「寢之則不忠，言之則不義，失忠與義，何以立身？」安曰：「丞相，父也，其可背乎！」遂陰白之。及趙王等伏誅，將加官賞，安頓首曰：「豈可將叔父之命以求官賞？」於是俯伏流涕，悲不自勝。帝爲之改容曰：「我爲汝特存璋子。」乃命有司罪止璋身，帝亦爲安隱其事而不言。尋授安開府，進封趙郡公，哲上儀同、黃臺縣男。

文帝卽位，歷內史侍郎、尚書左丞、黃門侍郎。平陳之役，爲楊素司馬，仍領行軍總管，率蜀兵順流東下。時陳人屯白沙。安謂諸將曰：「水戰非北人所長。今陳人依險泊船，必輕我無備。夜襲之，賊可破也。」安率衆先鋒，大破陳師。詔書勞勉，進位上大將軍、郢州刺

史。轉鄧州刺史。求爲內職，帝重違其意，除左領左右將軍。〔九〕遷右領軍大將軍。拜哲開府儀同三司、備身將軍。兄弟俱典禁衞，恩信甚重。十八年，突厥犯塞，以安爲行軍總管，從楊素擊之。〔一〇〕安別出長川，會虜渡河，與戰破之。仁壽元年，出安爲寧州刺史，哲爲衞州刺史。安子瓊，哲子瑋，始自繦褓，乳養宮中，至是年八九歲，始命歸家。其親顧如是。

帝嘗言及作相時事，因愍安兄弟滅親奉國，乃下詔曰：「先王立教，以義斷恩，割親愛之情，盡事君之道，用能弘奬大節，體此至公。往者朕登庸惟始，王業初基，寧州刺史趙郡公李安，其叔璋潛結藩枝，包藏不逞。安與弟哲深知逆順，披露丹心，凶謀旣彰，罪人斯得。朕每念誠節，嘉之無已。但以事涉其親，猶有疑惑，欲使安等名敎之方，自處有地。朕常爲思審，遂致淹年。今更詳案聖典，求諸往事，父子天性，忠孝猶不並立，況復叔姪恩輕，情禮本有差降。忘私奉國，深得正理。〔一一〕宜錄舊勳，重弘賞命。」於是拜安、哲俱爲柱國，賜縑各五千匹、馬百匹、羊千口。以哲爲備身將軍，進封順陽郡公。安謂親族曰：「雖家獲全，〔一二〕而叔父遭禍，今奉此詔，悲愧交懷。」因歔欷悲感，不能自勝。先患水病，於是疾甚而卒。謚曰懷。子瓊嗣。少子孝恭，最知名。

哲，煬帝時工部尚書，後坐事除名，配防嶺南，道卒。

楊尙希，弘農人也。祖眞，魏天水太守。父承賓，商直淅三州刺史。

尙希齠齓而孤，年十一，辭母請受業長安。范陽盧辯見而異之，令入太學，專精不倦，同輩皆共推服。周文帝嘗親臨釋奠，尙希時年十八，令講孝經，詞旨可觀。文帝奇之，賜姓普六茹氏。擢爲國子博士，累轉舍人上士。明、武世，歷太學博士、太子宮尹、計部中大夫。〔一三〕賜爵高都侯，東京司憲中大夫。撫慰山東、河北，至相州而宣帝崩，與相州總管尉遲迥發喪於館。尙希出謂左右曰：「蜀公哭不哀而視不安，將有他計。吾不去，將及於難。」遂夜遁。及明，迥方覺，令數十騎追不及，遂歸京師。隋文帝以尙希宗室之望，又背迥而至，待之甚厚。及迥屯兵武陟，遣尙希領宗室兵三千人鎭潼關。尋授司會中大夫。

文帝受禪，拜度支尙書，進爵爲公。歲餘，出爲河南道行臺兵部尙書，加銀靑光祿大夫。尙希時見天下州郡過多，上表以爲「今郡縣倍多於古，或地無百里，數縣並置，或戶不滿千，二郡分領。具僚以衆，資費日多，吏卒又倍，租調歲減。淸幹良材，百分無一，動須數萬，如何可充！所謂人少官多，十羊九牧。今存要去閑，併小爲大，國家則不虧粟帛，選用則易得賢才」。帝覽而嘉之，遂罷天下諸郡。後歷位瀛州刺史、兵部禮部二尙書，授上儀同。尙希性惇厚，兼以學業自通，甚有雅望，爲朝廷所重。上時每旦臨朝，日側不倦，尙希

諫以爲「陛下宜擧大綱，責成宰輔，繁碎之務，非人主所宜親」。上歡然曰：「公愛我者。」尙希有足疾，謂曰：「蒲州出美酒，足堪養病，屈公臥臨之。」於是拜蒲州刺史，仍領本州宗團驃騎。尙希在州，甚有惠政，復引瀵水立隄防，開稻田數千頃，人賴其利。卒官。謚曰平。

子旻嗣，後封丹水縣公，位安定郡丞。

張煚字士鴻，河間鄚人也。父羡，少好學，多所通涉，仕魏，爲蕩難將軍。從武帝入關，累遷銀靑光祿大夫。周文引爲從事中郎，賜姓叱羅氏。歷司織大夫、雍州中從事、應州刺史、儀同三司，賜爵虞鄉縣公。復入爲司成中大夫，典國史。周代公卿，類多武將，唯羡以素業自通，甚爲當時所重。後以年老致仕。隋文帝受禪，欽其德望，以書徵之。及謁見，敕令勿拜，扶杖升殿，上降榻執手，與之同坐，宴語久之，賜以几杖。會遷都龍首，羡上表勸以儉約，上優詔答之。卒，贈滄州刺史，謚曰定。所撰老子、莊子義，名道言，五十二篇。

煚好學，有父風。仕魏，位員外侍郎。周文引爲外兵曹。明、武世，位冢宰司錄，賜爵北平縣子。宣帝時，加儀同，進爵爲伯。隋文帝爲丞相，煚深自推結。帝以其有幹用，甚親遇之。及受禪，拜爲尙書右丞，進爵爲侯。遷太府少卿，領營新都監丞。丁父憂去職，柴毀骨

立。未期，授儀同三司，襲爵虞鄉縣公。歷太府卿、戶部尚書。晉王廣爲揚州總管，授煚司馬，加銀青光祿大夫。

煚性和厚，有識度，甚有當時譽。後拜冀州刺史，晉王廣頻表請之，復爲晉王長史，檢校蔣州事。及晉王爲皇太子，復爲冀州刺史，位上開府，吏人悅服，稱爲良二千石。卒官。子慧寶，官至絳郡丞。

開皇中，有劉仁恩者，政績爲天下第一，擢拜刑部尚書。以行軍總管從楊素伐陳，與素破陳將呂仲肅於荆門，仁恩計功居多，授上大將軍，甚有當時譽。馮翊郭均、上黨馮世期並明悟有幹略，相繼爲兵部尚書。此三人俱顯名於世，然事行闕落，史莫能知。

蘇孝慈，扶風人也。父武，周兗州刺史。

孝慈少沉謹，有器幹，美容儀。仕周，位至工部中大夫，封臨水縣公。隋文帝受禪，進爵安平郡公，拜太府卿。于時王業初基，徵天下匠，纖微之巧，無不畢集。孝慈總其事，世以爲能。歷位兵部尚書，待遇愈密。時皇太子勇頗知時政，上欲重宮官之望，多令大臣領其職，拜孝慈太子右衞率，尙書如故。及於陝州置常平倉，轉輸京下，以渭水多沙，乍深乍

淺，乃決渭水爲渠以屬河，令孝慈督其役。渠成，上善之，又領太子左衞率，仍判工部、戶部二尙書，稱爲幹理。進位大將軍，轉工部尙書，率如故。

先是，以百僚供費不足，臺省府寺咸置廨錢，收息取給。孝慈以爲官與百姓爭利，非興化之道，表請公卿已下給職田各有差，上並納焉。及將廢太子，憚其在東宮，出爲淅州刺史。太子以孝慈去，形於言色。遷洪州總管，俱有惠政。後桂林山越相聚爲亂，詔孝慈爲行軍總管，擊平之。卒官。子會昌。

孝慈兄順，周眉州刺史。

子沙羅，字子粹。仕周，以破尉遲迥功，授開府儀同三司，封通泰縣公。開皇中，歷位資、邛二州刺史，檢校利州總管。從史萬歲擊西爨，進位大將軍。尋檢校益州總管長史。及蜀王秀廢，沙羅坐除名。卒于家。子康嗣。

元壽字長壽，河南洛陽人也。祖敦，魏侍中、邵陵王。父寶，周涼州刺史。

壽少孤，性仁孝，九歲喪父，哀毀骨立，宗族鄉黨咸異之。事母以孝聞。及長，方直，頗涉文史。周武成初，封隆城縣侯。保定四年，封儀隴縣侯，授儀同三司。隋開皇初，議伐

陳，以壽有思理，使於淮浦監修船艦，以强濟見稱。累遷尙書左丞。

文帝嘗出苑觀射，文武並從。開府蕭摩訶妻患且死，奏請遣子向江南收其家產，御史見而不言。壽奏劾之曰：「御史之官，義存糾察，直繩莫舉，憲典誰寄？今月五日，鑾輿徙蹕，親臨射苑，開府儀同三司蕭摩訶幸厠朝行，預觀盛禮，奏稱請遣子世略暫往江南重收家產。妻安遇患，彌留有日，安若長逝，世略不合此行。竊以人倫之義，伉儷爲重，資愛之道，烏鳥弗虧。摩訶遠念資財，近忘匹好，一言纔發，名敎頓盡。而兼殿內侍御史臣韓徵之等親所聞見，竟不彈糾。若知非不舉，情涉阿縱；如不以爲非，豈關理識？儀同三司、太子左庶子、檢校書侍御史臣劉行本虧失憲體，何所逃愆？臣謬膺朝寄，忝居左轄，無容寢默，謹以狀聞。」上嘉納之。

後授太常少卿，出爲基州刺史，有公廉稱。入爲太府少卿，進位開府。煬帝嗣位，漢王諒反，左僕射楊素爲行軍元帥，壽爲長史。事平，以功授大將軍，遷太府卿。大業四年，拜內史令，從帝西討吐谷渾，壽率衆屯金山，東西連營三百餘里以圍渾主。還拜右光祿大夫。七年，兼左翊衞將軍。從征遼東，在道卒。帝哭之甚慟，贈尙書右僕射、光祿大夫，謚曰景。

子敏，頗有才辯，而輕險多詐。壽卒，帝追思之，擢敏守內史舍人。交通博徒，數泄省中語。化及之反，敏創其謀，僞授內史侍郎，爲沈光所殺。

論曰：二趙明習故事，當世咸推，及居端右，無聞殊績。故知人之分器，各有量限，大小云異，不可相踰。晉、蜀二王，帝之愛子，擅以權寵，莫拘憲法。王韶、元巖任當彼相，並見嚴憚，莫敢爲非，謇諤之風，有足稱矣。宇文弼宇量宏遠，聲望攸歸，斯言不密，以致傾殞，惜矣！伊婁謙志識弘深，不念舊惡，請赦高遵之罪，有君子風焉。李圓通、郭榮、龐晃等或陳力經綸之際，或自結龍潛之始，其所以高位厚秩，隆恩殊寵，豈徒然哉！李安雖則滅親，而於義亦已疏矣。楊尙希譽望隆重，張煚、蘇孝慈咸稱貞幹，並擢自開皇之初，蓋當時之選也。元壽之彈行本，有意存夫名敎。然其計功稱伐，蓋不足云，端揆之贈，則爲優矣。

校勘記

〔一〕遷硤州刺史　諸本「硤」作「陝」。張森楷云：「『陝』疑當作『硤』，以下所行事皆在今夔巫地，不在陝州也。」按張說是，硤州見隋書地理志下夷陵郡，卽今宜昌。與向天王所攻之信陵今巴東、秭歸相鄰。作「陝」誤，今改正。

〔二〕選貞良有重望者爲之僚佐　諸本脫「者」字，據隋書卷六二、通志卷一六二元巖傳補。

〔三〕時巖與王韶〔俱以骨鯁知名物議稱二人才具侔於高熲由是拜巖爲益州總管長史韶〕爲河北道行臺右僕射　諸本無括號內二十九字，當是因上下並有「韶」字，鈔者誤脫。原文雖未知是否卽此二十九字，但無則文義不通。今從隋書補，以便讀者。又諸本「僕射」上無「右」字，隋書有。據本卷王韶傳，「晉王廣之鎭幷州，除行臺右僕射」。有「右」字是，今據補。

〔四〕賜田二頃　隋書卷五六宇文弼傳作「賜公田十二頃」。此當脫「公」字、「十」字。

〔五〕弼爲監軍謂昶曰　諸本訛脫作「弼謂監軍曰」，與下文「昶不能用」語不相關聯。今據隋書改「謂」爲「爲」，補「謂昶」二字。

〔六〕改封萬安縣公揚州總管長史　隋書卷六四李圓通傳「揚」上有「拜」字，是。又「長史」下隋書有「尋轉幷州總管長史」八字。按下文有「後復爲幷州長史」，若先未曾任此職，何云「復爲」？據隋書卷四五秦孝王俊傳，俊先爲揚州總管，後轉幷州總管，圓通是隨府遷轉。北史刪節失當。

〔七〕入爲武候驃騎大將軍　隋書卷五〇郭榮傳無「大」字。按通典卷二九折衝府條云：「開皇中置驃騎將軍府，每府置驃騎、車騎二將軍。」驃騎府是隋時府兵的基本單位，分屬十二衞大將軍統轄，「武候驃騎」卽受武候大將軍統轄的驃騎府。驃騎府只有驃騎將軍，無大將軍。疑「大」字衍。

〔八〕河間王弘之擊突厥　隋書卷五〇龐晃傳，「突厥」下有「也，晃以行軍總管從至馬邑，迂路出賀

蘭山，擊賊破之，斬首千餘級」二十六字。這裏敍事未完，當有脫文。

〔九〕除左領左右將軍　諸本「除」下無「左」字，隋書卷五〇李安傳有。按隋書百官志下，領左右府分左右。有「左」字是，今據補。

〔一〇〕十八年突厥犯塞以安爲行軍總管從楊素擊之　諸本無「十」字。按本書卷四一楊素傳，楊素擊突厥是在開皇十八年。開皇八年，楊素在信州今四川奉節縣，無出擊突厥事。這裏敍安從楊素擊突厥於平陳之後，亦可證此事不在九年之前平陳在開皇九年。此脫「十」字，今據補。

〔一一〕深得正理　諸本「得正」誤倒，據隋書卷五〇、通志卷一六二李安傳乙。

〔一二〕雖家獲全　隋書、通志「家」下有「門」字，是。

〔一三〕累轉舍人上士明武世歷太學博士太子宮尹計部中大夫　隋書卷四六楊尙希傳「上士」作「仕」一字，從下讀。按通典卷三九後周官品無「舍人上士」官名，疑當從隋書。

北史卷七十六

列傳第六十四

段文振　來護兒　樊子蓋　周羅睺　周法尙　衞玄
劉權　李景　薛世雄

段文振，北海期原人也。祖壽，魏滄州刺史。父威，周洮、河、甘、渭四州刺史。

文振少有膂力，膽智過人，明達世務。初爲周冢宰宇文護親信，護知其有器局幹用，擢授中外府兵曹。後從周武帝攻齊海昌王尉相貴於晉州，其亞將侯子欽、崔景嵩爲內應，文振杖槊與崔仲方等數十人先登城。文振隨景嵩至相貴所，拔佩刀劫之，相貴不敢動，城遂下。及攻幷州，陷東門而入，齊安德王延宗懼而出降。錄前後勳，將拜柱國，以讒毀獲譴，因授上儀同，〔一〕賜爵襄國縣公。進平鄴都，又賜綺羅二千段。後從滕王逌擊稽胡，破之。又以天官都上士從韋孝寬經略淮南。

俄而尉遲迥作亂，時文振老母妻子俱在鄴城，迥遣人誘之，文振不顧。隋文帝引爲丞相掾。司馬消難之奔陳，文帝令文振安集淮南，還除衞尉少卿，兼內史侍郎。尋以行軍長史從達奚震討平叛蠻，加上開府，遷鴻臚卿。衞王爽北征突厥，以文振爲長史，坐勳簿不實免官。後爲石、河二州刺史，甚有威惠。遷蘭州總管，改封龍崗縣公。突厥犯塞，以行軍總管擊破之，遂北至居延塞。〔二〕

開皇九年，大舉伐陳，爲元帥秦王司馬，別領行軍總管。及平江南，授揚州總管司馬，轉幷州總管司馬。以母憂去職。後拜雲州總管，遷太僕卿。十九年，突厥犯塞，以行軍總管破達頭可汗於沃野。文振先與王世積有舊。初，文振北征，世積遺以駝馬。比還，世積以罪誅，文振坐與交關，功遂不錄。後平越嶲叛蠻，賜奴婢二百口。仁壽初，嘉州獠反，文振以行軍總管討之。引軍山谷間，爲賊所襲，遂大敗。文振復收散兵，竟破之。文振性素剛直，無所降下。初，軍次益州，謁蜀王秀，貌頗不恭，秀甚銜之。及此，奏文振師徒喪亂。右僕射蘇威與文振有隙，因譖之，坐是除名。及秀廢黜，文振上表自申，帝慰諭之，授大將軍，拜靈州總管。

煬帝卽位，徵爲兵部尙書，待遇甚重。從征吐谷渾，文振督兵屯雪山，連營三百餘里，東接楊義臣，西連張壽，合圍渾主於覆袁川。以功進位右光祿大夫。帝幸江都，以文振行

江都郡事。

文振見文帝時容納突厥啓人，居于塞內，妻以公主，賞賜重疊，及大業初，恩澤彌厚，恐爲國患。乃上表請以時喻遣，令出塞外，然後明設烽候，緣邊鎭防，務令嚴重，此乃萬世之長策。時兵部侍郎斛斯政專掌兵事，文振知政險薄，不可委以機要，屢言於帝。帝並弗納。

及遼東之役，授左候衞大將軍，出南蘇道。在軍疾篤，上表以爲「遼東小醜，〔三〕未服嚴刑。但夷狄多詐，深須防擬，口陳降款，心懷背叛，詭伏多端，勿得便受。水潦方降，不可淹遲，唯願嚴勒諸軍，星馳速發，則平壤孤城，勢可拔也。若傾其本根，餘城自剋。如不時定，脫遇秋霖，深爲艱弊，兵糧又竭，強敵在前，靺鞨出後，遲疑不決，非上策也」。卒於師。帝省表，悲歎久之，贈光祿大夫、尚書右僕射、北平公，謚曰襄。

長子詮，位武牙郎將。次子綸，少以俠氣聞。

文振弟文操，大業中，爲武賁郎將，性甚剛嚴。帝令督祕書省學士。時學士頗存儒雅，文操輒鞭撻之，前後或至千數，時議者鄙之。

來護兒字崇善，本南陽新野人，漢中郎將歙十八世孫也。〔四〕曾祖成，魏新野縣侯，後歸梁，徙居廣陵，因家焉。位終六合令。祖嶷，步兵校尉、秦郡太守、長寧縣侯。父法敏，仕陳

終於海陵令。

護兒未識而孤，養於世母吳氏。吳氏提攜鞠養，甚有慈訓。幼而卓犖，初讀詩，至「擊鼓其鏜，踊躍用兵」，「羔裘豹飾，孔武有力」，因捨書歎曰：「大丈夫在世當如是，會爲國滅賊以取功名，安能區區專事筆硯也！」羣輩驚其言而壯其志。及長，雄略秀出，志氣英遠。涉獵書史，不爲章句學。

始侯景之亂，護兒世父爲鄉人陶武子所害，吳氏每流涕爲護兒言之。武子宗族數百家，〔五〕厚自封植。護兒每思復怨，因其有婚禮，乃結客數人，直入其家，引武子斬之，賓客皆慴不敢動。乃以其頭祭伯父墓，因潛伏歲餘。會周師定淮南，乃歸鄉里。所住白土村，地居疆埸，數見軍旅，護兒常慨然有立功名之志。及開皇初，宇文忻、賀若弼等鎭廣陵，〔六〕並深相禮重。除大都督，領本鄉兵。破陳將曾永，以功授儀同三司。平陳之役，護兒有功焉，進位上開府，賞物一千段。

十一年，高智慧據江南反，以子總管統兵隨楊素討之。賊據浙江岸爲營，周亘百餘里，船艦被江，鼓譟而進。護兒言於素曰：「吳人輕銳，利在舟檝。必死之賊，難與爭鋒。公且嚴陣以待之，勿與接刃，請假奇兵數千，潛度江，掩破其壁，使退無所歸，進不得戰，此韓信破趙之策也。」素以爲然。護兒乃以輕舸數百，直登江岸，襲破其營，因縱火，煙焰張天。賊

顧火而懼，素因是動，一鼓破之。智慧將逃於海，護兒追至閩中，餘黨皆平。進位大將軍，除泉州刺史，封襄陽縣公，食邑一千戶，賜物二千段、奴婢百人。護兒招懷初附，威惠兼舉。璽書勞問，前後相屬。時智慧餘黨盛道延阻兵爲亂，護兒又討平之。遷建州總管。又與蒲山公李寬討平黟、歙逆黨汪文進，進位柱國，封永寧郡公。文帝嘉其功，使畫工圖其像以進。十八年，詔追入朝，賜以宮女、寶刀、駿馬、錦綵等物，仍留長子楷爲千牛備身，使護兒還職。

仁壽初，遷瀛州刺史，以善政聞，頻見勞勉。煬帝嗣位，被追入朝，百姓攀戀，累日不能出境，詣闕上書致請者，前後數百人。帝謂曰：「昔國步未康，卿爲名將，今天下無事，又爲良二千石，可謂兼美矣。」仍除右驍衞大將軍，尋遷左。又改上柱國爲光祿大夫，徙右翊衞大將軍，進封榮國公，恩禮隆密，朝臣無比。大業六年，車駕幸江都，謂護兒曰：「衣錦晝遊，古人所重，卿今是也。」乃賜物二千段，并牛酒，令謁先人墓，宴鄉里父老。仍令三品已上並集其宅，酣飲盡日，朝野榮之。

遼東之役，以護兒爲平壤道行軍總管，兼檢校東萊郡太守，率樓船指滄海。入自浿水，去平壤六十里。高麗主高元掃境內兵以拒之，列陣數十里。諸將咸懼，護兒笑謂副將周法尚及軍吏曰：「吾本謂其堅城淸野以待王師，今來送死，當殄之而朝食。」高元弟建驍勇絕

倫，率敢死數百人來致師。護兒命武賁郎將費青奴及第六子左千牛整馳斬其首，乃縱兵追奔，直至城下，俘斬不可勝計，因破其郛，營於城外，以待諸軍。高麗晝閉城門，不敢出。〔七〕會宇文述等衆軍皆敗，乃旋軍。以功賜物五千段，以第五子弘爲杜城府鷹揚郎將，以先封襄陽公賜其子整。

明年，又出滄海道，師次東萊，會楊玄感反，進攻洛陽，護兒聞之，召裨將周法尚等議旋軍討逆。法尚等咸以無敕，不宜擅還，再三固執不從。護兒厲聲曰：「洛陽被圍，心腹之疾。高麗逆命，猶疥癬耳。公家之事，知無不爲，專擅在吾，當不關諸人也。有沮議者，軍法從事。」卽日迴軍，令子弘及整馳驛奏聞。帝見弘等甚悅，曰：「汝父擅赴國難，乃誠臣也。」授弘通議大夫，整公路府鷹揚郎將，乃降璽書於護兒曰：「公旋師之時，是朕敕公之日，君臣意合，遠同符契。梟此元惡，期在不遙，勒名太常，非公而誰也！」於是護兒與宇文述破玄感於閿鄉，斬平之。還，加開府儀同三司，賜物五千段、黃金千兩、奴婢百人，贈父法敏東陽郡太守、永寧縣公。

十一年，又率師渡海，〔八〕破高麗奢卑等二城。高麗舉國來戰，護兒大破之。將趣平壤，高元震懼，使執叛臣斛斯政詣遼東城下請降。帝許之，詔護兒旋軍。護兒集衆軍謂曰：「三度出兵，未能平賊。此還也，不可重來。今高麗困弊，野無青草，以我衆戰，不日剋之。

吾欲進兵，徑圍平壤，取其僞主，獻捷而歸也。」於是拜表請行，不肯奉詔。長史崔君肅固爭之，以爲不可。護兒曰：「賊勢破矣。吾在閫外，事合專決，寧征得高元，還而獲譴，捨此成功，所不能矣。」君肅告衆曰：「若從元帥，違拒詔書，必當奏聞。」諸將懼，乃同勸還師，方始奉詔。及帝於雁門爲突厥所圍，將選精騎潰圍而出，護兒及樊子蓋並固諫，乃止。

十二年，駕幸江都，護兒諫曰：「自皇家受命，將四十年，薄賦輕徭，戶口滋殖。陛下以高麗逆命，稍興軍旅，百姓無知，易爲咨怨，在外羣盜，往往聚結，車駕遊幸，深恐非宜。伏願駐駕洛陽，與時休息，出師命將，掃清羣醜，上稟聖算，指日剋除。陛下今幸江都，是臣衣錦之地，臣荷恩深重，不敢專爲身謀。」帝聞之，厲色而起，數日不得見。後怒解，方被引入，謂曰：「公意乃爾，朕復何望！」護兒因不敢言。尋代宇文述爲左翊衞大將軍。及宇文化及構逆，深忌之。是日旦將朝，見執。護兒曰：「陛下今何在？」左右曰：「今被執矣。」護兒嘆曰：「吾備位大臣，荷國重任，不能肅清凶逆，遂令王室至此，抱恨泉壤，知復何言！」乃遇害。

護兒重然諾，敦交契，廉於財利，不事產業。至於行軍用兵，特多謀算，每覽兵法，曰：「此亦豈異人意也！」善撫士卒，部分嚴明，故咸得其死力。

子十二人，楷通議大夫，弘金紫光祿大夫，整左光祿大夫。整尤驍勇，善撫御，討擊羣

盜，所向皆捷。諸賊歌曰：「長白山頭百戰場，十十五五把長鎗。不畏官軍千萬衆，只怕榮公第六郎。」至是，並遇禍，子姪死者十人，唯少子恒、濟二人免。

樊子蓋字華宗，廬江人也。祖道則，梁越州刺史。父儒，侯景之亂奔齊，位仁州刺史。

子蓋仕齊，位東海北陳二郡太守、員外散騎常侍，封富陽侯。周武帝平齊，授儀同三司、郢州刺史。隋文帝受禪，以儀同領鄉兵，後除樅陽太守。平陳之役，以功加上開府，改封上蔡縣伯，歷辰、嵩、齊三州刺史，轉循州總管，許以便宜從事。十八年，入朝，奏嶺南地圖，賜以良馬雜物，加統四州，令還任所，遣光祿少卿柳謇之餞於灞上。

煬帝卽位，轉涼州刺史，改授銀青光祿大夫、武威太守，以善政聞。大業三年，入朝，加金紫光祿大夫。五年，車駕西巡，將入吐谷渾。子蓋以彼多瘴氣，獻青木香，以禦霧露。及帝還，謂曰：「人道公清，定如此不？」子蓋謝曰：「臣安敢清，止是小心不敢納賄耳。」於是賜之口味百餘斛，加右光祿大夫。子蓋曰：「願奉丹陛。」帝曰：「公侍朕則一人而已，委以西方，則萬人之敵，宜識此心。」六年，帝避暑隴川宮，又云欲幸河西。子蓋傾望鑾輿，願巡郡境。帝知之，下詔慰勉之。是歲，朝於江都宮，帝謂曰：「富貴不還故鄉，眞衣繡夜行耳。」因敕廬江郡設三千人會，賜米麥六千石，使謁墳墓，宴故老，當時榮之。還除戶部尚書。時處

羅可汗及高昌王款塞，復以子蓋檢校武威太守，應接二蕃。遼東之役，攝左武衞將軍，出長岑道。後以宿衞不行。加左光祿大夫。其年，帝還東都，使子蓋涿郡留守。

九年，駕復幸遼東，命子蓋東都留守。屬楊玄感作逆，逼城，子蓋遣河南贊務裴弘策逆擊之，反爲所敗，遂斬弘策以徇。國子祭酒楊汪小不恭，子蓋又將斬之。汪拜謝，頓首流血，久乃釋免。於是三軍莫不戰慄，將吏無敢仰視。玄感每盡銳攻城，子蓋徐設備禦，至輒摧破。會來護等救至，玄感乃解去。子蓋凡所誅殺萬人。〔九〕又檢校河南內史。車駕至高陽，追詣行在所，帝勞之，以比蕭何、寇恂，加光祿大夫，封建安侯，賜女樂五十人。謂曰：「朕遣越王留守東都，示以皇枝盤石，社稷大事，終以委公。特宜持重，戈甲五百人而後出，此勇夫重閉之義。無賴不軌者，便誅鋤之，凡可施行，無勞形迹。今爲公別造玉麟符，以代銅獸。」又指越、代二王曰：「今以二孫委公與衞文昇耳。宜選貞良宿德有方幅者敎習之。」於是賜以良田、甲第。

十年，駕還東都，帝謂子蓋曰：「玄感之反，神明故以彰公赤心耳。析珪進爵，宜有令謨。」是日進爵爲濟公，言其功濟天下，特爲立名，無此郡國也。後與蘇威、宇文述陪宴積翠池，帝親以金盃屬子蓋酒，曰：「良算嘉謀，俟公後動，卽以此盃賜公，用爲永年之瑞。」

十一年，從駕至雁門，爲突厥所圍。帝欲選精騎潰圍出，子蓋及來護諫，因垂泣：「願暫

停遼東之役，以慰衆望。聖躬親出慰撫，厚爲勳格，人心自奮，不足爲憂。」帝從之。後援兵至，虜乃去。納言蘇威追論勳格太重，宜在斟酌。子蓋執奏不宜失信。帝曰：「公欲收物情邪？」子蓋默然不敢對。

從駕還東都。時絳郡賊敬槃陀、柴保昌等阻兵數萬，汾、晉苦之，詔子蓋進討。時人物殷阜，子蓋善惡無所分別，汾水北村塢盡焚之。百姓大駭，相率爲盜。其歸首者，無少長悉坑之。擁數萬衆，經年不能破賊，詔徵還。又將兵擊宜陽賊，以疾停，卒于東京。上悲傷者久之，顧黃門侍郎裴矩曰：「子蓋臨終何語？」矩曰：「子蓋病篤，深恨雁門之恥。」帝聞之歎息，令百官就弔，贈開府儀同三司，謚曰景。會葬萬餘人。武威人吏聞其死，莫不嗟痛，立碑頌德。

子蓋無他權略，在軍持重，未嘗負敗，莅官明察，下莫敢欺。嚴酷少恩，果於殺戮，臨終之日，見斷頭鬼前後重沓，爲之厲云。

周羅睺字公布，九江尋陽人也。父法暠，仕梁，至南康內史、臨蒸縣侯。羅睺年十五，善騎射，好鷹狗，任俠放蕩，收聚亡命，陰習兵書。從祖景彥誡之曰：「吾世恭謹，汝獨放縱，若不喪身，必將滅吾族。」羅睺終不改。仕陳，爲句容令。後從大都督吳

明徹與齊師戰於江陽，爲流矢中左目。齊師之圍明徹於宿預也，諸軍相顧，莫有鬬心。羅睺躍馬突進，莫不披靡。太僕卿蕭摩訶副之，斬首不可勝計。進師徐州，與周將梁士彥戰於彭城，摩訶臨陣墮馬，羅睺進救之於重圍之內，勇冠三軍。明徹之敗，羅睺全衆而歸。後以軍功除右軍將軍，封始安縣伯，總檢校揚州中外諸軍事。賜金銀三千兩，盡散之將士，分賞驍雄。陳宣帝深歎美之。出爲晉陵太守，進爵爲侯。後除使持節、都督豫章十郡諸軍事、豫章內史。獄訟庭決，不關吏手，人懷其惠，立碑頌德。

至德中，除持節、都督南州諸軍事。〔一〇〕江州司馬吳世興密奏羅睺甚得人心，擁衆嶺表，意在難測。陳主惑焉。蕭摩訶、魯廣達等保明之。外有知者，或勸其反，羅睺拒絕之。還除太子左衞率，信任愈重，時參宴席。陳主曰：「周左率武將，詩每前成，文士何爲後也？」都官尚書孔範曰：「周羅睺執筆製詩，還如上馬入陣，不在人後。」自是益見親禮。

及隋伐陳，羅睺都督巴峽緣江諸軍事以拒秦王俊。及陳主被禽，上江猶不下，晉王廣遣陳主手書命之。羅睺與諸將大臨三日，放兵士散，然後乃降。文帝慰喻之，許以富貴。羅睺垂泣對曰：「本朝淪亡，臣無節可紀。陛下所賜，獲全爲幸，富貴榮祿，非臣所望。」帝甚器之。賀若弼謂曰：「聞公郢、漢捉兵，即知揚州可得。王師利涉，果如所量。」羅睺答曰：「若得與公周旋，勝負未可知也。」其年秋，拜上儀同三司，鼓吹送之于宅。先是，陳裨將羊翔歸

降，使爲鄉導，位至開府，班在羅睺上。韓禽於朝堂戲之曰：「不知機變，位在羊翔下。」羅睺答曰：「昔在江南，久承令問，謂公天下節士。今日所言，殊匪人臣之論。」禽有愧色。歷豳、涇二州刺史，並有能名。

開皇十八年，征遼東，徵爲水軍總管。自東萊汎海趣平壤城，遭風，船多漂沒，無功而旋。十九年，突厥達頭可汗犯塞，從楊素致討，羅睺先登，大破之。進大將軍。仁壽元年，入爲東宮右虞候率，賜爵義寧郡公。轉右衞率。

煬帝即位，授右武候大將軍，副楊素討平漢王諒，進授上大將軍。及陳主卒，羅睺請一臨哭，帝許之。衰絰送至墓，葬還，釋服而後入朝。帝甚嘉尚之，世論稱其有禮。時諒餘黨據絳、晉等三州未下，詔羅睺行晉、絳、呂三州諸軍事，進兵圍之。中流矢，卒。送柩還京，行數里，無故輿馬自止，策之不動，有飄風旋遶焉。絳州長史郭雅稽首祝曰：「公恨小寇未平邪？尋即除殄，無爲繼恨。」是時風靜馬行，見者莫不悲歎。其年七月，子仲隱夢羅睺曰：「我明日當戰。」其靈坐所有弓箭刀劍無故自動，若人帶持之狀。絳州城陷，是其日也。贈柱國、右翊衞大將軍，謚曰壯。子仲安，位上開府。

周法尚字德邁，汝南安成人也。祖靈起，梁廬、桂二州刺史。父炅，定州刺史、平北將軍。

法尚少果勁，有風概，好讀兵書。其父卒後，監定州事，督父本兵。數有戰功，爲散騎常侍，領齊昌郡事，封山陰縣侯。既而其兄武昌縣公法僧代爲定州刺史。法尚與長沙王叔堅不相能，叔堅言其將反。陳宣帝執禁法僧，發兵欲取法尚。其下將吏皆勸之歸北，法尚未決。長史殷文則曰：「樂毅所以辭燕，良不獲已也。」法尚遂歸周，拜開府、順州刺史，封歸義縣公，賜良馬五匹、女妓六人、綵物五百段，加以金帶。陳將樊猛濟江討之，法尚遣部曲督韓朗詐爲背己奔陳，僞告猛曰：「法尚部兵不願降北，若得軍來，必無鬬者。」猛引師急進。法尚設奇兵，大敗之，猛僅以身免。

隋文帝爲丞相，司馬消難作亂，陰遣上開府段珣攻圍之。外無救援，法尚棄城走。消難虜其母弟及家累三百人歸陳。及文帝受禪，拜巴州刺史，破三鵶叛蠻，復從柱國王誼擊走陳寇。遷衡州總管，改封譙郡公。後上幸洛陽，召之，賜金鈿酒鍾一雙、綵五百段、良馬十五匹、奴婢三百口，給鼓吹一部。法尚固辭，上曰：「公有大功於國，特給鼓吹者，欲公卿知朕之寵公也。」轉黃州總管，使經略江南。及伐陳之役，以行軍總管隸秦孝王。轉鄂州刺史，遷永州總管，安集嶺南，仍給黃州兵三千五百人爲帳內。前後賞賜甚厚。轉桂州總管，仍嶺南道安撫大使。後數年入朝，以本官宿衞。未幾，桂州人李光仕反，令法尚與上柱國

王世積討之。法尚發嶺南兵，世積徵嶺北軍，俱會尹州。世積所部多遇瘴，不能進，頓于衡州。法尚獨討之，捕得其弟光略、光度，追斬光仕，平之。仁壽中，遂州獠叛，復以行軍總管討平之。嶲州烏蠻反，詔法尚便道討擊破之。軍還，檢校潞州事。

煬帝嗣位，轉雲州刺史，遷定襄太守，進金紫光祿大夫。時帝幸榆林，法尚朝于行宮。內史令元壽言於帝曰：「漢武出塞，旌旗千里。今御營外，請分爲二十四軍，日別遣一軍發，相去三十里，旗幟相望，鉦鼓相聞，首尾連注，千里不絕。」法尚曰：「兵亙千里，動間山谷，卒有不虞，四分五裂，腹心有事，首尾未知。雖有故事，此取敗道也。」帝不懌曰：「卿以爲如何？」法尚曰：「請爲方陣，四面外拒，六宮及百官家口並住其間。若有變，當頭分抗，車爲壁壘，重設鉤陳，此與據城何異？臣謂牢固萬全策也。」帝曰：「善。」因拜左武衞將軍。

明年，黔安夷向思多反，殺將軍鹿愿，圍太守蕭造。法尚與將軍李景分路討之，法尚破思多于清江。及還，從討吐谷渾，別出松州道，逐捕亡散，至于青海。出爲燉煌太守，還會寧太守。

遼東之役，以舟師指朝鮮道。會楊玄感反，與宇文述、來護等破之。以功進授右光祿大夫。時齊郡人王薄、孟讓等爲盜，保長白山，法尚頻擊破之。明年，復臨滄海，在軍遇疾卒。贈武衞大將軍，謚曰僖。有子六人，紹範最知名。

衞玄字文昇，河南洛陽人也。祖悅，魏司農卿。父摛，侍中、左武衞大將軍。

玄少有器識，周武帝在藩，引爲記室。遷給事上士，襲爵興勢公。武帝親總萬機，拜益州總管長史，賜以萬釘寶帶。稍遷開府儀同三司、太府中大夫，攝內史事，仍領京兆尹，稱爲强濟。

隋文帝作相，檢校熊州事。及受禪，遷淮州總管，進封同軌郡公，坐事免。未幾，拜嵐州刺史。會起長城之役，詔玄監督之。後爲衞尉少卿。仁壽初，山獠作逆，以玄爲資州刺史以鎮撫之。玄既到官，時獠攻圍大牢鎮，玄單騎造其營，謂羣獠曰：「我是刺史，銜天子詔安養汝等，汝等勿驚。」諸賊莫敢動。於是說以利害，渠帥感悅，解兵歸附者十餘萬口。文帝大悅，賜縑二千匹，除遂州總管，仍令劍南安撫。

煬帝卽位，復徵爲衞尉卿。夷獠攀戀，數百里不絕。及與之決，並揮涕而去。遷工部尚書。後拜魏郡太守，尚書如故。未幾，拜右候衞大將軍，檢校左候衞事。轉刑部尚書。遼東之役，檢校右禦衞大將軍，帥師出增地道。時諸軍多不利，玄獨全衆而還。拜金紫光祿大夫。

九年，駕幸遼東，使玄與代王侑留守京師，拜爲京兆內史，尚書如故，許以便宜從事，敕

代王待以師傅禮。會楊玄感圍東都，玄率步騎七萬援之。至華陰，掘楊素冢，焚其骸骨，夷其塋域，示士卒以必死。旣出潼關，議者恐崤函有伏兵，請於陝縣沿流東下，直趨河陽，以攻其背。玄曰：「此計非豎子所及也。」乃鼓行而進。旣度函谷，卒如所量。乃遣武賁郎將張峻爲疑軍於南道，玄以大兵直趨城北。玄感逆拒之，且戰且行，屯軍金谷。於軍中掃地而祭文帝曰：「若社稷靈長，宜令醜徒冰碎；如或大運去矣，幸使老臣先死。」詞氣激揚，三軍莫不涕咽。時衆寡不敵，與賊頻戰不利，死傷太半。玄苦戰，賊稍却，進屯北芒。會宇文述、來護等援兵至，玄感西遁。玄遣通議大夫斛斯萬善、監門直閣龐玉前鋒追之，及于閿鄉，與宇文述等合擊破之。車駕至高陽，徵詣行在所。帝勞之曰：「社稷臣也。使朕得無西顧之憂。」進右光祿大夫，賜以良田、甲第，資物鉅萬。還鎮京師，帝謂曰：「關右之任，一委於公。公安，社稷乃安；公危，社稷亦危。出入須有兵衞，坐臥恒宜自牢也。今特給千兵，以充侍從。」與樊子蓋俱賜以玉麟符，以代銅獸。

十一年，詔玄撫關中。時盜賊蜂起，百姓飢饉，玄竟不能救恤。而官方壞亂，貨賄公行。自以年老，上表乞骸骨，帝遣內史舍人封德彝馳喻之曰：「京師國本，宗廟園陵所在，藉公臥以鎮之。」玄乃止。義師入關，自知不能守，憂懼稱疾，不知政事。城陷，歸于家。義寧中，卒。

子孝則，位通事舍人、兵部承務郎。卒。

劉權字世略，彭城豐人也。祖軌，齊羅州刺史。

權少有俠氣，重然諾，藏亡匿死，吏不敢過門。後更折節好學，動循法度。仕齊，位行臺郎中。齊亡，周武帝以爲假淮州刺史。開皇中，以車騎將軍領鄉兵。後從晉王廣平陳，〔一〕進授開府儀同三司。宋國公賀若弼甚禮之。十二年，拜蘇州刺史，賜爵宋城縣公。時江南初平，權撫以恩信，甚得人和。煬帝嗣位，拜衞尉卿，進位銀青光祿大夫。

大業五年，從征吐谷渾，權出伊吾道，逐賊至青海，乘勝至伏俟城。帝復令權過曼頭、赤水，置河源郡、積石鎮，大開屯田，留鎮西境。在邊五年，諸羌懷附，貢賦歲入，吐谷渾餘燼遠遁，道路無壅。徵拜司農卿，加金紫光祿大夫。

尋爲南海太守。行至鄱陽，會羣盜起，不得進，詔權召募討之。權率兵遇賊，不戰，先乘單舸詣賊營，說以利害。羣賊感悅，一時降附。帝聞而嘉之。及至南海，甚有異政。數歲，遇盜賊羣起，羣豪多願推權爲首，權竟固守以拒之。子世徹又密遣人賫書詣權，稱四方擾亂，諷令舉兵。權召集佐僚，對斬其使，竟無異圖，守之以死。卒官。

世徹倜儻不羈，頗爲時人所許。大業末，羣雄並起，世徹所至處輒見忌，多拘禁之。後

竟爲兗州賊帥徐圓朗所殺。

權從叔烈，字子將，美容儀，有器局，位鷹揚郎將。有子德威，知名於世。

李景字道興，天水休官人也。父超，周應、戎二州刺史。

景容貌奇偉，膂力過人，美鬚髯，驍勇善射。平齊之役，頗有功，授儀同三司。後以平尉遲迥，進位開府，賜爵平寇縣公。隋開皇九年，以行軍總管從王世積伐陳，以功進上開府。及高智慧等反，復以行軍總管從楊素擊之，還授鄜州刺史。十七年，遼東之役，〔二〕爲馬軍總管。及還，配事漢王。文帝奇其壯武，使袒而觀之，曰：「卿相表當位極人臣。」尋從史萬歲擊突厥於大斤山，別路邀賊，大破之。後與上明公楊紀送義城公主於突厥，至恒安，遇突厥來寇。時代州總管韓洪爲虜所敗，景率所領數百人力戰三日，殺虜甚衆。改授韓州刺史，以事王故，不之官。

仁壽中，檢校代州總管。漢王諒作亂，景發兵拒之。諒頻遣劉嵩、喬鍾葵等攻之，景率士卒殊死戰，屢挫賊鋒。司馬馮孝慈、司法參軍呂玉並驍勇善戰，儀同三司侯莫陳乂多謀畫，工拒守之術。景推誠此三人，無所關預，唯在閤持重，時出撫循而已。及朔州總管楊義臣援兵至，合擊大破之。先是，府內井中甃上生花如蓮，幷有龍見，時變爲鐵馬甲士。又有

神人長數丈見城下，跡長四尺五寸。景問巫者，巫者曰：「此不祥之物，來食血耳。」景大怒，推出之。旬日而兵至，死者數萬。景尋被徵，進柱國，拜右武衞大將軍，賜女樂一部，加以珍物。

景智略非所長，而忠直爲時所許，帝甚信之。又擊破叛蠻向思多。明年，擊吐谷渾於青海，破之，進位光祿大夫。五年，車駕西巡，至天水，景獻食於帝。帝曰：「公，主人也。」賜坐齊王暕上。至隴川宮，帝將大獵，景與左武衞大將軍郭衍俱有難色，爲人奏。帝大怒，令撮之，竟以坐免。歲餘，復位，與宇文述等參掌選舉。明年，攻高麗武列城，破之，賜爵苑丘侯。八年，出渾彌道。九年，復出遼東。及旋，使景殿，高麗追兵大至，景擊走之。進爵滑國公。楊玄感之反，朝臣子弟多預焉，景獨無關涉。帝曰：「公誠直天然，我梁棟也。」賜以美女。帝每呼李大將軍而不名，見重如此。

十二年，帝令景營遼東戰具於北平，賜御馬一匹，名師子騧。于時盜賊蜂起，景遂召募，以備不虞。武賁郎將羅藝與景有隙，誣景將反。帝遣其子慰諭曰：「縱人言公闚天闕，據京都，吾無疑也。」後爲高開道所圍，獨守孤城，士卒患腳腫死者十六七，景撫循之，一無離叛。遼東軍資多在其所，粟帛山積，景無所私焉。及帝崩於江都，遼西太守鄧暠救之，遂歸柳城。將還幽州，遇賊見害。契丹、靺鞨素感其恩，聞之莫不流涕；幽、燕人士，于今傷

惜之。子世謨。

薛世雄字世英，本河東汾陰人也。其先寓居敦煌。父回，字道弘，仕周，位涇州刺史。開皇初，封舞陰郡公，領漕渠監。

世雄兒童時與羣輩戲，輒畫地爲城郭，令諸兒爲攻守勢，不從令者輒撻之，諸兒畏憚，莫不齊整。其父見而奇之，謂人曰：「此兒當興吾家。」年十七，從周武帝平齊，以功拜帥都督。隋開皇中，累遷右親衞車騎將軍。

煬帝嗣位，爲右監門郎將。從征吐谷渾，進位通議大夫。世雄性廉慎，行軍破敵之處，秋毫無犯，帝由是嘉之。帝嘗謂羣臣曰：「欲舉好人，諸君識否？」咸曰：「不測聖心。」帝曰：「我欲舉薛世雄。」羣臣皆稱善。於是超拜右翊衞將軍。歲餘，爲玉門道行軍大將軍，〔一三〕與突厥啓人可汗連兵擊伊吾。師次玉門，啓人背約，兵不至。世雄孤軍度磧。伊吾懼，請降。世雄遂於漢舊伊吾城東築城，號新伊吾，留銀青光祿大夫王威鎮之而還。

遼東之役，爲沃沮道軍將，與宇文述同敗績於平壤。還次白石山，爲賊所圍百餘重，四面矢下如雨。世雄以羸師爲方陣，選勁騎二百縱擊，破之而還。所亡失多，竟坐免。明年，帝復征遼東，拜右候衞將軍，兵指蹋頓道。軍至烏骨城，會楊玄感反，班師。帝至柳城，以世雄爲東北道大使，行燕郡太守，鎮懷遠。

十年，復從帝至遼東，遷左禦衞大將軍，仍領涿郡留守。未幾，李密逼東都，詔世雄率幽、薊精兵將擊之。次河間，營於城南，竇建德率精銳數百，夜來襲之。大敗。世雄與左右數十騎遁入河間城，慚恚發病，歸涿郡，卒。

子萬述、萬淑、萬鈞、萬徹、萬備，並以驍武知名。

論曰：段文振有周之日，早以武毅見知，隋氏之初，又以幹力受委，任兼文武，稱爲諒直。其高位厚秩，非虛致也。來護幼懷倜儻，猛概抑揚，晚致勤王，驅馳畢力。樓船制勝，掃勍敵如拾遺；閺鄉討亂，翦兇魁如摧朽。位班上將，顯居大國，道消遘難，忠至不渝，惜矣！子蓋雅有幹局，質性方嚴，見義而勇，臨機能斷，保全邦邑，勤亦懋哉！羅睺忠亮之性，所在稱重，送往之節，義感人臣，死而有知，乃結草之義。法尚征伐四夷，亦足嘉焉。文昇東都解圍，頗亦宣力，西京居守，政以賄成，鄙哉，鄙哉，夫何足數！劉權淮楚舊族，雄名早著，時逢擾攘，任等尉佗，遂能拒子邪言，足驗誠臣之節。李、薛並以驍武之用，當于有事之秋，致茲富貴，可謂自取。時迍遭躓，良有命乎！

校勘記

〔一〕將拜柱國以讒毀獲譴因授上儀同　隋書卷六〇段文振傳，「柱國」作「高秩」。按周末柱國之下有上大將軍、大將軍、上開府、開府，方至上儀同，相差甚遠，不應擬拜柱國，忽降作上儀同。疑當從隋書。

〔二〕遂北至居延塞　隋書「遂」作「逐」。「遂」當是「逐」之形訛。

〔三〕上表以爲遼東小醜　諸本脫「東」字，據隋書、通志卷一六三段文振傳補。

〔四〕本南陽新野人漢中郎將歙十八世孫也　李慈銘云：「隋書卷六四但云江都人，此因唐高宗初護兒之子恒、濟兄弟方貴，故本其家牒所敍耳。傳文亦較隋書詳幾倍之。」

〔五〕武子宗族數百家　諸本脫「族」字，據通志卷一六三來護兒傳補。

〔六〕及開皇初宇文忻賀若弼等鎮廣陵　按本書卷六〇、隋書卷四〇宇文忻傳，忻於破尉遲迥後，卽未任外官，從無鎮廣陵之事。疑宇文忻乃于顗之誤。于顗於周末任吳州總管，直至隋初。見本書卷二三、隋書卷六〇于顗傳。吳州卽在廣陵。賀若弼是繼其後任。此二人重用來護兒，較爲可信。

〔七〕高元弟建驍勇至閉城門不敢出　隋書敍此戰役，言來護兒先破高麗軍，嗣以軍紀不整，因而敗退。北史諱敗爲勝，當是採自來氏家傳。又高建隋書作建武至唐初爲高麗王，未嘗被殺。

〔八〕十一年又率師渡海　隋書作「十年」。按本書卷十二隋煬帝紀，煬帝第三次攻高麗在大業十年。此作「十一年」誤。

〔九〕子蓋凡所誅殺萬人　隋書卷六三、通志卷一六三樊子蓋傳作「數萬人」。

〔一〇〕除持節都督南州諸軍事　諸本「州」作「川」，隋書卷六五周羅睺傳作「州」。按「南州」指嶺南諸州，下文言「擁衆嶺表」可證。今據改。

〔一一〕以車騎將軍領鄉兵後從晉王廣平陳　南、北、汲、殿四本「兵後」作「典兵」，百衲本作「典後」，隋書卷六三、通志卷一六三劉權傳作「兵後」。按作「典兵」、「典後」都不可通，今從隋書、通志改。

〔一二〕十七年遼東之役　按隋遣漢王諒及高熲等攻高麗，事在開皇十八年。見隋書卷二高祖紀、卷四一高熲傳。此作「十七年」，誤。

〔一三〕爲玉門道行軍大將軍　隋書卷六五薛世雄傳「將」下無「軍」字。按通鑑卷一八一五六五〇頁紀遼東之役置二十四軍，「每軍大將，亞將各一人」。疑「行軍大將」即「行軍總管」之改名。「軍」字當是誤衍。

北史卷七十七

列傳第六十五

裴政　李諤　鮑宏　高構　榮毗　陸知命　梁毗

柳彧　趙綽　杜整

裴政字德表，河東聞喜人也。祖邃，父之禮，並南史有傳。

政幼聰明，博聞强記，達於從政，爲當世所稱。仕梁，以軍功封爲夷陵侯，給事黃門侍郎。及魏軍圍荆州，政在外見獲，蕭詧謂政曰：「我，武皇帝之孫，不可爲爾君乎？爾何煩殉身於七父。若從我計，則貴及子孫，不然，分腰領矣。」鎖之，送至城下，使謂元帝曰：「王僧辯聞臺城破，已自爲帝。王琳孤弱，不能復來。」政許之。既而告城中曰：「援兵大至，吾以間使被禽，當以碎身報國。」監者擊其口，終不易辭。詧怒，命趣行戮。蔡大業諫曰：「此人之望也，殺之，則荆州不可下。」因得釋。會江陵平，與城中朝士俱送京師。

周文聞其忠，授員外散騎侍郎，引入相府。命與盧辯依周禮建六官，并撰次朝儀，車服器用，多遵古禮，革漢、魏之法，事並施行。尋授刑部下大夫，轉少司憲。政明習故事，又參定周律。能飲酒，至數斗不亂。簿案盈几，剖決如流，用法寬平，無有冤濫。囚徒犯極刑者，乃許其妻子入獄就之，至冬，將行決，皆曰：「裴大夫致我於死，死無所恨。」又善鍾律，嘗與長孫紹遠論樂，事在紹遠傳。

隋開皇元年，爲率更令，加上儀同三司。詔與蘇威等修定律令。採魏、晉刑典，下至齊、梁，沿革輕重，取其折衷。同撰著者十餘人，凡疑滯不通，皆取決於政。進位散騎常侍，轉左庶子。多所匡正，見稱純慤，東宮凡有大事，皆以委之。右庶子劉榮，性甚專固。時武職交番，通事舍人趙元愷作辭見帳，未及成。太子再三催促，榮令元愷口奏，不須造帳。及奏，太子問：「名帳安在？」元愷云：「稟承劉榮，不聽造帳。」太子即以詰榮，榮便拒諱，太子付政推問。未及奏狀，阿附榮者先言於太子曰：「政欲陷榮，推事不實。」太子召責之，政曰：「凡推事有兩，一察情，一據證，審其曲直，以定是非。臣察榮位高任重，縱實語元愷，蓋是纖介之愆，計不須諱。又察元愷，受制於榮，豈敢以無端之言妄相點累。二人之情，理正相似。元愷引左衞率崔蒨等證，蒨款狀悉與元愷符同。察情既敵，須以證定。臣謂榮語元愷非虛。」太子亦不罪榮，而稱政平直。

政好面折人短，而退無後言。時雲定興數入侍太子，爲奇服異器，進奉後宮，又緣女寵，來往無節。政數切諫，太子不納。政謂定興曰：「公所爲不合禮度。又元妃暴薨，道路籍籍，此於太子非令名也。願公自引退，不然將及禍。」定興怒，以告太子，太子益疏政。

由是出爲襄州總管，妻子不之官，所受秩奉，散給僚吏。人犯罪者，陰悉知之，或竟歲不發，至再三犯，乃因都會時，於衆中召出，親案其罪，五人處死，流、徒者甚衆。合境惶慴，令行禁止，稱爲神明。爾後不修囹圄，殆無諍訟。卒於官。著承聖實錄十卷。及太子廢，文帝追憶之曰：「向遣裴政、劉行本在，共匡弼之，猶應不令至此。」

子南金，位膳部郎，學涉有文藻，以輕財貴義稱。

李諤字士恢，趙郡人也。博學解屬文。仕齊，爲中書舍人，有口辯，每接對陳使。周平齊，拜天官都上士。諤見隋文帝有帝王志操，深自結納。及帝爲丞相，甚見親待，訪以得失。時兵革屢動，國用虛耗，諤上重穀論以諷焉。帝納之。及受禪，歷比部、考功二曹侍郎，賜爵南和伯。諤性公方，明時務。遷書侍御史。上謂羣臣曰：「朕昔爲大司馬，每求外職，李諤陳十二策，苦勸不許，朕遂決意在內。今此事業，諤之力也。」賜物二千段。

諤見禮教彫弊，公卿薨亡，其愛妾侍婢，子孫輒嫁賣之，遂成風俗。乃上書曰：「臣聞追遠慎終，人德歸厚，三年無改，方稱爲孝。如聞大臣之內，有父祖亡沒，日月未久，子孫無賴，引其妓妾，嫁賣取財。有一於此，實損風化。妾雖微賤，親承衣履，服斬三年，古今通式。豈容遽褫衰絰，强傅鉛華，泣辭靈几之前，送付他人之室？凡在見者，猶致傷心，況乎人子，能堪斯忍！復有朝廷重臣，位望通貴，平生交舊，情若弟兄。及其亡沒，杳同行路，朝聞其死，夕規其妾，方便求娉，以得爲限。無廉耻之心，棄友朋之義。且居家理務，可移於官，既不正私，何能贊務？」上覽而嘉之。五品已上妻妾不得改醮，始於此也。

諤又以時文體尙輕薄，流宕忘反，上書曰：

臣聞古先哲王之化人也，必變其視聽，防其嗜慾，塞其邪放之心，示以淳和之路。五教六行，爲訓人之本，詩、書、禮、易，爲道義之門。故能家復孝慈，人知禮讓，正俗調風，莫大於此。其有上書獻賦，制誄鐫銘，皆以褒德序賢，明勳證理。苟非懲勸，義不徒然。

降及後代，風教漸落。魏之三祖，更尙文詞，忽君人之大道，好彫蟲之小藝。下之從上，有同影響，競騁文華，遂成風俗。江左齊、梁，其弊彌甚，貴賤賢愚，唯務吟詠。遂復遺理存異，尋虛逐微，競一韻之奇，爭一字之巧。連篇累牘，不出月露之形，積案盈箱，唯是風雲之狀。世俗以此相高，朝廷據茲擢士。祿利之路既開，愛尙之情愈篤。

於是閭里童昏，貴游總丱，未窺六甲，先製五言。至如羲皇、舜、禹之典，伊、傅、周、孔之說，不復關心，何嘗入耳。以傲誕爲清虛，以緣情爲勳績，指儒素爲古拙，用詞賦爲君子。故文筆日繁，其政日亂，良由棄大聖之軌模，構無用以爲用也。捐本逐末，流徧華壤，遞相師祖，久而愈扇。

及大隋受命，聖道聿興，屏黜浮詞，遏止華僞。自非懷經抱質，志道依仁，不得引預搢紳，參厠纓冕。開皇四年，普詔天下，公私文翰，並宜實錄。其年九月，泗州刺史司馬幼之文表華豔，付所司推罪。自是公卿大臣咸知正道，莫不鑽仰墳素，棄絕華綺，擇先王之令典，行大道於茲世。

如聞外州遠縣，仍踵弊風，選吏舉人，未遵典則。宗黨稱孝，鄉曲歸仁，〔一〕學必典謨，交不苟合，則擯落私門，不加收齒；其學不稽古，逐俗隨時，作輕薄之篇章，結朋黨而求譽，則選充吏職，舉送天朝。蓋由縣令、刺史，未行風教，猶挾私情，不存公道。臣既忝憲司，職當糾察。若聞風即劾，恐挂網者多，請勒有司，普加搜訪，有如此者，具狀送臺。

諤又以當官者好自矜伐，復上奏具陳其弊，請加罪黜，以懲風軌。上以諤前後所奏頒示天下，四海靡然向風，深革其弊。諤在職數年，務存大體，不尙嚴猛，由是無剛謇之譽，而潛有匡正之志。

邳公蘇威以臨道店舍，乃求利之徒，事業汙雜，非敦本之義。遂奏約遣歸農。有願依舊者，在所州縣，錄附市籍，仍撤毀舊店，並令遠道，限以時日。時逢冬寒，莫敢陳訴。諤因別使，見其如此，以農工有業，各附所安，逆旅之與旗亭，自古非同一概，即附市籍，於理不可。且行旅之所依託，豈容一朝而廢？徒爲勞擾，於事非宜。遂專決之，並令依舊。使還詣闕，然後奏聞。文帝善之曰：「體國之臣，當如此矣。」

以年老，出拜通州刺史，甚有惠政，人夷悅服。卒官。

四子。世子大方襲爵，最有才器。大業初，判內史舍人。次大體、大鈞，並位尙書郎。

鮑宏字潤身，東海郯人也。父機，以才學知名。仕梁，位書侍御史。宏七歲而孤，爲兄泉之所愛育。年十二，能屬文，嘗和湘東王繹詩，繹嗟賞不已，引爲中記室。累遷通直散騎侍郎。江陵平，歸于周，明帝甚禮之，引爲麟趾殿學士。累遷遂伯下大夫。與杜子暉聘陳，謀伐齊，陳遂出兵度江以侵齊。〔二〕帝嘗問宏取齊策，宏以爲「先皇往日，出師洛陽，彼有其備，每不克捷。如臣計者，進兵汾、潞，直掩晉陽，出其不虞，以爲上策」。帝從之。及定山東，除小御正，賜爵平遙縣伯，加儀同。

隋文帝作相，奉使山南。會王謙舉兵於蜀，路次潼州，爲謙將達奚惎所執，逼送成都，竟不屈節。謙敗，馳傳入京，文帝嘉之，賜以金帶。及受禪，加開府，進爵爲公。歷利、邛二州刺史，秩滿還京。時有尉義臣者，其父崇不從尉遲迥，後復與突厥戰死。上嘉之，將賜姓金氏，訪及羣下。宏曰：「昔項伯不同項羽，漢高賜其姓劉氏，秦眞父能死難，魏武賜姓曹氏。請賜以皇族。」帝曰：「善。」因賜義臣姓楊。

後授均州刺史，以目疾免，卒于家。

初，周武帝敕宏修皇室譜一部，分爲帝緒、疏屬、賜姓三篇。有集十卷，行於世。

高構字孝基，北海人也。性滑稽多智，辯給過人，好讀書，工吏事。仕齊，歷蘭陵、平原二郡太守。齊滅，周武帝以爲許州司馬。隋文帝受禪，累遷戶部侍郎。時內史侍郎晉平東與兄子長茂爭嫡，尚書省不能斷，朝臣三議不決。構斷而合理，上以爲能，召入內殿，勞之曰：「我聞尚書郎上應列宿，觀卿才識，方知古人之言信矣。嫡庶者，禮教之所重，我讀卿判數徧，詞理愜當，意所不能及也。」賜米百石。由是知名。

馮翊武鄉女子焦氏既瘂又聾，嫁之不售。嘗樵采於野，爲人所犯而有孕，遂生一男。

年六歲，莫知其姓，於是申省。構判曰：「母不能言，窮究理絕。案風俗通，姓有九種，或氏於爵，或氏所居。此兒生在武鄉，可以武爲姓。」尋遷雍州司馬，以明斷見稱。歲餘，轉吏部侍郎，號爲稱職。復徙雍州司馬，坐事左轉盩厔令，甚有能名。上善之，復拜雍州司馬。仁壽初，又爲吏部侍郎，以公事免。

煬帝立，召令復位。時爲吏部者多以不稱去職，唯構最有能名，前後典選之官，皆出其下。時人以構好劇談，頗謂輕薄，然其內懷方雅，特爲吏部尚書牛弘所重。後以老病解職，弘時典選，凡將有所擢用，輒遣人就第問其可不。河東薛道衡才高當世，每稱構有清鑒，所爲文筆，必先以草呈構而後出之。構有所詆訶，道衡未嘗不嗟伏。大業七年，終于家。所舉薦杜如晦、房玄齡等，後皆自致公輔，論者稱構有知人之鑒。

開皇中，昌黎豆盧實爲黃門侍郎，稱爲愼密。河東裴術爲右丞，多所糾正。河內士燮、平原東方舉、安定皇甫聿道，俱爲刑部，並執法平允。京兆韋焜爲戶部郎，屢進讜言。南陽韓則爲延州，[三]甚有惠政。此等事行遺闕，皆有吏幹，爲當時所稱。

榮毗字子譔，北平無終人也。父權，魏兵部尚書。毗少剛鯁，有局量，涉獵羣言。仕周，位內史下士。隋開皇中，累遷殿內局監。時以華陰多盜賊，妙選長史，[四]楊素薦毗爲華州長史，世號爲能。素之田宅，多在華陰，左右放縱，毗以法繩之，無所寬貸。毗因朝集，素謂之曰：「素之舉卿，適以自罰也？」毗答曰：「奉法一心者，但恐累公所舉。」素笑曰：「前言戲耳。卿之奉法，素之望也。」時晉王在揚州，每令人密覘京師消息，遣張衡於路次往往置馬坊，以畜牧爲辭，實給私人也。州縣莫敢違，毗獨遏絕其事。上聞而嘉之，賚絹百匹，轉蒲州司馬。

漢王諒之反也，河東豪傑以城應諒。刺史丘和覺變，遁歸關中。長史渤海高義明謂毗曰：「河東國之東門，若失之，則爲難不細。城中雖復匈匈，非悉反也。但收桀黠者十餘人斬之，自當立定耳。」毗然之。義明馳馬追和，將與協計。至城西門，爲反者所殺，[五]毗亦被執。及諒平，拜書侍御史，帝謂曰：「今日之舉，馬坊之事也。無改汝心。」帝亦敬之。毗在朝侃然正色，爲百僚所憚。後以母憂去職。歲餘，起令視事。尋卒官。贈鴻臚少卿。

毗兄建緒，性甚亮直，兼有學業。仕周，爲載師下大夫、儀同三司。及平齊之始，留鎮鄴城，因著齊紀三十卷。建緒與文帝有舊，及爲丞相，加位開府，拜息州刺史。將之官，時帝陰有禪代之計，因謂建緒曰：「且躊躇，當共取富貴耳。」建緒自以周之大夫，因義形於色曰：「明公此旨，非僕所聞。」帝不悅。建緒遂行。開皇初來朝，上謂之曰：「卿亦悔不？」建緒稽首曰：「臣位非徐廣，情類楊彪。」上笑曰：「朕雖不解書語，亦知卿此言不遜也。」兼始、洪

二州刺史，[六]俱有能名。

陸知命字仲通，吳郡富春人也。父敖，陳散騎常侍。

知命性好學，通識大體，以貞介自持。仕陳，爲太學博士、南獄正。及陳滅，歸於家。會高智慧等作亂于江左，晉王廣鎭江都，以其三吳之望，召令諷諭反者。以功拜儀同三司，賜以田宅，復用其弟恪爲汧陽令。知命以恪非百里才，上表陳讓，朝廷許之。時見天下一統，知命詣朝堂上表，請使高麗以宣示皇風，使彼君臣面縛闕下。書奏，天子異之。歲餘，授普寧鎭將。人或言其正直者，由是待詔於御史臺。

煬帝嗣位，拜書侍御史，侃然正色，爲百僚所憚。帝甚敬之。後坐事免。歲餘，復職。時齊王暕頗驕縱，暱近小人，知命奏劾之，暕竟得罪，百僚震慄。遼東之役，爲東暆道受降使者，卒於師。贈御史大夫。

梁毗字景和，安定烏氏人也。祖越，魏涇、豫、洛三州刺史，郃陽縣公。父茂，周滄、兗二州刺史。

毗性剛謇，頗有學涉。仕周，累遷布憲下大夫。宣政中，封易陽縣子，遷武藏大夫。隋

文帝受禪，進爵爲侯。開皇初，以鯁正，拜書侍御史，名爲稱職。轉大興令，遷雍州贊務。毗旣出憲司，復典京邑，直道而行，無所回避，頗失權貴心，由是出爲西寧州刺史，改封邯鄲縣侯。在州十一年。

先是，蠻夷酋長皆服金冠，以金多者爲豪儁，由是遞相陵辱，〔七〕每尋干戈，邊境略無寧歲。毗患之，後因諸酋長相率以金遺之，於是置金座側，對之慟哭，謂曰：「此饑不可食，寒不可衣，汝等以此相滅。今將此來，欲殺我邪！」一無所納，悉以還之。於是蠻夷感悟，遂不相攻。文帝聞而善之，徵爲散騎常侍、大理卿。處法平允，時人稱之。歲餘，進位上開府。

毗見左僕射楊素貴重擅權，百僚震慴，恐爲國患，因上封事曰：「竊見左僕射越國公素，幸遇愈重，權勢日隆，所私皆非忠讜，所進咸是親戚，子弟布列，兼州連縣。天下無事，容息姦圖，四海稍虞，必爲禍始。夫姦臣擅命，有漸而來。王莽資之於積年，桓玄基之於易世，而卒殄漢祀，終傾晉祚。陛下若以素爲阿衡，臣恐其心未必伊尹也。」帝大怒，命有司禁止，親自詰之。毗極言曰：〔八〕「素旣擅權寵，作威作福，將領之處，殺戮無道。又太子、蜀王罪廢之日，百僚無不震悚，唯素揚眉奮肘，喜見容色，利國家有事以爲身幸。」毗發言謇謇，有誠亮之節，帝無以屈也，乃釋之。素自此恩寵漸衰。但素任寄隆重，多所折挫，當時朝士無不慴伏，有敢與相是非，辭氣不撓者，獨毗與柳彧及尙書左丞李綱而已。後上不復專委於

素，蓋由察毗之言。

煬帝卽位，遷刑部尙書，幷攝御史大夫事。奏劾宇文述私役部兵，帝議免述罪，毗固爭，因忤旨，遂令張衡代爲大夫。毗憂憤卒。帝令吏部尙書牛弘弔之。

子敬眞，位大理司直。時煬帝欲成光祿大夫魚俱羅罪，令敬眞案其獄，遂希旨陷之極刑。未幾，敬眞有疾，見俱羅爲祟而死。

柳彧字幼文，河東解人也。世居襄陽。父仲禮，南史有傳。仲禮，梁敗見囚于周，〔九〕復家河東。

彧少好學，頗涉經史。周大冢宰宇文護引爲中外府記室，久而出爲寧州總管掾。武帝親總萬機，彧詣闕求試。帝異之，以爲司武中士。轉鄭令。平齊之後，帝賞從官，留京者不預。彧上表曰：「今太平告始，信賞宜明，酬勳報勞，務先有本。屠城破邑，出自聖規，斬將搴旗，必由神略。若負戈擐甲，征扞劬勞。至於鎭撫國家，宿衞爲重。俱稟成算，非專己能，留從事同，功勞須等。」於是留守並加品級。

隋文帝受禪，歷尙書虞部、屯田二侍郎。時制三品已上，門皆列戟。左僕射高熲子弘德封應國公，申牒請戟。彧判曰：「僕射之子更不異居，父之戟槊已列門外，尊有厭卑之義，

子有避父之禮，豈容外門旣設，內閤又施？」事竟不行。熲聞而歎伏。後遷書侍御史，當朝正色，甚爲百僚敬憚。上嘉其婞直，謂曰：「大丈夫當立名於世，無容容而已。」賜錢十萬、米百石。

時刺史多任武將，類不稱職，彧上表曰：「伏見詔書以上柱國和干子爲杞州刺史，其人年垂八十，鍾鳴漏盡。前在趙州，闇於職務，政由羣小，賄賂公行。百姓吁嗟，歌謠滿道，乃云：『老禾不早殺，餘種穢良田。』古人云：『耕當問奴，織當問婢。』此言各有所能也。干子弓馬武用，是其所長，臨人莅職，非其所解。如謂優老尙年，自可厚賜金帛，若令刺舉，所損殊大。臣死而後已，敢不竭誠。」上善之，干子竟免。

有應州刺史唐君明，居母喪，娶雍州長史庫狄士文之從父妹。彧劾之曰：「君明忽劬勞之痛，惑嬿爾之親，冒此苴縗，命彼褕翟。不義不昵，春秋載其將亡；無禮無儀，詩人欲其遄死。士文贊務神州，名位通顯，棄二姓之重匹，違六禮之軌儀。請禁錮終身，以懲風俗。」二家竟坐得罪。隋承喪亂之後，風俗頹壞，彧多所矯正，上甚嘉之。

又見上勤於聽受，百僚奏請多有煩碎，因上疏諫曰：「人君出令，誡在煩數。是以舜任五臣，堯咨四岳，設官分職，各有司存，垂拱無爲，天下以乂。所謂勞於求賢，逸於任使。比見事無大小，咸關聖聽。陛下留心政道，無憚疲勞，至乃營造細小之事，出給輕微之物，一

日之內，酬答百司，至乃日旰忘食，分夜未寢，動以文簿，憂勞聖躬。伏願思臣至言，少減煩務。」上覽而嘉之。以其家貧，敕有司與之築宅，因曰：「柳彧正直之士，國之龜寶也。」其見重如此。

右僕射楊素當塗顯貴，百僚慴憚，無敢忤者。嘗以少譴，敕送南臺。素恃貴，坐彧牀。彧從外來，見素如此，於階下端笏整容曰：「奉敕推公罪。」素遽下。彧據案坐，立素於庭前，辯詰事狀。素由是銜之。彧時方爲上所信任，故素未有以中之。

彧見近代以來，都邑百姓每至正月十五日，作角抵戲，遞相誇競，至於糜費財力，上奏請禁絕之曰：「竊見京邑，爰及外州，每以正月望夜，充街塞陌，鳴鼓聒天，燎炬照地，人戴獸面，男爲女服，倡優雜伎，詭狀異形。外內共觀，曾不相避。竭貲破產，競此一時。盡室幷孥，無問貴賤，男女混雜，緇素不分。穢行因此而生，盜賊由斯而起。非益於化，實損於人。請頒天下，並卽禁斷。」詔可其奏。

是歲，持節巡河北五十二州，奏免長吏贓汙不稱職者二百餘人，州縣肅然，莫不震懼。上嘉之，賜絹布二百匹，氈三十領，拜儀同三司。歲餘，加員外散騎常侍。仁壽初，持節巡省太原道十九州。及還，賜絹百五十匹。

彧嘗得博陵李文博所撰政道集十卷，〔一〇〕蜀王秀遣人求之。彧送之於秀，秀復賜彧奴

婢十口。及秀得罪，楊素奏彧以內臣交通諸侯，除名，配戍懷遠鎮。行達高陽，有詔徵還。至晉陽，遇漢王諒作亂，遣使馳召彧入城。而諒反形已露，彧入城，度不得免，遂詐中惡不食，自稱危篤。諒怒囚之。及諒敗，楊素奏彧心懷兩端，以俟事變，迹雖不反，心實同逆。坐徙敦煌。素卒，乃自申理，有詔徵還。卒於道。

有子紹，爲介休令。

趙綽字士倬，河東人也。性質直剛毅。周初爲天官府史，〔一二〕以恭謹恪勤，擢授夏官府下士。稍以明幹見知，爲內史中士。父艱去職，哀毁骨立，世稱其孝。隋文帝爲丞相，知其清正，引爲錄事參軍。遷掌朝大夫，從行軍總管是云暉擊叛蠻，以功拜儀同。

文帝受禪，授大理丞。處法平允，考績連最。歷大理正、尚書都官侍郎，每有奏讞，正色侃然，漸見禮重。上以盜賊不禁，將重其法，綽進諫曰：「律者天下之大信，其可失乎！」上忻然納之，因謂曰：「若更有聞見，宜數言之。」遷大理少卿。

故陳將蕭摩訶，其子世略在江南作亂，摩訶當從坐。上曰：「世略年未二十，亦何能爲！以其名將之子，爲人逼耳。」因赦摩訶。綽固諫不可，上不能奪，欲待綽去而赦之，因命綽退食。綽曰：「臣奏獄未決，不敢退朝。」上曰：「大理其爲朕特放摩訶也。」因命左右釋之。

刑部侍郎辛亶嘗衣緋褌，俗云利官，上以爲厭蠱，將斬之。綽曰：「據法不當死，臣不敢奉詔。」上怒甚，謂曰：「卿惜辛亶而不自惜也？」命左僕射高熲將綽斬之。綽曰：「陛下寧可殺臣，不可殺辛亶。」至朝堂，解衣當斬，上使人謂綽曰：「竟如何？」對曰：「執法一心，不敢惜死。」上拂衣入，良久乃釋之。明日，謝綽，勞勉之，賜物三百段。

時上禁行惡錢，有二人在市以惡錢易好者，武候執以聞，上悉令斬之。綽諫曰：「此人坐當杖，殺之非法。」上曰：「不關卿事。」綽曰：「陛下不以臣愚暗，置在法司，欲妄殺人，豈得不關臣事？」上曰：「撼大木不動者，當退。」對曰：「臣望感天心，何論動木！」上復曰：「啜羹者，熱則置之。天子之威，欲相挫邪？」綽拜而益前，訶之不肯退。上遂入。書侍御史柳彧復上奏切諫，上乃止。上以綽有誠直之心，每引入閤中，或遇上與皇后同榻，即呼綽坐，評論得失。前後賞賜以萬計。後進開府，贈其父爲蔡州刺史。

時河東薛冑爲大理卿，俱名平恕。然冑斷獄以情，而綽守法，俱爲稱職。上每謂綽曰：「朕於卿無所愛惜，但卿骨相不當貴耳。」仁壽中，卒官，上爲之流涕，中使弔祭，鴻臚監護喪事。二子元方、元襲。〔一三〕

杜整字皇育，京兆杜陵人也。祖盛，魏潁川太守。父闢，渭州刺史。〔一四〕

整少有風概，九歲丁父憂，哀毁骨立，事母以孝聞。及長，驍勇有膂力，好讀孫吳兵法。魏大統末，襲爵武鄉侯。周文引爲親信。累遷儀同三司、武州刺史。從武帝平齊，加上儀同，進爵平原縣公，入爲勳曹中大夫。

隋文帝爲丞相，進位開府。及帝受禪，加上開府，進封長廣郡公，拜左武衞將軍。開皇六年，突厥犯塞，詔衞王爽北伐，以整爲行軍總管，兼元帥長史。至合川，無虜而還。密進取陳策，上善之，以爲行軍總管，鎮襄陽。卒，上傷之，謚曰襄。

子楷嗣，位開府。

整弟肅，亦有志行，位北地太守。

論曰：大廈之構，非一木之枝，帝王之功，非一士之略。長短殊用，大小異宜，榕棁棟梁，莫可棄也。裴政、李諤、鮑宏、高構、榮毗、陸知命等，或文能道義，或才足幹時，識用顯於當年，故事留於臺閣。參之有隋多士，取其開物成務，皆廊廟之榱桷，亦北辰之衆星也。趙綽居大理，囹圄無冤。柳彧之處憲臺，姦邪自肅。然不畏强禦，梁毗得之矣。邦之司直，柳彧近之矣。杜整以聲績著美，其有以取之乎！

校勘記

〔一〕宗黨稱孝鄉曲歸仁　隋書卷六六李諤傳「宗」上有「至有」二字，是。

〔二〕陳遂出兵度江以侵齊　諸本脫「陳」字，據隋書卷六六鮑宏傳補。

〔三〕南陽韓則爲延州　隋書卷六六、通志卷一六三高構傳，「延州」下有「長史」二字，疑此是誤脫。

〔四〕妙選長史　張森楷云：「隋書卷六六榮毗傳『史』作『吏』，是。」

〔五〕至城西門爲反者所殺　諸本「反者」作「渤海」。隋書、通志卷一六三榮毗傳作「反者」。按作「渤海」不通，此涉上文「渤海」二字而誤，今據改。

〔六〕兼始洪二州刺史　隋書、通志榮毗傳「兼」作「歷」，疑作「兼」誤。

〔七〕由是遞相陵辱　隋書卷六六、通志卷一六三梁毗傳「辱」作「奪」，是。

〔八〕毗極言曰　諸本脫「毗」字，據隋書、通志補。

〔九〕仲禮梁敗見囚于周　隋書卷六二柳彧傳作「仲禮爲梁將，敗，歸周」，通志卷一六三柳彧傳，作「仲禮爲梁將，敗，見囚于周」。疑北史原文當如通志。

〔一〇〕彧嘗得博陵李文博所撰政道集十卷　隋書「政」作「治」，北史避唐諱改。

〔一一〕周初爲天官府史　隋書卷六二趙綽傳「周」上有「在」字，是。

〔一二〕二子元方元襲　諸本「方」上脫「元」字，據隋書卷六二、通志卷一六三趙綽傳補。

〔一三〕父闡渭州刺史　諸本「渭」作「滑」，隋書卷五四杜整傳作「渭」。按渭州見魏書地形志下及隋書地理志上隴西郡。滑州見隋書地理志中東郡。渭州自魏、周以來卽有，滑州開皇十六年始置。杜闡爲西魏人，其官當是渭州。今據改。

北史卷七十八

列傳第六十六

張定和　張奫　麥鐵杖 沈光　權武　王仁恭　吐萬緒
董純　魚俱羅　王辯　陳稜　趙才

張定和字處謐，京兆萬年人也。家少貧賤，有志節。初爲侍官，隋開皇九年平陳，定和當從征，無以自給。其妻有嫁時衣服，定和求鬻之，妻不與，定和遂行。以功拜儀同，賜帛千匹，遂棄其妻。後數以軍功，加上開府、驃騎將軍。從上柱國李充征突厥，先登陷陣，虜刺之中頸，定和以草塞創而戰，神氣自若，虜遂敗走。上聞而壯之，遣使賫藥，馳詣定和所勞問之。進位柱國，封武安縣侯，賞物二千段，良馬二匹，金百兩。

煬帝嗣位，歷宜州刺史、河內太守，頗有惠政。遷左屯衞大將軍。從帝征吐谷渾，至覆袁川。時吐谷渾主與數騎遁，其名王詐爲渾主，保車我眞山，帝命定和擊之。既與賊遇，輕

其衆少，呼之令降，賊不肯下。定和不被甲，挺身登山，中流矢而斃。其亞將柳武建擊賊，〔一〕悉斬之。帝爲之流涕，贈光祿大夫。時舊爵例除，於是復封武安侯，謚曰壯武。子世立嗣，尋拜光祿大夫。

張奫字文懿，清河東武城人也。本名犯廟諱。〔二〕七代祖沈，石季龍末，自廣陵六合度江家焉。仕至桂陽太守。孫胐，晉佐著作郎。坐外祖楊佺期除名，徙于南譙，因寓居之。

奫好讀兵書，長於騎射，尤便刀楯。父雙，自清河太守免，歸周。時鄉人郭子冀密引陳寇，雙欲率子弟擊之，猶豫未決。奫贊成其謀，竟破賊，由是以勇決知名。起家州主簿。及隋文帝作相，授丞相府大都督，領鄉兵。〔三〕賀若弼之鎭江都也，特敕奫從，因爲間諜。平陳之役，頗有力焉。進位開府儀同三司，封文安縣子。歲餘，奫率水軍破逆賊笮子游於京口，蕭子建於和州。徵入，拜大將軍。文帝命升御坐宴之，謂曰：「卿可爲朕兒，朕爲卿父。今日聚集，示無外也。」後賜綵沈甲、獸文具裝，綺羅千匹。尋從楊素征江表，別破高智慧於會稽，吳世華於臨海。進位上大將軍。歷撫、濟二州刺史，俱有能名。開皇十八年，爲行軍總管，從漢王諒征遼東。諒軍多物故，奫衆獨全，帝善之。仁壽

中，卒於潭州總管，謚曰莊。子孝廉。

麥鐵杖，始興人也。貧賤，少驍勇，有膂力，日行五百里，走及奔馬。性疏誕使酒，好交遊，重信義，每以漁獵爲事，不修生業。陳大建中，結聚爲羣盜，廣州刺史歐陽頠俘之以獻，沒爲官戶，配執御傘。每罷朝後，行百餘里，夜至南徐州，踰城而入，行光火劫盜。旦還，及牙時，仍又執傘。如此者十餘度，物主識之，州以狀奏。朝士見鐵杖每旦恒在，弗之信。後南徐州數告變，尚書蔡徵曰：「此可驗矣。」於仗下時，購以百金，求人送詔書與南徐州刺史。鐵杖出應募，齎敕而往，明旦反奏事。帝曰：「信然，爲盜明矣。」惜其勇捷，誡而釋之。陳亡後，徙居清流縣。遇江東反，楊素遣鐵杖頭戴草束，夜浮度江，覘賊中消息，具知還報。後復更往，爲賊所禽，逆帥李稜縛送高智慧。行至庱亭，衞者憩食，哀其餒，解手以給其飡。鐵杖取賊刀亂斬衞者，殺之皆盡，悉割其鼻，懷之以歸。素大奇之。後敍戰勳，不及鐵杖，遇素馳驛歸于京師，鐵杖步追之，每夜則同宿。素見而悟，特奏授儀同三司。以不識書，放還鄉里。成陽公李徹稱其驍武，開皇十六年，徵至京師，除車騎將軍。仍從楊素北征突厥，加上開府。

煬帝卽位，漢王諒反，從楊素擊之，每戰先登。進位柱國。除萊州刺史，無莅政名。轉汝南太守，稍習法令，羣盜屏迹。後因朝集，考功郎竇威嘲之曰：「麥是何姓？」鐵杖應聲曰：「麥豆不殊，何忽相怪？」威赧然無以應，時人以爲敏捷。尋除右屯衞大將軍，〔四〕帝待之愈密。

鐵杖自以荷恩深重，每懷竭命之志。及遼東之役，請爲前鋒，顧謂醫者吳景賢曰：「大丈夫性命自有所在，豈能艾炷灸頞，瓜蔕歕鼻，療黃不差，而臥死兒女手中乎！」將度遼，呼其三子曰：「阿奴！當備淺色黃衫。吾荷國恩，今是死日。我得被殺，爾當富貴。唯誠與孝，爾其勉之。」及濟，橋未成，去東岸尚數丈，賊大至。鐵杖跳上岸，與賊戰，死。武賁郎將錢士雄、孟金叉亦死之，左右更無及者。帝爲之流涕，購得其屍，贈光祿大夫、宿國公，謚曰武烈。子孟才嗣，授光祿大夫。孟才二弟仲才、季才，俱拜正議大夫。賵贈鉅萬，賜轀輬車，給前後部羽葆鼓吹。命平壤道敗將宇文述等百餘人皆爲執紼，王公以下送至郊外。士雄贈左光祿大夫、右屯衞將軍、武强侯，謚曰剛。子傑嗣。金叉贈右光祿大夫，子善誼襲官。

孟才字智稜，果烈有父風。帝以其死節將子，恩錫殊厚，拜武賁郎將。〔五〕及江都之難，慨然有復讎志。與武牙郎將錢傑素交友，二人相謂曰：「吾等世荷國恩，門著誠節。今賊臣弒逆，社稷淪亡，無節可紀，何面目視息世間哉！」乃流涕扼腕，相與謀於顯福宮邀擊宇文化及。事臨發，陳藩之子謙知而告之，與其黨沈光俱爲化及所害，忠義之士哀焉。

光字總持，吳興人也。父居道，仕陳，爲吏部侍郎。陳滅，徙家長安。皇太子勇引署學士。後爲漢王諒府掾，諒敗，除名。

光少驍捷，善戲馬，爲天下之最。略綜書記，微有詞藻，常慕立功名，不拘小節。家貧，父兄並以傭書爲事，光獨跅弛，交通輕俠，爲京師惡少年所附。人多贍遺，得以養親，每致甘食美服，未嘗困匱。初建禪定寺，其中幡竿高十餘丈，適值繩絕，非人力所及。光謂僧曰：「當相爲上繩。」諸僧驚喜。光因取索口銜，拍竿而上，直至龍頭。繫繩畢，手足皆放，透空而下，以掌拓地，倒行十餘步。觀者駭悅，莫不嗟異，時人號爲「肉飛仙」。

大業中，煬帝徵天下驍果之士伐遼東，光預焉。同類數萬人，皆出其下。光將詣行在所，賓客送至灞上百餘騎。光酹酒誓曰：「是行若不建功立名，當死於高麗，不復與諸君相見。」及從帝攻遼東，以衝梯擊城，竿長十五丈，光升其端，臨城與賊戰，短兵接敵，殺傷十數人。賊競擊而墜，未及地，適遇竿有垂絙，光接而復上。帝望見，壯而異之，馳召與語，大悅，卽日拜朝散大夫，賜寶刀良馬。恒置左右，親顧漸密。未幾，以爲折衝郎將，賞遇優重。

帝每推食解衣賜之，同輩莫比。

光自以荷恩深重，思懷竭節。及江都之難，潛構義勇，將爲帝復讎。先是，帝寵昵官奴，名爲給使，宇文化及以光驍勇，方任之，使總統，營於禁內。時麥孟才、錢傑等陰圖化及，因謂光曰：「我等荷國厚恩，不能死難，又俛首事讎，受其驅率，何用生爲！吾必欲殺之，死無所恨。公義士也，肯從我乎？」光泣下霑衿曰：「是所望於將軍也。僕領給使數百人，並荷先帝恩，今在化及內營。以此復讎，如鷹鸇之逐鳥雀。」孟才爲將軍，領江淮衆數千人，期以營將發時，晨起襲化及。光語泄，陳謙告其事。化及大懼曰：「此麥鐵杖子也，及沈光者，並勇決不可當，須避其鋒。」是夜卽與腹心走出營外，留人告司馬德戡等，遣領兵馬，逮捕孟才。光聞營內諠聲，知事發，不及被甲，卽襲化及營，空無所獲。逢舍人元敏，數而斬之。德戡兵至，四面圍合。光大呼潰圍，給使齊奮，斬首數十級，賊皆披靡。德戡輒復遣騎，翼而射之。光身無介冑，遇害，時年二十八。麾下百人皆鬬死，一無降者。壯士聞之，莫不爲之隕涕。

權武字武弄，天水人也。祖超，魏秦州刺史。父襲慶，仕周，爲開府。時武元皇帝之爲周將也，與齊師戰於幷州。襲慶時從，被圍百餘重，力戰矢盡，短兵接戰，殺傷甚衆，刀矟皆折，脫冑擲地，向賊大罵曰：「何不來斫頭！」賊遂殺之。

武以忠臣子，起家拜開府，襲爵齊郡公。武少果勁，勇力絕人，能重甲上馬。嘗倒投於井，未及泉，復躍而出，其拳捷如此。頻以軍功增邑。周宣帝時，拜勁捷左旅上大夫，進位上開府。

隋文帝爲丞相，引置左右。平陳之役，以行軍總管從晉王出六合，還拜豫州刺史。以創業之舊，進位大將軍，檢校潭州總管。其年，桂州人李世賢作亂，武以行軍總管與武候大將軍虞慶則擊平之。慶則以罪誅，功竟不錄，復還于州。多造金帶，遺嶺南酋領，其人復答以寶物，武皆納之，由是致富。後武晚生一子，與親客宴集，酒酣，遂擅赦所部獄囚。武常以南越邊遠，政從其俗，務適便宜，不依律令，而每言當今法急，官不可爲。上令有司案之，皆驗，令斬之。武於獄中上書，言父爲武元皇帝戰死於馬前，以求哀，由是除名。仁壽中，復拜大將軍，封邑如舊。未幾，授太子右衞率。煬帝卽位，拜右武衞將軍，坐事免。後爲右屯衞大將軍，坐事除名。卒于家。子弘。

王仁恭字元實，天水上邽人也。祖建，周鳳州刺史。父猛，鄯州刺史。

仁恭少剛毅修謹，工騎射。秦孝王引爲記室。後爲車騎將軍，從楊素擊突厥於靈武，以功拜上開府。以驃騎將軍典蜀王軍事。蜀王以罪廢，官屬多罹其患。上以仁恭素質直，置而不問。後從楊素討平漢王諒，以功進位大將軍，歷呂、衞二州刺史。尋改爲汲郡太守，有能名。上徵入朝，慰勉之，褒賜甚厚。遷信都太守。汲郡吏民扣馬號哭於道，數日不得出境。

遼東之役，以仁恭爲軍將。〔六〕及班師，仁恭爲殿，遇賊，敗之。進左光祿大夫。明年，復以軍將指扶餘道，帝謂曰：「往者諸軍多不利，公獨以一軍破賊。古人云，敗軍之將不可以言勇，諸將其可任乎？今委公爲前軍。」前後賞賚甚重。仁恭遂進軍，至新城，破其軍，因圍之。帝聞之大悅，遺賜以珍物，進光祿大夫。會楊玄感反，其兄子武賁郎將仲伯預焉，由是坐免。

尋而突厥爲寇，詔仁恭以本官領馬邑太守。其年，始畢可汗來寇馬邑，復令二將勒兵南過。時郡兵不滿三千，仁恭簡精銳逆擊，破之，幷斬二將。後突厥復入定襄，仁恭復大破之。

時天下大亂，道路隔絕，仁恭頗改舊節，受納貨賄，又不敢輒開倉賑恤百姓。其麾下校尉劉武周與仁恭侍婢姦通，恐其事泄，遂害之。武周於是開倉賑給，郡內皆從之，自稱天子，置百官，轉攻傍郡。

吐萬緒字長緒，代郡鮮卑人也。父通，周郢州刺史。

緒少有武略，在周，襲爵元壽縣公，累遷大將軍、小司武。隋文帝受禪，拜襄州總管，封穀城郡公。轉青州總管，頗有政名。徙朔州總管，甚爲北狄所憚。後帝有吞陳志，轉爲徐州總管，令修戰具。及大舉濟江，緒以行軍總管與西河紇豆陵洪景〔七〕屯兵江北。及陳平，拜夏州總管。

晉王廣爲太子，引爲右虞候率。及帝卽位，恐漢王諒爲變，拜緒晉、絳二州刺史。未出關，諒已舉兵，詔緒從楊素擊破之，拜左武候將軍。大業初，轉光祿卿。賀若弼遇讒，引緒爲證，緒明其無罪，由是免官。後守東平太守。帝幸江都，路經其境，迎謁道傍。帝命升龍舟，緒因頓首謝往事。帝大悅，拜金紫光祿大夫，太守如故。及遼東之役，請爲先鋒，拜左屯衞大將軍，指蓋馬道。及還，留鎮懷遠，進位左光祿大夫。

時劉元進作亂，攻潤州，帝徵緒討之。緒擊破元進，解潤州圍。賊窮蹙請降，元進及其

僞僕射朱燮僅以身免，於陣斬其僞僕射管崇及其將軍陸顗等五千餘人。進解會稽圍。元進復據建安，帝令進討之。緒以士卒疲弊，請息甲待來春。帝不悅，密求緒罪，有司奏緒怯懦違詔，除名配防建安。尋徵詣行在所，緒鬱鬱不得志，還至永嘉，發疾而卒。

董純字德厚，隴西成紀人。祖和，魏太子左衞率。父昇，周柱國。

純少有膂力，便弓馬。仕周，位司御上士、典馭下大夫。從武帝平齊，拜儀同，進爵大興縣侯。隋文帝受禪，進爵漢曲縣公。後以軍功，進位上開府。開皇末，以勞舊拜左衞將軍，改封順政縣公。後從楊素平漢王諒，以功拜柱國，進爵郡公，再遷左驍衞將軍。

齊王暕之得罪，純坐與交通，帝譴之。純曰：「比數詣齊王者，以先帝、先后往在仁壽宮，置元德太子及齊王於膝上，謂臣曰：『汝好看此二兒，勿忘吾言。』臣誠不敢忘先帝言。時陛下亦侍先帝側。」帝改容曰：「誠有斯旨。」於是捨之。數日，出爲汶山太守。

歲餘，突厥寇邊，轉楡林太守。會彭城賊帥張大彪、宗世模等保懸薄山，帝令純討破之，斬萬餘級，築爲京觀。又破賊魏麒麟於單父。及帝重征遼東，復以純爲彭城留守。東海賊彭孝才轉入沂水，保伍不及山，純擊之，禽孝才於陣，車裂之。

中華書局

時盜賊日益，純雖剋捷，而所在蜂起。有譖純怯懦不能平賊，帝遣鎖詣東都。有司見帝怒甚，希旨致純死罪，竟誅。

魚俱羅，馮翊下邽人。身長八尺，膂力絕人，聲氣雄壯，言聞數百步。爲大都督，從晉王廣平陳，以功拜開府。及沈玄懀、高智慧等作亂江南，楊素以俱羅壯勇，請與同行。有功，加上開府，〔八〕封高唐縣公，拜疊州總管。以母憂去職。還至扶風，會楊素將出靈州道擊突厥，逢之，遂與俱行。及遇賊，俱羅與數騎奔擊，瞋目大呼，所當皆披靡。以功進位柱國，拜豐州總管。突厥入境，輒禽斬之，自是屏迹，不敢畜牧於塞下。

初，煬帝在藩，俱羅弟贇以左右從，累遷大都督。及帝嗣位，拜車騎將軍。贇凶暴，令左右炙肉，遇不中意，以籤刺瞎其眼，溫酒不適口者，立斷其舌。帝以藩邸之舊，不忍加誅，謂近臣曰：「弟既如此，兄亦可知。」因召俱羅責之，出贇於獄，令自爲計。贇至家，飲藥而死。帝恐俱羅不安，慮生邊患，轉安州刺史，遷趙郡太守。後因朝集至東都，與將軍梁伯隱有舊，數相往來。又從郡多將雜物以貢獻，帝不受，因遺權貴。御史劾俱羅以郡將交通內臣，帝大怒，與伯隱俱坐除名。

未幾，越巂飛山蠻反，詔俱羅白衣領將，并率蜀郡都尉段鍾葵討平之。大業九年，重征高麗，以俱羅爲碣石道軍將。及還，江南劉元進作亂，詔俱羅將兵向會稽諸郡逐捕之。時百姓思亂，從盜如市，俱羅擊賊帥朱燮、管崇等，戰無不捷。然賊勢浸盛，敗而復聚。俱羅度賊非歲月可平，諸子並在京、洛，又見天下漸亂，終恐道路隔絕。于時東都饑饉，穀食踊貴，俱羅遣家僮將船米至東都糶之，益市財貨，潛迎諸子。朝廷微知之，恐有異志，案驗不得其罪。帝復令大理司直梁敬眞就鎖將詣東都。俱羅相表異人，目有重瞳，陰爲帝之所忌。敬眞希旨，奏俱羅師徒敗衂，斬東都市，家口籍沒。

王辯字警略，馮翊蒲城人也。祖訓，以行商致富。魏世，出粟助給軍粮，爲假清河太守。

辯少習兵書，尤善騎射，慷慨有大志。在周，以軍功授帥都督。仁壽中，累遷車騎將軍。後從楊素討平漢王諒，賜爵武寧縣男。累以軍功，加至通議大夫，尋遷武賁郎將。及山東盜賊起，帝引辯升御榻，問以方略。辯論取賊勢，帝稱善曰：「誠如此，賊不足憂。」於是發從行步騎三千，擊敗之，賜黃金二百兩。勃海賊帥高士達自號東海公，衆以萬

數，令辯擊之，屢挫其鋭。帝在江都宮，聞而召之，及見，禮賜甚厚，復令往信都經略士達，復戰破之，優詔褒顯。時賊帥郝孝德、孫宣雅、時季康、竇建德、魏刀兒等往往屯聚，大者十數萬，小者數千，寇掠河北。辯擊之，所向皆捷。及翟讓寇徐、豫，辯頻擊走之。讓尋與李密屯據洛口倉，辯與王世充討密，阻洛水相持經年。辯攻敗密，乘勝將入城，世充不知，恐將士勞倦，鳴角收兵，翻爲密徒所乘，官軍大潰，不可救止。辯至洛水，橋已壞，遂涉水，至中流，爲溺人所引墜馬，竟溺死。三軍莫不痛惜之。

時有河南斛斯萬善，驍勇果毅，與辯齊名。從衛玄討楊玄感，萬善與數騎追及之，玄感窘迫自殺。由是知名，拜武賁郎將。突厥始畢之圍雁門，萬善奮擊之，所向皆破。由是突厥莫敢逼城，十許日竟退，萬善力也。後頻討羣盜，累功至將軍。

又有將軍鹿愿、范貴、馮孝慈，俱爲將帥，數從征伐，並有名於世。事皆亡失，故史官闕云。

陳稜字長威，廬江襄安人也。祖碩，以漁釣自給。父峴，少驍勇，事章大寶爲帳內部曲。告大寶反，授譙州刺史。陳滅，廢于家。高智慧、汪文進反，廬江豪傑亦舉兵相應。以

峴舊將，共推爲主。峴欲拒之，稜謂峴曰：「衆亂既作，拒之禍且及己，不如僞從，別爲後計。」峴然之。後潛使稜至柱國李徹所，請爲內應。徹上其事，拜上大將軍、宣州刺史，封譙郡公，詔徹應接之。徹軍未至，謀泄，爲其黨所殺，稜僅以獲免。上以其父之故，拜開府，尋領鄉兵。

大業三年，拜武賁郎將。後與朝請大夫張鎮周自義安汎海擊流求國，月餘而至。流求人初見船艦，以爲商旅，往往詣軍貿易。稜率衆登岸，遣鎮周爲先鋒。其主歡斯渴刺兜遣兵拒戰，鎮周頻破之。稜進至低沒檀洞，其小王歡斯老模拒戰，稜敗之，斬老模。其日霧雨晦冥，將士皆懼，稜刑白馬以祭海神，既而開霽。分爲五軍，趣其都邑，乘勝逐北，至其柵，破之，斬渴刺兜，獲其子島槌，虜男女數千而歸。帝大悅，加稜右光祿大夫，鎮周金紫光祿大夫。

遼東之役，以宿衞還左光祿大夫。明年，帝復征遼東，稜爲東萊留守。楊玄感反，稜擊平黎陽，斬玄感所署刺史元務本。尋奉詔於江南營戰艦。至彭城，賊帥孟讓據都梁宮，〔九〕阻淮爲固。稜潛於下流而濟，至江都，襲破讓。以功進位光祿大夫，賜爵信安侯。

後帝幸江都宮，俄而李子通據海陵，左才相掠淮北，杜伏威屯六合，帝遣稜擊之，往見剋捷，超拜右禦衞將軍。復度清江，擊宣城賊。俄而帝以弑崩，宇文化及引軍北上，召稜守

江都。稜集衆縞素，爲煬帝發喪，備儀衞，改葬於吳公臺下，衰杖送喪，慟感行路，論者深義之。稜後爲李子通所陷，奔杜伏威，伏威忌而害之。

趙才字孝才，張掖酒泉人也。祖隗，魏銀青光祿大夫、樂浪太守。父壽，周順政太守。才少驍武，便弓馬，性粗悍，無威儀。仕周，爲輿正上士。隋文帝受禪，以軍功至上儀同。後配事晉王，爲右虞候率。〔一〇〕煬帝卽位，轉左備身驃騎、右驍衞將軍。帝以才藩邸舊臣，漸見親待。才亦恪勤匪懈，所在有聲。轉右候衞將軍。從征吐谷渾，以爲行軍總管，率衞尉卿劉權、兵部侍郎明雅等出合河道，破賊，以功進金紫光祿大夫。及遼東之役，再出碣石道。再遷右候衞大將軍。時帝每事巡幸，才恒爲斥候，肅遏姦非，無所迴避。在塗遇公卿妻子有違禁者，才輒醜言大罵，多所援及。時人雖患其不遜，然才守正，無如之何。

十二年，帝將幸江都，〔一一〕才見四海土崩，諫請還京師，安兆庶。帝大怒，以才屬吏，旬日乃出之。遂幸江都，待遇逾昵。時江都粮盡，內史侍郎虞世基、祕書監袁充等多勸帝幸丹陽。才極陳入京策，世基極言度江便。帝無言，才與世基相忿而出。宇文化及殺逆之際，才時在苑北，化及遣驍果席德方執之，謂曰：「今日之事，祇得如

此。」才默然不對。化及忿才無言，將殺之，三日乃釋，以本官從事，鬱鬱不得志。才嘗對化及宴，請勸其同謀逆者十八人楊士覽等酒，化及許之。才執盃曰：「十八人止可一度作，勿復餘處更爲。」諸人默然不對。行止聊城，遇疾。俄而化及爲竇建德所破，才復見虜。心彌不平，數日而卒。

仁壽、大業間有蘭興洛、賀蘭蕃，俱爲武候將軍，剛嚴正直，不避强禦，咸以稱職知名。

論曰：虎嘯風生，龍騰雲起，英賢奮發，亦各因時。張定和、張奫、麥鐵杖皆一時壯士，而困於貧賤。當其鬱抑未遇，亦安知有鴻鵠志哉！終能振拔汙泥，申其力用，符馬革之願，快生平之心，得丈夫之節矣。孟才、錢傑、沈光等感懷恩舊，臨難亡身，雖功無所成，其志有可稱矣。權武素無行檢，不拘刑憲，終取黜辱，不亦宜哉！仁恭武毅見知，文以取達，初在汲郡，清能可紀，後居馬邑，貪吝而亡。鮮克有終，斯言乃驗。吐萬緒、董純以萑蒲不翦，遽嬰罪戮。大業之季，盜可盡乎？俱羅欲加之罪，非其咎釁。王辯殞身勍敵，志在勤王。陳稜縞素發喪，哀感行路，義之所動，固已深乎！趙才雖人而無儀，志在强直，拒世基之諂，可謂不苟同矣。

校勘記

〔一〕其亞將柳武建擊賊　諸本「建」作「達」，隋書卷六四張定和傳作「建」。按本書卷十二、隋書卷三煬帝紀大業五年五月，通鑑卷一八一五六四四頁並作「建」。此形似致訛，今據改。

〔二〕本名犯廟諱　錢氏考異卷四〇云：「蓋本名大淵，避諱，連爲一字。」

〔三〕授丞相府大都督領鄉兵　隋書卷六四張奫傳無「丞相府」三字，疑是。

〔四〕尋除右屯衞大將軍　諸本「右」作「左」，隋書卷六四麥鐵杖傳作「右」。按本書卷十二、隋書卷四煬帝紀大業八年三月條作「右」。今據改。

〔五〕拜武賁郎將　諸本脫「將」字，據隋書補。隋時有武賁郎將，無武賁郎。見隋書百官志下。

〔六〕遼東之役以仁恭爲軍將　諸本「軍將」倒作「將軍」，隋書卷六五王仁恭傳作「軍將」。按通鑑卷一八一五六六〇頁言遼東之役分二十四軍，「每軍大將、亞將各一人」。軍將卽一軍之大將。本書卷六六薛世雄傳，見「沃沮道軍將」。卷六八魚俱羅傳見「碣石道軍將」。本傳下文也有「以軍將指扶餘道」語，可證「軍將」是，今據乙。

〔七〕西河紇豆陵洪景　隋書卷六五吐萬緒傳，「西河」下有「公」字。

〔八〕有功加上開府　諸本無「上」字，隋書卷六四魚俱羅傳有。按上文言俱羅已爲開府，則此應有

「上」字，今據補。

〔九〕賊帥孟讓據都梁宮　諸本「都梁」倒作「梁都」，隋書卷六四、通志卷一六四陳稜傳、通鑑卷一八二五六九三頁作「都梁」。通鑑胡注云：「盱眙縣屬江都郡，有都梁山，都梁宮在焉。山出都梁香，故名。」今據改。

〔一〇〕後配事晉王爲右虞候率　隋書卷六五趙才傳「晉王」下有「及王爲太子」五字。按隋制，只有太子才有左右虞候率。北史刪五字，便似諸王也有此官，誤。

〔一一〕十二年帝將幸江都　諸本「二」作「一」，隋書、通志卷一六四趙才傳作「二」。按本書卷十二隋煬帝紀，事在大業十二年。今據改。

北史卷七十九

列傳第六十七

宇文述 雲定興 趙行樞 述子化及 司馬德戡 裴虔通 王世充 段達

宇文述字伯通，代郡武川人也。高祖佲與敦、曾祖長壽、祖孤，仕魏，並爲沃野鎭軍主。父盛，仕周，位上柱國、大宗伯。

述少驍銳，便弓馬。年十一時，有相者謂曰：「公子善自愛，後當位極人臣。」周武帝時，以父軍功，起家拜開府。述性謹密，周大冢宰宇文護甚愛之，以本官領護親信。及武帝親總萬機，召爲左宮伯，累遷英果中大夫，賜爵博陵郡公，改封濮陽郡公。尉遲迥作亂，述以行軍總管從韋孝寬擊之，破迥將李儁軍於懷州，又與諸將破尉惇於永平橋。〔一〕以功超拜上柱國，進爵褒國公。

開皇初，拜右衛大將軍。平陳之役，以行軍總管自六合而濟。時韓擒、賀若弼兩軍趣

丹陽，述據石頭以爲聲援。陳主既禽，而蕭瓛、蕭巖據東吳地。述領行軍總管元契、張默言等討之，落叢公燕榮以舟師自東海至，亦受述節度，於是吳會悉平。以功授子化及爲開府，徙拜安州總管。

時晉王廣鎭揚州，甚善於述，奏爲壽州總管。王時陰有奪宗之志，請計於述。述曰：「皇太子失愛已久。大王才能蓋世，數經將領，主上之與內宮，咸所鍾愛，四海之望，實歸大王。然廢立國家大事，能移主上者，唯楊素耳。移素謀者，唯其弟約。述雅知約，請朝京師，與約共圖廢立。」晉王大悅，多賫金寶，資述入關。述數請約，盛陳器玩，與之酣暢，因共博戲，每陽不勝，輸所將金寶。約所得既多，稍以謝述。述因曰：「此晉王賜述，令與公爲歡。」約大驚曰：「何爲者？」述因爲王申意。約然其說，退言於素，亦從之。於是晉王與述情好益密，命述子士及尙南陽公主，前後賞賜不可勝計。及晉王爲皇太子，以述爲左衛率。舊令，率官第四品，以述素貴，遂進率品第三，其見重如此。

煬帝嗣位，拜左衛大將軍，參掌武官選事。後改封許國公，尋加開府儀同三司，每冬正朝會，輒給鼓吹一部。從幸榆林。時鐵勒契弊歌稜攻敗吐谷渾，其部攜散，遂遣使請降，求救。帝令述以兵撫納降附。吐谷渾見述擁强兵，懼不敢降，遂西遁。述追至曼頭城，攻拔之。乘勝至赤水城，復拔之。其餘黨走屯丘尼川，進擊，大破之，獲其王公、尙書、將軍二百人。渾主南走雪山，其故地皆空。帝大悅。明年，從帝西巡至金山，登燕支，述每爲斥候。時渾賊復寇張掖，述進擊走之。

還至江都宮，敕述與蘇威常典選舉，參預朝政。述時貴重，委任與威等，其親愛則過之。帝所得遠方貢獻及四時口味，輒見班賜，中使相望於道。述善於供奉，俯仰折旋，容止便辟，宿衛咸取則焉。又有巧思，凡所裝飾，皆出人意表。數以奇服異物進宮掖，由是帝彌悅焉。言無不從，勢傾朝廷。左衛將軍張瑾與述連官，嘗有評議，偶不中意，述張目瞋之，瑾惶懼而走。文武百僚莫敢違忤。性貪鄙，知人有珍異物，必求取，富商大賈及隴右諸胡子弟，皆接以恩意，呼之爲兒。由是競加餽遺，金寶累積。後庭曳羅綺者甚衆，家僮千餘人，皆控良馬，被服金玉。

及征高麗，述爲扶餘道軍將，臨發，帝謂曰：「禮，七十者行役以婦人從，公宜以家累自隨。古稱婦人不入軍，謂臨戰時耳。至軍壘間，無所傷也。項籍虞兮，卽其故事。」述與九軍至鴨綠水，糧盡，議欲班師。諸將多異同，述又不測帝意。會乙支文德來詣其營，述先與于仲文俱奉密旨，〔二〕令誘執文德。既而緩縱，文德逃歸，述內不自安，遂與諸將度水追之。時文德見述軍中多饑色，欲疲述衆，每鬬便北。述一日中七戰皆捷，既恃驟勝，又內逼羣議，遂進，東濟薩水，去平壤城三十里，因山爲營。文德復遣使僞降，請述曰：「若旋師者，當

奉高元朝行在所。」述見士卒疲弊，不可復戰，又平壤險固，卒難致力，遂因其詐而還。衆半濟，賊擊後軍，於是大潰不可禁止，九軍敗績，一日一夜，還至鴨綠水，行四百五十里。初度遼，九軍三十萬五千人，及還至遼東城，唯二千七百人。帝怒，除其名。

明年，帝又事遼東，復述官爵，待之如初。從至遼東，與將軍楊義臣率兵復臨鴨綠水。會楊玄感作亂，帝召述馳驛討玄感。時玄感逼東都，聞述軍至，西遁，將圖關中。述與刑部尙書衞玄、右驍衞大將軍來護兒、武衞將軍屈突通等躡之。至閺鄉皇天原，與玄感相及，斬其首，傳行在所。復從東征，至懷遠而還。

突厥之圍雁門也，帝大懼，述請潰圍而出。來護兒及樊子蓋並固諫，帝乃止。及圍解，次太原，議者多勸帝還京師，帝有難色。述奏曰：「從官妻子多在東都，請便道向洛陽，自潼關入。」帝從之。尋至東都，又觀望帝意，勸幸江都宮。

述於江都遇疾，及疾篤，帝令中使相望于第，謂述有何言。述曰：「願陛下一能降臨。」帝遣司宮魏氏謂曰：「公危篤，朕憚相煩動。必有言，可陳也。」述流涕曰：「臣子化及，早預藩邸，願陛下哀憐之。士及夙蒙天恩，亦堪驅策。臣死後，智及不可久留，願早除之，望不破門戶。」魏氏返命，隱其言，因詭對曰：「述唯憶陛下耳。」帝泫然曰：「述憶我耶？」將親臨之，宮人百僚諫乃止。及薨，帝爲廢朝，贈司徒、尙書令、十郡太守，班劍四十人，輼輬車，前

後部鼓吹，謚曰恭。詔黃門侍郎裴矩祭以太牢，鴻臚監護喪事。

雲定興者，附會於述。初，定興女爲皇太子勇昭訓，及勇廢，除名配少府。定興先得昭訓明珠絡帷，私賂於述，自是數共交游。定興每時節必有賂遺，并以音樂干述。述素好著奇服，炫燿時人。定興爲製馬韉，於後角上缺方三寸，以露白色，世輕薄者率傚學之，謂爲許公缺勢。又遇天寒，定興曰：「入內宿衞，必當耳冷。」述曰：「然。」乃製裌頭巾，令深袥耳，人又學之，名爲許公袥勢。述大悅曰：「雲兄所作，必能變俗。我聞作事可法，故不虛也。」後帝將事四夷，大造兵器，述薦之，因敕少府工匠並取其節度。述欲爲之求官，謂之曰：「兄所製器仗，並合上心，而不得官者，爲長寧兄弟猶未死耳。」定興曰：「此無用物，何不勸上殺之？」述因奏曰：「房陵諸子，年並成立，今欲動兵征討，若將從駕，則守掌爲難；若留一處，又恐不可。進退無用，請早處分。」因鴆殺長寧，又遣以下七弟分配嶺表，於路盡殺之。其年大閱，帝稱甲仗爲佳，述奏並雲定興之功也。擢授少府丞。十一年，累遷屯衞大將軍。

又有趙行樞者，本太常樂戶，家財億計。述謂爲兒，受其賂遺，稱爲驍勇，起家爲折衝郎將。

化及，述長子也。性兇險，不循法度，好乘肥挾彈，馳騖道中，由是長安謂之輕薄公子。煬帝爲太子時，常領千牛出入臥內。累遷至太子僕，以受納貨賄，再三免官。太子嬖昵之，俄而復職，又以其弟士及尚南陽公主。由此益驕，處公卿間，言辭不遜，多所凌轢。見人子女狗馬珍玩，必請託求之。常與屠販者游，以規其利。煬帝即位，拜太僕少卿，益恃舊恩，貪冒尤甚。煬帝幸榆林，化及與弟智及違禁與突厥交市。帝大怒，囚之數月。還京師，欲斬之而後入城，解衣辮髮，以主救之，乃釋，并智及並賜述爲奴。述薨後，煬帝追憶之，起化及爲右屯衞將軍，智及爲將作少監。〔三〕

時李密據洛口，煬帝懼，留淮左，不敢還都。從駕驍果多關中人，久客羈旅，見帝無西還意，謀欲叛歸。時武賁郎將司馬德戡總領驍果，屯於東城，風聞兵士欲叛，未審，遣校尉元武達陰問知情，因謀構逆。共所善武賁郎將元禮、直閤裴虔通互相扇惑曰：「聞陛下欲築宮丹陽，人人並謀逃去。我欲言之，恐先事見誅。今知而不言，後事發當族，將如之何？」虔通曰：「主上實爾。」德戡又謂兩人曰：「我聞關中陷沒，李孝常以華陰叛，陛下囚其二弟，將盡殺之。吾輩家屬在西安，得無此慮？」虔通等曰：「正恐旦暮及誅，計無所出。」德戡曰：「驍果若走，可與俱去。」虔通等曰：「誠如公言。」因遞相招誘。又轉告內史舍人元敏、鷹揚郎將孟景，〔四〕符璽郎牛方裕，〔五〕直長許弘仁、薛世良，城門郎唐奉義，醫正張愷等，日夜聚博，約爲刎頸交，言無迴避，於坐中輒論叛計，並相然許。時李質在禁，令驍果守之，中外交通，所謀益急。又趙行樞先交智及，勳侍楊士覽者，宇文氏之甥，二人同以告智及。智及素狂勃，聞之喜，即共見德戡，期以三月十五日舉兵同叛，劫十二衞武馬，虜掠居人財物西歸。智及曰：「不然。今天實喪隋，英雄並起，因行大事，此帝王業也。」德戡然之。行樞、世良請以化及爲主，約定，方告化及。化及性駑怯，初聞之，大懼，色動流汗，久之乃定。

義寧二年三月一日，德戡欲告衆人，恐心未一，更譎詐以脅驍果，謂許弘仁、張愷曰：「君是良醫，國家所使，出言惑衆，衆必信。君可入備身府，徧告所識者，言陛下聞驍果欲叛，多醞毒酒，因享會，盡鴆殺之，獨與南人留此。羣情必駭，因而舉事，無不諧矣。」其月五日，弘仁等宣布此言，驍果遞相告，謀反逾急。德戡等知計行，遂以十日總召故人，諭以所爲。衆皆伏曰：「唯將軍命！」其夜，奉義主閉城門，門皆不下鑰。至夜三更，德戡於東城內集兵，得數萬人，舉火與城外相應。帝聞有聲，問是何事。虔通僞曰：「草坊被燒，外人救火，故喧囂耳。」中外隔絕，帝以爲然。孟景、智及於城外得千餘人，劫候衞武賁馮普樂，共布兵捉郭下街巷。至五更，德戡授虔通兵，以換諸門衞士。虔通因自開門，領數百騎，至成象殿，殺將軍獨孤盛。武賁郎將元禮遂引兵進，宿衞者皆走。虔通進兵排左閤，馳入永巷，

問：「陛下安在？」有美人出房，指云：「在西閣。」從往執帝。帝謂虔通曰：「卿非我故人乎！何恨而反？」虔通曰：「臣不敢反，但將士思歸，奉陛下還京師耳。」帝曰：「卽爲汝歸。」虔通自勒兵守之。

至旦，孟景以甲騎迎化及。化及未知事果，戰慄不能言，人有謁之，但低頭據案，答曰「罪過」。時士及在公主第，弗之知也。智及遣家僮莊桃樹就第殺之，桃樹不忍，執詣智及，久之乃見釋。化及至城門，德戡迎謁，引入朝堂，號爲丞相。令將帝出江都門以示羣賊，因復將入。遣令狐行達弒帝於宮中。又執朝臣不同己者數十人，及諸王外戚，無少長皆害之。唯留秦孝王子浩，立以爲帝。

十餘日，奪江都人舟楫，從水路西歸。至顯福宮，宿公麥孟才、折衝郎將沈光等謀擊化及，反爲所害。化及於是入據六宮，其自奉一如煬帝故事。每帳中南面端坐，人有白事者，默然不對。下牙時，方收取啓狀，共奉義、方裕、世良、愷等參決之。行至徐州，水路不通，復奪人車牛，得二千兩，並載宮人珍寶。其戈甲戎器，悉令軍士負之。道遠疲極，三軍始怨。德戡失望，竊謂行樞曰：「君大謬我。當今撥亂，必藉英賢，化及庸暗，事將必敗，若何？」行樞曰：「廢之何難！」因共李孝本、宇文導師、尹正卿等謀，以後軍萬餘兵襲殺化及，立德戡爲主。弘仁知之，密告化及，盡收德戡及支黨殺之。引兵向東郡，通守王軌以城降之。

元文都推越王侗爲主，拜李密爲太尉，令擊化及。密壁清淇，與徐世勣以烽火相應。化及數戰不利，其將軍于弘達爲密所禽，送於侗所，鑊烹之。化及糧盡，度永濟渠，與密決戰於童山。遂入汲郡求軍糧，又遣使拷掠東郡人吏，責米粟。王軌怨之，以城歸李密。化及大懼，自汲郡將圖以北諸州。其將陳智略率嶺南驍果萬餘人，張童兒率江東驍果數千人，皆叛歸李密。化及尚有衆二萬，北走魏縣。張愷與其將陳伯謀去之，事覺，爲化及所殺。腹心稍盡，兵勢日蹙，兄弟更無他計，但相聚酣宴，奏女樂。醉後，尤智及曰：「我初不知，由汝爲計，强來立我。今所向無成，負弑主之名，天下所不納。滅族豈非由汝乎？」抱其兩子而泣。智及怒曰：「事捷之日，都不賜尤；及其將敗，乃欲歸罪。何不殺我以降建德！」兄弟數相鬭鬩，言無長幼，醒而復飲，以此爲恒。

自知必敗，乃歎曰：「人生故當死，豈不一日爲帝乎！」於是鴆殺浩，僭皇帝位於魏縣，國號許，建元爲天壽，置百官。攻元寶藏於魏州，反爲所敗，乃東北趣聊城，將招攜海內諸賊。遣士及徇濟北，徵求餽餉。大唐遣淮安王神通安撫山東，神通圍之十餘日，不剋而退。竇建德悉衆攻之。先是，齊州賊帥王薄聞其多寶物，詐來投附。化及信之，與共居守。至是，薄引建德入城，禽化及，悉虜其衆。先執智及、元武達、孟景、楊士覽、許弘仁等，皆斬之。乃以檻車載化及至大陸縣城下，數其弑逆，幷二子承基、承趾皆斬之，傳首於突厥義城公

主，梟之虜庭。士及自濟北西歸長安。

智及幼頑凶，好與人羣聚鬭鷄，習放鷹狗。初以父功，賜爵濮陽郡公。蒸淫醜穢，無所不爲。其妻長孫氏，妬而告述。述雖爲隱，而大忿之，纖芥之愆，必加鞭箠。弟士及，恃尚主，又輕忽之。〔六〕唯化及事事營護，父再三欲殺，輒救免之，由是頗相親昵。遂勸化及遣人入蕃，私爲交易。事發，當誅，述獨證智及罪惡，而爲化及請命，帝因兩釋之。述將死，抗表言其兇勃，必且破家。帝後思述，拜智及將作少監。其江都弑逆事，皆智及之謀也。化及爲丞相，以爲右僕射，領十二衞大將軍。及僭號，封齊王。竇建德獲而斬之，幷其黨十餘人，皆暴屍梟首。

司馬德戡，扶風雍人。父元謙，仕周爲都督。德戡幼孤，以屠豕自給。有桑門釋粲，通德戡母娥氏，遂撫敎之，因解書計。開皇中，爲侍官，漸遷至大都督。從楊素出討漢王諒，充內營左右，進止便僻，俊辯多姦計，素大善之。以勳授儀同三司。大業三年，爲鷹揚郎將。從討遼左，進位正議大夫，遷武賁郎將。煬帝甚昵之。從至江都，領左右備身驍果萬人，營於城內。因隋末大亂，乃率驍果反，語在化及事中。

既獲煬帝，與黨孟景等推化及爲丞相。化及首封德戡爲溫國公，加光祿大夫，仍統本兵。化及意甚忌之。後數日，化及署諸將，分配士卒，乃以德戡爲禮部尙書，外示美遷，實奪其兵也。由是懷怨，所獲賞物皆賂於智及，智及爲之言。行至徐州，捨舟登陸，令德戡將後軍。乃與趙行樞、李孝本、尹正卿、宇文導師等謀襲化及，遣人使于孟海公，結爲外助。遷延未發，以待使報。許弘仁、張愷知之，以告化及。因遣其弟士及陽爲游獵，至于後軍，德戡不知事露，出營參謁，因命執之，幷其黨與。化及責之曰：「與公戮力共定海內，出於萬死。今始事成，願得同守富貴，公又何爲反也？」德戡曰：「本殺昏主，苦其毒害。立足下而又甚之，逼於物情，不獲已也。」化及不對，命送至幕下，縊而殺之。

裴虔通，河東人。初，煬帝爲晉王，以親信從，稍遷至監門校尉。帝卽位，擢舊左右，授宣惠尉。累從征役，至通議大夫。與司馬德戡同謀作亂，先開宮門，騎至成象殿，殺將軍獨孤盛，執帝于西閤。化及以虔通爲光祿大夫、莒國公。化及引兵之北也，令鎭徐州。化及敗後，歸於大唐，卽授徐州總管，轉辰州刺史，封長蛇男。尋以隋朝弑逆之罪，除名，徙於嶺表而死。

王世充字行滿，本西域胡人也。祖支頹耨，徙居新豐。頹耨死，其妻少寡，與儀同王粲野合，生子曰瓊，粲遂納之以爲小妻。其父收幼孤，隨母嫁粲，粲愛而養焉，因姓王氏。官至懷、汴二州長史。

世充捲髮豺聲，沈猜多詭詐，頗窺書傳，尤好兵法，曉龜策推步盈虛，然未嘗爲人言也。開皇中，爲左翊衞，後以軍功拜儀同，授兵部員外郎。善敷奏，明習法律，而舞弄文墨，高下在心。或有駮難之者，世充利口飾非，辭義鋒起，衆雖知其否而莫能屈，稱爲明辯。煬帝世，累遷至江都郡丞。時帝數幸江都，世充善候人主顏色，阿諛順旨，每入言事，帝善之。又以郡丞領江都宮監，乃彫飾池臺，陰奏遠方珍物，以媚於帝，由是益昵之。大業八年，隋始亂，世充內懷徼倖，卑身禮士，陰結豪俊，多收衆心。江淮間人素輕薄，〔七〕又屬賊盜羣起，人多犯法，有繫獄抵罪者，世充枉法出之，以樹私恩。

及楊玄感反，吳人朱燮、晉陵人管崇起兵江南以應之，自稱將軍，擁衆十餘萬。帝遣將軍吐萬緒、魚俱羅討之，不能剋。世充募江都萬餘人，〔八〕擊頻破之。每有剋捷，必歸功於下，所獲軍實，皆推與士卒，身無所取。由此人爭爲用，功最居多。

十年，齊郡賊帥孟讓自長白山寇掠諸郡，至盱眙，有衆十餘萬。世充以兵拒之，而羸師

示弱，保都梁山爲五栅，相持不戰。後因其懈弛，出兵奮擊，大破之，乘勝盡滅諸賊，讓以數十騎遁去，斬首萬人，六畜軍資，莫不盡獲。帝以世充有將帥才略，始遣領兵，討諸小盜，所向破之。然性多矯僞，詐爲善，能自勤苦，以求聲譽。十一年，突厥圍帝於雁門，世充盡發江都人往赴難。在軍中，垢面悲泣，曉夜不解甲，藉草而坐。帝聞之，以爲愛己，益信任之。

十二年，遷爲江都通守。時厭次人格謙爲盜數年，兵十餘萬，在豆子䴚中。世充破斬之，威振羣賊。又擊盧明月，破之於南陽。後還江都，帝大悅，自執杯酒以賜之。時世充又知帝好內，乃言江淮良家多有美女，願備後庭，無由自進。帝愈喜，因密令世充閱觀諸女，資質端麗合法相者，取正庫及應入京物以聘納之。所用不可勝計，帳上所司云敕別用，不顯其實。有合意者，則厚賞世充，或不中者，又以賚之。後令以船送東京，而道路賊起，使者苦役，於淮泗中沈船溺殺之者，前後十數。或有發露，世充爲祕之，又遽簡閱以供進。是後益見親昵。

遇李密攻陷興洛倉，進逼東都，官軍數敗，光祿大夫裴仁基以武牢降于密。帝惡之，大發兵，將討焉。特發中詔遣世充爲將，軍於洛口以拒密。前後百餘戰，互有勝負。世充乃引軍度洛水，逼倉城。李密與戰，世充敗績，赴水溺死者萬餘人。時天寒，大雨雪，兵旣度水，衣皆霑濕，在道凍死者又數萬人，比至河陽，纔以千數。世充自繫獄請罪，越王侗遣使

赦之，召令還都。收合亡散，屯於含嘉城中，不敢復出。

宇文化及殺帝於江都，世充與太府卿元文都、將軍皇甫無逸、右司郎盧楚奉侗爲主。侗以世充爲吏部尚書，封鄭國公。及侗用元文都、盧楚之謀，拜李密爲太尉、尚書令，密遂稱臣，復以兵拒化及於黎陽，遣使獻捷。衆皆悅，世充獨謂其麾下諸將曰：「文都之輩，刀筆吏耳。吾觀其勢，必爲李密所禽。且吾軍人馬每與密戰，殺其父兄子弟，前後已多，一旦爲之下，吾屬無類矣。」出此言以激怒其衆。文都知而大懼，與楚等謀，將因世充入內，伏甲而殺之。期有日矣，將軍段達遣女壻張志以楚等謀告之。世充夜勒兵圍宮城，將軍費曜、田世闍等與戰於東太陽門外。曜軍敗，世充遂攻門而入。無逸以單騎遁走。獲楚，殺之。時宮門尙閉，世充遣人扣門言於侗曰：「元文都等欲執皇帝降于李密，段達知而以告臣。臣非敢反，誅反者耳。」文都聞變，入奉侗於乾陽殿，陳兵衞之。令將帥乘城以拒難，兵敗，侗命開門以納世充。世充悉遣人代宿衞者，明日入謁，頓首流涕而言曰：「文都等無狀，謀相屠害，事急爲此，不敢背國。」侗與之盟。世充尋遣韋節等諷侗，命拜爲尚書左僕射、總督內外諸軍事。又授其兄惲爲內史令，入居禁中。

未幾，李密破化及還，其勁兵良馬多戰死，士卒皆倦。世充欲乘其弊而擊之，恐人心不一，乃假託鬼神，言夢見周公，乃立祠於洛水之上，遣巫宣言周公欲令僕射急討李密，當有

大功，不則兵皆疫死。世充兵多楚人，俗信妖妄，故出此言以惑之。衆皆請戰，世充簡練精勇得二萬餘人，馬千餘疋，營洛水南。密軍偃師北山上。時密新得志於化及，有輕世充之心，不設壁壘。世充遣二百餘騎，潛入北山，伏溪谷中，令軍秣馬蓐食。旣而宵濟，人馬奔馳，比明而薄密。密出兵應之，陣未成列而兩軍合戰，其伏兵蔽山而上，潛登北原，乘高而下，馳壓密營。營中亂，無能拒者，卽入縱火。密軍大驚而潰，降其將張童兒、陳智略。進下偃師。初，世充兄偉及子玄應隨化及至東郡，密得而囚之於城中。至是，盡獲之。又執密長史邴元眞妻子、[九]司馬鄭虔象之母及諸將子弟，皆撫慰之，各令潛呼其父兄。兵次洛口，元眞、鄭虔象等舉倉城以應之。密以數十騎遁逸，世充收其衆而還。東盡于海，南至于江，悉來歸附。

世充又令韋節諷侗，拜己爲太尉，置署官屬，以尙書省爲其府。尋自稱鄭王，遣其將高略帥師攻壽安，不利而旋。又帥師攻圍穀州，三日而退。明年，自稱相國，受九錫，備法物，是後不朝侗矣。有道士桓法嗣者，自言解圖讖，世充昵之。法嗣乃上孔子閉房記，畫作丈夫持一干以驅羊。[一〇]法嗣云：「楊，隋姓也。干一者，王字也。王居楊後，明相國代隋爲帝也。」又取莊子人間世、德充符二篇上之，法嗣釋曰：「上篇言世，下篇言充，此則相國名矣。當德被人間，而應符命爲天子也。」世充大悅曰：「此天命也。」再拜受之。卽以法嗣爲諫議

大夫。世充又羅取雜鳥，書帛係其頸，自言符命而散之於空。或有彈射得鳥而來獻者，亦拜官爵。旣而廢侗，陰殺之，僭卽皇帝位，建元曰開明，國號鄭。

大唐太宗帥師圍之，世充頻出兵，戰輒不利，諸城相繼降欵。世充窘迫，遣使請救於竇建德，建德率兵援之。至武牢，太宗破之，禽建德以詣城下。世充將潰圍而出，諸將莫有應之者，於是出降。至長安，爲讎家所殺。

段達，武威姑臧人。父嚴，周朔州刺史。

達在周，年始三歲，襲爵襄垣縣公。及長，身長八尺，美鬚髯，便弓馬。隋文帝爲丞相，以爲大都督，領親信兵，常置左右。及踐祚，爲左直齋，遷車騎將軍，督晉王府軍事。以擊高智慧功，授上儀同。又破汪文進等，加開府。仁壽初，爲太子左衞副率。大業初，以藩邸之舊，拜左翊衞將軍。從征吐谷渾，進位金紫光祿大夫。帝征遼東，平原郝孝德、清河張金稱等並起爲盜，帝令達擊之，數爲金稱等所挫，諸賊輕之，號爲段姥。後用鄃令楊善會謀，更與賊戰，方致剋捷。還京師，以公事坐免。明年，帝征遼東，使達留守涿郡。俄復拜左翊衞將軍。高陽魏刀兒聚衆，自號歷山飛，寇掠燕、趙。達率涿郡通守郭絢擊敗之。時盜賊

中華書局

既多，達不能因機決勝，唯持重自守，時人皆謂之爲怯懦。

十二年，帝幸江都宮，詔達與太府卿元文都等留守東都。李密縱兵侵掠城下，達與監門郎將龐玉、武牙郎將霍世舉禦之，以功遷左驍衞大將軍。王世充之敗也，密進據北芒，來薄上春門，達與判戶部尚書韋津拒之。達見賊，不陣而走，軍大潰，津沒于密。

及帝崩于江都，達與文都等推越王侗爲主，署開府儀同三司，兼納言，陳國公。元文都等之謀誅王世充，達預焉。既而陰告世充，達爲之內應。及事發，迫越王送文都於世充，世充甚德於達。既破李密，諷越王禪讓。世充僭號，以達爲司徒。及東都平，坐斬，妻子籍沒。

論曰：宇文述便辟足恭，柔顏取悅。君所謂可，亦曰可焉，君所謂不，亦曰不焉。無所是非，不能輕重，默默苟容，偷安高位，甘素餐之責，受彼己之譏。此固君子所不爲，亦丘明之深恥。化及以此下才，負恩累葉。時逢崩拆，不能竭命，乃因利乘便，先圖干紀，率羣不逞，職爲亂階，拔本塞源，裂冠毀冕。釁深指鹿，事切食蹯，天地所不容，人神所同憤矣。世充斗筲小器，遭逢時幸，與蒙獎擢，禮越舊臣。而躬爲戎首，親行鴆毒。竟而蛇豕醜類，繼踵誅夷，梟獍兇魁，相尋葅戮。垂炯戒於來葉，快忠義於當年，爲人臣者，可無殷鑒哉！

校勘記

〔一〕又與諸將破尉惇於永平橋　張森楷云：「隋書卷六一宇文述傳無『平』字。據永橋鎮在懷縣，見尉遲迥傳本書卷六二，則不當有『平』字。」按永橋又見北齊書卷四一傅伏傳、本書卷六四韋孝寬傳。別處無作「永平橋」者，張說疑是。但通志卷一六四宇文述傳亦有「平」字，今不改。

〔二〕述先與于仲文俱奉密旨　諸本「于」訛作「丁」，據隋書改。事見本書卷二三于仲文傳。

〔三〕起化及爲右屯衞將軍智及爲將作少監　諸本無「智及爲」三字，隋書卷八五、通志卷一六四宇文化及傳有。按下文智及本傳云：「帝後思述，拜智及將作少監。」則將作少監非宇文化及之官。此三字乃脫文，今據補。

〔四〕鷹揚郎將孟景　隋書、通志「景」作「秉」，疑此是避唐諱。但隋書亦應避「秉」字，作「秉」或是後人回改。

〔五〕符璽郎牛方裕　隋書、通志「郎」下有「李覆」二字。

〔六〕弟士及恃尚主又輕忽之　諸本「忽」訛作「忿」，據隋書卷八五及通志卷一六四智及傳改。

〔七〕江淮間人素輕薄　隋書卷八五王充傳「薄」作「悍」，是。作「薄」於此處文義不洽。

〔八〕世充募江都萬餘人　諸本「都」訛作「郡」，據隋書、通志卷一六四王世充傳改。

〔九〕又執密長史邴元眞妻子　諸本「邴」作「景」。按作「景」是避唐諱，今從隋書、通志改，從其本姓。

〔一〇〕晝作丈夫持一千以驅羊　諸本「丈」訛作「大」，據隋書、通志改。

北史

唐 李延壽 撰

第九册

卷八〇至卷九一（傳）

中華書局

北史卷八十

列傳第六十八

外戚

賀訥　姚黃眉　杜超　賀迷　閭毗　馮熙　李惠　高肇

胡國珍 從曾孫長粲　楊騰　乙弗繪　趙猛　胡長仁

隋文帝外家呂氏

夫左賢右戚，〔一〕尚德尊功，有國者所以御天下也。殷肇王基，不藉莘氏爲佐；周成王業，未聞姒姓爲輔。然歷觀累代外戚之家，乘母后之權以取高位厚秩者多矣，而鮮能有克終之美，必罹顛覆之患。何哉？皆由乎居上不以至公任物，在下徒用私寵要榮，藺犢引大車，弱質任厚棟，〔二〕無德而尊，不知紀極，忽於滿盈之戒，罔念高危之咎，故鬼瞰其室，憂必及之，所以殺身傾族相繼於兩京也。〔三〕夫誠著艱難，功宜社稷，不以謙沖自牧，未免顛蹶之

禍；而況道不足以濟時，仁不足以利物，自矜於己，以富貴驕人者乎！

魏道武初，賀訥有部衆之業，翼成皇祚，其餘或以勞勤，或緣恩澤。齊氏后妃之族，多自保全。胡長仁以譖訴貽禍，斛律光以地勢被戮，俱非女謁盛衰之所致也。婁昭自以佐命之功，崇其名器，且霸業權輿，時方同德。陵暴之釁，因茲而起。〔四〕其靖德、昭訓一門，並良家遺孽，守死無暇，〔五〕固不足涉言。又子非繼世，權難妄假。昭信非惟素門履道，訖構廢辱，威望之地，自致無由。有周御歷，后門初無與政。既而末跡竊權，竟移鼎璽，斯乃西漢覆車之轍，魏文所以深誡。隋文潛躍之初，獻后便相推轂；煬帝大橫方兆，蕭妃密勿經綸。是以恩禮綢繆，始終不易。然外內親戚，莫預朝權，昆弟在位，亦無殊寵。至於居擅玉堂，家稱金穴，暉光戚里，熏灼四方，將三司以比儀，命五侯而同拜者，終始一代，寂無聞焉。考之前王，可謂矯其弊矣。故雖時經擾攘，無有陷於不義，市朝遷貿，而皆得以保全。比夫憑藉寵私，階緣恩澤，乘其非據，旋就顛隕者，豈可同日而言哉！此所謂愛之以禮者也。

案外戚，魏書有賀訥、劉羅辰、姚黃眉、杜超、賀迷、閭毗、馮熙、李惠、高肇、于勁、胡國珍、李延寔，齊書有趙猛、婁叡、尒朱文暢、鄭仲禮、李祖昇、元蠻、胡長仁，周書不立此篇，隋書有獨孤羅、蕭巋。今以劉羅辰、李峻、于勁、李延寔、婁叡、尒朱文暢、鄭仲禮、李祖昇、元蠻、獨孤羅、蕭巋各附其家傳，其餘並入此篇。又檢楊騰、乙弗繪附之魏末，以備外戚

傳云。

賀訥，代人，魏道武皇帝之舅，獻明后之兄也。其先世爲君長。祖紇，尚平文女。父野干，尚昭成女遼西公主。昭成崩，諸部乖亂，獻明后與道武及衞、秦二王依訥。會苻堅使劉庫仁分攝國事，道武還居獨孤。訥總攝東部爲大人，遷居大寧，行其恩信，衆多歸之，侔於庫仁。苻堅假訥鷹揚將軍。

後劉顯謀逆，道武輕騎歸訥，訥驚拜曰：「官家復國，當念老臣。」帝笑答曰：「誠如舅言，要不忘也。」〔六〕訥中弟染干粗暴，忌帝，常圖爲逆。每爲皇姑遼西公主擁護，故染干不得肆其禍心。諸部大人請訥兄弟，求舉道武爲主，染干不從。遂與諸大人勸進，〔七〕道武登代王位于牛川。

及帝討吐突隣部，訥兄弟遂懷異圖，率諸部救之。帝擊之，大潰，訥西遁。衞辰遣子直力鞮征訥，訥告急請降。〔八〕道武簡精騎二十萬救之，遂徙訥部落及諸弟，處之東界。訥又通於慕容垂，垂以訥爲歸善王。染干謀殺訥而代立，訥遂與染干相攻。垂遣子麟討之，敗染干於牛都，破訥於赤城。道武遣師救訥，麟乃引退。訥從道武平中原，拜安遠將軍。

其後離散諸部，分土定居，不聽遷徙，其君長大人，皆同編戶。訥以元舅，甚見尊重，然無統領。以壽終於家。

訥弟盧，亦從平中原，以功賜爵遼西公。帝遣盧會衞王儀伐鄴，而盧自以帝之季舅，不肯受儀節度。帝遣使切責之，盧遂忿恨，與儀司馬丁建構成其嫌，彌加猜忌。會道武敕儀去鄴，盧亦引歸。道武以盧爲廣川太守，盧性雄豪，恥居冀州刺史王輔下，襲殺輔，奔慕容德。德以爲幷州刺史、廣寗王。廣固敗，盧亦沒。

訥從父弟悅。初，道武居賀蘭部下，人情未甚附，唯悅舉部隨從。又密爲帝祈禱天神，請成大業，出於誠至。帝嘉之，甚見寵待。後平中原，以功賜爵鉅鹿侯，進爵北新，〔九〕卒。子泥襲爵，後降爲肥如侯。道武崩，京師草草，泥出舉烽於安陽城北，賀蘭部人皆往赴之。明元即位，乃罷。詔泥與元渾等八人拾遺左右。與北新侯安同持節行幷、定二州，劾奏幷州刺史元六頭等，皆伏罪，州郡肅然。後從太武征赫連昌，以功進爵爲琅邪公，軍國大議，每參豫焉。又征蠕蠕，爲別道將，坐逐賊不進，詐增虜，〔一〇〕當斬，贖爲庶人。久之，拜光祿勳，爲外都大官，復本爵。卒官，子醜建襲。

姚黄眉，姚興之子，明元昭哀皇后之弟也。姚泓滅，黄眉間來歸魏。明元厚禮待之，賜爵隴西公，尚陽翟公主，拜駙馬都尉，賜隸戶二百。〔一一〕太武卽位，遷內都大官，後拜太常卿，卒。贈雍州刺史、隴西王，謚曰獻，陪葬金陵。黄眉寬和溫厚，希言得失，太武悼惜之，故贈禮有加。

杜超字祖仁，魏郡鄴人，密皇后之兄也。少有節操。泰常中，爲相州別駕。始光中，太武思念舅氏，以超爲陽平公，尚南安長公主，拜駙馬都尉，位大鴻臚卿。車駕幸其第，賞賜巨萬。神䴥三年，以超行征南大將軍、太宰，進爵爲王，鎭鄴。追加超父豹鎭東大將軍、陽平景王，母曰鉅鹿惠君。眞君五年，超爲帳下所害，太武臨其喪，哀慟者久之。謚曰威王。

長子道生賜爵城陽侯，後爲秦州刺史，進爵河東公。道生弟鳳凰襲超爵，〔一二〕加侍中、特進。太武追思超不已，欲以鳳凰爲定州刺史。鳳凰不願違離闕庭，乃止。鳳凰弟道儁賜爵發干侯，鎭枋頭，除兗州刺史。

超既薨，復授超從弟遺侍中、安南將軍、開府、相州刺史，入爲內都大官，進爵廣平王。遺性忠厚，頻歷州郡，所在著稱。薨，贈太傅，謚曰宣王。

長子元寶，位司空。元寶弟胤寶，司隸校尉。元寶又進爵京兆王。及歸而父遺喪，〔一三〕明當入謝，元寶欲以表聞，文成未知遺薨，怪其遲，召之。元寶將入，時人止之曰：「宜以家憂自辭。」元寶欲見其寵，不從，遂冒哀而入。未幾，以謀反伏誅，親從皆斬，唯元寶子世衡逃免。時朝議欲追削超爵位，中書令高允上表理之。後兗州故吏汲宗等，以道儁遺惠在人，前從坐爵受誅，〔一四〕委骸土壤，求得收葬。書奏，詔義而聽之。贈散騎常侍、安南將軍、南康公，謚曰昭。世衡襲遺公爵。

賀迷，代人，太武敬哀皇后之從父也。皇后生景穆。初，后少孤，父兄近親唯迷，〔一五〕故蒙賜爵長鄉子。卒，贈光祿大夫、五原公。

閭毗，代人，蠕蠕主大檀之親屬，太武時自其國來降。毗卽恭皇后之兄也。后生文成。文成太安二年，以毗爲平北將軍，賜爵河東公；弟紇爲寗北將軍，賜爵零陵公。其年，並加侍中，進爵爲王。毗，征東將軍、評尙書事；紇，征西將軍、中都大官。自餘子弟賜爵爲王者二人，公五人，侯六人，子三人，同時受拜，所以隆崇舅氏。和平二年，追謚后祖父延定襄康公，父辰定襄懿王。〔一六〕毗薨，贈太尉，追贈毗妻河東王妃。子惠襲。

紇薨，贈司空。子豆，後賜名莊。太和中，初立三長，以莊爲定戶籍大使，甚有時譽。十六年，例降爵。後爲七兵尚書，卒。

紇弟染，位外都大官、冀州刺史、江夏公，卒。

先是，文成以乳母常氏有保護功，既卽位，尊爲保太后，後尊爲皇太后。興安二年，太后前兄英字世華，自肥如令超爲散騎常侍、鎭軍大將軍，賜爵遼西公；弟喜，鎭軍大將軍、祠曹尚書、帶方公；三妹皆封縣君；妹夫王睹爲平州刺史，遼東公。追贈英祖父苻堅扶風太守亥爲鎭西將軍、遼西簡公；〔一七〕父勃海太守澄爲侍中、〔一八〕征東大將軍、太宰、遼西獻王；英母許氏博陵郡君。遣兼太常盧度世持節改葬獻王於遼西，樹碑立廟，置守冢百家。太安初，英爲侍中、征東大將軍、太宰，進爵爲王；喜左光祿大夫，改封燕郡；從兄泰爲安東將軍、朝鮮侯；訢子伯夫，〔一九〕散騎常侍、選部尚書；次子員，金部尚書；喜子振，太子庶子。三年，英領太師，評尚書事，內都大官，伏寶泰等州刺史。〔二〇〕五年，詔以太后母宋氏爲遼西王太妃。和平元年，喜爲洛州刺史。

初，英事宋不能謹，而睹奉宋甚至，就食於和龍，無車牛，宋疲不進，睹負宋於笈。至是，宋於英等薄，不如睹之篤。謂太后曰：「何不王睹而黜英？」太后曰：「英爲長兄，門戶主也，家內小小不順，何足追計。睹雖盡力，故是他姓，奈何在英上。本州郡公，亦足報耳。」天安中，英爲平州刺史，訢爲幽州刺史，伯夫進爵范陽公。英濁貨，徙敦煌。諸常自興安及至是，〔二一〕皆以親疏受爵賜田宅，時爲隆盛。後伯夫爲洛州刺史，以贓汙欺妄，徵斬於京師。承明元年，徵英復官。薨，謚遼西平王。始英之徵也，夢日墜其所居黃山下水中，村人以車牛挽致不能出，英獨抱載而歸。聞者異之。

後員與伯夫子禽可共爲飛書，誣謗朝政。事發，有司執憲，刑及五族。孝文以昭太后故，〔二二〕罪止一門。訢年老，赦免歸家，恕其孫一人扶養之，給奴婢田宅。其家僮入者百人，金錦布帛數萬計，賜尚書已下宿衞已上。其女壻及親從在朝，皆免官歸本鄉。十一年，孝文、文明太后以昭太后故，〔二三〕悉出其家前後沒入婦女，以喜子振試守正平郡，卒。

馮熙字晉國，長樂信都人，文明太后之兄也。祖弘，北燕王。太武平遼海，熙父朗內徙，官至秦雍二州刺史、遼西郡公，坐事誅。文明太后臨朝，追贈假黃鉞、太宰、燕宣王，立

廟長安。

熙生於長安，爲姚氏魏母所養。以叔父樂陵公邈因戰入蠕蠕，魏母攜熙逃避至氐羌中撫育。年十二，好弓馬，有勇幹，氐羌皆歸附之。魏母惡其如此，將還長安，始就博士學問。從師受孝經、論語，好陰陽兵法事。及長，游華陰、河東二郡間。性汎愛，不拘小節，人無士庶，來則納之。

熙姑先入掖庭，爲太武左昭儀。妹爲文成帝后，卽文明太后也。使人外訪，知熙所在，徵赴京師，拜冠軍將軍，賜爵肥如侯，尙景穆女博陵長公主，拜駙馬都尉。出爲定州刺史，進爵昌黎王。獻文卽位，爲太傅，累拜內都大官。孝文卽位，文明太后臨朝，帝乃承旨以熙爲侍中、太師、中書監，領祕書事。熙以頻履師傅，又中宮之寵，爲羣情所駭，心不自安，乞轉外任。文明太后亦以爲然，除都督、洛州刺史，侍中、太師如故。

洛陽雖經破亂，而舊三字石經宛然猶在，至熙與常伯夫相繼爲州，廢毀分用，大至頹落。熙爲政不能仁厚，而信佛法。自出家財在諸州鎭建佛圖精舍，合七十二處。寫十六部一切經，延致名德沙門，日與講論，精勤不倦，所費亦不貲。而營塔寺多在高山秀阜，傷殺人牛。有沙門勸止之，熙曰：「成就後，人唯見佛圖，焉知殺人牛也。」其北芒寺碑文，中書侍郎賈元壽詞，孝文頻登北芒寺，親讀碑文，稱爲佳作。熙爲州，因取人子女爲奴婢，有容色

者幸之爲妾，有子女數十人，號爲貪縱。

後授內都大官，太師如故。熙事魏母孝謹，如事所生。魏母卒，乃散髮徒跣，水漿不入口三日。詔不聽服，熙表求依趙氏之孤，帝以熙情難奪，聽服齊衰，期。後以例降，改封京兆郡公。

帝納其女爲后，曰：「白武通云：王所不臣，數有三焉。妻之父母，抑言其一。此所謂供承宗廟，不欲奪私心。然吾季著於春秋，無臣證於往牒，既許通體之一，用開至尊之敬。比長秋配極，陰政既敷，未聞有司，陳奏斯式。可詔太師，輟臣從禮。」又勅集書造儀付外。孝文前後納熙三女，二爲后，一爲左昭儀。由是馮氏寵貴益隆，賞賜累巨萬。帝每詔熙上書不臣，入朝不拜，熙上書如舊。

熙於後遇疾，綿寢四載，詔遣監問，道路相望，車駕亦數幸焉。將遷洛，帝親與熙別，見其困篤，歔欷流涕。密敕宕昌公王遇曰：〔二四〕「太師萬一，卽可監護喪事。」十九年，薨於代。車駕在淮南，留臺表聞，還至徐州，乃舉哀，爲制緦服。詔有司預辨凶儀，幷開魏京之墓，令公主之柩，俱向伊洛。凡所營送，皆公家爲備。又敕代給綵帛，前後六千匹，以供凶用。皇后詣代都赴哭，太子恂亦赴代哭弔。將葬，贈假黃鉞、侍中、都督十州諸軍事、大司馬、太尉、冀州刺史，加黃屋、左纛，備九錫、前後部羽葆鼓吹，皆依晉太宰、安平獻王故事。有司

奏謚，詔曰：「可以威强恢遠曰武，奉謚於公。」柩至洛七里澗，〔三五〕帝服縗往迎，叩靈悲慟而拜焉。葬日，送臨墓所，親作誌銘。

主生二子，誕、脩。

誕字思正，脩字寶業，皆姿質妍麗。年纔十餘，文明太后俱引入禁中，申以教誡。然不能習讀經史，兄弟並無學術，徒整飾容儀，寬雅恭謹而已。誕與孝文同歲，幼侍書學，仍蒙親待，尙帝妹樂安長公主，拜駙馬都尉、侍中、征西大將軍、南平王。脩侍中、鎭北大將軍、尙書、東平公。又除誕儀曹尙書，知殿中事。及罷庶姓王，誕爲侍中、都督中外諸軍事、中軍將軍、特進，改封長樂郡公。誕拜官，孝文立於庭，遙受其拜，旣訖還室。脩降爲侯。

誕、脩雖並長宮禁，而性趣乖別。誕性淳篤，脩乃浮競。誕亦未能誨督其過，然時言於太后。孝文嚴責之，至於楚捶。由是陰懷毒恨，遂結左右有憾於誕者，求藥，欲因食害誕。事覺，帝自詰之，具得情狀。誕引過謝，乞全脩命。帝以誕父老，又重其意，不致於法，撻之百餘，黜爲平城百姓。脩妻，司空穆亮女也，求離婚，請免官。帝引管、蔡事，皆不許。

帝寵誕，仍作同輿而載，〔三六〕同案而食，同席坐臥。彭城王勰、北海王詳雖直禁中，然親近不及。十六年，以誕爲司徒。帝旣愛誕，除官日，親爲制三讓表，幷啓。將拜，又爲其章

謝。尋加車騎大將軍、太子太師。十八年，帝謂其無師傅獎導風，誕深自誨責。

從駕南伐，十九年，至鍾離。誕遇疾，不能侍從，帝日省問，醫藥備加。帝銳意臨江，乃命六軍發鍾離南轅，與誕泣訣，左右皆入，無不掩涕。時誕已惙然，强坐視帝，悲而淚不能下，言「夢太后來呼臣」。帝嗚咽，執手而出，遂行。是日，去鍾離五十里許，昏時，告誕薨問，帝哀不自勝。時崔慧景、裴叔業軍在中淮，去所次不過百里，帝乃輕駕西還，從者數千人，夜至誕薨所，拊屍哀慟，若喪至戚，達旦聲淚不絕。從者亦迭舉音。帝以所服衣帢充襚，親自臨視，徹樂去膳，宣敕六軍，止臨江之駕。帝親北度，慟哭極哀。喪至洛陽，車駕猶在鍾離。詔留守賜賻物布帛五千匹、穀五千斛，以供葬事。贈假黃鉞、使持節、大司馬，領司徒，侍中、都督，太師、駙馬、公如故。加以殊禮，備錫九命，依晉大司馬、齊王攸故事。有司奏謚，詔曰：「案謚法，主善行德曰元，柔剋有光曰懿。昔貞惠兼美，受三謚之榮；忠武雙徽，錫兩號之茂。式準前訓，宜契具瞻。旣自少綢繆，知之惟朕，案行定名，謚曰元懿。」帝又親爲作碑文及挽歌詞，皆窮美盡哀，事過其厚。車駕還京，遂親至誕墓，停車而哭。使彭城王勰詔羣官脫朱衣，服單衣介幘而哭司徒，貴者示以朋友，微者示如僚佐。公主貞厚有禮度，產二男。

長子穆，字孝和，襲熙爵，避皇子愉封，改封扶風郡公。尙孝文女順陽長公主，拜駙馬都尉。歷員外通直散騎常侍。穆與叔輔興不和。輔興亡，贈相州刺史，祖載在庭，而穆方高車良馬，恭受職命，言宴滿堂，忻笑自若，爲御史中尉、東平王匡所劾。後位金紫光祿大夫，遇害河陰，贈司空、雍州刺史。子冏，字景昭，襲爵昌黎王。尋以庶姓罷王，仍襲扶風郡公。子峭，字子漢，齊受禪，例降。

穆弟顥，襲父誕長樂郡公。

脩弟聿，字寶興，廢后同產兄也。位黃門郎、信都伯。後坐妹廢，免爲長樂百姓。宣武時，卒於河南尹。

聿同產弟風，幼養於宮，文明太后特加愛念。數歲賜爵至北平王，〔三七〕拜太子中庶子，出入禁闥，寵侔二兄。孝文親政後，恩寵稍衰，降爵爲侯。幽后立，乃復敍用。后死，亦冗散。卒，贈青州刺史。

崔光之兼黃門也，與聿俱直。光每謂之曰：「君家富貴大盛，終必衰敗。」聿云：「我家何負四海，乃呪我也！」光云：「以古推之，不可不愼。」時熙爲太保，誕司徒、太子太傅，脩侍中、尙書，聿黃門，廢后在位，禮愛未弛。是後歲餘，脩以罪棄，熙、誕喪亡，后廢，聿退。時人以爲盛必衰也。

李惠，中山人，思皇后之父也。父蓋，少知名，歷位殿中都官二尙書、左將軍、南郡公。初，太武妹武威長公主，故涼王沮渠牧犍之妻，太武平涼州，頗以公主通密計之助，故寵遇差隆，詔蓋尙焉。蓋妻與氏以是出。〔三八〕後蓋加侍中、駙馬都尉、殿中都官尙書、右僕射。卒官，贈征南大將軍、定州刺史、中山王，謚曰莊。

惠弱冠襲父爵，妻襄城王韓頹女，生二女，長卽后也。惠歷位散騎常侍、侍中、征西大將軍、秦益二州刺史，進爵爲王。轉雍州刺史、征南大將軍，加長安鎭大將。

惠長於思察。雍州廳事，有燕爭巢，鬭已累日，惠令人掩獲，試命綱紀斷之，並辭。惠乃使卒以弱竹彈兩燕，旣而一去一留，惠笑謂吏屬曰：「此留者自計爲巢功重，彼去者旣經楚痛，理無固心。」羣下伏其深察。人有負鹽負薪者，同釋重擔息樹陰，二人將行，爭一羊皮，各言藉背之物。惠遣爭者出，顧州綱紀曰：「此羊皮可拷知主乎？」羣下咸無答者。惠令人置羊皮席上，以杖擊之，見少鹽屑，曰：「得其實矣。」使爭者視之，負薪者乃伏而就罪。凡所察究，多如此類，由是吏人莫敢欺犯。後爲開府儀同三司、青州刺史，王如故。歷政有美績。

惠素爲文明太后所忌，誣惠將南叛，誅之。惠二弟初、樂與惠諸子同戮。後妻梁氏亦

死青州，盡沒其家財。惠本無釁故，天下寃惜焉。

惠從弟鳳爲定州刺史安樂王長樂主簿。[二九]後長樂以罪賜死，時卜筮者河間邢瓚辭引鳳，云長樂不軌，鳳爲謀主，伏誅。唯鳳弟道念與鳳子及兄弟之子皆逃免，後遇赦乃出。太和十二年，孝文將爵舅氏，詔訪存者。而惠諸從以再離孥戮，難於應命。唯道念敢先詣闕，乃申后妹及鳳兄弟子女之存者。於是賜鳳子屯爵柏人侯，安祖浮陽侯，興祖安喜侯，道念眞定侯，從弟寄生高邑子，皆加將軍。十五年，安祖昆弟四人，以外戚蒙見。詔謂曰：「卿之先世，內外有犯，得罪於時。然官必用才，以親非興邦之選。外氏之寵，超於末葉。[三〇]從今已後，自非奇才，不得復外戚謬班抽舉。旣無殊能，今且可還。」後例降爵，安祖等改侯爲伯，並去軍號。

帝奉馮氏過厚，於李氏過薄，舅家了無敍用，朝野人士，所以竊議，太常高閭，顯言于禁中。及宣武寵隆外家，並居顯位。乃惟孝文舅氏，存已不霑恩澤。[三一]景明末，特詔興祖爲中山太守。正始初，詔追崇惠爲使持節、驃騎將軍、開府儀同三司、定州刺史、中山公。太常考行，上言：案諡法，武而不遂曰壯，諡曰壯公。

興祖自中山遷燕州刺史，卒。以兄安祖子侃晞爲後，襲先封南郡王。後以庶姓罷王，改爲博陵郡公。侃晞爲莊帝所親幸，拜散騎常侍、嘗食典御，帝之圖尒朱榮，侃晞與魯安等

持刃於禁內殺榮，及莊帝蒙塵，侃晞奔梁。

高肇字首文，文昭皇太后之兄也。自云本勃海蓨人。五世祖顧，晉永嘉中，避亂入高麗。父颺，字法脩。孝文初，與弟乘信及其鄉人韓內、冀富等入魏，拜厲威將軍、河間子；乘信明威將軍。俱待以客禮。遂納颺女，是爲文昭皇后，生宣武。颺卒。景明初，宣武追思舅氏，徵肇兄弟等。錄尚書事、北海王詳等奏，颺宜贈左光祿大夫，賜爵勃海公，諡曰敬。其妻蓋氏，宜追封清河郡君。詔可。又詔颺嫡孫猛襲勃海公爵，封肇平原郡公，肇弟顯澄城郡公，三人同日受封。始宣武未與舅氏相接，將拜爵，乃賜衣幘，引見肇、顯于華林都亭。皆甚惶懼，舉動失儀。數日之間，富貴赫奕。是年，咸陽王禧誅，財物珍寶、奴婢、田宅多入高氏。未幾，肇爲尚書右僕射、冀州大中正，尙宣武姑高平公主，遷尚書令。

肇出自夷土，時望輕之，及在位居要，留心百揆，孜孜無倦，世咸謂之爲能。宣武初，六輔專政，後以咸陽王禧無事構逆，由是委肇。肇旣無親族，頗結朋黨，附之者旬月超昇，背之者陷以大罪。以北海王詳位居其上，構殺之。又說宣武防衞諸王，殆同囚禁。時順皇后暴崩，世議言肇爲之。皇子昌薨，僉謂王顯失於醫療，承肇意旨。及京兆王愉出爲冀州刺

史，畏肇恣擅，遂至不軌。肇又譖殺彭城王勰。由是朝野側目，咸畏惡之。因此專權，與奪任己。又嘗與清河王懌於雲龍門外廡下，[三二]忽忿諍，大至紛紜。太尉、高陽王雍和止之。高后旣立，逾見寵信。肇旣當衡軸，每事任己，本無學識，動違禮度。好改先朝舊制，減削封秩，抑黜勳人，由是怨聲盈路矣。

延昌初，遷司徒。雖貴登台鼎，猶以去要快快，衆咸嗤笑之。父兄封贈雖久，竟不改瘞。三年，乃詔令還葬，肇不自臨赴，唯遣其兄子猛改服詣代，遷葬於鄉。時人以肇無識，哂而不責也。及大舉征蜀，以肇爲大將軍、都督諸軍，爲之節度。與都督甄琛等二十餘人，俱面辭宣武於東堂，親奉規略。是日，肇所乘駿馬，停於神獸門外，無故驚倒，轉臥渠中，鞍具瓦解，衆咸怪異，肇出，惡焉。

四年，宣武崩，赦，罷征軍。明帝與肇及征南將軍元遙等書，稱諱言以告凶問。肇承變，非唯仰慕，亦憂身禍，朝夕悲泣，至于羸悴。將至，宿瀍澗驛亭，家人夜迎省之，皆不相視，直至闕下，縗服號哭，昇太極殿，盡哀。太尉高陽王先居西柏堂，專決庶事，與領軍于忠，密欲除之。潛備壯士直寢邢豹、伊盆生等十餘人於舍人省下，肇哭梓宮訖，於百官前引入西廊，清河王懌、任城王澄及諸王等皆竊言目之。肇入省，壯士搤而拉殺之，下詔暴其罪惡，稱爲自盡。自餘親黨，悉無追問，削除職爵，葬以士禮。逮昏，乃於厠門出其尸歸家。初

肇西征，行至函谷，車軸中折，從者皆以爲不獲吉還也。靈太后臨朝，令特贈營州刺史。永熙二年，孝武帝贈使持節、侍中、中外諸軍事、太師、大丞相、太尉公、錄尚書事、冀州刺史。

肇子植，自中書侍郎爲濟州刺史，率州軍討破元愉別將。有功，當蒙封賞，不受，云：「家荷重恩，爲國致効，是其常節，何足以膺進陟之報？」懇惻發於至誠。歷青、相、朔、恒四州刺史，卒。植頻莅五州，皆清能著稱，當時號爲良刺史。贈安北將軍、冀州刺史。

肇長兄琨，早卒。襲颺封勃海郡公，贈都督五州諸軍事、鎭東大將軍、冀州刺史。詔其子猛嗣。

猛字豹兒，尙長樂公主，卽宣武同母妹也。拜駙馬都尉，歷位中書令，出爲雍州刺史，有能名。入爲殿中尙書，卒。贈司空、冀州刺史。孝武帝時，復贈太師、大丞相、錄尙書事。公主無子，猛先在外有男，不敢令主知，臨終方言之，年幾三十矣。乃召爲喪主。尋卒，無後。

琨弟偃，字仲游。太和十年，卒。正始中，贈安東將軍、都督、青州刺史，諡曰莊侯。景明四年，宣武納其女爲貴嬪，及于順皇后崩，永平元年，立爲皇后。二年，八坐奏封后母王氏爲武邑郡君。

偃弟壽，早卒。壽弟卽肇也。肇弟顯，侍中、高麗國大中正，早卒。

胡國珍字世玉，安定臨涇人也。祖略，姚興勃海公姚逵平北府諮議參軍。父深，赫連屈丏給事黃門侍郎。太武剋統萬，深以降款之功，賜爵武始侯。後拜河州刺史。

國珍少好學，雅尙淸儉。太和十五年襲爵，例降爲伯。女以選入掖庭，生明帝，卽靈太后也。孝明帝踐祚，以國珍爲光祿大夫。靈太后臨朝，加侍中，封安定郡公。追崇國珍妻皇甫氏爲京兆郡君，置守冢十戶。尙書令、任城王澄奏，安定公宜出入禁中，參諮大務。詔屈公入決萬機。尋進位中書監、儀同三司，侍中如故。賜絹，歲八百疋，妻梁四百匹，男女姊妹各有差。國珍與太師高陽王雍、太傅淸河王懌、太保廣平王懷入居門下，同釐庶政。詔依漢車千秋、晉安平王故事，給步挽一乘，自掖門至于宣光殿，得以出入，幷備几杖。後與侍中崔光，俱授帝經，侍直禁中。國珍上表陳刑政之宜，詔皆施行。

熙平初，加國珍使持節、都督、雍州刺史，〔三三〕驃騎大將軍開府。靈太后以國珍年老，不欲令其在外，且欲示以方面之榮，竟不行。遷司徒公，侍中如故。就宅拜之，靈太后、明帝率百僚幸其第，宴會極歡。又追京兆郡君爲秦太上君。太上君景明三年薨於洛陽，於此十六年矣。太后以太上君墳瘞卑局，更增廣，爲起塋域門闕碑表。侍中崔光等奏：「按漢高祖

母始諡曰昭靈夫人，後爲昭靈后；薄太后母曰靈文夫人。皆置園邑三百家，長丞奉守。今秦太上君未有尊諡，陵寢孤立，卽秦君名，宜上終稱，兼設掃衞，以慰情典。請上尊諡曰孝穆，權置園邑三十戶，立長丞奉守。」太后從之。封國珍繼室梁氏爲趙平郡君。元叉妻拜爲女侍中，封新平郡君，又徙封馮翊君。國珍子祥妻長安縣公主，卽淸河王懌女也。

國珍年雖篤老，而雅敬佛法，時事潔齋，自禮拜。至於出入侍從，猶能跨馬據鞍。神龜元年四月七日，步從所建佛像，發第至閶闔門四五里。八日，又立觀像，晚乃肯坐。勞熱增甚，因遂寢疾。靈太后親侍藥膳，十二日薨，年八十。給東園溫明祕器，五時朝服各一具，衣一襲，贈布五千匹，錢一百萬，蠟千斤。大鴻臚持節監護喪事。太后還宮，成服於九龍殿，遂居九龍寢室。明帝服小功服，舉哀於太極東堂。又詔自始薨至七七，皆爲設千僧齋，齋令七人出家；百日設萬人齋，二七人出家。先是巫覡言將有凶，勸令爲厭勝法，國珍拒而不從，云吉凶有定分，唯修德以禳之。臨死，與太后訣，云「母子善臨天下」，殷勤至於再三。又及其子祥云：「我唯有一子，死後勿如比來威抑之」。靈太后以其好戲，時加威訓，國珍故以爲言。

始國珍欲就祖、父，西葬舊鄉；後緣前世諸胡多在洛葬，有終洛之心。崔光嘗對太后前問國珍：「國公萬年後，爲在此安厝？爲歸長安？」國珍言：「當陪葬天子山陵。」及病危，太后

請以後事，竟言還安定。語遂惛忽。太后問淸河王懌與崔光等，議去留。懌等皆以病亂，請從先言。太后猶記崔光昔與國珍言，遂營墓於洛陽。太后雖外從衆議，而深追臨終之語，云：「我公之遠慕二親，亦吾之思父母也。」追崇假黃鉞、使持節、侍中、相國、都督中外諸軍事、太師，領太尉公、司州牧，號太上秦公，加九錫，葬以殊禮，給九旒鑾輅，武賁班劍百人，前後部羽葆鼓吹，轀輬車；諡曰文宣公。賜物三千段，粟一千五百石。又詔贈國珍祖父、父、兄下逮從子，皆有封職。持節就安定監護喪事。〔三四〕靈太后迎太上君神柩還第，與國珍俱葬，贈禭一與國珍同。及國珍神主入廟，詔太常權給以軒縣之樂，六佾之舞。

初，國珍無男，養兄眞子僧洗爲後。後納趙平君，生子祥，字元吉，襲封。故事，世襲例皆減邑，唯祥獨得全封。趙平君薨，給東園祕器，明帝服小功服，舉哀于東堂，靈太后服齊衰，期。葬於太上君墓左，不得祔合。祥歷位殿中尙書、中書監、侍中，改封平涼郡公。薨，贈開府儀同三司、雍州刺史，諡曰孝景。

僧洗字湛輝，封爰德縣公，位中書監、侍中，改封濮陽郡公。僧洗自永安後廢棄，不預朝政。天平四年，薨。詔給東園祕器，贈太師、太尉公、錄尙書事、雍州刺史，諡曰孝。

眞長子寧，字惠歸，襲國珍先爵，改爲臨涇伯，後進爲公。歷岐涇二州刺史，卒，諡曰孝穆。女爲淸河王亶妃，生孝靜皇帝。武定初，贈太師、太尉公、錄尙書事，諡曰孝昭。

子虔，字僧敬。元叉之廢靈太后，虔時爲千牛備身，與備身張車渠等謀叉。事發，叉殺車渠等，虔坐遠徙。靈太后反政，徵爲吏部郎中。太后好以家人禮與親族宴戲，虔常致諫，由是，後宴讌多不預焉。出爲涇州刺史，封安陽縣侯。興和三年，以帝元舅，超遷司空公。薨，贈太傅、太尉公、尙書僕射、徐州刺史，諡曰宣。葬日，百官會葬，乘輿送於郭外。子長粲。

長粲仕齊，累遷章武太守，爲政淸靜，頗得人和。除兼幷省尙書左丞，當官正色，無所回避。尙書左僕射趙彥深密勿樞要，中書舍人裴澤便蕃左右，以殿門受拜，皆彈糾之。彥深等頗有恨言，長粲不以介意。後主踐祚，長粲被敕，與黃門馮子琮出入禁中，專典敷奏。武成還鄴，後主在晉陽，長粲仍受委留後。後主從武成還鄴，仍敕在京省判度支尙書，監議五禮。武成崩，與領軍婁定遠、錄尙書趙彥深、左僕射和士開、高文遙、領軍綦連猛、高阿那肱、右僕射唐邕，同知朝政，時人號爲八貴。於後定遠、文遙並出，唐邕專典外兵，綦連猛、高阿那肱別總武任，長粲常在左右，兼宣詔令。從幸晉陽。後主旣富於春秋，庶事皆相歸委。長粲盡心毗奉，甚得名譽。又正爲侍中。丁母憂，給假馳驛奔喪。尋有詔，起復前任。隴東王長仁心欲入處機要之地，爲執政不許。長仁疑長粲通謀，大以爲恨，言於太后，發其

陰私，請出爲州。太后爲言於後主，不獲已，從焉。除趙州刺史。及辭，眷戀流涕，後主亦憫然慰勉之。至州，存心政事，爲人吏所懷。因沐髮，手不得舉，失瘖，卒於州。後主聞而傷悼，在朝文武嗟嘆，咸惜之。贈司空公、尚書左僕射、瀛州刺史，謚文貞公。

長粲性溫雅，在官清潔。但始居要密，便爲子叔泉取清河崔德儉女爲妻。〔三五〕在晉陽處分，用妻弟王遜與德儉對爲司徒主簿，時論以此譏之。又性好內，有一侍婢，其妻王驕妬，手刺殺之，爲此忿恨，數年不相見。親表爲之語曰：「自我不見，于今三年。」後納妾李氏，仍與王氏別宅，亦無朝拜之禮。嫠婦公孫氏也，已殺三夫，長粲不信，强取之，令與李氏同住，未期而亡。子仲操，位陳留太守。次叔泉，通直散騎侍郎。

先是，望氣者上言，太白食昴，法當大赦。和士開奏聞，詔降罪人以應之。尚書左僕射徐之才諳練往事，語士開曰：「天垂象，見吉凶，有成災者，有不成災者。案昴，趙分，或云趙地有災。古者，王侯各在封邑，故分野有災，當其君長。今吾等虛名，竟不之國。刺史專令一境，善惡所歸，比來多以刺史爲驗。」未幾而長粲死焉。

長粲弟盛，字歸興，位左衞將軍，賜爵江陽男。歷幽、瀛二州刺史，爲政淸靜，人吏愛之。轉冀州刺史，卒。贈司徒公、錄尚書事、定州刺史，追封陽平郡公，謚曰懿穆。明帝後納其女爲皇后。〔三六〕

太后舅皇甫集，字元會，〔三七〕一字文都，安定朝那人。封涇陽縣公，位儀同三司、雍州刺史、右衞大將軍，贈侍中、司空公，謚曰靜。

集弟度，字文亮，封安縣公，〔三八〕累遷尚書左僕射，領左衞將軍。度頑嚚，每與人言，自稱僕射，時人方之毛嘉。正光初，元叉出之爲都督、瀛州刺史。度不願出，頻表固辭，乃除右光祿大夫。孝昌元年，爲司空，領軍將軍，加侍中。元叉之見出也，恐朝夕誅滅，度與妻陳氏，多納其貨，爲之左右。度無子，養兄集子熙爲子。子熙娉趙郡太守裴佗女。佗還京師，度問佗外何消息，佗曰：「行路所聞，唯道明公多取元叉金帛，遠近無不慨歎。公宜戮此罪人，以謝天下。」陳氏聞而惡之。又攝吏部事，還司徒，兼尚書令，不拜。尋轉太尉，孜孜營利，老而彌甚。遷授之際，皆自請乞。靈太后知其無用，以舅氏，難違之。然所歷官，最爲貪蠹。尒朱榮入洛，西奔兄子華州刺史邕，尋與邕爲人所殺。

楊騰，弘農人，文帝之舅也。父貴，琅邪郡守，封華陰男。騰妹爲京兆王愉妃，故騰得處貴游。景明初，襲爵。後爲襄城太守，甚有聲稱。文帝即位，位開府儀同三司，出鎮河東。薨，贈司空、雍州刺史，謚曰貞襄。子盛。

乙弗繪，河南洛陽人，文帝皇后之兄也。文帝即位，位開府儀同三司、侍中、中書監、魏昌縣公，又爲吏部尚書。

趙猛，太安狄那人也。姊爲齊文穆皇帝繼室，〔三九〕生趙郡公琛。猛性方直，頗有器幹。齊神武舉義，以預義勳，封信都縣伯。累遷南營州刺史。卒，贈司空公。

胡長仁字孝隆，安定臨涇人，齊武成皇后長兄也。父延之，魏中書令、兗州刺史。大寧中，贈司空公。

長仁以內戚，歷位尚書左僕射、尚書令。及武成崩，預參朝政，封隴東郡王。左丞鄒孝裕、郎中陸仁惠、盧元亮厚相結託。長仁每上省，孝裕必方駕而來。省務既繁，簿案堆積，

令史欲諮都坐者，日有百數。孝裕屏人私話，朝退亦相隨，仁惠、元亮又伺間而往，〔四〇〕停斷公事，人號爲三佞。長仁私遊仄密，處處追尋。孝裕勸其求進，和士開深疾之，於是奏除孝裕爲章武郡守，元亮爲淮南郡守，仁惠爲幽州長史。孝裕又說長仁曰：「王陽臥疾，和士開必來，因而殺之。入見太后，不過百日失官，便代其處。」士開知其謀，更徙孝裕爲北營州建德郡守。長仁每干執事，求爲領軍。將相文武以主上富於春秋，母后家不可專政，故抑而不許。以本官攝選。長仁性好威福，意猶未盡。先是尚書胡長粲奏事內省，長仁疑粲間已，苦請太后出之。

天統五年，從駕自幷還鄴，夜發滏口，帝以夜漏尚早，停於路傍。長仁後來，謂是從行諸貴，遂遣門客程牙馳騎呼問。帝遣中尚食陳德信問是何人，牙不答而走。帝命左右追射之，旣而捉獲，因令壯士撲之，決馬鞭二百，牙一宿便死。士開因此，遂令德信列長仁倚親驕豪無畏憚。由是，除齊州刺史。及辭於昭陽，列仗引見，長仁不敢發語，唯泣涕橫流。到任，啓求暫歸，所司不爲奏。怨憤，謀令冀州人李揩牆刺和士開，其弟長咸告之。士開密與祖孝徵議之，孝徵引漢文帝殺薄昭爲故事，於是敕遣張固、劉桃枝馳驛詣齊州，責長仁謀害宰輔，遂賜死。

先是，太白食昴，占者曰：「昴爲趙分，不利胡王。」長仁未幾死。長仁性好歌舞，飲酒至

數斗不亂。自至齊州，每進酒後，必長歎欷歔，流涕不自勝，左右莫不怪之。尋而後主納長仁女爲后，重加贈。長仁子君璧，襲爵隴東王。君璧弟君璋，及長仁弟長雍等，前後七人並賜爵，合門貴盛。后廢後，稍稍黜退焉。

隋文帝外家呂氏，其族蓋微。平齊後求訪，不知所在。開皇初，濟南郡上言，有男子呂永吉，自稱有姑字苦桃，嫁爲楊忠妻。〔四一〕勘驗，知是舅子。始追贈外祖雙周爲上柱國、太尉、八州諸軍事、青州刺史，封齊郡公，諡曰敬。外祖母姚氏爲齊敬公夫人。詔並改葬，於齊州立廟，置守冢十家，以永吉襲爵，留在京師。及大業中，授上黨郡太守，性識庸劣，職務不理。後去官，不知所終。

從父道貴，性尤頑騃，言詞鄙陋。初自鄉里徵入長安，上見之悲泣。道貴略無慼容，但連呼帝名云：「種末定不可偷，〔四二〕大似苦桃姊。」後數犯忌諱，動致違忤。上甚恥之，乃命高熲厚加供給，不許接對朝士。拜上儀同三司，出爲濟南太守，令即之任，斷其入朝。道貴還至本郡，高自崇重，每與人言，自稱皇舅。數將儀衛，出入閭里，從故人游宴，庶僚咸苦之。後郡廢，終於家，子孫無聞焉。

論曰：三五哲王，防深慮遠，舅甥之國，罕執鈞衡，母后之家，無聞傾敗。爰及漢晉，顚覆繼軌，皆由乎進不以禮，故其斃亦速。自魏至隋，時移四代，得失之迹，斯文可睹。苟不傾宗，終致亡國，周隋之際，可爲鑒焉。若使開皇創業，不取懲於已往，獨孤權侔呂、霍，必敗於仁壽之前，蕭氏勢均梁、竇，豈全於大業之後。今或不隕舊基，或更隆先構，豈非處之以道，遠權之所致乎！

校勘記

〔一〕夫左賢右戚　魏書卷八三上補外戚傳序作「右賢左戚」。按當時以右爲貴，魏書是。

〔二〕弱質任厚棟　諸本「弱」作「升」。張森楷云：「『升質』無誼，蓋誤。」按魏書外戚傳序「升」作「弱」。今據改。

〔三〕所以殺身傾族相繼於兩京也　諸本「兩」作「西」，魏書作「兩」。按兩京指西漢、東漢，西京則專指西漢，誤。此形似致訛，今據改。

〔四〕陵暴之釁因茲而起　按此句與上文文義不聯屬，「陵」上當有脫文。

〔五〕其靖德昭訓二門並良家遺孽守死無暇　按本書卷十四北齊后妃傳，高澄后元氏居靜德宮，高洋后李氏居昭信宮，高演后元氏居順成宮。這裏「靖德」自即「靜德」，「昭訓」疑指高演之后，但與其宮名不符。「良」疑是「皇」之訛，二元后皆北魏皇族。高洋大殺元魏宗室，故云「皇家遺孽，守死無暇」。

〔六〕要不忘也　諸本「忘」訛作「亡」，據魏書卷八三上賀訥傳改。

〔七〕染干不從遂與諸大人勸進　按魏書及通志卷一六五賀訥傳云：「於是諸部大人請訥兄弟，求舉太祖爲主。染干曰：『在我國中，何得爾也？』訥曰：『帝，大國之世孫，興復先業於我，國中之福。常相持奬，立繼統勳。汝尙異議，豈是誠節？』遂與諸人勸進。」魏書此卷是以北史補，這裏「遂」上應有脫文。

〔八〕衛辰遣子直力鞮征訥訥告急請降　諸本脫一「訥」字，據魏書、通志補。

〔九〕進爵北新　通志「北新」下有「公」字。當是脫文。

〔一〇〕詐增虜　通志「虜」下有「級」字，魏書無。按魏書此卷是後人所補，故同北史。通志可能是臆補，但從文義上看，當有脫字。

〔一一〕拜駙馬都尉賜隸戶二百　諸本脫「賜」字，據魏書卷八三上姚黃眉傳補。

〔一二〕道生弟鳳鳳襲超爵　諸本脫「超」字，據魏書卷八三上、通志卷一六五杜超傳補。

〔一三〕及歸而父遺喪　按此上未言元寶之出，何忽言歸？疑有脫文。

〔一四〕前從坐爵受誅　魏書無「爵」字，通志「爵」上有「削」字。疑當從通志。

〔一五〕父兄近親唯迷　魏書卷八三上賀迷傳「父」上有「無」字，是。

〔一六〕追諡后祖父延定襄康公父辰定襄懿王　諸本「延」下脫「定」字，「辰」上脫「父」字，據魏書卷八三上、通志卷一六五閭毗傳補。

〔一七〕遼西簡公　諸本「簡」作「蘭」，通志卷一六五閭毗附常英傳作「簡」。按諡法無作「蘭」者，今據通志改。

〔一八〕父勃海太守澄爲侍中　諸本及魏書無「父」字，通志有。按英賜爵遼西公，故祖贈遼西簡公，父贈遼西獻王。顯脫「父」字，今據通志補。

〔一九〕從兄泰爲安東將軍朝鮮侯訢子伯夫　通志「泰」作「訢」。按上文無訢名，若「泰」非「訢」之訛，則「訢」上當有脫文。

〔二〇〕伏寶泰等州刺史　按魏無伏、寶二州。疑伏、寶、泰是人名，前有脫文。

〔二一〕諸常自興安及至是　諸本「興安」作「興公」，通志作「興安」。按上文諸常無諡「興公」者，而常英等是自興安二年開始封官賜爵。知「公」是「安」之訛，今據通志改。又通志無「及」字，疑是。

〔二二〕孝文以昭太后故　諸本「昭」作「明」，魏書卷八三上閭毗附常英傳作「昭」。按本書卷十三后妃傳上，魏文成帝乳母常氏曾尊爲皇太后，死後謚曰昭，魏書是，今據改。

〔二三〕孝文文明太后以昭太后故　諸本「昭」上有「文」字，魏書無。按后妃傳，「文昭」是孝文皇后高氏之謚，此指常氏，不應有「文」字，今據刪。

〔二四〕密敕宕昌公王遇曰　諸本「王」訛「主」，據魏書卷八三上馮熙傳改。王遇見本書卷九二恩幸傳。

〔二五〕柩至洛七里澗　諸本脫「洛」字，據魏書、通志補。

〔二六〕仍作同輿而載　魏書卷八三上馮熙傳「仍作」二字作「每與誕」三字，通志卷一六五馮熙傳作「仍陰輿」三字。按「仍作」二字不可解，當誤，或下有脫文。魏書、通志或是以意改。

〔二七〕聿同産弟夙至數歲賜爵至北平王　錢氏考異卷四〇云：「按孝文紀，太和二年正月，封昌黎王馮熙第二子始興爲北平王，始興與夙殆一人也。」按本書卷十三孝文幽后傳見北平公馮夙，「風」疑是「夙」之訛。

〔二八〕蓋妻輿氏以是出　按魏書官氏志：「莫輿氏後改爲輿氏。」「與」疑是「輿」之訛。

〔二九〕惠從弟鳳爲定州刺史安樂王長樂主簿　諸本「安樂」作「安縣」，魏書卷八三上李惠傳作「安樂」。按安樂王長樂見本書卷十九文成五王傳，今據改。

〔三〇〕外氏之寵超於末葉　按「超」疑是「起」之訛。

〔三一〕乃惟孝文舅氏存已不霑恩澤　按「已」疑是「亡」之訛。

〔三二〕又嘗與清河王懌於雲龍門外廡下　諸本脫「龍」字，據魏書卷八三下、通志卷一六五高肇傳補。雲龍門乃洛陽宮城東門，見洛陽伽藍記。

〔三三〕熙平初加國珍使持節都督雍州刺史　諸本「熙平」作「延和」，通志卷一六五胡國珍傳作「熙平」。按魏明帝無「延和」年號。此事見魏書卷九肅宗紀熙平元年八月。今據改。

〔三四〕持節就安定監護喪事　按國珍葬在洛陽，不當「就安定監護喪事」。疑「安定」下脫「公第」二字。又「持節」上亦疑有脫文。

〔三五〕便爲子叔泉取清河崔德儉女爲妻　諸本「清河」下衍「王」字，據通志卷一六五胡長粲傳刪。

〔三六〕明帝後納其女爲皇后　諸本無「后」字，按本書卷十三后妃傳上云：「孝明皇后胡氏，靈太后從兄冀州刺史盛之女。」這裏「皇」下脫「后」字，今據補。

〔三七〕太后舅皇甫集字元會　諸本「集」下有「妻」字。按若從諸本，則似胡盛女爲皇甫集之妻。然集是胡盛之舅，不得以外孫女爲妻。且下文所敍皆集事，非其妻事。此「妻」字乃涉「集」字形似而衍。今刪去。

〔三八〕封安縣公　按「安」下當脫「定」字。

〔三九〕姊爲齊文穆皇帝繼室　諸本「帝」誤作「后」，據北齊書卷四八、通志卷一六五趙猛傳改。

〔四〇〕仁惠元亮又伺間而往　諸本「間」訛作「閑」，據北齊書卷四八胡長仁傳改。

〔四一〕嫁爲楊忠妻　諸本「忠」字作「諱」，通志卷一六五隋文帝外家呂氏傳作「忠」。按北史是襲隋史原文避隋諱，今據通志回改。

〔四二〕種末定不可偸　諸本「末」作「未」，隋書卷七九，通志卷一六五作「末」。按本書卷九九突厥傳載突厥啓人可汗上書云：「臣種末爲聖人先帝憐養。」「種末」疑是當時俗語，今從隋書、通志。

北史卷八十一

列傳第六十九

儒林上

梁越　盧醜　張偉　梁祚　平恒　陳奇　劉獻之　張吾貴
劉蘭　孫惠蔚 族曾孫靈暉　馬子結　石曜　靈暉子萬壽　徐遵明
董徵　李業興 子崇祖　李鉉　馮偉　張買奴　劉軌思
鮑季詳　邢峙　劉晝　馬敬德 子元熙　張景仁　權會
張思伯　張彫武　郭遵

儒者，其爲教也大矣，其利物也博矣，以篤父子，以正君臣，開政化之本原，鑿生靈之耳目，百王損益，一以貫之。雖世或汙隆，而斯文不墜。自永嘉之後，宇內分崩，禮樂文章，掃地將盡。

魏道武初定中原，雖日不暇給，始建都邑，便以經術爲先。立太學，置五經博士生員千有餘人。天興二年春，增國子太學生員至三千人。豈不以天下可馬上取之，不可以馬上臨之？聖達經猷，蓋爲遠矣。四年春，命樂師入學習舞，釋菜于先師。明元時，改國子爲中書學，立教授博士。太武始光三年春，起太學於城東。後徵盧玄、高允等，而令州郡各舉才學。於是人多砥尚，儒術轉興。獻文天安初，詔立鄉學，郡置博士二人，助教二人，學生六十人。後詔大郡立博士二人，助教四人，學生一百人；次郡立博士二人，助教二人，學生八十人；中郡立博士一人，助教二人，學生六十人；下郡立博士一人，助教一人，學生四十人。太和中，改中書學爲國子學，建明堂、辟雍，尊三老五更，又開皇子之學。及遷都洛邑，詔立國子、太學、四門小學。孝文欽明稽古，篤好墳籍，坐輿據鞍，不忘講道。劉芳、李彪諸人以經書進，崔光、邢巒之徒以文史達。其餘涉獵典章，閑集詞翰，莫不縻以好爵，動貽賞眷。於是斯文鬱然，比隆周、漢。宣武時，復詔營國學，樹小學於四門，大選儒生以爲小學博士，員四十人。雖黌宇未立，而經術彌顯。時天下承平，學業大盛，故燕、齊、趙、魏之間，橫經著錄，不可勝數。大者千餘人，小者猶數百。州舉茂異，郡貢孝廉，對揚王庭，每年逾衆。神龜中，將立國學，詔以三品以上，及五品清官之子以充生選。未及簡置，仍復停寢。正光三年，乃釋奠於國學，命祭酒崔光講孝經，始置國子生三十六人。暨孝昌之後，海內淆亂，四方校學，所存無幾。

齊神武生於邊朔，長於戎馬，杖義建旗，掃清區縣。因魏氏喪亂，屬尒朱殘酷，文章咸盪，禮樂同奔，弦歌之音且絕，俎豆之容將盡。永熙中，孝武復釋奠於國學，又於顯陽殿詔祭酒劉廞講孝經，黃門李郁說禮記，中書舍人盧景宣講大戴禮夏小正篇，復置生七十二人。及永熙西遷，天平北徙，雖庠序之制，有所未遑，而儒雅之道，遽形心慮。時初遷都於鄴，國子置生三十六人。至興和、武定之間，儒業復盛矣。始天平中，范陽盧景裕同從兄仲禮於本郡起逆，齊神武免其罪，置之賓館，以經教授太原公以下。及景裕卒，又以趙郡李同軌繼之。二賢並大蒙恩遇，待以殊禮。同軌云亡，復徵中山張彫武、〔一〕勃海李鉉、刁柔、中山石曜等遞爲諸子師友。及天保、大寧、武平之朝，亦引進名儒，授皇太子、諸王經術。然爰自始基，暨於季世，唯濟南之在儲宮，性識聰敏，頗自砥礪，以成其美。自餘多驕恣傲狠，動違禮度，日就月將，無聞焉爾，鏤冰彫朽，迄用無成。蓋有由焉。夫帝王子孫，習性驕逸，況義方之情不篤，邪僻之路競開，自非得自生知，體包上智，而內縱聲色之娛，外多犬馬之好，安能入則篤行，出則友賢者也？徒有師傅之資，終無琢磨之實。貴游之輩，飾以明經，可謂稽山竹箭，加之括羽，俯拾青紫，斷可知焉。而齊氏司存，或失其守，師保疑丞，皆賞勳舊，國學博士，徒有虛名。唯國子一學，生徒數十人耳。胄子以通經進仕者，唯博陵崔子發、廣

平宋游卿而已。自外莫見其人。幸朝章寬簡，政網疏闊，游手浮惰，十室而九。故橫經受業之侶，徧於鄉邑；負笈從宦之徒，不遠千里。入閭里之內，乞食爲資，憩桑梓之陰，動逾十數。燕、趙之俗，此衆尤甚焉。齊制，諸郡並立學，置博士、助教授經。學生俱差逼充員，士流及豪富之家，皆不從調。備員既非所好，墳籍固不關懷。又多被州郡官人驅使，縱有游惰，亦不檢察。皆由上非所好之所致也。諸郡俱得察孝廉，其博士、助教及游學之徒通經者，推擇充舉。射策十條，通八以上，聽九品出身；其尤異者，亦蒙抽擢。

周文受命，雅重經典。于時西都板蕩，戎馬生郊，先王之舊章，往聖之遺訓，掃地盡矣。於是求闕文於三古，得至理於千載，黜魏、晉之制度，復姬旦之茂典。盧景宣學通羣藝，修五禮之缺；長孫紹遠才稱洽聞，正六樂之壞。由是朝章漸備，學者嚮風。明皇纂歷，敦尚學藝，內有崇文之觀，外重成均之職。握素懷鉛，重席解頤之士，間出於朝廷；員冠方領，執經負笈之生，著錄於京邑。濟濟焉，足以踰於向時矣。洎保定三年，帝乃下詔尊太傅燕公爲三老。〔二〕帝於是服袞冕，乘碧輅，陳文物，備禮容，清蹕而臨太學，袒割以食之，奉觴以酳之，斯固一世之盛事也。其後命輶軒而致玉帛，徵沈重於南荊。及定山東，降至尊而勞萬乘，待熊安生以殊禮。是以天下慕嚮，文教遠覃。衣儒者之服，挾先王之道，開黌舍，延學徒者，比肩；勵從師之志，守專門之業，辭親戚，甘勤苦者，成市。雖通儒盛業，不逮魏、晉之

臣，而風移俗變，抑亦近代之美也。

自正朔不一，將三百年，師訓紛綸，無所取正。隋文膺期纂曆，平一寰宇，頓天網以掩之，賁旌帛以禮之，設好爵以縻之，於是四海九州，强學待問之士，靡不畢集焉。天子乃整萬乘，率百僚，遵問道之儀，觀釋奠之禮。博士罄縣河之辯，侍中竭重席之奧，考正亡逸，研覈異同，積滯羣疑，渙然冰釋。於是超擢奇儁，厚賞諸儒，京邑達乎四方，皆啓黌校。齊、魯、趙、魏，學者尤多，負笈追師，不遠千里，講誦之聲，道路不絕。中州之盛，〔三〕自漢、魏以來，一時而已。及帝暮年，精華稍竭，不悅儒術，專尚刑名。執政之徒，咸非篤好。暨仁壽間，遂廢天下之學。唯存國子一所，弟子七十二人。煬帝卽位，復開庠序，國子、郡縣之學，盛於開皇之初。徵辟儒生，遠近畢至，使相與講論得失於東都之下，納言定其差次，一以聞奏焉。于時，舊儒多已凋亡，惟信都劉士元、河間劉光伯拔萃出類，學通南北，博極今古，後生鑽仰，所製諸經義疏，搢紳咸師宗之。既而外事四夷，戎馬不息，師徒怠散，盜賊羣起。禮義不足以防君子，刑罰不足以威小人，空有建學之名，而無弘道之實。其風漸墜，以至滅亡。方領矩步之徒，亦轉死溝壑，凡有經籍，因此湮沒於煨燼矣。遂使後進之士，不復聞詩書之言，皆懷攘竊之心，相與陷於不義。傳曰：「學者將殖，不學者將落。」然則盛衰是繫，興亡攸在，有國有家者，可不愼歟！

漢世，鄭玄並爲衆經注解，服虔、何休，各有所說。玄易、詩、書、禮、論語、孝經，虔左氏春秋，休公羊傳，大行於河北。王肅易，亦間行焉。晉世，杜預注左氏。預玄孫坦，坦弟驥，於宋朝並爲青州刺史，傳其家業，故齊地多習之。

自魏末，大儒徐遵明門下講鄭玄所注周易。〔四〕遵明以傳盧景裕及清河崔瑾。景裕傳權會、郭茂。權會早入鄴都，郭茂恒在門下敎授，其後能言易者，多出郭茂之門。河南及青齊之間，儒生多講王輔嗣所注，師訓蓋寡。

齊時，儒士罕傳尚書之業，徐遵明兼通之。遵明受業於屯留王聰，傳授浮陽李周仁及勃海張文敬、李鉉、河間權會，並鄭康成所注，非古文也。下里諸生，略不見孔氏注解。武平末，劉光伯、劉士元始得費甝義疏，乃留意焉。

其詩、禮、春秋，尤爲當時所尚，諸生多兼通之。三禮並出遵明之門。徐傳業於李鉉、祖儁、〔五〕田元鳳、馮偉、紀顯敬、呂黃龍、夏懷敬。李鉉又傳授刁柔、張買奴、鮑季詳、邢峙、劉晝、熊安生。安生又傳孫靈暉、郭仲堅、丁恃德。其後生能通禮經者，多是安生門人。諸生盡通小戴禮。於周儀禮兼通者，十二三焉。

通毛詩者，多出於魏朝劉獻之。獻之傳李周仁。周仁傳董令度、程歸則。歸則傳劉敬和、張思伯、劉軌思。其後能言詩者，多出二劉之門。

河北諸儒能通春秋者，並服子愼所注，亦出徐生之門。張買奴、馬敬德、邢峙、張思伯、張奉禮、張彫、劉晝、鮑長宣、王元則並得服氏之精微。又有衞覬、〔六〕陳達、潘叔虔，雖不傳徐氏之門，亦爲通解。又有姚文安、秦道靜，初亦學服氏，後兼更講杜元凱所注。其河外儒生，俱伏膺杜氏。其公羊、穀梁二傳，儒者多不厝懷。

論語、孝經，諸學徒莫不通講。諸儒如權會、李鉉、〔七〕刁柔、熊安生、劉軌思、馬敬德之徒，多自出義疏。雖曰專門，亦皆相祖習也。

大抵南北所爲章句，好尚互有不同。江左，周易則王輔嗣，尚書則孔安國，左傳則杜元凱。河洛，左傳則服子愼，尚書、周易則鄭康成。詩則並主於毛公，禮則同遵於鄭氏。南人約簡，得其英華；北學深蕪，窮其枝葉。考其終始，要其會歸，其立身成名，殊方同致矣。

自魏梁越已下，傳授講議者甚衆，今各依時代而次，以備儒林云爾。

梁越字玄覽，新興人也。博通經傳，性純和。魏初，爲禮經博士。道武以其謹厚，遷上大夫，令授諸皇子經書。明元初，以師傅恩，賜爵祝阿侯，出爲雁門太守，獲白雀以獻，拜光祿大夫，卒。

盧醜，昌黎徒何人也。襄城王魯元之族也。太武監國，醜以博學入授經。後以師傅舊恩，賜爵濟陰公。位尚書，加散騎常侍，卒於河內太守。

張偉字仲業，太原中都人也。學通諸經，鄉里受業者，常數百人。儒謹汎納，雖有頑固，問至數十，偉告喻殷勤，曾無慍色。常依附經典，敎以孝悌，門人感其仁化，事之如父。性清雅，非法不言。太武時，與高允等俱被辟命，授中書博士，累遷爲中書侍郎，本國大中正。使酒泉慰勞沮渠無諱，又使宋，賜爵成皐子。出爲營州刺史，進爵建安公。卒，贈幷州刺史，謚曰康。

梁祚，北地泥陽人也。父卲，皇始二年歸魏，位濟陽太守。至祚，居趙郡。祚篤志好學，歷習經典，尤善公羊春秋、鄭氏易，常以敎授。有儒者風，而無當世之才。與幽州別駕平恒有舊，恒時請與論經史。辟祕書中散，稍遷祕書令，爲李訢所排擯，退爲中書博士。後出爲統萬鎮司馬，徵爲散令。撰幷陳壽三國志，名曰國統，又作代都賦，頗行於世。清貧守素，不交勢貴，卒。子元吉，有父風。

平恒字繼叔，燕郡薊人也。祖視，父儒，並仕慕容爲通宦。恒耽勤讀誦，多通博聞。自周以降，暨於魏世，帝王傳代之由，貴臣升降之緒，皆撰品第，商略是非，號曰略注，合百餘篇。安貧樂道，不以屢空改操。徵爲中書博士。久之，出爲幽州別駕。廉貞寡欲，不營資產，衣食至常不足，妻子不免飢寒。後遷祕書丞，時高允爲監，河間邢祐、北平陽嘏、河東裴宗、〔八〕廣平程駿、金城趙元順等爲著作郎。允每稱博通經籍，無過恒也。

恒三子，並不率父業，好酒自棄。恒常忿其世衰，植杖巡舍側崗而哭，不爲營事婚宦，任意官娶，曰：「此輩會是衰頓，何煩勞我！」故仕娉濁碎，不得及其門流。別構精廬，幷置經籍於中，一奴自給，妻子莫得而往，酒食亦不與同。時有珍美，呼時老東安公刁雍等共飲噉之，家人無得嘗焉。太和十年，以恒爲祕書令，而固請爲郡，未受而卒。贈幽州刺史、都昌侯，謚曰康。

陳奇字脩奇，河北人也。少孤貧，而奉母至孝，齠齔聰識，有夙成之美。愛翫經典，常非馬融、鄭玄解經失旨。志在著述五經，始注孝經、論語，頗傳於世，爲搢紳所稱。與河間邢祐同召赴京。

時祕書監游雅素聞其名，〔九〕始頗好之，引入祕省，欲授以史職。後與奇論典誥，至易訟卦「天與水違行」。雅曰：「自葱嶺以西，水皆西流，推此而言，易之所及，自葱嶺以東耳。」奇曰：「易理綿廣，包含宇宙。若如公言，自葱嶺西，豈東向望天哉？」〔一〇〕雅性護短，因以爲嫌。嘗衆辱奇，或爾汝之，或指爲小人。奇曰：「公身爲君子，奇身且小人。」雅曰：「君言身且小人，君祖父是何人也？」奇曰：「祖，燕東部侯釐。」雅質奇曰：「侯釐何官也？」奇曰：「昔有雲師、火正、鳥師之名，以斯而言，世革則官異，時易則禮變。公爲皇魏東宮內侍長，竟何職也？」先是，敕以奇付雅，令銓補祕書。雅既惡之，遂不復叙用焉。

奇冗散數年，高允每嘉其遠致，稱奇通識，非凡學所及。允微勸雅曰：「君朝望具瞻，何爲與野儒辯簡牘章句！」雅謂允有私於奇，曰：「君寧黨小人也。」乃取奇注論語、孝經，燒於庭內。奇曰：「公貴人，不乏樵薪，何乃燃奇論語！」雅愈怒，因告京師後生，不聽傳授。而奇無降志，亦評雅之失。雅製昭皇太后碑文，論后名字之美，比諭前魏之甄后。奇刺發其非，遂聞於上。詔下司徒檢對，雅有屈焉。〔一一〕

有人爲謗書，多怨時之言，頗稱奇不得志。雅乃諷在事云，此書言奇不遂，當是奇假人爲之。如依律文，造謗書者，皆及孥戮。遂抵奇罪。時司徒、平原王陸麗知奇見枉，惜其才學，故得遷延經年，冀得寬宥。獄成，竟致大戮，遂及其家。奇於易尤長，在獄嘗自筮，卦未及成，乃擊破而歎曰：「吾不度來年冬季。」及奇受害，如其所占。奇初被召，夜夢星墜壓脚，明而告人曰：「星則好風，星則好雨，夢星壓脚，必無善徵。但時命峻切，不敢不赴耳。」

奇外生常矯之，仕歷郡守。奇所注論語，矯之傳掌，未能行於世。其義多異鄭玄，往往與司徒崔浩同。

劉獻之，博陵饒陽人也。少而孤貧，雅好詩傳。曾受業於勃海程玄，後遂博觀衆籍。見名法之言，掩卷而笑曰：「若使楊、墨之流，不爲此書，千載誰知其小也？」曾謂其所親曰：「觀屈原離騷之作，自是狂人，死其宜矣。孔子曰『無可無不可』，實獲我心。」時人有從獻之學者，獻之輒謂之曰：「人之立身，雖百行殊塗，準之四科，要以德行爲首。子若能入孝出

悌，忠信仁讓，不待出戶，天下自知。儻不能然，雖復下帷針股，躡屩從師，正可博聞多識，不過爲土龍乞雨，眩惑將來。其於立身之道，有何益乎？孔門之徒，初亦未悟，見皐魚之歎，〔一二〕方乃歸而養親。嗟乎！先達何自覺之晚也？」由是四方學者，莫不高其行義，希造其門。

獻之善春秋、毛詩，每講左氏，盡隱公八年便止，云：「義例已了，不復須解。」由是弟子不能究竟其說。後本郡逼舉孝廉，至京稱病而還。孝文幸中山，詔徵典內校書。獻之喟然歎曰：「吾不如莊周散木遠矣，一之謂甚，其可再乎！」固以疾辭。時中山張吾貴與獻之齊名，四海皆稱儒宗。吾貴每一講唱，門徒千數，其行業可稱者寡。獻之著錄，數百而已，皆通經之士。於是有識者辨其優劣。

魏承喪亂之後，五經大義，雖有師說，而海內諸生，多有疑滯，咸決於獻之。六藝之文，雖不悉注，所標宗旨，頗異舊義。撰三禮大義四卷，三傳略例三卷，注毛詩序義一卷，行於世。幷立章句疏二卷。注涅槃經，未就而卒。四子，放古、爰古、參古、脩古。

張吾貴字吳子，中山人也。少聰慧口辯，身長八尺，容貌奇偉。年十八，本郡舉爲太學

博士。吾貴先未多學，乃從酈詮受禮，牛天祐受易。詮、祐粗爲開發而已，吾貴覽讀一遍，便卽別構戶牖，世人競歸之。

曾在夏學，聚徒千數，而不講傳。生徒竊云：「張生之於左氏，似不能說。」吾貴聞之，謂曰：「我今夏講暫罷，後當說傳，君等來日，皆當持本。」生徒怪之而已。吾貴詣劉蘭，蘭遂爲講傳。三旬之中，吾貴兼讀杜、服，隱括兩家，異同悉舉。諸生後集，便爲講之，義例無窮，皆多新異，蘭仍伏聽。學者以此益奇之。而辯能飾非，好爲詭說，由是業不久傳。而氣陵牧守，不屈王侯，竟不仕而終。

劉蘭，武邑人也。年三十餘，始入小學書急就篇。家人覺其聰敏，遂令從師。受春秋、詩、禮於中山王保安。家貧，無以自資，且耕且學。三年之後，便白其兄，求講說。其兄笑而聽之，爲立黌舍，聚徒二百。蘭讀左氏，五日一遍，兼通五經。先是，張吾貴以聰辯過人，其所解說，不本先儒之旨。唯蘭推經、傳之由，本注者之意，參以緯候及先儒舊事，甚爲精悉。自後經義審博，皆由於蘭。蘭又明陰陽，博物多識，故爲儒者所宗。

瀛州刺史裴植，徵蘭講書於州南館，植爲學主，故生徒甚盛，海內稱焉。又特爲中山王

英所重。英引在館，令授其子熙、誘、略等。

蘭學徒前後數千，成業者衆。而排毀公羊，又非董仲舒，由是見譏於世。爲國子助教，靜坐讀書，有人叩門，蘭命引入。葛巾單衣，入與蘭坐，謂曰：「君自是學士，何爲每見毀辱？理義長短，竟在誰？而過無禮見陵也！今欲相召，當與君正之。」言終而出，蘭少時患死。

孫惠蔚，武邑武遂人也。年十五，粗通詩、書及孝經、論語。十八，師董道季講易。[三]十九，師程玄讀禮經及春秋三傳。周流儒肆，有名於冀方。

太和初，郡舉孝廉，對策於中書省。時中書監高閭因相談薦，俄爲中書博士，轉皇宗博士。閭被敕理定雅樂，惠蔚參其事。及樂成，閭上疏請集朝士於太樂，共研是非。祕書令李彪，自以才辯，立難於其前。閭命惠蔚與彪抗論，彪不能屈。黃門侍郎張彝，常與游處，每表疏論事，多參訪焉。十七年，孝文南征，上議告類之禮。及太師馮熙薨，惠蔚監其喪禮，上書，令熙未冠之子，皆服成人服。惠蔚與李彪以儒學相知，及彪位至尙書，惠蔚仍太廟令。孝文曾從容言曰：「道固既登龍門，而孫蔚猶沈涓澮，朕常以爲負矣。」雖久滯小官，深體通塞，無孜孜之望，儒者以是尙焉。二十二年，侍讀東宮。

先是，七廟以平文爲太祖。孝文議定祖宗，以道武爲太祖。祖宗雖定，然昭穆未改。及孝文崩，將祔神主於廟，侍中崔光兼太常卿，以太祖既改，昭穆以次而易。兼御史中尉、黃門侍郎邢巒，以爲太祖雖改，昭穆仍不應易，乃立彈草，欲按奏光。光謂惠蔚曰：「此乃禮也，而執法欲見彈劾，思獲助於碩學。」惠蔚曰：「此深得禮變。」尋爲書以與光，讚明其事。光以惠蔚書呈宰輔，乃召惠蔚與巒庭議得失。尙書令王肅又助巒，而巒理終屈，彈事遂寢。

宣武卽位之後，仍在左右，敷訓經典。自冗從僕射遷祕書丞、武邑郡中正。惠蔚既入東觀，見典籍未周，及閱舊典，先無定目，新故雜糅，首尾不全，有者累袠數十，無者曠年不寫。或篇第褫落，始末淪殘，或文壞字誤，謬爛相屬。卷目雖多，全定者少。請依前丞盧昶所撰甲乙新錄，欲裨殘補闕，損併有無，校練句讀，以爲定本，次第均寫，永爲常式。其省先無本者，廣加推尋，搜求令足。然經記浩博，諸子紛綸，部帙既多，章第紕繆，當非一二校書，歲月可了。求令四門博士及在京儒生四十人，在祕書省專精校考，參定字義。詔許之。

後爲黃門侍郎，代崔光爲著作郎。才非文史，無所撰著。遷國子祭酒、祕書監，仍知史事。延昌三年，追賞講定之勞，封棗强縣男。明帝初，出爲濟州刺史。還京，除光祿大夫。魏初已來，儒生寒宦，惠蔚最爲顯達。先單名蔚，正始中，侍講禁內，夜論佛經，有愜帝

旨，詔使加「惠」，號惠蔚法師焉。卒于官，贈瀛州刺史，諡曰戴。子伯禮襲封。

伯禮善隸書，位國子博士。惠蔚族曾孫靈暉。

靈暉少明敏，有器度。得惠蔚手錄章疏，研精尋問，更求師友，三禮、三傳，皆通宗旨。[四]然始就鮑季詳、熊安生質問疑滯，其所發明，熊、鮑無以異也。舉冀州秀才，射策高第。仕齊，累至國子博士，授南陽王綽府諮議參軍。綽除定州刺史，仍隨綽之鎭。所爲猖蹶，靈暉唯默默憂頓，不能諫止。綽表請靈暉爲王師，以管記馬子結爲諮議。朝廷以王師三品，奏啓不合。後主於啓下手詔云：「但用之。」儒者甚以爲榮。綽除大將軍，靈暉以王師領大將軍司馬。綽誅，停廢。從綽死後，每至七日至百日，靈暉恒爲綽請僧設齋行道。齊亡，卒。

馬子結者，其先扶風人，世仕涼土，魏太和中入洛。父祖俱清宦。子結及兄子廉、子尙三人，皆涉文學。陽休之牧西兗，子廉、子尙、子結與諸朝士各有贈詩。陽總爲一篇酬答。詩云「三馬皆白眉」者也。子結爲南陽王綽管記，隨綽定州。綽每出游獵，必令子結走馬從禽。子結既儒緩，衣垂帽落，或叫或啼，令騎驅之，非墜馬不止。綽以爲笑。由是漸見親

狎，啓爲諂議焉。

石曜字白曜，中山安喜人。[一五]亦以儒學進，居官清儉。武平中，爲黎陽郡守。時丞相咸陽王世子斛律武都出爲兗州刺史，性貪暴。先過衞縣，令丞以下，斂絹數千疋遺之。至黎陽，令左右諷動曜及縣官。曜手持一縑謂武都曰：「此是老石機杼，聊以奉贈。自此以外，並須出於吏人。吏人之物，一毫不敢輒犯。」武都亦知曜清素純儒，笑而不責。曜著石子十卷，言甚淺俗。位終譙州刺史。

靈暉子萬壽，字仙期，一字遐年。聰識機警，博涉經史，善屬文，美譚笑。在齊，仕爲陽休之開府行參軍。及隋文帝受禪，滕穆王引爲文學。坐衣冠不整，配防江南。行軍總管宇文述，召典軍書。萬壽本自書生，從容文雅，一旦從軍，鬱鬱不得志。爲五言詩贈京邑知友，詩至京，盛爲當時吟誦，天下好事者，多書壁上而翫之。後歸鄉里，十餘年不得調。仁壽初，拜豫章王長史，非其好也。王轉封于齊，卽爲齊王文學。當時，諸王官屬，多被夷滅，由是彌不自安，因謝病免。久之，授大理司直，卒於官。有集十卷，行於世。

徐遵明字子判，華陰人也。幼孤，好學，年十七，隨鄉人毛靈和等詣山東求學。至上黨，乃師屯留王聰，受毛詩、尙書、禮記。一年，便辭聰游燕、趙，師事張吾貴。吾貴門徒甚盛。遵明伏膺數月，乃私謂友人曰：「張生名高而義無檢格，凡所講說，不愜吾心。請更從師。」遂與平原田猛略就范陽孫買德。受業一年，復欲去之。猛略謂遵明曰：「君年少從師，每不終業，如此用意，終恐無成。」遵明乃指其心曰：「吾今知眞師所在矣，正在於此。」乃詣平原唐遷，居於蠶舍，讀孝經、論語、毛詩、尙書、三禮。不出門院，凡經六年，時彈箏吹笛，以自娛慰。又知陽平館陶趙世業家有服氏春秋，是晉世永嘉舊寫。遵明乃往讀之，復經數載。因手撰春秋義章爲三十卷。

是後教授門徒，每臨講坐，先持經執疏，[一六]然後敷講。學徒至今，浸以成俗。遵明講學於外，二十餘年，海內莫不宗仰。頗好聚歛，與劉獻之、張吾貴皆河北聚徒教授，懸納絲粟，留衣物以待之，名曰影質，有損儒者之風。遵明見鄭玄論語序云「書以八寸策」，誤作「八十宗」，因曲爲之說。其僻也皆如此。獻之、吾貴又甚焉。

遵明不好京輦，以兗州有舊，因徙屬焉。元顥入洛，任城太守李湛將舉義兵，遵明同其事。夜至人間，爲亂兵所害。永熙二年，遵明弟子通直散騎侍郎李業興表求加策命，卒無贈謚。

董徵字文發，頓丘衞國人也。身長七尺二寸，好古學，尙雅素。年十七，師清河監伯陽受論語、毛詩、春秋、周易，河內高望崇受周官，後於博陵劉獻之遍受諸經。數年之中，大義精練，講授生徒。太和末，爲四門小學博士。後宣武詔徵入琁華宮，令孫惠蔚問以六經。仍詔徵教授京兆、清河、廣平、汝南四王。

後累遷安州刺史。徵因述職，路次過家，置酒高會，大享邑老。乃言曰：「腰龜返國，昔人稱榮，仗節還家，云胡不樂。」因誡二三子弟曰：「此之富貴，匪自天降，乃勤學所致耳。」時人榮之。入爲司農少卿、光祿大夫，後以老解職。永熙二年，卒。孝武帝以徵昔授學業，[一七]故優贈儀同三司、尙書左僕射、相州刺史，謚曰文烈。子仲曜。

李業興，上黨長子人也。祖虬、父玄紀，並以儒學舉孝廉。玄紀卒於金鄉令。業興少耿介志學，晚乃師事徐遵明於趙、魏之間。時有漁陽鮮于靈馥亦聚徒教授，而

遵明聲譽未高，著錄尙寡。業興乃詣靈馥黌舍，類受業者。靈馥乃謂曰：「李生久逐羌博士，何所得也？」業興默爾不言。及靈馥說左傳，業興問其大義數條，靈馥不能對。於是振衣而起曰：「羌弟子正如此耳！」遂便徑還。自此，靈馥生徒傾學而就遵明。學徒大盛，業興之爲也。

後乃博涉百家，圖緯、風角、天文、占候，無不討練，尤長算歷。雖在貧賤，常自矜負，若禮待不足，縱於權貴，不爲之屈。後爲王遵業門客。舉孝廉，爲校書郎。以世行趙歐曆，[一八]節氣後辰下算。延昌中，業興乃爲戊子元曆上之。于時屯騎校尉張洪、盪寇將軍張龍詳等九家，[一九]各獻新曆。宣武詔令共爲一曆。洪等後遂共推業興爲主，成戊子曆，[二〇]正光三年，奏行之。業興以殷曆甲寅，黃帝辛卯，徒有積元，術數亡缺。又修之，各爲一卷，傳於世。

建義初，敕典儀注。未幾，除著作郎。永安三年，以前造曆之勳，賜爵長子伯。後以孝武帝登極之初，豫行禮事，封屯留縣子，除通直散騎常侍。永熙三年二月，孝武帝釋奠，業興與魏季景、溫子昇、竇瑗爲摘句。後入爲侍讀。

遷鄴之始，起部郎中辛術奏：「今皇居徙御，百度創始，營構一興，必宜中制。李業興碩學通儒，博聞多識，萬門千戶，所宜詢訪。今求就之披圖案記，考定是非，參古雜今，折中爲

制。」詔從之。於時尚書右僕射、營構大匠高隆之被詔繕修三署樂器、衣服及百戲之屬，乃奏請業興共事。

天平四年，與兼散騎常侍李諧、兼吏部郎盧元明使梁。梁散騎常侍朱异問業興曰：「魏洛中委粟山是南郊邪？圓丘邪？」業興曰：「委粟是圓丘，非南郊。」异曰：「比聞郊、丘異所，是用鄭義。我此中用王義。」業興曰：「然。洛京郊丘之處，用鄭解。」异曰：「若然，女子逆降傍親，亦從鄭以不？」業興曰：「此之一事，亦不專從。若卿此間用王義，除禫應用二十五月，何以王儉喪禮，禫用二十七月也？」异遂不答。業興曰：「我昨見明堂，四柱方屋，都無五九之室，當是裴頠所制。明堂上圓下方，裴唯除室耳，今此上不圓何也？」异曰：「圓方俗說，經典無文，何怪於方。」業興曰：「圓方之言，出處甚明，卿自不見。見卿錄梁主孝經義亦云『上圓下方』，卿言豈非自相矛楯？」异曰：「若然，圓方竟出何經？」業興曰：「出孝經援神契。」异曰：「緯候之書，何可信也！」業興曰：「卿若不信，靈威仰、叶光紀之類，經典亦無出者，卿復信不？」异不答。

梁武問業興：「詩周南，王者之風，繫之周公；邵南，仁賢之風，繫之邵公。何名為繫？」業興對曰：「鄭注儀禮云：昔太王、王季居于岐陽，躬行邵南之教以興王業。及文王行今周南之教以受命，〔二一〕作邑於酆。文王為諸侯之時所化之國，〔二二〕今既登九五之尊，不可復守

諸侯之地，故分封二公，名為繫。」梁武又問：「尚書『正月上日，受終文祖』，此時何正？」〔二三〕業興對曰：「此夏正月。」梁武言：「何以得知？」業興曰：「案尚書中候運衡篇云『日月營始』，故知夏正。」又問：「堯時以前，何月為正？」業興對曰：「自堯以上，書典不載，實所不知。」梁武又云：「『寅賓出日』，即是正月，〔二四〕『日中星鳥，以殷仲春』，即是二月。此出堯典，何得云堯時不知用何正？」業興對曰：「雖三正不同，言時節者，皆據夏時正月。周禮『仲春二月，會男女之無夫家者』，雖自周書，月亦夏時。堯之日月，亦當如此。但所見不深，無以辯析明問。」梁武又曰：「禮：原壤母死，叩木而歌。孔子聖人，而與壤為友？」業興對曰：「孔卽自解，言親者不失其親，故者不失其故。」又問：「壤何處人？」對曰：「注云：原壤，孔子幼之舊故。是魯人。」又問：「原壤不孝，有逆人倫，何以存故舊之小節，廢不孝之大罪？」對曰：「原壤所行，事自彰著，幼少之交，非是今始，既無大故，何容棄之？」又問：「孔子聖人，何以書原壤之事，垂法萬代？」業興對曰：「此是後人所錄，非孔子自制，猶合葬於防。如此之比，禮記之中，動有百數。」又問：「易有太極，極是有無？」業興對曰：「所傳太極是有。」還，兼散騎常侍，加中軍大將軍。

業興家世農夫，雖學殖，而舊音不改。梁武問其宗門多少，答曰：「薩四十家。」使還，孫騰謂曰：「何意為吳兒所笑！」對曰：「業興猶被笑，試遣公去，當着被罵。」邢子才云：「爾婦疾癩，或問實耶？」業興曰：「爾大癡！但道此，人疑者半，信者半，誰檢看？」

武定元年，除國子祭酒，仍侍讀。神武以業興明術數，軍行常問焉。業興曰某日某處勝。謂所親曰：「彼若告勝，自然賞吾；彼若凶敗，安能罪吾？」芒山之役，有風從西來入營。業興曰：「小人風來，當大勝。」神武曰：「若勝，以爾為本州刺史。」既而以為太原太守。五年，齊文襄引為中外府諮議參軍。

後坐事禁止，業興乃造九宮行棊曆，以五百為章，四千四十為蔀，九百八十七為斗分，〔二五〕還以己未為元，始終相維，不復移轉，與今曆法術不同。至於氣序交分，景度盈縮，不異也。文襄之征潁川，業興曰：「往必剋，剋後凶。」文襄既剋，欲以業興當凶而殺之。

業興愛好墳籍，鳩集不已，手自補修，躬加題帖，其家所有，垂將萬卷。覽讀不息，多有異聞，諸儒服其深博。性豪俠，重意氣，人有急難，委命歸之，便能容匿。與其好合，傾身無客；有乖忤，便卽疵毀，乃至聲色，加以謗罵。性又躁隘，至於論難之際，無儒者之風。每語人云：「但道我好，雖知妄言，故勝道惡。」務進忌前，不顧後患，時人以此惡之。至於學術精微，當時莫及。業興二子，崇祖傳父業。

崇祖字子述。文襄集朝士，命盧景裕講易，崇祖時年十一，論難往復，景裕憚之。業興助成其子，至於忿鬩。文襄色甚不平。姚文安難服虔左傳解七十七條，名曰駁妄。崇祖申

明服氏，名曰釋謬。齊文宣營構三臺，材瓦工程，皆崇祖所算也。封屯留縣侯。遵祖，齊天保初難宋景業曆甚精。〔二六〕崇祖為元子武卜葬地，醉而告之曰：「改葬後，當不異孝文。」武成。或告之，兄弟伏法。〔二七〕

李鉉字寶鼎，勃海南皮人也。九歲入學，書急就篇，月餘便通。家素貧，常春夏務農，冬乃入學。年十六，從浮陽李周仁受毛詩、尚書，章武劉子猛受禮記，常山房虯受周官、儀禮，漁陽鮮于靈馥受左氏春秋。鉉以鄉里無可師者，遂與州里楊元懿、河間宗惠振等結友，詣大儒徐遵明受業。居徐門下五年，常稱高第。年二十三，便自潛居討論是非。撰定孝經、論語、毛詩、三禮義疏及三傳異同、周易義例合三十餘卷。用心精苦，曾三秋冬不畜枕，每睡，假寐而已。年二十七，歸養二親，因教授鄉里。生徒恒數百人，燕趙間能言經者，多出其門。

以鄉里寡文籍，來游京師，讀所未見書。舉秀才，除太學博士。及李同軌卒，齊神武令文襄在京妙簡碩學，以教諸子。文襄以鉉應旨，徵詣晉陽。時中山石曜、北平陽絢、北海王晞、清河崔瞻、廣平宋欽道及工書人韓毅同在東館，師友諸王。鉉以去聖久遠，文字多有乖

謬，於講授之暇，遂覽說文、倉、雅，删正六藝經注中謬字，名曰字辨。

天保初，詔鉉與殿中尚書邢卲、中書令魏收等參議禮律，仍兼國子博士。時詔北平太守宋景業、西河太守綦母懷文等草定新曆，錄尚書、平原王高隆之令鉉與通直常侍房延祐、國子博士刁柔參考得失。尋正國子博士。廢帝之在東宮，文宣詔鉉以經入授，甚見優禮。卒，特贈廷尉少卿。及還葬，王人將送，儒者榮之。

楊元懿、宗惠振官俱至國子博士。

馮偉字偉節，中山安喜人也。身長八尺，衣冠甚偉，見者肅然。少從李寶鼎學，李重其聰敏，恒別意試問之。多所通解，尤明禮、傳。後還鄉里，閉門不出，將三十年，不問生產，不交賓客，專精覃思，無所不通。

齊趙郡王出鎮定州，以禮迎接，命書三至，縣令親至其門，猶辭疾不起。王將命駕致請，佐吏前後星馳報之，縣令又自為其整冠履，不得已而出。王下廳事迎之，止其拜伏，分階而上，留之賓館，甚見禮重。王將舉充秀才，固辭不就。歲餘請還，王知其不顧拘束，以禮發遣，贈遺甚厚。一無所納，唯受時服而已。

及還，不交人事，郡守縣令，每親至其門。〔三八〕歲時或置羊酒，亦辭不納。門徒束脩，一毫不受。蠶而衣，耕而飯，簞食瓢飲，不改其樂。以壽終。

張買奴，平原人也。經義該博，門徒千餘人，諸儒咸推重之。仕齊，歷太學博士、國子助教，卒。

劉軌思，勃海人也。說詩甚精。少事同郡劉敬和，敬和事同郡程歸則，〔三九〕故其鄉曲多為詩者。軌思仕齊，位國子博士。

鮑季詳，勃海人也。甚明禮，兼通左氏春秋。少時，恒為李寶鼎都講。後亦自有徒衆，諸儒稱之。仕齊，卒於太學博士。

從弟長暄，兼通禮、傳。為任城王湝丞相掾。恒在都教授貴游子弟。齊亡，卒於家。

邢峙字士峻，河間鄚人也。〔四〇〕少學通三禮、左氏春秋。仕齊，初為四門博士，遷國子助教，以經入授皇太子。峙方正純厚，有儒者風。廚宰進太子食，菜有邪蒿，峙令去之，曰：「此菜有不正之名，非殿下宜食。」文宣聞而嘉之，賜以被褥縑纊，拜國子博士。皇建初，除清河太守，有惠政。年老歸，卒于家。

劉晝字孔昭，勃海阜城人也。少孤貧，愛學，伏膺無倦。常閉戶讀書，暑月唯着犢鼻褌。與儒者李寶鼎同鄉，甚相親愛。寶鼎授其三禮，又就馬敬德習服氏春秋，俱通大義。恨下里少墳籍，便杖策入都。知鄴令宋世良家有書五千卷，乃求為其子博士，恣意披覽，晝夜不息。

還，舉秀才，策不第，乃恨不學屬文，方復緝綴辭藻。言甚古拙，制一首賦，以六合為名，自謂絕倫，乃歎儒者勞而寡功。曾以賦呈魏收而不拜。收忿之，謂曰：「賦名六合，已是太愚，文又愚於六合。君四體又甚於文。」〔四一〕晝不忿，又以示邢子才。子才曰：「君此賦，正

似疥駱駝，伏而無嫵媚。」晝求秀才，十年不得，發憤撰高才不遇傳。冀州刺史酈伯偉見之，始舉晝，時年四十八。

刺史隴西李璵，亦嘗以晝應詔。先告之，晝曰：「公自為國舉才，何勞語晝！」齊河南王孝瑜聞晝名，每召見，輒與促席對飲。後遇有密親，使且在齋坐，晝須臾徑去，追謝要之，終不復屈。孝昭即位，好受直言。晝聞之，喜曰：「董仲舒、公孫弘可以出矣。」乃步詣晉陽上書，言亦切直，而多非世要，終不見收采。編錄所上之書，為帝道。河清中，又著金箱璧言，蓋以指機政之不良。

晝夜嘗夢貴人若吏部尚書者補交州興俊令，寤而密書記之。卒後旬餘，其家幼女鬼語聲似晝，云「我被用為興俊縣令，得假暫來辭別」云。

晝常自謂博物奇才，言好矜大。每言：「使我數十卷書行於後世，不易齊景之千駟也。」容止舒緩，舉動不倫，由是竟無仕，卒於家。

馬敬德，河間人也。少好儒術，負笈隨徐遵明學詩、禮，略通大義，而不能精。遂留意於春秋左氏，沈思研求，晝夜不倦。教授於燕、趙間，生徒隨之者甚衆。乃詣州將，求舉秀

才，州將以其純儒，無意推薦。〔三二〕敬德請試方略，五條皆有文理，乃欣然舉送。至都，唯得中第。請試經業，問十條，並通，擢授國子助教。再遷國子博士。

齊武成爲後主擇師傅，趙彥深進之，入爲侍講。其妻夜夢猛獸將來向之，敬德走超叢棘，妻伏地不敢動。敬德占曰：「吾當爲大官，超棘，過九卿也；爾伏地，夫人也。」後主既不好學，敬德侍講甚疏，時時以春秋入授。猶以師傅恩，拜國子祭酒、儀同三司、金紫光祿大夫、瀛州大中正。卒，其徒曰：「馬生勝孔子，孔子不得儀同。」尋贈開府、瀛州刺史。

其後，侍書張景仁封王，趙彥深云：「何容侍書封王，侍講翻無封爵？」亦追封敬德廣漢郡王，令子元熙襲。

元熙字長明，少傳父業，兼長文藻。以通直郎待詔文林館。〔三三〕武平中，皇太子將講孝經，有司請擇師。帝曰：「馬元熙，朕師之子，文學不惡。」於是以孝經入授皇太子。儒者榮其世載。性和厚，在內甚得名譽。隋開皇中，卒於秦王文學。

張景仁，濟北人。幼孤，家貧，以學書爲業，遂工草隸。選補內書生，與魏郡姚元標、潁

川韓毅、同郡袁買奴、滎陽李超等齊名，文襄並引爲賓客。天保八年，敕教太原王紹德書。後主在東宮，武成令侍書，遂被引擢。小心恭謹，後主愛之，呼爲博士。登祚，累遷通直散騎常侍，在左右。與語，猶稱博士。胡人何洪珍有寵於後主，欲得通婚朝士，以景仁在內，官位稍高，遂爲其兄子取景仁第二息瑜之女。因以表裏相援，恩遇日隆。景仁多疾，帝每遣徐之範等療之，給藥物珍羞，中使問疾，相望於道。是後，敕有司恒就宅送御食。車駕或有行幸，在道宿處，每送步障，爲遮風寒。進位儀同三司，加開府，侍書如故。每旦須參，即在東宮停止。及立文林館，中人鄧長顒希旨，奏令總判館事。除侍中，封建安王。洪珍死後，長顒猶存舊款，更相彌縫，得無墜退。遂除中書監，卒。贈侍中、五州刺史、司空公。

景仁爲兒童時，在洛京，曾詣國學摹石經。許子華遇之學中，執景仁手曰：「張郎風骨，必當通貴，非但官爵遷達，乃與天子同筆硯，傳衣履。」子華卒二十餘年，景仁位開府，數賜衣冠、筆硯，如子華所言。出自寒微，本無識見，一旦開府、侍中、封王。其婦姓奇，莫知氏族所出，容制音辭，事事庸俚。既除王妃，與諸公主、郡君，同在朝謁之列，見者爲其慚悚。

景仁性本卑謙，及用胡人、巷伯之勢，坐致通顯，志操頗改，漸成驕傲。良馬輕裘，徒從擁冗，高門廣宇，當衢向術。諸子不思其本，自許貴游。自倉頡以來，八體取進，一人而已。

權會字正理，河間鄚人也。志尚沈雅，動遵禮則。少受鄭易，妙盡幽微；詩、書、三禮，〔三四〕文義該洽；兼明風角，妙識玄象。仕齊，初四門博士。僕射崔暹引爲館客，甚敬重焉，命世子達拏盡師傅之禮。暹欲薦會與馬敬德等爲諸王師。會性恬靜，不慕榮勢，恥於左宦，固辭。暹識其意，遂罷薦舉。尋追修國史，監知太史局事。後遷國子博士。會參掌雖繁，教授不闕。性甚儒愞，似不能言，及臨機答難，酬報如響，由是爲諸儒所推。而貴游子弟慕其德義者，或就其宅，或寄宿隣家，晝夜承間，受其學業。會欣然演說，未嘗懈怠。

雖明風角玄象，至於私室，都不及言。學徒有請問者，終無所說。每云：「此學可知不可言，諸君並貴游子弟，不由此進，何煩問也。」唯有一子，亦不授此術。會曾遣家人遠行，久而不反。其行還將至，乃逢寒雪，寄息他舍。會方處學堂講說，忽有旋風吹雪入戶，會笑曰：「行人至，何意中停！」遂使追尋，果如其語。會每占筮，大小必中，但用爻辭彖象，以辨吉凶，易占之屬，都不經口。

會本貧生，無僮僕，初任助教日，恒乘驢。其職事處多，非晚不歸。曾夜出城東門，會獨乘一驢，忽有二人，一人牽頭，一人隨後，有似相助。其迴動輕漂，有異生人，漸失路，不由本道。心甚怪之，遂誦易經上篇第一卷，不盡，前後二人，忽然離散。會亦不覺墮驢，迷

悶，至明始覺。方知墮處乃是郭外，纔去家數里。有一子，字子襲，聰敏精勤，幼有成人之量。先亡，臨送者爲其傷慟，會唯一哭而罷，時人尚其達命。

武平末，自府還第，在路無故馬倒，遂不得語，因暴亡。注易一部，行於世。會生平畏馬，位望既至，不得不乘，果以此終。

張思伯，河間樂城人也。善說左氏傳，爲馬敬德之次。撰刊例十卷，行於時。亦爲毛詩章句，以二經教授齊安王廓。位國子博士。

又有長樂張奉禮，善三傳，與思伯齊名。位國子助教。

張彫武，中山北平人也。家世寒微，其兄蘭武，〔三五〕仕尚書令史，微有資產。故護軍長史王元則時爲書生，停其宅。彫武少美貌，爲元則所愛悅，故偏被教。因好學，精力絕人，負卷從師，不遠千里。遍通五經，尤明三傳。弟子遠方就業者，以百數，諸儒服其強辯。齊神武召入霸府，令與諸子講說。乾明初，累遷平原太守，坐贓賄失官。武成即位，以舊恩，

除通直散騎常侍。琅邪王儼求博士，有司以彫武應選，時號得人。歷涇州刺史、散騎常侍。

及帝侍講馬敬德卒，乃入授經書。帝甚重之，以爲侍講，與侍書張景仁並被尊禮，同入華元殿，共讀春秋。加國子祭酒、假儀同三司，待詔文林館。以景仁宗室，自託於其親何洪珍，公私之事，彫武常爲其指南。與張景仁號二張博士。時穆提婆、韓長鸞與洪珍同侍帷幄，知彫武爲洪珍謀主，忌惡之。洪珍又奏彫武監國史，尋除侍中，加開府，奏度支事。大被委任，言多見從，特敕奏事不趨，呼爲博士。

彫武自以出於微賤，致位大臣，勵精在公，有匪躬之節。議論無所迴避，左右縱恣之徒，必加禁約。數譏切寵要，獻替帷扆。帝亦深倚仗之，方委以朝政。彫武便以澂清爲己任，意氣甚高。嘗在朝堂謂鄭子信曰：「向入省中，見賢家唐令處分，極無所以。若作數行兵帳，彫武不如邕；若致主堯、舜，身居稷、契，則邕不如我。」長鸞等陰圖之。及與侍中崔季舒、黃門侍郎郭遵諫幸晉陽，爲長鸞所譖，誅。

臨刑，帝使段孝言詰之。彫武曰：「臣起自諸生，光寵隆洽。今者之諫，臣實首謀，意善功惡，無所逃死。願陛下珍愛金玉，開發神明，數引賈誼之倫，語其政道，令聽覽之間，無所擁蔽，則臣雖死，猶生之年。」因歔欷流涕，俯而就戮。左右莫不憐而壯之。

子德沖等徙北邊。南安王思好之反，德沖及弟德揭俱死。〔三六〕德沖聰敏好學，以帝師之

子，早見旌擢，位中書舍人。其父之戮，德沖並在殿廷就執，目見寃酷，號哭，殞絕於地，久之乃蘇。

郭遵者，鉅鹿人也。齊文宣爲太原公時，爲國常侍。帝家人有蓋豐洛者，典知家務，號曰蓋將。遵因其處分，曾抗拒，爲高德正所責。齊受禪，由是擢爲主書，專令訪察。中書舍人朱謂爲鉅鹿太守，遵爲弟子求官，謂啓文宣，鞭之二百，付京畿。久之，除弁省尚書都令史、建州別駕。會韓長鸞父永興爲刺史，因此遂相參附。後擢爲黃門侍郎，被誅。

遵出自賤微，易爲盈滿。宮門逢諸貴，輒呼姓字，語言布置，極爲輕率。嘗於宮門牽韓長鸞，辭曰：「王在得言，主上縱放如此，曾不規諫，何名大臣？」長鸞嫌其率爾，便攜手而去，由是不加援，故及於禍。

校勘記

〔一〕復徵中山張彫武　北齊書卷四四儒林傳序作「張雕」，通志卷一七四儒林傳作「張彫虎」。錢氏考異卷四〇云：「蓋本名『彫虎』，或改爲『武』，或去其下一字也。」

〔二〕帝乃下詔尊太傅燕公爲三老　諸本「傅」作「保」，周書卷四五儒林傳序作「傅」。按本書卷一二三、周書卷十五于謹傳，本書卷十、周書卷五武帝紀保定三年都作「傅」，今據改。

〔三〕中州之盛　李慈銘云：「隋書卷七五『中州』下有『儒雅』二字，此誤脫。」

〔四〕自魏末大儒徐遵明門下講鄭玄所注周易　北齊書儒林傳序「自」上有「凡是經學諸生多出」八字，「講」上有「河北」二字。按北齊書言齊初治經者多爲徐遵明門人。然後言治周易者河北講習鄭玄注，河南及青、齊之間講習王弼輔嗣注。北史删節後，意遂不明。

〔五〕祖儁　北齊書、通志作「沮儁」。

〔六〕又有衞覬　錢氏考異云：「衞覬，蓋即衞冀隆也。賈思同傳本書卷四七，國子博士遼西衞冀隆精服氏學，上書難杜氏春秋六十三事。中略。蘇瓊傳本書卷八六，除南清河太守，每年春，總集大儒衞覬隆、田元鳳等講於郡學。『覬』與『冀』音義相同，此傳又脫『隆』字。」

〔七〕李鉉　諸本「鉉」訛作「欽」，據北齊書及鉉本傳改。

〔八〕河東裴宗　張森楷云：「魏書卷八四平恒傳『宗』作『定』。據胡叟傳本書卷三四有河東裴定宗，疑即其人。」

〔九〕時祕書監游雅素聞其名　諸本「監」訛作「省」，據魏書卷八四陳奇傳改。

〔一〇〕推此而言〔易之所及自葱嶺以東耳奇曰易理綿廣包含宇宙若如公言〕自葱嶺西豈東向望天哉　諸本脫括號內二十四字，據魏書補。

〔一一〕詔下司徒檢對雅有屈焉　魏書「檢對」下有「碑史，事乃郭后」六字。

〔一二〕見皐魚之歎　諸本「皐」訛「旱」，據通志卷一七四劉獻之傳改。皐魚故事見韓詩外傳。

〔一三〕師董道季講易　張森楷云：「魏書卷十七樂平王丕傳有日者董道秀，疑即此人。」

〔一四〕得惠蔚手錄章疏研精尋問更求師友三禮三傳皆通宗旨　北齊書卷四四孫靈暉傳作：「唯尋討惠蔚手錄章疏，不求師友，三禮及三傳皆通。」按北齊書是說他通過自學，通三禮、三傳。這裏改「不」爲「更」，意思相反。與下文「然始」二字矛盾，非。

〔一五〕中山安喜人　諸本「喜」作「善」，北齊書卷四四及通志卷一七四石曜傳作「喜」。按魏書地形志上定州中山郡有安喜，無「安善」，今據改。

〔一六〕先持經執疏　諸本脫「經」字，據魏書卷八四、通志卷一七四徐遵明傳補。

〔一七〕孝武帝以徵昔授學業　魏書卷八四董徵傳「學」作「父」。張森楷謂當作「父」。按張說是。上文言徵曾敎授京兆、淸河、廣平、汝南四王。孝武即廣平王懷子。

〔一八〕以世行趙畋曆　諸本「畋」作「匪」。按趙畋見魏書律曆志、隋書經籍志三曆數家。今據改。

〔一九〕盪寇將軍張龍詳等九家　魏書卷八四李業興傳及魏書律曆志作「張龍祥」。張森楷云：「張淵傳魏書卷九一無『詳』字。」按作「張龍」當是雙名單稱，「祥」、「詳」未知孰是。

〔二〇〕戊戌子曆　按隋書經籍志曆數家有壬子元曆一卷，注云後魏校書郎李業興撰。章宗源隋書經

籍志考証，以爲業興所造，初名戊子元曆，後合九家，共定爲壬子元曆。章說所據見魏書律曆志。此「戊子曆」當爲「壬子元曆」之誤。

〔二一〕及文王行今周南之教以受命　按「今」字當是衍文。

〔二二〕文王爲諸侯之時所化之國　諸本「時」訛作「地」，據魏書卷八四李業興傳改。

〔二三〕此時何正　魏書李業興傳「時」作「是」，是。

〔二四〕寅賓出日卽是正月　諸本無「卽」字，魏書、通志卷一七四李業興傳有。按下文云：「『日中星鳥，以殷仲春』，卽是二月，」也有「卽」字。今據補。

〔二五〕九百八十七爲斗分　諸本「斗」作「升」。錢氏考異云：「升當作斗。」按魏書李業興傳作「斗」。律曆志有蔀法、斗分。今據改。

〔二六〕齊天保初離宋景業曆甚精　諸本「宋」作「宗」，無「業」字。張森楷云：「齊書卷四九方伎傳有宋景業，參定新曆。隋志經籍志曆數家有宋景業曆一卷。別無『宗景』其人。疑此『景』下脫『業』字。」按張說是，下文李鉉傳，亦言宋景業與綦母懷文等草定新曆。「宗」乃「宋」之訛，今據改補。

〔二七〕改葬後當不異孝文武成或告之兄弟伏法　張森楷云：「魏無『武成』，疑此二字有誤。」按此北齊時事，疑「武成」下脫「初」或「中」字。

〔二八〕郡守縣令每親至其門　諸本脫「其門」二字，據北齊書卷四四馮偉傳補。

〔二九〕敬和事同郡程歸則　諸本「歸」作「師」，北齊書卷四四劉軌思傳作「歸」。按本卷序文亦作「歸」，今據改。

〔三〇〕河間鄚人也　諸本「鄚」訛作「鄭」，據北齊書卷四四、通志卷一七四邢峙傳改。下文權會傳同改。

〔三一〕君四體又甚於文　諸本「甚」訛作「甘」，據通志卷一七四劉晝傳改。

〔三二〕乃詣州將求擧秀才州將以其純儒無意推薦　諸本「秀才」上脫「擧」字，下脫「州」字，據通志卷一七四馬敬德傳補。

〔三三〕以通直郎待詔文林館　南、北、汲、殿四本脫「郎」字，百衲本脫「待」字，據通志卷一七四馬元熙傳補正。

〔三四〕詩書三禮　諸本「三」訛「二」，據北齊書卷四四、通志卷一七四權會傳改。

〔三五〕其兄蘭武　通志卷一七四張彫虎傳「武」作「虎」。按本名當是「虎」，北史避唐諱。

〔三六〕南安王思好之反德沖及弟德揭俱死　諸本「死」作「免」，北齊書卷四四張雕傳作「死」。按本書卷三二崔季舒傳，言高思好反時，召崔季舒等六人兄弟子侄隨軍，事敗，竝從戮。張彫武卽六人之一，作「死」是，今據改。

北史卷八十二

列傳第七十

儒林下

沈重　樊深　熊安生　樂遜　黎景熙　冀儁　趙文深
辛彦之　何妥　蕭該　包愷　房暉遠　馬光　劉焯
劉炫　褚暉　顧彪　魯世達　張沖　王孝籍

沈重字子厚，吳興武康人也。性聰悟，弱歲而孤，居喪合禮。及長，專心儒學，從師不遠千里。遂博覽羣書，尤明詩及左氏春秋。〔一〕梁武帝欲高置學官，以崇儒教，中大通四年，乃革選，以重補國子助教。後除五經博士。梁元帝之在藩也，甚歎異之。及卽位，乃遣主書何武迎重西上。

魏平江陵，重乃留事梁主蕭詧，累遷都官尙書，領羽林監。詧又令重於合歡殿講周禮。

武帝以重經明行修，乃遣宣納上士柳裘致書禮聘，又敕襄州總管衞公直敦喩遣之。在途供給，務從優厚。保定末，至于京師，詔令討論五經，幷校定鍾律。天和中，復於紫極殿講三教義，朝士、儒生、桑門、道士至者二千餘人。〔二〕重辭義優洽，樞機明辯，凡所解釋，咸爲諸儒所推。六年，授驃騎大將軍、開府儀同三司、露門博士，仍於露門館爲皇太子講論語。建德末，表請還梁，武帝優詔不許。重固請，乃許，爲遣小司門上士楊汪送之。梁主蕭巋拜重散騎常侍、太常卿。大象二年，來朝京師。開皇三年卒，年八十四。隋文帝遣舍人蕭子寶祭以少牢，贈使持節、上開府儀同三司、許州刺史。

重學業該博，爲當世儒宗。至於陰陽圖緯、道經、釋典，無不通涉。著周禮義三十一卷、儀禮義三十五卷、禮記義三十卷、毛詩義二十八卷、喪服經義五卷、周禮音一卷、儀禮音一卷、禮記音二卷、毛詩音二卷。

樊深字文深，河東猗氏人也。事繼母甚謹，弱冠好學，負書從師於河西，講習五經，晝夜不倦。魏永安中，隨軍征討，以功累遷中散大夫。嘗讀書，見吾丘子，遂歸侍養。孝武西遷，樊王二姓擧義，爲東魏所誅。〔三〕深父保周、叔父歡周並被害。深因避難，墜崖傷足，絕食再宿。於後遇得一簞餅，欲食之，然念繼母老痩，或兔虜掠，乃弗食。夜中匍匐尋覔，母得見，因以饋母。還復遁去，改易姓名，遊學於汾晉間。習天文及算曆之術。後爲人所告，囚送河東。屬東魏將韓軌長史張曜重其儒學，延深至家，因是便得逃隱。周文平河東，贈保周南郢州刺史，歡周儀同三司。深歸葬其父，負土成墳。

尋而于謹引爲府參軍事，令在館授教子孫。周文置學東館，教諸將子弟，以深爲博士。深經學通贍，每解書，多引漢魏以來諸家義而說之。故後生聽其言者，不能曉悟，背而譏之曰：「樊生講書，多門戶，不可解。」然儒者推其博物。性好學，老而不怠。朝暮還往，常據鞍讀書，至馬驚墮地，損折支體，終亦不改。後除國子博士，賜姓万紐于氏。〔四〕天和二年，遷縣伯中大夫，〔五〕加開府儀同三司。建德元年，表乞骸骨，詔許之。朝廷有疑議，常召問焉。後以疾卒。

深既專經，又讀諸史及倉、雅、篆、籀、陰陽、卜筮之書。學雖博贍，訥於辭辯，故不爲當時所稱。撰孝經、喪服問疑各一卷。又撰七經異同三卷。子義綱。〔六〕

熊安生字植之，長樂阜城人也。少好學，勵精不倦。從陳達受三傳，從房虬受周禮，事

徐遵明，服膺歷年，後受禮於李寶鼎，遂博通五經。然專以三禮教授，弟子自遠方至者千餘人。乃討論圖緯，捃摭異聞，先儒所未悟者，皆發明之。齊河清中，陽休之特奏爲國子博士。

時西朝既行周禮，公卿以下，多習其業，有宿疑碩滯者數十條，皆莫能詳辨。天和三年，周齊通好，兵部尹公正使焉。與齊人語及周禮，齊人不能對，乃令安生至賓館，與公正言。公正有口辯，安生語所未至者，便撮機要而驟問之。安生曰：「禮義弘深，自有條貫，必欲升堂覩奧，寧可汨其先後？但能留意，當爲次第陳之。」公正於是問所疑，安生皆爲一一演說，咸究其根本。公正嗟服，還，具言之於武帝，帝大欽重之。

及入鄴，安生遽令掃門。家人怪而問之，安生曰：「周帝重道尊儒，必將見我矣。」俄而帝幸其第，詔不聽拜，親執其手，引與同坐。謂曰：「朕未能去兵，以此爲愧。」安生曰：「黃帝尚有阪泉之戰，況陛下龔行天罰乎！」帝又曰：「齊氏賦役繁興，竭人財力，朕救焚拯溺，思革其弊，欲以府庫及三臺雜物散之百姓，公以爲何如？」安生曰：「昔武王克商，散鹿臺之財，發巨橋之粟，陛下此詔，異代同美。」帝又曰：「朕何如武王？」安生曰：「武王伐紂，懸首白旗，陛下平齊，兵不血刃，愚謂聖略爲優。」帝大悅，賜帛三百匹、米三百石、宅一區，幷賜象笏及九鐶金帶，自餘什物稱是。又詔所司給安車駟馬，令隨駕入朝，幷敕所在供給。至京，敕令於

大乘佛寺，參議五禮。宣政元年，拜露門博士、下大夫，時年八十餘。尋致仕，卒於家。

安生既學爲儒宗，嘗受其業，擅名於後者，有馬榮伯、張黑奴、竇士榮、孔籠、劉焯、劉炫等，皆其門人焉。所撰周禮義疏二十卷、禮記義疏三十卷、孝經義一卷，並行於世。

安生與同郡宗道暉、張暉、紀顯敬、徐遵明等爲祖師。〔七〕道暉好着高翅帽、大屐，州將初臨，輒服以謁見，仰頭舉肘，拜於屐上，自言學士比三公。後齊任城王湝鞭之，道暉徐呼安偉，安偉出，謂人曰：「我受鞭，不漢體。」〔八〕復躡屐而去。冀州人爲之語曰「顯公鐘，宋公鼓，宗道暉屐，李洛姬肚」，謂之四大。顯公，沙門也，宋公，安德太守也，洛姬，婦人也。

安生在山東時，歲歲遊講，從之者傾郡縣。或詐之曰：「某村古塚，是晉河南將軍熊光墓，去此七十二世。〔九〕舊有碑，爲村人埋匿。」安生掘地求之，不得，連年訟焉。冀州長史鄭大讙判之曰：「七十二世，乃是羲皇上人；河南將軍，晉無此號。訴非理記。」〔一〇〕安生率其族向塚而號。將通名，見徐之才、和士開二人相對，以徐之才諱「雄」，和士開諱「安」，乃稱「觸觸生」，羣公哂之。

樂遜字遵賢，河東猗氏人也。幼有成人之操，從徐遵明於趙、魏間，受孝經、喪服、論

語、詩、書、禮、易、左氏春秋大義。尋而山東寇亂，學者散逸，遜於擾攘之中，猶志道不倦。大統七年，除子都督。九年，太尉李弼請遜教授諸子。既而周文盛選賢良，授以守令。相府戶曹柳敏、行臺郎中盧光、河東郡丞辛粲相繼舉遜，稱有牧人之才。弼請留不遣。

魏廢帝二年，周文召遜教授諸子。在館六年，與諸儒分授經業，講孝經、論語、毛詩及服虔所注春秋左氏傳。周閔帝踐阼，以遜有理務材，除秋官府上士，轉小師氏下大夫。自譙王儉以下，並束脩行弟子之禮。遜以經術教授，甚有訓導之方。及衞公直鎮蒲州，遜爲直主簿。

武成元年六月，以霖雨經時，詔百官上封事。遜陳時宜十四條，其五條切於政要。其一，崇教方；其二，省造作；其三，明選舉；其四，重戰伐；其五，禁奢侈。保定二年，以訓導有方，頻加賞賜，遷遂伯中大夫。五年，詔魯公贇、畢公賢等，俱以束脩之禮，同受業焉。

天和元年，岐州刺史陳公純舉遜以賢良。五年，遜以年在懸車，上表致仕，優詔不許。於是賜以粟帛及錢等，授湖州刺史，封安邑縣子。人多蠻左，未習儒風。遜勸勵生徒，加以課試，數年之間，化洽州境。蠻俗生子，長大多與父母異居，遜每加勸導，多革前弊。在任數載，頻被褒錫。秩滿還朝，拜皇太子諫議，復在露門教授皇子。大象初，進爵崇業郡公，又爲露門博士。二年，進位開府儀同三司，出爲汾陰郡守。遜以老病固辭，詔許之，乃改

授東揚州刺史。仍賜安車、衣服及奴婢等，又於本郡賜田十頃，儒者以爲榮。隋開皇元年，卒於家，年八十二。贈本官，加蒲、陝二州刺史。

遜性柔謹，寡交遊，立身以忠信爲本。不自矜尚，每在衆言論，未嘗爲人之先，學者以此稱之。所著孝經、論語、毛詩、左氏春秋序論十餘篇。又著春秋序義，通賈、服說，發杜氏違，辭理並可觀。

初，周又有黎景熙，以古學顯。

黎景熙字季明，河間鄚人，[一]少以孝行聞於世。[二]曾祖嶷，魏太武時，以軍功賜爵容城縣男，後爲燕郡守。祖鎮，父瓊，並襲爵。

季明少好讀書，性强記默識，而無應對之能。其從祖廣，太武時尚書郎，善古學。常從吏部尚書清河崔宏受字義，又從司徒崔浩學楷篆，自是家傳其法。季明亦傳習之，頗與許氏有異。又好玄象，頗知術數，而落魄不事生業。有書千餘卷。雖窮居獨處，不以飢寒易操。與范陽盧道源爲莫逆交。永安中，道源勸令入仕，始爲威烈將軍。孝武西遷，季明乃寓居伊洛。侯景徇地河外，召季明從軍，稍遷黎陽郡守。季明從至懸瓠，察景終不足恃，遂去之。客於潁川。時王思政鎮潁川，累使召季明，留於內館。月

餘，周文又徵之，遂入關。乃令季明正定古今文字於東閣。大統末，拜著作佐郎。於時倫輩，皆位兼常伯，車服華盛，唯季明獨以貧素居之，而無愧色。又勤於所職，著述不怠。然性尤專固，不合於時，是以一爲史官，遂十年不調。武成末，遷外史下大夫。

保定三年，盛營宮室，春夏大旱，詔公卿百僚，極言得失。季明上封事曰：

臣聞成湯遭旱，以六事自陳。宣王太甚，而珪璧斯竭。豈非遠慮元元，俯哀黎庶。今農要之月，時雨猶愆，率土之心，有懷渴仰。陛下垂情萬類，子愛羣生，覲禮百神，猶未豐洽。豈或作事不節，有違時令，舉措失中，當邀斯旱。

春秋，君舉必書，動爲典禮。水旱陰陽，莫不應行而至。孔子曰：「言行，君子之所以動天地，可不愼乎！」春秋莊公三十一年冬，不雨。五行傳以爲是歲一年而三築臺，奢侈不恤人也。僖公二十一年夏，大旱。五行傳以爲時作南門，勞人興役。漢惠帝二年夏，大旱；五年夏，大旱，江河水少，谿澗水絕。五行傳以爲先是發十四萬六千人城長安。漢武帝元狩三年夏，大旱。五行傳以爲是歲發天下故吏，穿昆明池。然則土木之功，動人興役，天輒應之以異。典籍作誡，儻或可思，上天譴告，改之則善。今若息人省役，以答天譴，庶靈澤時降，嘉穀有時，則年登可覬，子來非晚。詩云：「人亦勞止，迄可小康，惠此中國，以綏四方。」或恐極陽生陰，秋多雨水，年復不登，人將無覬。如

又薦飢，爲慮更甚。

時豪富之家，競爲奢麗。季明又上書曰：

臣聞寬大所以兼覆，慈愛所以懷衆。故天地稱其高厚者，萬物得其容養焉；四時著其寒暑者，庶類資其忠信焉。是以帝王者，寬大象天地，忠信則四時。招搖東指，天下識其春；人君布德，率土懷其惠。伏惟陛下，資乾御宇，品物咸亨，時乘六龍，自强不息，好問受規，天下幸甚。

自古至道之君，亦皆廣延博訪，詢採芻蕘，置鼓樹木，以求其過。頃者亢旱踰時，人懷望歲，陛下爰發明詔，廣求六瘼，同禹、湯之罪己，高宋景之守正，澍雨應時，年穀斯稔。剋己節用，慕質去華，此則尙矣。然而朱紫仍耀於衢路，綺縠猶侈於豪富，裋褐未充於細人，[三]糟糠未厭於編戶。此則勸導之理，有所未周故也。今雖導之以禮，齊之以刑，風俗固難以一矣。昔漢文帝集上書之囊，以作帷帳，惜十家之產，不造露臺；後宮所幸，衣不曳地，方之今日富室之飾，曾不如婢隸之服。然而以身率下，國富刑清，廟稱太宗，良有以也。臣聞聖人久於其道而天下化成。今承魏氏衰亂之後，貞信未興。宜先尊五美，屛四惡，革浮華之俗，抑流競之風，察鴻都之小藝，焚雉頭之異服，無益之貨勿重於時，虧德之器勿陳於側，則人知德矣。

臣又聞之，爲政之要，在於選擧。若差之毫釐，則有千里之失；後來居上，則致積薪之譏。是以古之善爲政者，貫魚以次，任必以能。爵人於朝，不以私愛。簡才以授其官，量能以任其用。官得其才，任當其用，六轡既調，坐致千里。虞舜選衆，不仁者遠，則庶事康哉，人知其化矣。

帝覽而嘉之。

時外史廨宇屢移，未有定所。季明又上言曰：「外史之職，漢之東觀，帝王所寶，此爲攸在。自魏及周，公館不立，臣雖愚瞽，猶知其非。是以去年十一月中，敢冒奏陳，特降中旨，即遣修營。荏苒一周，未知功力。臣職思其憂，敢不重請。」帝納焉，於是廨宇方立。天和二年，進車騎大將軍、儀同三司。後以疾卒。

又周文初，屬天下分崩，時學術之士蓋寡，故曲學末伎，咸見引納。至若冀儁、趙文深之徒，雖才愧昔人，而名著於世，並見收用。

冀儁字僧儁，太原陽邑人也。性沈謹，善隸書，特工模寫。初爲賀拔岳墨曹參軍。岳被害，周文引爲記室。時周文志平侯莫陳悅，乃令儁僞爲魏帝敕書與費也頭，令將兵助周文討悅。儁尋舊敕模寫，及代舍人、主書等署，與眞無異。周文大悅。費也頭見敕，不以爲

疑，遂遣兵受周文節度。

大統初，封長安縣男，從征弘農，戰於沙苑，進爵爲子。累遷襄樂郡守。尋徵還，教明帝及宋獻公等隸書。時俗入書學者亦行束脩之禮，謂之謝章。儁以書字所興，起自蒼頡，若同常俗，未爲合禮。遂啓周文，釋奠蒼頡及先聖、先師。除黃門侍郎、本州大中正。累遷湖州刺史。靜退，每以清約自處。前後所歷，頗有聲稱。尋加驃騎大將軍、開府儀同三司。後進爵爲昌樂侯，卒。

趙文深字德本，[一四]南陽宛人也。父遐，以醫術仕魏，爲尚藥典御。文深少學楷隸，年十一，獻書於魏帝。後立義歸朝，除大丞相府法曹參軍。雅有鍾、王之則，筆勢可觀。當時碑牓，唯文深、冀儁而已。大統十二年，追論立義功，封白石縣男。文帝以隸書紕繆，命文深與黎季明、沈遐等依說文及字林，刊定六體，成一萬餘言，行於世。

及平江陵之後，王褒入關，貴遊等翕然並學褒書，文深之書，遂被遐棄。文深慚恨，形於言色。後知好尚難反，[一五]亦改習褒書。然竟無所成，轉被譏議，謂之學步邯鄲焉。至於碑牓，餘人猶莫之逮。王褒亦每推先之。宮殿樓閣，皆其迹也。遷縣伯下大夫。明帝令至江陵書影覆寺碑，[一六]漢南人士，亦以爲工。梁主蕭詧觀而美之，賞遺甚厚。天和元年，露

寢等初成，文深以題牓之功，除趙興郡守。文深雖居外任，每須題牓，輒復追之。後以疾卒。

辛彥之，隴西狄道人也。祖世敍，魏涼州刺史。父靈補，周渭州刺史。

彥之九歲而孤，不交非類。博涉經史，與天水牛弘同志好學。後入關，遂家京兆。周文見而器之，引爲中外府禮曹，賜以衣馬珠玉。時國家草創，朝貴多出武人，修定儀注，唯彥之而已。尋拜中書侍郎。及周閔帝受禪，彥之與小宗伯盧辯，專掌儀制。歷典祀、太祝、樂部、御正四曹大夫，開府儀同三司，封五原郡公。宣帝卽位，拜小宗伯。時帝立五皇后，彥之切諫，由是忤旨，免官。

隋文帝受禪，除太常少卿，改封任城郡公，進位上開府。[一七]歷國子祭酒、禮部尚書。與祕書監牛弘撰新禮。帝嘗令彥之與沈重論議，重不能抗，避席而謝曰：「辛君所謂金城湯池，無可攻之勢。」帝大悅。後除隨州刺史。時州牧多貢珍玩，惟彥之所貢，並供祭之類。上謂朝臣曰：「人安得無學！彥之所貢，稽古之力也。」遷潞州刺史，前後俱有惠政。彥之又崇信佛道，於城內立浮圖二所，並十五層。開皇十一年，州人張元暴死，數日乃蘇。云遊天

上，見新構一堂，制極崇麗。元問其故，云潞州刺史辛彥之有功德，造此堂以待之。彥之聞而不悅。其年卒，謚曰宣。

彥之撰墳典一部、六官一部、祝文一部、禮要一部、新禮一部、五經異義一部，並行於世。子孝舒、仲龕，並早有令譽。

何妥字栖鳳，西城人也。[一八]父細脚胡，通商入蜀，遂家郫縣。事梁武陵王紀，主知金帛，因致巨富，號爲西州大賈。

妥少機警，八歲遊國子學，助教顧良戲之曰：「汝姓何，是荷葉之荷？爲河水之河？」妥應聲答曰：「先生姓顧，是眷顧之顧？爲新故之故？」衆咸異之。十七，以伎巧事湘東王。後知其聰明，召爲誦書左右。時蘭陵蕭昚，亦有儁才，住青楊巷，妥住白楊頭。時人爲之語曰：「世有兩儁，白楊何妥，青楊蕭昚。」其見美如此。

江陵平，入周，仕爲太學博士。宣帝初立五后，問儒者辛彥之，對曰：「后與天子匹體齊尊，不宜有五。」妥駁曰：「帝嚳四妃，舜又二妃，亦何常數？」由是封襄城縣男。文帝受禪，除國子博士，加通直散騎常侍，進爵爲公。

妥姓勁急，有口才，好是非人物。納言蘇威嘗言於上曰：「臣先人每誡臣云：唯讀孝經一卷，足可立身經國，何用多爲。」上亦然之。妥進曰：「蘇威所學，非止孝經。厥父若信有此言，威不從訓，是其不孝；若無此言，面欺陛下，是其不誠。不誠不孝，何以事君？且夫子又云：『不讀詩無以言，不讀禮無以立。』豈容蘇綽教子，獨反聖人之訓乎？」威時兼領五職，上甚親重之。妥因奏威不可信任。又以掌天文律度，皆不稱職，妥上八事以諫。

其一事曰：臣聞知人則哲，惟帝難之。孔子曰：舉直錯枉則人服，舉枉錯直則人不服。由此言之，政之安危，必慎所舉。故進賢受上賞，蔽賢蒙顯戮。察今之舉人，良異于此。無論諂直，莫擇賢愚。心欲崇高，則起家喉舌之任；意須抑屈，必白首郎署之官。人不之服，實由於此。臣聞爵人於朝，與士共之；刑人於市，與衆棄之。伏見留心獄訟，愛人如子，每應決獄，無不詢訪羣公，刑之不濫，君之明也。刑既如此，爵亦宜然。若有懋功，簡在帝心者，便可擢用。自斯以降，若選重官，必參以衆議，勿信一人之舉，則上不偏私，下無怨望。

其二事曰：孔子云：是察阿黨，則罪無掩蔽。又曰：「君子周而不比，小人比而不周。」所謂比者，卽阿黨也。謂心之所愛，既已光華榮顯，猶加提挈；心之所惡，既已沈滯屈辱，薄言必怒。提挈既成，必相掩蔽，則欺上之心生矣；屈辱既加，則有怨恨，謗讟

之言出矣。伏願廣加訪察，勿使朋黨路開，威恩自任。有國之患，莫大於此。

其三事曰：臣聞舜舉十六族，所謂八元八凱也。計其賢明，理優今日。猶復擇才授任，不相侵濫。故得四門雍穆，庶績咸熙。今官員極多，用人甚少，一人身上，乃兼數職。爲是國無人也？爲是人不善也？今萬乘大國，髦彥不少，縱有明哲，無由自達。東方朔言曰：「尊之則爲將，卑之則爲虜。」斯言信矣。今當官之人，不度德量力，既無呂望、傅說之能，自負傅巖、渭水之氣。不慮憂深責重，唯畏總領不多。安斯寵任，輕彼權軸。顚沛致斃，實此之由。易曰：「鼎折足，覆公餗，其形渥，凶。」言不勝其任也。臣聞窮力舉重，不能爲用。伏願更任賢良，分才參掌，使各行其力，則庶事康哉。

其四事曰：臣聞禮云：析言破律，亂名改作，執左道以亂政者殺。孔子曰：仍舊貫，何必改作。伏見比年以來，改作者多矣。如范威刻漏，十載不成；趙翊尺秤，七年方決；公孫濟迂誕，醫方費踰巨萬；徐道慶廻互子午，糜耗飲食；常明破律，多歷歲時；王渥亂名，曾無紀極；張山居未知星位，前已蹂藉太常；曹魏祖不識北辰，今復轥轢太史。莫不用其短見，便自夸毗，邀射名譽，厚相誣罔。請今日已後，有如此者，若其言不驗，必加重罰，庶令有所畏忌，不敢輕奏狂簡。

其餘文多不載。時蘇威權兼數職，先嘗隱武功，故妥言「自負傅巖、渭水之氣」，以此激上。

書奏，威大銜之。二年，威定考文學，妥更相訶詆。威勃然曰：「無何妥，不慮無博士！」妥應聲曰：「無蘇威，亦何憂無執事！」於是與威有隙。

其後，上令妥考定鍾律。妥又上表曰：

臣聞明則有禮樂，幽則有鬼神。然則動天地，感鬼神，莫近於禮樂。又云：樂至則無怨，禮至則不爭。揖讓而臨天下者，禮樂之謂也。臣聞樂有二：一曰姦聲，二曰正聲。夫姦聲感人而逆氣應之，正聲感人而順氣應之。順氣成象，故樂行而倫清，〔一九〕耳目聰明，血氣和平，移風易俗，天下皆寧。孔子曰：「放鄭聲，遠佞人。」故鄭、衞、宋、趙之聲出，內則發疾，外則傷人。是以宮亂則荒，其君驕；商亂則破，〔二〇〕其官壞；角亂則憂，其人怨；徵亂則哀，其事勤；羽亂則危，其財匱。五者皆亂，則國亡無日矣。

魏文侯問子夏曰：「吾端冕而聽古樂，則欲寐；聽鄭衞之音而不倦，何也？」子夏對曰：「夫古樂者，始奏以文，復亂以武。修身及家，平均天下。鄭衞之音者，姦聲以亂，溺而不止，獶雜子女，不知父子。今君所問者樂也，所愛者音也。夫樂之與音，相近而不同。爲人君者，謹審其好惡。」案聖人之作樂也，非止苟悅耳目而已矣。欲使在宗廟之內，君臣同聽之則莫不和敬；在鄉里之內，長幼同聽之則莫不和順；在閨門之內，父子同聽之則莫不和親。此先王立樂之方也。故知聲而不知音者，禽獸是也；知音而

不知樂者，衆庶是也。故黃鍾、大呂，弦歌干戚，童子皆能舞之，能知樂者，其惟君子。不知聲者不可與言音，不知音者不可與言樂，知樂則幾於道矣。紂爲無道，太師抱樂器以奔周。晉君德薄，師曠固惜清徵。

上古之時，未有音樂，鼓腹擊壤，樂在其間。易曰：「先王作樂崇德，殷薦之上帝，以配祖考。」至于黃帝作咸池，顓頊作六莖，帝嚳作五英，堯作大章，舜作大韶，禹作大夏，湯作大濩，武王作大武。從夏以來，年代久遠，唯有名字，其聲不可得聞。自殷至周，備于詩頌。故自聖賢已下，多習樂者，至如伏羲減瑟，文王足琴，仲尼擊磬，子路鼓瑟，漢高擊筑，元帝吹簫。

漢祖之初，叔孫通因秦樂人，制宗廟之樂。迎神于廟門，奏嘉至之樂，猶古降神之樂也；皇帝入廟門，奏永至之樂，以爲行步之節，猶古采薺肆夏也；乾豆上薦，奏登歌之樂，猶古清廟之歌也；登歌再終，奏休成之樂，美神饗也；皇帝就東廂坐定，奏永安之樂，美禮成也。其休成、永至二曲，叔孫通所制也。漢高祖廟，奏武德、文始、五行之舞。當春秋時，陳公子完奔齊，陳是舜後，故齊有韶樂。孔子在齊聞韶，三月不知肉味是也。秦始皇滅齊，韶樂傳於秦。漢高祖滅秦，韶樂傳於漢。漢高祖改名文始，以示不相襲也。五行舞者，本周大武樂也，始皇改曰五行。及于孝文，復作四時之舞，以示

天下安和，四時順也。孝景采武德舞以爲昭德。孝宣又采昭德以爲盛德。雖變其名，大抵皆因秦舊事。至於魏、晉，〔二一〕皆用古樂。魏之三祖，並制樂辭。自永嘉播越，五都傾蕩，樂聲南度，以是大備江東。宋、齊已來，至于梁代，所行樂事，猶皆傳古。三雍四始，實稱大盛。及侯景篡逆，樂師分散，其四舞三調，悉度僞齊。齊氏雖知傳受，得曲而不用之於宗廟朝廷也。

臣少好音律，留意管絃，年雖耆老，頗皆記憶。及東土克定，樂人悉反，問其逗留，果云是梁人所教。今三調四舞，並皆有手，雖不能精熟，亦頗具雅聲。若令教習傳授，庶得流傳古樂。然後取其會歸，撮其指要，因循損益，更制嘉名，歌盛德於當今，傳雅正於來葉，豈不美歟。謹具錄三調四舞曲名，又製歌辭如別。其有聲曲流宕，不可以陳於殿庭者，亦悉附之於後。

書奏，別敕太常，取妥節度，於是作清、平、瑟三調聲，又作八佾鞞、鐸、巾、拂四舞。先是太常所傳宗廟雅樂，歷數十年，唯作大呂，廢黃鍾。妥又以深乖古意，乃奏請用黃鍾。詔下公卿議，從之。

俄而子蔚爲祕書郎，有罪當刑，上哀之，減死論。是後恩禮漸薄。六年，出爲龍州刺史。時有負笈遊學者，妥皆爲講說教授之。又爲刺史箴，勤于州門外。在職三年，以疾請

還，詔許之。復知學事。

時上方使蘇夔在太常參議鍾律，夔有所建議，朝士多從之。妥獨不同，每言夔之短。帝下其議，羣臣多排妥。妥復上封事，指陳得失，大抵論時政損益，并指斥當世朋黨。於是蘇威及吏部尚書盧愷、侍郎薛道衡等皆坐得罪。除伊州刺史，不行。尋爲國子祭酒，卒官。謚曰肅。

撰周易講疏三卷、〔二二〕孝經義疏二卷、莊子義疏四卷。與沈重等撰三十六科鬼神感應等大義九卷、封禪書一卷、樂要一卷、文集十卷，並行於世。

于時學士之自江南來者，蕭該、包愷並知名。

蕭該，蘭陵人。梁鄱陽王恢之孫，少封攸侯。荊州平，與何妥同至長安。性篤學，詩、書、春秋、禮記並通大義，尤精漢書，甚爲貴遊所禮。開皇初，賜爵山陰縣公，拜國子博士。奉詔與妥正定經史。然各執所見，遞相是非，久而不能就。上譴而罷之。該後撰漢書及文選音義，咸爲當時所貴。

包愷字和樂，東海人。其兄愉，明五經，愷悉傳其業。及從王仲通受史記、漢書，尤稱

精究。大業中，爲國子助教。于時漢書學者以蕭、包二人爲宗匠，聚徒教授者數千人。〔二三〕卒，門人起墳立碣焉。

房暉遠字崇儒，恒山眞定人也。世傳儒學。暉遠幼有志行，明三禮、春秋三傳、詩、書、周易，兼善圖緯。恒以教授爲務，遠方負笈而從者，動以千計。齊南陽王綽爲定州刺史，聞其名，召爲博士。周武帝平齊，搜訪儒俊，暉遠首應辟命，授小學下士。隋文帝受禪，遷太常博士。太常卿牛弘每稱爲五經庫。吏部尚書韋世康薦之，遷太學博士。尋與沛公鄭譯修正樂章，後復爲太常博士，未幾擢爲國子博士。

會上令國子生通一經者，並悉薦舉，將擢用之。既策問訖，博士不能時定臧否。祭酒元善怪問之，暉遠曰：「江南、河北，義例不同，博士不能遍涉。學生皆持其所短，稱己所長，博士各各自疑，所以久而不決也。」祭酒因令暉遠考定之，暉遠覽筆便下，初無疑滯。或有不服者，暉遠問其所傳義疏，輒爲始末誦之，然後出其所短，自是無敢飾非者。所試四五百人，數日便決。諸儒莫不推其通博，皆自以爲不能測也。尋奉詔預修令式。

文帝嘗謂羣臣曰：「自古天子有女樂乎？」楊素以下，莫知所出，遂言無女樂。暉遠曰：「臣聞『窈窕淑女，鍾鼓樂之』，此卽王者房中之樂，著於雅頌，不得言無。」帝大悅。仁壽中，卒官，朝廷嗟惜焉，賵賻甚厚，贈員外散騎常侍。

馬光字榮伯，武安人也。少好學，從師數十年，晝夜不息，圖書讖緯，莫不畢覽。尤明三禮，爲儒者所宗。

隋開皇初，徵山東義學之士，光與張仲讓、孔籠、竇仕榮、張黑奴、〔二四〕劉祖仁等俱至，並授太學博士，時人號爲六儒。然皆鄙野無儀範，朝廷不之貴也。仕榮尋病死。仲讓未幾告歸鄉里，著書十卷，自云：「此書若奏，必爲宰相。」又數言玄象事，州縣列上，竟坐誅。孔籠、張黑奴、劉祖仁未幾亦被譴亡。唯光獨存。

嘗因釋奠，帝親幸國子學，王公已下畢集，光升坐講禮，啓發章門。已而諸儒生以次論難者十餘，皆當時碩學。光剖析疑滯，雖辭非俊辯，而禮義弘贍。〔二五〕論者莫測其淺深，咸共推服。上嘉而勞焉。山東三禮學者，自熊安生後，唯宗光一人。初教授瀛、博間，門徒千數，至是多負笈從入長安。後數年，丁母憂歸鄉里，以疾卒于家。

劉焯字士元，信都昌亭人也。犀額龜背，望高視遠，聰敏沉深，弱不好弄。少與河間劉炫結盟爲友，同受詩於同郡劉軌思，受左傳於廣平郭懋，嘗問禮於阜城熊安生，皆不卒業而去。武強交津橋劉智海家，素多墳籍，焯就之讀書，向經十載，雖衣食不繼，晏如也。遂以儒學知名，爲州博士。

隋開皇中，刺史趙煚引爲從事。舉秀才，射策甲科。與著作郎王劭同修國史，兼參議律曆。仍直門下省，以待顧問。俄除員外將軍。後與諸儒於秘書省考定羣言。因假還鄉里，縣令韋之業引爲功曹。尋復入京，與左僕射楊素、吏部尚書牛弘、國子祭酒蘇威、元善、博士蕭該、何妥、太學博士房暉遠、崔崇德、晉王文學崔賾等，於國子共論古今滯義，前賢所不通者。每升坐，論難鋒起，皆不能屈。楊素等莫不服其精博。六年，運洛陽石經至京師，文字磨滅，莫能知者，奉敕與劉炫〔等考定。後因國子釋奠，與炫〕二人論義，深挫諸儒，〔二六〕咸懷妬恨，遂爲飛章所謗，除名。

於是優遊鄉里，專以教授著述爲務，孜孜不倦。賈、馬、王、鄭所傳章句，多所是非。九章算術、周髀、七曜曆書十餘部，推步日月之經，量度山海之術，莫不覈其根本，窮其祕奧。著稽極十卷，曆書十卷，五經述議，並行於世。劉炫聰明博學，名亞於焯，故時人稱二劉焉。

天下名儒後進，質疑受業，不遠千里而至者，不可勝數。論者以爲數百年已來，博學通儒無能出其右者。然懷抱不曠，又嗇於財，不行束脩者，未嘗有所教誨，時人以此少之。

廢太子勇聞而召之，未及進謁，詔令事蜀王。非其好也，久之不至。王聞而大怒，遣人枷送於蜀，配之軍防。其後典校書籍。王以罪廢，焯又與諸儒修定禮、律，除雲騎尉。煬帝即位，遷太學博士，俄以品卑去職。數年，復被徵以待顧問。因上所著曆書，與太史令張胄玄多不同，被駁不用。卒，劉炫爲之請謚，朝廷不許。

劉炫字光伯，河間景城人也。少以聰敏見稱。與信都劉焯閉戶讀書，十年不出。炫眸子精明，視日不眩，强記默識，莫與爲儔。左畫圓，右畫方，口誦，目數，耳聽，五事同舉，無所遺失。周武帝平齊，瀛州刺史宇文亢召爲戶曹從事。後刺史李繪署禮曹從事，以吏幹知名。

隋開皇中，奉敕與著作郎王劭同修國史，俄直門下省，以待顧問。又詔與諸術者修天文律曆，〔三七〕兼於內史省考定羣言。內史令博陵李德林甚禮之。炫雖遍直三省，竟不得官，爲縣司責其賦役。炫自陳於內史，內史送詣吏部。尚書韋世康問其所能，炫自爲狀曰：「周

禮、禮記、毛詩、尚書、公羊、左傳、孝經、論語，孔、鄭、王、何、服、杜等注，凡十三家，雖義有精粗，並堪講授；周易、儀禮、穀梁用功差少；史子文集，嘉言故事，咸誦於心；天文、律曆，窮覈微妙。至於公私文翰，未嘗假手。」吏部竟不詳試。然在朝知名之士十餘人，保明炫所陳不謬，於是除殿內將軍。

時牛弘奏購求天下遺逸之書，炫遂僞造書百餘卷，題爲連山易、魯史記等，錄上送官，取賞而去。後有人訟之，經赦免死，坐除名。歸于家，以教授爲務。廢太子勇聞而召之，既至京師，敕令事蜀王秀，遷延不往。秀大怒，枷送益州。既而配爲帳內，每使執仗爲門衞。俄而釋之，典校書史。炫因擬屈原卜居爲筮塗以自寄。及秀廢，與諸儒修定五禮，授旅騎尉。

吏部尚書牛弘建議，以爲禮：諸侯絕傍期，大夫降一等。今之上柱國雖不同古諸侯，比大夫可也，官在第二品，宜降傍親一等。議者多以爲然。炫駁之曰：「古之仕者，宗一人而已，庶子不得進，由是先王重嫡。其宗子有分祿之義，族人與宗子雖疏遠，猶服衰三月，良由受其恩也。今之仕者，位以才升，不限嫡庶，與古既異，何降之有。今之貴者，多忽近親，若或降之，人道之疏，自此始矣。」遂寢其事。

開皇二十年，廢國子、四門及州縣學，唯置太學，博士二人，學生七十二人。炫上表言學校不宜廢，情理甚切，帝不納。時國家殷盛，皆以遼東爲意，炫以爲遼東不可伐，作撫夷論以諷焉。當時莫有悟者。及大業之季，三征不剋，炫言方驗。

煬帝即位，牛弘引炫修律令。始文帝時，以刀筆吏類多小人，年久長姦，勢使然也。又以風俗陵遲，婦人無節。於是立格，州縣佐吏，三年而代之；九品妻，無得再醮。炫著論以爲不可，弘竟從之。諸郡置學官及流外給稟，皆發於炫。

弘嘗問炫：「案周禮，士多而府史少；今令史百倍於前，判官減則不濟。其故何也？」炫曰：「古人委任責成，歲終考其殿最，案不重校，文不繁悉，府史之任，掌要目而已。今之文簿，恒慮勘覆鍛鍊，若其不密，萬里追證百年舊案。故諺云：『老吏抱案死。』今古不同，若此之相懸也。事煩政弊，職此之由。」弘又問：「魏、齊之時，令史從容而已；今則不遑寧舍。其事何由？」炫曰：「齊氏立州，不過數十，三府行臺，遞相統領，文書行下，不過十條；今州三百。其繁一也。往者，州唯置綱紀，郡置守、丞，縣唯令而已，其所具僚，則長官自辟，受詔赴任，每州不過數十；今則不然，大小之官，悉由吏部，纖介之迹，皆屬考功。其繁二也。省官不如省事，省事不如清心，官事不省而望從容，其可得乎！」弘甚善其言而不能用。

納言楊達舉炫博學有文章，射策高第，除太學博士。歲餘，以品卑去任。還至長平，奉敕追詣行在所。或言其無行，帝遂罷之。歸于河間。時盜賊蜂起，穀食踊貴，經籍道息，敎

授不行。炫與妻子，相去百里，聲聞斷絕。鬱鬱不得志，乃自爲贊曰：

通人司馬相如、揚子雲、馬季長、鄭康成等皆自敍徽美，傳芳來葉。余豈敢仰均先進，貽笑後昆？徒以日迫桑榆，大命將近，故友飄零，門徒雨散，溘死朝露，魂埋朔野，親故莫照其心，後人不見其迹。殆及餘喘，薄言胸臆，貽及行邁，傳之州里，使夫將來俊哲，知余鄙志耳。

余從綰髮以來，迄於白首，嬰孩爲慈親所恕，捶撻未嘗加；從學爲明師所矜，榎楚弗之及。暨乎敦敍邦族，交結等夷，重物輕身，先人後己。昔在幼弱，樂參長者；爰及耆艾，數接後生。學則服而不厭，誨則勞而不倦。幽情寡適，心事多違。內省生平，顧循終始，其大幸有四，深恨有一。

性本愚蔽，家業貧窶，爲父兄所饒，厠縉紳之末，遂得博覽典誥，窺涉今古，小善著於丘園，虛名聞於邦國。其幸一也。

隱顯人間，沈浮世俗，數忝徒勞之職，久執城旦之書，名不挂於白簡，事不染於丹筆。立身立行，慚恧實多，啓手啓足，庶幾可免。其幸二也。

以此庸虛，屢動宸眷；以此卑賤，每升天府。齊鑣驥騄，比翼鵷鴻，整緌素於鳳池，記言動於麟閣。參謁宰輔，造請羣公，厚禮殊恩，增榮改價。其幸三也。

書漏方盡，大耋已嗟，退反初服，歸骸故里。翫文史以怡神，閱魚鳥以散慮，觀野物，登臨園沼，緩步代車，無事爲貴。其幸四也。

仰休明之盛世，慨道教之陵遲，蹈先儒之逸軌，傷羣言之蕪穢，馳騁墳典，釐改僻謬，修撰始畢，事業適成，天違人願，途不我與，世路未夷，學校盡廢，道不備於當時，業不傳於身後。銜恨泉壤，實在茲乎！其深恨一也。

時在郡城，糧餉斷絕。其門人多隨賊盜，哀炫窮乏，詣城下索炫，郡官乃出炫與之。炫爲賊所將，過下城堡。未幾，賊爲官軍所破，炫饑餓無所依，復投縣官。縣官意炫與賊相知，恐爲後變，遂閉門不納。時夜冰寒，因此凍餒而死。其後門人謚曰宣德先生。

炫性躁競，頗好俳諧，多自矜伐，好輕侮當世，爲執政所醜，由是宦途不遂。著論語述議十卷、春秋攻昧十卷、五經正名十二卷、孝經述議五卷、春秋述議四十卷、尙書述議二十卷、毛詩述議四十卷、注詩序一卷、算術一卷，幷所著文集，並行於世。

時儒學之士，又有褚暉、顧彪、魯世達、張沖、王孝籍並知名。

褚暉字高明，吳郡人。以三禮學稱於江南。煬帝時，徵天下儒術之士，悉集內史省，相次講論。暉辯博，無能屈者，由是擢爲太學博士。撰禮疏一百卷。[二八]

顧彪字仲文，餘杭人。明尙書、春秋。煬帝時，爲祕書學士。撰古文尙書義疏二十卷，行於世。

魯世達，餘杭人。煬帝時，爲國子助教。撰毛詩章句義疏四十二卷，行於世。

張沖字叔玄，吳郡人。仕陳，爲左中郎將，非其好也。乃覃思經典，撰春秋義略，異於杜氏七十餘事，喪服義三卷、孝經義三卷、論語義十卷、前漢音義十二卷。官至漢王侍讀。

王孝籍，平原人。少好學，博覽羣言，遍習五經，頗有文翰。與河間劉炫同志友善。開皇中，召入祕書，助王劭修國史。劭不之禮。在省多年，不免輸稅。鬱鬱不得志，奏記於吏部尙書牛弘曰：

竊以毒螫𤸇膚，則申旦不寐；饑寒切體，亦卒歲無聊。何則？痛苦難以安，貧窮易爲感。況懷抱之內，冰火鑠脂膏，腠理之間，風霜侵骨髓。安可齚舌緘脣，吞聲飲氣，惡呻吟之響，忍酸辛之酷哉！伏惟明尙書公，動哀矜之色，開寬裕之懷，咳唾足以活涸鱗，吹噓可用飛窮羽，芬椒蘭之氣，暖布帛之詞，許小人之請，聞大君之聽。雖復山川綿遠，鬼神在茲，信而有徵，言無不履。猶恐拯溺遲於援手，救經緩於扶足，[二九]待越人之舟檝，求魯匠之雲梯，則必懸於喬樹之枝，沒於深泉之底。

夫以一介貧人，七年直省，課役不免，慶賞不霑。賣貢禹之田，供釋之之費，有弱子之累，乏强兄之產。加以慈母在堂，光陰遲暮，寒暑違闕，關山超遠。齧臂爲期，前途逾邈，倚閭之望，朝夕傾對。[三〇]謝相如之病，無官可以免，發梅福之狂，非仙所能避。愁疾甚乎厲鬼，人生異夫金石。營魂且散，恐筮予無徵，齎恨入冥，則虛緣恩顧。此乃王稽所以致言，應侯爲之不樂也。潛鬢髮之內，居眉睫之間，子野未曾聞，離朱所未見。久淪東觀，留滯南史，終無薦引，永同埋殯。三世不移，雖由寂寞，十年不調，實乏知己。

夫不世出者，聖明之君也，不萬一者，誠賢之臣也。以夫不世出而逢不萬一，小人所以爲明尙書幸也。坐人物之源，運銓衡之柄，反被狐白，不好緇衣，此小人爲明尙書不取也。昔荊玉未剖，刖卞和之足，百里未用，碎禽息之首。居得言之地，有能用之資，增耳目之明，[三一]無首足之戚，憚而不爲，孰知其解！夫官或不稱其能，士或未申其屈，一夫竊議，語流天下，勞不見圖，安能無望！儻病未及死，狂還克念，汗窮愁之簡，

屬離憂之詞，託志於前修，通心於來哲，使千載之下，哀其不遇，追咎執事，有玷清塵，則不肖之軀，死生爲累，小人之罪，方且未刑。[三二]願少加憐愍，留心無忽。

弘亦知其學業，而竟不得調。

後歸鄉里，以教授爲業，終于家。注尙書及詩，遭亂零落。

論曰：古語云「容體不足觀，勇力不足恃，族姓不足道，先祖不足稱，然而顯聞四方，流聲後胤者，其惟學乎。」信哉斯言也。梁越之徒，篤志不倦，自求諸己，遂能聞道下風，稱珍席上，或聚徒千百，或服冕乘軒，咸稽古之力也。

然遠惟漢、魏，碩學多清通；逮乎近古，巨儒多鄙俗。文武不墜，弘之在人，豈獨愚蔽於當今，而皆明哲於往昔？在乎用與不用，知與不知耳。然曩之弼諧庶績，必舉德於鴻儒；近代左右邦家，咸取士於刀筆。縱有學優入室，勤踰刺股，名高海內，擢第甲科，若命偶時來，未有望於青紫；或數將運舛，必見棄於草澤。然則古之學者，祿在其中，今之學者，困於貧賤。明達之人，志識之士，安肯滯於所習，以求貧賤者哉！此所以儒罕通人，學多鄙俗者也。

至若劉焯，德冠搢紳，數窮天象，既精且博，洞究幽微，鉤深致遠，源流不測。數百年來，斯一人而已。劉炫學實通儒，才堪成務，九流七略，無不該覽。雖探賾索隱，不逮於焯；裁成義說，文雅過之。並時不我與，餒棄溝壑。斯乃子夏所謂，「死生有命，富貴在天」。天之所與者聰明，所不與者貴仕，上聖且猶不免，焯、炫其如命何！孝籍徒離騷其文，尙何救也！

校勘記

〔一〕尤明詩及左氏春秋　周書卷四五沈重傳「詩」下有「禮」字。按下文列其著述，關於三禮者佔絕對多數，則「禮」字當是脫文。

〔二〕朝士儒生桑門道士至者二千餘人　各本「桑」作「乘」，殿本及周書、通志卷一七四沈重傳作「桑」，是，今從殿本。

〔三〕爲東魏所誅　諸本脫「東」字，據周書卷四五、通志卷一七四樊深傳補。

〔四〕賜姓万紐于氏　諸本「万」作「萬」。按魏書官氏志「勿忸于氏後改爲于氏」，廣韵十虞作「万忸于氏」。「萬」乃「万」之訛，今據改。

〔五〕天和二年還縣伯中大夫　諸本「和」訛作「平」，據周書、通志改。天和周武帝年號。天平乃東

魏年號，誤。

〔六〕又撰七經異同三卷子義綱　按册府卷六〇六七二七五頁、卷六〇八七二九七頁稱樊深撰「七經異同說三卷、義綱略論並目錄三十卷，並行於世」。疑此「子」字爲後人妄加，「義綱」下有脫文。隋書經籍志一、新唐書藝文志甲部並見樊深撰「七經義綱略論三十卷」，可證。

〔七〕安生與同郡宗道暉張暉紀顯敬徐遵明等爲祖師　按徐遵明華陰人，安生乃長樂阜城人，不得稱爲同郡。上文言安生「事徐遵明，服膺歷年」，北齊書卷四四儒林傳序云：「凡是經學諸生，多出自魏末大儒徐遵明門下。」又言徐遵明傳三禮於紀顯敬。疑這裏「徐遵明」上有脫文，「等」字爲後人所加。原文當是說安生等人並以徐遵明爲祖師。

〔八〕道暉徐呼安偉安偉出謂人曰我受鞭不漢體　張森楷云：「『漢』上疑當有『失』字。」按此處文義不明，當有脫訛。

〔九〕某村古塚是晉河南將軍熊光墓去此七十二世　諸本脫「墓」字、「此」字，據通志卷一七四熊安生傳補。

〔一〇〕訴非理記　通志作「所訴非理」。

〔一一〕河間鄚人　諸本「鄚」訛作「鄭」，據通志卷一七四樂遜附黎景熙傳改。

〔一二〕少以孝行聞於世　周書卷四七黎景熙傳作「少以字行於世」。按下文稱「季明」而不稱「景熙」，卽是以字行之證。此當是「字」訛爲「孝」，後人又妄增「聞」字。

〔一三〕裋褐未充於細人　諸本「裋」訛作「短」，據周書、通志改。

〔一四〕趙文深字德本　金石萃編卷三七華嶽頌署名「南陽趙文淵字德本」。知其本名「文淵」，周書、北史避唐諱改。

〔一五〕後知好尙難反　諸本「反」訛作「及」，據周書卷四七趙文深傳改。

〔一六〕明帝令至江陵書影覆寺碑　周書、通志卷一七四趙文深傳「影覆」作「景福」，疑是。

〔一七〕進位上開府　諸本無「上」字，隋書卷七五、通志卷一七四辛彥之傳有。按上文已言其爲開府儀同三司，則進位當爲上開府。今據補。

〔一八〕西城人也　隋書卷七五何妥傳同。通志卷一七四何妥傳「城」作「域」。按何妥先世當爲西域何國人，疑通志是。

〔一九〕夫姦聲感人而逆氣應之正聲感人而順氣應之順氣成象故樂行而倫淸　隋書同。册府卷五六八六八二〇頁「逆氣應之」下有「逆氣成象而淫樂興焉」九字，「順氣成象」下有「而和樂興焉」五字。當是隋書、北史脫文。

〔二〇〕商亂則破　隋書何妥傳及通志、册府「破」並作「陂」，是。

〔二一〕至於魏晉　諸本倒作「晉魏」，據隋書乙。

〔二二〕撰周易講疏三卷　隋書何妥傳及經籍志並作「十三卷」。此「三」上當脫「十」字。

〔二三〕于時漢書學者以蕭包二人爲宗匠聚徒敎授者數千人　諸本「匠」字作「遠近」二字，隋書卷七五包愷傳作「匠」。按聚徒敎授者卽蕭、包二人，「遠近」二字無義。此乃「匠」訛爲「近」，後人又妄加「遠」字，今據刪改。又隋書「授」下有「著錄」二字，疑北史脫文。

〔二四〕張黑奴　諸本「黑」作「買」，隋書卷七五、通志卷一七四馬光傳作「黑」。張森楷云：「張買奴見齊書卷四四儒林傳，天保中卒，不及仕周，無論于隋。作『買』誤也。」按本書儒林傳序，張買奴與熊安生同受三禮於李鉉，而張黑奴則是熊安生門人見熊安生傳，二者不是一人。張說是，今據改。

〔二五〕而禮義弘贍　隋書「禮」作「理」，是。

〔二六〕奉敕與劉炫〔等考定後因國子釋奠與炫〕二人論義深挫諸儒　諸本脫「等考定後因國子釋奠，與炫」十一字，據隋書卷七五、通志卷一七四劉焯傳補。

〔二七〕又詔與諸術者修天文律曆　諸本脫「與」字，據隋書卷七五、通志卷一七四劉炫傳補。

〔二八〕撰禮疏一百卷　諸本脫「禮」字，據隋書卷七五、通志一七四褚暉傳補。

〔二九〕救經綏於扶足　諸本「經」作「趺」，隋書卷七五王孝籍傳作「經」。按「經」卽雉經，下文「求魯匠之雲梯，則必懸於喬樹之枝」可證。作「趺」誤，今據改。

〔三〇〕倚閭之望朝夕傾對　隋書「傾對」作「已勤」。按若已「朝夕傾對」，則何須倚閭而望？作「傾對」顯誤。但「傾對」與「已勤」，音形都不相近，不知從何致誤，今不改。

〔三一〕增耳目之明　諸本「增」訛作「憎」，據隋書改。

〔三二〕方且未刑　殿本及隋書「刑」作「刊」。

北史卷八十三

列傳第七十一

文苑

溫子昇　荀濟　祖鴻勳　李廣　樊遜　荀士遜　王褒　庾信
顏之推 弟之儀　虞世基　柳䛒　許善心　李文博　明克讓
劉臻　諸葛潁　王貞　虞綽　王胄 兄眘　庾自直
潘徽　常德志　尹式　劉善經　孔德紹　劉斌

易曰：「觀乎天文，以察時變；觀乎人文，以化成天下。」然則文之為用其大矣哉。逖聽三古，彌綸百代，若乃墳、素所紀，靡得而云，典、謨已降，遺風可述。至於制禮作樂，騰實飛聲，善乎，言之不文，行之豈能遠也。是以曲阜之多才多藝，監二代以正其源；闕里之性與天道，修六經以維其末。用能窮神知化，稱首於千古；經邦緯俗，藏用於百代。至哉，斯固

聖人之述作也。逮乎兩周道喪，七十義乖。淹中、稷下，八儒、三墨之異，漆園、黍谷，名、法、兵、農之別，雖雅誥奧義，或未盡善，考其遺跡，亦賢達之流乎。其離讒放逐之臣，塗窮後門之士，道轗軻而未遇，志鬱抑而不申，憤激委約之中，飛文魏闕之下，奮迅泥滓，自致青雲，振沈溺於一朝，流風聲於千載者往往而有矣。

漢自孝武之後，雅尚斯文，揚葩振藻者如林，而二馬、王、揚為之傑。東京之朝，茲道逾扇，咀徵含商者成市，而班、傅、張、蔡為之雄。當塗受命，尤好蟲篆。金行勃興，無替前烈。曹、王、陳、阮負宏衍之思，挺棟幹於鄧林；潘、陸、張、左擅侈麗之才，飾羽儀於鳳穴。斯並高視當世，連衡孔門。雖時運推移，質文屢變，譬猶六代並奏，易俗之用無爽；九源競逐，一致之理同歸。歷選前英，於斯為盛。

既而中州板蕩，戎狄交侵，僭偽相屬，生靈塗炭，故文章黜焉。其能潛思於戰爭之間，揮翰於鋒鏑之下，亦有時而間出矣。若乃魯徵、杜廣、徐光、尹弼之儔，知名於二趙；〔一〕宋該、封弈、朱彤、梁讜之屬，見重於燕、秦。然皆迫於倉卒，牽於戰陣，章奏符檄，則粲然可觀；體物緣情，則寂寥於世。非其才有優劣，時運然也。至於朔方之地，蕞爾夷俗，胡義周之頌國都，足稱宏麗。區區河右，而學者埒於中原，劉延明之銘酒泉，可謂清典。子曰：「十室之邑，必有忠信。」豈徒言哉。

鴻勳弱冠，與同郡盧文符並爲州主簿。僕射、臨淮王彧表薦其文學，除奉朝請。人曰：「臨淮舉卿，竟不相謝，恐非其宜。」鴻勳曰：「爲國舉才，臨淮之務，祖鴻勳何事從而謝之。」彧聞而喜曰：「吾得其人矣。」後城陽王徽奏鴻勳爲司徒法曹參軍事。〔一二〕及赴洛，徽謂曰：「臨淮相舉，竟不到門，今來何也？」鴻勳曰：「今來赴職，非爲謝恩。」轉廷尉正，去官歸鄉里。齊神武嘗徵至并州，作晉祠記，好事者翫其文。位至高陽太守，在官清素，妻子不免寒餒。時議高之。齊天保初，卒官。

李廣字弘基，范陽人也。其先自遼東徙焉。廣博涉羣書，有才思。少與趙郡李騫齊名，〔一三〕爲邢、魏之亞，而訥於言，敏於行。中尉崔暹，精選御史，皆是世胄，廣獨以才學兼侍御史，修國史。南臺文奏，多其辭也。

齊文宣初嗣霸業，命掌書記。天保初，欲以爲中書郎，遇其病篤而止。廣嘗欲早朝，假寐，忽驚覺，謂其妻曰：「吾向似睡非睡，忽見一人出吾身中，語云：『君用心過苦，非精神所堪，今辭君去。』」因而怳忽不樂，數日便遇疾，積年不起。竟以疾終。嘗

廣雅有鑒識，度量弘遠，坦率無私，爲士流所愛，時共贍遺之，賴以自給。

薦畢義雲於崔暹，廣卒後，義雲集其文筆七卷，託魏收爲之序。

樊遜字孝謙，河東北猗氏人也。祖琰，父衡，並無官宦，而衡性至孝，喪父，負土成墳，植柏方數十畝，朝夕號慕。

遜少好學。其兄仲以造氈爲業，亦常優饒之。遜自責曰：「爲人弟，獨愛安逸，可不愧於心乎！」欲同勤事業。母馮氏謂曰：「汝欲謹小行邪？」遜感母言，遂專心典籍，恒書壁作「見賢思齊」四字以自勸。

遜貌醜陋，有才氣。屬本州淪陷，寓居鄴中，爲臨漳小吏。縣令裴鑒莅官清苦，致白雀等瑞。遜上清德頌十首，鑒大加賞重，擢爲主簿。仍薦之於右僕射崔暹，與遼東李廣、勃海封孝琰等爲暹賓客。人有譏其靜默不能趣時者。遜常服東方朔之言，「陸沈世俗，避世金馬」，遂借陸沈公子爲主人，擬客難制客誨以自廣。後崔暹大會客，大司馬、襄城王旭時亦在坐，欲命府僚。暹指遜曰：「此人學富才高，兼之佳行，可爲王參軍也。」旭目之曰：「豈能就耶？」遜曰：「家無蔭第，不敢當此。」

武定七年，齊文襄崩，暹爲文宣徙於邊，賓客咸散，遜遂徙居陳留。梁州刺史劉殺鬼以

遜兼錄事參軍事。遜仍舉秀才，尚書案舊令，下州三載一舉秀才，爲五年已貢開封人鄭祖獻，計至此年未合。〔一四〕兼別駕王聰抗辭爭議，右丞陽斐不能却。尚書令高隆之曰：「雖遜才學優異，待明年非遠。」遜竟還本州。天保元年，本州復召舉秀才。二年春，會朝堂對策。〔一五〕策罷，中書郎張子融奏入。至四年五月，遜與定州秀才李子宣等以對策三年不調，被付外。上書請從罷，詔不報。梁州重舉遜爲秀才。五年正月，制詔問焉。尚書擢第，以遜爲當時第一。

十二月，清河王岳爲大行臺，率衆南討，以遜從軍。明年，文宣納梁貞陽侯蕭明爲梁主，岳假遜大行臺郎中，使于江南，與蕭脩、侯瑱和解。遜往還五日，得脩等報書，岳因與脩盟於江上。大軍還鄴，遜仍被都官尚書崔昂舉薦。詔付尚書，考爲清平勤幹，送吏部。

七年，詔令校定羣書，供皇太子。遜與冀州秀才高乾和、瀛州秀才馬敬德、許散愁、韓同寶，洛州秀才傅懷德，懷州秀才古道子，廣平郡孝廉李漢子，勃海郡孝廉鮑長暄，陽平郡孝廉景孫，前梁州府主簿王九元、前開府水曹參軍周子深等十一人同被尚書召共刊定。時祕府書籍紕繆者多，遜乃議曰：「案漢中壘校尉劉向受詔校書，每一書竟，表上，輒言臣向書、長水校尉臣參書、太常博士書、中外書合若干本，以相比校，然後殺青。今所讎校，供擬極重，出自蘭臺，御諸甲館。向之故事，見存府閣。卽欲刊定，必藉衆本。太常卿邢子才、太

子少傅魏收、吏部尚書辛術、司農少卿穆子容、前黃門郎司馬子瑞、故國子祭酒李業興並是多書之家，請牒借本參校。」祕書監尉瑾移尚書都坐，凡所得別本三千餘卷，五經諸史殆無遺闕。

于時魏收作庫狄干碑序，令孝謙爲之銘，〔一六〕陸卬不知，以爲收合作也。陸操、伏渾卒，楊愔使孝謙代己作書以告晉陽朝士，令魏潤色之，收不能改一字。八年，減東西二省官，更定選，員不過三百，參者二三千人。楊愔言於衆曰：「後生清俊，莫過盧思道；〔一七〕文章成就，莫過樊孝謙；几案斷割，莫過崔成之。」遂以思道長兼員外郎，三人並員外將軍。孝謙辭曰：「門族寒陋，訪第必不成，乞補員外司馬督。」愔曰：「才高不依常例。」特奏用之。

河清初，爲主書，〔一八〕參典詔策。天統元年，加員外郎。居七八日，行遇轜車，嚬眉下淚，指方相曰：「何日更相煩君一到？」數日而卒，屧方相送葬，仍前所逢者。

孝謙死後，定州秀才荀士遜繼爲主書，〔一九〕才名相亞。

荀士遜字孝博，東安人。南州舉秀才。清朗剛直。楊愔將用之，曰：「今日之選，不可無茹生。」卒於侍御史。

荀士遜，廣平人也。好學，有思理，爲文清典，見賞知音。武定末，舉司州秀才，迄齊天保，十年不調。皇建中，馬敬德薦爲主書，轉中書舍人。狀貌甚醜，以文辭見重。嘗有事須奏，遇武成在後庭，因左右傳通。傳通者不得士遜姓名，乃云「醜舍人」。帝曰：「必士遜也。」看封題果是，內人莫不歡笑。累遷中書侍郎，號爲稱職。與李若等撰典言，行於世。齊亡年卒。

王褒字子深，〔三〇〕琅邪臨沂人也。曾祖儉，祖騫，父規，並南史有傳。

褒識量淹通，志懷沈靜，美威儀，善談笑，博覽史傳，七歲能屬文。外祖梁司空袁昂愛之，謂賓客曰：「此兒當成吾宅相。」弱冠舉秀才，除祕書郎、太子舍人。梁國子祭酒蕭子雲，褒之姑夫也，特善草隸。褒少以姻戚，去來其家，遂相模範，而名亞子雲，並見重於時。武帝嘉其才藝，遂以弟鄱陽王恢女妻之。襲爵南昌縣侯，歷位祕書丞、宣城王文學、安城內史。及侯景陷建鄴，褒輯寧所部，見稱於時。轉南平內史。

梁元帝嗣位，褒有舊，召拜吏部尚書、右僕射，仍遷左丞，兼參掌。〔三一〕褒既名家，文學優贍，當時咸共推挹，故位望隆重，寵遇日甚，而愈自謙損，不以位地矜物，時論稱之。

初，元帝平侯景及禽武陵王紀後，以建鄴凋殘，時江陵殷盛，便欲安之。又其政府臣僚皆楚人也，並願即都郢。嘗召羣臣議之。領軍將軍胡僧祐、吏部尚書宗懍、太府卿黃羅漢、御史中丞劉瑴等曰：「建鄴王氣已盡，又荊南之地有天子氣，〔三二〕遷徙非宜。」元帝深以爲然。褒性謹慎，知元帝多猜忌，弗敢公言其非。後因清閑，密諫，言辭甚切。元帝意好荊楚，已從僧祐等策，竟不用。

及魏征江陵，元帝授褒都督城西諸軍事。柵破，從元帝入金城。俄而元帝出降，褒遂與衆俱出，見柱國于謹，甚禮之。褒嘗作燕歌，〔三三〕妙盡塞北寒苦之狀，元帝及諸文士並和之，而競爲悽切之辭，至此方驗焉。褒與王克、劉瑴、宗懍、殷不害等數十人俱至長安，周文喜曰：「昔平吳之利，二陸而已，今定楚之功，羣賢畢至，可謂過之矣。」又謂褒及王克曰：「吾即王氏甥也，卿等並吾之舅氏，當以親戚爲情，勿以去鄉介意。」於是授褒及殷不害等車騎大將軍、儀同三司。常從容上席，資餼甚厚。褒等亦並荷恩眄，忘羈旅焉。

周孝閔帝踐阼，封石泉縣子。明帝即位，篤好文學，時褒與庾信才名最高，特加親待。帝每遊宴，命褒賦詩談論，恒在左右。尋加開府儀同三司。保定中，除內史中大夫。武帝作象經，令褒注之，引據該洽，甚見稱賞。褒有器局，雅識政體，既累世在江東爲宰輔，帝亦以此重之。建德以後，頗參朝議，凡大詔冊，皆令褒具草。東宮既建，授太子少保，遷少司空，仍掌綸誥。乘輿行幸，褒常侍從。

初，褒與梁處士汝南周弘讓相善，及讓兄弘正自陳來聘，帝許褒等通親知音問，褒贈弘讓詩并書焉。尋出爲宜州刺史，卒於位。子鼒。

庾信字子山，南陽新野人。祖易，父肩吾，並南史有傳。

信幼而俊邁，聰敏絕倫，博覽羣書，尤善春秋左氏傳。身長八尺，腰帶十圍，容止穨然，有過人者。父肩吾，爲梁太子中庶子，掌管記。東海徐摛爲右衞率。摛子陵及信並爲抄撰學士。父子在東宮，〔三四〕出入禁闥，恩禮莫與比隆。既文並綺豔，故世號爲徐、庾體焉。當時後進，競相模範，每有一文，都下莫不傳誦。累遷通直散騎常侍，聘于東魏，文章辭令，盛爲鄴下所稱。還爲東宮學士，領建康令。

侯景作亂，梁簡文帝命信率宮中文武千餘人營於朱雀航。及景至，信以衆先退。臺城陷後，信奔於江陵。梁元帝承制，除御史中丞。及即位，轉右衞將軍，封武康縣侯，加散騎侍郎，聘于西魏。屬大軍南討，遂留長安。江陵平，累遷儀同三司。

周孝閔帝踐阼，封臨清縣子，除司水下大夫。出爲弘農郡守。遷驃騎大將軍、開府儀同三司、司憲中大夫，進爵義城縣侯。俄拜洛州刺史。信爲政簡靜，吏人安之。時陳氏與周通好，南北流寓之士，各許還其舊國。陳氏乃請王褒及信等十數人。武帝唯放王克、殷不害等，信及褒並惜而不遣。尋徵爲司宗中大夫。明帝、武帝並雅好文學，信特蒙恩禮。至於趙、滕諸王，周旋款至，有若布衣之交。羣公碑誌，多相託焉。唯王褒頗與信埒，自餘文人，莫有逮者。

信雖位望通顯，常作鄉關之思，乃作哀江南賦以致其意。大象初，以疾去職。隋開皇元年卒。有文集二十卷。文帝悼之，贈本官，加荊、雍二州刺史。子立嗣。

顏之推字介，琅邪臨沂人也。祖見遠，父協，並以義烈稱。世善周官、左氏學，俱南史有傳。

之推年十二，遇梁湘東王自講莊、老，之推便預門徒。虛談非其所好，還習禮、傳。博覽書史，無不該洽，辭情典麗，甚爲西府所稱。湘東王以爲其國右常侍，加鎮西墨曹參軍。好飲酒，多任縱，不修邊幅，時論以此少之。湘東遣世子方諸鎮郢州，以之推爲中撫軍府外兵參軍，掌管記。遇侯景陷郢州，頻欲殺之，賴其行臺郎中王則以免。景平，還江陵。時湘東卽位，以之推爲散騎侍郎，奏舍人事。

後爲周軍所破，大將軍李穆重之，送往弘農，令掌其兄陽平公遠書翰。遇河水暴長，具船將妻子奔齊，經砥柱之險，時人稱其勇決。文宣見，悅之，卽除奉朝請，引於內館中，侍從左右，頗被顧眄。後從至天泉池，以爲中書舍人，令中書郎段孝信將勑示之推。之推營外飲酒，孝信還以狀言，文宣乃曰：「且停。」由是遂寢。

後待詔文林館，除司徒錄事參軍。之推聰穎機悟，博識有才辯，工尺牘，應對閑明，大爲祖珽所重，令掌知館事，判署文書。遷通直散騎常侍，俄領中書舍人。帝時有取索，恒令中使傳旨，之推稟承宣告，館中皆受進止。所進文書，皆是其封署，於進賢門奏之，待報方出。兼善於文字，監校繕寫，處事勤敏，號爲稱職。帝甚加恩接。爲勳要者所嫉，常欲害之。崔季舒等將諫也，之推取急還宅，故不連署。及召集諫人，之推亦被喚入，勘無名，得免。尋除黃門侍郎。

及周兵陷晉陽，帝輕騎還鄴，窘急，計無所從。之推因宦者侍中鄧長顒進奔陳策，仍勸募吳士千餘人以爲左右，取青、徐路共投陳國。帝納之，以告丞相高阿那肱等。阿那肱不願入陳，乃云吳士難信，勸帝送珍寶累重向青州，且守三齊地，若不可保，徐浮海南度。雖不從之推策，然猶以爲平原太守，令守河津。

齊亡入周。大象末，爲御史上士。隋開皇中，太子召爲文學，深見禮重。尋以疾終。有文集三十卷，撰家訓二十篇，並行於世。

之推在齊有二子，長曰思魯，次曰敏楚，蓋不忘本也。之推集，思魯自爲序。

弟之儀，字升。幼穎悟，三歲能讀孝經。及長，博涉羣書，好爲詞賦。嘗獻梁元帝荊州頌，辭致雅贍。帝手勑曰：「枚乘二葉，俱得游梁；應貞兩世，並稱文學。我求才子，鯁慰良深。」

江陵平，之儀隨例遷長安，周明帝以爲麟趾學士。稍遷司書上士。武帝初建東宮，盛選師傅，以之儀爲侍讀。太子後征吐谷渾，在軍有過行，鄭譯等並以不能匡弼坐譴，唯之儀以累諫獲賞。卽拜小宮尹，封平陽縣男。宣帝卽位，遷上儀同大將軍、御正中大夫，進爵爲公。帝後刑政乖僻，昏縱日甚。之儀犯顏驟諫，雖不見納，終亦不止，深爲帝所忌。然以恩舊，每優容之。及帝殺王軌，之儀固諫。帝怒，欲并致之於法。後以其諒直無私，乃舍之。

宣帝崩，劉昉、鄭譯等矯遺詔，以隋文帝爲丞相輔少主。之儀知非帝旨，拒而弗從。昉等草詔，署訖，逼之儀署。之儀厲聲謂昉等曰：「主上升遐，嗣子幼沖，阿衡之任，宜在宗英。方今賢戚之內，趙王最長，以親以德，合膺重寄。公等備受朝恩，當盡忠報國，柰何一旦欲以神器假人！之儀有死而已，不能誣罔先帝。」於是昉等知不可屈，乃代之儀署而行之。隋文帝後索符璽，之儀又正色曰：「此天子之物，自有主者，宰相何故索之？」於是文帝大怒，命引出，將戮之。然以其人望，乃止。出爲西疆郡守。

及踐極，詔徵還京師，進爵新野郡公。開皇五年，拜集州刺史。在州清靜，夷夏悅之。明年代還，遂優游不仕。十年正月，之儀例入朝。文帝望而識之，命引至御坐，謂之曰：「見危授命，臨大節而不可奪，古人所難，何以加卿。」乃賜錢十萬、米一百石。十一年卒。有文集十卷，行於世。

虞世基字懋世，會稽餘姚人也。父荔，南史有傳。

世基幼恬靜，喜慍不形於色，博學有高才，兼善草隸。陳中書令孔奐見而歎曰：「南金之貴，屬在斯人。」少傅徐陵聞其名，召之，世基不往。後因公會，陵一見而奇之，顧朝士曰：「當今潘、陸也。」因以弟女妻焉。仕陳，累遷尚書左丞。陳主嘗於莫府山校獵，令世基爲講武賦，於坐奏之。陳主嘉之，賜馬一匹。

及陳滅，入隋爲通直郎，直內史省。貧無產業，每傭書養親，怏怏不平，嘗爲五言詩以

見情，文理悽切，世以爲工，作者無不吟詠。未幾拜內史舍人。

煬帝卽位，顧遇彌隆。祕書監河東柳顧言，博學有才，罕所推謝，至是與世基相見，歎曰：「海內當共推此一人，非吾儕所及也。」俄遷內史侍郎。以母憂去職，哀毀骨立。有詔起令視事，拜見之日，殆不能起，令左右扶之，哀其羸瘠，詔令進肉，世基食，輒悲哽不能下筯。帝使謂曰：「方相委任，宜爲國惜身。」前後敦勸者數矣。帝重其才，親禮逾厚，專典機密，與納言蘇威、左翊衞大將軍宇文述、黃門侍郎裴矩、御史大夫裴蘊等參掌朝政。

時天下多事，四方表奏，日有百數。帝方凝重，事不廷決，入閤之後，始召世基口授節度。世基至省，方爲敕書，日且百紙，[二五]無所遺謬。遼東之役，進位金紫光祿大夫。後從幸鴈門，爲突厥所圍，戰士多敗。世基勸帝爲賞格，親自撫循，乃下詔停遼東事。[二六]帝從之，師乃復振。及圍解，勳格不行，又下伐遼之詔，由是言其詐衆，朝野離心。帝幸江都，次鞏縣，世基以盜賊日盛，請發兵屯洛口倉，以備不虞。帝不從，但答云：「卿是書生，定猶恇怯。」

于時天下大亂，世基知帝不可諫正，又以高熲、張衡等相繼誅戮，懼禍及己，雖居近侍，唯諸取容，[二七]不敢忤意。盜賊日甚，郡縣多沒，世基知帝惡數聞之，後有告敗者，乃抑損表狀，不以實聞。是後外間有變，帝弗之知也。嘗遣太僕卿楊義臣捕盜河北，降賊數十萬，列

狀上聞。帝歎曰：「我初不聞賊頓如此，義臣列降賊何多也？」世基曰：「鼠竊雖多，未足爲慮。義臣剋之，擁兵不少，久在閫外，此最非宜。」帝曰：「卿言是也。」遽追義臣，放其兵散。又越王侗遣太常丞元善達間行賊中，詣江都奏事，稱：「李密有衆數萬，圍逼京都。賊據洛口倉，城內無食。若陛下速還，烏合必散。不然者，東都決沒。」因歔欷嗚咽，帝爲改容。世基見帝色憂，進曰：「越王年小，此輩誑之。若如所言，善達何緣得至？」帝勃然怒曰：「善達小人，敢廷辱我！」因使經賊中，向東陽催運。善達遂爲羣盜所殺。此後外人杜口，莫敢以賊聞奏。

世基氣貌沈審，言多合意，是以特見親愛，朝臣無與爲比。其繼室孫氏，性驕淫，世基惑之，恣意奢靡，彫飾器服，無復素士之風。孫復攜前夫子夏侯儼入世基舍，而頑鄙無賴，爲其聚斂，鬻官賣獄，賄賂公行，其門如市，金寶盈積。其弟世南素國士，而清貧不立，未曾有所贍。由是爲論者所譏。朝野咸共疾怨。宇文化及之弒逆也，世基乃見害。

長子肅，好學多才藝，〔二八〕時人稱有家風。弱冠早沒。

肅弟熙，大業末爲符璽郎。次子柔、晦，並宣義郎。化及將亂之夕，宗人虞伋知而告熙曰：「事勢已然，吾將濟卿南度，且得免禍，同死何益。」熙曰：「棄父背君，求生何地，感尊之懷，自此訣矣。」及難作，兄弟競請先死，行刑人先世基殺之。

柳䛒字顧言，河東人也。世仕江南，居襄陽。祖惔，南史有傳。

䛒少聰敏，解屬文，好讀書，所覽將萬卷。仕梁，爲著作佐郎。後蕭詧據荆州，以爲侍中，領國子祭酒、吏部尚書。及梁國廢，拜開府，爲內史侍郎。以無吏幹，轉晉王諮議參軍。王好文雅，招引才學之士諸葛頴、虞世南、王冑、朱瑒等百餘人以充學士，而䛒爲之冠。王以師友處之，每有文什，必令其潤色，然後示人。嘗朝京還，作歸藩賦，命䛒爲序，詞甚典麗。初王屬文，效庾信體，及見䛒後，文體遂變。

仁壽初，引爲東宮學士，加通直散騎常侍，檢校洗馬，甚見親重，每召入臥內，與之宴謔。䛒尤俊辯，多在侍從，有所顧問，應答如響。性嗜酒，言雜誹諧。由是彌爲太子所親狎。以其好內典，令撰法華玄宗，爲二十卷上之，太子大悅，賞賜優洽，儕輩莫比。

煬帝嗣位，拜祕書監，封漢南縣公。帝退朝後，便命入閤，〔二九〕言宴諷讀，終日而罷。帝每與嬪后對酒，時逢興會，輒遣命之至，與同榻共席，恩比友朋。帝猶恨不能夜召，〔三〇〕乃命匠刻木爲偶人，施機關，能坐起拜伏，以像䛒。帝每月下對飲酒，〔三一〕輒令宮人置於座，與相酬酢，而爲歡笑。從幸揚州，卒，帝傷惜者久之。贈大將軍，謚曰康。

䛒撰晉王北伐記十五卷，有集十卷行於世。

許善心字務本，高陽北新城人也。祖茂、父亨，並南史有傳。

善心九歲而孤，爲母范氏所鞠養。幼聰明，有思理，所聞輒能記，多聞默識，爲當世所稱。家有舊書萬餘卷，皆徧通涉。十五解屬文，爲牋上父友徐陵，陵大奇之，謂人曰：「此神童也。」太子詹事江總舉秀才，對策高第，授度支郎中，補撰史學士。

禎明二年，加通直散騎常侍聘隋。遇文帝伐陳，禮成而不獲反命。累表請辭，上不許，留縶賓館。及陳亡，上遣使告之。善心素服號哭於西階下，藉草東向，經三日，敕書唁焉。明日，有詔就館拜通直散騎常侍，賜衣一襲。善心哭盡哀，入房改服，復出北面立，垂涕再拜受詔。明日，乃朝服泣於殿下，悲不能興。上顧左右曰：「我平陳國，唯獲此人。既能懷其舊君，卽我誠臣也。」敕以本官直門下省，賜物千段、草馬二十匹。〔三二〕從幸太山，還，授虞部侍郎。

十六年，有神雀降於含章闥，上召百官賜宴，告以此瑞。善心於坐請紙筆，製神雀頌奏之。上甚悅曰：「我見神雀，共皇后觀之。今旦召公等入，〔三三〕適述此事。善心於坐始知，卽

能成頌。文不加點，筆不停毫，常聞此言，今見其事。」因賜物二百段。十七年，除祕書丞。時祕藏圖籍，尙多淆亂。善心效阮孝緖七錄，更制七林，各爲總敍，冠於篇首，〔三四〕又於部錄之下明作者之意，區分類例焉。又奏追李文博、陸從典等學者十許人，正定經史錯謬。仁壽元年，攝黃門侍郎。二年，加攝太常少卿，與牛弘等議定禮樂，祕書丞、黃門並如故。四年，留守京師。帝崩于仁壽宮，煬帝祕不發喪，先易留守官人，〔三五〕出除巖州刺史。逢漢王諒反，不之任。

大業元年，轉禮部侍郎，奏薦儒者徐文遠爲國子博士，包愷、陸德明、褚徽、魯世達之輩，並加品秩，授爲學官。其年，副納言楊達爲冀州道大使，以稱旨，賜物五百段。

左衞大將軍宇文述每日借本部兵數十人以供私役，常半日而罷。御史大夫梁毗奏劾之。上方以腹心委述，初付法官推，千餘人皆稱被役。經二十餘日，法官候伺上旨，乃言役不滿日，其數雖多，不合通計，縱令有實，亦無罪。諸兵士聞之，更云初不被役。上欲釋之，付議虛實，百僚咸議爲虛。善心以爲述於仗衞之所，抽兵私役，雖不滿日，闕於宿衞，與常役所部，情狀乃殊。又兵多下番，散還本府，分道追至，不謀同辭。今殆一月，方始翻覆，姦狀分明，此何可捨？蘇威、楊汪等二十餘人同善心議，其餘皆議免罪。煬帝可免者之奏。後數月，述譖善心曰：「陳叔寶卒，善心共周羅睺、虞世基、袁充、蔡徵等同往送葬。善心爲祭

文，謂爲『陛下』。敢於今日加叔寶尊號。」召問有實，自援古例，事得釋，而甚惡之。[三六]又太史奏帝卽位年與堯時符合，善心議以國哀甫爾，不宜稱賀。述諷御史劾之，左遷給事郎，降品二等。

四年，撰方物志，奏之。七年，從至涿郡。帝方自御戎以東討，善心上封事，忤旨免官。其年復徵守給事郎。帝嘗言及文帝受命之符，因問鬼神之事，敕善心與崔祖濬撰靈異記十卷。

初，善心父撰著梁史，未就而歿，善心述成父志，修續家書。其序傳末述制作之意，曰：

謹按太素將萌，洪荒初判，乾儀資始，辰象所以正時；坤載厚生，品物於焉播氣。參三才而育德，肖二統而降靈。有黎人焉，爲之君長；有貴賤矣，爲其宗極。保上天之睠命，膺下土之樂推，莫不執太方，振長策，感召風雲，驅馳英俊。干戈揖讓，取之也殊功；鼎玉龜符，成之也一致。革命創制，竹素之道稍彰；紀事記言，筆墨之官漸著。炎、農以往，存其名而漏其迹；黃、軒以來，晦其文而顯其質。登丘納麓，具訓誥及典謨；貫昴入房，傳夏正與殷祀。洎辨方正位，論時計功，南北左右，兼四名之別，檮杌、乘車，擅一家之稱。國惡雖諱，君舉必書。故賊子亂臣，天下大懼，元龜明鏡，昭然可察。及三郊遞襲，五勝相沿，俱稱百谷之王，並以四海自任。重光累德，何世無哉。

逮有梁之興，君臨天下，江左建國，莫斯爲盛。受命在於一君，繼統傳乎四主。克昌四十八載，餘祚五十六年。武皇帝出自諸生，爰升寶歷。拯百王之弊，救萬姓之危，反澆季之末流，登上皇之獨道。朝多君子，野無遺賢，禮樂必備，憲章成擧，弘深慈於不殺，濟大忍於無刑。蕩蕩巍巍，可爲稱首。屬陰戎入潁，羯胡侵洛，沸騰墋黷，三季之所未聞；掃地滔天，一元之所巨厄。[三七]廊廟有序，竄成狐兔之場；珪帛有儀，碎夫犬羊之手。禍善積而身禍，仁義存而國亡，豈天道歟？豈人事歟？嘗別論之，在於序論之卷。

先君昔在前代，早懷述作，凡撰齊書爲五十卷，梁書紀傳，隨事勒成及闕而未就者，目錄注爲一百八卷。梁室交喪，墳籍銷盡。冢壁皆殘，不準無所盜；帷囊同毀，陳農何以求！秦儒旣坑，先王之道將墜；漢臣徒請，口授之文亦絕。所撰之書，一時亡散。有陳初建，詔爲史官，補闕拾遺，心識口誦，依舊目錄，更加修撰，且成百卷，已有六帙五十八卷上祕閣訖。

善心早嬰荼蓼，弗克荷薪，太建之末，頻抗表聞，至德之初，蒙授史任。方願緗素採訪，門庭記錄，俯勵弱才，仰成先志。而單宗少强近，虛室類原、顏，退屏無所交游，栖遲不求進益。假班嗣之書，徒聞其語；給王隱之筆，未見其人。加以庸瑣涼能，孤陋末學，參職郎署，兼撰陳史，致此書延時，未卽成績。禎明二年，以臺郎入聘，屬本邑淪覆，他鄉播遷，行人失時，將命不復。望都亭而長慟，還別館而懸壺。家史舊書，在後蕩盡。今止有六卷獲存，[三八]又並缺落失次。自入京邑以來，[三九]隨見補葺，略成七十卷：[四〇]四帝紀八卷，后妃一卷，三太子錄一卷，爲一帙十卷；宗室王侯列傳一帙十卷；具臣列傳二帙二十卷；外戚傳一卷，孝德傳一卷，誠臣傳一卷，文苑傳二卷，儒林傳二卷，逸人傳一卷，數術傳一卷，藩臣傳一卷，合一帙十卷；止足傳一卷，列女傳一卷，權幸傳一卷，羯賊傳二卷，逆臣傳二卷，叛臣傳二卷，敍傳論述一卷，合一帙十卷。凡稱史臣者皆先君所言，下稱名案者皆善心補闕。別爲敍論一篇，託于敍傳之末。

十年，又從至懷遠鎭，加授朝散大夫。突厥圍雁門，攝左親侍武賁郎將，領江南兵宿衞殿省。駕幸江都，追敍前勳，授通議大夫，詔還本品，行給事郎。

十四年，化及弑逆之日，隋官盡詣朝堂謁賀，善心獨不至。許弘仁馳告曰：「天子已崩，宇文將軍攝政，合朝文武，莫不咸集。天道人事，自有代終，何預叔而低徊若此？」善心怒之，不肯隨去。弘仁返走上馬，泣而言曰：「將軍於叔全無惡意，忽自求死，豈不痛哉！」還告唐奉義，[四一]以狀白化及，遣人就宅執至朝堂。化及令釋之，善心不舞蹈而出。化及目送之，曰：「此大負氣。」命捉來，罵云：「我好欲放你，敢如此不遜！」其黨輒牽曳，遂害之。及越王稱制，贈左光祿大夫，封高陽縣公，謚曰文節。

善心母范氏，梁太子中舍人孝才之女也。少寡，養孤，博學有高節。隋文帝知之，敕尚食每獻時新，常遣分賜。嘗詔范入內，侍皇后講讀。封永樂郡君。及善心遇禍，范氏九十有二，臨喪不哭，撫柩曰：「能死國難，我有兒矣。」因臥不食，後十餘日亦終。

李文博，博陵人。性貞介鯁直，好學不倦，至於教義名理，特所留心。每讀書至安危得失，忠臣烈士，未嘗不反覆吟翫。開皇中，爲羽騎尉。特爲吏部侍郎薛道衡所知，恒令在廳事帷中，披檢書史，幷察己行事，若遇政教善事，卽抄撰記錄，如選用疏謬，卽委之臧否。道衡每得其語，莫不忻然從之。

後直祕書內省，典校羣籍。守道居貧，晏如也。雖衣食乏絕，而淸操愈厲，不妄通賓客，恒以禮法自處，儕輩莫不敬焉。道衡知其貧，每延于家，給以資費。文博商略古今政教得失，如指諸掌。然無吏幹，稍遷校書郎，出爲縣丞，遂得下考，數歲不調。道衡爲司隸大夫，遇之東都尙書省，甚嗟愍之，奏爲從事。因謂齊王司馬李綱曰：「今日遂遇文博，得奏用之。」以爲歡笑。其見賞知音如此。

在洛下，曾詣房玄齡，相送出衢路。玄齡謂曰：「公生平志尙，唯在正直，今旣得爲從事，故應有會素心。比來激濁揚清，所爲多少？」文博遂奮臂厲聲曰：「夫清其流者必潔其源，正其末者須端其本。今政源混亂，雖日免十貪郡守，亦何所益！」其率直疾惡，不知忌諱，皆如此類。時朝政浸壞，人多贓賄，唯文博不改其操。論者以此貴之。遭亂播遷，不知所終。

初，文博在內省校書，虞世基子亦在其內，盛飾容服而未有所知。文博因從容問之年紀，答云十八。文博乃謂曰：「昔賈誼當此之年，議論何事？君今徒事儀容，欲何爲者？」又秦孝王妃生男，文帝大喜，頒賜羣官各有差。文博家道屢空，人謂其悅賞，乃云：「賞罰之設，功過所歸，今王妃生男，於羣官何事，乃妄受賞也！」其循名責實，錄過計功，必使賞罰不濫，功過無隱皆爾。

文博本爲經學，後讀史書，於諸子及論，尤所該洽，性長議論，亦善屬文。著政道集十卷，[四二]大行於世。

開皇中，又有魏郡侯白，字君素，好學有捷才，性滑稽，尤辯俊。舉秀才，爲儒林郎。通倪不持威儀，好爲俳諧雜說。人多愛狎之，所在處，觀者如市。楊素甚狎之。素嘗與牛弘退朝，白謂素曰：「日之夕矣。」素大笑曰：「以我爲『牛羊下來』邪！」文帝聞其名，召與語，悅之，令於祕書修國史。每將擢用，輒曰「白不勝官」而止。後給五品食，月餘而死。時人傷

其薄命。著旌異記十五卷，行於世。

明克讓字弘道，平原鬲人也。世仕江左。祖僧紹，父山賓，並南史有傳。

克讓少儒雅，善談論，博涉書史，所覽將萬卷，三禮、論語，尤所研精，龜策曆象，咸得其要。年十四，釋褐湘東王法曹參軍。時舍人朱异在儀賢堂講老子，克讓預焉。堂邊有修竹，异令克讓詠之。克讓攬筆輒成，卒章曰：「非君多愛賞，誰貴此貞心？」异甚奇之。仕梁，位中書侍郎。

梁滅，歸長安，引爲麟趾殿學士。[四三]周武帝卽位，爲露門學士，令與太史官屬正定新曆。累遷司調大夫，賜爵歷城縣伯。隋文帝受禪，位率更令，進爵爲侯。太子以師道處之，恩禮甚厚，每有四方珍味，輒以賜之。時東宮盛徵天下才學士，至於博物洽聞，皆出其下。詔與太常牛弘等修禮議樂。當朝典故，多所裁正。以疾去官，加通直散騎常侍，卒。上甚惜之，二宮贈賻甚厚。

所著孝經義疏一部，古今帝代記一卷，文類四卷，續名僧記一卷，集二十卷。子餘慶，位司門郎。越王侗稱制，爲國子祭酒。

克讓叔少遐，博涉羣書，有詞藻。仕梁，位都官尚書。入齊，甚爲名流王元景、陽休之等所禮。皇建中，拜中庶子。卒，贈中書令、揚州司馬。

劉臻字宣摯，沛國相人也。父顯，南史有傳。

臻年十八，舉秀才，爲邵陵王東閤祭酒。元帝時，遷中書舍人。江陵平，歸魏爲中書侍郎。[四四]周冢宰宇文護辟爲中外府記室，軍書羽檄，多成其手。後爲露門學士，授大都督，封饒陽縣子。歷藍田令、畿伯下大夫。隋文帝受禪，進位儀同三司。左僕射高熲之伐陳也，以臻隨軍主文翰，進爵爲伯。皇太子勇引爲學士，甚親狎之。

臻無吏幹，又性惚怳，耽經覃思，至於世事，多所遺忘。有劉訥者，亦任儀同，俱爲太子學士，情好甚密。臻住城南，訥住城東。臻嘗欲尋訥，謂從者曰：「汝知劉儀同家乎？」從者不知尋訥，謂臻還家，因答曰：「知。」於是引之而去。旣扣門，臻尚未悟，謂至訥家，乃據鞍大呼曰：「劉儀同可出矣。」其子迎門，臻驚曰：「汝亦來邪？」其子答曰：「此是大人家。」於是顧眄久之，乃悟，叱從者：「汝大無意，吾欲造劉訥耳！」性好啗蜆，以音同父諱，呼爲扁螺，其疏放多此類也。

精於兩漢書，時人稱爲漢聖。開皇十八年，卒。有集十卷，行於世。

諸葛潁字漢，丹楊建康人也。祖銓，梁零陵太守。父規，義陽太守。

潁年十八能屬文，起家邵陵王參軍事，轉記室。侯景之亂，奔齊，歷學士、太子舍人。周氏平齊，不得調，杜門不出者十餘年。習易、圖緯、蒼雅、莊老頗得其要，清辯有俊才。晉王廣素聞其名，引爲參軍事，轉記室。及王爲太子，除藥藏郎。[四五]煬帝卽位，遷著作郎，甚見親倖，出入臥內。帝每賜之曲宴，輒與皇后嬪御連席共榻。潁因間隙，多所譖毀，是以時人謂之「冶葛」。後錄恩舊，授朝散大夫。帝嘗賜潁詩，其卒章曰：「參翰長洲苑，侍講肅成門，名理窮研覈，英華恣討論。實錄資平允，傳芳導後昆。」其待遇如此。從征吐谷渾，加正議大夫。從駕北巡，卒於道。

潁性褊急，與柳䛒每相忿鬩，帝屢責怒之，而猶不止。於後帝亦薄之。有集二十卷，撰鑾駕北巡記三卷，幸江都道里記一卷，洛陽古今記一卷，馬名錄二卷，並行於世。有子嘉會。

王貞字孝逸，梁郡陳留人也。少聰敏，七歲好學，善毛詩、禮記、左氏傳、周易，諸史百家無不畢覽。善屬文，不事產業，每以諷讀為娛。開皇初，汴州刺史樊叔略引為主簿。後舉秀才，授縣尉，非其好也，謝病于家。

煬帝即位，齊王暕鎮江都，聞其名，以書召之。及至，以客禮待之，索其文集。貞上三十三卷，為啓陳謝。齊王覽集，甚善之，賜良馬四匹。貞復上江都賦，王賜錢十萬貫、良馬二匹。未幾，以疾甚還鄉，終於家。

虞綽字士裕，會稽餘姚人也。父孝曾，陳始興王諮議。

綽身長八尺，姿儀甚偉，博學有俊才，尤工草隸。陳左衞將軍傅縡，有盛名於世，見綽詞賦，歎美之。仕陳，為太學博士，遷永陽王記室。

及陳亡，晉王廣引為學士。大業初，轉為祕書學士，奉詔與祕書郎虞世南、著作佐郎庾自直等撰長洲玉鏡等書十餘部。綽所筆削，帝未嘗不稱善，而官竟不遷。初為校書郎，以藩邸左右，授宣惠尉，遷著作佐郎。與虞世南、庾自直、蔡允恭等四人常直禁中，以文翰待

詔，恩眄隆洽。從征遼東，帝舍臨海頓，見大鳥，[四六]異之，詔綽為銘。帝覽而善之，命有司勒於海上。以度遼功，授建節尉。

綽恃才任氣，無所降下。著作郎諸葛潁以學業幸於帝，綽每輕侮之，由是有隙。帝嘗問綽於潁，潁曰：「虞綽粗疏人也。」帝頷之。時禮部尚書楊玄感稱其貴踞，虛己禮之，[四七]與結布衣之友。綽數從之遊。其族人虞世南誡之曰：「上性猜忌，而君過厚玄感。若與絕交者，帝知君改悔，可以無咎。不然終當見禍。」綽不從。尋有告綽以禁內兵書借玄感，帝甚銜之。及玄感敗，其妓妾並入宮，帝因問之曰：「玄感平常時與何人交往？」其妾以虞綽對。帝令大理卿鄭善果窮理其事。綽曰：「羈旅薄游，與玄感文酒談款，實無他謀。」帝怒不解，徙綽于邊。綽至長安而亡。吏逮之急，於是潛度江，變姓名，自稱吳卓。游東陽，抵信安令天水辛大德舍。歲餘，綽與人爭田相訟，因有識綽者而告之，竟為吏所執，坐斬江都。所有詞賦，並行於世。

大德為令，誅翦羣盜，甚得人和。與綽俱為使者所執，其妻泣曰：「每諫君無匿學士，今日之事，豈不哀哉！」大德笑曰：「我本圖脫長者，乃為人告之，吾罪也，當死以謝綽。」會有詔，死罪得以擊賊自效。信安吏人詣使者叩頭曰：「辛君人命所懸，不然亦無信安矣。」使者留之以討賊。帝怒，斬使者。大德獲全。

王胄字承基，琅邪臨沂人也。祖筠、父祥，並南史有傳。

胄少有逸才，仕陳，歷太子舍人、東陽王文學。及陳滅，晉王廣引為學士。[四八]仁壽末，從劉方擊林邑，以功授帥都督。

大業初，為著作佐郎，以文詞為煬帝所重。帝嘗自東都還京師，賜天下大酺四日。為五言詩，詔羣官詩成者奏之。帝覽胄詩而善之，因謂侍臣曰：「氣高致遠，歸之於胄；詞清體潤，其在世基；意密理新，惟庾自直。[四九]過此者未可以言詩也。」帝所有篇什，多令繼和。與虞綽齊名，同志友善，于時後進之士，咸以二人為準的。從征遼東，進授朝散大夫。

胄性疏率不倫，自恃才伐，鬱鬱於官，每負氣陵傲，忽略時人。為諸葛潁所嫉，屢譖之於帝，帝愛其才而不罪。禮部尚書楊玄感虛襟與交，數游其第。及玄感敗，與虞綽徙邊。胄遂亡匿，潛還江左。為吏所捕，坐誅。所著詞賦，多行於世。

兄眘，字元恭。博學多通，少有盛名於江左。仕陳，歷太子洗馬、中舍人。陳亡，與胄俱為學士。煬帝即位，授祕書郎，卒於官。

庾自直，潁川人。父持，南史有傳。

自直少好學，[五〇]沈靜寡欲。仕陳，歷豫章王府外兵參軍、記室。陳亡入關，不得調。晉王廣聞之，引為學士。大業初，授著作佐郎。自直解屬文，於五言詩尤善。性恭慎，不妄交游。特為帝所愛，有篇章必先示自直，令其詆訶。自直所難，帝輒改之，或至於再三，俟其稱善，然後方出。其見親禮如此。

後以本官知起居舍人事。化及作逆，與之北上，自載露車中，感激發病卒。有文集十卷，行於世。

潘徽字伯彥，吳郡人也。性聰敏，少受禮於鄭灼，受毛詩於施公，受書於張沖，講莊、老於張譏，並通大義；尤精三史；善屬文，能持論。中書令江總引致文儒之士，[五一]徽一詣總，總甚敬之。[五二]釋褐新蔡王國侍郎，選為客館令。

隋遣魏澹聘于陳，陳人使徽接對之。澹將反命，為啓於陳主曰：「敬奉弘慈，曲垂餞送。」徽以餞送為重，敬奉為輕，卻其啓而不奏。澹曰：「曲禮云：主敬客。[五三]詩曰：『維桑與

中華書局

梓，必恭敬止。』孝經：『宗廟致敬。』又云：『不敬其親，謂之悖禮。』孔子敬天之怒，成湯聖敬日躋。宗廟極重，上天極高，父極尊，君極貴，四者咸同一敬，五經未有異文。不知以敬爲輕，竟何所據？」徽難之曰：「向所論敬字，本不全以爲輕，但施用處殊，義成通別。禮主於敬，此是通言。猶如男子冠而字之，注云：『成人，敬其名也。』春秋有冀缺，夫妻亦云相敬。於子則有敬名之義，在夫亦有敬妻之說，此可復並謂極高極尊乎？至若敬謝諸公，固非尊地；公子敬愛，止施賓友；敬問敬報，彌見雷同；敬聽敬酬，何關貴隔。當知敬之爲義，雖是不輕，但敬之於語，則有時混漫。今云敬奉，所以成疑。聊舉一隅，未爲深據。」澹不能對，遂從而改焉。

及陳滅，爲州博士。秦王俊聞其名，召爲學士。嘗從俊朝京師，在塗，令徽於馬上爲賦，行一驛而成，其名曰述恩賦。俊覽而善之。復令爲萬字文，又遣撰集字書，名爲韻纂，徽爲之序。俊薨，晉王廣復引爲揚州博士，令與諸儒撰江都集禮一部，復令徽爲序。煬帝嗣位，徽與著作郎陸從典、太常博士褚亮、歐陽詢等助越公楊素撰魏書，會素薨而止。授京兆郡博士。

楊玄感兄弟重之，數相往來。及玄感敗，凡所交關，多罹其患。徽以玄感故人，爲帝所不悅，有司希旨，出徽爲西海郡威定縣主簿。意甚不平，行至隴頭，發病而卒。

隋時有常得志、尹式、劉善經、祖君彥、孔德紹、劉斌，並有才名，事多遺逸。

常得志，京兆人。隋秦王記室。及王薨，過故第，爲五言詩，辭理悲壯，甚爲時人所重。復爲兄弟論，義理可稱。

尹式，河間人。仁壽中，官至漢王記室。漢王阻兵，式自殺。其族人正卿、彥卿亦俱有儁才，名顯於世。

劉善經，河間人。歷著作佐郎、太子舍人。著酬德傳三十卷，諸劉譜三十卷，四聲指歸一卷，行於世。

祖君彥，見其父珽傳。

孔德紹，會稽人。有淸才，官至景城縣丞。〔五四〕竇建德署爲中書令，專典書檄。及建德敗，伏誅。

劉斌，南陽人。祖之遴，南史有傳。斌頗有詞藻，官至信都司功書佐。竇建德署爲中書舍人。建德敗，復爲劉黑闥中書侍郎。與黑闥亡歸突厥，不知所終。

論曰：古人之所貴名不朽者，蓋重言之尚存。王褎、庾信、顏之推、虞世基、柳䛒、許善心、明克讓、劉臻、王貞、虞綽、王胄等，並極南土譽望，又加之以才名，其爲貴顯，固其宜也。自餘或位下人微，居常亦何能自達。及其靈蛇可握，天網俱頓，並編緗素，咸貫辭林。雖其位可下，其身可殺，千載之外，貴賤一焉。非此道也，孰云能致？凡百士子，可不務乎！

校勘記

〔一〕若乃魯徽杜廣徐光尹弼之儔知名於二趙　周書卷四一史臣論「魯徽」作「魯徽」。張森楷引晉書卷一〇二劉聰載記，以爲卽聰將趙染之長史魯徽，當是。

〔二〕元康之潘張左束　諸本「元康」作「元元」。錢氏考異卷四〇云：「當作元康。」按晉無「元元」，「元康」乃惠帝年號，潘岳等皆其時人。錢說是，今據改。

〔三〕前南兗州長史羊肅　諸本「肅」作「蕭」，北齊書卷四五文苑傳作「肅」。按羊肅本書卷三九、北齊書卷四三有傳，今據改。

〔四〕前廣武太守魏騫　諸本「騫」作「謇」，北齊書作「騫」。按上文已作「魏騫」，今改歸一致。

〔五〕所撰錄人亦有不得待詔付所司處分者　北齊書「得」作「時」。按「不時待詔」卽不按時入館撰錄，怠慢職事，故付所司處分。疑當從北齊書。

〔六〕河東柳䛒　諸本「䛒」作「誓」，隋書卷七六作「䛒」。錢氏考異云：「當作『䛒』，讀如辯論之『辯』。此六朝俗字，所謂巧言爲辯也。」按「柳䛒」或作「柳䛒」，並是「辯」之俗體。作「誓」誤，今據改。

〔七〕還爲朝請　通志卷一七六溫子昇傳「朝」上有「奉」字，疑此脫。

〔八〕於是還省　諸本「省」訛作「員」，據通志改。

〔九〕及廣陽王深爲東北道行臺召爲郎中　諸本「深」下「爲」字作「以」，文義不通，據魏書卷八五及通志溫子昇傳改。

〔一〇〕文襄館客元瑾曰諸人當賀推子昇合陳辭子昇久忸怩乃推陸操焉　諸本「瑾」作「僅」。按元瑾附見本書卷十六廣陽王深傳。其人屢見本書卷五東魏孝靜紀、卷六齊文襄紀、卷三四宋遊道傳、卷九二劉思逸傳等紀傳。作「僅」乃形似致訛，今據改。又此處文意不明，李慈銘云：「『文襄』下有脫文，魏書亦同。」

〔一一〕及是見執　按「及是」，指與元瑾、劉思逸等謀殺高澄事，見溫子昇傳。因荀濟傳本爲溫子昇傳附傳，故事連上文。

〔一二〕後城陽王徽奏鴻勳爲司徒法曹參軍事　諸本「城」作「咸」，北齊書卷四五祖鴻勳傳作「城」。按城陽王徽傳見本書卷一八，別無「咸陽王徽」。今據改。

〔一三〕少與趙郡李騫齊名　諸本「騫」作「謇」。張森楷云：「『謇』當作『騫』。」按李騫見本書卷三三李順傳。本卷序亦作「薵」。當時人名，「薵」、「籌」二字常通用，今改從本傳，以歸統一。

〔一四〕爲五年已貢開封人鄭祖獻計至此年未合　諸本「五」作「三」，北齊書卷四五樊遜傳作「五」。按上文言「三載一舉秀才」，若作「三年」，則自武定三年至七年已達四年，不得言「計至此年未合」。作「五」是，今據改。

〔一五〕二年春會朝堂對策　諸本「二」作「三」，北齊書作「二」。按上文言天保元年舉秀才，不應至三年才對策。又下文稱四年五月，遜以對策後三年不調，請從罷。從二年至四年，有三個年份，才可說「三年不調」。作「三」誤，今據改。

〔一六〕令孝謙爲之銘　按上文都稱名，此後都稱字，前後不統一。蓋李延壽從北齊書以外採入，未改歸一致。

〔一七〕後生清俊莫過盧思道　諸本「盧」訛作「慮」，據通志卷一七六樊遜傳改。

〔一八〕河清初爲主書　諸本「河清」倒作「清河」。按「河清」北齊武成帝年號，今乙正。

〔一九〕定州秀才荀士遜繼爲主書　按本卷荀士遜本傳作司州秀才。士遜廣平人，屬東魏之司州。此作「定州」誤。

〔二〇〕王褒字子深　周書卷四一王褒傳「深」作「淵」。張森楷云：「梁書卷四一王規傳作字子漢。」按原字「子淵」，作「深」作「漢」都是避唐諱改。

〔二一〕召拜吏部尚書右僕射仍遷左丞兼參掌　張森楷云：「左丞位卑，非僕射所得遷。且『兼參掌』三字文誼亦未足，此文蓋有脫誤。」按周書「右僕射」作「左僕射」，無「仍遷左丞兼參掌」七字。通志卷一七六王褒傳「參掌」下有「制誥」二字。疑北史原文當作「召拜吏部尚書、右僕射，仍遷左，兼參掌制誥」，「丞」是衍文，又脫「制誥」二字。

〔二二〕又荆南之地有天子氣　諸本「之地」二字作「地又」，周書、通志作「之地」。按此乃「之地」二字誤倒，「之」訛作「又」。今據改。

〔二三〕褒曾作燕歌　周書、通志「歌」下有「行」字。

〔二四〕父子在東宮　諸本脫「在」字，據周書卷四一、通志卷一七六庾信傳補。

〔二五〕日且百紙　各本「且」作「旦」，汲本及隋書卷六七、通志卷一七六虞世基傳作「且」，今從汲本。

〔二六〕世基勸帝爲賞格親自撫循乃下詔停遼東事　隋書、通志「乃」字作「又」。按據文義，「乃」當是「及」之訛。

〔二七〕唯諸取容　諸本「諸」作「諾」。隋書、通志作「諸」。按「唯唯諸諸」成語，今據改。

〔二八〕好學多才藝　諸本脫「多」字，據隋書、通志補。

〔二九〕帝退朝後便命入閤　諸本「閤」訛作「問」，據隋書卷五八、通志卷一七六柳䛒傳改。

〔三〇〕帝猶恨不能夜召　諸本「帝」訛作「常」，據隋書、通志改。

〔三一〕帝每月下對飲酒　李慈銘云：「隋書無『飲』字，此必後人妄加。」

〔三二〕賜物千段草馬二十匹　隋書卷五八許善心傳「草」作「阜」。通志卷一七六許善心傳無「草」字。

〔三三〕今且召公等入　諸本「且」訛作「旦」，據隋書改。

〔三四〕各爲總敍冠於篇首　諸本脫「爲」字，據隋書、通志補。

〔三五〕先易留守官人　諸本「守官」二字作「宮」一字，隋書作「守官」二字。按上文言善心「留守京師」，下文言「出除巖州刺史」，卽因善心是留守官之一，故被出。若作「宮」，則似指仁壽宮，與上下文意不符。今據補改。

〔三六〕事得釋而甚惡之　隋書「而」下有「帝」字，是。

〔三七〕沸騰墋黷三季之所未聞掃地滔天一元之所巨厄　隋書「三季」下無「之」字，「巨厄」上無「所」字。按「一元之所巨厄」不可通。疑此二字衍。

〔三八〕今止有六卷獲存　隋書作六十八卷。

〔三九〕自入京邑以來　諸本「來」訛作「求」，據隋書改。

〔四〇〕略成七十卷　按下列紀傳合計共六帙六十卷，相差十卷。疑數字有誤。

〔四一〕還告唐奉義　諸本「義」作「議」，隋書作「義」。按本書卷七九、隋書卷八五宇文化及傳作「義」，今據改。

〔四二〕著政道集十卷　隋書卷五八李文博傳「政」作「治」，北史避唐諱改。

〔四三〕引爲麟趾殿學士　隋書卷五八明克讓傳「引」上有「周明帝」三字，不當刪。

〔四四〕江陵平歸魏爲中書侍郎　隋書卷七六劉臻傳作「江陵陷沒，復歸蕭詧，以爲中書侍郎」。則臻是在後梁爲中書侍郎，非在西魏。

〔四五〕除藥藏郎　隋書卷七六諸葛潁傳「郎」作「監」。按隋書百官志下，太子門下坊有藥藏局，置監、丞各二人。作「監」是。

〔四六〕帝舍臨海頓見大鳥　諸本「頓」作「頻」，隋書卷七六、通志卷一七六虞綽傳作「頓」。按隋書載綽所爲銘云：「行宮次於柳城縣之臨海頓焉。」作「頻」乃形似而訛，今據改。

〔四七〕時禮部尚書楊玄感稱其貴踞虛己禮之　隋書「其」作「爲」。按此言玄感雖稱爲貴踞，對虞綽却很禮敬。作「其」誤。

〔四八〕晉王廣引爲學士　諸本「學」作「博」，隋書卷七六王胄傳作「學」。按下文胄兄眘傳云：「陳亡，與胄俱爲學士。」知作「學」是，今據改。

〔四九〕意密理新惟庾自直　隋書「惟」作「推」，是。

〔五〇〕自直少好學　諸本脫「自直」二字，據隋書卷七六庾自直傳補。

〔五一〕中書令江總引致文儒之士　隋書卷七六潘徽傳作「陳尚書令江總」。按上文並未言潘徽爲陳人，則此「陳」字不可少。又據陳書卷二七江總傳，總於陳後主時曾任尚書令，未嘗爲中書令。此「中」字誤。

〔五二〕徽一詣總總甚敬之　諸本脫一「總」字，據隋書補。

〔五三〕曲禮云主敬客　隋書作「曲禮注曰：『禮主於敬。』」按禮記曲禮無「主敬客」語，「禮主於敬」見曲禮「毋不敬」句下注。下文潘徽答辭「禮主於敬此是通言」，卽針對魏澹所引曲禮注。疑北史此處有訛脫。

〔五四〕宜至景城縣丞　諸本「景」作「京」。隋書卷七六孔德紹傳作「景」。按隋無「京城縣」。景城縣見隋書地理志中河間郡，隋末正是竇建德起義軍控制的地區，故建德以他爲中書令。今據改。

北史卷八十四

列傳第七十二

孝行

長孫慮　乞伏保　孫益德　董洛生　楊引　閻元明　吳悉達
王續生　李顯達　倉跋　張昇　王崇　郭文恭　荆可
秦族　皇甫遐　張元　王頒 弟類　楊慶　田翼
紐因　劉仕儁　翟普林　華秋　徐孝肅

孝經云：「夫孝，天之經也，地之義也，人之行也。」論語云：「君子務本，本立而道生，孝悌也者，其爲仁之本歟！」呂覽云：「夫孝，三皇五帝之本務，萬事之綱紀也。執一術而百善至，百邪去，天下順者，其唯孝乎！」然則孝之爲德至矣，其爲道遠矣，其化人深矣。故聖帝明王行之於四海，則與天地合其德，與日月齊其明；諸侯卿大夫行之於國家，則永保其宗

社，長守其祿位；匹夫匹婦行之於閭閻，則播徽烈於當年，揚休名於千載。是以堯、舜、湯、武居帝王之位，垂至德以敦其風；孔、墨、荀、孟禀聖賢之資，弘正道以勵其俗。觀其所由，在此而已矣。

然而淳源旣往，澆風愈扇，禮義不樹，廉讓莫修。若乃綰銀黃，列鐘鼎，立於朝廷之間，非一族也；積龜貝，實倉廩，居於閭巷之內，非一家也。其於愛敬之道，則有未能備焉；哀思之節，罕有得其中焉。斯乃詩人所以思素冠，孔門有以責衣錦也。

且生盡色養之方，終極哀思之地，厥迹多緒，其心一焉。若乃誠達泉魚，感通鳥獸，事匪常倫，斯蓋希矣。至如溫牀、扇席，灌樹、負土，苟或加人，咸爲疾俗。斯固仁人君子所以興歎，哲后賢宰所宜屬心。如令明教化以救其弊，優爵賞以勸其心，存懇誠以誘其進，積歲月以求其終，則今之所謂少者，可以爲多矣，古之所謂難者，可以爲易矣。

長孫慮等闕稽古之學，無俊偉之才。或任其自然，情無矯飾；或篤於天性，勤其四體。並竭股肱之力，咸盡愛敬之心，自足膝下之歡，忘懷軒冕之貴。不言而化，人神通感。雖或位登台輔，爵列王侯，祿積萬鍾，馬跡千駟，〔一〕死之日曾不得與斯人之徒隸齒。孝之大也，不其然乎。

案魏書列趙琰、長孫慮、乞伏保、孫益德、董洛生、楊引、閻元明、吳悉達、王續生、李顯

達、倉跋、張昇、王崇、郭文恭爲孝感傳，周書列李棠、柳檜、杜叔毗、荆可、秦族、皇甫遐、張元爲孝義傳，隋書列陸彥師、田德懋、薛濬、王頒、田翼、楊慶、郭世儁、紐因、劉仕儁、郎方貴、翟普林、李德饒、華秋、徐孝肅爲孝義傳。今趙琰、李棠、柳檜、杜叔毗、陸彥師、李德饒入別傳及其家傳，〔三〕其餘並從此編緝，以備孝行傳云。

長孫慮，代人也。母因飲酒，其父眞呵叱之，誤以杖擊，便卽致死。眞爲縣囚執，處以重坐。慮列辭尙書云：「父母忿爭，本無餘惡，直以謬誤，一朝橫禍。今母喪未殯，父命旦夕，慮兄弟五人並沖幼。慮身居長，今年十五，有一女弟，向始四歲。更相鞠養，不能保全，父若就刑，交墜溝壑。乞以身代老父命，使嬰弱衆孤，得蒙存立。」尙書奏云：「慮於父爲孝子，於弟爲仁兄，尋情究狀，特可矜感。」孝文帝詔特恕其父死罪，以從遠流。

乞伏保，高車部人也。父居，獻文時爲散騎常侍，領牧曹尙書，賜爵寧國侯。以忠謹愼密，常在左右，出內詔命。賜宮人河南宗氏，亡後，賜以宮人申氏，宋太子左率申坦兄女也。歲餘，居卒。申撫養伏保，性嚴肅，捶罵切至，而伏保奉事孝謹，初無恨色。襲父侯爵，例降爲伯。稍遷左中郎將。每請祿賜，在外公私尺丈所用，無不白知。出爲鄯善鎭將。〔三〕中年

踰八十，伏保手製馬轝，親自扶接，申欣然隨之。申亡，伏保解官，奉喪還洛。復爲長秉南中郎將，卒。

孫益德，樂安人也。其母爲人所害，益德童幼，爲母復仇，還家哭於殯，以待縣官。孝文、文明太后以其幼而孝決，又不逃罪，特免之。

董洛生，代人也。居父喪過禮，詔遣秘書中散溫紹伯奉璽書慰之，令自抑割，以全孝道。又詔其宗親，使相喻奬，勿令有滅性之譏。

楊引，鄉郡襄垣人也。三歲喪父，爲叔所養。母年九十二終，引年七十五，哀毀過禮。三年服畢，恨不識父，追服斬衰，食粥粗服，誓終身命。經十三年，哀慕不改，爲郡縣鄉閭三百餘人上狀稱美。有司奏宜旌賞，復其一門，樹其純孝。詔別敕集書標揚引至行，又可假以散員之名。

閻元明，河東安邑人也。少而至孝，行著鄉閭。太和五年，除北隨郡太守。元明以違離親養，輿言悲慕。母亦慈念，泣淚喪明。悲號上訴，許歸奉養。一見其母，母目便開。刺史呂壽恩列狀上聞，詔下州郡，表爲孝門，復其租調兵役，令終母年。母亡服終，心喪積載，每忌日，悲動傍鄰。昆弟雍和，尊卑諧穆，安貧樂道，白首同歸。

又猗氏縣人令狐仕，兄弟四人，早喪父，泣慕十載，奉養其母，孝著鄉邑。而力田積粟，博施不已。

又河東郡人楊風等七百五十人，列稱樂戶皇甫奴兄弟，雖沉屈兵伍，而操尙彌高，奉養繼親，甚著恭孝之稱。

又東郡小黃縣人董吐渾、兄養，事親至孝，三世同居，閨門有禮。景明初，畿內大使王凝奏請標異，詔從之。

吳悉達，河東聞喜人也。兄弟三人，年並幼小，父母爲人所殺。四時號慕，悲感鄉隣。及長報仇，避地永安。昆弟同居四十餘載，閨門和睦，讓逸競勞。雖於儉年，糊饘不繼，賓客經過，必傾所有。每守宰殯喪，私辦車牛，送終葬所。隣人孤貧窘困者，莫不解衣輟糧，以相賑恤。鄉閭五百餘人詣州稱頌焉。刺史以悉達兄弟行著鄉里，板贈悉達父勃海太守。悉達後欲改葬，亡失墳墓，推尋弗獲。號哭之聲，晝夜不止，叫訴神祇。忽於悉達足下地

陷，得父銘記，因遷葬曾祖已下三世九喪。傾盡資業，不假於人，哀感毀悴，有過初喪。有司奏聞，標閭復役，以彰孝義。

時有齊州人崔承宗，其父於宋世仕漢中，母喪因殯彼。後青、徐歸魏，遂爲隔絕。承宗性至孝，萬里投險，偸路負喪還京師。黃門侍郎孫惠蔚聞之，曰：「吾於斯人，見廉范之情矣。」於是弔贈盡禮，如舊相識。

王續生，滎陽京縣人也。遭繼母憂，居喪，杖而後起。及終禮制，鬢髮盡落。有司奏聞，宣武詔標旌門閭，甄其徭役。

李顯達，潁川陽翟人也。父喪，水漿不入口七日，鬢髮墮落，形體枯悴。六年廬於墓側，哭不絕聲，殆於滅性。州牧高陽王雍以狀奏，靈太后詔表其門閭。

倉跋，滎陽京縣人也。喪母，水漿不入口五日，吐血數升，居憂毀瘠，見稱州里。有司奏聞，孝武帝詔標門閭。

張昇，滎陽京縣人也。喪父，飲水絕鹽，哀毀過度，形骸枯悴，骨立而已，髮落殆盡。聲聞鄉里，盜賊不侵其閭。州表以聞，標其門閭。

王崇字乾邕，陽夏雍丘人也。兄弟並以孝稱，身勤稼穡，以養二親。仕梁州鎮南府主簿。母亡，杖而後起，鬢髮墮落。未及葬，權殯宅西。崇廬於殯所，晝夜哭泣，鳩鴿羣至。有一小鳥，素質黑眸，形大於雀，棲於崇廬，朝夕不去。母喪闋，復丁父憂，哀毀過禮。是年夏，風雹，所經處，禽獸暴死，草木摧折。至崇田畔，風雹便止，禾麥十頃，竟無損落。及過崇地，風雹如初。咸稱至行所感。崇雖除服，仍居墓側。於其室前，生草一根，莖葉甚茂，人莫能識。至冬中，復有鳥巢崇屋，〔四〕乳養三子，毛羽成長，馴而不驚。守令聞之，親自臨視。州以聞奏，標其門閭。

郭文恭，太原平遙人也。仕爲太平縣令。年踰七十，父母喪亡。文恭孝慕罔極，乃居祖父墓次，晨夕拜跪。跣足負土，培祖父二墓，寒暑竭力，積年不已。見者莫不哀歎。尚書聞奏，標其門閭。

荊可，河東猗氏人也。性質朴，容止有異於人。能苦身勤力，供養其母，隨時甘旨，終無匱乏。母喪，水漿不入口三日，悲號擗踴，絕而後蘇者數四。葬母之後，遂廬於墓側，晝夜悲哭，負土成墳，蓬髮不櫛，菜食飲水而已。然可家舊墓，塋域極大，榛蕪至深，去家十餘里。而可獨宿其中，與禽獸雜處，哀感遠近，邑里稱之。大統中，可鄉人以可孝行足以勸勵風俗，乃上言焉。周文令州縣表異之。及服終之後，猶若居喪。

大冢宰、晉公護聞可孝行，特引見焉。與可言論，時有會於護意。而護亦至孝，其母閻氏，沒於敵境，不測存亡。每見可，自傷久乖膝下，而重可至性。可卒後，護猶思其純孝，收可妻子於京城，恒給其衣食。

秦族，上郡洛川人也。祖白、父雚，並有至性，聞於閭里。魏太和中，板白潁州刺史。大統中，板雚鄜城郡守。

族性至孝，事親竭力。及父喪，哀毀過禮，每一慟哭，酸感行路。既以母在，恒抑割哀情，以慰其母意。四時珍羞，未嘗匱乏。與弟榮先，復相友愛，閨門之中，怡怡如也。尋而其母又沒，哭泣無時，唯飲水食菜而已。終喪之後，猶蔬食，不入房室二十許年。鄉里咸歎異之。其邑人王元達等七十餘人上其狀，有詔表其門閭。

榮先亦至孝，遭父喪，哀慕不已，遂以毀卒。邑里化其孝行。周文嘉之，乃下詔褒美其行，〔五〕贈滄州刺史，以旌厥異。

皇甫遐字永賢，河東汾陰人也。累世寒微，而鄉里稱其和睦。

遐性純至，少喪父，事母以孝聞。後遭母喪，乃廬於墓側，負土爲墳。復於墓南作一禪窟，陰雨則穿窟，晴霽則營墓。曉夕勤力，未嘗暫停。積以歲年，墳高數丈，周廻五十餘步，禪窟重臺兩匝，總成十有二室，中間行道，可容百人。遐食粥枕塊，櫛風沐雨，形容枯悴，家人不識。當其營墓之初，乃有鵄烏各一，徘徊悲鳴，不離墓側，若助遐者，經月餘日乃去。遠近聞其至孝，競以米麵遺之，遐皆受而不食，悉以營佛齋焉。郡縣表上其狀，有詔旌異之。

張元字孝始，河北芮城人也。祖成，假平陽郡守。父延儁，仕州郡，累爲功曹主簿。並以純至爲鄉里所推。

元性謙謹，有孝行，微涉經史，然精釋典。年六歲，其祖以其夏中熱，欲將元就井浴。元固不肯從。謂其貪戲，乃以杖擊其頭曰：「汝何爲不肯浴？」元對曰：「衣以蓋形，爲覆其

褻。元不能褻露其體於白日之下。」祖異而捨之。

南鄰有二杏樹，杏熟多落元園中。諸小兒競取而食之。元所得者，送還其主。村陌有狗子爲人所棄者，元卽收而養之。其叔父怒曰：「何用此爲！」將欲更棄之。元對曰：「有生之類，莫不重其性命。若天生天殺，自然之理。今爲人所棄而死，非其道也。若見而不收養，無仁心也。是以收而養之。」叔父感其言，遂許焉。未幾，乃有狗母銜一死兔置元前而去。

及元年十六，其祖喪明三年。元恒憂泣，晝夜讀佛經，禮拜以祈福祐。後讀藥師經，見「盲者得視」之言。遂請七僧，然七燈，七日七夜轉藥師經行道。每言：「天人師乎！元爲孫不孝，使祖喪明。今以燈光普施法界，願祖目見明，元求代闇。」如此經七日，其夜夢見一老翁，以金鎞療其祖目，於夢中喜躍，遂卽驚覺。乃徧告家人。三日，祖目果明。

其後，祖臥疾再周，元恒隨祖所食多少，衣冠不解，旦夕扶侍。及祖沒，號踊絕而後蘇。隨其父，水漿不入口三日。鄉里咸歎異之。縣博士楊軌等二百餘人上其狀，有詔表其門閭。

王頒字景彥，太原祁人也。父僧辯，南史有傳。

頵少俶儻，有文武幹局。會𨕖平侯景，留頵荆州。遇梁元帝爲周師所陷，頵因入關。聞其父爲陳武帝所殺，號慟而絶，食頃乃蘇，哭不絶聲，毁瘠骨立。至服闋，常布衣蔬食，藉藁而臥。周明帝嘉之，召授左侍上士。累遷漢中太守，尋拜儀同三司。

隋開皇初，以平蠻功，加開府，封蛇丘縣公。獻取陳之策，上覽而異之，召見，言畢歔欷，上爲之改容。及大舉伐陳，頵自請行。率兵數百人，從韓擒虎先鋒夜濟，力戰被傷。恐不堪復鬬，悲感嗚咽。夜中睡，夢有人授藥，比寤而瘡不痛。時人以爲孝感。

及陳滅，頵密召父在時士卒，得千餘人，對之涕泣。其間壯士或問曰：「郎君讎恥已雪，而悲哀不止者，將不爲霸先早死，不得手刃之邪？請發其丘隴，斲櫬焚骨，亦可申孝心矣。」頵頓顙陳謝，額盡流血，答曰：「其爲墳塋甚大，恐一宵發掘，不及其屍，更至明朝，事乃彰露。」諸人請具鍬鍤。於是夜發其陵，剖棺，見陳武帝鬚皆不落，其本皆出自骨中。頵遂焚骨取灰，投水飲之。既而自縛歸罪。晉王表其狀。文帝曰：「朕以義平陳，王頵所爲，亦孝義之道，何忍罪之？」舍而不問。有司錄其戰功，將加柱國，賜物五千段。頵固辭曰：「臣緣國威靈，得雪怨恥，本心徇私，非是爲國。所加官賞，終不敢當。」帝從之。拜代州刺史，甚有惠政。卒於齊州刺史。

弟頍，字景文。年數歲而江陵亡，同諸兄入關。少好游俠，年二十，尙不知書，爲其兄

頵所責怒。於是感激，始讀孝經、論語，晝夜不倦，遂讀左傳、禮、易、詩、書，乃歎曰：「書無不可讀者。」勤學累載，遂偏通五經，究其旨趣，大爲儒者所稱。解綴文，善談話。年三十，周武帝引爲露門學士，每有議決，多頍所爲。性識甄明，精力不倦，好讀諸子，偏記異書，以博物稱。又曉兵法，益有從橫之志，每歎不逢時，常以將相自許。

開皇五年，授著作佐郎，尋令於國子講授。會帝親臨釋奠。國子祭酒元善講孝經，頍與相論難，詞義鋒起，善往往見屈。帝大奇之，超授國子博士。後坐事解職，配防嶺南。數載，授漢王諒府諮議參軍，王甚禮之。時諒見房陵及秦、蜀二王相次廢黜，潛有異志。頍陰勸諒繕甲兵。及文帝崩，諒遂舉兵反，多頍之計也。頍後數進奇策，諒不能用。楊素至蒿澤，將戰。頍謂其子曰：「氣候殊不佳，兵必敗。汝可隨從我。」既而兵敗，頍將歸突厥。至山中，徑路斷絶，知必不免。謂其子曰：「吾之計謀，不減楊素，但爲言不見從，遂至於此。不能坐受禽執，以成豎子之名也。吾死後，汝愼勿過親故！」於是自殺，瘞之石窟中。其子數日不得食，遂過其故人，竟爲所禽。楊素求頍屍得之，斬首，梟於太原。所撰五經大義三十卷，有集二十卷，並因兵亂，無復存焉。

楊慶字伯悅，河間人也。祖玄、父剛，並以至孝知名。慶美容止，性辯慧。年十六，齊國子博士徐遵明見而異之。〔六〕及長，頗涉書記。年二十五，郡察孝廉，以侍養不赴。母有疾，不解襟帶者七旬。及居母憂，哀毁骨立，負土成墳。齊文宣表其門閭，賜帛及綿粟各有差。隋文帝受禪，屢加褒賞，擢授儀同三司，板平陽太守。卒於家。

田翼，不知何許人也。養母以孝聞。其後母臥疾歲餘，翼親易燥濕，母食則食，母不食則不食。隋開皇中，母患暴痢。翼謂中毒藥，遂親嘗穢惡。母終，翼一慟而絶。妻亦不勝哀而死。鄉人厚共葬之。

紐因字孝政，河東安邑人也。性至孝。周武成中，父母喪，廬於墓側，負土成墳。廬前生麻一株，高丈許，圍之合拱，枝葉鬱茂，冬夏恒青。有鳥棲上，因舉聲哭，鳥即悲鳴。時人異之。周武帝表其閭，擢授甘棠令。隋開皇初卒。子士雄，少質直孝友。喪父，復廬於墓側，負土成墳。其庭前有一槐樹，先甚鬱茂，及士雄居喪，樹遂枯死。服闋還宅，死槐復榮。隋文帝聞之，歎其父子至孝，下詔褒揚，號其居爲累德里。

劉仕儁，彭城人也。性至孝。丁母喪，絶而復蘇者數矣，勺飲不入口者七日。廬於墓側，負土成墳，列植松柏，虎狼馴擾，爲之取食。隋文帝受禪，表其門閭。

翟普林，楚丘人也。事親以孝聞。州郡辟皆不就，躬耕色養。鄉閭謂爲楚丘先生。後父母疾，親易燥濕，不解衣者七旬。大業初，父母俱終，哀毁殆將滅性。廬於墓側，負土成墳。盛冬不衣繒絮，唯著單縗而已。家有烏犬，隨其在墓，若普林哀臨，犬亦悲號，見者嗟異。有二鵲巢其廬前柏樹，入廬馴狎，無所驚懼。司隸巡察，奏其孝感，擢授孝陽令。

華秋，汲郡臨河人也。幼喪父，事母以孝聞。家貧，傭賃爲養。其母患疾，秋容貌毁悴，鬢鬚盡改。母終，遂絶櫛沐，髮盡禿落。廬於墓側，負土成墳。有人欲助之者，秋輒拜而止之。隋大業初，調狐皮，郡縣大獵。有一兔，逐之，奔入秋廬中，匿秋膝下。獵人至廬所，異而免之。自爾，此兔常宿廬中，馴其左右。郡縣嘉其孝感，具以狀聞。降使勞問，而表其門閭。後羣盜起，常往來廬之左右，咸相誡曰：「勿犯孝子鄉。」賴秋全者甚衆。

徐孝肅，汲郡人也。宗族數十家，多以豪侈相尙，唯孝肅儉約。事親以孝聞。雖在幼小，宗黨間每有爭訟，皆至孝肅所平論，短者無不引咎而退。孝肅早孤，不識父。及長，問其母父狀，因畫工圖其形，構廟置之而定省焉，朔望享祭。養母至孝，數十年家人未見其忿恚色。母老疾，孝肅親易燥濕，憂悴數年，見者莫不悲悼。母終，孝肅茹蔬飲水，盛冬單縗，毀瘠骨立。祖父母、父母墓，皆負土成墳。廬于墓所四十餘載，被髮徒跣，遂以終身。其弟德備終，子處默，又廬於墓側。弈世稱孝焉。

論曰：塞天地而横四海者，唯孝而已矣。然則孝始愛敬之方，終極哀思之道，厥亦多緒，其心一焉。若上智稟自然之質，中庸有企及之義，及其成名，其美一也。長孫慮等或出公卿之緒，藉禮教之資，或出茆簷之下，非獎勸所得。並因心乘理，不踰禮教，感通所致，貫之神明。乃有負土成墳，致毀滅性，雖乖先王之典制，亦觀過而知仁矣。

校勘記

〔一〕馬跡千驅　隋書卷七二孝義傳「跡」作「蹤」，是。

〔二〕今趙琰李棠柳檜杜叔毗陸彥師李德饒入別傳及其家傳　按隋書孝義傳之郭世儁、郎方貴二人，

本書與李棠、杜叔毗並入節義傳，不在此卷，疑陸彥師下脫二人姓名。

〔三〕出爲鄯善鎭將　諸本「鄯善」作「無善」，通志卷一六七作「善無」。按墓誌集釋乞伏寶墓誌（圖版二八四）作「鄯善」。善無見魏書地形志上恒州，是郡不是鎭，今從墓誌改。

〔四〕復有鳥巢崇屋　魏書卷八六及通志「鳥」作「烏」。按古人稱烏爲孝鳥，這是標榜王崇之孝，疑作「烏」是。

〔五〕周文嘉之乃下詔褒美其行　周書卷四六秦族傳「周文」作「世宗」。按宇文泰未嘗稱帝，不得稱「下詔」。周書作「世宗」，指周明帝，疑是。

〔六〕齊國子博士徐遵明見而異之　按本書卷八一徐遵明傳，遵明死於元顥入洛之際，事在魏孝莊帝時，不及齊世。又終身私門講授，未嘗官國子博士。此疑誤。

北史卷八十五

列傳第七十三

節義

于什門　段進　石文德　汲固　王玄威　婁提　劉渴侯
朱長生　馬八龍　門文愛　晁清　劉侯仁　石祖興　邵洪哲
王榮世　胡小彪　孫道登　李几　張安祖　王閭　郭琰
沓龍超　乙速孤佛保　李棠　杜叔毗　劉弘　游元　張須陁
楊善會　盧楚　劉子翊　堯君素　陳孝意　張季珣　杜松贇
郭世儁　郎方貴

易稱：「立人之道，曰仁與義。」蓋士之成名，在斯二者。故古人以天下爲大，方身則輕；生爲重矣，比義則輕。然則死有重於太山，貴其理全也；生有輕於鴻毛，重其義全也。故生

無再得，死不可追，而仁道不遠，則殺身以徇；義重於生，則捐軀而踐。龍逢殞命於夏癸，比干竭節於商辛，申蒯斷臂於齊莊，弘演納肝於衞懿，漢之紀信、欒布，晉之向雄、嵇紹，並不憚於危亡，以蹈忠貞之節。雖功未存於社稷，力無救於顚墜，然視彼苟免之徒，貫三光而洞九泉矣。凡在立名之士，莫不庶幾焉。然至臨難忘身，見危授命，雖斯文不墜，而行之蓋寡。固知士之所重，信在茲乎。非夫內懷鐵石之心，外負陵霜之節，孰能行之若命，赴蹈如歸者乎！自魏訖隋，年餘二百，若迺歲寒見松柏，疾風知勁草，千載之後，懍懍猶生。豈獨聞彼伯夷，懦夫立志，亦冀將來君子，有所庶幾。

魏書序于什門、段進、石文德、汲固、王玄威、婁提、劉渴侯、朱長生、馬八龍、門文愛、晁清、劉侯仁、石祖興、邵洪哲、王榮世、胡小彪、孫道登、李几、張安祖、王閭以爲節義傳，今又檢得郭琰、沓龍超、乙速孤佛保，及周書孝節傳李棠、杜叔毗附之。又案齊書不立此篇，而隋書序劉弘、皇甫誕、〔一〕游元、馮慈明、張須陁、楊善會、獨孤盛、元文都、盧楚、劉子翊、堯君素爲誠節傳。今皇甫誕、馮慈明、獨孤盛、元文都各附其家傳，〔二〕其餘並附此篇，又檢取隋書孝義傳郎方貴、郭世儁亦附之，以備節義傳云。

于什門，代人也。魏明元時爲謁者，使喻馮跋。及至和龍，住外不入，使謂跋曰：「大魏

遣鎮城奚壽興典兵事。仲密遂與棠謀殺壽興，率其衆據城，遣棠詣關中歸款。周文嘉之，封廣宗縣公，位給事黃門侍郎，加車騎大將軍、儀同三司、散騎常侍。從魏安公尉遲迥伐蜀，棠乃應募喻之。既入成都，蕭撝問迥軍中委曲，棠不對。撝乃苦辱之。棠曰：「我王者忠臣，有死而已，義不爲爾移志也。」遂害之。子敞嗣。

杜叔毗字子弼，其先京兆杜陵人也，徙居襄陽。父漸，梁邊城太守。

叔毗早歲而孤，事母以孝聞。仕梁，爲宜豐侯蕭循府中直兵參軍。周文令大將軍達奚武圍循於南鄭，循令叔毗詣闕請和。周文見而禮之。使未及還，而循中直兵曹策、參軍劉曉謀以城降武。時叔毗兄君錫爲循中記室參軍，從子映錄事參軍，映弟晰中直兵參軍，各領部曲。策等忌之，懼不同己，遂誣以謀叛，擅加害焉。循尋討策等禽之。[七]城降。策至長安，叔毗朝夕號泣，具申冤狀。朝議以事在歸附之前，不可追罪。叔毗志在復讎，然恐坐及其母。母曰：「汝兄横罹禍酷，痛切骨髓。若曹策朝死，吾以夕歿，亦所甘心。汝何疑焉？」叔毗拜受母言，後遂白日手刃策於京城，斷首刳腹，解其支體，然後面縛請就戮焉。周文嘉其志氣，特命舍之。遭母憂，哀毀骨立，殆不勝喪。服闋，晉公護辟爲中外府樂曹參軍。累遷陝州刺史。[八]

後從衞國公直南討，軍敗，爲陳人所禽。陳人將降之，叔毗辭色不撓，遂被害。子廉卿。

劉弘字仲遠，彭城叢亭里人也。少好學，有羈檢，重節概。仕齊，位西楚州刺史。齊亡，周武帝以爲本郡太守。及隋文帝平陳，以行軍長史從總管吐萬緒度江，加上儀同，封濩澤縣公，拜泉州刺史。會高智慧亂，以兵攻州。弘城守，糧盡，煑犀甲腰帶及剝樹皮食之，一無離叛。賊欲降之，弘抗節彌厲。城陷，爲賊所害。文帝聞而嘉歎者久之，賜物二千段。子長信，襲其官爵。

游元字楚客，廣平任城人也。父寶藏，位至郡守。

元少聰敏。仕周，歷壽春令、譙州司馬，俱有能名。開皇中，爲殿內侍御史。煬帝嗣位，遷尚書度支郎。遼東之役，領左驍衞長史，爲蓋牟道監軍，拜朝請大夫，兼書侍御史。宇文述等九軍敗績，帝令元主其獄。述時貴倖，勢傾朝廷，遣家僮造元，有所請屬，元不之見。他日，案述逾急，仍以屬請狀劾之。帝嘉其公正，賜朝服一襲。

後奉使黎陽督運。楊玄感作逆，告以情。元引正義責之，遂見囚，竟不屈節，見害。帝甚嘉之，贈銀青光祿大夫，拜其子仁宗爲正議大夫、弋陽郡通守。

張須陁，弘農閿鄉人也。性剛烈，有勇略。弱冠從史萬歲討西爨，以功授儀同。後從楊素擊平漢王諒，加開府。大業中，爲齊郡贊務。會興遼東之役，歲饑，須陁將開倉賑給。官屬咸曰：「須待詔敕。」須陁曰：「如待報至，當委溝壑。吾若以此獲罪，死無所恨。」先開倉而後狀。帝嘉而不責。

天下既承平日久，多不習兵。須陁獨勇決善戰，又長撫馭，得士卒心，號爲名將。時賊帥王薄北連豆子航賊孫宣雅、石祗闍、郝孝德等，衆十餘萬，攻章丘。須陁大破之，露布以聞。帝大悅，優詔褒揚，令使者圖畫其形容奏之。其年，賊裴長才、石子河等奄至城下，須陁與戰，長才敗走。後數旬，賊帥秦君弘、郭方預等圍北海，須陁倍道而進，大敗之。司隸刺史裴操之上狀，帝遣使勞問之。

十年，賊左孝友屯蹲狗山，須陁列八營以逼之。孝友窘迫，面縛來降。其黨解象、王良、鄭大彪、李晥等衆各萬計，須陁悉平之，威振東夏。以功遷齊郡通守，領河南道十二郡黜陟討捕大使。俄而賊盧明月衆十餘萬將寇河北，次祝阿。須陁邀擊，殺數千人。賊呂明星、師仁泰、霍小漢等衆各萬餘，擾濟北，須陁擊走之。尋將兵拒東郡賊翟讓，前後三十餘

戰，每破走之。轉滎陽通守。

時李密說讓取洛口倉，遂逼滎陽。須陁拒之，讓懼而退，須陁乘之。密先伏數千人邀擊之，須陁敗，被圍，潰圍輒出。[九]左右不能盡出，復入救之，往來數四，衆皆敗。乃仰天歎曰：[一〇]「兵敗如此，何面見天子乎！」乃下馬戰死。其所部兵晝夜號哭，數日不止。帝令其子元備總父兵。元備時在齊郡，遇賊，竟不果行。

楊善會字敬仁，弘農華陰人也。父初，位毗陵太守。

善會大業中爲鄃令，以清正聞。俄而百姓聚起爲盜，善會討之，往皆剋捷。後賊帥張金稱屯于縣界，善會每挫其鋒。煬帝遣將軍段達討金稱，善會進計於達，達不能用，軍竟敗。後進止一以謀之，乃大剋。金稱復引勃海賊孫宣雅、高士達等破黎陽而還，[一一]善會邀破之。擢拜朝請大夫、清河郡丞。

于時山東郡縣，陷沒相繼，能抗賊者，唯善會而已。前後七百餘陣，未嘗負敗。會太僕楊義臣討金稱見敗，取善會定策，與金稱戰，賊乃退走。善會捕斬之，傳首行在所。帝賜以尚方甲矟弓劍，進拜清河通守。復從楊義臣斬漳南賊帥高士達，傳首江都宮。帝下詔褒揚之。

後爲竇建德所陷。建德釋而禮之，用爲貝州刺史。善會肆罵，臨之以兵，辭氣不撓，乃害之。清河士庶，莫不傷痛。

盧楚，涿郡范陽人也。祖景祚，魏司空掾。楚少有才學，性鯁急，口吃，言語澀難。大業中，爲尚書左司郎。當朝正色，甚爲公卿所憚。及帝幸江都，東都官僚多不奉法。楚每存糾舉，無所回避。越王侗稱尊號，以楚爲內史令、左備身將軍、尚書左丞、右光祿大夫，封涿郡公，與元文都等同心戮力以輔侗。及王世充作亂，兵犯太陽門。武衞將軍皇甫無逸斬關逃難，呼楚同去。楚曰：「僕與元公有約，若社稷有難，誓以俱死。今捨去不義。」及世充入，楚匿太官署，執之。世充奮袂令斬，於是鋒刃交下，支體糜碎。

劉子翊，彭城叢亭里人也。父遍，齊徐州司馬。子翊少好學，頗解屬文。性剛謇，有吏幹。開皇中，爲秦州司法參軍。因入考，楊素奏爲侍御史。時永寧縣令李公孝，四歲喪母，九歲外繼。其後，父更別娶後妻，至是而亡。河間劉炫以爲無撫育之恩，議不解任。子翊駁之曰：

傳云：「繼母，同母也。」〔一二〕當以配父之尊，居母之位，齊杖之制，皆如親母。又「爲人後者爲其父母期」，服期者，〔一三〕自以本生，非殊親之與繼也。父雖自處傍尊之地，於子之情，猶須隆其本重。是以令云：「爲人後者，爲其父母，並解官申其心喪。〔一四〕父卒母嫁，爲父後者雖不服，亦申心喪；其繼母嫁，不解官。」此專據嫁者生文耳。將知繼母在父之室，則制同親母。若謂非有撫育之恩，同之行路，何服之有乎？服既有之，心喪焉可獨異？三省令旨，其義甚明。今言令許不解，何其甚謬？且後人者爲其父母期，未有變隔以親繼，親繼既等，〔一五〕故心喪不得有殊。服問云：「母出，則爲繼母之黨服。」豈不以出母族絕，推而遠之；繼母配父，引而親之乎？子思曰：「爲伋也妻，是爲白也母；不爲伋也妻，是不爲白也母。」定知服以名重，情以父親。所以聖人敦之以孝慈，弘之以名義。是使子以名服，同之親母；繼母以義報，等之己生。

如謂繼母之來，在子出之後，制有淺深者。考之經傳，未見其文。譬出後之人，所後者初亡，後之者始至，此復可以無撫育之恩而不服重乎？〔一六〕昔長沙人王毖，漢末爲上計詣京師。既而吳、魏隔絕，毖在內國，更娶，生子昌。毖死後，爲東平相，始知吳之母亡。便情繫居重，不攝職事。于時議者，不以爲非。然則繼之與前，〔一七〕於情無別。若要以撫育始生服制，王昌復何足云乎？又晉鎭南將軍羊祜無子，取弟子伊爲子。祜薨，伊不服重。祜妻表聞，伊辭曰：「伯生存養己，伊不敢違。然無父命，故還本生。」尚書彭權議：「子之出養，必由父命，無命而出，是爲叛子。」於是下詔從之。然則心服之制，不得緣恩而生也。

論云：「禮者稱情而立文，杖義而設教。」還以此義，諭彼之情。稱情者如母之情，杖義者爲子之義，分定然後能尊父順名，崇禮篤敬。苟以姆養之恩，始成母子。則恩由彼至，服自己來，則慈母如母，何待父令？又云：「繼母、慈母，本實路人，臨己養己，同之骨血。」若如斯言，子不由父，縱有恩育，得如母乎？其慈繼雖在三年之下，而居齊期之上。禮有倫例，服以稱情。繼母本以名服，豈藉恩之厚薄也。至於兄弟之子猶子也，私昵之心實殊，禮服之制無二。彼言「以」輕「如」重，因以不同，此謂如重之辭，卽同重法。若使輕重不等，何得爲「如」？律云「准枉法」者，但准其罪，「以枉法論」者，卽同眞法。律以弊刑，禮以設教。「准」者准擬之名，「以」者卽眞之稱。「如」「以」二字，義用不殊，禮、律兩文，所防是一。將此明彼，足見其義。取譬伐柯，何遠之有。

論云：「取子爲後者，將以供承祧廟，奉養己身。不得使宗子歸其故宅，以子道事本父之後妻也。」然本父後妻，因父而得母稱。若如來旨，本父亦可無心喪乎？何直父之後妻也。

論又云：「禮言舊君，其尊豈後君乎？已去其位，非復純臣，須言『舊』以殊之。別有所重，非復純孝，故言『其』已見之，目以『其父』之文，是名異也。」此又非通論。何以言之？「其」「舊」訓殊，所用亦別。「舊」者易新之稱，「其」者因彼之辭，安得以相類哉？至如禮云：「其父析薪，其子不克負荷。」傳云：「衞雖小，其君在焉。」若其父而有異，其君復有異乎？斯不然矣。

今炫敢違禮乖令，侮聖干法，使出後之子，無情於本生，名義之分，有虧於風俗，徇飾非於明世，〔一八〕强媒蘖於禮經，雖欲揚己露才，不覺言之傷理。

事奏，竟從子翊之議。

歷新豐令、大理正，並有能名。擢授書侍御史。每朝廷疑議，子翊爲之辯析，多出衆人意表。從幸江都。〔一九〕屬天下大亂，帝猶不悟。子翊因侍切諫，由是忤旨，令子翊爲丹陽留守。

尋遣於上江督運，爲賊吳棊子所虜。子翊說之，因以衆降。復遣首領賊渡江，遇煬帝被殺，知而告之。子翊弗信，斬所言者。賊又請以爲主，不從。因執至臨川城下，使告城中云「帝崩」。子翊乃易其言，於是見害。

堯君素，魏郡湯陰人也。煬帝爲晉王時，君素爲左右。帝嗣位，累遷鷹揚郎將。大業末，從驍衞大將軍屈突通拒義師於河東。俄而通引兵南遁，署君素領河東通守。義師遣將呂紹宗、韋義節等攻之不克。[二〇]及通軍敗，至城下呼之。君素見通，歔欷流涕，悲不自勝，左右皆哽咽。通亦泣下霑襟，因說君素早降以取富貴。君素以名義責之曰：「公縱不能遠慚主上，公所乘馬，卽代王所賜也，公何面目乘之哉！」通曰：「吁！君素！我力屈而來。」君素曰：「方今力猶未屈，何用多言！」通慚而退。

時圍甚急，行李斷絕。君素乃爲木鵝，置表於頸，具論事勢，浮之黃河，沿流而下。河陽守者得之，達于東都。越王侗見而歎息，乃承制拜君素爲金紫光祿大夫，密遣行人勞之。監門直閤龐玉、武衞將軍皇甫無逸前後自東都歸義，俱造城下，爲陳利害。朝廷又賜金券，待以不死。君素卒無降心。其妻又至城下，謂曰：「隋室已亡，何苦取禍？」君素曰：「天下事非婦人所知。」引弓射之，應弦而倒。

君素亦知事必不濟，每言及隋國，未嘗不歔欷。常謂將士曰：「吾是藩邸舊臣，至於大義，不得不死。今穀支數年，食盡，足知天下之事。必隋室傾敗，天命有歸，吾當斷頭以付諸君。」後頗得江都傾覆消息，又糧盡，男女相食，衆心離駭。白虹降於府門，兵器之端，夜皆光見。月餘，君素爲左右所害。

陳孝意、張季珣、杜松贇，[二一]並以誠節顯。

孝意，河東人。大業初，爲魯郡司法書佐，郡內號爲廉平。太守蘇威嘗欲殺一囚，孝意固諫，不許。孝意因解衣請先受死，良久，威意乃解，謝而遣之。漸加禮敬。及威爲納言，奏孝意爲侍御史。後以父憂去職，居喪過禮，有白鹿馴擾其廬，時人以爲孝感。尋起授雁門郡丞。在郡菜食齋居，朝夕哀臨，每一發聲，未嘗不絕倒。柴毀骨立，見者哀之。時長吏多贓汚，孝意清節彌厲。發姦擿伏，動若有神，吏人稱之。

煬帝幸江都，馬邑劉武周殺太守王仁恭作亂，前郡丞楊長仁、雁門令王確等謀應賊。孝意知之，族滅其家，郡中戰慄。俄而武周來攻，孝意拒之，每致剋捷。但孤城無援，而孝意誓以必死。亦知帝必不反，每旦夕向詔敕庫俯伏涕流，悲動左右。糧盡，爲校尉張世倫所殺，以城歸武周。[二二]

張季珣，京兆人。父祥，少爲隋文帝所知，引爲丞相參軍，累遷幷州司馬。及漢王諒反，遣其將劉建攻之，縱火燒其郭下。祥見百姓驚駭，其城西有王母廟，登城望之，再拜號泣曰：「百姓何罪，致此焚燒？神其有靈，可降雨相救。」言訖，廟上雲起，雨降而火遂滅。士卒感其至誠，莫不用命。援軍至，賊退。以功授開府。後卒於都水監。

季珣少慷慨，有志節。大業末，爲鷹揚郎將。所居據箕山爲固，與洛口接。及李密陷倉城，遣兵呼之。季珣大罵。密怒，攻之，連年不能剋。經三年，資用盡，無薪，徹屋而爨，人皆穴處。季珣撫之，一無離叛。後士卒飢羸，爲密所陷。季珣坐廳事，顏色自若，密遣兵禽送之。羣賊曳令拜密。季珣曰：「吾雖敗軍將，猶是天子爪牙臣，何容拜賊！」密壯而釋之。翟讓從求金不得，殺之。

其弟仲琰，爲上洛令，及義兵起，城守，部下殺之以歸義。仲琰弟幼琮，爲千牛左右。宇文化及亂，遇害。季珣世忠烈，兄弟俱死國難，論者賢之。

杜松贇，北海人也。性剛烈，重名義。爲石門府隊正。大業末，楊厚來攻北海縣，松贇覘賊被執。使謂城中，云「郡兵已破，宜早歸降」，松贇僞許之。既至城下，大呼曰：「我邂逅被執，非力屈也。官軍大來，賊旦暮禽翦。」賊以刀築其口，引之去。松贇罵厚曰：「老賊何敢辱賢良！」言未卒，賊斷其腰。城中望之，莫不流涕扼腕，銳氣益倍，北海卒完。優贈朝請大夫、本郡通守。

郭世儁字弘乂，太原文水人也。家門雍睦，七世同居，犬豕同乳，烏鵲同巢，時人以爲義感之應。州縣上其事，隋文帝遣平昌公宇文弼詣其家勞問。書侍御史柳彧巡省河北，[二三]表其門閭。漢王諒爲幷州總管，聞而嘉歎，賜其兄弟二十餘人衣各一襲。

郎方貴，淮南人也。少有志尚，與從父弟雙貴同居。隋開皇中，方貴常於淮水津所寄渡，舟人怒之，撾方貴臂折。至家，雙貴問知之，恚恨，遂向津，毆殺船人。津者執送之。縣以方貴爲首，當死，雙貴從坐，當流。兄弟爭爲首坐，縣司不能斷，送詣州。兄弟各引死，州不能定。二人爭欲赴水死。州以狀聞。上聞，異之，特原其罪，表其門閭，賜物百段。後爲州主簿。

論曰：于什門等或臨危不撓，視死如歸；或赴險如夷，唯義所在。[二四]其大則光國隆家，其小則損己利物。故其盛烈所著，與河海而爭流；峻節所標，共竹柏而俱茂。[二五]並蹈履之所致，身沒名立，豈徒然也！

校勘記

〔一〕皇甫誕　諸本脫「甫」字，據隋書卷七一誠節傳補。

〔二〕今皇甫誕馮慈明獨孤盛元文都各附其家傳　諸本無「皇甫誕」三字。按皇甫誕本書附於卷七〇皇甫璠傳，不在此卷。此序誤脫，今據補。

〔三〕爲兗州從事刺史李式坐事被收　按本事卷三三李順傳，式乃西兗州刺史。下文「後高祐爲兗州刺史」，據本書卷三一高祐傳，也是西兗州。本傳「兗」上並脫「西」字。此西兗州治於滑臺，北魏道武帝天興中置。本名兗州，及獻文帝天安元年，宋將畢衆敬以治於瑕丘之兗州歸魏，才冠以「西」字。

〔四〕朱長生　按本書卷九八高車傳作「可足渾長生」。

〔五〕胡小彪　魏書卷八七節義傳「彪」作「虎」。按胡小虎亦見魏書卷七〇傅豎眼傳。北史避唐諱改。

〔六〕魏行臺傅梁州遣將已至　諸本「傅」作「傳」，通鑑卷一五〇四七〇〇頁作「傅」。胡注云：「魏行臺，子建。傅梁州，豎眼。」按傅豎眼任梁州刺史，見魏書卷七〇本傳。胡注是，今據改。

〔七〕脩蓉討策等禽之　諸本脫「脩」字，據周書卷四六杜叔毗傳補。

〔八〕累遷陜州刺史　周書「陜」作「硤」。按隋書地理志下，硤州卽夷陵郡，與江陵相近，故杜叔毗

得參與宇文直攻陳之役。疑作「陜」誤。

〔九〕潰圍輒出　諸本「潰」下脫「圍」字，據隋書卷七一、通志卷一六六張須陁傳補。

〔一〇〕乃仰天歎曰　諸本脫「歎」字，據通志補。

〔一一〕高士達等破黎陽而還　諸本「達」誤作「雅」，據隋書卷七一、通志卷一六六楊善會傳改。高士達見唐書竇建德傳。

〔一二〕傳云繼母同母也　隋書卷七一劉子翊傳作「傳云：繼母如母，與母同也」。按「繼母如母」，見儀禮喪服。此疑有脫誤。

〔一三〕又爲人後者爲其父母期服期者　諸本「服」下脫「期」字，據隋書補。又隋書「服」作「報」。按儀禮喪服原文云：「爲人後者，爲其父母報。」疑此當作「爲人後者爲其父母報，報期者」。

〔一四〕是以令云爲人後者爲其父母並解官申其心喪　諸本「其父母」上無「爲」字，文不可通，據隋書補。

〔一五〕親繼既等　諸本脫「繼」字，據隋書補。

〔一六〕譬出後之人所後者初亡後之者始至此復可以無撫育之恩而不服重乎　諸本脫「始」字，「復」訛作「後」，據隋書補改。

〔一七〕然則繼之與前　隋書「繼」下「前」下，都有「母」字。

〔一八〕侚節非於明世　通志卷一六六劉子翊傳「侚」作「苟」，疑是。

〔一九〕從幸江都　諸本「都」訛作「東」，今據隋書改。

〔二〇〕義師遣將呂紹宗韋義節等攻之不克　諸本脫「克」字，據隋書卷七一、通志卷一六六堯君素傳補。

〔二一〕杜松贇　隋書無「杜」字。

〔二二〕以城歸武周　諸本脫「城」字，據隋書卷七一陳孝意傳補。

〔二三〕書侍御史柳彧巡省河北　諸本「書」上有「尙」字，隋書卷七二郭世儁傳有「治」字，通志卷一六七郭世儁傳無此字。按治書侍御史，北史避唐高宗名，例删「治」字。本書卷七七柳彧傳卽作「書侍御史」。「尙書侍御史」無此官名，今據删。

〔二四〕唯義所在　諸本「義」下衍「有」字，據魏書卷八七史臣論删。

〔二五〕共竹柏而俱茂　魏書卷八七史臣論「竹」作「松」，是。

北史卷八十六

列傳第七十四

循吏

張膺　路邕　閻慶胤　明亮　杜纂　竇瑗　蘇淑　張華原
孟業　蘇瓊　路去病　梁彥光　樊叔略　公孫景茂　辛公義
柳儉 郭絢 敬肅　劉曠　王伽　魏德深

先王疆理天下，司牧黎元，刑法以禁其姦，禮教以防其欲，雖爲政以德，理實殊塗，百慮一致，在斯而已。書云「知人則哲」，又云「無曠庶官」，言非其人爲空官也。叡哲之后，必致清明之臣，昏亂之朝，多有貪殘之吏。嗜欲所召，影響從之。故五帝三王，不易人而化，皆在所由化之而已。蓋有無能之吏，無不可御之人焉。自罷侯置守，歷年永久，統以方牧，仍世相循，所以寬猛爲用，庇人調俗。但廉平常迹，聲有難高，[一]適時應務，招響必速。是故

搏擊爲侯，起不旋踵，懦弱貽咎，錄用無時。此則已然於前世矣。後之爲吏，與世沈浮，叔季澆漓，姦巧多緒，居官莅職，道各不同，故往籍述其實能，以彰懲勸之道。

案魏立良吏傳，有張恂、鹿生、張膺、宋世景、路邕、閻慶胤、明亮、杜纂、裴佗、竇瑗、羊敦、蘇淑。齊立循吏傳，有張華原、宋世良、郎基、孟業、崔伯謙、蘇瓊、房豹、路去病。周書不立此篇。隋循吏傳有梁彥光、樊叔略、趙軌、房恭懿、公孫景茂、辛公義、柳儉、劉曠、王伽、魏德深。其張恂、鹿生、宋世景、裴佗、羊敦、宋世良、郎基、崔伯謙、房豹、趙軌、房恭懿，各附其家傳，其餘皆依時代編緝，以備循吏篇云。

張膺，[二]不知何許人也。延興中，爲魯郡太守，履行貞素，妻女樵採以自供。孝文深嘉之。還京兆太守，清白著稱，得吏人之忻心焉。

路邕，陽平人也。宣武時，除東魏郡太守，莅政清勤。經年儉，日出家粟，賑賜貧窮。靈太后下詔褒美，賜龍廐馬一匹、衣一襲、被褥一具。稍遷南青州刺史，卒。

閻慶胤，不知何許人也。爲東秦州敷城太守，頻年飢儉，慶胤歲常以家粟千石，賑恤貧窮，人賴以濟。部人陽寶龍一千餘人申頌美政，有司以聞，靈太后卒無褒賞。

明亮字文德，平原高昌人也。有識幹，歷員外常侍。延昌中，宣武臨朝堂，親自黜陟，授亮勇武將軍。亮進曰：「臣本官常侍，是第三清，今授臣勇武，其號至濁。且文武又殊，請更改授。」帝曰：「九流之內，人咸君子，卿獨欲乖衆，妄相清濁，所請未可。」亮曰：「今江左未賓，書軌宜一，方爲陛下投命前驅，拓定吳會。官爵，陛下之所輕；賤命，微臣之所重。陛下方收所重，何惜所輕？」因請改授平遠將軍。帝曰：「運籌用武，然後遠人始平。卿但用武平之，何患不得平遠乎？」亮乃陳謝而退。除陽平太守，清白愛人，甚有惠政。轉汲郡太守，爲政如前，譽宣遠近。[三]卒，二郡人吏迄今追思之。

杜纂字榮孫，常山九門人也。少以清苦自立。時縣令齊羅喪亡，無親屬收殯，纂以私財殯葬，由是郡縣標其門閭。後居父喪盡禮。郡舉孝廉，稍除積弩將軍，從征新野。及南陽平，以功賜爵井陘男。賞帛五百匹，數日之中，散之知友，時人稱之。明帝初，拜清河內史。性儉約，尤愛貧老，問人疾苦，至有對之泣涕。歷武都、漢陽二郡太守，並以清白爲名。勸督農桑，親自檢視，勤者賞以物帛，惰者加以罪譴，弔死問生，甚有恩紀。除東益州刺史，無御邊威略，羣氐反叛，以失人和徵還。還太中大夫。正光末，清河人房通等三百人頌纂德政，乞重臨郡，詔許之。孝昌中，爲葛榮圍逼，以郡降，榮以爲常山太守。榮滅，卒於家。纂所歷任，好行小惠，蔬食弊衣，多涉誣矯。而輕財潔已，終無受納，爲百姓所思，號爲良守。天平中，贈定州刺史。

竇瑗字世珍，遼西陽洛人也。[四]自言本出扶風平陵，漢大將軍武曾孫崇爲遼西太守，遂家焉。曾祖堪，慕容氏漁陽太守。祖表，馮弘城周太守，入魏。父同，舉秀才，早卒。普泰初，瑗啓以身階級爲父請贈，詔贈平州刺史。

瑗年十七，便荷帙從師，遊學十載，始爲御史。後兼太常博士，拜太原王尒朱榮官，榮

留爲北道大行臺左丞。以拜榮官，賞新昌男。從榮東平葛榮，封容城縣伯。瑗乞以容城伯讓兄叔珍，詔聽以新昌男轉授之。叔珍由是位至太山太守。尒朱世隆等立長廣王曄爲主，南赴洛陽。至東郭外，世隆等遣瑗奏廢之，瑗執鞭獨入禁內，奏願行堯、舜事，曄遂禪廣陵。由是除給事黃門侍郎。

孝武帝時，爲廷尉卿。及釋奠開講，瑗與溫子昇、魏季景、李業興並爲擿句。天平中，除廣宗太守，政有清白之稱。廣宗人情凶戾，累政咸見告訟，唯瑗一人，終始全潔。轉中山太守，聲譽甚美，爲吏人所懷。及齊神武班書州郡，稱瑗政績，以爲勸勵。後授平州刺史，在州政如臨郡。又爲神武丞相府右長史。瑗無軍府斷割才，不甚稱職。又行晉州事。

及還鄴，上表曰：「臣伏讀麟趾新制至三公曹第六十六條：『母殺其父，子不得告，告者死。』三返覆之，未得其門。何者？案律：『子孫告父母、祖父母者，死。』又漢宣云：『子匿父，孫慝大父母，皆勿論。』〔五〕蓋謂父母、祖父母小者攘羊，甚者殺害之類，恩須相隱，律抑不言，法理如是，足見其直。未必指母殺父，止子不言也。今母殺父而子不告，便是知母而不知父，識比野人，義近禽獸。且母之於父，作合移天，既殺己之天，復殺子之天，二天頓毁，豈容頓默？此母之罪，義在不赦，下手之日，母恩即離，仍以母道不告，鄙臣所以致惑。如或有之，可臨時議罪，何用豫制斯條，用爲訓誡？恐千載之下，談者讙譁，以明明大朝，有尊

母卑父之論。以臣管見，實所不取。」詔付尚書。三公郎封君義立判云：「母殺其父，子復告母，母由告死，便是子殺。天下未有無母之國，不知此子，將欲何之？既於法無違，於事非害，宜布有司，謂不宜改。」瑗復難云：「局判云：『母由告死，便是子殺。天下未有無母之國，不知此子，將欲何之。』瑗案典律，未聞母殺其父而子有隱母之義。既不告母，便是與殺父同。天下可有無父之國，此子獨得有所之乎？」事遂停寢。〔六〕

除大宗正卿，宗室以其寒士，相與輕之，瑗案法推正，甚見讎疾。官雖通顯，貧窘如初，清尚之操，爲時所重。領本州大中正，兼廷尉卿，卒官。贈太僕卿、濟州刺史，謚曰明。

蘇淑字仲和，武邑人也。兄壽興，坐事爲閹官，後拜河間太守，賜爵晉陽男。及壽興將卒，遂冒養淑爲子。淑熙平中襲其爵。後除樂陵內史，在郡綏撫，甚有人譽。後謝病乞解，有詔聽之，人吏老幼訴乞淑者甚衆。後歷滎陽、中山二郡太守，卒。

淑清心愛下，所歷三郡，皆爲吏人所思，當時稱爲良二千石。武定初，贈衞大將軍、都官尚書、瀛州刺史，謚曰懿。齊神武追美清操，與羊敦同見優賞。

張華原字國滿，代郡人也。少明敏，有器度。初爲齊神武驃騎府法曹參軍，賜爵新城伯，累遷大丞相府屬。深被親待，每號令三軍，恒令宣諭意旨。尋除散騎常侍。

周文始據雍州，神武使華原入關說焉。周文謂曰：「若能屈驥足於此，當共享富貴；不爾，命懸今日。」華原曰：「殞首而已，不敢聞命。」周文嘉其亮正，乃使東還，尋悔，遣追不及。神武以華原久而不返，每歎惜之；及聞其來，喜見於色。後除相府右長史，遷驃騎大將軍、特進，進爵爲公，仍徙封新安。

後爲兗州刺史。華原有幹略，達政體。至州，乃廣布耳目，示以威禁，〔七〕境內大賊及隣州亡命三百餘人，皆詣華原歸款。咸撫以恩信，放歸田里，於是人懷感附，寇盜寢息。州獄先有繫囚千餘人，華原科簡輕重，隨事決遣，至年暮，唯有重罪者數十人。華原各給假五日，曰：「期盡速還也。」囚等曰：「有君如是，何忍背之！」依期畢至。先是，州境數有猛獸爲暴，自華原臨政，州東北七十里甑山中，忽有六駮食猛獸，咸以爲化感所致。卒官，州人大小莫不號慕，爲樹碑立祠，四時祭焉。贈司空公、尚書左僕射。子宰均嗣。

孟業字敬業，鉅鹿安國人也。家本寒微，少爲州吏，性廉謹，同僚諸人，侵盜官絹，分三十匹與業，拒而不受。行臺郎中郭秀甚相禮接，〔八〕方欲薦之，會秀卒。

魏彭城王韶，齊神武之壻也，拜定州刺史，除業爲典籤。長史劉仁之謂業曰：「我處其外，君居其內，同心勠力，庶有濟乎？」未幾，仁之入爲中書令，臨路啓韶云：「殿下左右可信任者，唯有孟業，願專任之，餘人不可信也。」又與業別，執手曰：「今我出都，〔九〕君便失援，恐君在後，不自保全，唯正與直，願君自勉。」業唯有一馬，瘦死，韶以業貧，令州府官人，同食馬肉，欲令厚相酬償。業固辭不敢。韶乃戲業曰：「卿邀名人也。」對曰：「業爲典籤，州中要職，諸人欲相賄贍，止患無方便耳。今喚食肉，恐致聚斂，有損聲名，所以仰違明敎。」後未旬日，韶左右王四德、董惟金並以馬死託肉，爲長史裴英起密啓，〔一〇〕神武有書與韶，大致誚讓。業尋被譖，出外行縣事。後神武書責韶云：「典籤姓孟者，極能用心，何乃令出外也！」及韶代下，業亦隨還，贈送一無所受。仁之後爲西兗州，臨別謂吏部郎中崔暹曰：「貴州人士，唯有孟業，銓擧之次，不可忘也。」暹問業曰：「君往在定州，有何政，使劉西兗如此欽歎？」業答曰：「唯知自修也。」韶爲幷州刺史，業復爲典籤，仍兼長史。

齊天保初，清河王岳拜司州牧，召爲法曹。業形貌短小，及謁見，岳心鄙其眇小，笑而不言。後尋業斷決處，謂曰：「卿斷決之明，可謂有過軀貌之用。」補河間王國郎中令，清貧

自守，未曾有失。文宣謂侍中裴英起曰：「卿識河間王郎中孟業不？一昨見其國司文案，似是好人。」對曰：「昔與臣同事魏彭城王元韶，其人清忠正直，世所希有。」帝曰：「如公言者，比來便是大屈。」除中書舍人。文宣初唯得姓名，及因奏事，見其羸老，又質性敦樸，無升降之容，加之平緩，寡於方便。有一道士由吾道榮以術藝被迎，將入內，業爲通名，忽於衆中抗聲奏云：「由吾道士不食五穀。」帝命推而下之。又令點檢百官，軟奏失所，帝遣人以馬鞭擊業頭，至于流血。然亦體其衰老，非力所堪。〔一〕

皇建二年，累遷東郡太守，以寬惠著名。其年夏，五官張凝因出使，得麥一莖五穗，其餘或三穗四穗共一莖者，合郡咸以政化所感，因即申上。至秋，復有東燕縣人班映祖，送嘉禾一莖九穗。河清三年，敕人間養驢，催買甚切。業曰：「吾既爲人父母，豈可坐看此急。令宜權出庫錢，〔二〕貸人取辦，後日有罪，吾自當之。」後爲憲司所劾。被攝之日，郡人皆泣而隨之，迭相弔慰。送業度關者，有數百人，至黎陽郡西，方得辭決，攀援號哭，悲動行路。詣闕訴寃者非一人，敕乃放還。郡中父老，扣河迎接。

武成親戎，自洛還鄴，道由東郡。業具牛酒，率人吏拜謁路旁，自稱：「糞土臣孟業，伏惟聖駕親行，有征無戰，謹上微禮。」便與人吏俱唱萬歲，導引前入，帝大嘉之。後除廣平太守，年既老，理政不如在東郡時。武平九年，爲太中大夫，加衞將軍，尋卒。

業志守質素，不尙浮華。爲子結婚，爲朝肺腑吒羅氏。其子以蔭得爲平原王段孝先相府行參軍，乃令作今世服飾綺襦紈袴。吒羅家又恃姻婭，炫曜矜誇。業知而不禁，素望頗貶。

蘇瓊字珍之，長樂武强人也。父備，仕魏，至衞尉少卿。

瓊幼時隨父在邊，嘗謁東荆州刺史曹芝，芝戲問曰：「卿欲官不？」對曰：「設官求人，非人求官。」芝異其對，署爲府長流參軍。齊文襄以儀同開府，引爲刑獄參軍，每加勉勞。并州嘗有强盜，長流參軍張龍推其事，所疑賊徒，並已拷伏，失物家並識認，唯不獲盜贓。文襄付瓊，更令窮審，乃別推得元景融等十餘人，并獲贓驗。文襄大笑，語前妄引賊者曰：「爾輩若不遇我好參軍，幾致枉死。」

除南清河太守，郡多盜賊，及瓊至，奸盜止息。或外境奸非，輒從界中行過者，無不捉送。零縣人魏雙成，〔三〕住處與畿內武城交錯，失牛，疑其村人魏子賓，列送至郡。一經窮問，知賓非盜，而便放之。雙成云：「府君放賊去，百姓牛何處可得？」瓊不理其語，密遣訪獲盜者。從此畜牧不收，云：「但存府君。」其隣郡富家，將財物寄置界內以避盜。冀州繹幕縣人成氏大富，爲賊攻急，告曰：「我物已寄蘇公矣」，賊遂去。平原郡有妖賊劉黑苟，構結徒侶，通於滄海。瓊所部人，連接村居，無相染累。隣邑於此伏其德績。郡中舊賊一百餘人，悉充左右，人間善惡及長吏飲人一盃酒，無不即知。

瓊性清愼，不發私書。道人道研爲濟州沙門統，資產巨富，在郡多出息，常得郡縣爲徵。及欲求謁，度知其意，〔四〕每見則談問玄理。研雖爲債數來，無由啓口。其弟子問其故，研曰：「每見府君，徑將我入青雲間，何由得論地上事。」師徒還歸，遂焚責券。郡人趙潁，官至樂陵太守，年餘八十，致事歸。五月中，得新瓜一雙，自來奉。潁恃年老，苦請，遂便爲留。乃致於廳事梁上，竟不割。人聞受趙潁餉瓜，欲貢新果，至門，問知潁瓜猶在，相顧而去。有百姓乙普明，兄弟爭田，積年不斷，各相援據，乃至百人。瓊召普明兄弟，對衆人諭之曰：「天下難得者兄弟，易求者田地。假令得地失兄弟心，如何？」因而下淚，諸證人莫不灑泣。普明兄弟叩頭，乞外更思，分異十年，遂還同住。

每年春，總集大儒衞覬隆、田元鳳等講於郡學，朝吏文案之暇，悉令受書。時人指吏曹爲學生屋。禁斷淫祠，婚姻喪葬，皆敎令儉而衷禮。又蠶月預下綿絹度樣於部內，其兵賦次第，並立明式。至於調役，事必先辦，郡縣吏長，恒無十杖稽失。當時州郡，無不遣人至境，訪其政術。

天保中，郡界大水，人災，絕食者千餘家。瓊普集郡中有粟家，自從貸粟，悉以給付飢

者。州計戶徵租，復欲推其貸粟，綱紀謂瓊曰：「雖矜飢餒，恐罪累府君。」瓊曰：「一身獲罪，且活千室，何所怨乎？」遂上表陳狀，使檢皆免，人戶保安。此等相撫兒子，咸言「府君生汝」。在郡六年，人庶懷之，遂無一人經州。前後四表，列爲尤最。遭憂解職，故人贈遺，一無所受。

尋起爲司直、廷尉正，朝士嗟其屈，尙書辛術曰：「既直且正，名以定體，不慮不申。」初，瓊任清河太守，裴獻伯爲濟州刺史，獻伯酷於用法，瓊恩於養人。房延祐爲樂陵郡，過濟州。裴問其外聲，延祐云：「唯聞太守善，刺史惡。」裴云：「得人譽者非至公。」答云：「若爾，黃霸、龔遂，君之罪人也。」後有敕，州各舉清能。裴以前言，恐爲瓊陷，瓊申其枉滯，議者尙其公平。畢義雲爲御史中丞，以猛暴任職，理官忌憚，莫敢有違。瓊推察務在得情，雪者甚衆。寺署臺案，始自於瓊。遷三公郎中。趙州及清河、南中有人頻告謀反，前後皆付瓊推檢，事多申雪。尙書崔昂謂瓊曰：「若欲立功名，當更思餘理。仍數雪反逆，身命何輕？」瓊正色曰：「所雪者寃枉，不放反逆。」昂大慚。京師爲之語曰：「斷決無疑蘇珍之。」

皇建中，賜爵安定縣男、徐州行臺左丞，行徐州事。徐州城中五級寺忽被盜銅像一百軀，有司徵檢，四隣防宿及蹤跡所疑，逮繫數十人。瓊一時放遣，寺僧怨訴不爲推賊。瓊遣僧，謝曰：「但且還寺，得像自送。」爾後十日，抄賊姓名及贓處所，徑收掩，悉獲實驗。賊徒

款引，道俗歎伏。舊制，以淮禁不聽商販輙度。淮南歲儉，啓聽淮北取糴。後淮北人飢，復請通糴淮南，遂得商估往還，彼此兼濟，水陸之利，通於河北。

後爲大理卿而齊亡，仕周，爲博陵太守。隋開皇初卒。

路去病，陽平人也。風神疏朗，儀表瓌異。齊河清初，爲殿中侍御史，彈劾不避貴戚，以正直知名。敕用士人爲縣宰，以去病爲定州饒陽縣令。去病明閑時務，性頗嚴毅，人不敢欺，然至廉平，爲吏人歎伏。

武平四年，爲成安縣令。都下有鄴、臨漳、成安三縣，輦轂之下，舊號難爲，重以政亂時艱，綱紀不立，近臣內戚，請屬百端。去病消息事宜，以理抗答，勢要之徒，雖廝養小人，莫不憚其風格，亦不至嫌恨。自遷鄴以還，三縣令政術，去病獨爲稱首。周武平齊，重其能官，與濟陰郡守公孫景茂二人不被替代，發詔褒揚。去病後以尉遲迥事。〔一三〕隋大業初，卒於冀氏縣令。

梁彥光字脩芝，安定烏氏人也。祖茂，魏秦、華二州刺史。父顯，周荆州刺史。

彥光少岐嶷，有至性，其父每謂所親曰：「此兒有風骨，當興吾宗。」七歲時，父遇篤疾，醫云「餌五石可愈」，時求紫石英不得，彥光憂瘁，不知所爲。忽於園中見一物，彥光所不識，怪而持歸，卽紫石英也。親屬咸異之，以爲至孝所感。魏大統末，入學，略涉經史，有規檢，造次必以禮。解褐祕書郎。周受禪，遷舍人上士。武帝時，累遷小馭下大夫。母憂去職，毁瘠過禮。未幾，起令視事，帝見其毁甚，嗟歎久之。後爲御正下大夫，從帝平齊，以功授開府、陽城縣公。宣帝卽位，拜華州刺史，進封華陽郡公，以陽城公轉封一子。後拜柱國、青州刺史。屬帝崩，不之官。

隋文帝受禪，以爲岐州刺史，兼領宮監，甚有惠政，嘉禾連理，出於州境。上嘉其能，下詔褒美，賜粟五百斛、物三百段、御傘一枚，以厲清正。後轉相州刺史。彥光前在岐州，其俗頗質，以靜鎮之，合境大安，奏課連最，爲天下第一。及居相部，如岐州法，鄴都雜俗，人多變詐，爲之作歌，稱其不能理政。上聞而譴之，竟坐免。歲餘，拜趙州刺史。彥光曰：「臣前待罪相州，百姓呼爲戴帽餳。臣自分廢黜，無復衣冠之望，不謂天恩復垂收採。請復爲相州，改絃易調，庶有以變其風俗。」上從之，復爲相州刺史。豪猾者聞彥光自請來，莫不嗤笑。彥光下車，發摘姦隱，有若神明，狡猾莫不潛竄，合境大駭。初，齊亡後，衣冠士人，多

遷關內，唯技巧商販及樂戶之家，移實州郭。由是人情險詖，妄起風謠，訴訟官人，萬端千變。彥光欲革其弊，乃用秩俸之物，招致山東大儒，每鄉立學，非聖哲之書不得教授。常以季月召集之，親臨策試。有勤學異等，聰令有聞者，升堂設饌；其餘並坐廊下；有好諍訟惰業無成者，坐之庭中，設以草具。及大成當舉，行賓貢之禮，又於郊外祖道，幷以財物資之。於是人皆剋勵，風俗大改。

有滏陽人焦通，性酗酒，事親禮闕，爲從弟所訟。彥光弗之罪，將至州學，令觀孔子廟中韓伯瑜母杖不痛，哀母力衰，對母悲泣之像。通遂感悟，悲愧若無容者。彥光訓喩而遣之，後改過勵行，卒爲善士。吏人感悅，略無諍訟。卒官，贈冀定瀛青四州刺史，謚曰襄。

子文謙嗣，弘雅有父風。以上柱國世子，例授儀同。歷上、饒二州刺史，遷鄱陽太守，稱爲天下之最。徵拜戶部侍郎。遼東之役，領武賁郎將，爲盧龍道軍副。會楊玄感作亂，其弟武賁郎將玄縱先隸文謙，玄感反問未至而玄縱逃走，文謙不之覺。坐是，配防桂林而卒。

少子文讓，初封陽城縣公，後爲鷹揚郎將。從衛玄擊楊玄感於東都，力戰而死，贈通議大夫。

樊叔略，陳留人也。父歡，仕魏，爲南兗州刺史、河陽侯，爲高氏所誅。叔略被腐刑，給使殿省。身長九尺，有志氣。頗見忌，內不自安，遂奔關西。周文器之，引置左右，授都督，襲爵爲侯。大冢宰宇文護執政，引爲中尉。漸被委信，兼督內外，位開府儀同三司。護誅，齊王憲引爲園苑監。數進兵謀，憲甚奇之。從武帝平齊，以功加上開府，封清鄉縣公，拜汴州刺史，號爲明決。宣帝營建東都，以叔略有巧思，拜營構監。宮室制度，皆叔略所定。

尉遲迥之亂，鎮大梁，以軍功拜大將軍，復爲汴州刺史。隋文帝受禪，加位上大將軍，進爵安定郡公。在州數年，甚有聲稱。遷相州刺史，政爲當時第一。上降璽書褒美之，賜以粟帛，班示天下。百姓爲之語曰：「智無窮，清鄉公；上下正，樊安定。」徵拜司農卿，吏人莫不流涕，相與立碑頌德。

自爲司農，凡所種植，叔略別有條制，皆出人意表。朝廷有疑滯，公卿所未能決，叔略輙爲評理。雖無學術，有所依據，然師心獨見，闇與理合。甚爲上所親委，高熲、楊素禮遇之。叔略雖爲司農，往往參督九卿事。性頗豪侈，每食方丈，備水陸。十四年，從祠太山，至洛陽，上令錄囚徒。將奏，晨至獄門，於馬上暴卒，上嗟悼久之。贈亳州刺史，謚曰襄。

公孫景茂字元蔚，河間阜城人也。容貌魁梧，少好學，博涉經史。在魏，察孝廉，射策甲科。稍遷太常博士，多所損益，時人稱為書庫。歷高唐令、大理正，俱有能名。齊滅，周武帝聞而召見，與語器之，授濟北太守。以母憂去職。

開皇初，召拜汝南太守。郡廢，為曹州司馬，遷息州刺史。法令清靜，德化大行。屬平陳之役，征人在路病者，景茂減俸祿為饘粥湯藥，多方振濟之，賴全活者千數。上聞嘉之，詔宣示天下。十五年，上幸洛陽，景茂謁見。時七十七，上命升殿坐，問其年，哀其老，嗟嘆久之。景茂再拜曰：「呂望八十而遇文王，臣踰七十而逢陛下。」上甚悅，下詔褒美之，加上儀同三司、伊州刺史。明年，以疾徵，吏人號泣於道。及疾愈，復乞骸骨，又不許。

轉道州刺史，悉以秩俸買牛犢雞豬，散惠孤弱不自存者。好單騎巡人，家至戶入，閱視百姓產業。有修理者，於都會時，乃褒揚稱述；如有過惡，隨即訓導，而不彰也。由是人行義讓，有無均通，男子相助耕耘，婦女相從紡績，大村或數百戶，皆如一家之務。其後請致仕，上優詔聽之。仁壽中，上明公楊紀出使河北，見景茂神力不衰，還以狀奏。於是就拜淄州刺史，賜以馬轝，便道之官。前後歷職，皆有德政，論者稱為良牧。大業初，卒官。年八十七，謚曰康。身死之日，諸州人吏赴喪者數千人。或不及葬，皆望墳慟哭，野祭而去。

辛公義，隴西狄道人也。祖徽，魏徐州刺史。父季慶，青州刺史。

公義早孤，為母氏所養，親授書、傳。周天和中，選良家子任太學生。武帝時，召入露門學，令受道義，每月集御前，令與大儒講論。上數嗟異，時輩慕之。建德初，授宣納中士。從平齊，累遷掌治上士、〔一六〕掃寇將軍。隋文帝作相，授內史上士，參掌機要。開皇元年，除主客侍郎，攝內史舍人，賜爵安陽縣男。轉駕部侍郎，使勾檢諸馬牧，所獲十餘萬匹。上喜曰：「唯我公義，奉國罄心。」

從軍平陳，以功除岷州刺史。土俗畏病，若一人有疾，即合家避之，父子夫妻，不相看養，孝義道絕。由是病者多死。公義患之，欲變其俗。因分遣官人，巡檢部內，凡有疾病，皆以牀轝來，安置廳事。暑月疫時，病人或至數百，廳廊悉滿。公義親設一榻，獨坐其間，終日連夕，對之理事。所得秩俸，盡用市藥，迎醫療之，躬勸其飲食，於是悉差。方召其親戚而諭之曰：「死生由命，不關相著，前汝棄之，所以死耳。今我聚病者，坐臥其間，若言相染，那得不死。病兒復差，〔一七〕汝等勿復信之。」諸病家子孫，慚謝而去。後人有遇疾者，爭就使君，其家親屬，固留養之。始相慈愛，此風遂革，合境之內，呼為慈母。

後遷并州刺史，下車，先至獄中，因露坐牢側，親自驗問。十餘日間，決斷咸盡。方還大廳，受領新訟。皆不立文案，遣當直佐僚一人，側坐訊問。事若不盡，應須禁者，公義即宿廳事，終不還閤。人或諫之曰：「此事有程，使君何自苦也？」答曰：「刺史無德可以導人，尚令百姓係於囹圄，豈有禁人在獄，而心自安乎？」罪人聞之，咸自款服。後有欲諍訟者，鄉閭父老遽相曉曰：「此蓋小事，何忍勤勞使君！」訟者多兩讓而止。時山東霖雨，自陳汝至于滄海，皆苦水災。境內犬牙，獨無所損。山出黃銀，獲之以獻，詔水部郎婁崱就公義禱焉，乃聞空中有金石絲竹之響。

仁壽元年，追充揚州道黜陟大使。豫章王暕恐其部內官僚犯法，未入州境，豫令使屬之。公義答曰：「不敢有私。」及至揚州，皆無所縱捨，暕銜之。及煬帝即位，揚州長史王弘入為黃門郎，因言公義之短，竟去官。吏人守闕訴冤，相繼不絕。後數歲，帝悟，除內史侍郎。丁母憂，未幾起為司隸大夫，檢校右禦衞武賁郎將。從征至柳城郡卒。子融。

柳儉字道約，河東解人也。祖元璋，魏司州大中正、相華二州刺史。父裕，周聞喜令。儉有局量，立行清苦，為州里所敬，雖至親昵，無敢狎侮。仕周，歷宣納上士、畿伯大

夫。及隋文帝受禪，擢拜水部侍郎，封率道縣伯。未幾，出為廣漢太守，甚有能名。俄而郡廢。時帝勵精思政，妙簡良能，出為牧宰，儉以仁明著稱，擢拜蓬州刺史。獄訟者庭決遣之，佐吏從容而已，獄無繫囚。蜀王秀時鎮益州，列上其事。還邛州刺史，在職十餘年，人夷悅服。蜀王秀之得罪也，儉坐與交通，免職。及還鄉，妻子衣食不贍，見者咸嘆伏焉。煬帝嗣位，徵之。于時，多以功臣任職，牧州領郡者，並帶戎資，唯儉起自良吏。帝嘉其績，特授朝散大夫，拜弘化太守，儉清節愈勵。大業五年，入朝，郡國畢集。帝謂納言蘇威、吏部尚書牛弘曰：「其中清名天下第一者，為誰？」威等以儉對。帝又問其次，威以涿郡贊務郭絢、潁川贊務敬肅等二人對。帝賜儉帛二百匹，絢、肅各一百匹，令天下朝集使送至郡邸，以旌異焉，論者美之。

及大業末，盜賊蜂起，數被攻逼。儉撫結人夷，卒無離叛，竟以保全。及義兵至長安，尊立恭帝，儉與留守李粲縞素，於州南向慟哭。既而歸京師，相國賜儉物三百段，就拜上大將軍。歲餘，卒於家，時年八十九。

郭絢，河東安邑人，家世寒微。初為尚書令史，後以軍功拜儀同，歷數州司馬、長史，皆有能名。大業初，刑部尚書宇文㢸巡省河北，引絢為副。煬帝將有事遼東，以涿郡為衝要，

訪可任者。開絢有幹局，拜涿郡贊務，吏人悅服。數載，遷爲通守，兼領留守。及山東盜起，絢逐捕之，多所剋獲。時諸郡無復完者，唯涿郡獨全。後將兵擊竇建德於河間，戰死，人吏哭之，數月不息。

敬肅字弘儉，[一八]河東蒲坂人。少以貞介知名，釋褐州主簿。開皇初，爲安陵令，有能名。擢拜秦州司馬，轉幽州長史。仁壽中，爲衞州司馬，俱有異績。煬帝嗣位，遷潁川郡贊務。大業五年，朝東都。帝令司隸大夫薛道衡爲天下郡官之狀，稱肅曰：「心如鐵石，老而彌篤。」時左翊衞大將軍宇文述當塗用事，其邑在潁川，[一九]每有書屬肅，肅未嘗開封，輒令使者持去。述賓客有放縱者，以法繩之，無所寬貸，由是述銜之。八年，朝於涿郡。帝以其年老，有能名，將擢爲太守者數矣，輒爲述所毀，不行。大業末，乞骸骨，優詔許之。去官之日，家無餘財。歲餘，終于家。

劉曠，不知何許人也。性謹厚，每以誠恕應物。開皇初，爲平鄉令，單騎之官。人有諍訟者，輒丁寧曉以義理，不加繩劾，各自引咎而去。所得俸祿，賑施窮乏。百姓感其德化，

更相篤勵曰：「有君如此，何得爲非？」在職七年，風教大洽。獄中無繫囚，諍訟絕息，囹圄皆生草，庭可張羅。及去官，吏人無少長號泣，沿路將送，數百里不絕。

遷爲臨潁令，清名善政爲天下第一。尚書左僕射高熲言狀，上召之。及引見，勞之曰：「天下縣令固多矣，卿能獨異於衆，良足美也。」顧謂侍臣曰：「若不殊奬，何以勸人。」於是下優詔，擢拜莒州刺史。

王伽，河間章武人也。開皇末，爲齊州參軍。初無足稱，後被州使送流囚李參等七十餘人詣京師。時制，流人並枷鎖傳送，次榮陽，憫其辛苦，悉呼而謂之曰：「卿輩既犯國刑，虧損名教，身嬰縲紲，此其職也。今復重勞援卒，豈獨不愧於心哉！」參等辭謝。伽曰：「汝等雖犯憲法，枷鎖亦大苦辛，吾欲與汝等脫去，行至京師總集，能不違期不？」皆拜謝曰：「必不敢違。」伽於是悉脫枷，停援卒，與期曰：「某日當至京師，如致前却，吾當爲汝受死。」舍之而去。流人感悅，依期而至，一無離叛。上聞而驚異，召見與語，稱善久之。於是悉召流人，幷令攜負妻子俱入，賜宴於殿庭而赦之。

乃下詔曰：「凡在有生，含靈稟性，咸知好惡，並識是非。若臨以至誠，明加勸導，則俗必從化，人皆遷善。往以海內亂離，德教廢絕，官人無慈愛之心，兆庶懷奸詐之意，所以獄訟不息，澆薄難理。朕受命上天，安養萬姓，思遵聖法，[二〇]以德化人，朝夕孜孜，意本如此。而伽深識朕意，誠心宣導，參等感悟，自赴憲司。明率土之人，非爲難教，良是官人不加示曉，致令陷罪，無由自新。若使官盡王伽之儔，人皆李參之輩，刑措不用，其何遠哉！」於是擢伽爲雍令，政有能名。

魏德深，本鉅鹿人也。祖沖，仕周，爲刑部大夫、建州刺史，因家弘農。父毗，鬱林令。德深初爲隋文帝挽郎，後歷馮翊郡書佐、武陽郡司戶、書佐，以能遷貴鄉長。爲政清靜，不嚴而肅。會興遼東之役，徵稅百端，使人往來，責成郡縣。于時王綱弛紊，吏多贓賄，所在徵斂，人不堪命。唯德深一縣，有無相通，不竭其力，所求皆給，而百姓不擾。于時盜賊羣起，武陽諸城，多被淪陷，唯貴鄉獨全。郡丞元寶藏受詔逐捕盜賊，每戰不利，則器械必盡，輒徵發於人，動以軍法從事，如此者數矣。其隣城營造，皆聚於廳事，吏人遞相督責，晝夜喧囂，猶不能濟。德深各問其所欲，任隨便修營，官府寂然，恒若無事。唯約束長吏，所修不須過勝餘縣，使百姓勞苦。然在下各自竭心，常爲諸縣之最。尋轉館陶長，貴鄉吏人

聞之，相與言及其事，皆歔欷流涕，語不成聲。及將赴任，傾城送之，號泣之聲，道路不絕。旣至館陶，闔境老幼，皆如見其父母。有猾人員外郎趙君實，與郡丞元寶藏深相交結，前後令長，未有不受其指麾者。自德深至縣，君實屏處於室，未嘗輒敢出門。逃竄之徒，歸來如市。貴鄉父老，冒涉艱險，詣闕請留德深，有詔許之。館陶父老，復詣郡相訟，以貴鄉文書爲詐。郡不能決。會持節使者韋霽、杜整等至，兩縣詣使訟之，乃斷從貴鄉。貴鄉吏人，歌呼滿道，互相稱慶；館陶衆庶，合境悲泣，因從而居住者數百家。

寶藏深害其能。會越王侗徵兵於郡，寶藏遂令德深率兵千人赴東都。俄而寶藏以武陽歸李密，德深所領皆武陽人也，以本土從賊，念其親戚，輒出都門，東向慟哭而反。人或謂之曰：「李密兵馬，近在金墉，去此二十餘里，汝必欲歸，誰能相禁？何爲自苦如此！」其人皆垂泣曰：「我與魏明府同來，不忍棄去，豈以道路艱難乎！」其得人心如此。後與賊戰，沒於陣。貴鄉、館陶人庶，至今懷之。

論曰：爲政之道，寬猛相濟，猶寒暑迭代，俱成歲功者也。然存夫簡久，必藉寬平，大則致鼓腹之歡，小則有息肩之惠。故詩曰：「雖無德與汝，式歌且舞。」張膺等皆有寬仁之心，

至誠待物，化行所屬，愛結人心，故得所去見思，所居而化。詩所謂「愷悌君子，人之父母」，豈徒然哉！

校勘記

〔一〕但廉平常迹擊有難高　魏書卷八八良吏傳「有」字作「問」，是。

〔二〕張膺　魏書作張應。

〔三〕譽宣遠近　諸本「譽」訛作「舉」，據魏書改。

〔四〕遼西陽洛人也　魏書「陽洛」作「遼陽」。洪頤煊云：「地形志，遼西郡無遼陽，『陽洛』作『陽樂』，古字通用。」

〔五〕子匽父孫匽大父母皆勿論　諸本脫「父孫匽」三字，據魏書卷八八竇瑗傳補。

〔六〕事遂停寢　諸本「遂」訛作「雖」，據魏書改。

〔七〕示以威禁　諸本脫「示」字，據通志卷一七〇張華原傳補。

〔八〕行臺郎中郭秀甚相禮接　諸本脫「甚」字，據通志卷一七〇孟業傳補。

〔九〕今我出都　諸本「今」訛作「令」，據北齊書卷四六及通志孟業傳改。

〔一〇〕爲長史裴英起密啓　諸本脫「起」字，據下文補。裴英起見北齊書卷二一高乾傳後。

〔一一〕然亦體其衰老非力所堪　按語意未完，疑有脫文。

〔一二〕令宜權出庫錢　通志同。按「令」當是「今」之訛。

〔一三〕零縣人魏雙成　諸本「零」下有「陵」字。錢氏考異卷四〇云：「魏志魏書地形志中濟州南清河郡有零縣，無零陵縣，『陵』字衍。」錢說是，今據刪。

〔一四〕度知其意　通志卷一七〇蘇瓊傳「度」上有「瓊」字，是。

〔一五〕去病後以尉遲迥事　按「事」下當有脫文。

〔一六〕累遷掌治上士　隋書卷七三、通志卷一七〇辛公義傳同。按通典卷三九後周官品無掌治上士。正三命有掌次上士。北史例諱「治」字，「治」或是「次」之訛。

〔一七〕病兒復差　通志卷一七〇辛公義傳「兒」作「旣」。李慈銘云：「疑當作『見』，卽『現』字。」

〔一八〕敬肅字弘儉　諸本「弘」字作「敬」。隋書卷七三敬肅傳作「弘」。按敬肅以「敬」爲姓，不會又以「敬」爲字，今從隋書改。通志卷一七〇敬肅傳作字「儉德」。

〔一九〕其邑在潁川　諸本「川」作「州」，隋書、通志作「川」。按隋煬帝大業初改州爲郡，此在大業五年後，已無潁州，「州」乃「川」之訛，今據改。

〔二〇〕思導聖法　隋書卷七三王伽傳「導」作「遵」，疑是。

北史卷八十七

列傳第七十五

酷吏

于洛侯　胡泥　李洪之子神　張赦提趙霸　崔暹

邸珍　田式　燕榮　元弘嗣　王文同

夫爲國之體有四焉：一曰仁義，二曰禮制，三曰法令，四曰刑罰。仁義、禮制，教之本也；法令、刑罰，教之末也。無本不立，無末不成。然教化遠而刑罰近，可以助化而不可以專行，可以立威而不可以繁用。老子曰：「其政察察，其人缺缺。」又曰：「法令滋章，盜賊多有。」然則，令之煩苛，吏之嚴酷，不可致化，百世可知。考覽前載，有時而用之矣。

昔秦任獄吏，赭衣滿道。漢革其風，矯枉過正，禁網疏闊，遂漏吞舟，故大姦巨猾，犯義悖禮。郅都、甯成之倫，猛氣奮發，摧拉凶邪，一切以救時弊，雖乖教義，或有所取焉。于洛

侯之徒，前書編之酷吏。或因餘緒，或以微功，遭遇時來，忝竊高位。肆其褊性，多行無禮，君子小人，咸罹其毒。凡所莅職，莫不懍然。居其下者，視之如蛇虺；過其境者，逃之如寇讎。與人之恩，心非好善；加人之罪，事非疾惡。其所笞辱，多在無辜。察其所爲，豺狼之不若也。其禁姦除猾，殆與郅、甯之倫異乎。君子賤之，故編於酷吏。

魏有于洛侯、胡泥、李洪之、高遵、張赦提、羊祉、崔暹、酈道元、谷楷。齊有邸珍、宋遊道、盧斐、畢義雲。周書不立此篇。隋書有厙狄士文、田式、燕榮、趙仲卿、崔弘度、元弘嗣、王文同。今檢高遵、羊祉、酈道元、谷楷、宋遊道、盧斐、畢義雲、厙狄士文、趙仲卿、崔弘度各從其家傳，其餘並列於此云。

于洛侯，代人也。爲秦州刺史，貪酷安忍。部人富熾奪人呂勝脛纏一具，洛侯輒鞭富熾一百，截其右腕。百姓王隴客刺殺人王羌奴、王愈二人，依律罪死。而洛侯生拔隴客舌，刺其本，并刺胸腹二十餘瘡，隴客不堪苦痛，隨刀戰動。乃立四柱，磔其手足，命將絕，始斬其首，支解四體，分懸道路。見者無不傷楚歎愕。百姓王元壽等一時反叛。有司糾劾，孝文詔使者於州常刑人處，宣告兵人，然後斬洛侯以謝百姓。

胡泥，代人也。歷官至司衞監，賜爵永成侯。泥率勒禁中，不憚豪貴。殿中尚書叔孫侯頭應內直而闕於一時，泥以法繩之。侯頭恃寵，遂與口諍。孝文聞而嘉焉，賜泥衣服一襲。出爲幽州刺史，假范陽公。〔一〕以北平陽尼碩學，遂表薦之。轉爲定州刺史，以暴虐，刑罰酷濫，受納貨賄，徵還戮之。將就法，孝文臨太華殿引見，遣侍臣宣詔責之，遂就家賜盡。

李洪之本名文通，恒農人也。少爲沙門，晚乃還俗。眞君中，爲狄道護軍，賜爵安陽男。會永昌王仁隨太武南征，得元后姊妹二人，洪之潛相餉遺，結爲兄弟，遂便如親。頗得元后在南兄弟名字，乃改名洪之。及仁坐事誅，元后入宮，得幸於文成，生獻文。元后臨崩，昭太后問其親，〔二〕因言洪之爲兄，與相訣經日。具條列南方諸兄珍之等，手以付洪之。遂號爲獻文親舅。太安中，珍之等兄弟至都，與洪之相見，敍元后平生故事，計長幼爲昆季。

以外戚爲河內太守，進爵任城侯，威儀一同刺史。河內北連上黨，南接武牢，地險人悍，數爲劫害，長吏不能禁。洪之至郡，嚴設科防，募斬賊者，便加重賞，勸勸務本，盜賊止息。誅鋤姦黨，過爲酷虐。後爲懷州刺史，封汲郡公，徵拜內都大官。河西羌胡領部落反叛，獻文親征，命洪之與侍中、東郡王陸定總統諸軍。輿駕至幷州，詔洪之爲河西都將，討山胡。皆保險距戰，洪之築壘於石樓南白雞原以對之。時諸將悉欲進攻，洪之乃開以大

信，聽其復業，胡人遂降。獻文嘉之，遷拜尚書、外都大官。

後爲使持節、安南將軍、秦益二州刺史。至任，設禁姦之制，有帶刃行者，罪與劫同，輕重品格，各有條章。於是大饗州中豪傑長老，示之法制。乃夜密遣騎分部覆諸要路，有犯禁者，輒捉送州，宣告斬決。其中枉見殺害者，至有百數。赤葩渴郎羌深居山谷，雖相羈縻，王人罕到。洪之芟山爲道，廣十餘步，示以軍行之勢。乃興軍臨其境，山人驚駭。洪之將數十騎至其里閭，撫其妻子，問所疾苦，因資遺之。衆羌喜悅，求編課調，所入十倍於常。洪之善御戎夷，頗有威惠，而刻害之聲，聞於朝野。

初，洪之微時妻張氏，亦聰强婦人，自貧賤至富貴，多所補益，有男女幾十人。洪之後得劉芳從姊，重之，疏張氏。亦多所産育。爲兩宅別居，偏厚劉室。由是二妻妬競，兩宅母子，往來如讎。及蒞西州，以劉自隨。

洪之素非廉清，每有受納。時孝文始建祿制，法禁嚴峻，遂鎖洪之赴京，親臨太華，庭集羣臣數之。以其大臣，聽在家自裁。洪之志性慷慨，多所堪忍。疹病灸療，艾炷圍將二寸，首足十餘處，一時俱下，言笑自若，接賓不輟。及臨盡，沐浴衣幘，防卒扶持，出入遍巡家庭，如是再三，泣歎良久，乃臥而引藥。

始洪之託爲元后兄，公私自同外戚。至此罪後，孝文乃稍對百官辯其誣假。而諸李猶

善相視，恩紀如親。洪之始見元后，計年爲兄。及珍之等至，洪之以元后素定長幼，其呼拜坐，皆如家人。暮年，數延攜之宴飲，醉酣之後，時或言及本末，洪之則起而加敬，笑語自若。富貴赫奕，當舅戚之家。〔三〕遂棄宗，專附珍之等。後頗存振本屬，而猶不顯然。

劉氏四子。

長子神，少有膽略，以氣尚爲名。以軍功封長樂縣男，累遷平東將軍、太中大夫。孝昌中，行相州事，尋正加撫軍。葛榮盡銳攻之，久不能尅。會葛榮見禽，以功進爵爲公。元顥入洛，莊帝北巡，以神爲侍中。又除殿中尚書，仍行相州事。車駕還宮，改封安康郡公。普泰元年，進驃騎大將軍、儀同三司、相州大中正。薨，贈司徒公、冀州刺史。子士約襲。〔四〕齊受禪，例降。

張赦提，中山安喜人也。性雄武，有規畫。初爲武賁中郎，時京畿盜魁，首稱豹子、彪子，〔五〕並善弓馬，於靈丘、雁門間聚爲劫害，〔六〕至乃斬人首，射其口，刺人臍，引腸遶樹而共射之，以爲戲笑。其暴酷如此。軍騎掩捕，久弗能獲，行者患焉。赦提爲逐賊軍將，未幾而獲彪子、豹子及其黨與，盡送京師，斬於闕下，自是清靜。其靈丘羅思祖，宗門豪溢，家處隘險，多止亡命，與之爲劫。獻文怒之，孥戮其家。而思祖家黨，相率寇盜。赦提募求捕

逐，以赦提爲遊徼軍將，前後擒獲，殺之略盡。因此，濫有屠害，尤爲忍酷。既資前稱，又藉此功，除幽州刺史，假安喜侯。

赦提克己厲約，遂有清稱。後頗縱妻段氏，多有受納，命僧尼因事通請，貪虐流聞。中散李眞香出使幽州，採訪牧守政績，眞香驗案其罪，赦提懼死欲逃。其妻姑爲太尉、東陽王丕妻，恃丕親貴，自許詣丕申訴求助，謂赦提曰：「當爲訴理，幸得申雪，願寬憂，不爲異計。」赦提以此，差自解慰。段乃陳列：眞香昔嘗因假而過幽州，知赦提有好牛，從索不果。今臺使心挾前事，〔七〕故威逼部下，拷楚過極，橫以無辜，證成誣罪。執事恐有不盡，使駕部令趙秦州重往究訊，事狀如前，處赦提大辟。孝文詔賜死於第。將就盡，命妻而責之曰：「貪濁穢吾者卿也，又安吾而不得免禍，九泉之下，當爲仇讎矣。」

又有華山太守趙霸，酷暴非理。大使崔光奏霸云：「不遵憲度，威虐任情，至乃手擊吏人，僚屬奔走。不可以君人字下，納之軌物。輒禁止在州。」詔免所居官。

崔暹字元欽，本云清河東武城人也，世家于滎陽、潁川之間。性猛酷，少仁恕，姦猾好利，能事勢家。初以秀才累遷南兗州刺史，盜用官瓦，贓汚狼籍，爲御史中尉李平所糾，免官。後行豫州事，尋卽眞。遣子析戶，〔八〕分隸三縣，廣占田宅，藏匿官奴，障吝陂葦，侵盜

公私，爲御史中尉王顯所彈，免官。後累遷瀛州刺史，貪暴安忍，人庶患之。嘗出獵州北，單騎至人村，有汲水婦人，暹令飲馬，因問曰：「崔瀛州何如？」婦人不知是暹，答曰：「百姓何罪！得如此癩兒刺史。」暹默然而去。以不稱職，被解還京。武川鎭反，詔暹爲都督，隸大都督李崇討之。[九] 違崇節度，爲賊所敗，單騎潛還。禁於廷尉，以女妓園田貨元叉獲免。建義初，遇害於河陰。贈司徒公、冀州刺史，追封武津縣公。

子瓚，字結珍，位兼尚書左丞，卒。瓚妻，莊帝姊也，後封襄城長公主，故特贈瓚冀州刺史。子茂，字祖昂，襲祖爵。

酈珍字安寶，本中山上曲陽人也，魏太和中，徙居武川鎭。[一〇] 孝昌中，六鎭兵起，珍遂從杜洛周賊。洛周爲葛榮所吞，珍入榮軍。榮爲尒朱榮所破，珍與其餘黨，俱徙幷州。從齊神武出山東。神武起義信都，拜珍長史，封上曲陽縣侯，[一一] 除殷州刺史。珍求取無厭，大爲州人所疾苦。後兼尚書右僕射、大行臺，節度諸軍事，擊梁將成景儁等，解東徐圍，[一二] 回軍彭城。珍御下殘酷，士衆離心，至於土人豪族，遇之無禮，遂爲州人所害。後贈定州刺史、司空公。

田式字顯標，馮翊下邽人也。祖安興、父長樂，仕魏，俱爲本郡太守。式性剛果，多武藝，拳勇絕人。仕周，位渭南太守，政尚嚴猛，吏人重足而立，無敢違法。遷本郡太守，親故屏跡，請託不行。周武帝聞而善之，進位儀同三司，賜爵信都縣公，擢拜延州刺史。從平齊，以功授上開府，徙爲建州刺史，改封梁泉縣公。後從韋孝寬討尉遲迥，以功拜大將軍，進爵武山郡公。

及隋文帝受禪，拜襄州總管。專以立威爲務，每視事于外，必盛氣以待之。其下官屬，股慄無敢仰視。有犯禁者，雖至親昵無所容貸。其女壻京兆杜寧自長安省之，式誡寧無出外。寧久之不得還，竊上北樓，以暢羈思。式知之，杖寧五十。其所愛奴，嘗詣式白事，有蟲上其衣衿，揮袖拂去之，式以爲慢己，立棒殺之。或僚吏姦贓，部內劫盜者，無問輕重，悉禁地穽中，寢處糞穢，令受苦毒，自非身死，終不得出。每赦書到州，式未暇省讀，先召獄卒殺重囚，然後宣示百姓，其刻暴如此。

由是爲上所譴，除名。式慚恚不食，妻子至其所輒怒，唯侍僮二人，給使左右。從家中索椒，欲自殺，家人不與。陰遣侍僮詣市買毒藥，妻子又奪棄之。式恚臥，其子信時爲儀同，至式前流涕曰：「大人旣是朝廷重臣，又無大過，比見公卿放辱者多矣，旋復外用，大人何能久乎？乃至於此！」式欻起抽刀斫信，信避之，刃中於門。上知之，以式爲罪己之深，復其官爵，尋拜廣州總管，卒官。

燕榮字貴公，華陰弘農人也。[一三] 父偘，周大將軍。榮性剛嚴，有武藝。仕周，爲內侍上士。從武帝伐齊，以功授開府儀同三司，封高邑縣公。隋文帝受禪，進位大將軍，進封落叢郡公，拜晉州刺史。尋從河間王弘擊突厥，以功拜上柱國，遷青州總管。在州，選絕有力者爲伍伯，吏人過之者，必加詰問，輒楚撻之，創多見骨。姦盜屏跡，境內肅然。他州縣人經其界者，畏若寇讎，不敢休息。後因入朝覲，特加恩遇。榮以母老，請每歲入朝，上許之。

伐陳之役，以爲行軍總管，率水軍自東萊傍海入太湖，取吳郡。旣破丹陽，吳人共立蕭瓛，爲宇文述所敗，退保包山。榮率精甲躡之，瓛敗走，爲榮所執。事平，檢校揚州總管。尋徵爲武候將軍，後除幽州總管。

榮性嚴酷，有威容，長吏見者，莫不惶懼自失。范陽盧氏，世爲著姓，榮皆署爲吏卒，以屈辱之。鞭笞左右，動至千數，流血盈前，飲噉自若。嘗按部，道次見叢荆，堪爲笞箠，命取之，輒以試人。人或自陳無咎，榮曰：「後有罪，當免。」及後犯細過，將撾之，人曰：「前日被

杖，許有罪宥之。」榮曰：「無過尚爾，況有過邪！」榜捶如舊。榮每巡省管內，聞人吏妻有美色，輒舍其室而淫之，貪暴放縱日甚。

時元弘嗣除幽州長史，懼辱，固辭。上知之，勑榮曰：「弘嗣杖十巳上罪，皆奏聞。」榮忿曰：「竪子何敢弄我！」乃遣弘嗣監納倉粟，[一四] 颺得一糠一粃，罰之，每笞不滿十，然一日中或至三數。如是歷年，怨隙日搆。榮遂收付獄，禁絕其糧。弘嗣飢，抽衣絮雜水咽之。其妻詣闕稱寃，上遣考功侍郎劉士龍馳驛鞫問，奏榮毒虐，又贓穢狼籍，遂徵還京，賜死。先是，榮家寢室無故有蛆數斛從地墳出。未幾，榮死於蛆出之處。有子詢。

元弘嗣，河南洛陽人也。祖剛，魏漁陽王。父經，周漁陽郡公。弘嗣少襲爵，十八爲左親衞。開皇九年，從晉王平陳，[一五] 以功授上儀同。後除觀州長史，以嚴峻任事，州人多怨之。轉幽州。時總管燕榮肆虐於弘嗣，每笞辱。弘嗣心不伏，遂被禁。及榮誅，弘嗣爲政，酷又甚之。每鞫囚，多以酢灌鼻，或椓弋其下竅，無敢隱情，姦僞屏息。仁壽末，授木工監，修營東都。

大業初，煬帝潛有遼東意，遣弘嗣於東萊海口監造船。諸州役丁苦其捶楚，官人當作，晝夜立水中，略不敢息，自腰已下無不蛆生，死者十三四。尋遷黃門侍郎，轉殿中少監。[一六]

遼東之役，進位金紫光祿大夫。後奴賊寇隴西，詔弘嗣擊之。及玄感反，弘嗣屯兵安定。或告之謀應玄感，代王侑遣執送行在所。以無反形當釋，〔一七〕帝疑之，除名徙日南，道死。

有子仁觀。

王文同，京兆頻陽人也。性明辯，有幹用。開皇中，以軍功拜儀同，授桂州司馬。煬帝嗣位，爲光祿少卿。以忤旨，出爲恒山郡贊務。有一人豪猾，每持長吏長短，前後守令咸憚之。文同下車，聞其名，召而數之。〔一八〕因令剡木爲大橛，埋之於庭，出尺餘，四面各埋小橛，令其人踣心於木橛上，縛四支於小橛，以棒打其背，應時潰爛。郡中大駭，吏人懾氣。

及帝征遼東，令文同巡察河北諸郡，文同見沙門齋戒菜食者，以爲妖妄，皆收繫之。北至河間，召諸郡官人，〔一九〕小有遲違者，輒覆面於地而捶殺之。求沙門相聚講論及長老共爲佛會者數百人，文同以爲聚結惑衆，盡斬之。又悉裸僧尼，驗有淫狀非童男女者數千人，復將殺之。郡中士女，號哭於路，諸郡驚駭，各奏其事。帝聞大怒，遣使者達奚善意馳鎖之，斬於河間，以謝百姓。讎人剖其棺，臠其肉噉之，斯須咸盡。

論曰：士之立名，其途不一，或以循良進，或以嚴酷顯。故寬猛相資，德刑互設。然不嚴而化，君子所先。于洛侯等爲惡不同，同歸於酷，肆其毒螫，多行殘忍。賤人肌膚，同諸木石，輕人性命，甚於芻狗。長惡不悛，鮮有不及。故或身嬰罪戮，或憂恚俱殞，異術皆斃，各其宜焉。凡百君子，以爲有天道矣。

校勘記

〔一〕假范陽公　諸本脫「公」字，據魏書卷八九胡泥傳補。通志卷一七一胡泥傳作「侯」字。魏書此卷本是以北史補，故從魏書。

〔二〕昭太后問其親　諸本脫「昭」字，據魏書卷八九李洪之傳補。昭太后指文成乳母常氏，見卷一三后妃傳。

〔三〕富貴赫奕當舅戚之家　諸本無「當」字，據魏書補。

〔四〕子士懃襲　諸本無「襲」字。按下文云「齊受禪，例降」，卽指降其所襲之安康郡公。若此無「襲」字，則「例降」無所承。今據魏書卷七〇李神傳補。

〔五〕時京畿盜魁首稱豹子彪子　魏書卷八九張赦提傳「首」作「自」，疑是。又魏書「彪」作「虎」。北史當是避唐諱改。

〔六〕於靈丘雁門間聚爲劫害　諸本「雁」訛作「應」，據魏書改。應門乃宮城門名，誤。雁門見魏書地形志上肆州，與靈丘爲鄰郡。北魏都平城時，雁門爲畿內之地，故稱「京畿」。

〔七〕今臺使心挾前事　諸本「今」訛作「令」，「心」訛作「止」，據魏書改。臺使卽指李眞香。

〔八〕遣子析戶　魏書卷八九、通志卷一七一崔暹傳「遣」上有「坐」字，是。

〔九〕詔暹爲都督隸大都督李崇討之　諸本脫「隸大都督」四字，據魏書崔暹傳補。事亦見魏書卷九肅宗紀正光五年。

〔一〇〕徙居武川鎭　諸本「川」訛作「州」，據通志卷一七一酈珍傳改。

〔一一〕封上曲陽縣侯　諸本脫「陽」字，據通志補。酈珍爲上曲陽人，故封以本縣。地形志無「上曲縣」。

〔一二〕擊梁將成景儁等解東徐圍　諸本「梁」下有「州」字，「儁」作「擕」，「徐」作「行」。按通志「擕」作「儁」。成景儁見南史卷七四孝義傳，乃梁將，非梁州將，「州」字衍。今據刪改。又魏書卷一一出帝紀永熙二年五月，稱「東徐州城民王早、簡實等殺刺史崔庠，據州入蕭衍」。十一月，以「殷州刺史酈珍爲徐州大都督、東道行臺僕射，率將討東徐州」。則「東行」乃「東徐」之訛。東徐州見魏書地形志中，治下邳城，在彭城之東，故下云「回軍彭城」。今改正。

〔一三〕華陰弘農人也　張森楷云：「華陰未嘗爲郡，弘農安得屬之？此疑誤倒。」按魏書地形志下華州

華山郡華陰縣注云：「前漢屬京兆，後漢、晉屬恒農卽弘農。」稱「弘農華陰人」是沿襲漢、晉舊望。張說是。

〔一四〕乃遣弘嗣監納倉粟　諸本「乃」訛作「及」，據隋書卷七四燕榮傳改。

〔一五〕開皇九年從晉王平陳　諸本「九」訛作「元」，據隋書卷七四元弘嗣傳改。

〔一六〕轉殿中少監　隋書「中」作「內」。按隋時諱「中」字，凡官名有「中」字者皆改名，其時只有殿內少監，北史改作「中」，誤。

〔一七〕以無反形當釋　諸本作「以無反釋」。李慈銘云：「隋書作『以無反形當釋』，此脫二字。」按通志卷一七一元弘嗣傳「形當」作「狀得」。據下文「帝疑之，除名徙日南」，則是當釋而未釋。隋書是，今據補。

〔一八〕聞其名召而數之　諸本脫「召」字，據隋書卷七四王文同傳補。

〔一九〕召諸郡官人　諸本脫「諸」字，據隋書及通志卷一七一王文同傳補。

中華書局

北史卷八十八

列傳第七十六

隱逸

眭夸　馮亮　鄭脩　崔廓 子賾　徐則　張文詡

蓋兼濟獨善，顯晦之殊，其事不同，由來久矣。昔夷、齊獲全於周武，華矞不容於太公。何哉？求其心者，許以激貪之用；督其迹者，矯以教義之風。而肥遯不歸，代有其人矣。故易稱「遯世無悶」，「不事王侯」。詩云「皎皎白駒，在彼空谷」。禮云「儒有上不臣天子，下不事諸侯」。語曰「舉逸民，天下之人歸心焉」。雖出處殊途，語默異用，各言其志，皆君子之道也。

洪崖兆其始，箕山扇其風，七人作乎周年，四皓光乎漢日。魏、晉以降，其流逾廣。其大者則輕天下，細萬物；其小者則安苦節，甘賤貧。或與世同塵，隨波瀾以俱逝；或違時矯

俗，望江湖而獨往。狎玩魚鳥，左右琴書，拾遺粒而織落毛，飲石泉而庇松柏。放情宇宙之外，自足懷抱之中。然皆欣欣於獨善，鮮汲汲於兼濟。夷情得喪，忘懷累有。比夫邁德弘道，匡俗庇人，可得而小，不可得而忽也。而受命哲王，守文令主，莫不束帛交馳，蒲輪結轍，奔走巖谷，唯恐不逮者，何哉？以其道雖未弘，志不可奪，縱無舟檝之功，終有堅貞之操，足以立懦夫之志，息貪競之風。與苟得之徒，不可同年共日，所謂無用以爲用，無爲而無不爲也。

自叔世澆浮，淳風殆盡，錐刀之末，競入成羣。而能冥心物表，介然離俗，望古獨適，求友千齡，亦異人矣。何必御霞乘雲而追日月，窮極天地，始爲超遠哉。

案魏書列眭夸、馮亮、李謐、鄭脩爲逸士傳。隋書列李士謙、崔廓、廓子賾、徐則、張文詡爲隱逸傳。今以李謐、士謙附其家傳，其餘並編附篇，以備隱逸傳云。〔一〕

眭夸一名旭，趙郡高邑人也。祖邁，晉東海王越軍謀掾，後沒石勒，爲徐州刺史。父邃，字懷道，慕容寶中書令。

夸少有大度，不拘小節，耽好書傳，未曾以世務經心。好飲酒，浩然物表。年三十，遭父喪，鬚鬢致白，每一悲哭，聞者爲之流涕。高尚不仕，寄情丘壑。同郡李順願與之交，夸拒而不許。邦國少長莫不憚之。

少與崔浩爲莫逆之交。浩爲司徒，奏徵爲中郎，辭疾不赴。州郡逼遣，不得已，入京都，與浩相見。經留數日，唯飲酒談叙平生，不及世利。浩每欲論屈之，竟不能發言，其見敬憚如此。浩後遂投詔書於夸懷，亦不開口。夸曰：「桃簡，卿已爲司徒，何足以此勞國士也？吾便將別。」桃簡，浩小名。浩慮夸卽還，時乘一騾，更無兼騎，乃以夸騾內之廄中，冀相維縶。夸遂託鄉人輸租者，謬爲御車，乃得出關。浩知而歎曰：「眭夸獨行士，本不應以小職辱之，又使其人杖策復路，吾當何辭以謝也！」時朝法甚峻，夸既私還，將有私歸之咎。浩仍相左右，始得無坐。經年，送夸本騾，兼遺以所乘馬，爲書謝之。夸更不受其騾馬，亦不復書。及浩沒，爲之素服，受鄉人弔唁，經一時乃止。歎曰：「崔公既死，誰能更容眭夸！」

婦父鉅鹿魏攀，當時名達之士，未嘗備壻之禮，情同朋好。或人謂夸曰：「吾聞有大才者必居貴仕，子何獨在桑楡乎？」遂著知命論以釋之。及卒，葬日赴會者如市。無子。

馮亮字靈通，南陽人，梁平北將軍蔡道恭之甥也。少博覽諸書，又篤好佛理。隨道恭

至義陽，會中山王英平義陽，獲焉。英素聞其名，以禮待接。亮性淸靜，後隱居嵩山，感英之德，以時展覲。英亡，亮奔赴，盡其哀慟。宣武嘗召以爲羽林監，領中書舍人，將令侍講十地諸經，固辭不許。〔二〕又欲使衣幘入見，苦求以幅巾就朝，遂不强逼。還山數年，與僧禮誦爲業，蔬食飲水，有終焉之志。會逆人王敞事發，連山中沙門法。而亮被執赴尚書省，〔三〕十餘日，詔特免雪。亮不敢還山，遂寓居景明寺，敕給衣食及其從者數人。後思其舊居，復還山室。

亮既雅愛山水，又兼工思，結架巖林，甚得栖遊之適。頗以此聞，宣武給其工力，令與沙門統僧暹、河南尹甄琛等同視嵩山形勝之處，〔四〕遂造閑居佛寺，林泉既奇，營製又美，曲盡山居之妙。亮時出京師，延昌二年冬，因遇篤疾，宣武敕以馬輿送令還山，居嵩高道場寺，數日卒。詔贈帛二百匹，以供凶事。

遺誡兄子綜，殮以衣帢，左手持板，右手執孝經一卷，置尸盤石上，去人數里外，積十餘日，乃焚於山，灰燼處，起佛塔經藏。初，亮以盛冬喪，連日驟雪，窮山荒澗，鳥獸飢窘，僵尸山野，無所防護。時有壽春道人惠需，每旦往看其屍，拂去塵霰，禽蟲之迹，交橫左右，而初無侵毀。衣服如本，唯風吹帢巾稍側。〔五〕又以亮識舊南方法師信大栗十枚，〔六〕言期之將來十地果報，開亮手，以置把中。經宿，乃爲蟲鳥盜食，皮殼在地，而亦不傷肌體。焚燎之

日，有素霧蓊鬱，回繞其傍，自地屬天，彌朝不絕。山中道俗營助者百餘人，莫不異焉。

鄭脩，北海人也。少隱於岐南凡谷中，依巖結宇，不交世俗，雅好經史，專意玄門。前後州將，每徵不至。岐州刺史魏蘭根頻遣致命，脩不得已，暫出見蘭根，尋還山舍。蘭根申表薦脩，明帝詔付雍州刺史蕭寶夤訪實以聞。會寶夤作逆，事不行。

崔廓字士玄，博陵安平人也。父子元，齊燕州司馬。廓少孤貧，母賤，由是不爲邦族所齒。初爲里佐，屢逢屈辱，於是感激，逃入山中。遂博覽書籍，多所通涉，山東學者皆宗之。既還鄉，不應辟命。與趙郡李士謙爲忘言友，時稱崔、李。士謙死，廓哭之慟，爲之作傳，輸之秘府。士謙妻盧氏寡居，每家事，輒令人諮廓取定。廓嘗著論言刑名之理，其義甚精，文多不載。隋大業中，終于家。

子賾，字祖濬，七歲能屬文。容貌短小，有口辯。開皇初，秦孝王薦之，射策高第。詔

與諸儒定樂，[七]授校書郎，轉協律郎。太常卿蘇威雅重之。母憂去職，性至孝，水漿不入口者五日。

後徵爲河南、豫章二王侍讀，每更日來往二王之第。及河南爲晉王，轉記室參軍，自此去豫章。王重之不已，遺賾書曰：

昔漢氏西京，梁王建國，平臺東苑，慕義如林。馬卿辭武騎之官，枚乘罷弘農之守。每覽史傳，嘗竊怪之，何乃脫略官榮，栖遲藩邸？以今望古，方知雅志。彼二子者，豈徒然哉！

足下博聞強記，鉤深致遠，視漢臣之三篋，似涉蒙山；對梁相之五車，若吞雲夢。吾兄欽賢重士，敬愛忘疲，先築郭隗之宮，常置穆生之醴。今者重開土宇，更誓山河，地方七百，牢籠曲阜，城兼七十，包舉臨淄。大啓南陽，方開東閤。想得奉飛蓋，曳長裾，藉玳筵，躡珠履，歌山桂之偃蹇，賦池竹之檀欒，其崇貴也如彼，其風流也如此，幸甚幸甚，何樂如之！

高視上京，有懷德祖，才謝天人，多慚子建。書不盡意，寧俟繁辭。

賾答曰：

一昨伏奉教書，榮貺非恒，心靈自失。若乃理高象繫，管輅思而不解；事富山海，郭璞注而未詳。至於五色相宣，八音繁會，鳳鳴不足喻，龍章莫之比。吳札之論周頌，詎盡揄揚，郢客之奏陽春，誰能赴節？伏惟令王殿下，稟潤天潢，承輝日觀，雅道邁於東平，文藝高於北海。漢則馬遷、蕭望，晉則裴楷、張華。雞樹騰聲，鵷池播美，望我清塵，悠然路絕。

祖濬燕南贅客，河朔惰游，本無意於希顏，豈有心於慕藺。未嘗聚螢映雪，懸頭刺股，讀論唯取一篇，披莊不過盈尺。況復桑榆漸暮，藜藿屢空，舉燭無成，穿楊盡棄。但以燕求馬首，薛養雞鳴，謬齒鴻儀，虛班驥阜。挾太山而超海，比報德而非難，堙昆崙以爲池，匹酬恩而反易。

忽屬周桐錫瑞，唐水承家，門有將相，樹宜桃李。眞龍將下，誰好有名，濫吹先逃，何須別聽。但慈旨抑揚，損上益下，江海所以稱王，丘陵爲之不逮。曹植儻豫聞高論，則不殞令名，楊脩若竊在下風，亦詎虧淳德。無任荷戴之至，謹奉啓以聞。

豫章得書，賚米五十石，并衣服、錢帛。時晉邸文翰，多成其手。王入東宮，除太子齋帥，俄兼舍人。及元德太子薨，以疾歸于家。後徵起居舍人。

大業四年，從駕汾陽宮，次河陽鎮。藍田令王曇於藍田山得一玉人，長三四寸，著大領衣，冠幘，奏之。詔問羣臣，莫有識者。賾答曰：「謹案：漢文帝已前，未有冠幘，即是文帝以

來所製也。臣見魏大司農盧元明撰嵩高山廟記云：『有神人，以玉爲形，像長數寸，或出或隱，出則令世延長。』伏惟陛下，應天順人，定鼎嵩、雒，岳神自見，臣敢稱慶。」因再拜，百官畢賀。天子大悅，賜縑二百匹。從駕往太行山，[八]詔問賾曰：「何處有羊腸坂？」賾答曰：「臣案漢書地理志，上黨壺關縣有羊腸坂。」帝曰：「不是。」又答曰：「臣案皇甫士安撰地書，云太原北九十里，有羊腸坂。」帝曰：「是也。」因謂牛弘曰：「崔祖濬所謂問一知二。」

五年，受詔與諸儒撰區宇圖志二百五十卷，奏之。帝不善之，更令虞世基、許善心演爲六百卷。以父憂去職，尋起令視事。遼東之役，授鷹揚長史，置遼東郡縣名，皆賾之議也。奉詔作東征記。九年，除越王長史。于時山東盜賊蜂起，帝令撫慰高陽、襄國，歸首者八百餘人。十二年，從駕江都。宇文化及之弑帝也，引爲著作郎，稱疾不起。在路發疾，卒於彭城，年六十九。

賾與河南元善、河東柳䛒、太原王劭、吳興姚察、琅邪諸葛潁、信都劉焯、河間劉炫相善，每因休假，清談竟日。所著詞、賦、碑、誌十餘萬言，撰洽聞志七卷，八代四科志三十卷。未及施行，江都傾覆，咸爲煨燼。

徐則，東海郯人也。幼沈靜，寡嗜欲，受業於周弘正，善三玄，精於論議，聲擅都邑。則歎曰：「名者實之賓，吾其爲賓乎！」遂懷栖隱之操，杖策入縉雲山。後學者數百人苦請教授，則謝而遣之。不娶妻，常服巾褐。陳太建中，應召來憩於至眞觀，期月，又辭入天台山。因絕粒養性，所資唯松朮而已，〔九〕雖隆冬沍寒，不服綿絮。太傅徐陵爲之刊山立頌。

初在縉雲山，太極眞人徐君降之曰：「汝年出八十，當爲王者師，然後得道也。」晉王廣鎭揚州，聞其名，手書召之曰：「夫道得衆妙，法體自然，包涵二儀，混成萬物，人能弘道，道不虛行。先生履德養空，宗玄齊物，深曉義理，頗味法門。悅性沖玄，恬神虛白，飡松餌朮，栖息烟霞。望赤城而待風雲，游玉堂而駕龍鳳。雖復藏名台嶽，猶且騰實江、淮。藉甚嘉猷，有勞寤寐。欽承素道，久積虛襟，側席幽人，夢想巖穴。霜風已冷，海氣將寒，偃息茂林，道體休悆。昔商山四皓，輕舉漢庭，淮南八公，來儀藩邸。古今雖異，山谷不殊。市朝之隱，前賢已說。導凡述聖，非先生而誰？故遣使人，往彼延請，想無勞束帛，賁然來思，不待蒲輪，去彼空谷。希能屈己，佇望披雲。」則謂門人曰：「吾今年八十一，王來召我，徐君之旨，信而有徵。」於是遂詣揚州。

晉王將請受道法，則辭以時日不便。其後夕中，命侍者取香火，如平常朝禮之儀，至于五更而死。支體柔弱如生，停留數旬，顏色不變。晉王下書曰：「天台眞隱東海徐先生，虛

確居宗，沖玄成德，齊物處外，檢行安身。草褐蒲衣，飡松餌朮，栖隱靈岳，五十餘年。卓矣仙才，飄然騰氣，千尋萬頃，莫測其涯。寡人欽承道風，久餐德素，頻遣使乎，遠此延屈，冀得虔受上法，式建良緣。至止甫爾，未淹旬日，厭塵羽化，反眞靈府。身體柔軟，顏色不變，經方所謂屍解地仙者哉。誠復師禮未申，而心許有在，雖忘怛化，猶愴于懷。喪事所資，隨須供給。霓裳羽蓋，既且騰雲；空槨餘衣，詎藉墳壟？但杖舄在爾，可同俗法。宜遣使人，送還天台定葬。」

是時，自江都至天台，在道多見則徒步，云得放還。至其舊居，取經書道法，分遣弟子，〔一〇〕仍令淨掃一房，曰：「若有客至，宜延之於此。」然後跨石梁而去，不知所之。須臾屍柩至，知其靈化，時年八十二。晉王聞而益異之，賵物千段，遣畫工圖其狀，令柳𧦬爲之讚。時有建安宋玉泉、會稽孔道茂、丹陽王遠知等，亦行辟穀道，以松朮自給，〔一一〕皆爲煬帝所重。

張文詡，河東人也。父琚，開皇中，爲洹水令，以清正聞。

文詡博覽羣書，特精三禮。隋文帝方引天下名儒碩學之士，文詡時游太學，博士房暉

遠等莫不推伏之。書侍御史皇甫誕，一時朝彥，恒執弟子之禮，以所乘馬就學邀屈。文詡遂每牽馬步進，意在不因人自致也。右僕射蘇威聞而召之，與語大悅，勸令從官，文詡固辭。

仁壽末，學廢，文詡策杖而歸，灌園爲業。州郡頻舉，皆不應命。事母以孝聞。每以德化人，鄉黨頗移風俗。嘗有人夜中竊刈其麥者，見而避之。盜因感悟，棄麥而謝。文詡慰諭之，自誓不言，固令持去。經數年，盜者向鄉人說之，始爲遠近所悉。鄰家築牆，心有不直，文詡因毀舊堵以應之。文詡常有腰疾，會醫者自言善禁，文詡令禁之，遂爲刀所傷，至於頓伏牀枕。醫者叩頭請罪。文詡遽遣之，因爲隱，謂妻子曰：「吾昨風眩，落坑所致。」其掩人短，皆此類也。州縣以其貧素，將加賑恤，輒辭不受。嘗閑居無事，從容歎曰：「老冉冉而將至，恐修名之不立！」以如意擊几自樂，皆有處所，時人方之閔子騫、原憲焉。終於家，鄉人爲立碑頌，號曰張先生。

論曰：古之所謂隱逸者，非伏其身而不見也，非閉其言而不出也，非藏其智而不發也，蓋以恬淡爲心，不皦不昧，安時處順，與物無私者也。眭夸輩忘懷纓冕，〔一二〕畢志丘園，或隱

不違親，貞不絕俗；或不教而勸，虛往實歸，非有自然純德，其孰能至此？然文詡見傷無慍，徐則志在沈冥，不可親疏，莫能貴賤，皆可謂抱樸之士矣。崔廓感於屈辱，遂以肥遯見稱；祖濬文籍之美，足以克隆堂構。父子雖動靜殊方，其於成名一也，美哉！

校勘記

〔一〕其餘並編附篇以備隱逸傳云　諸本脫「隱」字，據目錄補。又「附」下當有「此」字。

〔二〕固辭不許　魏書卷九〇補馮亮傳「許」作「拜」，是。

〔三〕連山中沙門法而亮被執赴尚書省　南本及通志卷一七八馮亮傳「法」作「既」，從下讀。魏書無「法」字。按「法」可能是僧名，下有脫字，今從「法」下斷。

〔四〕令與沙門統僧暹河南尹甄琛等同視嵩山形勝之處　諸本「琛」訛作「深」，據魏書改。甄琛見本書卷四〇，曾爲河南尹。

〔五〕衣服如本唯風吹帢巾稍側　諸本脫「吹」字，及「稍側」二字，據通志補。

〔六〕又以亮識舊南方法師信大栗十枚　通志「信」上有「遣」字。

〔七〕詔與諸儒定樂　隋書卷七七崔廓附子賾傳、通志卷一六三崔賾傳，「樂」上有「禮」字。

〔八〕從駕往太行山　諸本無「行」字，隋書、通志作「從駕登太行山」。按下文所云羊腸坂，卽在太行

山。此脫「行」字，今據補。

〔九〕所資唯松朮而已　諸本「朮」訛作「水」，據通志卷一七八徐則傳改。「飡松餌朮」，見下文。

〔一〇〕取經書道法分遺弟子　隋書卷七七、通志徐則傳「遺」作「遺」，是。

〔一一〕以松朮自給　諸本「朮」訛作「水」，據通志改。

〔一二〕眭夸輩忘懷纓冕　諸本無「輩」字，魏書卷九〇史臣論有。隋書卷七七史臣論作「士謙等忘懷纓冕」。按北史此論全抄隋書，只易「士謙」爲「眭夸」。魏書此卷是後人所補，史臣論又全抄北史論的前半。「輩」乃北史脫文，今從魏書補。

北史卷八十九

列傳第七十七

藝術上

晁崇　張深　殷紹　王早　耿玄　劉靈助 沙門靈遠
李順興　檀特師　由吾道榮　顏惡頭　王春　信都芳
宋景業　許遵 麴紹　吳遵世　趙輔和　皇甫玉　解法選
魏寧　綦母懷文　張子信　陸法和　蔣昇　強練
庾季才 子質　盧太翼　耿詢　來和　蕭吉　楊伯醜
臨孝恭　劉祐　張冑玄

夫陰陽所以正時日，順氣序者也；卜筮所以決嫌疑，定猶豫者也；醫巫所以禦妖邪，養性命者也；音律所以和人神，節哀樂者也；相術所以辨貴賤，明分理者也；技巧所以利器用，濟艱難者也。此皆聖人無心，因人設教，救恤災患，禁止淫邪，自三五哲王，其所由來久矣。昔之言陰陽者，則有箕子、裨竈、梓愼、子韋；曉音律者，則師曠、師摯、伯牙、杜夔；敍卜筮，則史扁、史蘇、嚴君平、司馬季主；論相術，則內史叔服、姑布子卿、唐舉、許負；語醫巫則文摯、扁鵲、季咸、華佗；其巧思，則奚仲、墨翟、張平子、馬德衡。凡此諸君，莫不探靈入妙，理洞精微。或弘道以濟時，或隱身以利物，深不可測，固無得而稱矣。近古涉乎斯術者，鮮有存夫貞一，多肆其淫僻，厚誣天道。或變亂陰陽，曲成君欲；或假託神怪，熒惑人心。遂令時俗妖訛，不獲返其眞性，身罹災毒，莫得壽終而死。藝成而下，意在茲乎！

歷觀經史百家之言，無不存夫藝術，或敍其玄妙，或記其迂誕，非徒用廣異聞，將以明乎勸戒。是以後來作者，咸相祖述。

自魏至隋，年移四代，至於遊心藝術，亦爲多矣。在魏，則敍晁崇、張深、殷紹、王早、耿玄、劉靈助、江式、周澹、李脩、徐謇、王顯、崔彧、蔣少遊，以爲術藝傳。在齊，則有由吾道榮、王春、信都芳、宋景業、許遵、吳遵世、趙輔和、皇甫玉、解法選、魏寧、綦母懷文、張子信、馬嗣明爲方伎傳。在周，則有冀儁、蔣昇、姚僧垣、黎景熙、趙文深、褚該、強練，以爲藝術傳。在隋，則有庾季才、盧太翼、耿詢、韋鼎、來和、蕭吉、張冑玄、許智藏、萬寶常爲藝術傳。今檢江式、崔彧、冀儁、黎景熙、趙文深各編別傳。又檢得沙門靈遠、李順興、檀特師、顏惡頭，并以陸法和、徐之才、何稠附此篇，以備藝術傳。〔一〕前代著述，皆混而書之。但道苟不同，則其流異，今各因其事，以類區分。先載天文數術，次載醫方伎巧云。

晁崇字子業，遼東襄平人也。善天文術數，爲慕容垂太史郎。從慕容寶敗於參合，爲道武所獲。從平中原，拜太史令。詔崇造渾儀，遷中書侍郎，令如故。天興五年，月暈左角，崇奏，占爲角蟲將死。帝既剋姚平於柴壁，以崇言之徵，遂命諸軍焚車而反。牛果大疫，輿駕所乘巨犗數百頭，亦同日斃於路側，自餘首尾相繼。是歲天下牛死者十七八，麋鹿亦多死。

崇弟懿，明辯而才不及崇。以善北人語，爲黃門侍郎。懿好矜容儀，被服僭度，言音類帝，左右每聞其聲，莫不驚悚。帝知而惡之。後其家奴告崇、懿叛，招引姚興。及興寇平陽，帝以奴言爲實，執崇兄弟，並賜死。

張深，〔二〕不知何許人也。明占候，自云，嘗事苻堅，堅欲征晉，深勸不行，堅不從，果敗。又仕姚興爲靈臺令。姚泓滅，入赫連昌。昌復以深及徐辯對爲太史令。統萬平，深、辯俱見獲，以深爲太史令。神䴥二年，將討蠕蠕，深、辯皆謂不宜行，與崔浩爭於太武前。深

專守常占，而不能鉤深賾遠，〔三〕故不及浩。後爲驃騎軍謀祭酒，著觀象賦，其言星文甚備，文多不載。

又明元時，有容城令徐路，〔四〕善占候，坐繫冀州獄。別駕崔隆宗就禁慰問之，路曰：「昨夜驛馬星流，計赦須臾應至。」隆宗先信之，遂遣人出城候焉，俄而赦至。

又道武、明元時，太史令王亮、蘇垣，太武時，破和龍得馮弘太史令閔盛，孝文時，太史趙樊生，並知天文。後太史令趙勝、趙翼、趙洪慶、胡世榮、胡法通等二族，世業天文。又永安中，詔以恒州人高崇祖善天文，每占吉凶有驗，特除中散大夫。

永熙中，詔通直散騎常侍孫僧化與太史胡世榮、太史令張寵、〔五〕趙洪慶及中書舍人孫子良等在門下外省，校比天文書，集甘、石二家星經，及漢、魏以來二十三家經占，集五十五卷。後集諸家撮要，前後所上雜占，以類相從，日月、五星、二十八宿、中外官及圖，合爲七十五卷。

僧化，東莞人也。識星分，案文占以言災異，〔六〕時有所中。普泰中，尒朱兆惡其多言，〔七〕遂繫於廷尉，免官。永熙中，孝武帝召僧化與中散大夫孫安都共撰兵法，未就而帝入關，遂罷。元象中，死於晉陽。

殷紹，長樂人也。達九章、七曜。太武時，爲算生博士，給事東宮西曹。太安四年，上四序堪輿，表言：「以姚氏之時，行學伊川，遇遊遁大儒成公興，從求九章要術。興字廣明，自云膠東人也，山居隱跡，希在人間。興將臣到陽翟九崖巖沙門釋曇影間，興即北還。臣獨留住，依止影所，求請九章。影復將臣向長廣東山，就道人法穆。法穆時共影爲臣開述九章數家雜要。復以先師和公所注黃帝四序經文三十六卷，合有三百二十四章，專說天地陰陽之本。其第一，孟序，九卷八十一章，說陰陽配合之原；第二，仲序，九卷八十一章，解四時氣王，休殺吉凶；第三，叔序，九卷八十一章，明日月辰宿，交會相生爲表裏；第四，季序，九卷八十一章，具釋六甲，刑禍福德。以此經文，傳授於臣。山神禁嚴，不得賫出。尋究經年，粗舉綱要。山居險難，無以自供，不堪窘迫，心生懈怠。以甲寅之年，日維鶉火，感物懷歸。自爾至今，四十五載。〔八〕臣前在東宮，以狀奏聞，奉被景穆皇帝聖詔，敕臣撰錄，集其要最。仰奉明旨，謹審先所見四序經文，抄撮要略，當世所須吉凶舉動，集成一卷。上至天子，下及庶人，貴賤等級，尊卑差別，吉凶所用，罔不畢備。未及內呈，先帝晏駕。依先撰錄，謹以上聞。」其四序堪輿遂大行於世。

其從子玖，亦以學術著名。

王早，勃海南皮人也。明陰陽、九宮及兵法，善風角。明元時，喪亂之後，有人詣早，求問勝術，早爲設法，令各無咎，由是州里稱之。時有東莞鄭氏，執得讎人趙氏，剋明晨會宗族，當就墓所刑之。趙氏求救於早，早爲占候，并授以一符曰：「君今且還，選取七人，令一人爲行主者佩此符，於雞鳴時，伏在仇家宅東南二里。平旦，當有十人相隨向西北，行中有二人乘黑牛，一黑牛最在前，一黑牛應第七。但捉取第七者將還，事必無他。」趙氏從之，果如其言。乃是鄭氏男五父也，諸子並爲其族所宗敬，故和解二家，趙氏竟免。

後早與客清晨立於門內，遇有卒風振樹，早語客曰：「依法當有千里外急使。日中時，有兩匹馬，一白一赤，從西南來，至即取我，逼我不聽與妻子別。」語訖便入，召家人隣里辭別，仍沐浴帶書囊，日中出門候使。如期，果有馬一白一赤，從州而至，即促早上馬，遂詣行宮。時太武圍涼州未拔，故許彥薦之。早，彥師也。及至，詔問何時當剋此城。早對曰：「陛下但移據西北角，三日內必剋。」帝從之，如期而剋。輿駕還都，久不雨，帝問早。早曰：「今日申時必大雨。」比至未，猶無片雲，帝召早詰之。早曰：「願更少時。」至申時，雲四合，遂大雨滂沲。

早苦以疾辭，乞歸鄉里，詔許之，遂終於家。或言許彥以其術勝，恐終妨己，譎令歸之耳。

耿玄，鉅鹿宋子人也。善卜占，有客叩門，玄在室已知其姓字，并所賫持及來問之意。其所卜筮，十中八九。別有林占，時或傳之。而性不和俗，時有王公欲求其筮者，玄則拒而不許。每云：「今既貴矣，何所求而復卜也？欲望意外乎？」代京法禁嚴切，王公聞之，莫不驚悚而退。故玄多見憎忿，不爲貴勝所親。官止鉅鹿太守。

劉靈助，燕郡人也。師事范陽劉弁，而粗疏無賴，或時負販，或復劫盜，賣術於市。後事尒朱榮，榮信卜筮，靈助所占屢中，遂被親待，爲榮府功曹參軍。建義初，榮於河陰害王公卿士，時奉車都尉盧道虔兄弟，亦相率朝行宮，靈助以其州里，衞護之。由是朝士與諸盧相隨免害者數十人。榮入京師，超拜光祿大夫，封長子縣公。從上黨王元天穆討邢杲。元顥入洛，天穆度河，會尒朱榮於太行。及將攻河內，令靈助筮之。靈助曰：「未時必剋。」時已向中，士衆疲怠，靈助曰：「時將至矣！」榮鼓之，卽便剋陷。及至北中，榮攻城不獲，以時盛暑，議欲且還，以待秋涼。莊帝詔靈助筮之。靈助曰：「必破，十八九間。」果如言。車駕還宮，進爵燕郡公，贈其父僧安爲幽州刺史。尋兼尚書左僕射，慰勞幽州流人。北還，與都督侯深等討葛榮餘黨韓婁，滅之於薊。仍釐州務，又爲幽、并、營、安四州行臺。

及尒朱榮死，莊帝幽崩，靈助本寒微，一朝至此，自謂方術堪能動衆，又以尒朱有誅滅之兆，遂自號燕王、大行臺，爲莊帝舉義兵。馴養大鳥，稱爲己瑞，妄說圖讖，言劉氏當王。又云：「欲知避世入鳥村。」遂刻氈爲人象，書桃木爲符書，作詭道厭祝法，人多信之。時河西人紇豆陵步藩〔九〕舉兵逼晉陽，尒朱兆頻戰不利。故靈助唱言：「尒朱自然當滅，不須我兵。」由是幽、瀛、滄、冀人悉從之。從之者，夜舉火爲號，不舉火者，諸村共屠之。普泰元年，率衆至博陵之安國城，與叱列延慶、侯深、尒朱羽生等戰，戰敗被禽，斬於定州，傳首洛陽，支分其體。

初，靈助每云：「三月末，我必入定州，尒朱亦必滅。」及將戰，靈助自筮，卦不吉，以手折蓍棄之地，云：「此何知！」尋見禽。果以三月入定州。而齊神武以明年閏三月，滅兆等於韓陵山。永熙二年，贈尚書左僕射、開府儀同三司、幽州刺史，謚曰恭。

時又有沙門靈遠者，不知何許人，有道術。嘗言尒朱榮成敗，預知其時。又言代魏者齊，葛榮聞之，故自號齊。及齊神武至信都，靈遠與勃海李嵩來謁。神武待靈遠以殊禮，問其天文人事。對曰：「齊當興，東海出天子。今王據勃海，是齊地。又太白與月並，宜速用兵，遲則不吉。」靈遠後罷道，姓荊字次德。求之，不知所在。

李順興，京兆杜陵人也。年十餘，乍愚乍智，時莫識之。其言未來事，時有中者。盛冬單布衣，跣行冰上及入洗浴，略不患寒。家嘗爲齋，方食，器用不周。順興言：「昆明池中有大荷葉，可取盛餅食。」其所居去池十數里，日不移影，順興負荷葉而歸，脚猶泥，舉坐驚異。後稍出城市，常冠道士冠，人有憶者，不過數日，輒至其家。號爲李練。好飲酒，但不至醉。貴賤並敬之。得人所施，輒散乞貧人。

蕭寶夤反，召順興問曰：「朕王可幾年？」對曰：「爲天子自有百年者，十年者，一年者，百日者，事由可知。」及寶夤敗，裁百日也。有侯終德者，寶夤之黨，寶夤敗後，收集反者。順興稱其必敗，德乃棒殺順興，置城隍中，頃之，起活如初。後賀拔岳北征，順興與魏收書，上爲毛鴻賓等九人姓名者悉放貴還。〔一〇〕順興從後提一河東酒䍃，以繩繫之，於城巷牽行，俄而蒲坂降。又無何，至太傅梁覽家庭中臥，以布衫倒覆身上。後覽於趙雀反，〔一一〕通使東魏，事泄被誅，覽以衣倒覆，果如順興之形。周文嘗至溫泉，順興求乞溫泉東間驪山下二畝地，周文曰：「李練用此何爲？」對曰：「有用。」未幾，至溫湯遇患，卒於其地。

初，大統十三年，順興謂周文曰：「可於沙苑北作一老君象，面向北，作笑狀。」周文曰：「何爲？」答曰：「令笑破蠕蠕。」時甚惑，未解其意。及蠕蠕國滅，周文憶語，遂作順興象於老君側。

檀特師者，名惠豐，身爲比丘，不知何處人。飲酒啖肉，語默無常，逆論來事，後皆如言。居於涼州，宇文仲和爲刺史，請之至州內，歷觀廐庫。乃云：「何意畜他官馬官物！」仲和怒，不聽住涼州。未幾，仲和拒不受代，朝廷令獨孤信禽之，仲和身死，資財沒官。周文遺書召之，檀特發至岐州，會齊神武來寇玉壁，檀特曰：「狗豈能至龍門也？」神武果不至龍門而還。侯景未叛東魏之前，忽捉一杖，杖頭刻爲獼猴，令其面常向西，日夜弄之。又索一角弓，牽挽之。俄而景啓降，尋復背叛，人皆以爲驗。

至大統十七年春初，忽著一布帽，周文左右驚問之。檀特曰：「汝亦著，王亦著也。」至三月而魏文帝崩。復取一白絹帽著之，左右復問之。檀特云：「汝亦著，王亦著也。」未幾，丞相夫人薨。後又著白絹帽，左右復問之。云：「汝不著，王亦著也。」尋而丞相第二兒武邑公薨。其事驗多如此也。俄而疾死。

由吾道榮，琅邪沭陽人也。少爲道士，入長白山、太山，又遊燕、趙間。聞晉陽有人，大明法術，乃尋之。是人爲人家傭力，無名者，久求訪始得。其人道家，符水禁呪、陰陽歷數、天文藥性，無不通解。以道榮好尚，乃悉授之。歲餘，是人謂榮云：「我本恒岳仙人，有少罪過，爲天官所譴。今限滿將歸，卿宜送吾至汾水。」及至汾河，遇水暴長，橋壞，船渡艱難。是人乃臨水禹步，以一符投水中，流便絕。俄頃，水積將至天。是人徐自沙石上渡。唯道榮見其如是，傍人咸云：「水如此長，此人遂能浮過。」共驚異之。如此法，道榮所不得也。

道榮仍歸本郡，隱於琅邪山中，辟穀餌松朮茯苓，求長生之祕。又善洞視，蕭軌等之敗於江南，其日，道榮言之如目見。其後鄉人從役得歸者，勘問敗時形勢，與道榮所說符同。尋爲文宣追往晉陽，道榮恒野宿，不入逆旅。至遼陽山中，夜初馬驚，有猛獸去馬止十餘步，所追人及防援者並驚怖將走。道榮徐以杖畫地成火坑，猛獸遽走。道榮至晉陽，文宣見之甚悅。後歸鄉里。隋開皇初，備禮徵辟，授上儀同三司、諫議大夫、沭陽縣公。從晉王平陳還，苦辭歸。至鄉卒，年八十五。

又有張遠遊者，文宣時，令與諸術士合九轉金丹。及成，帝置之玉匣云：「我貪人間作樂，不能飛上天，待臨死時取服。」

顏惡頭，章武郡人也。妙於易筮。遊州市觀卜，有婦人負囊粟來卜，歷七人，皆不中而強索其粟。惡頭尤之。卜者曰：「君若能中，何不爲卜？」惡頭因筮之，曰：「登高臨下水洞洞，唯聞人聲不見形。」婦人曰：「姙身已七月矣，向井上汲水，忽聞胎聲，故卜。」惡頭曰：「吉，十月三十日有一男子。」諸卜者乃驚服曰：〔一二〕「是顏生邪！」相與具羊酒謝焉。有人以三月十三日詣惡頭求卜，遇兌之履。惡頭占曰：「君卜父，父已亡，當上天，聞哭聲，忽復蘇，而有言。」其人曰：「父臥疾三年矣，昨日雞鳴時氣盡，舉家大哭。父忽驚寤云：『我死，有三天人來迎，欲升天，聞哭聲，遂墜地。』」惡頭曰：「更三日，當永去。」果如言。人問其故，惡頭曰：「兌上天下土，是今日庚辛本宮火，故知卜父。〔一三〕今三月，土入墓，又見宗廟爻發，故知死。變見生氣，故知蘇。兌爲口，主音聲，故知哭。兌變爲乾，乾天也，故升天。兌爲言，故父言。故知有言。〔一四〕未化入戌爲土，三月土墓，戌又是本宮鬼墓，未後三日至戌，故知三日復死。」惡頭又語人曰：「長樂王某年某月某日當爲天子。」有人姓張，聞其言，數以寶物獻之，豫乞東益州刺史。及期，果爲天子，擢張用之。

惡頭自言厄在彭城。後遊東郡，〔一五〕逢彭城王尒朱仲遠將伐齊神武於鄴，召惡頭令筮。惡頭野生，不知避忌，高聲言：「大惡。」仲遠怒其沮衆，斬之。

王春，河東安邑人也。少精易占，明陰陽風角，齊神武引爲館客。韓陵之戰，四面受敵，從寅至午，三合三離，將士皆懼。神武將退軍，春叩馬諫曰：「比至未時，必當大捷。」遽縛其子詣軍門爲質，若不勝，請斬之。賊果大敗。後從征討，恒令占卜，其言多中。位東徐州刺史，賜爵安夷縣公。卒，贈秦州刺史。

信都芳字玉琳，河間人也。少明算術，兼有巧思，每精心研究，或墜坑坎。常語人云：「算歷玄妙，機巧精微，我每一沈思，不聞雷霆之聲也。」其用心如此。後爲安豐王延明召入賓館。有江南人祖暅者，先於邊境被獲，在延明家，舊明算歷，而不爲王所待。芳諫王禮遇之。暅後還，留諸法授芳，由是彌復精密。延明家有羣書，欲抄集五經算事爲五經宗，及古今樂事爲樂書，又聚渾天、欹器、地動、銅烏、漏刻、候風諸巧事，并圖畫爲器準，並令芳算之。會延明南奔，芳乃自撰注。

後隱於并州樂平之東山，太守慕容保樂聞而召之，芳不得已而見焉。於是保樂弟紹宗薦之於齊神武，爲館客，授中外府田曹參軍。芳性清儉質樸，不與物和。紹宗給其羸馬，不肯乘騎；夜遣婢侍以試之，芳忿呼毆擊，不聽近己。狷介自守，無求於物。後亦注重差、勾股，復撰史宗。

芳精專不已，又多所闚涉。丞相倉曹祖珽謂芳曰：「律管吹灰，術甚微妙，絕來既久，吾思所不至，卿試思之。」芳留意十數日，便報珽云：「吾得之矣，然終須河內葭莩灰。」祖對試之，無驗。後得河內灰，用術，應節便飛，餘灰即不動也。不爲時所重，〔一六〕竟不行用，故此法遂絕。

又著樂書、遁甲經、四術周髀宗。其序曰：「漢成帝時，學者問蓋天，楊雄曰：『蓋哉，未幾也。』問渾天，曰：『落下閎爲之，鮮于妄人度之，耿中丞象之，幾乎，莫之息矣。』此言蓋差而渾密也。蓋器測影而造，用之日久，不同於祖，故云『未幾也』。渾器量天而作，乾坤大象，隱見難變，故云『幾乎』。是時，太史令尹咸窮研晷蓋，易古周法，雄乃見之，以爲難也。自昔周公定影王城，至漢朝，蓋器一改焉。渾天覆觀，以靈憲爲文；蓋天仰觀，以周髀爲法。覆仰雖殊，大歸是一。古之人制者，所表天効玄象。芳以渾算精微，術機萬首，故約本爲之省要，凡述二篇，合六法，名四術周髀宗。」

又上黨李業興撰新曆，自以爲長於趙敺、何承天、祖沖之三家，芳難業興五關。〔一七〕又私撰曆書，名曰靈憲曆，算月頻大頻小，食必以朔，證據甚甄明。每云：「何承天亦爲此法，而不能精。靈憲若成，必當百代無異議者。」書未成而卒。

宋景業，廣宗人也。明周易，爲陰陽緯候之學，兼明歷數。魏武定初，任北平太守。齊文宣作相，在晉陽。景業因高德政上言：「易稽覽圖曰：『鼎，五月，聖人君，天與延年齒，東北水中，庶人王，高得之。』謹案：東北水，謂勃海也。高得之，明高氏得天下也。」時魏武定八年三月也。高德政、徐之才並勸文宣應天受禪，乃之鄴。至平城都，〔一八〕諸大臣沮計，將還。賀拔仁等又云：「宋景業誤王，宜斬之以謝天下。」帝曰：「宋景業當爲帝王師，何可殺也？」還至并州，文宣令景業筮，遇乾之鼎。景業曰：「乾，君也，天也。易曰：『時乘六龍，以御天。』鼎，五月卦也，宜以仲夏吉辰，順天受禪。」或曰：「陰陽書，五月不可入官。犯之，卒於其位。」景業曰：「此乃大吉，王爲天子，無復下期，豈得不終於其位？」帝大悅。

天保初，封長城縣子，受詔撰天保曆，李廣爲之序。

許遵，高陽新城人也。明易善筮，兼曉天文、風角、占相、逆刺，其驗若神。齊神武引爲館客。自言祿命不富貴，不橫死，是以任性疏誕，多所犯忤，神武常容借之。芒陰之役，遵謂李業興曰：「賊爲水陳，我爲火陳，水勝火，我必敗。」果如其言。清河王岳以遵爲開府記室。岳後將救江陵，遵曰：「此行必致後凶，宜辭疾勿去。」岳曰：「勢不免去，正當與君同行。」遵曰：「遵好與生人相隨，不欲與死人同路。」岳强給其馬以行。至都，尋喪。三臺初成，文宣宴會尙書以上，三日不出。許遵妻季氏憂之，以問遵。遵曰：「明日當得三百匹絹。」季氏曰：「若然，當奉三束。」遵曰：「不滿十匹。」既而皆如言。文宣無道日甚，遵語人曰：「多折算來，吾筮此狂夫何時得死。」於是布算滿床，大言曰：「不出冬初，我乃不見。」文

宣以十月崩，遵果以九月死。

子暉，亦學術數。遵謂曰：「汝聰明不及我，不勞多學。」唯授以婦人產法，豫言男女及產日，無不中。武成時，以此數獲賞焉。

又有滎陽麴紹者，亦善占。侯景欲試之，使與郭生俱卜二伏牛何者先起。卜得火兆，郭生曰：「赤牛先起。」紹曰：「青牛先起。」景問其故，郭生曰：「火色赤，故知赤牛先起。」紹曰：「火將然，煙先起，煙上色青，故知青牛起。」既而如紹言。

吳遵世字季緒，勃海人也。少學易，入恒山，忽見一老翁，授之開心符，遵世跪，水呑之，遂明占卜。後出遊京洛，以卜筮知名。魏孝武帝之將卽位，使之筮，遇否之萃，曰：「先否後喜。」帝曰：「喜在何時。」遵世曰：「剛決柔，則春末夏初也。」又筮，遇明夷之賁，曰：「初登于天，後入于地。若能敬始愼終，不失法度，無憂入地矣。」終如其言。

後齊文襄引爲大將軍府墨曹參軍。從遊東山，有雲起，恐雨廢射，戲使筮。遇剝，李業興云：「坤上艮下，剝。艮爲山，山出雲，故知有雨。」遵世云：「坤爲地，土制水，故知無雨。」文襄使崔暹書之云：「遵世若著，賞絹十匹；不著，罰杖十。業興若著，無賞；不著，罰杖十。」業興曰：「同是著，何獨無賞？」文襄曰：「遵世著，會我意，故賞也。」須臾雲散，二人各受

賞罰。

皇建中，武成以丞相在鄴下居守，自致猜疑，甚懷憂懼，謀起兵，每宿輒令遵世筮。遵世云：「自有大慶。」由是不決。俄而趙郡王等奉太后令，以遺詔追武成。更令筮之。遵世云：「比已作十餘卦，其占自然有天下之徵。」及卽位，除中書舍人，固辭老疾，授中散大夫。和士開封王，妻元氏無子，以側室長孫爲妃，令遵世筮。遵世云：「此卦偶與占同。」乃出其占書云：「元氏無子，長孫爲妃。」士開喜於妙中，於是起叫而舞。

遵世著易林雜占百餘卷。後預尉遲迥亂，死焉。

趙輔和，淸都臨漳人也。少以明易善筮爲齊神武館客。神武崩於晉陽，葬有日矣，文襄令文宣與吳遵世等擇地，頻卜不吉。又至一所，筮遇革，咸云凶。輔和少年，最在衆人後，進云：「革卦於天下人皆凶，唯王家用之大吉。革彖辭云：『湯武革命，應天順人。』」文宣遽登車，顧云：「以此地爲定。」卽義平陵也。有人父爲刺史，得書云疾。是人詣館，別託相知者筮。遇泰，筮者云：「此卦甚吉。」是人出後，輔和謂筮者云：「泰，乾下坤上，則父入土矣，豈得言吉。」果凶問至。有人父疾，託輔和筮，遇乾之晉，慰諭令去。後告人云：「乾之遊魂，〔一九〕乾爲天，爲父，父變爲魂，而升於天，能無死乎？」亦如其言。

大寧、武平中，筮後宮誕男女及時日，多中，遂至通直常侍。入周，亦爲儀同。隋開皇中，卒。

皇甫玉，不知何許人也，善相人。齊文襄之自潁川歸，文宣從後，玉於傍縱觀，謂人曰：「大將軍不作物。」指文宣曰：「會是道北垂鼻涕者。」〔二〇〕及文宣卽位，試玉相術，故以帛巾袜其眼，使歷摸諸人。至文宣曰：「此最大達官。」於任城王曰：「當至丞相。」於常山、長廣二王，並曰：「亦貴。」至石動桶曰：「此弄癡人。」至二供膳曰：「正得好飮食而已。」玉嘗爲高歸彥相曰：「位極人臣，但莫反。」歸彥曰：「我何爲反？」玉曰：「公有反骨。」孝昭賜趙郡王十死不問，王喜曰：「皇甫玉相臣，云當惡死，今復何慮？」帝以玉輒爲諸王相，心不平之。玉謂其妻曰：「殿上者不過二年。」妻以告舍人斛斯洪慶妻，洪慶以啓帝。怒曰：「向婦女小兒評論萬乘主！」敕召玉。玉每照鏡，自言兵死，及被召，謂妻曰：「我今去，不廻，若過日午時，當得活。」既至正中，遂斬之。

文襄時，有吳士，雙盲，妙於聲。文襄歷試之，聞劉桃枝聲曰：「有所繫屬，然當大富貴。王侯將相，多死其手。譬如鷹犬，爲人所使。」聞趙道德聲曰：「亦繫屬人，富貴翕赫，不及前人。」聞侯呂芬聲，與道德相似。聞太原公聲曰：「當爲人主。」聞文襄聲，不動。崔暹私掐

之，乃謬言：「亦國主也。」文襄以爲我家羣奴猶極貴，況吾身也。

又時有御史賈子儒，亦能相人。崔暹嘗將子儒私視文襄，子儒曰：「人有七尺之形，不如一尺之面；一尺之面，不如一寸之眼。大將軍臉薄眄速，非帝王相也。」竟如言。

齊代善相者，有館客趙瓊。其婦叔寄弓，弓已轉在人處，盡知之。時人疑其別有假託，不然，則姑布子卿不如也。

初，魏正始前，有沙門學相，遊懷朔，舉目見人，皆有富貴之表。以爲必無此理，燔其書。而後皆如言，乃知相法不虛也。

解法選，河內人也。少明相術，又受易於權會，筮亦頗工。陳郡袁叔德以太子庶子出行博陵太守，[三]不願之官，以親老言於執政楊愔。愔語云：「既非正除，尋當遣代。」叔德意欲留尊累在京，令法選占。云：「不踰三年，得代，終不還也。」勸其盡家而行。又爲叔德相云：「公邑邑，終爲吏部尚書，鑒照人物。」後皆如言。又頻爲和士開相中，士開牒爲開府行參軍。

魏寧，鉅鹿人也。以善推祿命，徵爲館客。武成以己生年月，託爲異人，問之。寧曰：

「極富貴，今年入墓。」武成驚曰：「是我！」寧變辭曰：「若帝王，自有法。」

又有陽子術語人曰：「謠言：盧十六，雉十四，犍子拍頭三十二。且四八天之大數，太上之祚，恐不過此。」既而武成崩，年三十二。

綦母懷文，不知何許人也，以道術事齊神武。武定初，齊軍戰芒山，時齊軍旗幟盡赤，西軍盡黑，懷文曰：「赤，火色；黑，水色。水能滅火，不宜以赤對黑。土勝水，宜改爲黃。」神武遂改爲赭黃，所謂河陽幡者也。

懷文造宿鐵刀，其法，燒生鐵精以重柔鋌，數宿則成剛。以柔鐵爲刀脊，浴以五牲之溺，淬以五牲之脂，斬甲過三十札。今襄國冶家所鑄宿柔鋌，是其遺法，作刀猶甚快利，但不能頓截三十札也。懷文又云：「廣平郡南幹子城，是干將鑄劍處，其土可瑩刀。」

每云：「昔在晉陽爲監館，館中有一蠕蠕客，同館胡沙門指語懷文云：『此人別有異算術。』仍指庭中一棗樹云：『令其布算子，即知其實數。』乃試之，并辨若干純赤，若干赤白相半。於是剝數之，唯少一子。算者曰：『必不少，但更撼之。』果落一實。」懷文位信州刺史。

又有孫正言謂人曰：「我昔聞曹普演有言：『高王諸兒，阿保當爲天子，至高德之承之，當滅。』阿保，謂天保也；德之，謂德昌也；滅年號承光，即承之矣。」

張子信，河內人也。頗涉文學，少以醫術知名。恒隱白鹿山，時出遊京邑，甚爲魏收、崔季舒所重。大寧中，徵爲尚藥典御。武平初，又以太中大夫徵之，聽其所志，還山。又善易筮及風角之術。武衞奚永洛與子信對坐，有鵲鳴庭樹，鬬而墮焉。子信曰：「不善，向夕，當有風從西南來，歷此樹，拂堂角，則有口舌事。今夜有人喚，必不可往，雖敕亦以病辭。」子信去後，果有風如其言。是夜，琅邪王五使切召永洛，且云：「敕喚。」永洛欲起，其妻苦留之，稱墜馬腰折，不堪動。詰朝而難作。子信，齊亡卒。

陸法和，不知何許人也。隱於江陵百里洲，衣食居處，一與戒行沙門同。耆老自幼見之，容色常定，人莫能測也。或謂出自嵩高，遍遊遐邇。既入荆州汶陽郡高安縣之紫石山，[三]無故捨所居山，俄有蠻賊文道期之亂，時人以爲預見萌兆。

及侯景始告降於梁，法和謂南郡朱元英曰：「貧道共檀越擊侯景去。」元英曰：「侯景爲國立效，師云擊之何也？」法和曰：「正自如此。」及景度江，法和時在青谿山，元英往問曰：「景今圍城，其事云何？」法和曰：「凡人取果，宜待熟時。」[三]固問之，曰：「亦剋，亦不剋。」

景遣將任約擊梁湘東王於江陵，法和乃詣湘東乞征約，召諸蠻弟子八百人在江津，二

日便發。湘東遣胡僧祐領千餘人與同行。法和登艦，大笑曰：「無量兵馬。」江陵多神祠，人俗恒所祈禱，自法和軍出，無復一驗，人以爲神皆從行故也。至赤沙湖，與約相對，法和乘輕船，不介胄，沿流而下，去約軍一里乃還。謂將士曰：「聊觀彼龍睡不動，吾軍之龍，甚自踊躍，即攻之。若得待明日，[三]當不損客主一人而破賊，然有惡處。」遂縱火船，而逆風不便，法和執白羽扇麾風，風即返。約衆皆見梁兵步於水上，於是大潰，皆投水。約逃竄不知所之，法和曰：「明日午時當得。」及期而未得，人問之，法和曰：「吾前於此洲水乾時建一剎，語檀越等：此雖爲剎，實是賊標。今何不向標下求賊也？」如其言，果於水中見約抱剎，仰頭裁出鼻，遂禽之。約言：「求就師目前死。」法和曰：「檀越有相，必不兵死。且於王有緣，決無他慮。王於後當得檀越力耳。」湘東果釋用爲郡守。及魏圍江陵，約以兵赴救，力戰焉。

法和既平約，往進見王僧辯於巴陵，謂曰：「貧道已却侯景一臂，其更何能爲？檀越宜即逐取。」乃請還。謂湘東王曰：[三]「侯景自然平矣，無足可慮。蜀賊將至，法和請守巫峽待之。」乃總諸軍而往，親運石以塡江，三日，水遂不流，橫之以鐵鎖。武陵王紀果遣蜀兵來度，峽口勢蹙，進退不可，王琳與法和經略，一戰而殄之。

軍次白帝，謂人曰：「諸葛孔明可謂爲名將，吾自見之。此城旁有其埋弩箭鏃一斛許。」因插表令掘之，如其言。又嘗至襄陽城北大樹下，畫地方二尺，令弟子掘之。得一龜，長尺

半，以杖叩之曰：「汝欲出，不能得，已數百歲，不逢我者，豈見天日乎？」爲授三歸，龜乃入草。初，八疊山多惡疾人，法和爲采藥療之，不過三服，皆差，即求爲弟子。山中多毒蟲猛獸，法和授其禁戒，不復噬螫。所泊江湖，必於峯側結表，云此處放生，漁者皆無所得。才或少獲，輒有大風雷，船人懼而放之，風雨乃定。晚雖將兵，猶禁諸軍漁捕，有竊違者，中夜猛獸必來欲噬之，或亡其船纜。有小弟子戲截蛇頭，來詣法和。法和曰：「汝何意殺！」因指以示之，弟子乃見蛇頭齰袴襠而不落。法和使懺悔，爲蛇作功德。又有人以牛試刀，一下而頭斷，來詣法和。法和曰：「有一斷頭牛，就卿徵命殊急，若不爲作功德，一月內報至。」其人弗信，少日果死。法和又爲人置宅圖墓以避禍求福。嘗謂人曰：「勿繫馬於碓。」其人行過鄉曲，門側有碓，因繫馬於其柱。入門中，憶法和戒，走出將解之，馬已斃矣。

梁元帝以法和爲都督、郢州刺史，封江乘縣公。法和不稱臣，其啓文朱印名上，自稱居士，後稱司徒。梁元帝謂其僕射王褒曰：「我未嘗有意用陸爲三公，而自稱，何也？」褒曰：「彼既以道術自命，容是先知。」梁元帝以法和功業稍重，遂就加司徒，都督、刺史如故。部曲數千人，通呼爲弟子。唯以道術爲化，不以法獄加人。又列肆之所，不立市丞，牧佐之法，無人領受。但以空檻籥在道間，上開一孔以受錢，賈客店人，隨貨多少，計其估限，自委檻中。所掌之司，夕方開取，條其孔目，輸之於庫。又法和平常言若不出口，時有所論，則雄

辯無敵，然猶帶蠻音。善爲攻戰具。

在江夏，大聚兵艦，欲襲襄陽而入武關，梁元帝使止之。法和曰：「法和是求佛之人，尙不希釋梵天王坐處，豈規王位？但於空王佛所與主上有香火因緣，見主上應有報至，故救援耳。今既被疑，是業定不可改也。」於是設供食，具大餪薄餅。及魏舉兵，法和自郢入漢口，將赴江陵，梁元帝使人逆之曰：「此自能破賊，師但鎭郢州，不須動也。」法和乃還州，堊其城門，著粗白布衫，布袴邪巾，〔二六〕大繩束腰，坐葦席，終日乃脫之。及聞梁元敗滅，復取前凶服著之，哭泣受弔。梁人入魏，果見餪餅焉。法和始於百里洲造壽王寺，既架佛殿，更截梁柱，曰：「後四十許年，佛法當遭雷雹，此寺幽僻，可以免難。」及魏平荊州，宮室焚燼，總管欲發取壽王佛殿，嫌其材短，乃停。後周氏滅佛法，此寺隔在陳境，故不及難。

天保六年春，淸河王岳進軍臨江，法和舉州入齊。文宣以法和爲大都督、十州諸軍事、太尉公、西南道大行臺，大都督、五州諸軍事、荊州刺史、〔二七〕安湘郡公宋莅爲郢州刺史，官爵如故。莅弟簉爲散騎常侍、儀同三司、湘州刺史、義興縣公。梁將侯瑱來逼江夏，齊軍棄城而退，法和與宋莅兄弟入朝。文宣聞其有奇術，虛心想見之，備三公鹵簿，於城南十二里供帳以待之。法和遙見鄴城，下馬禹步。辛術謂曰：「公旣萬里歸誠，主上虛心相待，何作此術？」法和手持香鑪，步從路車至於館。明日引見，給通幰油絡網車，仗身百人。詣闕通

名，不稱官爵，不稱臣，但云荊山居士。文宣宴法和及其徒屬於昭陽殿，賜法和錢百萬、物萬段、甲第一區、田一百頃、奴婢二百人，生資什物稱是；宋莅千段；其餘儀同、刺史以下各有差。法和所得奴婢，盡免之，曰：「各隨緣去。」錢帛散施，一日便盡。以官所賜宅營佛寺，自居一房，與凡人無異。三年間再爲太尉，世猶謂之居士。無疾而告弟子死期，至時，燒香禮佛，坐繩牀而終。浴訖將殮，屍小縮止三尺許。文宣令開棺而視之，空棺而已。

法和書其所居屋壁而塗之，及剝落，有文曰：「十年天子爲尙可，百日天子急如火，周年天子遞代坐。」又曰：「一母生三天，兩天共五年。」說者以爲婁太后生三天子，自孝昭即位至武成傳位後主，共五年焉。

法和在荊郢，有少姬，年可二十餘，自稱越姥，身披法服，不肯嫁娶，〔二八〕恒隨法和東西，或與其私通，十有餘年。今者賜棄，別更他淫。〔二九〕有司考驗，並實。越姥因爾改適，生子數人。

蔣昇字鳳起，楚國平河人也。少好天文玄象之學，周文雅信待之。大統三年，東魏竇泰頓軍潼關，周文出師馬牧澤。時西南有黃紫氣抱日，從未至酉。周文謂昇曰：「此何祥也？」昇曰：「西南未地，主土。土王四季，秦分。今大軍旣出，喜氣下臨，必有大慶。」於是與

泰戰，禽之。自後遂降河東，剋弘農，破沙苑，由此愈被親禮。

九年，高仲密以北豫州來附，周文欲遣兵援之，昇曰：「春王在東，熒惑又在井鬼分，行軍非便。」周文不從，軍至芒山，不利而還。太師賀拔勝怒曰：「蔣昇罪合萬死！」周文曰：「蔣昇固諫曰：『師出不利。』此敗也，孤自取之。」恭帝元年，以前後功，授車騎大將軍、儀同三司，封高城縣子。後除太史中大夫，〔三〇〕以年老請致事，詔許之，加定州刺史，卒於家。

强練，不知何許人也，亦不知其名字。先是李順興語默不恒，好言未然之事，當時號爲李練，世人以强類之，故亦呼爲練焉。容貌長壯，有異於人，神情敞悅，莫之能測。意欲有所說，逢人輒言；若值其不欲言，縱苦加祈請，不相酬答。初聞其言，略不可解，事過後，往往有驗。恒寄住諸佛寺，好行人家，兼歷造王公邸第。所至，人皆敬信之。

晉公護未誅前，練曾手持一瓠，到護第門外抵破曰：「瓠破子苦。」時柱國、平高公侯伏侯龍恩深被任委，〔三一〕强練至龍恩宅，呼其妻元氏及其妾媵并婢僕等，並令連席而坐。諸人以逼夫人，苦辭不肯。强練曰：「汝等一例人耳，何有貴賤。」遂逼就坐。未幾而護誅，諸子並死，龍恩亦伏法，仍籍沒其家。

建德中，每夜上街衢邊樹，大哭釋迦牟尼佛，或至申旦。如此者累月，聲甚哀苦。俄而

廢佛、道二教。大象末，又以一無底囊，歷長安市肆告乞，市人爭以米麥遺之。強練張囊受之，隨卽漏之於地。人或問之，強練曰：「但欲使諸人見盛空耳。」至隋開皇初，果移都於龍首山，城遂空廢。後莫知其所終。

又有蜀郡衞元嵩者，亦好言將來事，蓋江左寶誌之流。天和中，遂著詩，預論周隋廢興及皇家受命，並有徵驗。尤不信釋教，嘗上疏極論之。

庾季才字叔奕，新野人也。八世祖滔，隨晉元帝過江，官至散騎常侍，封遂昌侯，因家于南郡江陵縣。祖詵，南史有傳。父曼倩，光祿卿。

季才幼穎悟，八歲誦尚書，十二通易，好占玄象，居喪以孝聞。梁湘東王繹引授外兵參軍。西臺建，累遷中書郎，領太史，封宜昌縣伯。季才固辭太史，梁元帝曰：「漢司馬遷歷世居掌，魏高堂隆猶領此職，卿何憚焉！」帝亦頗明星歷，謂曰：「朕猶慮禍起蕭牆。」季才曰：「秦將入郢，陛下宜留重臣，作鎭荆陝，還都以避其患。」帝初然之，後與吏部尙書宗懍等議，乃止。

俄而江陵覆滅。周文帝一見，深加優禮，令參掌太史，曰：「卿宜盡誠事孤，當以富貴相答。」初，荆土覆亡，〔三〕衣冠士人，多沒爲賤。季才散所賜物，購求親故。周文問：「何能若此？」季才曰：「郢都覆敗，君信有罪，搢紳何咎，皆爲賤隸？誠竊哀之，故贖購耳。」周文乃悟曰：「微君，遂失天下之望。」因出令，免梁俘爲奴婢者數千口。武成二年，〔三〕與王褒、庾信同補麟趾學士，累遷稍伯大夫。

後宇文護執政，問以天道徵祥，對曰：「頃上台有變，不利宰輔，公宜歸政天子，請老私門。」護沈吟久之，曰：「吾本意如此，但辭未獲免。」自是漸疏。及護夷滅，閱其書記，有假託符命，妄造異端者，皆誅。唯得季才兩紙，盛言緯候，宜免政歸權。帝謂少宗伯斛斯徵曰：「季才甚得人臣之禮。」因賜粟帛，遷太史中大夫。詔撰靈臺祕苑，封臨潁縣伯。宣帝嗣位，加驃騎大將軍、開府儀同三司。

及隋文帝爲丞相，嘗夜召問天時人事，季才曰：「天道精微，難可悉察。竊以人事卜之，符兆已定，季才縱言不可，公得爲箕、潁事乎？」帝默然久之曰：「吾今譬騎武，誠不得下矣。」因賜以綵帛曰：「愧公此意。」大定元年正月，季才上言：「今月戊戌平旦，青氣如樓闕，見國城上。俄而變紫，逆風西行。氣經云：『天不能無雲而雨，皇王不能無氣而立。』今王氣已見，須卽應之。二月，日出卯入酉，居天之正位，謂之二八之門。日者人君之象，人君正位，宜用二月。其月十三日甲子，甲爲六甲之始，子爲十二辰之初。甲數九，子數又九，九爲天數。其日卽是驚蟄，陽氣壯發之時。昔周武王以二月甲子定天下，享年八百；漢高帝以二

月甲午卽帝位，享年四百。故知甲子、甲午爲得天數。今月甲子，宜應天受命。」上從之。

開皇元年，授通直散騎常侍。帝將遷都，夜與高熲、蘇威二人定議。季才旦奏：「臣仰觀玄象，俯察圖記，龜兆允襲，必有遷都。且漢營此城，經今將八百歲，水皆鹹鹵，不甚宜人，願爲遷徙計。」帝愕然，謂熲等曰：「是何神也！」遂發詔施行。賜季才絹布及進爵爲公。謂曰：「朕自今已後，信有天道。」於是令季才與其子質撰垂象、地形等志。謂曰：「天道祕奧，推測多途，執見不同，不欲令外人干預此事，故令公父子共爲之。」及書成奏之，賜米帛甚優。九年，出爲均州刺史。時議以季才術藝精通，有詔還委舊任。以年老，頻求去職，優旨每不許。會張胄玄歷行，及袁充言日景長，上以問季才，因言充謬。上大怒，由是免職，給半祿歸第。所有祥異，常令人就家訪焉。仁壽三年，卒。

季才局量寬弘，術業優博，篤於信義，志好賓遊。常吉日良辰，與琅邪王褒、彭城劉瑴、河東裴政及宗人信等爲文酒之會。次有劉臻、明克讓、柳䛒之徒，雖後進，亦申遊欵。撰靈臺祕苑一百二十卷，垂象志一百四十二卷，地形志八十七卷，並行於世。

子質，字行脩。早有志尙，八歲誦梁元帝玄覽、言志等十賦，拜童子郎。仕隋，累遷隴州司馬。大業初，授太史令。操履貞懿，立言忠鯁，每有災異，必指事面陳。煬帝多忌刻，齊王暕亦被猜嫌。質子儉時爲齊王屬，帝謂質曰：「汝不能一心事我，乃使兒事齊王。」由是出爲合水令。

八年，帝親伐遼東，徵至臨渝，問東伐剋不。對曰：「伐之可剋，不願陛下親行。」帝作色曰：「朕今總兵至此，豈可未見賊而自退！」質曰：「願安駕住此，命將授規，事宜在速，緩必無功。」帝不悅曰：「汝旣難行，可住此也。」及師還，授太史令。九年，復征高麗，又問：「今段何如？」對猶執前見。帝怒曰：「我自行尙不能剋，遣人豈有成功？」帝遂行。旣而楊玄感反，斛斯政奔高麗，帝大懼，遽歸。謂質曰：「卿前不許我行，當爲此耳。今玄感成乎？」質曰：「今天下一家，未易可動。」帝曰：「熒惑入斗，如何？」對曰：「斗，楚分，玄感之封。今火色衰謝，終必無成。」

十年，帝自西京將往東都。質諫宜鎭撫關內，使百姓歸農，三五年，令四海少豐，然後巡省。帝不悅。質辭疾不從，帝聞之怒，遣馳傳鎖質詣行在所。至東都下獄，竟死獄中。

子儉，亦傳父業，兼有學識。仕歷襄武令、元德太子學士、齊王屬。義寧初，爲太史令。

盧太翼字協昭，河間人也。本姓章仇氏。七歲詣學，日誦數千言，州里號曰神童。及長，博綜羣書，尤善占候、算歷之術。隱於白鹿山，徙居林慮山茱萸澗。受業者自遠而至，初無所拒，後憚其煩，逃於五臺山。地多藥物，與弟子數人，廬於巖下，以爲神仙可致。隋

太子勇聞而召之。太翼知太子必不爲嗣，謂所親曰：「吾拘逼而來，不知所稅駕也。」及太子廢，坐法當死，文帝惜其才，配爲官奴，久乃釋。其後目盲，以手摸書而知其字。仁壽末，帝將避暑仁壽宮，太翼固諫曰：「恐是行鑾輿不反。」帝大怒，繫之長安獄，期還斬之。帝至宮寢疾，臨崩，命皇太子釋之。

及煬帝即位，漢王諒反，帝問之。答曰：「何所能爲！」未幾，諒果敗。帝從容言天下氏族，謂太翼曰：「卿姓章仇，四岳之胄，與盧同源。」於是賜姓盧氏。大業九年，從駕至遼東。太翼言黎陽有兵氣，後數日而楊玄感反書聞。帝甚異之，數加賞賜。太翼所言天文之事，不可稱數，關諸祕密，時莫能聞。後數歲，卒於雒陽。

耿詢字敦信，丹楊人也。滑稽辯給，伎巧絕人。陳後主時，以客從東衡州刺史王勇於嶺南。勇卒，詢不歸。會羣俚反叛，推詢爲主，柱國王世積討禽之。罪當誅，自言有巧思，世積釋之，以爲家奴。久之，見其故人高智寶以玄象直太史，詢從之受天文算術。詢創意造渾天儀，不假人力，以水轉之，施於闇室中，使智寶外候天時，動合符契。世積知而奏之，文帝配詢爲官奴，給太史局。後賜蜀王秀，從往益州，秀甚信之。及秀廢，復當誅。何稠言耿詢之巧，思若有神，上於是特原其罪。詢作馬上刻漏，世稱其妙。

煬帝即位，進欹器，帝善之，免其奴。歲餘，授右尚方署監事。七年，車駕東征，詢上言曰：「遼東不可討，師必無功。」帝大怒，命左右斬之。何稠苦諫得免。及平壤之敗，帝以詢言爲中，以詢守太史丞。宇文化及弒逆之後，從至黎陽，謂其妻曰：「近觀人事，遠察天文，宇文必敗，李氏當王，吾知所歸矣。」謀欲去之，爲化及所殺。著鳥情占一卷，行於世。

來和字弘順，京兆長安人也。少好相術，所言多驗。周大冢宰宇文護引之左右，累遷畿伯下大夫，封洹水縣男。隋文帝微時，詣和。曰：「公當王有四海。」及爲丞相，拜儀同。既受禪，進爵爲子。開皇末，和上表自陳龍潛所言曰：「昔陛下在周，與永富公竇榮定語，臣曰：『我聞有行聲，即識其人。』臣當時即言：『公眼如曙星，無所不照，當王有天下，願忍誅殺。』建德四年五月，周武帝在雲陽宮謂臣曰：『諸公皆汝所識，隋公相祿何如？』臣報武帝曰：『隋公止是守節人，可鎮一方，若爲將領，陣無不破。』臣即於宮東南奏聞，陛下謂臣：『此語不忘。』明年，烏丸軌言於武帝曰：『隋公非人臣。』帝尋以問臣，臣知帝有疑，臣詭報曰：『是節臣，更無異相。』于時王誼、梁彥光等知臣此語。大象二年五月，至尊從永巷東門入，臣在永巷門東，北面立，陛下問臣曰：『我得無災鄣不？』臣奏陛下曰：『公骨法氣色相應，天命已有付屬。』未幾，遂總百揆。」上覽之大悅，進位開府。

和同郡韓則嘗詣和相，和謂之曰：「後四五當得大官。」人初不知所謂。則至開皇十五年五月終，人問其故，和曰：「十五年爲三五，加以五月爲四五。大官，椁也。」和言多此類。著相經三十卷。

道士張賓、焦子順、雁門人董子華等，〔三四〕此三人當文帝龍潛時，並私謂帝曰：「公當爲天子，善自愛。」及踐位，以賓爲華州刺史，子順爲開府，子華爲上儀同。

蕭吉字文休，梁武帝兄長沙宣武王懿之孫也。博學多通，尤精陰陽、算術。江陵覆亡，歸于魏，爲儀同。周宣帝時，吉以朝政日亂，上書切諫，帝不納。及隋受禪，進上儀同，以本官太常，考定古今陰陽書。

吉性孤峭，不與公卿相浮沈，又與楊素不協，由是擯落，鬱鬱不得志。見上好徵祥之說，欲乾沒自進，遂矯其迹爲悅媚焉。開皇十四年，上書曰：「今年歲在甲寅，十一月朔旦，以辛酉爲冬至。來年乙卯，正月朔旦，以庚申爲元日。冬至之日，即在朔旦。樂汁圖徵云：『天元十一月朔旦冬至，〔三五〕聖王受享祚。』今聖主在位，居天元之首，而朔旦冬至，此慶一也。辛酉之日，即至尊本命。辛德在丙，此十一月建丙子，酉德在寅，正月建寅，爲本命與月合德，而居元朔之首，此慶二也。庚申之日，即是行年。乙德在庚，卯德在申，來年乙卯，

是行年與歲合德，而在元旦之朝，此慶三也。陰陽書云：『年命與歲月合德者，必有福慶。』洪範傳云：『歲之朝，月之朝，日之朝，主王者。』經書並謂三長，應之者，延年福吉。況乃甲寅，蔀首，十一月，陽之始，朔旦冬至，是聖王上元。正月，是正陽之月，歲之首，月之先，朔旦是歲之元，月之朝，日之先，嘉辰之會。而本命爲九元之先，行年爲三長之首，並與歲月合德。所以靈寶經云：『角音龍精，其祚日強。』〔三六〕來歲年命，納音俱角，歷之與經，如合符契。又甲寅、乙卯，天地合也。甲寅之年，以辛酉冬至，來年乙卯，以甲子夏至。冬至陽始，郊天之日，即是至尊本命，此慶四也。夏至陰始，祀地之辰，即是皇后本命，此慶五也。至尊德並乾之覆育，皇后仁同地之載養，所以二儀元氣，並會本辰。」上覽之悅，賜物五百段。

房陵王時爲太子，言東宮多鬼魅，鼠妖數見。上令吉詣東宮禳邪氣。於宣慈殿設神坐，有回風從艮地鬼門來，掃太子坐。吉以桃湯葦火驅逐之，風出宮門而止。謝土於未地，設壇爲四門，置五帝坐。于時寒，有蝦蟆從西南來，入人門，升赤帝坐，還從人門而出，行數步，忽然不見。上大異之，賞賜優洽。又上言：太子當不安位。時上陰欲廢立，得其言，是之。由此，每被顧問。

及獻皇后崩，上令吉卜擇葬所。吉歷筮山原，至一處，云：「卜年二千，卜世二百。」具圖而奏之。上曰：「吉凶由人，不在於地。高緯父葬，豈不卜乎？國尋滅亡。正如我家墓田，

若云不吉，朕不當爲天子；若云不凶，我弟不當戰沒。」然竟從吉言。表曰：「去月十六日，皇后山陵西北，雞未鳴前，有黑雲方圓五六百步，從地屬天；東南又有旌旗、車馬、帳幕，布滿七八里，并有人往來檢校，部伍甚整。日出乃滅。同見者十餘人。謹案葬書云『氣王與姓相生，大吉』。今黑氣當冬王，與姓相生，是大吉利，子孫無疆之候也。」上大悅。其後上將親臨發殯，吉復奏曰：「至尊本命辛酉，今歲斗魁及天罡臨卯酉，謹案陰陽書，不得臨喪。」上不納。退而告族人蕭平仲曰：「皇太子遣宇文左率深謝余云：『公前稱我當爲太子，竟有驗，終不忘也。今卜山陵，務令我早立。我立之後，當以富貴相報。』吾記之曰：『後四載，太子御天下。』今山陵氣應，上又臨喪，兆益見矣。且太子得政，隋其亡乎！當有眞人出矣。吾前紿云『卜年二千』者，是三十字也；『卜世二百』者，取世二運也。吾言信矣，汝其誌之。」

及煬帝嗣位，拜太府少卿，加位開府。嘗行經華陰，見楊素冢上有白氣屬天，密言於帝。帝問其故，吉曰：「其候，素家當有兵禍，滅門之象。改葬者，庶可免乎！」帝後從容謂楊玄感曰：「公宜早改葬。」玄感亦微知其故，以爲吉祥，託以遼東未滅，不遑私門之事。未幾而玄感以反族滅，帝彌信之。

後歲餘卒官。著金海三十卷，相經要錄一卷，宅經八卷，葬經六卷，樂譜二十卷，及帝王養生方二卷，相手版要決一卷，太一立成一卷，並行於時。

楊伯醜，馮翊武鄉人也。好讀易，隱於華山。隋開皇初，徵入朝，見公卿不爲禮，無貴賤皆汝之，人不能測也。文帝召與語，竟無所答。賜衣服，至朝堂捨之而去。於是被髮陽狂，游行市里，形體垢穢，未嘗櫛沐。時有張永樂者，賣卜京師，伯醜每從之遊。永樂爲卦有不能決者，伯醜輒爲分析爻象，尋幽入微，永樂嗟服，自以爲非所及也。

伯醜亦開肆賣卜。有人嘗失子就伯醜筮者，卦成，伯醜曰：「汝子在懷遠坊南門東，道北壁上有青裙女子抱之，可往取也。」如言，果得。或有金數兩，夫妻共藏之，於後失金，其夫意妻有異志，將逐之。其妻稱寃，以詣伯醜。伯醜爲之筮曰：「金在矣。」悉呼其家人，指一人曰：「可就取。」果得之。又將軍許知常問吉凶，伯醜曰：「汝勿東北行，必不得已，當速還。不然者，楊素斬汝頭。」未幾，上令知常事漢王諒。俄而上崩，諒舉兵反，知常逃歸京師。知常先與楊素有隙，及素平幷州，先訪知常，將斬之，賴此獲免。又有人失馬來詣伯醜卜者，時伯醜爲皇太子所召，在途遇之，立爲作卦。卦成，曰：「我不遑爲卿說，且向西市東壁門南第三店，爲我買魚作鱠，當得馬矣。」其人如敎，須臾，有一人牽所失馬而至，遂禽之。崖州嘗獻徑寸珠，其使者陰易之，上心疑焉，召伯醜令筮。伯醜曰：「有物出自水中，質圓而色光，是大珠也。今爲人所隱。」具言隱者姓名、容狀。上如言簿責之，果得本珠。上奇之，賜

帛二十四。

國子祭酒何妥嘗詣之論易，聞妥之言，悠爾而笑曰：「何用鄭玄、王弼之言乎？」久之，微有辯答，所說辭義，皆異先儒之旨，而思理玄妙。故論者以爲天然獨得，非常人所及也。竟以壽終。

臨孝恭，京兆人也。明天文、算術，隋文帝甚親遇之。每言災祥之事，未嘗不中。上因令考定陰陽書，官至上儀同。著欹器圖三卷，地動銅儀經一卷，九宮五墓一卷，遁甲錄十卷，元辰經十卷，元辰厄百九卷，百怪書十八卷，祿命書二十卷，九宮龜經一百一十卷，太一式經三十卷，孔子馬頭易卜書一卷，並行於世。

劉祐，滎陽人也。隋開皇初，爲大都督，封索盧縣公。其所占候，合如符契，文帝甚親之。初與張賓、劉暉、馬顯定歷。後奉詔撰兵書十卷，名曰金韜，上善之。復著陰策二十卷，觀臺飛候六卷，玄象要記五卷，律歷術文一卷，婚姻志三卷，產乳志二卷，式經四卷，四時立成法一卷，安歷志十二卷，歸正易十卷，並行於世。

張胄玄，勃海蓨人也。博學多通，尤精術數。冀州刺史趙煚薦之，隋文帝徵授雲騎尉，直太史，參議律曆事。時輩多出其下，由是太史令劉暉等甚忌之。然暉言多不中，胄玄所推步甚精密。上異之，令楊素與術士數人，立議六十一事，皆舊法久難通者，令暉與胄玄等辯析之。暉杜口一無所答，胄玄通者五十四焉。由是擢拜員外散騎侍郎，兼太史令，賜物千段。暉及黨與八人，皆斥逐之。改定新歷，言前歷差一日。內史通事顏慜楚上言曰：「漢時落下閎改顓頊歷，作太初歷，云：『後當差一日，八百年當有聖者定之。』計今相去七百一十年，術者舉其成數，聖者之謂，其在今乎。」上大悅，漸見親用。

胄玄所爲歷法，[17]與古不同者三事：其一，宋祖沖之於歲周之末，創設差分，冬至漸移，不循舊軌，每四十六年，却差一度。至梁虞劆歷法，嫌沖之所差太多，因以一百八十六年，冬至移一度。胄玄以此二術，年限縣隔，追檢古注，所失極多。遂折中兩家，以爲度法，冬至所宿，歲別漸移，八十三年，却行一度。則上合堯時，日永星火；次符漢歷，宿起牛初。明其前後，並皆密當。其二，周馬顯造丙寅元歷，有陰陽轉法，加減章分，進退蝕餘，乃推定日，創開此數。當時術者，多不能曉。張賓因而用之，莫能考正。胄玄以爲加時先後，逐氣參差，就月爲斷，於理未可。乃因二十四氣，列其盈縮所出。實由日行遲，則月逐日易及，令合朔加時早；日行速，則月逐日少遲，令合朔加時晚。檢前代加時早晚，以爲損益之率。

日行，自秋分已後至春分，其勢速，計一百八十二日而行一百八十度；自春分已後至秋分，日行遲，計一百八十二日而行一百七十六度。〔三八〕每氣之下，卽其率也。其三，自古諸歷，朔望逢交，不問內外，入限便蝕。張賓立法，創有外限，應蝕不蝕，猶未能明。胄玄以日行黃道，歲一周天；月行月道，二十七日有餘一周天。月道交絡黃道，每行黃道內十三日有奇而出，又行道外十三日有奇而入，〔三九〕終而復始。月經黃道，謂之交。朔望去交前後各十五度以下，〔四〇〕卽爲當蝕。若月行內道，則在黃道之北，蝕多有驗；月行外道，在黃道之南也，雖遇正交，〔四一〕無由掩映，蝕多不驗。遂因前法，別立定限，隨交遠近，逐氣求差，損益蝕分，事皆明著。

其超古獨異者有七事：其一，古歷五星行度，皆守恒率，見伏盈縮，悉無格準；胄玄候之，各得眞率，合見之數，與古不同。其差多者，至加減三十許日。卽如熒惑，平見在雨水氣，卽均加二十九日；見在小雪氣，則均減二十五日。加減平見，以爲定見。諸星各有盈縮之數，皆如此例，但差數不同。特其積候所知，時人不能原其旨。其二，辰星舊率，一終再見，凡諸古歷，皆以爲然。應見不見，人未能測。胄玄積候，知辰星一終之中，有時一見。及同類感召，相隨而出。卽如辰星，平晨見在雨水者，應見卽不見；若平晨見在啓蟄者，去日十八度外，三十六度內。晨有木火土金一星者，亦相隨見。其三，古歷步術，行有定限，

自見已後，依率而推，進退之期，莫知多少。胄玄積候，知五星遲速留退眞數，皆與古法不同。多者差八十餘日，留回所在，亦差八十餘度。卽如熒惑，前疾初見在立冬初，則二百五十日行一百七十七度；定見在夏至初，〔四二〕則一百七十日行九十二度。追步天驗，今古皆密。其四，古歷食分，依平卽用，推驗多少，實數罕符。胄玄積候，知月從木火土金四星行，有向背。月向四星，卽速；背之，則遲。皆十五度外乃循本率。〔四三〕遂於交分，限其多少。其五，古歷加時，朔望同術。胄玄積候，知日蝕所在，隨方改變，傍正高下，每處不同。交有淺深，遲速亦異，約時立差，皆會天象。其六，古歷交分卽爲蝕數，去交十四度者，食一分；去交十三度，食二分；去交十度，食三分；每近一度，食益一分；當交卽蝕既。其應多少，〔四四〕自古諸歷，未悉其原。胄玄積候，知當交之中，月掩日不能畢盡，故其蝕反少；去交五六時，月在日內，掩日便盡，故其蝕乃既。自此以後，更遠者，其蝕又少。交之前後，在冬至，皆爾；若近夏至，其率又差。胄玄所立蝕分，最爲詳密。其七，古歷二分，晝夜皆等。胄玄積候，知其有差。春、秋二分，晝多夜漏半刻。皆由日行遲疾盈縮使其然也。

凡此，胄玄獨得於心，論者服其精密。大業中，卒于官。

校勘記

〔一〕以備藝術傳　諸本「藝術」誤倒，據目錄乙。

〔二〕張深　魏書卷九一作「張淵」。北史避唐諱改。

〔三〕而不能鈎深蹟遠　魏書及通志卷一八三張淵傳「蹟」作「致」。疑是。

〔四〕又明元時有容城令徐路　魏書張淵傳「明元」作「世宗」。張森楷據魏書卷三二崔逞傳，考得慰問徐路之崔隆宗乃崔逞兄適之玄孫，當爲宣武卽世宗時人，斷定魏書是。按魏書敍徐路本在趙勝等人後，應爲宣武時人。北史移前，又改「世宗」爲「明元」，誤。

〔五〕太史令張寵　魏書「寵」作「龍」。張森楷云：「曆志魏書律曆志有張龍祥，龍祥卽龍，非二人也。此作『寵』，誤。」

〔六〕案文占以言災異　魏書「文」作「天」。按隋書經籍志子部天文類著錄有天文占、天文集占、天文外官占等占卜之書，疑此當作「天文占」，與魏書各脫一字。

〔七〕普泰中尒朱兆惡其多言　魏書「兆」作「世隆」。按本書卷四八兆及世隆傳，普泰時在洛陽執政者是世隆，兆則身居太原，不在朝中，疑魏書是。

〔八〕自爾至今四十五載　諸本「四」作「二」，魏書卷九一殷紹傳作「四」。按紹太安四年上表，自言甲寅之年懷歸。太安四年公元四五八年爲戊戌，逆推至甲寅，爲魏神瑞元年公元四一四年，正得四十五年。魏書是，今據改。

〔九〕時河西人紇豆陵步藩　諸本「河西」誤倒，據魏書卷九一劉靈助傳乙。事見魏書卷一〇孝莊紀永安三年十二月。

〔一〇〕後賀拔岳北征順興與魏收書上爲毛鴻賓等九人姓名者悉放貴還　南本「悉放貴還」作「悉得放還」，通志卷一八三李順興傳作「悉放責還」。按「賀拔岳北征」，疑當作「西征」。但據本書卷四九毛鴻賓傳，鴻賓與賀拔岳無甚關聯，此處文意不明，當有訛脫。

〔一一〕後覽於趙雀反　諸本「雀」作「崔」。按本書卷四九梁覽傳、卷九周文帝紀大統四年並作「趙青雀」。「崔」乃「雀」之訛，今據改。

〔一二〕諸卜者乃驚服曰　諸本「諸」訛作「詣」，據通志卷一八三顏惡頭傳改。

〔一三〕兌上天下土是今日庚辛本宮火故知卜父　錢氏考異卷四〇謂當作「兌上六，丁未土，是今日庚辛本宮父，故知卜父」。按通志「下」正作「丁」。錢說當是。

〔一四〕兌爲言故父言故知有言　錢氏考異云：「『故父言』三字恐有譌。」按通志無此三字，當是衍文。

〔一五〕後遊東郡　諸本「郡」作「都」。按魏無東都，本書卷四八尒朱仲遠傳，言仲遠先鎭大梁，「後移屯東郡，率衆與度律等拒齊神武」。「都」乃「郡」之訛，今改正。

〔一六〕不爲時所重　諸本無「不」字，北齊書卷四九信都芳傳有。按不爲時重，所以其法不行。今據補。

〔一七〕芳難業興五闕　通志卷一八三信都芳傳闕處作「十事」二字。按魏書律曆志下載信都芳駁業興曆者三事。未知通志是否，今不補。

〔一八〕至平城都　按當作「平都城」，參卷三一高德正傳校記。

〔一九〕乾之遊魂　李慈銘云：「『乾之遊魂』句上當脫一『晉』字。乾，起坎，終離，成於巽，遊魂於晉。」

〔二〇〕會是道北垂鼻涕者　諸本脫「是」字，據北齊書卷四九皇甫玉傳補。

〔二一〕陳郡袁叔德以太子庶子出行博陵太守　諸本闕「庶子出」三字，據通志卷一八三解法選傳補。北齊書卷四二袁聿修卽叔德傳云：「天保初，除太子庶子，以本官行博陵太守。」可證。

〔二二〕旣入荆州汝陽郡高安縣之紫石山　諸本「安」作「要」。錢氏考異云：「按宋書州郡志汝陽領僮陽、沮陽、高安三縣。隋志隋書地理志下荆州夷陵郡，遠安縣舊曰高安，置汝陽郡。此作『高要』者誤也。高要在嶺南，與此不相涉。」按錢說是，今據改。

〔二三〕凡人取果宜待熟時　北齊書卷三二陸法和傳下有「不撩自落。檀越但待侯景熟，何勞問也」十五字。按北齊書此傳是以北史補，此十五字當是北史脫文。

〔二四〕若得待明日　諸本「待」訛作「彼」，據北齊書改。

〔二五〕謂湘東王曰　諸本脫「謂」字，據北齊書及通志卷一八三陸法和傳補。

〔二六〕布袴邪巾　諸本「布袴」倒作「袴布」，據北齊書乙。

〔二七〕西南道大行臺至荆州刺史　諸本無「道大行臺」四字。按北齊書卷四文宣紀天保六年，「以陸法和爲使持節、都督荆雍江巴梁益湘萬交廣十州諸軍事、太尉公、大都督、西南道大行臺，梁鎮北將軍侍中荆州刺史宋莅爲使持節、驃騎將軍、郢州刺史」。知此脫「道大行臺」四字，今據補。下文「大都督五州諸軍事荆州刺史」是宋莅卽宋莅在梁所任官職。

〔二八〕不肯嫁娶　北齊書無「肯」字、「娶」字。張森楷云：「娶字誤衍。」

〔二九〕今者賜棄別更他淫　按此是越姥呈訴官府語，與上文連接不上，疑「今」上有脫文。

〔三〇〕後除太史中大夫　諸本無「史」字，周書卷四七蔣昇傳有。按通典卷三九後周官品見「太史中大夫」，當卽太史令之改名。蔣昇好天文玄象之學，故任此職。今據補。

〔三一〕時柱國平高公侯伏侯龍恩深被任委　諸本「伏」下脫「侯」字，據周書卷四七强練傳補。

〔三二〕荆土覆亡　諸本脫「土」字，據通志卷一八三庾季才傳補。

〔三三〕武成二年　諸本「成」作「定」，隋書卷七八、通志庾季才傳作「成」。按「武定」爲東魏靜帝年號，「武成」爲周明帝年號。「定」乃「成」之誤，今據改。

〔三四〕雁門人董子華等　諸本「雁」訛作「應」，據通志卷一八三來和傳改。

〔三五〕天元十一月朔旦冬至　諸本「一」作「二」，隋書卷七八、通志卷一八三蕭吉傳作「一」。按上文云：「今年歲在甲寅，十一月朔旦，以辛酉爲冬至。」據二十史朔閏表，開皇十四年十一月辛酉朔。蕭吉因此附會圖讖，言隋得天命。是應作「十一月」，今據改。

〔三六〕其祚日强　諸本「日」訛「曰」，據隋書改。

〔三七〕胄玄所爲歷法　諸本「爲」訛作「謂」，據隋書卷七八張胄玄傳改。

〔三八〕計一百八十二日而行一百七十六度　諸本「計」下「一」字，誤作「二」，據隋書、通志卷一八三張胄玄傳改。

〔三九〕又行道外十三日有奇而入　隋書「道」上有「黄」字。

〔四〇〕朔望去交前後各十五度以下　諸本無「十」字，隋書有。按下文云：「去交十四度者，食一分；去交十三度，食二分。」則此當有「十」字，今據補。

〔四一〕雖遇正交　諸本「交」訛作「人」，據隋書、通志改。

〔四二〕定見在夏至初　諸本脫「在」字，據隋書補。

〔四三〕皆十五度外乃循本率　諸本「乃」訛作「及」，據隋書改。

〔四四〕其應多少　隋書作：「其應少反多，應多反少。」北史删節后，文義不明。

北史卷九十

列傳第七十八

藝術下

周澹　李脩　徐謇從孫之才　王顯　馬嗣明　姚僧垣子最
褚該　許智藏許澄　萬寶常　蔣少游　何稠

周澹，京兆鄠人也。多方術，尤善醫藥，遂爲太醫令。明元嘗苦風頭眩，澹療得愈，由此位特進，賜爵成德侯。神瑞二年，京師飢，朝議遷都於鄴，澹與博士祭酒崔浩進計，言不可。明元曰：「唯此二人，與朕意同。」詔賜澹、浩妾各一人。卒，謚曰恭。

李脩字思祖，本陽平館陶人也。父亮，少學醫術，未能精究。太武時奔宋，又就沙門僧

坦，略盡其術。針灸授藥，罔不有効。徐、兗間，多所救恤。亮大爲廳事，以舍病人，死者則就而棺殯，親往弔視，其仁厚若此。累遷府參軍督護。本郡士門、宿官，咸相交昵，車馬金帛，酬賚無貲。

脩兄元孫隨畢衆敬赴平城，〔一〕亦遵父業而不及，以功拜奉朝請。

脩略與兄同，晚入代京，歷位中散令，以功賜爵下蔡子，遷給事中。太和中，常在禁內，文明太后時有不豫，脩侍針藥多効，賞賜累加，車服第宅，號爲鮮麗。集諸學士及工書者百餘人，在東宮撰諸藥方百卷，皆行於世。先是咸陽公高允雖年且百歲，而氣力尙康，孝文、文明太后時令脩診視之。一旦，奏言允脈竭氣微，大命無遠，未幾果亡。後卒於太醫令，贈青州刺史。

徐謇字成伯，丹陽人也，家本東莞。與兄文伯等皆善醫藥。謇因至青州，慕容白曜平東陽，獲之，送京師。獻文欲驗其能，置病人於幕中，使謇隔而脈之，深得病形，兼知色候，遂被寵遇。爲中散，稍遷內行長。文明太后時問經方，而不及李脩之見任用。謇合和藥劑攻療之驗，精妙於脩。而性秘忌，承奉不得其意，雖貴爲王公，不爲措療也。

孝文遷洛，稍加眷待，體小不平，及所寵馮昭儀有病，皆令處療。又除中散大夫，轉侍御師。謇欲爲孝文合金丹，致延年法，乃入居嵩高，採營其物，歷歲無所成，遂罷。二十二年，上幸縣瓠，〔二〕有疾大漸，乃馳驛召謇，令水路赴行所，一日一夜行數百里。至，診省有大驗。九月，車駕次于汝濱，乃大爲謇設太官珍膳。因集百官，特坐謇于上席，遍陳餚觴于前，命左右宣謇救攝危篤振濟之功，宜加酬賚。乃下詔褒美，以謇爲大鴻臚卿、金鄉縣伯，又賜錢絹、雜物、奴婢、牛馬，事出豐厚，皆經內呈。諸親王咸陽王禧等各有別賚，並至千匹。從行至鄴，上猶自發動，謇日夕左右。明年，從詣馬圈，上疾勢遂甚，蹙蹙不怡，每加切誚，又欲加之鞭捶，幸而獲免。帝崩後，謇隨梓宮還洛。

謇常有將餌及吞服道，年垂八十，而鬢髮不白，力未多衰。正始元年，以老爲光祿大夫。卒，贈安東將軍、齊州刺史，謚曰靖。子踐，字景昇，襲爵。位建興太守。

文伯仕南齊，位東莞、太山、蘭陵三郡太守。子雄，員外散騎侍郎，醫術爲江左所稱，事並見南史。

雄子之才，幼而儁發，五歲誦孝經，八歲略通義旨。曾與從兄康造梁太子詹事汝南周捨宅，聽老子。捨爲設食，乃戲之曰：「徐郎不用心思義，而但事食乎？」之才答曰：「蓋聞聖

人虛其心而實其腹。」捨嗟賞之。年十三，召爲太學生，粗通禮、易。彭城劉孝綽、河東裴子野、吳郡張嵊等每共論周易及喪服儀，酬應如響。咸共歎曰：「此神童也。」孝綽又云：「徐郎燕頷，有班定遠之相。」陳郡袁昂領丹陽尹，辟爲主簿，人務事宜，皆被顧訪。郡廨遭火，之才起望，夜中不著衣，披紅眠帕出房，映光爲昂所見。功曹白請免職，昂重其才術，仍特原之。

豫章王綜出鎮江都，復除豫章王國左常侍，又轉綜鎮北主簿。及綜入魏，三軍散走，之才退至呂梁，橋斷路絕，遂爲魏統軍石茂孫所止。綜入魏旬月，位至司空。魏聽綜收斂僚屬，乃訪知之才在彭泗，啓魏帝，云之才大善醫術，兼有機辯，詔徵之才。孝昌二年，至洛，敕居南館，禮遇甚優。謇子踐啓求之才還宅。之才藥石多效，又閑涉經史，發言辯捷，朝賢競相要引，爲之延譽。武帝時，封昌安縣侯。

天平中，齊神武徵赴晉陽，常在內館，禮遇稍厚。武定四年，自散騎常侍轉秘書監。文宣作相，普加黜陟，楊愔以其南士，不堪典掌功程，且多陪從，全廢曹務，轉授金紫光祿大夫，以魏收代。之才甚怏怏不平。

之才少解天文，兼圖讖之學，共館客宋景業參校吉凶，知午年必有革易。因高德正啓之，文宣聞而大悅。時自婁太后及勳貴臣咸云：「關西既是勍敵，恐其有挾天子令諸侯之

辭，不可先行禪代事。」之才獨云：「千人逐兔，一人得之，諸人咸息。須定大業，何容翻欲學人？」又援引證據，備有條目，帝從之。登阼後，彌見親密。之才非惟醫術自進，亦爲首唱禪代，又戲諧滑稽，言無不至，於是大被狎昵。尋除侍中，封池陽縣伯。見文宣政令轉嚴，求出，除趙州刺史。竟不獲述職，猶爲弄臣。皇建二年，除西兗州刺史，未之官。武明皇太后不豫，之才療之，應手便愈，孝昭賜綵帛千段、錦四百匹。之才既善醫術，雖有外授，頃卽徵還。既博識多聞，由是於方術尤妙。

大寧二年春，武明太后又病，之才弟之範爲尙藥典御，敕令診候。內史皆令呼太后爲石婆，蓋有俗忌，故改名以厭制之。之範出告之才曰：「童謠云：『周里跂求伽，豹祠嫁石婆，斬冢作媒人，唯得一量紫綖靴。』今太后忽改名，私所致怪。」之才曰：「跂求伽，胡言去已，豹祠嫁石婆，豈有好事？斬冢作媒人，但令合葬，自斬冢。唯得紫綖靴者，得至四月。何者？紫之爲字，此下系，綖者熟，當在四月之中。」之範問靴是何義。之才曰：「靴者革旁化，寧是久物？」至四月一日，后果崩。有人患脚跟腫痛，諸醫莫能識。之才曰：「蛤精疾也，由乘船入海，垂脚水中。」疾者曰：「實曾如此。」之才爲剖，得蛤子二，大如榆莢。又有以骨爲刀子把者，五色斑斕。之才曰：「此人瘤也。」問得處，云：「於古冢見髑髏，額骨長數寸，試削視，有文理，故用之。」其明悟多通如此。

天統四年，累遷尙書左僕射，俄除兗州刺史，特給鐃吹一部。之才醫術最高，偏被命召。武成酒色過度，怳忽不恒。曾病發，自云，初見空中有五色物，稍近，變成一美婦人，去地數丈，亭亭而立。食頃，變爲觀世音。之才云：「此色欲多，大虛所致。」卽處湯方，服一劑，便覺稍遠；又服，還變成五色物；數劑湯，疾竟愈。帝每發動，暫遣騎追之，針藥所加，應時必效，故頻有端執之舉。入秋，武成小定，更不發動。和士開欲依次轉進，以之才附籍兗州，卽是本屬，遂奏附除刺史，以胡長仁爲左僕射，士開爲右僕射。及十月，帝又病動，語士開云：「浪用之才外任，使我辛苦。」其月八日，敕驛追之才。帝以十日崩，之才十一日方到。既無所及，復還赴州。在職無所侵暴，但不甚閑法理，頗亦疏慢，用捨自由。

五年冬，後主徵之才。尋左僕射闕，之才曰：「自可復禹之績。」武平元年，重除尙書左僕射。之才於和士開、陸令萱母子曲盡卑狎，二家若疾，救護百端。由是遷尙書令，封西陽郡王。祖珽執政，除之才侍中、太子太師。之才恨曰：「子野沙汰我。」珽目疾，故以師曠比之。

之才聰辯强識，有兼人之敏。尤好劇談體語，公私言聚，多相嘲戲。鄭道育常戲之才爲師公，之才曰：「既爲汝師，又爲汝公，在三之義，頓居其兩。」又嘲王昕姓云：「有言則誑，近犬便狂，加頸足而爲馬，施角尾而成羊。」盧元明因戲之才云：「卿姓是未入人，名是字之誤，之當爲乏也。」〔三〕卽答云：「卿姓，在上爲虐，在丘爲虛，生男則爲虜，配馬則爲驢。」又常與朝士出游，遙望羣犬競走，諸人試令目之。之才卽應聲云：「爲是宋鵲？爲是韓盧？爲逐李斯東走？爲負帝女南徂？」李諧於廣坐因稱其父名曰：「卿嗜熊白生不？」之才曰：「平平耳。」又曰：「卿此言於理平不？」諧遽出避之，道逢其甥高德正。德正曰：「舅顏色何不悅？」諧告之故。德正徑造坐席，連索熊白。之才謂坐者曰：「箇人諱底？」衆莫之應。之才曰：「生不爲人所知，死不爲人所諱，此何足問。」唐邕、白建方貴，時人言云：「并州赫赫唐與白。」之才蔑之，元日，對邕爲諸令史祝曰：「卿等位當作唐、白。」又以小史好嚼筆，故常執管就元文遙口曰：「借君齒。」其不遜如此。

歷事諸帝，以戲狎得寵。武成生齻牙，問諸醫，尙藥典御鄧宣文以實對，武成怒而撻之。後以問之才，拜賀曰：「此是智牙，生智牙者，聰明長壽。」武成悅而賞之。爲僕射時，語人曰：「我在江東，見徐勉作僕射，朝士莫不佞之。今我亦是徐僕射，無一人佞我，何由可活！」之才妻，魏廣陽王妹，之才從文襄求得爲妻。和士開知之，乃淫其妻。之才遇見而避之，退曰：「妨少年戲笑。」其縱之如此。年八十，卒，贈司徒公、錄尙書事，謚曰文明。

長子林，字少卿，太尉司馬。次子同卿，太子庶子。之才以其無學術，每歎曰：「終恐同廣陵散矣。」

弟之範亦醫術見知，位太常卿，特聽襲之才爵西陽王。入周，授儀同大將軍。開皇中，卒。

王顯字世榮，陽平樂平人也。自言本東海郯人，王朗之後也。父安上，〔四〕少與李亮同師，俱受醫藥，而不及亮。

顯少歷本州從事，雖以醫術自通，而明敏有決斷才用。初文昭太后之懷宣武，夢爲日所逐，化而爲龍而繞后，后寤而驚悸，遂成心疾。文明太后敕徐謇及顯等爲后診脈，謇云是微風入藏，宜進湯加針；顯言案三部脈，非有心疾，將是懷孕生男之象，果如顯言。久之，補侍御師。

宣武自幼有微疾，顯攝療有效，因稍蒙眄識。又罷六輔之初，顯爲領軍于烈間通規策，頗有密功。累遷廷尉卿，仍在侍御，營進御藥，出入禁內。累遷御史中尉。顯前後居職，所在著稱，糾折庶獄，究其奸回，出內惜慎，憂國如家。及領憲臺，多所彈劾，百僚肅然。又以中尉屬官不悉稱職，諷求改革。詔委改選，務盡才能。而顯所舉，或有請屬，未皆得人，於是衆議喧譁，聲望致損。後宣武詔顯撰藥方三十五卷，班布天下，以療諸疾。東宮建，以爲太子詹事，委任甚厚。上每幸東宮，顯常近侍，出入禁中，仍奉醫藥。賞賜累加，爲立館宇，寵振當時。以營療功，封衞國縣伯。

及宣武崩，明帝踐阼，顯參奉璽策，隨從臨哭，微爲憂懼。顯既蒙任遇，兼爲法官，恃勢使威，爲時所疾。朝宰託以侍療無效，執之禁中。詔削爵位，徙朔州。臨執呼寃，直閤伊盆生以刀鐶撞其腋下，傷中吐血，至右衞府，一宿死。子曄，尙書儀曹郎中，懼走，後被獲，拷掠百餘。宅沒於官。

初，顯搆會元景，[五]就刑南臺。及顯之死，在右衞府，唯隔一巷，相去數十步。世以爲有報應之驗。始顯布衣爲諸生，有沙門相顯，後當富貴，誡其勿爲吏，爲吏必敗。由是宣武時，或欲令其兼攝吏部，每殷勤辭避。及宣武崩，帝夜卽位，受璽策，於儀須兼太尉及吏部，倉卒，百官不具，以顯兼吏部行事。又顯未敗之前，有嫗卜相於市者，言人吉凶頗驗。時子曄已爲郎，聞之，微服就嫗，問已終至何官。嫗言：「君今既有位矣，不復更進，當受父寃。」並如其語。

馬嗣明，河內野王人也。少博綜經方，爲人診脈，一年前知其生死。邢邵唯一子大寶，

甚聰慧，年十七八患傷寒。嗣明爲其診脈，退告楊愔云：「邢公子傷寒不療自差，然脈候不出一年便死，覺之少晚，不可復療。」數日後，楊、邢並侍宴內殿。文宣云：「邢子才兒大不惡，我欲乞其隨近一郡。」楊以年少，未合剖符。宴罷，奏云：「馬嗣明稱大寶脈惡，一年內恐死，若其出郡，醫藥難求。」遂寢。大寶未期而卒。楊愔患背腫，嗣明以練石塗之，便差，因此大爲楊愔所重。作練石法：以粗黃色石如鵝鴨卵大，猛火燒令赤，內淳醋中，自有石屑落醋裏。頻燒至石盡，取石屑曝乾，擣下簁，和醋以塗腫上，無不愈。

武平中，爲通直散騎常侍，針灸孔穴，往往與明堂不同。嘗有一家，二奴俱患，身體遍青，漸虛羸不能食。訪諸醫，無識者。嗣明爲灸兩足趺上各三七壯，便愈。武平末，從駕往晉陽，至遼陽山中，數處見牓，云有人家女病，若能差之者，購錢十萬。又諸名醫多尋牓至是人家，問疾狀，俱不下手。唯嗣明爲之療。問其病由，云曾以手持一麥穗，卽見一赤物長二尺許，似蛇，入其手指中，因驚倒地。卽覺手臂疼腫，月餘日，漸及半身，肢節俱腫，痛不可忍，呻吟晝夜不絕。嗣明卽爲處方，令馳馬往都市藥，示其節度，前後服十劑湯，一劑散。比嗣明明年從駕還，此女平復如故。嗣明藝術精妙，多如是。

隋開皇中，卒於太子藥藏監。然性自矜大，輕諸醫人，自徐之才、崔叔鸞以還，俱爲其所輕。

姚僧垣字法衞，[六]吳興武康人，吳太常信之八世孫也。父菩提，梁高平令。嘗嬰疾疹歷年，乃留心醫藥。梁武帝召與討論方術，言多會意，由是頗禮之。

僧垣幼通洽，居喪盡禮，年二十四，卽傳家業。仕梁爲太醫正，加文德主帥。梁武帝嘗因發熱，服大黃。僧垣曰：「大黃快藥，至尊年高，不宜輕用。」帝弗從，遂至危篤。太淸元年，轉鎭西湘東王府中記室參軍。僧垣少好文史，爲學者所稱。及梁簡文嗣位，僧垣兼中書舍人。梁元帝平侯景，召僧垣赴荆州，改授晉安王府諮議。梁元帝嘗有心腹病，諸醫皆請用平藥。僧垣曰：「脈洪實，宜用大黃。」元帝從之，進湯訖，果下宿食，因而疾愈。時初鑄錢，一當十，乃賜十萬貫，實百萬也。

及魏軍剋荆州，僧垣猶侍梁元，不離左右，爲軍人所止，方泣涕而去。尋而周文遣使馳驛徵僧垣。燕公于謹固留不遣，謂使人曰：「吾年衰暮，疾病嬰沉，今得此人，望與之偕老。」周文以謹勳德隆重，乃止。明年，隨謹至長安。

武成元年，授小畿伯下大夫。金州刺史伊婁穆以疾還京，請僧垣省疾，乃云自腰至臍，似有三縛，兩脚緩縱，不復自持。僧垣卽爲處湯三劑，穆初服一劑，上縛卽解；次服一劑，中

縛復解；又服一劑，三縛悉除。而兩脚疼痺，猶自攣弱，更爲合散一劑，稍得屈申。僧垣曰：「終待霜降，此患當愈。」及至九月，遂能起行。大將軍、襄樂公賀蘭隆先有氣疾，加以水腫，喘息奔急，坐臥不安。或有勸其服決命大散者，其家疑未能決，乃問僧垣。僧垣曰：「意謂此患，不與大散相當。」卽爲處方，勸使急服，[七]便卽氣通，更服一劑，諸患悉愈。大將軍、樂平公竇集暴感風疾，精神瞀亂，無所覺知。醫先視者，皆云已不可救。僧垣後至，曰：「困矣，終當不死。」爲合湯散，所患卽瘳。[八]大將軍、永世公叱伏列椿苦痢積時，而不損廢朝謁。燕公謹嘗問僧垣曰：「樂平、永世，俱有痼疾，意永世差輕。」對曰：「夫患有深淺，時有危殺，樂平雖困，終當保全；永世雖輕，必不免死。」謹曰：「當在何時？」對曰：「不出四月。」果如其言，謹歎異之。

天和六年，遷遂伯中大夫。建德三年，文宣太后寢疾，醫巫雜說，各有同異。武帝引僧垣坐，問之。對曰：「臣準之常人，竊以憂懼。」帝泣曰：「公既決之矣，知復何言！」尋而太后崩。其後復因召見，乃授驃騎大將軍、開府儀同三司。敕停朝謁，若非別敕，不勞入見。四年，帝親戎東討，至河陰遇疾，口不能言，瞼垂覆目，不得視；一足短縮，又不得行。僧垣以爲諸藏俱病，不可並療，軍中之要，莫過於語，乃處方進藥，帝遂得言；次又療目，目疾便愈；末及足，足疾亦瘳。比至華州，帝已痊復。卽除華州刺史，仍詔隨駕入京，不令在鎭。宣政

元年，表請致仕，優詔許之。是歲，帝幸雲陽，遂寢疾，乃召僧垣赴行在所。內史柳昂私問曰：「至尊脈候何如？」對曰：「天子上應天心，或當非愚所及。若凡庶如此，萬無一全。」尋而帝崩。

宣帝初在東宮，常苦心痛，乃令僧垣療之，其疾卽愈。及卽位，恩禮彌隆。謂曰：「嘗聞先帝呼公爲姚公，有之？」對曰：「臣曲荷殊私，實如聖旨。」帝曰：「此是尙齒之辭，非爲貴爵之號。朕當爲公建國開家，爲子孫永業。」乃封長壽縣公，册命之日，又賜以金帶及衣服等。大象二年，除太醫下大夫。帝尋有疾，至于大漸，僧垣宿直侍疾。帝謂隋公曰：「今日性命，唯委此人。」僧垣知帝必不全濟，乃對曰：「臣但恐庸短不逮，敢不盡心！」帝頷之。及靜帝嗣位，遷上開府儀同大將軍。

隋開皇初，進爵北絳郡公。三年，卒，年八十五。遺誡衣帢入棺，朝服勿斂，靈上唯置香奩，每日設淸水而已。贈本官，加荆、湖二州刺史。

僧垣醫術高妙，爲當時所推，前後効驗，不可勝紀。聲譽既盛，遠聞邊服，至於諸蕃外域，咸請託之。僧垣乃參校徵効者爲集驗方十二卷，又撰行記三卷，行於世。

長子察，南史有傳。

次子最，字士會。博通經史，尤好著述。年十九，隨僧垣入關。明帝盛聚學徒，校書於麟趾殿，最亦預爲學士。俄授齊王憲府水曹參軍，掌記室事，特爲憲所禮接。最幼在江左，迄于入關，未習醫術。天和中，齊王憲奏遣最習之。憲又謂最曰：「博學高才，何如王褒、庾信？王庾名重兩國，吾視之蔑如，接待資給，非爾家比也。勿不存心。且天子有敕，彌須勉勵。」最於是始受家業，十許年中，略盡其妙。每有人告請，効驗甚多。隋文帝踐極，除太子門大夫。以父憂去官，哀毀骨立。既免喪，襲爵北絳郡公，復爲太子門大夫。俄轉蜀王秀友。秀鎭益州，遷秀府司馬。及平陳，察至，最自以非嫡，讓封於察，隋文帝許之。秀後陰有異謀，隋文帝令公卿窮其事。開府慶整、郝瑋等並推過於秀。最獨曰：「凡有不法，皆最所爲，王實不知也。」榜訊數百，卒無異辭，竟坐誅，論者義之。撰梁後略十卷，行於世。

褚該字孝通，河南陽翟人也。父義昌，梁鄱陽王中記室。該幼而謹厚，尤善醫術，仕梁，歷武陵王府參軍，隨府西上，後與蕭撝同歸周。自許奭死後，該稍爲時人所重，賓客迎候，亞於姚僧垣。天和初，位縣伯下大夫，進授車騎大將軍、儀同三司。該性淹和，不自矜尙，但有請之者，皆爲盡其藝術。時論稱其長者。後以疾卒。子則，亦傳其家業。

許智藏，高陽人也。祖道幼，常以母疾，遂覽醫方，因而究極，時號名醫。誡諸子曰：「爲人子者，嘗膳視藥，不知方術，豈謂孝乎。」由是，遂世相傳授。仕梁，位員外散騎侍郎。父景，武陵王諮議參軍。

智藏少以醫術自達，仕陳，爲散騎常侍。陳滅，隋文帝以爲員外散騎侍郎，使詣揚州。會秦王俊有疾，上馳召之，俊夜夢其亡妃崔氏泣曰：「本來相迎，如聞許智藏將至，其人若到，當必相苦，爲之奈何？」明夜，俊又夢崔氏曰：「妾得計矣，當入靈府中以避之。」及智藏至，爲俊診脈曰：「疾已入心，卽當發癇，不可救也。」果如言，俊數日而薨。上奇其妙，賚物百段。煬帝卽位，智藏時致仕，帝每有苦，輒令中使就宅詢訪，或以轝迎入殿，扶登御牀。智藏爲方奏之，用無不効。卒於家，年八十。

宗人許澄，亦以醫術顯。澄父奭，仕梁，爲中軍長史，隨柳仲禮入長安，與姚僧垣齊名，拜上儀同三司。澄有學識，傳父業，尤盡其妙。歷位尙藥典御、諫議大夫，封賀川縣伯。父

子俱以藝術名重於周隋二代，史失其事，故附云。

萬寶常，不知何許人也。父大通，從梁將王琳歸齊，後謀還江南，事泄伏誅。由是寶常被配爲樂戶，因妙達鍾律，遍工八音。與人方食，論及聲調，時無樂器，寶常因取前食器及雜物，以箸扣之，品其高下，宮商畢備，諧於絲竹，大爲時人所賞。然歷周、隋，俱不得調。開皇初，沛國公鄭譯等定樂，初爲黃鍾調，寶常雖爲伶人，譯等每召與議，然言多不用。後譯樂成，奏之，上召寶常，問其可不。寶常曰：「此亡國之音，豈陛下所宜聞！」上不悅。寶常因極言樂聲哀怨淫放，非雅正之音，請以水尺爲律，以調樂器，其聲率下鄭譯調二律。并撰樂譜六十四卷。且論八音旋相爲宮法，改絃移柱之變，爲八十四調，一百四十四律，〔六〕變化終於一千八百聲。時以周禮有旋宮之義，自漢已來，知音不能通，見寶常特創其事，皆哂之。至是，試令爲之，應手成曲，無所疑滯，見者莫不嗟異。

於是損益樂器，不可勝紀。其聲雅淡，不爲時人所好。太常善聲者，多排毀之。又太子洗馬蘇夔以鍾律自命，尤忌寶常。夔父威方用事，凡言樂者附之而短寶常。數詣公卿怨望，蘇威因詰寶常所爲，何所傳受。有一沙門謂寶常曰：「上雅好符瑞，有言徵祥者，上皆悅

之。先生當言從胡僧受學，云是佛家菩薩所傳音律，則上必悅。先生當言，所爲可以行矣。」〔一〇〕寶常遂如其言以答威。威怒曰：「胡僧所傳，乃四夷之樂，非中國宜行。」其事竟寢。寶常聽太常所奏樂，泫然泣曰：「樂聲淫厲而哀，天下不久將盡。」時四海全盛，聞言者皆謂不然；大業之末，其言卒驗。

寶常貧而無子，其妻因其臥疾，遂竊其貲物而逃，寶常竟餓死。將死，取其所著書焚之，曰：「何用此爲？」見者於火中探得數卷，見行於世。

開皇中，鄭譯、何妥、盧賁、蘇夔、蕭吉並討論墳籍，撰著樂書，皆爲當時所用；至於天然識樂，不及寶常遠矣。安馬駒、曹妙達、王長通、郭令樂等能造曲，爲一時之妙，又習鄭聲；而寶常所爲，皆歸於雅。此輩雖公議不附寶常，然皆心服，謂以爲神。

時樂人王令言亦妙達音律。大業末，煬帝將幸江都，令言之子嘗於戶外彈胡琵琶，作翻調安公子曲，令言時臥室中，聞之驚起，曰：「變！變！」急呼其子曰：「此曲興自早晚？」其子曰：「頃來有之。」令言遂歔欷流涕，謂其子曰：「汝愼無從行，帝必不反。」子問其故，令言曰：「此曲宮聲往而不反。宮君也，吾所以知之。」帝竟被弒於江都。

蔣少游，樂安博昌人也。魏慕容白曜之平東陽，見俘，入於平城，充平齊戶。後配雲中爲兵。性機巧，頗能畫刻，有文思，吟咏之際，時有短篇。遂留寄平城，以傭寫書爲業，而名猶在鎭。後被召爲中書寫書生，與高聰俱依高允。允並薦之，與聰俱補中書博士。自在中書，恒庇於李沖兄弟子姪之門。始北方不悉青州蔣族，或謂少游本非人士，又少游微，因工藝自達，是以公私人望，不至相重，唯高允、李沖，曲爲體練。孝文、文明太后嘗因密宴謂百官曰：「本謂少游作師耳，高允老公乃言其人士。」然猶驟被引命，以規矩刻績爲務，因此大蒙恩賜，而位亦不遷陟也。

及詔尚書李沖與馮誕、游明根、高閭等議定衣冠於禁中，少游巧思，令主其事。亦訪於劉昶。二意相乖，時致諍競，積六載乃成，始班賜百官。冠服之成，少游有効焉。後於平城將營太廟太極殿，遣少游乘傳詣洛，量準魏、晉基趾。後爲散騎侍郎，副李彪使江南。孝文修船乘，以其多有思力，除都水使者。遷兼將作大匠，仍領都水池湖泛戲舟檝之具。〔一一〕及華林殿沼修舊增新，〔一二〕改作金墉門樓，皆所措意，號爲研美。雖有文藻，而不得申其才用。恒以剞劂繩尺，碎據怱怱，徙倚園、湖、城、殿之側，識者爲之歎慨。而乃坦爾爲己任，不告疲恥。又兼太常少卿，都水如故。卒，贈龍驤將軍、青州刺史，謚曰質。有文集十卷餘。〔一三〕少游又爲太極立模範，與董爾、王遇等參建之，皆未成而卒。

初，文成時，郭善明甚機巧，北京宮殿，多其製作。孝文時，青州刺史侯文和亦以巧聞，〔一四〕爲要舟，水中立射。滑稽多智，辭說無端，尤善淺俗委巷之語，至可翫笑。位樂陵、濟南二郡太守。宣武、明帝時，豫州人柳儉、殿中將軍關文備、郭安興並機巧。洛中製永寧寺九層佛圖，安興爲匠也。

始孝文時，有范寗兒者善圍碁，曾與李彪使齊，齊令江南上品王抗與寗兒，制勝而還。〔一五〕又有浮陽高光宗善樗蒲。趙國李幼序、洛陽丘何奴並工握槊。此蓋胡戲，近入中國。云胡王有弟一人遇罪，將殺之，弟從獄中爲此戲以上之，意言孤則易死也。宣武以後，大盛於時。

何稠字桂林，國子祭酒妥之兄子也。父通，善琢玉。稠年十餘，遇江陵平，隨妥入長安。仕周，御飾下士。及隋文帝爲丞相，召補參軍，兼掌細作署。開皇中，累遷太府丞。稠博覽古圖，多識舊物。波斯嘗獻金線錦袍，組織殊麗。上命稠爲之，稠錦成，踰所獻者。上甚悅。時中國久絕琉璃作，匠人無敢措意，稠以綠瓷爲之，與眞不異。尋加員外散騎侍郎。開皇末，桂州俚李光仕爲亂，詔稠募討之，師次衡嶺，遣使招其渠帥，洞主莫崇解兵降

款。桂州長史王文同鎖崇詣稠所。稠詐宣言曰：「州縣不能綏養，非崇之罪。」命釋之，引共坐，與從者四人，爲設酒食遣之。崇大悅，歸洞不設備。稠至五更，掩及其洞，悉發俚兵以臨餘賊，象州逆帥杜條遼、羅州逆帥龐靖等相繼降款。分遣建州開府梁昵討叛夷羅壽，〔一六〕羅州刺史馮暄討賊帥李大檀，並平之。承制署首領爲州縣官而還，衆皆悅服。有欽州刺史甯猛力帥衆迎軍。初，猛力欲圖爲逆，至是惶懼，請身入朝。稠以其疾篤，示無猜貳，放還州，與約八九月詣京師相見。稠還奏狀，上意不懌。其年十月，猛力卒，上謂稠曰：「汝前不將猛力來，今竟死矣。」稠曰：「猛力共臣約，假令身死，當遣子入侍。越人性直，其子必來。」初，猛力臨終，誡其子長眞曰：「我與大使期，不可失信於國士，汝葬我訖，即宜上路。」長眞如言入朝。上大悅曰：「何稠著信蠻夷，乃至於此！」以勳授開府。

仁壽初，文獻皇后崩，稠與宇文愷參典山陵制度。稠性少言，善候上旨，由是漸見親昵。上疾篤，謂稠曰：「汝既曾葬皇后，今我方死，亦宜好安置。囑此何益？但不能忘懷耳。魂而有知，當相見於地下。」上因攬太子頸曰：「何稠用心，我後事動靜當共平章。」

大業初，煬帝將幸揚州，敕稠討閱圖籍，造輿服羽儀，送至江都。其日，拜太府少卿。稠於是營黃麾三萬六千人仗，及車輿輦輅、皇后鹵簿、百官儀服，依期而就，送于江都。所役工十萬餘人，用金銀錢物巨億計。帝使兵部侍郎明雅、〔一七〕選部郎薛邁等勾覆，數年方

竟，毫釐無舛。

稠參會今古，多所改創。魏、晉已來，皮弁有纓而無笄導。稠曰：「此古田獵服也，今服以入朝，宜變其制。」故弁施象牙簪導，自稠始也。又從省之服，初無佩綬。稠曰：「此乃晦朔小朝之服，安有人臣謁帝，而除去印綬，兼無佩玉之節乎？」乃加獸頭小綬及佩一隻。舊制，五輅於轅上起箱，天子與參乘同在箱內。稠曰：「君臣同所，過爲相逼。」乃廣爲盤輿，別構欄楯，侍臣立於其中；於內復起須彌平坐，天子獨居其上。自餘麾幢文物，增損極多。帝復令稠造戎車萬乘，鉤陳八百連。帝善之，以稠守太府卿，後兼領少府監。

遼東之役，攝右屯衞將軍，領御營弩手三萬人。時工部尚書宇文愷造遼水橋不成，師未得濟，右屯衞大將軍麥鐵杖因而遇害。〔一八〕帝遣稠造橋，二日而就。初，稠制行殿及六合城，至是，帝於遼左與賊相對，夜中施之。其城，周迴八里，城及女垣合高十仞，上布甲士，立仗建旗，四隅置闕，面列一觀，觀下三門，比明而畢。高麗望見，謂若神功。稍加至右光祿大夫。

從幸江都，遇宇文化及亂，以爲工部尚書。及敗，陷于竇建德，復爲工部尚書、舒國公。建德敗，歸于大唐，授少府監，卒。

又齊時有河間劉龍者，性强明，有巧思。齊後主令修三雀臺稱旨，因而歷職通顯。及

隋文帝踐阼，大見親委，位右衞將軍，兼將作大匠。遷都之始，與高熲參掌制度，世號爲能。大業中，有南郡公黃亘及弟袞，俱巧思絕人，煬帝每令其兄弟直少府將作。〔一九〕于時改創多務，亘、袞每參典其事。凡有所爲，何稠先令亘、袞立樣，當時工人莫有所損益。亘，位朝散大夫；袞，散騎侍郎。

論曰：陰陽卜祝之事，聖哲之教存焉，雖不可以專，亦不可得而廢也。徇於是者不能無非，厚於利者必有其害。詩、書、禮、樂所失也淺，故先王重其德；方術伎巧所失也深，故往哲輕其藝。夫能通方術而不詭於俗，習伎巧而必蹈於禮者，幾于大雅君子。故昔之通賢，所以戒乎妄作。

晁崇、張深、殷紹、王早、耿玄、劉靈助、李順興、檀特師、由吾道榮、顏惡頭、王春、信都芳、宋景業、許遵、吳遵世、趙輔和、皇甫玉、解法選、魏寧、綦母懷文、張子信、陸法和、蔣昇、强練、庾季才、盧太翼、耿詢、來和、蕭吉、楊伯醜、臨孝恭、劉祐、張胄玄等，皆魏來術藝之士也。觀其占候卜筮，推步盈虛，通幽洞微，近知鬼神之情狀。其間有不涉用於龜筴，而究人事之吉凶，如順興、檀特之徒，法和、强練之輩，將別稟數術，詎可以智識知？及江陵失守，

前巧盡棄，〔二〇〕還吳無路，入周不可，因歸事齊，厚蒙榮遇。雖竊之以叨濫，而守之以清虛，生靈所資，嗜欲咸遣，斯亦得道家之致矣。信都芳所明解者，乃是經國之用乎。

周澹、李脩、徐謇、謇兄孫之才、王顯、馬嗣明、姚僧垣、褚該、許智藏方藥特妙，各一時之美也。而僧垣診候精審，名冠一代，其所全濟，固亦多焉。而弘茲義方，皆爲令器，故能享眉壽，縻好爵。老聃云「天道無親，常與善人」，於是信矣。許氏之運鍼石，百載可稱。寶常聲律之奇，足以追蹤牙、曠，各一時之妙也。蔣、何以剞劂見知，沒其學思，藝成爲下，其近是乎。

周時，有樂茂雅以陰陽顯，史元華以相術稱，並所闕也。

校勘記

〔一〕脩兄元孫隨畢衆敬赴平城　諸本「城」作「陽」，魏書卷九一李脩傳作「城」。按魏書卷六一畢衆敬傳，衆敬以兗州降魏，皇興二年，「與薛安都朝于京師」，即平城，未嘗官於平陽。李元孫自是從兗州隨衆敬至平城。今據改。

〔二〕二十二年上幸懸瓠　諸本無「二十」兩字，魏書卷九一徐謇傳有。按孝文至懸瓠在太和二十二年三月，見魏書卷七下高祖紀。今據補。

〔三〕名是字之誤之當爲乏也　諸本「字」訛作「子」，「乏」訛作「之」。據通志卷一八三徐之才傳改。

〔四〕父安上　按魏書卷九一王顯傳，顯伯父安上，父安道。此誤以伯父爲父。

〔五〕初顯搆會元景　按元景本名「昺」，北史避唐諱改，參卷十五常山王遵傳校記。

〔六〕姚僧垣字法衞　陳書卷二七、南史卷五九姚察傳「垣」作「坦」。周書卷四七同北史。

〔七〕勸使急服　諸本「使急」誤倒，據周書乙。

〔八〕所患卽瘳　諸本「瘳」訛作「瘵」，據周書卷四七姚僧垣傳改。

〔九〕一百四十四律　諸本作「一百四十律」。按十二律自乘得一百四十四，此脫一「四」字。今據隋書卷七八萬寶常傳補。

〔一〇〕先生當言所爲可以行矣　隋書萬寶常傳無「當言」二字。疑是涉上文「先生當言」而衍。

〔一一〕仍領都水池湖泛戲舟楫之具　諸本無「都」字，通志卷一八三蔣少游傳有。按上文言「除都水使者」，下文言「都水如故」，知是脫文，今據補。

〔一二〕及華林殿沼修舊增新　諸本「沼」作「詔」，魏書卷九一蔣少游傳作「沼」。按此謂華林園內之宮殿及池沼，魏書是，今據改。

〔一三〕有文集十卷餘　疑「卷餘」二字誤倒。但魏書、通志並同。

〔一四〕青州刺史侯文和亦以巧聞　按下文云「位樂陵、濟南二郡太守」，則是未嘗爲刺史。疑「史」是

「人」之訛，後人又加「剌」字。

〔一五〕齊令江南上品王抗與寗兒制勝而還　按「寗兒」下當脫「奕」字。

〔一六〕象州逆帥杜條遼羅州逆帥龐靖等相繼降款分遣建州開府梁昵討叛夷羅壽　諸本「帥杜條遼、羅州逆帥龐靖等相繼降款，分遣建」十八字，錯置在下文「馮暄討賊」下，據隋書卷六八、通志卷一八三何稠傳移正。

〔一七〕帝使兵部侍郎明雅　諸本「明」作「胡」，隋書作「明」。張森楷云：「據趙才本書卷七八、斛斯政傳本書卷四九並作『明雅』，則『明』是，作『胡』非也。」按張說是，今據改。

〔一八〕右屯衞大將軍麥鐵杖因而遇害　諸本「右」作「左」，隋書作「右」。按本書卷十二、隋書卷四煬帝紀大業八年三月作「右」，今據改。

〔一九〕煬帝每令其兄弟直少府將作　諸本「直」訛作「亘」，據隋書、通志改。

〔二〇〕及江陵失守前巧盡棄　按自此以下一段論陸法和，突如其來，疑上有脫文。

北史卷九十一

列傳第七十九

列女

蓋婦人之德，雖在於溫柔，立節垂名，咸資於貞烈。溫柔仁之本也，貞烈義之資也。非溫柔無以成其仁，非貞烈無以顯其義。是以詩書所記，風俗所存，圖象丹青，流聲竹素。莫不守約以居正，殺身以成仁者也。若文伯、王陵之母，白公、杞殖之妻，魯之義姑，梁之高行，衞君靈王之妻，夏侯文寧之女，或抱信以會眞，或蹈忠而踐義，不以存亡易心，不以盛衰改節，其佳名彰於既沒，徽音傳於不朽，不亦休乎！或有王公大人之妃，偶肆情於淫僻之俗，雖衣文衣，食珍膳，坐金屋，乘玉輦，不入彤管之書，不霑青史之筆，將草木以俱落，與麋鹿而同死者，可勝道哉！永言載思，實庶姬之恥也。

魏隋二書，並有列女傳，齊周並無此篇。今又得武功孫道溫妻趙氏、河北孫神妻陳氏，附魏、隋二傳，以備列女篇云。

魏中書侍郎清河崔覽妻封氏者，勃海人，散騎常侍封愷女也。有才識，聰辯強記，多所究知。時李敷、公孫文叔雖已貴重，近世故事有所不達者，皆就而諮請焉。

勃海封卓妻劉氏者，彭城人也。成婚一夕，卓官於京師，後以事伏法。劉氏在家，忽然夢想，知卓已死，哀泣，嫂喻之不止。經旬，凶問果至，遂憤歎而死。時人比之秦嘉妻。中書令高允念其義高而名不著，爲之詩曰：

兩儀正位，人倫肇甄。爰制夫婦，統業承先。雖曰異族，氣猶自然，生則同室，終契黃泉。其一。

封生令達，卓爲時彥，內協黃中，外兼三變。誰能作配，克應其選，實有華宗，挺生淑媛。其二。

京野勢殊，山川乖互，乃奉王命，載馳在路。公務既弘，私義獲著，因媒致幣，遘止一暮。其三。

率我初冠，眷彼弱笄，形由禮比，情以趣諧。忻願難常，影跡易乖，悠悠言邁，戚戚長懷。其四。

時遇險迍，橫罹塵網，伏質就刑，身分土壤。千里雖遐，應如影響，良嬪洞感，發於夢想。其五。

仰惟親命，俯尋嘉好，誰謂會淺，義深情到，畢志守窮，誓不二醮，何以驗之，殞身

是効。其六。

人之處世，孰不厚生？必存於義，所重則輕。結憤鍾心，甘就幽冥，永捐堂宇，長辭母兄。其七。

芒芒中野，翳翳孤丘，葛藟冥蒙，荆棘四周，理苟不昧，神必俱遊。異哉貞婦，曠世靡儔。其八。

鉅鹿魏溥妻房氏者，慕容垂貴鄉太守常山房湛女也。幼有烈操。年十六而溥遇疾，且卒，顧謂之曰：「死不足恨，但痛母老家貧，赤子蒙眇，抱怨於黃壚耳！」房垂泣而對曰：「幸承先人餘訓，出事君子，義在偕老，有志不從，蓋其命也。今夫人在堂，弱子襁褓，願當以身少相感，永深長往之恨。」俄而溥卒。及將大歛，房氏操刀割左耳，投之棺中，仍曰：「鬼神有知，相期泉壤。」流血滂然，助喪者哀懼。姑劉氏輟哭而謂曰：「新婦何至於此？」對曰：「新婦少年，不幸早寡，實慮父母未量至情，覬持此自誓耳。」聞知者莫不感愴。

於時，子緝生未十旬，鞠育於後房之內，未嘗出門。遂終身不聽絲竹，不預座席。緝年十二，房父母仍存，於是歸寧，父兄尚有異議。緝竊聞之，以啓其母。房命駕，紿云他行，因而遂歸。其家弗之知也。行數十里，方覺，兄弟來追，房哀嘆而不反。其執意如此。訓導一子，有母儀法度。緝所交遊，有名勝者，則身具酒饌；有不及己者，輒屏臥不飧，須其悔謝，乃食。善誘嚴訓，類皆如是。年六十五而終。

緝子悅後爲濟陰太守，吏民立碑頌德。金紫光祿大夫高閭爲其文曰：「爰及處士，遘疾夙凋，伉儷秉志，識茂行高，殘形顯操，誓敦久要。」溥未仕而卒，故云處士焉。

樂部郎胡長命妻張氏者，不知何許人也。事姑王氏甚謹。太安中，京師禁酒。張以姑老且患，私爲醞之，爲有司所糾。王氏詣曹自首，由己私釀。張氏曰：「姑老抱患，張主家事，姑不知釀。」主司不知所處。平原王陸麗以狀奏，文成義而赦之。

平原鄃縣女子孫氏男玉者，夫爲零縣人所殺，〔一〕男玉追執讎人，欲自殺之。其弟止而不聽。男玉曰：「女人出適，以夫爲天，當親自復雪，云何假人之手？」遂以杖毆殺之。有司處死，以聞。獻文詔曰：「男玉重節輕身，以義犯法，緣情定罪，理在可原，其特恕之。」

清河房愛親妻崔氏者，同郡崔元孫之女也。性嚴明，有高節，歷覽書傳，多所聞知。親授子景伯、景光九經義，〔二〕學行修明，並當世名士。景伯爲清河太守，每有疑獄，常先請焉。

貝丘人列子不孝，吏欲案之，景伯爲之悲傷，入白其母。母曰：「吾聞聞名不如見面，小人未見禮敎，何足責哉！但呼其母來，吾與之同居，其子置汝左右，令其見汝事吾，或應自改。」景伯遂召其母，崔氏處之於榻，與之共食。景伯爲之溫凊。其子侍立堂下，未及旬日，悔過求還。崔氏曰：「此雖顏慚，未知心愧，且可置之。」凡經二十餘日，其子叩頭流血，其母涕泣乞還，然後聽之，終以孝聞。其識度勵物如此。竟以壽終。

涇州貞女兒氏者，〔三〕許嫁彭老生爲妻，聘幣既畢，未及成禮。兒氏率行貞淑，居貧，常自春汲，以養父母。老生輒往逼之，女曰：「與君聘命雖畢，二門多故，未及相見，何由不稟父母，擅見陵辱！若苟行非禮，正可身死耳！」遂不肯從。老生怒而刺殺之，取其衣服。女尚能言，臨死謂老生曰：「生身何罪，與君相遇！我所以執節自固者，寧更有所邀，正欲奉給君耳。今反爲君所殺，若魂靈有知，自當相報。」言終而絕。老生持女衣服珠纓，至其叔宅，以告。叔曰：「此是汝婦，奈何殺之，天不祐汝！」遂執送官。太和七年，有司劾以死罪。詔曰：「老生不仁，侵陵貞淑，原其強暴，便可戮之。而女守禮履節，沒身不改，雖處草莽，行合古跡。宜賜美名，以顯風操，其標墓旌善，號曰『貞女』。」

姚氏婦楊氏者，閹人苻承祖姨也。家貧。及承祖爲文明太后所寵貴，親姻皆求利潤，唯楊獨不欲。常謂其姊曰：「姊雖有一時之榮，不若妹有無憂之樂。」姊每遺其衣服，多不受，强與之，則云：「我夫家世貧，好衣美服則使人不安。」與之奴婢，云：「我家無食，不能供給。」終不肯受。常著破衣，自執勞事。時受其衣服，多不著，密埋之；設有著者，汚之而後服。承祖每見其寒悴，深恨其家，謂不供給之。乃啓其母曰：「今承祖一身，何所乏少，而使姨如是？」母具以語之。承祖乃遣人乘車往迎之，則厲志不起。遣人强轝於車上，則大哭言：「爾欲殺我也！」由是苻家內外，皆號爲癡姨。及承祖敗，有司執其二姨至殿庭致法，以姚氏婦衣裳弊陋，特免其罪。其識機，雖呂嬃亦不如也。

滎陽京縣人張洪祁妻劉氏者，年十七夫亡。遺腹生一子，三歲又沒。其舅姑年老，朝夕奉養，率禮無違。兄矜其少寡，欲奪嫁之，劉自誓不許，以終其身。

陳留董景起妻張氏者，景起早亡，張時年十六，痛夫少喪，哀傷過禮，蔬食長齋。又無兒息，獨守貞操，期以闔棺。鄉曲高之，終見標異。

漁陽太守陽尼妻高氏者，勃海人也。學識有文翰，孝文敕令入侍後宮。幽后表啓，悉其辭也。

滎陽史映周妻耿氏者，同郡耿氏女也。年十七，適於映周。太和二十三年，映周卒，耿氏恐父母奪其志，因葬映周，哀哭而殞。見者莫不悲嘆。屬大使觀風，以狀具上，詔標門閭。

任城國太妃孟氏者，鉅鹿人，尚書、任城王澄之母也。澄爲揚州之日，率衆出討。於後賊帥姜慶眞陰結逆黨，襲陷羅城，長史韋纘倉卒〔失圖，計無所出。〕〔四〕孟乃勒兵登陴，激厲文武，喻之逆順，於是咸有奮志，賊不能克，卒以全城。靈太后後敕有司樹碑旌美。

梓潼太守苟金龍妻劉氏者，平原人也，廷尉少卿劉叔宗之姊也。宣武時，金龍爲郡，帶關城戍主。梁人攻圍，會金龍疾病，不堪部分，劉遂厲城人，修理戰具，夜悉登城拒戰，百有餘日，兵士死傷過半。戍副高景陰圖叛逆，劉與城人斬景及其黨與數十人。自餘將士，分衣減食，勞逸必同，莫不畏而懷之。井在外城，尋爲賊陷，城中絕水，渴死者多。劉乃集諸長幼，喻以忠節，遂相率告訴於天，俱時號叫，俄而澍雨。劉命出公私布絹及至衣服，縣之城內，絞而取水，所有雜器，悉儲之。於是人心益固。會益州刺史傅豎眼將至，梁人乃退。豎眼嘆異之，具狀奏聞。宣武嘉之。正光中，賞其子慶珍平昌縣子，又得二子出身。

貞孝女宗者，趙郡栢人人，趙郡太守李叔胤之女，范陽盧元禮之妻也。性至孝，父卒，號慟幾絕者數四，賴母崔氏慰勉之，得全。三年之中，形骸銷瘠，非人不起。及歸夫氏，與母分隔，便飲食日損，涕泣不絕，日就羸篤。盧氏合家慰喻，不解。因遣歸寧還家，乃復故。如此者八九焉。及元禮卒，李追亡撫遺，事姑以孝謹著。母崔終於洛陽，凶問初到，舉聲慟絕，一宿乃蘇，水漿不入口者六日。其姑慮其不濟，親送奔喪，而氣力危殆，自范陽向都，八旬方達。攀櫬號踊，遂卒。有司以狀聞，詔追號貞孝女宗，易其里爲孝德里，樹李、盧二門，以惇風俗。

河東姚氏女者，字女勝。少喪父，無兄弟，母憐而守養。年六七歲，便有孝性，人言其父者，聞輒垂泣，鄰伍異之。正光中母死，勝年十五，哭泣不絕聲，水漿不入口者數日，不勝哀，遂死。太守崔遊申請爲營墓立碑，自爲制文，表其門閭，比之曹娥，改其里曰上虞里。墓在郡城東六里，〔五〕大道北，至今名爲孝女冢。

滎陽刁思遵妻者，魯氏女也。始筓爲思遵所聘，未踰月而思遵亡。其家矜其少寡，許嫁已定，魯聞之，以死自誓。父母不違其志，遂經郡訴，稱刁氏吝護寡女，不使歸寧。魯乃與老姑徒步詣司徒府，自告情狀。普泰初，有司聞奏，節閔詔本司依式標榜。

西魏武功縣孫道溫妻趙氏者，安平人也。万俟醜奴之反，圍岐州，久之無援。趙乃謂城中婦女曰：「今州城方陷，義在同憂。」遂相率負土，晝夜培城，城竟免賊。大統六年，贈夫岐州刺史，贈趙安平縣君。

河北孫神妻陳氏者，河北郡人也。神當遠戍，主吏配在夏州，意難其遠，有孤兄子，欲以自代。陳曰：「爲國征戍，道路遼遠，何容身不肯行，以孤姪自代！天下物議，誰其相許？」神感其言，乃自行。在戍未幾，便喪。櫬柩至，陳望而哀慟，一哭而卒。文帝詔表其閭。

隋蘭陵公主字阿五，文帝第五女也。美姿容，性婉順，帝於諸女中，特所鍾愛。初嫁儀同王奉孝，奉孝卒，適河東柳述，時年十八。諸姊並驕踞，主獨折節遵婦道，事舅姑甚謹，遇於公卿妃主，亦莫敢與校。其女則居士姊也，每垂泣誨之，居士不改，至破家產。昶年高，奉養甚薄。其女時寡居，哀昶如此，每歸寧于家，躬勤紡績，以致其肥鮮。有人告居士與其徒遊長安城，登故未央殿基，向南坐，前後列隊，意有不遜。每相約曰：「當作一死耳。」又時有人言居士遣使引突厥，令南寇，當於京師應之。上謂昶曰：「今日事當如何？」昶猶恃舊恩，不自引咎，直前曰：「黑白在于至尊。」上大怒，下昶獄，捕居士黨與。憲司又奏昶事母不孝。其女知昶必不免，不食者數日。每親調飲食，手自捧持，詣大理餉父。見獄卒，跪以進之，歔欷嗚咽，見者傷之。居士斬，昶賜死于家。詔百僚臨視，時其女絕而復蘇者數矣，公卿慰喻之。其女言父無罪，坐子及禍。詞情哀切，人皆不忍聞見。遂布衣蔬食，以終其身。上聞歎曰：「吾聞衰門之女，興門之男，固不虛也。」

鍾士雄母蔣氏者，臨賀人也。士雄仕陳，爲伏波將軍。陳主以士雄嶺南酋帥，慮其反覆，留蔣氏於都下。及晉王廣平江南，以士雄在嶺表，欲以恩義致之，遣蔣氏歸臨賀。既而同郡虞子茂、鍾文華等作亂攻城，遣召士雄，士雄將應之。蔣氏謂曰：「汝若背德忘義，我當自殺於汝前。」士雄遂止。蔣氏復爲書與子茂等，諭以禍福。子茂不從，尋爲官軍所敗。上聞蔣氏甚異之，封安樂縣君。

時伊州寡婦胡氏者，〔一六〕不知何許人妻，甚有志節，爲邦族所重。江南之亂，諷諭宗黨，守節不從叛逆，封爲密陵郡君。

孝婦覃氏者，上郡鍾氏婦也。與夫相見未幾而夫死，時年十八，事後姑以孝聞。數年間，姑及伯叔皆相繼死。覃氏家貧，無以葬，躬自節儉，晝夜紡績，十年而葬八喪，爲州里所敬。文帝聞而賜米百石，表其門閭。

元務光母盧氏者，范陽人也。少好讀書，造次必以禮。盛年寡居，諸子幼弱，家貧不能就學，盧氏每親自敎授，勗以義方。漢王諒反，遣將綦良往山東略地，良以務光爲記室。及良敗，慈州刺史上官政簿籍務光家。見盧氏，逼之。盧氏以死自誓。政凶悍，怒甚，以燭燒其面。盧氏執志彌固，竟不屈節。

裴倫妻柳氏者，河東人也，少有風訓。大業末，倫爲渭源令，爲賊薛舉所陷，倫遇害。柳氏時年四十，有二女及兒婦三人，皆有美色。柳氏謂曰：「我輩遭逢禍亂，汝父已死，我自念不能全汝。我門風有素，義不受辱於羣賊。我將與汝等同死，如何？」女等垂泣曰：「唯母所命。」柳氏遂自投於井，其女及婦相繼而下，皆死井中。

趙元楷妻崔氏者，清河人也，甚有禮度。隋末宇文化及之反，元楷隨至河北。將歸長安，至滏口遇盜，僅以身免。崔氏爲賊所拘，請以爲妻。崔氏曰：「我士大夫女，爲僕射子妻，今日破亡，自可卽死，終不爲賊婦。」羣賊毀裂其衣，縛於牀簀之上，將陵之。崔氏懼爲所辱，詐之曰：「今力已屈，當受處分。」賊遂釋之。妻因取賊刀倚樹而立曰：「欲殺我，任加刀鋸；若覓死，可來相逼。」賊大怒，亂射殺之。元楷後得殺妻者，支解以祭崔氏之柩。

論曰：婦人主織紝中饋之事，其德以柔順爲先，斯乃舉其中庸，未臻其極者也。至於明識遠圖，貞心峻節，志不可奪，唯義所高，考之圖史，亦何代而無之哉！魏隋所敍列女，凡三十四人。自王公妃主，下至庶人女妻，蓋有質邁寒松，心逾匪石，或忠壯誠懇，或文采可稱。雖子政集之於前，元凱編之於後，比其美節，亦何以尚茲。故知蘭玉芳貞，蓋乃稟其性矣。

校勘記

〔一〕平原鄃縣女子孫氏男玉者夫爲零縣人所殺　諸本「零」作「零陵」，魏書卷九二列女傳作「靈」。按「靈縣」卽「零縣」，本漢縣名。北魏時與鄃縣同屬齊州東清河郡。北齊天保七年，東清河郡併入東平原，二縣亦改屬。零縣與鄃縣相鄰，故男玉夫得爲零縣人所殺。「陵」字衍，今據刪。又此是北魏獻文帝時事，本當作東清河鄃縣。疑是魏收誤用齊時郡縣隸屬關係記北魏時事，北史仍之。

〔二〕親授子景伯景光九經義　按魏書卷四三房法壽附景先傳云「景先字光冑」，則名當作「先」。

〔三〕涇州貞女兒氏者　李慈銘云：「魏書作兕先氏，此蓋字相似而誤。」

〔四〕長史韋續倉卒〔失圖計無所出〕　諸本脫「失圖計無所出」六字，據魏書卷九二、通志卷一八五任城國太妃孟氏傳補。

〔五〕墓在郡城東六里　諸本「郡」作「都」，魏書作「郡」。按郡指河東郡，作「都」誤，今據改。

〔六〕建德遣武賁郎將於士澄謂主曰　諸本「澄」作「證」，隋書卷八〇南陽公主傳作「澄」。按本書卷十二、隋書卷三煬帝紀大業元年三月見於士澄，今據改。

〔七〕但謀逆之際　北、殿二本「但」作「以」，百衲本、南本、汲本作「且」，隋書作「但」，通志卷一八五南陽公主傳作「但以」。按「且」乃「但」之訛，今據隋書改。

〔八〕初馮弘之南投高麗也　諸本脫「高麗也」三字，據隋書卷八〇、通志卷一八五譙國夫人傳補。馮弘投高麗，見本書卷九三北燕傳。

〔九〕至是夫人誡約本宗　諸本脫「是」字，據隋書、通志補。

〔一〇〕追贈寶爲廣州總管封譙國夫人幕府署長史已下官屬　隋書「譙國」下有「公，册夫人爲譙國夫人，以宋康邑迴授僕妾洗氏，仍開譙國」二十三字。按此乃因上下兩「譙國」而誤脫。但從「譙國」下斷句也勉强可通，今不補。

〔一一〕婦人無再見男子之義　諸本無「見」字，隋書卷八〇鄭善果母傳有。通志卷一八五作「婦人無再適人之義」。按無「見」字文義不通，今從隋書補。

〔一二〕姊妹俱長　諸本脫「姊」字，據隋書卷八〇孝女王舜傳補。

〔一三〕汝竟何如　隋書「竟」作「意」，是。

〔一四〕有尊卑就省謁者　諸本脫「卑」字，據隋書卷八〇韓覬妻傳補。

〔一五〕開皇末爲播州刺史　隋書卷八〇陸讓母傳作「仁壽中爲番州刺史」，通志卷一八五作「開皇末，爲番州刺史」。按隋志無「播州」。隋書卷三〇南海郡注云：「仁壽元年，置番州。」蓋因番禺得名。州既置於仁壽初，則開皇末不應有番州刺史，疑當從隋書。

〔一六〕時伊州寡婦胡氏者　隋書卷八〇鍾士雄母傳「伊」作「尹」。按隋書地理志中河南郡陸渾縣及

襄城郡見伊州，此州在今河南境內。地理志下鬱林郡見尹州，此州在今廣西境內。下文云「江南之亂，諷諭宗黨，守節不從叛逆」，則作「尹州」是。

北史

唐　李延壽　撰

第十册

卷九二至卷一〇〇（傳）

中華書局

北史卷九十二

列傳第八十

恩幸

王叡　王仲興 寇猛　趙脩　茹皓　趙邕　侯剛　徐紇　宗愛
仇洛齊 段霸　王琚　趙默　孫小　張宗之　劇鵬　張祐
抱嶷　王遇　苻承祖　王質　李堅 秦松　白整　劉騰　賈粲
楊範　成軌　王溫　孟欒　平季　封津　劉思逸　郭秀
和士開 安吐根　穆提婆　高阿那肱　韓鳳　齊諸宦者

夫令色巧言，矯情飾貌，邀眄睞之利，射咳唾之私，乃苟進之常道也。況乃親由褻狎，恩生趨走，便僻俯仰，當寵擅權。斯乃夏桀、殷紂所以喪兩代，石顯、張讓所以翦二京焉。魏世王叡幸於太和之初，鄭儼寵於孝昌之季，宗愛之弒帝害王，劉騰之廢后戮相，此蓋

其甚者爾。其間盜官賣爵，汙辱宮闈者多矣，亦何可枚舉哉。斯乃王者所宜深誡。而齊末又有甚焉。乃自書契以降，未之有也。若乃心利錐刀，居台鼎之任；智昏菽麥，當機衡之重。亦有西域醜胡，龜茲雜伎，封王開府，接武比肩。非直獨守幸臣，且復多干朝政。賜予之費，帑藏以虛；杼柚之資，剝掠將盡。齊運短促，固其宜哉。神武、文襄，情存庶政，文武任寄，多貞幹之臣，唯郭秀小人，有累明德。天保五年之後，雖罔念作狂，所幸有通州刺史梁伯和、陸翾兒之徒，唯左右驅馳，內外褻狎，其朝廷之事，一不與聞，故不入此傳。大寧之後，姦佞浸繁，盛業鴻基，以之顛覆，生靈厄夫左袵，非不幸也！

魏書有恩幸傳及閹官傳，齊書有佞幸傳。今用比次，以爲恩幸篇云。舊書鄭儼在恩幸中，今從例附其家傳，其餘並編於此。其宦者之徒，尤是亡齊之一物，醜聲穢跡，千端萬緒，其事闕而不書，乃略存姓名，附之此傳之末。其帝家諸奴及胡人樂工叨竊貴幸者，亦附出焉。

王叡字洛誠，自云太原晉陽人也。六世祖橫，張軌參軍。晉亂，子孫因居於武威姑臧。父橋，字法生，解天文卜筮。涼州平，入京。家貧，以術自給，歷位終於侍御中散。天安初卒，贈平遠將軍、涼州刺史、顯美侯，〔一〕謚曰敬。

叡少傳父業，而姿貌偉麗，景穆之在東宮，見而奇之。興安初，擢爲太卜中散，稍遷爲令，領太史。承明元年，〔二〕文明太后臨朝，叡因緣見幸，超遷給事中。俄爲散騎常侍、侍中、吏部尚書，賜爵太原公。於是內參機密，外豫政事，愛寵日隆，朝士懾憚焉。太和二年，孝文及文明太后率百僚與諸方客臨獸圈，有猛獸逸，〔三〕登門閣道，幾至御坐。左右侍衛皆驚靡，叡獨執戟禦之，猛獸乃退。故親任轉重。三年春，詔叡與東陽王丕同入八議，永受復除。四年，遷尚書令，進爵中山王，加鎮東大將軍，置王官二十二人，中書侍郎鄭羲爲傅，郎中令以下，〔四〕皆當時名士。又拜叡妻丁氏爲妃。及沙門法秀謀逆事發，多所牽引。叡曰：「與殺不辜，寧赦有罪，宜梟斬首惡，餘從原赦，不亦善乎！」孝文從之，得免者千餘人。

叡出入帷幄，太后密賜珍玩繒綵，人莫能知。率常以夜帷載閹官防致，前後鉅萬，不可勝數。加以田園、奴婢、牛馬雜畜，並盡良美。大臣及左右因是以受賚賜，外示不私，所費又以萬計。及疾病，孝文、太后每親視疾，侍官省問，相望於道。及疾篤，上疏陳刑政之宜。尋薨，孝文、文明太后親臨哀慟。賜溫明秘器，宕昌公王遇監護喪事。贈衞大將軍、太宰、并州牧，謚曰宣王。內侍長董醜奴營墳墓。將葬於城東，孝文登城樓以望之。京都文士爲作哀詩及誄者百餘人。乃立叡祀於都南二十里大道右，起廟，以時祭薦，并立碑銘，置守祀五家。又詔褒揚叡，圖其捍猛獸狀於諸殿，令高允爲之讚。京邑士女，諂稱叡美，造新聲而

絃歌之，名曰中山王。詔班樂府，合樂奏之。初，叡女妻李沖兄子㢮，次女又適趙國李恢子華。女之將行，先入宮中，其禮略如公主、王女之儀。太后親御太華殿，寢其女於帳中，叡與張祐侍坐。叡所親及兩李家丈夫、婦人列於東西廊。及女子登車，太后送過中路。時人竊謂天子、太后嫁女。叡之葬也，假親姻義舊衰絰縞冠送喪者千餘人，皆舉聲慟泣，以要榮利，時謂之義孝。

叡既貴，乃言家本太原晉陽，遂移屬焉。故其兄弟封爵，多以并州郡縣。薨後，重贈叡父橋侍中、征西將軍、左光祿大夫、儀同三司、武威王，謚曰定。追策叡母賈氏爲妃，立碑於墓左。父子並葬城東，相去里餘。遷洛後，更徙葬太原晉陽故地。

子襲，字元孫。叡薨，孝文詔襲代領都曹，爲尚書令，領吏部曹。後襲王爵，例降爲公。太后崩後，襲禮遇稍薄，不復關與時事。後出爲并州刺史。輿駕詣洛，路幸其州，人庶多爲立銘，置於大路，虛相稱美。或云襲所教也，尚書奏免其官，詔唯降號二等。卒，贈豫州刺史，謚曰質。

襲弟椿，字元壽。正始中，拜太原太守，坐事免。椿僮僕千餘，園宅華廣，聲伎自適，無乏於時。或有勸椿仕者，椿笑而不答。雅有巧思，凡所營製，可爲後法。由是正光中元叉將營明堂、辟雍，欲徵爲將作大匠，椿聞而固辭。孝昌中，介朱榮以汾州胡逆，表椿慰勞汾胡。汾

胡與椿比州，服其聲望，所至降下。事寧，授太原太守。以預立莊帝功，封遼陽縣子，尋轉封眞定縣。永熙中，除瀛州刺史。時有風雹之變，詔書廣訪讜言，椿乃上疏言政事之宜。椿性嚴察，下不容奸，所在吏人畏之重足。天平末，更滿還鄉。初，椿於宅構起廳事，極爲高壯。時人忽云：「此乃太原王宅，豈是王太原宅？」椿往爲本郡，世皆呼爲王太原。未幾，尒朱榮居椿之宅，榮封太原王焉。至於齊神武之居晉陽，霸朝所在，人士輻湊。椿禮敬親知，多所拯接。後以老病辭疾，客居趙郡之西鯉魚祠山。卒，贈尚書左僕射、太尉公、冀州刺史，謚曰文恭。及葬，齊神武親自吊送。

椿妻鉅鹿魏悅次女，明達有遠操，多識往行前言。隨夫在華州，兄子建在洛遇患，聞而馳赴，膚容虧損，親類歎尚之。尒朱榮妻鄉郡長公主深所禮敬。永安中，詔以爲南和縣君。內足於財，不以華飾爲意。撫兄子收，〔五〕情同己子。存拯親類，所在周給。椿名位終始，魏有力焉。卒，贈鉅鹿郡君。椿無子，以兄孫叔明爲後。

王仲興，趙郡南欒人也。父天德，起自細微，至殿中尚書。

仲興幼而端謹，以父任，早給事左右，累遷越騎校尉。孝文在馬圈，自不豫、大漸迄於崩，仲興頗預侍護。宣武卽位，轉左中郎將。及帝親政，與趙脩並見寵任，遷光祿大夫，領

武衞將軍。雖與脩並，而畏愼自退，不若脩倨傲無禮。咸陽王禧之出奔也，當時上下微爲震駭，帝遣仲興先馳入金墉安慰。後與領軍于勁參機要，因自廻馬圈侍疾及入金墉功，遂封上黨郡開國公。自拜武衞及受封日，車駕每臨饗其宅。宣武游幸，仲興常侍，不離左右，外事得徑以聞，百僚亦聳體而承望焉。兄可久，以仲興故，自散爵爲征虜府長史，帶彭城太守。仲興世居趙郡，自以寒微，云舊出京兆霸城，故爲雍州大中正。

尚書後以仲興賞報過優，北海王詳嘗以面啓，奏請降減，事久不決。可久在徐州，恃仲興寵勢，輕侮司馬梁郡太守李長壽，乃令僮僕邀毆長壽，遂折其脅。州以表聞，北海王詳因百僚朝集，厲色大言曰：「徐州名藩，先帝所重，朝廷云何簡用上佐，遂至此紛紜，以徹荒外，豈不爲國醜辱！」仲興是後漸疏。宣武乃下詔奪其封邑。後卒於幷州刺史。

宣武時，又有上谷寇猛，少以姿幹充武賁，稍遷至武衞將軍。出入禁中，無所拘忌。自以上谷寇氏，得補燕州大中正，而不能甄別士庶也。卒，贈燕州刺史。

趙脩字景業，趙郡房子人也。父謐，陽武令。脩本給事東宮，爲白衣左右，頗有膂力。宣武踐阼，愛遇日隆。然天性闇塞，不閑書疏。宣武親政，旬月間頻有轉授。每受除設宴，帝幸其宅，諸王公百僚悉從，帝親見其母。脩能劇飲，至於逼勸觴爵，雖北海王詳、廣陽王

嘉等皆亦不免，必致困亂。每適郊廟，脩常驂陪，出入華林，恒乘馬至禁內。咸陽王禧誅，其家財貨多賜高肇及脩。脩之葬父，百官自王公已下，無不弔祭，酒犢祭奠之具，塡塞門街。於京師爲制碑銘石獸石柱，〔六〕皆發人車牛，傳致本縣。財用之費，悉自公家。凶吉車乘將百兩，道路供給，皆出於官。時將馬射，宣武留脩過之，帝如射宮，又驂乘。輅車旒竿觸東門折。脩恐不逮葬日，驛赴窆期。左右求從及特遣者數十人。脩道路嬉戲，殆無慼容，或與賓客奸掠婦女裸觀，從者噂喈喧譁，詬詈無節，莫不畏而惡之。是年，又爲脩廣增宅舍，多所幷兼，洞門高堂，房廡周博，崇麗擬於諸王。其四面鄰居，賂入其地者侯天盛兄弟，越次出補長史大郡。

脩起自賤伍，暴致富貴，奢傲無禮，物情所疾，因其在外，左右或諷糾其罪。自其葬父還也，舊寵小薄。初，王顯附脩，後因忿鬩，密伺其過，列脩葬父時，路中淫亂不軌。又云與長安人趙僧檦謀匿玉印事。高肇、甄琛等搆成其罪，乃密以聞。始琛及李憑等曲事脩，無所不至，懼相連及，乃爭共糾擿。遂有詔按其罪惡，鞭之一百，徙敦煌爲兵。其家宅作徒，卽仰停罷，所親在內者，悉令出禁。是日，脩詣領軍于勁第，與之樗蒱。籌未及畢，羽林數人，相續而至，稱詔呼之。脩驚起，隨出。路中執引脩馬詣領軍府。琛與顯監決其罪，先具問專有力者五人，更迭鞭之，占令必死。旨決百鞭，其實三百。脩素肥壯，腰腹博碩，堪忍

楚毒，了不轉動。鞭訖，卽召驛馬，促之令發。出城西門，不自勝舉，縛置鞍中，急驅馳之，其母妻追隨，不得與語，行八十里乃死。

初，于后之入，脩之力也。脩死後，領軍于勁猶追感舊意，經恤其家。自餘朝士昔相宗承者，悉棄絕之，以示己之疏遠焉。

茹皓字禽奇，舊吳人也。父謙之，本名要，隨宋巴陵王休若爲將，至彭城，遂寓居淮陽上黨。

皓年十五六，〔七〕爲縣金曹吏。南徐州刺史沈陵見而善之，自隨入洛，舉充孝文白衣左右。宣武踐阼，皓侍直禁中，稍被寵接。宣武嘗拜山陵，路中欲引與同車，黃門侍郎元匡切諫乃止。及帝親政，皓眷賚日隆。時趙脩亦被幸，妬之，求出皓。皓亦慮見危禍，不樂內官，遂超授濮陽太守。其父因皓，訟理舊勳，先除兗州陽平太守，賜以子爵。父子剖符名邦，郡境相接。皓忻於去內，不以疏外爲戚。及趙脩等敗，竟獲全。雖起微細，爲守乃淸簡寡事。

後授左中郎將，領直閤，寵待如前。皓既宦達，自云本出雁門，雁門人諂附者，乃因薦皓於司徒，請爲肆州大中正，詔特依許。遷驍騎將軍，領華林諸作。皓性微工巧，多所興

立，爲山於天泉池西，採掘北芒及南山佳石，徙竹汝、潁，羅蒔其間。經構樓觀，列於上下，樹草栽木，頗有野致。帝心悅之，以時臨幸。

皓貴寵日昇，關豫政事，太傅、北海王詳以下，咸祇憚之。皓娶僕射高肇從妹，於帝爲從母，迎納之日，詳親詣之，禮以馬物。皓又爲弟聘安豐王延明妹，延明恥非舊流，不許。詳勸之云：「欲覓官職，如何不與茹皓婚姻也？」延明乃從焉。皓頗敏慧，折節下人，潛自經營，陰有納受，貨產盈積，起宅宮西，朝貴弗及。時帝雖親萬務，皓率常居內，留宿不還，傳可門下奏事。未幾，轉光祿少卿。意殊不已，方欲陳馬圈從先帝勞，更希榮舉。

初，脩、皓之寵，北海王詳皆附之。又直閤劉胄本爲詳薦，常感恩。高肇素嫉諸王，常規陷害，既知詳與皓等交關相昵，乃構之，云皓等將有異謀。宣武乃召中尉崔亮，令奏皓、胄、常季賢、陳掃靜四人擅勢納賄及私亂諸事。卽日執皓等，皆詣南臺，翌日，奏處殺之。皓妻被髮出堂，哭而迎皓。皓徑入哭別，食椒而死。

胄字元孫，後位直閤將軍。〔八〕

季賢起於主馬，宣武初好騎乘，因是獲寵。位司藥丞，仍主廐閑。

掃靜、徐義恭，並彭城舊營人。掃靜能爲宣武典櫛梳，義恭善執衣服，並以巧便，旦夕居中，愛幸相侔，官敍不異。二人皆承皓，皓亦接眷。而掃靜偏爲親密，與皓常在左右，略

不歸休。皓敗，掃靜亦死於家。義恭小心謹慎，皓等死後，彌見幸信。宣武不豫，義恭晝夜扶抱，崩于懷中。義恭諂附元叉，叉有淫宴，多在其宅。位終左光祿大夫。

趙邕字令和，自云南陽人也。潔白美鬚眉。司空李沖之貴寵也，邕以少年端謹，出入其家，頗給桉磨奔走之役。〔九〕沖令與諸子游處，人有束帶謁沖者，時託之以自通。太和中，給事左右，至殿中監。宣武卽位及親政，猶居本任。微與趙脩結爲宗援，然亦不甚相附也。邕父怡，以邕寵，召拜太常少卿，尋爲荊州大中正，出爲荊州刺史。怡乃致其母喪，葬於宛城之南，趙氏舊壚。後拜金紫光祿大夫，卒，贈相州刺史。宣武每出入郊廟，脩恒以常侍兼侍中陪乘，而邕兼奉車都尉，執轡同載。時人竊論，號爲二趙。以趙出南陽，徙屬荊州。邕轉給事中，南陽中正。以父爲荊州大中正，罷。宣武崩，邕兼給事黃門。

後爲幽州刺史，貪與范陽盧氏爲婚，女父早亡，其叔許之，而母不從。母北平陽氏，攜女至家藏避，規免。邕乃考掠陽叔，遂至於死。陽氏訴冤，邕坐處死。會赦，免。孝昌初，卒。

侯剛字乾之，河南洛陽人也。其先代人，本出寒微。少以善於鼎俎，得進膳出入，積官至嘗食典御。宣武以其質直，賜名剛焉。稍遷左中郎將，領刀劍左右，後領太子中庶子。宣武崩，剛與侍中崔光迎明帝於東宮，尋除衞尉卿，封武陽縣侯。俄爲侍中、撫軍將軍、恒州大中正，進爵爲公。熙平中，侍中游肇出爲相州，剛言於靈太后曰：「昔高氏擅權，游肇抗衡不屈，而出牧一藩，未盡其美。宜還引入，以輔聖主。」太后善之。

剛寵任既隆，江陽王繼、尙書長孫承業皆以女妻其子。司空、任城王澄以其起由膳宰，頗竊侮之云：「此近爲我舉食。」然公坐對集，敬遇不虧。後剛坐掠殺試射羽林，爲御史中元匡所彈，處剛大辟。尙書令、任城王澄爲之言於靈太后，令削封三百戶，解嘗食典御。剛於是頗爲失意。剛自太和進食，遂爲典御，歷兩都、三帝、二太后，將三十年，至此始解。御史中尉元匡之廢也，剛爲太傅、清河王懌所舉，除車騎將軍，領御史中尉。及領軍元叉執政，剛長子，叉之妹夫，乃引剛爲侍中、左衞將軍，還領嘗食典御，以爲枝援。〔一〇〕復領御史中尉。剛啓軍旅稍興，國用不足，求以己邑俸粟，賑給征人，比至軍下。明帝許之。

孝昌元年，除領軍。初，元叉之解領軍，靈太后以叉腹心尙多，恐難卒制，故權以剛代之，示安其意。尋出爲冀州刺史。剛在道，詔暴其朋黨元叉，逼脅內外，降爲征虜將軍，餘悉削黜。終於家。永安中，贈司徒公。剛以上谷先有侯氏，於是始家焉。

徐紇字武伯，樂安博昌人也。家世寒微。紇少好學，頗以文詞見稱。宣武初，自主書除中書舍人。〔一一〕諂附趙脩，脩誅，坐徙枹罕。雖在徒役，志氣不撓。故事，捉逃役流兵五人者，聽免，紇以此得還。久之，復除中書舍人。太傅、清河王懌以文翰待之。及元叉害懌，出爲雁門太守，稱母老解郡。尋餙貌事叉，大得叉意。

靈太后反政，以紇曾爲懌所顧待，復自母憂中起爲中書舍人。曲事鄭儼，是以特被信任。俄遷給事黃門侍郎，仍領舍人，總攝中書、門下事。軍國詔命，莫不由之。時有急速，令數吏執筆，或行或臥，人別占之，造次俱成，不失事理，雖無雅才，咸得濟用。時黃門侍郎太原王遵業、琅邪王誦，並稱文學，亦不免爲紇執筆，承其指授。紇機辯有智數，當公斷決，〔一二〕終日不以爲勞。長直禁中，略無休息。時復與沙門講論，或分宵達曙，而心力無怠，道俗歎服之。然性浮動，慕權利，外似謇正，內實諂諛。時豪勝己，必相陵駕；書生貧士，矯意禮之。其詭態若此，有識鄙焉。紇既處腹心，參斷機密，勢傾一時，遠近塡湊。與鄭儼、李神軌寵任相亞，時稱徐、鄭焉。

然無經國大體，好行小數，說靈太后以鐵券間尒朱榮左右。榮知，深以爲憾，啓求誅之。榮將入洛，旣剋河梁，紇矯詔夜開殿中，〔一三〕取驊騮御馬十餘疋，東走兗州。羊侃時爲太山太守，紇往投之，說侃令舉兵。侃從之，遂聚兵反，共紇圍兗州。孝莊初，遣侍中于暉爲行

臺，與齊神武討之。紇盧不免，說侃請乞師於梁，侃信之，遂奔梁。文筆駁論十卷，多有遺落，時或存於世焉。

宗愛不知其所由來，以罪爲閹人，歷碎職至中常侍。正平元年元正，太武大會於江上，班賞羣臣，以愛爲秦郡公。景穆之監國也，每事精察，愛天性險暴，行多非法，景穆每銜之。給事中侯道盛、〔一四〕侍郎任平城等任事東宮，微爲權勢，太武頗聞之。二人與愛並不睦，愛懼道盛等案其事，遂構告其罪，詔斬道盛等於都街。時太武震怒，景穆遂以憂薨。

是後，太武追悼不已，愛懼誅，遂謀逆。二年春，太武暴崩，愛所爲也。尙書左僕射蘭延、侍中吳興公和疋、侍中太原公薛提等祕不發喪。延、疋二人議，以文成冲幼，欲立長君，徵秦王翰，置之祕室。提以文成有世嫡之重，不可廢所宜立而更求君。延等猶豫未決。愛知其謀。始愛負罪於東宮，而與吳王余素協，乃密迎余，自中宮便門入，矯皇后令徵延等。愛延等以愛素賤，弗之疑，皆隨之入。愛先使閹豎三十人持仗於宮內，及延等入，以次收縛，斬於殿堂。執秦王翰，殺之於永巷，而立余。余以愛爲大司馬、大將軍、太師、都督中外諸軍事，領中祕書，封馮翊王。

愛既立余，位居元輔，錄三省，兼總戎禁，坐召公卿，權恣日甚，內外憚之。羣情咸以爲愛必有趙高、閻樂之禍，余疑之，遂謀奪其權。愛憤怒，使小黃門賈周等夜殺余。文成立，誅愛、周等，皆具五刑，夷三族。

仇洛齊，中山人也，本姓侯氏。外祖父仇欵，始出馮翊重泉。欵仕石季龍末，徙鄴南枋頭。仕慕容暐爲烏丸護軍、長水校尉。生二子，長曰嵩，小曰騰。嵩仕慕容垂，還居中山，位殿中侍御史。嵩有二子，長曰廣，小曰盆。嵩妹子洛齊，生而非男，嵩養爲子，因爲仇姓。初，嵩長女有姿色，充冉閔婦。閔破，入慕容儁，又轉賜盧豚，〔一五〕生子魯元。魯元有寵於太武，而知外祖嵩已死，唯有三舅，每言於帝。帝爲訪其舅。時東方罕有仕者，廣、盆皆不樂入平城。洛齊獨請行曰：「我養子，兼人道不全，當爲兄弟試禍福也。」乃乘驢赴京。魯元候知將至，結從者百餘騎，迎于桑乾河，見而下拜，從者亦同致敬。入言于太武。太武問其才用所宜，魯元曰：「臣舅不幸，生爲閹人，唯合與陛下守宮闈耳。」而不言其養子。帝矜焉，引見敘用，賜爵文安子，稍遷給事黃門侍郎。

魏初，禁網疏闊，人戶隱匿，漏脫者多。東州既平，綾羅戶人樂葵，因是請採漏戶，供爲綸緜，自後逃戶占爲紬綾羅縠者非一。於是雜營戶帥遍於天下，不屬守宰，發賦輕易，人多私附，戶口錯亂，不可撿括。洛齊奏議罷之，一屬郡縣。從征平涼，〔一六〕以功超遷散騎常侍。又加中書令，進爵零陵公，拜侍中、冀州刺史、內都大官。卒，謚曰康。養子儼，襲爵。

太武時，又有段霸，以謹敏見知。歷中常侍、殿中尙書、定州刺史。

王琚，高平人也。自云本太原人，高祖始，晉豫州刺史。琚以泰常中被刑，入宮禁。小心守節，久乃見敘用，稍遷禮部尙書，賜爵廣平公。孝文以琚歷奉前朝，志存公正，授散騎常侍。後歷位冀州刺史，假廣平王，進爵高平王。孝文、文明太后東巡冀州，親幸其家。還京，以其年老，拜散騎常侍，養老於家。前後賜以車馬、衣物，不可稱計。又降爵爲公。扶老自平城從遷洛邑。常飲牛乳，色如處子。卒年九十，贈冀州刺史，謚靖公。

趙默字文靜，〔一七〕初名海，本涼州隸戶。自云，其先河內溫人也，五世祖術，晉末爲西夷校尉，因居酒泉安彌縣。海生而涼州平，沒入而爲閹人，因改名默。有容貌，恭謹小心，賜爵睢陽侯，累遷選部尙書。能自謹勵，當官任舉，頗得其人。加侍中，進爵河內公。獻文將傳位京兆王子推，訪諸羣臣，百官唯唯，莫敢先言，唯源賀等辭義正直，不肯奉詔。獻文怒，變色，復以問默。默對曰：「臣以死奉戴皇太子。」獻文默然良久，遂傳位孝文。孝文立，得

幸兩宮，祿賜優厚。

時尙書李訢亦有寵於獻文，與默對綰選部。訢奏中書侍郎崔鑒爲東徐州，北部主書郎公孫處顯爲荆州，選部監公孫蘧爲幽州，皆曰有能，實有私焉。默疾其虧亂選體，遂爭於殿庭曰：「以功授官，因爵與祿，國之常典。中書侍郎、尙書主書郎、諸曹監，勳能俱立，不過列郡。今訢皆以爲州，臣實爲惑。」於是默與訢遂爲深隙。訢覔列默爲監藏，〔一八〕因黜爲門士。默廢寢忘食，規報前怨。踰年，還入爲侍御、散騎常侍、侍中、尙書左僕射，復兼選部如昔。及訢將獲罪，默因搆成以誅之，然後食甘寢安，志於職事。

出爲儀同三司、定州刺史，進爵爲王。克己清儉，事濟公私。後薨於冀州刺史，追贈司空，謚曰康。

孫小字茂䰞，咸陽石安人也。父瓚，姚泓安定護軍，爲赫連屈丐所殺，小沒入宮刑。會魏平統萬，遂徙平城。〔一九〕內侍東宮，以聰識有智略稱。未幾，轉西臺中散。太武幸瓜步，慮有北寇之虞，賜爵泥陽子，除留臺將軍。車駕還都，乃請父瓚贈謚，求更改葬。詔贈秦州刺史、石安縣子，謚曰戴。

小後拜幷州刺史，進爵中都侯。州內四郡百餘人，詣闕頌其政化。後還冀州刺史，擊

與奪，不可盡言。

提婆雖庸品厮濫，而性乃和善，不甚害物。耽聲色，極奢侈，晚朝早退，全不以公事關懷。未嘗毒害，士人亦由此稱之。晉州軍敗，後主還鄴，提婆奔投周軍，令萱自殺，子孫小大皆棄市，籍沒其家。周武帝以提婆爲柱國、宜州刺史。未幾，云將據宜州起兵，與後主相應，誅死。後主及齊氏諸王，並因此非命。

高阿那肱，善無人也。[三〇]父市貴，從神武以軍功封常山郡公，位晉州刺史，贈太尉公。及阿那肱貴寵，贈成皐王。

阿那肱初爲庫直，每從征討，以功封直城縣男。天保初，除庫直都督。四年，從破契丹及蠕蠕，以蹻捷見知。大寧初，除假儀同三司、武衞將軍。那肱工於騎射，便僻善事人，每宴射之次，大爲武成愛重。又諂悅和士開，尤相褻狎。士開每見爲之言，由是彌見親待。河清中，除儀同三司，食汾州定陽、仵城二郡幹。以破突厥，封宜君縣伯。天統初，加開府，除侍中、驃騎大將軍、領軍，別封昌國縣侯。後主卽位，除幷省右僕射。武平元年，封淮陰郡王，[三一]仍遷幷省尚書左僕射，又除幷省尚書令、領軍大將軍、幷州刺史。

那肱才技庸劣，不涉文史，識用尤在士開下。而奸巧計數，亦不逮士開。旣爲武成所

幸，多令在東宮侍衞，後主所以大寵遇之。士開死後，後主謂其識度足繼士開，遂致位宰輔。武平四年，令其錄尚書事，又總知外兵及內省機密。頓不如和士開、駱提婆母子賣獄鬻官，韓長鸞憎疾良善；而那肱少言辭，不妄喜怒，[三二]亦不簝人陰私，虛相譏搆。遂至司徒公、右丞相，其錄尚書、刺史並如故。

及周師逼平陽，後主於天池校獵，晉州頻遣馳奏，從旦至午，驛馬三至。那肱云：「大家正作樂，邊境小小兵馬，自是常事，何急奏聞？」向暮，更有使至，云平陽城已陷賊，方乃奏知。明卽欲引軍，淑妃又請更合圍，所以彌致遲緩。及軍赴晉州，命那肱率前軍先進，仍總節度諸軍。

後主至平陽城下，謂那肱曰：「戰是邪？不戰是邪？」那肱曰：「兵雖多，堪戰者不過十萬，病傷及繞城火頭，三分除一。昔攻玉壁，援軍來，卽退。今日將士豈勝神武皇帝時？不如勿戰，守高梁橋。」安吐根曰：「一把子賊，馬上刺取擲汾河中。」帝未決，諸內參曰：「彼亦天子，我亦天子，彼尚能縣軍遠來，我何爲守塹示弱？」帝曰：「此言是也。」於是橋塹進軍，使內參讓阿那肱曰：「爾富貴足，惜性命邪！」

後主從穆提婆觀戰，東偏頗有退者，提婆怖曰：「大家去！大家去！」帝與淑妃奔高梁。開府奚長樂諫曰：「半進半退，戰家常體。今衆全整，未有傷敗，陛下舍此安之？御馬一動，

人情驚亂，願速還安慰之。」武衞張常山自後至，亦曰：「軍尋收訖，甚整頓，圍城兵亦不動，至尊宜回。不信臣言，乞將內參往視。」帝將從之，提婆引帝肘曰：「此言何可信！」帝遂北馳。有軍士雷相，告稱：「阿那肱遣臣招引西軍，行到文侯城，恐事不果，故還聞奏。」後主召侍中斛律孝卿，令其檢校。孝卿固執云：「此人自欲投賊，行至文侯城，迷不得去，畏死妄語耳。」事遂寢。還至晉陽，那肱腹心人馬子平告那肱謀反，又以爲虛妄，斬子平。乃顚沛還鄴，侍衞逃散，唯那肱及閹寺等數十騎從行。復除大丞相。

後主走度河，令那肱以數千人投濟州關，仍遣覘候周軍進止，日夕馳報。那肱每奏云：「周軍未至，且在青州集兵馬，未須南行。」及周軍且至關首，所部兵馬皆散，那肱遂降。時人皆云，那肱表款周武，必仰生致齊主，故不速報兵至，使後主被禽。那肱至長安，授大將軍，封郡公，尋出爲隆州刺史。大象末，在蜀從王謙起兵，誅死。

初，天保中，文宣自晉陽還鄴，愚僧禿師於路中大叫，呼文宣姓名云：「阿那瓌終破你國。」時蠕蠕主阿那瓌在塞北彊盛，帝尤忌之，所以每歲討擊。後亡齊者遂屬高阿那肱云。雖作「肱」字，世人皆稱爲「瓌」音。斯固亡秦者胡，蓋縣定於窈冥也。

韓鳳字長鸞，昌黎人也。父永興，開府、青州刺史、高密郡公。

鳳少聰察，有膂力，善騎射，稍遷烏賀眞、大賢眞正都督。後主居東宮，年尚幼，武成簡都督三十人，送令侍衞，鳳在其數。後主親就衆中牽鳳手曰：「都督，看兒來。」因此被識，數喚共戲。襲爵高密郡公，位開府儀同三司。武平二年，和士開爲厙狄伏連等矯害，敕咸陽王斛律明月、宜陽王趙彥深在涼風堂推問支黨。其事祕密，皆令鳳口傳，然後宣詔敕號令文武。禁掖防守，悉以委之。除侍中、領軍，總知內省機密。

祖珽曾與鳳於後主前論事，珽語鳳云：「强弓長矟，容相推謝；軍國謀算，何由得爭？」鳳答云：「各出意見，豈在文武優劣！」後主將誅斛律明月，鳳固執不從。祖珽因有讒言，旣誅明月，數日後主不與語，後尋復舊。仍封舊國昌黎郡王，又加特進。及祖珽除北徐州刺史，卽令赴任。旣辭之後，遲留不行。其省事徐孝遠密告祖珽誅斛律明月後，矯稱敕賜其珍寶財物，亦有不云敕而徑廻取者。敕令領軍將軍侯呂芬追珽還，引入侍中省鎖禁，其事首尾，並鳳約敕責之。

進位領軍大將軍，餘悉如故。息寶行尚公主，在晉陽賜甲第一區。其公主生男滿月，駕幸鳳宅，宴會盡日。每旦早參，先被敕喚顧訪，出後方引奏事官。若不視事，內省急速者，皆附奏聞。軍國要密，無不經手。東西巡幸，及山水游戲射獵，獨在御傍。與高阿那肱、穆提婆共處衡軸，號曰三貴。損國害政，日月滋甚。

壽陽陷沒，鳳與穆提婆聞告敗，握槊不輟曰：「他家物，從他去。」後帝使於黎陽臨河築城戍，曰：「急時且守此作龜茲國子。更可憐人生如寄，唯當行樂，何用愁爲！」君臣應和若此。鳳恒帶刀走馬，未曾安行，瞋目張拳，有啖人之勢。每咤曰：「恨不得剉漢狗飼馬！」又曰：「刀止可刈賊漢頭，不可刈草。」其弟萬歲，及其二子寶行、寶信，並開府儀同。萬歲又拜侍中，亦處機要。寶信尚公主，駕復幸其宅，親戚咸蒙官賞。

鳳母鮮于，段孝言之從母子姊也，爲此偏相參附，奏遣監造晉陽宮。陳德信馳驛檢行，見孝言役官夫匠自營宅，卽語云：「僕射爲至尊起臺殿未訖，何用先自營造？」鳳及穆提婆亦遣孝言分工匠爲己造宅。德信還，具奏聞。及幸晉陽，鳳又以官馬與他人乘騎，上因此發怒，〔三三〕與提婆並除名。亦不露其罪，仍毀其宅，公主離婚，復被遣向鄴吏部門參。及後主晉陽走還，被敕喚入內，尋詔復王爵及開府、領軍大將軍，常在左右。仍從後主走度河，到青州，幷爲周軍所獲。

鳳被寵要之中，〔三四〕尤嫉人士，朝夕譏私，唯相譖訴。崔季舒等寃酷，皆鳳所爲也。每一賜與，動至千萬。恩遇日甚，彌自驕恣，意色嚴厲，未嘗與人相承接。朝士諮事，莫敢仰視，動致呵叱，輒詈云：「狗漢大不可耐！唯須殺却！」若見武職，雖廝養末品，亦容下之。仕隋，位終於隴州刺史。

宦者韓寶業、盧勒叉、齊紹、秦子徵並神武舊左右，唯閣內驅使，不被恩遇。歷天保、皇建之朝，亦不至寵幸，但漸有職任。寶業至長秋卿，勒叉等或爲中常侍。武成時有曹文摽、夏侯通、伊長游、魯恃伯、郭沙彌、鄧長顒及寶業輩，亦有至儀同食幹者。唯長顒武平中任參宰相，干預朝權。如寶業及勒叉、齊紹、子徵後並封王，俱自收斂，不過侵暴。又有陳德信亦參時宰，與長顒並開府封王，俱爲侍中、左右光祿大夫，領侍中。又有潘師子、崔孝禮、劉萬通、硏胥光弁、〔三五〕劉通遠、王弘遠、王子立、王玄昌、高伯華、左君才、能純陁、宮鍾馗、趙野叉、徐世凝、茍子溢、斛子愼、宋元賓、康德汪，並於後主之朝，肆其奸佞。敗政虐人，古今未有。多授開府，罕止儀同，亦有加光祿大夫，金章紫綬者。多帶中侍中、〔三六〕中常侍，此二職乃至數十人。恒出入門禁，往來園苑，趨侍左右，通宵累日。承候顏色，競進諂諛，發言動意，多會深旨。一戲之賞，動踰巨萬，丘山之積，貪吝無厭。猶以波斯狗爲儀同、郡君，分其幹祿。神獸門外，有朝貴憩息之所，時人號爲解卸廳。諸閹或在內多日，暫放歸休，所乘之馬，牽至神獸門階，然後升騎，飛鞭競走，十數爲羣，馬塵必坌諸貴，爰至唐、趙、韓、駱，皆隱廳趨避，不敢爲言。齊、盧、陳、鄧之徒，亦意屬尙書、卿尹，宰相既不爲致言，時主亦無此命。唯以工巧矜功，用長顒爲太府卿焉。

神武時有倉頭陳山提、蓋豐樂，俱以驅馳便僻，頗蒙恩遇。魏末，山提通州刺史，豐樂營食典御。又有劉郁斤、趙道德、劉桃枝、梅勝郎、辛洛周、高舍洛、郭黑面、李銅鍉、王恩洛，並爲神武驅使。天保、大寧之朝，漸以貴盛。至武平時，山提等皆以開府封王。其不及武平者則追贈王爵。雖賜與無貲，顧眄深重，乃至陵忽宰輔，然皆不得干預朝政。

武平時有胡小兒，俱是康阿馱、穆叔兒等富家子弟，簡選黠慧者數十人以爲左右，恩眄出處，殆與閹官相埒。亦有至開府儀同者。其曹僧奴、僧奴子妙達，以能彈胡琵琶，甚被寵遇，俱開府封王。又有何海及子洪珍，開府封王，尤爲親要。洪珍侮弄權勢，鬻獄賣官。其何朱弱、史醜多之徒十數人，咸以能舞工歌及善音樂者，亦至儀同開府。

閹官猶以宮掖驅馳，便蕃左右，漸因昵狎，以至大官。倉頭始自家人，情寄深密，及於後主，則是先朝舊人，以勤舊之勞，致此叨竊。至於胡小兒等，眼鼻深險，一無可用，非理愛好，排突朝貴，尤爲人士之所疾惡。

其以音樂至大官者：沈過兒、官至開府儀同；王長通，年十四五便假節、通州刺史。

時又有開府薛榮宗，常自云能使鬼。及周兵之逼，言於後主曰：「臣已發遣斛律明月將大兵在前去。」帝信之。經古冢，榮宗謂舍人元行恭：〔三七〕「是誰冢？」行恭戲之曰：「林宗冢。」復問：「林宗是誰？」行恭曰：「郭元貞父。」榮宗前奏曰：「臣向見郭林宗從冢出，著大帽、吉莫靴，插馬鞭，問臣：『我阿貞來不？』」是時羣妄，多皆類此。

論曰：古諺有之，「人之多幸，國之不幸」。然則寵私爲害，自古忌之。大則傾國亡身，小則傷賢害政，率由斯也，所宜誡焉。詩曰：「殷鑒不遠，近在夏后之世。」〔三八〕觀夫魏氏以降，亦後來之殷鑒矣。爲國家者，可無鑒之哉？

校勘記

〔一〕顯美侯　諸本「美」作「菱」，魏書卷九三王叡傳作「美」。按顯美縣見隋書地理志上武威郡姑臧縣注，王叡世居姑臧，故以封之。「顯菱」無此縣名，今據改。

〔二〕承明元年　諸本「承」訛作「永」，據魏書改。「承明」，孝文帝年號。

〔三〕與諸方客臨獸圈有猛獸逸　魏書「獸」及「猛獸」都作「虎」。北史避唐諱改。下文「猛獸」同。

〔四〕郎中令以下　諸本「郎中」倒作「中郎」，據魏書乙。王國官有郎中令，見隋書百官志中。

〔五〕撫兄子收　諸本「收」作「牧」，魏書百衲本作「收」。按兄指魏子建，卽魏收之父，見本書卷五六魏收傳。「牧」乃「收」之訛，今據改。

〔六〕於京師爲制碑銘石獸石柱　諸本「獸」上脫「石」字，據魏書卷九三趙脩傳補。

〔七〕皓年十五六　諸本脫「皓」字，據魏書卷九三茹皓傳補。

〔八〕胄字元孫後位直閤將軍　按胄與茹皓同死，此乃補敍劉胄官位，「後」字疑衍。

〔九〕頗給桉磨奔走之役　魏書卷九三趙邕傳「桉」作「按」，疑是。

〔一〇〕以爲枝援　百衲、北、汲、殿四本「枝」作「拔」，南本及通志卷一八四侯剛傳作「扳」，魏書卷九三侯剛傳作「枝」。按「拔」「扳」都是「枝」之訛，今據改。

〔一一〕自主書除中書舍人　諸本「主書」倒訛作「書生」，據魏書卷九三、通志卷一八四徐紇傳改。主書、中書舍人並屬中書省，見隋書百官志中。

〔一二〕當公斷決　諸本「當公」倒作「公當」，據魏書乙。

〔一三〕夜開殿中　魏書「中」作「門」，是。紇直宿禁中，開殿門出走。

〔一四〕給事中侯道盛　魏書卷九四宗愛傳「中侯」作「仇尼」。通鑑卷一二六三九七一頁作「給事中仇尼道盛」。胡注：「仇尼複姓，出於徒何」。此作「侯」，未知所據。

〔一五〕又轉賜盧豚　諸本「轉」訛作「傳」，據魏書卷九四仇洛齊傳改。

〔一六〕從征平涼　魏書作「從平涼州」。按征平涼，指滅赫連定；平涼州，指滅沮渠牧犍。未知孰是。

〔一七〕趙默字文靜　魏書卷九四趙黑傳「默」作「黑」。

〔一八〕訢竟列默爲監藏　魏書卷九四「監藏」下有「時，多所截沒。先是，法禁寬緩，百司所典，與官並食，故多所損折」二十四字。北史有脫文。

〔一九〕會魏平統萬遂徙平城　諸本「徙」作「圖」，不可通。魏書卷九四孫小傳作「徙」。按此乃「徙」訛爲「徒」，又訛爲「圖」。今據改。通志卷一七九孫小傳作「歸」，乃是以意改。

〔二〇〕馮氏爲尼也　魏書卷九四王遇傳，「馮」上有「廢后」二字，指孝文廢后。北史刪去後，不知馮氏爲何人。

〔二一〕本平原城人也　諸本脫「平」字，據魏書卷九四、通志卷一七九劉騰傳補。

〔二二〕孝明當爲臨軒　諸本「當」訛作「嘗」，據魏書百衲本、通志改。

〔二三〕交通底市　魏書、通志「底」作「互」。按「底」疑是「邸」之訛。

〔二四〕平季字幼穆　魏書卷九四平季傳「幼」作「稚」。北史避唐諱改。

〔二五〕津受刑　諸本「津」訛作「律」，據魏書卷九四、通志卷一七九封津傳改。

〔二六〕出暢爲頓丘太守　諸本「頓」訛作「潁」，據魏書卷九四劉思逸傳改。

〔二七〕稍遷行臺右丞　諸本「右丞」訛作「布水」，據北齊書卷五〇郭秀傳改。

〔二八〕和士開高阿那肱皆爲郡君義子　諸本脫「阿」字，據通志卷一八四穆提婆傳補。

〔二九〕及穆氏定位號〔令萱曰太姬〕視第一品班在長公主之上　諸本無「令萱曰太姬」五字，通志有。北齊書卷五〇穆提婆傳作「及穆后立，令萱號曰太姬。此卽齊朝皇后母氏之位號也，視第一品，班在長公主之上」。按北齊書此卷也是後人所補，但與北史文字不同，或是採自其他史鈔，尙保存李百藥部分原文，故意思最明白。通志當是經李延壽刪節後的北史原文。今據通志補。

〔三〇〕善無人也　諸本「善無」倒作「無善」，據北齊書卷五〇、通志卷一八四高阿那肱傳改。善無見魏書地形志上恒州。

〔三一〕武平元年封淮陰郡王　諸本「陰」作「陽」，北齊書作「陰」。按本卷和士開傳言士開於武平元年封淮陽王，則高阿那肱不得同時同號，作「陰」是，今據改。

〔三二〕頓不如和士開駱提婆母子賈獄嚣官韓長鸞惽疾良善而那肱少言辭不妄喜怒　諸本「母」下脫「子」字，據通志補。「疾良善而那肱少言」八字，百衲本作六字空格，南、北、汲、殿四本無「良」字，通志有「良」字而無「那肱」二字。今從四本，並據通志補「良」字。

〔三三〕上因此發恣　諸本脫「上」字，據北齊書卷五〇、通志卷一八四韓鳳傳補。

〔三四〕鳳被寵要之中　北齊書、通志「被寵」作「於權」。按「被」字疑誤。

〔三五〕研胥光弁　錢氏考異卷四〇引廣韻，以爲「研胥」當作「斫胥」。參卷五一高思好傳校記。

〔三六〕多帶中侍中　諸本「帶」下「中」字訛作「甲」，據通志卷一七九北齊諸官者傳改。

〔三七〕榮宗謂舍人元行恭　諸本脫「元」字，據北齊書卷五〇韓寶業傳補。元行恭見本書卷五五元文遙傳。

〔三八〕殷鑒不遠近在夏后之世　按詩大雅蕩之什無「近」字，此衍文。

北史卷九十三

列傳第八十一

僭僞附庸

夏 赫連氏　燕 慕容氏　後秦 姚氏　北燕 馮氏　西秦 乞伏氏

北涼 沮渠氏　梁 蕭氏

晉自永嘉之亂，宇縣瓜分，胡羯憑陵，積有年代，各言膺運，咸居大寶。竟而自相吞滅，終爲魏臣。然魏自昭成已前，王迹未顯，至如劉石之徒，時代不接，舊書爲傳，編之四夷，有欺耳目，無益緗素。且于時五馬浮江，正朔未改，陽秋記注，具存紀錄。雖朝政叢脞，而年代已多。太宗文皇帝爰動天文，大存刊勒，其時事相接，已編之載記。今斷自道武已來所吞併者，序其行事，紀其滅亡。其餘不相關涉，皆所不取。至如晉、宋、齊、梁雖曰偏據，年漸三百，鼎命相承。魏書命曰島夷，列之於傳，亦所不取。故不入今篇。蕭詧雖云帝號，附庸周室，故從此編，次爲僭僞附庸傳云爾。

鐵弗劉武，[一]南單于苗裔，左賢王去卑之孫，北部帥劉猛之從子，居於新興慮虒之北。[二]北人謂胡父鮮卑母爲「鐵弗」，[三]因以號爲姓。武父誥汁爰，世領部落。汁爰死，武代焉。武死，子務桓代領部落，與魏和通。務桓死，弟閼陋頭代立，密謀反叛。後務桓子悉勿祈逐閼陋頭而立。悉勿祈死，弟衞辰代立。

衞辰，務桓之第三子也。既立，遣子朝獻，昭成以女妻之。衞辰潛通苻堅，堅以爲左賢王。遣使請堅求田內地，[四]春去秋來，堅許之。後乃背堅，專心歸魏。舉兵伐堅，堅遣其將鄧羌討擒之。堅自至朔方，以衞辰爲夏陽公，統其部落。衞辰復附於堅。昭成討大破之，遂走奔苻堅。堅送還朔方，遣兵戍之。

昭成末，衞辰導苻堅寇魏南境，王師敗績。堅遂分國人爲二部，自河以西，屬之衞辰；自河以東，屬之劉庫仁。堅後以衞辰爲單于，督攝河西新類，[五]屯于代來。慕容永據長子，拜衞辰使持節、都督河西諸軍事、大將軍、朔州牧、朔方王。姚萇亦遣使結好，拜衞辰使持節、都督北朔雜夷諸軍事、大將軍、大單于、河西王、幽州牧。

登國中，衞辰遣子直力鞮寇南部，其衆八九萬。道武軍五六千人，爲其所圍。帝乃以車爲方營，並戰並前，大破之於鐵岐山南。直力鞮單騎而走。帝乘勝追之，自五原金津南度河，徑入其國。遂至衞辰所居悅跋城，[六]衞辰父子驚遁。乃分遣陳留公元虔南至白鹽池，虜衞辰家屬；將軍伊謂至木根山，擒直力鞮。衞辰單騎遁走，爲其部下所殺，傳首行宮。先是河水赤如血，衞辰惡之，及衞辰之亡，誅其族類，並投之於河。衞辰第三子屈丐奔薛干部帥太悉伏。[七]

屈丐本名勃勃，明元改其名曰屈丐。北方言屈丐者卑下也。太悉伏送之姚興。興高平公破多羅沒弈于妻之以女。[八]屈丐身長八尺五寸，興見而奇之，拜驍騎將軍，加奉車都尉，常參軍國大議，寵遇踰於勳舊。興弟濟南公邕言於興曰：「屈丐天性不仁，難以親育，寵之太甚，臣竊惑之。」興曰：「屈丐有濟世之才，吾方收其藝用，與之共平天下，有何不可？」乃以屈丐爲安遠將軍，封陽川侯，使助沒弈于鎭高平。邕固諫以爲不可，興乃止。以屈丐爲持節、安北將軍、五原公，配以三交五部鮮卑二萬餘落，鎭朔方。

道武末，屈丐襲殺沒弈于而幷其衆，僭稱大夏天王，號年龍昇，置百官。興乃悔之。屈

丐恥姓鐵弗，遂改爲赫連氏，自云徽赫與天連。又號其支庶爲鐵伐氏，云族剛銳如鐵，皆堪伐人。晉將劉裕攻長安，屈丐聞而喜曰：「姚泓豈能拒裕？裕必剋之。待裕去後，吾取之如拾遺耳。」於是秣馬勵兵，休養士卒。及劉裕禽泓，留子義眞守長安。屈丐伐之，大破義眞，積人頭爲京觀，號曰髑髏臺。遂僭皇帝於灞上，號年爲昌武，定都統萬，勒銘城南，頌其功德，以長安爲南都。[九]

性驕虐，視人如草，蒸土以築城，鐵錐刺入一寸，卽殺作人而幷築之。所造兵器，匠呈必死，射甲不入，卽斬弓人，如其入，便斬鎧匠，殺工匠數千人。常居城上，置弓劍於側，有所嫌忿，手自殺之。羣臣忤視者，鑿其目，笑者決其脣，諫者謂之誹謗，先截其舌，而後斬之。議廢其子璝，璝自長安起兵攻屈丐，丐遣子太原公昌破璝殺之。屈丐以昌爲太子。始光二年，屈丐死，昌僭立。

昌字還國，一名折，屈丐之第二子也。既僭位，改年承光。[一〇]太武聞屈丐死，諸子相攻，關中大亂，於是西伐。乃以輕騎一萬八千，濟河襲昌。時冬至之日，昌宴饗，王師奄到，上下驚擾。車駕次於黑水，去其城三十餘里，昌乃出戰。太武馳往擊之，昌退走入城，未閉門，軍士乘勝入其西宮，焚其西門，夜宿城北。明日分軍四出，徙萬餘家而還。

後昌遣弟定與司空奚斤相持於長安，太武乘虛西伐，濟君子津，輕騎三萬，倍道兼行。羣臣咸諫曰：「統萬城堅，非一日可拔。今輕軍討之，進不可剋，退無所資。不若步軍攻具，一時俱往。」帝曰：「夫用兵之術，攻城最下，不得已而用之。如其攻具一時俱往，賊必懼而堅守。若攻不時拔，則食盡兵疲，外無所掠，非上策也。朕以輕騎至其城下，彼先聞有步軍，而徒見騎至，〔一一〕必當心閑。朕且羸師以誘之，若得一戰，擒之必矣。所以然者，軍士去家二千里，後有黃河之難，所謂置之死地而後生也。以是決戰則有餘，攻城則不足。」遂行，次于黑水，〔一二〕分軍伏於谷，而以少衆至其城下。昌將狄子玉來降，說：昌使人追其弟定，〔一三〕定曰：「城堅峻未可攻拔，待禽斤等，然後徐往，內外擊之，有何不濟？」昌以爲然。太武惡之，退軍城北，示昌以弱，遣永昌王健及娥清等分騎五千，西掠居人。會軍士負罪，亡入昌城，言官軍糧盡，士卒食菜，輜重在後，步兵未至，擊之爲便。昌信其言，引衆出城，步騎三萬。司徒長孫翰等咸言昌步陣難陷，宜避其鋒，且待步兵，一時奮擊。帝曰：「不然，遠來求賊，恐其不出。今避而不擊，彼奮我弱，非計也。」遂收軍僞北，引而疲之。昌以爲退，鼓譟而前，舒陣爲翼。行五六里，帝衝之，賊陣不動。稍前行，會有風起，方術官趙倪勸帝更待後日，崔浩叱之。帝乃分騎爲左右以掎之。帝墜馬，賊已逼，帝騰馬刺殺其尚書斛黎文，殺騎賊十餘人。流矢中帝，帝奮擊不輟。昌軍大潰，不及入城，奔投上邽。遂剋其城。

初，屈丐奢，好修宮室，城高十仞，基厚三十步，上廣十步，宮牆五仞，其堅可以礪刀斧。臺榭高大，飛閣相連，皆彫鏤圖畫，被以綺繡，飾以丹青，窮極文采。帝顧謂左右曰：「蕞爾小國，而用人如此，雖欲不亡，其可得乎？」

侍御史安頡禽昌，帝使侍中古弼迎昌至京師，舍之西宮門內，給以乘輿之副。又詔昌尚始平公主，假會稽公，封爲秦王，坐謀反伏誅。

昌弟定，小字直獖，屈丐之第五子也。凶暴無賴。昌敗，定奔於平涼，自稱尊號，改年勝光。定登陰槃山，望其本國，泣曰：「先帝以朕承大業者，豈有今日之事乎！使天假朕年，當與卿諸人建季興之業。」俄而羣狐百數，鳴於其側，定命射之，無所獲。惡之曰：「所見亦大不臧，咄咄天道，復何言哉！」

定與宋連和，遙分河北。自恒山以東，屬宋；恒山以西，屬定。太武親率輕騎襲平涼。定救平涼，方陣自固。帝四面圍之，斷其水草，定不得水，引衆下原，詔武衞將軍丘眷擊之。定衆潰，被創，單騎遁走，收其餘衆，乃西保上邽。神䴥四年，爲吐谷渾慕璝所襲，〔一四〕禽定送京師，伏誅。

徒河慕容廆字弈洛瓌，本出昌黎。曾祖莫護跋，魏初，率諸部落入居遼西，〔一五〕從司馬宣王討公孫氏，拜率義王，始建王府於棘城之北。祖木延，從毌丘儉征高麗有功，〔一六〕始號左賢王。父涉歸，以勳進拜鮮卑單于，遷邑遼東。涉歸死，廆代領部落。以遼東僻遠，遷於徒河之青山。穆帝世，頗爲東部之患。廆死，子晃嗣。

晃字元眞，號年爲元年，自稱燕王。建國二年，昭成納晃女爲后。〔一七〕四年，晃城和龍而都焉。征高麗大破之，遂入丸都，掘高麗王釗父利墓，載其屍，焚其宮室，毀丸都而歸。釗後稱臣，乃歸其父屍。晃死，子儁嗣。

儁字宣英，既襲位，號年爲元年。聞石氏亂，乃礪甲嚴兵，將爲進取之計，徙都于薊。建國十五年，儁僭稱皇帝，置百官，號年天璽，〔一八〕國稱大燕。十六年，自薊遷都於鄴，號年光壽。儁死，第三子暐嗣。

暐字景茂，號年建熙。暐政無綱紀。有神降於鄴，曰湘女，有聲，與人相接，數日而去。後苻堅遣將王猛伐鄴，禽暐，封新興侯。道武之七年，苻堅敗於淮南。暐叔父垂叛堅，攻苻丕於鄴。暐弟濟北王泓先爲北地長史，聞垂攻鄴，亡奔關東，還屯華陰，自稱雍州牧、濟北

王，推垂爲丞相、大司馬、吳王。堅遣子鉅鹿公叡伐泓。泓弟中山王沖，先爲平陽太守，亦起兵河東，奔泓。泓衆至十萬，遣使謂堅，求分王天下。堅大怒，責暐。暐叩頭流血謝，堅待之如初，命暐以書招垂及泓、沖。暐密遣使謂泓：「勉建大業，可以吳王爲相國，中山王爲太宰，領大司馬；汝可爲大將軍，領司徒，承制封拜。聽吾死問，汝便卽尊位。」泓進向長安，年號燕興。泓謀臣高蓋、宿勤崇等以泓德望後沖，〔一九〕且持法苛峻，乃殺泓，立沖爲皇太弟，承制行事，置百官。進據阿房。初，堅之滅燕，沖姊清河公主年十四，有殊色，堅納之。沖年十二，亦有龍陽之姿，堅又幸之。姊弟專寵。長安歌之曰：「一雌復一雄，〔二〇〕雙飛入紫宮。」王猛切諫，乃出沖。及其母卒，葬之以燕后之禮。長安又謠曰：「鳳皇，鳳皇，止阿房。」時以鳳皇非梧桐不棲，非竹實不食，乃蒔梧竹數千株於阿城，以待鳳皇。沖小字鳳皇，至是，阿城終爲堅賊。暐入見堅謝，因言二子昨婚，欲堅幸第，堅許之。暐出，術士王嘉曰：「椎蘆作蘧篨，不成文章。會天大雨，不得殺羊。」言暐將殺堅而不果也。堅與羣臣莫解。是夜大雨，晨不果出。事發，堅乃誅暐父子及宗族，城內鮮卑無少長男女皆殺之。

廆弟運。運孫永，字叔明。暐既爲苻堅所幷，永徙於長安。家貧，夫妻常賣鞾於市。及暐爲堅所殺，沖乃自稱尊號，以永爲小將軍。沖毒暴，及堅出如五將山，沖入長安，縱兵大

中華書局

掠，死者不可勝計。初，堅之末亂，關中忽然，無火而煙氣大起，〔三一〕方數十里，月餘不滅。堅每臨聽訟觀，令民有怨者，舉煙於城北，觀而錄之。長安爲之語曰：「欲得必存當舉煙。」關中謠曰：「長鞘馬鞭擊左股，太歲南行當復虜。」西人呼徒河爲白虜，沖果據長安。樂之忘歸，且以慕容垂威名夙著，跨據山東，憚不敢進，衆咸怨之。登國元年，沖左將軍韓延因人之怨，殺沖，立沖將段隨爲燕王，改年昌平。沖之入長安，王嘉謂之曰：「鳳皇，鳳皇，何不高飛還故鄉？無故在此取滅亡。」

沖敗，其左僕射慕容恒與永潛謀，襲殺隨，立宜都王子覬爲燕王，號年建明。率鮮卑男女三十餘萬口，乘輿服御，禮樂器物，去長安而東。以永爲武衞將軍。恒弟護軍將軍韜，陰有貳志，誘覬殺之于臨晉。恒怒，去之。永與武衞將軍刁雲率衆攻韜。韜遣司馬宿勤黎逆戰，永執而戮之。韜懼，出奔恒營。恒立慕容沖子望爲帝，改年建平。衆悉去望奔永，永執望殺之，立慕容泓子忠爲帝，改年建武。忠以永爲太尉，守尚書令，封河東公。東至聞喜，知慕容垂稱尊號，託以農要弗進，築燕熙城以自固。刁雲等又殺忠，推永爲大都督、大將軍、大單于、雍秦涼四州牧、河東王，稱蕃於垂。

永進據長子，僭稱帝，號年中興。垂攻丁零翟釗於滑臺，釗敗降永。永以釗爲車騎大將軍、東郡王。歲餘，謀殺永，永誅之。垂來攻永，永敗，爲前驅所獲，垂數而戮之。幷斬永

公卿已下刁雲、大逸豆歸等四十餘人。永所統新舊人戶、服御、圖書、器樂、珍寶，垂悉獲之。

垂字道明，晃第五子也。甚見寵愛，常自謂諸弟子曰：〔三二〕「此兒闊達好奇，終能破人家，或能成人家。」故名霸，字道業，恩遇踰於儁。儁弗能平，及即王位，以垂墜馬傷齒，改名爲鞅，外以慕郤鞅爲名，內實惡之。尋以讖記之文，乃去夬，以垂爲名。年十三，爲偏將，所在征伐，勇冠三軍。儁平中原，垂爲前鋒，累戰有大功。及儁僭尊號，封吳王。

後以車騎大將軍敗桓溫於枋頭，威名大震，不容於暐，西奔苻堅。堅甚重之，拜冠軍將軍，封賓都侯。堅敗淮南，入於垂軍。子寶勸垂殺之，垂以堅遇之厚也，不聽。行至洛陽，請求拜墓，堅許之。遂起兵攻苻丕於鄴。垂稱燕王，置百官，年號燕元。

登國元年，垂僭位，號年爲建興。繕宗廟社稷於中山，盡有幽、冀、平州之地，遣使朝貢。三年，道武遣九原公儀使於垂，垂又遣使朝貢。四年，道武遣陳留公虔使於垂，〔三三〕垂又遣使朝貢。五年，又遣秦王觚使於垂，垂留觚不遣，遂絕行人。

垂議討慕容永，太史令靳安言於垂曰：「彗星經尾、箕之分，燕當有野死之王。不出五年，其國必亡。歲在鶉火，必剋長子。」垂乃止。安出而謂人曰：「此衆既幷，終不能久。」安蓋知道武之興也，而不敢言。先是，丁零翟遼叛垂，後遣使謝罪，垂不許。遼怒，遂自號大魏天王，屯滑臺，與垂相擊。死，子釗代之。及垂征剋滑臺，釗奔長子。垂議征長子，諸將咸諫。以永國未有釁，請他年。垂將從之，垂弟司徒、范陽王德固勸垂。垂曰：「司徒議與吾同，且吾投老，叩囊底智足以剋之，不復留逆賊以累子孫。」乃伐永剋之。

十年，垂遣其太子寶來寇。始寶之來，垂已有疾。自到五原，道武斷其行路，父子問絕。帝乃詭其行人之辭，臨河告之曰：「汝父已死，何不遽還？」寶兄弟聞之憂怖，以爲信然，於是士卒駭動。初，寶至幽州，其所乘車軸無故自折。占工靳安以爲大凶，固勸令還，寶怒，不從。至是，問安。安曰：「速去可免。」寶愈恐。安退告人曰：「今將死於他鄉，尸骸委於草野，爲烏鳶螻蟻所食，不復見家族。」十月，寶燒船夜遁。時河冰未成，寶謂帝不能度，不設斥候。十一月，天暴風寒，冰合，帝進軍濟河急追之。至參合陂西，靳安言於寶曰：「今日西北風動，是軍將至之應，宜兼行速去，不然必危。」其夜，帝部分衆軍，東西爲掎角之勢。約勒士卒，束馬口，銜枚無聲。昧爽，衆軍齊進，日出登山，下臨其營。寶衆晨將東引，顧見軍至，遂驚擾。帝縱騎騰躡，馬者蹶倒冰上。寶及諸父兄弟，軍馬迸散，僅以身免。寶軍四五萬人，一時放仗，歛手就羈。擒其王公文武數千。垂復欲來寇，太史曰：「太白夕沒西方，數日後見東方，此爲躁兵，先舉者亡。」垂不從，鑿山開道，至寶前敗所，見積骸如丘，設祭弔

之。死者父兄子弟遂皆嗥哭，聲震山川。垂慚忿嘔血，發病而還，死於上谷。寶僭立。

寶字道裕，垂之第四子也。少輕果，無志操，好人佞己。爲太子，砥厲自修。垂妻段氏謂垂曰：「寶姿質雍容，柔而不斷，承平則爲仁明之主，處難則非濟世之雄。今託以大業，未見克昌之美。遼西、高陽，兒之俊賢者，宜擇一以樹之。趙王麟姦詐負氣，常有輕寶之心，恐難作。」垂不納。寶聞，深以爲恨。寶既僭位，年號永康。遣麟逼其母段氏自裁。段氏怒曰：「汝兄弟尚逼殺母，安能保社稷？吾豈惜死！」遂自殺。寶議以后謀廢嫡，稱無母之道，不宜成喪，羣臣咸以爲然。寶中書令眭邃執意抗言，寶從之而止。

皇始元年，道武南伐。及剋信都，寶大懼，夜來犯營，帝擊破之。寶走中山，遂奔薊。寶子清河王會先守龍城，聞寶被圍，率衆赴難，逢寶於路。寶分奪其軍，以授弟遼西王農等。會怒，襲農殺之，勒兵攻寶。寶走龍城，會追圍之。侍御郎高雲襲敗會師，會奔中山。寶命雲爲子，封夕陽公。會至中山，爲慕容普隣所殺。寶至龍城，垂舅蘭汗拒之，寶南走奔薊。汗復遣迎。寶以汗，垂之季舅，子盛又汗之婿也，必謂無二，乃還龍城。汗殺之，及子策等百餘人。汗自稱大都督、大單于、昌黎王，號年青龍。以盛子壻，哀而宥之。

盛字道運，寶長子也。垂封爲長樂公，寶僭立，進爵爲王。蘭汗之殺寶也，以盛爲侍中、左光祿大夫。盛乃間汗兄弟，使相疑害。李早、〔三四〕衛雙、劉志、張眞等皆盛之舊昵，汗

太子穆並引爲腹心。盛結旱等，因汗、穆等醉，夜襲殺之。僭尊號，改年爲建平，又號年爲長樂。盛改稱庶人大王。盛以寶闇而不斷，遂峻極威刑，於是上下震局。前將軍段璣等夜鼓譟攻盛，傷之。遂輦昇殿，召叔父河間公熙，屬以後事，熙未至而死。

熙字道文，小字長生，垂之少子也。〔二五〕羣臣與盛伯母丁氏議，以其家多難，宜立長君，遂廢盛子定，迎熙立之。熙立，殺定，年號光始。築龍騰苑，起雲山於苑內。又起逍遙宮、甘露殿，連房數百，觀閣相交。鑿天河渠，引水入宮。又爲妻苻氏鑿曲光海、清涼池。季夏盛暑，不得休息，暍死者太半。熙遊城南，止大柳樹下，若有人呼曰："大王且止。"熙惡之，伐其樹，下有蛇長丈餘。熙盡殺寶諸子，改年爲建始。又爲其妻起承華殿，負土於北門，土與穀同價。典軍杜靜載棺詣闕，上書極諫，熙大怒，斬之。熙妻當季夏思凍魚膾，仲冬須生地黃，切責不得，加有司大辟。苻氏死，熙擁其屍僵仆絕息，久而乃蘇，悲號擗踴，斬衰食粥。大斂之後，復啓而交接。制百官哭臨，沙門素服。令有司案檢，有淚者爲忠，無淚者罪之，羣臣莫不含辛以爲淚。及葬，熙被髮徒步，從轜車毀城門而出。長老相謂曰："慕容氏自毀其門，將不久矣。"衞中將軍馮跋兄弟閉門拒熙，執而殺之。立夕陽公雲爲主。雲，寶之養子也，復姓高氏，年號正始。跋又殺雲自立。

雲之立也，熙幽州刺史、上庸公慕容懿以遼西歸降。道武以懿爲征東大將軍、平州牧、

昌黎王。後坐反伏誅。

晃少子德，字玄明，雅爲兄垂所重。苻堅滅暐，以德爲張掖太守。垂僭號，封范陽王，位司徒。寶卽位，以德鎭鄴，大丞相。寶旣東走，羣僚勸德稱尊號，德不從。皇始二年，旣拔中山，道武遣衞王儀攻鄴，德南走滑臺，自稱燕王，號年燕元，置百官。德冠軍將軍苻廣叛於乞活壘，德留兄子和守滑臺，率衆攻廣斬之。而和長史李辯殺和，以城降魏。德無所據，用其尚書潘聰計，據靑、齊，入都廣固，僭稱尊號，號年建平。女水竭，德聞而惡之，因而寢疾。兄子超請祈女水，德曰："人君之命，豈女水所知？"乃以超爲太子。德死，超僭立。

超字祖明，德兄北海王納之子也。旣僭位，號年太上。超南郊柴燎，焰起而煙不出，靈臺令張光告人曰："今火盛而煙滅，國其亡乎！"天賜五年，晉將劉裕伐超，超將公孫五樓勸拒之於大峴，不從。裕入大峴，超戰於臨朐，爲裕敗。退還廣固，圍之。廣固鬼夜哭，有流星長十餘丈，隕于廣固。城潰，裕執超，送建康市斬之。

姚萇字景茂，出於南安赤亭，燒當之後也。祖柯迴，助魏掎姜維於沓中，以功假綏戎校尉、西羌都督。父弋仲，晉永嘉之亂，東徙榆眉。劉曜以弋仲爲平西將軍，平襄公。後隨石季龍遷于清河灄頭，勒以弋仲爲奮武將軍，封襄平公。弋仲死，子襄代，屯於譙城。慕容儁以襄爲豫州刺史、丹陽公，屯淮南。自稱大將軍、大單于，爲晉將桓溫所敗，奔河東。後爲苻眉所殺。

弋仲有子四十二人，萇第二十四。隨兄襄征伐，襄甚奇之。襄敗，降於苻堅。從堅征伐，頻有功。堅伐晉，以萇爲龍驤將軍，督益梁州諸軍事，〔二六〕謂萇曰："朕本以龍驤建業，龍驤之號，初未假人，今特以相授。山南之事，一以委卿。"堅左將軍竇衝進曰："王者無戲言，此亦不臧之徵也，惟陛下察之。"堅默然。及慕容泓起兵華澤，堅遣子衞大將軍叡討之，戰敗，爲泓所殺。時萇爲叡司馬，懼罪奔馬牧。聚衆萬餘，自稱大將軍、大單于、萬年秦王，號年白雀。數月之間，衆至十餘萬。與慕容沖連和，進屯北地。苻堅出五將山，萇執而殺之。

登國元年，僭稱皇帝，置百官，國號大秦，年曰建初。改長安曰常安，以其太子興鎭之。自擊苻登於安定，敗之。萇病，夢苻堅將天官使者、鬼兵數百，突入營中。萇懼，走後宮，宮人迎萇刺鬼，誤中萇陰。鬼相謂曰："正中死處。"拔矛，出血石餘。寤而驚悸，遂患陰腫，刺之，出血如夢。萇乃狂言，或稱萇，"殺陛下者臣兄襄，非臣之罪，願不枉法"。萇死，子興襲位，祕不發喪。

興字子略，萇長子也。旣滅苻登，然後發喪行服。僭稱皇帝，年號皇初。天興元年，興去皇帝之號，降稱天王，號年洪始。興剋洛陽，以其弟東平公紹鎭之。三年，興遣使來聘，道武遣謁者僕射張濟使於興。天興五年夏，興遣其弟義陽公平率衆四萬侵平陽，攻乾壁六十餘日，陷之。七月，車駕親征。八月，次永安，平募遣勇將率精騎二百闞軍，爲前鋒將長孫肥所禽，匹馬不反。平遂退走。帝急追，及於柴壁，圍之。興乃悉舉其衆，救平。帝增築重圍，內以防平之出，外以距興之入。又截汾曲爲南北浮橋，乘西岸築圍。帝帥師度蒙阬南四十里，逆擊興。興晨行北引，未及安營，大軍卒至，興衆怖擾。帝知興氣挫，乃南絕蒙阬之口，東杜新坂之隘，守天度，屯賈山，令平水陸路絕，將坐甲而禽之。又令緣汾帶岡樹柵，以衞芻牧者。九月，興從汾西北下，憑壑爲壘以自固。興又將數千騎乘西〔岸，闚視太祖營，東柏材從汾上流下之，欲以毀〕橋。〔二七〕官軍鉤取，以爲薪蒸。興還壘，道武度其必攻西圍，乃命修塹，增廣之。至夜，興果來攻，梯短不及，棄之塹中而還。興又分其衆，臨汾爲壘，叩逼水門，與平相望。帝因截水中，興內外隔絕，士衆喪氣。於是平糧盡，窘急，夜悉衆將突西南而出。興列兵汾西，舉烽鼓譟，爲平接援。帝簡諸軍精銳，屯汾西固守，南絕水口。〔二八〕興夜聞聲，望平力戰突免；平聞外鼓，望興攻圍引接。故但叫呼，虛相應和，莫敢逼

圍。平不得出，窮逼，乃將二妾赴水死。興安遠將軍不蒙世、揚武將軍雷重等將士四千餘人隨平投水。帝令泅水鈎捕，無得免者。平衆三千餘人，[二九]皆斂手受執。擒興尚書右僕射狄伯支已下四十餘人。[三〇]興遠來救，自觀其窮，力不能免，舉軍悲號，震動山谷，數日不止。頻遣使請和，帝不許，乃班師。興還長安。有雀數萬頭鬬於興廟，毛羽折落，多有死者，月餘乃止。識者曰：「今雀鬬廟上，子孫當有爭亂者乎。」又興殿有聲如牛呴。有二狐入長安，一登興殿屋，走入宮，一入市，求之不得。永興三年，興遣周寶來聘。五年，興遣使來聘，并請進女，明元許之。神瑞元年，興遣兼散騎常侍、尚書吏部郎嚴康來聘。二年，興遣散騎常侍、東武侯姚敞、尚書姚軌奉其西平公主於明元，[三一]明元以后禮納之。

泰常元年，興死。長子泓，字元子，僭位，號年永和。晉將劉裕伐泓，長驅入關。泓戰敗請降，裕執之，於建康斬之。

馮跋字文起，小名乞直代，本出長樂信都。慕容永僭號長子，以跋父安爲將。永爲垂所滅，安東徙昌黎，家于長谷，遂同夷俗。跋飲酒至一石不亂，諸弟皆不修行業，唯跋恭慎。慕容熙僭號，以跋爲殿中左監，稍遷

衞中將軍。後坐事逃亡。既而熙政殘虐，人不堪命。跋乃與從兄萬泥等二十二人結謀，跋與二弟乘車，使婦人御，潛入龍城，匿於孫護之室，以誅熙。乃立夕陽公高雲爲主。雲以跋爲侍中、征北大將軍、開府儀同三司，封武邑公。事皆決跋兄弟。明元初，雲爲左右所殺，跋乃自立爲燕王，置百官，號年太平。于時永興元年也。

跋撫納契丹等，諸落頗來附之。明元遣謁者于什門喻之，爲跋所留。泰常三年，和龍城有赤氣蔽日，自寅至申。跋太史令張穆以爲兵氣，勸跋還魏使，奉修職貢，跋不從。明元詔征東大將軍長孫道生討之，跋嬰城固守，道生不剋而還。

神䴥二年，跋有疾，其長子永先死，立次子翼爲世子，攝國事，勒兵以備非常。跋妾宋氏規立其子受居，深忌翼，謂之曰：「主上疾將瘳，奈何代父臨國乎！」翼遂還。宋氏矯絕內外，遣閽人傳問。翼及跋諸子、大臣並不得省疾，唯中給事胡福獨得出入，專掌禁衞。跋疾甚，福慮宋氏將成其計，乃言於跋弟弘。弘勒兵而入，跋驚怖而死。弘襲位，翼勒兵出戰不利，遂死。跋有子男百餘人，悉爲弘所殺。

弘字文通，跋之少弟也。跋立，爲尚書右僕射，封中山公，領中領軍，內掌禁衞，外總朝政。歷位司徒。及自立，乃與宋氏通和。[三二]延和元年，太武親討之，弘嬰城固守。其營丘、

遼東、成周、樂浪、帶方、玄菟六郡皆降，太武徙其人三萬餘家于幽州。其尚書郭深勸之歸誠進女，[三三]乞爲附庸，保守宗廟。弘曰：「負釁在前，忿形已露，附降取死。不如守志，更圖所適也。」

先是，弘廢其元妻王氏，黜世子崇，令鎭肥如，以後妻慕容氏子曰王仁爲世子。崇母弟廣平公朗、樂陵公邈相謂曰：「禍將至矣！」於是遂出奔遼西，勸崇來降，崇納之。會太武使給事中王德陳示成敗，崇遣邈入朝。太武封崇遼西王，錄其國尚書事，遼西十郡，[三四]承制假授文官尚書、刺史，武官征虜已下。弘遣其將封羽率衆圍崇，太武詔永昌王健督諸軍救之。封羽又以凡城降，[三五]徙其人三千餘家而還。弘遣其尚書高顒請罪，乞以季女充掖庭。帝許之，徵其子王仁入朝，弘不遣。其散騎常侍劉訓諫，弘大怒，殺之。太武又詔樂平王丕等討之。日就蹙削，上下危懼。弘太常陽岷復勸弘請罪乞降，令王仁入侍。弘不聽，乃密求迎於高麗。太延二年，高麗遣將葛居盧等率衆迎之，弘乃擁其城內士女入于高麗。先是，其國有狼夜繞城羣嘷，如是終歲。又有鼠集於城西，闐滿數里，西行，至水則在前者銜馬矢，迭相齧尾而度。宿軍地燃，一旬而滅，觸地生蛆，月餘乃止。和龍城生白毛，一尺二寸。

弘至遼東，高麗遣使勞之曰：「龍城王馮君，爰適野次，士馬勞乎？」弘慚怒，稱制答讓

之。高麗乃處之於平郭，尋徙北豐。弘素侮高麗，政刑賞罰，猶如其國。高麗乃奪其侍人，質任王仁。弘忿怨之，謀將南奔。太武又徵弘於高麗。乃殺之於北豐，子孫同時死者十餘人。弘子朗、邈。朗子熙，在外戚傳。

乞伏國仁，隴西人也。其先如弗，[三六]自漠北南出。五世祖佑隣，并兼諸部，衆漸盛。父司繁，擁部落降苻堅，堅以爲南單于，又拜鎭西將軍，鎭勇士川。司繁死，國仁爲將軍。及堅敗，國仁叔步頽叛於隴右。堅令國仁討之，步頽大悅，迎而推之，部衆十餘萬。道武時，私署大都督、大將軍、大單于、秦河二州牧，[三七]號年建義，署置官屬。分部內爲十一郡，築勇士城以都之。

國仁死，弟乾歸統事，自署大都督、大將軍、大單于、河南王，改年爲太初，置百官。登國中，遷於金城。城門自壞，乾歸惡之，還於苑川。尋爲姚興所破，又奔枹罕，遂降姚興。拜爲河州刺史，封歸義侯。尋遣還苑川。乾歸乃背姚興，私稱秦王，置百官，號年更始。遣使請援，明元許之。[三八]田于五溪，有梟集其手，尋爲其兄子公府所殺。

子熾盤殺公府，代統任。熾盤自稱大將軍、河南王，改年爲永康。後襲禿髮傉檀於樂

都，滅之，乃私署秦王，置百官，改年爲建弘。後遣其尚書郎莫者胡、積射將軍乞伏又寅貢金二百斤，請伐赫連昌，太武許之。及統萬事平，熾盤乃遣其叔平遠將軍泥頭、弟安遠將軍安度質於京師。又使其中書侍郎王愷、丞相從事中郎烏訥闐奉表貢其方物。熾盤死，子慕末統任。

慕末字安石跋。既立，改年爲永弘。其尚書隴西辛進嘗隨熾盤遊後園，進彈烏，丸誤傷慕末母面。至是，誅進五族二十七人。慕末弟殊羅蒸熾盤左夫人禿髮氏，慕末知而禁之。殊羅與叔父什寅謀殺慕末，使禿髮氏盜門籥。籥誤，門不開。門者以告，慕末收其黨，盡殺之。欲鞭什寅，什寅曰：「我負汝死，不負汝鞭。」慕末怒，刳其腹，投屍於河。什寅母弟白養及去列，頗有怨言，又殺之。政刑酷濫，內外崩離，部人多叛。

後爲赫連定所逼，遣王愷、烏訥闐請迎於太武。太武許以安定以西，平涼以東封之。慕末乃焚城邑，毀寶器，率戶萬五千至高田谷。爲赫連定所拒，遂保南安。太武遣師迎之，慕末衞將軍吉毗固諫，以爲不宜內徙，慕末從之。赫連定遣其北平公韋代率衆萬人攻南安。城內大飢，人相食。神䴥四年，慕末及宗族五百餘人出降，送于上邽，遂爲定滅。

大沮渠蒙遜，本張掖臨松盧水人也。匈奴有左沮渠官，蒙遜之先爲此職，羌之酋豪曰大，故以官爲氏，以大冠之。世居盧水爲酋豪。遜高祖暉仲歸、曾祖遮，皆雄健有勇名。祖祁復延，封伏地王。父法弘，襲爵。苻氏以爲中田護軍。

蒙遜代父領部曲，有勇略，多計數，頗曉天文，爲諸胡所推服。呂光自王於涼土，使蒙遜自領營人，配箱直。又以蒙遜叔父羅仇爲西平太守。後遣其子纂率羅仇伐乞伏乾歸於枹罕，爲乾歸所敗，殺之。蒙遜求還葬羅仇，因聚衆屯金山，與從兄晉昌太守男成共推建康太守段業爲使持節、大都督、龍驤大將軍、涼州牧、建康公，稱神璽元年。業以蒙遜爲張掖太守，封臨池侯，男成爲輔國將軍，委以軍國之任。業又自稱涼王，以蒙遜爲尚書左丞。忌蒙遜威名，微疏遠之。天興四年，蒙遜內不自安，請爲西安太守。[三九]蒙遜欲激怒其衆，乃密誣告男成叛逆，業殺之。蒙遜泣而告衆，陳欲復讎之意。男成素有恩信，衆情怨憤，泣而從之。蒙遜因舉兵攻殺業，私署使持節、大都督、大將軍、涼州牧、張掖公，年號永安。居張掖。是月，涼武昭王亦起兵，年號庚子。

永興中，蒙遜剋姑臧，遷居之，改號玄始元年，自稱河西王，置百官。頻遣使朝貢。蒙遜寢於新臺，閹人王懷祖斫蒙遜，傷足。蒙遜妻孟氏禽懷祖斬之。及聞晉滅姚泓，怒甚。有校郎言事於蒙遜，蒙遜曰：「汝聞劉裕入關，敢研研然也！」遂殺之。尋稱藩于晉。泰常中，蒙遜剋敦煌，改年承玄。後又稱蕃于宋，并求書，宋文帝並給之。蒙遜又就宋司徒王弘求搜神記，弘與之。

神䴥中，遣尚書郎宗舒、左常侍高猛朝貢，上表稱臣。前後貢使相望。後遣子安周內侍。太武遣兼太常李順持節拜蒙遜爲假節，加侍中、都督涼州西域羌戎諸軍事、太傅、行征西大將軍、涼州牧、涼王。使崔浩爲册書以褒賞之。蒙遜又改義和元年。延和二年四月，蒙遜死，詔遣使監護喪事，私謚武宣王。蒙遜性淫忌，忍於刑戮，閨庭之中，略無風禮。

第三子牧犍統任，自稱河西王，遣使請朝命。并遣使通宋，受宋褒授。先是，太武遣李順迎蒙遜女爲夫人，會蒙遜死，牧犍受蒙遜遺意，送妹於京師，拜爲右昭儀。改稱承和元年。太武又遣李順拜牧犍爲使持節、侍中、都督涼沙河三州西域羌戎諸軍事、車騎將軍、開府儀同三司、領護西戎校尉、涼州刺史、河西王。牧犍以無功受賞，乃留順，上表乞安、平一號，優詔不許。牧犍尙太武妹武威公主，遣其相宋繇表謝，獻馬五百匹，黃金百斤。繇又表請公主及牧犍母妃后定號。朝議謂禮母以子貴，妻從夫爵，牧犍母宜稱河西國太后，公主於國內可稱王后，於京師則稱公主。詔從之。牧犍遣建節將軍沮渠旁周朝京師，太武遣侍中古弼、尚書李順賜其侍臣衣服有差，并徵世子封壇入侍。牧犍乃遣封壇朝京師。

太延五年，太武遣尚書賀羅使涼州，且觀虛實。帝以牧犍雖稱蕃致貢，而內多乖悖，於是親征之。詔公卿爲書讓之，數其罪十二。官軍濟河，牧犍曰：「何故爾也？」用其左丞姚定國計，不肯出迎，求救於蠕蠕。遣大將董來萬餘人拒軍於城南，戰退。車駕至姑臧，遣使喻牧犍令出。牧犍聞蠕蠕內侵善無，[四〇]幸車駕返旆，遂嬰城自守。牧犍兄子祖踰城出降，具知其情。太武乃引諸軍進攻，牧犍兄子萬年率麾下又來降。城拔，牧犍與左右文武，面縛請罪，詔釋其縛。徙涼州人三萬餘家于京師。初，太延中，有一老父投書於敦煌城東門，忽然不見。其書紙八字，文曰：「涼王三十年，若七年。」又於震電所得石，丹書曰：「河西，河西，三十年，破帶石，樂七年。」帶石靑山名，[四一]在姑臧南。山祀傍泥陷不通，牧犍征南大將軍董來曰：「祀豈有知乎！」遂毀祀伐木，通道而行。牧犍立，果七年而滅。初，牧犍淫嫂李氏，兄弟三人傳嬖之。李與牧犍姊共毒公主，上遣醫乘傳救公主，得愈。上徵李氏，牧犍不遣，厚送居於酒泉。上大怒。既剋，猶以妹壻待之。其母死，以王太妃禮葬焉。又爲蒙遜置守冢三十家，授牧犍征西大將軍，王如故。

初，官軍未入之間，牧犍使人斫開府庫，取金銀珠玉及珍奇器物，不更封閉，百姓因之入盜，巨細蕩盡。有司求賊不得。眞君八年，其所親人及守藏者告之，乃窮竟其事，搜其家中，悉得所藏器物。又告牧犍父子多畜毒藥，前後隱竊殺人，乃有百數，姊妹皆爲左道，朋行淫佚，曾無愧顏。始罽賓沙門曰曇無讖，東入鄯善，自云能使鬼療病，令婦人多子。與鄯善王妹曼頭陁林淫通，發覺，亡奔涼州。蒙遜寵之，號曰聖人。曇無讖以男女交接術教授婦女，蒙遜諸女、子婦，皆往受法。太武聞諸行人言曇無讖術，乃召之。蒙遜不遣，遂發露其事，拷訊殺之。至此，帝知之，於是賜昭儀沮渠氏死，誅其宗族。唯萬年及祖以前先降，得免。是年，人又告牧犍猶與故臣交通謀反，詔司徒崔浩就公主第賜牧犍死。與主決良久，乃自裁。葬以王禮，謚曰哀王。及公主薨，詔與牧犍合葬。公主無男，有女，以國甥得襲母爵爲武威公主。

蒙遜子季義，〔四二〕位東雍州刺史。眞君中，與河東薛安都謀逆，召至京師，付其兄弟扼殺之。萬年、祖並以先降，萬年拜張掖王，祖廣武公。後坐謀逆，俱死。

初，牧犍之敗，弟樂都太守安周南奔吐谷渾，太武遣鎮南將軍奚眷討之。牧犍弟酒泉太守無諱奔晉昌，乃使弋陽公元潔守酒泉。眞君初，無諱圍酒泉，陷之。又圍張掖，不能剋，退保臨松。太武不伐，詔諭之。時永昌王健鎮涼州，無諱使其中尉梁偉詣健，求奉酒泉。又送潔及統帥兵士于健軍。〔四三〕二年，太武遣使拜無諱爲征西大將軍、涼州牧、酒泉王。尋以無諱復規叛，遣南陽公奚眷討酒泉，〔四四〕剋之。無諱遂謀度流沙，遣安周西擊鄯善。鄯善欲降，會魏使者勸令拒守，安周不能剋，退保東城。三年春，鄯善王比龍西奔且末，其世子乃從安周。鄯善大亂。無諱遂度流沙，士卒渴死者太半，仍據鄯善。先是高昌太守闞爽爲李寶舅唐契所攻，聞無諱至鄯善，使詐降，欲令無諱與唐契相擊。無諱留安周住鄯善，〔四五〕從焉耆東北趣高昌。會蠕蠕殺唐契，爽拒無諱。無諱將衞興奴遂屠其城。爽奔蠕蠕，無諱因留高昌。五年夏，無諱病死，安周立，爲蠕蠕所并。

梁帝蕭詧字理孫，蘭陵人，武帝之孫，昭明太子統之第三子也。幼好學，善屬文，尤長佛義，特爲梁武嘉賞。梁普通中，封曲江縣公。及昭明太子薨，封詧岳陽郡王，位東揚州刺史，領會稽太守。初，昭明卒，梁武捨詧兄弟而立簡文，內常愧之，故寵亞諸子。以會稽人物殷阜，一都之會，故有此授，以慰其心。詧既以其昆季不得爲嗣，常懷不平。又以梁武衰老，朝多秕政，有敗亡之漸。遂蓄聚貨財，交通賓客，招募輕俠，折節下之。其勇敢者，多歸附焉。左右遂至數千人，皆厚加資給。

中大同元年，〔四六〕除西中郎將、雍州刺史，都督五州諸軍事，寧蠻校尉。詧以襄陽形勝之地，又梁武創基之所，時平足以樹根本，時亂足以圖霸功，遂務修刑政。太清二年，梁武以詧兄河東王譽爲湘州刺史，徙湘州刺史張纘爲雍州。纘恃才輕譽，州府迎候有闕。譽深銜之，遂託疾不與相見。後聞侯景作亂，頗陵蹙纘。纘構譽及詧於梁元帝，元帝令其世子方等及王僧辯相繼攻譽。譽告於詧，詧聞之大怒。及梁元將援建業，令所督諸州並發兵赴都。詧遣府司馬劉方貴領兵爲前軍，出漢口。及將發，梁元又使諮議參軍劉瑴召詧自行，詧不從。而方貴潛與梁元相知，剋期襲詧。未及發，會詧以他事召方貴，謀泄，遂據樊城拒命。詧遣軍攻之。梁元乃厚資遣張纘，若將述職，而密援方貴。纘次大隄，而樊城已陷。詧擒方貴兄弟黨與，並斬之。詧時以譽危急，乃留諮議參軍蔡大寶守襄陽，率衆伐江陵以救之。梁元大懼，乃遣參軍庾奐謂詧曰：「以姪伐叔，逆順安在？」詧曰：「家兄無罪，屢被攻圍，七父若顧先恩，豈應若是？如能退兵湘水，吾便旋斾襄陽。」時攻柵不剋，會大雨暴至，平地四尺，衆頗離心。軍主杜岸、岸弟幼安及其兄子龕，以其屬降於江陵。詧夜遁歸襄陽，器械輜重多沒於湕水。〔四七〕詧恐不能自固，乃遣蔡大寶求附庸于西魏。時西魏大統十五年也。〔四八〕周文令丞相東閤祭酒榮權使焉。

是歲，梁元令柳仲禮圖襄陽，詧乃遣妃王氏及世子嶚爲質，請救。周文令榮權報命，仍遣開府楊忠爲援。十六年，忠擒仲禮，平漢東。西魏命詧發喪嗣位，使假散騎常侍鄭孝穆及榮權策命詧爲梁王。乃於襄陽置百官，承制封拜。十七年，留尚書僕射蔡大寶守雍部，

而朝于京師。周文謂曰：「王之來此，頗由榮權。」乃召權見，曰：「權吉士也，寡人與之從事，未嘗見失信。」詧曰：「榮常道二國之言無私，〔四九〕故詧今者得歸誠魏闕耳。」

魏恭帝元年，周文命柱國于謹伐江陵，詧以兵會之。及江陵平，周文命詧主梁嗣，居江陵東城，資以江陵一州之地。其襄陽所統，盡入於周。詧乃稱皇帝於其國，年號大定。追尊其父統爲昭明皇帝，廟號高宗；統妃蔡氏爲昭德皇后。又尊其所生母龔氏皇太后。立妻王氏爲皇后，子巋爲皇太子。其慶賞刑威，官方制度，並同王者。唯上疏則稱臣，奉朝廷正朔。至於爵命其下，亦依梁氏之舊。其戎章勳級，則又兼用柱國等官。又追贈叔父邵陵王綸太宰，謚曰壯武。贈兄河東王譽丞相，謚曰武桓。周文仍置江陵防主，統兵居於西城，外云助詧備禦，內實防詧。〔五〇〕

初，江陵滅，梁元將王琳據湘州，志圖匡復。及詧立，琳乃遣其將潘純陁、侯方兒來寇。詧禦之，純陁等退歸夏口。詧之四年，詧遣其大將軍王操略取王琳之長沙、武陵、南平等郡。五年，王琳又遣其將雷文柔襲陷監利郡，太守蔡大有死之。〔五一〕尋而琳與陳人相持，稱蕃乞師於詧，詧許之。師未出而琳軍敗，附於齊。是歲，其太子巋來朝京師。六年四月，大雨震，前殿崩，壓二百餘人。七年冬，有鵩鳥鳴于寢殿。八年二月，詧終于前殿，時年四十四。是歲，周保定二年也。八月，葬于平陵，謚曰宣皇帝，廟號中宗。

詧少有大志，不拘小節，雖多猜忌，而知人善任使，撫將士有恩，能得其死力。性不飲酒，安於儉素。事母以孝聞。又不好聲色，尤惡見婦人，雖相去數步，亦云遙聞其臭。經御婦人之衣，更不著，並皆棄之。一幸姬媵，病臥累旬。又惡見人髮，白事者，必方便避之，〔三二〕擔輿者，冬月必須裹頭，夏月則加蓮葉帽。其在東揚州，頗放誕，省覽簿領，好爲戲弄之言，以此獲譏於世。

及江陵平，宿將尹德毅謂詧曰：「臣聞人主之行，與疋夫不同。疋夫者，飾小行，競小廉，以取名譽；人主者，定天下，安社稷，以成大功。今魏虜貪惏，罔顧弔伐之義，俘囚士庶，並充軍實。然此等戚屬，咸在江東。悠悠之人，可門到戶說？既塗炭至此，咸謂殿下爲之。殿下既殺人父兄，孤人子弟，人盡讎也，又誰與爲國？但魏之精銳，盡萃於此，犒師之禮，非無故事。若殿下爲設享會，固請于謹等爲歡，〔三三〕彼無我虞，當相率而至，預伏武士，因而斃之。江陵百姓，撫而安之，文武官僚，隨卽銓授。魏人懾息，未敢送死；僧辯之徒，折簡可致。然後朝服濟江，入踐皇極，纘堯復禹，萬世一時。」詧謂德毅曰：「卿此策非不善也，然魏人待我甚厚，未可背德。若遽爲卿計，則鄧祁侯所謂人將不食吾餘。」既而闔城長幼，被虜入關，又失襄陽之地。詧恨，乃曰：「不用德毅之言，以至於是！」又見邑居殘毀，干戈日用，恥其威略不振，常懷憂憤，乃著愍時賦以見志焉。居常怏怏，每誦「老馬伏櫪，志在千里；烈

士暮年，壯心不已」，未嘗不盱衡扼腕歎吒者久之。〔三四〕遂以憂憤發背而死。

詧篤好文義，所著文集十五卷，內典華嚴、般若、法華、金光明義疏三十六卷，並行於世。武帝又命其太子巋嗣位，年號天保。

巋字仁遠，詧之第三子也。機辯有文學，善於撫御，能得其下歡心。嗣位之元年，尊其祖母龔太后曰太皇太后，嫡母王皇后曰皇太后，所生曹貴嬪曰皇太妃。其年五月，其太皇太后薨，謚曰元太后。九月，其太妃又薨，謚曰孝皇太妃。二年，其皇太后薨，謚曰宣靜皇后。

五年，陳湘州刺史華皎、巴州刺史戴僧朔並來附。皎送其子玄響爲質於巋，仍請兵伐陳。巋上言其狀。武帝詔衞公直督荊州總管權景宣、大將軍元定等赴之。巋亦遣其柱國王操率水軍二萬，會皎於巴陵。既而與陳將吳明徹等戰於沌口，直軍不利，元定遂沒，巋大將軍李廣等亦爲陳人所虜，長沙、巴陵並陷於陳。衞公直乃歸罪於巋之柱國殷亮。巋雖以退敗不獨罪亮，〔三五〕然不敢違命，遂誅之。吳明徹乘勝攻剋巋河東郡，獲其守將許孝敬。明年，明徹進寇江陵，引江水灌城。巋出頓紀南，以避其銳。江陵副總管高琳與其尙書僕射王操拒守。巋馬軍主馬武、吉徹等擊明徹，明徹退保公安，〔三六〕巋乃還江陵。巋之八年，陳

又遣其司空章昭達來寇，江陵總管陸騰及巋之將士擊走之。昭達又寇竟陵之青泥，巋令其大將軍許世武赴援，大爲昭達所破。

初，華皎、戴僧朔從衞公直與陳人戰敗，〔三七〕率其麾下數百人歸於巋。巋以皎爲司空，封江夏郡公；僧朔爲車騎將軍，封吳興縣侯。巋之十年，皎將來朝，至襄陽，請衞公直曰：「梁主既失江南諸郡，〔三八〕人少國貧，朝廷興亡繼絕，理宜資贍。豈使齊桓、楚莊獨擅救衞復陳之美？望借數州，以裨梁國。」直然之，乃遣使言狀。帝許之，詔以基、平、鄀三州歸之於巋。

及平齊，巋朝於鄴，帝雖以禮接之，然未之重也。巋知之，後因宴承間，乃陳其父荷周文拯救之恩，并敍二國艱虞，脣齒掎角之事。辭理辯暢，因涕泣交流，帝亦爲之歔欷。自是大加賞異，禮遇日隆。後帝復與之宴，齊氏故臣叱列長叉亦預焉，帝指謂巋曰：「是登陴罵朕者也。」巋曰：「長叉未能輔桀，翻敢吠堯！」帝大笑。及酒酣，帝又命琵琶自彈之，仍謂巋曰：「當爲梁主盡歡。」巋乃起請舞，帝曰：「王乃能爲朕舞乎？」巋曰：「陛下既親撫五絃，臣何敢不同百獸？」帝大悅，賜雜繒萬段、良馬數十疋，并賜齊後主妓妾，及帝所乘五百里駿馬以遺之。

及隋文帝執政，尉遲迥、王謙、司馬消難等各起兵。時巋將帥皆密請興師，與迥等爲連

衡之勢，進可以盡節於周氏，退可以席卷山南。巋以爲不可。俄而消難奔陳，迥等相次破滅。隋文帝既踐極，恩禮彌厚，遣使賜金五百兩、銀千兩、布帛萬疋、馬五百疋。開皇二年，隋文帝備禮納巋女爲晉王妃，又欲以其子瑒尙蘭陵公主，由是罷江陵總管，巋專制其國。四年，來朝長安。帝甚敬待之，詔巋位在王公之上。巋被服端麗，進退閑雅，天子矚目，百僚傾慕。帝賜巋縑萬疋，珍玩稱是。及還，親執其手謂之曰：「梁主久滯荊楚，未復舊都，朕當振旅長江，相送旋反。」巋拜謝而歸。五年五月，寢疾薨。臨終上表奉辭，并獻所服金裝劍，帝覽而嗟悼。巋在位二十三年。梁之臣子，葬之顯陵，謚曰孝明皇帝，廟號世宗。

巋孝悌慈仁，有君人之量。四時祭享，未嘗不悲慕流涕。性尤儉約，御下有方，境內安之。所著文集及孝經、周易義記及大小乘幽微，並行於世。文帝又命其太子琮嗣位。

琮字溫文，性俶儻不羈，博學有文義。兼善弓馬，遣人伏地持帖，琮奔馬射之，十發十中，持帖者亦不懼。初封東陽王，尋立爲梁太子。及嗣位，帝賜以璽書，敦勉之。又賜梁之大臣璽書，誡勉之。時琮年號廣運，有識者曰：「運之爲字，軍走也，吾君將奔走乎！」其年，琮遣大將軍戚昕以舟師襲陳公安，不剋而還。文帝徵琮叔父岑入朝，拜大將軍，封懷義公，因留不遣。復置江陵總管以監之。琮所署大將軍許世武密以城召陳將宜黃侯陳紀，謀泄，

琮誅之。

後二歲，上徵琮入朝，率臣下二百餘人朝京師。江陵父老莫不殞涕曰：「吾君其不反矣！」上以琮來朝，遣武鄉公崔弘度將兵戍之。軍至鄀州，琮叔父巖及弟瓛等懼弘度掩襲之，遂引陳人至城下，虜居人而叛。於是廢梁國。上遣左僕射高熲安集之，曲赦江陵死罪，給復十年。梁二主各給守墓十戶，拜琮柱國，賜爵莒國公。

自詧初即位，歲在乙亥，至是，歲在丁未，〔五九〕凡三十三載而亡。

琮至煬帝嗣位，甚見親重，拜內史令，改封梁公。琮之宗族，緦麻以上，並隨才擢用，於是諸蕭昆弟，布列朝廷。琮性澹雅，不以職務自嬰，退朝縱酒而已。內史令楊約與琮同列，帝令約宣旨誡勵。約復以私情諭之，琮曰：「琮若復事事，則何異公哉？」約笑而退。約兄素時爲尚書令，見琮嫁從父妹於鉗耳氏，謂曰：「公帝王之族，何乃適妹鉗耳氏？」琮曰：「前已嫁妹於侯莫陳氏，此復何疑？」素曰：「鉗耳，羌也；侯莫陳，虜也。何得相比？」琮曰：「以羌異虜，未之前聞。」素慚而止。琮雖羇旅，見北間豪貴，無所降下。常與賀若弼深友，弼既誅，〔六〇〕復有童謠曰「蕭蕭亦復起」，帝由是忌之，遂廢於家。卒，贈左光祿大夫。

子鉉，位襄城通守。復以琮弟子鉅爲梁公。鉅小名曰藏，煬帝甚昵之，以爲千牛。與宇文晶出入宮掖，伺察內外。帝每有遊宴，鉅未嘗不從。遂於宮中，多行淫穢。江都之變，

爲宇文化及所殺。

詧子寮，追謚孝惠太子；〔六一〕巖，封安平王；岌，封東平王；岑，封河間王，後改封吳郡王。琮弟瓛，義興王；璲，晉陵王；璟，臨海王；珣，南海王；瑒，義安王；瑀，新安王。〔六二〕

〔詧之居帝位，〕〔六三〕以蔡大寶爲股肱，王操爲腹心，魏益德、尹正、薛暉、許孝敬、薛宣爲爪牙，甄玄成、劉盈、岑善方、傅准、〔六四〕褚珪、蔡大業典衆務，張綰以舊齒處顯位，沈重以儒學蒙厚禮。自餘多所奬拔，咸盡其器能。及巋纂業，親賢並用。將相則華皎、殷亮、劉忠義，宗室則蕭欣、蕭翼，人望則蕭確、謝溫、柳洋、王湜、徐岳，外戚則王洋、王誦、殷璉，文章則劉孝勝、范迪、沈君游、君公、柳信言，〔六五〕政事則袁敞、柳莊、蔡延壽、甄詡、〔六六〕皇甫茲。故能保其疆土而和其人焉。今載詧子寮等及蔡大寶以下尤著者，附于左。其在梁、陳、隋已有傳，及巋諸子未任職者，則不兼錄。

寮字道遠，詧之長子也。母曰宣靜皇后。詧之爲梁王，立爲世子。尋病卒。及詧稱帝，追謚焉。

巖字義遠，詧第五子也。性仁厚，善撫接，歷尚書令、太尉、太傅。入陳，授東揚州刺史。〔六七〕及陳亡，百姓推巖爲主。爲總管宇文述所破，伏法於長安。

岌，詧第六子也。性淳和，位至侍中、中衞將軍。巋之五年，卒。贈司空，謚曰孝。

岑字智遠，詧第八子也。位至太尉。性簡貴，御下嚴整。及琮嗣位，自以望重屬尊，頗有不法。故隋文徵入朝，拜大將軍，封懷義郡公。

瓛字欽文，巋第三子也。幼有令譽，能屬文。位荆州刺史，頗有能名。崔弘度兵至鄀州，瓛懼，與其叔父巖奔陳。陳主以爲侍中、吳州刺史，甚得物情。三吳父老皆曰：「吾君之子。」陳亡，吳人推之爲主。吳人見梁武、簡文及詧、巋等兄弟中並第三，而踐尊位。瓛自以巋第三子，深自矜負。有謝異者，頗知廢興，梁陳之際，言無不驗，江南人甚敬信之。及陳主被禽，異奔瓛，由是益爲衆所歸。宇文述討之，〔六八〕瓛遣王褒守吳州，自將拒述。述遣兵別道襲褒，褒衣道士服，棄城而遁。瓛敗，將左右數人，逃于太湖，匿于人家。被執，述送長安斬之。

璟，仕隋，尚衣奉御；瑒，衞尉卿、祕書監、陶丘侯；瑀，內史侍郎、河池太守。

蔡大寶字敬位，濟陽考城人。祖履，齊尚書祠部郎。父點，梁尚書儀曹郎、南兗州別駕。大寶少孤，而篤學不倦，善屬文。初以明經對策第一，解褐武陵王國左常侍。嘗以書干僕射徐勉，勉大賞異，乃令與其子遊處，所有墳籍，盡以給之。遂博覽羣書，學無不綜。詧

初出第，勉仍薦大寶爲侍讀，兼掌記室。尋除尚書儀曹郎。詧出鎮會稽，大寶詣選曹求諮議，不得，以爲記室。大寶攘臂而出曰：「不爲孫秀，非人也。」詧莅襄陽，遷諮議參軍，謀謨皆自大寶出。及梁元與河東王譽結隙，詧令大寶使江陵以觀之。梁元素知大寶，見之甚悅，乃示所制玄覽賦，令注解焉。三日而畢。梁元大嗟賞之，贈遺甚厚。大寶還，白詧云：「湘東必有異圖，禍亂將作，不可下援臺城。」詧納之。

及詧於江陵稱帝，爲侍中、尚書令，參掌選事，進位柱國、軍師將軍，封安豐縣侯。巋嗣位，册授司空、中書監、中權大將軍、領吏部尚書。固讓司空，許之，加特進。巋之三年，卒。及葬，巋三臨其喪。贈司徒，進爵爲公，謚曰文凱，配食詧廟。

大寶性嚴整，有智謀，雅達政事，文辭贍速。詧之章表、書記、教令、詔册，並大寶專掌之。詧推心委任，以爲謀主。時人以詧之有大寶，猶劉先主之有孔明焉。所著文集三十卷，及尚書義疏，並行於世。

有四子。次子延壽有器識，博涉經籍，尤善當世之務。尚詧女宣城公主，歷中書郎、尚書右丞、吏部郎、御史中丞。從琮入隋，授開府儀同三司、祕書丞。終於成州刺史。

大寶弟大業，字敬道。有至行，位散騎常侍、衞尉卿、都官尚書、太常卿。卒，贈金紫光祿大夫，謚曰簡。有五子，〔六九〕允恭最知名。位太子舍人。梁滅入陳，爲尚書庫部郎。陳亡

仕隋，起居舍人。

王操字子高，其先太原晉陽人，詧母龔氏之外弟也。性敦厚，有籌略。初爲詧外兵參軍，親任亞於蔡大寶。及詧稱帝，歷五兵尚書、郢州刺史，進位柱國，封新康縣侯。巋嗣位，授鎮右將軍、尚書僕射。及吳明徹爲寇，巋出頓紀南，操撫循將士，莫不用命。明徹既退，江陵獲全，操之力也。遷侍中、中衞將軍、尚書令、開府儀同三司，領荆州刺史。操既位居朝右，每自挹損，深得當時之譽。卒，巋舉哀於朝堂，流涕曰：「天不使吾平蕩江表，何奪吾賢相之速也！」及葬，親祖於瓦官門。贈司空，進爵爲公，謚曰康節。

有七子，次子衡最知名。有才學，位中書、黃門侍郎。

魏益德，襄陽人也。有材幹，膽勇過人。詧稱帝，進位柱國，封上黃縣侯。卒，贈司空，謚曰忠壯，進爵爲公。巋之五年，以益德配食詧廟。

尹正，其先天水人。詧莅雍州，正爲其府中兵參軍。禽張纘，獲杜岸，皆正之力。詧稱帝，除護軍將軍，位柱國，封新野縣侯。卒，贈開府儀同三司，謚曰剛。巋之五年，以正配食

詧廟。

子德毅，多權略，位大將軍。後以見疑賜死。

甄玄成字敬平，中山人。博達經史，善屬文。少爲簡文所知。以錄事參軍隨詧鎮襄陽，轉中記室參軍，頗參政事。以江陵甲兵殷盛，遂懷貳心，密書與元帝，具申誠款。或有得其書，送於詧。詧深信佛法，常願不殺誦法華經人。玄成素誦法華經，遂以此獲免。詧後見之，常曰：「甄公好得法華經力。」後位吏部尚書，有文集二十卷。

子翊，少沈敏，閑習政事。歷中書舍人、尚書右丞。從琮入隋，授開府儀同三司，終於太府少卿。

岑善方字思義，南陽棘陽人。祖憲甫，給事中。父昶，散騎侍郎。善方有器局，博綜經史。以刑獄參軍隨詧至襄陽。詧初請內附，以善方兼記室充使，往來凡數十反。魏恭帝二年，封長寧縣公。及詧稱帝，位散騎侍郎、起部尚書。善方性清慎，有當世幹能，故詧委以機密。卒，贈太常卿，謚曰敬。所著文集十卷。

有七子，並有操行。之元、之利、之象最知名。之元太子舍人，早卒。之利仕隋，位零

陵郡丞。之象仕隋，尚書虞部員外侍郎，邵陵、上宜、渭南、鄠鄠四縣令。

宗如周，南陽人。有才學，以府僚隨詧，後至度支尚書。如周面狹長，詧以法華經云：「聞經隨喜，面不狹長。」嘗戲之曰：「卿何爲謗經？」如周踧踖，自陳不謗。詧又謂之如初。如周懼，出告蔡大寶。大寶知其旨，笑謂之曰：「君當不謗餘經，正應不信法華耳。」如周乃悟。又嘗有人訴事於如周，謂爲經作如州官也。乃曰：「某有屈滯，故來訴如州官。」如周曰：「爾何小人，敢呼我名！」其人慚謝曰：「祇言如周官作如州，不知如州官名如周，早知如州官名如周，則不敢喚如周官作如州。」〔10〕如周乃笑曰：「令卿自責，見侮反深。」衆咸服其寬雅。

袁敞，陳郡人。祖昂，司空。父士俊，安成內史。敞少有識量，博涉文史。以吏部郎使詣周。時主者以敞班在陳使之後，敞固不從命曰：「昔陳之祖父，乃梁諸侯下吏，盜有江東。今周朝宗萬國，招攜以禮。〔11〕若使梁之行人在陳之後，便恐彝倫失序。豈使臣之所望焉。」主者不能屈，遂以狀奏。周武帝善之，乃詔敞與陳使異日而進。使還，以稱旨，遷侍中。轉左戶尚書。〔12〕從琮入隋，授開府儀同三司。終於譙州刺史。

論曰：自金行運否，中原喪亂，元氏唯天所命，方一函夏。鐵弗、徒何之輩，雖非行錄所歸，觀其遞爲割據，亦一時之傑。然而卒至夷滅，可謂魏之驅除。及淮海版蕩，骨肉猜貳，擁衆自固，稱藩內款，終能據有全楚，中興頹運。雖土宇殊於舊邦，而位號同於曩日。貽厥自遠，享國雖短，可不謂賢哉！嗣子纂業，增修遺構，賞罰得衷，舉厝有方。密邇寇讎，則威略具舉；朝宗上國，則聲猷遠振。豈非繼世之令主乎？琮大去其邦，因而不反，遂爲外戚。不事自持，蓋亦守滿之道也。

校勘記

〔一〕鐵弗劉武　魏書卷九五鐵弗劉虎傳「武」作「虎」，北史避唐諱改。

〔二〕居於新興慮虒之北　諸本「慮虒」作「虒意」。洪頤煊云：「當作慮虒，傳寫之譌。」按魏書鐵弗劉虎傳作「慮虒」。魏書地形志上肆州永安郡即新興郡改名驢夷縣注云：「二漢屬太原，曰慮虒。」洪說是，今據改。

〔三〕北人謂胡父鮮卑母爲鐵弗　諸本「父」下衍「爲」字，據魏書删。

〔四〕遣使請堅求田內地　諸本無「內」字，魏書有。按此謂至內地遊牧田獵，故下文云：「春去秋來」。「內」字誤脫，今據補。

〔五〕堅後以衞辰爲單于督攝河西新類　魏書「單于」上有「西」字，「新」字作「雜」。按衞辰與庫仁分爲二部，當是庫仁爲東單于，衞辰爲西單于。「新」當是「雜」之訛，下文「都督北朔雜夷諸軍事」可証。

〔六〕遂至衞辰所居悅跋城　「悅跋城」，魏書劉虎傳及卷二太祖紀登國六年並作「悅跋城」。「跋」當是「跋」之訛。

〔七〕奔薛干部帥太悉伏　諸本「干」作「于」，今改。參看卷一道武紀校記。

〔八〕與高平公破多羅沒奕于妻之以女　諸本「于」作「干」，魏書百衲本作「于」。按晉書卷一三〇赫連勃勃載記作「于」。未知孰是，今本書統一作「于」。

〔九〕以長安爲南都　諸本「都」訛作「郡」，據魏書改。

〔一〇〕改年承光　「承光」，魏書作「永光」。晉書載記不記昌之年號，通志卷一九三赫連勃勃載記作「承元」。未知孰是。

〔一一〕彼先聞有步軍而徒見騎至　諸本「而徒」作「步從」，魏書作「而徒」。按「從」乃「徒」之訛，「步」乃涉上文而誤，今據改。

〔一二〕次于黑水　諸本「次」訛作「決」，據魏書改。

〔一三〕昌將狄子玉來降說昌使人追其弟定　諸本無下「昌」字，魏書有。按此狄子玉向魏軍報告消息。「昌使人追其弟定」至「昌以爲然」，卽此消息內容。無「昌」字文意不明，今據補。

〔一四〕爲吐谷渾慕璝所襲　諸本「慕」下有「容」字，魏書無。按本書卷九六吐谷渾傳作「慕璝」。「容」是涉下文「慕容廆」而衍，今據刪。

〔一五〕魏初率諸部落入居遼西　諸本「初」訛作「祖」，據魏書卷九五慕容廆傳改。

〔一六〕祖木延從毌丘儉征高麗有功　諸本脫「從」字，據魏書補。

〔一七〕建國二年昭成納晃女爲后　按據卷一序紀，卷一三后妃傳，建國二年所娶者是晃妹。七年所娶者才是晃女。

〔一八〕號年天璽　「天璽」，魏書作「元璽」。按晉書卷一一〇慕容儁載記作「元璽」。「天」字疑誤。

〔一九〕泓謀臣高蓋宿勤崇等以泓德望後沖　諸本「勤」作「勒」，魏書作「勤」。按下文見「宿勤黎」。本書卷四八尒朱天光傳見「宿勤明達」。作「勒」誤，今據改。

〔二〇〕一雌復一雄　諸本脫「復」字，據魏書補。

〔二一〕關中忽然無火而煙氣大起　魏書「忽」作「土」。按晉書卷一一四苻堅載記也作「土然」。卽煤氣自燃。北史改作「忽然」，易致誤解。

〔二二〕常自謂諸弟子曰　魏書作「常目而謂諸弟曰」，疑北史誤。

〔二三〕道武遣陳留公虔使於垂　諸本脫「留」字，據魏書補。陳留公虔見本書卷十五本傳。

〔二四〕李旱　諸本「旱」作「早」。魏書作「旱」。按晉書卷一二四慕容盛載記、通鑑卷一一〇三四七六頁都作「旱」，今據改。

〔二五〕熙字道文小字長生垂之少子也　諸本「少子」作「長子」。按慕容盛稱熙爲叔父，則熙決非垂之長子。今據魏書、晉書載記改。

〔二六〕督益梁州諸軍事　諸本「益」下衍「守」字，據魏書卷九五姚萇傳、晉書卷一一六姚萇載記刪。

〔二七〕興又將數千騎乘西〔岸闚覘太祖營東柏材從汾上流下之欲以毁〕橋　諸本脫「岸」至「毁」十八字，據魏書補。

〔二八〕屯汾西固守南絕水口　魏書作「屯汾西，固守南橋，絕塞水口」。按上文云：「又截汾曲爲南北浮橋」，知魏書是。

〔二九〕平衆三千餘人　魏書「千」作「萬」，晉書載記作「四萬餘人」。

〔三〇〕擒興尚書右僕射狄伯支已下四十餘人　諸本「支」作「友」。魏書百衲本作「支」。按晉書載記、魏書卷二太祖紀、本書卷一道武紀天興五年並作「支」，今據改。

〔三一〕尚書姚軌奉其西平公主於明元　魏書「軌」作「泰」。按魏書卷三太宗紀神瑞二年亦作「泰」。疑

「軌」誤。

〔三二〕乃與宋氏通和　魏書卷九七馮跋傳「宋氏」作「劉義隆」。按此改作「宋氏」，與跋妾宋氏混。

〔三三〕其尚書郭深勸之歸誠進女　魏書「深」作「淵」，北史避唐諱改。

〔三四〕遼西十郡　魏書及通鑑卷一二二三八四六頁「遼」上有「食」字。

〔三五〕封羽又以凡城降　諸本「凡」作「九」，魏書、通鑑卷一二二三八四九頁作「凡」。按凡城屢見晉書前後燕載記參洪亮吉十六國疆域志前燕志。今據改。

〔三六〕其先如弗　諸本「如弗」倒作「弗如」，魏書卷九九乞伏國仁傳作「如弗」，晉書卷一二五乞伏國仁載記作「如弗斯」，今據乙。

〔三七〕秦河二州牧　諸本「秦」訛作「泰」，據魏書、晉書載記改。

〔三八〕明元許之　百衲本脫「明」字，南、北、汲、殿四本誤倒作「元明」，魏書作「太宗」，卽明元帝。今據乙。

〔三九〕蒙遜內不自安請爲西安太守　百衲本、南本及魏書卷九九沮渠蒙遜傳「西安」作「安西」，北、汲、殿三本作「西安」。按晉書卷一二九沮渠蒙遜載記，言段業築西安城，以其將臧莫孩爲太守。後蒙遜自請爲西安太守參十六國疆域志卷八西涼志、卷九北涼志。此當是段業所置，今從北、汲、殿三本。

〔四〇〕牧犍聞蠕蠕內侵善無　諸本「善無」倒作「無善」，據魏書乙。

〔四一〕帶石青山名　魏書無「青」字，此當是衍文。

〔四二〕蒙遜子季義　魏書「子」下有「秉字」二字。按沮渠秉本書他處避唐諱，改「秉」爲「康」。這裏是刪名稱字。參看卷三二崔鑒傳校記。

〔四三〕又送潔及統帥兵士于健軍　諸本「士」訛作「出」，據魏書改。

〔四四〕遣南陽公奚眷討酒泉　諸本「公」作「王」，魏書作「公」。按本書卷二〇、魏書卷三〇奚眷傳，眷爵南陽公，未嘗封王，今據改。

〔四五〕無諱留安周住鄯善　諸本脫「無諱」二字，文義不明，據魏書補。

〔四六〕中大同元年　諸本脫「中」字，據周書卷四八蕭詧傳補。詧爲雍州刺史，見梁書卷三武帝紀中大同元年。

〔四七〕器械輜重多沒於湕水　諸本「湕」作「健」。周書及通鑑卷一六二五〇二九頁作「湕」。胡注云：「水名，出南郡」。今據改作水旁。

〔四八〕時西魏大統十五年也　諸本無「五」字，周書有。按下文言是歲詧爲柳仲禮所攻，求救於西魏，西魏遣楊忠爲援。據周書卷二文帝紀，其事在大統十五年，今據補。

〔四九〕榮常道二國之言無私　周書作「榮常侍通二國之言無私」。此脫「侍」字，「通」訛作「道」。

〔五〇〕統兵居於西城外云助詧備禦內實防詧　諸本「城」下有「名日武桓周文」六字。按周書作「統兵居於西城，名日助防，外示助詧備禦，內實防詧也」。北史「名日」二字是襲周書原文，「武桓周文」四字涉上行而衍。文不可通，今刪去。

〔五一〕太守蔡大有死之　諸本脫「蔡」字，據周書、通鑑卷一六七五一八三頁補。

〔五二〕又惡見人髮白事者必方便避之　諸本「事」下有「之」字，周書無。按若有「之」字，則「白」當從上讀，似詧所惡者是白髮。但據下文「擔輿者，冬月必須裹頭，夏月則加蓮葉帽」，豈有擔輿者盡是白頭？知其惡見者是人髮，不僅是白髮。今從周書刪「之」字。

〔五三〕固請于謹等爲歡　周書「固」作「因」，是。

〔五四〕未嘗不盱衡扼腕歎吒者久之　諸本「扼」訛作「抱」，又脫「腕」字，據周書改補。

〔五五〕巋雖以退敗不獨罪亮　周書「罪」作「在」，言敗退的責任不應只由殷亮承担。這裏「罪亮」疑是「亮罪」誤倒。

〔五六〕巋馬軍主馬武吉徹等擊明徹明徹退保公安　諸本不重「明徹」，周書「明徹」下有「敗之明徹」四字，通志重「明徹」二字。按此脫文，今據通志補。

〔五七〕初華皎戴僧朔從衛公直與陳人戰敗　諸本脫「敗」字，據周書補。

〔五八〕梁主既失江南諸郡　諸本脫「失」字，據周書補。

〔五九〕至是歲在丁未　諸本脫「是」字，據周書及通志卷一九三蕭琮載記補。

〔六〇〕弼既誅　諸本脫「弼」字，文義不明，據通志補。

〔六一〕詧子寮追謚孝惠太子　諸本「子寮」誤作「之居帝位百僚」六字。按「之居帝位」四字乃下文錯置此處，「百僚」乃「子寮」之訛，今據周書改正。

〔六二〕瑒義安王瑀新安王　諸本脫「瑀，新安王」四字，據周書補。

〔六三〕〔詧之居帝位〕　此五字諸本錯置於「追謚孝惠太子」前，周書作「詧之在藩及居帝位」八字。按「在藩及」三字或是北史所刪，今但移正。

〔六四〕傅准　周書作「傅准」，並有傳，疑「淮」字訛。

〔六五〕柳信言　按本書卷八三文苑柳䛒傳，䛒字顧言，曾仕蕭詧爲侍中，領國子祭酒、吏部尚書，疑卽此人。「信」疑當作「顧」，涉「言」字而訛。

〔六六〕甄翽　諸本「翽」作「翙」，周書作「翽」。按甄翽見下文甄玄成傳，今據改。

〔六七〕授東揚州刺史　諸本「揚」作「陽」，周書作「揚」。按梁於會稽置東揚州，見隋書地理志下會稽郡。「東陽州」無此地名，今據改。

〔六八〕宇文述討之　諸本「討之」倒作「之討」，據隋書卷七九蕭巋附子瓛傳乙。

〔六九〕有五子　百衲本、南本「五」作「王」，北、汲、殿三本作「三」，周書、通志作「五」。按「王」乃「五」之訛，今從周書、通志改。

〔七〇〕祇言如周官作如州不知如州官名如周早知如州官名如周則不敢喚如周官作如州　按文義，第一句及第四句的「如周」，皆當作「如州」。

〔七一〕招攜以禮　諸本「禮」誤作「利」，據周書、通志改。

〔七二〕轉左戶尚書　周書「戶」作「民」，北史避唐諱改。

北史卷九十四

列傳第八十二

高麗　百濟　新羅　勿吉　奚　契丹　室韋　豆莫婁　地豆干　烏洛侯　流求　倭

蓋天地之所覆載至大，日月之所照臨至廣。萬物之內，生靈寡而禽獸多，兩儀之間，中土局而殊俗曠。人寓形天地，稟氣陰陽，愚智本於自然，剛柔繫於水土。故霜露所會，風氣所通，九川爲紀，五岳作鎭，此之謂諸夏，生其地者，則仁義所出，昧谷嵎夷，孤竹北戶，限以丹徼紫塞，隔以滄海交河，此之謂荒裔，感其氣者，則凶德行稟。〔一〕若夫九夷、八狄，種落繁熾，七戎、六蠻，充牣邊鄙，雖風土殊俗，嗜慾不同，至於貪而無厭，狠而好亂，强則旅拒，弱則稽服，其揆一也。

秦皇鞭笞天下，黷武於遐方，漢武士馬强盛，肆志於遠略。匈奴已却，其國乃虛，天馬

既來，其人亦困。是知雁海龍堆，天所以絕夷夏也，〔二〕炎方朔漠，地所以限內外也。況乎時非秦、漢，志甚嬴、劉，逆天道以求其功，殫人力而從所欲，顚墜之釁，固不旋踵。是以先王設教，內諸夏而外夷狄，往哲垂範，美樹德而鄙廣地。雖禹迹之東漸西被，不過海及流沙，王制之自北徂南，裁猶穴居交阯。豈非道貫三古，義高百代者乎！

自魏至隋，市朝屢革，其四夷朝享，亦各因時。今各編次，備四夷傳云。

高句麗，其先出夫餘。王嘗得河伯女，因閉於室內，爲日所照，引身避之，日影又逐，既而有孕，生一卵，大如五升。夫餘王棄之與犬，犬不食；與豕，豕不食；棄於路，牛馬避之；棄於野，衆鳥以毛茹之。王剖之不能破，遂還其母。母以物裹置暖處，有一男破而出。及長，字之曰朱蒙。其俗言「朱蒙」者，善射也。夫餘人以朱蒙非人所生，請除之。王不聽，命之養馬。朱蒙私試，知有善惡，駿者減食令瘦，駑者善養令肥。夫餘王以肥者自乘，以瘦者給朱蒙。後狩于田，以朱蒙善射，給之一矢。朱蒙雖一矢，殪獸甚多。夫餘之臣，又謀殺之，其母以告朱蒙，朱蒙乃與焉違等二人東南走。〔三〕中道遇一大水，欲濟無梁。夫餘人追之甚急，朱蒙告水曰：「我是日子，河伯外孫，今追兵垂及，如何得濟？」於是魚鼈爲之成橋，朱蒙得度。魚鼈乃解，追騎不度。朱蒙遂至普述水，遇見三人，一著麻衣，一著納衣，一著水藻衣，與朱蒙至紇升骨城，遂居焉。號曰高句麗，因以高爲氏。其在夫餘妻懷孕，朱蒙逃後，生子始閭諧。及長，知朱蒙爲國王，卽與母亡歸之。名曰閭達，委之國事。

朱蒙死，子如栗立。〔四〕如栗死，子莫來立，乃并夫餘。

漢武帝元封四年，滅朝鮮，置玄菟郡，以高句麗爲縣以屬之。漢時賜衣幘朝服鼓吹，〔五〕常從玄菟郡受之。後稍驕，不復詣郡，但於東界築小城受之，遂名此城爲幘溝漊。「溝漊」者，句麗「城」名也。王莽初，發高句麗兵以伐胡，而不欲行，莽强迫遣之，皆出塞爲寇盜。州郡歸咎於句麗侯騶，嚴尤誘而斬之。莽大悅，更名高句麗，高句麗侯。光武建武八年，高句麗遣使朝貢。〔六〕

至殤、安之間，莫來裔孫宮，數寇遼東。玄菟太守蔡風討之，不能禁。

宮死，子伯固立。順、和之間，復數犯遼東，寇抄。靈帝建寧二年，玄菟太守耿臨討之，斬首虜數百級，伯固乃降，屬遼東。公孫度之雄海東也，伯固與之通好。

伯固死，子伊夷摸立。伊夷摸自伯固時，已數寇遼東，又受亡胡五百餘戶。建安中，公孫康出軍擊之，破其國，焚燒邑落，降胡亦叛。伊夷摸更作新國。其後伊夷摸復擊玄菟，玄菟與遼東合擊，大破之。

伊夷摸死，子位宮立。始位宮曾祖宮，生而目開能視，國人惡之。及長凶虐，國以殘破。及位宮亦生而視人，高麗呼相似爲「位」，以爲似其曾祖宮，故名位宮。位宮亦有勇力，便鞍馬，善射獵。魏景初二年，遣太傅、司馬宣王率衆討公孫文懿，〔七〕位宮遣主簿、大加將數千人助軍。正始三年，位宮寇遼西安平。〔八〕五年，幽州刺史毌丘儉將萬人出玄菟，討位宮，大戰於沸流。敗走，儉追至赬峴，懸車束馬登丸都山，屠其所都。位宮單將妻息遠竄。六年，儉復討之，位宮輕將諸加奔沃沮。儉使將軍王頎追之，絕沃沮千餘里，到肅愼南，刻石紀功。又刊丸都山，銘不耐城而還。其後，復通中夏。

晉永嘉之亂，鮮卑慕容廆據昌黎大棘城，元帝授平州刺史。〔九〕位宮玄孫乙弗利頻寇遼東，廆不能制。

弗利死，子釗代立。魏建國四年，慕容廆子晃伐之，入自南陜，戰於木底，大破釗軍，追至丸都。釗單馬奔竄，晃掘釗父墓，掠其母妻、珍寶、男女五萬餘口，焚其室，毀丸都城而還。釗後爲百濟所殺。

及晉孝武太元十年，句麗攻遼東、玄菟郡。後燕慕容垂遣其弟農伐句麗，〔一〇〕復二郡。垂子寶以句麗王安爲平州牧，封遼東、帶方二國王，始置長史、司馬、參軍官。後略有遼東郡。

太武時，釗曾孫璉始遣使者詣安東，奉表貢方物，幷請國諱。太武嘉其誠欵，詔下帝系名諱於其國。使員外散騎侍郎李敖拜璉爲都督遼海諸軍事、征東將軍、領東夷中郎將、遼東郡公、高句麗王。敖至其所，居平壤城，訪其方事，云：去遼東南一千餘里，東至柵城，〔一一〕南至小海，北至舊夫餘，人戶參倍於前魏時。後貢使相尋，歲致黃金二百斤、白銀四百斤。時馮弘率衆奔之，太武遣散騎常侍封撥詔璉，令送弘。璉上書稱當與弘俱奉王化，竟不遣。太武怒，將往討之。樂平王丕等議待後舉，太武乃止。而弘亦尋爲璉所殺。

後文明太后以獻文六宮未備，敕璉令薦其女。璉奉表云：女已出，求以弟女應旨。朝廷許焉，乃遣安樂王眞、尙書李敷等至境送幣。璉惑其左右之說，云朝廷昔與馮氏婚姻，未幾而滅其國。殷鑒不遠，宜以方便辭之。璉遂上書，妄稱女死。朝廷疑其矯拒，又遣假散騎常侍程駿切責之，若女審死，聽更選宗淑。璉云：「若天子恕其前愆，謹當奉詔。」會獻文崩，乃止。至孝文時，璉貢獻倍前，其報賜亦稍加焉。時光州於海中得璉遣詣齊使餘奴等，送闕。孝文詔責曰：「道成親殺其君，竊號江左，朕方欲興滅國於舊邦，繼絕世於劉氏。而卿越境外鄉，交通篡賊，豈是藩臣守節之義？今不以一過掩舊欵，卽送還藩。其感恕思愆，祗承明憲，輯寧所部，動靜以聞。」

太和十五年，璉死，年百餘歲。孝文舉哀於東郊，遣謁者僕射李安上策贈車騎大將軍、

太傅、遼東郡公、高句麗王，謚曰康。又遣大鴻臚拜璉孫雲使持節、都督遼海諸軍事、征東將軍、領護東夷中郎將、遼東郡公、高句麗王。賜衣冠服物車旗之飾。又詔雲遣世子入朝，令及郊丘之禮。雲上書辭疾，遣其從叔升于隨使詣闕。嚴責之。自此，歲常貢獻。正始中，宣武於東堂引見其使芮悉弗，進曰：「高麗係誠天極，累葉純誠，地產土毛，無愆王貢。但黃金出夫餘，珂則涉羅所產。今夫餘爲勿吉所逐，涉羅爲百濟所幷。國王臣雲惟繼絕之義，悉遷于境內。二品所以不登王府，實兩賊之爲。」宣武曰：「高麗世荷上將，專制海外，九夷黠虜，實得征之。昔方貢之愆，責在連率。宜宣朕旨於卿主，務盡威懷之略，使二邑還復舊墟，土毛無失常貢也。」

神龜中，雲死，靈太后爲舉哀於東堂。遣使策贈車騎大將軍、領護東夷校尉、遼東郡公、高麗王。又拜其世子安爲鎭東將軍、領護東夷校尉、遼東郡公、高麗王。正光初，光州又於海中執得梁所授安寧東將軍衣冠劍珮，及使人江法盛等，送京師。

安死，子延立。孝武帝初，詔加延使持節、散騎常侍、車騎大將軍、領護東夷校尉、遼東郡公、高句麗王。天平中，詔加延侍中、驃騎大將軍，〔一二〕餘悉如故。

延死，子成立。訖於武定已來，〔一三〕其貢使無歲不至。大統十二年，遣使至西魏朝貢。及齊受東魏禪之歲，遣使朝貢于齊。齊文宣加成使持節、侍中、驃騎大將軍，領東夷校尉、

遼東郡公、高麗王如故。天保三年，文宣至營州，使博陵崔柳使于高麗，求魏末流人。敕柳曰：「若不從者，以便宜從事。」及至，不見許。柳張目叱之，拳擊成墜於牀下，成左右雀息不敢動，乃謝服，柳以五千戶反命。

成死，子湯立。乾明元年，齊廢帝以湯爲使持節、領東夷校尉、遼東郡公、高麗王。周建德六年，湯遣使至周，武帝以湯爲上開府儀同大將軍、遼東郡公、遼東王。隋文帝受禪，湯遣使詣闕，進授大將軍，改封高麗王。自是，歲遣使朝貢不絕。

其國，東至新羅，西度遼，二千里；南接百濟，北隣靺鞨，一千餘里。人皆土著，隨山谷而居，衣布帛及皮。土田薄瘠，蠶農不足以自供，故其人節飲食。其王好修宮室，都平壤城，亦曰長安城，東西六里，〔一四〕隨山屈曲，南臨浿水。城內唯積倉儲器備，寇賊至日，方入固守。王別爲宅於其側，不常居之。其外復有國內城及漢城，亦別都也。其國中呼爲三京。復有遼東、玄菟等數十城，皆置官司以統攝。與新羅每相侵奪，戰爭不息。

官有大對盧、太大兄、大兄、小兄、竟侯奢、烏拙、太大使者、大使者、小使者、褥奢、翳屬、仙人，凡十二等，分掌內外事。其大對盧則以强弱相陵奪而自爲之，不由王署置。復有內評、五部褥薩。〔一五〕人皆頭著折風，形如弁，士人加插二鳥羽。貴者，其冠曰蘇骨，多用紫羅爲之，飾以金銀。服大袖衫、大口袴、素皮帶、黃革履。婦人裙襦加襈。書有五經、三史、

三國志、晉陽秋。兵器與中國略同。及春秋校獵，王親臨之。稅，布五疋、穀五石；游人則三年一稅，十人共細布一疋。租，戶一石，次七斗，下五斗。其刑法，叛及謀逆者，縛之柱，爇而斬之，籍沒其家；盜則償十倍，若貧不能償者樂及公私債負，皆聽評其子女爲奴婢以償之。〔一六〕用刑旣峻，罕有犯者。樂有五絃、琴、箏、篳篥、橫吹、簫、鼓之屬，吹蘆以和曲。每年初，聚戲浿水上，王乘腰輿，列羽儀觀之。事畢，王以衣入水，分爲左右二部，以水石相濺擲，諠呼馳逐，再三而止。俗潔淨自喜，尙容止，以趨走爲敬。拜則曳一脚，立多反拱，行必插手。〔一七〕性多詭伏，言辭鄙穢，不簡親疏。父子同川而浴，共室而寢。好歌舞，常以十月祭天，其公會衣服，皆錦繡金銀以爲飾。好蹲踞，食用俎机。出三尺馬，云本朱蒙所乘馬種，卽果下也。風俗尙淫，不以爲愧，俗多游女，夫無常人，夜則男女羣聚而戲，無有貴賤之節。有婚嫁，取男女相悅卽爲之。男家送猪酒而已，無財聘之禮；或有受財者，人共恥之，以爲賣婢。死者，殯在屋內，經三年，擇吉日而葬。居父母及夫喪，服皆三年，兄弟三月。初終哭泣，葬則鼓舞作樂以送之。埋訖，取死者生時服玩車馬置墓側，會葬者爭取而去。信佛法，敬鬼神，多淫祠。有神廟二所：一曰夫餘神，刻木作婦人像；一曰高登神，云是其始祖夫餘神之子。並置官司，遣人守護，蓋河伯女、朱蒙云。

及隋平陳後，湯大懼，陳兵積穀，爲守拒之策。開皇十七年，上賜璽書，責以每遣使人，

歲常朝貢，雖稱藩附，誠節未盡。驅逼靺鞨，禁固契丹。昔年潛行貨利，招動羣小，私將弩手，巡竄下國，豈非意欲不臧，故爲竊盜？坐使空館，嚴加防守；又數遣馬騎，殺害邊人。恒自猜疑，密覘消息。慇懃曉示，許其自新。湯得書惶恐，將表陳謝。〔一八〕會病卒。

子元嗣。文帝使拜元爲上開府儀同三司，襲爵遼東公，賜服一襲。元奉表謝恩，幷賀祥瑞，因請封王。文帝優册爲王。明年，率靺鞨萬餘騎寇遼西，營州總管韋世沖擊走之。帝大怒，命漢王諒爲元帥，總水陸討之，下詔黜其爵位。時餽運不繼，六軍乏食，師出臨渝關，復遇疾疫，王師不振。及次遼水，元亦惶懼，遣使謝罪，上表稱「遼東糞土臣元」云云。上於是罷兵，待之如初。元亦歲遣朝貢。

煬帝嗣位，天下全盛，高昌王、突厥啓人可汗並親詣闕貢獻，於是徵元入朝。元懼，蕃禮頗闕。大業七年，帝將討元罪，車駕度遼水，止營於遼東地，分道出師，各頓兵於其城下。高麗出戰多不利，皆嬰城固守。帝令諸軍攻之，又敕諸將，高麗若降，卽宜撫納，不得縱兵入。城將陷，賊輒言降，〔一九〕諸將奉旨，不敢赴機。先馳奏，比報，賊守禦亦備，復出拒戰。如此者三，帝不悟。由是食盡師老，轉輸不繼，諸軍多敗績，於是班師。是行也，唯於遼水西拔賊武厲邏，置遼東郡及通定鎭而還。九年，帝復親征，敕諸軍以便宜從事。諸將分道攻城，賊勢日蹙。會楊玄感作亂，帝大懼，卽日六軍並還。兵部侍郎斛斯政亡入高麗，高麗

具知事實，盡銳來追，殿軍多敗。十年，又發天下兵，會盜賊蜂起，所在阻絕，軍多失期。至遼水，高麗亦困弊，遣使乞降，因送斛斯政贖罪。帝許之，頓懷遠鎭受其降，仍以俘囚軍實歸。至京師，以高麗使親告太廟，因拘留之。仍徵元入朝，元竟不至。帝更圖後舉，會天下喪亂，遂不復行。

百濟之國，蓋馬韓之屬也，出自索離國。〔二〇〕其王出行，其侍兒於後姙娠，王還，欲殺之。侍兒曰：「前見天上有氣如大鷄子來降，感，故有娠。」王捨之。後生男，王置之豕牢，豕以口氣噓之，不死；後徙於馬闌，亦如之。王以爲神，命養之，名曰東明。及長，善射，王忌其猛，復欲殺之。東明乃奔走，南至淹滯水，以弓擊水，魚鼈皆爲橋，東明乘之得度，至夫餘而王焉。東明之後有仇台，篤於仁信，始立國于帶方故地。漢遼東太守公孫度以女妻之，遂爲東夷强國。初以百家濟，因號百濟。

其國東極新羅，北接高句麗，〔二一〕西南俱限大海，處小海南，東西四百五十里，南北九百餘里。其都曰居拔城，亦曰固麻城。其外更有五方：中方曰古沙城，東方曰得安城，南方曰久知下城，西方曰刀先城，北方曰熊津城。王姓餘氏，號「於羅瑕」，百姓呼爲「鞬吉支」，夏

言並王也。王妻號「於陸」，夏言妃也。官有十六品：左平五人，一品；達率三十人，二品；恩率，三品；德率，四品；杆率，五品；奈率，六品。已上冠飾銀華。將德，七品，紫帶。施德，八品，皂帶。固德，九品，赤帶。季德，十品，青帶。對德，十一品；文督，十二品，皆黃帶。武督，十三品；佐軍，十四品；振武，十五品；剋虞，十六品，皆白帶。自恩率以下，官無常員。各有部司，分掌衆務。內官有前內部、穀內部、〔二二〕內掠部、外掠部、馬部、刀部、功德部、藥部、木部、法部、後宮部。外官有司軍部、司徒部、司空部、司寇部、點口部、客部、外舍部、綢部、日官部、市部。〔二三〕長吏三年一交代。都下有萬家，〔二四〕分爲五部，曰上部、前部、中部、下部、後部，部有五巷，士庶居焉。〔二五〕部統兵五百人。五方各有方領一人，以達率爲之，方佐貳之。方有十郡，郡有將三人，以德率爲之。統兵一千二百人以下，七百人以上。〔二六〕城之內外人庶及餘小城，咸分隸焉。〔二七〕

其人雜有新羅、高麗、倭等，亦有中國人。其飲食衣服，與高麗略同。若朝拜祭祀，其冠兩廂加翅，戎事則不。拜謁之禮，以兩手據地爲禮。婦人不加粉黛，女辮髮垂後，已出嫁，則分爲兩道，盤於頭上。衣似袍而袖微大。兵有弓箭刀矟。俗重騎射，兼愛墳史，而秀異者頗解屬文，能吏事。又知醫藥、蓍龜，與相術、陰陽五行法。有僧尼，多寺塔，而無道士。有鼓角、箜篌、箏竽、篪笛之樂，投壺、摴蒲、弄珠、握槊等雜戲。尤尚奕棊。行宋元嘉

曆，以建寅月爲歲首。賦稅以布、絹、絲、麻及米等，量歲豐儉，差等輸之。其刑罰，反叛、退軍及殺人者，斬；盜者，流，其贓兩倍徵之；婦犯姦，沒入夫家爲婢。婚娶之禮，略同華俗。父母及夫死者，三年居服，餘親則葬訖除之。土田濕，氣候溫暖，人皆山居。有巨栗，其五穀、雜果、菜蔬及酒醴肴饌之屬，多同於內地。唯無駝、騾、驢、羊、鵝、鴨等。國中大姓有八族，〔二八〕沙氏、燕氏、劦氏、解氏、眞氏、國氏、木氏、苗氏。其王每以四仲月祭天及五帝之神。立其始祖仇台之廟於國城，歲四祠之。國西南，人島居者十五所，皆有城邑。

魏延興二年，其王餘慶始遣其冠軍將軍駙馬都尉弗斯侯、長史餘禮、龍驤將軍帶方太守司馬張茂等上表自通，云：「臣與高麗，源出夫餘，先世之時，篤崇舊欵。其祖釗，輕廢隣好，陵踐臣境。臣祖須，整旅電邁，梟斬釗首。自爾以來，莫敢南顧。自馮氏數終，餘燼奔竄，醜類漸盛，遂見陵逼，構怨連禍，三十餘載。若天慈曲矜，遠及無外，速遣一將，來救臣國。當奉送鄙女，執掃後宮，幷遣子弟，牧圉外廐，尺壤疋夫，不敢自有。去庚辰年後，臣西界海中，見尸十餘，幷得衣器鞍勒。看之，非高麗之物。後聞乃是王人來降臣國，長蛇隔路，以阻于海。〔二九〕今上所得鞍一，以爲實矯。」〔三〇〕

獻文以其僻遠，冒險入獻，禮遇優厚，遣使者邵安與其使俱還。詔曰：「得表聞之無恙。卿與高麗不睦，致被陵犯，苟能順義，守之以仁，亦何憂於寇讎也。前所遣使，浮海以撫荒

外之國,從來積年,往而不反,存亡達否,未能審悉。卿所送鞍,比校舊乘,非中國之物。不可以疑似之事,以生必然之過。經略權要,已具別旨。」又詔曰:「高麗稱藩先朝,供職日久,於彼雖有自昔之釁,於國未有犯令之愆。卿使命始通,便求致伐,尋討事會,理亦未周。所獻錦布海物,雖不悉達,明卿至心。今賜雜物如別。」又詔璉護送安等。至高麗,璉稱昔與餘慶有讎,不令東過。安等於是皆還,乃下詔切責之。五年,使安等從東萊浮海,賜餘慶璽書,褒其誠節。安等至海濱,遇風飄蕩,竟不達而還。

自晉、宋、齊、梁據江左,〔三一〕亦遣使稱藩,兼受拜封。亦與魏不絕。及齊受東魏禪,其王隆亦通使焉。淹死,子餘昌亦通使命於齊。〔三二〕武平元年,齊後主以餘昌爲使持節、侍中、車騎大將軍、帶方郡公、百濟王如故。二年,又以餘昌爲持節、都督東青州諸軍事、東青州刺史。

周建德六年,齊滅,餘昌始遣使通周。宣政元年,又遣使來獻。

隋開皇初,餘昌又遣使貢方物,拜上開府、帶方郡公、百濟王。平陳之歲,戰船漂至海東軏牟羅國。其船得還,經于百濟,昌資送之甚厚,并遣使奉表賀平陳。文帝善之,下詔曰:「彼國懸隔,來往至難,自今以後,不須年別入貢。」使者舞蹈而去。十八年,餘昌使其長史王辯那來獻方物。〔三三〕屬興遼東之役,遣奉表,請爲軍導。帝下詔,厚其使而遣之。高麗

頗知其事,兵侵其境。餘昌死,子餘璋立。〔三四〕大業三年,餘璋遣使燕文進朝貢。其年,又遣使王孝鄰入獻,請討高麗。煬帝許之,命覘高麗動靜。然餘璋內與高麗通和,挾詐以窺中國。七年,帝親征高麗,餘璋使其臣國智牟來請軍期。帝大悅,厚加賞賜,遣尙書起部郎席律詣百濟,與相知。明年,六軍度遼,餘璋亦嚴兵於境,聲言助軍,實持兩端。尋與新羅有隙,每相戰爭。十年,復遣使朝貢。後天下亂,使命遂絕。

其南,海行三月有軏牟羅國,南北千餘里,東西數百里,土多麞鹿,附庸於百濟。西行三日,至貊國千餘里云。

新羅者,其先本辰韓種也。地在高麗東南,居漢時樂浪地。辰韓亦曰秦韓。相傳言秦世亡人避役來適,馬韓割其東界居之,以秦人,故名之曰秦韓。其言語名物,有似中國人,名國爲邦,弓爲弧,賊爲寇,行酒爲行觴,相呼皆爲徒,不與馬韓同。又辰韓王常用馬韓人作之,世世相傳,辰韓不得自立王,明其流移之人故也。恒爲馬韓所制。辰韓之始,有六國,稍分爲十二,新羅則其一也。或稱魏將毋丘儉討高麗破之,奔沃沮,其後復歸故國,有留者,遂爲新羅,亦曰斯盧。其人雜有華夏、高麗、百濟之屬,〔三五〕兼有沃沮、不耐、韓、濊之

地。其王本百濟人,自海逃入新羅,遂王其國。初附庸于百濟,百濟征高麗,不堪戎役,後相率歸之,遂致强盛。因襲百濟,附庸於迦羅國焉。傳世三十,至眞平。〔三六〕以隋開皇十四年,遣使貢方物。文帝拜眞平上開府、樂浪郡公、新羅王。

其官有十七等:一曰伊罰干,貴如相國,次伊尺干,次迎干,次破彌干,次大阿尺干,次阿尺干,次乙吉干,次沙咄干,次及伏干,次大奈摩干,〔三七〕次奈摩,次大舍,次小舍,次吉士,次大烏,次小烏,次造位。外有郡縣。其文字、甲兵,同於中國。選人壯健者悉入軍,烽、戍、邏俱有屯營部伍。〔三八〕風俗、刑政、衣服略與高麗、百濟同。每月旦相賀,王設宴會,班賚羣官。其日,拜日月神主。八月十五日設樂,令官人射,賞以馬、布。〔三九〕其有大事,則聚官詳議定之。服色尙畫素。〔四〇〕婦人辮髮繞頸,〔四一〕以雜綵及珠爲飾。婚嫁禮唯酒食而已,輕重隨貧富。新婦之夕,女先拜舅姑,次卽拜大兄、夫。〔四二〕死有棺斂,葬送起墳陵。王及父母妻子喪,居服一年。田甚良沃,水陸兼種。其五穀、果菜、鳥獸、物產,略與華同。大業以來,歲遣朝貢。新羅地多山險,雖與百濟構隙,百濟亦不能圖之也。

勿吉國在高句麗北,一曰靺鞨。邑落各自有長,不相總一。其人勁悍,於東夷最强,言

語獨異。常輕豆莫婁等國,諸國亦患之。去洛陽五千里。自和龍北二百餘里有善玉山,山北行十三日至祁黎山,又北行七日至洛瓌水,〔四三〕水廣里餘,又北行十五日至太岳魯水,又東北行十八日到其國。國有大水,闊三里餘,名速末水。其部類凡有七種:其一號粟末部,〔四四〕與高麗接,勝兵數千,多驍武,每寇高麗;其二伯咄部,在粟末北,勝兵七千;其三安車骨部,在伯咄東北;其四拂涅部,在伯咄東;其五號室部,在拂涅東;其六黑水部,在安車骨西北;〔四五〕其七白山部,在粟末東南。勝兵並不過三千,而黑水部尤爲勁健。〔四六〕自拂涅以東,矢皆石鏃,卽古肅愼氏也。東夷中爲强國。

所居多依山水。渠帥曰大莫弗瞞咄。國南有從太山者,華言太皇,〔四七〕俗甚敬畏之,人不得山上溲汙,行經山者,以物盛去。上有熊羆豹狼,皆不害人,人亦不敢殺。地卑濕,築土如堤,鑿穴以居,開口向上,以梯出入。其國無牛,有馬,車則步推,相與偶耕。土多粟、麥、穄,菜則有葵。水氣鹹,生鹽於木皮之上,亦有鹽池。其畜多猪,無羊。嚼米爲酒,飲之亦醉。婚嫁,婦人服布裙,男子衣猪皮裘,頭插武豹尾。俗以溺洗手面,於諸夷最爲不潔。初婚之夕,男就女家,執女乳而罷。妬,其妻外淫,人有告其夫,夫輒殺妻而後悔,必殺告者。〔四八〕由是姦淫事終不發。人皆善射,以射獵爲業。角弓長三尺,箭長尺二寸,常以七八月造毒藥,傅矢以射禽獸,中者立死。煑毒藥氣亦能殺人。其父母春夏死,立埋之,冢上作

中華書局

屋，令不雨濕；若秋冬死，以其尸捕貂，貂食其肉，多得之。

延興中，遣乙力支朝獻。太和初，又貢馬五百匹。乙力支稱：初發其國，乘船泝難河西上，至太沵河，沈船於水。南出陸行，度洛孤水，從契丹西界達和龍。自云其國先破高句麗十落，密共百濟謀，從水道幷力取高麗，遣乙力支奉使大國，謀其可否。詔敕：「三國同是蕃附，宜共和順，勿相侵擾。」乙力支乃還。從其來道，取得本船，汎達其國。九年，復遣使侯尼支朝。明年，復入貢。其傍有大莫盧國、覆鍾國、莫多回國、庫婁國、素和國、具弗伏國、匹黎尒國、拔大何國、郁羽陵國、庫伏眞國、魯婁國、羽眞侯國，前後各遣使朝獻。太和十二年，勿吉復遣使貢楛矢、方物於京師。[49]十七年，[50]又遣使人婆非等五百餘人朝貢。景明四年，復遣使侯力歸朝貢。自此迄于正光，貢使相尋。爾後中國紛擾，頗或不至。興和二年六月，[51]遣石文云等貢方物。以至于齊，朝貢不絕。

隋開皇初，相率遣使貢獻。文帝詔其使曰：「朕聞彼土人勇，今來實副朕懷。視爾等如子，爾宜敬朕如父。」對曰：「臣等僻處一方，聞內國有聖人，故來朝拜。既親奉聖顏，願長爲奴僕。」其國西北與契丹接，每相劫掠。後因其使來，文帝誡之，使勿相攻擊。使者謝罪。文帝因厚勞之，令宴飲於前。使者與其徒皆起舞，曲折多戰鬬容。上顧謂侍臣曰：「天地間乃有此物，常作用兵意。」然其國與隋懸隔，唯粟末、白山爲近。煬帝初，與高麗戰，頻敗其衆。

渠帥突地稽率其部降，拜右光祿大夫，居之柳城。與邊人來往，悅中國風俗，請被冠帶，帝嘉之，賜以錦綺而褒寵之。及遼東之役，突地稽率其徒以從，每有戰功，賞賜甚厚。十三年，從幸江都，尋放還柳城。李密遣兵邀之，僅而得免。至高陽，沒於王須拔。未幾，遁歸羅藝。

奚本曰庫莫奚，其先東部胡宇文之別種也。初爲慕容晃所破，遺落者竄匿松漠之間。俗甚不潔淨，而善射獵，好爲寇抄。登國三年，道武親自出討，至弱水南大破之，[52]獲其馬、牛、羊、豕十餘萬。帝曰：「此羣狄諸種，不識德義，鼠竊狗盜，何足爲患？今中州大亂，吾先平之，然後張其威懷，則無所不服矣。」既而車駕南遷，十數年間，諸種與庫莫奚亦皆滋盛。及開遼海，置戍和龍，諸夷震懼，各獻方物。文成、獻文之世，庫莫奚歲致名馬、文皮。孝文初，遣使朝貢。太和四年，輒入塞內，辭以畏地豆干抄掠，詔書切責之。二十二年，入寇安州，[53]時營、燕、幽三州兵數千人擊走之。後復款附，每求入塞交易。宣武詔曰：「庫莫奚去太和二十一年以前，與安、營二州邊人參居，交易往來，並無欺貳。至二十二年叛逆以來，遂爾遠竄。今雖款附，猶在塞表，每請入塞，與百姓交易。若抑而不許，乖其歸向之心；

信而不慮，或有萬一之驚。交市之日，州遣士監之。」[54]自此已後，歲常朝獻，至武定已來不絕。齊受魏禪，歲時來朝。

其後種類漸多，分爲五部：一曰辱紇主，二曰莫賀弗，三曰契箇，四曰木昆，五曰室得。每部俟斤一人爲其帥。[55]隨逐水草，頗同突厥。有阿會氏，五部中最盛，諸部皆歸之。每與契丹相攻擊，虜獲財畜，因遣使貢方物。

契丹國在庫莫奚東，與庫莫奚異種同類。並爲慕容晃所破，俱竄於松漠之間。登國中，魏大破之，遂逃迸，與庫莫奚分住。經數十年，稍滋蔓，有部落，於和龍之北數百里爲寇盜。眞君以來，歲貢名馬。獻文時，使莫弗紇何辰來獻，得班饗於諸國之末。歸而相謂，言國家之美，心皆忻慕，於是東北羣狄聞之，莫不思服。悉萬丹部、何大何部、伏弗郁部、羽陵部、[56]日連部、匹潔部、黎部、[57]吐六干部等各以其名馬文皮獻天府。遂求爲常，皆得交市於和龍、密雲之間，貢獻不絕。太和三年，高句麗竊與蠕蠕謀，欲取地豆干以分之。契丹舊怨其侵軼，其莫賀弗勿干率其部落，車三千乘、衆萬餘口，驅徙雜畜求內附，止於白狼水東。自此歲常朝貢。後告饑，孝文聽其入關市糴。及宣武、孝明時，恒遣使貢方物。熙平中，契

丹使人初眞等三十人還，靈太后以其俗嫁娶之際以青氈爲上服，人給青氈兩匹，賞其誠款之心，餘依舊式朝貢。及齊受東魏禪，常不斷絕。

天保四年九月，契丹犯塞，文宣帝親戎北討，[58]至平州，遂西趣長塹。詔司徒潘相樂帥精騎五千，自東道趣青山，復詔安德王韓軌帥精騎四千東趣，斷契丹走路。帝親踰山嶺，奮擊大破之，虜十餘萬口、雜畜數十萬頭。相樂又於青山大破契丹別部。所虜生口，皆分置諸州。其後復爲突厥所逼，又以萬家寄於高麗。

其俗與靺鞨同，好爲寇盜。父母死而悲哭者，以爲不壯。但以其屍置於山樹之上，經三年後，乃收其骨而焚之。因酹酒而祝曰：「冬月時，向陽食，[59]若我射獵時，使我多得猪、鹿。」其無禮頑嚚，於諸夷最甚。

隋開皇四年，率莫賀弗來謁。五年，悉其衆款塞，文帝納之，聽居其故地。責讓之，[60]其國遣使詣闕，頓顙謝罪。其後，契丹別部出伏等背高麗，率衆內附。文帝見來，憐之。[61]上方與突厥和好，重失遠人之心，悉令給糧還本部，敕突厥撫納之。固辭不去。部落漸衆，遂北徙，逐水草，當遼西正北二百里，依託紇臣水而居，東西亘〔五百里，南北三〕百里，[62]分爲十部。兵多者三千，少者千餘。逐寒暑，隨水草畜牧。有征伐，則酋帥相與議之，興兵動衆，合如符契。[63]突厥沙鉢畧可汗遣吐屯潘垤統之，契丹殺吐屯而遁。大業七年，遣使

朝，貢方物。

室韋國在勿吉北千里，去洛陽六千里。「室」或爲「失」，蓋契丹之類，其南者爲契丹，在北者號爲失韋。路出和龍北千餘里，入契丹國，又北行十日至啜水，又北行三日有善水，又北行三日有犢了山，其山高大，周回三百里。又北行三百餘里，[三四]有大水名屈利，又北行三日至刃水，又北行五日到其國。有大水從北而來，廣四里餘，名㮈水。國土下濕，語與庫莫奚、契丹、豆莫婁國同。[三五]頗有粟、麥及穄。夏則城居，冬逐水草，多略貂皮。丈夫索髮。用角弓，其箭尤長。女婦束髮作叉手髻。其國少竊盜，盜一徵三，殺人者責馬三百匹。[三六]男女悉衣白鹿皮襦袴。有麴，釀酒。俗愛赤珠，爲婦人飾，穿挂於頸，以多爲貴。女不得此，乃至不嫁。父母死，男女衆哭三年，尸則置於林樹之上。

武定二年四月，始遣使張烏豆伐等獻其方物。迄武定末，貢使相尋。及齊受東魏禪，亦歲時朝聘。

其後分爲五部，不相總一，所謂南室韋、北室韋、鉢室韋、深末怛室韋、大室韋，並無君長。人貧弱，突厥以三吐屯總領之。

南室韋在契丹北三千里，土地卑濕，至夏則移向北。貸勃、欠對二山多草木，饒禽獸，又多蚊蚋，人皆巢居，以避其患。漸分爲二十五部，每部有餘莫弗瞞咄，猶酋長也。死則子弟代之，嗣絕則擇賢豪而立之。其俗，丈夫皆被髮，婦女盤髮，衣服與契丹同。乘牛車，以蘧蒢爲屋，如突厥氈車之狀。度水則束薪爲栰，或有以皮爲舟者。馬則織草爲韉，結繩爲轡。匡寢則屈木爲室，[三七]以蘧蒢覆上，移則載行。以猪皮爲席，編木爲藉。婦女皆抱膝坐。氣候多寒，田收甚薄。無羊，少馬，多猪、牛。與靺鞨同俗，婚嫁之法，二家相許竟，輒盜婦將去，然後送牛馬爲聘，更將婦歸家，待有孕，乃相許隨還舍。婦人不再嫁，以爲死人之妻，難以共居。部落共爲大棚，人死則置其上。居喪三年，年唯四哭。其國無鐵，取給於高麗。多貂。

南室韋北行十一日至北室韋，分爲九部落，繞吐紇山而居。其部落渠帥號乞引莫賀咄。每部有莫何弗三人以貳之。氣候最寒，雪深沒馬。冬則入山居土穴，牛畜多凍死。饒麞鹿，射獵爲務，食肉衣皮，鑿冰沒水中而網取魚鼈。地多積雪，懼陷坑穽，騎木而行，俗卽止。皆捕貂爲業，冠以狐貂，衣以魚皮。

又北行千里至鉢室韋，依胡布山而住，人衆多北室韋，不知爲幾部落。用樺皮蓋屋，其餘同北室韋。

從鉢室韋西南四日行，至深末怛室韋，因水爲號也。冬月穴居，以避太陰之氣。

又西北數千里至大室韋，徑路險阻，言語不通。尤多貂及青鼠。

北室韋時遣使貢獻，餘無至者。

豆莫婁國在勿吉北千里，舊北夫餘也。在室韋之東，[三八]東至於海，方二千餘里。其人土著，有居室倉庫。多山陵廣澤，於東夷之域，[三九]最爲平敞。地宜五穀，不生五果。其人長大，性強勇謹厚，不寇抄。其君長皆六畜名官，邑落有豪帥。飲食亦用俎豆。[四〇]有麻布，衣製類高麗而帽大。[四一]其國大人，以金銀飾之。用刑嚴急，殺人者死，沒其家人爲奴婢。俗淫，尤惡妒者，殺之尸於國南山上，至腐，女家始得輸牛馬乃與之。[四二]或言濊貊之地也。

地豆干國[四三]在室韋西千餘里。多牛、羊，出名馬，皮爲衣服，無五穀，唯食肉酪。延興二年八月，遣使朝貢，至于太和六年，貢使不絕。十四年，頻來犯塞，孝文詔征西大將軍陽平王頤擊走之。自後時朝京師，迄武定末，貢使不絕。及齊受禪，亦來朝貢。

烏洛侯國在地豆干北，去代都四千五百餘里。其地下濕，多霧氣而寒。人冬則穿地爲室，夏則隨原阜畜牧。多豕，有穀、麥。無大君長，部落莫弗，皆世爲之。其俗，繩髮，皮服，以珠爲飾。人尚勇，不爲姦竊，故慢藏野積而無寇盜。好射獵。樂有箜篌，木槽革面而施九弦。其國西北有完水，東北流合於難水，其小水，皆注於難，東入海。又西北二十日行，有于巳尼大水，所謂北海也。

太武眞君四年來朝，[四四]稱其國西北有魏先帝舊墟石室，南北九十步，東西四十步，高七十尺，室有神靈，人多祈請。太武遣中書侍郎李敞告祭焉，刊祝文於石室之壁而還。

流求國居海島，當建安郡東，水行五日而至。土多山洞。其王姓歡斯氏，名渴剌兜，不知其由來有國世數也。彼土人呼之爲可老羊，妻曰多拔荼。所居曰波羅檀洞，塹柵三重，環以流水，樹棘爲藩。王所居舍，其大一十六間，琱刻禽獸。多鬬鏤樹，似橘而葉密，條纖如髮之下垂。國有四五帥，統諸洞，洞有小王。往往有村，村有鳥了帥，並以善戰者爲之，自相樹立，主一村之事。男女皆白紵繩纏髮，從項後盤繞至額。其男子用鳥羽爲冠，裝以珠貝，飾以赤毛，形製不同。婦人以羅紋白布爲帽，其形方正。織鬬鏤皮幷雜毛以爲衣，製裁不一。綴毛垂螺爲飾，雜色相間，下垂小貝，其聲如珮。綴璫施釧，懸珠於頸。織藤爲笠，飾以毛羽。有刀矟、弓箭、劍鈹之屬。其處少鐵，刀皆薄小，多以骨角輔助之。編紵爲甲，或用熊豹皮。王乘木獸，令左右輿之，而導從不過十數人。小王乘机，鏤爲獸形。國人好相攻擊，人皆驍健善走，難死耐創。諸洞各爲部隊，不相救助。兩軍相當，勇者三五人出前跳噪，交言相罵，因相擊射。如其不勝，一軍皆走，遣人致謝，卽共和解。收取鬬死者聚食之，仍以髑髏將向王所，王則賜之以冠，便爲隊帥。

無賦斂，有事則均稅。用刑亦無常准，皆臨事科決。犯罪皆斷於鳥了帥，不伏則上請於王，王令臣下共議定之。獄無枷鎖，唯用繩縛。決死刑以鐵錐大如筋，長尺餘，鑽頂殺之。輕罪用杖。俗無文字，望月虧盈，以紀時節，草木榮枯，以爲年歲。人深目長鼻，類於胡，亦有小慧。無君臣上下之節，拜伏之禮。父子同牀而寢。男子拔去髭鬢，身上有毛處皆除去。婦人以墨黥手爲蟲蛇之文。嫁娶以酒、珠貝爲聘，或男女相悅，便相匹偶。婦人產乳，必食子衣，產後以火自炙，令汗出，五日便平復。以木槽中暴海水爲鹽，木汁爲酢，米麪爲酒，其味甚薄。食皆用手。遇得異味，先進尊者。凡有宴會，執酒者必待呼名而後飲，

上王酒者，亦呼王名後銜盃共飲，頗同突厥。歌呼蹋蹄，一人唱，衆皆和，音頗哀怨。扶女子上膊，搖手而舞。其死者氣將絕，轝至庭前，親賓哭泣相弔。浴其屍，以布帛纏纏之，裹以葦席，襯土而殯，上不起墳。子爲父者，數月不食肉。其南境風俗少異，人有死者，邑里共食之。有熊、羆、豺、狼，尤多猪、鷄，無羊、牛、驢、馬。厥田良沃，先以火燒，而引水灌，持一鍤，以石爲刃，長尺餘，闊數寸，而墾之。宜稻、粱、禾、黍、麻、豆、赤豆、胡黑豆等。木有楓、栝、樟、松、楩、楠、杉、梓。竹、藤、果、藥，同於江表。風土氣候，與嶺南相類。[七五]俗事山海之神，祭以肴酒。戰鬬殺人，便將所殺人祭其神。或依茂樹起小屋，或懸髑髏於樹上，以箭射之，或累石繫幡，以爲神主。王之所居，壁下多聚髑髏以爲佳。人間門戶上，必安獸頭骨角。

隋大業元年，海師何蠻等，每春秋二時，天清風靜，東望依稀，似有煙霧之氣，亦不知幾千里。三年，煬帝令羽騎尉朱寬入海求訪異俗，[七六]何蠻言之，遂與蠻俱往。同到流求國，言不通，掠一人而反。明年，復令寬慰撫之，不從。寬取其布甲而歸。時倭國使來朝見之，曰：「此夷邪夕國人所用。」[七七]帝遣武賁郎將陳稜、朝請大夫張鎭州率兵自義安浮海至高華嶼，又東行二日至鼅鼊嶼，又一日，便至流求。流求不從，稜擊走之。進至其都，焚其宮室，虜其男女數千人，載軍實而還。自爾遂絕。

倭國在百濟、新羅東南，水陸三千里，於大海中依山島而居。魏時，譯通中國三十餘國，皆稱子。[七八]夷人不知里數，但計以日。其國境，東西五月行，南北三月行，各至於海。其地勢，東高西下。居於邪摩堆，則魏志所謂邪馬臺者也。又云：去樂浪郡境及帶方郡並一萬二千里，在會稽東，與儋耳相近。俗皆文身，自云太伯之後。計從帶方至倭國，循海水行，歷朝鮮國，乍南乍東，七千餘里，始度一海。又南千餘里，度一海，闊千餘里，名瀚海，至一支國。又度一海千餘里，名末盧國。又東南陸行五百里，至伊都國。又東南百里，至奴國。又東行百里，至不彌國。又南水行二十日，至投馬國。又南水行十日，陸行一月，至邪馬臺國，卽倭王所都。

漢光武時，遣使入朝，自稱大夫。安帝時，又遣朝貢，謂之倭奴國。靈帝光和中，其國亂，遞相攻伐，歷年無主。有女子名卑彌呼，能以鬼道惑衆，國人共立爲王。無夫，有二男子，給王飲食，通傳言語。其王有宮室、樓觀、城柵，皆持兵守衞，爲法甚嚴。魏景初三年，公孫文懿誅後，卑彌呼始遣使朝貢。[七九]魏主假金印紫綬。正始中，卑彌呼死，更立男王。國中不服，更相誅殺，復立卑彌呼宗女臺與爲王。其後復立男王，並受中國爵命。江左歷晉、宋、齊、梁，朝聘不絕。

及陳平，至開皇二十年，倭王姓阿每，字多利思比孤，號阿輩鷄彌，遣使詣闕。上令所司訪其風俗，使者言倭王以天爲兄，以日爲弟，天明時出聽政，[八〇]跏趺坐，日出便停理務，云委我弟。文帝曰：「此大無義理。」於是訓令改之。王妻號鷄彌，[八一]後宮有女六七百人。名太子爲利歌彌多弗利。無城郭。內官有十二等：一曰大德，次小德，次大仁，次小仁，次大義，次小義，次大禮，次小禮，次大智，次小智，次大信，次小信，員無定數。有軍尼一百二十人，猶中國牧宰。八十戶置一伊尼翼，如今里長也。十伊尼翼屬一軍尼。其服飾，男子衣裙襦，其袖微小，履如屨形，漆其上，繫之脚。人庶多跣足，不得用金銀爲飾。故時，衣橫幅，結束相連而無縫，頭亦無冠，但垂髮於兩耳上。至隋，其王始制冠，以錦綵爲之，以金銀鏤花爲飾。婦人束髮於後，亦衣裙襦，裳皆有襈。[八二]攕竹聚以爲梳。編草爲薦，雜皮爲表，緣以文皮。有弓、矢、刀、矟、弩、䂎、斧，漆皮爲甲，骨爲矢鏑。雖有兵，無征戰。

其王朝會，必陳設儀仗，奏其國樂。[八三]戶可十萬。俗，殺人、强盜及姦，皆死；盜者計贓酬物，無財者，沒身爲奴；自餘輕重，或流或杖。每訊究獄，不承引者，以木壓膝；或張强弓，以弦鋸其項。或置小石於沸湯中，令所競者探之，云理曲者卽手爛；或置蛇瓮中，令取之，云曲者卽螫手。人頗恬靜，罕爭訟，少盜賊。樂有五弦、琴、笛。男女皆黥臂，點面，文身。

沒水捕魚。無文字，唯刻木結繩。敬佛法，於百濟求得佛經，始有文字。知卜筮，尤信巫覡。每至正月一日，必射戲飲酒，其餘節，略與華同。好棊博、握槊、樗蒱之戲。氣候溫暖，草木冬青。土地膏腴，水多陸少。以小環掛鸕鷀項，令入水捕魚，日得百餘頭。俗無盤俎，藉以槲葉，食用手餔之。性質直，有雅風。女多男少，婚嫁不取同姓，男女相悅者卽爲婚。婦入夫家，必先跨火，乃與夫相見。婦人不淫妬。死者斂以棺槨，親賓就屍歌舞，妻子兄弟以白布制服。貴人三年殯，庶人卜日而瘞。及葬，置屍船上，陸地牽之，或以小輿。有阿蘇山，其石無故火起接天者，俗以爲異，因行祭禱。有如意寶珠，其色青，大如鷄卵，夜則有光，云魚眼睛也。新羅、百濟皆以倭爲大國，多珍物，並仰之，恒通使往來。

大業三年，其王多利思比孤遣朝貢。使者曰：「聞海西菩薩天子重興佛法，故遣朝拜，兼沙門數十人來學佛法。」國書曰：「日出處天子致書日沒處天子，無恙。」云云。帝覽不悅，謂鴻臚卿曰：「蠻夷書有無禮者，勿復以聞。」明年，上遣文林郎裴世清使倭國，度百濟，行至竹島，南望耽羅國，經都斯麻國，迥在大海中。又東至一支國，又至竹斯國。又東至秦王國，其人同於華夏，以爲夷洲，疑不能明也。又經十餘國，達於海岸。自竹斯國以東，皆附庸於倭。倭王遣小德何輩臺從數百人，設儀仗，鳴鼓角來迎。後十日，又遣大禮哥多毗從二百餘騎，郊勞。既至彼都，其王與世清。來貢方物。〔一四〕此後遂絕。

論曰：廣谷大川異制，人生其間異俗，嗜欲不同，言語不通，聖人因時設教，所以達其志而通其俗也。九夷所居，與中夏懸隔，然天性柔順，無横暴之風，雖綿邈山海，而易以道御。夏、殷之世，時或來王。暨箕子避地朝鮮，始有八條之禁，疏而不漏，簡而可久，化之所感，千載不絕。今遼東諸國，或衣服參冠冕之容，或飲食有俎豆之器，好尚經術，愛樂文史，游學於京都者，往來繼路，或沒世不歸，非先哲之遺風，其孰能致於斯也？故孔子曰：「言忠信，行篤敬，雖蠻貊之邦行矣。」誠哉斯言。其俗之可採者，豈楛矢之貢而已乎？

自魏迄隋，年移四代，時方爭競，未遑外略。洎開皇之末，方征遼左，天時不利，師遂無功。二代承基，志苞宇宙，頻踐三韓之地，屢發千鈞之弩。小國懼亡，敢同困獸，兵不載捷，四海騷然，遂以土崩，喪身滅國。兵志有之曰：「務廣德者昌，務廣地者亡。」然遼東之地，不列於郡縣久矣，諸國朝正奉貢，無闕於歲時。二代震而矜之，以爲人莫己若，不能懷以文德，遽動干戈，內恃富强，外思廣地，以驕取怨，以怒興師，若此而不亡，自古未聞也。然四夷之戒，安可不深念哉！

其豆莫婁、地豆干、烏洛侯，歷齊周及隋，朝貢遂絕，其事故莫顯云。

校勘記

〔一〕感其氣者則凶德行寨　張森楷云：「『行』疑當作『所』。」按此與「生其地者，則仁義所出」爲對文，張說是。

〔二〕是知雁海龍堆天所以絕夷夏也　諸本「絕」訛作「紀」，據周書卷四九異域志序改。

〔三〕朱蒙乃與焉違等二人東南走　魏書卷一〇〇高句麗傳「焉違」作「烏引烏違」。

〔四〕朱蒙死子如栗立　魏書作「朱蒙死，閭達代立，閭達死，子如栗立」。此脫七字。

〔五〕漢時賜衣幘朝服鼓吹　諸本「時」作「昭」，三國志卷三〇東夷傳、梁書卷五四諸夷傳作「時」。按下文云「常從玄菟郡受之」，知是指漢時，非指漢昭帝。此段本之梁書，梁書又本之三國志，今據改。

〔六〕莽大悅更名高句麗高句麗侯光武建武八年高句麗遣使朝貢　諸本誤叠「朝貢」二字，今刪。三國志作「莽大悅，布告天下，更名高句麗爲『下句麗』。當此時爲侯國。漢光武帝八年，高句麗王遣使朝貢，始見稱王」。梁書略同三國志。北史訛脫不可解。

〔七〕公孫文懿　三國志、梁書作「公孫淵」，北史避唐諱稱字。

〔八〕正始三年位宮寇遼西安平　三國志及通典卷一八六、通志卷一九四高句麗傳都無「遼」字。按

後漢書郡國志、晉書地理志，遼東郡有西安平，遼西郡無「安平」。「遼」字誤衍。

〔九〕鮮卑慕容廆據昌黎大棘城元帝授平州刺史　諸本「帝」作「年」，「平州」上有「北」字。梁書諸夷傳作「帝」，無「北」字。按晉書卷一〇八慕容廆載記，廆逐平州刺史崔毖，晉元帝因以平州刺史授之。此「年」字訛，「北」字衍，今據改刪。

〔一〇〕後燕慕容垂遣其弟農伐句麗　按晉書卷一二三慕容垂載記，農是垂之中子。此作「弟」，是承梁書之誤。

〔一一〕東至栅城　諸本無「東」字，魏書有。按下云「南至」、「北至」，是言高麗國境四至，當有「東」字，今據補。

〔一二〕詔加延侍中驃騎大將軍　諸本「驃」作「車」，魏書作「驃」。按上文言其已爲車騎大將軍，則加官當爲驃騎，今據改。

〔一三〕訖於武定已來　魏書「已來」作「末」一字，是。

〔一四〕東西六里　諸本脫「西」字，據周書卷四九、隋書卷八一高麗傳補。

〔一五〕復有內評五部褥薩　隋書「內評」下有「外評」二字。

〔一六〕若貧不能償者樂及公私債負皆聽評其子女爲奴婢以償之　周書無「樂」字。按此當是涉下文「樂有五絃琴」之「樂」字而衍。

擾動。每歲命隨近州鎮，出兵討之，獲其生口，以充賤隸，謂之爲壓獠焉。後有商旅往來者，〔二二〕亦資以爲貨，公卿達于人庶之家，有獠口者多矣。恭帝三年，陵州木籠獠反，詔開府陸騰討破之。周保定二年，鐵山獠又反，抄斷江路，陸騰又攻拔其三城。

天和三年，梁州恒稜獠叛，總管長史趙文表討之。軍次巴州，文表欲率衆徑進。軍吏等曰：「此獠旅拒日久，部衆甚强，討之者四面攻之，以分其勢。今若大軍直進，不遣奇兵，恐併力於我，〔二三〕未可制勝。」文表曰：「往者既不能制之，今須別爲進趣。若四面遣兵，則獠降走路絕，理當相率以死拒戰；如從一道，則吾得示威恩，分遣人以理曉諭，爲惡者討之，歸善者撫之，善惡既分，易爲經略。事有變通，奈何欲遵前轍也？」文表遂以此意，遍令軍中。時有從軍熟獠，多與恒稜親識，卽以實報之。恒稜獠相與聚議，猶豫之間，文表軍已至其界。獠中先有二路，一路稍平，一路極險。俄有生獠酋帥數人來見文表曰：「我恐官軍不識山川，請爲鄉導。」文表謂之曰：「此路寬平，不須導引，卿但先去，好慰喻子弟也。」乃遣之。文表謂其衆曰：「向者獠帥，謂吾從寬路而行，必當設伏險要。若從險路，出其不虞，獠衆自離散矣。」於是勒兵從險道進，其有不通之處，卽平之。乘高而望，果見其伏兵。獠既失計，爭擕妻子，退保險要。文表頓軍大蓬山下，示禍福，遂相率來降。文表皆撫慰之，仍徵其租稅，無敢動者。後除文表爲蓬州刺史，又大得人和。

建德初，李暉爲蓬、梁州總管，〔二四〕諸獠亦望風從附。然其種滋蔓，保據巖壑，依山走險，若履平地，雖屢加兵，弗可窮討。性又無知，殆同禽獸，諸夷之中，最難以道招懷者也。

林邑，其先所出，事具南史。其國延袤數千里，土多香木、金寶，物產大抵與交阯同。以磚爲城，蜃灰塗之，東向戶。尊官有二，其一曰西那婆帝，其二曰薩婆地歌。其屬官三等，〔二五〕其一曰倫多姓，次歌倫致帝，次乙地伽蘭。外官分爲二百餘部，其長官曰弗羅，次曰可輪，如牧宰之差也。王戴金花冠，形如章甫，衣朝霞布，珠璣纓絡，足躡革履。時服錦袍。良家子侍衞者二百許人，皆執金裝。兵有弓、箭、刀、槊，〔二六〕以竹爲弩，傅毒於矢。樂有琴、笛、琵琶、五絃，頗與中國同。每擊鼓以警衆，吹蠡以卽戎。其人深目高鼻，髮拳色黑。俗皆徒跣，以幅巾纏身，冬月衣袍。婦人椎髻。施椰葉席。每有婚媾，令媒者齎金銀釧、酒二壺、魚數頭至女家，於是擇日，夫家會親賓，歌舞相對，女家請一婆羅門，送女至男家，壻盥手，因牽女授之。王死，七日而葬；有官者，三日；庶人，一日。皆以函盛屍，鼓舞導從，輿至水次，〔二七〕積薪焚之。收其餘骨，王則內金甖中，沉之於海；有官者，以銅甖，沉之海口；庶人以瓦，送之於江。男女皆截髮，哭至水次，盡哀而止，歸則不哭。每七日，燃香散花，復哭盡

哀而止，百日、三年，皆如之。人皆奉佛，文字同於天竺。

隋文帝既平陳，乃遣使獻方物，後朝貢遂絕。時天下無事，羣臣言林邑多奇寶者。仁壽末，上遣大將軍劉方爲驩州道行軍總管，率欽州刺史甯長眞、驩州刺史李暈、開府秦雄步騎萬餘，及犯罪者數千人擊之。其王梵志乘巨象而戰，方軍不利。方乃多掘小坑，草覆其上，因以兵挑之。方與戰僞北，梵志逐之，其象陷，軍遂亂，方大破之，遂棄城走。入其都，〔二八〕獲其廟主十八枚，皆鑄金爲之，蓋其國有十八世。方班師，梵志復其故地，遣使謝罪，於是朝貢不絕。

赤土國，扶南之別種也。在南海中，水行百餘日而達。所都土色多赤，因以爲號。東波羅剌國，西婆羅娑國，南訶羅旦國，北拒大海，地方數千里。其王姓瞿曇氏，名利富多塞，不知有國近遠。稱其父釋王位，出家爲道，傳位於利富多塞，在位十六年矣。有三妻，並鄰國女也。居僧祇城，有門三重，相去各百許步。每門圖畫菩薩飛仙之象，懸金花鈴毦，婦人數十人，或奏樂，或捧金花。又飾四婦人，容飾如佛塔邊金剛力士之狀，夾門而立，門外者持兵仗，門內者執白拂。夾道垂素網，綴花。王宮諸屋，悉是重閣，北戶。北面而坐三重

之榻，衣朝霞布，冠金花冠，垂雜寶纓絡，四女子立侍左右，兵衞百餘人。王榻後作一木龕，〔二九〕以金銀五香木雜鈿之，龕後懸一金光焰；夾榻又樹二金鏡，鏡前並陳金甕，甕前各有金香爐；當前置一金伏牛，前樹一寶蓋，左右皆有寶扇。婆羅門等數百人，東西重行，相向而坐。其官：薩陁加邏一人，陁拏達叉一人，迦利密迦三人，共掌政事；俱羅末帝一人，掌刑法。每城置那邪迦一人，鉢帝十人。

其俗，皆穿耳翦髮，無跪拜之禮，以香油塗身。其俗敬佛，尤重婆羅門。婦人作髻於項後，男女通以朝霞朝雲雜色布爲衣。豪富之室，恣意華靡，唯金鎖非王賜不得服用。每婚嫁，〔三〇〕擇吉日，女家先期五日，作樂飲酒，父執女手以授壻，七日乃配。既娶，卽分財別居，唯少子與父居。父母兄弟死，則剔髮素服，就水上構竹木爲棚，棚內積薪，以屍置上，燒香建幡，吹蠡擊鼓以送，火焚薪，遂落於水。貴賤皆同，唯國王燒訖收灰，貯以金瓶，藏於廟屋。冬夏常溫，雨多霽少，種植無時。特宜稻、穄、白豆、黑麻，自餘物產，多同於交阯。以甘蔗作酒，雜以紫瓜根，酒色黃赤，味亦香美。亦以椰漿爲酒。

隋煬帝嗣位，募能通絕域者。大業三年，屯田主事常駿、虞部主事王君政等請使赤土。帝大悅，遣齎物五千段以賜赤土王。其年十月，駿等自南海郡乘舟，晝夜二旬，每日遇便風。至焦石山而過，東南詣陵伽鉢拔多洲，西與林邑相對，上有神祠焉。〔三一〕又南行，至師子

石。自是島嶼連接。又行二三日，西望見狼牙須國之山，於是南達雞籠島，至於赤土之界。

其王遣婆羅門鳩摩羅，以舶三百艘來迎，〔三二〕吹蠡擊鼓樂隋使，進金鎖以纜船。〔三三〕月餘，至其都。王遣其子那邪迦請與駿等禮見。先遣人送金盤貯香花并鏡鑷，金合二枚貯香油，金瓶二枚貯香水，白疊布四條，以擬供使者盥洗。其日未時，那邪迦又將象二頭，持孔雀蓋以迎使人，并致金盤、金花，以藉詔函，男女百人奏蠡鼓，婆羅門二人導路。至王宮，駿等奉詔書上閣，王以下皆坐，宣詔訖，引駿等坐，奏天竺樂，事畢，駿等還館。又遣婆羅門就館送食，以草葉爲盤，其大方丈。因謂駿曰：「今是大國臣，非復赤土國矣。」後數日，請駿等入宴，儀衞導從如初見之禮。王前設兩床，床上並設草葉盤，方一丈五尺，上有黃、白、紫、赤四色之餅，牛、羊、魚、鼈、猪、蝳蝐之肉百餘品。延駿升床，從者於地席，各以金鍾置酒，女樂迭奏，禮遣甚厚。

尋遣那邪迦隨貢方物，并獻金芙蓉冠、龍腦香，以鑄金爲多羅葉，隱起成文以爲表，金函封之，令婆羅門以香花奏蠡鼓而送之。既入海，見綠魚羣飛水上。浮海十餘日，至林邑東南，並山而行。其海水色黃氣腥，舟行一日不絕，云是大魚糞也。循海北岸，達于交趾。駿以六年春與那邪迦於弘農謁帝。帝大悅，授駿等執戟都尉，〔三四〕那邪迦等官賞各有差。

眞臘國在林邑西南，本扶南之屬國也，去日南郡舟行六十日而至。南接車渠國，西有朱江國。其王姓剎利氏，〔三五〕名質多斯那。自其祖漸已强盛，至質多斯那遂兼扶南而有之。死，子伊奢那先代立。居伊奢那城，郭下二萬餘家。城中有一大堂，是其王聽政所。總大城三十所，城有數千家，各有部帥，官名與林邑同。

其王三日一聽朝，坐五香七寶床，上施寶帳，以文木爲竿，象牙金鈿爲壁，狀如小屋，懸金光焰，有同于赤土。前有金香，〔三六〕命二人侍側。王著朝霞古貝，〔三七〕瞞絡腰腹，下垂至脛，頭戴金寶花冠，被眞珠纓絡，足履革屣，耳懸金鐺。常服白疊，以象牙爲屩。若露髮，則不加纓絡。臣下服制，大抵相類。有五大臣，一曰孤落支，二曰相高憑，三曰婆何多陵，四曰舍摩陵，五曰髯羅婁，及諸小臣。朝於王者，輒於階下三稽首，王呼上階，則跪，以兩手抱膊，遶王環坐。議政事訖，跪伏而去。階庭門閣，侍衞有千餘人，被甲持仗。其國與參半、朱江二國和親，數與林邑、陁桓二國戰爭。其人行止，皆持甲仗，若有征伐，因而用之。

其俗，非王正妻子，不得爲嗣。王初立日，所有兄弟，並刑殘之，或去一指，或劓其鼻，別處供給，不得仕進。人形小而色黑，婦人亦有白者。悉拳髮垂耳，性氣捷勁。居處器物，

頗類赤土。以右手爲淨，左手爲穢。每旦澡洗，以楊枝淨齒，讀誦經咒，又澡洒乃食。食罷還用楊枝淨齒，又讀經咒。飲食多蘇酪、沙糖、秔粟、米餅。欲食之時，先取雜肉羹與餅相和，手擩而食。娶妻者，唯送女人女，〔三八〕擇日遣媒人迎婦。男女二家，各八日不出，晝夜燃燈不息。男婚禮畢，卽與父母分財別居。父母死，小兒未婚者，以餘財與之。若婚畢，財物入官。喪葬，兒女皆七日不食，剔髮而喪，〔三九〕僧尼、道士、親故皆來聚會，音樂送之。以五香木燒尸，收灰，以金銀瓶盛，送大水之內；貧者或用瓦，而以五彩色畫之。亦有不焚，送屍山中，任野獸食者。

其國北多山阜，南有水澤。地氣尤熱，無霜雪，饒瘴癘毒蠚。宜粱、稻，少黍、粟。果菜與日南、九眞相類。異者，有婆羅那娑樹，無花，葉似柿，實似冬瓜；菴羅樹，〔四〇〕花、葉似棗，實似李；毗野樹，花似木瓜，葉似杏，實似楮；婆田羅樹，花、葉、實並似棗，而小異；歌畢佗樹，花似林檎，葉似楡而厚大，實似李，其大如升。自餘多同九眞。海有魚名建同，四足無鱗，鼻如象，吸水上噴，高五六十尺。有浮胡魚，形似䱉，觜如鸚鵡，有八足。多大魚，半身出，望之如山。每五六月中，毒氣流行，卽以白猪、白牛、羊於城西門外祠之。不然，五穀不登，畜多死，人疾疫。近都有陵伽鉢婆山，上有神祠，每以兵二千人守衞之。城東神名婆多利，祭用人肉。其王年別殺人，以夜祠禱，亦有守衞者千人。其敬鬼如此。多奉佛法，尤信

道士。佛及道士，並立像於其館。

隋大業十二年，遣使貢獻，帝禮之甚厚，於後亦絕。

婆利國，自交趾浮海，南過赤土、丹丹，乃至其國。國界，東西四月行，南北四十五日行。王姓剎利邪伽，名護濫那婆。官曰獨訶邪拏，次曰獨訶氏拏。國人善投輪，其大如鏡，中有竅，外鋒如鋸，遠以投人，無不中。其餘兵器，與中國略同。俗類眞臘，物產同於林邑。其殺人及盜，截其手；姦者，鎖其足，期年而止。祭祀必以月晦，盤貯酒肴，浮之流水。每十一月必設大祭。海出珊瑚。有鳥名舍利，解人語。

隋大業十二年，遣使朝貢，後遂絕。

于時南荒有丹丹、盤盤二國，亦來貢方物，其風俗、物產，大抵相類云。

論曰：禮云：「南方曰蠻，有不火食者矣。」然其種類非一，與華人錯居。其流曰蜑，曰獽，曰俚，曰獠，曰㐌。居無君長，〔四一〕隨山洞而居。其俗，斷髮文身，好相攻討。自秦并三

楚，漢平百越，地窮丹徼，景極日南，水陸可居，咸爲郡縣。洎乎境分南北，割據各殊，蠻、獠之族，遞爲去就。至於林邑、赤土、眞臘、婆利則地隔江嶺，莫通中國。及隋氏受命，剋平九宇，煬帝纂業，威加八荒，甘心遠夷，志求珍異。故師出流求，兵加林邑，威振殊俗，過於秦、漢遠矣。雖有荒外之功，無救域中之敗。傳曰：「非聖人，外寧必有內憂。」誠哉斯言也。

大業中，南荒朝貢者十餘國，其事迹湮滅，今可知者四國而已。

校勘記

〔一〕大陽蠻首桓誕擁沔水以北　諸本「沔」訛作「河」，據魏書卷一〇一補蠻傳改。通志卷一九七板楯蠻傳作「漢水」。

〔二〕三年魯陽蠻魯北燕等聚衆攻逼頻詔左衞將軍李崇討平之　魏書「頻」作「潁川」二字，從上讀。通典卷一八七板楯蠻傳作「潁陽」。本書卷四三、魏書卷六六李崇傳作「湖陽」。按「潁陽」、「潁川」、「湖陽」未知孰是。但「頻」當是「潁」之訛，下有脫字。

〔三〕永平初　諸本「平」作「寧」，魏書作「平」。按魏無「永寧」，「永平」是宣武年號。今據改。

〔四〕頻請統帥蠻以爲聲勢叔興給一統幷威儀爲之節度　魏書無「蠻以」二字。按文義不可解，當有訛脫。

〔五〕遣叔興與石廉督集蠻夏二萬餘人擊走之　諸本「遣」字在「叔興」下，魏書無「遣」字。通典作「遣蠻帥桓叔率夷夏二萬餘人擊之」。按通典脫「興」字，但可証「遣」字當在「叔興」上。今據乙。

〔六〕其部曲相率內附徙之六鎭秦隴所在反叛二荆西郢蠻大擾動　通典、通志作：「其後因六鎭、秦、隴所在反叛，二荆、西郢蠻大擾動。」通典無「二」、「西」兩字。按「徙之」下疑有脫文。

〔七〕更相崇樹　諸本脫「樹」字，據周書卷四九蠻傳補。

〔八〕尋而蠻帥田杜青及江漢諸蠻擾動　諸本「青」下有「和」字，周書無，又「江」作「沔」。按周書卷一九楊忠傳見「田柱清」，卷二七厙狄昌傳見「田社清」，都是此人。「柱」、「杜」、「社」未知孰是。「和」乃涉下文「杜青和」而衍，今據刪。又楊忠鎭壓田杜青時在西魏大統末，其時西魏勢力未達長江。作「沔漢諸蠻」是。

〔九〕其後巴西人譙淹扇動羣蠻以附梁　諸本「巴」下有「蜀」字，周書無。按本書卷六八、周書卷二八賀若敦傳也作「巴西人譙淹」，今刪「蜀」字。

〔一〇〕向白虎　周書「虎」作「彪」。按周書及本書賀若敦傳也作「彪」。北史例避「虎」字，此乃後人所改。

〔一一〕文子榮復據荆州之汶陽郡　諸本「汶」作「政」，周書作「汶」。按周書卷二五李賢傳、卷四四陽雄傳都作「汶陽」。汶陽郡見隋書地理志下夷陵郡遠安縣注，「政陽」無此郡名。今據改。

〔一二〕潘招　諸本「招」作「和」，周書作「招」。按周書卷二五李賢傳、卷二八賀若敦傳、卷四四陽雄傳都作「招」。今據改。

〔一三〕令賢使其兄龍眞據之　周書「兄」下有「子」字。

〔一四〕追而獲之　諸本脫「追」字，據周書、通志補。

〔一五〕多死不敢遠行　魏書卷一〇一獠傳無「死」字。按通典卷一八七、通志卷一九七獠傳作「多仇怨」。疑「死」乃「怨」之訛，脫「仇」字，補魏書者因刪「死」字。

〔一六〕走避外求得一狗以謝不復嫌恨　魏書無「外」字，「謝」下有「其母，毋得狗謝」六字。通典、通志「外」上有「於」字，「謝」下有「其母，然後敢歸，毋得狗謝」十字。按這裏當有脫文。

〔一七〕名曰銅爨　諸本「爨」訛作「釁」，據魏書、通典、通志改。

〔一八〕梁益二州歲伐獠　魏書「梁」上有「蕭衍」二字，通典有「至梁武帝」四字。按其時梁益二州屬蕭梁，此處應重「梁」字。

〔一九〕祉遣征虜將軍討破之　魏書「軍」下空二格。按此脫人名。

〔二〇〕及元桓元子眞相繼爲梁州　魏書、通志「桓」作「恒」。按元恒見本書卷十七、魏書卷十九上京兆王子推傳，但本傳不言其官梁州刺史。「元桓」未見魏書宗室傳，疑誤。

〔二一〕山南行臺魏子建勉喩　諸本及魏書無「魏子建」三字，通志有。按魏子建爲山南行臺，見魏書

卷九肅宗紀正光五年十二月。此處若無三字，則下文「子建厚勞賚之」語便突然。今據補。

〔二二〕後有商旅往來者　諸本「商」訛作「南」，據周書卷四九獠傳及通志改。

〔二三〕恐併力於我　諸本「我」訛作「表」，據周書、通志改。

〔二四〕李暉爲蓬梁州總管　周書無「蓬」字，通志無「州」字。按周書卷一五李弼傳，子輝即暉，「建德元年，出爲總管梁洋等十州諸軍事、梁州刺史」。當時總管，習慣以所居州命名。蓬州未知是否在十州之內，但非總管所居之州，也不應列於銜首。此「蓬」字當是涉上文蓬州而衍。

〔二五〕其屬官三等　諸本無「屬」字，隋書卷八二、通典卷一八八、通志卷一九八林邑傳有。按上文有「尊官」，下文有「外官」，這裏當作「屬官」。今據補。

〔二六〕皆執金裝兵有弓箭刀槊　隋書「兵」作「刀」，從上讀。按疑「裝」下脫「刀」字。

〔二七〕與至水次　諸本「水」訛作「外」，隋書、通典、通志並作「水」。按下文言收餘骨沉之於江海，作「水」是。今據改。

〔二八〕入其都　諸本「都」作「郡」，隋書、通典、通志作「都」。按本書卷七三劉方傳云：「至其國都。」今據改。

〔二九〕王榻後作一木龕　諸本「王」訛作「主」，據隋書卷八二、通志卷一九八赤土傳改。

〔三〇〕每婚嫁　諸本倒作「嫁婚」，據隋書、通志乙。

〔三一〕上有神祠焉　諸本脫「有」字，據隋書、通志補。

〔三二〕以船三百艘來迎　隋書、通志「三百」作「三十」。

〔三三〕進金鎖以纜船　諸本「進」作「至」，隋書、通志作「進」。按若言至其境，則上文已有「至於赤土之界」，若指至其都，則下云「月餘至其都」，知此作「至」誤。今據改。

〔三四〕授駿等執戟都尉　隋書作「秉義尉」。按北史、隋書例諱「秉」字避李昞名，隋書百官志下言煬帝置九大夫、八尉，其中有「守義尉」，當即「秉義尉」。隋書赤土傳或是因舊史原文，或是後人回改。北史改「秉」爲「執」，「戟」當是「義」之訛，「都」疑爲後人妄加。隋無「執戟都尉」官名。

〔三五〕其王姓刹利氏　諸本脫「利」字，據隋書卷八二、通典一八八、通志一九八眞臘傳補。

〔三六〕前有金香　隋書下有「爐」字，通志有「案」字。按此當是脫「爐」字。

〔三七〕王著朝霞古貝　隋書同，通志作「吉貝」。按梁書卷五四林邑、婆利、狼牙脩、干陁利、丹丹、婆利等國都見「吉貝」。宋書卷九七呵羅單國見「古貝」。兪正燮癸巳類稿卷七吉貝木棉字義，以爲「吉貝」佛經多作「刧貝」，認爲作「吉」是。

〔三八〕娶妻者唯送女人女　隋書作「唯送衣一具」。此疑是「唯送女人衣」之訛。

〔三九〕剔髮而喪　殿本及隋書「喪」作「哭」。

〔四〇〕菴羅樹　諸本無「樹」字，隋書、通典有。按上文婆羅那娑樹，下文毗野樹、婆田羅樹、歌畢佗樹，都有「樹」字。且下云「花葉似棗，實似李」，顯爲樹木。此脫文，今據補。

〔四一〕居無君長　隋書卷八二南蠻傳序「居」作「俱」。按疑「居」是音近致訛。

北史卷九十六

列傳第八十四

氐　吐谷渾　宕昌　鄧至　白蘭　党項　附國　稽胡

氐者西夷之別種，〔一〕號曰白馬。三代之際，蓋自有君長，而世一朝見，故詩稱「自彼氐、羌，莫敢不來王」也。秦、漢以來，世居岐、隴以南，漢川以西，自立豪帥。漢武帝遣中郎將郭昌、衞廣滅之，以其地爲武都郡。〔二〕自汧、渭抵於巴、蜀，種類實繁，或謂之白氐，或謂之故氐，各有侯王，受中國封拜。

漢建安中，有楊騰者，爲部落大帥。騰勇健多計略，始徙居仇池，〔三〕方百頃，因以爲號。〔四〕四面斗絕，高七里餘，蟠道三十六回，其上有豐水泉，煮土成鹽。騰後有名千萬者，魏拜爲百頃氐王。

千萬孫名飛龍，漸強盛，晉武帝假平西將軍。〔五〕無子，養外甥令狐茂搜爲子。惠帝元康中，茂搜自號輔國將軍、右賢王，羣氐推以爲主。關中人士流移者，多依之。〔六〕愍帝以爲驃騎將軍、左賢王。茂搜死，子難敵統位，與弟堅頭分部曲。難敵自號左賢王，屯下辨，堅頭號右賢王，屯河池。難敵死，子毅立，自號使持節、龍驤將軍、左賢王、下辨公，以堅頭子盤爲使持節、冠軍將軍、右賢王、河池公。臣晉，晉以毅爲征南將軍。

三年，毅族兄初襲殺毅，〔七〕并有其衆，自立爲仇池公。臣於石季龍，後稱蕃於晉。永和十年，改初爲天水公。十一年，毅小弟宋奴使姑子梁三王因侍直手刃殺初，初子國率左右誅三王及宋奴，復自立爲仇池公。桓溫表國爲秦州刺史，國子安爲武都太守。十二年，國從叔俊復殺國自立。國子安叛苻生，殺俊，復稱蕃於晉。〔八〕死，子世自立爲仇池公。晉太和三年，以世爲秦州刺史，弟統爲武都太守。世死，統廢世子纂自立。統一名德。纂聚黨襲殺統，〔九〕自立爲仇池公，遣使詣簡文帝。以纂爲秦州刺史。晉咸安元年，苻堅遣楊安伐纂，剋之，徙其人於關中，空百頃之地。

宋奴之死，二子佛奴、佛狗逃奔苻堅，堅以女妻佛奴子定，拜爲尚書、領軍。苻堅之敗，關右擾亂，定盡力於堅。堅死，乃率衆奔隴右，徙居歷城，去仇池百二十里，置倉儲於百頃。招夷夏得千餘家，自稱龍驤將軍、仇池公，稱蕃於晉。孝武即以其自號假之，後以爲秦州刺史。登國四年，遂有秦州之地，號隴西王。後爲乞佛乾歸所殺，無子。

佛狗子盛，先爲監國守仇池，乃統事，自號征西將軍、秦州刺史、仇池公。諡定爲武王。分諸氐、羌爲二十部護軍，各爲鎭戍，不置郡縣。遂有漢中之地，仍稱蕃于晉。天興初，遣使朝貢，詔以盛爲征南大將軍、仇池王。隔礙姚興，不得歲通貢使。盛以兄子撫爲平南將軍、梁州刺史，守漢中。宋永初中，宋武帝封盛爲武都王。盛死，私諡曰惠文王。子玄統位。

玄字黃眉，〔一〇〕號征西大將軍、開府儀同三司、秦州刺史、武都王。雖蕃於宋，仍奉晉義熙之號。〔一一〕後始用宋元嘉正朔。初，盛謂玄曰：「吾年已老，當終爲晉臣，汝善事宋帝。」故玄奉焉。玄善於待士，爲流舊所懷。始光四年，太武遣大鴻臚公孫軌拜玄爲征南大將軍、督梁州刺史、〔一二〕南秦王。玄上表請比內蕃，許之。玄死，私諡孝昭王。子保宗統位。

初，玄臨終謂弟難當曰：「今境候未寧，方須撫慰，保宗沖昧，吾授卿國事，其無墜先勳。」難當固辭，請立保宗以輔之。保宗既立，難當妻姚氏謂難當曰：「國險，宜立長君，反事孺子，非久計。」難當從之，廢保宗而自立，稱蕃于宋。難當拜保宗爲鎭南將軍，鎭石昌；以次子順爲鎭東將軍、秦州刺史，守上邽。保宗謀襲難當，事泄，被繫。先是，四方流人以仇池豐實，多往依附。流人有許穆之、郝惔之二人投難當，並改姓爲司馬，穆之自云名飛龍，惔之自云名康之，云是晉室近戚。康之尋爲人所殺。時宋梁州刺史甄法護刑政不理，宋文帝遣刺史蕭思話代任。難當以思話未至，遣將舉兵襲梁州，破白馬，遂有漢中之地。尋而

思話使其司馬蕭承之先驅進討，〔一三〕所向剋捷，遂平梁州。因又附宋。難當後釋保宗，遣鎭董亭。〔一四〕保宗與兄保顯歸京師，〔一五〕太武拜保宗征南大將軍、秦州牧、武都王，尙公主；保顯爲鎭西將軍、晉壽公。後遣大鴻臚崔頤〔一六〕拜難當爲征南大將軍、儀同三司、領護西羌校尉、秦梁二州牧、南秦王。

難當後自立爲大秦王，號年曰建義，立妻爲王后，世子爲太子，置百官具擬天朝。然猶貢獻于宋不絕。尋而其國大旱，多災異，降大秦王復爲武都王。太延初，難當立鎭上邽。太武遣車騎大將軍、樂平王丕等督河西、高平諸軍取上邽，又詔喩難當，奉詔攝守。尋而傾國南寇，規有蜀土，襲宋益州，攻涪城，又伐巴西，獲雍州流人七千餘家，〔一七〕還于仇池。宋文帝怒，遣將裴方明等伐之。難當爲方明所敗，棄仇池，與千餘騎奔上邽。太武遣中山王辰迎之赴行宮。方明既剋仇池，以保宗弟保熾守之，河間公齊擊走之。

先是，詔保宗鎭上邽，又詔鎭駱谷，復其本國。保宗弟文德先逃氐中，乃說保宗令叛。事泄，齊執保宗送京師，詔難當殺之。氐、羌立文德，屯于濁水。文德自號征西將軍、秦河梁三州牧、仇池公，求援於宋，封文德爲武都王，遣偏將房亮之等助之。齊逆擊，禽亮之。文德奔守葭蘆，武都、陰平氐多歸之。詔淮陽公皮豹子等率諸軍討文德，走漢中，收其妻子、僚屬、資粮。及保宗妻公主送京師，賜死。初，公主勸保宗反，人問曰：「背父母之邦若何？」公主曰：「禮，婦人外成，因夫而榮。事立，據守一方，我亦一國之母，豈比小縣之主？」以此得罪。

文成時，拜難當營州刺史，還爲外都大官。卒，諡曰忠。子和，隨父歸魏，別賜爵仇池公。子德子襲難當爵，早卒。子小眼襲，例降爲公，拜天水太守，卒。子大眼，別有傳。〔一八〕小眼子公熙襲爵。正光中，尙書右丞張普惠爲行臺，送租於南秦、東益，普惠啓公熙俱行。至南秦，以氐反不得進，遣公熙先慰氐。東益州刺史魏子建以公熙險薄，密令訪察，公熙果有潛謀，將爲叛亂。子建仍報普惠，令其攝錄。普惠急追公熙，公熙竟不肯赴，東出漢中。普惠表列其事，公熙大行賄賂，終得免罪。後爲假節、別將，與都督元志同守岐州，爲秦賊莫折天生所虜，死於秦州。

文德後自漢中入統汧、隴，遂有陰平、武興之地。後爲宋荆州刺史劉義宣所殺。保宗之執也，子元和奔宋，以爲武都、白水太守。〔一九〕元和據城歸順，文成嘉之，拜征南大將軍、武都王，內徙京師。

元和從叔僧嗣復自稱武都王於葭蘆。〔二〇〕僧嗣死，從弟文度自立爲武興王，遣使歸順。獻文授文度武興鎭將，既而復叛。孝文初，征西將軍皮歡喜攻葭蘆破之，斬文度首。

文度弟弘，小名鼠，名犯獻文廟諱，以小名稱。鼠自爲武興王，遣使奉表謝罪，貢其方

物，孝文納之。鼠遣子狗奴入侍，拜鼠都督、南秦州刺史、征西將軍、西戎校尉、武都王。鼠死，從子後起統位，孝文復以鼠爵授之。鼠子集始爲白水太守。

後起死，以集始爲征西將軍、武都王。集始復朝于京師，拜都督、南秦州刺史、安南大將軍、領護南蠻校尉、漢中郡侯、武興王，賜以車旗、戎馬、錦綵、繒纊。尋還武興，進號鎭南將軍，加督寧、湘五州諸軍事。後仇池鎭將楊靈珍襲破武興，集始遂入齊。景明初，集始來降，還授爵位，歸守武興。死，子紹先立，拜都督、南秦州刺史、征虜將軍、漢中郡公、武興王，贈集始車騎大將軍、開府儀同三司，諡安王。

紹先年幼，委事二叔集起、集義。夏侯道遷以漢中歸順也，梁白馬戍主尹天保率衆圍之。道遷求援於集起、集義，二人貪保邊蕃，不欲救之。唯集始弟集朗心願立功，率衆破天保，全漢川，朗之力也。集義見梁、益既定，恐武興不得久爲外藩，遂扇動諸氐，推紹先僭稱大號，集起、集義並稱王，外引梁爲援。安西將軍邢巒遣建武將軍傅豎眼攻武興剋之，執紹先，送于京師，遂滅其國，以爲武興鎭，復改鎭爲東益州。

前後鎭將唐法樂、刺史杜纂、邢豹以威惠失衷，氐豪仇石柱等相率反叛，朝廷以西南爲憂。正光中，詔魏子建爲刺史，以恩信招撫，風化大行，遠近款附，如內地焉。後唐永代子建爲州，未幾，氐人悉反。永棄城東走，自此復爲氐地。

口。子婦可悉還之。」伏連籌乃遣世子賀魯頭朝于京師。〔四二〕禮錫有加，拜伏連籌使持節、都督西垂諸軍事、征西將軍、領護西戎中郎將、西海郡開國公、吐谷渾王，麾旗章綬之飾，〔四三〕皆備給之。

後遣兼員外散騎常侍張禮使於伏連籌。謂禮曰：「昔與宕昌通和，恒見稱大王，己則自名。〔四四〕今忽名僕，而拘執此使。將命偏師，往問其意。」禮曰：「君與宕昌，並爲魏蕃，而比輒有興動，殊違臣節。當發之日，宰輔以爲君若返迷知罪，則克保蕃業；脫守愚不改，則禍難將至。」伏連籌遂默然。及孝文崩，遣使赴哀，盡其誠敬。

伏連籌內修職貢，外并戎狄，塞表之中，號爲强富。准擬天朝，樹置官司，稱制諸國，以自誇大。宣武初，詔責之曰：「梁州表送卿報宕昌書，〔四五〕梁彌邕與卿並爲邊附，語其國則隣藩，論其位則同列，而稱書爲表，名報爲旨。有司以國常刑，殷勤請討。朕慮險遠多虞，輕相構惑，故先宣此意，善自三思。」伏連籌上表自申，辭誠懇至。終宣武世至于正光，犛牛、蜀馬及西南之珍，無歲不至。後秦州城人莫折念生反，河西路絕。涼州城人萬于菩提等東應念生，囚刺史宋穎。穎密遣求援於伏連籌，伏連籌親率大衆救之，遂獲保全。自爾以後，關徼不通，貢獻遂絕。

伏連籌死，子夸呂立，始自號爲可汗。居伏俟城，在青海西十五里。雖有城郭而不居，

恒處穹廬，隨水草畜牧。其地，東西三千里，南北千餘里。官有王、公、僕射、尚書及郎中、將軍之號。夸呂椎髻毦珠，以皁爲帽，坐金獅子牀。號其妻爲母尊，〔四六〕衣織成裙，披錦大袍，辮髮於後，首戴金花冠。

其俗：丈夫衣服略同於華夏，多以羅冪爲冠，亦以繒爲帽；婦人皆貫珠貝，束髮，以多爲貴。兵器有弓、刀、甲、矟。國無常賦，須則稅富室商人以充用焉。其刑罰：殺人及盜馬，死；餘則徵物以贖罪，亦量事決杖。刑人必以氈蒙頭，持石從高擊之。父兄死，妻後母及嫂等，與突厥俗同。至于婚，貧不能備財者，輒盜女去。死者亦皆埋殯，其服制，葬訖則除之。性貪婪，忍於殺害。好射獵，以肉酪爲糧。亦知種田，有大麥、粟、豆。然其北界氣候多寒，唯得蕪菁、大麥，故其俗貧多富少。青海周回千餘里，海內有小山。每冬冰合後，以良牝馬置此山，至來春收之，馬皆有孕，所生得駒，號爲龍種，必多駿異。吐谷渾嘗得波斯草馬，放入海，因生驄駒，能日行千里，世傳青海驄者也。土出犛牛、馬、騾，多鸚鵡，饒銅、鐵、朱砂。地兼鄯善、且末。

興和中，齊神武作相，招懷荒遠，蠕蠕既附於國，夸呂遣使致敬。神武喻以大義，徵其朝貢，夸呂乃遣使人趙吐骨眞假道蠕蠕，頻來東魏。又薦其從妹，靜帝納以爲嬪。遣員外散騎常侍傅靈檦使於其國。夸呂又請婚，乃以濟南王匡孫女爲廣樂公主以妻之。此後朝

貢不絕。

西魏大統初，周文遣儀同潘濬喻以逆順之理，於是夸呂再遣使獻能舞馬及羊、牛等。然寇抄不已，緣邊多被其害。廢帝二年，周文勒大兵至姑臧，夸呂震懼，使貢方物。是歲，夸呂又通使於齊。涼州刺史史寧覘知其還，襲之於州西赤泉，獲其僕射乞伏觸狀、〔四七〕將軍翟潘密，商胡二百四十人，駝騾六百頭，雜綵絲絹以萬計。恭帝三年，史寧又與突厥木杆可汗襲擊夸呂，破之，虜其妻子，獲珍物及雜畜。武成初，夸呂復寇涼州，刺史是云寶戰沒。賀蘭祥、宇文貴率兵討之，夸呂遣其廣定王、鍾留王拒戰。祥等破之，廣定等遁走。又拔其洮陽、洪和二城，置洮州而還。保定中，夸呂前後三輩遣使獻方物。天和初，其龍涸王莫昌率來降，〔四八〕以其地爲扶州。二年五月，復遣使來獻。建德五年，其國大亂，武帝詔皇太子征之。軍至伏俟城，夸呂遁走，虜其餘衆而還。明年，又再遣使奉獻。宣政初，其趙王他婁屯來降。自是，朝獻遂絕。

及隋開皇初，侵弘州，地曠人梗，廢之。遣上柱國元諧率步騎數萬擊之。賊悉發國中，自曼頭至樹敦，甲騎不絕。其所署河西總管定城王鍾利房及其太子可博汗前後來拒戰，諧頻破之。夸呂大懼，率親兵遠遁，其名王十三人召率部落而降。〔四九〕上以其高寧王移茲裒素得衆心，拜大將軍，封河南王，以統降衆。自餘官賞各有差。未幾，復來寇邊，州刺史皮子

信拒戰死之。〔五〇〕汶州總管梁遠以銳卒擊之，乃奔退。俄而入寇廓州，州兵擊走之。

夸呂在位百年，屢因喜怒廢殺太子。其後太子懼殺，遂謀執夸呂而降，請兵於邊吏。秦州總管河間王計應之，〔五一〕上不許。太子謀泄，爲其父所殺。復立少子嵬王訶爲太子。疊州刺史杜粲請因其釁討之，上又不許。六年，嵬王訶復懼父誅，謀歸國，請兵迎接。上謂其使者曰：「溥天之下，皆是朕臣妾，各爲善事，卽朕稱心。嵬王既有好意，欲來投服，唯敎嵬王爲臣子法，不可遠遣兵馬，助爲惡事。」嵬王乃止。八年，其名王拓拔木彌請以千餘家歸化。上曰：「叛天背父，何可收納！又其本意，正自避死，若今違拒，又復不仁。若有音信，宜遣慰撫，任其自拔，不須出兵馬應接。其妹夫及甥欲來，亦任其意，不勞勸誘也。」是歲，河南王移茲裒死，文帝令其弟樹歸襲統其衆。平陳之後，夸呂大懼，逃遁險遠，不敢爲寇。

十一年，夸呂卒，子世伏使其兄子無素奉表稱藩，幷獻方物，請以女備後庭。上謂無素曰：「若依來請，他國便當相學，一許一塞，是謂不平。若並許之，又非好法。」竟不許。十一年，遣刑部尚書宇文弼撫慰之。十六年，以光化公主妻世伏，上表稱公主爲天后，上不許。

明年，其國大亂，國人殺世伏，立其弟伏允爲主。使陳廢立事，幷謝專命罪，且請依俗尚主，上從之。自是朝貢歲至，而常訪國家消息，上甚惡之。煬帝卽位，伏允遣子順來朝。時鐵勒犯塞，帝遣將軍馮孝慈出敦煌禦之，戰不利。鐵勒遣使謝罪請降，帝遣黃門侍郎裴

矩慰撫之，諷令擊吐谷渾以自效。鐵勒卽勒兵襲破吐谷渾，伏允東走，保西平境。帝復令觀德王雄出澆河，許公宇文述出西平掩之，大破其衆。伏允遁逃於山谷間，其故地皆空。自西平臨羌城以西，且末以東，祁連以南，雪山以北，東西四千里，南北二千里皆爲隋有。置郡、縣、鎭、戍，發天下輕罪徙居之。於是留順不之遣。伏允無以自資，率其徒數千騎，客於党項。帝立順爲主，送出玉門，令統餘衆，以其大寶王泥洛周爲輔。至西平，其部下殺洛周，順不果入而還。

大業末，天下亂，伏允復其故地，屢寇河右，郡縣不能制。

吐谷渾北有乙弗勿敵國，國有屈海，海周迴千餘里。衆有萬落，風俗與吐谷渾同。然不識五穀，唯食魚及蘇子。蘇子狀若中國枸杞子，或赤或黑。

有契翰一部，風俗亦同，特多狼。

白蘭山西北，又有可蘭國，風俗亦同。目不識五色，耳不聞五聲，是夷蠻戎狄之中醜類也。土無所出，直大養羣畜，而戶落亦可萬餘人。頑弱不知鬬戰，忽見異人，舉國便走。性如野獸，體輕工走，逐不可得。

白蘭西南二千五百里，隔大嶺，又度四十里海，有女王國。人庶萬餘落，風俗土著，宜

桑麻，熟五穀，以女爲王，故因號焉。譯使不至，其傳云然。

宕昌羌者，其先蓋三苗之胤。周時與庸、蜀、微、盧等八國從武王滅商。漢有先零、燒當等，世爲邊患。其地東接中華，西通西域，南北數千里。姓別自爲部落，酋帥皆有地分，不相統攝，宕昌卽其一也。俗皆土著，居有屋宇。其屋，織犛牛尾及羖羊毛覆之。國無法令，又無徭賦。唯戰伐之時，乃相屯聚；不然，則各事生業，不相往來。皆衣裘褐，牧養犛牛、羊、豕以供其食。〔五二〕父子、伯叔、兄弟死者，卽以繼母、世叔母及嫂、弟婦等爲妻。俗無文字，但候草木榮落，記其歲時。三年一相聚，殺牛、羊以祭天。

有梁懃者，世爲酋帥，得羌豪心，乃自稱王焉。懃孫彌忽，太武初，遣子彌黃奉表求內附。太武嘉之，遣使拜彌忽爲宕昌王，賜彌黃爵甘松侯。彌忽死，孫彪子立。其地自仇池以西，東西千里；席水以南，〔五三〕南北八百里。地多山阜，人二萬餘落。世修職貢，頗爲吐谷渾所斷絕。彪子死，彌治立。〔五四〕彪子弟羊子先奔吐谷渾，遣兵送羊子，欲奪彌治位。彌治遣使請救，獻文詔武都鎭將宇文生救之，羊子退走。彌治死，子彌機立，遣其司馬利柱奉表貢方物。楊文度之叛，圍武都，彌機遣其二兄率衆救武都，破走文度。孝文時，遣使子橋表貢朱沙、雌黃、白石膽各一百斤。自此後，歲以爲常，朝貢相繼。後孝文遣鴻臚劉歸、謁者張察拜彌機征南大將軍、西戎校尉、梁益二州牧、河南公、宕昌王。以助之。〔五五〕

鄧至者，白水羌也，世爲羌豪，因地名號，自稱鄧至。其地自亭街以東，平武以西，汶嶺以北，宕昌以南，土風習俗，亦與宕昌同。其王像舒治遣使內附，高祖拜龍驤將軍、鄧至王，遣貢不絕。周文命章武公導率兵送之。〔五六〕

鄧至之西有赫羊國。初，其部內有一羊，形甚大，色至鮮赤，故因爲國名。

又有東亭衞、大赤水、寒宕、石河、薄陵、下習山、倉驤、覃水等諸羌國，風俗粗獷，與鄧至國不同焉。亦時遣貢使，朝廷納之，皆假之以雜號將軍，子、男、渠帥之名。

白蘭者，羌之別種也。其地東北接吐谷渾，西北利摸徒，〔五七〕南界那鄂。風俗物產，與宕昌略同。

周保定元年，遣使獻犀甲、鐵鎧。

党項羌者，三苗之後也。其種有宕昌、白狼，皆自稱獼猴種。東接臨洮、西平，西拒葉護，南北數千里，處山谷間。每姓別爲部落，大者五千餘騎，小者千餘騎。織犛牛尾及羖䍽毛爲屋，服裘褐，披氈爲上飾。俗尚武力，無法令，各爲生業，有戰陣則屯聚，無徭役，不相往來。養犛牛、羊、猪以供食，不知稼穡。其俗淫穢蒸報，於諸夷中爲甚。無文字，但候草木以記歲時。三年一聚會，殺牛羊以祭天。人年八十以上死者，以爲令終，親戚不哭；少死者，則云夭枉，共悲哭之。有琵琶、横吹，擊缶爲節。

魏、周之際，數來擾邊。隋文帝爲丞相時，中原多故，因此大爲寇掠。蔣公梁睿既平王謙，請因還師討之。開皇元年，有千餘家歸化。五年，拓拔寧叢等各率衆詣旭州內附，授大將軍，其部下各有等差。十六年，復寇會州，詔發隴西兵討之，大破其衆，人相率降，遣子弟入謝罪。帝謂曰：「還語爾父兄，人生須有定居，養老長幼。乃乍還乍走，不羞鄉里邪！」自是朝貢不絕。

附國者，蜀郡西北二千餘里，卽漢之西南夷也。有嘉良夷，卽其東部，〔五八〕所居種姓自相率領，土俗與附國同，言語少殊。不統一，其人並無姓氏。附國王字宜繒。其國南北八百里，東西千五百里。無城柵，近川谷，傍山險。俗好復讎，故壘石爲礫，以避其患。其礫高至十餘丈，下至五六丈，每級以木隔之，基方三四步，礫上方二三步，狀似浮圖。於下級開小門，〔五九〕從內上通，夜必關閉，以防賊盜。國有重罪者，罰牛。〔六〇〕人皆輕捷，便擊劍。漆皮爲牟甲，弓長六尺，竹爲箭。妻其羣母及嫂，兒弟死，父兄亦納其妻。〔六一〕好歌舞，鼓簧，吹長角。有死者，無服制，置屍高牀之上，沐浴衣服，被以牟甲，〔六二〕覆以獸皮。子孫不哭，帶甲舞劍而呼云：「我父爲鬼所取，我欲報寃殺鬼。」自餘親戚，哭三聲而止。婦人哭，必兩手掩面。死家殺牛，親屬以猪酒相遺，共飲噉而瘞之。死後一年，方始大葬，〔六三〕必集親賓，殺馬動至數十匹。立木爲祖父神而事之。其俗以皮爲帽，形圓如鉢，或戴羃䍦。衣多毼皮裘，〔六四〕全剝牛脚皮爲靴。項繫鐵鏁，手貫鐵釧。王與酋帥，金爲首飾，胸前懸一金花，徑三寸。其土高，氣候涼，多風少雨，宜小麥、青稞。山出金、銀、銅，多白雉。水有嘉魚，長四尺而鱗細。

大業四年，其王遣使素福等八人入朝。明年，又遣其弟子宜林率嘉良夷六十人朝貢。欲獻良馬，以路險不通，請開山道，修職貢物，煬帝以勞人不許。

嘉良有水闊六七十丈，附國有水闊百餘丈，並南流。用皮爲舟而濟。

附國南有薄緣夷，〔六五〕風俗亦同。西有女國。其東北連山綿亘數千里，接於党項。往往有羌，大小左封、昔衛、葛延、白狗、向人、望族、林臺、春桑、利豆、迷桑、婢藥、大硤、白蘭、北利摸徒、那鄂、當迷、渠步、桑悟、千碉，並在深山窮谷，無大君長。其風俗略同於党項，或役屬吐谷渾，或附附國。〔六六〕大業中，朝貢。緣西南邊置諸道總管以管之。

稽胡一曰步落稽，蓋匈奴別種，劉元海五部之苗裔也。或云山戎赤狄之後。自離石以西，安定以東，方七八百里，居山谷間，種落繁熾。其俗土著，亦知種田，地少桑蠶，多衣麻布。其丈夫衣服及死亡殯葬，與中夏略同；婦人則多貫蜃貝以爲耳頸飾。與華人錯居。其渠帥頗識文字，言語類夷狄，因譯乃通。蹲踞無禮，貪而忍害。俗好淫穢，女尤甚，將嫁之夕，方與淫者敍離，夫氏聞之，以多爲貴。既嫁，頗亦防閑，有犯姦者，隨事懲罰。又兄弟死者，皆納其妻。雖分統郡縣，列於編戶，然輕其徭賦，有異華人。山谷阻深者，又未盡役屬，而兇悍恃險，數爲寇。

魏孝昌中，有劉蠡升者，居雲陽谷，自稱天子，立年號，署百官。屬魏氏亂，力不能討。

蠡升遂分遣部衆抄掠，汾、晉之間，略無寧歲。神武遷鄴後，始密圖之，乃僞許以女妻蠡升太子。蠡升遂遣子詣鄴，齊神武厚禮之，緩以婚期。蠡升既恃和親，不爲之備。魏大統元年三月，齊神武襲之，蠡升率輕騎出外徵兵，爲其北部王所殺，送於神武。其衆復立蠡升第三子南海王爲主，神武滅之，獲其僞主及弟西海王幷皇后、夫人、王公以下四百餘人，歸於鄴。

居河西者，多恃險不賓。時周文方與神武爭衡，未遑經略，乃遣黃門侍郞楊擲就安撫之。五年，黑水部衆先叛。七年，別帥夏州刺史劉平伏又據上郡反。自是北山諸部，連歲寇暴。周文前後遣于謹、侯莫陳崇、李弼等相繼討平之。

武成初，延州稽胡郝阿保、狼皮率其種人，附於齊氏。阿保自署丞相，〔六七〕狼皮自署柱國，幷與其別部劉桑德共爲影響。柱國豆盧寧督諸軍擊破之。二年，狼皮等餘黨復叛，詔大將軍韓果討破之。

保定中，離石生胡數寇汾北，勳州刺史韋孝寬於險要築城，〔六八〕置兵糧，以遏其路。及楊忠與突厥伐齊，稽胡等便懷旅拒，不供糧餼。忠乃詐其酋帥，云與突厥廻兵討之，酋帥等懼，乃相率供饋焉。

其後丹州、綏州等部內諸胡，與蒲川別帥郝三郞等又頻年逆命，〔六九〕復詔達奚震、辛威、于寔等前後窮討，散其種落。天和二年，延州總管宇文盛率衆城銀州，稽胡白郁久同、喬是

羅等欲邀襲，盛並討斬之。又破其別帥喬三勿同等。〔七〇〕五年，開府劉雄出綏州，巡檢北邊川路。稽胡帥白郎、喬素勿同等度河逆戰，雄復破之。

建德五年，武帝敗齊師於晉州，乘勝逐北，齊人所棄甲仗，未暇收斂，稽胡乘間竊出，並盜而有之。乃立蠡升孫沒鐸爲主，號聖武皇帝，年曰石平。六年，武帝定東夏，將討之，議欲窮其巢穴。齊王憲以爲種類既多，又山谷阻絕，王師一舉，未可盡除，且當翦其魁帥，餘加慰撫。帝然之，乃以憲爲行軍元帥，督行軍總管趙王招、譙王儉、滕王逌等討之。憲軍次馬邑，乃分道俱進。沒鐸遣其黨天柱守河東，又遣其大帥穆支據河西，規欲分守險要，掎角憲軍。憲命譙王儉擊破之，斬獲千餘級。趙王招又擒沒鐸，衆盡降。宣政元年，汾胡帥劉受羅千復反，〔七一〕越王盛督諸軍討禽之。自是寇盜頗息。

論曰：氐、羌、吐谷渾等曰殊俗，別處邊陲，考之前代，屢經叛服，窺覘首鼠，蓋其本性。夫無德則叛，有道則伏，先王所述荒服也。

校勘記

〔一〕氐者西夷之別種　諸本「西」訛作「四」，據魏書卷一〇一補、周書卷四九氐傳改。

〔二〕以其地爲武都郡　諸本脫「郡」字，據魏書、周書補。

〔三〕漢建安中有楊騰者爲部落大帥騰勇健多計略始徙居仇池　魏書同。周書作「漢末，有氐帥楊駒，始據仇池百頃」。按宋書卷九八氐胡傳云：「漢獻帝建安中，有楊騰者，爲部落大帥。騰子駒，勇健多計略，始徙居仇池。」北史此段出宋書，此「勇健」上當脫「子駒」二字。

〔四〕方百頃因以爲號　諸本脫「因以」二字，據魏書補。

〔五〕晉武帝假平西將軍　諸本脫「武」字，據宋書、魏書補。

〔六〕關中人士流移者多依之　諸本「人士」作「土人」，宋書、魏書作「人士」。按此誤倒，又「士」訛爲「土」，今據乙改。

〔七〕三年毅族兄初襲殺毅　按宋書上文云：「咸康元年，遣使稱藩於晉。」此「三年」上當脫「咸康」二字。

〔八〕國子安叛苻生殺俊復稱藩於晉　按宋書云「安奔苻生，俊遣使歸藩」。據晉書苻堅載記，楊安爲苻堅大將，未嘗降晉。下文亦見「苻堅遣楊安伐篡」語。則「叛」當爲「奔」之訛，「殺」字衍文。

〔九〕統一名德篡聚黨襲殺統　諸本脫上「統」字，「篡聚」誤倒，據魏書補乙。

〔一〇〕玄字黄眉　諸本「字」作「子」，宋書及通志卷一九五氐傳作「字」。按下文都是敍楊玄事迹，作

「字」是，今據改。

〔一一〕雖蕃於宋仍奉晉義熙之號　諸本「義」誤作「永」，據宋書改。晉無「永熙」，義熙乃晉安帝年號。

〔一二〕督梁州刺史　魏書「督」上有「都」字，是。

〔一三〕尋而思話使其司馬蕭承之先驅進討　諸本「承之」作「道成」，魏書作「承之」。按宋書本作「蕭諱」，北史誤改爲「蕭道成」。補魏書者改正。其事見南齊書卷一高帝紀。今據改。

〔一四〕遣鎮董亭　諸本「董」作「薰」，魏書作「董」，宋書作「童」。按水經注卷一七渭水注：「涇谷水又東北歷董亭下，楊難當使兄子保宗鎮董亭，卽是亭也。」今據魏書改。

〔一五〕保宗與兄保顯歸京師　諸本「顯」上脫「保」字，據魏書、通志及下文補。

〔一六〕崔頤　本書卷二太武紀延和二年作「崔賾」，參卷二四頤本傳校記。

〔一七〕又伐巴西獲雍州流人七千餘家　諸本「雍」作「維」。按時無「維州」，魏書卷四上世祖紀延和三年正月稱：「楊難當克漢中，送雍州流民七千家于長安。」「維」顯爲「雍」之訛，今據改。

〔一八〕子大眼別有傳　按當云：「德子子大眼，別有傳。」大眼，難當之孫，見本書卷三七本傳。

〔一九〕子元和奔宋以爲武都白水太守　按宋書云：「立元和爲武都王，治白水。」疑此誤。

〔二〇〕元和從叔僧嗣復自稱武都王於葭蘆　諸本脫「都」字，據宋書、魏書、通志補。

〔二一〕昶赴救　諸本「赴」訛作「起」，據周書、通志改。

〔二二〕來歲楊法深從尉遲迥平蜀　周書作「是歲」。按尉遲迥平蜀在西魏廢帝二年，見周書卷二文帝紀。作「是歲」是。

〔二三〕盥利州　諸本「利」作「和」，周書作「利」。按利州見隋書地理志上義城郡，其地與武興鄰近，今據改。

〔二四〕氐酋姜多復率厨中氐屬攻陷落叢郡以應之　周書氐傳「屬」作「蜀」。按「蜀」是當時種族名稱，「屬」當是「蜀」之訛。又諸本「叢」作「聚」，乃「藂」之訛，「藂」卽「叢」。落叢，見隋書地理志上順政郡鳴水縣。今據周書改。

〔二五〕而陰平葭蘆氐復往往屯聚　諸本脫一「往」字，據周書補。

〔二六〕沙州氐帥開府楊永安又據州應謙　諸本「沙」下脫「州」字，據周書補。事見本書卷一〇周靜帝紀大象二年八月。

〔二七〕吐谷渾遂從上隴　魏書卷一〇一補吐谷渾傳百衲本「從」作「徙」，疑是。

〔二八〕便速去保白蘭　諸本脫「白」字，據宋書卷九六、魏書、通志卷一九五吐谷渾傳補。

〔二九〕射中則嗥叫泣涕　宋書作「射中則喜，不中則嗥叫泣涕」。晉書卷九七吐谷渾傳，作「中之則號泣，不中則瞋目大呼」。按北史此段本出宋書，當脫「則喜不中」四字。

〔三〇〕弟視羆立　晉書、宋書、通志並云視連「有子二人，長曰視羆，次烏紇提」。這裏作「弟」，當誤。

〔三一〕生二子慕璝慕利延　諸本「利」上脫「慕」字，據宋書、梁書卷五四、通志及下文補。

〔三二〕臣頃接寇逆　諸本「頃」訛作「須」，據魏書改。

〔三三〕太武詔公卿朝堂會議答施行　魏書無「堂」字，當是衍文。

〔三四〕悉在蒲坂　諸本「蒲」訛作「薄」，據魏書改。

〔三五〕後復遣征西將軍高涼王那等討之於白蘭　諸本「涼」訛作「梁」，據魏書、通志及下文改。高涼王那見本書卷一五高涼王孤傳。

〔三六〕獻善馬四角羊　宋書作「善舞馬」，此脫「舞」字。

〔三七〕於是思悔復蕃職　魏書「復」下有「修」字，此脫文。

〔三八〕率敦煌涼州枹罕高平諸軍爲前鋒　諸本無「涼」字，「諸」字作「將」。魏書、通志無「涼州」二字，「將」作「諸」。按魏書卷五一皮豹子附子喜傳云：「領涼州、枹罕、高平諸軍與上黨王長孫觀討拾寅。」則是「州」上脫「涼」字，今據補。「將」字訛，今據改。

〔三九〕司空上黨王長孫觀爲大都督以討之　諸本脫「之」字，據魏書、通志補。

〔四〇〕提上表稱嗣事　魏書同。通志「提」作「併」。按「提」字疑誤。

〔四一〕時以此既邊將之常　諸本脫「以」字，據魏書補。

〔四二〕伏連籌乃遣世子賀魯頭朝于京師　諸本脫「籌」字，據魏書、通志補。

〔四三〕麾旗章綬之飾　諸本「綬」作「授」，據魏書、通志改。

〔四四〕恒見稱大王己則自名　諸本「則」作「有」，魏書、通志作「則」。按這是說宕昌王先稱伏連籌爲大王，而自己稱名。作「有」不通，今據改。

〔四五〕梁州表送卿報宕昌書　諸本脫「書」字，據魏書、通志補。

〔四六〕號其妻爲母尊　周書卷五〇吐谷渾傳及魏書、通志「母」並作「恪」，「母」疑誤。

〔四七〕獲其僕射乞伏觸狀　周書百衲本「狀」作「拔」，疑是。

〔四八〕其龍涸王莫昌率來降　周書及通典卷一九〇吐谷渾傳「來」字作「衆」。按周書卷五武帝紀天和元年五月稱：「吐谷渾龍涸王莫昌率戶內附。」這裏「率」下當脫「戶」字或「衆」字。

〔四九〕其名王十三人召率部落而降　隋書卷八三吐谷渾傳及通典，「召」作「各」，是。

〔五〇〕州刺史皮子信拒戰死之　隋書「州」上有「旭」字。按本書卷一一隋文帝紀開皇三年四月稱：「洮州刺史皮子信死之。」隋紀同北齊書卷四一皮景和傳，言其子子信開皇中卒於洮州刺史。隋初有洮州，亦有旭州，俱見隋書地理志上臨洮郡。「洮」「旭」未知孰是。這裏當脫「洮」或「旭」字。

〔五一〕秦州總管河間王計應之　隋書作「河間王弘」，此脫「弘」字。

〔五二〕牧養犛牛羊豕以供其食　諸本及魏書卷一〇一「牧」訛作「收」，據周書卷四九、通志卷一九五宕昌羌傳改。

〔五三〕席水以南　諸本「席」作「廗」，周書作「帶」。按通典卷一九〇宕昌條作「席」，並有注云：「席水在今天水上邽縣。」魏書地形志下秦州天水郡上封卽上邽縣注云：「有席水。」水經注卷一七渭水注言渭水流經上邽東，有籍水入渭。別有曾席水入籍水。「廗」乃「席」之訛，今據改。

〔五四〕彪子死彌治立　通志「彌」上有「子」字。

〔五五〕河南公宕昌王以助之　魏書於「宕昌王」下有「後朝于京師，殊無風禮。朝罷，高祖謂左右曰：『夷狄之有君，不如諸夏之亡也，宕昌王雖爲邊方之主，乃不如中國一吏。』於是改授領護西戎校尉、靈州刺史，王如故，賜以車騎戎馬錦綵等，遣還國」。共七十四字，無「以助之」三字。按周書宕昌羌傳敍宕昌與西魏北周關係文字不少，本書無一語涉及。蓋「宕昌王」下有脫文。今本魏書宕昌羌傳本是用北史補，此七十四字亦當是脫文的一部分。通志於「宕昌王」下亦有大段文字，敍宕昌與梁朝、西魏、北周關係，當是採自梁書、通典，不是北史脫文。

〔五六〕其王像舒治遣使內附高祖拜龍驤將軍鄧至王遣貢不絕周文命章武公導率兵送之　諸本「導」訛作「遵」，據周書卷四九鄧至羌傳改。又通典卷一九〇鄧至傳云：「有像舒理卽治，通典避唐諱改者，代爲白水酋帥中略。自舒理至十代孫舒彭，附於後魏，孝文帝封甘松縣子、鄧至王。」據魏書卷七下高祖紀太和十七年九月見「鄧至王像舒彭」，則「遣使內附」者非像舒治。此「治」下疑有脫文，或「治」是「彭」之誤。又諸本「周文命章武公導率兵送之」十一字在宕昌羌傳末。按周書鄧至羌傳云：「自舒治至檐桁十一世。魏恭帝元年，檐桁失國來奔，太祖命章武公導率兵送復之。」知北史在「遣貢不絕」下有脫文，又有錯簡。今脫文不補，錯簡移正。

〔五七〕西北利摸徒　周書卷四九白蘭傳「北」下有「至」字，通典卷一九〇、通志卷一九五白蘭傳作「西至叱利摸徒」。按下文附國傳見「北利摸徒」，「叱」「北」未知孰是，但「西」下應脫「至」字。

〔五八〕有嘉良夷卽其東部　諸本脫「東」字，據隋書卷八三、通志卷一九七附國傳補。

〔五九〕於下級開小門　諸本「級」上衍「致」字，據隋書刪。

〔六〇〕國有重罪者罰牛　隋書「有」下有「二萬餘家，號令自王出。嘉良夷政令繫之酋帥」十八字。又「重罪者」下有「死輕刑」三字，北史當是誤脫。

〔六一〕兒弟死父兄亦納其妻　諸本脫「死」字，據隋書補。

〔六二〕被以牟甲　諸本脫「被」字，據隋書補。

〔六三〕死後一年方始大葬　隋書、通志「一」作「十」，疑是。

〔六四〕衣多毦皮裘　隋書「毦」上有「毛」字，是。

〔六五〕附國南有薄緣夷　諸本脫「南」字，據隋書補。

〔六六〕或附附國　諸本脫一「附」字，據隋書補。

〔六七〕阿保自署丞相　諸本「署」作「置」，周書卷四九、通志卷二〇〇稽胡傳作「署」。按「置」乃「署」

之訛，下文「狠皮自署柱國」可証，今據改。

〔六八〕勳州刺史韋孝寬於險要築城　諸本「勳」作「敷」，周書作「勳」。按本書卷六四韋孝寬傳，孝寬未嘗爲敷州刺史，築城是在勳州任內，今據改。

〔六九〕其後丹州綏州等部內諸胡與蒲川別帥郝三郎等又頻年逆命　諸本「蒲川」作「蒲州」，「郝三」作「那協」。周書「綏州」下有「銀州」，「蒲州」作「蒲川」，「那協」作「郝三」。按蒲州在河東，與丹、綏、銀等州相去甚遠。據周書卷一五于寔傳稱：「天和二年，延州蒲川賊郝三郎等攻逼丹州。」知周書是，今據改。

〔七〇〕又破其別帥喬三勿同等　諸本「別帥」下衍「爲」字，據周書刪。

〔七一〕汾胡帥劉受羅千復反　諸本「復反」訛作「覆瓜」，據周書、通志改。

北史卷九十七

列傳第八十五

西域

夏書稱：「西戎卽序。」班固云：「就而序之，非盛威武致其貢物也。」漢氏初開西域，有三十六國。其後，分立五十五王，置校尉、都護以撫之。王莽篡位，西域遂絕。至於後漢，班超所通者五十餘國，西至西海，東西萬里，皆來朝貢，復置都護、校尉，以相統攝。其後或絕或通，漢朝以爲勞弊中國，其官時置時廢。暨魏、晉之後，互相吞滅，不可復詳記焉。

道武初，經營中原，未暇及於四表。既而西戎之貢不至，有司奏依漢氏故事，請通西域，可以振威德於荒外，又可致奇貨於天府。帝曰：「漢氏不保境安人，乃遠開西域，使海內虛耗，何利之有？今若通之，前弊復加百姓矣！」遂不從。歷明元世，竟不招納。

太延中，魏德益以遠聞，西域龜茲、疏勒、烏孫、悅般、渴槃陁、鄯善、焉耆、車師、粟特諸

國王始遣使來獻。太武以西域漢世雖通，有求則卑辭而來，無欲則驕慢王命，此其自知絕遠，大兵不可至故也。若報使往來，終無所益，欲不遣使。有司奏：「九國不憚遐險，遠貢方物，當與其進，安可豫抑後來？」乃從之。於是始遣行人王恩生、許綱等西使。恩生出流沙，爲蠕蠕所執，竟不果達。又遣散騎侍郎董琬、高明等多賫錦帛，出鄯善，招撫九國，厚賜之。初，琬等受詔：便道之國，可往赴之。琬過九國，北行至烏孫國。其王得魏賜，拜受甚悅。謂琬等曰：「傳聞破洛那、者舌皆思魏德，欲稱臣致貢，但患其路無由耳。今使君等既到此，可往二國，副其慕仰之誠。」琬於是自向破洛那，遣明使者舌。〔一〕烏孫王爲發導譯，達二國，琬等宣詔慰賜之。已而琬、明東還，烏孫、破洛那之屬遣使與琬俱來貢獻者，十有六國。自後相繼而來，不間于歲，國使亦數十輩矣。

初，太武每遣使西域，常詔河西王沮渠牧犍，令護送。至姑臧，牧犍恒發使導路，出於流沙。後使者自西域還至武威，牧犍左右謂使者曰：「我君承蠕蠕吳提妄說，云：『去歲魏天子自來伐我，士馬疫死，大敗而還，我擒其長弟樂平王丕。』我君大喜，宣言國中。又聞吳提遣使告西域諸國：『魏已削弱，今天下唯我爲强。若更有魏使，勿復恭奉。』西域諸國，亦有貳。」且牧犍事主，稍以慢墮。使還，具以狀聞。太武遂議討牧犍。涼州既平，鄯善國以爲脣亡齒寒，自然之道也。今武威爲魏所滅，次及我矣。若通其使人，知我國事，取亡必近；不如絕之，可以支久。乃斷塞行路，〔二〕西域貢獻，歷年不入。後平鄯善，行人復通。

始，琬等使還京師，具言凡所經見及傳聞傍國，云：西域自漢武時五十餘國，後稍相并，至太延中爲十六國。分其地爲四域：自葱嶺以東，流沙以西爲一域；葱嶺以西，海曲以東爲一域；者舌以南，月氏以北爲一域；兩海之間，水澤以南爲一域。內諸小渠長，蓋以百數。其出西域，本有二道，後更爲四：出自玉門，度流沙，西行二千里至鄯善，爲一道；自玉門度流沙，北行二千二百里至車師，爲一道；從莎車西行一百里至葱嶺，葱嶺西一千三百里至伽倍，爲一道；自莎車西南五百里，葱嶺西南一千三百里至波路，爲一道焉。自琬所不傳而更有朝貢者，紀其名，不能具國俗也。

東西魏時，中國方擾，及於齊、周，不聞有事西域，故二代書並不立記錄。〔三〕

隋開皇、仁壽之間，尚未云經略。煬帝時，乃遣侍御史韋節、司隸從事杜行滿使於西蕃諸國，至罽賓得瑪瑙盃，王舍城得佛經，史國得十舞女、師子皮、火鼠毛而還。帝復令聞喜公裴矩於武威、張掖間往來以引致之。〔四〕其有君長者四十四國，矩因其使者入朝，啗以厚利，令其轉相諷諭。大業中，相率而來朝者四十餘國，帝因置西戎校尉以應接之。尋屬中國大亂，朝貢遂絕。然事亡失，書所存錄者二十國焉。魏時所來者，在隋亦有不至，今總而編次，以備前書之西域傳云。至於道路遠近，物產風俗，詳諸前史，或有不同。斯皆錄其當

時，蓋以備其遺闕爾。

鄯善國，都扜泥城，古樓蘭國也。去代七千六百里。所都城方一里。地多沙鹵，少水草。北卽白龍堆路。至太延初，始遣其弟素延耆入侍。〔五〕及太武平涼州，沮渠牧犍弟無諱走保敦煌。無諱後謀渡流沙，遣其弟安周擊鄯善，王比龍恐懼欲降。會魏使者自天竺、罽賓還，俱會鄯善，勸比龍拒之，遂與連戰。安周不能剋，退保東城。後比龍懼，率衆西奔且末，其世子乃應安周。

〔其後，魏遣使使西域，道經其國，〕鄯善人頗剽劫之，令不得通，〔六〕太武詔散騎常侍、成周公萬度歸乘傳發涼州兵討之。度歸到敦煌，留輜重，以輕騎五千渡流沙，至其境。時鄯善人衆布野，度歸勑吏卒不得有所侵掠，邊守感之，皆望旗稽服。其王眞達面縛出降，度歸釋其縛，留軍屯守，與眞達詣京都。太武大悅，厚待之。是歲，拜交趾公韓拔爲假節、征西將軍、〔七〕領護西戎校尉、鄯善王以鎭之，賦役其人，比之郡縣。

且末國，都且末城，在鄯善西，去代八千三百二十里。眞君三年，鄯善王比龍避沮渠安

周之難，率國人之半奔且末。後役屬鄯善。且末西北有流沙數百里，夏日有熱風，爲行旅之患。風之所至，唯老駝預知之，即嗔而聚立，埋其口鼻於沙中。人每以爲候，亦即將氈擁蔽鼻口。其風迅駃，斯須過盡，若不防者，必至危斃。

大統八年，其兄鄯善米率衆內附。〔八〕

于闐國，在且末西北，葱嶺之北二百餘里，東去鄯善千五百里，南去女國三千里，去朱俱波千里，北去龜茲千四百里，去代九千八百里。其地方亘千里，連山相次，所都城方八九里。部內有大城五，小城數十。于闐城東三十里有首拔河，中出玉石。土宜五穀幷桑、麻。山多美玉。有好馬、駝、騾。其刑法，殺人者死，餘罪各隨輕重懲罰之。自外風俗物產，與龜茲略同。俗重佛法，寺塔、僧尼甚衆。王尤信尙，每設齋日，必親自灑掃饋食焉。城南五十里有贊摩寺，即昔羅漢比丘盧旃爲其王造覆盆浮圖之所。〔九〕石上有辟支佛跣處，雙跡猶存。于闐西五百里有比摩寺，云是老子化胡成佛之所。俗無禮義，多盜賊淫縱。自高昌以西諸國人等，深目高鼻，唯此一國，貌不甚胡，頗類華夏。城東二十里有大水北流，號樹枝水，即黃河也，一名計式水。〔一〇〕城西十五里亦有大水名達利水，與樹枝水會，俱北流。

眞君中，太武詔高涼王那擊吐谷渾慕利延，慕利延懼，驅其部落渡流沙。那進軍急追

之，慕利延遂西入于闐，殺其王，死者甚衆。獻文末，蠕蠕寇于闐。于闐患之，遣使素目伽上表曰：「西方諸國，今皆已屬蠕蠕。奴世奉大國，至今無異。今蠕蠕軍馬到城下，奴聚兵自固，故遣使奉獻，遙望救援。」帝詔公卿議之。公卿奏曰：「于闐去京師幾萬里，蠕蠕之性，唯習野掠，不能攻城。若爲害，當時已旋矣，雖欲遣師，勢無所及。」帝以公卿議示其使者，亦以爲然。於是詔之曰：「朕承天理物，欲令萬方各安其所，應勑諸軍，以拯汝難。但去汝遐阻，政復遣援，不救當時之急，是以停師不行，汝宜知之。朕今練甲養卒，一二歲間，當躬率猛將，爲汝除患。汝其謹警候，以待大舉。」

先是，朝廷遣使者韓羊皮使波斯，波斯王遣使獻馴象及珍物。經于闐，于闐中于王秋仁輒留之，假言慮有寇不達。羊皮言狀，帝怒，又遣羊皮奉詔責讓之。自後每使朝貢。

周建德三年，其王遣使獻名馬。

隋大業中，頻使朝貢。其王姓王，字早示門。練錦帽，金鼠冠，妻戴金花。其王髮不令人見，俗言若見王髮，其年必儉云。

蒲山國，故皮山國也。居皮城，在于闐南，去代一萬二千里。其國西南三里有凍淩山。後役屬于闐。

悉居半國，故西夜國也，一名子合。其王號子。治呼犍。〔一一〕在于闐西，去代萬二千九百七十里。太延初，遣使來獻，自後貢使不絕。

權於摩國，故烏秅國也。其王居烏秅城。在悉居半西南，去代一萬二千九百七十里。

渠莎國，居故莎車城，在子合西北，去代一萬二千九百八十里。

車師國，一名前部。其王居交河城。去代萬五十里。其地北接蠕蠕，本通使交易。太武初，始遣使朝獻，詔行人王恩生、許綱等出使。恩生等始度流沙，爲蠕蠕所執。恩生見蠕蠕吳提，持魏節不爲之屈。後太武切讓吳提，吳提懼，乃遣恩生等歸。許綱到敦煌病死，朝廷壯其節，賜謚曰貞。

初，沮渠無諱兄弟之渡流沙也，鳩集遺人，破車師國。眞君十一年，車師王車夷落遣使琢進薛直上書曰：「臣亡父僻處塞外，仰慕天子威德，遣使奉獻，不空於歲，天子降念，賜遺甚厚。〔一二〕及臣繼立，亦不闕常貢，天子垂矜，亦不異前世。敢緣至恩，輒陳私懇。臣國自無

諱所攻擊，經今八歲，人民飢荒，無以存活。賊今攻臣甚急，臣不能自全，遂捨國東奔，三分免一。即日已到焉耆東界，思歸天闕，幸垂賑救。」於是下詔撫慰之，開焉耆倉給之。正平初，遣子入侍。自後每使朝貢不絕。

高昌者，車師前王之故地，漢之前部地也。東西二百里，南北五百里，四面多大山。或云：昔漢武遣兵西討，師旅頓弊，其中尤困者因住焉。地勢高敞，人庶昌盛，因名高昌。亦云：其地有漢時高昌壘，故以爲國號。東去長安四千九百里。漢西域長史及戊己校尉並居於此。晉以其地爲高昌郡。張軌、呂光、沮渠蒙遜據河西，皆置太守以統之。去敦煌十三日行。

國有八城，皆有華人。地多石磧，氣候溫暖，厥土良沃，穀麥一歲再熟，宜蠶，多五果，又饒漆。〔一三〕有草名羊刺，其上生蜜，而味甚佳。引水溉田。出赤鹽，其味甚美。復有白鹽，其形如玉，高昌人取以爲枕，貢之中國。多蒲桃酒。俗事天神，兼信佛法。國中羊、馬，牧在隱僻處以避寇，非貴人不知其處。北有赤石山，山北七十里有貪汗山，〔一四〕夏有積雪。此山北，鐵勒界也。

太武時有闞爽者，自爲高昌太守。太延中，遣散騎侍郎王恩生等使高昌，爲蠕蠕所執。

眞君中，爽爲沮渠無諱所襲，奪據之。無諱死，弟安周代立。和平元年，爲蠕蠕所幷。蠕蠕以闞伯周爲高昌王，其稱王自此始也。

太和初，伯周死，子義成立。歲餘，爲從兄首歸所殺，自立爲高昌王。五年，高車王阿至羅〔一五〕殺首歸兄弟，以敦煌人張孟明爲王。後爲國人所殺，立馬儒爲王，以鞏顧禮、麴嘉爲左右長史。二十一年，遣司馬王體玄奉表朝貢，請師逆接，求舉國內徙。孝文納之，遣明威將軍韓安保率騎千餘赴之，割伊吾五百里，以儒居之。至羊榛水，儒遣嘉、禮率步騎一千五百迎安保。去高昌四百里而安保不至。禮等還高昌，安保亦還伊吾。安保遣使韓興安等十二人使高昌，儒復遣顧禮將其世子義舒迎安保。至白棘城，去高昌百六十里。而高昌舊人情戀本土，不願東遷，相與殺儒而立麴嘉爲王。

嘉字靈鳳，金城楡中人。既立，又臣于蠕蠕那蓋。顧禮與義舒隨安保至洛陽。及蠕蠕主伏圖爲高車所殺，嘉又臣高車。初，前部胡人悉爲高車所徙，入於焉耆，又爲嚈噠所破滅，國人分散，衆不自立，請王於嘉。嘉遣第二子爲焉耆王以主之。永平元年，〔一六〕嘉遣兄子私署左衞將軍、田地太守孝亮朝京師，仍求內徙，乞軍迎援。於是遣龍驤將軍孟威發涼州兵三千人迎之，〔一七〕至伊吾，失期而反。於後十餘遣使獻珠像、白黑貂裘、名馬、鹽枕等，款誠備至。唯賜優旨，卒不重迎。三年，嘉遣使朝貢，宣武又遣孟威使詔勞之。延昌中，以嘉

爲持節、平西將軍、瓜州刺史、泰臨縣開國伯，私署王如故。熙平初，遣使朝獻。詔曰：「卿地隔關山，境接荒漠，頻請朝援，徙國內遷。雖來誠可嘉，卽於理未帖。何者？彼之甿庶，是漢、魏遺黎，自晉氏不綱，因難播越，成家立國，世積已久。惡徙重遷，人懷戀舊。今若動之，恐異同之變，爰在肘腋，不得便如來表也。」神龜元年冬，孝亮復表求援內徙，朝廷不許。正光元年，明帝遣假員外將軍趙義等使於嘉。嘉朝貢不絕，又遣使奉表，自以邊遐，不習典誥，求借五經、諸史，幷請國子助敎劉燮以爲博士，明帝許之。嘉死，贈鎭西將軍、涼州刺史。

子堅立。於後關中賊亂，使命遂絕。普泰初，堅遣使朝貢，除平西將軍、瓜州刺史，泰臨縣伯，王如故。又加衞將軍。至永熙中，特除儀同三司，進爲郡公。後遂隔絕。

至大統十四年，詔以其世子玄嘉爲王。〔一八〕恭帝二年，又以其田地公茂嗣位。武成元年，其王遣使獻方物。保定初，又遣使來貢。

其國，周時，城有一十六。後至隋時，城有十八。其都城周回一千八百四十步，於坐室畫魯哀公問政於孔子之像。官有令尹一人，比中夏相國；次有公二人，皆王子也，一爲交河公，一爲田地公；次有左右衞；次有八長史，曰吏部、祠部、庫部、倉部、主客、禮部、戶部、兵部等長史也；次有五將軍，曰建武、威遠、陵江、殿中、伏波等將軍也；次有八司馬，長史之副也；次有侍郎、校郎、主簿、從事，階位相次，分掌諸事。次有省事，專掌導引。其大事決之於王，小事則世子及二公隨狀斷決。評章錄記，事訖卽除，籍書之外，無久掌文案。官人雖有列位，並無曹府，〔一九〕唯每旦集於牙門，評議衆事。諸城各有戶曹、水曹、田曹。城遣司馬、侍郎相監檢校，名爲令。服飾，丈夫從胡法，婦人裙襦，頭上作髻。其風俗政令，與華夏略同。兵器有弓、箭、刀、楯、甲、矟。文字亦同華夏，兼用胡書。有毛詩、論語、孝經，置學官弟子，以相教授。雖習讀之，而皆爲胡語。賦稅則計田輸銀錢，無者輸麻布。其刑法、風俗、昏姻、喪葬與華夏小異而大同。自敦煌向其國，多沙磧，茫然無有蹊徑，欲往者，尋其人畜骸骨而去。路中或聞歌哭聲，行人尋之，多致亡失，蓋魑魅魍魎也。故商客往來，多取伊吾路。

開皇十年，突厥破其四城，有二千人來歸中國。

堅死，子伯雅立。其大母本突厥可汗女，其父死，突厥令依其俗。伯雅不從者久之。突厥逼之，不得已而從。煬帝卽位，引致諸蕃。大業四年，遣使貢獻，帝待其使甚厚。明年伯雅來朝，因從擊高麗。還，尙宗室女華容公主。八年冬，歸蕃，下令國中曰：「先者，以國處邊荒境，被髮左衽。〔二〇〕今大隋統御，宇宙平一。孤旣沐浴和風，庶均大化。其庶人以上，皆宜解辮削衽。」帝聞而善之，下詔曰：「光祿大夫、弁國公、高昌王伯雅，本自諸華，世祚西

壤，昔因多難，翦爲胡服。自我皇隋，平一宇宙，伯雅踰沙忘阻，奉貢來庭，削衽曳裾，變夷從夏，可賜衣冠，仍班製造之式。」然伯雅先臣鐵勒，恒遣重臣在高昌國，有商胡往來者則稅之，送于鐵勒。雖有此令取悅中華，然竟畏鐵勒，不敢改也。自是歲令貢方物。

且彌國，都天山東于大谷，在車師北，去代一萬五百七十里。本役屬車師。

焉耆國，在車師南，都員渠城，白山南七十里，漢時舊國也。去代一萬二百里。其王姓龍，名鳩尸卑那，卽前涼張軌所討龍熙之胤。所都城方二里。國內凡有九城。國小人貧，無綱紀法令。兵有弓、刀、甲、矟。婚姻略同華夏。死亡者，皆焚而後葬，其服制滿七日則除之。丈夫並翦髮以爲首飾。文字與婆羅門同。俗事天神，並崇信佛法也。尤重二月八日、四月八日。是日也，其國咸依釋教，齋戒行道焉。氣候寒，土田良沃，穀有稻、粟、菽、麥，畜有駝、馬。養蠶，不以爲絲，唯充綿纊。俗尙蒲桃酒，兼愛音樂。南去海十餘里，有魚鹽蒲葦之饒。東去高昌九百里，西去龜茲九百里，皆沙磧。東南去瓜州二千二百里。

恃地多險，頗剽劫中國使。太武怒之，詔成周公萬度歸討之，約齎輕糧，取食路次。度歸入焉耆東界，擊其邊守左迴、尉犁二城，拔之，進軍圍員渠。鳩尸卑那以四五萬人出城，

守險以距。度歸募壯勇，短兵直往衝，鳩尸卑那衆大潰，盡虜之，單騎走入山中。度歸進屠其城，四鄙諸戎皆降服。焉耆爲國，斗絕一隅，不亂日久，獲其珍奇異翫，殊方譎詭難識之物，橐駝、馬、牛、雜畜巨萬。時太武幸陰山北宮，度歸破焉耆露板至，帝省訖，賜司徒崔浩書曰：「萬度歸以五千騎，經萬餘里，拔焉耆三城，獲其珍奇異物及諸委積不可勝數。自古帝王，雖云卽序西戎，有如指注，不能控引也。朕今手把而有之，如何？」浩上書稱美。遂命度歸鎭撫其人。初，鳩尸卑那走山中，猶覬城不拔，得還其國。旣見盡爲度歸所剋，乃奔龜茲。龜茲以其壻，厚待之。

周保定四年，其王遣使獻名馬。

隋大業中，其王龍突騎支遣使貢方物。是時，其國勝兵千餘人而已。

龜茲國，在尉犂西北，白山之南一百七十里，都延城，漢時舊國也。去代一萬二百八十里。其王姓白，卽後涼呂光所立白震之後。其王頭繫綵帶，垂之於後，坐金師子床。所居城方五六里。其刑法，殺人者死，劫賊則斷其一臂，并刖一足。賦稅，準地徵租，無田者則稅銀。風俗、婚姻、喪葬、物產與焉耆略同。唯氣候少溫爲異。又出細氊，饒銅、鐵、鉛、麖皮、氍毹、鐃沙、〔二一〕鹽綠、雌黃、胡粉、安息香、良馬、犎牛等。東有輪臺，卽漢貳師將軍李廣

利所屠者。其南三百里，有大河東流，號計戍水，卽黃河也。東去焉耆九百里，南去于闐一千四百里，西去疏勒一千五百里，北去突厥牙六百餘里，東南去瓜州三千一百里。〔二二〕其東關城戍，寇竊非一，〔二三〕太武詔萬度歸率騎一千以擊之。龜茲遣烏羯目提等領兵三千距戰，度歸擊走之，斬二百餘級，大獲駝馬而還。俗性多淫，置女市，收男子錢以入官。〔二四〕土多孔雀，羣飛山谷間，人取而食之，孳乳如雞鶩，其王家恒有千餘隻云。其國西北大山中有如膏者，流出成川，行數里入地，狀如餬餬，甚臭。服之，髮齒已落者，能令更生，癘人服之，皆愈。自後每使朝貢。

周保定元年，其王遣使來獻。

隋大業中，其王白蘇尼咥遣使朝，貢方物。是時，其國勝兵可數千人。

姑默國，居南城，在龜茲西，去代一萬五百里。役屬龜茲。

溫宿國，居溫宿城，在姑默西北，去代一萬五百五十里。役屬龜茲。

尉頭國，居尉頭城，在溫宿北，去代一萬六百五十里。役屬龜茲。

烏孫國，居赤谷城，在龜茲西北，去代一萬八十里。〔二五〕其國數爲蠕蠕所侵，西徙葱嶺山中。無城郭，隨畜牧逐水草。

太延三年，遣使者董琬等使其國，後每使朝貢。

疏勒國，在姑默西，白山南百餘里，漢時舊國也。去代一萬一千二百五十里。文成末，其王遣使送釋迦牟尼佛袈裟一，長二丈餘。帝以審是佛衣，應有靈異，遂燒之以驗虛實，置於猛火之上，經日不然。觀者莫不悚駭，心形俱肅。其王戴金師子冠。土多稻、粟、麻、麥、銅、鐵、錫、雌黃，每歲常供送於突厥。其都城方五里。國內有大城十二，小城數十。人手足皆六指，產子非六指者卽不育。勝兵者二千人。南有黃河，西帶葱嶺，東去龜茲千五百里，西去鏺汗國千里，南去朱俱波八九百里，東北至突厥牙千餘里，東南去瓜州四千六百里。

悅般國，在烏孫西北，去代一萬九百三十里。其先，匈奴北單于之部落也。爲漢車騎將軍竇憲所逐，北單于度金微山西走康居，其羸弱不能去者，住龜茲北。地方數千里，衆可

二十餘萬，涼州人猶謂之單于王。其風俗言語與高車同，而其人清潔於胡。俗翦髮齊眉，以餬餬塗之，昱昱然光澤。日三澡漱，然後飲食。其國南界有火山，〔二六〕山傍石皆燋鎔，流地數十里乃凝堅，人取以爲藥，卽石流黃也。

與蠕蠕結好，其王嘗將數千人入蠕蠕國，欲與大檀相見。入其界百餘里，見其部人不浣衣，不絆髮，不洗手，婦人口舐器物。王謂其從臣曰：「汝曹誑我，將我入此狗國中。」乃馳還。大檀遣騎追之，不及。自是相仇讎，數相征討。

眞君九年，遣使朝獻。幷送幻人，稱能割人喉脈令斷，擊人頭令骨陷，皆血出或數升或盈斗，以草藥內其口中，令嚼咽之，須臾血止，養瘡一月復常，又無痕瘢。世疑其虛，〔二七〕乃取死罪囚試之，皆驗。云中國諸名山皆有此草，乃使人受其術而厚遇之。又言：其國有大術者，蠕蠕來抄掠，術人能作霖雨、盲風、大雪及行潦，蠕蠕凍死漂亡者十二三。是歲，再遣使朝貢，求與官軍東西齊契討蠕蠕。太武嘉其意，命中外諸軍戒嚴，以淮南王佗爲前鋒，襲蠕蠕。仍詔有司，以其鼓舞之節，施於樂府。自後每使朝貢。

者至拔國，都者至拔城，在疏勒西，去代一萬一千六百二十里。其國東有潘賀那山，出美鐵及師子。